Zivilrecht

Wirtschaftsrecht

STUD-JUR Nomos Textausgaben

5. Auflage
Stand: BGBl. I Nr. 36 vom 24. Juli 1996

Nomos Verlagsgesellschaft
Baden-Baden

Die Deutsche Bibliothek – CIP-Einheitsaufnahme

Zivilrecht : Wirtschaftsrecht. – 5. Aufl. – Baden-Baden : Nomos-Verl.-Ges., 1996
(Stud jur : Nomos-Textausgaben)
ISBN 3-7890-4486-5

5. Auflage 1996

Inhaltsverzeichnis

1 **Bürgerliches Gesetzbuch** – vom 18. August 1896 (RGBl. S. 195) **BGB**

2 **Einführungsgesetz zum Bürgerlichen Gesetzbuche** – in der Fassung der Bekanntmachung vom 21. September 1994 (BGBl. I S. 2494) **EGBGB**

3 **Verbraucherkreditgesetz** – vom 17. Dezember 1990 (BGBl. I S. 2840) **VerbrKrG**

4 **Gesetz zur Regelung des Rechts der Allgemeinen Geschäftsbedingungen (AGB-Gesetz)** – vom 9. Dezember 1976 (BGBl. I S. 3317) **AGB-G**

5 **Gesetz über den Widerruf von Haustürgeschäften und ähnlichen Geschäften** – vom 16. Januar 1986 (BGBl. I S. 122) **HaustürWG**

6 **Gesetz über die Haftung für fehlerhafte Produkte (Produkthaftungsgesetz – ProdHaftG)** – vom 15. Dezember 1989 (BGBl. I S. 2198) **ProdHaftG**

7 **Umwelthaftungsgesetz (UmweltHG)** – vom 10. Dezember 1990 (BGBl. I S. 2634) **UmweltHG**

8 **Gesetz über das Wohnungseigentum und das Dauerwohnrecht (Wohnungseigentumsgesetz)** – vom 15. März 1951 (BGBl. I S. 175, 209) **WEG**

9 **Verordnung über das Erbbaurecht** – vom 15. Januar 1919 (RGBl. S. 72) **ErbbauVO**

10 **Ehegesetz** – vom 20. Februar 1946 (ABl. Kontrollrat S. 77, 294) **EheG**

11 **Verordnung über die Behandlung der Ehewohnung und des Hausrats (Sechste Durchführungsverordnung zum Ehegesetz** – vom 21. Oktober 1944 (RGBl. I S. 256) **6. DVO EheG**

12 **Gesetz zur Reform des Rechts der Vormundschaft und Pflegschaft für Volljährige (Betreuungsgesetz – BtG)** – vom 12. September 1990 (BGBl. I S. 2002) **BtG**

13 **Beurkundungsgesetz** – vom 28. August 1969 (BGBl. I S. 1513) **BeurkG**

20 **Handelsgesetzbuch** – vom 10. Mai 1987 (RGBl. S. 219) **HGB**

21 **Aktiengesetz** – vom 6. September 1965 (BGBl. I S. 1089) **AktG**

21 a **Umwandlungsgesetz (UmwG)** – vom 28. Oktober 1994 (BGBl. I S. 3210, ber. 1995 I S. 428) **UmwG**

22 **Gesetz betreffend die Gesellschaften mit beschränkter Haftung** – in der Fassung der Bekanntmachung vom 20. Mai 1898 (RGBl. S. 369, 846) **GmbHG**

23 **Wechselgesetz** – vom 21. Juni 1933 (RGBl. I S. 399) **WG**

24 **Scheckgesetz** – vom 14. August 1933 (RGBl. I S. 597) **ScheckG**

25 **Gesetz gegen Wettbewerbsbeschränkungen** – in der Fassung der Bekanntmachung vom 20. Februar 1990 (BGBl. I S. 235) **GWB**

26 **Gesetz gegen den unlauteren Wettbewerb** – vom 7. Juni 1909 (RGBl. S. 499) **UWG**

27 **Gesetz über den Schutz von Marken und sonstigen Kennzeichen (Markengesetz – MarkenG)** – vom 25. Oktober 1994 (BGBl. I S. 3082) **MarkenG**

28 **Gesetz über Urheberrecht und verwandte Schutzrechte (Urheberrechtsgesetz)** – vom 9. September 1965 (BGBl. I S. 1273) **UrhG**

30 **Gerichtsverfassungsgesetz (GVG)** – in der Fassung der Bekanntmachung vom 9. Mai 1975 (BGBl. I S. 1077) **GVG**

30 a **Einführungsgesetz zum Gerichtsverfassungsgesetz** – vom 27. Januar 1877 (RGBl. S. 77) **EGGVG**

31 **Deutsches Richtergesetz** – in der Fassung der Bekanntmachung vom 19. April 1972 (BGBl. I S. 713) **DRiG**

32 **Rechtspflegergesetz** – vom 5. November 1969 (BGBl. I S. 2065) **RPflG**

33 **Zivilprozeßordnung** – in der Fassung vom 12. September 1950 (BGBl. I S. 455, 533) **ZPO**

34 **Gesetz über die Zwangsversteigerung und die Zwangsverwaltung** – in der Fassung der Bekanntmachung vom 20. Mai 1898 (RGBl. S. 369, 713) **ZVG**

35 **Konkursordnung** – in der Fassung der Bekanntmachung vom 20. Mai 1898 (RGBl. S. 369, 612) **KO**

35 a **Gesetz betreffend die Anfechtung von Rechtshandlungen eines Schuldners außerhalb des Konkursverfahrens** – in der Fassung der Bekanntmachung vom 20. Mai 1898 (RGBl. S. 369, 709) **AnfG**

36 **Vergleichsordnung** – vom 26. Februar 1935 (RGBl. I S. 321) **VerglO**

37 **Gesetz über die Angelegenheiten der freiwilligen Gerichtsbarkeit** – in der Fassung der Bekanntmachung vom 20. Mai 1898 (RGBl. S. 369, 771) **FGG**

38 **Hinterlegungsordnung** – vom 10. März 1937 (RGBl. I S. 285) **HintO**

39 **Grundbuchordnung** – in der Fassung der Bekanntmachung vom 26. Mai 1994 (BGBl. I S. 1114) **GBO**

50 **Gerichtskostengesetz** – in der Fassung der Bekanntmachung vom 15. Dezember 1975 (BGBl. I S. 3047) **GKG**

51 **Bundesgebührenordnung für Rechtsanwälte** – vom 26. Juli 1957 (BGBl. I S. 861, 907) **BRAGO**

52 **Gesetz über die Kosten in Angelegenheiten der freiwilligen Gerichtsbarkeit (Kostenordnung)** – in der Fassung vom 26. Juli 1957 (BGBl. I S. 861, 960) **KostO**

Bürgerliches Gesetzbuch[1)]

Vom 18. August 1896 (RGBl. S. 195)
(BGBl. III 400-2)

Änderungen seit 1.1.1964

Paragraph	Art der Änderung	Geändert durch	Datum	Fundstelle BGBl.
537, 538, 543, 547, 549, 554, 554 a, 554 b, 556 a, 557, 565, 565 a, 569	geändert	Zweites Gesetz zur Änderung mietrechtlicher Vorschriften	14. 7.1964	I S. 457
541 a, 547 a, 550 a, 552 a, 556 c, 557 a, 565 b-565 e, 569 a, 569 b	eingefügt			
555	aufgehoben			
60, 62, 63, 67 73, 74	geändert	Vereinsgesetz	5. 8.1964	I S. 593
193	geändert	Gesetz über den Fristablauf am Sonnabend	10. 8.1965	I S. 753
701, 702, 703	geändert	Gesetz zur Änderung von Vorschriften des Bürgerlichen Gesetzbuches über die Einbringung von Sachen bei Gastwirten	24. 3.1966	I S. 181
702 a	eigefügt			
556 a, 556 c, 557, 564 a	geändert	Drittes Gesetz zur Änderung mietrechtlicher Vorschriften	21.12.1967	I S. 1248
1676, 1781	geändert	Erstes Gesetz zur Reform des Strafrechts	25. 6.1969	I S. 645
616	geändert	Gesetz über die Fortzahlung des Arbeitsentgelts im Krankheitsfalle und über Änderungen des Rechts der gesetzlichen Krankenversicherung	27. 7.1969	I S. 946
616, 620-622, 626, 627	geändert	Erstes Arbeitsrechtsbereinigungsgesetz	14. 8.1969	I S. 1106
623	aufgehoben			

1) Siehe Maßgabe auf Seite 10.

Paragraph	Art der Änderung	Geändert durch	Datum	Fundstelle BGBl.
11, 1371, 1589, 1594, 1595 a, 1596, 1606, 1609, 1611-1613, 1616, 1617 (alt) wird 1619, 1618 (alt) wird 1620, 1683, 1690, 1705-1712, 1723, 1724, 1726, 1727-1729, 1733, 1735, 1736, 1738, 1741, 1745 a, 1745 b, 1756, 1758, 1758 a, 1765, 1766, 1774, 1779, 1786, 1792, 1801, 1805, 1835-1838, 1844, 1845, 1847, 1849-1851, 1855, 1858, 1859, 1861-1863, 1866, 1867, 1880, 1882, 1883, 1886, 1889, 1893, 1897, 1912, 1930, 1931, 2043, 2316	geändert	Gesetz über die rechtliche Stellung der nichtehelichen Kinder	19. 8.1969	I S. 1243
1600 a-1600 o, 1615 a-1615 o, 1617 (neu), 1618 (neu), 1740 a-1740 g, 1742 a, 1747 a, 1791 a-1791 c, 1851 a, 1857 a, 1887, 1934 a-1934 e, 2057 a, 2331 a, 2338 a	eingefügt			
1687, 1688, 1713-1718, 1720, 1721, 1725, 1731, 1734, 1735 a,	aufgehoben			

Paragraph	Art der Änderung	Geändert durch	Datum	Fundstelle BGBl.
1737, 1740, 1761				
81, 126, 128, 129, 152, 311-313, 411, 518, 873, 925, 1410, 1491, 1492, 1501, 1516, 1730, 1733, 1748, 1750, 1751 a, 1753, 1945, 2033, 2231-2233, 2247, 2249, 2250, 2252, 2256, 2258 a, 2258 b, 2276, 2277, 2282, 2291, 2296, 2348, 2371,	geändert	Beurkundungsgesetz	28. 8.1969	I S. 1513
127 a	eingefügt			
2234-2246	aufgehoben			
259-261, 2006, 2028, 2057	geändert	Gesetz zur Änderung des Rechtspflegergesetzes, des Beurkundungsgesetzes und zur Umwandlung des Offenbarungseides in eine eidesstattliche Versicherung	27. 6.1970	I S. 911
556 a, 564 a	geändert	Gesetz zur Verbesserung des Mietrechts und zur Begrenzung des Mietanstiegs sowie zur Regelung von Ingenieur- und Architektenleistungen	4.11.1971	I S. 1745
613 a	eingefügt	Betriebsverfassungsgesetz	15. 1.1972	I S. 13
313	geändert	Gesetz zur Änderung des Bürgerlichen Gesetzbuchs und anderer Gesetze	30. 5.1973	I S. 501
1744, 1745 b, 1747, 1747 a (alt) wird 1747 b	geändert	Gesetz zur Änderung von Vorschriften des Adoptionsrechts	14. 8.1973	I S. 1013
1747 a	eingefügt			
78, 839, 992,	geändert	Einführungsgesetz	2. 3.1974	I S. 469

Paragraph	Art der Änderung	Geändert durch	Datum	Fundstelle BGBl.
1837, 1875, 2025, 2339				
2, 6, 8, 1597, 1600 k, 1610, 1633, 1726, 1747, 1822, 1827	geändert	Gesetz zur Neuregelung des Volljährigkeitsalters	31. 7.1974	I S. 1713
3–5	aufgehoben			
565 564 b	geändert eingefügt	Zweites Wohnraumkündigungsschutzgesetz	18.12.1974	I S. 3603
616	geändert	Strafrechtsreform-Ergänzungsgesetz	28. 8.1975	I S. 2289
1353, 1355-1357, 1360, 1360 a, 1361, 1378, 1379, 1382-1385, 1389, 1408, 1414, 1478, 1509, 1561, 1610, 1616-1618, 1629, 1632, 1634, 1671, 1672, 1678, 1681, 1695, 1696, 1740 f, 1740 g, 1758, 1762, 1933, 2077, 2268, 2331 a, 2335	geändert	Erstes Gesetz zur Reform des Ehe- und Familienrechts	14. 6.1976	I S. 1421
1564-1587 p, 1605, 1720, 1737	eingefügt			
1697, 1758 a, 1848	aufgehoben			
114, 1600 d, 1719, 1729 Achter Teil des Zweiten Abschnitts des Vierten Buches 1741-1772, 1778, 1780, 1865, 1899, 1925, 1926, 2043, 2253	geändert	Adoptionsgesetz	2. 7.1976	I S. 1749

Paragraph	Art der Änderung	Geändert durch	Datum	Fundstelle BGBl.
965-967, 971, 973-976, 978	geändert	Gesetz zur Änderung von Vorschriften des Fundrechts	19. 7.1976	I S. 1817
1612 a	eingefügt	Gesetz zur vereinfachten Abänderung von Unterhaltsrenten	29. 7.1976	I S. 2029
138	geändert	Erstes Gesetz zur Bekämpfung der Wirtschaftskriminalität	29. 7.1976	I S. 2034
209, 213, 284	geändert	Vereinfachungsnovelle	3.12.1976	I S. 3281
633 476 a	geändert eingefügt	Gesetz zur Regelung des Rechts der Allgemeinen Geschäftsbedingungen	9.12.1976	I S. 3317
1179, 1187, 1196 1179 a, 1179 b	geändert eingefügt	Gesetz zur Änderung sachenrechtlicher, grundbuchrechtlicher und anderer Vorschriften	22. 6.1977	I S. 998
852	geändert	Gesetz zur Änderung schadensersatzrechtlicher Vorschriften	16. 8.1977	I S. 1577
Überschrift Siebenter Teil 651 a-651 k	geändert eingefügt	Reisevertragsgesetz	4. 5.1979	I S. 509
1626, 1628-1631, 1632-1634, 1638, 1642, 1643, 1648, 1666, 1667, 1668, 1670-1673, 1678, 1680, 1681, 1683, 1685, 1686, 1689, 1690, 1692, 1696, 1698, 1698 a, 1711, 1738, 1740 a, 1751, 1778, 1779, 179l, 1793, 1800, 1837, 1838, 1847, 1849, 1887, 1899, 1901 1618 a, 1631 a, 1631 b, 1640, 1666 a	geändert eingefügt	Gesetz zur Neuregelung des Rechts der elterlichen Sorge	18. 7.1979	I S.1061

Paragraph	Art der Änderung	Geändert durch	Datum	Fundstelle BGBl.
1669, 1676, 1679, 1682, 1684, 1694, 1695, 1712, 1827, 1858-1881, 1905	aufgehoben			
612, 613 a, 611 a, 611 b, 612 a	geändert eingefügt	Arbeitsrechtliches EG-Anpassungsgesetz	13. 8.1980	I S.1308
541 a, 564 b 541 b, 550 b, 564 c	geändert eingefügt	Gesetz zur Erhöhung des Angebots an Mietwohnungen	20.12.1982	I S.1912
581, 582, 583, 584, 585, 586, 587-590, 591, 592, 593, 594, 595, 596, 597, 1048, 1055, 2130	geändert	Gesetz zur Neuordnung des landwirtschaftlichen Pachtrechts	8.11.1985	I S.2065
582 a, 583 a, 584 a, 584 b, 585 a, 585 b, 586 a, 590 a, 590 b, 591 a, 591 b, 593 a, 593 b, 594 a-591 f, 595 a, 596 a, 596 b	eingefügt			
1841	geändert	Bilanzrichtlinien-Gesetz	19.12.1985	I S.2355
1361, 1382, 1568, 1573, 1578, 1579, 1629	geändert	Gesetz zur Änderung unterhaltsrechtlicher, verfahrensrechtlicher und anderer Vorschriften	20. 2.1986	I S.301
1361 b	eingefügt			
1668	aufgehoben			
209, 214, 651 h	geändert	Zweites Seerechtsänderungsgesetz	25. 7.1986	I S.1120
1409, 1558, 1559,1746	geändert	Gesetz zur Neuregelung des Internationalen Privatrechts	25. 7.1986	I S.1142
609 a 247	eingefügt aufgehoben	Gesetz zur Änderung wirtschafts-, verbraucher-, arbeits- und sozialrechtlicher Vorschriften	25. 7.1986	I S.1169

Paragraph	Art der Änderung	Geändert durch	Datum	Fundstelle BGBl.
1587 l	geändert	Gesetz über weitere Maßnahmen auf dem Gebiet des Versorgungsausgleichs	8.12.1986	I S. 2317
616, 1587 a, 1587 b	geändert	Rentenreformgesetz 1992	18.12.1989	I S. 2261
847	geändert	Gesetz zur Änderung des Bürgerlichen Gesetzbuchs und anderer Gesetze	14. 3.1990	I S. 478
556 a, 564 a, 564 b	geändert	Wohnungsbau-Erleichterungsgesetz	17. 5.1990	I S. 926
1709, 1791 a, 1791 c, 1851 1838, 1849, 1850, 1851 a	geändert aufgehoben	Kinder- und Jugendhilfegesetz	26. 6.1990	I S. 1163
622	geändert	Arbeitsgerichtsgesetz-Änderungsgesetz	26. 6.1990	I S. 1206
564 b	geändert	Gesetz zur Verbesserung der Rechtsstellung des Mieters bei Begründung von Wohnungseigentum an vermieteten Wohnungen	20. 7.1990	I S. 1456
 90 a	geändert eingefügt	251, 903 Gesetz zur Verbesserung der Rechtsstellung des Tieres im bürgerlichen Recht	20. 8.1990	I S. 1762
104, 1411, 1436, 1447, 1469, 1484, 1491-1493, 1495, 1600 d, 1600 k, 1615 e, 1617, 1618, 1625, 1673, 1720, 1728, 1729, 1740 c, 1748, 1768, 1780, 1781, 1786, 1807, 1809-1811, 1813, 1814, 1822, 1835, 1836, 1837, 1840, 1846, 1895-1901, 1901 a, 1902-1908,	geändert	Betreuungsgesetz	12. 9.1990	I S. 2002

Paragraph	Art der Änderung	Geändert durch	Datum	Fundstelle BGBl.
1908 a-1908 i, 1999, 2201, 2229, 2253, 2290, 2347, 2351				
1631 c, 1836 a	eingefügt			
6, 114-115, 1808, 1844, 1885, 1910, 1920, 2230	aufgehoben			
795, 808 a	aufgehoben	Gesetz zur Vereinfachung der Ausgabe von Schuldverschreibungen	17.12.1990	I S. 2839
609 a	geändert	Gesetz über Verbraucherkredite, zur Änderung der Zivilprozeßordnung und anderer Gesetze	17.12.1990	I S. 2840
477, 478, 485	geändert	Rechtspflege-Vereinfachungsgesetz	17.12.1990	I S. 2847
1361	geändert	Gesetz zur unterhaltsrechtlichen Berechnung von Aufwendungen für Körper- oder Gesundheitsschäden	15. 1.1991	I S. 46
1578 a, 1610 a	eingefügt			
613 a	geändert	Gesetz über die Spaltung der von der Treuhandanstalt verwalteten Unternehmen	5. 4.1991	I S. 854
1587 b	geändert	Renten-Überleitungsgesetz	25. 7.1991	I S. 1606
1757, 1768, 1772	geändert	Adoptionsrechtsänderungsgesetz	4.12.1992	I S. 1974
1748	geändert	Erstes Gesetz zur Änderung des Achten Buches Sozialgesetzbuch	16. 2.1993	I S. 239, 252
651	geändert	Gesetz zur Änderung des Bürgerlichen Gesetzbuchs (Bauhandwerkersicherung) und anderer Gesetze	27. 4.1993	I S. 509
648 a	eingefügt			
541 b, 550 b, 564 b, 564 c, 565 c	geändert	Viertes Mietrechtsänderungsgesetz	27. 7.1993	I S. 1257
549 a, 570 b	eingefügt			
Maßgabe, 622	geändert	Kündigungsfristengesetz	7.10.1993	I S. 1668
565	geändert	Änderungsgesetz	29.10.1993	I S. 1838
1355, 1616, 1617, 1618, 1720, 1737, 1740 f, 1757, 1765	geändert	Familiennamensrechtsgesetz	16.12.1993	I S. 2054
1616 a	eingefügt			

Paragraph	Art der Änderung	Geändert durch	Datum	Fundstelle BGBl.
79, 1114 55 a	geändert eingefügt	Registerverfahren-beschleunigungsgesetz	20.12.1993	I S. 2182, 2209
736	geändert	Gesetz zur zeitlichen Begrenzung der Nachhaftung von Gesellschaftern	18. 3.1994	I S. 560
616	geändert	Pflege-Versicherungsgesetz	26. 5.1994	I S. 1014, 1068
651 a, 651 b, 651 f, 651 h, 651 j, 651 k, 651 l (neu), 651 k (alt) wird 651 l (neu)	geändert	Gesetz zur Durchführung der Richtlinie des Rates vom 13. Juli 1990 über Pauschalreisen	24. 6.1994	I S. 1322
611 a, 611 b	geändert	Zweites Gleichberechtigungsgesetz	24. 6.1994	I S. 1406, 1411, 1415
1376	geändert	Gesetz zur Bewertung eines land- oder forstwirtschaftlichen Betriebes beim Zugewinnausgleich	14. 9.1994	I S. 2324
906	geändert	Sachenrechtsänderungsgesetz	21. 9.1994	I S. 2457, 2489
42, 47, 74, 75, 89, 161, 184, 207, 209, 214, 218, 353, 377, 401, 418, 455, 457, 499, 512, 728, 730, 736, 773, 883, 925, 1098, 1680, 1781, 1968, 1971, 1974-1978, 1980, 1984, 1988-1991, 2000, 2060, 2115	geändert	Einführungsgesetz zur Insolvenzordnung[1)]	5.10.1994	I S. 2911, 2924
419, 1670	aufgehoben			
613 a	geändert	Gesetz zur Bereinigung des Umwandlungsrechts	28.10.1994	I S. 3210, 3257

1) Die Änderungen treten am 1. 1. 1999 in Kraft und werden zu diesem Zeitpunkt eingearbeitet.

Paragraph	Art der Änderung	Geändert durch	Datum	Fundstelle BGBl.
1615 l	geändert	Schwangeren- und Familienhilfeänderungsgesetz	21. 8.1995	I S. 1050
1612 a	geändert	Jahressteuergesetz 1996	11.10.1995	I S. 1250, 1384
564 b	geändert	Gesetz zur Übernahme befristeter Kündigungsmöglichkeiten als Dauerrecht	21. 2.1996	I S. 222
1059 a, 1059 e, 1061, 1092, 1098	geändert	Gesetz zur Änderung des Rechts der beschränkten persönlichen Dienstbarkeiten	17. 7.1996	I S. 990
196	geändert	Allgemeines Magnetschwebebahngesetz	19. 7.1996	I S. 1019, 1022

Maßgabe

Gemäß Anlage I Kapitel VIII Sachgebiet A Abschnitt III Nr. 1 des Einigungsvertrages vom 23. 9.1990 (BGBl. II S. 885) treten die Rechtsvorschriften mit den folgenden Maßgaben in den Ländern Brandenburg, Mecklenburg-Vorpommern, Sachsen, Sachsen-Anhalt und Thüringen sowie in dem Teil des Landes Berlin, in dem das Grundgesetz bisher nicht galt, in Kraft:
»§ 616 Abs. 2 und 3 des Bürgerlichen Gesetzbuches in der im Bundesgesetzblatt Teil III, Gliederungsnummer 400-2, veröffentlichten bereinigten Fassung, das zuletzt durch Gesetz vom 14. März 1990 (BGBl. I S. 478) geändert worden ist, sind nicht anzuwenden.«

1) Das Gesetz war zum Zeitpunkt der Drucklegung noch nicht verkündet. Datum und Fundstelle waren nicht bekannt. Die Änderungen sind im Anhang gem. Bundesrats-Drucksache 390/95 vom 6. 7. 1995 abgedruckt.

Gesetzesübersicht

	§§
Erstes Buch **Allgemeiner Teil**	
Erster Abschnitt **Personen**	
Erster Titel Natürliche Personen	1- 12
Zweiter Titel Juristische Personen	21- 89
I. Vereine	
1. Allgemeine Vorschriften	21- 54
2. Eingetragene Vereine	55- 79
II. Stiftungen	80- 88
III. Juristische Personen des öffentlichen Rechtes	89
Zweiter Abschnitt **Sachen**	90-103
Dritter Abschnitt **Rechtsgeschäfte**	
Erster Titel Geschäftsfähigkeit	104-113
Zweiter Titel Willenserklärung	116-144
Drittel Titel Vertrag	145-157
Vierter Titel Bedingung. Zeitbestimmung	158-163
Fünfter Titel Vertretung. Vollmacht	164-181
Sechster Titel Einwilligung. Genehmigung	182-185
Vierter Abschnitt **Fristen. Termine**	186-193
Fünfter Abschnitt **Verjährung**	194-225
Sechster Abschnitt **Ausübung der Rechte. Selbstverteidigung. Selbsthilfe**	226-231
Siebenter Abschnitt **Sicherheitsleistung**	232-240

	§§
Zweites Buch **Recht der Schuldverhältnisse**	
Erster Abschnitt **Inhalt der Schuldverhältnisse**	
Erster Titel Verpflichtung zur Leistung	241-292
Zweiter Titel Verzug des Gläubigers	293-304
Zweiter Abschnitt **Schuldverhältnisse aus Verträgen**	
Erster Titel Begründung. Inhalt des Vertrags	305-319
Zweiter Titel Gegenseitiger Vertrag	320-327
Dritter Titel Versprechen der Leistung an einen Dritten	328-335
Vierter Titel Draufgabe. Vertragsstrafe	336-345
Fünfter Titel Rücktritt	346-361
Dritter Abschnitt **Erlöschen der Schuldverhältnisse**	
Erster Titel Erfüllung	362-371
Zweiter Titel Hinterlegung	372-386
Dritter Titel Aufrechnung	387-396
Vierter Titel Erlaß	397
Vierter Abschnitt **Übertragung der Forderung**	398-413
Fünfter Abschnitt **Schuldübernahme**	414-419
Sechster Abschnitt **Mehrheit von Schuldnern und Gläubigern**	420-432

	§§
Siebenter Abschnitt **Einzelne Schuldverhältnisse**	
Erster Titel Kauf. Tausch	
I. Allgemeine Vorschriften	433-458
II. Gewährleistung wegen Mängel der Sache	459-493
III. Besondere Arten des Kaufes	
1. Kauf nach Probe. Kauf auf Probe	494-496
2. Wiederkauf	497-503
3. Vorkauf	504-514
IV. Tausch	515
Zweiter Titel Schenkung	516-534
Dritter Titel Miete. Pacht	
I. Miete	535-580
II. Pacht	581-584 b
III. Landpacht	585-597
Vierter Titel Leihe	598-606
Fünfter Titel Darlehen	607-610
Sechster Titel Dienstvertrag	611-630
Siebenter Titel Werkvertrag und ähnliche Verträge	
I. Werkvertrag	631-651
II. Reisevertrag	651 a-651 l
Achter Titel Mäklervertrag	652-656
Neunter Titel Auslobung	657-661
Zehnter Titel Auftrag	662-676
Elfter Titel Geschäftsführung ohne Auftrag	677-687
Zwölfter Titel Verwahrung	688-700
Dreizehnter Titel Einbringung von Sachen bei Gastwirten	701-704
Vierzehnter Titel Gesellschaft	705-740
Fünfzehnter Titel Gemeinschaft	741-758
Sechzehnter Titel Leibrente	759-761
Siebzehnter Titel Spiel. Wette	762-764
Achtzehnter Titel Bürgschaft	765-778
Neunzehnter Titel Vergleich	779
Zwanzigster Titel Schuldversprechen. Schuldanerkenntnis	780-782
Einundzwanzigster Titel Anweisung	783-792
Zweiundzwanzigster Titel Schuldverschreibung auf den Inhaber	793- 808 a
Dreiundzwanzigster Titel Vorlegung von Sachen	809- 811
Vierundzwanzigster Titel Ungerechtfertigte Bereicherung	812- 822
Fünfundzwanzigster Titel Unerlaubte Handlungen	823- 853
Drittes Buch **Sachenrecht**	
Erster Abschnitt **Besitz**	854- 872
Zweiter Abschnitt **Allgemeine Vorschriften über Rechte an Grundstücken**	873- 902
Dritter Abschnitt **Eigentum**	
Erster Titel Inhalt des Eigentums	903- 924
Zweiter Titel Erwerb und Verlust des Eigentums an Grundstücken	925- 928
Dritter Titel Erwerb und Verlust des Eigentums an beweglichen Sachen	
I. Übertragung	929- 936
II. Ersitzung	937- 945
III. Verbindung. Vermischung. Verarbeitung	946- 952
IV. Erwerb von Erzeugnissen und sonstigen Bestandteilen einer Sache	953- 957
V. Aneignung	958- 964
VI. Fund	965- 984
Vierter Titel Ansprüche aus dem Eigentume	985-1007

§§

Fünfter Titel
Miteigentum 1008-1011

Vierter Abschnitt
Erbbaurecht (aufgehoben) 1012-1017

Fünfter Abschnitt
Dienstbarkeiten

Erster Titel
Grunddienstbarkeiten 1018-1029

Zweiter Titel
Nießbrauch

I. Nießbrauch an Sachen 1030-1067
II. Nießbrauch an Rechten 1068-1084
III. Nießbrauch an einem Vermögen 1085-1089

Dritter Titel
Beschränkte persönliche Dienstbarkeiten 1090-1093

Sechster Abschnitt
Vorkaufsrecht 1094-1104

Siebenter Abschnitt
Reallasten 1105-1112

Achter Abschnitt
Hypothek. Grundschuld. Rentenschuld

Erster Titel
Hypothek 1113-1190

Zweiter Titel
Grundschuld. Rentenschuld

I. Grundschuld 1191-1198
II. Rentenschuld 1199-1203

Neunter Abschnitt
Pfandrecht an beweglichen Sachen und an Rechten

Erster Titel
Pfandrecht an beweglichen Sachen 1204-1258

Zweiter Titel
Pfandrecht an Rechten 1273-1296

Viertes Buch
Familienrecht

Erster Abschnitt
Bürgerliche Ehe

Erster Titel
Verlöbnis 1297-1302

Zweiter Titel
Eingehung der Ehe aufgehoben

Dritter Titel
Nichtigkeit und Anfechtbarkeit der Ehe aufgehoben

§§

Vierter Titel
Wiederverheiratung im Falle der Todeserklärung aufgehoben

Fünfter Titel
Wirkungen der Ehe im allgemeinen 1353-1362

Sechster Titel
Eheliches Güterrecht

I. Gesetzliches Güterrecht 1363-1390
II. Vertragsmäßiges Güterrecht
  1. Allgemeine Vorschriften 1408-1413
  2. Gütertrennung 1414
  3. Gütergemeinschaft
    a) Allgemeine Vorschriften 1415-1421
    b) Verwaltung des Gesamtgutes durch den Mann oder die Frau 1422-1449
    c) Gemeinschaftliche Verwaltung des Gesamtgutes durch die Ehegatten 1450-1470
    d) Auseinandersetzung des Gesamtgutes 1471-1482
    e) Fortgesetzte Gütergemeinschaft 1483-1518
III. Güterrechtsregister 1558-1563

Siebenter Titel
Scheidung der Ehe

I. Scheidungsgründe 1564-1568
II. Unterhalt des geschiedenen Ehegatten
  1. Grundsatz 1569
  2. Unterhaltsberechtigung 1570-1580
  3. Leistungsfähigkeit und Rangfolge 1581-1584
  4. Gestaltung des Unterhaltsanspruchs 1585-1585 c
  5. Ende des Unterhaltsanspruchs 1586-1586 b
III. Versorgungsausgleich
  1. Grundsatz 1587
  2. Wertausgleich von Anwartschaften oder Aussichten auf eine Versorgung 1587 a-1587 e
  3. Schuldrechtlicher Versorgungsausgleich 1587 f-1587 n
  4. Parteivereinbarungen 1587 o
  5. Schutz des Versorgungsschuldners 1587 p

Achter Titel
Kirchliche Verpflichtungen 1588

§§

Zweiter Abschnitt
Verwandtschaft

Erster Titel
Allgemeine Vorschriften 1589-1590

Zweiter Titel
Abstammung
I. Eheliche Abstammung 1591-1600
II. Nichteheliche Abstammung 1600 a-1600 o

Dritter Titel
Unterhaltspflicht
I. Allgemeine Vorschriften 1601-1615
II. Besondere Vorschriften für das nichteheliche Kind und seine Mutter 1615 a-1615 o

Vierter Titel
Rechtsverhältnis zwischen Eltern und dem Kinde im allgemeinen 1616-1625

Fünfter Titel
Elterliche Sorge für eheliche Kinder 1626-1698 b

Sechster Titel
Elterliche Sorge für nichteheliche Kinder 1705-1711

Siebenter Titel
Legitimation nichtehelicher Kinder
I. Legitimation durch nachfolgende Ehe 1719-1722
II. Ehelicherklärung auf Antrag des Vaters 1723-1739
III. Ehelicherklärung auf Antrag des Kindes 1740 a-1740 g

Achter Titel
Annahme als Kind
I. Annahme Minderjähriger 1741-1766
II. Annahme Volljähriger 1767-1772

Dritter Abschnitt
Vormundschaft

Erster Titel
Vormundschaft über Minderjährige
I. Begründung der Vormundschaft 1773-1792
II. Führung der Vormundschaft 1793-1836 a
III. Fürsorge und Aufsicht des Vormundschaftsgerichts 1837-1847
IV. Mitwirkung des Jugendamts 1849-1851
V. Befreite Vormundschaft 1852-1857 a
VI. Familienrat aufgehoben
VII. Beendigung der Vormundschaft 1882-1895

§§

Zweiter Titel
Betreuung 1896-1908 i

Dritter Titel
Pflegschaft 1909-1921

Fünftes Buch
Erbrecht

Erster Abschnitt
Erbfolge 1922-1941

Zweiter Abschnitt
Rechtliche Stellung des Erben

Erster Titel
Annahme und Ausschlagung der Erbschaft. Fürsorge des Nachlaßgerichts 1942-1966

Zweiter Titel
Haftung des Erben für die Nachlaßverbindlichkeiten
I. Nachlaßverbindlichkeiten 1967-1969
II. Aufgebot der Nachlaßgläubiger 1970-1974
III. Beschränkung der Haftung des Erben 1975-1992
IV. Inventarerrichtung. Unbeschränkte Haftung des Erben 1993-2013
V. Aufschiebende Einreden 2014-2017

Dritter Titel
Erbschaftsanspruch 2018-2031

Vierter Titel
Mehrheit von Erben
I. Rechtsverhältnis der Erben untereinander 2032-2057 a
II. Rechtsverhältnis zwischen den Erben und den Nachlaßgläubigern 2058-2063

Dritter Abschnitt
Testament

Erster Titel
Allgemeine Vorschriften 2064-2086

Zweiter Titel
Erbeinsetzung 2087-2099

Dritter Titel
Einsetzung eines Nacherben 2100-2146

Vierter Titel
Vermächtnis 2147-2191

Fünfter Titel
Auflage 2192-2196

Sechster Titel
Testamentsvollstrecker 2197-2228

Siebenter Titel
Errichtung und Aufhebung eines Testaments 2229-2264

Achter Titel
Gemeinschaftliches Testament 2265-2273

Vierter Abschnitt
Erbvertrag 2274-2302

Fünfter Abschnitt
Pflichtteil 2303-2338 a

Sechster Abschnitt
Erbunwürdigkeit 2339-2345

Siebenter Abschnitt
Erbverzicht 2346-2352

Achter Abschnitt
Erbschein 2353-2370

Neunter Abschnitt
Erbschaftskauf 2371-2385

Erstes Buch

Allgemeiner Teil

Erster Abschnitt

Personen

Erster Titel

Natürliche Personen

§ 1 [Rechtsfähigkeit]

Die Rechtsfähigkeit des Menschen beginnt mit der Vollendung der Geburt.

§ 2 [Volljährigkeit]

Die Volljährigkeit tritt mit der Vollendung des achtzehnten Lebensjahres ein.

§§ 3 bis **6 (aufgehoben)**

§ 7 [Wohnsitz]

(1) Wer sich an einem Orte ständig niederläßt, begründet an diesem Orte seinen Wohnsitz.

(2) Der Wohnsitz kann gleichzeitig an mehreren Orten bestehen.

(3) Der Wohnsitz wird aufgehoben, wenn die Niederlassung mit dem Willen aufgehoben wird, sie aufzugeben.

§ 8 [Wohnsitz beschränkt Geschäftsfähiger]

(1) Wer geschäftsunfähig oder in der Geschäftsfähigkeit beschränkt ist, kann ohne den Willen seines gesetzlichen Vertreters einen Wohnsitz weder begründen noch aufheben.

(2) Ein Minderjähriger, der verheiratet ist oder war, kann selbständig einen Wohnsitz begründen und aufheben.

§ 9 [Wohnsitz des Soldaten]

(1) Ein Soldat hat seinen Wohnsitz am Standort. Als Wohnsitz eines Soldaten, der im Inland keinen Standort hat, gilt der letzte inländische Standort.

(2) Diese Vorschriften finden keine Anwendung auf Soldaten, die nur auf Grund der Wehrpflicht Wehrdienst leisten oder die nicht selbständig einen Wohnsitz begründen können.

§ 10 (aufgehoben)

§ 11 [Wohnsitz des Kindes]

Ein minderjähriges Kind teilt den Wohnsitz der Eltern; es teilt nicht den Wohnsitz eines Elternteils, dem das Recht fehlt, für die Person des Kindes zu sorgen. Steht keinem Elternteil das Recht zu, für die Person des Kindes zu sorgen, so teilt das Kind den Wohnsitz desjenigen, dem dieses Recht zusteht. Das Kind behält den Wohnsitz, bis es ihn rechtsgültig aufhebt.

§ 12 [Schutz des Namens]
Wird das Recht zum Gebrauch eines Namens dem Berechtigten von einem anderen bestritten oder wird das Interesse des Berechtigten dadurch verletzt, daß ein anderer unbefugt den gleichen Namen gebraucht, so kann der Berechtigte von dem anderen Beseitigung der Beeinträchtigung verlangen. Sind weitere Beeinträchtigungen zu besorgen, so kann er auf Unterlassung klagen.

§§ 13 bis **20** **(aufgehoben)**

Zweiter Titel
Juristische Personen
I. Vereine
1. Allgemeine Vorschriften

§ 21 [Nichtwirtschaftlicher Verein]
Ein Verein, dessen Zweck nicht auf einen wirtschaftlichen Geschäftsbetrieb gerichtet ist, erlangt Rechtsfähigkeit durch Eintragung in das Vereinsregister des zuständigen Amtsgerichts.

§ 22 [Wirtschaftlicher Verein]
Ein Verein, dessen Zweck auf einen wirtschaftlichen Geschäftsbetrieb gerichtet ist, erlangt in Ermangelung besonderer reichsgesetzlicher Vorschriften Rechtsfähigkeit durch staatliche Verleihung. Die Verleihung steht dem Bundesstaate zu, in dessen Gebiete der Verein seinen Sitz hat.

§ 23 [Ausländischer Verein]
Einem Vereine, der seinen Sitz nicht in einem Bundesstaate hat, kann in Ermangelung besonderer reichsgesetzlicher Vorschriften Rechtsfähigkeit durch Beschluß des Bundesrats verliehen werden.

§ 24 [Vereinssitz]
Als Sitz eines Vereins gilt, wenn nicht ein anderes bestimmt ist, der Ort, an welchem die Verwaltung geführt wird.

§ 25 [Vereinssatzung]
Die Verfassung eines rechtsfähigen Vereins wird, soweit sie nicht auf den nachfolgenden Vorschriften beruht, durch die Vereinssatzung bestimmt.

§ 26 [Vorstand – Vertretungsmacht]
(1) Der Verein muß einen Vorstand haben. Der Vorstand kann aus mehreren Personen bestehen.
(2) Der Vorstand vertritt den Verein gerichtlich und außergerichtlich; er hat die Stellung eines gesetzlichen Vertreters. Der Umfang seiner Vertretungsmacht kann durch die Satzung mit Wirkung gegen Dritte beschränkt werden.

§ 27 [Bestellung – Geschäftsführung]
(1) Die Bestellung des Vorstandes erfolgt durch Beschluß der Mitgliederversammlung.
(2) Die Bestellung ist jederzeit widerruflich, unbeschadet des Anspruchs auf die vertragsmäßige Vergütung. Die Widerruflichkeit kann durch die Satzung auf den Fall beschränkt werden, daß ein wichtiger Grund für den Widerruf vorliegt; ein solcher Grund ist insbesondere grobe Pflichtverletzung oder Unfähigkeit zur ordnungsmäßigen Geschäftsführung.
(3) Auf die Geschäftsführung des Vorstandes finden die für den Auftrag geltenden Vorschriften der §§ 664 bis 670 entsprechende Anwendung.

§ 28 [Beschlußfassung – Passive Vertretung]

(1) Besteht der Vorstand aus mehreren Personen, so erfolgt die Beschlußfassung nach den für die Beschlüsse der Mitglieder des Vereins geltenden Vorschriften der §§ 32, 34.

(2) Ist eine Willenserklärung dem Vereine gegenüber abzugeben, so genügt die Abgabe gegenüber einem Mitgliede des Vorstandes.

§ 29 [Vorstandsbestellung durch Amtsgericht]

Soweit die erforderlichen Mitglieder des Vorstandes fehlen, sind sie in dringenden Fällen für die Zeit bis zur Behebung des Mangels auf Antrag eines Beteiligten von dem Amtsgericht zu bestellen, das für den Bezirk, in dem der Verein seinen Sitz hat, das Vereinsregister führt.

§ 30 [Besondere Vertreter]

Durch die Satzung kann bestimmt werden, daß neben dem Vorstande für gewisse Geschäfte besondere Vertreter zu bestellen sind. Die Vertretungsmacht eines solchen Vertreters erstreckt sich im Zweifel auf alle Rechtsgeschäfte, die der ihm zugewiesene Geschäftskreis gewöhnlich mit sich bringt.

§ 31 [Haftung für Organe]

Der Verein ist für den Schaden verantwortlich, den der Vorstand, ein Mitglied des Vorstandes oder ein anderer verfassungsmäßig berufener Vertreter durch eine in Ausführung der ihm zustehenden Verrichtungen begangene, zum Schadensersatze verpflichtende Handlung einem Dritten zufügt.

§ 32 [Beschlußfassung durch Vereinsmitglieder]

(1) Die Angelegenheiten des Vereins werden, soweit sie nicht von dem Vorstand oder einem anderen Vereinsorgane zu besorgen sind, durch Beschlußfassung in einer Versammlung der Mitglieder geordnet. Zur Gültigkeit des Beschlusses ist erforderlich, daß der Gegenstand bei der Berufung bezeichnet wird. Bei der Beschlußfassung entscheidet die Mehrheit der erschienenen Mitglieder.

(2) Auch ohne Versammlung der Mitglieder ist ein Beschluß gültig, wenn alle Mitglieder ihre Zustimmung zu dem Beschlusse schriftlich erklären.

§ 33 [Satzungs- und Zweckänderung]

(1) Zu einem Beschlusse, der eine Änderung der Satzung enthält, ist eine Mehrheit von drei Vierteilen der erschienenen Mitglieder erforderlich. Zur Änderung des Zweckes des Vereins ist die Zustimmung aller Mitglieder erforderlich; die Zustimmung der nicht erschienenen Mitglieder muß schriftlich erfolgen.

(2) Beruht die Rechtsfähigkeit des Vereins auf Verleihung, so ist zu jeder Änderung der Satzung staatliche Genehmigung oder, falls die Verleihung durch den Bundesrat erfolgt ist, die Genehmigung des Bundesrats erforderlich.

§ 34 [Einschränkung des Stimmrechts]

Ein Mitglied ist nicht stimmberechtigt, wenn die Beschlußfassung die Vornahme eines Rechtsgeschäfts mit ihm oder die Einleitung oder Erledigung eines Rechtsstreits zwischen ihm und dem Vereine betrifft.

§ 35 [Sonderrechte eines Mitglieds]

Sonderrechte eines Mitglieds können nicht ohne dessen Zustimmung durch Beschluß der Mitgliederversammlung beeinträchtigt werden.

§ 36 [Einberufung der Mitgliederversammlung]

Die Mitgliederversammlung ist in den durch die Satzung bestimmten Fällen sowie dann zu berufen, wenn das Interesse des Vereins es erfordert.

§ 37 [Einberufung auf Verlangen einer Minderheit]

(1) Die Mitgliederversammlung ist zu berufen, wenn der durch die Satzung bestimmte Teil oder in Ermangelung einer Bestimmung der zehnte Teil der Mitglieder die Berufung schriftlich unter Angabe des Zweckes und der Gründe verlangt.

(2) Wird dem Verlangen nicht entsprochen, so kann das Amtsgericht die Mitglieder, die das Verlangen gestellt haben, zur Berufung der Versammlung ermächtigen; es kann Anordnungen über die Führung des Vorsitzes in der Versammlung treffen. Zuständig ist das Amtsgericht, das für den Bezirk, in dem der Verein seinen Sitz hat, das Vereinsregister führt. Auf die Ermächtigung muß bei der Berufung der Versammlung Bezug genommen werden.

§ 38 [Unübertragbarkeit der Mitgliedschaft]

Die Mitgliedschaft ist nicht übertragbar und nicht vererblich. Die Ausübung der Mitgliedschaftsrechte kann nicht einem anderen überlassen werden.

§ 39 [Austritt]

(1) Die Mitglieder sind zum Austritt aus dem Vereine berechtigt.

(2) Durch die Satzung kann bestimmt werden, daß der Austritt nur am Schlusse eines Geschäftsjahrs oder erst nach dem Ablauf einer Kündigungsfrist zulässig ist; die Kündigungsfrist kann höchstens zwei Jahre betragen.

§ 40 [Abänderbare Vorschriften]

Die Vorschriften des § 27 Abs. 1, 3, des § 28 Abs. 1 und der §§ 32, 33, 38 finden insoweit keine Anwendung, als die Satzung ein anderes bestimmt.

§ 41 [Auflösung]

Der Verein kann durch Beschluß der Mitgliederversammlung aufgelöst werden. Zu dem Beschluß ist eine Mehrheit von drei Vierteilen der erschienenen Mitglieder erforderlich, wenn nicht die Satzung ein anderes bestimmt.

§ 42 [Konkurs]

(1) Der Verein verliert die Rechtsfähigkeit durch die Eröffnung des Konkurses.

(2) Der Vorstand hat im Falle der Überschuldung die Eröffnung des Konkursverfahrens oder des gerichtlichen Vergleichsverfahrens zu beantragen. Wird die Stellung des Antrags verzögert, so sind die Vorstandsmitglieder, denen ein Verschulden zur Last fällt, den Gläubigern für den daraus entstehenden Schaden verantwortlich; sie haften als Gesamtschuldner.

§ 43 [Entziehung der Rechtsfähigkeit]

(1) Dem Vereine kann die Rechtsfähigkeit entzogen werden, wenn er durch einen gesetzwidrigen Beschluß der Mitgliederversammlung oder durch gesetzwidriges Verhalten des Vorstandes das Gemeinwohl gefährdet.

(2) Einem Vereine, dessen Zweck nach der Satzung nicht auf einen wirtschaftlichen Geschäftsbetrieb gerichtet ist, kann die Rechtsfähigkeit entzogen werden, wenn er einen solchen Zweck verfolgt.

(3) (aufgehoben)

(4) Einem Vereine, dessen Rechtsfähigkeit auf Verleihung beruht, kann die Rechtsfähigkeit entzogen werden, wenn er einen anderen als den in der Satzung bestimmten Zweck verfolgt.

§ 44 [Zuständigkeit und Verfahren]

(1) Die Zuständigkeit und das Verfahren bestimmen sich in den Fällen des § 43 nach dem Recht des Landes, in dem der Verein seinen Sitz hat.

(2) Beruht die Rechtsfähigkeit auf Verleihung durch den Bundesrat, so erfolgt die Entziehung durch Beschluß des Bundesrats.

§ 45 [Anfall des Vermögens]

(1) Mit der Auflösung des Vereins oder der Entziehung der Rechtsfähigkeit fällt das Vermögen an die in der Satzung bestimmten Personen.

(2) Durch die Satzung kann vorgeschrieben werden, daß die Anfallberechtigten durch Beschluß der Mitgliederversammlung oder eines anderen Vereinsorgans bestimmt werden. Ist der Zweck des Vereins nicht auf einen wirtschaftlichen Geschäftsbetrieb gerichtet, so kann die Mitgliederversammlung auch ohne eine solche Vorschrift das Vermögen einer öffentlichen Stiftung oder Anstalt zuweisen.

(3) Fehlt es an einer Bestimmung der Anfallberechtigten, so fällt das Vermögen, wenn der Verein nach der Satzung ausschließlich den Interessen seiner Mitglieder diente, an die zur Zeit der Auflösung oder der Entziehung der Rechtsfähigkeit vorhandenen Mitglieder zu gleichen Teilen, anderenfalls an den Fiskus des Bundesstaats, in dessen Gebiete der Verein seinen Sitz hatte.

§ 46 [Anfall an den Fiskus]

Fällt das Vereinsvermögen an den Fiskus, so finden die Vorschriften über eine dem Fiskus als gesetzlichem Erben anfallende Erbschaft entsprechende Anwendung. Der Fiskus hat das Vermögen tunlichst in einer den Zwecken des Vereins entsprechenden Weise zu verwenden.

§ 47 [Liquidation]

Fällt das Vereinsvermögen nicht an den Fiskus, so muß eine Liquidation stattfinden.

§ 48 [Liquidatoren]

(1) Die Liquidation erfolgt durch den Vorstand. Zu Liquidatoren können auch andere Personen bestellt werden; für die Bestellung sind die für die Bestellung des Vorstandes geltenden Vorschriften maßgebend.

(2) Die Liquidatoren haben die rechtliche Stellung des Vorstandes, soweit sich nicht aus dem Zwecke der Liquidation ein anderes ergibt.

(3) Sind mehrere Liquidatoren vorhanden, so ist für ihre Beschlüsse Übereinstimmung aller erforderlich, sofern nicht ein anderes bestimmt ist.

§ 49 [Durchführung der Liquidation]

(1) Die Liquidatoren haben die laufenden Geschäfte zu beendigen, die Forderungen einzuziehen, das übrige Vermögen in Geld umzusetzen, die Gläubiger zu befriedigen und den Überschuß den Anfallberechtigten auszuantworten. Zur Beendigung schwebender Geschäfte können die Liquidatoren auch neue Geschäfte eingehen. Die Einziehung der Forderungen sowie die Umsetzung des übrigen Vermögens in Geld darf unterbleiben, soweit diese Maßregeln nicht zur Befriedigung der Gläubiger oder zur Verteilung des Überschusses unter die Anfallberechtigten erforderlich sind.

(2) Der Verein gilt bis zur Beendigung der Liquidation als fortbestehend, soweit der Zweck der Liquidation es erfordert.

§ 50 [Bekanntmachung]

(1) Die Auflösung des Vereins oder die Entziehung der Rechtsfähigkeit ist durch die Liquidatoren öffentlich bekanntzumachen. In der Bekanntmachung sind die Gläubiger zur Anmeldung ihrer Ansprüche aufzufordern. Die Bekanntmachung erfolgt durch das in der Satzung für Veröffentlichungen bestimmte Blatt, in Ermangelung eines solchen durch dasjenige Blatt, welches für Bekanntmachungen des Amtsgerichts bestimmt ist, in dessen Bezirke der Verein seinen Sitz hatte. Die Bekanntmachung gilt mit dem Ablaufe des zweiten Tages nach der Einrückung oder der ersten Einrückung als bewirkt.

(2) Bekannte Gläubiger sind durch besondere Mitteilung zur Anmeldung aufzufordern.

§ 51 [Sperrfrist]

Das Vermögen darf den Anfallberechtigten nicht vor dem Ablauf eines Jahres nach der Bekanntmachung der Auflösung des Vereins oder der Entziehung der Rechtsfähigkeit ausgeantwortet werden.

§ 52 [Hinterlegung und Sicherheitsleistung]

(1) Meldet sich ein bekannter Gläubiger nicht, so ist der geschuldete Betrag, wenn die Berechtigung zur Hinterlegung vorhanden ist, für den Gläubiger zu hinterlegen.

(2) Ist die Berichtigung einer Verbindlichkeit zur Zeit nicht ausführbar oder ist eine Verbindlichkeit streitig, so darf das Vermögen den Anfallberechtigten nur ausgeantwortet werden, wenn dem Gläubiger Sicherheit geleistet ist.

§ 53 [Haftung der Liquidatoren]

Liquidatoren, welche die ihnen nach dem § 42 Abs. 2 und den §§ 50 bis 52 obliegenden Verpflichtungen verletzen oder vor der Befriedigung der Gläubiger Vermögen den Anfallberechtigten ausantworten, sind, wenn ihnen ein Verschulden zur Last fällt, den Gläubigern für den daraus entstehenden Schaden verantwortlich; sie haften als Gesamtschuldner.

§ 54 [Nichtrechtsfähige Vereine]

Auf Vereine, die nicht rechtsfähig sind, finden die Vorschriften über die Gesellschaft Anwendung. Aus einem Rechtsgeschäft, das im Namen eines solchen Vereins einem Dritten gegenüber vorgenommen wird, haftet der Handelnde persönlich; handeln mehrere, so haften sie als Gesamtschuldner.

2. Eingetragene Vereine

§ 55 [Zuständiges Registergericht]

(1) Die Eintragung eines Vereins der im § 21 bezeichneten Art in das Vereinsregister hat bei dem Amtsgerichte zu geschehen, in dessen Bezirke der Verein seinen Sitz hat.

(2) Die Landesjustizverwaltungen können die Vereinssachen einem Amtsgericht für die Bezirke mehrerer Amtsgerichte zuweisen.

§ 55 a [Automatisierung; Verordnungsermächtigung]

(1) Die Landesregierungen können durch Rechtsverordnung bestimmen, daß und in welchem Umfang das Vereinsregister in maschineller Form als automatisierte Datei geführt wird. Hierbei muß gewährleistet sein, daß

1. die Grundsätze einer ordnungsgemäßen Datenverarbeitung eingehalten, insbesondere Vorkehrungen gegen einen Datenverlust getroffen sowie die erforderlichen Kopien der Datenbestände mindestens tagesaktuell gehalten und die originären Datenbestände sowie deren Kopien sicher aufbewahrt werden;
2. die vorzunehmenden Eintragungen alsbald in einen Datenspeicher aufgenommen und auf Dauer inhaltlich unverändert in lesbarer Form wiedergegeben werden können;
3. die nach der Anlage zu § 126 Abs. 1 Satz 2 Nr. 3 der Grundbuchordnung gebotenen Maßnahmen getroffen werden.

Die Landesregierungen können durch Rechtsverordnung die Ermächtigung nach Satz 1 auf die Landesjustizverwaltungen übertragen.

(2) Die Führung des Vereinsregisters auch in maschineller Form umfaßt die Einrichtung und Führung eines Verzeichnisses der Vereine sowie weiterer, für die Führung des Vereinsregisters erforderlicher Verzeichnisse.

(3) Das maschinell geführte Vereinsregister tritt für eine Seite des Registers an die Stelle des bisherigen Registers, sobald die Eintragungen dieser Seite in den für die Vereinsregistereintragungen bestimmten Datenspeicher aufgenommen und als Vereinsregister freigegeben

worden sind. Die entsprechenden Seiten des bisherigen Vereinsregisters sind mit einem Schließungsvermerk zu versehen.

(4) Eine Eintragung wird wirksam, sobald sie in den für die Registereintragungen bestimmten Datenspeicher aufgenommen ist und auf Dauer inhaltlich unverändert in lesbarer Form wiedergegeben werden kann. Durch eine Bestätigungsanzeige oder in anderer geeigneter Weise ist zu überprüfen, ob diese Voraussetzungen eingetreten sind. Jede Eintragung soll den Tag angeben, an dem sie wirksam geworden ist.

(5) Die zum Vereinsregister eingereichten Schriftstücke können zur Ersetzung der Urschrift auch als Wiedergabe auf einem Bildträger oder auf anderen Datenträgern aufbewahrt werden, wenn sichergestellt ist, daß die Wiedergaben oder die Daten innerhalb angemessener Zeit lesbar gemacht werden können. Bei der Herstellung der Bild- oder Datenträger ist ein schriftlicher Nachweis über ihre inhaltliche Übereinstimmung mit der Urschrift anzufertigen.

(6) Wird das Vereinsregister in maschineller Form als automatisierte Datei geführt, so kann die Datenverarbeitung im Auftrag des zuständigen Amtsgerichts auf den Anlagen einer anderen staatlichen Stelle oder auf den Anlagen einer juristischen Person des öffentlichen Rechts vorgenommen werden, wenn die ordnungsgemäße Erledigung der Registersachen sichergestellt ist. Die Landesregierungen werden ermächtigt, durch Rechtsverordnung zu bestimmen, daß die Daten des bei einem Amtsgericht in maschineller Form geführten Vereinsregisters an andere Amtsgerichte übermittelt und dort auch zur Einsicht und zur Erteilung von Ausdrucken bereitgehalten werden, wenn dies der Erleichterung des Rechtsverkehrs dient und mit einer rationellen Registerführung vereinbar ist; die Landesregierungen können durch Rechtsverordnung die Ermächtigung auf die Landesjustizverwaltungen übertragen.

(7) Das Bundesministerium der Justiz wird ermächtigt, durch Rechtsverordnung mit Zustimmung des Bundesrates nähere Vorschriften zu erlassen über die Einzelheiten der Einrichtung und Führung des Vereinsregisters, auch soweit es maschinell geführt wird.

§ 56 [Mindestzahl der Mitglieder]

Die Eintragung soll nur erfolgen, wenn die Zahl der Mitglieder mindestens sieben beträgt.

§ 57 [Mindestinhalt der Satzung]

(1) Die Satzung muß den Zweck, den Namen und den Sitz des Vereins enthalten und ergeben, daß der Verein eingetragen werden soll.

(2) Der Name soll sich von den Namen der an demselben Orte oder in derselben Gemeinde bestehenden eingetragenen Vereine deutlich unterscheiden.

§ 58 [Sollinhalt der Satzung]

Die Satzung soll Bestimmungen enthalten:

1. über den Eintritt und Austritt der Mitglieder;
2. darüber, ob und welche Beiträge von den Mitgliedern zu leisten sind;
3. über die Bildung des Vorstandes;
4. über die Voraussetzungen, unter denen die Mitgliederversammlung zu berufen ist, über die Form der Berufung und über die Beurkundung der Beschlüsse.

§ 59 [Anmeldung zur Eintragung]

(1) Der Vorstand hat den Verein zur Eintragung anzumelden.

(2) Der Anmeldung sind beizufügen:

1. die Satzung in Urschrift und Abschrift;
2. eine Abschrift der Urkunden über die Bestellung des Vorstandes.

(3) Die Satzung soll von mindestens sieben Mitgliedern unterzeichnet sein und die Angabe des Tages der Errichtung enthalten.

§ 60 [Zurückweisung der Anmeldung]

(1) Die Anmeldung ist, wenn den Erfordernissen der §§ 56 bis 59 nicht genügt ist, von dem Amtsgericht unter Angabe der Gründe zurückzuweisen.

(2) (gestrichen)

§ 61 [Einspruch der Verwaltungsbehörde]

(1) Wird die Anmeldung zugelassen, so hat das Amtsgericht sie der zuständigen Verwaltungsbehörde mitzuteilen.

(2) Die Verwaltungsbehörde kann gegen die Eintragung Einspruch erheben, wenn der Verein nach dem öffentlichen Vereinsrecht unerlaubt ist oder verboten werden kann.

§ 62 [Mitteilung an Vorstand]

(1) Erhebt die Verwaltungsbehörde Einspruch, so hat das Amtsgericht den Einspruch dem Vorstande mitzuteilen.

(2) (gestrichen)

§ 63 [Voraussetzungen der Eintragung]

(1) Die Eintragung darf, sofern nicht die Verwaltungsbehörde dem Amtsgericht mitteilt, daß Einspruch nicht erhoben werde, erst erfolgen, wenn seit der Mitteilung der Anmeldung an die Verwaltungsbehörde sechs Wochen verstrichen sind und Einspruch nicht erhoben ist oder wenn der erhobene Einspruch seine Wirksamkeit verloren hat.

(2) Der Einspruch wird unwirksam, wenn die nach den Bestimmungen des Vereinsgesetzes zuständige Behörde nicht binnen eines Monats nach Einspruchserhebung ein Verbot des Vereins ausgesprochen hat oder wenn das rechtzeitig ausgesprochene Verbot zurückgenommen oder unanfechtbar aufgehoben worden ist.

§ 64 [Inhalt der Eintragung]

Bei der Eintragung sind der Name und der Sitz des Vereins, der Tag der Errichtung der Satzung sowie die Mitglieder des Vorstandes im Vereinsregister anzugeben. Bestimmungen, die den Umfang der Vertretungsmacht des Vorstandes beschränken oder die Beschlußfassung des Vorstandes abweichend von der Vorschrift des § 28 Abs. 1 regeln, sind gleichfalls einzutragen.

§ 65 [Zusatz »eingetragener Verein«]

Mit der Eintragung erhält der Name des Vereins den Zusatz »eingetragener Verein«.

§ 66 [Bekanntmachung der Eintragung]

(1) Das Amtsgericht hat die Eintragung durch das für seine Bekanntmachungen bestimmte Blatt zu veröffentlichen.

(2) Die Urschrift der Satzung ist mit der Bescheinigung der Eintragung an versehen und zurückzugeben. Die Abschrift wird von dem Amtsgericht beglaubigt und mit den übrigen Schriftstücken aufbewahrt.

§ 67 [Eintragung von Vorstandsänderungen]

(1) Jede Änderung des Vorstandes ist von dem Vorstand zur Eintragung anzumelden. Der Anmeldung ist eine Abschrift der Urkunde über die Änderung beizufügen.

(2) Die Eintragung gerichtlich bestellter Vorstandsmitglieder erfolgt von Amts wegen.

§ 68 [Öffentlicher Glaube des Vereinsregisters]

Wird zwischen den bisherigen Mitgliedern des Vorstandes und einem Dritten ein Rechtsgeschäft vorgenommen, so kann die Änderung des Vorstandes dem Dritten nur entgegengesetzt werden, wenn sie zur Zeit der Vornahme des Rechtsgeschäfts im Vereinsregister eingetragen oder dem Dritten bekannt ist. Ist die Änderung eingetragen, so braucht der Dritte sie nicht gegen sich gelten zu lassen, wenn er sie nicht kennt, seine Unkenntnis auch nicht auf Fahrlässigkeit beruht.

§ 69 [Nachweis durch Registerauszug]

Der Nachweis, daß der Vorstand aus den im Register eingetragenen Personen besteht, wird Behörden gegenüber durch ein Zeugnis des Amtsgerichts über die Eintragung geführt.

§ 70 [Beschränkung der Vertretungsmacht]

Die Vorschriften des § 68 gelten auch für Bestimmungen, die den Umfang der Vertretungsmacht des Vorstandes beschränken oder die Beschlußfassung des Vorstandes abweichend von der Vorschrift des § 28 Abs. 1 regeln.

§ 71 [Eintragung von Satzungsänderungen]

(1) Änderungen der Satzung bedürfen zu ihrer Wirksamkeit der Eintragung in das Vereinsregister. Die Änderung ist von dem Vorstande zur Eintragung anzumelden. Der Anmeldung ist der die Änderung enthaltende Beschluß in Urschrift und Abschrift beizufügen.

(2) Vorschriften der §§ 60 bis 64 und des § 66 Abs. 2 finden entsprechende Anwendung.

§ 72 [Bescheinigung über Mitgliederzahl]

Der Vorstand hat dem Amtsgericht auf dessen Verlangen jederzeit eine von ihm vollzogene Bescheinigung über die Zahl der Vereinsmitglieder einzureichen.

§ 73 [Entziehung der Rechtsfähigkeit]

(1) Sinkt die Zahl der Vereinsmitglieder unter drei herab, so hat das Amtsgericht auf Antrag des Vorstandes und, wenn der Antrag nicht binnen drei Monaten gestellt wird, von Amts wegen nach Anhörung des Vorstandes dem Vereine die Rechtsfähigkeit zu entziehen.

(2) (gestrichen)

§ 74 [Eintragung der Auflösung]

(1) Die Auflösung des Vereins sowie die Entziehung der Rechtsfähigkeit ist in das Vereinsregister einzutragen. Im Falle der Eröffnung des Konkurses unterbleibt die Eintragung.

(2) Wird der Verein durch Beschluß der Mitgliederversammlung oder durch den Ablauf der für die Dauer des Vereins bestimmten Zeit aufgelöst, so hat der Vorstand die Auflösung zur Eintragung anzumelden. Der Anmeldung ist im ersteren Falle eine Abschrift des Auflösungsbeschlusses beizufügen.

(3) Wird dem Verein auf Grund des § 43 die Rechtsfähigkeit entzogen, so erfolgt die Eintragung auf Anzeige der zuständigen Behörde.

§ 75 [Eintragung der Konkurseröffnung]

Die Eröffnung des Konkurses ist von Amts wegen einzutragen. Das gleiche gilt von der Aufhebung des Eröffnungsbeschlusses.

§ 76 [Eintragung der Liquidatoren]

(1) Die Liquidatoren sind in das Vereinsregister einzutragen. Das gleiche gilt von Bestimmungen, welche die Beschlußfassung der Liquidatoren abweichend von der Vorschrift des § 48 Abs. 3 regeln.

(2) Die Anmeldung hat durch den Vorstand, bei späteren Änderungen durch die Liquidatoren zu erfolgen. Der Anmeldung der durch Beschluß der Mitgliederversammlung bestellten Liquidatoren ist eine Abschrift des Beschlusses, der Anmeldung einer Bestimmung über die Beschlußfassung der Liquidatoren eine Abschrift der die Bestimmung enthaltenden Urkunde beizufügen.

(3) Die Eintragung gerichtlich bestellter Liquidatoren geschieht von Amts wegen.

§ 77 [Form der Anmeldungen]
Die Anmeldungen zum Vereinsregister sind von den Mitgliedern des Vorstandes sowie von den Liquidatoren mittels öffentlich beglaubigter Erklärungen zu bewirken.

§ 78 [Zwangsgeld]
(1) Das Amtsgericht kann die Mitglieder des Vorstandes zur Befolgung der Vorschriften des § 67 Abs. 1, des § 71 Abs. 1, des § 72, des § 74 Abs. 2 und des § 76 durch Festsetzung von Zwangsgeld anhalten.

(2) In gleicher Weise können die Liquidatoren zur Befolgung der Vorschriften des § 76 angehalten werden.

§ 79 [Registereinsicht – Abschrift]
(1) Die Einsicht des Vereinsregisters sowie der von dem Vereine bei dem Amtsgericht eingereichten Schriftstücke ist jedem gestattet. Von den Eintragungen kann eine Abschrift gefordert werden; die Abschrift ist auf Verlangen zu beglaubigen. Werden die Schriftstücke nach § 55 a Abs. 5 aufbewahrt, so kann eine Abschrift nur von der Wiedergabe gefordert werden. Die Abschrift ist auf Verlangen zu beglaubigen. Eine Einsicht in das Original ist nur gestattet, wenn ein berechtigtes Interesse an der Einsicht darin dargelegt wird.

(2) Die Einrichtung eines automatisierten Verfahrens, das die Übermittlung der Daten aus dem maschinell geführten Vereinsregister durch Abruf ermöglicht, ist zulässig, sofern sichergestellt ist, daß
1. der Abruf von Daten die nach Absatz 1 zulässige Einsicht nicht überschreitet und
2. die Zulässigkeit der Abrufe auf der Grundlage einer Protokollierung kontrolliert werden kann.

(3) Die Einrichtung eines automatisierten Verfahrens nach Absatz 2 bedarf der Genehmigung durch die von der Landesregierung bestimmten Stelle. Die Genehmigung darf erteilt werden
1. öffentlichen Stellen, soweit der Abruf von Daten ausschließlich zur Erfüllung der ihnen gesetzlich zugewiesenen Aufgaben erfolgt,
2. nicht öffentlichen Stellen, soweit der Abruf von Daten zur Wahrnehmung eines berechtigten beruflichen oder gewerblichen Interesses des Empfängers erfolgt und kein Grund zu der Annahme besteht, daß die Daten zu anderen als zu den vom Empfänger dargelegten Zwecken abgerufen werden.

(4) Die Genehmigung setzt ferner voraus, daß
1. diese Form der Datenübermittlung wegen der Vielzahl der Übermittlungen oder wegen ihrer besonderen Eilbedürftigkeit angemessen ist,
2. auf seiten des Empfängers die Grundsätze einer ordnungsgemäßen Datenverarbeitung eingehalten werden und
3. auf seiten der speichernden Stelle die technischen Möglichkeiten der Einrichtung und Abwicklung des Verfahrens gegeben sind und eine Störung ihres Geschäftsbetriebs nicht zu erwarten ist.

(5) Die Genehmigung kann auch für den Abruf der Daten aus mehreren oder allen in einem Land maschinell geführten Vereinsregistern erteilt werden.

(6) Die Genehmigung ist zu widerrufen, wenn eine der Voraussetzungen nach den Absätzen 2 bis 4 weggefallen ist. Sie kann widerrufen werden, wenn die Anlage mißbräuchlich benutzt worden ist.

(7) Anstelle der Genehmigung kann ein öffentlich-rechtlicher Vertrag oder eine Verwaltungsvereinbarung geschlossen werden.

(8) Soweit in dem automatisierten Verfahren personenbezogene Daten übermittelt werden, darf der Empfänger diese nur für den Zweck verwenden, zu dessen Erfüllung sie

ihm übermittelt worden sind. Bei der Genehmigung nach Absatz 3 Satz 2 Nr. 2 ist der Empfänger darauf hinzuweisen.

(9) Ist der Empfänger eine nicht öffentliche Stelle, gilt § 38 des Bundesdatenschutzgesetzes mit der Maßgabe, daß die Aufsichtsbehörde die Ausführung der Vorschriften über den Datenschutz auch dann überwacht, wenn keine hinreichenden Anhaltspunkte für eine Verletzung dieser Vorschriften vorliegen.

(10) Das Bundesministerium der Justiz wird ermächtigt, durch Rechtsverordnung mit Zustimmung des Bundesrates Gebühren für die Einrichtung und die Nutzung eines automatisierten Abrufverfahrens nach Absatz 2 zu bestimmen. Die Gebührensätze sind so zu bemessen, daß der mit der Einrichtung und Nutzung des Verfahrens verbundene Personal- und Sachaufwand gedeckt wird; hierbei kann daneben die Bedeutung, der wirtschaftliche Wert oder der sonstige Nutzen für den Begünstigten angemessen berücksichtigt werden.

II. Stiftungen

§ 80 [Entstehung]

Zur Entstehung einer rechtsfähigen Stiftung ist außer dem Stiftungsgeschäft die Genehmigung des Bundesstaates erforderlich, in dessen Gebiete die Stiftung ihren Sitz haben soll. Soll die Stiftung ihren Sitz nicht in einem Bundesstaate haben, so ist die Genehmigung des Bundesrats erforderlich. Als Sitz der Stiftung gilt, wenn nicht ein anderes bestimmt ist, der Ort, an welchem die Verwaltung geführt wird.

§ 81 [Stiftungsgeschäft unter Lebenden – Widerruf]

(1) Das Stiftungsgeschäft unter Lebenden bedarf der schriftlichen Form.

(2) Bis zur Erteilung der Genehmigung ist der Stifter zum Widerrufe berechtigt. Ist die Genehmigung bei der zuständigen Behörde nachgesucht, so kann der Widerruf nur dieser gegenüber erklärt werden. Der Erbe des Stifters ist zum Widerrufe nicht berechtigt, wenn der Stifter das Gesuch bei der zuständigen Behörde eingereicht oder im Falle der notariellen Beurkundung des Stiftungsgeschäfts den Notar bei oder nach der Beurkundung mit der Einreichung betraut hat.

§ 82 [Vermögensübertragung]

Wird die Stiftung genehmigt, so ist der Stifter verpflichtet, das in dem Stiftungsgeschäfte zugesicherte Vermögen auf die Stiftung zu übertragen. Rechte, zu deren Übertragung der Abtretungsvertrag genügt, gehen mit der Genehmigung auf die Stiftung über, sofern nicht aus dem Stiftungsgeschäfte sich ein anderer Wille des Stifters ergibt.

§ 83 [Stiftungstestament]

Besteht das Stiftungsgeschäft in einer Verfügung von Todes wegen, so hat das Nachlaßgericht die Genehmigung einzuholen, sofern sie nicht von dem Erben oder dem Testamentsvollstrecker nachgesucht wird.

§ 84 [Genehmigung nach Tod des Stifters]

Wird die Stiftung erst nach dem Tode des Stifters genehmigt, so gilt sie für die Zuwendungen des Stifters als schon vor dessen Tode entstanden.

§ 85 [Stiftungsverfassung]

Die Verfassung einer Stiftung wird, soweit sie nicht auf Reichs- oder Landesgesetz beruht, durch das Stiftungsgeschäft bestimmt.

§ 86 [Anwendung von Vereinsrecht]

Die Vorschriften des § 26, des § 27 Abs. 3 und der §§ 28 bis 31, 42 finden auf Stiftungen entsprechende Anwendung, die Vorschriften des § 27 Abs. 3 und des § 28 Abs. 1 jedoch nur insoweit, als sich nicht aus der Verfassung, insbesondere daraus, daß die Verwaltung der Stiftung von einer öffentlichen Behörde geführt wird, ein anderes ergibt. Die Vorschriften des § 28 Abs. 2 und des § 29 finden auf Stiftungen, deren Verwaltung von einer öffentlichen Behörde geführt wird, keine Anwendung.

§ 87 [Zweckumwandlung und Aufhebung]

(1) Ist die Erfüllung des Stiftungszweckes unmöglich geworden oder gefährdet sie das Gemeinwohl, so kann die zuständige Behörde der Stiftung eine andere Zweckbestimmung geben oder sie aufheben.

(2) Bei der Umwandlung des Zweckes ist die Absicht des Stifters tunlichst zu berücksichtigen, insbesondere dafür Sorge zu tragen, daß die Erträge des Stiftungsvermögens dem Personenkreise, dem sie zustatten kommen sollten, im Sinne des Stifters tunlichst erhalten bleiben. Die Behörde kann die Verfassung der Stiftung ändern, soweit die Umwandlung des Zweckes es erfordert.

(3) Vor der Umwandlung des Zweckes und der Änderung der Verfassung soll der Vorstand der Stiftung gehört werden.

§ 88 [Vermögensanfall bei Erlöschen]

Mit dem Erlöschen der Stiftung fällt das Vermögen an die in der Verfassung bestimmten Personen. Die Vorschriften der §§ 46 bis 53 finden entsprechende Anwendung.

III. Juristische Personen des öffentlichen Rechtes

§ 89 [Haftung – Konkurs]

(1) Die Vorschrift des § 31 findet auf den Fiskus sowie auf die Körperschaften, Stiftungen und Anstalten des öffentlichen Rechtes entsprechende Anwendung.

(2) Das gleiche gilt, soweit bei Körperschaften, Stiftungen und Anstalten des öffentlichen Rechtes der Konkurs zulässig ist, von der Vorschrift des § 42 Abs. 2.

Zweiter Abschnitt
Sachen. Tiere

§ 90 [Begriff]

Sachen im Sinne des Gesetzes sind nur körperliche Gegenstände.

§ 90 a [Tiere]

Tiere sind keine Sachen. Sie werden durch besondere Gesetze geschützt. Auf sie sind die für Sachen geltenden Vorschriften entsprechend anzuwenden, soweit nicht etwas anderes bestimmt ist.

§ 91 [Vertretbare Sachen]

Vertretbare Sachen im Sinne des Gesetzes sind bewegliche Sachen, die im Verkehre nach Zahl, Maß oder Gewicht bestimmt zu werden pflegen.

§ 92 [Verbrauchbare Sachen]

(1) Verbrauchbare Sachen im Sinne des Gesetzes sind bewegliche Sachen, deren bestimmungsmäßiger Gebrauch in dem Verbrauch oder in der Veräußerung besteht.

(2) Als verbrauchbar gelten auch bewegliche Sachen, die zu einem Warenlager oder zu einem sonstigen Sachinbegriffe gehören, dessen bestimmungsmäßiger Gebrauch in der Veräußerung der einzelnen Sachen besteht.

§ 93 [Wesentliche Bestandteile]
Bestandteile einer Sache, die voneinander nicht getrennt werden können, ohne daß der eine oder der andere zerstört oder in seinem Wesen verändert wird (wesentliche Bestandteile), können nicht Gegenstand besonderer Rechte sein.

§ 94 [Wesentliche Bestandteile eines Grundstücks]
(1) Zu den wesentlichen Bestandteilen eines Grundstücks gehören die mit dem Grund und Boden fest verbundenen Sachen, insbesondere Gebäude, sowie die Erzeugnisse des Grundstücks, solange sie mit dem Boden zusammenhängen. Samen wird mit dem Aussäen, eine Pflanze wird mit dem Einpflanzen wesentlicher Bestandteil des Grundstücks.
(2) Zu den wesentlichen Bestandteilen eines Gebäudes gehören die zur Herstellung des Gebäudes eingefügten Sachen.

§ 95 [Vorübergehende Verbindung]
(1) Zu den Bestandteilen eines Grundstücks gehören solche Sachen nicht, die nur zu einem vorübergehenden Zwecke mit dem Grund und Boden verbunden sind. Das gleiche gilt von einem Gebäude oder anderen Werke, das in Ausübung eines Rechtes an einem fremden Grundstücke von dem Berechtigten mit dem Grundstücke verbunden worden ist.
(2) Sachen, die nur zu einem vorübergehenden Zwecke in ein Gebäude eingefügt sind, gehören nicht zu den Bestandteilen des Gebäudes.

§ 96 [Rechte als Grundstücksbestandteile]
Rechte, die mit dem Eigentum an einem Grundstücke verbunden sind, gelten als Bestandteile des Grundstücks.

§ 97 [Zubehör]
(1) Zubehör sind bewegliche Sachen, die, ohne Bestandteile der Hauptsache zu sein, dem wirtschaftlichen Zwecke der Hauptsache zu dienen bestimmt sind und zu ihr in einem dieser Bestimmung entsprechenden räumlichen Verhältnisse stehen. Eine Sache ist nicht Zubehör, wenn sie im Verkehre nicht als Zubehör angesehen wird.
(2) Die vorübergehende Benutzung einer Sache für den wirtschaftlichen Zweck einer anderen begründet nicht die Zubehöreigenschaft. Die vorübergehende Trennung eines Zubehörstücks von der Hauptsache hebt die Zubehöreigenschaft nicht auf.

§ 98 [Inventar]
Dem wirtschaftlichen Zwecke der Hauptsache sind zu dienen bestimmt:
1. bei einem Gebäude, das für einen gewerblichen Betrieb dauernd eingerichtet ist, insbesondere bei einer Mühle, einer Schmiede, einem Brauhaus, einer Fabrik, die zu dem Betriebe bestimmten Maschinen und sonstigen Gerätschaften;
2. bei einem Landgute das zum Wirtschaftsbetriebe bestimmte Gerät und Vieh, die landwirtschaftlichen Erzeugnisse, soweit sie zur Fortführung der Wirtschaft bis zu der Zeit erforderlich sind, zu welcher gleiche oder ähnliche Erzeugnisse voraussichtlich gewonnen werden, sowie der vorhandene, auf dem Gute gewonnene Dünger.

§ 99 [Früchte]
(1) Früchte einer Sache sind die Erzeugnisse der Sache und die sonstige Ausbeute, welche aus der Sache ihrer Bestimmung gemäß gewonnen wird.
(2) Früchte eines Rechtes sind die Erträge, welche das Recht seiner Bestimmung gemäß gewährt, insbesondere bei einem Rechte auf Gewinnung von Bodenbestandteilen die gewonnenen Bestandteile.
(3) Früchte sind auch die Erträge, welche eine Sache oder ein Recht vermöge eines Rechtsverhältnisses gewährt.

§ 100 [Nutzungen]
Nutzungen sind die Früchte einer Sache oder eines Rechtes sowie die Vorteile, welche der Gebrauch der Sache oder des Rechtes gewährt.

§ 101 [Rechte des Fruchtbezugsberechtigten]
Ist jemand berechtigt, die Früchte einer Sache oder eines Rechtes bis zu einer bestimmten Zeit oder von einer bestimmten Zeit an zu beziehen, so gebühren ihm, sofern nicht ein anderes bestimmt ist:
1. die im § 99 Abs. 1 bezeichneten Erzeugnisse und Bestandteile, auch wenn er sie als Früchte eines Rechtes zu beziehen hat, insoweit, als sie während der Dauer der Berechtigung von der Sache getrennt werden;
2. andere Früchte insoweit, als sie während der Dauer der Berechtigung fällig werden; bestehen jedoch die Früchte in der Vergütung für die Überlassung des Gebrauchs oder des Fruchtgenusses, in Zinsen, Gewinnanteilen oder anderen regelmäßig wiederkehrenden Erträgen, so gebührt dem Berechtigten ein der Dauer seiner Berechtigung entsprechender Teil.

§ 102 [Ersatz der Fruchtgewinnungskosten]
Wer zur Herausgabe von Früchten verpflichtet ist, kann Ersatz der auf die Gewinnung der Früchte verwendeten Kosten insoweit verlangen, als sie einer ordnungsmäßigen Wirtschaft entsprechen und den Wert der Früchte nicht übersteigen.

§ 103 [Lastentragung]
Wer verpflichtet ist, die Lasten einer Sache oder eines Rechtes bis zu einer bestimmten Zeit oder von einer bestimmten Zeit an zu tragen, hat, sofern nicht ein anderes bestimmt ist, die regelmäßig wiederkehrenden Lasten nach dem Verhältnisse der Dauer seiner Verpflichtung, andere Lasten insoweit zu tragen, als sie während der Dauer seiner Verpflichtung zu entrichten sind.

Dritter Abschnitt
Rechtsgeschäfte
Erster Titel
Geschäftsfähigkeit

§ 104 [Geschäftsunfähigkeit]
Geschäftsunfähig ist:
1. wer nicht das siebente Lebensjahr vollendet hat;
2. wer sich in einem die freie Willensbestimmung ausschließenden Zustande krankhafter Störung der Geistestätigkeit befindet, sofern nicht der Zustand seiner Natur nach ein vorübergehender ist.
3. (aufgehoben)

§ 105 [Nichtigkeit von Willenserklärungen]
(1) Die Willenserklärung eines Geschäftsunfähigen ist nichtig.
(2) Nichtig ist auch eine Willenserklärung, die im Zustande der Bewußtlosigkeit oder vorübergehenden Störung der Geistestätigkeit abgegeben wird.

§ 106 [Geschäftsfähigkeit Minderjähriger]
Ein Minderjähriger, der das siebente Lebensjahr vollendet hat, ist nach Maßgabe der §§ 107 bis 113 in der Geschäftsfähigkeit beschränkt.

§ 107 [Einwilligung des gesetzlichen Vertreters]
Der Minderjährige bedarf zu einer Willenserklärung, durch die er nicht lediglich einen rechtlichen Vorteil erlangt, der Einwilligung seines gesetzlichen Vertreters.

§ 108 [Vertragsschluß ohne Einwilligung]

(1) Schließt der Minderjährige einen Vertrag ohne die erforderliche Einwilligung des gesetzlichen Vertreters, so hängt die Wirksamkeit des Vertrags von der Genehmigung des Vertreters ab.

(2) Fordert der andere Teil den Vertreter zur Erklärung über die Genehmigung auf, so kann die Erklärung nur ihm gegenüber erfolgen; eine vor der Aufforderung dem Minderjährigen gegenüber erklärte Genehmigung oder Verweigerung der Genehmigung wird unwirksam. Die Genehmigung kann nur bis zum Ablaufe von zwei Wochen nach dem Empfange der Aufforderung erklärt werden; wird sie nicht erklärt, so gilt sie als verweigert.

(3) Ist der Minderjährige unbeschränkt geschäftsfähig geworden, so tritt seine Genehmigung an die Stelle der Genehmigung des Vertreters.

§ 109 [Widerrufsrecht des Vertragspartners]

(1) Bis zur Genehmigung des Vertrags ist der andere Teil zum Widerrufe berechtigt. Der Widerruf kann auch dem Minderjährigen gegenüber erklärt werden.

(2) Hat der andere Teil die Minderjährigkeit gekannt, so kann er nur widerrufen, wenn der Minderjährige der Wahrheit zuwider die Einwilligung des Vertreters behauptet hat; er kann auch in diesem Falle nicht widerrufen, wenn ihm das Fehlen der Einwilligung bei dem Abschlusse des Vertrags bekannt war.

§ 110 [»Taschengeldparagraph«]

Ein von dem Minderjährigen ohne Zustimmung des gesetzlichen Vertreters geschlossener Vertrag gilt als von Anfang an wirksam, wenn der Minderjährige die vertragsmäßige Leistung mit Mitteln bewirkt, die ihm zu diesem Zwecke oder zu freier Verfügung von dem Vertreter oder mit dessen Zustimmung von einem Dritten überlassen worden sind.

§ 111 [Einseitige Rechtsgeschäfte]

Ein einseitiges Rechtsgeschäft, das der Minderjährige ohne die erforderliche Einwilligung des gesetzlichen Vertreters vornimmt, ist unwirksam. Nimmt der Minderjährige mit dieser Einwilligung ein solches Rechtsgeschäft einem anderen gegenüber vor, so ist das Rechtsgeschäft unwirksam, wenn der Minderjährige die Einwilligung nicht in schriftlicher Form vorlegt und der andere das Rechtsgeschäft aus diesem Grunde unverzüglich zurückweist. Die Zurückweisung ist ausgeschlossen, wenn der Vertreter den anderen von der Einwilligung in Kenntnis gesetzt hatte.

§ 112 [Selbständiger Betrieb eines Erwerbsgeschäfts]

(1) Ermächtigt der gesetzliche Vertreter mit Genehmigung des Vormundschaftsgerichts den Minderjährigen zum selbständigen Betrieb eines Erwerbsgeschäfts, so ist der Minderjährige für solche Rechtsgeschäfte unbeschränkt geschäftsfähig, welche der Geschäftsbetrieb mit sich bringt. Ausgenommen sind Rechtsgeschäfte, zu denen der Vertreter der Genehmigung des Vormundschaftsgerichts bedarf.

(2) Die Ermächtigung kann von dem Vertreter nur mit Genehmigung des Vormundschaftsgerichts zurückgenommen werden.

§ 113 [Dienst- oder Arbeitsverhältnis]

(1) Ermächtigt der gesetzliche Vertreter den Minderjährigen, in Dienst oder in Arbeit zu treten, so ist der Minderjährige für solche Rechtsgeschäfte unbeschränkt geschäftsfähig, welche die Eingehung oder Aufhebung eines Dienst- oder Arbeitsverhältnisses der gestatteten Art oder die Erfüllung der sich aus einem solchen Verhältnis ergebenden Verpflichtungen betreffen. Ausgenommen sind Verträge, zu denen der Vertreter der Genehmigung des Vormundschaftsgerichts bedarf.

(2) Die Ermächtigung kann von dem Vertreter zurückgenommen oder eingeschränkt werden.
(3) Ist der gesetzliche Vertreter ein Vormund, so kann die Ermächtigung, wenn sie von ihm verweigert wird, auf Antrag des Minderjährigen durch das Vormundschaftsgericht ersetzt werden. Das Vormundschaftsgericht hat die Ermächtigung zu ersetzen, wenn sie im Interesse des Mündels liegt.
(4) Die für einen einzelnen Fall erteilte Ermächtigung gilt im Zweifel als allgemeine Ermächtigung zur Eingehung von Verhältnissen derselben Art.

§§ 114 und **115 (aufgehoben)**

Zweiter Titel
Willenserklärung

§ 116 [Geheimer Vorbehalt]
Eine Willenserklärung ist nicht deshalb nichtig, weil sich der Erklärende insgeheim vorbehält, das Erklärte nicht zu wollen. Die Erklärung ist nichtig, wenn sie einem anderen gegenüber abzugeben ist und dieser den Vorbehalt kennt.

§ 117 [Scheingeschäft]
(1) Wird eine Willenserklärung, die einem anderen gegenüber abzugeben ist, mit dessen Einverständnis nur zum Schein abgegeben, so ist sie nichtig.
(2) Wird durch ein Scheingeschäft ein anderes Rechtsgeschäft verdeckt, so finden die für das verdeckte Rechtsgeschäft geltenden Vorschriften Anwendung.

§ 118 [Scherzerklärung]
Eine nicht ernstlich gemeinte Willenserklärung, die in der Erwartung abgegeben wird, der Mangel der Ernstlichkeit werde nicht verkannt werden, ist nichtig.

§ 119 [Anfechtung wegen Irrtums]
(1) Wer bei der Abgabe einer Willenserklärung über deren Inhalt im Irrtume war oder eine Erklärung dieses Inhalts überhaupt nicht abgeben wollte, kann die Erklärung anfechten, wenn anzunehmen ist, daß er sie bei Kenntnis der Sachlage und bei verständiger Würdigung des Falles nicht abgegeben haben würde.
(2) Als Irrtum über den Inhalt der Erklärung gilt auch der Irrtum über solche Eigenschaften der Person oder der Sache, die im Verkehr als wesentlich angesehen werden.

§ 120 [Anfechtung wegen unrichtiger Übermittlung]
Eine Willenserklärung, welche durch die zur Übermittlung verwendete Person oder Anstalt unrichtig übermittelt worden ist, kann unter der gleichen Voraussetzung angefochten werden wie nach § 119 eine irrtümlich abgegebene Willenserklärung.

§ 121 [Anfechtungsfrist]
(1) Die Anfechtung muß in den Fällen der §§ 119, 120 ohne schuldhaftes Zögern (unverzüglich) erfolgen, nachdem der Anfechtungsberechtigte von dem Anfechtungsgrunde Kenntnis erlangt hat. Die einem Abwesenden gegenüber erfolgte Anfechtung gilt als rechtzeitig erfolgt, wenn die Anfechtungserklärung unverzüglich abgesendet worden ist.
(2) Die Anfechtung ist ausgeschlossen, wenn seit der Abgabe der Willenserklärung dreißig Jahre verstrichen sind.

§ 122 [Schadensersatz]
(1) Ist eine Willenserklärung nach § 118 nichtig oder auf Grund der §§ 119, 120 angefochten, so hat der Erklärende, wenn die Erklärung einem anderen gegenüber abzugeben war, diesem, andernfalls jedem Dritten den Schaden zu ersetzen, den der andere oder der

Dritte dadurch erleidet, daß er auf die Gültigkeit der Erklärung vertraut, jedoch nicht über den Betrag des Interesses hinaus, welches der andere oder der Dritte an der Gültigkeit der Erklärung hat.

(2) Die Schadensersatzpflicht tritt nicht ein, wenn der Beschädigte den Grund der Nichtigkeit oder der Anfechtbarkeit kannte oder infolge von Fahrlässigkeit nicht kannte (kennen mußte).

§ 123 [Arglistige Täuschung oder Drohung]

(1) Wer zur Abgabe einer Willenserklärung durch arglistige Täuschung oder widerrechtlich durch Drohung bestimmt worden ist, kann die Erklärung anfechten.

(2) Hat ein Dritter die Täuschung verübt, so ist eine Erklärung, die einem anderen gegenüber abzugeben war, nur dann anfechtbar, wenn dieser die Täuschung kannte oder kennen mußte. Soweit ein anderer als derjenige, welchem gegenüber die Erklärung abzugeben war, aus der Erklärung unmittelbar ein Recht erworben hat, ist die Erklärung ihm gegenüber anfechtbar, wenn er die Täuschung kannte oder kennen mußte.

§ 124 [Anfechtungsfrist]

(1) Die Anfechtung einer nach § 123 anfechtbaren Willenserklärung kann nur binnen Jahresfrist erfolgen.

(2) Die Frist beginnt im Falle der arglistigen Täuschung mit dem Zeitpunkt, in welchem der Anfechtungsberechtigte die Täuschung entdeckt, im Falle der Drohung mit dem Zeitpunkt, in welchem die Zwangslage aufhört. Auf den Lauf der Frist finden die für die Verjährung geltenden Vorschriften des § 203 Abs. 2 und der §§ 206, 207 entsprechende Anwendung.

(3) Die Anfechtung ist ausgeschlossen, wenn seit der Abgabe der Willenserklärung dreißig Jahre verstrichen sind.

§ 125 [Nichtigkeit wegen Formmangels]

Ein Rechtsgeschäft, welches der durch Gesetz vorgeschriebenen Form ermangelt, ist nichtig. Der Mangel der durch Rechtsgeschäft bestimmten Form hat im Zweifel gleichfalls Nichtigkeit zur Folge.

§ 126 [Gesetzliche Schriftform]

(1) Ist durch Gesetz schriftliche Form vorgeschrieben, so muß die Urkunde von dem Aussteller eigenhändig durch Namensunterschrift oder mittels notariell beglaubigten Handzeichens unterzeichnet werden.

(2) Bei einem Vertrage muß die Unterzeichnung der Parteien auf derselben Urkunde erfolgen. Werden über den Vertrag mehrere gleichlautende Urkunden aufgenommen, so genügt es, wenn jede Partei die für die andere Partei bestimmte Urkunde unterzeichnet.

(3) Die schriftliche Form wird durch die notarielle Beurkundung ersetzt.

§ 127 [Vereinbarte Schriftform]

Die Vorschriften des § 126 gelten im Zweifel auch für die durch Rechtsgeschäft bestimmte schriftliche Form. Zur Wahrung der Form genügt jedoch, soweit nicht ein anderer Wille anzunehmen ist, telegraphische Übermittelung und bei einem Vertrage Briefwechsel; wird eine solche Form gewählt, so kann nachträglich eine dem § 126 entsprechende Beurkundung verlangt werden.

§ 127 a [Ersatz der notariellen Beurkundung]

Die notarielle Beurkundung wird bei einem gerichtlichen Vergleich durch die Aufnahme der Erklärungen in ein nach den Vorschriften der Zivilprozeßordnung errichtetes Protokoll ersetzt.

§ 128 [Notarielle Beurkundung]
Ist durch Gesetz notarielle Beurkundung eines Vertrags vorgeschrieben, so genügt es, wenn zunächst der Antrag und sodann die Annahme des Antrags von einem Notar beurkundet wird.

§ 129 [Öffentliche Beglaubigung]
(1) Ist durch Gesetz für eine Erklärung öffentliche Beglaubigung vorgeschrieben, so muß die Erklärung schriftlich abgefaßt und die Unterschrift des Erklärenden von einem Notar beglaubigt werden. Wird die Erklärung von dem Aussteller mittels Handzeichens unterzeichnet, so ist die im § 126 Abs. 1 vorgeschriebene Beglaubigung des Handzeichens erforderlich und genügend.
(2) Die öffentliche Beglaubigung wird durch die notarielle Beurkundung der Erklärung ersetzt.

§ 130 [Erklärung gegenüber Abwesenden]
(1) Eine Willenserklärung, die einem anderen gegenüber abzugeben ist, wird, wenn sie in dessen Abwesenheit abgegeben wird, in dem Zeitpunkte wirksam, in welchem sie ihm zugeht. Sie wird nicht wirksam, wenn dem anderen vorher oder gleichzeitig ein Widerruf zugeht.
(2) Auf die Wirksamkeit der Willenserklärungs ist es ohne Einfluß, wenn der Erklärende nach der Abgabe stirbt oder geschäftsunfähig wird.
(3) Diese Vorschriften finden auch dann Anwendung, wenn die Willenserklärung einer Behörde gegenüber abzugeben ist.

§ 131 [Erklärung gegenüber Geschäftsunfähigen]
(1) Wird die Willenserklärung einem Geschäftsunfähigen gegenüber abgegeben, so wird sie nicht wirksam, bevor sie dem gesetzlichen Vertreter zugeht.
(2) Das gleiche gilt, wenn die Willenserklärung einer in der Geschäftsfähigkeit beschränkten Person gegenüber abgegeben wird. Bringt die Erklärung jedoch der in der Geschäftsfähigkeit beschränkten Person lediglich einen rechtlichen Vorteil oder hat der gesetzliche Vertreter seine Einwilligung erteilt, so wird die Erklärung in dem Zeitpunkte wirksam, in welchem sie ihr zugeht.

§ 132 [Zustellung als Zugangsersatz]
(1) Eine Willenserklärung gilt auch dann als zugegangen, wenn sie durch Vermittelung eines Gerichtsvollziehers zugestellt worden ist. Die Zustellung erfolgt nach den Vorschriften der Zivilprozeßordnung.
(2) Befindet sich der Erklärende über die Person desjenigen, welchem gegenüber die Erklärung abzugeben ist, in einer nicht auf Fahrlässigkeit beruhenden Unkenntnis oder ist der Aufenthalt dieser Person unbekannt, so kann die Zustellung nach den für die öffentliche Zustellung einer Ladung geltenden Vorschriften der Zivilprozeßordnung erfolgen. Zuständig für die Bewilligung ist im ersteren Falle das Amtsgericht, in dessen Bezirke der Erklärende seinen Wohnsitz oder in Ermangelung eines inländischen Wohnsitzes seinen Aufenthalt hat, im letzteren Falle das Amtsgericht, in dessen Bezirke die Person, welcher zuzustellen ist, den letzten Wohnsitz oder in Ermangelung eines inländischen Wohnsitzes den letzten Aufenthalt hatte.

§ 133 [Auslegung von Willenserklärungen]
Bei der Auslegung einer Willenserklärung ist der wirkliche Wille zu erforschen und nicht an dem buchstäblichen Sinne des Ausdrucks zu haften.

§ 134 [Nichtigkeit verbotener Rechtsgeschäfte]
Ein Rechtsgeschäft, das gegen ein gesetzliches Verbot verstößt, ist nichtig, wenn sich nicht aus dem Gesetz ein anderes ergibt.

§ 135 [Gesetzliches Veräußerungsverbot]
(1) Verstößt die Verfügung über einen Gegenstand gegen ein gesetzliches Veräußerungsverbot, das nur den Schutz bestimmter Personen bezweckt, so ist sie nur diesen Personen gegenüber unwirksam. Der rechtsgeschäftlichen Verfügung steht eine Verfügung gleich, die im Wege der Zwangsvollstreckung oder der Arrestvollziehung erfolgt.

(2) Die Vorschriften zugunsten derjenigen, welche Rechte von einem Nichtberechtigten herleiten, finden entsprechende Anwendung.

§ 136 [Gerichtliches oder behördliches Veräußerungsverbot]
Ein Veräußerungsverbot, das von einem Gericht oder von einer anderen Behörde innerhalb ihrer Zuständigkeit erlassen wird, steht einem gesetzlichen Veräußerungsverbot der im § 135 bezeichneten Art gleich.

§ 137 [Rechtsgeschäftliches Verfügungsverbot]
Die Befugnis zur Verfügung über ein veräußerliches Recht kann nicht durch Rechtsgeschäft ausgeschlossen oder beschränkt werden. Die Wirksamkeit einer Verpflichtung, über ein solches Recht nicht zu verfügen, wird durch diese Vorschrift nicht berührt.

§ 138 [Sittenwidrige Rechtsgeschäfte – Wucher]
(1) Ein Rechtsgeschäft, das gegen die guten Sitten verstößt, ist nichtig.

(2) Nichtig ist insbesondere ein Rechtsgeschäft, durch das jemand unter Ausbeutung der Zwangslage, der Unerfahrenheit, des Mangels an Urteilsvermögen oder der erheblichen Willensschwäche eines anderen sich oder einem Dritten für eine Leistung Vermögensvorteile versprechen oder gewähren läßt, die in einem auffälligen Mißverhältnis zu der Leistung stehen.

§ 139 [Teilnichtigkeit]
Ist ein Teil eines Rechtsgeschäfts nichtig, so ist das ganze Rechtsgeschäft nichtig, wenn nicht anzunehmen ist, daß es auch ohne den nichtigen Teil vorgenommen sein würde.

§ 140 [Umdeutung]
Entspricht ein nichtiges Rechtsgeschäft den Erfordernissen eines anderen Rechtsgeschäfts, so gilt das letztere, wenn anzunehmen ist, daß dessen Geltung bei Kenntnis der Nichtigkeit gewollt sein würde.

§ 141 [Bestätigung eines nichtigen Rechtsgeschäfts]
(1) Wird ein nichtiges Rechtsgeschäft von demjenigen, welcher es vorgenommen hat, bestätigt, so ist die Bestätigung als erneute Vornahme zu beurteilen.

(2) Wird ein nichtiger Vertrag von den Parteien bestätigt, so sind diese im Zweifel verpflichtet, einander zu gewähren, was sie haben würden, wenn der Vertrag von Anfang an gültig gewesen wäre.

§ 142 [Wirkung der Anfechtung]
(1) Wird ein anfechtbares Rechtsgeschäft angefochten, so ist es als von Anfang an nichtig anzusehen.

(2) Wer die Anfechtbarkeit kannte oder kennen mußte, wird, wenn die Anfechtung erfolgt, so behandelt, wie wenn er die Nichtigkeit des Rechtsgeschäfts gekannt hätte oder hätte kennen müssen.

§ 143 [Erklärung der Anfechtung]
(1) Die Anfechtung erfolgt durch Erklärung gegenüber dem Anfechtungsgegner.

(2) Anfechtungsgegner ist bei einem Vertrage der andere Teil, im Falle des § 123 Abs. 2 Satz 2 derjenige, welcher aus dem Vertrag unmittelbar ein Recht erworben hat.
(3) Bei einem einseitigen Rechtsgeschäft, das einem anderen gegenüber vorzunehmen war, ist der andere der Anfechtungsgegner. Das gleiche gilt bei einem Rechtsgeschäfte, das einem anderen oder einer Behörde gegenüber vorzunehmen war, auch dann, wenn das Rechtsgeschäft der Behörde gegenüber vorgenommen worden ist.
(4) Bei einem einseitigen Rechtsgeschäft anderer Art ist Anfechtungsgegner jeder, der auf Grund des Rechtsgeschäfts unmittelbar einen rechtlichen Vorteil erlangt hat. Die Anfechtung kann jedoch, wenn die Willenserklärung einer Behörde gegenüber abzugeben war, durch Erklärung gegenüber der Behörde erfolgen; die Behörde soll die Anfechtung demjenigen mitteilen, welcher durch das Rechtsgeschäft unmittelbar betroffen worden ist.

§ 144 [Bestätigung eines anfechtbaren Rechtsgeschäfts]
(1) Die Anfechtung ist ausgeschlossen, wenn das anfechtbare Rechtsgeschäft von dem Anfechtungsberechtigten bestätigt wird.
(2) Die Bestätigung bedarf nicht der für das Rechtsgeschäft bestimmten Form.

Dritter Titel
Vertrag

§ 145 [Bindung an den Antrag]
Wer einem anderen die Schließung eines Vertrags anträgt, ist an den Antrag gebunden, es sei denn, daß er die Gebundenheit ausgeschlossen hat.

§ 146 [Erlöschen des Antrags]
Der Antrag erlischt, wenn er dem Antragenden gegenüber abgelehnt oder wenn er nicht diesem gegenüber nach den §§ 147 bis 149 rechtzeitig angenommen wird.

§ 147 [Annahmefrist]
(1) Der einem Anwesenden gemachte Antrag kann nur sofort angenommen werden. Dies gilt auch von einem mittels Fernsprechers von Person zu Person gemachten Antrage.
(2) Der einem Abwesenden gemachte Antrag kann nur bis zu dem Zeitpunkt angenommen werden, in welchem der Antragende den Eingang der Antwort unter regelmäßigen Umständen erwarten darf.

§ 148 [Fristbestimmung]
Hat der Antragende für die Annahme des Antrages eine Frist bestimmt, so kann die Annahme nur innerhalb der Frist erfolgen.

§ 149 [Verspäteter Zugang der Annahmeerklärung]
Ist eine dem Antragenden verspätet zugegangene Annahmeerklärung dergestalt abgesendet worden, daß sie bei regelmäßiger Beförderung ihm rechtzeitig zugegangen sein würde, und mußte der Antragende dies erkennen, so hat er die Verspätung dem Annehmenden unverzüglich nach dem Empfange der Erklärung anzuzeigen, sofern es nicht schon vorher geschehen ist. Verzögert er die Absendung der Anzeige, so gilt die Annahme als nicht verspätet.

§ 150 [Verspätete und abgeänderte Annahme]
(1) Die verspätete Annahme eines Antrags gilt als neuer Antrag.
(2) Eine Annahme unter Erweiterungen, Einschränkungen oder sonstigen Änderungen gilt als Ablehnung verbunden mit einem neuen Antrage.

§ 151 [Annahme des Antrags ohne Erklärung]
Der Vertrag kommt durch die Annahme des Antrags zustande, ohne daß die Annahme dem Antragenden gegenüber erklärt zu werden braucht, wenn eine solche Erklärung nach der Verkehrssitte nicht zu erwarten ist oder der Antragende auf sie verzichtet hat. Der Zeitpunkt, in welchem der Antrag erlischt, bestimmt sich nach dem aus dem Antrag oder den Umständen zu entnehmenden Willen des Antragenden.

§ 152 [Annahme bei notarieller Beurkundung]
Wird ein Vertrag notariell beurkundet, ohne daß beide Teile gleichzeitig anwesend sind, so kommt der Vertrag mit der nach § 128 erfolgten Beurkundung der Annahme zustande, wenn nicht ein anderes bestimmt ist. Die Vorschrift des § 151 Satz 2 findet Anwendung.

§ 153 [Tod oder Geschäftsunfähigkeit des Antragenden]
Das Zustandekommen des Vertrags wird nicht dadurch gehindert, daß der Antragende vor der Annahme stirbt oder geschäftsunfähig wird, es sei denn, daß ein anderer Wille des Antragenden anzunehmen ist.

§ 154 [Fehlende Einigung – Fehlende Beurkundung]
(1) Solange nicht die Parteien sich über alle Punkte eines Vertrags geeinigt haben, über die nach der Erklärung auch nur einer Partei eine Vereinbarung getroffen werden soll, ist im Zweifel der Vertrag nicht geschlossen. Die Verständigung über einzelne Punkte ist auch dann nicht bindend, wenn eine Aufzeichnung stattgefunden hat.
(2) Ist eine Beurkundung des beabsichtigten Vertrags verabredet worden, so ist im Zweifel der Vertrag nicht geschlossen, bis die Beurkundung erfolgt ist.

§ 155 [Verdeckte Uneinigkeit]
Haben sich die Parteien bei einem Vertrage, den sie als geschlossen ansehen, über einen Punkt, über den eine Vereinbarung getroffen werden sollte, in Wirklichkeit nicht geeinigt, so gilt das Vereinbarte, sofern anzunehmen ist, daß der Vertrag auch ohne eine Bestimmung über diesen Punkt geschlossen sein würde.

§ 156 [Vertragsabschluß bei Versteigerung]
Bei einer Versteigerung kommt der Vertrag erst durch den Zuschlag zustande. Ein Gebot erlischt, wenn ein Übergebot abgegeben oder die Versteigerung ohne Erteilung des Zuschlags geschlossen wird.

§ 157 [Auslegung von Verträgen]
Verträge sind so auszulegen, wie Treu und Glauben mit Rücksicht auf die Verkehrssitte es erfordern.

Vierter Titel
Bedingung. Zeitbestimmung

§ 158 [Aufschiebende und auflösende Bedingung]
(1) Wird ein Rechtsgeschäft unter einer aufschiebenden Bedingung vorgenommen, so tritt die von der Bedingung abhängig gemachte Wirkung mit dem Eintritte der Bedingung ein.
(2) Wird ein Rechtsgeschäft unter einer auflösenden Bedingung vorgenommen, so endigt mit dem Eintritte der Bedingung die Wirkung des Rechtsgeschäfts; mit diesem Zeitpunkte tritt der frühere Rechtszustand wieder ein.

§ 159 [Rückbeziehung]
Sollen nach dem Inhalte des Rechtsgeschäfts die an den Eintritt der Bedingung geknüpften Folgen auf einen früheren Zeitpunkt zurückbezogen werden, so sind im Falle des Eintritts

der Bedingung die Beteiligten verpflichtet, einander zu gewähren, was sie haben würden, wenn die Folgen in dem früheren Zeitpunkt eingetreten wären.

§ 160 [Schutz des bedingten Rechts]

(1) Wer unter einer aufschiebenden Bedingung berechtigt ist, kann im Falle des Eintritts der Bedingung Schadensersatz von dem anderen Teile verlangen, wenn dieser während der Schwebezeit das von der Bedingung abhängige Recht durch sein Verschulden vereitelt oder beeinträchtigt.

(2) Den gleichen Anspruch hat unter denselben Voraussetzungen bei einem unter einer auflösenden Bedingung vorgenommenen Rechtsgeschäfte derjenige, zu dessen Gunsten der frühere Rechtszustand wieder eintritt.

§ 161 [Unwirksamkeit weiterer Verfügungen während der Schwebezeit]

(1) Hat jemand unter einer aufschiebenden Bedingung über einen Gegenstand verfügt, so ist jede weitere Verfügung, die er während der Schwebezeit über den Gegenstand trifft, im Falle des Eintritts der Bedingung insoweit unwirksam, als sie die von der Bedingung abhängige Wirkung vereiteln oder beeinträchtigen würde. Einer solchen Verfügung steht eine Verfügung gleich, die während der Schwebezeit im Wege der Zwangsvollstreckung oder der Arrrestvollziehung oder durch den Konkursverwalter erfolgt.

(2) Dasselbe gilt bei einer auflösenden Bedingung von den Verfügungen desjenigen, dessen Recht mit dem Eintritte der Bedingung endigt.

(3) Die Vorschriften zugunsten derjenigen, welche Rechte von einem Nichtberechtigten herleiten, finden entsprechende Anwendung.

§ 162 [Verhinderung oder Herbeiführung des Bedingungseintritts]

(1) Wird der Eintritt der Bedingung von der Partei, zu deren Nachteil er gereichen würde, wider Treu und Glauben verhindert, so gilt die Bedingung als eingetreten.

(2) Wird der Eintritt der Bedingung von der Partei, zu deren Vorteil er gereicht, wider Treu und Glauben herbeigeführt, so gilt der Eintritt als nicht erfolgt.

§ 163 [Zeitbestimmung]

Ist für die Wirkung eines Rechtsgeschäfts bei dessen Vornahme ein Anfangs- oder ein Endtermin bestimmt worden, so finden im ersteren Falle die für die aufschiebende, im letzteren Falle die für die auflösende Bedingung geltenden Vorschriften der §§ 158, 160, 161 entsprechende Anwendung.

Fünfter Titel

Vertretung. Vollmacht

§ 164 [Wirkung der Willenserklärung des Vertreters]

(1) Eine Willenserklärung, die jemand innerhalb der ihm zustehenden Vertretungsmacht im Namen des Vertretenen abgibt, wirkt unmittelbar für und gegen den Vertretenen. Es macht keinen Unterschied, ob die Erklärung ausdrücklich im Namen des Vertretenen erfolgt oder ob die Umstände ergeben, daß sie in dessen Namen erfolgen soll.

(2) Tritt der Wille, in fremdem Namen zu handeln, nicht erkennbar hervor, so kommt der Mangel des Willens, im eigenen Namen zu handeln, nicht in Betracht.

(3) Die Vorschriften des Absatzes 1 finden entsprechende Anwendung, wenn eine gegenüber einem anderen abzugebende Willenserklärung dessen Vertreter gegenüber erfolgt.

§ 165 [Vertretung durch beschränkt Geschäftsfähige]

Die Wirksamkeit einer von oder gegenüber einem Vertreter abgegebenen Willenserklärung wird nicht dadurch beeinträchtigt, daß der Vertreter in der Geschäftsfähigkeit beschränkt ist.

§ 166 [Willensmängel, Kenntnis, Kennenmüssen – Vollmacht]

(1) Soweit die rechtlichen Folgen einer Willenserklärung durch Willensmängel oder durch die Kenntnis oder das Kennenmüssen gewisser Umstände beeinflußt werden, kommt nicht die Person des Vertretenen, sondern die des Vertreters in Betracht.

(2) Hat im Falle einer durch Rechtsgeschäft erteilten Vertretungsmacht (Vollmacht) der Vertreter nach bestimmten Weisungen des Vollmachtgebers gehandelt, so kann sich dieser in Ansehung solcher Umstände, die er selbst kannte, nicht auf die Unkenntnis des Vertreters berufen. Dasselbe gilt von Umständen, die der Vollmachtgeber kennen mußte, sofern das Kennenmüssen der Kenntnis gleichsteht.

§ 167 [Erteilung der Vollmacht]

(1) Die Erteilung der Vollmacht erfolgt durch Erklärung gegenüber dem zu Bevollmächtigenden oder dem Dritten, demgegenüber die Vertretung stattfinden soll.

(2) Die Erklärung bedarf nicht der Form, welche für das Rechtsgeschäft bestimmt ist, auf das sich die Vollmacht bezieht.

§ 168 [Erlöschen der Vollmacht]

Das Erlöschen der Vollmacht bestimmt sich nach dem ihrer Erteilung zugrunde liegenden Rechtsverhältnisse. Die Vollmacht ist auch bei dem Fortbestehen des Rechtsverhältnisses widerruflich, sofern sich nicht aus diesem ein anderes ergibt. Auf die Erklärung des Widerrufs findet die Vorschrift des § 167 Abs. 1 entsprechende Anwendung.

§ 169 [Kein Fortbestand gegenüber Bösgläubigen]

Soweit nach den §§ 674, 729 die erloschene Vollmacht eines Beauftragten oder eines geschäftsführenden Gesellschafters als fortbestehend gilt, wirkt sie nicht zugunsten eines Dritten, der bei der Vornahme eines Rechtsgeschäfts das Erlöschen kennt oder kennen muß.

§ 170 [Wirkungsdauer der Vollmacht]

Wird die Vollmacht durch Erklärung gegenüber einem Dritten erteilt, so bleibt sie diesem gegenüber in Kraft, bis ihm das Erlöschen von dem Vollmachtgeber angezeigt wird.

§ 171 [Wirkungsdauer bei Kundgebung]

(1) Hat jemand durch besondere Mitteilung an einen Dritten oder durch öffentliche Bekanntmachung kundgegeben, daß er einen anderen bevollmächtigt habe, so ist dieser auf Grund der Kundgebung im ersteren Falle dem Dritten gegenüber, im letzteren Falle jedem Dritten gegenüber zur Vertretung befugt.

(2) Die Vertretungsmacht bleibt bestehen, bis die Kundgebung in derselben Weise, wie sie erfolgt ist, widerrufen wird.

§ 172 [Vollmachtsurkunde]

(1) Der besonderen Mitteilung einer Bevollmächtigung durch den Vollmachtgeber steht es gleich, wenn dieser dem Vertreter eine Vollmachtsurkunde ausgehändigt hat und der Vertreter sie dem Dritten vorlegt.

(2) Die Vertretungsmacht bleibt bestehen, bis die Vollmachtsurkunde dem Vollmachtgeber zurückgegeben oder für kraftlos erklärt wird.

§ 173 [Kenntnis vom Erlöschen der Vertretungsmacht]

Die Vorschriften des § 170, des § 171 Abs. 2 und des § 172 Abs. 2 finden keine Anwendung, wenn der Dritte das Erlöschen der Vertretungsmacht bei der Vornahme des Rechtsgeschäfts kennt oder kennen muß.

§ 174 [Einseitige Rechtsgeschäfte]

Ein einseitiges Rechtsgeschäft, das ein Bevollmächtigter einem anderen gegenüber vornimmt, ist unwirksam, wenn der Bevollmächtigte eine Vollmachtsurkunde nicht vorlegt und der andere das Rechtsgeschäft aus diesem Grunde unverzüglich zurückweist. Die Zurückweisung ist ausgeschlossen, wenn der Vollmachtgeber den anderen von der Bevollmächtigung in Kenntnis gesetzt hatte.

§ 175 [Rückgabe der Vollmachtsurkunde]

Nach dem Erlöschen der Vollmacht hat der Bevollmächtigte die Vollmachtsurkunde dem Vollmachtgeber zurückzugeben; ein Zurückbehaltungsrecht steht ihm nicht zu.

§ 176 [Kraftloserklärung der Vollmachtsurkunde]

(1) Der Vollmachtgeber kann die Vollmachtsurkunde durch eine öffentliche Bekanntmachung für kraftlos erklären; die Kraftloserklärung muß nach den für die öffentliche Zustellung einer Ladung geltenden Vorschriften der Zivilprozeßordnung veröffentlicht werden. Mit dem Ablauf eines Monats nach der letzten Einrückung in die öffentlichen Blätter wird die Kraftloserklärung wirksam.

(2) Zuständig für die Bewilligung der Veröffentlichung ist sowohl das Amtsgericht, in dessen Bezirke der Vollmachtgeber seinen allgemeinen Gerichtsstand hat, als das Amtsgericht, welches für die Klage auf Rückgabe der Urkunde, abgesehen von dem Werte des Streitgegenstandes, zuständig sein würde.

(3) Die Kraftloserklärung ist unwirksam, wenn der Vollmachtgeber die Vollmacht nicht widerrufen kann.

§ 177 [Vertragsschluß ohne Vertretungsmacht]

(1) Schließt jemand ohne Vertretungsmacht im Namen eines anderen einen Vertrag, so hängt die Wirksamkeit des Vertrags für und gegen den Vertretenen von dessen Genehmigung ab.

(2) Fordert der andere Teil den Vertretenen zur Erklärung über die Genehmigung auf, so kann die Erklärung nur ihm gegenüber erfolgen; eine vor der Aufforderung dem Vertreter gegenüber erklärte Genehmigung oder Verweigerung der Genehmigung wird unwirksam. Die Genehmigung kann nur bis zum Ablaufe von zwei Wochen nach dem Empfange der Aufforderung erklärt werden; wird sie nicht erklärt, so gilt sie als verweigert.

§ 178 [Widerrufsrecht des Vertragspartners]

Bis zur Genehmigung des Vertrags ist der andere Teil zum Widerrufe berechtigt, es sei denn, daß er den Mangel der Vertretungsmacht bei dem Abschlusse des Vertrags gekannt hat. Der Widerruf kann auch dem Vertreter gegenüber erklärt werden.

§ 179 [Haftung des Vertreters ohne Vertretungsmacht]

(1) Wer als Vertreter einen Vertrag geschlossen hat, ist, sofern er nicht seine Vertretungsmacht nachweist, dem anderen Teile nach dessen Wahl zur Erfüllung oder zum Schadensersatze verpflichtet, wenn der Vertretene die Genehmigung des Vertrags verweigert.

(2) Hat der Vertreter den Mangel der Vertretungsmacht nicht gekannt, so ist er nur zum Ersatze desjenigen Schadens verpflichtet, welchen der andere Teil dadurch erleidet, daß er auf die Vertretungsmacht vertraut, jedoch nicht über den Betrag des Interesses hinaus, welches der andere Teil an der Wirksamkeit des Vertrags hat.

(3) Der Vertreter haftet nicht, wenn der andere Teil den Mangel der Vertretungsmacht kannte oder kennen mußte. Der Vertreter haftet auch dann nicht, wenn er in der Geschäftsfähigkeit beschränkt war, es sei denn, daß er mit Zustimmung seines gesetzlichen Vertreters gehandelt hat.

§ 180 [Einseitige Rechtsgeschäfte]

Bei einem einseitigen Rechtsgeschäft ist Vertretung ohne Vertretungsmacht unzulässig. Hat jedoch derjenige, welchem gegenüber ein solches Rechtsgeschäft vorzunehmen war, die von dem Vertreter behauptete Vertretungsmacht bei der Vornahme des Rechtsgeschäfts nicht beanstandet oder ist er damit einverstanden gewesen, daß der Vertreter ohne Vertretungsmacht handele, so finden die Vorschriften über Verträge entsprechende Anwendung. Das gleiche gilt, wenn ein einseitiges Rechtsgeschäft gegenüber einem Vertreter ohne Vertretungsmacht mit dessem Einverständnisse vorgenommen wird.

§ 181 [Selbstkontrahieren]

Ein Vertreter kann, soweit nicht ein anderes ihm gestattet ist, im Namen des Vertretenen mit sich im eigenen Namen oder als Vertreter eines Dritten ein Rechtsgeschäft nicht vornehmen, es sei denn, daß das Rechtsgeschäft ausschließlich in der Erfüllung einer Verbindlichkeit besteht.

Sechster Titel

Einwilligung. Genehmigung

§ 182 [Erklärung und Form der Zustimmung]

(1) Hängt die Wirksamkeit eines Vertrags oder eines einseitigen Rechtsgeschäfts, das einem anderen gegenüber vorzunehmen ist, von der Zustimmung eines Dritten ab, so kann die Erteilung sowie die Verweigerung der Zustimmung sowohl dem einen als dem anderen Teile gegenüber erklärt werden.

(2) Die Zustimmung bedarf nicht der für das Rechtsgeschäft bestimmten Form.

(3) Wird ein einseitiges Rechtsgeschäft, dessen Wirksamkeit von der Zustimmung eines Dritten abhängt, mit Einwilligung des Dritten vorgenommen, so finden die Vorschriften des § 111 Satz 2, 3 entsprechende Anwendung.

§ 183 [Widerruflichkeit der Einwilligung]

Die vorherige Zustimmung (Einwilligung) ist bis zur Vornahme des Rechtsgeschäfts widerruflich, soweit nicht aus dem ihrer Erteilung zugrunde liegenden Rechtsverhältnisse sich ein anderes ergibt. Der Widerruf kann sowohl dem einen als dem anderen Teile gegenüber erklärt werden.

§ 184 [Rückwirkung der Genehmigung]

(1) Die nachträgliche Zustimmung (Genehmigung) wirkt auf den Zeitpunkt der Vornahme des Rechtsgeschäfts zurück, soweit nicht ein anderes bestimmt ist.

(2) Durch die Rückwirkung werden Verfügungen nicht unwirksam, die vor der Genehmigung über den Gegenstand des Rechtsgeschäfts von dem Genehmigenden getroffen worden oder im Wege der Zwangsvollstreckung oder der Arrestvollziehung oder durch den Konkursverwalter erfolgt sind.

§ 185 [Verfügung eines Nichtberechtigten]

(1) Eine Verfügung, die ein Nichtberechtigter über einen Gegenstand trifft, ist wirksam, wenn sie mit Einwilligung des Berechtigten erfolgt.

(2) Die Verfügung wird wirksam, wenn der Berechtigte sie genehmigt oder wenn der Verfügende den Gegenstand erwirbt oder wenn er von dem Berechtigten beerbt wird und dieser für die Nachlaßverbindlichkeiten unbeschränkt haftet. In den beiden letzteren Fällen wird, wenn über den Gegenstand mehrere miteinander nicht in Einklang stehende Verfügungen getroffen worden sind, nur die frühere Verfügung wirksam.

Vierter Abschnitt

Fristen. Termine

§ 186 [Geltungsbereich Auslegungsvorschriften]

Für die in Gesetzen, gerichtlichen Verfügungen und Rechtsgeschäften enthaltenen Frist- und Terminsbestimmungen gelten die Auslegungsvorschriften der §§ 187 bis 193.

§ 187 [Beginn der Frist]

(1) Ist für den Anfang einer Frist ein Ereignis oder ein in den Lauf eines Tages fallender Zeitpunkt maßgebend, so wird bei der Berechnung der Frist der Tag nicht mitgerechnet, in welchen das Ereignis oder der Zeitpunkt fällt.

(2) Ist der Beginn eines Tages der für den Anfang einer Frist maßgebende Zeitpunkt, so wird dieser Tag bei der Berechnung der Frist mitgerechnet. Das gleiche gilt von dem Tage der Geburt bei der Berechnung des Lebensalters.

§ 188 [Ende der Frist]

(1) Eine nach Tagen bestimmte Frist endigt mit dem Ablaufe des letzten Tages der Frist.

(2) Eine Frist, die nach Wochen, nach Monaten oder nach einem mehrere Monate umfassenden Zeitraume – Jahr, halbes Jahr, Vierteljahr – bestimmt ist, endigt im Falle des § 187 Abs. 1 mit dem Ablaufe desjenigen Tages der letzten Woche oder des letzten Monats, welcher durch seine Benennung oder seine Zahl dem Tage entspricht, in den das Ereignis oder der Zeitpunkt fällt, im Falle des § 187 Abs. 2 mit dem Ablaufe desjenigen Tages der letzten Woche oder des letzten Monats, welcher dem Tage vorhergeht, der durch seine Benennung oder seine Zahl dem Anfangstage der Frist entspricht.

(3) Fehlt bei einer nach Monaten bestimmten Frist in dem letzten Monate der für ihren Ablauf maßgebende Tag, so endigt die Frist mit dem Ablaufe des letzten Tages dieses Monats.

§ 189 [Halbes Jahr, Vierteljahr, halber Monat]

(1) Unter einem halben Jahre wird eine Frist von sechs Monaten, unter einem Vierteljahre eine Frist von drei Monaten, unter einem halben Monat eine Frist von fünfzehn Tagen verstanden.

(2) Ist eine Frist auf einen oder mehrere ganze Monate und einen halben Monat gestellt, so sind die fünfzehn Tage zuletzt zu zählen.

§ 190 [Verlängerung der Frist]

Im Falle der Verlängerung einer Frist wird die neue Frist von dem Ablaufe der vorigen Frist an berechnet.

§ 191 [Berechnung der Monats- und Jahresfrist]

Ist ein Zeitraum nach Monaten oder nach Jahren in dem Sinne bestimmt, daß er nicht zusammenhängend zu verlaufen braucht, so wird der Monat zu dreißig, das Jahr zu dreihundertfünfundsechzig Tagen gerechnet.

§ 192 [Monatsanfang, Monatsmitte, Monatsende]

Unter Anfang des Monats wird der erste, unter Mitte des Monats der fünfzehnte, unter Ende des Monats der letzte Tag des Monats verstanden.

§ 193 [Sonn- und Feiertag, Samstag]

Ist an einem bestimmten Tag oder innerhalb einer Frist eine Willenserklärung abzugeben oder eine Leistung zu bewirken und fällt der bestimmte Tag oder der letzte Tag der Frist auf einen Sonntag, einen am Erklärungs- oder Leistungsorte staatlich anerkannten allgemeinen Feiertag oder einen Sonnabend, so tritt an die Stelle eines solchen Tages der nächste Werktag.

Fünfter Abschnitt
Verjährung

§ 194 [Gegenstand der Verjährung]

(1) Das Recht, von einem anderen ein Tun oder ein Unterlassen zu verlangen (Anspruch), unterliegt der Verjährung.

(2) Der Anspruch aus einem familienrechtlichen Verhältnis unterliegt der Verjährung nicht, soweit er auf die Herstellung des dem Verhältnis entsprechenden Zustandes für die Zukunft gerichtet ist.

§ 195 [Regelmäßige Verjährungsfrist]

Die regelmäßige Verjährungfrist beträgt dreißig Jahre.

§ 196 [Zweijährige Verjährungsfrist]

(1) In zwei Jahren verjähren die Ansprüche:

1. der Kaufleute, Fabrikanten, Handwerker und derjenigen, welche ein Kunstgewerbe betreiben, für Lieferung von Waren, Ausführung von Arbeiten und Besorgung fremder Geschäfte, mit Einschluß der Auslagen, es sei denn, daß die Leistung für den Gewerbebetrieb des Schuldners erfolgt;
2. derjenigen, welche Land- oder Forstwirtschaft betreiben, für Lieferung von land- oder forstwirtschaftlichen Erzeugnissen, sofern die Lieferung zur Verwendung im Haushalte des Schuldners erfolgt;
3. der Eisenbahnunternehmungen, Magnetschwebebahnunternehmen, Frachtfuhrleute, Schiffer, Lohnkutscher und Boten wegen des Fahrgeldes, der Fracht, des Fuhr- und Botenlohns, mit Einschluß der Auslagen;
4. der Gastwirte und derjenigen, welche Speisen oder Getränke gewerbsmäßig verabreichen, für Gewährung von Wohnung und Beköstigung sowie für andere den Gästen zur Befriedigung ihrer Bedürfnisse gewährte Leistungen, mit Einschluß der Auslagen;
5. derjenigen, welche Lotterielose vertreiben, aus dem Vertriebe der Lose, es sei denn, daß die Lose zum Weitervertriebe geliefert werden;
6. derjenigen, welche bewegliche Sachen gewerbsmäßig vermieten, wegen des Mietzinses;
7. derjenigen, welche, ohne zu den in Nummer 1 bezeichneten Personen zu gehören, die Besorgung fremder Geschäfte oder die Leistung von Diensten gewerbsmäßig betreiben, wegen der ihnen aus dem Gewerbebetriebe gebührenden Vergütungen, mit Einschluß der Auslagen;
8. derjenigen, welche im Privatdienste stehen, wegen des Gehalts, Lohnes oder anderer Dienstbezüge, mit Einschluß der Auslagen, sowie der Dienstberechtigten wegen der auf solche Ansprüche gewährten Vorschüsse;
9. der gewerblichen Arbeiter – Gesellen, Gehilfen, Lehrlinge, Fabrikarbeiter –, der Tagelöhner und Handarbeiter wegen des Lohnes und anderer anstelle oder als Teil des Lohnes vereinbarter Leistungen, mit Einschluß der Auslagen, sowie der Arbeitgeber wegen der auf solche Ansprüche gewährten Vorschüsse;
10. der Lehrherren und Lehrmeister wegen des Lehrgeldes und anderer im Lehrvertrage vereinbarter Leistungen sowie wegen der für die Lehrlinge bestrittenen Auslagen;
11. der öffentlichen Anstalten, welche dem Unterrichte, der Erziehung, Verpflegung oder Heilung dienen, sowie der Inhaber von Privatanstalten solcher Art für Gewährung

von Unterricht, Verpflegung oder Heilung und für die damit zusammenhängenden Aufwendungen;
12. derjenigen, welche Personen zur Verpflegung oder zur Erziehung aufnehmen, für Leistungen und Aufwendungen der in Nummer 11 bezeichneten Art;
13. der öffentlichen Lehrer und der Privatlehrer wegen ihrer Honorare, die Ansprüche der öffentlichen Lehrer jedoch nicht, wenn sie auf Grund besonderer Einrichtungen gestundet sind;
14. der Ärzte, insbesondere auch der Wundärzte, Geburtshelfer, Zahnärzte und Tierärzte, sowie der Hebammen für ihre Dienstleistungen, mit Einschluß der Auslagen;
15. der Rechtsanwälte, Notare sowie aller Personen, die zur Besorgung gewisser Geschäfte öffentlich bestellt oder zugelassen sind, wegen ihrer Gebühren und Auslagen, soweit nicht diese zur Staatskasse fließen;
16. der Parteien wegen der ihren Rechtsanwälten geleisteten Vorschüsse;
17. der Zeugen und Sachverständigen wegen ihrer Gebühren und Auslagen.

(2) Soweit die im Absatz 1 Nr. 1, 2, 5 bezeichneten Ansprüche nicht der Verjährung von zwei Jahren unterliegen, verjähren sie in vier Jahren.

§ 197 [Vierjährige Verjährungsfrist]

In vier Jahren verjähren die Ansprüche auf Rückstände von Zinsen, mit Einschluß der als Zuschlag zu den Zinsen zum Zwecke allmählicher Tilgung des Kapitals zu entrichtenden Beträge, die Ansprüche auf Rückstände von Miet- und Pachtzinsen, soweit sie nicht unter die Vorschrift des § 196 Abs. 1 Nr. 6 fallen, und die Ansprüche auf Rückstände von Renten, Auszugsleistungen, Besoldungen, Wartegeldern, Ruhegehalten, Unterhaltsbeiträgen und allen anderen regelmäßig wiederkehrenden Leistungen.

§ 198 [Beginn der Verjährung]

Die Verjährung beginnt mit der Entstehung des Anspruchs. Geht der Anspruch auf ein unterlassen, so beginnt die Verjährung mit der Zuwiderhandlung.

§ 199 [Beginn der Verjährung bei Kündigung]

Kann der Berechtigte die Leistung erst verlangen, wenn er dem Verpflichteten gekündigt hat, so beginnt die Verjährung mit dem Zeitpunkte, von welchem an die Kündigung zulässig ist. Hat der Verpflichtete die Leistung erst zu bewirken, wenn seit der Kündigung eine bestimmte Frist verstrichen ist, so wird der Beginn der Verjährung um die Dauer der Frist hinausgeschoben.

§ 200 [Beginn der Verjährung bei Anfechtung]

Hängt die Entstehung eines Anspruchs davon ab, daß der Berechtigte von einem ihm zustehenden Anfechtungsrechte Gebrauch macht, so beginnt die Verjährung mit dem Zeitpunkte, von welchem an die Anfechtung zulässig ist. Dies gilt jedoch nicht, wenn die Anfechtung sich auf ein familienrechtliches Verhältnis bezieht.

§ 201 [Beginn der kurzen Verjährungsfristen]

Die Verjährung der in den §§ 196, 197 bezeichneten Ansprüche beginnt mit dem Schlusse des Jahres, in welchem der nach den §§ 198 bis 200 maßgebende Zeitpunkt eintritt. Kann die Leistung erst nach dem Ablauf einer über diesen Zeitpunkt hinausreichenden Frist verlangt werden, so beginnt die Verjährung mit dem Schlusse des Jahres, in welchem die Frist abläuft.

§ 202 [Verjährungshemmung aus rechtlichen Gründen]

(1) Die Verjährung ist gehemmt, solange die Leistung gestundet oder der Verpflichtete aus einem anderen Grunde vorübergehend zur Verweigerung der Leistung berechtigt ist.

(2) Diese Vorschrift findet keine Anwendung auf die Einrede des Zurückbehaltungsrechts, des nicht erfüllten Vertrags, der mangelnden Sicherheitsleistung, der Vorausklage sowie auf die nach § 770 dem Bürgen und nach den §§ 2014, 2015 dem Erben zustehenden Einreden.

§ 203 [Verjährungshemmung aus tatsächlichen Gründen]

(1) Die Verjährung ist gehemmt, solange der Berechtigte durch Stillstand der Rechtspflege innerhalb der letzten sechs Monate der Verjährungsfrist an der Rechtsverfolgung verhindert ist.

(2) Das gleiche gilt, wenn eine solche Verhinderung in anderer Weise durch höhere Gewalt herbeigeführt wird.

§ 204 [Verjährungshemmung aus familiären Gründen]

Die Verjährung von Ansprüchen zwischen Ehegatten ist gehemmt, solange die Ehe besteht. Das gleiche gilt von Ansprüchen zwischen Eltern und Kindern während der Minderjährigkeit der Kinder und von Ansprüchen zwischen dem Vormund und dem Mündel während der Dauer des Vormundschaftsverhältnisses.

§ 205 [Wirkung der Verjährungshemmung]

Der Zeitraum, während dessen die Verjährung gehemmt ist, wird in die Verjährungsfrist nicht eingerechnet.

§ 206 [Hemmung des Verjährungsablaufs bei nicht voll Geschäftsfähigen]

(1) Ist eine geschäftsunfähige oder in der Geschäftsfähigkeit beschränkte Person ohne gesetzlichen Vertreter, so wird die gegen sie laufende Verjährung nicht vor dem Ablaufe von sechs Monaten nach dem Zeitpunkte vollendet, in welchem die Person unbeschränkt geschäftsfähig wird oder der Mangel der Vertretung aufhört. Ist die Verjährungsfrist kürzer als sechs Monate, so tritt der für die Verjährung bestimmte Zeitraum an die Stelle der sechs Monate.

(2) Die Vorschriften finden keine Anwendung, soweit eine in der Geschäftsfähigkeit beschränkte Person prozeßfähig ist.

§ 207 [Hemmung des Verjährungsablaufs bei Nachlaßsachen]

Die Verjährung eines Anspruchs, der zu einem Nachlasse gehört oder sich gegen einen Nachlaß richtet, wird nicht vor dem Ablaufe von sechs Monaten nach dem Zeitpunkte vollendet, in welchem die Erbschaft von dem Erben angenommen oder der Konkurs über den Nachlaß eröffnet wird oder von welchem an der Anspruch von einem Vertreter oder gegen einen Vertreter geltend gemacht werden kann. Ist die Verjährungsfrist kürzer als sechs Monate, so tritt der für die Verjährung bestimmte Zeitraum an die Stelle der sechs Monate.

§ 208 [Verjährungsunterbrechung durch Anerkenntnis]

Die Verjährung wird unterbrochen, wenn der Verpflichtete dem Berechtigten gegenüber den Anspruch durch Abschlagszahlung, Zinszahlung, Sicherheitsleistung oder in anderer Weise anerkennt.

§ 209 [Unterbrechung durch gerichtliche Geltendmachung]

(1) Die Verjährung wird unterbrochen, wenn der Berechtigte auf Befriedigung oder auf Feststellung des Anspruchs, auf Erteilung der Vollstreckungsklausel oder auf Erlassung des Vollstreckungsurteils Klage erhebt.

(2) Der Erhebung der Klage stehen gleich:

1. die Zustellung eines Mahnbescheids im Mahnverfahren;

1a. die Geltendmachung eines Anspruchs durch Anbringung eines Güteantrags bei einer Gütestelle der im § 794 Abs. 1 Nr. 1 der Zivilprozeßordnung bezeichneten Art;

2. die Anmeldung des Anspruchs im Konkurs oder im Seerechtlichen Verteilungsverfahren;
3. die Geltendmachung der Aufrechnung des Anspruchs im Prozesse;
4. die Streitverkündung in dem Prozesse, von dessen Ausgange der Anspruch abhängt;
5. die Vornahme einer Vollstreckungshandlung und, soweit die Zwangsvollstreckung den Gerichten oder anderen Behörden zugewiesen ist, die Stellung des Antrags auf Zwangsvollstreckung.

§ 210 [Unterbrechung durch Vorentscheidungsantrag]

Hängt die Zulässigkeit des Rechtswegs von der Vorentscheidung einer Behörde ab oder hat die Bestimmung des zuständigen Gerichts durch ein höheres Gericht zu erfolgen, so wird die Verjährung durch die Einreichung des Gesuchs an die Behörde oder das höhere Gericht in gleicher Weise wie durch Klageerhebung oder durch Anbringung des Güteantrags unterbrochen, wenn binnen drei Monaten nach der Erledigung des Gesuchs die Klage erhoben oder der Güteantrag angebracht wird. Auf diese Frist finden die Vorschriften der §§ 203, 206, 207 entsprechende Anwendung.

§ 211 [Dauer der Unterbrechung bei Klage]

(1) Die Unterbrechung durch Klageerhebung dauert fort, bis der Prozeß rechtskräftig entschieden oder anderweit erledigt ist.

(2) Gerät der Prozeß infolge einer Vereinbarung oder dadurch, daß er nicht betrieben wird, in Stillstand, so endigt die Unterbrechung mit der letzten Prozeßhandlung der Parteien oder des Gerichts. Die nach der Beendigung der Unterbrechung beginnende neue Verjährung wird dadurch, daß eine der Parteien den Prozeß weiter betreibt, in gleicher Weise wie durch Klageerhebung unterbrochen.

§ 212 [Unterbrechung bei Klagerücknahme und Urteil]

(1) Die Unterbrechung durch Klageerhebung gilt als nicht erfolgt, wenn die Klage zurückgenommen oder durch ein nicht in der Sache selbst entscheidendes Urteil rechtskräftig abgewiesen wird.

(2) Erhebt der Berechtigte binnen sechs Monaten von neuem Klage, so gilt die Verjährung als durch die Erhebung der ersten Klage unterbrochen. Auf diese Frist finden die Vorschriften der §§ 203, 206, 207 entsprechende Anwendung.

§ 212 a [Unterbrechung durch Güteantrag]

Die Unterbrechung durch Anbringung des Güteantrags dauert bis zur Erledigung des Güteverfahrens und, wenn an dieses Verfahren sich ein Streitverfahren unmittelbar anschließt, nach Maßgabe der §§ 211, 212 fort. Gerät das Güteverfahren dadurch, daß es nicht betrieben wird, in Stillstand, so finden die Vorschriften des § 211 Abs. 2 entsprechende Anwendung. Wird der Güteantrag zurückgenommen, so gilt die Unterbrechung der Verjährung als nicht erfolgt.

§ 213 [Unterbrechung durch Zustellung eines Mahnbescheids]

Auf die Unterbrechung durch Zustellung eines Mahnbescheids im Mahnverfahren finden die Vorschriften des § 212 a entsprechende Anwendung. Die Unterbrechung gilt als nicht erfolgt, wenn der Mahnbescheid seine Kraft verliert (§ 701 der Zivilprozeßordnung).

§ 214 [Unterbrechung durch Konkursanmeldung]

(1) Die Unterbrechung durch Anmeldung im Konkurse dauert fort, bis der Konkurs beendigt ist.

(2) Die Unterbrechung gilt als nicht erfolgt, wenn die Anmeldung zurückgenommen wird.

(3) Wird bei der Beendigung des Konkurses für eine Forderung, die infolge eines bei der Prüfung erhobenen Widerspruchs in Prozeß befangen ist, ein Betrag zurückbehalten,

so dauert die Unterbrechung auch nach der Beendigung des Konkurses fort; das Ende der Unterbrechung bestimmt sich nach den Vorschriften des § 211.
(4) Auf die Unterbrechung durch Anmeldung im Seerechtlichen Verteilungsverfahren sind die Absätze 1 bis 3 entsprechend anzuwenden.

§ 215 [Unterbrechung durch Aufrechnung oder Streitverkündung]

(1) Die Unterbrechung durch Geltendmachung der Aufrechnung im Prozeß oder durch Streitverkündung dauert fort, bis der Prozeß rechtskräftig entschieden oder anderweit erledigt ist; die Vorschriften des § 211 Abs. 2 finden Anwendung.
(2) Die Unterbrechung gilt als nicht erfolgt, wenn nicht binnen sechs Monaten nach der Beendigung des Prozesses Klage auf Befriedigung oder Feststellung des Anspruchs erhoben wird. Auf diese Frist finden die Vorschriften der §§ 203, 206, 207 entsprechende Anwendung.

§ 216 [Unterbrechung durch Vollstreckungshandlung]

(1) Die Unterbrechung durch Vornahme einer Vollstreckungshandlung gilt als nicht erfolgt, wenn die Vollstreckungsmaßregel auf Antrag des Berechtigten oder wegen Mangels der gesetzlichen Voraussetzungen aufgehoben wird.
(2) Die Unterbrechung durch Stellung des Antrags auf Zwangsvollstreckung gilt als nicht erfolgt, wenn dem Antrage nicht stattgegeben oder der Antrag vor der Vornahme der Vollstreckungshandlung zurückgenommen oder die erwirkte Vollstreckungsmaßregel nach Absatz 1 aufgehoben wird.

§ 217 [Wirkung der Verjährungsunterbrechung]

Wird die Verjährung unterbrochen, so kommt die bis zur Unterbrechung verstrichene Zeit nicht in Betracht; eine neue Verjährung kann erst nach der Beendigung der Unterbrechung beginnen.

§ 218 [Verjährung rechtskräftig festgestellter Ansprüche]

(1) Ein rechtskräftig festgestellter Anspruch verjährt in dreißig Jahren, auch wenn er an sich einer kürzeren Verjährung unterliegt. Das gleiche gilt von dem Anspruch aus einem vollstreckbaren Vergleich oder einer vollstreckbaren Urkunde sowie von einem Anspruche, welcher durch die im Konkurs erfolgte Feststellung vollstreckbar geworden ist.
(2) Soweit sich die Feststellung auf regelmäßig wiederkehrende, erst künftig fällig werdende Leistungen bezieht, bewendet es bei der kürzeren Verjährungsfrist.

§ 219 [Rechtskräftige Vorbehaltsurteile]

Als rechtskräftige Entscheidung im Sinne des § 211 Abs. 1 und des § 218 Abs. 1 gilt auch ein unter Vorbehalt ergangenes rechtskräftiges Urteil.

§ 220 [Unterbrechung der Verjährung bei sonstigen Verfahren]

(1) Ist der Anspruch vor einem Schiedsgericht oder einem besonderen Gerichte, vor einem Verwaltungsgericht oder einer Verwaltungsbehörde geltend zu machen, so finden die Vorschriften der §§ 209 bis 213, 215, 216, 218, 219 entsprechende Anwendung.
(2) Sind in dem Schiedsvertrage die Schiedsrichter nicht ernannt oder ist die Ernennung eines Schiedsrichters aus einem anderen Grunde erforderlich oder kann das Schiedsgericht erst nach der Erfüllung einer sonstigen Voraussetzung angerufen werden, so wird die Verjährung schon dadurch unterbrochen, daß der Berechtigte das zur Erledigung der Sache seinerseits Erforderliche vornimmt.

§ 221 [Verjährung bei Rechtsnachfolge]

Gelangt eine Sache, in Ansehung deren ein dinglicher Anspruch besteht, durch Rechtsnachfolge in den Besitz eines Dritten, so kommt die während des Besitzes des Rechtsvorgängers verstrichene Verjährungszeit dem Rechtsnachfolger zustatten.

§ 222 [Wirkung der Verjährung]

(1) Nach der Vollendung der Verjährung ist der Verpflichtete berechtigt, die Leistung zu verweigern.

(2) Das zur Befriedigung eines verjährten Anspruchs Geleistete kann nicht zurückgefordert werden, auch wenn die Leistung in Unkenntnis der Verjährung bewirkt worden ist. Das gleiche gilt von einem vertragsmäßigen Anerkenntnisse sowie einer Sicherheitsleistung des Verpflichteten.

§ 223 [Wirkung bei gesicherten Ansprüchen]

(1) Die Verjährung eines Anspruchs, für den eine Hypothek, eine Schiffshypothek oder ein Pfandrecht besteht, hindert den Berechtigten nicht, seine Befriedigung aus dem verhafteten Gegenstande zu suchen.

(2) Ist zur Sicherung eines Anspruchs ein Recht übertragen worden, so kann die Rückübertragung nicht auf Grund der Verjährung des Anspruchs gefordert werden.

(3) Diese Vorschriften finden keine Anwendung bei der Verjährung von Ansprüchen auf Rückstände von Zinsen oder anderen wiederkehrenden Leistungen.

§ 224 [Verjährung der Nebenleistungen]

Mit dem Hauptanspruche verjährt der Anspruch auf die von ihm abhängenden Nebenleistungen, auch wenn die für diesen Anspruch geltende besondere Verjährung noch nicht vollendet ist.

§ 225 [Abreden über Verjährung]

Die Verjährung kann durch Rechtsgeschäft weder ausgeschlossen noch erschwert werden. Erleichterung der Verjährung, insbesondere Abkürzung der Verjährungsfrist, ist zulässig.

Sechster Abschnitt

Ausübung der Rechte. Selbstverteidigung. Selbsthilfe

§ 226 [Schikaneverbot]

Die Ausübung eines Rechtes ist unzulässig, wenn sie nur den Zweck haben kann, einem anderen Schaden zuzufügen.

§ 227 [Notwehr]

(1) Eine durch Notwehr gebotene Handlung ist nicht widerrechtlich.

(2) Notwehr ist diejenige Verteidigung, welche erforderlich ist, um einen gegenwärtigen rechtswidrigen Angriff von sich oder einem anderen abzuwenden.

§ 228 [Notstand]

Wer eine fremde Sache beschädigt oder zerstört, um eine durch sie drohende Gefahr von sich oder einem anderen abzuwenden, handelt nicht widerrechtlich, wenn die Beschädigung oder die Zerstörung zur Abwendung der Gefahr erforderlich ist und der Schaden nicht außer Verhältnis zu der Gefahr steht. Hat der Handelnde die Gefahr verschuldet, so ist er zum Schadensersatze verpflichtet.

§ 229 [Selbsthilfe]

Wer zum Zwecke der Selbsthilfe eine Sache wegnimmt, zerstört oder beschädigt oder wer zum Zwecke der Selbsthilfe einen Verpflichteten, welcher der Flucht verdächtig ist, festnimmt oder den Widerstand des Verpflichteten gegen eine Handlung, die dieser zu dulden verpflichtet ist, beseitigt, handelt nicht widerrechtlich, wenn obrigkeitliche Hilfe nicht rechtzeitig zu erlangen ist und ohne sofortiges Eingreifen die Gefahr besteht, daß die Verwirklichung des Anspruchs vereitelt oder wesentlich erschwert werde.

§ 230 [Erforderlichkeit – Arrestantrag]

(1) Die Selbsthilfe darf nicht weitergehen, als zur Abwendung der Gefahr erforderlich ist.

(2) Im Falle der Wegnahme von Sachen ist, sofern nicht Zwangsvollstreckung erwirkt wird, der dingliche Arrest zu beantragen.

(3) Im Falle der Festnahme des Verpflichteten ist, sofern er nicht wieder in Freiheit gesetzt wird, der persönliche Sicherheitsarrest bei dem Amtsgerichte zu beantragen, in dessen Bezirke die Festnahme erfolgt ist; der Verpflichtete ist unverzüglich dem Gerichte vorzuführen.

(4) Wird der Arrestantrag verzögert oder abgelehnt, so hat die Rückgabe der weggenommenen Sachen und die Freilassung des Festgenommenen unverzüglich zu erfolgen.

§ 231 [Schadensersatz bei irrtümlicher Selbsthilfe]

Wer eine der im § 229 bezeichneten Handlungen in der irrigen Annahme vornimmt, daß die für den Ausschluß der Widerrechtlichkeit erforderlichen Voraussetzungen vorhanden seien, ist dem anderen Teile zum Schadensersatze verpflichtet, auch wenn der Irrtum nicht auf Fahrlässigkeit beruht.

Siebenter Abschnitt
Sicherheitsleistung

§ 232 [Arten]

(1) Wer Sicherheit zu leisten hat, kann dies bewirken
durch Hinterlegung von Geld oder Wertpapieren,
durch Verpfändung von Forderungen, die in das Reichsschuldbuch oder in das Staatsschuldbuch eines Bundesstaats eingetragen sind,
durch Verpfändung beweglicher Sachen,
durch Bestellung von Schiffshypotheken an Schiffen oder Schiffsbauwerken, die in einem deutschen Schiffsregister oder Schiffsbauregister eingetragen sind,
durch Bestellung von Hypotheken an inländischen Grundstücken,
durch Verpfändung von Forderungen, für die eine Hypothek an einem inländischen Grundstücke besteht, oder durch Verpfändung von Grundschulden oder Rentenschulden an inländischen Grundstücken.

(2) Kann die Sicherheit nicht in dieser Weise geleistet werden, so ist die Stellung eines tauglichen Bürgen zulässig.

§ 233 [Wirkung der Hinterlegung]

Mit der Hinterlegung erwirbt der Berechtigte ein Pfandrecht an dem hinterlegten Gelde oder an den hinterlegten Wertpapieren und, wenn das Geld oder die Wertpapiere in das Eigentum des Fiskus oder der als Hinterlegungsstelle bestimmten Anstalt übergehen, ein Pfandrecht an der Forderung auf Rückerstattung.

§ 234 [Geeignete Wertpapiere]

(1) Wertpapiere sind zur Sicherheitsleistung nur geeignet, wenn sie auf den Inhaber lauten, einen Kurswert haben und einer Gattung angehören, in der Mündelgeld angelegt werden darf. Den Inhaberpapieren stehen Orderpapiere gleich, die mit Blankoindossament versehen sind.

(2) Mit den Wertpapieren sind die Zins-, Renten-, Gewinnanteil- und Erneuerungsscheine zu hinterlegen.

(3) Mit Wertpapieren kann Sicherheit nur in Höhe von drei Vierteilen des Kurswertes geleistet werden.

§ 235 [Umtauschrecht]

Wer durch Hinterlegung von Geld oder von Wertpapieren Sicherheit geleistet hat, ist berechtigt, das hinterlegte Geld gegen geeignete Wertpapiere, die hinterlegten Wertpapiere gegen andere geeignete Wertpapiere oder gegen Geld umzutauschen.

§ 236 [Sicherheitsleistung mit Buchforderungen]

Mit einer Buchforderung gegen das Reich oder gegen einen Bundesstaat kann Sicherheit nur in Höhe von drei Vierteilen des Kurswerts der Wertpapiere geleistet werden, deren Aushändigung der Gläubiger gegen Löschung seiner Forderung verlangen kann.

§ 237 [Sicherheitsleistung mit einer beweglichen Sache]

Mit einer beweglichen Sache kann Sicherheit nur in Höhe von zwei Dritteilen des Schätzungswerts geleistet werden. Sachen, deren Verderb zu besorgen oder deren Aufbewahrung mit besonderen Schwierigkeiten verbunden ist, können zurückgewiesen werden.

§ 238 [Sicherheitsleistung mit Hypothekenforderungen, Grund- oder Rentenschulden]

(1) Eine Hypothekenforderung, eine Grundschuld oder eine Rentenschuld ist zur Sicherheitsleistung nur geeignet, wenn sie den Voraussetzungen entspricht, unter denen am Orte der Sicherheitsleistung Mündelgeld in Hypothekenforderungen, Grundschulden oder Rentenschulden angelegt werden darf.

(2) Eine Forderung, für die eine Sicherungshypothek besteht, ist zur Sicherheitsleistung nicht geeignet.

§ 239 [Sicherheitsleistung durch Stellung eines tauglichen Bürgen]

(1) Ein Bürge ist tauglich, wenn er ein der Höhe der zu leistenden Sicherheit angemessenes Vermögen besitzt und seinen allgemeinen Gerichtsstand im Inlande hat.

(2) Die Bürgschaftserklärung muß den Verzicht auf die Einrede der Vorausklage enthalten.

§ 240 [Ergänzung unzureichender Sicherheit]

Wird die geleistete Sicherheit ohne Verschulden des Berechtigten unzureichend, so ist sie zu ergänzen oder anderweitige Sicherheit zu leisten.

Zweites Buch

Recht der Schuldverhältnisse

Erster Abschnitt

Inhalt der Schuldverhältnisse

Erster Titel

Verpflichtung zur Leistung

§ 241 [Inhalt des Schuldverhältnisses]

Kraft des Schuldverhältnisses ist der Gläubiger berechtigt, von dem Schuldner eine Leistung zu fordern. Die Leistung kann auch in einem Unterlassen bestehen.

§ 242 [Treu und Glauben]

Der Schuldner ist verpflichtet, die Leistung so zu bewirken, wie Treu und Glauben mit Rücksicht auf die Verkehrssitte es erfordern.

§ 243 [Gattungsschuld]

(1) Wer eine nur der Gattung nach bestimmte Sache schuldet, hat eine Sache von mittlerer Art und Güte zu leisten.

(2) Hat der Schuldner das zur Leistung einer solchen Sache seinerseits Erforderliche getan, so beschränkt sich das Schuldverhältnis auf diese Sache.

§ 244 [Geldschuld in ausländischer Währung][1)]

(1) Ist eine in ausländischer Währung ausgedrückte Geldschuld im Inlande zu zahlen, so kann die Zahlung in Reichswährung erfolgen, es sei denn, daß Zahlung in ausländischer Währung ausdrücklich bedungen ist.

(2) Die Umrechnung erfolgt nach dem Kurswerte, der zur Zeit der Zahlung für den Zahlungsort maßgebend ist.

§ 245 [Geldsortenschuld]

Ist eine Geldschuld in einer bestimmten Münzsorte zu zahlen, die sich zur Zeit der Zahlung nicht mehr im Umlauf befindet, so ist die Zahlung so zu leisten, wie wenn die Münzsorte nicht bestimmt wäre.

§ 246 [Gesetzlicher Zinssatz]

Ist eine Schuld nach Gesetz oder Rechtsgeschäft zu verzinsen, so sind vier vom Hundert für das Jahr zu entrichten, sofern nicht ein anderes bestimmt ist.

§ 247 (aufgehoben)[2)]

§ 248 [Zinseszinsvereinbarung]

(1) Eine im voraus getroffene Vereinbarung, daß fällige Zinsen wieder Zinsen tragen sollen, ist nichtig.

(2) Sparkassen, Kreditanstalten und Inhaber von Bankgeschäften können im voraus vereinbaren, daß nicht erhobene Zinsen von Einlagen als neue verzinsliche Einlagen gelten sollen. Kreditanstalten, die berechtigt sind, für den Betrag der von ihnen gewährten Darlehen verzinsliche Schuldverschreibungen auf den Inhaber auszugeben, können sich bei solchen Darlehen die Verzinsung rückständiger Zinsen im voraus versprechen lassen.

§ 249 [Schadensersatz durch Naturalherstellung]

Wer zum Schadensersatze verpflichtet ist, hat den Zustand herzustellen, der bestehen würde, wenn der zum Ersatze verpflichtende Umstand nicht eingetreten wäre. Ist wegen Verletzung

---

1) Vgl. § 3 Währungsgesetz vom 20. Juni 1948 (BGBl III 7600-1-a):

§ 3 [Währungsklausel]

Geldschulden dürfen nur mit Genehmigung der für die Erteilung von Devisengenehmigungen zuständigen Stelle in einer anderen Währung als in Deutscher Mark eingegangen werden. Das gleiche gilt für Geldschulden, deren Betrag in Deutscher Mark durch den Kurs einer solchen anderen Währung oder durch den Preis oder eine Menge von Feingold oder von anderen Gütern und Leistungen bestimmt werden soll.

2) Aufgehoben durch das Gesetz zur Änderung wirtschafts-, verbraucher-, arbeits- und sozialrechtlicher Vorschriften vom 25. 7. 1986 (BGBl. I S. 1169) mit Wirkung vom 1. 1. 1987. Gemäß Artikel 12 Abs. 2 des genannten Gesetzes bleibt § 247 anwendbar auf Verträge, die vor dem 1. 1. 1987 geschlossen worden sind. § 609 a des Bürgerlichen Gesetzbuchs ist nicht anzuwenden. – § 247 lautet:

»§ 247 [Vereinbarter höherer Zinssatz als 6 vH]

(1) Ist ein höherer Zinssatz als sechs vom Hundert für das Jahr vereinbart, so kann der Schuldner nach dem Ablaufe von sechs Monaten das Kapital unter Einhaltung einer Kündigungsfrist von sechs Monaten kündigen. Das Kündigungsrecht kann nicht durch Vertrag ausgeschlossen oder beschränkt werden.

(2) Diese Vorschriften gelten nicht für Schuldverschreibungen auf den Inhaber und für Orderschuldverschreibungen. Bei Darlehen, die zu einer auf Grund gesetzlicher Vorschriften gebildeten Deckungsmasse für Schuldverschreibungen gehören oder gehören sollen, kann das in Absatz 1 Satz 1 bestimmte Kündigungsrecht durch ausdrückliche Vereinbarung für die Zeit ausgeschlossen werden, während der sie zur Deckungsmasse gehören.«

einer Person oder wegen Beschädigung einer Sache Schadensersatz zu leisten, so kann der Gläubiger statt der Herstellung den dazu erforderlichen Geldbetrag verlangen.

§ 250 [Schadensersatz in Geld nach Fristsetzung]

Der Gläubiger kann dem Ersatzpflichtigen zur Herstellung eine angemessene Frist mit der Erklärung bestimmen, daß er die Herstellung nach dem Ablaufe der Frist ablehne. Nach dem Ablaufe der Frist kann der Gläubiger den Ersatz in Geld verlangen, wenn nicht die Herstellung rechtzeitig erfolgt; der Anspruch auf die Herstellung ist ausgeschlossen.

§ 251 [Schadensersatz in Geld ohne Fristsetzung]

(1) Soweit die Herstellung nicht möglich oder zur Entschädigung des Gläubigers nicht genügend ist, hat der Ersatzpflichtige den Gläubiger in Geld zu entschädigen.

(2) Der Ersatzpflichtige kann den Gläubiger in Geld entschädigen, wenn die Herstellung nur mit unverhältnismäßigen Aufwendungen möglich ist. Die aus der Heilbehandlung eines verletzten Tieres entstandenen Aufwendungen sind nicht bereits dann unverhältnismäßig, wenn sie dessen Wert erheblich übersteigen.

§ 252 [Entgangener Gewinn]

Der zu ersetzende Schaden umfaßt auch den entgangenen Gewinn. Als entgangen gilt der Gewinn, welcher nach dem gewöhnlichen Laufe der Dinge oder nach den besonderen Umständen, insbesondere nach den getroffenen Anstalten und Vorkehrungen, mit Wahrscheinlichkeit erwartet werden konnte.

§ 253 [Immaterieller Schaden]

Wegen eines Schadens, der nicht Vermögensschaden ist, kann Entschädigung in Geld nur in den durch das Gesetz bestimmten Fällen gefordert werden.

§ 254 [Mitverschulden des Beschädigten]

(1) Hat bei der Entstehung des Schadens ein Verschulden des Beschädigten mitgewirkt, so hängt die Verpflichtung zum Ersatze sowie der Umfang des zu leistenden Ersatzes von den Umständen, insbesondere davon ab, inwieweit der Schaden vorwiegend von dem einen oder dem anderen Teile verursacht worden ist.

(2) Dies gilt auch dann, wenn sich das Verschulden des Beschädigten darauf beschränkt, daß er unterlassen hat, den Schuldner auf die Gefahr eines ungewöhnlich hohen Schadens aufmerksam zu machen, die der Schuldner weder kannte noch kennen mußte, oder daß er unterlassen hat, den Schaden abzuwenden oder zu mindern. Die Vorschrift des § 278 findet entsprechende Anwendung.

§ 255 [Abtretung der Ersatzansprüche]

Wer für den Verlust einer Sache oder eines Rechtes Schadensersatz zu leisten hat, ist zum Ersatze nur gegen Abtretung der Ansprüche verpflichtet, die dem Ersatzberechtigten auf Grund des Eigentums an der Sache oder auf Grund des Rechtes gegen Dritte zustehen.

§ 256 [Verzinsung von Aufwendungen]

Wer zum Ersatze von Aufwendungen verpflichtet ist, hat den aufgewendeten Betrag oder, wenn andere Gegenstände als Geld aufgewendet worden sind, den als Ersatz ihres Wertes zu zahlenden Betrag von der Zeit der Aufwendung an zu verzinsen. Sind Aufwendungen auf einen Gegenstand gemacht worden, der dem Ersatzpflichtigen herauszugeben ist, so sind Zinsen für die Zeit, für welche dem Ersatzberechtigten die Nutzungen oder die Früchte des Gegenstandes ohne Vergütung verbleiben, nicht zu entrichten.

§ 257 [Anspruch auf Befreiung von Verbindlichkeiten]

Wer berechtigt ist, Ersatz für Aufwendungen zu verlangen, die er für einen bestimmten Zweck macht, kann, wenn er für diesen Zweck eine Verbindlichkeit eingeht, Befreiung von der Verbindlichkeit verlangen. Ist die Verbindlichkeit noch nicht fällig, so kann ihm der Ersatzpflichtige, statt ihn zu befreien, Sicherheit leisten.

§ 258 [Wiederinstandsetzung bei Wegnahme einer Einrichtung]

Wer berechtigt ist, von einer Sache, die er einem anderen herauszugeben hat, eine Einrichtung wegzunehmen, hat im Falle der Wegnahme die Sache auf seine Kosten in den vorigen Stand zu setzen. Erlangt der andere den Besitz der Sache, so ist er verpflichtet, die Wegnahme der Einrichtung zu gestatten; er kann die Gestattung verweigern, bis ihm für den mit der Wegnahme verbundenen Schaden Sicherheit geleistet wird.

§ 259 [Rechnungslegung – eidesstattliche Versicherung]

(1) Wer verpflichtet ist, über eine mit Einnahmen oder Ausgaben verbundene Verwaltung Rechenschaft abzulegen, hat dem Berechtigten eine die geordnete Zusammenstellung der Einnahmen oder der Ausgaben enthaltende Rechnung mitzuteilen und, soweit Belege erteilt zu werden pflegen, Belege vorzulegen.

(2) Besteht Grund zu der Annahme, daß die in der Rechnung enthaltenden Angaben über die Einnahmen nicht mit der erforderlichen Sorgfalt gemacht worden sind, so hat der Verpflichtete auf Verlangen zu Protokoll an Eides Statt zu versichern:
daß er nach bestem Wissen die Einnahmen so vollständig angegeben habe, als er dazu imstande sei.

(3) In Angelegenheiten von geringer Bedeutung besteht eine Verpflichtung zur Abgabe der eidesstattlichen Versicherung nicht.

§ 260 [Bestandsverzeichnis – eidesstattliche Versicherung]

(1) Wer verpflichtet ist, einen Inbegriff von Gegenständen herauszugeben oder über den Bestand eines solchen Inbegriffs Auskunft zu erteilen, hat dem Berechtigten ein Verzeichnis des Bestandes vorzulegen.

(2) Besteht Grund zu der Annahme, daß das Verzeichnis nicht mit der erforderlichen Sorgfalt aufgestellt worden ist, so hat der Verpflichtete auf Verlangen zu Protokoll an Eides Statt zu versichern:
daß er nach bestem Wissen den Bestand so vollständig angegeben habe, als er dazu imstande sei.

(3) Die Vorschrift des § 259 Abs. 3 findet Anwendung.

§ 261 [Abgabe der eidesstattlichen Versicherung]

(1) Die eidesstattliche Versicherung ist, sofern sie nicht vor dem Vollstreckungsgericht abzugeben ist, vor dem Amtsgericht des Ortes abzugeben, an welchem die Verpflichtung zur Rechnungslegung oder zur Vorlegung des Verzeichnisses zu erfüllen ist. Hat der Verpflichtete seinen Wohnsitz oder seinen Aufenthalt im Inlande, so kann er die Versicherung vor dem Amtsgericht des Wohnsitzes oder des Aufenthaltsorts abgeben.

(2) Das Gericht kann eine den Umständen entsprechende Änderung der eidesstattlichen Versicherung beschließen.

(3) Die Kosten der Abnahme der eidesstattlichen Versicherung hat derjenige zu tragen, welcher die Abgabe der Versicherung verlangt.

§ 262 [Wahlschuld – Wahlrecht]

Werden mehrere Leistungen in der Weise geschuldet, daß nur die eine oder die andere zu bewirken ist, so steht das Wahlrecht im Zweifel dem Schuldner zu.

§ 263 [Ausübung des Wahlrechts – Wirkung]

(1) Die Wahl erfolgt durch Erklärung gegenüber dem anderen Teile.

(2) Die gewählte Leistung gilt als die von Anfang an allein geschuldete.

§ 264 [Zwangsvollstreckung in die Wahlschuld]

(1) Nimmt der wahlberechtigte Schuldner die Wahl nicht vor dem Beginne der Zwangsvollstreckung vor, so kann der Gläubiger die Zwangsvollstreckung nach seiner Wahl auf die eine oder auf die andere Leistung richten; der Schuldner kann sich jedoch, solange nicht der Gläubiger die gewählte Leistung ganz oder zum Teil empfangen hat, durch eine der übrigen Leistungen von seiner Verbindlichkeit befreien.

(2) Ist der wahlberechtigte Gläubiger im Verzuge, so kann der Schuldner ihn unter Bestimmung einer angemessenen Frist zur Vornahme der Wahl auffordern. Mit dem Ablaufe der Frist geht das Wahlrecht auf den Schuldner über, wenn nicht der Gläubiger rechtzeitig die Wahl vornimmt.

§ 265 [Unmöglichkeit bei Wahlschuld]

Ist eine der Leistungen von Anfang an unmöglich oder wird sie später unmöglich, so beschränkt sich das Schuldverhältnis auf die übrigen Leistungen. Die Beschränkung tritt nicht ein, wenn die Leistung infolge eines Umstandes unmöglich wird, den der nicht wahlberechtigte Teil zu vertreten hat.

§ 266 [Teilleistung]

Der Schuldner ist zu Teilleistungen nicht berechtigt.

§ 267 [Leistung durch Dritten]

(1) Hat der Schuldner nicht in Person zu leisten, so kann auch ein Dritter die Leistung bewirken. Die Einwilligung des Schuldners ist nicht erforderlich.

(2) Der Gläubiger kann die Leistung ablehnen, wenn der Schuldner widerspricht.

§ 268 [Befriedigungsrecht]

(1) Betreibt der Gläubiger die Zwangsvollstreckung in einen dem Schuldner gehörenden Gegenstand, so ist jeder, der Gefahr läuft, durch die Zwangsvollstreckung ein Recht an dem Gegenstande zu verlieren, berechtigt, den Gläubiger zu befriedigen. Das gleiche Recht steht dem Besitzer einer Sache zu, wenn er Gefahr läuft, durch die Zwangsvollstreckung den Besitz zu verlieren.

(2) Die Befriedigung kann auch durch Hinterlegung oder durch Aufrechnung erfolgen.

(3) Soweit der Dritte den Gläubiger befriedigt, geht die Forderung auf ihn über. Der Übergang kann nicht zum Nachteile des Gläubigers geltend gemacht werden.

§ 269 [Leistungsort]

(1) Ist ein Ort für die Leistung weder bestimmt noch aus den Umständen, insbesondere aus der Natur des Schuldverhältnisses, zu entnehmen, so hat die Leistung an dem Orte zu erfolgen, an welchem der Schuldner zur Zeit der Entstehung des Schuldverhältnisses seinen Wohnsitz hatte.

(2) Ist die Verbindlichkeit im Gewerbebetriebe des Schuldners entstanden, so tritt, wenn der Schuldner seine gewerbliche Niederlassung an einem anderen Orte hatte, der Ort der Niederlassung an die Stelle des Wohnsitzes.

(3) Aus dem Umstand allein, daß der Schuldner die Kosten der Versendung übernommen hat, ist nicht zu entnehmen, daß der Ort, nach welchem die Versendung zu erfolgen hat, der Leistungsort sein soll.

§ 270 [Zahlungsort]

(1) Geld hat der Schuldner im Zweifel auf seine Gefahr und seine Kosten dem Gläubiger an dessen Wohnsitz zu übermitteln.

(2) Ist die Forderung im Gewerbebetriebe des Gläubigers entstanden, so tritt, wenn der Gläubiger seine gewerbliche Niederlassung an einem anderen Orte hat, der Ort der Niederlassung an die Stelle des Wohnsitzes.

(3) Erhöhen sich infolge einer nach der Entstehung des Schuldverhältnisses eintretenden Änderung des Wohnsitzes oder der gewerblichen Niederlassung des Gläubigers die Kosten oder die Gefahr der Übermittelung, so hat der Gläubiger im ersteren Falle die Mehrkosten, im letzteren Falle die Gefahr zu tragen.
(4) Die Vorschriften über den Leistungsort bleiben unberührt.

§ 271 [Leistungszeit]
(1) Ist eine Zeit für die Leistung weder bestimmt noch aus den Umständen zu entnehmen, so kann der Gläubiger die Leistung sofort verlangen, der Schuldner sie sofort bewirken.
(2) Ist eine Zeit bestimmt, so ist im Zweifel anzunehmen, daß der Gläubiger die Leistung nicht vor dieser Zeit verlangen, der Schuldner aber sie vorher bewirken kann.

§ 272 [Keine Zwischenzinsen]
Bezahlt der Schuldner eine unverzinsliche Schuld vor der Fälligkeit, so ist er zu einem Abzuge wegen der Zwischenzinsen nicht berechtigt.

§ 273 [Zurückbehaltungsrecht]
(1) Hat der Schuldner aus demselben rechtlichen Verhältnis, auf dem seine Verpflichtung beruht, einen fälligen Anspruch gegen den Gläubiger, so kann er, sofern nicht aus dem Schuldverhältnisse sich ein anderes ergibt, die geschuldete Leistung verweigern, bis die ihm gebührende Leistung bewirkt wird (Zurückbehaltungsrecht).
(2) Wer zur Herausgabe eines Gegenstandes verpflichtet ist, hat das gleiche Recht, wenn ihm ein fälliger Anspruch wegen Verwendungen auf den Gegenstand oder wegen eines ihm durch diesen verursachten Schadens zusteht, es sei denn, daß er den Gegenstand durch eine vorsätzlich begangene unerlaubte Handlung erlangt hat.
(3) Der Gläubiger kann die Ausübung des Zurückbehaltungsrechts durch Sicherheitsleistung abwenden. Die Sicherheitsleistung durch Bürgen ist ausgeschlossen.

§ 274 [Prozessuale Wirkung]
(1) Gegenüber der Klage des Gläubigers hat die Geltendmachung des Zurückbehaltungsrechts nur die Wirkung, daß der Schuldner zur Leistung gegen Empfang der ihm gebührenden Leistung (Erfüllung Zug um Zug) zu verurteilen ist.
(2) Auf Grund einer solchen Verurteilung kann der Gläubiger seinen Anspruch ohne Bewirkung der ihm obliegenden Leistung im Wege der Zwangsvollstreckung verfolgen, wenn der Schuldner im Verzuge der Annahme ist.

§ 275 [Nachträgliche Unmöglichkeit]
(1) Der Schuldner wird von der Verpflichtung zur Leistung frei, soweit die Leistung infolge eines nach der Entstehung des Schuldverhältnisses eintretenden Umstandes, den er nicht zu vertreten hat, unmöglich wird.
(2) Einer nach der Entstehung des Schuldverhältnisses eintretenden Unmöglichkeit steht das nachträglich eintretende Unvermögen des Schuldners zur Leistung gleich.

§ 276 [Haftung für eigenes Verschulden]
(1) Der Schuldner hat, sofern nicht ein anderes bestimmt ist, Vorsatz und Fahrlässigkeit zu vertreten. Fahrlässig handelt, wer die im Verkehr erforderliche Sorgfalt außer acht läßt. Die Vorschriften der §§ 827, 828 finden Anwendung.
(2) Die Haftung wegen Vorsatzes kann dem Schuldner nicht im voraus erlassen werden.

§ 277 [Eigenübliche Sorgfalt]
Wer nur für diejenige Sorgfalt einzustehen hat, welche er in eigenen Angelegenheiten anzuwenden pflegt, ist von der Haftung wegen grober Fahrlässigkeit nicht befreit.

§ 278 [Haftung für Erfüllungsgehilfen]
Der Schuldner hat ein Verschulden seines gesetzlichen Vertreters und der Personen, deren er sich zur Erfüllung seiner Verbindlichkeit bedient, in gleichem Umfange zu vertreten wie eigenes Verschulden. Die Vorschrift des § 276 Abs. 2 findet keine Anwendung.

§ 279 [Unvermögen bei Gattungsschuld]
Ist der geschuldete Gegenstand nur der Gattung nach bestimmt, so hat der Schuldner, solange die Leistung aus der Gattung möglich ist, sein Unvermögen zur Leistung auch dann zu vertreten, wenn ihm ein Verschulden nicht zur Last fällt.

§ 280 [Schadensersatz bei zu vertretender Unmöglichkeit]
(1) Soweit die Leistung infolge eines von dem Schuldner zu vertretenden Umstandes unmöglich wird, hat der Schuldner dem Gläubiger den durch die Nichterfüllung entstehenden Schaden zu ersetzen.
(2) Im Falle teilweiser Unmöglichkeit kann der Gläubiger unter Ablehnung des noch möglichen Teiles der Leistung Schadensersatz wegen Nichterfüllung der ganzen Verbindlichkeit verlangen, wenn die teilweise Erfüllung für ihn kein Interesse hat. Die für das vertragsmäßige Rücktrittsrecht geltenden Vorschriften der §§ 346 bis 356 finden entsprechende Anwendung.

§ 281 [Herausgabe des Ersatzes]
(1) Erlangt der Schuldner infolge des Umstandes, welcher die Leistung unmöglich macht, für den geschuldeten Gegenstand einen Ersatz oder einen Ersatzanspruch, so kann der Gläubiger Herausgabe des als Ersatz Empfangenen oder Abtretung des Ersatzanspruchs verlangen.
(2) Hat der Gläubiger Anspruch auf Schadensersatz wegen Nichterfüllung, so mindert sich, wenn er von dem im Absatz 1 bestimmten Rechte Gebrauch macht, die ihm zu leistende Entschädigung um den Wert des erlangten Ersatzes oder Ersatzanspruchs.

§ 282 [Beweislast]
Ist streitig, ob die Unmöglichkeit der Leistung die Folge eines von dem Schuldner zu vertretenden Umstandes ist, so trifft die Beweislast den Schuldner.

§ 283 [Fristsetzung nach Verurteilung]
(1) Ist der Schuldner rechtskräftig verurteilt, so kann der Gläubiger ihm zur Bewirkung der Leistung eine angemessene Frist mit der Erklärung bestimmen, daß er die Annahme der Leistung nach dem Ablaufe der Frist ablehne. Nach dem Ablaufe der Frist kann der Gläubiger Schadensersatz wegen Nichterfüllung verlangen, soweit nicht die Leistung rechtzeitig bewirkt wird; der Anspruch auf Erfüllung ist ausgeschlossen. Die Verpflichtung zum Schadensersatze tritt nicht ein, wenn die Leistung infolge eines Umstandes unmöglich wird, den der Schuldner nicht zu vertreten hat.
(2) Wird die Leistung bis zum Ablaufe der Frist nur teilweise nicht bewirkt, so steht dem Gläubiger auch das im § 280 Abs. 2 bestimmte Recht zu.

§ 284 [Schuldnerverzug]
(1) Leistet der Schuldner auf eine Mahnung des Gläubigers nicht, die nach dem Eintritte der Fälligkeit erfolgt, so kommt er durch die Mahnung in Verzug. Der Mahnung steht die Erhebung der Klage auf die Leistung sowie die Zustellung eines Mahnbescheids im Mahnverfahren gleich.
(2) Ist für die Leistung eine Zeit nach dem Kalender bestimmt, so kommt der Schuldner ohne Mahnung in Verzug, wenn er nicht zu der bestimmten Zeit leistet. Das gleiche gilt, wenn der Leistung eine Kündigung vorauszugehen hat und die Zeit für die Leistung in

der Weise bestimmt ist, daß sie sich von der Kündigung ab nach dem Kalender berechnen läßt.

§ 285 [Kein Verzug ohne Verschulden]

Der Schuldner kommt nicht in Verzug, solange die Leistung infolge eines Umstandes unterbleibt, den er nicht zu vertreten hat.

§ 286 [Ersatz des Verzugsschadens]

(1) Der Schuldner hat dem Gläubiger den durch den Verzug entstehenden Schaden zu ersetzen.

(2) Hat die Leistung infolge des Verzugs für den Gläubiger kein Interesse, so kann dieser unter Ablehnung der Leistung Schadensersatz wegen Nichterfüllung verlangen. Die für das vertragsmäßige Rücktrittsrecht geltenden Vorschriften der §§ 346 bis 356 finden entsprechende Anwendung.

§ 287 [Erweiterte Haftung]

Der Schuldner hat während des Verzuges jede Fahrlässigkeit zu vertreten. Er ist auch für die während des Verzugs durch Zufall eintretende Unmöglichkeit der Leistung verantwortlich, es sei denn, daß der Schaden auch bei rechtzeitiger Leistung eingetreten sein würde.

§ 288 [Verzugszinsen]

(1) Eine Geldschuld ist während des Verzugs mit vier vom Hundert für das Jahr zu verzinsen. Kann der Gläubiger aus einem anderen Rechtsgrunde höhere Zinsen verlangen, so sind diese fortzuentrichten.

(2) Die Geltendmachung eines weiteren Schadens ist nicht ausgeschlossen.

§ 289 [Keine Verzugszinsen von Zinsen]

Von Zinsen sind Verzugszinsen nicht zu entrichten. Das Recht des Gläubigers auf Ersatz des durch den Verzug entstehenden Schadens bleibt unberührt.

§ 290 [Verzinsung des Wertersatzes]

Ist der Schuldner zum Ersatze des Wertes eines Gegenstandes verpflichtet, der während des Verzugs untergegangen ist oder aus einem während des Verzugs eingetretenen Grunde nicht herausgegeben werden kann, so kann der Gläubiger Zinsen des zu ersetzenden Betrags von dem Zeitpunkt an verlangen, welcher der Bestimmung des Wertes zugrunde gelegt wird. Das gleiche gilt, wenn der Schuldner zum Ersatze der Minderung des Wertes eines während des Verzugs verschlechterten Gegenstandes verpflichtet ist.

§ 291 [Prozeßzinsen]

Eine Geldschuld hat der Schuldner von dem Eintritte der Rechtshängigkeit an zu verzinsen, auch wenn er nicht im Verzug ist; wird die Schuld erst später fällig, so ist sie von der Fälligkeit an zu verzinsen. Die Vorschriften des § 288 Abs. 1 und des § 289 Satz 1 finden entsprechende Anwendung.

§ 292 [Haftung bei Herausgabepflicht]

(1) Hat der Schuldner einen bestimmten Gegenstand herauszugeben, so bestimmt sich von dem Eintritte der Rechtshängigkeit an der Anspruch des Gläubigers auf Schadensersatz wegen Verschlechterung, Unterganges oder einer aus einem anderen Grunde eintretenden Unmöglichkeit der Herausgabe nach denVorschriften, welche für das Verhältnis zwischen dem Eigentümer und dem Besitzer von dem Eintritte der Rechtshängigkeit des Eigentumsanspruchs an gelten, soweit nicht aus dem Schuldverhältnis oder dem Verzuge des Schuldners sich zugunsten des Gläubigers ein anderes ergibt.

(2) Das gleiche gilt von dem Anspruche des Gläubigers auf Herausgabe oder Vergütung von Nutzungen und von dem Anspruche des Schuldners auf Ersatz von Verwendungen.

Zweiter Titel
Verzug des Gläubigers

§ 293 [Annahmeverzug]
Der Gläubiger kommt in Verzug, wenn er die ihm angebotene Leistung nicht annimmt.

§ 294 [Tatsächliches Angebot]
Die Leistung muß dem Gläubiger so, wie sie zu bewirken ist, tatsächlich angeboten werden.

§ 295 [Wörtliches Angebot]
Ein wörtliches Angebot des Schuldners genügt, wenn der Gläubiger ihm erklärt hat, daß er die Leistung nicht annehmen werde, oder wenn zur Bewirkung der Leistung eine Handlung des Gläubigers erforderlich ist, insbesondere wenn der Gläubiger die geschuldete Sache abzuholen hat. Dem Angebote der Leistung steht die Aufforderung an den Gläubiger gleich, die erforderliche Handlung vorzunehmen.

§ 296 [Überflüssiges Angebot]
Ist für die von dem Gläubiger vorzunehmende Handlung eine Zeit nach dem Kalender bestimmt, so bedarf es des Angebots nur, wenn der Gläubiger die Handlung rechtzeitig vornimmt. Das gleiche gilt, wenn der Handlung eine Kündigung vorauszugehen hat und die Zeit für die Handlung in der Weise bestimmt ist, daß sie sich von der Kündigung ab nach dem Kalender berechnen läßt.

§ 297 [Unvermögen des Schuldners]
Der Gläubiger kommt nicht in Verzug, wenn der Schuldner zur Zeit des Angebots oder im Falle des § 296 zu der für die Handlung des Gläubigers bestimmten Zeit außerstande ist, die Leistung zu bewirken.

§ 298 [Leistung Zug um Zug]
Ist der Schuldner nur gegen eine Leistung des Gläubigers zu leisten verpflichtet, so kommt der Gläubiger in Verzug, wenn er zwar die angebotene Leistung anzunehmen bereit ist, die verlangte Gegenleistung aber nicht anbietet.

§ 299 [Vorübergehende Annahmeverhinderung]
Ist die Leistungszeit nicht bestimmt oder ist der Schuldner berechtigt, vor der bestimmten Zeit zu leisten, so kommt der Gläubiger nicht dadurch in Verzug, daß er vorübergehend an der Annahme der angebotenen Leistung verhindert ist, es sei denn, daß der Schuldner ihm die Leistung eine angemessene Zeit vorher angekündigt hat.

§ 300 [Haftungsminderung und Gefahrübergang bei Gläubigerverzug]
(1) Der Schuldner hat während des Verzugs des Gläubigers nur Vorsatz und grobe Fahrlässigkeit zu vertreten.

(2) Wird eine nur der Gattung nach bestimmte Sache geschuldet, so geht die Gefahr mit dem Zeitpunkt auf den Gläubiger über, in welchem er dadurch in Verzug kommt, daß er die angebotene Sache nicht annimmt.

§ 301 [Keine Verzinsung während des Gläubigerverzugs]
Von einer verzinslichen Geldschuld hat der Schuldner während des Verzugs des Gläubigers Zinsen nicht zu entrichten.

§ 302 [Nutzungen]
Hat der Schuldner die Nutzungen eines Gegenstandes herauszugeben oder zu ersetzen, so beschränkt sich seine Verpflichtung während des Verzugs des Gläubigers auf die Nutzungen, welche er zieht.

§ 303 [Recht zur Besitzaufgabe bei Gläubigerverzug]
Ist der Schuldner zur Herausgabe eines Grundstücks oder eines eingetragenen Schiffs oder Schiffsbauwerks verpflichtet, so kann er nach dem Eintritte des Verzugs des Gläubigers den Besitz aufgeben. Das Aufgeben muß dem Gläubiger vorher angedroht werden, es sei denn, daß die Androhung untunlich ist.

§ 304 [Ersatz der Mehraufwendungen bei Gläubigerverzug]
Der Schuldner kann im Falle des Verzugs des Gläubigers Ersatz der Mehraufwendungen verlangen, die er für das erfolglose Angebot sowie für die Aufbewahrung und Erhaltung des geschuldeten Gegenstandes machen mußte.

Zweiter Abschnitt
Schuldverhältnisse aus Verträgen
Erster Titel
Begründung. Inhalt des Vertrags

§ 305 [Begründung]
Zur Begründung eines Schuldverhältnisses durch Rechtsgeschäft sowie zur Änderung des Inhalts eines Schuldverhältnisses ist ein Vertrag zwischen den Beteiligten erforderlich, soweit nicht das Gesetz ein anderes vorschreibt.

§ 306 [Unmögliche Leistung]
Ein auf eine unmögliche Leistung gerichteter Vertrag ist nichtig.

§ 307 [Negatives Interesse]
(1) Wer bei der Schließung eines Vertrags, der auf eine unmögliche Leistung gerichtet ist, die Unmöglichkeit der Leistung kennt oder kennen muß, ist zum Ersatze des Schadens verpflichtet, den der andere Teil dadurch erleidet, daß er auf die Gültigkeit des Vertrags vertraut, jedoch nicht über den Betrag des Interesses hinaus, welches der andere Teil an der Gültigkeit des Vertrags hat. Die Ersatzpflicht tritt nicht ein, wenn der andere Teil die Unmöglichkeit kennt oder kennen muß.
(2) Diese Vorschriften finden entsprechende Anwendung, wenn die Leistung nur teilweise unmöglich und der Vertrag in Ansehung des möglichen Teiles gültig ist oder wenn eine von mehreren wahlweise versprochenen Leistungen unmöglich ist.

§ 308 [Behebbare Unmöglichkeit]
(1) Die Unmöglichkeit der Leistung steht der Gültigkeit des Vertrags nicht entgegen, wenn die Unmöglichkeit gehoben werden kann und der Vertrag für den Fall geschlossen ist, daß die Leistung möglich wird.
(2) Wird eine unmögliche Leistung unter einer anderen aufschiebenden Bedingung oder unter Bestimmung eines Anfangstermins versprochen, so ist der Vertrag gültig, wenn die Unmöglichkeit vor dem Eintritte der Bedingung oder des Termins gehoben wird.

§ 309 [Gesetzwidriger Vertrag]
Verstößt ein Vertrag gegen ein gesetzliches Verbot, so finden die Vorschriften der §§ 307, 308 entsprechende Anwendung.

§ 310 [Vertrag über die Übertragung künftigen Vermögens]
Ein Vertrag, durch den sich der eine Teil verpflichtet, sein künftiges Vermögen oder einen Bruchteil seines künftigen Vermögens zu übertragen oder mit einem Nießbrauche zu belasten, ist nichtig.

§ 311 [Vertrag über die Übertragung gegenwärtigen Vermögens]
Ein Vertrag, durch den sich der eine Teil verpflichtet, sein gegenwärtiges Vermögen oder einen Bruchteil seines gegenwärtigen Vermögens zu übertragen oder mit einem Nießbrauche zu belasten, bedarf der notariellen Beurkundung.

§ 312 [Vertrag über Nachlaß eines noch lebenden Dritten]
(1) Ein Vertrag über den Nachlaß eines noch lebenden Dritten ist nichtig. Das gleiche gilt von einem Vertrag über den Pflichtteil oder ein Vermächtnis aus dem Nachlaß eines noch lebenden Dritten.
(2) Diese Vorschriften finden keine Anwendung auf einen Vertrag, der unter künftigen gesetzlichen Erben über den gesetzlichen Erbteil oder den Pflichtteil eines von ihnen geschlossen wird. Ein solcher Vertrag bedarf der notariellen Beurkundung.

§ 313 [Vertrag über Grundstücksübereignung]
Ein Vertrag, durch den sich der eine Teil verpflichtet, das Eigentum an einem Grundstück zu übertragen oder zu erwerben, bedarf der notariellen Beurkundung. Ein ohne Beobachtung dieser Form geschlossener Vertrag wird seinem ganzen Inhalte nach gültig, wenn die Auflassung und die Eintragung in das Grundbuch erfolgen.

§ 314 [Erstreckung der Verpflichtung auf Zubehör]
Verpflichtet sich jemand zur Veräußerung oder Belastung einer Sache, so erstreckt sich die Verpflichtung im Zweifel auch auf das Zubehör der Sache.

§ 315 [Bestimmung der Leistung]
(1) Soll die Leistung durch einen der Vertragschließenden bestimmt werden, so ist im Zweifel anzunehmen, daß die Bestimmung nach billigem Ermessen zu treffen ist.
(2) Die Bestimmung erfolgt durch Erklärung gegenüber dem anderen Teile.
(3) Soll die Bestimmung nach billigem Ermessen erfolgen, so ist die getroffene Bestimmung für den anderen Teil nur verbindlich, wenn sie der Billigkeit entspricht. Entspricht sie nicht der Billigkeit, so wird die Bestimmung durch Urteil getroffen; das gleiche gilt, wenn die Bestimmung verzögert wird.

§ 316 [Bestimmung der Gegenleistung]
Ist der Umfang der für eine Leistung versprochenen Gegenleistung nicht bestimmt, so steht die Bestimmung im Zweifel demjenigen Teile zu, welcher die Gegenleistung zu fordern hat.

§ 317 [Bestimmung der Leistung durch Dritte]
(1) Ist die Bestimmung der Leistung einem Dritten überlassen, so ist im Zweifel anzunehmen, daß sie nach billigem Ermessen zu treffen ist.
(2) Soll die Bestimmung durch mehrere Dritte erfolgen, so ist im Zweifel Übereinstimmung aller erforderlich; soll eine Summe bestimmt werden, so ist, wenn verschiedene Summen bestimmt werden, im Zweifel die Durchschnittssumme maßgebend.

§ 318 [Bestimmungserklärung – Anfechtung]
(1) Die einem Dritten überlassene Bestimmung der Leistung erfolgt durch Erklärung gegenüber einem der Vertragschließenden.
(2) Die Anfechtung der getroffenen Bestimmung wegen Irrtums, Drohung oder arglistiger Täuschung steht nur den Vertragschließenden zu; Anfechtungsgegner ist der andere Teil. Die Anfechtung muß unverzüglich erfolgen, nachdem der Anfechtungsberechtigte von dem Anfechtungsgrunde Kenntnis erlangt hat. Sie ist ausgeschlossen, wenn dreißig Jahre verstrichen sind, nachdem die Bestimmung getroffen worden ist.

§ 319 [Unbillige Bestimmung – gerichtliche Ersetzung]

(1) Soll der Dritte die Leistung nach billigem Ermessen bestimmen, so ist die getroffene Bestimmung für die Vertragschließenden nicht verbindlich, wenn sie offenbar unbillig ist. Die Bestimmung erfolgt in diesem Falle durch Urteil; das gleiche gilt, wenn der Dritte die Bestimmung nicht treffen kann oder will oder wenn er sie verzögert.

(2) Soll der Dritte die Bestimmung nach freiem Belieben treffen, so ist der Vertrag unwirksam, wenn der Dritte die Bestimmung nicht treffen kann oder will oder wenn er sie verzögert.

Zweiter Titel

Gegenseitiger Vertrag

§ 320 [Einrede des nichterfüllten Vertrags]

(1) Wer aus einem gegenseitigen Vertrage verpflichtet ist, kann die ihm obliegende Leistung bis zur Bewirkung der Gegenleistung verweigern, es sei denn, daß er vorzuleisten verpflichtet ist. Hat die Leistung an mehrere zu erfolgen, so kann dem einzelnen der ihm gebührende Teil bis zur Bewirkung der ganzen Gegenleistung verweigert werden. Die Vorschrift des § 273 Abs. 3 findet keine Anwendung.

(2) Ist von der einen Seite teilweise geleistet worden, so kann die Gegenleistung insoweit nicht verweigert werden, als die Verweigerung nach den Umständen, insbesondere wegen verhältnismäßiger Geringfügigkeit des rückständigen Teiles, gegen Treu und Glauben verstoßen würde.

§ 321 [Verweigerung der Vorleistung bei Vermögensverschlechterung]

Wer aus einem gegenseitigen Vertrage vorzuleisten verpflichtet ist, kann, wenn nach dem Abschlusse des Vertrags in den Vermögensverhältnissen des anderen Teiles eine wesentliche Verschlechterung eintritt, durch die der Anspruch auf die Gegenleistung gefährdet wird, die ihm obliegende Leistung verweigern, bis die Gegenleistung bewirkt oder Sicherheit für sie geleistet wird.

§ 322 [Verurteilung zur Erfüllung Zug um Zug]

(1) Erhebt aus einem gegenseitigen Vertrage der eine Teil Klage auf die ihm geschuldete Leistung, so hat die Geltendmachung des dem anderen Teile zustehenden Rechtes, die Leistung bis zur Bewirkung der Gegenleistung zu verweigern, nur die Wirkung, daß der andere Teil zur Erfüllung Zug um Zug zu verurteilen ist.

(2) Hat der klagende Teil vorzuleisten, so kann er, wenn der andere Teil im Verzuge der Annahme ist, auf Leistung nach Empfang der Gegenleistung klagen.

(3) Auf die Zwangsvollstreckung findet die Vorschrift des § 274 Abs. 2 Anwendung.

§ 323 [Nicht zu vertretendes Unmöglichwerden]

(1) Wird die aus einem gegenseitigen Vertrage dem einen Teile obliegende Leistung infolge eines Umstandes unmöglich, den weder er noch der andere Teil zu vertreten hat, so verliert er den Anspruch auf die Gegenleistung; bei teilweiser Unmöglichkeit mindert sich die Gegenleistung nach Maßgabe der §§ 472, 473.

(2) Verlangt der andere Teil nach § 281 Herausgabe des für den geschuldeten Gegenstand erlangten Ersatzes oder Abtretung des Ersatzanspruchs, so bleibt er zur Gegenleistung verpflichtet; diese mindert sich jedoch nach Maßgabe der §§ 472, 473 insoweit, als der Wert des Ersatzes oder des Ersatzanspruchs hinter dem Werte der geschuldeten Leistung zurückbleibt.

(3) Soweit die nach diesen Vorschriften nicht geschuldete Gegenleistung bewirkt ist, kann das Geleistete nach den Vorschriften über die Herausgabe einer ungerechtfertigten Bereicherung zurückgefordert werden.

§ 324 [Vom Gläubiger zu vertretendes Unmöglichwerden]

(1) Wird die aus einem gegenseitigen Vertrage dem einen Teile obliegende Leistung infolge eines Umstandes, den der andere Teil zu vertreten hat, unmöglich, so behält er den Anspruch auf die Gegenleistung. Er muß sich jedoch dasjenige anrechnen lassen, was er infolge der Befreiung von der Leistung erspart oder durch anderweitige Verwendung seiner Arbeitskraft erwirbt oder zu erwerben böswillig unterläßt.

(2) Das gleiche gilt, wenn die dem einen Teile obliegende Leistung infolge eines von ihm nicht zu vertretenden Umstandes zu einer Zeit unmöglich wird, zu welcher der andere Teil im Verzuge der Annahme ist.

§ 325 [Vom Schuldner zu vertretendes Unmöglichwerden]

(1) Wird die aus einem gegenseitigen Vertrage dem einen Teile obliegende Leistung infolge eines Umstandes, den er zu vertreten hat, unmöglich, so kann der andere Teil Schadensersatz wegen Nichterfüllung verlangen oder von dem Vertrage zurücktreten. Bei teilweiser Unmöglichkeit ist er, wenn die teilweise Erfüllung des Vertrags für ihn kein Interesse hat, berechtigt, Schadensersatz wegen Nichterfüllung der ganzen Verbindlichkeit nach Maßgabe des § 280 Abs. 2 zu verlangen oder von dem ganzen Vertrag zurückzutreten. Statt des Anspruchs auf Schadensersatz und des Rücktrittsrechts kann er auch die für den Fall des § 323 bestimmten Rechte geltend machen.

(2) Das gleiche gilt in dem Falle des § 283, wenn nicht die Leistung bis zum Ablaufe der Frist bewirkt wird oder wenn sie zu dieser Zeit teilweise nicht bewirkt ist.

§ 326 [Fristsetzung mit Ablehnungsandrohung bei Verzug]

(1) Ist bei einem gegenseitigen Vertrage der eine Teil mit der ihm obliegenden Leistung im Verzuge, so kann ihm der andere Teil zur Bewirkung der Leistung eine angemessene Frist mit der Erklärung bestimmen, daß er die Annahme der Leistung nach dem Ablaufe der Frist ablehne. Nach dem Ablaufe der Frist ist er berechtigt, Schadensersatz wegen Nichterfüllung zu verlangen oder von dem Vertrage zurückzutreten, wenn nicht die Leistung rechtzeitig erfolgt ist; der Anspruch auf Erfüllung ist ausgeschlossen. Wird die Leistung bis zum Ablaufe der Frist teilweise nicht bewirkt, so findet die Vorschrift des § 325 Abs. 1 Satz 2 entsprechende Anwendung.

(2) Hat die Erfüllung des Vertrages infolge des Verzugs für den anderen Teil kein Interesse, so stehen ihm die im Absatz 1 bezeichneten Rechte zu, ohne daß es der Bestimmung einer Frist bedarf.

§ 327 [Folgen des Rücktritts]

Auf das in den §§ 325, 326 bestimmte Rücktrittsrecht finden die für das vertragsmäßige Rücktrittsrecht geltenden Vorschriften der §§ 346 bis 356 entsprechende Anwendung. Erfolgt der Rücktritt wegen eines Umstandes, den der andere Teil nicht zu vertreten hat, so haftet dieser nur nach den Vorschriften über die Herausgabe einer ungerechtfertigten Bereicherung.

Dritter Titel

Versprechen der Leistung an einen Dritten

§ 328 [Vertrag zugunsten Dritter]

(1) Durch Vertrag kann eine Leistung an einen Dritten mit der Wirkung bedungen werden, daß der Dritte unmittelbar das Recht erwirbt, die Leistung zu fordern.

(2) In Ermangelung einer besonderen Bestimmung ist aus den Umständen, insbesondere aus dem Zwecke des Vertrags, zu entnehmen, ob der Dritte das Recht erwerben, ob das Recht des Dritten sofort oder nur unter gewissen Voraussetzungen entstehen und ob den Vertragschließenden die Befugnis vorbehalten sein soll, das Recht des Dritten ohne dessen Zustimmung aufzuheben oder zu ändern.

§ 329 [Erfüllungsübernahme]
Verpflichtet sich in einem Vertrage der eine Teil zur Befriedigung eines Gläubigers des anderen Teiles, ohne die Schuld zu übernehmen, so ist im Zweifel nicht anzunehmen, daß der Gläubiger unmittelbar das Recht erwerben soll, die Befriedigung von ihm zu fordern.

§ 330 [Lebensversicherungs- oder Leibrentenvertrag]
Wird in einem Lebensversicherungs- oder einem Leibrentenverträge die Zahlung der Versicherungssumme oder der Leibrente an einen Dritten bedungen, so ist im Zweifel anzunehmen, daß der Dritte unmittelbar das Recht erwerben soll, die Leistung zu fordern. Das gleiche gilt, wenn bei einer unentgeltlichen Zuwendung dem Bedachten eine Leistung an einen Dritten auferlegt oder bei einer Vermögens- oder Gutsübernahme von dem Übernehmer eine Leistung an einen Dritten zum Zwecke der Abfindung versprochen wird.

§ 331 [Leistung nach dem Tode des Versprechensempfängers]
(1) Soll die Leistung an den Dritten nach dem Tode desjenigen erfolgen, welchem sie versprochen wird, so erwirbt der Dritte das Recht auf die Leistung im Zweifel mit dem Tode des Versprechensempfängers.
(2) Stirbt der Versprechensempfänger vor der Geburt des Dritten, so kann das Versprechen, an den Dritten zu leisten, nur dann noch aufgehoben oder geändert werden, wenn die Befugnis dazu vorbehalten worden ist.

§ 332 [Austausch des begünstigten Dritten]
Hat sich der Versprechensempfänger die Befugnis vorbehalten, ohne Zustimmung des Versprechenden an die Stelle des in dem Vertrage bezeichneten Dritten einen anderen zu setzen, so kann dies im Zweifel auch in einer Verfügung von Todes wegen geschehen.

§ 333 [Zurückweisung des Rechts durch den Dritten]
Weist der Dritte das aus dem Vertrag erworbene Recht dem Versprechenden gegenüber zurück, so gilt das Recht als nicht erworben.

§ 334 [Einwendungen aus dem Vertrag]
Einwendungen aus dem Vertrage stehen dem Versprechenden auch gegenüber dem Dritten zu.

§ 335 [Leistungsverlangen auch durch Versprechensempfänger]
Der Versprechensempfänger kann, sofern nicht ein anderer Wille der Vertragschließenden anzunehmen ist, die Leistung an den Dritten auch dann fordern, wenn diesem das Recht auf die Leistung zusteht.

Vierter Titel
Draufgabe. Vertragsstrafe

§ 336 [Draufgabe]
(1) Wird bei der Eingehung eines Vertrags etwas als Draufgabe gegeben, so gilt dies als Zeichen des Abschlusses des Vertrags.
(2) Die Draufgabe gilt im Zweifel nicht als Reugeld.

§ 337 [Anrechnung oder Rückgabe der Draufgabe]

(1) Die Draufgabe ist im Zweifel auf die von dem Geber geschuldete Leistung anzurechnen oder, wenn dies nicht geschehen kann, bei der Erfüllung des Vertrags zurückzugeben.

(2) Wird der Vertrag wieder aufgehoben, so ist die Draufgabe zurückzugeben.

§ 338 [Zu vertretende Unmöglichkeit des Gebers]

Wird die von dem Geber geschuldete Leistung infolge eines Umstandes, den er zu vertreten hat, unmöglich oder verschuldet der Geber die Wiederaufhebung des Vertrags, so ist der Empfänger berechtigt, die Draufgabe zu behalten. Verlangt der Empfänger Schadensersatz wegen Nichterfüllung, so ist die Draufgabe im Zweifel anzurechnen oder, wenn dies nicht geschehen kann, bei der Leistung des Schadensersatzes zurückzugeben.

§ 339 [Vertragsstrafe]

Verspricht der Schuldner dem Gläubiger für den Fall, daß er seine Verbindlichkeit nicht oder nicht in gehöriger Weise erfüllt, die Zahlung einer Geldsumme als Strafe, so ist die Strafe verwirkt, wenn er in Verzug kommt. Besteht die geschuldete Leistung in einem Unterlassen, so tritt die Verwirkung mit der Zuwiderhandlung ein.

§ 340 [Verlangen der Strafe statt Erfüllung]

(1) Hat der Schuldner die Strafe für den Fall versprochen, daß er seine Verbindlichkeit nicht erfüllt, so kann der Gläubiger die verwirkte Strafe statt der Erfüllung verlangen. Erklärt der Gläubiger dem Schuldner, daß er die Strafe verlange, so ist der Anspruch auf Erfüllung ausgeschlossen.

(2) Steht dem Gläubiger ein Anspruch auf Schadensersatz wegen Nichterfüllung zu, so kann er die verwirkte Strafe als Mindestbetrag des Schadens verlangen. Die Geltendmachung eines weiteren Schadens ist nicht ausgeschlossen.

§ 341 [Strafe neben Erfüllung]

(1) Hat der Schuldner die Strafe für den Fall versprochen, daß er seine Verbindlichkeit nicht in gehöriger Weise, insbesondere nicht zu der bestimmten Zeit, erfüllt, so kann der Gläubiger die verwirkte Strafe neben der Erfüllung verlangen.

(2) Steht dem Gläubiger ein Anspruch auf Schadensersatz wegen der nicht gehörigen Erfüllung zu, so finden die Vorschriften des § 340 Abs. 2 Anwendung.

(3) Nimmt der Gläubiger die Erfüllung an, so kann er die Strafe nur verlangen, wenn er sich das Recht dazu bei der Annahme vorbehält.

§ 342 [Nicht in Geld bestehende Vertragsstrafe]

Wird als Strafe eine andere Leistung als die Zahlung einer Geldsumme versprochen, so finden die Vorschriften der §§ 339 bis 341 Anwendung; der Anspruch auf Schadensersatz ist ausgeschlossen, wenn der Gläubiger die Strafe verlangt.

§ 343 [Gerichtliche Herabsetzung der Vertragsstrafe]

(1) Ist eine verwirkte Strafe unverhältnismäßig hoch, so kann sie auf Antrag des Schuldners durch Urteil auf den angemessenen Betrag herabgesetzt werden. Bei der Beurteilung der Angemessenheit ist jedes berechtigte Interesse des Gläubigers, nicht bloß das Vermögensinteresse, in Betracht zu ziehen. Nach der Entrichtung der Strafe ist die Herabsetzung ausgeschlossen.

(2) Das gleiche gilt auch außer den Fällen der §§ 339, 342, wenn jemand eine Strafe für den Fall verspricht, daß er eine Handlung vornimmt oder unterläßt.

§ 344 [Unwirksamkeit des Strafversprechens]

Erklärt das Gesetz das Versprechen einer Leistung für unwirksam, so ist auch die für den Fall der Nichterfüllung des Versprechens getroffene Vereinbarung einer Strafe unwirksam, selbst wenn die Parteien die Unwirksamkeit des Versprechens gekannt haben.

§ 345 [Beweislast]
Bestreitet der Schuldner die Verwirkung der Strafe, weil er seine Verbindlichkeit erfüllt habe, so hat er die Erfüllung zu beweisen, sofern nicht die geschuldete Leistung in einem Unterlassen besteht.

Fünfter Titel Rücktritt

§ 346 [Wirkung]
Hat sich in einem Vertrag ein Teil den Rücktritt vorbehalten, so sind die Parteien, wenn der Rücktritt erfolgt, verpflichtet, einander die empfangenen Leistungen zurückzugewähren. Für geleistete Dienste sowie für die Überlassung der Benutzung einer Sache ist der Wert zu vergüten oder, falls in dem Vertrag eine Gegenleistung in Geld bestimmt ist, diese zu entrichten.

§ 347 [Haftung bei Rückgewähr]
Der Anspruch auf Schadensersatz wegen Verschlechterung, Unterganges oder einer aus einem anderen Grunde eintretenden Unmöglichkeit der Herausgabe bestimmt sich im Falle des Rücktritts von dem Empfange der Leistung an nach den Vorschriften, welche für das Verhältnis zwischen dem Eigentümer und dem Besitzer von dem Eintritte der Rechtshängigkeit des Eigentumsanspruchs an gelten. Das gleiche gilt von dem Anspruch auf Herausgabe oder Vergütung von Nutzungen und von dem Anspruch auf Ersatz von Verwendungen. Eine Geldsumme ist von der Zeit des Empfanges an zu verzinsen.

§ 348 [Erfüllung Zug um Zug]
Die sich aus dem Rücktritt ergebenden Verpflichtungen der Parteien sind Zug um Zug zu erfüllen. Die Vorschriften der §§ 320, 322 finden entsprechende Anwendung.

§ 349 [Rücktrittserklärung]
Der Rücktritt erfolgt durch Erklärung gegenüber dem anderen Teile.

§ 350 [Zufälliger Untergang]
Der Rücktritt wird nicht dadurch ausgeschlossen, daß der Gegenstand, welchen der Berechtigte empfangen hat, durch Zufall untergegangen ist.

§ 351 [Verschuldeter Untergang]
Der Rücktritt ist ausgeschlossen, wenn der Berechtigte eine wesentliche Verschlechterung, den Untergang oder die anderweitige Unmöglichkeit der Herausgabe des empfangenen Gegenstandes verschuldet hat. Der Untergang eines erheblichen Teiles steht einer wesentlichen Verschlechterung des Gegenstandes, das von dem Berechtigten nach § 278 zu vertretende Verschulden eines anderen steht dem eigenen Verschulden des Berechtigten gleich.

§ 352 [Umgestaltung der Sache]
Der Rücktritt ist ausgeschlossen, wenn der Berechtigte die empfangene Sache durch Verarbeitung oder Umbildung in eine Sache anderer Art umgestaltet hat.

§ 353 [Veräußerung oder Belastung]
(1) Hat der Berechtigte den empfangenen Gegenstand oder einen erheblichen Teil des Gegenstandes veräußert oder mit dem Rechte eines Dritten belastet, so ist der Rücktritt ausgeschlossen, wenn bei demjenigen, welcher den Gegenstand infolge der Verfügung erlangt hat, die Voraussetzungen des § 351 oder des § 352 eingetreten sind.
(2) Einer Verfügung des Berechtigten steht eine Verfügung gleich, die im Wege der Zwangsvollstreckung oder der Arrestvollziehung oder durch den Konkursverwalter erfolgt.

§ 354 [Verzug – Fristsetzung für Rückgewähr]
Kommt der Berechtigte mit der Rückgewähr des empfangenen Gegenstandes oder eines erheblichen Teiles des Gegenstandes in Verzug, so kann ihm der andere Teil eine angemessene Frist mit der Erklärung bestimmen, daß er die Annahme nach dem Ablaufe der Frist ablehne. Der Rücktritt wird unwirksam, wenn nicht die Rückgewähr vor dem Ablaufe der Frist erfolgt.

§ 355 [Fristsetzung zur Ausübung des Rücktrittsrechts]
Ist für die Ausübung des Rücktrittsrechts eine Frist nicht vereinbart, so kann dem Berechtigten von dem anderen Teile für die Ausübung eine angemessene Frist bestimmt werden. Das Rücktrittsrecht erlischt, wenn nicht der Rücktritt vor dem Ablaufe der Frist erklärt wird.

§ 356 [Ausübung des Rücktrittsrechts durch mehrere]
Sind bei einem Vertrag auf der einen oder der anderen Seite mehrere beteiligt, so kann das Rücktrittsrecht nur von allen und gegen alle ausgeübt werden. Erlischt das Rücktrittsrecht für einen der Berechtigten, so erlischt es auch für die übrigen.

§ 357 [Unwirksamkeit des Rücktrittsrechts bei Aufrechnung]
Hat sich der eine Teil den Rücktritt für den Fall vorbehalten, daß der andere Teil seine Verbindlichkeit nicht erfüllt, so ist der Rücktritt unwirksam, wenn der andere Teil sich von der Verbindlichkeit durch Aufrechnung befreien konnte und unverzüglich nach dem Rücktritte die Aufrechnung erklärt.

§ 358 [Beweislast]
Hat sich der eine Teil den Rücktritt für den Fall vorbehalten, daß der andere Teil seine Verbindlichkeit nicht erfüllt, und bestreitet dieser die Zulässigkeit des erklärten Rücktritts, weil er erfüllt habe, so hat er die Erfüllung zu beweisen, sofern nicht die geschuldete Leistung in einem Unterlassen besteht.

§ 359 [Rücktritt gegen Reugeld]
Ist der Rücktritt gegen Zahlung eines Reugeldes vorbehalten, so ist der Rücktritt unwirksam, wenn das Reugeld nicht vor oder bei der Erklärung entrichtet wird und der andere Teil aus diesem Grunde die Erklärung unverzüglich zurückweist. Die Erklärung ist jedoch wirksam, wenn das Reugeld unverzüglich nach der Zurückweisung entrichtet wird.

§ 360 [Verwirkungsklausel]
Ist ein Vertrag mit dem Vorbehalte geschlossen, daß der Schuldner seiner Rechte aus dem Vertrage verlustig sein soll, wenn er seine Verbindlichkeit nicht erfüllt, so ist der Gläubiger bei dem Eintritte dieses Falles zum Rücktritte von dem Vertrage berechtigt.

§ 361 [Rücktritt bei Fixgeschäft]
Ist in einem gegenseitigen Vertrage vereinbart, daß die Leistung des einen Teiles genau zu einer festbestimmten Zeit oder innerhalb einer festbestimmten Frist bewirkt werden soll, so ist im Zweifel anzunehmen, daß der andere Teil zum Rücktritte berechtigt sein soll, wenn die Leistung nicht zu der bestimmten Zeit oder innerhalb der bestimmten Frist erfolgt.

Dritter Abschnitt
Erlöschen der Schuldverhältnisse
Erster Titel
Erfüllung

§ 362 [Erlöschen durch Erfüllung]

(1) Das Schuldverhältnis erlischt, wenn die geschuldete Leistung an den Gläubiger bewirkt wird.

(2) Wird an einen Dritten zum Zwecke der Erfüllung geleistet, so finden die Vorschriften des § 185 Anwendung.

§ 363 [Beweislast bei Annahme als Erfüllung]

Hat der Gläubiger eine ihm als Erfüllung angebotene Leistung als Erfüllung angenommen, so trifft ihn die Beweislast, wenn er die Leistung deshalb nicht als Erfüllung gelten lassen will, weil sie eine andere als die geschuldete Leistung oder weil sie unvollständig gewesen sei.

§ 364 [Annahme an Erfüllungs Statt]

(1) Das Schuldverhältnis erlischt, wenn der Gläubiger eine andere als die geschuldete Leistung an Erfüllungs Statt annimmt.

(2) Übernimmt der Schuldner zum Zwecke der Befriedigung des Gläubigers diesem gegenüber eine neue Verbindlichkeit, so ist im Zweifel nicht anzunehmen, daß er die Verbindlichkeit an Erfüllungs Statt übernimmt.

§ 365 [Gewährleistung bei Hingabe an Erfüllungs Statt]

Wird eine Sache, eine Forderung gegen einen Dritten oder ein anderes Recht an Erfüllungs Statt gegeben, so hat der Schuldner wegen eines Mangels im Rechte oder wegen eines Mangels der Sache in gleicher Weise wie ein Verkäufer Gewähr zu leisten.

§ 366 [Tilgung mehrerer Schulden]

(1) Ist der Schuldner dem Gläubiger aus mehreren Schuldverhältnissen zu gleichartigen Leistungen verpflichtet und reicht das von ihm Geleistete nicht zur Tilgung sämtlicher Schulden aus, so wird diejenige Schuld getilgt, welche er bei der Leistung bestimmt.

(2) Trifft der Schuldner keine Bestimmung, so wird zunächst die fällige Schuld, unter mehreren fälligen Schulden diejenige, welche dem Gläubiger geringere Sicherheit bietet, unter mehreren gleich sicheren die dem Schuldner lästigere, unter mehreren gleich lästigen die ältere Schuld und bei gleichem Alter jede Schuld verhältnismäßig getilgt.

§ 367 [Anrechnung von Teilleistungen auf Zinsen und Kosten]

(1) Hat der Schuldner außer der Hauptleistung Zinsen und Kosten zu entrichten, so wird eine zur Tilgung der ganzen Schuld nicht ausreichende Leistung zunächst auf die Kosten, dann auf die Zinsen und zuletzt auf die Hauptleistung angerechnet.

(2) Bestimmt der Schuldner eine andere Anrechnung, so kann der Gläubiger die Annahme der Leistung ablehnen.

§ 368 [Quittung]

Der Gläubiger hat gegen Empfang der Leistung auf Verlangen ein schriftliches Empfangsbekenntnis (Quittung) zu erteilen. Hat der Schuldner ein rechtliches Interesse, daß die Quittung in anderer Form erteilt wird, so kann er die Erteilung in dieser Form verlangen.

§ 369 [Kosten der Quittung]

(1) Die Kosten der Quittung hat der Schuldner zu tragen und vorzuschießen, sofern nicht aus dem zwischen ihm und dem Gläubiger bestehenden Rechtsverhältnisse sich ein anderes ergibt.

(2) Treten infolge einer Übertragung der Forderung oder im Wege der Erbfolge an die Stelle des ursprünglichen Gläubigers mehrere Gläubiger, so fallen die Mehrkosten den Gläubigern zur Last.

§ 370 [Legitimation durch die Quittung]
Der Überbringer einer Quittung gilt als ermächtigt, die Leistung zu empfangen, sofern nicht die dem Leistenden bekannten Umstände der Annahme einer solchen Ermächtigung entgegenstehen.

§ 371 [Rückgabe des Schuldscheins]
Ist über die Forderung ein Schuldschein ausgestellt worden, so kann der Schuldner neben der Quittung Rückgabe des Schuldscheins verlangen. Behauptet der Gläubiger, zur Rückgabe außerstande zu sein, so kann der Schuldner das öffentlich beglaubigte Anerkenntnis verlangen, daß die Schuld erloschen sei.

Zweiter Titel
Hinterlegung

§ 372 [Voraussetzungen]
Geld, Wertpapiere und sonstige Urkunden sowie Kostbarkeiten kann der Schuldner bei einer dazu bestimmten öffentlichen Stelle für den Gläubiger hinterlegen, wenn der Gläubiger im Verzuge der Annahme ist. Das gleiche gilt, wenn der Schuldner aus einem anderen in der Person des Gläubigers liegenden Grunde oder infolge einer nicht auf Fahrlässigkeit beruhenden Ungewißheit über die Person des Gläubigers seine Verbindlichkeit nicht oder nicht mit Sicherheit erfüllen kann.

§ 373 [Leistung Zug um Zug]
Ist der Schuldner nur gegen eine Leistung des Gläubigers zu leisten verpflichtet, so kann er das Recht des Gläubigers zum Empfange der hinterlegten Sache von der Bewirkung der Gegenleistung abhängig machen.

§ 374 [Hinterlegungsort – Anzeige]
(1) Die Hinterlegung hat bei der Hinterlegungsstelle des Leistungsorts zu erfolgen; hinterlegt der Schuldner bei einer anderen Stelle, so hat er dem Gläubiger den daraus entstehenden Schaden zu ersetzen.
(2) Der Schuldner hat dem Gläubiger die Hinterlegung unverzüglich anzuzeigen; im Falle der Unterlassung ist er zum Schadensersatze verpflichtet. Die Anzeige darf unterbleiben, wenn sie untunlich ist.

§ 375 [Postübersendung]
Ist die hinterlegte Sache der Hinterlegungsstelle durch die Post übersendet worden, so wirkt die Hinterlegung auf die Zeit der Aufgabe der Sache zur Post zurück.

§ 376 [Rücknahme]
(1) Der Schuldner hat das Recht, die hinterlegte Sache zurückzunehmen.
(2) Die Rücknahme ist ausgeschlossen:
1. wenn der Schuldner der Hinterlegungsstelle erklärt, daß er auf das Recht zur Rücknahme verzichte;
2. wenn der Gläubiger der Hinterlegungsstelle die Annahme erklärt;
3. wenn der Hinterlegungsstelle ein zwischen dem Gläubiger und dem Schuldner ergangenes rechtskräftiges Urteil vorgelegt wird, das die Hinterlegung für rechtmäßig erklärt.

§ 377 [Unpfändbarkeit des Rücknahmerechts – Konkurs]
(1) Das Recht zur Rücknahme ist der Pfändung nicht unterworfen.
(2) Wird über das Vermögen des Schuldners der Konkurs eröffnet, so kann während des Konkurses das Recht zur Rücknahme auch nicht von dem Schuldner ausgeübt werden.

§ 378 [Wirkung der Hinterlegung bei ausgeschlossener Rücknahme]
Ist die Rücknahme der hinterlegten Sache ausgeschlossen, so wird der Schuldner durch die Hinterlegung von seiner Verbindlichkeit in gleicher Weise befreit, wie wenn er zur Zeit der Hinterlegung an den Gläubiger geleistet hätte.

§ 379 [Wirkung der Hinterlegung bei zulässiger Rücknahme – Gefahrtragung]
(1) Ist die Rücknahme der hinterlegten Sache nicht ausgeschlossen, so kann der Schuldner den Gläubiger auf die hinterlegte Sache verweisen.
(2) Solange die Sache hinterlegt ist, trägt der Gläubiger die Gefahr und ist der Schuldner nicht verpflichtet, Zinsen zu zahlen oder Ersatz für nicht gezogene Nutzungen zu leisten.
(3) Nimmt der Schuldner die hinterlegte Sache zurück, so gilt die Hinterlegung als nicht erfolgt.

§ 380 [Nachweis der Empfangsberechtigung]
Soweit nach den für die Hinterlegungsstelle geltenden Bestimmungen zum Nachweise der Empfangsberechtigung des Gläubigers eine diese Berechtigung anerkennende Erklärung des Schuldners erforderlich oder genügend ist, kann der Gläubiger von dem Schuldner die Abgabe der Erklärung unter denselben Voraussetzungen verlangen, unter denen er die Leistung zu fordern berechtigt sein würde, wenn die Hinterlegung nicht erfolgt wäre.

§ 381 [Hinterlegungskosten]
Die Kosten der Hinterlegung fallen dem Gläubiger zur Last, sofern nicht der Schuldner die hinterlegte Sache zurücknimmt.

§ 382 [Hinterlegungsverjährung]
Das Recht des Gläubigers auf den hinterlegten Betrag erlischt mit dem Ablaufe von dreißig Jahren nach dem Empfange der Anzeige von der Hinterlegung, wenn nicht der Gläubiger sich vorher bei der Hinterlegungsstelle meldet; der Schuldner ist zur Rücknahme berechtigt, auch wenn er auf das Recht zur Rücknahme verzichtet hat.

§ 383 [Versteigerung]
(1) Ist die geschuldete bewegliche Sache zur Hinterlegung nicht geeignet, so kann der Schuldner sie im Falle des Verzugs des Gläubigers am Leistungsorte versteigern lassen und den Erlös hinterlegen. Das gleiche gilt in den Fällen des § 372 Satz 2, wenn der Verderb der Sache zu besorgen oder die Aufbewahrung mit unverhältnismäßigen Kosten verbunden ist.
(2) Ist von der Versteigerung am Leistungsort ein angemessener Erfolg nicht zu erwarten, so ist die Sache an einem geeigneten anderen Orte zu versteigern.
(3) Die Versteigerung hat durch einen für den Versteigerungsort bestellten Gerichtsvollzieher oder zu Versteigerungen befugten anderen Beamten oder öffentlich angestellten Versteigerer öffentlich zu erfolgen (öffentliche Versteigerung). Zeit und Ort der Versteigerung sind unter allgemeiner Bezeichnung der Sache öffentlich bekanntzumachen.
(4) Die Vorschriften der Absätze 1 bis 3 gelten nicht für eingetragene Schiffe und Schiffsbauwerke.

§ 384 [Androhung der Versteigerung]
(1) Die Versteigerung ist erst zulässig, nachdem sie dem Gläubiger angedroht worden ist; die Androhung darf unterbleiben, wenn die Sache dem Verderb ausgesetzt und mit dem Aufschube der Versteigerung Gefahr verbunden ist.

(2) Der Schuldner hat den Gläubiger von der Versteigerung unverzüglich zu benachrichtigen; im Falle der Unterlassung ist er zum Schadensersatze verpflichtet.
(3) Die Androhung und die Benachrichtigung dürfen unterbleiben, wenn sie untunlich sind.

§ 385 [Freihändiger Verkauf aus freier Hand]
Hat die Sache einen Börsen- oder Marktpreis, so kann der Schuldner den Verkauf aus freier Hand durch einen zu solchen Verkäufen öffentlich ermächtigten Handelsmäkler oder durch eine zur öffentlichen Versteigerung befugte Person zum laufenden Preise bewirken.

§ 386 [Kosten]
Die Kosten der Versteigerung oder des nach § 385 erfolgten Verkaufs fallen dem Gläubiger zur Last, sofern nicht der Schuldner den hinterlegten Erlös zurücknimmt.

Dritter Titel
Aufrechnung

§ 387 [Voraussetzungen]
Schulden zwei Personen einander Leistungen, die ihrem Gegenstande nach gleichartig sind, so kann jeder Teil seine Forderung gegen die Forderung des anderen Teiles aufrechnen, sobald er die ihm gebührende Leistung fordern und die ihm obliegende Leistung bewirken kann.

§ 388 [Aufrechnungserklärung]
Die Aufrechnung erfolgt durch Erklärung gegenüber dem anderen Teile. Die Erklärung ist unwirksam, wenn sie unter einer Bedingung oder einer Zeitbestimmung abgegeben wird.

§ 389 [Wirkung der Aufrechnung]
Die Aufrechnung bewirkt, daß die Forderungen, soweit sie sich decken, als in dem Zeitpunkt erloschen gelten, in welchem sie zur Aufrechnung geeignet einander gegenübergetreten sind.

§ 390 [Ausschluß der Aufrechnung]
Eine Forderung, der eine Einrede entgegensteht, kann nicht aufgerechnet werden. Die Verjährung schließt die Aufrechnung nicht aus, wenn die verjährte Forderung zu der Zeit, zu welcher sie gegen die andere Forderung aufgerechnet werden konnte, noch nicht verjährt war.

§ 391 [Aufrechnung bei verschiedenen Leistungsorten]
(1) Die Aufrechnung wird nicht dadurch ausgeschlossen, daß für die Forderungen verschiedene Leistungs- oder Ablieferungsorte bestehen. Der aufrechnende Teil hat jedoch den Schaden zu ersetzen, den der andere Teil dadurch erleidet, daß er infolge der Aufrechnung die Leistung nicht an dem bestimmten Orte erhält oder bewirken kann.
(2) Ist vereinbart, daß die Leistung zu einer bestimmten Zeit an einem bestimmten Orte erfolgen soll, so ist im Zweifel anzunehmen, daß die Aufrechnung einer Forderung, für die ein anderer Leistungsort besteht, ausgeschlossen sein soll.

§ 392 [Aufrechnung gegen beschlagnahmte Forderung]
Durch die Beschlagnahme einer Forderung wird die Aufrechnung einer dem Schuldner gegen den Gläubiger zustehenden Forderung nur dann ausgeschlossen, wenn der Schuldner seine Forderung nach der Beschlagnahme erworben hat oder wenn seine Forderung erst nach der Beschlagnahme und später als die in Beschlag genommene Forderung fällig geworden ist.

§ 393 [Keine Aufrechnung gegen Forderung aus vorsätzlicher unerlaubter Handlung]
Gegen eine Forderung aus einer vorsätzlich begangenen unerlaubten Handlung ist die Aufrechnung nicht zulässig.

§ 394 [Keine Aufrechnung gegen unpfändbare Forderung]
Soweit eine Forderung der Pfändung nicht unterworfen ist, findet die Aufrechnung gegen die Forderung nicht statt. Gegen die aus Kranken-, Hilfs- oder Sterbekassen, insbesondere aus Knappschaftskassen und Kassen der Knappschaftsvereine, zu beziehenden Hebungen können jedoch geschuldete Beiträge aufgerechnet werden.

§ 395 [Aufrechnung gegen öffentlich-rechtliche Forderung]
Gegen eine Forderung des Reichs oder eines Bundesstaats sowie gegen eine Forderung einer Gemeinde oder eines anderen Kommunalverbandes ist die Aufrechnung nur zulässig, wenn die Leistung an dieselbe Kasse zu erfolgen hat, aus der die Forderung des Aufrechnenden zu berichtigen ist.

§ 396 [Mehrere Forderungen]
(1) Hat der eine oder der andere Teil mehrere zur Aufrechnung geeignete Forderungen, so kann der aufrechnende Teil die Forderungen bestimmen, die gegeneinander aufgerechnet werden sollen. Wird die Aufrechnung ohne eine solche Bestimmung erklärt oder widerspricht der andere Teil unverzüglich, so findet die Vorschrift des § 366 Abs. 2 entsprechende Anwendung.
(2) Schuldet der aufrechnende Teil dem anderen Teile außer der Hauptleistung Zinsen und Kosten, so finden die Vorschriften des § 367 entsprechende Anwendung.

Vierter Titel
Erlaß

§ 397 [Erlaßvertrag – negatives Schuldanerkenntnis]
(1) Das Schuldverhältnis erlischt, wenn der Gläubiger dem Schuldner durch Vertrag die Schuld erläßt.
(2) Das gleiche gilt, wenn der Gläubiger durch Vertrag mit dem Schuldner anerkennt, daß das Schuldverhältnis nicht bestehe.

Vierter Abschnitt
Übertragung der Forderung

§ 398 [Abtretung]
Eine Forderung kann von dem Gläubiger durch Vertrag mit einem anderen auf diesen übertragen werden (Abtretung). Mit dem Abschlusse des Vertrags tritt der neue Gläubiger an die Stelle des bisherigen Gläubigers.

§ 399 [Ausschluß der Abtretung]
Eine Forderung kann nicht abgetreten werden, wenn die Leistung an einen anderen als den ursprünglichen Gläubiger nicht ohne Veränderung ihres Inhalts erfolgen kann oder wenn die Abtretung durch Vereinbarung mit dem Schuldner ausgeschlossen ist.

§ 400 [Keine Abtretung unpfändbarer Forderungen]
Eine Forderung kann nicht abgetreten werden, soweit sie der Pfändung nicht unterworfen ist.

§ 401 [Übergang von Pfandrechten und Bürgschaften]

(1) Mit der abgetretenen Forderung gehen die Hypotheken, Schiffshypotheken oder Pfandrechte, die für sie bestehen, sowie die Rechte aus einer für sie bestellten Bürgschaft auf den neuen Gläubiger über.

(2) Ein mit der Forderung für den Fall der Zwangsvollstreckung oder des Konkurses verbundenes Vorzugsrecht kann auch der neue Gläubiger geltend machen.

§ 402 [Auskunft und Urkundenübergabe]

Der bisherige Gläubiger ist verpflichtet, dem neuen Gläubiger die zur Geltendmachung der Forderung nötige Auskunft zu erteilen und ihm die zum Beweise der Forderung dienenden Urkunden, soweit sie sich in seinem Besitze befinden, auszuliefern.

§ 403 [Abtretungsurkunde]

Der bisherige Gläubiger hat dem neuen Gläubiger auf Verlangen eine öffentlich beglaubigte Urkunde über die Abtretung auszustellen. Die Kosten hat der neue Gläubiger zu tragen und vorzuschießen.

§ 404 [Einwendungen des Schuldners]

Der Schuldner kann dem neuen Gläubiger die Einwendungen entgegensetzen, die zur Zeit der Abtretung der Forderung gegen den bisherigen Gläubiger begründet waren.

§ 405 [Keine Berufung auf Scheingeschäft bei Ausstellung einer Schuldurkunde]

Hat der Schuldner eine Urkunde über die Schuld ausgestellt, so kann er sich, wenn die Forderung unter Vorlegung der Urkunde abgetreten wird, dem neuen Gläubiger gegenüber nicht darauf berufen, daß die Eingehung oder Anerkennung des Schuldverhältnisses nur zum Schein erfolgt oder daß die Abtretung durch Vereinbarung mit dem ursprünglichen Gläubiger ausgeschlossen sei, es sei denn, daß der neue Gläubiger bei der Abtretung den Sachverhalt kannte oder kennen mußte.

§ 406 [Aufrechnung gegenüber dem neuen Gläubiger]

Der Schuldner kann eine ihm gegen den bisherigen Gläubiger zustehende Forderung auch dem neuen Gläubiger gegenüber aufrechnen, es sei denn, daß er bei dem Erwerbe der Forderung von der Abtretung Kenntnis hatte oder daß die Forderung erst nach der Erlangung der Kenntnis und später als die abgetretene Forderung fällig geworden ist.

§ 407 [Leistung an den bisherigen Gläubiger]

(1) Der neue Gläubiger muß eine Leistung, die der Schuldner nach der Abtretung an den bisherigen Gläubiger bewirkt, sowie jedes Rechtsgeschäft, das nach der Abtretung zwischen dem Schuldner und dem bisherigen Gläubiger in Ansehung der Forderung vorgenommen wird, gegen sich gelten lassen, es sei denn, daß der Schuldner die Abtretung bei der Leistung oder der Vornahme des Rechtsgeschäfts kennt.

(2) Ist in einem nach der Abtretung zwischen dem Schuldner und dem bisherigen Gläubiger anhängig gewordenen Rechtsstreit ein rechtskräftiges Urteil über die Forderung ergangen, so muß der neue Gläubiger das Urteil gegen sich gelten lassen, es sei denn, daß der Schuldner die Abtretung bei dem Eintritte der Rechtshängigkeit gekannt hat.

§ 408 [Mehrfache Abtretung]

(1) Wird eine abgetretene Forderung von dem bisherigen Gläubiger nochmals an einen Dritten abgetreten, so finden, wenn der Schuldner an den Dritten leistet oder wenn zwischen dem Schuldner und dem Dritten ein Rechtsgeschäft vorgenommen oder ein Rechtsstreit anhängig wird, zugunsten des Schuldners die Vorschriften des § 407 dem früheren Erwerber gegenüber entsprechende Anwendung.

(2) Das gleiche gilt, wenn die bereits abgetretene Forderung durch gerichtlichen Beschluß einem Dritten überwiesen wird oder wenn der bisherige Gläubiger dem Dritten

gegenüber anerkennt, daß die bereits abgetretene Forderung kraft Gesetzes auf den Dritten übergegangen sei.

§ 409 [Abtretungsanzeige – Urkundenvorlage]

(1) Zeigt der Gläubiger dem Schuldner an, daß er die Forderung abgetreten habe, so muß er dem Schuldner gegenüber die angezeigte Abtretung gegen sich gelten lassen, auch wenn sie nicht erfolgt oder nicht wirksam ist. Der Anzeige steht es gleich, wenn der Gläubiger eine Urkunde über die Abtretung dem in der Urkunde bezeichneten neuen Gläubiger ausgestellt hat und dieser sie dem Schuldner vorlegt.

(2) Die Anzeige kann nur mit Zustimmung desjenigen zurückgenommen werden, welcher als der neue Gläubiger bezeichnet worden ist.

§ 410 [Aushändigung der Abtretungsurkunde]

(1) Der Schuldner ist dem neuen Gläubiger gegenüber zur Leistung nur gegen Aushändigung einer von dem bisherigen Gläubiger über die Abtretung ausgestellten Urkunde verpflichtet. Eine Kündigung oder eine Mahnung des neuen Gläubigers ist unwirksam, wenn sie ohne Vorlegung einer solchen Urkunde erfolgt und der Schuldner sie aus diesem Grunde unverzüglich zurückweist.

(2) Diese Vorschriften finden keine Anwendung, wenn der bisherige Gläubiger dem Schuldner die Abtretung schriftlich angezeigt hat.

§ 411 [Gehaltsabtretung]

Tritt eine Militärperson, ein Beamter, ein Geistlicher oder ein Lehrer an einer öffentlichen Unterrichtanstalt den übertragbaren Teil des Diensteinkommens, des Wartegeldes oder des Ruhegehalts ab, so ist die auszahlende Kasse durch Aushändigung einer von dem bisherigen Gläubiger ausgestellten, öffentlich oder amtlich beglaubigten Urkunde von der Abtretung zu benachrichtigen. Bis zur Benachrichtigung gilt die Abtretung als der Kasse nicht bekannt.

§ 412 [Forderungsübertragung kraft Gesetzes]

Auf die Übertragung einer Forderung kraft Gesetzes finden die Vorschriften der §§ 399 bis 404, 406 bis 410 entsprechende Anwendung.

§ 413 [Übertragung anderer Rechte]

Die Vorschriften über die Übertragung von Forderungen finden auf die Übertragung anderer Rechte entsprechende Anwendung, soweit nicht das Gesetz ein anderes vorschreibt.

Fünfter Abschnitt

Schuldübernahme

§ 414 [Schuldübernahmevertrag mit dem Gläubiger]

Eine Schuld kann von einem Dritten durch Vertrag mit dem Gläubiger in der Weise übernommen werden, daß der Dritte an die Stelle des bisherigen Schuldners tritt.

§ 415 [Schuldübernahmevertrag mit dem Schuldner – Genehmigung des Gläubigers]

(1) Wird die Schuldübernahme von dem Dritten mit dem Schuldner vereinbart, so hängt ihre Wirksamkeit von der Genehmigung des Gläubigers ab. Die Genehmigung kann erst erfolgen, wenn der Schuldner oder der Dritte dem Gläubiger die Schuldübernahme mitgeteilt hat. Bis zur Genehmigung können die Parteien den Vertrag ändern oder aufheben.

(2) Wird die Genehmigung verweigert, so gilt die Schuldübernahme als nicht erfolgt. Fordert der Schuldner oder der Dritte den Gläubiger unter Bestimmung einer Frist zur Erklärung über die Genehmigung auf, so kann die Genehmigung nur bis zum Ablaufe der Frist erklärt werden; wird sie nicht erklärt, so gilt sie als verweigert.

(3) Solange nicht der Gläubiger die Genehmigung erteilt hat, ist im Zweifel der Übernehmer dem Schuldner gegenüber verpflichtet, den Gläubiger rechtzeitig zu befriedigen. Das gleiche gilt, wenn der Gläubiger die Genehmigung verweigert.

§ 416 [Übernahme einer Hypothekenschuld]

(1) Übernimmt der Erwerber eines Grundstücks durch Vertrag mit dem Veräußerer eine Schuld des Veräußerers, für die eine Hypothek an dem Grundstücke besteht, so kann der Gläubiger die Schuldübernahme nur genehmigen, wenn der Veräußerer sie ihm mitteilt. Sind seit dem Empfange der Mitteilung sechs Monate verstrichen, so gilt die Genehmigung als erteilt, wenn nicht der Gläubiger sie dem Veräußerer gegenüber vorher verweigert hat; die Vorschrift des § 415 Abs. 2 Satz 2 findet keine Anwendung.

(2) Die Mitteilung des Veräußerers kann erst erfolgen, wenn der Erwerber als Eigentümer im Grundbuch eingetragen ist. Sie muß schriftlich geschehen und den Hinweis enthalten, daß der Übernehmer an die Stelle des bisherigen Schuldners tritt, wenn nicht der Gläubiger die Verweigerung innerhalb der sechs Monate erklärt.

(3) Der Veräußerer hat auf Verlangen des Erwerbers dem Gläubiger die Schuldübernahme mitzuteilen. Sobald die Erteilung oder Verweigerung der Genehmigung feststeht, hat der Veräußerer den Erwerber zu benachrichtigen.

§ 417 [Einwendungen des Übernehmers]

(1) Der Übernehmer kann dem Gläubiger die Einwendungen entgegensetzen, welche sich aus dem Rechtsverhältnisse zwischen dem Gläubiger und dem bisherigen Schuldner ergeben. Eine dem bisherigen Schuldner zustehende Forderung kann er nicht aufrechnen.

(2) Aus dem der Schuldübernahme zugrunde liegenden Rechtsverhältnisse zwischen dem Übernehmer und dem bisherigen Schuldner kann der Übernehmer dem Gläubiger gegenüber Einwendungen nicht herleiten.

§ 418 [Erlöschen von Bürgschaften und Pfandrechten]

(1) Infolge der Schuldübernahme erlöschen die für die Forderung bestellten Bürgschaften und Pfandrechte. Besteht für die Forderung eine Hypothek oder eine Schiffshypothek, so tritt das gleiche ein, wie wenn der Gläubiger auf die Hypothek oder die Schiffshypothek verzichtet. Diese Vorschriften finden keine Anwendung, wenn der Bürge oder derjenige, welchem der verhaftete Gegenstand zur Zeit der Schuldübernahme gehört, in diese einwilligt.

(2) Ein mit der Forderung für den Fall des Konkurses verbundenes Vorzugsrecht kann nicht im Konkurs über das Vermögen des Übernehmers geltend gemacht werden.

§ 419 [Vermögensübernahme – Haftungsbeschränkung]

(1) Übernimmt jemand durch Vertrag das Vermögen eines anderen, so können dessen Gläubiger, unbeschadet der Fortdauer der Haftung des bisherigen Schuldners, von dem Abschlusse des Vertrags an ihre zu dieser Zeit bestehenden Ansprüche auch gegen den Übernehmer geltend machen.

(2) Die Haftung des Übernehmers beschränkt sich auf den Bestand des übernommenen Vermögens und die ihm aus dem Vertrage zustehenden Ansprüche. Beruft sich der Übernehmer auf die Beschränkung seiner Haftung, so finden die für die Haftung des Erben geltenden Vorschriften der §§ 1990, 1991 entsprechende Anwendung.

(3) Die Haftung des Übernehmers kann nicht durch Vereinbarung zwischen ihm und dem bisherigen Schuldner ausgeschlossen oder beschränkt werden.

Sechster Abschnitt

Mehrheit von Schuldnern und Gläubigern

§ 420 [Teilbare Leistung]

Schulden mehrere eine teilbare Leistung oder haben mehrere eine teilbare Leistung zu fordern, so ist im Zweifel jeder Schuldner nur zu einem gleichen Anteile verpflichtet, jeder Gläubiger nur zu einem gleichen Anteil berechtigt.

§ 421 [Gesamtschuldner]

Schulden mehrere eine Leistung in der Weise, daß jeder die ganze Leistung zu bewirken verpflichtet, der Gläubiger aber die Leistung nur einmal zu fordern berechtigt ist (Gesamtschuldner), so kann der Gläubiger die Leistung nach seinem Belieben von jedem der Schuldner ganz oder zu einem Teile fordern. Bis zur Bewirkung der ganzen Leistung bleiben sämtliche Schuldner verpflichtet.

§ 422 [Erfüllung durch einen Gesamtschuldner]

(1) Die Erfüllung durch einen Gesamtschuldner wirkt auch für die übrigen Schuldner. Das gleiche gilt von der Leistung an Erfüllungs Statt, der Hinterlegung und der Aufrechnung.

(2) Eine Forderung, die einem Gesamtschuldner zusteht, kann nicht von den übrigen Schuldnern aufgerechnet werden.

§ 423 [Erlaß zugunsten eines Gesamtschuldners]

Ein zwischen dem Gläubiger und einem Gesamtschuldner vereinbarter Erlaß wirkt auch für die übrigen Schuldner, wenn die Vertragschließenden das ganze Schuldverhältnis aufheben wollten.

§ 424 [Wirkung des Gläubigerverzugs]

Der Verzug des Gläubigers gegenüber einem Gesamtschuldner wirkt auch für die übrigen Schuldner.

§ 425 [Wirkung anderer Tatsachen]

(1) Andere als die in den §§ 422 bis 424 bezeichneten Tatsachen wirken, soweit sich nicht aus dem Schuldverhältnis ein anderes ergibt, nur für und gegen den Gesamtschuldner, in dessen Person sie eintreten.

(2) Dies gilt insbesondere von der Kündigung, dem Verzuge, dem Verschulden, von der Unmöglichkeit der Leistung in der Person eines Gesamtschuldners, von der Verjährung, deren Unterbrechung und Hemmung, von der Vereinigung der Forderung mit der Schuld und von dem rechtskräftigen Urteile.

§ 426 [Verhältnis der Gesamtschuldner untereinander]

(1) Die Gesamtschuldner sind im Verhältnisse zueinander zu gleichen Anteilen verpflichtet, soweit nicht ein anderes bestimmt ist. Kann von einem Gesamtschuldner der auf ihn entfallende Beitrag nicht erlangt werden, so ist der Ausfall von den übrigen zur Ausgleichung verpflichteten Schuldnern zu tragen.

(2) Soweit ein Gesamtschuldner den Gläubiger befriedigt und von den übrigen Schuldnern Ausgleichung verlangen kann, geht die Forderung des Gläubigers gegen die übrigen Schuldner auf ihn über. Der Übergang kann nicht zum Nachteile des Gläubigers geltend gemacht werden.

§ 427 [Gemeinschaftliche Verpflichtung zu teilbarer Leistung]

Verpflichten sich mehrere durch Vertrag gemeinschaftlich zu einer teilbaren Leistung, so haften sie im Zweifel als Gesamtschuldner.

§ 428 [Gesamtgläubiger]
Sind mehrere eine Leistung in der Weise zu fordern berechtigt, daß jeder die ganze Leistung fordern kann, der Schuldner aber die Leistung nur einmal zu bewirken verpflichtet ist (Gesamtgläubiger), so kann der Schuldner nach seinem Belieben an jeden der Gläubiger leisten. Dies gilt auch dann, wenn einer der Gläubiger bereits Klage auf die Leistung erhoben hat.

§ 429 [Verzug – Vereinigung von Forderung und Schuld]
(1) Der Verzug eines Gesamtgläubigers wirkt auch gegen die übrigen Gläubiger.
(2) Vereinigen sich Forderung und Schuld in der Person eines Gesamtgläubigers, so erlöschen die Rechte der übrigen Gläubiger gegen den Schuldner.
(3) Im übrigen finden die Vorschriften der §§ 422, 423, 425 entsprechende Anwendung. Insbesondere bleiben, wenn ein Gesamtgläubiger seine Forderung auf einen anderen überträgt, die Rechte der übrigen Gläubiger unberührt.

§ 430 [Angleichungspflicht]
Die Gesamtgläubiger sind im Verhältnis zueinander zu gleichen Anteilen berechtigt, soweit nicht ein anderes bestimmt ist.

§ 431 [Gesamtschuld bei unteilbarer Leistung]
Schulden mehrere eine unteilbare Leistung, so haften sie als Gesamtschuldner.

§ 432 [Mehrere Gläubiger einer unteilbaren Leistung]
(1) Haben mehrere eine unteilbare Leistung zu fordern, so kann, sofern sie nicht Gesamtgläubiger sind, der Schuldner nur an alle gemeinschaftlich leisten und jeder Gläubiger nur die Leistung an alle fordern. Jeder Gläubiger kann verlangen, daß der Schuldner die geschuldete Sache für alle Gläubiger hinterlegt oder, wenn sie sich nicht zur Hinterlegung eignet, an einen gerichtlich zu bestellenden Verwahrer abliefert.
(2) Im übrigen wirkt eine Tatsache, die nur in der Person eines der Gläubiger eintritt, nicht für und gegen die übrigen Gläubiger.

Siebenter Abschnitt
Einzelne Schuldverhältnisse
Erster Titel
Kauf. Tausch
I. Allgemeine Vorschriften

§ 433 [Hauptpflichten des Verkäufers und des Käufers]
(1) Durch den Kaufvertrag wird der Verkäufer einer Sache verpflichtet, dem Käufer die Sache zu übergeben und das Eigentum an der Sache zu verschaffen. Der Verkäufer eines Rechtes ist verpflichtet, dem Käufer das Recht zu verschaffen und, wenn das Recht zum Besitz einer Sache berechtigt, die Sache zu übergeben.
(2) Der Käufer ist verpflichtet, dem Verkäufer den vereinbarten Kaufpreis zu zahlen und die gekaufte Sache abzunehmen.

§ 434 [Verschaffung frei von Rechten]
Der Verkäufer ist verpflichtet, dem Käufer den verkauften Gegenstand frei von Rechten zu verschaffen, die von Dritten gegen den Käufer geltend gemacht werden können.

§ 435 [Pflicht zur Löschung]
(1) Der Verkäufer eines Grundstücks oder eines Rechtes an einem Grundstück ist verpflichtet, im Grundbuch eingetragene Rechte, die nicht bestehen, auf seine Kosten zur Löschung zu bringen, wenn sie im Falle ihres Bestehens das dem Käufer zu verschaffende Recht beeinträchtigen würden.

(2) Das gleiche gilt beim Verkauf eines eingetragenen Schiffs oder Schiffsbauwerks oder einer Schiffshypothek für die im Schiffsregister eingetragenen Rechte.

§ 436 [Haftungsausschluß für öffentliche Lasten]

Der Verkäufer eines Grundstücks haftet nicht für die Freiheit des Grundstücks von öffentlichen Abgaben und von anderen öffentlichen Lasten, die zur Eintragung in das Grundbuch nicht geeignet sind.

§ 437 [Gewährleistung beim Verkauf von Rechten]

(1) Der Verkäufer einer Forderung oder eines sonstigen Rechtes haftet für den rechtlichen Bestand der Forderung oder des Rechtes.

(2) Der Verkäufer eines Wertpapiers haftet auch dafür, daß es nicht zum Zwecke der Kraftloserklärung aufgeboten ist.

§ 438 [Übernahme der Haftung für Zahlungsfähigkeit]

Übernimmt der Verkäufer einer Forderung die Haftung für die Zahlungsfähigkeit des Schuldners, so ist die Haftung im Zweifel nur auf die Zahlungsfähigkeit zur Zeit der Abtretung zu beziehen.

§ 439 [Kenntnis des Käufers vom Rechtsmangel]

(1) Der Verkäufer hat einen Mangel im Rechte nicht zu vertreten, wenn der Käufer den Mangel bei dem Abschlusse des Kaufes kennt.

(2) Eine Hypothek, eine Grundschuld, eine Rentenschuld, eine Schiffshypothek oder ein Pfandrecht hat der Verkäufer zu beseitigen, auch wenn der Käufer die Belastung kennt. Das gleiche gilt von einer Vormerkung zur Sicherung des Anspruchs auf Bestellung eines dieser Rechte.

§ 440 [Rechte des Käufers bei Nichterfüllung]

(1) Erfüllt der Verkäufer die ihm nach den §§ 433 bis 437, 439 obliegenden Verpflichtungen nicht, so bestimmen sich die Rechte des Käufers nach den Vorschriften der §§ 320 bis 327.

(2) Ist eine bewegliche Sache verkauft und dem Käufer zum Zwecke der Eigentumsübertragung übergeben worden, so kann der Käufer wegen des Rechtes eines Dritten, das zum Besitze der Sache berechtigt, Schadensersatz wegen Nichterfüllung nur verlangen, wenn er die Sache dem Dritten mit Rücksicht auf dessen Recht herausgegeben hat oder sie dem Verkäufer zurückgewährt oder wenn die Sache untergegangen ist.

(3) Der Herausgabe der Sache an den Dritten steht es gleich, wenn der Dritte den Käufer oder dieser den Dritten beerbt oder wenn der Käufer das Recht des Dritten anderweit erwirbt oder den Dritten abfindet.

(4) Steht dem Käufer ein Anspruch auf Herausgabe gegen einen anderen zu, so genügt anstelle der Rückgewähr die Abtretung des Anspruchs.

§ 441 [Verkauf eines Besitzrechts an einer beweglichen Sache]

Die Vorschriften des § 440 Abs. 2 bis 4 gelten auch dann, wenn ein Recht an einer beweglichen Sache verkauft ist, das zum Besitze der Sache berechtigt.

§ 442 [Beweislast des Käufers für Rechtsmängel]

Bestreitet der Verkäufer den vom Käufer geltend gemachten Mangel im Rechte, so hat der Käufer den Mangel zu beweisen.

§ 443 [Nichtigkeit von Gewährleistungsausschlüssen]

Eine Vereinbarung, durch welche die nach den §§ 433 bis 437, 439 bis 442 wegen eines Mangels im Rechte dem Verkäufer obliegende Verpflichtung zur Gewährleistung erlassen oder beschränkt wird, ist nichtig, wenn der Verkäufer den Mangel arglistig verschweigt.

§ 444 [Auskunftspflicht des Verkäufers]
Der Verkäufer ist verpflichtet, dem Käufer über die den verkauften Gegenstand betreffenden rechtlichen Verhältnisse, insbesondere im Falle des Verkaufs eines Grundstücks über die Grenzen, Gerechtsame und Lasten, die nötige Auskunft zu erteilen und ihm die zum Beweise des Rechtes dienenden Urkunden, soweit sie sich in seinem Besitze befinden, auszuliefern. Erstreckt sich der Inhalt einer solchen Urkunde auch auf andere Angelegenheiten, so ist der Verkäufer nur zur Erteilung eines öffentlich beglaubigten Auszugs verpflichtet.

§ 445 [Anwendung auf kaufähnliche Verträge]
Die Vorschriften der §§ 433 bis 444 finden auf andere Verträge, die auf Veräußerung oder Belastung eines Gegenstandes gegen Entgelt gerichtet sind, entsprechende Anwendung.

§ 446 [Gefahrübergang – Nutzungen – Lasten]
(1) Mit der Übergabe der verkauften Sache geht die Gefahr des zufälligen Unterganges und einer zufälligen Verschlechterung auf den Käufer über. Von der Übergabe an gebühren dem Käufer die Nutzungen und trägt er die Lasten der Sache.
(2) Wird der Käufer eines Grundstücks oder eines eingetragenen Schiffs oder Schiffsbauwerks vor der Übergabe als Eigentümer in das Grundbuch, das Schiffsregister oder das Schiffsbauregister eingetragen, so treten diese Wirkungen mit der Eintragung ein.

§ 447 [Gefahrübergang bei Versendungskauf]
(1) Versendet der Verkäufer auf Verlangen des Käufers die verkaufte Sache nach einem anderen Orte als dem Erfüllungsorte, so geht die Gefahr auf den Käufer über, sobald der Verkäufer die Sache dem Spediteur, dem Frachtführer oder der sonst zur Ausführung der Versendung bestimmten Person oder Anstalt ausgeliefert hat.
(2) Hat der Käufer eine besondere Anweisung über die Art der Versendung erteilt und weicht der Verkäufer ohne dringenden Grund von der Anweisung ab, so ist der Verkäufer dem Käufer für den daraus entstehenden Schaden verantwortlich.

§ 448 [Kosten der Übergabe]
(1) Die Kosten der Übergabe der verkauften Sache, insbesondere die Kosten des Messens und Wägens, fallen dem Verkäufer, die Kosten der Abnahme und der Versendung der Sache nach einem anderen Orte als dem Erfüllungsorte fallen dem Käufer zur Last.
(2) Ist ein Recht verkauft, so fallen die Kosten der Begründung oder Übertragung des Rechtes dem Verkäufer zur Last.

§ 449 [Grundbuch- und Schiffsregisterkosten]
(1) Der Käufer eines Grundstücks hat die Kosten der Auflassung und der Eintragung, der Käufer eines Rechtes an einem Grundstücke hat die Kosten der zur Begründung oder Übertragung des Rechtes nötigen Eintragung in das Grundbuch, mit Einschluß der Kosten der zu der Eintragung erforderlichen Erklärungen, zu tragen. Dem Käufer fallen in beiden Fällen auch die Kosten der Beurkundung des Kaufes zur Last.
(2) Der Käufer eines eingetragenen Schiffs oder Schiffsbauwerks hat die Kosten der Eintragung des Eigentumsübergangs, der Käufer eines Rechts an einem eingetragenen Schiff oder Schiffsbauwerk hat die Kosten einer zur Begründung oder Übertragung nötigen Eintragung in das Schiffsregister oder das Schiffsbauregister mit Einschluß der Kosten der zur Eintragung erforderlichen Erklärungen zu tragen.

§ 450 [Ersatz von Verwendungen]
(1) Ist vor der Übergabe der verkauften Sache die Gefahr auf den Käufer übergegangen und macht der Verkäufer vor der Übergabe Verwendungen auf die Sache, die nach dem

Übergange der Gefahr notwendig geworden sind, so kann er von dem Käufer Ersatz verlangen, wie wenn der Käufer ihn mit der Verwaltung der Sache beauftragt hätte.
(2) Die Verpflichtung des Käufers zum Ersatze sonstiger Verwendungen bestimmt sich nach den Vorschriften über die Geschäftsführung ohne Auftrag.

§ 451 [Verkauf des Rechts an einer Sache]
Ist ein Recht an einer Sache verkauft, das zum Besitze der Sache berechtigt, so finden die Vorschriften der §§ 446 bis 450 entsprechende Anwendung.

§ 452 [Verzinsung des Kaufpreises]
Der Käufer ist verpflichtet, den Kaufpreis von dem Zeitpunkt an zu verzinsen, von welchem an die Nutzungen des gekauften Gegenstandes ihm gebühren, sofern nicht der Kaufpreis gestundet ist.

§ 453 [Marktpreis]
Ist als Kaufpreis der Marktpreis bestimmt, so gilt im Zweifel der für den Erfüllungsort zur Erfüllungszeit maßgebende Marktpreis als vereinbart.

§ 454 [Ausschluß des Rücktrittsrechts]
Hat der Verkäufer den Vertrag erfüllt und den Kaufpreis gestundet, so steht ihm das im § 325 Abs. 2 und im § 326 bestimmte Rücktrittsrecht nicht zu.

§ 455 [Eigentumsvorbehalt]
Hat sich der Verkäufer einer beweglichen Sache das Eigentum bis zur Zahlung des Kaufpreises vorbehalten, so ist im Zweifel anzunehmen, daß die Übertragung des Eigentums unter der aufschiebenden Bedingung vollständiger Zahlung des Kaufpreises erfolgt und daß der Verkäufer zum Rücktritte von dem Vertrage berechtigt ist, wenn der Käufer mit der Zahlung in Verzug kommt.

§ 456 [Ausgeschlossene Käufer bei Zwangsvollstreckung]
Bei einem Verkauf im Wege der Zwangsvollstreckung dürfen der mit der Vornahme oder Leitung des Verkaufs Beauftragte und die von ihm zugezogenen Gehilfen, mit Einschluß des Protokollführers, den zum Verkaufe gestellten Gegenstand weder für sich persönlich oder durch einen anderen noch als Vertreter eines anderen kaufen.

§ 457 [Ausgeschlossene Käufer bei Pfandverkauf]
Die Vorschrift des § 456 gilt auch bei einem Verkauf außerhalb der Zwangsvollstreckung, wenn der Auftrag zu dem Verkauf auf Grund einer gesetzlichen Vorschrift erteilt worden ist, die den Auftraggeber ermächtigt, den Gegenstand für Rechnung eines anderen verkaufen zu lassen, insbesondere in den Fällen des Pfandverkaufs und des in den §§ 383, 385 zugelassenen Verkaufs, sowie bei einem Verkaufe durch den Konkursverwalter.

§ 458 [Wirksamkeit verbotswidriger Käufe]
(1) Die Wirksamkeit eines den Vorschriften der §§ 456, 457 zuwider erfolgten Kaufes und der Übertragung des gekauften Gegenstandes hängt von der Zustimmung der bei dem Verkauf als Schuldner, Eigentümer oder Gläubiger Beteiligten ab. Fordert der Käufer einen Beteiligten zur Erklärung über die Genehmigung auf, so finden die Vorschriften des § 177 Abs. 2 entsprechende Anwendung.
(2) Wird infolge der Verweigerung der Genehmigung ein neuer Verkauf vorgenommen, so hat der frühere Käufer für die Kosten des neuen Verkaufs sowie für einen Mindererlös aufzukommen.

II. Gewährleistung wegen Mängel der Sache

§ 459 [Haftung für Sachmängel]

(1) Der Verkäufer einer Sache haftet dem Käufer dafür, daß sie zu der Zeit, zu welcher die Gefahr auf den Käufer übergeht, nicht mit Fehlern behaftet ist, die den Wert oder die Tauglichkeit zu dem gewöhnlichen oder dem nach dem Vertrage vorausgesetzten Gebrauch aufheben oder mindern. Eine unerhebliche Minderung des Wertes oder der Tauglichkeit kommt nicht in Betracht.

(2) Der Verkäufer haftet auch dafür, daß die Sache zur Zeit des Überganges der Gefahr die zugesicherten Eigenschaften hat.

§ 460 [Kenntnis des Käufers]

Der Verkäufer hat einen Mangel der verkauften Sache nicht zu vertreten, wenn der Käufer den Mangel bei dem Abschlusse des Kaufes kennt. Ist dem Käufer ein Mangel der im § 459 Abs. 1 bezeichneten Art infolge grober Fahrlässigkeit unbekannt geblieben, so haftet der Verkäufer, sofern er nicht die Abwesenheit des Fehlers zugesichert hat, nur, wenn er den Fehler arglistig verschwiegen hat.

§ 461 [Keine Mängelhaftung bei der Pfandversteigerung]

Der Verkäufer hat einen Mangel der verkauften Sache nicht zu vertreten, wenn die Sache auf Grund eines Pfandrechts in öffentlicher Versteigerung unter der Bezeichnung als Pfand verkauft wird.

§ 462 [Wandelung oder Minderung]

Wegen eines Mangels, den der Verkäufer nach den Vorschriften der §§ 459, 460 zu vertreten hat, kann der Käufer Rückgängigmachung des Kaufes (Wandelung) oder Herabsetzung des Kaufpreises (Minderung) verlangen.

§ 463 [Schadensersatz wegen Nichterfüllung]

Fehlt der verkauften Sache zur Zeit des Kaufes eine zugesicherte Eigenschaft, so kann der Käufer statt der Wandelung oder der Minderung Schadensersatz wegen Nichterfüllung verlangen. Das gleiche gilt, wenn der Verkäufer einen Fehler arglistig verschwiegen hat.

§ 464 [Annahme trotz Kenntnis des Mangels]

Nimmt der Käufer eine mangelhafte Sache an, obschon er den Mangel kennt, so stehen ihm die in den §§ 462, 463 bestimmten Ansprüche nur zu, wenn er sich seine Rechte wegen des Mangels bei der Annahme vorbehält.

§ 465 [Vollziehung der Wandelung oder Minderung]

Die Wandelung oder die Minderung ist vollzogen, wenn sich der Verkäufer auf Verlangen des Käufers mit ihr einverstanden erklärt.

§ 466 [Frist zur Erklärung der Wandelung]

Behauptet der Käufer dem Verkäufer gegenüber einen Mangel der Sache, so kann der Verkäufer ihn unter dem Erbieten zur Wandelung und unter Bestimmung einer angemessenen Frist zur Erklärung darüber auffordern, ob er Wandelung verlange. Die Wandelung kann in diesem Falle nur bis zum Ablaufe der Frist verlangt werden.

§ 467 [Anwendung der Rücktrittsvorschriften]

Auf die Wandelung finden die für das vertragsmäßige Rücktrittsrecht geltenden Vorschriften der §§ 346 bis 348, 350 bis 354, 356 entsprechende Anwendung; im Falle des § 352 ist jedoch die Wandelung nicht ausgeschlossen, wenn der Mangel sich erst bei der Umgestaltung der Sache gezeigt hat. Der Verkäufer hat dem Käufer auch die Vertragskosten zu ersetzen.

§ 468 [Zusicherung der Grundstücksgröße]
Sichert der Verkäufer eines Grundstücks dem Käufer eine bestimmte Größe des Grundstücks zu, so haftet er für die Größe wie für eine zugesicherte Eigenschaft. Der Käufer kann jedoch wegen Mangels der zugesicherten Größe Wandelung nur verlangen, wenn der Mangel so erheblich ist, daß die Erfüllung des Vertrags für den Käufer kein Interesse hat.

§ 469 [Wandelung bei Sachmehrheit]
Sind von mehreren verkauften Sachen nur einzelne mangelhaft, so kann nur in Ansehung dieser Wandelung verlangt werden, auch wenn ein Gesamtpreis für alle Sachen festgesetzt ist. Sind jedoch die Sachen als zusammengehörend verkauft, so kann jeder Teil verlangen, daß die Wandelung auf alle Sachen erstreckt wird, wenn die mangelhaften Sachen nicht ohne Nachteil für ihn von den übrigen getrennt werden können.

§ 470 [Erstreckung der Wandelung auf die Nebensache]
Die Wandelung wegen eines Mangels der Hauptsache erstreckt sich auch auf die Nebensache. Ist die Nebensache mangelhaft, so kann nur in Ansehung dieser Wandelung verlangt werden.

§ 471 [Herabsetzung des Gesamtpreises]
Findet im Falle des Verkaufs mehrerer Sachen für einen Gesamtpreis die Wandelung nur in Ansehung einzelner Sachen statt, so ist der Gesamtpreis in dem Verhältnisse herabzusetzen, in welchem zur Zeit des Verkaufs der Gesamtwert der Sachen in mangelfreiem Zustande zu dem Werte der von der Wandelung nicht betroffenen Sachen gestanden haben würde.

§ 472 [Berechnung der Minderung]
(1) Bei der Minderung ist der Kaufpreis in dem Verhältnisse herabzusetzen, in welchem zur Zeit des Verkaufs der Wert der Sache in mangelfreiem Zustande zu dem wirklichen Werte gestanden haben würde.
(2) Findet im Falle des Verkaufs mehrerer Sachen für einen Gesamtpreis die Minderung nur wegen einzelner Sachen statt, so ist bei der Herabsetzung des Preises der Gesamtwert aller Sachen zugrunde zu legen.

§ 473 [Nebenleistungen des Käufers]
Sind neben dem in Geld festgesetzten Kaufpreise Leistungen bedungen, die nicht vertretbare Sachen zum Gegenstande haben, so sind diese Leistungen in den Fällen der §§ 471, 472 nach dem Werte zur Zeit des Verkaufs in Geld zu veranschlagen. Die Herabsetzung der Gegenleistung des Käufers erfolgt an dem in Geld festgesetzten Preise; ist dieser geringer als der abzusetzende Betrag, so hat der Verkäufer den überschießenden Betrag dem Käufer zu vergüten.

§ 474 [Mehrere Beteiligte]
(1) Sind auf der einen oder der anderen Seite mehrere beteiligt, so kann von jedem und gegen jeden Minderung verlangt werden.
(2) Mit der Vollziehung der von einem der Käufer verlangten Minderung ist die Wandelung ausgeschlossen.

§ 475 [Erneute Wandelung oder Minderung wegen weiterer Mängel]
Durch die wegen eines Mangels erfolgte Minderung wird das Recht des Käufers, wegen eines anderen Mangels Wandelung oder von neuem Minderung zu verlangen, nicht ausgeschlossen.

§ 476 [Kein Ausschluß der Mängeleinrede bei arglistigem Verschweigen]
Eine Vereinbarung, durch welche die Verpflichtung des Verkäufers zur Gewährleistung wegen Mängel der Sache erlassen oder beschränkt wird, ist nichtig, wenn der Verkäufer den Mangel arglistig verschweigt.

§ 476 a [Recht auf Nachbesserung]
Ist an Stelle des Rechts des Käufers auf Wandelung oder Minderung ein Recht auf Nachbesserung vereinbart, so hat der zur Nachbesserung verpflichtete Verkäufer auch die zum Zwecke der Nachbesserung erforderlichen Aufwendungen, insbesondere Transport-, Wege-, Arbeits- und Materialkosten, zu tragen. Dies gilt nicht, soweit die Aufwendungen sich erhöhen, weil die gekaufte Sache nach der Lieferung an einen anderen Ort als den Wohnsitz oder die gewerbliche Niederlassung des Empfängers verbracht worden ist, es sei denn, das Verbringen entspricht dem bestimmungsgemäßen Gebrauch der Sache.

§ 477 [Verjährung der Gewährleistungsansprüche]
(1) Der Anspruch auf Wandelung oder auf Minderung sowie der Anspruch auf Schadensersatz wegen Mangels einer zugesicherten Eigenschaft verjährt, sofern nicht der Verkäufer den Mangel arglistig verschwiegen hat, bei beweglichen Sachen in sechs Monaten von der Ablieferung, bei Grundstücken in einem Jahre von der Übergabe an. Die Verjährungsfrist kann durch Vertrag verlängert werden.
(2) Beantragt der Käufer das selbständige Beweisverfahren nach der Zivilprozeßordnung, so wird die Verjährung unterbrochen. Die Unterbrechung dauert bis zur Beendigung des Verfahrens fort. Die Vorschriften des § 211 Abs. 2 und des § 212 finden entsprechende Anwendung.
(3) Die Hemmung oder Unterbrechung der Verjährung eines der im Absatz 1 bezeichneten Ansprüche bewirkt auch die Hemmung oder Unterbrechung der Verjährung der anderen Ansprüche.

§ 478 [Erhaltung der Mängeleinrede durch Anzeige oder Beweissicherung]
(1) Hat der Käufer den Mangel dem Verkäufer angezeigt oder die Anzeige an ihn abgesendet, bevor der Anspruch auf Wandelung oder auf Minderung verjährt war, so kann er auch nach der Vollendung der Verjährung die Zahlung des Kaufpreises insoweit verweigern, als er auf Grund der Wandelung oder der Minderung dazu berechtigt sein würde. Das gleiche gilt, wenn der Käufer vor der Vollendung der Verjährung das selbständige Beweisverfahren nach der Zivilprozeßordnung beantragt oder in einem zwischen ihm und einem späteren Erwerber der Sache wegen des Mangels anhängigen Rechtsstreite dem Verkäufer den Streit verkündet hat.
(2) Hat der Verkäufer den Mangel arglistig verschwiegen, so bedarf es der Anzeige oder einer ihr nach Absatz 1 gleichstehenden Handlung nicht.

§ 479 [Aufrechnung des Schadensersatzanspruchs nach Verjährung]
Der Anspruch auf Schadensersatz kann nach der Vollendung der Verjährung nur aufgerechnet werden, wenn der Käufer vorher eine der im § 478 bezeichneten Handlungen vorgenommen hat. Diese Beschränkung tritt nicht ein, wenn der Verkäufer den Mangel arglistig verschwiegen hat.

§ 480 [Mängelhaftung beim Gattungskauf]
(1) Der Käufer einer nur der Gattung nach bestimmten Sache kann statt der Wandelung oder der Minderung verlangen, daß ihm an Stelle der mangelhaften Sache eine mangelfreie geliefert wird. Auf diesen Anspruch finden die für die Wandelung geltenden Vorschriften der §§ 464 bis 466, des § 467 Satz 1 und der §§ 469, 470, 474 bis 479 entsprechende Anwendung.
(2) Fehlt der Sache zu der Zeit, zu welcher die Gefahr auf den Käufer übergeht, eine zugesicherte Eigenschaft oder hat der Verkäufer einen Fehler arglistig verschwiegen, so kann der Käufer statt der Wandelung, der Minderung oder der Lieferung einer mangelfreien Sache Schadensersatz wegen Nichterfüllung verlangen.

§ 481 [Viehkauf]

Für den Verkauf von Pferden, Eseln, Mauleseln und Maultieren, von Rindvieh, Schafen und Schweinen gelten die Vorschriften der §§ 459 bis 467, 469 bis 480 nur insoweit, als sich nicht aus den §§ 482 bis 492 ein anderes ergibt.

§ 482 [Hauptmängel und Gewährfristen]

(1) Der Verkäufer hat nur bestimmte Fehler (Hauptmängel) und diese nur dann zu vertreten, wenn sie sich innerhalb bestimmter Fristen (Gewährfristen) zeigen.

(2) Die Hauptmängel und die Gewährfristen werden durch eine mit Zustimmung des Bundesrats zu erlassende Kaiserliche Verordnung bestimmt. Die Bestimmung kann auf demselben Wege ergänzt und abgeändert werden.

§ 483 [Beginn der Gewährfrist]

Die Gewährfrist beginnt mit dem Ablaufe des Tages, an welchem die Gefahr auf den Käufer übergeht.

§ 484 [Vermutung]

Zeigt sich ein Hauptmangel innerhalb der Gewährfrist, so wird vermutet, daß der Mangel schon zu der Zeit vorhanden gewesen sei, zu welcher die Gefahr auf den Käufer übergegangen ist.

§ 485 [Rechtsverlust bei verspäteter Anzeige]

Der Käufer verliert die ihm wegen des Mangels zustehenden Rechte, wenn er nicht spätestens zwei Tage nach dem Ablaufe der Gewährfrist oder, falls das Tier vor dem Ablaufe der Frist getötet worden oder sonst verendet ist, nach dem Tode des Tieres den Mangel dem Verkäufer anzeigt oder die Anzeige an ihn absendet oder wegen des Mangels Klage gegen den Verkäufer erhebt oder diesem den Streit verkündet oder das selbständige Beweisverfahren nach der Zivilprozeßordnung beantragt. Der Rechtsverlust tritt nicht ein, wenn der Verkäufer den Mangel arglistig verschwiegen hat.

§ 486 [Verlängerung oder Abkürzung der Gewährfrist]

Die Gewährfrist kann durch Vertrag verlängert oder abgekürzt werden. Die vereinbarte Frist tritt an die Stelle der gesetzlichen Frist.

§ 487 [Nur Anspruch auf Wandelung]

(1) Der Käufer kann nur Wandelung, nicht Minderung verlangen.

(2) Die Wandelung kann auch in den Fällen der §§ 351 bis 353, insbesondere wenn das Tier geschlachtet ist, verlangt werden; anstelle der Rückgewähr hat der Käufer den Wert des Tieres zu vergüten. Das gleiche gilt in anderen Fällen, in denen der Käufer infolge eines Umstandes, den er zu vertreten hat, insbesondere einer Verfügung über das Tier, außerstande ist, das Tier zurückzugewähren.

(3) Ist vor der Vollziehung der Wandelung eine unwesentliche Verschlechterung des Tieres infolge eines von dem Käufer zu vertretenden Umstandes eingetreten, so hat der Käufer die Wertminderung zu vergüten.

(4) Nutzungen hat der Käufer nur insoweit zu ersetzen, als er sie gezogen hat.

§ 488 [Ersatz der Fütterungs- und Pflegekosten]

Der Verkäufer hat im Falle der Wandelung dem Käufer auch die Kosten der Fütterung und Pflege, die Kosten der tierärztlichen Untersuchung und Behandlung sowie die Kosten der notwendig gewordenen Tötung und Wegschaffung des Tieres zu ersetzen.

§ 489 [Versteigerung des Tieres]

Ist über den Anspruch der Wandelung ein Rechtsstreit anhängig, so ist auf Antrag der einen oder der anderen Partei die öffentliche Versteigerung des Tieres und die Hinterlegung des

Erlöses durch einstweilige Verfügung anzuordnen, sobald die Besichtigung des Tieres nicht mehr erforderlich ist.

§ 490 [Verjährung]

(1) Der Anspruch auf Wandelung sowie der Anspruch auf Schadensersatz wegen eines Hauptmangels, dessen Nichtvorhandensein der Verkäufer zugesichert hat, verjährt in sechs Wochen von dem Ende der Gewährfrist an. Im übrigen bleiben die Vorschriften des § 477 unberührt.

(2) An die Stelle der in den §§ 210, 212, 215 bestimmten Fristen tritt eine Frist von sechs Wochen.

(3) Der Käufer kann auch nach der Verjährung des Anspruchs auf Wandelung die Zahlung des Kaufpreises verweigern. Die Aufrechnung des Anspruchs auf Schadensersatz unterliegt nicht der im § 479 bestimmten Beschränkung.

§ 491 [Gattungsviehkauf]

Der Käufer eines nur der Gattung nach bestimmten Tieres kann statt der Wandelung verlangen, daß ihm anstelle des mangelhaften Tieres ein mangelfreies geliefert wird. Auf diesen Anspruch finden die Vorschriften der §§ 488 bis 490 entsprechende Anwendung.

§ 492 [Erweiterte Gewährleistung]

Übernimmt der Verkäufer die Gewährleistung wegen eines nicht zu den Hauptmängeln gehörenden Fehlers oder sichert er eine Eigenschaft des Tieres zu, so finden die Vorschriften der §§ 487 bis 491 und, wenn eine Gewährfrist vereinbart wird, auch die Vorschriften der §§ 483 bis 485 entsprechende Anwendung. Die im § 490 bestimmte Verjährung beginnt, wenn eine Gewährfrist nicht vereinbart wird, mit der Ablieferung des Tieres.

§ 493 [Gewährleistung bei kaufähnlichen Verträgen]

Die Vorschriften über die Verpflichtung des Verkäufers zur Gewährleistung wegen Mängel der Sache finden auf andere Verträge, die auf Veräußerung oder Belastung einer Sache gegen Entgelt gerichtet sind, entsprechende Anwendung.

III. Besondere Arten des Kaufes

1. Kauf nach Probe. Kauf auf Probe

§ 494 [Kauf nach Probe]

Bei einem Kaufe nach Probe oder nach Muster sind die Eigenschaften der Probe oder des Musters als zugesichert anzusehen.

§ 495 [Kauf auf Probe]

(1) Bei einem Kaufe auf Probe oder auf Besicht steht die Billigung des gekauften Gegenstandes im Belieben des Käufers. Der Kauf ist im Zweifel unter der aufschiebenden Bedingung der Billigung geschlossen.

(2) Der Verkäufer ist verpflichtet, dem Käufer die Untersuchung des Gegenstandes zu gestatten.

§ 496 [Billigungsfrist]

Die Billigung eines auf Probe oder auf Besicht gekauften Gegenstandes kann nur innerhalb der vereinbarten Frist und in Ermangelung einer solchen nur bis zum Ablauf einer dem Käufer von dem Verkäufer bestimmten angemessenen Frist erklärt werden. War die Sache dem Käufer zum Zwecke der Probe oder der Besichtigung übergeben, so gilt sein Schweigen als Billigung.

2. Wiederkauf

§ 497 [Ausübung des Wiederkaufsrechts]

(1) Hat sich der Verkäufer in dem Kaufvertrage das Recht des Wiederkaufs vorbehalten, so kommt der Wiederkauf mit der Erklärung des Verkäufers gegenüber dem Käufer, daß er das Wiederkaufsrecht ausübe, zustande. Die Erklärung bedarf nicht der für den Kaufvertrag bestimmten Form.

(2) Der Preis, zu welchem verkauft worden ist, gilt im Zweifel auch für den Wiederkauf.

§ 498 [Pflichten und Haftung des Wiederverkäufers]

(1) Der Wiederverkäufer ist verpflichtet, dem Wiederkäufer den gekauften Gegenstand nebst Zubehör herauszugeben.

(2) Hat der Wiederverkäufer vor der Ausübung des Wiederkaufsrechts eine Verschlechterung, den Untergang oder eine aus einem anderen Grunde eingetretene Unmöglichkeit der Herausgabe des gekauften Gegenstandes verschuldet oder den Gegenstand wesentlich verändert, so ist er für den daraus entstehenden Schaden verantwortlich. Ist der Gegenstand ohne Verschulden des Wiederverkäufers verschlechtert oder ist er nur unwesentlich verändert, so kann der Wiederkäufer Minderung des Kaufpreises nicht verlangen.

§ 499 [Beseitigung von Rechten Dritter]

Hat der Wiederverkäufer vor der Ausübung des Wiederkaufsrechts über den gekauften Gegenstand verfügt, so ist er verpflichtet, die dadurch begründeten Rechte Dritter zu beseitigen. Einer Verfügung des Wiederverkäufers steht eine Verfügung gleich, die im Wege der Zwangsvollstreckung oder der Arrestvollziehung oder durch den Konkursverwalter erfolgt.

§ 500 [Verwendungsersatz]

Der Wiederverkäufer kann für Verwendungen, die er auf den gekauften Gegenstand vor dem Wiederkauf gemacht hat, insoweit Ersatz verlangen, als der Wert des Gegenstandes durch die Verwendungen erhöht ist. Eine Einrichtung, mit der er die herauszugebende Sache versehen hat, kann er wegnehmen.

§ 501 [Schätzungswert als Wiederkaufpreis]

Ist als Wiederkaufpreis der Schätzungswert vereinbart, den der gekaufte Gegenstand zur Zeit des Wiederkaufs hat, so ist der Wiederverkäufer für eine Verschlechterung, den Untergang oder die aus einem anderen Grunde eingetretene Unmöglichkeit der Herausgabe des Gegenstandes nicht verantwortlich, der Wiederkäufer zum Ersatze von Verwendungen nicht verpflichtet.

§ 502 [Mehrere Wiederkaufsberechtigte]

Steht das Wiederkaufsrecht mehreren gemeinschaftlich zu, so kann es nur im ganzen ausgeübt werden. Ist es für einen der Berechtigten erloschen oder übt einer von ihnen sein Recht nicht aus, so sind die übrigen berechtigt, das Wiederkaufsrecht im ganzen auszuüben.

§ 503 [Wiederkaufsfrist]

Das Wiederkaufsrecht kann bei Grundstücken nur bis zum Ablaufe von dreißig, bei anderen Gegenständen nur bis zum Ablaufe von drei Jahren nach der Vereinbarung des Vorbehalts ausgeübt werden. Ist für die Ausübung eine Frist bestimmt, so tritt diese an die Stelle der gesetzlichen Frist.

3. Vorkauf

§ 504 [Voraussetzung für die Ausübung]
Wer in Ansehung eines Gegenstandes zum Vorkaufe berechtigt ist, kann das Vorkaufsrecht ausüben, sobald der Verpflichtete mit einem Dritten einen Kaufvertrag über den Gegenstand geschlossen hat.

§ 505 [Ausübung des Vorkaufsrechts]
(1) Die Ausübung des Vorkaufsrechts erfolgt durch Erklärung gegenüber dem Verpflichteten. Die Erklärung bedarf nicht der für den Kaufvertrag bestimmten Form.
(2) Mit der Ausübung des Vorkaufsrechts kommt der Kauf zwischen dem Berechtigten und dem Verpflichteten unter den Bestimmungen zustande, welche der Verpflichtete mit dem Dritten vereinbart hat.

§ 506 [Unwirksame Vereinbarungen]
Eine Vereinbarung des Verpflichteten mit dem Dritten, durch welche der Kauf von der Nichtausübung des Vorkaufsrechts abhängig gemacht oder dem Verpflichteten für den Fall der Ausübung des Vorkaufsrechts der Rücktritt vorbehalten wird, ist dem Vorkaufsberechtigten gegenüber unwirksam.

§ 507 [Nebenleistungen]
Hat sich der Dritte in dem Vertrage zu einer Nebenleistung verpflichtet, die der Vorkaufsberechtigte zu bewirken außerstande ist, so hat der Vorkaufsberechtigte statt der Nebenleistung ihren Wert zu entrichten. Läßt sich die Nebenleistung nicht in Geld schätzen, so ist die Ausübung des Vorkaufsrechts ausgeschlossen; die Vereinbarung der Nebenleistung kommt jedoch nicht in Betracht, wenn der Vertrag mit dem Dritten auch ohne sie geschlossen sein würde.

§ 508 [Kauf zum Gesamtpreis]
Hat der Dritte den Gegenstand, auf den sich das Vorkaufsrecht bezieht, mit anderen Gegenständen zu einem Gesamtpreise gekauft, so hat der Vorkaufsberechtigte einen verhältnismäßigen Teil des Gesamtpreises zu entrichten. Der Verpflichtete kann verlangen, daß der Vorkauf auf alle Sachen erstreckt wird, die nicht ohne Nachteil für ihn getrennt werden können.

§ 509 [Stundung des Kaufpreises]
(1) Ist dem Dritten in dem Vertrage der Kaufpreis gestundet worden, so kann der Vorkaufsberechtigte die Stundung nur in Anspruch nehmen, wenn er für den gestundeten Betrag Sicherheit leistet.
(2) Ist ein Grundstück Gegenstand des Vorkaufs, so bedarf es der Sicherheitsleistung insoweit nicht, als für den gestundeten Kaufpreis die Bestellung einer Hypothek an dem Grundstücke vereinbart oder in Anrechnung auf den Kaufpreis eine Schuld, für die eine Hypothek an dem Grundstücke besteht, übernommen worden ist. Entsprechendes gilt, wenn ein eingetragenes Schiff oder Schiffsbauwerk Gegenstand des Vorkaufs ist.

§ 510 [Mitteilungspflicht – Ausübungsfrist]
(1) Der Verpflichtete hat dem Vorkaufsberechtigten den Inhalt des mit dem Dritten geschlossenen Vertrags unverzüglich mitzuteilen. Die Mitteilung des Verpflichteten wird durch die Mitteilung des Dritten ersetzt.
(2) Das Vorkaufsrecht kann bei Grundstücken nur bis zum Ablaufe von zwei Monaten, bei anderen Gegenständen nur bis zum Ablauf einer Woche nach dem Empfange der Mitteilung ausgeübt werden. Ist für die Ausübung eine Frist bestimmt, so tritt diese an die Stelle der gesetzlichen Frist.

§ 511 [Kein Vorkaufsrecht bei Verkauf an einen gesetzlichen Erben]
Das Vorkaufsrecht erstreckt sich im Zweifel nicht auf einen Verkauf, der mit Rücksicht auf ein künftiges Erbrecht an einen gesetzlichen Erben erfolgt.

§ 512 [Ausschluß des Vorkaufsrechts bei Zwangsvollstreckung und Konkurs]
Das Vorkaufsrecht ist ausgeschlossen, wenn der Verkauf im Wege der Zwangsvollstreckung oder durch den Konkursverwalter erfolgt.

§ 513 [Mehrere Vorkaufsberechtigte]
Steht das Vorkaufsrecht mehreren gemeinschaftlich zu, so kann es nur im ganzen ausgeübt werden. Ist es für einen der Berechtigten erloschen oder übt einer von ihnen sein Recht nicht aus, so sind die übrigen berechtigt, das Vorkaufsrecht im ganzen auszuüben.

§ 514 [Unübertragbarkeit des Vorkaufsrechts]
Das Vorkaufsrecht ist nicht übertragbar und geht nicht auf die Erben des Berechtigten über, sofern nicht ein anderes bestimmt ist. Ist das Recht auf eine bestimmte Zeit beschränkt, so ist es im Zweifel vererblich.

IV. Tausch

§ 515 [Kaufregeln]
Auf den Tausch finden die Vorschriften über den Kauf entsprechende Anwendung.

Zweiter Titel
Schenkung

§ 516 [Begriff – Annahmefrist]
(1) Eine Zuwendung, durch die jemand aus seinem Vermögen einen anderen bereichert, ist Schenkung, wenn beide Teile darüber einig sind, daß die Zuwendung unentgeltlich erfolgt.
(2) Ist die Zuwendung ohne den Willen des anderen erfolgt, so kann ihn der Zuwendende unter Bestimmung einer angemessenen Frist zur Erklärung über die Annahme auffordern. Nach dem Ablaufe der Frist gilt die Schenkung als angenommen, wenn nicht der andere sie vorher abgelehnt hat. Im Falle der Ablehnung kann die Herausgabe des Zugewendeten nach den Vorschriften über die Herausgabe einer ungerechtfertigten Bereicherung gefordert werden.

§ 517 [Unterlassener Vermögenserwerb]
Eine Schenkung liegt nicht vor, wenn jemand zum Vorteil eines anderen einen Vermögenserwerb unterläßt oder auf ein angefallenes, noch nicht endgültig erworbenes Recht verzichtet oder eine Erbschaft oder ein Vermächtnis ausschlägt.

§ 518 [Form des Schenkungsversprechens – Heilung]
(1) Zur Gültigkeit eines Vertrags, durch den eine Leistung schenkweise versprochen wird, ist die notarielle Beurkundung des Versprechens erforderlich. Das gleiche gilt, wenn ein Schuldversprechen oder ein Schuldanerkenntnis der in den §§ 780, 781 bezeichneten Art schenkweise erteilt wird, von dem Versprechen oder der Anerkennungserklärung.
(2) Der Mangel der Form wird durch die Bewirkung der versprochenen Leistung geheilt.

§ 519 [Notbedarfseinrede]
(1) Der Schenker ist berechtigt, die Erfüllung eines schenkweise erteilten Versprechens zu verweigern, soweit er bei Berücksichtigung seiner sonstigen Verpflichtungen außerstande

ist, das Versprechen zu erfüllen, ohne daß sein angemessener Unterhalt oder die Erfüllung der ihm kraft Gesetzes obliegenden Unterhaltspflichten gefährdet wird.
(2) Treffen die Ansprüche mehrerer Beschenkten zusammen, so geht der früher entstandene Anspruch vor.

§ 520 [Schenkung in wiederkehrenden Leistungen]
Verspricht der Schenker eine in wiederkehrenden Leistungen bestehende Unterstützung, so erlischt die Verbindlichkeit mit seinem Tode, sofern nicht aus dem Versprechen sich ein anderes ergibt.

§ 521 [Haftung des Schenkers]
Der Schenker hat nur Vorsatz und grobe Fahrlässigkeit zu vertreten.

§ 522 [Keine Verzugszinsen]
Zur Entrichtung von Verzugszinsen ist der Schenker nicht verpflichtet.

§ 523 [Rechtsmängel]
(1) Verschweigt der Schenker arglistig einen Mangel im Rechte, so ist er verpflichtet, dem Beschenkten den daraus entstehenden Schaden zu ersetzen.
(2) Hatte der Schenker die Leistung eines Gegenstandes versprochen, den er erst erwerben sollte, so kann der Beschenkte wegen eines Mangels im Rechte Schadensersatz wegen Nichterfüllung verlangen, wenn der Mangel dem Schenker bei dem Erwerbe der Sache bekannt gewesen oder infolge grober Fahrlässigkeit unbekannt geblieben ist. Die für die Gewährleistungspflicht des Verkäufers geltenden Vorschriften des § 433 Abs. 1, der §§ 434 bis 437, des § 440 Abs. 2 bis 4 und der §§ 441 bis 444 finden entsprechende Anwendung.

§ 524 [Sachmängel]
(1) Verschweigt der Schenker arglistig einen Fehler der verschenkten Sache, so ist er verpflichtet, dem Beschenkten den daraus entstehenden Schaden zu ersetzen.
(2) Hatte der Schenker die Leistung einer nur der Gattung nach bestimmten Sache versprochen, die er erst erwerben sollte, so kann der Beschenkte, wenn die geleistete Sache fehlerhaft und der Mangel dem Schenker bei dem Erwerbe der Sache bekannt gewesen oder infolge grober Fahrlässigkeit unbekannt geblieben ist, verlangen, daß ihm anstelle der fehlerhaften Sache eine fehlerfreie geliefert wird. Hat der Schenker den Fehler arglistig verschwiegen, so kann der Beschenkte statt der Lieferung einer fehlerfreien Sache Schadensersatz wegen Nichterfüllung verlangen. Auf diese Ansprüche finden die für die Gewährleistung wegen Fehler einer verkauften Sache geltenden Vorschriften entsprechende Anwendung.

§ 525 [Schenkung unter Auflage]
(1) Wer eine Schenkung unter einer Auflage macht, kann die Vollziehung der Auflage verlangen, wenn er seinerseits geleistet hat.
(2) Liegt die Vollziehung der Auflage im öffentlichen Interesse, so kann nach dem Tode des Schenkers auch die zuständige Behörde die Vollziehung verlangen.

§ 526 [Verweigerung des Auflagenvollzugs]
Soweit infolge eines Mangels im Rechte oder eines Mangels der verschenkten Sache der Wert der Zuwendung die Höhe der zur Vollziehung der Auflage erforderlichen Aufwendungen nicht erreicht, ist der Beschenkte berechtigt, die Vollziehung der Auflage zu verweigern, bis der durch den Mangel entstandene Fehlbetrag ausgeglichen wird. Vollzieht der Beschenkte die Auflage ohne Kenntnis des Mangels, so kann er von dem Schenker Ersatz der durch die Vollziehung verursachten Aufwendungen insoweit verlangen, als sie infolge des Mangels den Wert der Znwendung übersteigen.

§ 527 [Rückforderung bei nicht vollzogener Auflage]

(1) Unterbleibt die Vollziehung der Auflage, so kann der Schenker die Herausgabe des Geschenkes unter den für das Rücktrittsrecht bei gegenseitigen Verträgen bestimmten Voraussetzungen nach den Vorschriften über die Herausgabe einer ungerechtfertigten Bereicherung insoweit fordern, als das Geschenk zur Vollziehung der Auflage hätte verwendet werden müssen.

(2) Der Anspruch ist ausgeschlossen, wenn ein Dritter berechtigt ist, die Vollziehung der Auflage zu verlangen.

§ 528 [Rückforderung wegen Verarmung]

(1) Soweit der Schenker nach der Vollziehung der Schenkung außerstande ist, seinen angemessenen Unterhalt zu bestreiten und die ihm seinen Verwandten, seinem Ehegatten oder seinem früheren Ehegatten gegenüber gesetzlich obliegende Unterhaltspflicht zu erfüllen, kann er von dem Beschenkten die Herausgabe des Geschenkes nach den Vorschriften über die Herausgabe einer ungerechtfertigten Bereicherung fordern. Der Beschenkte kann die Herausgabe durch Zahlung des für den Unterhalt erforderlichen Betrags abwenden. Auf die Verpflichtung des Beschenkten finden die Vorschriften des § 760 sowie die für die Unterhaltspflicht der Verwandten geltende Vorschrift des § 1613 und im Falle des Todes des Schenkers auch die Vorschriften des § 1615 entsprechende Anwendung.

(2) Unter mehreren Beschenkten haftet der früher Beschenkte nur insoweit, als der später Beschenkte nicht verpflichtet ist.

§ 529 [Ausschluß des Rückforderungsanspruchs]

(1) Der Anspruch auf Herausgabe des Geschenkes ist ausgeschlossen, wenn der Schenker seine Bedürftigkeit vorsätzlich oder durch grobe Fahrlässigkeit herbeigeführt hat oder wenn zur Zeit des Eintritts seiner Bedürftigkeit seit der Leistung des geschenkten Gegenstandes zehn Jahre verstrichen sind.

(2) Das gleiche gilt, soweit der Beschenkte bei Berücksichtigung seiner sonstigen Verpflichtungen außerstande ist, das Geschenk herauszugeben, ohne daß sein standesmäßiger Unterhalt oder die Erfüllung der ihm kraft Gesetzes obliegenden Unterhaltspflichten gefährdet wird.

§ 530 [Widerruf der Schenkung]

(1) Eine Schenkung kann widerrufen werden, wenn sich der Beschenkte durch eine schwere Verfehlung gegen den Schenker oder einen nahen Angehörigen des Schenkers groben Undankes schuldig macht.

(2) Dem Erben des Schenkers steht das Recht des Widerrufs nur zu, wenn der Beschenkte vorsätzlich und widerrechtlich den Schenker getötet oder am Widerrufe gehindert hat.

§ 531 [Erklärung und Folgen des Widerrufs]

(1) Der Widerruf erfolgt durch Erklärung gegenüber dem Beschenkten.

(2) Ist die Schenkung widerrufen, so kann die Herausgabe des Geschenkes nach den Vorschriften über die Herausgabe einer ungerechtfertigten Bereicherung gefordert werden.

§ 532 [Ausschluß des Widerrufs]

Der Widerruf ist ausgeschlossen, wenn der Schenker dem Beschenkten verziehen hat oder wenn seit dem Zeitpunkt, in welchem der Widerrufsberechtigte von dem Eintritte der Voraussetzungen seines Rechtes Kenntnis erlangt hat, ein Jahr verstrichen ist. Nach dem Tode des Beschenkten ist der Widerruf nicht mehr zulässig.

§ 533 [Verzicht auf das Widerrufsrecht]
Auf das Widerrufsrecht kann erst verzichtet werden, wenn der Undank dem Widerrufsberechtigten bekannt geworden ist.

§ 534 [Pflicht- und Anstandsgeschenke]
Schenkungen, durch die einer sittlichen Pflicht oder einer auf den Anstand zu nehmenden Rücksicht entsprochen wird, unterliegen nicht der Rückforderung und dem Widerrufe.

Dritter Titel
Miete. Pacht
I. Miete

§ 535 [Wesen des Mietvertrages]
Durch den Mietvertrag wird der Vermieter verpflichtet, dem Mieter den Gebrauch der vermieteten Sache während der Mietzeit zu gewähren. Der Mieter ist verpflichtet, dem Vermieter den vereinbarten Mietzins zu entrichten.

§ 536 [Pflichten des Vermieters]
Der Vermieter hat die vermietete Sache dem Mieter in einem zu dem vertragsmäßigen Gebrauche geeigneten Zustande zu überlassen und sie während der Mietzeit in diesem Zustande zu erhalten.

§ 537 [Mängel der Mietsache]
(1) Ist die vermietete Sache zur Zeit der Überlassung an den Mieter mit einem Fehler behaftet, der ihre Tauglichkeit zu dem vertragsmäßigen Gebrauch aufhebt oder mindert, oder entsteht im Laufe der Miete ein solcher Fehler, so ist der Mieter für die Zeit, während deren die Tauglichkeit aufgehoben ist, von der Entrichtung des Mietzinses befreit, für die Zeit, während deren die Tauglichkeit gemindert ist, nur zur Entrichtung eines nach den §§ 472, 473 zu bemessenden Teiles des Mietzinses verpflichtet. Eine unerhebliche Minderung der Tauglichkeit kommt nicht in Betracht.

(2) Absatz 1 Satz 1 gilt auch, wenn eine zugesicherte Eigenschaft fehlt oder später wegfällt. Bei der Vermietung eines Grundstücks steht die Zusicherung einer bestimmten Größe der Zusicherung einer Eigenschaft gleich.

(3) Bei einem Mietverhältnis über Wohnraum ist eine zum Nachteil des Mieters abweichende Vereinbarung unwirksam.

§ 538 [Schadensersatzpflicht des Vermieters]
(1) Ist ein Mangel der im § 537 bezeichneten Art bei dem Abschluß des Vertrages vorhanden oder entsteht ein solcher Mangel später infolge eines Umstandes, den der Vermieter zu vertreten hat, oder kommt der Vermieter mit der Beseitigung eines Mangels in Verzug, so kann der Mieter unbeschadet der im § 537 bestimmten Rechte Schadensersatz wegen Nichterfüllung verlangen.

(2) Im Falle des Verzugs des Vermieters kann der Mieter den Mangel selbst beseitigen und Ersatz der erforderlichen Aufwendungen verlangen.

§ 539 [Kenntnis des Mieters vom Mangel]
Kennt der Mieter bei dem Abschlusse des Vertrages den Mangel der gemieteten Sache, so stehen ihm die in den §§ 537, 538 bestimmten Rechte nicht zu. Ist dem Mieter ein Mangel der im § 537 Abs. 1 bezeichneten Art infolge grober Fahrlässigkeit unbekannt geblieben oder nimmt er eine mangelhafte Sache an, obschon er den Mangel kennt, so kann er diese Rechte nur unter den Voraussetzungen geltend machen, unter welchen dem Käufer einer mangelhaften Sache nach den §§ 460, 464 Gewähr zu leisten ist.

§ 540 [Vertraglicher Ausschluß der Gewährleistung]
Eine Vereinbarung, durch welche die Verpflichtung des Vermieters zur Vertretung von Mängeln der vermieteten Sache erlassen oder beschränkt wird, ist nichtig, wenn der Vermieter den Mangel arglistig verschweigt.

§ 541 [Haftung für Rechtsmangel]
Wird durch das Recht eines Dritten dem Mieter der vertragsmäßige Gebrauch der gemieteten Sache ganz oder zum Teil entzogen, so finden die Vorschriften der §§ 537, 538, des § 539 Satz 1 und des § 540 entsprechende Anwendung.

§ 541 a [Maßnahmen zur Erhaltung]
Der Mieter von Räumen hat Einwirkungen auf die Mietsache zu dulden, die zur Erhaltung der Mieträume oder des Gebäudes erforderlich sind.

§ 541 b [Maßnahmen zur Verbesserung]
(1) Maßnahmen zur Verbesserung der gemieteten Räume oder sonstiger Teile des Gebäudes, zur Einsparung von Heizenergie oder Wasser oder zur Schaffung neuen Wohnraums hat der Mieter zu dulden, es sei denn, daß die Maßnahme für ihn oder seine Familie eine Härte bedeuten würde, die auch unter Würdigung der berechtigten Interessen des Vermieters und anderer Mieter in dem Gebäude nicht zu rechtfertigen ist. Dabei sind insbesondere die vorzunehmenden Arbeiten, die baulichen Folgen, vorausgegangene Verwendungen des Mieters und die zu erwartende Erhöhung des Mietzinses zu berücksichtigen. Die Erhöhung des Mietzinses bleibt außer Betracht, wenn die gemieteten Räume oder sonstigen Teile des Gebäudes lediglich in einen Zustand versetzt werden, wie er allgemein üblich ist.
(2) Der Vermieter hat dem Mieter zwei Monate vor dem Beginn der Maßnahme deren Art, Umfang, Beginn und voraussichtliche Dauer sowie die zu erwartende Erhöhung des Mietzinses schriftlich mitzuteilen. Der Mieter ist berechtigt, bis zum Ablauf des Monats, der auf den Zugang der Mitteilung folgt, für den Ablauf des nächsten Monats zu kündigen. Hat der Mieter gekündigt, ist die Maßnahme bis zum Ablauf der Mietzeit zu unterlassen. Diese Vorschriften gelten nicht bei Maßnahmen, die mit keiner oder nur mit einer unerheblichen Einwirkung auf die vermieteten Räume verbunden sind und zu keiner oder nur zu einer unerheblichen Erhöhung des Mietzinses führen.
(3) Aufwendungen, die der Mieter infolge der Maßnahme machen mußte, hat der Vermieter in einem den Umständen nach angemessenen Umfang zu ersetzen; auf Verlangen hat der Vermieter Vorschuß zu leisten.
(4) Bei einem Mietverhältnis über Wohnraum ist eine zum Nachteil des Mieters abweichende Vereinbarung unwirksam.

§ 542 [Fristlose Kündigung wegen Nichtgewährung des Gebrauchs]
(1) Wird dem Mieter der vertragsmäßige Gebrauch der gemieteten Sache ganz oder zum Teil nicht rechtzeitig gewährt oder wieder entzogen, so kann der Mieter ohne Einhaltung einer Kündigungsfrist das Mietverhältnis kündigen. Die Kündigung ist erst zulässig, wenn der Vermieter eine ihm von dem Mieter bestimmte angemessene Frist hat verstreichen lassen, ohne Abhilfe zu schaffen. Der Bestimmung einer Frist bedarf es nicht, wenn die Erfüllung des Vertrags infolge des die Kündigung rechtfertigenden Umstandes für den Mieter kein Interesse hat.
(2) Wegen einer unerheblichen Hinderung oder Vorenthaltung des Gebrauchs ist die Kündigung nur zulässig, wenn sie durch ein besonderes Interesse des Mieters gerechtfertigt wird.

(3) Bestreitet der Vermieter die Zulässigkeit der erfolgten Kündigung, weil er den Gebrauch der Sache rechtzeitig gewährt oder vor dem Ablaufe der Frist die Abhilfe bewirkt habe, so trifft ihn die Beweislast.

§ 543 [Anzuwendende Vorschriften]

(1) Auf das dem Mieter nach § 542 zustehende Kündigungsrecht finden die Vorschriften der §§ 539 bis 541 sowie die für die Wandelung bei dem Kaufe geltenden Vorschriften der §§ 469 bis 471 entsprechende Anwendung. Bei einem Mietverhältnis über Wohnraum ist eine Vereinbarung, durch die das Kündigungsrecht ausgeschlossen oder eingeschränkt wird, unwirksam.

(2) (gestrichen)

§ 544 [Fristlose Kündigung wegen Gesundheitsgefährdung]

Ist eine Wohnung oder ein anderer zum Aufenthalte von Menschen bestimmter Raum so beschaffen, daß die Benutzung mit einer erheblichen Gefährdung der Gesundheit verbunden ist, so kann der Mieter das Mietverhältnis ohne Einhaltung einer Kündigungsfrist kündigen, auch wenn er die gefahrbringende Beschaffenheit bei dem Abschlusse des Vertrags gekannt oder auf die Geltendmachung der ihm wegen dieser Beschaffenheit zustehenden Rechte verzichtet hat.

§ 545 [Mängelanzeige]

(1) Zeigt sich im Laufe der Miete ein Mangel der gemieteten Sache oder wird eine Vorkehrung zum Schutze der Sache gegen eine nicht vorhergesehene Gefahr erforderlich, so hat der Mieter dem Vermieter unverzüglich Anzeige zu machen. Das gleiche gilt, wenn sich ein Dritter ein Recht an der Sache anmaßt.

(2) Unterläßt der Mieter die Anzeige, so ist er zum Ersatze des daraus entstehenden Schadens verpflichtet; er ist, soweit der Vermieter infolge der Unterlassung der Anzeige Abhilfe zu schaffen außerstande war, nicht berechtigt, die im § 537 bestimmten Rechte geltend zu machen oder nach § 542 Abs. 1 Satz 3 ohne Bestimmung einer Frist zu kündigen oder Schadensersatz wegen Nichterfüllung zu verlangen.

§ 546 [Lasten der Mietsache]

Die auf der vermieteten Sache ruhenden Lasten hat der Vermieter zu tragen.

§ 547 [Ersatz von Verwendungen]

(1) Der Vermieter ist verpflichtet, dem Mieter die auf die Sache gemachten notwendigen Verwendungen zu ersetzen. Der Mieter eines Tieres hat jedoch die Fütterungskosten zu tragen.

(2) Die Verpflichtung des Vermieters zum Ersatze sonstiger Verwendungen bestimmt sich nach den Vorschriften über die Geschäftsführung ohne Auftrag.

§ 547 a [Wegnahmerecht des Mieters]

(1) Der Mieter ist berechtigt, eine Einrichtung, mit der er die Sache versehen hat, wegzunehmen.

(2) Der Vermieter von Räumen kann die Ausübung des Wegnahmerechts des Mieters durch Zahlung einer angemessenen Entschädigung abwenden, es sei denn, daß der Mieter ein berechtigtes Interesse an der Wegnahme hat.

(3) Eine Vereinbarung, durch die das Wegnahmerecht des Mieters von Wohnraum ausgeschlossen wird, ist nur wirksam, wenn ein angemessener Ausgleich vorgesehen ist.

§ 548 [Abnutzung durch vertragsmäßigen Gebrauch]
Veränderungen oder Verschlechterungen der gemieteten Sache, die durch den vertragsmäßigen Gebrauch herbeigeführt werden, hat der Mieter nicht zu vertreten.

§ 549 [Untermiete]
(1) Der Mieter ist ohne die Erlaubnis des Vermieters nicht berechtigt, den Gebrauch der gemieteten Sache einem Dritten zu überlassen, insbesondere die Sache weiter zu vermieten. Verweigert der Vermieter die Erlaubnis, so kann der Mieter das Mietverhältnis unter Einhaltung der gesetzlichen Frist kündigen, sofern nicht in der Person des Dritten ein wichtiger Grund vorliegt.
(2) Entsteht für den Mieter von Wohnraum nach dem Abschluß des Mietvertrages ein berechtigtes Interesse, einen Teil des Wohnraums einem Dritten zum Gebrauch zu überlassen, so kann er von dem Vermieter die Erlaubnis hierzu verlangen; dies gilt nicht, wenn in der Person des Dritten ein wichtiger Grund vorliegt, der Wohnraum übermäßig belegt würde oder sonst dem Vermieter die Überlassung nicht zugemutet werden kann. Ist dem Vermieter die Überlassung nur bei einer angemessenen Erhöhung des Mietzinses zuzumuten, so kann er die Erlaubnis davon abhängig machen, daß der Mieter sich mit einer solchen Erhöhung einverstanden erklärt. Eine zum Nachteil des Mieters abweichende Vereinbarung ist unwirksam.
(3) Überläßt der Mieter den Gebrauch einem Dritten, so hat er ein dem Dritten bei dem Gebrauche zur Last fallendes Verschulden zu vertreten, auch wenn der Vermieter die Erlaubnis zur Überlassung erteilt hat.

§ 549 a [Weitervermietung an Dritte]
(1) Soll der Mieter nach dem Inhalt des Mietvertrages den gemieteten Wohnraum gewerblich einem Dritten weitervermieten, so tritt der Vermieter bei der Beendigung des Mietverhältnisses in die Rechte und Pflichten aus dem Mietverhältnis zwischen dem Mieter und dem Dritten ein. Schließt der Vermieter erneut einen Mietvertrag zum Zwecke der gewerblichen Weitervermietung ab, so tritt der Mieter anstelle des bisherigen Vertragspartners in die Rechte und Pflichten aus dem Mietverhältnis mit dem Dritten ein.
(2) Die §§ 572 bis 576 gelten entsprechend.
(3) Eine zum Nachteil des Dritten abweichende Vereinbarung ist unwirksam.

§ 550 [Vertragswidriger Gebrauch]
Macht der Mieter von der gemieteten Sache einen vertragswidrigen Gebrauch und setzt er den Gebrauch ungeachtet einer Abmahnung des Vermieters fort, so kann der Vermieter auf Unterlassung klagen.

§ 550 a [Unwirksamkeit von Vertragsstrafen]
Eine Vereinbarung, durch die sich der Vermieter von Wohnraum eine Vertragsstrafe vom Mieter versprechen läßt, ist unwirksam.

§ 550 b [Mietkaution]
(1) Hat bei einem Mietverhältnis über Wohnraum der Mieter dem Vermieter für die Erfüllung seiner Verpflichtungen Sicherheit zu leisten, so darf diese das Dreifache des auf einen Monat entfallenden Mietzinses vorbehaltlich der Regelung in Absatz 2 Satz 3 nicht übersteigen. Nebenkosten, über die gesondert abzurechnen ist, bleiben unberücksichtigt. Ist eine Geldsumme bereitzustellen, so ist der Mieter zu drei gleichen monatlichen Teilleistungen berechtigt; die erste Teilleistung ist zu Beginn des Mietverhältnisses fällig.
(2) Ist bei einem Mietverhältnis über Wohnraum eine als Sicherheit bereitzustellende Geldsumme dem Vermieter zu überlassen, so hat er sie von seinem Vermögen getrennt bei

einem Kreditinstitut zu dem für Spareinlagen mit dreimonatiger Kündigungsfrist üblichen Zinssatz anzulegen.[1] Die Zinsen stehen dem Mieter zu. Sie erhöhen die Sicherheit.
(3) Eine zum Nachteil des Mieters abweichende Vereinbarung ist unwirksam.
(4) Bei Wohnraum, der Teil eines Studenten- oder Jugendwohnheims ist, besteht für den Vermieter keine Verpflichtung, die Sicherheitsleistung zu verzinsen.

§ 551 [Fälligkeit des Mietzinses]

(1) Der Mietzins ist am Ende der Mietzeit zu entrichten. Ist der Mietzins nach Zeitabschnitten bemessen, so ist er nach dem Ablaufe der einzelnen Zeitabschnitte zu entrichten.
(2) Der Mietzins für ein Grundstück ist, sofern er nicht nach kürzeren Zeitabschnitten bemessen ist, nach dem Ablaufe je eines Kalendervierteljahrs am ersten Werktage des folgenden Monats zu entrichten.

§ 552 [Persönliche Verhinderung]

Der Mieter wird von der Entrichtung des Mietzinses nicht dadurch befreit, daß er durch einen in seiner Person liegenden Grund an der Ausübung des ihm zustehenden Gebrauchsrechts verhindert wird. Der Vermieter muß sich jedoch den Wert der ersparten Aufwendungen sowie derjenigen Vorteile anrechnen lassen, welche er aus einer anderweitigen Verwertung des Gebrauchs erlangt. Solange der Vermieter infolge der Überlassung des Gebrauchs an einen Dritten außerstande ist, dem Mieter den Gebrauch zu gewähren, ist der Mieter zur Entrichtung des Mietzinses nicht verpflichtet.

§ 552 a [Aufrechnungs- und Zurückbehaltungsrecht]

Der Mieter von Wohnraum kann entgegen einer vertraglichen Bestimmung gegen eine Mietzinsforderung mit einer Forderung auf Grund des § 538 aufrechnen oder wegen einer solchen Forderung ein Zurückbehaltungsrecht ausüben, wenn er seine Absicht dem Vermieter mindestens einen Monat vor der Fälligkeit des Mietzinses schriftlich angezeigt hat.

§ 553 [Fristlose Kündigung bei vertragswidrigem Gebrauch]

Der Vermieter kann ohne Einhaltung einer Kündigungsfrist das Mietverhältnis kündigen, wenn der Mieter oder derjenige, welchem der Mieter den Gebrauch der gemieteten Sache überlassen hat, ungeachtet der Abmahnung des Vermieters einen vertragswidrigen Gebrauch der Sache fortsetzt, der die Rechte des Vermieters in erheblichem Maße verletzt, insbesondere einem Dritten den ihm unbefugt überlassenen Gebrauch beläßt, oder die Sache durch Vernachlässigung der dem Mieter obliegenden Sorgfalt erheblich gefährdet.

§ 554 [Fristlose Kündigung wegen Mietzinsrückstand]

(1) Der Vermieter kann das Mietverhältnis ohne Einhaltung einer Kündigungsfrist kündigen, wenn der Mieter

1. für zwei aufeinanderfolgende Termine mit der Entrichtung des Mietzinses oder eines nicht unerheblichen Teils des Mietzinses im Verzug ist, oder
2. in einem Zeitraum, der sich über mehr als zwei Termine erstreckt, mit der Entrichtung des Mietzinses in Höhe eines Betrages in Verzug gekommen ist, der den Mietzins für zwei Monate erreicht.

Die Kündigung ist ausgeschlossen, wenn der Vermieter vorher befriedigt wird. Sie wird unwirksam, wenn sich der Mieter von seiner Schuld durch Aufrechnung befreien konnte und unverzüglich nach der Kündigung die Aufrechnung erklärt.

---

1) Gemäß Artikel 6, Abs. 3 des Vierten Mietrechtsänderungsgesetzes vom 21. 7. 1993 (BGBl. I S. 1257) ist diese Fassung hinsichtlich der Verzinsung nicht anzuwenden, wenn die Sicherheit auf Grund einer Vereinbarung zu leisten ist, die vor dem 1. Juli 1993 getroffen worden ist. Insoweit verbleibt es bei den bis dahin geltenden Vorschriften.

(2) Ist Wohnraum vermietet, so gelten ergänzend die folgenden Vorschriften:

1. Im Falle des Absatzes 1 Satz 1 Nr. 1 ist der rückständige Teil des Mietzinses nur dann als nicht unerheblich anzusehen, wenn er den Mietzins für einen Monat übersteigt; dies gilt jedoch nicht, wenn der Wohnraum zu nur vorübergehendem Gebrauch vermietet ist.
2. Die Kündigung wird auch dann unwirksam, wenn bis zum Ablauf eines Monats nach Eintritt der Rechtshängigkeit des Räumungsanspruchs hinsichtlich des fälligen Mietzinses und der fälligen Entschädigung nach § 557 Abs. 1 Satz 1 der Vermieter befriedigt wird oder eine öffentliche Stelle sich zur Befriedigung verpflichtet. Dies gilt nicht, wenn der Kündigung vor nicht länger als zwei Jahren bereits eine nach Satz 1 unwirksame Kündigung vorausgegangen ist.
3. Eine zum Nachteil des Mieters abweichende Vereinbarung ist unwirksam.

§ 554 a [Fristlose Kündigung bei unzumutbarem Mietverhältnis]

Ein Mietverhältnis über Räume kann ohne Einhaltung einer Kündigungsfrist gekündigt werden, wenn ein Vertragsteil schuldhaft in solchem Maße seine Verpflichtungen verletzt, insbesondere den Hausfrieden so nachhaltig stört, daß dem anderen Teil die Fortsetzung des Mietverhältnisses nicht zugemutet werden kann. Eine entgegenstehende Vereinbarung ist unwirksam.

§ 554 b [Vereinbarung über fristlose Kündigung]

Eine Vereinbarung, nach welcher der Vermieter von Wohnraum zur Kündigung ohne Einhaltung einer Kündigungsfrist aus anderen als den im Gesetz genannten Gründen berechtigt sein soll, ist unwirksam.

§ 555 (weggefallen)

§ 556 [Rückgabe der Mietsache]

(1) Der Mieter ist verpflichtet, die gemietete Sache nach der Beendigung des Mietverhältnisses zurückzugeben.

(2) Dem Mieter eines Grundstücks steht wegen seiner Ansprüche gegen den Vermieter ein Zurückbehaltungsrecht nicht zu.

(3) Hat der Mieter den Gebrauch der Sache einem Dritten überlassen, so kann der Vermieter die Sache nach der Beendigung des Mietverhältnisses auch von dem Dritten zurückfordern.

§ 556 a [Widerspruch des Mieters gegen die Kündigung]

(1) Der Mieter kann der Kündigung eines Mietverhältnisses über Wohnraum widersprechen und vom Vermieter die Fortsetzung des Mietverhältnisses verlangen, wenn die vertragsmäßige Beendigung des Mietverhältnisses für den Mieter oder seine Familie eine Härte bedeuten würde, die auch unter Würdigung der berechtigten Interessen des Vermieters nicht zu rechtfertigen ist. Eine Härte liegt auch vor, wenn angemessener Ersatzwohnraum zu zumutbaren Bedingungen nicht beschafft werden kann. Bei der Würdigung der berechtigten Interessen des Vermieters werden nur die in dem Kündigungsschreiben nach § 564 a Abs. 1 Satz 2 angegebenen Gründe berücksichtigt, soweit nicht die Gründe nachträglich entstanden sind.

(2) Im Falle des Absatzes 1 kann der Mieter verlangen, daß das Mietverhältnis so lange fortgesetzt wird, wie dies unter Berücksichtigung aller Umstände angemessen ist. Ist dem Vermieter nicht zuzumuten, das Mietverhältnis nach den bisher geltenden Vertragsbedingungen fortzusetzen, so kann der Mieter nur verlangen, daß es unter einer angemessenen Änderung der Bedingungen fortgesetzt wird.

(3) Kommt keine Einigung zustande, so wird über eine Fortsetzung des Mietverhältnisses und über deren Dauer sowie über die Bedingungen, nach denen es fortgesetzt wird, durch Urteil Bestimmung getroffen. Ist ungewiß, wann voraussichtlich die Umstände wegfallen, auf Grund deren die Beendigung des Mietverhältnisses für den Mieter oder seine Familie ein Härte bedeutet, so kann bestimmt werden, daß das Mietverhältnis auf unbestimmte Zeit fortgesetzt wird.

(4) Der Mieter kann eine Fortsetzung des Mietverhältnisses nicht verlangen,

1. wenn er das Mietverhältnis gekündigt hat;
2. wenn ein Grund vorliegt, aus dem der Vermieter zur Kündigung ohne Einhaltung einer Kündigungsfrist berechtigt ist.
3. (aufgehoben)

(5) Die Erklärung des Mieters, mit der er der Kündigung widerspricht und die Fortsetzung des Mietverhältnisses verlangt, bedarf der schriftlichen Form. Auf Verlangen des Vermieters soll der Mieter über die Gründe des Widerspruchs unverzüglich Auskunft erteilen.

(6) Der Vermieter kann die Fortsetzung des Mietverhältnisses ablehnen, wenn der Mieter den Widerspruch nicht spätestens zwei Monate vor der Beendigung des Mietverhältnisses dem Vermieter gegenüber erklärt hat. Hat der Vermieter nicht rechtzeitig vor Ablauf der Widerspruchsfrist den in § 564 a Abs. 2 bezeichneten Hinweis erteilt, so kann der Mieter den Widerspruch noch im ersten Termin des Räumungsrechtsstreits erklären.

(7) Eine entgegenstehende Vereinbarung ist unwirksam.

(8) Diese Vorschriften gelten nicht für Mietverhältnisse der in § 564 b Abs. 7 Nr. 1, 2 und 5 genannten Art.

§ 556 b [Fortsetzung des befristeten Mietverhältnisses]

(1) Ist ein Mietverhältnis über Wohnraum auf bestimmte Zeit eingegangen, so kann der Mieter die Fortsetzung des Mietverhältnisses verlangen, wenn sie auf Grund des § 556 a im Falle einer Kündigung verlangt werden könnte. Im übrigen gilt § 556 a sinngemäß.

(2) Hat der Mieter die Umstände, welche das Interesse des Vermieters an der fristgemäßen Rückgabe des Wohnraums begründen, bei Abschluß des Mietvertrages gekannt, so sind zugunsten des Mieters nur Umstände zu berücksichtigen, die nachträglich eingetreten sind.

§ 556 c [Weitere Fortsetzung des Mietverhältnisses]

(1) Ist auf Grund der §§ 556 a, 556 b durch Einigung oder Urteil bestimmt worden, daß das Mietverhältnis auf bestimmte Zeit fortgesetzt wird, so kann der Mieter dessen weitere Fortsetzung nach diesen Vorschriften nur verlangen, wenn dies durch eine wesentliche Änderung der Umstände gerechtfertigt ist oder wenn Umstände nicht eingetreten sind, deren vorgesehener Eintritt für die Zeitdauer der Fortsetzung bestimmend gewesen war.

(2) Kündigt der Vermieter ein Mietverhältnis, dessen Fortsetzung auf unbestimmte Zeit durch Urteil bestimmt worden ist, so kann der Mieter der Kündigung widersprechen und vom Vermieter verlangen, das Mietverhältnis auf unbestimmte Zeit fortzusetzen. Haben sich Umstände, die für die Fortsetzung bestimmend gewesen waren, verändert, so kann der Mieter eine Fortsetzung des Mietverhältnisses nur nach § 556 a verlangen; unerhebliche Veränderungen bleiben außer Betracht.

§ 557 [Entschädigung bei verspäteter Rückgabe]

(1) Gibt der Mieter die gemietete Sache nach der Beendigung des Mietverhältnisses nicht zurück, so kann der Vermieter für die Dauer der Vorenthaltung als Entschädigung den vereinbarten Mietzins verlangen; bei einem Mietverhältnis über Räume kann er anstelle dessen als Entschädigung den Mietzins verlangen, der für vergleichbare Räume ortsüblich ist. Die Geltendmachung eines weiteren Schadens ist nicht ausgeschlossen.

(2) Der Vermieter von Wohnraum kann jedoch einen weiteren Schaden nur geltend machen, wenn die Rückgabe infolge von Umständen unterblieben ist, die der Mieter zu vertreten hat; der Schaden ist nur insoweit zu ersetzen, als den Umständen nach die Billigkeit eine Schadloshaltung erfordert. Dies gilt nicht, wenn der Mieter gekündigt hat.
(3) Wird dem Mieter von Wohnraum nach § 721 oder § 794 a der Zivilprozeßordnung eine Räumungsfrist gewährt, so ist er für die Zeit von der Beendigung des Mietverhältnisses bis zum Ablauf der Räumungsfrist zum Ersatz eines weiteren Schadens nicht verpflichtet.
(4) Eine Vereinbarung, die zum Nachteil des Mieters von den Absätzen 2 oder 3 abweicht, ist unwirksam.

§ 557 a [Rückerstattung vorausbezahlter Miete]

(1) Ist der Mietzins für eine Zeit nach der Beendigung des Mietverhältnisses im voraus entrichtet, so hat ihn der Vermieter nach Maßgabe des § 347 oder, wenn die Beendigung wegen eines Umstandes erfolgt, den er nicht zu vertreten hat, nach den Vorschriften über die Herausgabe einer ungerechtfertigten Bereicherung zurückzuerstatten.
(2) Bei einem Mietverhältnis über Wohnraum ist eine zum Nachteil des Mieters abweichende Vereinbarung unwirksam.

§ 558 [Verjährung]

(1) Die Ersatzansprüche des Vermieters wegen Veränderungen oder Verschlechterungen der vermieteten Sache sowie die Ansprüche des Mieters auf Ersatz von Verwendungen oder auf Gestattung der Wegnahme einer Einrichtung verjähren in sechs Monaten.
(2) Die Verjährung der Ersatzansprüche des Vermieters beginnt mit dem Zeitpunkt, in welchem er die Sache zurückerhält, die Verjährung der Ansprüche des Mieters beginnt mit der Beendigung des Mietverhältnisses.
(3) Mit der Verjährung des Anspruchs des Vermieters auf Rückgabe der Sache verjähren auch die Ersatzansprüche des Vermieters.

§ 559 [Vermieterpfandrecht]

Der Vermieter eines Grundstücks hat für seine Forderungen aus dem Mietverhältnis ein Pfandrecht an den eingebrachten Sachen des Mieters. Für künftige Entschädigungsforderungen und für den Mietzins für eine spätere Zeit als das laufende und das folgende Mietjahr kann das Pfandrecht nicht geltend gemacht werden. Es erstreckt sich nicht auf die der Pfändung nicht unterworfenen Sachen.

§ 560 [Erlöschen des Pfandrechts]

Das Pfandrecht des Vermieters erlischt mit der Entfernung der Sachen von dem Grundstück, es sei denn, daß die Entfernung ohne Wissen oder unter Widerspruch des Vermieters erfolgt. Der Vermieter kann der Entfernung nicht widersprechen, wenn sie im regelmäßigen Betriebe des Geschäfts des Mieters oder den gewöhnlichen Lebensverhältnissen entsprechend erfolgt oder wenn die zurückbleibenden Sachen zur Sicherung des Vermieters offenbar ausreichen.

§ 561 [Selbsthilferecht]

(1) Der Vermieter darf die Entfernung der seinem Pfandrecht unterliegenden Sachen, soweit er ihr zu widersprechen berechtigt ist, auch ohne Anrufen des Gerichts verhindern und, wenn der Mieter auszieht, die Sachen in seinen Besitz nehmen.
(2) Sind die Sachen ohne Wissen oder unter Widerspruch des Vermieters entfernt worden, so kann er die Herausgabe zum Zwecke der Zurückschaffung in das Grundstück und, wenn der Mieter ausgezogen ist, die Überlassung des Besitzes verlangen. Das Pfandrecht erlischt mit dem Ablauf eines Monats, nachdem der Vermieter von der Entfernung der Sachen Kenntnis erlangt hat, wenn nicht der Vermieter diesen Anspruch vorher gerichtlich geltend gemacht hat.

§ 562 [Sicherheitsleistung]
Der Mieter kann die Geltendmachung des Pfandrechts des Vermieters durch Sicherheitsleistung abwenden; er kann jede einzelne Sache dadurch von dem Pfandrecht befreien, daß er in Höhe ihres Wertes Sicherheit leistet.

§ 563 [Pfändungspfandrecht]
Wird eine dem Pfandrechte des Vermieters unterliegende Sache für einen anderen Gläubiger gepfändet, so kann diesem gegenüber das Pfandrecht nicht wegen des Mietzinses für eine frühere Zeit als das letzte Jahr vor der Pfändung geltend gemacht werden.

§ 564 [Ende des Mietverhältnisses]
(1) Das Mietverhältnis endigt mit dem Ablaufe der Zeit, für die es eingegangen ist.
(2) Ist die Mietzeit nicht bestimmt, so kann jeder Teil das Mietverhältnis nach den Vorschriften des § 565 kündigen.

§ 564 a [Schriftform bei Wohnraumkündigung]
(1) Die Kündigung eines Mietverhältnisses über Wohnraum bedarf der schriftlichen Form. In dem Kündigungsschreiben sollen die Gründe der Kündigung angegeben werden.
(2) Der Vermieter von Wohnraum soll den Mieter auf die Möglichkeit des Widerspruchs nach § 556 a sowie auf die Form und die Frist des Widerspruchs rechtzeitig hinweisen.
(3) Die Absätze 1 und 2 gelten nicht für Mietverhältnisse der in § 564 b Abs. 7 Nr. 1 und 2 genannten Art. Absatz 1 Satz 2 und Absatz 2 gelten nicht für Mietverhältnisse der in § 564 b Abs. 7 Nr. 4 und 5 genannten Art.

§ 564 b [Berechtigtes Interesse des Vermieters an der Kündigung]
(1) Ein Mietverhältnis über Wohnraum kann der Vermieter vorbehaltlich der Regelung in Absatz 4 nur kündigen, wenn er ein berechtigtes Interesse an der Beendigung des Mietverhältnisses hat.
(2) Als ein berechtigtes Interesse des Vermieters an der Beendigung des Mietverhältnisses ist es insbesondere anzusehen, wenn
1. der Mieter seine vertraglichen Verpflichtungen schuldhaft nicht unerheblich verletzt hat;
2. der Vermieter die Räume als Wohnung für sich, die zu seinem Hausstand gehörenden Personen oder seine Familienangehörigen benötigt. Ist an den vermieteten Wohnräumen nach der Überlassung an den Mieter Wohnungs eigentum begründet und das Wohnungseigentum veräußert worden, so kann sich der Erwerber auf berechtigte Interessen im Sinne des Satzes 1 nicht vor Ablauf von drei Jahren seit der Veräußerung an ihn berufen. Ist die ausreichende Versorgung der Bevölkerung mit Mietwohnungen zu angemessenen Bedingungen in einer Gemeinde oder einem Teil einer Gemeinde besonders gefährdet, so verlängert sich die Frist nach Satz 2 auf fünf Jahre[1)]. Diese Gebiete werden durch Rechtsverordnung der Landesregierungen für die Dauer von jeweils höchstens fünf Jahren bestimmt;
3. der Vermieter durch die Fortsetzung des Mietverhältnisses an einer angemessenen wirtschaftlichen Verwertung des Grundstücks gehindert und dadurch erhebliche Nachteile erleiden würde. Die Möglichkeit, im Falle einer anderweitigen Vermietung als Wohnraum eine höhere Miete zu erzielen, bleibt dabei außer Betracht. Der Vermieter kann sich auch nicht darauf berufen, daß er die Mieträume im Zusammenhang mit einer beabsichtigten oder nach Überlassung an den Mieter erfolgten Begründung von Wohnungseigentum veräußern will. Ist an den vermieteten Wohnräumen nach der Überlassung an den Mieter Wohnungseigentum begründet und das Wohnungseigentum veräußert worden, so kann sich der Erwerber in Gebieten, die die Landesregierung nach

Nummer 2 Satz 4 bestimmt hat, nicht vor Ablauf von fünf Jahren seit der Veräußerung an ihn darauf berufen, daß er die Mieträume veräußern will[1].

4. der Vermieter nicht zum Wohnen bestimmte Nebenräume oder Teile eines Grundstücks dazu verwenden will,
   a) Wohnraum zum Zwecke der Vermietung zu schaffen oder
   b) den neu zu schaffenden und den vorhandenen Wohnraum mit Nebenräumen und Grundstücksteilen auszustatten,

   und er die Kündigung auf diese Räume oder Grundstücksteile beschränkt. Die Kündigung ist spätestens am dritten Werktag eines Kalendermonats für den Ablauf des übernächsten Monats zulässig. Der Mieter kann eine angemessene Senkung des Mietzinses verlangen. Verzögert sich der Beginn der Bauarbeiten, so kann der Mieter eine Verlängerung des Mietverhältnisses um einen entsprechenden Zeitraum verlangen.

(3) Als berechtigte Interessen des Vermieters werden nur die Gründe berücksichtigt, die in dem Kündigungsschreiben angegeben sind, soweit sie nicht nachträglich entstanden sind.

(4) Ein Mietverhältnis über eine Wohnung in einem vom Vermieter selbst bewohnten Wohngebäude

1. mit nicht mehr als zwei Wohnungen oder
2. mit drei Wohnungen, wenn mindestens eine der Wohnungen durch Ausbau oder Erweiterung eines vom Vermieter selbst bewohnten Wohngebäudes nach dem 31. Mai 1990 und vor dem 1. Juni 1999 fertiggestellt worden ist,

kann der Vermieter kündigen, auch wenn die Voraussetzungen des Absatzes 1 nicht vorliegen, im Falle der Nummer 2 beim Abschluß eines Mietvertrages nach Fertigstellung der Wohnung jedoch nur, wenn er den Mieter bei Vertragsschluß auf diese Kündigungsmöglichkeit hingewiesen hat. Die Kündigungsfrist verlängert sich in diesem Fall um drei Monate. Dies gilt entsprechend für Mietverhältnisse über Wohnraum innerhalb der vom Vermieter selbst bewohnten Wohnung, sofern der Wohnraum nicht nach Absatz 7 von der Anwendung dieser Vorschriften ausgenommen ist. In dem Kündigungsschreiben ist anzugeben, daß die Kündigung nicht auf die Voraussetzungen des Absatzes 1 gestützt wird.

(5) Weitergehende Schutzrechte des Mieters bleiben unberührt.

(6) Eine zum Nachteil des Mieters abweichende Vereinbarung ist unwirksam.

(7) Diese Vorschriften gelten nicht für Mietverhältnisse:

1. über Wohnraum, der zu nur vorübergehendem Gebrauch vermietet ist,
2. über Wohnraum, der Teil der vom Vermieter selbst bewohnten Wohnung ist und den der Vermieter ganz oder überwiegend mit Einrichtungsgegenständen auszustatten hat, sofern der Wohnraum nicht zum dauernden Gebrauch für eine Familie überlassen ist,
3. über Wohnraum, der Teil eines Studenten- oder Jugendwohnheims ist,
4. über Wohnraum in Ferienhäusern und Ferienwohnungen in Ferienhausgebieten, der vor dem 1. Juni 1995 dem Mieter überlassen worden ist, wenn der Vermieter den Mieter bei Vertragsschluß auf die Zweckbestimmung des Wohnraums und die Ausnahme von den Absätzen 1 bis 6 hingewiesen hat,
5. über Wohnraum, den eine juristische Person des öffentlichen Rechts im Rahmen der ihr durch Gesetz zugewiesen Aufgaben angemietet hat, um ihn Personen mit dringendem Wohnungsbedarf oder in Ausbildung befindlichen Personen zu überlassen, wenn sie

---

1) Gemäß Artikel 2 des Gesetzes zur Verbesserung der Rechtsstellung des Mieters bei Begründung von Wohnungseigentum an vermieteten Wohnungen vom 20. 7. 1990 (BGBl. I S. 1456) ist § 564 b Abs. 2 Nr. 3 Satz 4 nicht anzuwenden, wenn der auf die Veräußerung des Wohnungseigentums gerichtete Vertrag vor dem Inkrafttreten dieses Gesetzes abgeschlossen worden ist.

den Mieter bei Vertragsschluß auf die Zweckbestimmung des Wohnraums und die Ausnahme von den Absätzen 1 bis 6 hingewiesen hat.

§ 564 c [Fortsetzung von Mietverhältnissen auf Zeit]

(1) Ist ein Mietverhältnis über Wohnraum auf bestimmte Zeit eingegangen, so kann der Mieter spätestens zwei Monate vor der Beendigung des Mietverhältnisses durch schriftliche Erklärung gegenüber dem Vermieter die Fortsetzung des Mietverhältnisses auf unbestimmte Zeit verlangen, wenn nicht der Vermieter ein berechtigtes Interesse an der Beendigung des Mietverhältnisses hat. § 564 b gilt entsprechend.

(2) Der Mieter kann keine Fortsetzung des Mietverhältnisses nach Absatz 1 oder nach § 556 b verlangen, wenn

1. das Mietverhältnis für nicht mehr als fünf Jahre eingegangen worden ist,
2. der Vermieter nach Ablauf der Mietzeit
   a) die Räume als Wohnung für sich, die zu seinem Hausstand gehörenden Personen oder seine Familienangehörigen nutzen will oder
   b) in zulässiger Weise die Räume beseitigen oder so wesentlich verändern oder instandsetzen will, daß die Maßnahmen durch eine Fortsetzung des Mietverhältnisses erheblich erschwert würden, oder
   c) Räume, die mit Rücksicht auf das Bestehen eines Dienstverhältnisses vermietet worden sind, an einen anderen zur Dienstleistung Verpflichteten vermieten will und
3. der Vermieter dem Mieter diese Absicht bei Vertragsschluß schriftlich mitgeteilt hat.

Verzögert sich die vom Vermieter beabsichtigte Verwendung der Räume ohne sein Verschulden oder teilt der Vermieter dem Mieter nicht drei Monate vor Ablauf der Mietzeit schriftlich mit, daß seine Verwendungsabsicht noch besteht, so kann der Mieter eine Verlängerung des Mietverhältnisses um einen entsprechenden Zeitraum verlangen.

§ 565 [Kündigungsfristen]

(1) Bei einem Mietverhältnis über Grundstücke, Räume oder im Schiffsregister eingetragene Schiffe ist die Kündigung zulässig,

1. wenn der Mietzins nach Tagen bemessen ist, an jedem Tag für den Ablauf des folgenden Tages;
2. wenn der Mietzins nach Wochen bemessen ist, spätestens am ersten Werktag einer Woche für den Ablauf des folgenden Sonnabends;
3. wenn der Mietzins nach Monaten oder längeren Zeitabschnitten bemessen ist, spätestens am dritten Werktag eines Kalendermonats für den Ablauf des übernächsten Monats, bei einem Mietverhältnis über gewerblich genutzte unbebaute Grundstücke oder im Schiffsregister eingetragene Schiffe jedoch nur für den Ablauf eines Kalendervierteljahres.

(1 a) Bei einem Mietverhältnis über Geschäftsräume ist die Kündigung spätestens am dritten Werktag eines Kalendervierteljahres für den Ablauf des nächsten Kalendervierteljahres zulässig.

(2) Bei einem Mietverhältnis über Wohnraum ist die Kündigung spätestens am dritten Werktag eines Kalendermonats für den Ablauf des übernächsten Monats zulässig. Nach fünf, acht und zehn Jahren seit der Überlassung des Wohnraums verlängert sich die Kündigungsfrist um jeweils drei Monate. Eine Vereinbarung, nach welcher der Vermieter zur Kündigung unter Einhaltung einer kürzeren Frist berechtigt sein soll, ist nur wirksam, wenn der Wohnraum zu nur vorübergehendem Gebrauch vermietet ist. Eine Vereinbarung,

nach der die Kündigung nur für den Schluß bestimmter Kalendermonate zulässig sein soll, ist unwirksam.

(3) Ist Wohnraum, den der Vermieter ganz oder überwiegend mit Einrichtungsgegenständen auszustatten hat, Teil der vom Vermieter selbst bewohnten Wohnung, jedoch nicht zum dauernden Gebrauch für eine Familie überlassen, so ist die Kündigung zulässig,

1. wenn der Mietzins nach Tagen bemessen ist, an jedem Tag für den Ablauf des folgenden Tages;
2. wenn der Mietzins nach Wochen bemessen ist, spätestens am ersten Werktag einer Woche für den Ablauf des folgenden Sonnabends;
3. wenn der Mietzins nach Monaten oder längeren Zeitabschnitten bemessen ist, spätestens am Fünfzehnten eines Monats für den Ablauf dieses Monats.

(4) Bei einem Mietverhältnis über bewegliche Sachen ist die Kündigung zulässig,

1. wenn der Mietzins nach Tagen bemessen ist, an jedem Tag für den Ablauf des folgenden Tages;
2. wenn der Mietzins nach längeren Zeitabschnitten bemessen ist, spätestens am dritten Tag vor dem Tag, mit dessen Ablauf das Mietverhältnis endigen soll.

(5) Absatz 1 Nr. 3, Absatz 2 Satz 1, Absatz 3 Nr. 3, Absatz 4 Nr. 2 sind auch anzuwenden, wenn ein Mietverhältnis unter Einhaltung der gesetzlichen Frist vorzeitig gekündigt werden kann.

§ 565 a [Verlängerung befristeter oder bedingter Mietverhältnisse]

(1) Ist ein Mietverhätnis über Wohnraum auf bestimmte Zeit eingegangen und ist vereinbart, daß es sich mangels Kündigung verlängert, so tritt die Verlängerung ein, wenn es nicht nach den Vorschriften des § 565 gekündigt wird.

(2) Ist ein Mietverhältnis über Wohnraum unter einer auflösenden Bedingung geschlossen, so gilt es nach Eintritt der Bedingung als auf unbestimmte Zeit verlängert. Kündigt der Vermieter nach Eintritt der Bedingung und verlangt der Mieter auf Grund des § 556 a die Fortsetzung des Mietverhältnisses, so sind zu seinen Gunsten nur Umstände zu berücksichtigen, die nach Abschluß des Mietvertrages eingetreten sind.

(3) Eine zum Nachteil des Mieters abweichende Vereinbarung ist nur wirksam, wenn der Wohnraum zu nur vorübergehendem Gebrauch vermietet ist oder es sich um ein Mietverhältnis der in § 565 Abs. 3 genannten Art handelt.

§ 565 b [Sondervorschriften für Dienstmietwohnungen]

Ist Wohnraum mit Rücksicht auf das Bestehen eines Dienstverhältnisses vermietet, so gelten die besonderen Vorschriften der §§ 565 c und 565 d.

§ 565 c [Kündigung des Vermieters]

Ist das Mietverhältnis auf unbestimmte Zeit eingegangen, so ist nach Beendigung des Dienstverhältnisses eine Kündigung des Vermieters zulässig

1. bei Wohnraum, der weniger als zehn Jahre überlassen war, spätestens am dritten Werktag eines Kalendermonats für den Ablauf des
   a) übernächsten Monats, wenn der Wohnraum für einen anderen zur Dienstleistung Verpflichteten benötigt wird,
   b) nächsten Monats, wenn das Mietverhältnis vor dem 1. September 1993 eingegangen worden ist und der Wohnraum für einen anderen zur Dienstleistung Verpflichteten dringend benötigt wird;
2. spätestens am dritten Werktag eines Kalendermonats für den Ablauf dieses Monats, wenn das Dienstverhältnis seiner Art nach die Überlassung des Wohnraums, der in unmittelbarer Beziehung oder Nähe zur Stätte der Dienstleistung steht, erfordert hat

und der Wohnraum aus dem gleichen Grunde für einen anderen zur Dienstleistung Verpflichteten benötigt wird.

Im übrigen bleibt § 565 unberührt.

§ 565 d [Widerspruch des Mieters gegen Kündigung]

(1) Bei Anwendung der §§ 556 a, 556 b sind auch die Belange des Dienstberechtigten zu berücksichtigen.

(2) Hat der Vermieter nach § 565 c Satz 1 Nr. 1 gekündigt, so gilt § 556 a mit der Maßgabe, daß der Vermieter die Einwilligung zur Fortsetzung des Mietverhältnisses verweigern kann, wenn der Mieter den Widerspruch nicht spätestens einen Monat vor Beendigung des Mietverhältnisses erklärt hat.

(3) Die §§ 556 a, 556 b gelten nicht, wenn

1. der Vermieter nach § 565 c Satz 1 Nr. 2 gekündigt hat;
2. der Mieter das Dienstverhältnis gelöst hat, ohne daß ihm von dem Dienstberechtigten gesetzlich begründeter Anlaß gegeben war, oder der Mieter durch sein Verhalten dem Dienstberechtigten gesetzlich begründeten Anlaß zur Auflösung des Dienstverhältnisses gegeben hat.

§ 565 e [Dienstwohnungen]

Ist Wohnraum im Rahmen eines Dienstverhältnisses überlassen, so gelten für die Beendigung des Rechtsverhältnisses hinsichtlich des Wohnraums die Vorschriften über die Miete entsprechend, wenn der zur Dienstleistung Verpflichtete den Wohnraum ganz oder überwiegend mit Einrichtungsgegenständen ausgestattet hat oder in dem Wohnraum mit seiner Familie einen eigenen Hausstand führt.

§ 566 [Schriftform des Mietvertrags]

Ein Mietvertrag über ein Grundstück, der für längere Zeit als ein Jahr geschlossen wird, bedarf der schriftlichen Form. Wird die Form nicht beobachtet, so gilt der Vertrag als für unbestimmte Zeit geschlossen; die Kündigung ist jedoch nicht für eine frühere Zeit als für den Schluß des ersten Jahres zulässig.

§ 567 [Kündigung bei Mietvertrag über 30 Jahre]

Wird ein Mietvertrag für eine längere Zeit als dreißig Jahre geschlossen, so kann nach dreißig Jahren jeder Teil das Mietverhältnis unter Einhaltung der gesetzlichen Frist kündigen. Die Kündigung ist unzulässig, wenn der Vertrag für die Lebenszeit des Vermieters oder des Mieters geschlossen ist.

§ 568 [Stillschweigende Verlängerung]

Wird nach dem Ablaufe der Mietzeit der Gebrauch der Sache von dem Mieter fortgesetzt, so gilt das Mietverhältnis als auf unbestimmte Zeit verlängert, sofern nicht der Vermieter oder der Mieter seinen entgegenstehenden Willen binnen einer Frist von zwei Wochen dem anderen Teile gegenüber erklärt. Die Frist beginnt für den Mieter mit der Fortsetzung des Gebrauchs, für den Vermieter mit dem Zeitpunkt, in welchem er von der Fortsetzung Kenntnis erlangt.

§ 569 [Tod des Mieters]

(1) Stirbt der Mieter, so ist sowohl der Erbe als der Vermieter berechtigt, das Mietverhältnis unter Einhaltung der gesetzlichen Frist zu kündigen. Die Kündigung kann nur für den ersten Termin erfolgen, für den sie zulässig ist.

(2) Die Vorschriften des Absatzes 1 gelten nicht, wenn die Voraussetzungen für eine Fortsetzung des Mietverhältnisses nach den §§ 569 a oder 569 b gegeben sind.

§ 569 a [Eintritt von Familienangehörigen in das Mietverhältnis]

(1) In ein Mietverhältnis über Wohnraum, in dem der Mieter mit seinem Ehegatten den gemeinsamen Hausstand führt, tritt mit dem Tode des Mieters der Ehegatte ein. Erklärt der Ehegatte binnen eines Monats, nachdem er von dem Tode des Mieters Kenntnis erlangt hat, dem Vermieter gegenüber, daß er das Mietverhältnis nicht fortsetzen will, so gilt sein Eintritt in das Mietverhältnis als nicht erfolgt; § 206 gilt entsprechend.

(2) Wird in dem Wohnraum ein gemeinsamer Hausstand mit einem oder mehreren anderen Familienangehörigen geführt, so treten diese mit dem Tode des Mieters in das Mietverhältnis ein. Das gleiche gilt, wenn der Mieter einen gemeinsamen Hausstand mit seinem Ehegatten und einem oder mehreren anderen Familienangehörigen geführt hat und der Ehegatte in das Mietverhältnis nicht eintritt. Absatz 1 Satz 2 gilt entsprechend; bei mehreren Familienangehörigen kann jeder die Erklärung für sich abgeben. Sind mehrere Familienangehörige in das Mietverhältnis eingetreten, so können sie die Rechte aus dem Mietverhältnis nur gemeinsam ausüben. Für die Verpflichtungen aus dem Mietverhältnis haften sie als Gesamtschuldner.

(3) Der Ehegatte oder die Familienangehörigen haften, wenn sie in das Mietverhältnis eingetreten sind, neben dem Erben für die bis zum Tode des Mieters entstandenen Verbindlichkeiten als Gesamtschuldner; im Verhältnis zu dem Ehegatten oder den Familienangehörigen haftet der Erbe allein.

(4) Hat der Mieter den Mietzins für einen nach seinem Tode liegenden Zeitraum im voraus entrichtet und treten sein Ehegatte oder Familienangehörige in das Mietverhältnis ein, so sind sie verpflichtet, dem Erben dasjenige herauszugeben, was sie infolge der Vorausentrichtung des Mietzinses ersparen oder erlangen.

(5) Der Vermieter kann das Mietverhältnis unter Einhaltung der gesetzlichen Frist kündigen, wenn in der Person des Ehegatten oder Familienangehörigen, der in das Mietverhältnis eingetreten ist, ein wichtiger Grund vorliegt; die Kündigung kann nur für den ersten Termin erfolgen, für den sie zulässig ist. § 556 a ist entsprechend anzuwenden.

(6) Treten in ein Mietverhältnis über Wohnraum der Ehegatte oder andere Familienangehörige nicht ein, so wird es mit dem Erben fortgesetzt. Sowohl der Erbe als der Vermieter sind berechtigt, das Mietverhältnis unter Einhaltung der gesetzlichen Frist zu kündigen; die Kündigung kann nur für den ersten Termin erfolgen, für den sie zulässig ist.

(7) Eine von den Absätzen 1, 2 oder 5 abweichende Vereinbarung ist unwirksam.

§ 569 b [Fortsetzung durch überlebenden Ehegatten bei gemeinschaftlicher Miete]

Ein Mietverhältnis über Wohnraum, den Eheleute gemeinschaftlich gemietet haben und in dem sie den gemeinsamen Hausstand führen, wird beim Tode eines Ehegatten mit dem überlebenden Ehegatten fortgesetzt. § 569 a Abs. 3, 4 gilt entsprechend. Der überlebende Ehegatte kann das Mietverhältnis unter Einhaltung der gesetzlichen Frist kündigen; die Kündigung kann nur für den ersten Termin erfolgen, für den sie zulässig ist.

§ 570 [Versetzung des Mieters]

Militärpersonen, Beamte, Geistliche und Lehrer an öffentlichen Unterrichtsanstalten können im Falle der Versetzung nach einem anderen Orte das Mietverhältnis in Ansehung der Räume, welche sie für sich oder ihre Familie an dem bisherigen Garnison- oder Wohnort gemietet haben, unter Einhaltung der gesetzlichen Frist kündigen. Die Kündigung kann nur für den ersten Termin erfolgen, für den sie zulässig ist.

§ 570 a [Vereinbartes Rücktrittsrecht]

Bei einem Mietverhältnis über Wohnraum gelten, wenn der Wohnraum an den Mieter überlassen ist, für ein vereinbartes Rücktrittsrecht die Vorschriften dieses Titels über die Kündigung und ihre Folgen entsprechend.

§ 570 b [Vorkaufsrecht][1)]

(1) Werden vermietete Wohnräume, an denen nach der Überlassung an den Mieter Wohnungseigentum begründet worden ist oder begründet werden soll, an einen Dritten verkauft, so ist der Mieter zum Vorkauf berechtigt. Dies gilt nicht, wenn der Vermieter die Wohnräume an eine zu seinem Hausstand gehörende Person oder an einen Familienangehörigen verkauft.

(2) Die Mitteilung des Verkäufers oder des Dritten über den Inhalt des Kaufvertrages ist mit einer Unterrichtung des Mieters über sein Vorkaufsrecht zu verbinden.

(3) Stirbt der Mieter, so geht das Vorkaufsrecht auf denjenigen über, der das Mietverhältnis nach § 569a Abs. 1 oder 2 fortsetzt.

(4) Eine zum Nachteil des Mieters abweichende Vereinbarung ist unwirksam.

§ 571 [Kauf bricht nicht Miete]

(1) Wird das vermietete Grundstück nach der Überlassung an den Mieter von dem Vermieter an einen Dritten veräußert, so tritt der Erwerber an Stelle des Vermieters in die sich während der Dauer seines Eigentums aus dem Mietverhältnis ergebenden Rechte und Verpflichtungen ein.

(2) Erfüllt der Erwerber die Verpflichtungen nicht, so haftet der Vermieter für den von dem Erwerber zu ersetzenden Schaden wie ein Bürge, der auf die Einrede der Vorausklage verzichtet hat. Erlangt der Mieter von dem Übergange des Eigentums durch Mitteilung des Vermieters Kenntnis, so wird der Vermieter von der Haftung befreit, wenn nicht der Mieter das Mietverhältnis für den ersten Termin kündigt, für den die Kündigung zulässig ist.

§ 572 [Sicherheitsleistung des Mieters]

Hat der Mieter des veräußerten Grundstücks dem Vermieter für die Erfüllung seiner Verpflichtungen Sicherheit geleistet, so tritt der Erwerber in die dadurch begründeten Rechte ein. Zur Rückgewähr der Sicherheit ist er nur verpflichtet, wenn sie ihm ausgehändigt wird oder wenn er dem Vermieter gegenüber die Verpflichtung zur Rückgewähr übernimmt.

§ 573 [Vorausverfügung über den Mietzins]

Hat der Vermieter vor dem Übergang des Eigentums über den Mietzins, der auf die Zeit der Berechtigung des Erwerbers entfällt, verfügt, so ist die Verfügung insoweit wirksam, als sie sich auf den Mietzins für den zur Zeit des Übergangs des Eigentums laufenden Kalendermonat bezieht; geht das Eigentum nach dem fünfzehnten Tage des Monats über, so ist die Verfügung auch insoweit wirksam, als sie sich auf den Mietzins für den folgenden Kalendermonat bezieht. Eine Verfügung über den Mietzins für eine spätere Zeit muß der Erwerber gegen sich gelten lassen, wenn er sie zur Zeit des Überganges des Eigentums kennt.

§ 574 [Rechtsgeschäfte über Entrichtung des Mietzinses]

Ein Rechtsgeschäft, das zwischen dem Mieter und dem Vermieter in Ansehung der Mietzinsforderung vorgenommen wird, insbesondere die Entrichtung des Mietzinses, ist

---

1) Gemäß Artikel 6, Abs. 4 des Vierten Mietrechtsänderungsgesetzes vom 21. 7. 1993 (BGBl. I S. 1257) ist § 570 b nicht anzuwenden, wenn der Kaufvertrag mit dem Dritten vor dem 1. September 1993 abgeschlossen worden ist.

dem Erwerber gegenüber wirksam, soweit es sich nicht auf den Mietzins für eine spätere Zeit als den Kalendermonat bezieht, in welchem der Mieter von dem Übergang des Eigentums Kenntnis erlangt; erlangt der Mieter die Kenntnis nach dem fünfzehnten Tage des Monats, so ist das Rechtsgeschäft auch insoweit wirksam, als es sich auf den Mietzins für den folgenden Kalendermonat bezieht. Ein Rechtsgeschäft, das nach dem Übergange des Eigentums vorgenommen wird, ist jedoch unwirksam, wenn der Mieter bei der Vornahme des Rechtsgeschäfts von dem Übergange des Eigentums Kenntnis hat.

§ 575 [Aufrechnung gegenüber dem Erwerber]
Soweit die Entrichtung des Mietzinses an den Vermieter nach § 574 dem Erwerber gegenüber wirksam ist, kann der Mieter gegen die Mietzinsforderung des Erwerbers eine ihm gegen den Vermieter zustehende Forderung aufrechnen. Die Aufrechnung ist ausgeschlossen, wenn der Mieter die Gegenforderung erworben hat, nachdem er von dem Übergange des Eigentums Kenntnis erlangt hat, oder wenn die Gegenforderung erst nach der Erlangung der Kenntnis und später als der Mietzins fällig geworden ist.

§ 576 [Anzeige der Eigentumsübertragung]
(1) Zeigt der Vermieter dem Mieter an, daß er das Eigentum an dem vermieteten Grundstück auf einen Dritten übertragen habe, so muß er in Ansehung der Mietzinsforderung die angezeigte Übertragung dem Mieter gegenüber gegen sich gelten lassen, auch wenn sie nicht erfolgt oder nicht wirksam ist.
(2) Die Anzeige kann nur mit Zustimmung desjenigen zurückgenommen werden, welcher als der neue Eigentümer bezeichnet worden ist.

§ 577 [Belastung des Mietgrundstücks]
Wird das vermietete Grundstück nach der Überlassung an den Mieter von dem Vermieter mit dem Rechte eines Dritten belastet, so finden die Vorschriften der §§ 571 bis 576 entsprechende Anwendung, wenn durch die Ausübung des Rechtes dem Mieter der vertragsmäßige Gebrauch entzogen wird. Hat die Ausübung des Rechtes nur eine Beschränkung des Mieters in dem vertragsmäßigen Gebrauche zur Folge, so ist der Dritte dem Mieter gegenüber verpflichtet, die Ausübung zu unterlassen, soweit sie den vertragsmäßigen Gebrauch beeinträchtigen würde.

§ 578 [Veräußerung oder Belastung vor Überlassung]
Hat vor der Überlassung des vermieteten Grundstücks an den Mieter der Vermieter das Grundstück an einen Dritten veräußert oder mit einem Rechte belastet, durch dessen Ausübung der vertragsmäßige Gebrauch dem Mieter entzogen oder beschränkt wird, so gilt das gleiche wie in den Fällen des § 571 Abs. 1 und des § 577, wenn der Erwerber dem Vermieter gegenüber die Erfüllung der sich aus dem Mietverhältnis ergebenden Verpflichtungen übernommen hat.

§ 579 [Weiterveräußerung oder Belastung durch Grundstückserwerber]
Wird das vermietete Grundstück von dem Erwerber weiterveräußert oder belastet, so finden die Vorschriften des § 571 Abs. 1 und der §§ 572 bis 578 entsprechende Anwendung. Erfüllt der neue Erwerber die sich aus dem Mietverhältnis ergebenden Verpflichtungen nicht, so haftet der Vermieter dem Mieter nach § 571 Abs. 2.

§ 580 [Miete von Räumen]
Die Vorschriften über die Miete von Grundstücken gelten, soweit nicht ein anderes bestimmt ist, auch für die Miete von Wohnräumen und anderen Räumen.

§ 580 a [Veräußerung oder Belastung eines Schiffs]
(1) Die Vorschriften der §§ 571, 572, 576 bis 579 gelten im Fall der Veräußerung oder Belastung eines im Schiffsregister eingetragenen Schiffs sinngemäß.

(2) Eine Verfügung, die der Vermieter vor dem Übergang des Eigentums über den auf die Zeit der Berechtigung des Erwerbers entfallenden Mietzins getroffen hat, ist dem Erwerber gegenüber wirksam. Das gleiche gilt von einem Rechtsgeschäft, das zwischen dem Mieter und dem Vermieter über die Mietzinsforderung vorgenommen wird, insbesondere von der Entrichtung des Mietzinses; ein Rechtsgeschäft, das nach dem Übergang des Eigentums vorgenommen wird, ist jedoch unwirksam, wenn der Mieter bei der Vornahme des Rechtsgeschäfts von dem Übergang des Eigentums Kenntnis hat. § 575 gilt sinngemäß.

II. Pacht

§ 581 [Wesen des Pachtvertrags – Anwendbarkeit des Mietrechts]

(1) Durch den Pachtvertrag wird der Verpächter verpflichtet, dem Pächter den Gebrauch des verpachteten Gegenstandes und den Genuß der Früchte, soweit sie nach den Regeln einer ordnungsgemäßen Wirtschaft als Ertrag anzusehen sind, während der Pachtzeit zu gewähren. Der Pächter ist verpflichtet, dem Verpächter den vereinbarten Pachtzins zu entrichten.

(2) Auf die Pacht mit Ausnahme der Landpacht sind, soweit sich nicht aus den §§ 582 bis 584 b etwas anderes ergibt, die Vorschriften über die Miete entsprechend anzuwenden.

§ 582 [Verpachtung von Grundstücken mit Inventar]

(1) Wird ein Grundstück mit Inventar verpachtet, so obliegt dem Pächter die Erhaltung der einzelnen Inventarstücke.

(2) Der Verpächter ist verpflichtet, Inventarstücke zu ersetzen, die infolge eines vom Pächter nicht zu vertretenden Umstandes in Abgang kommen. Der Pächter hat jedoch den gewöhnlichen Abgang der zum Inventar gehörenden Tiere insoweit zu ersetzen, als dies einer ordnungsmäßigen Wirtschaft entspricht.

§ 582 a [Inventarübernahme zum Schätzwert mit Rückgabeverpflichtung]

(1) Übernimmt der Pächter eines Grundstücks das Inventar zum Schätzwert mit der Verpflichtung, es bei Beendigung der Pacht zum Schätzwert zurückzugewähren, so trägt er die Gefahr des zufälligen Untergangs und der zufälligen Verschlechterung des Inventars. Innerhalb der Grenzen einer ordnungsmäßigen Wirtschaft kann er über die einzelnen Inventarstücke verfügen.

(2) Der Pächter hat das Inventar in dem Zustand zu erhalten und in dem Umfang laufend zu ersetzen, der den Regeln einer ordnungsmäßigen Wirtschaft entspricht. Die von ihm angeschafften Stücke werden mit der Einverleibung in das Inventar Eigentum des Verpächters.

(3) Bei Beendigung der Pacht hat der Pächter das vorhandene Inventar dem Verpächter zurückzugewähren. Der Verpächter kann die Übernahme derjenigen von dem Pächter angeschafften Inventarstücke ablehnen, welche nach den Regeln einer ordnungsmäßigen Wirtschaft für das Grundstück überflüssig oder zu wertvoll sind; mit der Ablehnung geht das Eigentum an den abgelehnten Stücken auf den Pächter über. Besteht zwischen dem Gesamtschätzwert des übernommenen und dem des zurückzugewährenden Inventars ein Unterschied, so ist dieser in Geld auszugleichen. Den Schätzwerten sind die Preise im Zeitpunkt der Beendigung der Pacht zugrunde zu legen.

§ 583 [Pächterpfandrecht]

(1) Dem Pächter eines Grundstücks steht für die Forderungen gegen den Verpächter, die sich auf das mitgepachtete Inventar beziehen, ein Pfandrecht an den in seinen Besitz gelangten Inventarstücken zu.

(2) Der Verpächter kann die Geltendmachung des Pfandrechts des Pächters durch Sicherheitsleistung abwenden. Er kann jedes einzelne Inventarstück dadurch von dem Pfandrecht befreien, daß er in Höhe des Wertes Sicherheit leistet.

§ 583 a [Zulässigkeit vertraglicher Verfügungsbeschränkungen]
Vertragsbestimmungen, die den Pächter eines Betriebes verpflichten, nicht oder nicht ohne Einwilligung des Verpächters über Inventarstücke zu verfügen oder Inventar an den Verpächter zu veräußern, sind nur wirksam, wenn sich der Verpächter verpflichtet, das Inventar bei Beendigung des Pachtverhältnisses zum Schätzwert zu erwerben.

§ 584 [Kündigung bei unbestimmter Pachtzeit]
(1) Ist bei der Pacht eines Grundstücks oder eines Rechts die Pachtzeit nicht bestimmt, so ist die Kündigung nur für den Schluß eines Pachtjahres zulässig; sie hat spätestens am dritten Werktag des halben Jahres zu erfolgen, mit dessen Ablauf die Pacht enden soll.
(2) Diese Vorschriften gelten bei der Pacht eines Grundstücks oder eines Rechts auch für die Fälle, in denen das Pachtverhältnis unter Einhaltung der gesetzlichen Frist vorzeitig gekündigt werden kann.

§ 584 a [Einschränkungen von Kündigungsrechten]
(1) Dem Pächter steht das in § 549 Abs. 1 bestimmte Kündigungsrecht nicht zu.
(2) Der Verpächter ist nicht berechtigt, das Pachtverhältnis nach § 569 zu kündigen.
(3) Eine Kündigung des Pachtverhältnisses nach § 570 findet nicht statt.

§ 584 b [Verspätete Rückgabe]
Gibt der Pächter den gepachteten Gegenstand nach der Beendigung des Pachtverhältnisses nicht zurück, so kann der Verpächter für die Dauer der Vorenthaltung als Entschädigung den vereinbarten Pachtzins nach dem Verhältnis verlangen, in dem die Nutzungen, die der Pächter während dieser Zeit gezogen hat oder hätte ziehen können, zu den Nutzungen des ganzen Pachtjahres stehen. Die Geltendmachung eines weiteren Schadens ist nicht ausgeschlossen.

III. Landpacht

§ 585 [Landpachtverträge]
(1) Durch den Landpachtvertrag wird ein Grundstück mit den seiner Bewirtschaftung dienenden Wohn- oder Wirtschaftsgebäuden (Betrieb) oder ein Grundstück ohne solche Gebäude überwiegend zur Landwirtschaft verpachtet. Landwirtschaft sind die Bodenbewirtschaftung und die mit der Bodennutzung verbundene Tierhaltung, um pflanzliche oder tierische Erzeugnisse zu gewinnen, sowie die gartenbauliche Erzeugung.
(2) Für Landpachtverträge gelten § 581 Abs. 1 und die §§ 582 bis 583 a sowie die nachfolgenden besonderen Vorschriften.
(3) Die Vorschriften über Landpachtverträge gelten auch für die Pacht forstwirtschaftlicher Grundstücke, wenn die Grundstücke zur Nutzung in einem überwiegend landwirtschaftlichen Betrieb verpachtet werden.

§ 585 a [Schriftform für Verträge über mehr als zwei Jahre]
Ein Landpachtvertrag, der für länger als zwei Jahre geschlossen wird, bedarf der schriftlichen Form. Wird die Form nicht beachtet, so gilt der Vertrag als für unbestimmte Zeit geschlossen.

§ 585 b [Beschreibung der Pachtsache]
(1) Der Verpächter und der Pächter sollen bei Beginn des Pachtverhältnisses gemeinsam eine Beschreibung der Pachtsache anfertigen, in der ihr Umfang sowie der Zustand, in dem

sie sich bei der Überlassung befindet, festgestellt werden. Dies gilt für die Beendigung des Pachtverhältnisses entsprechend. Die Beschreibung soll mit der Angabe des Tages der Anfertigung versehen werden und ist von beiden Teilen zu unterschreiben.

(2) Weigert sich ein Vertragsteil, bei der Anfertigung einer Beschreibung mitzuwirken, oder ergeben sich bei der Anfertigung Meinungsverschiedenheiten tatsächlicher Art, so kann jeder Vertragsteil verlangen, daß eine Beschreibung durch einen Sachverständigen angefertigt wird, es sei denn, daß seit der Überlassung der Pachtsache mehr als neun Monate oder seit der Beendigung des Pachtverhältnisses mehr als drei Monate verstrichen sind; der Sachverständige wird auf Antrag durch das Landwirtschaftsgericht ernannt. Die insoweit entstehenden Kosten trägt jeder Vertragsteil zur Hälfte.

(3) Ist eine Beschreibung der genannten Art angefertigt, so wird im Verhältnis der Vertragsteile zueinander vermutet, daß sie richtig ist.

§ 586 [Pflichten des Verpächters und des Pächters]

(1) Der Verpächter hat die Pachtsache dem Pächter in einem zu der vertragsmäßigen Nutzung geeigneten Zustand zu überlassen und sie während der Pachtzeit in diesem Zustand zu erhalten. Der Pächter hat jedoch die gewöhnlichen Ausbesserungen der Pachtsache, insbesondere die der Wohn- und Wirtschaftsgebäude, der Wege, Gräben, Dränungen und Einfriedigungen, auf seine Kosten durchzuführen. Er ist zur ordnungsmäßigen Bewirtschaftung der Pachtsache verpflichtet.

(2) Für die Haftung des Verpächters für Sach- und Rechtsmängel der Pachtsache sowie für die Rechte und Pflichten des Pächters wegen solcher Mängel gelten die Vorschriften des § 537 Abs. 1 und 2, der §§ 538 bis 541 sowie des § 545 entsprechend.

§ 586 a [Lastentragungspflicht]

Der Verpächter hat die auf der Pachtsache ruhenden Lasten zu tragen.

§ 587 [Entrichtung des Pachtzinses]

(1) Der Pachtzins ist am Ende der Pachtzeit zu entrichten. Ist der Pachtzins nach Zeitabschnitten bemessen, so ist er am ersten Werktag nach dem Ablauf der einzelnen Zeitabschnitte zu entrichten.

(2) Der Pächter wird von der Entrichtung des Pachtzinses nicht dadurch befreit, daß er durch einen in seiner Person liegenden Grund an der Ausübung des ihm zustehenden Nutzungsrechts verhindert wird. Die Vorschriften des § 552 Satz 2 und 3 gelten entsprechend.

§ 588 [Duldungspflicht des Pächters]

(1) Der Pächter hat Einwirkungen auf die Pachtsache zu dulden, die zu ihrer Erhaltung erforderlich sind.

(2) Maßnahmen zur Verbesserung der Pachtsache hat der Pächter zu dulden, es sei denn, daß die Maßnahme für ihn eine Härte bedeuten würde, die auch unter Würdigung der berechtigten Interessen des Verpächters nicht zu rechtfertigen ist. Der Verpächter hat die dem Pächter durch die Maßnahme entstandenen Aufwendungen und entgangenen Erträge in einem den Umständen nach angemessenen Umfang zu ersetzen. Auf Verlangen hat der Verpächter den Vorschuß zu leisten.

(3) Soweit der Pächter infolge von Maßnahmen nach Absatz 2 Satz 1 höhere Erträge erzielt oder bei ordnungsmäßiger Bewirtschaftung erzielen könnte, kann der Verpächter verlangen, daß der Pächter in eine angemessene Erhöhung des Pachtzinses einwilligt, es sei denn, daß dem Pächter eine Erhöhung des Pachtzinses nach den Verhältnissen des Betriebes nicht zugemutet werden kann.

(4) Über Streitigkeiten nach den Absätzen 1 und 2 entscheidet auf Antrag das Landwirtschaftsgericht. Verweigert der Pächter in den Fällen des Absatzes 3 seine Einwilligung, so kann sie das Landwirtschaftsgericht auf Antrag des Verpächters ersetzen.

§ 589 [Unterpacht]

(1) Der Pächter ist ohne Erlaubnis des Verpächters nicht berechtigt,
1. die Nutzung der Pachtsache einem Dritten zu überlassen, insbesondere die Sache weiter zu verpachten,
2. die Pachtsache ganz oder teilweise einem landwirtschaftlichen Zusammenschluß zum Zwecke der gemeinsamen Nutzung zu überlassen.

(2) Überläßt der Pächter die Nutzung der Pachtsache einem Dritten, so hat er ein Verschulden, das dem Dritten bei der Nutzung zur Last fällt, zu vertreten, auch wenn der Verpächter die Erlaubnis zur Überlassung erteilt hat.

§ 590 [Nutzungsänderungen durch den Pächter]

(1) Der Pächter darf die landwirtschaftliche Bestimmung der Pachtsache nur mit vorheriger Erlaubnis des Verpächters ändern.

(2) Zur Änderung der bisherigen Nutzung der Pachtsache ist die vorherige Erlaubnis des Verpächters nur dann erforderlich, wenn durch die Änderung die Art der Nutzung über die Pachtzeit hinaus beeinflußt wird. Der Pächter darf Gebäude nur mit vorheriger Erlaubnis des Verpächters errichten. Verweigert der Verpächter die Erlaubnis, so kann sie auf Antrag des Pächters durch das Landwirtschaftsgericht ersetzt werden, soweit die Änderung zur Erhaltung oder nachhaltigen Verbesserung der Rentabilität des Betriebes geeignet erscheint und dem Verpächter bei Berücksichtigung seiner berechtigten Interessen zugemutet werden kann. Dies gilt nicht, wenn der Pachtvertrag gekündigt ist oder das Pachtverhältnis in weniger als drei Jahren endet. Das Landwirtschaftsgericht kann die Erlaubnis unter Bedingungen und Auflagen ersetzen, insbesondere eine Sicherheitsleistung anordnen sowie Art und Umfang der Sicherheit bestimmen. Ist die Veranlassung für die Sicherheitsleistung weggefallen, so entscheidet auf Antrag das Landwirtschaftsgericht über die Rückgabe der Sicherheit; § 109 der Zivilprozeßordnung gilt entsprechend.

(3) Hat der Pächter das nach § 582 a zum Schätzwert übernommene Inventar im Zusammenhang mit einer Änderung der Nutzung der Pachtsache wesentlich vermindert, so kann der Verpächter schon während der Pachtzeit einen Geldausgleich in entsprechender Anwendung des § 582 a Abs. 3 verlangen, es sei denn, daß der Erlös der veräußerten Invertarstücke zu einer zur Höhe des Erlöses in angemessenem Verhältnis stehenden Verbesserung der Pachtsache nach § 591 verwendet worden ist.

§ 590 a [Vertragswidriger Gebrauch der Pachtsache]

Macht der Pächter von der Pachtsache einen vertragswidrigen Gebrauch und setzt er den Gebrauch ungeachtet einer Abmahnung des Verpächters fort, so kann der Verpächter auf Unterlassung klagen.

§ 590 b [Ersatz notwendiger Verwendungen]

Der Verpächter ist verpflichtet, dem Pächter die notwendigen Verwendungen auf die Pachtsache zu ersetzen.

§ 591 [Ersatz nützlicher Verwendungen]

(1) Andere als notwendige Verwendungen, denen der Verpächter zugestimmt hat, hat er dem Pächter bei Beendigung des Pachtverhältnisses zu ersetzen, soweit die Verwendungen den Wert der Pachtsache über die Pachtzeit hinaus erhöhen (Mehrwert).

(2) Weigert sich der Verpächter, den Verwendungen zuzustimmen, so kann die Zustimmung auf Antrag des Pächters durch das Landwirtschaftsgericht ersetzt werden, soweit die

Verwendungen zur Erhaltung oder nachhaltigen Verbesserung der Rentabilität des Betriebes geeignet sind und dem Verpächter bei Berücksichtigung seiner berechtigten Interessen zugemutet werden können. Dies gilt nicht, wenn der Pachtvertrag gekündigt ist oder das Pachtverhältnis in weniger als drei Jahren endet. Das Landwirtschaftsgericht kann die Zustimmung unter Bedingungen und Auflagen ersetzen.

(3) Das Landwirtschaftsgericht kann auf Antrag auch über den Mehrwert Bestimmung treffen und ihn festsetzen. Es kann bestimmen, daß der Verpächter den Mehrwert nur in Teilbeträgen zu ersetzen hat, und kann Bedingungen für die Bewilligung solcher Teilzahlungen festsetzen. Ist dem Verpächter ein Ersatz des Mehrwerts bei Beendigung des Pachtverhältnisses auch in Teilbeträgen nicht zuzumuten, so kann der Pächter nur verlangen, daß das Pachtverhältnis zu den bisherigen Bedingungen so lange fortgesetzt wird, bis der Mehrwert der Pachtsache abgegolten ist. Kommt keine Einigung zustande, so entscheidet auf Antrag das Landwirtschaftsgericht über eine Fortsetzung des Pachtverhältnisses.

§ 591 a [Wegnahmerecht des Pächters]

Der Pächter ist berechtigt, eine Einrichtung, mit der er die Sache versehen hat, wegzunehmen. Der Verpächter kann die Ausübung des Wegnahmerechts durch Zahlung einer angemessenen Entschädigung abwenden, es sei denn, daß der Pächter ein berechtigtes Interesse an der Wegnahme hat. Eine Vereinbarung, durch die das Wegnahmerecht des Pächters ausgeschlossen wird, ist nur wirksam, wenn ein angemessener Ausgleich vorgesehen ist.

§ 591 b [Verjährung]

(1) Die Ersatzansprüche des Verpächters wegen Veränderung oder Verschlechterung der verpachteten Sache sowie die Ansprüche des Pächters auf Ersatz von Verwendungen oder auf Gestattung der Wegnahme einer Einrichtung verjähren in sechs Monaten.

(2) Die Verjährung der Ersatzansprüche des Verpächters beginnt mit dem Zeitpunkt, in welchem er die Sache zurückerhält. Die Verjährung der Ansprüche des Pächters beginnt mit der Beendigung des Pachtverhältnisses.

(3) Mit der Verjährung des Anspruchs des Verpächters auf Rückgabe der Sache verjähren auch die Ersatzansprüche des Verpächters.

§ 592 [Verpächterpfandrecht]

Der Verpächter hat für seine Forderungen aus dem Pachtverhältnis ein Pfandrecht an den eingebrachten Sachen des Pächters sowie an den Früchten der Pachtsache. Für künftige Entschädigungsforderungen kann das Pfandrecht nicht geltend gemacht werden. Mit Ausnahme der in § 811 Nr. 4 der Zivilprozeßordnung genannten Sachen erstreckt sich das Pfandrecht nicht auf Sachen, die der Pfändung nicht unterworfen sind. Die Vorschriften der §§ 560 bis 562 gelten entsprechend.

§ 593 [Wegfall der Geschäftsgrundlage]

(1) Haben sich nach Abschluß des Pachtvertrages die Verhältnisse, die für die Festsetzung der Vertragsleistungen maßgebend waren, nachhaltig so geändert, daß die gegenseitigen Verpflichtungen in ein grobes Mißverhältnis zueinander geraten sind, so kann jeder Vertragsteil eine Änderung des Vertrages mit Ausnahme der Pachtdauer verlangen. Verbessert oder verschlechtert sich infolge der Bewirtschaftung der Pachtsache durch den Pächter deren Ertrag, so kann, soweit nichts anderes vereinbart ist, eine Änderung des Pachtzinses nicht verlangt werden.

(2) Eine Änderung kann frühestens zwei Jahre nach Beginn der Pacht oder nach dem Wirksamwerden der letzten Änderung der Vertragsleistungen verlangt werden. Dies gilt nicht, wenn verwüstende Naturereignisse, gegen die ein Versicherungsschutz nicht üblich ist, das Verhältnis der Vertragsleistungen grundlegend und nachhaltig verändert haben.

(3) Die Änderung kann nicht für eine frühere Zeit als für das Pachtjahr verlangt werden, in dem das Änderungsverlangen erklärt wird.

(4) Weigert sich ein Vertragsteil, in eine Änderung des Vertrages einzuwilligen, so kann der andere Teil die Entscheidung des Landwirtschaftsgerichts beantragen.

(5) Auf das Recht, eine Änderung des Vertrages nach den Absätzen 1 bis 4 zu verlangen, kann nicht verzichtet werden. Eine Vereinbarung, daß einem Vertragsteil besondere Nachteile oder Vorteile erwachsen sollen, wenn er die Rechte nach den Absätzen 1 bis 4 ausübt oder nicht ausübt, ist unwirksam.

§ 593 a [Übernahme zugepachteter Grundstücke im Wege vorweggenommener Erbfolge]

Wird bei der Übergabe eines Betriebes im Wege der vorweggenommenen Erbfolge ein zugepachtetes Grundstück, das der Landwirtschaft dient, mit übergeben, so tritt der Übernehmer anstelle des Pächters in den Pachtvertrag ein. Der Verpächter ist von der Betriebsübergabe jedoch unverzüglich zu benachrichtigen. Ist die ordnungsmäßige Bewirtschaftung der Pachtsache durch den Übernehmer nicht gewährleistet, so ist der Verpächter berechtigt, das Pachtverhältnis unter Einhaltung der gesetzlichen Kündigungsfrist zu kündigen.

§ 593 b [Veräußerung und Belastung]

Wird das verpachtete Grundstück veräußert oder mit dem Recht eines Dritten belastet, so gelten die §§ 571 bis 579 entsprechend.

§ 594 [Beendigung und Verlängerung des Pachtverhältnisses]

Das Pachtverhältnis endet mit dem Ablauf der Zeit, für die es eingegangen ist. Es verlängert sich bei Pachtverträgen, die auf mindestens drei Jahre geschlossen worden sind, auf unbestimmte Zeit, wenn auf die Anfrage eines Vertragsteils, ob der andere Teil zur Fortsetzung des Pachtverhältnisses bereit ist, dieser nicht binnen einer Frist von drei Monaten die Fortsetzung ablehnt. Die Anfrage und die Ablehnung bedürfen der schriftlichen Form. Die Anfrage ist ohne Wirkung, wenn in ihr nicht auf die Folge der Nichtbeachtung ausdrücklich hingewiesen wird und wenn sie nicht innerhalb des drittletzten Pachtjahres gestellt wird.

§ 594 a [Kündigung bei unbestimmter Pachtzeit]

(1) Ist die Pachtzeit nicht bestimmt, so kann jeder Vertragsteil das Pachtverhältnis spätestens am dritten Werktag eines Pachtjahres für den Schluß des nächsten Pachtjahres kündigen. Im Zweifel gilt das Kalenderjahr als Pachtjahr. Die Vereinbarung einer kürzeren Frist bedarf der Schriftform.

(2) Für die Fälle, in denen das Pachtverhältnis unter Einhaltung der gesetzlichen Frist vorzeitig gekündigt werden kann, ist die Kündigung nur für den Schluß eines Pachtjahres zulässig; sie hat spätestens am dritten Werktag des halben Jahres zu erfolgen, mit dessen Ablauf die Pacht enden soll.

§ 594 b [Kündigung bei Pachtzeit von mehr als dreißig Jahren]

Wird ein Pachtvertrag für eine längere Zeit als dreißig Jahre geschlossen, so kann nach dreißig Jahren jeder Vertragsteil das Pachtverhältnis spätestens am dritten Werktag eines Pachtjahres für den Schluß des nächsten Pachtjahres kündigen. Die Kündigung ist nicht zulässig, wenn der Vertrag für die Lebenszeit des Verpächters oder des Pächters geschlossen ist.

§ 594 c [Kündigungsrecht des Pächters bei Berufsunfähigkeit]

Ist der Pächter berufsunfähig im Sinne der Vorschriften der gesetzlichen Rentenversicherung geworden, so kann er das Pachtverhältnis unter Einhaltung der gesetzlichen Kündigungsfrist kündigen, wenn der Verpächter der Überlassung der Pachtsache zur Nutzung an einen Dritten, der eine ordnungsmäßige Bewirtschaftung gewährleistet, widerspricht. Eine abweichende Vereinbarung ist unwirksam.

§ 594 d [Kündigungsrechte bei Tod des Pächters]

(1) Stirbt der Pächter, so sind sowohl seine Erben als auch der Verpächter berechtigt, das Pachtverhältnis mit einer Frist von sechs Monaten zum Ende eines Kalendervierteljahres zu kündigen. Die Kündigung kann nur für den ersten Termin erfolgen, für den sie zulässig ist.

(2) Die Erben können der Kündigung des Verpächters widersprechen und die Fortsetzung des Pachtverhältnisses verlangen, wenn die ordnungsmäßige Bewirtschaftung der Pachtsache durch sie oder durch einen von ihnen beauftragten Miterben oder Dritten gewährleistet erscheint. Der Verpächter kann die Fortsetzung des Pachtverhältnisses ablehnen, wenn die Erben den Widerspruch nicht spätestens drei Monate vor Ablauf des Pachtverhältnisses erklärt und die Umstände mitgeteilt haben, nach denen die weitere ordnungsmäßige Bewirtschaftung der Pachtsache gewährleistet erscheint. Die Widerspruchserklärung und die Mitteilung bedürfen der schriftlichen Form. Kommt keine Einigung zustande, so entscheidet auf Antrag das Landwirtschaftsgericht.

(3) Gegenüber einer Kündigung des Verpächters nach Absatz 1 ist ein Fortsetzungsverlangen des Erben nach § 595 ausgeschlossen.

§ 594 e [Fristlose Kündigung]

(1) Ohne Einhaltung einer Kündigungsfrist ist die Kündigung des Pachtverhältnisses in entsprechender Anwendung der §§ 542 bis 544, 553 und 554 a zulässig.

(2) Der Verpächter kann das Pachtverhältnis ohne Einhaltung einer Kündigungsfrist auch kündigen, wenn der Pächter mit der Entrichtung des Pachtzinses oder eines nicht unerheblichen Teiles des Pachtzinses länger als drei Monate in Verzug ist. Ist der Pachtzins nach Zeitabschnitten von weniger als einem Jahr bemessen, so ist die Kündigung erst zulässig, wenn der Pächter für zwei aufeinanderfolgende Termine mit der Entrichtung des Pachtzinses oder eines nicht unerheblichen Teiles des Pachtzinses in Verzug ist. Die Kündigung ist ausgeschlossen, wenn der Verpächter vorher befriedigt wird. Sie wird unwirksam, wenn sich der Pächter durch Aufrechnung von seiner Schuld befreien konnte und die Aufrechnung unverzüglich nach der Kündigung erklärt.

§ 594 f [Schriftform der Kündigung]

Die Kündigung bedarf der schriftlichen Form.

§ 595 [Härteklausel]

(1) Der Pächter kann vom Verpächter die Fortsetzung des Pachtverhältnisses verlangen, wenn

1. bei der Betriebspacht der Betrieb seine wirtschaftliche Lebensgrundlage bildet,
2 bei der Pacht eines Grundstücks der Pächter auf dieses Grundstück zur Aufrechterhaltung seines Betriebes, der seine wirtschaftliche Lebensgrundlage bildet, angewiesen ist

und die vertragsmäßige Beendigung des Pachtverhältnisses für den Pächter oder seine Familie eine Härte bedeuten würde, die auch unter Würdigung der berechtigten Interessen des Verpächters nicht zu rechtfertigen ist. Die Fortsetzung kann unter diesen Voraussetzungen wiederholt verlangt werden.

(2) Im Falle des Absatzes 1 kann der Pächter verlangen, daß das Pachtverhältnis so lange fortgesetzt wird, wie dies unter Berücksichtigung aller Umstände angemessen ist. Ist dem Verpächter nicht zuzumuten, das Pachtverhältnis nach den bisher geltenden

Vertragsbedingungen fortzusetzen, so kann der Pächter nur verlangen, daß es unter einer angemessenen Änderung der Bedingungen fortgesetzt wird.

(3) Der Pächter kann die Fortsetzung des Pachtverhältnisses nicht verlangen, wenn
1. er das Pachtverhältnis gekündigt hat;
2. der Verpächter zur Kündigung ohne Einhaltung einer Kündigungsfrist oder im Falle des § 593 a zur vorzeitigen Kündigung unter Einhaltung der gesetzlichen Frist berechtigt ist;
3. die Laufzeit des Vertrages bei der Pacht eines Betriebes, der Zupacht von Grundstücken, durch die ein Betrieb entsteht, oder bei der Pacht von Moor- und Ödland, das vom Pächter kultiviert worden ist, auf mindestens achtzehn Jahre, bei der Pacht anderer Grundstücke auf mindestens zwölf Jahre vereinbart ist;
4. der Verpächter die nur vorübergehend verpachtete Sache in eigene Nutzung nehmen oder zur Erfüllung gesetzlicher oder sonstiger öffentlicher Aufgaben verwenden will.

(4) Die Erklärung des Pächters, mit der er die Fortsetzung des Pachtverhältnisses verlangt, bedarf der schriftlichen Form. Auf Verlangen des Verpächters soll der Pächter über die Gründe des Fortsetzungsverlangens unverzüglich Auskunft erteilen.

(5) Der Verpächter kann die Fortsetzung des Pachtverhältnisses ablehnen, wenn der Pächter die Fortsetzung nicht mindestens ein Jahr vor Beendigung des Pachtverhältnisses vom Verpächter verlangt oder auf eine Anfrage des Verpächters nach § 594 die Fortsetzung abgelehnt hat. Ist eine zwölfmonatige oder kürzere Kündigungsfrist vereinbart, so genügt es, wenn das Verlangen innerhalb eines Monats nach Zugang der Kündigung erklärt wird.

(6) Kommt keine Einigung zustande, so entscheidet auf Antrag das Landwirtschaftsgericht über eine Fortsetzung und über die Dauer des Pachtverhältnisses sowie über die Bedingungen, zu denen es fortgesetzt wird. Das Gericht kann die Fortsetzung des Pachtverhältnisses jedoch nur bis zu einem Zeitpunkt anordnen, der die in Absatz 3 Nr. 3 genannten Fristen, ausgehend vom Beginn des laufenden Pachtverhältnisses, nicht übersteigt. Die Fortsetzung kann auch auf einen Teil der Pachtsache beschränkt werden.

(7) Der Pächter hat den Antrag auf gerichtliche Entscheidung spätestens neun Monate vor Beendigung des Pachtverhältnisses und im Falle einer zwölfmonatigen oder kürzeren Kündigungsfrist zwei Monate nach Zugang der Kündigung bei dem Landwirtschaftsgericht zu stellen. Das Gericht kann den Antrag nachträglich zulassen, wenn es zur Vermeidung einer unbilligen Härte geboten erscheint und der Pachtvertrag noch nicht abgelaufen ist.

(8) Auf das Recht, die Verlängerung eines Pachtverhältnisses nach den Absätzen 1 bis 7 zu verlangen, kann nur verzichtet werden, wenn der Verzicht zur Beilegung eines Pachtstreits vor Gericht oder vor einer berufsständischen Pachtschlichtungsstelle erklärt wird. Eine Vereinbarung, daß einem Vertragsteil besondere Nachteile oder besondere Vorteile erwachsen sollen, wenn er die Rechte nach den Absätzen 1 bis 7 ausübt oder nicht ausübt, ist unwirksam.

§ 595 a [Recht zur vorzeitigen Kündigung]

(1) Soweit die Vertragsteile zur vorzeitigen Kündigung eines Landpachtvertrages berechtigt sind, steht ihnen dieses Recht auch nach Verlängerung des Landpachtverhältnisses oder Änderung des Landpachtvertrages zu.

(2) Auf Antrag eines Vertragsteiles kann das Landwirtschaftsgericht Anordnungen über die Abwicklung eines vorzeitig beendeten oder eines teilweise beendeten Landpachtvertrages treffen. Wird die Verlängerung eines Landpachtvertrages auf einen Teil der Pachtsache beschränkt, kann das Landwirtschaftsgericht den Pachtzins für diesen Teil festsetzen.

(3) Der Inhalt von Anordnungen des Landwirtschaftsgerichts gilt unter den Vertragsteilen als Vertragsinhalt. Über Streitigkeiten, die diesen Vertragsinhalt betreffen, entscheidet auf Antrag das Landwirtschaftsgericht.

§ 596 [Pflicht zur Rückgabe der Pachtsache]

(1) Der Pächter ist verpflichtet, die Pachtsache nach Beendigung des Pachtverhältnisses in dem Zustand zurückzugeben, der einer bis zur Rückgabe fortgesetzten ordnungsmäßigen Bewirtschaftung entspricht.

(2) Dem Pächter steht wegen seiner Ansprüche gegen den Verpächter ein Zurückbehaltungsrecht am Grundstück nicht zu.

(3) Hat der Pächter die Nutzung der Pachtsache einem Dritten überlassen, so kann der Verpächter die Sache nach Beendigung des Pachtverhältnisses auch von dem Dritten zurückfordern.

§ 596 a [Aufwendungsersatz]

(1) Endet das Pachtverhältnis im Laufe eines Pachtjahres, so hat der Verpächter dem Pächter den Wert der noch nicht getrennten, jedoch nach den Regeln einer ordnungsmäßigen Bewirtschaftung vor dem Ende des Pachtjahres zu trennenden Früchte zu ersetzen. Dabei ist das Ernterisiko angemessen zu berücksichtigen.

(2) Läßt sich der in Absatz 1 bezeichnete Wert aus jahreszeitlich bedingten Gründen nicht feststellen, so hat der Verpächter dem Pächter die Aufwendungen auf diese Früchte insoweit zu ersetzen, als sie einer ordnungsmäßigen Bewirtschaftung entsprechen.

(3) Absatz 1 gilt auch für das zum Einschlag vorgesehene, aber noch nicht eingeschlagene Holz. Hat der Pächter mehr Holz eingeschlagen, als bei ordnungsmäßiger Nutzung zulässig war, so hat er dem Verpächter den Wert der die normale Nutzung übersteigenden Holzmenge zu ersetzen. Die Geltendmachung eines weiteren Schadens ist nicht ausgeschlossen.

§ 596 b [Zurücklassungspflicht]

(1) Der Pächter eines Betriebes hat von den bei Beendigung des Pachtverhältnisses vorhandenen landwirtschaftlichen Erzeugnissen so viel zurückzulassen, wie zur Fortführung der Wirtschaft bis zur nächsten Ernte nötig ist, auch wenn er bei Antritt der Pacht solche Erzeugnisse nicht übernommen hat.

(2) Soweit der Pächter nach Absatz 1 Erzeugnisse in größerer Menge oder besserer Beschaffenheit zurückzulassen verpflichtet ist, als er bei Antritt der Pacht übernommen hat, kann er vom Verpächter Ersatz des Wertes verlangen.

§ 597 [Verspätete Rückgabe]

Gibt der Pächter die Pachtsache nach Beendigung des Pachtverhältnisses nicht zurück, so kann der Verpächter für die Dauer der Vorenthaltung als Entschädigung den vereinbarten Pachtzins verlangen. Die Geltendmachung eines weiteren Schadens ist nicht ausgeschlossen.

Vierter Titel
Leihe

§ 598 [Wesen]

Durch den Leihvertrag wird der Verleiher einer Sache verpflichtet, dem Entleiher den Gebrauch der Sache unentgeltlich zu gestatten.

§ 599 [Haftung des Verleihers]

Der Verleiher hat nur Vorsatz und grobe Fahrlässigkeit zu vertreten.

§ 600 [Mängelhaftung]

Verschweigt der Verleiher arglistig einen Mangel im Rechte oder einen Fehler der verliehenen Sache, so ist er verpflichtet, dem Entleiher den daraus entstehenden Schaden zu ersetzen.

§ 601 [Erhaltungskosten – sonstige Verwendungen]

(1) Der Entleiher hat die gewöhnlichen Kosten der Erhaltung der geliehenen Sache, bei der Leihe eines Tieres insbesondere die Fütterungskosten, zu tragen.

(2) Die Verpflichtung des Verleihers zum Ersatz anderer Verwendungen bestimmt sich nach den Vorschriften über die Geschäftsführung ohne Auftrag. Der Entleiher ist berechtigt, eine Einrichtung, mit der er die Sache versehen hat, wegzunehmen.

§ 602 [Abnutzung durch vertragsmäßigen Gebrauch]

Veränderungen oder Verschlechterungen der geliehenen Sache, die durch den vertragsmäßigen Gebrauch herbeigeführt werden, hat der Entleiher nicht zu vertreten.

§ 603 [Umfang des Gebrauchsrechts]

Der Entleiher darf von der geliehenen Sache keinen anderen als den vertragsmäßigen Gebrauch machen. Er ist ohne die Erlaubnis des Verleihers nicht berechtigt, den Gebrauch der Sache einem Dritten zu überlassen.

§ 604 [Rückgabepflicht]

(1) Der Entleiher ist verpflichtet, die geliehene Sache nach dem Ablaufe der für die Leihe bestimmten Zeit zurückzugeben.

(2) Ist eine Zeit nicht bestimmt, so ist die Sache zurückzugeben, nachdem der Entleiher den sich aus dem Zwecke der Leihe ergebenden Gebrauch gemacht hat. Der Verleiher kann die Sache schon vorher zurückfordern, wenn so viel Zeit verstrichen ist, daß der Entleiher den Gebrauch hätte machen können.

(3) Ist die Dauer der Leihe weder bestimmt noch aus dem Zwecke zu entnehmen, so kann der Verleiher die Sache jederzeit zurückfordern.

(4) Überläßt der Entleiher den Gebrauch der Sache einem Dritten, so kann der Verleiher sie nach der Beendigung der Leihe auch von dem Dritten zurückfordern.

§ 605 [Kündigungsrecht]

Der Verleiher kann die Leihe kündigen:

1. wenn er infolge eines nicht vorhergesehenen Umstandes der verliehenen Sache bedarf;
2. wenn der Entleiher einen vertragswidrigen Gebrauch von der Sache macht, insbesondere unbefugt den Gebrauch einem Dritten überläßt, oder die Sache durch Vernachlässigung der ihm obliegenden Sorgfalt erheblich gefährdet;
3. wenn der Entleiher stirbt.

§ 606 [Verjährung]

Die Ersatzansprüche des Verleihers wegen Veränderungen oder Verschlechterungen der verliehenen Sache sowie die Ansprüche des Entleihers auf Ersatz von Verwendungen oder auf Gestattung der Wegnahme einer Einrichtung verjähren in sechs Monaten. Die Vorschriften des § 558 Abs. 2, 3 finden entsprechende Anwendung.

Fünfter Titel
Darlehen

§ 607 [Wesen]

(1) Wer Geld oder andere vertretbare Sachen als Darlehen empfangen hat, ist verpflichtet, dem Darleiher das Empfangene in Sachen von gleicher Art, Güte und Menge zurückzuerstatten.

(2) Wer Geld oder andere vertretbare Sachen aus einem anderen Grunde schuldet, kann mit dem Gläubiger vereinbaren, daß das Geld oder die Sachen als Darlehen geschuldet werden sollen.

§ 608 [Entrichtung der Zinsen]

Sind für ein Darlehen Zinsen bedungen, so sind sie, sofern nicht ein anderes bestimmt ist, nach dem Ablaufe je eines Jahres und, wenn das Darlehen vor dem Ablauf eines Jahres zurückzuerstatten ist, bei der Rückerstattung zu entrichten.

§ 609 [Kündigung]

(1) Ist für die Rückerstattung eines Darlehens eine Zeit nicht bestimmt, so hängt die Fälligkeit davon ab, daß der Gläubiger oder der Schuldner kündigt.

(2) Die Kündigungsfrist beträgt bei Darlehen von mehr als dreihundert Deutsche Mark drei Monate, bei Darlehen von geringerem Betrag einen Monat.

(3) Sind Zinsen nicht bedungen, so ist der Schuldner auch ohne Kündigung zur Rückerstattung berechtigt.

§ 609 a [Kündigung bei festem Zinssatz][1)]

(1) Der Schuldner kann ein Darlehen, bei dem für einen bestimmten Zeitraum ein fester Zinssatz vereinbart ist, ganz oder teilweise kündigen,

1. wenn die Zinsbindung vor der für die Rückzahlung bestimmten Zeit endet und keine neue Vereinbarung über den Zinssatz getroffen ist, unter Einhaltung einer Kündigungsfrist von einem Monat frühestens für den Ablauf des Tages, an dem die Zinsbindung endet; ist eine Anpassung des Zinssatzes in bestimmten Zeiträumen bis zu einem Jahr vereinbart, so kann der Schuldner jeweils nur für den Ablauf des Tages, an dem die Zinsbindung endet, kündigen;
2. wenn das Darlehen einer natürlichen Person gewährt und nicht durch ein Grund- oder Schiffspfandrecht gesichert ist, nach Ablauf von sechs Monaten nach dem vollständigen Empfang unter Einhaltung einer Kündigungsfrist von drei Monaten; dies gilt nicht, wenn das Darlehen ganz oder überwiegend für Zwecke einer gewerblichen oder beruflichen Tätigkeit bestimmt war;
3. in jedem Falle nach Ablauf von zehn Jahren nach dem vollständigen Empfang unter Einhaltung einer Kündigungsfrist von sechs Monaten; wird nach dem Empfang des Darlehens eine neue Vereinbarung über die Zeit der Rückzahlung oder den Zinssatz getroffen, so tritt der Zeitpunkt dieser Vereinbarung an die Stelle des Zeitpunkts der Auszahlung.

(2) Der Schuldner kann ein Darlehen mit veränderlichem Zinssatz jederzeit unter Einhaltung einer Kündigungsfrist von drei Monaten kündigen.

(3) Eine Kündigung des Schuldners nach Absätzen 1 oder 2 gilt als nicht erfolgt, wenn er den geschuldeten Betrag nicht binnen zweier Wochen nach Wirksamwerden der Kündigung zurückzahlt.

---

1) In Kraft ab 1. 1. 1987. Siehe auch Fußnote zu § 247.

(4) Das Kündigungsrecht des Schuldners nach den Absätzen 1 und 2 kann nicht durch Vertrag ausgeschlossen oder erschwert werden. Dies gilt nicht bei Darlehen an den Bund, ein Sondervermögen des Bundes, ein Land, eine Gemeinde oder einen Gemeindeverband.

§ 610 [Widerruf des Darlehensversprechens]

Wer die Hingabe eines Darlehens verspricht, kann im Zweifel das Versprechen widerrufen, wenn in den Vermögensverhältnissen des anderen Teiles eine wesentliche Verschlechterung eintritt, durch die der Anspruch auf die Rückerstattung gefährdet wird.

Sechster Titel
Dienstvertrag

§ 611 [Vertragspflichten]

(1) Durch den Dienstvertrag wird derjenige, welcher Dienste zusagt, zur Leistung der versprochenen Dienste, der andere Teil zur Gewährung der vereinbarten Vergütung verpflichtet.

(2) Gegenstand des Dienstvertrags können Dienste jeder Art sein.

§ 611 a [Benachteiligungsverbot][1)]

(1) Der Arbeitgeber darf einen Arbeitnehmer bei einer Vereinbarung oder Maßnahme, insbesondere bei der Begründung des Arbeitsverhältnisses, beim beruflichen Aufstieg, bei einer Weisung oder einer Kündigung, nicht wegen seines Geschlechts benachteiligen. Eine unterschiedliche Behandlung wegen des Geschlechts ist jedoch zulässig, soweit eine Vereinbarung oder eine Maßnahme die Art der vom Arbeitnehmer auszuübenden Tätigkeit zum Gegenstand hat und ein bestimmtes Geschlecht unverzichtbare Voraussetzung für diese Tätigkeit ist. Wenn im Streitfall der Arbeitnehmer Tatsachen glaubhaft macht, die eine Benachteiligung wegen des Geschlechts vermuten lassen, trägt der Arbeitgeber die Beweislast dafür, daß nicht auf das Geschlecht bezogene, sachliche Gründe eine unterschiedliche Behandlung rechtfertigen oder das Geschlecht unverzichtbare Voraussetzung für die auszuübende Tätigkeit ist.

(2) Hat der Arbeitgeber bei der Begründung eines Arbeitsverhältnisses einen Verstoß gegen das Benachteiligungsverbot des Absatzes 1 zu vertreten, so kann der hierdurch benachteiligte Bewerber eine angemessene Entschädigung in Geld in Höhe von höchstens drei Monatsverdiensten verlangen. Als Monatsverdienst gilt, was dem Bewerber bei regelmäßiger Arbeitszeit in dem Monat, in dem das Arbeitsverhältnis hätte begründet werden sollen, an Geld- und Sachbezügen zugestanden hätte.

(3) Ist ein Arbeitsverhältnis wegen eines vom Arbeitgeber zu vertretenden Verstoßes gegen das Benachteiligungsverbot des Absatzes 1 nicht begründet worden, so besteht kein Anspruch auf Begründung eines Arbeitsverhältnisses.

(4) Ein Anspruch auf Entschädigung nach Absatz 2 muß innerhalb von zwei Monaten nach Zugang der Ablehnung der Bewerbung schriftlich geltend gemacht werden.

(5) Die Absätze 2 und 4 gelten beim beruflichen Aufstieg entsprechend, wenn auf den Aufstieg kein Anspruch besteht.

---

1) Siehe hierzu **Artikel 2 des Arbeitsrechtlichen EG-Anpassungsgesetzes** vom 13. 8. 1980 (BGBl. I S. 1308) idF von Art. 9 des 2. GleichBG vom 24. 6. 1994 (BGBl. I S. 1406):
»Aushang
In Betrieben, in denen in der Regel mehr als 5 Arbeitnehmer beschäftigt sind, ist ein Abdruck der §§ 611 a, 611 b, 612 Abs. 3 und § 612 a des Bürgerlichen Gesetzbuches sowie des Arbeitsgerichtsgesetzes an geeigneter Stelle im Betrieb zur Einsicht auszulegen oder auszuhängen.«

§ 611 b [Ausschreibung][1]

Der Arbeitgeber darf einen Arbeitsplatz weder öffentlich noch innerhalb des Betriebs nur für Männer oder nur für Frauen ausschreiben, es sei denn, daß ein Fall des § 611 a Abs. 1 Satz 2 vorliegt.

§ 612 [Vergütung][2]

(1) Eine Vergütung gilt als stillschweigend vereinbart, wenn die Dienstleistung den Umständen nach nur gegen eine Vergütung zu erwarten ist.

(2) Ist die Höhe der Vergütung nicht bestimmt, so ist bei dem Bestehen einer Taxe die taxmäßige Vergütung, in Ermangelung einer Taxe die übliche Vergütung als vereinbart anzusehen.

(3)[1] Bei einem Arbeitsverhältnis darf für gleiche oder für gleichwertige Arbeit nicht wegen des Geschlechts des Arbeitnehmers eine geringere Vergütung vereinbart werden als bei einem Arbeitnehmer des anderen Geschlechts. Die Vereinbarung einer geringeren Vergütung wird nicht dadurch gerechtfertigt, daß wegen des Geschlechts des Arbeitnehmers besondere Schutzvorschriften gelten. § 611 a Abs. 1 Satz 3 ist entsprechend anzuwenden.

§ 612 a [Maßregelungsverbot][1]

Der Arbeitgeber darf einen Arbeitnehmer bei einer Vereinbarung oder einer Maßnahme nicht benachteiligen, weil der Arbeitnehmer in zulässiger Weise seine Rechte ausübt.

§ 613 [Dienstleistung in Person]

Der zur Dienstleistung Verpflichtete hat die Dienste im Zweifel in Person zu leisten. Der Anspruch auf die Dienste ist im Zweifel nicht übertragbar.

§ 613 a [Betriebsübergang]

(1) Geht ein Betrieb oder Betriebsteil durch Rechtsgeschäft auf einen anderen Inhaber über, so tritt dieser in die Rechte und Pflichten aus den im Zeitpunkt des Übergangs bestehenden Arbeitsverhältnissen ein. Sind diese Rechte und Pflichten durch Rechtsnormen eines Tarifvertrags oder durch eine Betriebsvereinbarung geregelt, so werden sie Inhalt des Arbeitsverhältnisses zwischen dem neuen Inhaber und dem Arbeitnehmer und dürfen nicht vor Ablauf eines Jahres nach dem Zeitpunkt des Übergangs zum Nachteil des Arbeitnehmers geändert werden. Satz 2 gilt nicht, wenn die Rechte und Pflichten bei dem neuen Inhaber durch Rechtsnormen eines anderen Tarifvertrags oder durch eine andere Betriebsvereinbarung geregelt werden. Vor Ablauf der Frist nach Satz 2 können die Rechte und Pflichten geändert werden, wenn der Tarifvertrag oder die Betriebsvereinbarung nicht mehr gilt oder bei fehlender beiderseitiger Tarifgebundenheit im Geltungsbereich eines anderen Tarifvertrags dessen Anwendung zwischen dem neuen Inhaber und dem Arbeitnehmer vereinbart wird.

(2) Der bisherige Arbeitgeber haftet neben dem neuen Inhaber für Verpflichtungen nach Absatz 1, soweit sie vor dem Zeitpunkt des Übergangs entstanden sind und vor Ablauf von einem Jahr nach diesem Zeitpunkt fällig werden, als Gesamtschuldner. Werden solche Verpflichtungen nach dem Zeitpunkt des Übergangs fällig, so haftet der bisherige Arbeitgeber für sie jedoch nur in dem Umfang, der dem im Zeitpunkt des Übergangs abgelaufenen Teil ihres Bemessungszeitraums entspricht.

(3) Absatz 2 gilt nicht, wenn eine juristische Person oder eine Personenhandelsgesellschaft durch Umwandlung erlischt.

---

1) Siehe Fußnote zu § 611 a.

2) Eine besondere Regelung für den Vergütungsanspruch im Rahmen eines Ausbildungsverhältnisses findet sich in §§ 10 und 11 BBiG vom 14. 8. 1969 (BGBl. I S. 1112), abgedruckt als Nr. 30 dieser Sammlung.

(4) Die Kündigung des Arbeitsverhältnisses eines Arbeitnehmers durch den bisherigen Arbeitgeber oder durch den neuen Inhaber wegen des Übergangs eines Betriebs oder eines Betriebsteils ist unwirksam. Das Recht zur Kündigung des Arbeitsverhältnisses aus anderen Gründen bleibt unberührt.

§ 614 [Fälligkeit der Vergütung]

Die Vergütung ist nach der Leistung der Dienste zu entrichten. Ist die Vergütung nach Zeitabschnitten bemessen, so ist sie nach dem Ablaufe der einzelnen Zeitabschnitte zu entrichten.

§ 615 [Annahmeverzug des Dienstberechtigten]

Kommt der Dienstberechtigte mit der Annahme der Dienste in Verzug, so kann der Verpflichtete für die infolge des Verzugs nicht geleisteten Dienste die vereinbarte Vergütung verlangen, ohne zur Nachleistung verpflichtet zu sein. Er muß sich jedoch den Wert desjenigen anrechnen lassen, was er infolge des Unterbleibens der Dienstleistung erspart oder durch anderweitige Verwendung seiner Dienste erwirbt oder zu erwerben böswillig unterläßt.

§ 616 [Vorübergehende Dienstverhinderung]

Der zur Dienstleistung Verpflichtete wird des Anspruchs auf die Vergütung nicht dadurch verlustig, daß er für eine verhältnismäßig nicht erhebliche Zeit durch einen in seiner Person liegenden Grund ohne sein Verschulden an der Dienstleistung verhindert wird. Er muß sich jedoch den Betrag anrechnen lassen, welcher ihm für die Zeit der Verhinderung aus einer auf Grund gesetzlicher Verpflichtung bestehenden Kranken- oder Unfallversicherung zukommt.

§ 617 [Pflicht zur Krankenfürsorge]

(1) Ist bei einem dauernden Dienstverhältnisse, welches die Erwerbstätigkeit des Verpflichteten vollständig oder hauptsächlich in Anspruch nimmt, der Verpflichtete in die häusliche Gemeinschaft aufgenommen, so hat der Dienstberechtigte ihm im Falle der Erkrankung die erforderliche Verpflegung und ärztliche Behandlung bis zur Dauer von sechs Wochen, jedoch nicht über die Beendigung des Dienstverhältnisses hinaus, zu gewähren, sofern nicht die Erkrankung von dem Verpflichteten vorsätzlich oder durch grobe Fahrlässigkeit herbeigeführt worden ist. Die Verpflegung und ärztliche Behandlung kann durch Aufnahme des Verpflichteten in eine Krankenanstalt gewährt werden. Die Kosten können auf die für die Zeit der Erkrankung geschuldete Vergütung angerechnet werden. Wird das Dienstverhältnis wegen der Erkrankung von dem Dienstberechtigten nach § 626 gekündigt, so bleibt die dadurch herbeigeführte Beendigung des Dienstverhältnisses außer Betracht.

(2) Die Verpflichtung des Dienstberechtigten tritt nicht ein, wenn für die Verpflegung und ärztliche Behandlung durch eine Versicherung oder durch eine Einrichtung der öffentlichen Krankenpflege Vorsorge getroffen ist.

§ 618 [Pflicht zu Schutzmaßnahmen][1)]

(1) Der Dienstberechtigte hat Räume, Vorrichtungen oder Gerätschaften, die er zur Verrichtung der Dienste zu beschaffen hat, so einzurichten und zu unterhalten und Dienstleistungen, die unter seiner Anordnung oder seiner Leitung vorzunehmen sind, so zu regeln, daß der Verpflichtete gegen Gefahr für Leben und Gesundheit soweit geschützt ist, als die Natur der Dienstleistung es gestattet.

(2) Ist der Verpflichtete in die häusliche Gemeinschaft aufgenommen, so hat der Dienstberechtigte in Ansehung des Wohn- und Schlafraums, der Verpflegung sowie der Arbeits- und

---

1) Vgl. §§ 636 bis 642 der Reichsversicherungsordnung vom 19. Juli 1911 (RGBl. S. 509):

§ 636 [Haftung des Unternehmers]

(1) Der Unternehmer ist den in seinem Unternehmen tätigen Versicherten, deren Angehörigen und Hinterbliebenen, auch wenn sie keinen Anspruch auf Rente haben, nach anderen gesetzlichen Vorschriften zum Ersatz des Personenschadens, den ein Arbeitsunfall verursacht hat, nur dann verpflichtet, wenn er den Arbeitsunfall vorsätzlich herbeigeführt hat oder wenn der Arbeitsunfall bei der Teilnahme am allgemeinen Verkehr eingetreten ist. Der Schadensersatzanspruch des Versicherten, seiner Angehörigen und seiner Hinterbliebenen vermindert sich jedoch um die Leistungen, die sie nach Gesetz oder Satzung infolge des Arbeitsunfalls von Trägern der Sozialversicherung erhalten.

(2) Das gleiche gilt für Ersatzansprüche Versicherter, die Beschäftigte eines weiteren Unternehmers sind, sowie deren Angehörigen und Hinterbliebenen gegen diesen Unternehmer.

(3) Die Absätze 1 und 2 gelten in den Fällen des § 555 a entsprechend.

§ 637 [Haftung von Betriebsangehörigen]

(1) § 636 gilt bei Arbeitsunfällen entsprechend für die Ersatzansprüche eines Versicherten, dessen Angehörigen und Hinterbliebenen gegen einen in demselben Betrieb tätigen Betriebsangehörigen, wenn dieser den Arbeitsunfall durch eine betriebliche Tätigkeit verursacht.

(2) § 636 gilt bei Arbeitsunfällen in Unternehmen der Feuerwehren ferner entsprechend für Ersatzansprüche Versicherter, deren Angehörigen und Hinterbliebenen gegen Feuerwehrvereine und ihre Vorstände, die Mitglieder von Pflicht- und freiwilligen Feuerwehren, die beigezogenen Löschpflichtigen, die freiwillig beim Feuerwehrdienst helfenden Personen sowie gegen alle beim Tätigwerden der Feuerwehr mit Befehlsgewalt ausgestatteten Personen.

(3) Bei Arbeitsunfällen in sonstigen Unternehmen zur Hilfe bei Unglücksfällen einschließlich des zivilen Bevölkerungsschutzes gilt Absatz 2 entsprechend.

(4) § 636 gilt bei Arbeitsunfällen in den in § 539 Abs. 1 Nr. 14 genannten Unternehmen ferner entsprechend für Ersatzansprüche eines Kindes oder eines Lernenden, deren Angehörigen und Hinterbliebenen gegen den Unternehmer sowie in Verbindung mit Absatz 1 für Ersatzansprüche dieser Versicherten untereinander. Satz 1 gilt entsprechend in den Fällen des § 539 Abs. 1 Nr. 18.

(5) § 636 gilt ferner bei Arbeitsunfällen von nach § 539 Abs. 1 Nr. 19 versicherten Pflegepersonen entsprechend für Ersatzansprüche einer Pflegeperson, deren Angehörigen und Hinterbliebenen gegen den Pflegebedürftigen wie auch für Ersatzansprüche von Pflegepersonen desselben Pflegebedürftigen untereinander.

§ 638 [Bindung an die Entscheidung im Sozialgerichtsverfahren]

(1) Hat ein Gericht über Ersatzansprüche der in den §§ 636 und 637 genannten Art zu erkennen, so ist es an die endgültige Entscheidung gebunden, die in einem Verfahren nach diesem oder dem Sozialgerichtsgesetz darüber ergeht,

1. ob ein Arbeitsunfall vorliegt,
2. in welchem Umfang und von welchem Träger der Unfallversicherung die Leistungen zu gewähren sind.

(2) (gestrichen)

§ 639 [Prozeßrecht der Ersatzpflichtigen]

Personen, deren Ersatzpflicht durch § 636 oder § 637 beschränkt ist und von denen der Verletzte, seine Angehörigen oder seine Hinterbliebenen Schadensersatz fordern, können statt des Berechtigten die Feststellungen nach § 638 Abs. 1 beantragen oder das entsprechende Verfahren nach dem Sozialgerichtsgesetz

Erholungszeit diejenigen Einrichtungen und Anordnungen zu treffen, welche mit Rücksicht auf die Gesundheit, die Sittlichkeit und die Religion des Verpflichteten erforderlich sind.

(3) Erfüllt der Dienstberechtigte die ihm in Ansehung des Lebens und der Gesundheit des Verpflichteten obliegenden Verpflichtungen nicht, so finden auf seine Verpflichtung zum Schadensersatze die für unerlaubte Handlungen geltenden Vorschriften der §§ 842 bis 846 entsprechende Anwendung.

§ 619 [Kein Ausschluß der Fürsorgepflichten]

Die dem Dienstberechtigten nach den §§ 617, 618 obliegenden Verpflichtungen können nicht im voraus durch Vertrag aufgehoben oder beschränkt werden

§ 620 [Dauer des Dienstverhältnisses]

(1) Das Dienstverhältnis endigt mit dem Ablaufe der Zeit, für die es eingegangen ist.

(2) Ist die Dauer des Dienstverhältnisses weder bestimmt noch aus der Beschaffenheit oder dem Zwecke der Dienste zu entnehmen, so kann jeder Teil das Dienstverhältnis nach Maßgabe der §§ 621, 622 kündigen.

§ 621 [Kündigungsfristen bei freiem Dienstverhältnis]

Bei einem Dienstverhältnis, das kein Arbeitsverhältnis im Sinne des § 622 ist, ist die Kündigung zulässig,

1. wenn die Vergütung nach Tagen bemessen ist, an jedem Tag für den Ablauf des folgenden Tages;
2. wenn die Vergütung nach Wochen bemessen ist, spätestens am ersten Werktag einer Woche für den Ablauf des folgenden Sonnabends;
3. wenn die Vergütung nach Monaten bemessen ist, spätestens am fünfzehnten eines Monats für den Schluß des Kalendermonats;

---

betreiben. Der Ablauf von Fristen, die ohne ihr Verschulden verstrichen sind, wirkt nicht gegen sie; dies gilt nicht, soweit diese Personen das Verfahren selbst betreiben.

B. Haftung gegenüber den Trägern der Sozialversicherung

§ 640 [Umfang der Haftung]

(1) Haben Personen, deren Ersatzpflicht durch § 636 oder § 637 beschränkt ist, den Arbeitsunfall vorsätzlich oder grob fahrlässig herbeigeführt, so haften sie für alles, was die Träger der Sozialversicherung nach Gesetz oder Satzung infolge des Arbeitsunfalls aufwenden müssen. Statt der Rente kann der Kapitalwert gefordert werden.

(2) Die Träger der Sozialversicherung können nach billigem Ermessen insbesondere unter Berücksichtigung der wirtschaftlichen Verhältnisse des Schädigers auf den Ersatzanspruch verzichten.

§ 641 [Haftung juristischer Personen]

Hat ein Mitglied eines vertretungsberechtigten Organs, ein Abwickler oder Liquidator einer juristischen Person, ein vertretungsberechtigter Gesellschafter oder ein Liquidator einer Personengesellschaft des Handelsrechts oder ein gesetzlicher Vertreter des Unternehmers in Ausführung einer ihm zustehenden Verrichtung den Arbeitsunfall vorsätzlich oder grob fahrlässig verursacht, so haftet nach Maßgabe des § 640 auch der Vertretene. Eine nach § 640 bestehende Haftung desjenigen, der den Arbeitsunfall verursacht hat, bleibt unberührt. Das gleiche gilt für ein Mitglied des Vorstandes eines nichtrechtsfähigen Vereins oder für einen vertretungsberechtigten Gesellschafter einer Personengesellschaft des bürgerlichen Rechts mit der Maßgabe, daß sich die Haftung auf das Vereins- oder das Gesellschaftsvermögen beschränkt.

§ 642 [Anspruchsverjährung]

(1) Die Ansprüche verjähren in einem Jahr nach dem Tag, an dem die Leistungspflicht für den Träger der Unfallversicherung bindend festgestellt oder das Urteil rechtskräftig geworden ist, spätestens aber in fünf Jahren nach dem Arbeitsunfall.

(2) Die Vorschrift des § 638 über die Bindung des Gerichts gilt auch für diese Ansprüche.

4. wenn die Vergütung nach Vierteljahren oder längeren Zeitabschnitten bemessen ist, unter Einhaltung einer Kündigungsfrist von sechs Wochen für den Schluß eines Kalendervierteljahres;
5. wenn die Vergütung nicht nach Zeitabschnitten bemessen ist, jederzeit; bei einem die Erwerbsfähigkeit des Verpflichteten vollständig oder hauptsächlich in Anspruch nehmenden Dienstverhältnis ist jedoch eine Kündigungsfrist von zwei Wochen einzuhalten.

§ 622 [Kündigungsfristen bei Arbeitsverhältnissen]

(1) Das Arbeitsverhältnis eines Arbeiters oder eines Angestellten (Arbeitnehmers) kann mit einer Frist von vier Wochen zum Fünfzehnten oder zum Ende eines Kalendermonats gekündigt werden.

(2) Für eine Kündigung durch den Arbeitgeber beträgt die Kündigungsfrist, wenn das Arbeitsverhältnis in dem Betrieb oder Unternehmen

1. zwei Jahre bestanden hat, einen Monat zum Ende eines Kalendermonats,
2. fünf Jahre bestanden hat, zwei Monate zum Ende eines Kalendermonats,
3. acht Jahre bestanden hat, drei Monate zum Ende eines Kalendermonats,
4. zehn Jahre bestanden hat, vier Monate zum Ende eines Kalendermonats,
5. zwölf Jahre bestanden hat, fünf Monate zum Ende eines Kalendermonats,
6. fünfzehn Jahre bestanden hat, sechs Monate zum Ende eines Kalendermonats,
7. zwanzig Jahre bestanden hat, sieben Monate zum Ende eines Kalendermonats.

Bei der Berechnung der Beschäftigungsdauer werden die Zeiten, die vor der Vollendung des fünfundzwanzigsten Lebensjahres des Arbeitnehmers liegen, nicht berücksichtigt.

(3) Während einer vereinbarten Probezeit, längstens für die Dauer von sechs Monaten, kann das Arbeitsverhältnis mit einer Frist von zwei Wochen gekündigt werden.

(4) Von den Absätzen 1 bis 3 abweichende Regelungen können durch Tarifvertrag vereinbart werden. Im Geltungsbereich eines solchen Tarifvertrages gelten die abweichenden tarifvertraglichen Bestimmungen zwischen nicht tarifgebundenen Arbeitgebern und Arbeitnehmern, wenn ihre Anwendung zwischen ihnen vereinbart ist.

(5) Einzelvertraglich kann eine kürzere als die in Absatz 1 genannte Kündigungsfrist nur vereinbart werden,

1. wenn ein Arbeitnehmer zur vorübergehenden Aushilfe eingestellt ist; dies gilt nicht, wenn das Arbeitsverhältnis über die Zeit von drei Monaten hinaus fortgesetzt wird;
2. wenn der Arbeitgeber in der Regel nicht mehr als zwanzig Arbeitnehmer ausschließlich der zu ihrer Berufsbildung Beschäftigten beschäftigt und die Kündigungsfrist vier Wochen nicht unterschreitet. Bei der Feststellung der Zahl der beschäftigten Arbeitnehmer sind nur Arbeitnehmer zu berücksichtigen, deren regelmäßige Arbeitszeit wöchentlich zehn Stunden oder monatlich fünfundvierzig Stunden übersteigt.

Die einzelvertragliche Vereinbarung längerer als der in den Absätzen 1 bis 3 genannten Kündigungsfristen bleibt hiervon unberührt.

(6) Für die Kündigung des Arbeitsverhältnisses durch den Arbeitnehmer darf keine längere Frist vereinbart werden als für die Kündigung durch den Arbeitgeber.

§ 623 (aufgehoben)

§ 624 [Längere Kündigungsfristen]

Ist das Dienstverhältnis für die Lebenszeit einer Person oder für längere Zeit als fünf Jahre eingegangen, so kann es von dem Verpflichteten nach dem Ablaufe von fünf Jahren gekündigt werden. Die Kündigungsfrist beträgt sechs Monate.

§ 625 [Stillschweigende Verlängerung nach Ablauf der Dienstzeit]
Wird das Dienstverhältnis nach dem Ablaufe der Dienstzeit von dem Verpflichteten mit Wissen des anderen Teiles fortgesetzt, so gilt es als auf unbestimmte Zeit verlängert, sofern nicht der andere Teil unverzüglich widerspricht.

§ 626 [Fristlose Kündigung aus wichtigem Grund]
(1) Das Dienstverhältnis kann von jedem Vertragsteil aus wichtigem Grund ohne Einhaltung einer Kündigungsfrist gekündigt werden, wenn Tatsachen vorliegen, auf Grund derer dem Kündigenden unter Berücksichtigung aller Umstände des Einzelfalles und unter Abwägung der Interessen beider Vertragsteile die Fortsetzung des Dienstverhältnisses bis zum Ablauf der Kündigungsfrist oder bis zu der vereinbarten Beendigung des Dienstverhältnisses nicht zugemutet werden kann.
(2) Die Kündigung kann nur innerhalb von zwei Wochen erfolgen. Die Frist beginnt mit dem Zeitpunkt, in dem der Kündigungsberechtigte von den für die Kündigung maßgebenden Tatsachen Kenntnis erlangt. Der Kündigende muß dem anderen Teil auf Verlangen den Kündigungsgrund unverzüglich schriftlich mitteilen.

§ 627 [Fristlose Kündigung bei Vertrauensstellung]
(1) Bei einem Dienstverhältnis, das kein Arbeitsverhältnis im Sinne des § 622 ist, ist die Kündigung auch ohne die im § 626 bezeichnete Voraussetzung zulässig, wenn der zur Dienstleistung Verpflichtete, ohne in einem dauernden Dienstverhältnis mit festen Bezügen zu stehen, Dienste höherer Art zu leisten hat, die auf Grund besonderen Vertrauens übertragen zu werden pflegen.
(2) Der Verpflichtete darf nur in der Art kündigen, daß sich der Dienstberechtigte die Dienste anderweit beschaffen kann, es sei denn, daß ein wichtiger Grund für die unzeitige Kündigung vorliegt. Kündigt er ohne solchen Grund zur Unzeit, so hat er dem Dienstberechtigten den daraus entstehenden Schaden zu ersetzen.

§ 628 [Teilvergütung und Schadensersatz bei fristloser Kündigung]
(1) Wird nach dem Beginne der Dienstleistung das Dienstverhältnis auf Grund des § 626 oder des § 627 gekündigt, so kann der Verpflichtete einen seinen bisherigen Leistungen entsprechenden Teil der Vergütung verlangen. Kündigt er, ohne durch vertragswidriges Verhalten des anderen Teiles dazu veranlaßt zu sein, oder veranlaßt er durch sein vertragswidriges Verhalten die Kündigung des anderen Teiles, so steht ihm ein Anspruch auf die Vergütung insoweit nicht zu, als seine bisherigen Leistungen infolge der Kündigung für den anderen Teil kein Interesse haben. Ist die Vergütung für eine spätere Zeit im voraus entrichtet, so hat der Verpflichtete sie nach Maßgabe des § 347 oder, wenn die Kündigung wegen eines Umstandes erfolgt, den er nicht zu vertreten hat, nach den Vorschriften über die Herausgabe einer ungerechtfertigten Bereicherung zurückzuerstatten.
(2) Wird die Kündigung durch vertragswidriges Verhalten des anderen Teiles veranlaßt, so ist dieser zum Ersatze des durch die Aufhebung des Dienstverhältnisses entstehenden Schadens verpflichtet.

§ 629 [Zeit zur Stellensuche]
Nach der Kündigung eines dauernden Dienstverhältnisses hat der Dienstberechtigte dem Verpflichteten auf Verlangen angemessene Zeit zum Aufsuchen eines anderen Dienstverhältnisses zu gewähren.

§ 630 [Zeugnis]
Bei der Beendigung eines dauernden Dienstverhältnisses kann der Verpflichtete von dem anderen Teile ein schriftliches Zeugnis über das Dienstverhältnis und dessen Dauer fordern. Das Zeugnis ist auf Verlangen auf die Leistungen und die Führung im Dienste zu erstrecken.

Siebenter Titel

Werkvertrag und ähnliche Verträge

I. Werkvertrag

§ 631 [Wesen]

(1) Durch den Werkvertrag wird der Unternehmer zur Herstellung des versprochenen Werkes, der Besteller zur Entrichtung der vereinbarten Vergütung verpflichtet.

(2) Gegenstand des Werkvertrags kann sowohl die Herstellung oder Veränderung einer Sache als ein anderer durch Arbeit oder Dienstleistung herbeizuführender Erfolg sein.

§ 632 [Vergütung]

(1) Eine Vergütung gilt als stillschweigend vereinbart, wenn die Herstellung des Werkes den Umständen nach nur gegen eine Vergütung zu erwarten ist.

(2) Ist die Höhe der Vergütung nicht bestimmt, so ist bei dem Bestehen einer Taxe die taxmäßige Vergütung, in Ermangelung einer Taxe die übliche Vergütung als vereinbart anzusehen.

§ 633 [Nachbesserung – Mängelbeseitigung]

(1) Der Unternehmer ist verpflichtet, das Werk so herzustellen, daß es die zugesicherten Eigenschaften hat und nicht mit Fehlern behaftet ist, die den Wert oder die Tauglichkeit zu dem gewöhnlichen oder dem nach dem Vertrage vorausgesetzten Gebrauch aufheben oder mindern.

(2) Ist das Werk nicht von dieser Beschaffenheit, so kann der Besteller die Beseitigung des Mangels verlangen. § 476 a gilt entsprechend. Der Unternehmer ist berechtigt, die Beseitigung zu verweigern, wenn sie einen unverhältnismäßigen Aufwand erfordert.

(3) Ist der Unternehmer mit der Beseitigung des Mangels im Verzuge, so kann der Besteller den Mangel selbst beseitigen und Ersatz der erforderlichen Aufwendungen verlangen.

§ 634 [Frist zur Mängelbeseitigung – Wandelung oder Minderung]

(1) Zur Beseitigung eines Mangels der im § 633 bezeichneten Art kann der Besteller dem Unternehmer eine angemessene Frist mit der Erklärung bestimmen, daß er die Beseitigung des Mangels nach dem Ablaufe der Frist ablehne. Zeigt sich schon vor der Ablieferung des Werkes ein Mangel, so kann der Besteller die Frist sofort bestimmen; die Frist muß so bemessen werden, daß sie nicht vor der für die Ablieferung bestimmten Frist abläuft. Nach dem Ablaufe der Frist kann der Besteller Rückgängigmachung des Vertrags (Wandelung) oder Herabsetzung der Vergütung (Minderung) verlangen, wenn nicht der Mangel rechtzeitig beseitigt worden ist; der Anspruch auf Beseitigung des Mangels ist ausgeschlossen.

(2) Der Bestimmung einer Frist bedarf es nicht, wenn die Beseitigung des Mangels unmöglich ist oder von dem Unternehmer verweigert wird oder wenn die sofortige Geltendmachung des Anspruchs auf Wandelung oder auf Minderung durch ein besonderes Interesse des Bestellers gerechtfertigt wird.

(3) Die Wandelung ist ausgeschlossen, wenn der Mangel den Wert oder die Tauglichkeit des Werkes nur unerheblich mindert.

(4) Auf die Wandelung und die Minderung finden die für den Kauf geltenden Vorschriften der §§ 465 bis 467, 469 bis 475 entsprechende Anwendung.

§ 635 [Schadensersatz wegen Nichterfüllung]

Beruht der Mangel des Werkes auf einem Umstande, den der Unternehmer zu vertreten hat, so kann der Besteller statt der Wandelung oder der Minderung Schadensersatz wegen Nichterfüllung verlangen.

§ 636 [Rücktritt bei verspäteter Herstellung]

(1) Wird das Werk ganz oder zum Teil nicht rechtzeitig hergestellt, so finden die für die Wandelung geltenden Vorschriften des § 634 Abs. 1 bis 3 entsprechende Anwendung; an die Stelle des Anspruchs auf Wandelung tritt das Recht des Bestellers, nach § 327 von dem Vertrage zurückzutreten. Die im Falle des Verzugs des Unternehmers dem Besteller zustehenden Rechte bleiben unberührt.

(2) Bestreitet der Unternehmer die Zulässigkeit des erklärten Rücktritts, weil er das Werk rechtzeitig hergestellt habe, so trifft ihn die Beweislast.

§ 637 [Vertraglicher Haftungsausschluß]

Eine Vereinbarung, durch welche die Verpflichtung des Unternehmers, einen Mangel des Werkes zu vertreten, erlassen oder beschränkt wird, ist nichtig, wenn der Unternehmer den Mangel arglistig verschweigt.

§ 638 [Kurze Verjährung]

(1) Der Anspruch des Bestellers auf Beseitigung eines Mangels des Werkes sowie die wegen des Mangels dem Besteller zustehenden Ansprüche auf Wandelung, Minderung oder Schadensersatz verjähren, sofern nicht der Unternehmer den Mangel arglistig verschwiegen hat, in sechs Monaten, bei Arbeiten an einem Grundstück in einem Jahre, bei Bauwerken in fünf Jahren. Die Verjährung beginnt mit der Abnahme des Werkes.

(2) Die Verjährungsfrist kann durch Vertrag verlängert werden.

§ 639 [Unterbrechung und Hemmung der Verjährung]

(1) Auf die Verjährung der im § 638 bezeichneten Ansprüche des Bestellers finden die für die Verjährung der Ansprüche des Käufers geltenden Vorschriften des § 477 Abs. 2, 3 und der §§ 478, 479 entsprechende Anwendung.

(2) Unterzieht sich der Unternehmer im Einverständnisse mit dem Besteller der Prüfung des Vorhandenseins des Mangels oder der Beseitigung des Mangels, so ist die Verjährung so lange gehemmt, bis der Unternehmer das Ergebnis der Prüfung dem Besteller mitteilt oder ihm gegenüber den Mangel für beseitigt erklärt oder die Fortsetzung der Beseitigung verweigert.

§ 640 [Abnahme]

(1) Der Besteller ist verpflichtet, das vertragsmäßig hergestellte Werk abzunehmen, sofern nicht nach der Beschaffenheit des Werkes die Abnahme ausgeschlossen ist.

(2) Nimmt der Besteller ein mangelhaftes Werk ab, obschon er den Mangel kennt, so stehen ihm die in den §§ 633, 634 bestimmten Ansprüche nur zu, wenn er sich seine Rechte wegen des Mangels bei der Abnahme vorbehält.

§ 641 [Fälligkeit der Vergütung – Verzinsung]

(1) Die Vergütung ist bei der Abnahme des Werkes zu entrichten. Ist das Werk in Teilen abzunehmen und die Vergütung für die einzelnen Teile bestimmt, so ist die Vergütung für jeden Teil bei dessen Abnahme zu entrichten.

(2) Eine in Geld festgesetzte Vergütung hat der Besteller von der Abnahme des Werkes an zu verzinsen, sofern nicht die Vergütung gestundet ist.

§ 642 [Mitwirkung des Bestellers]

(1) Ist bei der Herstellung des Werkes eine Handlung des Bestellers erforderlich, so kann der Unternehmer, wenn der Besteller durch das Unterlassen der Handlung in Verzug der Annahme kommt, eine angemessene Entschädigung verlangen.

(2) Die Höhe der Entschädigung bestimmt sich einerseits nach der Dauer des Verzugs und der Höhe der vereinbarten Vergütung, andererseits nach demjenigen, was der Unternehmer

infolge des Verzugs an Aufwendungen erspart oder durch anderweitige Verwendung seiner Arbeitskraft erwerben kann.

§ 643 [Fristsetzung mit Kündigungsandrohung]

Der Unternehmer ist im Falle des § 642 berechtigt, dem Besteller zur Nachholung der Handlung eine angemessene Frist mit der Erklärung zu bestimmen, daß er den Vertrag kündige, wenn die Handlung nicht bis zum Ablaufe der Frist vorgenommen werde. Der Vertrag gilt als aufgehoben, wenn nicht die Nachholung bis zum Ablaufe der Frist erfolgt.

§ 644 [Gefahrtragung]

(1) Der Unternehmer trägt die Gefahr bis zur Abnahme des Werkes. Kommt der Besteller in Verzug der Annahme, so geht die Gefahr auf ihn über. Für den zufälligen Untergang und eine zufällige Verschlechterung des von dem Besteller gelieferten Stoffes ist der Unternehmer nicht verantwortlich.

(2) Versendet der Unternehmer das Werk auf Verlangen des Bestellers nach einem anderen Orte als dem Erfüllungsorte, so finden die für den Kauf geltenden Vorschriften des § 447 entsprechende Anwendung.

§ 645 [Haftung des Bestellers bei Untergang oder Verschlechterung]

(1) Ist das Werk vor der Abnahme infolge eines Mangels des von dem Besteller gelieferten Stoffes oder infolge einer von dem Besteller für die Ausführung erteilten Anweisung untergegangen, verschlechtert oder unausführbar geworden, ohne daß ein Umstand mitgewirkt hat, den der Unternehmer zu vertreten hat, so kann der Unternehmer einen der geleisteten Arbeit entsprechenden Teil der Vergütung und Ersatz der in der Vergütung nicht inbegriffenen Auslagen verlangen. Das gleiche gilt, wenn der Vertrag in Gemäßheit des § 643 aufgehoben wird.

(2) Eine weitergehende Haftung des Bestellers wegen Verschuldens bleibt unberührt.

§ 646 [Vollendung ersetzt Abnahme]

Ist nach der Beschaffenheit des Werkes die Abnahme ausgeschlossen, so tritt in den Fällen der §§ 638, 641, 644, 645 an die Stelle der Abnahme die Vollendung des Werkes.

§ 647 [Pfandrecht des Unternehmers]

Der Unternehmer hat für seine Forderungen aus dem Vertrag ein Pfandrecht an den von ihm hergestellten oder ausgebesserten beweglichen Sachen des Bestellers, wenn sie bei der Herstellung oder zum Zwecke der Ausbesserung in seinen Besitz gelangt sind.

§ 648 [Bausicherungshypothek]

(1) Der Unternehmer eines Bauwerkes oder eines einzelnen Teiles eines Bauwerkes kann für seine Forderungen aus dem Vertrage die Einräumung einer Sicherungshypothek an dem Baugrundstücke des Bestellers verlangen. Ist das Werk noch nicht vollendet, so kann er die Einräumung der Sicherungshypothek für einen der geleisteten Arbeit entsprechenden Teil der Vergütung und für die in der Vergütung nicht inbegriffenen Auslagen verlangen.

(2) Der Inhaber einer Schiffswerft kann für seine Forderungen aus dem Bau oder der Ausbesserung eines Schiffs die Einräumung einer Schiffshypothek an dem Schiffsbauwerk oder dem Schiff des Bestellers verlangen; Absatz 1 Satz 2 gilt sinngemäß. § 647 findet keine Anwendung.

§ 648 a [Bauhandwerkersicherung]

(1) Der Unternehmer eines Bauwerks, einer Außenanlage oder eines Teils davon kann vom Besteller Sicherheit für die von ihm zu erbringenden Vorleistungen in der Weise verlangen, daß er dem Besteller zur Leistung der Sicherheit eine angemessene Frist mit der Erklärung bestimmt, daß er nach dem Ablauf der Frist seine Leistung verweigere. Sicherheit kann bis zur Höhe des voraussichtlichen Vergütungsanspruchs verlangt werden,

wie er sich aus dem Vertrag oder einem nachträglichen Zusatzauftrag ergibt. Sie ist auch dann als ausreichend anzusehen, wenn sich der Sicherungsgeber das Recht vorbehält, sein Versprechen im Falle einer wesentlichen Verschlechterung der Vermögensverhältnisse des Bestellers mit Wirkung für Vergütungsansprüche aus Bauleistungen zu widerrufen, die der Unternehmer bei Zugang der Widerrufserklärung noch nicht erbracht hat.

(2) Die Sicherheit kann auch durch eine Garantie oder ein sonstiges Zahlungsversprechen eines im Geltungsbereich dieses Gesetzes zum Geschäftsbetrieb befugten Kreditinstituts oder Kreditversicherers geleistet werden. Das Kreditinstitut oder der Kreditversicherer darf Zahlungen an den Unternehmer nur leisten, soweit der Besteller den Vergütungsanspruch des Unternehmers anerkennt oder durch vorläufig vollstreckbares Urteil zur Zahlung der Vergütung verurteilt worden ist und die Voraussetzungen vorliegen, unter denen die Zwangsvollstreckung begonnen werden darf.

(3) Der Unternehmer hat dem Besteller die üblichen Kosten der Sicherheitsleistung bis zu einem Höchstsatz von 2 vom Hundert für das Jahr zu erstatten. Dies gilt nicht, soweit eine Sicherheit wegen Einwendungen des Bestellers gegen den Vergütungsanspruch des Unternehmers aufrechterhalten werden muß und die Einwendungen sich als unbegründet erweisen.

(4) Soweit der Unternehmer für seinen Vergütungsanspruch eine Sicherheit nach den Absätzen 1 oder 2 erlangt hat, ist der Anspruch auf Einräumung einer Sicherungshypothek nach § 648 Abs. 1 ausgeschlossen.

(5) Leistet der Besteller die Sicherheit nicht fristgemäß, so bestimmen sich die Rechte des Unternehmers nach den §§ 643 und 645 Abs. 1. Gilt der Vertrag danach als aufgehoben, kann der Unternehmer auch Ersatz des Schadens verlangen, den er dadurch erleidet, daß er auf die Gültigkeit des Vertrags vertraut hat.

(6) Die Vorschriften der Absätze 1 bis 5 finden keine Anwendung, wenn der Besteller

1. eine juristische Person des öffentlichen Rechts oder ein öffentlich-rechtliches Sondervermögen ist oder
2. eine natürliche Person ist und die Bauarbeiten zur Herstellung oder Instandsetzung eines Einfamilienhauses mit oder ohne Einliegerwohnung ausführen läßt; dies gilt nicht bei Betreuung des Bauvorhabens durch einen zur Verfügung über die Finanzierungsmittel des Bestellers ermächtigten Baubetreuer.

(7) Eine von den Vorschriften der Absätze 1 bis 5 abweichende Vereinbarung ist unwirksam.

§ 649 [Kündigung des Bestellers]

Der Besteller kann bis zur Vollendung des Werkes jederzeit den Vertrag kündigen. Kündigt der Besteller, so ist der Unternehmer berechtigt, die vereinbarte Vergütung zu verlangen; er muß sich jedoch dasjenige anrechnen lassen, was er infolge der Aufhebung des Vertrags an Aufwendungen erspart oder durch anderweitige Verwendung seiner Arbeitskraft erwirbt oder zu erwerben böswillig unterläßt.

§ 650 [Überschreitung des Kostenanschlags]

(1) Ist dem Vertrag ein Kostenanschlag zugrunde gelegt worden, ohne daß der Unternehmer die Gewähr für die Richtigkeit des Anschlags übernommen hat, und ergibt sich, daß das Werk nicht ohne eine wesentliche Überschreitung des Anschlags ausführbar ist, so steht dem Unternehmer, wenn der Besteller den Vertrag aus diesem Grunde kündigt, nur der in § 645 Abs. 1 bestimmte Anspruch zu.

(2) Ist eine solche Überschreitung des Anschlags zu erwarten, so hat der Unternehmer dem Besteller unverzüglich Anzeige zu machen.

§ 651 [Werklieferungsvertrag]

(1) Verpflichtet sich der Unternehmer, das Werk aus einem von ihm zu beschaffenden Stoffe herzustellen, so hat er dem Besteller die hergestellte Sache zu übergeben und das Eigentum an der Sache zu verschaffen. Auf einen solchen Vertrag finden die Vorschriften über den Kauf Anwendung; ist eine nicht vertretbare Sache herzustellen, so treten an die Stelle des § 433, des § 446 Abs. 1 Satz 1 und der §§ 447, 459, 460, 462 bis 464, 477 bis 479 die Vorschriften über den Werkvertrag mit Ausnahme der §§ 647 bis 648 a.

(2) Verpflichtet sich der Unternehmer nur zur Beschaffung von Zutaten oder sonstigen Nebensachen, so finden ausschließlich die Vorschriften über den Werkvertrag Aufwendung.

II. Reisevertrag

§ 651 a [Pflichten der Vertragsparteien]

(1) Durch den Reisevertrag wird der Reiseveranstalter verpflichtet, dem Reisenden eine Gesamtheit von Reiseleistungen (Reise) zu erbringen. Der Reisende ist verpflichtet, dem Reiseveranstalter den vereinbarten Reisepreis zu zahlen.

(2) Die Erklärung, nur Verträge mit den Personen zu vermitteln, welche die einzelnen Reiseleistungen ausführen sollen (Leistungsträger), bleibt unberücksichtigt, wenn nach den sonstigen Umständen der Anschein begründet wird, daß der Erklärende vertraglich vorgesehene Reiseleistungen in eigener Verantwortung erbringt.

(3) Der Reiseveranstalter kann den Reisepreis nur erhöhen, wenn dies mit genauen Angaben zur Berechnung des neuen Preises im Vertrag vorgesehen ist und damit einer Erhöhung der Beförderungskosten, der Abgaben für bestimmte Leistungen, wie Hafen- oder Flughafengebühren, oder einer Änderung der für die betreffende Reise geltenden Wechselkurse Rechnung getragen wird. Eine Preiserhöhung, die ab dem zwanzigsten Tag vor dem vereinbarten Abreisetermin verlangt wird, ist unwirksam. § 11 Nr. 1 des Gesetzes zur Regelung des Rechts der Allgemeinen Geschäftsbedingungen bleibt unberührt.

(4) Der Reiseveranstalter hat eine Änderung des Reisepreises nach Absatz 3, eine zulässige Änderung einer wesentlichen Reiseleistung oder eine zulässige Absage der Reise dem Reisenden unverzüglich nach Kenntnis von dem Änderungs- oder Absagegrund zu erklären. Im Falle einer Erhöhung des Reisepreises um mehr als fünf vom Hundert oder einer erheblichen Änderung einer wesentlichen Reiseleistung kann der Reisende vom Vertrag zurücktreten. Er kann statt dessen, ebenso wie bei einer Absage der Reise durch den Reiseveranstalter, die Teilnahme an einer mindestens gleichwertigen anderen Reise verlangen, wenn der Reiseveranstalter in der Lage ist, eine solche Reise ohne Mehrpreis für den Reisenden aus seinem Angebot anzubieten. Der Reisende hat diese Rechte unverzüglich nach der Erklärung durch den Reiseveranstalter diesem gegenüber geltend zu machen.

(5) Das Bundesministerium der Justiz wird ermächtigt, im Einvernehmen mit dem Bundesministerium für Wirtschaft durch Rechtsverordnung zum Schutz der Verbraucher bei Reisen Festsetzungen zu treffen, durch die sichergestellt wird, daß die Beschreibungen von Reisen keine irreführenden, sondern klare und genaue Angaben enthalten und daß der Reiseveranstalter dem Verbraucher die notwendigen Informationen erteilt. Zu diesem Zweck kann insbesondere bestimmt werden, welche Angaben in einem vom Veranstalter herausgegebenen Prospekt und in dem Reisevertrag enthalten sein müssen sowie welche Informationen der Reiseveranstalter dem Reisenden vor dem Vertragsabschluß und vor dem Antritt der Reise geben muß.

§ 651 b [Eintritt Dritter in den Reisevertrag]

(1) Bis zum Reisebeginn kann der Reisende verlangen, daß statt seiner ein Dritter in die Rechte und Pflichten aus dem Reisevertrag eintritt. Der Reiseveranstalter kann dem

Eintritt des Dritten widersprechen, wenn dieser den besonderen Reiseerfordernissen nicht genügt oder seiner Teilnahme gesetzliche Vorschriften oder behördliche Anordnungen entgegenstehen.

(2) Tritt ein Dritter in den Vertrag ein, so haften er und der Reisende dem Reiseveranstalter als Gesamtschuldner für den Reisepreis und die durch den Eintritt des Dritten entstehenden Mehrkosten.

§ 651 c [Gewährleistung und Abhilferecht]

(1) Der Reiseveranstalter ist verpflichtet, die Reise so zu erbringen, daß sie die zugesicherten Eigenschaften hat und nicht mit Fehlern behaftet ist, die den Wert oder die Tauglichkeit zu dem gewöhnlichen oder nach dem Vertrage vorausgesetzten Nutzen aufheben oder mindern.

(2) Ist die Reise nicht von dieser Beschaffenheit, so kann der Reisende Abhilfe verlangen. Der Reiseveranstalter kann die Abhilfe verweigern, wenn sie einen unverhältnismäßigen Aufwand erfordert.

(3) Leistet der Reiseveranstalter nicht innerhalb einer vom Reisenden bestimmten angemessenen Frist Abhilfe, so kann der Reisende selbst Abhilfe schaffen und Ersatz der erforderlichen Aufwendungen verlangen. Der Bestimmung einer Frist bedarf es nicht, wenn die Abhilfe von dem Reiseveranstalter verweigert wird oder wenn die sofortige Abhilfe durch ein besonderes Interesse des Reisenden geboten wird.

§ 651 d [Minderung]

(1) Ist die Reise im Sinne des § 651 c Abs. 1 mangelhaft, so mindert sich für die Dauer des Mangels der Reisepreis nach Maßgabe des § 472.

(2) Die Minderung tritt nicht ein, soweit es der Reisende schuldhaft unterläßt, den Mangel anzuzeigen.

§ 651 e [Kündigung wegen Mangels]

(1) Wird die Reise infolge eines Mangels der in § 651 c bezeichneten Art erheblich beeinträchtigt, so kann der Reisende den Vertrag kündigen. Dasselbe gilt, wenn ihm die Reise infolge eines solchen Mangels aus wichtigem, dem Reiseveranstalter erkennbaren Grund nicht zuzumuten ist.

(2) Die Kündigung ist erst zulässig, wenn der Reiseveranstalter eine ihm vom Reisenden bestimmte angemessene Frist hat verstreichen lassen, ohne Abhilfe zu leisten. Der Bestimmung einer Frist bedarf es nicht, wenn die Abhilfe unmöglich ist oder vom Reiseveranstalter verweigert wird oder wenn die sofortige Kündigung des Vertrages durch ein besonderes Interesse des Reisenden gerechtfertigt wird.

(3) Wird der Vertrag gekündigt, so verliert der Reiseveranstalter den Anspruch auf den vereinbarten Reisepreis. Er kann jedoch für die bereits erbrachten oder zur Beendigung der Reise noch zu erbringenden Reiseleistungen eine nach § 471 zu bemessende Entschädigung verlangen. Dies gilt nicht, soweit diese Leistungen infolge der Aufhebung des Vertrags für den Reisenden kein Interesse haben.

(4) Der Reiseveranstalter ist verpflichtet, die infolge der Aufhebung des Vertrags notwendigen Maßnahmen zu treffen, insbesondere, falls der Vertrag die Rückbeförderung umfaßte, den Reisenden zurückzubefördern. Die Mehrkosten fallen dem Reiseveranstalter zur Last.

§ 651 f [Schadensersatz]

(1) Der Reisende kann unbeschadet der Minderung oder der Kündigung Schadensersatz wegen Nichterfüllung verlangen, es sei denn, der Mangel der Reise beruht auf einem Umstand, den der Reiseveranstalter nicht zu vertreten hat.

(2) Wird die Reise vereitelt oder erheblich beeinträchtigt, so kann der Reisende auch

wegen nutzlos aufgewendeter Urlaubszeit eine angemessene Entschädigung in Geld verlangen.

§ 651 g [Ausschlußfrist – Verjährung]

(1) Ansprüche nach den §§ 651 c bis 651 f hat der Reisende innerhalb eines Monats nach der vertraglich vorgesehenen Beendigung der Reise gegenüber dem Reiseveranstalter geltend zu machen. Nach Ablauf der Frist kann der Reisende Ansprüche nur geltend machen, wenn er ohne Verschulden an der Einhaltung der Frist verhindert worden ist.

(2) Ansprüche des Reisenden nach den §§ 651 c bis 651 f verjähren in sechs Monaten. Die Verjährung beginnt mit dem Tage, an dem die Reise dem Vertrage nach enden sollte. Hat der Reisende solche Ansprüche geltend gemacht, so ist die Verjährung bis zu dem Tage gehemmt, an dem der Reiseveranstalter die Ansprüche schriftlich zurückweist.

§ 651 h [Haftungsbeschränkung]

(1) Der Reiseveranstalter kann durch Vereinbarung mit dem Reisenden seine Haftung für Schäden, die nicht Körperschäden sind, auf den dreifachen Reisepreis beschränken,

1. soweit ein Schaden des Reisenden weder vorsätzlich noch grob fahrlässig herbeigeführt wird, oder
2. soweit der Reiseveranstalter für einen dem Reisenden entstehenden Schaden allein wegen eines Verschuldens eines Leistungsträgers verantwortlich ist.

(2) Gelten für eine von einem Leistungsträger zu erbringende Reiseleistung internationale Übereinkommen oder auf solche beruhende gesetzliche Vorschriften, nach denen ein Anspruch auf Schadensersatz nur unter bestimmten Voraussetzungen oder Beschränkungen entsteht oder geltend gemacht werden kann oder unter bestimmten Voraussetzungen ausgeschlossen ist, so kann sich auch der Reiseveranstalter gegenüber dem Reisenden hierauf berufen.

§ 651 i [Rücktrittsrecht]

(1) Vor Reisebeginn kann der Reisende jederzeit vom Vertrag zurücktreten.

(2) Tritt der Reisende vom Vertrag zurück, so verliert der Reiseveranstalter den Anspruch auf den vereinbarten Reisepreis. Er kann jedoch eine angemessene Entschädigung verlangen. Die Höhe der Entschädigung bestimmt sich nach dem Reisepreis unter Abzug des Wertes der vom Reiseveranstalter ersparten Aufwendungen sowie dessen, was er durch anderweitige Verwendung der Reiseleistungen erwerben kann.

(3) Im Vertrage kann für jede Reiseart unter Berücksichtigung der gewöhnlich ersparten Aufwendungen und des durch anderweitige Verwendung der Reiseleistungen gewöhnlich möglichen Erwerbs ein Vomhundertsatz des Reisepreises als Entschädigung festgesetzt werden.

§ 651 j [Kündigung wegen höherer Gewalt]

(1) Wird die Reise infolge bei Vertragsabschluß nicht voraussehbarer höherer Gewalt erheblich erschwert, gefährdet oder beeinträchtigt, so können sowohl der Reiseveranstalter als auch der Reisende den Vertrag allein nach Maßgabe dieser Vorschrift kündigen.

(2) Wird der Vertrag nach Absatz 1 gekündigt, so finden die Vorschriften des § 651 e Abs. 3 Sätze 1 und 2, Abs. 4 Satz 1 Anwendung. Die Mehrkosten für die Rückbeförderung sind von den Parteien je zur Hälfte zu tragen. Im übrigen fallen die Mehrkosten dem Reisenden zur Last.

§ 651 k [Rückerstattungspflicht bei Zahlungsunfähigkeit oder Konkurs]

(1) Der Reiseveranstalter hat sicherzustellen, daß dem Reisenden erstattet werden

1. der gezahlte Reisepreis, soweit Reiseleistungen infolge Zahlungsunfähigkeit oder Konkurses des Reiseveranstalters ausfallen, und

2. notwendige Aufwendungen, die dem Reisenden infolge Zahlungsunfähigkeit oder Konkurses des Reiseveranstalters für die Rückreise entstehen.

Die Verpflichtungen nach Satz 1 kann der Reiseveranstalter nur erfüllen

1. durch eine Versicherung bei einem im Geltungsbereich dieses Gesetzes zum Geschäftsbetrieb befugten Versicherungsunternehmen oder
2. durch ein Zahlungsversprechen eines im Geltungsbereich dieses Gesetzes zum Geschäftsbetrieb befugten Kreditinstituts.

(2) Der Versicherer oder das Kreditinstitut kann seine Haftung für die von ihm in einem Jahr insgesamt nach diesem Gesetz zu erstattenden Beträge jeweils für das erste Jahr nach dem 31. Oktober 1994 auf siebzig, für das zweite Jahr auf einhundert, für das dritte Jahr auf einhundertfünfzig und für die darauffolgende Zeit auf zweihundert Millionen Deutsche Mark begrenzen. Übersteigen die in einem Jahr von einem Versicherer oder einem Kreditinstitut insgesamt nach diesem Gesetz zu erstattenden Beträge die in Satz 1 genannten Höchstbeträge, so verringern sich die einzelnen Erstattungsansprüche in dem Verhältnis, in dem ihr Gesamtbetrag zum Höchstbetrag steht.

(3) Zur Erfüllung seiner Verpflichtung nach Absatz 1 hat der Reiseveranstalter dem Reisenden einen unmittelbaren Anspruch gegen den Versicherer oder das Kreditinstitut zu verschaffen und durch Übergabe einer von diesem Unternehmen ausgestellten Bestätigung (Sicherungsschein) nachzuweisen.

(4) Der Reiseveranstalter darf Zahlungen des Reisenden auf den Reisepreis außer einer Anzahlung bis zur Höhe von zehn vom Hundert des Reisepreises, höchstens jedoch fünfhundert Deutsche Mark vor der Beendigung der Reise nur fordern oder annehmen, wenn er dem Reisenden einen Sicherungsschein übergeben hat.

(5) Hat im Zeitpunkt des Vertragsschlusses der Reiseveranstalter seine Hauptniederlassung in einem anderen Mitgliedstaat der Europäischen Gemeinschaften oder in einem anderen Vertragsstaat des Abkommens über den Europäischen Wirtschatsraum, so genügt der Reiseveranstalter seiner Verpflichtung nach Absatz 1 auch dann, wenn er dem Reisenden Sicherheit in Übereinstimmung mit den Vorschriften des anderen Staates leistet und diese den Anforderungen nach Absatz 1 Satz 1 entspricht; Absatz 4 gilt mit der Maßgabe, daß dem Reisenden die Sicherheitsleistung nachgewiesen werden muß.

(6) Die Absätze 1 bis 5 gelten nicht, wenn

1. der Reiseveranstalter nur gelegentlich und außerhalb seiner gewerblichen Tätigkeit Reisen veranstaltet,
2. die Reise nicht länger als 24 Stunden dauert, keine Übernachtung einschließt und der Reisepreis einhundertfünfzig Deutsche Mark nicht übersteigt,
3. der Reiseveranstalter eine juristische Person des öffentlichen Rechts ist.

§ 651 l [Keine Abweichung zum Nachteil der Reisenden]

Von den Vorschriften der §§ 651 a bis 651 k kann nicht zum Nachteil des Reisenden abgewichen werden.

Achter Titel

Mäklervertrag

§ 652 [Anspruch auf Mäklerlohn]

(1) Wer für den Nachweis der Gelegenheit zum Abschluß eines Vertrags oder für die Vermittelung eines Vertrags einen Mäklerlohn verspricht, ist zur Entrichtung des Lohnes nur verpflichtet, wenn der Vertrag infolge des Nachweises oder infolge der Vermittelung des Mäklers zustande kommt. Wird der Vertrag unter einer aufschiebenden Bedingung geschlossen, so kann der Mäklerlohn erst verlangt werden, wenn die Bedingung eintritt.

(2) Aufwendungen sind dem Mäkler nur zu ersetzen, wenn es vereinbart ist. Dies gilt auch dann, wenn ein Vertrag nicht zustande kommt.

§ 653 [Stillschweigende Vereinbarung – Höhe der Vergütung]

(1) Ein Mäklerlohn gilt als stillschweigend vereinbart, wenn die dem Mäkler übertragene Leistung den Umständen nach nur gegen eine Vergütung zu erwarten ist.

(2) Ist die Höhe der Vergütung nicht bestimmt, so ist bei dem Bestehen einer Taxe der taxmäßige Lohn, in Ermangelung einer Taxe der übliche Lohn als vereinbart anzusehen.

§ 654 [Verwirkung des Anspruchs]

Der Anspruch auf den Mäklerlohn und den Ersatz von Aufwendungen ist ausgeschlossen, wenn der Mäkler dem Inhalte des Vertrags zuwider auch für den anderen Teil tätig gewesen ist.

§ 655 [Herabsetzung durch Urteil]

Ist für den Nachweis der Gelegenheit zum Abschluß eines Dienstvertrags oder für die Vermittelung eines solchen Vertrags ein unverhältnismäßig hoher Mäklerlohn vereinbart worden, so kann er auf Antrag des Schuldners durch Urteil auf den angemessenen Betrag herabgesetzt werden. Nach der Entrichtung des Lohnes ist die Herabsetzung ausgeschlossen.

§ 656 [Ehevermittlung]

(1) Durch das Versprechen eines Lohnes für den Nachweis der Gelegenheit zur Eingehung einer Ehe oder für die Vermittelung des Zustandekommens einer Ehe wird eine Verbindlichkeit nicht begründet. Das auf Grund des Versprechens Geleistete kann nicht deshalb zurückgefordert werden, weil eine Verbindlichkeit nicht bestanden hat.

(2) Diese Vorschriften gelten auch für eine Vereinbarung, durch die der andere Teil zum Zwecke der Erfüllung des Versprechens dem Mäkler gegenüber eine Verbindlichkeit eingeht, insbesondere für ein Schuldanerkenntnis.

Neunter Titel
Auslobung

§ 657 [Begriff]

Wer durch öffentliche Bekanntmachung eine Belohnung für die Vornahme einer Handlung, insbesondere für die Herbeiführung eines Erfolges, aussetzt, ist verpflichtet, die Belohnung demjenigen zu entrichten, welcher die Handlung vorgenommen hat, auch wenn dieser nicht mit Rücksicht auf die Auslobung gehandelt hat.

§ 658 [Widerruf]

(1) Die Auslobung kann bis zur Vornahme der Handlung widerrufen werden. Der Widerruf ist nur wirksam, wenn er in derselben Weise wie die Auslobung bekannt gemacht wird oder wenn er durch besondere Mitteilung erfolgt.

(2) Auf die Widerruflichkeit kann in der Auslobung verzichtet werden; ein Verzicht liegt im Zweifel in der Bestimmung einer Frist für die Vornahme der Handlung.

§ 659 [Anspruch mehrerer auf die Belohnung]

(1) Ist die Handlung, für welche die Belohnung ausgesetzt ist, mehrmals vorgenommen worden, so gebührt die Belohnung demjenigen, welcher die Handlung zuerst vorgenommen hat.

(2) Ist die Handlung von mehreren gleichzeitig vorgenommen worden, so gebührt jedem ein gleicher Teil der Belohnung. Läßt sich die Belohnung wegen ihrer Beschaffenheit nicht teilen oder soll nach dem Inhalte der Auslobung nur einer die Belohnung erhalten, so entscheidet das Los.

§ 660 [Verteilung der Belohnung]

(1) Haben mehrere zu dem Erfolge mitgewirkt, für den die Belohnung ausgesetzt ist, so hat der Auslobende die Belohnung unter Berücksichtigung des Anteils eines jeden an dem Erfolge nach billigem Ermessen unter sie zu verteilen. Die Verteilung ist nicht verbindlich, wenn sie offenbar unbillig ist; sie erfolgt in einem solchen Falle durch Urteil.

(2) Wird die Verteilung des Auslobenden von einem der Beteiligten nicht als verbindlich anerkannt, so ist der Auslobende berechtigt, die Erfüllung zu verweigern, bis die Beteiligten den Streit über ihre Berechtigung unter sich ausgetragen haben; jeder von ihnen kann verlangen, daß die Belohnung für alle hinterlegt wird.

(3) Die Vorschrift des § 659 Abs. 2 Satz 2 findet Anwendung.

§ 661 [Preisausschreiben]

(1) Eine Auslobung, die eine Preisbewerbung zum Gegenstande hat, ist nur gültig, wenn in der Bekanntmachung eine Frist für die Bewerbung bestimmt wird.

(2) Die Entscheidung darüber, ob eine innerhalb der Frist erfolgte Bewerbung der Auslobung entspricht oder welche von mehreren Bewerbungen den Vorzug verdient, ist durch die in der Auslobung bezeichnete Person, in Ermangelung einer solchen durch den Auslobenden zu treffen. Die Entscheidung ist für die Beteiligten verbindlich.

(3) Bei Bewerbungen von gleicher Würdigkeit finden auf die Zuerteilung des Preises die Vorschriften des § 659 Abs. 2 Anwendung.

(4) Die Übertragung des Eigentums an dem Werke kann der Auslobende nur verlangen, wenn er in der Auslobung bestimmt hat, daß die Übertragung erfolgen soll.

Zehnter Titel
Auftrag

§ 662 [Begriff]

Durch die Annahme eines Auftrags verpflichtet sich der Beauftragte, ein ihm von dem Auftraggeber übertragenes Geschäft für diesen unentgeltlich zu besorgen.

§ 663 [Anzeigepflicht bei Ablehnung]

Wer zur Besorgung gewisser Geschäfte öffentlich bestellt ist oder sich öffentlich erboten hat, ist, wenn er einen auf solche Geschäfte gerichteten Auftrag nicht annimmt, verpflichtet, die Ablehnung dem Auftraggeber unverzüglich anzuzeigen. Das gleiche gilt, wenn sich jemand dem Auftraggeber gegenüber zur Besorgung gewisser Geschäfte erboten hat.

§ 664 [Keine Übertragung]

(1) Der Beauftragte darf im Zweifel die Ausführung des Auftrags nicht einem Dritten übertragen. Ist die Übertragung gestattet, so hat er nur ein ihm bei der Übertragung zur Last fallendes Verschulden zu vertreten. Für das Verschulden eines Gehilfen ist er nach § 278 verantwortlich.

(2) Der Anspruch auf Ausführung des Auftrags ist im Zweifel nicht übertragbar.

§ 665 [Abweichung von Weisungen]

Der Beauftragte ist berechtigt, von den Weisungen des Auftraggebers abzuweichen, wenn er den Umständen nach annehmen darf, daß der Auftraggeber bei Kenntnis der Sachlage die Abweichung billigen würde. Der Beauftragte hat vor der Abweichung dem Auftraggeber Anzeige zu machen und dessen Entschließung abzuwarten, wenn nicht mit dem Aufschube Gefahr verbunden ist.

§ 666 [Auskunfts- und Rechenschaftspflicht]
Der Beauftragte ist verpflichtet, dem Auftraggeber die erforderlichen Nachrichten zu geben, auf Verlangen über den Stand des Geschäfts Auskunft zu erteilen und nach der Ausführung des Auftrags Rechenschaft abzulegen.

§ 667 [Herausgabepflicht des Beauftragten]
Der Beauftragte ist verpflichtet, dem Auftraggeber alles, was er zur Ausführung des Auftrags erhält und was er aus der Geschäftsbesorgung erlangt, herauszugeben.

§ 668 [Verzinsung des verwendeten Geldes]
Verwendet der Beauftragte Geld für sich, das er dem Auftraggeber herauszugeben oder für ihn zu verwenden hat, so ist er verpflichtet, es von der Zeit der Verwendung an zu verzinsen.

§ 669 [Vorschuß]
Für die zur Ausführung des Auftrags erforderlichen Aufwendungen hat der Auftraggeber dem Beauftragten auf Verlangen Vorschuß zu leisten.

§ 670 [Aufwendungsersatz]
Macht der Beauftragte zum Zwecke der Ausführung des Auftrags Aufwendungen, die er den Umständen nach für erforderlich halten darf, so ist der Auftraggeber zum Ersatze verpflichtet.

§ 671 [Widerruf und Kündigung]
(1) Der Auftrag kann von dem Auftraggeber jederzeit widerrufen, von dem Beauftragten jederzeit gekündigt werden.
(2) Der Beauftragte darf nur in der Art kündigen, daß der Auftraggeber für die Besorgung des Geschäfts anderweit Fürsorge treffen kann, es sei denn, daß ein wichtiger Grund für die unzeitige Kündigung vorliegt. Kündigt er ohne solchen Grund zur Unzeit, so hat er dem Auftraggeber den daraus entstehenden Schaden zu ersetzen.
(3) Liegt ein wichtiger Grund vor, so ist der Beauftragte zur Kündigung auch dann berechtigt, wenn er auf das Kündigungsrecht verzichtet hat.

§ 672 [Tod oder Geschäftsunfähigkeit des Auftraggebers]
Der Auftrag erlischt im Zweifel nicht durch den Tod oder den Eintritt der Geschäftsunfähigkeit des Auftraggebers. Erlischt der Auftrag, so hat der Beauftragte, wenn mit dem Aufschube Gefahr verbunden ist, die Besorgung des übertragenen Geschäfts fortzusetzen, bis der Erbe oder der gesetzliche Vertreter des Auftraggebers anderweit Fürsorge treffen kann; der Auftrag gilt insoweit als fortbestehend.

§ 673 [Tod des Beauftragten]
Der Auftrag erlischt im Zweifel durch den Tod des Beauftragten. Erlischt der Auftrag, so hat der Erbe des Beauftragten den Tod dem Auftraggeber unverzüglich anzuzeigen und, wenn mit dem Aufschube Gefahr verbunden ist, die Besorgung des übertragenen Geschäfts fortzusetzen, bis der Auftraggeber anderweit Fürsorge treffen kann; der Auftrag gilt insoweit als fortbestehend.

§ 674 [Fortbestehen des Auftrags]
Erlischt der Auftrag in anderer Weise als durch Widerruf, so gilt er zugunsten des Beauftragten gleichwohl als fortbestehend, bis der Beauftragte von dem Erlöschen Kenntnis erlangt oder das Erlöschen kennen muß.

§ 675 [Entgeltliche Geschäftsbesorgung]
Auf einen Dienstvertrag oder einen Werkvertrag, der eine Geschäftsbesorgung zum Gegenstande hat, finden die Vorschriften der §§ 663, 665 bis 670, 672 bis 674 und, wenn

dem Verpflichteten das Recht zusteht, ohne Einhaltung einer Kündigungsfrist zu kündigen, auch die Vorschriften des § 671 Abs. 2 entsprechende Anwendung.

§ 676 [Rat oder Empfehlung]
Wer einem anderen einen Rat oder eine Empfehlung erteilt, ist, unbeschadet der sich aus einem Vertragsverhältnis oder einer unerlaubten Handlung ergebenden Verantwortlichkeit, zum Ersatze des aus der Befolgung des Rates oder der Empfehlung entstehenden Schadens nicht verpflichtet.

Elfter Titel
Geschäftsführung ohne Auftrag

§ 677 [Pflichten des Geschäftsführers]
Wer ein Geschäft für einen anderen besorgt, ohne von ihm beauftragt oder ihm gegenüber sonst dazu berechtigt zu sein, hat das Geschäft so zu führen, wie das Interesse des Geschäftsherrn mit Rücksicht auf dessen wirklichen oder mutmaßlichen Willen es erfordert.

§ 678 [Entgegenstehender Wille des Geschäftsherrn]
Steht die Übernahme der Geschäftsführung mit dem wirklichen oder dem mutmaßlichen Willen des Geschäftsherrn in Widerspruch und mußte der Geschäftsführer dies erkennen, so ist er dem Geschäftsherrn zum Ersatze des aus der Geschäftsführung entstehenden Schadens auch dann verpflichtet, wenn ihm ein sonstiges Verschulden nicht zur Last fällt.

§ 679 [Unbeachtlichkeit des entgegenstehenden Willens]
Ein der Geschäftsführung entgegenstehender Wille des Geschäftsherrn kommt nicht in Betracht, wenn ohne die Geschäftsführung eine Pflicht des Geschäftsherrn, deren Erfüllung im öffentlichen Interesse liegt, oder eine gesetzliche Unterhaltspflicht des Geschäftsherrn nicht rechtzeitig erfüllt werden würde.

§ 680 [Geschäftsführung im Falle drohender Gefahr]
Bezweckt die Geschäftsführung die Abwendung einer dem Geschäftsherrn drohenden dringenden Gefahr, so hat der Geschäftsführer nur Vorsatz und grobe Fahrlässigkeit zu vertreten.

§ 681 [Anzeigepflicht des Geschäftsführers]
Der Geschäftsführer hat die Übernahme der Geschäftsführung, sobald es tunlich ist, dem Geschäftsherrn anzuzeigen und, wenn nicht mit dem Aufschube Gefahr verbunden ist, dessen Entschließung abzuwarten. Im übrigen finden auf die Verpflichtungen des Geschäftsführers die für einen Beauftragten geltenden Vorschriften der §§ 666 bis 668 entsprechende Anwendung.

§ 682 [Geschäftsunfähiger oder geschäftsbeschränkter Geschäftsführer]
Ist der Geschäftsführer geschäftsunfähig oder in der Geschäftsfähigkeit beschränkt, so ist er nur nach den Vorschriften über den Schadensersatz wegen unerlaubter Handlungen und über die Herausgabe einer ungerechtfertigten Bereicherung verantwortlich.

§ 683 [Aufwendungsersatz]
Entspricht die Übernahme der Geschäftsführung dem Interesse und dem wirklichen oder dem mutmaßlichen Willen des Geschäftsherrn, so kann der Geschäftsführer wie ein Beauftragter Ersatz seiner Aufwendungen verlangen. In den Fällen des § 679 steht dieser Anspruch dem Geschäftsführer zu, auch wenn die Übernahme der Geschäftsführung mit dem Willen des Geschäftsherrn in Widerspruch steht.

§ 684 [Herausgabepflicht des Geschäftsherrn]
Liegen die Voraussetzungen des § 683 nicht vor, so ist der Geschäftsherr verpflichtet, dem Geschäftsführer alles, was er durch die Geschäftsführung erlangt, nach den Vorschriften über die Herausgabe einer ungerechtfertigten Bereicherung herauszugeben. Genehmigt der Geschäftsherr die Geschäftsführung, so steht dem Geschäftsführer der im § 683 bestimmte Anspruch zu.

§ 685 [Ausschluß der Ersatzansprüche]
(1) Dem Geschäftsführer steht ein Anspruch nicht zu, wenn er nicht die Absicht hatte, von dem Geschäftsherrn Ersatz zu verlangen.
(2) Gewähren Eltern oder Voreltern ihren Abkömmlingen oder diese jenen Unterhalt, so ist im Zweifel anzunehmen, daß die Absicht fehlt, von dem Empfänger Ersatz zu verlangen.

§ 686 [Irrtum über die Person des Geschäftsherrn]
Ist der Geschäftsführer über die Person des Geschäftsherrn im Irrtume, so wird der wirkliche Geschäftsherr aus der Geschäftsführung berechtigt und verpflichtet.

§ 687 [Besorgung eines fremden Geschäfts als eigenes]
(1) Die Vorschriften der §§ 677 bis 686 finden keine Anwendung, wenn jemand ein fremdes Geschäft in der Meinung besorgt, daß es sein eigenes sei.
(2) Behandelt jemand ein fremdes Geschäft als sein eigenes, obwohl er weiß, daß er nicht dazu berechtigt ist, so kann der Geschäftsherr die sich aus den §§ 677, 678, 681, 682 ergebenden Ansprüche geltend machen. Macht er sie geltend, so ist er dem Geschäftsführer nach § 684 Satz 1 verpflichtet.

Zwölfter Titel
Verwahrung

§ 688 [Begriff]
Durch den Verwahrungsvertrag wird der Verwahrer verpflichtet, eine ihm von dem Hinterleger übergebene bewegliche Sache aufzubewahren.

§ 689 [Vergütung]
Eine Vergütung für die Aufbewahrung gilt als stillschweigend vereinbart, wenn die Aufbewahrung den Umständen nach nur gegen eine Vergütung zu erwarten ist.

§ 690 [Haftung bei unentgeltlicher Verwahrung]
Wird die Aufbewahrung unentgeltlich übernommen, so hat der Verwahrer nur für diejenige Sorgfalt einzustehen, welche er in eigenen Angelegenheiten anzuwenden pflegt.

§ 691 [Hinterlegung bei einem Dritten]
Der Verwahrer ist im Zweifel nicht berechtigt, die hinterlegte Sache bei einem Dritten zu hinterlegen. Ist die Hinterlegung bei einem Dritten gestattet, so hat der Verwahrer nur ein ihm bei dieser Hinterlegung zur Last fallendes Verschulden zu vertreten. Für das Verschulden eines Gehilfen ist er nach § 278 verantwortlich.

§ 692 [Änderung der Aufbewahrung]
Der Verwahrer ist berechtigt, die vereinbarte Art der Aufbewahrung zu ändern, wenn er den Umständen nach annehmen darf, daß der Hinterleger bei Kenntnis der Sachlage die Änderung billigen würde. Der Verwahrer hat vor der Änderung dem Hinterleger Anzeige zu machen und dessen Entschließung abzuwarten, wenn nicht mit dem Aufschube Gefahr verbunden ist.

§ 693 [Aufwendungsersatz]
Macht der Verwahrer zum Zwecke der Aufbewahrung Aufwendungen, die er den Umständen nach für erforderlich halten darf, so ist der Hinterleger zum Ersatze verpflichtet.

§ 694 [Schadensersatzpflicht des Hinterlegers]
Der Hinterleger hat den durch die Beschaffenheit der hinterlegten Sache dem Verwahrer entstehenden Schaden zu ersetzen, es sei denn, daß er die gefahrdrohende Beschaffenheit der Sache bei der Hinterlegung weder kennt noch kennen muß oder daß er sie dem Verwahrer angezeigt oder dieser sie ohne Anzeige gekannt hat.

§ 695 [Rückforderungsrecht]
Der Hinterleger kann die hinterlegte Sache jederzeit zurückfordern, auch wenn für die Aufbewahrung eine Zeit bestimmt ist.

§ 696 [Rücknahmeanspruch des Verwahrers]
Der Verwahrer kann, wenn eine Zeit für die Aufbewahrung nicht bestimmt ist, jederzeit die Rücknahme der hinterlegten Sache verlangen. Ist eine Zeit bestimmt, so kann er die vorzeitige Rücknahme nur verlangen, wenn ein wichtiger Grund vorliegt.

§ 697 [Ort der Rückgabe]
Die Rückgabe der hinterlegten Sache hat an dem Orte zu erfolgen, an welchem die Sache aufzubewahren war; der Verwahrer ist nicht verpflichtet, die Sache dem Hinterleger zu bringen.

§ 698 [Verzinsung bei Eigenverwendung]
Verwendet der Verwahrer hinterlegtes Geld für sich, so ist er verpflichtet, es von der Zeit der Verwendung an zu verzinsen.

§ 699 [Fälligkeit der Vergütung]
(1) Der Hinterleger hat die vereinbarte Vergütung bei der Beendigung der Aufbewahrung zu entrichten. Ist die Vergütung nach Zeitabschnitten bemessen, so ist sie nach dem Ablaufe der einzelnen Zeitabschnitte zu entrichten.
(2) Endigt die Aufbewahrung vor dem Ablaufe der für sie bestimmten Zeit, so kann der Verwahrer einen seinen bisherigen Leistungen entsprechenden Teil der Vergütung verlangen, sofern nicht aus der Vereinbarung über die Vergütung sich ein anderes ergibt.

§ 700 [Unregelmäßiger Verwahrungsvertrag]
(1) Werden vertretbare Sachen in der Art hinterlegt, daß das Eigentum auf den Verwahrer übergehen und dieser verpflichtet sein soll, Sachen von gleicher Art, Güte und Menge zurückzugewähren, so finden die Vorschriften über das Darlehen Anwendung. Gestattet der Hinterleger dem Verwahrer, hinterlegte vertretbare Sachen zu verbrauchen, so finden die Vorschriften über das Darlehen von dem Zeitpunkt an Anwendung, in welchem der Verwahrer sich die Sachen aneignet. In beiden Fällen bestimmen sich jedoch Zeit und Ort der Rückgabe im Zweifel nach den Vorschriften über den Verwahrungsvertrag.
(2) Bei der Hinterlegung von Wertpapieren ist eine Vereinbarung der im Absatz 1 bezeichneten Art nur gültig, wenn sie ausdrücklich getroffen wird.

Dreizehnter Titel
Einbringung von Sachen bei Gastwirten

§ 701 [Haftung des Gastwirts]
(1) Ein Gastwirt, der gewerbsmäßig Fremde zur Beherbergung aufnimmt, hat den Schaden zu ersetzen, der durch den Verlust, die Zerstörung oder die Beschädigung von Sachen entsteht, die ein im Betrieb dieses Gewerbes aufgenommener Gast eingebracht hat.

(2) Als eingebracht gelten
1. Sachen, welche in der Zeit, in der der Gast zur Beherbergung aufgenommen ist, in die Gastwirtschaft oder an einen von dem Gastwirt oder dessen Leuten angewiesenen oder von dem Gastwirt allgemein hierzu bestimmten Ort außerhalb der Gastwirtschaft gebracht oder sonst außerhalb der Gastwirtschaft von dem Gastwirt oder dessen Leuten in Obhut genommen sind;
2. Sachen, welche innerhalb einer angemessenen Frist vor oder nach der Zeit, in der der Gast zur Beherbergung aufgenommen war, von dem Gastwirt oder seinen Leuten in Obhut genommen sind.

Im Falle einer Anweisung oder einer Übernahme der Obhut durch Leute des Gastwirts gilt dies jedoch nur, wenn sie dazu bestellt oder nach den Umständen als dazu bestellt anzusehen waren.

(3) Die Ersatzpflicht tritt nicht ein, wenn der Verlust, die Zerstörung oder die Beschädigung von dem Gast, einem Begleiter des Gastes oder einer Person, die der Gast bei sich aufgenommen hat, oder durch die Beschaffenheit der Sachen oder durch höhere Gewalt verursacht wird.

(4) Die Ersatzpflicht erstreckt sich nicht auf Fahrzeuge, auf Sachen, die in einem Fahrzeug belassen worden sind, und auf lebende Tiere.

§ 702 [Haftungsbegrenzung – Wertsachen]

(1) Der Gastwirt haftet auf Grund des § 701 nur bis zu einem Betrage, der dem Hundertfachen des Beherbergungspreises für einen Tag entspricht, jedoch mindestens bis zu dem Betrage von eintausend Deutsche Mark und höchstens bis zu dem Betrage von sechstausend Deutsche Mark; für Geld, Wertpapiere und Kostbarkeiten tritt an die Stelle von sechstausend Deutsche Mark der Betrag von eintausendfünfhundert Deutsche Mark.

(2) Die Haftung des Gastwirts ist unbeschränkt,
1. wenn der Verlust, die Zerstörung oder die Beschädigung von ihm oder seinen Leuten verschuldet ist;
2. wenn es sich um eingebrachte Sachen handelt, die er zur Aufbewahrung übernommen oder deren Übernahme zur Aufbewahrung er entgegen der Vorschrift des Absatzes 3 abgelehnt hat.

(3) Der Gastwirt ist verpflichtet, Geld, Wertpapiere, Kostbarkeiten und andere Wertsachen zur Aufbewahrung zu übernehmen, es sei denn, daß sie im Hinblick auf die Größe oder den Rang der Gastwirtschaft von übermäßigem Wert oder Umfang oder daß sie gefährlich sind. Er kann verlangen, daß sie in einem verschlossenen oder versiegelten Behältnis übergeben werden.

§ 702 a [Haftungserlaß]

(1) Die Haftung des Gastwirts kann im voraus nur erlassen werden, soweit sie den nach § 702 Abs. 1 maßgeblichen Höchstbetrag übersteigt. Auch insoweit kann sie nicht erlassen werden für den Fall, daß der Verlust, die Zerstörung oder die Beschädigung von dem Gastwirt oder von Leuten des Gastwirts vorsätzlich oder grob fahrlässig verursacht wird oder daß es sich um Sachen handelt, deren Übernahme zur Aufbewahrung der Gastwirt entgegen der Vorschrift des § 702 Abs. 3 abgelehnt hat.

(2) Der Erlaß ist nur wirksam, wenn die Erklärung des Gastes schriftlich erteilt ist und wenn sie keine anderen Bestimmungen enthält.

§ 703 [Erlöschen des Ersatzanspruchs]

Der dem Gast auf Grund der §§ 701, 702 zustehende Anspruch erlischt, wenn nicht der Gast unverzüglich, nachdem er von dem Verlust, der Zerstörung oder der Beschädigung

Kenntnis erlangt hat, dem Gastwirt Anzeige macht. Dies gilt nicht, wenn die Sachen von dem Gastwirt zur Aufbewahrung übernommen waren oder wenn der Verlust, die Zerstörung oder die Beschädigung von ihm oder seinen Leuten verschuldet ist.

§ 704 [Pfandrecht des Gastwirts]

Der Gastwirt hat für seine Forderungen für Wohnung und andere dem Gaste zur Befriedigung seiner Bedürfnisse gewährte Leistungen, mit Einschluß der Auslagen, ein Pfandrecht an den eingebrachten Sachen des Gastes. Die für das Pfandrecht des Vermieters geltenden Vorschriften des § 559 Satz 3 und der §§ 560 bis 563 finden entsprechende Anwendung.

Vierzehnter Titel

Gesellschaft

§ 705 [Begriff]

Durch den Gesellschaftsvertrag verpflichten sich die Gesellschafter gegenseitig, die Erreichung eines gemeinsamen Zweckes in der durch den Vertrag bestimmten Weise zu fördern, insbesondere die vereinbarten Beiträge zu leisten.

§ 706 [Beitragsleistung]

(1) Die Gesellschafter haben in Ermangelung einer anderen Vereinbarung gleiche Beiträge zu leisten.

(2) Sind vertretbare oder verbrauchbare Sachen beizutragen, so ist im Zweifel anzunehmen, daß sie gemeinschaftliches Eigentum der Gesellschafter werden sollen. Das gleiche gilt von nicht vertretbaren und nicht verbrauchbaren Sachen, wenn sie nach einer Schätzung beizutragen sind, die nicht bloß für die Gewinnverteilung bestimmt ist.

(3) Der Beitrag eines Gesellschafters kann auch in der Leistung von Diensten bestehen.

§ 707 [Erhöhung des Beitrags, Ergänzung der Einlage]

Zur Erhöhung des vereinbarten Beitrags oder zur Ergänzung der durch Verlust verminderten Einlage ist ein Gesellschafter nicht verpflichtet.

§ 708 [Sorgfaltspflicht des Gesellschafters]

Ein Gesellschafter hat bei der Erfüllung der ihm obliegenden Verpflichtungen nur für diejenige Sorgfalt einzustehen, welche er in eigenen Angelegenheiten anzuwenden pflegt.

§ 709 [Geschäftsführung]

(1) Die Führung der Geschäfte der Gesellschaft steht den Gesellschaftern gemeinschaftlich zu; für jedes Geschäft ist die Zustimmung aller Gesellschafter erforderlich.

(2) Hat nach dem Gesellschaftsvertrage die Mehrheit der Stimmen zu entscheiden, so ist die Mehrheit im Zweifel nach der Zahl der Gesellschafter zu berechnen.

§ 710 [Übertragung der Geschäftsführung]

Ist in dem Gesellschaftsvertrage die Führung der Geschäfte einem Gesellschafter oder mehreren Gesellschaftern übertragen, so sind die übrigen Gesellschafter von der Geschäftsführung ausgeschlossen. Ist die Geschäftsführung mehreren Gesellschaftern übertragen, so finden die Vorschriften des § 709 entsprechende Anwendung.

§ 711 [Widerspruchsrecht]

Steht nach dem Gesellschaftsvertrage die Führung der Geschäfte allen oder mehreren Gesellschaftern in der Art zu, daß jeder allein zu handeln berechtigt ist, so kann jeder der Vornahme eines Geschäfts durch den anderen widersprechen. Im Falle des Widerspruchs muß das Geschäft unterbleiben.

§ 712 [Entzug und Kündigung der Geschäftsführung]

(1) Die einem Gesellschafter durch den Gesellschaftsvertrag übertragene Befugnis zur Geschäftsführung kann ihm durch einstimmigen Beschluß oder, falls nach dem Gesellschaftsvertrage die Mehrheit der Stimmen entscheidet, durch Mehrheitsbeschluß der übrigen Gesellschafter entzogen werden, wenn ein wichtiger Grund vorliegt; ein solcher Grund ist insbesondere grobe Pflichtverletzung oder Unfähigkeit zur ordnungsgemäßen Geschäftsführung.

(2) Der Gesellschafter kann auch seinerseits die Geschäftsführung kündigen, wenn ein wichtiger Grund vorliegt; die für den Auftrag geltenden Vorschriften des § 671 Abs. 2, 3 finden entsprechende Anwendung.

§ 713 [Rechte und Pflichten der geschäftsführenden Gesellschafter]

Die Rechte und Verpflichtungen der geschäftsführenden Gesellschafter bestimmen sich nach den für den Auftrag geltenden Vorschriften der §§ 664 bis 670, soweit sich nicht aus dem Gesellschaftsverhältnis ein anderes ergibt.

§ 714 [Vertretungsmacht]

Soweit einem Gesellschafter nach dem Gesellschaftsvertrage die Befugnis zur Geschäftsführung zusteht, ist er im Zweifel auch ermächtigt, die anderen Gesellschafter Dritten gegenüber zu vertreten.

§ 715 [Entzug der Vertretungsmacht]

Ist im Gesellschaftsvertrag ein Gesellschafter ermächtigt, die anderen Gesellschafter Dritten gegenüber zu vertreten, so kann die Vertretungsmacht nur nach Maßgabe des § 712 Abs. 1 und, wenn sie in Verbindung mit der Befugnis zur Geschäftsführung erteilt worden ist, nur mit dieser entzogen werden.

§ 716 [Unterrichtungs- und Einsichtsrecht]

(1) Ein Gesellschafter kann, auch wenn er von der Geschäftsführung ausgeschlossen ist, sich von den Angelegenheiten der Gesellschaft persönlich unterrichten, die Geschäftsbücher und die Papiere der Gesellschaft einsehen und sich aus ihnen eine Übersicht über den Stand des Gesellschaftsvermögens anfertigen.

(2) Eine dieses Recht ausschließende oder beschränkende Vereinbarung steht der Geltendmachung des Rechtes nicht entgegen, wenn Grund zu der Annahme unredlicher Geschäftsführung besteht.

§ 717 [Nichtübertragbarkeit der Gesellschaftsrechte]

Die Ansprüche, die den Gesellschaftern aus dem Gesellschaftsverhältnisse gegeneinander zustehen, sind nicht übertragbar. Ausgenommen sind die einem Gesellschafter aus seiner Geschäftsführung zustehenden Ansprüche, soweit deren Befriedigung vor der Auseinandersetzung verlangt werden kann, sowie die Ansprüche auf einen Gewinnanteil oder auf dasjenige, was dem Gesellschafter bei der Auseinandersetzung zukommt.

§ 718 [Gesellschaftsvermögen]

(1) Die Beiträge der Gesellschafter und die durch die Geschäftsführung für die Gesellschaft erworbenen Gegenstände werden gemeinschaftliches Vermögen der Gesellschafter (Gesellschaftsvermögen).

(2) Zu dem Gesellschaftsvermögen gehört auch, was auf Grund eines zu dem Gesellschaftsvermögen gehörenden Rechtes oder als Ersatz für die Zerstörung, Beschädigung oder Entziehung eines zu dem Gesellschaftsvermögen gehörenden Gegenstandes erworben wird.

§ 719 [Gesamthänderische Bindung]

(1) Ein Gesellschafter kann nicht über seinen Anteil an dem Gesellschaftsvermögen und an den einzelnen dazu gehörenden Gegenständen verfügen; er ist nicht berechtigt, Teilung zu verlangen.

(2) Gegen eine Forderung, die zum Gesellschaftsvermögen gehört, kann der Schuldner nicht eine ihm gegen einen einzelnen Gesellschafter zustehende Forderung aufrechnen.

§ 720 [Schutz gutgläubiger Schuldner]

Die Zugehörigkeit einer nach § 718 Abs. 1 erworbenen Forderung zum Gesellschaftsvermögen hat der Schuldner erst dann gegen sich gelten zu lassen, wenn er von der Zugehörigkeit Kenntnis erlangt; die Vorschriften der §§ 406 bis 408 finden entsprechende Anwendung.

§ 721 [Rechnungsabschluß und Gewinnverteilung]

(1) Ein Gesellschafter kann den Rechnungsabschluß und die Verteilung des Gewinns und Verlustes erst nach der Auflösung der Gesellschaft verlangen.

(2) Ist die Gesellschaft von längerer Dauer, so hat der Rechnungsabschluß und die Gewinnverteilung im Zweifel am Schlusse jedes Geschäftsjahrs zu erfolgen.

§ 722 [Gewinn- und Verlustbeteiligung]

(1) Sind die Anteile der Gesellschafter am Gewinn und Verluste nicht bestimmt, so hat jeder Gesellschafter ohne Rücksicht auf die Art und die Größe seines Beitrags einen gleichen Anteil am Gewinn und Verluste.

(2) Ist nur der Anteil am Gewinn oder am Verluste bestimmt, so gilt die Bestimmung im Zweifel für Gewinn und Verlust.

§ 723 [Kündigung der Gesellschaft]

(1) Ist die Gesellschaft nicht für eine bestimmte Zeit eingegangen, so kann jeder Gesellschafter sie jederzeit kündigen. Ist eine Zeitdauer bestimmt, so ist die Kündigung vor dem Ablaufe der Zeit zulässig, wenn ein wichtiger Grund vorliegt; ein solcher Grund ist insbesondere vorhanden, wenn ein anderer Gesellschafter eine ihm nach dem Gesellschaftsvertrag obliegende wesentliche Verpflichtung vorsätzlich oder aus grober Fahrlässigkeit verletzt oder wenn die Erfüllung einer solchen Verpflichtung unmöglich wird. Unter der gleichen Voraussetzung ist, wenn eine Kündigungsfrist bestimmt ist, die Kündigung ohne Einhaltung der Frist zulässig.

(2) Die Kündigung darf nicht zur Unzeit geschehen, es sei denn, daß ein wichtiger Grund für die unzeitige Kündigung vorliegt. Kündigt ein Gesellschafter ohne solchen Grund zur Unzeit, so hat er den übrigen Gesellschaftern den daraus entstehenden Schaden zu ersetzen.

(3) Eine Vereinbarung, durch welche das Kündigungsrecht ausgeschlossen oder diesen Vorschriften zuwider beschränkt wird, ist nichtig.

§ 724 [Kündigung einer Gesellschaft auf Lebenszeit]

Ist eine Gesellschaft für die Lebenszeit eines Gesellschafters eingegangen, so kann sie in gleicher Weise gekündigt werden wie eine für unbestimmte Zeit eingegangene Gesellschaft. Dasselbe gilt, wenn eine Gesellschaft nach dem Ablaufe der bestimmten Zeit stillschweigend fortgesetzt wird.

§ 725 [Kündigung]

(1) Hat ein Gläubiger eines Gesellschafters die Pfändung des Anteils des Gesellschafters an dem Gesellschaftsvermögen erwirkt, so kann er die Gesellschaft ohne Einhaltung einer Kündigungsfrist kündigen, sofern der Schuldtitel nicht bloß vorläufig vollstreckbar ist.

(2) Solange die Gesellschaft besteht, kann der Gläubiger die sich aus dem Gesellschaftsverhältnis ergebenden Rechte des Gesellschafters, mit Ausnahme des Anspruchs auf einen Gewinnanteil, nicht geltend machen.

§ 726 [Beendigung der Gesellschaft]
Die Gesellschaft endigt, wenn der vereinbarte Zweck erreicht oder dessen Erreichung unmöglich geworden ist.

§ 727 [Tod eines Gesellschafters]
(1) Die Gesellschaft wird durch den Tod eines der Gesellschafter aufgelöst, sofern nicht aus dem Gesellschaftsvertrage sich ein anderes ergibt.
(2) Im Falle der Auflösung hat der Erbe des verstorbenen Gesellschafters den übrigen Gesellschaftern den Tod unverzüglich anzuzeigen und, wenn mit dem Aufschube Gefahr verbunden ist, die seinem Erblasser durch den Gesellschaftsvertrag übertragenen Geschäfte fortzuführen, bis die übrigen Gesellschafter in Gemeinschaft mit ihm anderweit Fürsorge treffen können. Die übrigen Gesellschafter sind in gleicher Weise zur einstweiligen Fortführung der ihnen übertragenen Geschäfte verpflichtet. Die Gesellschaft gilt insoweit als fortbestehend.

§ 728 [Konkurs eines Gesellschafters]
Die Gesellschaft wird durch die Eröffnung des Konkurses über das Vermögen eines Gesellschafters aufgelöst. Die Vorschriften des § 727 Abs. 2 Satz 2, 3 finden Anwendung.

§ 729 [Fortdauer der Geschäftsführerbefugnis]
Wird die Gesellschaft in anderer Weise als durch Kündigung aufgelöst, so gilt die einem Gesellschafter durch den Gesellschaftsvertrag übertragene Befugnis zur Geschäftsführung zu seinen Gunsten gleichwohl als fortbestehend, bis er von der Auflösung Kenntnis erlangt oder die Auflösung kennen muß.

§ 730 [Auseinandersetzung]
(1) Nach der Auflösung der Gesellschaft findet in Ansehung des Gesellschaftsvermögens die Auseinandersetzung unter den Gesellschaftern statt.
(2) Für die Beendigung der schwebenden Geschäfte, für die dazu erforderliche Eingehung neuer Geschäfte sowie für die Erhaltung und Verwaltung des Gesellschaftsvermögens gilt die Gesellschaft als fortbestehend, soweit der Zweck der Auseinandersetzung es erfordert. Die einem Gesellschafter nach dem Gesellschaftsvertrage zustehende Befugnis zur Geschäftsführung erlischt jedoch, wenn nicht aus dem Vertrage sich ein anderes ergibt, mit der Auflösung der Gesellschaft; die Geschäftsführung steht von der Auflösung an allen Gesellschaftern gemeinschaftlich zu.

§ 731 [Vorschriften über die Auseinandersetzung]
Die Auseinandersetzung erfolgt in Ermangelung einer anderen Vereinbarung in Gemäßheit der §§ 732 bis 735. Im übrigen gelten für die Teilung die Vorschriften über die Gemeinschaft.

§ 732 [Rückgabe von Gegenständen]
Gegenstände, die ein Gesellschafter der Gesellschaft zur Benutzung überlassen hat, sind ihm zurückzugeben. Für einen durch Zufall in Abgang gekommenen oder verschlechterten Gegenstand kann er nicht Ersatz verlangen.

§ 733 [Berichtigung der Schulden – Einlageerstattung]
(1) Aus dem Gesellschaftsvermögen sind zunächst die gemeinschaftlichen Schulden mit Einschluß derjenigen zu berichtigen, welche den Gläubigern gegenüber unter den Gesellschaftern geteilt sind oder für welche einem Gesellschafter die übrigen Gesellschafter als Schuldner haften. Ist eine Schuld noch nicht fällig oder ist sie streitig, so ist das zur Berichtigung Erforderliche zurückzubehalten.
(2) Aus dem nach der Berichtigung der Schulden übrig bleibenden Gesellschaftsvermögen sind die Einlagen zurückzuerstatten. Für Einlagen, die nicht in Geld bestanden

haben, ist der Wert zu ersetzen, den sie zur Zeit der Einbringung gehabt haben. Für Einlagen, die in der Leistung von Diensten oder in der Überlassung der Benutzung eines Gegenstandes bestanden haben, kann nicht Ersatz verlangt werden.
(3) Zur Berichtigung der Schulden und zur Rückerstattung der Einlagen ist das Gesellschaftsvermögen, soweit erforderlich, in Geld umzusetzen.

§ 734 [Überschuß]
Verbleibt nach der Berichtigung der gemeinschaftlichen Schulden und der Rückerstattung der Einlagen ein Überschuß, so gebührt er den Gesellschaftern nach dem Verhältnis ihrer Anteile am Gewinne.

§ 735 [Nachschußpflicht]
Reicht das Gesellschaftsvermögen zur Berichtigung der gemeinschaftlichen Schulden und zur Rückerstattung der Einlagen nicht aus, so haben die Gesellschafter für den Fehlbetrag nach dem Verhältnis aufzukommen, nach welchem sie den Verlust zu tragen haben. Kann von einem Gesellschafter der auf ihn entfallende Beitrag nicht erlangt werden, so haben die übrigen Gesellschafter den Ausfall nach dem gleichen Verhältnisse zu tragen.

§ 736 [Ausscheiden eines Gesellschafters]
(1) Ist im Gesellschaftsvertrage bestimmt, daß, wenn ein Gesellschafter kündigt oder stirbt oder wenn der Konkurs über sein Vermögen eröffnet wird, die Gesellschaft unter den übrigen Gesellschaftern fortbestehen soll, so scheidet bei dem Eintritt eines solchen Ereignisses der Gesellschafter, in dessen Person es eintritt, aus der Gesellschaft aus.
(2) Die für Personenhandelsgesellschaften geltenden Regelungen über die Begrenzung der Nachhaftung gelten sinngemäß.

§ 737 [Ausschluß eines Gesellschafters]
Ist im Gesellschaftsvertrage bestimmt, daß, wenn ein Gesellschafter kündigt, die Gesellschaft unter den übrigen Gesellschaftern fortbestehen soll, so kann ein Gesellschafter, in dessen Person ein die übrigen Gesellschafter nach § 723 Abs. 1 Satz 2 zur Kündigung berechtigender Umstand eintritt, aus der Gesellschaft ausgeschlossen werden. Das Ausschließungsrecht steht den übrigen Gesellschaftern gemeinschaftlich zu. Die Ausschließung erfolgt durch Erklärung gegenüber dem auszuschließenden Gesellschafter.

§ 738 [Ausscheiden eines Gesellschafters]
(1) Scheidet ein Gesellschafter aus der Gesellschaft aus, so wächst sein Anteil am Gesellschaftsvermögen den übrigen Gesellschaftern zu. Diese sind verpflichtet, dem Ausscheidenden die Gegenstände, die er der Gesellschaft zur Benutzung überlassen hat, nach Maßgabe des § 732 zurückzugeben, ihn von den gemeinschaftlichen Schulden zu befreien und ihm dasjenige zu zahlen, was er bei der Auseinandersetzung erhalten würde, wenn die Gesellschaft zur Zeit seines Ausscheidens aufgelöst worden wäre. Sind gemeinschaftliche Schulden noch nicht fällig, so können die übrigen Gesellschafter dem Ausscheidenden, statt ihn zu befreien, Sicherheit leisten.
(2) Der Wert des Gesellschaftsvermögens ist, soweit erforderlich, im Wege der Schätzung zu ermitteln.

§ 739 [Nachschußpflicht des Ausscheidenden]
Reicht der Wert des Gesellschaftsvermögens zur Deckung der gemeinschaftlichen Schulden und der Einlagen nicht aus, so hat der Ausscheidende den übrigen Gesellschaftern für den Fehlbetrag nach dem Verhältnisse seines Anteils am Verlust aufzukommen.

§ 740 [Schwebende Geschäfte]
(1) Der Ausgeschiedene nimmt an dem Gewinn und dem Verluste teil, welcher sich aus den zur Zeit seines Ausscheidens schwebenden Geschäften ergibt. Die übrigen Gesell-

schafter sind berechtigt, diese Geschäfte so zu beendigen, wie es ihnen am vorteilhaftesten erscheint.
(2) Der Ausgeschiedene kann am Schlusse jedes Geschäftsjahrs Rechenschaft über die inzwischen beendigten Geschäfte, Auszahlung des ihm gebührenden Betrags und Auskunft über den Stand der noch schwebenden Geschäfte verlangen.

Fünfzehnter Titel
Gemeinschaft

§ 741 [Gemeinschaft nach Bruchteilen]
Steht ein Recht mehreren gemeinschaftlich zu, so finden, sofern sich nicht aus dem Gesetz ein anderes ergibt, die Vorschriften der §§ 742 bis 758 Anwendung (Gemeinschaft nach Bruchteilen).

§ 742 [Gleiche Anteile]
Im Zweifel ist anzunehmen, daß den Teilhabern gleiche Anteile zustehen.

§ 743 [Früchteanteil – Gebrauchsrecht]
(1) Jedem Teilhaber gebührt ein seinem Anteil entsprechender Bruchteil der Früchte.
(2) Jeder Teilhaber ist zum Gebrauche des gemeinschaftlichen Gegenstandes insoweit befugt, als nicht der Mitgebrauch der übrigen Teilhaber beeinträchtigt wird.

§ 744 [Verwaltung]
(1) Die Verwaltung des gemeinschaftlichen Gegenstandes steht den Teilhabern gemeinschaftlich zu.
(2) Jeder Teilhaber ist berechtigt, die zur Erhaltung des Gegenstandes notwendigen Maßregeln ohne Zustimmung der anderen Teilhaber zu treffen; er kann verlangen, daß diese ihre Einwilligung zu einer solchen Maßregel im voraus erteilen.

§ 745 [Beschlüsse]
(1) Durch Stimmenmehrheit kann eine der Beschaffenheit des gemeinschaftlichen Gegenstandes entsprechende ordnungsmäßige Verwaltung und Benutzung beschlossen werden. Die Stimmenmehrheit ist nach der Größe der Anteile zu berechnen.
(2) Jeder Teilhaber kann, sofern nicht die Verwaltung und Benutzung durch Vereinbarung oder durch Mehrheitsbeschluß geregelt ist, eine dem Interesse aller Teilhaber nach billigem Ermessen entsprechende Verwaltung und Benutzung verlangen.
(3) Eine wesentliche Veränderung des Gegenstandes kann nicht beschlossen oder verlangt werden. Das Recht des einzelnen Teilhabers auf einen seinem Anteil entsprechenden Bruchteil der Nutzungen kann nicht ohne seine Zustimmung beeinträchtigt werden.

§ 746 [Sondernachfolge]
Haben die Teilhaber die Verwaltung und Benutzung des gemeinschaftlichen Gegenstandes geregelt, so wirkt die getroffene Bestimmung auch für und gegen die Sondernachfolger.

§ 747 [Verfügung über den Anteil]
Jeder Teilhaber kann über seinen Anteil verfügen. Über den gemeinschaftlichen Gegenstand im ganzen können die Teilhaber nur gemeinschaftlich verfügen.

§ 748 [Lastentragung]
Jeder Teilhaber ist den anderen Teilhabern gegenüber verpflichtet, die Lasten des gemeinschaftlichen Gegenstandes sowie die Kosten der Erhaltung, der Verwaltung und einer gemeinschaftlichen Benutzung nach dem Verhältnisse seines Anteils zu tragen.

§ 749 [Aufhebungsanspruch]
(1) Jeder Teilhaber kann jederzeit die Aufhebung der Gemeinschaft verlangen.

(2) Wird das Recht, die Aufhebung zu verlangen, durch Vereinbarung für immer oder auf Zeit ausgeschlossen, so kann die Aufhebung gleichwohl verlangt werden, wenn ein wichtiger Grund vorliegt. Unter der gleichen Voraussetzung kann, wenn eine Kündigungsfrist bestimmt wird, die Aufhebung ohne Einhaltung der Frist verlangt werden.
(3) Eine Vereinbarung, durch welche das Recht, die Aufhebung zu verlangen, diesen Vorschriften zuwider ausgeschlossen oder beschränkt wird, ist nichtig.

§ 750 [Ausschluß der Aufhebung im Todesfall]

Haben die Teilhaber das Recht, die Aufhebung der Gemeinschaft zu verlangen, auf Zeit ausgeschlossen, so tritt die Vereinbarung im Zweifel mit dem Tode eines Teilhabers außer Kraft.

§ 751 [Wirkung des Ausschlusses bei Sondernachfolge]

Haben die Teilhaber das Recht, die Aufhebung der Gemeinschaft zu verlangen, für immer oder auf Zeit ausgeschlossen oder eine Kündigungsfrist bestimmt, so wirkt die Vereinbarung auch für und gegen die Sondernachfolger. Hat ein Gläubiger die Pfändung des Anteils eines Teilhabers erwirkt, so kann er ohne Rücksicht auf die Vereinbarung die Aufhebung der Gemeinschaft verlangen, sofern der Schuldtitel nicht bloß vorläufig vollstreckbar ist.

§ 752 [Teilung in Natur]

Die Aufhebung der Gemeinschaft erfolgt durch Teilung in Natur, wenn der gemeinschaftliche Gegenstand oder, falls mehrere Gegenstände gemeinschaftlich sind, diese sich ohne Verminderung des Wertes in gleichartige, den Anteilen der Teilhaber entsprechende Teile zerlegen lassen. Die Verteilung gleicher Teile unter die Teilhaber geschieht durch das Los.

§ 753 [Teilung durch Verkauf]

(1) Ist die Teilung in Natur ausgeschlossen, so erfolgt die Aufhebung der Gemeinschaft durch Verkauf des gemeinschaftlichen Gegenstandes nach den Vorschriften über den Pfandverkauf, bei Grundstücken durch Zwangsversteigerung, und durch Teilung des Erlöses. Ist die Veräußerung an einen Dritten unstatthaft, so ist der Gegenstand unter den Teilhabern zu versteigern.
(2) Hat der Versuch, den Gegenstand zu verkaufen, keinen Erfolg, so kann jeder Teilhaber die Wiederholung verlangen; er hat jedoch die Kosten zu tragen, wenn der wiederholte Versuch mißlingt.

§ 754 [Verkauf einer gemeinschaftlichen Forderung]

Der Verkauf einer gemeinschaftlichen Forderung ist nur zulässig, wenn sie noch nicht eingezogen werden kann. Ist die Einziehung möglich, so kann jeder Teilhaber gemeinschaftliche Einziehung verlangen.

§ 755 [Berichtigung von Gesamtschulden]

(1) Haften die Teilhaber als Gesamtschuldner für eine Verbindlichkeit, die sie in Gemäßheit des § 748 nach dem Verhältnis ihrer Anteile zu erfüllen haben oder die sie zum Zwecke der Erfüllung einer solchen Verbindlichkeit eingegangen sind, so kann jeder Teilhaber bei der Aufhebung der Gemeinschaft verlangen, daß die Schuld aus dem gemeinschaftlichen Gegenstande berichtigt wird.
(2) Der Anspruch kann auch gegen die Sondernachfolger geltend gemacht werden.
(3) Soweit zur Berichtigung der Schuld der Verkauf des gemeinschaftlichen Gegenstandes erforderlich ist, hat der Verkauf nach § 753 zu erfolgen.

§ 756 [Berichtigung einer Teilhaberschuld]

Hat ein Teilhaber gegen einen anderen Teilhaber eine Forderung, die sich auf die Gemeinschaft gründet, so kann er bei der Aufhebung der Gemeinschaft die Berichtigung seiner Forderung aus dem auf den Schuldner entfallenden Teile des gemeinschaftlichen Gegenstandes verlangen. Die Vorschriften des § 755 Abs. 2, 3 finden Anwendung.

§ 757 [Gewährleistung für Mängel zugeteilter Gegenstände]
Wird bei der Aufhebung der Gemeinschaft ein gemeinschaftlicher Gegenstand einem der Teilhaber zugeteilt, so hat wegen eines Mangels im Rechte oder wegen eines Mangels der Sache jeder der übrigen Teilhaber zu seinem Anteil in gleicher Weise wie ein Verkäufer Gewähr zu leisten.

§ 758 [Keine Verjährung des Aufhebungsanspruchs]
Der Anspruch auf Aufhebung der Gemeinschaft unterliegt nicht der Verjährung.

Sechzehnter Titel
Leibrente

§ 759 [Dauer und Betrag]
(1) Wer zur Gewährung einer Leibrente verpflichtet ist, hat die Rente im Zweifel für die Lebensdauer des Gläubigers zu entrichten.
(2) Der für die Rente bestimmte Betrag ist im Zweifel der Jahresbetrag der Rente.

§ 760 [Vorauszahlung]
(1) Die Leibrente ist im voraus zu entrichten.
(2) Eine Geldrente ist für drei Monate vorauszuzahlen; bei einer anderen Rente bestimmt sich der Zeitabschnitt, für den sie im voraus zu entrichten ist, nach der Beschaffenheit und dem Zwecke der Rente.
(3) Hat der Gläubiger den Beginn des Zeitabschnitts erlebt, für den die Rente im voraus zu entrichten ist, so gebührt ihm der volle auf den Zeitabschnitt entfallende Betrag.

§ 761 [Schriftform]
Zur Gültigkeit eines Vertrags, durch den eine Leibrente versprochen wird, ist soweit nicht eine andere Form vorgeschrieben ist, schriftliche Erteilung des Versprechens erforderlich.

Siebzehnter Titel
Spiel. Wette

§ 762 [Keine Verbindlichkeit]
(1) Durch Spiel oder durch Wette wird eine Verbindlichkeit nicht begründet. Das auf Grund des Spieles oder der Wette Geleistete kann nicht deshalb zurückgefordert werden, weil eine Verbindlichkeit nicht bestanden hat.
(2) Diese Vorschriften gelten auch für eine Vereinbarung, durch die der verlierende Teil zum Zwecke der Erfüllung einer Spiel- oder einer Wettschuld dem gewinnenden Teile gegenüber eine Verbindlichkeit eingeht, insbesondere für ein Schuldanerkenntnis.

§ 763 [Lotterie- und Ausspielvertrag]
Ein Lotterievertrag oder ein Ausspielvertrag ist verbindlich, wenn die Lotterie oder die Ausspielung staatlich genehmigt ist. Anderenfalls finden die Vorschriften des § 762 Anwendung.

§ 764 [Differenzgeschäft]
Wird ein auf Lieferung von Waren oder Wertpapieren lautender Vertrag in der Absicht geschlossen, daß der Unterschied zwischen dem vereinbarten Preise und dem Börsen- oder Marktpreise der Lieferungszeit von dem verlierenden Teile an den gewinnenden gezahlt werden soll, so ist der Vertrag als Spiel anzusehen. Dies gilt auch dann, wenn nur die

Absicht des einen Teiles auf die Zahlung des Unterschieds gerichtet ist, der andere Teil aber diese Absicht kennt oder kennen muß.

Achtzehnter Titel

Bürgschaft

§ 765 [Begriff]

(1) Durch den Bürgschaftsvertrag verpflichtet sich der Bürge gegenüber dem Gläubiger eines Dritten, für die Erfüllung der Verbindlichkeit des Dritten einzustehen.

(2) Die Bürgschaft kann auch für eine künftige oder eine bedingte Verbindlichkeit übernommen werden.

§ 766 [Schriftform]

Zur Gültigkeit des Bürgschaftsvertrags ist schriftliche Erteilung der Bürgschaftserklärung erforderlich. Soweit der Bürge die Hauptverbindlichkeit erfüllt, wird der Mangel der Form geheilt.

§ 767 [Umfang der Bürgschaftsverpflichtung]

(1) Für die Verpflichtung des Bürgen ist der jeweilige Bestand der Hauptverbindlichkeit maßgebend. Dies gilt insbesondere auch, wenn die Hauptverbindlichkeit durch Verschulden oder Verzug des Hauptschuldners geändert wird. Durch ein Rechtsgeschäft, das der Hauptschuldner nach der Übernahme der Bürgschaft vornimmt, wird die Verpflichtung des Bürgen nicht erweitert.

(2) Der Bürge haftet für die dem Gläubiger von dem Hauptschuldner zu ersetzenden Kosten der Kündigung und der Rechtsverfolgung.

§ 768 [Einreden]

(1) Der Bürge kann die dem Hauptschuldner zustehenden Einreden geltend machen. Stirbt der Hauptschuldner, so kann sich der Bürge nicht darauf berufen, daß der Erbe für die Verbindlichkeit nur beschränkt haftet.

(2) Der Bürge verliert eine Einrede nicht dadurch, daß der Hauptschuldner auf sie verzichtet.

§ 769 [Mehrere Bürgen]

Verbürgen sich mehrere für dieselbe Verbindlichkeit, so haften sie als Gesamtschuldner, auch wenn sie die Bürgschaft nicht gemeinschaftlich übernehmen.

§ 770 [Einrede der Anfechtbarkeit und der Aufrechenbarkeit]

(1) Der Bürge kann die Befriedigung des Gläubigers verweigern, solange dem Hauptschuldner das Recht zusteht, das seiner Verbindlichkeit zugrunde liegende Rechtsgeschäft anzufechten.

(2) Die gleiche Befugnis hat der Bürge, solange sich der Gläubiger durch Aufrechnung gegen eine fällige Forderung des Hauptschuldners befriedigen kann.

§ 771 [Einrede der Vorausklage]

Der Bürge kann die Befriedigung des Gläubigers verweigern, solange nicht der Gläubiger eine Zwangsvollstreckung gegen den Hauptschuldner ohne Erfolg versucht hat (Einrede der Vorausklage).

§ 772 [Pflicht des Gläubigers zur Beitreibung der Hauptschuld]

(1) Besteht die Bürgschaft für eine Geldforderung, so muß die Zwangsvollstreckung in die beweglichen Sachen des Hauptschuldners an seinem Wohnsitz und, wenn der Hauptschuldner an einem anderen Orte eine gewerbliche Niederlassung hat, auch an diesem

Orte, in Ermangelung eines Wohnsitzes und einer gewerblichen Niederlassung an seinem Aufenthaltsorte versucht werden.

(2) Steht dem Gläubiger ein Pfandrecht oder ein Zurückbehaltungsrecht an einer beweglichen Sache des Hauptschuldners zu, so muß er auch aus dieser Sache Befriedigung suchen. Steht dem Gläubiger ein solches Recht an der Sache auch für eine andere Forderung zu, so gilt dies nur, wenn beide Forderungen durch den Wert der Sache gedeckt werden.

§ 773 [Ausschluß der Einrede der Vorausklage]

(1) Die Einrede der Vorausklage ist ausgeschlossen:

1. wenn der Bürge auf die Einrede verzichtet, insbesondere wenn er sich als Selbstschuldner verbürgt hat;
2. wenn die Rechtsverfolgung gegen den Hauptschuldner infolge einer nach der Übernahme der Bürgschaft eingetretenen Änderung des Wohnsitzes, der gewerblichen Niederlassung oder des Aufenthaltsorts des Hauptschuldners wesentlich erschwert ist;
3. wenn über das Vermögen des Hauptschuldners der Konkurs eröffnet ist;
4. wenn anzunehmen ist, daß die Zwangsvollstreckung in das Vermögen des Hauptschuldners nicht zur Befriedigung des Gläubigers führen wird.

(2) In den Fällen der Nummern 3, 4 ist die Einrede insoweit zulässig, als sich der Gläubiger aus einer beweglichen Sache des Hauptschuldners befriedigen kann, an der er ein Pfandrecht oder ein Zurückbehaltungsrecht hat; die Vorschrift des § 772 Abs. 2 Satz 2 findet Anwendung.

§ 774 [Forderungsübergang auf den Bürgen]

(1) Soweit der Bürge den Gläubiger befriedigt, geht die Forderung des Gläubigers gegen den Hauptschuldner auf ihn über. Der Übergang kann nicht zum Nachteile des Gläubigers geltend gemacht werden. Einwendungen des Hauptschuldners aus einem zwischen ihm und dem Bürgen bestehenden Rechtsverhältnisse bleiben unberührt.

(2) Mitbürgen haften einander nur nach § 426.

§ 775 [Anspruch des Bürgen auf Befreiung]

(1) Hat sich der Bürge im Auftrage des Hauptschuldners verbürgt oder stehen ihm nach den Vorschriften über die Geschäftsführung ohne Auftrag wegen der Übernahme der Bürgschaft die Rechte eines Beauftragten gegen den Hauptschuldner zu, so kann er von diesem Befreiung von der Bürgschaft verlangen:

1. wenn sich die Vermögensverhältnisse des Hauptschuldners wesentlich verschlechtert haben;
2. wenn die Rechtsverfolgung gegen den Hauptschuldner infolge einer nach der Übernahme der Bürgschaft eingetretenen Änderung des Wohnsitzes, der gewerblichen Niederlassung oder des Aufenthaltsorts des Hauptschuldners wesentlich erschwert ist;
3. wenn der Hauptschuldner mit der Erfüllung seiner Verbindlichkeit im Verzug ist;
4. wenn der Gläubiger gegen den Bürgen ein vollstreckbares Urteil auf Erfüllung erwirkt hat.

(2) Ist die Hauptverbindlichkeit noch nicht fällig, so kann der Hauptschuldner dem Bürgen, statt ihn zu befreien, Sicherheit leisten.

§ 776 [Aufgabe von Sicherungsrechten]

Gibt der Gläubiger ein mit der Forderung verbundenes Vorzugsrecht, eine für sie bestehende Hypothek oder Schiffshypothek, ein für sie bestehendes Pfandrecht oder das Recht gegen einen Mitbürgen auf, so wird der Bürge insoweit frei, als er aus dem aufgegebenen Rechte nach § 774 hätte Ersatz erlangen können. Dies gilt auch dann, wenn das aufgegebene Recht erst nach der Übernahme der Bürgschaft entstanden ist.

§ 777 [Bürgschaft auf Zeit]

(1) Hat sich der Bürge für eine bestehende Verbindlichkeit auf bestimmte Zeit verbürgt, so wird er nach dem Ablaufe der bestimmten Zeit frei, wenn nicht der Gläubiger die Einziehung der Forderung unverzüglich nach Maßgabe des § 772 betreibt, das Verfahren ohne wesentliche Verzögerung fortsetzt und unverzüglich nach der Beendigung des Verfahrens dem Bürgen anzeigt, daß er ihn in Anspruch nehme. Steht dem Bürgen die Einrede der Vorausklage nicht zu, so wird er nach dem Ablaufe der bestimmten Zeit frei, wenn nicht der Gläubiger ihm unverzüglich diese Anzeige macht.

(2) Erfolgt die Anzeige rechtzeitig, so beschränkt sich die Haftung des Bürgen im Falle des Absatzes 1 Satz 1 auf den Umfang, den die Hauptverbindlichkeit zur Zeit der Beendigung des Verfahrens hat, im Falle des Absatzes 1 Satz 2 auf den Umfang, den die Hauptverbindlichkeit bei dem Ablaufe der bestimmten Zeit hat.

§ 778 [Kreditauftrag]

Wer einen anderen beauftragt, im eigenen Namen und auf eigene Rechnung einem Dritten Kredit zu geben, haftet dem Beauftragten für die aus der Kreditgewährung entstehende Verbindlichkeit des Dritten als Bürge.

Neunzehnter Titel

Vergleich

§ 779 [Begriff – Unwirksamkeit]

(1) Ein Vertrag, durch den der Streit oder die Ungewißheit der Parteien über ein Rechtsverhältnis im Wege gegenseitigen Nachgebens beseitigt wird (Vergleich), ist unwirksam, wenn der nach dem Inhalte des Vertrags als feststehend zugrunde gelegte Sachverhalt der Wirklichkeit nicht entspricht und der Streit oder die Ungewißheit bei Kenntnis der Sachlage nicht entstanden sein würde.

(2) Der Ungewißheit über ein Rechtsverhältnis steht es gleich, wenn die Verwirklichung eines Anspruchs unsicher ist.

Zwanzigster Titel

Schuldversprechen. Schuldanerkenntnis

§ 780 [Schriftform des Schuldversprechens]

Zur Gültigkeit eines Vertrags, durch den eine Leistung in der Weise versprochen wird, daß das Versprechen die Verpflichtung selbständig begründen soll (Schuld-versprechen), ist, soweit nicht eine andere Form vorgeschrieben ist, schriftliche Erteilung des Versprechens erforderlich.

§ 781 [Schriftform des Schuldanerkenntnisses]

Zur Gültigkeit eines Vertrags, durch den das Bestehen eines Schuldverhältnisses anerkannt wird (Schuldanerkenntnis), ist schriftliche Erteilung der Anerkennungserklärung erforderlich. Ist für die Begründung des Schuldverhältnisses, dessen Bestehen anerkannt wird, eine andere Form vorgeschrieben, so bedarf der Anerkennungsvertrag dieser Form.

§ 782 [Formfreiheit]

Wird ein Schuldversprechen oder ein Schuldanerkenntnis auf Grund einer Abrechnung oder im Wege des Vergleichs erteilt, so ist die Beobachtung der in den §§ 780, 781 vorgeschriebenen schriftlichen Form nicht erforderlich.

Einundzwanzigster Titel
Anweisung

§ 783 [Begriff]
Händigt jemand eine Urkunde, in der er einen anderen anweist, Geld, Wertpapiere oder andere vertretbare Sachen an einen Dritten zu leisten, dem Dritten aus, so ist dieser ermächtigt, die Leistung bei dem Angewiesenen im eigenen Namen zu erheben; der Angewiesene ist ermächtigt, für Rechnung des Anweisenden an den Anweisungsempfänger zu leisten.

§ 784 [Annahme der Anweisung]
(1) Nimmt der Angewiesene die Anweisung an, so ist er dem Anweisungsempfänger gegenüber zur Leistung verpflichtet; er kann ihm nur solche Einwendungen entgegensetzen, welche die Gültigkeit der Annahme betreffen oder sich aus dem Inhalte der Anweisung oder dem Inhalte der Annahme ergeben oder dem Angewiesenen unmittelbar gegen den Anweisungsempfänger zustehen.
(2) Die Annahme erfolgt durch einen schriftlichen Vermerk auf der Anweisung. Ist der Vermerk auf die Anweisung vor der Aushändigung an den Anweisungsempfänger gesetzt worden, so wird die Annahme diesem gegenüber erst mit der Aushändigung wirksam.

§ 785 [Aushändigung der Anweisung]
Der Angewiesene ist nur gegen Aushändigung der Anweisung zur Leistung verpflichtet.

§ 786 [Verjährung]
Der Anspruch des Anweisungsempfängers gegen den Angewiesenen aus der Annahme verjährt in drei Jahren.

§ 787 [Anweisung auf Schuld]
(1) Im Falle einer Anweisung auf Schuld wird der Angewiesene durch die Leistung in deren Höhe von der Schuld befreit.
(2) Zur Annahme der Anweisung oder zur Leistung an den Anweisungsempfänger ist der Angewiesene dem Anweisenden gegenüber nicht schon deshalb verpflichtet, weil er Schuldner des Anweisenden ist.

§ 788 [Anweisung zwecks Leistung]
Erteilt der Anweisende die Anweisung zu dem Zwecke, um seinerseits eine Leistung an den Anweisungsempfänger zu bewirken, so wird die Leistung, auch wenn der Angewiesene die Anweisung annimmt, erst mit der Leistung des Angewiesenen an den Anweisungsempfänger bewirkt.

§ 789 [Anzeigepflicht des Anweisungsempfängers]
Verweigert der Angewiesene vor dem Eintritte der Leistungszeit die Annahme der Anweisung oder verweigert er die Leistung, so hat der Anweisungsempfänger dem Anweisenden unverzüglich Anzeige zu machen. Das gleiche gilt, wenn der Anweisungsempfänger die Anweisung nicht geltend machen kann oder will.

§ 790 [Widerruf der Anweisung]
Der Anweisende kann die Anweisung dem Angewiesenen gegenüber widerrufen, solange nicht der Angewiesene sie dem Anweisungsempfänger gegenüber angenommen oder die Leistung bewirkt hat. Dies gilt auch dann, wenn der Anweisende durch den Widerruf einer ihm gegen den Anweisungsempfänger obliegenden Verpflichtung zuwiderhandelt.

§ 791 [Tod oder Geschäftsunfähigkeit]
Die Anweisung erlischt nicht durch den Tod oder den Eintritt der Geschäftsunfähigkeit eines der Beteiligten.

§ 792 [Übertragung der Anweisung]

(1) Der Anweisungsempfänger kann die Anweisung durch Vertrag mit einem Dritten auf diesen übertragen, auch wenn sie noch nicht angenommen worden ist. Die Übertragungserklärung bedarf der schriftlichen Form. Zur Übertragung ist die Aushändigung der Anweisung an den Dritten erforderlich.

(2) Der Anweisende kann die Übertragung ausschließen. Die Ausschließung ist dem Angewiesenen gegenüber nur wirksam, wenn sie aus der Anweisung zu entnehmen ist oder wenn sie von dem Anweisenden dem Angewiesenen mitgeteilt wird, bevor dieser die Anweisung annimmt oder die Leistung bewirkt.

(3) Nimmt der Angewiesene die Anweisung dem Erwerber gegenüber an, so kann er aus einem zwischen ihm und dem Anweisungsempfänger bestehenden Rechtsverhältnis Einwendungen nicht herleiten. Im übrigen finden auf die Übertragung der Anweisung die für die Abtretung einer Forderung geltenden Vorschriften entsprechende Anwendung.

Zweiundzwanzigster Titel

Schuldverschreibung auf den Inhaber

§ 793 [Begriff – Form]

(1) Hat jemand eine Urkunde ausgestellt, in der er dem Inhaber der Urkunde eine Leistung verspricht (Schuldverschreibung auf den Inhaber), so kann der Inhaber von ihm die Leistung nach Maßgabe des Versprechens verlangen, es sei denn, daß er zur Verfügung über die Urkunde nicht berechtigt ist. Der Aussteller wird jedoch auch durch die Leistung an einen nicht zur Verfügung berechtigten Inhaber befreit.

(2) Die Gültigkeit der Unterzeichnung kann durch eine in die Urkunde aufgenommene Bestimmung von der Beobachtung einer besonderen Form abhängig gemacht werden. Zur Unterzeichnung genügt eine im Wege der mechanischen Vervielfältigung hergestellte Namensunterschrift.

§ 794 [Haftung des Ausstellers]

(1) Der Aussteller wird aus einer Schuldverschreibung auf den Inhaber auch dann verpflichtet, wenn sie ihm gestohlen worden oder verlorengegangen oder wenn sie sonst ohne seinen Willen in den Verkehr gelangt ist.

(2) Auf die Wirksamkeit einer Schuldverschreibung auf den Inhaber ist es ohne Einfluß, wenn die Urkunde ausgegeben wird, nachdem der Aussteller gestorben oder geschäftsunfähig geworden ist.

§ 795 (aufgehoben)

§ 796 [Einwendungen des Ausstellers]

Der Aussteller kann dem Inhaber der Schuldverschreibung nur solche Einwendungen entgegensetzen, welche die Gültigkeit der Ausstellung betreffen oder sich aus der Urkunde ergeben oder dem Aussteller unmittelbar gegen den Inhaber zustehen.

§ 797 [Leistung gegen Aushändigung]

Der Aussteller ist nur gegen Aushändigung der Schuldverschreibung zur Leistung verpflichtet. Mit der Aushändigung erwirbt er das Eigentum an der Urkunde, auch wenn der Inhaber zur Verfügung über sie nicht berechtigt ist.

§ 798 [Neuerteilung]

Ist eine Schuldverschreibung auf den Inhaber infolge einer Beschädigung oder einer Verunstaltung zum Umlaufe nicht mehr geeignet, so kann der Inhaber, sofern ihr wesentlicher Inhalt und ihre Unterscheidungsmerkmale noch mit Sicherheit erkennbar sind, von dem Aussteller die Erteilung einer neuen Schuldverschreibung auf den Inhaber gegen

Aushändigung der beschädigten oder verunstalteten verlangen. Die Kosten hat er zu tragen und vorzuschießen.

§ 799 [Kraftloserklärung]

(1) Eine abhanden gekommene oder vernichtete Schuldverschreibung auf den Inhaber kann, wenn nicht in der Urkunde das Gegenteil bestimmt ist, im Wege des Aufgebotsverfahrens für kraftlos erklärt werden. Ausgenommen sind Zins-, Renten- und Gewinnanteilscheine sowie die auf Sicht zahlbaren unverzinslichen Schuldverschreibungen.

(2) Der Aussteller ist verpflichtet, dem bisherigen Inhaber auf Verlangen die zur Erwirkung des Aufgebots oder der Zahlungssperre erforderliche Auskunft zu erteilen und die erforderlichen Zeugnisse auszustellen. Die Kosten der Zeugnisse hat der bisherige Inhaber zu tragen und vorzuschießen.

§ 800 [Wirkung der Kraftloserklärung]

Ist eine Schuldverschreibung auf den Inhaber für kraftlos erklärt, so kann derjenige, welcher das Ausschlußurteil erwirkt hat, von dem Aussteller, unbeschadet der Befugnis, den Anspruch aus der Urkunde geltend zu machen, die Erteilung einer neuen Schuldverschreibung auf den Inhaber anstelle der für kraftlos erklärten verlangen. Die Kosten hat er zu tragen und vorzuschießen.

§ 801 [Erlöschen – Verjährung]

(1) Der Anspruch aus einer Schuldverschreibung auf den Inhaber erlischt mit dem Ablaufe von dreißig Jahren nach dem Eintritte der für die Leistung bestimmten Zeit, wenn nicht die Urkunde vor dem Ablaufe der dreißig Jahre dem Aussteller zur Einlösung vorgelegt wird. Erfolgt die Vorlegung, so verjährt der Anspruch in zwei Jahren von dem Ende der Vorlegungsfrist an. Der Vorlegung steht die gerichtliche Geltendmachung des Anspruchs aus der Urkunde gleich.

(2) Bei Zins-, Renten- und Gewinnanteilscheinen beträgt die Vorlegungsfrist vier Jahre. Die Frist beginnt mit dem Schlusse des Jahres, in welchem die für die Leistung bestimmte Zeit eintritt.

(3) Die Dauer und der Beginn der Vorlegungsfrist können von dem Aussteller in der Urkunde anders bestimmt werden.

§ 802 [Zahlungssperre]

Der Beginn und der Lauf der Vorlegungsfrist sowie der Verjährung werden durch die Zahlungssperre zugunsten des Antragstellers gehemmt. Die Hemmung beginnt mit der Stellung des Antrags auf Zahlungssperre; sie endigt mit der Erledigung des Aufgebotsverfahrens und, falls die Zahlungssperre vor der Einleitung des Verfahrens verfügt worden ist, auch dann, wenn seit der Beseitigung des der Einleitung entgegenstehenden Hindernisses sechs Monate verstrichen sind und nicht vorher die Einleitung beantragt worden ist. Auf diese Frist finden die Vorschriften der §§ 203, 206, 207 entsprechende Anwendung.

§ 803 [Zinsscheine]

(1) Werden für eine Schuldverschreibung auf den Inhaber Zinsscheine ausgegeben, so bleiben die Scheine, sofern sie nicht eine gegenteilige Bestimmung enthalten, in Kraft, auch wenn die Hauptforderung erlischt oder die Verpflichtung zur Verzinsung aufgehoben oder geändert wird.

(2) Werden solche Zinsscheine bei der Einlösung der Hauptschuldverschreibung nicht zurückgegeben, so ist der Aussteller berechtigt, den Betrag zurückzubehalten, den er nach Absatz 1 für die Scheine zu zahlen verpflichtet ist.

§ 804 [Verlust von Zins-, Renten- oder Gewinnanteilscheinen]

(1) Ist ein Zins-, Renten- oder Gewinnanteilschein abhanden gekommen oder vernichtet und hat der bisherige Inhaber den Verlust dem Aussteller vor dem Ablaufe der Vorlegungsfrist angezeigt, so kann der bisherige Inhaber nach dem Ablaufe der Frist die Leistung von dem Aussteller verlangen. Der Anspruch ist ausgeschlossen, wenn der abhanden gekommene Schein dem Aussteller zur Einlösung vorgelegt oder der Anspruch aus dem Scheine gerichtlich geltend gemacht worden ist, es sei denn, daß die Vorlegung oder die gerichtliche Geltendmachung nach dem Ablaufe der Frist erfolgt ist. Der Anspruch verjährt in vier Jahren.

(2) In dem Zins-, Renten- oder Gewinnanteilscheine kann der im Absatz 1 bestimmte Anspruch ausgeschlossen werden.

§ 805 [Erneuerungsscheine]

Neue Zins- oder Rentenscheine für eine Schuldverschreibung auf den Inhaber dürfen an den Inhaber der zum Empfange der Scheine ermächtigenden Urkunde (Erneuerungsschein) nicht ausgegeben werden, wenn der Inhaber der Schuldverschreibung der Ausgabe widersprochen hat. Die Scheine sind in diesem Falle dem Inhaber der Schuldverschreibung auszuhändigen, wenn er die Schuldverschreibung vorlegt.

§ 806 [Umschreibung auf den Namen]

Die Umschreibung einer auf den Inhaber lautenden Schuldverschreibung auf den Namen eines bestimmten Berechtigten kann nur durch den Aussteller erfolgen. Der Aussteller ist zur Umschreibung nicht verpflichtet.

§ 807 [Inhaberkarten und -marken]

Werden Karten, Marken oder ähnliche Urkunden, in denen ein Gläubiger nicht bezeichnet ist, von dem Aussteller unter Umständen ausgegeben, aus welchen sich ergibt, daß er dem Inhaber zu einer Leistung verpflichtet sein will, so finden die Vorschriften des § 793 Abs. 1 und der §§ 794, 796, 797 entsprechende Anwendung.

§ 808 [Qualifizierte Legitimationspapiere]

(1) Wird eine Urkunde, in welcher der Gläubiger benannt ist, mit der Bestimmung ausgegeben, daß die in der Urkunde versprochene Leistung an jeden Inhaber bewirkt werden kann, so wird der Schuldner durch die Leistung an den Inhaber der Urkunde befreit. Der Inhaber ist nicht berechtigt, die Leistung zu verlangen.

(2) Der Schuldner ist nur gegen Aushändigung der Urkunde zur Leistung verpflichtet. Ist die Urkunde abhanden gekommen oder vernichtet, so kann sie, wenn nicht ein anderes bestimmt ist, im Wege des Aufgebotsverfahrens für kraftlos erklärt werden. Die im § 802 für die Verjährung gegebenen Vorschriften finden Anwendung.

§ 808 a (aufgehoben)

Dreiundzwanzigster Titel
Vorlegung von Sachen

§ 809 [Vorlegungsanspruch]

Wer gegen den Besitzer einer Sache einen Anspruch in Ansehung der Sache hat oder sich Gewißheit verschaffen will, ob ihm ein solcher Anspruch zusteht, kann, wenn die Besichtigung der Sache aus diesem Grunde für ihn von Interesse ist, verlangen, daß der Besitzer ihm die Sache zur Besichtigung vorlegt oder die Besichtigung gestattet.

§ 810 [Einsicht in Urkunden]

Wer ein rechtliches Interesse daran hat, eine in fremdem Besitze befindliche Urkunde einzusehen, kann von dem Besitzer die Gestattung der Einsicht verlangen, wenn die

Urkunde in seinem Interesse errichtet oder in der Urkunde ein zwischen ihm und einem anderen bestehendes Rechtsverhältnis beurkundet ist oder wenn die Urkunde Verhandlungen über ein Rechtsgeschäft enthält, die zwischen ihm und einem anderen oder zwischen einem von beiden und einem gemeinschaftlichen Vermittler gepflogen worden sind.

§ 811 [Ort der Vorlegung – Gefahr und Kosten]

(1) Die Vorlegung hat in den Fällen der §§ 809, 810 an dem Orte zu erfolgen, an welchem sich die vorzulegende Sache befindet. Jeder Teil kann die Vorlegung an einem anderen Orte verlangen, wenn ein wichtiger Grund vorliegt.

(2) Die Gefahr und die Kosten hat derjenige zu tragen, welcher die Vorlegung verlangt. Der Besitzer kann die Vorlegung verweigern, bis ihm der andere Teil die Kosten vorschießt und wegen der Gefahr Sicherheit leistet.

Vierundzwanzigster Titel

Ungerechtfertigte Bereicherung

§ 812 [Herausgabepflicht]

(1) Wer durch die Leistung eines anderen oder in sonstiger Weise auf dessen Kosten etwas ohne rechtlichen Grund erlangt, ist ihm zur Herausgabe verpflichtet. Diese Verpflichtung besteht auch dann, wenn der rechtliche Grund später wegfällt oder der mit einer Leistung nach dem Inhalte des Rechtsgeschäfts bezweckte Erfolg nicht eintritt.

(2) Als Leistung gilt auch die durch Vertrag erfolgte Anerkennung des Bestehens oder des Nichtbestehens eines Schuldverhältnisses.

§ 813 [Erfüllung trotz Einrede]

(1) Das zum Zwecke der Erfüllung einer Verbindlichkeit Geleistete kann auch dann zurückgefordert werden, wenn dem Anspruch eine Einrede entgegenstand, durch welche die Geltendmachung des Anspruchs dauernd ausgeschlossen wurde. Die Vorschrift des § 222 Abs. 2 bleibt unberührt.

(2) Wird eine betagte Verbindlichkeit vorzeitig erfüllt, so ist die Rückforderung ausgeschlossen; die Erstattung von Zwischenzinsen kann nicht verlangt werden.

§ 814 [Ausschluß der Rückforderung]

Das zum Zwecke der Erfüllung einer Verbindlichkeit Geleistete kann nicht zurückgefordert werden, wenn der Leistende gewußt hat, daß er zur Leistung nicht verpflichtet war, oder wenn die Leistung einer sittlichen Pflicht oder einer auf den Anstand zu nehmenden Rücksicht entsprach.

§ 815 [Nichteintritt des Erfolgs]

Die Rückforderung wegen Nichteintritts des mit einer Leistung bezweckten Erfolges ist ausgeschlossen, wenn der Eintritt des Erfolges von Anfang an unmöglich war und der Leistende dies gewußt hat oder wenn der Leistende den Eintritt des Erfolges wider Treu und Glauben verhindert hat.

§ 816 [Verfügung eines Nichtberechtigten]

(1) Trifft ein Nichtberechtigter über einen Gegenstand eine Verfügung, die dem Berechtigten gegenüber wirksam ist, so ist er dem Berechtigten zur Herausgabe des durch die Verfügung Erlangten verpflichtet. Erfolgt die Verfügung unentgeltlich, so trifft die gleiche Verpflichtung denjenigen, welcher auf Grund der Verfügung unmittelbar einen rechtlichen Vorteil erlangt.

(2) Wird an einen Nichtberechtigten eine Leistung bewirkt, die dem Berechtigten gegenüber wirksam ist, so ist der Nichtberechtigte dem Berechtigten zur Herausgabe des Geleisteten verpflichtet.

§ 817 [Verbotene oder sittenwidrige Leistung]

War der Zweck einer Leistung in der Art bestimmt, daß der Empfänger durch die Annahme gegen ein gesetzliches Verbot oder gegen die guten Sitten verstoßen hat, so ist der Empfänger zur Herausgabe verpflichtet. Die Rückforderung ist ausgeschlossen, wenn dem Leistenden gleichfalls ein solcher Verstoß zur Last fällt, es sei denn, daß die Leistung in der Eingehung einer Verbindlichkeit bestand; das zur Erfüllung einer solchen Verbindlichkeit Geleistete kann nicht zurückgefordert werden.

§ 818 [Umfang der Herausgabepflicht]

(1) Die Verpflichtung zur Herausgabe erstreckt sich auf die gezogenen Nutzungen sowie auf dasjenige, was der Empfänger auf Grund eines erlangten Rechtes oder als Ersatz für die Zerstörung, Beschädigung oder Entziehung des erlangten Gegenstandes erwirbt.

(2) Ist die Herausgabe wegen der Beschaffenheit des Erlangten nicht möglich oder ist der Empfänger aus einem anderen Grunde zur Herausgabe außerstande, so hat er den Wert zu ersetzen.

(3) Die Verpflichtung zur Herausgabe oder zum Ersatze des Wertes ist ausgeschlossen, soweit der Empfänger nicht mehr bereichert ist.

(4) Von dem Eintritte der Rechtshängigkeit an haftet der Empfänger nach den allgemeinen Vorschriften.

§ 819 [Verschärfte Haftung bei Kenntnis des Rechtsmangels]

(1) Kennt der Empfänger den Mangel des rechtlichen Grundes bei dem Empfang oder erfährt er ihn später, so ist er von dem Empfang oder der Erlangung der Kenntnis an zur Herausgabe verpflichtet, wie wenn der Anspruch auf Herausgabe zu dieser Zeit rechtshängig geworden wäre.

(2) Verstößt der Empfänger durch die Annahme der Leistung gegen ein gesetzliches Verbot oder gegen die guten Sitten, so ist er von dem Empfange der Leistung an in der gleichen Weise verpflichtet.

§ 820 [Verschärfte Haftung bei ungewissem Erfolgseintritt]

(1) War mit der Leistung ein Erfolg bezweckt, dessen Eintritt nach dem Inhalte des Rechtsgeschäfts als ungewiß angesehen wurde, so ist der Empfänger, falls der Erfolg nicht eintritt, zur Herausgabe so verpflichtet, wie wenn der Anspruch auf Herausgabe zur Zeit des Empfanges rechtshängig geworden wäre. Das gleiche gilt, wenn die Leistung aus einem Rechtsgrunde, dessen Wegfall nach dem Inhalte des Rechtsgeschäfts als möglich angesehen wurde, erfolgt ist und der Rechtsgrund wegfällt.

(2) Zinsen hat der Empfänger erst von dem Zeitpunkt an zu entrichten, in welchem er erfährt, daß der Erfolg nicht eingetreten oder daß der Rechtsgrund weggefallen ist; zur Herausgabe von Nutzungen ist er insoweit nicht verpflichtet, als er zu dieser Zeit nicht mehr bereichert ist.

§ 821 [Einrede der Bereicherung]

Wer ohne rechtlichen Grund eine Verbindlichkeit eingeht, kann die Erfüllung auch dann verweigern, wenn der Anspruch auf Befreiung von der Verbindlichkeit verjährt ist.

§ 822 [Herausgabepflicht des beschenkten Dritten]

Wendet der Empfänger das Erlangte unentgeltlich einem Dritten zu, so ist, soweit infolgedessen die Verpflichtung des Empfängers zur Herausgabe der Bereicherung ausgeschlossen ist, der Dritte zur Herausgabe verpflichtet, wie wenn er die Zuwendung von dem Gläubiger ohne rechtlichen Grund erhalten hätte.

Fünfundzwanzigster Titel

Unerlaubte Handlungen

§ 823 [Schadensersatzpflicht][1)]

(1) Wer vorsätzlich oder fahrlässig das Leben, den Körper, die Gesundheit, die Freiheit, das Eigentum oder ein sonstiges Recht eines anderen widerrechtlich verletzt, ist dem anderen zum Ersatze des daraus entstehenden Schadens verpflichtet.

(2) Die gleiche Verpflichtung trifft denjenigen, welcher gegen ein den Schutz eines anderen bezweckendes Gesetz verstößt. Ist nach dem Inhalte des Gesetzes ein Verstoß gegen dieses auch ohne Verschulden möglich, so tritt die Ersatzpflicht nur im Falle des Verschuldens ein.

§ 824 [Kreditgefährdung]

(1) Wer der Wahrheit zuwider eine Tatsache behauptet oder verbreitet, die geeignet ist, den Kredit eines anderen zu gefährden oder sonstige Nachteile für dessen Erwerb oder Fortkommen herbeizuführen, hat dem anderen den daraus entstehenden Schaden auch dann zu ersetzen, wenn er die Unwahrheit zwar nicht kennt, aber kennen muß.

(2) Durch eine Mitteilung, deren Unwahrheit dem Mitteilenden unbekannt ist, wird dieser nicht zum Schadensersatze verpflichtet, wenn er oder der Empfänger der Mitteilung an ihr ein berechtigtes Interesse hat.

§ 825 [Bestimmung zum außerehelichen Beischlaf]

Wer eine Frauensperson durch Hinterlist, durch Drohung oder unter Mißbrauch eines Abhängigkeitsverhältnisses zur Gestattung der außerehelichen Beiwohnung bestimmt, ist ihr zum Ersatze des daraus entstehenden Schadens verpflichtet.

§ 826 [Vorsätzliche sittenwidrige Schädigung]

Wer in einer gegen die guten Sitten verstoßenden Weise einem anderen vorsätzlich Schaden zufügt, ist dem anderen zum Ersatze des Schadens verpflichtet.

---

1) Vgl. §§ 22-23 Kunsturhebergesetz vom 9. Januar 1907 (RGBl. I S. 7):

§ 22 [Recht am eigenen Bilde]

Bildnisse dürfen nur mit Einwilligung des Abgebildeten verbreitet oder öffentlich zur Schau gestellt werden. Die Einwilligung Gilt im Zweifel als erteilt, wenn der Abgebildete dafür, daß er sich abbilden ließ, eine Entlohnung erhielt. Nach dem Tode des Abgebildeten bedarf es bis zum Ablaufe von 10 Jahren der Einwilligung der Angehörigen des Abgebildeten. Angehörige im Sinne dieses Gesetzes sind der überlebende Ehegatte und die Kinder des Abgebildeten, und wenn weder Ehegatte noch Kinder vorhanden sind, die Eltern des Abgebildeten.

§ 23 [Ausnahmen zu § 22]

(1) Ohne die nach § 22 erforderliche Einwilligung dürfen verbreitet und zur Schau gestellt werden:

1. Bildnisse aus dem Bereiche der Zeitgeschichte;
2. Bilder, auf denen die Personen nur als Beiwerk neben einer Landschaft oder sonstigen Örtlichkeit erscheinen;
3. Bilder von Versammlungen, Aufzügen und ähnlichen Vorgängen, an denen die dargestellten Personen teilgenommen haben;
4. Bildnisse, die nicht auf Bestellung angefertigt sind, sofern die Verbreitung oder Schaustellung einem höheren Interesse der Kunst dient.

(2) Die Befugnis erstreckt sich jedoch nicht auf eine Verbreitung und Schaustellung, durch die ein berechtigtes Interesse des Abgebildeten oder, falls diese verstorben ist, seiner Angehörigen verletzt wird.

§ 827 [Ausschluß der Verantwortlichkeit]
Wer im Zustande der Bewußtlosigkeit oder in einem die freie Willensbestimmung ausschließenden Zustande krankhafter Störung der Geistestätigkeit einem anderen Schaden zufügt, ist für den Schaden nicht verantwortlich. Hat er sich durch geistige Getränke oder ähnliche Mittel in einen vorübergehenden Zustand dieser Art versetzt, so ist er für einen Schaden, den er in diesem Zustande widerrechtlich verursacht, in gleicher Weise verantwortlich, wie wenn ihm Fahrlässigkeit zur Last fiele; die Verantwortlichkeit tritt nicht ein, wenn er ohne Verschulden in den Zustand geraten ist.

§ 828 [Minderjährige – Taubstumme]
(1) Wer nicht das siebente Lebensjahr vollendet hat, ist für einen Schaden, den er einem anderen zufügt, nicht verantwortlich.
(2) Wer das siebente, aber nicht das achtzehnte Lebensjahr vollendet hat, ist für einen Schaden, den er einem anderen zufügt, nicht verantwortlich, wenn er bei der Begehung der schädigenden Handlung nicht die zur Erkenntnis der Verantwortlichkeit erforderliche Einsicht hat. Das gleiche gilt von einem Taubstummen.

§ 829 [Billigkeitshaftung]
Wer in einem der in den §§ 823 bis 826 bezeichneten Fälle für einen von ihm verursachten Schaden auf Grund der §§ 827, 828 nicht verantwortlich ist, hat gleichwohl, sofern der Ersatz des Schadens nicht von einem aufsichtspflichtigen Dritten erlangt werden kann, den Schaden insoweit zu ersetzen, als die Billigkeit nach den Umständen, insbesondere nach den Verhältnissen der Beteiligten, eine Schadloshaltung erfordert und ihm nicht die Mittel entzogen werden, deren er zum angemessenen Unterhalte sowie zur Erfüllung seiner gesetzlichen Unterhaltspflichten bedarf.

§ 830 [Mittäter und Beteiligte]
(1) Haben mehrere durch eine gemeinschaftlich begangene unerlaubte Handlung einen Schaden verursacht, so ist jeder für den Schaden verantwortlich. Das gleiche gilt, wenn sich nicht ermitteln läßt, wer von mehreren Beteiligten den Schaden durch seine Handlung verursacht hat.
(2) Anstifter und Gehilfen stehen Mittätern gleich.

§ 831 [Haftung für den Verrichtungsgehilfen]
(1) Wer einen anderen zu einer Verrichtung bestellt, ist zum Ersatze des Schadens verpflichtet, den der andere in Ausführung der Verrichtung einem Dritten widerrechtlich zufügt. Die Ersatzpflicht tritt nicht ein, wenn der Geschäftsherr bei der Auswahl der bestellten Person und, sofern er Vorrichtungen oder Gerätschaften zu beschaffen oder die Ausführung der Verrichtung zu leiten hat, bei der Beschaffung oder der Leitung die im Verkehr erforderliche Sorgfalt beobachtet oder wenn der Schaden auch bei Anwendung dieser Sorgfalt entstanden sein würde.
(2) Die gleiche Verantwortlichkeit trifft denjenigen, welcher für den Geschäftsherrn die Besorgung eines der im Absatz 1 Satz 2 bezeichneten Geschäfte durch Vertrag übernimmt.

§ 832 [Haftung des Aufsichtspflichtigen]
(1) Wer kraft Gesetzes zur Führung der Aufsicht über eine Person verpflichtet ist, die wegen Minderjährigkeit oder wegen ihres geistigen oder körperlichen Zustandes der Beaufsichtigung bedarf, ist zum Ersatze des Schadens verpflichtet, den diese Person einem Dritten widerrechtlich zufügt. Die Ersatzpflicht tritt nicht ein, wenn er seiner Aufsichtspflicht genügt oder wenn der Schaden auch bei gehöriger Aufsichtsführung entstanden sein würde.

(2) Die gleiche Verantwortlichkeit trifft denjenigen, welcher die Führung der Aufsicht durch Vertrag übernimmt.

§ 833 [Haftung des Tierhalters]

Wird durch ein Tier ein Mensch getötet oder der Körper oder die Gesundheit eines Menschen verletzt oder eine Sache beschädigt, so ist derjenige, welcher das Tier hält, verpflichtet, dem Verletzten den daraus entstehenden Schaden zu ersetzen. Die Ersatzpflicht tritt nicht ein, wenn der Schaden durch ein Haustier verursacht wird, das dem Berufe, der Erwerbstätigkeit oder dem Unterhalte des Tierhalters zu dienen bestimmt ist, und entweder der Tierhalter bei der Beaufsichtigung des Tieres die im Verkehr erforderliche Sorgfalt beobachtet oder der Schaden auch bei Anwendung dieser Sorgfalt entstanden sein würde.

§ 834 [Haftung des Tierhüters]

Wer für denjenigen, welcher ein Tier hält, die Führung der Aufsicht über das Tier durch Vertrag übernimmt, ist für den Schaden verantwortlich, den das Tier einem Dritten in der im § 833 bezeichneten Weise zufügt. Die Verantwortlichkeit tritt nicht ein, wenn er bei der Führung der Aufsicht die im Verkehr erforderliche Sorgfalt beobachtet oder wenn der Schaden auch bei Anwendung dieser Sorgfalt entstanden sein würde.

§ 835 (aufgehoben)

§ 836 [Haftung bei Einsturz eines Gebäudes]

(1) Wird durch den Einsturz eines Gebäudes oder eines anderen mit einem Grundstücke verbundenen Werkes oder durch die Ablösung von Teilen des Gebäudes oder des Werkes ein Mensch getötet, der Körper oder die Gesundheit eines Menschen verletzt oder eine Sache beschädigt, so ist der Besitzer des Grundstücks, sofern der Einsturz oder die Ablösung die Folge fehlerhafter Errichtung oder mangelhafter Unterhaltung ist, verpflichtet, dem Verletzten den daraus entstehenden Schaden zu ersetzen. Die Ersatzpflicht tritt nicht ein, wenn der Besitzer zum Zwecke der Abwendung der Gefahr die im Verkehr erforderliche Sorgfalt beobachtet hat.

(2) Ein früherer Besitzer des Grundstücks ist für den Schaden verantwortlich, wenn der Einsturz oder die Ablösung innerhalb eines Jahres nach der Beendigung seines Besitzes eintritt, es sei denn, daß er während seines Besitzes die im Verkehr erforderliche Sorgfalt beobachtet hat oder ein späterer Besitzer durch Beobachtung dieser Sorgfalt die Gefahr hätte abwenden können.

(3) Besitzer im Sinne dieser Vorschriften ist der Eigenbesitzer.

§ 837 [Haftung des Gebäudebesitzers]

Besitzt jemand auf einem fremden Grundstück in Ausübung eines Rechtes ein Gebäude oder ein anderes Werk, so trifft ihn an Stelle des Besitzers des Grundstücks die im § 836 bestimmte Verantwortlichkeit.

§ 838 [Haftung des Gebäudeunterhaltspflichtigen]

Wer die Unterhaltung eines Gebäudes oder eines mit einem Grundstück verbundenen Werkes für den Besitzer übernimmt oder das Gebäude oder das Werk vermöge eines ihm zustehenden Nutzungsrechts zu unterhalten hat, ist für den durch den Einsturz oder die Ablösung von Teilen verursachten Schaden in gleicher Weise verantwortlich wie der Besitzer.

§ 839 [Amtspflichtverletzung]

(1) Verletzt ein Beamter vorsätzlich oder fahrlässig die ihm einem Dritten gegenüber obliegende Amtspflicht, so hat er dem Dritten den daraus entstehenden Schaden zu ersetzen. Fällt dem Beamten nur Fahrlässigkeit zur Last, so kann er nur dann in Anspruch genommen werden, wenn der Verletzte nicht auf andere Weise Ersatz zu erlangen vermag.

(2) Verletzt ein Beamter bei dem Urteil in einer Rechtssache seine Amtspflicht, so ist er für den daraus entstehenden Schaden nur dann verantwortlich, wenn die Pflichtverletzung in einer Straftat besteht. Auf eine pflichtwidrige Verweigerung oder Verzögerung der Ausübung des Amtes findet diese Vorschrift keine Anwendung.

(3) Die Ersatzpflicht tritt nicht ein, wenn der Verletzte vorsätzlich oder fahrlässig unterlassen hat, den Schaden durch Gebrauch eines Rechtsmittels abzuwenden.

§ 840 [Haftung mehrerer Verantwortlicher]

(1) Sind für den aus einer unerlaubten Handlung entstehenden Schaden mehrere nebeneinander verantwortlich, so haften sie als Gesamtschuldner.

(2) Ist neben demjenigen, welcher nach den §§ 831, 832 zum Ersatze des von einem anderen verursachten Schadens verpflichtet ist, auch der andere für den Schaden verantwortlich, so ist in ihrem Verhältnisse zueinander der andere allein, im Falle des § 829 der Aufsichtspflichtige allein verpflichtet.

(3) Ist neben demjenigen, welcher nach den §§ 833 bis 838 zum Ersatze des Schadens verpflichtet ist, ein Dritter für den Schaden verantwortlich, so ist in ihrem Verhältnisse zueinander der Dritte allein verpflichtet.

§ 841 [Haftung des Dritten neben dem haftenden Beamten]

Ist ein Beamter, der vermöge seiner Amtspflicht einen anderen zur Geschäftsführung für einen Dritten zu bestellen oder eine solche Geschäftsführung zu beaufsichtigen oder durch Genehmigung von Rechtsgeschäften bei ihr mitzuwirken hat, wegen Verletzung dieser Pflichten neben dem anderen für den von diesem verursachten Schaden verantwortlich, so ist in ihrem Verhältnisse zueinander der andere allein verpflichtet.

§ 842 [Umfang der Ersatzpflicht bei Verletzung einer Person]

Die Verpflichtung zum Schadensersatze wegen einer gegen die Person gerichteten unerlaubten Handlung erstreckt sich auf die Nachteile, welche die Handlung für den Erwerb oder das Fortkommen des Verletzten herbeiführt.

§ 843 [Geldrente oder Kapitalabfindung]

(1) Wird infolge einer Verletzung des Körpers oder der Gesundheit die Erwerbsfähigkeit des Verletzten aufgehoben oder gemindert oder tritt eine Vermehrung seiner Bedürfnisse ein, so ist dem Verletzten durch Entrichtung einer Geldrente Schadensersatz zu leisten.

(2) Auf die Rente finden die Vorschriften des § 760 Anwendung. Ob, in welcher Art und für welchen Betrag der Ersatzpflichtige Sicherheit zu leisten hat, bestimmt sich nach den Umständen.

(3) Statt der Rente kann der Verletzte eine Abfindung in Kapital verlangen, wenn ein wichtiger Grund vorliegt.

(4) Der Anspruch wird nicht dadurch ausgeschlossen, daß ein anderer dem Verletzten Unterhalt zu gewähren hat.

§ 844 [Ersatzansprüche Dritter bei Tötung]

(1) Im Falle der Tötung hat der Ersatzpflichtige die Kosten der Beerdigung demjenigen zu ersetzen, welchem die Verpflichtung obliegt, diese Kosten zu tragen.

(2) Stand der Getötete zur Zeit der Verletzung zu einem Dritten in einem Verhältnisse, vermöge dessen er diesem gegenüber kraft Gesetzes unterhaltspflichtig war oder unterhaltspflichtig werden konnte, und ist dem Dritten infolge der Tötung das Recht auf den Unterhalt entzogen, so hat der Ersatzpflichtige dem Dritten durch Entrichtung einer Geldrente insoweit Schadensersatz zu leisten, als der Getötete während der mutmaßlichen Dauer seines Lebens zur Gewährung des Unterhalts verpflichtet gewesen sein würde; die Vorschriften des § 843 Abs. 2 bis 4 finden entsprechende Anwendung. Die Ersatzpflicht tritt

auch dann ein, wenn der Dritte zur Zeit der Verletzung erzeugt, aber noch nicht geboren war.

§ 845 [Ersatzansprüche wegen entgangener Dienste]

Im Falle der Tötung, der Verletzung des Körpers oder der Gesundheit sowie im Falle der Freiheitsentziehung hat der Ersatzpflichtige, wenn der Verletzte kraft Gesetzes einem Dritten zur Leistung von Diensten in dessen Hauswesen oder Gewerbe verpflichtet war, dem Dritten für die entgehenden Dienste durch Entrichtung einer Geldrente Ersatz zu leisten. Die Vorschriften des § 843 Abs. 2 bis 4 finden entsprechende Anwendung.

§ 846 [Mitverschulden des Verletzten]

Hat in den Fällen der §§ 844, 845 bei der Entstehung des Schadens, den der Dritte erleidet, ein Verschulden des Verletzten mitgewirkt, so finden auf den Anspruch des Dritten die Vorschriften des § 254 Anwendung.

§ 847 [Schmerzensgeld]

(1) Im Falle der Verletzung des Körpers oder der Gesundheit sowie im Falle der Freiheitsentziehung kann der Verletzte auch wegen des Schadens, der nicht Vermögensschaden ist, eine billige Entschädigung in Geld verlangen.

(2) Ein gleicher Anspruch steht einer Frauensperson zu, gegen die ein Verbrechen oder Vergehen wider die Sittlichkeit begangen oder die durch Hinterlist, durch Drohung oder unter Mißbrauch eines Abhängigkeitsverhältnisses zur Gestattung der außerehelichen Beiwohnung bestimmt wird.

§ 848 [Haftung für Zufall bei Entziehung einer Sache]

Wer zur Rückgabe einer Sache verpflichtet ist, die er einem anderen durch eine unerlaubte Handlung entzogen hat, ist auch für den zufälligen Untergang, eine aus einem anderen Grunde eintretende zufällige Unmöglichkeit der Herausgabe oder eine zufällige Verschlechterung der Sache verantwortlich, es sei denn, daß der Untergang, die anderweitige Unmöglichkeit der Herausgabe oder die Verschlechterung auch ohne die Entziehung eingetreten sein würde.

§ 849 [Verzinsung der Ersatzsumme]

Ist wegen der Entziehung einer Sache der Wert oder wegen der Beschädigung einer Sache die Wertminderung zu ersetzen, so kann der Verletzte Zinsen des zu ersetzenden Betrags von dem Zeitpunkt an verlangen, welcher der Bestimmung des Wertes zugrunde gelegt wird.

§ 850 [Verwendungsersatz]

Macht der zur Herausgabe einer entzogenen Sache Verpflichtete Verwendungen auf die Sache, so stehen ihm dem Verletzten gegenüber die Rechte zu, die der Besitzer dem Eigentümer gegenüber wegen Verwendungen hat.

§ 851 [Gutgläubige Ersatzleistung an Besitzer]

Leistet der wegen der Entziehung oder Beschädigung einer beweglichen Sache zum Schadensersatze Verpflichtete den Ersatz an denjenigen, in dessen Besitze sich die Sache zur Zeit der Entziehung oder der Beschädigung befunden hat, so wird er durch die Leistung auch dann befreit, wenn ein Dritter Eigentümer der Sache war oder ein sonstiges Recht an der Sache hatte, es sei denn, daß ihm das Recht des Dritten bekannt oder infolge grober Fahrlässigkeit unbekannt ist.

§ 852 [Verjährung]

(1) Der Anspruch auf Ersatz des aus einer unerlaubten Handlung entstandenen Schadens verjährt in drei Jahren von dem Zeitpunkt an, in welchem der Verletzte von dem Schaden

und der Person des Ersatzpflichtigen Kenntnis erlangt, ohne Rücksicht auf diese Kenntnis in dreißig Jahren von der Begehung der Handlung an.
(2) Schweben zwischen dem Ersatzpflichtigen und dem Ersatzberechtigten Verhandlungen über den zu leistenden Schadensersatz, so ist die Verjährung gehemmt, bis der eine oder der andere Teil die Fortsetzung der Verhandlungen verweigert.
(3) Hat der Ersatzpflichtige durch die unerlaubte Handlung auf Kosten des Verletzten etwas erlangt, so ist er auch nach der Vollendung der Verjährung zur Herausgabe nach den Vorschriften über die Herausgabe einer ungerechtfertigten Bereicherung verpflichtet.

§ 853 [Arglisteinrede]

Erlangt jemand durch eine von ihm begangene unerlaubte Handlung eine Forderung gegen den Verletzten, so kann der Verletzte die Erfüllung auch dann verweigern, wenn der Anspruch auf Aufhebung der Forderung verjährt ist.

Drittes Buch

Sachenrecht

Erster Abschnitt

Besitz

§ 854 [Besitzerwerb]

(1) Der Besitz einer Sache wird durch die Erlangung der tatsächlichen Gewalt über die Sache erworben.
(2) Die Einigung des bisherigen Besitzers und des Erwerbers genügt zum Erwerbe, wenn der Erwerber in der Lage ist, die Gewalt über die Sache auszuüben.

§ 855 [Besitzdiener]

Übt jemand die tatsächliche Gewalt über eine Sache für einen anderen in dessen Haushalt oder Erwerbsgeschäft oder in einem ähnlichen Verhältnis aus, vermöge dessen er den sich auf die Sache beziehenden Weisungen des anderen Folge zu leisten hat, so ist nur der andere Besitzer.

§ 856 [Beendigung des Besitzes]

(1) Der Besitz wird dadurch beendigt, daß der Besitzer die tatsächliche Gewalt über die Sache aufgibt oder in anderer Weise verliert.
(2) Durch eine ihrer Natur nach vorübergehende Verhinderung in der Ausübung der Gewalt wird der Besitz nicht beendigt.

§ 857 [Vererblichkeit]

Der Besitz geht auf den Erben über.

§ 858 [Verbotene Eigenmacht]

(1) Wer dem Besitzer ohne dessen Willen den Besitz entzieht oder ihn im Besitze stört, handelt, sofern nicht das Gesetz die Entziehung oder die Störung gestattet, widerrechtlich (verbotene Eigenmacht).
(2) Der durch verbotene Eigenmacht erlangte Besitz ist fehlerhaft. Die Fehlerhaftigkeit muß der Nachfolger im Besitze gegen sich gelten lassen, wenn er Erbe des Besitzers ist oder die Fehlerhaftigkeit des Besitzes seines Vorgängers bei dem Erwerbe kennt.

§ 859 [Selbsthilfe des Besitzers]

(1) Der Besitzer darf sich verbotener Eigenmacht mit Gewalt erwehren.
(2) Wird eine bewegliche Sache dem Besitzer mittels verbotener Eigenmacht weggenommen, so darf er sie dem auf frischer Tat betroffenen oder verfolgten Täter mit Gewalt wieder abnehmen.

(3) Wird dem Besitzer eines Grundstücks der Besitz durch verbotene Eigenmacht entzogen, so darf er sofort nach der Entziehung sich des Besitzes durch Entsetzung des Täters wieder bemächtigen.
(4) Die gleichen Rechte stehen dem Besitzer gegen denjenigen zu, welcher nach § 858 Abs. 2 die Fehlerhaftigkeit des Besitzes gegen sich gelten lassen muß.

§ 860 [Selbsthilfe durch Besitzdiener]
Zur Ausübung der dem Besitzer nach § 859 zustehenden Rechte ist auch derjenige befugt, welcher die tatsächliche Gewalt nach § 855 für den Besitzer ausübt.

§ 861 [Anspruch auf Wiedereinräumung des Besitzes]
(1) Wird der Besitz durch verbotene Eigenmacht dem Besitzer entzogen, so kann dieser die Wiedereinräumung des Besitzes von demjenigen verlangen, welcher ihm gegenüber fehlerhaft besitzt.
(2) Der Anspruch ist ausgeschlossen, wenn der entzogene Besitz dem gegenwärtigen Besitzer oder dessen Rechtsvorgänger gegenüber fehlerhaft war und in dem letzten Jahre vor der Entziehung erlangt worden ist.

§ 862 [Anspruch auf Beseitigung der Besitzstörung]
(1) Wird der Besitzer durch verbotene Eigenmacht im Besitze gestört, so kann er von dem Störer die Beseitigung der Störung verlangen. Sind weitere Störungen zu besorgen, so kann der Besitzer auf Unterlassung klagen.
(2) Der Anspruch ist ausgeschlossen, wenn der Besitzer dem Störer oder dessen Rechtsvorgänger gegenüber fehlerhaft besitzt und der Besitz in dem letzten Jahre vor der Störung erlangt worden ist.

§ 863 [Einwendungen bei Besitzentziehung oder -störung]
Gegenüber den in den §§ 861, 862 bestimmten Ansprüchen kann ein Recht zum Besitz oder zur Vornahme der störenden Handlung nur zur Begründung der Behauptung geltend gemacht werden, daß die Entziehung oder die Störung des Besitzes nicht verbotene Eigenmacht sei.

§ 864 [Erlöschen der Ansprüche]
(1) Ein nach den §§ 861, 862 begründeter Anspruch erlischt mit dem Ablauf eines Jahres nach der Verübung der verbotenen Eigenmacht, wenn nicht vorher der Anspruch im Wege der Klage geltend gemacht wird.
(2) Das Erlöschen tritt auch dann ein, wenn nach der Verübung der verbotenen Eigenmacht durch rechtskräftiges Urteil festgestellt wird, daß dem Täter ein Recht an der Sache zusteht, vermöge dessen er die Herstellung eines seiner Handlungsweise entsprechenden Besitzstandes verlangen kann.

§ 865 [Teilbesitz]
Die Vorschriften der §§ 858 bis 864 gelten auch zugunsten desjenigen, welcher nur einen Teil einer Sache, insbesondere abgesonderte Wohnräume oder andere Räume, besitzt.

§ 866 [Mitbesitz]
Besitzen mehrere eine Sache gemeinschaftlich, so findet in ihrem Verhältnisse zueinander ein Besitzschutz insoweit nicht statt, als es sich um die Grenzen des den einzelnen zustehenden Gebrauchs handelt.

§ 867 [Verfolgungsrecht]
Ist eine Sache aus der Gewalt des Besitzers auf ein im Besitz eines anderen befindliches Grundstück gelangt, so hat ihm der Besitzer des Grundstücks die Aufsuchung und die Wegschaffung zu gestatten, sofern nicht die Sache inzwischen in Besitz genommen

worden ist. Der Besitzer des Grundstücks kann Ersatz des durch die Aufsuchung und die Wegschaffung entstandenen Schadens verlangen. Er kann, wenn die Entstehung eines Schadens zu besorgen ist, die Gestattung verweigern, bis ihm Sicherheit geleistet wird; die Verweigerung ist unzulässig, wenn mit dem Aufschube Gefahr verbunden ist.

§ 868 [Mittelbarer Besitz]

Besitzt jemand eine Sache als Nießbraucher, Pfandgläubiger, Pächter, Mieter, Verwahrer oder in einem ähnlichen Verhältnisse, vermöge dessen er einem anderen gegenüber auf Zeit zum Besitze berechtigt oder verpflichtet ist, so ist auch der andere Besitzer (mittelbarer Besitz).

§ 869 [Schutz des mittelbaren Besitzers]

Wird gegen den Besitzer verbotene Eigenmacht verübt, so stehen die in den §§ 861, 862 bestimmten Ansprüche auch dem mittelbaren Besitzer zu. Im Falle der Entziehung des Besitzes ist der mittelbare Besitzer berechtigt, die Wiedereinräumung des Besitzes an den bisherigen Besitzer zu verlangen; kann oder will dieser den Besitz nicht wieder übernehmen, so kann der mittelbare Besitzer verlangen, daß ihm selbst der Besitz eingeräumt wird. Unter der gleichen Voraussetzung kann er im Falle des § 867 verlangen, daß ihm die Aufsuchung und Wegschaffung der Sache gestattet wird.

§ 870 [Übertragung des mittelbaren Besitzes]

Der mittelbare Besitz kann dadurch auf einen anderen übertragen werden, daß diesem der Anspruch auf Herausgabe der Sache abgetreten wird.

§ 871 [Mehrstufiger mittelbarer Besitz]

Steht der mittelbare Besitzer zu einem Dritten in einem Verhältnisse der in § 868 bezeichneten Art, so ist auch der Dritte mittelbarer Besitzer.

§ 872 [Eigenbesitz]

Wer eine Sache als ihm gehörend besitzt, ist Eigenbesitzer.

Zweiter Abschnitt

Allgemeine Vorschriften über Rechte an Grundstücken

§ 873 [Einigung und Eintragung]

(1) Zur Übertragung des Eigentums an einem Grundstücke, zur Belastung eines Grundstücks mit einem Rechte sowie zur Übertragung oder Belastung eines solchen Rechtes ist die Einigung des Berechtigten und des anderen Teiles über den Eintritt der Rechtsänderung und die Eintragung der Rechtsänderung in das Grundbuch erforderlich, soweit nicht das Gesetz ein anderes vorschreibt.

(2) Vor der Eintragung sind die Beteiligten an die Einigung nur gebunden, wenn die Erklärungen notariell beurkundet oder vor dem Grundbuchamt abgegeben oder bei diesem eingereicht sind oder wenn der Berechtigte dem anderen Teile eine den Vorschriften der Grundbuchordnung entsprechende Eintragungsbewilligung ausgehändigt hat.

§ 874 [Bezugnahme auf die Eintragungsbewilligung]

Bei der Eintragung eines Rechtes, mit dem ein Grundstück belastet wird, kann zur näheren Bezeichnung des Inhalts des Rechtes auf die Eintragungsbewilligung Bezug genommen werden, soweit nicht das Gesetz ein anderes vorschreibt.

§ 875 [Aufhebung durch Erklärung und Löschung]

(1) Zur Aufhebung eines Rechtes an einem Grundstück ist, soweit nicht das Gesetz ein anderes vorschreibt, die Erklärung des Berechtigten, daß er das Recht aufgebe, und die

Löschung des Rechtes im Grundbuch erforderlich. Die Erklärung ist dem Grundbuchamt oder demjenigen gegenüber abzugeben, zu dessen Gunsten sie erfolgt.

(2) Vor der Löschung ist der Berechtigte an seine Erklärung nur gebunden, wenn er sie dem Grundbuchamte gegenüber abgegeben oder demjenigen, zu dessen Gunsten sie erfolgt, eine den Vorschriften der Grundbuchordnung entsprechende Löschungsbewilligung ausgehändigt hat.

§ 876 [Aufhebung eines belasteten Rechts]

Ist ein Recht an einem Grundstücke mit dem Rechte eines Dritten belastet, so ist zur Aufhebung des belasteten Rechtes die Zustimmung des Dritten erforderlich. Steht das aufzuhebende Recht dem jeweiligen Eigentümer eines anderen Grundstücks zu, so ist, wenn dieses Grundstück mit dem Rechte eines Dritten belastet ist, die Zustimmung des Dritten erforderlich, es sei denn, daß dessen Recht durch die Aufhebung nicht berührt wird. Die Zustimmung ist dem Grundbuchamt oder demjenigen gegenüber zu erklären, zu dessen Gunsten sie erfolgt; sie ist unwiderruflich.

§ 877 [Inhaltsänderungen]

Die Vorschriften der §§ 873, 874, 876 finden auch auf Änderungen des Inhalts eines Rechtes an einem Grundstück Anwendung.

§ 878 [Nachträgliche Verfügungsbeschränkung]

Eine von dem Berechtigten in Gemäßheit der §§ 873, 875, 877 abgegebene Erklärung wird nicht dadurch unwirksam, daß der Berechtigte in der Verfügung beschränkt wird, nachdem die Erklärung für ihn bindend geworden und der Antrag auf Eintragung bei dem Grundbuchamte gestellt worden ist.

§ 879 [Rangverhältnis]

(1) Das Rangverhältnis unter mehreren Rechten, mit denen ein Grundstück belastet ist, bestimmt sich, wenn die Rechte in derselben Abteilung des Grundbuchs eingetragen sind, nach der Reihenfolge der Eintragungen. Sind die Rechte in verschiedenen Abteilungen eingetragen, so hat das unter Angabe eines früheren Tages eingetragene Recht den Vorrang; Rechte, die unter Angabe desselben Tages eingetragen sind, haben gleichen Rang.

(2) Die Eintragung ist für das Rangverhältnis auch dann maßgebend, wenn die nach § 873 zum Erwerbe des Rechtes erforderliche Einigung erst nach der Eintragung zustande gekommen ist.

(3) Eine abweichende Bestimmung des Rangverhältnisses bedarf der Eintragung in das Grundbuch.

§ 880 [Rangänderung]

(1) Das Rangverhältnis kann nachträglich geändert werden.

(2) Zu der Rangänderung ist die Einigung des zurücktretenden und des vortretenden Berechtigten und die Eintragung der Änderung in das Grundbuch erforderlich; die Vorschriften des § 873 Abs. 2 und des § 878 finden Anwendung. Soll eine Hypothek, eine Grundschuld oder eine Rentenschuld zurücktreten, so ist außerdem die Zustimmung des Eigentümers erforderlich. Die Zustimmung ist dem Grundbuchamt oder einem der Beteiligten gegenüber zu erklären; sie ist unwiderruflich.

(3) Ist das zurücktretende Recht mit dem Rechte eines Dritten belastet, so finden die Vorschriften des § 876 entsprechende Anwendung.

(4) Der dem vortretenden Rechte eingeräumte Rang geht nicht dadurch verloren, daß das zurücktretende Recht durch Rechtsgeschäft aufgehoben wird.

(5) Rechte, die den Rang zwischen dem zurücktretenden und dem vortretenden Rechte haben, werden durch die Rangänderung nicht berührt.

§ 881 [Rangvorbehalt]

(1) Der Eigentümer kann sich bei der Belastung des Grundstücks mit einem Rechte die Befugnis vorbehalten, ein anderes, dem Umfange nach bestimmtes Recht mit dem Range vor jenem Rechte eintragen zu lassen.

(2) Der Vorbehalt bedarf der Eintragung in das Grundbuch; die Eintragung muß bei dem Rechte erfolgen, das zurücktreten soll.

(3) Wird das Grundstück veräußert, so geht die vorbehaltene Befugnis auf den Erwerber über.

(4) Ist das Grundstück vor der Eintragung des Rechtes, dem der Vorrang beigelegt ist, mit einem Rechte ohne einen entsprechenden Vorbehalt belastet worden, so hat der Vorrang insoweit keine Wirkung, als das mit dem Vorbehalt eingetragene Recht infolge der inzwischen eingetretenen Belastung eine über den Vorbehalt hinausgehende Beeinträchtigung erleiden würde.

§ 882 [Höchstbetrag des Wertersatzes]

Wird ein Grundstück mit einem Rechte belastet, für welches nach den für die Zwangsversteigerung geltenden Vorschriften dem Berechtigten im Falle des Erlöschens durch den Zuschlag der Wert aus dem Erlöse zu ersetzen ist, so kann der Höchstbetrag des Ersatzes bestimmt werden. Die Bestimmung bedarf der Eintragung in das Grundbuch.

§ 883 [Vormerkung]

(1) Zur Sicherung des Anspruchs auf Einräumung oder Aufhebung eines Rechtes an einem Grundstück oder an einem das Grundstück belastenden Rechte oder auf Änderung des Inhalts oder des Ranges eines solchen Rechtes kann eine Vormerkung in das Grundbuch eingetragen werden. Die Eintragung einer Vormerkung ist auch zur Sicherung eines künftigen oder eines bedingten Anspruchs zulässig.

(2) Eine Verfügung, die nach der Eintragung der Vormerkung über das Grundstück oder das Recht getroffen wird, ist insoweit unwirksam, als sie den Anspruch vereiteln oder beeinträchtigen würde. Dies gilt auch, wenn die Verfügung im Wege der Zwangsvollstreckung oder der Arrestvollziehung oder durch den Konkursverwalter erfolgt.

(3) Der Rang des Rechtes, auf dessen Einräumung der Anspruch gerichtet ist, bestimmt sich nach der Eintragung der Vormerkung.

§ 884 [Haftung des Erben]

Soweit der Anspruch durch die Vormerkung gesichert ist, kann sich der Erbe des Verpflichteten nicht auf die Beschränkung seiner Haftung berufen.

§ 885 [Voraussetzungen der Vormerkung]

(1) Die Eintragung einer Vormerkung erfolgt auf Grund einer einstweiligen Verfügung oder auf Grund der Bewilligung desjenigen, dessen Grundstück oder dessen Recht von der Vormerkung betroffen wird. Zur Erlassung der einstweiligen Verfügung ist nicht erforderlich, daß eine Gefährdung des zu sichernden Anspruchs glaubhaft gemacht wird.

(2) Bei der Eintragung kann zur näheren Bezeichnung des zu sichernden Anspruchs auf die einstweilige Verfügung oder die Eintragungsbewilligung Bezug genommen werden.

§ 886 [Anspruch auf Beseitigung]

Steht demjenigen, dessen Grundstück oder dessen Recht von der Vormerkung betroffen wird, eine Einrede zu, durch welche die Geltendmachung des durch die Vormerkung gesicherten Anspruchs dauernd ausgeschlossen wird, so kann er von dem Gläubiger die Beseitigung der Vormerkung verlangen.

§ 887 [Ausschluß unbekannter Gläubiger]
Ist der Gläubiger, dessen Anspruch durch die Vormerkung gesichert ist, unbekannt, so kann er im Wege des Aufgebotsverfahrens mit seinem Rechte ausgeschlossen werden, wenn die im § 1170 für die Ausschließung eines Hypothekengläubigers bestimmten Voraussetzungen vorliegen. Mit der Erlassung des Ausschlußurteils erlischt die Wirkung der Vormerkung.

§ 888 [Anspruch auf Zustimmung zur Löschung]
(1) Soweit der Erwerb eines eingetragenen Rechtes oder eines Rechtes an einem solchen Rechte gegenüber demjenigen, zu dessen Gunsten die Vormerkung besteht, unwirksam ist, kann dieser von dem Erwerber die Zustimmung zu der Eintragung oder der Löschung verlangen, die zur Verwirklichung des durch die Vormerkung gesicherten Anspruchs erforderlich ist.
(2) Das gleiche gilt, wenn der Anspruch durch ein Veräußerungsverbot gesichert ist.

§ 889 [Vereinigung von Eigentum und Recht]
Ein Recht an einem fremden Grundstück erlischt nicht dadurch, daß der Eigentümer des Grundstücks das Recht oder der Berechtigte das Eigentum an dem Grundstück erwirbt.

§ 890 [Vereinigung und Zuschreibung]
(1) Mehrere Grundstücke können dadurch zu einem Grundstücke vereinigt werden, daß der Eigentümer sie als ein Grundstück in das Grundbuch eintragen läßt.
(2) Ein Grundstück kann dadurch zum Bestandteil eines anderen Grundstücks gemacht werden, daß der Eigentümer es diesem im Grundbuche zuschreiben läßt.

§ 891 [Gesetzliche Vermutungen]
(1) Ist im Grundbuche für jemand ein Recht eingetragen, so wird vermutet, daß ihm das Recht zustehe.
(2) Ist im Grundbuch ein eingetragenes Recht gelöscht, so wird vermutet, daß das Recht nicht bestehe.

§ 892 [Öffentlicher Glaube des Grundbuchs]
(1) Zugunsten desjenigen, welcher ein Recht an einem Grundstück oder ein Recht an einem solchen Rechte durch Rechtsgeschäft erwirbt, gilt der Inhalt des Grundbuchs als richtig, es sei denn, daß ein Widerspruch gegen die Richtigkeit eingetragen oder die Unrichtigkeit dem Erwerber bekannt ist. Ist der Berechtigte in der Verfügung über ein im Grundbuch eingetragenes Recht zugunsten einer bestimmten Person beschränkt, so ist die Beschränkung dem Erwerber gegenüber nur wirksam, wenn sie aus dem Grundbuch ersichtlich oder dem Erwerber bekannt ist.
(2) Ist zu dem Erwerbe des Rechtes die Eintragung erforderlich, so ist für die Kenntnis des Erwerbers die Zeit der Stellung des Antrags auf Eintragung oder, wenn die nach § 873 erforderliche Einigung erst später zustande kommt, die Zeit der Einigung maßgebend.

§ 893 [Rechtsgeschäft mit dem Eingetragenen]
Die Vorschriften des § 892 finden entsprechende Anwendung, wenn an denjenigen, für welchen ein Recht im Grundbuch eingetragen ist, auf Grund dieses Rechtes eine Leistung bewirkt oder wenn zwischen ihm und einem anderen in Ansehung dieses Rechtes ein nicht unter die Vorschriften des § 892 fallendes Rechtsgeschäft vorgenommen wird, das eine Verfügung über das Recht enthält.

§ 894 [Grundbuchberichtigungsanspruch]
Steht der Inhalt des Grundbuchs in Ansehung eines Rechtes an dem Grundstück, eines Rechtes an einem solchen Rechte oder einer Verfügungsbeschränkung der in § 892 Abs. 1 bezeichneten Art mit der wirklichen Rechtslage nicht im Einklange, so kann derjenige, dessen Recht nicht oder nicht richtig eingetragen oder durch die Eintragung

einer nicht bestehenden Belastung oder Beschränkung beeinträchtigt ist, die Zustimmung zu der Berichtigung des Grundbuchs von demjenigen verlangen, dessen Recht durch die Berichtigung betroffen wird.

§ 895 [Voreintragung des Verpflichteten]

Kann die Berichtigung des Grundbuchs erst erfolgen, nachdem das Recht des nach § 894 Verpflichteten eingetragen worden ist, so hat dieser auf Verlangen sein Recht eintragen zu lassen.

§ 896 [Vorlage von Briefen]

Ist zur Berichtigung des Grundbuchs die Vorlegung eines Hypotheken-, Grundschuld- oder Rentenschuldbriefs erforderlich, so kann derjenige, zu dessen Gunsten die Berichtigung erfolgen soll, von dem Besitzer des Briefes verlangen, daß der Brief dem Grundbuchamte vorgelegt wird.

§ 897 [Kosten der Berichtigung]

Die Kosten der Berichtigung des Grundbuchs und der dazu erforderlichen Erklärungen hat derjenige zu tragen, welcher die Berichtigung verlangt, sofern nicht aus einem zwischen ihm und dem Verpflichteten bestehenden Rechtsverhältnisse sich ein anderes ergibt.

§ 898 [Keine Verjährung]

Die in den §§ 894 bis 896 bestimmten Ansprüche unterliegen nicht der Verjährung.

§ 899 [Eintragung eines Widerspruchs]

(1) In den Fällen des § 894 kann ein Widerspruch gegen die Richtigkeit des Grundbuchs eingetragen werden.

(2) Die Eintragung erfolgt auf Grund einer einstweiligen Verfügung oder auf Grund einer Bewilligung desjenigen, dessen Recht durch die Berichtigung des Grundbuchs betroffen wird. Zur Erlassung der einstweiligen Verfügung ist nicht erforderlich, daß eine Gefährdung des Rechtes des Widersprechenden glaubhaft gemacht wird.

§ 900 [Buchersitzung]

(1) Wer als Eigentümer eines Grundstücks im Grundbuch eingetragen ist, ohne daß er das Eigentum erlangt hat, erwirbt das Eigentum, wenn die Eintragung dreißig Jahre bestanden und er während dieser Zeit das Grundstück im Eigenbesitze gehabt hat. Die dreißigjährige Frist wird in derselben Weise berechnet wie die Frist für die Ersitzung einer beweglichen Sache. Der Lauf der Frist ist gehemmt, solange ein Widerspruch gegen die Richtigkeit der Eintragung im Grundbuch eingetragen ist.

(2) Diese Vorschriften finden entsprechende Anwendung, wenn für jemand ein ihm nicht zustehendes anderes Recht im Grundbuch eingetragen ist, das zum Besitze des Grundstücks berechtigt oder dessen Ausübung nach den für den Besitz geltenden Vorschriften geschützt ist. Für den Rang des Rechtes ist die Eintragung maßgebend.

§ 901 [Verjährung gelöschter Rechte]

Ist ein Recht an einem fremden Grundstück im Grundbuche mit Unrecht gelöscht, so erlischt es, wenn der Anspruch des Berechtigten gegen den Eigentümer verjährt ist. Das gleiche gilt, wenn ein kraft Gesetzes entstandenes Recht an einem fremden Grundstücke nicht in das Grundbuch eingetragen worden ist.

§ 902 [Unverjährbarkeit eingetragener Rechte]

(1) Die Ansprüche aus eingetragenen Rechten unterliegen nicht der Verjährung. Dies gilt nicht für Ansprüche, die auf Rückstände wiederkehrender Leistungen oder auf Schadensersatz gerichtet sind.

(2) Ein Recht, wegen dessen ein Widerspruch gegen die Richtigkeit des Grundbuchs eingetragen ist, steht einem eingetragenen Rechte gleich.

Dritter Abschnitt
Eigentum
Erster Titel
Inhalt des Eigentums

§ 903 [Rechte des Eigentümers]
Der Eigentümer einer Sache kann, soweit nicht das Gesetz oder Rechte Dritter entgegenstehen, mit der Sache nach Belieben verfahren und andere von jeder Einwirkung ausschließen. Der Eigentümer eines Tieres hat bei der Ausübung seiner Befugnisse die besonderen Vorschriften zum Schutz der Tiere zu beachten.

§ 904 [Notstand]
Der Eigentümer einer Sache ist nicht berechtigt, die Einwirkung eines anderen auf die Sache zu verbieten, wenn die Einwirkung zur Abwendung einer gegenwärtigen Gefahr notwendig und der drohende Schaden gegenüber dem aus der Einwirkung dem Eigentümer entstehenden Schaden unverhältnismäßig groß ist. Der Eigentümer kann Ersatz des ihm entstehenden Schadens verlangen.

§ 905 [Räumliche Begrenzung des Eigentums]
Das Recht des Eigentümers eines Grundstücks erstreckt sich auf den Raum über der Oberfläche und auf den Erdkörper unter der Oberfläche. Der Eigentümer kann jedoch Einwirkungen nicht verbieten, die in solcher Höhe oder Tiefe vorgenommen werden, daß er an der Ausschließung kein Interesse hat.

§ 906 [Einwirkungen vom Nachbargrundstück]
(1) Der Eigentümer eines Grundstücks kann die Zuführung von Gasen, Dämpfen, Gerüchen, Rauch, Ruß, Wärme, Geräusch, Erschütterungen und ähnliche von einem anderen Grundstück ausgehende Einwirkungen insoweit nicht verbieten, als die Einwirkung die Benutzung seines Grundstücks nicht oder nur unwesentlich beeinträchtigt. Eine unwesentliche Beeinträchtigung liegt in der Regel vor, wenn die in Gesetzen oder Rechtsverordnungen festgelegten Grenz- oder Richtwerte von den nach diesen Vorschriften ermittelten und bewerteten Einwirkungen nicht überschritten werden. Gleiches gilt für Werte in allgemeinen Verwaltungsvorschriften, die nach § 48 des Bundes-Immissionsschutzgesetzes erlassen worden sind und den Stand der Technik wiedergeben.
(2) Das gleiche gilt insoweit, als eine wesentliche Beeinträchtigung durch eine ortsübliche Benutzung des anderen Grundstücks herbeigeführt wird und nicht durch Maßnahmen verhindert werden kann, die Benutzern dieser Art wirtschaftlich zumutbar sind. Hat der Eigentümer hiernach eine Einwirkung zu dulden, so kann er von dem Benutzer des anderen Grundstücks einen angemessenen Ausgleich in Geld verlangen, wenn die Einwirkung eine ortsübliche Benutzung seines Grundstücks oder dessen Ertrag über das zumutbare Maß hinaus beeinträchtigt.
(3) Die Zuführung durch eine besondere Leitung ist unzulässig.

§ 907 [Anlagen auf Nachbargrundstücken]
(1) Der Eigentümer eines Grundstücks kann verlangen, daß auf den Nachbargrundstücken nicht Anlagen hergestellt oder gehalten werden, von denen mit Sicherheit vorauszusehen ist, daß ihr Bestand oder ihre Benutzung eine unzulässige Einwirkung auf sein Grundstück zur Folge hat. Genügt eine Anlage den landesgesetzlichen Vorschriften, die einen bestimmten Abstand von der Grenze oder sonstige Schutzmaßregeln vorschreiben, so kann die Beseitigung der Anlage erst verlangt werden, wenn die unzulässige Einwirkung tatsächlich hervortritt.
(2) Bäume und Sträucher gehören nicht zu den Anlagen im Sinne dieser Vorschriften.

§ 908 [Einsturzgefahr]

Droht einem Grundstücke die Gefahr, daß es durch den Einsturz eines Gebäudes oder eines anderen Werkes, das mit einem Nachbargrundstücke verbunden ist, oder durch die Ablösung von Teilen des Gebäudes oder des Werkes beschädigt wird, so kann der Eigentümer von demjenigen, welcher nach dem § 836 Abs. 1 oder den §§ 837, 838 für den eintretenden Schaden verantwortlich sein würde, verlangen, daß er die zur Abwendung der Gefahr erforderliche Vorkehrung trifft.

§ 909 [Vertiefung]

Ein Grundstück darf nicht in der Weise vertieft werden, daß der Boden des Nachbargrundstücks die erforderliche Stütze verliert, es sei denn, daß für eine genügende anderweitige Befestigung gesorgt ist.

§ 910 [Überhang]

(1) Der Eigentümer eines Grundstücks kann Wurzeln eines Baumes oder eines Strauches, die von einem Nachbargrundstück eingedrungen sind, abschneiden und behalten. Das gleiche gilt von herüberragenden Zweigen, wenn der Eigentümer dem Besitzer des Nachbargrundstücks eine angemessene Frist zur Beseitigung bestimmt hat und die Beseitigung nicht innerhalb der Frist erfolgt.

(2) Dem Eigentümer steht dieses Recht nicht zu, wenn die Wurzeln oder die Zweige die Benutzung des Grundstücks nicht beeinträchtigen.

§ 911 [Hinüberfallende Früchte]

Früchte, die von einem Baume oder einem Strauche auf ein Nachbargrundstück hinüberfallen, gelten als Früchte dieses Grundstücks. Diese Vorschrift findet keine Anwendung, wenn das Nachbargrundstück dem öffentlichen Gebrauche dient.

§ 912 [Grenzüberbau]

(1) Hat der Eigentümer eines Grundstücks bei der Errichtung eines Gebäudes über die Grenze gebaut, ohne daß ihm Vorsatz oder grobe Fahrlässigkeit zur Last fällt, so hat der Nachbar den Überbau zu dulden, es sei denn, daß er vor oder sofort nach der Grenzüberschreitung Widerspruch erhoben hat.

(2) Der Nachbar ist durch eine Geldrente zu entschädigen. Für die Höhe der Rente ist die Zeit der Grenzüberschreitung maßgebend.

§ 913 [Überbaurente]

(1) Die Rente für den Überbau ist dem jeweiligen Eigentümer des Nachbargrundstücks von dem jeweiligen Eigentümer des anderen Grundstücks zu entrichten.

(2) Die Rente ist jährlich im voraus zu entrichten.

§ 914 [Vorrang der Überbaurente]

(1) Das Recht auf die Rente geht allen Rechten an dem belasteten Grundstück, auch den älteren, vor. Es erlischt mit der Beseitigung des Überbaues.

(2) Das Recht wird nicht in das Grundbuch eingetragen. Zum Verzicht auf das Recht sowie zur Feststellung der Höhe der Rente durch Vertrag ist die Eintragung erforderlich.

(3) Im übrigen finden die Vorschriften Anwendung, die für eine zugunsten des jeweiligen Eigentümers eines Grundstücks bestehende Reallast gelten.

§ 915 [Abkauf]

(1) Der Rentenberechtigte kann jederzeit verlangen, daß der Rentenpflichtige ihm gegen Übertragung des Eigentums an dem überbauten Teile des Grundstücks den Wert ersetzt, den dieser Teil zur Zeit der Grenzüberschreitung gehabt hat. Macht er von dieser Befugnis Gebrauch, so bestimmen sich die Rechte und Verpflichtungen beider Teile nach den Vorschriften über den Kauf.

(2) Für die Zeit bis zur Übertragung des Eigentums ist die Rente fortzuentrichten.

§ 916 [Beeinträchtigung von Erbbaurecht oder Dienstbarkeit]

Wird durch den Überbau ein Erbbaurecht oder eine Dienstbarkeit an dem Nachbargrundstücke beeinträchtigt, so finden zugunsten des Berechtigten die Vorschriften der §§ 912 bis 914 entsprechende Anwendung.

§ 917 [Notweg]

(1) Fehlt einem Grundstücke die zur ordnungsmäßigen Benutzung notwendige Verbindung mit einem öffentliche Wege, so kann der Eigentümer von den Nachbarn verlangen, daß sie bis zur Hebung des Mangels die Benutzung ihrer Grundstücke zur Herstellung der erforderlichen Verbindung dulden. Die Richtung des Notwegs und der Umfang des Benutzungsrechts werden erforderlichen Falles durch Urteil bestimmt.

(2) Die Nachbarn, über deren Grundstücke der Notweg führt, sind durch eine Geldrente zu entschädigen. Die Vorschriften des § 912 Abs. 2 Satz 2 und der §§ 913, 914, 916 finden entsprechende Anwendung.

§ 918 [Wegfall des Notwegs]

(1) Die Verpflichtung zur Duldung des Notwegs tritt nicht ein, wenn die bisherige Verbindung des Grundstücks mit dem öffentlichen Wege durch eine willkürliche Handlung des Eigentümers aufgehoben wird.

(2) Wird infolge der Veräußerung eines Teiles des Grundstücks der veräußerte oder der zurückbehaltene Teil von der Verbindung mit dem öffentlichen Wege abgeschnitten, so hat der Eigentümer desjenigen Teiles, über welchen die Verbindung bisher stattgefunden hat, den Notweg zu dulden. Der Veräußerung eines Teiles steht die Veräußerung eines von mehreren demselben Eigentümer gehörenden Grundstücken gleich.

§ 919 [Abmarkung]

(1) Der Eigentümer eines Grundstücks kann von dem Eigentümer eines Nachbargrundstücks verlangen, daß dieser zur Errichtung fester Grenzzeichen und, wenn ein Grenzzeichen verrückt oder unkenntlich geworden ist, zur Wiederherstellung mitwirkt.

(2) Die Art der Abmarkung und das Verfahren bestimmen sich nach den Landesgesetzen; enthalten diese keine Vorschriften, so entscheidet die Ortsüblichkeit.

(3) Die Kosten der Abmarkung sind von den Beteiligten zu gleichen Teilen zu tragen, sofern nicht aus einem zwischen ihnen bestehenden Rechtsverhältnisse sich ein anderes ergibt.

§ 920 [Grenzverwirrung]

(1) Läßt sich im Falle einer Grenzverwirrung die richtige Grenze nicht ermitteln, so ist für die Abgrenzung der Besitzstand maßgebend. Kann der Besitzstand nicht festgestellt werden, so ist jedem der Grundstücke ein gleich großes Stück der streitigen Fläche zuzuteilen.

(2) Soweit eine diesen Vorschriften entsprechende Bestimmung der Grenze zu einem Ergebnisse führt, das mit den ermittelten Umständen, insbesondere mit der feststehenden Größe der Grundstücke, nicht übereinstimmt, ist die Grenze so zu ziehen, wie es unter Berücksichtigung dieser Umstände der Billigkeit entspricht.

§ 921 [Gemeinsame Grenzanlagen]

Werden zwei Grundstücke durch einen Zwischenraum, Rain, Winkel, einen Graben, eine Mauer, Hecke, Planke oder eine andere Einrichtung, die zum Vorteile beider Grundstücke dient, voneinander geschieden, so wird vermutet, daß die Eigentümer der Grundstücke zur Benutzung der Einrichtung gemeinschaftlich berechtigt seien, sofern nicht äußere Merkmale darauf hinweisen, daß die Einrichtung einem der Nachbarn allein gehört.

§ 922 [Umfang der Benutzung]

Sind die Nachbarn zur Benutzung einer der im § 921 bezeichneten Einrichtungen gemeinschaftlich berechtigt, so kann jeder sie zu dem Zwecke, der sich aus ihrer Beschaffenheit ergibt, insoweit benutzen, als nicht die Mitbenutzung des anderen beeinträchtigt wird. Die Unterhaltungskosten sind von den Nachbarn zu gleichen Teilen zu tragen. Solange einer der Nachbarn an dem Fortbestande der Einrichtung ein Interesse hat, darf sie nicht ohne seine Zustimmung beseitigt oder geändert werden. Im übrigen bestimmt sich das Rechtsverhältnis zwischen den Nachbarn nach den Vorschriften über die Gemeinschaft.

§ 923 [Grenzbaum]

(1) Steht auf der Grenze ein Baum, so gebühren die Früchte und, wenn der Baum gefällt wird, auch der Baum den Nachbarn zu gleichen Teilen.

(2) Jeder der Nachbarn kann die Beseitigung des Baumes verlangen. Die Kosten der Beseitigung fallen den Nachbarn zu gleichen Teilen zur Last. Der Nachbar, der die Beseitigung verlangt, hat jedoch die Kosten allein zu tragen, wenn der andere auf sein Recht an dem Baume verzichtet; er erwirbt in diesem Falle mit der Trennung das Alleineigentum. Der Anspruch auf die Beseitigung ist ausgeschlossen, wenn der Baum als Grenzzeichen dient und den Umständen nach nicht durch ein anderes zweckmäßiges Grenzzeichen ersetzt werden kann.

(3) Diese Vorschriften gelten auch für einen auf der Grenze stehenden Strauch.

§ 924 [Keine Verjährung]

Die Ansprüche, die sich aus den §§ 907 bis 909, 915, dem § 917 Abs. 1, dem § 918 Abs. 2, den §§ 919, 920 und dem § 923 Abs. 2 ergeben, unterliegen nicht der Verjährung.

Zweiter Titel

Erwerb und Verlust des Eigentums an Grundstücken

§ 925 [Auflassung]

(1) Die zur Übertragung des Eigentums an einem Grundstück nach § 873 erforderliche Einigung des Veräußerers und des Erwerbers (Auflassung) muß bei gleichzeitiger Anwesenheit beider Teile vor einer zuständigen Stelle erklärt werden. Zur Entgegennahme der Auflassung ist, unbeschadet der Zuständigkeit weiterer Stellen, jeder Notar zuständig. Eine Auflassung kann auch in einem gerichtlichen Vergleich erklärt werden.

(2) Eine Auflassung, die unter einer Bedingung oder einer Zeitbestimmung erfolgt, ist unwirksam.

§ 925 a [Vorlage der Vertragsurkunde]

Die Erklärung einer Auflassung soll nur entgegengenommen werden, wenn die nach § 313 Satz 1 erforderliche Urkunde über den Vertrag vorgelegt oder gleichzeitig errichtet wird.

§ 926 [Grundstückszubehör]

(1) Sind der Veräußerer und der Erwerber darüber einig, daß sich die Veräußerung auf das Zubehör des Grundstücks erstrecken soll, so erlangt der Erwerber mit dem Eigentum an dem Grundstück auch das Eigentum an den zur Zeit des Erwerbes vorhandenen Zubehörstücken, soweit sie dem Veräußerer gehören. Im Zweifel ist anzunehmen, daß sich die Veräußerung auf das Zubehör erstrecken soll.

(2) Erlangt der Erwerber auf Grund der Veräußerung den Besitz von Zubehörstücken, die dem Veräußerer nicht gehören oder mit Rechten Dritter belastet sind, so finden die Vorschriften der §§ 932 bis 936 Anwendung; für den guten Glauben des Erwerbers ist die Zeit der Erlangung des Besitzes maßgebend.

§ 927 [Aufgebotsverfahren]

(1) Der Eigentümer eines Grundstücks kann, wenn das Grundstück seit dreißig Jahren im Eigenbesitz eines anderen ist, im Wege des Aufgebotsverfahrens mit seinem Rechte ausgeschlossen werden. Die Besitzzeit wird in gleicher Weise berechnet wie die Frist für die Ersitzung einer beweglichen Sache. Ist der Eigentümer im Grundbuch eingetragen, so ist das Aufgebotsverfahren nur zulässig, wenn er gestorben oder verschollen ist und eine Eintragung in das Grundbuch, die der Zustimmung des Eigentümers bedurfte, seit dreißig Jahren nicht erfolgt ist.

(2) Derjenige, welcher das Ausschlußurteil erwirkt hat, erlangt das Eigentum dadurch, daß er sich als Eigentümer in das Grundbuch eintragen läßt.

(3) Ist vor der Erlassung des Ausschlußurteils ein Dritter als Eigentümer oder wegen des Eigentums eines Dritten ein Widerspruch gegen die Richtigkeit des Grundbuchs eingetragen worden, so wirkt das Urteil nicht gegen den Dritten.

§ 928 [Aufgabe des Grundstückseigentums]

(1) Das Eigentum an einem Grundstücke kann dadurch aufgegeben werden, daß der Eigentümer den Verzicht dem Grundbuchamte gegenüber erklärt und der Verzicht in das Grundbuch eingetragen wird.

(2) Das Recht zur Aneignung des aufgegebenen Grundstücks steht dem Fiskus des Bundesstaats zu, in dessen Gebiete das Grundstück liegt. Der Fiskus erwirbt das Eigentum dadurch, daß er sich als Eigentümer in das Grundbuch eintragen läßt.

Dritter Titel

Erwerb und Verlust des Eigentums an beweglichen Sachen

I. Übertragung

§ 929 [Einigung und Übergabe]

Zur Übertragung des Eigentums an einer beweglichen Sache ist erforderlich, daß der Eigentümer die Sache dem Erwerber übergibt und beide darüber einig sind, daß das Eigentum übergehen soll. Ist der Erwerber im Besitze der Sache, so genügt die Einigung über den Übergang des Eigentums.

§ 929 a [Nicht eingetragenes Seeschiff]

(1) Zur Übertragung des Eigentums an einem Seeschiff, das nicht im Schiffsregister eingetragen ist, oder an einem Anteil an einem solchen Schiff ist die Übergabe nicht erforderlich, wenn der Eigentümer und der Erwerber darüber einig sind, daß das Eigentum sofort übergehen soll.

(2) Jeder Teil kann verlangen, daß ihm auf seine Kosten eine öffentlich beglaubigte Urkunde über die Veräußerung erteilt wird.

§ 930 [Besitzmittlungsverhältnis]

Ist der Eigentümer im Besitze der Sache, so kann die Übergabe dadurch ersetzt werden, daß zwischen ihm und dem Erwerber ein Rechtsverhältnis vereinbart wird, vermöge dessen der Erwerber den mittelbaren Besitz erlangt.

§ 931 [Abtretung des Herausgabeanspruchs]

Ist ein Dritter im Besitze der Sache, so kann die Übergabe dadurch ersetzt werden, daß der Eigentümer dem Erwerber den Anspruch auf Herausgabe der Sache abtritt.

§ 932 [Gutgläubiger Erwerb]

(1) Durch eine nach § 929 erfolgte Veräußerung wird der Erwerber auch dann Eigentümer, wenn die Sache nicht dem Veräußerer gehört, es sei denn, daß er zu der Zeit, zu der er nach diesen Vorschriften das Eigentum erwerben würde, nicht in gutem Glauben ist. In

dem Falle des § 929 Satz 2 gilt dies jedoch nur dann, wenn der Erwerber den Besitz von dem Veräußerer erlangt hatte.

(2) Der Erwerber ist nicht in gutem Glauben, wenn ihm bekannt oder infolge grober Fahrlässigkeit unbekannt ist, daß die Sache nicht dem Veräußerer gehört.

§ 932 a [Gutgläubiger Erwerb von Schiffen]

Gehört ein nach § 929 a veräußertes Schiff nicht dem Veräußerer, so wird der Erwerber Eigentümer, wenn ihm das Schiff vom Veräußerer übergeben wird, es sei denn, daß er zu dieser Zeit nicht in gutem Glauben ist; ist ein Anteil an einem Schiff Gegenstand der Veräußerung, so tritt an die Stelle der Übergabe die Einräumung des Mitbesitzes an dem Schiff.

§ 933 [Gutgläubiger Erwerb bei Besitzmittlung]

Gehört eine nach § 930 veräußerte Sache nicht dem Veräußerer, so wird der Erwerber Eigentümer, wenn ihm die Sache von dem Veräußerer übergeben wird, es sei denn, daß er zu dieser Zeit nicht in gutem Glauben ist.

§ 934 [Gutgläubiger Erwerb bei Abtretung des Herausgabeanspruchs]

Gehört eine nach § 931 veräußerte Sache nicht dem Veräußerer, so wird der Erwerber, wenn der Veräußerer mittelbarer Besitzer der Sache ist, mit der Abtretung des Anspruchs, anderenfalls dann Eigentümer, wenn er den Besitz der Sache von dem Dritten erlangt, es sei denn, daß er zur Zeit der Abtretung oder des Besitzerwerbes nicht in gutem Glauben ist.

§ 935 [Abhanden gekommene Sachen]

(1) Der Erwerb des Eigentums auf Grund der §§ 932 bis 934 tritt nicht ein, wenn die Sache dem Eigentümer gestohlen worden, verlorengegangen oder sonst abhanden gekommen war. Das gleiche gilt, falls der Eigentümer nur mittelbarer Besitzer war, dann, wenn die Sache dem Besitzer abhanden gekommen war.

(2) Diese Vorschriften finden keine Anwendung auf Geld oder Inhaberpapiere sowie auf Sachen, die im Wege öffentlicher Versteigerung veräußert werden.

§ 936 [Erlöschen dinglicher Rechte Dritter]

(1) Ist eine veräußerte Sache mit dem Rechte eines Dritten belastet, so erlischt das Recht mit dem Erwerbe des Eigentums. In dem Falle des § 929 Satz 2 gilt dies jedoch nur dann, wenn der Erwerber den Besitz von dem Veräußerer erlangt hatte. Erfolgt die Veräußerung nach § 929 a oder § 930 oder war die nach § 931 veräußerte Sache nicht im mittelbaren Besitze des Veräußerers, so erlischt das Recht des Dritten erst dann, wenn der Erwerber auf Grund der Veräußerung den Besitz der Sache erlangt.

(2) Das Recht des Dritten erlischt nicht, wenn der Erwerber zu der nach Absatz 1 maßgebenden Zeit in Ansehung des Rechtes nicht in gutem Glauben ist.

(3) Steht im Falle des § 931 das Recht dem dritten Besitzer zu, so erlischt es auch dem gutgläubigen Erwerber gegenüber nicht.

II. Ersitzung

§ 937 [Voraussetzungen]

(1) Wer eine bewegliche Sache zehn Jahre im Eigenbesitze hat, erwirbt das Eigentum (Ersitzung).

(2) Die Ersitzung ist ausgeschlossen, wenn der Erwerber bei dem Erwerbe des Eigenbesitzes nicht in gutem Glauben ist oder wenn er später erfährt, daß ihm das Eigentum nicht zusteht.

§ 938 [Vermutung des Eigenbesitzes]
Hat jemand eine Sache am Anfang und am Ende eines Zeitraums im Eigenbesitze gehabt, so wird vermutet, daß sein Eigenbesitz auch in der Zwischenzeit bestanden habe.

§ 939 [Hemmung der Ersitzung]
Die Ersitzung kann nicht beginnen und, falls sie begonnen hat, nicht fortgesetzt werden, solange die Verjährung des Eigentumsanspruchs gehemmt ist oder ihrer Vollendung die Vorschriften der §§ 206, 207 entgegenstehen.

§ 940 [Unterbrechung durch Besitzverlust]
(1) Die Ersitzung wird durch den Verlust des Eigenbesitzes unterbrochen.

(2) Die Unterbrechung gilt als nicht erfolgt, wenn der Eigenbesitzer den Eigenbesitz ohne seinen Willen verloren und ihm binnen Jahresfrist oder mittelst einer innerhalb dieser Frist erhobenen Klage wiedererlangt hat.

§ 941 [Unterbrechung durch Eigentumsklage]
Die Ersitzung wird unterbrochen, wenn der Eigentumsanspruch gegen den Eigenbesitzer oder im Falle eines mittelbaren Eigenbesitzes gegen den Besitzer gerichtlich geltend gemacht wird, der sein Recht zum Besitze von dem Eigenbesitzer ableitet; die Unterbrechung tritt jedoch nur zugunsten desjenigen ein, welcher sie herbeiführt. Die für die Verjährung geltenden Vorschriften der §§ 209 bis 212, 216, 219, 220 finden entsprechende Anwendung.

§ 942 [Wirkung der Unterbrechung]
Wird die Ersitzung unterbrochen, so kommt die bis zur Unterbrechung verstrichene Zeit nicht in Betracht; eine neue Ersitzung kann erst nach der Beendigung der Unterbrechung beginnen.

§ 943 [Anrechnung bei Rechtsnachfolge]
Gelangt die Sache durch Rechtsnachfolge in den Eigenbesitz eines Dritten, so kommt die während des Besitzes des Rechtvorgängers verstrichene Ersitzungszeit dem Dritten zustatten.

§ 944 [Anrechnung zugunsten des Erben]
Die Ersitzungszeit, die zugunsten eines Erbschaftsbesitzers verstrichen ist, kommt dem Erben zustatten.

§ 945 [Erlöschen der Rechte Dritter]
Mit dem Erwerbe des Eigentums durch Ersitzung erlöschen die an der Sache vor dem Erwerbe des Eigenbesitzes begründeten Rechte Dritter, es sei denn, daß der Eigenbesitzer bei dem Erwerbe des Eigenbesitzes in Ansehung dieser Rechte nicht in gutem Glauben ist oder ihr Bestehen später erfährt. Die Ersitzungsfrist muß auch in Ansehung des Rechtes des Dritten verstrichen sein; die Vorschriften der §§ 939 bis 944 finden entsprechende Anwendung.

III. Verbindung. Vermischung. Verarbeitung

§ 946 [Verbindung von Fahrnis mit einem Grundstück]
Wird eine bewegliche Sache mit einem Grundstücke dergestalt verbunden, daß sie wesentlicher Bestandteil des Grundstücks wird, so erstreckt sich das Eigentum an dem Grundstück auf diese Sache.

§ 947 [Verbindung beweglicher Sachen]
(1) Werden bewegliche Sachen miteinander dergestalt verbunden, daß sie wesentliche Bestandteile einer einheitlichen Sache werden, so werden die bisherigen Eigentümer

Miteigentümer dieser Sache; die Anteile bestimmen sich nach dem Verhältnisse des Wertes, den die Sachen zur Zeit der Verbindung haben.

(2) Ist eine der Sachen als die Hauptsache anzusehen, so erwirbt ihr Eigentümer das Alleineigentum.

§ 948 [Vermischung]

(1) Werden bewegliche Sachen miteinander untrennbar vermischt oder vermengt, so finden die Vorschriften des § 947 entsprechende Anwendung.

(2) Der Untrennbarkeit steht es gleich, wenn die Trennung der vermischten oder vermengten Sachen mit unverhältnismäßigen Kosten verbunden sein würde.

§ 949 [Rechte Dritter]

Erlischt nach den §§ 946 bis 948 das Eigentum an einer Sache, so erlöschen auch die sonstigen an der Sache bestehenden Rechte. Erwirbt der Eigentümer der belasteten Sache Miteigentum, so bestehen die Rechte an dem Anteile fort, der an die Stelle der Sache tritt. Wird der Eigentümer der belasteten Sache Alleineigentümer, so erstrecken sich die Rechte auf die hinzutretende Sache.

§ 950 [Verarbeitung]

(1) Wer durch Verarbeitung oder Umbildung eines oder mehrerer Stoffe eine neue bewegliche Sache herstellt, erwirbt das Eigentum an der neuen Sache, sofern nicht der Wert der Verarbeitung oder der Umbildung erheblich geringer ist als der Wert des Stoffes. Als Verarbeitung gilt auch das Schreiben, Zeichnen, Malen, Drucken, Gravieren oder eine ähnliche Bearbeitung der Oberfläche.

(2) Mit dem Erwerbe des Eigentums an der neuen Sache erlöschen die an dem Stoffe bestehenden Rechte.

§ 951 [Ersatz für Rechtsverlust]

(1) Wer infolge der Vorschriften der §§ 946 bis 950 einen Rechtsverlust erleidet, kann von demjenigen, zu dessen Gunsten die Rechtsänderung eintritt, Vergütung in Geld nach den Vorschriften über die Herausgabe einer ungerechtfertigten Bereicherung fordern. Die Wiederherstellung des früheren Zustandes kann nicht verlangt werden.

(2) Die Vorschriften über die Verpflichtung zum Schadensersatze wegen unerlaubter Handlungen sowie die Vorschriften über den Ersatz von Verwendungen und über das Recht zur Wegnahme einer Einrichtung bleiben unberührt. In den Fällen der §§ 946, 947 ist die Wegnahme nach den für das Wegnahmerecht des Besitzers gegenüber dem Eigentümer geltenden Vorschriften auch dann zulässig, wenn die Verbindung nicht von dem Besitzer der Hauptsache bewirkt worden ist.

§ 952 [Eigentum an Schuldurkunden]

(1) Das Eigentum an dem über eine Forderung ausgestellten Schuldscheine steht dem Gläubiger zu. Das Recht eines Dritten an der Forderung erstreckt sich auf den Schuldschein.

(2) Das gleiche gilt für Urkunden über andere Rechte, kraft deren eine Leistung gefordert werden kann, insbesondere für Hypotheken-, Grundschuld- und Rentenschuldbriefe.

IV. Erwerb von Erzeugnissen und sonstigen Bestandteilen einer Sache

§ 953 [Grundsatz]

Erzeugnisse und sonstige Bestandteile einer Sache gehören auch nach der Trennung dem Eigentümer der Sache, soweit sich nicht aus den §§ 954 bis 957 ein anderes ergibt.

§ 954 [Fruchterwerb mit Trennung]
Wer vermöge eines Rechtes an einer fremden Sache befugt ist, sich Erzeugnisse oder sonstige Bestandteile der Sache anzueignen, erwirbt das Eigentum an ihnen, unbeschadet der Vorschriften der §§ 955 bis 957, mit der Trennung.

§ 955 [Fruchterwerb durch Eigenbesitzer]
(1) Wer eine Sache im Eigenbesitze hat, erwirbt das Eigentum an den Erzeugnissen und sonstigen zu den Früchten der Sache gehörenden Bestandteilen, unbeschadet der Vorschriften der §§ 956, 957, mit der Trennung. Der Erwerb ist ausgeschlossen, wenn der Eigenbesitzer nicht zum Eigenbesitz oder ein anderer vermöge eines Rechtes an der Sache zum Fruchtbezuge berechtigt ist und der Eigenbesitzer bei dem Erwerbe des Eigenbesitzes nicht in gutem Glauben ist oder vor der Trennung den Rechtsmangel erfährt.
(2) Dem Eigenbesitzer steht derjenige gleich, welcher die Sache zum Zwecke der Ausübung eines Nutzungsrechts an ihr besitzt.
(3) Auf den Eigenbesitz und den ihm gleichgestellten Besitz findet die Vorschrift des § 940 Abs. 2 entsprechende Anwendung.

§ 956 [Fruchterwerb durch persönlich Berechtigten]
(1) Gestattet der Eigentümer einem anderen, sich Erzeugnisse oder sonstige Bestandteile der Sache anzueignen, so erwirbt dieser das Eigentum an ihnen, wenn der Besitz der Sache ihm überlassen ist, mit der Trennung, anderenfalls mit der Besitzergreifung. Ist der Eigentümer zu der Gestattung verpflichtet, so kann er sie nicht widerrufen, solange sich der andere in dem ihm überlassenen Besitze der Sache befindet.
(2) Das gleiche gilt, wenn die Gestattung nicht von dem Eigentümer, sondern von einem andern ausgeht, dem Erzeugnisse oder sonstige Bestandteile einer Sache nach der Trennung gehören.

§ 957 [Gutgläubiger Fruchterwerb]
Die Vorschriften des § 956 finden auch dann Anwendung, wenn derjenige, welcher die Aneignung einem anderen gestattet, hierzu nicht berechtigt ist, es sei denn, daß der andere, falls ihm der Besitz der Sache überlassen wird, bei der Überlassung, anderenfalls bei der Ergreifung des Besitzes der Erzeugnisse oder der sonstigen Bestandteile nicht in gutem Glauben ist oder vor der Trennung den Rechtsmangel erfährt.

V. Aneignung

§ 958 [Voraussetzungen]
(1) Wer eine herrenlose bewegliche Sache in Eigenbesitz nimmt, erwirbt das Eigentum an der Sache.
(2) Das Eigentum wird nicht erworben, wenn die Aneignung gesetzlich verboten ist oder wenn durch die Besitzergreifung das Aneignungsrecht eines anderen verletzt wird.

§ 959 [Aufgabe des Eigentums]
Eine bewegliche Sache wird herrenlos, wenn der Eigentümer in der Absicht, auf das Eigentum zu verzichten, den Besitz der Sache aufgibt.

§ 960 [Wilde Tiere]
(1) Wilde Tiere sind herrenlos, solange sie sich in der Freiheit befinden. Wilde Tiere in Tiergärten und Fische in Teichen oder anderen geschlossenen Privatgewässern sind nicht herrenlos.
(2) Erlangt ein gefangenes wildes Tier die Freiheit wieder, so wird es herrenlos, wenn nicht der Eigentümer das Tier unverzüglich verfolgt oder wenn er die Verfolgung aufgibt.

(3) Ein gezähmtes Tier wird herrenlos, wenn es die Gewohnheit ablegt, an den ihm bestimmten Ort zurückzukehren.

§ 961 [Herrenloser Bienenschwarm]

Zieht ein Bienenschwarm aus, so wird er herrenlos, wenn nicht der Eigentümer ihn unverzüglich verfolgt oder wenn der Eigentümer die Verfolgung aufgibt.

§ 962 [Verfolgung]

Der Eigentümer des Bienenschwarms darf bei der Verfolgung fremde Grundstücke betreten. Ist der Schwarm in eine fremde nicht besetzte Bienenwohnung eingezogen, so darf der Eigentümer des Schwarmes zum Zwecke des Einfangens die Wohnung öffnen und die Waben herausnehmen oder herausbrechen. Er hat den entstehenden Schaden zu ersetzen.

§ 963 [Gesamtbienenschwarm]

Vereinigen sich ausgezogene Bienenschwärme mehrerer Eigentümer, so werden die Eigentümer, welche ihre Schwärme verfolgt haben, Miteigentümer des eingefangenen Gesamtschwarmes; die Anteile bestimmen sich nach der Zahl der verfolgten Schwärme.

§ 964 [Einzug in fremde besetzte Bienenwohnung]

Ist ein Bienenschwarm in eine fremde besetzte Bienenwohnung eingezogen, so erstrecken sich das Eigentum und die sonstigen Rechte an den Bienen, mit denen die Wohnung besetzt war, auf den eingezogenen Schwarm. Das Eigentum und die sonstigen Rechte an dem eingezogenen Schwarme erlöschen.

VI. Fund

§ 965 [Fundanzeige]

(1) Wer eine verlorene Sache findet und an sich nimmt, hat dem Verlierer oder dem Eigentümer oder einem sonstigen Empfangsberechtigten unverzüglich Anzeige zu machen.

(2) Kennt der Finder die Empfangsberechtigten nicht oder ist ihm ihr Aufenthalt unbekannt, so hat er den Fund und die Umstände, welche für die Ermittlung der Empfangsberechtigten erheblich sein können, unverzüglich der zuständigen Behörde anzuzeigen. Ist die Sache nicht mehr als zehn Deutsche Mark wert, so bedarf es der Anzeige nicht.

§ 966 [Verwahrung]

(1) Der Finder ist zur Verwahrung der Sache verpflichtet.

(2) Ist der Verderb der Sache zu besorgen oder ist die Aufbewahrung mit unverhältnismäßigen Kosten verbunden, so hat der Finder die Sache öffentlich versteigern zu lassen. Vor der Versteigerung ist der zuständigen Behörde Anzeige zu machen. Der Erlös tritt an die Stelle der Sache.

§ 967 [Ablieferung]

Der Finder ist berechtigt und auf Anordnung der zuständigen Behörde verpflichtet, die Sache oder den Versteigerungserlös an die zuständige Behörde abzuliefern.

§ 968 [Haftung]

Der Finder hat nur Vorsatz und grobe Fahrlässigkeit zu vertreten.

§ 969 [Herausgabe an Verlierer]

Der Finder wird durch die Herausgabe der Sache an den Verlierer auch den sonstigen Empfangsberechtigten gegenüber befreit.

§ 970 [Aufwendungsersatz]

Macht der Finder zum Zwecke der Verwahrung oder Erhaltung der Sache oder zum Zwecke der Ermittlung eines Empfangsberechtigten Aufwendungen, die er den Umständen nach für erforderlich halten darf, so kann er von dem Empfangsberechtigten Ersatz verlangen.

§ 971 [Finderlohn]

(1) Der Finder kann von dem Empfangsberechtigten einen Finderlohn verlangen. Der Finderlohn beträgt von dem Wert der Sache bis zu eintausend Deutsche Mark fünf vom Hundert, von dem Mehrwert drei vom Hundert, bei Tieren drei vom Hundert. Hat die Sache nur für den Empfangsberechtigten einen Wert, so ist der Finderlohn nach billigem Ermessen zu bestimmen.

(2) Der Anspruch ist ausgeschlossen, wenn der Finder die Anzeigepflicht verletzt oder den Fund auf Nachfrage verheimlicht.

§ 972 [Zurückbehaltungsrecht]

Auf die in den §§ 970, 971 bestimmten Ansprüche finden die für die Ansprüche des Besitzers gegen den Eigentümer wegen Verwendungen geltenden Vorschriften der §§ 1000 bis 1002 entsprechende Anwendung.

§ 973 [Eigentumserwerb des Finders]

(1) Mit dem Ablauf von sechs Monaten nach der Anzeige des Fundes bei der zuständigen Behörde erwirbt der Finder das Eigentum an der Sache, es sei denn, daß vorher ein Empfangsberechtigter dem Finder bekannt geworden ist oder sein Recht bei der zuständigen Behörde angemeldet hat. Mit dem Erwerbe des Eigentums erlöschen die sonstigen Rechte an der Sache.

(2) Ist die Sache nicht mehr als zehn Deutsche Mark wert, so beginnt die sechsmonatige Frist mit dem Fund. Der Finder erwirbt das Eigentum nicht, wenn er den Fund auf Nachfrage verheimlicht. Die Anmeldung eines Rechtes bei der zuständigen Behörde steht dem Erwerbe des Eigentums nicht entgegen.

§ 974 [Aufforderung an die Empfangsberechtigten]

Sind vor dem Ablauf der sechsmonatigen Frist Empfangsberechtigte dem Finder bekannt geworden oder haben sie bei einer Sache, die mehr als zehn Deutsche Mark wert ist, ihre Rechte bei der zuständigen Behörde rechtzeitig angemeldet, so kann der Finder die Empfangsberechtigten nach den Vorschriften des § 1003 zur Erklärung über die ihm nach den §§ 970 bis 972 zustehenden Ansprüche auffordern. Mit dem Ablaufe der für die Erklärung bestimmten Frist erwirbt der Finder das Eigentum und erlöschen die sonstigen Rechte an der Sache, wenn nicht die Empfangsberechtigten sich rechtzeitig zu der Befriedigung der Ansprüche bereit erklären.

§ 975 [Rechte des Finders nach Ablieferung]

Durch die Ablieferung der Sache oder des Versteigerungserlöses an die zuständige Behörde werden die Rechte des Finders nicht berührt. Läßt die zuständige Behörde die Sache versteigern, so tritt der Erlös an die Stelle der Sache. Die zuständige Behörde darf die Sache oder den Erlös nur mit Zustimmung des Finders einem Empfangsberechtigten herausgeben.

§ 976 [Eigentumserwerb der Gemeinde]

(1) Verzichtet der Finder der zuständigen Behörde gegenüber auf das Recht zum Erwerbe des Eigentums an der Sache, so geht sein Recht auf die Gemeinde des Fundorts über.

(2) Hat der Finder nach der Ablieferung der Sache oder des Versteigerungserlöses an die zuständige Behörde auf Grund der Vorschriften der §§ 973, 974 das Eigentum erworben, so geht es auf die Gemeinde des Fundorts über, wenn nicht der Finder vor dem Ablauf einer ihm von der zuständigen Behörde bestimmten Frist die Herausgabe verlangt.

§ 977 [Herausgabeanspruch des Geschädigten]

Wer infolge der Vorschriften der §§ 973, 974, 976 einen Rechtsverlust erleidet, kann in den Fällen der §§ 973, 974 von dem Finder, in den Fällen des § 976 von der Gemeinde des Fundorts die Herausgabe des durch die Rechtsänderung Erlangten nach den Vorschriften über die Herausgabe einer ungerechtfertigten Bereicherung fordern. Der Anspruch erlischt mit dem Ablaufe von drei Jahren nach dem Übergange des Eigentums auf den Finder oder die Gemeinde, wenn nicht die gerichtliche Geltendmachung vorher erfolgt.

§ 978 [Fund in Bahnhöfen und öffentlichen Verkehrsmitteln]

(1) Wer eine Sache in den Geschäftsräumen oder den Beförderungsmitteln einer öffentlichen Behörde oder einer dem öffentlichen Verkehre dienenden Verkehrsanstalt findet und an sich nimmt, hat die Sache unverzüglich an die Behörde oder die Verkehrsanstalt oder an einen ihrer Angestellten abzuliefern. Die Vorschriften der §§ 965 bis 967 und 969 bis 977 finden keine Anwendung.

(2) Ist die Sache nicht weniger als einhundert Deutsche Mark wert, so kann der Finder von dem Empfangsberechtigten einen Finderlohn verlangen. Der Finderlohn besteht in der Hälfte des Betrages, der sich bei Anwendung des § 971 Abs. 1 Satz 2, 3 ergeben würde. Der Anspruch ist ausgeschlossen, wenn der Finder Bediensteter der Behörde oder der Verkehrsanstalt ist oder der Finder die Ablieferungspflicht verletzt. Die für die Ansprüche des Besitzers gegen den Eigentümer wegen Verwendungen geltende Vorschrift des § 1001 findet auf den Finderlohnanspruch entsprechende Anwendung. Besteht ein Anspruch auf Finderlohn, so hat die Behörde oder die Verkehrsanstalt dem Finder die Herausgabe der Sache an einen Empfangsberechtigten anzuzeigen.

(3) Fällt der Versteigerungserlös oder gefundenes Geld an den nach § 981 Abs. 1 Berechtigten, so besteht ein Anspruch auf Finderlohn nach Absatz 2 Satz 1 bis 3 gegen diesen. Der Anspruch erlischt mit dem Ablauf von drei Jahren nach seiner Entstehung gegen den in Satz 1 bezeichneten Berechtigten.

§ 979 [Versteigerung]

(1) Die Behörde oder die Verkehrsanstalt kann die an sie abgelieferte Sache öffentlich versteigern lassen. Die öffentlichen Behörden und die Verkehrsanstalten des Reichs, der Bundesstaaten und der Gemeinden können die Versteigerung durch einen ihrer Beamten vornehmen lassen.

(2) Der Erlös tritt an die Stelle der Sache.

§ 980 [Bekanntmachung]

(1) Die Versteigerung ist erst zulässig, nachdem die Empfangsberechtigten in einer öffentlichen Bekanntmachung des Fundes zur Anmeldung ihrer Rechte unter Bestimmung einer Frist aufgefordert worden sind und die Frist verstrichen ist; sie ist unzulässig, wenn eine Anmeldung rechtzeitig erfolgt ist.

(2) Die Bekanntmachung ist nicht erforderlich, wenn der Verderb der Sache zu besorgen oder die Aufbewahrung mit unverhältnismäßigen Kosten verbunden ist.

§ 981 [Anfall des Versteigerungserlöses]

(1) Sind seit dem Ablaufe der in der öffentlichen Bekanntmachung bestimmten Frist drei Jahre verstrichen, so fällt der Versteigerungserlös, wenn nicht ein Empfangsberechtigter sein Recht angemeldet hat, bei Reichsbehörden und Reichsanstalten an den Reichsfiskus, bei Landesbehörden und Landesanstalten an den Fiskus des Bundesstaats, bei Gemeindebehörden und Gemeindeanstalten an die Gemeinde, bei Verkehrsanstalten, die von einer Privatperson betrieben werden, an diese.

(2) Ist die Versteigerung ohne die öffentliche Bekanntmachung erfolgt, so beginnt die dreijährige Frist erst, nachdem die Empfangsberechtigten in einer öffentlichen Bekanntmachung des Fundes zur Anmeldung ihrer Rechte aufgefordert worden sind. Das gleiche gilt, wenn gefundenes Geld abgeliefert worden ist.

(3) Die Kosten werden von dem herauszugebenden Betrag abgezogen.

§ 982 [Vorschriften für die Bekanntmachung]
Die in den §§ 980, 981 vorgeschriebene Bekanntmachung erfolgt bei Reichsbehörden und Reichsanstalten nach den von dem Bundesrat, in den übrigen Fällen nach den von der Zentralbehörde des Bundesstaats erlassenen Vorschriften.

§ 983 [Herausgabepflicht einer Behörde]
Ist eine öffentliche Behörde im Besitz einer Sache, zu deren Herausgabe sie verpflichtet ist, ohne daß die Verpflichtung auf Vertrag beruht, so finden, wenn der Behörde der Empfangsberechtigte oder dessen Aufenthalt unbekannt ist, die Vorschriften der §§ 979 bis 982 entsprechende Anwendung.

§ 984 [Schatzfund]
Wird eine Sache, die so lange verborgen gelegen hat, daß der Eigentümer nicht mehr zu ermitteln ist (Schatz), entdeckt und infolge der Entdeckung in Besitz genommen, so wird das Eigentum zur Hälfte von dem Entdecker, zur Hälfte von dem Eigentümer der Sache erworben, in welcher der Schatz verborgen war.

Vierter Titel
Ansprüche aus dem Eigentume

§ 985 [Herausgabeanspruch]
Der Eigentümer kann von dem Besitzer die Herausgabe der Sache verlangen.

§ 986 [Einwendungen des Besitzers]
(1) Der Besitzer kann die Herausgabe der Sache verweigern, wenn er oder der mittelbare Besitzer, von dem er sein Recht zum Besitz ableitet, dem Eigentümer gegenüber zum Besitze berechtigt ist. Ist der mittelbare Besitzer dem Eigentümer gegenüber zur Überlassung des Besitzes an den Besitzer nicht befugt, so kann der Eigentümer von dem Besitzer die Herausgabe der Sache an den mittelbaren Besitzer oder, wenn dieser den Besitz nicht wieder übernehmen kann oder will, an sich selbst verlangen.
(2) Der Besitzer einer Sache, die nach § 931 durch Abtretung des Anspruchs auf Herausgabe veräußert worden ist, kann dem neuen Eigentümer die Einwendungen entgegensetzen, welche ihm gegen den abgetretenen Anspruch zustehen.

§ 987 [Nutzungen durch Rechtshängigkeit]
(1) Der Besitzer hat dem Eigentümer die Nutzungen herauszugeben, die er nach dem Eintritte der Rechtshängigkeit zieht.
(2) Zieht der Besitzer nach dem Eintritte der Rechtshängigkeit Nutzungen nicht, die er nach den Regeln einer ordnungsmäßigen Wirtschaft ziehen könnte, so ist er dem Eigentümer zum Ersatze verpflichtet, soweit ihm ein Verschulden zur Last fällt.

§ 988 [Nutzungen des unentgeltlichen Besitzers vor Rechtshängigkeit]
Hat ein Besitzer, der die Sache als ihm gehörig oder zum Zwecke der Ausübung eines ihm in Wirklichkeit nicht zustehenden Nutzungsrechts an der Sache besitzt, den Besitz unentgeltlich erlangt, so ist er dem Eigentümer gegenüber zur Herausgabe der Nutzungen, die er vor dem Eintritte der Rechtshängigkeit zieht, nach den Vorschriften über die Herausgabe einer ungerechtfertigten Bereicherung verpflichtet.

§ 989 [Schadensersatz nach Rechtshängigkeit]
Der Besitzer ist von dem Eintritte der Rechtshängigkeit an dem Eigentümer für den Schaden verantwortlich, der dadurch entsteht, daß infolge seines Verschuldens die Sache verschlechtert wird, untergeht oder aus einem anderen Grunde von ihm nicht herausgegeben werden kann.

§ 990 [Haftung des bösgläubigen Besitzers]

(1) War der Besitzer bei dem Erwerbe des Besitzes nicht in gutem Glauben, so haftet er dem Eigentümer von der Zeit des Erwerbes an nach den §§ 987, 989. Erfährt der Besitzer später, daß er zum Besitze nicht berechtigt ist, so haftet er in gleicher Weise von der Erlangung der Kenntnis an.

(2) Eine weitergehende Haftung des Besitzers wegen Verzugs bleibt unberührt.

§ 991 [Haftung des Besitzmittlers]

(1) Leitet der Besitzer das Recht zum Besitze von einem mittelbaren Besitzer ab, so finden die Vorschriften des § 990 in Ansehung der Nutzungen nur Anwendung, wenn die Voraussetzungen des § 990 auch bei dem mittelbaren Besitzer vorliegen oder diesem gegenüber die Rechtshängigkeit eingetreten ist.

(2) War der Besitzer bei dem Erwerbe des Besitzes in gutem Glauben, so hat er gleichwohl von dem Erwerb an den im § 989 bezeichneten Schaden dem Eigentümer gegenüber insoweit zu vertreten, als er dem mittelbaren Besitzer verantwortlich ist.

§ 992 [Haftung des deliktischen Besitzers]

Hat sich der Besitzer durch verbotene Eigenmacht oder durch eine Straftat den Besitz verschafft, so haftet er dem Eigentümer nach den Vorschriften über den Schadensersatz wegen unerlaubter Handlungen.

§ 993 [Haftung des redlichen Besitzers]

(1) Liegen die in den §§ 987 bis 992 bezeichneten Voraussetzungen nicht vor, so hat der Besitzer die gezogenen Früchte, soweit sie nach den Regeln einer ordnungsmäßigen Wirtschaft nicht als Ertrag der Sache anzusehen sind, nach den Vorschriften über die Herausgabe einer ungerechtfertigten Bereicherung herauszugeben; im übrigen ist er weder zur Herausgabe von Nutzungen noch zum Schadensersatze verpflichtet.

(2) Für die Zeit, für welche dem Besitzer die Nutzungen verbleiben, finden auf ihn die Vorschriften des § 101 Anwendung.

§ 994 [Ersatz für notwendige Verwendungen]

(1) Der Besitzer kann für die auf die Sache gemachten notwendigen Verwendungen von dem Eigentümer Ersatz verlangen. Die gewöhnlichen Erhaltungskosten sind ihm jedoch für die Zeit, für welche ihm die Nutzungen verbleiben, nicht zu ersetzen.

(2) Macht der Besitzer nach dem Eintritte der Rechtshängigkeit oder nach dem Beginne der im § 990 bestimmten Haftung notwendige Verwendungen, so bestimmt sich die Ersatzpflicht des Eigentümers nach den Vorschriften über die Geschäftsführung ohne Auftrag.

§ 995 [Ersatz von Lasten]

Zu den notwendigen Verwendungen im Sinne des § 994 gehören auch die Aufwendungen, die der Besitzer zur Bestreitung von Lasten der Sache macht. Für die Zeit, für welche dem Besitzer die Nutzungen verbleiben, sind ihm nur die Aufwendungen für solche außerordentliche Lasten zu ersetzen, die als auf den Stammwert der Sache gelegt anzusehen sind.

§ 996 [Ersatz für nützliche Verwendungen]

Für andere als notwendige Verwendungen kann der Besitzer Ersatz nur insoweit verlangen, als sie vor dem Eintritte der Rechtshängigkeit und vor dem Beginne der im § 990 bestimmten Haftung gemacht werden und der Wert der Sache durch sie noch zu der Zeit erhöht ist, zu welcher der Eigentümer die Sache wiedererlangt.

§ 997 [Wegnahmerecht]
(1) Hat der Besitzer mit der Sache eine andere Sache als wesentlichen Bestandteil verbunden, so kann er sie abtrennen und sich aneignen. Die Vorschriften des § 258 finden Anwendung.
(2) Das Recht zur Abtrennung ist ausgeschlossen, wenn der Besitzer nach § 994 Abs. 1 Satz 2 für die Verwendung Ersatz nicht verlangen kann oder die Abtrennung für ihn keinen Nutzen hat oder ihm mindestens der Wert ersetzt wird, den der Bestandteil nach der Abtrennung für ihn haben würde.

§ 998 [Ersatz landwirtschaftlicher Zustellungskosten]
Ist ein landwirtschaftliches Grundstück herauszugeben, so hat der Eigentümer die Kosten, die der Besitzer auf die noch nicht getrennten, jedoch nach den Regeln einer ordnungsmäßigen Wirtschaft vor dem Ende des Wirtschaftsjahrs zu trennenden Früchte verwendet hat, insoweit zu ersetzen, als sie einer ordnungsmäßigen Wirtschaft entsprechen und den Wert dieser Früchte nicht übersteigen.

§ 999 [Ersatz für Verwendungen des Vorbesitzers]
(1) Der Besitzer kann für die Verwendung eines Vorbesitzers, dessen Rechtsnachfolger er geworden ist, in demselben Umfang Ersatz verlangen, in welchem ihn der Vorbesitzer fordern könnte, wenn er die Sache herauszugeben hätte.
(2) Die Verpflichtung des Eigentümers zum Ersatze von Verwendungen erstreckt sich auch auf die Verwendungen, die gemacht worden sind, bevor er das Eigentum erworben hat.

§ 1000 [Zurückbehaltungsrecht des Besitzers]
Der Besitzer kann die Herausgabe der Sache verweigern, bis er wegen der ihm zu ersetzenden Verwendungen befriedigt wird. Das Zurückbehaltungsrecht steht ihm nicht zu, wenn er die Sache durch eine vorsätzlich begangene unerlaubte Handlung erlangt hat.

§ 1001 [Anspruch auf Verwendungsersatz]
Der Besitzer kann den Anspruch auf den Ersatz der Verwendungen nur geltend machen, wenn der Eigentümer die Sache wiedererlangt oder die Verwendungen genehmigt. Bis zur Genehmigung der Verwendungen kann sich der Eigentümer von dem Anspruche dadurch befreien, daß er die wiedererlangte Sache zurückgibt. Die Genehmigung gilt als erteilt, wenn der Eigentümer die ihm von dem Besitzer unter Vorbehalt des Anspruchs angebotene Sache annimmt.

§ 1002 [Erlöschen des Verwendungsanspruchs]
(1) Gibt der Besitzer die Sache dem Eigentümer heraus, so erlischt der Anspruch auf den Ersatz der Verwendungen mit dem Ablauf eines Monats, bei einem Grundstücke mit dem Ablaufe von sechs Monaten nach der Herausgabe, wenn nicht vorher die gerichtliche Geltendmachung erfolgt oder der Eigentümer die Verwendungen genehmigt.
(2) Auf diese Fristen finden die für die Verjährung geltenden Vorschriften der §§ 203, 206, 207 entsprechende Anwendung.

§ 1003 [Aufforderung zur Genehmigung der Verwendungen]
(1) Der Besitzer kann den Eigentümer unter Angabe des als Ersatz verlangten Betrags auffordern, sich innerhalb einer von ihm bestimmten angemessenen Frist darüber zu erklären, ob er die Verwendungen genehmige. Nach dem Ablaufe der Frist ist der Besitzer berechtigt, Befriedigung aus der Sache nach den Vorschriften über den Pfandverkauf, bei einem Grundstücke nach den Vorschriften über die Zwangsvollstreckung in das unbewegliche Vermögen zu suchen, wenn nicht die Genehmigung rechtzeitig erfolgt.

(2) Bestreitet der Eigentümer den Anspruch vor dem Ablaufe der Frist, so kann sich der Besitzer aus der Sache erst dann befriedigen, wenn er nach rechtskräftiger Feststellung des Betrags der Verwendungen den Eigentümer unter Bestimmung einer angemessenen Frist zur Erklärung aufgefordert hat und die Frist verstrichen ist; das Recht auf Befriedigung aus der Sache ist ausgeschlossen, wenn die Genehmigung rechtzeitig erfolgt.

§ 1004 [Beseitigungs- und Unterlassungsanspruch]

(1) Wird das Eigentum in anderer Weise als durch Entziehung oder Vorenthaltung des Besitzes beeinträchtigt, so kann der Eigentümer von dem Störer die Beseitigung der Beeinträchtigung verlangen. Sind weitere Beeinträchtigungen zu besorgen, so kann der Eigentümer auf Unterlassung klagen.

(2) Der Anspruch ist ausgeschlossen, wenn der Eigentümer zur Duldung verpflichtet ist.

§ 1005 [Abholungsrecht des Eigentümers]

Befindet sich eine Sache auf einem Grundstücke, das ein anderer als der Eigentümer der Sache besitzt, so steht diesem gegen den Besitzer des Grundstücks der im § 867 bestimmte Anspruch zu.

§ 1006 [Eigentumsvermutung]

(1) Zugunsten des Besitzers einer beweglichen Sache wird vermutet, daß er Eigentümer der Sache sei. Dies gilt jedoch nicht einem früheren Besitzer gegenüber, dem die Sache gestohlen worden, verloren gegangen oder sonst abhanden gekommen ist, es sei denn, daß es sich um Geld oder Inhaberpapiere handelt.

(2) Zugunsten eines früheren Besitzers wird vermutet, daß er während der Dauer seines Besitzes Eigentümer der Sache gewesen sei.

(3) Im Falle eines mittelbaren Besitzes gilt die Vermutung für den mittelbaren Besitzer.

§ 1007 [Herausgabeanspruch des früheren Besitzers]

(1) Wer eine bewegliche Sache im Besitze gehabt hat, kann von dem Besitzer die Herausgabe der Sache verlangen, wenn dieser bei dem Erwerbe des Besitzes nicht in gutem Glauben war.

(2) Ist die Sache dem früheren Besitzer gestohlen worden, verloren gegangen oder sonst abhanden gekommen, so kann er die Herausgabe auch von einem gutgläubigen Besitzer verlangen, es sei denn, daß dieser Eigentümer der Sache ist oder die Sache ihm vor der Besitzzeit des früheren Besitzers abhanden gekommen war. Auf Geld und Inhaberpapiere findet diese Vorschrift keine Anwendung.

(3) Der Anspruch ist ausgeschlossen, wenn der frühere Besitzer bei dem Erwerbe des Besitzes nicht in gutem Glauben war oder wenn er den Besitz aufgegeben hat. Im übrigen finden die Vorschriften der §§ 986 bis 1003 entsprechende Anwendung.

Fünfter Titel

Miteigentum

§ 1008 [Miteigentum nach Bruchteilen]

Steht das Eigentum an einer Sache mehreren nach Bruchteilen zu, so gelten die Vorschriften der §§ 1009 bis 1011.

§ 1009 [Belastung zugunsten eines Miteigentümers]

(1) Die gemeinschaftliche Sache kann auch zugunsten eines Miteigentümers belastet werden.

(2) Die Belastung eines gemeinschaftlichen Grundstücks zugunsten des jeweiligen Eigentümers eines anderen Grundstücks sowie die Belastung eines anderen Grundstücks zugunsten der jeweiligen Eigentümer des gemeinschaftlichen Grundstücks wird nicht dadurch

ausgeschlossen, daß das andere Grundstück einem Miteigentümer des gemeinschaftlichen Grundstücks gehört.

§ 1010 [Sondernachfolger eines Miteigentümers]

(1) Haben die Miteigentümer eines Grundstücks die Verwaltung und Benutzung geregelt oder das Recht, die Aufhebung der Gemeinschaft zu verlangen, für immer oder auf Zeit ausgeschlossen oder eine Kündigungsfrist bestimmt, so wirkt die getroffene Bestimmung gegen den Sondernachfolger eines Miteigentümers nur, wenn sie als Belastung des Anteils im Grundbuch eingetragen ist.
(2) Die in den §§ 755, 756 bestimmten Ansprüche können gegen den Sondernachfolger eines Miteigentümers nur geltend gemacht werden, wenn sie im Grundbuch eingetragen sind.

§ 1011 [Ansprüche aus dem Miteigentum]

Jeder Miteigentümer kann die Ansprüche aus dem Eigentume Dritten gegenüber in Ansehung der ganzen Sache geltend machen, den Anspruch auf Herausgabe jedoch nur in Gemäßheit des § 432.

Vierter Abschnitt
Erbbaurecht[1)]

1) Die §§ 1012 bis 1017 sind durch § 35 der Verordnung über das Erbbaurecht vom 15. 1. 1919 (RGBl. S. 72) aufgehoben, gemäß § 38 jedoch weiter maßgebend für Erbbaurechte, die bei Inkrafttreten der Verordnung am 22. 1. 1919 bereits bestanden.

§ 1012 [Begriff]

Ein Grundstück kann in der Weise belastet werden, daß demjenigen, zu dessen Gunsten die Belastung erfolgt, das veräußerliche und vererbliche Recht zusteht, auf oder unter der Oberfläche des Grundstücks ein Bauwerk zu haben (Erbbaurecht).

§ 1013 [Erstreckung des Erbbaurechts]

Das Erbbaurecht kann auf die Benutzung eines für das Bauwerk nicht erforderlichen Teiles des Grundstücks erstreckt werden, wenn sie für die Benutzung des Bauwerkes Vorteil bietet.

§ 1014 [Unzulässigkeit der Beschränkung des Erbbaurechts auf Gebäudeteile]

Die Beschränkung des Erbbaurechts auf einen Teil eines Gebäudes, insbesondere ein Stockwerk, ist unzulässig.

§ 1015 [Bestellung des Erbbaurechts]

Die zur Bestellung des Erbbaurechts nach § 873 erforderliche Einigung des Eigentümers und des Erwerbers muß bei gleichzeitiger Anwesenheit beider Teile vor dem Grundbuchamt erklärt werden.

§ 1016 [Erlöschen des Erbbaurechts]

Das Erbbaurecht erlischt nicht dadurch, daß das Bauwerk untergeht.

§ 1017 [Anwendung der Grundstücksvorschriften]

(1) Für das Erbbaurecht gelten die sich auf Grundstücke beziehenden Vorschriften.

(2) Die für den Erwerb des Eigentums und die Ansprüche aus dem Eigentume geltenden Vorschriften finden auf das Erbbaurecht entsprechende Anwendung.

Fünfter Abschnitt
Dienstbarkeiten
Erster Titel
Grunddienstbarkeiten

§ 1018 [Begriff]
Ein Grundstück kann zugunsten des jeweiligen Eigentümers eines anderen Grundstücks in der Weise belastet werden, daß dieser das Grundstück in einzelnen Beziehungen benutzen darf oder daß auf dem Grundstücke gewisse Handlungen nicht vorgenommen werden dürfen oder daß die Ausübung eines Rechtes ausgeschlossen ist, das sich aus dem Eigentum an dem belasteten Grundstücke dem anderen Grundstücke gegenüber ergibt (Grunddienstbarkeit).

§ 1019 [Inhalt der Grunddienstbarkeit]
Eine Grunddienstbarkeit kann nur in einer Belastung bestehen, die für die Benutzung des Grundstücks des Berechtigten Vorteil bietet. Über das sich hieraus ergebende Maß hinaus kann der Inhalt der Dienstbarkeit nicht erstreckt werden.

§ 1020 [Schonende Ausübung]
Bei der Ausübung einer Grunddienstbarkeit hat der Berechtigte das Interesse des Eigentümers des belasteten Grundstücks tunlichst zu schonen. Hält er zur Ausübung der Dienstbarkeit auf dem belasteten Grundstück eine Anlage, so hat er sie in ordnungsmäßigem Zustande zu erhalten, soweit das Interesse des Eigentümers es erfordert.

§ 1021 [Unterhaltung einer Anlage]
(1) Gehört zur Ausübung einer Grunddienstbarkeit eine Anlage auf dem belasteten Grundstücke, so kann bestimmt werden, daß der Eigentümer dieses Grundstücks die Anlage zu unterhalten hat, soweit das Interesse des Berechtigten es erfordert. Steht dem Eigentümer das Recht zur Mitbenutzung der Anlage zu, so kann bestimmt werden, daß der Berechtigte die Anlage zu unterhalten hat, soweit es für das Benutzungsrecht des Eigentümers erforderlich ist.
(2) Auf eine solche Unterhaltungspflicht finden die Vorschriften über die Reallasten entsprechende Anwendung.

§ 1022 [Bauliche Anlage]
Besteht die Grunddienstbarkeit in dem Rechte, auf einer baulichen Anlage des belasteten Grundstücks eine bauliche Anlage zu halten, so hat, wenn nicht ein anderes bestimmt ist, der Eigentümer des belasteten Grundstücks seine Anlage zu unterhalten, soweit das Interesse des Berechtigten es erfordert. Die Vorschrift des § 1021 Abs. 2 gilt auch für diese Unterhaltungspflicht.

§ 1023 [Verlegung der Ausübung]
(1) Beschränkt sich die jeweilige Ausübung einer Grunddienstbarkeit auf einen Teil des belasteten Grundstücks, so kann der Eigentümer die Verlegung der Ausübung auf eine andere, für den Berechtigten ebenso geeignete Stelle verlangen, wenn die Ausübung an der bisherigen Stelle für ihn besonders beschwerlich ist; die Kosten der Verlegung hat er zu tragen und vorzuschießen. Dies gilt auch dann, wenn der Teil des Grundstücks, auf den sich die Ausübung beschränkt, durch Rechtsgeschäft bestimmt ist.
(2) Das Recht auf die Verlegung kann nicht durch Rechtsgeschäft ausgeschlossen oder beschränkt werden.

§ 1024 [Zusammentreffen mehrerer Nutzungsrechte]
Trifft eine Grunddienstbarkeit mit einer anderen Grunddienstbarkeit oder einem sonstigen Nutzungsrecht an dem Grundstück dergestalt zusammen, daß die Rechte nebeneinander

nicht oder nicht vollständig ausgeübt werden können, und haben die Rechte gleichen Rang, so kann jeder Berechtigte eine den Interessen aller Berechtigten nach billigem Ermessen entsprechende Regelung der Ausübung verlangen.

§ 1025 [Teilung des herrschenden Grundstücks]
Wird das Grundstück des Berechtigten geteilt, so besteht die Grunddienstbarkeit für die einzelnen Teile fort; die Ausübung ist jedoch im Zweifel nur in der Weise zulässig, daß sie für den Eigentümer des belasteten Grundstücks nicht beschwerlicher wird. Gereicht die Dienstbarkeit nur einem der Teile zum Vorteile, so erlischt sie für die übrigen Teile.

§ 1026 [Teilung des belasteten Grundstücks]
Wird das belastete Grundstück geteilt, so werden, wenn die Ausübung der Grunddienstbarkeit auf einen bestimmten Teil des belasteten Grundstücks beschränkt ist, die Teile, welche außerhalb des Bereichs der Ausübung liegen, von der Dienstbarkeit frei.

§ 1027 [Beseitigungs- und Unterlassungsanspruch bei Beeinträchtigung]
Wird eine Grunddienstbarkeit beeinträchtigt, so stehen dem Berechtigten die im § 1004 bestimmten Rechte zu.

§ 1028 [Verjährung]
(1) Ist auf dem belasteten Grundstück eine Anlage, durch welche die Grunddienstbarkeit beeinträchtigt wird, errichtet worden, so unterliegt der Anspruch des Berechtigten auf Beseitigung der Beeinträchtigung der Verjährung, auch wenn die Dienstbarkeit im Grundbuch eingetragen ist. Mit der Verjährung des Anspruchs erlischt die Dienstbarkeit, soweit der Bestand der Anlage mit ihr in Widerspruch steht.
(2) Die Vorschriften des § 892 finden keine Anwendung.

§ 1029 [Störung]
Wird der Besitzer eines Grundstücks in der Ausübung einer für den Eigentümer im Grundbuch eingetragenen Grunddienstbarkeit gestört, so finden die für den Besitzschutz geltenden Vorschriften entsprechende Anwendung, soweit die Dienstbarkeit innerhalb eines Jahres vor der Störung, sei es auch nur einmal, ausgeübt worden ist.

Zweiter Titel
Nießbrauch
I. Nießbrauch an Sachen

§ 1030 [Begriff]
(1) Eine Sache kann in der Weise belastet werden, daß derjenige, zu dessen Gunsten die Belastung erfolgt, berechtigt ist, die Nutzungen der Sache zu ziehen (Nießbrauch).
(2) Der Nießbrauch kann durch den Ausschluß einzelner Nutzungen beschränkt werden.

§ 1031 [Nießbrauch am Zubehör]
Mit dem Nießbrauch an einem Grundstück erlangt der Nießbraucher den Nießbrauch an dem Zubehöre nach den für den Erwerb des Eigentums geltenden Vorschriften des § 926.

§ 1032 [Bestellung an einer beweglichen Sache]
Zur Bestellung des Nießbrauchs an einer beweglichen Sache ist erforderlich, daß der Eigentümer die Sache dem Erwerber übergibt und beide darüber einig sind, daß diesem Nießbrauch zustehen soll. Die Vorschriften des § 929 Satz 2, der §§ 930 bis 932 und der §§ 933 bis 936 finden entsprechende Anwendung; in den Fällen des § 936 tritt nur die Wirkung ein, daß der Nießbrauch dem Rechte des Dritten vorgeht.

§ 1033 [Ersitzung]
Der Nießbrauch an einer beweglichen Sache kann durch Ersitzung erworben werden. Die für den Erwerb des Eigentums durch Ersitzung geltenden Vorschriften finden entsprechende Anwendung.

§ 1034 [Feststellung des Zustands]
Der Nießbraucher kann den Zustand der Sache auf seine Kosten durch Sachverständige feststellen lassen. Das gleiche Recht steht dem Eigentümer zu.

§ 1035 [Sachinbegriff]
Bei dem Nießbrauch an einem Inbegriffe von Sachen sind der Nießbraucher und der Eigentümer einander verpflichtet, zur Aufnahme eines Verzeichnisses der Sachen mitzuwirken. Das Verzeichnis ist mit der Angabe des Tages der Aufnahme zu versehen und von beiden Teilen zu unterzeichnen; jeder Teil kann verlangen, daß die Unterzeichnung öffentlich beglaubigt wird. Jeder Teil kann auch verlangen, daß das Verzeichnis durch die zuständige Behörde oder durch einen zuständigen Beamten oder Notar aufgenommen wird. Die Kosten hat derjenige zu tragen und vorzuschießen, welcher die Aufnahme oder die Beglaubigung verlangt.

§ 1036 [Rechte und Pflichten des Nießbrauchers]
(1) Der Nießbraucher ist zum Besitze der Sache berechtigt.
(2) Er hat bei der Ausübung des Nutzungsrechts die bisherige wirtschaftliche Bestimmung der Sache aufrechtzuerhalten und nach den Regeln einer ordnungsmäßigen Wirtschaft zu verfahren.

§ 1037 [Umgestaltung]
(1) Der Nießbraucher ist nicht berechtigt, die Sache umzugestalten oder wesentlich zu verändern.
(2) Der Nießbraucher eines Grundstücks darf neue Anlagen zur Gewinnung von Steinen, Kies, Sand, Lehm, Ton, Mergel, Torf und sonstigen Bodenbestandteilen errichten, sofern nicht die wirtschaftliche Bestimmung des Grundstücks dadurch wesentlich verändert wird.

§ 1038 [Nießbrauch an einem Wald oder einem Bergwerk]
(1) Ist ein Wald Gegenstand des Nießbrauchs, so kann sowohl der Eigentümer als der Nießbraucher verlangen, daß das Maß der Nutzung und die Art der wirtschaftlichen Behandlung durch einen Wirtschaftsplan festgestellt werden. Tritt eine erhebliche Änderung der Umstände ein, so kann jeder Teil eine entsprechende Änderung des Wirtschaftsplans verlangen. Die Kosten hat jeder Teil zur Hälfte zu tragen.
(2) Das gleiche gilt, wenn ein Bergwerk oder eine andere auf Gewinnung von Bodenbestandteilen gerichtete Anlage Gegenstand des Nießbrauchs ist.

§ 1039 [Übermäßige Fruchtziehung]
(1) Der Nießbraucher erwirbt das Eigentum auch an solchen Früchten, die er den Regeln einer ordnungsmäßigen Wirtschaft zuwider oder die er deshalb im Übermaße zieht, weil dies infolge eines besonderen Ereignisses notwendig geworden ist. Er ist jedoch, unbeschadet seiner Verantwortlichkeit für ein Verschulden, verpflichtet, den Wert der Früchte dem Eigentümer bei der Beendigung des Nießbrauchs zu ersetzen und für die Erfüllung dieser Verpflichtung Sicherheit zu leisten. Sowohl der Eigentümer als der Nießbraucher kann verlangen, daß der zu ersetzende Betrag zur Wiederherstellung der Sache insoweit verwendet wird, als es einer ordnungsmäßigen Wirtschaft entspricht.
(2) Wird die Verwendung zur Wiederherstellung der Sache nicht verlangt, so fällt die Ersatzpflicht weg, soweit durch den ordnungswidrigen oder den übermäßigen Fruchtbezug die dem Nießbraucher gebührenden Nutzungen beeinträchtigt werden.

§ 1040 [Schatzfund]
Das Recht des Nießbrauchers erstreckt sich nicht auf den Anteil des Eigentümers an einem Schatze, der in der Sache gefunden wird.

§ 1041 [Erhaltungspflicht]
Der Nießbraucher hat für die Erhaltung der Sache in ihrem wirtschaftlichen Bestande zu sorgen. Ausbesserungen und Erneuerungen liegen ihm nur insoweit ob, als sie zu der gewöhnlichen Unterhaltung der Sache gehören.

§ 1042 [Anzeigepflicht]
Wird die Sache zerstört oder beschädigt oder wird eine außergewöhnliche Ausbesserung oder Erneuerung der Sache oder eine Vorkehrung zum Schutze der Sache gegen eine nicht vorhergesehene Gefahr erforderlich, so hat der Nießbraucher dem Eigentümer unverzüglich Anzeige zu machen. Das gleiche gilt, wenn sich ein Dritter ein Recht an der Sache anmaßt.

§ 1043 [Ausbesserung oder Erneuerung]
Nimmt der Nießbraucher eines Grundstücks eine erforderlich gewordene außergewöhnliche Ausbesserung oder Erneuerung selbst vor, so darf er zu diesem Zwecke innerhalb der Grenzen einer ordnungsmäßigen Wirtschaft auch Bestandteile des Grundstücks verwenden, die nicht zu den ihm gebührenden Früchten gehören.

§ 1044 [Duldung von Ausbesserungen]
Nimmt der Nießbraucher eine erforderlich gewordene Ausbesserung oder Erneuerung der Sache nicht selbst vor, so hat er dem Eigentümer die Vornahme und, wenn ein Grundstück Gegenstand des Nießbrauchs ist, die Verwendung der im § 1043 bezeichneten Bestandteile des Grundstücks zu gestatten.

§ 1045 [Versicherung der Sache]
(1) Der Nießbraucher hat die Sache für die Dauer des Nießbrauchs gegen Brandschaden und sonstige Unfälle auf seine Kosten unter Versicherung zu bringen, wenn die Versicherung einer ordnungsmäßigen Wirtschaft entspricht. Die Versicherung ist so zu nehmen, daß die Forderung gegen den Versicherer dem Eigentümer zusteht.
(2) Ist die Sache bereits versichert, so fallen die für die Versicherung zu leistenden Zahlungen dem Nießbraucher für die Dauer des Nießbrauchs zur Last, soweit er zur Versicherung verpflichtet sein würde.

§ 1046 [Nießbrauch an der Versicherungsforderung]
(1) An der Forderung gegen den Versicherer steht dem Nießbraucher der Nießbrauch nach den Vorschriften zu, die für den Nießbrauch an einer auf Zinsen ausstehenden Forderung gelten.
(2) Tritt ein unter die Versicherung fallender Schaden ein, so kann sowohl der Eigentümer als der Nießbraucher verlangen, daß die Versicherungssumme zur Wiederherstellung der Sache oder zur Beschaffung eines Ersatzes insoweit verwendet wird, als es einer ordnungsmäßigen Wirtschaft entspricht. Der Eigentümer kann die Verwendung selbst besorgen oder dem Nießbraucher überlassen.

§ 1047 [Lastentragung]
Der Nießbraucher ist dem Eigentümer gegenüber verpflichtet, für die Dauer des Nießbrauchs die auf der Sache ruhenden öffentlichen Lasten mit Ausschluß der außerordentlichen Lasten, die als auf den Stammwert der Sache gelegt anzusehen sind, sowie diejenigen privatrechtlichen Lasten zu tragen, welche schon zur Zeit der Bestellung des Nießbrauchs auf der Sache ruhten, insbesondere die Zinsen der Hypothekenforderungen und Grundschulden sowie die auf Grund einer Rentenschuld zu entrichtenden Leistungen.

§ 1048 [Verfügung über Inventarstücke]

(1) Ist ein Grundstück samt Inventar Gegenstand des Nießbrauchs, so kann der Nießbraucher über die einzelnen Stücke des Inventars innerhalb der Grenzen einer ordnungsmäßigen Wirtschaft verfügen. Er hat für den gewöhnlichen Abgang sowie für die nach den Regeln einer ordnungsmäßigen Wirtschaft ausscheidenden Stücke Ersatz zu beschaffen; die von ihm angeschafften Stücke werden mit der Einverleibung in das Inventar Eigentum desjenigen, welchem das Inventar gehört.

(2) Übernimmt der Nießbraucher das Inventar zum Schätzwert mit der Verpflichtung, es bei der Beendigung des Nießbrauchs zum Schätzwert zurückzugewähren, so finden die Vorschriften des § 582 a entsprechende Anwendung.

§ 1049 [Verwendungsersatz]

(1) Macht der Nießbraucher Verwendungen auf die Sache, zu denen er nicht verpflichtet ist, so bestimmt sich die Ersatzpflicht des Eigentümers nach den Vorschriften über die Geschäftsführung ohne Auftrag.

(2) Der Nießbraucher ist berechtigt, eine Einrichtung, mit der er die Sache versehen hat, wegzunehmen.

§ 1050 [Abnutzung]

Veränderungen oder Verschlechterungen der Sache, welche durch die ordnungsmäßige Ausübung des Nießbrauchs herbeigeführt werden, hat der Nießbraucher nicht zu vertreten.

§ 1051 [Sicherheitsleistung]

Wird durch das Verhalten des Nießbrauchers die Besorgnis einer erheblichen Verletzung der Rechte des Eigentümers begründet, so kann der Eigentümer Sicherheitsleistung verlangen.

§ 1052 [Gerichtliche Verwaltung statt Sicherheitsleistung]

(1) Ist der Nießbraucher zur Sicherheitsleistung rechtskräftig verurteilt, so kann der Eigentümer statt der Sicherheitsleistung verlangen, daß die Ausübung des Nießbrauchs für Rechnung des Nießbrauchers einem von dem Gerichte zu bestellenden Verwalter übertragen wird. Die Anordnung der Verwaltung ist nur zulässig, wenn dem Nießbraucher auf Antrag des Eigentümers von dem Gericht eine Frist zur Sicherheitsleistung bestimmt worden und die Frist verstrichen ist; sie ist unzulässig, wenn die Sicherheit vor dem Ablaufe der Frist geleistet wird.

(2) Der Verwalter steht unter der Aufsicht des Gerichts wie ein für die Zwangsverwaltung eines Grundstücks bestellter Verwalter. Verwalter kann auch der Eigentümer sein.

(3) Die Verwaltung ist aufzuheben, wenn die Sicherheit nachträglich geleistet wird.

§ 1053 [Unterlassungsklage]

Macht der Nießbraucher einen Gebrauch von der Sache, zu dem er nicht befugt ist, und setzt er den Gebrauch ungeachtet einer Abmahnung des Eigentümers fort, so kann der Eigentümer auf Unterlassung klagen.

§ 1054 [Gerichtliche Verwaltung wegen Pflichtverletzung]

Verletzt der Nießbraucher die Rechte des Eigentümers in erheblichem Maße und setzt er das verletzende Verhalten ungeachtet einer Abmahnung des Eigentümers fort, so kann der Eigentümer die Anordnung einer Verwaltung nach § 1052 verlangen.

§ 1055 [Rückgabepflicht]

(1) Der Nießbraucher ist verpflichtet, die Sache nach der Beendigung des Nießbrauchs dem Eigentümer zurückzugeben.

(2) Bei dem Nießbrauch an einem landwirtschaftlichen Grundstück finden die Vorschriften des § 596 Abs. 1 und des § 596 a, bei dem Nießbrauch an einem Landgut finden die Vorschriften des § 596 Abs. 1 und der §§ 596 a, 596 b entsprechende Anwendung.

§ 1056 [Vermietung durch Nießbraucher]

(1) Hat der Nießbraucher ein Grundstück über die Dauer des Nießbrauchs hinaus vermietet oder verpachtet, so finden nach der Beendigung des Nießbrauchs die für den Fall der Veräußerung geltenden Vorschriften der §§ 571, 572, des § 573 Satz 1 und der §§ 574 bis 576, 579 entsprechende Anwendung.

(2) Der Eigentümer ist berechtigt, das Miet- oder Pachtverhältnis unter Einhaltung der gesetzlichen Kündigungsfrist zu kündigen. Verzichtet der Nießbraucher auf den Nießbrauch, so ist die Kündigung erst von der Zeit an zulässig, zu welcher der Nießbrauch ohne den Verzicht erlöschen würde.

(3) Der Mieter oder der Pächter ist berechtigt, den Eigentümer unter Bestimmung einer angemessenen Frist zur Erklärung darüber aufzufordern, ob er von dem Kündigungsrechte Gebrauch mache. Die Kündigung kann nur bis zum Ablaufe der Frist erfolgen.

§ 1057 [Verjährung der Ersatzansprüche]

Die Ersatzansprüche des Eigentümers wegen Veränderungen oder Verschlechterungen der Sache sowie die Ansprüche des Nießbrauchers auf Ersatz von Verwendungen oder auf Gestattung der Wegnahme einer Einrichtung verjähren in sechs Monaten. Die Vorschriften des § 558 Abs. 2, 3 finden entsprechende Anwendung.

§ 1058 [Eigentumsvermutung]

Im Verhältnisse zwischen dem Nießbraucher und dem Eigentümer gilt zugunsten des Nießbrauchers der Besteller als Eigentümer, es sei denn, daß der Nießbraucher weiß, daß der Besteller nicht Eigentümer ist.

§ 1059 [Unübertragbarkeit]

Der Nießbrauch ist nicht übertragbar. Die Ausübung des Nießbrauchs kann einem anderen überlassen werden.

§ 1059 a [Übertragbarkeit bei juristischen Personen]

(1) Steht ein Nießbrauch einer juristischen Person zu, so ist er nach Maßgabe der folgenden Vorschriften übertragbar:

1. Geht das Vermögen der juristischen Person auf dem Wege der Gesamtrechtsnachfolge auf einen anderen über, so geht auch der Nießbrauch auf den Rechtsnachfolger über, es sei denn, daß der Übergang ausdrücklich ausgeschlossen ist.
2. Wird sonst ein von einer juristischen Person betriebenes Unternehmen oder ein Teil eines solchen Unternehmens auf einen anderen übertragen, so kann auf den Erwerber auch ein Nießbrauch übertragen werden, sofern er den Zwecken des Unternehmens oder des Teiles des Unternehmens zu dienen geeignet ist. Ob diese Voraussetzungen gegeben sind, wird durch eine Erklärung der obersten Landesbehörde oder der von ihr ermächtigten Behörde festgestellt. Die Erklärung bindet die Gerichte und die Verwaltungsbehörden.

(2) Einer juristischen Person steht eine Personengesellschaft gleich, die mit der Fähigkeit ausgestattet ist, Rechte zu erwerben und Verbindlichkeiten einzugehen (rechtsfähige Personengesellschaft).

§ 1059 b [Unpfändbarkeit]

Ein Nießbrauch kann auf Grund der Vorschriften des § 1059 a weder gepfändet noch verpfändet noch mit einem Nießbrauch belastet werden.

§ 1059 c [Rechtsfolgen der Übertragung]

(1) Im Falle des Übergangs oder der Übertragung des Nießbrauchs tritt der Erwerber an Stelle des bisherigen Berechtigten in die mit dem Nießbrauch verbundenen Rechte und Verpflichtungen gegenüber dem Eigentümer ein. Sind in Ansehung dieser Rechte

und Verpflichtungen Vereinbarungen zwischen dem Eigentümer und dem Berechtigten getroffen worden, so wirken sie auch für und gegen den Erwerber.
(2) Durch den Übergang oder die Übertragung des Nießbrauchs wird ein Anspruch auf Entschädigung weder für den Eigentümer noch für sonstige dinglich Berechtigte begründet.

§ 1059 d [Miet- und Pachtverhältnisse nach Übertragung des Nießbrauchs]
Hat der bisherige Berechtigte das mit dem Nießbrauch belastete Grundstück über die Dauer des Nießbrauchs hinaus vermietet oder verpachtet, so sind nach der Übertragung des Nießbrauchs die für den Fall der Veräußerung geltenden Vorschriften der §§ 571 bis 576, 578 und 579 entsprechend anzuwenden.

§ 1059 e [Einräumung des Nießbrauchs bei juristischer Person]
Steht ein Anspruch auf Einräumung eines Nießbrauchs einer juristischen Person oder einer rechtsfähigen Personengesellschaft zu, so gelten die Vorschriften der §§ 1059 a bis 1059 d entsprechend.

§ 1060 [Zusammentreffen von Nutzungsrechten]
Trifft ein Nießbrauch mit einem anderen Nießbrauch oder mit einem sonstigen Nutzungsrecht an der Sache dergestalt zusammen, daß die Rechte nebeneinander nicht oder nicht vollständig ausgeübt werden können, und haben die Rechte gleichen Rang, so findet die Vorschrift des § 1024 Anwendung.

§ 1061 [Erlöschen des Nießbrauchs]
Der Nießbrauch erlischt mit dem Tode des Nießbrauchers. Steht der Nießbrauch einer juristischen Person oder einer rechtsfähigen Personengesellschaft zu, so erlischt er mit dieser.

§ 1062 [Erstreckung der Aufhebung auf Zubehör]
Wird der Nießbrauch an einem Grundstücke durch Rechtsgeschäft aufgehoben, so erstreckt sich die Aufhebung im Zweifel auf den Nießbrauch an dem Zubehöre.

§ 1063 [Zusammentreffen mit dem Eigentum]
(1) Der Nießbrauch an einer beweglichen Sache erlischt, wenn er mit dem Eigentum in derselben Person zusammentrifft.
(2) Der Nießbrauch gilt als nicht erloschen, soweit der Eigentümer ein rechtliches Interesse an dem Fortbestehen des Nießbrauchs hat.

§ 1064 [Aufhebung des Nießbrauchs an einer beweglichen Sache]
Zur Aufhebung des Nießbrauchs an einer beweglichen Sache durch Rechtsgeschäft genügt die Erklärung des Nießbrauchers gegenüber dem Eigentümer oder dem Besteller, daß er den Nießbrauch aufgebe.

§ 1065 [Ansprüche bei Beeinträchtigung]
Wird das Recht des Nießbrauchers beeinträchtigt, so finden auf die Ansprüche des Nießbrauchers die für die Ansprüche aus dem Eigentume geltenden Vorschriften entsprechende Anwendung.

§ 1066 [Nießbrauch am Miteigentümeranteil]
(1) Besteht ein Nießbrauch an dem Anteil eines Miteigentümers, so übt der Nießbraucher die Rechte aus, die sich aus der Gemeinschaft der Miteigentümer in Ansehung der Verwaltung der Sache und der Art ihrer Benutzung ergeben.
(2) Die Aufhebung der Gemeinschaft kann nur von dem Miteigentümer und dem Nießbraucher gemeinschaftlich verlangt werden.
(3) Wird die Gemeinschaft aufgehoben, so gebührt dem Nießbraucher der Nießbrauch an den Gegenständen, welche an die Stelle des Anteils treten.

§ 1067 [Nießbrauch an verbrauchbaren Sachen]
(1) Sind verbrauchbare Sachen Gegenstand des Nießbrauchs, so wird der Nießbraucher Eigentümer der Sachen; nach der Beendigung des Nießbrauchs hat er dem Besteller den

Wert zu ersetzen, den die Sachen zur Zeit der Bestellung hatten. Sowohl der Besteller als der Nießbraucher kann den Wert auf seine Kosten durch Sachverständige feststellen lassen.
(2) Der Besteller kann Sicherheitsleistung verlangen, wenn der Anspruch auf Ersatz des Wertes gefährdet ist.

II. Nießbrauch an Rechten

§ 1068 [Grundsatz]
(1) Gegenstand des Nießbrauchs kann auch ein Recht sein.
(2) Auf den Nießbrauch an Rechten finden die Vorschriften über den Nießbrauch an Sachen entsprechende Anwendung, soweit sich nicht aus den §§ 1069 bis 1084 ein anderes ergibt.

§ 1069 [Bestellung]
(1) Die Bestellung des Nießbrauchs an einem Rechte erfolgt nach den für die Übertragung des Rechtes geltenden Vorschriften.
(2) An einem Rechte, das nicht übertragbar ist, kann ein Nießbrauch nicht bestellt werden.

§ 1070 [Nießbrauch an einem Recht auf Leistung]
(1) Ist ein Recht, kraft dessen eine Leistung gefordert werden kann, Gegenstand des Nießbrauchs, so finden auf das Rechtsverhältnis zwischen dem Nießbraucher und dem Verpflichteten die Vorschriften entsprechende Anwendung, welche im Falle der Übertragung des Rechtes für das Rechtsverhältnis zwischen dem Erwerber und dem Verpflichteten gelten.
(2) Wird die Ausübung des Nießbrauchs nach § 1052 einem Verwalter übertragen, so ist die Übertragung dem Verpflichteten gegenüber erst wirksam, wenn er von der getroffenen Anordnung Kenntnis erlangt oder wenn ihm eine Mitteilung von der Anordnung zugestellt wird. Das gleiche gilt von der Aufhebung der Verwaltung.

§ 1071 [Aufhebung durch Rechtsgeschäft]
(1) Ein dem Nießbrauch unterliegendes Recht kann durch Rechtsgeschäft nur mit Zustimmung des Nießbrauchers aufgehoben werden. Die Zustimmung ist demjenigen gegenüber zu erklären, zu dessen Gunsten sie erfolgt; sie ist unwiderruflich. Die Vorschrift des § 876 Satz 3 bleibt unberührt.
(2) Das gleiche gilt im Falle einer Änderung des Rechtes, sofern sie den Nießbrauch beeinträchtigt.

§ 1072 [Beendigung des Nießbrauchs]
Die Beendigung des Nießbrauchs tritt nach den Vorschriften der §§ 1063, 1064 auch dann ein, wenn das dem Nießbrauch unterliegende Recht nicht ein Recht an einer beweglichen Sache ist.

§ 1073 [Nießbrauch an Renten]
Dem Nießbraucher einer Leibrente, eines Auszugs oder eines ähnlichen Rechtes gebühren die einzelnen Leistungen, die auf Grund des Rechtes gefordert werden können.

§ 1074 [Nießbrauch an einer Forderung]
Der Nießbraucher einer Forderung ist zur Einziehung der Forderung und, wenn die Fälligkeit von einer Kündigung des Gläubigers abhängt, zur Kündigung berechtigt. Er hat für die ordnungsmäßige Einziehung zu sorgen. Zu anderen Verfügungen über die Forderung ist er nicht berechtigt.

§ 1075 [Leistung des Schuldners]

(1) Mit der Leistung des Schuldners an den Nießbraucher erwirbt der Gläubiger den geleisteten Gegenstand und der Nießbraucher den Nießbrauch an dem Gegenstande.

(2) Werden verbrauchbare Sachen geleistet, so erwirbt der Nießbraucher das Eigentum; die Vorschriften des § 1067 finden entsprechende Anwendung.

§ 1076 [Nießbrauch an verzinslicher Forderung]

Ist eier auf Zinsen ausstehende Forderung Gegenstand des Nießbrauchs, so gelten die Vorschriften der §§ 1077 bis 1079.

§ 1077 [Kündigung und Zahlung]

(1) Der Schuldner kann das Kapital nur an den Nießbraucher und den Gläubiger gemeinschaftlich zahlen. Jeder von beiden kann verlangen, daß an sie gemeinschaftlich gezahlt wird; jeder kann statt der Zahlung die Hinterlegung für beide fordern.

(2) Der Nießbraucher und der Gläubiger können nur gemeinschaftlich kündigen. Die Kündigung des Schuldners ist nur wirksam, wenn sie dem Nießbraucher und dem Gläubiger erklärt wird.

§ 1078 [Einziehung der fälligen Forderung]

Ist die Forderung fällig, so sind der Nießbraucher und der Gläubiger einander verpflichtet, zur Einziehung mitzuwirken. Hängt die Fälligkeit von einer Kündigung ab, so kann jeder Teil die Mitwirkung des anderen zur Kündigung verlangen, wenn die Einziehung der Forderung wegen Gefährdung ihrer Sicherheit nach den Regeln einer ordnungsmäßigen Vermögensverwaltung geboten ist.

§ 1079 [Anlegung des eingezogenen Kapitals]

Der Nießbraucher und der Gläubiger sind einander verpflichtet, dazu mitzuwirken, daß das eingezogene Kapital nach den für die Anlegung von Mündelgeld geltenden Vorschriften verzinslich angelegt und gleichzeitig dem Nießbraucher der Nießbrauch bestellt wird. Die Art der Anlegung bestimmt der Nießbraucher.

§ 1080 [Nießbrauch an Grund- und Rentenschuld]

Die Vorschriften über den Nießbrauch an einer Forderung gelten auch für den Nießbrauch an einer Grundschuld und an einer Rentenschuld.

§ 1081 [Nießbrauch an Wertpapieren]

(1) Ist ein Inhaberpapier oder ein Orderpapier, das mit Blankoindossament versehen ist, Gegenstand des Nießbrauchs, so steht der Besitz des Papiers und des zu dem Papiere gehörenden Erneuerungsscheins dem Nießbraucher und dem Eigentümer gemeinschaftlich zu. Der Besitz der zu dem Papiere gehörenden Zins-, Renten- oder Gewinnanteilscheine steht dem Nießbraucher zu.

(2) Zur Bestellung des Nießbrauchs genügt anstelle der Übergabe des Papiers die Einräumung des Mitbesitzes.

§ 1082 [Hinterlegung]

Das Papier ist nebst dem Erneuerungsschein auf Verlangen des Nießbrauchers oder des Eigentümers bei einer Hinterlegungsstelle mit der Bestimmung zu hinterlegen, daß die Herausgabe nur von dem Nießbraucher und dem Eigentümer gemeinschaftlich verlangt werden kann. Der Nießbraucher kann auch Hinterlegung bei der Reichsbank, bei der Deutschen Zentralgenossenschaftskasse oder bei der Deutschen Girozentrale (Deutschen Kommunalbank) verlangen.

§ 1083 [Einziehung des Kapitals]

(1) Der Nießbraucher und der Eigentümer des Papiers sind einander verpflichtet, zur Einziehung des fälligen Kapitals, zur Beschaffung neuer Zins-, Renten- oder Gewinn-

anteilscheine sowie zu sonstigen Maßnahmen mitzuwirken, die zur ordnungsmäßigen Vermögensverwaltung erforderlich sind.
(2) Im Falle der Einlösung des Papiers finden die Vorschriften des § 1079 Anwendung. Eine bei der Einlösung gezahlte Prämie gilt als Teil des Kapitals.

§ 1084 [Inhaber- oder Orderpapier als verbrauchbare Sache]
Gehört ein Inhaberpapier oder ein Orderpapier, das mit Blankoindossament versehen ist, nach § 92 zu den verbrauchbaren Sachen, so bewendet es bei den Vorschriften des § 1067.

III. Nießbrauch an einem Vermögen

§ 1085 [Zuverlässigkeit]
Der Nießbrauch an dem Vermögen einer Person kann nur in der Weise bestellt werden, daß der Nießbraucher den Nießbrauch an den einzelnen zu dem Vermögen gehörenden Gegenständen erlangt. Soweit der Nießbrauch bestellt ist, gelten die Vorschriften der §§ 1086 bis 1088.

§ 1086 [Rechte der Gläubiger des Bestellers]
Die Gläubiger des Bestellers können, soweit ihre Forderungen vor der Bestellung entstanden sind, ohne Rücksicht auf den Nießbrauch Befriedigung aus den dem Nießbrauch unterliegenden Gegenständen verlangen. Hat der Nießbraucher das Eigentum an verbrauchbaren Sachen erlangt, so tritt an die Stelle der Sachen der Anspruch des Bestellers auf Ersatz des Wertes; der Nießbraucher ist den Gläubigern gegenüber zum sofortigen Ersatze verpflichtet.

§ 1087 [Verhältnis zwischen Nießbraucher und Besteller]
(1) Der Besteller kann, wenn eine vor der Bestellung entstandene Forderung fällig ist, von dem Nießbraucher Rückgabe der zur Befriedigung des Gläubigers erforderlichen Gegenstände verlangen. Die Auswahl steht ihm zu; er kann jedoch nur die vorzugsweise geeigneten Gegenstände auswählen. Soweit die zurückgegebenen Gegenstände ausreichen, ist der Besteller dem Nießbraucher gegenüber zur Befriedigung des Gläubigers verpflichtet.
(2) Der Nießbraucher kann die Verbindlichkeit durch Leistung des geschuldeten Gegenstandes erfüllen. Gehört der geschuldete Gegenstand nicht zu dem Vermögen, das dem Nießbrauch unterliegt, so ist der Nießbraucher berechtigt, zum Zwecke der Befriedigung des Gläubigers einen zu dem Vermögen gehörenden Gegenstand zu veräußern, wenn die Befriedigung durch den Besteller nicht ohne Gefahr abgewartet werden kann. Er hat einen vorzugsweise geeigneten Gegenstand auszuwählen. Soweit er zum Ersatze des Wertes verbrauchbarer Sachen verpflichtet ist, darf er eine Veräußerung nicht vornehmen.

§ 1088 [Haftung des Nießbrauchers]
(1) Die Gläubiger des Bestellers, deren Forderungen schon zur Zeit der Bestellung verzinslich waren, können die Zinsen für die Dauer des Nießbrauchs auch von dem Nießbraucher verlangen. Das gleiche gilt von anderen wiederkehrenden Leistungen, die bei ordnungsmäßiger Verwaltung aus den Einkünften des Vermögens bestritten werden, wenn die Forderung vor der Bestellung des Nießbrauchs entstanden ist.
(2) Die Haftung des Nießbrauchers kann nicht durch Vereinbarung zwischen ihm und dem Besteller ausgeschlossen oder beschränkt werden.
(3) Der Nießbraucher ist dem Besteller gegenüber zur Befriedigung der Gläubiger wegen der im Absatz 1 bezeichneten Ansprüche verpflichtet. Die Rückgabe von Gegenständen zum Zwecke der Befriedigung kann der Besteller nur verlangen, wenn der Nießbraucher mit der Erfüllung dieser Verbindlichkeit in Verzug kommt.

§ 1089 [Nießbrauch an einer Erbschaft]
Die Vorschriften der §§ 1085 bis 1088 finden auf den Nießbrauch an einer Erbschaft entsprechende Anwendung.

Dritter Titel
Beschränkte persönliche Dienstbarkeiten

§ 1090 [Begriff]
(1) Ein Grundstück kann in der Weise belastet werden, daß derjenige, zu dessen Gunsten die Belastung erfolgt, berechtigt ist, das Grundstück in einzelnen Beziehungen zu benutzen, oder daß ihm eine sonstige Befugnis zusteht, die den Inhalt einer Grunddienstbarkeit bilden kann (beschränkte persönliche Dienstbarkeit).
(2) Die Vorschriften der §§ 1020 bis 1024, 1026 bis 1029, 1061 finden entsprechende Anwendung.

§ 1091 [Umfang]
Der Umfang einer beschränkten persönlichen Dienstbarkeit bestimmt sich im Zweifel nach dem persönlichen Bedürfnisse des Berechtigten.

§ 1092 [Unübertragbarkeit]
(1) Eine beschränkte persönliche Dienstbarkeit ist nicht übertragbar. Die Ausübung der Dienstbarkeit kann einem anderen nur überlassen werden, wenn die Überlassung gestattet ist.
(2) Steht eine beschränkte persönliche Dienstbarkeit oder der Asapruch auf Einräumung einer beschränkten persönlichen Dienstbarkeit einer juristischen Person zu, so gelten die Vorschriften der §§ 1059 a bis 1059 d entsprechend.
(3) Steht einer juristischen Person oder einer rechtsfähigen Personengesellschaft eine beschränkte persönliche Dienstbarkeit zu, die dazu berechtigt, ein Grundstück für Anlagen zur Fortleitung von Elektrizität, Gas, Fernwärme, Wasser, Abwasser, Öl oder Rohstoffen einschließlich aller dazugehörigen Anlagen, die der Fortleitung unmittelbar dienen, für Telekommunikationsanlagen, für Anlagen zum Transport von Produkten zwischen Betriebsstätten eines oder mehrerer privater oder öffentlicher Unternehmen oder für Straßenbahn- oder Eisenbahnanlagen zu benutzen, so ist die Dienstbarkeit übertragbar. Die Übertragbarkeit umfaßt nicht das Recht, die Dienstbarkeit nach ihren Befugnissen zu teilen. Steht ein Anspruch auf Einräumung einer solchen beschränkten persönlichen Dienstbarkeit einer der in Satz 1 genannten Personen zu, so ist der Anspruch übertragbar. Dic Vorschriften der §§ 1059 b bis 1059 d gelten entsprechend.

§ 1093 [Wohnungsrecht]
(1) Als beschränkte persönliche Dienstbarkeit kann auch das Recht bestellt werden, ein Gebäude oder einen Teil eines Gebäudes unter Ausschluß des Eigentümers als Wohnung zu benutzen. Auf dieses Recht finden die für den Nießbrauch geltenden Vorschriften der §§ 1031, 1034, 1036, des § 1037 Abs. 1 und der §§ 1041, 1042, 1044, 1049, 1050, 1057, 1062 entsprechende Anwendung.
(2) Der Berechtigte ist befugt, seine Familie sowie die zur standesmäßigen Bedienung und zur Pflege erforderlichen Personen in die Wohnung aufzunehmen.
(3) Ist das Recht auf einen Teil des Gebäudes beschränkt, so kann der Berechtigte die zum gemeinschaftlichen Gebrauche der Bewohner bestimmten Anlagen und Einrichtungen mitbenutzen.

Sechster Abschnitt
Vorkaufsrecht

§ 1094 [Begriff]
(1) Ein Grundstück kann in der Weise belastet werden, daß derjenige, zu dessen Gunsten die Belastung erfolgt, dem Eigentümer gegenüber zum Vorkaufe berechtigt ist.
(2) Das Vorkaufsrecht kann auch zugunsten des jeweiligen Eigentümers eines anderen Grundstücks bestellt werden.

§ 1095 [Belastung eines Bruchteils]
Ein Bruchteil eines Grundstücks kann mit dem Vorkaufsrecht nur belastet werden, wenn er in dem Anteil eines Miteigentümers besteht.

§ 1096 [Erstreckung auf Zubehör]
Das Vorkaufsrecht kann auf das Zubehör erstreckt werden, das mit dem Grundstücke verkauft wird. Im Zweifel ist anzunehmen, daß sich das Vorkaufsrecht auf dieses Zubehör erstrecken soll.

§ 1097 [Bestellung für einen oder mehrere Verkaufsfälle]
Das Vorkaufsrecht beschränkt sich auf den Fall des Verkaufs durch den Eigentümer, welchem das Grundstück zur Zeit der Bestellung gehört, oder durch dessen Erben; es kann jedoch auch für mehrere oder für alle Verkaufsfälle bestellt werden.

§ 1098 [Wirkung des Vorkaufsrechts]
(1) Das Rechtsverhältnis zwischen dem Berechtigten und dem Verpflichteten bestimmt sich nach den Vorschriften der §§ 504 bis 514. Das Vorkaufsrecht kann auch dann ausgeübt werden, wenn das Grundstück von dem Konkursverwalter aus freier Hand verkauft wird.
(2) Dritten gegenüber hat das Vorkaufsrecht die Wirkung einer Vormerkung zur Sicherung des durch die Ausübung des Rechtes entstehenden Anspruchs auf Übertragung des Eigentums.
(3) Steht ein nach § 1094 Abs. 1 begründetes Vorkaufsrecht einer juristischen Person oder einer rechtsfähigen Personengesellschaft zu, so gelten, wenn seine Übertragbarkeit nicht vereinbart ist, für die Übertragung des Rechts die Vorschriften der §§ 1059 a bis 1059 d entsprechend.

§ 1099 [Mitteilung]
(1) Gelangt das Grundstück in das Eigentum eines Dritten, so kann dieser in gleicher Weise wie der Verpflichtete dem Berechtigten den Inhalt des Kaufvertrags mit der im § 510 Abs. 2 bestimmten Wirkung mitteilen.
(2) Der Verpflichtete hat den neuen Eigentümer zu benachrichtigen, sobald die Ausübung des Vorkaufsrechts erfolgt oder ausgeschlossen ist.

§ 1100 [Rechte des Käufers]
Der neue Eigentümer kann, wenn er der Käufer oder ein Rechtsnachfolger des Käufers ist, die Zustimmung zur Eintragung des Berechtigten als Eigentümer und die Herausgabe des Grundstücks verweigern, bis ihm der zwischen dem Verpflichteten und dem Käufer vereinbarte Kaufpreis, soweit er berichtigt ist, erstattet wird. Erlangt der Berechtigte die Eintragung als Eigentümer, so kann der bisherige Eigentümer von ihm die Erstattung des berichtigten Kaufpreises gegen Herausgabe des Grundstücks fordern.

§ 1101 [Freiwerden des Berechtigten]
Soweit der Berechtigte nach § 1100 dem Käufer oder dessen Rechtsnachfolger den Kaufpreis zu erstatten hat, wird er von der Verpflichtung zur Zahlung des aus dem Vorkaufe geschuldeten Kaufpreises frei.

§ 1102 [Freiwerden des Käufers]

Verliert der Käufer oder sein Rechtsnachfolger infolge der Geltendmachung des Vorkaufsrechts das Eigentum, so wird der Käufer, soweit der von ihm geschuldete Kaufpreis noch nicht berichtigt ist, von seiner Verpflichtung frei; den berichtigten Kaufpreis kann er nicht zurückfordern.

§ 1103 [Subjektiv-dingliches und subjektiv-persönliches Vorkaufsrecht]

(1) Ein zugunsten des jeweiligen Eigentümers eines Grundstücks bestehendes Vorkaufsrecht kann nicht von dem Eigentum an diesem Grundstücke getrennt werden.

(2) Ein zugunsten einer bestimmten Person bestehendes Vorkaufsrecht kann nicht mit dem Eigentum an einem Grundstücke verbunden werden.

§ 1104 [Anschluß durch Aufgebotsverfahren]

(1) Ist der Berechtigte unbekannt, so kann er im Wege des Aufgebotsverfahrens mit seinem Rechte ausgeschlossen werden, wenn die im § 1170 für die Ausschließung eines Hypothekengläubigers bestimmten Voraussetzungen vorliegen. Mit der Erlassung des Ausschlußurteils erlischt das Vorkaufsrecht.

(2) Auf ein Vorkaufsrecht, das zugunsten des jeweiligen Eigentümers eines Grundstücks besteht, finden diese Vorschriften keine Anwendung.

Siebenter Abschnitt

Reallasten

§ 1105 [Begriff]

(1) Ein Grundstück kann in der Weise belastet werden, daß an denjenigen, zu dessen Gunsten die Belastung erfolgt, wiederkehrende Leistungen aus dem Grundstücke zu entrichten sind (Reallast).

(2) Die Reallast kann auch zugunsten des jeweiligen Eigentümers eines anderen Grundstücks bestellt werden.

§ 1106 [Belastung eines Bruchteils]

Ein Bruchteil eines Grundstücks kann mit einer Reallast nur belastet werden, wenn er in dem Anteil eines Miteigentümers besteht.

§ 1107 [Einzelne Leistungen]

Anf die einzelnen Leistungen finden die für die Zinsen einer Hypothekenforderung geltenden Vorschriften entsprechende Anwendung.

§ 1108 [Haftung des Eigentümers]

(1) Der Eigentümer haftet für die während der Dauer seines Eigentums fällig werdenden Leistungen auch persönlich, soweit nicht ein anderes bestimmt ist.

(2) Wird das Grundstück geteilt, so haften die Eigentümer der einzelnen Teile als Gesamtschuldner.

§ 1109 [Teilung des herrschenden Grundstücks]

(1) Wird das Grundstück des Berechtigten geteilt, so besteht die Reallast für die einzelnen Teile fort. Ist die Leistung teilbar, so bestimmen sich die Anteile der Eigentümer nach dem Verhältnisse der Größe der Teile; ist sie nicht teilbar, so finden die Vorschriften des § 432 Anwendung. Die Ausübung des Rechtes ist im Zweifel nur in der Weise zulässig, daß sie für den Eigentümer des belasteten Grundstücks nicht beschwerlicher wird.

(2) Der Berechtigte kann bestimmen, daß das Recht nur mit einem der Teile verbunden sein soll. Die Bestimmung hat dem Grundbuchamte gegenüber zu erfolgen und bedarf der Eintragung in das Grundbuch; die Vorschriften der §§ 876, 878 finden entsprechende Anwendung. Veräußert der Berechtigte einen Teil des Grundstücks, ohne eine solche Bestimmung zu treffen, so bleibt das Recht mit dem Teile verbunden, den er behält.

(3) Gereicht die Reallast nur einem der Teile zum Vorteile, so bleibt sie mit diesem Teile allein verbunden.

§ 1110 [Reallast zugunsten des jeweiligen Eigentümers]

Eine zugunsten des jeweiligen Eigentümers eines Grundstücks bestehende Reallast kann nicht von dem Eigentum an diesem Grundstücke getrennt werden.

§ 1111 [Reallast zugunsten einer bestimmten Person]

(1) Eine zugunsten einer bestimmten Person bestehende Reallast kann nicht mit dem Eigentum an einem Grundstücke verbunden werden.

(2) Ist der Anspruch auf die einzelne Leistung nicht übertragbar, so kann das Recht nicht veräußert oder belastet werden.

§ 1112 [Ausschließung unbekannter Berechtigter]

Ist der Berechtigte unbekannt, so finden auf die Ausschließung seines Rechtes die Vorschriften des § 1104 entsprechende Anwendung.

Achter Abschnitt

Hypothek. Grundschuld. Rentenschuld

Erster Titel

Hypothek

§ 1113 [Begriff]

(1) Ein Grundstück kann in der Weise belastet werden, daß an denjenigen, zu dessen Gunsten die Belastung erfolgt, eine bestimmte Geldsumme zur Befriedigung wegen einer ihm zustehenden Forderung aus dem Grundstücke zu zahlen ist (Hypothek).

(2) Die Hypothek kann auch für eine künftige oder eine bedingte Forderung bestellt werden.

§ 1114 [Belastung eines Bruchteils]

Ein Bruchteil eines Grundstücks kann außer in den in § 3 Abs. 6 der Grundbuchordnung bezeichneten Fällen mit einer Hypothek nur belastet werden, wenn er in dem Anteil eines Miteigentümers besteht.

§ 1115 [Eintragung]

(1) Bei der Eintragung der Hypothek müssen der Gläubiger, der Geldbetrag der Forderung und, wenn die Forderung verzinslich ist, der Zinssatz, wenn andere Nebenleistungen zu entrichten sind, ihr Geldbetrag im Grundbuch angegeben werden; im übrigen kann zur Bezeichnung der Forderung auf die Eintragungsbewilligung Bezug genommen werden.

(2) Bei der Eintragung der Hypothek für ein Darlehen einer Kreditanstalt, deren Satzung von der zuständigen Behörde öffentlich bekannt gemacht worden ist, genügt zur Bezeichnung der außer den Zinsen satzungsgemäß zu entrichtenden Nebenleistungen die Bezugnahme auf die Satzung.

§ 1116 [Brief- und Buchhypothek]

(1) Über die Hypothek wird ein Hypothekenbrief erteilt.

(2) Die Erteilung des Briefes kann ausgeschlossen werden. Die Ausschließung kann auch nachträglich erfolgen. Zu der Ausschließung ist die Einigung des Gläubigers und des Eigentümers sowie die Eintragung in das Grundbuch erforderlich; die Vorschriften des § 873 Abs. 2 und der §§ 876, 878 finden entsprechende Anwendung.

(3) Die Ausschließung der Erteilung des Briefes kann aufgehoben werden; die Aufhebung erfolgt in gleicher Weise wie die Ausschließung.

§ 1117 [Erwerb der Briefhypothek]

(1) Der Gläubiger erwirbt, sofern nicht die Erteilung des Hypothekenbriefs ausgeschlossen ist, die Hypothek erst, wenn ihm der Brief von dem Eigentümer des Grundstücks übergeben wird. Auf die Übergabe finden die Vorschriften des § 929 Satz 2 und der §§ 930, 931 Anwendung.

(2) Die Übergabe des Briefes kann durch die Vereinbarung ersetzt werden, daß der Gläubiger berechtigt sein soll, sich den Brief von dem Grundbuchamt aushändigen zu lassen.

(3) Ist der Gläubiger im Besitze des Briefes, so wird vermutet, daß die Übergabe erfolgt sei.

§ 1118 [Haftung für Zinsen und Kosten]
Kraft der Hypothek haftet das Grundstück auch für die gesetzlichen Zinsen der Forderung sowie für die Kosten der Kündigung und der die Befriedigung aus dem Grundstücke bezweckenden Rechtsverfolgung.

§ 1119 [Erweiterung der Hypothek]
(1) Ist die Forderung unverzinslich oder ist der Zinssatz niedriger als fünf vom Hundert, so kann die Hypothek ohne Zustimmung der im Range gleich- oder nachstehenden Berechtigten dahin erweitert werden, daß das Grundstück für Zinsen bis zu fünf vom Hundert haftet.
(2) Zu einer Änderung der Zahlungszeit und des Zahlungsorts ist die Zustimmung dieser Berechtigten gleichfalls nicht erforderlich.

§ 1120 [Erstreckung auf Erzeugnisse, Bestandteile und Zubehör]
Die Hypothek erstreckt sich auf die von dem Grundstücke getrennten Erzeugnisse und sonstigen Bestandteile, soweit sie nicht mit der Trennung nach den §§ 954 bis 957 in das Eigentum eines anderen als des Eigentümers oder des Eigenbesitzers des Grundstücks gelangt sind, sowie auf das Zubehör des Grundstücks mit Ausnahme der Zubehörstücke, welche nicht in das Eigentum des Eigentümers des Grundstücks gelangt sind.

§ 1121 [Ende der Haftung bei Veräußerung und Entfernung]
(1) Erzeugnisse und sonstige Bestandteile des Grundstücks sowie Zubehörstücke werden von der Haftung frei, wenn sie veräußert und von dem Grundstück entfernt werden, bevor sie zugunsten des Gläubigers in Beschlag genommen worden sind.
(2) Erfolgt die Veräußerung vor der Entfernung, so kann sich der Erwerber dem Gläubiger gegenüber nicht darauf berufen, daß er in Ansehung der Hypothek in gutem Glauben gewesen sei. Entfernt der Erwerber die Sache von dem Grundstücke, so ist eine vor der Entfernung erfolgte Beschlagnahme ihm gegenüber nur wirksam, wenn er bei der Entfernung in Ansehung der Beschlagnahme nicht in gutem Glauben ist.

§ 1122 [Ende der Haftung ohne Veräußerung]
(1) Sind die Erzeugnisse oder Bestandteile innerhalb der Grenzen einer ordnungsmäßigen Wirtschaft von dem Grundstücke getrennt worden, so erlischt ihre Haftung auch ohne Veräußerung, wenn sie vor der Beschlagnahme von dem Grundstück entfernt werden, es sei denn, daß die Entfernung zu einem vorübergehenden Zwecke erfolgt.
(2) Zubehörstücke werden ohne Veräußerung von der Haftung frei, wenn die Zubehöreigenschaft innerhalb der Grenzen einer ordnungsmäßigen Wirtschaft vor der Beschlagnahme aufgehoben wird.

§ 1123 [Haftung der Miet- und Pachtzinsen]
(1) Ist das Grundstück vermietet oder verpachtet, so erstreckt sich die Hypothek auf die Miet- oder Pachtzinsforderung.
(2) Soweit die Forderung fällig ist, wird sie mit dem Ablauf eines Jahres nach dem Eintritte der Fälligkeit von der Haftung frei, wenn nicht vorher die Beschlagnahme zugunsten des Hypothekengläubigers erfolgt. Ist der Miet- oder Pachtzins im voraus zu entrichten, so erstreckt sich die Befreiung nicht auf den Miet- oder Pachtzins für eine spätere Zeit als den zur Zeit der Beschlagnahme laufenden Kalendermonat; erfolgt die Beschlagnahme nach dem fünfzehnten Tage des Monats, so erstreckt sich die Befreiung auch auf den Miet- oder Pachtzins für den folgenden Kalendermonat.

§ 1124 [Vorausverfügung über den Miet- oder Pachtzins]
(1) Wird der Miet- oder Pachtzins eingezogen, bevor er zugunsten des Hypothekengläubigers in Beschlag genommen worden ist, oder wird vor der Beschlagnahme in anderer

Weise über ihn verfügt, so ist die Verfügung dem Hypothekengläubiger gegenüber wirksam. Besteht die Verfügung in der Übertragung der Forderung auf einen Dritten, so erlischt die Haftung der Forderung; erlangt ein Dritter ein Recht an der Forderung, so geht es der Hypothek im Range vor.

(2) Die Verfügung ist dem Hypothekengläubiger gegenüber unwirksam, soweit sie sich auf den Miet- oder Pachtzins für eine spätere Zeit als den zur Zeit der Beschlagnahme laufenden Kalendermonat bezieht; erfolgt die Beschlagnahme nach dem fünfzehnten Tage des Monats, so ist die Verfügung jedoch insoweit wirksam, als sie sich auf den Miet- oder Pachtzins für den folgenden Kalendermonat bezieht.

(3) Der Übertragung der Forderung auf einen Dritten steht es gleich, wenn das Grundstück ohne die Forderung veräußert wird.

§ 1125 [Aufrechnung des Mieters oder Pächters]

Soweit die Einziehung des Miet- oder Pachtzinses dem Hypothekengläubiger gegenüber unwirksam ist, kann der Mieter oder der Pächter nicht eine ihm gegen den Vermieter oder den Verpächter zustehende Forderung gegen den Hypothekengläubiger aufrechnen.

§ 1126 [Erstreckung auf wiederkehrende Leistungen]

Ist mit dem Eigentum an dem Grundstück ein Recht auf wiederkehrende Leistungen verbunden, so erstreckt sich die Hypothek auf die Ansprüche auf diese Leistungen. Die Vorschriften des § 1123 Abs. 2 Satz 1, des § 1124 Abs. 1, 3 und des § 1125 finden entsprechende Anwendung. Eine vor der Beschlagnahme erfolgte Verfügung über den Anspruch auf eine Leistung, die erst drei Monate nach der Beschlagnahme fällig wird, ist dem Hypothekengläubiger gegenüber unwirksam.

§ 1127 [Erstreckung auf Versicherungsforderung]

(1) Sind Gegenstände, die der Hypothek unterliegen, für den Eigentümer oder den Eigenbesitzer des Grundstücks unter Versicherung gebracht, so erstreckt sich die Hypothek auf die Forderung gegen den Versicherer.

(2) Die Haftung der Forderung gegen den Versicherer erlischt, wenn der versicherte Gegenstand wiederhergestellt oder Ersatz für ihn beschafft ist.

§ 1128 [Gebäudeversicherung]

(1) Ist ein Gebäude versichert, so kann der Versicherer die Versicherungssumme mit Wirkung gegen den Hypothekengläubiger an den Versicherten erst zahlen, wenn er oder der Versicherte den Eintritt des Schadens dem Hypothekengläubiger angezeigt hat und seit dem Empfange der Anzeige ein Monat verstrichen ist. Der Hypothekengläubiger kann bis zum Ablaufe der Frist dem Versicherer gegenüber der Zahlung widersprechen. Die Anzeige darf unterbleiben, wenn sie untunlich ist; in diesem Falle wird der Monat von dem Zeitpunkt an berechnet, in welchem die Versicherungssumme fällig wird.

(2) Hat der Hypothekengläubiger seine Hypothek dem Versicherer angemeldet, so kann der Versicherer mit Wirkung gegen den Hypothekengläubiger an den Versicherten nur zahlen, wenn der Hypothekengläubiger der Zahlung schriftlich zugestimmt hat.

(3) Im übrigen finden die für eine verpfändete Forderung geltenden Vorschriften Anwendung; der Versicherer kann sich jedoch nicht darauf berufen, daß er eine aus dem Grundbuch ersichtliche Hypothek nicht gekannt habe.

§ 1129 [Versicherung anderer Gegenstände]

Ist ein anderer Gegenstand als ein Gebäude versichert, so bestimmt sich die Haftung der Forderung gegen den Versicherer nach den Vorschriften des § 1123 Abs. 2 Satz 1 und des § 1124 Abs. 1, 3.

§ 1130 [Wiederherstellung des versicherten Gegenstandes]
Ist der Versicherer nach den Versicherungsbestimmungen nur verpflichtet, die Versicherungssumme zur Wiederherstellung des versicherten Gegenstandes zu zahlen, so ist eine diesen Bestimmungen entsprechende Zahlung an den Versicherten dem Hypothekengläubiger gegenüber wirksam.

§ 1131 [Haftung eines zugeschriebenen Grundstücks]
Wird ein Grundstück nach § 890 Abs. 2 einem anderen Grundstück im Grundbuche zugeschrieben, so erstrecken sich die an diesem Grundstücke bestehenden Hypotheken auf das zugeschriebene Grundstück. Rechte, mit denen das zugeschriebene Grundstück belastet ist, gehen diesen Hypotheken im Range vor.

§ 1132 [Haftung bei Gesamthypothek]
(1) Besteht für die Forderung eine Hypothek an mehreren Grundstücken (Gesamthypothek), so haftet jedes Grundstück für die ganze Forderung. Der Gläubiger kann die Befriedigung nach seinem Belieben aus jedem der Grundstücke ganz oder zu einem Teile suchen.
(2) Der Gläubiger ist berechtigt, den Betrag der Forderung auf die einzelnen Grundstücke in der Weise zu verteilen, daß jedes Grundstück nur für den zugeteilten Betrag haftet. Auf die Verteilung finden die Vorschriften der §§ 875, 876, 878 entsprechende Anwendung.

§ 1133 [Verschlechterung des Grundstücks]
Ist infolge einer Verschlechterung des Grundstücks die Sicherheit der Hypothek gefährdet, so kann der Gläubiger dem Eigentümer eine angemessene Frist zur Beseitigung der Gefährdung bestimmen. Nach dem Ablaufe der Frist ist der Gläubiger berechtigt, sofort Befriedigung aus dem Grundstücke zu suchen, wenn nicht die Gefährdung durch Verbesserung des Grundstücks oder durch anderweitige Hypothekenbestellung beseitigt worden ist. Ist die Forderung unverzinslich und noch nicht fällig, so gebührt dem Gläubiger nur die Summe, welche mit Hinzurechnung der gesetzlichen Zinsen für die Zeit von der Zahlung bis zur Fälligkeit dem Betrage der Forderung gleichkommt.

§ 1134 [Unterlassungsklage des Gläubigers]
(1) Wirkt der Eigentümer oder ein Dritter auf das Grundstück in solcher Weise ein, daß eine die Sicherheit der Hypothek gefährdende Verschlechterung des Grundstücks zu besorgen ist, so kann der Gläubiger auf Unterlassung klagen.
(2) Geht die Einwirkung von dem Eigentümer aus, so hat das Gericht auf Antrag des Gläubigers die zur Abwendung der Gefährdung erforderlichen Maßregeln anzuordnen. Das gleiche gilt, wenn die Verschlechterung deshalb zu besorgen ist, weil der Eigentümer die erforderlichen Vorkehrungen gegen Einwirkungen Dritter oder gegen andere Beschädigungen unterläßt.

§ 1135 [Verschlechterung oder Entfernung von Zubehör]
Einer Verschlechterung des Grundstücks im Sinne der §§ 1133, 1134 steht es gleich, wenn Zubehörstücke, auf die sich die Hypothek erstreckt, verschlechtert oder den Regeln einer ordnungsmäßigen Wirtschaft zuwider von dem Grundstück entfernt werden.

§ 1136 [Nichtigkeit von Verfügungsbeschränkungen]
Eine Vereinbarung, durch die sich der Eigentümer dem Gläubiger gegenüber verpflichtet, das Grundstück nicht zu veräußern oder nicht weiter zu belasten, ist nichtig.

§ 1137 [Einreden des Eigentümers]
(1) Der Eigentümer kann gegen die Hypothek die dem persönlichen Schuldner gegen die Forderung sowie die nach § 770 einem Bürgen zustehenden Einreden geltend machen.

Stirbt der persönliche Schuldner, so kann sich der Eigentümer nicht darauf berufen, daß der Erbe für die Schuld nur beschränkt haftet.

(2) Ist der Eigentümer nicht der persönliche Schuldner, so verliert er eine Einrede nicht dadurch, daß dieser auf sie verzichtet.

§ 1138 [Öffentlicher Glaube des Grundbuchs]
Die Vorschriften der §§ 891 bis 899 gelten für die Hypothek auch in Ansehung der Forderung und der dem Eigentümer nach § 1137 zustehenden Einreden.

§ 1139 [Widerspruch bei Nichtgewährung eines Darlehens]
Ist bei der Bestellung einer Hypothek für ein Darlehen die Erteilung des Hypothekenbriefs ausgeschlossen worden, so genügt zur Eintragung eines Widerspruchs, der sich darauf gründet, daß die Hingabe des Darlehens unterblieben sei, der von dem Eigentümer an das Grundbuchamt gerichtete Antrag, sofern er vor dem Ablauf eines Monats nach der Eintragung der Hypothek gestellt wird. Wird der Widerspruch innerhalb des Monats eingetragen, so hat die Eintragung die gleiche Wirkung, wie wenn der Widerspruch zugleich mit der Hypothek eingetragen worden wäre.

§ 1140 [Hypothekenbrief und Unrichtigkeit des Grundbuchs]
Soweit die Unrichtigkeit des Grundbuchs aus dem Hypothekenbrief oder einem Vermerk auf dem Briefe hervorgeht, ist die Berufung auf die Vorschriften der §§ 892, 893 ausgeschlossen. Ein Widerspruch gegen die Richtigkeit des Grundbuchs, der aus dem Briefe oder einem Vermerk auf dem Briefe hervorgeht, steht einem im Grundbuch eingetragenen Widerspruche gleich.

§ 1141 [Kündigung]
(1) Hängt die Fälligkeit der Forderung von einer Kündigung ab, so ist die Kündigung für die Hypothek nur wirksam, wenn sie von dem Gläubiger dem Eigentümer oder von dem Eigentümer dem Gläubiger erklärt wird. Zugunsten des Gläubigers gilt derjenige, welcher im Grundbuch als Eigentümer eingetragen ist, als der Eigentümer.

(2) Hat der Eigentümer keinen Wohnsitz im Inland oder liegen die Voraussetzungen des § 132 Abs. 2 vor, so hat auf Antrag des Gläubigers das Amtsgericht, in dessen Bezirke das Grundstück liegt, dem Eigentümer einen Vertreter zu bestellen, dem gegenüber die Kündigung des Gläubigers erfolgen kann.

§ 1142 [Ablösungsrecht des Eigentümers]
(1) Der Eigentümer ist berechtigt, den Gläubiger zu befriedigen, wenn die Forderung ihm gegenüber fällig geworden oder wenn der persönliche Schuldner zur Leistung berechtigt ist.

(2) Die Befriedigung kann auch durch Hinterlegung oder durch Aufrechnung erfolgen.

§ 1143 [Übergang der Forderung]
(1) Ist der Eigentümer nicht der persönliche Schuldner, so geht, soweit er den Gläubiger befriedigt, die Forderung auf ihn über. Die für einen Bürgen geltenden Vorschriften des § 774 Abs. 1 finden entsprechende Anwendung.

(2) Besteht für die Forderung eine Gesamthypothek, so gelten für diese die Vorschriften des § 1173.

§ 1144 [Aushändigung der Urkunden]
Der Eigentümer kann gegen Befriedigung des Gläubigers die Aushändigung des Hypothekenbriefs und der sonstigen Urkunden verlangen, die zur Berichtigung des Grundbuchs oder zur Löschung der Hypothek erforderlich sind.

§ 1145 [Teilweise Befriedigung]

(1) Befriedigt der Eigentümer den Gläubiger nur teilweise, so kann er die Aushändigung des Hypothekenbriefs nicht verlangen. Der Gläubiger ist verpflichtet, die teilweise Befriedigung auf dem Briefe zu vermerken und den Brief zum Zwecke der Berichtigung des Grundbuchs oder der Löschung dem Grundbuchamt oder zum Zwecke der Herstellung eines Teilhypothekenbriefs für den Eigentümer der zuständigen Behörde oder einem zuständigen Notare vorzulegen.

(2) Die Vorschrift des Absatzes 1 Satz 2 gilt für Zinsen und andere Nebenleistungen nur, wenn sie später als in dem Kalendervierteljahr, in welchem der Gläubiger befriedigt wird, oder dem folgenden Vierteljahre fällig werden. Auf Kosten, für die das Grundstück nach § 1118 haftet, findet die Vorschrift keine Anwendung.

§ 1146 [Verzugszinsen]

Liegen dem Eigentümer gegenüber die Voraussetzungen vor, unter denen ein Schuldner in Verzug kommt, so gebühren dem Gläubiger Verzugszinsen aus dem Grundstücke.

§ 1147 [Befriedigung durch Zwangsvollstreckung]

Die Befriedigung des Gläubigers aus dem Grundstück und den Gegenständen, auf die sich die Hypothek erstreckt, erfolgt im Wege der Zwangsvollstreckung.

§ 1148 [Eigentumsvermutung]

Bei der Verfolgung des Rechtes aus der Hypothek gilt zugunsten des Gläubigers derjenige, welcher im Grundbuch als Eigentümer eingetragen ist, als der Eigentümer. Das Recht des nicht eingetragenen Eigentümers, die ihm gegen die Hypothek zustehenden Einwendungen geltend zu machen, bleibt unberührt.

§ 1149 [Unzulässige Vereinbarungen über die Befriedigung]

Der Eigentümer kann, solange nicht die Forderung ihm gegenüber fällig geworden ist, dem Gläubiger nicht das Recht einräumen, zum Zwecke der Befriedigung die Übertragung des Eigentums an dem Grundstücke zu verlangen oder die Veräußerung des Grundstücks auf andere Weise als im Wege der Zwangsvollstreckung zu bewirken.

§ 1150 [Ablösungsrecht]

Verlangt der Gläubiger Befriedigung aus dem Grundstücke, so finden die Vorschriften der §§ 268, 1144, 1145 entsprechende Anwendung.

§ 1151 [Rangänderung unter Teilhypotheken]

Wird die Forderung geteilt, so ist zur Änderung des Rangverhältnisses der Teilhypotheken untereinander die Zustimmung des Eigentümers nicht erforderlich.

§ 1152 [Teilhypothekenbrief]

Im Falle einer Teilung der Forderung kann, sofern nicht die Erteilung des Hypothekenbriefs ausgeschlossen ist, für jeden Teil ein Teilhypothekenbrief hergestellt werden; die Zustimmung des Eigentümers des Grundstücks ist nicht erforderlich. Der Teilhypothekenbrief tritt für den Teil, auf den er sich bezieht, an die Stelle des bisherigen Briefes.

§ 1153 [Übertragung von Forderung und Hypothek]

(1) Mit der Übertragung der Forderung geht die Hypothek auf den neuen Gläubiger über.

(2) Die Forderung kann nicht ohne die Hypothek, die Hypothek kann nicht ohne die Forderung übertragen werden.

§ 1154 [Abtretung der Forderung]

(1) Zur Abtretung der Forderung ist Erteilung der Abtretungserklärung in schriftlicher Form und Übergabe des Hypothekenbriefs erforderlich; die Vorschriften des § 1117

finden Anwendung. Der bisherige Gläubiger hat auf Verlangen des neuen Gläubigers die Abtretungserklärung auf seine Kosten öffentlich beglaubigen zu lassen.
(2) Die schriftliche Form der Abtretungserklärung kann dadurch ersetzt werden, daß die Abtretung in das Grundbuch eingetragen wird.
(3) Ist die Erteilung des Hypothekenbriefs ausgeschlossen, so finden auf die Abtretung der Forderung die Vorschriften der §§ 873, 878 entsprechende Anwendung.

§ 1155 [Reihe beglaubigter Abtretungserklärungen]
Ergibt sich das Gläubigerrecht des Besitzers des Hypothekenbriefs aus einer zusammenhängenden, auf einen eingetragenen Gläubiger zurückführenden Reihe von öffentlich beglaubigten Abtretungserklärungen, so finden die Vorschriften der §§ 891 bis 899 in gleicher Weise Anwendung, wie wenn der Besitzer des Briefes als Gläubiger im Grundbuch eingetragen wäre. Einer öffentlich beglaubigten Abtretungserklärung steht gleich ein gerichtlicher Überweisungsbeschluß und das öffentlich beglaubigte Anerkenntnis einer kraft Gesetzes erfolgten Übertragung der Forderung.

§ 1156 [Verhältnis des Eigentümers zum neuen Gläubiger]
Die für die Übertragung der Forderung geltenden Vorschriften der §§ 406 bis 408 finden auf das Rechtsverhältnis zwischen dem Eigentümer und dem neuen Gläubiger in Ansehung der Hypothek keine Anwendung. Der neue Gläubiger muß jedoch eine dem bisherigen Gläubiger gegenüber erfolgte Kündigung des Eigentümers gegen sich gelten lassen, es sei denn, daß die Übertragung zur Zeit der Kündigung dem Eigentümer bekannt oder im Grundbuch eingetragen ist.

§ 1157 [Bestehende Einreden]
Eine Einrede, die dem Eigentümer auf Grund eines zwischen ihm und dem bisherigen Gläubiger bestehenden Rechtsverhältnisse gegen die Hypothek zusteht, kann auch dem neuen Gläubiger entgegengesetzt werden. Die Vorschriften der §§ 892, 894 bis 899, 1140 gelten auch für diese Einrede.

§ 1158 [Künftige Nebenleistungen]
Soweit die Forderung auf Zinsen oder andere Nebenleistungen gerichtet ist, die nicht später als in dem Kalendervierteljahr, in welchem der Eigentümer von der Übertragung Kenntnis erlangt, oder dem folgenden Vierteljahre fällig werden, finden auf das Rechtsverhältnis zwischen dem Eigentümer und dem neuen Gläubiger die Vorschriften der §§ 406 bis 408 Anwendung; der Gläubiger kann sich gegenüber den Einwendungen, welche dem Eigentümer nach den §§ 404, 406 bis 408, 1157 zustehen, nicht auf die Vorschriften des § 892 berufen.

§ 1159 [Rückständige Nebenleistungen]
(1) Soweit die Forderung auf Rückstände von Zinsen oder anderen Nebenleistungen gerichtet ist, bestimmt sich die Übertragung sowie das Rechtsverhältnis zwischen dem Eigentümer und dem neuen Gläubiger nach den für die Übertragung von Forderungen geltenden allgemeinen Vorschriften. Das gleiche gilt für den Anspruch auf Erstattung von Kosten, für die das Grundstück nach § 1118 haftet.
(2) Die Vorschriften des § 892 finden auf die im Absatz 1 bezeichneten Ansprüche keine Anwendung.

§ 1160 [Geltendmachung der Briefhypothek]
(1) Der Geltendmachung der Hypothek kann, sofern nicht die Erteilung des Hypothekenbriefs ausgeschlossen ist, widersprochen werden, wenn der Gläubiger nicht den Brief vorlegt; ist der Gläubiger nicht im Grundbuch eingetragen, so sind auch die im § 1155 bezeichneten Urkunden vorzulegen.

(2) Eine dem Eigentümer gegenüber erfolgte Kündigung oder Mahnung ist unwirksam, wenn der Gläubiger die nach Absatz 1 erforderlichen Urkunden nicht vorlegt und der Eigentümer die Kündigung oder die Mahnung aus diesem Grunde unverzüglich zurückweist.
(3) Diese Vorschriften gelten nicht für die im § 1159 bezeichneten Ansprüche.

§ 1161 [Geltendmachung der Forderung]
Ist der Eigentümer der persönliche Schuldner, so finden die Vorschriften des § 1160 auch auf die Geltendmachung der Forderung Anwendung.

§ 1162 [Kraftloserklärung des Hypothekenbriefs]
Ist der Hypothekenbrief abhanden gekommen oder vernichtet, so kann er im Wege des Aufgebotsverfahrens für kraftlos erklärt werden.

§ 1163 [Eigentümerhypothek]
(1) Ist die Forderung, für welche die Hypothek bestellt ist, nicht zur Entstehung gelangt, so steht die Hypothek dem Eigentümer zu. Erlischt die Forderung, so erwirbt der Eigentümer die Hypothek.
(2) Eine Hypothek, für welche die Erteilung des Hypothekenbriefs nicht ausgeschlossen ist, steht bis zur Übergabe des Briefes an den Gläubiger dem Eigentümer zu.

§ 1164 [Übergang der Hypothek auf den Schuldner]
(1) Befriedigt der persönliche Schuldner den Gläubiger, so geht die Hypothek insoweit auf ihn über, als er von dem Eigentümer oder einem Rechtsvorgänger des Eigentümers Ersatz verlangen kann. Ist dem Schuldner nur teilweise Ersatz zu leisten, so kann der Eigentümer die Hypothek, soweit sie auf ihn übergegangen ist, nicht zum Nachteile der Hypothek des Schuldners geltend machen.
(2) Der Befriedigung des Gläubigers steht es gleich, wenn sich Forderung und Schuld in einer Person vereinigen.

§ 1165 [Verzicht des Gläubigers auf die Hypothek]
Verzichtet der Gläubiger auf die Hypothek oder hebt er sie nach § 1183 auf oder räumt er einem anderen Rechte den Vorrang ein, so wird der persönliche Schuldner insoweit frei, als er ohne diese Verfügung nach § 1164 aus der Hypothek hätte Ersatz erlangen können.

§ 1166 [Benachrichtigung des Schuldners]
Ist der persönliche Schuldner berechtigt, von dem Eigentümer Ersatz zu verlangen, falls er den Gläubiger befriedigt, so kann er, wenn der Gläubiger die Zwangsversteigerung des Grundstücks betreibt, ohne ihn unverzüglich zu benachrichtigen, die Befriedigung des Gläubigers wegen eines Ausfalls bei der Zwangsversteigerung insoweit verweigern, als er infolge der Unterlassung der Benachrichtigung einen Schaden erleidet. Die Benachrichtigung darf unterbleiben, wenn sie untunlich ist.

§ 1167 [Aushändigung der Urkunden]
Erwirbt der persönliche Schuldner, falls er den Gläubiger befriedigt, die Hypothek oder hat er im Falle der Befriedigung ein sonstiges rechtliches Interesse an der Berichtigung des Grundbuchs, so stehen ihm die in den §§ 1144, 1145 bestimmten Rechte zu.

§ 1168 [Verzicht auf die Hypothek]
(1) Verzichtet der Gläubiger auf die Hypothek, so erwirbt sie der Eigentümer.
(2) Der Verzicht ist dem Grundbuchamt oder dem Eigentümer gegenüber zu erklären und bedarf der Eintragung in das Grundbuch. Die Vorschriften des § 875 Abs. 2 und der §§ 876, 878 finden entsprechende Anwendung.
(3) Verzichtet der Gläubiger für einen Teil der Forderung auf die Hypothek, so stehen dem Eigentümer die im § 1145 bestimmten Rechte zu.

§ 1169 [Dauernde Einrede]
Steht dem Eigentümer eine Einrede zu, durch welche die Geltendmachung der Hypothek dauernd ausgeschlossen wird, so kann er verlangen, daß der Gläubiger auf die Hypothek verzichtet.

§ 1170 [Ausschluß des unbekannten Gläubigers]
(1) Ist der Gläubiger unbekannt, so kann er im Wege des Aufgebotsverfahrens mit seinem Rechte ausgeschlossen werden, wenn seit der letzten sich auf die Hypothek beziehenden Eintragung in das Grundbuch zehn Jahre verstrichen sind und das Recht des Gläubigers nicht innerhalb dieser Frist von dem Eigentümer in einer nach § 208 zur Unterbrechung der Verjährung geeigneten Weise anerkannt worden ist. Besteht für die Forderung eine nach dem Kalender bestimmte Zahlungszeit, so beginnt die Frist nicht vor dem Ablaufe des Zahlungstags.
(2) Mit der Erlassung des Ausschlußurteils erwirbt der Eigentümer die Hypothek. Der dem Gläubiger erteilte Hypothekenbrief wird kraftlos.

§ 1171 [Ausschluß durch Hinterlegung]
(1) Der unbekannte Gläubiger kann im Wege des Aufgebotsverfahrens mit seinem Rechte auch dann ausgeschlossen werden, wenn der Eigentümer zur Befriedigung des Gläubigers oder zur Kündigung berechtigt ist und den Betrag der Forderung für den Gläubiger unter Verzicht auf das Recht zur Rücknahme hinterlegt. Die Hinterlegung von Zinsen ist nur erforderlich, wenn der Zinssatz im Grundbuch eingetragen ist; Zinsen für eine frühere Zeit als das vierte Kalenderjahr vor der Erlassung des Ausschlußurteils sind nicht zu hinterlegen.
(2) Mit der Erlassung des Ausschlußurteils gilt der Gläubiger als befriedigt, sofern nicht nach den Vorschriften über die Hinterlegung die Befriedigung schon vorher eingetreten ist. Der dem Gläubiger erteilte Hypothekenbrief wird kraftlos.
(3) Das Recht des Gläubigers auf den hinterlegten Betrag erlischt mit dem Ablaufe von dreißig Jahren nach der Erlassung des Ausschlußurteils, wenn nicht der Gläubiger sich vorher bei der Hinterlegungsstelle meldet; der Hinterleger ist zur Rücknahme berechtigt, auch wenn er auf das Recht zur Rücknahme verzichtet hat.

§ 1172 [Eigentümer – Gesamthypothek]
(1) Eine Gesamthypothek steht in den Fällen des § 1163 den Eigentümern der belasteten Grundstücke gemeinschaftlich zu.
(2) Jeder Eigentümer kann, sofern nicht ein anderes vereinbart ist, verlangen, daß die Hypothek an seinem Grundstück auf den Teilbetrag, der dem Verhältnisse des Wertes seines Grundstücks zu dem Werte der sämtlichen Grundstücke entspricht, nach § 1132 Abs. 2 beschränkt und in dieser Beschränkung ihm zugeteilt wird. Der Wert wird unter Abzug der Belastungen berechnet, die der Gesamthypothek im Range vorgehen.

§ 1173 [Befriedigung durch einen der Eigentümer]
(1) Befriedigt der Eigentümer eines der mit einer Gesamthypothek belasteten Grundstücke den Gläubiger, so erwirbt er die Hypothek an seinem Grundstücke; die Hypothek in den übrigen Grundstücken erlischt. Der Befriedigung des Gläubigers durch den Eigentümer steht es gleich, wenn das Gläubigerrecht auf den Eigentümer übertragen wird oder wenn sich Forderung und Schuld in der Person des Eigentümers vereinigen.
(2) Kann der Eigentümer, der den Gläubiger befriedigt, von dem Eigentümer eines der anderen Grundstücke oder einem Rechtsvorgänger dieses Eigentümers Ersatz verlangen, so geht in Höhe des Ersatzanspruchs auch die Hypothek an dem Grundstücke dieses Eigentümers auf ihn über; sie bleibt mit der Hypothek an seinem eigenen Grundstücke Gesamthypothek.

§ 1174 [Befriedigung durch den persönlichen Schuldner]

(1) Befriedigt der persönliche Schuldner den Gläubiger, dem eine Gesamthypothek zusteht, oder vereinigen sich bei einer Gesamthypothek Forderung und Schuld in einer Person, so geht, wenn der Schuldner nur von dem Eigentümer eines der Grundstücke oder von einem Rechtsvorgänger des Eigentümers Ersatz verlangen kann, die Hypothek an diesem Grundstück auf ihn über; die Hypothek an den übrigen Grundstücken erlischt.

(2) Ist dem Schuldner nur teilweise Ersatz zu leisten und geht deshalb die Hypothek nur zu einem Teilbetrag auf ihn über, so hat sich der Eigentümer diesen Betrag auf den ihm nach § 1172 gebührenden Teil des übrigbleibenden Betrags der Gesamthypothek anrechnen zu lassen.

§ 1175 [Verzicht auf die Gesamthypothek]

(1) Verzichtet der Gläubiger auf die Gesamthypothek, so fällt sie den Eigentümern der belasteten Grundstücke gemeinschaftlich zu; die Vorschriften des § 1172 Abs. 2 finden Anwendung. Verzichtet der Gläubiger auf die Hypothek an einem der Grundstücke, so erlischt die Hypothek an diesem.

(2) Das gleiche gilt, wenn der Gläubiger nach § 1170 mit seinem Rechte ausgeschlossen wird.

§ 1176 [Rang der Resthypothek]

Liegen die Voraussetzungen der §§ 1163, 1164, 1168, 1172 bis 1175 nur in Ansehung eines Teilbetrags der Hypothek vor, so kann die auf Grund dieser Vorschriften dem Eigentümer oder einem der Eigentümer oder dem persönlichen Schuldner zufallende Hypothek nicht zum Nachteile der dem Gläubiger verbleibenden Hypothek geltend gemacht werden.

§ 1177 [Eigentümergrundschuld]

(1) Vereinigt sich die Hypothek mit dem Eigentum in einer Person, ohne daß dem Eigentümer auch die Forderung zusteht, so verwandelt sich die Hypothek in eine Grundschuld. In Ansehung der Verzinslichkeit, des Zinssatzes, der Zahlungszeit, der Kündigung und des Zahlungsorts bleiben die für die Forderung getroffenen Bestimmungen maßgebend.

(2) Steht dem Eigentümer auch die Forderung zu, so bestimmen sich seine Rechte aus der Hypothek, solange die Vereinigung besteht, nach den für eine Grundschuld des Eigentümers geltenden Vorschriften.

§ 1178 [Hypothek für Nebenleistungen und Kosten]

(1) Die Hypothek für Rückstände von Zinsen und anderen Nebenleistungen sowie für Kosten, die dem Gläubiger zu erstatten sind, erlischt, wenn sie sich mit dem Eigentum in einer Person vereinigt. Das Erlöschen tritt nicht ein, solange einem Dritten ein Recht an dem Anspruch auf eine solche Leistung zusteht.

(2) Zum Verzicht auf die Hypothek für die im Absatz 1 bezeichneten Leistungen genügt die Erklärung des Gläubigers gegenüber dem Eigentümer. Solange einem Dritten ein Recht an dem Anspruch auf eine solche Leistung zusteht, ist die Zustimmung des Dritten erforderlich. Die Zustimmung ist demjenigen gegenüber zu erklären, zu dessen Gunsten sie erfolgt; sie ist unwiderruflich.

§ 1179 [Löschungsvormerkung]

Verpflichtet sich der Eigentümer einem anderen gegenüber, die Hypothek löschen zu lassen, wenn sie sich mit dem Eigentum in einer Person vereinigt, so kann zur Sicherung des Anspruchs auf Löschung eine Vormerkung in das Grundbuch eingetragen werden, wenn demjenigen, zu dessen Gunsten die Eintragung vorgenommen werden soll,

1. ein anderes gleichrangiges oder nachrangiges Recht als eine Hypothek, Grundschuld oder Rentenschuld am Grundstück zusteht oder

2. ein Anspruch auf Einräumung eines solchen anderen Rechts oder auf Übertragung des Eigentums am Grundstück zusteht; der Anspruch kann auch ein künftiger oder bedingter sein.

§ 1179 a [Löschungsanspruch bei fremden Rechten][1)]

(1) Der Gläubiger einer Hypothek kann von dem Eigentümer verlangen, daß dieser eine vorrangige oder gleichrangige Hypothek löschen läßt, wenn sie im Zeitpunkt der Eintragung der Hypothek des Gläubigers mit dem Eigentum in einer Person vereinigt ist oder eine solche Vereinigung später eintritt. Ist das Eigentum nach der Eintragung der nach Satz 1 begünstigten Hypothek durch Sondernachfolge auf einen anderen übergegangen, so ist jeder Eigentümer wegen der zur Zeit seines Eigentums bestehenden Vereinigungen zur Löschung verpflichtet. Der Löschungsanspruch ist in gleicher Weise gesichert, als wenn zu seiner Sicherung gleichzeitig mit der begünstigten Hypothek eine Vormerkung in das Grundbuch eingetragen worden wäre.

(2) Die Löschung einer Hypothek, die nach § 1163 Abs. 1 Satz 1 mit dem Eigentum in einer Person vereinigt ist, kann nach Absatz 1 erst verlangt werden, wenn sich ergibt, daß die zu sichernde Forderung nicht mehr entstehen wird; der Löschungsanspruch besteht von diesem Zeitpunkt ab jedoch auch wegen der vorher bestehenden Vereinigungen. Durch die Vereinigung einer Hypothek mit dem Eigentum nach § 1163 Abs. 2 wird ein Anspruch nach Absatz 1 nicht begründet.

(3) Liegen bei der begünstigten Hypothek die Voraussetzungen des § 1163 vor, ohne daß das Recht für den Eigentümer oder seinen Rechtsnachfolger im Grundbuch eingetragen ist, so besteht der Löschungsanspruch für den eingetragenen Gläubiger oder seinen Rechtsnachfolger.

(4) Tritt eine Hypothek im Range zurück, so sind auf die Löschung der ihr infolge der Rangänderung vorgehenden oder gleichstehenden Hypothek die Absätze 1 bis 3 mit der Maßgabe entsprechend anzuwenden, daß an die Stelle des Zeitpunkts der Eintragung des zurückgetretenen Rechts der Zeitpunkt der Eintragung der Rangänderung tritt.

(5) Als Inhalt einer Hypothek, deren Gläubiger nach den vorstehenden Vorschriften ein Anspruch auf Löschung zusteht, kann der Ausschluß dieses Anspruchs vereinbart werden; der Ausschluß kann auf einen bestimmten Fall der Vereinigung beschränkt werden. Der Ausschluß ist unter Bezeichnung der Hypotheken, die dem Löschungsanspruch ganz oder

---

1) §§ 1179 a und 1179 b in der Fassung des Gesetzes zur Änderung sachenrechtlicher, grundbuchrechtlicher und anderer Vorschriften vom 22. 6. 1977 (BGBl. I S. 998) tritt am 1. 1. 1978 in Kraft. Hierzu bestimmt Artikel 8 § 1 des genannten Gesetzes:

»Ein Anspruch nach § 1179 a oder 1179 b des Bürgerlichen Gesetzbuchs besteht nicht für den als Gläubiger Eingetragenen oder den Gläubiger einer Hypothek, Grundschuld oder Rentenschuld, die vor Inkrafttreten dieses Gesetzes im Grundbuch eingetragen worden ist. Wird eine Hypothek, Grundschuld oder Rentenschuld auf Grund eines vor Inkrafttreten dieses Gesetzes gestellten Antrags oder Ersuchens nach Inkrafttreten dieses Gesetzes eingetragen oder ist ein solches nach Inkrafttreten dieses Gesetzes einzutragendes Recht bereits vor Inkrafttreten dieses Gesetzes entstanden, so steht dem Gläubiger oder dem eingetragenen Gläubiger des Rechts ein Anspruch nach § 1179 a oder § 1179 b des Bürgerlichen Gesetzbuchs nicht zu. Dies ist von Amts wegen im Grundbuch einzutragen.

Auf eine Löschungsvormerkung, die vor dem Inkrafttreten dieses Gesetzes in das Grundbuch eingetragen oder deren Eintragung vor diesem Zeitpunkt beantragt worden ist, ist § 1179 des Bürgerlichen Gesetzbuchs in der bisherigen Fassung anzuwenden. Wird die Eintragung einer Löschungsvormerkung zugunsten eines im Range gleich- oder nachstehenden Berechtigten oder des eingetragenen Gläubigers des betroffenen Rechts nach Inkrafttreten dieses Gesetzes beantragt, so gilt das gleiche, wenn dem Berechtigten wegen Absatz 1 oder 2 ein Löschungsanspruch nach den §§ 1179 a und 1179 b des Bürgerlichen Gesetzbuchs nicht zusteht.«

teilweise nicht unterliegen, im Grundbuch anzugeben; ist der Ausschluß nicht für alle Fälle der Vereinigung vereinbart, so kann zur näheren Bezeichnung der erfaßten Fälle auf die Eintragungsbewilligung Bezug genommen werden. Wird der Ausschluß aufgehoben, so entstehen dadurch nicht Löschungsansprüche für Vereinigungen, die nur vor dieser Aufhebung bestanden haben.

§ 1179 b [Löschungsanspruch bei eigenen Rechten][1)]

(1) Wer als Gläubiger einer Hypothek im Grundbuch eingetragen oder nach Maßgabe des § 1155 als Gläubiger ausgewiesen ist, kann von dem Eigentümer die Löschung dieser Hypothek verlangen, wenn sie im Zeitpunkt ihrer Eintragung mit dem Eigentum in einer Person vereinigt ist oder eine solche Vereinigung später eintritt.

(2) § 1179 a Abs. 1 Satz 2, 3 Abs. 2, 5 ist entsprechend anzuwenden.

§ 1180 [Forderungsauswechslung]

(1) An die Stelle der Forderung, für welche die Hypothek besteht, kann eine andere Forderung gesetzt werden. Zu der Änderung ist die Einigung des Gläubigers und des Eigentümers sowie die Eintragung in das Grundbuch erforderlich; die Vorschriften des § 873 Abs. 2 und der §§ 876, 878 finden entsprechende Anwendung.

(2) Steht die Forderung, die an die Stelle der bisherigen Forderung treten soll, nicht dem bisherigen Hypothekengläubiger zu, so ist dessen Zustimmung erforderlich; die Zustimmung ist dem Grundbuchamt oder demjenigen gegenüber zu erklären, zu dessen Gunsten sie erfolgt. Die Vorschriften des § 875 Abs. 2 und des § 876 finden entsprechende Anwendung.

§ 1181 [Erlöschen durch Befriedigung aus dem Grundstück]

(1) Wird der Gläubiger aus dem Grundstücke befriedigt, so erlischt die Hypothek.

(2) Erfolgt die Befriedigung des Gläubigers aus einem der mit einer Gesamthypothek belasteten Grundstücke, so werden auch die übrigen Grundstücke frei.

(3) Der Befriedigung aus dem Grundstücke steht die Befriedigung aus den Gegenständen gleich, auf die sich die Hypothek erstreckt.

§ 1182 [Hypothekenübergang bei Gesamthypothek]

Soweit im Falle einer Gesamthypothek der Eigentümer des Grundstücks, aus dem der Gläubiger befriedigt wird, von dem Eigentümer eines der anderen Grundstücke oder einem Rechtsvorgänger dieses Eigentümers Ersatz verlangen kann, geht die Hypothek an dem Grundstücke dieses Eigentümers auf ihn über. Die Hypothek kann jedoch, wenn der Gläubiger nur teilweise befriedigt wird, nicht zum Nachteile der dem Gläubiger verbleibenden Hypothek und, wenn das Grundstück mit einem im Range gleich- oder nachstehenden Rechte belastet ist, nicht zum Nachteile dieses Rechtes geltend gemacht werden.

§ 1183 [Aufhebung der Hypothek durch Rechtsgeschäft]

Zur Aufhebung der Hypothek durch Rechtsgeschäft ist die Zustimmung des Eigentümers erforderlich. Die Zustimmung ist dem Grundbuchamt oder dem Gläubiger gegenüber zu erklären; sie ist unwiderruflich.

§ 1184 [Sicherungshypothek]

(1) Eine Hypothek kann in der Weise bestellt werden, daß das Recht des Gläubigers aus der Hypothek sich nur nach der Forderung bestimmt und der Gläubiger sich zum Beweise der Forderung nicht auf die Eintragung berufen kann (Sicherungshypothek).

1) Siehe Fußnote zu § 1179 a.

(2) Die Hypothek muß im Grundbuch als Sicherungshypothek bezeichnet werden.

§ 1185 [Kein Brief bei der Sicherungshypothek – unabwendbare Vorschriften]

(1) Bei der Sicherungshypothek ist die Erteilung des Hypothekenbriefs ausgeschlossen.

(2) Die Vorschriften der §§ 1138, 1139, 1141, 1156 finden keine Anwendung.

§ 1186 [Umwandlung von Hypotheken]

Eine Sicherungshypothek kann in eine gewöhnliche Hypothek, eine gewöhnliche Hypothek kann in eine Sicherungshypothek umgewandelt werden. Die Zustimmung der im Range gleich- oder nachstehenden Berechtigten ist nicht erforderlich.

§ 1187 [Sicherungshypothek für Inhaber- und Orderpapiere]

Für die Forderung aus einer Schuldverschreibung auf den Inhaber, aus einem Wechsel oder aus einem anderen Papiere, das durch Indossament übertragen werden kann, kann nur eine Sicherungshypothek bestellt werden. Die Hypothek gilt als Sicherungshypothek, auch wenn sie im Grundbuche nicht als solche bezeichnet ist. Die Vorschrift des § 1154 Abs. 3 findet keine Anwendung. Ein Anspruch auf Löschung der Hypothek nach den §§ 1179 a, 1179 b besteht nicht.

§ 1188 [Hypothekenbestellung für Inhaberschuldverschreibung]

(1) Zur Bestellung einer Hypothek für die Forderung aus einer Schuldverschreibung auf den Inhaber genügt die Erklärung des Eigentümers gegenüber dem Grundbuchamte, daß er die Hypothek bestelle, und die Eintragung in das Grundbuch; die Vorschrift des § 878 findet Anwendung.

(2) Die Ausschließung des Gläubigers mit seinem Rechte nach § 1170 ist nur zulässig, wenn die im § 801 bezeichnete Vorlegungsfrist verstrichen ist. Ist innerhalb der Frist die Schuldverschreibung vorgelegt oder der Anspruch aus der Urkunde gerichtlich geltend gemacht worden, so kann die Ausschließung erst erfolgen, wenn die Verjährung eingetreten ist.

§ 1189 [Vertreterbestellung]

(1) Bei einer Hypothek der im § 1187 bezeichneten Art kann für den jeweiligen Gläubiger ein Vertreter mit der Befugnis bestellt werden, mit Wirkung für und gegen jeden späteren Gläubiger bestimmte Verfügungen über die Hypothek zu treffen und den Gläubiger bei der Geltendmachung der Hypothek zu vertreten. Zur Bestellung des Vertreters ist die Eintragung in das Grundbuch erforderlich.

(2) Ist der Eigentümer berechtigt, von dem Gläubiger eine Verfügung zu verlangen, zu welcher der Vertreter befugt ist, so kann er die Vornahme der Verfügung von dem Vertreter verlangen.

§ 1190 [Höchstbetragshypothek]

(1) Eine Hypothek kann in der Weise bestellt werden, daß nur der Höchstbetrag, bis zu dem das Grundstück haften soll, bestimmt, im übrigen die Feststellung der Forderung vorbehalten wird. Der Höchstbetrag muß in das Grundbuch eingetragen werden.

(2) Ist die Forderung verzinslich, so werden die Zinsen in den Höchstbetrag eingerechnet.

(3) Die Hypothek gilt als Sicherungshypothek, auch wenn sie im Grundbuche nicht als solche bezeichnet ist.

(4) Die Forderung kann nach den für die Übertragung von Forderungen geltenden allgemeinen Vorschriften übertragen werden. Wird sie nach diesen Vorschriften übertragen, so ist der Übergang der Hypothek ausgeschlossen.

Zweiter Titel
Grundschuld. Rentenschuld
I. Grundschuld

§ 1191 [Begriff]
(1) Ein Grundstück kann in der Weise belastet werden, daß an denjenigen, zu dessen Gunsten die Belastung erfolgt, eine bestimmte Geldsumme aus dem Grundstücke zu zahlen ist (Grundschuld).
(2) Die Belastung kann auch in der Weise erfolgen, daß Zinsen von der Geldsumme sowie andere Nebenleistungen aus dem Grundstücke zu entrichten sind.

§ 1192 [Anwendbare Vorschriften]
(1) Auf die Grundschuld finden die Vorschriften über die Hypothek entsprechende Anwendung, soweit sich nicht daraus ein anderes ergibt, daß die Grundschuld nicht eine Forderung voraussetzt.
(2) Für Zinsen der Grundschuld gelten die Vorschriften über die Zinsen einer Hypothekenforderung.

§ 1193 [Kündigung]
(1) Das Kapital der Grundschuld wird erst nach vorgängiger Kündigung fällig. Die Kündigung steht sowohl dem Eigentümer als dem Gläubiger zu. Die Kündigungsfrist beträgt sechs Monate.
(2) Abweichende Bestimmungen sind zulässig.

§ 1194 [Zahlungsort]
Die Zahlung des Kapitals sowie der Zinsen und anderen Nebenleistungen hat, soweit nicht ein anderes bestimmt ist, an dem Orte zu erfolgen, an dem das Grundbuchamt seinen Sitz hat.

§ 1195 [Inhabergrundschuld]
Eine Grundschuld kann in der Weise bestellt werden, daß der Grundschuldbrief auf den Inhaber ausgestellt wird. Auf einen solchen Brief finden die Vorschriften über Schuldverschreibungen auf den Inhaber entsprechende Anwendung.

§ 1196 [Eigentümergrundschuld]
(1) Eine Grundschuld kann auch für den Eigentümer bestellt werden.
(2) Zu der Bestellung ist die Erklärung des Eigentümers gegenüber dem Grundbuchamte, daß die Grundschuld für ihn in das Grundbuch eingetragen werden soll, und die Eintragung erforderlich; die Vorschrift des § 878 findet Anwendung.
(3) Ein Anspruch auf Löschung der Grundschuld nach § 1179 a oder § 1179 b besteht nur wegen solcher Vereinigungen der Grundschuld mit dem Eigentum in einer Person, die eintreten, nachdem die Grundschuld einem anderen als dem Eigentümer zugestanden hat.

§ 1197 [Eigentümer als Gläubiger]
(1) Ist der Eigentümer der Gläubiger, so kann er nicht die Zwangsvollstreckung zum Zwecke seiner Befriedigung betreiben.
(2) Zinsen gebühren dem Eigentümer nur, wenn das Grundstück auf Antrag eines anderen zum Zwecke der Zwangsverwaltung in Beschlag genommen ist, und nur für die Dauer der Zwangsverwaltung.

§ 1198 [Umwandlung]
Eine Hypothek kann in eine Grundschuld, eine Grundschuld in eine Hypothek umgewandelt werden. Die Zustimmung der im Range gleich- oder nachstehenden Berechtigten ist nicht erforderlich.

II. Rentenschuld

§ 1199 [Begriff – Ablösungssumme]

(1) Eine Grundschuld kann in der Weise bestellt werden, daß in regelmäßig wiederkehrenden Terminen eine bestimmte Geldsumme aus dem Grundstücke zu zahlen ist (Rentenschuld).

(2) Bei der Bestellung der Rentenschuld muß der Betrag bestimmt werden, durch dessen Zahlung die Rentenschuld abgelöst werden kann. Die Ablösungssumme muß im Grundbuch angegeben werden.

§ 1200 [Anwendbare Vorschriften]

(1) Auf die einzelnen Leistungen finden die für Hypothekenzinsen, auf die Ablösungssumme finden die für ein Grundschuldkapital geltenden Vorschriften entsprechende Anwendung.

(2) Die Zahlung der Ablösungssumme an den Gläubiger hat die gleiche Wirkung wie die Zahlung des Kapitals einer Grundschuld.

§ 1201 [Recht zur Ablösung]

(1) Das Recht zur Ablösung steht dem Eigentümer zu.

(2) Dem Gläubiger kann das Recht, die Ablösung zu verlangen, nicht eingeräumt werden. Im Falle des § 1133 Satz 2 ist der Gläubiger berechtigt, die Zahlung der Ablösungssumme aus dem Grundstücke zu verlangen.

§ 1202 [Kündigung]

(1) Der Eigentümer kann das Ablösungsrecht erst nach vorgängiger Kündigung ausüben. Die Kündigungsfrist beträgt sechs Monate, wenn nicht ein anderes bestimmt ist.

(2) Eine Beschränkung des Kündigungsrechts ist nur soweit zulässig, daß der Eigentümer nach dreißig Jahren unter Einhaltung der sechsmonatigen Frist kündigen kann.

(3) Hat der Eigentümer gekündigt, so kann der Gläubiger nach dem Ablaufe der Kündigungsfrist die Zahlung der Ablösungssumme aus dem Grundstücke verlangen.

§ 1203 [Umwandlungen]

Eine Rentenschuld kann in eine gewöhnliche Grundschuld, eine gewöhnliche Grundschuld kann in eine Rentenschuld umgewandelt werden. Die Zustimmung der im Range gleich- oder nachstehenden Berechtigten ist nicht erforderlich.

Neunter Abschnitt

Pfandrecht an beweglichen Sachen und an Rechten

Erster Titel

Pfandrecht an beweglichen Sachen

§ 1204 [Begriff]

(1) Eine bewegliche Sache kann zur Sicherung einer Forderung in der Weise belastet werden, daß der Gläubiger berechtigt ist, Befriedigung aus der Sache zu suchen (Pfandrecht).

(2) Das Pfandrecht kann auch für eine künftige oder eine bedingte Forderung bestellt werden.

§ 1205 [Bestellung]

(1) Zur Bestellung des Pfandrechts ist erforderlich, daß der Eigentümer die Sache dem Gläubiger übergibt und beide darüber einig sind, daß dem Gläubiger das Pfandrecht zustehen soll. Ist der Gläubiger im Besitze der Sache, so genügt die Einigung über die Entstehung des Pfandrechts.

(2) Die Übergabe einer im mittelbaren Besitze des Eigentümers befindlichen Sache kann dadurch ersetzt werden, daß der Eigentümer den mittelbaren Besitz auf den Pfandgläubiger überträgt und die Verpfändung dem Besitzer anzeigt.

§ 1206 [Übergabeersatz durch Mitbesitzeinräumung]
Anstelle der Übergabe der Sache genügt die Einräumung des Mitbesitzes, wenn sich die Sache unter dem Mitverschlusse des Gläubigers befindet oder, falls sie im Besitz eines Dritten ist, die Herausgabe nur an den Eigentümer und den Gläubiger gemeinschaftlich erfolgen kann.

§ 1207 [Gutgläubiger Erwerb des Pfandrechts]
Gehört die Sache nicht dem Verpfänder, so finden auf die Verpfändung die für den Erwerb des Eigentums geltenden Vorschriften der §§ 932, 934, 935 entsprechende Anwendung.

§ 1208 [Gutgläubiger Erwerb des Vorrangs]
Ist die Sache mit dem Rechte eines Dritten belastet, so geht das Pfandrecht dem Rechte vor, es sei denn, daß der Pfandgläubiger zur Zeit des Erwerbes des Pfandrechts in Ansehung des Rechtes nicht in gutem Glauben ist. Die Vorschriften des § 932 Abs. 1 Satz 2, des § 935 und des § 936 Abs. 3 finden entsprechende Anwendung.

§ 1209 [Rang]
Für den Rang des Pfandrechts ist die Zeit der Bestellung auch dann maßgebend, wenn es für eine künftige oder eine bedingte Forderung bestellt ist.

§ 1210 [Umfang der Haftung]
(1) Das Pfand haftet für die Forderung in deren jeweiligem Bestand, insbesondere auch für Zinsen und Vertragsstrafen. Ist der persönliche Schuldner nicht der Eigentümer des Pfandes, so wird durch ein Rechtsgeschäft, das der Schuldner nach der Verpfändung vornimmt, die Haftung nicht erweitert.

(2) Das Pfand haftet für die Ansprüche des Pfandgläubigers auf Ersatz von Verwendungen, für die dem Pfandgläubiger zu ersetzenden Kosten der Kündigung und der Rechtsverfolgung sowie für die Kosten des Pfandverkaufs.

§ 1211 [Einreden des Verpfänders]
(1) Der Verpfänder kann dem Pfandgläubiger gegenüber die dem persönlichen Schuldner gegen die Forderung sowie die nach § 770 einem Bürgen zustehenden Einreden geltend machen. Stirbt der persönliche Schuldner, so kann sich der Verpfänder nicht darauf berufen, daß der Erbe für die Schuld nur beschränkt haftet.

(2) Ist der Verpfänder nicht der persönliche Schuldner, so verliert er eine Einrede nicht dadurch, daß dieser auf sie verzichtet.

§ 1212 [Erstreckung auf getrennte Erzeugnisse]
Das Pfandrecht erstreckt sich auf die Erzeugnisse, die von dem Pfande getrennt werden.

§ 1213 [Nutzungspfand]
(1) Das Pfandrecht kann in der Weise bestellt werden, daß der Pfandgläubiger berechtigt ist, die Nutzungen des Pfandes zu ziehen.

(2) Ist eine von Natur fruchttragende Sache dem Pfandgläubiger zum Alleinbesitz übergeben, so ist im Zweifel anzunehmen, daß der Pfandgläubiger zum Fruchtbezuge berechtigt sein soll.

§ 1214 [Pflichten des Nutzungspfandgläubigers]
(1) Steht dem Pfandgläubiger das Recht zu, die Nutzungen zu ziehen, so ist er verpflichtet, für die Gewinnung der Nutzungen zu sorgen und Rechenschaft abzulegen.

(2) Der Reinertrag der Nutzungen wird auf die geschuldete Leistung und, wenn Kosten und Zinsen zu entrichten sind, zunächst auf diese angerechnet.

(3) Abweichende Bestimmungen sind zulässig.

§ 1215 [Verwahrungspflicht]

Der Pfandgläubiger ist zur Verwahrung des Pfandes verpflichtet.

§ 1216 [Verwendungsersatz – Wegnahmerecht]

Macht der Pfandgläubiger Verwendungen auf das Pfand, so bestimmt sich die Ersatzpflicht des Verpfänders nach den Vorschriften über die Geschäftsführung ohne Auftrag. Der Pfandgläubiger ist berechtigt, eine Einrichtung, mit der er das Pfand versehen hat, wegzunehmen.

§ 1217 [Rechtsverletzung durch den Pfandgläubiger]

(1) Verletzt der Pfandgläubiger die Rechte des Verpfänders in erheblichem Maße und setzt er das verletzende Verhalten ungeachtet einer Abmahnung des Verpfänders fort, so kann der Verpfänder verlangen, daß das Pfand auf Kosten des Pfandgläubigers hinterlegt oder, wenn es sich nicht zur Hinterlegung eignet, an einen gerichtlich zu bestellenden Verwahrer abgeliefert wird.

(2) Statt der Hinterlegung oder der Ablieferung der Sache an einen Verwahrer kann der Verpfänder die Rückgabe des Pfandes gegen Befriedigung des Gläubigers verlangen. Ist die Forderung unverzinslich und noch nicht fällig, so gebührt dem Pfandgläubiger nur die Summe, welche mit Hinzurechnung der gesetzlichen Zinsen für die Zeit von der Zahlung bis zur Fälligkeit dem Betrage der Forderung gleichkommt.

§ 1218 [Gefahr von Verderb oder Wertminderung]

(1) Ist der Verderb des Pfandes oder eine wesentliche Minderung des Wertes zu besorgen, so kann der Verpfänder die Rückgabe des Pfandes gegen anderweitige Sicherheitsleistung verlangen; die Sicherheitsleistung durch Bürgen ist ausgeschlossen.

(2) Der Pfandgläubiger hat dem Verpfänder von dem drohenden Verderb unverzüglich Anzeige zu machen, sofern nicht die Anzeige untunlich ist.

§ 1219 [Vorbeugende Versteigerung]

(1) Wird durch den drohenden Verderb des Pfandes oder durch eine zu besorgende wesentliche Minderung des Wertes die Sicherheit des Pfandgläubigers gefährdet, so kann dieser das Pfand öffentlich versteigern lassen.

(2) Der Erlös tritt an die Stelle des Pfandes. Auf Verlangen des Verpfänders ist der Erlös zu hinterlegen.

§ 1220 [Androhung der Versteigerung]

(1) Die Versteigerung des Pfandes ist erst zulässig, nachdem sie dem Verpfänder angedroht worden ist; die Androhung darf unterbleiben, wenn das Pfand dem Verderb ausgesetzt und mit dem Aufschube der Versteigerung Gefahr verbunden ist. Im Falle der Wertminderung ist außer der Androhung erforderlich, daß der Pfandgläubiger dem Verpfänder zur Leistung anderweitiger Sicherheit eine angemessene Frist bestimmt hat und diese verstrichen ist.

(2) Der Pfandgläubiger hat den Verpfänder von der Versteigerung unverzüglich zu benachrichtigen; im Falle der Unterlassung ist er zum Schadensersatze verpflichtet.

(3) Die Androhung, die Fristbestimmung und die Benachrichtigung dürfen unterbleiben, wenn sie untunlich sind.

§ 1221 [Freihändiger Verkauf]
Hat das Pfand einen Börsen- oder Marktpreis, so kann der Pfandgläubiger den Verkauf aus freier Hand durch einen zu solchen Verkäufen öffentlich ermächtigten Handelsmäkler oder durch eine zur öffentlichen Versteigerung befugte Person zum laufenden Preise bewirken.

§ 1222 [Pfandrecht an mehreren Sachen]
Besteht das Pfandrecht an mehreren Sachen, so haftet jede für die ganze Forderung.

§ 1223 [Rückgabepflicht – Einlösungsrecht]
(1) Der Pfandgläubiger ist verpflichtet, das Pfand nach dem Erlöschen des Pfandrechts dem Verpfänder zurückzugeben.
(2) Der Verpfänder kann die Rückgabe des Pfandes gegen Befriedigung des Pfandgläubigers verlangen, sobald der Schuldner zur Leistung berechtigt ist.

§ 1224 [Befriedigung durch Hinterlegung oder Aufrechnung]
Die Befriedigung des Pfandgläubigers durch den Verpfänder kann auch durch Hinterlegung oder durch Aufrechnung erfolgen.

§ 1225 [Übergang der Forderung auf den Verpfänder]
Ist der Verpfänder nicht der persönliche Schuldner, so geht, soweit er den Pfandgläubiger befriedigt, die Forderung auf ihn über. Die für einen Bürgen geltenden Vorschriften des § 774 finden entsprechende Anwendung.

§ 1226 [Verjährung der Ersatzansprüche]
Die Ersatzansprüche des Verpfänders wegen Veränderungen oder Verschlechterungen des Pfandes sowie die Ansprüche des Pfandgläubigers auf Ersatz von Verwendungen oder auf Gestattung der Wegnahme einer Einrichtung verjähren in sechs Monaten. Die Vorschriften des § 558 Abs. 2, 3 finden entsprechende Anwendung.

§ 1227 [Eigentumsgleicher Schutz des Pfandrechts]
Wird das Recht des Pfandgläubigers beeinträchtigt, so finden auf die Ansprüche des Pfandgläubigers die für die Ansprüche aus dem Eigentume geltenden Vorschriften entsprechende Anwendung.

§ 1228 [Befriedigung durch Verkauf]
(1) Die Befriedigung des Pfandgläubigers aus dem Pfande erfolgt durch Verkauf.
(2) Der Pfandgläubiger ist zum Verkaufe berechtigt, sobald die Forderung ganz oder zum Teil fällig ist. Besteht der geschuldete Gegenstand nicht in Geld, so ist der Verkauf erst zulässig, wenn die Forderung in eine Geldforderung übergegangen ist.

§ 1229 [Verbot der Verfallabrede]
Eine vor dem Eintritte der Verkaufsberechtigung getroffene Vereinbarung, nach welcher dem Pfandgläubiger, falls er nicht oder nicht rechtzeitig befriedigt wird, das Eigentum an der Sache zufallen oder übertragen werden soll, ist nichtig.

§ 1230 [Wahl unter mehreren Pfändern]
Unter mehreren Pfändern kann der Pfandgläubiger, soweit nicht ein anderes bestimmt ist, diejenigen auswählen, welche verkauft werden sollen. Er kann nur so viele Pfänder zum Verkaufe bringen, als zu seiner Befriedigung erforderlich sind.

§ 1231 [Herausgabe des Pfandes zum Verkauf]
Ist der Pfandgläubiger nicht im Alleinbesitze des Pfandes, so kann er nach dem Eintritte der Verkaufsberechtigung die Herausgabe des Pfandes zum Zwecke des Verkaufs fordern. Auf Verlangen des Verpfänders hat an Stelle der Herausgabe die Ablieferung an einen gemeinschaftlichen Verwahrer zu erfolgen; der Verwahrer hat sich bei der Ablieferung zu verpflichten, das Pfand zu VVerkaufe bereitzustellen.

§ 1232 [Verkauf bei mehreren Pfandrechten]
Der Pfandgläubiger ist nicht verpflichtet, einem ihm im Range nachstehenden Pfandgläubiger das Pfand zum Zwecke des Verkaufs herauszugeben. Ist er nicht im Besitze des Pfandes, so kann er, sofern er nicht selbst den Verkauf betreibt, dem Verkaufe durch einen nachstehenden Pfandgläubiger nicht widersprechen.

§ 1233 [Ausführung des Verkaufs]
(1) Der Verkauf des Pfandes ist nach den Vorschriften der §§ 1234 bis 1240 zu bewirken.
(2) Hat der Pfandgläubiger für sein Recht zum Verkauf einen vollstreckbaren Titel gegen den Eigentümer erlangt, so kann er den Verkauf auch nach den für den Verkauf einer gepfändeten Sache geltenden Vorschriften bewirken lassen.

§ 1234 [Androhung des Verkaufs – Wartefrist]
(1) Der Pfandgläubiger hat dem Eigentümer den Verkauf vorher anzudrohen und dabei den Geldbetrag zu bezeichnen, wegen dessen der Verkauf stattfinden soll. Die Androhung kann erst nach dem Eintritte der Verkaufsberechtigung erfolgen; sie darf unterbleiben, wenn sie untunlich ist.
(2) Der Verkauf darf nicht vor dem Ablauf eines Monats nach der Androhung erfolgen. Ist die Androhung untunlich, so wird der Monat von dem Eintritte der Verkaufsberechtigung an berechnet.

§ 1235 [Öffentliche Versteigerung – Freihändiger Verkauf]
(1) Der Verkauf des Pfandes ist im Wege öffentlicher Versteigerung zu bewirken.
(2) Hat das Pfand einen Börsen- oder Marktpreis, so findet die Vorschrift des § 1221 Anwendung.

§ 1236 [Versteigerungsort]
Die Versteigerung hat an dem Orte zu erfolgen, an dem das Pfand aufbewahrt wird. Ist von einer Versteigerung an dem Aufbewahrungsort ein angemessener Erfolg nicht zu erwarten, so ist das Pfand an einem geeigneten anderen Orte zu versteigern.

§ 1237 [Bekanntmachung]
Zeit und Ort der Versteigerung sind unter allgemeiner Bezeichnung des Pfandes öffentlich bekanntzumachen. Der Eigentümer und Dritte, denen Rechte an dem Pfande zustehen, sind besonders zu benachrichtigen; die Benachrichtigung darf unterbleiben, wenn sie untunlich ist.

§ 1238 [Verkauf nur gegen bar]
(1) Das Pfand darf nur mit der Bestimmung verkauft werden, daß der Käufer den Kaufpreis sofort bar zu entrichten hat und seiner Rechte verlustig sein soll, wenn dies nicht geschieht.
(2) Erfolgt der Verkauf ohne diese Bestimmung, so ist der Kaufpreis als von dem Pfandgläubiger empfangen anzusehen; die Rechte des Pfandgläubigers gegen den Ersteher bleiben unberührt. Unterbleibt die sofortige Entrichtung des Kaufpreises, so gilt das gleiche, wenn nicht vor dem Schlusse des Versteigerungstermins von dem Vorbehalte der Rechtsverwirkung Gebrauch gemacht wird.

§ 1239 [Mitbieten durch Gläubiger, Eigentümer und Schuldner]
(1) Der Pfandgläubiger und der Eigentümer können bei der Versteigerung mitbieten. Erhält der Pfandgläubiger den Zuschlag, so ist der Kaufpreis als von ihm empfangen anzusehen.
(2) Das Gebot des Eigentümers darf zurückgewiesen werden, wenn nicht der Betrag bar erlegt wird. Das gleiche gilt von dem Gebote des Schuldners, wenn das Pfand für eine fremde Schuld haftet.

§ 1240 [Gold- und Silbersachen]

(1) Gold- und Silbersachen dürfen nicht unter dem Gold- oder Silberwerte zugeschlagen werden.

(2) Wird ein genügendes Gebot nicht abgegeben, so kann der Verkauf durch eine zur öffentlichen Versteigerung befugte Person aus freier Hand zu einem den Gold- oder Silberwert erreichenden Preise erfolgen.

§ 1241 [Benachrichtigung des Eigentümers]

Der Pfandgläubiger hat den Eigentümer von dem Verkaufe des Pfandes und dem Ergebnis unverzüglich zu benachrichtigen, sofern nicht die Benachrichtigung untunlich ist.

§ 1242 [Wirkung des rechtmäßigen Pfandverkaufs]

(1) Durch die rechtmäßige Veräußerung des Pfandes erlangt der Erwerber die gleichen Rechte, wie wenn er die Sache von dem Eigentümer erworben hätte. Dies gilt auch dann, wenn dem Pfandgläubiger der Zuschlag erteilt wird.

(2) Pfandrechte an der Sache erlöschen, auch wenn sie dem Erwerber bekannt waren. Das gleiche gilt von einem Nießbrauch, es sei denn, daß er allen Pfandrechten im Range vorgeht.

§ 1243 [Unrechtmäßige Veräußerung]

(1) Die Veräußerung des Pfandes ist nicht rechtmäßig, wenn gegen die Vorschriften des § 1228 Abs. 2, des § 1230 Satz 2, des § 1235, des § 1237 Satz 1 oder des § 1240 verstoßen wird.

(2) Verletzt der Pfandgläubiger eine andere für den Verkauf geltende Vorschrift, so ist er zum Schadensersatze verpflichtet, wenn ihm ein Verschulden zur Last fällt.

§ 1244 [Gutgläubiger Erwerb]

Wird eine Sache als Pfand veräußert, ohne daß dem Veräußerer ein Pfandrecht zusteht oder den Erfordernissen genügt wird, von denen die Rechtmäßigkeit der Veräußerung abhängt, so finden die Vorschriften der §§ 932 bis 934, 936 entsprechende Anwendung, wenn die Veräußerung nach § 1233 Abs. 2 erfolgt ist oder die Vorschriften des § 1235 oder des § 1240 Abs. 2 beobachtet worden sind.

§ 1245 [Abweichend vereinbarte Art des Pfandverkaufs]

(1) Der Eigentümer und der Pfandgläubiger können eine von den Vorschriften der §§ 1234 bis 1240 abweichende Art des Pfandverkaufs vereinbaren. Steht einem Dritten an dem Pfande ein Recht zu, das durch die Veräußerung erlischt, so ist die Zustimmung des Dritten erforderlich. Die Zustimmung ist demjenigen gegenüber zu erklären, zu dessen Gunsten sie erfolgt; sie ist unwiderruflich.

(2) Auf die Beobachtung der Vorschriften des § 1235, des § 1237 Satz 1 und des § 1240 kann nicht vor dem Eintritte der Verkaufsberechtigung verzichtet werden.

§ 1246 [Abweichung nach billigem Ermessen]

(1) Entspricht eine von den Vorschriften der §§ 1235 bis 1240 abweichende Art des Pfandverkaufs nach billigem Ermessen den Interessen der Beteiligten, so kann jeder von ihnen verlangen, daß der Verkauf in dieser Art erfolgt.

(2) Kommt eine Einigung nicht zustande, so entscheidet das Gericht.

§ 1247 [Erlös aus dem Pfand]

Soweit der Erlös aus dem Pfande dem Pfandgläubiger zu seiner Befriedigung gebührt, gilt die Forderung als von dem Eigentümer berichtigt. Im übrigen tritt der Erlös an die Stelle des Pfandes.

§ 1248 [Eigentumsvermutung]

Bei dem Verkaufe des Pfandes gilt zugunsten des Pfandgläubigers der Verpfänder als der Eigentümer, es sei denn, daß der Pfandgläubiger weiß, daß der Verpfänder nicht der Eigentümer ist.

§ 1249 [Ablösungsrecht]

Wer durch die Veräußerung des Pfandes ein Recht an dem Pfande verlieren würde, kann den Pfandgläubiger befriedigen, sobald der Schuldner zur Leistung berechtigt ist. Die Vorschriften des § 268 Abs. 2, 3 finden entsprechende Anwendung.

§ 1250 [Übergang des Pfandrechts]

(1) Mit der Übertragung der Forderung geht das Pfandrecht auf den neuen Gläubiger über. Das Pfandrecht kann nicht ohne die Forderung übertragen werden.

(2) Wird bei der Übertragung der Forderung der Übergang des Pfandrechts ausgeschlossen, so erlischt das Pfandrecht.

§ 1251 [Wirkung des Pfandrechtsüberganges]

(1) Der neue Pfandgläubiger kann von dem bisherigen Pfandgläubiger die Herausgabe des Pfandes verlangen.

(2) Mit der Erlangung des Besitzes tritt der neue Pfandgläubiger an Stelle des bisherigen Pfandgläubigers in die mit dem Pfandrechte verbundenen Verpflichtungen gegen den Verpfänder ein. Erfüllt er die Verpflichtungen nicht, so haftet für den von ihm zu ersetzenden Schaden der bisherige Pfandgläubiger wie ein Bürge, der auf die Einrede der Vorausklage verzichtet hat. Die Haftung des bisherigen Pfandgläubigers tritt nicht ein, wenn die Forderung kraft Gesetzes auf den neuen Pfandgläubiger übergeht oder ihm auf Grund einer gesetzlichen Verpflichtung abgetreten wird.

§ 1252 [Erlöschen mit der Forderung]

Das Pfandrecht erlischt mit der Forderung, für die es besteht.

§ 1253 [Erlöschen bei Rückgabe des Pfandes]

(1) Das Pfandrecht erlischt, wenn der Pfandgläubiger das Pfand dem Verpfänder oder dem Eigentümer zurückgibt. Der Vorbehalt der Fortdauer des Pfandrechts ist unwirksam.

(2) Ist das Pfand im Besitze des Verpfänders oder des Eigentümers, so wird vermutet, daß das Pfand ihm von dem Pfandgläubiger zurückgegeben worden sei. Diese Vermutung gilt auch dann, wenn sich das Pfand im Besitz eines Dritten befindet, der den Besitz nach der Entstehung des Pfandrechts von dem Verpfänder oder dem Eigentümer erlangt hat.

§ 1254 [Rückgabeanspruch bei Einrede]

Steht dem Pfandrecht eine Einrede entgegen, durch welche die Geltendmachung des Pfandrechts dauernd ausgeschlossen wird, so kann der Verpfänder die Rückgabe des Pfandes verlangen. Das gleiche Recht hat der Eigentümer.

§ 1255 [Aufhebung des Pfandrechts]

(1) Zur Aufhebung des Pfandrechts durch Rechtsgeschäft genügt die Erklärung des Pfandgläubigers gegenüber dem Verpfänder oder dem Eigentümer, daß er das Pfandrecht aufgebe.

(2) Ist das Pfandrecht mit dem Rechte eines Dritten belastet, so ist die Zustimmung des Dritten erforderlich. Die Zustimmung ist demjenigen gegenüber zu erklären, zu dessen Gunsten sie erfolgt; sie ist unwiderruflich.

§ 1256 [Zusammentreffen von Pfandrecht und Eigentum]

(1) Das Pfandrecht erlischt, wenn es mit dem Eigentum in derselben Person zusammentrifft. Das Erlöschen tritt nicht ein, solange die Forderung, für welche das Pfandrecht besteht, mit dem Rechte eines Dritten belastet ist.

(2) Das Pfandrecht gilt als nicht erloschen, soweit der Eigentümer ein rechtliches Interesse an dem Fortbestehen des Pfandrechts hat.

§ 1257 [Gesetzliches Pfandrecht]

Die Vorschriften über das durch Rechtsgeschäft bestellte Pfandrecht finden auf ein kraft Gesetzes entstandenes Pfandrecht entsprechende Anwendung.

§ 1258 [Pfandrecht am Anteil eines Miteigentümers]

(1) Besteht ein Pfandrecht an dem Anteil eines Miteigentümers, so übt der Pfandgläubiger die Rechte aus, die sich aus der Gemeinschaft der Miteigentümer in Ansehung der Verwaltung der Sache und der Art ihrer Benutzung ergeben.

(2) Die Aufhebung der Gemeinschaft kann vor dem Eintritte der Verkaufsberechtigung des Pfandgläubigers nur von dem Miteigentümer und dem Pfandgläubiger gemeinschaftlich verlangt werden. Nach dem Eintritte der Verkaufsberechtigung kann der Pfandgläubiger die Aufhebung der Gemeinschaft verlangen, ohne daß es der Zustimmung des Miteigentümers bedarf; er ist nicht an eine Vereinbarung gebunden, durch welche die Miteigentümer das Recht, die Aufhebung der Gemeinschaft zu verlangen, für immer oder auf Zeit ausgeschlossen oder eine Kündigungsfrist bestimmt haben.

(3) Wird die Gemeinschaft aufgehoben, so gebührt dem Pfandgläubiger das Pfandrecht an den Gegenständen, welche an die Stelle des Anteils treten.

(4) Das Recht des Pfandgläubigers zum Verkaufe des Anteils bleibt unberührt.

§§ 1259 bis 1272 (aufgehoben)

Zweiter Titel
Pfandrecht an Rechten

§ 1273 [Grundsatz – Vorschriften]

(1) Gegenstand des Pfandrechts kann auch ein Recht sein.

(2) Auf das Pfandrecht an Rechten finden die Vorschriften über das Pfandrecht an beweglichen Sachen entsprechende Anwendung, soweit sich nicht aus den §§ 1274 bis 1296 ein anderes ergibt. Die Anwendung der Vorschriften des § 1208 und des § 1213 Abs. 2 ist ausgeschlossen.

§ 1274 [Bestellung]

(1) Die Bestellung des Pfandrechts an einem Rechte erfolgt nach den für die Übertragung des Rechtes geltenden Vorschriften. Ist zur Übertragung des Rechtes die Übergabe einer Sache erforderlich, so finden die Vorschriften der §§ 1205, 1206 Anwendung.

(2) Soweit ein Recht nicht übertragbar ist, kann ein Pfandrecht an dem Rechte nicht bestellt werden.

§ 1275 [Pfandrecht an Recht auf Leistung]

Ist ein Recht, kraft dessen eine Leistung gefordert werden kann, Gegenstand des Pfandrechts, so finden auf das Rechtsverhältnis zwischen dem Pfandgläubiger und dem Verpflichteten die Vorschriften, welche im Falle der Übertragung des Rechtes für das Rechtsverhältnis zwischen dem Erwerber und dem Verpflichteten gelten, und im Falle einer nach § 1217 Abs. 1 getroffenen gerichtlichen Anordnung die Vorschrift des § 1070 Abs. 2 entsprechende Anwendung.

§ 1276 [Aufhebung des verpfändeten Rechts]

(1) Ein verpfändetes Recht kann durch Rechtsgeschäft nur mit Zustimmung des Pfandgläubigers aufgehoben werden. Die Zustimmung ist demjenigen gegenüber zu erklären, zu dessen Gunsten sie erfolgt; sie ist unwiderruflich. Die Vorschrift des § 876 Satz 3 bleibt unberührt.

(2) Das gleiche gilt im Falle einer Änderung des Rechtes, sofern sie das Pfandrecht beeinträchtigt.

§ 1277 [Befriedigung durch Zwangsvollstreckung]

Der Pfandgläubiger kann seine Befriedigung aus dem Rechte nur auf Grund eines vollstreckbaren Titels nach den für die Zwangsvollstreckung geltenden Vorschriften suchen, sofern nicht ein anderes bestimmt ist. Die Vorschriften des § 1229 und des § 1245 Abs. 2 bleiben unberührt.

§ 1278 [Erlöschen durch Rückgabe der Sache]

Ist ein Recht, zu dessen Verpfändung die Übergabe einer Sache erforderlich ist, Gegenstand des Pfandrechts, so finden auf das Erlöschen des Pfandrechts durch die Rückgabe der Sache die Vorschriften des § 1253 entsprechende Anwendung.

§ 1279 [Pfandrecht an Forderung]

Für das Pfandrecht an einer Forderung gelten die besonderen Vorschriften der §§ 1280 bis 1290.

§ 1280 [Verpfändungsanzeige]

Die Verpfändung einer Forderung, zu deren Übertragung der Abtretungsvertrag genügt, ist nur wirksam, wenn der Gläubiger sie dem Schuldner anzeigt.

§ 1281 [Leistung vor Pfandreife]

Der Schuldner kann nur an den Pfandgläubiger und den Gläubiger gemeinschaftlich leisten. Jeder von beiden kann verlangen, daß an sie gemeinschaftlich geleistet wird; jeder kann statt der Leistung verlangen, daß die geschuldete Sache für beide hinterlegt oder, wenn sie sich nicht zur Hinterlegung eignet, an einen gerichtlich zu bestellenden Verwahrer abgeliefert wird.

§ 1282 [Leistung nach Pfandreife]

(1) Sind die Voraussetzungen des § 1228 Abs. 2 eingetreten, so ist der Pfandgläubiger zur Einziehung der Forderung berechtigt und kann der Schuldner nur an ihn leisten. Die Einziehung einer Geldforderung steht dem Pfandgläubiger nur insoweit zu, als sie zu seiner Befriedigung erforderlich ist. Soweit er zur Einziehung berechtigt ist, kann er auch verlangen, daß ihm die Geldforderung an Zahlungsstatt abgetreten wird.

(2) Zu anderen Verfügungen über die Forderung ist der Pfandgläubiger nicht berechtigt; das Recht, die Befriedigung aus der Forderung nach § 1277 zu suchen, bleibt unberührt.

§ 1283 [Kündigung der Forderung]

(1) Hängt die Fälligkeit der verpfändeten Forderung von einer Kündigung ab, so bedarf der Gläubiger zur Kündigung der Zustimmung des Pfandgläubigers nur, wenn dieser berechtigt ist, die Nutzungen zu ziehen.

(2) Die Kündigung des Schuldners ist nur wirksam, wenn sie dem Pfandgläubiger und dem Gläubiger erklärt wird.

(3) Sind die Voraussetzungen des § 1228 Abs. 2 eingetreten, so ist auch der Pfandgläubiger zur Kündigung berechtigt; für die Kündigung des Schuldners genügt die Erklärung gegenüber dem Pfandgläubiger.

§ 1284 [Abweichende Vereinbarungen]

Die Vorschriften der §§ 1281 bis 1283 finden keine Anwendung, soweit der Pfandgläubiger und der Gläubiger ein anderes vereinbaren.

§ 1285 [Mitwirkung bei Forderungseinziehung]

(1) Hat die Leistung an den Pfandgläubiger und den Gläubiger gemeinschaftlich zu erfolgen, so sind beide einander verpflichtet, zur Einziehung mitzuwirken, wenn die Forderung fällig ist.

(2) Soweit der Pfandgläubiger berechtigt ist, die Forderung ohne Mitwirkung des Gläubigers einzuziehen, hat er für die ordnungsmäßige Einziehung zu sorgen. Von der Einziehung hat er den Gläubiger unverzüglich zu benachrichtigen, sofern nicht die Benachrichtigung untunlich ist.

§ 1286 [Kündigungspflicht bei Gefährdung]

Hängt die Fälligkeit der verpfändeten Forderung von einer Kündigung ab, so kann der Pfandgläubiger, sofern nicht das Kündigungsrecht ihm zusteht, von dem Gläubiger die Kündigung verlangen, wenn die Einziehung der Forderung wegen Gefährdung ihrer Sicherheit nach den Regeln einer ordnungsmäßigen Vermögensverwaltung geboten ist. Unter der gleichen Voraussetzung kann der Gläubiger von dem Pfandgläubiger die Zustimmung zur Kündigung verlangen, sofern die Zustimmung erforderlich ist.

§ 1287 [Wirkung der Leistung]

Leistet der Schuldner in Gemäßheit der §§ 1281, 1282, so erwirbt mit der Leistung der Gläubiger den geleisteten Gegenstand und der Pfandgläubiger ein Pfandrecht an dem Gegenstande. Besteht die Leistung in der Übertragung des Eigentums an einem Grundstück, so erwirbt der Pfandgläubiger eine Sicherungshypothek; besteht sie in der Übertragung des Eigentums an einem eingetragenen Schiff oder Schiffsbauwerk, so erwirbt der Pfandgläubiger eine Schiffshypothek.

§ 1288 [Anlegung eingezogenen Geldes]

(1) Wird eine Geldforderung in Gemäßheit des § 1281 eingezogen, so sind der Pfandgläubiger und der Gläubiger einander verpflichtet, dazu mitzuwirken, daß der eingezogene Betrag, soweit es ohne Beeinträchtigung des Interesses des Pfandgläubigers tunlich ist, nach den für die Anlegung von Mündelgeld geltenden Vorschriften verzinslich angelegt und gleichzeitig dem Pfandgläubiger das Pfandrecht bestellt wird. Die Art der Anlegung bestimmt der Gläubiger.

(2) Erfolgt die Einziehung in Gemäßheit des § 1282, so gilt die Forderung des Pfandgläubigers, soweit ihm der eingezogene Betrag zu seiner Befriedigung gebührt, als von dem Gläubiger berichtigt.

§ 1289 [Erstreckung auf Zinsen]

Das Pfandrecht an einer Forderung erstreckt sich auf die Zinsen der Forderung. Die Vorschriften des § 1123 Abs. 2 und der §§ 1124, 1125 finden entsprechende Anwendung; an die Stelle der Beschlagnahme tritt die Anzeige des Pfandgläubigers an den Schuldner, daß er von dem Einziehungrechte Gebrauch mache.

§ 1290 [Mehrere Pfandrechte]

Bestehen mehrere Pfandrechte an einer Forderung, so ist zur Einziehung nur derjenige Pfandgläubiger berechtigt, dessen Pfandrecht den übrigen Pfandrechten vorgeht.

§ 1291 [Pfandrecht an Grund- und Rentenschuld]

Die Vorschriften über das Pfandrecht an einer Forderung gelten auch für das Pfandrecht an einer Grundschuld und an einer Rentenschuld.

§ 1292 [Verpfändung von Orderpapieren]

Zur Verpfändung eines Wechsels oder eines anderen Papiers, das durch Indossament übertragen werden kann, genügt die Einigung des Gläubigers und des Pfandgläubigers und die Übergabe des indossierten Papiers.

§ 1293 [Pfandrecht an Inhaberpapier]
Für das Pfandrecht an einem Inhaberpapiere gelten die Vorschriften über das Pfandrecht an beweglichen Sachen.

§ 1294 [Einziehung und Kündigung]
Ist ein Wechsel, ein anderes Papier, das durch Indossament übertragen werden kann, oder ein Inhaberpapier Gegenstand des Pfandrechts, so ist, auch wenn die Voraussetzungen des § 1228 Abs. 2 noch nicht eingetreten sind, der Pfandgläubiger zur Einziehung und, falls Kündigung erforderlich ist, zur Kündigung berechtigt und kann der Schuldner nur an ihn leisten.

§ 1295 [Freihändiger Verkauf von Orderpapieren]
Hat ein verpfändetes Papier, das durch Indossament übertragen werden kann, einen Börsen- oder Marktpreis, so ist der Gläubiger nach dem Eintritte der Voraussetzungen des § 1228 Abs. 2 berechtigt, das Papier nach § 1221 verkaufen zu lassen.

§ 1296 [Erstreckung auf Zinsscheine]
Das Pfandrecht an einem Wertpapier erstreckt sich auf die zu dem Papier gehörenden Zins-, Renten- oder Gewinnanteilscheine nur dann, wenn sie dem Pfandgläubiger übergeben sind. Der Verpfänder kann, sofern nicht ein anderes bestimmt ist, die Herausgabe der Scheine verlangen, soweit sie vor dem Eintritte der Voraussetzungen des § 1228 Abs. 2 fällig werden.

Viertes Buch
Familienrecht
Erster Abschnitt
Bürgerliche Ehe
Erster Titel
Verlöbnis

§ 1297 [Keine Klage oder Strafe]
(1) Aus einem Verlöbnisse kann nicht auf Eingehung der Ehe geklagt werden.
(2) Das Versprechen einer Strafe für den Fall, daß die Eingehung der Ehe unterbleibt, ist nichtig.

§ 1298 [Ersatzpflicht bei Rücktritt]
(1) Tritt ein Verlobter von dem Verlöbnisse zurück, so hat er dem anderen Verlobten und dessen Eltern sowie dritten Personen, welche an Stelle der Eltern gehandelt haben, den Schaden zu ersetzen, der daraus entstanden ist, daß sie in Erwartung der Ehe Aufwendungen gemacht haben oder Verbindlichkeiten eingegangen sind. Dem anderen Verlobten hat er auch den Schaden zu ersetzen, den dieser dadurch erleidet, daß er in Erwartung der Ehe sonstige sein Vermögen oder seine Erwerbsstellung berührende Maßnahmen getroffen hat.
(2) Der Schaden ist nur insoweit zu ersetzen, als die Aufwendungen, die Eingehung der Verbindlichkeiten und die sonstigen Maßnahmen den Umständen nach angemessen waren.
(3) Die Ersatzpflicht tritt nicht ein, wenn ein wichtiger Grund für den Rücktritt vorliegt.

§ 1299 [Ersatzpflicht bei schuldhafter Veranlassung des Rücktritts]
Veranlaßt ein Verlobter den Rücktritt des anderen durch ein Verschulden, das einen wichtigen Grund für den Rücktritt bildet, so ist er nach Maßgabe des § 1298 Abs. 1, 2 zum Schadensersatze verpflichtet.

§ 1300 [Beiwohnung]

(1) Hat eine unbescholtene Verlobte ihrem Verlobten die Beiwohnung gestattet, so kann sie, wenn die Voraussetzungen des § 1298 oder des § 1299 vorliegen, auch wegen des Schadens, der nicht Vermögensschaden ist, eine billige Entschädigung in Geld verlangen.

(2) Der Anspruch ist nicht übertragbar und geht nicht auf die Erben über, es sei denn, daß er durch Vertrag anerkannt oder daß er rechtshängig geworden ist.

§ 1301 [Rückgabe der Geschenke]

Unterbleibt die Eheschließung, so kann jeder Verlobte von dem anderen die Herausgabe desjenigen, was er ihm geschenkt oder zum Zeichen des Verlöbnisses gegeben hat, nach den Vorschriften über die Herausgabe einer ungerechtfertigten Bereicherung fordern. Im Zweifel ist anzunehmen, daß die Rückforderung ausgeschlossen sein soll, wenn das Verlöbnis durch den Tod eines der Verlobten aufgelöst wird.

§ 1302 [Verjährung]

Die in den §§ 1298 bis 1301 bestimmten Ansprüche verjähren in zwei Jahren von der Auflösung des Verlöbnisses an.

Zweiter Titel

Eingehung der Ehe

§§ 1303 bis **1322** **(aufgehoben)**

Dritter Titel

Nichtigkeit und Anfechtbarkeit der Ehe

§§ 1323 bis **1347** **(aufgehoben)**

Vierter Titel

Wiederverheiratung im Falle der Todeserklärung

§§ 1348 bis **1352** **(aufgehoben)**

Fünfter Titel

Wirkungen der Ehe im allgemeinen

§ 1353 [Eheliche Lebensgemeinschaft]

(1) Die Ehe wird auf Lebenszeit geschlossen. Die Ehegatten sind einander zur ehelichen Lebensgemeinschaft verpflichtet.

(2) Ein Ehegatte ist nicht verpflichtet, dem Verlangen des anderen Ehegatten nach Herstellung der Gemeinschaft Folge zu leisten, wenn sich das Verlangen als Mißbrauch seines Rechtes darstellt oder wenn die Ehe gescheitert ist.

§ 1354 (aufgehoben)

§ 1355 [Ehe- und Familienname]

(1) Die Ehegatten sollen einen gemeinsamen Familiennamen (Ehenamen) bestimmen. Die Ehegatten führen den von ihnen bestimmten Ehenamen. Bestimmen die Ehegatten keinen Ehenamen, so führen sie ihren zur Zeit der Eheschließung geführten Namen auch nach der Eheschließung.

(2) Zum Ehenamen können die Ehegatten durch Erklärung gegenüber dem Standesbeamten den Geburtsnamen des Mannes oder den Geburtsnamen der Frau bestimmen.

(3) Die Erklärung über die Bestimmung des Ehenamens erfolgt bei der Eheschließung. Wird eine Erklärung nach Satz 1 nicht abgegeben, kann sie binnen fünf Jahren nach der Eheschließung nachgeholt werden; in diesem Fall muß die Erklärung öffentlich beglaubigt werden.

(4) Ein Ehegatte, dessen Geburtsname nicht Ehename wird, kann durch Erklärung gegenüber dem Standesbeamten dem Ehenamen seinen Geburtsnamen oder den zur Zeit der Erklärung über die Bestimmung des Ehenamens geführten Namen voranstellen oder anfügen. Dies gilt nicht, wenn der Ehename aus mehreren Namen besteht. Besteht der Name eines Ehegatten aus mehreren Namen, so kann nur einer dieser Namen hinzugefügt werden. Die Erklärung kann gegenüber dem Standesbeamten widerrufen werden; in diesem Fall ist eine erneute Erklärung nach Satz 1 nicht zulässig. Die Erklärung und der Widerruf müssen öffentlich beglaubigt werden.

(5) Der verwitwete oder geschiedene Ehegatte behält den Ehenamen. Er kann durch Erklärung gegenüber dem Standesbeamten seinen Geburtsnamen oder den Namen wieder annehmen, den er bis zur Bestimmung des Ehenamens geführt hat, oder seinen Geburtsnamen dem Ehenamen voranstellen oder anfügen. Absatz 4 gilt entsprechend.

(6) Geburtsname ist der Name, der in die Geburtsurkunde eines Ehegatten zum Zeitpunkt der Erklärung gegenüber dem Standesbeamten einzutragen ist.

§ 1356 [Haushaltsführung und Erwerbstätigkeit]

(1) Die Ehegatten regeln die Haushaltsführung im gegenseitigen Einvernehmen. Ist die Haushaltsführung einem der Ehegatten überlassen, so leitet dieser den Haushalt in eigener Verantwortung.

(2) Beide Ehegatten sind berechtigt, erwerbstätig zu sein. Bei der Wahl und Ausübung einer Erwerbstätigkeit haben sie auf die Belange des anderen Ehegatten und der Familie die gebotene Rücksicht zu nehmen.

§ 1357 [Geschäfte zur Deckung des Lebensbedarfs]

(1) Jeder Ehegatte ist berechtigt, Geschäfte zur angemessenen Deckung des Lebensbedarfs der Familie mit Wirkung auch für den anderen Ehegatten zu besorgen. Durch solche Geschäfte werden beide Ehegatten berechtigt und verpflichtet, es sei denn, daß sich aus den Umständen etwas anderes ergibt.

(2) Ein Ehegatte kann die Berechtigung des anderen Ehegatten, Geschäfte mit Wirkung für ihn zu besorgen, beschränken oder ausschließen; besteht für die Beschränkung oder Ausschließung kein ausreichender Grund, so hat das Vormundschaftsgericht sie auf Antrag aufzuheben. Dritten gegenüber wirkt die Beschränkung oder Ausschließung nur nach Maßgabe des § 1412.

(3) Absatz 1 gilt nicht, wenn die Ehegatten getrennt leben.

§ 1358 (aufgehoben)

§ 1359 [Umfang der Sorgfaltspflicht]

Die Ehegatten haben bei der Erfüllung der sich aus dem ehelichen Verhältnis ergebenden Verpflichtungen einander nur für diejenige Sorgfalt einzustehen, welche sie in eigenen Angelegenheiten anzuwenden pflegen.

§ 1360 [Verpflichtung zum Familienunterhalt]

Die Ehegatten sind einander verpflichtet, durch ihre Arbeit und mit ihrem Vermögen die Familie angemessen zu unterhalten. Ist einem Ehegatten die Haushaltsführung überlassen, so erfüllt er seine Verpflichtung, durch Arbeit zum Unterhalt der Familie beizutragen, in der Regel durch die Führung des Haushalts.

§ 1360 a [Umfang der Unterhaltspflicht – Prozeßkosten]

(1) Der angemessene Unterhalt der Familie umfaßt alles, was nach den Verhältnissen der Ehegatten erforderlich ist, um die Kosten des Haushalts zu bestreiten und die persönlichen Bedürfnisse der Ehegatten und den Lebensbedarf der gemeinsamen unterhaltsberechtigten Kinder zu befriedigen.

(2) Der Unterhalt ist in der Weise zu leisten, die durch die eheliche Lebensgemeinschaft geboten ist. Die Ehegatten sind einander verpflichtet, die zum gemeinsamen Unterhalt der Familie erforderlichen Mittel für einen angemessenen Zeitraum im voraus zur Verfügung zu stellen.

(3) Die für die Unterhaltspflicht der Verwandten geltenden Vorschriften der §§ 1613 bis 1615 sind entsprechend anzuwenden.

(4) Ist ein Ehegatte nicht in der Lage, die Kosten eines Rechtsstreits zu tragen, der eine persönliche Angelegenheit betrifft, so ist der andere Ehegatte verpflichtet, ihm diese Kosten vorzuschießen, soweit dies der Billigkeit entspricht. Das gleiche gilt für die Kosten der Verteidigung in einem Strafverfahren, das gegen einen Ehegatten gerichtet ist.

§ 1360 b [Kein Ersatz bei Zuvielleistung]

Leistet ein Ehegatte zum Unterhalt der Familie einen höheren Beitrag als ihm obliegt, so ist im Zweifel anzunehmen, daß er nicht beabsichtigt, von dem anderen Ehegatten Ersatz zu verlangen.

§ 1361 [Unterhalt bei Getrenntleben]

(1) Leben die Ehegatten getrennt, so kann ein Ehegatte von dem anderen den nach den Lebensverhältnissen und den Erwerbs- und Vermögensverhältnissen der Ehegatten angemessenen Unterhalt verlangen; für Aufwendungen infolge eines Körper- oder Gesundheitsschadens gilt § 1610 a. Ist zwischen den getrennt lebenden Ehegatten ein Scheidungsverfahren rechtshängig, so gehören zum Unterhalt vom Eintritt der Rechtshängigkeit an auch die Kosten einer angemessenen Versicherung für den Fall des Alters sowie der Berufs- oder Erwerbsunfähigkeit.

(2) Der nichterwerbstätige Ehegatte kann nur dann darauf verwiesen werden, seinen Unterhalt durch eine Erwerbstätigkeit selbst zu verdienen, wenn dies von ihm nach seinen persönlichen Verhältnissen, insbesondere wegen einer früheren Erwerbstätigkeit unter Berücksichtigung der Dauer der Ehe, und nach den wirtschaftlichen Verhältnissen beider Ehegatten erwartet werden kann.

(3) Die Vorschrift des § 1579 Nr. 2 bis 7 über die Herabsetzung des Unterhaltsanspruchs aus Billigkeitsgründen ist entsprechend anzuwenden.

(4) Der laufende Unterhalt ist durch Zahlung einer Geldrente zu gewähren. Die Rente ist monatlich im voraus zu zahlen. Der Verpflichtete schuldet den vollen Monatsbetrag auch dann, wenn der Berechtigte im Laufe des Monats stirbt. § 1360 a Abs. 3, 4 und die §§ 1360 b, 1605 sind entsprechend anzuwenden.

§ 1361 a [Verteilung der Haushaltsgegenstände bei Getrenntleben]

(1) Leben die Ehegatten getrennt, so kann jeder von ihnen die ihm gehörenden Haushaltsgegenstände von dem anderen Ehegatten herausverlangen. Er ist jedoch verpflichtet, sie dem anderen Ehegatten zum Gebrauch zu überlassen, soweit dieser sie zur Führung eines gesonderten Haushalts benötigt und die Überlassung nach den Umständen des Falles der Billigkeit entspricht.

(2) Haushaltsgegenstände, die den Ehegatten gemeinsam gehören, werden zwischen ihnen nach den Grundsätzen der Billigkeit verteilt.

(3) Können sich die Ehegatten nicht einigen, so entscheidet das zuständige Gericht.

Dieses kann eine angemessene Vergütung für die Benutzung der Haushaltsgegenstände festsetzen.
(4) Die Eigentumsverhältnisse bleiben unberührt, sofern die Ehegatten nichts anderes vereinbaren.

§ 1361 b [Überlassung der Ehewohnung bei Getrenntleben]

(1) Leben die Ehegatten getrennt oder will einer von ihnen getrennt leben, so kann ein Ehegatte verlangen, daß ihm der andere die Ehewohnung oder einen Teil zur alleinigen Benutzung überläßt, soweit dies notwendig ist, um eine schwere Härte zu vermeiden. Steht einem Ehegatten allein oder gemeinsam mit einem Dritten das Eigentum, das Erbbaurecht oder der Nießbrauch an dem Grundstück zu, auf dem sich die Ehewohnung befindet, so ist dies besonders zu berücksichtigen; Entsprechendes gilt für das Wohnungseigentum, das Dauerwohnrecht und das dingliche Wohnrecht.
(2) Ist ein Ehegatte verpflichtet, dem anderen Ehegatten die Ehewohnung oder einen Teil zur alleinigen Benutzung zu überlassen, so kann er vom anderen Ehegatten eine Vergütung für die Benutzung verlangen, soweit dies der Billigkeit entspricht.

§ 1362 [Eigentumsvermutung]

(1) Zugunsten der Gläubiger des Mannes und der Gläubiger der Frau wird vermutet, daß die im Besitz eines Ehegatten oder beider Ehegatten befindlichen beweglichen Sachen dem Schuldner gehören. Diese Vermutung gilt nicht, wenn die Ehegatten getrennt leben und sich die Sachen im Besitze des Ehegatten befinden, der nicht Schuldner ist. Inhaberpapiere und Orderpapiere, die mit Blankoindossament versehen sind, stehen den beweglichen Sachen gleich.
(2) Für die ausschließlich zum persönlichen Gebrauch eines Ehegatten bestimmten Sachen wird im Verhältnis der Ehegatten zueinander und zu den Gläubigern vermutet, daß sie dem Ehegatten gehören, für dessen Gebrauch sie bestimmt sind.

Sechster Titel

Eheliches Güterrecht

I. Gesetzliches Güterrecht

§ 1363 [Zugewinngemeinschaft]

(1) Die Ehegatten leben im Güterstand der Zugewinngemeinschaft, wenn sie nicht durch Ehevertrag etwas anderes vereinbaren.
(2) Das Vermögen des Mannes und das Vermögen der Frau werden nicht gemeinschaftliches Vermögen der Ehegatten; dies gilt auch für Vermögen, das ein Ehegatte nach der Eheschließung erwirbt. Der Zugewinn, den die Ehegatten in der Ehe erzielen, wird jedoch ausgeglichen, wenn die Zugewinngemeinschaft endet.

§ 1364 [Selbständige Vermögensverwaltung]

Jeder Ehegatte verwaltet sein Vermögen selbständig; er ist jedoch in der Verwaltung seines Vermögens nach Maßgabe der folgenden Vorschriften beschränkt.

§ 1365 [Rechtsgeschäfte über das Vermögen als Ganzes]

(1) Ein Ehegatte kann sich nur mit Einwilligung des anderen Ehegatten verpflichten, über sein Vermögen im ganzen zu verfügen. Hat er sich ohne Zustimmung des anderen Ehegatten verpflichtet, so kann er die Verpflichtung nur erfüllen, wenn der andere Ehegatte einwilligt.
(2) Entspricht das Rechtsgeschäft den Grundsätzen einer ordnungsmäßigen Verwaltung, so kann das Vormundschaftsgericht auf Antrag des Ehegatten die Zustimmung des anderen Ehegatten ersetzen, wenn dieser sie ohne ausreichenden Grund verweigert oder durch

Krankheit oder Abwesenheit an der Abgabe einer Erklärung verhindert und mit dem Aufschub Gefahr verbunden ist.

§ 1366 [Genehmigung von Verträgen]

(1) Ein Vertrag, den ein Ehegatte ohne die erforderliche Einwilligung des anderen Ehegatten schließt, ist wirksam, wenn dieser ihn genehmigt.

(2) Bis zur Genehmigung kann der Dritte den Vertrag widerrufen. Hat er gewußt, daß der Mann oder die Frau verheiratet ist, so kann er nur widerrufen, wenn der Mann oder die Frau wahrheitswidrig behauptet hat, der andere Ehegatte habe eingewilligt; er kann auch in diesem Falle nicht widerrufen, wenn ihm beim Abschluß des Vertrages bekannt war, daß der andere Ehegatte nicht eingewilligt hatte.

(3) Fordert der Dritte den Ehegatten auf, die erforderliche Genehmigung des anderen Ehegatten zu beschaffen, so kann dieser sich nur dem Dritten gegenüber über die Genehmigung erklären; hat er sich bereits vor der Aufforderung seinem Ehegatten gegenüber erklärt, so wird die Erklärung unwirksam. Die Genehmigung kann nur innerhalb von zwei Wochen seit dem Empfang der Aufforderung erklärt werden; wird sie nicht erklärt, so gilt sie als verweigert. Ersetzt das Vormundschaftsgericht die Genehmigung, so ist sein Beschluß nur wirksam wenn der Ehegatte ihn dem Dritten innerhalb der zweiwöchigen Frist mitteilt; andernfalls gilt die Genehmigung als verweigert.

(4) Wird die Genehmigung verweigert, so ist der Vertrag unwirksam.

§ 1367 [Einseitige Rechtsgeschäfte]

Ein einseitiges Rechtsgeschäft, das ohne die erforderliche Einwilligung vorgenommen wird, ist unwirksam.

§ 1368 [Klage des anderen Ehegatten gegen Dritten]

Verfügt ein Ehegatte ohne die erforderliche Zustimmung des anderen Ehegatten über sein Vermögen, so ist auch der andere Ehegatte berechtigt, die sich aus der Unwirksamkeit der Verfügung ergebenden Rechte gegen den Dritten gerichtlich geltend zu machen.

§ 1369 [Verfügung über Haushaltsgegenstände]

(1) Ein Ehegatte kann über ihm gehörende Gegenstände des ehelichen Haushalts nur verfügen und sich zu einer solchen Verfügung auch nur verpflichten, wenn der andere Ehegatte einwilligt.

(2) Das Vormundschaftsgericht kann auf Antrag des Ehegatten die Zustimmung des anderen Ehegatten ersetzen, wenn dieser sie ohne ausreichenden Grund verweigert oder durch Krankheit oder Abwesenheit verhindert ist, eine Erklärung abzugeben.

(3) Die Vorschriften der §§ 1366 bis 1368 gelten entsprechend.

§ 1370 [Eigentum am Hausratsersatz]

Haushaltsgegenstände, die an Stelle von nicht mehr vorhandenen oder wertlos gewordenen Gegenständen angeschafft werden, werden Eigentum des Ehegatten, dem die nicht mehr vorhandenen oder wertlos gewordenen Gegenstände gehört haben.

§ 1371 [Zugewinnausgleich im Todesfall]

(1) Wird der Güterstand durch den Tod eines Ehegatten beendet, so wird der Ausgleich des Zugewinns dadurch verwirklicht, daß sich der gesetzliche Erbteil des überlebenden Ehegatten um ein Viertel der Erbschaft erhöht; hierbei ist unerheblich, ob die Ehegatten im einzelnen Fall einen Zugewinn erzielt haben.

(2) Wird der überlebende Ehegatte nicht Erbe und steht ihm auch kein Vermächtnis zu, so kann er Ausgleich des Zugewinns nach den Vorschriften der §§ 1373 bis 1383, 1390 verlangen; der Pflichtteil des überlebenden Ehegatten oder eines anderen Pflichtteilsbe-

rechtigten bestimmt sich in diesem Falle nach dem nicht erhöhten gesetzlichen Erbteil des Ehegatten.

(3) Schlägt der überlebende Ehegatte die Erbschaft aus, so kann er neben dem Ausgleich des Zugewinns den Pflichtteil auch dann verlangen, wenn dieser ihm nach den erbrechtlichen Bestimmungen nicht zustünde; dies gilt nicht, wenn er durch Vertrag mit seinem Ehegatten auf sein gesetzliches Erbrecht oder sein Pflichtteilsrecht verzichtet hat.

(4) Sind erbberechtigte Abkömmlinge des verstorbenen Ehegatten, welche nicht aus der durch den Tod dieses Ehegatten aufgelösten Ehe stammen, oder erbersatzberechtigte Abkömmlinge vorhanden, so ist der überlebende Ehegatte verpflichtet, diesen Abkömmlingen, wenn und soweit sie dessen bedürfen, die Mittel zu einer angemessenen Ausbildung aus dem nach Absatz 1 zusätzlich gewährten Viertel zu gewähren.

§ 1372 [Zugewinnausgleich in sonstigen Fällen]

Wird der Güterstand auf andere Weise als durch den Tod eines Ehegatten beendet, so wird der Zugewinn nach den Vorschriften der §§ 1373 bis 1390 ausgeglichen.

§ 1373 [Zugewinn]

Zugewinn ist der Betrag, um den das Endvermögen eines Ehegatten das Anfangsvermögen übersteigt.

§ 1374 [Anfangsvermögen]

(1) Anfangsvermögen ist das Vermögen, das einem Ehegatten nach Abzug der Verbindlichkeiten beim Eintritt des Güterstandes gehört; die Verbindlichkeiten können nur bis zur Höhe des Vermögens abgezogen werden.

(2) Vermögen, das ein Ehegatte nach Eintritt des Güterstandes von Todes wegen oder mit Rücksicht auf ein künftiges Erbrecht, durch Schenkung oder als Ausstattung erwirbt, wird nach Abzug der Verbindlichkeiten dem Anfangsvermögen hinzugerechnet, soweit es nicht den Umständen nach zu den Einkünften zu rechnen ist.

§ 1375 [Endvermögen]

(1) Endvermögen ist das Vermögen, das einem Ehegatten nach Abzug der Verbindlichkeiten bei der Beendigung des Güterstandes gehört. Die Verbindlichkeiten werden, wenn Dritte gemäß § 1390 in Anspruch genommen werden können, auch insoweit abgezogen, als sie die Höhe des Vermögens übersteigen.

(2) Dem Endvermögen eines Ehegatten wird der Betrag hinzugerechnet, um den dieses Vermögen dadurch vermindert ist, daß ein Ehegatte nach Eintritt des Güterstandes

1. unentgeltliche Zuwendungen gemacht hat, durch die er nicht einer sittlichen Pflicht oder einer auf den Anstand zu nehmenden Rücksicht entsprochen hat,
2. Vermögen verschwendet hat oder
3. Handlungen in der Absicht vorgenommen hat, den anderen Ehegatten zu benachteiligen.

(3) Der Betrag der Vermögensminderung wird dem Endvermögen nicht hinzugerechnet, wenn sie mindestens zehn Jahre vor Beendigung des Güterstandes eingetreten ist oder wenn der andere Ehegatte mit der unentgeltlichen Zuwendung oder der Verschwendung einverstanden gewesen ist.

§ 1376 [Berechnung des Anfangs- und des Endvermögens]

(1) Der Berechnung des Anfangsvermögens wird der Wert zugrunde gelegt, den das beim Eintritt des Güterstandes vorhandene Vermögen in diesem Zeitpunkt, das dem Anfangsvermögen hinzuzurechnende Vermögen im Zeitpunkt des Erwerbes hatte.

(2) Der Berechnung des Endvermögens wird der Wert zugrunde gelegt, den das bei Beendigung des Güterstandes vorhandene Vermögen in diesem Zeitpunkt, eine dem

Endvermögen hinzuzurechnende Vermögensminderung in dem Zeitpunkt hatte, in dem sie eingetreten ist.

(3) Die vorstehenden Vorschriften gelten entsprechend für die Bewertung von Verbindlichkeiten.

(4)[1] Ein land- oder forstwirtschaftlicher Betrieb, der bei der Berechnung des Anfangsvermögens und des Endvermögens zu berücksichtigen ist, ist mit dem Ertragswert anzusetzen, wenn der Eigentümer nach § 1378 Abs. 1 in Anspruch genommen wird und eine Weiterführung oder Wiederaufnahme des Betriebes durch den Eigentümer oder einen Abkömmling erwartet werden kann; die Vorschrift des § 2049 Abs. 2 ist anzuwenden.

§ 1377 [Verzeichnis des Anfangsvermögens]

(1) Haben die Ehegatten den Bestand und den Wert des einem Ehegatten gehörenden Anfangsvermögens und der diesem Vermögen hinzuzurechnenden Gegenstände gemeinsam in einem Verzeichnis festgestellt, so wird im Verhältnis der Ehegatten zueinander vermutet, daß das Verzeichnis richtig ist.

(2) Jeder Ehegatte kann verlangen, daß der andere Ehegatte bei der Aufnahme des Verzeichnisses mitwirkt. Auf die Aufnahme des Verzeichnisses sind die für den Nießbrauch geltenden Vorschriften des § 1035 anzuwenden. Jeder Ehegatte kann den Wert der Vermögensgegenstände und der Verbindlichkeiten auf seine Kosten durch Sachverständige feststellen lassen.

(3) Soweit kein Verzeichnis aufgenommen ist, wird vermutet, daß das Endvermögen eines Ehegatten seinen Zugewinn darstellt.

§ 1378 [Ausgleichsforderung]

(1) Übersteigt der Zugewinn des einen Ehegatten den Zugewinn des anderen, so steht die Hälfte des Überschusses dem anderen Ehegatten als Ausgleichsforderung zu.

(2) Die Höhe der Ausgleichsforderung wird durch den Wert des Vermögens begrenzt, das nach Abzug der Verbindlichkeiten bei Beendigung des Güterstandes vorhanden ist.

(3) Die Ausgleichsforderung entsteht mit der Beendigung des Güterstandes und ist von diesem Zeitpunkt an vererblich und übertragbar. Eine Vereinbarung, die die Ehegatten während eines Verfahrens, das auf die Auflösung der Ehe gerichtet ist, für den Fall der Auflösung der Ehe über den Ausgleich des Zugewinns treffen, bedarf der notariellen Beurkundung; § 127 a findet auch auf eine Vereinbarung Anwendung, die in einem Verfahren in Ehesachen vor dem Prozeßgericht protokolliert wird. Im übrigen kann sich kein Ehegatte vor der Beendigung des Güterstandes verpflichten, über die Ausgleichsforderung zu verfügen.

(4) Die Ausgleichsforderung verjährt in drei Jahren; die Frist beginnt mit dem Zeitpunkt, in dem der Ehegatte erfährt, daß der Güterstand beendet ist. Die Forderung verjährt jedoch spätestens dreißig Jahre nach der Beendigung des Güterstandes. Endet der Güterstand

1) Hierzu Beschluß des Bundesverfassungsgerichts vom 16. 10. 1984 – 1 BvL 17/80 – (BGBl. 1985 I S. 99): »§ 1376 Absatz 4 des Bürgerlichen Gesetzbuchs in der Fassung des Gesetzes über die Gleichberechtigung von Mann und Frau auf dem Gebiete des bürgerlichen Rechts (Gleichberechtigungsgesetz - GleichberG -) vom 18. Juni 1957 (Bundesgesetzbl. I S. 609) ist mit Artikel 3 Absatz 1 in Verbindung mit Artikel 6 Absatz 1 des Grundgesetzes unvereinbar, soweit danach ausnahmlos der Ertragswert als Bewertungsmaßstab anzuwenden ist, wenn sich ein landwirtschaftlicher Betrieb im Anfangs- und Endvermögen befindet. Im übrigen ist die Vorschrift mit dem Grundgesetz vereinbar, und zwar soweit sie über § 2049 Absatz 2 des Bürgerlichen Gesetzbuchs vom 18. August 1896 (Reichsgesetzbl. S. 195) und Artikel 137 des Einführungsgesetzes zum Bürgerlichen Gesetzbuche vom 18. August 1896 (Reichsgesetzbl. S. 604) auf Landesrecht verweist, nach Maßgabe der Gründe.«

durch den Tod eines Ehegatten, so sind im übrigen die Vorschriften anzuwenden, die für die Verjährung eines Pflichtteilsanspruchs gelten.

§ 1379 [Auskunftspflicht]

(1) Nach der Beendigung des Güterstandes ist jeder Ehegatte verpflichtet, dem anderen Ehegatten über den Bestand seines Endvermögens Auskunft zu erteilen. Jeder Ehegatte kann verlangen, daß er bei der Aufnahme des ihm nach § 260 vorzulegenden Verzeichnisses zugezogen und daß der Wert der Vermögensgegenstände und der Verbindlichkeiten ermittelt wird. Er kann auch verlangen, daß das Verzeichnis auf seine Kosten durch die zuständige Behörde oder durch einen zuständigen Beamten oder Notar aufgenommen wird.

(2) Hat ein Ehegatte die Scheidung beantragt oder Klage auf Aufhebung oder Nichtigerklärung der Ehe erhoben, gilt Absatz 1 entsprechend.

§ 1380 [Anrechnung von Zuwendungen]

(1) Auf die Ausgleichsforderung eines Ehegatten wird angerechnet, was ihm von dem anderen Ehegatten durch Rechtsgeschäft unter Lebenden mit der Bestimmung zugewendet ist, daß es auf die Ausgleichsforderung angerechnet werden soll. Im Zweifel ist anzunehmen, daß Zuwendungen angerechnet werden sollen, wenn ihr Wert den Wert von Gelegenheitsgeschenken übersteigt, die nach den Lebensverhältnissen der Ehegatten üblich sind.

(2) Der Wert der Zuwendung wird bei der Berechnung der Ausgleichsforderung dem Zugewinn des Ehegatten hinzugerechnet, der die Zuwendung gemacht hat. Der Wert bestimmt sich nach dem Zeitpunkt der Zuwendung.

§ 1381 [Leistungsverweigerung bei grober Unbilligkeit]

(1) Der Schuldner kann die Erfüllung der Ausgleichsforderung verweigern, soweit der Ausgleich des Zugewinns nach den Umständen des Falles grob unbillig wäre.

(2) Grobe Unbilligkeit kann insbesondere dann vorliegen, wenn der Ehegatte, der den geringeren Zugewinn erzielt hat, längere Zeit hindurch die wirtschaftlichen Verpflichtungen, die sich aus dem ehelichen Verhältnis ergeben, schuldhaft nicht erfüllt hat.

§ 1382 [Stundung der Ausgleichsforderung]

(1) Das Familiengericht stundet auf Antrag eine Ausgleichsforderung, soweit sie vom Schuldner nicht bestritten wird, wenn die sofortige Zahlung auch unter Berücksichtigung der Interessen des Gläubigers zur Unzeit erfolgen würde. Die sofortige Zahlung würde auch dann zur Unzeit erfolgen, wenn sie die Wohnverhältnisse oder sonstigen Lebensverhältnisse gemeinschaftlicher Kinder nachhaltig verschlechtern würde.

(2) Eine gestundete Forderung hat der Schuldner zu verzinsen.

(3) Das Familiengericht kann auf Antrag anordnen, daß der Schuldner für eine gestundete Forderung Sicherheit zu leisten hat.

(4) Über Höhe und Fälligkeit der Zinsen und über Art und Umfang der Sicherheitsleistung entscheidet das Familiengericht nach billigem Ermessen.

(5) Soweit über die Ausgleichsforderung ein Rechtsstreit anhängig wird, kann der Schuldner einen Antrag auf Stundung nur in diesem Verfahren stellen.

(6) Das Familiengericht kann eine rechtskräftige Entscheidung auf Antrag aufheben oder ändern, wenn sich die Verhältnisse nach der Entscheidung wesentlich geändert haben.

§ 1383 [Übertragung von Vermögensgegenständen]

(1) Das Familiengericht kann auf Antrag des Gläubigers anordnen, daß der Schuldner bestimmte Gegenstände seines Vermögens dem Gläubiger unter Anrechnung auf die Ausgleichsforderung zu übertragen hat, wenn dies erforderlich ist, um eine grobe Unbilligkeit für den Gläubiger zu vermeiden, und wenn dies dem Schuldner zugemutet werden kann; in

der Entscheidung ist der Betrag festzusetzen, der auf die Ausgleichsforderung angerechnet wird.

(2) Der Gläubiger muß die Gegenstände, deren Übertragung er begehrt, in dem Antrage bezeichnen.

(3) § 1382 Abs. 5 gilt entsprechend.

§ 1384 [Berechnungszeitpunkt bei Scheidung]

Wird die Ehe geschieden, so tritt für die Berechnung des Zugewinns an die Stelle der Beendigung des Güterstandes der Zeitpunkt der Rechtshängigkeit des Scheidungsantrags.

§ 1385 [Klage auf vorzeitigen Zugewinnausgleich bei Getrenntleben]

Leben die Ehegatten seit mindestens drei Jahren getrennt, so kann jeder von ihnen auf vorzeitigen Ausgleich des Zugewinns klagen.

§ 1386 [Sonstige Fälle der Klage auf vorzeitigen Ausgleich]

(1) Ein Ehegatte kann auf vorzeitigen Ausgleich des Zugewinns klagen, wenn der andere Ehegatte längere Zeit hindurch die wirtschaftlichen Verpflichtungen, die sich aus dem ehelichen Verhältnis ergeben, schuldhaft nicht erfüllt hat und anzunehmen ist, daß er sie auch in Zukunft nicht erfüllen wird.

(2) Ein Ehegatte kann auf vorzeitigen Ausgleich des Zugewinns klagen, wenn der andere Ehegatte

1. ein Rechtsgeschäft der in § 1365 bezeichneten Art ohne die erforderliche Zustimmung vorgenommen hat oder
2. sein Vermögen durch eine der in § 1375 bezeichneten Handlungen vermindert hat

und eine erhebliche Gefährdung der künftigen Ausgleichsforderung zu besorgen ist.

(3) Ein Ehegatte kann auf vorzeitigen Ausgleich des Zugewinns klagen, wenn der andere Ehegatte sich ohne ausreichenden Grund beharrlich weigert, ihn über den Bestand seines Vermögens zu unterrichten.

§ 1387 [Berechnungszeitpunkt bei vorzeitigem Ausgleich]

Wird auf vorzeitigen Ausgleich des Zugewinns erkannt, so tritt für die Berechnung des Zugewinns an die Stelle der Beendigung des Güterstandes der Zeitpunkt, in dem die Klage auf vorzeitigen Ausgleich erhoben ist.

§ 1388 [Eintritt der Gütertrennung]

Mit der Rechtskraft des Urteils, durch das auf vorzeitigen Ausgleich des Zugewinns erkannt ist, tritt Gütertrennung ein.

§ 1389 [Sicherheitsleistung]

Ist die Klage auf vorzeitigen Ausgleich des Zugewinns, auf Nichtigerklärung oder Aufhebung der Ehe erhoben oder der Antrag auf Scheidung der Ehe gestellt, so kann ein Ehegatte Sicherheitsleistung verlangen, wenn wegen des Verhaltens des anderen Ehegatten zu besorgen ist, daß seine Rechte auf den künftigen Ausgleich des Zugewinns erheblich gefährdet werden.

§ 1390 [Ansprüche des Ausgleichsberechtigten gegen Dritte]

(1) Soweit einem Ehegatten gemäß § 1378 Abs. 2 eine Ausgleichsforderung nicht zusteht, weil der andere Ehegatte in der Absicht, ihn zu benachteiligen, unentgeltliche Zuwendungen an einen Dritten gemacht hat, ist der Dritte verpflichtet, das Erlangte nach den Vorschriften über die Herausgabe einer ungerechtfertigten Bereicherung an den Ehegatten zum Zwecke der Befriedigung wegen der ausgefallenen Ausgleichsforderung herauszugeben. Der Dritte kann die Herausgabe durch Zahlung des fehlenden Betrages abwenden.

(2) Das gleiche gilt für andere Rechtshandlungen, wenn die Absicht, den Ehegatten zu benachteiligen, dem Dritten bekannt war.

(3) Der Anspruch verjährt in drei Jahren nach der Beendigung des Güterstandes. Endet der Güterstand durch den Tod eines Ehegatten, so wird die Verjährung nicht dadurch gehemmt, daß der Anspruch erst geltend gemacht werden kann, wenn der Ehegatte die Erbschaft oder ein Vermächtnis ausgeschlagen hat.

(4) Ist die Klage auf vorzeitigen Ausgleich des Zugewinns oder auf Nichtigerklärung, Scheidung oder Aufhebung der Ehe erhoben, so kann ein Ehegatte von dem Dritten Sicherheitsleistung wegen der ihm nach den Absätzen 1 und 2 zustehenden Ansprüche verlangen.

§§ 1391 bis **1407 (aufgehoben)**

II. Vertragsmäßiges Güterrecht
1. Allgemeine Vorschriften

§ 1408 [Ehevertrag – Grundsatz der Vertragsfreiheit]

(1) Die Ehegatten können ihre güterrechtlichen Verhältnisse durch Vertrag (Ehevertrag) regeln, insbesondere auch nach der Eingehung der Ehe den Güterstand aufheben oder ändern.

(2) In einem Ehevertrag können die Ehegatten durch eine ausdrückliche Vereinbarung auch den Versorgungsausgleich ausschließen. Der Ausschluß ist unwirksam, wenn innerhalb eines Jahres nach Vertragsschluß Antrag auf Scheidung der Ehe gestellt wird.

§ 1409 [Beschränkung der Vertragsfreiheit]

Der Güterstand kann nicht durch Verweisung auf nicht mehr geltendes oder ausländisches Recht bestimmt werden.

§ 1410 [Form des Ehevertrags]

Der Ehevertrag muß bei gleichzeitiger Anwesenheit beider Teile zur Niederschrift eines Notars geschlossen werden.

§ 1411 [Eheverträge beschränkt Geschäftsfähiger und Geschäftsunfähiger]

(1) Wer in der Geschäftsfähigkeit beschränkt ist, kann einen Ehevertrag nur mit Zustimmung seines gesetzlichen Vertreters schließen. Dies gilt auch für einen Betreuten, soweit für diese Angelegenheit ein Einwilligungsvorbehalt angeordnet ist. Ist der gesetzliche Vertreter ein Vormund oder Betreuer, so ist außer der Zustimmung des gesetzlichen Vertreters die Genehmigung des Vormundschaftsgerichts erforderlich, wenn der Ausgleich des Zugewinns ausgeschlossen oder eingeschränkt oder wenn Gütergemeinschaft vereinbart oder aufgehoben wird. Der gesetzliche Vertreter kann für einen in der Geschäftsfähigkeit beschränkten Ehegatten oder einen geschäftsfähigen Betreuten keinen Ehevertrag schließen.

(2) Für einen geschäftsunfähigen Ehegatten schließt der gesetzliche Vertreter den Vertrag; Gütergemeinschaft kann er nicht vereinbaren oder aufheben. Ist der gesetzliche Vertreter ein Vormund oder Betreuer, so kann er den Vertrag nur mit Genehmigung des Vormundschaftsgerichts schließen.

§ 1412 [Wirkung gegenüber Dritten]

(1) Haben die Ehegatten den gesetzlichen Güterstand ausgeschlossen oder geändert, so können sie hieraus einem Dritten gegenüber Einwendungen gegen ein Rechtsgeschäft, das zwischen einem von ihnen und dem Dritten vorgenommen worden ist, nur herleiten, wenn der Ehevertrag im Güterrechtsregister des zuständigen Amtsgerichts eingetragen oder dem Dritten bekannt war, als das Rechtsgeschäft vorgenommen wurde; Einwendungen gegen ein rechtkräftiges Urteil, das zwischen einem der Ehegatten und dem Dritten ergangen ist, sind nur zulässig, wenn der Ehevertrag eingetragen oder dem Dritten bekannt war, als der Rechtsstreit anhängig wurde.

(2) Das gleiche gilt, wenn die Ehegatten eine im Güterrechtsregister eingetragene Regelung der güterrechtlichen Verhältnisse durch Ehevertrag aufheben oder ändern.

§ 1413 [Widerruf der Verwaltungsübertragung]

Überläßt ein Ehegatte sein Vermögen der Verwaltung des anderen Ehegatten, so kann das Recht, die Überlassung jederzeit zu widerrufen, nur durch Ehevertrag ausgeschlossen oder eingeschränkt werden; ein Widerruf aus wichtigem Grunde bleibt gleichwohl zulässig.

2. Gütertrennung

§ 1414 [Eintritt der Gütertrennung]

Schließen die Ehegatten den gesetzlichen Güterstand aus oder heben sie ihn auf, so tritt Gütertrennung ein, falls sich nicht aus dem Ehevertrag etwas anderes ergibt. Das gleiche gilt, wenn der Ausgleich des Zugewinns oder der Versorgungsausgleich ausgeschlossen oder die Gütergemeinschaft aufgehoben wird.

3. Gütergemeinschaft

a) Allgemeine Vorschriften

§ 1415 [Vereinbarung durch Ehevertrag]

Vereinbaren die Ehegatten durch Ehevertrag Gütergemeinschaft, so gelten die nachstehenden Vorschriften.

§ 1416 [Gesamtgut]

(1) Das Vermögen des Mannes und das Vermögen der Frau werden durch die Gütergemeinschaft gemeinschaftliches Vermögen beider Ehegatten (Gesamtgut). Zu dem Gesamtgut gehört auch das Vermögen, das der Mann oder die Frau während der Gütergemeinschaft erwirbt.

(2) Die einzelnen Gegenstände werden gemeinschaftlich; sie brauchen nicht durch Rechtsgeschäft übertragen werden.

(3) Wird ein Recht gemeinschaftlich, das im Grundbuch eingetragen ist oder in das Grundbuch eingetragen werden kann, so kann jeder Ehegatte von dem anderen verlangen, daß er zur Berichtigung des Grundbuchs mitwirke. Entsprechendes gilt, wenn ein Recht gemeinschaftlich wird, das im Schiffsregister oder im Schiffsbauregister eingetragen ist.

§ 1417 [Sondergut]

(1) Vom Gesamtgut ist das Sondergut ausgeschlossen.

(2) Sondergut sind die Gegenstände, die nicht durch Rechtsgeschäft übertragen werden können.

(3) Jeder Ehegatte verwaltet sein Sondergut selbständig. Er verwaltet es für Rechnung des Gesamtgutes.

§ 1418 [Vorbehaltsgut]

(1) Vom Gesamtgut ist das Vorbehaltsgut ausgeschlossen.

(2) Vorbehaltsgut sind die Gegenstände,

1. die durch Ehevertrag zum Vorbehaltsgut eines Ehegatten erklärt sind;
2. die ein Ehegatte von Todes wegen erwirbt oder die ihm von einem Dritten unentgeltlich zugewendet werden, wenn der Erblasser durch letztwillige Verfügung, der Dritte bei der Zuwendung bestimmt hat, daß der Erwerb Vorbehaltsgut sein soll;
3. die ein Ehegatte auf Grund eines zu einem Vorbehaltsgut gehörenden Rechtes oder als Ersatz für die Zerstörung, Beschädigung oder Entziehung eines zum Vorbehaltsgut gehörenden Gegenstandes oder durch ein Rechtsgeschäft erwirbt, das sich auf das Vorbehaltsgut bezieht.

(3) Jeder Ehegatte verwaltet das Vorbehaltsgut selbständig. Er verwaltet es für eigene Rechnung.

(4) Gehören Vermögensgegenstände zum Vorbehaltsgut, so ist dies Dritten gegenüber nur nach Maßgabe des § 1412 wirksam.

§ 1419 [Gesamthänderische Bindung]

(1) Ein Ehegatte kann nicht über seinen Anteil am Gesamtgut und an den einzelnen Gegenständen verfügen, die zum Gesamtgut gehören; er ist nicht berechtigt, Teilung zu verlangen.

(2) Gegen eine Forderung, die zum Gesamtgut gehört, kann der Schuldner nur mit einer Forderung aufrechnen, deren Berichtigung er aus dem Gesamtgut verlangen kann.

§ 1420 [Reihenfolge der Verwendung zum Unterhalt]

Die Einkünfte, die in das Gesamtgut fallen, sind vor den Einkünften, die in das Vorbehaltsgut fallen, der Stamm des Gesamtgutes ist vor dem Stamm des Vorbehaltsgutes oder des Sondergutes für den Unterhalt der Familie zu verwenden.

§ 1421 [Verwaltung des Gesamtguts]

Die Ehegatten sollen in dem Ehevertrag, durch den sie die Gütergemeinschaft vereinbaren, bestimmen, ob das Gesamtgut von dem Mann oder der Frau oder von ihnen gemeinschaftlich verwaltet wird. Enthält der Ehevertrag keine Bestimmung hierüber, so verwalten die Ehegatten das Gesamtgut gemeinschaftlich.

b) Verwaltung des Gesamtgutes durch den Mann oder die Frau

§ 1422 [Rechte des verwaltenden Ehegatten]

Der Ehegatte, der das Gesamtgut verwaltet, ist insbesondere berechtigt, die zum Gesamtgut gehörenden Sachen in Besitz zu nehmen und über das Gesamtgut zu verfügen; er führt Rechtsstreitigkeiten, die sich auf das Gesamtgut beziehen, im eigenen Namen. Der andere Ehegatte wird durch die Verwaltungshandlungen nicht persönlich verpflichtet.

§ 1423 [Geschäfte über das Gesamtgut im ganzen]

Der Ehegatte, der das Gesamtgut verwaltet, kann sich nur mit Einwilligung des anderen Ehegatten verpflichten, über das Gesamtgut im ganzen zu verfügen. Hat er sich ohne Zustimmung des anderen Ehegatten verpflichtet, so kann er die Verpflichtung nur erfüllen, wenn der andere Ehegatte einwilligt.

§ 1424 [Geschäfte über Grundstücke und Schiffe]

Der Ehegatte, der das Gesamtgut verwaltet, kann nur mit Einwilligung des anderen Ehegatten über ein zum Gesamtgut gehörendes Grundstück verfügen; er kann sich zu einer solchen Verfügung auch nur mit Einwilligung seines Ehegatten verpflichten. Dasselbe gilt, wenn ein eingetragenes Schiff oder Schiffsbauwerk zum Gesamtgut gehört.

§ 1425 [Schenkungen]

(1) Der Ehegatte, der das Gesamtgut verwaltet, kann nur mit Einwilligung des anderen Ehegatten Gegenstände aus dem Gesamtgut verschenken; hat er ohne Zustimmung des anderen Ehegatten versprochen, Gegenstände aus dem Gesamtgut zu verschenken, so kann er dieses Versprechen nur erfüllen, wenn der andere Ehegatte einwilligt. Das gleiche gilt von einem Schenkungsversprechen, das sich nicht auf das Gesamtgut bezieht.

(2) Ausgenommen sind Schenkungen, durch die einer sittlichen Pflicht oder einer auf den Anstand zu nehmenden Rücksicht entsprochen wird.

§ 1426 [Gerichtliche Ersetzung der Zustimmung]
Ist ein Rechtsgeschäft, das nach den §§ 1423, 1424 nur mit Einwilligung des anderen Ehegatten vorgenommen werden kann, zur ordnungsmäßigen Verwaltung des Gesamtgutes erforderlich, so kann das Vormundschaftsgericht auf Antrag die Zustimmung des anderen Ehegatten ersetzen, wenn dieser sie ohne ausreichenden Grund verweigert oder durch Krankheit oder Abwesenheit an der Abgabe einer Erklärung verhindert und mit dem Aufschub Gefahr verbunden ist.

§ 1427 [Genehmigung von Rechtsgeschäften]
(1) Nimmt der Ehegatte, der das Gesamtgut verwaltet, ein Rechtsgeschäft ohne die erforderliche Einwilligung des anderen Ehegatten vor, so gelten die Vorschriften des § 1366 Abs. 1, 3, 4 und des § 1367 entsprechend.

(2) Einen Vertrag kann der Dritte bis zur Genehmigung widerrufen. Hat er gewußt, daß der Ehegatte in Gütergemeinschaft lebt, so kann er nur widerrufen, wenn dieser wahrheitswidrig behauptet hat, der andere Ehegatte habe eingewilligt; er kann auch in diesem Falle nicht widerrufen, wenn ihm beim Abschluß des Vertrages bekannt war, daß der andere Ehegatte nicht eingewilligt hatte.

§ 1428 [Verfügung ohne Zustimmung]
Verfügt der Ehegatte, der das Gesamtgut verwaltet, ohne die erforderliche Zustimmung des anderen Ehegatten über ein zum Gesamtgut gehörendes Recht, so kann dieser das Recht gegen Dritte gerichtlich geltend machen; der Ehegatte, der das Gesamtgut verwaltet, braucht hierzu nicht mitzuwirken.

§ 1429 [Verwaltungsrecht bei Verhinderung]
Ist der Ehegatte, der das Gesamtgut verwaltet, durch Krankheit oder durch Abwesenheit verhindert, ein Rechtsgeschäft vorzunehmen, das sich auf das Gesamtgut bezieht, so kann der andere Ehegatte das Rechtsgeschäft vornehmen, wenn mit dem Aufschub Gefahr verbunden ist; er kann hierbei im eigenen Namen oder im Namen des verwaltenden Ehegatten handeln. Das gleiche gilt für die Führung eines Rechtsstreits, der sich auf das Gesamtgut bezieht.

§ 1430 [Ersetzung der Zustimmung des Verwalters]
Verweigert der Ehegatte, der das Gesamtgut verwaltet, ohne ausreichenden Grund die Zustimmung zu einem Rechtsgeschäft, das der andere Ehegatte zur ordnungsmäßigen Besorgung seiner persönlichen Angelegenheiten vornehmen muß, aber ohne diese Zustimmung nicht mit Wirkung für das Gesamtgut vornehmen kann, so kann das Vormundschaftsgericht die Zustimmung auf Antrag ersetzen.

§ 1431 [Rechtsgeschäfte aus selbständigem Erwerbsgeschäft]
(1) Hat der Ehegatte, der das Gesamtgut verwaltet, darin eingewilligt, daß der andere Ehegatte selbständig ein Erwerbsgeschäft betreibt, so ist seine Zustimmung zu solchen Rechtsgeschäften und Rechtsstreitigkeiten nicht erforderlich, die der Geschäftsbetrieb mit sich bringt. Einseitige Rechtsgeschäfte, die sich auf das Erwerbsgeschäft beziehen, sind dem Ehegatten gegenüber vorzunehmen, der das Erwerbsgeschäft betreibt.

(2) Weiß der Ehegatte, der das Gesamtgut verwaltet, daß der andere Ehegatte ein Erwerbsgeschäft betreibt, und hat er hiergegen keinen Einspruch eingelegt, so steht dies einer Einwilligung gleich.

(3) Dritten gegenüber ist ein Einspruch und der Widerruf der Einwilligung nur nach Maßgabe des § 1412 wirksam.

§ 1432 [Zustimmungsfreie Rechtsgeschäfte]
(1) Ist dem Ehegatten, der das Gesamtgut nicht verwaltet, eine Erbschaft oder ein Vermächtnis angefallen, so ist nur er berechtigt, die Erbschaft oder das Vermächtnis anzunehmen oder auszuschlagen; die Zustimmung des anderen Ehegatten ist nicht erforderlich. Das gleiche gilt von dem Verzicht auf den Pflichtteil oder auf den Ausgleich eines Zugewinns sowie von der Ablehnung eines Vertragsantrags oder einer Schenkung.
(2) Der Ehegatte, der das Gesamtgut nicht verwaltet, kann ein Inventar über eine ihm angefallene Erbschaft ohne Zustimmung des anderen Ehegatten errichten.

§ 1433 [Fortsetzung eines Rechtsstreites]
Der Ehegatte, der das Gesamtgut nicht verwaltet, kann ohne Zustimmung des anderen Ehegatten einen Rechtsstreit fortsetzen, der beim Eintritt der Gütergemeinschaft anhängig war.

§ 1434 [Bereicherung des Gesamtguts]
Wird durch ein Rechtsgeschäft, das ein Ehegatte ohne die erforderliche Zustimmung des anderen Ehegatten vornimmt, das Gesamtgut bereichert, so ist die Bereicherung nach den Vorschriften über die ungerechtfertigte Bereicherung aus dem Gesamtgut herauszugeben.

§ 1435 [Pflichten des Verwalters]
Der Ehegatte hat das Gesamtgut ordnungsmäßig zu verwalten. Er hat den anderen Ehegatten über die Verwaltung zu unterrichten und ihm auf Verlangen über den Stand der Verwaltung Auskunft zu erteilen. Mindert sich das Gesamtgut, so muß er zu dem Gesamtgut Ersatz leisten, wenn er den Verlust verschuldet oder durch ein Rechtsgeschäft herbeigeführt hat, das er ohne die erforderliche Zustimmung des anderen Ehegatten vorgenommen hat.

§ 1436 [Verwalter unter Vormundschaft]
Steht der Ehegatte, der das Gesamtgut verwaltet, unter Vormundschaft oder fällt die Verwaltung des Gesamtguts in den Aufgabenkreis seines Betreuers, so hat ihn der Vormund oder Betreuer in den Rechten und Pflichten zu vertreten, die sich aus der Verwaltung des Gesamtgutes ergeben. Dies gilt auch dann, wenn der andere Ehegatte zum Vormund oder Betreuer bestellt ist.

§ 1437 [Gesamtgutsverbindlichkeiten – persönliche Haftung]
(1) Aus dem Gesamtgut können die Gläubiger des Ehegatten, der das Gesamtgut verwaltet, und, soweit sich aus den §§ 1438 bis 1440 nichts anderes ergibt, auch die Gläubiger des anderen Ehegatten Befriedigung verlangen (Gesamtgutsverbindlichkeiten).
(2) Der Ehegatte, der das Gesamtgut verwaltet, haftet für die Verbindlichkeiten des anderen Ehegatten, die Gesamtgutsverbindlichkeiten sind, auch persönlich als Gesamtschuldner. Die Haftung erlischt mit der Beendigung der Gütergemeinschaft, wenn die Verbindlichkeiten im Verhältnis der Ehegatten zueinander dem anderen Ehegatten zur Last fallen.

§ 1438 [Haftung des Gesamtguts]
(1) Das Gesamtgut haftet für eine Verbindlichkeit aus einem Rechtsgeschäft, das während der Gütergemeinschaft vorgenommen wird, nur dann, wenn der Ehegatte, der das Gesamtgut verwaltet, das Rechtsgeschäft vornimmt oder wenn er ihm zustimmt oder wenn das Rechtsgeschäft ohne seine Zustimmung für das Gesamtgut wirksam ist.
(2) Für die Kosten eines Rechtsstreits haftet das Gesamtgut auch dann, wenn das Urteil dem Gesamtgut gegenüber nicht wirksam ist.

§ 1439 [Keine Haftung bei Erbschaft]
Das Gesamtgut haftet nicht für Verbindlichkeiten, die durch den Erwerb einer Erbschaft entstehen, wenn der Ehegatte, der Erbe ist, das Gesamtgut nicht verwaltet und die Erbschaft

während der Gütergemeinschaft als Vorbehaltsgut oder als Sondergut erwirbt; das gleiche gilt beim Erwerb eines Vermächtnisses.

§ 1440 [Verbindlichkeit aus Vorbehalts- oder Sondergut]

Das Gesamtgut haftet nicht für eine Verbindlichkeit, die während der Gütergemeinschaft infolge eines zum Vorbehaltsgut oder Sondergut gehörenden Rechtes oder des Besitzes einer dazu gehörenden Sache in der Person des Ehegatten entsteht, der das Gesamtgut nicht verwaltet. Das Gesamtgut haftet jedoch, wenn das Recht oder die Sache zu einem Erwerbsgeschäft gehört, das der Ehegatte mit Einwilligung des anderen Ehegatten selbständig betreibt, oder wenn die Verbindlichkeit zu den Lasten des Sondergutes gehört, die aus den Einkünften beglichen zu werden pflegen.

§ 1441 [Ausgleich im Innenverhältnis]

Im Verhältnis der Ehegatten zueinander fallen folgende Gesamtgutsverbindlichkeiten dem Ehegatten zur Last, in dessen Person sie entstehen:

1. die Verbindlichkeiten aus einer unerlaubten Handlung, die er nach Eintritt der Gütergemeinschaft begeht, oder aus einem Strafverfahren, das wegen einer solchen Handlung gegen ihn gerichtet wird;
2. die Verbindlichkeiten aus einem sich auf sein Vorbehaltsgut oder sein Sondergut beziehenden Rechtsverhältnis, auch wenn sie vor Eintritt der Gütergemeinschaft oder vor der Zeit entstanden sind, zu der das Gut Vorbehaltsgut oder Sondergut geworden ist;
3. die Kosten eines Rechtsstreits über eine der in den Nummern 1 und 2 bezeichneten Verbindlichkeiten.

§ 1442 [Verbindlichkeiten des Sondergutes und eines Erwerbsgeschäftes]

Die Vorschriften des § 1441 Nr. 2, 3 gelten nicht, wenn die Verbindlichkeiten zu den Lasten des Sondergutes gehören, die aus den Einkünften beglichen zu werden pflegen. Die Vorschriften gelten auch dann nicht, wenn die Verbindlichkeiten durch den Betrieb eines für Rechnung des Gesamtgutes geführten Erwerbsgeschäfts oder infolge eines zu einem solchen Erwerbsgeschäft gehörenden Rechtes oder des Besitzes einer dazu gehörenden Sache entstehen.

§ 1443 [Prozeßkosten]

(1) Im Verhältnis der Ehegatten zueinander fallen die Kosten eines Rechtsstreits, den die Ehegatten miteinander führen, dem Ehegatten zur Last, der sie nach allgemeinen Vorschriften zu tragen hat.

(2) Führt der Ehegatte, der das Gesamtgut nicht verwaltet, einen Rechtsstreit mit einem Dritten, so fallen die Kosten des Rechtsstreits im Verhältnis der Ehegatten zueinander diesem Ehegatten zur Last. Die Kosten fallen jedoch dem Gesamtgut zur Last, wenn das Urteil dem Gesamtgut gegenüber wirksam ist oder wenn der Rechtsstreit eine persönliche Angelegenheit oder eine Gesamtgutsverbindlichkeit des Ehegatten betrifft und die Aufwendung der Kosten den Umständen nach geboten ist; § 1441 Nr. 3 und § 1442 bleiben unberührt.

§ 1444 [Ausstattung eines Kindes]

(1) Verspricht oder gewährt der Ehegatte, der das Gesamtgut verwaltet, einem gemeinschaftlichen Kind aus dem Gesamtgut eine Ausstattung, so fällt ihm im Verhältnis der Ehegatten zueinander die Ausstattung zur Last, soweit sie das Maß übersteigt, das dem Gesamtgut entspricht.

(2) Verspricht oder gewährt der Ehegatte, der das Gesamtgut verwaltet, einem nicht gemeinschaftlichen Kind eine Ausstattung aus dem Gesamtgut, so fällt sie im Verhältnis

der Ehegatten zueinander dem Vater oder der Mutter zur Last; für den Ehegatten, der das Gesamtgut nicht verwaltet, gilt dies jedoch nur insoweit, als er zustimmt oder die Ausstattung nicht das Maß übersteigt, das dem Gesamtgut entspricht.

§ 1445 [Ausgleich zwischen Vorbehalts-, Sonder- und Gesamtgut]

(1) Verwendet der Ehegatte, der das Gesamtgut verwaltet, Gesamtgut in sein Vorbehaltsgut oder in sein Sondergut, so hat er den Wert des Verwendeten zum Gesamtgut zu ersetzen.

(2) Verwendet er Vorbehaltsgut oder Sondergut in das Gesamtgut, so kann er Ersatz aus dem Gesamtgut verlangen.

§ 1446 [Fälligkeit der Ausgleichsforderungen]

(1) Was der Ehegatte, der das Gesamtgut verwaltet, zum Gesamtgut schuldet, braucht er erst nach der Beendigung der Gütergemeinschaft zu leisten; was er aus dem Gesamtgut zu fordern hat, kann er erst nach der Beendigung der Gütergemeinschaft fordern.

(2) Was der Ehegatte, der das Gesamtgut nicht verwaltet, zum Gesamtgut oder was er zum Vorbehaltsgut oder Sondergut des anderen Ehegatten schuldet, braucht er erst nach der Beendigung der Gütergemeinschaft zu leisten; er hat die Schuld jedoch schon vorher zu berichtigen, soweit sein Vorbehaltsgut und sein Sondergut hierzu ausreichen.

§ 1447 [Aufhebungsklage des nicht verwaltenden Ehegatten]

Der Ehegatte, der das Gesamtgut nicht verwaltet, kann auf Aufhebung der Gütergemeinschaft klagen,

1. wenn seine Rechte für die Zukunft dadurch erheblich gefährdet werden können, daß der andere Ehegatte zur Verwaltung des Gesamtgutes unfähig ist oder sein Recht, das Gesamtgut zu verwalten, mißbraucht;
2. wenn der andere Ehegatte seine Verpflichtung, zum Familienunterhalt beizutragen, verletzt hat und für die Zukunft eine erhebliche Gefährdung des Unterhalts zu besorgen ist;
3. wenn das Gesamtgut durch Verbindlichkeiten, die in der Person des anderen Ehegatten entstanden sind, in solchem Maße überschuldet ist, daß ein späterer Erwerb des Ehegatten, der das Gesamtgut nicht verwaltet, erheblich gefährdet wird;
4. wenn die Verwaltung des Gesamtguts in den Aufgabenkreis des Betreuers des anderen Ehegatten fällt.

§ 1448 [Aufhebungsklage des verwaltenden Ehegatten]

Der Ehegatte, der das Gesamtgut verwaltet, kann auf Aufhebung der Gütergemeinschaft klagen, wenn das Gesamtgut infolge von Verbindlichkeiten des anderen Ehegatten, die diesem im Verhältnis der Ehegatten zueinander zur Last fallen, in solchem Maße überschuldet ist, daß ein späterer Erwerb erheblich gefährdet wird.

§ 1449 [Wirkung der Aufhebung]

(1) Mit der Rechtskraft des Urteils ist die Gütergemeinschaft aufgehoben; für die Zukunft gilt Gütertrennung.

(2) Dritten gegenüber ist die Aufhebung der Gütergemeinschaft nur nach Maßgabe des § 1412 wirksam.

c) Gemeinschaftliche Verwaltung des Gesamtgutes durch die Ehegatten

§ 1450 [Gemeinschaftliche Verfügungsmacht und Prozeßführung]

(1) Wird das Gesamtgut von den Ehegatten gemeinschaftlich verwaltet, so sind die Ehegatten insbesondere nur gemeinschaftlich berechtigt, über das Gesamtgut zu verfügen

und Rechtsstreitigkeiten zu führen, die sich auf das Gesamtgut beziehen. Der Besitz an den zum Gesamtgut gehörenden Sachen gebührt den Ehegatten gemeinschaftlich.

(2) Ist eine Willenserklärung den Ehegatten gegenüber abzugeben, so genügt die Abgabe gegenüber einem Ehegatten.

§ 1451 [Mitwirkungspflicht]

Jeder Ehegatte ist dem anderen gegenüber verpflichtet, zu Maßregeln mitzuwirken, die zur ordnungsmäßigen Verwaltung des Gesamtgutes erforderlich sind.

§ 1452 [Ersetzung der Zustimmung]

(1) Ist zur ordnungsmäßigen Verwaltung des Gesamtgutes die Vornahme eines Rechtsgeschäfts oder die Führung eines Rechtsstreits erforderlich, so kann das Vormundschaftsgericht auf Antrag eines Ehegatten die Zustimmung des anderen Ehegatten ersetzen, wenn dieser sie ohne ausreichenden Grund verweigert.

(2) Die Vorschrift des Absatzes 1 gilt auch, wenn zur ordnungsmäßigen Besorgung der persönlichen Angelegenheiten eines Ehegatten ein Rechtsgeschäft erforderlich ist, das der Ehegatte mit Wirkung für das Gesamtgut nicht ohne Zustimmung des anderen Ehegatten vornehmen kann.

§ 1453 [Verfügung ohne Einwilligung]

(1) Verfügt ein Ehegatte ohne die erforderliche Einwilligung des anderen Ehegatten über das Gesamtgut, so gelten die Vorschriften des § 1366 Abs. 1, 3, 4 und des § 1367 entsprechend.

(2) Einen Vertrag kann der Dritte bis zur Genehmigung widerrufen. Hat er gewußt, daß der Ehegatte in Gütergemeinschaft lebt, so kann er nur widerrufen, wenn dieser wahrheitswidrig behauptet hat, der andere Ehegatte habe eingewilligt; er kann auch in diesem Falle nicht widerrufen, wenn ihm beim Abschluß des Vertrages bekannt war, daß der andere Ehegatte nicht eingewilligt hatte.

§ 1454 [Verwaltungsrecht bei Verhinderung]

Ist ein Ehegatte durch Krankheit oder Abwesenheit verhindert, bei einem Rechtsgeschäft mitzuwirken, das sich auf das Gesamtgut bezieht, so kann der andere Ehegatte das Rechtsgeschäft vornehmen, wenn mit dem Aufschub Gefahr verbunden ist; er kann hierbei im eigenen Namen oder im Namen beider Ehegatten handeln. Das gleiche gilt für die Führung eines Rechtsstreits, der sich auf das Gesamtgut bezieht.

§ 1455 [Verwaltungshandlungen ohne Mitwirkung des Ehegatten]

Jeder Ehegatte kann ohne Mitwirkung des anderen Ehegatten

1. eine ihm angefallene Erbschaft oder ein ihm angefallenes Vermächtnis annehmen oder ausschlagen;
2. auf seinen Pflichtteil oder auf den Ausgleich eines Zugewinns verzichten;
3. ein Inventar über eine ihm oder dem anderen Ehegatten angefallene Erbschaft errichten, es sei denn, daß die dem anderen Ehegatten angefallene Erbschaft zu dessen Vorbehaltsgut oder Sondergut gehört;
4. einen ihm gemachten Vertragsantrag oder eine ihm gemachte Schenkung ablehnen;
5. ein sich auf das Gesamtgut beziehendes Rechtsgeschäft gegenüber dem anderen Ehegatten vornehmen;
6. ein zum Gesamtgut gehörendes Recht gegen den anderen Ehegatten gerichtlich geltend machen;
7. einen Rechtsstreit fortsetzen, der beim Eintritt der Gütergemeinschaft anhängig war;

8. ein zum Gesamtgut gehörendes Recht gegen einen Dritten gerichtlich geltend machen, wenn der andere Ehegatte ohne die erforderliche Zustimmung über das Recht verfügt hat;
9. ein Widerspruchsrecht gegenüber einer Zwangsvollstreckung in das Gesamtgut gerichtlich geltend machen;
10. die zur Erhaltung des Gesamtgutes notwendigen Maßnahmen treffen, wenn mit dem Aufschub Gefahr verbunden ist.

§ 1456 [Selbständiges Erwerbsgeschäft]

(1) Hat ein Ehegatte darin eingewilligt, daß der andere Ehegatte selbständig ein Erwerbsgeschäft betreibt, so ist seine Zustimmung zu solchen Rechtsgeschäften und Rechtsstreitigkeiten nicht erforderlich, die der Geschäftsbetrieb mit sich bringt. Einseitige Rechtsgeschäfte, die sich auf das Erwerbsgeschäft beziehen, sind dem Ehegatten gegenüber vorzunehmen, der das Erwerbsgeschäft betreibt.

(2) Weiß ein Ehegatte, daß der andere ein Erwerbsgeschäft betreibt, und hat er hiergegen keinen Einspruch eingelegt, so steht dies einer Einwilligung gleich.

(3) Dritten gegenüber ist ein Einspruch und der Widerruf der Einwilligung nur nach Maßgabe des § 1412 wirksam.

§ 1457 [Bereicherung des Gesamtgutes]

Wird durch ein Rechtsgeschäft, das ein Ehegatte ohne die erforderliche Zustimmung des anderen Ehegatten vornimmt, das Gesamtgut bereichert, so ist die Bereicherung nach den Vorschriften über die ungerechtfertigte Bereicherung aus dem Gesamtgut herauszugeben.

§ 1458 [Vormundschaft über einen Ehegatten]

Solange ein Ehegatte unter elterlicher Sorge oder unter Vormundschaft steht, verwaltet der andere Ehegatte das Gesamtgut allein; die Vorschriften der §§ 1422 bis 1449 sind anzuwenden.

§ 1459 [Gesamtgutsverbindlichkeiten – Persönliche Haftung]

(1) Die Gläubiger des Mannes und die Gläubiger der Frau können, soweit sich aus den §§ 1460 bis 1462 nichts anderes ergibt, aus dem Gesamtgut Befriedigung verlangen (Gesamtgutsverbindlichkeiten).

(2) Für die Gesamtgutsverbindlichkeiten haften die Ehegatten auch persönlich als Gesamtschuldner. Fallen die Verbindlichkeiten im Verhältnis der Ehegatten zueinander einem der Ehegatten zur Last, so erlischt die Verbindlichkeit des anderen Ehegatten mit der Beendigung der Gütergemeinschaft.

§ 1460 [Haftung des Gesamtguts]

(1) Das Gesamtgut haftet für eine Verbindlichkeit aus einem Rechtsgeschäft, das ein Ehegatte während der Gütergemeinschaft vornimmt, nur dann, wenn der andere Ehegatte dem Rechtsgeschäft zustimmt oder wenn das Rechtsgeschäft ohne seine Zustimmung für das Gesamtgut wirksam ist.

(2) Für die Kosten eines Rechtsstreits haftet das Gesamtgut auch dann, wenn das Urteil dem Gesamtgut gegenüber nicht wirksam ist.

§ 1461 [Erbschaft]

Das Gesamtgut haftet nicht für Verbindlichkeiten eines Ehegatten, die durch den Erwerb einer Erbschaft oder eines Vermächtnisses entstehen, wenn der Ehegatte die Erbschaft oder das Vermächtnis während der Gütergemeinschaft als Vorbehaltsgut oder als Sondergut erwirbt.

§ 1462 [Verbindlichkeit aus Vorbehalts- oder Sondergut]

Das Gesamtgut haftet nicht für eine Verbindlichkeit eines Ehegatten, die während der Gütergemeinschaft infolge eines zum Vorbehaltsgut oder zum Sondergut gehörenden Rechtes oder des Besitzes einer dazu gehörenden Sache entsteht. Das Gesamtgut haftet jedoch, wenn das Recht oder die Sache zu einem Erwerbsgeschäft gehört, das ein Ehegatte mit Einwilligung des anderen Ehegatten selbständig betreibt, oder wenn die Verbindlichkeit zu den Lasten des Sondergutes gehört, die aus den Einkünften beglichen zu werden pflegen.

§ 1463 [Ausgleich im Innenverhältnis]

Im Verhältnis der Ehegatten zueinander fallen folgende Gesamtgutsverbindlichkeiten dem Ehegatten zur Last, in dessen Person sie entstehen:

1. die Verbindlichkeiten aus einer unerlaubten Handlung, die er nach Eintritt der Gütergemeinschaft begeht, oder aus einem Strafverfahren, das wegen einer solchen Handlung gegen ihn gerichtet wird;
2. die Verbindlichkeiten aus einem sich auf sein Vorbehaltsgut oder sein Sondergut beziehenden Rechtsverhältnis, auch wenn sie vor Eintritt der Gütergemeinschaft oder vor der Zeit entstanden sind, zu der das Gut Vorbehaltsgut oder Sondergut geworden ist;
3. die Kosten eines Rechtsstreits über eine der in den Nummern 1 und 2 bezeichneten Verbindlichkeiten.

§ 1464 [Verbindlichkeiten des Sonderguts und eines Erwerbsgeschäfts]

Die Vorschriften des § 1463 Nr. 2, 3 gelten nicht, wenn die Verbindlichkeiten zu den Lasten des Sondergutes gehören, die aus den Einkünften beglichen zu werden pflegen. Die Vorschriften gelten auch dann nicht, wenn die Verbindlichkeiten durch den Betrieb eines für Rechnung des Gesamtgutes geführten Erwerbsgeschäfts oder infolge eines zu einem solchen Erwerbsgeschäft gehörenden Rechtes oder des Besitzes einer dazu gehörenden Sache entstehen.

§ 1465 [Prozeßkosten]

(1) Im Verhältnis der Ehegatten zueinander fallen die Kosten eines Rechtsstreits, den die Ehegatten miteinander führen, dem Ehegatten zur Last, der sie nach allgemeinen Vorschriften zu tragen hat.

(2) Führt ein Ehegatte einen Rechtsstreit mit einem Dritten, so fallen die Kosten des Rechtsstreits im Verhältnis der Ehegatten zueinander dem Ehegatten zur Last, der den Rechtsstreit führt. Die Kosten fallen jedoch dem Gesamtgut zur Last, wenn das Urteil dem Gesamtgut gegenüber wirksam ist oder wenn der Rechtsstreit eine persönliche Angelegenheit oder eine Gesamtgutsverbindlichkeit des Ehegatten betrifft und die Aufwendung der Kosten den Umständen nach geboten ist; § 1463 Nr. 3 und § 1464 bleiben unberührt.

§ 1466 [Ausstattung nicht gemeinschaftlicher Kinder]

Im Verhältnis der Ehegatten zueinander fallen die Kosten der Ausstattung eines nicht gemeinschaftlichen Kindes dem Vater oder der Mutter des Kindes zur Last.

§ 1467 [Ausgleich zwischen Vorbehalts-, Sonder- und Gesamtgut]

(1) Verwendet ein Ehegatte Gesamtgut in sein Vorbehaltsgut oder in sein Sondergut, so hat er den Wert des Verwendeten zum Gesamtgut zu ersetzen.

(2) Verwendet ein Ehegatte Vorbehaltsgut oder Sondergut in das Gesamtgut, so kann er Ersatz aus dem Gesamtgut verlangen.

§ 1468 [Fälligkeit der Ausgleichsforderungen]

Was ein Ehegatte zum Gesamtgut oder was er zum Vorbehaltsgut oder Sondergut des anderen Ehegatten schuldet, braucht er erst nach Beendigung der Gütergemeinschaft zu leisten; soweit jedoch das Vorbehaltsgut und das Sondergut des Schuldners ausreichen, hat er die Schuld schon vorher zu berichtigen.

§ 1469 [Aufhebungsklage]

Jeder Ehegatte kann auf Aufhebung der Gütergemeinschaft klagen,

1. wenn seine Rechte für die Zukunft dadurch erheblich gefährdet werden können, daß der andere Ehegatte ohne seine Mitwirkung Verwaltungshandlungen vornimmt, die nur gemeinschaftlich vorgenommen werden dürfen;
2. wenn der andere Ehegatte sich ohne ausreichenden Grund beharrlich weigert, zur ordnungsmäßigen Verwaltung des Gesamtgutes mitzuwirken;
3. wenn der andere Ehegatte seine Verpflichtung, zum Familienunterhalt beizutragen, verletzt hat und für die Zukunft eine erhebliche Gefährdung des Unterhalts zu besorgen ist;
4. wenn das Gesamtgut durch Verbindlichkeiten, die in der Person des anderen Ehegatten entstanden sind und diesem im Verhältnis der Ehegatten zueinander zur Last fallen, in solchem Maße überschuldet ist, daß sein späterer Erwerb erheblich gefährdet wird;
5. wenn die Wahrnehmung eines Rechts des anderen Ehegatten, das sich aus der Gütergemeinschaft ergibt, vom Aufgabenkreis eines Betreuers erfaßt wird.

§ 1470 [Wirkung des Aufhebungsurteils]

(1) Mit der Rechtskraft des Urteils ist die Gütergemeinschaft aufgehoben; für die Zukunft gilt Gütertrennung.

(2) Dritten gegenüber ist die Aufhebung der Gütergemeinschaft nur nach Maßgabe des § 1412 wirksam.

d) Auseinandersetzung des Gesamtgutes

§ 1471 [Auseinandersetzung]

(1) Nach der Beendigung der Gütergemeinschaft setzen sich die Ehegatten über das Gesamtgut auseinander.

(2) Bis zur Auseinandersetzung gelten für das Gesamtgut die Vorschriften des § 1419.

§ 1472 [Gemeinschaftliche Verwaltung des Gesamtguts]

(1) Bis zur Auseinandersetzung verwalten die Ehegatten das Gesamtgut gemeinschaftlich.

(2) Jeder Ehegatte darf das Gesamtgut in derselben Weise wie vor der Beendigung der Gütergemeinschaft verwalten, bis er von der Beendigung Kenntnis erlangt oder sie kennen muß. Ein Dritter kann sich hierauf nicht berufen, wenn er bei der Vornahme eines Rechtsgeschäfts weiß oder wissen muß, daß die Gütergemeinschaft beendet ist.

(3) Jeder Ehegatte ist dem anderen gegenüber verpflichtet, zu Maßregeln mitzuwirken, die zur ordnungsmäßigen Verwaltung des Gesamtgutes erforderlich sind; die zur Erhaltung notwendigen Maßregeln kann jeder Ehegatte allein treffen.

(4) Endet die Gütergemeinschaft durch den Tod eines Ehegatten, so hat der überlebende Ehegatte die Geschäfte, die zur ordnungsmäßigen Verwaltung erforderlich sind und nicht ohne Gefahr aufgeschoben werden können, so lange zu führen, bis der Erbe anderweit Fürsorge treffen kann. Diese Verpflichtung besteht nicht, wenn der verstorbene Ehegatte das Gesamtgut allein verwaltet hat.

§ 1473 [Surrogation]

(1) Was auf Grund eines zum Gesamtgut gehörenden Rechtes oder als Ersatz für die Zerstörung, Beschädigung oder Entziehung eines zum Gesamtgut gehörenden Gegenstandes oder durch ein Rechtsgeschäft erworben wird, das sich auf das Gesamtgut bezieht, wird Gesamtgut.

(2) Gehört eine Forderung, die durch Rechtsgeschäft erworben ist, zum Gesamtgut, so braucht der Schuldner dies erst dann gegen sich gelten zu lassen, wenn er erfährt, daß die Forderung zum Gesamtgut gehört; die Vorschriften der §§ 406 bis 408 sind entsprechend anzuwenden.

§ 1474 [Durchführung der Auseinandersetzung]

Die Ehegatten setzen sich, soweit sie nichts anderes vereinbaren, nach den §§ 1475 bis 1481 auseinander.

§ 1475 [Berichtigung der Gesamtgutsverbindlichkeiten]

(1) Die Ehegatten haben zunächst die Gesamtgutsverbindlichkeiten zu berichtigen. Ist eine Verbindlichkeit noch nicht fällig oder ist sie streitig, so müssen die Ehegatten zurückbehalten, was zur Berichtigung dieser Verbindlichkeit erforderlich ist.

(2) Fällt eine Gesamtgutsverbindlichkeit im Verhältnis der Ehegatten zueinander einem der Ehegatten allein zur Last, so kann dieser nicht verlangen, daß die Verbindlichkeit aus dem Gesamtgut berichtigt wird.

(3) Das Gesamtgut ist in Geld umzusetzen, soweit dies erforderlich ist, um die Gesamtgutsverbindlichkeiten zu berichtigen.

§ 1476 [Teilung des Überschusses – Ersatzleistung]

(1) Der Überschuß, der nach der Berichtigung der Gesamtgutsverbindlichkeiten verbleibt, gebührt den Ehegatten zu gleichen Teilen.

(2) Was einer der Ehegatten zum Gesamtgut zu ersetzen hat, muß er sich auf seinen Teil anrechnen lassen. Soweit er den Ersatz nicht auf diese Weise leistet, bleibt er dem anderen Ehegatten verpflichtet.

§ 1477 [Durchführung der Teilung]

(1) Der Überschuß wird nach den Vorschriften über die Gemeinschaft geteilt.

(2) Jeder Ehegatte kann gegen Ersatz des Wertes die Sachen übernehmen, die ausschließlich zu seinem persönlichen Gebrauch bestimmt sind, insbesondere Kleider, Schmucksachen und Arbeitsgeräte. Das gleiche gilt für die Gegenstände, die ein Ehegatte in die Gütergemeinschaft eingebracht oder während der Gütergemeinschaft durch Erbfolge, durch Vermächtnis oder mit Rücksicht auf ein künftiges Erbrecht, durch Schenkung oder als Ausstattung erworben hat.

§ 1478 [Auseinandersetzung nach Ehescheidung]

(1)[1] Ist die Ehe geschieden, bevor die Auseinandersetzung beendet ist, so ist auf Verlangen eines Ehegatten jedem von ihnen der Wert dessen zurückzuerstatten, was er in die Gütergemeinschaft eingebracht hat; reicht hierzu der Wert des Gesamtgutes nicht aus, so ist der Fehlbetrag von den Ehegatten nach dem Verhältnis des Wertes des von ihnen Eingebrachten zu tragen.

(2) Als eingebracht sind anzusehen

1. die Gegenstände, die einem Ehegatten beim Eintritt der Gütergemeinschaft gehört haben;
2. die Gegenstände, die ein Ehegatte von Todes wegen oder mit Rücksicht auf ein künftiges Erbrecht, durch Schenkung oder als Ausstattung erworben hat, es sei denn, daß der Erwerb den Umständen nach zu den Einkünften zu rechnen war;

---

1) Gemäß Artikel 12 Nr. 4 des Ersten Gesetzes zur Reform des Ehe- und Familienrechts vom 14. 6. 1976 (BGBl. I S. 1421) auf Ehen, die nach den bisher geltenden Vorschriften geschieden worden sind, nicht anzuwenden.

3. die Rechte, die mit dem Tod eines Ehegatten erlöschen oder deren Erwerb durch den Tod eines Ehegatten bedingt ist.

(3) Der Wert des Eingebrachten bestimmt sich nach der Zeit der Einbringung.

(4) (aufgehoben)

§ 1479 [Auseinandersetzung nach Aufhebungsurteil]

Wird die Gütergemeinschaft auf Grund der §§ 1447, 1448 oder des § 1469 durch Urteil aufgehoben, so kann der Ehegatte, der das Urteil erwirkt hat, verlangen, daß die Auseinandersetzung so erfolgt, wie wenn der Anspruch auf Auseinandersetzung in dem Zeitpunkt rechtshängig geworden wäre, in dem die Klage auf Aufhebung der Gütergemeinschaft erhoben ist.

§ 1480 [Haftung nach der Teilung gegenüber Dritten]

Wird das Gesamtgut geteilt, bevor eine Gesamtgutsverbindlichkeit berichtigt ist, so haftet dem Gläubiger auch der Ehegatte persönlich als Gesamtschuldner, für den zur Zeit der Teilung eine solche Haftung nicht besteht. Seine Haftung beschränkt sich auf die ihm zugeteilten Gegenstände; die für die Haftung des Erben geltenden Vorschriften der §§ 1990, 1991 sind entsprechend anzuwenden.

§ 1481 [Innenverhältnis]

(1) Wird das Gesamtgut geteilt, bevor eine Gesamtgutsverbindlichkeit berichtigt ist, die im Verhältnis der Ehegatten zueinander dem Gesamtgut zur Last fällt, so hat der Ehegatte, der das Gesamtgut während der Gütergemeinschaft allein verwaltet hat, dem anderen Ehegatten dafür einzustehen, daß dieser weder über die Hälfte der Verbindlichkeit noch über das aus dem Gesamtgut Erlangte hinaus in Anspruch genommen wird.

(2) Haben die Ehegatten das Gesamtgut während der Gütergemeinschaft gemeinschaftlich verwaltet, so hat jeder Ehegatte dem anderen dafür einzustehen, daß dieser von dem Gläubiger nicht über die Hälfte der Verbindlichkeit hinaus in Anspruch genommen wird.

(3) Fällt die Verbindlichkeit im Verhältnis der Ehegatten zueinander einem der Ehegatten zur Last, so hat dieser dem anderen dafür einzustehen, daß der andere Ehegatte von dem Gläubiger nicht in Anspruch genommen wird.

§ 1482 [Eheauflösung durch Tod]

Wird die Ehe durch den Tod eines Ehegatten aufgelöst, so gehört der Anteil des verstorbenen Ehegatten am Gesamtgut zum Nachlaß. Der verstorbene Ehegatte wird nach den allgemeinen Vorschriften beerbt.

e) Fortgesetzte Gütergemeinschaft

§ 1483 [Vereinbarung durch Ehevertrag]

(1) Die Ehegatten können durch Ehevertrag vereinbaren, daß die Gütergemeinschaft nach dem Tode eines Ehegatten zwischen dem überlebenden Ehegatten und den gemeinschaftlichen Abkömmlingen fortgesetzt wird. Treffen die Ehegatten eine solche Vereinbarung, so wird die Gütergemeinschaft mit den gemeinschaftlichen Abkömmlingen fortgesetzt, die bei gesetzlicher Erbfolge als Erben berufen sind. Der Anteil des verstorbenen Ehegatten am Gesamtgut gehört nicht zum Nachlaß; im übrigen wird der Ehegatte nach den allgemeinen Vorschriften beerbt.

(2) Sind neben den gemeinschaftlichen Abkömmlingen andere Abkömmlinge vorhanden, so bestimmen sich ihr Erbrecht und ihre Erbteile so, wie wenn fortgesetzte Gütergemeinschaft nicht eingetreten wäre.

§ 1484 [Ablehnung der Fortsetzung]

(1) Der überlebende Ehegatte kann die Fortsetzung der Gütergemeinschaft ablehnen.

(2) Auf die Ablehnung finden die für die Ausschlagung einer Erbschaft geltenden Vorschriften der §§ 1943 bis 1947, 1950, 1952, 1954 bis 1957, 1959 entsprechende Anwendung. Steht der überlebende Ehegatte unter elterlicher Sorge oder unter Vormundschaft, so ist zur Ablehnung die Genehmigung des Vormundschaftsgerichts erforderlich. Dies gilt auch für die Ablehnung durch den Betreuer des überlebenden Ehegatten.
(3) Lehnt der Ehegatte die Fortsetzung der Gütergemeinschaft ab, so gilt das gleiche wie im Falle des § 1482.

§ 1485 [Gesamtgut]

(1) Das Gesamtgut der fortgesetzten Gütergemeinschaft besteht aus dem ehelichen Gesamtgut, soweit es nicht nach § 1483 Abs. 2 einem nicht anteilsberechtigten Abkömmlinge zufällt, und aus dem Vermögen, das der überlebende Ehegatte aus dem Nachlasse des verstorbenen Ehegatten oder nach dem Eintritte der fortgesetzten Gütergemeinschaft erwirbt.
(2) Das Vermögen, das ein gemeinschaftlicher Abkömmling zur Zeit der Eintritts der fortgesetzten Gütergemeinschaft hat oder später erwirbt, gehört nicht zu dem Gesamtgute.
(3) Auf das Gesamtgut finden die für die eheliche Gütergemeinschaft geltenden Vorschriften des § 1416 Abs. 2, 3 entsprechende Anwendung.

§ 1486 [Vorbehaltsgut und Sondergut des überlebenden Ehegatten]

(1) Vorbehaltsgut des überlebenden Ehegatten ist, was er bisher als Vorbehaltsgut gehabt hat oder was er nach § 1418 Abs. 2 Nr. 2, 3 als Vorbehaltsgut erwirbt.
(2) Sondergut des überlebenden Ehegatten ist, was er bisher als Sondergut gehabt hat oder was er als Sondergut erwirbt.

§ 1487 [Rechtsstellung des Ehegatten und der Abkömmlinge]

(1) Die Rechte und Verbindlichkeiten des überlebenden Ehegatten sowie der anteilsberechtigten Abkömmlinge in Ansehung des Gesamtgutes der fortgesetzten Gütergemeinschaft bestimmen sich nach den für die eheliche Gütergemeinschaft geltenden Vorschriften der §§ 1419, 1422 bis 1428, 1434, des § 1435 Satz 1, 3 und der §§ 1436, 1445; der überlebende Ehegatte hat die rechtliche Stellung des Ehegatten, der das Gesamtgut allein verwaltet, die anteilsberechtigten Abkömmlinge haben die rechtliche Stellung des anderen Ehegatten.
(2) Was der überlebende Ehegatte zu dem Gesamtgut schuldet oder aus dem Gesamtgut zu fordern hat, ist erst nach der Beendigung der fortgesetzten Gütergemeinschaft zu leisten.

§ 1488 [Gesamtgutsverbindlichkeiten]

Gesamtgutsverbindlichkeiten der fortgesetzten Gütergemeinschaft sind die Verbindlichkeiten des überlebenden Ehegatten sowie solche Verbindlichkeiten des verstorbenen Ehegatten, die Gesamtgutsverbindlichkeiten der ehelichen Gütergemeinschaft waren.

§ 1489 [Persönliche Haftung des überlebenden Ehegatten]

(1) Für die Gesamtgutsverbindlichkeiten der fortgesetzten Gütergemeinschaft haftet der überlebende Ehegatte persönlich.
(2) Soweit die persönliche Haftung den überlebenden Ehegatten nur infolge des Eintritts der fortgesetzten Gütergemeinschaft trifft, finden die für die Haftung des Erben für die Nachlaßverbindlichkeiten geltenden Vorschriften entsprechende Anwendung; an die Stelle des Nachlasses tritt das Gesamtgut in dem Bestande, den es zur Zeit des Eintritts der fortgesetzten Gütergemeinschaft hat.

(3) Eine persönliche Haftung der anteilsberechtigten Abkömmlinge für die Verbindlichkeiten des verstorbenen oder des überlebenden Ehegatten wird durch die fortgesetzte Gütergemeinschaft nicht begründet.

§ 1490 [Tod eines anteilsberechtigten Abkömmlings]

Stirbt ein anteilsberechtigter Abkömmling, so gehört sein Anteil an dem Gesamtgute nicht zu seinem Nachlasse. Hinterläßt er Abkömmlinge, die anteilsberechtigt sein würden, wenn er den verstorbenen Ehegatten nicht überlebt hätte, so treten die Abkömmlinge an seine Stelle. Hinterläßt er solche Abkömmlinge nicht, so wächst sein Anteil den übrigen anteilsberechtigten Abkömmlingen und, wenn solche nicht vorhanden sind, dem überlebenden Ehegatten an.

§ 1491 [Verzicht eines anteilsberechtigten Abkömmlings]

(1) Ein anteilsberechtigter Abkömmling kann auf seinen Anteil an dem Gesamtgute verzichten. Der Verzicht erfolgt durch Erklärung gegenüber dem für den Nachlaß des verstorbenen Ehegatten zuständigen Gerichte; die Erklärung ist in öffentlich beglaubigter Form abzugeben. Das Nachlaßgericht soll die Erklärung dem überlebenden Ehegatten und den übrigen anteilsberechtigten Abkömmlingen mitteilen.

(2) Der Verzicht kann auch durch Vertrag mit dem überlebenden Ehegatten und den übrigen anteilsberechtigten Abkömmlingen erfolgen. Der Vertrag bedarf der notariellen Beurkundung.

(3) Steht der Abkömmling unter elterlicher Sorge oder unter Vormundschaft, so ist zu dem Verzichte die Genehmigung des Vormundschaftsgerichts erforderlich. Dies gilt auch für den Verzicht durch den Betreuer des Abkömmlings.

(4) Der Verzicht hat die gleichen Wirkungen, wie wenn der Verzichtende zur Zeit des Verzichts ohne Hinterlassung von Abkömmlingen gestorben wäre.

§ 1492 [Aufhebung durch den überlebenden Ehegatten]

(1) Der überlebende Ehegatte kann die fortgesetzte Gütergemeinschaft jederzeit aufheben. Die Aufhebung erfolgt durch Erklärung gegenüber dem für den Nachlaß des verstorbenen Ehegatten zuständigen Gerichte; die Erklärung ist in öffentlich beglaubigter Form abzugeben. Das Nachlaßgericht soll die Erklärung den anteilsberechtigten Abkömmlingen und, wenn der überlebende Ehegatte gesetzlicher Vertreter eines der Abkömmlinge ist, dem Vormundschaftsgerichte mitteilen.

(2) Die Aufhebung kann auch durch Vertrag zwischen dem überlebenden Ehegatten und den anteilsberechtigten Abkömmlingen erfolgen. Der Vertrag bedarf der notariellen Beurkundung.

(3) Steht der überlebende Ehegatte unter elterlicher Sorge oder unter Vormundschaft, so ist zu der Aufhebung die Genehmigung des Vormundschaftsgerichts erforderlich. Dies gilt auch für die Aufhebung durch den Betreuer des überlebenden Ehegatten.

§ 1493 [Wiederverheiratung des überlebenden Ehegatten]

(1) Die fortgesetzte Gütergemeinschaft endigt mit der Wiederverheiratung des überlebenden Ehegatten.

(2) Der überlebende Ehegatte hat, wenn ein anteilsberechtigter Abkömmling minderjährig ist, die Absicht der Wiederverheiratung dem Vormundschaftsgericht anzuzeigen, ein Verzeichnis des Gesamtguts einzureichen, die Gütergemeinschaft aufzuheben und die Auseinandersetzung herbeizuführen. Dies gilt auch, wenn die Sorge für das Vermögen eines anteilsberechtigten Abkömmlings zum Aufgabenkreis eines Betreuers gehört. Das Vormundschaftsgericht kann gestatten, daß die Aufhebung der Gütergemeinschaft bis zur Eheschließung unterbleibt und daß die Auseinandersetzung erst später erfolgt.

§ 1494 [Tod des überlebenden Ehegatten]

(1) Die fortgesetzte Gütergemeinschaft endet mit dem Tode des überlebenden Ehegatten.

(2) Wird der überlebende Ehegatte für tot erklärt oder wird seine Todeszeit nach den Vorschriften des Verschollenheitsgesetzes festgestellt, so endet die fortgesetzte Gütergemeinschaft mit dem Zeitpunkt, der als Zeitpunkt des Todes gilt.

§ 1495 [Aufhebungsklage eines Abkömmlings]

Ein anteilsberechtigter Abkömmling kann gegen den überlebenden Ehegatten auf Aufhebung der fortgesetzten Gütergemeinschaft klagen,

1. wenn seine Rechte für die Zukunft dadurch erheblich gefährdet werden können, daß der überlebende Ehegatte zur Verwaltung des Gesamtgutes unfähig ist oder sein Recht, das Gesamtgut zu verwalten, mißbraucht;
2. wenn der überlebende Ehegatte seine Verpflichtung, dem Abkömmling Unterhalt zu gewähren, verletzt hat und für die Zukunft eine erhebliche Gefährdung des Unterhalts zu besorgen ist;
3. wenn die Verwaltung des Gesamtguts in den Aufgabenkreis des Betreuers des überlebenden Ehegatten fällt;
4. wenn der überlebende Ehegatte die elterliche Sorge über den Abkömmling verwirkt hat oder, falls sie ihm zugestanden hätte, verwirkt haben würde.

§ 1496 [Wirkung des Aufhebungsurteils]

Die Aufhebung der fortgesetzten Gütergemeinschaft tritt in den Fällen des § 1495 mit der Rechtskraft des Urteils ein. Sie tritt für alle Abkömmlinge ein, auch wenn das Urteil auf die Klage eines der Abkömmlinge ergangen ist.

§ 1497 [Auseinandersetzung]

(1) Nach der Beendigung der fortgesetzten Gütergemeinschaft setzen sich der überlebende Ehegatte und die Abkömmlinge über das Gesamtgut auseinander.

(2) Bis zur Auseinandersetzung bestimmt sich ihr Rechtsverhältnis am Gesamtgut nach den §§ 1419, 1472, 1473.

§ 1498 [Durchführung der Auseinandersetzung]

Auf die Auseinandersetzung sind die Vorschriften der §§ 1475, 1476, des § 1477 Abs. 1, der §§ 1479, 1480 und des § 1481 Abs. 1, 3 anzuwenden; an die Stelle des Ehegatten, der das Gesamtgut allein verwaltet hat, tritt der überlebende Ehegatte, an die Stelle des anderen Ehegatten treten die anteilsberechtigten Abkömmlinge. Die in § 1476 Abs. 2 Satz 2 bezeichnete Verpflichtung besteht nur für den überlebenden Ehegatten.

§ 1499 [Verbindlichkeiten zu Lasten des überlebenden Ehegatten]

Bei der Auseinandersetzung fallen dem überlebenden Ehegatten zur Last:

1. die ihm bei dem Eintritte der fortgesetzten Gütergemeinschaft obliegenden Gesamtgutsverbindlichkeiten, für die das eheliche Gesamtgut nicht haftete oder die im Verhältnisse der Ehegatten zueinander ihm zur Last fielen;
2. die nach dem Eintritte der fortgesetzten Gütergemeinschaft entstandenen Gesamtgutsverbindlichkeiten, die, wenn sie während ter ehelichen Gütergemeinschaft in seiner Person entstanden wären, im Verhäl nisse der Ehegatten zueinander ihm zur Last gefallen sein würden;
3. eine Ausstattung, die er einem anteilsberechtigten Abkömmling über das dem Gesamtgut entsprechende Maß hinaus oder die er einem nicht anteilsberechtigten Abkömmlinge versprochen oder gewährt hat.

§ 1500 [Verbindlichkeiten zu Lasten der Abkömmlinge]

(1) Die anteilsberechtigten Abkömmlinge müssen sich Verbindlichkeiten des verstorbenen Ehegatten, die diesem im Verhältnisse der Ehegatten zueinander zur Last fielen, bei der Auseinandersetzung auf ihren Anteil insoweit anrechnen lassen, als der überlebende Ehegatte nicht von dem Erben des verstorbenen Ehegatten Deckung hat erlangen können.

(2) In gleicher Weise haben sich die anteilsberechtigten Abkömmlinge anrechnen zu lassen, was der verstorbene Ehegatte zu dem Gesamtgute zu ersetzen hatte.

§ 1501 [Anrechnung einer Abfindung]

(1) Ist einem anteilsberechtigtem Abkömmlinge für den Verzicht auf seinen Anteil eine Abfindung aus dem Gesamtgute gewährt worden, so wird sie bei der Auseinandersetzung in das Gesamtgut eingerechnet und auf die den Abkömmlingen gebührende Hälfte angerechnet.

(2) Der überlebende Ehegatte kann mit den übrigen anteilsberechtigten Abkömmlingen schon vor der Aufhebung der fortgesetzten Gütergemeinschaft eine abweichende Vereinbarung treffen. Die Vereinbarung bedarf der notariellen Beurkundung; sie ist auch denjenigen Abkömmlingen gegenüber wirksam, welche erst später in die fortgesetzte Gütergemeinschaft eintreten.

§ 1502 [Übernahmerecht]

(1) Der überlebende Ehegatte ist berechtigt, das Gesamtgut oder einzelne dazu gehörende Gegenstände gegen Ersatz des Wertes zu übernehmen. Das Recht geht nicht auf den Erben über.

(2) Wird die fortgesetzte Gütergemeinschaft auf Grund des § 1495 durch Urteil aufgehoben, so steht dem überlebenden Ehegatten das im Absatz 1 bestimmte Recht nicht zu. Die anteilsberechtigten Abkömmlinge können in diesem Falle diejenigen Gegenstände gegen Ersatz des Wertes übernehmen, welche der verstorbene Ehegatte nach § 1477 Abs. 2 zu übernehmen berechtigt sein würde. Das Recht kann von ihnen nur gemeinschaftlich ausgeübt werden.

§ 1503 [Teilung unter den Abkömmlingen]

(1) Mehrere anteilsberechtigte Abkömmlinge teilen die ihnen zufallende Hälfte des Gesamtguts nach dem Verhältnisse der Anteile, zu denen sie im Falle der gesetzlichen Erbfolge als Erben des verstorbenen Ehegatten berufen sein würden, wenn dieser erst zur Zeit der Beendigung der fortgesetzten Gütergemeinschaft gestorben wäre.

(2) Das Vorempfangene kommt nach den für die Ausgleichung unter Abkömmlingen geltenden Vorschriften zur Ausgleichung, soweit nicht eine solche bereits bei der Teilung des Nachlasses des verstorbenen Ehegatten erfolgt ist.

(3) Ist einem Abkömmlinge, der auf seinen Anteil verzichtet hat, eine Abfindung aus dem Gesamtgute gewährt worden, so fällt sie den Abkömmlingen zur Last, denen der Verzicht zustatten kommt.

§ 1504 [Haftungsausgleich]

Soweit die anteilsberechtigten Abkömmlinge nach § 1480 den Gesamtgutsgläubigern haften, sind sie im Verhältnis zueinander nach der Größe ihres Anteils an dem Gesamtgute verpflichtet. Die Verpflichtung beschränkt sich auf die ihnen zugeteilten Gegenstände; die für die Haftung des Erben geltenden Vorschriften der §§ 1990, 1991 finden entsprechende Anwendung.

§ 1505 [Ergänzung des Anteils]

Die Vorschriften über das Recht auf Ergänzung des Pflichtteils finden zugunsten eines anteilsberechtigten Abkömmlinges entsprechende Anwendung; an die Stelle des Erbfalls tritt die Beendigung der fortgesetzten Gütergemeinschaft, als gesetzlicher Erbteil gilt der dem Abkömmlinge zur Zeit der Beendigung gebührende Anteil an dem Gesamtgut, als Pflichtteil gilt die Hälfte des Wertes dieses Anteils.

§ 1506 [Anteilsunwürdigkeit]

Ist ein gemeinschaftlicher Abkömmling erbunwürdig, so ist er auch des Anteils an dem Gesamtgut unwürdig. Die Vorschriften über die Erbunwürdigkeit finden entsprechende Anwendung.

§ 1507 [Zeugnis über die Fortsetzung der Gütergemeinschaft]

Das Nachlaßgericht hat dem überlebenden Ehegatten auf Antrag ein Zeugnis über die Fortsetzung der Gütergemeinschaft zu erteilen. Die Vorschrift über den Erbschein finden entsprechende Anwendung.

§ 1508 (aufgehoben)

§ 1509 [Ausschließung der Fortsetzung durch letztwillige Verfügung]

Jeder Ehegatte kann für den Fall, daß die Ehe durch seinen Tod aufgelöst wird, die Fortsetzung der Gütergemeinschaft durch letztwillige Verfügung ausschließen, wenn er berechtigt ist, dem anderen Ehegatten den Pflichtteil zu entziehen oder auf Aufhebung der Gütergemeinschaft zu klagen. Das gleiche gilt, wenn der Ehegatte auf Aufhebung der Ehe zu klagen berechtigt ist und die Klage erhoben hat. Auf die Ausschließung finden die Vorschriften über die Entziehung des Pflichtteils entsprechende Anwendung.

§ 1510 [Wirkung der Ausschließung]

Wird die Fortsetzung der Gütergemeinschaft ausgeschlossen, so gilt das gleiche wie im Falle des § 1482.

§ 1511 [Ausschluß eines Abkömmlings durch letztwillige Verfügung]

(1) Jeder Ehegatte kann für den Fall, daß die Ehe durch seinen Tod aufgelöst wird, einen gemeinschaftlichen Abkömmling von der fortgesetzten Gütergemeinschaft durch letztwillige Verfügung ausschließen.

(2) Der ausgeschlossene Abkömmling kann, unbeschadet seines Erbrechts, aus dem Gesamtgute der fortgesetzten Gütergemeinschaft die Zahlung des Betrags verlangen, der ihm von dem Gesamtgute der ehelichen Gütergemeinschaft als Pflichtteil gebühren würde, wenn die fortgesetzte Gütergemeinschaft nicht eingetreten wäre. Die für den Pflichtteilsanspruch geltenden Vorschriften finden entsprechende Anwendung.

(3) Der dem ausgeschlossenen Abkömmlinge gezahlte Betrag wird bei der Auseinandersetzung den anteilsberechtigten Abkömmlingen nach Maßgabe des § 1500 angerechnet. Im Verhältnisse der Abkömmlinge zueinander fällt er den Abkömmlingen zur Last, denen die Ausschließung zustatten kommt.

§ 1512 [Herabsetzung des Anteils]

Jeder Ehegatte kann für den Fall, daß mit seinem Tode die fortgesetzte Gütergemeinschaft eintritt, den einem anteilsberechtigten Abkömmlinge nach der Beendigung der fortgesetzten Gütergemeinschaft gebührenden Anteil an dem Gesamtgute durch letztwillige Verfügung bis auf die Hälfte herabsetzen.

§ 1513 [Entziehung des Anteils]

(1) Jeder Ehegatte kann für den Fall, daß mit seinem Tode die fortgesetzte Gütergemeinschaft eintritt, einem anteilsberechtigten Abkömmlinge den diesem nach der Beendigung der fortgesetzten Gütergemeinschaft gebührenden Anteil an dem Gesamtgute durch letztwillige Verfügung entziehen, wenn er berechtigt ist, dem Abkömmlinge den Pflichtteil zu entziehen. Die Vorschriften des § 2336 Abs. 2 bis 4 finden entsprechende Anwendung.

(2) Der Ehegatte kann, wenn er nach § 2338 berechtigt ist, das Pflichtteilsrecht des Abkömmlinges zu beschränken, den Anteil des Abkömmlinges am Gesamtgut einer entsprechenden Beschränkung unterwerfen.

§ 1514 [Zuwendung des entzogenen Betrages an einen Dritten]

Jeder Ehegatte kann den Betrag, den er nach § 1512 oder nach § 1513 Abs. 1 einem Abkömmling entzieht, auch einem Dritten durch letztwillige Verfügung zuwenden.

§ 1515 [Übernahmerecht eines Abkömmlings]

(1) Jeder Ehegatte kann für den Fall, daß mit seinem Tode die fortgesetzte Gütergemeinschaft eintritt, durch letztwillige Verfügung anordnen, daß ein anteilsberechtigter Abkömmling das Recht haben soll, bei der Teilung das Gesamtgut oder einzelne dazu gehörende Gegenstände gegen Ersatz des Wertes zu übernehmen.

(2) Gehört zu dem Gesamtgut ein Landgut, so kann angeordnet werden, daß das Landgut mit dem Ertragswert oder mit einem Preise, der den Ertragswert mindestens erreicht, angesetzt werden soll. Die für die Erbfolge geltenden Vorschriften des § 2049 finden Anwendung.

(3) Das Recht, das Landgut zu dem in Absatz 2 bezeichneten Werte oder Preise zu übernehmen, kann auch dem überlebenden Ehegatten eingeräumt werden.

§ 1516 [Zustimmung des anderen Ehegatten]

(1) Zur Wirksamkeit der in den §§ 1511 bis 1515 bezeichneten Verfügungen eines Ehegatten ist die Zustimmung des anderen Ehegatten erforderlich.

(2) Die Zustimmung kann nicht durch einen Vertreter erteilt werden. Ist der Ehegatte in der Geschäftsfähigkeit beschränkt, so ist die Zustimmung seines gesetzlichen Vertreters nicht erforderlich. Die Zustimmungserklärung bedarf der notariellen Beurkundung. Die Zustimmung ist unwiderruflich.

(3) Die Ehegatten können die in den §§ 1511 bis 1515 bezeichneten Verfügungen auch in einem gemeinschaftlichen Testamente treffen.

§ 1517 [Verzicht eines Abkömmlings auf seinen Anteil]

(1) Zur Wirksamkeit eines Vertrags, durch den ein gemeinschaftlicher Abkömmling einem der Ehegatten gegenüber für den Fall, daß die Ehe durch dessen Tod aufgelöst wird, auf seinen Anteil am Gesamtgute der fortgesetzten Gütergemeinschaft verzichtet oder durch den ein solcher Verzicht aufgehoben wird, ist die Zustimmung des anderen Ehegatten erforderlich. Für die Zustimmung gelten die Vorschriften des § 1516 Abs. 2 Satz 3, 4.

(2) Die für den Erbverzicht geltenden Vorschriften finden entsprechende Anwendung.

§ 1518 [Zwingende Vorschriften]

Anordnungen, die mit den Vorschriften der §§ 1483 bis 1517 in Widerspruch stehen, können von den Ehegatten weder durch letztwillige Verfügung noch durch Vertrag getroffen werden. Das Recht der Ehegatten, den Vertrag, durch den sie die Fortsetzung der Gütergemeinschaft vereinbart haben, durch Ehevertrag aufzuheben, bleibt unberührt.

§§ **1519** bis **1557** **(aufgehoben)**

III. Güterrechtsregister

§ 1558 [Zuständiges Registergericht]

(1) Die Eintragungen in das Güterrechtsregister sind bei jedem Amtsgericht zu bewirken, in dessen Bezirk auch nur einer der Ehegatten seinen gewöhnlichen Aufenthalt hat.

(2) Durch Anordnung der Landesjustizverwaltung kann die Führung des Registers für mehrere Amtsgerichtsbezirke einem Amtsgericht übertragen werden.

§ 1559 [Wiederholung der Eintragung bei Wohnsitzverlegung]
Verlegt ein Ehegatte nach der Eintragung seinen gewöhnlichen Aufenthalt in einen anderen Bezirk, so muß die Eintragung im Register dieses Bezirks wiederholt werden. Die frühere Eintragung gilt als von neuem erfolgt, wenn ein Ehegatte den gewöhnlichen Aufenthalt in den früheren Bezirk zurückverlegt.

§ 1560 [Eintragung nur auf Antrag]
Eine Eintragung in das Register soll nur auf Antrag und nur insoweit erfolgen, als sie beantragt ist. Der Antrag ist in öffentlich beglaubigter Form zu stellen.

§ 1561 [Antragserfordernisse]
(1) Zur Eintragung ist der Antrag beider Ehegatten erforderlich; jeder Ehegatte ist dem anderen gegenüber zur Mitwirkung verpflichtet.
(2) Der Antrag eines Ehegatten genügt
1. zur Eintragung eines Ehevertrages oder einer auf gerichtlicher Entscheidung beruhenden Änderung der güterrechtlichen Verhältnisse der Ehegatten, wenn mit dem Antrage der Ehevertrag oder die mit dem Zeugnis der Rechtskraft versehene Entscheidung vorgelegt wird;
2. zur Wiederholung einer Eintragung in das Register eines anderen Bezirks, wenn mit dem Antrag eine nach der Aufhebung des bisherigen Wohnsitzes erteilte, öffentlich beglaubigte Abschrift der früheren Eintragung vorgelegt wird;
3. zur Eintragung des Einspruchs gegen den selbständigen Betrieb eines Erwerbsgeschäfts durch den anderen Ehegatten und zur Eintragung des Widerrufs der Einwilligung, wenn die Ehegatten in Gütergemeinschaft leben und der Ehegatte, der den Antrag stellt, das Gesamtgut allein oder mit dem anderen Ehegatten gemeinschaftlich verwaltet;
4. zur Eintragung der Beschränkung oder Ausschließung der Berechtigung des anderen Ehegatten, Geschäfte mit Wirkung für den Antragsteller zu besorgen (§ 1357 Abs. 2).

(3) (aufgehoben)

§ 1562 [Öffentliche Bekanntmachung]
(1) Das Amtsgericht hat die Eintragung durch das für seine Bekanntmachungen bestimmte Blatt zu veröffentlichen.
(2) Wird eine Änderung des Güterstandes eingetragen, so hat sich die Bekanntmachung auf die Bezeichnung des Güterstandes und, wenn dieser abweichend von dem Gesetze geregelt ist, auf eine allgemeine Bezeichnung der Abweichung zu beschränken.

§ 1563 [Registereinsicht – Abschriften]
Die Einsicht des Registers ist jedem gestattet. Von den Eintragungen kann eine Abschrift gefordert werden; die Abschrift ist auf Verlangen zu beglaubigen.

Siebenter Titel
Scheidung der Ehe
I. Scheidungsgründe

§ 1564 [Scheidung durch Urteil]
Eine Ehe kann nur durch gerichtliches Urteil auf Antrag eines oder beider Ehegatten geschieden werden. Die Ehe ist mit der Rechtskraft des Urteils aufgelöst. Die Voraussetzungen, unter denen die Scheidung begehrt werden kann, ergeben sich aus den folgenden Vorschriften.

§ 1565 [Zerrüttungsprinzip – Mindesttrennungsdauer]
(1) Eine Ehe kann geschieden werden, wenn sie gescheitert ist. Die Ehe ist gescheitert, wenn die Lebensgemeinschaft der Ehegatten nicht mehr besteht und nicht erwartet werden kann, daß die Ehegatten sie wiederherstellen.
(2) Leben die Ehegatten noch nicht ein Jahr getrennt, so kann die Ehe nur geschieden werden, wenn die Fortsetzung der Ehe für den Antragsteller aus Gründen, die in der Person des anderen Ehegatten liegen, eine unzumutbare Härte darstellen würde.

§ 1566 [Zerrüttungsvermutung]
(1) Es wird unwiderlegbar vermutet, daß die Ehe gescheitert ist, wenn die Ehegatten seit einem Jahr getrennt leben und beide Ehegatten die Scheidung beantragen oder der Antragsgegner der Scheidung zustimmt.
(2) Es wird unwiderlegbar vermutet, daß die Ehe gescheitert ist, wenn die Ehegatten seit drei Jahren getrennt leben.

§ 1567 [Getrenntleben]
(1) Die Ehegatten leben getrennt, wenn zwischen ihnen keine häusliche Gemeinschaft besteht und ein Ehegatte sie erkennbar nicht herstellen will, weil er die eheliche Lebensgemeinschaft ablehnt. Die häusliche Gemeinschaft besteht auch dann nicht mehr, wenn die Ehegatten innerhalb der ehelichen Wohnung getrennt leben.
(2) Ein Zusammenleben über kürzere Zeit, das der Versöhnung der Ehegatten dienen soll, unterbricht oder hemmt die in § 1566 bestimmten Fristen nicht.

§ 1568 [Härteklausel]
(1) Die Ehe soll nicht geschieden werden, obwohl sie gescheitert ist, wenn und solange die Aufrechterhaltung der Ehe im Interesse der aus der Ehe hervorgegangenen minderjährigen Kinder aus besonderen Gründen ausnahmsweise notwendig ist oder wenn und solange die Scheidung für den Antragsgegner, der sie ablehnt, auf Grund außergewöhnlicher Umstände eine so schwere Härte darstellen würde, daß die Aufrechterhaltung der Ehe auch unter Berücksichtigung der Belange des Antragstellers ausnahmsweise geboten erscheint.
(2) (aufgehoben)

II. Unterhalt des geschiedenen Ehegatten
1. Grundsatz

§ 1569 [Anspruch auf Unterhalt]
Kann ein Ehegatte nach der Scheidung nicht selbst für seinen Unterhalt sorgen, so hat er gegen den anderen Ehegatten einen Anspruch auf Unterhalt nach den folgenden Vorschriften.

2. Unterhaltsberechtigung

§ 1570 [Unterhalt wegen Betreuung eines Kindes]
Ein geschiedener Ehegatte kann von dem anderen Unterhalt verlangen, solange und soweit von ihm wegen der Pflege oder Erziehung eines gemeinschaftlichen Kindes eine Erwerbstätigkeit nicht erwartet werden kann.

§ 1571 [Unterhalt wegen Alters]
Ein geschiedener Ehegatte kann von dem anderen Unterhalt verlangen, soweit von ihm im Zeitpunkt
1. der Scheidung,
2. der Beendigung der Pflege oder Erziehung eines gemeinschaftlichen Kindes oder

3. des Wegfalls der Voraussetzungen für einen Unterhaltsanspruch nach den §§ 1572 und 1573

wegen seines Alters eine Erwerbstätigkeit nicht mehr erwartet werden kann.

§ 1572 [Unterhalt wegen Krankheit oder Gebrechen]

Ein geschiedener Ehegatte kann von dem anderen Unterhalt verlangen, solange und soweit von ihm vom Zeitpunkt

1. der Scheidung,
2. der Beendigung der Pflege oder Erziehung eines gemeinschaftlichen Kindes,
3. der Beendigung der Ausbildung, Fortbildung oder Umschulung oder
4. des Wegfalls der Voraussetzungen für einen Unterhaltsanspruch nach § 1573

an wegen Krankheit oder anderer Gebrechen oder Schwäche seiner körperlichen oder geistigen Kräfte eine Erwerbstätigkeit nicht erwartet werden kann.

§ 1573 [Unterhalt bis zur Erlangung angemessener Erwerbstätigkeit]

(1) Soweit ein geschiedener Ehegatte keinen Unterhaltsanspruch nach den §§ 1570 bis 1572 hat, kann er gleichwohl Unterhalt verlangen, solange und soweit er nach der Scheidung keine angemessene Erwerbstätigkeit zu finden vermag.

(2) Reichen die Einkünfte aus einer angemessenen Erwerbstätigkeit zum vollen Unterhalt (§ 1578) nicht aus, kann er, soweit er nicht bereits einen Unterhaltsanspruch nach den §§ 1570 bis 1572 hat, den Unterschiedsbetrag zwischen den Einkünften und dem vollen Unterhalt verlangen.

(3) Absätze 1 und 2 gelten entsprechend, wenn Unterhalt nach den §§ 1570 bis 1572, 1575 zu gewähren war, die Voraussetzungen dieser Vorschriften aber entfallen sind.

(4) Der geschiedene Ehegatte kann auch dann Unterhalt verlangen, wenn die Einkünfte aus einer angemessenen Erwerbstätigkeit wegfallen, weil es ihm trotz seiner Bemühungen nicht gelungen war, den Unterhalt durch die Erwerbstätigkeit nach der Scheidung nachhaltig zu sichern. War es ihm gelungen, den Unterhalt teilweise nachhaltig zu sichern, so kann er den Unterschiedsbetrag zwischen dem nachhaltig gesicherten und dem vollen Unterhalt verlangen.

(5) Die Unterhaltsansprüche nach Absatz 1 bis 4 können zeitlich begrenzt werden, soweit insbesondere unter Berücksichtigung der Dauer der Ehe sowie der Gestaltung von Haushaltsführung und Erwerbstätigkeit ein zeitlich unbegrenzter Unterhaltsanspruch unbillig wäre; dies gilt in der Regel nicht, wenn der Unterhaltsberechtigte nicht nur vorübergehend ein gemeinschaftliches Kind allein oder überwiegend betreut hat oder betreut. Die Zeit der Kindesbetreuung steht der Ehedauer gleich.

§ 1574 [Angemessene Erwerbstätigkeit]

(1) Der geschiedene Ehegatte braucht nur eine ihm angemessene Erwerbstätigkeit auszuüben.

(2) Angemessen ist eine Erwerbstätigkeit, die der Ausbildung, den Fähigkeiten, dem Lebensalter und dem Gesundheitszustand des geschiedenen Ehegatten sowie den ehelichen Lebensverhältnissen entspricht; bei den ehelichen Lebensverhältnissen sind die Dauer der Ehe und die Dauer der Pflege oder Erziehung eines gemeinschaftlichen Kindes zu berücksichtigen.

(3) Soweit es zur Aufnahme einer angemessenen Erwerbstätigkeit erforderlich ist, obliegt es dem geschiedenen Ehegatten, sich ausbilden, fortbilden oder umschulen zu lassen, wenn ein erfolgreicher Abschluß der Ausbildung zu erwarten ist.

§ 1575 [Ausbildung, Fortbildung oder Umschulung]

(1) Ein geschiedener Ehegatte, der in Erwartung der Ehe oder während der Ehe eine Schul- oder Berufsausbildung nicht aufgenommen oder abgebrochen hat, kann von dem anderen Ehegatten Unterhalt verlangen, wenn er diese oder eine entsprechende Ausbildung sobald wie möglich aufnimmt, um eine angemessene Erwerbstätigkeit, die den Unterhalt nachhaltig sichert, zu erlangen und der erfolgreiche Abschluß der Ausbildung zu erwarten ist. Der Anspruch besteht längstens für die Zeit, in der eine solche Ausbildung im allgemeinen abgeschlossen wird; dabei sind ehebedingte Verzögerungen der Ausbildung zu berücksichtigen.

(2) Entsprechendes gilt, wenn sich der geschiedene Ehegatte fortbilden oder umschulen läßt, um Nachteile auszugleichen, die durch die Ehe eingetreten sind.

(3) Verlangt der geschiedene Ehegatte nach Beendigung der Ausbildung, Fortbildung oder Umschulung Unterhalt nach § 1573, so bleibt bei der Bestimmung der ihm angemessenen Erwerbstätigkeit (§ 1574 Abs. 2) der erreichte höhere Ausbildungsstand außer Betracht.

§ 1576 [Unterhalt aus Billigkeitsgründen]

Ein geschiedener Ehegatte kann von dem anderen Unterhalt verlangen, soweit und solange von ihm aus sonstigen schwerwiegenden Gründen eine Erwerbstätigkeit nicht erwartet werden kann und die Versagung von Unterhalt unter Berücksichtigung der Belange beider Ehegatten grob unbillig wäre. Schwerwiegende Gründe dürfen nicht allein deswegen berücksichtigt werden, weil sie zum Scheitern der Ehe geführt haben.

§ 1577 [Einkünfte und Vermögen des Unterhaltsberechtigten]

(1) Der geschiedene Ehegatte kann den Unterhalt nach den §§ 1570 bis 1573, 1575 und 1576 nicht verlangen, solange und soweit er sich aus seinen Einkünften und seinem Vermögen selbst unterhalten kann.

(2) Einkünfte sind nicht anzurechnen, soweit der Verpflichtete nicht den vollen Unterhalt (§ 1578) leistet. Einkünfte, die den vollen Unterhalt übersteigen, sind insoweit anzurechnen, als dies unter Berücksichtigung der beiderseitigen wirtschaftlichen Verhältnisse der Billigkeit entspricht.

(3) Den Stamm des Vermögens braucht der Berechtigte nicht zu verwerten, soweit die Verwertung unwirtschaftlich oder unter Berücksichtigung der beiderseitigen wirtschaftlichen Verhältnisse unbillig wäre.

(4) War zum Zeitpunkt der Ehescheidung zu erwarten, daß der Unterhalt des Berechtigten aus seinem Vermögen nachhaltig gesichert sein würde, fällt das Vermögen aber später weg, so besteht kein Anspruch auf Unterhalt. Dies gilt nicht, wenn im Zeitpunkt des Vermögenswegfalls von dem Ehegatten wegen der Pflege oder Erziehung eines gemeinschaftlichen Kindes eine Erwerbstätigkeit nicht erwartet werden kann.

§ 1578 [Maß des Unterhalts – Lebensbedarf]

(1) Das Maß des Unterhalts bestimmt sich nach den ehelichen Lebensverhältnissen. Die Bemessung des Unterhaltsanspruchs nach den ehelichen Lebensverhältnissen kann zeitlich begrenzt und danach auf den angemessenen Lebensbedarf abgestellt werden, soweit insbesondere unter Berücksichtigung der Dauer der Ehe sowie der Gestaltung von Haushaltsführung und Erwerbstätigkeit eine zeitlich unbegrenzte Bemessung nach Satz 1 unbillig wäre; dies gilt in der Regel nicht, wenn der Unterhaltsberechtigte nicht nur vorübergehend ein gemeinschaftliches Kind allein oder überwiegend betreut hat oder betreut. Die Zeit der Kindesbetreuung steht der Ehedauer gleich. Der Unterhalt umfaßt den gesamten Lebensbedarf.

(2) Zum Lebensbedarf gehören auch die Kosten einer angemessenen Versicherung für den

Fall der Krankheit sowie die Kosten einer Schul- oder Berufsausbildung, einer Fortbildung oder einer Umschulung nach den §§ 1574, 1575.

(3) Hat der geschiedene Ehegatte einen Unterhaltsanspruch nach den §§ 1570 bis 1573 oder § 1576, so gehören zum Lebensbedarf auch die Kosten einer angemessenen Versicherung für den Fall des Alters sowie der Berufs- oder Erwerbsunfähigkeit.

§ 1578 a [Aufwendungen bei Gesundheitsschaden]

Für Aufwendungen infolge eines Körper- oder Gesundheitsschadens gilt § 1610 a.

§ 1579 [Unterhaltsanspruch bei grober Unbilligkeit]

Ein Unterhaltsanspruch ist zu versagen, herabzusetzen oder zeitlich zu begrenzen, soweit die Inanspruchnahme des Verpflichteten auch unter Wahrung der Belange eines dem Berechtigten zur Pflege oder Erziehung anvertrauten gemeinschaftlichen Kindes grob unbillig wäre, weil

1. die Ehe von kurzer Dauer war; der Ehedauer steht die Zeit gleich, in welcher der Berechtigte wegen der Pflege oder Erziehung eines gemeinschaftlichen Kindes nach § 1570 Unterhalt verlangen konnte,
2. der Berechtigte sich eines Verbrechens oder eines schweren vorsätzlichen Vergehens gegen den Verpflichteten oder einen nahen Angehörigen des Verpflichteten schuldig gemacht hat,
3. der Berechtigte seine Bedürftigkeit mutwillig herbeigeführt hat,
4. der Berechtigte sich über schwerwiegende Vermögensinteressen des Verpflichteten mutwillig hinweggesetzt hat,
5. der Berechtigte vor der Trennung längere Zeit hindurch seine Pflicht, zum Familienunterhalt beizutragen, gröblich verletzt hat,
6. dem Berechtigten ein offensichtlich schwerwiegendes, eindeutig bei ihm liegendes Fehlverhalten gegen den Verpflichteten zur Last fällt oder
7. ein anderer Grund vorliegt, der ebenso schwer wiegt wie die in den Nummern 1 bis 6 aufgeführten Gründe.

§ 1580 [Auskunftspflicht]

Die geschiedenen Ehegatten sind einander verpflichtet, auf Verlangen über ihre Einkünfte und ihr Vermögen Auskunft zu erteilen. § 1605 ist entsprechend anzuwenden.

3. Leistungsfähigkeit und Rangfolge

§ 1581 [Unterhalt nach Leistungsfähigkeit]

Ist der Verpflichtete nach seinen Erwerbs- und Vermögensverhältnissen unter Berücksichtigung seiner sonstigen Verpflichtungen außerstande, ohne Gefährdung des eigenen angemessenen Unterhalts dem Berechtigten Unterhalt zu gewähren, so braucht er nur insoweit Unterhalt zu leisten, als es mit Rücksicht auf die Bedürfnisse und die Erwerbs- und Vermögensverhältnisse der geschiedenen Ehegatten der Billigkeit entspricht. Den Stamm des Vermögens braucht er nicht zu verwerten, soweit die Verwertung unwirtschaftlich oder unter Berücksichtigung der beiderseitigen wirtschaftlichen Verhältnisse unbillig wäre.

§ 1582 [Rangfolge von Ansprüchen eines geschiedenen und eines neuen Ehegatten]

(1) Bei Ermittlung des Unterhalts des geschiedenen Ehegatten geht im Falle des § 1581 der geschiedene Ehegatte einem neuen Ehegatten vor, wenn dieser nicht bei entsprechender Anwendung der §§ 1569 bis 1574, § 1576 und des § 1577 Abs. 1 unterhaltsberechtigt wäre. Hätte der neue Ehegatte nach diesen Vorschriften einen Unterhaltsanspruch, geht ihm der geschiedene Ehegatte gleichwohl vor, wenn er nach § 1570 oder nach § 1576 unterhaltsberechtigt ist oder die Ehe mit dem geschiedenen Ehegatten von langer Dauer

war. Der Ehedauer steht die Zeit gleich, in der ein Ehegatte wegen der Pflege oder Erziehung eines gemeinschaftlichen Kindes nach § 1570 unterhaltsberechtigt war.
(2) § 1609 bleibt im übrigen unberührt.

§ 1583 [Gütergemeinschaft mit neuem Ehegatten]
Lebt der Verpflichtete im Falle der Wiederheirat mit seinem neuen Ehegatten im Güterstand der Gütergemeinschaft, so ist § 1604 entsprechend anzuwenden.

§ 1584 [Rangfolge mehrerer Unterhaltspflichtiger]
Der unterhaltspflichtige geschiedene Ehegatte haftet vor den Verwandten des Berechtigten. Soweit jedoch der Verpflichtete nicht leistungsfähig ist, haften die Verwandten vor dem geschiedenen Ehegatten. § 1607 Abs. 2 ist entsprechend anzuwenden.

4. Gestaltung des Unterhaltsanspruchs

§ 1585 [Art der Unterhaltsgewährung]
(1) Der laufende Unterhalt ist durch Zahlung einer Geldrente zu gewähren. Die Rente ist monatlich im voraus zu entrichten. Der Verpflichtete schuldet den vollen Monatsbetrag auch dann, wenn der Unterhaltsanspruch im Laufe des Monats durch Wiederheirat oder Tod des Berechtigten erlischt.
(2) Statt der Rente kann der Berechtigte eine Abfindung in Kapital verlangen, wenn ein wichtiger Grund vorliegt und der Verpflichtete dadurch nicht unbillig belastet wird.

§ 1585 a [Sicherheitsleistung]
(1) Der Verpflichtete hat auf Verlangen Sicherheit zu leisten. Die Verpflichtung, Sicherheit zu leisten, entfällt, wenn kein Grund zu der Annahme besteht, daß die Unterhaltsleistung gefährdet ist oder wenn der Verpflichtete durch die Sicherheitsleistung unbillig belastet würde. Der Betrag, für den Sicherheit zu leisten ist, soll den einfachen Jahresbetrag der Unterhaltsrente nicht übersteigen, sofern nicht nach den besonderen Umständen des Falles eine höhere Sicherheitsleistung angemessen erscheint.
(2) Die Art der Sicherheitsleistung bestimmt sich nach den Umständen; die Beschränkung des § 232 gilt nicht.

§ 1585 b [Unterhalt für die Vergangenheit]
(1) Wegen eines Sonderbedarfs (§ 1613 Abs. 2) kann der Berechtigte Unterhalt für die Vergangenheit verlangen.
(2) Im übrigen kann der Berechtigte für die Vergangenheit Erfüllung oder Schadensersatz wegen Nichterfüllung erst von der Zeit an fordern, in der der Unterhaltspflichtige in Verzug gekommen oder der Unterhaltsanspruch rechtshängig geworden ist.
(3) Für eine mehr als ein Jahr vor der Rechtshängigkeit liegende Zeit kann Erfüllung oder Schadensersatz wegen Nichterfüllung nur verlangt werden, wenn anzunehmen ist, daß der Verpflichtete sich der Leistung absichtlich entzogen hat.

§ 1585 c [Unterhaltsverträge]
Die Ehegatten können über die Unterhaltspflicht für die Zeit nach der Scheidung Vereinbarungen treffen.

5. Ende des Unterhaltsanspruchs

§ 1586 [Wiederheirat oder Tod des Berechtigten]
(1) Der Unterhaltsanspruch erlischt mit der Wiederheirat oder dem Tod des Berechtigten.

(2) Ansprüche auf Erfüllung oder Schadensersatz wegen Nichterfüllung für die Vergangenheit bleiben bestehen. Das gleiche gilt für den Anspruch auf den zur Zeit der Wiederheirat oder des Todes fälligen Monatsbetrag.

§ 1586 a [Aufleben des Unterhaltsanspruchs]

(1) Geht ein geschiedener Ehegatte eine neue Ehe ein und wird die Ehe wieder aufgelöst, so kann er von dem früheren Ehegatten Unterhalt nach § 1570 verlangen, wenn er ein Kind aus der früheren Ehe zu pflegen oder zu erziehen hat. Ist die Pflege oder Erziehung beendet, so kann er Unterhalt nach den §§ 1571 bis 1573, 1575 verlangen.

(2) Der Ehegatte der später aufgelösten Ehe haftet vor dem Ehegatten der früher aufgelösten Ehe.

§ 1586 b [Vererblichkeit der Unterhaltspflicht]

(1) Mit dem Tod des Verpflichteten geht die Unterhaltspflicht auf den Erben als Nachlaßverbindlichkeit über. Die Beschränkungen nach § 1581 fallen weg. Der Erbe haftet jedoch nicht über einen Betrag hinaus, der dem Pflichtteil entspricht, welcher dem Berechtigten zustände, wenn die Ehe nicht geschieden worden wäre.

(2) Für die Berechnung des Pflichtteils bleiben Besonderheiten auf Grund des Güterstandes, in dem die geschiedenen Ehegatten gelebt haben, außer Betracht.

III. Versorgungsausgleich

1. Grundsatz

§ 1587 [Voraussetzungen]

(1) Zwischen den geschiedenen Ehegatten findet ein Versorgungsausgleich statt, soweit für sie oder einen von ihnen in der Ehezeit Anwartschaften oder Aussichten auf eine Versorgung wegen Alters oder Berufs- oder Erwerbsunfähigkeit der in § 1587 a Abs. 2 genannten Art begründet oder aufrechterhalten worden sind. Außer Betracht bleiben Anwartschaften oder Aussichten, die weder mit Hilfe des Vermögens noch durch Arbeit der Ehegatten begründet oder aufrechterhalten worden sind.

(2) Als Ehezeit im Sinne der Vorschriften über den Versorgungsausgleich gilt die Zeit vom Beginn des Monats, in dem die Ehe geschlossen worden ist, bis zum Ende des Monats, der dem Eintritt der Rechtshängigkeit des Scheidungsantrags vorausgeht.

(3) Für Anwartschaften oder Aussichten, über die der Versorgungsausgleich stattfindet, gelten ausschließlich die nachstehenden Vorschriften; die güterrechtlichen Vorschriften finden keine Anwendung.

2. Wertausgleich von Anwartschaften oder Aussichten auf eine Versorgung

§ 1587 a [Ausgleichspflichtiger Ehegatte – Auszugleichende Versorgungsansprüche]

(1) Ausgleichspflichtig ist der Ehegatte mit den werthöheren Anwartschaften oder Aussichten auf eine auszugleichende Versorgung. Dem berechtigten Ehegatten steht als Ausgleich die Hälfte des Wertunterschiedes zu.

(2) Für die Ermittlung des Wertunterschiedes sind folgende Werte zugrunde zu legen:

1. Bei einer Versorgung oder Versorgungsanwartschaft aus einem öffentlich-rechtlichen Dienstverhältnis oder aus einem Arbeitsverhältnis mit Anspruch auf Versorgung nach beamtenrechtlichen Vorschriften oder Grundsätzen ist von dem Betrag auszugehen, der sich im Zeitpunkt des Eintritts der Rechtshängigkeit des Scheidungsantrags als Versorgung ergäbe. Dabei wird die bis zu diesem Zeitpunkt zurückgelegte ruhegehaltfähige Dienstzeit um die Zeit bis zur Altersgrenze erweitert (Gesamtzeit). Maßgebender Wert ist der Teil der Versorgung, der dem Verhältnis der in die Ehezeit fallenden

ruhegehaltfähigen Dienstzeit zu der Gesamtzeit entspricht. Unfallbedingte Erhöhungen bleiben außer Betracht. Insofern stehen Dienstbezüge entpflichteter Professoren Versorgungsbezügen gleich und gelten die beamtenrechtlichen Vorschriften über die ruhegehaltfähige Dienstzeit entsprechend.

2. Bei Renten oder Rentenanwartschaften aus der gesetzlichen Rentenversicherung ist der Betrag zugrunde zu legen, der sich am Ende der Ehezeit aus den auf die Ehezeit entfallenden Entgeltpunkten ohne Berücksichtigung des Zugangsfaktors als Vollrente wegen Alters ergäbe.

3. Bei Leistungen, Anwartschaften oder Aussichten auf Leistungen der betrieblichen Altersversorgung ist,
   a) wenn bei Eintritt der Rechtshängigkeit des Scheidungsantrags die Betriebszugehörigkeit andauert, der Teil der Versorgung zugrunde zu legen, der dem Verhältnis der in die Ehezeit fallenden Betriebszugehörigkeit zu der Zeit vom Beginn der Betriebszugehörigkeit bis zu der in der Versorgungsregelung vorgesehenen festen Altersgrenze entspricht, wobei der Betriebszugehörigkeit gleichgestellte Zeiten einzubeziehen sind; die Versorgung berechnet sich nach dem Betrag, der sich bei Erreichen der in der Versorgungsregelung vorgesehenen festen Altersgrenze ergäbe, wenn die Bemessungsgrundlagen im Zeitpunkt des Eintritts der Rechtshängigkeit des Scheidungsantrags zugrunde gelegt würden;
   b) wenn vor dem Eintritt der Rechtshängigkeit des Scheidungsantrags die Betriebszugehörigkeit beendet worden ist, der Teil der erworbenen Versorgung zugrunde zu legen, der dem Verhältnis der in die Ehezeit fallenden Betriebszugehörigkeit zu der gesamten Betriebszugehörigkeit entspricht, wobei der Betriebszugehörigkeit gleichgestellte Zeiten einzubeziehen sind.

   Dies gilt nicht für solche Leistungen oder Anwartschaften auf Leistungen aus einem Versicherungsverhältnis zu einer zusätzlichen Versorgungseinrichtung des öffentlichen Dienstes, auf die Nummer 4 Buchstabe c anzuwenden ist. Für Anwartschaften oder Aussichten auf Leistungen der betrieblichen Altersversorgung, die im Zeitpunkt des Erlasses der Entscheidung noch nicht unverfallbar sind, finden die Vorschriften über den schuldrechtlichen Versorgungsausgleich Anwendung.

4. Bei sonstigen Renten oder ähnlichen wiederkehrenden Leistungen, die der Versorgung wegen Alters oder Berufs- oder Erwerbsunfähigkeit zu dienen bestimmt sind, oder Anwartschaften oder Aussichten hierauf ist,
   a) wenn sich die Rente oder Leistung nach der Dauer einer Anrechnungszeit bemißt, der Betrag der Versorgungsleistung zugrunde zu legen, der sich aus der in die Ehezeit fallenden Anrechnungszeit ergäbe, wenn bei Eintritt der Rechtshängigkeit des Scheidungsantrags der Versorgungsfall eingetreten wäre;
   b) wenn sich die Rente oder Leistung nicht oder nicht nur nach der Dauer einer Anrechnungszeit und auch nicht nach Buchstabe d bemißt, der Teilbetrag der vollen bestimmungsmäßigen Rente oder Leistung zugrunde zu legen, der dem Verhältnis der in die Ehezeit fallenden, bei der Ermittlung dieser Rente oder Leistung zu berücksichtigenden Zeit zu deren voraussichtlicher Gesamtdauer bis zur Erreichung der für das Ruhegehalt maßgeblichen Altersgrenze entspricht;
   c) wenn sich die Rente oder Leistung nach einem Bruchteil entrichteter Beiträge bemißt, der Betrag zugrunde zu legen, der sich aus den für die Ehezeit entrichteten Beiträgen ergäbe, wenn bei Eintritt der Rechtshängigkeit des Scheidungsantrags der Versorgungsfall eingetreten wäre;
   d) wenn sich die Rente oder Leistung nach den für die gesetzlichen Rentenversi-

cherungen geltenden Grundsätzen bemißt, der Teilbetrag der sich bei Eintritt der Rechtshängigkeit des Scheidungsantrags ergebenden Rente wegen Alters zugrunde zu legen, der dem Verhältnis der in die Ehezeit fallenden Versicherungsjahre zu den insgesamt zu berücksichtigenden Versicherungsjahren entspricht.

5. Bei Renten oder Rentenanwartschaften auf Grund eines Versicherungsvertrages, der zur Versorgung des Versicherten eingegangen wurde, ist,
   a) wenn es sich um eine Versicherung mit einer über den Eintritt der Rechtshängigkeit des Scheidungsantrags hinaus fortbestehenden Prämienzahlungspflicht handelt, von dem Rentenbetrag auszugehen, der sich nach vorheriger Umwandlung in eine prämienfreie Versicherung als Leistung des Versicherers ergäbe, wenn in diesem Zeitpunkt der Versicherungsfall eingetreten wäre. Sind auf die Versicherung Prämien auch für die Zeit vor der Ehe gezahlt worden, so ist der Rentenbetrag entsprechend geringer anzusetzen;
   b) wenn eine Prämienzahlungspflicht über den Eintritt der Rechtshängigkeit des Scheidungsantrags hinaus nicht besteht, von dem Rentenbetrag auszugehen, der sich als Leistung des Versicherers ergäbe, wenn in diesem Zeitpunkt der Versicherungsfall eingetreten wäre. Buchstabe a Satz 2 ist anzuwenden.

(3) Bei Versorgungen oder Anwartschaften oder Aussichten auf eine Versorgung nach Absatz 2 Nr. 4, deren Wert nicht in gleicher oder nahezu gleicher Weise steigt wie der Wert der in Absatz 2 Nr. 1 und 2 genannten Anwartschaften, sowie in den Fällen des Absatzes 2 Nr. 5 gilt folgendes:

1. Werden die Leistungen aus einem Deckungskapital oder einer vergleichbaren Deckungsrücklage gewährt, ist die Regelaltersrente zugrunde zu legen, die sich ergäbe, wenn der während der Ehe gebildete Teil des Deckungskapitals oder der auf diese Zeit entfallende Teil der Deckungsrücklage als Beitrag in der gesetzlichen Rentenversicherung entrichtet würde;
2. werden die Leistungen nicht oder nicht ausschließlich aus einem Deckungskapital oder einer vergleichbaren Deckungsrücklage gewährt, ist die Regelaltersrente zugrunde zu legen, die sich ergäbe, wenn ein Barwert der Teilversorgung für den Zeitpunkt des Eintritts der Rechtshängigkeit des Scheidungsantrags ermittelt und als Beitrag in der gesetzlichen Rentenversicherung entrichtet würde. Das Nähere über die Ermittlung des Barwertes bestimmt die Bundesregierung durch Rechtsverordnung mit Zustimmung des Bundesrates.

(4) Bei Leistungen oder Anwartschaften oder Aussichten auf Leistungen der betrieblichen Altersversorgung nach Absatz 2 Nr. 3 findet Absatz 3 Nr. 2 Anwendung.

(5) Bemißt sich die Versorgung nicht nach den in den vorstehenden Absätzen genannten Bewertungsmaßstäben, so bestimmt das Familiengericht die auszugleichende Versorgung in sinngemäßer Anwendung der vorstehenden Vorschriften nach billigem Ermessen.

(6) Stehen einem Ehegatten mehrere Versorgungsanwartschaften im Sinne von Absatz 2 Nr. 1 zu, so ist für die Wertberechnung von den sich nach Anwendung von Ruhensvorschriften ergebenden gesamten Versorgungsbezügen und der gesamten in die Ehezeit fallenden ruhegehaltfähigen Dienstzeit auszugehen; sinngemäß ist zu verfahren, wenn die Versorgung wegen einer Rente oder einer ähnlichen wiederkehrenden Leistung einer Ruhens- oder Anrechnungsvorschrift unterliegen würde.

(7) Für die Zwecke der Bewertung nach Absatz 2 bleibt außer Betracht, daß eine für die Versorgung maßgebliche Wartezeit, Mindestbeschäftigungszeit, Mindestversicherungszeit oder ähnliche zeitliche Voraussetzungen im Zeitpunkt des Eintritts der Rechtshängigkeit des Scheidungsantrags noch nicht erfüllt sind; Absatz 2 Nr. 3 Satz 3 bleibt unberührt. Dies gilt

nicht für solche Zeiten, von denen die Rente nach Mindesteinkommen in den gesetzlichen Rentenversicherungen abhängig ist.

(8) Bei der Wertberechnung sind die in einer Versorgung, Rente oder Leistung enthaltenen Zuschläge, die nur auf Grund einer bestehenden Ehe gewährt werden, sowie Kinderzuschläge und ähnliche familienbezogene Bestandteile auszuscheiden.

§ 1587 b [Übertragung und Begründung von Rentenanwartschaften]

(1) Hat ein Ehegatte in der Ehezeit Rentenanwartschaften in einer gesetzlichen Rentenversicherung im Sinne des § 1587 a Abs. 2 Nr. 2 erworben und übersteigen diese die Anwartschaften im Sinne des § 1587 a Abs. 2 Nr. 1, 2, die der andere Ehegatte in der Ehezeit erworben hat, so überträgt das Familiengericht auf diesen Rentenanwartschaften in Höhe der Hälfte des Wertunterschiedes. Das Nähere bestimmt sich nach den Vorschriften über die gesetzlichen Rentenversicherungen.

(2) Hat ein Ehegatte in der Ehezeit eine Anwartschaft im Sinne des § 1587 a Abs. 2 Nr. 1 gegenüber einer Körperschaft, Anstalt oder Stiftung des öffentlichen Rechts, einem ihrer Verbände einschließlich der Spitzenverbände oder einer ihrer Arbeitsgemeinschaften erworben und übersteigt diese Anwartschaft allein oder zusammen mit einer Rentenanwartschaft im Sinne des § 1587 a Abs. 2 Nr. 2 die Anwartschaften im Sinne des § 1587 a Abs. 2 Nr. 1, 2, die der andere Ehegatte in der Ehezeit erworben hat, so begründet das Familiengericht für diesen Rentenanwartschaften in einer gesetzlichen Rentenversicherung in Höhe der Hälfte des nach Anwendung von Absatz 1 noch verbleibenden Wertunterschiedes. Das Nähere bestimmt sich nach den Vorschriften über die gesetzlichen Rentenversicherungen.

(3) Soweit der Ausgleich nicht nach Absatz 1 oder 2 vorzunehmen ist, hat der ausgleichspflichtige Ehegatte für den Berechtigten als Beiträge zur Begründung von Anwartschaften auf eine bestimmte Rente in einer gesetzlichen Rentenversicherung den Betrag zu zahlen, der erforderlich ist, um den Wertunterschied auszugleichen;[1)] dies gilt nur, solange der Berechtigte die Voraussetzungen für ein Altersruhegeld aus einer gesetzlichen Rentenversicherung noch nicht erfüllt. Das Nähere bestimmt sich nach den Vorschriften über die gesetzlichen Rentenversicherungen. Nach Absatz 1 zu übertragende oder nach Absatz 2 zu begründende Rentenanwartschaften sind in den Ausgleich einzubeziehen; im Wege der Verrechnung ist nur ein einmaliger Ausgleich vorzunehmen.

(4) Würde sich die Übertragung oder Begründung von Rentenanwartschaften in den gesetzlichen Rentenversicherungen voraussichtlich nicht zugunsten des Berechtigten auswirken oder wäre der Versorgungsausgleich in dieser Form nach den Umständen des Falles unwirtschaftlich, soll das Familiengericht den Ausgleich auf Antrag einer Partei in anderer Weise regeln; § 1587 o Abs. 1 Satz 2 gilt entsprechend.

(5) Der Monatsbetrag der nach Absatz 1 zu übertragenden oder nach Absatz 2, 3 zu begründenden Rentenanwartschaften in den gesetzlichen Rentenversicherungen darf zusammen mit dem Monatsbetrag der in den gesetzlichen Rentenversicherungen bereits begründeten Rentenanwartschaften des ausgleichsberechtigten Ehegatten den in § 76 Abs. 2 Satz 3 des Sechsten Buches Sozialgesetzbuch bezeichneten Höchstbetrag nicht übersteigen.

---

1) Hierzu Beschluß des Bundesverfassungsgerichts vom 27. 1. 1983 – 1 BvR 1008/79 u. a. – (BGBl. I S. 375):
»§ 1587 b Absatz 3 Satz 1 erster Halbsatz des Bürgerlichen Gesetzbuchs, eingefügt durch Artikel 1 Nummer 20 des Ersten Gesetzes zur Reform des Ehe- und Familienrechts (1. EheRG) vom 14. Juni 1976 (Bundesgesetzbl. I S. 1421), ist mit Artikel 2 Absatz 1 des Grundgesetzes in Verbindung mit dem Rechtsstaatsprinzip unvereinbar und nichtig.«

(6) Bei der Übertragung oder Begründung von Rentenanwartschaften in der gesetzlichen Rentenversicherung hat das Familiengericht anzuordnen, daß der Monatsbetrag der zu übertragenden oder zu begründenden Rentenanwartschaften in Entgeltpunkte umzurechnen ist.

§ 1587 c [Ausschluß des Versorgungsausgleichs]

Ein Versorgungsausgleich findet nicht statt,

1. soweit die Inanspruchnahme des Verpflichteten unter Berücksichtigung der beiderseitigen Verhältnisse, insbesondere des beiderseitigen Vermögenserwerbs während der Ehe oder im Zusammenhang mit der Scheidung, grob unbillig wäre; hierbei dürfen Umstände nicht allein deshalb berücksichtigt werden, weil sie zum Scheitern der Ehe geführt haben;
2. soweit der Berechtigte in Erwartung der Scheidung oder nach der Scheidung durch Handeln oder Unterlassen bewirkt hat, daß ihm zustehende Anwartschaften oder Aussichten auf eine Versorgung, die nach § 1587 Abs. 1 auszugleichen wären, nicht entstanden oder entfallen sind;
3. soweit der Berechtigte während der Ehe längere Zeit hindurch seine Pflicht, zum Familienunterhalt beizutragen, gröblich verletzt hat.

§ 1587 d [Ruhen der Verpflichtung]

(1) Auf Antrag des Verpflichteten kann das Familiengericht anordnen, daß die Verpflichtung nach § 1587 b Abs. 3 ruht, solange und soweit der Verpflichtete durch die Zahlung unbillig belastet, insbesondere außerstande gesetzt würde, sich selbst angemessen zu unterhalten und seinen gesetzlichen Unterhaltspflichten gegenüber dem geschiedenen Ehegatten und den mit diesem gleichrangig Berechtigten nachzukommen. Ist der Verpflichtete in der Lage, Raten zu zahlen, so hat das Gericht ferner die Höhe der dem Verpflichteten obliegenden Ratenzahlungen festzusetzen.

(2) Das Familiengericht kann eine rechtskräftige Entscheidung auf Antrag aufheben oder ändern, wenn sich die Verhältnisse nach der Scheidung wesentlich geändert haben.

§ 1587 e [Auskunftspflicht – Erlöschen des Ausgleichsanspruchs]

(1) Für den Versorgungsausgleich nach § 1587 b gilt § 1580 entsprechend.

(2) Mit dem Tode des Berechtigten erlischt der Ausgleichsanspruch.

(3) Der Anspruch auf Entrichtung von Beiträgen (§ 1587 b Abs. 3) erlischt außerdem, sobald der schuldrechtliche Versorgungsausgleich nach § 1587 g Abs. 1 Satz 2 verlangt werden kann.

(4) Der Ausgleichsanspruch erlischt nicht mit dem Tode des Verpflichteten. Er ist gegen die Erben geltend zu machen.

3. Schuldrechtlicher Versorgungsausgleich

§ 1587 f [Antrag – Voraussetzungen]

In den Fällen, in denen

1. die Begründung von Rentenanwartschaften in einer gesetzlichen Rentenversicherung mit Rücksicht auf die Vorschrift des § 1587 b Abs. 3 Satz 1 zweiter Halbsatz nicht möglich ist,
2. die Übertragung oder Begründung von Rentenanwartschaften in einer gesetzlichen Rentenversicherung mit Rücksicht auf die Vorschrift des § 1587 b Abs. 5 ausgeschlossen ist,

3. der ausgleichspflichtige Ehegatte die ihm nach § 1587 b Abs. 3 Satz 1 erster Halbsatz auferlegten Zahlungen zur Begründung von Rentenanwartschaften in einer gesetzlichen Rentenversicherung nicht erbracht hat,
4. in den Ausgleich Leistungen der betrieblichen Altersversorgung auf Grund solcher Anwartschaften oder Aussichten einzubeziehen sind, die im Zeitpunkt des Erlasses der Entscheidung noch nicht unverfallbar waren,
5. das Familiengericht nach § 1587 b Abs. 4 eine Regelung in der Form des schuldrechtlichen Versorgungsausgleichs getroffen hat oder die Ehegatten nach § 1587 o den schuldrechtlichen Versorgungsausgleich vereinbart haben,

erfolgt insoweit der Ausgleich auf Antrag eines Ehegatten nach den Vorschriften der §§ 1587 g bis 1587 n (schuldrechtlicher Versorgungsausgleich).

§ 1587 g [Ausgleichsrente]

(1) Der Ehegatte, dessen auszugleichende Versorgung die des anderen übersteigt, hat dem anderen Ehegatten als Ausgleich eine Geldrente (Ausgleichsrente) in Höhe der Hälfte des jeweils übersteigenden Betrags zu entrichten. Die Rente kann erst dann verlangt werden, wenn beide Ehegatten eine Versorgung erlangt haben oder wenn der ausgleichspflichtige Ehegatte eine Versorgung erlangt hat und der andere Ehegatte wegen Krankheit oder anderer Gebrechen oder Schwäche seiner körperlichen oder geistigen Kräfte auf nicht absehbare Zeit eine ihm nach Ausbildung und Fähigkeiten zumutbare Erwerbstätigkeit nicht ausüben kann oder das fünfundsechzigste Lebensjahr vollendet hat.

(2) Für die Ermittlung der auszugleichenden Versorgung gilt § 1587 a entsprechend. Hat sich seit Eintritt der Rechtshängigkeit des Scheidungsantrags der Wert einer Versorgung oder einer Anwartschaft oder Aussicht auf Versorgung geändert oder ist eine bei Eintritt der Rechtshängigkeit des Scheidungsantrags vorhandene Versorgung oder eine Anwartschaft oder Aussicht auf Versorgung weggefallen oder sind Voraussetzungen einer Versorgung eingetreten, die bei Eintritt der Rechtshängigkeit gefehlt haben, so ist dies zusätzlich zu berücksichtigen.

(3) § 1587 d Abs. 2 gilt entsprechend.

§ 1587 h [Ausschluß des Ausgleichsanspruchs]

Ein Ausgleichsanspruch gemäß § 1587 g besteht nicht,

1. soweit der Berechtigte den nach seinen Lebensverhältnissen angemessenen Unterhalt aus seinen Einkünften und seinem Vermögen bestreiten kann und die Gewährung des Versorgungsausgleichs für den Verpflichteten bei Berücksichtigung der beiderseitigen wirtschaftlichen Verhältnisse eine unbillige Härte bedeuten würde. § 1577 Abs. 3 gilt entsprechend;
2. soweit der Berechtigte in Erwartung der Scheidung oder nach der Scheidung durch Handeln oder Unterlassen bewirkt hat, daß ihm eine Versorgung, die nach § 1587 auszugleichen wäre, nicht gewährt wird;
3. soweit der Berechtigte während der Ehe längere Zeit hindurch seine Pflicht, zum Familienunterhalt beizutragen, gröblich verletzt hat.

§ 1587 i [Abtretung von Versorgungsansprüchen]

(1) Der Berechtigte kann vom Verpflichteten in Höhe der laufenden Ausgleichsrente Abtretung der in den Ausgleich einbezogenen Versorgungsansprüche verlangen, die für den gleichen Zeitabschnitt fällig geworden sind oder fällig werden.

(2) Der Wirksamkeit der Abtretung an den Ehegatten gemäß Absatz 1 steht der Ausschluß der Übertragbarkeit und Pfändbarkeit der Ansprüche nicht entgegen.

(3) § 1587 d Abs. 2 gilt entsprechend.

§ 1587 k [Anwendbare Vorschriften – Erlöschen des Ausgleichsanspruchs]

(1) Für den Ausgleichsanspruch nach § 1587 g Abs. 1 Satz 1 gelten die §§ 1580, 1585 Abs. 1 Satz 2, 3 und § 1585 b Abs. 2, 3 entsprechend.

(2) Der Anspruch erlischt mit dem Tod des Berechtigten; § 1586 Abs. 2 gilt entsprechend. Soweit hiernach der Anspruch erlischt, gehen die nach § 1587 i Abs. 1 abgetretenen Ansprüche auf den Verpflichteten über.

§ 1587 l [Abfindung künftiger Ausgleichsansprüche]

(1)[1] Ein Ehegatte kann wegen seiner künftigen Ausgleichsansprüche von dem anderen eine Abfindung verlangen, wenn diesem die Zahlung nach seinen wirtschaftlichen Verhältnissen zumutbar ist.

(2) Für die Höhe der Abfindung ist der nach § 1587 g Abs. 2 ermittelte Zeitwert der beiderseitigen Anwartschaften oder Aussichten auf eine auszugleichende Versorgung zugrunde zu legen.

(3) Die Abfindung kann nur in Form der Zahlung von Beiträgen zu einer gesetzlichen Rentenversicherung oder zu einer privaten Lebens- oder Rentenversicherung verlangt werden. Wird die Abfindung in Form der Zahlung von Beiträgen zu einer privaten Lebens- oder Rentenversicherung gewählt, so muß der Versicherungsvertrag vom Berechtigten auf seine Person für den Fall des Todes und des Erlebens des fünfundsechzigsten oder eines niedrigeren Lebensjahres abgeschlossen sein und vorsehen, daß Gewinnanteile zur Erhöhung der Versicherungsleistungen verwendet werden. Auf Antrag ist dem Verpflichteten Ratenzahlung zu gestatten, soweit dies nach seinen wirtschaftlichen Verhältnissen der Billigkeit entspricht.

§ 1587 m [Tod des Berechtigten]

Mit dem Tod des Berechtigten erlischt der Anspruch auf Leistung der Abfindung, soweit er von dem Verpflichteten noch nicht erfüllt ist.

§ 1587 n [Anrechnung auf Unterhaltsanspruch]

Ist der Berechtigte nach § 1587 l abgefunden worden, so hat er sich auf einen Unterhaltsanspruch gegen den geschiedenen Ehegatten den Betrag anrechnen zu lassen, den er als Versorgungsausgleich nach § 1587 g erhalten würde, wenn die Abfindung nicht geleistet worden wäre.

4. Parteivereinbarungen

§ 1587 o [Vereinbarung über den Ausgleich – Form]

(1) Die Ehegatten können im Zusammenhang mit der Scheidung eine Vereinbarung über den Ausgleich von Anwartschaften oder Anrechten auf eine Versorgung wegen Alters oder Berufs- oder Erwerbsunfähigkeit (§ 1587) schließen. Durch die Vereinbarung können Anwartschaftsrechte in einer gesetzlichen Rentenversicherung nach § 1587 b Abs. 1 oder 2 nicht begründet oder übertragen werden.

(2) Die Vereinbarung nach Absatz 1 muß notariell beurkundet werden. § 127 a ist entsprechend anzuwenden. Die Vereinbarung bedarf der Genehmigung des Familiengerichts. Die Genehmigung soll nur verweigert werden, wenn unter Einbeziehung der Unterhaltsregelung und der Vermögensauseinandersetzung offensichtlich die vereinbarte Leistung nicht zur Sicherung des Berechtigten für den Fall der Erwerbsunfähigkeit und des Alters geeignet ist oder zu keinem nach Art und Höhe angemessenen Ausgleich unter den Ehegatten führt.

1) Siehe auch Artikel 4 des Gesetzes über weitere Maßnahmen auf dem Gebiet des Versorgungsausgleichs vom 8. 12. 1986 (BGBl. I S. 2317).

5. Schutz des Versorgungsschuldners

§ 1587 p [Leistung an den bisherigen Renteninhaber]

Sind durch die rechtskräftige Entscheidung des Familiengerichts Rentenanwartschaften in einer gesetzlichen Rentenversicherung auf den berechtigten Ehegatten übertragen worden, so muß dieser eine Leistung an den verpflichteten Ehegatten gegen sich gelten lassen, die der Schuldner der Versorgung bis zum Ablauf des Monats an den verpflichteten Ehegatten bewirkt, der dem Monat folgt, in dem ihm die Entscheidung zugestellt worden ist.

Achter Titel

Kirchliche Verpflichtungen

§ 1588 [Unberührtbleiben der kirchlichen Verpflichtungen]

Die kirchlichen Verpflichtungen in Ansehung der Ehe werden durch die Vorschriften dieses Abschnitts nicht berührt.

Zweiter Abschnitt

Verwandtschaft

Erster Titel

Allgemeine Vorschriften

§ 1589 [Linien und Grade der Verwandtschaft]

Personen, deren eine von der anderen abstammt, sind in gerader Linie verwandt. Personen, die nicht in gerader Linie verwandt sind, aber von derselben dritten Person abstammen, sind in der Seitenlinie verwandt. Der Grad der Verwandtschaft bestimmt sich nach der Zahl der sie vermittelnden Geburten.

(2) (weggefallen)

§ 1590 [Schwägerschaft]

(1) Die Verwandten eines Ehegatten sind mit dem anderen Ehegatten verschwägert. Die Linie und der Grad der Schwägerschaft bestimmen sich nach der Linie und dem Grade der sie vermittelnden Verwandtschaft.

(2) Die Schwägerschaft dauert fort, auch wenn die Ehe, durch die sie begründet wurde, aufgelöst ist.

Zweiter Titel

Abstammung

I. Eheliche Abstammung

§ 1591 [Ehelichkeitsvoraussetzungen – Vaterschaftsvermutung]

(1) Ein Kind, das nach der Eheschließung geboren wird, ist ehelich, wenn die Frau es vor oder während der Ehe empfangen und der Mann innerhalb der Empfängniszeit der Frau beigewohnt hat; dies gilt auch, wenn die Ehe für nichtig erklärt wird. Das Kind ist nicht ehelich, wenn es den Umständen nach offenbar unmöglich ist, daß die Frau das Kind von dem Manne empfangen hat.

(2) Es wird vermutet, daß der Mann innerhalb der Empfängniszeit der Frau beigewohnt habe. Soweit die Empfängniszeit in die Zeit vor der Ehe fällt, gilt die Vermutung nur, wenn der Mann gestorben ist, ohne die Ehelichkeit des Kindes angefochten zu haben.

§ 1592 [Empfängniszeit]

(1) Als Empfängniszeit gilt die Zeit von dem einhunderteinundachtzigsten bis zu dem dreihundertundzweiten Tage vor dem Tage der Geburt des Kindes, mit Einschluß sowohl des einhunderteinundachtzigsten als des dreihundertundzweiten Tages.

(2) Steht fest, daß das Kind innerhalb eines Zeitraums empfangen worden ist, der weiter als dreihundertundzwei Tage vor dem Tage der Geburt zurückliegt, so gilt zugunsten der Ehelichkeit des Kindes dieser Zeitraum als Empfängniszeit.

§ 1593 [Geltendmachung der Nichtehelichkeit][1]

Die Nichtehelichkeit[2] eines Kindes, das während der Ehe oder innerhalb von dreihundertundzwei Tagen nach Auflösung oder Nichtigerklärung der Ehe geboren ist, kann nur geltend gemacht werden, wenn die Ehelichkeit angefochten und die Nichtehelichkeit[2] rechtskräftig festgestellt ist.

§ 1594 [Anfechtungsfrist für den Ehemann]

(1) Die Ehelichkeit eines Kindes kann von dem Mann binnen zwei Jahren angefochten werden.

(2) Die Frist beginnt mit dem Zeitpunkt, in dem der Mann Kenntnis von den Umständen erlangt, die für die Nichtehelichkeit[2] des Kindes sprechen. Sie beginnt frühestens mit der Geburt des Kindes.

(3) Auf den Lauf der Frist sind die für die Verjährung geltenden Vorschriften der §§ 203, 206 entsprechend anzuwenden.

(4) (weggefallen)

§ 1595 [Höchstpersönliche Anfechtung]

(1) Die Anfechtung der Ehelichkeit kann nicht durch einen Vertreter erfolgen. Ist der Mann in der Geschäftsfähigkeit beschränkt, so bedarf er nicht der Zustimmung seines gesetzlichen Vertreters.

(2) Für einen geschäftsunfähigen Mann kann sein gesetzlicher Vertreter mit Genehmigung des Vormundschaftsgerichts die Ehelichkeit anfechten. Hat der gesetzliche Vertreter die Ehelichkeit nicht rechtzeitig angefochten, so kann nach dem Wegfalle der Geschäftsunfähigkeit der Mann selbst die Ehelichkeit in gleicher Weise anfechten, wie wenn er ohne gesetzlichen Vertreter gewesen wäre.

§ 1595 a [Anfechtung durch die Eltern des Mannes]

(1) Hat der Mann bis zum Tode keine Kenntnis von der Geburt des Kindes erlangt, so können die Eltern des Mannes die Ehelichkeit anfechten. Nach dem Tode eines Elternteils steht das Anfechtungsrecht dem überlebenden Elternteil zu. War der Mann nichtehelich, so steht das Anfechtungsrecht nur seiner Mutter zu. Die Eltern können die Ehelichkeit nur binnen Jahresfrist anfechten. Die Frist beginnt mit dem Zeitpunkt, in dem ein Elternteil Kenntnis vom Tode des Mannes und der Geburt des Kindes erlangt. Auf den Lauf der Frist sind die für die Verjährung geltenden Vorschriften der §§ 203, 206 entsprechend anzuwenden.

(2) Ist der Mann innerhalb von zwei Jahren seit der Geburt des Kindes gestorben, ohne die Ehelichkeit des Kindes angefochten zu haben, so ist die Vorschrift des Absatzes 1 anzuwenden. Das Anfechtungsrecht der Eltern ist ausgeschlossen, wenn der Mann die Ehelichkeit des Kindes nicht anfechten wollte.

---

1) Hierzu Beschluß des Bundesverfassungsgerichts vom 31.1.1989 – 1 BvL 17/87 – (BGBl. I S. 253): »§§ 1593, 1598 in Verbindung mit § 1596 Absatz 1 des Bürgerlichen Gesetzbuchs in der Fassung des Gesetzes zur Vereinheitlichung und Änderung familienrechtlicher Vorschriften (Familienrechtsänderungsgesetz) vom 11. August 1961 (BGBl. I S. 1221) sind mit dem Grundgesetz unvereinbar, soweit sie dem volljährigen Kind, von den gesetzlichen Anfechtungstatbeständen abgesehen, nicht nur die Änderung seines familienrechtlichen Status, sondern auch die gerichtliche Klärung seiner Abstammung ausnahmslos verwehren.«

2) Seit Inkrafttreten des Gesetzes über die rechtliche Stellung der nichtehelichen Kinder vom 19. 8. 1969 (BGBl. I S. 1243) verwendet der Gesetzgeber generell den Ausdruck »nichtehelich«.

(3) Die Vorschriften des § 1595 Abs. 1, Abs. 2 Satz 1 gelten entsprechend.

§ 1596 [Anfechtung durch das Kind]

(1) Das Kind kann seine Ehelichkeit anfechten, wenn

1.[1] der Mann gestorben oder für tot erklärt ist, ohne das Anfechtungsrecht nach § 1594 verloren zu haben,
2. die Ehe geschieden, aufgehoben oder für nichtig erklärt ist oder wenn die Ehegatten seit drei Jahren getrennt leben und nicht zu erwarten ist, daß sie die eheliche Lebensgemeinschaft wiederherstellen,
3. die Mutter den Mann geheiratet hat, der das Kind gezeugt hat,
4. die Anfechtung wegen ehrlosen oder unsittlichen Lebenswandels oder wegen einer schweren Verfehlung des Mannes gegen das Kind sittlich gerechtfertigt ist oder
5. die Anfechtung wegen einer schweren Erbkrankheit des Mannes sittlich gerechtfertigt ist.

(2) In den Fällen des Absatzes 1 Nr. 1 bis 3 kann das Kind seine Ehelichkeit nur binnen zwei Jahren anfechten. Die Frist beginnt mit dem Zeitpunkt, in dem das Kind von den Umständen, die für seine Nichtehelichkeit sprechen, und von dem Sachverhalt Kenntnis erlangt, der nach Absatz 1 Nr. 1, 2 oder 3 Voraussetzung für die Anfechtung ist. Die für die Verjährung geltenden Vorschriften der §§ 203, 206 sind entsprechend anzuwenden.

§ 1597 [Anfechtung durch den gesetzlichen Vertreter des Kindes]

(1) Ist das Kind minderjährig, so kann der gesetzliche Vertreter des Kindes die Ehelichkeit mit Genehmigung des Vormundschaftsgerichts anfechten.

(2) (aufgehoben)

(3) Will ein Vormund oder Pfleger die Ehelichkeit anfechten, so soll das Vormundschaftsgericht die Genehmigung nur erteilen, wenn die Mutter des Kindes einwilligt. Die Einwilligung kann nicht durch einen Vertreter erklärt werden. Ist die Mutter in der Geschäftsfähigkeit beschränkt, so bedarf sie nicht der Zustimmung ihres gesetzlichen Vertreters. Die Einwilligung der Mutter ist nicht erforderlich, wenn sie geschäftsunfähig oder ihr Aufenthalt dauernd unbekannt ist, wenn sie die elterliche Sorge verwirkt hat oder das Unterbleiben der Anfechtung dem Kinde zu unverhältnismäßigem Nachteile gereichen würde.

(4) Ist das Kind volljährig, so gilt § 1595 entsprechend.

§ 1598 [Anfechtung durch das volljährig gewordene Kind][1]

Hat der gesetzliche Vertreter eines minderjährigen Kindes in den Fällen des § 1596 Abs. 1 Nr. 1 bis 3 die Ehelichkeit nicht rechtzeitig angefochten, so kann das Kind, sobald es volljährig geworden ist, seine Ehelichkeit selbst anfechten; die Anfechtung ist nicht mehr zulässig, wenn seit dem Eintritt der Volljährigkeit zwei Jahre verstrichen sind.

§ 1599 [Durchführung der Anfechtung]

(1) Der Mann und die Eltern des Mannes fechten die Ehelichkeit des Kindes durch Klage gegen das Kind, das Kind ficht die Ehelichkeit durch Klage gegen den Mann an.

(2) Ist das Kind gestorben, so wird die Ehelichkeit durch Antrag beim Vormundschaftsgericht angefochten. Dasselbe gilt, wenn das Kind nach dem Tode des Mannes seine Ehelichkeit anficht.

(3) Wird die Klage oder der Antrag zurückgenommen, so ist die Anfechtung der Ehelichkeit als nicht erfolgt anzusehen.

---

1) Siehe Fußnote 1) zu § 1593.

§ 1600 [Ehelichkeit bei zweiter Ehe der Mutter]

(1) Wird von einer Frau, die eine zweite Ehe geschlossen hat, ein Kind geboren, das nach den §§ 1591, 1592 ein eheliches Kind sowohl des ersten als des zweiten Mannes wäre, so gilt es als eheliches Kind des zweiten Mannes.

(2) Wird die Ehelichkeit des Kindes angefochten und wird rechtskräftig festgestellt, daß das Kind kein eheliches Kind des zweiten Mannes ist, so gilt es als eheliches Kind des ersten Mannes.

(3) Soll geltend gemacht werden, daß auch der erste Mann nicht der Vater des Kindes ist, so beginnt die Anfechtungsfrist frühestens mit der Rechtskraft der in Absatz 2 bezeichneten Entscheidung.

II. Nichteheliche Abstammung

§ 1600 a [Vaterschaftsfeststellung]

Bei nichtehelichen Kindern wird die Vaterschaft durch Anerkennung oder gerichtliche Entscheidung mit Wirkung für und gegen alle festgestellt. Die Rechtswirkungen der Vaterschaft können, soweit sich nicht aus dem Gesetz ein anderes ergibt, erst vom Zeitpunkt dieser Feststellung an geltend gemacht werden.

§ 1600 b [Anerkennung]

(1) Eine Anerkennung unter einer Bedingung oder einer Zeitbestimmung ist unwirksam.

(2) Die Anerkennung ist schon vor der Geburt des Kindes zulässig.

(3) Ist die Vaterschaft anerkannt oder rechtskräftig festgestellt, so ist eine weitere Anerkennung unwirksam.

§ 1600 c [Zustimmung des Kindes]

(1) Zur Anerkennung ist die Zustimmung des Kindes erforderlich.

(2) Die Zustimmung ist dem Anerkennenden oder dem Standesbeamten gegenüber zu erklären.

§ 1600 d [Beschränkte Geschäftsfähigkeit – Geschäftsunfähigkeit]

(1) Wer in der Geschäftsfähigkeit beschränkt ist, kann nur selbst anerkennen; er bedarf hierzu der Zustimmung seines gesetzlichen Vertreters. Für einen Geschäftsunfähigen kann sein gesetzlicher Vertreter mit Genehmigung des Vormundschaftsgerichts anerkennen.

(2) Für ein Kind, das geschäftsunfähig oder noch nicht vierzehn Jahre alt ist, kann nur sein gesetzlicher Vertreter der Anerkennung zustimmen. Im übrigen kann ein Kind, das in der Geschäftsfähigkeit beschränkt ist, nur selbst zustimmen; es bedarf hierzu der Zustimmung seines gesetzlichen Vertreters.

(3) Ein geschäftsfähiger Betreuter kann nur selbst anerkennen oder zustimmen; § 1903 bleibt unberührt.

(4) Anerkennung und Zustimmung können nicht durch einen Bevollmächtigten erklärt werden.

§ 1600 e [Öffentliche Beurkundung]

(1) Die Anerkennungserklärung und die Zustimmungserklärung des Kindes müssen öffentlich beurkundet werden. Die Zustimmung des gesetzlichen Vertreters zu einer solchen Erklärung ist in öffentlich beglaubigter Form abzugeben.

(2) Beglaubigte Abschriften der Anerkennungserklärung sind außer dem Standesbeamten auch dem Kind und der Mutter des Kindes zu übersenden.

(3) Die Zustimmung des Kindes und seines gesetzlichen Vertreters sowie die Zustimmung des gesetzlichen Vertreters des Anerkennenden können bis zum Ablauf von sechs Monaten

seit der Beurkundung der Anerkennungserklärung erteilt werden. Die Frist beginnt nicht vor der Geburt des Kindes.

§ 1600 f [Unwirksamkeit der Anerkennung]

(1) Die Anerkennung ist nur dann unwirksam, wenn sie den Erfordernissen der vorstehenden Vorschriften nicht genügt oder wenn sie angefochten und rechtskräftig festgestellt ist, daß der Mann nicht der Vater des Kindes ist.

(2) Sind seit der Eintragung in ein deutsches Personenstandsbuch fünf Jahre verstrichen, so kann nicht mehr geltend gemacht werden, daß die Erfordernisse der vorstehenden Vorschriften nicht vorgelegen haben.

§ 1600 g [Anfechtungsberechtigte]

(1) Berechtigt, die Anerkennung anzufechten, sind der Mann, der die Vaterschaft anerkannt hat, die Mutter und das Kind.

(2) Ist der Mann innerhalb eines Jahres seit dem Wirksamwerden der Anerkennung gestorben, ohne die Anerkennung angefochten zu haben, so können die Eltern des Mannes anfechten. § 1595 a Abs. 1 Satz 2, 3, Abs. 2 Satz 2 gilt entsprechend.

§ 1600 h [Anfechtungsfrist für den Mann, Eltern und Mutter]

(1) Der Mann, der die Vaterschaft anerkannt hat, seine Eltern und die Mutter des Kindes können die Anerkennung binnen Jahresfrist anfechten.

(2) Für den Mann beginnt die Frist mit dem Zeitpunkt, in dem ihm die Umstände, die gegen die Vaterschaft sprechen, bekannt geworden sind. Leidet die Anerkennungserklärung unter einem Willensmangel nach § 119 Abs. 1, § 123, so endet die Frist nicht, solange nach den §§ 121, 124, 144 ein Anfechtungsrecht bestehen würde.

(3) Für die Eltern des Mannes beginnt die Frist mit dem Zeitpunkt, in dem einem Elternteil der Tod des Mannes und die Anerkennung bekannt geworden sind.

(4) Für die Mutter des Kindes beginnt die Frist mit dem Zeitpunkt, in dem ihr die Anerkennung bekannt geworden ist.

(5) Die Fristen beginnen nicht vor der Geburt des Kindes und nicht, bevor die Anerkennung wirksam geworden ist.

(6) Auf den Lauf der Fristen sind die für die Verjährung geltenden Vorschriften der §§ 203, 206 entsprechend anzuwenden.

§ 1600 i [Anfechtungsfrist für das Kind]

(1) Das Kind kann binnen zwei Jahren anfechten, nachdem ihm die Anerkennung und die Umstände bekannt geworden sind, die gegen die Vaterschaft sprechen.

(2) Hat die Mutter des Kindes den Mann geheiratet, der das Kind anerkannt hat, und ist die Anerkennung im Zusammenhang mit der Eheschließung oder nach der Eheschließung erfolgt, so kann das Kind, falls die Ehe geschieden, aufgehoben oder für nichtig erklärt ist, noch binnen zwei Jahren, nachdem ihm die Scheidung, Aufhebung oder Nichtigerklärung bekannt geworden ist, anfechten. Dies gilt entsprechend, wenn die Ehegatten seit drei Jahren getrennt leben und nicht zu erwarten ist, daß sie die eheliche Lebensgemeinschaft wiederherstellen.

(3) Hat die Mutter einen anderen Mann geheiratet und hat dieser das Kind gezeugt, so kann das Kind noch binnen zwei Jahren, nachdem ihm dies bekannt geworden ist, anfechten.

(4) § 1600 h Abs. 5, 6 gilt entsprechend.

(5) Die Anfechtung ist auch nach Ablauf der Frist zulässig, wenn sie wegen einer schweren Verfehlung des Mannes gegen das Kind, wegen ehrlosen oder unsittlichen Lebenswandels oder einer schweren Erbkrankheit des Mannes sittlich gerechtfertigt ist.

§ 1600 k [Beschränkte Geschäftsfähigkeit – Geschäftsunfähigkeit]

(1) Wer in der Geschäftsfähigkeit beschränkt ist, kann die Anerkennung nur selbst anfechten; er bedarf hierzu nicht der Zustimmung seines gesetzlichen Vertreters. Für ein in der Geschäftsfähigkeit beschränktes minderjähriges Kind kann nur der gesetzliche Vertreter mit Genehmigung des Vormundschaftsgerichts anfechten.

(2) Für einen Geschäftsunfähigen kann sein gesetzlicher Vertreter mit Genehmigung des Vormundschaftsgerichts die Anerkennung anfechten. Der Betreuer eines Geschäftsfähigen kann die Anerkennung nicht anfechten.

(3) Will der Vormund oder Pfleger eines minderjährigen Kindes die Anerkennung anfechten, nachdem die Mutter des Kindes den Mann geheiratet hat, der das Kind anerkannt hat, so gilt § 1597 Abs. 3 entsprechend.

(4) Hat der gesetzliche Vertreter eines Geschäftsunfähigen die Anerkennung nicht rechtzeitig angefochten, so kann nach dem Wegfall der Geschäftsunfähigkeit der Anfechtungsberechtigte selbst die Anerkennung in gleicher Weise anfechten, wie wenn er ohne gesetzlichen Vertreter gewesen wäre; dies gilt nicht für das Anfechtungsrecht der Eltern des Mannes, der das Kind anerkannt hat. Hat der gesetzliche Vertreter eines minderjährigen Kindes die Anerkennung nicht rechtzeitig angefochten, so kann das Kind selbst innerhalb von zwei Jahren seit dem Eintritt der Volljährigkeit die Anerkennung anfechten.

§ 1600 l [Geltendmachung der Anfechtung]

(1) Der Mann, der die Vaterschaft anerkannt hat, ficht die Anerkennung durch Klage gegen das Kind, das Kind und die Mutter des Kindes fechten die Anerkennung durch Klage gegen den Mann an.

(2) Ist der Mann oder das Kind gestorben, so wird die Anerkennung durch Antrag beim Vormundschaftsgericht angefochten; jedoch fechten die Eltern des Mannes bei Lebzeiten des Kindes die Anerkennung durch Klage gegen das Kind an.

(3) Wird die Klage oder der Antrag zurückgenommen, so ist die Anfechtung als nicht erfolgt anzusehen.

§ 1600 m [Vaterschaftsvermutung im Anfechtungsverfahren]

In dem Verfahren über die Anfechtung der Anerkennung wird vermutet, daß das Kind von dem Manne gezeugt ist, der die Vaterschaft anerkannt hat. Die Vermutung gilt nicht, wenn der Mann die Anerkennung anficht und seine Anerkennungserklärung unter einem Willensmangel nach § 119 Abs. 1, § 123 leidet; in diesem Falle ist § 1600 o Abs. 2 Satz 1 und 2 entsprechend anzuwenden. Die Empfängniszeit bestimmt sich nach § 1592.

§ 1600 n [Gerichtliche Feststellung der Vaterschaft]

(1) Ist die Vaterschaft nicht anerkannt, so ist sie auf Klage des Kindes oder des Mannes, der das Kind gezeugt hat, gerichtlich festzustellen.

(2) Nach dem Tode des Mannes ist die Vaterschaft auf Antrag des Kindes, nach dem Tode des Kindes auf Antrag der Mutter vom Vormundschaftsgericht festzustellen.

§ 1600 o [Gesetzliche Vermutung der Vaterschaft]

(1) Als Vater ist der Mann festzustellen, der das Kind gezeugt hat.

(2) Es wird vermutet, daß das Kind von dem Manne gezeugt ist, welcher der Mutter während der Empfängniszeit beigewohnt hat. Die Vermutung gilt nicht, wenn nach Würdigung aller Umstände schwerwiegende Zweifel an der Vaterschaft verbleiben. Die Empfängniszeit bestimmt sich nach § 1592.

Dritter Titel
Unterhaltspflicht
I. Allgemeine Vorschriften

§ 1601 [Unterhaltspflichtige]
Verwandte in gerader Linie sind verpflichtet, einander Unterhalt zu gewähren.

§ 1602 [Unterhaltsberechtigte]
(1) Unterhaltsberechtigt ist nur, wer außerstande ist, sich selbst zu unterhalten.
(2) Ein minderjähriges unverheiratetes Kind kann von seinen Eltern, auch wenn es Vermögen hat, die Gewährung des Unterhalts insoweit verlangen, als die Einkünfte seines Vermögens und der Ertrag seiner Arbeit zum Unterhalte nicht ausreichen.

§ 1603 [Grenzen der Unterhaltspflicht]
(1) Unterhaltspflichtig ist nicht, wer bei Berücksichtigung seiner sonstigen Verpflichtungen außerstande ist, ohne Gefährdung seines angemessenen Unterhalts den Unterhalt zu gewähren.
(2) Befinden sich die Eltern in dieser Lage, so sind sie ihren minderjährigen unverheirateten Kindern gegenüber verpflichtet, alle verfügbaren Mittel zu ihrem und der Kinder Unterhalte gleichmäßig zu verwenden. Diese Verpflichtung tritt nicht ein, wenn ein anderer unterhaltspflichtiger Verwandter vorhanden ist; sie tritt auch nicht ein gegenüber einem Kinde, dessen Unterhalt aus dem Stamme seines Vermögens bestritten werden kann.

§ 1604 [Unterhaltspflicht bei Gütergemeinschaft]
Besteht zwischen Ehegatten Gütergemeinschaft, so bestimmt sich die Unterhaltspflicht des Mannes oder der Frau Verwandten gegenüber so, wie wenn das Gesamtgut dem unterhaltspflichtigen Ehegatten gehörte. Sind bedürftige Verwandte beider Ehegatten vorhanden, so ist der Unterhalt aus dem Gesamtgut so zu gewähren, wie wenn die Bedürftigen zu beiden Ehegatten in dem Verwandtschaftsverhältnis ständen, auf dem die Unterhaltspflicht des verpflichteten Ehegatten beruht.

§ 1605 [Auskunftspflicht]
(1) Verwandte in gerader Linie sind einander verpflichtet, auf Verlangen über ihre Einkünfte und ihr Vermögen Auskunft zu erteilen, soweit dies zur Feststellung eines Unterhaltsanspruchs oder einer Unterhaltsverpflichtung erforderlich ist. Über die Höhe der Einkünfte sind auf Verlangen Belege, insbesondere Bescheinigungen des Arbeitgebers, vorzulegen. Die §§ 260, 261 sind entsprechend anzuwenden.
(2) Vor Ablauf von zwei Jahren kann Auskunft erneut nur verlangt werden, wenn glaubhaft gemacht wird, daß der zur Auskunft Verpflichtete später wesentlich höhere Einkünfte oder weiteres Vermögen erworben hat.

§ 1606 [Rangfolge der Unterhaltspflichtigen]
(1) Die Abkömmlinge sind vor den Verwandten der aufsteigenden Linie unterhaltspflichtig.
(2) Unter den Abkömmlingen und unter den Verwandten der aufsteigenden Linie haften die näheren vor den entfernteren.
(3) Mehrere gleich nahe Verwandte haften anteilig nach ihren Erwerbs- und Vermögensverhältnissen. Die Mutter erfüllt ihre Verpflichtung, zum Unterhalt eines minderjährigen unverheirateten Kindes beizutragen, in der Regel durch die Pflege und Erziehung des Kindes.

§ 1607 [Ersatzhaftung]
(1) Soweit ein Verwandter auf Grund des § 1603 nicht unterhaltspflichtig ist, hat der nach ihm haftende Verwandte den Unterhalt zu gewähren.

(2) Das gleiche gilt, wenn die Rechtsverfolgung gegen einen Verwandten im Inland ausgeschlossen oder erheblich erschwert ist. Der Anspruch gegen einen solchen Verwandten geht, soweit ein anderer Verwandter den Unterhalt gewährt, auf diesen über. Der Übergang kann nicht zum Nachteile des Unterhaltsberechtigten geltend gemacht werden.

§ 1608 [Vorrangige Unterhaltspflicht des Ehegatten]

(1) Der Ehegatte des Bedürftigen haftet vor dessen Verwandten. Soweit jedoch der Ehegatte bei Berücksichtigung seiner sonstigen Verpflichtungen außerstande ist, ohne Gefährdung seines angemessenen Unterhalts, den Unterhalt zu gewähren, haften die Verwandten vor dem Ehegatten. Die Vorschriften des § 1607 Abs. 2 finden entsprechende Anwendung.

(2) (aufgehoben)

§ 1609 [Rangfolge der Bedürftigen]

(1) Sind mehrere Bedürftige vorhanden und ist der Unterhaltspflichtige außerstande, allen Unterhalt zu gewähren, so gehen die minderjährigen unverheirateten Kinder den anderen Kindern, die Kinder den übrigen Abkömmlingen, die Abkömmlinge den Verwandten der aufsteigenden Linie, unter den Verwandten der aufsteigenden Linie die näheren den entfernteren vor.

(2) Der Ehegatte steht den minderjährigen unverheirateten Kindern gleich; er geht anderen Kindern und den übrigen Verwandten vor. Ist die Ehe geschieden oder aufgehoben, so geht der unterhaltsberechtigte Ehegatte den volljährigen oder verheirateten Kindern sowie den übrigen Verwandten des Unterhaltspflichtigen vor.

§ 1610 [Angemessener Unterhalt]

(1) Das Maß des zu gewährenden Unterhalts bestimmt sich nach der Lebensstellung des Bedürftigen (angemessener Unterhalt).

(2) Der Unterhalt umfaßt den gesamten Lebensbedarf einschließlich der Kosten einer angemessenen Vorbildung zu einem Beruf, bei einer der Erziehung bedürftigen Person auch die Kosten der Erziehung.

(3) Verlangt ein eheliches Kind, das in den Haushalt eines geschiedenen Elternteils aufgenommen ist, von dem anderen Elternteil Unterhalt, so gilt als Bedarf des Kindes bis zur Vollendung des achtzehnten Lebensjahres mindestens der für ein nichteheliches Kind der entsprechenden Altersstufe festgesetzte Regelbedarf. Satz 1 ist entsprechend anzuwenden, wenn die Eltern nicht nur vorübergehend getrennt leben oder ihre Ehe für nichtig erklärt worden ist.

§ 1610 a [Sozialleistungen bei Gesundheitsschaden]

Werden für Aufwendungen infolge eines Körper- oder Gesundheitsschadens Sozialleistungen in Anspruch genommen, wird bei der Feststellung eines Unterhaltsanspruchs vermutet, daß die Kosten der Aufwendungen nicht geringer sind als die Höhe dieser Sozialleistungen.

§ 1611 [Verwirkung]

(1) Ist der Unterhaltsberechtigte durch sein sittliches Verschulden bedürftig geworden, hat er seine eigene Unterhaltspflicht gegenüber dem Unterhaltspflichtigen gröblich vernachlässigt oder sich vorsätzlich einer schweren Verfehlung gegen den Unterhaltspflichtigen oder einen nahen Angehörigen des Unterhaltspflichtigen schuldig gemacht, so braucht der Verpflichtete nur einen Beitrag zum Unterhalt in der Höhe zu leisten, die der Billigkeit entspricht. Die Verpflichtung fällt ganz weg, wenn die Inanspruchnahme des Verpflichteten grob unbillig wäre.

(2) Die Vorschriften des Absatzes 1 sind auf die Unterhaltspflicht von Eltern gegenüber ihren minderjährigen unverheirateten Kindern nicht anzuwenden.

(3) Der Bedürftige kann wegen einer nach diesen Vorschriften eintretenden Beschränkung seines Anspruchs nicht andere Unterhaltspflichtige in Anspruch nehmen.

§ 1612 [Geldrente]

(1) Der Unterhalt ist durch Entrichtung einer Geldrente zu gewähren. Der Verpflichtete kann verlangen, daß ihm die Gewährung des Unterhalts in anderer Art gestattet wird, wenn besondere Gründe es rechtfertigen.

(2) Haben Eltern einem unverheirateten Kinde Unterhalt zu gewähren, so können sie bestimmen, in welcher Art und für welche Zeit im voraus der Unterhalt gewährt werden soll. Aus besonderen Gründen kann das Vormundschaftsgericht auf Antrag des Kindes die Bestimmung der Eltern ändern. Ist das Kind minderjährig, so kann ein Elternteil, dem die Sorge für die Person des Kindes nicht zusteht, eine Bestimmung nur für die Zeit treffen, in der das Kind in seinen Haushalt aufgenommen ist.

(3) Eine Geldrente ist monatlich im voraus zu zahlen. Der Verpflichtete schuldet den vollen Monatsbetrag auch dann, wenn der Berechtigte im Laufe des Monats stirbt.

§ 1612 a [Anpassung von Unterhaltsrenten]

(1) Ist die Höhe der für einen Minderjährigen als Unterhalt zu entrichtenden Geldrente in einer gerichtlichen Entscheidung, einer Vereinbarung oder einer Verpflichtungsurkunde festgelegt, so kann der Berechtigte oder der Verpflichtete verlangen, daß der zu entrichtende Unterhalt gemäß den Vorschriften des Absatzes 2 der allgemeinen Entwicklung der wirtschaftlichen Verhältnisse angepaßt wird. Die Anpassung kann nicht verlangt werden, wenn und soweit bei der Festlegung der Höhe des Unterhalts eine Änderung der Geldrente ausgeschlossen worden oder ihre Anpassung an Veränderungen der wirtschaftlichen Verhältnisse auf andere Weise geregelt ist.

(2) Ist infolge erheblicher Änderungen der allgemeinen wirtschaftlichen Verhältnisse eine Anpassung der Unterhaltsrenten erforderlich, so bestimmt die Bundesregierung nach Maßgabe der allgemeinen Entwicklung, insbesondere der Entwicklung der Verdienste und des Lebensbedarfs, durch Rechtsverordnung (Anpassungsverordnung) den Vomhundertsatz, um den Unterhaltsrenten zu erhöhen oder herabzusetzen sind. Die Verordnung bedarf der Zustimmung des Bundesrates. Die Anpassung kann nicht für einen früheren Zeitpunkt als den Beginn des zweiten auf das Inkrafttreten der Anpassungsverordnung folgenden Kalendermonats verlangt werden. Sie wird mit der Erklärung wirksam; dies gilt nicht, wenn sich die Verpflichtung zur Unterhaltszahlung aus einem Schuldtitel ergibt, aus dem die Zwangsvollstreckung stattfindet.

(3) Der Unterhaltsbetrag, der sich bei der Anpassung ergibt, ist auf volle Deutsche Mark abzurunden, und zwar bei Beträgen unter fünfzig Pfennig nach unten, sonst nach oben.

(4) (aufgehoben)

(5) Das Recht des Berechtigten und des Verpflichteten, auf Grund allgemeiner Vorschriften eine Änderung des Unterhalts zu verlangen, bleibt unberührt.

§ 1613 [Unterhalt für die Vergangenheit]

(1) Für die Vergangenheit kann der Berechtigte Erfüllung oder Schadensersatz wegen Nichterfüllung nur von der Zeit an fordern, zu welcher der Verpflichtete in Verzug gekommen oder der Unterhaltsanspruch rechtshängig geworden ist.

(2) Wegen eines unregelmäßigen außergewöhnlich hohen Bedarfs (Sonderbedarf) kann der Berechtigte Erfüllung für die Vergangenheit ohne die Einschränkung des Absatzes 1 verlangen. Der Anspruch kann jedoch nach Ablauf eines Jahres seit seiner Entstehung nur

geltend gemacht werden, wenn vorher der Verpflichtete in Verzug gekommen oder der Anspruch rechtshängig geworden ist.

§ 1614 [Kein Unterhaltsverzicht für die Zukunft – Vorausleistung]

(1) Für die Zukunft kann auf den Unterhalt nicht verzichtet werden.

(2) Durch eine Vorausleistung wird der Verpflichtete bei erneuter Bedürftigkeit des Berechtigten nur für den im § 760 Abs. 2 bestimmten Zeitabschnitt oder, wenn er selbst den Zeitabschnitt zu bestimmen hatte, für einen den Umständen nach angemessenen Zeitabschnitt befreit.

§ 1615 [Erlöschen des Unterhaltsanspruchs]

(1) Der Unterhaltsanspruch erlischt mit dem Tode des Berechtigten oder des Verpflichteten, soweit er nicht auf Erfüllung oder Schadensersatz wegen Nichterfüllung für die Vergangenheit oder auf solche im voraus zu bewirkende Leistungen gerichtet ist, die zur Zeit des Todes des Berechtigten oder des Verpflichteten fällig sind.

(2) Im Falle des Todes des Berechtigten hat der Verpflichtete die Kosten der Beerdigung zu tragen, soweit ihre Bezahlung nicht von den Erben zu erlangen ist.

II. Besondere Vorschriften für das nichteheliche Kind und seine Mutter

§ 1615 a [Anwendung der allgemeinen Vorschriften]

Für die Unterhaltspflicht gegenüber nichtehelichen Kindern gelten die allgemeinen Vorschriften, soweit sich nicht aus den folgenden Bestimmungen ein anderes ergibt.

§ 1615 b [Übergang des Unterhaltsanspruchs]

(1) Der Unterhaltsanspruch des Kindes gegen den Vater geht, soweit an Stelle des Vaters ein anderer unterhaltspflichtiger Verwandter oder der Ehemann der Mutter dem Kinde Unterhalt gewährt, auf diesen über. Der Übergang kann nicht zum Nachteile des Kindes geltend gemacht werden.

(2) Absatz 1 gilt entsprechend, wenn ein Dritter als Vater dem Kinde Unterhalt gewährt.

§ 1615 c [Bemessung des Unterhalts]

Bei der Bemessung des Unterhalts ist, solange das Kind noch keine selbständige Lebensstellung erlangt hat, die Lebensstellung beider Eltern zu berücksichtigen.

§ 1615 d [Unterhalt für die Vergangenheit]

Das Kind kann von seinem Vater Unterhaltsbeträge, die fällig geworden sind, bevor die Vaterschaft anerkannt oder rechtskräftig festgestellt war, auch für die Vergangenheit verlangen.

§ 1615 e [Unterhaltsvereinbarung – Abfindung]

(1) Das Kind kann mit dem Vater sowie mit den Verwandten des Vaters eine Vereinbarung über den Unterhalt für die Zukunft oder über eine an Stelle des Unterhalts zu gewährende Abfindung treffen; das gleiche gilt für Unterhaltsansprüche des Vaters und seiner Verwandten gegen das Kind. Ein unentgeltlicher Verzicht auf den Unterhalt für die Zukunft ist nichtig.

(2) Die Vereinbarung bedarf, wenn der Berechtigte nicht voll geschäftsfähig ist, der Genehmigung des Vormundschaftsgerichts. Der Betreuer des Berechtigten kann die Vereinbarung nur mit Genehmigung des Vormundschaftsgerichts treffen.

(3) Ein Abfindungsvertrag, der zwischen dem Kinde und dem Vater geschlossen wird, erstreckt sich im Zweifel auch auf die Unterhaltsansprüche des Kindes gegen die Verwandten des Vaters.

(4) Diese Vorschriften gelten für die Unterhaltsansprüche der Abkömmlinge des Kindes entsprechend.

§ 1615 f [Regelunterhalt – Regelbedarf]

(1) Bis zur Vollendung des achtzehnten Lebensjahres hat der Vater dem Kinde mindestens den Regelunterhalt zu zahlen; dies gilt nicht, solange das Kind in den väterlichen Haushalt aufgenommen ist. Regelunterhalt ist der zum Unterhalt eines Kindes, das sich in der Pflege seiner Mutter befindet, bei einfacher Lebenshaltung im Regelfall erforderliche Betrag (Regelbedarf), vermindert um die nach § 1615 g anzurechnenden Beträge. § 1612 Abs. 1 Satz 2 ist auf den Regelunterhalt nicht anzuwenden.

(2) Der Regelbedarf wird von der Bundesregierung mit Zustimmung des Bundesrates durch Rechtsverordnung festgesetzt. Er kann nach dem Alter des Kindes und nach den örtlichen Unterschieden in den Lebenshaltungskosten abgestuft werden.

§ 1615 g [Anrechnung auf den Regelbedarf]

(1) Das auf das Kind entfallende Kindergeld, Kinderzuschläge und ähnliche regelmäßig wiederkehrende Geldleistungen, die einem anderen als dem Vater zustehen, sind auf den Regelbedarf zur Hälfte anzurechnen. Kindergeld ist jedoch nur dann anzurechnen, wenn auch der Vater die Anspruchsvoraussetzungen erfüllt, ihm aber Kindergeld nicht gewährt wird, weil ein anderer vorrangig berechtigt ist. Leistungen, die wegen Krankheit oder Arbeitslosigkeit gewährt werden, sind nicht anzurechnen.

(2) Eine Leistung, die zwar dem Vater zusteht, aber einem anderen ausgezahlt wird, ist in voller Höhe anzurechnen.

(3) Waisenrenten, die dem Kinde zustehen, sind nicht anzurechnen.

(4) Das Nähere wird von der Bundesregierung mit Zustimmung des Bundesrates durch Rechtsverordnung bestimmt.

§ 1615 h [Herabsetzung des Regelunterhalts]

(1) Übersteigt der Regelunterhalt wesentlich den Betrag, den der Vater dem Kinde ohne Berücksichtigung der Vorschriften über den Regelunterhalt leisten müßte, so kann er verlangen, daß der zu leistende Unterhalt auf diesen Betrag herabgesetzt wird. Vorübergehende Umstände können nicht zu einer Herabsetzung führen. § 1612 Abs. 1 Satz 2 bleibt auch in diesem Falle unanwendbar.

(2) Die Herabsetzung des Unterhalts unter den Regelunterhalt läßt die Verpflichtung des Vaters, dem Kinde wegen Sonderbedarfs Unterhalt zu leisten, unberührt.

§ 1615 i [Stundung und Erlaß rückständiger Unterhaltsbeträge]

(1) Rückständige Unterhaltsbeträge, die fällig geworden sind, bevor der Vater dic Vaterschaft anerkannt hat oder durch gerichtliche Entscheidung zur Leistung von Unterhalt verpflichtet worden ist, können auf Antrag des Vaters gestundet werden, soweit dies der Billigkeit entspricht.

(2) Rückständige Unterhaltsbeträge, die länger als ein Jahr vor Anerkennung der Vaterschaft oder Erhebung der Klage auf Feststellung der Vaterschaft fällig geworden sind, können auf Antrag des Vaters erlassen werden, soweit dies zur Vermeidung unbilliger Härten erforderlich ist. Der Erlaß ist ausgeschlossen, soweit unbillige Härten durch Herabsetzung des Unterhalts unter den Regelunterhalt für die Vergangenheit oder durch Stundung vermieden werden können.

(3) Hat ein Dritter an Stelle des Vaters Unterhalt gewährt und verlangt der Dritte vom Vater Ersatz, so gelten die vorstehenden Vorschriften entsprechend. Die Bedürfnisse und die wirtschaftlichen Verhältnisse des Dritten sind mit zu berücksichtigen.

§ 1615 k [Entbindungskosten]

(1) Der Vater ist verpflichtet, der Mutter die Kosten der Entbindung und, falls infolge der Schwangerschaft oder der Entbindung weitere Aufwendungen notwendig werden, auch die dadurch entstehenden Kosten zu erstatten. Dies gilt nicht für Kosten, die durch Leistungen des Arbeitgebers oder durch Versicherungsleistungen gedeckt werden.

(2) Der Anspruch verjährt in vier Jahren. Die Verjährung beginnt, soweit sie nicht gehemmt oder unterbrochen ist, mit dem Schluß des auf die Entbindung folgenden Jahres.

§ 1615 l [Unterhaltsanspruch vor und nach der Geburt]

(1) Der Vater hat der Mutter für die Dauer von sechs Wochen vor und acht Wochen nach der Geburt des Kindes Unterhalt zu gewähren.

(2) Soweit die Mutter einer Erwerbstätigkeit nicht nachgeht, weil sie infolge der Schwangerschaft oder einer durch die Schwangerschaft oder die Entbindung verursachten Krankheit dazu außerstande ist, ist der Vater verpflichtet, ihr über die in Absatz 1 bezeichnete Zeit hinaus Unterhalt zu gewähren. Das gleiche gilt, wenn die Mutter nicht oder nur beschränkt erwerbstätig ist, weil das Kind anderenfalls nicht versorgt werden könnte. Die Unterhaltspflicht beginnt frühestens vier Monate vor der Entbindung; sie endet spätestens ein Jahr nach der Entbindung.

(3) Die Vorschriften über die Unterhaltspflicht zwischen Verwandten sind entsprechend anzuwenden. Die Verpflichtung des Vaters geht der Verpflichtung der Verwandten der Mutter vor. Die Ehefrau und minderjährige unverheiratete Kinder des Vaters gehen bei Anwendung des § 1609 der Mutter vor; die Mutter geht den übrigen Verwandten des Vaters vor. § 1613 Abs. 2, § 1615 d und § 1615 i Abs. 1, 3 gelten entsprechend. Der Anspruch erlischt nicht mit dem Tode des Vaters.

(4) Der Anspruch verjährt in vier Jahren. Die Verjährung beginnt, soweit sie nicht gehemmt oder unterbrochen ist, mit dem Schluß des auf die Entbindung folgenden Jahres.

§ 1615 m [Beerdigungskosten für die Mutter]

Stirbt die Mutter infolge der Schwangerschaft oder der Entbindung, so hat der Vater die Kosten der Beerdigung zu tragen, soweit ihre Bezahlung nicht von dem Erben der Mutter zu erlangen ist.

§ 1615 n [Tod des Vaters – Tot- und Fehlgeburt]

Die Ansprüche nach den §§ 1615 k bis 1615 m bestehen auch dann, wenn der Vater vor der Geburt des Kindes gestorben oder wenn das Kind tot geboren ist. Bei einer Fehlgeburt gelten die Vorschriften der §§ 1615 k bis 1615 m sinngemäß.

§ 1615 o [Einstweilige Verfügung]

(1) Auf Antrag des Kindes kann durch einstweilige Verfügung angeordnet werden, daß der Mann, der die Vaterschaft anerkannt hat oder der nach § 1600 o als Vater vermutet wird, den für die ersten drei Monate dem Kinde zu gewährenden Unterhalt zu zahlen hat. Der Antrag kann bereits vor der Geburt des Kindes durch die Mutter oder einen für die Leibesfrucht bestellten Pfleger gestellt werden; in diesem Falle kann angeordnet werden, daß der erforderliche Betrag angemessene Zeit vor der Geburt zu hinterlegen ist.

(2) Auf Antrag der Mutter kann durch einstweilige Verfügung angeordnet werden, daß der Mann, der die Vaterschaft anerkannt hat oder der nach § 1600 o als Vater vermutet wird, die nach den §§ 1615 k, 1615 l voraussichtlich zu leistenden Beträge an die Mutter zu zahlen hat; auch kann die Hinterlegung eines angemessenen Betrages angeordnet werden.

(3) Eine Gefährdung des Anspruchs braucht nicht glaubhaft gemacht zu werden.

Vierter Titel

Rechtsverhältnis zwischen den Eltern und dem Kinde im allgemeinen

§ 1616 [Familienname des ehelichen Kindes]

(1) Das eheliche Kind erhält den Ehenamen seiner Eltern als Geburtsnamen.

(2) Führen die Eltern keinen Ehenamen, so bestimmen sie durch Erklärung gegenüber dem Standesbeamten den Namen, den der Vater oder den die Mutter zur Zeit der Erklärung führt, zum Geburtsnamen des Kindes. Die Erklärung muß öffentlich beglaubigt werden. Die Bestimmung der Eltern gilt auch für ihre weiteren Kinder.

(3) Treffen die Eltern binnen eines Monats nach der Geburt des Kindes keine Bestimmung, überträgt das Vormundschaftsgericht das Bestimmungsrecht einem Elternteil. Absatz 2 gilt entsprechend. Das Vormundschaftsgericht kann dem Elternteil für die Ausübung des Bestimmungsrechts eine Frist setzen. Ist nach Ablauf der Frist das Bestimmungsrecht nicht ausgeübt worden, so erhält das Kind den Namen des Elternteils, dem das Bestimmungsrecht übertragen ist.

(4) Ist ein Kind nicht im Inland geboren, so überträgt das Vormundschaftsgericht das Bestimmungsrecht einem Elternteil nach Absatz 3 nur dann, wenn ein Elternteil oder das Kind dies beantragt oder die Eintragung des Namens des Kindes in ein deutsches Personenstandsbuch oder ein amtliches deutsches Identitätspapier erforderlich wird.

§ 1616 a [Zustimmung des Kindes bei Namensänderung]

(1) Bestimmen die Eltern einen Ehenamen, nachdem das Kind das fünfte Lebensjahr vollendet hat, so erstreckt sich der Ehename auf den Geburtsnamen des Kindes nur dann, wenn es sich der Namensänderung anschließt. Ein in der Geschäftsfähigkeit beschränktes Kind, welches das vierzehnte Lebensjahr vollendet hat, kann die Erklärung nur selbst abgeben; es bedarf hierzu der Zustimmung seines gesetzlichen Vertreters. Die Erklärung kann nur vor Eintritt der Volljährigkeit abgegeben werden. Die Erklärung ist gegenüber dem Standesbeamten abzugeben; sie muß öffentlich beglaubigt werden und bedarf, wenn das Kind das vierzehnte Lebensjahr nicht vollendet hat, der Genehmigung des Vormundschaftsgerichts.

(2) Für eine Änderung des Ehenamens der Eltern oder eine Änderung des Familiennamens eines Elternteils, der Geburtsname eines ehelichen Kindes geworden ist, gilt Absatz 1 entsprechend. Eine Änderung des Familiennamens eines Elternteils infolge Eheschließung erstreckt sich nicht auf den Geburtsnamen des Kindes.

(3) Eine Änderung des Geburtsnamens erstreckt sich auf den Ehenamen des Kindes nur dann, wenn sich auch der Ehegatte der Namensänderung anschließt. Absatz 1 Satz 4 gilt entsprechend.

§ 1617 [Familienname des nichtehelichen Kindes]

(1) Das nichteheliche Kind erhält den Familiennamen, den die Mutter zur Zeit der Geburt des Kindes führt. Als Familienname gilt nicht der gemäß § 1355 Abs. 4 dem Ehenamen hinzugefügte Name.

(2) Eine Änderung des Familiennamens der Mutter erstreckt sich auf den Geburtsnamen des Kindes, welches das fünfte Lebensjahr vollendet hat, nur dann, wenn es sich der Namensänderung anschließt. Ein in der Geschäftsfähigkeit beschränktes Kind, welches das vierzehnte Lebensjahr vollendet hat, kann die Erklärung nur selbst abgeben; es bedarf hierzu der Zustimmung seines gesetzlichen Vertreters. Die Erklärung kann nur vor Eintritt der Volljährigkeit abgegeben werden. Die Erklärung ist gegenüber dem Standesbeamten

abzugeben; sie muß öffentlich beglaubigt werden und bedarf, wenn das Kind das vierzehnte Lebensjahr nicht vollendet hat, der Genehmigung des Vormundschaftsgerichts.
(3) Eine Änderung des Familiennamens der Mutter infolge Eheschließung erstreckt sich nicht auf das Kind.
(4) Ist der frühere Geburtsname zum Ehenamen des Kindes geworden, so erstreckt sich die Namensänderung auf den Ehenamen nur dann, wenn die Ehegatten die Erklärung nach Absatz 2 Satz 1 und 4 gemeinsam abgeben.

§ 1618 [Einbenennung des nichtehelichen Kindes]
(1) Die Mutter und deren Ehemann können dem Kinde, das einen Namen nach § 1617 führt und eine Ehe noch nicht eingegangen ist, ihren Ehenamen, der Vater des Kindes seinen Familiennamen durch Erklärung gegenüber dem Standesbeamten erteilen. Als Familienname gilt nicht der gemäß § 1355 Abs. 4 dem Ehenamen hinzugefügte Name. Die Erteilung des Namens bedarf der Einwilligung des Kindes und, wenn der Vater dem Kinde seinen Familiennamen erteilt, auch der Einwilligung der Mutter.
(2) Ein in der Geschäftsfähigkeit beschränktes Kind, welches das vierzehnte Lebensjahr vollendet hat, kann seine Einwilligung nur selbst erteilen. Es bedarf hierzu der Zustimmung seines gesetzlichen Vertreters. Ein geschäftsfähiger Betreuter kann die Einwilligung nur selbst erteilen; § 1903 bleibt unberührt.
(3) Die Erklärungen nach Absatz 1 und 2 müssen öffentlich beglaubigt werden.
(4) Ändert sich der Familienname des Vaters, so gilt § 1617 Abs. 2 bis 4 entsprechend.

§ 1618 a [Gegenseitige Beistandspflicht]
Eltern und Kinder sind einander Beistand und Rücksicht schuldig.

§ 1619 [Dienstleistungspflicht hausangehöriger Kinder]
Das Kind ist, solange es dem elterlichen Hausstand angehört und von den Eltern erzogen oder unterhalten wird, verpflichtet, in einer seinen Kräften und seiner Lebensstellung entsprechenden Weise den Eltern in ihrem Hauswesen und Geschäfte Dienste zu leisten.

§ 1620 [Schenkungsvermutung bei Beitragsleistung des Kindes]
Macht ein dem elterlichen Hausstand angehörendes volljähriges Kind zur Bestreitung der Kosten des Haushalts aus seinem Vermögen eine Aufwendung oder überläßt es den Eltern zu diesem Zwecke etwas aus seinem Vermögen, so ist im Zweifel anzunehmen, daß die Absicht fehlt, Ersatz zu verlangen.

§§ 1621 bis **1623 (aufgehoben)**

§ 1624 [Ausstattung aus dem Elternvermögen]
(1) Was einem Kinde mit Rücksicht auf seine Verheiratung oder auf die Erlangung einer selbständigen Lebensstellung zur Begründung oder zur Erhaltung der Wirtschaft oder der Lebensstellung von dem Vater oder der Mutter zugewendet wird (Ausstattung), gilt, auch wenn eine Verpflichtung nicht besteht, nur insoweit als Schenkung, als die Ausstattung das den Umständen, insbesondere den Vermögensverhältnissen des Vaters oder der Mutter, entsprechende Maß übersteigt.
(2) Die Verpflichtung des Ausstattenden zur Gewährleistung wegen eines Mangels im Rechte oder wegen eines Fehlers der Sache bestimmt sich, auch soweit die Ausstattung nicht als Schenkung gilt, nach den für die Gewahrleistungspflicht des Schenkers geltenden Vorschriften.

§ 1625 [Ausstattung aus dem Kindesvermögen]
Gewährt der Vater einem Kinde, dessen Vermögen kraft elterlicher Sorge, Vormundschaft oder Betreuung seiner Verwaltung unterliegt, eine Ausstattung, so ist im Zweifel anzu-

nehmen, daß er sie aus diesem Vermögen gewährt. Diese Vorschrift findet auf die Mutter entsprechende Anwendung.

Fünfter Titel

Elterliche Sorge für eheliche Kinder

§ 1626 [Elterliche Sorge – Berücksichtigung der zunehmenden Selbständigkeit – Mitspracherecht]

(1) Der Vater und die Mutter haben das Recht und die Pflicht, für das minderjährige Kind zu sorgen (elterliche Sorge). Die elterliche Sorge umfaßt die Sorge für die Person des Kindes (Personensorge) und das Vermögen des Kindes (Vermögenssorge).

(2) Bei der Pflege und Erziehung berücksichtigen die Eltern die wachsende Fähigkeit und das wachsende Bedürfnis des Kindes zu selbständigem verantwortungsbewußtem Handeln. Sie besprechen mit dem Kind, soweit es nach dessen Entwicklungsstand angezeigt ist, Fragen der elterlichen Sorge und streben Einvernehmen an.

§ 1627 [Ausübung der elterlichen Sorge]

Die Eltern haben die elterliche Sorge in eigener Verantwortung und in gegenseitigem Einvernehmen zum Wohle des Kindes auszuüben. Bei Meinungsverschiedenheiten müssen sie versuchen, sich zu einigen.

§ 1628 [Entscheidungsrecht]

(1) Können sich die Eltern in einer einzelnen Angelegenheit oder in einer bestimmten Art von Angelegenheiten der elterlichen Sorge, deren Regelung für das Kind von erheblicher Bedeutung ist, nicht einigen, so kann das Vormundschaftsgericht auf Antrag eines Elternteils die Entscheidung einem Elternteil übertragen, sofern dies dem Wohle des Kindes entspricht. Die Übertragung kann mit Beschränkungen oder mit Auflagen verbunden werden.

(2) Vor der Entscheidung soll das Vormundschaftsgericht darauf hinwirken, daß sich die Eltern auf eine dem Wohl des Kindes entsprechende Regelung einigen.

§ 1629 [Vertretung des Kindes]

(1)[1] Die elterliche Sorge umfaßt die Vertretung des Kindes. Die Eltern vertreten das Kind gemeinschaftlich; ist eine Willenserklärung gegenüber dem Kind abzugeben, so genügt die Abgabe gegenüber einem Elternteil. Ein Elternteil vertritt das Kind allein, soweit er die elterliche Sorge allein ausübt oder ihm die Entscheidung nach § 1628 Abs. 1 übertragen ist.

(2) Der Vater und die Mutter können das Kind insoweit nicht vertreten, als nach § 1795 ein Vormund von der Vertretung des Kindes ausgeschlossen ist. Leben die Eltern getrennt oder ist eine Ehesache zwischen ihnen anhängig, so kann, wenn eine Regelung der Sorge für die Person des Kindes noch nicht getroffen ist, der Elternteil, in dessen Obhut sich das Kind befindet, Unterhaltsansprüche des Kindes gegen den anderen Elternteil geltend machen. Das Vormundschaftsgericht kann dem Vater und der Mutter nach § 1796 die Vertretung entziehen.

---

1) Hierzu Beschluß des Bundesverfassungsgerichts vom 13. 5. 1986 – 1 BvR 1542/84 – (BGBl. I S. 863): »§ 1629 Absatz 1 in Verbindung mit § 1643 Absatz 1 des Bürgerlichen Gesetzbuches in der Fassung des Gesetzes zur Neuregelung des Rechts der elterlichen Sorge vom 18. 7. 1979 (BGBl. I S. 1061) ist insoweit mit Artikel 2 Absatz 1 in Verbindung mit Artikel 1 Absatz 1 des Grundgesetzes nicht vereinbar, als danach Eltern im Zusammenhang mit der Fortführung eines zu einem Nachlaß gehörenden Handelsgeschäfts ohne vormundschaftsgerichtliche Genehmigung Verbindlichkeiten zu Lasten ihrer minderjährigen Kinder eingehen können, die über deren Haftung mit dem ererbten Vermögen hinausgehen.«

(3) Solange die Eltern getrennt leben oder eine Ehesache zwischen ihnen anhängig ist, kann ein Elternteil Unterhaltsansprüche des Kindes gegen den anderen Elternteil nur im eigenen Namen geltend machen. Eine von einem Elternteil erwirkte gerichtliche Entscheidung und ein zwischen den Eltern geschlossener gerichtlicher Vergleich wirken auch für und gegen das Kind.

§ 1630 [Einschränkung der elterlichen Sorge bei Pflegerbestellung]

(1) Die elterliche Sorge erstreckt sich nicht auf Angelegenheiten des Kindes, für die ein Pfleger bestellt ist.

(2) Steht die Personensorge oder die Vermögenssorge einem Pfleger zu, so entscheidet das Vormundschaftsgericht, falls sich die Eltern und der Pfleger in einer Angelegenheit nicht einigen können, die sowohl die Person als auch das Vermögen des Kindes betrifft.

(3) Geben die Eltern das Kind für längere Zeit in Familienpflege, so kann auf ihren Antrag das Vormundschaftsgericht Angelegenheiten der elterlichen Sorge auf die Pflegeperson übertragen. Soweit das Vormundschaftsgericht eine Übertragung vornimmt, hat die Pflegeperson die Rechte und Pflichten eines Pflegers.

§ 1631 [Inhalt der Personensorge]

(1) Die Personensorge umfaßt insbesondere das Recht und die Pflicht, das Kind zu pflegen, zu erziehen, zu beaufsichtigen und seinen Aufenthalt zu bestimmen.

(2) Entwürdigende Erziehungsmaßnahmen sind unzulässig.

(3) Das Vormundschaftsgericht hat die Eltern auf Antrag bei der Ausübung der Personensorge in geeigneten Fällen zu unterstützen.

§ 1631 a [Ausbildung und Beruf]

(1) In Angelegenheiten der Ausbildung und des Berufes nehmen die Eltern insbesondere auf Eignung und Neigung des Kindes Rücksicht. Bestehen Zweifel, so soll der Rat eines Lehrers oder einer anderen geeigneten Person eingeholt werden.

(2) Nehmen die Eltern offensichtlich keine Rücksicht auf Eignung und Neigung des Kindes und wird dadurch die Besorgnis begründet, daß die Entwicklung des Kindes nachhaltig und schwer beeinträchtigt wird, so entscheidet das Vormundschaftsgericht. Das Gericht kann erforderliche Erklärungen der Eltern oder eines Elternteils ersetzen.

§ 1631 b [Unterbringung mit Freiheitsentziehung]

Eine Unterbringung des Kindes, die mit Freiheitsentziehung verbunden ist, ist nur mit Genehmigung des Vormundschaftsgerichts zulässig. Ohne die Genehmigung ist die Unterbringung nur zulässig, wenn mit dem Aufschub Gefahr verbunden ist; die Genehmigung ist unverzüglich nachzuholen. Das Gericht hat die Genehmigung zurückzunehmen, wenn das Wohl des Kindes die Unterbringung nicht mehr erfordert.

§ 1631 c [Sterilisation des Kindes]

Die Eltern können nicht in eine Sterilisation des Kindes einwilligen. Auch das Kind selbst kann nicht in die Sterilisation einwilligen. § 1909 findet keine Anwendung.

§ 1632 [Herausgabe – Bestimmung des Umgangs – Wegnahme von Pflegeperson]

(1) Die Personensorge umfaßt das Recht, die Herausgabe des Kindes von jedem zu verlangen, der es den Eltern oder einem Elternteil widerrechtlich vorenthält.

(2) Die Personensorge umfaßt ferner das Recht, den Umgang des Kindes auch mit Wirkung für und gegen Dritte zu bestimmen.

(3) Über Streitigkeiten, die eine Angelegenheit nach Absatz 1 oder 2 betreffen, entscheidet das Vormundschaftsgericht auf Antrag eines Elternteils; verlangt ein Elternteil die Herausgabe des Kindes von dem anderen Elternteil, so entscheidet hierüber das Familiengericht.

(4) Lebt das Kind seit längerer Zeit in Familienpflege und wollen die Eltern das Kind von der Pflegeperson wegnehmen, so kann das Vormundschaftsgericht von Amts wegen oder auf Antrag der Pflegeperson anordnen, daal das Kind bei der Pflegeperson verbleibt, wenn und solange für eine solche Anordnung die Voraussetzungen des § 1666 Abs. 1 Satz 1 insbesondere im Hinblick auf Anlaß oder Dauer der Familienpflege gegeben sind.

§ 1633 [Verheiratete Minderjährige]

Die Personensorge für einen Minderjährigen, der verheiratet ist oder war, beschränkt sich auf die Vertretung in den persönlichen Angelegenheiten.

§ 1634 [Umgang mit dem Kind – Auskunft]

(1) Ein Elternteil, dem die Personensorge nicht zusteht, behält die Befugnis zum persönlichen Umgang mit dem Kinde. Der Elternteil, dem die Personensorge nicht zusteht, und der Personensorgeberechtigte haben alles zu unterlassen, was das Verhältnis des Kindes zum anderen beeinträchtigt oder die Erziehung erschwert.

(2) Das Familiengericht kann über den Umfang der Befugnis entscheiden und ihre Ausübung, auch gegenüber Dritten, näher regeln; soweit es keine Bestimmung trifft, übt während der Dauer des Umgangs der nicht personensorgeberechtigte Elternteil das Recht nach § 1632 Abs. 2 aus. Das Familiengericht kann die Befugnis einschränken oder ausschließen, wenn dies zum Wohle des Kindes erforderlich ist.

(3) Ein Elternteil, dem die Personensorge nicht zusteht, kann bei berechtigtem Interesse vom Personensorgeberechtigten Auskunft über die persönlichen Verhältnisse des Kindes verlangen, soweit ihre Erteilung mit dem Wohle des Kindes vereinbar ist. Über Streitigkeiten, die das Recht auf Auskunft betreffen, entscheidet das Vormundschaftsgericht.

(4) Steht beiden Eltern die Personensorge zu und leben sie nicht nur vorübergehend getrennt, so gelten die vorstehenden Vorschriften entsprechend.

§§ 1635 bis **1637 (aufgehoben)**

§ 1638 [Der Vermögenssorge entzogenes Kindesvermögen]

(1) Die Vermögenssorge erstreckt sich nicht auf das Vermögen, welches das Kind von Todes wegen erwirbt oder welches ihm unter Lebenden unentgeltlich zugewendet wird, wenn der Erblasser durch letztwillige Verfügung, der Zuwendende bei der Zuwendung bestimmt hat, daß die Eltern das Vermögen nicht verwalten sollen.

(2) Was das Kind auf Grund eines zu einem solchen Vermögen gehörenden Rechtes oder als Ersatz für die Zerstörung, Beschädigung oder Entziehung eines zu dem Vermögen gehörenden Gegenstandes oder durch ein Rechtsgeschäft erwirbt, das sich auf das Vermögen bezieht, können die Eltern gleichfalls nicht verwalten.

(3) Ist durch letztwillige Verfügung oder bei der Zuwendung bestimmt, daß ein Elternteil das Vermögen nicht verwalten soll, so verwaltet es der andere Elternteil. Insoweit vertritt dieser das Kind.

§ 1639 [Anordnungen des Erblassers oder des Schenkenden]

(1) Was das Kind von Todes wegen erwirbt oder was ihm unter Lebenden unentgeltlich zugewendet wird, haben die Eltern nach den Anordnungen zu verwalten, die durch letztwillige Verfügung oder bei der Zuwendung getroffen worden sind. Kommen die Eltern den Anordnungen nicht nach, so hat das Vormundschaftsgericht die erforderlichen Maßregeln zu treffen.

(2) Die Eltern dürfen von den Anordnungen insoweit abweichen, als es nach § 1803 Abs. 2, 3 einem Vormunde gestattet ist.

§ 1640 [Vermögensverzeichnis]

(1) Die Eltern haben das ihrer Verwaltung unterliegende Vermögen, welches das Kind von Todes wegen erwirbt, zu verzeichnen, das Verzeichnis mit der Versicherung der Richtigkeit und Vollständigkeit zu versehen und dem Vormundschaftsgericht einzureichen. Gleiches gilt für Vermögen, welches das Kind sonst anläßlich eines Sterbefalles erwirbt, sowie für Abfindungen, die anstelle von Unterhalt gewährt werden, und unentgeltliche Zuwendungen. Bei Haushaltsgegenständen genügt die Angabe des Gesamtwertes.

(2) Absatz 1 gilt nicht,

1. wenn der Wert eines Vermögenserwerbes 10 000 Deutsche Mark nicht übersteigt oder
2. soweit der Erblasser durch letztwillige Verfügung oder der Zuwendende bei der Zuwendung eine abweichende Anordnung getroffen hat.

(3) Reichen die Eltern entgegen Absatz 1, 2 ein Verzeichnis nicht ein oder ist das eingereichte Verzeichnis ungenügend, so kann das Vormundschaftsgericht anordnen, daß das Verzeichnis durch eine zuständige Behörde oder einen zuständigen Beamten oder Notar aufgenommen wird.

(4) Verspricht eine Anordnung nach Absatz 3 keinen Erfolg, so kann das Vormundschaftsgericht dem Elternteil, der die ihm gemäß Absatz 1, 2 obliegenden Verpflichtungen nicht erfüllt hat, die Vermögenssorge entziehen.

§ 1641 [Schenkungsverbot]

Die Eltern können nicht in Vertretung des Kindes Schenkungen machen. Ausgenommen sind Schenkungen, durch die einer sittlichen Pflicht oder einer auf den Anstand zu nehmenden Rücksicht entsprochen wird.

§ 1642 [Anlegung von Geld]

Die Eltern haben das ihrer Verwaltung unterliegende Geld des Kindes nach den Grundsätzen einer wirtschaftlichen Vermögensverwaltung anzulegen, soweit es nicht zur Bestreitung von Ausgaben bereitzuhalten ist.

§ 1643 [Genehmigungspflichtige Rechtsgeschäfte]

(1)[1] Zu Rechtsgeschäften für das Kind bedürfen die Eltern der Genehmigung des Vormundschaftsgerichts in den Fällen, in denen nach § 1821 und nach § 1822 Nr. 1, 3, 5, 8 bis 11 ein Vormund der Genehmigung bedarf.

(2) Das gleiche gilt für die Ausschlagung einer Erbschaft oder eines Vermächtnisses sowie für den Verzicht auf einen Pflichtteil. Tritt der Anfall an das Kind erst infolge der Ausschlagung eines Elternteils ein, der das Kind allein oder gemeinsam mit dem anderen Elternteil vertritt, so ist die Genehmigung nur erforderlich, wenn dieser neben dem Kinde berufen war.

(3) Die Vorschriften der §§ 1825, 1828 bis 1831 sind entsprechend anzuwenden.

§ 1644 [Überlassung von Gegenständen an das Kind]

Die Eltern können Gegenstände, die sie nur mit Genehmigung des Vormundschaftsgerichts veräußern dürfen, dem Kinde nicht ohne diese Genehmigung zur Erfüllung eines von dem Kinde geschlossenen Vertrages oder zu freier Verfügung überlassen.

§ 1645 [Beginn eines Erwerbsgeschäfts]

Die Eltern sollen nicht ohne Genehmigung des Vormundschaftsgerichts ein neues Erwerbsgeschäft im Namen des Kindes beginnen.

1) Siehe Fußnote zu § 1629 Abs. 1.

§ 1646 [Erwerb mit Mitteln des Kindes – Surrogation]

(1) Erwerben die Eltern mit Mitteln des Kindes bewegliche Sachen, so geht mit dem Erwerb das Eigentum auf das Kind über, es sei denn, daß die Eltern nicht für Rechnung des Kindes erwerben wollen. Dies gilt insbesondere auch von Inhaberpapieren und von Orderpapieren, die mit Blankoindossament versehen sind.

(2) Die Vorschriften des Absatzes 1 sind entsprechend anzuwenden, wenn die Eltern mit Mitteln des Kindes ein Recht an Sachen der bezeichneten Art oder ein anderes Recht erwerben, zu dessen Übertragung der Abtretungsvertrag genügt.

§ 1647 (entfällt)

§ 1648 [Aufwendungsersatz]

Machen die Eltern bei der Ausübung der Personensorge oder der Vermögenssorge Aufwendungen, die sie den Umständen nach für erforderlich halten dürfen, so können sie von dem Kinde Ersatz verlangen, sofern nicht die Aufwendungen ihnen selbst zur Last fallen.

§ 1649 [Verwendung der Einkünfte des Kindesvermögens]

(1) Die Einkünfte des Kindesvermögens, die zur ordnungsmäßigen Verwaltung des Vermögens nicht benötigt werden, sind für den Unterhalt des Kindes zu verwenden. Soweit die Vermögenseinkünfte nicht ausreichen, können die Einkünfte verwendet werden, die das Kind durch seine Arbeit oder durch den ihm nach § 112 gestatteten selbständigen Betrieb eines Erwerbsgeschäfts erwirbt.

(2) Die Eltern können die Einkünfte des Vermögens, die zur ordnungsmäßigen Verwaltung des Vermögens und für den Unterhalt des Kindes nicht benötigt werden, für ihren eigenen Unterhalt und für den Unterhalt der minderjährigen unverheirateten Geschwister des Kindes verwenden, soweit dies unter Berücksichtigung der Vermögens- und Erwerbsverhältnisse der Beteiligten der Billigkeit entspricht. Diese Befugnis erlischt mit der Eheschließung des Kindes.

§§ 1650 bis **1663 (entfallen)**

§ 1664 [Haftung der Eltern]

(1) Die Eltern haben bei der Ausübung der elterlichen Sorge dem Kinde gegenüber nur für die Sorgfalt einzustehen, die sie in eigenen Angelegenheiten anzuwenden pflegen.

(2) Sind für einen Schaden beide Eltern verantwortlich, so haften sie als Gesamtschuldner.

§ 1665 (entfällt)

§ 1666 [Gefährdung des Kindeswohls]

(1) Wird das körperliche, geistige oder seelische Wohl des Kindes durch mißbräuchliche Ausübung der elterlichen Sorge, durch Vernachlässigung des Kindes, durch unverschuldetes Versagen der Eltern oder durch das Verhalten eines Dritten gefährdet, so hat das Vormundschaftsgericht, wenn die Eltern nicht gewillt oder nicht in der Lage sind, die Gefahr abzuwenden, die zur Abwendung der Gefahr erforderlichen Maßnahmen zu treffen. Das Gericht kann auch Maßnahmen mit Wirkung gegen einen Dritten treffen.

(2) Das Gericht kann Erklärungen der Eltern oder eines Elternteils ersetzen.

(3) Das Gericht kann einem Elternteil auch die Vermögenssorge entziehen, wenn er das Recht des Kindes auf Gewährung des Unterhalts verletzt hat und für die Zukunft eine Gefährdung des Unterhalts zu besorgen ist.

§ 1666 a [Trennung des Kindes von der Familie, Entziehung der Personensorge]

(1) Maßnahmen, mit denen eine Trennung des Kindes von der elterlichen Familie verbunden ist, sind nur zulässig, wenn der Gefahr nicht auf andere Weise, auch nicht durch öffentliche Hilfen, begegnet werden kann.

(2) Die gesamte Personensorge darf nur entzogen werden, wenn andere Maßnahmen erfolglos geblieben sind oder wenn anzunehmen ist, daß sie zur Abwendung der Gefahr nicht ausreichen.

§ 1667 [Gefährdung des Kindesvermögens]

(1) Wird das Vermögen des Kindes dadurch gefährdet, daß der Vater oder die Mutter die mit der Vermögenssorge verbundenen Pflichten verletzt oder zu verletzen droht oder in Vermögensverfall gerät, so hat das Vormundschaftsgericht die zur Abwendung der Gefahr erforderlichen Maßnahmen zu treffen.

(2) Das Vormundschaftsgericht kann anordnen, daß die Eltern ein Verzeichnis des Vermögens des Kindes einreichen und über die Verwaltung Rechnung legen. Die Eltern haben das Verzeichnis mit der Versicherung der Richtigkeit und Vollständigkeit zu versehen. Ist das eingereichte Verzeichnis ungenügend, so kann das Vormundschaftsgericht anordnen, daß das Verzeichnis durch eine zuständige Behörde oder durch einen zuständigen Beamten oder Notar aufgenommen wird.

(3) Das Vormundschaftsgericht kann anordnen, daß das Geld des Kindes in bestimmter Weise anzulegen und daß zur Abhebung seine Genehmigung erforderlich ist. Gehören Wertpapiere, Kostbarkeiten oder Buchforderungen gegen den Bund oder ein Land zum Vermögen des Kindes, so kann das Vormundschaftsgericht dem Elternteil, der das Kind vertritt, die gleichen Verpflichtungen auferlegen, die nach §§ 1814 bis 1816, 1818 einem Vormund obliegen; die §§ 1819, 1820 sind entsprechend anzuwenden.

(4) Das Vormundschaftsgericht kann dem Elternteil, der das Vermögen des Kindes gefährdet, Sicherheitsleistung für das seiner Verwaltung unterliegende Vermögen auferlegen. Die Art und den Umfang der Sicherheitsleistung bestimmt das Vormundschaftsgericht nach seinem Ermessen. Bei der Bestellung und Aufhebung der Sicherheit wird die Mitwirkung des Kindes durch die Anordnung des Vormundschaftsgerichts ersetzt. Die Sicherheitsleistung darf nur durch Maßnahmen nach Absatz 5 erzwungen werden.

(5) Das Vormundschaftsgericht kann dem Elternteil, der das Vermögen des Kindes gefährdet, die Vermögenssorge ganz oder teilweise entziehen, wenn dies erforderlich ist, um eine Gefährdung des Kindesvermögens durch diesen Elternteil abzuwenden.

(6) Die Kosten der angeordneten Maßnahmen trägt der Elternteil, der sie veranlaßt hat.

§§ 1668 bis **1669 (aufgehoben)**

§ 1670 [Konkurs eines Elternteils]

(1) Die Vermögenssorge eines Elternteils endet mit der Eröffnung des Konkursverfahrens über sein Vermögen; beantragt der Elternteil selbst die Eröffnung des Konkursverfahrens über sein Vermögen, so endet seine Vermögenssorge bereits mit der Stellung des Konkursantrages.

(2) Wird das Konkursverfahren beendet oder wird der Eröffnungsantrag des Elternteils abgewiesen, so hat das Vormundschaftsgericht dem Elternteil die Vermögenssorge wieder zu übertragen, soweit dies den Vermögensinteressen des Kindes nicht widerspricht.

§ 1671 [Elterliche Sorge nach Scheidung]

(1) Wird die Ehe der Eltern geschieden, so bestimmt das Familiengericht, welchem Elternteil die elterliche Sorge für ein gemeinschaftliches Kind zustehen soll.

(2) Das Gericht trifft die Regelung, die dem Wohle des Kindes am besten entspricht; hierbei sind die Bindungen des Kindes, insbesondere an seine Eltern und Geschwister, zu berücksichtigen.

(3) Von einem übereinstimmenden Vorschlag der Eltern soll das Gericht nur abweichen, wenn dies zum Wohle des Kindes erforderlich ist. Macht ein Kind, welches das vierzehnte

Lebensjahr vollendet hat, einen abweichenden Vorschlag, so entscheidet das Gericht nach Absatz 2.

(4) Die elterliche Sorge ist einem Elternteil allein zu übertragen.[1] Erfordern es die Vermögensinteressen des Kindes, so kann die Vermögenssorge ganz oder teilweise dem anderen Elternteil übertragen werden.

(5) Das Gericht kann die Personensorge und die Vermögenssorge einem Vormund oder Pfleger übertragen, wenn dies erforderlich ist, um eine Gefahr für das Wohl des Kindes abzuwenden. Es soll dem Kind für die Geltendmachung von Unterhaltsansprüchen einen Pfleger bestellen, wenn dies zum Wohle des Kindes erforderlich ist.

(6) Die vorstehenden Vorschriften gelten entsprechend, wenn die Ehe der Eltern für nichtig erklärt worden ist.

§ 1672 [Elterliche Sorge bei Getrenntleben der Eltern]

Leben die Eltern nicht nur vorübergehend getrennt, so gilt § 1671 Abs. 1 bis 5 entsprechend. Das Gericht entscheidet auf Antrag eines Elternteils; es entscheidet von Amts wegen, wenn andernfalls das Wohl des Kindes gefährdet wäre und die Eltern nicht gewillt oder nicht in der Lage sind, die Gefahr abzuwenden.

§ 1673 [Ruhen der elterlichen Sorge bei rechtlichem Hindernis]

(1) Die elterliche Sorge eines Elternteils ruht, wenn er geschäftsunfähig ist.

(2) Das gleiche gilt, wenn er in der Geschäftsfähigkeit beschränkt ist. Die Personensorge für das Kind steht ihm neben dem gesetzlichen Vertreter des Kindes zu; zur Vertretung des Kindes ist er nicht berechtigt. Bei einer Meinungsverschiedenheit geht die Meinung des minderjährigen Elternteils vor, wenn der gesetzliche Vertreter des Kindes ein Vormund oder Pfleger ist; andernfalls gelten § 1627 Satz 2 und § 1628.

§ 1674 [Ruhen bei tatsächlichem Hindernis]

(1) Die elterliche Sorge eines Elternteils ruht, wenn das Vormundschaftsgericht feststellt, daß er auf längere Zeit die elterliche Sorge tatsächlich nicht ausüben kann.

(2) Die elterliche Sorge lebt wieder auf, wenn das Vormundschaftsgericht feststellt, daß der Grund des Ruhens nicht mehr besteht.

§ 1675 [Wirkung des Ruhens]

Solange die elterliche Sorge ruht, ist ein Elternteil nicht berechtigt, sie auszuüben.

§ 1676 (aufgehoben)

§ 1677 [Ende der elterlichen Sorge durch Todeserklärung]

Die elterliche Sorge eines Elternteils endet, wenn er für tot erklärt oder seine Todeszeit nach den Vorschriften des Verschollenheitsgesetzes festgestellt wird, mit dem Zeitpunkt, der als Zeitpunkt des Todes gilt.

§ 1678 [Alleinige Ausübung bei tatsächlicher Verhinderung oder Ruhen]

(1) Ist ein Elternteil tatsächlich verhindert, die elterliche Sorge auszuüben, oder ruht seine elterliche Sorge, so übt der andere Teil die elterliche Sorge allein aus; dies gilt nicht, wenn die elterliche Sorge dem Elternteil nach den §§ 1671, 1672 übertragen war.

(2) Ruht die elterliche Sorge des Elternteils, dem sie nach den §§ 1671, 1672 übertragen war, und besteht keine Aussicht, daß der Grund des Ruhens wegfallen werde, so hat das

---

1) Hierzu Beschluß des Bundesverfassungsgerichts vom 3. 11. 1982 – 1 BvL 25/80 u. a. – (BGBl. I S. 1596): »§ 1671 Absatz 4 Satz 1 des Bürgerlichen Gesetzbuches in der Fassung des Artikels 1 Nummer 20 des Gesetzes zur Neuregelung des Rechts der elterlichen Sorge vom 18. 7. 1979 (BGBl. I S. 1061) ist mit Artikel 6 Absatz 2 Satz 1 des Grundgesetzes unvereinbar und daher nichtig.«

Familiengericht die elterliche Sorge dem anderen Elternteil zu übertragen, es sei denn, daß dies dem Wohle des Kindes widerspricht.

§ 1679 (aufgehoben)

§ 1680 [Entziehung der elterlichen Sorge]

(1) Wird die gesamte elterliche Sorge, die Personensorge oder die Vermögenssorge einem Elternteil entzogen, so übt der andere Elternteil die Sorge allein aus. Das Vormundschaftsgericht trifft eine abweichende Entscheidung, wenn dies das Wohl des Kindes erfordert. Endet die Vermögenssorge eines Elternteils nach § 1670, so hat das Vormundschaftsgericht anzuordnen, daß dem anderen Elternteil die Vermögenssorge allein zusteht, es sei denn, daß dies den Vermögensinteressen des Kindes widerspricht. Vor der Entscheidung des Vormundschaftsgerichts kann der andere Elternteil die Vermögenssorge nicht ausüben.

(2) Wird die gesamte elterliche Sorge, die Personensorge oder die Vermögenssorge dem Elternteil entzogen, dem sie nach den §§ 1671, 1672 übertragen war, oder endet seine Vermögenssorge nach § 1670, so hat das Vormundschaftsgericht sie dem anderen Elternteil zu übertragen, es sei denn, daß dies dem Wohle des Kindes widerspricht. Andernfalls bestellt es einen Vormund oder Pfleger.

§ 1681 [Tod eines Elternteils]

(1) Ist ein Elternteil gestorben, so steht die elterliche Sorge dem anderen Teil allein zu. War der verstorbene Elternteil nach den §§ 1671, 1672 sorgeberechtigt, so hat das Vormundschaftsgericht die elterliche Sorge dem überlebenden Elternteil zu übertragen, es sei denn, daß dies dem Wohle des Kindes widerspricht. Eine Vormundschaft oder Pflegschaft nach § 1671 Abs. 5 oder nach § 1672 Satz 1 in Verbindung mit § 1671 Abs. 5 bleibt bestehen, bis sie vom Gericht aufgehoben wird.

(2) Das gleiche gilt, wenn die elterliche Sorge eines Elternteils endet, weil er für tot erklärt oder seine Todeszeit nach den Vorschriften des Verschollenheitsgesetzes festgestellt worden ist. Lebt dieser Elternteil noch, so erlangt er die elterliche Sorge dadurch wieder, daß er dem Vormundschaftsgericht gegenüber erklärt, er wolle sie wieder ausüben. Ist seine Ehe durch Wiederverheiratung seines Ehegatten aufgelöst, so gilt § 1671 Abs. 1 bis 5 entsprechend.

§ 1682 (aufgehoben)

§ 1683 [Vermögensverzeichnis bei Wiederheirat]

(1) Sind die Eltern des Kindes nicht oder nicht mehr miteinander verheiratet und will der Elternteil, dem die Vermögenssorge zusteht, die Ehe mit einem Dritten schließen, so hat er dies dem Vormundschaftsgericht anzuzeigen, auf seine Kosten ein Verzeichnis des Kindesvermögens einzureichen und, soweit eine Vermögensgemeinschaft zwischen ihm und dem Kinde besteht, die Auseinandersetzung herbeizuführen.

(2) Das Vormundschaftsgericht kann gestatten, daß die Auseinandersetzung erst nach der Eheschließung vorgenommen wird.

(3) Das Vormundschaftsgericht kann ferner gestatten, daß die Auseinandersetzung ganz oder teilweise unterbleibt, wenn dies den Vermögensinteressen des Kindes nicht widerspricht.

(4) Erfüllt der Elternteil die ihm nach den vorstehenden Vorschriften obliegenden Verpflichtungen nicht, so kann ihm das Vormundschaftsgericht die Vermögenssorge entziehen.

§ 1684 (aufgehoben)

§ 1685 [Beistand]

(1) Das Vormundschaftsgericht hat dem Elternteil, dem die elterliche Sorge, die Personensorge oder die Vermögenssorge allein zusteht, auf seinen Antrag einen Beistand zu bestellen.

(2) Der Beistand kann für alle Angelegenheiten, für gewisse Arten von Angelegenheiten oder für einzelne Angelegenheiten bestellt werden.

§ 1686 [Aufgaben des Beistands]

Der Beistand hat innerhalb seines Wirkungskreises den Vater oder die Mutter bei der Ausübung der elterlichen Sorge zu unterstützen.

§§ 1687 und **1688** **(aufgehoben)**

§ 1689 [Aufnahme des Vermögensverzeichnisses]

Ist ein Vermögensverzeichnis einzureichen, so ist bei der Aufnahme des Verzeichnisses der Beistand zuzuziehen; das Verzeichnis ist auch von dem Beistande mit der Versicherung der Richtigkeit und Vollständigkeit zu versehen. Ist das Verzeichnis ungenügend, so kann, sofern nicht die Voraussetzungen des § 1667 vorliegen, das Vormundschaftsgericht anordnen, daß das Verzeichnis durch eine zuständige Behörde oder einen zuständigen Beamten oder Notar aufgenommen wird.

§ 1690 [Geltendmachung von Unterhaltsansprüchen, Vermögenssorge]

(1) Das Vormundschaftsgericht kann auf Antrag des Vaters oder der Mutter dem Beistande die Geltendmachung von Unterhaltsansprüchen und die Vermögenssorge übertragen; die Vermögenssorge kann auch teilweise übertragen werden.

(2) Der Beistand hat, soweit das Vormundschaftsgericht eine Übertragung vornimmt, die Rechte und Pflichten eines Pflegers. Er soll in diesen Angelegenheiten mit dem Elternteil, dem er bestellt ist, Fühlung nehmen.

§ 1691 [Rechtsstellung des Beistands]

(1) Für die Bestellung und Beaufsichtigung des Beistandes, für seine Haftung und seine Ansprüche, für die ihm zu bewilligende Vergütung und für die Beendigung seines Amtes gelten die gleichen Vorschriften wie bei dem Gegenvormund.

(2) Das Amt des Beistandes endet auch dann, wenn die elterliche Sorge des Elternteils, dem der Beistand bestellt ist, ruht.

§ 1692 [Aufhebung der Beistandschaft]

Das Vormundschaftsgericht soll die Bestellung des Beistandes und die Übertragung der Vermögenssorge auf den Beistand nur mit Zustimmung des Elternteils, dem der Beistand bestellt ist, aufheben.

§ 1693 [Verhinderung der Eltern]

Sind die Eltern verhindert, die elterliche Sorge auszuüben, so hat das Vormundschaftsgericht die im Interesse des Kindes erforderlichen Maßregeln zu treffen.

§§ 1694 und **1695** **(aufgehoben)**

§ 1696 [Änderung von gerichtlichen Anordnungen]

(1) Das Vormundschaftsgericht und das Familiengericht können während der Dauer der elterlichen Sorge ihre Anordnungen jederzeit ändern, wenn sie dies im Interesse des Kindes für angezeigt halten.

(2) Maßnahmen nach den §§ 1666 bis 1667 und nach § 1671 Abs. 5 sind aufzuheben, wenn eine Gefahr für das Wohl des Kindes nicht mehr besteht.

(3) Länger dauernde Maßnahmen nach den §§ 1666 bis 1667 und nach § 1671 Abs. 5 hat das Gericht in angemessenen Zeitabständen zu überprüfen.

§ 1697 (aufgehoben)

§ 1698 [Herausgabe des Kindesvermögens – Rechenschaft]

(1) Endet oder ruht die elterliche Sorge der Eltern oder hört aus einem anderen Grunde ihre Vermögenssorge auf, so haben sie dem Kinde das Vermögen herauszugeben und auf Verlangen über die Verwaltung Rechenschaft abzulegen.

(2) Über die Nutzungen des Kindesvermögens brauchen die Eltern nur insoweit Rechenschaft abzulegen, als Grund zu der Annahme besteht, daß sie die Nutzungen entgegen den Vorschriften des § 1649 verwendet haben.

§ 1698 a [Fortführung der Geschäfte]

(1) Die Eltern dürfen die mit der Personensorge und mit der Vermögenssorge für das Kind verbundenen Geschäfte fortführen, bis sie von der Beendigung der elterlichen Sorge Kenntnis erlangen oder sie kennen müssen. Ein Dritter kann sich auf diese Befugnis nicht berufen, wenn er bei der Vornahme eines Rechtsgeschäfts die Beendigung kennt oder kennen muß.

(2) Diese Vorschriften sind entsprechend anzuwenden, wenn die elterliche Sorge ruht.

§ 1698 b [Geschäftsbesorgung nach Tod des Kindes]

Endet die elterliche Sorge durch den Tod des Kindes, so haben die Eltern die Geschäfte, die nicht ohne Gefahr aufgeschoben werden können, zu besorgen, bis der Erbe anderweit Fürsorge treffen kann.

§§ 1699 bis **1704 (aufgehoben)**

Sechster Titel

Elterliche Sorge für nichteheliche Kinder

§ 1705 [Elterliche Sorge der Mutter]

Das nichteheliche Kind steht, solange es minderjährig ist, unter der elterlichen Sorge der Mutter. Die Vorschriften über die elterliche Sorge über eheliche Kinder gelten im Verhältnis zwischen dem nichtehelichen Kinde und seiner Mutter entsprechend, soweit sich nicht aus den Vorschriften dieses Titels ein anderes ergibt.

§ 1706 [Aufgaben des Pflegers]

Das Kind erhält, sofern es nicht eines Vormunds bedarf, für die Wahrnehmung der folgenden Angelegenheiten einen Pfleger:

1. für die Feststellung der Vaterschaft und alle sonstigen Angelegenheiten, die die Feststellung oder Änderung des Eltern-Kindes-Verhältnisses oder des Familiennamens des Kindes betreffen,
2. für die Geltendmachung von Unterhaltsansprüchen einschließlich der Ansprüche auf eine an Stelle des Unterhalts zu gewährende Abfindung sowie die Verfügung über diese Ansprüche; ist das Kind bei einem Dritten entgeltlich in Pflege, so ist der Pfleger berechtigt, aus dem vom Unterhaltspflichtigen Geleisteten den Dritten zu befriedigen,
3. die Regelung von Erb- und Pflichtteilsrechten, die dem Kind im Falle des Todes des Vaters und seiner Verwandten zustehen.

§ 1707 [Antragsrecht der Mutter]

Auf Antrag der Mutter hat das Vormundschaftsgericht

1. anzuordnen, daß die Pflegschaft nicht eintritt,
2. die Pflegschaft aufzuheben oder
3. den Wirkungskreis des Pflegers zu beschränken.

Dem Antrag ist zu entsprechen, wenn die beantragte Anordnung dem Wohle des Kindes nicht widerspricht. Das Vormundschaftsgericht kann seine Entscheidung ändern, wenn dies zum Wohle des Kindes erforderlich ist.

§ 1708 [Bestellung des Pflegers vor Geburt]

Schon vor der Geburt des Kindes kann das Vormundschaftsgericht zur Wahrnehmung der in § 1706 genannten Angelegenheiten einen Pfleger bestellen. Die Bestellung wird mit der Geburt des Kindes wirksam.

§ 1709 [Jugendamt als Pfleger]

(1) Mit der Geburt eines nichtehelichen Kindes wird das Jugendamt Pfleger für Wahrnehmung der in § 1706 bezeichneten Angelegenheiten, wenn das Kind seinen gewöhnlichen Aufenthalt im Geltungsbereich dieses Gesetzes hat und nach § 1705 unter der elterlichen Sorge der Mutter steht. Dies gilt nicht, wenn bereits vor der Geburt des Kindes ein Pfleger bestellt oder angeordnet ist, daß eine Pflegschaft nicht eintritt, oder wenn das Kind eines Vormunds bedarf. § 1791 c Abs. 1 Satz 2 und Abs. 3 gilt entsprechend.

(2) Für ein nichteheliches Kind, das außerhalb des Geltungsbereichs dieses Gesetzes geboren ist, tritt die gesetzliche Pflegschaft erst zu dem Zeitpunkt ein, zu dem es seinen gewöhnlichen Aufenthalt im Geltungsbereich dieses Gesetzes nimmt. Die gesetzliche Pflegschaft tritt nicht ein, wenn im Geltungsbereich oder außerhalb des Geltungsbereich dieses Gesetzes bereits eine Pflegschaft oder eine Vormundschaft besteht.

§ 1710 [Beendigung einer Vormundschaft kraft Gesetzes]

Steht ein nichteheliches Kind unter Vormundschaft und endet die Vormundschaft kraft Gesetzes, so wird der bisherige Vormund Pfleger nach § 1706, sofern die Voraussetzungen für die Pflegschaft vorliegen.

§ 1711 [Umgang des Vaters mit dem Kind – Auskunft]

(1) Derjenige, dem die Personensorge für das Kind zusteht, bestimmt den Umgang des Kindes mit dem Vater. § 1634 Abs. 1 Satz 2 gilt entsprechend.

(2) Wenn ein persönlicher Umgang mit dem Vater dem Wohle des Kindes dient, kann das Vormundschaftsgericht entscheiden, daß dem Vater die Befugnis zum persönlichen Umgang zusteht. § 1634 Abs. 2 gilt entsprechend. Das Vormundschaftsgericht kann seine Entscheidung jederzeit ändern.

(3) Die Befugnis, Auskunft über die persönlichen Verhältnisse des Kindes zu verlangen, bestimmt § 1634 Abs. 3.

(4) In geeigneten Fällen soll das Jugendamt zwischen dem Vater und dem Sorgeberechtigten vermitteln.

§§ 1712 bis **1718 (entfallen)**

Siebenter Titel

Legitimation nichtehelicher Kinder

I. Legitimation durch nachfolgende Ehe

§ 1719 [Eheschließung der Eltern]

Ein nichteheliches Kind wird ehelich, wenn sich der Vater mit der Mutter verheiratet; dies gilt auch, wenn die Ehe für nichtig erklärt wird. Wird das Kind vor der Eheschließung als Minderjähriger oder nach § 1772 von einer anderen Person als seinem Vater oder seiner Mutter als Kind angenommen, so treten die in Satz 1 bestimmten Wirkungen erst ein, wenn das Annahmeverhältnis aufgehoben wird und das Verwandtschaftsverhältnis und die sich aus ihm ergebenden Rechte und Pflichten des Kindes zu seinen leiblichen Eltern wieder aufleben.

§ 1720 [Bestimmung des Geburtsnamens]

(1) Führen die Eltern einen Ehenamen, so gilt § 1616 a Abs. 1 und 3 entsprechend.

(2) Führen die Eltern keinen Ehenamen, so können sie binnen eines Monats nach der Eheschließung durch Erklärung gegenüber dem Standesbeamten den Geburtsnamen des Kindes bestimmen; § 1616 Abs. 2 gilt entsprechend. Hat das Kind das fünfte Lebensjahr vollendet, so ist die Bestimmung nur wirksam, wenn es sich der Bestimmung anschließt; § 1616 a Abs. 1 Satz 2 bis 4, Abs. 3 gilt entsprechend.

§ 1721 (weggefallen)

§ 1722 [Wirkungen für den Enkel]

Die Eheschließung zwischen den Eltern hat für die Abkömmlinge des nichtehelichen Kindes die Wirkungen der Legitimation auch dann, wenn das Kind vor der Eheschließung gestorben ist.

II. Ehelicherklärung auf Antrag des Vaters

§ 1723 [Voraussetzungen]

Ein nichteheliches Kind ist auf Antrag seines Vaters vom Vormundschaftsgericht für ehelich zu erklären, wenn die Ehelicherklärung dem Wohle des Kindes entspricht und ihr keine schwerwiegenden Gründe entgegenstehen.

§ 1724 [Bedingungsfeindlichkeit]

Die Ehelicherklärung kann nicht unter einer Bedingung oder einer Zeitbestimmung erfolgen.

§ 1725 (weggefallen)

§ 1726 [Einwilligung der übrigen Beteiligten]

(1) Zur Ehelicherklärung ist die Einwilligung des Kindes und, wenn das Kind minderjährig ist, die Einwilligung der Mutter erforderlich. Ist der Vater verheiratet, so bedarf er auch der Einwilligung seiner Frau.

(2) Die Einwilligung ist dem Vater oder dem Vormundschaftsgericht gegenüber zu erklären; sie ist unwiderruflich.

(3) Die Einwilligung der Mutter ist nicht erforderlich, wenn die Mutter zur Abgabe einer Erklärung dauernd außerstande oder ihr Aufenthalt dauernd unbekannt ist. Das gleiche gilt von der Einwilligung der Frau des Vaters.

§ 1727 [Ersetzung der Einwilligung]

(1) Das Vormundschaftsgericht hat auf Antrag des Kindes die Einwilligung der Mutter zu ersetzen, wenn die Ehelicherklärung aus schwerwiegenden Gründen zum Wohle des Kindes erforderlich ist.

(2) Das Vormundschaftsgericht kann auf Antrag des Kindes die Einwilligung der Ehefrau des Vaters ersetzen, wenn die häusliche Gemeinschaft der Ehegatten aufgehoben ist. Die Einwilligung darf nicht ersetzt werden, wenn berechtigte Interessen der Ehefrau und der Familie der Ehelicherklärung entgegenstehen.

§ 1728 [Höchstpersönliches Rechtsgeschäft]

(1) Der Antrag auf Ehelicherklärung kann nicht durch einen Vertreter gestellt, die Einwilligung der Mutter des Kindes und der Ehefrau des Vaters nicht durch einen Vertreter erteilt werden.

(2) Ist der Vater in der Geschäftsfähigkeit beschränkt, so bedarf er zu dem Antrag, außer der Zustimmung seines gesetzlichen Vertreters, der Genehmigung des Vormundschaftsge-

richts. Die Genehmigung des Vormundschaftsgerichts ist auch erforderlich, wenn der Vater nach § 1903 zu dem Antrag der Einwilligung eines Betreuers bedarf.
(3) Ist die Mutter des Kindes oder die Ehefrau des Vaters in der Geschäftsfähigkeit beschränkt, so ist zur Erteilung ihrer Einwilligung die Zustimmung des gesetzlichen Vertreters nicht erforderlich.

§ 1729 [Einwilligung des Kindes]

(1) Für ein Kind, das geschäftsunfähig oder noch nicht vierzehn Jahre alt ist, kann nur sein gesetzlicher Vertreter die Einwilligung erteilen. Im übrigen kann das Kind die Einwilligung nur selbst erteilen; es bedarf hierzu, falls es in der Geschäftsfähigkeit beschränkt ist oder seine Einwilligung einem Einwilligungsvorbehalt nach § 1903 unterliegt, der Zustimmung seines gesetzlichen Vertreters.
(2) (aufgehoben)

§ 1730 [Notarielle Beurkundung]

Der Antrag sowie die Einwilligungserklärung der im § 1726 bezeichneten Personen bedarf der notariellen Beurkundung.

§§ 1731 und 1732 (weggefallen)

§ 1733 [Tod des Kindes oder des Vaters]

(1) Die Ehelicherklärung kann nicht nach dem Tode des Kindes erfolgen.
(2) Nach dem Tode des Vaters ist die Ehelicherklärung nur zulässig, wenn der Vater den Antrag beim Vormundschaftsgericht eingereicht oder bei oder nach der Beurkundung des Antrags den Notar mit der Einreichung betraut hat.
(3) Die nach dem Tode des Vaters erfolgte Ehelicherklärung hat die gleiche Wirkung, wie wenn sie vor dem Tode des Vaters erfolgt wäre.

§ 1734 (weggefallen)

§ 1735 [Wirksamkeit der Ehelicherklärung]

Auf die Wirksamkeit der Ehelicherklärung ist es ohne Einfluß, wenn mit Unrecht angenommen worden ist, daß ihre gesetzlichen Voraussetzungen vorlagen. Die Ehelicherklärung ist jedoch unwirksam, wenn durch rechtskräftige gerichtliche Entscheidung festgestellt worden ist, daß der Mann nicht der Vater des Kindes ist.

§ 1735 a (weggefallen)

§ 1736 [Wirkung der Ehelicherklärung]

Durch die Ehelicherklärung erlangt das Kind die rechtliche Stellung eines ehelichen Kindes.

§ 1737 [Familienname des Vaters]

Das Kind erhält den Familiennamen des Vaters. Als Familienname gilt nicht der gemäß § 1355 Abs. 4 dem Ehenamen hinzugefügte Name.

§ 1738 [Wegfall des mütterlichen Sorgerechts]

(1)[1] Mit der Ehelicherklärung verliert die Mutter das Recht und die Pflicht, die elterliche Sorge auszuüben.

---

1) Hierzu Beschluß des Bundesverfassungsgerichts vom 7. 5. 1991 – 1 BvL 32/88 (BGBl. I S. 1509):

»§ 1738 Absatz 1 des Bürgerlichen Gesetzbuches in der Fassung des Artikels 9 § 2 Nummer 3 des Gesetzes zur Neuregelung des Rechts der elterlichen Sorge vom 18. 7. 1979 (BGBl. I S. 1061) ist insoweit mit Artikel 6 Absatz 2 und 5 des Grundgesetzes unvereinbar, als die Mutter das Recht und die Pflicht, die elterliche Sorge auszuüben, auch in den Fällen verliert, in denen Vater und Mutter mit dem Kind zusammenleben, beide die Ehelicherklärung mit der Maßgabe anstreben, daß das Sorgerecht ihnen gemeinsam zustehen soll, und diese Sorgerechtsregelung dem Kindeswohl entspricht.«

(2) Das Vormundschaftsgericht kann der Mutter die Ausübung der elterlichen Sorge zurückübertragen, wenn die elterliche Sorge des Vaters endigt oder ruht oder wenn dem Vater die Sorge für die Person des Kindes entzogen ist.
(3) (aufgehoben)

§ 1739 [Unterhaltspflicht des Vaters]
Der Vater ist dem Kinde und dessen Abkömmlingen vor der Mutter und den mütterlichen Verwandten zur Gewährung des Unterhalts verpflichtet.

§ 1740 (weggefallen)

III. Ehelicherklärung auf Antrag des Kindes

§ 1740 a [Voraussetzungen]
(1) Ein nichteheliches Kind ist auf seinen Antrag vom Vormundschaftsgericht für ehelich zu erklären, wenn die Eltern des Kindes verlobt waren und das Verlöbnis durch Tod eines Elternteils aufgelöst worden ist. Die Ehelicherklärung ist zu versagen, wenn sie nicht dem Wohle des Kindes entspricht.
(2) Die Vorschriften des § 1724, des § 1730, des § 1733 Abs. 1, 3 und des § 1735 gelten entsprechend.

§ 1740 b [Einwilligung des überlebenden Elternteils]
(1) Zur Ehelicherklärung ist die Einwilligung des überlebenden Elternteils erforderlich. Die Einwilligung ist nicht erforderlich, wenn der überlebende Elternteil zur Abgabe einer Erklärung dauernd außerstande oder sein Aufenthalt dauernd unbekannt ist.
(2) Die Einwilligung ist dem Kinde oder dem Vormundschaftsgericht gegenüber zu erklären; sie ist unwiderruflich.
(3) Die Einwilligung kann nicht durch einen Vertreter erteilt werden. Ist der überlebende Elternteil in der Geschäftsfähigkeit beschränkt, so ist zur Erteilung seiner Einwilligung die Zustimmung des gesetzlichen Vertreters nicht erforderlich.

§ 1740 c [Antragstellung durch das Kind]
Für ein Kind, das geschäftsunfähig oder noch nicht vierzehn Jahre alt ist, kann nur sein gesetzlicher Vertreter den Antrag stellen. Im übrigen kann das Kind den Antrag nur selbst stellen; es bedarf hierzu, falls es in der Geschäftsfähigkeit beschränkt ist oder der Antrag einem Einwilligungsvorbehalt nach § 1903 unterliegt, der Zustimmung seines gesetzlichen Vertreters.

§ 1740 d [Anhörung der Angehörigen]
Das Vormundschaftsgericht hat vor der Ehelicherklärung die Eltern des Verstorbenen und, falls der Vater des Kindes gestorben ist, auch die ehelichen Kinder des Vaters zu hören; es darf von der Anhörung einer Person nur absehen, wenn sie zur Abgabe einer Erklärung dauernd außerstande oder ihr Aufenthalt dauernd unbekannt ist. War der Verstorbene nichtehelich, so braucht sein Vater nicht gehört zu werden.

§ 1740 e [Antragsfristen]
(1) Nach dem Tode des Vaters kann das Kind den Antrag auf Ehelicherklärung nur binnen Jahresfrist stellen. Die Frist beginnt nicht vor der Geburt des Kindes und, falls die Vaterschaft nicht anerkannt ist, nicht vor ihrer rechtskraftigen Feststellung. Auf den Lauf der Frist sind die für die Verjährung geltenden Vorschriften der §§ 203, 206 entsprechend anzuwenden.
(2) War beim Tode des Vaters die Vaterschaft weder anerkannt noch rechtskräftig festgestellt und auch kein gerichtliches Verfahren zur Feststellung der Vaterschaft anhängig,

so kann das Kind den Antrag auf Ehelicherklärung nur stellen, wenn es die Feststellung der Vaterschaft binnen der Frist des § 1934 c Abs. 1 Satz 2 begehrt hat.

§ 1740 f [Gleichstellung]

(1) Das auf seinen Antrag für ehelich erklärte Kind steht einem Kinde gleich, das durch Eheschließung seiner Eltern ehelich geworden ist.

(2) Das Kind erhält den Familiennamen des überlebenden Elternteils. Das Vormundschaftsgericht hat dem Kind auf seinen Antrag mit Zustimmung des überlebenden Elternteils den Familiennamen des verstorbenen Elternteils zu erteilen. Als Familienname gilt nicht der gemäß § 1355 Abs. 4 dem Ehenamen hinzugefügte Name. Der Antrag kann nur in dem Verfahren über den Antrag auf Ehelicherklärung gestellt werden.

§ 1740 g [Namensübertragung auf den überlebenden Elternteil]

Im Falle des § 1740 f Abs. 2 Satz 2 bis 4 hat das Vormundschaftsgericht dem überlebenden Elternteil auf dessen Antrag den Familiennamen des Kindes zu erteilen. Die Erteilung ist ausgeschlossen, wenn der überlebende Elternteil nach dem Tode des anderen Elternteils eine Ehe eingegangen ist.

Achter Titel

Annahme als Kind

I. Annahme Minderjähriger

§ 1741 [Zulässigkeit der Annahme]

(1) Die Annahme als Kind ist zulässig, wenn sie dem Wohl des Kindes dient und zu erwarten ist, daß zwischen dem Annehmenden und dem Kind ein Eltern-Kind-Verhältnis entsteht.

(2) Ein Ehepaar kann ein Kind gemeinschaftlich annehmen. Ein Ehegatte kann sein nichteheliches Kind oder ein Kind seines Ehegatten allein annehmen. Er kann ein Kind auch dann allein annehmen, wenn der andere Ehegatte ein Kind nicht annehmen kann, weil er geschäftsunfähig oder in der Geschäftsfähigkeit beschränkt ist.

(3) Wer nicht verheiratet ist, kann ein Kind allein annehmen. Der Vater oder die Mutter eines nichtehelichen Kindes kann das Kind annehmen.

§ 1742 [Annahme als gemeinschaftliches Kind]

Ein angenommenes Kind kann, solange das Annahmeverhältnis besteht, bei Lebzeiten eines Annehmenden nur von dessen Ehegatten angenommen werden.

§ 1743 [Persönliche Voraussetzungen des Annehmenden]

(1) Bei der Annahme durch ein Ehepaar muß ein Ehegatte das fünfundzwanzigste Lebensjahr, der andere Ehegatte das einundzwanzigste Lebensjahr vollendet haben.

(2) Wer ein Kind allein annehmen will, muß das fünfundzwanzigste Lebensjahr vollendet haben.

(3) Wer sein nichteheliches Kind oder ein Kind seines Ehegatten annehmen will, muß das einundzwanzigste Lebensjahr vollendet haben.

(4) Der Annehmende muß unbeschränkt geschäftsfähig sein.

§ 1744 [Probezeit vor Annahme]

Die Annahme soll in der Regel erst ausgesprochen werden, wenn der Annehmende das Kind eine angemessene Zeit in Pflege gehabt hat.

§ 1745 [Berücksichtigung der Kindesinteressen]

Die Annahme darf nicht ausgesprochen werden, wenn ihr überwiegende Interessen der Kinder des Annehmenden oder des Anzunehmenden entgegenstehen oder wenn zu befürchten ist, daß Interessen des Anzunehmenden durch Kinder des Annehmenden gefährdet werden. Vermögensrechtliche Interessen sollen nicht ausschlaggebend sein.

§ 1746 [Einwilligung des Kindes]

(1) Zur Annahme ist die Einwilligung des Kindes erforderlich. Für ein Kind, das geschäftsunfähig oder noch nicht vierzehn Jahre alt ist, kann nur sein gesetzlicher Vertreter die Einwilligung erteilen. Im übrigen kann das Kind die Einwilligung nur selbst erteilen; es bedarf hierzu der Zustimmung seines gesetzlichen Vertreters. Die Einwilligung bedarf bei unterschiedlicher Staatsangehörigkeit des Annehmenden und des Kindes der Genehmigung des Vormundschaftsgerichts.

(2) Hat das Kind das vierzehnte Lebensjahr vollendet und ist es nicht geschäftsunfähig, so kann es die Einwilligung bis zum Wirksamwerden des Ausspruchs der Annahme gegenüber dem Vormundschaftsgericht widerrufen. Der Widerruf bedarf der öffentlichen Beurkundung. Eine Zustimmung des gesetzlichen Vertreters ist nicht erforderlich.

(3) Verweigert der Vormund oder Pfleger die Einwilligung oder Zustimmung ohne triftigen Grund, so kann das Vormundschaftsgericht sie ersetzen.

§ 1747 [Einwilligung der Eltern]

(1) Zur Annahme eines ehelichen Kindes ist die Einwilligung der Eltern erforderlich.

(2)[1] Zur Annahme eines nichtehelichen Kindes ist die Einwilligung der Mutter erforderlich. Die Annahme eines nichtehelichen Kindes durch Dritte ist nicht auszusprechen, wenn der Vater die Ehelicherklärung oder die Annahme des Kindes beantragt hat; dies gilt nicht, wenn die Mutter ihr nichteheliches Kind annimmt. Der Vater des nichtehelichen Kindes kann darauf verzichten, diesen Antrag zu stellen. Die Verzichtserklärung bedarf der öffentlichen Beurkundung; sie ist unwiderruflich. § 1750 gilt sinngemäß mit Ausnahme von Absatz 4 Satz 1.

(3) Die Einwilligung kann erst erteilt werden, wenn das Kind acht Wochen alt ist. Sie ist auch dann wirksam, wenn der Einwilligende die schon feststehenden Annehmenden nicht kennt.

(4) Die Einwilligung eines Elternteils ist nicht erforderlich, wenn er zur Abgabe einer Erklärung dauernd außerstande oder sein Aufenthalt dauernd unbekannt ist.

§ 1748 [Ersetzung der Einwilligung eines Elternteils]

(1) Das Vormundschaftsgericht hat auf Antrag des Kindes die Einwilligung eines Elternteils zu ersetzen, wenn dieser seine Pflichten gegenüber dem Kind anhaltend gröblich verletzt hat oder durch sein Verhalten gezeigt hat, daß ihm das Kind gleichgültig ist, und wenn das Unterbleiben der Annahme dem Kind zu unverhältnismäßigem Nachteil gereichen würde. Die Einwilligung kann auch ersetzt werden, wenn die Pflichtverletzung zwar nicht anhaltend, aber besonders schwer ist und das Kind voraussichtlich dauernd nicht mehr der Obhut des Elternteils anvertraut werden kann.

(2) Wegen Gleichgültigkeit, die nicht zugleich eine anhaltende gröbliche Pflichtverletzung ist, darf die Einwilligung nicht ersetzt werden, bevor der Elternteil vom Jugendamt über die Möglichkeit ihrer Ersetzung belehrt und nach Maßgabe des § 51 Abs. 2 des Achten Buches Sozialgesetzbuch beraten worden ist und seit der Belehrung wenigstens drei Monate

---

1) Hierzu Beschluß des Bundesverfassungsgerichts vom 7.3.1995 – 1 BvR 790/91 – (BGBl. I S. 884): § 1747 Absatz 2 Satz 1 und 2 des Bürgerlichen Gesetzbuchs in der Fassung des Gesetzes über die Annahme als Kind und zur Änderung anderer Vorschriften (Adoptionsgesetz) vom 2. Juli 1976 (BGBl. I S. 1749) ist mit Artikel 6 Absatz 2 Satz 1 des Grundgesetzes unvereinbar, soweit darin für die Adoption des nichtehelichen Kindes durch die Mutter oder den Stiefvater weder eine Einwilligung des Vaters noch eine Abwägung mit dessen Belangen vorgesehen ist.

verstrichen sind; in der Belehrung ist auf die Frist hinzuweisen. Der Belehrung bedarf es nicht, wenn der Elternteil seinen Aufenthaltsort ohne Hinterlassung seiner neuen Anschrift gewechselt hat und der Aufenthaltsort vom Jugendamt während eines Zeitraums von drei Monaten trotz angemessener Nachforschungen nicht ermittelt werden konnte; in diesem Fall beginnt die Frist mit der ersten auf die Belehrung und Beratung oder auf die Ermittlung des Aufenthaltsorts gerichteten Handlung des Jugendamts. Die Fristen laufen frühestens fünf Monate nach der Geburt des Kindes ab.

(3) Die Einwilligung eines Elternteils kann ferner ersetzt werden, wenn er wegen einer besonders schweren psychischen Krankheit oder einer besonders schweren geistigen oder seelischen Behinderung zur Pflege und Erziehung des Kindes dauernd unfähig ist und wenn das Kind bei Unterbleiben der Annahme nicht in einer Familie aufwachsen könnte und dadurch in seiner Entwicklung schwer gefährdet wäre.

§ 1749 [Einwilligung des Ehegatten]

(1) Zur Annahme eines Kindes durch einen Ehegatten allein ist die Einwilligung des anderen Ehegatten erforderlich. Das Vormundschaftsgericht kann auf Antrag des Annehmenden die Einwilligung ersetzen. Die Einwilligung darf nicht ersetzt werden, wenn berechtigte Interessen des anderen Ehegatten und der Familie der Annahme entgegenstehen.

(2) Zur Annahme eines Verheirateten ist die Einwilligung seines Ehegatten erforderlich.

(3) Die Einwilligung des Ehegatten ist nicht erforderlich, wenn er zur Abgabe der Erklärung dauernd außerstande oder sein Aufenthalt dauernd unbekannt ist.

§ 1750 [Einwilligungserklärung]

(1) Die Einwilligung nach §§ 1746, 1747 und 1749 ist dem Vormundschaftsgericht gegenüber zu erklären. Die Erklärung bedarf der notariellen Beurkundung. Die Einwilligung wird in dem Zeitpunkt wirksam, in dem sie dem Vormundschaftsgericht zugeht.

(2) Die Einwilligung kann nicht unter einer Bedingung oder einer Zeitbestimmung erteilt werden. Sie ist unwiderruflich; die Vorschrift des § 1746 Abs. 2 bleibt unberührt.

(3) Die Einwilligung kann nicht durch einen Vertreter erteilt werden. Ist der Einwilligende in der Geschäftsfähigkeit beschränkt, so bedarf seine Einwilligung nicht der Zustimmung seines gesetzlichen Vertreters. Die Vorschriften des § 1746 Abs. 1 Satz 2, 3 bleiben unberührt.

(4) Die Einwilligung verliert ihre Kraft, wenn der Antrag zurückgenommen oder die Annahme versagt wird. Die Einwilligung eines Elternteils verliert ferner ihre Kraft, wenn das Kind nicht innerhalb von drei Jahren seit dem Wirksamwerden der Einwilligung angenommen wird.

§ 1751 [Ruhen der elterlichen Sorge und der Unterhaltspflicht]

(1) Mit der Einwilligung eines Elternteils in die Annahme ruht die elterliche Sorge dieses Elternteils; die Befugnis zum persönlichen Umgang mit dem Kinde darf nicht ausgeübt werden. Das Jugendamt wird Vormund; dies gilt nicht, wenn der andere Elternteil die elterliche Sorge allein ausübt oder wenn bereits ein Vormund bestellt ist. Eine bestehende Pflegschaft bleibt unberührt. Das Vormundschaftsgericht hat dem Jugendamt unverzüglich eine Bescheinigung über den Eintritt der Vormundschaft zu erteilen; § 1791 ist nicht anzuwenden.

(2) Absatz 1 ist nicht anzuwenden auf einen Ehegatten, dessen Kind vom anderen Ehegatten angenommen wird.

(3) Hat die Einwilligung eines Elternteils ihre Kraft verloren, so hat das Vormundschaftsgericht die elterliche Sorge dem Elternteil zu übertragen, wenn und soweit dies dem Wohl des Kindes nicht widerspricht.

(4) Der Annehmende ist dem Kind vor den Verwandten des Kindes zur Gewährung des Unterhalts verpflichtet, sobald die Eltern des Kindes die erforderliche Einwilligung erteilt haben und das Kind in die Obhut des Annehmenden mit dem Ziel der Annahme aufgenommen ist. Will ein Ehegatte ein Kind seines Ehegatten annehmen, so sind die Ehegatten dem Kind vor den anderen Verwandten des Kindes zur Gewährung des Unterhalts verpflichtet, sobald die erforderliche Einwilligung der Eltern des Kindes erteilt und das Kind in die Obhut der Ehegatten aufgenommen ist.

§ 1752 [Beschluß des Vormundschaftsgerichts – Antrag]

(1) Die Annahme als Kind wird auf Antrag des Annehmenden vom Vormundschaftsgericht ausgesprochen.

(2) Der Antrag kann nicht unter einer Bedingung oder einer Zeitbestimmung oder durch einen Vertreter gestellt werden. Er bedarf der notariellen Beurkundung.

§ 1753 [Annahme nach dem Tod]

(1) Der Ausspruch der Annahme kann nicht nach dem Tod des Kindes erfolgen.

(2) Nach dem Tod des Annehmenden ist der Ausspruch nur zulässig, wenn der Annehmende den Antrag beim Vormundschaftsgericht eingereicht oder bei oder nach der notariellen Beurkundung des Antrags den Notar damit betraut hat, den Antrag einzureichen.

(3) Wird die Annahme nach dem Tod des Annehmenden ausgesprochen, so hat sie die gleiche Wirkung, wie wenn sie vor dem Tod erfolgt wäre.

§ 1754 [Rechtliche Stellung des Kindes]

(1) Nimmt ein Ehepaar ein Kind an oder nimmt ein Ehegatte ein Kind des anderen Ehegatten an, so erlangt das Kind die rechtliche Stellung eines gemeinschaftlichen ehelichen Kindes der Ehegatten.

(2) In den anderen Fällen erlangt das Kind die rechtliche Stellung eines ehelichen Kindes des Annehmenden.

§ 1755 [Verhältnis zu den bisherigen Verwandten]

(1) Mit der Annahme erlöschen das Verwandtschaftsverhältnis des Kindes und seiner Abkömmlinge zu den bisherigen Verwandten und die sich aus ihm ergebenden Rechte und Pflichten. Ansprüche des Kindes, die bis zur Annahme entstanden sind, insbesondere auf Renten, Waisengeld und andere entsprechende wiederkehrende Leistungen, werden durch die Annahme nicht berührt; dies gilt nicht für Unterhaltsansprüche.

(2) Nimmt ein Ehegatte das nichteheliche Kind seines Ehegatten an, so tritt das Erlöschen nur im Verhältnis zu dem anderen Elternteil und dessen Verwandten ein.

§ 1756 [Bestehenbleibende Verwandtschaftsverhältnisse]

(1) Sind die Annehmenden mit dem Kind im zweiten oder dritten Grad verwandt oder verschwägert, so erlöschen nur das Verwandtschaftsverhältnis des Kindes und seiner Abkömmlinge zu den Eltern des Kindes und die sich aus ihm ergebenden Rechte und Pflichten.

(2) Nimmt ein Ehegatte das eheliche Kind seines Ehegatten an, dessen frühere Ehe durch Tod aufgelöst ist, so tritt das Erlöschen nicht im Verhältnis zu den Verwandten des verstorbenen Elternteils ein.

§ 1757 [Name des Kindes]

(1) Das Kind erhält als Geburtsnamen den Familiennamen des Annehmenden. Als Familienname gilt nicht der nach § 1355 Abs. 4 dem Ehenamen hinzugefügte Name.

(2) Nimmt ein Ehepaar ein Kind an oder nimmt ein Ehegatte ein Kind des anderen Ehegatten an und führen die Ehegatten keinen Ehenamen, so bestimmen sie den Geburtsnamen des Kindes vor dem Ausspruch der Annahme durch Erklärung gegenüber

dem Vormundschaftsgericht; § 1616 Abs. 2 gilt entsprechend. Hat das Kind das fünfte Lebensjahr vollendet, so ist die Bestimmung nur wirksam, wenn es sich der Bestimmung vor dem Ausspruch der Annahme durch Erklärung gegenüber dem Vormundschaftsgericht anschließt; § 1616 a Abs. 1 Satz 2, Satz 3 und Satz 4 zweiter Halbsatz gilt entsprechend.

(3) Die Änderung des Geburtsnamens erstreckt sich auf den Ehenamen des Kindes nur dann, wenn sich auch der Ehegatte der Namensänderung vor dem Ausspruch der Annahme durch Erklärung gegenüber dem Vormundschaftsgericht anschließt; die Erklärung muß öffentlich beglaubigt werden.

(4) Das Vormundschaftsgericht kann auf Antrag des Annehmenden mit Einwilligung des Kindes mit dem Ausspruch der Annahme

1. Vornamen des Kindes ändern oder ihm einen oder mehrere neue Vornamen beigeben, wenn dies dem Wohl des Kindes entspricht;
2. dem neuen Familiennamen des Kindes den bisherigen Familiennamen voranstellen oder anfügen, wenn dies aus schwerwiegenden Gründen zum Wohl des Kindes erforderlich ist.

§ 1746 Abs. 1 Satz 2, 3, Abs. 3 ist entsprechend anzuwenden.

§ 1758 [Geheimhaltung der Adoption]

(1) Tatsachen, die geeignet sind, die Annahme und ihre Umstände aufzudecken, dürfen ohne Zustimmung des Annehmenden und des Kindes nicht offenbart oder ausgeforscht werden, es sei denn, daß besondere Gründe des öffentlichen Interesses dies erfordern.

(2) Absatz 1 gilt sinngemäß, wenn die nach § 1747 erforderliche Einwilligung erteilt ist. Das Vormundschaftsgericht kann anordnen, daß die Wirkungen des Absatzes 1 eintreten, wenn ein Antrag auf Ersetzung der Einwilligung eines Elternteils gestellt worden ist.

§ 1759 [Aufhebung der Adoption]

Das Annahmeverhältnis kann nur in den Fällen der §§ 1760, 1763 aufgehoben werden.

§ 1760 [Aufhebung auf Grund fehlenden Antrags]

(1) Das Annahmeverhältnis kann auf Antrag vom Vormundschaftsgericht aufgehoben werden, wenn es ohne Antrag des Annehmenden, ohne die Einwilligung des Kindes oder ohne die erforderliche Einwilligung eines Elternteils begründet worden ist.

(2) Der Antrag oder eine Einwilligung ist nur dann unwirksam, wenn der Erklärende

a) zur Zeit der Erklärung sich im Zustand der Bewußtlosigkeit oder vorübergehenden Störung der Geistestätigkeit befand, wenn der Antragsteller geschäftsunfähig war oder das geschäftsunfähige oder noch nicht vierzehn Jahre alte Kind die Einwilligung selbst erteilt hat,
b) nicht gewußt hat, daß es sich um eine Annahme als Kind handelt, oder wenn er dies zwar gewußt hat, aber einen Annahmeantrag nicht hat stellen oder eine Einwilligung zur Annahme nicht hat abgeben wollen oder wenn sich der Annehmende in der Person des anzunehmenden Kindes oder wenn sich das anzunehmende Kind in der Person des Annehmenden geirrt hat,
c) durch arglistige Täuschung über wesentliche Umstände zur Erklärung bestimmt worden ist,
d) widerrechtlich durch Drohung zur Erklärung bestimmt worden ist,
e) die Einwilligung vor Ablauf der in § 1747 Abs. 3 Satz 1 bestimmten Frist erteilt hat.

(3) Die Aufhebung ist ausgeschlossen, wenn der Erklärende nach Wegfall der Geschäftsunfähigkeit, der Bewußtlosigkeit, der Störung der Geistestätigkeit, der durch die Drohung bestimmten Zwangslage, nach der Entdeckung des Irrtums oder nach Ablauf der in § 1747 Abs. 3 Satz 1 bestimmten Frist den Antrag oder die Einwilligung nachgeholt oder sonst zu erkennen gegeben hat, daß das Annahmeverhältnis aufrechterhalten werden soll. Die

Vorschriften des § 1746 Abs. 1 Satz 2, 3 und des § 1750 Abs. 3 Satz 1, 2 sind entsprechend anzuwenden.

(4) Die Aufhebung wegen arglistiger Täuschung über wesentliche Umstände ist ferner ausgeschlossen, wenn über Vermögensverhältnisse des Annehmenden oder des Kindes getäuscht worden ist oder wenn die Täuschung ohne Wissen eines Antrags- oder Einwilligungsberechtigten von jemand verübt worden ist, der weder antrags- noch einwilligungsberechtigt noch zur Vermittlung der Annahme befugt war.

(5) Ist beim Ausspruch der Annahme zu Unrecht angenommen worden, daß ein Elternteil zur Abgabe der Erklärung dauernd außerstande oder sein Aufenthalt dauernd unbekannt sei, so ist die Aufhebung ausgeschlossen, wenn der Elternteil die Einwilligung nachgeholt oder sonst zu erkennen gegeben hat, daß das Annahmeverhältnis aufrechterhalten werden soll. Die Vorschriften des § 1750 Abs. 3 Satz 1, 2 sind entsprechend anzuwenden.

§ 1761 [Keine Aufhebung bei Ersetzungsmöglichkeit oder Kindeswohlgefährdung]

(1) Das Annahmeverhältnis kann nicht aufgehoben werden, weil eine erforderliche Einwilligung nicht eingeholt worden oder nach § 1760 Abs. 2 unwirksam ist, wenn die Voraussetzungen für die Ersetzung der Einwilligung beim Ausspruch der Annahme vorgelegen haben oder wenn sie zum Zeitpunkt der Entscheidung über den Aufhebungsantrag vorliegen; dabei ist es unschädlich, wenn eine Belehrung oder Beratung nach § 1748 Abs. 2 nicht erfolgt ist.

(2) Das Annahmeverhältnis darf nicht aufgehoben werden, wenn dadurch das Wohl des Kindes erheblich gefährdet würde, es sei denn, daß überwiegende Interessen des Annehmenden die Aufhebung erfordern.

§ 1762 [Antragsrecht – Antragsfrist]

(1) Antragsberechtigt ist nur derjenige, ohne dessen Antrag oder Einwilligung das Kind angenommen worden ist. Für ein Kind, das geschäftsunfähig oder noch nicht vierzehn Jahre alt ist, und für den Annehmenden, der geschäftsunfähig ist, können die gesetzlichen Vertreter den Antrag stellen. Im übrigen kann der Antrag nicht durch einen Vertreter gestellt werden. Ist der Antragsberechtigte in der Geschäftsfähigkeit beschränkt, so ist die Zustimmung des gesetzlichen Vertreters nicht erforderlich.

(2) Der Antrag kann nur innerhalb eines Jahres gestellt werden, wenn seit der Annahme noch keine drei Jahre verstrichen sind. Die Frist beginnt

a) in den Fällen des § 1760 Abs. 2 Buchstabe a mit dem Zeitpunkt, in dem der Erklärende zumindest die beschränkte Geschäftsfähigkeit erlangt hat oder in dem dem gesetzlichen Vertreter des geschäftsunfähigen Annehmenden oder des noch nicht vierzehn Jahre alten oder geschäftsunfähigen Kindes die Erklärung bekannt wird;

b) in den Fällen des § 1760 Abs. 2 Buchstaben b, c mit dem Zeitpunkt, in dem der Erklärende den Irrtum oder die Täuschung entdeckt;

c) in dem Fall des § 1760 Abs. 2 Buchstabe d mit dem Zeitpunkt, in dem die Zwangslage aufhört;

d) in dem Fall des § 1760 Abs. 2 Buchstabe e nach Ablauf der in § 1747 Abs. 3 Satz 1 bestimmten Frist;

e) in den Fällen des § 1760 Abs. 5 mit dem Zeitpunkt, in dem dem Elternteil bekannt wird, daß die Annahme ohne seine Einwilligung erfolgt ist. Die für die Verjährung geltenden Vorschriften der §§ 203, 206 sind entsprechend anzuwenden.

(3) Der Antrag bedarf der notariellen Beurkundung.

§ 1763 [Aufhebung von Amts wegen]

(1) Während der Minderjährigkeit des Kindes kann das Vormundschaftsgericht das Annahmeverhältnis von Amts wegen aufheben, wenn dies aus schwerwiegenden Gründen zum Wohl des Kindes erforderlich ist.

(2) Ist das Kind von einem Ehepaar angenommen, so kann auch das zwischen dem Kind und einem Ehegatten bestehende Annahmeverhältnis aufgehoben werden.

(3) Das Annahmeverhältnis darf nur aufgehoben werden,

a) wenn in dem Fall des Absatzes 2 der andere Ehegatte oder wenn ein leiblicher Elternteil bereit ist, die Pflege und Erziehung des Kindes zu übernehmen, und wenn die Ausübung der elterlichen Sorge durch ihn dem Wohl des Kindes nicht widersprechen würde oder

b) wenn die Aufhebung eine erneute Annahme des Kindes ermöglichen soll.

§ 1764 [Wirkung der Aufhebung]

(1) Die Aufhebung wirkt nur für die Zukunft. Hebt das Vormundschaftsgericht das Annahmeverhältnis nach dem Tod des Annehmenden auf dessen Antrag oder nach dem Tod des Kindes auf dessen Antrag auf, so hat dies die gleiche Wirkung, wie wenn das Annahmeverhältnis vor dem Tod aufgehoben worden wäre.

(2) Mit der Aufhebung der Annahme als Kind erlöschen das durch die Annahme begründete Verwandtschaftsverhältnis des Kindes und seiner Abkömmlinge zu den bisherigen Verwandten und die sich aus ihm ergebenden Rechte und Pflichten.

(3) Gleichzeitig leben das Verwandtschaftsverhältnis des Kindes und seiner Abkömmlinge zu den leiblichen Verwandten des Kindes und die sich aus ihm ergebenden Rechte und Pflichten, mit Ausnahme der elterlichen Sorge, wieder auf.

(4) Das Vormundschaftsgericht hat den leiblichen Eltern die elterliche Sorge zurückzuübertragen, wenn und soweit dies dem Wohl des Kindes nicht widerspricht; andernfalls bestellt es einen Vormund oder Pfleger.

(5) Besteht das Annahmeverhältnis zu einem Ehepaar und erfolgt die Aufhebung nur im Verhältnis zu einem Ehegatten, so treten die Wirkungen des Absatzes 2 nur zwischen dem Kind und seinen Abkömmlingen und diesem Ehegatten und dessen Verwandten ein; die Wirkungen des Absatzes 3 treten nicht ein.

§ 1765 [Verlust des Familiennamens]

(1) Mit der Aufhebung der Annahme als Kind verliert das Kind das Recht, den Familiennamen des Annehmenden als Geburtsnamen zu führen. Satz 1 ist in den Fällen des § 1754 Abs. 1 nicht anzuwenden, wenn das Kind einen Geburtsnamen nach § 1757 Abs. 1 führt und das Annahmeverhältnis zu einem Ehegatten allein aufgehoben wird. Ist der Geburtsname zum Ehenamen des Kindes geworden, so bleibt dieser unberührt.

(2) Auf Antrag des Kindes kann das Vormundschaftsgericht mit der Aufhebung anordnen, daß das Kind den Familiennamen behält, den es durch die Annahme erworben hat, wenn das Kind ein berechtigtes Interesse an der Führung dieses Namens hat. § 1764 Abs. 1 Satz 2, 3 ist entsprechend anzuwenden.

(3) Ist der durch die Annahme erworbene Name zum Ehenamen geworden, so hat das Vormundschaftsgericht auf gemeinsamen Antrag der Ehegatten mit der Aufhebung anzuordnen, daß die Ehegatten als Ehenamen den Geburtsnamen führen, den das Kind vor der Annahme geführt hat.

§ 1766 [Eheschließung des Annehmenden mit dem Angenommenen]

Schließt ein Annehmender mit dem Angenommenen oder einem seiner Abkömmlinge den eherechtlichen Vorschriften zuwider die Ehe, so wird mit der Eheschließung das durch die

Annahme zwischen ihnen begründete Rechtsverhältnis aufgehoben. Das gilt auch dann, wenn die Ehe für nichtig erklärt wird. §§ 1764, 1765 sind nicht anzuwenden.

II. Annahme Volljähriger

§ 1767 [Zulässigkeit – Anzuwendende Vorschriften]

(1) Ein Volljähriger kann als Kind angenommen werden, wenn die Annahme sittlich gerechtfertigt ist; dies ist insbesondere anzunehmen, wenn zwischen dem Annehmenden und dem Anzunehmenden ein Eltern-Kind-Verhältnis bereits entstanden ist.

(2) Für die Annahme Volljähriger gelten die Vorschriften über die Annahme Minderjähriger sinngemäß, soweit sich aus den folgenden Vorschriften nichts anderes ergibt.

§ 1768 [Annahmeantrag]

(1) Die Annahme eines Volljährigen wird auf Antrag des Annehmenden und des Anzunehmenden vom Vormundschaftsgericht ausgesprochen. §§ 1742, 1744, 1745, 1746 Abs. 1, 2, § 1747 sind nicht anzuwenden.

(2) Für einen Anzunehmenden, der geschäftsunfähig ist, kann der Antrag nur von seinem gesetzlichen Vertreter gestellt werden.

§ 1769 [Entgegenstehende Interessen]

Die Annahme eines Volljährigen darf nicht ausgesprochen werden, wenn ihr überwiegende Interessen der Kinder des Annehmenden oder des Anzunehmenden entgegenstehen.

§ 1770 [Wirkungen der Annahme]

(1) Die Wirkungen der Annahme eines Volljährigen erstrecken sich nicht auf die Verwandten des Annehmenden. Der Ehegatte des Annehmenden wird nicht mit dem Angenommenen, dessen Ehegatte wird nicht mit dem Annehmenden verschwägert.

(2) Die Rechte und Pflichten aus dem Verwandtschaftsverhältnis des Angenommenen und seiner Abkömmlinge zu ihren Verwandten werden durch die Annahme nicht berührt, soweit das Gesetz nichts anderes vorschreibt.

(3) Der Annehmende ist dem Angenommenen und dessen Abkömmlingen vor den leiblichen Verwandten des Angenommenen zur Gewährung des Unterhalts verpflichtet.

§ 1771 [Aufhebung des Annahmeverhältnisses]

Das Vormundschaftsgericht kann das Annahmeverhältnis, das zu einem Volljährigen begründet worden ist, auf Antrag des Annehmenden und des Angenommenen aufheben, wenn ein wichtiger Grund vorliegt. Im übrigen kann das Annahmeverhältnis nur in sinngemäßer Anwendung der Vorschriften des § 1760 Abs. 1 bis 5 aufgehoben werden. An die Stelle der Einwilligung des Kindes tritt der Antrag des Anzunehmenden.

§ 1772 [Wirkungen der Annahme wie bei Minderjährigenadoption]

(1) Das Vormundschaftsgericht kann beim Ausspruch der Annahme eines Volljährigen auf Antrag des Annehmenden und des Anzunehmenden bestimmen, daß sich die Wirkungen der Annahme nach den Vorschriften über die Annahme eines Minderjährigen oder eines verwandten Minderjährigen richten (§§ 1754 bis 1756), wenn

a) ein minderjähriger Bruder oder eine minderjährige Schwester des Anzunehmenden von dem Annehmenden als Kind angenommen worden ist oder gleichzeitig angenommen wird oder

b) der Anzunehmende bereits als Minderjähriger in die Familie des Annehmenden aufgenommen worden ist oder

c) der Annehmende sein nichteheliches Kind oder das Kind seines Ehegatten annimmt.

Eine solche Bestimmung darf nicht getroffen werden, wenn ihr überwiegende Interessen der Eltern des Anzunehmenden entgegenstehen.

(2) Das Annahmeverhältnis kann in den Fällen des Absatzes 1 nur in sinngemäßer Anwendung der Vorschriften des § 1760 Abs. 1 bis 5 aufgehoben werden. An die Stelle der Einwilligung des Kindes tritt der Antrag des Anzunehmenden.

Dritter Abschnitt
Vormundschaft

Erster Titel
Vormundschaft über Minderjährige

I. Begründung der Vormundschaft

§ 1773 [Voraussetzungen]

(1) Ein Minderjähriger erhält einen Vormund, wenn er nicht unter elterlicher Sorge steht oder wenn die Eltern weder in den die Person noch in den das Vermögen betreffenden Angelegenheiten zur Vertretung des Minderjährigen berechtigt sind.

(2) Ein Minderjähriger erhält einen Vormund auch dann, wenn sein Familienstand nicht zu ermitteln ist.

§ 1774 [Anordnung von Amts wegen]

Das Vormundschaftsgericht hat die Vormundschaft von Amts wegen anzuordnen. Ist anzunehmen, daß ein Kind mit seiner Geburt eines Vormunds bedarf, so kann schon vor der Geburt des Kindes ein Vormund bestellt werden; die Bestellung wird mit der Geburt des Kindes wirksam.

§ 1775 [Nur ein Vormund für Mündel]

Das Vormundschaftsgericht soll, sofern nicht besondere Gründe für die Bestellung mehrerer Vormünder vorliegen, für den Mündel und, wenn mehrere Geschwister zu bevormunden sind, für alle Mündel nur einen Vormund bestellen.

§ 1776 [Benennung durch die Eltern]

(1) Als Vormund ist berufen, wer von den Eltern des Mündels als Vormund benannt ist.

(2) Haben der Vater und die Mutter verschiedene Personen benannt, so gilt die Benennung durch den zuletzt verstorbenen Elternteil.

§ 1777 [Voraussetzungen des Benennungsrechts]

(1) Die Eltern können einen Vormund nur benennen, wenn ihnen zur Zeit ihres Todes die Sorge für die Person und das Vermögen des Kindes zusteht.

(2) Der Vater kann für ein Kind, das erst nach seinem Tode geboren wird, einen Vormund benennen, wenn er dazu berechtigt sein würde, falls das Kind vor seinem Tode geboren wäre.

(3) Der Vormund wird durch letztwillige Verfügung benannt.

§ 1778 [Übergehung des berufenen Vormunds]

(1) Wer nach § 1776 als Vormund berufen ist, darf ohne seine Zustimmung nur übergangen werden,

1. wenn er nach den §§ 1780 bis 1784 nicht zum Vormund bestellt werden kann oder soll;
2. wenn er an der Übernahme der Vormundschaft verhindert ist;
3. wenn er die Übernahme verzögert;
4. wenn seine Bestellung das Wohl des Mündels gefährden würde;
5. wenn der Mündel, der das vierzehnte Lebensjahr vollendet hat, der Bestellung widerspricht, es sei denn, der Mündel ist geschäftsunfähig.

(2) Ist der Berufene nur vorübergehend verhindert, so hat ihn das Vormundschaftsgericht nach dem Wegfall des Hindernisses auf seinen Antrag an Stelle des bisherigen Vormundes zum Vormund zu bestellen.

(3) Für einen minderjährigen Ehegatten darf der andere Ehegatte vor den nach § 1776 Berufenen zum Vormund bestellt werden.

(4) Neben dem Berufenen darf nur mit dessen Zustimmung ein Mitvormund bestellt werden.

§ 1779 [Auswahl durch Vormundschaftsgericht]

(1) Ist die Vormundschaft nicht einem nach § 1776 Berufenen zu übertragen, so hat das Vormundschaftsgericht nach Anhörung des Jugendamts den Vormund auszuwählen.

(2) Das Vormundschaftsgericht soll eine Person auswählen, die nach ihren persönlichen Verhältnissen und ihrer Vermögenslage sowie nach den sonstigen Umständen zur Führung der Vormundschaft geeignet ist. Bei der Auswahl ist auf das religiöse Bekenntnis des Mündels Rücksicht zu nehmen. Verwandte und Verschwägerte des Mündels sind zunächst zu berücksichtigen; ist der Mündel nichtehelich, so steht es im Ermessen des Vormundschaftsgerichts, ob sein Vater, dessen Verwandte und deren Ehegatten berücksichtigt werden sollen.

(3) Das Vormundschaftsgericht soll bei der Auswahl des Vormunds Verwandte oder Verschwägerte des Mündels hören, wenn dies ohne erhebliche Verzögerung und ohne unverhältnismäßige Kosten geschehen kann. Die Verwandten und Verschwägerten können von dem Mündel Ersatz ihrer Auslagen verlangen; der Betrag der Auslagen wird von dem Vormundschaftsgericht festgesetzt.

§ 1780 [Unfähigkeit zur Vormundschaft]

Zum Vormunde kann nicht bestellt werden, wer geschäftsunfähig ist.

§ 1781 [Untauglichkeit zur Vormundschaft]

Zum Vormunde soll nicht bestellt werden:

1. wer minderjährig ist;
2. derjenige, für den ein Betreuer bestellt ist;
3. wer in Konkurs geraten ist, während der Dauer des Konkurses.
4. (aufgehoben)

§ 1782 [Ausschließung durch die Eltern]

(1) Zum Vormund soll nicht bestellt werden, wer durch Anordnung der Eltern des Mündels von der Vormundschaft ausgeschlossen ist. Haben die Eltern einander widersprechende Anordnungen getroffen, so gilt die Anordnung des zuletzt verstorbenen Elternteils.

(2) Auf die Ausschließung sind die Vorschriften des § 1777 anzuwenden.

§ 1783 (aufgehoben)

§ 1784 [Beamte oder Religionsdiener]

(1) Ein Beamter oder Religionsdiener, der nach den Landesgesetzen einer besonderen Erlaubnis zur Übernahme einer Vormundschaft bedarf, soll nicht ohne die vorgeschriebene Erlaubnis zum Vormunde bestellt werden.

(2) Diese Erlaubnis darf nur versagt werden, wenn ein wichtiger dienstlicher Grund vorliegt.

§ 1785 [Übernahmepflicht]

Jeder Deutsche hat die Vormundschaft, für die er von dem Vormundschaftsgericht ausgewählt wird, zu übernehmen, sofern nicht seiner Bestellung zum Vormund einer der in den §§ 1780 bis 1784 bestimmten Gründe entgegensteht.

§ 1786 [Ablehnungsgründe]

(1) Die Übernahme der Vormundschaft kann ablehnen:

1. ein Elternteil, welcher zwei oder mehr noch nicht schulpflichtige Kinder überwiegend betreut oder glaubhaft macht, daß die ihm obliegende Fürsorge für die Familie die Ausübung des Amtes dauernd besonders erschwert;
2. wer das sechzigste Lebensjahr vollendet hat;
3. wem die Sorge für die Person oder das Vermögen von mehr als drei minderjährigen Kindern zusteht;
4. wer durch Krankheit oder durch Gebrechen verhindert ist, die Vormundschaft ordnungsmäßig zu führen;
5. wer wegen Entfernung seines Wohnsitzes von dem Sitze des Vormundschaftsgerichts die Vormundschaft nicht ohne besondere Belästigung führen kann;
6. (aufgehoben)
7. wer mit einem anderen zur gemeinschaftlichen Führung der Vormundschaft bestellt werden soll;
8. wer mehr als eine Vormundschaft, Betreuung oder Pflegschaft führt; die Vormundschaft oder Pflegschaft über mehrere Geschwister gilt nur als eine; die Führung von zwei Gegenvormundschaften steht der Führung einer Vormundschaft gleich.

(2) Das Ablehnungsrecht erlischt, wenn es nicht vor der Bestellung bei dem Vormundschaftsgerichte geltend gemacht wird.

§ 1787 [Haftung bei grundloser Ablehnung]

(1) Wer die Übernahme der Vormundschaft ohne Grund ablehnt, ist, wenn ihm ein Verschulden zur Last fällt, für den Schaden verantwortlich, der dem Mündel dadurch entsteht, daß sich die Bestellung des Vormundes verzögert.

(2) Erklärt das Vormundschaftsgericht die Ablehnung für unbegründet, so hat der Ablehnende, unbeschadet der ihm zustehenden Rechtsmittel, die Vormundschaft auf Erfordern des Vormundschaftsgerichts vorläufig zu übernehmen.

§ 1788 [Zwangsgeld]

(1) Das Vormundschaftsgericht kann den zum Vormund Ausgewählten durch Festsetzung von Zwangsgeld zur Übernahme der Vormundschaft anhalten.

(2) Die Zwangsgelder dürfen nur in Zwischenräumen von mindestens einer Woche festgesetzt werden. Mehr als drei Zwangsgelder dürfen nicht festgesetzt werden.

§ 1789 [Bestellung des Vormunds]

Der Vormund wird von dem Vormundschaftsgerichte durch Verpflichtung zu treuer und gewissenhafter Führung der Vormundschaft bestellt. Die Verpflichtung soll mittels Handschlags an Eides Statt erfolgen.

§ 1790 [Bestellung unter Vorbehalt]

Bei der Bestellung des Vormundes kann die Entlassung für den Fall vorbehalten werden, daß ein bestimmtes Ereignis eintritt oder nicht eintritt.

§ 1791 [Bestallungsurkunde]

(1) Der Vormund erhält eine Bestallung.

(2) Die Bestallung soll enthalten den Namen und die Zeit der Geburt des Mündels, die Namen des Vormundes, des Gegenvormundes und der Mitvormünder sowie im Falle der Teilung der Vormundschaft die Art der Teilung.

§ 1791 a [Verein als Vormund]

(1) Ein rechtsfähiger Verein kann zum Vormund bestellt werden, wenn er vom Landesjugendamt hierzu für geeignet erklärt worden ist. Der Verein darf nur zum Vormund bestellt werden, wenn eine als Einzelvormund geeignete Person nicht vorhanden ist oder wenn er nach § 1776 als Vormund berufen ist; die Bestellung bedarf der Einwilligung des Vereins.

(2) Die Bestellung erfolgt durch schriftliche Verfügung des Vormundschaftsgerichts; die §§ 1789, 1791 sind nicht anzuwenden.
(3) Der Verein bedient sich bei der Führung der Vormundschaft einzelner seiner Mitglieder oder Mitarbeiter; eine Person, die den Mündel in einem Heim des Vereins als Erzieher betreut, darf die Aufgaben des Vormunds nicht ausüben. Für ein Verschulden des Mitglieds oder des Mitarbeiters ist der Verein dem Mündel in gleicher Weise verantwortlich wie für ein Verschulden eines verfassungsmäßig berufenen Vertreters.
(4) Will das Vormundschaftsgericht neben dem Verein einen Mitvormund oder will es einen Gegenvormund bestellen, so soll es vor der Entscheidung den Verein hören.

§ 1791 b [Jugendamt als bestellter Amtsvormund]

(1) Ist eine als Einzelvormund geeignete Person nicht vorhanden, so kann auch das Jugendamt zum Vormund bestellt werden. Das Jugendamt kann von den Eltern des Mündels weder benannt noch ausgeschlossen werden.
(2) Die Bestellung erfolgt durch schriftliche Verfügung des Vormundschaftsgerichts; die §§ 1789, 1791 sind nicht anzuwenden.

§ 1791 c [Jugendamt als gesetzlicher Amtsvormund]

(1) Mit der Geburt eines nichtehelichen Kindes, das eines Vormunds bedarf, wird das Jugendamt Vormund, wenn das Kind seinen gewöhnlichen Aufenthalt im Geltungsbereich dieses Gesetzes hat; dies gilt nicht, wenn bereits vor der Geburt des Kindes ein Vormund bestellt ist. Ergibt sich erst später aus einer gerichtlichen Entscheidung, daß das Kind nichtehelich ist, und bedarf das Kind eines Vormunds, so wird das Jugendamt in dem Zeitpunkt Vormund, in dem die Entscheidung rechtskräftig wird.
(2) War das Jugendamt Pfleger eines nichtehelichen Kindes, endet die Pflegschaft kraft Gesetzes und bedarf das Kind eines Vormunds, so wird das Jugendamt Vormund, das bisher Pfleger war.
(3) Das Vormundschaftsgericht hat dem Jugendamt unverzüglich eine Bescheinigung über den Eintritt der Vormundschaft zu erteilen; § 1791 ist nicht anzuwenden.

§ 1792 [Gegenvormund]

(1) Neben dem Vormunde kann ein Gegenvormund bestellt werden. Ist das Jugendamt Vormund, so kann kein Gegenvormund bestellt werden; das Jugendamt kann Gegenvormund sein.
(2) Ein Gegenvormund soll bestellt werden, wenn mit der Vormundschaft eine Vermögensverwaltung verbunden ist, es sei denn, daß die Verwaltung nicht erheblich oder daß die Vormundschaft von mehreren Vormündern gemeinschaftlich zu führen ist.
(3) Ist die Vormundschaft von mehreren Vormündern nicht gemeinschaftlich zu führen, so kann der eine Vormund zum Gegenvormunde des anderen bestellt werden.
(4) Auf die Berufung und Bestellung des Gegenvormunds sind die für die Begründung der Vormundschaft geltenden Vorschriften anzuwenden.

II. Führung der Vormundschaft

§ 1793 [Aufgaben des Vormunds]

Der Vormund hat das Recht und die Pflicht, für die Person und das Vermögen des Mündels zu sorgen, insbesondere den Mündel zu vertreten. § 1626 Abs. 2 gilt entsprechend.

§ 1794 [Beschränkung durch Pflegschaft]

Das Recht und die Pflicht des Vormunds, für die Person und das Vermögen des Mündels zu sorgen, erstreckt sich nicht auf Angelegenheiten des Mündels, für die ein Pfleger bestellt ist.

§ 1795 [Von der Vertretung ausgenommene Rechtsgeschäfte]

(1) Der Vormund kann den Mündel nicht vertreten:

1. bei einem Rechtsgeschäfte zwischen seinem Ehegatten oder einem seiner Verwandten in gerader Linie einerseits und dem Mündel andererseits, es sei denn, daß das Rechtsgeschäft ausschließlich in der Erfüllung einer Verbindlichkeit besteht;
2. bei einem Rechtsgeschäfte, das die Übertragung oder Belastung einer durch Pfandrecht, Hypothek, Schiffshypothek oder Bürgschaft gesicherten Forderung des Mündels gegen den Vormund oder die Aufhebung oder Minderung dieser Sicherheit zum Gegenstande hat oder die Verpflichtung des Mündels zu einer solchen Übertragung, Belastung, Aufhebung oder Minderung begründet;
3. bei einem Rechtsstreite zwischen den in Nummer 1 bezeichneten Personen sowie bei einem Rechtsstreit über eine Angelegenheit der in Nummer 2 bezeichneten Art.

(2) Die Vorschrift des § 181 bleibt unberührt.

§ 1796 [Entziehung der Vertretungsmacht]

(1) Das Vormundschaftsgericht kann dem Vormunde die Vertretung für einzelne Angelegenheiten oder für einen bestimmten Kreis von Angelegenheiten entziehen.

(2) Die Entziehung soll nur erfolgen, wenn das Interesse des Mündels zu dem Interesse des Vormundes oder eines von diesem vertretenen Dritten oder einer der in § 1795 Nr. 1 bezeichneten Personen in erheblichem Gegensätze steht.

§ 1797 [Mehrere Vormünder]

(1) Mehrere Vormünder führen die Vormundschaft gemeinschaftlich. Bei einer Meinungsverschiedenheit entscheidet das Vormundschaftsgericht, sofern nicht bei der Bestellung ein anderes bestimmt wird.

(2) Das Vormundschaftsgericht kann die Führung der Vormundschaft unter mehrere Vormünder nach bestimmten Wirkungskreisen verteilen. Innerhalb des ihm überwiesenen Wirkungskreises führt jeder Vormund die Vormundschaft selbständig.

(3) Bestimmungen, die der Vater oder die Mutter für die Entscheidung von Meinungsverschiedenheiten zwischen den von ihnen benannten Vormündern und für die Verteilung der Geschäfte unter diese nach Maßgabe des § 1777 getroffen hat, sind von dem Vormundschaftsgerichte zu befolgen, sofern nicht ihre Befolgung das Interesse des Mündels gefährden würde.

§ 1798 [Meinungsverschiedenheiten unter den Vormündern]

Steht die Sorge für die Person und die Sorge für das Vermögen des Mündels verschiedenen Vormündern zu, so entscheidet bei einer Meinungsverschiedenheit über die Vornahme einer sowohl die Person als das Vermögen des Mündels betreffenden Handlung das Vormundschaftsgericht.

§ 1799 [Pflichten des Gegenvormunds]

(1) Der Gegenvormund hat darauf zu achten, daß der Vormund die Vormundschaft pflichtmäßig führt. Er hat dem Vormundschaftsgerichte Pflichtwidrigkeiten des Vormundes sowie jeden Fall unverzüglich anzuzeigen, in welchem das Vormundschaftsgericht zum Einschreiten berufen ist, insbesondere den Tod des Vormundes oder den Eintritt eines anderen Umstandes, infolge dessen das Amt des Vormundes endigt oder die Entlassung des Vormundes erforderlich wird.

(2) Der Vormund hat dem Gegenvormund auf Verlangen über die Führung der Vormundschaft Auskunft zu erteilen und die Einsicht der sich auf die Vormundschaft beziehenden Papiere zu gestatten.

§ 1800 [Personensorge]

Das Recht und die Pflicht des Vormunds, für die Person des Mündels zu sorgen, bestimmen sich nach §§ 1631 bis 1633.

§ 1801 [Religiöse Erziehung]

(1) Die Sorge für die religiöse Erziehung des Mündels kann dem Einzelvormund von dem Vormundschaftsgericht entzogen werden, wenn der Vormund nicht dem Bekenntnis angehört, in dem der Mündel zu erziehen ist.

(2) Hat das Jugendamt oder ein Verein als Vormund über die Unterbringung des Mündels zu entscheiden, so ist hierbei auf das religiöse Bekenntnis oder die Weltanschauung des Mündels und seiner Familie Rücksicht zu nehmen.

§ 1802 [Vermögensverzeichnis]

(1) Der Vormund hat das Vermögen, das bei der Anordnung der Vormundschaft vorhanden ist oder später dem Mündel zufällt, zu verzeichnen und das Verzeichnis, nachdem er es mit der Versicherung der Richtigkeit und Vollständigkeit versehen hat, dem Vormundschaftsgericht einzureichen. Ist ein Gegenvormund vorhanden, so hat ihn der Vormund bei der Aufnahme des Verzeichnisses zuzuziehen; das Verzeichnis ist auch von dem Gegenvormunde mit der Versicherung der Richtigkeit und Vollständigkeit zu versehen.

(2) Der Vormund kann sich bei der Aufnahme des Verzeichnisses der Hilfe eines Beamten, eines Notars oder eines anderen Sachverständigen bedienen.

(3) Ist das eingereichte Verzeichnis ungenügend, so kann das Vormundschaftsgericht anordnen, daß das Verzeichnis durch eine zuständige Behörde oder durch einen zuständigen Beamten oder Notar aufgenommen wird.

§ 1803 [Anordnungen des Erblassers oder des Schenkenden]

(1) Was der Mündel von Todes wegen erwirbt oder was ihm unter Lebenden von einem Dritten unentgeltlich zugewendet wird, hat der Vormund nach den Anordnungen des Erblassers oder des Dritten zu verwalten, wenn die Anordnungen von dem Erblasser durch letztwillige Verfügung, von dem Dritten bei der Zuwendung getroffen worden sind.

(2) Der Vormund darf mit Genehmigung des Vormundschaftsgerichts von den Anordnungen abweichen, wenn ihre Befolgung das Interesse des Mündels gefährden würde.

(3) Zu einer Abweichung von den Anordnungen die ein Dritter bei einer Zuwendung unter Lebenden getroffen hat, ist, solange er lebt, seine Zustimmung erforderlich und genügend. Die Zustimmung des Dritten kann durch das Vormundschaftsgericht ersetzt werden, wenn der Dritte zur Abgabe einer Erklärung dauernd außerstande oder sein Aufenthalt dauernd unbekannt ist.

§ 1804 [Schenkungen in Vertretung des Mündels]

Der Vormund kann nicht in Vertretung des Mündels Schenkungen machen. Ausgenommen sind Schenkungen, durch die einer sittlichen Pflicht oder einer auf den Anstand zu nehmenden Rücksicht entsprochen wird.

§ 1805 [Verwendung für den Vormund]

Der Vormund darf Vermögen des Mündels weder für sich noch für den Gegenvormund verwenden. Ist das Jugendamt Vormund oder Gegenvormund, so ist die Anlegung von Mündelgeld gemäß § 1807 auch bei der Körperschaft zulässig, bei der das Jugendamt errichtet ist.

§ 1806 [Anlegung von Mündelgeld]

Der Vormund hat das zum Vermögen des Mündels gehörende Geld verzinslich anzulegen, soweit es nicht zur Bestreitung von Ausgaben bereit zu halten ist.

§ 1807 [Mündelsichere Anlagen]

(1) Die im § 1806 vorgeschriebene Anlegung von Mündelgeld soll nur erfolgen:

1. in Forderungen, für die eine sichere Hypothek an einem inländischen Grundstücke besteht, oder in sicheren Grundschulden oder Rentenschulden an inländischen Grundstücken;
2. in verbrieften Forderungen gegen das Reich oder einen Bundesstaat sowie in Forderungen, die in das Reichsschuldbuch oder in das Staatsschuldbuch eines Bundesstaats eingetragen sind;
3. in verbrieften Forderungen, deren Verzinsung von dem Reiche oder einem Bundesstaate gewährleistet ist;
4. in Wertpapieren, insbesondere Pfandbriefen, sowie in verbrieften Forderungen jeder Art gegen eine inländische kommunale Körperschaft oder die Kreditanstalt einer solchen Körperschaft, sofern die Wertpapiere oder die Forderungen von der Bundesregierung mit Zustimmung des Bundesrats zur Anlegung von Mündelgeld für geeignet erklärt sind;
5. bei einer inländischen öffentlichen Sparkasse, wenn sie von der zuständigen Behörde des Bundesstaats, in welchem sie ihren Sitz hat, zur Anlegung von Mündelgeld geeignet erklärt ist, oder bei einem anderen Kreditinstitut, das einer für die Anlage ausreichenden Sicherungseinrichtung angehört.

(2) Die Landesgesetze können für die innerhalb ihres Geltungsbereichs belegenen Grundstücke die Grundsätze bestimmen, nach denen die Sicherheit einer Hypothek, einer Grundschuld oder einer Rentenschuld festzustellen ist.

§ 1808 (aufgehoben)

§ 1809 [Versperrte Anlegung]

Der Vormund soll Mündelgeld nach § 1807 Abs. 1 Nr. 5 nur mit der Bestimmung anlegen, daß zur Erhebung des Geldes die Genehmigung des Gegenvormundes oder des Vormundschaftsgerichts erforderlich ist.

§ 1810 [Genehmigung des Gegenvormunds oder Vormundschaftsgerichts]

Der Vormund soll die in den §§ 1806, 1807 vorgeschriebene Anlegung nur mit Genehmigung des Gegenvormundes bewirken; die Genehmigung des Gegenvormundes wird durch die Genehmigung des Vormundschaftsgerichts ersetzt. Ist ein Gegenvormund nicht vorhanden, so soll die Anlegung nur mit Genehmigung des Vormundschaftsgerichts erfolgen, sofern nicht die Vormundschaft von mehreren Vormündern gemeinschaftlich geführt wird.

§ 1811 [Andere Anlegung]

Das Vormundschaftsgericht kann dem Vormund eine andrue Anlegung als die in § 1807 vorgeschriebene gestatten. Die Erlaubnis soll nur verweigert werden, wenn die beabsichtigte Art der Anlegung nach Lage des Falles den Grundsätzen einer wirtschaftlichen Vermögensverwaltung zuwiderlaufen würde.

§ 1812 [Verfügungen über Forderungen und Wertpapiere]

(1) Der Vormund kann über eine Forderung oder über ein anderes Recht, kraft dessen der Mündel eine Leistung verlangen kann, sowie über ein Wertpapier des Mündels nur mit Genehmigung des Gegenvormundes verfügen, sofern nicht nach den §§ 1819 bis 1822 die Genehmigung des Vormundschaftsgerichts erforderlich ist. Das gleiche gilt von der Eingehung der Verpflichtung zu einer solchen Verfügung.

(2) Die Genehmigung des Gegenvormundes wird durch die Genehmigung des Vormundschaftsgerichts ersetzt.

(3) Ist ein Gegenvormund nicht vorhanden, so tritt an die Stelle der Genehmigung des Gegenvormundes die Genehmigung des Vormundschaftsgerichts, sofern nicht die Vormundschaft von mehreren Vormündern gemeinschaftlich geführt wird.

§ 1813 [Annahme einer geschuldeten Leistung]

(1) Der Vormund bedarf nicht der Genehmigung des Gegenvormundes zur Annahme einer geschuldeten Leistung:

1. wenn der Gegenstand der Leistung nicht in Geld oder Wertpapieren besteht;
2. wenn der Anspruch nicht mehr als fünftausend Deutsche Mark beträgt;
3. wenn Geld zurückgezahlt wird, das der Vormund angelegt hat;
4. wenn der Anspruch zu den Nutzungen des Mündelvermögens gehört;
5. wenn der Anspruch auf Erstattung von Kosten der Kündigung oder der Rechtsverfolgung oder auf sonstige Nebenleistungen gerichtet ist.

(2) Die Befreiung nach Absatz 1 Nr. 2, 3 erstreckt sich nicht auf die Erhebung von Geld, bei dessen Anlegung ein anderes bestimmt worden ist. Die Befreiung nach Absatz 1 Nr. 3 gilt auch nicht für die Erhebung von Geld, das nach § 1807 Abs. 1 Nr. 1 bis 4 angelegt ist.

§ 1814 [Hinterlegung von Inhaberpapieren]

Der Vormund hat die zu dem Vermögen des Mündels gehörenden Inhaberpapiere nebst den Erneuerungsscheinen bei einer Hinterlegungsstelle oder bei einem der in § 1807 Abs. 1 Nr. 5 genannten Kreditinstitute mit der Bestimmung zu hinterlegen, daß die Herausgabe der Papiere nur mit Genehmigung des Vormundschaftsgerichts verlangt werden kann. Die Hinterlegung von Inhaberpapieren, die nach § 92 zu den verbrauchbaren Sachen gehören, sowie von Zins-, Renten- oder Gewinnanteilscheinen ist nicht erforderlich. Den Inhaberpapieren stehen Orderpapiere gleich, die mit Blankoindossament versehen sind.

§ 1815 [Umschreibung von Inhaberpapieren]

(1) Der Vormund kann die Inhaberpapiere, statt sie nach § 1814 zu hinterlegen, auf den Namen des Mündels mit der Bestimmung umschreiben lassen, daß er über sie nur mit Genehmigung des Vormundschaftsgerichts verfügen kann. Sind die Papiere von dem Reiche oder einem Bundesstaat ausgestellt, so kann er sie mit der gleichen Bestimmung in Buchforderungen gegen das Reich oder den Bundesstaat umwandeln lassen.

(2) Sind Inhaberpapiere zu hinterlegen, die in Buchforderungen gegen das Reich oder einen Bundesstaat umgewandelt werden können, so kann das Vormundschaftsgericht anordnen, daß sie nach Absatz 1 in Buchforderungen umgewandelt werden.

§ 1816 [Sperrung von Buchforderungen]

Gehören Buchforderungen gegen das Reich oder gegen einen Bundesstaat bei der Anordnung der Vormundschaft zu dem Vermögen des Mündels oder erwirbt der Mündel später solche Forderungen, so hat der Vormund in das Schuldbuch den Vermerk eintragen zu lassen, daß er über die Forderungen nur mit Genehmigung des Vormundschaftsgerichts verfügen kann.

§ 1817 [Befreiung]

Das Vormundschaftsgericht kann aus besonderen Gründen den Vormund von den ihm nach den §§ 1814, 1816 obliegenden Verpflichtungen entbinden.

§ 1818 [Anordnung der Hinterlegung]

Das Vormundschaftsgericht kann aus besonderen Gründen anordnen, daß der Vormund auch solche zu dem Vermögen des Mündels gehörende Wertpapiere, zu deren Hinterlegung er nach § 1814 nicht verpflichtet ist, sowie Kostbarkeiten des Mündels in der im § 1814 bezeichneten Weise zu hinterlegen hat; auf Antrag des Vormundes kann die Hinterlegung von

Zins-, Renten- und Gewinnanteilscheinen angeordnet werden, auch wenn ein besonderer Grund nicht vorliegt.

§ 1819 [Genehmigung zur Verfügung bei Hinterlegung]

Solange die nach § 1814 oder nach § 1818 hinterlegten Wertpapiere oder Kostbarkeiten nicht zurückgenommen sind, bedarf der Vormund zu einer Verfügung über sie und, wenn Hypotheken-, Grundschuld- oder Rentenschuldbriefe hinterlegt sind, zu einer Verfügung über die Hypothekenforderung, die Grundschuld oder die Rentenschuld der Genehmigung des Vormundschaftsgerichts. Das gleiche gilt von der Eingehung der Verpflichtung zu einer solchen Verfügung.

§ 1820 [Genehmigung nach Umschreibung und Umwandlung]

(1) Sind Inhaberpapiere nach § 1815 auf den Namen des Mündels umgeschrieben oder in Buchforderungen umgewandelt, so bedarf der Vormund auch zur Eingehung der Verpflichtung zu einer Verfügung über die sich aus der Umschreibung oder der Umwandlung ergebenden Stammforderungen der Genehmigung des Vormundschaftsgerichts.

(2) Das gleiche gilt, wenn bei einer Buchforderung des Mündels der im § 1816 bezeichnete Vermerk eingetragen ist.

§ 1821 [Genehmigung für Grundstücksgeschäfte]

(1) Der Vormund bedarf der Genehmigung des Vormundschaftsgerichts:

1. zur Verfügung über ein Grundstück oder über ein Recht an einem Grundstück;
2. zur Verfügung über eine Forderung, die auf Übertragung des Eigentums an einem Grundstück oder auf Begründung oder Übertragung eines Rechts an einem Grundstück oder auf Befreiung eines Grundstücks von einem solchen Recht gerichtet ist;
3. zur Verfügung über ein eingetragenes Schiff oder Schiffsbauwerk oder über eine Forderung, die auf Übertragung des Eigentums an einem eingetragenen Schiff oder Schiffsbauwerk gerichtet ist;
4. zur Eingehung einer Verpflichtung zu einer der in den Nummern 1 bis 3 bezeichneten Verfügungen;
5. zu einem Vertrage, der auf den entgeltlichen Erwerb eines Grundstücks, eines eingetragenen Schiffs oder Schiffsbauwerks oder eines Rechts an einem Grundstück gerichtet ist.

(2) Zu den Rechten an einem Grundstück im Sinne dieser Vorschriften gehören nicht Hypotheken, Grundschulden und Rentenschulden.

§ 1822 [Genehmigung für sonstige Geschäfte]

Der Vormund bedarf der Genehmigung des Vormundschaftsgerichts:

1. zu einem Rechtsgeschäfte, durch das der Mündel zu einer Verfügung über sein Vermögen im ganzen oder über eine ihm angefallene Erbschaft oder über seinen künftigen gesetzlichen Erbteil oder seinen künftigen Pflichtteil verpflichtet wird, sowie zu einer Verfügung über den Anteil des Mündels an einer Erbschaft;
2. zur Ausschlagung einer Erbschaft oder eines Vermächtnisses, zum Verzicht auf einen Pflichtteil sowie zu einem Erbteilungsvertrage;
3. zu einem Vertrage, der auf den entgeltlichen Erwerb oder die Veräußerung eines Erwerbsgeschäfts gerichtet ist, sowie zu einem Gesellschaftsvertrage, der zum Betrieb eines Erwerbsgeschäfts eingegangen wird;
4. zu einem Pachtvertrag über ein Landgut oder einen gewerblichen Betrieb;
5. zu einem Miet- oder Pachtvertrag oder einem anderen Vertrage, durch den der Mündel zu wiederkehrenden Leistungen verpflichtet wird, wenn das Vertragsverhältnis länger als ein Jahr nach dem Eintritt der Volljährigkeit des Mündels fortdauern soll;

6. zu einem Lehrvertrage, der für längere Zeit als ein Jahr geschlossen wird;
7. zu einem auf die Eingehung eines Dienst- oder Arbeitsverhältnisses gerichteten Vertrage, wenn der Mündel zu persönlichen Leistungen für längere Zeit als ein Jahr verpflichtet werden soll;
8. zur Aufnahme von Geld auf den Kredit des Mündels;
9. zur Ausstellung einer Schuldverschreibung auf den Inhaber oder zur Eingehung einer Verbindlichkeit aus einem Wechsel oder einem anderen Papiere, das durch Indossament übertragen werden kann;
10. zur Übernahme einer fremden Verbindlichkeit, insbesondere zur Eingehung einer Bürgschaft;
11. zur Erteilung einer Prokura;
12. zu einem Vergleich oder einem Schiedsvertrag, es sei denn, daß der Gegenstand des Streites oder der Ungewißheit in Geld schätzbar ist und den Wert von fünftausend Deutsche Mark nicht übersteigt oder der Vergleich einem schriftlichen oder protokollierten gerichtlichen Vergleichsvorschlag entspricht;
13. zu einem Rechtsgeschäfte, durch das die für eine Forderung des Mündels bestehende Sicherheit aufgehoben oder gemindert oder die Verpflichtung dazu begründet wird.

§ 1823 [Beginn oder Auflösung eines Erwerbsgeschäftes]

Der Vormund soll nicht ohne Genehmigung des Vormundschaftsgerichts ein neues Erwerbsgeschäft im Namen des Mündels beginnen oder ein bestehendes Erwerbsgeschäft des Mündels auflösen.

§ 1824 [Überlassung von Gegenständen an den Mündel]

Der Vormund kann Gegenstände, zu deren Veräußerung die Genehmigung des Gegenvormundes oder des Vormundschaftsgerichts erforderlich ist, dem Mündel nicht ohne diese Genehmigung zur Erfüllung eines von diesem geschlossenen Vertrags oder zu freier Verfügung überlassen.

§ 1825 [Allgemeine Ermächtigung]

(1) Das Vormundschaftsgericht kann dem Vormunde zu Rechtsgeschäften, zu denen nach § 1812 die Genehmigung des Gegenvormundes erforderlich ist, sowie zu den im § 1822 Nr. 8 bis 10 bezeichneten Rechtsgeschäften eine allgemeine Ermächtigung erteilen.

(2) Die Ermächtigung soll nur erteilt werden, wenn sie zum Zwecke der Vermögensverwaltung, insbesondere zum Betrieb eines Erwerbsgeschäfts, erforderlich ist.

§ 1826 [Anhörung des Gegenvormundes]

Das Vormundschaftsgericht soll vor der Entscheidung über die zu einer Handlung des Vormundes erforderliche Genehmigung den Gegenvormund hören, sofern ein solcher vorhanden und die Anhörung tunlich ist.

§ 1827 (aufgehoben)

§ 1828 [Erklärung der Genehmigung]

Das Vormundschaftsgericht kann die Genehmigung zu einem Rechtsgeschäfte nur dem Vormunde gegenüber erklären.

§ 1829 [Nachträgliche Genehmigung des Vormundschaftsgerichts]

(1) Schließt der Vormund einen Vertrag ohne die erforderliche Genehmigung des Vormundschaftsgerichts, so hängt die Wirksamkeit des Vertrags von der nachträglichen Genehmigung des Vormundschaftsgerichts ab. Die Genehmigung sowie deren Verweigerung wird dem anderen Teile gegenüber erst wirksam, wenn sie ihm durch den Vormund mitgeteilt wird.

(2) Fordert der andere Teil den Vormund zur Mitteilung darüber auf, ob die Genehmigung erteilt sei, so kann die Mitteilung der Genehmigung nur bis zum Ablaufe von zwei Wochen nach dem Empfange der Aufforderung erfolgen; erfolgt sie nicht, so gilt die Genehmigung als verweigert.

(3) Ist der Mündel volljährig geworden, so tritt seine Genehmigung an die Stelle der Genehmigung des Vormundschaftsgerichts.

§ 1830 [Widerrufsrecht des Geschäftsgegners]

Hat der Vormund dem anderen Teile gegenüber der Wahrheit zuwider die Genehmigung des Vormundschaftsgerichts behauptet, so ist der andere Teil bis zur Mitteilung der nachträglichen Genehmigung des Vormundschaftsgerichts zum Widerrufe berechtigt, es sei denn, daß ihm das Fehlen der Genehmigung bei dem Abschlusse des Vertrags bekannt war.

§ 1831 [Einseitiges Rechtsgeschäft ohne Genehmigung]

Ein einseitiges Rechtsgeschäft, das der Vormund ohne die erforderliche Genehmigung des Vormundschaftsgerichts vornimmt, ist unwirksam. Nimmt der Vormund mit dieser Genehmigung ein solches Rechtsgeschäft einem anderen gegenüber vor, so ist das Rechtsgeschäft unwirksam, wenn der Vormund die Genehmigung nicht in schriftlicher Form vorlegt und der andere das Rechtsgeschäft aus diesem Grunde unverzüglich zurückweist.

§ 1832 [Genehmigung des Gegenvormundes]

Soweit der Vormund zu einem Rechtsgeschäfte der Genehmigung des Gegenvormundes bedarf, finden die Vorschriften der §§ 1828 bis 1831 entsprechende Anwendung.

§ 1833 [Haftung des Vormunds]

(1) Der Vormund ist dem Mündel für den aus einer Pflichtverletzung entstehenden Schaden verantwortlich, wenn ihm ein Verschulden zur Last fällt. Das gleiche gilt von dem Gegenvormunde.

(2) Sind für den Schaden mehrere nebeneinander verantwortlich, so haften sie als Gesamtschuldner. Ist neben dem Vormunde für den von diesem verursachten Schaden der Gegenvormund oder ein Mitvormund nur wegen Verletzung seiner Aufsichtspflicht verantwortlich, so ist in ihrem Verhältnisse zueinander der Vormund allein verpflichtet.

§ 1834 [Verzinsung verwendeten Geldes]

Verwendet der Vormund Geld des Mündels für sich, so hat er es von der Zeit der Verwendung an zu verzinsen.

§ 1835 [Aufwendungsersatz]

(1) Macht der Vormund zum Zwecke der Führung der Vormundschaft Aufwendungen, so kann er nach den für den Auftrag geltenden Vorschriften der §§ 669, 670 von dem Mündel Vorschuß oder Ersatz verlangen. Das gleiche Recht steht dem Gegenvormunde zu.

(2) Aufwendungen sind auch die Kosten einer angemessenen Versicherung gegen Schäden, die dem Mündel durch den Vormund oder Gegenvormund zugefügt werden können oder die dem Vormund oder Gegenvormund dadurch entstehen können, daß er einem Dritten zum Ersatz eines durch die Führung der Vormundschaft verursachten Schadens verpflichtet ist; dies gilt nicht für die Kosten der Haftpflichtversicherung des Halters eines Kraftfahrzeugs. Satz 1 ist nicht anzuwenden, wenn der Vormund oder Gegenvormund eine Vergütung nach § 1836 Abs. 2 erhält.

(3) Als Aufwendungen gelten auch solche Dienste des Vormundes oder des Gegenvormundes, die zu seinem Gewerbe oder seinem Berufe gehören.

(4) Ist der Mündel mittellos, so kann der Vormund Vorschuß und Ersatz aus der

Staatskasse verlangen. Die Vorschriften über das Verfahren bei der Entschädigung von Zeugen hinsichtlich ihrer baren Auslagen gelten sinngemäß.
(5) Das Jugendamt oder ein Verein kann als Vormund oder Gegenvormund für Aufwendungen keinen Vorschuß und Ersatz nur insoweit verlangen, als das Vermögen des Mündels ausreicht. Allgemeine Verwaltungskosten einschließlich der Kosten nach Absatz 2 werden nicht ersetzt.

§ 1836 [Vergütung]

(1) Die Vormundschaft wird unentgeltlich geführt. Das Vormundschaftsgericht kann jedoch dem Vormund und aus besonderen Gründen auch dem Gegenvormund eine angemessene Vergütung bewilligen. Die Bewilligung soll nur erfolgen, wenn das Vermögen des Mündels sowie der Umfang und die Bedeutung der vormundschaftlichen Geschäfte es rechtfertigen. Die Vergütung kann jederzeit für die Zukunft geändert oder entzogen werden.
(2) Werden jemandem Vormundschaften in einem solchen Umfang übertragen, daß er sie nur im Rahmen seiner Berufsausübung führen kann, so ist ihm eine Vergütung auch dann zu bewilligen, wenn die Voraussetzungen des Absatzes 1 Satz 2 und 3 nicht vorliegen. Die Vergütung entspricht dem Höchstbetrag dessen, was einem Zeugen als Entschädigung für seinen Verdienstausfall gewährt werden kann. Die Vergütung kann bis zum Dreifachen erhöht werden, soweit die Führung der Vormundschaft besondere Fachkenntnisse erfordert oder mit besonderen Schwierigkeiten verbunden ist; sie kann bis zum Fünffachen erhöht werden, wenn im Einzelfall Umstände hinzutreten, die die Besorgung bestimmter Angelegenheiten außergewöhnlich erschweren. § 1835 Abs. 4 gilt entsprechend.
(3) Vor der Bewilligung, Änderung oder Entziehung soll der Vormund und, wenn ein Gegenvormund vorhanden oder zu bestellen ist, auch dieser gehört werden.
(4) Dem Jugendamt oder einem Verein kann keine Vergütung bewilligt werden.

§ 1836 a [Abgeltung geringfügiger Aufwendungen]

Zur Abgeltung geringfügiger Aufwendungen kann der Vormund als Aufwandsentschädigung für jede Vormundschaft, für die ihm keine Vergütung zusteht, einen Geldbetrag verlangen, der für ein Jahr dem Fünfzehnfachen dessen entspricht, was einem Zeugen als Höchstbetrag der Entschädigung für eine Stunde versäumter Arbeitszeit gewährt werden kann (Aufwandsentschädigung). Hat der Vormund für solche Aufwendungen bereits Vorschuß oder Ersatz erhalten, so verringert sich die Aufwandsentschädigung entsprechend. Die Aufwandsentschädigung ist jährlich zu zahlen, erstmals ein Jahr nach Bestellung des Vormunds. § 1835 Abs. 4 und § 1836 Abs. 4 gelten entsprechend.

III. Fürsorge und Aufsicht des Vormundschaftsgerichts

§ 1837 [Aufsicht des Vormundschaftsgerichts]

(1) Das Vormundschaftsgericht berät die Vormünder. Es wirkt dabei mit, sie in ihre Aufgaben einzuführen.
(2) Das Vormundschaftsgericht hat über die gesamte Tätigkeit des Vormundes und des Gegenvormundes die Aufsicht zu führen und gegen Pflichtwidrigkeiten durch geeignete Gebote und Verbote einzuschreiten. Es kann dem Vormund und dem Gegenvormund aufgeben, eine Versicherung gegen Schäden, die sie dem Mündel zufügen können, einzugehen.
(3) Das Vormundschaftsgericht kann den Vormund und den Gegenvormund zur Befolgung seiner Anordnungen durch Festsetzung von Zwangsgeld anhalten. Gegen das Jugendamt oder einen Verein wird kein Zwangsgeld festgesetzt.

(4) §§ 1666, 1666 a, 1667 Abs. 1, 5 und § 1696 gelten entsprechend.

§ 1838 (aufgehoben)

§ 1839 [Auskunftspflicht]

Der Vormund sowie der Gegenvormund hat dem Vormundschaftsgericht auf Verlangen jederzeit über die Führung der Vormundschaft und über die persönlichen Verhältnisse des Mündels Auskunft zu erteilen.

§ 1840 [Rechnungslegung]

(1) Der Vormund hat über die persönlichen Verhältnisse des Mündels dem Vormundschaftsgericht mindestens einmal jährlich zu berichten.

(2) Der Vormund hat über seine Vermögensverwaltung dem Vormundschaftsgerichte Rechnung zu legen.

(3) Die Rechnung ist jährlich zu legen. Das Rechnungsjahr wird von dem Vormundschaftsgerichte bestimmt.

(4) Ist die Verwaltung von geringem Umfange, so kann das Vormundschaftsgericht, nachdem die Rechnung für das erste Jahr gelegt worden ist, anordnen, daß die Rechnung für längere, höchstens dreijährige Zeitabschnitte zu legen ist.

§ 1841 [Inhalt]

(1) Die Rechnung soll eine geordnete Zusammenstellung der Einnahmen und Ausgaben enthalten, über den Ab- und Zugang des Vermögens Auskunft geben und, soweit Belege erteilt zu werden pflegen, mit Belegen versehen sein.

(2) Wird ein Erwerbsgeschäft mit kaufmännischer Buchführung betrieben, so genügt als Rechnung ein aus den Büchern gezogener Jahresabschluß. Das Vormundschaftsgericht kann jedoch die Vorlegung der Bücher und sonstigen Belege verlangen.

§ 1842 [Mitwirkung des Gegenvormunds]

Ist ein Gegenvormund vorhanden oder zu bestellen, so hat ihm der Vormund die Rechnung unter Nachweisung des Vermögensbestandes vorzulegen. Der Gegenvormund hat die Rechnung mit den Bemerkungen zu versehen, zu denen die Prüfung ihm Anlaß gibt.

§ 1843 [Prüfung durch das Vormundschaftsgericht]

(1) Das Vormundschaftsgericht hat die Rechnung rechnungsmäßig und sachlich zu prüfen und, soweit erforderlich, ihre Berichtigung und Ergänzung herbeizuführen.

(2) Ansprüche, die zwischen dem Vormund und dem Mündel streitig bleiben, können schon vor der Beendigung des Vormundschaftsverhältnisses im Rechtswege geltend gemacht werden.

§ 1844 (aufgehoben)

§ 1845 [Eheschließung des zum Vormund bestellten Elternteils]

Will der zum Vormunde bestellte Vater oder die zum Vormunde bestellte Mutter des Mündels eine Ehe eingehen, so gilt § 1683 entsprechend.

§ 1846 [Einstweilige Maßregeln]

Ist ein Vormund noch nicht bestellt oder ist der Vormund an der Erfüllung seiner Pflichten verhindert, so hat das Vormundschaftsgericht die im Interesse des Betroffenen erforderlichen Maßregeln zu treffen.

§ 1847 [Anhörung von Verwandten]

(1) Das Vormundschaftsgericht soll in wichtigen Angelegenheiten Verwandte oder Verschwägerte des Mündels hören, wenn dies ohne erhebliche Verzögerung und ohne unverhältnismäßige Kosten geschehen kann. § 1779 Abs. 3 Satz 2 gilt entsprechend.

(2) (weggefallen)

§ 1848 (weggefallen)

IV. Mitwirkung des Jugendamts

§§ 1849 und **1850 (aufgehoben)**

§ 1851 [Mitteilungspflicht]

(1) Das Vormundschaftsgericht hat dem Jugendamt die Anordnung der Vormundschaft unter Bezeichnung des Vormunds und des Gegenvormunds sowie einen Wechsel in der Person und die Beendigung der Vormundschaft mitzuteilen.

(2) Wird der gewöhnliche Aufenthalt eines Mündels in den Bezirk eines anderen Jugendamts verlegt, so hat der Vormund dem Jugendamt des bisherigen gewöhnlichen Aufenthalts und dieses dem Jugendamt des neuen gewöhnlichen Aufenthalts die Verlegung mitzuteilen.

(3) Ist ein Verein Vormund, so sind die Absätze 1 und 2 nicht anzuwenden.

§ 1851 a (aufgehoben)

V. Befreite Vormundschaft

§ 1852 [Befreiung durch den Vater]

(1) Der Vater kann, wenn er einen Vormund benennt, die Bestellung eines Gegenvormundes ausschließen.

(2) Der Vater kann anordnen, daß der von ihm benannte Vormund bei der Anlegung von Geld den in den §§ 1809, 1810 bestimmten Beschränkungen nicht unterliegen und zu den im § 1812 bezeichneten Rechtsgeschäften der Genehmigung des Gegenvormundes oder des Vormundschaftsgerichts nicht bedürfen soll. Diese Anordnungen sind als getroffen anzusehen, wenn der Vater die Bestellung eines Gegenvormundes ausgeschlossen hat.

§ 1853 [Befreiung von Hinterlegung und Sperrvermerk]

Der Vater kann den von ihm benannten Vormund von der Verpflichtung entbinden, Inhaber- und Orderpapiere zu hinterlegen und den im § 1816 bezeichneten Vermerk in das Reichsschuldbuch oder das Staatsschuldbuch eintragen zu lassen.

§ 1854 [Befreiung von Rechnungslegung]

(1) Der Vater kann den von ihm benannten Vormund von der Verpflichtung entbinden, während der Dauer seines Amtes Rechnung zu legen.

(2) Der Vormund hat in einem solchen Falle nach dem Ablaufe von je zwei Jahren eine Übersicht über den Bestand des seiner Verwaltung unterliegenden Vermögens dem Vormundschaftsgericht einzureichen. Das Vormundschaftsgericht kann anordnen, daß die Übersicht in längeren, höchstens fünfjährigen Zwischenräumen einzureichen ist.

(3) Ist ein Gegenvormund vorhanden oder zu bestellen, so hat ihm der Vormund die Übersicht unter Nachweisung des Vermögensbestandes vorzulegen. Der Gegenvormund hat die Übersicht mit den Bemerkungen zu versehen, zu denen die Prüfung ihm Anlaß gibt.

§ 1855 [Befreiung durch die Mutter]

Benennt die Mutter einen Vormund, so kann sie die gleichen Anordnungen treffen wie nach den §§ 1852 bis 1854 der Vater.

§ 1856 [Voraussetzungen der Befreiung]
Auf die nach den §§ 1852 bis 1855 zulässigen Anordnungen sind die Vorschriften des § 1777 anzuwenden. Haben die Eltern denselben Vormund benannt, aber einander widersprechende Anordnungen getroffen, so gelten die Anordnungen des zuletzt verstorbenen Elternteils.

§ 1857 [Aufhebung der Befreiung durch Gericht]
Die Anordnungen des Vaters oder der Mutter können von dem Vormundschaftsgericht außer Kraft gesetzt werden, wenn ihre Befolgung das Interesse des Mündels gefährden würde.

§ 1857 a [Befreiung für Jugendamt und Verein]
Dem Jugendamt und einem Verein als Vormund stehen die nach § 1852 Abs. 2, §§ 1853, 1854 zulässigen Befreiungen zu.

VI. Familienrat[1]

§§ **1858** bis **1881** **(aufgehoben)**

---

1) §§ 1858 bis 1881 durch Artikel 1 Nr. 55 des Gesetzes zur Neuregelung des Rechts der elterlichen Sorge vom 18. 7. 1979 (BGBl. I S. 1061) mit Wirkung vom 1. 1. 1980 aufgehoben. Siehe hierzu dessen Artikel 9 § 1:

»Die bisherigen Familienräte und ihre Mitglieder bleiben im Amt. Insoweit bleiben die bisherigen Vorschriften über den Familienrat weiterhin anwendbar.«
Wortlaut der bisherigen Vorschriften über den Familienrat:

»§ 1858 [Anordnung der Einsetzung durch Vater oder Mutter]

(1) Ein Familienrat soll von dem Vormundschaftsgericht eingesetzt werden, wenn der Vater oder die Mutter des Mündels die Einsetzung angeordnet hat.
(2) Der Vater oder die Mutter kann die Einsetzung des Familienrats von dem Eintritt oder Nichteintritt eines bestimmten Ereignisses abhängig machen.
(3) Die Einsetzung unterbleibt, wenn die erforderliche Zahl geeigneter Personen nicht vorhanden ist.

§ 1859 [Antrag auf Einsetzung durch Verwandte oder Vormund]

(1) Ein Familienrat soll von dem Vormundschaftsgericht eingesetzt werden, wenn ein Verwandter oder Verschwägerter des Mündels oder der Vormund oder der Gegenvormund die Einsetzung beantragt und das Vormundschaftsgericht sie im Interesse des Mündels für angemessen erachtet. Ist das Kind nichtehelich, so steht den Verwandten des Vaters und deren Ehegatten ein Antragsrecht nicht zu.
(2) Die Einsetzung unterbleibt, wenn der Vater oder die Mutter des Mündels sie untersagt hat.

§ 1860 [Zusammensetzung des Familienrats]

Der Familienrat besteht aus dem Vormundschaftsrichter als Vorsitzendem und aus mindestens zwei, höchstens sechs Mitgliedern.

§ 1861 [Berufung der Mitglieder]

Als Mitglied des Familienrats ist berufen, wer von dem Vater oder der Mutter des Mündels als Mitglied benannt ist. Die Vorschriften des § 1778 Abs. 1. 2 finden entsprechende Anwendung.

§ 1862 [Auswahl der Mitglieder]

(1) Soweit eine Berufung nach § 1861 nicht vorliegt oder die Berufenen die Übernahme des Amtes ablehnen, hat das Vormundschaftsgericht die zur Beschlußfähigkeit des Familienrats erforderlichen Mitglieder auszuwählen. Vor der Auswahl soll das Jugendamt gehört werden; im übrigen gilt für die Anhörung § 1847.
(2) Die Bestimmung der Zahl weiterer Mitglieder und ihre Auswahl steht dem Familienrate zu.

VII. Beendigung der Vormundschaft

§ 1882 [Wegfall der Voraussetzungen]

Die Vormundschaft endigt mit dem Wegfalle der im § 1773 für die Begründung der Vormundschaft bestimmten Voraussetzungen.

---

§ 1863 [Ersatzmitglieder]

(1) Sind neben dem Vorsitzenden nur die zur Beschlußfähigkeit des Familienrats erforderlichen Mitglieder vorhanden, so sind ein oder zwei Ersatzmitglieder zu bestellen.

(2) Der Familienrat wählt die Ersatzmitglieder aus und bestimmt die Reihenfolge, in der sie bei der Verhinderung oder dem Wegfall eines Mitglieds in den Familienrat einzutreten haben.

(3) Hat der Vater oder die Mutter Ersatzmitglieder benannt und die Reihenfolge ihres Eintritts bestimmt, so ist diese Anordnung zu befolgen.

§ 1864 [Vorübergehende Verhinderung eines Mitglieds des Familienrats]

Wird der Familienrat durch vorübergehende Verhinderung eines Mitglieds beschlußunfähig und ist ein Ersatzmitglied nicht vorhanden, so ist für die Dauer der Verhinderung ein Ersatzmitglied zu bestellen. Die Auswahl steht dem Vorsitzenden zu.

§ 1865 [Ausschluß von der Bestellung zum Mitglied des Familienrats]

Zum Mitgliede des Familienrats kann nicht bestellt werden, wer geschäftsunfähig oder wegen Geistesschwäche, Verschwendung, Trunksucht oder Rauschgiftsucht entmündigt ist.

§ 1866 [Untauglichkeit]

Zum Mitgliede des Familienrats soll nicht bestellt werden:

1. der Vormund des Mündels;
2. wer nach § 1781 oder nach § 1782 nicht zum Vormunde bestellt werden soll;
3. wer durch Anordnung des Vaters oder der Mutter des Mündels von der Mitgliedschaft ausgeschlossen ist.

§ 1867 [Bestellung von Nichtangehörigen]

Zum Mitgliede des Familienrats soll nicht bestellt werden, wer mit dem Mündel weder verwandt noch verschwägert ist, es sei denn, daß er von dem Vater oder der Mutter des Mündels benannt oder von dem Familienrat oder nach § 1864 von dem Vorsitzenden ausgewählt worden ist.

§ 1868 [Anordnungen des Vaters oder der Mutter]

Für die nach den §§ 1858, 1859, 1861, 1863, 1866 zulässigen Anordnungen des Vaters oder der Mutter gelten die Vorschriften des § 1777 und des § 1856 Satz 2.

§ 1869 [Keine Verpflichtung zur Übernahme des Amts eines Mitglieds des Familienrates]

Niemand ist verpflichtet, das Amt eines Mitglieds des Familienrats zu übernehmen.

§ 1870 [Verpflichtung der Familienmitglieder durch das Vormundschaftsgericht]

Die Mitglieder des Familienrats werden von dem Vorsitzenden durch Verpflichtung zu treuer und gewissenhafter Führung des Amtes bestellt. Die Verpflichtung soll mittels Handschlags an Eides Statt erfolgen.

§ 1871 [Vorbehalt der Entlassung als Familienratsmitglied]

Bei der Bestellung eines Mitglieds des Familienrats kann die Entlassung für den Fall vorbehalten werden, daß ein bestimmtes Ereignis eintritt oder nicht eintritt.

§ 1872 [Rechte und Pflichten des Familienrats]

(1) Der Familienrat hat die Rechte und Pflichten des Vormundschaftsgerichts. Die Leitung der Geschäfte liegt dem Vorsitzenden ob. § 1800 Abs. 2 bleibt unberührt.

(2) Die Mitglieder des Familienrats können ihr Amt nur persönlich ausüben. Sie sind in gleicher Weise verantwortlich wie der Vormundschaftsrichter.

§ 1873 [Einberufung des Familienrats]

Der Familienrat wird von dem Vorsitzenden einberufen. Die Einberufung hat zu erfolgen, wenn zwei Mitglieder, der Vormund oder der Gegenvormund sie beantragen oder wenn das Interesse des Mündels sie erfordert. Die Mitglieder können mündlich oder schriftlich eingeladen werden.

§ 1883 [Legitimation des Mündel durch nachfolgende Ehe]
Wird der Mündel durch nachfolgende Ehe seiner Eltern ehelich, so endigt die Vormundschaft erst dann, wenn ihre Aufhebung von dem Vormundschaftsgericht angeordnet wird.

§ 1884 [Verschollenheit oder Todeserklärung des Mündels]
(1) Ist der Mündel verschollen, so endigt die Vormundschaft erst mit der Aufhebung durch das Vormundschaftsgericht. Das Vormundschaftsgericht hat die Vormundschaft aufzuheben, wenn ihm der Tod des Mündels bekannt wird.
(2) Wird der Mündel für tot erklärt oder wird seine Todeszeit nach den Vorschriften des Verschollenheitsgesetzes festgestellt, so endigt die Vormundschaft mit der Rechtskraft des Beschlusses über die Todeserklärung oder die Feststellung der Todeszeit.

§ 1885 (aufgehoben)

---

§ 1874 [Beschlußfassung des Familienrats]

(1) Zur Beschlußfähigkeit des Familienrats ist die Anwesenheit des Vorsitzenden und mindestens zweier Mitglieder erforderlich.
(2) Der Familienrat faßt seine Beschlüsse nach der Mehrheit der Stimmen der Anwesenden. Bei Stimmengleichheit entscheidet die Stimme des Vorsitzenden.
(3) Steht in einer Angelegenheit das Interesse des Mündels zu dem Interesse eines Mitglieds in erheblichem Gegensätze, so ist das Mitglied von der Teilnahme an der Beschlußfassung ausgeschlossen. Über die Ausschließung entscheidet der Vorsitzende.

§ 1875 [Maßnahmen gegen unentschuldigte Familienratsmitglieder]

(1) Ein Mitglied des Familienrats, das ohne genügende Entschuldigung der Einberufung nicht Folge leistet oder die rechtzeitige Anzeige seiner Verhinderung unterläßt oder sich der Teilnahme an der Beschlußfassung enthält, ist von dem Vorsitzenden in die dadurch verursachten Kosten zu verurteilen.
(2) Der Vorsitzende kann gegen das Mitglied ein Ordnungsgeld festsetzen.
(3) Erfolgt nachträglich genügende Entschuldigung, so sind die getroffenen Verfügungen aufzuheben.

§ 1876 [Maßnahmen des Vorsitzenden bei nötigem sofortigem Einschreiten]

Wird ein sofortiges Einschreiten nötig, so hat der Vorsitzende die erforderlichen Anordnungen zu treffen, den Familienrat einzuberufen, ihn von den Anordnungen in Kenntnis zu setzen und einen Beschluß über die etwa weiter erforderlichen Maßregeln herbeizuführen.

§ 1877 [Anspruch der Familienratsmitglieder auf Auslagenersatz]

Die Mitglieder des Familienrats können von dem Mündel Ersatz ihrer Auslagen verlangen; der Betrag der Auslagen wird von dem Vorsitzenden festgesetzt.

§ 1878 [Endigung des Amtes eines Mitglieds des Familienrats]

(1) Das Amt eines Mitglieds des Familienrats endigt aus denselben Gründen, aus denen nach den §§ 1885, 1886, 1889 das Amt eines Vormundes endigt.
(2) Ein Mitglied kann gegen seinen Willen nur durch das dem Vormundschaftsgericht im Instanzenzuge vorgeordnete Gericht entlassen werden.

§ 1879 [Aufhebung des Familienrats durch das Vormundschaftsgericht]

Das Vormundschaftsgericht hat den Familienrat aufzuheben, wenn es an der zur Beschlußfähigkeit erforderlichen Zahl von Mitgliedern fehlt und geeignete Personen zur Ergänzung nicht vorhanden sind.

§ 1880 [Aufhebung auf elterliche Anordnung]

(1) Der Vater des Mündels kann die Aufhebung des von ihm angeordneten Familienrats für den Fall des Eintritts oder Nichteintritts eines künftigen Ereignisses nach Maßgabe des § 1777 anordnen. Das gleiche Recht steht der Mutter des Mündels für den von ihr angeordneten Familienrat zu.
(2) Tritt der Fall ein, so hat das Vormundschaftsgericht den Familienrat aufzuheben.

§ 1881 [Maßnahmen des Vormundschaftsgerichts bei Aufhebung des Familienrats]

(1) Von der Aufhebung des Familienrats hat das Vormundschaftsgericht die bisherigen Mitglieder, den Vormund und den Gegenvormund in Kenntnis zu setzen.
(2) Der Vormund und der Gegenvormund erhalten neue Bestallungen. Die früheren Bestallungen sind dem Vormundschaftsgericht zurückzugeben.«

§ 1886 [Entlassung des Einzelvormunds]

Das Vormundschaftsgericht hat den Einzelvormund zu entlassen, wenn die Fortführung des Amtes, insbesondere wegen pflichtwidrigen Verhaltens des Vormundes, das Interesse des Mündels gefährden würde oder wenn in der Person des Vormundes einer der im § 1781 bestimmten Gründe vorliegt.

§ 1887 [Entlassung des Jugendamts oder Vereins]

(1) Das Vormundschaftsgericht hat das Jugendamt oder den Verein als Vormund zu entlassen und einen anderen Vormund zu bestellen, wenn dies dem Wohle des Mündels dient und eine andere als Vormund geeignete Person vorhanden ist.

(2) Die Entscheidung ergeht von Amts wegen oder auf Antrag. Zum Antrag ist berechtigt der Mündel, der das vierzehnte Lebensjahr vollendet hat, sowie jeder, der ein berechtigtes Interesse des Mündels geltend macht. Das Jugendamt oder der Verein sollen den Antrag stellen, sobald sie erfahren, daß die Voraussetzungen des Absatzes 1 vorliegen.

(3) Das Vormundschaftsgericht soll vor seiner Entscheidung auch das Jugendamt oder den Verein hören.

§ 1888 [Entlassung von Beamten oder Religionsdienern]

Ist ein Beamter oder ein Religionsdiener zum Vormunde bestellt, so hat ihn das Vormundschaftsgericht zu entlassen, wenn die Erlaubnis, die nach den Landesgesetzen zur Übernahme der Vormundschaft oder zur Fortführung der vor dem Eintritt in das Amts- oder Dienstverhältnis übernommenen Vormundschaft erforderlich ist, versagt oder zurückgenommen wird oder wenn die nach den Landesgesetzen zulässige Untersagung der Fortführung der Vormundschaft erfolgt.

§ 1889 [Entlassung auf eigenen Antrag]

(1) Das Vormundschaftsgericht hat den Einzelvormund auf seinen Antrag zu entlassen, wenn ein wichtiger Grund vorliegt; ein wichtiger Grund ist insbesondere der Eintritt eines Umstandes, der den Einzelvormund nach § 1786 Abs. 1 Nr. 2 bis 7 berechtigen würde, die Übernahme der Vormundschaft abzulehnen.

(2) Das Vormundschaftsgericht hat das Jugendamt oder den Verein als Vormund auf seinen Antrag zu entlassen, wenn eine andere als Vormund geeignete Person vorhanden ist und das Wohl des Mündels dieser Maßnahme nicht entgegensteht. Ein Verein ist auf seinen Antrag ferner zu entlassen, wenn ein wichtiger Grund vorliegt.

§ 1890 [Herausgabe und Rechnungslegung]

Der Vormund hat nach der Beendigung seines Amtes dem Mündel das verwaltete Vermögen herauszugeben und über die Verwaltung Rechenschaft abzulegen. Soweit er dem Vormundschaftsgerichte Rechnung gelegt hat, genügt die Bezugnahme auf diese Rechnung.

§ 1891 [Mitwirkung des Gegenvormunds]

(1) Ist ein Gegenvormund vorhanden, so hat ihm der Vormund die Rechnung vorzulegen. Der Gegenvormund hat die Rechnung mit den Bemerkungen zu versehen, zu denen die Prüfung ihm Anlaß gibt.

(2) Der Gegenvormund hat über die Führung der Gegenvormundschaft und, soweit er dazu imstande ist, über das von dem Vormunde verwaltete Vermögen auf Verlangen Auskunft zu erteilen.

§ 1892 [Rechnungsprüfung und -abnahme]

(1) Der Vormund hat die Rechnung, nachdem er sie dem Gegenvormunde vorgelegt hat, dem Vormundschaftsgericht einzureichen.

(2) Das Vormundschaftsgericht hat die Rechnung rechnungsmäßig und sachlich zu prüfen und deren Abnahme durch Verhandlung mit den Beteiligten unter Zuziehung des

Gegenvormundes zu vermitteln. Soweit die Rechnung als richtig anerkannt wird, hat das Vormundschaftsgericht das Anerkenntnis zu beurkunden.

§ 1893 [Geschäftsführung nach Beendigung der Vormundschaft]

(1) Im Falle der Beendigung der Vormundschaft oder des vormundschaftlichen Amtes finden die Vorschriften der §§ 1698 a, 1698 b entsprechende Anwendung.

(2) Der Vormund hat nach Beendigung seines Amtes die Bestallung dem Vormundschaftsgericht zurückzugeben. In den Fällen der §§ 1791 a, 1791 b ist die schriftliche Verfügung des Vormundschaftsgerichts, im Falle des § 1791 c die Bescheinigung über den Eintritt der Vormundschaft zurückzugeben.

§ 1894 [Anzeige bei Tod des Vormunds]

(1) Den Tod des Vormundes hat dessen Erbe dem Vormundschaftsgericht unverzüglich anzuzeigen.

(2) Den Tod des Gegenvormundes oder eines Mitvormundes hat der Vormund unverzüglich anzuzeigen.

§ 1895 [Anwendung auf Gegenvormund]

Die Vorschriften der §§ 1886 bis 1889, 1893, 1894 finden auf den Gegenvormund entsprechende Anwendung.

Zweiter Titel

Betreuung

§ 1896 [Bestellung eines Betreuers]

(1) Kann ein Volljähriger auf Grund einer psychischen Krankheit oder einer körperlichen, geistigen oder seelischen Behinderung seine Angelegenheiten ganz oder teilweise nicht besorgen, so bestellt das Vormundschaftsgericht auf seinen Antrag oder von Amts wegen für ihn einen Betreuer. Den Antrag kann auch ein Geschäftsunfähiger stellen. Soweit der Volljährige auf Grund einer körperlichen Behinderung seine Angelegenheiten nicht besorgen kann, darf der Betreuer nur auf Antrag des Volljährigen bestellt werden, es sei denn, daß dieser seinen Willen nicht kundtun kann.

(2) Ein Betreuer darf nur für Aufgabenkreise bestellt werden, in denen die Betreuung erforderlich ist. Die Betreuung ist nicht erforderlich, soweit die Angelegenheiten des Volljährigen durch einen Bevollmächtigten oder durch andere Hilfen, bei denen kein gesetzlicher Vertreter bestellt wird, ebenso gut wie durch einen Betreuer besorgt werden können.

(3) Als Aufgabenkreis kann auch die Geltendmachung von Rechten des Betreuten gegenüber seinem Bevollmächtigten bestimmt werden.

(4) Die Entscheidung über den Fernmeldeverkehr des Betreuten und über die Entgegennahme, das Öffnen und das Anhalten seiner Post werden vom Aufgabenkreis des Betreuers nur dann erfaßt, wenn das Gericht dies ausdrücklich angeordnet hat.

§ 1897 [Person des Betreuers]

(1) Zum Betreuer bestellt das Vormundschaftsgericht eine natürliche Person, die geeignet ist, in dem gerichtlich bestimmten Aufgabenkreis die Angelegenheiten des Betreuten zu besorgen und ihn hierbei im erforderlichen Umfang persönlich zu betreuen.

(2) Der Mitarbeiter eines nach § 1908 f anerkannten Betreuungsvereins, der dort ausschließlich oder teilweise als Betreuer tätig ist (Vereinsbetreuer), darf nur mit Einwilligung des Vereins bestellt werden. Entsprechendes gilt für den Mitarbeiter einer in Betreuungsangelegenheiten zuständigen Behörde, der dort ausschließlich oder teilweise als Betreuer tätig ist (Behördenbetreuer).

(3) Wer zu einer Anstalt, einem Heim oder einer sonstigen Einrichtung, in welcher der Volljährige untergebracht ist oder wohnt, in einem Abhängigkeitsverhältnis oder in einer anderen engen Beziehung steht, darf nicht zum Betreuer bestellt werden.

(4) Schlägt der Volljährige eine Person vor, die zum Betreuer bestellt werden kann, so ist diesem Vorschlag zu entsprechen, wenn es dem Wohl des Volljährigen nicht zuwiderläuft. Schlägt er vor, eine bestimmte Person nicht zu bestellen, so soll hierauf Rücksicht genommen werden. Die Sätze 1 und 2 gelten auch für Vorschläge, die der Volljährige vor dem Betreuungsverfahren gemacht hat, es sei denn, daß er an diesen Vorschlägen erkennbar nicht festhalten will.

(5) Schlägt der Volljährige niemanden vor, der zum Betreuer bestellt werden kann, so ist bei der Auswahl des Betreuers auf die verwandtschaftlichen und sonstigen persönlichen Bindungen des Volljährigen, insbesondere auf die Bindungen zu Eltern, Kindern und zum Ehegatten, sowie auf die Gefahr von Interessenkonflikten Rücksicht zu nehmen.

§ 1898 [Voraussetzungen der Bestellung]

(1) Der vom Vormundschaftsgericht Ausgewählte ist verpflichtet, die Betreuung zu übernehmen, wenn er zur Betreuung geeignet ist und ihm die Übernahme unter Berücksichtigung seiner familiären, beruflichen und sonstigen Verhältnisse zugemutet werden kann.

(2) Der Ausgewählte darf erst dann zum Betreuer bestellt werden, wenn er sich zur Übernahme der Betreuung bereit erklärt hat.

§ 1899 [Mehrere Betreuer]

(1) Das Vormundschaftsgericht kann mehrere Betreuer bestehen, wenn die Angelegenheiten des Betreuten hierdurch besser besorgt werden können. In diesem Fall bestimmt es, welcher Betreuer mit welchem Aufgabenkreis betraut wird.

(2) Für die Entscheidung über die Einwilligung in eine Sterilisation des Betreuten ist stets ein besonderer Betreuer zu bestellen.

(3) Soweit mehrere Betreuer mit demselben Aufgabenkreis betraut werden, können sie die Angelegenheiten des Betreuten nur gemeinsam besorgen, es sei denn, daß das Gericht etwas anderes bestimmt hat oder mit dem Aufschub Gefahr verbunden ist.

(4) Das Gericht kann mehrere Betreuer auch in der Weise bestellen, daß der eine die Angelegenheiten des Betreuten nur zu besorgen hat, soweit der andere verhindert ist oder ihm die Besorgung überträgt.

§ 1900 [Betreuungsverein]

(1) Kann der Volljährige durch eine oder mehrere natürliche Personen nicht hinreichend betreut werden, so bestellt das Vormundschaftsgericht einen anerkannten Betreuungsverein zum Betreuer. Die Bestellung bedarf der Einwilligung des Vereins.

(2) Der Verein überträgt die Wahrnehmung der Betreuung einzelnen Personen. Vorschlägen des Volljährigen hat er hierbei zu entsprechen, soweit nicht wichtige Gründe entgegenstehen. Der Verein teilt dem Gericht alsbald mit, wem er die Wahrnehmung der Betreuung übertragen hat.

(3) Werden dem Verein Umstände bekannt, aus denen sich ergibt, daß der Volljährige durch eine oder mehrere natürliche Personen hinreichend betreut werden kann, so hat er dies dem Gericht mitzuteilen.

(4) Kann der Volljährige durch eine oder mehrere natürliche Personen oder durch einen Verein nicht hinreichend betreut werden, so bestellt das Gericht die zuständige Behörde zum Betreuer. Die Absätze 2 und 3 gelten entsprechend.

(5) Vereinen oder Behörden darf die Entscheidung über die Einwilligung in eine Sterilisation des Betreuten nicht übertragen werden.

§ 1901 [Aufgaben des Betreuers]

(1) Der Betreuer hat die Angelegenheiten des Betreuten so zu besorgen, wie es dessen Wohl entspricht. Zum Wohl des Betreuten gehört auch die Möglichkeit, im Rahmen seiner Fähigkeiten sein Leben nach seinen eigenen Wünschen und Vorstellungen zu gestalten.

(2) Der Betreuer hat Wünschen des Betreuten zu entsprechen, soweit dies dessen Wohl nicht zuwiderläuft und dem Betreuer zuzumuten ist. Dies gilt auch für Wünsche, die der Betreute vor der Bestellung des Betreuers geäußert hat, es sei denn, daß er an diesen Wünschen erkennbar nicht festhalten will. Ehe der Betreuer wichtige Angelegenheiten erledigt, bespricht er sie mit dem Betreuten, sofern dies dessen Wohl nicht zuwiderläuft.

(3) Innerhalb seines Aufgabenkreises hat der Betreuer dazu beizutragen, daß Möglichkeiten genutzt werden, die Krankheit oder Behinderung des Betreuten zu beseitigen, zu bessern, ihre Verschlimmerung zu verhüten oder ihre Folgen zu mildern.

(4) Werden dem Betreuer Umstände bekannt, die eine Aufhebung der Betreuung ermöglichen, so hat er dies dem Vormundschaftsgericht mitzuteilen. Gleiches gilt für Umstände, die eine Einschränkung des Aufgabenkreises ermöglichen oder dessen Erweiterung, die Bestellung eines weiteren Betreuers oder die Anordnung eines Einwilligungsvorbehalts (§ 1903) erfordern.

§ 1901 a [Schriftstücke]

Wer ein Schriftstück besitzt, in dem jemand für den Fall seiner Betreuung Vorschläge zur Auswahl des Betreuers oder Wünsche zur Wahrnehmung der Betreuung geäußert hat, hat es unverzüglich an das Vormundschaftsgericht abzuliefern, nachdem er von der Einleitung eines Verfahrens über die Bestellung eines Betreuers Kenntnis erlangt hat.

§ 1902 [Vertretung des Betreuten]

In seinem Aufgabenkreis vertritt der Betreuer den Betreuten gerichtlich und außergerichtlich.

§ 1903 [Einwilligungsvorbehalt]

(1) Soweit dies zur Abwendung einer erheblichen Gefahr für die Person oder das Vermögen des Betreuten erforderlich ist, ordnet das Vormundschaftsgericht an, daß der Betreute zu einer Willenserklärung, die den Aufgabenkreis des Betreuers betrifft, dessen Einwilligung bedarf (Einwilligungsvorbehalt). Die §§ 108 bis 113, 131 Abs. 2 und § 206 gelten entsprechend.

(2) Ein Einwilligungsvorbehalt kann sich nicht erstrecken auf Willenserklärungen, die auf Eingehung einer Ehe gerichtet sind, auf Verfügungen von Todes wegen und auf Willenserklärungen, zu denen ein beschränkt Geschäftsfähiger nach den Vorschriften des Vierten und Fünften Buches nicht der Zustimmung seines gesetzlichen Vertreters bedarf.

(3) Ist ein Einwilligungsvorbehalt angeordnet, so bedarf der Betreute dennoch nicht der Einwilligung seines Betreuers, wenn die Willenserklärung dem Betreuten lediglich einen rechtlichen Vorteil bringt. Soweit das Gericht nichts anderes anordnet, gilt dies auch, wenn die Willenserklärung eine geringfügige Angelegenheit des täglichen Lebens betrifft.

(4) § 1901 Abs. 4 gilt entsprechend.

§ 1904 [Genehmigungsvorbehalt]

Die Einwilligung des Betreuers in eine Untersuchung des Gesundheitszustandes, eine Heilbehandlung oder einen ärztlichen Eingriff bedarf der Genehmigung des Vormundschaftsgerichts, wenn die begründete Gefahr besteht, daß der Betreute auf Grund der Maßnahme stirbt oder einen schweren und länger dauernden gesundheitlichen Schaden erleidet. Ohne die Genehmigung darf die Maßnahme nur durchgeführt werden, wenn mit dem Aufschub Gefahr verbunden ist.

§ 1905 [Sterilisation]

(1) Besteht der ärztliche Eingriff in einer Sterilisation des Betreuten, in die dieser nicht einwilligen kann, so kann der Betreuer nur einwilligen, wenn

1. die Sterilisation dem Willen des Betreuten nicht widerspricht,
2. der Betreute auf Dauer einwilligungsunfähig bleiben wird,
3. anzunehmen ist, daß es ohne die Sterilisation zu einer Schwangerschaft kommen würde,
4. infolge dieser Schwangerschaft eine Gefahr für das Leben oder die Gefahr einer schwerwiegenden Beeinträchtigung des körperlichen oder seelischen Gesundheitszustandes der Schwangeren zu erwarten wäre, die nicht auf zumutbare Weise abgewendet werden könnte, und
5. die Schwangerschaft nicht durch andere zumutbare Mittel verhindert werden kann.

Als schwerwiegende Gefahr für den seelischen Gesundheitszustand der Schwangeren gilt auch die Gefahr eines schweren und nachhaltigen Leides, das ihr drohen würde, weil vormundschaftsgerichtliche Maßnahmen, die mit ihrer Trennung vom Kind verbunden wären (§§ 1666, 1666 a), gegen sie ergriffen werden müßten.

(2) Die Einwilligung bedarf der Genehmigung des Vormundschaftsgerichts. Die Sterilisation darf erst zwei Wochen nach Wirksamkeit der Genehmigung durchgeführt werden. Bei der Sterilisation ist stets der Methode der Vorzug zu geben, die eine Refertilisierung zuläßt.

§ 1906 [Unterbringung mit Freiheitsentziehung]

(1) Eine Unterbringung des Betreuten durch den Betreuer, die mit Freiheitsentziehung verbunden ist, ist nur zulässig, solange sie zum Wohl des Betreuten erforderlich ist, weil

1. auf Grund einer psychischen Krankheit oder geistigen oder seelischen Behinderung des Betreuten die Gefahr besteht, daß er sich selbst tötet oder erheblichen gesundheitlichen Schaden zufügt, oder
2. eine Untersuchung des Gesundheitszustandes, eine Heilbehandlung oder ein ärztlicher Eingriff notwendig ist, ohne die Unterbringung des Betreuten nicht durchgeführt werden kann und der Betreute auf Grund einer psychischen Krankheit oder geistigen oder seelischen Behinderung die Notwendigkeit der Unterbringung nicht erkennen oder nicht nach dieser Einsicht handeln kann.

(2) Die Unterbringung ist nur mit Genehmigung des Vormundschaftsgerichts zulässig. Ohne die Genehmigung ist die Unterbringung nur zulässig, wenn mit dem Aufschub Gefahr verbunden ist; die Genehmigung ist unverzüglich nachzuholen.

(3) Der Betreuer hat die Unterbringung zu beenden, wenn ihre Voraussetzungen wegfallen. Er hat dic Bcendigung der Unterbringung dem Vormundschaftsgericht anzuzeigen.

(4) Die Absätze 1 bis 3 gelten entsprechend, wenn dem Betreuten, der sich in einer Anstalt, einem Heim oder einer sonstigen Einrichtung aufhält, ohne untergebracht zu sein, durch mechanische Vorrichtungen, Medikamente oder auf andere Weise über einen längeren Zeitraum oder regelmäßig die Freiheit entzogen werden soll.

§ 1907 [Beendigung des Mietverhältnisses des Betreuten]

(1) Zur Kündigung eines Mietverhältnisses über Wohnraum, den der Betreute gemietet hat, bedarf der Betreuer der Genehmigung des Vormundschaftsgerichts. Gleiches gilt für eine Willenserklärung, die auf die Aufhebung eines solchen Mietverhältnisses gerichtet ist.

(2) Treten andere Umstände ein, auf Grund derer die Beendigung des Mietverhältnisses in Betracht kommt, so hat der Betreuer dies dem Vormundschaftsgericht unverzüglich mitzuteilen, wenn sein Aufgabenkreis das Mietverhältnis oder die Aufenthaltsbestimmung umfaßt. Will der Betreuer Wohnraum des Betreuten auf andere Weise als durch Kündigung

oder Aufhebung eines Mietverhältnisses aufgeben, so hat er dies gleichfalls unverzüglich mitzuteilen.

(3) Zu einem Miet- oder Pachtvertrag oder zu einem anderen Vertrag, durch den der Betreute zu wiederkehrenden Leistungen verpflichtet wird, bedarf der Betreuer der Genehmigung des Vormundschaftsgerichts, wenn das Vertragsverhältnis länger als vier Jahre dauern oder vom Betreuer Wohnraum vermietet werden soll.

§ 1908 [Ausstattung des Betreuten]

Der Betreuer kann eine Ausstattung aus dem Vermögen des Betreuten nur mit Genehmigung des Vormundschaftsgerichts versprechen oder gewähren.

§ 1908 a [Minderjährige]

Maßnahmen nach den §§ 1896, 1903 können auch für einen Minderjährigen, der das siebzehnte Lebensjahr vollendet hat, getroffen werden, wenn anzunehmen ist, daß sie bei Eintritt der Volljährigkeit erforderlich werden. Die Maßnahmen werden erst mit dem Eintritt der Volljährigkeit wirksam.

§ 1908 b [Entlassung des Betreuers]

(1) Das Vormundschaftsgericht hat den Betreuer zu entlassen, wenn seine Eignung, die Angelegenheiten des Betreuten zu besorgen, nicht mehr gewährleistet ist oder ein anderer wichtiger Grund für die Entlassung vorliegt.

(2) Der Betreuer kann seine Entlassung verlangen, wenn nach seiner Bestellung Umstände eintreten, auf Grund derer ihm die Betreuung nicht mehr zugemutet werden kann.

(3) Das Gericht kann den Betreuer entlassen, wenn der Betreute eine gleich geeignete Person, die zur Übernahme bereit ist, als neuen Betreuer vorschlägt.

(4) Der Vereinsbetreuer ist auch zu entlassen, wenn der Verein dies beantragt. Ist die Entlassung nicht zum Wohl des Betreuten erforderlich, so kann das Vormundschaftsgericht statt dessen mit Einverständnis des Betreuers aussprechen, daß dieser die Betreuung künftig als Privatperson weiterführt. Die Sätze 1 und 2 gelten für den Behördenbetreuer entsprechend.

(5) Der Verein oder die Behörde ist zu entlassen, sobald der Betreute durch eine oder mehrere natürliche Personen hinreichend betreut werden kann.

§ 1908 c [Neuer Betreuer]

Stirbt der Betreuer oder wird er entlassen, so ist ein neuer Betreuer zu bestellen.

§ 1908 d [Aufhebung der Betreuung]

(1) Die Betreuung ist aufzuheben, wenn ihre Voraussetzungen wegfallen. Fallen diese Voraussetzungen nur für einen Teil der Aufgaben des Betreuers weg, so ist dessen Aufgabenkreis einzuschränken.

(2) Ist der Betreuer auf Antrag des Betreuten bestellt, so ist die Betreuung auf dessen Antrag aufzuheben, es sei denn, daß eine Betreuung von Amts wegen erforderlich ist. Den Antrag kann auch ein Geschäftsunfähiger stellen. Die Sätze 1 und 2 gelten für die Einschränkung des Aufgabenkreises entsprechend.

(3) Der Aufgabenkreis des Betreuers ist zu erweitern, wenn dies erforderlich wird. Die Vorschriften über die Bestellung des Betreuers gelten hierfür entsprechend.

(4) Für den Einwilligungsvorbehalt gelten die Absätze 1 und 3 entsprechend.

§ 1908 e [Kostenersatz für Vereinsbetreuer]

(1) Ist ein Vereinsbetreuer bestellt, so kann der Verein Ersatz für Aufwendungen nach § 1835 Abs. 1 und 4 und eine Vergütung nach § 1836 Abs. 1 Satz 2 und 3 und Abs. 2 verlangen. Allgemeine Verwaltungskosten werden nicht ersetzt.

(2) Der Vereinsbetreuer selbst kann keine Rechte nach den §§ 1835 bis 1836 a geltend machen.

§ 1908 f [Anerkennung als Betreuungsverein]

(1) Ein rechtsfähiger Verein kann als Betreuungsverein anerkannt werden, wenn er gewährleistet, daß er

1. eine ausreichende Zahl geeigneter Mitarbeiter hat und diese beaufsichtigen, weiterbilden und gegen Schäden, die diese anderen im Rahmen ihrer Tätigkeit zufügen können, angemessen versichern wird,
2. sich planmäßig um die Gewinnung ehrenamtlicher Betreuer bemüht, diese in ihre Aufgaben einführt, fortbildet und berät,
3. einen Erfahrungsaustausch zwischen den Mitarbeitern ermöglicht.

(2) Die Anerkennung gilt für das jeweilige Bundesland; sie kann auf einzelne Landesteile beschränkt werden. Sie ist widerruflich und kann unter Auflagen erteilt werden.

(3) Das Nähere regelt das Landesrecht. Es kann auch weitere Voraussetzungen für die Anerkennung vorsehen.

§ 1908 g [Behördenbetreuer]

(1) Gegen einen Behördenbetreuer wird kein Zwangsgeld nach § 1837 Abs. 3 Satz 1 festgesetzt.

(2) Der Behördenbetreuer kann Geld des Betreuten gemäß § 1807 auch bei der Körperschaft anlegen, bei der er tätig ist.

§ 1908 h [Kostenersatz für Behördenbetreuer]

(1) Ist ein Behördenbetreuer bestellt, so kann die zuständige Behörde Ersatz für Aufwendungen nach § 1835 Abs. 1 verlangen. § 1835 Abs. 5 gilt entsprechend.

(2) Der zuständigen Behörde kann eine Vergütung nach § 1836 Abs. 1 Satz 2 und 3 bewilligt werden.

(3) Der Behördenbetreuer selbst kann keine Rechte nach den §§ 1835 bis 1836 a geltend machen.

§ 1908 i [Anwendbarkeit anderer Vorschriften]

(1) Im übrigen sind auf die Betreuung § 1632 Abs. 1 bis 3, §§ 1784, 1787 Abs. 1, § 1791 a Abs. 3 Satz 1 zweiter Halbsatz und Satz 2, §§ 1792, 1795 bis 1797 Abs. 1 Satz 2, §§ 1798, 1799, 1802 Abs. 1 Satz 1, Abs. 2 und 3, §§ 1803, 1805 bis 1821, 1822 Nr. 1 bis 4, 6 bis 13, §§ 1823 bis 1825, 1828 bis 1831, 1833 bis 1836 a, 1837 Abs. 1 bis 3, §§ 1839 bis 1841, 1843, 1845, 1846, 1857 a, 1888, 1890, 1892 bis 1894 sinngemäß anzuwenden. Durch Landesrecht kann bestimmt werden, daß Vorschriften, welche die Aufsicht des Vormundschaftsgerichts in vermögensrechtlicher Hinsicht sowie beim Abschluß von Lehr- und Arbeitsverträgen betreffen, gegenüber der zuständigen Behörde außer Anwendung bleiben.

(2) § 1804 ist sinngemäß anzuwenden, jedoch kann der Betreuer in Vertretung des Betreuten Gelegenheitsgeschenke auch dann machen, wenn dies dem Wunsch des Betreuten entspricht und nach seinen Lebensverhältnissen üblich ist. § 1857 a ist auf die Betreuung durch den Vater, die Mutter, den Ehegatten oder einen Abkömmling des Betreuten sowie auf den Vereinsbetreuer und den Behördenbetreuer sinngemäß anzuwenden, soweit das Vormundschaftsgericht nichts anderes anordnet.

Dritter Titel
Pflegschaft

§ 1909 [Ergänzungspflegschaft]

(1) Wer unter elterlicher Sorge oder unter Vormundschaft steht, erhält für Angelegenheiten, an deren Besorgung die Eltern oder der Vormund verhindert sind, einen Pfleger. Er erhält insbesondere einen Pfleger zur Verwaltung des Vermögens, das er von Todes wegen erwirbt oder das ihm unter Lebenden unentgeltlich zugewendet wird, wenn der Erblasser durch letztwillige Verfügung, der Zuwendende bei der Zuwendung bestimmt hat, daß die Eltern oder der Vormund das Vermögen nicht verwalten sollen.

(2) Wird eine Pflegschaft erforderlich, so haben die Eltern oder der Vormund dies dem Vormundschaftsgericht unverzüglich anzuzeigen.

(3) Die Pflegschaft ist auch dann anzuordnen, wenn die Voraussetzungen für die Anordnung einer Vormundschaft vorliegen, ein Vormund aber noch nicht bestellt ist.

§ 1910 (aufgehoben)

§ 1911 [Abwesenheitspflegschaft]

(1) Ein abwesender Volljähriger, dessen Aufenthalt unbekannt ist, erhält für seine Vermögensangelegenheiten, soweit sie der Fürsorge bedürfen, einen Abwesenheitspfleger. Ein solcher Pfleger ist ihm insbesondere auch dann zu bestellen, wenn er durch Erteilung eines Auftrags oder einer Vollmacht Fürsorge getroffen hat, aber Umstände eingetreten sind, die zum Widerrufe des Auftrags oder der Vollmacht Anlaß geben.

(2) Das gleiche gilt von einem Abwesenden, dessen Aufenthalt bekannt, der aber an der Rückkehr und der Besorgung seiner Vermögensangelegenheiten verhindert ist.

§ 1912 [Pflegschaft für eine Leibesfrucht]

(1) Eine Leibesfrucht erhält zur Wahrung ihrer künftigen Rechte, soweit diese einer Fürsorge bedürfen, einen Pfleger. Auch ohne diese Voraussetzungen kann für eine Leibesfrucht auf Antrag des Jugendamts oder der werdenden Mutter ein Pfleger bestellt werden, wenn anzunehmen ist, daß das Kind nichtehelich geboren werden wird.

(2) Die Fürsorge steht jedoch den Eltern insoweit zu, als ihnen die elterliche Sorge zustünde, wenn das Kind bereits geboren wäre.

§ 1913 [Pflegschaft für unbekannte Beteiligte]

Ist unbekannt oder ungewiß, wer bei einer Angelegenheit der Beteiligte ist, so kann dem Beteiligten für diese Angelegenheit, soweit eine Fürsorge erforderlich ist, ein Pfleger bestellt werden. Insbesondere kann einem Nacherben, der noch nicht erzeugt ist oder dessen Persönlichkeit erst durch ein künftiges Ereignis bestimmt wird, für die Zeit bis zum Eintritte der Nacherbfolge ein Pfleger bestellt werden.

§ 1914 [Pflegschaft für Sammelvermögen]

Ist durch öffentliche Sammlung Vermögen für einen vorübergehenden Zweck zusammengebracht worden, so kann zum Zwecke der Verwaltung und Verwendung des Vermögens ein Pfleger bestellt werden, wenn die zu der Verwaltung und Verwendung berufenen Personen weggefallen sind.

§ 1915 [Anwendung von Vormundschaftsrecht]

(1) Auf die Pflegschaft finden die für die Vormundschaft geltenden Vorschriften entsprechende Anwendung, soweit sich nicht aus dem Gesetz ein anderes ergibt.

(2) Die Bestellung eines Gegenvormundes ist nicht erforderlich.

§ 1916 [Berufung als Ergänzungspfleger]
Für die nach § 1909 anzuordnende Pflegschaft gelten die Vorschriften über die Berufung zur Vormundschaft nicht.

§ 1917 [Benennung durch Erblasser und Dritte]
(1) Wird die Anordnung einer Pflegschaft nach § 1909 Abs. 1 Satz 2 erforderlich, so ist als Pfleger berufen, wer durch letztwillige Verfügung oder bei der Zuwendung benannt worden ist; die Vorschriften des § 1778 sind entsprechend anzuwenden.
(2) Für den benannten Pfleger können durch letztwillige Verfügung oder bei der Zuwendung die in den §§ 1852 bis 1854 bezeichneten Befreiungen angeordnet werden. Das Vormundschaftsgericht kann die Anordnungen außer Kraft setzen, wenn sie das Interesse des Pfleglings gefährden.
(3) Zu einer Abweichung von den Anordnungen des Zuwendenden ist, solange er lebt, seine Zustimmung erforderlich und genügend. Ist er zur Abgabe einer Erklärung dauernd außerstande oder ist sein Aufenthalt dauernd unbekannt, so kann das Vormundschaftsgericht die Zustimmung ersetzen.

§ 1918 [Ende der Pflegschaft kraft Gesetzes]
(1) Die Pflegschaft für eine unter elterlicher Sorge oder unter Vormundschaft stehende Person endigt mit der Beendigung der elterlichen Sorge oder der Vormundschaft.
(2) Die Pflegschaft für eine Leibesfrucht endigt mit der Geburt des Kindes.
(3) Die Pflegschaft zur Besorgung einer einzelnen Angelegenheit endigt mit deren Erledigung.

§ 1919 [Aufhebung bei Wegfall des Grundes]
Die Pflegschaft ist von dem Vormundschaftsgericht aufzuheben, wenn der Grund für die Anordnung der Pflegschaft weggefallen ist.

§ 1920 (aufgehoben)

§ 1921 [Aufhebung der Abwesenheitspflegschaft]
(1) Die Pflegschaft für einen Abwesenden ist von dem Vormundschaftsgericht aufzuheben, wenn der Abwesende an der Besorgung seiner Vermögensangelegenheiten nicht mehr verhindert ist.
(2) Stirbt der Abwesende, so endigt die Pflegschaft erst mit der Aufhebung durch das Vormundschaftsgericht. Das Vormundschaftsgericht hat die Pflegschaft aufzuheben, wenn ihm der Tod des Abwesenden bekannt wird.
(3) Wird der Abwesende für tot erklärt oder wird seine Todeszeit nach den Vorschriften des Verschollenheitsgesetzes festgestellt, so endigt die Pflegschaft mit der Rechtskraft des Beschlusses über die Todeserklärung oder die Feststellung der Todeszeit.

Fünftes Buch
Erbrecht
Erster Abschnitt
Erbfolge

§ 1922 [Gesamtrechtsnachfolge]
(1) Mit dem Tode einer Person (Erbfall) geht deren Vermögen (Erbschaft) als Ganzes auf eine oder mehrere andere Personen (Erben) über.
(2) Auf den Anteil eines Miterben (Erbteil) finden die sich auf die Erbschaft beziehenden Vorschriften Anwendung.

§ 1923 [Erbfähigkeit]
(1) Erbe kann nur werden, wer zur Zeit des Erbfalls lebt.

(2) Wer zur Zeit des Erbfalls noch nicht lebte, aber bereits erzeugt war, gilt als vor dem Erbfalle geboren.

§ 1924 [Gesetzliche Erben erster Ordnung]

(1) Gesetzliche Erben der ersten Ordnung sind die Abkömmlinge des Erblassers.

(2) Ein zur Zeit des Erbfalls lebender Abkömmling schließt die durch ihn mit dem Erblasser verwandten Abkömmlinge von der Erbfolge aus.

(3) An die Stelle eines zur Zeit des Erbfalls nicht mehr lebenden Abkömmlinges treten die durch ihn mit dem Erblasser verwandten Abkömmlinge (Erbfolge nach Stämmen).

(4) Kinder erben zu gleichen Teilen.

§ 1925 [Gesetzliche Erben zweiter Ordnung]

(1) Gesetzliche Erben der zweiten Ordnung sind die Eltern des Erblassers und deren Abkömmlinge.

(2) Leben zur Zeit des Erbfalls die Eltern, so erben sie allein und zu gleichen Teilen.

(3) Lebt zur Zeit des Erbfalls der Vater oder die Mutter nicht mehr, so treten an die Stelle des Verstorbenen dessen Abkömmlinge nach den für die Beerbung in der ersten Ordnung geltenden Vorschriften. Sind Abkömmlinge nicht vorhanden, so erbt der überlebende Teil allein.

(4) In den Fällen des § 1756 sind das angenommene Kind und die Abkömmlinge der leiblichen Eltern oder des anderen Elternteils des Kindes im Verhältnis zueinander nicht Erben der zweiten Ordnung.

§ 1926 [Gesetzliche Erben dritter Ordnung]

(1) Gesetzliche Erben der dritten Ordnung sind die Großeltern des Erblassers und deren Abkömmlinge.

(2) Leben zur Zeit des Erbfalls die Großeltern, so erben sie allein und zu gleichen Teilen.

(3) Lebt zur Zeit des Erbfalls von einem Großelternpaar der Großvater oder die Großmutter nicht mehr, so treten an die Stelle des Verstorbenen dessen Abkömmlinge. Sind Abkömmlinge nicht vorhanden, so fällt der Anteil des Verstorbenen dem anderen Teile des Großelternpaars und, wenn dieser nicht mehr lebt, dessen Abkömmlingen zu.

(4) Lebt zur Zeit des Erbfalls ein Großelternpaar nicht mehr und sind Abkömmlinge der Verstorbenen nicht vorhanden, so erben die anderen Großeltern oder ihre Abkömmlinge allein.

(5) Soweit Abkömmlinge an die Stelle ihrer Eltern oder ihrer Voreltern treten, finden die für die Beerbung in der ersten Ordnung geltenden Vorschriften Anwendung.

§ 1927 [Mehrfache Verwandtschaft]

Wer in der ersten, der zweiten oder der dritten Ordnung verschiedenen Stämmen angehört, erhält den in jedem dieser Stämme ihm zufallenden Anteil. Jeder Anteil gilt als besonderer Erbteil.

§ 1928 [Gesetzliche Erben vierter Ordnung]

(1) Gesetzliche Erben der vierten Ordnung sind die Urgroßeltern des Erblassers und deren Abkömmlinge.

(2) Leben zur Zeit des Erbfalls Urgroßeltern, so erben sie allein; mehrere erben zu gleichen Teilen, ohne Unterschied, ob sie derselben Linie oder verschiedenen Linien angehören.

(3) Leben zur Zeit des Erbfalls Urgroßeltern nicht mehr, so erbt von ihren Abkömmlingen derjenige, welcher mit dem Erblasser dem Grade nach am nächsten verwandt ist; mehrere gleich nahe Verwandte erben zu gleichen Teilen.

§ 1929 [Gesetzliche Erben der fünften und fernerer Ordnungen]

(1) Gesetzliche Erben der fünften Ordnung und der ferneren Ordnungen sind die entfernteren Voreltern des Erblassers und deren Abkömmlinge.

(2) Die Vorschriften des § 1928 Abs. 2, 3 finden entsprechende Anwendung.

§ 1930 [Rangfolge der Ordnungen]

Ein Verwandter ist nicht zur Erbfolge berufen, solange ein Verwandter einer vorhergehenden Ordnung vorhanden ist, auch wenn diesem nur ein Erbersatzanspruch zusteht.

§ 1931 [Gesetzliches Erbrecht des Ehegatten]

(1) Der überlebende Ehegatte des Erblassers ist neben Verwandten der ersten Ordnung zu einem Vierteile, neben Verwandten der zweiten Ordnung oder neben Großeltern zur Hälfte der Erbschaft als gesetzlicher Erbe berufen. Treffen mit Großeltern Abkömmlinge von Großeltern zusammen, so erhält der Ehegatte auch von der anderen Hälfte den Anteil, der nach § 1926 den Abkömmlingen zufallen würde.

(2) Sind weder Verwandte der ersten oder der zweiten Ordnung noch Großeltern vorhanden, so erhält der überlebende Ehegatte die ganze Erbschaft.

(3) Die Vorschriften des § 1371 bleiben unberührt.

(4) Bestand beim Erbfall Gütertrennung und sind als gesetzliche Erben neben dem überlebenden Ehegatten ein oder zwei Kinder des Erblassers berufen, so erben der überlebende Ehegatte und jedes Kind zu gleichen Teilen; § 1924 Abs. 3 gilt auch in diesem Falle.

§ 1932 [Voraus des überlebenden Ehegatten]

(1) Ist der überlebende Ehegatte neben Verwandten der zweiten Ordnung oder neben Großeltern gesetzlicher Erbe, so gebühren ihm außer dem Erbteil die zum ehelichen Haushalt gehörenden Gegenstände, soweit sie nicht Zubehör eines Grundstücks sind, und die Hochzeitsgeschenke als Voraus. Ist der überlebende Ehegatte neben Verwandten der ersten Ordnung gesetzlicher Erbe, so gebühren ihm diese Gegenstände, soweit er sie zur Führung eines angemessenen Haushalts benötigt.

(2) Auf den Voraus sind die für Vermächtnisse geltenden Vorschriften anzuwenden.

§ 1933 [Fortfall des Ehegattenerbrechts]

Das Erbrecht des überlebenden Ehegatten sowie das Recht auf den Voraus ist ausgeschlossen, wenn zur Zeit des Todes des Erblassers die Voraussetzungen für die Scheidung der Ehe gegeben waren und der Erblasser die Scheidung beantragt oder ihr zugestimmt hatte. Das glciche gilt, wenn der Erblasser auf Aufhebung der Ehe zu klagen berechtigt war und die Klage erhoben hatte. In diesen Fällen ist der Ehegatte nach Maßgabe der §§ 1569 bis 1586 b unterhaltsberechtigt.

§ 1934 [Mehrfaches Erbrecht des verwandten Ehegatten]

Gehört der überlebende Ehegatte zu den erbberechtigten Verwandten, so erbt er zugleich als Verwandter. Der Erbteil, der ihm auf Grund der Verwandtschaft zufällt, gilt als besonderer Erbteil.

§ 1934 a [Erbersatzanspruch des nichtehelichen Kindes]

(1) Einem nichtehelichen Kinde und seinen Abkömmlingen steht beim Tode des Vaters des Kindes sowie beim Tode von väterlichen Verwandten neben ehelichen Abkömmlingen des Erblassers und neben dem überlebenden Ehegatten des Erblassers an Stelle des gesetzlichen Erbteils ein Erbersatzanspruch gegen den Erben in Höhe des Wertes des Erbteils zu.

(2) Beim Tode eines nichtehelichen Kindes steht dem Vater und seinen Abkömmlingen neben der Mutter und ihren ehelichen Abkömmlingen an Stelle des gesetzlichen Erbteils der im Absatz 1 bezeichnete Erbersatzanspruch zu.
(3) Beim Tode eines nichtehelichen Kindes sowie beim Tode eines Kindes des nichtehelichen Kindes steht dem Vater des nichtehelichen Kindes und seinen Verwandten neben dem überlebenden Ehegatten des Erblassers an Stelle des gesetzlichen Erbteils der im Absatz 1 bezeichnete Erbersatzanspruch zu.
(4) Soweit es nach den Absätzen 1 und 2 für die Entstehung eines Erbersatzanspruchs darauf ankommt, ob eheliche Abkömmlinge vorhanden sind, steht ein nichteheliches Kind im Verhältnis zu seiner Mutter einem ehelichen Kinde gleich.

§ 1934 b [Berechnung – Vorschriften – Verjährung]

(1) Der Berechnung des Erbersatzanspruchs wird der Bestand und der Wert des Nachlasses zur Zeit des Erbfalls zugrunde gelegt. Der Wert ist, soweit erforderlich, durch Schätzung zu ermitteln. § 2049 gilt entsprechend.
(2) Auf den Erbersatzanspruch sind die für den Pflichtteil geltenden Vorschriften mit Ausnahme der §§ 2303 bis 2312, 2315, 2316, 2318, 2322 bis 2331, 2332 bis 2338 a sowie die für die Annahme und die Ausschlagung eines Vermächtnisses geltenden Vorschriften sinngemäß anzuwenden. Der Erbersatzanspruch verjährt in drei Jahren von dem Zeitpunkt an, in dem der Erbersatzberechtigte von dem Eintritt des Erbfalls und den Umständen, aus denen sich das Bestehen des Anspruchs ergibt, Kenntnis erlangt, spätestens in dreißig Jahren von dem Eintritt des Erbfalls an.
(3) Auf den Erbersatzanspruch eines Abkömmlings des Erblassers sind auch die Vorschriften über die Ausgleichungspflicht unter Abkömmlingen, die als gesetzliche Erben zur Erbfolge gelangen, entsprechend anzuwenden.

§ 1934 c [Erbersatzanspruch bei nicht anerkannter oder festgestellter Vaterschaft][1)]

(1) War beim Tode des Vaters eines nichtehelichen Kindes die Vaterschaft weder anerkannt noch rechtskräftig festgestellt, so steht dem Kinde ein gesetzliches Erbrecht oder ein Erbersatzanspruch nur zu, wenn das gerichtliche Verfahren zur Feststellung der Vaterschaft bereits zur Zeit des Erbfalls anhängig war. Ist der Vater gestorben, bevor das Kind geboren oder sechs Monate alt war, so genügt es, wenn der Antrag auf Feststellung der Vaterschaft binnen sechs Monaten gestellt wird; die Frist beginnt mit dem Erbfall, jedoch nicht vor der Geburt des Kindes.
(2) Im Falle des Todes eines Verwandten des Vaters gilt Absatz 1 Satz 1 entsprechend.

§ 1934 d [Vorzeitiger Erbausgleich]

(1) Ein nichteheliches Kind, welches das einundzwanzigste, aber noch nicht das siebenundzwanzigste Lebensjahr vollendet hat, ist berechtigt, von seinem Vater einen vorzeitigen Erbausgleich in Geld zu verlangen.
(2) Der Ausgleichsbetrag beläuft sich auf das Dreifache des Unterhalts, den der Vater dem Kinde im Durchschnitt der letzten fünf Jahre, in denen es voll unterhaltsbedürftig war, jährlich zu leisten hatte. Ist nach den Erwerbs- und Vermögensverhältnissen des Vaters unter Berücksichtigung seiner anderen Verpflichtungen eine Zahlung in dieser Höhe entweder dem Vater nicht zuzumuten oder für das Kind als Erbausgleich unangemessen gering, so

---

1) Hierzu Beschluß des Bundesverfassungsgerichts vom 18. 11. 1986 – 1 BvR 1365/84 – (BGBl. 1987 I S. 757):
»§ 1934 c des Bürgerlichen Gesetzbuchs, eingefügt durch Artikel 1 Nummer 88 des Gesetzes über die rechtliche Stellung der nichtehelichen Kinder vom 19. 8. 1969 (BGBl. I S. 1243), ist mit Artikel 6 Absatz 5 des Grundgesetzes unvereinbar und nichtig.«

beläuft sich der Ausgleichsbetrag auf das den Umständen nach Angemessene, jedoch auf mindestens das Einfache, höchstens das Zwölffache des in Satz 1 bezeichneten Unterhalts.

(3) Der Anspruch verjährt in drei Jahren von dem Zeitpunkt an, in dem das Kind das siebenundzwanzigste Lebensjahr vollendet hat.

(4) Eine Vereinbarung, die zwischen dem Kinde und dem Vater über den Erbausgleich getroffen wird, bedarf der notariellen Beurkundung. Bevor eine Vereinbarung beurkundet oder über den Erbausgleich rechtskräftig entschieden ist, kann das Kind das Ausgleichsverlangen ohne Einwilligung des Vaters zurücknehmen. Kommt ein Erbausgleich nicht zustande, so gelten für Zahlungen, die der Vater dem Kinde im Hinblick auf den Erbausgleich geleistet und nicht zurückgefordert hat, die Vorschriften des § 2050 Abs. 1, des § 2051 Abs. 1 und des § 2315 entsprechend.

(5) Der Vater kann Stundung des Ausgleichsbetrages verlangen, wenn er dem Kinde laufenden Unterhalt zu gewähren hat und soweit ihm die Zahlung neben der Gewährung des Unterhalts nicht zugemutet werden kann. In anderen Fällen kann der Vater Stundung verlangen, wenn ihn die sofortige Zahlung des gesamten Ausgleichsbetrages besonders hart treffen würde und dem Kinde eine Stundung zugemutet werden kann. Die Vorschriften des § 1382 gelten entsprechend.

§ 1934 e [Folgen des vorzeitigen Erbausgleichs]

Ist über den Erbausgleich eine wirksame Vereinbarung getroffen oder ist er durch rechtskräftiges Urteil zuerkannt, so sind beim Tode des Vaters sowie beim Tode väterlicher Verwandter das Kind und dessen Abkömmlinge, beim Tode des Kindes sowie beim Tode von Abkömmlingen des Kindes der Vater und dessen Verwandte nicht gesetzliche Erben und nicht pflichtteilsberechtigt.

§ 1935 [Folgen der Erbteilserhöhung]

Fällt ein gesetzlicher Erbe vor oder nach dem Erbfalle weg und erhöht sich infolgedessen der Erbteil eines anderen gesetzlichen Erben, so gilt der Teil, um welchen sich der Erbteil erhöht, in Ansehung der Vermächtnisse und Auflagen, mit denen dieser Erbe oder der wegfallende Erbe beschwert ist, sowie in Ansehung der Ausgleichungspflicht als besonderer Erbteil.

§ 1936 [Erbrecht des Fiskus]

(1) Ist zur Zeit des Erbfalls weder ein Verwandter noch ein Ehegatte des Erblassers vorhanden, so ist der Fiskus des Bundesstaats, dem der Erblasser zur Zeit des Todes angehört hat, gesetzlicher Erbe. Hat der Erblasser mehreren Bundesstaaten angehört, so ist der Fiskus eines jeden dieser Staaten zu gleichem Anteile zur Erbfolge berufen.

(2) War der Erblasser ein Deutscher, der keinem Bundesstaat angehörte, so ist der Reichsfiskus gesetzlicher Erbe.

§ 1937 [Erbeinsetzung durch Testament]

Der Erblasser kann durch einseitige Verfügung von Todes wegen (Testament, letztwillige Verfügung) den Erben bestimmen.

§ 1938 [Enterbung]

Der Erblasser kann durch Testament einen Verwandten oder den Ehegatten von der gesetzlichen Erbfolge ausschließen, ohne einen Erben einzusetzen.

§ 1939 [Vermächtnis]

Der Erblasser kann durch Testament einem anderen, ohne ihn als Erben einzusetzen, einen Vermögensvorteil zuwenden (Vermächtnis).

§ 1940 [Auflage]
Der Erblasser kann durch Testament den Erben oder einen Vermächtnisnehmer zu einer Leistung verpflichten, ohne einem anderen ein Recht auf die Leistung zuzuwenden (Auflage).

§ 1941 [Erbvertrag]
(1) Der Erblasser kann durch Vertrag einen Erben einsetzen sowie Vermächtnisse und Auflagen anordnen (Erbvertrag).
(2) Als Erbe (Vertragserbe) oder als Vermächtnisnehmer kann sowohl der andere Vertragschließende als ein Dritter bedacht werden.

Zweiter Abschnitt
Rechtliche Stellung des Erben
Erster Titel
Annahme und Ausschlagung der Erbschaft. Fürsorge des Nachlaßgerichts

§ 1942 [Anfall der Erbschaft]
(1) Die Erbschaft geht auf den berufenen Erben unbeschadet des Rechtes über, sie auszuschlagen (Anfall der Erbschaft).
(2) Der Fiskus kann die ihm als gesetzlichem Erben angefallene Erbschaft nicht ausschlagen.

§ 1943 [Annahme der Erbschaft]
Der Erbe kann die Erbschaft nicht mehr ausschlagen, wenn er sie angenommen hat oder wenn die für die Ausschlagung vorgeschriebene Frist verstrichen ist; mit dem Ablaufe der Frist gilt die Erbschaft als angenommen.

§ 1944 [Ausschlagungsfrist]
(1) Die Ausschlagung kann nur binnen sechs Wochen erfolgen.
(2) Die Frist beginnt mit dem Zeitpunkt, in welchem der Erbe von dem Anfall und dem Grunde der Berufung Kenntnis erlangt. Ist der Erbe durch Verfügung von Todes wegen berufen, so beginnt die Frist nicht vor der Verkündung der Verfügung. Auf den Lauf der Frist finden die für die Verjährung geltenden Vorschriften der §§ 203, 206 entsprechende Anwendung.
(3) Die Frist beträgt sechs Monate, wenn der Erblasser seinen letzten Wohnsitz nur im Auslande gehabt hat oder wenn sich der Erbe bei dem Beginne der Frist im Ausland aufhält.

§ 1945 [Form der Ausschlagung]
(1) Die Ausschlagung erfolgt durch Erklärung gegenüber dem Nachlaßgerichte; die Erklärung ist zur Niederschrift des Nachlaßgerichts oder in öffentlich beglaubigter Form abzugeben.
(2) Die Niederschrift des Nachlaßgerichts wird nach den Vorschriften des Beurkundungsgesetzes errichtet.
(3) Ein Bevollmächtigter bedarf einer öffentlich beglaubigten Vollmacht. Die Vollmacht muß der Erklärung beigefügt oder innerhalb der Ausschlagungsfrist nachgebracht werden.

§ 1946 [Zeitpunkt der Erklärung]
Der Erbe kann die Erbschaft annehmen oder ausschlagen, sobald der Erbfall eingetreten ist.

§ 1947 [Bedingungsfeindlichkeit]
Die Annahme und die Ausschlagung können nicht unter einer Bedingung oder einer Zeitbestimmung erfolgen.

§ 1948 [Mehrfache Berufung]

(1) Wer durch Verfügung von Todes wegen als Erbe berufen ist, kann, wenn er ohne die Verfügung als gesetzlicher Erbe berufen sein würde, die Erbschaft als eingesetzter Erbe ausschlagen und als gesetzlicher Erbe annehmen.

(2) Wer durch Testament und durch Erbvertrag als Erbe berufen ist, kann die Erbschaft aus dem einen Berufungsgrund annehmen und aus dem anderen ausschlagen.

§ 1949 [Irrtum über den Berufungsgrund]

(1) Die Annahme gilt als nicht erfolgt, wenn der Erbe über den Berufungsgrund im Irrtume war.

(2) Die Ausschlagung erstreckt sich im Zweifel auf alle Berufungsgründe, die dem Erben zur Zeit der Erklärung bekannt sind.

§ 1950 [Keine Teilannahme oder Teilausschlagung]

Die Annahme und die Ausschlagung können nicht auf einen Teil der Erbschaft beschränkt werden. Die Annahme oder Ausschlagung eines Teiles ist unwirksam.

§ 1951 [Mehrere Erbteile]

(1) Wer zu mehreren Erbteilen berufen ist, kann, wenn die Berufung auf verschiedenen Gründen beruht, den einen Erbteil annehmen und den anderen ausschlagen.

(2) Beruht die Berufung auf demselben Grunde, so gilt die Annahme oder Ausschlagung des einen Erbteils auch für den anderen, selbst wenn der andere erst später anfällt. Die Berufung beruht auf demselben Grunde auch dann, wenn sie in verschiedenen Testamenten oder vertragsmäßig in verschiedenen zwischen denselben Personen geschlossenen Erbverträgen angeordnet ist.

(3) Setzt der Erblasser einen Erben auf mehrere Erbteile ein, so kann er ihm durch Verfügung von Todes wegen gestatten, den einen Erbteil anzunehmen und den anderen auszuschlagen.

§ 1952 [Vererblichkeit des Ausschlagungsrechts]

(1) Das Recht des Erben, die Erbschaft auszuschlagen, ist vererblich.

(2) Stirbt der Erbe vor dem Ablaufe der Ausschlagungsfrist, so endigt die Frist nicht vor dem Ablaufe der für die Erbschaft des Erben vorgeschriebenen Ausschlagungsfrist.

(3) Von mehreren Erben des Erben kann jeder den seinem Erbteil entsprechenden Teil der Erbschaft ausschlagen.

§ 1953 [Wirkungen der Ausschlagung]

(1) Wird die Erbschaft ausgeschlagen, so gilt der Anfall an den Ausschlagenden als nicht erfolgt.

(2) Die Erbschaft fällt demjenigen an, welcher berufen sein würde, wenn der Ausschlagende zur Zeit des Erbfalls nicht gelebt hätte; der Anfall gilt als mit dem Erbfall erfolgt.

(3) Das Nachlaßgericht soll die Ausschlagung demjenigen mitteilen, welchem die Erbschaft infolge der Ausschlagung angefallen ist. Es hat die Einsicht der Erklärung jedem zu gestatten, der ein rechtliches Interesse glaubhaft macht.

§ 1954 [Anfechtungsfrist]

(1) Ist die Annahme oder die Ausschlagung anfechtbar, so kann die Anfechtung nur binnen sechs Wochen erfolgen.

(2) Die Frist beginnt im Falle der Anfechtbarkeit wegen Drohung mit dem Zeitpunkt, in welchem die Zwangslage aufhört, in den übrigen Fällen mit dem Zeitpunkt, in welchem der Anfechtungsberechtigte von dem Anfechtungsgrunde Kenntnis erlangt. Auf den Lauf der Frist finden die für die Verjährung geltenden Vorschriften der §§ 203, 206, 207 entsprechende Anwendung.

(3) Die Frist beträgt sechs Monate, wenn der Erblasser seinen letzten Wohnsitz nur im Auslande gehabt hat oder wenn sich der Erbe bei dem Beginne der Frist im Ausland aufhält.

(4) Die Anfechtung ist ausgeschlossen, wenn seit der Annahme oder der Ausschlagung dreißig Jahre verstrichen sind.

§ 1955 [Form der Anfechtung]

Die Anfechtung der Annahme oder der Ausschlagung erfolgt durch Erklärung gegenüber dem Nachlaßgerichte. Für die Erklärung gelten die Vorschriften des § 1945.

§ 1956 [Anfechtung der Fristversäumung]

Die Versäumung der Ausschlagungsfrist kann in gleicher Weise wie die Annahme angefochten werden.

§ 1957 [Wirkung der Anfechtung]

(1) Die Anfechtung der Annahme gilt als Ausschlagung, die Anfechtung der Ausschlagung gilt als Annahme.

(2) Das Nachlaßgericht soll die Anfechtung der Ausschlagung demjenigen mitteilen, welchem die Erbschaft infolge der Ausschlagung angefallen war. Die Vorschrift des § 1953 Abs. 3 Satz 2 findet Anwendung.

§ 1958 [Erbschaftsannahme als Prozeßvoraussetzung]

Vor der Annahme der Erbschaft kann ein Anspruch, der sich gegen den Nachlaß richtet, nicht gegen den Erben gerichtlich geltend gemacht werden.

§ 1959 [Geschäftsführung vor der Ausschlagung]

(1) Besorgt der Erbe vor der Ausschlagung erbschaftliche Geschäfte, so ist er demjenigen gegenüber, welcher Erbe wird, wie ein Geschäftsführer ohne Auftrag berechtigt und verpflichtet.

(2) Verfügt der Erbe vor der Ausschlagung über einen Nachlaßgegenstand, so wird die Wirksamkeit der Verfügung durch die Ausschlagung nicht berührt, wenn die Verfügung nicht ohne Nachteil für den Nachlaß verschoben werden konnte.

(3) Ein Rechtsgeschäft, das gegenüber dem Erben als solchem vorgenommen werden muß, bleibt, wenn es vor der Ausschlagung dem Ausschlagenden gegenüber vorgenommen wird, auch nach der Ausschlagung wirksam.

§ 1960 [Sicherung des Nachlasses]

(1) Bis zur Annahme der Erbschaft hat das Nachlaßgericht für die Sicherung des Nachlasses zu sorgen, soweit ein Bedürfnis besteht. Das gleiche gilt, wenn der Erbe unbekannt oder wenn ungewiß ist, ob er die Erbschaft angenommen hat.

(2) Das Nachlaßgericht kann insbesondere die Anlegung von Siegeln, die Hinterlegung von Geld, Wertpapieren und Kostbarkeiten sowie die Aufnahme eines Nachlaßverzeichnisses anordnen und für denjenigen, welcher Erbe wird, einen Pfleger (Nachlaßpfleger) bestellen.

(3) Die Vorschrift des § 1958 findet auf den Nachlaßpfleger keine Anwendung.

§ 1961 [Nachlaßpflegschaft auf Antrag]

Das Nachlaßgericht hat in den Fällen des § 1960 Abs. 1 einen Nachlaßpfleger zu bestellen, wenn die Bestellung zum Zwecke der gerichtlichen Geltendmachung eines Anspruchs, der sich gegen den Nachlaß richtet, von dem Berechtigten beantragt wird.

§ 1962 [Zuständigkeit des Nachlaßgerichts]

Für die Nachlaßpflegschaft tritt an die Stelle des Vormundschaftsgerichts das Nachlaßgericht.

§ 1963 [Unterhalt der Mutter vor Geburt des Erben]
Ist zur Zeit des Erbfalls die Geburt eines Erben zu erwarten, so kann die Mutter, falls sie außerstande ist, sich selbst zu unterhalten, bis zur Entbindung angemessenen Unterhalt aus dem Nachlaß oder, wenn noch andere Personen als Erben berufen sind, aus dem Erbteile des Kindes verlangen. Bei der Bemessung des Erbteils ist anzunehmen, daß nur ein Kind geboren wird.

§ 1964 [Erbvermutung für den Fiskus]
(1) Wird der Erbe nicht innerhalb einer den Umständen entsprechenden Frist ermittelt, so hat das Nachlaßgericht festzustellen, daß ein anderer Erbe als der Fiskus nicht vorhanden ist.
(2) Die Feststellung begründet die Vermutung, daß der Fiskus gesetzlicher Erbe sei.

§ 1965 [Öffentliche Aufforderung]
(1) Der Feststellung hat eine öffentliche Aufforderung zur Anmeldung der Erbrechte unter Bestimmung einer Anmeldungsfrist vorauszugehen; die Art der Bekanntmachung und die Dauer der Anmeldungsfrist bestimmen sich nach den für das Aufgebotsverfahren geltenden Vorschriften. Die Aufforderung darf unterbleiben, wenn die Kosten dem Bestande des Nachlasses gegenüber unverhältnismäßig groß sind.
(2) Ein Erbrecht bleibt unberücksichtigt, wenn nicht dem Nachlaßgerichte binnen drei Monaten nach dem Ablaufe der Anmeldungsfrist nachgewiesen wird, daß das Erbrecht besteht oder daß es gegen den Fiskus im Wege der Klage geltend gemacht ist. Ist eine öffentliche Aufforderung nicht ergangen, so beginnt die dreimonatige Frist mit der gerichtlichen Aufforderung, das Erbrecht oder die Erhebung der Klage nachzuweisen.

§ 1966 [Keine Geltendmachung vor Feststellung]
Von dem Fiskus als gesetzlichem Erben und gegen den Fiskus als gesetzlichen Erben kann ein Recht erst geltend gemacht werden, nachdem von dem Nachlaßgerichte festgestellt worden ist, daß ein anderer Erbe nicht vorhanden ist.

Zweiter Titel

Haftung des Erben für die Nachlaßverbindlichkeiten

I. Nachlaßverbindlichkeiten

§ 1967 [Erbenhaftung]
(1) Der Erbe haftet für die Nachlaßverbindlichkeiten.
(2) Zu den Nachlaßverbindlichkeiten gehören außer den vom Erblasser herrührenden Schulden die den Erben als solchen treffenden Verbindlichkeiten, insbesondere die Verbindlichkeiten aus Pflichtteilsrechten, Vermächtnissen und Auflagen.

§ 1968 [Beerdigungskosten]
Der Erbe trägt die Kosten der standesmäßigen Beerdigung des Erblassers.

§ 1969 [Dreißigster]
(1) Der Erbe ist verpflichtet, Familienangehörigen des Erblassers, die zur Zeit des Todes des Erblassers zu dessen Hausstande gehört und von ihm Unterhalt bezogen haben, in den ersten dreißig Tagen nach dem Eintritte des Erbfalls in demselben Umfange, wie der Erblasser es getan hat, Unterhalt zu gewähren und die Benutzung der Wohnung und der Haushaltsgegenstände zu gestatten. Der Erblasser kann durch letztwillige Verfügung eine abweichende Anordnung treffen.
(2) Die Vorschriften über Vermächtnisse finden entsprechende Anwendung.

II. Aufgebot der Nachlaßgläubiger

§ 1970 [Aufforderung zur Anmeldung]
Die Nachlaßgläubiger können im Wege des Aufgebotsverfahrens zur Anmeldung ihrer Forderungen aufgefordert werden.

§ 1971 [Nicht betroffene Gläubiger]
Pfandgläubiger und Gläubiger, die im Konkurse den Pfandgläubigern gleichstehen, sowie Gläubiger, die bei der Zwangsvollstreckung in das unbewegliche Vermögen ein Recht auf Befriedigung aus diesem Vermögen haben, werden, soweit es sich um die Befriedigung aus den ihnen haftenden Gegenständen handelt, durch das Aufgebot nicht betroffen. Das gleiche gilt von Gläubigern, deren Ansprüche durch eine Vormerkung gesichert sind oder denen im Konkurs ein Aussonderungsrecht zusteht, in Ansehung des Gegenstandes ihres Rechtes.

§ 1972 [Nicht betroffene Pflichtteilsrechte]
Pflichtteilsrechte, Vermächtnisse und Auflagen werden durch das Aufgebot nicht betroffen, unbeschadet der Vorschrift des § 2060 Nr. 1.

§ 1973 [Ausschließung von Nachlaßgläubigern]
(1) Der Erbe kann die Befriedigung eines im Aufgebotsverfahren ausgeschlossenen Nachlaßgläubigers insoweit verweigern, als der Nachlaß durch die Befriedigung der nicht ausgeschlossenen Gläubiger erschöpft wird. Der Erbe hat jedoch den ausgeschlossenen Gläubiger vor den Verbindlichkeiten als Pflichtteilsrechten, Vermächtnissen und Auflagen zu befriedigen, es sei denn, daß der Gläubiger seine Forderung erst nach der Berichtigung dieser Verbindlichkeiten geltend macht.

(2) Einen Überschuß hat der Erbe zum Zwecke der Befriedigung des Gläubigers im Wege der Zwangsvollstreckung nach den Vorschriften über die Herausgabe einer ungerechtfertigten Bereicherung herauszugeben. Er kann die Herausgabe der noch vorhandenen Nachlaßgegenstände durch Zahlung des Wertes abwenden. Die rechtskräftige Verurteilung des Erben zur Befriedigung eines ausgeschlossenen Gläubigers wirkt einem anderen Gläubiger gegenüber wie die Befriedigung.

§ 1974 [Verschwiegene Forderungen]
(1) Ein Nachlaßgläubiger, der seine Forderungen später als fünf Jahre nach dem Erbfalle dem Erben gegenüber geltend macht, steht einem ausgeschlossenen Gläubiger gleich, es sei denn, daß die Forderung dem Erben vor dem Ablaufe der fünf Jahre bekannt geworden oder im Aufgebotsverfahren angemeldet worden ist. Wird der Erblasser für tot erklärt oder wird seine Todeszeit nach den Vorschriften des Verschollenheitsgesetzes festgestellt, so beginnt die Frist nicht vor dem Eintritt der Rechtskraft des Beschlusses über die Todeserklärung oder die Feststellung der Todeszeit.

(2) Die dem Erben nach § 1973 Abs. 1 Satz 2 obliegende Verpflichtung tritt im Verhältnisse von Verbindlichkeiten aus Pflichtteilsrechten, Vermächtnissen und Auflagen zu einander nur insoweit ein, als der Gläubiger im Falle des Nachlaßkonkurses im Range vorgehen würde.

(3) Soweit ein Gläubiger nach § 1971 von dem Aufgebote nicht betroffen wird, finden die Vorschriften des Absatzes 1 auf ihn keine Anwendung.

III. Beschränkung der Haftung des Erben

§ 1975 [Nachlaßverwaltung – Nachlaßkonkurs]

Die Haftung des Erben für die Nachlaßverbindlichkeiten beschränkt sich auf den Nachlaß, wenn eine Nachlaßpflegschaft zum Zwecke der Befriedigung der Nachlaßgläubiger (Nachlaßverwaltung) angeordnet oder der Nachlaßkonkurs eröffnet ist.

§ 1976 [Fiktion des Weiterbestehens erloschener Rechtsverhältnisse]

Ist die Nachlaßverwaltung angeordnet oder der Nachlaßkonkurs eröffnet, so gelten die infolge des Erbfalls durch Vereinigung von Recht und Verbindlichkeit oder von Recht und Belastung erloschenen Rechtsverhältnisse als nicht erloschen.

§ 1977 [Rückwirkende Unwirksamkeit der Aufrechnung]

(1) Hat ein Nachlaßgläubiger vor der Anordnung der Nachlaßverwaltung oder vor der Eröffnung des Nachlaßkonkurses seine Forderung gegen eine nicht zum Nachlasse gehörende Forderung des Erben ohne dessen Zustimmung aufgerechnet, so ist nach der Anordnung der Nachlaßverwaltung oder der Eröffnung des Nachlaßkonkurses die Aufrechnung als nicht erfolgt anzusehen.

(2) Das gleiche gilt, wenn ein Gläubiger, der nicht Nachlaßgläubiger ist, die ihm gegen den Erben zustehende Forderung gegen eine zum Nachlasse gehörende Forderung aufgerechnet hat.

§ 1978 [Haftung des Erben für bisherige Verwaltung]

(1) Ist die Nachlaßverwaltung angeordnet oder der Nachlaßkonkurs eröffnet, so ist der Erbe den Nachlaßgläubigern für die bisherige Verwaltung des Nachlasses so verantwortlich, wie wenn er von der Annahme der Erbschaft an die Verwaltung für sie als Beauftragter zu führen gehabt hätte. Auf die vor der Annahme der Erbschaft von dem Erben besorgten erbschaftlichen Geschäfte finden die Vorschriften über die Geschäftsführung ohne Auftrag entsprechende Anwendung.

(2) Die den Nachlaßgläubigern nach Absatz 1 zustehenden Ansprüche gelten als zum Nachlasse gehörend.

(3) Aufwendungen sind dem Erben aus dem Nachlasse zu ersetzen, soweit er nach den Vorschriften über den Auftrag oder über die Geschäftsführung ohne Auftrag Ersatz verlangen könnte.

§ 1979 [Vom Erben beglichene Nachlaßverbindlichkeiten]

Die Berichtigung einer Nachlaßverbindlichkeit durch den Erben müssen die Nachlaßgläubiger als für Rechnung des Nachlasses erfolgt gelten lassen, wenn der Erbe den Umständen nach annehmen durfte, daß der Nachlaß zur Berichtigung aller Nachlaßverbindlichkeiten ausreiche.

§ 1980 [Konkurs- oder Vergleichsantrag]

(1) Hat der Erbe von der Überschuldung des Nachlasses Kenntnis erlangt, so hat er unverzüglich die Eröffnung des Konkursverfahrens oder, sofern nach § 113 der Vergleichsordnung ein solcher Antrag zulässig ist, die Eröffnung des gerichtlichen Vergleichsverfahrens über den Nachlaß zu beantragen. Verletzt er diese Pflicht, so ist er den Gläubigern für den daraus entstehenden Schaden verantwortlich. Bei der Bemessung der Zulänglichkeit des Nachlasses bleiben die Verbindlichkeiten aus Vermächtnissen und Auflagen außer Betracht.

(2) Der Kenntnis der Überschuldung steht die auf Fahrlässigkeit beruhende Unkenntnis gleich. Als Fahrlässigkeit gilt es insbesondere, wenn der Erbe das Aufgebot der Nachlaßgläubiger nicht beantragt, obwohl er Grund hat, das Vorhandensein unbekannter Nachlaßverbindlichkeiten anzunehmen; das Aufgebot ist nicht erforderlich, wenn die Kosten des Verfahrens dem Bestande des Nachlasses gegenüber unverhältnismäßig groß sind.

§ 1981 [Nachlaßverwaltung auf Antrag]

(1) Die Nachlaßverwaltung ist von dem Nachlaßgericht anzuordnen, wenn der Erbe die Anordnung beantragt.

(2) Auf Antrag eines Nachlaßgläubigers ist die Nachlaßverwaltung anzuordnen, wenn Grund zu der Annahme besteht, daß die Befriedigung der Nachlaßgläubiger aus dem Nachlasse durch das Verhalten oder die Vermögenslage des Erben gefährdet wird. Der Antrag kann nicht mehr gestellt werden, wenn seit der Annahme der Erbschaft zwei Jahre verstrichen sind.

(3) Die Vorschriften des § 1785 finden keine Anwendung.

§ 1982 [Ablehnung mangels Masse]

Die Anordnung der Nachlaßverwaltung kann abgelehnt werden, wenn eine den Kosten entsprechende Masse nicht vorhanden ist.

§ 1983 [Öffentliche Bekanntmachung]

Das Nachlaßgericht hat die Anordnung der Nachlaßverwaltung durch das für seine Bekanntmachungen bestimmte Blatt zu veröffentlichen.

§ 1984 [Wirkungen der Anordnung]

(1) Mit der Anordnung der Nachlaßverwaltung verliert der Erbe die Befugnis, den Nachlaß zu verwalten und über ihn zu verfügen. Die Vorschriften der §§ 7 und 8 der Konkursordnung finden entsprechende Anwendung. Ein Anspruch, der sich gegen den Nachlaß richtet, kann nur gegen den Nachlaßverwalter geltend gemacht werden.

(2) Zwangsvollstreckungen und Arreste in den Nachlaß zugunsten eines Gläubigers, der nicht Nachlaßgläubiger ist, sind ausgeschlossen.

§ 1985 [Aufgaben und Haftung des Nachlaßverwalters]

(1) Der Nachlaßverwalter hat den Nachlaß zu verwalten und die Nachlaßverbindlichkeiten aus dem Nachlasse zu berichtigen.

(2) Der Nachlaßverwalter ist für die Verwaltung des Nachlasses auch den Nachlaßgläubigern verantwortlich. Die Vorschriften des § 1978 Abs. 2 und der §§ 1979, 1980 finden entsprechende Anwendung.

§ 1986 [Herausgabe des Nachlasses]

(1) Der Nachlaßverwalter darf den Nachlaß dem Erben erst ausantworten, wenn die bekannten Nachlaßverbindlichkeiten berichtigt sind.

(2) Ist die Berichtigung einer Verbindlichkeit zur Zeit nicht ausführbar oder ist eine Verbindlichkeit streitig, so darf die Ausantwortung des Nachlasses nur erfolgen, wenn dem Gläubiger Sicherheit geleistet wird. Für eine bedingte Forderung ist Sicherheitsleistung nicht erforderlich, wenn die Möglichkeit des Eintritts der Bedingung eine so entfernte ist, daß die Forderung einen gegenwärtigen Vermögenswert nicht hat.

§ 1987 [Vergütung des Nachlaßverwalters]

Der Nachlaßverwalter kann für die Führung seines Amtes eine angemessene Vergütung verlangen.

§ 1988 [Ende der Nachlaßverwaltung]

(1) Die Nachlaßverwaltung endigt mit der Eröffnung des Nachlaßkonkurses.

(2) Die Nachlaßverwaltung kann aufgehoben werden, wenn sich ergibt, daß eine den Kosten entsprechende Masse nicht vorhanden ist.

§ 1989 [Erschöpfungseinrede]

Ist der Nachlaßkonkurs durch Verteilung der Masse oder durch Zwangsvergleich beendigt, so finden auf die Haftung des Erben die Vorschriften des § 1973 entsprechende Anwendung.

§ 1990 [Dürftigkeitseinrede]

(1) Ist die Anordnung der Nachlaßverwaltung oder die Eröffnung des Nachlaßkonkurses wegen Mangels einer den Kosten entsprechenden Masse nicht tunlich oder wird aus diesem Grunde die Nachlaßverwaltung aufgehoben oder das Konkursverfahren eingestellt, so kann der Erbe die Befriedigung eines Nachlaßgläubigers insoweit verweigern, als der Nachlaß nicht ausreicht. Der Erbe ist in diesem Falle verpflichtet, den Nachlaß zum Zwecke der Befriedigung des Gläubigers im Wege der Zwangsvollstreckung herauszugeben.

(2) Das Recht des Erben wird nicht dadurch ausgeschlossen, daß der Gläubiger nach dem Eintritte des Erbfalls im Wege der Zwangsvollstreckung oder der Arrestvollziehung ein Pfandrecht oder eine Hypothek oder im Wege der einstweiligen Verfügung eine Vormerkung erlangt hat.

§ 1991 [Verantwortlichkeit des Erben]

(1) Macht der Erbe von dem ihm nach § 1990 zustehenden Rechte Gebrauch, so finden auf seine Verantwortlichkeit und den Ersatz seiner Aufwendungen die Vorschriften der §§ 1978, 1979 Anwendung.

(2) Die infolge des Erbfalls durch Vereinigung von Recht und Verbindlichkeit oder von Recht und Belastung erloschenen Rechtsverhältnisse gelten im Verhältnisse zwischen dem Gläubiger und dem Erben als nicht erloschen.

(3) Die rechtskräftige Verurteilung des Erben zur Befriedigung eines Gläubigers wirkt einem anderen Gläubiger gegenüber wie die Befriedigung.

(4) Die Verbindlichkeiten aus Pflichtteilsrechten, Vermächtnissen und Auflagen hat der Erbe so zu berichtigen, wie sie im Falle des Konkurses zur Berichtigung kommen würden.

§ 1992 [Überschuldung durch Vermächtnisse und Auflagen]

Beruht die Überschuldung des Nachlasses auf Vermächtnissen und Auflagen, so ist der Erbe, auch wenn die Voraussetzungen des § 1990 nicht vorliegen, berechtigt, die Berichtigung dieser Verbindlichkeiten nach den Vorschriften der §§ 1990, 1991 zu bewirken. Er kann die Herausgabe der noch vorhandenen Nachlaßgegenstände durch Zahlung des Wertes abwenden.

IV. Inventarerrichtung. Unbeschränkte Haftung des Erben

§ 1993 [Inventarerrichtung]

Der Erbe ist berechtigt, ein Verzeichnis des Nachlasses (Inventar) bei dem Nachlaßgericht einzureichen (Inventarerrichtung).

§ 1994 [Inventarfrist]

(1) Das Nachlaßgericht hat dem Erben auf Antrag eines Nachlaßgläubigers zur Errichtung des Inventars eine Frist (Inventarfrist) zu bestimmen. Nach dem Ablaufe der Frist haftet der Erbe für die Nachlaßverbindlichkeiten unbeschränkt, wenn nicht vorher das Inventar errichtet wird.

(2) Der Antragsteller hat seine Forderung glaubhaft zu machen. Auf die Wirksamkeit der Fristbestimmung ist es ohne Einfluß, wenn die Forderung nicht besteht.

§ 1995 [Dauer der Inventarfrist]

(1) Die Inventarfrist soll mindestens einen Monat, höchstens drei Monate betragen. Sie beginnt mit der Zustellung des Beschlusses, durch den die Frist bestimmt wird.

(2) Wird die Frist vor der Annahme der Erbschaft bestimmt, so beginnt sie erst mit der Annahme der Erbschaft.

(3) Auf Antrag des Erben kann das Nachlaßgericht die Frist nach seinem Ermessen verlängern.

§ 1996 [Neue Inventarfrist]

(1) Ist der Erbe durch höhere Gewalt verhindert worden, das Inventar rechtzeitig zu errichten oder die nach den Umständen gerechtfertigte Verlängerung der Inventarfrist zu beantragen, so hat ihm auf seinen Antrag das Nachlaßgericht eine neue Inventarfrist zu bestimmen. Das gleiche gilt, wenn der Erbe von der Zustellung des Beschlusses, durch den die Inventarfrist bestimmt worden ist, ohne sein Verschulden Kenntnis nicht erlangt hat.

(2) Der Antrag muß binnen zwei Wochen nach der Beseitigung des Hindernisses und spätestens vor dem Ablauf eines Jahres nach dem Ende der zuerst bestimmten Frist gestellt werden.

(3) Vor der Entscheidung soll der Nachlaßgläubiger, auf dessen Antrag die erste Frist bestimmt worden ist, wenn tunlich gehört werden.

§ 1997 [Hemmung]

Auf den Lauf der Inventarfrist und der im § 1996 Abs. 2 bestimmten Frist von zwei Wochen finden die für die Verjährung geltenden Vorschriften des § 203 Abs. 1 und des § 206 entsprechende Anwendung.

§ 1998 [Tod des Erben vor Fristablauf]

Stirbt der Erbe vor dem Ablaufe der Inventarfrist oder der im § 1996 Abs. 2 bestimmten Frist von zwei Wochen, so endigt die Frist nicht vor dem Ablaufe der für die Erbschaft des Erben vorgeschriebenen Ausschlagungsfrist.

§ 1999 [Mitteilung an Vormundschaftsgericht]

Steht der Erbe unter elterlicher Sorge oder unter Vormundschaft, so soll das Nachlaßgericht dem Vormundschaftsgerichte von der Bestimmung der Inventarfrist Mitteilung machen. Dies gilt auch, wenn die Nachlaßangelegenheiten in den Aufgabenkreis eines Betreuers des Erben fällt.

§ 2000 [Unwirksamkeit der Fristbestimmung]

Die Bestimmung einer Inventarfrist wird unwirksam, wenn eine Nachlaßverwaltung angeordnet oder der Nachlaßkonkurs eröffnet wird. Während der Dauer der Nachlaßverwaltung oder des Nachlaßkonkurses kann eine Inventarfrist nicht bestimmt werden. Ist der Nachlaßkonkurs durch Verteilung der Masse oder durch Zwangsvergleich beendigt, so bedarf es zur Abwendung der unbeschränkten Haftung der Inventarerrichtung nicht.

§ 2001 [Inhalt des Inventars]

(1) In dem Inventar sollen die bei dem Eintritte des Erbfalls vorhandenen Nachlaßgegenstände und die Nachlaßverbindlichkeiten vollständig angegeben werden.

(2) Das Inventar soll außerdem eine Beschreibung der Nachlaßgegenstände, soweit eine solche zur Bestimmung des Wertes erforderlich ist, und die Angabe des Wertes enthalten.

§ 2002 [Amtliche Mitwirkung]

Der Erbe muß zu der Aufnahme des Inventars eine zuständige Behörde oder einen zuständigen Beamten oder Notar zuziehen.

§ 2003 [Amtliche Aufnahme]

(1) Auf Antrag des Erben hat das Nachlaßgericht entweder das Inventar selbst aufzunehmen oder die Aufnahme einer zuständigen Behörde oder einem zuständigen Beamten oder Notar zu übertragen. Durch die Stellung des Antrags wird die Inventarfrist gewahrt.

(2) Der Erbe ist verpflichtet, die zur Aufnahme des Inventars erforderliche Auskunft zu erteilen.

(3) Das Inventar ist von der Behörde, dem Beamten oder dem Notar bei dem Nachlaßgericht einzureichen.

§ 2004 [Bezugnahme auf vorhandenes Inventar]
Befindet sich bei dem Nachlaßgerichte schon ein den Vorschriften der §§ 2002, 2003 entsprechendes Inventar, so genügt es, wenn der Erbe vor dem Ablaufe der Inventarfrist dem Nachlaßgerichte gegenüber erklärt, daß das Inventar als von ihm eingereicht gelten soll.

§ 2005 [Unrichtigkeit des Inventars]
(1) Führt der Erbe absichtlich eine erhebliche Unvollständigkeit der im Inventar enthaltenen Angabe der Nachlaßgegenstände herbei oder bewirkt er in der Absicht, die Nachlaßgläubiger zu benachteiligen, die Aufnahme einer nicht bestehenden Nachlaßverbindlichkeit, so haftet er für die Nachlaßverbindlichkeiten unbeschränkt. Das gleiche gilt, wenn er im Falle des § 2003 die Erteilung der Auskunft verweigert oder absichtlich in erheblichem Maße verzögert.
(2) Ist die Angabe der Nachlaßgegenstände unvollständig, ohne daß ein Fall des Absatzes 1 vorliegt, so kann dem Erben zur Ergänzung eine neue Inventarfrist bestimmt werden.

§ 2006 [Eidesstattliche Versicherung]
(1) Der Erbe hat auf Verlangen eines Nachlaßgläubigers zu Protokoll des Nachlaßgerichts an Eides Statt zu versichern, daß er nach bestem Wissen die Nachlaßgegenstände so vollständig angegeben habe, als er dazu imstande sei.
(2) Der Erbe kann vor der Abgabe der eidesstattlichen Versicherung das Inventar vervollständigen.
(3) Verweigert der Erbe die Abgabe der eidesstattlichen Versicherung, so haftet er dem Gläubiger, der den Antrag gestellt hat, unbeschränkt. Das gleiche gilt, wenn er weder in dem Termine noch in einem auf Antrag des Gläubigers bestimmten neuen Termin erscheint, es sei denn, daß ein Grund vorliegt, durch den das Nichterscheinen in diesem Termine genügend entschuldigt wird.
(4) Eine wiederholte Abgabe der eidesstattlichen Versicherung kann derselbe Gläubiger oder ein anderer Gläubiger nur verlangen, wenn Grund zu der Annahme besteht, daß dem Erben nach der Abgabe der eidesstattlichen Versicherung weitere Nachlaßgegenstände bekannt geworden sind.

§ 2007 [Haftung bei mehreren Erbteilen]
Ist ein Erbe zu mehreren Erbteilen berufen, so bestimmt sich seine Haftung für die Nachlaßverbindlichkeiten in Ansehung eines jeden der Erbteile so, wie wenn die Erbteile verschiedenen Erben gehörten. In den Fällen der Anwachsung und des § 1935 gilt dies nur dann, wenn die Erbteile verschieden beschwert sind.

§ 2008 [Inventarfrist für zum Gesamtgut gehörende Erbschaft]
(1) Ist ein in Gütergemeinschaft lebender Ehegatte Erbe und gehört die Erbschaft zum Gesamtgut, so ist die Bestimmung der Inventarfrist nur wirksam, wenn sie auch dem anderen Ehegatten gegenüber erfolgt, sofern dieser das Gesamtgut allein oder mit seinem Ehegatten gemeinschaftlich verwaltet. Solange die Frist diesem gegenüber nicht verstrichen ist, endet sie auch nicht dem Ehegatten gegenüber, der Erbe ist. Die Errichtung des Inventars durch den anderen Ehegatten kommt dem Ehegatten, der Erbe ist, zustatten.
(2) Die Vorschriften des Absatzes 1 gelten auch nach der Beendigung der Gütergemeinschaft.

§ 2009 [Vermutung bei rechtzeitiger Inventarerrichtung]
Ist das Inventar rechtzeitig errichtet worden, so wird im Verhältnisse zwischen dem Erben und den Nachlaßgläubigern vermutet, daß zur Zeit des Erbfalls weitere Nachlaßgegenstände als die angegebenen nicht vorhanden gewesen seien.

§ 2010 [Einsicht des Inventars]
Das Nachlaßgericht hat die Einsicht des Inventars jedem zu gestatten, der ein rechtliches Interesse glaubhaft macht.

§ 2011 [Keine Inventarfrist für Fiskus]
Dem Fiskus als gesetzlichem Erben kann eine Inventarfrist nicht bestimmt werden. Der Fiskus ist den Nachlaßgläubigern gegenüber verpflichtet, über den Bestand des Nachlasses Auskunft zu erteilen.

§ 2012 [Nachlaßpfleger – Nachlaßverwalter]
(1) Einem nach den §§ 1960, 1961 bestellten Nachlaßpfleger kann eine Inventarfrist nicht bestimmt werden. Der Nachlaßpfleger ist den Nachlaßgläubigern gegenüber verpflichtet, über den Bestand des Nachlasses Auskunft zu erteilen. Der Nachlaßpfleger kann nicht auf die Beschränkung der Haftung des Erben verzichten.
(2) Diese Vorschriften gelten auch für den Nachlaßverwalter.

§ 2013 [Unbeschränkte Haftung des Erben]
(1) Haftet der Erbe für die Nachlaßverbindlichkeiten unbeschränkt, so finden die Vorschriften der §§ 1973 bis 1975, 1977 bis 1980, 1989 bis 1992 keine Anwendung; der Erbe ist nicht berechtigt, die Anordnung einer Nachlaßverwaltung zu beantragen. Auf eine nach § 1973 oder nach § 1974 eingetretene Beschränkung der Haftung kann sich der Erbe jedoch berufen, wenn später der Fall des § 1994 Abs. 1 Satz 2 oder des § 2005 Abs. 1 eintritt.
(2) Die Vorschriften der §§ 1977 bis 1980 und das Recht des Erben, die Anordnung einer Nachlaßverwaltung zu beantragen, werden nicht dadurch ausgeschlossen, daß der Erbe einzelnen Nachlaßgläubigern gegenüber unbeschränkt haftet.

V. Aufschiebende Einreden

§ 2014 [Dreimonatseinrede]
Der Erbe ist berechtigt, die Berichtigung einer Nachlaßverbindlichkeit bis zum Ablaufe der ersten drei Monate nach der Annahme der Erbschaft, jedoch nicht über die Errichtung des Inventars hinaus, zu verweigern.

§ 2015 [Aufgebotseinrede]
(1) Hat der Erbe den Antrag auf Erlassung des Aufgebots der Nachlaßgläubiger innerhalb eines Jahres nach der Annahme der Erbschaft gestellt und ist der Antrag zugelassen, so ist der Erbe berechtigt, die Berichtigung einer Nachlaßverbindlichkeit bis zur Beendigung des Aufgebotsverfahrens zu verweigern.
(2) Der Beendigung des Aufgebotsverfahrens steht es gleich, wenn der Erbe in dem Aufgebotstermine nicht erschienen ist und nicht binnen zwei Wochen die Bestimmung eines neuen Termins beantragt oder wenn er auch in dem neuen Termine nicht erscheint.
(3) Wird das Ausschlußurteil erlassen oder der Antrag auf Erlassung des Urteils zurückgewiesen, so ist das Verfahren nicht vor dem Ablauf einer mit der Verkündung der Entscheidung beginnenden Frist von zwei Wochen und nicht vor der Erledigung einer rechtzeitig eingelegten Beschwerde als beendigt anzusehen.

§ 2016 [Keine Einreden bei unbeschränkter Erbenhaftung]
(1) Die Vorschriften der §§ 2014, 2015 finden keine Anwendung, wenn der Erbe unbeschränkt haftet.
(2) Das gleiche gilt, soweit ein Gläubiger nach § 1971 von dem Aufgebote der Nachlaßgläubiger nicht betroffen wird, mit der Maßgabe, daß ein erst nach dem Eintritte des Erbfalls im Wege der Zwangsvollstreckung oder der Arrestvollziehung erlangtes Recht

sowie eine erst nach diesem Zeitpunkt im Wege der einstweiligen Verfügung erlangte Vormerkung außer Betracht bleibt.

§ 2017 [Nachlaßpflegschaft]
Wird vor der Annahme der Erbschaft zur Verwaltung des Nachlasses ein Nachlaßpfleger bestellt, so beginnen die im § 2014 und im § 2015 Abs. 1 bestimmten Fristen mit der Bestellung.

Dritter Titel
Erbschaftsanspruch

§ 2018 [Herausgabeanspruch gegen Erbschaftsbesitzer]
Der Erbe kann von jedem, der auf Grund eines ihm in Wirklichkeit nicht zustehenden Erbrechts etwas aus der Erbschaft erlangt hat (Erbschaftsbesitzer), die Herausgabe des Erlangten verlangen.

§ 2019 [Surrogation – Schuldnerschutz]
(1) Als aus der Erbschaft erlangt gilt auch, was der Erbschaftsbesitzer durch Rechtsgeschäft mit Mitteln der Erbschaft erwirbt.
(2) Die Zugehörigkeit einer in solcher Weise erworbenen Forderung zur Erbschaft hat der Schuldner erst dann gegen sich gelten zu lassen, wenn er von der Zugehörigkeit Kenntnis erlangt; die Vorschriften der §§ 406 bis 408 finden entsprechende Anwendung.

§ 2020 [Nutzungen und Früchte]
Der Erbschaftsbesitzer hat dem Erben die gezogenen Nutzungen herauszugeben; die Verpflichtung zur Herausgabe erstreckt sich auch auf Früchte, an denen er das Eigentum erworben hat.

§ 2021 [Anwendung von Bereicherungsrecht]
Soweit der Erbschaftsbesitzer zur Herausgabe außerstande ist, bestimmt sich seine Verpflichtung nach den Vorschriften über die Herausgabe einer ungerechtfertigten Bereicherung.

§ 2022 [Ersatz von Verwendungen]
(1) Der Erbschaftsbesitzer ist zur Herausgabe der zur Erbschaft gehörenden Sachen nur gegen Ersatz aller Verwendungen verpflichtet, soweit nicht die Verwendungen durch Anrechnung auf die nach § 2021 herauszugebende Bereicherung gedeckt werden. Die für den Eigentumsanspruch geltenden Vorschriften der §§ 1000 bis 1003 finden Anwendung.
(2) Zu den Verwendungen gehören auch die Aufwendungen, die der Erbschaftsbesitzer zur Bestreitung von Lasten der Erbschaft oder zur Berichtigung von Nachlaßverbindlichkeiten macht.
(3) Soweit der Erbe für Aufwendungen, die nicht auf einzelne Sachen gemacht worden sind, insbesondere für die im Absatz 2 bezeichneten Aufwendungen, nach den allgemeinen Vorschriften in weiterem Umfang Ersatz zu leisten hat, bleibt der Anspruch des Erbschaftsbesitzers unberührt.

§ 2023 [Haftung nach Rechtshängigkeit]
(1) Hat der Erbschaftsbesitzer zur Erbschaft gehörende Sachen herauszugeben, so bestimmt sich von dem Eintritte der Rechtshängigkeit an der Anspruch des Erben auf Schadensersatz wegen Verschlechterung, Unterganges oder einer aus einem anderen Grunde eintretenden Unmöglichkeit der Herausgabe nach den Vorschriften, die für das Verhältnis zwischen dem Eigentümer und dem Besitzer von dem Eintritte der Rechtshängigkeit des Eigentumsanspruchs an gelten.

(2) Das gleiche gilt von dem Anspruche des Erben auf Herausgabe oder Vergütung von Nutzungen und von dem Anspruche des Erbschaftsbesitzers auf Ersatz von Verwendungen.

§ 2024 [Haftung des bösgläubigen Erbschaftsbesitzers]

Ist der Erbschaftsbesitzer bei dem Beginne des Erbschaftsbesitzes nicht in gutem Glauben, so haftet er so, wie wenn der Anspruch des Erben zu dieser Zeit rechtshängig geworden wäre. Erfährt der Erbschaftsbesitzer später, daß er nicht Erbe ist, so haftet er in gleicher Weise von der Erlangung der Kenntnis an. Eine weitergehende Haftung wegen Verzugs bleibt unberührt.

§ 2025 [Haftung des deliktischen Erbschaftsbesitzers]

Hat der Erbschaftsbesitzer einen Erbschaftsgegenstand durch eine Straftat oder eine zur Erbschaft gehörende Sache durch verbotene Eigenmacht erlangt, so haftet er nach den Vorschriften über den Schadensersatz wegen unerlaubter Handlungen. Ein gutgläubiger Erbschaftsbesitzer haftet jedoch wegen verbotener Eigenmacht nach diesen Vorschriften nur, wenn der Erbe den Besitz der Sache bereits tatsächlich ergriffen hatte.

§ 2026 [Keine Berufung auf Ersitzung]

Der Erbschaftsbesitzer kann sich dem Erben gegenüber, solange nicht der Erbschaftsanspruch verjährt ist, nicht auf die Ersitzung einer Sache berufen, die er als zur Erbschaft gehörend im Besitze hat.

§ 2027 [Auskunftspflicht des Erbschaftsbesitzers]

(1) Der Erbschaftsbesitzer ist verpflichtet, dem Erben über den Bestand der Erbschaft und über den Verbleib der Erbschaftsgegenstände Auskunft zu erteilen.

(2) Die gleiche Verpflichtung hat, wer, ohne Erbschaftsbesitzer zu sein, eine Sache aus dem Nachlaß in Besitz nimmt, bevor der Erbe den Besitz tatsächlich ergriffen hat.

§ 2028 [Auskunftspflicht der Hausgenossen – Eidesstattliche Versicherung]

(1) Wer sich zur Zeit des Erbfalls mit dem Erblasser in häuslicher Gemeinschaft befunden hat, ist verpflichtet, dem Erben auf Verlangen Auskunft darüber zu erteilen, welche erbschaftlichen Geschäfte er geführt hat und was ihm über den Verbleib der Erbschaftsgegenstände bekannt ist.

(2) Besteht Grund zu der Annahme, daß die Auskunft nicht mit der erforderlichen Sorgfalt erteilt worden ist, so hat der Verpflichtete auf Verlangen des Erben zu Protokoll an Eides Statt zu versichern,

daß er seine Angaben nach bestem Wissen so vollständig gemacht habe, als er dazu imstande sei.

(3) Die Vorschriften des § 259 Abs. 3 und des § 261 finden Anwendung.

§ 2029 [Haftung bei Einzelansprüchen]

Die Haftung des Erbschaftsbesitzers bestimmt sich auch gegenüber den Ansprüchen, die dem Erben in Ansehung der einzelnen Erbschaftsgegenstände zustehen, nach den Vorschriften über den Erbschaftsanspruch.

§ 2030 [Erwerb vom Erbschaftsbesitzer]

Wer die Erbschaft durch Vertrag von einem Erbschaftsbesitzer erwirbt, steht im Verhältnisse zu dem Erben einem Erbschaftsbesitzer gleich.

§ 2031 [Herausgabeanspruch des für tot Erklärten]

(1) Überlebt eine Person, die für tot erklärt oder deren Todeszeit nach den Vorschriften des Verschollenheitsgesetzes festgestellt ist, den Zeitpunkt, der als Zeitpunkt ihres Todes gilt, so kann sie die Herausgabe ihres Vermögens nach den für den Erbschaftsanspruch geltenden Vorschriften verlangen. Solange sie noch lebt, wird die Verjährung ihres Anspruchs nicht

vor dem Ablauf eines Jahres nach dem Zeitpunkt vollendet, in welchem sie von der Todeserklärung oder der Feststellung der Todeszeit Kenntnis erlangt.

(2) Das gleiche gilt, wenn der Tod einer Person ohne Todeserklärung oder Feststellung der Todeszeit mit Unrecht angenommen worden ist.

Vierter Titel

Mehrheit von Erben

I. Rechtsverhältnis der Erben untereinander

§ 2032 [Erbengemeinschaft]

(1) Hinterläßt der Erblasser mehrere Erben, so wird der Nachlaß gemeinschaftliches Vermögen der Erben.

(2) Bis zur Auseinandersetzung gelten die Vorschriften der §§ 2033 bis 2041.

§ 2033 [Verfügungsrecht des Miterben über Anteil]

(1) Jeder Miterbe kann über seinen Anteil an dem Nachlasse verfügen. Der Vertrag, durch den ein Miterbe über seinen Anteil verfügt, bedarf der notariellen Beurkundung.

(2) Über seinen Anteil an den einzelnen Nachlaßgegenständen kann ein Miterbe nicht verfügen.

§ 2034 [Vorkaufsrecht der Miterben]

(1) Verkauft ein Miterbe seinen Anteil an einen Dritten, so sind die übrigen Miterben zum Vorkaufe berechtigt.

(2) Die Frist für die Ausübung des Vorkaufsrechts beträgt zwei Monate. Das Vorkaufsrecht ist vererblich.

§ 2035 [Vorkaufsrecht gegenüber dem Käufer]

(1) Ist der verkaufte Anteil auf den Käufer übertragen, so können die Miterben das ihnen nach § 2034 dem Verkäufer gegenüber zustehende Vorkaufsrecht dem Käufer gegenüber ausüben. Dem Verkäufer gegenüber erlischt das Vorkaufsrecht mit der Übertragung des Anteils.

(2) Der Verkäufer hat die Miterben von der Übertragung unverzüglich zu benachrichtigen.

§ 2036 [Haftung des Käufers]

Mit der Übertragung des Anteils auf die Miterben wird der Käufer von der Haftung für die Nachlaßverbindlichkeiten frei. Seine Haftung bleibt jedoch bestehen, soweit er den Nachlaßgläubigern nach den §§ 1978 bis 1980 verantwortlich ist; die Vorschriften der §§ 1990, 1991 finden entsprechende Anwendung.

§ 2037 [Weiterveräußerung des Erbteils]

Überträgt der Käufer den Anteil auf einen anderen, so finden die Vorschriften der §§ 2033, 2035, 2036 entsprechende Anwendung.

§ 2038 [Gemeinschaftliche Verwaltung des Nachlasses]

(1) Die Verwaltung des Nachlasses steht den Erben gemeinschaftlich zu. Jeder Miterbe ist den anderen gegenüber verpflichtet zu Maßregeln mitzuwirken, die zur ordnungsmäßigen Verwaltung erforderlich sind; die zur Erhaltung notwendigen Maßregeln kann jeder Miterbe ohne Mitwirkung der anderen treffen.

(2) Die Vorschriften der §§ 743, 745, 746, 748 finden Anwendung. Die Teilung der Früchte erfolgt erst bei der Auseinandersetzung. Ist die Auseinandersetzung auf längere Zeit als ein Jahr ausgeschlossen, so kann jeder Miterbe am Schlusse jedes Jahres die Teilung des Reinertrags verlangen.

§ 2039 [Leistung nur an alle Erben]
Gehört ein Anspruch zum Nachlasse, so kann der Verpflichtete nur an alle Erben gemeinschaftlich leisten und jeder Miterbe nur die Leistung an alle Erben fordern. Jeder Miterbe kann verlangen, daß der Verpflichtete die zu leistende Sache für alle Erben hinterlegt oder, wenn sie sich nicht zur Hinterlegung eignet, an einen gerichtlich zu bestellenden Verwahrer abliefert.

§ 2040 [Verfügung über Nachlaßgegenstand – Aufrechnung]
(1) Die Erben können über einen Nachlaßgegenstand nur gemeinschaftlich verfügen.

(2) Gegen eine zum Nachlasse gehörende Forderung kann der Schuldner nicht eine ihm gegen einen einzelnen Miterben zustehende Forderung aufrechnen.

§ 2041 [Surrogation]
Was auf Grund eines zum Nachlasse gehörenden Rechtes oder als Ersatz für die Zerstörung, Beschädigung oder Entziehung eines Nachlaßgegenstandes oder durch ein Rechtsgeschäft erworben wird, das sich auf den Nachlaß bezieht, gehört zum Nachlasse. Auf eine durch ein solches Rechtsgeschäft erworbene Forderung findet die Vorschrift des § 2019 Abs. 2 Anwendung.

§ 2042 [Auseinandersetzungsanspruch]
(1) Jeder Miterbe kann jederzeit die Auseinandersetzung verlangen, soweit sich nicht aus den §§ 2043 bis 2045 ein anderes ergibt.

(2) Die Vorschriften des § 749 Abs. 2, 3 und der §§ 750 bis 758 finden Anwendung.

§ 2043 [Aufschub der Auseinandersetzung]
(1) Soweit die Erbteile wegen der zu erwartenden Geburt eines Miterben noch unbestimmt sind, ist die Auseinandersetzung bis zur Hebung der Unbestimmtheit ausgeschlossen.

(2) Das gleiche gilt, soweit die Erbteile deshalb noch unbestimmt sind, weil die Entscheidung über eine Ehelicherklärung, über einen Antrag auf Annahme als Kind, über die Aufhebung des Annahmeverhältnisses oder über die Genehmigung einer vom Erblasser errichteten Stiftung noch aussteht.

§ 2044 [Ausschließung der Auseinandersetzung durch den Erblasser]
(1) Der Erblasser kann durch letztwillige Verfügung die Auseinandersetzung in Ansehung des Nachlasses oder einzelner Nachlaßgegenstände ausschließen oder von der Einhaltung einer Kündigungsfrist abhängig machen. Die Vorschriften des § 749 Abs. 2, 3, der §§ 750, 751 und des § 1010 Abs. 1 finden entsprechende Anwendung.

(2) Die Verfügung wird unwirksam, wenn dreißig Jahre seit dem Eintritte des Erbfalls verstrichen sind. Der Erblasser kann jedoch anordnen, daß die Verfügung bis zum Eintritt eines bestimmten Ereignisses in der Person eines Miterben oder, falls er eine Nacherbfolge oder ein Vermächtnis anordnet, bis zum Eintritte der Nacherbfolge oder bis zum Anfalle des Vermächtnisses gelten soll. Ist der Miterbe, in dessen Person das Ereignis eintreten soll, eine juristische Person, so bewendet es bei der dreißigjährigen Frist.

§ 2045 [Aufschub bis zur Gläubigerermittlung]
Jeder Miterbe kann verlangen, daß die Auseinandersetzung bis zur Beendigung des nach § 1970 zulässigen Aufgebotsverfahrens oder bis zum Ablaufe der im § 2061 bestimmten Anmeldungsfrist aufgeschoben wird. Ist das Aufgebot noch nicht beantragt oder die öffentliche Aufforderung nach § 2061 noch nicht erlassen, so kann der Aufschub nur verlangt werden, wenn unverzüglich der Antrag gestellt oder die Aufforderung erlassen wird.

§ 2046 [Berichtigung der Nachlaßverbindlichkeiten]

(1) Aus dem Nachlasse sind zunächst die Nachlaßverbindlichkeiten zu berichtigen. Ist eine Nachlaßverbindlichkeit noch nicht fällig oder ist sie streitig, so ist das zur Berichtigung Erforderliche zurückzubehalten.

(2) Fällt eine Nachlaßverbindlichkeit nur einigen Miterben zur Last, so können diese die Berichtigung nur aus dem verlangen, was ihnen bei der Auseinandersetzung zukommt.

(3) Zur Berichtigung ist der Nachlaß, soweit erforderlich, in Geld umzusetzen.

§ 2047 [Verteilung des Überschusses]

(1) Der nach der Berichtigung der Nachlaßverbindlichkeiten verbleibende Überschuß gebührt den Erben nach dem Verhältnisse der Erbteile.

(2) Schriftstücke, die sich auf die persönlichen Verhältnisse des Erblassers, auf dessen Familie oder auf den ganzen Nachlaß beziehen, bleiben gemeinschaftlich.

§ 2048 [Teilungsanordnungen des Erblassers]

Der Erblasser kann durch letztwillige Verfügung Anordnungen für die Auseinandersetzung treffen. Er kann insbesondere anordnen, daß die Auseinandersetzung nach dem billigen Ermessen eines Dritten erfolgen soll. Die von dem Dritten auf Grund der Anordnung getroffene Bestimmung ist für die Erben nicht verbindlich, wenn sie offenbar unbillig ist; die Bestimmung erfolgt in diesem Falle durch Urteil.

§ 2049 [Übernahme eines Landgutes]

(1) Hat der Erblasser angeordnet, daß einer der Miterben das Recht haben soll, ein zum Nachlasse gehörendes Landgut zu übernehmen, so ist im Zweifel anzunehmen, daß das Landgut zu dem Ertragswert angesetzt werden soll.

(2) Der Ertragswert bestimmt sich nach dem Reinertrage, den das Landgut nach seiner bisherigen wirtschaftlichen Bestimmung bei ordnungsmäßiger Bewirtschaftung nachhaltig gewähren kann.

§ 2050 [Ausgleich von Zuwendungen]

(1) Abkömmlinge, die als gesetzliche Erben zur Erbfolge gelangen, sind verpflichtet, dasjenige, was sie von dem Erblasser bei dessen Lebzeiten als Ausstattung erhalten haben, bei der Auseinandersetzung untereinander zur Ausgleichung zu bringen, soweit nicht der Erblasser bei der Zuwendung ein anderes angeordnet hat.

(2) Zuschüsse, die zu dem Zwecke gegeben worden sind, als Einkünfte verwendet zu werden, sowie Aufwendungen für die Vorbildung zu einem Berufe sind insoweit zur Ausgleichung zu bringen, als sie das den Vermögensverhältnissen des Erblassers entsprechende Maß überstiegen haben.

(3) Andere Zuwendungen unter Lebenden sind zur Ausgleichung zu bringen, wenn der Erblasser bei der Zuwendung die Ausgleichung angeordnet hat.

§ 2051 [Ausgleich bei Wegfall eines Abkömmlings]

(1) Fällt ein Abkömmling, der als Erbe zur Ausgleichung verpflichtet sein würde, vor oder nach dem Erbfalle weg, so ist wegen der ihm gemachten Zuwendungen der an seine Stelle tretende Abkömmling zur Ausgleichung verpflichtet.

(2) Hat der Erblasser für den wegfallenden Abkömmling einen Ersatzerben eingesetzt, so ist im Zweifel anzunehmen, daß dieser nicht mehr erhalten soll, als der Abkömmling unter Berücksichtigung der Ausgleichungspflicht erhalten würde.

§ 2052 [Ausgleichungspflicht für Testamentserben]

Hat der Erblasser die Abkömmlinge auf dasjenige als Erben eingesetzt, was sie als gesetzliche Erben erhalten würden, oder hat er ihre Erbteile so bestimmt, daß sie zueinander in demselben Verhältnisse stehen wie die gesetzlichen Erbteile, so ist im Zweifel anzunehmen, daß die Abkömmlinge nach den §§ 2050, 2051 zur Ausgleichung verpflichtet sein sollen.

§ 2053 [Zuwendung an entfernteren Abkömmling]

(1) Eine Zuwendung, die ein entfernterer Abkömmling vor dem Wegfalle des ihn von der Erbfolge ausschließenden näheren Abkömmlinges oder ein an die Stelle eines Abkömmlinges als Ersatzerbe tretender Abkömmling von dem Erblasser erhalten hat, ist nicht zur Ausgleichung zu bringen, es sei denn, daß der Erblasser bei der Zuwendung die Ausgleichung angeordnet hat.

(2) Das gleiche gilt, wenn ein Abkömmling, bevor er die rechtliche Stellung eines solchen erlangt hatte, eine Zuwendung von dem Erblasser erhalten hat.

§ 2054 [Zuwendung aus dem Gesamtgut]

(1) Eine Zuwendung, die aus dem Gesamtgut der Gütergemeinschaft erfolgt, gilt als von jedem der Ehegatten zur Hälfte gemacht. Die Zuwendung gilt jedoch, wenn sie an einen Abkömmling erfolgt, der nur von einem der Ehegatten abstammt, oder wenn einer der Ehegatten wegen der Zuwendung zu dem Gesamtgut Ersatz zu leisten hat, als von diesem Ehegatten gemacht.

(2) Diese Vorschriften sind auf eine Zuwendung aus dem Gesamtgut der fortgesetzten Gütergemeinschaft entsprechend anzuwenden.

§ 2055 [Durchführung der Ausgleichung]

(1) Bei der Auseinandersetzung wird jedem Miterben der Wert der Zuwendung, die er zur Ausgleichung zu bringen hat, auf seinen Erbteil angerechnet. Der Wert der sämtlichen Zuwendungen, die zur Ausgleichung zu bringen sind, wird dem Nachlasse hinzugerechnet, soweit dieser den Miterben zukommt, unter denen die Ausgleichung stattfindet.

(2) Der Wert bestimmt sich nach der Zeit, zu der die Zuwendung erfolgt ist.

§ 2056 [Keine Rückgabe des Mehrbetrags]

Hat ein Miterbe durch die Zuwendung mehr erhalten, als ihm bei der Auseinandersetzung zukommen würde, so ist er zur Herauszahlung des Mehrbetrags nicht verpflichtet. Der Nachlaß wird in einem solchen Falle unter die übrigen Erben in der Weise geteilt, daß der Wert der Zuwendung und der Erbteil des Miterben außer Ansatz bleiben.

§ 2057 [Auskunftspflicht der Miterben]

Jeder Miterbe ist verpflichtet, den übrigen Erben auf Verlangen Auskunft über die Zuwendungen zu erteilen, die er nach den §§ 2050 bis 2053 zur Ausgleichung zu bringen hat. Die Vorschriften der §§ 260, 261 über die Verpflichtung zur Abgabe der eidesstattlichen Versicherung finden entsprechende Anwendung.

§ 2057 a [Ausgleich besonderer Leistungen]

(1) Ein Abkömmling, der durch Mitarbeit im Haushalt, Beruf oder Geschäft des Erblassers während längerer Zeit, durch erhebliche Geldleistungen oder in anderer Weise in besonderem Maße dazu beigetragen hat, daß das Vermögen des Erblassers erhalten oder vermehrt wurde, kann bei der Auseinandersetzung eine Ausgleichung unter den Abkömmlingen verlangen, die mit ihm als gesetzliche Erben zur Erbfolge gelangen; § 2052 gilt entsprechend. Dies gilt auch für einen Abkömmling, der unter Verzicht auf berufliches Einkommen den Erblasser während längerer Zeit gepflegt hat.

(2) Eine Ausgleichung kann nicht verlangt werden, wenn für die Leistungen ein angemessenes Entgelt gewährt oder vereinbart worden ist oder soweit dem Abkömmling wegen seiner Leistungen ein Anspruch aus anderem Rechtsgrunde zusteht. Der Ausgleichungspflicht steht es nicht entgegen, wenn die Leistungen nach den §§ 1619, 1620 erbracht worden sind.

(3) Die Ausgleichung ist so zu bemessen, wie es mit Rücksicht auf die Dauer und den Umfang der Leistungen und auf den Wert des Nachlasses der Billigkeit entspricht.
(4) Bei der Auseinandersetzung wird der Ausgleichungsbetrag dem Erbteil des ausgleichungsberechtigten Miterben hinzugerechnet. Sämtliche Ausgleichungsbeträge werden vom Wert des Nachlasses abgezogen, soweit dieser den Miterben zukommt, unter denen die Ausgleichung stattfindet.

II. Rechtsverhältnis zwischen den Erben und den Nachlaßgläubigern

§ 2058 [Gesamtschuldnerische Haftung]
Die Erben haften für die gemeinschaftlichen Nachlaßverbindlichkeiten als Gesamtschuldner.

§ 2059 [Haftung bis zur Teilung]
(1) Bis zur Teilung des Nachlasses kann jeder Miterbe die Berichtigung der Nachlaßverbindlichkeiten aus dem Vermögen, das er außer seinem Anteil an dem Nachlasse hat, verweigern. Haftet er für eine Nachlaßverbindlichkeit unbeschränkt, so steht ihm dieses Recht in Ansehung des seinem Erbteil entsprechenden Teiles der Verbindlichkeit nicht zu.
(2) Das Recht der Nachlaßgläubiger, die Befriedigung aus dem ungeteilten Nachlasse von sämtlichen Miterben zu verlangen, bleibt unberührt.

§ 2060 [Haftung nach Teilung]
Nach der Teilung des Nachlasses haftet jeder Miterbe nur für den seinem Erbteil entsprechenden Teil einer Nachlaßverbindlichkeit:
1. wenn der Gläubiger im Aufgebotsverfahren ausgeschlossen ist; das Aufgebot erstreckt sich insoweit auch auf die im § 1972 bezeichneten Gläubiger sowie auf die Gläubiger, denen der Miterbe unbeschränkt haftet;
2. wenn der Gläubiger seine Forderung später als fünf Jahre nach dem im § 1974 Abs. 1 bestimmten Zeitpunkte geltend macht, es sei denn, daß die Forderung vor dem Ablaufe der fünf Jahre dem Miterben bekannt geworden oder im Aufgebotsverfahren angemeldet worden ist; die Vorschrift findet keine Anwendung, soweit der Gläubiger nach § 1971 von dem Aufgebote nicht betroffen wird;
3. wenn der Nachlaßkonkurs eröffnet und durch Verteilung der Masse oder durch Zwangsvergleich beendigt worden ist.

§ 2061 [Gläubigeraufforderung durch Miterben]
(1) Jeder Miterbe kann die Nachlaßgläubiger öffentlich auffordern, ihre Forderungen binnen sechs Monaten bei ihm oder bei dem Nachlaßgericht anzumelden. Ist die Aufforderung erfolgt, so haftet nach der Teilung jeder Miterbe nur für den seinem Erbteil entsprechenden Teil einer Forderung, soweit nicht vor dem Ablaufe der Frist die Anmeldung erfolgt oder die Forderung ihm zur Zeit der Teilung bekannt ist.
(2) Die Aufforderung ist durch den Bundesanzeiger und durch das für die Bekanntmachungen des Nachlaßgerichts bestimmte Blatt zu veröffentlichen. Die Frist beginnt mit der letzten Einrückung. Die Kosten fallen dem Erben zur Last, der die Aufforderung erläßt.

§ 2062 [Antrag auf Nachlaßverwaltung]
Die Anordnung einer Nachlaßverwaltung kann von den Erben nur gemeinschaftlich beantragt werden; sie ist ausgeschlossen, wenn der Nachlaß geteilt ist.

§ 2063 [Errichtung eines Inventars durch Miterben]
(1) Die Errichtung des Inventars durch einen Miterben kommt auch den übrigen Erben zustatten, soweit nicht ihre Haftung für die Nachlaßverbindlichkeiten unbeschränkt ist.

(2) Ein Miterbe kann sich den übrigen Erben gegenüber auf die Beschränkung seiner Haftung auch dann berufen, wenn er den anderen Nachlaßgläubigern gegenüber unbeschränkt haftet.

Dritter Abschnitt
Testament
Erster Titel
Allgemeine Vorschriften

§ 2064 [Persönliche Testamentserrichtung]
Der Erblasser kann ein Testament nur persönlich errichten.

§ 2065 [Keine Bestimmung durch einen anderen]
(1) Der Erblasser kann eine letztwillige Verfügung nicht in der Weise treffen, daß ein anderer zu bestimmen hat, ob sie gelten oder nicht gelten soll.
(2) Der Erblasser kann die Bestimmung der Person, die eine Zuwendung erhalten soll, sowie die Bestimmung des Gegenstandes der Zuwendung nicht einem anderen überlassen.

§ 2066 [Gesetzliche Erben]
Hat der Erblasser seine gesetzlichen Erben ohne nähere Bestimmung bedacht, so sind diejenigen, welche zur Zeit des Erbfalls seine gesetzlichen Erben sein würden, nach dem Verhältnis ihrer gesetzlichen Erbteile bedacht. Ist die Zuwendung unter einer aufschiebenden Bedingung oder unter Bestimmung eines Anfangstermins gemacht und tritt die Bedingung oder der Termin erst nach dem Erbfall ein, so sind im Zweifel diejenigen als bedacht anzusehen, welche die gesetzlichen Erben sein würden, wenn der Erblasser zur Zeit des Eintritts der Bedingung oder des Termins gestorben wäre.

§ 2067 [Verwandte]
Hat der Erblasser seine Verwandten oder seine nächsten Verwandten ohne nähere Bestimmung bedacht, so sind im Zweifel diejenigen Verwandten, welche zur Zeit des Erbfalls seine gesetzlichen Erben sein würden, als nach dem Verhältnis ihrer gesetzlichen Erbteile bedacht anzusehen. Die Vorschrift des § 2066 Satz 2 findet Anwendung.

§ 2068 [Kinder]
Hat der Erblasser seine Kinder ohne nähere Bestimmung bedacht und ist ein Kind vor der Errichtung des Testaments mit Hinterlassung von Abkömmlingen gestorben, so ist im Zweifel anzunehmen, daß die Abkömmlinge insoweit bedacht sind, als sie bei der gesetzlichen Erbfolge an die Stelle des Kindes treten würden.

§ 2069 [Abkömmlinge]
Hat der Erblasser einen seiner Abkömmlinge bedacht und fällt dieser nach der Errichtung des Testaments weg, so ist im Zweifel anzunehmen, daß dessen Abkömmlinge insoweit bedacht sind, als sie bei der gesetzlichen Erbfolge an dessen Stelle treten würden.

§ 2070 [Abkömmlinge eines Dritten]
Hat der Erblasser die Abkömmlinge eines Dritten ohne nähere Bestimmung bedacht, so ist im Zweifel anzunehmen, daß diejenigen Abkömmlinge nicht bedacht sind, welche zur Zeit des Erbfalls oder, wenn die Zuwendung unter einer aufschiebenden Bedingung oder unter Bestimmung eines Anfangstermins gemacht ist und die Bedingung oder der Termin erst nach dem Erbfall eintritt, zur Zeit des Eintritts der Bedingung oder des Termins noch nicht erzeugt sind.

§ 2071 [Personengruppe]
Hat der Erblasser ohne nähere Bestimmung eine Klasse von Personen oder Personen bedacht, die zu ihm in einem Dienst- oder Geschäftsverhältnisse stehen, so ist im Zweifel anzunehmen, daß diejenigen bedacht sind, welche zur Zeit des Erbfalls der bezeichneten Klasse angehören oder in dem bezeichneten Verhältnisse stehen.

§ 2072 [Zuwendung an Arme]
Hat der Erblasser die Armen ohne nähere Bestimmung bedacht, so ist im Zweifel anzunehmen, daß die öffentliche Armenkasse der Gemeinde, in deren Bezirk er seinen letzten Wohnsitz gehabt hat, unter der Auflage bedacht ist, das Zugewendete unter Arme zu verteilen.

§ 2073 [Mehrdeutige Bezeichnung des Bedachten]
Hat der Erblasser den Bedachten in einer Weise bezeichnet, die auf mehrere Personen paßt, und läßt sich nicht ermitteln, wer von ihnen bedacht werden sollte, so gelten sie als zu gleichen Teilen bedacht.

§ 2074 [Aufschiebend bedingte Zuwendung]
Hat der Erblasser eine letztwillige Zuwendung unter einer aufschiebenden Bedingung gemacht, so ist im Zweifel anzunehmen, daß die Zuwendung nur gelten soll, wenn der Bedachte den Eintritt der Bedingung erlebt.

§ 2075 [Auflösend bedingte Zuwendung]
Hat der Erblasser eine letztwillige Zuwendung unter der Bedingung gemacht, daß der Bedachte während eines Zeitraums von unbestimmter Dauer etwas unterläßt oder fortgesetzt tut, so ist, wenn das Unterlassen oder das Tun lediglich in der Willkür des Bedachten liegt, im Zweifel anzunehmen, daß die Zuwendung von der auflösenden Bedingung abhängig sein soll, daß der Bedachte die Handlung vornimmt oder das Tun unterläßt.

§ 2076 [Bedingung zum Vorteil eines Dritten]
Bezweckt die Bedingung, unter der eine letztwillige Zuwendung gemacht ist, den Vorteil eines Dritten, so gilt sie im Zweifel als eingetreten, wenn der Dritte die zum Eintritte der Bedingung erforderliche Mitwirkung verweigert.

§ 2077 [Unwirksamkeit von Zuwendungen an Ehegatten oder Verlobten]
(1) Eine letztwillige Verfügung, durch die der Erblasser seinen Ehegatten bedacht hat, ist unwirksam, wenn die Ehe nichtig oder wenn sie vor dem Tode des Erblassers aufgelöst worden ist. Der Auflösung der Ehe steht es gleich, wenn zur Zeit des Todes des Erblassers die Voraussetzungen für die Scheidung der Ehe gegeben waren und der Erblasser die Scheidung beantragt oder ihr zugestimmt hatte. Das gleiche gilt, wenn der Erblasser zur Zeit seines Todes auf Aufhebung der Ehe zu klagen berechtigt war und die Klage erhoben hatte.
(2) Eine letztwillige Verfügung, durch die der Erblasser seinen Verlobten bedacht hat, ist unwirksam, wenn das Verlöbnis vor dem Tode des Erblassers aufgelöst worden ist.
(3) Die Verfügung ist nicht unwirksam, wenn anzunehmen ist, daß der Erblasser sie auch für einen solchen Fall getroffen haben würde.

§ 2078 [Anfechtung wegen Irrtums oder Drohung]
(1) Eine letztwillige Verfügung kann angefochten werden, soweit der Erblasser über den Inhalt seiner Erklärung im Irrtume war oder eine Erklärung dieses Inhalts überhaupt nicht abgeben wollte und anzunehmen ist, daß er die Erklärung bei Kenntnis der Sachlage nicht abgegeben haben würde.

(2) Das gleiche gilt, soweit der Erblasser zu der Verfügung durch die irrige Annahme oder Erwartung des Eintritts oder Nichteintritts eines Umstandes oder widerrechtlich durch Drohung bestimmt worden ist.

(3) Die Vorschriften des § 122 finden keine Anwendung.

§ 2079 [Anfechtung wegen Übergehens eines Pflichtteilsberechtigten]

Eine letztwillige Verfügung kann angefochten werden, wenn der Erblasser einen zur Zeit des Erbfalls vorhandenen Pflichtteilsberechtigten übergangen hat, dessen Vorhandensein ihm bei der Errichtung der Verfügung nicht bekannt war oder der erst nach der Errichtung geboren oder pflichtteilsberechtigt geworden ist. Die Anfechtung ist ausgeschlossen, soweit anzunehmen ist, daß der Erblasser auch bei Kenntnis der Sachlage die Verfügung getroffen haben würde.

§ 2080 [Anfechtungsberechtigung]

(1) Zur Anfechtung ist derjenige berechtigt, welchem die Aufhebung der letztwilligen Verfügung unmittelbar zustatten kommen würde.

(2) Bezieht sich in den Fällen des § 2078 der Irrtum nur auf eine bestimmte Person und ist diese anfechtungsberechtigt oder würde sie anfechtungsberechtigt sein, wenn sie zur Zeit des Erbfalls gelebt hätte, so ist ein anderer zur Anfechtung nicht berechtigt.

(3) Im Falle des § 2079 steht das Anfechtungsrecht nur dem Pflichtteilsberechtigten zu.

§ 2081 [Anfechtungserklärung]

(1) Die Anfechtung einer letztwilligen Verfügung, durch die ein Erbe eingesetzt, ein gesetzlicher Erbe von der Erbfolge ausgeschlossen, ein Testamentsvollstrecker ernannt oder eine Verfügung solcher Art aufgehoben wird, erfolgt durch Erklärung gegenüber dem Nachlaßgerichte.

(2) Das Nachlaßgericht soll die Anfechtungserklärung demjenigen mitteilen, welchem die angefochtene Verfügung unmittelbar zustatten kommt. Es hat die Einsicht der Erklärung jedem zu gestatten, der ein rechtliches Interesse glaubhaft macht.

(3) Die Vorschrift des Absatzes 1 gilt auch für die Anfechtung einer letztwilligen Verfügung, durch die ein Recht für einen anderen nicht begründet wird, insbesondere für die Anfechtung einer Auflage.

§ 2082 [Anfechtungsfrist]

(1) Die Anfechtung kann nur binnen Jahresfrist erfolgen.

(2) Die Frist beginnt mit dem Zeitpunkt, in welchem der Anfechtungsberechtigte von dem Anfechtungsgrunde Kenntnis erlangt. Auf den Lauf der Frist finden die für die Verjährung geltenden Vorschriften der §§ 203, 206, 207 entsprechende Anwendung.

(3) Die Anfechtung ist ausgeschlossen, wenn seit dem Erbfalle dreißig Jahre verstrichen sind.

§ 2083 [Einrede der Anfechtbarkeit]

Ist eine letztwillige Verfügung, durch die eine Verpflichtung zu einer Leistung begründet wird, anfechtbar, so kann der Beschwerte die Leistung verweigern, auch wenn die Anfechtung nach § 2082 ausgeschlossen ist.

§ 2084 [Auslegung einer letztwilligen Verfügung]

Läßt der Inhalt einer letztwilligen Verfügung verschiedene Auslegungen zu, so ist im Zweifel diejenige Auslegung vorzuziehen, bei welcher die Verfügung Erfolg haben kann.

§ 2085 [Unwirksamkeit einer von mehreren Verfügungen]

Die Unwirksamkeit einer von mehreren in einem Testament enthaltenen Verfügungen hat die Unwirksamkeit der übrigen Verfügungen nur zur Folge, wenn anzunehmen ist, daß der Erblasser diese ohne die unwirksame Verfügung nicht getroffen haben würde.

§ 2086 [Vorbehalt einer Ergänzung]

Ist einer letztwilligen Verfügung der Vorbehalt einer Ergänzung beigefügt, die Ergänzung aber unterblieben, so ist die Verfügung wirksam, sofern nicht anzunehmen ist, daß die Wirksamkeit von der Ergänzung abhängig sein sollte.

Zweiter Titel

Erbeinsetzung

§ 2087 [Auslegung der Einsetzung]

(1) Hat der Erblasser sein Vermögen oder einen Bruchteil seines Vermögens dem Bedachten zugewendet, so ist die Verfügung als Erbeinsetzung anzusehen, auch wenn der Bedachte nicht als Erbe bezeichnet ist.

(2) Sind dem Bedachten nur einzelne Gegenstände zugewendet, so ist im Zweifel nicht anzunehmen, daß er Erbe sein soll, auch wenn er als Erbe bezeichnet ist.

§ 2088 [Einsetzung auf Bruchteil]

(1) Hat der Erblasser nur einen Erben eingesetzt und die Einsetzung auf einen Bruchteil der Erbschaft beschränkt, so tritt in Ansehung des übrigen Teiles die gesetzliche Erbfolge ein.

(2) Das gleiche gilt, wenn der Erblasser mehrere Erben unter Beschränkung eines jeden auf einen Bruchteil eingesetzt hat und die Bruchteile das Ganze nicht erschöpfen.

§ 2089 [Erhöhung der Bruchteile]

Sollen die eingesetzten Erben nach dem Willen des Erblassers die alleinigen Erben sein, so tritt, wenn jeder von ihnen auf einen Bruchteil der Erbschaft eingesetzt ist und die Bruchteile das Ganze nicht erschöpfen, eine verhältnismäßige Erhöhung der Bruchteile ein.

§ 2090 [Minderung der Bruchteile]

Ist jeder der eingesetzten Erben auf einen Bruchteil der Erbschaft eingesetzt und übersteigen die Bruchteile das Ganze, so tritt eine verhältnismäßige Minderung der Bruchteile ein.

§ 2091 [Unbestimmte Erbteile]

Sind mehrere Erben eingesetzt, ohne daß die Erbteile bestimmt sind, so sind sie zu gleichen Teilen eingesetzt, soweit sich nicht aus den §§ 2066 bis 2069 ein anderes ergibt.

§ 2092 [Teilweise Einsetzung auf Bruchteile]

(1) Sind von mehreren Erben die einen auf Bruchteile, die anderen ohne Bruchteile eingesetzt, so erhalten die letzteren den freigebliebenen Teil der Erbschaft.

(2) Erschöpfen die bestimmten Bruchteile die Erbschaft, so tritt eine verhältnismäßige Minderung der Bruchteile in der Weise ein, daß jeder der ohne Bruchteile eingesetzten Erben so viel erhält wie der mit dem geringsten Bruchteile bedachte Erbe.

§ 2093 [Gemeinschaftlicher Erbteil]

Sind einige von mehreren Erben auf einen und denselben Bruchteil der Erbschaft eingesetzt (gemeinschaftlicher Erbteil), so finden in Ansehung des gemeinschaftlichen Erbteils die Vorschriften der §§ 2089 bis 2092 entsprechende Anwendung.

§ 2094 [Anwachsung]

(1) Sind mehrere Erben in der Weise eingesetzt, daß sie die gesetzliche Erbfolge ausschließen, und fällt einer der Erben vor oder nach dem Eintritte des Erbfalls weg, so wächst dessen Erbteil den übrigen Erben nach dem Verhältnis ihrer Erbteile an. Sind einige der Erben auf einen gemeinschaftlichen Erbteil eingesetzt, so tritt die Anwachsung zunächst unter ihnen ein.

(2) Ist durch die Erbeinsetzung nur über einen Teil der Erbschaft verfügt und findet in Ansehung des übrigen Teiles die gesetzliche Erbfolge statt, so tritt die Anwachsung unter den eingesetzten Erben nur ein, soweit sie auf einen gemeinschaftlichen Erbteil eingesetzt sind.
(3) Der Erblasser kann die Anwachsung ausschließen.

§ 2095 [Angewachsener Erbteil]
Der durch Anwachsung einem Erben anfallende Erbteil gilt in Ansehung der Vermächtnisse und Auflagen, mit denen dieser Erbe oder der wegfallende Erbe beschwert ist, sowie in Ansehung der Ausgleichungspflicht als besonderer Erbteil.

§ 2096 [Ersatzerbe]
Der Erblasser kann für den Fall, daß ein Erbe vor oder nach dem Eintritte des Erbfalls wegfällt, einen anderen als Erben einsetzen (Ersatzerbe).

§ 2097 [Auslegungsregel]
Ist jemand für den Fall, daß der zunächst berufene Erbe nicht Erbe sein kann, oder für den Fall, daß er nicht Erbe sein will, als Ersatzerbe eingesetzt, so ist im Zweifel anzunehmen, daß er für beide Fälle eingesetzt ist.

§ 2098 [Gegenseitige Einsetzung als Ersatzerben]
(1) Sind die Erben gegenseitig oder sind für einen von ihnen die übrigen als Ersatzerben eingesetzt, so ist im Zweifel anzunehmen, daß sie nach dem Verhältnis ihrer Erbteile als Ersatzerben eingesetzt sind.
(2) Sind die Erben gegenseitig als Ersatzerben eingesetzt, so gehen Erben, die auf einen gemeinschaftlichen Erbteil eingesetzt sind, im Zweifel als Ersatzerben für diesen Erbteil den anderen vor.

§ 2099 [Ersatzerbfolge vor Anwachsung]
Das Recht des Ersatzerben geht dem Anwachsungsrechte vor.

Dritter Titel
Einsetzung eines Nacherben

§ 2100 [Begriff]
Der Erblasser kann einen Erben in der Weise einsetzen, daß dieser erst Erbe wird, nachdem zunächst ein anderer Erbe geworden ist (Nacherbe).

§ 2101 [Einsetzung noch nicht Erzeugter]
(1) Ist eine zur Zeit des Erbfalls noch nicht erzeugte Person als Erbe eingesetzt, so ist im Zweifel anzunehmen, daß sie als Nacherbe eingesetzt ist. Entspricht es nicht dem Willen des Erblassers, daß der Eingesetzte Nacherbe werden soll, so ist die Einsetzung unwirksam.
(2) Das gleiche gilt von der Einsetzung einer juristischen Person, die erst nach dem Erbfalle zur Entstehung gelangt; die Vorschrift des § 84 bleibt unberührt.

§ 2102 [Nacherbe und Ersatzerbe]
(1) Die Einsetzung als Nacherbe enthält im Zweifel auch die Einsetzung als Ersatzerbe.
(2) Ist zweifelhaft, ob jemand als Ersatzerbe oder als Nacherbe eingesetzt ist, so gilt er als Ersatzerbe.

§ 2103 [Anordnung der Erbschaftsherausgabe]
Hat der Erblasser angeordnet, daß der Erbe mit dem Eintritt eines bestimmten Zeitpunkts oder Ereignisses die Erbschaft einem anderen herausgeben soll, so ist anzunehmen, daß der andere als Nacherbe eingesetzt ist.

§ 2104 [Gesetzlicher Erbe als Nacherbe]
Hat der Erblasser angeordnet, daß der Erbe nur bis zu dem Eintritt eines bestimmten Zeitpunkts oder Ereignisses Erbe sein soll, ohne zu bestimmen, wer alsdann die Erbschaft erhalten soll, so ist anzunehmen, daß als Nacherben diejenigen eingesetzt sind, welche die gesetzlichen Erben des Erblassers sein würden, wenn er zur Zeit des Eintritts des Zeitpunkts oder des Ereignisses gestorben wäre. Der Fiskus gehört nicht zu den gesetzlichen Erben im Sinne dieser Vorschrift.

§ 2105 [Gesetzlicher Erbe als Vorerbe]
(1) Hat der Erblasser angeordnet, daß der eingesetzte Erbe die Erbschaft erst mit dem Eintritt eines bestimmten Zeitpunkts oder Ereignisses erhalten soll, ohne zu bestimmen, wer bis dahin Erbe sein soll, so sind die gesetzlichen Erben des Erblassers die Vorerben.
(2) Das gleiche gilt, wenn die Persönlichkeit des Erben durch ein erst nach dem Erbfall eintretendes Ereignis bestimmt werden soll oder wenn die Einsetzung einer zur Zeit des Erbfalls noch nicht erzeugten Person oder einer zu dieser Zeit noch nicht entstandenen juristischen Person als Erbe nach § 2101 als Nacherbeinsetzung anzusehen ist.

§ 2106 [Eintritt der Nacherbfolge]
(1) Hat der Erblasser einen Nacherben eingesetzt, ohne den Zeitpunkt oder das Ereignis zu bestimmen, mit dem die Nacherbfolge eintreten soll, so fällt die Erbschaft dem Nacherben mit dem Tode des Vorerben an.
(2) Ist die Einsetzung einer noch nicht erzeugten Person als Erbe nach § 2101 Abs. 1 als Nacherbeinsetzung anzusehen, so fällt die Erbschaft dem Nacherben mit dessen Geburt an. Im Falle des § 2101 Abs. 2 tritt der Anfall mit der Entstehung der juristischen Person ein.

§ 2107 [Kinderloser Abkömmling als Vorerbe]
Hat der Erblasser einem Abkömmlinge, der zur Zeit der Errichtung der letztwilligen Verfügung keinen Abkömmling hat oder von dem der Erblasser zu dieser Zeit nicht weiß, daß er einen Abkömmling hat, für die Zeit nach dessen Tode einen Nacherben bestimmt, so ist anzunehmen, daß der Nacherbe nur für den Fall eingesetzt ist, daß der Abkömmling ohne Nachkommenschaft stirbt.

§ 2108 [Erbfähigkeit – Vererblichkeit des Nacherbrechts]
(1) Die Vorschriften des § 1923 finden auf die Nacherbfolge entsprechende Anwendung.
(2) Stirbt der eingesetzte Nacherbe vor dem Eintritte des Falles der Nacherbfolge, aber nach dem Eintritte des Erbfalls, so geht sein Recht auf seine Erben über, sofern nicht ein anderer Wille des Erblassers anzunehmen ist. Ist der Nacherbe unter einer aufschiebenden Bedingung eingesetzt, so bewendet es bei der Vorschrift des § 2074.

§ 2109 [Unwirksamwerden nach 30 Jahren]
(1) Die Einsetzung eines Nacherben wird mit dem Ablaufe von dreißig Jahren nach dem Erbfall unwirksam, wenn nicht vorher der Fall der Nacherbfolge eingetreten ist. Sie bleibt auch nach dieser Zeit wirksam:
1. wenn die Nacherbfolge für den Fall angeordnet ist, daß in der Person des Vorerben oder des Nacherben ein bestimmtes Ereignis eintritt, und derjenige, in dessen Person das Ereignis eintreten soll, zur Zeit des Erbfalls lebt;
2. wenn dem Vorerben oder einem Nacherben für den Fall, daß ihm ein Bruder oder eine Schwester geboren wird, der Bruder oder die Schwester als Nacherbe bestimmt ist.

(2) Ist der Vorerbe oder der Nacherbe, in dessen Person das Ereignis eintreten soll, eine juristische Person, so bewendet es bei der dreißigjährigen Frist.

§ 2110 [Umfang des Nacherbenrechts]
(1) Das Recht des Nacherben erstreckt sich im Zweifel auf einen Erbteil, der dem Vorerben infolge des Wegfalls eines Miterben anfällt.
(2) Das Recht des Nacherben erstreckt sich im Zweifel nicht auf ein dem Vorerben zugewendetes Vorausvermächtnis.

§ 2111 [Surrogation]
(1) Zur Erbschaft gehört, was der Vorerbe auf Grund eines zur Erbschaft gehörenden Rechtes oder als Ersatz für die Zerstörung, Beschädigung oder Entziehung eines Erbschaftsgegenstandes oder durch Rechtsgeschäft mit Mitteln der Erbschaft erwirbt, sofern nicht der Erwerb ihm als Nutzung gebührt. Die Zugehörigkeit einer durch Rechtsgeschäft erworbenen Forderung zur Erbschaft hat der Schuldner erst dann gegen sich gelten zu lassen, wenn er von der Zugehörigkeit Kenntnis erlangt; die Vorschriften der §§ 406 bis 408 finden entsprechende Anwendung.
(2) Zur Erbschaft gehört auch, was der Vorerbe dem Inventar eines erbschaftlichen Grundstücks einverleibt.

§ 2112 [Verfügungsrecht des Vorerben]
Der Vorerbe kann über die zur Erbschaft gehörenden Gegenstände verfügen, soweit sich nicht aus den Vorschriften der §§ 2113 bis 2115 ein anderes ergibt.

§ 2113 [Verfügungsbeschränkung bei Grundstücken, Schiffen, Schenkungen]
(1) Die Verfügung des Vorerben über ein zur Erbschaft gehörendes Grundstück oder Recht an einem Grundstück oder über ein zur Erbschaft gehörendes eingetragenes Schiff oder Schiffsbauwerk ist im Falle des Eintritts der Nacherbfolge insoweit unwirksam, als sie das Recht des Nacherben vereiteln oder beeinträchtigen würde.
(2) Das gleiche gilt von der Verfügung über einen Erbschaftsgegenstand, die unentgeltlich oder zum Zwecke der Erfüllung eines von dem Vorerben erteilten Schenkungsversprechens erfolgt. Ausgenommen sind Schenkungen, durch die einer sittlichen Pflicht oder einer auf den Anstand zu nehmenden Rücksicht entsprochen wird.
(3) Die Vorschriften zugunsten derjenigen, welche Rechte von einem Nichtberechtigten herleiten, finden entsprechende Anwendung.

§ 2114 [Verfügungsbeschränkung bei Hypothekenforderungen, Grund- und Rentenschulden]
Gehört zur Erbschaft eine Hypothekenforderung, eine Grundschuld, eine Rentenschuld oder eine Schiffshypothekenforderung, so steht die Kündigung und die Einziehung dem Vorerben zu. Der Vorerbe kann jedoch nur verlangen, daß das Kapital an ihn nach Beibringung der Einwilligung des Nacherben gezahlt oder daß es für ihn und den Nacherben hinterlegt wird. Auf andere Verfügungen über die Hypothekenforderung, die Grundschuld, die Rentenschuld oder die Schiffshypothekenforderung finden die Vorschriften des § 2113 Anwendung.

§ 2115 [Zwangsverfügungen gegen Vorerben]
Eine Verfügung über einen Erbschaftsgegenstand, die im Wege der Zwangsvollstreckung oder der Arrestvollziehung oder durch den Konkursverwalter erfolgt, ist im Falle des Eintritts der Nacherbfolge insoweit unwirksam, als sie das Recht des Nacherben vereiteln oder beeinträchtigen würde. Die Verfügung ist unbeschränkt wirksam, wenn der Anspruch eines Nachlaßgläubigers oder ein an einem Erbschaftsgegenstande bestehendes Recht geltend gemacht wird, das im Falle des Eintritts der Nacherbfolge dem Nacherben gegenüber wirksam ist.

§ 2116 [Hinterlegung von Wertpapieren]

(1) Der Vorerbe hat auf Verlangen des Nacherben die zur Erbschaft gehörenden Inhaberpapiere nebst den Erneuerungsscheinen bei einer Hinterlegungsstelle, oder bei einer Reichsbank[1)], bei der Deutschen Zentralgenossenschaftskasse[2)] oder bei der Deutschen Girozentrale (Deutschen Kommunalbank) mit der Bestimmung zu hinterlegen, daß die Herausgabe nur mit Zustimmung des Nacherben verlangt werden kann. Die Hinterlegung von Inhaberpapieren, die nach § 92 zu den verbrauchbaren Sachen gehören, sowie von Zins-, Renten- oder Gewinnanteilscheinen kann nicht verlangt werden. Den Inhaberpapieren stehen Orderpapiere gleich, die mit Blankoindossament versehen sind.

(2) Über die hinterlegten Papiere kann der Vorerbe nur mit Zustimmung des Nacherben verfügen.

§ 2117 [Umschreibung der Wertpapiere]

Der Vorerbe kann die Inhaberpapiere, statt sie nach § 2116 zu hinterlegen, auf seinen Namen mit der Bestimmung umschreiben lassen, daß er über sie nur mit Zustimmung des Nacherben verfügen kann. Sind die Papiere von dem Reiche oder einem Bundesstaat ausgestellt, so kann er sie mit der gleichen Bestimmung in Buchforderungen gegen das Reich oder den Bundesstaat umwandeln lassen.

§ 2118 [Sperrvermerk bei Buchforderungen]

Gehören zur Erbschaft Buchforderungen gegen das Reich oder einen Bundesstaat, so ist der Vorerbe auf Verlangen des Nacherben verpflichtet, in das Schuldbuch den Vermerk eintragen zu lassen, daß er über die Forderungen nur mit Zustimmung des Nacherben verfügen kann.

§ 2119 [Anlegung von Geld]

Geld, das nach den Regeln einer ordnungsmäßigen Wirtschaft dauernd anzulegen ist, darf der Vorerbe nur nach den für die Anlegung von Mündelgeld geltenden Vorschriften anlegen.

§ 2120 [Einwilligungspflicht des Nacherben]

Ist zur ordnungsmäßigen Verwaltung, insbesondere zur Berichtigung von Nachlaßverbindlichkeiten, eine Verfügung erforderlich, die der Vorerbe nicht mit Wirkung gegen den Nacherben vornehmen kann, so ist der Nacherbe dem Vorerben gegenüber verpflichtet, seine Einwilligung zu der Verfügung zu erteilen. Die Einwilligung ist auf Verlangen in öffentlich beglaubigter Form zu erklären. Die Kosten der Beglaubigung fallen dem Vorerben zur Last.

§ 2121 [Verzeichnis der Erbschaftsgegenstände]

(1) Der Vorerbe hat dem Nacherben auf Verlangen ein Verzeichnis der zur Erbschaft gehörenden Gegenstände mitzuteilen. Das Verzeichnis ist mit der Angabe des Tages der Aufnahme zu versehen und von dem Vorerben zu unterzeichnen; der Vorerbe hat auf Verlangen die Unterzeichnung öffentlich beglaubigen zu lassen.

(2) Der Nacherbe kann verlangen, daß er bei der Aufnahme des Verzeichnisses zugezogen wird.

(3) Der Vorerbe ist berechtigt und auf Verlangen des Nacherben verpflichtet, das Verzeichnis durch die zuständige Behörde oder durch einen zuständigen Beamten oder Notar aufnehmen zu lassen.

(4) Die Kosten der Aufnahme und der Beglaubigung fallen der Erbschaft zur Last.

---

1) Jetzt: Deutsche Bundesbank.
2) Jetzt: Deutsche Genossenschaftskasse.

§ 2122 [Feststellung des Zustandes durch Sachverständige]
Der Vorerbe kann den Zustand der zur Erbschaft gehörenden Sachen auf seine Kosten durch Sachverständige feststellen lassen. Das gleiche Recht steht dem Nacherben zu.

§ 2123 [Wirtschaftsplan]
(1) Gehört ein Wald zur Erbschaft, so kann sowohl der Vorerbe als der Nacherbe verlangen, daß das Maß der Nutzung und die Art der wirtschaftlichen Behandlung durch einen Wirtschaftsplan festgestellt werden. Tritt eine erhebliche Änderung der Umstände ein, so kann jeder Teil eine entsprechende Änderung des Wirtschaftsplans verlangen. Die Kosten fallen der Erbschaft zur Last.

(2) Das gleiche gilt, wenn ein Bergwerk oder eine andere auf Gewinnung von Bodenbestandteilen gerichtete Anlage zur Erbschaft gehört.

§ 2124 [Erhaltungskosten]
(1) Der Vorerbe trägt dem Nacherben gegenüber die gewöhnlichen Erhaltungskosten.

(2) Andere Aufwendungen, die der Vorerbe zum Zwecke der Erhaltung von Erbschaftsgegenständen den Umständen nach für erforderlich halten darf, kann er aus der Erbschaft bestreiten. Bestreitet er sie aus seinem Vermögen, so ist der Nacherbe im Falle des Eintritts der Nacherbfolge zum Ersatze verpflichtet.

§ 2125 [Sonstige Verwendungen – Wegnahmerecht]
(1) Macht der Vorerbe Verwendungen auf die Erbschaft, die nicht unter die Vorschrift des § 2124 fallen, so ist der Nacherbe im Falle des Eintritts der Nacherbfolge nach den Vorschriften über die Geschäftsführung ohne Auftrag zum Ersatze verpflichtet.

(2) Der Vorerbe ist berechtigt, eine Einrichtung, mit der er eine zur Erbschaft gehörende Sache versehen hat, wegzunehmen.

§ 2126 [Außerordentliche Lasten]
Der Vorerbe hat im Verhältnisse zu dem Nacherben nicht die außerordentlichen Lasten zu tragen, die als auf den Stammwert der Erbschaftsgegenstände gelegt anzusehen sind. Auf diese Lasten finden die Vorschriften des § 2124 Abs. 2 Anwendung.

§ 2127 [Auskunftsrecht des Nacherben]
Der Nacherbe ist berechtigt, von dem Vorerben Auskunft über den Bestand der Erbschaft zu verlangen, wenn Grund zu der Annahme besteht, daß der Vorerbe durch seine Verwaltung die Rechte des Nacherben erheblich verletzt.

§ 2128 [Recht auf Sicherheitsleistung]
(1) Wird durch das Verhalten des Vorerben oder durch seine ungünstige Vermögenslage die Besorgnis einer erheblichen Verletzung der Rechte des Nacherben begründet, so kann der Nacherbe Sicherheitsleistung verlangen.

(2) Die für die Verpflichtung des Nießbrauchers zur Sicherheitsleistung geltenden Vorschriften des § 1052 finden entsprechende Anwendung.

§ 2129 [Entziehung der Verwaltung]
(1) Wird dem Vorerben die Verwaltung nach den Vorschriften des § 1052 entzogen, so verliert er das Recht, über Erbschaftsgegenstände zu verfügen.

(2) Die Vorschriften zugunsten derjenigen, welche Rechte von einem Nichtberechtigten herleiten, finden entsprechende Anwendung. Für die zur Erbschaft gehörenden Forderungen ist die Entziehung der Verwaltung dem Schuldner gegenüber erst wirksam, wenn er von der getroffenen Anordnung Kenntnis erlangt oder wenn ihm eine Mitteilung von der Anordnung zugestellt wird. Das gleiche gilt von der Aufhebung der Entziehung.

§ 2130 [Herausgabepflicht – Rechenschaft]

(1) Der Vorerbe ist nach dem Eintritte der Nacherbfolge verpflichtet, dem Nacherben die Erbschaft in dem Zustande herauszugeben, der sich bei einer bis zur Herausgabe fortgesetzten ordnungsmäßigen Verwaltung ergibt. Auf die Herausgabe eines landwirtschaftlichen Grundstücks findet die Vorschrift des § 596 a, auf die Herausgabe eines Landguts finden die Vorschriften der §§ 596 a, 596 b entsprechende Anwendung.

(2) Der Vorerbe hat auf Verlangen Rechenschaft abzulegen.

§ 2131 [Sorgfaltspflicht]

Der Vorerbe hat dem Nacherben gegenüber in Ansehung der Verwaltung nur für diejenige Sorgfalt einzustehen, welche er in eigenen Angelegenheiten anzuwenden pflegt.

§ 2132 [Abnutzung]

Veränderungen oder Verschlechterungen von Erbschaftssachen, die durch ordnungsmäßige Benutzung herbeigeführt werden, hat der Vorerbe nicht zu vertreten.

§ 2133 [Übermäßige Fruchtziehung]

Zieht der Vorerbe Früchte den Regeln einer ordnungsmäßigen Wirtschaft zuwider oder zieht er Früchte deshalb im Übermaße, weil dies infolge eines besonderen Ereignisses notwendig geworden ist, so gebührt ihm der Wert der Früchte nur insoweit, als durch den ordnungswidrigen oder den übermäßigen Fruchtbezug die ihm gebührenden Nutzungen beeinträchtigt werden und nicht der Wert der Früchte nach den Regeln einer ordnungsmäßigen Wirtschaft zur Wiederherstellung der Sache zu verwenden ist.

§ 2134 [Eigennützige Verwendung]

Hat der Vorerbe einen Erbschaftsgegenstand für sich verwendet, so ist er nach dem Eintritte der Nacherbfolge dem Nacherben gegenüber zum Ersatze des Wertes verpflichtet. Eine weitergehende Haftung wegen Verschuldens bleibt unberührt.

§ 2135 [Miete und Pacht]

Hat der Vorerbe ein zur Erbschaft gehörendes Grundstück oder eingetragenes Schiff vermietet oder verpachtet, so finden, wenn das Miet- oder Pachtverhältnis bei dem Eintritte der Nacherbfolge noch besteht, die Vorschriften des § 1056 entsprechende Anwendung.

§ 2136 [Befreiung des Vorerben]

Der Erblasser kann den Vorerben von den Beschränkungen und Verpflichtungen des § 2113 Abs. 1 und der §§ 2114, 2116 bis 2119, 2123, 2127 bis 2131, 2133, 2134 befreien.

§ 2137 [Einsetzung des Nacherben auf den Überrest]

(1) Hat der Erblasser den Nacherben auf dasjenige eingesetzt, was von der Erbschaft bei dem Eintritte der Nacherbfolge übrig sein wird, so gilt die Befreiung von allen im § 2136 bezeichneten Beschränkungen und Verpflichtungen als angeordnet.

(2) Das gleiche ist im Zweifel anzunehmen, wenn der Erblasser bestimmt hat, daß der Vorerbe zur freien Verfügung über die Erbschaft berechtigt sein soll.

§ 2138 [Beschränkte Herausgabepflicht – Schadensersatzpflicht]

(1) Die Herausgabepflicht des Vorerben beschränkt sich in den Fällen des § 2137 auf die bei ihm noch vorhandenen Erbschaftsgegenstände. Für Verwendungen auf Gegenstände, die er infolge dieser Beschränkung nicht herauszugeben hat, kann er nicht Ersatz verlangen.

(2) Hat der Vorerbe der Vorschrift des § 2113 Abs. 2 zuwider über einen Erbschaftsgegenstand verfügt oder hat er die Erbschaft in der Absicht, den Nacherben zu benachteiligen, vermindert, so ist er dem Nacherben zum Schadensersatze verpflichtet.

§ 2139 [Wirkung des Nacherbfalls]
Mit dem Eintritte des Falles der Nacherbfolge hört der Vorerbe auf, Erbe zu sein, und fällt die Erbschaft dem Nacherben an.

§ 2140 [Verfügungen des gutgläubigen Vorerben]
Der Vorerbe ist auch nach dem Eintritte des Falles der Nacherbfolge zur Verfügung über Nachlaßgegenstände in dem gleichen Umfange wie vorher berechtigt, bis er von dem Eintritte Kenntnis erlangt oder ihn kennen muß. Ein Dritter kann sich auf diese Berechtigung nicht berufen, wenn er bei der Vornahme eines Rechtsgeschäfts den Eintritt kennt oder kennen muß.

§ 2141 [Unterhalt der werdenden Mutter des Nacherben]
Ist bei dem Eintritte des Falles der Nacherbfolge die Geburt eines Nacherben zu erwarten, so finden auf den Unterhaltsanspruch der Mutter die Vorschriften des § 1963 entsprechende Anwendung.

§ 2142 [Ausschlagung durch den Nacherben]
(1) Der Nacherbe kann die Erbschaft ausschlagen, sobald der Erbfall eingetreten ist.
(2) Schlägt der Nacherbe die Erbschaft aus, so verbleibt sie dem Vorerben, soweit nicht der Erblasser ein anderes bestimmt hat.

§ 2143 [Wiederaufleben erloschener Rechtsverhältnisse]
Tritt die Nacherbfolge ein, so gelten die infolge des Erbfalls durch Vereinigung von Recht und Verbindlichkeit oder von Recht und Belastung erloschenen Rechtsverhältnisse als nicht erloschen.

§ 2144 [Haftung des Nacherben]
(1) Die Vorschriften über die Beschränkung der Haftung des Erben für die Nachlaßverbindlichkeiten gelten auch für den Nacherben; an die Stelle des Nachlasses tritt dasjenige, was der Nacherbe aus der Erbschaft erlangt, mit Einschluß der ihm gegen den Vorerben als solchen zustehenden Ansprüche.
(2) Das von dem Vorerben errichtete Inventar kommt auch dem Nacherben zustatten.
(3) Der Nacherbe kann sich dem Vorerben gegenüber auf die Beschränkung seiner Haftung auch dann berufen, wenn er den übrigen Nachlaßgläubigern gegenüber unbeschränkt haftet.

§ 2145 [Haftung des Vorerben]
(1) Der Vorerbe haftet nach dem Eintritte der Nacherbfolge für die Nachlaßverbindlichkeiten noch insoweit, als der Nacherbe nicht haftet. Die Haftung bleibt auch für diejenigen Nachlaßverbindlichkeiten bestehen, welche im Verhältnisse zwischen dem Vorerben und dem Nacherben dem Vorerben zur Last fallen.
(2) Der Vorerbe kann nach dem Eintritte der Nacherbfolge die Berichtigung der Nachlaßverbindlichkeiten, sofern nicht seine Haftung unbeschränkt ist, insoweit verweigern, als dasjenige nicht ausreicht, was ihm von der Erbschaft gebührt. Die Vorschriften der §§ 1990, 1991 finden entsprechende Anwendung.

§ 2146 [Anzeigepflicht des Vorerben]
(1) Der Vorerbe ist den Nachlaßgläubigern gegenüber verpflichtet, den Eintritt der Nacherbfolge unverzüglich dem Nachlaßgericht anzuzeigen. Die Anzeige des Vorerben wird durch die Anzeige des Nacherben ersetzt.
(2) Das Nachlaßgericht hat die Einsicht der Anzeige jedem zu gestatten, der ein rechtliches Interesse glaubhaft macht.

Vierter Titel
Vermächtnis

§ 2147 [Beschwerter]
Mit einem Vermächtnisse kann der Erbe oder ein Vermächtnisnehmer beschwert werden. Soweit nicht der Erblasser ein anderes bestimmt hat, ist der Erbe beschwert.

§ 2148 [Mehrere Beschwerte]
Sind mehrere Erben oder mehrere Vermächtnisnehmer mit demselben Vermächtnisse beschwert, so sind im Zweifel die Erben nach dem Verhältnisse der Erbteile, die Vermächtnisnehmer nach dem Verhältnisse des Wertes der Vermächtnisse beschwert.

§ 2149 [Vermächtnis an gesetzlichen Erben]
Hat der Erblasser bestimmt, daß dem eingesetzten Erben ein Erbschaftsgegenstand nicht zufallen soll, so gilt der Gegenstand als den gesetzlichen Erben vermacht. Der Fiskus gehört nicht zu den gesetzlichen Erben im Sinne dieser Vorschrift.

§ 2150 [Vorausvermächtnis]
Das einem Erben zugewendete Vermächtnis (Vorausvermächtnis) gilt als Vermächtnis auch insoweit, als der Erbe selbst beschwert ist.

§ 2151 [Mehrere Bedachte – Bestimmung]
(1) Der Erblasser kann mehrere mit einem Vermächtnis in der Weise bedenken, daß der Beschwerte oder ein Dritter zu bestimmen hat, wer von den mehreren das Vermächtnis erhalten soll.
(2) Die Bestimmung des Beschwerten erfolgt durch Erklärung gegenüber demjenigen, welcher das Vermächtnis erhalten soll; die Bestimmung des Dritten erfolgt durch Erklärung gegenüber dem Beschwerten.
(3) Kann der Beschwerte oder der Dritte die Bestimmung nicht treffen, so sind die Bedachten Gesamtgläubiger. Das gleiche gilt, wenn das Nachlaßgericht dem Beschwerten oder dem Dritten auf Antrag eines der Beteiligten eine Frist zur Abgabe der Erklärung bestimmt hat und die Frist verstrichen ist, sofern nicht vorher die Erklärung erfolgt. Der Bedachte, der das Vermächtnis erhält, ist im Zweifel nicht zur Teilung verpflichtet.

§ 2152 [Wahlweise Bedachte]
Hat der Erblasser mehrere mit einem Vermächtnis in der Weise bedacht, daß nur der eine oder der andere das Vermächtnis erhalten soll, so ist anzunehmen, daß der Beschwerte bestimmen soll, wer von ihnen das Vermächtnis erhält.

§ 2153 [Bestimmung der Anteile]
(1) Der Erblasser kann mehrere mit einem Vermächtnis in der Weise bedenken, daß der Beschwerte oder ein Dritter zu bestimmen hat, was jeder von dem vermachten Gegenstand erhalten soll. Die Bestimmung erfolgt nach § 2151 Abs. 2.
(2) Kann der Beschwerte oder der Dritte die Bestimmung nicht treffen, so sind die Bedachten zu gleichen Teilen berechtigt. Die Vorschrift des § 2151 Abs. 3 Satz 2 findet entsprechende Anwendung.

§ 2154 [Wahlvermächtnis]
(1) Der Erblasser kann ein Vermächtnis in der Art anordnen, daß der Bedachte von mehreren Gegenständen nur den einen oder den anderen erhalten soll. Ist in einem solchen Falle die Wahl einem Dritten übertragen, so erfolgt sie durch Erklärung gegenüber dem Beschwerten.
(2) Kann der Dritte die Wahl nicht treffen, so geht das Wahlrecht auf den Beschwerten über. Die Vorschrift des § 2151 Abs. 3 Satz 2 findet entsprechende Anwendung.

§ 2155 [Gattungsvermächtnis]

(1) Hat der Erblasser die vermachte Sache nur der Gattung nach bestimmt, so ist eine den Verhältnissen des Bedachten entsprechende Sache zu leisten.

(2) Ist die Bestimmung der Sache dem Bedachten oder einem Dritten übertragen, so finden die nach § 2154 für die Wahl des Dritten geltenden Vorschriften Anwendung.

(3) Entspricht die von dem Bedachten oder dem Dritten getroffene Bestimmung den Verhältnissen des Bedachten offenbar nicht, so hat der Beschwerte so zu leisten, wie wenn der Erblasser über die Bestimmung der Sache keine Anordnung getroffen hätte.

§ 2156 [Zweckvermächtnis]

Der Erblasser kann bei der Anordnung eines Vermächtnisses, dessen Zweck er bestimmt hat, die Bestimmung der Leistung dem billigen Ermessen des Beschwerten oder eines Dritten überlassen. Auf ein solches Vermächtnis finden die Vorschriften der §§ 315 bis 319 entsprechende Anwendung.

§ 2157 [Gemeinschaftlich Bedachte]

Ist mehreren derselbe Gegenstand vermacht, so finden die Vorschriften der §§ 2089 bis 2093 entsprechende Anwendung.

§ 2158 [Anwachsung]

(1) Ist mehreren derselbe Gegenstand vermacht, so wächst, wenn einer von ihnen vor oder nach dem Erbfalle wegfällt, dessen Anteil den übrigen Bedachten nach dem Verhältnis ihrer Anteile an. Dies gilt auch dann, wenn der Erblasser die Anteile der Bedachten bestimmt hat. Sind einige der Bedachten zu demselben Anteile berufen, so tritt die Anwachsung zunächst unter ihnen ein.

(2) Der Erblasser kann die Anwachsung ausschließen.

§ 2159 [Anwachsung als besonderes Vermächtnis]

Der durch Anwachsung einem Vermächtnisnehmer anfallende Anteil gilt in Ansehung der Vermächtnisse und Auflagen, mit denen dieser oder der wegfallende Vermächtnisnehmer beschwert ist, als besonderes Vermächtnis.

§ 2160 [Tod des Bedachten]

Ein Vermächtnis ist unwirksam, wenn der Bedachte zur Zeit des Erbfalls nicht mehr lebt.

§ 2161 [Wegfall des zunächst Beschwerten]

Ein Vermächtnis bleibt, sofern nicht ein anderer Wille des Erblassers anzunehmen ist, wirksam, wenn der Beschwerte nicht Erbe oder Vermächtnisnehmer wird. Beschwert ist in diesem Falle derjenige, welchem der Wegfall des zunächst Beschwerten unmittelbar zustatten kommt.

§ 2162 [Unwirksamwerden nach 30 Jahren]

(1) Ein Vermächtnis, das unter einer aufschiebenden Bedingung oder unter Bestimmung eines Anfangstermins angeordnet ist, wird mit dem Ablaufe von dreißig Jahren nach dem Erbfall unwirksam, wenn nicht vorher die Bedingung oder der Termin eingetreten ist.

(2) Ist der Bedachte zur Zeit des Erbfalls noch nicht erzeugt oder wird seine Persönlichkeit durch ein erst nach dem Erbfall eintretendes Ereignis bestimmt, so wird das Vermächtnis mit dem Ablaufe von dreißig Jahren nach dem Erbfall unwirksam, wenn nicht vorher der Bedachte erzeugt oder das Ereignis eingetreten ist, durch das seine Persönlichkeit bestimmt wird.

§ 2163 [Ausnahmen von der dreißigjährigen Frist]

(1) Das Vermächtnis bleibt in den Fällen des § 2162 auch nach dem Ablaufe von dreißig Jahren wirksam:

1. wenn es für den Fall angeordnet ist, daß in der Person des Beschwerten oder des Bedachten ein bestimmtes Ereignis eintritt, und derjenige, in dessen Person das Ereignis eintreten soll, zur Zeit des Erbfalls lebt;
2. wenn ein Erbe, ein Nacherbe oder ein Vermächtnisnehmer für den Fall, daß ihm ein Bruder oder eine Schwester geboren wird, mit einem Vermächtnisse zugunsten des Bruders oder der Schwester beschwert ist.

(2) Ist der Beschwerte oder der Bedachte, in dessen Person das Ereignis eintreten soll, eine juristische Person, so bewendet es bei der dreißigjährigen Frist.

§ 2164 [Erstreckung auf Zubehör]

(1) Das Vermächtnis einer Sache erstreckt sich im Zweifel auf das zur Zeit des Erbfalls vorhandene Zubehör.

(2) Hat der Erblasser wegen einer nach der Anordnung des Vermächtnisses erfolgten Beschädigung der Sache einen Anspruch auf Ersatz der Minderung des Wertes, so erstreckt sich im Zweifel das Vermächtnis auf diesen Anspruch.

§ 2165 [Beseitigung der Lasten]

(1) Ist ein zur Erbschaft gehörender Gegenstand vermacht, so kann der Vermächtnisnehmer im Zweifel nicht die Beseitigung der Rechte verlangen, mit denen der Gegenstand belastet ist. Steht dem Erblasser ein Anspruch auf die Beseitigung zu, so erstreckt sich im Zweifel das Vermächtnis auf diesen Anspruch.

(2) Ruht auf einem vermachten Grundstück eine Hypothek, Grundschuld oder Rentenschuld, die dem Erblasser selbst zusteht, so ist aus den Umständen zu entnehmen, ob die Hypothek, Grundschuld oder Rentenschuld als mitvermacht zu gelten hat.

§ 2166 [Belastung mit Hypothek]

(1) Ist ein vermachtes Grundstück, das zur Erbschaft gehört, mit einer Hypothek für eine Schuld des Erblassers oder für eine Schuld belastet, zu deren Berichtigung der Erblasser dem Schuldner gegenüber verpflichtet ist, so ist der Vermächtnisnehmer im Zweifel dem Erben gegenüber zur rechtzeitigen Befriedigung des Gläubigers insoweit verpflichtet, als die Schuld durch den Wert des Grundstücks gedeckt wird. Der Wert bestimmt sich nach der Zeit, zu welcher das Eigentum auf den Vermächtnisnehmer übergeht; er wird unter Abzug der Belastungen berechnet, die der Hypothek im Range vorgehen.

(2) Ist dem Erblasser gegenüber ein Dritter zur Berichtigung der Schuld verpflichtet, so besteht die Verpflichtung des Vermächtnisnehmers im Zweifel nur insoweit, als der Erbe die Berichtigung nicht von dem Dritten erlangen kann.

(3) Auf eine Hypothek der im § 1190 bezeichneten Art finden diese Vorschriften keine Anwendung.

§ 2167 [Gesamthypothek]

Sind neben dem vermachten Grundstück andere zur Erbschaft gehörende Grundstücke mit der Hypothek belastet, so beschränkt sich die im § 2166 bestimmte Verpflichtung des Vermächtnisnehmers im Zweifel auf den Teil der Schuld, der dem Verhältnisse des Wertes des vermachten Grundstücks zu dem Werte der sämtlichen Grundstücke entspricht. Der Wert wird nach § 2166 Abs. 1 Satz 2 berechnet.

§ 2168 [Gesamtgrundschuld]

(1) Besteht an mehreren zur Erbschaft gehörenden Grundstücken eine Gesamtgrundschuld oder eine Gesamtrentenschuld und ist eines dieser Grundstücke vermacht, so ist der Vermächtnisnehmer im Zweifel dem Erben gegenüber zur Befriedigung des Gläubigers in Höhe des Teiles der Grundschuld oder der Rentenschuld verpflichtet, der dem Verhält-

nisse des Wertes des vermachten Grundstücks zu dem Werte der sämtlichen Grundstücke entspricht. Der Wert wird nach § 2166 Abs. 1 Satz 2 berechnet.

(2) Ist neben dem vermachten Grundstück ein nicht zur Erbschaft gehörendes Grundstück mit einer Gesamtgrundschuld oder einer Gesamtrentenschuld belastet, so finden, wenn der Erblasser zur Zeit des Erbfalls gegenüber dem Eigentümer des anderen Grundstücks oder einem Rechtsvorgänger des Eigentümers zur Befriedigung des Gläubigers verpflichtet ist, die Vorschriften des § 2166 Abs. 1 und des § 2167 entsprechende Anwendung.

§ 2168 a [Anwendung auf Schiffe, Schiffsbauwerke und Schiffshypotheken]

§ 2165 Abs. 2, §§ 2166, 2167 gelten sinngemäß für eingetragene Schiffe und Schiffsbauwerke und für Schiffshypotheken.

§ 2169 [Vermächtnis fremder Gegenstände]

(1) Das Vermächtnis eines bestimmten Gegenstandes ist unwirksam, soweit der Gegenstand zur Zeit des Erbfalls nicht der Erbschaft gehört, es sei denn, daß der Gegenstand dem Bedachten auch für den Fall zugewendet sein soll, daß er nicht zur Erbschaft gehört.

(2) Hat der Erblasser nur den Besitz der vermachten Sache, so gilt im Zweifel der Besitz als vermacht, es sei denn, daß er dem Bedachten keinen rechtlichen Vorteil gewährt.

(3) Steht dem Erblasser ein Anspruch auf Leistung des vermachten Gegenstandes oder, falls der Gegenstand nach der Anordnung des Vermächtnisses untergegangen oder dem Erblasser entzogen worden ist, ein Anspruch auf Ersatz des Wertes zu, so gilt im Zweifel der Anspruch als vermacht.

(4) Zur Erbschaft gehört im Sinne des Absatzes 1 ein Gegenstand nicht, wenn der Erblasser zu dessen Veräußerung verpflichtet ist.

§ 2170 [Verschaffungsvermächtnis]

(1) Ist das Vermächtnis eines Gegenstandes, der zur Zeit des Erbfalls nicht zur Erbschaft gehört, nach § 2169 Abs. 1 wirksam, so hat der Beschwerte den Gegenstand dem Bedachten zu verschaffen.

(2) Ist der Beschwerte zur Verschaffung außerstande, so hat er den Wert zu entrichten. Ist die Verschaffung nur mit unverhältnismäßigen Aufwendungen möglich, so kann sich der Beschwerte durch Entrichtung des Wertes befreien.

§ 2171 [Unmögliche Leistung, gesetzliches Verbot]

Ein Vermächtnis, das auf eine zur Zeit des Erbfalls unmögliche Leistung gerichtet ist oder gegen ein zu dieser Zeit bestehendes gesetzliches Verbot verstößt, ist unwirksam. Die Vorschriften des § 308 finden entsprechende Anwendung.

§ 2172 [Verbindung, Vermischung, Vermengung]

(1) Die Leistung einer vermachten Sache gilt auch dann als unmöglich, wenn die Sache mit einer anderen Sache in solcher Weise verbunden, vermischt oder vermengt worden ist, daß nach den §§ 946 bis 948 das Eigentum an der anderen Sache sich auf sie erstreckt oder Miteigentum eingetreten ist, oder wenn sie in solcher Weise verarbeitet oder umgebildet worden ist, daß nach § 950 derjenige, welcher die neue Sache hergestellt hat, Eigentümer geworden ist.

(2) Ist die Verbindung, Vermischung oder Vermengung durch einen anderen als den Erblasser erfolgt und hat der Erblasser dadurch Miteigentum erworben, so gilt im Zweifel das Miteigentum als vermacht; steht dem Erblasser ein Recht zur Wegnahme der verbundenen Sache zu, so gilt im Zweifel dieses Recht als vermacht. Im Falle der Verarbeitung oder Umbildung durch einen anderen als den Erblasser bewendet es bei der Vorschrift des § 2169 Abs. 3.

§ 2173 [Forderungsvermächtnis]

Hat der Erblasser eine ihm zustehende Forderung vermacht, so ist, wenn vor dem Erbfalle die Leistung erfolgt und der geleistete Gegenstand noch in der Erbschaft vorhanden ist, im Zweifel anzunehmen, daß dem Bedachten dieser Gegenstand zugewendet sein soll. War die Forderung auf die Zahlung einer Geldsumme gerichtet, so gilt im Zweifel die entsprechende Geldsumme als vermacht, auch wenn sich eine solche in der Erbschaft nicht vorfindet.

§ 2174 [Leistungsanspruch des Bedachten]

Durch das Vermächtnis wird für den Bedachten das Recht begründet, von dem Beschwerten die Leistung des vermachten Gegenstandes zu fordern.

§ 2175 [Wiederaufleben erloschener Rechtsverhältnisse]

Hat der Erblasser eine ihm gegen den Erben zustehende Forderung oder hat er ein Recht vermacht, mit dem eine Sache oder ein Recht des Erben belastet ist, so gelten die infolge des Erbfalls durch Vereinigung von Recht und Verbindlichkeit oder von Recht und Belastung erloschenen Rechtsverhältnisse in Ansehung des Vermächtnisses als nicht erloschen.

§ 2176 [Anfall des Vermächtnisses]

Die Forderung des Vermächtnisnehmers kommt, unbeschadet des Rechtes, das Vermächtnis auszuschlagen, zur Entstehung (Anfall des Vermächtnisses) mit dem Erbfalle.

§ 2177 [Anfall bei Bedingung oder Terminsbestimmung]

Ist das Vermächtnis unter einer aufschiebenden Bedingung oder unter Bestimmung eines Anfangstermins angeordnet und tritt die Bedingung oder der Termin erst nach dem Erbfall ein, so erfolgt der Anfall des Vermächtnisses mit dem Eintritte der Bedingung oder des Termins.

§ 2178 [Anfall mit Geburt oder anderem Ereignis]

Ist der Bedachte zur Zeit des Erbfalls noch nicht erzeugt oder wird seine Persönlichkeit durch ein erst nach dem Erbfall eintretendes Ereignis bestimmt, so erfolgt der Anfall des Vermächtnisses im ersteren Falle mit der Geburt, im letzteren Falle mit dem Eintritte des Ereignisses.

§ 2179 [Schwebezeit]

Für die Zeit zwischen dem Erbfall und dem Anfalle des Vermächtnisses finden in den Fällen der §§ 2177, 2178 die Vorschriften Anwendung, die für den Fall gelten, daß eine Leistung unter einer aufschiebenden Bedingung geschuldet wird.

§ 2180 [Annahme und Ausschlagung]

(1) Der Vermächtnisnehmer kann das Vermächtnis nicht mehr ausschlagen, wenn er es angenommen hat.

(2) Die Annahme sowie die Ausschlagung des Vermächtnisses erfolgt durch Erklärung gegenüber dem Beschwerten. Die Erklärung kann erst nach dem Eintritte des Erbfalls abgegeben werden; sie ist unwirksam, wenn sie unter einer Bedingung oder einer Zeitbestimmung abgegeben wird.

(3) Die für die Annahme und die Ausschlagung einer Erbschaft geltenden Vorschriften des § 1950, des § 1952 Abs. 1, 3 und des § 1953 Abs. 1, 2 finden entsprechende Anwendung.

§ 2181 [Fälligkeit]

Ist die Zeit der Erfüllung eines Vermächtnisses dem freien Belieben des Beschwerten überlassen, so wird die Leistung im Zweifel mit dem Tode des Beschwerten fällig.

§ 2182 [Gewährleistung für Rechtsmängel]

(1) Ist eine nur der Gattung nach bestimmte Sache vermacht, so hat der Beschwerte die gleichen Verpflichtungen wie ein Verkäufer nach den Vorschriften des § 433 Abs. 1, der §§ 434 bis 437, des § 440 Abs. 2 bis 4 und der §§ 441 bis 444.

(2) Dasselbe gilt im Zweifel, wenn ein bestimmter nicht zur Erbschaft gehörender Gegenstand vermacht ist, unbeschadet der sich aus dem § 2170 ergebenden Beschränkung der Haftung.

(3) Ist ein Grundstück Gegenstand des Vermächtnisses, so haftet der Beschwerte im Zweifel nicht für die Freiheit des Grundstücks von Grunddienstbarkeiten, beschränkten persönlichen Dienstbarkeiten und Reallasten.

§ 2183 [Gewährleistung für Sachmängel]

Ist eine nur der Gattung nach bestimmte Sache vermacht, so kann der Vermächtnisnehmer, wenn die geleistete Sache mangelhaft ist, verlangen, daß ihm an Stelle der mangelhaften Sache eine mangelfreie geliefert wird. Hat der Beschwerte einen Fehler arglistig verschwiegen, so kann der Vermächtnisnehmer statt der Lieferung einer mangelfreien Sache Schadensersatz wegen Nichterfüllung verlangen. Auf diese Ansprüche finden die für die Gewährleistung wegen Mängel einer verkauften Sache geltenden Vorschriften entsprechende Anwendung.

§ 2184 [Früchte, Nutzungen]

Ist ein bestimmter zur Erbschaft gehörender Gegenstand vermacht, so hat der Beschwerte dem Vermächtnisnehmer auch die seit dem Anfalle des Vermächtnisses gezogenen Früchte sowie das sonst auf Grund des vermachten Rechtes Erlangte herauszugeben. Für Nutzungen, die nicht zu den Früchten gehören, hat der Beschwerte nicht Ersatz zu leisten.

§ 2185 [Verwendungs- und Aufwendungsersatz]

Ist eine bestimmte zur Erbschaft gehörende Sache vermacht, so kann der Beschwerte für die nach dem Erbfall auf die Sache gemachten Verwendungen sowie für Aufwendungen, die er nach dem Erbfalle zur Bestreitung von Lasten der Sache gemacht hat, Ersatz nach den Vorschriften verlangen, die für das Verhältnis zwischen dem Besitzer und dem Eigentümer gelten.

§ 2186 [Fälligkeit von Untervermächtnissen und Auflagen]

Ist ein Vermächtnisnehmer mit einem Vermächtnis oder einer Auflage beschwert, so ist er zur Erfüllung erst dann verpflichtet, wenn er die Erfüllung des ihm zugewendeten Vermächtnisses zu verlangen berechtigt ist.

§ 2187 [Unzulänglichkeitseinrede]

(1) Ein Vermächtnisnehmer, der mit einem Vermächtnis oder einer Auflage beschwert ist, kann die Erfüllung auch nach der Annahme des ihm zugewendeten Vermächtnisses insoweit verweigern, als dasjenige, was er aus dem Vermächtnis erhält, zur Erfüllung nicht ausreicht.

(2) Tritt nach § 2161 ein anderer an die Stelle des beschwerten Vermächtnisnehmers, so haftet er nicht weiter, als der Vermächtnisnehmer haften würde.

(3) Die für die Haftung des Erben geltenden Vorschriften des § 1992 finden entsprechende Anwendung.

§ 2188 [Kürzung des Vermächtnisanspruchs]

Wird die einem Vermächtnisnehmer gebührende Leistung auf Grund der Beschränkung der Haftung des Erben, wegen eines Pflichtteilsanspruchs oder in Gemäßheit des § 2187 gekürzt, so kann der Vermächtnisnehmer, sofern nicht ein anderer Wille des Erblassers anzunehmen ist, die ihm auferlegten Beschwerungen verhältnismäßig kürzen.

§ 2189 [Anordnung der Rangfolge]
Der Erblasser kann für den Fall, daß die dem Erben oder einem Vermächtnisnehmer auferlegten Vermächtnisse und Auflagen auf Grund der Beschränkung der Haftung des Erben, wegen eines Pflichtteilsanspruchs oder in Gemäßheit der §§ 2187, 2188 gekürzt werden, durch Verfügung von Todes wegen anordnen, daß ein Vermächtnis oder eine Auflage den Vorrang vor den übrigen Beschwerungen haben soll.

§ 2190 [Ersatzvermächtnis]
Hat der Erblasser für den Fall, daß der zunächst Bedachte das Vermächtnis nicht erwirbt, den Gegenstand des Vermächtnisses einem anderen zugewendet, so finden die für die Einsetzung eines Ersatzerben geltenden Vorschriften der §§ 2097 bis 2099 entsprechende Anwendung.

§ 2191 [Nachvermächtnis]
(1) Hat der Erblasser den vermachten Gegenstand von einem nach dem Anfalle des Vermächtnisses eintretenden bestimmten Zeitpunkt oder Ereignis an einem Dritten zugewendet, so gilt der erste Vermächtnisnehmer als beschwert.
(2) Auf das Vermächtnis finden die für die Einsetzung eines Nacherben geltenden Vorschriften des § 2102, des § 2106 Abs. 1, des § 2107 und des § 2110 Abs. 1 entsprechende Anwendung.

Fünfter Titel
Auflage

§ 2192 [Anzuwendende Vorschriften]
Auf eine Auflage finden die für letztwillige Zuwendungen geltenden Vorschriften der §§ 2065, 2147, 2148, 2154 bis 2156, 2161, 2171, 2181 entsprechende Anwendung.

§ 2193 [Bestimmung des Begünstigten]
(1) Der Erblasser kann bei der Anordnung einer Auflage, deren Zweck er bestimmt hat, die Bestimmung der Person, an welche die Leistung erfolgen soll, dem Beschwerten oder einem Dritten überlassen.
(2) Steht die Bestimmung dem Beschwerten zu, so kann ihm, wenn er zur Vollziehung der Auflage rechtskräftig verurteilt ist, von dem Kläger eine angemessene Frist zur Vollziehung bestimmt werden; nach dem Ablaufe der Frist ist der Kläger berechtigt, die Bestimmung zu treffen, wenn nicht die Vollziehung rechtzeitig erfolgt.
(3) Steht die Bestimmung einem Dritten zu, so erfolgt sie durch Erklärung gegenüber dem Beschwerten. Kann der Dritte die Bestimmung nicht treffen, so geht das Bestimmungsrecht auf den Beschwerten über. Die Vorschrift des § 2151 Abs. 3 Satz 2 findet entsprechende Anwendung; zu den Beteiligten im Sinne dieser Vorschrift gehören der Beschwerte und diejenigen, welche die Vollziehung der Auflage zu verlangen berechtigt sind.

§ 2194 [Anspruch auf Vollziehung]
Die Vollziehung einer Auflage können der Erbe, der Miterbe und derjenige verlangen, welchem der Wegfall des mit der Auflage zunächst Beschwerten unmittelbar zustatten kommen würde. Liegt die Vollziehung im öffentlichen Interesse, so kann auch die zuständige Behörde die Vollziehung verlangen.

§ 2195 [Unwirksamkeit einer Auflage]
Die Unwirksamkeit einer Auflage hat die Unwirksamkeit der unter der Auflage gemachten Zuwendung nur zur Folge, wenn anzunehmen ist, daß der Erblasser die Zuwendung nicht ohne die Auflage gemacht haben würde.

§ 2196 [Unmöglichkeit der Vollziehung]

(1) Wird die Vollziehung einer Auflage infolge eines von dem Beschwerten zu vertretenden Umstandes unmöglich, so kann derjenige, welchem der Wegfall des zunächst Beschwerten unmittelbar zustatten kommen würde, die Herausgabe der Zuwendung nach den Vorschriften über die Herausgabe einer ungerechtfertigten Bereicherung insoweit fordern, als die Zuwendung zur Vollziehung der Auflage hätte verwendet werden müssen.

(2) Das gleiche gilt, wenn der Beschwerte zur Vollziehung einer Auflage, die nicht durch einen Dritten vollzogen werden kann, rechtskräftig verurteilt ist und die zulässigen Zwangsmittel erfolglos gegen ihn angewendet worden sind.

Sechster Titel

Testamentsvollstrecker

§ 2197 [Ernennung durch Testament]

(1) Der Erblasser kann durch Testament einen oder mehrere Testamentsvollstrecker ernennen.

(2) Der Erblasser kann für den Fall, daß der ernannte Testamentsvollstrecker vor oder nach der Annahme des Amtes wegfällt, einen anderen Testamentsvollstrecker ernennen.

§ 2198 [Bestimmung durch Dritten]

(1) Der Erblasser kann die Bestimmung der Person des Testamentsvollstreckers einem Dritten überlassen. Die Bestimmung erfolgt durch Erklärung gegenüber dem Nachlaßgerichte; die Erklärung ist in öffentlich beglaubigter Form abzugeben.

(2) Das Bestimmungsrecht des Dritten erlischt mit dem Ablauf einer ihm auf Antrag eines der Beteiligten von dem Nachlaßgerichte bestimmten Frist.

§ 2199 [Mitvollstrecker und Nachfolger]

(1) Der Erblasser kann den Testamentsvollstrecker ermächtigen, einen oder mehrere Mitvollstrecker zu ernennen.

(2) Der Erblasser kann den Testamentsvollstrecker ermächtigen, einen Nachfolger zu ernennen.

(3) Die Ernennung erfolgt nach § 2198 Abs. 1 Satz 2.

§ 2200 [Ernennung durch Nachlaßgericht]

(1) Hat der Erblasser in dem Testamente das Nachlaßgericht ersucht, einen Testamentsvollstrecker zu ernennen, so kann das Nachlaßgericht die Ernennung vornehmen.

(2) Das Nachlaßgericht soll vor der Ernennung die Beteiligten hören, wenn es ohne erhebliche Verzögerung und ohne unverhältnismäßige Kosten geschehen kann.

§ 2201 [Unwirksamkeit der Ernennung]

Die Ernennung des Testamentsvollstreckers ist unwirksam, wenn er zu der Zeit, zu welcher er das Amt anzutreten hat, geschäftsunfähig oder in der Geschäftsfähigkeit beschränkt ist oder nach § 1896 zur Besorgung seiner Vermögensangelegenheiten einen Betreuer erhalten hat.

§ 2202 [Annahme und Ablehnung des Amtes]

(1) Das Amt des Testamentsvollstreckers beginnt mit dem Zeitpunkt, in welchem der Ernannte das Amt annimmt.

(2) Die Annahme sowie die Ablehnung des Amtes erfolgt durch Erklärung gegenüber dem Nachlaßgerichte. Die Erklärung kann erst nach dem Eintritte des Erbfalls abgegeben werden; sie ist unwirksam, wenn sie unter einer Bedingung oder einer Zeitbestimmung abgegeben wird.

(3) Das Nachlaßgericht kann dem Ernannten auf Antrag eines der Beteiligten eine Frist zur Erklärung über die Annahme bestimmen. Mit dem Ablaufe der Frist gilt das Amt als abgelehnt, wenn nicht die Annahme vorher erklärt wird.

§ 2203 [Aufgabe des Testamentsvollstreckers]

Der Testamentsvollstrecker hat die letztwilligen Verfügungen des Erblassers zur Ausführung zu bringen.

§ 2204 [Auseinandersetzung unter Miterben]

(1) Der Testamentsvollstrecker hat, wenn mehrere Erben vorhanden sind, die Auseinandersetzung unter ihnen nach Maßgabe der §§ 2042 bis 2056 zu bewirken.

(2) Der Testamentsvollstrecker hat die Erben über den Auseinandersetzungsplan vor der Ausführung zu hören.

§ 2205 [Verwaltung des Nachlasses]

Der Testamentsvollstrecker hat den Nachlaß zu verwalten. Er ist insbesondere berechtigt, den Nachlaß in Besitz zu nehmen und über die Nachlaßgegenstände zu verfügen. Zu unentgeltlichen Verfügungen ist er nur berechtigt, soweit sie einer sittlichen Pflicht oder einer auf den Anstand zu nehmenden Rücksicht entsprechen.

§ 2206 [Eingehung von Verbindlichkeiten]

(1) Der Testamentsvollstrecker ist berechtigt, Verbindlichkeiten für den Nachlaß einzugehen, soweit die Eingehung zur ordnungsmäßigen Verwaltung erforderlich ist. Die Verbindlichkeit zu einer Verfügung über einen Nachlaßgegenstand kann der Testamentsvollstrecker für den Nachlaß auch dann eingehen, wenn er zu der Verfügung berechtigt ist.

(2) Der Erbe ist verpflichtet, zur Eingehung solcher Verbindlichkeiten seine Einwilligung zu erteilen, unbeschadet des Rechtes, die Beschränkung seiner Haftung für die Nachlaßverbindlichkeiten geltend zu machen.

§ 2207 [Erweiterte Verpflichtungsbefugnis]

Der Erblasser kann anordnen, daß der Testamentsvollstrecker in der Eingehung von Verbindlichkeiten für den Nachlaß nicht beschränkt sein soll. Der Testamentsvollstrecker ist auch in einem solchen Falle zu einem Schenkungsversprechen nur nach Maßgabe des § 2205 Satz 3 berechtigt.

§ 2208 [Beschränkung der Befugnisse]

(1) Der Testamentsvollstrecker hat die in den §§ 2203 bis 2206 bestimmten Rechte nicht, soweit anzunehmen ist, daß sie ihm nach dem Willen des Erblassers nicht zustehen sollen. Unterliegen der Verwaltung des Testamentsvollstreckers nur einzelne Nachlaßgegenstände, so stehen ihm die im § 2205 Satz 2 bestimmten Befugnisse nur in Ansehung dieser Gegenstände zu.

(2) Hat der Testamentsvollstrecker Verfügungen des Erblassers nicht selbst zur Ausführung zu bringen, so kann er die Ausführung von dem Erben verlangen, sofern nicht ein anderer Wille des Erblassers anzunehmen ist.

§ 2209 [Verwaltung – Dauervollstreckung]

Der Erblasser kann einem Testamentsvollstrecker die Verwaltung des Nachlasses übertragen, ohne ihm andere Aufgaben als die Verwaltung zuzuweisen; er kann auch anordnen, daß der Testamentsvollstrecker die Verwaltung nach der Erledigung der ihm sonst zugewiesenen Aufgaben fortzuführen hat. Im Zweifel ist anzunehmen, daß einem solchen Testamentsvollstrecker die im § 2207 bezeichnete Ermächtigung erteilt ist.

§ 2210 [Unwirksamwerden nach 30 Jahren]

Eine nach § 2209 getroffene Anordnung wird unwirksam, wenn seit dem Erbfalle dreißig Jahre verstrichen sind. Der Erblasser kann jedoch anordnen, daß die Verwaltung bis zum

Tode des Erben oder des Testamentsvollstreckers oder bis zum Eintritt eines anderen Ereignisses in der Person des einen oder des anderen fortdauern soll. Die Vorschrift des § 2163 Abs. 2 findet entsprechende Anwendung.

§ 2211 [Verfügungsbeschränkung des Erben]

(1) Über einen der Verwaltung des Testamentsvollstreckers unterliegenden Nachlaßgegenstand kann der Erbe nicht verfügen.

(2) Die Vorschriften zugunsten derjenigen, welche Rechte von einem Nichtberechtigten herleiten, finden entsprechende Anwendung.

§ 2212 [Prozeßführungsrecht für Aktivprozesse]

Ein der Verwaltung des Testamentsvollstreckers unterliegendes Recht kann nur von dem Testamentsvollstrecker gerichtlich geltend gemacht werden.

§ 2213 [Prozeßführungsrecht für Passivprozesse]

(1) Ein Anspruch, der sich gegen den Nachlaß richtet, kann sowohl gegen den Erben als gegen den Testamentsvollstrecker gerichtlich geltend gemacht werden. Steht dem Testamentsvollstrecker nicht die Verwaltung des Nachlasses zu, so ist die Geltendmachung nur gegen den Erben zulässig. Ein Pflichtteilsanspruch kann, auch wenn dem Testamentsvollstrecker die Verwaltung des Nachlasses zusteht, nur gegen den Erben geltend gemacht werden.

(2) Die Vorschrift des § 1958 findet auf den Testamentsvollstrecker keine Anwendung.

(3) Ein Nachlaßgläubiger, der seinen Anspruch gegen den Erben geltend macht, kann den Anspruch auch gegen den Testamentsvollstrecker dahin geltend machen, daß dieser die Zwangsvollstreckung in die seiner Verwaltung unterliegenden Nachlaßgegenstände dulde.

§ 2214 [Eigengläubiger des Erben]

Gläubiger des Erben, die nicht zu den Nachlaßgläubigern gehören, können sich nicht an die der Verwaltung des Testamentsvollstreckers unterliegenden Nachlaßgegenstände halten.

§ 2215 [Nachlaßverzeichnis]

(1) Der Testamentsvollstrecker hat dem Erben unverzüglich nach der Annahme des Amtes ein Verzeichnis der seiner Verwaltung unterliegenden Nachlaßgegenstände und der bekannten Nachlaßverbindlichkeiten mitzuteilen und ihm die zur Aufnahme des Inventars sonst erforderliche Beihilfe zu leisten.

(2) Das Verzeichnis ist mit der Angabe des Tages der Aufnahme zu versehen und von dem Testamentsvollstrecker zu unterzeichnen; der Testamentsvollstrecker hat auf Verlangen die Unterzeichnung öffentlich beglaubigen zu lassen.

(3) Der Erbe kann verlangen, daß er bei der Aufnahme des Verzeichnisses zugezogen wird.

(4) Der Testamentsvollstrecker ist berechtigt und auf Verlangen des Erben verpflichtet, das Verzeichnis durch die zuständige Behörde oder durch einen zuständigen Beamten oder Notar aufnehmen zu lassen.

(5) Die Kosten der Aufnahme und der Beglaubigung fallen dem Nachlasse zur Last.

§ 2216 [Ordnungsmäßige Verwaltung]

(1) Der Testamentsvollstrecker ist zur ordnungsmäßigen Verwaltung des Nachlasses verpflichtet.

(2) Anordnungen, die der Erblasser für die Verwaltung durch letztwillige Verfügung getroffen hat, sind von dem Testamentsvollstrecker zu befolgen. Sie können jedoch auf Antrag des Testamentsvollstreckers oder eines anderen Beteiligten von dem Nachlaßgericht außer Kraft gesetzt werden, wenn ihre Befolgung den Nachlaß erheblich gefährden würde. Das Gericht soll vor der Entscheidung, soweit tunlich, die Beteiligten hören.

§ 2217 [Überlassung von Nachlaßgegenständen an den Erben]

(1) Der Testamentsvollstrecker hat Nachlaßgegenstände, deren er zur Erfüllung seiner Obliegenheiten offenbar nicht bedarf, dem Erben auf Verlangen zur freien Verfügung zu überlassen. Mit der Überlassung erlischt sein Recht zur Verwaltung der Gegenstände.

(2) Wegen Nachlaßverbindlichkeiten, die nicht auf einem Vermächtnis oder einer Auflage beruhen, sowie wegen bedingter und betagter Vermächtnisse oder Auflagen kann der Testamentsvollstrecker die Überlassung der Gegenstände nicht verweigern, wenn der Erbe für die Berichtigung der Verbindlichkeiten oder für die Vollziehung der Vermächtnisse oder Auflagen Sicherheit leistet.

§ 2218 [Auftragsrecht – Rechnungslegung]

(1) Auf das Rechtsverhältnis zwischen dem Testamentsvollstrecker und dem Erben finden die für den Auftrag geltenden Vorschriften der §§ 664, 666 bis 668, 670, des § 673 Satz 2 und des § 674 entsprechende Anwendung.

(2) Bei einer länger dauernden Verwaltung kann der Erbe jährlich Rechnungslegung verlangen.

§ 2219 [Haftung des Testamentsvollstreckers]

(1) Verletzt der Testamentsvollstrecker die ihm obliegenden Verpflichtungen, so ist er, wenn ihm ein Verschulden zur Last fällt, für den daraus entstehenden Schaden dem Erben und, soweit ein Vermächtnis zu vollziehen ist, auch dem Vermächtnisnehmer verantwortlich.

(2) Mehrere Testamentsvollstrecker, denen ein Verschulden zur Last fällt, haften als Gesamtschuldner.

§ 2220 [Zwingende Vorschriften]

Der Erblasser kann den Testamentsvollstrecker nicht von den ihm nach den §§ 2215, 2216, 2218, 2219 obliegenden Verpflichtungen befreien.

§ 2221 [Vergütung]

Der Testamentsvollstrecker kann für die Führung seines Amtes eine angemessene Vergütung verlangen, sofern nicht der Erblasser ein anderes bestimmt hat.

§ 2222 [Nacherbenvollstrecker]

Der Erblasser kann einen Testamentsvollstrecker auch zu dem Zwecke ernennen, daß dieser bis zu dem Eintritt einer angeordneten Nacherbfolge die Rechte des Nacherben ausübt und dessen Pflichten erfüllt.

§ 2223 [Vermächtnisvollstrecker]

Der Erblasser kann einen Testamentsvollstrecker auch zu dem Zwecke ernennen, daß dieser für die Ausführung der einem Vermächtnisnehmer auferlegten Beschwerungen sorgt.

§ 2224 [Mehrere Testamentsvollstrecker]

(1) Mehrere Testamentsvollstrecker führen das Amt gemeinschaftlich; bei einer Meinungsverschiedenheit entscheidet das Nachlaßgericht. Fällt einer von ihnen weg, so führen die übrigen das Amt allein. Der Erblasser kann abweichende Anordnungen treffen.

(2) Jeder Testamentsvollstrecker ist berechtigt, ohne Zustimmung der anderen Testamentsvollstrecker diejenigen Maßregeln zu treffen, welche zur Erhaltung eines der gemeinschaftlichen Verwaltung unterliegenden Nachlaßgegenstandes notwendig sind.

§ 2225 [Erlöschen des Amtes]

Das Amt des Testamentsvollstreckers erlischt, wenn er stirbt oder wenn ein Fall eintritt, in welchem die Ernennung nach § 2201 unwirksam sein würde.

§ 2226 [Kündigung durch Testamentsvollstrecker]
Der Testamentsvollstrecker kann das Amt jederzeit kündigen. Die Kündigung erfolgt durch Erklärung gegenüber dem Nachlaßgerichte. Die Vorschriften des § 671 Abs. 2, 3 finden entsprechende Anwendung.

§ 2227 [Entlassung durch Nachlaßgericht]
(1) Das Nachlaßgericht kann den Testamentsvollstrecker auf Antrag eines der Beteiligten entlassen, wenn ein wichtiger Grund vorliegt; ein solcher Grund ist insbesondere grobe Pflichtverletzung oder Unfähigkeit zur ordnungsmäßigen Geschäftsführung.
(2) Der Testamentsvollstrecker soll vor der Entlassung, wenn tunlich, gehört werden.

§ 2228 [Akteneinsicht]
Das Nachlaßgericht hat die Einsicht der nach § 2198 Abs. 1 Satz 2, § 2199 Abs. 3, § 2202 Abs. 2, § 2226 Satz 2 abgegebenen Erklärungen jedem zu gestatten, der ein rechtliches Interesse glaubhaft macht.

Siebenter Titel
Errichtung und Aufhebung eines Testaments

§ 2229 [Testierfähigkeit]
(1) Ein Minderjähriger kann ein Testament erst errichten, wenn er das sechzehnte Lebensjahr vollendet hat.
(2) Der Minderjährige bedarf zur Errichtung eines Testaments nicht der Zustimmung seines gesetzlichen Vertreters.
(3) (aufgehoben)
(4) Wer wegen krankhafter Störung der Geistestätigkeit, wegen Geistesschwäche oder wegen Bewußtseinsstörung nicht in der Lage ist, die Bedeutung einer von ihm abgegebenen Willenserklärung einzusehen und nach dieser Einsicht zu handeln, kann ein Testament nicht errichten.

§ 2230 (aufgehoben)

§ 2231 [Form der Testamentserrichtung]
Ein Testament kann in ordentlicher Form errichtet werden:
1. zur Niederschrift eines Notars;
2. durch eine vom Erblasser nach § 2247 abgegebene Erklärung.

§ 2232 [Öffentliches Testament]
Zur Niederschrift eines Notars wird ein Testament errichtet, indem der Erblasser dem Notar seinen letzten Willen mündlich erklärt oder ihm eine Schrift mit der Erklärung übergibt, daß die Schrift seinen letzten Willen enthalte. Der Erblasser kann die Schrift offen oder verschlossen übergeben; sie braucht nicht von ihm geschrieben zu sein.

§ 2233 [Sonderfälle der Errichtung]
(1) Ist der Erblasser minderjährig, so kann er das Testament nur durch mündliche Erklärung oder durch Übergabe einer offenen Schrift errichten.
(2) Ist der Erblasser nach seinen Angaben oder nach der Überzeugung des Notars nicht imstande, Geschriebenes zu lesen, so kann er das Testament nur durch mündliche Erklärung errichten.
(3) Vermag der Erblasser nach seinen Angaben oder nach der Überzeugung des Notars nicht hinreichend zu sprechen, so kann er das Testament nur durch Übergabe einer Schrift errichten.

§§ 2234 bis **2246 (weggefallen)**

§ 2247 [Eigenhändiges Testament]

(1) Der Erblasser kann ein Testament durch eine eigenhändig geschriebene und unterschriebene Erklärung errichten.

(2) Der Erblasser soll in der Erklärung angeben, zu welcher Zeit (Tag, Monat und Jahr) und an welchem Ort er sie niedergeschrieben hat.

(3) Die Unterschrift soll den Vornamen und den Familiennamen des Erblassers enthalten. Unterschreibt der Erblasser in anderer Weise und reicht diese Unterzeichnung zur Feststellung der Urheberschaft des Erblassers und der Ernstlichkeit seiner Erklärung aus, so steht eine solche Unterzeichnung der Gültigkeit des Testaments nicht entgegen.

(4) Wer minderjährig ist oder Geschriebenes nicht zu lesen vermag, kann ein Testament nicht nach obigen Vorschriften errichten.

(5) Enthält ein nach Absatz 1 errichtetes Testament keine Angabe über die Zeit der Errichtung und ergeben sich hieraus Zweifel über seine Gültigkeit, so ist das Testament nur dann als gültig anzusehen, wenn sich die notwendigen Feststellungen über die Zeit der Errichtung anderweit treffen lassen. Dasselbe gilt entsprechend für ein Testament, das keine Angabe über den Ort der Errichtung enthält.

§ 2248 [Amtliche Verwahrung]

Ein nach den Vorschriften des § 2247 errichtetes Testament ist auf Verlangen des Erblassers in besondere amtliche Verwahrung zu nehmen (§§ 2258 a, 2258 b). Dem Erblasser soll über das in Verwahrung genommene Testament ein Hinterlegungsschein erteilt werden.

§ 2249 [Nottestament vor dem Bürgermeister]

(1) Ist zu besorgen, daß der Erblasser früher sterben werde, als die Errichtung eines Testaments vor einem Notar möglich ist, so kann er das Testament zur Niederschrift des Bürgermeisters der Gemeinde, in der er sich aufhält, errichten. Der Bürgermeister muß zu der Beurkundung zwei Zeugen zuziehen. Als Zeuge kann nicht zugezogen werden, wer in dem zu beurkundenden Testament bedacht oder zum Testamentsvollstrecker ernannt wird; die Vorschriften der §§ 7, 27 des Beurkundungsgesetzes gelten entsprechend. Für die Errichtung gelten die Vorschriften der §§ 2232, 2233 sowie die Vorschriften der §§ 2, 4, 5 Abs. 1, §§ 6 bis 10, 11 Abs. 1 Satz 2, Abs. 2, § 13 Abs. 1, 3, §§ 16, 17, 23, 24, 26 Abs. 1 Nr. 3, 4, Abs. 2, §§ 27, 28, 30 bis 32, 34, 35 des Beurkundungsgesetzes; der Bürgermeister tritt an die Stelle des Notars. Die Niederschrift muß auch von den Zeugen unterschrieben werden. Vermag der Erblasser nach seinen Angaben oder nach der Überzeugung des Bürgermeisters seinen Namen nicht zu schreiben, so wird die Unterschrift des Erblassers durch die Feststellung dieser Angabe oder Überzeugung in der Niederschrift ersetzt.

(2) Die Besorgnis, daß die Errichtung eines Testaments vor einem Notar nicht mehr möglich sein werde, soll in der Niederschrift festgestellt werden. Der Gültigkeit des Testaments steht nicht entgegen, daß die Besorgnis nicht begründet war.

(3) Der Bürgermeister soll den Erblasser darauf hinweisen, daß das Testament seine Gültigkeit verliert, wenn der Erblasser den Ablauf der im § 2252 Abs. 1, 2 vorgesehenen Frist überlebt. Er soll in der Niederschrift feststellen, daß dieser Hinweis gegeben ist.

(4) Für die Anwendung der vorstehenden Vorschriften steht der Vorsteher eines Gutsbezirks dem Bürgermeister einer Gemeinde gleich.

(5) Das Testament kann auch vor demjenigen errichtet werden, der nach den gesetzlichen Vorschriften zur Vertretung des Bürgermeisters oder des Gutsvorstehers befugt ist. Der Vertreter soll in der Niederschrift angeben, worauf sich seine Vertretungsbefugnis stützt.

(6) Sind bei Abfassung der Niederschrift über die Errichtung des in den vorstehenden Absätzen vorgesehenen Testaments Formfehler unterlaufen, ist aber dennoch mit Sicherheit

anzunehmen, daß das Testament eine zuverlässige Wiedergabe der Erklärung des Erblassers enthält, so steht der Formverstoß der Wirksamkeit der Beurkundung nicht entgegen.

§ 2250 [Dreizeugentestament]

(1) Wer sich an einem Ort aufhält, der infolge außerordentlicher Umstände dergestalt abgesperrt ist, daß die Errichtung eines Testaments vor einem Notar nicht möglich oder erheblich erschwert ist, kann das Testament in der durch § 2249 bestimmten Form oder durch mündliche Erklärung vor drei Zeugen errichten.

(2) Wer sich in so naher Todesgefahr befindet, daß voraussichtlich auch die Errichtung eines Testaments nach § 2249 nicht mehr möglich ist, kann das Testament durch mündliche Erklärung vor drei Zeugen errichten.

(3) Wird das Testament durch mündliche Erklärung vor drei Zeugen errichtet, so muß hierüber eine Niederschrift aufgenommen werden. Auf die Zeugen sind die Vorschriften der § 6 Abs. 1 Nr. 1 bis 3, §§ 7, 26 Abs. 2 Nr. 2 bis 5, § 27 des Beurkundungsgesetzes, auf die Niederschrift sind die Vorschriften der §§ 8 bis 10, 11 Abs. 1 Satz 2, Abs. 2, § 13 Abs. 1, 3 Satz 1, §§ 23, 28 des Beurkundungsgesetzes sowie die Vorschriften des § 2249 Abs. 1 Satz 5, 6, Abs. 2, 6 entsprechend anzuwenden. Die Niederschrift kann außer in der deutschen auch in einer anderen Sprache aufgenommen werden. Der Erblasser und die Zeugen müssen der Sprache der Niederschrift hinreichend kundig sein; dies soll in der Niederschrift festgestellt werden, wenn sie in einer anderen als der deutschen Sprache aufgenommen wird.

§ 2251 [Seetestament]

Wer sich während einer Seereise an Bord eines deutschen Schiffes außerhalb eines inländischen Hafens befindet, kann ein Testament durch mündliche Erklärung vor drei Zeugen nach § 2250 Abs. 3 errichten.

§ 2252 [Gültigkeitsdauer der Nottestamente]

(1) Ein nach § 2249, § 2250 oder § 2251 errichtetes Testament gilt als nicht errichtet, wenn seit der Errichtung drei Monate verstrichen sind und der Erblasser noch lebt.

(2) Beginn und Lauf der Frist sind gehemmt, solange der Erblasser außerstande ist, ein Testament vor einem Notar zu errichten.

(3) Tritt im Falle des § 2251 der Erblasser vor dem Ablauf der Frist eine neue Seereise an, so wird die Frist mit der Wirkung unterbrochen, daß nach Beendigung der neuen Reise die volle Frist von neuem zu laufen beginnt.

(4) Wird der Erblasser nach dem Ablauf der Frist für tot erklärt oder wird seine Todeszeit nach den Vorschriften des Verschollenheitsgesetzes festgestellt, so behält das Testament seine Kraft, wenn die Frist zu der Zeit, zu welcher der Erblasser nach den vorhandenen Nachrichten noch gelebt hat, noch nicht verstrichen war.

§ 2253 [Widerruf des Testaments]

Der Erblasser kann ein Testament sowie eine einzelne in einem Testament enthaltene Verfügung jederzeit widerrufen.

§ 2254 [Widerruf durch Testament]

Der Widerruf erfolgt durch Testament.

§ 2255 [Widerruf durch Vernichtung oder Veränderung]

Ein Testament kann auch dadurch widerrufen werden, daß der Erblasser in der Absicht, es aufzuheben, die Testamentsurkunde vernichtet oder an ihr Veränderungen vornimmt, durch die der Wille, eine schriftliche Willenserklärung aufzuheben, ausgedrückt zu werden pflegt. Hat der Erblasser die Testamentsurkunde vernichtet oder in der bezeichneten Weise verändert, so wird vermutet, daß er die Aufhebung des Testaments beabsichtigt habe.

§ 2256 [Widerruf durch Rücknahme aus amtlicher Verwahrung]

(1) Ein vor einem Notar oder nach § 2249 errichtetes Testament gilt als widerrufen, wenn die in amtliche Verwahrung genommene Urkunde dem Erblasser zurückgegeben wird. Die zurückgebende Stelle soll den Erblasser über die im Satz 1 vorgesehene Folge der Rückgabe belehren, dies auf der Urkunde vermerken und aktenkundig machen, daß beides geschehen ist.

(2) Der Erblasser kann die Rückgabe jederzeit verlangen. Das Testament darf nur an den Erblasser persönlich zurückgegeben werden.

(3) Die Vorschriften des Absatzes 2 gelten auch für ein nach § 2248 hinterlegtes Testament; die Rückgabe ist auf die Wirksamkeit des Testaments ohne Einfluß.

§ 2257 [Widerruf des Widerrufs]

Wird der durch Testament erfolgte Widerruf einer letztwilligen Verfügung widerrufen, so ist im Zweifel die Verfügung wirksam, wie wenn sie nicht widerrufen worden wäre.

§ 2258 [Widerruf durch späteres Testament]

(1) Durch die Errichtung eines Testaments wird ein früheres Testament insoweit aufgehoben, als das spätere Testament mit dem früheren in Widerspruch steht.

(2) Wird das spätere Testament widerrufen, so ist im Zweifel das frühere Testament in gleicher Weise wirksam, wie wenn es nicht aufgehoben worden wäre.

§ 2258 a [Zuständigkeit für amtliche Verwahrung]

(1) Für die besondere amtliche Verwahrung der Testamente sind die Amtsgerichte zuständig.

(2) Örtlich zuständig ist:

1. wenn das Testament vor einem Notar errichtet ist, das Amtsgericht, in dessen Bezirk der Notar seinen Amtssitz hat;
2. wenn das Testament vor dem Bürgermeister einer Gemeinde oder dem Vorsteher eines Gutsbezirks errichtet ist, das Amtsgericht, zu dessen Bezirk die Gemeinde oder der Gutsbezirk gehört;
3. wenn das Testament nach § 2247 errichtet ist, jedes Amtsgericht.

(3) Der Erblasser kann jederzeit die Verwahrung bei einem anderen Amtsgericht verlangen.

§ 2258 b [Verfahren bei der amtlichen Verwahrung]

(1) Die Annahme zur Verwahrung sowie die Herausgabe des Testaments ist von dem Richter anzuordnen und von ihm und dem Urkundsbeamten der Geschäftsstelle gemeinschaftlich zu bewirken.

(2) Die Verwahrung erfolgt unter gemeinschaftlichem Verschluß des Richters und des Urkundsbeamten der Geschäftsstelle.

(3) Dem Erblasser soll über das in Verwahrung genommene Testament ein Hinterlegungsschein erteilt werden. Der Hinterlegungsschein ist von dem Richter und dem Urkundsbeamten der Geschäftsstelle zu unterschreiben und mit dem Dienstsiegel zu versehen.

§ 2259 [Ablieferung des Testaments]

(1) Wer ein Testament, das nicht in besondere amtliche Verwahrung gebracht ist, im Besitz hat, ist verpflichtet, es unverzüglich, nachdem er von dem Tode des Erblassers Kenntnis erlangt hat, an das Nachlaßgericht abzuliefern.

(2) Befindet sich ein Testament bei einer anderen Behörde als einem Gericht in amtlicher Verwahrung, so ist es nach dem Tode des Erblassers an das Nachlaßgericht abzuliefern. Das Nachlaßgericht hat, wenn es von dem Testament Kenntnis erlangt, die Ablieferung zu veranlassen.

§ 2260 [Testamentseröffnung durch das Nachlaßgericht]
(1) Das Nachlaßgericht hat, sobald es von dem Tode des Erblassers Kenntnis erlangt, zur Eröffnung eines in seiner Verwahrung befindlichen Testaments einen Termin zu bestimmen. Zu dem Termin sollen die gesetzlichen Erben des Erblassers und die sonstigen Beteiligten, soweit tunlich, geladen werden.
(2) In dem Termin ist das Testament zu öffnen, den Beteiligten zu verkünden und ihnen auf Verlangen vorzulegen. Die Verkündung darf im Falle der Vorlegung unterbleiben. Die Verkündung unterbleibt ferner, wenn im Termin keiner der Beteiligten erscheint.
(3) Über die Eröffnung ist eine Niederschrift aufzunehmen. War das Testament verschlossen, so ist in der Niederschrift festzustellen, ob der Verschluß unversehrt war.

§ 2261 [Eröffnung durch ein anderes Gericht]
Hat ein anderes Gericht als das Nachlaßgericht das Testament in amtlicher Verwahrung, so liegt dem anderen Gericht die Eröffnung des Testaments ob. Das Testament ist nebst einer beglaubigten Abschrift der über die Eröffnung aufgenommenen Niederschrift dem Nachlaßgericht zu übersenden; eine beglaubigte Abschrift des Testaments ist zurückzubehalten.

§ 2262 [Benachrichtigung der abwesenden Beteiligten]
Das Nachlaßgericht hat die Beteiligten, welche bei der Eröffnung des Testaments nicht zugegen gewesen sind, von dem sie betreffenden Inhalt des Testaments in Kenntnis zu setzen.

§ 2263 [Nichtigkeit eines Eröffnungsverbots]
Eine Anordnung des Erblassers, durch die er verbietet, das Testament alsbald nach seinem Tode zu eröffnen, ist nichtig.

§ 2263 a [Eröffnung nach dreißigjähriger Verwahrung]
Befindet sich ein Testament seit mehr als dreißig Jahren in amtlicher Verwahrung, so hat die verwahrende Stelle von Amts wegen, soweit tunlich, Ermittlungen darüber anzustellen, ob der Erblasser noch lebt. Führen die Ermittlungen nicht zu der Feststellung des Fortlebens des Erblassers, so ist das Testament zu eröffnen. Die Vorschriften der §§ 2260 bis 2262 sind entsprechend anzuwenden.

§ 2264 [Einsichtnahme, Abschrifterteilung]
Wer ein rechtliches Interesse glaubhaft macht, ist berechtigt, ein eröffnetes Testament einzusehen sowie eine Abschrift des Testaments oder einzelner Teile zu fordern; die Abschrift ist auf Verlangen zu beglaubigen.

Achter Titel
Gemeinschaftliches Testament

§ 2265 [Errichtung nur durch Ehegatten]
Ein gemeinschaftliches Testament kann nur von Ehegatten errichtet werden.

§ 2266 [Gemeinschaftliches Nottestament]
Ein gemeinschaftliches Testament kann nach den §§ 2249, 2250 auch dann errichtet werden, wenn die dort vorgesehenen Voraussetzungen nur bei einem der Ehegatten vorliegen.

§ 2267 [Gemeinschaftliches eigenhändiges Testament]
Zur Errichtung eines gemeinschaftlichen Testaments nach § 2247 genügt es, wenn einer der Ehegatten das Testament in der dort vorgeschriebenen Form errichtet und der andere Ehegatte die gemeinschaftliche Erklärung eigenhändig mitunterzeichnet. Der mitunterzeichnende Ehegatte soll hierbei angeben, zu welcher Zeit (Tag, Monat und Jahr) und an welchem Ort er seine Unterschrift beigefügt hat.

§ 2268 [Nichtigkeit oder Auflösung der Ehe]

(1) Ein gemeinschaftliches Testament ist in den Fällen des § 2077 seinem ganzen Inhalte nach unwirksam.

(2) Wird die Ehe vor dem Tode eines der Ehegatten aufgelöst oder liegen die Voraussetzungen des § 2077 Abs. 1 Satz 2 oder 3 vor, so bleiben die Verfügungen insoweit wirksam, als anzunehmen ist, daß sie auch für diesen Fall getroffen sein würden.

§ 2269 [Berliner Testament]

(1) Haben die Ehegatten in einem gemeinschaftlichen Testamente, durch das sie sich gegenseitig als Erben einsetzen, bestimmt, daß nach dem Tode des Überlebenden der beiderseitige Nachlaß an einen Dritten fallen soll, so ist im Zweifel anzunehmen, daß der Dritte für den gesamten Nachlaß als Erbe des zuletzt versterbenden Ehegatten eingesetzt ist.

(2) Haben die Ehegatten in einem solchen Testament ein Vermächtnis angeordnet, das nach dem Tode des Überlebenden erfüllt werden soll, so ist im Zweifel anzunehmen, daß das Vermächtnis dem Bedachten erst mit dem Tode des Überlebenden anfallen soll.

§ 2270 [Wechselbezügliche Verfügungen]

(1) Haben die Ehegatten in einem gemeinschaftlichen Testamente Verfügungen getroffen, von denen anzunehmen ist, daß die Verfügung des einen nicht ohne die Verfügung des anderen getroffen sein würde, so hat die Nichtigkeit oder der Widerruf der einen Verfügung die Unwirksamkeit der anderen zur Folge.

(2) Ein solches Verhältnis der Verfügungen zueinander ist im Zweifel anzunehmen, wenn sich die Ehegatten gegenseitig bedenken oder wenn dem einen Ehegatten von dem anderen eine Zuwendung gemacht und für den Fall des Überlebens des Bedachten eine Verfügung zugunsten einer Person getroffen wird, die mit dem anderen Ehegatten verwandt ist oder ihm sonst nahe steht.

(3) Auf andere Verfügungen als Erbeinsetzungen, Vermächtnisse oder Auflagen findet die Vorschrift des Absatzes 1 keine Anwendung.

§ 2271 [Widerruf wechselbezüglicher Verfügungen]

(1) Der Widerruf einer Verfügung, die mit einer Verfügung des anderen Ehegatten in dem im § 2270 bezeichneten Verhältnis steht, erfolgt bei Lebzeiten der Ehegatten nach den für den Rücktritt von einem Erbvertrage geltenden Vorschriften des § 2296. Durch eine neue Verfügung von Todes wegen kann ein Ehegatte bei Lebzeiten des anderen seine Verfügung nicht einseitig aufheben.

(2) Das Rccht zum Widerruf erlischt mit dem Tode des anderen Ehegatten; der Überlebende kann jedoch seine Verfügung aufheben, wenn er das ihm Zugewendete ausschlägt. Auch nach der Annahme der Zuwendung ist der Überlebende zur Aufhebung nach Maßgabe des § 2294 und des § 2336 berechtigt.

(3) Ist ein pflichtteilsberechtigter Abkömmling der Ehegatten oder eines der Ehegatten bedacht, so findet die Vorschrift des § 2289 Abs. 2 entsprechende Anwendung.

§ 2272 [Rücknahme aus amtlicher Verwahrung]

Ein gemeinschaftliches Testament kann nach § 2256 nur von beiden Ehegatten zurückgenommen werden.

§ 2273 [Eröffnung]

(1) Bei der Eröffnung eines gemeinschaftlichen Testaments sind die Verfügungen des überlebenden Ehegatten, soweit sie sich sondern lassen, weder zu verkünden noch sonst zur Kenntnis der Beteiligten zu bringen.

(2) Von den Verfügungen des verstorbenen Ehegatten ist eine beglaubigte Abschrift anzufertigen. Das Testament ist wieder zu verschließen und in die besondere amtliche Verwahrung zurückzubringen.
(3) Die Vorschriften des Absatzes 2 gelten nicht, wenn das Testament nur Anordnungen enthält, die sich auf den Erbfall beziehen, der mit dem Tode des erstversterbenden Ehegatten eintritt, insbesondere wenn das Testament sich auf die Erklärung beschränkt, daß die Ehegatten sich gegenseitig zu Erben einsetzen.

Vierter Abschnitt
Erbvertrag

§ 2274 [Persönlicher Abschluß]
Der Erblasser kann einen Erbvertrag nur persönlich schließen.

§ 2275 [Voraussetzungen]
(1) Einen Erbvertrag kann als Erblasser nur schließen, wer unbeschränkt geschäftsfähig ist.
(2) Ein Ehegatte kann als Erblasser mit seinem Ehegatten einen Erbvertrag schließen, auch wenn er in der Geschäftsfähigkeit beschränkt ist. Er bedarf in diesem Falle der Zustimmung seines gesetzlichen Vertreters; ist der gesetzliche Vertreter ein Vormund, so ist auch die Genehmigung des Vormundschaftsgerichts erforderlich.
(3) Die Vorschriften des Absatzes 2 gelten auch für Verlobte.

§ 2276 [Form]
(1) Ein Erbvertrag kann nur zur Niederschrift eines Notars bei gleichzeitiger Anwesenheit beider Teile geschlossen werden. Die Vorschriften der § 2231 Nr. 1, §§ 2232, 2233 sind anzuwenden; was nach diesen Vorschriften für den Erblasser gilt, gilt für jeden der Vertragschließenden.
(2) Für einen Erbvertrag zwischen Ehegatten oder zwischen Verlobten, der mit einem Ehevertrag in derselben Urkunde verbunden wird, genügt die für den Ehevertrag vorgeschriebene Form.

§ 2277 [Amtliche Verwahrung]
Wird ein Erbvertrag in besondere amtliche Verwahrung genommen, so soll jedem der Vertragschließenden ein Hinterlegungsschein erteilt werden.

§ 2278 [Vertragsmäßige Verfügungen]
(1) In einem Erbvertrage kann jeder der Vertragschließenden vertragsmäßige Verfügungen von Todes wegen treffen.
(2) Andere Verfügungen als Erbeinsetzungen, Vermächtnisse und Auflagen können vertragsmäßig nicht getroffen werden.

§ 2279 [Vertragsmäßige Zuwendungen und Auflagen]
(1) Auf vertragsmäßige Zuwendungen und Auflagen finden die für letztwillige Zuwendungen und Auflagen geltenden Vorschriften entsprechende Anwendung.
(2) Die Vorschriften des § 2077 gelten für einen Erbvertrag zwischen Ehegatten oder Verlobten auch insoweit, als ein Dritter bedacht ist.

§ 2280 [Auslegungsregeln bei Ehegattenerbvertrag]
Haben Ehegatten in einem Erbvertrage, durch den sie sich gegenseitig als Erben einsetzen, bestimmt, daß nach dem Tode des Überlebenden der beiderseitige Nachlaß an einen Dritten fallen soll, oder ein Vermächtnis angeordnet, das nach dem Tode des Überlebenden zu erfüllen ist, so finden die Vorschriften des § 2269 entsprechende Anwendung.

§ 2281 [Anfechtung durch den Erblasser]

(1) Der Erbvertrag kann auf Grund der §§ 2078, 2079 auch von dem Erblasser angefochten werden; zur Anfechtung auf Grund des § 2079 ist erforderlich, daß der Pflichtteilsberechtigte zur Zeit der Anfechtung vorhanden ist.

(2) Soll nach dem Tode des anderen Vertragschließenden eine zugunsten eines Dritten getroffene Verfügung von dem Erblasser angefochten werden, so ist die Anfechtung dem Nachlaßgerichte gegenüber zu erklären. Das Nachlaßgericht soll die Erklärung dem Dritten mitteilen.

§ 2282 [Form der Anfechtung]

(1) Die Anfechtung kann nicht durch einen Vertreter des Erblassers erfolgen. Ist der Erblasser in der Geschäftsfähigkeit beschränkt, so bedarf er zur Anfechtung nicht der Zustimmung seines gesetzlichen Vertreters.

(2) Für einen geschäftsunfähigen Erblasser kann sein gesetzlicher Vertreter mit Genehmigung des Vormundschaftsgerichts den Erbvertrag anfechten.

(3) Die Anfechtungserklärung bedarf der notariellen Beurkundung.

§ 2283 [Anfechtungsfrist]

(1) Die Anfechtung durch den Erblasser kann nur binnen Jahresfrist erfolgen.

(2) Die Frist beginnt im Falle der Anfechtbarkeit wegen Drohung mit dem Zeitpunkt, in welchem die Zwangslage aufhört, in den übrigen Fällen mit dem Zeitpunkt, in welchem der Erblasser von dem Anfechtungsgrunde Kenntnis erlangt. Auf den Lauf der Frist finden die für die Verjährung geltenden Vorschriften der §§ 203, 206 entsprechende Anwendung.

(3) Hat im Falle des § 2282 Abs. 2 der gesetzliche Vertreter den Erbvertrag nicht rechtzeitig angefochten, so kann nach dem Wegfalle der Geschäftsunfähigkeit der Erblasser selbst den Erbvertrag in gleicher Weise anfechten, wie wenn er ohne gesetzlichen Vertreter gewesen wäre.

§ 2284 [Bestätigung]

Die Bestätigung eines anfechtbaren Erbvertrags kann nur durch den Erblasser persönlich erfolgen. Ist der Erblasser in der Geschäftsfähigkeit beschränkt, so ist die Bestätigung ausgeschlossen.

§ 2285 [Anfechtung durch Dritte]

Die im § 2080 bezeichneten Personen können den Erbvertrag auf Grund der §§ 2078, 2079 nicht mehr anfechten, wenn das Anfechtungsrecht des Erblassers zur Zeit des Erbfalls erloschen ist.

§ 2286 [Verfügungen unter Lebenden]

Durch den Erbvertrag wird das Recht des Erblassers, über sein Vermögen durch Rechtsgeschäft unter Lebenden zu verfügen, nicht beschränkt.

§ 2287 [Schenkungen in Beeinträchtigungsabsicht]

(1) Hat der Erblasser in der Absicht, den Vertragserben zu beeinträchtigen, eine Schenkung gemacht, so kann der Vertragserbe, nachdem ihm die Erbschaft angefallen ist, von dem Beschenkten die Herausgabe des Geschenkes nach den Vorschriften über die Herausgabe einer ungerechtfertigten Bereicherung fordern.

(2) Der Anspruch verjährt in drei Jahren von dem Anfalle der Erbschaft an.

§ 2288 [Beeinträchtigung des Vermächtnisnehmers]

(1) Hat der Erblasser den Gegenstand eines vertragsmäßig angeordneten Vermächtnisses in der Absicht, den Bedachten zu beeinträchtigen, zerstört, beiseite geschafft oder beschädigt, so tritt, soweit der Erbe dadurch außerstande gesetzt ist, die Leistung zu bewirken, an die Stelle des Gegenstandes der Wert.

(2) Hat der Erblasser den Gegenstand in der Absicht, den Bedachten zu beeinträchtigen, veräußert oder belastet, so ist der Erbe verpflichtet, dem Bedachten den Gegenstand zu verschaffen oder die Belastung zu beseitigen; auf diese Verpflichtung finden die Vorschriften des § 2170 Abs. 2 entsprechende Anwendung. Ist die Veräußerung oder die Belastung schenkweise erfolgt, so steht dem Bedachten, soweit er Ersatz nicht von dem Erben erlangen kann, der im § 2287 bestimmte Anspruch gegen den Beschenkten zu.

§ 2289 [Frühere Verfügungen]

(1) Durch den Erbvertrag wird eine frühere letztwillige Verfügung des Erblassers aufgehoben, soweit sie das Recht des vertragsmäßig Bedachten beeinträchtigen würde. In dem gleichen Umfang ist eine spätere Verfügung von Todes wegen unwirksam, unbeschadet der Vorschrift des § 2297.

(2) Ist der Bedachte ein pflichtteilsberechtigter Abkömmling des Erblassers, so kann der Erblasser durch eine spätere letztwillige Verfügung die nach § 2338 zulässigen Anordnungen treffen.

§ 2290 [Aufhebung durch Vertrag]

(1) Ein Erbvertrag sowie eine einzelne vertragsmäßige Verfügung kann durch Vertrag von den Personen aufgehoben werden, die den Erbvertrag geschlossen haben. Nach dem Tode einer dieser Personen kann die Aufhebung nicht mehr erfolgen.

(2) Der Erblasser kann den Vertrag nur persönlich schließen. Ist er in der Geschäftsfähigkeit beschränkt, so bedarf er nicht der Zustimmung seines gesetzlichen Vertreters.

(3) Steht der andere Teil unter Vormundschaft oder wird die Aufhebung vom Aufgabenkreis eines Betreuers erfaßt, so ist die Genehmigung des Vormundschaftsgerichts erforderlich. Das gleiche gilt, wenn er unter elterlicher Sorge steht, es sei denn, daß der Vertrag unter Ehegatten oder unter Verlobten geschlossen wird.

(4) Der Vertrag bedarf der im § 2276 für den Erbvertrag vorgeschriebenen Form.

§ 2291 [Aufhebung durch Testament]

(1) Eine vertragsmäßige Verfügung, durch die ein Vermächtnis oder eine Auflage angeordnet ist, kann von dem Erblasser durch Testament aufgehoben werden. Zur Wirksamkeit der Aufhebung ist die Zustimmung des anderen Vertragschließenden erforderlich; die Vorschriften des § 2290 Abs. 3 finden Anwendung.

(2) Die Zustimmungserklärung bedarf der notariellen Beurkundung; die Zustimmung ist unwiderruflich.

§ 2292 [Aufhebung durch gemeinschaftliches Testament]

Ein zwischen Ehegatten geschlossener Erbvertrag kann auch durch ein gemeinschaftliches Testament der Ehegatten aufgehoben werden; die Vorschriften des § 2290 Abs. 3 finden Anwendung.

§ 2293 [Rücktritt bei Vorbehalt]

Der Erblasser kann von dem Erbvertrage zurücktreten, wenn er sich den Rücktritt im Vertrage vorbehalten hat.

§ 2294 [Rücktritt bei Verfehlungen des Bedachten]

Der Erblasser kann von einer vertragsmäßigen Verfügung zurücktreten, wenn sich der Bedachte einer Verfehlung schuldig macht, die den Erblasser zur Entziehung des Pflichtteils berechtigt oder, falls der Bedachte nicht zu den Pflichtteilsberechtigten gehört, zu der Entziehung berechtigen würde, wenn der Bedachte ein Abkömmling des Erblassers wäre.

§ 2295 [Rücktritt bei Aufhebung der Gegenverpflichtung]

Der Erblasser kann von einer vertragsmäßigen Verfügung zurücktreten, wenn die Verfügung mit Rücksicht auf eine rechtsgeschäftliche Verpflichtung des Bedachten, dem Erblasser für dessen Lebenszeit wiederkehrende Leistungen zu entrichten, insbesondere Unterhalt zu gewähren, getroffen ist und die Verpflichtung vor dem Tode des Erblassers aufgehoben wird.

§ 2296 [Höchstpersönlichkeit – Form]

(1) Der Rücktritt kann nicht durch einen Vertreter erfolgen. Ist der Erblasser in der Geschäftsfähigkeit beschränkt, so bedarf er nicht der Zustimmung seines gesetzlichen Vertreters.

(2) Der Rücktritt erfolgt durch Erklärung gegenüber dem anderen Vertragschließenden. Die Erklärung bedarf der notariellen Beurkundung.

§ 2297 [Rücktritt durch Testament]

Soweit der Erblasser zum Rücktritt berechtigt ist, kann er nach dem Tode des anderen Vertragschließenden die vertragsmäßige Verfügung durch Testament aufheben. In den Fällen des § 2294 finden die Vorschriften des § 2336 Abs. 2 bis 4 entsprechende Anwendung.

§ 2298 [Gegenseitiger Erbvertrag]

(1) Sind in einem Erbvertrage von beiden Teilen vertragsmäßige Verfügungen getroffen, so hat die Nichtigkeit einer dieser Verfügungen die Unwirksamkeit des ganzen Vertrags zur Folge.

(2) Ist in einem solchen Vertrage der Rücktritt vorbehalten, so wird durch den Rücktritt eines der Vertragschließenden der ganze Vertrag aufgehoben. Das Rücktrittsrecht erlischt mit dem Tode des anderen Vertragschließenden. Der Überlebende kann jedoch, wenn er das ihm durch den Vertrag Zugewendete ausschlägt, seine Verfügung durch Testament aufheben.

(3) Die Vorschriften des Absatzes 1 und des Absatzes 2 Satz 1, 2 finden keine Anwendung, wenn ein anderer Wille der Vertragschließenden anzunehmen ist.

§ 2299 [Einseitige Verfügungen]

(1) Jeder der Vertragschließenden kann in dem Erbvertrag einseitig jede Verfügung treffen, die durch Testament getroffen werden kann.

(2) Für eine Verfügung dieser Art gilt das gleiche, wie wenn sie durch Testament getroffen worden wäre. Die Verfügung kann auch in einem Vertrage aufgehoben werden, durch den eine vertragsmäßige Verfügung aufgehoben wird.

(3) Wird der Erbvertrag durch Ausübung des Rücktrittsrechts oder durch Vertrag aufgehoben, so tritt die Verfügung außer Kraft, sofern nicht ein andere Wille des Erblassers anzunehmen ist.

§ 2300 [Amtliche Verwahrung – Eröffnung des Erbvertrages]

Die für die amtliche Verwahrung und die Eröffnung eines Testaments geltenden Vorschriften der §§ 2258 a bis 2263, 2273 sind auf den Erbvertrag entsprechend anzuwenden, die Vorschriften des § 2273 Abs. 2, 3 jedoch nur dann, wenn sich der Erbvertrag in besonderer amtlicher Verwahrung befindet.

§ 2300 a [Eröffnungsfrist]

Befindet sich ein Erbvertrag seit mehr als fünfzig Jahren in amtlicher Verwahrung, so ist § 2263 a entsprechend anzuwenden.

§ 2301 [Schenkungsversprechen von Todes wegen]

(1) Auf ein Schenkungsversprechen, welches unter der Bedingung erteilt wird, daß der Beschenkte den Schenker überlebt, finden die Vorschriften über Verfügungen von Todes wegen Anwendung. Das gleiche gilt für ein schenkweise unter dieser Bedingung erteiltes Schuldversprechen oder Schuldanerkenntnis der in den §§ 780, 781 bezeichneten Art.

(2) Vollzieht der Schenker die Schenkung durch Leistung des zugewendeten Gegenstandes, so finden die Vorschriften über Schenkungen unter Lebenden Anwendung.

§ 2302 [Unbeschränkbare Testierfreiheit]

Ein Vertrag, durch den sich jemand verpflichtet, eine Verfügung von Todes wegen zu errichten oder nicht zu errichten, aufzuheben oder nicht aufzuheben, ist nichtig.

Fünfter Abschnitt

Pflichtteil

§ 2303 [Pflichtteilberechtigte – Höhe]

(1) Ist ein Abkömmling des Erblassers durch Verfügung von Todes wegen von der Erbfolge ausgeschlossen, so kann er von dem Erben den Pflichtteil verlangen. Der Pflichtteil besteht in der Hälfte des Wertes des gesetzlichen Erbteils.

(2) Das gleiche Recht steht den Eltern und dem Ehegatten des Erblassers zu, wenn sie durch Verfügung von Todes wegen von der Erbfolge ausgeschlossen sind. Die Vorschriften des § 1371 bleiben unberührt.

§ 2304 [Auslegungsregel]

Die Zuwendung des Pflichtteils ist im Zweifel nicht als Erbeinsetzung anzusehen.

§ 2305 [Zusatzpflichtteil]

Ist einem Pflichtteilsberechtigten ein Erbteil hinterlassen, der geringer ist als die Hälfte des gesetzlichen Erbteils, so kann der Pflichtteilsberechtigte von den Miterben als Pflichtteil den Wert des an der Hälfte fehlenden Teiles verlangen.

§ 2306 [Beschränkung und Beschwerung]

(1) Ist ein als Erbe berufener Pflichtteilsberechtigter durch die Einsetzung eines Nacherben, die Ernennung eines Testamentsvollstreckers oder eine Teilungsanordnung beschränkt oder ist er mit einem Vermächtnis oder einer Auflage beschwert, so gilt die Beschränkung oder die Beschwerung als nicht angeordnet, wenn der ihm hinterlassene Erbteil die Hälfte des gesetzlichen Erbteils nicht übersteigt. Ist der hinterlassene Erbteil größer, so kann der Pflichtteilsberechtigte den Pflichtteil verlangen, wenn er den Erbteil ausschlägt; die Ausschlagungsfrist beginnt erst, wenn der Pflichtteilsberechtigte von der Beschränkung oder der Beschwerung Kenntnis erlangt.

(2) Einer Beschränkung der Erbeinsetzung steht es gleich, wenn der Pflichtteilsberechtigte als Nacherbe eingesetzt ist.

§ 2307 [Pflichtteilsanspruch bei Ausschlagung des Vermächtnisses]

(1) Ist ein Pflichtteilsberechtigter mit einem Vermächtnisse bedacht, so kann er den Pflichtteil verlangen, wenn er das Vermächtnis ausschlägt. Schlägt er nicht aus, so steht ihm ein Recht auf den Pflichtteil nicht zu, soweit der Wert des Vermächtnisses reicht; bei der Berechnung des Wertes bleiben Beschränkungen und Beschwerungen der im § 2306 bezeichneten Art außer Betracht.

(2) Der mit dem Vermächtnisse beschwerte Erbe kann den Pflichtteilsberechtigten unter Bestimmung einer angemessenen Frist zur Erklärung über die Annahme des Vermächtnisses auffordern. Mit dem Ablaufe der Frist gilt das Vermächtnis als ausgeschlagen, wenn nicht vorher die Annahme erklärt wird.

§ 2308 [Anfechtung der Ausschlagung]

(1) Hat ein Pflichtteilsberechtigter, der als Erbe oder als Vermächtnisnehmer in der im § 2306 bezeichneten Art beschränkt oder beschwert ist, die Erbschaft oder das Vermächtnis ausgeschlagen, so kann er die Ausschlagung anfechten, wenn die Beschränkung oder die

Beschwerung zur Zeit der Ausschlagung weggefallen und der Wegfall ihm nicht bekannt war.

(2) Auf die Anfechtung der Ausschlagung eines Vermächtnisses finden die für die Anfechtung der Ausschlagung einer Erbschaft geltenden Vorschriften entsprechende Anwendung. Die Anfechtung erfolgt durch Erklärung gegenüber dem Beschwerten.

§ 2309 [Pflichtteilsrecht der Eltern und entfernteren Abkömmlinge]

Entferntere Abkömmlinge und die Eltern des Erblassers sind insoweit nicht pflichtteilsberechtigt, als ein Abkömmling, der sie im Falle der gesetzlichen Erbfolge ausschließen würde, den Pflichtteil verlangen kann oder das ihm Hinterlassene annimmt.

§ 2310 [Feststellung des Erbteils]

Bei der Feststellung des für die Berechnung des Pflichtteils maßgebenden Erbteils werden diejenigen mitgezählt, welche durch letztwillige Verfügung von der Erbfolge ausgeschlossen sind oder die Erbschaft ausgeschlagen haben oder für erbunwürdig erklärt sind. Wer durch Erbverzicht von der gesetzlichen Erbfolge ausgeschlossen ist, wird nicht mitgezählt.

§ 2311 [Nachlaßwert]

(1) Der Berechnung des Pflichtteils wird der Bestand und der Wert des Nachlasses zur Zeit des Erbfalls zugrunde gelegt. Bei der Berechnung des Pflichtteils eines Abkömmlings und der Eltern des Erblassers bleibt der dem überlebenden Ehegatten gebührende Voraus außer Ansatz.

(2) Der Wert ist, soweit erforderlich, durch Schätzung zu ermitteln. Eine vom Erblasser getroffene Wertbestimmung ist nicht maßgebend.

§ 2312 [Landgut]

(1) Hat der Erblasser angeordnet oder ist nach § 2049 anzunehmen, daß einer von mehreren Erben das Recht haben soll, ein zum Nachlasse gehörendes Landgut zu dem Ertragswerte zu übernehmen, so ist, wenn von dem Rechte Gebrauch gemacht wird, der Ertragswert auch für die Berechnung des Pflichtteils maßgebend. Hat der Erblasser einen anderen Übernahmepreis bestimmt, so ist dieser maßgebend, wenn er den Ertragswert erreicht und den Schätzungswert nicht übersteigt.

(2) Hinterläßt der Erblasser nur einen Erben, so kann er anordnen, daß der Berechnung des Pflichtteils der Ertragswert oder ein nach Absatz 1 Satz 2 bestimmter Wert zugrunde gelegt werden soll.

(3) Diese Vorschriften finden nur Anwendung, wenn der Erbe, der das Landgut erwirbt, zu den im § 2303 bezeichneten pflichtteilsberechtigten Personen gehört.

§ 2313 [Bedingte und ungewisse Rechte]

(1) Bei der Feststellung des Wertes des Nachlasses bleiben Rechte und Verbindlichkeiten, die von einer aufschiebenden Bedingung abhängig sind, außer Ansatz. Rechte und Verbindlichkeiten, die von einer auflösenden Bedingung abhängig sind, kommen als unbedingte in Ansatz. Tritt die Bedingung ein, so hat die der veränderten Rechtslage entsprechende Ausgleichung zu erfolgen.

(2) Für ungewisse oder unsichere Rechte sowie für zweifelhafte Verbindlichkeiten gilt das gleiche wie für Rechte und Verbindlichkeiten, die von einer aufschiebenden Bedingung abhängig sind. Der Erbe ist dem Pflichtteilsberechtigten gegenüber verpflichtet, für die Feststellung eines ungewissen und für die Verfolgung eines unsicheren Rechtes zu sorgen, soweit es einer ordnungsmäßigen Verwaltung entspricht.

§ 2314 [Auskunftspflicht des Erben]

(1) Ist der Pflichtteilsberechtigte nicht Erbe, so hat ihm der Erbe auf Verlangen über den Bestand des Nachlasses Auskunft zu erteilen. Der Pflichtteilsberechtigte kann verlangen,

daß er bei der Aufnahme des ihm nach § 260 vorzulegenden Verzeichnisses der Nachlaßgegenstände zugezogen und daß der Wert der Nachlaßgegenstände ermittelt wird. Er kann auch verlangen, daß das Verzeichnis durch die zuständige Behörde oder durch einen zuständigen Beamten oder Notar aufgenommen wird.
(2) Die Kosten fallen dem Nachlasse zur Last.

§ 2315 [Anrechnung von Zuwendungen auf den Pflichtteil]
(1) Der Pflichtteilsberechtigte hat sich auf den Pflichtteil anrechnen zu lassen, was ihm von dem Erblasser durch Rechtsgeschäft unter Lebenden mit der Bestimmung zugewendet worden ist, daß es auf den Pflichtteil angerechnet werden soll.
(2) Der Wert der Zuwendung wird bei der Bestimmung des Pflichtteils dem Nachlasse hinzugerechnet. Der Wert bestimmt sich nach der Zeit, zu welcher die Zuwendung erfolgt ist.
(3) Ist der Pflichtteilsberechtigte ein Abkömmling des Erblassers, so findet die Vorschrift des § 2051 Abs. 1 entsprechende Anwendung.

§ 2316 [Ausgleichungspflicht]
(1) Der Pflichtteil eines Abkömmlings bestimmt sich, wenn mehrere Abkömmlinge vorhanden sind und unter ihnen im Falle der gesetzlichen Erbfolge eine Zuwendung des Erblassers oder Leistungen der in § 2057 a bezeichneten Art zur Ausgleichung zu bringen sein würden, nach demjenigen, was auf den gesetzlichen Erbteil unter Berücksichtigung der Ausgleichungspflichten bei der Teilung entfallen würde. Ein Abkömmling, der durch Erbverzicht von der gesetzlichen Erbfolge ausgeschlossen ist, bleibt bei der Berechnung außer Betracht.
(2) Ist der Pflichtteilsberechtigte Erbe und beträgt der Pflichtteil nach Absatz 1 mehr als der Wert des hinterlassenen Erbteils, so kann der Pflichtteilsberechtigte von den Miterben den Mehrbetrag als Pflichtteil verlangen, auch wenn der hinterlassene Erbteil die Hälfte des gesetzlichen Erbteils erreicht oder übersteigt.
(3) Eine Zuwendung der im § 2050 Abs. 1 bezeichneten Art kann der Erblasser nicht zum Nachteil eines Pflichtteilsberechtigten von der Berücksichtigung ausschließen.
(4) Ist eine nach Absatz 1 zu berücksichtigende Zuwendung zugleich nach § 2315 auf den Pflichtteil anzurechnen, so kommt sie auf diesen nur mit der Hälfte des Wertes zur Anrechnung.

§ 2317 [Entstehung und Übertragbarkeit des Pflichtteilsanspruchs]
(1) Der Anspruch auf den Pflichtteil entsteht mit dem Erbfalle.
(2) Der Anspruch ist vererblich und übertragbar.

§ 2318 [Pflichtteilslast bei Vermächtnissen]
(1) Der Erbe kann die Erfüllung eines ihm auferlegten Vermächtnisses soweit verweigern, daß die Pflichtteilslast von ihm und dem Vermächtnisnehmer verhältnismäßig getragen wird. Das gleiche gilt von einer Auflage.
(2) Einem pflichtteilsberechtigten Vermächtnisnehmer gegenüber ist die Kürzung nur soweit zulässig, daß ihm der Pflichtteil verbleibt.
(3) Ist der Erbe selbst pflichtteilsberechtigt, so kann er wegen der Pflichtteilslast das Vermächtnis und die Auflage soweit kürzen, daß ihm sein eigener Pflichtteil verbleibt.

§ 2319 [Pflichtteilsberechtigter Miterbe]
Ist einer von mehreren Erben selbst pflichtteilsberechtigt, so kann er nach der Teilung die Befriedigung eines anderen Pflichtteilsberechtigten soweit verweigern, daß ihm sein eigener Pflichtteil verbleibt. Für den Ausfall haften die übrigen Erben.

§ 2320 [Pflichtteilslast des Eintretenden]

(1) Wer an Stelle des Pflichtteilsberechtigten gesetzlicher Erbe wird, hat im Verhältnisse zu Miterben die Pflichtteilslast und, wenn der Pflichtteilsberechtigte ein ihm zugewendetes Vermächtnis annimmt, das Vermächtnis in Höhe des erlangten Vorteils zu tragen.

(2) Das gleiche gilt im Zweifel von demjenigen, welchem der Erblasser den Erbteil des Pflichtteilsberechtigten durch Verfügung von Todes wegen zugewendet hat.

§ 2321 [Pflichtteilslast bei Vermächtnisausschlagung]

Schlägt der Pflichtteilsberechtigte ein ihm zugewendetes Vermächtnis aus, so hat im Verhältnisse der Erben und der Vermächtnisnehmer zueinander derjenige, welchem die Ausschlagung zustatten kommt, die Pflichtteilslast in Höhe des erlangten Vorteils zu tragen.

§ 2322 [Kürzung von Vermächtnissen und Auflagen]

Ist eine von dem Pflichtteilsberechtigten ausgeschlagene Erbschaft oder ein von ihm ausgeschlagenes Vermächtnis mit einem Vermächtnis oder einer Auflage beschwert, so kann derjenige, welchem die Ausschlagung zustatten kommt, das Vermächtnis oder die Auflage soweit kürzen, daß ihm der zur Deckung der Pflichtteilslast erforderliche Betrag verbleibt.

§ 2323 [Nicht pflichtteilsbelasteter Erbe]

Der Erbe kann die Erfüllung eines Vermächtnisses oder einer Auflage auf Grund des § 2318 Abs. 1 insoweit nicht verweigern, als er die Pflichtteilslast nach den §§ 2320 bis 2322 nicht zu tragen hat.

§ 2324 [Abweichende Anordnungen des Erblassers]

Der Erblasser kann durch Verfügung von Todes wegen die Pflichtteilslast im Verhältnisse der Erben zueinander einzelnen Erben auferlegen und von den Vorschriften des § 2318 Abs. 1 und der §§ 2320 bis 2323 abweichende Anordnungen treffen.

§ 2325 [Pflichtteilsergänzung bei Schenkungen an Dritte]

(1) Hat der Erblasser einem Dritten eine Schenkung gemacht, so kann der Pflichtteilsberechtigte als Ergänzung des Pflichtteils den Betrag verlangen, um den sich der Pflichtteil erhöht, wenn der verschenkte Gegenstand dem Nachlasse hinzugerechnet wird.

(2) Eine verbrauchbare Sache kommt mit dem Werte in Ansatz, den sie zur Zeit der Schenkung hatte. Ein anderer Gegenstand kommt mit dem Werte in Ansatz, den er zur Zeit des Erbfalls hat; hatte er zur Zeit der Schenkung einen geringeren Wert, so wird nur dieser in Ansatz gebracht.

(3) Die Schenkung bleibt unberücksichtigt, wenn zur Zeit des Erbfalls zehn Jahre seit der Leistung des verschenkten Gegenstandes verstrichen sind; ist die Schenkung an den Ehegatten des Erblassers erfolgt, so beginnt die Frist nicht vor der Auflösung der Ehe.

§ 2326 [Ergänzung trotz zugewandter Hälfte des gesetzlichen Erbteils]

Der Pflichtteilsberechtigte kann die Ergänzung des Pflichtteils auch dann verlangen, wenn ihm die Hälfte des gesetzlichen Erbteils hinterlassen ist. Ist dem Pflichtteilsberechtigten mehr als die Hälfte hinterlassen, so ist der Anspruch ausgeschlossen, soweit der Wert des mehr Hinterlassenen reicht.

§ 2327 [Beschenkter Pflichtteilsberechtigter]

(1) Hat der Pflichtteilsberechtigte selbst ein Geschenk von dem Erblasser erhalten, so ist das Geschenk in gleicher Weise wie das dem Dritten gemachte Geschenk dem Nachlasse hinzuzurechnen und zugleich dem Pflichtteilsberechtigten auf die Ergänzung anzurechnen. Ein nach § 2315 anzurechnendes Geschenk ist auf den Gesamtbetrag des Pflichtteils und der Ergänzung anzurechnen.

(2) Ist der Pflichtteilsberechtigte ein Abkömmling des Erblassers, so findet die Vorschrift des § 2051 Abs. 1 entsprechende Anwendung.

§ 2328 [Selbst pflichtteilsberechtigter Erbe]

Ist der Erbe selbst pflichtteilsberechtigt, so kann er die Ergänzung des Pflichtteils soweit verweigern, daß ihm sein eigener Pflichtteil mit Einschluß dessen verbleibt, was ihm zur Ergänzung des Pflichtteils gebühren würde.

§ 2329 [Anspruch des Pflichtteilsberechtigten gegen den Beschenkten]

(1) Soweit der Erbe zur Ergänzung des Pflichtteils nicht verpflichtet ist, kann der Pflichtteilsberechtigte von dem Beschenkten die Herausgabe des Geschenkes zum Zwecke der Befriedigung wegen des fehlenden Betrags nach den Vorschriften über die Herausgabe einer ungerechtfertigten Bereicherung fordern. Ist der Pflichtteilsberechtigte der alleinige Erbe, so steht ihm das gleiche Recht zu.

(2) Der Beschenkte kann die Herausgabe durch Zahlung des fehlenden Betrags abwenden.

(3) Unter mehreren Beschenkten haftet der früher Beschenkte nur insoweit, als der später Beschenkte nicht verpflichtet ist.

§ 2330 [Anstandsschenkungen]

Die Vorschriften der §§ 2325 bis 2329 finden keine Anwendung auf Schenkungen, durch die einer sittlichen Pflicht oder einer auf den Anstand zu nehmenden Rücksicht entsprochen wird.

§ 2331 [Zuwendungen aus dem Gesamtgut]

(1) Eine Zuwendung, die aus dem Gesamtgut der Gütergemeinschaft erfolgt, gilt als von jedem der Ehegatten zur Hälfte gemacht. Die Zuwendung gilt jedoch, wenn sie an einen Abkömmling, der nur von einem der Ehegatten abstammt, oder an eine Person, von der nur einer der Ehegatten abstammt, erfolgt, oder wenn einer der Ehegatten wegen der Zuwendung zu dem Gesamtgut Ersatz zu leisten hat, als von diesem Ehegatten gemacht.

(2) Diese Vorschriften sind auf eine Zuwendung aus dem Gesamtgut der fortgesetzten Gütergemeinschaft entsprechend anzuwenden.

§ 2331 a [Stundung des Pflichtteilsanspruchs]

(1) Ist der Erbe selbst pflichtteilsberechtigt, so kann er Stundung des Pflichtteilsanspruchs verlangen, wenn die sofortige Erfüllung des gesamten Anspruchs den Erben wegen der Art der Nachlaßgegenstände ungewöhnlich hart treffen, insbesondere wenn sie ihn zur Aufgabe seiner Familienwohnung oder zur Veräußerung eines Wirtschaftsgutes zwingen würde, das für den Erben und seine Familie die wirtschaftliche Lebensgrundlage bildet. Stundung kann nur verlangt werden, soweit sie dem Pflichtteilsberechtigten bei Abwägung der Interessen beider Teile zugemutet werden kann.

(2) Für die Entscheidung über eine Stundung ist, wenn der Anspruch nicht bestritten wird, das Nachlaßgericht zuständig. § 1382 Abs. 2 bis 6 gilt entsprechend; an die Stelle des Familiengerichts tritt das Nachlaßgericht.

§ 2332 [Verjährung]

(1) Der Pflichtteilsanspruch verjährt in drei Jahren von dem Zeitpunkt an, in welchem der Pflichtteilsberechtigte von dem Eintritte des Erbfalls und von der ihn beeinträchtigenden Verfügung Kenntnis erlangt, ohne Rücksicht auf diese Kenntnis in dreißig Jahren von dem Eintritte des Erbfalls an.

(2) Der nach § 2329 dem Pflichtteilsberechtigten gegen den Beschenkten zustehende Anspruch verjährt in drei Jahren von dem Eintritte des Erbfalls an.

(3) Die Verjährung wird nicht dadurch gehemmt, daß die Ansprüche erst nach der Ausschlagung der Erbschaft oder eines Vermächtnisses geltend gemacht werden können.

§ 2333 [Pflichtteilsentzug bei Abkömmling]
Der Erblasser kann einem Abkömmlinge den Pflichtteil entziehen:
1. wenn der Abkömmling dem Erblasser, dem Ehegatten oder einem anderen Abkömmlinge des Erblassers nach dem Leben trachtet;
2. wenn der Abkömmling sich einer vorsätzlichen körperlichen Mißhandlung des Erblassers oder des Ehegatten des Erblassers schuldig macht, im Falle der Mißhandlung des Ehegatten jedoch nur, wenn der Abkömmling von diesem abstammt;
3. wenn der Abkömmling sich eines Verbrechens oder eines schweren vorsätzlichen Vergehens gegen den Erblasser oder dessen Ehegatten schuldig macht;
4. wenn der Abkömmling die ihm dem Erblasser gegenüber gesetzlich obliegende Unterhaltspflicht böswillig verletzt;
5. wenn der Abkömmling einen ehrlosen oder unsittlichen Lebenswandel wider den Willen des Erblassers führt.

§ 2334 [Entzug des Elternpflichtteils]
Der Erblasser kann dem Vater den Pflichtteil entziehen, wenn dieser sich einer der im § 2333 Nr. 1, 3, 4 bezeichneten Verfehlungen schuldig macht. Das gleiche Recht steht dem Erblasser der Mutter gegenüber zu, wenn diese sich einer solchen Verfehlung schuldig macht.

§ 2335 [Entzug des Ehegattenpflichtteils]
Der Erlasser kann dem Ehegatten den Pflichtteil entziehen:
1. wenn der Ehegatte dem Erblasser oder einem Abkömmling des Erblassers nach dem Leben trachtet;
2. wenn der Ehegatte sich einer vorsätzlichen körperlichen Mißhandlung des Erblassers schuldig macht;
3. wenn der Ehegatte sich eines Verbrechens oder eines schweren vorsätzlichen Vergehens gegen den Erblasser schludig macht;
4. wenn der Ehegatte die ihm dem Erblasser gegenüber gesetzlich obliegende Unterhaltspflicht böswillig verletzt.

§ 2336 [Form und Grund der Entziehung]
(1) Die Entziehung des Pflichtteils erfolgt durch letztwillige Verfügung.
(2) Der Grund der Entziehung muß zur Zeit der Errichtung bestehen und in der Verfügung angegeben werden.
(3) Der Beweis des Grundes liegt demjenigen ob, welcher die Entziehung geltend macht.
(4) Im Falle des § 2333 Nr. 5 ist die Entziehung unwirksam, wenn sich der Abkömmling zur Zeit des Erbfalls von dem ehrlosen oder unsittlichen Lebenswandel dauernd abgewendet hat.

§ 2337 [Verzeihung]
Das Recht zur Entziehung des Pflichtteils erlischt durch Verzeihung. Eine Verfügung, durch die der Erblasser die Entziehung angeordnet hat, wird durch die Verzeihung unwirksam.

§ 2338 [Pflichtteilsbeschränkung wegen Verschwendung]
(1) Hat sich ein Abkömmling in solchem Maße der Verschwendung ergeben oder ist er in solchem Maße überschuldet, daß sein späterer Erwerb erheblich gefährdet wird, so kann der Erblasser das Pflichtteilsrecht des Abkömmlings durch die Anordnung beschränken, daß nach dem Tode des Abkömmlings dessen gesetzliche Erben das ihm Hinterlassene oder den ihm gebührenden Pflichtteil als Nacherben oder als Nachvermächtnisnehmer nach dem Verhältnis ihrer gesetzlichen Erbteile erhalten sollen. Der Erblasser kann auch für die

Lebenszeit des Abkömmlinges die Verwaltung einem Testamentsvollstrecker übertragen; der Abkömmling hat in einem solchen Falle Anspruch auf den jährlichen Reinertrag.
(2) Auf Anordnungen dieser Art finden die Vorschriften des § 2336 Abs. 1 bis 3 entsprechende Anwendung. Die Anordnungen sind unwirksam, wenn zur Zeit des Erbfalls der Abkömmling sich dauernd von dem verschwenderischen Leben abgewendet hat oder die den Grund der Anordnung bildende Überschuldung nicht mehr besteht.

§ 2338 a [Erbersatzanspruch]
Pflichtteilsberechtigt ist ein Abkömmling oder der Vater des Erblassers auch dann, wenn ihm der Erbersatzanspruch durch Verfügung von Todes wegen entzogen worden ist. Im Sinne der Vorschriften dieses Abschnitts steht der Erbersatzanspruch dem gesetzlichen Erbteil gleich.

Sechster Abschnitt
Erbunwürdigkeit

§ 2339 [Erbunwürdigkeitsgründe]
(1) Erbunwürdig ist:
1. wer den Erblasser vorsätzlich und widerrechtlich getötet oder zu töten versucht oder in einen Zustand versetzt hat, infolge dessen der Erblasser bis zu seinem Tode unfähig war, eine Verfügung von Todes wegen zu errichten oder aufzuheben;
2. wer den Erblasser vorsätzlich und widerrechtlich verhindert hat, eine Verfügung von Todes wegen zu errichten oder aufzuheben;
3. wer den Erblasser durch arglistige Täuschung oder widerrechtlich durch Drohung bestimmt hat, eine Verfügung von Todes wegen zu errichten oder aufzuheben;
4. wer sich in Ansehung einer Verfügung der Erblassers von Todes wegen einer Straftat nach den §§ 267, 271 bis 274 des Strafgesetzbuches schuldig gemacht hat.

(2) Die Erbunwürdigkeit tritt in den Fällen des Absatzes 1 Nr. 3, 4 nicht ein, wenn vor dem Eintritte des Erbfalls die Verfügung, zu deren Errichtung der Erblasser bestimmt oder in Ansehung deren die Straftat begangen worden ist, unwirksam geworden ist, oder die Verfügung, zu deren Aufhebung er bestimmt worden ist, unwirksam geworden sein würde.

§ 2340 [Geltendmachung durch Anfechtung]
(1) Die Erbunwürdigkeit wird durch Anfechtung des Erbschaftserwerbes geltend gemacht.
(2) Die Anfechtung ist erst nach dem Anfalle der Erbschaft zulässig. Einem Nacherben gegenüber kann die Anfechtung erfolgen, sobald die Erbschaft dem Vorerben angefallen ist.
(3) Die Anfechtung kann nur innerhalb der im § 2082 bestimmten Fristen erfolgen.

§ 2341 [Anfechtungsberechtigung]
Anfechtungsberechtigt ist jeder, dem der Wegfall des Erbunwürdigen, sei es auch nur bei dem Wegfall eines anderen, zustatten kommt.

§ 2342 [Anfechtungsklage]
(1) Die Anfechtung erfolgt durch Erhebung der Anfechtungsklage. Die Klage ist darauf zu richten, daß der Erbe für erbunwürdig erklärt wird.
(2) Die Wirkung der Anfechtung tritt erst mit der Rechtskraft des Urteils ein.

§ 2343 [Verzeihung]
Die Anfechtung ist ausgeschlossen, wenn der Erblasser dem Erbunwürdigen verziehen hat.

§ 2344 [Wirkung der Erbunwürdigkeitserklärung]
(1) Ist ein Erbe für erbunwürdig erklärt, so gilt der Anfall an ihn als nicht erfolgt.

(2) Die Erbschaft fällt demjenigen an, welcher berufen sein würde, wenn der Erbunwürdige zur Zeit des Erbfalls nicht gelebt hätte; der Anfall gilt als mit dem Eintritte des Erbfalls erfolgt.

§ 2345 [Unwürdigkeit eines Vermächtnisnehmers oder Pflichtteilsberechtigten]

(1) Hat sich ein Vermächtnisnehmer einer der im § 2339 Abs. 1 bezeichneten Verfehlungen schuldig gemacht, so ist der Anspruch aus dem Vermächtnis anfechtbar. Die Vorschriften der §§ 2082, 2083, des § 2339 Abs. 2 und der §§ 2341, 2343 finden Anwendung.

(2) Das gleiche gilt für einen Pflichtteilsanspruch, wenn der Pflichtteilsberechtigte sich einer solchen Verfehlung schuldig gemacht hat.

Siebenter Abschnitt

Erbverzicht

§ 2346 [Wirkung]

(1) Verwandte sowie der Ehegatte des Erblassers können durch Vertrag mit dem Erblasser auf ihr gesetzliches Erbrecht verzichten. Der Verzichtende ist von der gesetzlichen Erbfolge ausgeschlossen, wie wenn er zur Zeit des Erbfalls nicht mehr lebte; er hat kein Pflichtteilsrecht.

(2) Der Verzicht kann auf das Pflichtteilsrecht beschränkt werden.

§ 2347 [Voraussetzungen]

(1) Zu dem Erbverzicht ist, wenn der Verzichtende unter Vormundschaft steht, die Genehmigung des Vormundschaftsgerichts erforderlich; steht er unter elterlicher Sorge, so gilt das gleiche, sofern nicht der Vertrag unter Ehegatten oder unter Verlobten geschlossen wird. Die Genehmigung des Vormundschaftsgerichts ist auch für den Verzicht durch den Betreuer erforderlich.

(2) Der Erblasser kann den Vertrag nur persönlich schließen; ist er in der Geschäftsfähigkeit beschränkt, so bedarf er nicht der Zustimmung seines gesetzlichen Vertreters. Ist der Erblasser geschäftsunfähig, so kann der Vertrag durch den gesetzlichen Vertreter geschlossen werden; die Genehmigung des Vormundschaftsgerichts ist in gleichem Umfange wie nach Absatz 1 erforderlich.

§ 2348 [Form]

Der Erbverzichtsvertrag bedarf der notariellen Beurkundung.

§ 2349 [Wirkung auf Abkömmlinge]

Verzichtet ein Abkömmling oder ein Seitenverwandter des Erblassers auf das gesetzliche Erbrecht, so erstreckt sich die Wirkung des Verzichts auf seine Abkömmlinge, sofern nicht ein anderes bestimmt wird.

§ 2350 [Verzicht zugunsten anderer]

(1) Verzichtet jemand zugunsten eines anderen auf das gesetzliche Erbrecht, so ist im Zweifel anzunehmen, daß der Verzicht nur für den Fall gelten soll, daß der andere Erbe wird.

(2) Verzichtet ein Abkömmling des Erblassers auf das gesetzliche Erbrecht, so ist im Zweifel anzunehmen, daß der Verzicht nur zugunsten der anderen Abkömmlinge und des Ehegatten des Erblassers gelten soll.

§ 2351 [Aufhebung eines Erbverzichts]

Auf einen Vertrag, durch den ein Erbverzicht aufgehoben wird, findet die Vorschrift des § 2348 und in Ansehung des Erblassers auch die Vorschrift des § 2347 Abs. 2 Satz 1 erster Halbsatz, Satz 2 Anwendung.

§ 2352 [Verzicht auf Zuwendungen]
Wer durch Testament als Erbe eingesetzt oder mit einem Vermächtnisse bedacht ist, kann durch Vertrag mit dem Erblasser auf die Zuwendung verzichten. Das gleiche gilt für eine Zuwendung, die in einem Erbvertrag einem Dritten gemacht ist. Die Vorschriften der §§ 2347, 2348 finden Anwendung.

Achter Abschnitt

Erbschein

§ 2353 [Erbscheinerteilung]
Das Nachlaßgericht hat dem Erben auf Antrag ein Zeugnis über sein Erbrecht und, wenn er nur zu einem Teile der Erbschaft berufen ist, über die Größe des Erbteils zu erteilen (Erbschein).

§ 2354 [Angaben des gesetzlichen Erben]
(1) Wer die Erteilung des Erbscheins als gesetzlicher Erbe beantragt, hat anzugeben:
1. die Zeit des Todes des Erblassers;
2. das Verhältnis, auf dem sein Erbrecht beruht;
3. ob und welche Personen vorhanden sind oder vorhanden waren, durch die er von der Erbfolge ausgeschlossen oder sein Erbteil gemindert werden würde;
4. ob und welche Verfügungen des Erblassers von Todes wegen vorhanden sind;
5. ob ein Rechtsstreit über sein Erbrecht anhängig ist.

(2) Ist eine Person weggefallen, durch die der Antragsteller von der Erbfolge ausgeschlossen oder sein Erbteil gemindert werden würde, so hat der Antragsteller anzugeben, in welcher Weise die Person weggefallen ist.

§ 2355 [Angaben des testamentarischen Erben]
Wer die Erteilung des Erbscheins auf Grund einer Verfügung von Todes wegen beantragt, hat die Verfügung zu bezeichnen, auf der sein Erbrecht beruht, anzugeben, ob und welche sonstigen Verfügungen des Erblassers von Todes wegen vorhanden sind, und die im § 2354 Abs. 1 Nr. 1, 5, Abs. 2 vorgeschriebenen Angaben zu machen.

§ 2356 [Nachweis der Angaben]
(1) Der Antragsteller hat die Richtigkeit der in Gemäßheit des § 2354 Abs. 1 Nr. 1, 2, Abs. 2 gemachten Angaben durch öffentliche Urkunden nachzuweisen und im Falle des § 2355 die Urkunde vorzulegen, auf der sein Erbrecht beruht. Sind die Urkunden nicht oder nur mit unverhältnismäßigen Schwierigkeiten zu beschaffen, so genügt die Angabe anderer Beweismittel.

(2) Zum Nachweise, daß der Erblasser zur Zeit seines Todes im Güterstand der Zugewinngemeinschaft gelebt hat, und in Ansehung der übrigen nach den §§ 2354, 2355 erforderlichen Angaben hat der Antragsteller vor Gericht oder vor einem Notar an Eides Statt zu versichern, daß ihm nichts bekannt sei, was der Richtigkeit seiner Angaben entgegensteht. Das Nachlaßgericht kann die Versicherung erlassen, wenn es sie für nicht erforderlich erachtet.

(3) Diese Vorschriften finden keine Anwendung, soweit die Tatsachen bei dem Nachlaßgericht offenkundig sind.

§ 2357 [Gemeinschaftlicher Erbschein]
(1) Sind mehrere Erben vorhanden, so ist auf Antrag ein gemeinschaftlicher Erbschein zu erteilen. Der Antrag kann von jedem der Erben gestellt werden.

(2) In dem Antrage sind die Erben und ihre Erbteile anzugeben.

(3) Wird der Antrag nicht von allen Erben gestellt, so hat er die Angabe zu enthalten, daß die übrigen Erben die Erbschaft angenommen haben. Die Vorschriften des § 2356 gelten auch für die sich auf die übrigen Erben beziehenden Angaben des Antragstellers.
(4) Die Versicherung an Eides Statt ist von allen Erben abzugeben, sofern nicht das Nachlaßgericht die Versicherung eines oder einiger von ihnen für ausreichend erachtet.

§ 2358 [Ermittlungspflicht des Nachlaßgerichts]

(1) Das Nachlaßgericht hat unter Benutzung der von dem Antragsteller angegebenen Beweismittel von Amts wegen die zur Feststellung der Tatsachen erforderlichen Ermittelungen zu veranstalten und die geeignet erscheinenden Beweise aufzunehmen.
(2) Das Nachlaßgericht kann eine öffentliche Aufforderung zur Anmeldung der anderen Personen zustehenden Erbrechte erlassen; die Art der Bekanntmachung und die Dauer der Anmeldungsfrist bestimmen sich nach den für das Aufgebotsverfahren geltenden Vorschriften.

§ 2359 [Feststellung des Erbrechts]

Der Erbschein ist nur zu erteilen, wenn das Nachlaßgericht die zur Begründung des Antrags erforderlichen Tatsachen für festgestellt erachtet.

§ 2360 [Anhörung des Antragsgegners]

(1) Ist ein Rechtsstreit über das Erbrecht anhängig, so soll vor der Erteilung des Erbscheins der Gegner des Antragstellers gehört werden.
(2) Ist die Verfügung, auf der das Erbrecht beruht, nicht in einer dem Nachlaßgerichte vorliegenden öffentlichen Urkunde enthalten, so soll vor der Erteilung des Erbscheins derjenige über die Gültigkeit der Verfügung gehört werden, welcher im Falle der Unwirksamkeit der Verfügung Erbe sein würde.
(3) Die Anhörung ist nicht erforderlich, wenn sie untunlich ist.

§ 2361 [Einziehung eines unrichtigen Erbscheins]

(1) Ergibt sich, daß der erteilte Erbschein unrichtig ist, so hat ihn das Nachlaßgericht einzuziehen. Mit der Einziehung wird der Erbschein kraftlos.
(2) Kann der Erbschein nicht sofort erlangt werden, so hat ihn das Nachlaßgericht durch Beschluß für kraftlos zu erklären. Der Beschluß ist nach den für die öffentliche Zustellung einer Ladung geltenden Vorschriften der Zivilprozeßordnung bekannt zu machen. Mit dem Ablauf eines Monats nach der letzten Einrückung des Beschlusses in die öffentlichen Blätter wird die Kraftloserklärung wirksam.
(3) Das Nachlaßgericht kann von Amts wegen über die Richtigkeit eines erteilten Erbscheins Ermittelungen veranstalten.

§ 2362 [Herausgabeanspruch des wirklichen Erben]

(1) Der wirkliche Erbe kann von dem Besitzer eines unrichtigen Erbscheins die Herausgabe an das Nachlaßgericht verlangen.
(2) Derjenige, welchem ein unrichtiger Erbschein erteilt worden ist, hat dem wirklichen Erben über den Bestand der Erbschaft und über den Verbleib der Erbschaftsgegenstände Auskunft zu erteilen.

§ 2363 [Erbschein des Vorerben]

(1) In dem Erbscheine, der einem Vorerben erteilt wird, ist anzugeben, daß eine Nacherbfolge angeordnet ist, unter welchen Voraussetzungen sie eintritt und wer der Nacherbe ist. Hat der Erblasser den Nacherben auf dasjenige eingesetzt, was von der Erbschaft bei dem Eintritte der Nacherbfolge übrig sein wird, oder hat er bestimmt, daß der Vorerbe zur freien Verfügung über die Erbschaft berechtigt sein soll, so ist auch dies anzugeben.

(2) Dem Nacherben steht das im § 2362 Abs. 1 bestimmte Recht zu.

§ 2364 [Angabe eines Testamentsvollstreckers]

(1) Hat der Erblasser einen Testamentsvollstrecker ernannt, so ist die Ernennung in dem Erbschein anzugeben.

(2) Dem Testamentsvollstrecker steht das im § 2362 Abs. 1 bestimmte Recht zu.

§ 2365 [Vermutung der Richtigkeit des Erbscheins]

Es wird vermutet, daß demjenigen, welcher in dem Erbschein als Erbe bezeichnet ist, das in dem Erbschein angegebene Erbrecht zustehe und daß er nicht durch andere als die angegebenen Anordnungen beschränkt sei.

§ 2366 [Öffentlicher Glaube des Erbscheins]

Erwirbt jemand von demjenigen, welcher in einem Erbschein als Erbe bezeichnet ist, durch Rechtsgeschäft einen Erbschaftsgegenstand, ein Recht an einem solchen Gegenstand oder die Befreiung von einem zur Erbschaft gehörenden Rechte, so gilt zu seinen Gunsten der Inhalt des Erbscheins, soweit die Vermutung des § 2365 reicht, als richtig, es sei denn, daß er die Unrichtigkeit kennt oder weiß, daß das Nachlaßgericht die Rückgabe des Erbscheins wegen Unrichtigkeit verlangt hat.

§ 2367 [Leistung an Erbscheinserben]

Die Vorschriften des § 2366 finden entsprechende Anwendung, wenn an denjenigen, welcher in einem Erbschein als Erbe bezeichnet ist, auf Grund eines zur Erbschaft gehörenden Rechtes eine Leistung bewirkt oder wenn zwischen ihm und einem anderen in Ansehung eines solchen Rechtes ein nicht unter die Vorschrift des § 2366 fallendes Rechtsgeschäft vorgenommen wird, das eine Verfügung über das Recht enthält.

§ 2368 [Testamentsvollstreckerzeugnis]

(1) Einem Testamentsvollstrecker hat das Nachlaßgericht auf Antrag ein Zeugnis über die Ernennung zu erteilen. Ist der Testamentsvollstrecker in der Verwaltung des Nachlasses beschränkt oder hat der Erblasser angeordnet, daß der Testamentsvollstrecker in der Eingehung von Verbindlichkeiten für den Nachlaß nicht beschränkt sein soll, so ist dies in dem Zeugnis anzugeben.

(2) Ist die Ernennung nicht in einer dem Nachlaßgerichte vorliegenden öffentlichen Urkunde enthalten, so soll vor der Erteilung des Zeugnisses der Erbe wenn tunlich über die Gültigkeit der Ernennung gehört werden.

(3) Die Vorschriften über den Erbschein finden auf das Zeugnis entsprechende Anwendung; mit der Beendigung des Amtes des Testamentsvollstreckers wird das Zeugnis kraftlos.

§ 2369 [Gegenständlich beschränkter Erbschein]

(1) Gehören zu einer Erbschaft, für die es an einem zur Erteilung des Erbscheins zuständigen deutschen Nachlaßgerichte fehlt, Gegenstände, die sich im Inlande befinden, so kann die Erteilung eines Erbscheins für diese Gegenstände verlangt werden.

(2) Ein Gegenstand, für den von einer deutschen Behörde ein zur Eintragung des Berechtigten bestimmtes Buch oder Register geführt wird, gilt als im Inlande befindlich. Ein Anspruch gilt als im Inlande befindlich, wenn für die Klage ein deutsches Gericht zuständig ist.

§ 2370 [Öffentlicher Glaube bei Todeserklärung]

(1) Hat eine Person, die für tot erklärt oder deren Todeszeit nach den Vorschriften des Verschollenheitsgesetzes festgestellt ist, den Zeitpunkt überlebt, der als Zeitpunkt ihres Todes gilt, oder ist sie vor diesem Zeitpunkt gestorben, so gilt derjenige, welcher auf Grund der Todeserklärung oder der Feststellung der Todeszeit Erbe sein würde, in Ansehung der in

den §§ 2366, 2367 bezeichneten Rechtsgeschäfte zugunsten des Dritten auch ohne Erteilung eines Erbscheins als Erbe, es sei denn, daß der Dritte die Unrichtigkeit der Todeserklärung oder der Feststellung der Todeszeit kennt oder weiß, daß sie aufgehoben worden sind.
(2) Ist ein Erbschein erteilt worden, so stehen demjenigen, der für tot erklärt oder dessen Todeszeit nach den Vorschriften des Verschollenheitsgesetzes festgestellt ist, wenn er noch lebt, die im § 2362 bestimmten Rechte zu. Die gleichen Rechte hat eine Person, deren Tod ohne Todeserklärung oder Feststellung der Todeszeit mit Unrecht angenommen worden ist.

Neunter Abschnitt
Erbschaftskauf

§ 2371 [Form]
Ein Vertrag, durch den der Erbe die ihm angefallene Erbschaft verkauft, bedarf der notariellen Beurkundung.

§ 2372 [Umfang des Kaufgegenstandes]
Die Vorteile, welche sich aus dem Wegfall eines Vermächtnisses oder einer Auflage oder aus der Ausgleichungspflicht eines Miterben ergeben, gebühren dem Käufer.

§ 2373 [Dem Verkäufer verbleibender Anfall]
Ein Erbteil, der dem Verkäufer nach dem Abschlusse des Kaufes durch Nacherbfolge oder infolge des Wegfalls eines Miterben anfällt, sowie ein dem Verkäufer zugewendetes Vorausvermächtnis ist im Zweifel nicht als mitverkauft anzusehen. Das gleiche gilt von Familienpapieren und Familienbildern.

§ 2374 [Herausgabepflicht des Verkäufers]
Der Verkäufer ist verpflichtet, dem Käufer die zur Zeit des Verkaufs vorhandenen Erbschaftsgegenstände mit Einschluß dessen herauszugeben, was er vor dem Verkauf auf Grund eines zur Erbschaft gehörenden Rechtes oder als Ersatz für die Zerstörung, Beschädigung oder Entziehung eines Erbschaftsgegenstandes oder durch ein Rechtsgeschäft erlangt hat, das sich auf die Erbschaft bezog.

§ 2375 [Wertersatz]
(1) Hat der Verkäufer vor dem Verkauf einen Erbschaftsgegenstand verbraucht, unentgeltlich veräußert oder unentgeltlich belastet, so ist er verpflichtet, dem Käufer den Wert des verbrauchten oder veräußerten Gegenstandes, im Falle der Belastung die Wertminderung zu ersetzen. Die Ersatzpflicht tritt nicht ein, wenn der Käufer den Verbrauch oder die unentgeltliche Verfügung bei dem Abschlusse des Kaufes kennt.
(2) Im übrigen kann der Käufer wegen Verschlechterung, Unterganges oder einer aus einem anderen Grunde eingetretenen Unmöglichkeit der Herausgabe eines Erbschaftsgegenstandes nicht Ersatz verlangen.

§ 2376 [Gewährleistungspflicht]
(1) Die Verpflichtung des Verkäufers zur Gewährleistung wegen eines Mangels im Rechte beschränkt sich auf die Haftung dafür, daß ihm das Erbrecht zusteht, das er nicht durch das Recht eines Nacherben oder durch die Ernennung eines Testamentsvollstreckers beschränkt ist, daß nicht Vermächtnisse, Auflagen, Pflichtteilslasten, Ausgleichungspflichten oder Teilungsanordnungen bestehen und daß nicht unbeschränkte Haftung gegenüber den Nachlaßgläubigern oder einzelnen von ihnen eingetreten ist.
(2) Fehler einer zur Erbschaft gehörenden Sache hat der Verkäufer nicht zu vertreten.

§ 2377 [Fortbestand erloschener Rechtverhältnisse]
Die infolge des Erbfalls durch Vereinigung von Recht und Verbindlichkeit oder von Recht und Belastung erloschenen Rechtsverhältnisse gelten im Verhältnisse zwischen

dem Käufer und dem Verkäufer als nicht erloschen. Erforderlichen Falles ist ein solches Rechtsverhältnis wiederherzustellen.

§ 2378 [Nachlaßverbindlichkeiten]

(1) Der Käufer ist dem Verkäufer gegenüber verpflichtet, die Nachlaßverbindlichkeiten zu erfüllen, soweit nicht der Verkäufer nach § 2376 dafür haftet, daß sie nicht bestehen.

(2) Hat der Verkäufer vor dem Verkauf eine Nachlaßverbindlichkeit erfüllt, so kann er von dem Käufer Ersatz verlangen.

§ 2379 [Nutzungen und Lasten]

Dem Verkäufer verbleiben die auf die Zeit vor dem Verkaufe fallenden Nutzungen. Er trägt für diese Zeit die Lasten, mit Einschluß der Zinsen der Nachlaßverbindlichkeiten. Den Käufer treffen jedoch die von der Erbschaft zu entrichtenden Abgaben sowie die außerordentlichen Lasten, welche als auf den Stammwert der Erbschaftsgegenstände gelegt anzusehen sind.

§ 2380 [Gefahrübergang]

Der Käufer trägt von dem Abschlusse des Kaufes an die Gefahr des zufälligen Unterganges und einer zufälligen Verschlechterung der Erbschaftsgegenstände. Von diesem Zeitpunkt an gebühren ihm die Nutzungen und trägt er die Lasten.

§ 2381 [Ersatz von Verwendungen]

(1) Der Käufer hat dem Verkäufer die notwendigen Verwendungen zu ersetzen, die der Verkäufer vor dem Verkauf auf die Erbschaft gemacht hat.

(2) Für andere vor dem Verkaufe gemachte Aufwendungen hat der Käufer insoweit Ersatz zu leisten, als durch sie der Wert der Erbschaft zur Zeit des Verkaufs erhöht ist.

§ 2382 [Haftung für Nachlaßschulden]

(1) Der Käufer haftet von dem Abschlusse des Kaufes an den Nachlaßgläubigern, unbeschadet der Fortdauer der Haftung des Verkäufers. Dies gilt auch von den Verbindlichkeiten, zu deren Erfüllung der Käufer dem Verkäufer gegenüber nach den §§ 2378, 2379 nicht verpflichtet ist.

(2) Die Haftung des Käufers den Gläubigern gegenüber kann nicht durch Vereinbarung zwischen dem Käufer und dem Verkäufer ausgeschlossen oder beschränkt werden.

§ 2383 [Beschränkte Käuferhaftung]

(1) Für die Haftung des Käufers gelten die Vorschriften über die Beschränkung der Haftung des Erben. Er haftet unbeschränkt, soweit der Verkäufer zur Zeit des Verkaufs unbeschränkt haftet. Beschränkt sich die Haftung des Käufers auf die Erbschaft, so gelten seine Ansprüche aus dem Kaufe als zur Erbschaft gehörend.

(2) Die Errichtung des Inventars durch den Verkäufer oder den Käufer kommt auch dem anderen Teile zustatten, es sei denn, daß dieser unbeschränkt haftet.

§ 2384 [Anzeigepflicht des Verkäufers]

(1) Der Verkäufer ist den Nachlaßgläubigern gegenüber verpflichtet, den Verkauf der Erbschaft und den Namen des Käufers unverzüglich dem Nachlaßgericht anzuzeigen. Die Anzeige des Verkäufers wird durch die Anzeige des Käufers ersetzt.

(2) Das Nachlaßgericht hat die Einsicht der Anzeige jedem zu gestatten, der ein rechtliches Interesse glaubhaft macht.

§ 2385 [Ähnliche Verträge]

(1) Die Vorschriften über den Erbschaftskauf finden entsprechende Anwendung auf den Kauf einer von dem Verkäufer durch Vertrag erworbenen Erbschaft sowie auf andere

Verträge, die auf die Veräußerung einer dem Veräußerer angefallenen oder anderweit von ihm erworbenen Erbschaft gerichtet sind.

(2) Im Falle einer Schenkung ist der Schenker nicht verpflichtet, für die vor der Schenkung verbrauchten oder unentgeltlich veräußerten Erbschaftsgegenstände oder für eine vor der Schenkung unentgeltlich vorgenommene Belastung dieser Gegenstände Ersatz zu leisten. Die im § 2376 bestimmte Verpflichtung zur Gewährleistung wegen eines Mangels im Rechte trifft den Schenker nicht; hat der Schenker den Mangel arglistig verschwiegen, so ist er verpflichtet, dem Beschenkten den daraus entstehenden Schaden zu ersetzen.

Einführungsgesetz zum Bürgerlichen Gesetzbuche

Vom 18. August 1896 (RGBl. I S. 604)
in der Fassung der Bekanntmachung vom 21. September 1994 (BGBl. I S. 2494)[1)]
(BGBl. III 400-1)

---

1) **Bekanntmachung der Neufassung des Einführungsgesetzes zum Bürgerlichen Gesetzbuche**

Vom 21. September 1994

Auf Grund des Artikels 2 § 10 des Sachenrechtsänderungsgesetzes vom 21. September 1994 (BGBl. I S. 2457) wird nachstehend der Wortlaut des Einführungsgesetzes zum Bürgerlichen Gesetzbuche in der vom 1. Oktober 1994 an geltenden Fassung bekanntgemacht. Die Neufassung berücksichtigt:

1. die im Bundesgesetzblatt Teil III, Gliederungsnummer 400-1, veröffentlichte bereinigte Fassung des Gesetzes nach Maßgabe des § 3 Abs. 1 Satz 2 des Gesetzes über die Sammlung des Bundesrechts vom 10. Juli 1958 (BGBl. I S. 437) und des § 3 des Gesetzes über den Abschluß der Sammlung des Bundesrechts vom 28. Dezember 1968 (BGBl. I S. 1451),
2. den am 12. September 1964 in Kraft getretenen § 30 Abs. 1 Nr. 4 des Gesetzes vom 5. August 1964 (BGBl. I S. 593),
3. den am 1. Januar 1970 in Kraft getretenen § 57 Abs. 4 des Gesetzes vom 28. August 1969 (BGBl. I S. 1513),
4. den am 1. Juli 1970 in Kraft getretenen Artikel 2 des Gesetzes vom 27. Juni 1970 (BGBl. I S. 911),
5. den am 1. Juli 1973 in Kraft getretenen Artikel 5 des Gesetzes vom 30. Mai 1973 (BGBl. I S. 501),
6. den am 1. Juli 1977 in Kraft getretenen Artikel 2 des Gesetzes vom 14. Juni 1976 (BGBl. I S. 1421),
7. den am 1. Januar 1977 in Kraft getretenen Artikel 2 in Verbindung mit Artikel 12 des Gesetzes vom 2. Juli 1976 (BGBl. I S. 1749),
8. den am 1. Juli 1986 in Kraft getretenen Artikel 2 des Gesetzes vom 8. November 1985 (BGBl. I S. 2065),
9. den am 1. September 1986 in Kraft getretenen Artikel 1 des Gesetzes vom 25. Juli 1986 (BGBl. I S. 1142),
10. den am 1. Juli 1990 in Kraft getretenen Artikel 3 des Gesetzes vom 26. Juni 1990 (BGBl. I S. 1206),
11. den am 29. September 1990 in Kraft getretenen Artikel 1 des Gesetzes vom 23. September 1990 (BGBl. 1990 II S. 885) in Verbindung mit Anlage I Kapitel III Sachgebiet B Abschnitt II Nr. 1 des Einigungsvertrages vom 31. August 1990 (BGBl. 1990 II S. 889, 941) und Artikel 5 Nr. 1 der Vereinbarung vom 18. September 1990 (BGBl. 1990 II S. 1239, 1244),
12. den am 1. Januar 1992 in Kraft getretenen Artikel 7 § 29 des Gesetzes vom 12. September 1990 (BGBl. I S. 2002),
13. den am 12. April 1991 in Kraft getretenen § 16 Abs. 2 des Gesetzes vom 5. April 1991 (BGBl. I S. 854),
14. das am 3. Oktober 1991 in Kraft getretene Gesetz vom 30. September 1991 (BGBl. I S. 1930),
15. den am 1. Juli 1992 in Kraft getretenen § 32 Nr. 2 des Gesetzes vom 26. Juni 1992 (BGBl. I S. 1147),
16. den am 22. Juli 1992 in Kraft getretenen Artikel 8 des Gesetzes vom 14. Juli 1992 (BGBl. I S. 1257),
17. das am 25. Dezember 1992 in Kraft getretene Gesetz vom 21. Dezember 1992 (BGBl. I S. 2116),
18. das am 1. Januar 1993 in Kraft getretene Gesetz vom 21. Dezember 1992 (BGBl. I S. 2117),
19. den am 15. Oktober 1993 in Kraft getretenen Artikel 2 des Gesetzes vom 7. Oktober 1993 (BGBl. I S. 1668),
20. den am 1. Januar 1994 in Kraft getretenen Artikel 2 des Gesetzes vom 29. Oktober 1993 (BGBl. I S. 1838),
21. den am 1. April 1994 in Kraft getretenen Artikel 2 des Gesetzes vom 16. Dezember 1993 (BGBl. I S. 2054),
22. den teils am 25. Dezember 1993 und teils am 1. Juni 1994 in Kraft getretenen Artikel 13 des Gesetzes vom 20. Dezember 1993 (BGBl. I S. 2182),
23. den am 1. Juni 1994 in Kraft getretenen Artikel 63 des Gesetzes vom 26. Mai 1994 (BGBl. I S. 1014),
24. den am 29. Juli 1994 in Kraft getretenen Artikel 4 des Gesetzes vom 21. Juli 1994 (BGBl. I S. 1630),

Änderungen seit Neufassung

Artikel	Art der Änderung	Geändert durch	Datum	Fundstelle BGBl.
51[1)], 131[1)], 232 § 5	geändert	Einführungsgesetz zur Insolvenzordnung	5.10.1994	I S.2911, 2924
233 § 2 a 231 § 9	geändert eingefügt	Vermögensrechtsanpassungsgesetz	4. 7.1995	I S.895

25. den am 23. September 1994 in Kraft tretenden Artikel 2 des Gesetzes vom 14. September 1994 (BGBl. I S. 2324),
26. den am 1. Oktober 1994 in Kraft tretenden Artikel 2 § 5 des Gesetzes vom 21. September 1994 (BGBl. I S. 2457).

Die Bundesministerin der Justiz

1) Die Änderungen treten am 1. 1. 1999 in Kraft und werden zu diesem Zeitpunkt eingearbeitet.

Erster Teil
Allgemeine Vorschriften
Erstes Kapitel
Inkrafttreten, Vorbehalt für Landesrecht. Gesetzesbegriff

Artikel 1 [Inkrafttreten]

(1) Das Bürgerliche Gesetzbuch tritt am 1. Januar 1900 gleichzeitig mit einem Gesetz, betreffend Änderungen des Gerichtsverfassungsgesetzes, der Zivilprozeßordnung und der Konkursordnung, einem Gesetz über die Zwangsversteigerung und die Zwangsverwaltung, einer Grundbuchordnung und einem Gesetz über die Angelegenheiten der freiwilligen Gerichtsbarkeit in Kraft.

(2) Soweit in dem Bürgerlichen Gesetzbuch oder in diesem Gesetz die Regelung den Landesgesetzen vorbehalten oder bestimmt ist, daß landesgesetzliche Vorschriften unberührt bleiben oder erlassen werden können, bleiben die bestehenden landesgesetzlichen Vorschriften in Kraft und können neue landesgesetzliche Vorschriften erlassen werden.

Artikel 2 [Gesetz im Sinne des BGB und des EGBGB]

Gesetz im Sinne des Bürgerlichen Gesetzbuchs und dieses Gesetzes ist jede Rechtsnorm.

Zweites Kapitel
Internationales Privatrecht
Erster Abschnitt
Verweisung

Artikel 3 Allgemeine Verweisungsvorschriften

(1) Bei Sachverhalten mit einer Verbindung zum Recht eines ausländischen Staates bestimmen die folgenden Vorschriften, welche Rechtsordnungen anzuwenden sind (Internationales Privatrecht). Verweisungen auf Sachvorschriften beziehen sich auf die Rechtsnormen der maßgebenden Rechtsordnung unter Ausschluß derjenigen des Internationalen Privatrechts.

(2) Regelungen in völkerrechtlichen Vereinbarungen gehen, soweit sie unmittelbar anwendbares innerstaatliches Recht geworden sind, den Vorschriften dieses Gesetzes vor. Regelungen in Rechtsakten der Europäischen Gemeinschaften bleiben unberührt.

(3) Soweit Verweisungen im Dritten und Vierten Abschnitt das Vermögen einer Person dem Recht eines Staates unterstellen, beziehen sie sich nicht auf Gegenstände, die sich nicht in diesem Staat befinden und nach dem Recht des Staates, in dem sie sich befinden, besonderen Vorschriften unterliegen.

Artikel 4 Rück- und Weiterverweisung; Rechtsspaltung

(1) Wird auf das Recht eines anderen Staates verwiesen, so ist auch dessen Internationales Privatrecht anzuwenden, sofern dies nicht dem Sinn der Verweisung widerspricht. Verweist das Recht des anderen Staates auf deutsches Recht zurück, so sind die deutschen Sachvorschriften anzuwenden.

(2) Soweit die Parteien das Recht eines Staates wählen können, können sie nur auf die Sachvorschriften verweisen.

(3) Wird auf das Recht eines Staates mit mehreren Teilrechtsordnungen verwiesen, ohne die maßgebende zu bezeichnen, so bestimmt das Recht dieses Staates, welche Teilrechtsordnung anzuwenden ist. Fehlt eine solche Regelung, so ist die Teilrechtsordnung anzuwenden, mit welcher der Sachverhalt am engsten verbunden ist.

Artikel 5 Personalstatut

(1) Wird auf das Recht des Staates verwiesen, dem eine Person angehört, und gehört sie mehreren Staaten an, so ist das Recht desjenigen dieser Staaten anzuwenden, mit dem die Person am engsten verbunden ist, insbesondere durch ihren gewöhnlichen Aufenthalt oder durch den Verlauf ihres Lebens. Ist die Person auch Deutscher, so geht diese Rechtsstellung vor.

(2) Ist eine Person staatenlos oder kann ihre Staatsangehörigkeit nicht festgestellt werden, so ist das Recht des Staates anzuwenden, in dem sie ihren gewöhnlichen Aufenthalt oder, mangels eines solchen, ihren Aufenthalt hat.

(3) Wird auf das Recht des Staates verwiesen, in dem eine Person ihren Aufenthalt oder ihren gewöhnlichen Aufenthalt hat, und ändert eine nicht voll geschäftsfähige Person den Aufenthalt ohne den Willen des gesetzlichen Vertreters, so führt diese Änderung allein nicht zur Anwendung eines anderen Rechts.

Artikel 6 Öffentliche Ordnung (ordre public)

Eine Rechtsnorm eines anderen Staates ist nicht anzuwenden, wenn ihre Anwendung zu einem Ergebnis führt, das mit wesentlichen Grundsätzen des deutschen Rechts offensichtlich unvereinbar ist. Sie ist insbesondere nicht anzuwenden, wenn die Anwendung mit den Grundrechten unvereinbar ist.

Zweiter Abschnitt

Recht der natürlichen Personen und der Rechtsgeschäfte

Artikel 7 Rechtsfähigkeit und Geschäftsfähigkeit

(1) Die Rechtsfähigkeit und die Geschäftsfähigkeit einer Person unterliegen dem Recht des Staates, dem die Person angehört. Dies gilt auch, soweit die Geschäftsfähigkeit durch Eheschließung erweitert wird.

(2) Eine einmal erlangte Rechtsfähigkeit oder Geschäftsfähigkeit wird durch Erwerb oder Verlust der Rechtsstellung als Deutscher nicht beeinträchtigt.

Artikel 8 Entmündigung

(weggefallen)

Artikel 9 Todeserklärung

Die Todeserklärung, die Feststellung des Todes und des Todeszeitpunkts sowie Lebens- und Todesvermutungen unterliegen dem Recht des Staates, dem der Verschollene in dem letzten Zeitpunkt angehörte, in dem er nach den vorhandenen Nachrichten noch gelebt hat. War der Verschollene in diesem Zeitpunkt Angehöriger eines fremden Staates, so kann er nach deutschem Recht für tot erklärt werden, wenn hierfür ein berechtigtes Interesse besteht.

Artikel 10 Name

(1) Der Name einer Person unterliegt dem Recht des Staates, dem die Person angehört.

(2) Ehegatten können bei oder nach der Eheschließung gegenüber dem Standesbeamten ihren künftig zu führenden Namen wählen

1. nach dem Recht eines Staates, dem einer der Ehegatten angehört, ungeachtet des Artikels 5 Abs. 1, oder
2. nach deutschem Recht, wenn einer von ihnen seinen gewöhnlichen Aufenthalt im Inland hat.

Nach der Eheschließung abgegebene Erklärungen müssen öffentlich beglaubigt werden. Für die Auswirkungen der Wahl auf den Namen eines Kindes ist § 1616 a des Bürgerlichen Gesetzbuchs sinngemäß anzuwenden.

(3) Vor der Beurkundung der Geburt eines ehelichen Kindes können seine Eltern gegenüber dem Standesbeamten bestimmen, daß das Kind den Familiennamen erhalten soll
1. nach dem Recht eines Staates, dem ein Elternteil angehört, ungeachtet des Artikels 5 Abs. 1, oder
2. nach deutschem Recht, wenn ein Elternteil seinen gewöhnlichen Aufenthalt im Inland hat.

(4) Ein nichteheliches Kind kann den Namen auch nach dem Recht des Staates erhalten, dem ein Elternteil oder ein den Namen Erteilender angehört.

Artikel 11 Form von Rechtsgeschäften

(1) Ein Rechtsgeschäft ist formgültig, wenn es die Formerfordernisse des Rechts, das auf das seinen Gegenstand bildende Rechtsverhältnis anzuwenden ist, oder des Rechts des Staates erfüllt, in dem es vorgenommen wird.

(2) Wird ein Vertrag zwischen Personen geschlossen, die sich in verschiedenen Staaten befinden, so ist er formgültig, wenn er die Formerfordernisse des Rechts, das auf das seinen Gegenstand bildende Rechtsverhältnis anzuwenden ist, oder des Rechts eines dieser Staaten erfüllt.

(3) Wird der Vertrag durch einen Vertreter geschlossen, so ist bei Anwendung der Absätze 1 und 2 der Staat maßgebend, in dem sich der Vertreter befindet.

(4) Verträge, die ein dingliches Recht an einem Grundstück oder ein Recht zur Nutzung eines Grundstücks zum Gegenstand haben, unterliegen den zwingenden Formvorschriften des Staates, in dem das Grundstück belegen ist, sofern diese nach dem Recht dieses Staates ohne Rücksicht auf den Ort des Abschlusses des Vertrages und auf das Recht, dem er unterliegt, anzuwenden sind.

(5) Ein Rechtsgeschäft, durch das ein Recht an einer Sache begründet oder über ein solches Recht verfügt wird, ist nur formgültig, wenn es die Formerfordernisse des Rechts erfüllt, das auf das seinen Gegenstand bildende Rechtsverhältnis anzuwenden ist.

Artikel 12 Schutz des anderen Vertragsteils

Wird ein Vertrag zwischen Personen geschlossen, die sich in demselben Staat befinden, so kann sich eine natürliche Person, die nach den Sachvorschriften des Rechts dieses Staates rechts-, geschäfts- und handlungsfähig wäre, nur dann auf ihre aus den Sachvorschriften des Rechts eines anderen Staates abgeleitete Rechts-, Geschäfts- und Handlungsunfähigkeit berufen, wenn der andere Vertragsteil bei Vertragsabschluß diese Rechts-, Geschäfts- und Handlungsunfähigkeit kannte oder kennen mußte. Dies gilt nicht für familienrechtliche und erbrechtliche Rechtsgeschäfte sowie für Verfügungen über ein in einem anderen Staat belegenes Grundstück.

Dritter Abschnitt
Familienrecht

Artikel 13 Eheschließung

(1) Die Voraussetzungen der Eheschließung unterliegen für jeden Verlobten dem Recht des Staates, dem er angehört.

(2) Fehlt danach eine Voraussetzung, so ist insoweit deutsches Recht anzuwenden, wenn
1. ein Verlobter seinen gewöhnlichen Aufenthalt im Inland hat oder Deutscher ist,
2. die Verlobten die zumutbaren Schritte zur Erfüllung der Voraussetzung unternommen haben und

3. es mit der Eheschließungsfreiheit unvereinbar ist, die Eheschließung zu versagen; insbesondere steht die frühere Ehe eines Verlobten nicht entgegen, wenn ihr Bestand durch eine hier erlassene oder anerkannte Entscheidung beseitigt oder der Ehegatte des Verlobten für tot erklärt ist.

(3) Eine Ehe kann im Inland nur in der hier vorgeschriebenen Form geschlossen werden. Eine Ehe zwischen Verlobten, von denen keiner Deutscher ist, kann jedoch vor einer von der Regierung des Staates, dem einer der Verlobten angehört, ordnungsgemäß ermächtigten Person in der nach dem Recht dieses Staates vorgeschriebenen Form geschlossen werden; eine beglaubigte Abschrift der Eintragung der so geschlossenen Ehe in das Standesregister, das von der dazu ordnungsgemäß ermächtigten Person geführt wird, erbringt vollen Beweis der Eheschließung.

Artikel 14 Allgemeine Ehewirkungen

(1) Die allgemeinen Wirkungen der Ehe unterliegen

1. dem Recht des Staates, dem beide Ehegatten angehören oder während der Ehe zuletzt angehörten, wenn einer von ihnen diesem Staat noch angehört, sonst
2. dem Recht des Staates, in dem beide Ehegatten ihren gewöhnlichen Aufenthalt haben oder während der Ehe zuletzt hatten, wenn einer von ihnen dort noch seinen gewöhnlichen Aufenthalt hat, hilfsweise
3. dem Recht des Staates, mit dem die Ehegatten auf andere Weise gemeinsam am engsten verbunden sind.

(2) Gehört ein Ehegatte mehreren Staaten an, so können die Ehegatten ungeachtet des Artikels 5 Abs. 1 das Recht eines dieser Staaten wählen, falls ihm auch der andere Ehegatte angehört.

(3) Ehegatten können das Recht des Staates wählen, dem ein Ehegatte angehört, wenn die Voraussetzungen des Absatzes 1 Nr. 1 nicht vorliegen und

1. kein Ehegatte dem Staat angehört, in dem beide Ehegatten ihren gewöhnlichen Aufenthalt haben, oder
2. die Ehegatten ihren gewöhnlichen Aufenthalt nicht in demselben Staat haben.

Die Wirkungen der Rechtswahl enden, wenn die Ehegatten eine gemeinsame Staatsangehörigkeit erlangen.

(4) Die Rechtswahl muß notariell beurkundet werden. Wird sie nicht im Inland vorgenommen, so genügt es, wenn sie den Formerfordernissen für einen Ehevertrag nach dem gewählten Recht oder am Ort der Rechtswahl entspricht.

Artikel 15 Güterstand

(1) Die güterrechtlichen Wirkungen der Ehe unterliegen dem bei der Eheschließung für die allgemeinen Wirkungen der Ehe maßgebenden Recht.

(2) Die Ehegatten können für die güterrechtlichen Wirkungen ihrer Ehe wählen

1. das Recht des Staates, dem einer von ihnen angehört,
2. das Recht des Staates, in dem einer von ihnen seinen gewöhnlichen Aufenthalt hat, oder
3. für unbewegliches Vermögen das Recht des Lageorts.

(3) Artikel 14 Abs. 4 gilt entsprechend.

(4) Die Vorschriften des Gesetzes über den ehelichen Güterstand von Vertriebenen und Flüchtlingen bleiben unberührt.

Artikel 16 Schutz Dritter

(1) Unterliegen die güterrechtlichen Wirkungen einer Ehe dem Recht eines anderen Staates und hat einer der Ehegatten seinen gewöhnlichen Aufenthalt im Inland oder betreibt

er hier ein Gewerbe, so ist § 1412 des Bürgerlichen Gesetzbuchs entsprechend anzuwenden; der fremde gesetzliche Güterstand steht einem vertragsmäßigen gleich.

(2) Auf im Inland vorgenommene Rechtsgeschäfte ist § 1357, auf hier befindliche bewegliche Sachen § 1362, auf ein hier betriebenes Erwerbsgeschäft sind die §§ 1431 und 1456 des Bürgerlichen Gesetzbuchs sinngemäß anzuwenden, soweit diese Vorschriften für gutgläubige Dritte günstiger sind als das fremde Recht.

Artikel 17 Scheidung

(1) Die Scheidung unterliegt dem Recht, das im Zeitpunkt des Eintritts der Rechtshängigkeit des Scheidungsantrags für die allgemeinen Wirkungen der Ehe maßgebend ist. Kann die Ehe hiernach nicht geschieden werden, so unterliegt die Scheidung dem deutschen Recht, wenn der die Scheidung begehrende Ehegatte in diesem Zeitpunkt Deutscher ist oder dies bei der Eheschließung war.

(2) Eine Ehe kann im Inland nur durch ein Gericht geschieden werden.

(3) Der Versorgungsausgleich unterliegt dem nach Absatz 1 Satz 1 anzuwendenden Recht; er ist nur durchzuführen, wenn ihn das Recht eines der Staaten kennt, denen die Ehegatten im Zeitpunkt des Eintritts der Rechtshängigkeit des Scheidungsantrags angehören. Kann ein Versorgungsausgleich danach nicht stattfinden, so ist er auf Antrag eines Ehegatten nach deutschem Recht durchzuführen,

1. wenn der andere Ehegatte in der Ehezeit eine inländische Versorgungsanwartschaft erworben hat oder
2. wenn die allgemeinen Wirkungen der Ehe während eines Teils der Ehezeit einem Recht unterlagen, das den Versorgungsausgleich kennt,

soweit seine Durchführung im Hinblick auf die beiderseitigen wirtschaftlichen Verhältnisse auch während der nicht im Inland verbrachten Zeit der Billigkeit nicht widerspricht.

Artikel 18 Unterhalt

(1) Auf Unterhaltspflichten sind die Sachvorschriften des am jeweiligen gewöhnlichen Aufenthalt des Unterhaltsberechtigten geltenden Rechts anzuwenden. Kann der Berechtigte nach diesem Recht vom Verpflichteten keinen Unterhalt erhalten, so sind die Sachvorschriften des Rechts des Staates anzuwenden, dem sie gemeinsam angehören.

(2) Kann der Berechtigte nach dem gemäß Absatz 1 Satz 1 oder 2 anzuwendenen Recht vom Verpflichteten keinen Unterhalt erhalten, so ist deutsches Recht anzuwenden.

(3) Bei Unterhaltspflichten zwischen Verwandten in der Seitenlinie oder Verschwägerten kann der Verpflichtete dem Anspruch des Berechtigten entgegenhalten, daß nach den Sachvorschriften des Rechts des Staates, dem sie gemeinsam angehören, oder, mangels einer gemeinsamen Staatsangehörigkeit, des am gewöhnlichen Aufenthalt des Verpflichteten geltenden Rechts eine solche Pflicht nicht besteht.

(4) Wenn eine Ehescheidung hier ausgesprochen oder anerkannt worden ist, so ist für die Unterhaltspflichten zwischen den geschiedenen Ehegatten und die Änderung von Entscheidungen über diese Pflichten das auf die Ehescheidung angewandte Recht maßgebend. Dies gilt auch im Fall einer Trennung ohne Auflösung des Ehebandes und im Fall einer für nichtig oder als ungültig erklärten Ehe.

(5) Deutsches Recht ist anzuwenden, wenn sowohl der Berechtigte als auch der Verpflichtete Deutsche sind und der Verpflichtete seinen gewöhnlichen Aufenthalt im Inland hat.

(6) Das auf eine Unterhaltspflicht anzuwendende Recht bestimmt insbesondere,

1. ob, in welchem Ausmaß und von wem der Berechtigte Unterhalt verlangen kann,
2. wer zur Einleitung des Unterhaltsverfahrens berechtigt ist und welche Fristen für die Einleitung gelten,

3. das Ausmaß der Erstattungspflicht des Unterhaltsverpflichteten, wenn eine öffentliche Aufgaben wahrnehmende Einrichtung den ihr nach dem Recht, dem sie untersteht, zustehenden Erstattungsanspruch für die Leistungen geltend macht, die sie dem Berechtigten erbracht hat.

(7) Bei der Bemessung des Unterhaltsbetrags sind die Bedürfnisse des Berechtigten und die wirtschaftlichen Verhältnisse des Unterhaltsverpflichteten zu berücksichtigen, selbst wenn das anzuwendende Recht etwas anderes bestimmt.

Artikel 19 Eheliche Kindschaft

(1) Die eheliche Abstammung eines Kindes unterliegt dem Recht, das nach Artikel 14 Abs. 1 für die allgemeinen Wirkungen der Ehe der Mutter bei der Geburt des Kindes maßgebend ist. Gehören in diesem Zeitpunkt die Ehegatten verschiedenen Staaten an, so ist das Kind auch dann ehelich, wenn es nach dem Recht eines dieser Staaten ehelich ist. Ist die Ehe vor der Geburt aufgelöst worden, so ist der Zeitpunkt der Auflösung maßgebend. Das Kind kann die Ehelichkeit auch nach dem Recht des Staates anfechten, in dem es seinen gewöhnlichen Aufenthalt hat.

(2) Das Rechtsverhältnis zwischen den Eltern und einem ehelichen Kind unterliegt dem Recht, das nach Artikel 14 Abs. 1 für die allgemeinen Wirkungen der Ehe maßgebend ist. Besteht eine Ehe nicht, so ist das Recht des Staates anzuwenden, in dem das Kind seinen gewöhnlichen Aufenthalt hat.

(3) Ist das Wohl des Kindes gefährdet, so können Schutzmaßnahmen auch nach dem Recht des Staates ergriffen werden, in dem das Kind seinen gewöhnlichen Aufenthalt hat.

Artikel 20 Nichteheliche Kindschaft

(1) Die Abstammung eines nichtehelichen Kindes unterliegt dem Recht des Staates, dem die Mutter bei der Geburt des Kindes angehört. Dies gilt auch für Verpflichtungen des Vaters gegenüber der Mutter auf Grund der Schwangerschaft. Die Vaterschaft kann auch nach dem Recht des Staates, dem der Vater im Zeitpunkt der Geburt des Kindes angehört, oder nach dem Recht des Staates festgestellt werden, in dem das Kind seinen gewöhnlichen Aufenthalt hat.

(2) Das Rechtsverhältnis zwischen den Eltern und einem nichtehelichen Kind unterliegt dem Recht des Staates, in dem das Kind seinen gewöhnlichen Aufenthalt hat.

Artikel 21 Legitimation

(1) Die Legitimation durch nachfolgende Ehe unterliegt dem nach Artikel 14 Abs. 1 für die allgemeinen Wirkungen der Ehe bei der Eheschließung maßgebenden Recht. Gehören die Ehegatten verschiedenen Staaten an, so wird das Kind auch dann legitimiert, wenn es nach dem Recht eines dieser Staaten legitimiert wird.

(2) Die Legitimation in anderer Weise als durch nachfolgende Ehe unterliegt dem Recht des Staates, dem der Elternteil, für dessen eheliches Kind das Kind erklärt werden soll, bei der Legitimation angehört oder, falls er vor dieser gestorben ist, zuletzt angehörte.

Artikel 22 Annahme als Kind

Die Annahme als Kind unterliegt dem Recht des Staates, dem der Annehmende bei der Annahme angehört. Die Annahme durch einen oder beide Ehegatten unterliegt dem Recht, das nach Artikel 14 Abs. 1 für die allgemeinen Wirkungen der Ehe maßgebend ist.

Artikel 23 Zustimmung

Die Erforderlichkeit und die Erteilung der Zustimmung des Kindes und einer Person, zu der das Kind in einem familienrechtlichen Verhältnis steht, zu einer Abstammungserklärung, Namenserteilung, Legitimation oder Annahme als Kind unterliegen zusätzlich dem Recht des Staates, dem das Kind angehört. Soweit es zum Wohl des Kindes erforderlich ist, ist statt dessen das deutsche Recht anzuwenden.

Artikel 24 Vormundschaft, Betreuung und Pflegschaft

(1) Die Entstehung, die Änderung und das Ende der Vormundschaft, Betreuung und Pflegschaft sowie der Inhalt der gesetzlichen Vormundschaft und Pflegschaft unterliegen dem Recht des Staates, dem der Mündel, Betreute oder Pflegling angehört. Für einen Angehörigen eines fremden Staates, der seinen gewöhnlichen Aufenthalt oder, mangels eines solchen, seinen Aufenthalt im Inland hat, kann ein Betreuer nach deutschem Recht bestellt werden.

(2) Ist eine Pflegschaft erforderlich, weil nicht feststeht, wer an einer Angelegenheit beteiligt ist, oder weil ein Beteiligter sich in einem anderen Staat befindet, so ist das Recht anzuwenden, das für die Angelegenheit maßgebend ist.

(3) Vorläufige Maßregeln sowie der Inhalt der Betreuung und der angeordneten Vormundschaft und Pflegschaft unterliegen dem Recht des anordnenden Staates.

Vierter Abschnitt

Erbrecht

Artikel 25 Rechtsnachfolge von Todes wegen

(1) Die Rechtsnachfolge von Todes wegen unterliegt dem Recht des Staates, dem der Erblasser im Zeitpunkt seines Todes angehörte.

(2) Der Erblasser kann für im Inland belegenes unbewegliches Vermögen in der Form einer Verfügung von Todes wegen deutsches Recht wählen.

Artikel 26 Verfügungen von Todes wegen

(1) Eine letztwillige Verfügung ist, auch wenn sie von mehreren Personen in derselben Urkunde errichtet wird, hinsichtlich ihrer Form gültig, wenn diese den Formerfordernissen entspricht

1. des Rechts eines Staates, dem der Erblasser ungeachtet des Artikels 5 Abs. 1 im Zeitpunkt, in dem er letztwillig verfügt hat, oder im Zeitpunkt seines Todes angehörte,
2. des Rechts des Ortes, an dem der Erblasser letztwillig verfügt hat,
3. des Rechts eines Ortes, an dem der Erblasser im Zeitpunkt, in dem er letztwillig verfügt hat, oder im Zeitpunkt seines Todes seinen Wohnsitz oder gewöhnlichen Aufenthalt hatte,
4. des Rechts des Ortes, an dem sich unbewegliches Vermögen befindet, soweit es sich um dieses handelt, oder
5. des Rechts, das auf die Rechtsnachfolge von Todes wegen anzuwenden ist oder im Zeitpunkt der Verfügung anzuwenden wäre.

Ob der Erblasser an einem bestimmten Ort einen Wohnsitz hatte, regelt das an diesem Ort geltende Recht.

(2) Absatz 1 ist auch auf letztwillige Verfügungen anzuwenden, durch die eine frühere letztwillige Verfügung widerrufen wird. Der Widerruf ist hinsichtlich seiner Form auch dann gültig, wenn diese einer der Rechtsordnungen entspricht, nach denen die widerrufene letztwillige Verfügung gemäß Absatz 1 gültig war.

(3) Die Vorschriften, welche die für letztwillige Verfügungen zugelassenen Formen mit Beziehung auf das Alter, die Staatsangehörigkeit oder andere persönliche Eigenschaften des Erblassers beschränken, werden als zur Form gehörend angesehen. Das gleiche gilt für Eigenschaften, welche die für die Gültigkeit einer letztwilligen Verfügung erforderlichen Zeugen besitzen müssen.

(4) Die Absätze 1 bis 3 gelten für andere Verfügungen von Todes wegen entsprechend.
(5) Im übrigen unterliegen die Gültigkeit der Errichtung einer Verfügung von Todes wegen und die Bindung an sie dem Recht, das im Zeitpunkt der Verfügung auf die Rechtsnachfolge von Todes wegen anzuwenden wäre. Die einmal erlangte Testierfähigkeit wird durch Erwerb oder Verlust der Rechtsstellung als Deutscher nicht beeinträchtigt.

Fünfter Abschnitt
Schuldrecht
Erster Unterabschnitt
Vertragliche Schuldverhältnisse

Artikel 27 Freie Rechtswahl

(1) Der Vertrag unterliegt dem von den Parteien gewählten Recht. Die Rechtswahl muß ausdrücklich sein oder sich mit hinreichender Sicherheit aus den Bestimmungen des Vertrags oder aus den Umständen des Falles ergeben. Die Parteien können die Rechtswahl für den ganzen Vertrag oder nur für einen Teil treffen.
(2) Die Parteien können jederzeit vereinbaren, daß der Vertrag einem anderen Recht unterliegen soll als dem, das zuvor auf Grund einer früheren Rechtswahl oder auf Grund anderer Vorschriften dieses Unterabschnitts für ihn maßgebend war. Die Formgültigkeit des Vertrages nach Artikel 11 und Rechte Dritter werden durch eine Änderung der Bestimmung des anzuwendenden Rechts nach Vertragsabschluß nicht berührt.
(3) Ist der sonstige Sachverhalt im Zeitpunkt der Rechtswahl nur mit einem Staat verbunden, so kann die Wahl des Rechts eines anderen Staates – auch wenn sie durch die Vereinbarung der Zuständigkeit eines Gerichts eines anderen Staates ergänzt ist – die Bestimmungen nicht berühren, von denen nach dem Recht jenes Staates durch Vertrag nicht abgewichen werden kann (zwingende Bestimmungen).
(4) Auf das Zustandekommen und die Wirksamkeit der Einigung der Parteien über das anzuwendende Recht sind die Artikel 11, 12 und 29 Abs. 3 und Artikel 31 anzuwenden.

Artikel 28 Mangels Rechtswahl anzuwendendes Recht

(1) Soweit das auf den Vertrag anzuwendende Recht nicht nach Artikel 27 vereinbart worden ist, unterliegt der Vertrag dem Recht des Staates, mit dem er die engsten Verbindungen aufweist. Läßt sich jedoch ein Teil des Vertrages von dem Rest des Vertrages trennen und weist dieser Teil eine engere Verbindung mit einem anderen Staat auf, so kann auf ihn ausnahmsweise das Recht dieses anderen Staates angewandt werden.
(2) Es wird vermutet, daß der Vertrag die engsten Verbindungen mit dem Staat aufweist, in dem die Partei, welche die charakteristische Leistung zu erbringen hat, im Zeitpunkt des Vertragsabschlusses ihren gewöhnlichen Aufenthalt oder, wenn es sich um eine Gesellschaft, einen Verein oder eine juristische Person handelt, ihre Hauptverwaltung hat. Ist der Vertrag jedoch in Ausübung einer beruflichen oder gewerblichen Tätigkeit dieser Partei geschlossen worden, so wird vermutet, daß er die engsten Verbindungen zu dem Staat aufweist, in dem sich deren Hauptniederlassung befindet oder in dem, wenn die Leistung nach dem Vertrag von einer anderen als der Hauptniederlassung zu erbringen ist, sich die andere Niederlassung befindet. Dieser Absatz ist nicht anzuwenden, wenn sich die charakteristische Leistung nicht bestimmen läßt.
(3) Soweit der Vertrag ein dingliches Recht an einem Grundstück oder ein Recht zur Nutzung eines Grundstücks zum Gegenstand hat, wird vermutet, daß er die engsten Verbindungen zu dem Staat aufweist, in dem das Grundstück belegen ist.
(4) Bei Güterbeförderungsverträgen wird vermutet, daß sie mit dem Staat die engsten Verbindungen aufweisen, in dem der Beförderer im Zeitpunkt des Vertragsabschlusses seine

Hauptniederlassung hat, sofern sich in diesem Staat auch der Verladeort oder der Entladeort oder die Hauptniederlassung des Absenders befindet. Als Güterbeförderungsverträge gelten für die Anwendung dieses Absatzes auch Charterverträge für eine einzige Reise und andere Verträge, die in der Hauptsache der Güterbeförderung dienen.

(5) Die Vermutungen nach den Absätzen 2, 3 und 4 gelten nicht, wenn sich aus der Gesamtheit der Umstände ergibt, daß der Vertrag engere Verbindungen mit einem anderen Staat aufweist.

Artikel 29 Verbraucherverträge

(1) Bei Verträgen über die Lieferung beweglicher Sachen oder die Erbringung von Dienstleistungen zu einem Zweck, der nicht der beruflichen oder gewerblichen Tätigkeit des Berechtigten (Verbrauchers) zugerechnet werden kann, sowie bei Verträgen zur Finanzierung eines solchen Geschäfts darf eine Rechtswahl der Parteien nicht dazu führen, daß dem Verbraucher der durch die zwingenden Bestimmungen des Rechts des Staates, in dem er seinen gewöhnlichen Aufenthalt hat, gewährte Schutz entzogen wird,

1. wenn dem Vertragsabschluß ein ausdrückliches Angebot oder eine Werbung in diesem Staat vorausgegangen ist und wenn der Verbraucher in diesem Staat die zum Abschluß des Vertrages erforderlichen Rechtshandlungen vorgenommen hat,
2. wenn der Vertragspartner des Verbrauchers oder sein Vertreter die Bestellung des Verbrauchers in diesem Staat entgegengenommen hat oder
3. wenn der Vertrag den Verkauf von Waren betrifft und der Verbraucher von diesem Staat in einen anderen Staat gereist ist und dort seine Bestellung aufgegeben hat, sofern diese Reise vom Verkäufer mit dem Ziel herbeigeführt worden ist, den Verbraucher zum Vertragsabschluß zu veranlassen.

(2) Mangels einer Rechtswahl unterliegen Verbraucherverträge, die unter den in Absatz 1 bezeichneten Umständen zustande gekommen sind, dem Recht des Staates, in dem der Verbraucher seinen gewöhnlichen Aufenthalt hat.

(3) Auf Verbraucherverträge, die unter den in Absatz 1 bezeichneten Umständen geschlossen worden sind, ist Artikel 11 Abs. 1 bis 3 nicht anzuwenden. Die Form dieser Verträge unterliegt dem Recht des Staates, in dem der Verbraucher seinen gewöhnlichen Aufenthalt hat.

(4) Die vorstehenden Absätze gelten nicht für

1. Beförderungsverträge,
2. Verträge über die Erbringung von Dienstleistungen, wenn die dem Verbraucher geschuldeten Dienstleistungen ausschließlich in einem anderen als dem Staat erbracht werden müssen, in dem der Verbraucher seinen gewöhnlichen Aufenthalt hat.

Sie gelten jedoch für Reiseverträge, die für einen Pauschalpreis kombinierte Beförderungs- und Unterbringungsleistungen vorsehen.

Artikel 30 Arbeitsverträge und Arbeitsverhältnisse von Einzelpersonen

(1) Bei Arbeitsverträgen und Arbeitsverhältnissen darf die Rechtswahl der Parteien nicht dazu führen, daß dem Arbeitnehmer der Schutz entzogen wird, der ihm durch die zwingenden Bestimmungen des Rechts gewährt wird, das nach Absatz 2 mangels einer Rechtswahl anzuwenden wäre.

(2) Mangels einer Rechtswahl unterliegen Arbeitsverträge und Arbeitsverhältnisse dem Recht des Staates,

1. in dem der Arbeitnehmer in Erfüllung des Vertrages gewöhnlich seine Arbeit verrichtet, selbst wenn er vorübergehend in einen anderen Staat entsandt ist, oder
2. in dem sich die Niederlassung befindet, die den Arbeitnehmer eingestellt hat, sofern dieser seine Arbeit gewöhnlich nicht in ein und demselben Staat verrichtet, es sei

denn, daß sich aus der Gesamtheit der Umstände ergibt, daß der Arbeitsvertrag oder das Arbeitsverhältnis engere Verbindungen zu einem anderen Staat aufweist; in diesem Fall ist das Recht dieses anderen Staates anzuwenden.

Artikel 31 Einigung und materielle Wirksamkeit

(1) Das Zustandekommen und die Wirksamkeit des Vertrages oder einer seiner Bestimmungen beurteilen sich nach dem Recht, das anzuwenden wäre, wenn der Vertrag oder die Bestimmung wirksam wäre.

(2) Ergibt sich jedoch aus den Umständen, daß es nicht gerechtfertigt wäre, die Wirkung des Verhaltens einer Partei nach dem in Absatz 1 bezeichneten Recht zu bestimmen, so kann sich diese Partei für die Behauptung, sie habe dem Vertrag nicht zugestimmt, auf das Recht des Staates ihres gewöhnlichen Aufenthaltsorts berufen.

Artikel 32 Geltungsbereich des auf den Vertrag anzuwendenden Rechts

(1) Das nach den Artikeln 27 bis 30 und nach Artikel 33 Abs. 1 und 2 auf einen Vertrag anzuwendende Recht ist insbesondere maßgebend für

1. seine Auslegung,
2. die Erfüllung der durch ihn begründeten Verpflichtungen,
3. die Folgen der vollständigen oder teilweisen Nichterfüllung dieser Verpflichtungen einschließlich der Schadensbemessung, soweit sie nach Rechtsvorschriften erfolgt, innerhalb der durch das deutsche Verfahrensrecht gezogenen Grenzen,
4. die verschiedenen Arten des Erlöschens der Verpflichtungen sowie die Verjährung und die Rechtsverluste, die sich aus dem Ablauf einer Frist ergeben,
5. die Folgen der Nichtigkeit des Vertrages.

(2) In bezug auf die Art und Weise der Erfüllung und die vom Gläubiger im Fall mangelhafter Erfüllung zu treffenden Maßnahmen ist das Recht des Staates, in dem die Erfüllung erfolgt, zu berücksichtigen.

(3) Das für den Vertrag maßgebende Recht ist insoweit anzuwenden, als es für vertragliche Schuldverhältnisse gesetzliche Vermutungen aufstellt oder die Beweislast verteilt. Zum Beweis eines Rechtsgeschäfts sind alle Beweismittel des deutschen Verfahrensrechts und, sofern dieses nicht entgegensteht, eines der nach Artikel 11 und 29 Abs. 3 maßgeblichen Rechte, nach denen das Rechtsgeschäft formgültig ist, zulässig.

Artikel 33 Übertragung der Forderung. Gesetzlicher Forderungsübergang

(1) Bei Abtretung einer Forderung ist für die Verpflichtungen zwischen dem bisherigen und dem neuen Gläubiger das Recht maßgebend, dem der Vertrag zwischen ihnen unterliegt.

(2) Das Recht, dem die übertragene Forderung unterliegt, bestimmt ihre Übertragbarkeit, das Verhältnis zwischen neuem Gläubiger und Schuldner, die Voraussetzungen, unter denen die Übertragung dem Schuldner entgegengehalten werden kann, und die befreiende Wirkung einer Leistung durch den Schuldner.

(3) Hat ein Dritter die Verpflichtung, den Gläubiger einer Forderung zu befriedigen, so bestimmt das für die Verpflichtung des Dritten maßgebende Recht, ob er die Forderung des Gläubigers gegen den Schuldner gemäß dem für deren Beziehungen maßgebenden Recht ganz oder zu einem Teil geltend zu machen berechtigt ist. Dies gilt auch, wenn mehrere Personen dieselbe Forderung zu erfüllen haben und der Gläubiger von einer dieser Personen befriedigt worden ist.

Artikel 34 Zwingende Vorschriften
Dieser Unterabschnitt berührt nicht die Anwendung der Bestimmungen des deutschen Rechts, die ohne Rücksicht auf das auf den Vertrag anzuwendende Recht den Sachverhalt zwingend regeln.

Artikel 35 Rück- und Weiterverweisung. Rechtsspaltung
(1) Unter dem nach diesem Unterabschnitt anzuwendenden Recht eines Staates sind die in diesem Staat geltenden Sachvorschriften zu verstehen.

(2) Umfaßt ein Staat mehrere Gebietseinheiten, von denen jede für vertragliche Schuldverhältnisse ihre eigenen Rechtsvorschriften hat, so gilt für die Bestimmung des nach diesem Unterabschnitt anzuwendenden Rechts jede Gebietseinheit als Staat.

Artikel 36 Einheitliche Auslegung
Bei der Auslegung und Anwendung der für vertragliche Schuldverhältnisse geltenden Vorschriften dieses Kapitels ist zu berücksichtigen, daß die ihnen zugrunde liegenden Regelungen des Übereinkommens vom 19. Juni 1980 über das auf vertragliche Schuldverhältnisse anzuwendende Recht (BGBl. 1986 II S. 809) in den Vertragsstaaten einheitlich ausgelegt und angewandt werden sollen.

Artikel 37 Ausnahmen
Die Vorschriften dieses Unterabschnitts sind nicht anzuwenden auf
1. Verpflichtungen aus Wechseln, Schecks und anderen Inhaber- oder Orderpapieren, sofern die Verpflichtungen aus diesen anderen Wertpapieren aus deren Handelbarkeit entstehen;
2. Fragen betreffend das Gesellschaftsrecht, das Vereinsrecht und das Recht der juristischen Personen, wie zum Beispiel die Errichtung, die Rechts- und Handlungsfähigkeit, die innere Verfassung und die Auflösung von Gesellschaften, Vereinen und juristischen Personen sowie die persönliche gesetzliche Haftung der Gesellschafter und der Organe für die Schulden der Gesellschaft, des Vereins oder der juristischen Person;
3. die Frage, ob ein Vertreter die Person, für deren Rechnung er zu handeln vorgibt, Dritten gegenüber verpflichten kann, oder ob das Organ einer Gesellschaft, eines Vereins oder einer juristischen Person diese Gesellschaft, diesen Verein oder diese juristische Person gegenüber Dritten verpflichten kann;
4. Versicherungsverträge, die in dem Geltungsbereich des Vertrages zur Gründung der Europäischen Wirtschaftsgemeinschaft oder des Abkommens über den Europäischen Wirtschaftsraum belegene Risiken decken, mit Ausnahme von Rückversicherungsverträgen. Ist zu entscheiden, ob ein Risiko in diesem Gebiet belegen ist, so wendet das Gericht sein Recht an.

Zweiter Unterabschnitt
Außervertragliche Schuldverhältnisse

Artikel 38 Unerlaubte Handlungen
Aus einer im Ausland begangenen unerlaubten Handlung können gegen einen Deutschen nicht weitergehende Ansprüche geltend gemacht werden, als nach den deutschen Gesetzen begründet sind.

Artikel 39 bis **49** **(Änderung anderer Vorschriften)**

Zweiter Teil
Verhältnis des Bürgerlichen Gesetzbuchs zu den Reichsgesetzen

Artikel 50 [Geltung von Gesetzen]
Die Vorschriften der Reichsgesetze bleiben in Kraft. Sie treten jedoch insoweit außer Kraft, als sich aus dem Bürgerlichen Gesetzbuch oder aus diesem Gesetz die Aufhebung ergibt.

Artikel 51 [Begriff der Verwandtschaft und der Schwägerschaft]
Soweit in dem Gerichtsverfassungsgesetz, der Zivilprozeßordnung, der Strafprozeßordnung, der Konkursordnung und in dem Gesetze, betreffend die Anfechtung von Rechtshandlungen eines Schuldners außerhalb des Konkursverfahrens, vom 21. Juli 1879 (Reichsgesetzbl. S. 277) an die Verwandtschaft oder die Schwägerschaft rechtliche Folgen geknüpft sind, finden die Vorschriften des Bürgerlichen Gesetzbuchs über Verwandtschaft oder Schwägerschaft Anwendung.

Artikel 52 [Rechte Dritter bei Enteignungsentschädigung]
Ist auf Grund eines Reichsgesetzes dem Eigentümer einer Sache wegen der im öffentlichen Interesse erfolgenden Entziehung, Beschädigung oder Benutzung der Sache oder wegen Beschränkung des Eigentums eine Entschädigung zu gewähren und steht einem Dritten ein Recht an der Sache zu, für welches nicht eine besondere Entschädigung gewährt wird, so hat der Dritte, soweit sein Recht beeinträchtigt wird, an dem Entschädigungsanspruch dieselben Rechte, die ihm im Falle des Erlöschens seines Rechts durch Zwangsversteigerung an dem Erlös zustehen.

Artikel 53 [Rechte von Grundstücksgläubigern]
(1) Ist in diesem Falle des Artikels 52 die Entschädigung dem Eigentümer eines Grundstücks zu gewähren, so finden auf den Entschädigungsanspruch die Vorschriften des § 1128 des Bürgerlichen Gesetzbuchs entsprechende Anwendung. Erhebt ein Berechtigter innerhalb der im § 1128 bestimmten Frist Widerspruch gegen die Zahlung der Entschädigung an den Eigentümer, so kann der Eigentümer und jeder Berechtigte die Eröffnung eines Verteilungsverfahrens nach den für die Verteilung des Erlöses im Falle der Zwangsversteigerung geltenden Vorschriften beantragen. Die Zahlung hat in diesem Fall an das für das Verteilungsverfahren zuständige Gericht zu erfolgen.

(2) Ist das Recht des Dritten eine Reallast, eine Hypothek, eine Grundschuld oder eine Rentenschuld, so erlischt die Haftung des Entschädigungsanspruchs, wenn der beschädigte Gegenstand wiederhergestellt oder für die entzogene bewegliche Sache Ersatz beschafft ist. Ist die Entschädigung wegen Benutzung des Grundstücks oder wegen Entziehung oder Beschädigung von Früchten oder von Zubehörstücken zu gewähren, so finden die Vorschriften des § 1123 Abs. 2 Satz 1 und des § 1124 Abs. 1 und 3 des Bürgerlichen Gesetzbuchs entsprechende Anwendung.

Artikel 53 a [Entschädigungsanspruch bei Enteignung von Schiffen]
(1) Ist in einem Falle des Artikels 52 die Entschädigung dem Eigentümer eines eingetragenen Schiffs oder Schiffsbauwerks zu gewähren, so sind auf den Entschädigungsanspruch die Vorschriften der §§ 32 und 33 des Gesetzes über Rechte an eingetragenen Schiffen und Schiffsbauwerken vom 15. November 1940 (Reichsgesetzbl. I S. 1499) entsprechend anzuwenden.

(2) Artikel 53 Abs. 1 Satz 2 und 3 gilt entsprechend.

Artikel 54 (gegenstandslos)

Dritter Teil

Verhältnis des Bürgerlichen Gesetzbuchs zu den Landesgesetzen

Artikel 55 [Privatrechtliche Vorschriften der Landesgesetze]

Die privatrechtlichen Vorschriften der Landesgesetze treten außer Kraft, soweit nicht in dem Bürgerlichen Gesetzbuch oder in diesem Gesetz ein anderes bestimmt ist.

Artikel 56 [Staatsverträge der Länder]

Unberührt bleiben die Bestimmungen der Staatsverträge, die ein Bundesstaat mit einem ausländischen Staat vor dem Inkrafttreten des Bürgerlichen Gesetzbuchs geschlossen hat.

Artikel 57 und **58 (gegenstandslos)**

Artikel 59 [Landesgesetzliche Vorschriften]

Unberührt bleiben die landesgesetzlichen Vorschriften über Familienfideikommisse und Lehen, mit Einschluß der allodifizierten Lehen, sowie über Stammgüter.

Artikel 60 [Sachenrechtliche Vorschriften]

Unberührt bleiben die landesgesetzlichen Vorschriften, welche die Bestellung einer Hypothek, Grundschuld oder Rentenschuld an einem Grundstück, dessen Belastung nach den in den Artikeln 57 bis 59 bezeichneten Vorschriften nur beschränkt zulässig ist, dahin gestatten, daß der Gläubiger Befriedigung aus dem Grundstück lediglich im Wege der Zwangsverwaltung suchen kann.

Artikel 61 [Analoge Anwendung der Vorschriften des BGB]

Ist die Veräußerung oder Belastung eines Gegenstandes nach den in den Artikeln 57 bis 59 bezeichneten Vorschriften unzulässig oder nur beschränkt zulässig, so finden auf einen Erwerb, dem diese Vorschriften entgegenstehen, die Vorschriften des Bürgerlichen Gesetzbuchs zugunsten derjenigen, welche Rechte von einem Nichtberechtigten herleiten, entsprechende Anwendung.

Artikel 62 [Rentengüter]

Unberührt bleiben die landesgesetzlichen Vorschriften über Rentengüter.

Artikel 63 [Landesgesetzliche Sondervorschriften]

Unberührt bleiben die landesgesetzlichen Vorschriften über das Erbpachtrecht, mit Einschluß des Büdnerrechts und des Häuslerrechts, in denjenigen Bundesstaaten, in welchen solche Rechte bestehen. Die Vorschriften des § 1017 des Bürgerlichen Gesetzbuchs finden auf diese Rechte entsprechende Anwendung.

Artikel 64 [Anerbenrecht]

(1) Unberührt bleiben die landesgesetzlichen Vorschriften über das Anerbenrecht in Ansehung landwirtschaftlicher und forstwirtschaftlicher Grundstücke nebst deren Zubehör.

(2) Die Landesgesetze können das Recht des Erblassers, über das dem Anerbenrecht unterliegende Grundstück von Todes wegen zu verfügen, nicht beschränken.

Artikel 65 [Wasserrecht]

Unberührt bleiben die landesgesetzlichen Vorschriften, welche dem Wasserrecht angehören, mit Einschluß des Mühlenrechts, des Flötzrechts und des Flößereirechts sowie der Vorschriften zur Beförderung der Bewässerung und Entwässerung der Grundstücke und der Vorschriften über Anlandungen, entstehende Inseln und verlassene Flußbetten.

Artikel 66 [Deich- und Sielrecht]

Unberührt bleiben die landesgesetzlichen Vorschriften, welche dem Deich- und Sielrecht angehören.

Artikel 67 [Bergrecht]
(1) Unberührt bleiben die landesgesetzlichen Vorschriften, welche dem Bergrecht angehören.
(2) Ist nach landesgesetzlicher Vorschrift wegen Beschädigung eines Grundstücks durch Bergbau eine Entschädigung zu gewähren, so finden die Vorschriften der Artikel 52 und 53 Anwendung, soweit nicht die Landesgesetze ein anderes bestimmen.

Artikel 68 [Abbaurecht]
Unberührt bleiben die landesgesetzlichen Vorschriften, welche die Belastung eines Grundstücks mit dem vererblichen und veräußerlichen Recht zur Gewinnung eines den bergrechtlichen Vorschriften nicht unterliegenden Minerals gestatten und den Inhalt dieses Rechtes näher bestimmen. Die Vorschriften der §§ 874, 875, 876, 1015, 1017 des Bürgerlichen Gesetzbuchs finden entsprechende Anwendung.

Artikel 69 [Fischerei]
Unberührt bleiben die landesgesetzlichen Vorschriften über Jagd und Fischerei, unbeschadet der Vorschrift des § 958 Abs. 2 des Bürgerlichen Gesetzbuchs und der Vorschriften des Bürgerlichen Gesetzbuchs über den Ersatz des Wildschadens.

Artikel 70 bis **72 (weggefallen)**

Artikel 73 [Regalien]
Unberührt bleiben die landesgesetzlichen Vorschriften über Regalien.

Artikel 74 [Gewerberechte]
Unberührt bleiben die landesgesetzlichen Vorschriften über Zwangsrechte, Bannrechte und Realgewerbeberechtigungen.

Artikel 75 (gegenstandslos)

Artikel 76 [Verlagsrecht]
Unberührt bleiben die landesgesetzlichen Vorschriften, welche dem Verlagsrecht angehören.

Artikel 77 [Staatshaftung für Beamte]
Unberührt bleiben die landesgesetzlichen Vorschriften über die Haftung des Staates, der Gemeinden und anderer Kommunalverbände (Provinzial-, Kreis-, Amtsverbände) für den von ihren Beamten in Ausübung der diesen anvertrauten öffentlichen Gewalt zugefügten Schaden sowie die landesgesetzlichen Vorschriften, welche das Recht des Beschädigten, von dem Beamten den Ersatz eines solchen Schadens zu verlangen, insoweit ausschließen, als der Staat oder der Kommunalverband haftet.

Artikel 78 [Haftung der Beamten für Gehilfen]
Unberührt bleiben die landesgesetzlichen Vorschriften, nach welchen die Beamten für die von ihnen angenommenen Stellvertreter und Gehilfen in weiterem Umfang als nach dem Bürgerlichen Gesetzbuch haften.

Artikel 79 [Haftung von Grundstücksschätzern]
Unberührt bleiben die landesgesetzlichen Vorschriften, nach welchen die zur amtlichen Feststellung des Wertes von Grundstücken bestellten Sachverständigen für den aus einer Verletzung ihrer Berufspflicht entstandenen Schaden in weiterem Umfang als nach dem Bürgerlichen Gesetzbuch haften.

Artikel 80 [Vermögensrechtliche Ansprüche des Beamten–Pfründenrecht]
(1) Unberührt bleiben, soweit nicht in dem Bürgerlichen Gesetzbuch eine besondere Bestimmung getroffen ist, die landesgesetzlichen Vorschriften über die vermögensrechtlichen Ansprüche und Verbindlichkeiten der Beamten, der Geistlichen und der Lehrer an

öffentlichen Unterrichtsanstalten aus dem Amts- oder Dienstverhältnis mit Einschluß der Ansprüche der Hinterbliebenen.

(2) Unberührt bleiben die landesgesetzlichen Vorschriften über das Pfründenrecht.

Artikel 81 [Übertragung und Aufrechnung von Gehaltsansprüchen]

Unberührt bleiben die landesgesetzlichen Vorschriften, welche die Übertragbarkeit der Ansprüche der in Artikel 80 Abs. 1 bezeichneten Personen auf Besoldung, Wartegeld, Ruhegehalt, Witwen- und Waisengeld beschränken, sowie die landesgesetzlichen Vorschriften, welche die Aufrechnung gegen solche Ansprüche abweichend von der Vorschrift des § 394 des Bürgerlichen Gesetzbuchs zulassen.

Artikel 82 [Verfassung konzessionierter Vereine]

Unberührt bleiben die Vorschriften der Landesgesetze über die Verfassung solcher Vereine, deren Rechtsfähigkeit auf staatlicher Verleihung beruht.

Artikel 83 [Waldgenossenschaften]

Unberührt bleiben die landesgesetzlichen Vorschriften über Waldgenossenschaften.

Artikel 84 (gegenstandslos)

Artikel 85 [Anfall des Vereinsvermögens]

Unberührt bleiben die landesgesetzlichen Vorschriften, nach welchen im Falle des § 45 Abs. 3 des Bürgerlichen Gesetzbuchs das Vermögen des aufgelösten Vereins an Stelle des Fiskus einer Körperschaft, Stiftung oder Anstalt des öffentlichen Rechts anfällt.

Artikel 86 [Erwerbbeschränkungen für juristische Personen]

Unberührt bleiben die landesgesetzlichen Vorschriften, welche den Erwerb von Rechten durch juristische Personen beschränken oder von staatlicher Genehmigung abhängig machen, soweit diese Vorschriften Gegenstände im Werte von mehr als fünftausend Deutsche Mark betreffen. Wird die nach dem Landesgesetz zu einem Erwerb von Todes wegen erforderliche Genehmigung erteilt, so gilt sie als vor dem Erbfall erteilt; wird sie verweigert, so gilt die juristische Person in Ansehung des Anfalls als nicht vorhanden; die Vorschrift des § 2043 des Bürgerlichen Gesetzbuchs findet entsprechende Anwendung.

Artikel 87 (weggefallen)

Artikel 88 [Grundstückserwerb durch Ausländer]

Unberührt bleiben die landesgesetzlichen Vorschriften, welche den Erwerb von Grundstücken durch Ausländer von staatlicher Genehmigung abhängig machen.

Artikel 89 [Pfändung, Pfandgeld oder Ersatzgeld]

Unberührt bleiben die landesgesetzlichen Vorschriften über die zum Schutz der Grundstücke und der Erzeugnisse von Grundstücken gestattete Pfändung von Sachen, mit Einschluß der Vorschriften über die Entrichtung von Pfandgeld oder Ersatzgeld.

Artikel 90 [Sicherheitsleistung]

Unberührt bleiben die landesgesetzlichen Vorschriften über die Rechtsverhältnisse, welche sich aus einer auf Grund des öffentlichen Rechts wegen der Führung eines Amtes oder wegen eines Gewerbebetriebs erfolgten Sicherheitsleistung ergeben.

Artikel 91 [Sicherungshypothek öffentlich-rechtlicher Körperschaften]

Unberührt bleiben die landesgesetzlichen Vorschriften, nach welchen der Fiskus, eine Körperschaft, Stiftung oder Anstalt des öffentlichen Rechts oder eine unter der Verwaltung einer öffentlichen Behörde stehende Stiftung berechtigt ist, zur Sicherung gewisser Forderungen die Eintragung einer Hypothek an Grundstücken des Schuldners zu verlangen, und nach welchen die Eintragung der Hypothek auf Ersuchen einer bestimmten Behörde zu erfolgen hat. Die Hypothek kann nur als Sicherungshypothek eingetragen werden; sie entsteht mit der Eintragung.

Artikel 92 (weggefallen)

Artikel 93 [Mieträumungsfristen]
Unberührt bleiben die landesgesetzlichen Vorschriften über die Fristen, bis zu deren Ablauf gemietete Räume bei Beendigung des Mietverhältnisses zu räumen sind.

Artikel 94 [Geschäftsbetrieb der Pfandleiher]
(1) Unberührt bleiben die landesgesetzlichen Vorschriften, welche den Geschäftsbetrieb der gewerblichen Pfandleiher und der Pfandleihanstalten betreffen.

(2) Unberührt bleiben die landesgesetzlichen Vorschriften, nach welchen öffentlichen Pfandleihanstalten das Recht zusteht, die ihnen verpfändeten Sachen dem Berechtigten nur gegen Bezahlung des auf die Sache gewährten Darlehens herauszugeben.

Artikel 95 (gegenstandslos)

Artikel 96 [Altenteilsverträge]
Unberührt bleiben die landesgesetzlichen Vorschriften über einen mit der Überlassung eines Grundstücks in Verbindung stehenden Leibgedings-, Leibzuchts-, Altenteils- oder Auszugsvertrag, soweit sie das sich aus dem Vertrag ergebende Schuldverhältnis für den Fall regeln, daß nicht besondere Vereinbarungen getroffen werden.

Artikel 97 [Staatsschuldbuch]
(1) Unberührt bleiben die landesgesetzlichen Vorschriften, welche die Eintragung von Gläubigern des Bundesstaats in ein Staatsschuldbuch und die aus der Eintragung sich ergebenden Rechtsverhältnisse, insbesondere die Übertragung und Belastung einer Buchforderung, regeln.

(2) Soweit nach diesen Vorschriften eine Ehefrau berechtigt ist, selbständig Anträge zu stellen, ist dieses Recht ausgeschlossen, wenn ein Vermerk zugunsten des Ehemanns im Schuldbuch eingetragen ist. Ein solcher Vermerk ist einzutragen, wenn die Ehefrau oder mit ihrer Zustimmung der Ehemann die Eintragung beantragt. Die Ehefrau ist dem Ehemann gegenüber zur Erteilung der Zustimmung verpflichtet, wenn sie nach dem unter ihnen bestehenden Güterstand über die Buchforderung nur mit Zustimmung des Ehemanns verfügen kann.

Artikel 98 [Rückzahlung von Staatsschulden]
Unberührt bleiben die landesgesetzlichen Vorschriften über die Rückzahlung oder Umwandlung verzinslicher Staatsschulden, für die Inhaberpapiere ausgegeben oder die im Staatsschuldbuch eingetragen sind.

Artikel 99 [Öffentliche Sparkassen]
Unberührt bleiben die landesgesetzlichen Vorschriften über die öffentlichen Sparkassen, unbeschadet der Vorschriften des § 808 des Bürgerlichen Gesetzbuchs und der Vorschriften des Bürgerlichen Gesetzbuchs über die Anlegung von Mündelgeld.

Artikel 100 [Schuldverschreibungen öffentlich-rechtlicher Körperschaften]
Unberührt bleiben die landesgesetzlichen Vorschriften, nach welchen bei Schuldverschreibungen auf den Inhaber, die der Bundesstaat oder eine ihm angehörende Körperschaft, Stiftung oder Anstalt des öffentlichen Rechts ausstellt:

1. die Gültigkeit der Unterzeichnung von der Beobachtung einer besonderen Form abhängt, auch wenn eine solche Bestimmung in die Urkunde nicht aufgenommen ist;

2. der im § 804 Abs. 1 des Bürgerlichen Gesetzbuchs bezeichnete Anspruch ausgeschlossen ist, auch wenn die Ausschließung in dem Zins- oder Rentenschein nicht bestimmt ist.

Artikel 101 [Schuldverschreibungen]

Unberührt bleiben die landesgesetzlichen Vorschriften, welche den Bundesstaat oder ihm angehörende Körperschaften, Stiftungen und Anstalten des öffentlichen Rechts abweichend von der Vorschrift des § 806 Satz 2 des Bürgerlichen Gesetzbuchs verpflichten, die von ihnen ausgestellten, auf den Inhaber lautenden Schuldverschreibungen auf den Namen eines bestimmten Berechtigten umzuschreiben, sowie die landesgesetzlichen Vorschriften, welche die sich aus der Umschreibung einer solchen Schuldverschreibung ergebenden Rechtsverhältnisse, mit Einschluß der Kraftloserklärung, regeln.

Artikel 102 [Legitimationspapiere]

(1) Unberührt bleiben die landesgesetzlichen Vorschriften über die Kraftloserklärung und die Zahlungssperre in Ansehung der im § 807 des Bürgerlichen Gesetzbuchs bezeichneten Urkunden.

(2) Unberührt bleiben die landesgesetzlichen Vorschriften, welche für die Kraftloserklärung der im § 808 des Bürgerlichen Gesetzbuchs bezeichneten Urkunden ein anderes Verfahren als das Aufgebotsverfahren bestimmen.

Artikel 103 (gegenstandslos)

Artikel 104 [Rückerstattung von Abgaben und Kosten]

Unberührt bleiben die landesgesetzlichen Vorschriften über den Anspruch auf Rückerstattung mit Unrecht erhobener öffentlicher Abgaben oder Kosten eines Verfahrens.

Artikel 105 [Haftung bei gefährlichen Betrieben]

Unberührt bleiben die landesgesetzlichen Vorschriften, nach welchen der Unternehmer eines Eisenbahnbetriebs oder eines anderen mit gemeiner Gefahr verbundenen Betriebs für den aus dem Betrieb entstehenden Schaden in weiterem Umfang als nach den Vorschriften des Bürgerlichen Gesetzbuchs verantwortlich ist.

Artikel 106 [Benutzung öffentlicher Grundstücke]

Unberührt bleiben die landesgesetzlichen Vorschriften, nach welchen, wenn ein dem öffentlichen Gebrauch dienendes Grundstück zu einer Anlage oder zu einem Betrieb benutzt werden darf, der Unternehmer der Anlage oder des Betriebs für den Schaden verantwortlich ist, der bei dem öffentlichen Gebrauch des Grundstücks durch die Anlage oder den Betrieb verursacht wird.

Artikel 107 [Landesrechtliche Strafgesetze zum Schutze von Grundstücken]

Unberührt bleiben die landesgesetzlichen Vorschriften über die Verpflichtung zum Ersatz des Schadens, der durch das Zuwiderhandeln gegen ein zum Schutz von Grundstücken erlassenes Strafgesetz verursacht wird.

Artikel 108 [Schadenshaftung bei Zusammenrottung]

Unberührt bleiben die landesgesetzlichen Vorschriften über die Verpflichtung zum Ersatz des Schadens, der bei einer Zusammenrottung, einem Auflauf oder einem Aufruhr entsteht.

Artikel 109 [Enteignung]

Unberührt bleiben die landesgesetzlichen Vorschriften über die im öffentlichen Interesse erfolgende Entziehung, Beschädigung oder Benutzung einer Sache, Beschränkung des Eigentums und Entziehung oder Beschränkung von Rechten. Auf die nach landesgesetzlicher Vorschrift wegen eines solchen Eingriffs zu gewährende Entschädigung finden die Vorschriften der Artikel 52 und 53 Anwendung, soweit nicht die Landesgesetze ein anderes bestimmen. Die landesgesetzlichen Vorschriften können nicht bestimmen, daß für ein Rechtsgeschäft, für das notarielle Beurkundung vorgeschrieben ist, eine andere Form genügt.

Artikel 110 [Wiederherstellung zerstörter Gebäude]
Unberührt bleiben die landesgesetzlichen Vorschriften, welche für den Fall, daß zerstörte Gebäude in anderer Lage wiederhergestellt werden, die Rechte an den beteiligten Grundstücken regeln.

Artikel 111 [Eigentumsbeschränkungen]
Unberührt bleiben die landesgesetzlichen Vorschriften, welche im öffentlichen Interesse das Eigentum in Ansehung tatsächlicher Verfügungen beschränken.

Artikel 112 [Bahneinheit]
Unberührt bleiben die landesgesetzlichen Vorschriften über die Behandlung der einem Eisenbahn- oder Kleinbahnunternehmen gewidmeten Grundstücke und sonstiger Vermögensgegenstände als Einheit (Bahneinheit), über die Veräußerung und Belastung einer solchen Bahneinheit oder ihrer Bestandteile, insbesondere die Belastung im Falle der Ausstellung von Teilschuldverschreibungen auf den Inhaber, und die sich dabei ergebenden Rechtsverhältnisse sowie über die Liquidation zum Zwecke der Befriedigung der Gläubiger, denen ein Recht auf abgesonderte Befriedigung aus den Bestandteilen der Bahneinheit zusteht.

Artikel 113 [Flurbereinigung]
Unberührt bleiben die landesgesetzlichen Vorschriften über die Zusammenlegung von Grundstücken, über die Gemeinheitsteilung, die Regulierung der Wege, die Ordnung der gutsherrlich-bäuerlichen Verhältnisse sowie über die Ablösung, Umwandlung oder Einschränkung von Dienstbarkeiten und Reallasten. Dies gilt insbesondere auch von den Vorschriften, welche die durch ein Verfahren dieser Art begründeten gemeinschaftlichen Angelegenheiten zum Gegenstand haben oder welche sich auf den Erwerb des Eigentums, auf die Begründung, Änderung und Aufhebung von anderen Rechten an Grundstücken und auf die Berichtigung des Grundbuchs beziehen.

Artikel 114 [Nicht eintragungsbedürftige Reallasten]
Unberührt bleiben die landesgesetzlichen Vorschriften, nach welchen die dem Staat oder einer öffentlichen Anstalt infolge der Ordnung der gutsherrlich-bäuerlichen Verhältnisse oder der Ablösung von Dienstbarkeiten, Reallasten oder der Oberlehnsherrlichkeit zustehenden Ablösungsrenten und sonstigen Reallasten zu ihrer Begründung und zur Wirksamkeit gegenüber dem öffentlichen Glauben des Grundbuchs nicht der Eintragung bedürfen.

Artikel 115 [Belastungsverbote]
Unberührt bleiben die landesgesetzlichen Vorschriften, welche die Belastung eines Grundstücks mit gewissen Grunddienstbarkeiten oder beschränkten persönlichen Dienstbarkeiten oder mit Reallasten untersagen oder beschränken, sowie die landesgesetzlichen Vorschriften, welche den Inhalt und das Maß solcher Rechte näher bestimmen.

Artikel 116 [Ausnahmen von den Artikeln 113 bis 115]
Die in den Artikeln 113 bis 115 bezeichneten landesgesetzlichen Vorschriften finden keine Anwendung auf die nach den §§ 912, 916 und 917 des Bürgerlichen Gesetzbuchs zu entrichtenden Geldrenten und auf die in den §§ 1021 und 1022 des Bürgerlichen Gesetzbuchs bestimmten Unterhaltungspflichten.

Artikel 117 [Belastungsbeschränkungen]
(1) Unberührt bleiben die landesgesetzlichen Vorschriften, welche die Belastung eines Grundstücks über eine bestimmte Wertgrenze hinaus untersagen.

(2) Unberührt bleiben die landesgesetzlichen Vorschriften, welche die Belastung eines Grundstücks mit einer unkündbaren Hypothek oder Grundschuld untersagen oder die Ausschließung des Kündigungsrechts des Eigentümers bei Hypothekenforderungen und Grundschulden zeitlich beschränken und bei Rentenschulden nur für eine kürzere als die in § 1202 Abs. 2 des Bürgerlichen Gesetzbuchs bestimmte Zeit zulassen.

Artikel 118 [Vorrang von Verbesserungsdarlehen]
Unberührt bleiben die landesgesetzlichen Vorschriften, welche einer Geldrente, Hypothek, Grundschuld oder Rentenschuld, die dem Staat oder einer öffentlichen Anstalt wegen eines zur Verbesserung des belasteten Grundstücks gewährten Darlehens zusteht, den Vorrang vor anderen Belastungen des Grundstücks einräumen. Zugunsten eines Dritten finden die Vorschriften der §§ 892 und 893 des Bürgerlichen Gesetzbuchs Anwendung.

Artikel 119 [Beschränkung von Grundstücksverfügungen]
Unberührt bleiben die landesgesetzlichen Vorschriften, welche
1. die Veräußerung eines Grundstücks beschränken;
2. die Teilung eines Grundstücks oder die getrennte Veräußerung von Grundstücken, die bisher zusammen bewirtschaftet worden sind, untersagen oder beschränken;
3. die nach § 890 Abs. 1 des Bürgerlichen Gesetzbuchs zulässige Vereinigung mehrerer Grundstücke oder die nach § 890 Abs. 2 des Bürgerlichen Gesetzbuchs zulässige Zuschreibung eines Grundstücks zu einem anderen Grundstück untersagen oder beschränken.

Artikel 120 [Belastungsbefreiungen]
(1) Unberührt bleiben die landesgesetzlichen Vorschriften, nach welchen im Falle der Veräußerung eines Teiles eines Grundstücks dieser Teil von den Belastungen des Grundstücks befreit wird, wenn von der zuständigen Behörde festgestellt wird, daß die Rechtsänderung für die Berechtigten unschädlich ist.
(2) Unberührt bleiben die landesgesetzlichen Vorschriften, nach welchen unter der gleichen Voraussetzung:
1. im Falle der Teilung eines mit einer Reallast belasteten Grundstücks die Reallast auf die einzelnen Teile des Grundstücks verteilt wird;
2. im Falle der Aufhebung eines dem jeweiligen Eigentümer eines Grundstücks an einem anderen Grundstück zustehenden Rechts die Zustimmung derjenigen nicht erforderlich ist, zu deren Gunsten das Grundstück des Berechtigten belastet ist;
3. in den Fällen des § 1128 des Bürgerlichen Gesetzbuchs und des Artikels 52 dieses Gesetzes der dem Eigentümer zustehende Entschädigungsanspruch von dem einem Dritten an dem Anspruch zustehenden Recht befreit wird.

Artikel 121 [Öffentlich-rechtliche Reallasten]
Unberührt bleiben die landesgesetzlichen Vorschriften, nach welchen im Falle der Teilung eines für den Staat oder eine öffentliche Anstalt mit einer Reallast belasteten Grundstücks nur ein Teil des Grundstücks mit der Reallast belastet bleibt und dafür zugunsten des jeweiligen Eigentümers dieses Teiles die übrigen Teile mit gleichartigen Reallasten belastet werden.

Artikel 122 [Obstbäume]
Unberührt bleiben die landesgesetzlichen Vorschriften, welche die Rechte des Eigentümers eines Grundstücks in Ansehung der auf der Grenze oder auf dem Nachbargrundstück stehenden Obstbäume abweichend von den Vorschriften des § 910 und des § 923 Abs. 2 des Bürgerlichen Gesetzbuchs bestimmen.

Artikel 123 [Notwegerecht]
Unberührt bleiben die landesgesetzlichen Vorschriften, welche das Recht des Notwegs zum Zwecke der Verbindung eines Grundstücks mit einer Wasserstraße oder einer Eisenbahn gewähren.

Artikel 124 [Nachbarrecht]
Unberührt bleiben die landesgesetzlichen Vorschriften, welche das Eigentum an Grundstücken zugunsten der Nachbarn noch anderen als den im Bürgerlichen Gesetzbuch bestimmten Beschränkungen unterwerfen. Dies gilt insbesondere auch von den Vorschriften, nach welchen Anlagen sowie Bäume und Sträucher nur in einem bestimmten Abstand von der Grenze gehalten werden dürfen.

Artikel 125 [Verkehrsunternehmungen]
Unberührt bleiben die landesgesetzlichen Vorschriften, welche die Vorschrift des § 26 der Gewerbeordnung auf Eisenbahn-, Dampfschiffahrts- und ähnliche Verkehrsunternehmungen erstrecken.

Artikel 126 [Übereignung von Staats- oder Kommunalverbandsgrundstücken]
Durch Landesgesetz kann das dem Staat an einem Grundstück zustehende Eigentum auf einen Kommunalverband und das einem Kommunalverband an einem Grundstück zustehende Eigentum auf einen anderen Kommunalverband oder auf den Staat übertragen werden.

Artikel 127 [Eigentumswechsel bei nicht im Grundbuch eingetragenen Grundstücken]
Unberührt bleiben die landesgesetzlichen Vorschriften über die Übertragung des Eigentums an einem Grundstück, das im Grundbuch nicht eingetragen ist und nach den Vorschriften der Grundbuchordnung auch nach der Übertragung nicht eingetragen zu werden braucht.

Artikel 128 [Dienstbarkeiten bei nicht im Grundbuch eingetragenen Grundstücken]
Unberührt bleiben die landesgesetzlichen Vorschriften über die Begründung und Aufhebung einer Dienstbarkeit an einem Grundstück, das im Grundbuch nicht eingetragen ist und nach den Vorschriften der Grundbuchordnung nicht eingetragen zu werden braucht.

Artikel 129 [Aneignung aufgegebener Grundstücke]
Unberührt bleiben die landesgesetzlichen Vorschriften, nach welchen das Recht zur Aneignung eines nach § 928 des Bürgerlichen Gesetzbuchs aufgegebenen Grundstücks an Stelle des Fiskus einer bestimmten anderen Person zusteht.

Artikel 130 [Aneignung fremder Tauben]
Unberührt bleiben die landesgesetzlichen Vorschriften über das Recht zur Aneignung der einem anderen gehörenden, im Freien betroffenen Tauben.

Artikel 131 [Stockwerkseigentum]
Unberührt bleiben die landesgesetzlichen Vorschriften, welche für den Fall, daß jedem der Miteigentümer eines mit einem Gebäude versehenen Grundstücks die ausschließliche Benutzung eines Teiles des Gebäudes eingeräumt ist, das Gemeinschaftsverhältnis näher bestimmen, die Anwendung der §§ 749 bis 751 des Bürgerlichen Gesetzbuchs ausschließen und für den Fall des Konkurses über das Vermögen eines Miteigentümers dem Konkursverwalter das Recht, die Aufhebung der Gemeinschaft zu verlangen, versagen.

Artikel 132 [Kirchenbaulast und Schulbaulast]
Unberührt bleiben die landesgesetzlichen Vorschriften über die Kirchenbaulast und die Schulbaulast.

Artikel 133 [Kirchenstühle und Begräbnisplätze]
Unberührt bleiben die landesgesetzlichen Vorschriften über das Recht zur Benutzung eines Platzes in einem dem öffentlichen Gottesdienst gewidmeten Gebäude oder auf einer öffentlichen Begräbnisstätte.

Artikel 134 bis **136** **(weggefallen)**

Artikel 137 [Ertragswert eines Landguts]
Unberührt bleiben die landesgesetzlichen Vorschriften über die Grundsätze, nach denen in den Fällen des § 1376 Abs. 4, § 1515 Abs. 2 und 3, § 1934 b Abs. 1 und der §§ 2049 und 2312 des Bürgerlichen Gesetzbuchs sowie des § 16 Abs. 1 des Grundstücksverkehrsgesetzes in der im Bundesgesetzblatt Teil III, Gliederungsnummer 7810-1, veröffentlichten bereinigten Fassung, das zuletzt durch Artikel 2 Nr. 22 des Gesetzes vom 8. Dezember 1986 (BGBl. I S. 2191) geändert worden ist, der Ertragswert eines Landguts festzustellen ist.

Artikel 138 [Erbrecht öffentlich-rechtlicher Körperschaften]
Unberührt bleiben die landesgesetzlichen Vorschriften, nach welchen im Falle des § 1936 des Bürgerlichen Gesetzbuchs an Stelle des Fiskus eine Körperschaft, Stiftung oder Anstalt des öffentlichen Rechts gesetzlicher Erbe ist.

Artikel 139 [Rechte bezüglich des Nachlasses einer vom Fiskus verpflegten Person]
Unberührt bleiben die landesgesetzlichen Vorschriften, nach welchen dem Fiskus oder einer anderen juristischen Person in Ansehung des Nachlasses einer verpflegten oder unterstützten Person ein Erbrecht, ein Pflichtteilsanspruch oder ein Recht auf bestimmte Sachen zusteht.

Artikel 140 [Nachlaßverzeichnis]
Unberührt bleiben die landesgesetzlichen Vorschriften, nach welchen das Nachlaßgericht auch unter anderen als den in § 1960 Abs. 1 des Bürgerlichen Gesetzbuchs bezeichneten Voraussetzungen die Anfertigung eines Nachlaßverzeichnisses sowie bis zu dessen Vollendung die erforderlichen Sicherungsmaßregeln, insbesondere die Anlegung von Siegeln, von Amts wegen anordnen kann oder soll.

Artikel 141 und **142** **(weggefallen)**

Artikel 143 [Form der Auflassung]
(1) (weggefallen)
(2) Unberührt bleiben die landesgesetzlichen Vorschriften, nach welchen es bei der Auflassung eines Grundstücks der gleichzeitigen Anwesenheit beider Teile nicht bedarf, wenn das Grundstück durch einen Notar versteigert worden ist und die Auflassung noch in dem Versteigerungstermin stattfindet.

Artikel 144 bis **146** **(weggefallen)**

Artikel 147 [Vormundschafts- und Nachlaßbehörden]
(1) Unberührt bleiben die landesgesetzlichen Vorschriften, nach welchen für die dem Vormundschaftsgericht oder dem Nachlaßgericht obliegenden Verrichtungen andere als gerichtliche Behörden zuständig sind.
(2) (weggefallen)

Artikel 148 [Zuständigkeit des Nachlaßgerichts zur Inventaraufnahme]
Die Landesgesetze können die Zuständigkeit des Nachlaßgerichts zur Aufnahme des Inventars ausschließen.

Artikel 149 bis **151** **(weggefallen)**

Artikel 152 [Rechtshängigkeitswirkung]
Unberührt bleiben die landesgesetzlichen Vorschriften, welche für die nicht nach den Vorschriften der Zivilprozeßordnung zu erledigenden Rechtsstreitigkeiten die Vorgänge bestimmen, mit denen die nach den Vorschriften des Bürgerlichen Gesetzbuchs an die Klageerhebung und an die Rechtshängigkeit geknüpften Wirkungen eintreten. Soweit solche Vorschriften fehlen, finden die Vorschriften der Zivilprozeßordnung entsprechende Anwendung.

Vierter Teil
Übergangsvorschriften

Artikel 153 bis **156** **(gegenstandslos)**

Artikel 157 [Erwählter Wohnsitz nach französischen und badischen Gesetzen]
Die Vorschriften der französischen und der badischen Gesetze über den erwählten Wohnsitz bleiben für Rechtsverhältnisse, die sich nach diesen Gesetzen bestimmen, in Kraft, sofern der Wohnsitz vor dem Inkrafttreten des Bürgerlichen Gesetzbuchs erwählt worden ist.

Artikel 158 bis **162** **(gegenstandslos)**

Artikel 163 [Beim Inkrafttreten des BGB bestehende juristische Personen]
Auf die zur Zeit des Inkrafttretens des Bürgerlichen Gesetzbuchs bestehenden juristischen Personen finden von dieser Zeit an die Vorschriften der §§ 25 bis 53 und 85 bis 89 des Bürgerlichen Gesetzbuchs Anwendung, soweit sich nicht aus den Artikeln 164 bis 166 ein anderes ergibt.

Artikel 164 [Bestehende Realverbände]
In Kraft bleiben die landesgesetzlichen Vorschriften über die zur Zeit des Inkrafttretens des Bürgerlichen Gesetzbuchs bestehenden Realgemeinden und ähnlichen Verbände, deren Mitglieder als solche zu Nutzungen an land- und forstwirtschaftlichen Grundstücken, an Mühlen, Brauhäusern und ähnlichen Anlagen berechtigt sind. Es macht keinen Unterschied, ob die Realgemeinden oder sonstigen Verbände juristische Personen sind oder nicht und ob die Berechtigung der Mitglieder an Grundbesitz geknüpft ist oder nicht.

Artikel 165 [Vorschriften über bayerische Vereine]
In Kraft bleiben die Vorschriften der bayerischen Gesetze, betreffend die privatrechtliche Stellung der Vereine sowie der Erwerbs- und Wirtschaftsgesellschaften, vom 29. April 1869 in Ansehung derjenigen Vereine und registrierten Gesellschaften, welche auf Grund dieser Gesetze zur Zeit des Inkrafttretens des Bürgerlichen Gesetzbuchs bestehen.

Artikel 166 [Vorschriften über sächsische Genossenschaften]
In Kraft bleiben die Vorschriften des sächsischen Gesetzes vom 15. Juni 1868, betreffend die juristischen Personen, in Ansehung derjenigen Personenvereine, welche zur Zeit des Inkrafttretens des Bürgerlichen Gesetzbuchs die Rechtsfähigkeit durch Eintragung in das Genossenschaftsregister erlangt haben.

Artikel 167 [Vorschriften über Kreditanstalten]
In Kraft bleiben die landesgesetzlichen Vorschriften, welche die zur Zeit des Inkrafttretens des Bürgerlichen Gesetzbuchs bestehenden landschaftlichen oder ritterschaftlichen Kreditanstalten betreffen.

Artikel 168 [Wirksamkeit bestehender Verfügungsbeschränkungen]
Eine zur Zeit des Inkrafttretens des Bürgerlichen Gesetzbuchs bestehende Verfügungsbeschränkung bleibt wirksam, unbeschadet der Vorschriften des Bürgerlichen Gesetzbuchs zugunsten derjenigen, welche Rechte von einem Nichtberechtigten herleiten.

Artikel 169 [Verjährung vor dem Inkrafttreten des BGB entstandener Ansprüche]
(1) Die Vorschriften des Bürgerlichen Gesetzbuchs über die Verjährung finden auf die vor dem Inkrafttreten des Bürgerlichen Gesetzbuchs entstandenen, noch nicht verjährten Ansprüche Anwendung. Der Beginn sowie die Hemmung und Unterbrechung der Verjährung bestimmen sich jedoch für die Zeit vor dem Inkrafttreten des Bürgerlichen Gesetzbuchs nach den bisherigen Gesetzen.
(2) Ist die Verjährungsfrist nach dem Bürgerlichen Gesetzbuch kürzer als nach den bisherigen Gesetzen, so wird die kürzere Frist von dem Inkrafttreten des Bürgerlichen Gesetzbuchs an berechnet. Läuft jedoch die in den bisherigen Gesetzen bestimmte längere Frist früher als die im Bürgerlichen Gesetzbuch bestimmte kürzere Frist ab, so ist die Verjährung mit dem Ablauf der längeren Frist vollendet.

Artikel 170 [Vor dem Inkrafttreten des BGB entstandene Schuldverhältnisse]
Für ein Schuldverhältnis, das vor dem Inkrafttreten des Bürgerlichen Gesetzbuchs entstanden ist, bleiben die bisherigen Gesetze maßgebend.

Artikel 171 [Bestehende Dienst-, Miet- und Pachtverhältnisse]
Ein zur Zeit des Inkrafttretens des Bürgerlichen Gesetzbuchs bestehendes Miet-, Pacht- oder Dienstverhältnis bestimmt sich, wenn nicht die Kündigung nach dem Inkrafttreten des Bürgerlichen Gesetzbuchs für den ersten Termin erfolgt, für den sie nach den bisherigen Gesetzen zulässig ist, von diesem Termin an nach den Vorschriften des Bürgerlichen Gesetzbuchs.

Artikel 172 [Veräußerung oder Belastung vermieteter oder verpachteter Sachen]
Wird eine Sache, die zur Zeit des Inkrafttretens des Bürgerlichen Gesetzbuchs vermietet oder verpachtet war, nach dieser Zeit veräußert oder mit einem Recht belastet, so hat der Mieter oder Pächter dem Erwerber der Sache oder des Rechts gegenüber die im Bürgerlichen Gesetzbuch bestimmten Rechte. Weitergehende Rechte des Mieters oder Pächters, die sich aus den bisherigen Gesetzen ergeben, bleiben unberührt, unbeschadet der Vorschrift des Artikels 171.

Artikel 173 [Bestehende Gemeinschaft nach Bruchteilen]
Auf eine zur Zeit des Inkrafttretens des Bürgerlichen Gesetzbuchs bestehende Gemeinschaft nach Bruchteilen finden von dieser Zeit an die Vorschriften des Bürgerlichen Gesetzbuchs Anwendung.

Artikel 174 [Vor dem Inkrafttreten des BGB ausgestellte Inhaberschuldverschreibungen]
(1) Von dem Inkrafttreten des Bürgerlichen Gesetzbuchs an gelten für die vorher ausgestellten Schuldverschreibungen auf den Inhaber die Vorschriften der §§ 798 bis 800, 802 und 804 und des § 806 Satz 1 des Bürgerlichen Gesetzbuchs. Bei den auf Sicht zahlbaren unverzinslichen Schuldverschreibungen sowie bei Zins, Renten- und Gewinnanteilscheinen bleiben jedoch für die Kraftloserklärung und die Zahlungssperre die bisherigen Gesetze maßgebend.
(2) Die Verjährung der Ansprüche aus den vor dem Inkrafttreten des Bürgerlichen Gesetzbuchs ausgestellten Schuldverschreibungen auf den Inhaber bestimmt sich, unbeschadet der Vorschriften des § 802 des Bürgerlichen Gesetzbuchs, nach den bisherigen Gesetzen.

Artikel 175 [Zins-, Renten- und Gewinnanteilscheine]
Für Zins-, Renten- und Gewinnanteilscheine, die nach dem Inkrafttreten des Bürgerlichen Gesetzbuchs für ein vor dieser Zeit ausgestelltes Inhaberpapier ausgegeben werden, sind die Gesetze maßgebend, welche für die vor dem Inkrafttreten des Bürgerlichen Gesetzbuchs ausgegebenen Scheine gleicher Art gelten.

Artikel 176 [Außerkurssetzung von Schuldverschreibungen]
Die Außerkurssetzung von Schuldverschreibungen auf den Inhaber findet nach dem Inkrafttreten des Bürgerlichen Gesetzbuchs nicht mehr statt. Eine vorher erfolgte Außerkurssetzung verliert mit dem Inkrafttreten des Bürgerlichen Gesetzbuchs ihre Wirkung.

Artikel 177 [Legitimationspapiere]
Von dem Inkrafttreten des Bürgerlichen Gesetzbuchs an gelten für vorher ausgegebene Urkunden der in § 808 des Bürgerlichen Gesetzbuchs bezeichneten Art, sofern der Schuldner nur gegen Aushändigung der Urkunde zur Leistung verpflichtet ist, die Vorschriften des § 808 Abs. 2 Satz 2 und 3 des Bürgerlichen Gesetzbuchs und des Artikels 102 Abs. 2 dieses Gesetzes.

Artikel 178 [Anhängige Kraftloserklärung von Schuldverschreibungen oder Zahlungssperre]
Ein zur Zeit des Inkrafttretens des Bürgerlichen Gesetzbuchs anhängiges Verfahren, das die Kraftloserklärung einer Schuldverschreibung auf den Inhaber oder einer Urkunde der in § 808 des Bürgerlichen Gesetzbuchs bezeichneten Art oder die Zahlungssperre für ein solches Papier zum Gegenstand hat, ist nach den bisherigen Gesetzen zu erledigen. Nach diesen Gesetzen bestimmen sich auch die Wirkungen des Verfahrens und der Entscheidung.

Artikel 179 [Wirksamkeit in ein öffentliches Buch eingetragener Ansprüche]
Hat ein Anspruch aus einem Schuldverhältnis nach den bisherigen Gesetzen durch Eintragung in ein öffentliches Buch Wirksamkeit gegen Dritte erlangt, so behält er diese Wirksamkeit auch nach dem Inkrafttreten des Bürgerlichen Gesetzbuchs.

Artikel 180 [Bestehende Besitzverhältnisse]
Auf ein zur Zeit des Inkrafttretens des Bürgerlichen Gesetzbuchs bestehendes Besitzverhältnis finden von dieser Zeit an, unbeschadet des Artikels 191, die Vorschriften des Bürgerlichen Gesetzbuchs Anwendung.

Artikel 181 [Inhalt des Eigentums]
(1) Auf das zur Zeit des Inkrafttretens des Bürgerlichen Gesetzbuchs bestehende Eigentum finden von dieser Zeit an die Vorschriften des Bürgerlichen Gesetzbuchs Anwendung.
(2) Steht zur Zeit des Inkrafttretens des Bürgerlichen Gesetzbuchs das Eigentum an einer Sache mehreren nicht nach Bruchteilen zu oder ist zu dieser Zeit ein Sondereigentum an stehenden Erzeugnissen eines Grundstücks, insbesondere an Bäumen, begründet, so bleiben diese Rechte bestehen.

Artikel 182 [Stockwerkseigentum]
Das zur Zeit des Inkrafttretens des Bürgerlichen Gesetzbuchs bestehende Stockwerkseigentum bleibt bestehen. Das Rechtsverhältnis der Beteiligten untereinander bestimmt sich nach den bisherigen Gesetzen.

Artikel 183 [Waldgrundstücke]
Zugunsten eines Grundstücks, das zur Zeit des Inkrafttretens des Bürgerlichen Gesetzbuchs mit Wald bestanden ist, bleiben die landesgesetzlichen Vorschriften, welche die Rechte des Eigentümers eines Nachbargrundstücks in Ansehung der auf der Grenze oder auf dem Waldgrundstück stehenden Bäume und Sträucher abweichend von den Vorschriften des § 910 und des § 923 Abs. 2 und 3 des Bürgerlichen Gesetzbuchs bestimmen, bis zur nächsten Verjüngung des Waldes in Kraft.

Artikel 184 [Beschränkte dingliche Rechte]
Rechte, mit denen eine Sache oder ein Recht zur Zeit des Inkrafttretens des Bürgerlichen Gesetzbuchs belastet ist, bleiben mit dem sich aus den bisherigen Gesetzen ergebenden

Inhalt und Rang bestehen, soweit sich nicht aus den Artikeln 192 bis 195 ein anderes ergibt. Von dem Inkrafttreten des Bürgerlichen Gesetzbuchs an gelten jedoch für ein Erbbaurecht die Vorschriften des § 1017, für eine Grunddienstbarkeit die Vorschriften der §§ 1020 bis 1028 des Bürgerlichen Gesetzbuchs.

Artikel 185 [Ersitzung]

Ist zur Zeit des Inkrafttretens des Bürgerlichen Gesetzbuchs die Ersitzung des Eigentums oder Nießbrauchs an einer beweglichen Sache noch nicht vollendet, so finden auf die Ersitzung die Vorschriften des Artikel 169 entsprechende Anwendung.

Artikel 186 [Anlegung der Grundbücher]

(1) Das Verfahren, in welchem die Anlegung der Grundbücher erfolgt, sowie der Zeitpunkt, in welchem das Grundbuch für einen Bezirk als angelegt anzusehen ist, werden für jeden Bundesstaat durch landesherrliche Verordnung bestimmt.

(2) Ist das Grundbuch für einen Bezirk als angelegt anzusehen, so ist die Anlegung auch für solche zu dem Bezirk gehörende Grundstücke, die noch kein Blatt im Grundbuch haben, als erfolgt anzusehen, soweit nicht bestimmte Grundstücke durch besondere Anordnung ausgenommen sind.

Artikel 187 [Keine Eintragung bestehender Grunddienstbarkeiten]

(1) Eine Grunddienstbarkeit, die zu der Zeit besteht, zu welcher das Grundbuch als angelegt anzusehen ist, bedarf zur Erhaltung der Wirksamkeit gegenüber dem öffentlichen Glauben des Grundbuchs nicht der Eintragung. Die Eintragung hat jedoch zu erfolgen, wenn sie von dem Berechtigten oder von dem Eigentümer des belasteten Grundstücks verlangt wird; die Kosten sind von demjenigen zu tragen und vorzuschießen, welcher die Eintragung verlangt.

(2) Durch Landesgesetz kann bestimmt werden, daß die bestehenden Grunddienstbarkeiten oder einzelne Arten zur Erhaltung der Wirksamkeit gegenüber dem öffentlichen Glauben des Grundbuchs bei der Anlegung des Grundbuchs oder später in das Grundbuch eingetragen werden müssen. Die Bestimmung kann auf einzelne Grundbuchbezirke beschränkt werden.

Artikel 188 [Bestehende gesetzliche Pfandrechte sowie dingliche Miet- und Pachtrechte]

(1) Durch landesherrliche Verordnung kann bestimmt werden, daß gesetzliche Pfandrechte, die zu der Zeit bestehen, zu welcher das Grundbuch als angelegt anzusehen ist, zur Erhaltung der Wirksamkeit gegenüber dem öffentlichen Glauben des Grundbuchs während einer zehn Jahre nicht übersteigenden, von dem Inkrafttreten des Bürgerlichen Gesetzbuchs an zu berechnenden Frist nicht der Eintragung bedürfen.

(2) Durch landesherrliche Verordnung kann bestimmt werden, daß Mietrechte und Pachtrechte, welche zu der im Absatz 1 bezeichneten Zeit als Rechte an einem Grundstück bestehen, zur Erhaltung der Wirksamkeit gegenüber dem öffentlichen Glauben des Grundbuchs nicht der Eintragung bedürfen.

Artikel 189 [Erwerb und Verlust von Grundstücksrechten]

(1) Der Erwerb und Verlust des Eigentums sowie die Begründung, Übertragung, Belastung und Aufhebung eines anderen Rechts an einem Grundstück oder eines Rechts an einem solchen Recht erfolgen auch nach dem Inkrafttreten des Bürgerlichen Gesetzbuchs nach den bisherigen Gesetzen, bis das Grundbuch als angelegt anzusehen ist. Das gleiche gilt von der Änderung des Inhalts und des Ranges der Rechte. Ein nach den Vorschriften des Bürgerlichen Gesetzbuchs unzulässiges Recht kann nach dem Inkrafttreten des Bürgerlichen Gesetzbuchs nicht mehr begründet werden.

(2) Ist zu der Zeit, zu welcher das Grundbuch als angelegt anzusehen ist, der Besitzer als der Berechtigte im Grundbuch eingetragen, so finden auf eine zu dieser Zeit noch nicht vollendete, nach § 900 des Bürgerlichen Gesetzbuchs zulässige Ersitzung die Vorschriften des Artikels 169 entsprechende Anwendung.
(3) Die Aufhebung eines Rechts, mit dem ein Grundstück oder ein Recht an einem Grundstück zu der Zeit belastet ist, zu welcher das Grundbuch als angelegt anzusehen ist, erfolgt auch nach dieser Zeit nach den bisherigen Gesetzen, bis das Recht in das Grundbuch eingetragen wird.

Artikel 190 [Aneignungsrecht des Fiskus auf herrenlose Grundstücke]
Das nach § 928 Abs. 2 des Bürgerlichen Gesetzbuchs dem Fiskus zustehende Aneignungsrecht erstreckt sich auf alle Grundstücke, die zu der Zeit herrenlos sind, zu welcher das Grundbuch als angelegt anzusehen ist. Die Vorschrift des Artikels 129 findet entsprechende Anwendung.

Artikel 191 [Bisherige Besitzschutzgesetze bei Dienstbarkeiten]
(1) Die bisherigen Gesetze über den Schutz im Besitz einer Grunddienstbarkeit oder einer beschränkten persönlichen Dienstbarkeit finden auch nach dem Inkrafttreten des Bürgerlichen Gesetzbuchs Anwendung, bis das Grundbuch für das belastete Grundstück als angelegt anzusehen ist.
(2) Von der Zeit an, zu welcher das Grundbuch als angelegt anzusehen ist, finden zum Schutz der Ausübung einer Grunddienstbarkeit, mit welcher das Halten einer dauernden Anlage verbunden ist, die für den Besitzschutz geltenden Vorschriften des Bürgerlichen Gesetzbuchs entsprechende Anwendung, solange Dienstbarkeiten dieser Art nach Artikel 128 oder Artikel 187 zur Erhaltung der Wirksamkeit gegenüber dem öffentlichen Glauben des Grundbuchs nicht der Eintragung bedürfen. Das gleiche gilt für Grunddienstbarkeiten anderer Art mit der Maßgabe, daß der Besitzschutz nur gewährt wird, wenn die Dienstbarkeit in jedem der drei letzten Jahre vor der Störung mindestens einmal ausgeübt worden ist.

Artikel 192 [Überleitung von Grundstückspfandrechten]
(1) Ein zu der Zeit, zu welcher das Grundbuch als angelegt anzusehen ist, an einem Grundstück bestehendes Pfandrecht gilt von dieser Zeit an als eine Hypothek, für welche die Erteilung des Hypothekenbriefs ausgeschlossen ist. Ist der Betrag der Forderung, für die das Pfandrecht besteht, nicht bestimmt, so gilt das Pfandrecht als Sicherungshypothek.
(2) Ist das Pfandrecht dahin beschränkt, daß der Gläubiger Befriedigung aus dem Grundstück nur im Wege der Zwangsverwaltung suchen kann, so bleibt diese Beschränkung bestehen.

Artikel 193 [Urkunde über Grundstückspfandrecht als Hypothekenbrief]
Durch Landesgesetz kann bestimmt werden, daß ein Pfandrecht, welches nach Artikel 192 nicht als Sicherungshypothek gilt, als Sicherungshypothek oder als eine Hypothek gelten soll, für welche die Erteilung des Hypothekenbriefs nicht ausgeschlossen ist, und daß eine über das Pfandrecht erteilte Urkunde als Hypothekenbrief gelten soll.

Artikel 194 [Verlangen auf Löschung vorgehender oder gleichstehender Pfandrechte]
Durch Landesgesetz kann bestimmt werden, daß ein Gläubiger, dessen Pfandrecht zu der im Artikel 192 bezeichneten Zeit besteht, die Löschung eines im Rang vorgehenden oder gleichstehenden Pfandrechts, falls dieses sich mit dem Eigentum in einer Person vereinigt, in gleicher Weise zu verlangen berechtigt ist, wie wenn zur Sicherung des Rechts auf Löschung eine Vormerkung im Grundbuch eingetragen wäre.

Artikel 195 [Bei Anlegung des Grundbuchs bestehende Grundschuld]
(1) Eine zu der Zeit, zu welcher das Grundbuch als angelegt anzusehen ist, bestehende Grundschuld gilt von dieser Zeit an als Grundschuld im Sinne des Bürgerlichen Gesetzbuchs und eine über die Grundschuld erteilte Urkunde als Grundschuldbrief. Die Vorschrift des Artikels 192 Abs. 2 findet entsprechende Anwendung.
(2) Durch Landesgesetz kann bestimmt werden, daß eine zu der im Absatz 1 bezeichneten Zeit bestehende Grundschuld als eine Hypothek, für welche die Erteilung des Hypothekenbriefs nicht ausgeschlossen ist, oder als Sicherungshypothek gelten soll und daß eine über die Grundschuld erteilte Urkunde als Hypothekenbrief gelten soll.

Artikel 196 [Bestehende vererbliche oder übertragbare Nutzungsrechte]
Durch Landesgesetz kann bestimmt werden, daß auf ein an einem Grundstück bestehendes vererbliches und übertragbares Nutzungsrecht die sich auf Grundstücke beziehenden Vorschriften und auf den Erwerb eines solchen Rechts die für den Erwerb des Eigentums an einem Grundstück geltenden Vorschriften des Bürgerlichen Gesetzbuchs Anwendung finden.

Artikel 197 [Bäuerliche Nutzungsrechte]
In Kraft bleiben die landesgesetzlichen Vorschriften, nach welchen in Ansehung solcher Grundstücke, bezüglich deren zur Zeit des Inkrafttretens des Bürgerlichen Gesetzbuchs ein nicht unter den Artikel 63 fallendes bäuerliches Nutzungsrecht besteht, nach der Beendigung des Nutzungsrechts ein Recht gleicher Art neu begründet werden kann und der Gutsherr zu der Begründung verpflichtet ist.

Artikel 198 [Gültigkeit der vor Inkrafttreten des BGB geschlossenen Ehen]
(1) Die Gültigkeit einer vor dem Inkrafttreten des Bürgerlichen Gesetzbuchs geschlossenen Ehe bestimmt sich nach den bisherigen Gesetzen.
(2) Eine nach den bisherigen Gesetzen nichtige oder ungültige Ehe ist als von Anfang an gültig anzusehen, wenn die Ehegatten zur Zeit des Inkrafttretens des Bürgerlichen Gesetzbuchs noch als Ehegatten miteinander leben und der Grund, auf dem die Nichtigkeit oder die Ungültigkeit beruht, nach den Vorschriften des Bürgerlichen Gesetzbuchs die Nichtigkeit oder die Anfechtbarkeit der Ehe nicht zur Folge haben oder diese Wirkung verloren haben würde. Die für die Anfechtung im Bürgerlichen Gesetzbuch bestimmte Frist beginnt nicht vor dem Inkrafttreten des Bürgerlichen Gesetzbuchs.
(3) Die nach den bisherigen Gesetzen erfolgte Ungültigkeitserklärung einer Ehe steht der Nichtigkeitserklärung nach dem Bürgerlichen Gesetzbuch gleich.

Artikel 199 [Persönliche Rechtsbeziehungen der Ehegatten zueinander]
Die persönlichen Rechtsbeziehungen der Ehegatten zueinander, insbesondere die gegenseitige Unterhaltspflicht, bestimmen sich auch für die zur Zeit des Inkrafttretens des Bürgerlichen Gesetzbuchs bestehenden Ehen nach dessen Vorschriften.

Artikel 200 [Eheliches Güterrecht]
(1) Für den Güterstand einer zur Zeit des Inkrafttretens des Bürgerlichen Gesetzbuchs bestehenden Ehe bleiben die bisherigen Gesetze maßgebend. Dies gilt insbesondere auch von den Vorschriften über die erbrechtlichen Wirkungen des Güterstands und von den Vorschriften der französischen und der badischen Gesetze über das Verfahren bei Vermögensabsonderungen unter Ehegatten.
(2) Eine nach den Vorschriften des Bürgerlichen Gesetzbuchs zulässige Regelung des Güterstands kann durch Ehevertrag auch dann getroffen werden, wenn nach den bisherigen Gesetzen ein Ehevertrag unzulässig sein würde.
(3) (gegenstandslos)

Artikel 201 [Scheidung und Aufhebung der ehelichen Gemeinschaft]
(1) Die Scheidung und die Aufhebung der ehelichen Gemeinschaft erfolgen von dem Inkrafttreten des Bürgerlichen Gesetzbuchs an nach dessen Vorschriften.
(2) (weggefallen)

Artikel 202 [Trennung von Tisch und Bett]
Für die Wirkungen einer beständigen oder zeitweiligen Trennung von Tisch und Bett, auf welche vor dem Inkrafttreten des Bürgerlichen Gesetzbuchs erkannt worden ist, bleiben die bisherigen Gesetze maßgebend. Dies gilt insbesondere auch von den Vorschriften, nach denen eine bis zu dem Tod eines der Ehegatten fortbestehende Trennung in allen oder einzelnen Beziehungen der Auflösung der Ehe gleichsteht.

Artikel 203 [Rechtsverhältnis zwischen Eltern und Kindern]
Das Rechtsverhältnis zwischen den Eltern und einem vor dem Inkrafttreten des Bürgerlichen Gesetzbuchs geborenen ehelichen Kind bestimmt sich von dem Inkrafttreten des Bürgerlichen Gesetzbuchs an nach dessen Vorschriften.

Artikel 204 bis **206** **(gegenstandslos)**

Artikel 207 [Kinder aus nichtigen oder ungültigen Ehen]
Inwieweit die Kinder aus einer vor dem Inkrafttreten des Bürgerlichen Gesetzbuchs geschlossenen nichtigen oder ungültigen Ehe als eheliche Kinder anzusehen sind und inwieweit der Vater und die Mutter die Pflichten und Rechte ehelicher Eltern haben, bestimmt sich nach den bisherigen Gesetzen.

Artikel 208 [Rechtsstellung nichtehelicher Kinder]
(1) Die rechtliche Stellung eines vor dem Inkrafttreten des Bürgerlichen Gesetzbuchs geborenen nichtehelichen Kindes bestimmt sich von dem Inkrafttreten des Bürgerlichen Gesetzbuchs an nach dessen Vorschriften; für die Erforschung der Vaterschaft, für das Recht des Kindes, den Familiennamen des Vaters zu führen, sowie für die Unterhaltspflicht des Vaters bleiben jedoch die bisherigen Gesetze maßgebend.
(2) Inwieweit einem vor dem Inkrafttreten des Bürgerlichen Gesetzbuchs außerehelich erzeugten Kind aus einem besonderen Grund, insbesondere wegen Erzeugung im Brautstand, die rechtliche Stellung eines ehelichen Kindes zukommt und inwieweit der Vater und die Mutter eines solchen Kindes die Pflichten und Rechte ehelicher Eltern haben, bestimmt sich nach den bisherigen Gesetzen.
(3) Die Vorschriften des Absatzes 1 gelten auch für ein nach den französischen oder den badischen Gesetzen anerkanntes Kind.

Artikel 209 [Legitimierte oder adoptierte Kinder]
Inwieweit ein vor dem Inkrafttreten des Bürgerlichen Gesetzbuchs legitimiertes oder an Kindes Statt angenommenes Kind die rechtliche Stellung eines ehelichen Kindes hat und inwieweit der Vater und die Mutter die Pflichten und Rechte ehelicher Eltern haben, bestimmt sich nach den bisherigen Gesetzen.

Artikel 210 [Vormundschaft oder Pflegschaft]
(1) Auf eine zur Zeit des Inkrafttretens des Bürgerlichen Gesetzbuchs bestehende Vormundschaft oder Pflegschaft finden von dieser Zeit an die Vorschriften des Bürgerlichen Gesetzbuchs Anwendung. Ist die Vormundschaft wegen eines körperlichen Gebrechens angeordnet, so gilt sie als eine nach § 1910 Abs. 1 des Bürgerlichen Gesetzbuchs angeordnete Pflegschaft. Ist die Vormundschaft wegen Geistesschwäche angeordnet, ohne daß eine Entmündigung erfolgt ist, so gilt sie als eine nach § 1910 Abs. 2 des Bürgerlichen Gesetzbuchs für die Vermögensangelegenheiten des Geistesschwachen angeordnete Pflegschaft.

(2) Die bisherigen Vormünder und Pfleger bleiben im Amt. Das gleiche gilt im Geltungsbereich der preußischen Vormundschaftsordnung vom 5. Juli 1875 für den Familienrat und dessen Mitglieder. Ein Gegenvormund ist zu entlassen, wenn nach den Vorschriften des Bürgerlichen Gesetzbuchs ein Gegenvormund nicht zu bestellen sein würde.

Artikel 211 (gegenstandslos)

Artikel 212 [Mündelsicherheit von Wertpapieren]

In Kraft bleiben die landesgesetzlichen Vorschriften, nach welchen gewisse Wertpapiere zur Anlegung von Mündelgeld für geeignet erklärt sind.

Artikel 213 [Erbrechtsverhältnisse]

Für die erbrechtlichen Verhältnisse bleiben, wenn der Erblasser vor dem Inkrafttreten des Bürgerlichen Gesetzbuchs gestorben ist, die bisherigen Gesetze maßgebend. Dies gilt insbesondere auch von den Vorschriften über das erbschaftliche Liquidationsverfahren.

Artikel 214 [Verfügung von Todes wegen]

(1) Die vor dem Inkrafttreten des Bürgerlichen Gesetzbuchs erfolgte Errichtung oder Aufhebung einer Verfügung von Todes wegen wird nach den bisherigen Gesetzen beurteilt, auch wenn der Erblasser nach dem Inkrafttreten des Bürgerlichen Gesetzbuchs stirbt.

(2) Das gleiche gilt für die Bindung des Erblassers bei einem Erbvertrag oder einem gemeinschaftlichen Testament, sofern der Erbvertrag oder das Testament vor dem Inkrafttreten des Bürgerlichen Gesetzbuchs errichtet worden ist.

Artikel 215 [Testierfähigkeit]

(1) Wer vor dem Inkrafttreten des Bürgerlichen Gesetzbuchs die Fähigkeit zur Errichtung einer Verfügung von Todes wegen erlangt und eine solche Verfügung errichtet hat, behält die Fähigkeit, auch wenn er das nach dem Bürgerlichen Gesetzbuch erforderliche Alter noch nicht erreicht hat.

(2) Die Vorschriften des § 2230 des Bürgerlichen Gesetzbuchs finden auf ein Testament Anwendung, das ein nach dem Inkrafttreten des Bürgerlichen Gesetzbuchs gestorbener Erblasser vor diesem Zeitpunkt errichtet hat.

Artikel 216 (gegenstandslos)

Artikel 217 [Errichtung eines Erbverzichtsvertrags]

(1) Die vor dem Inkrafttreten des Bürgerlichen Gesetzbuchs erfolgte Errichtung eines Erbverzichtsvertrags sowie die Wirkungen eines solchen Vertrags bestimmen sich nach den bisherigen Gesetzen.

(2) Das gleiche gilt von einem vor dem Inkrafttreten des Bürgerlichen Gesetzbuchs geschlossenen Vertrag, durch den ein Erbverzichtsvertrag aufgehoben worden ist.

Artikel 218 [Änderungsbefugnis der Landesgesetzgebung]

Soweit nach den Vorschriften dieses Abschnitts die bisherigen Landesgesetze maßgebend bleiben, können sie nach dem Inkrafttreten des Bürgerlichen Gesetzbuchs durch Landesgesetz auch geändert werden.

Fünfter Teil

Übergangsvorschriften aus Anlaß jüngerer Änderungen des Bürgerlichen Gesetzbuchs und dieses Einführungsgesetzes

Artikel 219 Übergangsvorschrift zum Gesetz vom 8. November 1985 zur Neuordnung des landwirtschaftlichen Pachtrechts

(1) Pachtverhältnisse auf Grund von Verträgen, die vor dem 1. Juli 1986 geschlossen worden sind, richten sich von da an nach der neuen Fassung der §§ 581 bis 597 des

Bürgerlichen Gesetzbuchs. Beruhen vertragliche Bestimmungen über das Inventar auf bis dahin geltendem Recht, so hat jeder Vertragsteil das Recht, bis zum 30. Juni 1986 zu erklären, daß für den Pachtvertrag insoweit das alte Recht fortgelten soll. Die Erklärung ist gegenüber dem anderen Vertragsteil abzugeben. Sie bedarf der schriftlichen Form.

(2) Absatz 1 gilt entsprechend für Rechtsverhältnisse, zu deren Regelung auf die bisher geltenden Vorschriften der §§ 587 bis 589 des Bürgerlichen Gesetzbuchs verwiesen wird. Auf einen vor dem in Absatz 1 Satz 1 genannten Tag bestellten Nießbrauch ist jedoch § 1048 Abs. 2 in Verbindung mit den §§ 588 und 589 des Bürgerlichen Gesetzbuchs in der bisher geltenden Fassung der Vorschriften weiterhin anzuwenden.

(3) In gerichtlichen Verfahren, die am Beginn des in Absatz 1 Satz 1 genannten Tages anhängig sind, ist über die Verlängerung von Pachtverträgen nach dem bisher geltenden Recht zu entscheiden.

Artikel 220 Übergangsvorschrift zum Gesetz vom 25. Juli 1986 zur Neuregelung des Internationalen Privatrechts

(1) Auf vor dem 1. September 1986 abgeschlossene Vorgänge bleibt das bisherige Internationale Privatrecht anwendbar.

(2) Die Wirkungen familienrechtlicher Rechtsverhältnisse unterliegen von dem in Absatz 1 genannten Tag an den Vorschriften des Zweiten Kapitels des Ersten Teils.

(3) Die güterrechtlichen Wirkungen von Ehen, die nach dem 31. März 1953 und vor dem 9. April 1983 geschlossen worden sind, unterliegen bis zum 8. April 1983

1. dem Recht des Staates, dem beide Ehegatten bei der Eheschließung angehörten, sonst
2. dem Recht, dem die Ehegatten sich unterstellt haben oder von dessen Anwendung sie ausgegangen sind, insbesondere nach dem sie einen Ehevertrag geschlossen haben, hilfsweise
3. dem Recht des Staates, dem der Ehemann bei der Eheschließung angehörte.

Für die Zeit nach dem 8. April 1983 ist Artikel 15 anzuwenden. Dabei tritt für Ehen, auf die vorher Satz 1 Nr. 3 anzuwenden war, an die Stelle des Zeitpunkts der Eheschließung der 9. April 1983. Soweit sich allein aus einem Wechsel des anzuwendenden Rechts zum Ablauf des 8. April 1983 Ansprüche wegen der Beendigung des früheren Güterstands ergeben würden, gelten sie bis zu dem in Absatz 1 genannten Tag als gestundet. Auf die güterrechtlichen Wirkungen von Ehen, die nach dem 8. April 1983 geschlossen worden sind, ist Artikel 15 anzuwenden. Die güterrechtlichen Wirkungen von Ehen, die vor dem 1. April 1953 geschlossen worden sind, bleiben unberührt; die Ehegatten können jedoch eine Rechtswahl nach Artikel 15 Abs. 2 und 3 treffen.

(4) (weggefallen)

(5) (weggefallen)

Artikel 221 Übergangsvorschrift zum Gesetz vom 26. Juni 1990 zur Änderung des Arbeitsgerichtsgesetzes und anderer arbeitsrechtlicher Vorschriften

Bei einer vor dem 1. Juli 1990 zugegangenen Kündigung werden bei der Berechnung der Beschäftigungsdauer auch Zeiten, die zwischen der Vollendung des fünfundzwanzigsten Lebensjahres und der Vollendung des fünfunddreißigsten Lebensjahres liegen, berücksichtigt, wenn am 1. Juli 1990

1. das Arbeitsverhältnis noch nicht beendet ist oder
2. ein Rechtsstreit über den Zeitpunkt der Beendigung des Arbeitsverhältnisses anhängig ist.

Artikel 222 Übergangsvorschrift zum Kündigungsfristengesetz vom 7. Oktober 1993
Bei einer vor dem 15. Oktober 1993 zugegangenen Kündigung gilt Artikel 1 des Kündigungsfristengesetzes vom 7. Oktober 1993 (BGBl. I S. 1668), wenn am 15. Oktober 1993
1. das Arbeitsverhältnis noch nicht beendet ist und die Vorschriften des Artikels 1 des Kündigungsfristengesetzes vom 7. Oktober 1993 für den Arbeitnehmer günstiger als die vor dem 15. Oktober 1993 geltenden gesetzlichen Vorschriften sind oder
2. ein Rechtsstreit anhängig ist, bei dem die Entscheidung über den Zeitpunkt der Beendigung des Arbeitsverhältnisses abhängt von
   a) der Vorschrift des § 622 Abs. 2 Satz 1 und Satz 2 erster Halbsatz des Bürgerlichen Gesetzbuchs in der Fassung des Artikels 2 Nr. 4 des Ersten Arbeitsrechtsbereinigungsgesetzes vom 14. August 1969 (BGBl. I S. 1106) oder
   b) der Vorschrift des § 2 Abs. 1 Satz 1 des Gesetzes über die Fristen für die Kündigung von Angestellten in der im Bundesgesetzblatt Teil III, Gliederungsnummer 800-1, veröffentlichten bereinigten Fassung, das zuletzt durch Artikel 30 des Gesetzes vom 18. Dezember 1989 (BGBl. I S. 2261) geändert worden ist, soweit danach die Beschäftigung von in der Regel mehr als zwei Angestellten durch den Arbeitgeber Voraussetzung für die Verlängerung der Fristen für die Kündigung von Angestellten ist.

§§ 223 bis **229 (vom Gesetzgeber nicht besetzt)**

Sechster Teil

Inkrafttreten und Übergangsrecht aus Anlaß der Einführung des Bürgerlichen Gesetzbuchs und dieses Einführungsgesetzes in dem in Artikel 3 des Einigungsvertrages genannten Gebiet

Artikel 230 Umfang der Geltung, Inkrafttreten
(1) Für das in Artikel 3 des Einigungsvertrages genannte Gebiet gelten die §§ 1706 bis 1710 des Bürgerlichen Gesetzbuchs nicht.

(2) Das Bürgerliche Gesetzbuch und dieses Einführungsgesetz treten im übrigen in diesem Gebiet am Tag des Wirksamwerdens des Beitritts nach Maßgabe der folgenden Übergangsvorschriften in Kraft.

Artikel 231 Erstes Buch. Allgemeiner Teil des Bürgerlichen Gesetzbuchs

§ 1 Entmündigung
Rechtskräftig ausgesprochene Entmündigungen bleiben wirksam. Entmündigungen wegen krankhafter Störung der Geistestätigkeit gelten als Entmündigungen wegen Geistesschwäche, Entmündigungen wegen Mißbrauchs von Alkohol gelten als Entmündigungen wegen Trunksucht, Entmündigungen wegen anderer rauscherzeugender Mittel oder Drogen gelten als Entmündigungen wegen Rauschgiftsucht im Sinn des Bürgerlichen Gesetzbuchs.

§ 2 Vereine
(1) Rechtsfähige Vereinigungen, die nach dem Gesetz über Vereinigungen – Vereinigungsgesetz – vom 21. Februar 1990 (GBl. I Nr. 10 S. 75), geändert durch das Gesetz vom 22. Juni 1990 (GBl. I Nr. 37 S. 470, Nr. 39 S. 546), vor dem Wirksamwerden des Beitritts entstanden sind, bestehen fort.

(2) Auf sie sind ab dem Tag des Wirksamwerdens des Beitritts die §§ 21 bis 79 des Bürgerlichen Gesetzbuchs anzuwenden.

(3) Die in Absatz 1 genannten Vereinigungen führen ab dem Wirksamwerden des Beitritts die Bezeichnung »eingetragener Verein«.

(4) Auf nicht rechtsfähige Vereinigungen im Sinn des Gesetzes über Vereinigungen –

Vereinigungsgesetz – vom 21. Februar 1990 findet ab dem Tag des Wirksamwerdens des Beitritts § 54 des Bürgerlichen Gesetzbuchs Anwendung.

§ 3 Stiftungen

(1) Die in dem in Artikel 3 des Einigungsvertrages genannten Gebiet bestehenden rechtsfähigen Stiftungen bestehen fort.

(2) Auf Stiftungen des Privaten Rechts sind ab dem Tag des Wirksamwerdens des Beitritts die §§ 80 bis 88 des Bürgerlichen Gesetzbuchs anzuwenden.

§ 4 Haftung juristischer Personen für ihre Organe

Die §§ 31 und 89 des Bürgerlichen Gesetzbuchs sind nur auf solche Handlungen anzuwenden, die am Tag des Wirksamwerdens des Beitritts oder danach begangen werden.

§ 5 Sachen

(1) Nicht zu den Bestandteilen eines Grundstücks gehören Gebäude, Baulichkeiten, Anlagen, Anpflanzungen oder Einrichtungen, die gemäß dem am Tag vor dem Wirksamwerden des Beitritts geltenden Recht vom Grundstückseigentum unabhängiges Eigentum sind. Das gleiche gilt, wenn solche Gegenstände am Tag des Wirksamwerdens des Beitritts oder danach errichtet oder angebracht werden, soweit dies aufgrund eines vor dem Wirksamwerden des Beitritts begründeten Nutzungsrechts an dem Grundstück oder Nutzungsrechts nach den §§ 312 bis 315 des Zivilgesetzbuchs der Deutschen Demokratischen Republik zulässig ist.

(2) Das Nutzungsrecht an dem Grundstück und die erwähnten Anlagen, Anpflanzungen oder Einrichtungen gelten als wesentliche Bestandteile des Gebäudes. Artikel 233 § 4 Abs. 3 und 5 bleibt unberührt.

(3) Das Gebäudeeigentum nach den Absätzen 1 und 2 erlischt, wenn nach dem 31. Dezember 1996 das Eigentum am Grundstück übertragen wird, es sei denn, daß das Nutzungsrecht oder das selbständige Gebäudeeigentum nach Artikel 233 § 2 b Abs. 2 Satz 3 im Grundbuch des veräußerten Grundstücks eingetragen ist oder dem Erwerber das nicht eingetragene Recht bekannt war. Dem Inhaber des Gebäudeeigentums steht gegen den Veräußerer ein Anspruch auf Ersatz des Wertes zu, den das Gebäudeeigentum im Zeitpunkt seines Erlöschens hatte; an dem Gebäudeeigentum begründete Grundpfandrechte werden Pfandrechte an diesem Anspruch.

(4) Wird nach dem 31. Dezember 1996 das Grundstück mit einem dinglichen Recht belastet oder ein solches Recht erworben, so gilt für den Inhaber des Rechts das Gebäude als Bestandteil des Grundstücks. Absatz 3 Satz 1 ist entsprechend anzuwenden.

(5) Ist ein Gebäude auf mehreren Grundstücken errichtet, gelten die Absätze 3 und 4 nur in Ansehung des Grundstücks, auf dem sich der überwiegende Teil des Gebäudes befindet. Für den Erwerber des Grundstücks gelten in Ansehung des auf dem anderen Grundstück befindlichen Teils des Gebäudes die Vorschriften über den zu duldenden Überbau sinngemäß.

§ 6 Verjährung

(1) Die Vorschriften des Bürgerlichen Gesetzbuchs über die Verjährung finden auf die am Tag des Wirksamwerdens des Beitritts bestehenden und noch nicht verjährten Ansprüche Anwendung. Der Beginn, die Hemmung und die Unterbrechung der Verjährung bestimmen sich jedoch für den Zeitraum vor dem Wirksamwerden des Beitritts nach den bislang für das in Artikel 3 des Einigungsvertrages genannte Gebiet geltenden Rechtsvorschriften.

(2) Ist die Verjährungsfrist nach dem Bürgerlichen Gesetzbuch kürzer als nach den Rechtsvorschriften, die bislang für das in Artikel 3 des Einigungsvertrages genannte Gebiet galten, so wird die kürzere Frist von dem Tag des Wirksamwerdens des Beitritts an

berechnet. Läuft jedoch die in den Rechtsvorschriften, die bislang für das in Artikel 3 des Einigungsvertrages genannte Gebiet galten, bestimmte längere Frist früher als die im Bürgerlichen Gesetzbuch bestimmte kürzere Frist ab, so ist die Verjährung mit dem Ablauf der längeren Frist vollendet.

(3) Die Absätze 1 und 2 sind entsprechend auf Fristen anzuwenden, die für die Geltendmachung, den Erwerb oder den Verlust eines Rechts maßgebend sind.

§ 7 Beurkundungen und Beglaubigungen

(1) Eine vor dem Wirksamwerden des Beitritts erfolgte notarielle Beurkundung oder Beglaubigung ist nicht deshalb unwirksam, weil die erforderliche Beurkundung oder Beglaubigung von einem Notar vorgenommen wurde, der nicht in dem in Artikel 3 des Einigungsvertrages genannten Gebiet berufen oder bestellt war, sofern dieser im Geltungsbereich des Grundgesetzes bestellt war.

(2) Absatz 1 gilt nicht, soweit eine rechtskräftige Entscheidung entgegensteht.

(3) Ein Vertrag, durch den sich der Beteiligte eines nach Absatz 1 wirksamen Rechtsgeschäfts vor Inkrafttreten des Zweiten Vermögensrechtsänderungsgesetzes gegenüber einem anderen Beteiligten zu weitergehenden Leistungen verpflichtet oder auf Rechte verzichtet hat, weil dieser die Nichtigkeit dieses Rechtsgeschäfts geltend gemacht hat, ist insoweit unwirksam, als die durch den Vertrag begründeten Rechte und Pflichten der Beteiligten von den Vereinbarungen in dem nach Absatz 1 wirksamen Rechtsgeschäft abweichen.

(4) Eine Veräußerung nach den §§ 17 bis 19 des Gesetzes über die Gründung und Tätigkeit privater Unternehmen und über Unternehmensbeteiligungen vom 7. März 1990 (GBl. I Nr. 17 S. 141), die ohne die in § 19 Abs. 5 Satz 2 dieses Gesetzes geforderte notarielle Beurkundung der Umwandlungserklärung erfolgt ist, wird ihrem ganzen Inhalt nach gültig, wenn die gegründete Gesellschaft in das Register eingetragen ist.

§ 8 Vollmachtsurkunden staatlicher Organe

Eine von den in den §§ 2 und 3 der Siegelordnung der Deutschen Demokratischen Republik vom 29. November 1966 (GBl. 1967 II Nr. 9 S. 49) und in § 1 der Siegelordnung der Deutschen Demokratischen Republik vom 16. Juli 1981 (GBl. I Nr. 25 S. 309) bezeichneten staatlichen Organen erteilte Vollmachtsurkunde ist wirksam, wenn die Urkunde vom vertretungsberechtigten Leiter des Organs oder einer von diesem nach den genannten Bestimmungen ermächtigten Person unterzeichnet und mit einem ordnungsgemäßen Dienstsiegel versehen worden ist. Die Beglaubigung der Vollmacht nach § 57 Abs. 2 Satz 2 des Zivilgesetzbuchs der Deutschen Demokratischen Republik wird durch die Unterzeichnung und Siegelung der Urkunde ersetzt.

§ 9 Heilung unwirksamer Vermögensübertragungen

(1) Sollte das ehemals volkseigene Vermögen oder ein Teil des ehemals volkseigenen Vermögens, das einem Betrieb der kommunalen Wohnungswirtschaft zur selbständigen Nutzung und Bewirtschaftung übertragen war, im Wege der Umwandlung nach den in Absatz 2 Nr. 2 genannten Umwandlungsvorschriften oder im Zusammenhang mit einer Sachgründung auf eine neue Kapitalgesellschaft übergehen und ist der Übergang deswegen nicht wirksam geworden, weil für einen solchen Vermögensübergang eine rechtliche Voraussetzung fehlte, kann der Vermögensübergang durch Zuordnungsbescheid nachgeholt werden. Eine aus dem Zuordnungsbescheid nach dieser Vorschrift begünstigte Kapitalgesellschaft kann ungeachtet von Fehlern bei der Umwandlung oder Sachgründung als Inhaberin eines Rechts an einem Grundstück oder an einem solchen Recht in das Grundbuch eingetragen werden, wenn sie im Handelsregister eingetragen ist.

(2) Im Sinne des Absatzes 1 Satz 1 sind:

1. Betriebe der kommunalen Wohnungswirtschaft:
   a) ehemals volkseigene Betriebe Kommunale Wohnungsverwaltung,
   b) ehemals volkseigene Betriebe Gebäudewirtschaft oder
   c) aus solchen Betrieben hervorgegangene kommunale Regie- oder Eigenbetriebe;
2. Umwandlungsvorschriften:
   a) die Verordnung zur Umwandlung von volkseigenen Kombinaten, Betrieben und Einrichtungen in Kapitalgesellschaften vom 1. März 1990 (GBl. I Nr. 14 S. 107),
   b) das Treuhandgesetz,
   c) das Gesetz über die Umwandlung volkseigener Wohnungswirtschaftsbetriebe in gemeinnützige Wohnungsbaugesellschaften und zur Übertragung des Grundeigentums an die Wohnungsgenossenschaften vom 22. Juli 1990 (GBl. I Nr. 49 S. 901) oder
   d) das Umwandlungsgesetz in der Fassung der Bekanntmachung vom 6. November 1969 (BGBl. I S. 2081).

(3) Durch einen solchen Bescheid kann auch ein durch die Umwandlung eines der in Absatz 1 Satz 1 bezeichneten Unternehmen eingetretener Übergang ehemals volkseigenen Vermögens geändert werden.

(4) Ein Bescheid nach den Absätzen 1 und 3 bedarf des Einvernehmens der Beteiligten. Das Einvernehmen kann durch den Zuordnungsbescheid ersetzt werden, wenn es rechtsmißbräuchlich verweigert wird. Die Ersetzung des Einvernehmens kann nur zusammen mit dem Zuordnungsbescheid vor dem Verwaltungsgericht angefochten werden. § 6 des Vermögenszuordnungsgesetzes gilt sinngemäß.

(5) Die in Absatz 1 bezeichneten Kapitalgesellschaften gelten auch schon vor Erteilung der Zuordnungsbescheide als ermächtigt, alle Rechte aus dem ehemals volkseigenen Vermögen, das auf sie übergehen sollte, oder aus Rechtsgeschäften in bezug auf dieses Vermögen unter Einschluß von Kündigungs- und anderen Gestaltungsrechten im eigenen Namen und auf eigene Rechnung geltend zu machen. Sollte ein ehemals volkseigener Vermögenswert auf mehrere Gesellschaften der in Absatz 1 bezeichneten Art übergehen, gelten die betreffenden Gesellschaften als Gesamtgläubiger. Wird eine Zuordnung nach Maßgabe der Absätze 3 und 4 geändert, gilt Satz 2 sinngemäß. Die Gesellschaft, die den Vermögenswert auf Grund der Umwandlung oder Sachgründung in Besitz hat, gilt als zur Verwaltung beauftragt. Im übrigen gilt § 8 Abs. 3 des Vermögenszuordnungsgesetzes entsprechend. Ansprüche nach dem Vermögensgesetz und rechtskräftige Urteile bleiben unberührt.

Artikel 232 Zweites Buch. Recht der Schuldverhältnisse

§ 1 Allgemeine Bestimmungen für Schuldverhältnisse

Für ein Schuldverhältnis, das vor dem Wirksamwerden des Beitritts entstanden ist, bleibt das bisherige für das in Artikel 3 des Einigungsvertrages genannte Gebiet geltende Recht maßgebend.

§ 1 a Überlassungsverträge

Ein vor dem 3. Oktober 1990 geschlossener Vertrag, durch den ein bisher staatlich verwaltetes (§ 1 Abs. 4 des Vermögensgesetzes) Grundstück durch den staatlichen Verwalter oder die von ihm beauftragte Stelle gegen Leistung eines Geldbetrages für das Grundstück sowie etwa aufstehende Gebäude und gegen Übernahme der öffentlichen Lasten einem anderen zur Nutzung überlassen wurde (Überlassungsvertrag), ist wirksam.

§ 2 Miete

(1) Mietverhältnisse aufgrund von Verträgen, die vor dem Wirksamwerden des Beitritts geschlossen worden sind, richten sich von diesem Zeitpunkt an nach den Vorschriften des

Bürgerlichen Gesetzbuchs, soweit nicht in den folgenden Absätzen etwas anderes bestimmt ist.

(2) Auf berechtigte Interessen im Sinne des § 564 b Abs. 2 Nr. 3 des Bürgerlichen Gesetzbuchs kann der Vermieter sich nicht berufen.

(3) Auf berechtigte Interessen im Sinne des § 564 b Abs. 2 Nr. 2 Satz 1 des Bürgerlichen Gesetzbuchs (Eigenbedarf) kann der Vermieter sich erst nach dem 31. Dezember 1995 berufen. Dies gilt nicht,

1. wenn die Räume dem Vermieter durch nicht zu rechtfertigende Zwangsmaßnahmen oder durch Machtmißbrauch, Korruption, Nötigung oder Täuschung seitens staatlicher Stellen oder Dritter entzogen worden sind,
2. wenn der Mieter bei Abschluß des Vertrages nicht redlich im Sinne des § 4 Abs. 3 des Vermögensgesetzes gewesen ist oder
3. wenn der Ausschluß des Kündigungsrechts dem Vermieter angesichts seines Wohnbedarfs und seiner sonstigen berechtigten Interessen auch unter Würdigung der Interessen des Mieters nicht zugemutet werden kann.

Vor dem 1. Januar 1996 kann der Vermieter ein Mietverhältnis nach § 564 b Abs. 4 Satz 1 des Bürgerlichen Gesetzbuchs nur in den Fällen des Satzes 2 Nr. 1 oder 2 oder dann kündigen, wenn ihm die Fortsetzung des Mietverhältnisses wegen seines Wohn- oder Instandsetzungsbedarfs oder sonstiger Interessen nicht zugemutet werden kann.

(4) In den Fällen des Absatzes 3 kann der Mieter der Kündigung widersprechen und vom Vermieter die Fortsetzung des Mietverhältnisses verlangen, wenn die vertragsmäßige Beendigung des Mietverhältnisses für den Mieter oder seine Familie eine Härte bedeuten würde, die auch unter Würdigung der berechtigten Interessen des Vermieters nicht zu rechtfertigen ist. Eine Härte liegt auch vor, wenn angemessener Ersatzwohnraum zu zumutbaren Bedingungen nicht beschafft werden kann. § 556 a Abs. 1 Satz 3, Abs. 2, 3, 5 bis 7 und § 564 a Abs. 2 des Bürgerlichen Gesetzbuchs sowie § 93 b Abs. 1 bis 3, § 308 a Abs. 1 Satz 1 und § 708 Nr. 7 der Zivilprozeßordnung, § 16 Abs. 3 und 4 des Gerichtskostengesetzes sind anzuwenden.

(5) Der Mieter kann einer bis zum 31. Dezember 1994 erklärten Kündigung eines Mietverhältnisses über Geschäftsräume oder gewerblich genutzte unbebaute Grundstücke widersprechen und vom Vermieter die Fortsetzung des Mietverhältnisses verlangen, wenn die Kündigung für ihn eine erhebliche Gefährdung seiner wirtschaftlichen Lebensgrundlage mit sich bringt. Dies gilt nicht,

1. wenn ein Grund vorliegt, aus dem der Vermieter zur Kündigung ohne Einhaltung einer Kündigungsfrist berechtigt ist, oder
2. wenn der Vermieter bei anderweitiger Vermietung eine höhere als die bisherige Miete erzielen könnte und der Mieter sich weigert, in eine angemessene Mieterhöhung von dem Zeitpunkt an einzuwilligen, zu dem die Kündigung wirksam war, oder
3. wenn der Mieter sich weigert, in eine Umlegung der Betriebskosten einzuwilligen, oder
4. wenn dem Vermieter die Fortsetzung des Mietverhältnisses aus anderen Gründen nicht zugemutet werden kann.

Eine Mieterhöhung ist angemessen im Sinne des Satzes 2 Nr. 2, soweit die geforderte Miete die ortsübliche Miete, die sich für Geschäftsräume oder Grundstücke gleicher Art und Lage nach Wegfall der Preisbindungen bildet, nicht übersteigt. Willigt der Mieter in eine angemessene Mieterhöhung ein, so kann sich der Vermieter nicht darauf berufen, daß er bei anderweitiger Vermietung eine höhere als die ortsübliche Miete erzielen könnte.

(6) Bei der Kündigung nach Absatz 5 werden nur die im Kündigungsschreiben angegebenen Gründe berücksichtigt, soweit nicht die Gründe nachträglich entstanden sind. Im

übrigen gelten § 556 a Abs. 2, 3 und 5 bis 7 und § 564 a Abs. 2 des Bürgerlichen Gesetzbuchs, § 93 b Abs. 1 bis 3, § 308 a Abs. 1 Satz 1 und § 708 Nr. 7 der Zivilprozeßordnung sowie § 16 Abs. 3 und 4 des Gerichtskostengesetzes entsprechend.

(7) (weggefallen)

§ 3 Pacht

(1) Pachtverhältnisse aufgrund von Verträgen, die vor dem Wirksamwerden des Beitritts geschlossen worden sind, richten sich von diesem Zeitpunkt an nach den §§ 581 bis 597 des Bürgerlichen Gesetzbuchs.

(2) Die §§ 51 und 52 des Landwirtschaftsanpassungsgesetzes vom 29. Juni 1990 (GBl. I Nr. 42 S. 642) bleiben unberührt.

§ 4 Nutzung von Bodenflächen zur Erholung

(1) Nutzungsverhältnisse nach den §§ 312 bis 315 des Zivilgesetzbuchs der Deutschen Demokratischen Republik aufgrund von Verträgen, die vor dem Wirksamwerden des Beitritts geschlossen worden sind, richten sich weiterhin nach den genannten Vorschriften des Zivilgesetzbuchs. Abweichende Regelungen bleiben einem besonderen Gesetz vorbehalten.

(2) Die Bundesregierung wird ermächtigt, durch Rechtsverordnung mit Zustimmung des Bundesrates Vorschriften über eine angemessene Gestaltung der Nutzungsentgelte zu erlassen. Angemessen sind Entgelte bis zur Höhe des ortsüblichen Pachtzinses für Grundstücke, die auch hinsichtlich der Art und des Umfangs der Bebauung in vergleichbarer Weise genutzt werden. In der Rechtsverordnung können Bestimmungen über die Ermittlung des ortsüblichen Pachtzinses, über das Verfahren der Entgelterhöhung sowie über die Kündigung im Fall der Erhöhung getroffen werden.

(3) Für Nutzungsverhältnisse innerhalb von Kleingartenanlagen bleibt die Anwendung des Bundeskleingartengesetzes vom 28. Februar 1983 (BGBl. I S. 210) mit den in Anlage I Kapitel XIV Abschnitt II Nr. 4 zum Einigungsvertrag enthaltenen Ergänzungen unberührt.

(4) Die Absätze 1 bis 3 gelten auch für vor dem 1. Januar 1976 geschlossene Verträge, durch die land- oder forstwirtschaftlich nicht genutzte Bodenflächen Bürgern zum Zwecke der nicht gewerblichen kleingärtnerischen Nutzung, Erholung und Freizeitgestaltung überlassen wurden.

§ 4 a Vertrags-Moratorium

(1) Verträge nach § 4 können, auch soweit sie Garagen betreffen, gegenüber dem Nutzer bis zum Ablauf des 31. Dezember 1994 nur aus den in § 554 des Bürgerlichen Gesetzbuchs bezeichneten Gründen gekündigt oder sonst beendet werden. Sie verlängern sich, wenn nicht der Nutzer etwas Gegenteiliges mitteilt, bis zu diesem Zeitpunkt, wenn sie nach ihrem Inhalt vorher enden würden.

(2) Hat der Nutzer einen Vertrag nach § 4 nicht mit dem Eigentümer des betreffenden Grundstücks, sondern aufgrund des § 18 oder § 46 in Verbindung mit § 18 des Gesetzes über die landwirtschaftlichen Produktionsgenossenschaften – LPG-Gesetz – vom 2. Juli 1982 (GBl. I Nr. 25 S. 443) in der vor dem 1. Juli 1990 geltenden Fassung mit einer der dort genannten Genossenschaften oder Stellen geschlossen, so ist er nach Maßgabe des Vertrages und des Absatzes 1 bis zum Ablauf des 31. Dezember 1994 auch dem Grundstückseigentümer gegenüber zum Besitz berechtigt.

(3) Die Absätze 1 und 2 gelten ferner, wenn ein Vertrag nach § 4 mit einer staatlichen Stelle abgeschlossen wurde, auch wenn diese hierzu nicht ermächtigt war. Dies gilt jedoch nicht, wenn der Nutzer Kenntnis von dem Fehlen einer entsprechenden Ermächtigung hatte.

(4) Die Absätze 1 und 2 gelten ferner auch, wenn ein Vertrag nach § 4 mit einer staatlichen Stelle abgeschlossen wurde und diese bei Vertragsschluß nicht ausdrücklich in fremdem

Namen, sondern im eigenen Namen handelte, obwohl es sich nicht um ein volkseigenes, sondern ein von ihr verwaltetes Grundstück handelte, es sei denn, daß der Nutzer hiervon Kenntnis hatte.

(5) In den Fällen der Absätze 2 bis 4 ist der Vertragspartner des Nutzers unbeschadet des § 51 des Landwirtschaftsanpassungsgesetzes verpflichtet, die gezogenen Entgelte unter Abzug der mit ihrer Erzielung verbundenen Kosten an den Grundstückseigentümer abzuführen. Entgelte, die in der Zeit von dem 1. Januar 1992 an bis zum Inkrafttreten dieser Vorschrift erzielt wurden, sind um 20 vom Hundert gemindert an den Grundstückseigentümer auszukehren; ein weitergehender Ausgleich für gezogene Entgelte und Aufwendungen findet nicht statt. Ist ein Entgelt nicht vereinbart, so ist das Entgelt, das für Verträge der betreffenden Art gewöhnlich zu erzielen ist, unter Abzug der mit seiner Erzielung verbundenen Kosten an den Grundstückseigentümer auszukehren. Der Grundstückseigentümer kann von dem Vertragspartner des Nutzers die Abtretung der Entgeltansprüche verlangen.

(6) Die Absätze 1 bis 5 gelten auch, wenn der unmittelbare Nutzer Verträge mit einer Vereinigung von Kleingärtnern und diese mit einer der dort genannten Stellen den Hauptnutzungsvertrag geschlossen hat. Ist Gegenstand des Vertrages die Nutzung des Grundstücks für eine Garage, so kann der Eigentümer die Verlegung der Nutzung auf eine andere Stelle des Grundstücks oder ein anderes Grundstück verlangen, wenn die Nutzung ihn besonders beeinträchtigt, die andere Stelle für den Nutzer gleichwertig ist und die rechtlichen Voraussetzungen für die Nutzung geschaffen worden sind; die Kosten der Verlegung hat der Eigentümer zu tragen und vorzuschießen.

(7) Die Absätze 1 bis 6 finden keine Anwendung, wenn die Betroffenen nach dem 2. Oktober 1990 etwas Abweichendes vereinbart haben oder zwischen ihnen abweichende rechtskräftige Urteile ergangen sind.

§ 5 Arbeitsverhältnisse

(1) Für am Tag des Wirksamwerdens des Beitritts bestehende Arbeitsverhältnisse gelten unbeschadet des Artikels 230 von dieser Zeit an die Vorschriften des Bürgerlichen Gesetzbuchs.

(2) § 613 a des Bürgerlichen Gesetzbuchs ist in dem in Artikel 3 des Einigungsvertrages vom 31. August 1990 (BGBl. 1990 II S. 885) genannten Gebiet vom Tage des Inkrafttretens dieses Gesetzes bis zum 31. Dezember 1998 mit folgenden Maßgaben anzuwenden:

1. Innerhalb des bezeichneten Zeitraums ist auf eine Betriebsübertragung im Gesamtvollstreckungsverfahren § 613 a des Bürgerlichen Gesetzbuchs nicht anzuwenden.
2. Anstelle des Absatzes 4 Satz 2 gilt folgende Vorschrift:
   »Satz 1 läßt das Recht zur Kündigung aus wirtschaftlichen, technischen oder organisatorischen Gründen, die Änderungen im Bereich der Beschäftigung mit sich bringen, unberührt.«

§ 6 Verträge über wiederkehrende Dienstleistungen

Für am Tag des Wirksamwerdens des Beitritts bestehende Pflege- und Wartungsverträge und Verträge über wiederkehrende persönliche Dienstleistungen gelten von dieser Zeit an die Vorschriften des Bürgerlichen Gesetzbuchs.

§ 7 Kontoverträge und Sparkontoverträge

Das Kreditinstitut kann durch Erklärung gegenüber dem Kontoinhaber bestimmen, daß auf einen am Tag des Wirksamwerdens des Beitritts bestehenden Kontovertrag oder Sparkontovertrag die Vorschriften des Bürgerlichen Gesetzbuchs einschließlich der im bisherigen Geltungsbereich dieses Gesetzes für solche Verträge allgemein verwendeten, näher zu bezeichnenden allgemeinen Geschäftsbedingungen anzuwenden sind. Der Kontoinhaber kann den Vertrag innerhalb eines Monats von dem Zugang der Erklärung an kündigen.

§ 8 Kreditverträge

Auf Kreditverträge, die nach dem 30. Juni 1990 abgeschlossen worden sind, ist § 609 a des Bürgerlichen Gesetzbuchs anzuwenden.

§ 9 Bruchteilsgemeinschaften

Auf eine am Tag des Wirksamwerdens des Beitritts bestehende Gemeinschaft nach Bruchteilen finden von dieser Zeit an die Vorschriften des Bürgerlichen Gesetzbuchs Anwendung.

§ 10 Unerlaubte Handlungen

Die Bestimmungen der §§ 823 bis 853 des Bürgerlichen Gesetzbuchs sind nur auf Handlungen anzuwenden, die am Tag des Wirksamwerdens des Beitritts oder danach begangen werden.

Artikel 233 Drittes Buch. Sachenrecht

Erster Abschnitt

Allgemeine Vorschriften

§ 1 Besitz

Auf ein am Tag des Wirksamwerdens des Beitritts bestehendes Besitzverhältnis finden von dieser Zeit an die Vorschriften des Bürgerlichen Gesetzbuchs Anwendung.

§ 2 Inhalt des Eigentums

(1) Auf das am Tag des Wirksamwerdens des Beitritts bestehende Eigentum an Sachen finden von dieser Zeit an die Vorschriften des Bürgerlichen Gesetzbuchs Anwendung, soweit nicht in den nachstehenden Vorschriften etwas anderes bestimmt ist.

(2) Wem bisheriges Volkseigentum zufällt oder wer die Verfügungsbefugnis über bisheriges Volkseigentum erlangt, richtet sich nach den besonderen Vorschriften über die Abwicklung des Volkseigentums.

(3) Ist der Eigentümer eines Grundstücks oder sein Aufenthalt nicht festzustellen und besteht ein Bedürfnis, die Vertretung des Eigentümers sicherzustellen, so bestellt der Landkreis oder die kreisfreie Stadt, in dessen oder deren Gebiet sich das Grundstück befindet, auf Antrag der Gemeinde oder eines anderen, der ein berechtigtes Interesse daran hat, einen gesetzlichen Vertreter. Im Falle einer Gemeinschaft wird ein Mitglied der Gemeinschaft zum gesetzlichen Vertreter bestellt. Der Vertreter ist von den Beschränkungen des § 181 des Bürgerlichen Gesetzbuchs befreit. § 16 Abs. 3 und 4 des Verwaltungsverfahrensgesetzes findet entsprechende Anwendung. Der Vertreter wird auf Antrag des Eigentümers abberufen. Diese Vorschrift tritt in ihrem räumlichen Anwendungsbereich und für die Dauer ihrer Geltung an die Stelle des § 119 des Flurbereinigungsgesetzes auch, soweit auf diese Bestimmung in anderen Gesetzen verwiesen wird. § 11 b des Vermögensgesetzes bleibt unberührt.

§ 2 a Moratorium

(1) Als zum Besitz eines in dem in Artikel 3 des Einigungsvertrages genannten Gebiet belegenen Grundstücks berechtigt gelten unbeschadet bestehender Nutzungsrechte und günstigerer Vereinbarungen und Regelungen:

a) wer das Grundstück bis zum Ablauf des 2. Oktober 1990 aufgrund einer bestandskräftigen Baugenehmigung oder sonst entsprechend den Rechtsvorschriften mit Billigung staatlicher oder gesellschaftlicher Organe mit Gebäuden oder Anlagen bebaut oder zu bebauen begonnen hat und bei Inkrafttreten dieser Vorschrift selbst nutzt,

b) Genossenschaften und ehemals volkseigene Betriebe der Wohnungswirtschaft, denen vor dem 3. Oktober 1990 aufgrund einer bestandskräftigen Baugenehmigung oder sonst entsprechend den Rechtsvorschriften mit Billigung staatlicher oder gesellschaftlicher Organe errichtete Gebäude und dazugehörige Grundstücksflächen und -teilflächen zur Nutzung sowie selbständigen Bewirtschaftung und Verwaltung übertragen worden waren und von diesen oder ihren Rechtsnachfolgern genutzt werden,
c) wer über ein bei Abschluß des Vertrages bereits mit einem Wohnhaus bebautes Grundstück, das bis dahin unter staatlicher oder treuhänderischer Verwaltung gestanden hat, einen Überlassungsvertrag geschlossen hat, sowie diejenigen, die mit diesem einen gemeinsamen Hausstand führen,
d) wer ein auf einem Grundstück errichtetes Gebäude gekauft oder den Kauf beantragt hat.

Das Recht nach Satz 1 besteht bis zur Bereinigung der genannten Rechtsverhältnisse durch besonderes Gesetz längstens bis zum Ablauf des 31. Dezember 1994; die Frist kann durch Rechtsverordnung des Bundesministers der Justiz einmal verlängert werden. In den in § 3 Abs. 3 und den §§ 4 und 121 des Sachenrechtsbereinigungsgesetzes bezeichneten Fällen besteht das in Satz 1 bezeichnete Recht zum Besitz bis zur Bereinigung dieser Rechtsverhältnisse nach jenem Gesetz fort. Erfolgte die Nutzung bisher unentgeltlich, kann der Grundstückseigentümer vom 1. Januar 1995 an vom Nutzer ein Entgelt bis zur Höhe des nach dem Sachenrechtsbereinigungsgesetz zu zahlenden Erbbauzinses verlangen, wenn ein Verfahren zur Bodenneuordnung nach dem Bodensonderungsgesetz eingeleitet wird, er ein notarielles Vermittlungsverfahren nach den §§ 87 bis 102 des Sachenrechtsbereinigungsgesetzes oder ein Bodenordnungsverfahren nach dem Achten Abschnitt des Landwirtschaftsanpassungsgesetzes beantragt oder sich in den Verfahren auf eine Verhandlung zur Begründung dinglicher Rechte oder eine Übereignung eingelassen hat. Vertragliche oder gesetzliche Regelungen, die ein abweichendes Nutzungsentgelt oder einen früheren Beginn der Zahlungspflicht begründen, bleiben unberührt. Umfang und Inhalt des Rechts bestimmen sich im übrigen nach der bisherigen Ausübung. In den Fällen der in der Anlage II Kapitel II Sachgebiet A Abschnitt III des Einigungsvertrages vom 31. August 1990 (BGBl. 1990 II S. 885, 1150) aufgeführten Maßgaben kann das Recht nach Satz 1 allein von der Treuhandanstalt geltend gemacht werden.

(2) Das Recht zum Besitz nach Absatz 1 wird durch eine Übertragung oder einen Übergang des Eigentums oder eine sonstige Verfügung über das Grundstück nicht berührt. Das Recht kann übertragen werden; die Übertragung ist gegenüber dem Grundstückseigentümer nur wirksam, wenn sie diesem vom Veräußerer angezeigt wird.

(3) Während des in Absatz 1 Satz 2 genannten Zeitraums kann Ersatz für gezogene Nutzungen oder vorgenommene Verwendungen nur auf einvernehmlicher Grundlage verlangt werden. Der Eigentümer eines Grundstücks ist während der Dauer des Rechts zum Besitz nach Absatz 1 verpflichtet, das Grundstück nicht mit Rechten zu belasten, es sei denn, er ist zu deren Bestellung gesetzlich oder aufgrund der Entscheidung einer Behörde verpflichtet.

(4) Bis zu dem in Absatz 1 Satz 2 genannten Zeitpunkt findet auf Überlassungsverträge unbeschadet des Artikels 232 § 1 der § 78 des Zivilgesetzbuchs der Deutschen Demokratischen Republik keine Anwendung.

(5) Das Vermögensgesetz, die in der Anlage II Kapitel II Sachgebiet A Abschnitt III des Einigungsvertrages aufgeführten Maßgaben sowie Verfahren nach dem Achten Abschnitt des Landwirtschaftsanpassungsgesetzes bleiben unberührt.

(6) Bestehende Rechte des gemäß Absatz 1 Berechtigten werden nicht berührt. In Ansehung der Nutzung des Grundstücks getroffene Vereinbarungen bleiben außer in den

Fällen des Absatzes 1 Satz 1 Buchstabe c unberührt. Sie sind in allen Fällen auch weiterhin möglich. Das Recht nach Absatz 1 kann ohne Einhaltung einer Frist durch einseitige Erklärung des Grundeigentümers beendet werden, wenn

a) der Nutzer
   aa) im Sinne der §§ 20 a und 20 b des Parteiengesetzes der Deutschen Demokratischen Republik eine Massenorganisation, eine Partei, eine ihr verbundene Organisation oder eine juristische Person ist und die treuhänderische Verwaltung über den betreffenden Vermögenswert beendet worden ist oder
   bb) dem Bereich der Kommerziellen Koordinierung zuzuordnen ist oder
b) die Rechtsverhältnisse des Nutzers an dem fraglichen Grund und Boden Gegenstand eines gerichtlichen Strafverfahrens gegen den Nutzer sind oder
c) es sich um ein ehemals volkseigenes Grundstück handelt und seine Nutzung am 2. Oktober 1990 auf einer Rechtsträgerschaft beruhte, es sei denn, der Nutzer ist eine landwirtschaftliche Produktionsgenossenschaft, ein ehemals volkseigener Betrieb der Wohnungswirtschaft, eine Arbeiter-Wohnungsbaugenossenschaft oder eine gemeinnützige Wohnungsgenossenschaft oder deren jeweiliger Rechtsnachfolger.

In den Fällen des Satzes 4 Buchstabe a und c ist § 1000 des Bürgerlichen Gesetzbuchs nicht anzuwenden. Das Recht zum Besitz nach dieser Vorschrift erlischt, wenn eine Vereinbarung nach den Sätzen 2 und 3 durch den Nutzer gekündigt wird.

(7) Die vorstehenden Regelungen gelten nicht für Nutzungen zur Erholung, Freizeitgestaltung oder zu ähnlichen persönlichen Bedürfnissen einschließlich der Nutzung innerhalb von Kleingartenanlagen. Ein Miet- oder Pachtvertrag ist nicht als Überlassungsvertrag anzusehen.

(8) Für die Zeit bis zum Ablauf des 31. Dezember 1994 ist der nach Absatz 1 Berechtigte gegenüber dem Grundstückseigentümer sowie sonstigen dinglichen Berechtigten zur Herausgabe von Nutzungen nicht verpflichtet, es sei denn, daß die Beteiligten andere Abreden getroffen haben. Ist ein in Absatz 1 Satz 1 Buchstabe d bezeichneter Kaufvertrag unwirksam oder sind die Verhandlungen auf Abschluß des beantragten Kaufvertrages gescheitert, so ist der Nutzer von der Erlangung der Kenntnis der Unwirksamkeit des Vertrages oder der Ablehnung des Vertragsschlusses an nach § 987 des Bürgerlichen Gesetzbuchs zur Herausgabe von Nutzungen verpflichtet.

(9) Für die Zeit vom 1. Januar 1995 bis zum 31. Dezember 1998 kann der Grundstückseigentümer von der öffentlichen Körperschaft, die das Grundstück zur Erfüllung ihrer öffentlichen Aufgaben nutzt oder im Falle der Widmung zum Gemeingebrauch für das Gebäude oder die Anlage unterhaltungspflichtig ist, nur ein Entgelt in Höhe von jährlich 0,8 vom Hundert des Bodenwerts eines in gleicher Lage belegenen unbebauten Grundstücks sowie die Freistellung von den Lasten des Grundstücks verlangen. Der Bodenwert ist nach den Bodenrichtwerten zu bestimmen; § 19 Abs. 5 des Sachenrechtsbereinigungsgesetzes gilt entsprechend. Der Anspruch aus Satz 1 entsteht von dem Zeitpunkt an, in dem der Grundstückseigentümer ihn gegenüber der Körperschaft schriftlich geltend macht. Abweichende vertragliche Vereinbarungen bleiben unberührt.

§ 2 b Gebäudeeigentum ohne dingliches Nutzungsrecht

(1) In den Fällen des § 2 a Abs. 1 Satz 1 Buchstabe a und b sind Gebäude und Anlagen landwirtschaftlicher Produktionsgenossenschaften sowie Gebäude und Anlagen von Arbeiter-Wohnungsbaugenossenschaften und von gemeinnützigen Wohnungsgenossenschaften auf ehemals volkseigenen Grundstücken, auch soweit dies nicht gesetzlich bestimmt ist, unabhängig vom Eigentum am Grundstück Eigentum des Nutzers. Ein beschränkt dingliches Recht am Grundstück besteht nur, wenn dies besonders begründet

worden ist. Dies gilt auch für Rechtsnachfolger der in Satz 1 bezeichneten Genossenschaften.

(2) Für Gebäudeeigentum, das nach Absatz 1 entsteht oder nach § 27 des Gesetzes über die landwirtschaftlichen Produktionsgenossenschaften vom 2. Juli 1982 (GBl. I Nr. 25 S. 443), das zuletzt durch das Gesetz über die Änderung oder Aufhebung von Gesetzen der Deutschen Demokratischen Republik vom 28. Juni 1990 (GBl. I Nr. 38 S. 483) geändert worden ist, entstanden ist, ist auf Antrag des Nutzers ein Gebäudegrundbuchblatt anzulegen. Für die Anlegung und Führung des Gebäudegrundbuchblatts sind die vor dem Wirksamwerden des Beitritts geltenden sowie später erlassene Vorschriften entsprechend anzuwenden. Ist das Gebäudeeigentum nicht gemäß § 2 c Abs. 1 wie eine Belastung im Grundbuch des betroffenen Grundstücks eingetragen, so ist diese Eintragung vor Anlegung des Gebäudegrundbuchblatts von Amts wegen vorzunehmen.

(3) Ob Gebäudeeigentum entstanden ist und wem es zusteht, wird durch Bescheid des Präsidenten der Oberfinanzdirektion festgestellt, in dessen Bezirk das Gebäude liegt. Das Vermögenszuordnungsgesetz ist anzuwenden. Den Grundbuchämtern bleibt es unbenommen, Gebäudeeigentum und seinen Inhaber nach Maßgabe der Bestimmungen des Grundbuchrechts festzustellen; ein Antrag nach den Sätzen 1 und 2 darf nicht von der vorherigen Befassung der Grundbuchämter abhängig gemacht werden. Im Antrag an den Präsidenten der Oberfinanzdirektion oder an das Grundbuchamt hat der Antragsteller zu versichern, daß bei keiner anderen Stelle ein vergleichbarer Antrag anhängig oder ein Antrag nach Satz 1 abschlägig beschieden worden ist.

(4) § 4 Abs. 1, 3 Satz 1 bis 3 und Abs. 6 ist entsprechend anzuwenden.

(5) Ist ein Gebäude nach Absatz 1 vor Inkrafttreten dieser Vorschrift zur Sicherung übereignet worden, so kann der Sicherungsgeber die Rückübertragung Zug um Zug gegen Bestellung eines Grundpfandrechts an dem Gebäudeeigentum verlangen. Bestellte Pfandrechte sind in Grundpfandrechte an dem Gebäudeeigentum zu überführen.

(6) Eine bis zum Ablauf des 21. Juli 1992 vorgenommene Übereignung des nach § 27 des Gesetzes über die landwirtschaftlichen Produktionsgenossenschaften oder nach § 459 Abs. 1 Satz 1 des Zivilgesetzbuchs der Deutschen Demokratischen Republik entstandenen selbständigen Gebäudeeigentums ist nicht deshalb unwirksam, weil sie nicht nach den für die Übereignung von Grundstücken geltenden Vorschriften des Bürgerlichen Gesetzbuchs vorgenommen worden ist. Gleiches gilt für das Rechtsgeschäft, mit dem die Verpflichtung zur Übertragung und zum Erwerb begründet worden ist. Die Sätze 1 und 2 sind nicht anzuwenden, soweit eine rechtskräftige Entscheidung entgegensteht.

§ 2 c Grundbucheintragung

(1) Selbständiges Gebäudeeigentum nach § 2 b ist auf Antrag (§ 13 Abs. 2 der Grundbuchordnung) im Grundbuch wie eine Belastung des betroffenen Grundstücks einzutragen. Ist für das Gebäudeeigentum ein Gebäudegrundbuchblatt nicht vorhanden, so wird es bei der Eintragung in das Grundbuch von Amts wegen angelegt.

(2) Zur Sicherung etwaiger Ansprüche aus dem Sachenrechtsbereinigungsgesetz ist auf Antrag des Nutzers ein Vermerk in der Zweiten Abteilung des Grundbuchs für das betroffene Grundstück einzutragen, wenn ein Besitzrecht nach § 2 a besteht. In den in § 121 Abs. 1 und 2 des Sachenrechtsbereinigungsgesetzes genannten Fällen kann die Eintragung des Vermerks auch gegenüber dem Verfügungsberechtigten mit Wirkung gegenüber dem Berechtigten erfolgen, solange das Rückübertragungsverfahren nach dem Vermögensgesetz nicht unanfechtbar abgeschlossen ist. Der Vermerk hat die Wirkung einer Vormerkung zur Sicherung dieser Ansprüche. § 885 des Bürgerlichen Gesetzbuchs ist entsprechend anzuwenden.

(3) Der Erwerb selbständigen Gebäudeeigentums sowie dinglicher Rechte am Gebäude der in § 2 b bezeichneten Art aufgrund der Vorschriften über den öffentlichen Glauben des Grundbuchs ist nur möglich, wenn das Gebäudeeigentum auch bei dem belasteten Grundstück eingetragen ist.

§ 3 Inhalt und Rang beschränkter dinglicher Rechte

(1) Rechte, mit denen eine Sache oder ein Recht am Ende des Tages vor dem Wirksamwerden des Beitritts belastet ist, bleiben mit dem sich aus dem bisherigen Recht ergebenden Inhalt und Rang bestehen, soweit sich nicht aus den nachstehenden Vorschriften ein anderes ergibt. § 5 Abs. 2 Satz 2 und Abs. 3 des Gesetzes über die Verleihung von Nutzungsrechten an volkseigenen Grundstücken vom 14. Dezember 1970 (GBl. I Nr. 24 S. 372 –Nutzungsrechtsgesetz) sowie § 289 Abs. 2 und 3 und § 293 Abs. 1 Satz 2 des Zivilgesetzbuchs der Deutschen Demokratischen Republik sind nicht mehr anzuwenden. Satz 2 gilt entsprechend für die Bestimmungen des Nutzungsrechtsgesetzes und des Zivilgesetzbuchs über den Entzug eines Nutzungsrechts.

(2) Die Aufhebung eines Rechts, mit dem ein Grundstück oder ein Recht an einem Grundstück belastet ist, richtet sich nach den bisherigen Vorschriften, wenn das Recht der Eintragung in das Grundbuch nicht bedurfte und nicht eingetragen ist.

(3) Die Anpassung des vom Grundstückseigentum unabhängigen Eigentums am Gebäude und des in § 4 Abs. 2 bezeichneten Nutzungsrechts an das Bürgerliche Gesetzbuch und seine Nebengesetze und an die veränderten Verhältnisse sowie die Begründung von Rechten zur Absicherung der in § 2 a bezeichneten Bebauungen erfolgen nach Maßgabe des Sachenrechtsbereinigungsgesetzes. Eine Anpassung im übrigen bleibt vorbehalten.

(4) Auf Vorkaufsrechte, die nach den Vorschriften des Zivilgesetzbuchs der Deutschen Demokratischen Republik bestellt wurden, sind vom 1. Oktober 1994 an die Bestimmungen des Bürgerlichen Gesetzbuchs nach den §§ 1094 bis 1104 anzuwenden.

§ 4 Sondervorschriften für dingliche Nutzungsrechte und Gebäudeeigentum

(1) Für das Gebäudeeigentum nach § 288 Abs. 4 oder § 292 Abs. 3 des Zivilgesetzbuchs der Deutschen Demokratischen Republik gelten von dem Wirksamwerden des Beitritts an die sich auf Grundstücke beziehenden Vorschriften des Bürgerlichen Gesetzbuchs mit Ausnahme der §§ 927 und 928 entsprechend. Vor der Anlegung eines Gebäudegrundbuchblatts ist das dem Gebäudeeigentum zugrundeliegende Nutzungsrecht von Amts wegen im Grundbuch des belasteten Grundstücks einzutragen. Der Erwerb eines selbständigen Gebäudeeigentums oder eines dinglichen Rechts am Gebäude der in Satz 1 genannten Art aufgrund der Vorschriften über den öffentlichen Glauben des Grundbuchs ist nur möglich, wenn auch das zugrundeliegende Nutzungsrecht bei dem belasteten Grundstück eingetragen ist.

(2) Ein Nutzungsrecht nach den §§ 287 bis 294 des Zivilgesetzbuchs der Deutschen Demokratischen Republik, das nicht im Grundbuch des belasteten Grundstücks eingetragen ist, wird durch die Vorschriften des Bürgerlichen Gesetzbuchs über den öffentlichen Glauben des Grundbuchs nicht beeinträchtigt, wenn ein aufgrund des Nutzungsrechts zulässiges Eigenheim oder sonstiges Gebäude in dem für den öffentlichen Glauben maßgebenden Zeitpunkt ganz oder teilweise errichtet ist und der dem Erwerb zugrundeliegende Eintragungsantrag vor dem 1. Januar 1997 gestellt worden ist. Der Erwerber des Eigentums oder eines sonstigen Rechts an dem belasteten Grundstück kann in diesem Fall die Aufhebung oder Änderung des Nutzungsrechts gegen Ausgleich der dem Nutzungsberechtigten dadurch entstehenden Vermögensnachteile verlangen, wenn das Nutzungsrecht für ihn mit Nachteilen verbunden ist, welche erheblich größer sind als der dem Nutzungsberechtigten durch die Aufhebung oder Änderung seines Rechts entstehende Schaden; dies gilt nicht,

wenn er beim Erwerb des Eigentums oder sonstigen Rechts in dem für den öffentlichen Glauben des Grundbuchs maßgeblichen Zeitpunkt das Vorhandensein des Nutzungsrechts kannte.

(3) Der Untergang des Gebäudes läßt den Bestand des Nutzungsrechts unberührt. Aufgrund des Nutzungsrechts kann ein neues Gebäude errichtet werden; Belastungen des Gebäudeeigentums setzen sich an dem Nutzungsrecht und dem neu errichteten Gebäude fort. Ist ein Nutzungsrecht nur auf die Gebäudegrundfläche verliehen worden, so umfaßt das Nutzungsrecht auch die Nutzung des Grundstücks in dem für Gebäude der errichteten Art zweckentsprechenden ortsüblichen Umfang, bei Eigenheimen nicht mehr als eine Fläche von 500 qm. Auf Antrag ist das Grundbuch entsprechend zu berichtigen. Absatz 2 gilt entsprechend.

(4) Besteht am Gebäude selbständiges Eigentum nach § 288 Abs. 4 und § 292 Abs. 3 des Zivilgesetzbuchs der Deutschen Demokratischen Republik, so bleibt bei bis zum Ablauf des 31. Dezember 1996 angeordneten Zwangsversteigerungen ein nach jenem Recht begründetes Nutzungsrecht am Grundstück bei dessen Versteigerung auch dann bestehen, wenn es bei der Feststellung des geringsten Gebots nicht berücksichtigt ist.

(5) War der Nutzer beim Erwerb des Nutzungsrechts unredlich im Sinne des § 4 des Vermögensgesetzes, kann der Grundstückseigentümer die Aufhebung des Nutzungsrechts durch gerichtliche Entscheidung verlangen. Der Anspruch nach Satz 1 ist ausgeschlossen, wenn er nicht bis zum 31. Dezember 1996 rechtshängig geworden ist. Ein Klageantrag auf Aufhebung ist unzulässig, wenn der Grundstückseigentümer zu einem Antrag auf Aufhebung des Nutzungsrechts durch Bescheid des Amtes zur Regelung offener Vermögensfragen berechtigt oder berechtigt gewesen ist. Mit der Aufhebung des Nutzungsrechts erlischt das Eigentum am Gebäude nach § 288 Abs. 4 und § 292 Abs. 3 des Zivilgesetzbuchs der Deutschen Demokratischen Republik. Das Gebäude wird Bestandteil des Grundstücks. Der Nutzer kann für Gebäude, Anlagen und Anpflanzungen, mit denen er das Grundstück ausgestattet hat, Ersatz verlangen, soweit der Wert des Grundstücks hierdurch noch zu dem Zeitpunkt der Aufhebung des Nutzungsrechts erhöht ist. Grundpfandrechte an einem aufgrund des Nutzungsrechts errichteten Gebäude setzen sich am Wertersatzanspruch des Nutzers gegen den Grundstückseigentümer fort. § 16 Abs. 3 Satz 5 des Vermögensgesetzes ist entsprechend anzuwenden.

(6) Auf die Aufhebung eines Nutzungsrechts nach § 287 oder § 291 des Zivilgesetzbuchs der Deutschen Demokratischen Republik finden die §§ 875 und 876 des Bürgerlichen Gesetzbuchs Anwendung. Ist das Nutzungsrecht nicht im Grundbuch eingetragen, so reicht die notariell beurkundete Erklärung des Berechtigten, daß er das Recht aufgebe, aus, wenn die Erklärung bei dem Grundbuchamt eingereicht wird. Mit der Aufhebung des Nutzungsrechts erlischt das Gebäudeeigentum nach § 288 Abs. 4 oder § 292 Abs. 3 des Zivilgesetzbuchs der Deutschen Demokratischen Republik; das Gebäude wird Bestandteil des Grundstücks.

(7) Die Absätze 1 bis 5 gelten entsprechend, soweit aufgrund anderer Rechtsvorschriften Gebäudeeigentum, für das ein Gebäudegrundbuchblatt anzulegen ist, in Verbindung mit einem Nutzungsrecht an dem betroffenen Grundstück besteht.

§ 5 Mitbenutzungsrechte

(1) Mitbenutzungsrechte im Sinn des § 321 Abs. 1 bis 3 und des § 322 des Zivilgesetzbuchs der Deutschen Demokratischen Republik gelten als Rechte an dem belasteten Grundstück, soweit ihre Begründung der Zustimmung des Eigentümers dieses Grundstücks bedurfte.

(2) Soweit die in Absatz 1 bezeichneten Rechte nach den am Tag vor dem Wirksamwer-

den des Beitritts geltenden Rechtsvorschriften gegenüber einem Erwerber des belasteten Grundstücks oder eines Rechts an diesem Grundstück auch dann wirksam bleiben, wenn sie nicht im Grundbuch eingetragen sind, behalten sie ihre Wirksamkeit auch gegenüber den Vorschriften des Bürgerlichen Gesetzbuchs über den öffentlichen Glauben des Grundbuchs, wenn der dem Erwerb zugrundeliegende Eintragungsantrag vor dem 1. Januar 1997 gestellt worden ist. Der Erwerber des Eigentums oder eines sonstigen Rechts an dem belasteten Grundstück kann in diesem Fall jedoch die Aufhebung oder Änderung des Mitbenutzungsrechts gegen Ausgleich der dem Berechtigten dadurch entstehenden Vermögensnachteile verlangen, wenn das Mitbenutzungsrecht für ihn mit Nachteilen verbunden ist, welche erheblich größer sind als der durch die Aufhebung oder Änderung dieses Rechts dem Berechtigten entstehende Schaden; dies gilt nicht, wenn derjenige, der die Aufhebung oder Änderung des Mitbenutzungsrechts verlangt, beim Erwerb des Eigentums oder sonstigen Rechts an dem belasteten Grundstück in dem für den öffentlichen Glauben des Grundbuchs maßgeblichen Zeitpunkt das Vorhandensein des Mitbenutzungsrechts kannte. In der Zwangsversteigerung des Grundstücks ist bei bis zum Ablauf des 31. Dezember 1996 angeordneten Zwangsversteigerungen auf die in Absatz 1 bezeichneten Rechte § 9 des Einführungsgesetzes zu dem Gesetz über die Zwangsversteigerung und die Zwangsverwaltung in der im Bundesgesetzblatt Teil III, Gliederungsnummer 310-13, veröffentlichten bereinigten Fassung, zuletzt geändert durch Artikel 7 Abs. 24 des Gesetzes vom 17. Dezember 1990 (BGBl. I S. 2847), entsprechend anzuwenden.

(3) Ein nach Absatz 1 als Recht an einem Grundstück geltendes Mitbenutzungsrecht kann in das Grundbuch auch dann eingetragen werden, wenn es nach den am Tag vor dem Wirksamwerden des Beitritts geltenden Vorschriften nicht eintragungsfähig war. Bei Eintragung eines solchen Rechts ist der Zeitpunkt der Entstehung des Rechts zu vermerken, wenn der Antragsteller diesen in der nach der Grundbuchordnung für die Eintragung vorgesehenen Form nachweist. Kann der Entstehungszeitpunkt nicht nachgewiesen werden, so ist der Vorrang vor anderen Rechten zu vermerken, wenn dieser von den Betroffenen bewilligt wird.

(4) Durch Landesgesetz kann bestimmt werden, daß ein Mitbenutzungsrecht der in Absatz 1 bezeichneten Art mit dem Inhalt in das Grundbuch einzutragen ist, der dem seit dem 3. Oktober 1990 geltenden Recht entspricht oder am ehesten entspricht. Ist die Verpflichtung zur Eintragung durch rechtskräftige Entscheidung festgestellt, so kann das Recht auch in den Fällen des Satzes 1 mit seinem festgestellten Inhalt eingetragen werden.

§ 6 Hypotheken

(1) Für die Übertragung von Hypothekenforderungen nach dem Zivilgesetzbuch der Deutschen Demokratischen Republik, die am Tag des Wirksamwerdens des Beitritts bestehen, gelten die Vorschriften des Bürgerlichen Gesetzbuchs, welche bei der Übertragung von Sicherungshypotheken anzuwenden sind, entsprechend. Das gleiche gilt für die Aufhebung solcher Hypotheken mit der Maßgabe, daß § 1183 des Bürgerlichen Gesetzbuchs und § 27 der Grundbuchordnung nicht anzuwenden sind. Die Regelungen des Bürgerlichen Gesetzbuchs über den Verzicht auf eine Hypothek sind bei solchen Hypotheken nicht anzuwenden.

(2) Die Übertragung von Hypotheken, Grundschulden und Rentenschulden aus der Zeit vor Inkrafttreten des Zivilgesetzbuchs der Deutschen Demokratischen Republik und die sonstigen Verfügungen über solche Rechte richten sich nach den entsprechenden Vorschriften des Bürgerlichen Gesetzbuchs.

§ 7 Am Tag des Wirksamwerdens des Beitritts schwebende Rechtsänderungen

(1) Die Übertragung des Eigentums an einem Grundstück richtet sich statt nach den Vorschriften des Bürgerlichen Gesetzbuchs nach den am Tag vor dem Wirksamwerden des Beitritts geltenden Rechtsvorschriften, wenn der Antrag auf Eintragung in das Grundbuch vor dem Wirksamwerden des Beitritts gestellt worden ist. Dies gilt entsprechend für das Gebäudeeigentum. Wurde bei einem Vertrag, der vor dem 3. Oktober 1990 beurkundet worden ist, der Antrag nach diesem Zeitpunkt gestellt, so ist eine gesonderte Auflassung nicht erforderlich, wenn die am 2. Oktober 1990 geltenden Vorschriften des Zivilgesetzbuchs der Deutschen Demokratischen Republik über den Eigentumsübergang eingehalten worden sind.

(2) Ein Recht nach den am Tag vor dem Wirksamwerden des Beitritts geltenden Vorschriften kann nach diesem Tage gemäß diesen Vorschriften noch begründet werden, wenn hierzu die Eintragung in das Grundbuch erforderlich ist und diese beim Grundbuchamt vor dem Wirksamwerden des Beitritts beantragt worden ist. Auf ein solches Recht ist § 3 Abs. 1 und 2 entsprechend anzuwenden. Ist die Eintragung einer Verfügung über ein Recht der in Satz 1 bezeichneten Art vor dem Wirksamwerden des Beitritts beim Grundbuchamt beantragt worden, so sind auf die Verfügung die am Tag vor dem Wirksamwerden des Beitritts geltenden Vorschriften anzuwenden.

§ 8 Rechtsverhältnisse nach § 459 des Zivilgesetzbuchs

Soweit Rechtsverhältnisse und Ansprüche aufgrund des früheren § 459 des Zivilgesetzbuchs der Deutschen Demokratischen Republik und der dazu ergangenen Ausführungsvorschriften am Ende des Tages vor dem Wirksamwerden des Beitritts bestehen, bleiben sie vorbehaltlich des § 2 und der im Sachenrechtsbereinigungsgesetz getroffenen Bestimmungen unberührt. Soweit Gebäudeeigentum besteht, sind die §§ 2 b und 2 c entsprechend anzuwenden.

§ 9 Rangbestimmung

(1) Das Rangverhältnis der in § 3 Abs. 1 bezeichneten Rechte an Grundstücken bestimmt sich nach dem Zeitpunkt der Eintragung in das Grundbuch, soweit sich nicht im folgenden etwas anderes ergibt.

(2) Bei Rechten an Grundstücken, die nicht der Eintragung in das Grundbuch bedürfen und nicht eingetragen sind, bestimmt sich der Rang nach dem Zeitpunkt der Entstehung des Rechts, im Falle des § 5 Abs. 3 Satz 2 und 3 nach dem eingetragenen Vermerk.

(3) Der Vorrang von Aufbauhypotheken gemäß § 456 Abs. 3 des Zivilgesetzbuchs der Deutschen Demokratischen Republik in Verbindung mit § 3 des Gesetzes zur Änderung und Ergänzung des Zivilgesetzbuchs der Deutschen Demokratischen Republik vom 28. Juni 1990 (GBl. I Nr. 39 S. 524) bleibt unberührt. Der Vorrang kann für Zinsänderungen bis zu einem Gesamtumfang von 13 vom Hundert in Anspruch genommen werden. Die Stundungswirkung der Aufbauhypotheken gemäß § 458 des Zivilgesetzbuchs der Deutschen Demokratischen Republik in Verbindung mit § 3 des Gesetzes zur Änderung und Ergänzung des Zivilgesetzbuchs der Deutschen Demokratischen Republik vom 28. Juni 1990 (GBl. I Nr. 39 S. 524) entfällt. Diese Bestimmungen gelten für Aufbaugrundschulden entsprechend.

§ 10 Vertretungsbefugnis für Personenzusammenschlüsse alten Rechts

(1) Steht ein dingliches Recht an einem Grundstück einem Personenzusammenschluß zu, dessen Mitglieder nicht namentlich im Grundbuch aufgeführt sind, ist die Gemeinde, in der das Grundstück liegt, vorbehaltlich einer anderweitigen landesgesetzlichen Regelung gesetzliche Vertreterin des Personenzusammenschlusses und dessen Mitglieder in Ansehung

des Gemeinschaftsgegenstandes. Erstreckt sich das Grundstück auf verschiedene Gemeindebezirke, ermächtigt die Flurneuordnungsbehörde (§ 53 Abs. 4 des Landwirtschaftsanpassungsgesetzes) eine der Gemeinden zur Vertretung des Personenzusammenschlusses.

(2) Im Rahmen der gesetzlichen Vertretung des Personenzusammenschlusses ist die Gemeinde zur Verfügung über das Grundstück befugt. Verfügungsbeschränkungen, die sich aus den Bestimmungen ergeben, denen der Personenzusammenschluß unterliegt, stehen einer Verfügung durch die Gemeinde nicht entgegen. Die Gemeinde übt die Vertretung des Personenzusammenschlusses so aus, wie es dem mutmaßlichen Willen der Mitglieder unter Berücksichtigung der Interessen der Allgemeinheit entspricht. Hinsichtlich eines Veräußerungserlöses gelten die §§ 666 und 667 des Bürgerlichen Gesetzbuchs entsprechend.

(3) Die Rechte der Organe des Personenzusammenschlusses bleiben unberührt.

(4) Die Vertretungsbefugnis der Gemeinde endet, wenn sie durch Bescheid der Flurneuordnungsbehörde aufgehoben wird und eine Ausfertigung hiervon zu den Grundakten des betroffenen Grundstücks gelangt. Die Aufhebung der Vertretungsbefugnis kann von jedem Mitglied des Personenzusammenschlusses beantragt werden. Die Flurneuordnungsbehörde hat dem Antrag zu entsprechen, wenn die anderweitige Vertretung des Personenzusammenschlusses sichergestellt ist.

(5) Die Absätze 1 bis 4 gelten entsprechend, wenn im Grundbuch das Grundstück ohne Angabe eines Eigentümers als öffentliches bezeichnet wird.

Zweiter Abschnitt

Abwicklung der Bodenreform

§ 11 Grundsatz

(1) Eigentümer eines Grundstücks, das im Grundbuch als Grundstück aus der Bodenreform gekennzeichnet ist oder war, ist der aus einem bestätigten Übergabe-Übernahme-Protokoll oder einer Entscheidung über einen Besitzwechsel nach der (Ersten) Verordnung über die Durchführung des Besitzwechsels bei Bodenreformgrundstücken vom 7. August 1975 (GBl. I Nr. 35 S. 629) in der Fassung der Zweiten Verordnung über die Durchführung des Besitzwechsels bei Bodenreformgrundstücken vom 7. Januar 1988 (GBl. I Nr. 3 S. 25) Begünstigte, wenn vor dem Ablauf des 2. Oktober 1990 bei dem Grundbuchamt ein nicht erledigtes Ersuchen oder ein nicht erledigter Antrag auf Vornahme der Eintragung eingegangen ist. Grundstücke aus der Bodenreform, die in Volkseigentum überführt worden sind, sind nach der Dritten Durchführungsverordnung zum Treuhandgesetz vom 29. August 1990 (GBl. I Nr. 57 S. 1333) zu behandeln, wenn vor dem Ablauf des 2. Oktober 1990 ein Ersuchen oder ein Antrag auf Eintragung als Eigentum des Volkes bei dem Grundbuchamt eingegangen ist.

(2) Das Eigentum an einem anderen als den in Absatz 1 bezeichneten Grundstücken, das im Grundbuch als Grundstück aus der Bodenreform gekennzeichnet ist oder war, wird mit dem Inkrafttreten dieser Vorschriften übertragen,

1. wenn bei Ablauf des 15. März 1990 eine noch lebende natürliche Person als Eigentümer eingetragen war, dieser Person,
2. wenn bei Ablauf des 15. März 1990 eine verstorbene natürliche Person als Eigentümer eingetragen war oder die in Nummer 1 genannte Person nach dem 15. März 1990 verstorben ist, derjenigen Person, die sein Erbe ist, oder einer Gemeinschaft, die aus den Erben des zuletzt im Grundbuch eingetragenen Eigentümers gebildet wird.

Auf die Gemeinschaft sind die Vorschriften des Fünfzehnten Titels des Zweiten Buchs des Bürgerlichen Gesetzbuchs anzuwenden, die Bruchteile bestimmen sich jedoch nach den Erbteilen, sofern nicht die Teilhaber übereinstimmend eine andere Aufteilung der Bruchteile bewilligen.

(3) Der nach § 12 Berechtigte kann von demjenigen, dem das Eigentum an einem Grundstück aus der Bodenreform nach Absatz 2 übertragen worden ist, Zug um Zug gegen Übernahme der Verbindlichkeiten nach § 15 Abs. 1 Satz 2 die unentgeltliche Auflassung des Grundstücks verlangen. Die Übertragung ist gebührenfrei. Jeder Beteiligte trägt seine Auslagen selbst; die Kosten einer Beurkundung von Rechtsgeschäften, zu denen der Eigentümer nach Satz 1 verpflichtet ist, trägt der Berechtigte. Als Ersatz für die Auflassung kann der Berechtigte auch Zahlung des Verkehrswertes des Grundstücks verlangen; maßgeblich ist der Zeitpunkt des Verlangens. Der Eigentümer nach Absatz 2 kann seine Verpflichtung zur Zahlung des Verkehrswertes durch das Angebot zur Auflassung des Grundstücks erfüllen.

(4) Auf den Anspruch nach Absatz 3 sind die Vorschriften des Bürgerlichen Gesetzbuchs über Schuldverhältnisse anzuwenden. Der Eigentümer nach Absatz 2 gilt bis zum Zeitpunkt der Übereignung aufgrund eines Anspruchs nach Absatz 3 dem Berechtigten gegenüber als mit der Verwaltung des Grundstücks beauftragt.

(5) Ist die in Absatz 1 Satz 1 oder in Absatz 2 Satz 1 bezeichnete Person in dem maßgeblichen Zeitpunkt verheiratet und unterlag die Ehe vor dem Wirksamwerden des Beitritts dem gesetzlichen Güterstand der Eigentums- und Vermögensgemeinschaft des Familiengesetzbuchs der Deutschen Demokratischen Republik, so sind diese Person und ihr Ehegatte zu gleichen Bruchteilen Eigentümer, wenn der Ehegatte den 22. Juli 1992 erlebt hat. Maßgeblich ist

1. in den Fällen des Absatzes 1 Satz 1 der Zeitpunkt der Bestätigung des Übergabe-Übernahme-Protokolls oder der Entscheidung,
2. in den Fällen des Absatzes 2 Satz 1 Nr. 1 und 2 Fall 2 der Ablauf des 15. März 1990 und
3. in den Fällen des Absatzes 2 Nr. 2 Fall 1 der Tod der als Eigentümer eingetragenen Person.

§ 12 Berechtigter

(1) Berechtigter ist in den Fällen des § 11 Abs. 2 Satz 1 Nr. 1 und Nr. 2 Fall 2 in nachfolgender Reihenfolge:

1. diejenige Person, der das Grundstück oder der Grundstücksteil nach den Vorschriften über die Bodenreform oder den Besitzwechsel bei Grundstücken aus der Bodenreform förmlich zugewiesen oder übergeben worden ist, auch wenn der Besitzwechsel nicht im Grundbuch eingetragen worden ist,
2. diejenige Person, die das Grundstück oder den Grundstücksteil auf Veranlassung einer staatlichen Stelle oder mit deren ausdrücklicher Billigung wie ein Eigentümer in Besitz genommen, den Besitzwechsel beantragt hat und zuteilungsfähig ist, sofern es sich um Häuser und die dazu gehörenden Gärten handelt.

(2) Berechtigter ist in den Fällen des § 11 Abs. 2 Satz 1 Nr. 2 Fall 1 in nachfolgender Reihenfolge:

1. bei nicht im wesentlichen gewerblich genutzten, zum Ablauf des 15. März 1990 noch vorhandenen Häusern und den dazugehörenden Gärten
   a) diejenige Person, der das Grundstück oder der Grundstücksteil, auf dem sie sich befinden, nach den Vorschriften über die Bodenreform oder den Besitzwechsel bei Grundstücken aus der Bodenreform förmlich zugewiesen oder übergeben worden ist, auch wenn der Besitzwechsel nicht im Grundbuch eingetragen worden ist,

b) diejenige Person, die das Grundstück oder den Grundstücksteil, auf dem sie sich befinden, auf Veranlassung einer staatlichen Stelle oder mit deren ausdrücklicher Billigung wie ein Eigentümer in Besitz genommen, den Besitzwechsel beantragt hat und zuteilungsfähig ist,
c) der Erbe des zuletzt im Grundbuch aufgrund einer Entscheidung nach den Vorschriften über die Bodenreform oder über die Durchführung des Besitzwechsels eingetragenen Eigentümers, der das Haus am Ende des 15. März 1990 bewohnte,
d) abweichend von den Vorschriften der Dritten Durchführungsverordnung zum Treuhandgesetz vom 29. August 1990 (GBl. I Nr. 57 S. 1333) der Fiskus des Landes, in dem das Hausgrundstück liegt, wenn dieses am 15. März 1990 weder zu Wohnzwecken noch zu gewerblichen Zwecken genutzt wurde;

2. bei für die Land- oder Forstwirtschaft genutzten Grundstücken (Schlägen)
a) diejenige Person, der das Grundstück oder der Grundstücksteil nach den Vorschriften über die Bodenreform oder den Besitzwechsel bei Grundstücken aus der Bodenreform förmlich zugewiesen oder übergeben worden ist, auch wenn der Besitzwechsel nicht im Grundbuch eingetragen worden ist,
b) der Erbe des zuletzt im Grundbuch aufgrund einer Entscheidung nach den Vorschriften über die Bodenreform oder über die Durchführung des Besitzwechsels eingetragenen Eigentümers, der zuteilungsfähig ist,
c) abweichend von den Vorschriften der Dritten Durchführungsverordnung zum Treuhandgesetz der Fiskus des Landes, in dem das Grundstück liegt.

(3) Zuteilungsfähig im Sinne der Absätze 1 und 2 ist, wer bei Ablauf des 15. März 1990 in dem in Artikel 3 des Einigungsvertrages genannten Gebiet in der Land-, Forst- oder Nahrungsgüterwirtschaft tätig war oder wer vor Ablauf des 15. März 1990 in dem in Artikel 3 des Einigungsvertrages genannten Gebiet in der Land-, Forst- oder Nahrungsgüterwirtschaft insgesamt mindestens zehn Jahre lang tätig war und im Anschluß an diese Tätigkeit keiner anderen Erwerbstätigkeit nachgegangen ist und einer solchen voraussichtlich auf Dauer nicht nachgehen wird.

(4) Erfüllen mehrere Personen die in den Absätzen 1 und 2 genannten Voraussetzungen, so sind sie zu gleichen Teilen berechtigt. Ist der nach Absatz 1 Nr. 1 oder Absatz 2 Nr. 1 Buchstabe a und b oder Nr. 2 Buchstabe a Berechtigte verheiratet und unterlag die Ehe vor dem Wirksamwerden des Beitritts dem gesetzlichen Güterstand der Eigentums- und Vermögensgemeinschaft des Familiengesetzbuchs der Deutschen Demokratischen Republik, so ist der Ehegatte zu einem gleichen Anteil berechtigt.

(5) Wenn Ansprüche nach den Absätzen 1 und 2 nicht bestehen, ist der Eigentümer nach § 11 verpflichtet, einem Mitnutzer im Umfang seiner Mitnutzung Miteigentum einzuräumen. Mitnutzer ist, wem in einem Wohnzwecken dienenden Gebäude auf einem Grundstück aus der Bodenreform Wohnraum zur selbständigen, gleichberechtigten und nicht nur vorübergehenden Nutzung zugewiesen wurde. Für den Mitnutzer gilt Absatz 4 sinngemäß. Der Anspruch besteht nicht, wenn die Einräumung von Miteigentum für den Eigentümer eine insbesondere unter Berücksichtigung der räumlichen Verhältnisse und dem Umfang der bisherigen Nutzung unbillige Härte bedeuten würde.

§ 13 Verfügungen des Eigentümers

(1) Wird vor dem 31. Dezember 1996 die Eintragung einer Verfügung desjenigen beantragt, der nach § 11 Abs. 2 Eigentümer ist, so übersendet das Grundbuchamt der Gemeinde, in der das Grundstück belegen ist, und dem Fiskus des Landes, in dem das Grundstück liegt, jeweils eine Abschrift dieser Verfügung. Teilt eine dieser Stellen innerhalb eines Monats ab Zugang der Mitteilung des Grundbuchamts mit, daß der Verfügung widersprochen werde,

so erfolgt die Eintragung unter Eintragung einer Vormerkung im Rang vor der beantragten Verfügung zugunsten des Berechtigten; seiner genauen Bezeichnung bedarf es nicht.

(2) Die Unterrichtung nach Absatz 1 unterbleibt, wenn

1. eine Freigabe nach Absatz 6 durch eine schriftliche Bescheinigung der Gemeinde, des Landesfiskus oder des Notars nachgewiesen wird,
2. das Eigentum an dem Grundstück bereits auf einen anderen als den in § 11 Abs. 2 bezeichneten Eigentümer übergegangen ist,
3. bereits eine Vormerkung auf einen Widerspruch der widersprechenden Stelle hin eingetragen worden ist.

(3) Die Gemeinde, in der das Grundstück belegen ist, darf der Eintragung nur widersprechen, wenn einer der in § 12 Abs. 1 oder Abs. 2 Nr. 1 Buchstabe a oder b oder Nr. 2 Buchstabe a genannten Berechtigten vorhanden ist, sofern dieser nicht mit der Verfügung einverstanden ist. Der Widerspruch ist nur zu berücksichtigen, wenn er den Berechtigten bezeichnet. Der Fiskus des Landes, in dem das Grundstück liegt, darf nur in den Fällen des § 12 Abs. 2 Nr. 2 Buchstabe c widersprechen.

(4) Die auf den Widerspruch der Gemeinde, in der das Grundstück belegen ist, oder des Fiskus des Landes, in dem das Grundstück liegt, hin eingetragene Vormerkung wird, sofern sie nicht erloschen ist (Absatz 5), von Amts wegen gelöscht, wenn die betreffende Stelle ihren Widerspruch zurücknimmt oder der Widerspruch durch das zuständige Verwaltungsgericht aufgehoben wird. Das gleiche gilt, wenn sich der in dem Widerspruch der Gemeinde, in der das Grundstück belegen ist, bezeichnete Berechtigte einverstanden erklärt. Das Einverständnis ist in der in § 29 der Grundbuchordnung vorgeschriebenen Form nachzuweisen.

(5) Die Vormerkung erlischt nach Ablauf von vier Monaten von der Eintragung an, wenn nicht der Berechtigte vor Ablauf dieser Frist Klage auf Erfüllung seines Anspruchs aus § 11 Abs. 3 erhoben hat und dies dem Grundbuchamt nachweist; auf den Nachweis findet § 29 der Grundbuchordnung keine Anwendung. Die Löschung der Vormerkung erfolgt auf Antrag des Eigentümers oder des aus der beantragten Verfügung Begünstigten.

(6) Die Gemeinde, in der das Grundstück liegt, und der Landesfiskus können vor der Stellung des Antrags auf Eintragung oder vor Abschluß des Rechtsgeschäfts durch den Notar zur Freigabe des Grundstücks aufgefordert werden. Die Freigabe hat zu erfolgen, wenn die Voraussetzungen für einen Widerspruch nach Absatz 3 nicht vorliegen. Sie gilt als erteilt, wenn weder die Gemeinde noch der Landesfiskus innerhalb von vier Monaten ab Zugang der Aufforderung gegenüber dem Notar widerspricht; dies wird dem Grundbuchamt durch eine Bescheinigung des Notars nachgewiesen.

(7) Die Gemeinde, in der das Grundstück belegen ist, unterrichtet den in ihrem Widerspruch bezeichneten Berechtigten von dem Widerspruch. Daneben bleibt jedem Berechtigten (§ 12) die selbständige Sicherung seiner Ansprüche (§ 11 Abs. 3) unbenommen.

§ 13 a Vormerkung zugunsten des Fiskus

Auf Ersuchen des Fiskus trägt das Grundbuchamt eine Vormerkung zur Sicherung von dessen Anspruch nach § 11 Abs. 3 ein. Die Vormerkung ist von Amts wegen zu löschen, wenn das Ersuchen durch das zuständige Verwaltungsgericht aufgehoben wird.

§ 14 Verjährung

Der Anspruch nach § 11 Abs. 3 Satz 1 verjährt innerhalb von sechs Monaten ab dem Zeitpunkt der Eintragung der Vormerkung, spätestens am 2. Oktober 2000.

§ 15 Verbindlichkeiten

(1) Auf den Eigentümer nach § 11 Abs. 2 gehen mit Inkrafttreten dieser Vorschriften Verbindlichkeiten über, soweit sie für Maßnahmen an dem Grundstück begründet worden sind. Sind solche Verbindlichkeiten von einem anderen als dem Eigentümer getilgt worden, so ist der Eigentümer diesem zum Ersatz verpflichtet, soweit die Mittel aus der Verbindlichkeit für das Grundstück verwendet worden sind. Der Berechtigte hat die in Satz 1 bezeichneten Verbindlichkeiten und Verpflichtungen zu übernehmen.

(2) Der Eigentümer nach § 11 Abs. 2 ist zur Aufgabe des Eigentums nach Maßgabe des § 928 Abs. 1 des Bürgerlichen Gesetzbuchs berechtigt. Er kann die Erfüllung auf ihn gemäß Absatz 1 übergegangener Verbindlichkeiten von dem Wirksamwerden des Verzichts an bis zu ihrem Übergang nach Absatz 3 verweigern. Die Erklärung des Eigentümers bedarf der Zustimmung der Gemeinde, in der das Grundstück belegen ist, die sie nur zu erteilen hat, wenn ihr ein nach § 12 Berechtigter nicht bekannt ist.

(3) Das Recht zur Aneignung steht im Fall des Absatzes 2 in dieser Reihenfolge dem nach § 12 Berechtigten, dem Fiskus des Landes, in dem das Grundstück liegt, und dem Gläubiger von Verbindlichkeiten nach Absatz 1 zu. Die Verbindlichkeiten gehen auf den nach § 12 Berechtigten oder den Fiskus des Landes, in dem das Grundstück liegt, über, wenn sie von ihren Aneignungsrechten Gebrauch machen. Der Gläubiger kann den nach § 12 Berechtigten und den Fiskus des Landes, in dem das Grundstück liegt, zum Verzicht auf ihr Aneignungsrecht auffordern. Der Verzicht gilt als erklärt, wenn innerhalb von drei Monaten ab Zugang eine Äußerung nicht erfolgt. Ist er wirksam, entfallen Ansprüche nach § 12. Ist der Verzicht erklärt oder gilt er als erklärt, so können andere Aneignungsberechtigte mit ihren Rechten im Wege des Aufgebotsverfahrens ausgeschlossen werden, wenn ein Jahr seit dem Verzicht verstrichen ist. Mit dem Erlaß des Ausschlußurteils wird der beantragende Aneignungsberechtigte Eigentümer. Mehrere Gläubiger können ihre Rechte nur gemeinsam ausüben.

§ 16 Verhältnis zu anderen Vorschriften, Übergangsvorschriften

(1) Die Vorschriften dieses Abschnitts lassen die Bestimmungen des Vermögensgesetzes sowie andere Vorschriften unberührt, nach denen die Aufhebung staatlicher Entscheidungen oder von Verzichtserklärungen oder die Rückübertragung von Vermögenswerten verlangt werden kann. Durch die Vorschriften dieses Abschnitts, insbesondere § 12 Abs. 2 Nr. 2 Buchstabe c, werden ferner nicht berührt die Vorschriften der Dritten Durchführungsverordnung zum Treuhandgesetz sowie Ansprüche nach Artikel 21 Abs. 3 und nach Artikel 22 Abs. 1 Satz 7 des Einigungsvertrages. Über die endgültige Aufteilung des Vermögens nach § 12 Abs. 2 Nr. 2 Buchstabe c wird durch besonderes Bundesgesetz entschieden.

(2) Der durch Erbschein oder durch eine andere öffentliche oder öffentlich beglaubigte Urkunde ausgewiesene Erbe des zuletzt eingetragenen Eigentümers eines Grundstücks aus der Bodenreform, das als solches im Grundbuch gekennzeichnet ist, gilt als zur Vornahme von Verfügungen befugt, zu deren Vornahme er sich vor dem Inkrafttreten dieses Abschnitts verpflichtet hat, wenn vor diesem Zeitpunkt die Eintragung der Verfügung erfolgt oder die Eintragung einer Vormerkung zur Sicherung dieses Anspruchs oder die Eintragung dieser Verfügung beantragt worden ist. Der in § 11 bestimmte Anspruch richtet sich in diesem Falle gegen den Erben; dessen Haftung beschränkt sich auf die in dem Vertrag zu seinen Gunsten vereinbarten Leistungen. Die Bestimmungen dieses Absatzes gelten sinngemäß, wenn der Erwerber im Grundbuch eingetragen ist oder wenn der Erwerb von der in § 11 Abs. 2 Satz 1 Nr. 1 bezeichneten Person erfolgt.

(3) Ein Vermerk über die Beschränkungen des Eigentümers nach den Vorschriften über die Bodenreform kann von Amts wegen gelöscht werden.

Artikel 234 Viertes Buch. Familienrecht

§ 1 Grundsatz
Das Vierte Buch des Bürgerlichen Gesetzbuchs gilt für alle familienrechtlichen Verhältnisse, die am Tag des Wirksamwerdens des Beitritts bestehen, soweit im folgenden nichts anderes bestimmt ist.

§ 2 Verlöbnis
Die Vorschriften über das Verlöbnis gelten nicht für Verlöbnisse, die vor dem Wirksamwerden des Beitritts geschlossen worden sind.

§ 3 Wirkungen der Ehe im allgemeinen
(1) Ehegatten, die vor dem Wirksamwerden des Beitritts die Ehe geschlossen haben und nach dem zur Zeit der Eheschließung geltenden Recht eine dem § 1355 Abs. 2 Satz 1 des Bürgerlichen Gesetzbuchs entsprechende Wahl nicht treffen konnten, können bis zum Ablauf eines Jahres nach Wirksamwerden des Beitritts erklären, daß sie den Geburtsnamen des Mannes oder der Frau als Ehenamen führen wollen. Dies gilt nicht, wenn die Ehe aufgelöst oder für nichtig erklärt ist. Hat ein Ehegatte vor dem Wirksamwerden des Beitritts seinen zur Zeit der Eheschließung geführten Namen dem Ehenamen hinzugefügt, so

1. entfällt der hinzugefügte Name, wenn die Ehegatten gemäß Satz 1 erklären, den Geburtsnamen dieses Ehegatten als Ehenamen führen zu wollen;
2. kann der Ehegatte bis zum Ablauf von zwei Jahren nach Wirksamwerden des Beitritts erklären, anstelle des hinzugefügten Namens nunmehr seinen Geburtsnamen voranstellen zu wollen. § 1355 Abs. 3 des Bürgerlichen Gesetzbuchs gilt nicht für einen Ehegatten, dessen zur Zeit der Eheschließung geführter Name Ehename geworden ist.

(2) Eine Namensänderung nach Absatz 1 Satz 1 erstreckt sich auf den Geburtsnamen eines Abkömmlings, welcher das 14. Lebensjahr vollendet hat, nur dann, wenn er sich der Namensänderung seiner Eltern durch Erklärung anschließt. Ein in der Geschäftsfähigkeit beschränkter Abkömmling kann die Erklärung nur selbst abgeben; er bedarf hierzu der Zustimmung seines gesetzlichen Vertreters. Ist der frühere Geburtsname zum Ehenamen eines Abkömmlings geworden, so erstreckt sich die Namensänderung nach Absatz 1 Satz 1 auf den Ehenamen nur dann, wenn die Ehegatten die Erklärung nach Absatz 2 Satz 1 gemeinsam abgeben. Die Erklärungen nach Absatz 2 Satz 1 und 3 sind innerhalb eines Jahres abzugeben; die Frist beginnt mit der Abgabe der Erklärung nach Absatz 1.

(3) Die Erklärungen nach den Absätzen 1 und 2 bedürfen der öffentlichen Beglaubigung. Sie sind dem für ihre Entgegennahme zuständigen Standesbeamten zu übersenden. Die Erklärungen können auch von den Standesbeamten beglaubigt oder beurkundet werden.

(4) Zur Entgegennahme der Erklärung über die Änderung des Ehenamens ist der Standesbeamte zuständig, der das Familienbuch der Ehegatten führt; wird ein Familienbuch nicht geführt, so ist der Standesbeamte zuständig, der das Heiratsbuch führt. Der Standesbeamte nimmt aufgrund der Erklärung die Eintragung in das von ihm geführte Personenstandsbuch vor.

(5) Zur Entgegennahme der Erklärung über die Änderung des Geburtsnamens ist der Standesbeamte zuständig, der das Geburtenbuch führt; er nimmt aufgrund der Erklärung die Eintragung in das Geburtenbuch vor.

(6) Haben die Ehegatten die Ehe außerhalb des Geltungsbereichs dieses Gesetzes geschlossen und wird ein Familienbuch nicht geführt, so ist der Standesbeamte des Standesamts I in Berlin zuständig. Er erteilt, falls er kein Personenstandsbuch führt, in

das aufgrund der Erklärung eine Eintragung vorzunehmen wäre, dem Erklärenden und den weiter von der Erklärung Betroffenen eine Bescheinigung über die Entgegennahme und die Wirkungen der Erklärung. Gleiches gilt, wenn die Geburt des Abkömmlings nicht im Geltungsbereich dieses Gesetzes beurkundet ist.

(7) Der Bundesminister des Innern wird ermächtigt, im Benehmen mit dem Bundesminister der Justiz und mit Zustimmung des Bundesrates zur Durchführung dieses Gesetzes Verwaltungsvorschriften über die nähere Behandlung der Erklärungen und die Mitteilungspflichten der Standesbeamten zu erlassen.

§ 4 Eheliches Güterrecht

(1) Haben die Ehegatten am Tag des Wirksamwerdens des Beitritts im gesetzlichen Güterstand der Eigentums- und Vermögensgemeinschaft des Familiengesetzbuchs der Deutschen Demokratischen Republik gelebt, so gelten, soweit die Ehegatten nichts anderes vereinbart haben, von diesem Zeitpunkt an die Vorschriften über den gesetzlichen Güterstand der Zugewinngemeinschaft.

(2) Jeder Ehegatte kann, sofern nicht vorher ein Ehevertrag geschlossen oder die Ehe geschieden worden ist, bis zum Ablauf von zwei Jahren nach Wirksamwerden des Beitritts dem Kreisgericht gegenüber erklären, daß für die Ehe der bisherige gesetzliche Güterstand fortgelten solle. § 1411 des Bürgerlichen Gesetzbuchs gilt entsprechend. Wird die Erklärung abgegeben, so gilt die Überleitung als nicht erfolgt. Aus der Wiederherstellung des ursprünglichen Güterstandes können die Ehegatten untereinander und gegenüber einem Dritten Einwendungen gegen ein Rechtsgeschäft, das nach der Überleitung zwischen den Ehegatten oder zwischen einem von ihnen und dem Dritten vorgenommen worden ist, nicht herleiten.

(3) Für die Entgegennahme der Erklärung nach Absatz 2 ist jedes Kreisgericht zuständig. Die Erklärung muß notariell beurkundet werden. Haben die Ehegatten die Erklärung nicht gemeinsam abgegeben, so hat das Kreisgericht sie dem anderen Ehegatten nach den für Zustellungen von Amts wegen geltenden Vorschriften der Zivilprozeßordnung bekanntzumachen. Für die Zustellung werden Auslagen nach § 137 Nr. 2 der Kostenordnung nicht erhoben. Wird mit der Erklärung ein Antrag auf Eintragung in das Güterrechtsregister verbunden, so hat das Kreisgericht den Antrag mit der Erklärung an das Registergericht weiterzuleiten. Der aufgrund der Erklärung fortgeltende gesetzliche Güterstand ist, wenn einer der Ehegatten dies beantragt, in das Güterrechtsregister einzutragen. Wird der Antrag nur von einem der Ehegatten gestellt, so soll das Registergericht vor der Eintragung den anderen Ehegatten hören. Für das gerichtliche Verfahren gelten die Vorschriften des Gesetzes über die Angelegenheiten der freiwilligen Gerichtsbarkeit.

(4) In den Fällen des Absatzes 1 gilt für die Auseinandersetzung des bis zum Wirksamwerden des Beitritts erworbenen gemeinschaftlichen Eigentums und Vermögens § 39 des Familiengesetzbuchs der Deutschen Demokratischen Republik sinngemäß.

(5) Für Ehegatten, die vor dem Wirksamwerden des Beitritts geschieden worden sind, bleibt für die Auseinandersetzung des gemeinschaftlichen Eigentums und Vermögens und für die Entscheidung über die Ehewohnung das bisherige Recht maßgebend.

(6) Für die Beurkundung der Erklärung nach Absatz 2 und der Anmeldung zum Güterrechtsregister sowie für die Eintragung in das Güterrechtsregister beträgt der Geschäftswert 5 000 Deutsche Mark.

§ 4 a Gemeinschaftliches Eigentum

(1) Haben die Ehegatten keine Erklärung nach § 4 Abs. 2 Satz 1 abgegeben, so wird gemeinschaftliches Eigentum von Ehegatten Eigentum zu gleichen Bruchteilen. Für Grundstücke und grundstücksgleiche Rechte können die Ehegatten andere Anteile bestimmen.

Die Bestimmung ist binnen sechs Monaten nach Inkrafttreten dieser Vorschrift möglich und erfolgt mit dem Antrag auf Berichtigung des Grundbuchs. Dieser und die Bestimmung bedürfen nicht der in § 29 der Grundbuchordnung bestimmten Form. Das Wahlrecht nach Satz 2 erlischt, unbeschadet des Satzes 3 im übrigen, wenn die Zwangsversteigerung oder Zwangsverwaltung des Grundstücks oder grundstücksgleichen Rechts angeordnet oder wenn bei dem Grundbuchamt die Eintragung einer Zwangshypothek beantragt wird.

(2) Haben die Ehegatten eine Erklärung nach § 4 Abs. 2 Satz 1 abgegeben, so finden auf das bestehende und künftige gemeinschaftliche Eigentum die Vorschriften über das durch beide Ehegatten verwaltete Gesamtgut einer Gütergemeinschaft entsprechende Anwendung. Für die Auflösung dieser Gemeinschaft im Falle der Scheidung sind jedoch die Vorschriften des Familiengesetzbuchs der Deutschen Demokratischen Republik nach Maßgabe des § 4 anzuwenden.

(3) Es wird widerleglich vermutet, daß gemeinschaftliches Eigentum von Ehegatten nach dem Familiengesetzbuch der Deutschen Demokratischen Republik Bruchteilseigentum zu ein halb Anteilen ist, sofern sich nicht aus dem Grundbuch andere Bruchteile ergeben oder aus dem Güterrechtsregister ergibt, daß eine Erklärung nach § 4 Abs. 2 und 3 abgegeben oder Gütergemeinschaft vereinbart worden ist.

§ 5 Unterhalt des geschiedenen Ehegatten

Für den Unterhaltsanspruch eines Ehegatten, dessen Ehe vor dem Wirksamwerden des Beitritts geschieden worden ist, bleibt das bisherige Recht maßgebend. Unterhaltsvereinbarungen bleiben unberührt.

§ 6 Versorgungsausgleich

Für Ehegatten, die vor dem grundsätzlichen Inkrafttreten der versicherungs- und rentenrechtlichen Vorschriften des Sechsten Buches Sozialgesetzbuch – Gesetzliche Rentenversicherung – in dem in Artikel 3 des Einigungsvertrages genannten Gebiet geschieden worden sind oder geschieden werden, gilt das Recht des Versorgungsausgleichs nicht. Wird die Ehe nach diesem Zeitpunkt geschieden, findet der Versorgungsausgleich insoweit nicht statt, als das auszugleichende Anrecht Gegenstand oder Grundlage einer vor dem Wirksamwerden des Beitritts geschlossenen wirksamen Vereinbarung oder gerichtlichen Entscheidung über die Vermögensverteilung war.

§ 7 Abstammung

(1) Entscheidungen, die vor dem Wirksamwerden des Beitritts ergangen sind und feststellen, daß der Ehemann der Mutter nicht der Vater des Kindes ist, wer der Vater des Kindes ist oder daß eine Anerkennung der Vaterschaft unwirksam ist, bleiben unberührt. Dasselbe gilt für eine Anerkennung der Vaterschaft, die nach dem 31. März 1966 und vor dem Wirksamwerden des Beitritts wirksam geworden ist.

(2) Die Fristen für Klagen, durch welche die Ehelichkeit eines Kindes oder die Anerkennung der Vaterschaft angefochten wird, beginnen nicht vor dem Wirksamwerden des Beitritts, wenn der Anfechtungsberechtigte nach dem bisher geltenden Recht nicht klageberechtigt war.

(3) Ist vor dem Wirksamwerden des Beitritts die Vaterschaft angefochten oder Klage auf Feststellung der Unwirksamkeit einer Anerkennung der Vaterschaft erhoben und über die Klagen nicht vor dem Wirksamwerden des Beitritts rechtskräftig entschieden worden, so wird der Zeitraum von der Klageerhebung bis zum Wirksamwerden des Beitritts in die in Absatz 2 genannten Fristen nicht eingerechnet, wenn die Klage aufgrund des Inkrafttretens des Bürgerlichen Gesetzbuchs nicht mehr von dem Kläger erhoben oder nicht mehr gegen den Beklagten gerichtet werden kann.

(4) Andere als die in Absatz 1 genannten Entscheidungen und Erklärungen, die nach dem bisherigen Recht die Wirkung einer Vaterschaftsfeststellung haben, stehen einer Anerkennung der Vaterschaft im Sinne des Absatzes 1 Satz 2 gleich.

§ 8 Anpassung von Unterhaltsrenten für Minderjährige

(1) Der Vomhundertsatz nach § 1612 a Abs. 2 Satz 1 des Bürgerlichen Gesetzbuchs kann für das in Artikel 3 des Einigungsvertrages genannte Gebiet von der Landesregierung durch Rechtsverordnung (Anpassungsverordnung) bestimmt werden. Vor einer Bestimmung soll die Landesregierung die übrigen Landesregierungen in dem in Satz 1 genannten Gebiet und die Bundesregierung unterrichten.

(2) Die Landesregierung kann die Ermächtigung weiter übertragen.

(3) Die Absätze 1 und 2 gelten nicht, wenn die Bundesregierung den Vomhundertsatz gemäß § 1612 a Abs. 2 Satz 1 des Bürgerlichen Gesetzbuchs in diesem Gebiet bestimmt.

(4) Eine Anpassung nach § 1612 a Abs. 1 Satz 1 des Bürgerlichen Gesetzbuchs kann nicht für einen früheren Zeitpunkt als den Beginn des zweiten auf das Inkrafttreten der Anpassungsverordnung folgenden Kalendermonats verlangt werden.

§ 9 Regelbedarf des nichtehelichen Kindes

(1) Der Regelbedarf nach § 1615 f Abs. 1 Satz 2 des Bürgerlichen Gesetzbuchs kann in dem in Artikel 3 des Einigungsvertrages genannten Gebiet von der jeweiligen Landesregierung durch Rechtsverordnung festgesetzt werden. Vor einer Festsetzung soll die Landesregierung die übrigen Landesregierungen in dem in Satz 1 genannten Gebiet und die Bundesregierung unterrichten. Der Regelbedarf ist in gleicher Weise nach dem Alter abzustufen wie der von der Bundesregierung mit Zustimmung des Bundesrates festgesetzte Regelbedarf. Eine Abstufung nach den örtlichen Unterschieden in den Lebenshaltungskosten findet nicht statt.

(2) Die Landesregierung kann die Ermächtigung weiter übertragen.

(3) Die Absätze 1 und 2 gelten nicht, wenn die Bundesregierung den Regelbedarf gemäß § 1615 f Abs. 2 des Bürgerlichen Gesetzbuchs in diesem Gebiet festsetzt.

§ 10 Rechtsverhältnis zwischen den Eltern und dem Kind im allgemeinen

Der Familienname eines vor dem Wirksamwerden des Beitritts geborenen Kindes bestimmt sich in Ansehung der bis zum Wirksamwerden des Beitritts eingetretenen namensrechtlichen Folgen nach dem bisherigen Recht.

§ 11 Elterliche Sorge

(1) Die elterliche Sorge für ein Kind steht demjenigen zu, dem das Erziehungsrecht am Tag vor dem Wirksamwerden des Beitritts nach dem bisherigen Recht zustand. Stand das Erziehungsrecht am Tag vor dem Wirksamwerden des Beitritts dem Vater eines nichtehelichen Kindes oder einem anderen als der Mutter oder dem Vater des Kindes zu, so hat dieser lediglich die Rechtsstellung eines Vormunds.

(2) Entscheidungen, Feststellungen oder Maßnahmen, die das Gericht oder eine Verwaltungsbehörde vor dem Wirksamwerden des Beitritts in Angelegenheiten der elterlichen Sorge getroffen hat, bleiben unberührt. Für die Änderung solcher Entscheidungen, Feststellungen oder Maßnahmen gelten § 1674 Abs. 2 und § 1696 des Bürgerlichen Gesetzbuchs entsprechend.

(3) Hat das Gericht vor dem Wirksamwerden des Beitritts im Scheidungsurteil über das elterliche Erziehungsrecht nicht entschieden oder angeordnet, daß die Ehegatten das elterliche Erziehungsrecht bis zur Dauer eines Jahres nicht ausüben dürfen, gilt § 1671 des Bürgerlichen Gesetzbuchs entsprechend.

(4) Ist ein Kind durch seine Eltern oder mit deren Einverständnis in einer Weise

untergebracht, die mit Freiheitsentziehung verbunden ist, so gelten für die Unterbringung vom Wirksamwerden des Beitritts an die Vorschriften des Bürgerlichen Gesetzbuchs. Die Eltern haben alsbald nach dem Wirksamwerden des Beitritts um die gerichtliche Genehmigung der Unterbringung nachzusuchen. Die Unterbringung ist spätestens nach Ablauf von 6 Monaten nach dem Wirksamwerden des Beitritts zu beenden, wenn das Gericht sie nicht vorher genehmigt hat.

§ 12 Legitimation nichtehelicher Kinder

Die Frist nach § 1740 e Abs. 1 Satz 1 des Bürgerlichen Gesetzbuchs beginnt nicht vor dem Wirksamwerden des Beitritts.

§ 13 Annahme als Kind

(1) Für Annahmeverhältnisse, die vor dem Wirksamwerden des Beitritts begründet worden sind, gelten § 1755 Abs. 1 Satz 2, die §§ 1756 und 1760 Abs. 2 Buchstabe e, § 1762 Abs. 2 und die §§ 1767 bis 1772 des Bürgerlichen Gesetzbuchs nicht. § 1766 des Bürgerlichen Gesetzbuchs gilt nicht, wenn die Ehe vor dem Wirksamwerden des Beitritts geschlossen worden ist.

(2) Vor dem Wirksamwerden des Beitritts ergangene Entscheidungen des Gerichts, durch die ein Annahmeverhältnis aufgehoben worden ist, bleiben unberührt. Dasselbe gilt für Entscheidungen eines staatlichen Organs, durch die ein Annahmeverhältnis aufgehoben worden ist und die vor dem Wirksamwerden des Beitritts wirksam geworden sind.

(3) Ist ein Annahmeverhältnis vor dem Wirksamwerden des Beitritts ohne die Einwilligung des Kindes oder eines Elternteils begründet worden, so kann es aus diesem Grund nur aufgehoben werden, wenn die Einwilligung nach dem bisherigen Recht erforderlich war.

(4) Ist ein Annahmeverhältnis vor dem Wirksamwerden des Beitritts begründet worden und war die Einwilligung eines Elternteils nach dem bisherigen Recht nicht erforderlich, weil

1. dieser Elternteil zur Abgabe einer Erklärung für eine nicht absehbare Zeit außerstande war,
2. diesem Elternteil das Erziehungsrecht entzogen war oder
3. der Aufenthalt dieses Elternteils nicht ermittelt werden konnte,

so kann das Annahmeverhältnis gleichwohl auf Antrag dieses Elternteils aufgehoben werden. § 1761 des Bürgerlichen Gesetzbuchs gilt entsprechend.

(5) Ist ein Annahmeverhältnis vor dem Wirksamwerden des Beitritts begründet worden und ist die Einwilligung eines Elternteils ersetzt worden, so gilt Absatz 4 entsprechend.

(6) Ein Antrag auf Aufhebung eines vor dem Wirksamwerden des Beitritts begründeten Annahmeverhältnisses kann nur bis zum Ablauf von drei Jahren nach dem Wirksamwerden des Beitritts gestellt werden. Für die Entgegennahme des Antrags ist jedes Vormundschaftsgericht zuständig.

(7) Ist über die Klage eines leiblichen Elternteils auf Aufhebung eines Annahmeverhältnisses am Tag des Wirksamwerdens des Beitritts noch nicht rechtskräftig entschieden worden, so gilt die Klage als Antrag auf Aufhebung des Annahmeverhältnisses. § 1762 Abs. 3 des Bürgerlichen Gesetzbuchs gilt nicht.

§ 14 Vormundschaft

(1) Ab dem Wirksamwerden des Beitritts gelten für die bestehenden Vormundschaften und vorläufigen Vormundschaften die Vorschriften des Bürgerlichen Gesetzbuchs.

(2) Bisherige Bestellungen von Vormündern bleiben wirksam. Sind Ehegatten nach § 90 Abs. 1 des Familiengesetzbuchs der Deutschen Demokratischen Republik gemeinsam zu

Vormündern bestellt, so gilt bei Verhinderung eines Mitvormunds § 1678 Abs. 1 erster Halbsatz des Bürgerlichen Gesetzbuchs entsprechend.

(3) Führt das Jugendamt oder das Staatliche Notariat selbst eine Vormundschaft, so wird diese als bestellte Amtsvormundschaft fortgeführt (§§ 1791 b, 1897 Satz 1 des Bürgerlichen Gesetzbuchs).

(4) Die Vorschriften des Bürgerlichen Gesetzbuchs über die Anlegung von Mündelgeld sind erst ab 1. Januar 1992 anzuwenden.

(5) Für Ansprüche des Vormunds auf Vergütungen für die Zeit bis zum Wirksamwerden des Beitritts sowie auf Ersatz für Aufwendungen, die er in dieser Zeit gemacht hat, gilt das bisherige Recht.

(6) § 11 Abs. 4 gilt entsprechend.

§ 15 Pflegschaft

(1) Am Tag des Wirksamwerdens des Beitritts werden die bestehenden Pflegschaften zu den entsprechenden Pflegschaften nach dem Bürgerlichen Gesetzbuch. Der Wirkungskreis entspricht dem bisher festgelegten Wirkungskreis.

(2) § 14 Abs. 2 bis 6 gilt entsprechend.

Artikel 235 Fünftes Buch. Erbrecht

§ 1 Erbrechtliche Verhältnisse

(1) Für die erbrechtlichen Verhältnisse bleibt das bisherige Recht maßgebend, wenn der Erblasser vor dem Wirksamwerden des Beitritts gestorben ist.

(2) Anstelle der §§ 1934 a bis 1934 e und 2338 a des Bürgerlichen Gesetzbuchs gelten auch sonst, wenn das nichteheliche Kind vor dem Wirksamwerden des Beitritts geboren ist, die Vorschriften über das Erbrecht des ehelichen Kindes.

§ 2 Verfügungen von Todes wegen

Die Errichtung oder Aufhebung einer Verfügung von Todes wegen vor dem Wirksamwerden des Beitritts wird nach dem bisherigen Recht beurteilt, auch wenn der Erblasser nach dem Wirksamwerden des Beitritts stirbt. Dies gilt auch für die Bindung des Erblassers bei einem gemeinschaftlichen Testament, sofern das Testament vor dem Wirksamwerden des Beitritts errichtet worden ist.

Artikel 236 Einführungsgesetz – Internationales Privatrecht

§ 1 Abgeschlossene Vorgänge

Auf vor dem Wirksamwerden des Beitritts abgeschlossene Vorgänge bleibt das bisherige Internationale Privatrecht anwendbar.

§ 2 Wirkungen familienrechtlicher Rechtsverhältnisse

Die Wirkungen familienrechtlicher Rechtsverhältnisse unterliegen von dem Wirksamwerden des Beitritts an den Vorschriften des Zweiten Kapitels des Ersten Teils.

§ 3 Güterstand

Die güterrechtlichen Wirkungen von Ehen, die vor dem Wirksamwerden des Beitritts geschlossen worden sind, unterliegen von diesem Tag an dem Artikel 15; dabei tritt an die Stelle des Zeitpunkts der Eheschließung der Tag des Wirksamwerdens des Beitritts. Soweit sich allein aus einem Wechsel des anzuwendenden Rechts nach Satz 1 Ansprüche wegen der Beendigung des früheren Güterstandes ergeben würden, gelten sie bis zum Ablauf von zwei Jahren nach Wirksamwerden des Beitritts als gestundet.

Verbraucherkreditgesetz (VerbrKrG)

Vom 17. Dezember 1990 (BGBl. I S. 2840)[1)2)]
(BGBl. III 402-6)

Änderungen

Paragraph	Art der Änderung	Geändert durch	Datum	Fundstelle BGBl.
3, 4, 6, 7, 8, 14	geändert	Gesetz zur Änderung des Bürgerlichen Gesetzbuches (Bauhandwerksicherung) und anderer Gesetze	27. 4.1993	I S. 509

Erster Abschnitt Anwendungsbereich

§ 1 Anwendungsbereich

(1) Dieses Gesetz gilt für Kreditverträge und Kreditvermittlungsverträge zwischen einer Person, die in Ausübung ihrer gewerblichen oder beruflichen Tätigkeit einen Kredit gewährt (Kreditgeber) oder vermittelt oder nachweist (Kreditvermittler), und einer natürlichen Person, es sei denn, daß der Kredit nach dem Inhalt des Vertrages für ihre bereits ausgeübte gewerbliche oder selbständige berufliche Tätigkeit bestimmt ist (Verbraucher).

(2) Kreditvertrag ist ein Vertrag, durch den ein Kreditgeber einem Verbraucher einen entgeltlichen Kredit in Form eines Darlehens, eines Zahlungsaufschubs oder einer sonstigen Finanzierungshilfe gewährt oder zu gewähren verspricht.

(3) Kreditvermittlungsvertrag ist ein Vertrag, nach dem ein Kreditvermittler es unternimmt, einem Verbraucher gegen Entgelt einen Kredit zu vermitteln oder ihm die Gelegenheit zum Abschluß eines Kreditvertrages nachzuweisen.

§ 2 Lieferung in Teilleistungen oder wiederkehrenden Leistungen

Die Vorschriften des § 4 Abs. 1 Satz 1 und Abs. 3, des § 7 Abs. 1, 2 und 4 und des § 8 gelten entsprechend, wenn die Willenserklärung des Verbrauchers auf den Abschluß eines Vertrages gerichtet ist, der

1. die Lieferung mehrerer als zusammengehörend verkaufter Sachen in Teilleistungen zum Gegenstand hat und bei dem das Entgelt für die Gesamtheit der Sachen in Teilleistungen zu entrichten ist;
2. die regelmäßige Lieferung von Sachen gleicher Art zum Gegenstand hat;
3. die Verpflichtung zum wiederkehrenden Erwerb oder Bezug von Sachen zum Gegenstand hat.

---

1) Verkündet als Artikel 1 des Gesetzes über Verbraucherkredite, zur Änderung der Zivilprozeßordnung und anderer Gesetze vom 17. 12.1990 (BGBl. I S. 2840). In Kraft ab 1. 1. 1991.

2) Gemäß Artikel 9 Abs. 1 des Gesetzes über Verbraucherkredite, zur Änderung der Zivilprozeßordnung und anderer Gesetze vom 17.12.1990 (BGBl. I S. 2840) ist auf Kreditverträge, die vor dem Inkrafttreten dieses Gesetzes geschlossen worden sind, weiterhin das bisherige Recht mit Ausnahme der §§ 6 a und 6 b des Gesetzes betreffend die Abzahlungsgeschäfte (ausschließlicher Gerichtsstand) anzuwenden.

§ 3 Ausnahmen

(1) Dieses Gesetz findet keine Anwendung auf Kreditverträge und auf Verträge über die Vermittlung oder den Nachweis von Kreditverträgen,

1. bei denen der auszuzahlende Kreditbetrag (Nettokreditbetrag) oder Barzahlungspreis vierhundert Deutsche Mark nicht übersteigt;
2. wenn der Kredit für die Aufnahme einer gewerblichen oder selbständigen beruflichen Tätigkeit bestimmt ist und der Nettokreditbetrag oder Barzahlungspreis 100 000 Deutsche Mark übersteigt;
3. durch die dem Verbraucher ein Zahlungsaufschub von nicht mehr als drei Monaten eingeräumt wird;
4. die ein Arbeitgeber mit seinem Arbeitnehmer zu Zinsen abschließt, die unter den marktüblichen Sätzen liegen;
5. die im Rahmen der Förderung des Wohnungswesens und des Städtebaus auf Grund öffentlich-rechtlicher Bewilligungsbescheide oder auf Grund von Zuwendungen aus öffentlichen Haushalten unmittelbar zwischen der die Fördermittel vergebenden öffentlich-rechtlichen Anstalt und dem Verbraucher zu Zinssätzen abgeschlossen werden, die unter den marktüblichen Sätzen liegen.

(2) Keine Anwendung finden ferner:

1. § 4 Abs. 1 Satz 4 und 5, § 6, § 13 Abs. 3 und § 14 auf Finanzierungsleasingverträge;
2. § 4 Abs. 1 Satz 4 Nr. 1 Buchstabe b und die §§ 7, 9 und 11 bis 13 auf Kreditverträge, nach denen der Kredit von der Sicherung durch ein Grundpfandrecht abhängig gemacht und zu für grundpfandrechtlich abgesicherte Kredite und deren Zwischenfinanzierung üblichen Bedingungen gewährt wird; der Sicherung durch ein Grundpfandrecht steht es gleich, wenn von einer solchen Sicherung gemäß § 7 Abs. 3 bis 5 des Gesetzes über Bausparkassen abgesehen wird;
3. die §§ 4 bis 7 und 9 Abs. 2 auf Kreditverträge, die in ein nach den Vorschriften der Zivilprozeßordnung errichtetes gerichtliches Protokoll aufgenommen oder notariell beurkundet sind, wenn das Protokoll oder die notarielle Urkunde den Jahreszins, die bei Abschluß des Vertrages in Rechnung gestellten Kosten des Kredits sowie die Voraussetzungen enthält, unter denen der Jahreszins oder die Kosten geändert werden können;
4. § 9 auf Kreditverträge, die der Finanzierung des Erwerbs von Wertpapieren, Devisen oder Edelmetallen dienen.

Zweiter Abschnitt
Kreditvertrag

§ 4 Schriftform; erforderliche Angaben

(1) Der Kreditvertrag bedarf der schriftlichen Form. Der Form ist genügt, wenn Antrag und Annahme durch die Vertragsparteien jeweils getrennt schriftlich erklärt werden. Die Erklärung des Kreditgebers bedarf keiner Unterzeichnung, wenn sie mit Hilfe einer automatischen Einrichtung erstellt wird. Die vom Verbraucher zu unterzeichnende Erklärung muß angeben.

1. bei Kreditverträgen im allgemeinen
   a) den Nettokreditbetrag, gegebenenfalls die Höchstgrenze des Kredits;
   b) den Gesamtbetrag aller vom Verbraucher zur Tilgung des Kredits sowie zur Zahlung der Zinsen und sonstigen Kosten zu entrichtenden Teilzahlungen, wenn

der Gesamtbetrag bei Abschluß des Kreditvertrags für die gesamte Laufzeit der Höhe nach feststeht. Ferner ist bei Krediten mit veränderlichen Bedingungen, die in Teilzahlungen getilgt werden, ein Gesamtbetrag auf der Grundlage der bei Abschluß des Vertrags maßgeblichen Kreditbedingungen anzugeben. Kein Gesamtbetrag ist anzugeben bei Krediten, bei denen die Inanspruchnahme bis zu einer Höchstgrenze freigestellt ist;

c) die Art und Weise der Rückzahlung des Kredits oder, wenn eine Vereinbarung hierüber nicht vorgesehen ist, die Regelung der Vertragsbeendigung;

d) den Zinssatz und alle sonstigen Kosten des Kredits, die, soweit ihre Höhe bekannt ist, im einzelnen zu bezeichnen, im übrigen dem Grunde nach anzugeben sind, einschließlich etwaiger vom Verbraucher zu tragender Vermittlungskosten;

e) den effektiven Jahreszins oder, wenn eine Änderung des Zinssatzes oder anderer preisbestimmender Faktoren vorbehalten ist, den anfänglichen effektiven Jahreszins; zusammen mit dem anfänglichen effektiven Jahreszins ist auch anzugeben, unter welchen Voraussetzungen preisbestimmende Faktoren geändert werden können und auf welchen Zeitraum Belastungen, die sich aus einer nicht vollständigen Auszahlung oder aus einem Zuschlag zu dem Kreditbetrag ergeben, bei der Berechnung des effektiven Jahreszinses verrechnet werden;

f) die Kosten einer Restschuld- oder sonstigen Versicherung, die im Zusammenhang mit dem Kreditvertrag abgeschlossen wird;

g) zu bestellende Sicherheiten;

2. bei Kreditverträgen, die die Lieferung einer bestimmten Sache oder die Erbringung einer bestimmten anderen Leistung gegen Teilzahlungen zum Gegenstand haben,

a) den Barzahlungspreis;

b) den Teilzahlungspreis (Gesamtbetrag von Anzahlung und allen vom Verbraucher zu entrichtenden Teilzahlungen einschließlich Zinsen und sonstiger Kosten);

c) Betrag, Zahl und Fälligkeit der einzelnen Teilzahlungen;

d) den effektiven Jahreszins;

e) die Kosten einer Versicherung, die im Zusammenhang mit dem Kreditvertrag abgeschlossen wird;

f) die Vereinbarung eines Eigentumsvorbehalts oder einer anderen zu bestellenden Sicherheit.

Der Angabe eines Barzahlungspreises und eines effektiven Jahreszinses bedarf es nicht, wenn der Kreditgeber nur gegen Teilzahlungen Sachen liefert oder Leistungen erbringt.

(2) Effektiver Jahreszins ist die in einem Vomhundertsatz des Nettokreditbetrages oder des Barzahlungspreises anzugebende Gesamtbelastung pro Jahr. Die Berechnung des effektiven und des anfänglichen effektiven Jahreszinses richtet sich nach § 4 der Verordnung zur Regelung der Preisangaben.

(3) Der Kreditgeber hat dem Verbraucher eine Abschrift der Vertragserklärungen auszuhändigen.

§ 5 Überziehungskredit

(1) Die Bestimmungen des § 4 gelten nicht für Kreditverträge, bei denen ein Kreditinstitut einem Verbraucher das Recht einräumt, sein laufendes Konto in bestimmter Höhe zu überziehen, wenn außer den Zinsen für den in Anspruch genommenen Kredit keine weiteren Kosten in Rechnung gestellt werden und die Zinsen nicht in kürzeren Perioden als drei

Monaten belastet werden. Das Kreditinstitut hat den Verbraucher vor der Inanspruchnahme eines solchen Kredits zu unterrichten über
1. die Höchstgrenze des Kredits;
2. den zum Zeitpunkt der Unterrichtung geltenden Jahreszins;
3. die Bedingungen, unter denen der Zinssatz geändert werden kann;
4. die Regelung der Vertragsbeendigung.

Die Vertragsbedingungen der Nummern 1 bis 4 sind dem Verbraucher spätestens nach der ersten Inanspruchnahme des Kredits schriftlich zu bestätigen. Ferner ist der Verbraucher während der Inanspruchnahme des Kredits über jede Änderung des Jahreszinses zu unterrichten. Die Bestätigung nach Satz 3 und die Unterrichtung nach Satz 4 können auch in Form eines Ausdrucks auf einem Kontoauszug erfolgen.

(2) Duldet das Kreditinstitut die Überziehung eines laufenden Kontos und wird das Konto länger als drei Monate überzogen, so hat das Kreditinstitut den Verbraucher über den Jahreszins, die Kosten sowie die diesbezüglichen Änderungen zu unterrichten; dies kann in Form eines Ausdrucks auf einem Kontoauszug erfolgen.

§ 6 Rechtsfolgen von Formmängeln

(1) Der Kreditvertrag ist nichtig, wenn die Schriftform insgesamt nicht eingehalten ist oder wenn eine der in § 4 Abs. 1 Satz 4 Nr. 1 Buchstabe a bis f und Nr. 2 Buchstabe a bis e vorgeschriebenen Angaben fehlt.

(2) Ungeachtet eines Mangels nach Absatz 1 wird der Kreditvertrag in den Fällen des § 4 Abs. 1 Satz 4 Nr. 1 gültig, soweit der Verbraucher das Darlehen empfängt oder den Kredit in Anspruch nimmt. Jedoch ermäßigt sich der dem Kreditvertrag zugrunde gelegte Zinssatz (§ 4 Abs. 1 Satz 4 Nr. 1 Buchstabe d) auf den gesetzlichen Zinssatz, wenn seine Angabe, die Angabe des effektiven oder anfänglichen effektiven Jahreszinses oder die Angabe des Gesamtbetrages nach Buchstabe b fehlt. Nicht angegebene Kosten werden vom Verbraucher nicht geschuldet. Vereinbarte Teilzahlungen sind unter Berücksichtigung der verminderten Zinsen oder Kosten neu zu berechnen. Ist nicht angegeben, unter welchen Voraussetzungen preisbestimmende Faktoren geändert werden können, so entfällt die Möglichkeit, diese zum Nachteil des Verbrauchers zu ändern. Sicherheiten können bei fehlenden Angaben hierüber nicht gefordert werden; dies gilt nicht, wenn der Nettokreditbetrag 100 000 Deutsche Mark übersteigt.

(3) Ungeachtet eines Mangels nach Absatz 1 wird der Kreditvertrag in den Fällen des § 4 Abs. 1 Satz 4 Nr. 2 gültig, wenn dem Verbraucher die Sache übergeben oder die Leistung erbracht wird. Jedoch ist der Barzahlungspreis höchstens mit dem gesetzlichen Zinssatz zu verzinsen, wenn die Angabe des Teilzahlungspreises oder des effektiven Jahreszinses fehlt. Ist ein Barzahlungspreis nicht genannt, so gilt im Zweifel der Marktpreis als Barzahlungspreis. Die Bestellung von Sicherheiten kann bei fehlenden Angaben hierüber nicht gefordert werden.

(4) Ist der effektive oder der anfängliche effektive Jahreszins zu niedrig angegeben, so vermindert sich in den Fällen des § 4 Abs. 1 Satz 4 Nr. 1 der dem Kreditvertrag zugrunde gelegte Zinssatz, in den Fällen des § 4 Abs. 1 Satz 4 Nr. 2 der Teilzahlungspreis um den Vomhundertsatz, um den der effektive oder anfängliche effektive Jahreszins zu niedrig angegeben ist.

§ 7 Widerrufsrecht

(1) Die auf den Abschluß eines Kreditvertrages gerichtete Willenserklärung des Verbrauchers wird erst wirksam, wenn der Verbraucher sie nicht binnen einer Frist von einer Woche schriftlich widerruft.

(2) Zur Wahrung der Frist genügt die rechtzeitige Absendung des Widerrufs. Der Lauf der Frist beginnt erst, wenn dem Verbraucher eine drucktechnisch deutlich gestaltete und vom Verbraucher gesondert zu unterschreibende Belehrung über die Bestimmung nach Satz 1, sein Recht zum Widerruf, dessen Wegfall nach Absatz 3 sowie Namen und Anschrift des Widerrufsempfängers ausgehändigt worden ist. Wird der Verbraucher nicht nach Satz 2 belehrt, so erlischt das Widerrufsrecht erst nach beiderseits vollständiger Erbringung der Leistung, spätestens jedoch ein Jahr nach Abgabe der auf den Abschluß des Kreditvertrages gerichteten Willenserklärung des Verbrauchers.

(3) Hat der Verbraucher in den Fällen des § 4 Abs. 1 Satz 4 Nr. 1 das Darlehen empfangen, gilt der Widerruf als nicht erfolgt, wenn er das Darlehen nicht binnen zweier Wochen entweder nach Erklärung des Widerrufs oder nach Auszahlung des Darlehens zurückzahlt.

(4) Auf den Widerruf findet im übrigen § 3 des Gesetzes über den Widerruf von Haustürgeschäften und ähnlichen Geschäften Anwendung.

(5) Die Absätze 1 bis 4 finden keine Anwendung auf die in § 5 Abs. 1 Satz 1 genannten Kreditverträge, wenn der Verbraucher nach dem Kreditvertrag den Kredit jederzeit ohne Einhaltung einer Kündigungsfrist und ohne zusätzliche Kosten zurückzahlen kann.

§ 8 Sondervorschrift für Versandhandel

(1) Hat ein Kreditvertrag die Lieferung einer Sache oder die Erbringung einer anderen Leistung zum Gegenstand und gibt der Verbraucher das auf den Vertragsschluß gerichtete Angebot auf Grund eines Verkaufsprospektes ab, aus dem die in § 4 Abs. 1 Satz 4 Nr. 2 Buchstabe a bis e bezeichneten Angaben mit Ausnahme des Betrages der einzelnen Teilzahlungen ersichtlich sind, so findet § 4 keine Anwendung, wenn der Verbraucher den Verkaufsprospekt in Abwesenheit der anderen Vertragspartei eingehend zur Kenntnis nehmen konnte.

(2) Räumt in den Fällen des Absatzes 1 der Kreditgeber dem Verbraucher das uneingeschränkte Recht ein, die Sache innerhalb einer Woche nach Erhalt zurückzugeben, so entfällt das Widerrufsrecht nach § 7. Das Rückgaberecht wird durch den Verbraucher durch Rücksendung der Sache, bei nicht postpaketversandfähigen Sachen durch schriftliches Rücknahmeverlangen ausgeübt. Rücksendung und Rücknahme erfolgen auf Kosten und Gefahr des Kreditgebers. Zur Wahrung der Frist genügt die rechtzeitige Absendung der Sache oder des Rücknahmeverlangens. Der Lauf der Frist beginnt nur, wenn entweder der Verkaufsprospekt und das Bestellformular oder eine dem Verbraucher ausgehändigte besondere Urkunde eine drucktechnisch deutlich gestaltete Belehrung des Verbrauchers über das Rückgaberecht enthalten. Im übrigen finden § 2 Abs. 1 Satz 4 und § 3 des Gesetzes über den Widerruf von Haustürgeschäften und ähnlichen Geschäften Anwendung.

§ 9 Verbundene Geschäfte

(1) Ein Kaufvertrag bildet ein mit dem Kreditvertrag verbundenes Geschäft, wenn der Kredit der Finanzierung des Kaufpreises dient und beide Verträge als wirtschaftliche Einheit anzusehen sind. Eine wirtschaftliche Einheit ist insbesondere anzunehmen, wenn der Kreditgeber sich bei der Vorbereitung oder dem Abschluß des Kreditvertrages der Mitwirkung des Verkäufers bedient.

(2) Die auf den Abschluß des verbundenen Kaufvertrages gerichtete Willenserklärung des Verbrauchers wird erst wirksam, wenn der Verbraucher seine auf den Abschluß des Kreditvertrages gerichtete Willenserklärung nicht gemäß § 7 Abs. 1 widerruft. Die nach § 7 Abs. 2 Satz 2 erforderliche Belehrung über das Widerrufsrecht hat den Hinweis zu enthalten, daß im Falle des Widerrufs auch der verbundene Kaufvertrag nicht wirksam zustande kommt. § 7 Abs. 3 findet keine Anwendung. Ist der Nettokreditbetrag dem Verkäufer bereits zugeflossen, so tritt der Kreditgeber im Verhältnis zum Verbraucher hinsichtlich der Rechtsfolgen des Widerrufs (§ 7 Abs. 4) in die Rechte und Pflichten des Verkäufers aus dem Kaufvertrag ein.
(3) Der Verbraucher kann die Rückzahlung des Kredits verweigern, soweit Einwendungen aus dem verbundenen Kaufvertrag ihn gegenüber dem Verkäufer zur Verweigerung seiner Leistung berechtigen würden. Dies gilt nicht, wenn der finanzierte Kaufpreis vierhundert Deutsche Mark nicht überschreitet sowie bei Einwendungen, die auf einer zwischen dem Verkäufer und dem Verbraucher nach Abschluß des Kreditvertrages vereinbarten Vertragsänderung beruhen. Beruht die Einwendung des Verbrauchers auf einem Mangel der gelieferten Sache und verlangt der Verbraucher auf Grund vertraglicher oder gesetzlicher Bestimmungen Nachbesserung oder Ersatzlieferung, so kann er die Rückzahlung des Kredits erst verweigern, wenn die Nachbesserung oder Ersatzlieferung fehlgeschlagen ist.
(4) Die Absätze 1 bis 3 gelten entsprechend für Kredite, die zur Finanzierung des Entgelts für eine andere Leistung als die Lieferung einer Sache gewährt werden.

§ 10 Einwendungsverzicht; Wechsel- und Scheckverbot

(1) Eine Vereinbarung, durch die der Verbraucher auf das Recht verzichtet, Einwendungen, die ihm gegenüber dem Kreditgeber zustehen, gemäß § 404 des Bürgerlichen Gesetzbuchs einem Abtretungsgläubiger entgegenzusetzen oder eine ihm gegen den Kreditgeber zustehende Forderung gemäß § 406 des Bürgerlichen Gesetzbuchs auch dem Abtretungsgläubiger gegenüber aufzurechnen, ist unwirksam.
(2) Der Verbraucher darf nicht verpflichtet werden, für die Ansprüche des Kreditgebers aus dem Kreditvertrag eine Wechselverbindlichkeit einzugehen. Der Kreditgeber darf vom Verbraucher zur Sicherung seiner Ansprüche aus dem Kreditvertrag einen Scheck nicht entgegennehmen. Der Verbraucher kann vom Kreditgeber jederzeit die Herausgabe eines Wechsels oder Schecks, der entgegen Satz 1 oder 2 begeben worden ist, verlangen. Der Kreditgeber haftet für jeden Schaden, der dem Verbraucher aus einer solchen Wechsel- oder Scheckbegebung entsteht.

§ 11 Verzugszinsen; Anrechnung von Teilleistungen

(1) Soweit der Verbraucher mit Zahlungen, die er auf Grund des Kreditvertrages schuldet, in Verzug kommt, ist der geschuldete Betrag mit fünf vom Hundert über dem jeweiligen Diskontsatz der Deutschen Bundesbank zu verzinsen, wenn nicht im Einzelfall der Kreditgeber einen höheren oder der Verbraucher einen niedrigeren Schaden nachweist.
(2) Nach Eintritt des Verzugs anfallende Zinsen sind auf einem gesonderten Konto zu verbuchen und dürfen nicht in ein Kontokorrent mit dem geschuldeten Betrag oder anderen Forderungen des Kreditgebers eingestellt werden. Hinsichtlich dieser Zinsen gilt § 289 Satz 2 des Bürgerlichen Gesetzbuchs mit der Maßgabe, daß der Kreditgeber Schadensersatz nur bis zur Höhe des gesetzlichen Zinssatzes verlangen kann.
(3) Zahlungen des Verbrauchers, die zur Tilgung der gesamten fälligen Schuld nicht ausreichen, werden abweichend von § 367 Abs. 1 des Bürgerlichen Gesetzbuchs zunächst auf die Kosten der Rechtsverfolgung, dann auf den übrigen geschuldeten Betrag (Absatz 1)

und zuletzt auf die Zinsen (Absatz 2) angerechnet. Der Kreditgeber darf Teilzahlungen nicht zurückweisen. Auf die Ansprüche auf Zinsen finden die §§ 197 und 218 Abs. 2 des Bürgerlichen Gesetzbuchs keine Anwendung. Die Sätze 1 bis 3 sind nicht anzuwenden, soweit Zahlungen auf Vollstreckungstitel geleistet werden, deren Hauptforderung auf Zinsen lautet.

§ 12 Gesamtfälligstellung bei Teilzahlungskrediten

(1) Der Kreditgeber kann bei einem Kredit, der in Teilzahlungen zu tilgen ist, den Kreditbetrag wegen Zahlungsverzugs des Verbrauchers nur kündigen, wenn

1. der Verbraucher mit mindestens zwei aufeinanderfolgenden Teilzahlungen ganz oder teilweise und mindestens zehn vom Hundert, bei einer Laufzeit des Kreditvertrages über drei Jahre mit fünf vom Hundert des Nennbetrages des Kredits oder des Teilzahlungspreises in Verzug ist und
2. der Kreditgeber dem Verbraucher erfolglos eine zweiwöchige Frist zur Zahlung des rückständigen Betrags mit der Erklärung gesetzt hat, daß er bei Nichtzahlung innerhalb der Frist die gesamte Restschuld verlange.

Der Kreditgeber soll dem Verbraucher spätestens mit der Fristsetzung ein Gespräch über die Möglichkeiten einer einverständlichen Regelung anbieten.

(2) Kündigt der Kreditgeber den Kreditvertrag, so vermindert sich die Restschuld um die Zinsen und sonstigen laufzeitabhängigen Kosten des Kredits, die bei staffelmäßiger Berechnung auf die Zeit nach Wirksamwerden der Kündigung entfallen.

§ 13 Rücktritt des Kreditgebers

(1) Der Kreditgeber kann von einem Kreditvertrag, der die Lieferung einer Sache oder die Erbringung einer anderen Leistung gegen Teilzahlungen zum Gegenstand hat, wegen Zahlungsverzugs des Verbrauchers nur unter den in § 12 Abs. 1 bezeichneten Voraussetzungen zurücktreten.

(2) Auf den Rücktritt finden die für das vertragsmäßige Rücktrittsrecht geltenden Vorschriften der §§ 346 bis 354 und 356 des Bürgerlichen Gesetzbuchs entsprechende Anwendung. Der Verbraucher hat dem Kreditgeber auch die infolge des Vertrages gemachten Aufwendungen zu ersetzen. Bei der Bemessung der Vergütung von Nutzungen einer zurückzugewährenden Sache ist auf die inzwischen eingetretene Wertänderung Rücksicht zu nehmen.

(3) Nimmt der Kreditgeber die auf Grund des Kreditvertrages gelieferte Sache wieder an sich, gilt dies als Ausübung des Rücktrittsrechts, es sei denn, der Kreditgeber einigt sich mit dem Verbraucher, diesem den gewöhnlichen Verkaufswert der Sache im Zeitpunkt der Wegnahme zu vergüten. Satz 1 gilt auch dann, wenn ein Vertrag über die Lieferung einer Sache mit einem Kreditvertrag zu einer wirtschaftlichen Einheit verbunden ist (§ 9 Abs. 1) und der Kreditgeber die Sache an sich nimmt; im Falle des Rücktritts bestimmt sich das Rechtsverhältnis zwischen dem Kreditgeber und dem Verbraucher nach Absatz 2.

§ 14 Vorzeitige Zahlung

Erfüllt der Verbraucher vorzeitig seine Verbindlichkeiten aus einem Kreditvertrag, der die Lieferung einer Sache oder die Erbringung einer anderen Leistung gegen Teilzahlungen zum Gegenstand hat, so vermindert sich der Teilzahlungspreis um die Zinsen und sonstigen laufzeitabhängigen Kosten, die bei staffelmäßiger Berechnung auf die Zeit nach der vorzeitigen Erfüllung entfallen. Ist bei einem Kreditvertrag ein Barzahlungspreis gemäß § 4 Abs. 1 Satz 5 nicht anzugeben, so ist der gesetzliche Zinssatz zugrunde zu legen. Zinsen und sonstige laufzeitabhängige Kosten kann der Kreditgeber jedoch für die ersten neun Monate der ursprünglich vorgesehenen Laufzeit auch dann verlangen, wenn der Verbraucher seine Verbindlichkeiten vor Ablauf dieses Zeitraums erfüllt.

Dritter Abschnitt
Kreditvermittlungsvertrag

§ 15 Schriftform

(1) Der Kreditvermittlungsvertrag bedarf der schriftlichen Form. In der Vertragsurkunde ist insbesondere die Vergütung des Kreditvermittlers in einem Vomhundertsatz des Darlehensbetrags anzugeben; hat der Kreditvermittler auch mit dem Kreditgeber eine Vergütung vereinbart, so ist auch diese anzugeben. Die Vertragsurkunde darf nicht mit dem Antrag auf Hingabe des Darlehens verbunden werden. Der Kreditvermittler hat dem Verbraucher eine Abschrift der Urkunde auszuhändigen.
(2) Ein Kreditvermittlungsvertrag, der den Anforderungen des Absatzes 1 Satz 1 bis 3 nicht genügt, ist nichtig.

§ 16 Vergütung

Der Verbraucher ist zur Zahlung der Vergütung nur verpflichtet, wenn infolge der Vermittlung oder des Nachweises des Kreditvermittlers das Darlehen an den Verbraucher geleistet wird und ein Widerruf des Verbrauchers nach § 7 Abs. 1 nicht mehr möglich ist. Soweit das Darlehen mit Wissen des Kreditvermittlers der vorzeitigen Ablösung eines anderen Kredits (Umschuldung) dient, entsteht ein Anspruch auf die Vergütung nur, wenn sich der effektive Jahreszins oder der anfängliche effektive Jahreszins nicht erhöht, bei der Berechnung des effektiven oder des anfänglichen effektiven Jahreszinses für den abzulösenden Kredit bleiben etwaige Vermittlungskosten außer Betracht.

§ 17 Nebenentgelte

Der Kreditvermittler darf für Leistungen, die mit der Vermittlung des Darlehens oder dem Nachweis der Gelegenheit zum Abschluß eines Darlehensvertrages zusammenhängen, außer der Vergütung nach § 16 Satz 1 ein Entgelt nicht vereinbaren. Jedoch kann vereinbart werden, daß dem Kreditvermittler entstandene, erforderliche Auslagen zu erstatten sind.

Vierter Abschnitt
Allgemeine und Schlußvorschriften

§ 18 Unabdingbarkeit; Umgehungsverbot

Eine von den Vorschriften dieses Gesetzes zum Nachteil des Verbrauchers abweichende Vereinbarung ist unwirksam. Dieses Gesetz ist auch anzuwenden, wenn seine Vorschriften durch anderweitige Gestaltungen umgangen werden.

Gesetz zur Regelung des Rechts der Allgemeinen Geschäftsbedingungen (AGB-Gesetz)

Vom 9. Dezember 1976 (BGBl. I S. 3317)
(BGBl. III 402-28)

Änderungen

Paragraph	Art der Änderung	Geändert durch	Datum	Fundstelle BGBl.
16	geändert	Vierzehntes Gesetz zur Änderung des Versicherungsaufsichtsgesetzes	29. 3.1983	I S. 377
10	geändert	Gesetz zur Neuregelung des Internationalen Privatrechts	25. 7.1986	I S. 1142
23	geändert	Poststrukturgesetz	8. 6.1989	I S. 1026
11	geändert	Fünftes Gesetz zur Änderung des Gesetzes gegen Wettbewerbsbeschränkungen	22.12.1989	I S. 2486
29	gegenstandslos	Sechstes Überleitungsgesetz	25. 9.1990	I S. 2106
22	aufgehoben	Kostenrechtsänderungsgesetz 1994	24. 6.1994	I S. 1325, 1365
16	geändert	Drittes Durchführungsgesetz/ EWG zum VAG	21. 7.1994	I S. 1630, 1666
14	geändert[1)]	Gesetz zur Neuordnung des Berufsrechts der Rechtsanwälte und Patentanwälte	2. 9.1994	I S. 2278
23	geändert	Postneuordnungsgesetz	14. 9.1994	I S. 2325, 2387
12	geändert	Gesetz zur Änderung des AGB-Gesetzes und der Insolvenzordnung	19. 7.1996	I S. 1013
24 a	eingefügt			

Erster Abschnitt
Sachlich-rechtliche Vorschriften

Erster Unterabschnitt
Allgemeine Vorschriften

§ 1 Begriffsbestimmung

(1) Allgemeine Geschäftsbedingungen sind alle für eine Vielzahl von Verträgen vorformulierten Vertragsbedingungen, die eine Vertragspartei (Verwender) der anderen Vertragspartei bei Abschluß eines Vertrages stellt. Gleichgültig ist, ob die Bestimmungen einen äußerlich gesonderten Bestandteil des Vertrages bilden oder in die Vertragsurkunde selbst aufgenommen werden, welchen Umfang sie haben, in welcher Schriftart sie verfaßt sind und welche Form der Vertrag hat.

(2) Allgemeine Geschäftsbedingungen liegen nicht vor, soweit die Vertragsbedingungen zwischen den Vertragsparteien im einzelnen ausgehandelt sind.

1) Die Änderung tritt am 1. 1. 2000 bzw. am 1. 1. 2005 in Kraft und wird zum jeweiligen Zeitpunkt eingearbeitet.

§ 2 Einbeziehung in den Vertrag

(1) Allgemeine Geschäftsbedingungen werden nur dann Bestandteil eines Vertrages, wenn der Verwender bei Vertragsabschluß

1. die andere Vertragspartei ausdrücklich oder, wenn ein ausdrücklicher Hinweis wegen der Art des Vertragsabschlusses nur unter unverhältnismäßigen Schwierigkeiten möglich ist, durch deutlich sichtbaren Aushang am Ort des Vertragsabschlusses auf sie hinweist und
2. der anderen Vertragspartei die Möglichkeit verschafft, in zumutbarer Weise von ihrem Inhalt Kenntnis zu nehmen,

und wenn die andere Vertragspartei mit ihrer Geltung einverstanden ist.

(2) Die Vertragsparteien können für eine bestimmte Art von Rechtsgeschäften die Geltung bestimmter Allgemeiner Geschäftsbedingungen unter Beachtung der in Absatz 1 bezeichneten Erfordernisse im voraus vereinbaren.

§ 3 Überraschende Klauseln

Bestimmungen in Allgemeinen Geschäftsbedingungen, die nach den Umständen, insbesondere nach dem äußeren Erscheinungsbild des Vertrags, so ungewöhnlich sind, daß der Vertragspartner des Verwenders mit ihnen nicht zu rechnen braucht, werden nicht Vertragsbestandteil.

§ 4 Vorrang der Individualabrede

Individuelle Vertragsabreden haben Vorrang vor Allgemeinen Geschäftsbedingungen.

§ 5 Unklarheitenregel

Zweifel bei der Auslegung Allgemeiner Geschäftsbedingungen gehen zu Lasten des Verwenders.

§ 6 Rechtsfolgen bei Nichteinbeziehung und Unwirksamkeit

(1) Sind Allgemeine Geschäftsbedingungen ganz oder teilweise nicht Vertragsbestandteil geworden oder unwirksam, so bleibt der Vertrag im übrigen wirksam.

(2) Soweit die Bestimmungen nicht Vertragsbestandteil geworden oder unwirksam sind, richtet sich der Inhalt des Vertrages nach den gesetzlichen Vorschriften.

(3) Der Vertrag ist unwirksam, wenn das Festhalten an ihm auch unter Berücksichtigung der nach Absatz 2 vorgesehenen Änderung eine unzumutbare Härte für eine Vertragspartei darstellen würde.

§ 7 Umgehungsverbot

Dieses Gesetz findet auch Anwendung, wenn seine Vorschriften durch anderweitige Gestaltungen umgangen werden.

Zweiter Unterabschnitt
Unwirksame Klauseln

§ 8 Schranken der Inhaltskontrolle

Die §§ 9 bis 11 gelten nur für Bestimmungen in Allgemeinen Geschäftsbedingungen, durch die von Rechtsvorschriften abweichende oder diese ergänzende Regelungen vereinbart werden.

§ 9 Generalklausel

(1) Bestimmungen in Allgemeinen Geschäftsbedingungen sind unwirksam, wenn sie den Vertragspartner des Verwenders entgegen den Geboten von Treu und Glauben unangemessen benachteiligen.

(2) Eine unangemessene Benachteiligung ist im Zweifel anzunehmen, wenn eine Bestimmung
1. mit wesentlichen Grundgedanken der gesetzlichen Regelung, von der abgewichen wird, nicht zu vereinbaren ist, oder
2. wesentliche Rechte oder Pflichten, die sich aus der Natur des Vertrages ergeben, so einschränkt, daß die Erreichung des Vertragszwecks gefährdet ist.

§ 10 Klauselverbote mit Wertungsmöglichkeit

In Allgemeinen Geschäftsbedingungen ist insbesondere unwirksam
1. (Annahme- und Leistungsfrist)
   eine Bestimmung, durch die sich der Verwender unangemessen lange oder nicht hinreichend bestimmte Fristen für die Annahme oder Ablehnung eines Angebots oder die Erbringung einer Leistung vorbehält;
2. (Nachfrist)
   eine Bestimmung, durch die sich der Verwender für die von ihm zu bewirkende Leistung entgegen § 326 Abs. 1 des Bürgerlichen Gesetzbuchs eine unangemessen lange oder nicht hinreichend bestimmte Nachfrist vorbehält;
3. (Rücktrittsvorbehalt)
   die Vereinbarung eines Rechts des Verwenders, sich ohne sachlich gerechtfertigten und im Vertrag angegebenen Grund von seiner Leistungspflicht zu lösen; dies gilt nicht für Dauerschuldverhältnisse;
4. (Änderungsvorbehalt)
   die Vereinbarung eines Rechts des Verwenders, die versprochene Leistung zu ändern oder von ihr abzuweichen, wenn nicht die Vereinbarung der Änderung oder Abweichung unter Berücksichtigung der Interessen des Verwenders für den anderen Vertragsteil zumutbar ist;
5. (Fingierte Erklärungen)
   eine Bestimmung, wonach eine Erklärung des Vertragspartners des Verwenders bei Vornahme oder Unterlassung einer bestimmten Handlung als von ihm abgegeben oder nicht abgegeben gilt, es sei denn, daß
   a) dem Vertragspartner eine angemessene Frist zur Abgabe einer ausdrücklichen Erklärung eingeräumt ist und
   b) der Verwender sich verpflichtet, den Vertragspartner bei Beginn der Frist auf die vorgesehene Bedeutung seines Verhaltens besonders hinzuweisen;
6. (Fiktion des Zugangs)
   eine Bestimmung, die vorsieht, daß eine Erklärung des Verwenders von besonderer Bedeutung dem anderen Vertragsteil als zugegangen gilt;
7. (Abwicklung von Verträgen)
   eine Bestimmung, nach der der Verwender für den Fall, daß eine Vertragspartei vom Vertrage zurücktritt oder den Vertrag kündigt,
   a) eine unangemessen hohe Vergütung für die Nutzung oder den Gebrauch einer Sache oder eines Rechts oder für erbrachte Leistungen oder
   b) einen unangemessen hohen Ersatz von Aufwendungen verlangen kann;
8. (aufgehoben)

§ 11 Klauselverbote ohne Wertungsmöglichkeit

In Allgemeinen Geschäftsbedingungen ist unwirksam

1. (Kurzfristige Preiserhöhungen)
eine Bestimmung, welche die Erhöhung des Entgelts für Waren oder Leistungen vorsieht, die innerhalb von vier Monaten nach Vertragsabschluß geliefert oder erbracht werden sollen; dies gilt nicht bei Waren oder Leistungen, die im Rahmen von Dauerschuldverhältnissen geliefert oder erbracht werden;
2. (Leistungsverweigerungsrechte)
eine Bestimmung, durch die
   a) das Leistungsverweigerungsrecht, das dem Vertragspartner des Verwenders nach § 320 des Bürgerlichen Gesetzbuchs zusteht, ausgeschlossen oder eingeschränkt wird, oder
   b) ein dem Vertragspartner des Verwenders zustehendes Zurückbehaltungsrecht, soweit es auf demselben Vertragsverhältnis beruht, ausgeschlossen oder eingeschränkt, insbesondere von der Anerkennung von Mängeln durch den Verwender abhängig gemacht wird;
3. (Aufrechnungsverbot)
eine Bestimmung, durch die dem Vertragspartner des Verwenders die Befugnis genommen wird, mit einer unbestrittenen oder rechtskräftig festgestellten Forderung aufzurechnen;
4. (Mahnung, Fristsetzung)
eine Bestimmung, durch die der Verwender von der gesetzlichen Obliegenheit freigestellt wird, den anderen Vertragsteil zu mahnen oder ihm eine Nachfrist zu setzen;
5. (Pauschalierung von Schadensersatzansprüchen)
die Vereinbarung eines pauschalierten Anspruchs des Verwenders auf Schadensersatz oder Ersatz einer Wertminderung, wenn
   a) die Pauschale den in den geregelten Fällen nach dem gewöhnlichen Lauf der Dinge zu erwartenden Schaden oder die gewöhnlich eintretende Wertminderung übersteigt, oder
   b) dem anderen Vertragsteil der Nachweis abgeschnitten wird, ein Schaden oder eine Wertminderung sei überhaupt nicht entstanden oder wesentlich niedriger als die Pauschale;
6. (Vertragsstrafe)
eine Bestimmung, durch die dem Verwender für den Fall der Nichtabnahme oder verspäteten Abnahme der Leistung, des Zahlungsverzugs oder für den Fall, daß der andere Vertragsteil sich vom Vertrag löst, Zahlung einer Vertragsstrafe versprochen wird;
7. (Haftung bei grobem Verschulden)
ein Ausschluß oder eine Begrenzung der Haftung für einen Schaden, der auf einer grob fahrlässigen Vertragsverletzung des Verwenders oder auf einer vorsätzlichen oder grob fahrlässigen Vertragsverletzung eines gesetzlichen Vertreters oder Erfüllungsgehilfen des Verwenders beruht; dies gilt auch für Schäden aus der Verletzung von Pflichten bei den Vertragsverhandlungen;
8. (Verzug, Unmöglichkeit)
eine Bestimmung, durch die für den Fall des Leistungsverzugs des Verwenders oder der von ihm zu vertretenden Unmöglichkeit der Leistung
   a) das Recht des anderen Vertragsteils, sich vom Vertrag zu lösen, ausgeschlossen oder eingeschränkt oder

b) das Recht des anderen Vertragsteils, Schadensersatz zu verlangen, ausgeschlossen oder entgegen Nummer 7 eingeschränkt wird;

9. (Teilverzug, Teilunmöglichkeit)

eine Bestimmung, die für den Fall des teilweisen Leistungsverzugs des Verwenders oder bei von ihm zu vertretender teilweiser Unmöglichkeit der Leistung das Recht der anderen Vertragspartei ausschließt, Schadensersatz wegen Nichterfüllung der ganzen Verbindlichkeit zu verlangen oder von dem ganzen Vertrag zurückzutreten, wenn die teilweise Erfüllung des Vertrages für ihn kein Interesse hat;

10. (Gewährleistung)

eine Bestimmung, durch die bei Verträgen über Lieferungen neu hergestellter Sachen und Leistungen

a) (Ausschluß und Verweisung auf Dritte)

die Gewährleistungsansprüche gegen den Verwender einschließlich etwaiger Nachbesserungs- und Ersatzlieferungsansprüche insgesamt oder bezüglich einzelner Teile ausgeschlossen, auf die Einräumung von Ansprüchen gegen Dritte beschränkt oder von der vorherigen gerichtlichen Inanspruchnahme Dritter abhängig gemacht werden;

b) (Beschränkung auf Nachbesserung)

die Gewährleistungsansprüche gegen den Verwender insgesamt oder bezüglich einzelner Teile auf ein Recht auf Nachbesserung oder Ersatzlieferung beschränkt werden, sofern dem anderen Vertragsteil nicht ausdrücklich das Recht vorbehalten wird, bei Fehlschlagen der Nachbesserung oder Ersatzlieferung Herabsetzung der Vergütung oder, wenn nicht eine Bauleistung Gegenstand der Gewährleistung ist, nach seiner Wahl Rückgängigmachung des Vertrags zu verlangen;

c) (Aufwendungen bei Nachbesserung)

die Verpflichtung des gewährleistungspflichtigen Verwenders ausgeschlossen oder beschränkt wird, die Aufwendungen zu tragen, die zum Zweck der Nachbesserung erforderlich werden, insbesondere Transport-, Wege-, Arbeits- und Materialkosten;

d) (Vorenthalten der Mängelbeseitigung)

der Verwender die Beseitigung eines Mangels oder die Ersatzlieferung einer mangelfreien Sache von der vorherigen Zahlung des vollständigen Entgelts oder eines unter Berücksichtigung des Mangels unverhältnismäßig hohen Teils des Entgelts abhängig macht;

e) (Ausschlußfrist für Mängelanzeige)

der Verwender dem anderen Vertragsteil für die Anzeige nicht offensichtlicher Mängel eine Ausschlußfrist setzt, die kürzer ist als die Verjährungsfrist für den gesetzlichen Gewährleistungsanspruch;

f) (Verkürzung von Gewährleistungsfristen)

die gesetzlichen Gewährleistungsfristen verkürzt werden;

11. (Haftung für zugesicherte Eigenschaften)

eine Bestimmung, durch die bei einem Kauf-, Werk- oder Werklieferungsvertrag Schadensersatzansprüche gegen den Verwender nach den §§ 463, 480 Abs. 2, § 635 des Bürgerlichen Gesetzbuchs wegen Fehlens zugesicherter Eigenschaften ausgeschlossen oder eingeschränkt werden;

12. (Laufzeit bei Dauerschuldverhältnissen)

bei einem Vertragsverhältnis, das die regelmäßige Lieferung von Waren oder die regelmäßige Erbringung von Dienst- oder Werkleistungen durch den Verwender zum Gegenstand hat,
a) eine den anderen Vertragsteil länger als zwei Jahre bindende Laufzeit des Vertrags,
b) eine den anderen Vertragsteil bindende stillschweigende Verlängerung des Vertragsverhältnisses um jeweils mehr als ein Jahr oder
c) zu Lasten des anderen Vertragsteils eine längere Kündigungsfrist als drei Monate vor Ablauf der zunächst vorgesehenen oder stillschweigend verlängerten Vertragsdauer;

13. (Wechsel des Vertragspartners)
eine Bestimmung, wonach bei Kauf-, Dienst- oder Werkverträgen ein Dritter an Stelle des Verwenders in die sich aus dem Vertrag ergebenden Rechte und Pflichten eintritt oder eintreten kann, es sei denn, in der Bestimmung wird
a) der Dritte namentlich bezeichnet, oder
b) dem anderen Vertragsteil das Recht eingeräumt, sich vom Vertrag zu lösen;

14. (Haftung des Abschlußvertreters)
eine Bestimmung, durch die der Verwender einem Vertreter, der den Vertrag für den anderen Vertragsteil abschließt,
a) ohne hierauf gerichtete ausdrückliche und gesonderte Erklärung eine eigene Haftung oder Einstandspflicht oder
b) im Falle vollmachtsloser Vertretung eine über § 179 des Bürgerlichen Gesetzbuchs hinausgehende Haftung
auferlegt;

15. (Beweislast)
eine Bestimmung, durch die der Verwender die Beweislast zum Nachteil des anderen Vertragsteils ändert, insbesondere indem er
a) diesem die Beweislast für Umstände auferlegt, die im Verantwortungsbereich des Verwenders liegen;
b) den anderen Vertragsteil bestimmte Tatsachen bestätigen läßt.
Buchstabe b gilt nicht für gesondert unterschriebene Empfangsbekenntnisse;

16. (Form von Anzeigen und Erklärungen)
eine Bestimmung, durch die Anzeigen oder Erklärungen, die dem Verwender oder einem Dritten gegenüber abzugeben sind, an eine strengere Form als die Schriftform oder an besondere Zugangserfordernisse gebunden werden.

Zweiter Abschnitt

Kollisionsrecht

§ 12 Internationaler Geltungsbereich

Unterliegt ein Vertrag ausländischem Recht, so sind die Vorschriften dieses Gesetzes gleichwohl anzuwenden, wenn der Vertrag einen engen Zusammenhang mit dem Gebiet der Bundesrepublik Deutschland aufweist. Ein enger Zusammenhang ist insbesondere anzunehmen, wenn

1. der Vertrag auf Grund eines öffentlichen Angebots, einer öffentlichen Werbung oder einer ähnlichen im Geltungsbereich dieses Gesetzes entfalteten geschäftlichen Tätigkeit des Verwenders zustandekommt und
2. der andere Vertragsteil bei Abgabe seiner auf den Vertragsschluß gerichteten Erklärung seinen Wohnsitz oder gewöhnlichen Aufenthalt im Geltungsbereich dieses Gesetzes hat und seine Willenserklärung im Geltungsbereich dieses Gesetzes abgibt.

Dritter Abschnitt
Verfahren

§ 13 Unterlassungs- und Widerrufsanspruch

(1) Wer in Allgemeinen Geschäftsbedingungen Bestimmungen, die nach §§ 9 bis 11 dieses Gesetzes unwirksam sind, verwendet oder für den rechtsgeschäftlichen Verkehr empfiehlt, kann auf Unterlassung und im Fall des Empfehlens auch auf Widerruf in Anspruch genommen werden.

(2) Die Ansprüche auf Unterlassung und auf Widerruf können nur geltend gemacht werden

1. von rechtsfähigen Verbänden, zu deren satzungsgemäßen Aufgaben es gehört, die Interessen der Verbraucher durch Aufklärung und Beratung wahrzunehmen, wenn sie in diesem Aufgabenbereich tätige Verbände oder mindestens fünfundsiebzig natürliche Personen als Mitglieder haben,
2. von rechtsfähigen Verbänden zur Förderung gewerblicher Interessen oder
3. von den Industrie- und Handelskammern oder den Handwerkskammern.

(3) Die in Absatz 2 Nr. 1 bezeichneten Verbände können Ansprüche auf Unterlassung und auf Widerruf nicht geltend machen, wenn Allgemeine Geschäftsbedingungen gegenüber einem Kaufmann verwendet werden und der Vertrag zum Betriebe seines Handelsgewerbes gehört oder wenn Allgemeine Geschäftsbedingungen zur ausschließlichen Verwendung zwischen Kaufleuten empfohlen werden.

(4) Die Ansprüche nach Absatz 1 verjähren in zwei Jahren von dem Zeitpunkt an, in welchem der Anspruchsberechtigte von der Verwendung oder Empfehlung der unwirksamen Allgemeinen Geschäftsbedingungen Kenntnis erlangt hat, ohne Rücksicht auf diese Kenntnis in vier Jahren von der jeweiligen Verwendung oder Empfehlung an.

§ 14 Zuständigkeit

(1) Für Klagen nach § 13 dieses Gesetzes ist das Landgericht ausschließlich zuständig, in dessen Bezirk der Beklagte seine gewerbliche Niederlassung oder in Ermangelung einer solchen seinen Wohnsitz hat. Hat der Beklagte im Inland weder eine gewerbliche Niederlassung noch einen Wohnsitz, so ist das Gericht des inländischen Aufenthaltsorts zuständig, in Ermangelung eines solchen das Gericht, in dessen Bezirk die nach §§ 9 bis 11 dieses Gesetzes unwirksamen Bestimmungen in Allgemeinen Geschäftsbedingungen verwendet wurden.

(2) Die Landesregierungen werden ermächtigt, zur sachdienlichen Förderung oder schnelleren Erledigung der Verfahren durch Rechtsverordnung einem Landgericht für die Bezirke mehrerer Landgerichte Rechtsstreitigkeiten nach diesem Gesetz zuzuweisen. Die Landesregierungen können die Ermächtigung durch Rechtsverordnung auf die Landesjustizverwaltungen übertragen.

(3) Die Parteien können sich vor den nach Absatz 2 bestimmten Gerichten auch durch Rechtsanwälte vertreten lassen, die bei dem Gericht zugelassen sind, vor das der Rechtsstreit ohne die Regelung nach Absatz 2 gehören würde.

(4) Die Mehrkosten, die einer Partei dadurch erwachsen, daß sie sich nach Absatz 3 durch einen nicht beim Prozeßgericht zugelassenen Rechtsanwalt vertreten läßt, sind nicht zu erstatten.

§ 15 Verfahren

(1) Auf das Verfahren sind die Vorschriften der Zivilprozeßordnung anzuwenden, soweit sich aus diesem Gesetz nicht etwas anderes ergibt.

(2) Der Klageantrag muß auch enthalten:

1. den Wortlaut der beanstandeten Bestimmungen in Allgemeinen Geschäftsbedingungen;
2. die Bezeichnung der Art der Rechtsgeschäfte, für die die Bestimmungen beanstandet werden.

§ 16 Anhörung

Das Gericht hat vor der Entscheidung über eine Klage nach § 13 zu hören

1. die zuständige Aufsichtsbehörde für das Versicherungswesen, wenn Gegenstand der Klage Bestimmungen in Allgemeinen Versicherungsbestimmungen sind, oder
2. das Bundesaufsichtsamt für das Kreditwesen, wenn Gegenstand der Klage Bestimmungen in Allgemeinen Geschäftsbedingungen sind, die das Bundesaufsichtsamt für das Kreditwesen nach Maßgabe des Gesetzes über Bausparkassen, des Gesetzes über Kapitalanlagegesellschaften, des Hypothekenbankgesetzes oder des Gesetzes über Schiffspfandbriefbanken zu genehmigen hat.

§ 17 Urteilsformel

Erachtet das Gericht die Klage für begründet, so enthält die Urteilsformel auch:

1. die beanstandeten Bestimmungen der Allgemeinen Geschäftsbedingungen im Wortlaut;
2. die Bezeichnung der Art der Rechtsgeschäfte, für die die den Unterlassungsanspruch begründenden Bestimmungen der Allgemeinen Geschäftsbedingungen nicht verwendet werden dürfen;
3. das Gebot, die Verwendung inhaltsgleicher Bestimmungen in Allgemeinen Geschäftsbedingungen zu unterlassen;
4. für den Fall der Verurteilung zum Widerruf das Gebot, das Urteil in gleicher Weise bekanntzugeben, wie die Empfehlung verbreitet wurde.

§ 18 Veröffentlichungsbefugnis

Wird der Klage stattgegeben, so kann dem Kläger auf Antrag die Befugnis zugesprochen werden, die Urteilsformel mit der Bezeichnung des verurteilten Verwenders oder Empfehlers auf Kosten des Beklagten im Bundesanzeiger, im übrigen auf eigene Kosten bekanntzumachen. Das Gericht kann die Befugnis zeitlich begrenzen.

§ 19 Einwendung bei abweichender Entscheidung

Der Verwender, dem die Verwendung einer Bestimmung untersagt worden ist, kann im Wege der Klage nach § 767 ZPO einwenden, daß nachträglich eine Entscheidung des Bundesgerichtshofs oder des Gemeinsamen Senats der Obersten Gerichtshöfe des Bundes ergangen ist, welche die Verwendung dieser Bestimmung für dieselbe Art von Rechtsgeschäften nicht untersagt, und daß die Zwangsvollstreckung aus dem Urteil gegen ihn in unzumutbarer Weise seinen Geschäftsbetrieb beeinträchtigen würde.

§ 20 Register

(1) Das Gericht teilt dem Bundeskartellamt von Amts wegen mit

1. Klagen, die nach § 13 oder nach § 19 anhängig werden,
2. Urteile, die im Verfahren nach § 13 oder nach § 19 ergehen, sobald sie rechtskräftig sind,
3. die sonstige Erledigung der Klage.

(2) Das Bundeskartellamt führt über die nach Absatz 1 eingehenden Mitteilungen ein Register.

(3) Die Eintragung ist nach zwanzig Jahren seit dem Schluß des Jahres zu löschen, in dem die Eintragung in das Register erfolgt ist. Die Löschung erfolgt durch Eintragung eines Löschungsvermerks; mit der Löschung der Eintragung einer Klage ist die Löschung der Eintragung ihrer sonstigen Erledigung (Absatz 1 Nr. 3) zu verbinden.

(4) Über eine bestehende Eintragung ist jedermann auf Antrag Auskunft zu erteilen. Die Auskunft enthält folgende Angaben:

1. für Klagen nach Absatz 1 Nr. 1
   a) die beklagte Partei,
   b) das angerufene Gericht samt Geschäftsnummer,
   c) den Klageantrag;
2. für Urteile nach Absatz 1 Nr. 2
   a) die verurteilte Partei,
   b) das entscheidende Gericht samt Geschäftsnummer,
   c) die Urteilsformel;
3. für die sonstige Erledigung nach Absatz 1 Nr. 3 die Art der Erledigung.

§ 21 Wirkungen des Urteils

Handelt der verurteilte Verwender dem Unterlassungsgebot zuwider, so ist die Bestimmung in den Allgemeinen Geschäftsbedingungen als unwirksam anzusehen, soweit sich der betroffene Vertragsteil auf die Wirkung des Unterlassungsurteils beruft. Er kann sich jedoch auf die Wirkung des Unterlassungsurteils nicht berufen, wenn der verurteilte Verwender gegen das Urteil die Klage nach § 19 erheben könnte.

§ 22 (aufgehoben)

Vierter Abschnitt

Anwendungsbereich

§ 23 Sachlicher Anwendungsbereich

(1) Dieses Gesetz findet keine Anwendung bei Verträgen auf dem Gebiet des Arbeits-, Erb-, Familien- und Gesellschaftsrechts.

(2) Keine Anwendung finden ferner

1. § 2 für die mit Genehmigung der zuständigen Verkehrsbehörde oder auf Grund von internationalen Übereinkommen erlassenen Tarife und Ausführungsbestimmungen der Eisenbahnen und die nach Maßgabe des Personenbeförderungsgesetzes genehmigten Beförderungsbedingungen der Straßenbahnen, Obusse und Kraftfahrzeuge im Linienverkehr;

1 a. § 2 für die Allgemeinen Geschäftsbedingungen einschließlich der darin festgelegten Leistungsentgelte der aus dem Sondervermögen Deutsche Bundespost hervorgegangenen Unternehmen, sofern die Allgemeinen Geschäftsbedingungen in ihrem Wortlaut im Amtsblatt des Bundesministeriums für Post und Telekommunikation veröffentlicht worden sind und bei den Niederlassungen der genannten Unternehmen zur Einsichtnahme bereitgehalten werden;

2. die §§ 10 und 11 für Verträge der Elektrizitäts- und der Gasversorgungsunternehmen über die Versorgung von Sonderabnehmern mit elektrischer Energie und mit Gas aus dem Versorgungsnetz, soweit die Versorgungsbedingungen nicht zum Nachteil der Abnehmer von den auf Grund des § 7 des Energiewirtschaftsgesetzes erlassenen Allgemeinen Bedingungen für die Versorgung mit elektrischer Arbeit aus dem Niederspan-

nungsnetz der Elektrizitätsversorgungsunternehmen und Allgemeinen Bedingungen für die Versorgung mit Gas aus dem Versorgungsnetz der Gasversorgungsunternehmen abweichen;

3. § 11 Nr. 7 und 8 für die nach Maßgabe des Personenbeförderungsgesetzes genehmigten Beförderungsbedingungen und Tarifvorschriften der Straßenbahnen, Obusse und Kraftfahrzeuge im Linienverkehr, soweit sie nicht zum Nachteil des Fahrgastes von der Verordnung über die Allgemeinen Beförderungsbedingungen für den Straßenbahn- und Obusverkehr sowie den Linienverkehr mit Kraftfahrzeugen vom 27. Februar 1970 abweichen;
4. § 11 Nr. 7 für staatlich genehmigte Lotterieverträge oder Ausspielverträge;
5. § 10 Nr. 5 und § 11 Nr. 10 Buchstabe f für Leistungen, für die die Verdingungsordnung für Bauleistungen (VOB) Vertragsgrundlage ist;
6. § 11 Nr. 12 für Verträge über die Lieferung als zusammengehörig verkaufter Sachen, für Versicherungsverträge sowie für Verträge zwischen den Inhabern urheberrechtlicher Rechte und Ansprüche und Verwertungsgesellschaften im Sinne des Gesetzes über die Wahrnehmung von Urheberrechten und verwandten Schutzrechten.

(3) Ein Bausparvertrag, ein Versicherungsvertrag sowie das Rechtsverhältnis zwischen einer Kapitalanlagegesellschaft und einem Anteilinhaber unterliegen den von der zuständigen Behörde genehmigten Allgemeinen Geschäftsbedingungen der Bausparkasse, des Versicherers sowie der Kapitalanlagegesellschaft auch dann, wenn die in § 2 Abs. 1 Nr. 1 und 2 bezeichneten Erfordernisse nicht eingehalten sind.

§ 24 Persönlicher Anwendungsbereich

Die Vorschriften der §§ 2, 10, 11 und 12 finden keine Anwendung auf Allgemeine Geschäftsbedingungen,

1. die gegenüber einem Kaufmann verwendet werden, wenn der Vertrag zum Betriebe seines Handelsgewerbes gehört;
2. die gegenüber einer juristischen Person des öffentlichen Rechts oder einem öffentlich-rechtlichen Sondervermögen verwendet werden.

§ 9 ist in den Fällen des Satzes 1 auch insoweit anzuwenden, als dies zur Unwirksamkeit von in den §§ 10 und 11 genannten Vertragsbestimmungen führt; auf die im Handelsverkehr geltenden Gewohnheiten und Gebräuche ist angemessen Rücksicht zu nehmen.

§ 24 a Verbraucherverträge

Bei Verträgen zwischen einer Person, die in Ausübung ihrer gewerblichen oder beruflichen Tätigkeit handelt (Unternehmer) und einer natürlichen Person, die den Vertrag zu einem Zweck abschließt, der weder einer gewerblichen noch einer selbständigen beruflichen Tätigkeit zugerechnet werden kann (Verbraucher), sind die Vorschriften dieses Gesetzes mit folgenden Maßgaben anzuwenden:

1. Allgemeine Geschäftsbedingungen gelten als vom Unternehmer gestellt, es sei denn, daß sie durch den Verbraucher in den Vertrag eingeführt wurden;
2. die §§ 5, 6 und 8 bis 12 sind auf vorformulierte Vertragsbedingungen auch dann anzuwenden, wenn diese nur zur einmaligen Verwendung bestimmt sind und soweit der Verbraucher auf Grund der Vorformulierung auf ihren Inhalt keinen Einfluß nehmen konnte;
3. bei der Beurteilung der unangemessenen Benachteiligung nach § 9 sind auch die den Vertragsabschluß begleitenden Umstände zu berücksichtigen.

Fünfter Abschnitt
Schluß- und Übergangsvorschriften

§ 25 Änderung des Bürgerlichen Gesetzbuchs

§ 26 Änderung des Energiewirtschaftsgesetzes

§ 27 Ermächtigung zum Erlaß von Rechtsverordnungen
Der Bundesminister für Wirtschaft kann durch Rechtsverordnung mit Zustimmung des Bundesrates die allgemeinen Bedingungen für die Versorgung mit Wasser und Fernwärme ausgewogen gestalten. Er kann dabei die Bestimmungen der Verträge einheitlich festsetzen und Regelungen über den Vertragsabschluß, den Gegenstand und die Beendigung der Verträge treffen sowie die Rechte und Pflichten der Vertragspartner festlegen; hierbei sind die beiderseitigen Interessen angemessen zu berücksichtigen. Die Sätze 1 und 2 gelten entsprechend für Bedingungen öffentlich-rechtlich gestalteter Versorgungsverhältnisse mit Ausnahme der Regelung des Verwaltungsverfahrens.

§ 28 Übergangsvorschrift
(1) Dieses Gesetz gilt vorbehaltlich des Absatzes 2 nicht für Verträge, die vor seinem Inkrafttreten geschlossen worden sind.
(2) § 9 gilt auch für vor Inkrafttreten dieses Gesetzes abgeschlossene Verträge über die regelmäßige Lieferung von Waren, die regelmäßige Erbringung von Dienst- oder Werkleistungen sowie die Gebrauchsüberlassung von Sachen, soweit diese Verträge noch nicht abgewickelt sind.
(3) Auf Verträge über die Versorgung mit Wasser und Fernwärme sind die Vorschriften dieses Gesetzes erst drei Jahre nach seinem Inkrafttreten anzuwenden.

§ 29 Berlin-Klausel
(gegenstandslos)

§ 30 Inkrafttreten
Dieses Gesetz tritt vorbehaltlich des Satzes 2 am 1. April 1977 in Kraft. § 14 Abs. 2, §§ 26 und 27 treten am Tage nach der Verkündung in Kraft.[1)]

---

1) Verkündet am 15. 12. 1976.

Gesetz über den Widerruf von Haustürgeschäften und ähnlichen Geschäften

Vom 16. Januar 1986 (BGBl. I S. 122)
(BGBl. III 402–30)

Änderungen

Paragraph	Art der Änderung	Geändert durch	Datum	Fundstelle BGBl.
8	gegenstandslos	Sechstes Überleitungsgesetz	25. 9.1990	I S.2106
5	geändert	Gesetz über Verbraucherkredite, zur Änderung der Zivilprozeßordnung und anderer Gesetze	17.12.1990	I S. 2840

Der Bundestag hat das folgende Gesetz beschlossen:

§ 1 Widerrufsrecht

(1) Eine auf den Abschluß eines Vertrags über eine entgeltliche Leistung gerichtete Willenserklärung, zu der der Erklärende (Kunde)

1. durch mündliche Verhandlungen an seinem Arbeitsplatz oder im Bereich einer Privatwohnung,
2. anläßlich einer von der anderen Vertragspartei oder von einem Dritten zumindest auch in ihrem Interesse durchgeführten Freizeitveranstaltung oder
3. im Anschluß an ein überraschendes Ansprechen in Verkehrsmitteln oder im Bereich öffentlich zugänglicher Verkehrswege

bestimmt worden ist, wird erst wirksam, wenn der Kunde sie nicht binnen einer Frist von einer Woche schriftlich widerruft.

(2) Ein Recht auf Widerruf besteht nicht, wenn

1. im Fall von Absatz 1 Nr. 1 die mündlichen Verhandlungen, auf denen der Abschluß des Vertrags beruht, auf vorhergehende Bestellung des Kunden geführt worden sind oder
2. die Leistung bei Abschluß der Verhandlungen sofort erbracht und bezahlt wird und das Entgelt achtzig Deutsche Mark nicht übersteigt oder
3. die Willenserklärung von einem Notar beurkundet worden ist.

§ 2 Ausübung des Widerrufsrechts; Belehrung

(1) Zur Wahrung der Frist genügt die rechtzeitige Absendung des Widerrufs. Der Lauf der Frist beginnt erst, wenn die andere Vertragspartei dem Kunden eine drucktechnisch deutlich gestaltete schriftliche Belehrung über sein Recht zum Widerruf einschließlich Namen und Anschrift des Widerrufsempfängers sowie einschließlich der Bestimmung des Satzes 1 ausgehändigt hat. Dic Belehrung darf keine anderen Erklärungen enthalten und ist vom Kunden zu unterschreiben. Unterbleibt diese Belehrung, so erlischt das Widerrufsrecht des Kunden erst einen Monat nach beiderseits vollständiger Erbringung der Leistung.

(2) Ist streitig, ob oder zu welchem Zeitpunkt die Belehrung dem Kunden ausgehändigt worden ist, so trifft die Beweislast die andere Vertragspartei.

§ 3 Rechtsfolgen des Widerrufs

(1) Im Falle des Widerrufs ist jeder Teil verpflichtet, dem anderen Teil die empfangenen Leistungen zurückzugewähren. Der Widerruf wird durch eine Verschlechterung, den Untergang oder die anderweitige Unmöglichkeit der Herausgabe des empfangenen Gegenstands nicht ausgeschlossen. Hat der Kunde die Verschlechterung, den Untergang oder die anderweitige Unmöglichkeit zu vertreten, so hat er der anderen Vertragspartei die Wertminderung oder den Wert zu ersetzen.

(2) Ist der Kunde nicht nach § 2 belehrt worden und hat er auch nicht anderweitig Kenntnis von seinem Recht zum Widerruf erlangt, so hat er eine Verschlechterung, den Untergang oder die anderweitige Unmöglichkeit nur dann zu vertreten, wenn er diejenige Sorgfalt nicht beachtet hat, die er in eigenen Angelegenheiten anzuwenden pflegt.

(3) Für die Überlassung des Gebrauchs oder die Benutzung einer Sache sowie für sonstige Leistungen bis zu dem Zeitpunkt der Ausübung des Widerrufs ist deren Wert zu vergüten; die durch die bestimmungsgemäße Ingebrauchnahme einer Sache oder Inanspruchnahme einer sonstigen Leistung eingetretene Wertminderung bleibt außer Betracht.

(4) Der Kunde kann für die auf die Sache gemachten notwendigen Aufwendungen Ersatz von der anderen Vertragspartei verlangen.

§ 4 Zug-um-Zug-Verpflichtung

Die sich nach § 3 ergebenden Verpflichtungen der Vertragsparteien sind Zug um Zug zu erfüllen.

§ 5 Umgehungsverbot; Unabdingbarkeit

(1) Dieses Gesetz findet auch Anwendung, wenn seine Vorschriften durch anderweitige Gestaltungen umgangen werden.

(2) Erfüllt ein Geschäft im Sinne des § 1 Abs. 1 zugleich die Voraussetzungen eines Geschäfts nach dem Verbraucherkreditgesetz, nach § 11 des Gesetzes über den Vertrieb ausländischer Investmentanteile und über die Besteuerung der Erträge aus ausländischen Investmentanteilen, nach § 23 des Gesetzes über Kapitalanlagegesellschaften oder nach § 4 des Gesetzes zum Schutz der Teilnehmer am Fernunterricht, so sind nur die Vorschriften dieser Gesetze anzuwenden.

(3) Von den Vorschriften dieses Gesetzes zum Nachteil des Kunden abweichende Vereinbarungen sind unwirksam. Beim Abschluß eines Kaufvertrags auf Grund eines Verkaufsprospekts kann das Widerrufsrecht nach § 1 Abs. 1 durch ein schriftlich eingeräumtes, uneingeschränktes Rückgaberecht entsprechend § 8 Abs. 2 Satz 1 bis 5 des Verbraucherkreditgesetzes ersetzt werden; Voraussetzung ist, daß der Kunde den Verkaufsprospekt in Abwesenheit der anderen Vertragspartei eingehend zur Kenntnis nehmen konnte und zwischen dem Kunden und der anderen Vertragspartei im Zusammenhang mit diesem oder einem späteren Geschäft eine ständige Verbindung aufrechterhalten werden soll.

§ 6 Anwendungsbereich

Die Vorschriften dieses Gesetzes finden keine Anwendung,

1. wenn der Kunde den Vertrag in Ausübung einer selbständigen Erwerbstätigkeit abschließt oder die andere Vertragspartei nicht geschäftsmäßig handelt,
2. beim Abschluß von Versicherungsverträgen.

§ 7 Ausschließlicher Gerichtsstand

(1) Für Klagen aus Geschäften im Sinne des § 1 ist das Gericht ausschließlich zuständig, in dessen Bezirk der Kunde zur Zeit der Klageerhebung seinen Wohnsitz, in Ermangelung eines solchen seinen gewöhnlichen Aufenthaltsort hat.

(2) Eine abweichende Vereinbarung ist jedoch zulässig für den Fall, daß der Kunde nach Vertragsschluß seinen Wohnsitz oder gewöhnlichen Aufenthaltsort aus dem Geltungsbereich dieses Gesetzes verlegt oder sein Wohnsitz oder gewöhnlicher Aufenthaltsort im Zeitpunkt der Klageerhebung nicht bekannt ist.

§ 8 Berlin-Klausel

(gegenstandslos)

§ 9 Inkrafttreten; Übergangsbestimmung

(1) Dieses Gesetz tritt am 1. Mai 1986 in Kraft.

(2) Die Vorschriften dieses Gesetzes finden keine Anwendung auf Verträge, die vor seinem Inkrafttreten geschlossen worden sind. § 7 findet auch Anwendung auf Klagen aus Geschäften im Sinne des § 1, die vor dem Inkrafttreten dieses Gesetzes abgeschlossen worden sind.

Gesetz über die Haftung für fehlerhafte Produkte (Produkthaftungsgesetz – ProdHaftG)

Vom 15. Dezember 1989 (BGBl. I S. 2198)
(BGBl. III 400-8)

Änderungen

Paragraph	Art der Änderung	Geändert durch	Datum	Fundstelle BGBl.
18	gegenstandslos	Sechstes Überleitungsgesetz	25. 9.1990	I S.2106
4	geändert	EWR-Ausführungsgesetz	27. 4.1993	I S.512, 530
4	geändert	Gesetz zu dem Übereinkommen vom 16. 9. 1988 über die gerichtliche Zuständigkeit und die Vollstreckung gerichtlicher Entscheidungen in Zivil- und Handelssachen	30. 9.1994	II S.2658
4	geändert	Markenrechtsreformgesetz	25.10.1994	I S.3082, 3117

Der Bundestag hat das folgende Gesetz beschlossen:

§ 1 Haftung

(1) Wird durch den Fehler eines Produkts jemand getötet, sein Körper oder seine Gesundheit verletzt oder eine Sache beschädigt, so ist der Hersteller des Produkts verpflichtet, dem Geschädigten den daraus entstehenden Schaden zu ersetzen. Im Falle der Sachbeschädigung gilt dies nur, wenn eine andere Sache als das fehlerhafte Produkt beschädigt wird und diese andere Sache ihrer Art nach gewöhnlich für den privaten Ge- oder Verbrauch bestimmt und hierzu von dem Geschädigten hauptsächlich verwendet worden ist.

(2) Die Ersatzpflicht des Herstellers ist ausgeschlossen, wenn

1. er das Produkt nicht in den Verkehr gebracht hat,
2. nach den Umständen davon auszugehen ist, daß das Produkt den Fehler, der den Schaden verursacht hat, noch nicht hatte, als der Hersteller es in den Verkehr brachte,
3. er das Produkt weder für den Verkauf oder eine andere Form des Vertriebs mit wirtschaftlichem Zweck hergestellt noch im Rahmen seiner beruflichen Tätigkeit hergestellt oder vertrieben hat,
4. der Fehler darauf beruht, daß das Produkt in dem Zeitpunkt, in dem der Hersteller es in den Verkehr brachte, dazu zwingenden Rechtsvorschriften entsprochen hat, oder

---

Maßgabe

Gemäß Anlage I Kapitel III Sachgebiet B Abschnitt III Nr. 8 des Einigungsvertrages vom 23. 9. 1990 (BGBl. II S. 885) treten die Rechtsvorschriften mit den folgenden Maßgaben in den Ländern Brandenburg, Mecklenburg-Vorpommern, Sachsen, Sachsen-Anhalt und Thüringen sowie in dem Teil des Landes Berlin, in dem das Grundgesetz bisher nicht galt, in Kraft:

»Dieses Gesetz ist nur auf solche Produkte anwendbar, die am Tag des Wirksamwerdens des Beitritts oder danach in Verkehr gebracht worden sind.«

5. der Fehler nach dem Stand der Wissenschaft und Technik in dem Zeitpunkt, in dem der Hersteller das Produkt in den Verkehr brachte, nicht erkannt werden konnte.

(3) Die Ersatzpflicht des Herstellers eines Teilprodukts ist ferner ausgeschlossen, wenn der Fehler durch die Konstruktion des Produkts, in welches das Teilprodukt eingearbeitet wurde, oder durch die Anleitungen des Herstellers des Produkts verursacht worden ist. Satz 1 ist auf den Hersteller eines Grundstoffs entsprechend anzuwenden.

(4) Für den Fehler, den Schaden und den ursächlichen Zusammenhang zwischen Fehler und Schaden trägt der Geschädigte die Beweislast. Ist streitig, ob die Ersatzpflicht gemäß Absatz 2 oder 3 ausgeschlossen ist, so trägt der Hersteller die Beweislast.

§ 2 Produkt

Produkt im Sinne dieses Gesetzes ist jede bewegliche Sache, auch wenn sie einen Teil einer anderen beweglichen Sache oder einer unbeweglichen Sache bildet, sowie Elektrizität. Ausgenommen sind landwirtschaftliche Erzeugnisse des Bodens, der Tierhaltung, der Imkerei und der Fischerei (landwirtschaftliche Naturprodukte), die nicht einer ersten Verarbeitung unterzogen worden sind; gleiches gilt für Jagderzeugnisse.

§ 3 Fehler

(1) Ein Produkt hat einen Fehler, wenn es nicht die Sicherheit bietet, die unter Berücksichtigung aller Umstände, insbesondere

a) seiner Darbietung,

b) des Gebrauchs, mit dem billigerweise gerechnet werden kann,

c) des Zeitpunkts, in dem es in den Verkehr gebracht wurde,

berechtigterweise erwartet werden kann.

(2) Ein Produkt hat nicht allein deshalb einen Fehler, weil später ein verbessertes Produkt in den Verkehr gebracht wurde.

§ 4 Hersteller

(1) Hersteller im Sinne dieses Gesetzes ist, wer das Endprodukt, einen Grundstoff oder ein Teilprodukt hergestellt hat. Als Hersteller gilt auch jeder, der sich durch das Anbringen seines Namens, seiner Marke oder eines anderen unterscheidungskräftigen Kennzeichens als Hersteller ausgibt.

(2) Als Hersteller gilt ferner, wer ein Produkt zum Zweck des Verkaufs, der Vermietung, des Mietkaufs oder einer anderen Form des Vertriebs mit wirtschaftlichem Zweck im Rahmen seiner geschäftlichen Tätigkeit in den Geltungsbereich des Abkommens über den Europäischen Wirtschaftsraum einführt oder verbringt.

(3) Kann der Hersteller des Produkts nicht festgestellt werden, so gilt jeder Lieferant als dessen Hersteller, es sei denn, daß er dem Geschädigten innerhalb eines Monats, nachdem ihm dessen diesbezügliche Aufforderung zugegangen ist, den Hersteller oder diejenige Person benennt, die ihm das Produkt geliefert hat. Dies gilt auch für ein eingeführtes Produkt, wenn sich bei diesem die in Absatz 2 genannte Person nicht feststellen läßt, selbst wenn der Name des Herstellers bekannt ist.

§ 5 Mehrere Ersatzpflichtige

Sind für denselben Schaden mehrere Hersteller nebeneinander zum Schadenersatz verpflichtet, so haften sie als Gesamtschuldner. Im Verhältnis der Ersatzpflichtigen zueinander hängt, soweit nichts anderes bestimmt ist, die Verpflichtung zum Ersatz sowie der Umfang des zu leistenden Ersatzes von den Umständen, insbesondere davon ab, inwieweit der Schaden vorwiegend von dem einen oder dem anderen Teil verursacht worden ist; im übrigen gelten die §§ 421 bis 425 sowie § 426 Abs. 1 Satz 2 und Abs. 2 des Bürgerlichen Gesetzbuchs.

§ 6 Haftungsminderung

(1) Hat bei der Entstehung des Schadens ein Verschulden des Geschädigten mitgewirkt, so gilt § 254 des Bürgerlichen Gesetzbuchs; im Falle der Sachbeschädigung steht das Verschulden desjenigen, der die tatsächliche Gewalt über die Sache ausübt, dem Verschulden des Geschädigten gleich.

(2) Die Haftung des Herstellers wird nicht gemindert, wenn der Schaden durch einen Fehler des Produkts und zugleich durch die Handlung eines Dritten verursacht worden ist. § 5 Satz 2 gilt entsprechend.

§ 7 Umfang der Ersatzpflicht bei Tötung

(1) Im Falle der Tötung ist Ersatz der Kosten einer versuchten Heilung sowie des Vermögensnachteils zu leisten, den der Getötete dadurch erlitten hat, daß während der Krankheit seine Erwerbsfähigkeit aufgehoben oder gemindert war oder seine Bedürfnisse vermehrt waren. Der Ersatzpflichtige hat außerdem die Kosten der Beerdigung demjenigen zu ersetzen, der diese Kosten zu tragen hat.

(2) Stand der Getötete zur Zeit der Verletzung zu einem Dritten in einem Verhältnis, aus dem er diesem gegenüber kraft Gesetzes unterhaltspflichtig war oder unterhaltspflichtig werden konnte, und ist dem Dritten infolge der Tötung das Recht auf Unterhalt entzogen, so hat der Ersatzpflichtige dem Dritten insoweit Schadenersatz zu leisten, als der Getötete während der mutmaßlichen Dauer seines Lebens zur Gewährung des Unterhalts verpflichtet gewesen wäre. Die Ersatzpflicht tritt auch ein, wenn der Dritte zur Zeit der Verletzung gezeugt, aber noch nicht geboren war.

§ 8 Umfang der Ersatzpflicht bei Körperverletzung

Im Falle der Verletzung des Körpers oder der Gesundheit ist Ersatz der Kosten der Heilung sowie des Vermögensnachteils zu leisten, den der Verletzte dadurch erleidet, daß infolge der Verletzung zeitweise oder dauernd seine Erwerbsfähigkeit aufgehoben oder gemindert ist oder seine Bedürfnisse vermehrt sind.

§ 9 Schadensersatz durch Geldrente

(1) Der Schadensersatz wegen Aufhebung oder Minderung der Erwerbsfähigkeit und wegen vermehrter Bedürfnisse des Verletzten sowie der nach § 7 Abs. 2 einem Dritten zu gewährende Schadensersatz ist für die Zukunft durch eine Geldrente zu leisten.

(2) § 843 Abs. 2 bis 4 des Bürgerlichen Gesetzbuchs ist entsprechend anzuwenden.

§ 10 Haftungshöchstbetrag

(1) Sind Personenschäden durch ein Produkt oder gleiche Produkte mit demselben Fehler verursacht worden, so haftet der Ersatzpflichtige nur bis zu einem Höchstbetrag von 160 Millionen Deutsche Mark.

(2) Übersteigen die den mehreren Geschädigten zu leistenden Entschädigungen den in Absatz 1 vorgesehenen Höchstbetrag, so verringern sich die einzelnen Entschädigungen in dem Verhältnis, in dem ihr Gesamtbetrag zu dem Höchstbetrag steht.

§ 11 Selbstbeteiligung bei Sachbeschädigung

Im Falle der Sachbeschädigung hat der Geschädigte einen Schaden bis zu einer Höhe von 1 125 Deutsche Mark selbst zu tragen.

§ 12 Verjährung

(1) Der Anspruch nach § 1 verjährt in drei Jahren von dem Zeitpunkt an, in dem der Ersatzberechtigte von dem Schaden, dem Fehler und von der Person des Ersatzpflichtigen Kenntnis erlangt hat oder hätte erlangen müssen.

(2) Schweben zwischen dem Ersatzpflichtigen und dem Ersatzberechtigten Verhandlungen über den zu leistenden Schadensersatz, so ist die Verjährung gehemmt, bis die Fortsetzung der Verhandlungen verweigert wird.
(3) Im übrigen sind die Vorschriften des Bürgerlichen Gesetzbuchs über die Verjährung anzuwenden.

§ 13 Erlöschen von Ansprüchen

(1) Der Anspruch nach § 1 erlischt zehn Jahre nach dem Zeitpunkt, in dem der Hersteller das Produkt, das den Schaden verursacht hat, in den Verkehr gebracht hat. Dies gilt nicht, wenn über den Anspruch ein Rechtsstreit oder ein Mahnverfahren anhängig ist.
(2) Auf den rechtskräftig festgestellten Anspruch oder auf den Anspruch aus einem anderen Vollstreckungstitel ist Absatz 1 Satz 1 nicht anzuwenden. Gleiches gilt für den Anspruch, der Gegenstand eines außergerichtlichen Vergleichs ist oder der durch rechtsgeschäftliche Erklärung anerkannt wurde.

§ 14 Unabdingbarkeit

Die Ersatzpflicht des Herstellers nach diesem Gesetz darf im voraus weder ausgeschlossen noch beschränkt werden. Entgegenstehende Vereinbarungen sind nichtig.

§ 15 Arzneimittelhaftung; Haftung nach anderen Rechtsvorschriften

(1) Wird infolge der Anwendung eines zum Gebrauch bei Menschen bestimmten Arzneimittels, das im Geltungsbereich des Arzneimittelgesetzes an den Verbraucher abgegeben wurde und der Pflicht zur Zulassung unterliegt oder durch Rechtsverordnung von der Zulassung befreit worden ist, jemand getötet, sein Körper oder seine Gesundheit verletzt, so sind die Vorschriften des Produkthaftungsgesetzes nicht anzuwenden.
(2) Eine Haftung aufgrund anderer Vorschriften bleibt unberührt.

§ 16 Übergangsvorschriften

Dieses Gesetz ist nicht auf Produkte anwendbar, die vor seinem Inkrafttreten in den Verkehr gebracht worden sind.

§ 17 Erlaß von Rechtsverordnungen

Der Bundesminister der Justiz wird ermächtigt, durch Rechtsverordnung die Beträge der §§ 10 und 11 zu ändern oder das Außerkrafttreten des § 10 anzuordnen, wenn und soweit dies zur Umsetzung einer Richtlinie des Rates der Europäischen Gemeinschaften auf der Grundlage der Artikel 16 Abs. 2 und 18 Abs. 2 der Richtlinie des Rates vom 25. Juli 1985 zur Angleichung der Rechts- und Verwaltungsvorschriften der Mitgliedstaaten über die Haftung für fehlerhafte Produkte erforderlich ist.

§ 18 Berlin-Klausel

(gegenstandslos)

§ 19 Inkrafttreten

Dieses Gesetz tritt am 1. Januar 1990 in Kraft.

Umwelthaftungsgesetz (UmweltHG)

Vom 10. Dezember 1990 (BGBl. I S. 2634)[1)]
(BGBl. III 400-9/1)

§ 1 Anlagenhaftung bei Umwelteinwirkungen

Wird durch eine Umwelteinwirkung, die von einer im Anhang 1 genannten Anlage ausgeht, jemand getötet, sein Körper oder seine Gesundheit verletzt oder eine Sache beschädigt, so ist der Inhaber der Anlage verpflichtet, dem Geschädigten den daraus entstehenden Schaden zu ersetzen.

§ 2 Haftung für nichtbetriebene Anlagen

(1) Geht die Umwelteinwirkung von einer noch nicht fertiggestellten Anlage aus und beruht sie auf Umständen, die die Gefährlichkeit der Anlage nach ihrer Fertigstellung begründen, so haftet der Inhaber der noch nicht fertiggestellten Anlage nach § 1.

(2) Geht die Umwelteinwirkung von einer nicht mehr betriebenen Anlage aus und beruht sie auf Umständen, die die Gefährlichkeit der Anlage vor der Einstellung des Betriebs begründet haben, so haftet derjenige nach § 1, der im Zeitpunkt der Einstellung des Betriebs Inhaber der Anlage war.

§ 3 Begriffsbestimmungen

(1) Ein Schaden entsteht durch eine Umwelteinwirkung, wenn er durch Stoffe, Erschütterungen, Geräusche, Druck, Strahlen, Gase, Dämpfe, Wärme oder sonstige Erscheinungen verursacht wird, die sich in Boden, Luft oder Wasser ausgebreitet haben.

(2) Anlagen sind ortsfeste Einrichtungen wie Betriebsstätten und Lager.

(3) Zu den Anlagen gehören auch

a) Maschinen, Geräte, Fahrzeuge und sonstige ortsveränderliche technische Einrichtungen und
b) Nebeneinrichtungen,

die mit der Anlage oder einem Anlagenteil in einem räumlichen oder betriebstechnischen Zusammenhang stehen und für das Entstehen von Umwelteinwirkungen von Bedeutung sein können.

§ 4 Ausschluß der Haftung

Die Ersatzpflicht besteht nicht, soweit der Schaden durch höhere Gewalt verursacht wurde.

§ 5 Beschränkung der Haftung bei Sachschäden

Ist die Anlage bestimmungsgemäß betrieben worden (§ 6 Abs. 2 Satz 2), so ist die Ersatzpflicht für Sachschäden ausgeschlossen, wenn die Sache nur unwesentlich oder in einem Maße beeinträchtigt wird, das nach den örtlichen Verhältnissen zumutbar ist.

---

1) Verkündet als Artikel 1 des Gesetzes über die Umwelthaftung vom 10. 12. 1990 (BGBl. I S. 2634). In Kraft ab 1. 1. 1991.

§ 6 Ursachenvermutung

(1) Ist eine Anlage nach den Gegebenheiten des Einzelfalles geeignet, den entstandenen Schaden zu verursachen, so wird vermutet, daß der Schaden durch diese Anlage verursacht ist. Die Eignung im Einzelfall beurteilt sich nach dem Betriebsablauf, den verwendeten Einrichtungen, der Art und Konzentration der eingesetzten und freigesetzten Stoffe, den meteorologischen Gegebenheiten, nach Zeit und Ort des Schadenseintritts und nach dem Schadensbild sowie allen sonstigen Gegebenheiten, die im Einzelfall für oder gegen die Schadensverursachung sprechen.

(2) Absatz 1 findet keine Anwendung, wenn die Anlage bestimmungsgemäß betrieben wurde. Ein bestimmungsgemäßer Betrieb liegt vor, wenn die besonderen Betriebspflichten eingehalten worden sind und auch keine Störung des Betriebs vorliegt.

(3) Besondere Betriebspflichten sind solche, die sich aus verwaltungsrechtlichen Zulassungen, Auflagen und vollziehbaren Anordnungen und Rechtsvorschriften ergeben, soweit sie die Verhinderung von solchen Umwelteinwirkungen bezwecken, die für die Verursachung des Schadens in Betracht kommen.

(4) Sind in der Zulassung, in Auflagen, in vollziehbaren Anordnungen oder in Rechtsvorschriften zur Überwachung einer besonderen Betriebspflicht Kontrollen vorgeschrieben, so wird die Einhaltung dieser Betriebspflicht vermutet, wenn

1. die Kontrollen in dem Zeitraum durchgeführt wurden, in dem die in Frage stehende Umwelteinwirkung von der Anlage ausgegangen sein kann, und diese Kontrollen keinen Anhalt für die Verletzung der Betriebspflicht ergeben haben, oder
2. im Zeitpunkt der Geltendmachung des Schadensersatzanspruchs die in Frage stehende Umwelteinwirkung länger als zehn Jahre zurückliegt.

§ 7 Ausschluß der Vermutung

(1) Sind mehrere Anlagen geeignet, den Schaden zu verursachen, so gilt die Vermutung nicht, wenn ein anderer Umstand nach den Gegebenheiten des Einzelfalles geeignet ist, den Schaden zu verursachen. Die Eignung im Einzelfall beurteilt sich nach Zeit und Ort des Schadenseintritts und nach dem Schadensbild sowie allen sonstigen Gegebenheiten, die im Einzelfall für oder gegen die Schadensverursachung sprechen.

(2) Ist nur eine Anlage geeignet, den Schaden zu verursachen, so gilt die Vermutung dann nicht, wenn ein anderer Umstand nach den Gegebenheiten des Einzelfalles geeignet ist, den Schaden zu verursachen.

§ 8 Auskunftsanspruch des Geschädigten gegen den Inhaber einer Anlage

(1) Liegen Tatsachen vor, die die Annahme begründen, daß eine Anlage den Schaden verursacht hat, so kann der Geschädigte vom Inhaber der Anlage Auskunft verlangen, soweit dies zur Feststellung, daß ein Anspruch auf Schadensersatz nach diesem Gesetz besteht, erforderlich ist. Verlangt werden können nur Angaben über die verwendeten Einrichtungen, die Art und Konzentration der eingesetzten oder freigesetzten Stoffe und die sonst von der Anlage ausgehenden Wirkungen sowie die besonderen Betriebspflichten nach § 6 Abs. 3.

(2) Der Anspruch nach Absatz 1 besteht insoweit nicht, als die Vorgänge aufgrund gesetzlicher Vorschriften geheimzuhalten sind oder die Geheimhaltung einem überwiegenden Interesse des Inhabers der Anlage oder eines Dritten entspricht.

(3) Der Geschädigte kann vom Inhaber der Anlage Gewährung von Einsicht in vorhandene Unterlagen verlangen, soweit die Annahme begründet ist, daß die Auskunft

unvollständig, unrichtig oder nicht ausreichend ist, oder wenn die Auskunft nicht in angemessener Frist erteilt wird. Absätze 1 und 2 gelten entsprechend.

(4) Die §§ 259 bis 261 des Bürgerlichen Gesetzbuchs finden entsprechende Anwendung.

§ 9 Auskunftsanspruch des Geschädigten gegen Behörden

Liegen Tatsachen vor, die die Annahme begründen, daß eine Anlage den Schaden verursacht hat, so kann der Geschädigte von Behörden, die die Anlage genehmigt haben oder überwachen, oder deren Aufgabe es ist, Einwirkungen auf die Umwelt zu erfassen, Auskunft verlangen, soweit dies zur Feststellung, daß ein Anspruch auf Schadensersatz nach diesem Gesetz besteht, erforderlich ist. Die Behörde ist zur Erteilung der Auskunft nicht verpflichtet, soweit durch sie die ordnungsgemäße Erfüllung der Aufgaben der Behörde beeinträchtigt würde, das Bekanntwerden des Inhalts der Auskunft dem Wohle des Bundes oder eines Landes Nachteile bereiten würde oder soweit die Vorgänge nach einem Gesetz oder ihrem Wesen nach, namentlich wegen der berechtigten Interessen der Beteiligten oder dritter Personen, geheimgehalten werden müssen. § 8 Abs. 1 Satz 2 gilt entsprechend für die Behörden, die die Anlage genehmigt haben oder überwachen; von diesen Behörden können auch Angaben über Namen und Anschrift des Inhabers der Anlage, seines gesetzlichen Vertreters oder eines Zustellungsbevollmächtigten verlangt werden.

§ 10 Auskunftsanspruch des Inhabers einer Anlage

(1) Wird gegen den Inhaber einer Anlage ein Anspruch aufgrund dieses Gesetzes geltend gemacht, so kann er von dem Geschädigten und von dem Inhaber einer anderen Anlage Auskunft und Einsichtsgewährung oder von den in § 9 genannten Behörden Auskunft verlangen, soweit dies zur Feststellung des Umfangs seiner Ersatzpflicht gegenüber dem Geschädigten oder seines Ausgleichsanspruchs gegen den anderen Inhaber erforderlich ist.

(2) Für den Anspruch gegen den Geschädigten gilt § 8 Abs. 2, 3 Satz 1 und § 8 Abs. 4, für den Anspruch gegen den Inhaber einer anderen Anlage gilt § 8 Abs. 1 Satz 2, Abs. 2 bis 4 und für den Auskunftsanspruch gegen Behörden § 9 entsprechend.

§ 11 Mitverschulden

Hat bei der Entstehung des Schadens ein Verschulden des Geschädigten mitgewirkt, so gilt § 254 des Bürgerlichen Gesetzbuchs; im Falle der Sachbeschädigung steht das Verschulden desjenigen, der die tatsächliche Gewalt über die Sache ausübt, dem Verschulden des Geschädigten gleich.

§ 12 Umfang der Ersatzpflicht bei Tötung

(1) Im Falle der Tötung ist Ersatz der Kosten einer versuchten Heilung sowie des Vermögensnachteils zu leisten, den der Getötete dadurch erlitten hat, daß während der Krankheit seine Erwerbsfähigkeit aufgehoben oder gemindert war oder seine Bedürfnisse vermehrt waren. Der Ersatzpflichtige hat außerdem die Kosten der Beerdigung demjenigen zu ersetzen, der diese Kosten zu tragen hat.

(2) Stand der Getötete zur Zeit der Verletzung zu einem Dritten in einem Verhältnis, aus dem er diesem gegenüber kraft Gesetzes unterhaltspflichtig war oder unterhaltspflichtig werden konnte, und ist dem Dritten infolge der Tötung das Recht auf Unterhalt entzogen, so hat der Ersatzpflichtige dem Dritten insoweit Schadensersatz zu leisten, als der Getötete während der mutmaßlichen Dauer seines Lebens zur Gewährung des Unterhalts verpflichtet gewesen wäre. Die Ersatzpflicht tritt auch ein, wenn der Dritte zur Zeit der Verletzung gezeugt, aber noch nicht geboren war.

§ 13 Umfang der Ersatzpflicht bei Körperverletzung

Im Falle der Verletzung des Körpers oder der Gesundheit ist Ersatz der Kosten der Heilung sowie des Vermögensnachteils zu leisten, den der Verletzte dadurch erleidet, daß infolge der Verletzung zeitweise oder dauernd seine Erwerbsfähigkeit aufgehoben oder gemindert ist oder seine Bedürfnisse vermehrt sind.

§ 14 Schadensersatz durch Geldrente

(1) Der Schadensersatz wegen Aufhebung oder Minderung der Erwerbsfähigkeit und wegen vermehrter Bedürfnisse des Verletzten sowie der nach § 12 Abs. 2 einem Dritten zu gewährende Schadensersatz ist für die Zukunft durch eine Geldrente zu leisten.

(2) § 843 Abs. 2 bis 4 des Bürgerlichen Gesetzbuchs ist entsprechend anzuwenden.

§ 15 Haftungshöchstgrenzen

Der Ersatzpflichtige haftet für Tötung, Körper- und Gesundheitsverletzung insgesamt nur bis zu einem Höchstbetrag von einhundertsechzig Millionen Deutsche Mark und für Sachbeschädigungen ebenfalls insgesamt nur bis zu einem Höchstbetrag von einhundersechzig Millionen Deutsche Mark, soweit die Schäden aus einer einheitlichen Umwelteinwirkung entstanden sind. Übersteigen die mehreren aufgrund der einheitlichen Umwelteinwirkung zu leistenden Entschädigungen die in Satz 1 bezeichneten jeweiligen Höchstbeträge, so verringern sich die einzelnen Entschädigungen in dem Verhältnis, in dem ihr Gesamtbetrag zum Höchstbetrag steht.

§ 16 Aufwendungen bei Wiederherstellungsmaßnahmen

(1) Stellt die Beschädigung einer Sache auch eine Beeinträchtigung der Natur oder der Landschaft dar, so ist, soweit der Geschädigte den Zustand herstellt, der bestehen würde, wenn die Beeinträchtigung nicht eingetreten wäre, § 251 Abs. 2 des Bürgerlichen Gesetzbuchs mit der Maßgabe anzuwenden, daß Aufwendungen für die Wiederherstellung des vorherigen Zustandes nicht allein deshalb unverhältnismäßig sind, weil sie den Wert der Sache übersteigen.

(2) Für die erforderlichen Aufwendungen hat der Schädiger auf Verlangen des Ersatzberechtigten Vorschuß zu leisten.

§ 17 Verjährung

Auf die Verjährung finden die für unerlaubte Handlungen geltenden Verjährungsvorschriften des Bürgerlichen Gesetzbuchs entsprechende Anwendung.

§ 18 Weitergehende Haftung

(1) Eine Haftung aufgrund anderer Vorschriften bleibt unberührt.

(2) Dieses Gesetz findet keine Anwendung im Falle eines nuklearen Ereignisses, soweit für den Schaden das Atomgesetz in Verbindung mit dem Pariser Atomhaftungsübereinkommen vom 29. Juli 1960 (im Wortlaut der Bekanntmachung vom 15. Juli 1985, BGBl. 1985 II S. 963), dem Brüsseler Reaktorschiff-Übereinkommen vom 25. Mai 1962 (BGBl. 1975 II S. 957, 977) und dem Brüsseler Kernmaterial-Seetransport-Abkommen vom 17. Dezember 1971 (BGBl. 1975 II S. 957, 1026) in der jeweils gültigen Fassung, maßgebend ist.

§ 19 Deckungsvorsorge

(1) Die Inhaber von Anlagen, die in Anhang 2 genannt sind, haben dafür Sorge zu tragen, daß sie ihren gesetzlichen Verpflichtungen zum Ersatz von Schäden nachkommen können, die dadurch entstehen, daß infolge einer von der Anlage ausgehenden Umwelteinwirkung

ein Mensch getötet, sein Körper oder seine Gesundheit verletzt oder eine Sache beschädigt wird (Deckungsvorsorge). Geht von einer nicht mehr betriebenen Anlage eine besondere Gefährlichkeit aus, kann die zuständige Behörde anordnen, daß derjenige, der im Zeitpunkt der Einstellung des Betriebs Inhaber der Anlage war, für die Dauer von höchstens zehn Jahren weiterhin entsprechende Deckungsvorsorge zu treffen hat.

(2) Die Deckungsvorsorge kann erbracht werden

1. durch eine Haftpflichtversicherung bei einem im Geltungsbereich dieses Gesetzes zum Geschäftsbetrieb befugten Versicherungsunternehmen oder
2. durch eine Freistellungs- oder Gewährleistungsverpflichtung des Bundes oder eines Landes oder
3. durch eine Freistellungs- oder Gewährleistungsverpflichtung eines im Geltungsbereich dieses Gesetzes zum Geschäftsbetrieb befugten Kreditinstituts, wenn gewährleistet ist, daß sie einer Haftpflichtversicherung vergleichbare Sicherheiten bietet.

(3) Die in § 2 Abs. 1 Nr. 1 bis 5 des Pflichtversicherungsgesetzes in der Fassung der Bekanntmachung vom 5. April 1965 (BGBl. I S. 213), zuletzt geändert durch Gesetz vom 22. März 1988 (BGBl. I S. 358), Genannten sind von der Pflicht zur Deckungsvorsorge befreit.

(4) Die zuständige Behörde kann den Betrieb einer im Anhang 2 genannten Anlage ganz oder teilweise untersagen, wenn der Inhaber seiner Verpflichtung zur Deckungsvorsorge nicht nachkommt und die Deckungsvorsorge nicht binnen einer von der zuständigen Behörde festzusetzenden angemessenen Frist nachweist.

§ 20 Ermächtigung zum Erlaß von Rechtsverordnungen

(1) Die Bundesregierung wird durch Rechtsverordnung mit Zustimmung des Bundesrates Vorschriften erlassen über

1. den Zeitpunkt, ab dem der Inhaber einer Anlage nach § 19 Deckungsvorsorge zu treffen hat,
2. Umfang und Höhe der Deckungsvorsorge,
3. die an Freistellungs- und Gewährleistungsverpflichtungen von Kreditinstituten zu stellenden Anforderungen,
4. Verfahren und Befugnisse der für die Überwachung der Deckungsvorsorge zuständigen Behörde,
5. die zuständige Stelle gemäß § 158 c Abs. 2 des Gesetzes über den Versicherungsvertrag sowie über die Erstattung der Anzeige im Sinne des § 158 c Abs. 2 des Gesetzes über den Versicherungsvertrag,
6. die Pflichten des Inhabers der Anlage, des Versicherungsunternehmens und desjenigen, der eine Freistellungs- oder Gewährleistungsverpflichtung übernommen hat, gegenüber der für die Überwachung der Deckungsvorsorge zuständigen Behörde.

(2) Die Rechtsverordnung ist vor Zuleitung an den Bundesrat dem Deutschen Bundestag zuzuleiten. Sie kann durch Beschluß des Bundestages geändert oder abgelehnt werden. Der Beschluß des Bundestages wird der Bundesregierung zugeleitet. Hat sich der Deutsche Bundestag nach Ablauf von drei Sitzungswochen seit Eingang der Rechtsverordnung nicht mit ihr befaßt, so wird die unveränderte Rechtsverordnung der Bundesregienung zugeleitet. Der Deutsche Bundestag befaßt sich mit der Rechtsverordnung auf Antrag von so vielen Mitgliedern des Bundestages, wie zur Bildung einer Fraktion erforderlich sind.

§ 21 Strafvorschriften

(1) Mit Freiheitsstrafe bis zu einem Jahr oder mit Geldstrafe wird bestraft, wer

1. entgegen § 19 Abs. 1 Satz 1, auch in Verbindung mit einer Rechtsverordnung nach § 20 Abs. 1 Nr. 1 oder 2, nicht oder nicht ausreichende Deckungsvorsorge trifft oder
2. einer vollziehbaren Anordnung nach § 19 Abs. 1 Satz 2 zuwiderhandelt.

(2) Handelt der Täter fahrlässig, so ist die Strafe Freiheitsstrafe bis zu sechs Monaten oder Geldstrafe bis zu einhundertachtzig Tagessätzen.

§ 22 Bußgeldvorschriften

(1) Ordnungswidrig handelt, wer einer Rechtsverordnung nach § 20 Abs. 1 Nr. 3 bis 6 zuwiderhandelt, soweit sie für einen bestimmten Tatbestand auf diese Bußgeldvorschrift verweist.

(2) Die Ordnungswidrigkeit kann mit einer Geldbuße bis zu zehntausend Deutsche Mark geahndet werden.

§ 23 Übergangsvorschriften

Dieses Gesetz findet keine Anwendung, soweit der Schaden vor dem Inkrafttreten dieses Gesetzes verursacht worden ist.

Gesetz über das Wohnungseigentum und das Dauerwohnrecht (Wohnungseigentumsgesetz)

Vom 15. März 1951 (BGBl. I S. 175, 209)
(BGBl. III 403-1)

Änderungen seit 1. 1. 1964

Paragraph	Art der Änderung	Geändert durch	Datum	Fundstelle BGBl.
4	geändert	Gesetz zur Änderung des Bürgerlichen Gesetzbuchs und anderer Gesetze	30. 5.1973	I S.501
1, 3, 7, 24, 26, 32, 43, 48	geändert	Gesetz zur Änderung des Wohnungseigentumsgesetzes und der Verordnung über das Erbbaurecht	30. 7.1973	I S.910
45	geändert	Gesetz zur Erhöhung von Wertgrenzen in der Gerichtsbarkeit	8.12.1982	I S.1615
61, 62	aufgehoben	Steuerbereinigungsgesetz 1985	14.12.1984	I S.1493
45, 48 46 a	geändert eingefügt	Rechtspflege-Vereinfachungsgesetz	17.12.1990	I S.2847
3, 32	geändert	Gesetz zur Beseitigung von Hemmnissen bei der Privatisierung von Unternehmen und zur Förderung von Investitionen	22. 3.1991	I S.766
45	geändert	Gesetz zur Entlastung der Rechtspflege	11. 1.1993	I S.50
61	eingefügt	Gesetz zur Heilung des Erwerbs von Wohnungseigentum	3. 1.1994	I S.66
48	geändert	Kostenrechtsänderungsgesetz 1994	24. 6.1994	I S.1325, 1364
11, 12	geändert[1)]	Einführungsgesetz zur Insolvenzordnung	5.10.1994	I S.2911, 2926

Der Bundestag hat das folgende Gesetz beschlossen:

I. TEIL
Wohnungseigentum

§ 1 Begriffsbestimmungen

(1) Nach Maßgabe dieses Gesetzes kann an Wohnungen das Wohnungseigentum, an nicht zu Wohnzwecken dienenden Räumen eines Gebäudes das Teileigentum begründet werden.
(2) Wohnungseigentum ist das Sondereigentum an einer Wohnung in Verbindung mit dem Miteigentumsanteil an dem gemeinschaftlichen Eigentum, zu dem es gehört.

1) Die Änderungen treten am 1. 1. 1999 in Kraft und werden zu diesem Zeitpunkt eingearbeitet.

(3) Teileigentum ist das Sondereigentum an nicht zu Wohnzwecken dienenden Räumen eines Gebäudes in Verbindung mit dem Miteigentumsanteil an dem gemeinschaftlichen Eigentum, zu dem es gehört.
(4)[1] Wohnungseigentum und Teileigentum können nicht in der Weise begründet werden, daß das Sondereigentum mit Miteigentum an mehreren Grundstücken verbunden wird.
(5) Gemeinschaftliches Eigentum im Sinne dieses Gesetzes sind das Grundstück sowie die Teile, Anlagen und Einrichtungen des Gebäudes, die nicht im Sondereigentum oder im Eigentum eines Dritten stehen.
(6) Für das Teileigentum gelten die Vorschriften über das Wohnungseigentum entsprechend.

1. Abschnitt
Begründung des Wohnungseigentums

§ 2 Arten der Begründung
Wohnungseigentum wird durch die vertragliche Einräumung von Sondereigentum (§ 3) oder durch Teilung (§ 8) begründet.

§ 3 Vertragliche Einräumung von Sondereigentum
(1) Das Miteigentum (§ 1008 des Bürgerlichen Gesetzbuches) an einem Grundstück kann durch Vertrag der Miteigentümer in der Weise beschränkt werden, daß jedem der Miteigentümer abweichend von § 93 des Bürgerlichen Gesetzbuches das Sondereigentum an einer bestimmten Wohnung oder an nicht zu Wohnzwecken dienenden bestimmten Räumen in einem auf dem Grundstück errichteten oder zu errichtenden Gebäude eingeräumt wird.
(2) Sondereigentum soll nur eingeräumt werden, wenn die Wohnungen oder sonstigen Räume in sich abgeschlossen sind. Garagenstellplätze gelten als abgeschlossene Räume, wenn ihre Flächen durch dauerhafte Markierungen ersichtlich sind.
(3) Unbeschadet der im übrigen Bundesgebiet bestehenden Rechtslage wird die Abgeschlossenheit von Wohnungen oder sonstigen Räumen, die vor dem 3. Oktober 1990 bauordnungsrechtlich genehmigt worden sind, in dem in Artikel 3 des Einigungsvertrages bezeichneten Gebiet nicht dadurch ausgeschlossen, daß die Wohnungstrennwände und Wohnungstrenndecken oder die entsprechenden Wände oder Decken bei sonstigen Räumen nicht den bauordnungsrechtlichen Anforderungen entsprechen, die im Zeitpunkt der Erteilung der Bescheinigung nach § 7 Abs. 4 Nr. 2 gelten. Diese Regelung gilt bis zum 31. Dezember 1996.

---

1) Fassung des § 1 Abs. 4 gemäß Gesetz zur Änderung des Wohnungseigentumsgesetzes und der Verordnung über das Erbbaurecht vom 30. 7. 1973 (BGBl. I S. 910); in Kraft getreten am 1. 10. 1973. Siehe hierzu Artikel 3 § 1 des genannten Gesetzes:

»(1) Ist vor Inkrafttreten dieses Gesetzes Wohnungs- oder Teileigentum in der Weise begründet worden, daß Sondereigentum mit gleich großen Miteigentumsanteilen an mehreren Grundstücken verbunden wurde, gelten die Grundstücke als bei der Anlegung des Wohnungs- oder Teileigentumsgrundbuchs zu einem Grundstück vereinigt.

(2) Ist das Sondereigentum mit unterschiedlich großen Miteigentumsanteilen an mehreren Grundstücken verbunden worden, gelten die Eigentumsrechte bei der Anlegung des Wohnungs- oder Teileigentumsgrundbuchs als rechtswirksam entstanden, soweit nicht andere, die rechtswirksame Begründung ausschließende Mängel vorliegen.«

§ 4 Formvorschriften

(1) Zur Einräumung und zur Aufhebung des Sondereigentums ist die Einigung der Beteiligten über den Eintritt der Rechtsänderung und die Eintragung in das Grundbuch erforderlich.

(2) Die Einigung bedarf der für die Auflassung vorgeschriebenen Form. Sondereigentum kann nicht unter einer Bedingung oder Zeitbestimmung eingeräumt oder aufgehoben werden.

(3) Für einen Vertrag, durch den sich ein Teil verpflichtet, Sondereigentum einzuräumen, zu erwerben oder aufzuheben, gilt § 313 des Bürgerlichen Gesetzbuchs entsprechend.

§ 5 Gegenstand und Inhalt des Sondereigentums

(1) Gegenstand des Sondereigentums sind die gemäß § 3 Abs. 1 bestimmten Räume sowie die zu diesen Räumen gehörenden Bestandteile des Gebäudes, die verändert, beseitigt oder eingefügt werden können, ohne daß dadurch das gemeinschaftliche Eigentum oder ein auf Sondereigentum beruhendes Recht eines anderen Wohnungseigentümers über das nach § 14 zulässige Maß hinaus beeinträchtigt oder die äußere Gestaltung des Gebäudes verändert wird.

(2) Teile des Gebäudes, die für dessen Bestand oder Sicherheit erforderlich sind, sowie Anlagen und Einrichtungen, die dem gemeinschaftlichen Gebrauch der Wohnungseigentümer dienen, sind nicht Gegenstand des Sondereigentums, selbst wenn sie sich im Bereich der im Sondereigentum stehenden Räume befinden.

(3) Die Wohnungseigentümer können vereinbaren, daß Bestandteile des Gebäudes, die Gegenstand des Sondereigentums sein können, zum gemeinschaftlichen Eigentum gehören.

(4) Vereinbarungen über das Verhältnis der Wohnungseigentümer untereinander können nach den Vorschriften des 2. und 3. Abschnittes zum Inhalt des Sondereigentums gemacht werden.

§ 6 Unselbständigkeit des Sondereigentums

(1) Das Sondereigentum kann ohne den Miteigentumsanteil, zu dem es gehört, nicht veräußert oder belastet werden.

(2) Rechte an dem Miteigentumsanteil erstrecken sich auf das zu ihm gehörende Sondereigentum.

§ 7 Grundbuchvorschriften

(1) Im Falle des § 3 Abs. 1 wird für jeden Miteigentumsanteil von Amts wegen ein besonderes Grundbuchblatt (Wohnungsgrundbuch, Teileigentumsgrundbuch) angelegt. Auf diesem ist das zu dem Miteigentumsanteil gehörende Sondereigentum und als Beschränkung des Miteigentums die Einräumung der zu den anderen Miteigentumsanteilen gehörenden Sondereigentumsrechte einzutragen. Das Grundbuchblatt des Grundstücks wird von Amts wegen geschlossen.

(2) Von der Anlegung besonderer Grundbuchblätter kann abgesehen werden, wenn hiervon Verwirrung nicht zu besorgen ist. In diesem Falle ist das Grundbuchblatt als gemeinschaftliches Wohnungsgrundbuch (Teileigentumsgrundbuch) zu bezeichnen.

(3) Zur näheren Bezeichnung des Gegenstandes und des Inhalts des Sondereigentums kann auf die Eintragungsbewilligung Bezug genommen werden.

(4) Der Eintragungsbewilligung sind als Anlagen beizufügen:

1. eine von der Baubehörde mit Unterschrift und Siegel oder Stempel versehene Bauzeichnung, aus der die Aufteilung des Gebäudes sowie die Lage und Größe der im gemeinschaftlichen Eigentum stehenden Gebäudeteile ersichtlich ist (Aufteilungsplan); alle zu demselben Wohnungseigentum gehörenden Einzelräume sind mit der jeweils gleichen Nummer zu kennzeichnen;
2. eine Bescheinigung der Baubehörde, daß die Voraussetzungen des § 3 Abs. 2 vorliegen.

Wenn in der Eintragungsbewilligung für die einzelnen Sondereigentumsrechte Nummern angegeben werden, sollen sie mit denen des Aufteilungsplanes übereinstimmen.

(5) Für Teileigentumsgrundbücher gelten die Vorschriften über Wohnungsgrundbücher entsprechend.

§ 8 Teilung durch den Eigentümer

(1) Der Eigentümer eines Grundstücks kann durch Erklärung gegenüber dem Grundbuchamt das Eigentum an dem Grundstück in Miteigentumsanteile in der Weise teilen, daß mit jedem Anteil das Sondereigentum an einer bestimmten Wohnung oder an nicht zu Wohnzwecken dienenden bestimmten Räumen in einem auf dem Grundstück errichteten oder zu errichtenden Gebäude verbunden ist.

(2) Im Falle des Absatzes 1 gelten die Vorschriften des § 3 Abs. 2 und der §§ 5, 6, § 7 Abs. 1, 3 bis 5 entsprechend. Die Teilung wird mit der Anlegung der Wohnungsgrundbücher wirksam.

§ 9 Schließung der Wohnungsgrundbücher

(1) Die Wohnungsgrundbücher werden geschlossen:

1. von Amts wegen, wenn die Sondereigentumsrechte gemäß § 4 aufgehoben werden;
2. auf Antrag sämtlicher Wohnungseigentümer, wenn alle Sondereigentumsrechte durch völlige Zerstörung des Gebäudes gegenstandslos geworden sind und der Nachweis hierfür durch eine Bescheinigung der Baubehörde erbracht ist;
3. auf Antrag des Eigentümers, wenn sich sämtliche Wohnungseigentumsrechte in einer Person vereinigen.

(2) Ist ein Wohnungseigentum selbständig mit dem Rechte eines Dritten belastet, so werden die allgemeinen Vorschriften, nach denen zur Aufhebung des Sondereigentums die Zustimmung des Dritten erforderlich ist, durch Absatz 1 nicht berührt.

(3) Werden die Wohnungsgrundbücher geschlossen, so wird für das Grundstück ein Grundbuchblatt nach den allgemeinen Vorschriften angelegt; die Sondereigentumsrechte erlöschen, soweit sie nicht bereits aufgehoben sind, mit der Anlegung des Grundbuchblatts.

2. Abschnitt

Gemeinschaft der Wohnungseigentümer

§ 10 Allgemeine Grundsätze

(1) Das Verhältnis der Wohnungseigentümer untereinander bestimmt sich nach den Vorschriften dieses Gesetzes und, soweit dieses Gesetz keine besonderen Bestimmungen enthält, nach den Vorschriften des Bürgerlichen Gesetzbuches über die Gemeinschaft. Die Wohnungseigentümer können von den Vorschriften dieses Gesetzes abweichende Vereinbarungen treffen, soweit nicht etwas anderes ausdrücklich bestimmt ist.

(2) Vereinbarungen, durch die die Wohnungseigentümer ihr Verhältnis untereinander in Ergänzung oder Abweichung von Vorschriften dieses Gesetzes regeln, sowie die Abänderung oder Aufhebung solcher Vereinbarungen wirken gegen den Sondernachfolger eines Wohnungseigentümers nur, wenn sie als Inhalt des Sondereigentums im Grundbuch eingetragen sind.

(3) Beschlüsse der Wohnungseigentümer gemäß § 23 und Entscheidungen des Richters gemäß § 43 bedürfen zu ihrer Wirksamkeit gegen den Sondernachfolger eines Wohnungseigentümers nicht der Eintragung in das Grundbuch.

(4) Rechtshandlungen in Angelegenheiten, über die nach diesem Gesetz oder nach einer Vereinbarung der Wohnungseigentümer durch Stimmenmehrheit beschlossen werden kann, wirken, wenn sie auf Grund eines mit solcher Mehrheit gefaßten Beschlusses vorgenommen werden, auch für und gegen die Wohnungseigentümer, die gegen den Beschluß gestimmt oder an der Beschlußfassung nicht mitgewirkt haben.

§ 11 Unauflöslichkeit der Gemeinschaft

(1) Kein Wohnungseigentümer kann die Aufhebung der Gemeinschaft verlangen. Dies gilt auch für eine Aufhebung aus wichtigem Grund. Eine abweichende Vereinbarung ist nur für den Fall zulässig, daß das Gebäude ganz oder teilweise zerstört wird und eine Verpflichtung zum Wiederaufbau nicht besteht.

(2) Das Recht eines Pfändungsgläubigers (§ 751 des Bürgerlichen Gesetzbuches) sowie das Recht des Konkursverwalters (§ 16 Abs. 2 der Konkursordnung), die Aufhebung der Gemeinschaft zu verlangen, ist ausgeschlossen.

§ 12 Veräußerungsbeschränkung

(1) Als Inhalt des Sondereigentums kann vereinbart werden, daß ein Wohnungseigentümer zur Veräußerung seines Wohnungseigentums der Zustimmung anderer Wohnungseigentümer oder eines Dritten bedarf.

(2) Die Zustimmung darf nur aus einem wichtigen Grunde versagt werden. Durch Vereinbarung gemäß Absatz 1 kann dem Wohnungseigentümer darüber hinaus für bestimmte Fälle ein Anspruch auf Erteilung der Zustimmung eingeräumt werden.

(3) Ist eine Vereinbarung gemäß Absatz 1 getroffen, so ist eine Veräußerung des Wohnungseigentums und ein Vertrag, durch den sich der Wohungseigentümer zu einer solchen Veräußerung verpflichtet, unwirksam, solange nicht die erforderliche Zustimmung erteilt ist. Einer rechtsgeschäftlichen Veräußerung steht eine Veräußerung im Wege der Zwangsvollstreckung oder durch den Konkursverwalter gleich.

§ 13 Rechte des Wohnungseigentümers

(1) Jeder Wohnungseigentümer kann, soweit nicht das Gesetz oder Rechte Dritter entgegenstehen, mit den im Sondereigentum stehenden Gebäudeteilen nach Belieben verfahren, insbesondere diese bewohnen, vermieten, verpachten oder in sonstiger Weise nutzen, und andere von Einwirkungen ausschließen.

(2) Jeder Wohnungseigentümer ist zum Mitgebrauch des gemeinschaftlichen Eigentums nach Maßgabe der §§ 14, 15 berechtigt. An den sonstigen Nutzungen des gemeinschaftlichen Eigentums gebührt jedem Wohnungseigentümer ein Anteil nach Maßgabe des § 16.

§ 14 Pflichten des Wohnungseigentümers

Jeder Wohnungseigentümer ist verpflichtet:

1. die im Sondereigentum stehenden Gebäudeteile so instand zu halten und von diesen sowie von dem gemeinschaftlichen Eigentum nur in solcher Weise Gebrauch zu machen, daß dadurch keinem der anderen Wohnungseigentümer über das bei einem geordneten Zusammenleben unvermeidliche Maß hinaus ein Nachteil erwächst;
2. für die Einhaltung der in Nr. 1 bezeichneten Pflichten durch Personen zu sorgen, die seinem Hausstand oder Geschäftsbetrieb angehören oder denen er sonst die Benutzung der im Sonder- oder Miteigentum stehenden Grundstücks- oder Gebäudeteile überläßt;

3. Einwirkungen auf die im Sondereigentum stehenden Gebäudeteile und das gemeinschaftliche Eigentum zu dulden, soweit sie auf einem nach Nrn. 1, 2 zulässigen Gebrauch beruhen;
4. das Betreten und die Benutzung der im Sondereigentum stehenden Gebäudeteile zu gestatten, soweit dies zur Instandhaltung und Instandsetzung des gemeinschaftlichen Eigentums erforderlich ist; der hierdurch entstehende Schaden ist zu ersetzen.

§ 15 Gebrauchsregelung

(1) Die Wohnungseigentümer können den Gebrauch des Sondereigentums und des gemeinschaftlichen Eigentums durch Vereinbarung regeln.

(2) Soweit nicht eine Vereinbarung nach Absatz 1 entgegensteht, können die Wohnungseigentümer durch Stimmenmehrheit einen der Beschaffenheit der im Sondereigentum stehenden Gebäudeteile und des gemeinschaftlichen Eigentums entsprechenden ordnungsmäßigen Gebrauch beschließen.

(3) Jeder Wohnungseigentümer kann einen Gebrauch der im Sondereigentum stehenden Gebäudeteile und des gemeinschaftlichen Eigentums verlangen, der dem Gesetz, den Vereinbarungen und Beschlüssen und, soweit sich die Regelung hieraus nicht ergibt, dem Interesse der Gesamtheit der Wohnungseigentümer nach billigem Ermessen entspricht.

§ 16 Nutzungen, Lasten und Kosten

(1) Jedem Wohnungseigentümer gebührt ein seinem Anteil entsprechender Bruchteil der Nutzungen des gemeinschaftlichen Eigentums. Der Anteil bestimmt sich nach dem gemäß § 47 der Grundbuchordnung im Grundbuch eingetragenen Verhältnis der Miteigentumsanteile.

(2) Jeder Wohnungseigentümer ist den anderen Wohnungseigentümern gegenüber verpflichtet, die Lasten des gemeinschaftlichen Eigentums sowie die Kosten der Instandhaltung, Instandsetzung, sonstigen Verwaltung und eines gemeinschaftlichen Gebrauchs des gemeinschaftlichen Eigentums nach dem Verhältnis seines Anteils (Absatz 1 Satz 2) zu tragen.

(3) Ein Wohnungseigentümer, der einer Maßnahme nach § 22 Abs. 1 nicht zugestimmt hat, ist nicht berechtigt, einen Anteil an Nutzungen, die auf einer solchen Maßnahme beruhen, zu beanspruchen; er ist nicht verpflichtet, Kosten, die durch eine solche Maßnahme verursacht sind, zu tragen.

(4) Zu den Kosten der Verwaltung im Sinne des Absatzes 2 gehören insbesondere Kosten eines Rechtsstreits gemäß § 18 und der Ersatz des Schadens im Falle des § 14 Nr. 4.

(5) Kosten eines Verfahrens nach § 43 gehören nicht zu den Kosten der Verwaltung im Sinne des Absatzes 2.

§ 17 Anteil bei Aufhebung der Gemeinschaft

Im Falle der Aufhebung der Gemeinschaft bestimmt sich der Anteil der Miteigentümer nach dem Verhältnis des Wertes ihrer Wohnungseigentumsrechte zur Zeit der Aufhebung der Gemeinschaft. Hat sich der Wert eines Miteigentumsanteils durch Maßnahmen verändert, denen der Wohnungseigentümer gemäß § 22 Abs. 1 nicht zugestimmt hat, so bleibt eine solche Veränderung bei der Berechnung des Wertes dieses Anteils außer Betracht.

§ 18 Entziehung des Wohnungseigentums

(1) Hat ein Wohnungseigentümer sich einer so schweren Verletzung der ihm gegenüber anderen Wohnungseigentümern obliegenden Verpflichtungen schuldig gemacht, daß diesen die Fortsetzung der Gemeinschaft mit ihm nicht mehr zugemutet werden kann, so können die anderen Wohnungseigentümer von ihm die Veräußerung seines Wohnungseigentums verlangen.

(2) Die Voraussetzungen des Absatzes 1 liegen insbesondere vor, wenn
1. der Wohnungseigentümer trotz Abmahnung wiederholt gröblich gegen die ihm nach § 14 obliegenden Pflichten verstößt;
2. der Wohnungseigentümer sich mit der Erfüllung seiner Verpflichtungen zur Lasten- und Kostentragung (§ 16 Abs. 2) in Höhe eines Betrages, der drei vom Hundert des Einheitswertes seines Wohnungseigentums übersteigt, länger als drei Monate in Verzug befindet.

(3) Über das Verlangen nach Absatz 1 beschließen die Wohnungseigentümer durch Stimmenmehrheit. Der Beschluß bedarf einer Mehrheit von mehr als der Hälfte der stimmberechtigten Wohnungseigentümer. Die Vorschriften des § 25 Abs. 3, 4 sind in diesem Falle nicht anzuwenden.

(4) Der in Absatz 1 bestimmte Anspruch kann durch Vereinbarung der Wohnungseigentümer nicht eingeschränkt oder ausgeschlossen werden.

§ 19 Wirkung des Urteils

(1) Das Urteil, durch das ein Wohnungseigentümer zur Veräußerung seines Wohnungseigentums verurteilt wird, ersetzt die für die freiwillige Versteigerung des Wohnungseigentums und für die Übertragung des Wohnungseigentums auf den Ersteher erforderlichen Erklärungen. Aus dem Urteil findet zugunsten des Erstehers die Zwangsvollstreckung auf Räumung und Herausgabe statt. Die Vorschriften des § 93 Abs. 1 Satz 2 und 3 des Gesetzes über die Zwangsversteigerung und Zwangsverwaltung gelten entsprechend.

(2) Der Wohnungseigentümer kann im Falle des § 18 Abs. 2 Nr. 2 bis zur Erteilung des Zuschlags die in Absatz 1 bezeichnete Wirkung des Urteils dadurch abwenden, daß er die Verpflichtungen, wegen deren Nichterfüllung er verurteilt ist, einschließlich der Verpflichtung zum Ersatz der durch den Rechtsstreit und das Versteigerungsverfahren entstandenen Kosten sowie die fälligen weiteren Verpflichtungen zur Lasten- und Kostentragung erfüllt.

(3) Ein gerichtlicher oder vor einer Gütestelle geschlossener Vergleich, durch den sich der Wohnungseigentümer zur Veräußerung seines Wohnungseigentums verpflichtet, steht dem in Absatz 1 bezeichneten Urteil gleich.

3. Abschnitt
Verwaltung

§ 20 Gliederung der Verwaltung

(1) Die Verwaltung des gemeinschaftlichen Eigentums obliegt den Wohnungseigentümern nach Maßgabe der §§ 21 bis 25 und dem Verwalter nach Maßgabe der §§ 26 bis 28, im Falle der Bestellung eines Verwaltungsbeirats auch diesem nach Maßgabe des § 29.

(2) Die Bestellung eines Verwalters kann nicht ausgeschlossen werden.

§ 21 Verwaltung durch die Wohnungseigentümer

(1) Soweit nicht in diesem Gesetz oder durch Vereinbarung der Wohnungseigentümer etwas anderes bestimmt ist, steht die Verwaltung des gemeinschaftlichen Eigentums den Wohnungseigentümern gemeinschaftlich zu.

(2) Jeder Wohnungseigentümer ist berechtigt, ohne Zustimmung der anderen Wohnungseigentümer die Maßnahmen zu treffen, die zur Abwendung eines dem gemeinschaftlichen Eigentum unmittelbar drohenden Schadens notwendig sind.

(3) Soweit die Verwaltung des gemeinschaftlichen Eigentums nicht durch Vereinbarung der Wohnungseigentümer geregelt ist, können die Wohnungseigentümer eine der Beschaffenheit des gemeinschaftlichen Eigentums entsprechende ordnungsmäßige Verwaltung durch Stimmenmehrheit beschließen.

(4) Jeder Wohnungseigentümer kann eine Verwaltung verlangen, die den Vereinbarungen und Beschlüssen und, soweit solche nicht bestehen, dem Interesse der Gesamtheit der Wohnungseigentümer nach billigem Ermessen entspricht.

(5) Zu einer ordnungsmäßigen, dem Interesse der Gesamtheit der Wohnungseigentümer entsprechenden Verwaltung gehört insbesondere:

1. die Aufstellung einer Hausordnung;
2. die ordnungsmäßige Instandhaltung und Instandsetzung des gemeinschaftlichen Eigentums;
3. die Feuerversicherung des gemeinschaftlichen Eigentums zum Neuwert sowie die angemessene Versicherung der Wohnungseigentümer gegen Haus- und Grundbesitzerhaftpflicht;
4. die Ansammlung einer angemessenen Instandhaltungsrückstellung;
5. die Aufstellung eines Wirtschaftsplans (§ 28);
6. die Duldung aller Maßnahmen, die zur Herstellung einer Fernsprechteilnehmereinrichtung, einer Rundfunkempfangsanlage oder eines Energieversorgungsanschlusses zugunsten eines Wohnungseigentümers erforderlich sind.

(6) Der Wohnungseigentümer, zu dessen Gunsten eine Maßnahme der in Absatz 5 Nr. 6 bezeichneten Art getroffen wird, ist zum Ersatz des hierdurch entstehenden Schadens verpflichtet.

§ 22 Besondere Aufwendungen, Wiederaufbau

(1) Bauliche Veränderungen und Aufwendungen, die über die ordnungsmäßige Instandhaltung oder Instandsetzung des gemeinschaftlichen Eigentums hinausgehen, können nicht gemäß § 21 Abs. 3 beschlossen oder gemäß § 21 Abs. 4 verlangt werden. Die Zustimmung eines Wohnungsinhabers ist insoweit nicht erforderlich, als durch die Veränderung dessen Rechte nicht über das in § 14 bestimmte Maß hinaus beeinträchtigt werden.

(2) Ist das Gebäude zu mehr als der Hälfte seines Wertes zerstört und ist der Schaden nicht durch eine Versicherung oder in anderer Weise gedeckt, so kann der Wiederaufbau nicht gemäß § 21 Abs. 3 beschlossen oder gemäß § 21 Abs. 4 verlangt werden.

§ 23 Wohnungseigentümerversammlung

(1) Angelegenheiten, über die nach diesem Gesetz oder nach einer Vereinbarung der Wohnungseigentümer die Wohnungseigentümer durch Beschluß entscheiden können, werden durch Beschlußfassung in einer Versammlung der Wohnungseigentümer geordnet.

(2) Zur Gültigkeit eines Beschlusses ist erforderlich, daß der Gegenstand bei der Einberufung bezeichnet ist.

(3) Auch ohne Versammlung ist ein Beschluß gültig, wenn alle Wohnungseigentümer ihre Zustimmung zu diesem Beschluß schriftlich erklären.

(4) Ein Beschluß ist nur ungültig, wenn er gemäß § 43 Abs. 1 Nr. 4 für ungültig erklärt ist. Der Antrag auf eine solche Entscheidung kann nur binnen eines Monats seit der Beschlußfassung gestellt werden, es sei denn, daß der Beschluß gegen eine Rechtsvorschrift verstößt, auf deren Einhaltung rechtswirksam nicht verzichtet werden kann.

§ 24 Einberufung, Vorsitz, Niederschrift

(1) Die Versammlung der Wohnungseigentümer wird von dem Verwalter mindestens einmal im Jahre einberufen.

(2) Die Versammlung der Wohnungseigentümer muß von dem Verwalter in den durch Vereinbarung der Wohnungseigentümer bestimmten Fällen, im übrigen dann einberufen werden, wenn dies schriftlich unter Angabe des Zweckes und der Gründe von mehr als einem Viertel der Wohnungseigentümer verlangt wird.

(3) Fehlt ein Verwalter oder weigert er sich pflichtwidrig, die Versammlung der Wohnungseigentümer einzuberufen, so kann die Versammlung auch, falls ein Verwaltungsbeirat bestellt ist, von dessen Vorsitzenden oder seinem Vertreter einberufen werden.

(4) Die Einberufung erfolgt schriftlich. Die Frist der Einberufung soll, sofern nicht ein Fall besonderer Dringlichkeit vorliegt, mindestens eine Woche betragen.

(5) Den Vorsitz in der Wohnungseigentümerversammlung führt, sofern diese nichts anderes beschließt, der Verwalter.

(6) Über die in der Versammlung gefaßten Beschlüsse ist eine Niederschrift aufzunehmen. Die Niederschrift ist von dem Vorsitzenden und einem Wohnungseigentümer und, falls ein Verwaltungsbeirat bestellt ist, auch von dessen Vorsitzenden oder seinem Vertreter zu unterschreiben. Jeder Wohnungseigentümer ist berechtigt, die Niederschriften einzusehen.

§ 25 Mehrheitsbeschluß

(1) Für die Beschlußfassung in Angelegenheiten, über die die Wohnungseigentümer durch Stimmenmehrheit beschließen, gelten die Vorschriften der Absätze 2 bis 5.

(2) Jeder Wohnungseigentümer hat eine Stimme. Steht ein Wohnungseigentum mehreren gemeinschaftlich zu, können sie das Stimmrecht nur einheitlich ausüben.

(3) Die Versammlung ist nur beschlußfähig, wenn die erschienenen stimmberechtigten Wohnungseigentümer mehr als die Hälfte der Miteigentumsanteile, berechnet nach der im Grundbuch eingetragenen Größe dieser Anteile, vertreten.

(4) Ist eine Versammlung nicht gemäß Absatz 3 beschlußfähig, so beruft der Verwalter eine neue Versammlung mit dem gleichen Gegenstand ein. Diese Versammlung ist ohne Rücksicht auf die Höhe der vertretenen Anteile beschlußfähig; hierauf ist bei der Einberufung hinzuweisen.

(5) Ein Wohnungseigentümer ist nicht stimmberechtigt, wenn die Beschlußfassung die Vornahme eines auf die Verwaltung des gemeinschaftlichen Eigentums bezüglichen Rechtsgeschäfts mit ihm oder die Einleitung oder Erledigung eines Rechtsstreits der anderen Wohnungseigentümer gegen ihn betrifft oder wenn er nach § 18 rechtskräftig verurteilt ist.

§ 26 Bestellung und Abberufung des Verwalters

(1) Über die Bestellung und Abberufung des Verwalters beschließen die Wohnungseigentümer mit Stimmenmehrheit. Die Bestellung darf auf höchstens fünf Jahre vorgenommen werden. Die Abberufung des Verwalters kann auf das Vorliegen eines wichtigen Grundes beschränkt werden. Andere Beschränkungen der Bestellung oder Abberufung des Verwalters sind nicht zulässig.

(2) Die wiederholte Bestellung ist zulässig; sie bedarf eines erneuten Beschlusses der Wohnungseigentümer, der frühestens ein Jahr vor Ablauf der Bestellungszeit gefaßt werden kann.

(3) Fehlt ein Verwalter, so ist ein solcher in dringenden Fällen bis zur Behebung des Mangels auf Antrag eines Wohnungseigentümers oder eines Dritten, der ein berechtigtes Interesse an der Bestellung eines Verwalters hat, durch den Richter zu bestellen.

(4) Soweit die Verwaltereigenschaft durch eine öffentlich beglaubigte Urkunde nachgewiesen werden muß, genügt die Vorlage einer Niederschrift über den Bestellungsbeschluß, bei der die Unterschriften der in § 24 Abs. 6 bezeichneten Personen öffentlich beglaubigt sind.

§ 27 Aufgaben und Befugnisse des Verwalters

(1) Der Verwalter ist berechtigt und verpflichtet:

1. Beschlüsse der Wohnungseigentümer durchzuführen und für die Durchführung der Hausordnung zu sorgen;

2. die für die ordnungsmäßige Instandhaltung und Instandsetzung des gemeinschaftlichen Eigentums erforderlichen Maßnahmen zu treffen;
3. in dringenden Fällen sonstige zur Erhaltung des gemeinschaftlichen Eigentums erforderlichen Maßnahmen zu treffen;
4. gemeinschaftliche Gelder zu verwalten.

(2) Der Verwalter ist berechtigt, im Namen aller Wohnungseigentümer und mit Wirkung für und gegen sie:
1. Lasten- und Kostenbeiträge, Tilgungsbeträge und Hypothekenzinsen anzufordern, in Empfang zu nehmen und abzuführen, soweit es sich um gemeinschaftliche Angelegenheiten der Wohnungseigentümer handelt;
2. alle Zahlungen und Leistungen zu bewirken und entgegenzunehmen, die mit der laufenden Verwaltung des gemeinschaftlichen Eigentums zusammenhängen;
3. Willenserklärungen und Zustellungen entgegenzunehmen, soweit sie an alle Wohnungseigentümer in dieser Eigenschaft gerichtet sind;
4. Maßnahmen zu treffen, die zur Wahrung einer Frist oder zur Abwendung eines sonstigen Rechtsnachteils erforderlich sind;
5. Ansprüche gerichtlich und außergerichtlich geltend zu machen, sofern er hierzu durch Beschluß der Wohnungseigentümer ermächtigt ist;
6. die Erklärungen abzugeben, die zur Vornahme der in § 21 Abs. 5 Nr. 6 bezeichneten Maßnahmen erforderlich sind.

(3) Die dem Verwalter nach den Absätzen 1, 2 zustehenden Aufgaben und Befugnisse können durch Vereinbarung der Wohnungseigentümer nicht eingeschränkt werden.

(4) Der Verwalter ist verpflichtet, Gelder der Wohnungseigentümer von seinem Vermögen gesondert zu halten. Die Verfügung über solche Gelder kann von der Zustimmung eines Wohnungseigentümers oder eines Dritten abhängig gemacht werden.

(5) Der Verwalter kann von den Wohnungseigentümern die Aufstellung einer Vollmachtsurkunde verlangen, aus der der Umfang seiner Vertretungsmacht ersichtlich ist.

§ 28 Wirtschaftsplan, Rechnungslegung

(1) Der Verwalter hat jeweils für ein Kalenderjahr einen Wirtschaftsplan aufzustellen. Der Wirtschaftsplan enthält:
1. die voraussichtlichen Einnahmen und Ausgaben bei der Verwaltung des gemeinschaftlichen Eigentums;
2. die anteilmäßige Verpflichtung der Wohnungseigentümer zur Lasten- und Kostentragung;
3. die Beitragsleistung der Wohnungseigentümer zu der in § 21 Abs. 5 Nr. 4 vorgesehenen Instandhaltungsrückstellung.

(2) Die Wohnungseigentümer sind verpflichtet, nach Abruf durch den Verwalter dem beschlossenen Wirtschaftsplan entsprechende Vorschüsse zu leisten.

(3) Der Verwalter hat nach Ablauf des Kalenderjahres eine Abrechnung aufzustellen.

(4) Die Wohnungseigentümer können durch Mehrheitsbeschluß jederzeit von dem Verwalter Rechnungslegung verlangen.

(5) Über den Wirtschaftsplan, die Abrechnung und die Rechnungslegung des Verwalters beschließen die Wohnungseigentümer durch Stimmenmehrheit.

§ 29 Verwaltungsbeirat

(1) Die Wohnungseigentümer können durch Stimmenmehrheit die Bestellung eines Verwaltungsbeirats beschließen. Der Verwaltungsbeirat besteht aus einem Wohnungseigentümer als Vorsitzenden und zwei weiteren Wohnungseigentümern als Beisitzern.

(2) Der Verwaltungsbeirat unterstützt den Verwalter bei der Durchführung seiner Aufgaben.
(3) Der Wirtschaftsplan, die Abrechnung über den Wirtschaftsplan, Rechnungslegungen und Kostenanschläge sollen, bevor über sie die Wohnungseigentümerversammlung beschließt, vom Verwaltungsbeirat geprüft und mit dessen Stellungnahme versehen werden.
(4) Der Verwaltungsbeirat wird von dem Vorsitzenden nach Bedarf einberufen.

4. Abschnitt
Wohnungserbbaurecht

§ 30
(1) Steht ein Erbbaurecht mehreren gemeinschaftlich nach Bruchteilen zu, so können die Anteile in der Weise beschränkt werden, daß jedem der Mitberechtigten das Sondereigentum an einer bestimmten Wohnung oder an nicht zu Wohnzwecken dienenden bestimmten Räumen in einem auf Grund des Erbbaurechts errichteten oder zu errichtenden Gebäude eingeräumt wird (Wohnungserbbaurecht, Teilerbbaurecht).
(2) Ein Erbbauberechtigter kann das Erbbaurecht in entsprechender Anwendung des § 8 teilen.
(3) Für jeden Anteil wird von Amts wegen ein besonderes Erbbaugrundbuchblatt angelegt (Wohnungserbbaugrundbuch, Teilerbbaugrundbuch). Im übrigen gelten für das Wohnungserbbaurecht (Teilerbbaurecht) die Vorschriften über das Wohnungseigentum (Teileigentum) entsprechend.

II. TEIL
Dauerwohnrecht

§ 31 Begriffsbestimmungen
(1) Ein Grundstück kann in der Weise belastet werden, daß derjenige, zu dessen Gunsten die Belastung erfolgt, berechtigt ist, unter Ausschluß des Eigentümers eine bestimmte Wohnung in einem auf dem Grundstück errichteten oder zu errichtenden Gebäude zu bewohnen oder in anderer Weise zu nutzen (Dauerwohnrecht). Das Dauerwohnrecht kann auf einem außerhalb des Gebäudes liegenden Teil des Grundstücks erstreckt werden, sofern die Wohnung wirtschaftlich die Hauptsache bleibt.
(2) Ein Grundstück kann in der Weise belastet werden, daß derjenige, zu dessen Gunsten die Belastung erfolgt, berechtigt ist, unter Ausschluß des Eigentümers nicht zu Wohnzwecken dienende bestimmte Räume in einem auf dem Grundstück errichteten oder zu errichtenden Gebäude zu nutzen (Dauernutzungsrecht).
(3) Für das Dauernutzungsrecht gelten die Vorschriften über das Dauerwohnrecht entsprechend.

§ 32 Voraussetzungen der Eintragung
(1) Das Dauerwohnrecht soll nur bestellt werden, wenn die Wohnung in sich abgeschlossen ist. § 3 Abs. 3 gilt entsprechend.
(2) Zur näheren Bezeichnung des Gegenstandes und des Inhalts des Dauerwohnrechts kann auf die Eintragungsbewilligung Bezug genommen werden. Der Eintragungsbewilligung sind als Anlagen beizufügen:
1. eine von der Baubehörde mit Unterschrift und Siegel oder Stempel versehene Bauzeichnung, aus der die Aufteilung des Gebäudes sowie die Lage und Größe der dem Dauerwohnrecht unterliegenden Gebäude- und Grundstücksteile ersichtlich ist

(Aufteilungsplan); alle zu demselben Dauerwohnrecht gehörenden Einzelräume sind mit der jeweils gleichen Nummer zu kennzeichnen;
2. eine Bescheinigung der Baubehörde, daß die Voraussetzungen des Absatzes 1 vorliegen.
Wenn in der Eintragungsbewilligung für die einzelnen Dauerwohnrechte Nummern angegeben werden, sollen sie mit denen des Aufteilungsplans übereinstimmen.

(3) Das Grundbuchamt soll die Eintragung des Dauerwohnrechts ablehnen, wenn über die in § 33 Abs. 4 Nr. 1 bis 4 bezeichneten Angelegenheiten, über die Voraussetzungen des Heimfallanspruchs (§ 36 Abs. 1) und über die Entschädigung beim Heimfall (§ 36 Abs. 4) keine Vereinbarungen getroffen sind.

§ 33 Inhalt des Dauerwohnrechts

(1) Das Dauerwohnrecht ist veräußerlich und vererblich. Es kann nicht unter einer Bedingung bestellt werden.

(2) Auf das Dauerwohnrecht sind, soweit nicht etwas anderes vereinbart ist, die Vorschriften des § 14 entsprechend anzuwenden.

(3) Der Berechtigte kann die zum gemeinschaftlichen Gebrauch bestimmten Teile, Anlagen und Einrichtungen des Gebäudes und Grundstücks mitbenutzen, soweit nichts anderes vereinbart ist.

(4) Als Inhalt des Dauerwohnrechts können Vereinbarungen getroffen werden über:
1. Art und Umfang der Nutzungen;
2. Instandhaltung und Instandsetzung der dem Dauerwohnrecht unterliegenden Gebäudeteile;
3. die Pflicht des Berechtigten zur Tragung öffentlicher oder privatrechtlicher Lasten des Grundstücks;
4. die Versicherung des Gebäudes und seinen Wiederaufbau im Falle der Zerstörung;
5. das Recht des Eigentümers, bei Vorliegen bestimmter Voraussetzungen Sicherheitsleistung zu verlangen.

§ 34 Ansprüche des Eigentümers und der Dauerwohnberechtigten

(1) Auf die Ersatzansprüche des Eigentümers wegen Veränderungen oder Verschlechterungen sowie auf die Ansprüche der Dauerwohnberechtigten auf Ersatz von Verwendungen oder auf Gestattung der Wegnahme einer Einrichtung sind die §§ 1049, 1057 des Bürgerlichen Gesetzbuches entsprechend anzuwenden.

(2) Wird das Dauerwohnrecht beeinträchtigt, so sind auf die Ansprüche des Berechtigten die für die Ansprüche aus dem Eigentum geltenden Vorschriften entsprechend anzuwenden.

§ 35 Veräußerungsbeschränkung

Als Inhalt des Dauerwohnrechts kann vereinbart werden, daß der Berechtigte zur Veräußerung des Dauerwohnrechts der Zustimmung des Eigentümers oder eines Dritten bedarf. Die Vorschriften des § 12 gelten in diesem Falle entsprechend.

§ 36 Heimfallanspruch

(1) Als Inhalt des Dauerwohnrechts kann vereinbart werden, daß der Berechtigte verpflichtet ist, das Dauerwohnrecht beim Eintritt bestimmter Voraussetzungen auf den Grundstückseigentümer oder einen von diesem zu bezeichnenden Dritten zu übertragen (Heimfallanspruch). Der Heimfallanspruch kann nicht von dem Eigentum an dem Grundstück getrennt werden.

(2) Bezieht sich das Dauerwohnrecht auf Räume, die dem Mieterschutz unterliegen, so kann der Eigentümer von dem Heimfallanspruch nur Gebrauch machen, wenn ein Grund vorliegt, aus dem ein Vermieter die Aufhebung des Mietverhältnisses verlangen oder kündigen kann.

(3) Der Heimfallanspruch verjährt in sechs Monaten von dem Zeitpunkt an, in dem der Eigentümer von dem Eintritt der Voraussetzungen Kenntnis erlangt, ohne Rücksicht auf diese Kenntnis in zwei Jahren von dem Eintritt der Voraussetzungen an.

(4) Als Inhalt des Dauerwohnrechts kann vereinbart werden, daß der Eigentümer dem Berechtigten eine Entschädigung zu gewähren hat, wenn er von dem Heimfallanspruch Gebrauch macht. Als Inhalt des Dauerwohnrechts können Vereinbarungen über die Berechnung oder Höhe der Entschädigung oder die Art ihrer Zahlung getroffen werden.

§ 37 Vermietung

(1) Hat der Dauerwohnberechtigte die dem Dauerwohnrecht unterliegenden Gebäude- oder Grundstücksteile vermietet oder verpachtet, so erlischt das Miet- oder Pachtverhältnis, wenn das Dauerwohnrecht erlischt.

(2) Macht der Eigentümer von seinem Heimfallanspruch Gebrauch, so tritt er oder derjenige, auf den das Dauerwohnrecht zu übertragen ist, in das Miet- oder Pachtverhältnis ein; die Vorschriften der §§ 571 bis 576 des Bürgerlichen Gesetzbuches gelten entsprechend.

(3) Absatz 2 gilt entsprechend, wenn das Dauerwohnrecht veräußert wird. Wird das Dauerwohnrecht im Wege der Zwangsvollstreckung veräußert, so steht dem Erwerber ein Kündigungsrecht in entsprechender Anwendung des § 57 a des Gesetzes über die Zwangsversteigerung und Zwangsverwaltung zu.

§ 38 Eintritt in das Rechtsverhältnis

(1) Wird das Dauerwohnrecht veräußert, so tritt der Erwerber an Stelle des Veräußerers in die sich während der Dauer seiner Berechtigung aus dem Rechtsverhältnis zu dem Eigentümer ergebenden Verpflichtungen ein.

(2) Wird das Grundstück veräußert, so tritt der Erwerber an Stelle des Veräußerers in die sich während der Dauer seines Eigentums aus dem Rechtsverhältnis zu dem Dauerwohnberechtigten ergebenden Rechte ein. Das gleiche gilt für den Erwerb auf Grund Zuschlages in der Zwangsversteigerung, wenn das Dauerwohnrecht durch den Zuschlag nicht erlischt.

§ 39 Zwangsversteigerung

(1) Als Inhalt des Dauerwohnrechts kann vereinbart werden, daß das Dauerwohnrecht im Falle der Zwangsversteigerung des Grundstücks abweichend von § 44 des Gesetzes über die Zwangsversteigerung und Zwangsverwaltung auch dann bestehen bleiben soll, wenn der Gläubiger einer dem Dauerwohnrecht im Range vorgehenden oder gleichstehenden Hypothek, Grundschuld, Rentenschuld oder Reallast die Zwangsversteigerung in das Grundstück betreibt.

(2) Eine Vereinbarung gemäß Absatz 1 bedarf zu ihrer Wirksamkeit der Zustimmung derjenigen, denen eine dem Dauerwohnrecht im Range vorgehende oder gleichstehende Hypothek, Grundschuld, Rentenschuld oder Reallast zusteht.

(3) Eine Vereinbarung gemäß Absatz 1 ist nur wirksam für den Fall, daß der Dauerwohnberechtigte im Zeitpunkt der Feststellung der Versteigerungsbedingungen seine fälligen Zahlungsverpflichtungen gegenüber dem Eigentümer erfüllt hat; in Ergänzung einer Vereinbarung nach Absatz 1 kann vereinbart werden, daß das Fortbestehen des Dauerwohnrechts vom Vorliegen weiterer Voraussetzungen abhängig ist.

§ 40 Haftung des Entgelts

(1) Hypotheken, Grundschulden, Rentenschulden und Reallasten, die dem Dauerwohnrecht im Range vorgehen oder gleichstehen, sowie öffentliche Lasten, die in wiederkehrenden Leistungen bestehen, erstrecken sich auf den Anspruch auf das Entgelt für das Dauerwohnrecht in gleicher Weise wie auf eine Mietzinsforderung, soweit nicht in Absatz 2

etwas Abweichendes bestimmt ist. Im übrigen sind die für Mietzinsforderungen geltenden Vorschriften nicht entsprechend anzuwenden.
(2) Als Inhalt des Dauerwohnrechts kann vereinbart werden, daß Verfügungen über den Anspruch auf das Entgelt, wenn es in wiederkehrenden Leistungen ausbedungen ist, gegenüber dem Gläubiger einer dem Dauerwohnrecht im Range vorgehenden oder gleichstehenden Hypothek, Grundschuld, Rentenschuld oder Reallast wirksam sind. Für eine solche Vereinbarung gilt § 39 Abs. 2 entsprechend.

§ 41 Besondere Vorschriften für langfristige Dauerwohnrechte
(1) Für Dauerwohnrechte, die zeitlich unbegrenzt oder für einen Zeitraum von mehr als zehn Jahren eingeräumt sind, gelten die besonderen Vorschriften der Absätze 2 und 3.
(2) Der Eigentümer ist, sofern nicht etwas anderes vereinbart ist, dem Dauerwohnberechtigten gegenüber verpflichtet, eine dem Dauerwohnrecht im Range vorgehende oder gleichstehende Hypothek löschen zu lassen für den Fall, daß sie sich mit dem Eigentum in einer Person vereinigt, und die Eintragung einer entsprechenden Löschungsvormerkung in das Grundbuch zu bewilligen.
(3) Der Eigentümer ist verpflichtet, dem Dauerwohnberechtigten eine angemessene Entschädigung zu gewähren, wenn er von dem Heimfallanspruch Gebrauch macht.

§ 42 Belastung eines Erbbaurechts
(1) Die Vorschriften der §§ 31 bis 41 gelten für die Belastung eines Erbbaurechts mit einem Dauerwohnrecht entsprechend.
(2) Beim Heimfall des Erbbaurechts bleibt das Dauerwohnrecht bestehen.

III. Teil
Verfahrensvorschriften
1. Abschnitt
Verfahren der freiwilligen Gerichtsbarkeit in Wohnungseigentumssachen

§ 43 Entscheidung durch den Richter
(1) Das Amtsgericht, in dessen Bezirk das Grundstück liegt, entscheidet im Verfahren der freiwilligen Gerichtsbarkeit:
1. auf Antrag eines Wohnungseigentümers über die sich aus der Gemeinschaft der Wohnungseigentümer und aus der Verwaltung des gemeinschaftlichen Eigentums ergebenden Rechte und Pflichten der Wohnungseigentümer untereinander mit Ausnahme der Ansprüche im Falle der Aufhebung der Gemeinschaft (§ 17) und auf Entziehung des Wohnungseigentums (§§ 18, 19);
2. auf Antrag eines Wohnungseigentümers oder des Verwalters über die Rechte und Pflichten des Verwalters bei der Verwaltung des gemeinschaftlichen Eigentums;
3. auf Antrag eines Wohnungseigentümers oder Dritten über die Bestellung eines Verwalters im Falle des § 26 Abs. 3;
4. auf Antrag eines Wohnungseigentümers oder des Verwalters über die Gültigkeit von Beschlüssen der Wohnungseigentümer.

(2) Der Richter entscheidet, soweit sich die Regelung nicht aus dem Gesetz, einer Vereinbarung oder einem Beschluß der Wohnungseigentümer ergibt, nach billigem Ermessen.
(3) Für das Verfahren gelten die besonderen Vorschriften der §§ 44 bis 50.
(4) An dem Verfahren Beteiligte sind:
1. in den Fällen des Absatzes 1 Nr. 1 sämtliche Wohnungseigentümer;
2. in den Fällen des Absatzes 1 Nr. 2 und 4 die Wohnungseigentümer und der Verwalter;
3. im Falle des Absatzes 1 Nr. 3 die Wohnungseigentümer und der Dritte.

§ 44 Allgemeine Verfahrensgrundsätze

(1) Der Richter soll mit den Beteiligten in der Regel mündlich verhandeln und hierbei darauf hinwirken, daß sie sich gütlich einigen.

(2) Kommt eine Einigung zustande, so ist hierüber eine Niederschrift aufzunehmen, und zwar nach den Vorschriften, die für die Niederschrift über einen Vergleich im bürgerlichen Rechtsstreit gelten.

(3) Der Richter kann für die Dauer des Verfahrens einstweilige Anordnungen treffen. Diese können selbständig nicht angefochten werden.

(4) In der Entscheidung soll der Richter die Anordnungen treffen, die zu ihrer Durchführung erforderlich sind. Die Entscheidung ist zu begründen.

§ 45 Rechtsmittel, Rechtskraft

(1) Gegen die Entscheidung des Amtsgerichts ist die sofortige Beschwerde, gegen die Entscheidung des Beschwerdegerichts die sofortige weitere Beschwerde zulässig, wenn der Wert des Gegenstandes der Beschwerde oder der weiteren Beschwerde eintausendfünfhundert Deutsche Mark übersteigt.

(2) Die Entscheidung wird mit der Rechtskraft wirksam. Sie ist für alle Beteiligten bindend.

(3) Aus rechtskräftigen Entscheidungen, gerichtlichen Vergleichen und einstweiligen Anordnungen findet die Zwangsvollstreckung nach den Vorschriften der Zivilprozeßordnung statt.

(4) Haben sich die tatsächlichen Verhältnisse wesentlich geändert, so kann der Richter auf Antrag eines Beteiligten seine Entscheidung oder einen gerichtlichen Vergleich ändern, soweit dies zur Vermeidung einer unbilligen Härte notwendig ist.

§ 46 Verhältnis zu Rechtsstreitigkeiten

(1) Werden in einem Rechtsstreit Angelegenheiten anhängig gemacht, über die nach § 43 Abs. 1 im Verfahren der freiwilligen Gerichtsbarkeit zu entscheiden ist, so hat das Prozeßgericht die Sache insoweit an das nach § 43 Abs. 1 zuständige Amtsgericht zur Erledigung im Verfahren der freiwilligen Gerichtsbarkeit abzugeben. Der Abgabebeschluß kann nach Anhörung der Parteien ohne mündliche Verhandlung ergehen. Er ist für das in ihm bezeichnete Gericht bindend.

(2) Hängt die Entscheidung eines Rechtsstreits vom Ausgang eines in § 43 Abs. 1 bezeichneten Verfahrens ab, so kann das Prozeßgericht anordnen, daß die Verhandlung bis zur Erledigung dieses Verfahrens ausgesetzt wird.

§ 46 a Mahnverfahren

(1) Zahlungsansprüche, über die nach § 43 Abs. 1 zu entscheiden ist, können nach den Vorschriften der Zivilprozeßordnung im Mahnverfahren geltend gemacht werden. Ausschließlich zuständig im Sinne des § 689 Abs. 2 der Zivilprozeßordnung ist das Amtsgericht, in dessen Bezirk das Grundstück liegt. § 690 Abs. 1 Nr. 5 der Zivilprozeßordnung gilt mit der Maßgabe, daß das nach § 43 Abs. 1 zuständige Gericht der freiwilligen Gerichtsbarkeit zu bezeichnen ist. Mit Eingang der Akten bei diesem Gericht nach § 696 Abs. 1 Satz 4 oder § 700 Abs. 3 Satz 2 der Zivilprozeßordnung gilt der Antrag auf Erlaß des Mahnbescheids als Antrag nach § 43 Abs. 1.

(2) Im Falle des Widerspruchs setzt das Gericht der freiwilligen Gerichtsbarkeit dem Antragsteller eine Frist für die Begründung des Antrags. Vor Eingang der Begründung wird das Verfahren nicht fortgeführt. Der Widerspruch kann bis zum Ablauf einer Frist von zwei Wochen seit Zustellung der Begründung zurückgenommen werden; § 699 Abs. 1 Satz 3 der Zivilprozeßordnung ist anzuwenden.

(3) Im Falle des Einspruchs setzt das Gericht der freiwilligen Gerichtsbarkeit dem Antragsteller eine Frist für die Begründung des Antrags, wenn der Einspruch nicht als unzulässig verworfen wird. §§ 339, 340 Abs. 1, 2, § 341 der Zivilprozeßordnung sind anzuwenden; für die sofortige Beschwerde gilt jedoch § 45 Abs. 1. Vor Eingang der Begründung wird das Verfahren vorbehaltlich einer Maßnahme nach § 44 Abs. 3 nicht fortgeführt. Geht die Begründung bis zum Ablauf der Frist nicht ein, wird die Zwangsvollstreckung auf Antrag des Antragsgegners eingestellt. Bereits getroffene Vollstreckungsmaßregeln können aufgehoben werden. Für die Zurücknahme des Einspruchs gelten Absatz 2 Satz 3 erster Halbsatz und § 346 der Zivilprozeßordnung entsprechend. Entscheidet das Gericht in der Sache, ist § 343 der Zivilprozeßordnung anzuwenden.

§ 47 Kostenentscheidung
Welche Beteiligten die Gerichtskosten zu tragen haben, bestimmt der Richter nach billigem Ermessen. Er kann dabei auch bestimmen, daß die außergerichtlichen Kosten ganz oder teilweise zu erstatten sind.

§ 48 Kosten des Verfahrens
(1) Für das gerichtliche Verfahren wird die volle Gebühr erhoben. Kommt es zur gerichtlichen Entscheidung, so erhöht sich die Gebühr auf das Dreifache der vollen Gebühr. Wird der Antrag zurückgenommen, bevor es zu einer Entscheidung oder einer vom Gericht vermittelten Einigung gekommen ist, so ermäßigt sich die Gebühr auf die Hälfte der vollen Gebühr. Ist ein Mahnverfahren vorausgegangen (§ 46 a), wird die nach dem Gerichtskostengesetz zu erhebende Gebühr für das Verfahren über den Antrag auf Erlaß eines Mahnbescheids auf die Gebühr für das gerichtliche Verfahren angerechnet; die Anmerkung zu Nummer 1201 des Kostenverzeichnisses zum Gerichtskostengesetz gilt entsprechend.
(2) Sind für Teile des Gegenstands verschiedene Gebührensätze anzuwenden, so sind die Gebühren für die Teile gesondert zu berechnen; die aus dem Gesamtbetrag der Wertteile nach dem höchsten Gebührensatz berechnete Gebühr darf jedoch nicht überschritten werden.
(3) Der Richter setzt den Geschäftswert nach dem Interesse der Beteiligten an der Entscheidung von Amts wegen fest. Der Geschäftswert ist niedriger festzusetzen, wenn die nach Satz 1 berechneten Kosten des Verfahrens zu dem Interesse eines Beteiligten nicht in einem angemessenen Verhältnis stehen.
(4) Im Verfahren über die Beschwerde gegen eine den Rechtszug beendende Entscheidung werden die gleichen Gebühren wie im ersten Rechtszug erhoben.

§ 49 (aufgehoben)

§ 50 Kosten des Verfahrens vor dem Prozeßgericht
Gibt das Prozeßgericht die Sache nach § 46 an das Amtsgericht ab, so ist das bisherige Verfahren vor dem Prozeßgericht für die Erhebung der Gerichtskosten als Teil des Verfahrens vor dem übernehmenden Gericht zu behandeln.

2. Abschnitt
Zuständigkeit für Rechtsstreitigkeiten

§ 51 Zuständigkeit für die Klage auf Entziehung des Wohnungseigentums
Das Amtsgericht, in dessen Bezirk das Grundstück liegt, ist ohne Rücksicht auf den Wert des Streitgegenstandes für Rechtsstreitigkeiten zwischen Wohnungseigentümern wegen Entziehung des Wohnungseigentums (§ 18) zuständig.

§ 52 Zuständigkeit für Rechtsstreitigkeiten über das Dauerwohnrecht
Das Amtsgericht, in dessen Bezirk das Grundstück liegt, ist ohne Rücksicht auf den Wert des Streitgegenstandes zuständig für Streitigkeiten zwischen dem Eigentümer und dem Dauerwohnberechtigten über den in § 33 bezeichneten Inhalt und den Heimfall (§ 36 Abs. 1 bis 3) des Dauerwohnrechts.

3. Abschnitt
Verfahren bei der Versteigerung des Wohnungseigentums

§ 53 Zuständigkeit, Verfahren
(1) Für die freiwillige Versteigerung des Wohnungseigentums im Falle des § 19 ist jeder Notar zuständig, in dessen Amtsbezirk das Grundstück liegt.
(2) Das Verfahren bestimmt sich nach den Vorschriften der §§ 54 bis 58. Für die durch die Versteigerung veranlaßten Beurkundungen gelten die allgemeinen Vorschriften. Die Vorschriften der Verordnung über die Behandlung von Geboten in der Zwangsversteigerung vom 30. Juli 1941 (RGBl. I S. 354, 370) in der Fassung der Verordnung vom 27. Januar 1944 (RGBl. I S. 47) sind sinngemäß anzuwenden.

§ 54 Antrag, Versteigerungsbedingungen
(1) Die Versteigerung erfolgt auf Antrag eines jeden der Wohnungseigentümer, die das Urteil gemäß § 19 erwirkt haben.
(2) In dem Antrag sollen das Grundstück, das zu versteigernde Wohnungseigentum und das Urteil, auf Grund dessen die Versteigerung erfolgt, bezeichnet sein. Dem Antrag soll eine beglaubigte Abschrift des Wohnungsgrundbuches und ein Auszug aus dem amtlichen Verzeichnis der Grundstücke beigefügt werden.
(3) Die Versteigerungsbedingungen stellt der Notar nach billigem Ermessen fest; die Antragsteller und der verurteilte Wohnungseigentümer sind vor der Feststellung zu hören.

§ 55 Terminsbestimmung
(1) Der Zeitraum zwischen der Anberaumung des Termins und dem Termin soll nicht mehr als drei Monate betragen. Zwischen der Bekanntmachung der Terminsbestimmung und dem Termin soll in der Regel ein Zeitraum von sechs Wochen liegen.
(2) Die Terminsbestellung soll enthalten:
1. die Bezeichnung des Grundstücks und des zu versteigernden Wohnungseigentums;
2. Zeit und Ort der Versteigerung;
3. die Angabe, daß die Versteigerung eine freiwillige ist;
4. die Bezeichnung des verurteilten Wohnungseigentümers sowie die Angabe des Wohnungsgrundbuchblattes und, soweit möglich, des von der Preisbehörde bestimmten Betrages des höchstzulässigen Gebots;
5. die Angabe des Ortes, wo die festgestellten Versteigerungsbedingungen eingesehen werden können.

(3) Die Terminsbestimmung ist öffentlich bekanntzugeben:
1. durch einmalige, auf Verlangen des verurteilten Wohnungseigentümers mehrmalige Einrückung in das Blatt, das für Bekanntmachungen des nach § 43 zuständigen Amtsgerichts bestimmt ist;
2. durch Anschlag der Terminsbestimmung in der Gemeinde, in deren Bezirk das Grundstück liegt, an die für amtliche Bekanntmachungen bestimmte Stelle;
3. durch Anschlag an die Gerichtstafel des nach § 43 zuständigen Amtsgerichts.

(4) Die Terminsbestimmung ist dem Antragsteller und dem verurteilten Wohnungseigentümer mitzuteilen.

(5) Die Einsicht der Versteigerungsbedingungen und der in § 54 Abs. 2 bezeichneten Urkunden ist jedem gestattet.

§ 56 Versteigerungstermin

(1) In dem Versteigerungstermin werden nach dem Aufruf der Sache die Versteigerungsbedingungen und die das zu versteigernde Wohnungseigentum betreffenden Nachweisungen bekanntgemacht. Hierauf fordert der Notar zur Abgabe von Geboten auf.

(2) Der Verurteilte Wohnungseigentümer ist zur Abgabe von Geboten weder persönlich noch durch einen Stellvertreter berechtigt. Ein gleichwohl erfolgtes Gebot gilt als nicht abgegeben. Die Abtretung des Rechtes aus dem Meistgebot an den verurteilten Wohnungseigentümer ist nichtig.

(3) Hat nach den Versteigerungsbedingungen ein Bieter durch Hinterlegung von Geld oder Wertpapieren Sicherheit zu leisten, so gilt in dem Verhältnis zwischen den Beteiligten die Übergabe an den Notar als Hinterlegung.

§ 57 Zuschlag

(1) Zwischen der Aufforderung zur Abgabe von Geboten und dem Zeitpunkt, in welchem die Versteigerung geschlossen wird, soll unbeschadet des § 53 Abs. 2 Satz 3 mindestens eine Stunde liegen. Die Versteigerung soll so lange fortgesetzt werden, bis ungeachtet der Aufforderung des Notars ein Gebot nicht mehr abgegeben wird.

(2) Der Notar hat das letzte Gebot mittels dreimaligen Aufrufs zu verkünden und, soweit tunlich, den Antragsteller und den verurteilten Wohnungseigentümer über den Zuschlag zu hören.

(3) Bleibt das abgegebene Meistgebot hinter sieben Zehnteln des von der Preisbehörde bestimmten Betrages des höchstzulässigen Gebots oder in Ermangelung eines solchen hinter sieben Zehnteln des Einheitswertes des versteigerten Wohnungseigentums zurück, so kann der verurteilte Wohnungseigentümer bis zum Schluß der Verhandlung über den Zuschlag (Absatz 2) die Versagung des Zuschlags verlangen.

(4) Wird der Zuschlag nach Absatz 3 versagt, so hat der Notar von Amts wegen einen neuen Versteigerungstermin zu bestimmen. Der Zeitraum zwischen den beiden Terminen soll sechs Wochen nicht übersteigen, sofern die Antragsteller nicht einer längeren Frist zustimmen.

(5) In dem neuen Termin kann der Zuschlag nicht nach Absatz 3 versagt werden.

§ 58 Rechtsmittel

(1) Gegen die Verfügung des Notars, durch die die Versteigerungsbedingungen festgesetzt werden, sowie gegen die Entscheidung des Notars über den Zuschlag findet das Rechtsmittel der sofortigen Beschwerde mit aufschiebender Wirkung statt. Über die sofortige Beschwerde entscheidet das Landgericht, in dessen Bezirk das Grundstück liegt. Eine weitere Beschwerde ist nicht zulässig.

(2) Für die sofortige Beschwerde und das Verfahren des Beschwerdegerichts gelten die Vorschriften des Reichsgesetzes über die Angelegenheiten der freiwilligen Gerichtsbarkeit.

IV. Teil

Ergänzende Bestimmungen

§ 59 Ausführungsbestimmungen für die Baubehörden

Der Bundesminister für Wohnungsbau erläßt im Einvernehmen mit dem Bundesminister der Justiz Richtlinien für die Baubehörden über die Bescheinigung gemäß § 7 Abs. 4 Nr. 2, § 32 Abs. 2 Nr. 2.

§ 60 Ehewohnung

Die Vorschriften der Verordnung über die Behandlung der Ehewohnung und des Hausrats (Sechste Durchführungsverordnung zum Ehegesetz) vom 21. Oktober 1944 (RGBl. I S. 256) gelten entsprechend, wenn die Ehewohnung im Wohnungseigentum eines oder beider Ehegatten steht oder wenn einem oder beiden Ehegatten das Dauerwohnrecht an der Ehewohnung zusteht.

§ 61 [Heilung des Erwerbs von Wohnungseigentum]

Fehlt eine nach § 12 erforderliche Zustimmung, so sind die Veräußerung und das zugrundeliegende Verpflichtungsgeschäft unbeschadet der sonstigen Voraussetzungen wirksam, wenn die Eintragung der Veräußerung oder einer Auflassungsvormerkung in das Grundbuch vor dem 15. Januar 1994 erfolgt ist und es sich um die erstmalige Veräußerung dieses Wohnungseigentums nach seiner Begründung handelt, es sei denn, daß eine rechtskräftige gerichtliche Entscheidung entgegensteht. Das Fehlen der Zustimmung steht in diesen Fällen dem Eintritt der Rechtsfolgen des § 878 des Bürgerlichen Gesetzbuchs nicht entgegen. Die Sätze 1 und 2 gelten entsprechend in den Fällen der §§ 30 und 35 des Wohnungseigentumsgesetzes.

§ 62 (aufgehoben)

§ 63 Überleitung bestehender Rechtsverhältnisse

(1) Werden Rechtsverhältnisse, mit denen ein Rechtserfolg bezweckt wird, der den durch dieses Gesetz geschaffenen Rechtsformen entspricht, in solche Rechtsformen umgewandelt, so ist als Geschäftswert für die Berechnung der hierdurch veranlaßten Gebühren der Gerichte und Notare im Falle des Wohnungseigentums ein Fünfundzwanzigstel des Einheitswertes des Grundstücks, im Falle des Dauerwohnrechts ein Fünfundzwanzigstel des Wertes des Rechtes anzunehmen.

(2) Erfolgt die Umwandlung gemäß Absatz 1 binnen zweier Jahre seit dem Inkrafttreten dieses Gesetzes, so ermäßigen sich die Gebühren auf die Hälfte. Die Frist gilt als gewahrt, wenn der Antrag auf Eintragung in das Grundbuch rechtzeitig gestellt ist.

(3) Durch Landesgesetz können Vorschriften zur Überleitung bestehender, auf Landesrecht beruhender Rechtsverhältnisse in die durch dieses Gesetz geschaffenen Rechtsformen getroffen werden.

§ 64 Inkrafttreten

Dieses Gesetz tritt am Tage nach seiner Verkündung in Kraft.[1)]

---

1) Verkündet am 19. 3. 1951.

Verordnung über das Erbbaurecht

Vom 15. Januar 1919 (RGBl. S. 72)
(BGBl. III 403-6)

Änderungen seit 1.1.1964

Paragraph	Art der Änderung	Geändert durch	Datum	Fundstelle BGBl.
11	geändert	Gesetz zur Änderung des Bürgerlichen Gesetzbuchs und anderer Gesetze	30. 5.1973	I S. 501
14	geändert	Gesetz zur Änderung des Wohnungseigentumsgesetzes und der Verordnung über das Erbbaurecht	30. 7.1973	I S. 910
21 9a	geändert eingefügt	Gesetz zur Änderung der Verordnung über das Erbbaurecht	8. 1.1974	I S. 41
21	geändert	Vierzehntes Gesetz zur Änderung des Versicherungsaufsichtsgesetzes	29. 3.1983	I S. 377
21	geändert	Gesetz zur Änderung des Hypothekenbankgesetzes und anderer Vorschriften für Hypothekenbanken	8. 6.1988	I S. 710
14, 17	geändert	Registerverfahrenbeschleunigungsgesetz	20.12.1993	I S. 2182
9, 19	geändert	Sachenrechtsänderungsgesetz	21. 9.1994	I S. 2457, 2489
8	geändert	Einführungsgesetz zur Insolvenzordnung[1)]	5.10.1994	I S. 2911, 2926

I. Begriff und Inhalt des Erbbaurechts
1. Gesetzlicher Inhalt

§ 1 [Begriff – Umfang]

(1) Ein Grundstück kann in der Weise belastet werden, daß demjenigen, zu dessen Gunsten die Belastung erfolgt, das veräußerliche und vererbliche Recht zusteht, auf oder unter der Oberfläche des Grundstücks ein Bauwerk zu haben (Erbbaurecht).

(2) Das Erbbaurecht kann auf einen für das Bauwerk nicht erforderlichen Teil des Grundstücks erstreckt werden, sofern das Bauwerk wirtschaftlich die Hauptsache bleibt.

(3) Die Beschränkung des Erbbaurechts auf einen Teil eines Gebäudes, insbesondere ein Stockwerk ist unzulässig.

(4) Das Erbbaurecht kann nicht durch auflösende Bedingungen beschränkt werden. Auf eine Vereinbarung, durch die sich der Erbbauberechtigte verpflichtet, beim Eintreten be-

1) Die Änderung tritt am 1. 1. 1999 in Kraft und wird zu diesem Zeitpunkt eingearbeitet.

stimmter Voraussetzungen das Erbbaurecht aufzugeben und seine Löschung im Grundbuch zu bewilligen, kann sich der Grundstückseigentümer nicht berufen.

2. Vertragsmäßiger Inhalt

§ 2 [Dinglich wirksame Vereinbarungen]
Zum Inhalt des Erbbaurechts gehören auch Vereinbarungen des Grundstückseigentümers und des Erbbauberechtigten über:
1. die Errichtung, die Instandhaltung und die Verwendung des Bauwerkes;
2. die Versicherung des Bauwerkes und seinen Wiederaufbau im Falle der Zerstörung;
3. die Tragung der öffentlichen und privatrechtlichen Lasten und Abgaben;
4. eine Verpflichtung des Erbbauberechtigten, das Erbbaurecht beim Eintreten bestimmter Voraussetzungen auf den Grundstückseigentümer zu übertragen (Heimfall);
5. eine Verpflichtung des Erbbauberechtigten zur Zahlung von Vertragsstrafen;
6. die Einräumung eines Vorrechts für den Erbbauberechtigten auf Erneuerung des Erbbaurechts nach dessen Ablauf;
7. eine Verpflichtung des Grundstückseigentümers, das Grundstück an den jeweiligen Erbbauberechtigten zu verkaufen.

§ 3 [Heimfallanspruch]
Der Heimfallanspruch des Grundstückseigentümers kann nicht von dem Eigentum an dem Grundstück getrennt werden; der Eigentümer kann verlangen, daß das Erbbaurecht einem von ihm zu bezeichnenden Dritten übertragen wird.

§ 4 [Verjährung]
Der Heimfallanspruch sowie der Anspruch auf eine Vertragsstrafe (§ 2 Nrn. 4 und 5) verjährt in sechs Monaten von dem Zeitpunkt an, in dem der Grundstückseigentümer von dem Vorhandensein der Voraussetzungen Kenntnis erlangt, ohne Rücksicht auf diese Kenntnis in zwei Jahren vom Eintreten der Voraussetzungen an.

§ 5 [Zustimmung des Grundstückseigentümers]
(1) Als Inhalt des Erbbaurechts kann auch vereinbart werden, daß der Erbbauberechtigte zur Veräußerung des Erbbaurechts der Zustimmung des Grundstückseigentümers bedarf.
(2) Als Inhalt des Erbbaurechts kann ferner vereinbart werden, daß der Erbbauberechtigte zur Belastung des Erbbaurechts mit einer Hypothek, Grund- oder Rentenschuld oder einer Reallast der Zustimmung des Grundstückseigentümers bedarf. Ist eine solche Vereinbarung getroffen, so kann auch eine Änderung des Inhalts der Hypothek, Grund- oder Rentenschuld oder der Reallast, die eine weitere Belastung des Erbbaurechts enthält, nicht ohne Zustimmung des Grundstückseigentümers erfolgen.

§ 6 [Fehlende Zustimmung]
(1) Ist eine Vereinbarung gemäß § 5 getroffen, so ist eine Verfügung des Erbbauberechtigten über das Erbbaurecht und ein Vertrag, durch den er sich zu einer solchen Verfügung verpflichtet, unwirksam, solange nicht der Grundstückseigentümer die erforderliche Zustimmung erteilt hat.
(2) Auf eine Vereinbarung, daß ein Zuwiderhandeln des Erbbauberechtigten gegen eine nach § 5 übernommene Beschränkung einen Heimfallanspruch begründen soll, kann sich der Grundstückseigentümer nicht berufen.

§ 7 [Anspruch auf Zustimmung]
(1) Ist anzunehmen, daß durch die Veräußerung (§ 5 Abs. 1) der mit der Bestellung des Erbbaurechts verfolgte Zweck nicht wesentlich beeinträchtigt oder gefährdet wird, und daß die Persönlichkeit des Erwerbers Gewähr für eine ordnungsmäßige Erfüllung der

sich aus dem Erbbaurechtsinhalt ergebenden Verpflichtungen bietet, so kann der Erbbauberechtigte verlangen, daß der Grundstückseigentümer die Zustimmung zur Veräußerung erteilt. Dem Erbbauberechtigten kann auch für weitere Fälle ein Anspruch auf Erteilung der Zustimmung eingeräumt werden.

(2) Ist eine Belastung (§ 5 Abs. 2) mit den Regeln einer ordnungsmäßigen Wirtschaft vereinbar, und wird der mit der Bestellung des Erbbaurechts verfolgte Zweck nicht wesentlich beeinträchtigt oder gefährdet, so kann der Erbbauberechtigte verlangen, daß der Grundstückseigentümer die Zustimmung zu der Belastung erteilt.

(3) Wird die Zustimmung des Grundstückseigentümers ohne ausreichenden Grund verweigert, so kann sie auf Antrag des Erbbauberechtigten durch das Amtsgericht ersetzt werden, in dessen Bezirk das Grundstück belegen ist. Die Vorschriften des § 53 Abs. 1 Satz 1, Abs. 2 und des § 60 Abs. 1 Nr. 6 des Reichsgesetzes über die Angelegenheiten der freiwilligen Gerichtsbarkeit gelten entsprechend.

§ 8 [Zwangsvollstreckung im Erbbaurecht]

Verfügungen, die im Wege der Zwangsvollstreckung oder der Arrestvollziehung oder durch den Konkursverwalter erfolgen, sind insoweit unwirksam, als sie die Rechte des Grundstückseigentümers aus einer Vereinbarung gemäß § 5 vereiteln oder beeinträchtigen würden.

3. Erbbauzins

§ 9 [Allgemeine Vorschriften]

(1) Wird für die Bestellung des Erbbaurechts ein Entgelt in wiederkehrenden Leistungen (Erbbauzins) ausbedungen, so finden die Vorschriften des Bürgerlichen Gesetzbuchs über die Reallasten entsprechende Anwendung. Die zugunsten der Landesgesetze bestehenden Vorbehalte über Reallasten finden keine Anwendung.

(2) Der Erbbauzins kann nach Zeit und Höhe für die gesamte Erbbauzeit im voraus bestimmt werden. Inhalt des Erbbauzinses kann auch eine Verpflichtung zu seiner Anpassung an veränderte Verhältnisse sein, wenn die Anpassung nach Zeit und Wertmaßstab bestimmbar ist. Für die Vereinbarung über die Anpassung des Erbbauzinses ist die Zustimmung der Inhaber dinglicher Rechte am Erbbaurecht erforderlich; § 880 Abs. 2 Satz 3 des Bürgerlichen Gesetzbuchs ist entsprechend anzuwenden. Der Anspruch des Grundstückseigentümers auf Entrichtung des Erbbauzinses kann in Ansehung noch nicht fälliger Leistungen nicht von dem Eigentum an dem Grundstück getrennt werden.

(3) Als Inhalt des Erbbauzinses kann vereinbart werden, daß

1. die Reallast abweichend von § 52 Abs. 1 des Gesetzes über die Zwangsversteigerung und die Zwangsverwaltung mit ihrem Hauptanspruch bestehenbleibt, wenn der Grundstückseigentümer aus der Reallast oder der Inhaber eines im Range vorgehenden oder gleichstehenden dinglichen Rechts die Zwangsversteigerung des Erbbaurechts betreibt, und
2. der jeweilige Erbbauberechtigte dem jeweiligen Inhaber der Reallast gegenüber berechtigt ist, das Erbbaurecht in einem bestimmten Umfang mit einer der Reallast im Rang vorgehenden Grundschuld, Hypothek oder Rentenschuld im Erbbaugrundbuch zu belasten.

Ist das Erbbaurecht mit dinglichen Rechten belastet, ist für die Wirksamkeit der Vereinbarung die Zustimmung der Inhaber der der Erbbauzinsreallast im Rang vorgehenden oder gleichstehenden dinglichen Rechte erforderlich.

(4) Zahlungsverzug des Erbbauberechtigten kann den Heimfallanspruch nur dann begründen, wenn der Erbbauberechtigte mit dem Erbbauzinse mindestens in Höhe zweier Jahresbeträge im Rückstand ist.

§ 9 a [Erhöhung des Erbbauzinses][1)]

(1) Dient das auf Grund eines Erbbaurechts errichtete Bauwerk Wohnzwecken, so begründet eine Vereinbarung, daß eine Änderung des Erbbauzinses verlangt werden kann, einen Anspruch auf Erhöhung des Erbbauzinses nur, soweit diese unter Berücksichtigung aller Umstände des Einzelfalles nicht unbillig ist. Ein Erhöhungsanspruch ist regelmäßig als unbillig anzusehen, wenn und soweit die nach der vereinbarten Bemessungsgrundlage zu errechnende Erhöhung über die seit Vertragsabschluß eingetretene Änderung der allgemeinen wirtschaftlichen Verhältnisse hinausgeht. Änderungen der Grundstückswertverhältnisse bleiben außer den in Satz 4 genannten Fällen außer Betracht. Im Einzelfall kann bei Berücksichtigung aller Umstände, insbesondere
1. einer Änderung des Grundstückswertes infolge eigener zulässigerweise bewirkter Aufwendungen des Grundstückseigentümers oder
2. der Vorteile, welche eine Änderung des Grundstückswertes oder die ihr zugrunde liegenden Umstände für den Erbbauberechtigten mit sich bringen,

ein über diese Grenze hinausgehender Erhöhungsanspruch billig sein. Ein Anspruch auf Erhöhung des Erbbauzinses darf frühestens nach Ablauf von drei Jahren seit Vertragsabschluß und, wenn eine Erhöhung des Erbbauzinses bereits erfolgt ist, frühestens nach Ablauf von drei Jahren seit der jeweils letzten Erhöhung des Erbbauzinses geltend gemacht werden.

(2) Dient ein Teil des auf Grund des Erbbaurechts errichteten Bauwerks Wohnzwecken, so gilt Absatz 1 nur für den Anspruch auf Änderung eines angemessenen Teilbetrages des Erbbauzinses.

(3) Die Zulässigkeit einer Vormerkung zur Sicherung eines Anspruchs auf Erhöhung des Erbbauzinses wird durch die vorstehenden Vorschriften nicht berührt.

4. Rangstelle

§ 10

(1) Das Erbbaurecht kann nur zur ausschließlich ersten Rangstelle bestellt werden; der Rang kann nicht geändert werden. Rechte, die zur Erhaltung der Wirksamkeit gegenüber dem öffentlichen Glauben des Grundbuchs der Eintragung nicht bedürfen, bleiben außer Betracht.

(2) Durch landesrechtliche Verordnung können Bestimmungen getroffen werden, wonach bei der Bestellung des Erbbaurechts von dem Erfordernisse der ersten Rangstelle abgewichen werden kann, wenn dies für die vorhergehenden Berechtigten und den Bestand des Erbbaurechts unschädlich ist.

---

1) § 9 a eingefügt durch das Gesetz zur Änderung der Verordnung über das Erbbaurecht vom 8.1.1974 (BGBl. I S.41); in Kraft getreten am 23.1.1974. Siehe hierzu Artikel 2 des genannten Gesetzes:

»(1) Für nach dem Inkrafttreten dieses Gesetzes fällig werdende Erbbauzinsen ist § 9 a der Verordnung über das Erbbaurecht in der Fassung des Artikels 1 Nr. 1 dieses Gesetzes auch bei Vereinbarungen des dort bezeichneten Inhalts anzuwenden, die vor Inkrafttreten dieses Gesetzes geschlossen worden sind.

(2) Ist der Erbbauzins aufgrund einer solchen Vereinbarung vor dem Inkrafttreten dieses Gesetzes erhöht worden, so behält es hierbei sein Bewenden. Der Erbbauberechtigte kann jedoch für die Zukunft eine bei entsprechender Anwendung der in Absatz 1 genannten Vorschrift gerechtfertigte Herabsetzung dann verlangen, wenn das Bestehenbleiben der Erhöhung für ihn angesichts der Umstände des Einzelfalles eine besondere Härte wäre.«

5. Anwendung des Grundstücksrechts

§ 11

(1) Auf das Erbbaurecht finden die sich auf Grundstücke beziehenden Vorschriften mit Ausnahme der §§ 925, 927, 928 des Bürgerlichen Gesetzbuchs sowie die Vorschriften über Ansprüche aus dem Eigentum entsprechende Anwendung, soweit sich nicht aus dieser Verordnung ein anderes ergibt. Eine Übertragung des Erbbaurechts, die unter einer Bedingung oder einer Zeitbestimmung erfolgt, ist unwirksam.

(2) Auf einen Vertrag, durch den sich der eine Teil verpflichtet, ein Erbbaurecht zu bestellen oder zu erwerben, findet der § 313 des Bürgerlichen Gesetzbuchs entsprechende Anwendung.

6. Bauwerk. Bestandteile

§ 12 [Wesentliche Bestandteile]

(1) Das auf Grund des Erbbaurechts errichtete Bauwerk gilt als wesentlicher Bestandteil des Erbbaurechts. Das gleiche gilt für ein Bauwerk, das bei der Bestellung des Erbbaurechts schon vorhanden ist. Die Haftung des Bauwerkes für die Belastungen des Grundstücks erlischt mit der Eintragung des Erbbaurechts im Grundbuch.

(2) Die §§ 94 und 95 des Bürgerlichen Gesetzbuchs finden auf das Erbbaurecht entsprechende Anwendung; die Bestandteile des Erbbaurechts sind nicht zugleich Bestandteile des Grundstücks.

(3) Erlischt das Erbbaurecht, so werden die Bestandteile des Erbbaurechts Bestandteile des Grundstücks.

§ 13 [Untergang des Bauwerks]

Das Erbbaurecht erlischt nicht dadurch, daß das Bauwerk untergeht.

II. Grundbuchvorschriften

§ 14 [Erbbaugrundbuch]

(1) Für das Erbbaurecht wird bei der Eintragung in das Grundbuch von Amts wegen ein besonderes Grundbuchblatt (Erbbaugrundbuch) angelegt. Im Erbbaugrundbuch soll auch der Eigentümer und jeder spätere Erwerber des Grundstücks vermerkt werden. Zur näheren Bezeichnung des Inhalts des Erbbaurechts kann auf die Eintragungsbewilligung Bezug genommen werden.

(2) Bei der Eintragung im Grundbuch des Grundstücks ist zur näheren Bezeichnung des Inhalts des Erbbaurechts auf das Erbbaugrundbuch Bezug zu nehmen.

(3) Das Erbbaugrundbuch ist für das Erbbaurecht das Grundbuch im Sinne des Bürgerlichen Gesetzbuchs. Die Eintragung eines neuen Erbbauberechtigten ist unverzüglich auf dem Blatte des Grundstücks zu vermerken. Der Vermerk kann durch Bezugnahme auf das Erbbaugrundbuch ersetzt werden.

(4) Werden das Grundbuch und das Erbbaugrundbuch in maschineller Form geführt, so genügt es für die Eintragung nach Absatz 1 Satz 2, daß lediglich der Eigentümer des belasteten Grundstücks gemäß der jeweils letzten Eintragung im Grundbuch dieses Grundstücks vermerkt ist.

§ 15 [Nachweis der Zustimmung]

In den Fällen des § 5 darf der Rechtsübergang und die Belastung erst eingetragen werden, wenn dem Grundbuchamte die Zustimmung des Grundstückseigentümers nachgewiesen ist.

§ 16 [Löschung]
Bei der Löschung des Erbbaurechts wird das Erbbaugrundbuch von Amts wegen geschlossen.

§ 17 [Bekanntmachung]
(1) Jede Eintragung in das Erbbaugrundbuch soll auch dem Grundstückseigentümer, die Eintragung von Verfügungsbeschränkungen des Erbbauberechtigten den im Erbbaugrundbuch eingetragenen dinglich Berechtigten bekanntgemacht werden. Im übrigen sind § 44 Abs. 2, 3, § 55 Abs. 1 bis 3, 5 bis 8, §§ 55 a und 55 b der Grundbuchordnung entsprechend anzuwenden.
(2) Dem Erbbauberechtigten soll die Eintragung eines Grundstückseigentümers, die Eintragung von Verfügungsbeschränkungen des Grundstückseigentümers sowie die Eintragung eines Widerspruchs gegen die Eintragung des Eigentümers in das Grundbuch des Grundstücks bekanntgemacht werden.
(3) Auf die Bekanntmachung kann verzichtet werden.

III. Beleihung
1. Mündelhypothek

§ 18 [Mündelsicherheit]
Eine Hypothek an einem Erbbaurecht auf einem inländischen Grundstück ist für die Anlegung von Mündelgeld als sicher anzusehen, wenn sie eine Tilgungshypothek ist und den Erfordernissen der §§ 19, 20 entspricht.

§ 19 [Beleihungsgrenze]
(1) Die Hypothek darf die Hälfte des Wertes des Erbbaurechts nicht übersteigen. Dieser ist anzunehmen gleich der halben Summe des Bauwerts und des kapitalisierten, durch sorgfältige Ermittlung festgestellten jährlichen Mietreinertrags, den das Bauwerk nebst den Bestandteilen des Erbbaurechts unter Berücksichtigung seiner Beschaffenheit bei ordnungsmäßiger Wirtschaft jedem Besitzer nachhaltig gewähren kann. Der angenommene Wert darf jedoch den kapitalisierten Mietreinertrag nicht übersteigen.
(2) Ein der Hypothek im Range vorgehender Erbbauzins ist zu kapitalisieren und von ihr in Abzug zu bringen. Dies gilt nicht, wenn eine Vereinbarung nach § 9 Abs. 3 Satz 1 getroffen worden ist.

§ 20 [Tilgung]
(1) Die planmäßige Tilgung der Hypothek muß
1. unter Zuwachs der ersparten Zinsen erfolgen,
2. spätestens mit dem Anfang des vierten auf die Gewährung des Hypothekenkapitals folgenden Kalenderjahrs beginnen,
3. spätestens zehn Jahre vor Ablauf des Erbbaurechts endigen und darf
4. nicht länger dauern, als zur buchmäßigen Abschreibung des Bauwerkes nach wirtschaftlichen Grundsätzen erforderlich ist.

(2) Das Erbbaurecht muß mindestens noch so lange laufen, daß eine den Vorschriften des Absatzes 1 entsprechende Tilgung der Hypothek für jeden Erbbauberechtigten oder seine Rechtsnachfolger aus den Erträgen des Erbbaurechts möglich ist.

2. Sicherheitsgrenze für sonstige Beleihungen

§ 21
(1) Erbbaurechte können nach Maßgabe der §§ 11 und 12 des Hypothekenbankgesetzes von Hypothekenbanken und nach Maßgabe des § 54 a des Versicherungsaufsichtsgesetzes

von Versicherungsunternehmen beliehen werden, wenn eine dem § 20 Abs. 1 Nr. 3 und 4 entsprechende Tilgung vereinbart wird.

(2) Auf einen der Hypothek im Range vorgehenden Erbbauzins ist die Vorschrift des § 19 Abs. 2 entsprechend anzuwenden.

3. Landesrechtliche Vorschriften

§ 22

Die Landesgesetzgebung kann für die innerhalb ihres Geltungsbereichs belegenen Grundstücke

1. die Mündelsicherheit der Erbbaurechtshypotheken abweichend von den Vorschriften der §§ 18 bis 20 regeln,
2. bestimmen, in welcher Weise festzustellen ist, ob die Voraussetzungen für die Mündelsicherheit (§§ 19, 20) vorliegen.

IV. Feuerversicherung. Zwangsversteigerung

1. Feuerversicherung

§ 23

Ist das Bauwerk gegen Feuer versichert, so hat der Versicherer den Grundstückseigentümer unverzüglich zu benachrichtigen, wenn ihm der Eintritt des Versicherungsfalls angezeigt wird.

2. Zwangsversteigerung

a) des Erbbaurechts

§ 24

Bei einer Zwangsvollstreckung in das Erbbaurecht gilt auch der Grundstückseigentümer als Beteiligter im Sinne des § 9 des Gesetzes über die Zwangsversteigerung und die Zwangsverwaltung (RGBl. 1898 S. 713).

b) des Grundstücks

§ 25

Wird das Grundstück zwangsweise versteigert, so bleibt das Erbbaurecht auch dann bestehen, wenn es bei der Feststellung des geringsten Gebots nicht berücksichtigt ist.

V. Beendigung, Erneuerung, Heimfall

1. Beendigung

a) Aufhebung

§ 26

Das Erbbaurecht kann nur mit Zustimmung des Grundstückseigentümers aufgehoben werden. Die Zustimmung ist dem Grundbuchamt oder dem Erbbauberechtigten gegenüber zu erklären; sie ist unwiderruflich.

b) Zeitablauf

§ 27 [Entschädigung]

(1) Erlischt das Erbbaurecht durch Zeitablauf, so hat der Grundstückseigentümer dem Erbbauberechtigten eine Entschädigung für das Bauwerk zu leisten. Als Inhalt des Erbbaurechts können Vereinbarungen über die Höhe der Entschädigung und die Art ihrer Zahlung sowie über ihre Ausschließung getroffen werden.

(2) Ist das Erbbaurecht zur Befriedigung des Wohnbedürfnisses minderbemittelter Bevölkerungskreise bestellt, so muß die Entschädigung mindestens zwei Dritteile des gemeinen Wertes betragen, den das Bauwerk bei Ablauf des Erbbaurechts hat. Auf eine abweichende Vereinbarung kann sich der Grundstückseigentümer nicht berufen.

(3) Der Grundstückseigentümer kann seine Verpflichtung zur Zahlung der Entschädigung dadurch abwenden, daß er dem Erbbauberechtigten das Erbbaurecht vor dessen Ablauf für die voraussichtliche Standdauer des Bauwerkes verlängert; lehnt der Erbbauberechtigte die Verlängerung ab, so erlischt der Anspruch auf Entschädigung. Das Erbbaurecht kann zur Abwendung der Entschädigungspflicht wiederholt verlängert werden.

(4) Vor Eintritt der Fälligkeit kann der Anspruch auf Entschädigung nicht abgetreten werden.

§ 28 [Haftung der Entschädigungsforderung]

Die Entschädigungsforderung haftet auf dem Grundstück an Stelle des Erbbaurechts und mit dessen Range.

§ 29 [Rechte der Hypothekengläubiger]

Ist das Erbbaurecht bei Ablauf der Zeit, für die es bestellt war, noch mit einer Hypothek oder Grundschuld oder mit Rückständen aus Rentenschulden oder Reallasten belastet, so hat der Gläubiger der Hypothek, Grund- oder Rentenschuld oder Reallast an dem Entschädigungsanspruch dieselben Rechte, die ihm im Falle des Erlöschens seines Rechtes durch Zwangsversteigerung an dem Erlöse zustehen.

§ 30 [Miet- und Pachtverträge]

(1) Erlischt das Erbbaurecht, so finden auf Miet- und Pachtverträge, die der Erbbauberechtigte abgeschlossen hat, die im Falle der Übertragung des Eigentums geltenden Vorschriften entsprechende Anwendung.

(2) Erlischt das Erbbaurecht durch Zeitablauf, so ist der Grundstückseigentümer berechtigt, das Miet- oder Pachtverhältnis unter Einhaltung der gesetzlichen Frist zu kündigen. Die Kündigung kann nur für einen der beiden ersten Termine erfolgen, für die sie zulässig ist. Erlischt das Erbbaurecht vorzeitig, so kann der Grundstückseigentümer das Kündigungsrecht erst ausüben, wenn das Erbbaurecht auch durch Zeitablauf erlöschen würde.

(3) Der Mieter oder Pächter kann den Grundstückseigentümer unter Bestimmung einer angemessenen Frist zur Erklärung darüber auffordern, ob er von dem Kündigungsrechte Gebrauch mache. Die Kündigung kann nur bis zum Ablauf der Frist erfolgen.

2. Erneuerung

§ 31

(1) Ist dem Erbbauberechtigten ein Vorrecht auf Erneuerung des Erbbaurechts eingeräumt (§ 2 Nr. 6), so kann er das Vorrecht ausüben, sobald der Eigentümer mit einem Dritten einen Vertrag über Bestellung eines Erbbaurechts an dem Grundstück geschlossen hat. Die Ausübung des Vorrechts ist ausgeschlossen, wenn das für den Dritten zu bestellende Erbbaurecht einem anderen wirtschaftlichen Zwecke zu dienen bestimmt ist.

(2) Das Vorrecht erlischt drei Jahre nach Ablauf der Zeit, für die das Erbbaurecht bestellt war.
(3) Die Vorschriften der §§ 505 bis 510, 513, 514 des Bürgerlichen Gesetzbuchs finden entsprechende Anwendung.
(4) Dritten gegenüber hat das Vorrecht die Wirkung einer Vormerkung zur Sicherung eines Anspruchs auf Einräumung des Erbbaurechts. Die §§ 1099 bis 1102 des Bürgerlichen Gesetzbuchs gelten entsprechend. Wird das Erbbaurecht vor Ablauf der drei Jahre (Abs. 2) im Grundbuch gelöscht, so ist zur Erhaltung des Vorrechts eine Vormerkung mit dem bisherigen Range des Erbbaurechts von Amts wegen einzutragen.
(5) Soweit im Falle des § 29 die Tilgung noch nicht erfolgt ist, hat der Gläubiger bei der Erneuerung an dem Erbbaurechte dieselben Rechte, die er zur Zeit des Ablaufs hatte. Die Rechte an der Entschädigungsforderung erlöschen.

3. Heimfall

§ 32 [Vergütungsanspruch]

(1) Macht der Grundstückseigentümer von seinem Heimfallanspruch Gebrauch, so hat er dem Erbbauberechtigten eine angemessene Vergütung für das Erbbaurecht zu gewähren. Als Inhalt des Erbbaurechts können Vereinbarungen über die Höhe dieser Vergütung und die Art ihrer Zahlung sowie ihre Ausschließung getroffen werden.
(2) Ist das Erbbaurecht zur Befriedigung des Wohnbedürfnisses minderbemittelter Bevölkerungskreise bestellt, so darf die Zahlung einer angemessenen Vergütung für das Erbbaurecht nicht ausgeschlossen werden. Auf eine abweichende Vereinbarung kann sich der Grundstückseigentümer nicht berufen. Die Vergütung ist nicht angemessen, wenn sie nicht mindestens zwei Dritteile des gemeinsamen Wertes des Erbbaurechts zur Zeit der Übertragung beträgt.

§ 33 [Fortbestehen von Belastungen]

(1) Beim Heimfall des Erbbaurechts bleiben die Hypotheken, Grund- und Rentenschulden und Reallasten bestehen, soweit sie nicht dem Erbbauberechtigten selbst zustehen. Dasselbe gilt für die Vormerkung eines gesetzlichen Anspruchs auf Eintragung einer Sicherungshypothek sowie für den Bauvermerk (§ 61 des Gesetzes über die Sicherung der Bauforderungen vom 1. Juni 1909, RGBl. S.449[1]) Andere auf dem Erbbaurechte lastende Rechte erlöschen.
(2) Haftet bei einer Hypothek, die bestehen bleibt, der Erbbauberechtigte zugleich persönlich, so nimmt der Grundstückseigentümer die Schuld in Höhe der Hypothek. Die Vorschriften des § 416 des Bürgerlichen Gesetzbuchs finden entsprechende Anwendung. Das gleiche gilt, wenn bei einer bestehenbleibenden Grundschuld oder bei Rückständen aus Rentenschulden oder Reallasten der Erbbauberechtigte zugleich persönlich haftet.
(3) Die Forderungen, die der Grundstückseigentümer nach Absatz 2 übernimmt, werden auf die Vergütung (§ 32) angerechnet.

4. Bauwerk

§ 34

Der Erbbauberechtigte ist nicht berechtigt, beim Heimfall oder beim Erlöschen des Erbbaurechts das Bauwerk wegzunehmen oder sich Bestandteile des Bauwerkes anzueignen.

---

1) Das Gesetz ist nicht wirksam geworden.

VI. Schlußbestimmungen

§ 35 [Inkrafttreten]

Diese Verordnung hat Gesetzeskraft und tritt am Tage der Verkündung in Kraft.[1]

§ 36 [Aufhebung früherer Vorschriften]

Soweit in Reichs- oder Landesgesetzen auf die §§ 1012 bis 1017 des Bürgerlichen Gesetzbuchs verwiesen ist, treten an deren Stelle die entsprechenden Vorschriften dieser Verordnung.

§ 37 (gegenstandslos)

§ 38 [Fortgeltung bisheriger Gesetze]

Für ein Erbbaurecht, mit dem ein Grundstück zur Zeit des Inkrafttretens dieser Verordnung belastet ist, bleiben die bisherigen Gesetze maßgebend.

§ 39 [Gebühren- und Steuerfreiheit]

Erwirbt ein Erbbauberechtigter auf Grund eines Vorkaufsrechts oder einer Kaufberechtigung im Sinne des § 2 Nr. 7 das mit dem Erbbaurechte belastete Grundstück oder wird ein bestehendes Erbbaurecht erneuert, so bleiben reichs-, landesgesetzliche und kommunale Gebühren, Stempel-[2] und Umsatzsteuern jeder Art insoweit außer Ansatz, als sie schon bei Begründung des Erbbaurechts entrichtet worden sind.

---

1) Verkündet am 22. 1.1919.

2) Gegenstandslos.

Ehegesetz

Vom 20. Februar 1946 (ABl. Kontrollrat S. 77, 294)
(BGBl. III 404-1),

Änderungen seit 1. 1. 1964

Paragraph	Art der Änderung	Geändert durch	Datum	Fundstelle BGBl.
4, 9	geändert	Gesetz über die rechtliche Stellung der nichtehelichen Kinder	19. 8.1969	I S. 1243
1	geändert	Gesetz zur Neuregelung des Volljährigkeitsalters	31. 7.1974	I S. 1713
4, 26, 37, 39	geändert	Erstes Gesetz zur Reform des Ehe- und Familienrechts	14. 6.1976	I S. 1421
13 a	eingefügt			
6, 19, 22, 27, 41-70, 72, 73, 76	aufgehoben			
4, 7	geändert	Adoptionsgesetz	2. 7.1976	I S. 1749
3	geändert	Gesetz zur Neuregelung des Rechts der elterlichen Sorge	18. 7.1979	I S. 1061
20	geändert	Gesetz über die Prozeßkostenhilfe	13. 6.1980	I S. 677
15 a	aufgehoben	Gesetz zur Neuregelung des Internationalen Privatrechts	25. 7.1986	I S. 1142
3, 9, 13 a	geändert	Betreuungsgesetz	12. 9.1990	I S. 2002
13 a	geändert	Familiennamensgesetz	16.12.1993	I S. 2054
77 a	geändert	Kostenrechtsänderungsgesetz 1994	24. 6.1994	I S. 1325, 1365

Maßgabe

Gemäß Anlage I Kapitel III Sachgebiet B Abschnitt III Nr. 11 des Einigungsvertrages vom 23. 9. 1990 (BGBl. II S. 885) treten die Rechtsvorschriften mit den folgenden Maßgaben in den Ländern Brandenburg, Mecklenburg-Vorpommern, Sachsen, Sachsen-Anhalt und Thüringen sowie in dem Teil des Landes Berlin, in dem das Grundgesetz bisher nicht galt, in Kraft:

»a) §§ 1 bis 21 und §§ 28 bis 37 des Ehegesetzes gelten nicht für Ehen, die vor dem Wirksamwerden des Beitritts geschlossen worden sind. Die Wirksamkeit solcher Ehen bestimmt sich nach dem bisherigen Recht.

b) Ist nach dem bisherigen Recht eine Ehe nichtig, so bestimmen sich die Folgen der Nichtigkeit nach den §§ 23 bis 26 des Ehegesetzes. Dies gilt nicht, wenn eine Ehe vor dem Wirksamwerden des Beitritts für nichtig erklärt worden ist.

c) Ist eine Ehe vor dem Wirksamwerden des Beitritts für nichtig erklärt worden, so bestimmen sich die Folgen der Nichtigkeit nach dem bisherigen Recht. Für den Anspruch auf Unterhalt gelten die Vorschriften über den Unterhalt von Ehegatten, deren Ehe vor dem Wirksamwerden des Beitritts geschieden worden ist, entsprechend. Ein Unterhaltsanspruch besteht nicht, wenn der Berechtigte die Nichtigkeit der Ehe bei der Eheschließung gekannt hat.

d) Ist ein Ehegatte vor dem Wirksamwerden des Beitritts für tot erklärt worden, so bestimmt sich die Beendigung der Ehe nach dem bisherigen Recht. Ist der andere Ehegatte eine neue Ehe eingegangen und ist diese vor dem Wirksamwerden des Beitritts geschieden worden, weil der für tot erklärte Ehegatte noch lebte, so bestimmt sich ein Wiederaufleben der durch die Todeserklärung beendeten Ehe nach dem bisherigen Recht.«

Erster Abschnitt
Recht der Eheschließung
A. Ehefähigkeit

§ 1 Ehemündigkeit

(1) Eine Ehe soll nicht vor Eintritt der Volljährigkeit eingegangen werden.

(2) Das Vormundschaftsgericht kann auf Antrag von dieser Vorschrift Befreiung erteilen, wenn der Antragsteller das 16. Lebensjahr vollendet hat und sein künftiger Ehegatte volljährig ist.

§ 2 Geschäftsunfähigkeit

Wer geschäftsunfähig ist, kann eine Ehe nicht eingehen.

§ 3 Einwilligung des gesetzlichen Vertreters und des Personensorgeberechtigten

(1) Wer minderjährig ist, bedarf zur Eingehung einer Ehe der Einwilligung seines gesetzlichen Vertreters.

(2) Steht dem gesetzlichen Vertreter eines Minderjährigen nicht zugleich die Personensorge für den Minderjährigen zu oder ist neben ihm noch ein anderer personensorgeberechtigt, so ist auch die Einwilligung des Personensorgeberechtigten erforderlich.

(3) Verweigert der gesetzliche Vertreter oder der Personensorgeberechtigte die Einwilligung ohne triftige Gründe, so kann der Vormundschaftsrichter sie auf Antrag des Verlobten, der der Einwilligung bedarf, ersetzen.

B. Eheverbote

§ 4 Verwandtschaft und Schwägerschaft

(1) Eine Ehe darf nicht geschlossen werden zwischen Verwandten in gerader Linie, zwischen vollbürtigen und halbbürtigen Geschwistern sowie zwischen Verschwägerten in gerader Linie. Das gilt auch, wenn das Verwandtschaftsverhältnis durch Annahme als Kind erloschen ist.

(2) (außer Wirksamkeit)

(3) Das Vormundschaftsgericht kann von dem Eheverbot wegen Schwägerschaft Befreiung erteilen. Die Befreiung soll versagt werden, wenn wichtige Gründe der Eingehung der Ehe entgegenstehen.

§ 5 Doppelehe

Niemand darf eine Ehe eingehen, bevor seine frühere Ehe für nichtig erklärt oder aufgelöst worden ist.

§ 6 (außer Wirksamkeit bzw. aufgehoben)

§ 7 Annahme als Kind

(1) Eine Ehe soll nicht geschlossen werden zwischen Personen, deren Verwandtschaft oder Schwägerschaft im Sinne von § 4 Abs. 1 durch Annahme als Kind begründet worden ist. Das gilt nicht, wenn das Annahmeverhältnis aufgelöst worden ist.

(2) Das Vormundschaftsgericht kann von dem Eheverbot wegen Verwandtschaft in der Seitenlinie und wegen Schwägerschaft Befreiung erteilen. Die Befreiung soll versagt werden, wenn wichtige Gründe der Eingehung der Ehe entgegenstehen.

§ 8 Wartezeit

(1) Eine Frau soll nicht vor Ablauf von zehn Monaten nach der Auflösung oder Nichtigerklärung ihrer früheren Ehe eine neue Ehe eingehen, es sei denn, daß sie inzwischen geboren hat.

(2) Von dieser Vorschrift kann der Standesbeamte Befreiung erteilen.

§ 9 Auseinandersetzungszeugnis des Vormundschaftsrichters

Wer ein Kind hat, für dessen Vermögen er kraft elterlicher Sorge, Vormundschaft oder Betreuung zu sorgen hat, oder wer mit einem minderjährigen Abkömmling oder einem Abkömmling, für den in Vermögensangelegenheiten ein Betreuer bestellt ist, in fortgesetzter Gütergemeinschaft lebt, soll eine Ehe nicht eingehen, bevor er ein Zeugnis des Vormundschaftsgerichts darüber beigebracht hat, daß er dem Kind oder dem Abkömmling gegenüber die ihm aus Anlaß der Eheschließung obliegenden Pflichten erfüllt hat oder daß ihm solche Pflichten nicht obliegen.

§ 10 Ehefähigkeitszeugnis für Ausländer

(1) Ausländer sollen eine Ehe nicht eingehen, bevor sie ein Zeugnis der inneren Behörde ihres Heimatlandes darüber beigebracht haben, daß der Eheschließung ein in den Gesetzen des Heimatlandes begründetes Ehehindernis nicht entgegensteht.

(2) Von dieser Vorschrift kann der Präsident des Oberlandesgerichts, in dessen Bezirk die Ehe geschlossen werden soll, Befreiung erteilen. Die Befreiung soll nur Staatenlosen und Angehörigen solcher Staaten erteilt werden, deren innere Behörden keine Ehefähigkeitszeugnisse ausstellen. In besonderen Fällen darf sie auch Angehörigen anderer Staaten erteilt werden. Die Befreiung gilt nur für die Dauer von sechs Monaten.

C. Eheschließung

§ 11

(1) Eine Ehe kommt nur zustande, wenn die Eheschließung vor einem Standesbeamten stattgefunden hat.

(2) Als Standesbeamter im Sinne des Absatzes 1 gilt auch, wer, ohne Standesbeamter zu sein, das Amt eines Standesbeamten öffentlich ausgeübt und die Ehe in das Familienbuch eingetragen hat.

§ 12 Aufgebot

(1) Der Eheschließung soll ein Aufgebot vorhergehen. Das Aufgebot verliert seine Kraft, wenn die Ehe nicht binnen sechs Monaten nach Vollziehung des Aufgebots geschlossen wird.

(2) Die Ehe kann ohne Aufgebot geschlossen werden, wenn die lebensgefährliche Erkrankung eines der Verlobten den Aufschub der Eheschließung nicht gestattet.

(3) Von dem Aufgebot kann der Standesbeamte Befreiung erteilen.

§ 13 Form der Eheschließung

(1) Die Ehe wird dadurch geschlossen, daß die Verlobten vor dem Standesbeamten persönlich und bei gleichzeitiger Anwesenheit erklären, die Ehe miteinander eingehen zu wollen.

(2) Die Erklärungen können nicht unter einer Bedingung oder einer Zeitbestimmung abgegeben werden.

§ 13 a [Erklärung über den Ehenamen]

(1) Der Standesbeamte soll die Verlobten vor der Eheschließung befragen, ob sie einen Ehenamen bestimmen wollen.

(2) Haben die Ehegatten die Ehe außerhalb des Geltungsbereichs dieses Gesetzes geschlossen, so endet die in § 1355 Abs. 3 Satz 2 des Bürgerlichen Gesetzbuchs vorgesehene Frist nicht vor Ablauf eines Jahres nach Rückkehr in den Geltungsbereich dieses Gesetzes.

§ 14 Trauung

(1) Der Standesbeamte soll bei der Eheschließung in Gegenwart von zwei Zeugen an die Verlobten einzeln und nacheinander die Frage richten, ob sie die Ehe miteinander eingehen wollen und, nachdem die Verlobten die Frage bejaht haben, im Namen des Rechts aussprechen, daß sie nunmehr rechtmäßig verbundene Eheleute seien.

(2) Der Standesbeamte soll die Eheschließung in das Familienbuch eintragen.

§ 15 Zuständigkeit des Standesbeamten

(1) Die Ehe soll vor dem zuständigen Standesbeamten geschlossen werden.

(2) Zuständig ist der Standesbeamte, in dessen Bezirk einer der Verlobten seinen Wohnsitz oder seinen gewöhnlichen Aufenthalt hat. Unter mehreren zuständigen Standesbeamten haben die Verlobten die Wahl.

(3) Hat keiner der Verlobten seinen Wohnsitz oder seinen gewöhnlichen Aufenthalt im Inland, so ist für die Eheschließung im Inland der Standesbeamte des Standesamts I in Berlin oder der Hauptstandesämter in München, Baden-Baden und Hamburg zuständig.

(4) Auf Grund einer schriftlichen Ermächtigung des zuständigen Standesbeamten kann die Ehe auch vor dem Standesbeamten eines anderen Bezirkes geschlossen werden.

§ 15 a (aufgehoben)

D. Nichtigkeit der Ehe

I. Nichtigkeitsgründe

§ 16 [Nichtigkeit der Ehe]

Eine Ehe ist nur in den Fällen nichtig, in denen dies in §§ 17 bis 22 dieses Gesetzes bestimmt ist.

§ 17 Mangel der Form

(1) Eine Ehe ist nichtig, wenn die Eheschließung nicht in der durch § 13 vorgeschriebenen Form stattgefunden hat.

(2) Die Ehe ist jedoch als von Anfang an gültig anzusehen, wenn die Ehegatten nach der Eheschließung fünf Jahre oder, falls einer von ihnen vorher verstorben ist, bis zu dessen Tode, jedoch mindestens drei Jahre, als Ehegatten miteinander gelebt haben, es sei denn, daß bei Ablauf der fünf Jahre oder zur Zeit des Todes des einen Ehegatten die Nichtigkeitsklage erhoben ist.

§ 18 Mangel der Geschäfts- oder Urteilsfähigkeit

(1) Eine Ehe ist nichtig, wenn einer der Ehegatten zur Zeit der Eheschließung geschäftsunfähig war oder sich im Zustand der Bewußtlosigkeit oder vorübergehenden Störung der Geistestätigkeit befand.

(2) Die Ehe ist jedoch als von Anfang an gültig anzusehen, wenn der Ehegatte nach dem Wegfall der Geschäftsunfähigkeit, der Bewußtlosigkeit oder der Störung der Geistestätigkeit zu erkennen gibt, daß er die Ehe fortsetzen will.

§ 19 (außer Wirksamkeit)

§ 20 Doppelehe

(1) Eine Ehe ist nichtig, wenn einer der Ehegatten zur Zeit der Eheschließung mit einem Dritten in gültiger Ehe lebt.

(2) Ist vor der Eheschließung die Scheidung oder Aufhebung der früheren Ehe ausgesprochen worden, so ist, wenn das Urteil über die Scheidung oder Aufhebung der früheren Ehe nach Schließung der neuen Ehe rechtskräftig wird, die neue Ehe als von Anfang an gültig anzusehen.

§ 21 Verwandtschaft und Schwägerschaft

(1) Eine Ehe ist nichtig, wenn sie zwischen Verwandten oder Verschwägerten dem Verbote des § 4 zuwider geschlossen worden ist.

(2) Die Ehe zwischen Verschwägerten ist jedoch als von Anfang an gültig anzusehen, wenn die Befreiung nach Maßgabe der Vorschrift des § 4 Abs. 3 nachträglich bewilligt wird.

§ 22 (außer Wirksamkeit)

II. Berufung auf die Nichtigkeit

§ 23

Niemand kann sich auf die Nichtigkeit einer Ehe berufen, solange nicht die Ehe durch gerichtliches Urteil für nichtig erklärt worden ist.

§ 24 Klagebefugnis

(1) In den Fällen der Nichtigkeit kann der Staatsanwalt und jeder der Ehegatten, im Falle des § 20 auch der Ehegatte der früheren Ehe, die Nichtigkeitsklage erheben. Ist die Ehe aufgelöst, so kann nur der Staatsanwalt die Nichtigkeitsklage erheben.

(2) Sind beide Ehegatten verstorben, so kann eine Nichtigkeitsklage nicht mehr erhoben werden.

III. Folgen der Nichtigkeit

§ 25 (außer Wirksamkeit)

§ 26 [Vermögensrechtliche Folgen]

(1) Die vermögensrechtlichen Folgen der Nichtigkeit einer Ehe bestimmen sich nach den Vorschriften über die Folgen der Scheidung.

(2) Hat ein Ehegatte die Nichtigkeit der Ehe bei der Eheschließung gekannt, so kann der andere Ehegatte binnen sechs Monaten, nachdem die Ehe rechtskräftig für nichtig erklärt ist, durch Erklärung gegenüber dem Ehegatten die für den Fall der Scheidung vorgesehenen vermögensrechtlichen Folgen für die Zukunft ausschließen. Gibt er eine solche Erklärung ab, ist insoweit die Vorschrift des Absatzes 1 nicht anzuwenden. Hat auch der andere Ehegatte die Nichtigkeit der Ehe bei der Eheschließung gekannt, so steht ihm das in Satz 1 vorgesehene Recht nicht zu.

(3) Im Falle des § 20 stehen dem Ehegatten, der die Nichtigkeit der Ehe bei der Eheschließung gekannt hat, Ansprüche auf Unterhalt und Versorgungsausgleich nicht zu, soweit diese Ansprüche entsprechende Ansprüche des Ehegatten der früheren Ehe beeinträchtigen würden.

§ 27 (außer Wirksamkeit)

E. Aufhebung der Ehe

I. Allgemeine Vorschriften

§ 28

Die Aufhebung der Ehe kann nur in den Fällen der §§ 30 bis 34 und 39 dieses Gesetzes begehrt werden.

§ 29

Die Ehe wird durch gerichtliches Urteil aufgehoben. Sie ist mit der Rechtskraft des Urteils aufgelöst.

II. Aufhebungsgründe

§ 30 Mangel der Einwilligung des gesetzlichen Vertreters

(1) Ein Ehegatte kann Aufhebung der Ehe begehren, wenn er zur Zeit der Eheschließung oder im Falle des § 18 Abs. 2 zur Zeit der Bestätigung in der Geschäftsfähigkeit beschränkt war und sein gesetzlicher Vertreter nicht die Einwilligung zur Eheschließung oder zur Bestätigung erteilt hatte. Solange der Ehegatte in der Geschäftsfähigkeit beschränkt ist, kann nur sein gesetzlicher Vertreter die Aufhebung der Ehe begehren.

(2) Die Aufhebung ist ausgeschlossen, wenn der gesetzliche Vertreter die Ehe genehmigt oder der Ehegatte, nachdem er unbeschränkt geschäftsfähig geworden ist, zu erkennen gegeben hat, daß er die Ehe fortsetzen will.

(3) Verweigert der gesetzliche Vertreter die Genehmigung ohne triftige Gründe, so kann der Vormundschaftsrichter sie auf Antrag eines Ehegatten ersetzen.

§ 31 Irrtum über die Eheschließung oder über die Person des anderen Ehegatten

(1) Ein Ehegatte kann Aufhebung der Ehe begehren, wenn er bei der Eheschließung nicht gewußt hat, daß es sich um eine Eheschließung handelt, oder wenn er dies zwar

gewußt hat, aber eine Erklärung, die Ehe eingehen zu wollen, nicht hat abgeben wollen. Das gleiche gilt, wenn der Ehegatte sich in der Person des anderen Ehegatten geirrt hat.
(2) Die Aufhebung ist ausgeschlossen, wenn der Ehegatte nach Entdeckung des Irrtums zu erkennen gegeben hat, daß er die Ehe fortsetzen will.

§ 32 Irrtum über die persönlichen Eigenschaften des anderen Ehegatten

(1) Ein Ehegatte kann Aufhebung der Ehe begehren, wenn er sich bei der Eheschließung über solche persönlichen Eigenschaften des anderen Ehegatten geirrt hat, die ihn bei Kenntnis der Sachlage und bei verständiger Würdigung des Wesens der Ehe von der Eingehung der Ehe abgehalten haben würden.
(2) Die Aufhebung ist ausgeschlossen, wenn der Ehegatte nach Entdeckung des Irrtums zu erkennen gegeben hat, daß er die Ehe fortsetzen will, oder wenn sein Verlangen nach Aufhebung der Ehe mit Rücksicht auf die bisherige Gestaltung des ehelichen Lebens der Ehegatten als sittlich nicht gerechtfertigt erscheint.

§ 33 Arglistige Täuschung

(1) Ein Ehegatte kann Aufhebung der Ehe begehren, wenn er zur Eingehung der Ehe durch arglistige Täuschung über solche Umstände bestimmt worden ist, die ihn bei Kenntnis der Sachlage und bei richtiger Würdigung des Wesens der Ehe von der Eingehung der Ehe abgehalten hätten.
(2) Die Aufhebung ist ausgeschlossen, wenn die Täuschung von einem Dritten ohne Wissen des anderen Ehegatten verübt worden ist, oder wenn der Ehegatte nach Entdeckung der Täuschung zu erkennen gegeben hat, daß er die Ehe fortsetzen will.
(3) Auf Grund einer Täuschung über Vermögensverhältnisse kann die Aufhebung der Ehe nicht begehrt werden.

§ 34 Drohung

(1) Ein Ehegatte kann Aufhebung der Ehe begehren, wenn er zur Eingehung der Ehe widerrechtlich durch Drohung bestimmt worden ist.
(2) Die Aufhebung ist ausgeschlossen, wenn der Ehegatte nach Aufhören der durch die Drohung begründeten Zwangslage zu erkennen gegeben hat, daß er die Ehe fortsetzen will.

III. Erhebung der Aufhebungsklage

§ 35 Klagefrist

(1) Die Aufhebungsklage kann nur binnen eines Jahres erhoben werden.
(2) Die Frist beginnt in den Fällen des § 30 mit dem Zeitpunkt, in welchem die Eingehung oder die Bestätigung der Ehe dem gesetzlichen Vertreter bekannt wird oder der Ehegatte die unbeschränkte Geschäftsfähigkeit erlangt; in den Fällen der §§ 31 bis 33 mit dem Zeitpunkt, in welchem der Ehegatte den Irrtum oder die Täuschung entdeckt; in dem Falle des § 34 mit dem Zeitpunkt, in welchem die Zwangslage aufhört.
(3) Der Lauf der Frist ist gehemmt, solange der klageberechtigte Ehegatte innerhalb der letzten sechs Monate der Klagefrist durch einen unabwendbaren Zufall an der Erhebung der Aufhebungsklage gehindert ist.
(4) Hat ein klageberechtigter Ehegatte, der geschäftsunfähig ist, keinen gesetzlichen Vertreter, so endet die Klagefrist nicht vor dem Ablauf von sechs Monaten nach dem Zeitpunkt, von dem an der Ehegatte die Aufhebungsklage selbständig erheben kann oder in dem der Mangel der Vertretung aufhört.

§ 36 Versäumung der Klagefrist durch den gesetzlichen Vertreter

Hat der gesetzliche Vertreter eines geschäftsunfähigen Ehegatten die Aufhebungsklage nicht rechtzeitig erhoben, so kann der Ehegattte selbst innerhalb von sechs Monaten seit dem Wegfall der Geschäftsunfähigkeit die Aufhebungsklage erheben.

IV. Folgen der Aufhebung

§ 37

(1) Die Folgen der Aufhebung einer Ehe bestimmen sich nach den Vorschriften über die Folgen der Scheidung.

(2) Hat ein Ehegatte in den Fällen der §§ 30 bis 32 die Aufhebbarkeit der Ehe bei der Eheschließung gekannt oder ist in den Fällen der §§ 33 und 34 die Täuschung oder Drohung von ihm oder mit seinem Wissen verübt worden, so kann der andere Ehegatte ihm binnen sechs Monaten nach der Rechtskraft des Aufhebungsurteils erklären, daß die für den Fall der Scheidung vorgesehenen vermögensrechtlichen Folgen für die Zukunft ausgeschlossen sein sollen. Gibt er eine solche Erklärung ab, findet insoweit die Vorschrift des Absatzes 1 keine Anwendung. Hat im Falle des § 30 auch der andere Ehegatte die Aufhebbarkeit der Ehe bei der Eheschließung gekannt, so steht ihm das in Satz 1 vorgesehene Recht nicht zu.

F. Wiederverheiratung im Falle der Todeserklärung

§ 38

(1) Geht ein Ehegatte, nachdem der andere Ehegatte für tot erklärt worden ist, eine neue Ehe ein, so ist die neue Ehe nicht deshalb nichtig, weil der für tot erklärte Ehegatte noch lebt, es sei denn, daß beide Ehegatten bei der Eheschließung wissen, daß er die Todeserklärung überlebt hat.

(2) Mit der Schließung der neuen Ehe wird die frühere Ehe aufgelöst. Sie bleibt auch dann aufgelöst, wenn die Todeserklärung aufgehoben wird.

§ 39

(1) Lebt der für tot erklärte Ehegatte noch, so kann sein früherer Ehegatte die Aufhebung der neuen Ehe begehren, es sei denn, daß er bei der Eheschließung wußte, daß der für tot erklärte Ehegatte die Todeserklärung überlebt hat.

(2) Macht der frühere Ehegatte von dem ihm nach Absatz 1 zustehenden Recht Gebrauch und wird die neue Ehe aufgehoben, so kann er zu Lebzeiten seines Ehegatten aus der früheren Ehe eine neue Ehe nur mit diesem eingehen. Im übrigen bestimmen sich die Folgen der Aufhebung nach § 37 Abs. 1. Hat der beklagte Ehegatte bei der Eheschließung gewußt, daß der für tot erklärte Ehegatte die Todeserklärung überlebt hat, so findet § 37 Abs. 2 Satz 1, 2 entsprechende Anwendung.

§ 40 (außer Wirksamkeit)

Zweiter Abschnitt
Recht der Ehescheidung

§§ 41 bis 76 (außer Wirksamkeit bzw. aufgehoben)[1)]

---

1 Beachte jedoch Artikel 12 Nr. 3 zweiter Absatz des Ersten Gesetzes zur Reform des Ehe und Familienrechts vom 14. 6, 1976 (BGBl. I S. 1421: »Der Unterhaltsanspruch eines Ehegatten, dessen Ehe nach den bisher geltenden Vorschriften geschieden worden ist, bestimmt sich auch künftig nach bisherigem Recht. Unterhaltsvereinbarungen bleiben unberührt.« Die bis zum 30. 6. 1977 geltenden unterhaltsrechtlichen Bestimmungen des Ehegesetzes 1946 hatten folgenden Wortlaut:

II. Unterhalt

a) Unterhaltspflicht bei Scheidung wegen Verschuldens
§ 58
(1) Der allein oder überwiegend für schuldig erklärte Mann hat der geschiedenen Frau den nach den Lebensverhältnissen der Ehegatten angemessenen Unterhalt zu gewähren, soweit die Einkünfte aus dem Vermögen der Frau und die Erträgnisse einer Erwerbstätigkeit nicht ausreichen.
(2) Die allein oder überwiegend für schuldig erklärte Frau hat dem geschiedenen Mann angemessenen Unterhalt zu gewähren, soweit er außerstande ist, sich selbst zu unterhalten.

§ 59
(1) Würde der allein oder überwiegend für schuldig erklärte Ehegatte durch Gewährung des in § 58 bestimmten Unterhalts bei Berücksichtigung seiner sonstigen Verpflichtungen den eigenen angemessenen Unterhalt gefährden, so braucht er nur so viel zu leisten, als es mit Rücksicht auf die Bedürfnisse und die Vermögens und Erwerbsverhältnisse der geschiedenen Ehegatten der Billigkeit entspricht. Hat der Verpflichtete einem minderjährigen unverheirateten Kinde oder bei Wiederverheiratung dem neuen Ehegatten Unterhalt zu gewähren, so sind auch die Bedürfnisse und die wirtschaftlichen Verhältnisse dieser Personen zu berücksichtigen.
(2) Der Mann ist unter den Voraussetzungen des Absatzes 1 von der Unterhaltspflicht ganz befreit, wenn die Frau den Unterhalt aus dem Stamm ihres Vermögens bestreiten kann.

§ 60
Sind beide Ehegatten schuld an der Scheidung, trägt aber keiner die überwiegende Schuld, so kann dem Ehegatten, der sich nicht selbst unterhalten kann, ein Beitrag zu seinem Unterhalt zugebilligt werden, wenn und soweit dies mit Rücksicht auf die Bedürfnisse und die Vermögens und Erwerbsverhältnisse des anderen Ehegatten und der nach § 63 unterhaltspflichtigen Verwandten des Bedürftigen der Billigkeit entspricht. Die Beitragspflicht kann zeitlich beschränkt werden; § 59 Abs. 1 Satz 2 findet entsprechende Anwendung.

b) Unterhaltspflicht bei Scheidung aus anderen Gründen
§ 61
(1) Ist die Ehe allein aus einem der in den §§ 44 bis 46 und 48 bezeichneten Gründen geschieden und enthält das Urteil einen Schuldausspruch, so finden die Vorschriften der §§ 58 und 59 entsprechende Anwendung.
(2) Enthält das Urteil keinen Schuldausspruch, so hat der Ehegatte, der die Scheidung verlangt hat, dem anderen Unterhalt zu gewähren, wenn und soweit dies mit Rücksicht auf die Bedürfnisse und die Vermögens und Einkommensverhältnisse der geschiedenen Ehegatten und der nach § 63 unterhaltspflichtigen Verwandten des Berechtigten der Billigkeit entspricht. § 59 Abs. 1 Satz 2 und Abs. 2 finden entsprechende Anwendung.

c) Art der Unterhaltsgewährung
§ 62
(1) Der Unterhalt ist durch Zahlung einer Geldrente zu gewähren. Die Rente ist monatlich im voraus zu entrichten. Der Verpflichtete hat Sicherheit zu leisten, wenn die Gefahr besteht, daß er

Dritter Abschnitt
Härtemilderungsklage

§ 77 (gegenstandslos)

---

sich seiner Unterhaltspflicht zu entziehen sucht. Die Art der Sicherheitsleistung bestimmt sich nach den Umständen.
(2) Statt der Rente kann der Berechtigte eine Abfindung in Kapital verlangen, wenn ein wichtiger Grund vorliegt und der Verpflichtete dadurch nicht unbillig belastet wird.
(3) Der Verpflichtete schuldet den vollen Monatsbetrag auch dann, wenn der Berechtigte im Laufe des Monats stirbt.

§ 63
(1) Der unterhaltspflichtige geschiedene Ehegatte haftet vor den Verwandten des Berechtigten. Soweit jedoch der Verpflichtete bei Berücksichtigung seiner sonstigen Verpflichtungen den eigenen angemessenen Unterhalt gefährden würde, haften die Verwandten vor dem geschiedenen Ehegatten. Soweit einem geschiedenen Ehegatten ein Unterhaltsanspruch gegen den anderen Ehegatten nicht zusteht, haben die Verwandten des Berechtigten nach den allgemeinen Vorschriften über die Unterhaltspflicht den Unterhalt zu gewähren.
(2) Die Verwandten haften auch, wenn die Rechtsverfolgung gegen den unterhaltspflichtigen Ehegatten im Inland ausgeschlossen oder erheblich erschwert ist. In diesem Falle geht der Anspruch gegen den Ehegatten auf den Verwandten über, der den Unterhalt gewährt hat. Der Übergang kann nicht zum Nachteil des Unterhaltsberechtigten geltend gemacht werden.
§ 64
Für die Vergangenheit kann der Berechtigte Erfüllung oder Schadenersatz wegen Nichterfüllung erst von der Zeit an fordern, in der der Unterhaltspflichtige in Verzug gekommen oder der Unterhaltsanspruch rechtshängig geworden ist, für eine länger als ein Jahr vor der Rechtshängigkeit liegende Zeit jedoch nur, soweit anzunehmen ist, daß der Verpflichtete sich der Leistung absichtlich entzogen hat.
d) Begrenzung und Wegfall des Unterhaltsanspruchs

§ 65 Selbstverschuldete Bedürftigkeit
(1) Ein Unterhaltsberechtigter, der infolge sittlichen Verschuldens bedürftig ist, kann nur den notdürftigen Unterhalt verlangen.
(2) Ein Mehrbedarf, der durch grobes Verschulden des Berechtigten herbeigeführt ist, begründet keinen Anspruch auf erhöhten Unterhalt.
§ 66 Verwirkung
Der Berechtigte verwirkt den Unterhaltsanspruch, wenn er sich nach der Scheidung einer schweren Verfehlung gegen den Verpflichteten schuldig macht oder gegen dessen Willen einen ehrlosen oder unsittlichen Lebenswandel führt.

§ 67 Wiederverheiratung des Berechtigten
Die Unterhaltspflicht erlischt mit der Wiederverheiratung des Berechtigten.

§ 68 Wiederverheiratung des Verpflichteten
Bei Wiederverheiratung des Verpflichteten finden die Vorschriften des § 1604 des Bürgerlichen Gesetzbuchs über den Einfluß des Güterstandes auf die Unterhaltspflicht entsprechende Anwendung.

§ 69 Tod des Berechtigten
(1) Der Unterhaltsanspruch erlischt mit dem Tode des Berechtigten. Nur soweit er auf Erfüllung oder Schadenersatz wegen Nichterfüllung für die Vergangenheit gerichtet ist oder sich auf Beträge bezieht, die beim Tode des Berechtigten fällig sind, bleibt er auch nachher bestehen.
(2) Der Verpflichtete hat die Bestattungskosten zu tragen, soweit dies der Billigkeit entspricht und die Kosten nicht von den Erben zu erlangen sind.

§ 70 Tod des Verpflichteten
(1) Mit dem Tode des Verpflichteten geht die Unterhaltspflicht auf die Erben als Nachlaßverbindlichkeit über.

Vierter Abschnitt
Zusätzliche Bestimmungen

§ 77 a

Für die Befreiung von der Beibringung des Ehefähigkeitszeugnisses für Ausländer (§ 10 Abs. 2) wird eine Gebühr von 20 bis 600 Deutsche Mark erhoben.

§ 78 (Aufhebungsvorschrift)

§ 79

Das Gesetz zur Vereinheitlichung des Rechts der Eheschließung und Ehescheidung im Lande Österreich und im übrigen Reichsgebiet vom 6. Juli 1938 (RGBl. I S. 807) wird hiermit aufgehoben. Gleichermaßen aufgehoben sind alle Bestimmungen der zu seiner Durchführung ergangenen Gesetze, Verordnungen und Erlasse sowie diejenigen aller sonstigen Gesetze, welche mit dem gegenwärtigen Gesetz unvereinbar sind.

§ 80

Dieses Gesetz tritt am 1. März 1946 in Kraft.

---

(2) Der Erbe haftet ohne die Beschränkungen des § 59. Der Berechtigte muß sich jedoch die Herabsetzung der Rente auf einen Betrag gefallen lassen, der bei Berücksichtigung der Verhältnisse des Erben und der Ertragsfähigkeit des Nachlasses der Billigkeit entspricht.

(3) Eine nach § 60 einem Ehegatten auferlegte Beitragspflicht erlischt mit dem Tode des Verpflichteten. «

§ 71 (außer Wirksamkeit)

f) Unterhaltsverträge

§ 72

Die Ehegatten können über die Unterhaltspflicht für die Zeit nach der Scheidung der Ehe Vereinbarungen treffen. Ist eine Vereinbarung dieser Art vor Rechtskraft des Scheidungsurteils getroffen worden, so ist sie nicht schon deshalb nichtig, weil sie die Scheidung erleichtert oder ermöglicht hat. Sie ist jedoch nichtig, wenn die Ehegatten im Zusammenhang mit der Vereinbarung einen nicht oder nicht mehr bestehenden Scheidungsgrund geltend gemacht hatten oder wenn sich anderweitig aus dem Inhalt der Vereinbarung oder aus sonstigen Umständen des Falles ergibt, daß sie den guten Sitten widerspricht.

Verordnung über die Behandlung der Ehewohnung und des Hausrats (Sechste Durchführungsverordnung zum Ehegesetz)

Vom 21. Oktober 1944 (RGBl. I S. 256)
(BGBl. III 404-3)

Änderungen seit 1. 1. 1964

Paragraph	Art der Änderung	Geändert durch	Datum	Fundstelle BGBl.
Bezeichnung 1–3, 5, 6, 11-14, 18, 23	geändert	Erstes Gesetz zur Reform des Ehe- und Familienrechts	14. 6.1976	I S. 1421
19	aufgehoben			
11	geändert	Vereinfachungsnovelle	3.12.1976	I S. 3281
14	geändert	Gesetz zur Erhöhung von Wertgrenzen in der Gerichtsbarkeit	8.12.1982	I S. 1615
18 a	geändert	Gesetz zur Änderung unterhaltsrechtlicher, verfahrensrechtlicher und anderer Vorschriften	20. 2.1986	I S. 301
14	geändert	Rechtspflege-Vereinfachungsgesetz	17.12.1990	I S. 2847
21	geändert	Kostenrechtsänderungsgesetz 1994	24. 6.1994	I S. 1325, 1365

Auf Grund des § 131 des Ehegesetzes vom 6. Juli 1938 (RGBl. I S. 807) wird verordnet:

1. Abschnitt Allgemeine Vorschriften

§ 1 Aufgabe des Richters

(1) Können sich die Ehegatten anläßlich der Scheidung nicht darüber einigen, wer von ihnen die Ehewohnung künftig bewohnen und wer die Wohnungseinrichtung und den sonstigen Hausrat erhalten soll, so regelt auf Antrag der Richter die Rechtsverhältnisse an der Wohnung und am Hausrat.

(2) Die in Absatz 1 genannten Streitigkeiten werden nach den Vorschriften dieser Verordnung und den Vorschriften des Zweiten und des Dritten Titels des Ersten Abschnitts im Sechsten Buch der Zivilprozeßordnung behandelt und entschieden.

§ 2 Grundsätze für die rechtsgestaltende Entscheidung

Soweit der Richter nach dieser Verordnung Rechtsverhältnisse zu gestalten hat, entscheidet er nach billigem Ermessen. Dabei hat er alle Umstände des Einzelfalls, insbesondere das Wohl der Kinder und die Erfordernisse des Gemeinschaftslebens, zu berücksichtigen.

2. Abschnitt

Besondere Vorschriften für die Wohnung

§ 3 Wohnung im eigenen Hause eines Ehegatten

(1) Ist einer der Ehegatten allein oder gemeinsam mit einem Dritten Eigentümer des Hauses, in dem sich die Ehewohnung befindet, so soll der Richter die Wohnung dem anderen Ehegatten nur zuweisen, wenn dies notwendig ist, um eine unbillige Härte zu vermeiden.

(2) Das gleiche gilt, wenn einem Ehegatten allein oder gemeinsam mit einem Dritten der Nießbrauch, das Erbbaurecht oder ein dingliches Wohnrecht an dem Grundstück zusteht, auf dem sich die Ehewohnung befindet.

§ 4 Dienst- und Werkwohnung

Eine Wohnung, die die Ehegatten auf Grund eines Dienst- oder Arbeitsverhältnisses innehaben, das zwischen einem von ihnen und einem Dritten besteht, soll der Richter dem anderen Ehegatten nur zuweisen, wenn der Dritte einverstanden ist.

§ 5 Gestaltung der Rechtsverhältnisse

(1) Für eine Mietwohnung kann der Richter bestimmen, daß ein von beiden Ehegatten eingegangenes Mietverhältnis von einem Ehegatten allein fortgesetzt wird oder daß ein Ehegatte an Stelle des anderen in ein von diesem eingegangenes Mietverhältnis eintritt. Der Richter kann den Ehegatten gegenüber Anordnungen treffen, die geeignet sind, die aus dem Mietverhältnis herrührenden Ansprüche des Vermieters zu sichern.

(2) Besteht kein Mietverhältnis an der Ehewohnung, so kann der Richter zugunsten eines Ehegatten ein Mietverhältnis an der Wohnung begründen. Hierbei setzt der Richter den Mietzins fest. Ist dieser neu zu bilden, so soll der Richter vorher die Preisbehörde hören.

§ 6 Teilung der Wohnung

(1) Ist eine Teilung der Wohnung möglich und zweckmäßig, so kann der Richter auch anordnen, daß die Wohnung zwischen den Ehegatten geteilt wird. Dabei kann er bestimmen, wer die Kosten zu tragen hat, die durch die Teilung und ihre etwaige spätere Wiederbeseitigung entstehen.

(2) Für die Teilwohnungen kann der Richter neue Mietverhältnisse begründen, die, wenn ein Mietverhältnis schon bestand, an dessen Stelle treten. § 5 Abs. 2 Sätze 2 und 3 gelten sinngemäß.

§ 7 Beteiligte

Außer den Ehegatten sind im gerichtlichen Verfahren auch der Vermieter der Ehewohnung, der Grundstückseigentümer, der Dienstherr (§ 4) und Personen, mit denen die Ehegatten oder einer von ihnen hinsichtlich der Wohnung in Rechtsgemeinschaft stehen, Beteiligte.

3. Abschnitt

Besondere Vorschriften für den Hausrat

§ 8 Gemeinsames Eigentum beider Ehegatten

(1) Hausrat, der beiden Ehegatten gemeinsam gehört, verteilt der Richter gerecht und zweckmäßig.

(2) Hausrat, der während der Ehe für den gemeinsamen Haushalt angeschafft ist, gilt für die Verteilung (Absatz 1) auch dann, wenn er nicht zum Gesamtgut einer Gütergemeinschaft

gehört, als gemeinsames Eigentum, es sei denn, daß das Alleineigentum eines Ehegatten feststeht.

(3) Die Gegenstände gehen in das Alleineigentum des Ehegatten über, dem sie der Richter zuteilt. Der Richter soll diesem Ehegatten zugunsten des anderen eine Ausgleichszahlung auferlegen, wenn dies der Billigkeit entspricht.

§ 9 Alleineigentum eines Ehegatten

(1) Notwendige Gegenstände, die im Alleineigentum eines Ehegatten stehen, kann der Richter dem anderen Ehegatten zuweisen, wenn dieser auf ihre Weiterbenutzung angewiesen ist und es dem Eigentümer zugemutet werden kann, sie dem anderen zu überlassen.

(2) Im Falle des Absatzes 1 kann der Richter ein Mietverhältnis zwischen dem Eigentümer und dem anderen Ehegatten begründen und den Mietzins festsetzen. Soweit im Einzelfall eine endgültige Auseinandersetzung über den Hausrat notwendig ist, kann er statt dessen das Eigentum an den Gegenständen auf den anderen Ehegatten übertragen und dafür ein angemessenes Entgelt festsetzen.

§ 10 Gläubigerrechte

(1) Haftet ein Ehegatte allein oder haften beide Ehegatten als Gesamtschuldner für Schulden, die mit dem Hausrat zusammenhängen, so kann der Richter bestimmen, welcher Ehegatte im Innenverhältnis zur Bezahlung der Schuld verpflichtet ist.

(2) Gegenstände, die einem der Ehegatten unter Eigentumsvorbehalt geliefert sind, soll der Richter dem anderen nur zuteilen, wenn der Gläubiger einverstanden ist.

4. Abschnitt
Verfahrensvorschriften

§ 11 Zuständigkeit

(1) Zuständig ist das Gericht der Ehesache des ersten Rechtszuges (Familiengericht).

(2) Ist eine Ehesache nicht anhängig, so ist das Familiengericht zuständig, in dessen Bezirk sich die gemeinsame Wohnung der Ehegatten befindet. § 606 Abs. 2, 3 der Zivilprozeßordnung gilt entsprechend.

(3) Wird, nach dem ein Antrag bei dem nach Absatz 2 zuständigen Gericht gestellt worden ist, eine Ehesache bei einem anderen Familiengericht rechtshängig, so gibt das Gericht im ersten Rechtszug das bei ihm anhängige Verfahren von Amts wegen an das Gericht der Ehesache ab. § 281 Abs. 2, 3 Satz 1 der Zivilprozeßordnung gilt entsprechend.

§ 12 Zeitpunkt der Antragstellung

Wird der Antrag auf Auseinandersetzung über die Ehewohnung später als ein Jahr nach Rechtskraft des Scheidungsurteils gestellt, so darf der Richter in die Rechte des Vermieters oder eines anderen Drittbeteiligten nur eingreifen, wenn dieser einverstanden ist.

§ 13 Allgemeine Verfahrensvorschriften

(1) Das Verfahren ist unbeschadet der besonderen Vorschrift des § 621 a der Zivilprozeßordnung eine Angelegenheit der freiwilligen Gerichtsbarkeit.

(2) Der Richter soll mit den Beteiligten in der Regel mündlich verhandeln und hierbei darauf hinwirken, daß sie sich gütlich einigen.

(3) Kommt eine Einigung zustande, so ist hierüber eine Niederschrift aufzunehmen, und zwar nach den Vorschriften, der für die Niederschrift über einen Vergleich im bürgerlichen Rechtsstreit gelten.
(4) Der Richter kann einstweilige Anordnungen treffen.
(5) (gegenstandslos)

§ 14 Rechtsmittel

Eine Beschwerde nach § 621 e der Zivilprozeßordnung, die sich lediglich gegen die Entscheidung über den Hausrat richtet, ist nur zulässig, wenn der Wert des Beschwerdegegenstandes eintausendzweihundert Deutsche Mark übersteigt.

§ 15 Durchführung der Entscheidung

Der Richter soll in seiner Entscheidung die Anordnungen treffen, die zu ihrer Durchführung nötig sind.

§ 16 Rechtskraft und Vollstreckbarkeit

(1) Die Entscheidungen des Richters werden mit der Rechtskraft wirksam. Sie binden Gerichte und Verwaltungsbehörden.
(2) Die Änderung und die Begründung von Mietverhältnissen durch den Richter bedarf nicht der nach anderen Vorschriften etwa notwendigen Genehmigung.
(3) Aus rechtskräftigen Entscheidungen, gerichtlichen Vergleichen und einstweiligen Anordnungen (§ 13 Abs. 4) findet die Zwangsvollstreckung nach den Vorschriften der Zivilprozeßordnung statt.

§ 17 Änderung der Entscheidung

(1) Haben sich die tatsächlichen Verhältnisse wesentlich geändert, so kann der Richter seine Entscheidung ändern, soweit dies notwendig ist, um eine unbillige Härte zu vermeiden. In Rechte Dritter darf der Richter durch die Änderung der Entscheidung nur eingreifen, wenn diese einverstanden sind.
(2) Haben die Beteiligten einen gerichtlichen Vergleich (§ 13 Abs. 3) geschlossen, so gilt Absatz 1 sinngemäß.
(3) Will der Richter auf Grund der Absätze 1 oder 2 eine Wohnungsteilung (§ 6) wieder beseitigen, so soll er vorher die Gemeinde hören.

§ 18 Rechtsstreit über Ehewohnung und Hausrat

(1) Macht ein Beteiligter Ansprüche hinsichtlich der Ehewohnung oder des Hausrats (§ 1) in einem Rechtsstreit geltend, so hat das Prozeßgericht die Sache insoweit an das nach § 11 zuständige Familiengericht abzugeben. Der Abgabebeschluß kann nach Anhörung der Parteien auch ohne mündliche Verhandlung ergehen. Er ist für das in ihm bezeichnete Gericht bindend.
(2) Im Falle des Absatzes 1 ist für die Berechnung der in § 12 bestimmten Frist der Zeitpunkt der Klageerhebung maßgebend.

§ 18 a Getrenntleben des Ehegatten

Die vorstehenden Verfahrensvorschriften sind sinngemäß auf die Verteilung des Hausrats im Falle des § 1361 a und auf die Regelung über die Benutzung der Ehewohnung im Falle des § 1361 b des Bürgerlichen Gesetzbuchs anzuwenden.

§ 19 (aufgehoben)

5. Abschnitt
Kostenvorschriften

§ 20 Kostenentscheidung

Welcher Beteiligte die Gerichtskosten zu tragen hat, bestimmt der Richter nach billigem Ermessen. Dabei kann der Richter auch bestimmen, daß die außergerichtlichen Kosten ganz oder teilweise zu erstatten sind.

§ 21 Kosten des Verfahrens

(1) Für das gerichtliche Verfahren wird die volle Gebühr erhoben. Kommt es zur richterlichen Entscheidung, so erhöht sich die Gebühr auf das Dreifache der vollen Gebühr. Wird der Antrag zurückgenommen, bevor es zu einer Entscheidung oder einer vom Gericht ermittelten Einigung gekommen ist, so ermäßigt sich die Gebühr auf die Hälfte der vollen Gebühr.

(2) Sind für Teile des Gegenstands verschiedene Gebührensätze anzuwenden, so sind die Gebühren für die Teile gesondert zu berechnen; die aus dem Gesamtbetrag der Wertteile nach dem höchsten Gebührensatz berechnete Gebühr darf jedoch nicht überschritten werden.

(3) Der Geschäftswert bestimmt sich, soweit der Streit die Wohnung betrifft, nach dem einjährigen Mietwert, soweit der Streit den Hausrat betrifft, nach dem Wert des des Hausrats. Betrifft jedoch der Streit im wesentlichen nur die Benutzung des Hausrats, so ist das Interesse der Beteiligten an der der Regelung maßgebend. Der Richter setzt den Wert in jedem Falle von Amts wegen fest.

(4) In Verfahren über die Beschwerde gegen eine den Rechtszug beendende Entscheidung werden die gleichen Gebühren wie im ersten Rechtszug erhoben.

§ 22 (aufgehoben)

§ 23 Kosten des Verfahrens vor dem Prozeßgericht

Gibt das Prozeßgericht die Sache nach § 18 an das nach dieser Verordnung zuständige Familiengericht ab, so ist das bisherige Verfahren vor dem Prozeßgericht für die Erhebung der Gerichtskosten als Teil des Verfahrens vor dem übernehmenden Gericht zu behandeln.

6. Abschnitt
Schlußvorschriften

§ 24 (aufgehoben)

§ 25 Aufhebung und Nichtigerklärung der Ehe

Wird eine Ehe aufgehoben oder für nichtig erklärt, so gelten die §§ 1 bis 23 sinngemäß.

§ 26 (aufgehoben)

§ 27 Inkrafttreten

(1) Diese Verordnung tritt am 1. November 1944 in Kraft.

(2) (aufgehoben)

Gesetz zur Reform des Rechts der Vormundschaft und Pflegschaft für Volljährige (Betreuungsgesetz – BtG)

Vom 12. September 1990 (BGBl. I S. 2002)
(BGBl. III 200-3)

Der Bundestag hat mit Zustimmung des Bundesrates das folgende Gesetz beschlossen:

Artikel 1 Änderung des Bürgerlichen Gesetzbuchs

Artikel 2 Änderung des Gerichtsverfassungsgesetzes

Artikel 3 Änderung des Rechtspflegergesetzes

Artikel 4 Änderung der Zivilprozeßordnung

Artikel 5 Änderung des Gesetzes über die Angelegenheiten der freiwilligen Gerichtsbarkeit

Artikel 6 Änderung des Ehegesetzes

Artikel 7 Änderung sonstigen Bundesrechts

Artikel 8 Gesetz über die Wahrnehmung behördlicher Aufgaben bei der Betreuung Volljähriger (Betreuungsbehördengesetz – BtBG)

I. Behörden

§ 1 [Zuständigkeit]

Welche Behörde auf örtlicher Ebene in Betreuungsangelegenheiten zuständig ist, bestimmt sich nach Landesrecht. Diese Behörde ist auch in Unterbringungsangelegenheiten im Sinne des § 70 Abs. 1 Satz 2 Nr. 1 Buchstabe b und Nr. 2 des Gesetzes über die Angelegenheiten der freiwilligen Gerichtsbarkeit zuständig.

§ 2 [Aufhebung und Verlängerung von Betreuungen und Vorbehalten]

Zur Durchführung überörtlicher Aufgaben oder zur Erfüllung einzelner Aufgaben der örtlichen Behörde können nach Landesrecht weitere Behörden vorgesehen werden.

II. Örtliche Zuständigkeit

§ 3 [Gerichtliche Zuständigkeit bei fortgesetztem Verfahren]

(1) Örtlich zuständig ist diejenige Behörde, in deren Bezirk der Betroffene seinen gewöhnlichen Aufenthalt hat. Hat der Betroffene im Geltungsbereich dieses Gesetzes keinen gewöhnlichen Aufenthalt, ist ein solcher nicht feststellbar oder betrifft die Maßnahme keine Einzelperson, so ist die Behörde zuständig, in deren Bezirk das Bedürfnis für die Maßnahme hervortritt. Gleiches gilt, wenn mit dem Aufschub einer Maßnahme Gefahr verbunden ist.

(2) Ändern sich die für die örtliche Zuständigkeit nach Absatz 1 maßgebenden Umstände im Laufe eines gerichtlichen Betreuungs- oder Unterbringungsverfahrens, so bleibt für dieses Verfahren die zuletzt angehörte Behörde allein zuständig, bis die nunmehr zuständige Behörde dem Gericht den Wechsel schriftlich anzeigt.

III. Aufgaben der örtlichen Behörde

§ 4 [Beratung und Unterstützung]
Die Behörde berät und unterstützt die Betreuer auf ihren Wunsch bei der Wahrnehmung ihrer Aufgaben.

§ 5 [Einführungs- und Fortbildungsprogramm]
Die Behörde sorgt dafür, daß in ihrem Bezirk ein ausreichendes Angebot zur Einführung der Betreuer in ihre Aufgaben und zu ihrer Fortbildung vorhanden ist.

§ 6 [Anregung und Förderung]
Zu den Aufgaben der Behörde gehört es auch, die Tätigkeit einzelner Personen sowie von gemeinnützigen und freien Organisationen zugunsten Betreuungsbedürftiger anzuregen und zu fördern.

§ 7 [Mitteilungsbefugnis]
(1) Die Behörde kann dem Vormundschaftsgericht Umstände mitteilen, die die Bestellung eines Betreuers oder eine andere Maßnahme in Betreuungssachen erforderlich machen, soweit dies unter Beachtung berechtigter Interessen des Betroffenen nach den Erkenntnissen der Behörde erforderlich ist, um eine erhebliche Gefahr für das Wohl des Betroffenen abzuwenden.
(2) Der Inhalt der Mitteilung, die Art und Weise ihrer Übermittlung und der Empfänger sind aktenkundig zu machen.
(3) Die Absätze 1 und 2 gelten entsprechend für Mitteilungen anderer Behörden an das Vormundschaftsgericht. Eine Mitteilung unterbleibt, wenn besondere gesetzliche Verwendungsregelungen entgegenstehen oder wenn die Abwägung im Einzelfall ergibt, daß das Interesse des Betroffenen, eines Dritten oder der Allgemeinheit an dem Ausschluß der Mitteilung überwiegt.

§ 8 [Unterstützung des Vormundschaftsgerichts]
Die Behörde unterstützt das Vormundschaftsgericht. Dies gilt insbesondere für die Feststellung des Sachverhalts, den das Gericht für aufklärungsbedürftig hält, und für die Gewinnung geeigneter Betreuer. Wenn die Behörde vom Vormundschaftsgericht dazu aufgefordert wird, schlägt sie eine Person vor, die sich im Einzelfall zum Betreuer eignet.

§ 9 [Keine Aufgabenkollision]
Die Aufgaben, die der Behörde nach anderen Vorschriften obliegen, bleiben unberührt. Zuständige Behörde im Sinne dieser Vorschriften ist die örtliche Behörde.

IV. Berlin-Klausel

§ 10 (gegenstandslos)

Artikel 9 Übergangsvorschriften

§ 1 [Überleitungen und Aufgabenkreis]

(1) Mit Inkrafttreten dieses Gesetzes werden die bisherigen Vormundschaften über Volljährige und die Pflegschaften nach § 1910 des Bürgerlichen Gesetzbuchs zu Betreuungen nach diesem Gesetz. Vorläufige Vormundschaften werden zu Betreuungen, bei denen der Betreuer als durch einstweilige Anordnung bestellt gilt.

(2) Der bisherige Vormund oder Pfleger wird Betreuer; dies gilt auch dann, wenn er nach den Vorschriften dieses Gesetzes nicht zum Betreuer bestellt werden könnte.

(3) Besteht bei Inkrafttreten dieses Gesetzes eine Vormundschaft oder vorläufige Vormundschaft, so erfaßt der Aufgabenkreis des Betreuers alle Angelegenheiten des Betreuten mit Ausnahme der Entscheidung über die Einwilligung in eine Sterilisation. Außerdem gilt für den gesamten Aufgabenkreis ein Einwilligungsvorbehalt nach § 1903 des Bürgerlichen Gesetzbuchs als angeordnet.

(4) Besteht bei Inkrafttreten dieses Gesetzes eine Pflegschaft nach § 1910 des Bürgerlichen Gesetzbuchs, entspricht der Aufgabenkreis dem bisherigen Wirkungskreis mit Ausnahme der Entscheidung über eine Einwilligung in eine Sterilisation des Betreuten.

§ 2 [Entscheidungsvoraussetzungen]

Das Vormundschaftsgericht hat über die Aufhebung oder Verlängerung von Betreuungen und Einwilligungsvorbehalten nach § 1 zu entscheiden,

1. wenn die Vormundschaft oder Pflegschaft bei Inkrafttreten dieses Gesetzes schon seit mindestens zehn Jahren ununterbrochen bestanden hat, spätestens fünf Jahre nach diesem Zeitpunkt,
2. im übrigen spätestens zehn Jahre nach Inkrafttreten dieses Gesetzes.

§ 3 [Mitteilungsfrist]

Ist ein Verein oder eine Behörde Betreuer nach § 1 Abs. 2, so hat die in § 1900 Abs. 2 Satz 3, Abs. 4 Satz 2 des Bürgerlichen Gesetzbuchs vorgeschriebene Mitteilung innerhalb von sechs Monaten nach Inkrafttreten dieses Gesetzes zu erfolgen.

§ 4 [Anerkannter Betreuungsverein]

Ist ein Verein vor Inkrafttreten dieses Gesetzes für geeignet erklärt worden, zum Vormund oder Pfleger bestellt zu werden, so gilt er als anerkannter Betreuungsverein im Sinne des § 1908 f des Bürgerlichen Gesetzbuchs.

§ 5 [Zuständigkeit, Verfahren, Kosten]

(1) Eine anhängige Entmündigungssache ist bei Inkrafttreten dieses Gesetzes an das zuständige Vormundschaftsgericht abzugeben. Das Vormundschaftsgericht kann seine Entscheidung auf im Entmündigungsverfahren eingeholte Gutachten oder vorgelegte ärztliche Zeugnisse stützen. Ist der Betroffene im Entmündigungsverfahren bereits angehört worden, so genügt es, wenn das Vormundschaftsgericht ihn im Rahmen eines Schlußgesprächs nach § 68 Abs. 5 des Gesetzes über die Angelegenheiten der freiwilligen Gerichtsbarkeit erneut anhört. Für die Gerichtskosten und außergerichtlichen Auslagen ist das Verfahren vor dem abgebenden Gericht als Teil des Verfahrens vor dem übernehmenden Gericht zu behandeln.

(2) Ein Verfahren über die Anordnung oder Aufhebung der vorläufigen Vormundschaft oder die Pflegschaft nach § 1910 des Bürgerlichen Gesetzbuchs oder über die Bestellung oder Entlassung eines Vormunds für einen Volljährigen oder Pflegers nach § 1910 des

Bürgerlichen Gesetzbuchs wird als Betreuungssache fortgeführt. Gleiches gilt für Verfahren, die auf andere Maßnahmen des Vormundschaftsgerichts gerichtet sind. Ist nach den Vorschriften dieses Gesetzes die Zuständigkeit eines anderen Gerichts begründet, so ist das Verfahren an dieses Gericht abzugeben. Ist die Sache bei einem Rechtsmittelgericht anhängig, so wird sie an das Vormundschaftsgericht zurückgegeben. Absatz 1 Satz 2 und 3 gilt entsprechend.

(3) Absatz 2 gilt entsprechend, wenn nach einer Entmündigung oder Anordnung einer vorläufigen Vormundschaft oder einer Pflegschaft nach § 1910 des Bürgerlichen Gesetzbuchs ein Vormund oder Pfleger noch nicht bestellt ist.

(4) Die Zulässigkeit eines bei Inkrafttreten dieses Gesetzes eingelegten Rechtsmittels beurteilt sich nach den bisherigen Vorschriften.

(5) Ist bei Inkrafttreten dieses Gesetzes in einem anhängigen Verfahren lediglich die Kostenentscheidung noch offen, so wird diese nach bisherigem Recht gefällt.

§ 6 [Löschung im Zentralregister]

Eintragungen über Entmündigungen werden aus dem Zentralregister entfernt.

§ 7 [Wahlrecht]

Mit dem Inkrafttreten dieses Gesetzes endet der Ausschluß vom Wahlrecht auf Grund der Anordnung einer Pflegschaft.

Artikel 10 Berlin-Klausel

(gegenstandslos)

Artikel 11 Inkrafttreten

Dieses Gesetz tritt am 1. Januar 1992 in Kraft.

Beurkundungsgesetz

Vom 28. August 1969 (BGBl. I S. 1513)
(BGBl. III 303-13)

Änderungen

Paragraph	Art der Änderung	Geändert durch	Datum	Fundstelle BGBl.
56, 61, 68	geändert	Gesetz zur Änderung des Rechtspflegergesetzes, des Beurkundungsgesetzes und zur Umwandlung des Offenbarungseides in eine eidesstattliche Versicherung	27. 6.1970	I S. 911
61	geändert	Gesetz über die Ermächtigung des Landes Baden-Württemberg zur Rechtsbereinigung	17.12.1974	I S. 3602
3, 6, 7, 26	geändert	Adoptionsgesetz	2. 7.1976	I S. 1749
9, 13, 37, 44 13 a	geändert eingefügt	Gesetz zur Änderung und Ergänzung beurkundungsrechtlicher Vorschriften	20. 2.1980	I S. 157
70	gegenstandslos	Sechstes Überleitungsgesetz	25. 9.1990	I S. 2106
62	geändert	Rechtspflege-Vereinfachungsgesetz	17.12.1990	I S. 2847

Der Bundestag hat das folgende Gesetz beschlossen:

Erster Abschnitt
Allgemeine Vorschriften

§ 1 Geltungsbereich

(1) Dieses Gesetz gilt für öffentliche Beurkundungen durch den Notar.
(2) Soweit für öffentliche Beurkundungen neben dem Notar auch andere Urkundspersonen oder sonstige Stellen zuständig sind, gelten die Vorschriften dieses Gesetzes, ausgenommen § 5 Abs. 2, entsprechend.

§ 2 Überschreiten des Amtsbezirks

Eine Beurkundung ist nicht deshalb unwirksam, weil der Notar sie außerhalb seines Amtsbezirks oder außerhalb des Landes vorgenommen hat, in dem er zum Notar bestellt ist.

§ 3 Verbot der Mitwirkung als Notar

(1) Ein Notar soll an einer Beurkundung nicht mitwirken, wenn es sich handelt um
1. eigene Angelegenheiten, auch wenn der Notar nur mitberechtigt oder mitverpflichtet ist,
2. Angelegenheiten seines Ehegatten, früheren Ehegatten oder seines Verlobten,
3. Angelegenheiten einer Person, die mit dem Notar in gerader Linie verwandt oder verschwägert oder in der Seitenlinie bis zum dritten Grade verwandt oder bis zum zweiten Grade verschwägert ist oder war,
4. Angelegenheiten einer Person, deren gesetzlicher Vertreter der Notar ist oder deren vertretungsberechtigtem Organ er angehört, oder
5. Angelegenheiten einer Person, die den Notar in derselben Angelegenheit bevollmächtigt hat oder zu der er in einem ständigen Dienst- oder ähnlichen ständigen Geschäftsverhältnis steht.

(2) Handelt es sich um eine Angelegenheit mehrerer Personen und ist der Notar früher in dieser Angelegenheit als gesetzlicher Vertreter oder Bevollmächtigter tätig gewesen oder ist er für eine dieser Personen in anderer Sache als Bevollmächtigter tätig, so soll er vor der Beurkundung darauf hinweisen und fragen, ob er die Beurkundung gleichwohl vornehmen soll. In der Urkunde soll er vermerken, daß dies geschehen ist.
(3) Absatz 2 gilt entsprechend, wenn es sich handelt um
1. Angelegenheiten einer Person, deren nicht zur Vertretung berechtigtem Organ der Notar angehört.
2. Angelegenheiten einer Gemeinde oder eines Kreises, sofern der Notar Mitglied der Gemeinde- oder Kreisvertretung ist, der die gesetzliche Vertretung der Gemeinde oder des Kreises obliegt,
oder
3. Angelegenheiten einer als Körperschaft des öffentlichen Rechts anerkannten Religions- oder Weltanschauungsgemeinschaft oder einer als Körperschaft des öffentlichen Rechts anerkannten Teilorganisation einer solchen Gemeinschaft, sofern der Notar einem durch Wahlen gebildeten Organ angehört, dem die gesetzliche Vertretung der Körperschaft obliegt.

In den Fällen der Nummern 2 und 3 ist Absatz 1 Nr. 4 nicht anwendbar.

§ 4 Ablehnung der Beurkundung

Der Notar soll die Beurkundung ablehnen, wenn sie mit seinen Amtspflichten nicht vereinbar wäre, insbesondere wenn seine Mitwirkung bei Handlungen verlangt wird, mit denen erkennbar unerlaubte oder unredliche Zwecke verfolgt werden.

§ 5 Urkundensprache

(1) Urkunden werden in deutscher Sprache errichtet.

(2) Der Notar kann auf Verlangen Urkunden auch in einer anderen Sprache errichten. Er soll dem Verlangen nur entsprechen, wenn er der fremden Sprache hinreichend kundig ist.

Zweiter Abschnitt

Beurkundung von Willenserklärungen

1. Ausschließung des Notars

§ 6 Ausschließungsgründe

(1) Die Beurkundung von Willenserklärungen ist unwirksam, wenn

1. der Notar selbst,
2. sein Ehegatte,
3. eine Person, die mit ihm in gerader Linie verwandt ist oder war oder
4. ein Vertreter, der für eine der in den Nummern 2 bis 3 bezeichneten Personen handelt,

an der Beurkundung beteiligt ist.

(2) An der Beurkundung beteiligt sind die Erschienenen, deren im eigenen oder fremden Namen abgegebene Erklärungen beurkundet werden sollen.

§ 7 Beurkundungen zugunsten des Notars oder seiner Angehörigen

Die Beurkundung von Willenserklärungen ist insoweit unwirksam, als diese darauf gerichtet sind,

1. dem Notar,
2. seinem Ehegatten oder früheren Ehegatten oder
3. einer Person, die mit ihm in gerader Linie verwandt oder verschwägert oder in der Seitenlinie bis zum dritten Grade verwandt oder bis zum zweiten Grade verschwägert ist oder war

einen rechtlichen Vorteil zu verschaffen.

2. Niederschrift

§ 8 Grundsatz

Bei der Beurkundung von Willenserklärungen muß eine Niederschrift über die Verhandlung aufgenommen werden.

§ 9 Inhalt der Niederschrift

(1)[1] Die Niederschrift muß enthalten
1. die Bezeichnung des Notars und der Beteiligten sowie
2. die Erklärungen der Beteiligten.

Erklärungen in einem Schriftstück, auf das in der Niederschrift verwiesen und das dieser beigefügt wird, gelten als in der Niederschrift selbst enthalten. Satz 2 gilt entsprechend, wenn die Beteiligten unter Verwendung von Karten, Zeichnungen oder Abbildungen Erklärungen abgeben.

(2) Die Niederschrift soll Ort und Tag der Verhandlung enthalten.

§ 10 Feststellung der Beteiligten

(1) In der Niederschrift soll die Person der Beteiligten so genau bezeichnet werden, daß Zweifel und Verwechslung ausgeschlossen sind.

(2) Aus der Niederschrift soll sich ergeben, ob der Notar die Beteiligten kennt oder wie er sich Gewißheit über ihre Person verschafft hat. Kann sich der Notar diese Gewißheit nicht verschaffen, wird aber gleichwohl die Aufnahme der Niederschrift verlangt, so soll der Notar dies in der Niederschrift unter Anführung des Sachverhalts angeben.

§ 11 Feststellungen über die Geschäftsfähigkeit

(1) Fehlt einem Beteiligten nach der Überzeugung des Notars die erforderliche Geschäftsfähigkeit, so soll die Beurkundung abgelehnt werden. Zweifel an der erforderlichen Geschäftsfähigkeit eines Beteiligten soll der Notar in der Niederschrift feststellen.

(2) Ist ein Beteiligter schwer krank, so soll dies in der Niederschrift vermerkt und angegeben werden, welche Feststellungen der Notar über die Geschäftsfähigkeit getroffen hat.

§ 12 Nachweise für die Vertretungsberechtigung

Vorgelegte Vollmachten und Ausweise über die Berechtigung eines gesetzlichen Vertreters sollen der Niederschrift in Urschrift oder in beglaubigter Abschrift beigefügt werden. Ergibt sich die Vertretungsberechtigung aus einer Eintragung im Handelsregister oder

---

1) § 9 Abs. 1 ab 27. 2. 1980 in der Fassung von § 3 Nr. 1 des Gesetzes zur Änderung und Ergänzung beurkundungsrechtlicher Vorschriften vom 20. 2. 1980 (BGBl. I S. 157). Siehe hierzu dessen §§ 1 und 2:

§ 1

(1) Ist in der Niederschrift eines vor Inkrafttreten dieses Gesetzes notariell beurkundeten Rechtsgeschäfts auf eine öffentliche Urkunde verwiesen worden, so ist das Rechtsgeschäft nicht deshalb nichtig, weil diese Urkunde der Niederschrift nicht nach § 9 Abs. 1 Satz 2 des Beurkundungsgesetzes beigefügt oder nicht nach § 13 des Beurkundungsgesetzes vorgelesen worden ist. Satz 1 ist entsprechend anzuwenden, wenn in der Niederschrift auf Karten, Zeichnungen, Abbildungen oder Schriftstücke verwiesen worden ist und sich der Hauptinhalt der durch das Rechtsgeschäft zu begründenden Rechte und Pflichten in hinlänglich klaren Umrissen aus der Niederschrift ergibt.

(2) Die Vorschrift des Absatzes 1 gilt nicht, soweit eine rechtskräftige Entscheidung entgegensteht.

§ 2

Ein Vertrag, durch den sich der Beteiligte eines nach § 1 Abs. 1 wirksamen Rechtsgeschäfts vor Inkrafttreten dieses Gesetzes gegenüber einem anderen Beteiligten zu weitergehenden Leistungen verpflichtet oder auf Rechte verzichtet hat, weil dieser die Nichtigkeit dieses Rechtsgeschäfts geltend gemacht hat, ist insoweit unwirksam, als die durch den Vertrag begründeten Rechte und Pflichten der Beteiligten von den Vereinbarungen in dem nach § 1 Abs. 1 wirksamen Rechtsgeschäft abweichen.

in einem ähnlichen Register, so genügt die Bescheinigung eines Notars nach § 21 der Bundesnotarordnung.

§ 13 Vorlesen, Genehmigen, Unterschreiben[1)]

(1) Die Niederschrift muß in Gegenwart des Notars den Beteiligten vorgelesen, von ihnen genehmigt und eigenhändig unterschrieben werden; soweit die Niederschrift auf Karten, Zeichnungen oder Abbildungen verweist, müssen diese den Beteiligten anstelle des Vorlesens zur Durchsicht vorgelegt werden. In der Niederschrift soll festgestellt werden, daß dies geschehen ist. Haben die Beteiligten die Niederschrift eigenhändig unterschrieben, so wird vermutet, daß sie in Gegenwart des Notars vorgelesen oder, soweit nach Satz 1 erforderlich, zur Durchsicht vorgelegt und von den Beteiligten genehmigt ist. Die Niederschrift soll den Beteiligten auf Verlangen vor der Genehmigung auch zur Durchsicht vorgelegt werden.

(2) Werden mehrere Niederschriften aufgenommen, die ganz oder teilweise übereinstimmen, so genügt es, wenn der übereinstimmende Inhalt den Beteiligten einmal nach Absatz 1 Satz 1 vorgelesen oder anstelle des Vorlesens zur Durchsicht vorgelegt wird. § 18 der Bundesnotarordnung bleibt unberührt.

(3) Die Niederschrift muß von dem Notar eigenhändig unterschrieben werden. Der Notar soll der Unterschrift seine Amtsbezeichnung beifügen.

§ 13 a Eingeschränkte Beifügungs- und Vorlesungspflicht

(1) Wird in der Niederschrift auf eine andere notarielle Niederschrift verwiesen, die nach den Vorschriften über die Beurkundung von Willenserklärungen errichtet worden ist, so braucht diese nicht vorgelesen zu werden, wenn die Beteiligten erklären, daß ihnen der Inhalt der anderen Niederschrift bekannt ist, und sie auf das Vorlesen verzichten. Dies soll in der Niederschrift festgestellt werden. Der Notar soll nur beurkunden, wenn den Beteiligten die andere Niederschrift zumindest in beglaubigter Abschrift bei der Beurkundung vorliegt. Für die Vorlage zur Durchsicht anstelle des Vorlesens von Karten, Zeichnungen oder Abbildungen gelten die Sätze 1 bis 3 entsprechend.

(2) Die andere Niederschrift braucht der Niederschrift nicht beigefügt zu werden, wenn die Beteiligten darauf verzichten. In der Niederschrift soll festgestellt werden, daß die Beteiligten auf das Beifügen verzichtet haben.

(3) Kann die andere Niederschrift bei dem Notar oder einer anderen Stelle rechtzeitig vor der Beurkundung eingesehen werden, so soll der Notar dies den Beteiligten vor der Verhandlung mitteilen; befindet sich die andere Niederschrift bei dem Notar, so soll er diese dem Beteiligten auf Verlangen übermitteln. Unbeschadet des § 17 soll der Notar die Beteiligten auch über die Bedeutung des Verweisens auf die andere Niederschrift belehren.

(4) Wird in der Niederschrift auf Karten oder Zeichnungen verwiesen, die von einer öffentlichen Behörde innerhalb der Grenzen ihrer Amtsbefugnisse oder von einer mit öffentlichem Glauben versehenen Person innerhalb des ihr zugewiesenen Geschäftskreises mit Unterschrift und Siegel oder Stempel versehen worden sind, so gelten die Absätze 1 bis 3 entsprechend.

---

1) § 13 ab 27. 2. 1980 in der Fassung von § 3 Nr. 2 des Gesetzes zur Änderung und Ergänzung beurkundungsrechtlicher Vorschriften vom 20. 2. 1980 (BGBl. I S. 157). Siehe hierzu auch Fußnote bei § 9 Abs. 1.

§ 14 Eingeschränkte Vorlesungspflicht

(1) Werden bei der Bestellung einer Hypothek, Grundschuld, Rentenschuld, Schiffshypothek oder eines Registerpfandrechts an Luftfahrzeugen Erklärungen, die nicht im Grundbuch, Schiffsregister, Schiffsbauregister oder im Register für Pfandrechte an Luftfahrzeugen selbst angegeben zu werden brauchen, in ein Schriftstück aufgenommen, auf das in der Niederschrift verwiesen und das dieser beigefügt wird, so braucht es nicht vorgelesen zu werden, wenn die Beteiligten auf das Vorlesen verzichten; eine Erklärung, sich der sofortigen Zwangsvollstreckung zu unterwerfen, muß in die Niederschrift selbst aufgenommen werden.
(2) Wird nach Absatz 1 das beigefügte Schriftstück nicht vorgelesen, so soll es den Beteiligten zur Kenntnisnahme vorgelegt und von ihnen unterschrieben werden. § 17 bleibt unberührt.
(3) In der Niederschrift muß festgestellt werden, daß die Beteiligten auf das Vorlesen verzichtet haben; es soll festgestellt werden, daß ihnen das beigefügte Schriftstück zur Kenntnisnahme vorgelegt worden ist.

§ 15 Versteigerungen

Bei der Beurkundung von Versteigerungen gelten nur solche Bieter als beteiligt, die an ihr Gebot gebunden bleiben. Entfernt sich ein solcher Bieter vor dem Schluß der Verhandlung, so gilt § 13 Abs. 1 insoweit nicht; in der Niederschrift muß festgestellt werden, daß sich der Bieter vor dem Schluß der Verhandlung entfernt hat.

§ 16 Übersetzung der Niederschrift

(1) Ist ein Beteiligter nach seinen Angaben oder nach der Überzeugung des Notars der deutschen Sprache oder, wenn die Niederschrift in einer anderen als der deutschen Sprache aufgenommen wird, dieser Sprache nicht hinreichend kundig, so soll dies in der Niederschrift festgestellt werden.
(2) Eine Niederschrift, die eine derartige Feststellung enthält, muß dem Beteiligten anstelle des Vorlesens übersetzt werden. Wenn der Beteiligte es verlangt, soll die Übersetzung außerdem schriftlich angefertigt und ihm zur Durchsicht vorgelegt werden; die Übersetzung soll der Niederschrift beigefügt werden. Der Notar soll den Beteiligten darauf hinweisen, daß dieser eine schriftliche Übersetzung verlangen kann. Diese Tatsachen sollen in der Niederschrift festgestellt werden.
(3) Für die Übersetzung muß, falls der Notar nicht selbst übersetzt, ein Dolmetscher zugezogen werden. Für den Dolmetscher gelten die §§ 6, 7 entsprechend. Ist der Dolmetscher nicht allgemein vereidigt, so soll ihn der Notar vereidigen, es sei denn, daß alle Beteiligten darauf verzichten. Diese Tatsachen sollen in der Niederschrift festgestellt werden. Die Niederschrift soll auch von dem Dolmetscher unterschrieben werden.

3. Prüfungs- und Belehrungspflichten

§ 17 Grundsatz

(1) Der Notar soll den Willen der Beteiligten erforschen, den Sachverhalt klären, die Beteiligten über die rechtliche Tragweite des Geschäfts belehren und ihre Erklärungen klar und unzweideutig in der Niederschrift wiedergeben. Dabei soll er darauf achten, daß Irrtümer und Zweifel vermieden sowie unerfahrene und ungewandte Beteiligte nicht benachteiligt werden.

(2) Bestehen Zweifel, ob das Geschäft dem Gesetz oder dem wahren Willen der Beteiligten entspricht, so sollen die Bedenken mit den Beteiligten erörtert werden. Zweifelt der Notar an der Wirksamkeit des Geschäfts und bestehen die Beteiligten auf der Beurkundung, so soll er die Belehrung und die dazu abgegebenen Erklärungen der Beteiligten in der Niederschrift vermerken.
(3) Kommt ausländisches Recht zur Anwendung oder bestehen darüber Zweifel, so soll der Notar die Beteiligten darauf hinweisen und dies in der Niederschrift vermerken. Zur Belehrung über den Inhalt ausländischer Rechtsordnungen ist er nicht verpflichtet.

§ 18 Genehmigungserfordernisse

Auf die erforderlichen gerichtlichen oder behördlichen Genehmigungen oder Bestätigungen oder etwa darüber bestehende Zweifel soll der Notar die Beteiligten hinweisen und dies in der Niederschrift vermerken.

§ 19 Unbedenklichkeitsbescheinigung

Darf nach dem Grunderwerbsteuerrecht oder dem Kapitalverkehrsteuerrecht eine Eintragung im Grundbuch oder im Handelsregister erst vorgenommen werden, wenn die Unbedenklichkeitsbescheinigung des Finanzamts vorliegt, so soll der Notar die Beteiligten darauf hinweisen und dies in der Niederschrift vermerken.

§ 20 Gesetzliches Vorkaufsrecht

Beurkundet der Notar die Veräußerung eines Grundstücks, so soll er, wenn ein gesetzliches Vorkaufsrecht in Betracht kommen könnte, darauf hinweisen und dies in der Niederschrift vermerken.

§ 21 Grundbucheinsicht, Briefvorlage

(1) Bei Geschäften, die im Grundbuch eingetragene oder einzutragende Rechte zum Gegenstand haben, soll sich der Notar über den Grundbuchinhalt unterrichten. Sonst soll er nur beurkunden, wenn die Beteiligten trotz Belehrung über die damit verbundenen Gefahren auf einer sofortigen Beurkundung bestehen; dies soll er in der Niederschrift vermerken.
(2) Bei der Abtretung oder Belastung eines Briefpfandrechts soll der Notar in der Niederschrift vermerken, ob der Brief vorgelegen hat.

4. Beteiligung behinderter Personen

§ 22 Taube, Stumme, Blinde

(1) Vermag ein Beteiligter nach seinen Angaben oder nach der Überzeugung des Notars nicht hinreichend zu hören, zu sprechen oder zu sehen, so soll zu der Beurkundung ein Zeuge oder ein zweiter Notar zugezogen werden, es sei denn, daß alle Beteiligten darauf verzichten. Diese Tatsachen sollen in der Niederschrift festgestellt werden.
(2) Die Niederschrift soll auch von dem Zeugen oder dem zweiten Notar unterschrieben werden.

§ 23 Besonderheiten für Taube

Eine Niederschrift, in der nach § 22 Abs. 1 festgestellt ist, daß ein Beteiligter nicht hinreichend zu hören vermag, muß diesem Beteiligten anstelle des Vorlesens zur Durchsicht vorgelegt werden; in der Niederschrift soll festgestellt werden, daß dies geschehen ist. Hat der Beteiligte die Niederschrift eigenhändig unterschrieben, so wird vermutet, daß sie ihm zur Durchsicht vorgelegt und von ihm genehmigt worden ist.

§ 24 Besonderheiten für Taube und Stumme, mit denen eine schriftliche Verständigung nicht möglich ist

(1) Vermag ein Beteiligter nach seinen Angaben oder nach der Überzeugung des Notars nicht hinreichend zu hören oder zu sprechen und sich auch nicht schriftlich zu verständigen, so soll der Notar dies in der Niederschrift feststellen. Wird in der Niederschrift eine solche Feststellung getroffen, so muß zu der Beurkundung eine Vertrauensperson zugezogen werden, die sich mit dem behinderten Beteiligten zu verständigen vermag; in der Niederschrift soll festgestellt werden, daß dies geschehen ist. Die Niederschrift soll auch von der Vertrauensperson unterschrieben werden.
(2) Die Beurkundung von Willenserklärungen ist insoweit unwirksam, als diese darauf gerichtet sind, der Vertrauensperson einen rechtlichen Vorteil zu verschaffen.
(3) Das Erfordernis, nach § 22 einen Zeugen oder zweiten Notar zuzuziehen, bleibt unberührt.

§ 25 Schreibunfähige

Vermag ein Beteiligter nach seinen Angaben oder nach der Überzeugung des Notars seinen Namen nicht zu schreiben, so muß bei dem Vorlesen und der Genehmigung ein Zeuge oder ein zweiter Notar zugezogen werden, wenn nicht bereits nach § 22 ein Zeuge oder ein zweiter Notar zugezogen worden ist. Diese Tatsachen sollen in der Niederschrift festgestellt werden. Die Niederschrift muß von dem Zeugen oder dem zweiten Notar unterschrieben werden.

§ 26 Verbot der Mitwirkung als Zeuge oder zweiter Notar

(1) Als Zeuge oder zweiter Notar soll bei der Beurkundung nicht zugezogen werden, wer
1. selbst beteiligt ist oder durch einen Beteiligten vertreten wird,
2. aus einer zu beurkundenden Willenserklärung einen rechtlichen Vorteil erlangt,
3. mit dem Notar verheiratet ist oder
4. mit ihm in gerader Linie verwandt ist oder war.

(2) Als Zeuge soll bei der Beurkundung ferner nicht zugezogen werden, wer
1. zu dem Notar in einem ständigen Dienstverhältnis steht,
2. minderjährig ist,
3. geisteskrank oder geistesschwach ist,
4. nicht hinreichend zu hören, zu sprechen oder zu sehen vermag,
5. nicht schreiben kann oder
6. der deutschen Sprache nicht hinreichend kundig ist; dies gilt nicht im Falle des § 5 Abs. 2, wenn der Zeuge der Sprache der Niederschrift hinreichend kundig ist.

5. Besonderheiten für Verfügungen von Todes wegen

§ 27 Begünstigte Personen

Die §§ 7, 16 Abs. 3 Satz 2, § 24 Abs. 2, § 26 Abs. 1 Nr. 2 gelten entsprechend für Personen, die in einer Verfügung von Todes wegen bedacht oder zum Testamentsvollstrecker ernannt werden.

§ 28 Feststellungen über die Geschäftsfähigkeit

Der Notar soll seine Wahrnehmungen über die erforderliche Geschäftsfähigkeit des Erblassers in der Niederschrift vermerken.

§ 29 Zeugen, zweiter Notar

Auf Verlangen der Beteiligten soll der Notar bei der Beurkundung bis zu zwei Zeugen oder einen zweiten Notar zuziehen und dies in der Niederschrift vermerken. Die Niederschrift soll auch von diesen Personen unterschrieben werden.

§ 30 Übergabe einer Schrift

Wird eine Verfügung von Todes wegen durch Übergabe einer Schrift errichtet, so muß die Niederschrift auch die Feststellung enthalten, daß die Schrift übergeben worden ist. Die Schrift soll derart gekennzeichnet werden, daß eine Verwechslung ausgeschlossen ist. In der Niederschrift soll vermerkt werden, ob die Schrift offen oder verschlossen übergeben worden ist. Von dem Inhalt einer offen übergebenen Schrift soll der Notar Kenntnis nehmen, sofern er der Sprache, in der die Schrift verfaßt ist, hinreichend kundig ist; § 17 ist anzuwenden. Die Schrift soll der Niederschrift beigefügt werden; einer Verlesung der Schrift bedarf es nicht.

§ 31 Übergabe einer Schrift durch Stumme

Ein Erblasser, der nach seinen Angaben oder nach der Überzeugung des Notars nicht hinreichend zu sprechen vermag (§ 2233 Abs. 3 des Bürgerlichen Gesetzbuchs), muß die Erklärung, daß die übergebene Schrift seinen letzten Willen enthalte, bei der Verhandlung eigenhändig in die Niederschrift oder auf ein besonderes Blatt schreiben, das der Niederschrift beigefügt werden soll. Das eigenhändige Niederschreiben der Erklärung soll in der Niederschrift festgestellt werden. Die Niederschrift braucht von dem behinderten Beteiligten nicht besonders genehmigt zu werden.

§ 32 Sprachunkundige

Ist ein Erblasser, der dem Notar seinen letzten Willen mündlich erklärt, der Sprache, in der die Niederschrift aufgenommen wird, nicht hinreichend kundig und ist dies in der Niederschrift festgestellt, so muß eine schriftliche Übersetzung angefertigt werden, die der Niederschrift beigefügt werden soll. Der Erblasser kann hierauf verzichten; der Verzicht muß in der Niederschrift festgestellt werden.

§ 33 Besonderheiten beim Erbvertrag

Bei einem Erbvertrag gelten die §§ 30 bis 32 entsprechend auch für die Erklärung des anderen Vertragschließenden.

§ 34 Verschließung, Verwahrung

(1) Die Niederschrift über die Errichtung eines Testaments soll der Notar in einen Umschlag nehmen und diesen mit dem Prägesiegel verschließen. In den Umschlag sollen auch die nach den §§ 30 bis 32 begefügten Schriften genommen werden. Auf dem Umschlag soll der Notar den Erblasser seiner Person nach näher bezeichnen und angeben, wann das Testament errichtet worden ist; diese Aufschrift soll der Notar unterschreiben. Der Notar soll veranlassen, daß das Testament unverzüglich in besondere amtliche Verwahrung gebracht wird.

(2) Beim Abschluß eines Erbvertrages gilt Absatz 1 entsprechend, sofern nicht die Vertragschließenden die besondere amtliche Verwahrung ausschließen; dies ist im Zweifel anzunehmen, wenn der Erbvertrag mit einem anderen Vertrag in derselben Urkunde verbunden wird.

§ 35 Niederschrift ohne Unterschrift des Notars
Hat der Notar die Niederschrift über die Errichtung einer Verfügung von Todes wegen nicht unterschrieben, so ist die Beurkundung aus diesem Grunde nicht unwirksam, wenn er die Aufschrift auf dem verschlossenen Umschlag unterschrieben hat.

Dritter Abschnitt

Sonstige Beurkundungen

1. Niederschriften

§ 36 Grundsatz
Bei der Beurkundung anderer Erklärungen als Willenserklärungen sowie sonstiger Tatsachen oder Vorgänge muß eine Niederschrift aufgenommen werden, soweit in § 39 nichts anderes bestimmt ist.

§ 37 Inhalt der Niederschrift
(1) Die Niederschrift muß enthalten
1. die Bezeichnung des Notars sowie
2. den Bericht über seine Wahrnehmungen.
Der Bericht des Notars in einem Schriftstück, auf das in der Niederschrift verwiesen und das dieser beigefügt wird, gilt als in der Niederschrift selbst enthalten. Satz 2 gilt entsprechend, wenn der Notar unter Verwendung von Karten, Zeichnungen oder Abbildungen seinen Bericht erstellt.
(2) In der Niederschrift sollen Ort und Tag der Wahrnehmungen des Notars sowie Ort und Tag der Errichtung der Urkunde angegeben werden.
(3) § 13 Abs. 3 gilt entsprechend.

§ 38 Eide, eidesstattliche Versicherungen
(1) Bei der Abnahme von Eiden und bei der Aufnahme eidesstattlicher Versicherungen gelten die Vorschriften über die Beurkundung von Willenserklärungen entsprechend.
(2) Der Notar soll über die Bedeutung des Eides oder der eidesstattlichen Versicherung belehren und dies in der Niederschrift vermerken.

2. Vermerke

§ 39 Einfache Zeugnisse
Bei der Beglaubigung einer Unterschrift oder eines Handzeichens oder der Zeichnung einer Firma oder Namensunterschrift, bei der Feststellung des Zeitpunktes, zu dem eine Privaturkunde vorgelegt worden ist, bei Bescheinigungen über Eintragungen in öffentlichen Registern, bei der Beglaubigung von Abschriften, Abdrucken, Ablichtungen und dergleichen (Abschriften) und bei sonstigen einfachen Zeugnissen genügt anstelle einer Niederschrift eine Urkunde, die das Zeugnis, die Unterschrift und das Präge- oder Farbdrucksiegel (Siegel) des Notars enthalten muß und Ort und Tag der Ausstellung angeben soll (Vermerk).

§ 40 Beglaubigung einer Unterschrift
(1) Eine Unterschrift soll nur beglaubigt werden, wenn sie in Gegenwart des Notars vollzogen oder anerkannt wird.

(2) Der Notar braucht die Urkunde nur darauf zu prüfen, ob Gründe bestehen, seine Amtstätigkeit zu versagen.
(3) Der Beglaubigungsvermerk muß auch die Person bezeichnen, welche die Unterschrift vollzogen oder anerkannt hat. In dem Vermerk soll angegeben werden, ob die Unterschrift vor dem Notar vollzogen oder anerkannt worden ist.
(4) § 10 Abs. 1, Abs. 2 Satz 1 gilt entsprechend.
(5) Unterschriften ohne zugehörigen Text soll der Notar nur beglaubigen, wenn dargelegt wird, daß die Beglaubigung vor der Festlegung des Urkundeninhalts benötigt wird. In dem Beglaubigungsvermerk soll angegeben werden, daß bei der Beglaubigung ein durch die Unterschrift gedeckter Text nicht vorhanden war.
(6) Die Absätze 1 bis 5 gelten für die Beglaubigung von Handzeichen entsprechend.

§ 41 Beglaubigung der Zeichnung einer Firma oder Namensunterschrift

Bei der Beglaubigung der Zeichnung einer Firma oder Namensunterschrift, die zur Aufbewahrung beim Gericht bestimmt ist, muß die Zeichnung in Gegenwart des Notars vollzogen werden; dies soll in dem Beglaubigungsvermerk festgestellt werden. Der Beglaubigungsvermerk muß auch die Person angeben, welche gezeichnet hat. § 10 Abs. 1, Abs. 2 Satz 1 gilt entsprechend.

§ 42 Beglaubigung einer Abschrift

(1) Bei der Beglaubigung der Abschrift einer Urkunde soll festgestellt werden, ob die Urkunde eine Urschrift, eine Ausfertigung, eine beglaubigte oder einfache Abschrift ist.
(2) Finden sich in einer dem Notar vorgelegten Urkunde Lücken, Durchstreichungen, Einschaltungen, Änderungen oder unleserliche Worte, zeigen sich Spuren der Beseitigung von Schriftzeichen, insbesondere Radierungen, ist der Zusammenhang aus mehreren Blättern bestehenden Urkunde aufgehoben oder sprechen andere Umstände dafür, daß der ursprüngliche Inhalt der Urkunde geändert worden ist, so soll dies in dem Beglaubigungsvermerk festgestellt werden, sofern es sich nicht schon aus der Abschrift ergibt.
(3) Enthält die Abschrift nur den Auszug aus einer Urkunde, so soll in dem Beglaubigungsvermerk der Gegenstand des Auszugs angegeben und bezeugt werden, daß die Urkunde über diesen Gegenstand keine weiteren Bestimmungen enthält.

§ 43 Feststellung des Zeitpunktes der Vorlegung einer privaten Urkunde

Bei der Feststellung des Zeitpunktes, zu dem eine private Urkunde vorgelegt worden ist, gilt § 42 Abs. 2 entsprechend.

Vierter Abschnitt

Behandlung der Urkunden

§ 44 Verbindung mit Schnur und Prägesiegel

Besteht eine Urkunde aus mehreren Blättern, so sollen diese mit Schnur und Prägesiegel verbunden werden. Das gleiche gilt für Schriftstücke sowie für Karten, Zeichnungen oder Abbildungen, die nach § 9 Abs. 1 Satz 2, 3, §§ 14, 37 Abs. 1 Satz 2, 3 der Niederschrift beigefügt worden sind.

§ 45 Aushändigung der Urschrift

(1) Die Urschrift einer Niederschrift soll nur ausgehändigt werden, wenn dargelegt wird, daß sie im Ausland verwendet werden soll, und sämtliche Personen zustimmen, die eine Ausfertigung verlangen können. In diesem Fall soll die Urschrift mit dem Siegel versehen

werden; ferner soll eine Ausfertigung zurückbehalten und auf ihr vermerkt werden, an wen und weshalb die Urschrift ausgehändigt worden ist. Die Ausfertigung tritt an die Stelle der Urschrift.

(2) Die Urschrift einer Urkunde, die in der Form eines Vermerks verfaßt ist, ist auszuhändigen, wenn nicht die Verwahrung verlangt wird.

§ 46 Ersetzung der Urschrift

(1) Ist die Urschrift einer Niederschrift ganz oder teilweise zerstört worden oder abhanden gekommen und besteht Anlaß, sie zu ersetzen, so kann auf einer noch vorhandenen Ausfertigung oder beglaubigten Abschrift oder einer davon gefertigten beglaubigten Abschrift vermerkt werden, daß sie an die Stelle der Urschrift tritt. Der Vermerk kann mit dem Beglaubigungsvermerk verbunden werden. Er soll Ort und Zeit der Ausstellung angeben und muß unterschrieben werden.

(2) Die Urschrift wird von der Stelle ersetzt, die für die Erteilung einer Ausfertigung zuständig ist.

(3) Vor der Ersetzung der Urschrift soll der Schuldner gehört werden, wenn er sich in der Urkunde der sofortigen Zwangsvollstreckung unterworfen hat. Von der Ersetzung der Urschrift sollen die Personen, die eine Ausfertigung verlangen können, verständigt werden, soweit sie sich ohne erhebliche Schwierigkeiten ermitteln lassen.

§ 47 Ausfertigung

Die Ausfertigung der Niederschrift vertritt die Urschrift im Rechtsverkehr.

§ 48 Zuständigkeit für die Erteilung der Ausfertigung

Die Ausfertigung erteilt, soweit bundes- oder landesrechtlich nichts anderes bestimmt ist, die Stelle, welche die Urschrift verwahrt. Wird die Urschrift bei einem Gericht verwahrt, so erteilt der Urkundsbeamte der Geschäftsstelle die Ausfertigung.

§ 49 Form der Ausfertigung

(1) Die Ausfertigung besteht in einer Abschrift der Urschrift, die mit dem Ausfertigungsvermerk versehen ist. Sie soll in der Überschrift als Ausfertigung bezeichnet sein.

(2) Der Ausfertigungsvermerk soll den Tag und den Ort der Erteilung angeben, die Person bezeichnen, der die Ausfertigung erteilt wird, und die Übereinstimmung der Ausfertigung mit der Urschrift bestätigen. Er muß unterschrieben und mit dem Siegel der erteilenden Stelle versehen sein.

(3) Werden Abschriften von Urkunden mit der Ausfertigung durch Schnur und Prägesiegel verbunden oder befinden sie sich mit dieser auf demselben Blatt, so genügt für die Belaubigung dieser Abschriften der Ausfertigungsvermerk; dabei soll entsprechend § 42 Abs. 3 und, wenn die Urkunden, von denen die Abschriften hergestellt sind, nicht zusammen mit der Urschrift der ausgefertigten Urkunde verwahrt werden, auch entsprechend § 42 Abs. 1, 2 verfahren werden.

(4) Auf der Urschrift soll vermerkt werden, wem und an welchem Tage eine Ausfertigung erteilt worden ist.

(5) Die Ausfertigung kann auf Antrag auch auszugsweise erteilt werden. § 42 Abs. 3 ist entsprechend anzuwenden.

§ 50 Übersetzungen

(1) Ein Notar kann die deutsche Übersetzung einer Urkunde mit der Bescheinigung der Richtigkeit und Vollständigkeit versehen, wenn er die Urkunde selbst in fremder Sprache

errichtet hat oder für die Erteilung einer Ausfertigung der Niederschrift zuständig ist. Für die Bescheinigung gilt § 39 entsprechend. Der Notar soll die Bescheinigung nur erteilen, wenn er der fremden Sprache hinreichend kundig ist.

(2) Eine Übersetzung, die mit einer Bescheinigung nach Absatz 1 versehen ist, gilt als richtig und vollständig. Der Gegenbeweis ist zulässig.

(3) Von einer derartigen Übersetzung können Ausfertigungen und Abschriften erteilt werden. Die Übersetzung soll in diesem Fall zusammen mit der Urschrift verwahrt werden.

§ 51 Recht auf Ausfertigungen, Abschriften und Einsicht

(1) Ausfertigungen können verlangen

1. bei Niederschriften über Willenserklärungen jeder, der eine Erklärung im eigenen Namen abgegeben hat oder in dessen Namen eine Erklärung abgegeben worden ist,
2. bei anderen Niederschriften jeder, der die Aufnahme der Urkunde beantragt hat,

sowie die Rechtsnachfolger dieser Personen.

(2) Die in Absatz 1 genannten Personen können gemeinsam in der Niederschrift oder durch besondere Erklärung gegenüber der zuständigen Stelle etwas anderes bestimmen.

(3) Wer Ausfertigungen verlangen kann, ist auch berechtigt, einfache oder beglaubigte Abschriften zu verlangen und die Urschrift einzusehen.

(4) Mitteilungspflichten, die auf Grund von Rechtsvorschriften gegenüber Gerichten oder Behörden bestehen, bleiben unberührt.

§ 52 Vollstreckbare Ausfertigungen

Vollstreckbare Ausfertigungen werden nach den dafür bestehenden Vorschriften erteilt.

§ 53 Einreichung beim Grundbuchamt oder Registergericht

Sind Willenserklärungen beurkundet worden, die beim Grundbuchamt oder Registergericht einzureichen sind, so soll der Notar dies veranlassen, sobald die Urkunde eingereicht werden kann, es sei denn, daß alle Beteiligten gemeinsam etwas anderes verlangen; auf die mit einer Verzögerung verbundenen Gefahren soll der Notar hinweisen.

§ 54 Rechtsmittel

(1) Gegen die Ablehnung der Erteilung der Vollstreckungsklausel oder einer Amtshandlung nach den §§ 45, 46, 51 sowie gegen die Ersetzung einer Urschrift ist die Beschwerde gegeben.

(2) Für das Beschwerdeverfahren gelten die Vorschriften des Gesetzes über die Angelegenheiten der freiwilligen Gerichtsbarkeit. Über die Beschwerde entscheidet eine Zivilkammer des Landgerichts, in dessen Bezirk die Stelle, gegen die sich die Beschwerde richtet, ihren Sitz hat.

Fünfter Abschnitt

Schlußvorschriften

1. Verhältnis zu anderen Gesetzen

a) Bundesrecht

§ 55 Außerkrafttreten von Bundesrecht

(hier nicht abgedruckt)

§ 56 Beseitigung von Doppelzuständigkeiten

(hier nicht abgedruckt)

§ 57 Sonstige Änderungen von Bundesrecht
(hier nicht abgedrcukt)

§ 58 Beurkundungen nach dem Personenstandsgesetz
Dieses Gesetz gilt nicht für Beurkundungen nach dem Personenstandsgesetz in der Fassung der Bekanntmachung vom 8. August 1957 (Bundesgesetzbl. I S. 1125).

§ 59 Unberührt bleibendes Bundesrecht
Soweit in diesem Gesetz nichts anderes bestimmt ist, bleiben bundesrechtliche Vorschriften über Beurkundungen unberührt.

b) Landesrecht

§ 60 Außerkrafttreten von Landesrecht
Mit dem Inkrafttreten dieses Gesetzes treten, soweit in diesem Gesetz nichts anderes bestimmt ist, die landesrechtlichen Vorschriften außer Kraft, die den Vorschriften des Ersten bis Vierten Abschnitts dieses Gesetzes entgegenstehen oder neben dem Notar auch anderen Urkundspersonen oder sonstigen Stellen eine Zuständigkeit für öffentliche Beurkundungen übertragen. Insbesondere treten außer Kraft
(hier nicht abgedruckt)

§ 61 Unberührt bleibendes Landesrecht
(1) Unbeschadet der Zuständigkeit des Notars bleiben folgende landesrechtliche Vorschriften unberührt:

1. Vorschriften über die Beurkundung von freiwilligen Versteigerungen; dies gilt nicht für die freiwillige Versteigerung von Grundstücken und grundstücksgleichen Rechten;
2. Vorschriften über die Zuständigkeit zur Aufnahme von Inventaren, Bestandsverzeichnissen, Nachlaßverzeichnissen und anderen Vermögensverzeichnissen sowie zur Mitwirkung bei der Aufnahme solcher Vermögensverzeichnisse;
3. Vorschriften, nach denen die Gerichtsvollzieher zuständig sind, Wechsel- und Scheckproteste aufzunehmen sowie das tatsächliche Angebot einer Leistung zu beurkunden;
4. Vorschriften, nach denen die Amtsgerichte zuständig sind, außerhalb eines anhängigen Verfahrens die Aussagen von Zeugen und die Gutachten von Sachverständigen, die Vereidigung sowie eidesstattliche Versicherungen dieser Personen zu beurkunden;
5. Vorschriften, nach denen Beurkundungen in Fideikommißsachen, für die ein Kollegialgericht zuständig ist, durch einen beauftragten oder ersuchten Richter erfolgen können;
6. Vorschriften, nach denen die Vorstände der Vermessungsbehörden, die das amtliche Verzeichnis im Sinne des § 2 Abs. 2 der Grundbuchordnung führen, und die von den Vorständen beauftragten Beamten dieser Behörden zuständig sind, Anträge der Eigentümer auf Vereinigung oder Teilung von Grundstücken zu beurkunden oder zu beglaubigen;
7. Vorschriften über die Beurkundung der Errichtung fester Grenzzeichen (Abmarkung);
8. Vorschriften über die Beurkundung von Tatbeständen, die am Grund und Boden durch vermessungstechnische Ermittlungen festgestellt werden, durch Behörden, öffentlich bestellte Vermessungsingenieure oder Markscheider;
9. Vorschriften über Beurkundungen in Gemeinheitsteilungs- und agrarrechtlichen Ablösungsverfahren einschließlich der Rentenübernahme- und Rentengutsverfahren;
10. Vorschriften über Beurkundungen im Rückerstattungsverfahren;

11. Vorschriften über die Beglaubigung amtlicher Unterschriften zum Zwecke der Legalisation;
12. Vorschriften über Beurkundungen in Kirchenaustrittssachen.

(2) Auf Grund dieser Vorbehalte können den Gerichten Beurkundungszuständigkeiten nicht neu übertragen werden.

(3) Auf Grund anderer bundesrechtlicher Vorbehalte kann
1. die Zuständigkeit der Notare für öffentliche Beurkundungen (§ 20 der Bundesnotarordnung) nicht eingeschränkt werden,
2. nicht bestimmt werden, daß für öffentliche Beurkundungen neben dem Notar andere Urkundspersonen oder sonstige Stellen zuständig sind, und
3. keine Regelung getroffen werden, die den Vorschriften des Ersten bis Vierten Abschnitts dieses Gesetzes entgegensteht.

(4) Die Vorschriften über die Beurkundungszuständigkeiten der Ratschreiber und sonstigen Hilfsbeamten der Grundbuchämter in Baden-Württemberg, insbesondere § 6 des badischen Grundbuchausführungsgesetzes in der Fassung der Bekanntmachung vom 13. Oktober 1925 (Badisches Gesetz- und Verordnungsblatt S. 296) sowie Artikel 32 Abs. 1, Artikel 33, 34 des württembergischen Ausführungsgesetzes zum Bürgerlichen Gesetzbuch und zu anderen Reichsjustizgesetzen vom 29. Dezember 1931 (Württembergisches Regierungsblatt S. 545), bleiben unberührt; diese Vorschriften können von den dafür zuständigen Stellen aufgehoben, geändert oder durch Vorschriften entsprechenden Inhalts ersetzt werden, die für das Land Baden-Württemberg einheitlich gelten; dabei dürfen jedoch die Beurkundungszuständigkeiten nicht über den Umfang hinaus erweitert werden, in dem sie wenigstens in einem der Rechtsgebiete des Landes bereits bestehen; § 36 des Rechtspflegergesetzes gilt entsprechend. Unberührt bleiben ferner die Vorschriften, nach denen gegen Entscheidungen der Bezirksnotare, Ratschreiber und sonstigen Hilfsbeamten der Grundbuchämter in den Fällen des § 54 das Amtsgericht angerufen werden kann.

§ 62 Zuständigkeit der Amtsgerichte, Zustellung

(1) Unbeschadet der Zuständigkeit sonstiger Stellen sind die Amtsgerichte zuständig für die Beurkundung von
1. Erklärungen über die Anerkennung der Vaterschaft,
2. Verpflichtungen zur Erfüllung von Unterhaltsansprüchen eines nichtehelichen Kindes oder zur Leistung einer anstelle des Unterhalts zu gewährenden Abfindung,
3. Verpflichtungen zur Erfüllung von Ansprüchen einer Frau nach den §§ 1615 k und 1615 l des Bürgerlichen Gesetzbuchs (Entbindungskosten und Unterhalt).

(2) Die Zustellung von Urkunden, die eine Verpflichtung nach Absatz 1 Nr. 2 oder 3 zum Gegenstand haben, kann auch dadurch vollzogen werden, daß der Schuldner eine beglaubigte Abschrift der Urkunde ausgehändigt erhält; § 212 b Satz 2 der Zivilprozeßordnung gilt entsprechend.

§ 63 [Zuständigkeitsermächtigung der Länder]

Die Länder sind befugt, durch Gesetz die Zuständigkeit für die öffentliche Beglaubigung von Abschriften oder Unterschriften anderen Personen oder Stellen zu übertragen.

§ 64 Notare in Baden-Württemberg

Notar im Sinne dieses Gesetzes ist auch der nach dem badischen Landesgesetz über die freiwillige Gerichtsbarkeit bestellte Notar und der Bezirksnotar. Für einen solchen

Notar gilt § 3 Abs. 1 Nr. 5 in Angelegenheiten des Landes Baden-Württemberg nicht allein deswegen, weil der Notar in einem Dienstverhältnis zu diesem Lande steht.

c) Amtliche Beglaubigungen

§ 65

Dieses Gesetz gilt nicht für amtliche Beglaubigungen, mit denen eine Verwaltungsbehörde zum Zwecke der Verwendung in Verwaltungsverfahren oder für sonstige Zwecke, für die eine öffentliche Beglaubigung nicht vorgeschrieben ist, die Echtheit einer Unterschrift oder eines Handzeichens oder die Richtigkeit der Abschrift einer Urkunde bezeugt, die nicht von einer Verwaltungsbehörde ausgestellt ist. Die Beweiskraft dieser amtlichen Beglaubigungen beschränkt sich auf den in dem Beglaubigungsvermerk genannten Verwendungszweck. Die Befugnis der Verwaltungsbehörden, Abschriften ihrer eigenen Urkunden oder von Urkunden anderer Verwaltungsbehörden in der dafür vorgeschriebenen Form mit uneingeschränkter Beweiskraft zu beglaubigen, bleibt unberührt.

d) Eidesstattliche Versicherungen in Verwaltungsverfahren

§ 66

Dieses Gesetz gilt nicht für die Aufnahme eidesstattlicher Versicherungen in Verwaltungsverfahren.

e) Erklärungen juristischer Personen des öffentlichen Rechts

§ 67

Die bundes- oder landesrechtlich vorgeschriebene Beidrückung des Dienstsiegels bei Erklärungen juristischer Personen des öffentlichen Rechts wird durch die öffentliche Beurkundung ersetzt.

f) Bereits errichtete Urkunden

§ 68

(1) §§ 45 bis 49, 51, 52, 54 dieses Gesetzes gelten auch für Urkunden, die vor dem Inkrafttreten dieses Gesetzes errichtet worden sind. Dies gilt auch, wenn die Beurkundungszuständigkeit weggefallen ist.

(2) Eine vor dem Inkrafttreten dieses Gesetzes erteilte Ausfertigung einer Niederschrift ist auch dem als von Anfang an wirksam anzusehen, wenn sie den Vorschriften dieses Gesetzes genügt.

(3) § 2256 Abs. 1, 2 des Bürgerlichen Gesetzbuchs gilt auch für Testamente, die vor dem Inkrafttreten dieses Gesetzes vor einem Richter errichtet worden sind.

g) Verweisungen

§ 69

Soweit in Gesetzen oder Verordnungen auf die durch dieses Gesetz aufgehobenen oder abgeänderten Vorschriften verwiesen ist, treten die entsprechenden Vorschriften dieses Gesetzes an ihre Stelle.

2. Geltung in Berlin

§ 70
(gegenstandslos)

3. Inkrafttreten

§ 71
Dieses Gesetz tritt am 1. Januar 1970 in Kraft.

Handelsgesetzbuch

Vom 10. Mai 1897 (RGBl. S. 219)[1)2)]
(BGBl. III 4100-1)

Änderungen seit 1. 1. 1964

Paragraph	Art der Änderung	Geändert durch	Datum	Fundstelle BGBl.
520 519, 521	geändert aufgehoben	Gesetz über die Aufgaben des Bundes auf dem Gebiet der Seeschiffahrt	24. 5.1965	II S. 833
38-41, 44 44 a, 44 b, 47 a	geändert eingefügt	Gesetz zur Änderung des Handelsgesetzbuches und der Reichsabgabenordnung	2. 8.1965	I S. 665
13 c, 14	geändert	Einführungsgesetz zum Aktiengesetz	6. 9.1965	I S. 1185
87 b	geändert	Umsatzsteuergesetz (Mehrwertsteuer)	29. 5.1967	I S. 545
63 66-72	geändert aufgehoben	Erstes Arbeitsrechtsbereinigungsgesetz	14. 8.1969	I S. 1106
76-82	aufgehoben	Berufsbildungsgesetz	14. 8.1969	I S. 1112
9, 15	geändert	Gesetz zur Durchführung der Ersten Richtlinie des Rates der Europäischen Gemeinschaften zur Koordinierung des Gesellschaftsrechts	15. 8.1969	I S. 1146
12, 73, 501	geändert	Beurkundungsgesetz	28. 8.1969	I S. 1513
93, 363, 481, 482, 486, 487, 488, 493, 494, 496, 501, 507, 509-518, 522-528, 531-536, 538-545, 552, 555, 560, 564-564 c, 567, 580, 591, 592, 594, 601, 602, 604, 610, 615, 622, 628, 632, 634, 636, 636 a, 642-644, 647, 649-652, 654, 656, 665, 666, 673, 675, 700, 702, 704,	geändert	Seerechtsänderungsgesetz	21. 6.1972	I S. 966, S. 1300

1) Siehe Maßgabe auf Seite 4.
2) Siehe Fußnote auf Seite 5.

Paragraph	Art der Änderung	Geändert durch	Datum	Fundstelle BGBl.
706, 708, 722-726, 728, 731, 732, 737, 738, 739, 742, 743, 749-752, 753-764, 780, 873, 901-903				
487 a-487 d, 721 a, 726 a, 738 a-738 c, 752 a	eingefügt			
529, 530, 537, 679-699, 765-777, 904	aufgehoben			
30	geändert	Gesetz zur Änderung des Gesetzes betreffend die Erwerbs- und Wirtschaftsgenossenschaften	9.10.1973	I S. 1451
14, 37, 103	geändert	Einführungsgesetz zum Strafgesetzbuch	2. 3.1974	I S. 469
75 e	aufgehoben	Gesetz über Konkursausfallgeld	17. 7.1974	I S. 1481
63	geändert	Strafrechtsreform-Ergänzungsgesetz	28. 8.1975	I S. 2289
3, 89 b	geändert	Gesetz über die Kaufmannseigenschaft von Land- und Forstwirten und den Ausgleichsanspruch des Handelsvertreters	13. 5.1976	I S.1197
41	geändert	Erstes Gesetz zur Bekämpfung der Wirtschaftskriminalität	29. 7.1976	I S. 2034
47 b, 130 a-130 b, 177 a	eingefügt			
738 a	geändert	Vereinfachungsnovelle	3.12.1976	I S. 3281
38, 39, 43, 44, 47 a	geändert	Einführungsgesetz zur Abgabenordnung	14.12.1976	I S. 3341
44 a, 44 b	aufgehoben			
487 a	geändert	Goldfrankenumrechnungsgesetz	9. 6.1980	II S. 721
19, 130 a, 172, 177 a	geändert	Gesetz zur Änderung des Gesetzes betreffend die Gesellschaften mit beschränkter Haftung und anderer handelsrechtlicher Vorschriften[1]	4. 7.1980	I S. 836
125 a, 129 a, 172 a	eingefügt			
9, 100, 118, 166, 335-342 (alt) werden 230-237 (neu),	geändert	Bilanzrichtlinien-Gesetz	19.12.1985	I S. 2355

1) Übergangsvorschriften: Artikel II.

Paragraph	Art der Änderung	Geändert durch	Datum	Fundstelle BGBl.
233 (neu) 479, 483				
8 a, 238-339	eingefügt			
38-47 b	aufgehoben			
485, 486-487 d[1], 501[1], 612[2], 656[2], 660[2], 662[2], 664[2], 672-675[2], 737	geändert	Zweites Seerechtsänderungsgesetz	25. 7.1986	I S. 1120
487 e[1] 607 a[2], Anlage[2]	eingefügt			
666-671[2], 676-678[2]	aufgehoben			
267	geändert	Börsenzulassungsgesetz	16.12.1986	I S. 2478
486[3], 487 c, 487 d, 487 e	geändert	Ölschadengesetz	30. 9.1988	I S. 1770
86, 86 a, 87, 87 a, 89, 89 b, 90 a, 92 c, 104	geändert	Gesetz zur Durchführung der EG-Richtlinie zur Koordinierung des Rechts der Handelsvertreter	23.10.1989	I S. 1910
726 a, 752 a	geändert	Drittes Rechtsbereinigungsgesetz	28. 6.1990	I S. 1221
246, 293, 330, 334, 336	geändert	Bankbilanzrichtlinie-Gesetz	30.11.1990	I S. 2570
340-340 o	eingefügt			
414	geändert	Rechtspflege-Vereinfachungsgesetz	17.12.1990	I S. 2847
330-332, 340, Überschrift, 340 a, 340 c, Überschrift, 340 i, 340 n	geändert	Gesetz zur Änderung des Gesetzes über das Kreditwesen und anderer Vorschriften über Kreditinstitute	21.12.1992	I S. 2211, 2227

1) Gemäß Artikel 11 Abs. 1 Satz 2 des Zweiten Seerechtsänderungsgesetzes bleibt die Änderung außer Betracht in den Fällen, in denen das Ereignis, aus dem die Ansprüche entstanden sind, für die die Haftung beschränkt werden kann, vor dem 1. 9. 1987 eingetreten ist.

2) Gemäß Artikel 11 Abs. 2 Satz 2 des Zweiten Seerechtsänderungsgesetzes bleibt die Änderung außer Betracht in den Fällen, in denen der Vertrag bereits vor dem 31. 7. 1986 abgeschlossen worden ist.

3) Geändert durch Änderungsgesetz 25. 7. 1994 (BGBl. I S. 1802).

Paragraph	Art der Änderung	Geändert durch	Datum	Fundstelle BGBl.
92 c 291-293, 330, 340, 340 l	geändert	EWR-Ausführungsgesetz	27. 4.1993	I S. 512, 530
13, 13 a, b, 289, 335 13 c-g, 325 a 13 c (alt) wird 13 h (neu)	geändert eingefügt	Gesetz zur Durchführung der Elften gesellschaftlichen Richtlinie des Rates der Europäischen Gemeinschaften und über Gebäudeversicherungsverhältnisse	22. 7.1993	I S. 1282
13 e	geändert	Gesetz zur Anpassung des EWR-Ausführungsgesetzes	27. 9.1993	I S. 1666
8 a, 9 9 a	geändert eingefügt	Registerverfahrenbeschleunigungsgesetz	20.12.1993	I S. 2182, 2204
453, 458-460	aufgehoben	Eisenbahnneuordnungsgesetz	27.12.1993	I S. 2378, 2410
26, 28, Titelüberschrift Sechster Titel, 159, 160	geändert	Gesetz zur zeitlichen Begrenzung der Nachhaftung von Gesellschaftern	18. 3.1994	I S. 560
63	aufgehoben	Pflege-Versicherungsgesetz	26. 6.1994	I S. 1014, 1069
240,248, 253, 293, 300, 325 a, 330, 334, Überschrift Vierter Abschnitt, 340, 340 a, Überschrift Erster Unter- abschnitt 341-341 o	geändert eingefügt	Versicherungsbilanzrichtliniengesetz	24. 6.1994	I S. 1377
264, 267, 276, 286, 288, 293, 325, 326, 328 274 a, 354 a	geändert eingefügt	Gesetz zur Änderung des D-Markbilanzgesetzes und anderer handelsrechtlicher Bestimmungen	25. 7.1994	I S. 1682
13 e, 32, 34, 130 a, 130 b, 131, 137, 138, 141-146, 171, 236, 505, 761, 888, 889 506 a 237, 370	geändert eingefügt aufgehoben	Einführungsgesetz zur Insolvenzordnung[1]	5.10.1994	I S. 2911, 2927
267	geändert	Gesetz zur Bereinigung des Umwandlungsrechts	28.10.1994	I S. 3210, 3257

1) Die Änderungen treten am 1. 1. 1999 in Kraft und werden zu diesem Zeitpunkt eingearbeitet.

Maßgabe

Gemäß Anlage I Kapitel III Sachgebiet D Abschnitt III Nr. 1 und Kapitel VIII Sachgebiet A Abschnitt III Nr. 2 des Einigungsvertrages vom 23. 9. 1990 (BGBl. II S. 885) treten die Rechtsvorschriften mit den folgenden Maßgaben in den Ländern Brandenburg, Mecklenburg-Vorpommern, Sachsen, Sachsen-Anhalt und Thüringen sowie in dem Teil des Landes Berlin, in dem das Grundgesetz bisher nicht galt, in Kraft:

»a) § 62 Abs. 2 bis 4, §§ 63, 64, 73, § 75 Abs. 3, § 75 b Satz 2, §§ 82 a, 83 sind nicht anzuwenden.

b) § 664 einschließlich der Anlage zu dieser Vorschrift ist nicht anzuwenden, soweit die Anwendung mit einer von der Deutschen Demokratischen Republik übernommenen völkerrechtlichen Verpflichtung nicht zu vereinbaren ist; insoweit sind die für die Deutsche Demokratische Republik bisher geltenden Rechtsvorschriften weiter anzuwenden.«

Inhaltsübersicht

§§

Erstes Buch
Handelsstand 1-104

Erster Abschnitt
Kaufleute 1-7

Zweiter Abschnitt
Handelsregister 8-16

Dritter Abschnitt
Handelsfirma 17-37

Vierter Abschnitt
Handelsbücher 38-47b

Fünfter Abschnitt
Prokura und Handlungsvollmacht 48-58

Sechster Abschnitt
Handlungsgehilfen und Handlungslehrlinge 59-83

Siebenter Abschnitt
Handelsvertreter 84-92 c

Achter Abschnitt
Handelsmakler 93-104

Zweites Buch
Handelsgesellschaften und stille Gesellschaft 105-237

Erster Abschnitt
Offene Handelsgesellschaft 105-160

Erster Titel
Errichtung der Gesellschaft 105-108

Zweiter Titel
Rechtsverhältnis der Gesellschafter untereinander 109-122

§§

Dritter Titel
Rechtsverhältnis der Gesellschafter zu Dritten 123-130 b

Vierter Titel
Auflösung der Gesellschaft und Ausscheiden von Gesellschaftern 131-144

Fünfter Titel
Liquidation der Gesellschaft 145-158

Sechster Titel
Verjährung. Zeitliche Begrenzung der Haftung. 159-160

Zweiter Abschnitt
Kommanditgesellschaft 161-229

Dritter Abschnitt
Stille Gesellschaft 230-237

Drittes Buch
Handelsbücher 238-342

Erster Abschnitt
Vorschriften für alle Kaufleute 238-263

Erster Unterabschnitt
Buchführung. Inventar 238-241

Zweiter Unterabschnitt
Eröffnungsbilanz. Jahresabschluß 242-256

Erster Titel
Allgemeine Vorschriften 242-245

Zweiter Titel
Ansatzvorschriften 246-251

Dritter Titel
Bewertungsvorschriften 252-256

	§§
Dritter Unterabschnitt **Aufbewahrung und Vorlage**	257-261
Vierter Unterabschnitt **Sollkaufleute. Landesrecht**	262-263
Zweiter Abschnitt **Ergänzende Vorschriften für Kapitalgesellschaften (Aktiengesellschaften, Kommanditgesellschaften auf Aktien und Gesellschaften mit beschränkter Haftung)**	264-335
Erster Unterabschnitt **Jahresabschluß der Kapitalgesellschaft und Lagebericht**	264-289
Erster Titel **Allgemeine Vorschriften**	264-265
Zweiter Titel **Bilanz**	266-274 a
Dritter Titel **Gewinn- und Verlustrechnung**	275-278
Vierter Titel **Bewertungsvorschriften**	279-283
Fünfter Titel **Anhang**	284-288
Sechster Titel **Lagebericht**	289
Zweiter Unterabschnitt **Konzernabschluß und Konzernlagebericht**	290-315
Erster Titel **Anwendungsbereich**	290-293
Zweiter Titel **Konsolidierungskreis**	294-296
Dritter Titel **Inhalt und Form des Konzernabschlusses**	297-299
Vierter Titel **Vollkonsolidierung**	300-307
Fünfter Titel **Bewertungsvorschriften**	308-309

	§§
Sechster Titel **Anteilmäßige Konsolidierung**	310
Siebenter Titel **Assoziierte Unternehmen**	311-312
Achter Titel **Konzernanhang**	313-314
Neunter Titel **Konzernlagebericht**	§ 315
Dritter Unterabschnitt **Prüfung**	316-324
Vierter Unterabschnitt **Offenlegung (Einreichung zu einem Register, Bekanntmachung im Bundesanzeiger). Veröffentlichung und Vervielfältigung. Prüfung durch das Registergericht**	325-329
Fünfter Unterabschnitt **Verordnungsermächtigung für Formblätter und andere Vorschriften**	§ 330
Sechster Unterabschnitt **Straf- und Bußgeldvorschriften Zwangsgelder**	331-335
Dritter Abschnitt **Ergänzende Vorschriften für eingetragene Genossenschaften**	336-339
Vierter Abschnitt **Ergänzende Vorschriften für Unternehmen bestimmter Geschäftszweige**	340-342
Erster Unterabschnitt **Ergänzende Vorschriften für Kreditinstitute**	340-340 o
Erster Titel **Anwendungsbereich**	340
Zweiter Titel **Jahresabschluß, Lagebericht, Zwischenabschluß**	340 a-d
Dritter Titel **Bewertungsvorschriften**	340 e-g
Vierter Titel **Währungsumrechnung**	340 h

	§§
Fünfter Titel **Konzernabschluß, Konzernlagebericht, Konzernzwischenabschluß**	340 i-340 j
Sechster Titel **Prüfung**	340 k
Siebenter Titel **Offenlegung**	340 l
Achter Titel **Straf- und Bußgeldvorschriften, Zwangsgelder**	340 m-o
Zweiter Unterabschnitt **Ergänzende Vorschriften für Versicherungsunternehmen**	341-342
Erster Titel **Anwendungsbereich**	341
Zweiter Titel **Jahresabschluß, Lagebericht**	341 a
Dritter Titel **Bewertungsvorschriften**	341 b-d
Vierter Titel **Versicherungstechnische Rückstellungen**	341 e-h
Fünfter Titel **Konzernabschluß, Konzernlagebericht**	341 i-j
Sechster Titel **Prüfung**	341 k
Siebenter Titel **Offenlegung**	341 l
Achter Titel **Straf- und Bußgeldvorschriften, Zwangsgelder**	341 m-342
Viertes Buch **Handelsgeschäfte**	343-473
Erster Abschnitt **Allgemeine Vorschriften**	343-372
Zweiter Abschnitt **Handelskauf**	373-382
Dritter Abschnitt **Kommissionsgeschäft**	383-406
Vierter Abschnitt **Speditionsgeschäft**	407-415
Fünfter Abschnitt **Lagergeschäft**	416-424
Sechster Abschnitt **Frachtgeschäft**	425-452
Siebenter Abschnitt **Beförderung von Gütern und Personen auf den Eisenbahnen des öffentlichen Verkehrs**	453-473

Erstes Buch[1)]

Handelsstand

Erster Abschnitt

Kaufleute

§ 1 [Mußkaufmann]

(1) Kaufmann im Sinne dieses Gesetzbuchs ist, wer ein Handelsgewerbe betreibt.

(2) Als Handelsgewerbe gilt jeder Gewerbebetrieb, der eine der nachstehend bezeichneten Arten von Geschäften zum Gegenstande hat:

1. die Anschaffung und Weiterveräußerung von beweglichen Sachen (Waren) oder Wertpapieren, ohne Unterschied, ob die Waren unverändert oder nach einer Bearbeitung oder Verarbeitung weiter veräußert werden;
2. die Übernahme der Bearbeitung oder Verarbeitung von Waren für andere, sofern das Gewerbe nicht handwerksmäßig betrieben wird;
3. die Übernahme von Versicherungen gegen Prämie;
4. die Bankier- und Geldwechslergeschäfte;
5. die Übernahme der Beförderung von Gütern oder Reisenden zur See, die Geschäfte der Frachtführer oder der zur Beförderung von Personen zu Lande oder auf Binnengewässern bestimmten Anstalten sowie die Geschäfte der Schleppschiffahrtsunternehmer;
6. die Geschäfte der Kommissionäre, der Spediteure oder der Lagerhalter;
7. die Geschäfte der Handelsvertreter oder der Handelsmakler;
8. die Verlagsgeschäfte sowie die sonstigen Geschäfte des Buch- oder Kunsthandels;
9. die Geschäfte der Druckereien, sofern das Gewerbe nicht handwerksmäßig betrieben wird.

§ 2 [Sollkaufmann]

Ein handwerkliches oder ein sonstiges gewerbliches Unternehmen, dessen Gewerbebetrieb nicht schon nach § 1 Abs. 2 als Handelsgewerbe gilt, das jedoch nach Art und Umfang einen in kaufmännischer Weise eingerichteten Geschäftsbetrieb erfordert, gilt als Handelsgewerbe im Sinne dieses Gesetzbuchs, sofern die Firma des Unternehmens in das Handelsregister eingetragen worden ist. Der Unternehmer ist verpflichtet, die Eintragung nach den für die Eintragung kaufmännischer Firmen geltenden Vorschriften herbeizuführen.

§ 3 [Land- und Forstwirtschaft – Kannkaufmann]

(1) Auf den Betrieb der Land- und Forstwirtschaft finden die Vorschriften des § 1 keine Anwendung.

(2) Für ein land- oder forstwirtschaftliches Unternehmen gilt § 2 mit der Maßgabe, daß der Unternehmer berechtigt, aber nicht verpflichtet ist, die Eintragung in das Handelsregister herbeizuführen. Ist die Eintragung erfolgt, so findet eine Löschung der Firma nur nach den allgemeinen Vorschriften statt, welche für die Löschung kaufmännischer Firmen gelten.

(3) Ist mit dem Betrieb der Land- oder Forstwirtschaft ein Unternehmen verbunden, das nur ein Nebengewerbe des land- oder forstwirtschaftlichen Unternehmens darstellt, so

---

1) Vgl. Artikel 2 EGHGB vom 10. 5. 1897 (RGBl. S. 437):
Artikel 2
[Anwendung der Vorschriften des BGB]

(1) In Handelssachen kommen die Vorschriften des Bürgerlichen Gesetzbuchs nur insoweit zur Anwendung, als nicht im Handelsgesetzbuch oder in diesem Gesetz ein anderes bestimmt ist.

(2) Im übrigen werden die Vorschriften der *Reichsgesetze* durch das Handelsgesetzbuch nicht berührt.

finden auf das im Nebengewerbe betriebene Unternehmen die Vorschriften der Absätze 1 und 2 entsprechende Anwendung.

§ 4 [Minderkaufmann]

(1) Die Vorschriften über die Firmen, die Handelsbücher und die Prokura finden keine Anwendung auf Personen, deren Gewerbebetrieb nach Art oder Umfang einen in kaufmännischer Weise eingerichteten Geschäftsbetrieb nicht erfordert.

(2) Durch eine Vereinigung zum Betrieb eines Gewerbes, auf welches die bezeichneten Vorschriften keine Anwendung finden, kann eine offene Handelsgesellschaft oder eine Kommanditgesellschaft nicht begründet werden.

(3) (aufgehoben)

§ 5 [Scheinkaufmann]

Ist eine Firma im Handelsregister eingetragen, so kann gegenüber demjenigen, welcher sich auf die Eintragung beruft, nicht geltend gemacht werden, daß das unter der Firma betriebene Gewerbe kein Handelsgewerbe sei oder daß es zu den in § 4 Abs. 1 bezeichneten Betrieben gehöre.

§ 6 [Handelsgesellschaften – Vereine]

(1) Die in betreff der Kaufleute gegebenen Vorschriften finden auch auf die Handelsgesellschaften Anwendung.

(2) Rechte und Pflichten eines Vereins, dem das Gesetz ohne Rücksicht auf den Gegenstand des Unternehmens die Eigenschaft eines Kaufmanns beilegt, werden durch die Vorschrift des § 4 Abs. 1 nicht berührt.

§ 7 [Öffentlich-rechtliche Vorschriften]

Durch die Vorschriften des öffentlichen Rechtes, nach welchen die Befugnis zum Gewerbebetrieb ausgeschlossen oder von gewissen Voraussetzungen abhängig gemacht ist, wird die Anwendung der die Kaufleute betreffenden Vorschriften dieses Gesetzbuchs nicht berührt.

Zweiter Abschnitt
Handelsregister

§ 8 [Führung des Handelsregisters]

Das Handelsregister wird von den Gerichten geführt.

§ 8 a [Verordnungsermächtigung]

(1) Die Landesregierungen können durch Rechtsverordnung bestimmen, daß und in welchem Umfang das Handelsregister einschließlich der zu seiner Führung erforderlichen Verzeichnisse in maschineller Form als automatisierte Datei geführt wird. Hierbei muß gewährleistet sein, daß

1. die Grundsätze einer ordnungsgemäßen Datenverarbeitung eingehalten, insbesondere Vorkehrungen gegen einen Datenverlust getroffen sowie die erforderlichen Kopien der Datenbestände mindestens tagesaktuell gehalten und die originären Datenbestände sowie deren Kopien sicher aufbewahrt werden,
2. die vorzunehmenden Eintragungen alsbald in einen Datenspeicher aufgenommen und auf Dauer inhaltlich unverändert in lesbarer Form wiedergegeben werden können,
3. die nach der Anlage zu § 126 Abs. 1 Satz 2 Nr. 3 der Grundbuchordnung erforderlichen Maßnahmen getroffen werden.

Die Landesregierungen können durch Rechtsverordnung die Ermächtigung nach Satz 1 auf die Landesjustizverwaltungen übertragen.

(2) Eine Eintragung wird wirksam, sobald sie in den für die Handelsregistereintragungen bestimmten Datenspeicher aufgenommen ist und auf Dauer inhaltlich unverändert in lesbarer Form wiedergegeben werden kann.

(3) Die zum Handelsregister eingereichten Schriftstücke können zur Ersetzung der Urschrift auch als Wiedergabe auf einem Bildträger oder auf anderen Datenträgern aufbewahrt werden, wenn sichergestellt ist, daß die Wiedergaben oder die Daten innerhalb angemessener Zeit lesbar gemacht werden können. Bei der Herstellung der Bild- oder Datenträger ist ein schriftlicher Nachweis über ihre inhaltliche Übereinstimmung mit der Urschrift anzufertigen.

(4) Das Gericht kann gestatten, daß die zum Handelsregister einzureichenden Jahresabschlüsse und Konzernabschlüsse und die dazugehörigen Unterlagen sowie sonstige einzureichende Schriftstücke in der in Absatz 3 Satz 1 bezeichneten Form eingereicht werden.

(5) Die näheren Anordnungen über die maschinelle Führung des Handelsregister, die Aufbewahrung von Schriftstücken nach Absatz 3 und die Einreichung von Abschlüssen und Schriftstücken nach Absatz 4 trifft die Landesjustizverwaltung, soweit nicht durch Rechtsverordnung nach § 125 Abs. 3 des Gesetzes über die Angelegenheiten der freiwilligen Gerichtsbarkeit Vorschriften erlassen werden.

§ 9 [Einsicht ins Handelsregister – Abschriften – Nachweis – Bescheinigung]

(1) Die Einsicht des Handelsregisters sowie der zum Handelsregister eingereichten Schriftstücke ist jedem gestattet.

(2) Von den Eintragungen und den zum Handelsregister eingereichten Schriftstücken kann eine Abschrift gefordert werden. Werden die Schriftstücke nach § 8 a Abs. 3 aufbewahrt, so kann eine Abschrift nur von der Wiedergabe gefordert werden. Die Abschrift ist von der Geschäftsstelle zu beglaubigen, sofern nicht auf die Beglaubigung verzichtet wird. Wird das Handelsregister in maschineller Form als automatisierte Datei geführt, so tritt an die Stelle der Abschrift der Ausdruck und an die Stelle der beglaubigten Abschrift der amtliche Ausdruck.

(3) Der Nachweis, wer der Inhaber einer in das Handelsregister eingetragenen Firma eines Einzelkaufmanns ist, kann Behörden gegenüber durch ein Zeugnis des Gerichts über die Eintragung geführt werden. Das gleiche gilt von dem Nachweis der Befugnis zur Vertretung eines Einzelkaufmanns oder einer Handelsgesellschaft.

(4) Das Gericht hat auf Verlangen eine Bescheinigung darüber zu erteilen, daß bezüglich des Gegenstandes einer Eintragung weitere Eintragungen nicht vorhanden sind oder daß eine bestimmte Eintragung nicht erfolgt ist.

§ 9 a [Automatisiertes Verfahren]

(1) Die Einrichtung eines automatisierten Verfahrens, das die Übermittlung der Daten aus dem maschinell geführten Handelsregister durch Abruf ermöglicht, ist zulässig, wenn der Abruf von Daten auf die Eintragungen in das Handelsregister beschränkt ist und insoweit die nach § 9 Abs. 1 zulässige Einsicht nicht überschreitet.

(2) Die Einrichtung eines automatisierten Verfahrens nach Absatz 1 bedarf der Genehmigung durch die Landesjustizverwaltung. Die Genehmigung darf erteilt werden

1. öffentlichen Stellen, soweit der Abruf von Daten ausschließlich zur Erfüllung der ihnen gesetzlich zugewiesenen Aufgaben erfolgt,
2. nicht öffentlichen Stellen, soweit der Abruf von Daten zur Wahrnehmung eines berechtigten beruflichen oder gewerblichen Interesses des Empfängers erfolgt und kein Grund zu der Annahme besteht, daß die Daten zu anderen als zu den vom Empfänger dargelegten Zwecken abgerufen werden.

(3) Die Genehmigung setzt ferner voraus, daß
1. diese Form der Datenübermittlung wegen der Vielzahl der Übermittlungen oder wegen ihrer besonderen Eilbedürftigkeit angemessen ist,
2. auf seiten des Empfängers die Grundsätze einer ordnungsgemäßen Datenverarbeitung eingehalten werden und
3. auf seiten der speichernden Stelle die technischen Möglichkeiten der Einrichtung und Abwicklung des Verfahrens gegeben sind und eine Störung ihres Geschäftsbetriebs nicht zu erwarten ist.

(4) Die Genehmigung kann auch für den Abruf der Daten aus mehreren oder allen in einem Land maschinell geführten Handelsregistern erteilt werden.

(5) Die Genehmigung ist zu widerrufen, wenn eine der Voraussetzungen nach den Absätzen 1 bis 3 weggefallen ist. Sie kann widerrufen werden, wenn die Anlage mißbräuchlich benutzt worden ist.

(6) Anstelle der Genehmigung kann ein öffentlich-rechtlicher Vertrag oder eine Verwaltungsvereinbarung geschlossen werden.

(7) Die Verantwortung für die Zulässigkeit des einzelnen Abrufs trägt der Empfänger. Die speichernde Stelle prüft die Zulässigkeit der Abrufe nur, wenn dazu Anlaß besteht. Sie hat zu gewährleisten, daß die Übermittlung personenbezogener Daten zumindest durch geeignete Stichprobenverfahren festgestellt und überprüft werden kann.

(8) Soweit in dem automatisierten Abrufverfahren personenbezogene Daten übermittelt werden, darf der Empfänger diese nur für den Zweck verwenden, zu dessen Erfüllung sie ihm übermittelt worden sind. Bei der Genehmigung nach Absatz 2 Satz 2 Nr. 2 ist der Empfänger darauf hinzuweisen.

(9) Ist der Empfänger eine nicht öffentliche Stelle, gilt § 38 des Bundesdatenschutzgesetzes mit der Maßgabe, daß die Aufsichtsbehörde die Ausführung der Vorschriften über den Datenschutz auch dann überwacht, wenn keine hinreichenden Anhaltspunkte für eine Verletzung dieser Vorschriften vorliegen.

(10) Das Bundesministerium der Justiz wird ermächtigt, durch Rechtsverordnung mit Zustimmung des Bundesrates Gebühren für die Einrichtung und die Nutzung eines automatisierten Abrufverfahrens nach Absatz 1 zu bestimmen. Die Gebührensätze sind so zu bemessen, daß der mit der Einrichtung und Nutzung des Verfahrens verbundene Personal- und Sachaufwand gedeckt wird; hierbei kann daneben die Bedeutung, der wirtschaftliche Wert oder der sonstige Nutzen für den Begünstigten angemessen berücksichtigt werden.

§ 10 [Bekanntmachung der Eintragungen]

(1) Das Gericht hat die Eintragungen in das Handelsregister durch den Bundesanzeiger und durch mindestens ein anderes Blatt bekanntzumachen. Soweit nicht das Gesetz ein anderes vorschreibt, werden die Eintragungen ihrem ganzen Inhalte nach veröffentlicht.

(2) Mit dem Ablaufe des Tages, an welchem das letzte der die Bekanntmachung enthaltenden Blätter erschienen ist, gilt die Bekanntmachung als erfolgt.

§ 11 [Bestimmung der Bekanntmachungsblätter]

(1) Das Gericht hat jährlich im Dezember die Blätter zu bezeichnen, in denen während des nächsten Jahres die in § 10 vorgesehenen Veröffentlichungen erfolgen sollen.

(2) Wird das Handelsregister bei einem Gerichte von mehreren Richtern geführt und einigen sich diese über die Bezeichnung der Blätter nicht, so wird die Bestimmung von dem im Rechtszug vorgeordneten Landgerichte getroffen; ist bei diesem Landgericht eine Kammer für Handelssachen gebildet, so tritt diese an die Stelle der Zivilkammer.

§ 12 [Anmeldung zur Eintragung]

(1) Die Anmeldungen zur Eintragung in das Handelsregister sowie die zur Aufbewahrung bei dem Gerichte bestimmten Zeichnungen von Unterschriften sind in öffentlich beglaubigter Form einzureichen.

(2) Die gleiche Form ist für eine Vollmacht zur Anmeldung erforderlich. Rechtsnachfolger eines Beteiligten haben die Rechtsnachfolge soweit tunlich durch öffentliche Urkunden nachzuweisen.

§ 13 Zweigniederlassungen von Unternehmen mit Sitz im Inland

(1) Die Errichtung einer Zweigniederlassung ist von einem Einzelkaufmann oder einer juristischen Person beim Gericht der Hauptniederlassung, von einer Handelsgesellschaft beim Gericht des Sitzes der Gesellschaft zur Eintragung in das Handelsregister des Gerichts der Zweigniederlassung anzumelden. Das Gericht der Hauptniederlassung oder des Sitzes hat die Anmeldung unverzüglich mit einer beglaubigten Abschrift seiner Eintragungen, soweit sie nicht ausschließlich die Verhältnisse anderer Niederlassungen betreffen, an das Gericht der Zweigniederlassung weiterzugeben.

(2) Die gesetzlich vorgeschriebenen Unterschriften sind zur Anfbewahrung beim Gericht der Zweigniederlassung zu zeichnen; für die Unterschriften der Prokuristen gilt dies nur, soweit die Prokura nicht ausschließlich auf den Betrieb einer anderen Niederlassung beschränkt ist.

(3) Das Gericht der Zweigniederlassung hat zu prüfen, ob die Zweigniederlassung errichtet und § 30 beachtet ist. Ist dies der Fall, so hat es die Zweigniederlassung einzutragen und dabei die ihm mitgeteilten Tatsachen nicht zu prüfen, soweit sie im Handelsregister der Hauptniederlassung oder des Sitzes eingetragen sind. Die Eintragung hat auch den Ort der Zweigniederlassung zu enthalten; ist der Firma für die Zweigniederlassung ein Zusatz beigefügt, so ist auch dieser einzutragen.

(4) Die Eintragung der Zweigniederlassung ist von Amts wegen dem Gericht der Hauptniederlassung oder des Sitzes mitzuteilen und in dessen Register zu vermerken; ist der Firma für die Zweigniederlassung ein Zusatz beigefügt, so ist auch dieser zu vermerken. Der Vermerk wird nicht veröffentlicht.

(5) Die Vorschriften über die Errichtung einer Zweigniederlassung gelten sinngemäß für ihre Aufhebung.

§ 13 a Zweigniederlassungen von Aktiengesellschaften mit Sitz im Inland

(1) Für Zweigniederlassungen von Aktiengesellschaften gelten ergänzend die folgenden Vorschriften.

(2) Die Errichtung einer Zweigniederlassung ist durch den Vorstand anzumelden. Der Anmeldung ist eine öffentlich beglaubigte Abschrift der Satzung beizufügen.

(3) Die Eintragung hat auch die Angaben nach § 39 des Aktiengesetzes zu enthalten.

(4) In die Bekanntmachung der Eintragung sind außer deren Inhalt die in § 23 Abs. 3 und 4, §§ 24, 25 Satz 2 des Aktiengesetzes vorgesehenen Bestimmungen sowie Bestimmungen der Satzung über die Zusammensetzung des Vorstands aufzunehmen. Wird die Errichtung einer Zweigniederlassung in das Handelsregister des Gerichts der Zweigniederlassung in den ersten zwei Jahren eingetragen, nachdem die Gesellschaft in das Handelsregister ihres Sitzes eingetragen worden ist, so sind in der Bekanntmachung der Eintragung alle Angaben nach § 40 des Aktiengesetzes zu veröffentlichen; in diesem Fall hat das Gericht des Sitzes bei der Weitergabe der Anmeldung ein Stück der für den Sitz der Gesellschaft ergangenen gerichtlichen Bekanntmachung beizufügen.

(5) Die Vorschriften über die Zweigniederlassungen von Aktiengesellschaften gelten sinngemäß für die Zweigniederlassungen von Kommanditgesellschaften auf Aktien, soweit

sich aus den Vorschriften der §§ 278 bis 290 des Aktiengesetzes oder aus dem Fehlen eines Vorstands nichts anderes ergibt.

§ 13 b Zweigniederlassungen von Gesellschaften beschränkter Haftung mit Sitz im Inland

(1) Für Zweigniederlassungen von Gesellschaften mit beschränkter Haftung gelten ergänzend die folgenden Vorschriften.

(2) Die Errichtung einer Zweigniederlassung ist durch die Geschäftsführer anzumelden. Der Anmeldung ist eine öffentlich beglaubigte Abschrift des Gesellschaftsvertrages und der Liste der Gesellschafter beizufügen.

(3) Die Eintragung hat auch die in § 10 Abs. 1 und 2 des Gesetzes betreffend die Gesellschaften mit beschränkter Haftung bezeichneten Angaben zu enthalten.

(4) In die Bekanntmachung der Eintragung sind außer deren Inhalt die in § 10 Abs. 3 des Gesetzes betreffend die Gesellschaften mit beschränkter Haftung bezeichneten Bestimmungen aufzunehmen, die dort nach § 5 Abs. 4 Satz 1 getroffenen Festsetzungen jedoch nur dann, wenn die Eintragung innerhalb der ersten zwei Jahre nach der Eintragung in das Handelsregister des Sitzes der Gesellschaft erfolgt.

§ 13 c Bestehende Zweigniederlassungen von Unternehmen mit Sitz im Inland

(1) Ist eine Zweigniederlassung in das Handelsregister eingetragen, so sind alle Anmeldungen, die die Hauptniederlassung oder die Niederlassung am Sitz der Gesellschaft oder die eingetragenen Zweigniederlassungen betreffen, beim Gericht der Hauptniederlassung oder des Sitzes zu bewirken; es sind so viel Stücke einzureichen, wie Niederlassungen bestehen.

(2) Das Gericht der Hauptniederlassung oder des Sitzes hat in der Bekanntmachung seiner Eintragung im Bundesanzeiger anzugeben, daß die gleiche Eintragung für die Zweigniederlassungen bei den namentlich zu bezeichnenden Gerichten der Zweigniederlassungen erfolgen wird; ist der Firma für eine Zweigniederlassung ein Zusatz beigefügt, so ist auch dieser anzugeben.

(3) Das Gericht der Hauptniederlassung oder des Sitzes hat sodann seine Eintragung unter der Angabe der Nummer des Bundesanzeigers, in der sie bekanntgemacht ist, von Amts wegen den Gerichten der Zweigniederlassungen mitzuteilen; der Mitteilung ist ein Stück der Anmeldung beizufügen. Die Gerichte der Zweigniederlassungen haben die Eintragungen ohne Nachprüfung in ihr Handelsregister zu übernehmen. In der Bekanntmachung der Eintragung im Register der Zweigniederlassung ist anzugeben, daß die Eintragung im Handelsregister des Gerichts der Hauptniederlassung oder des Sitzes erfolgt und in welcher Nummer des Bundesanzeigers sie bekanntgemacht ist. Im Bundesanzeiger wird die Eintragung im Handelsregister der Zweigniederlassung nicht bekanntgemacht.

(4) Betrifft die Anmeldung ausschließlich die Verhältnisse einzelner Niederlassungen, so sind außer dem für das Gericht der Hauptniederlassung oder des Sitzes bestimmten Stück nur so viele Stücke einzureichen, wie Zweigniederlassungen betroffen sind. Das Gericht der Hauptniederlassung oder des Sitzes teilt seine Eintragung nur den Gerichten der Zweigniederlassungen mit, deren Verhältnisse sie betrifft. Die Eintragung im Register der Hauptniederlassung oder des Sitzes wird in diesem Fall nur im Bundesanzeiger bekanntgemacht.

(5) Absätze 1, 3 und 4 gelten sinngemäß für die Einreichung von Schriftstücken und die Zeichnung von Unterschriften.

§ 13 d Sitz der Hauptniederlassung im Ausland

(1) Befindet sich die Hauptniederlassung eines Einzelkaufmanns oder einer juristischen Person oder der Sitz einer Handelsgesellschaft im Ausland, so haben alle eine inländische Zweigniederlassung betreffenden Anmeldungen, Zeichnungen, Einreichungen und Eintragungen bei dem Gericht zu erfolgen, in dessen Bezirk die Zweigniederlassung besteht.

(2) Die Eintragung der Errichtung der Zweigniederlassung hat auch den Ort der Zweigniederlassung zu enthalten; ist der Firma für die Zweigniederlassung ein Zusatz beigefügt, so ist auch dieser einzutragen.

(3) Im übrigen gelten für die Anmeldungen, Zeichnungen, Einreichungen, Eintragungen und Bekanntmachungen, die die Zweigniederlassung eines Einzelkaufmanns, einer Handelsgesellschaft oder einer juristischen Person mit Ausnahme von Aktiengesellschaften, Kommanditgesellschaften auf Aktien und Gesellschaften mit beschränkter Haftung betreffen, die Vorschriften für Hauptniederlassungen oder Niederlassungen am Sitz der Gesellschaft sinngemäß, soweit nicht das ausländische Recht Abweichungen nötig macht.

§ 13 e Zweigniederlassungen von Kapitalgesellschaften mit Sitz im Ausland

(1) Für Zweigniederlassungen von Aktiengesellschaften und Gesellschaften mit beschränkter Haftung mit Sitz im Ausland gelten ergänzend zu § 13 d die folgenden Vorschriften.

(2) Die Errichtung einer Zweigniederlassung einer Aktiengesellschaft ist durch den Vorstand, die Errichtung einer Zweigniederlassung einer Gesellschaft mit beschränkter Haftung ist durch die Geschäftsführer zur Eintragung in das Handelsregister anzumelden. Bei der Anmeldung ist das Bestehen der Gesellschaft als solcher und, wenn der Gegenstand des Unternehmens oder die Zulassung zum Gewerbebetrieb im Inland der staatlichen Genehmigung bedarf, auch diese nachzuweisen. Die Anmeldung hat auch die Anschrift und den Gegenstand der Zweigniederlassung zu enthalten. In der Anmeldung sind ferner anzugeben

1. das Register, bei dem die Gesellschaft geführt wird, und die Nummer des Registereintrags, sofern das Recht des Staates, in dem die Gesellschaft ihren Sitz hat, eine Registereintragung vorsieht;
2. die Rechtsform der Gesellschaft;
3. die Personen, die befugt sind, als ständige Vertreter für die Tätigkeit der Zweigniederlassung die Gesellschaft gerichtlich und außergerichtlich zu vertreten, unter Angabe ihrer Befugnisse;
4. wenn die Gesellschaft nicht dem Recht eines Mitgliedstaates der Europäischen Gemeinschaften oder eines anderen Vertragsstaates des Abkommens über den Europäischen Wirtschaftsraum unterliegt, das Recht des Staates, dem die Gesellschaft unterliegt.

(3) Die in Absatz 2 Satz 4 Nr. 3 genannten Personen haben jede Änderung dieser Personen oder der Vertretungsbefugnis einer dieser Personen zur Eintragung in das Handelsregister anzumelden.

(4) Die in Absatz 2 Satz 4 Nr. 3 genannten Personen oder, wenn solche nicht angemeldet sind, die gesetzlichen Vertreter der Gesellschaft haben die Eröffnung oder die Ablehnung der Eröffnung eines Konkurs-, Vergleichs- oder ähnlichen Verfahrens über das Vermögen der Gesellschaft zur Eintragung in das Handelsregister anzumelden.

(5) Errichtet eine Gesellschaft mehrere Zweigniederlassungen im Inland, so brauchen die Satzung oder der Gesellschaftsvertrag sowie deren Änderungen nach Wahl der Gesellschaft nur zum Handelsregister einer dieser Zweigniederlassungen eingereicht zu werden. In diesem Fall haben die nach Absatz 2 Satz 1 Anmeldepflichtigen zur Eintragung in den Handelsregistern der übrigen Zweigniederlassungen anzumelden, welches Register die

Gesellschaft gewählt hat und unter welcher Nummer die Zweigniederlassung eingetragen ist.

§ 13 f Zweigniederlassungen von Aktiengesellschaften mit Sitz im Ausland

(1) Für Zweigniederlassungen von Aktiengesellschaften mit Sitz im Ausland gelten ergänzend die folgenden Vorschriften.

(2) Der Anmeldung ist die Satzung in öffentlich beglaubigter Abschrift und, sofern die Satzung nicht in deutscher Sprache erstellt ist, eine beglaubigte Übersetzung in deutscher Sprache beizufügen. Die Vorschriften des § 37 Abs. 3, 5 und 6 des Aktiengesetzes finden Anwendung. Soweit nicht das ausländische Recht eine Abweichung nötig macht, sind in die Anmeldung die in § 23 Abs. 3 und 4 , §§ 24, 25 Satz 2 des Aktiengesetzes vorgesehenen Bestimmungen, Bestimmungen der Satzung über die Zusammensetzung des Vorstandes und, wenn die Anmeldung in den ersten zwei Jahren nach der Eintragung der Gesellschaft in das Handelsregister ihres Sitzes erfolgt, auch die Angaben nach § 40 Abs. 1 Nr. 1, 2 und 3 des Aktiengesetzes mit Ausnahme des Berufs der Gründer aufzunehmen. Der Anmeldung ist die für den Sitz der Gesellschaft ergangene gerichtliche Bekanntmachung beizufügen.

(3) Die Eintragung der Errichtung der Zweigniederlassung hat auch die Angaben nach § 39 des Aktiengesetzes sowie die in § 13 e Abs. 2 Satz 4 vorgeschriebenen Angaben zu enthalten.

(4) In die Bekanntmachung der Eintragung sind außer deren Inhalt auch die Angaben nach § 40 Abs. 1 Nr. 1, 2 und 3 des Aktiengesetzes mit Ausnahme des Berufs der Gründer aufzunehmen, soweit sie nach den vorstehenden Vorschriften in die Anmeldung aufzunehmen sind.

(5) Änderungen der Satzung der ausländischen Gesellschaft sind durch den Vorstand zur Eintragung in das Handelsregister anzumelden. Für die Anmeldung gelten die Vorschriften des § 181 Abs. 1 und 2 des Aktiengesetzes sinngemäß, soweit nicht das ausländische Recht Abweichungen nötig macht.

(6) Im übrigen gelten die Vorschriften der § 81 Abs. 1, 2 und 4 , § 263 Satz 1, § 266 Abs. 1, 2 und 5 , § 273 Abs. 1 Satz 1 des Aktiengesetzes sinngemäß, soweit nicht das ausländische Recht Abweichungen nötig macht.

(7) Für die Aufhebung einer Zweigniederlassung gelten die Vorschriften über ihre Errichtung sinngemäß.

(8) Die Vorschriften über Zweigniederlassungen von Aktiengesellschaften mit Sitz im Ausland gelten sinngemäß für Zweigniederlassungen von Kommanditgesellschaften auf Aktien mit Sitz im Ausland, soweit sich aus den Vorschriften der §§ 278 bis 290 des Aktiengesetzes oder aus dem Fehlen eines Vorstands nichts anderes ergibt.

§ 13 g Zweigniederlassungen von Gesellschaften mit beschränkter Haftung mit Sitz im Ausland

(1) Für Zweigniederlassungen von Gesellschaften mit beschränkter Haftung mit Sitz im Ausland gelten ergänzend die folgenden Vorschriften.

(2) Der Anmeldung ist der Gesellschaftsvertrag in öffentlich beglaubigter Abschrift und, sofern der Gesellschaftsvertrag nicht in deutscher Sprache erstellt ist, eine beglaubigte Übersetzung in deutscher Sprache beizufügen. Die Vorschriften des § 8 Abs. 1 Nr. 2, Abs. 4 und 5 des Gesetzes betreffend die Gesellschaften mit beschränkter Haftung sind anzuwenden. Wird die Errichtung der Zweigniederlassung in den ersten zwei Jahren nach der Eintragung der Gesellschaft in das Handelsregister ihres Sitzes angemeldet, so sind in die Anmeldung auch die nach § 5 Abs. 4 des Gesetzes betreffend die Gesellschaften mit beschränkter Haftung getroffenen Festsetzungen aufzunehmen, soweit nicht das ausländische Recht Abweichungen nötig macht.

(3) Die Eintragung der Errichtung der Zweigniederlassung hat auch die Angaben nach § 10 Abs. 1 und 2 des Gesetzes betreffend die Gesellschaften mit beschränkter Haftung sowie die in § 13 e Abs. 2 Satz 4 vorgeschriebenen Angaben zu enthalten.

(4) In die Bekanntmachung der Eintragung sind außer deren Inhalt auch die in § 10 Abs. 3 des Gesetzes betreffend die Gesellschaften mit beschränkter Haftung bezeichneten Bestimmungen aufzunehmen, die dort nach § 5 Abs. 4 Satz 1 getroffenen Festsetzungen jedoch nur dann, wenn die Eintragung innerhalb der ersten zwei Jahre nach der Eintragung in das Handelsregister des Sitzes der Gesellschaft erfolgt.

(5) Änderungen des Gesellschaftsvertrages der ausländischen Gesellschaft sind durch die Geschäftsführer zur Eintragung in das Handelsregister anzumelden. Für die Anmeldung gelten die Vorschriften des § 54 Abs. 1 und 2 des Gesetzes betreffend die Gesellschaften mit beschränkter Haftung sinngemäß, soweit nicht das ausländische Recht Abweichungen nötig macht.

(6) Im übrigen gelten die Vorschriften der § 39 Abs. 1, 2 und 4 , § 65 Abs. 1 Satz 1 , § 67 Abs. 1, 2 und 5 , § 74 Abs. 1 Satz 1 des Gesetzes betreffend die Gesellschaften mit beschränkter Haftung sinngemäß, soweit nicht das ausländische Recht Abweichungen nötig macht.

(7) Für die Aufhebung einer Zweigniederlassung gelten die Vorschriften über ihre Errichtung sinngemäß.

§ 13 h Verlegung des Sitzes einer Hauptniederlassung im Inland

(1) Wird die Hauptniederlassung eines Einzelkaufmanns oder einer juristischen Person oder der Sitz einer Handelsgesellschaft im Inland verlegt, so ist die Verlegung beim Gericht der bisherigen Hauptniederlassung oder des bisherigen Sitzes anzumelden.

(2) Wird die Hauptniederlassung oder der Sitz aus dem Bezirk des Gerichts der bisherigen Hauptniederlassung oder des bisherigen Sitzes verlegt, so hat dieses unverzüglich von Amts wegen die Verlegung dem Gericht der neuen Hauptniederlassung oder des neuen Sitzes mitzuteilen. Der Mitteilung sind die Eintragungen für die bisherige Hauptniederlassung oder den bisherigen Sitz sowie die bei dem bisher zuständigen Gericht aufbewahrten Urkunden beizufügen. Das Gericht der neuen Hauptniederlassung oder des neuen Sitzes hat zu prüfen, ob die Hauptniederlassung oder der Sitz ordnungsgemäß verlegt und § 30 beachtet ist. Ist dies der Fall, so hat es die Verlegung einzutragen und dabei die ihm mitgeteilten Eintragungen ohne weitere Nachprüfung in sein Handelsregister zu übernehmen. Die Eintragung ist dem Gericht der bisherigen Hauptniederlassung oder des bisherigen Sitzes mitzuteilen. Dieses hat die erforderlichen Eintragungen von Amts wegen vorzunehmen.

(3) Wird die Hauptniederlassung oder der Sitz an einen anderen Ort innerhalb des Bezirks des Gerichts der bisherigen Hauptniederlassung oder des bisherigen Sitzes verlegt, so hat das Gericht zu prüfen, ob die Hauptniederlassung oder der Sitz ordnungsgemäß verlegt und § 30 beachtet ist. Ist dies der Fall, so hat es die Verlegung einzutragen.

§ 14 [Zwangsgeld]

Wer seiner Pflicht zur Anmeldung, zur Zeichnung der Unterschrift oder zur Einreichung von Schriftstücken zum Handelsregister nicht nachkommt, ist hierzu von dem Registergericht durch Festsetzung von Zwangsgeld anzuhalten. Das einzelne Zwangsgeld darf den Betrag von zehntausend Deutsche Mark nicht übersteigen.

§ 15 [Wirkung der Eintragung]
(1) Solange eine in das Handelsregister einzutragende Tatsache nicht eingetragen und bekanntgemacht ist, kann sie von demjenigen, in dessen Angelegenheiten sie einzutragen war, einem Dritten nicht entgegengesetzt werden, es sei denn, daß sie diesem bekannt war.
(2) Ist die Tatsache eingetragen und bekanntgemacht worden, so muß ein Dritter sie gegen sich gelten lassen. Dies gilt nicht bei Rechtshandlungen, die innerhalb von fünfzehn Tagen nach der Bekanntmachung vorgenommen werden, sofern der Dritte beweist, daß er die Tatsache weder kannte noch kennen mußte.
(3) Ist eine einzutragende Tatsache unrichtig bekanntgemacht, so kann sich ein Dritter demjenigen gegenüber, in dessen Angelegenheiten die Tatsache einzutragen war, auf die bekanntgemachte Tatsache berufen, es sei denn, daß er die Unrichtigkeit kannte.
(4) Für den Geschäftsverkehr mit einer in das Handelsregister eingetragenen Zweigniederlassung ist im Sinne dieser Vorschriften die Eintragung und Bekanntmachung durch das Gericht der Zweigniederlassung entscheidend.

§ 16 [Entscheidung des Prozeßgerichts]
(1) Ist durch eine rechtskräftige oder vollstreckbare Entscheidung des Prozeßgerichts die Verpflichtung zur Mitwirkung bei einer Anmeldung zum Handelsregister oder ein Rechtsverhältnis, bezüglich dessen eine Eintragung zu erfolgen hat, gegen einen von mehreren bei der Vornahme der Anmeldung Beteiligten festgestellt, so genügt zur Eintragung die Anmeldung der übrigen Beteiligten. Wird die Entscheidung, auf Grund deren die Eintragung erfolgt ist, aufgehoben, so ist dies auf Antrag eines der Beteiligten in das Handelsregister einzutragen.
(2) Ist durch eine rechtskräftige oder vollstreckbare Entscheidung des Prozeßgerichts die Vornahme einer Eintragung für unzulässig erklärt, so darf die Eintragung nicht gegen den Widerspruch desjenigen erfolgen, welcher die Entscheidung erwirkt hat.

Dritter Abschnitt
Handelsfirma

§ 17 [Begriff]
(1) Die Firma eines Kaufmanns ist der Name, unter dem er im Handel seine Geschäfte betreibt und die Unterschrift abgibt.
(2) Ein Kaufmann kann unter seiner Firma klagen und verklagt werden.

§ 18 [Firma des Einzelkaufmanns]
(1) Ein Kaufmann, der sein Geschäft ohne Gesellschafter oder nur mit einem stillen Gesellschafter betreibt, hat seinen Familiennamen mit mindestens einem ausgeschriebenen Vornamen als Firma zu führen.
(2) Der Firma darf kein Zusatz beigefügt werden, der ein Gesellschaftsverhältnis andeutet oder sonst geeignet ist, eine Täuschung über die Art oder den Umfang des Geschäfts oder die Verhältnisse des Geschäftsinhabers herbeizuführen. Zusätze, die zur Unterscheidung der Person oder des Geschäfts dienen, sind gestattet.

§ 19 [Firma einer OHG oder KG]
(1) Die Firma einer offenen Handelsgesellschaft hat den Namen wenigstens eines der Gesellschafter mit einem das Vorhandensein einer Gesellschaft andeutenden Zusatz oder die Namen aller Gesellschafter zu enthalten.
(2) Die Firma einer Kommanditgesellschaft hat den Namen wenigstens eines persönlich haftenden Gesellschafters mit einem das Vorhandensein einer Gesellschaft andeutenden Zusatze zu enthalten.

(3) Die Beifügung von Vornamen ist nicht erforderlich.
(4) Die Namen anderer Personen als der persönlich haftenden Gesellschafter dürfen in die Firma einer offenen Handelsgesellschaft oder einer Kommanditgesellschaft nicht aufgenommen werden.
(5) Ist kein persönlich haftender Gesellschafter eine natürliche Person, so muß die Firma, auch wenn sie nach den §§ 21, 22, 24 oder nach anderen gesetzlichen Vorschriften fortgeführt wird, eine Bezeichnung enthalten, welche die Haftungsbeschränkung kennzeichnet. Dies gilt nicht, wenn zu den persönlich haftenden Gesellschaftern eine andere offene Handelsgesellschaft oder Kommanditgesellschaft gehört, bei der ein persönlich haftender Gesellschafter eine natürliche Person ist.

§ 20 (aufgehoben)

§ 21 [Fortführung bei Namensänderung]
Wird ohne eine Änderung der Name des Geschäftsinhabers oder der in der Firma enthaltene Name eines Gesellschafters geändert, so kann die bisherige Firma fortgeführt werden.

§ 22 [Fortführung bei Geschäftserwerb]
(1) Wer ein bestehendes Handelsgeschäft unter Lebenden oder von Todes wegen erwirbt, darf für das Geschäft die bisherige Firma mit oder ohne Beifügung eines das Nachfolgeverhältnis andeutenden Zusatzes fortführen, wenn der bisherige Geschäftsinhaber oder dessen Erben in die Fortführung der Firma ausdrücklich einwilligen.
(2) Wird ein Handelsgeschäft auf Grund eines Nießbrauchs, eines Pachtvertrags oder eines ähnlichen Verhältnisses übernommen, so finden diese Vorschriften entsprechende Anwendung.

§ 23 [Verbot der Leerübertragung]
Die Firma kann nicht ohne das Handelsgeschäft, für welches sie geführt wird, veräußert werden.

§ 24 [Fortführung bei Gesellschaftereintritt oder -austritt]
(1) Wird jemand in ein bestehendes Handelsgeschäft als Gesellschafter aufgenommen oder tritt ein neuer Gesellschafter in eine Handelsgesellschaft ein oder scheidet aus einer solchen ein Gesellschafter aus, so kann ungeachtet dieser Veränderung die bisherige Firma fortgeführt werden.
(2) Bei dem Ausscheiden eines Gesellschafters, dessen Name in der Firma enthalten ist, bedarf es zur Fortführung der Firma der ausdrücklichen Einwilligung des Gesellschafters oder seiner Erben.

§ 25 [Haftung des Erwerbers bei Firmenfortführung]
(1) Wer ein unter Lebenden erworbenes Handelsgeschäft unter der bisherigen Firma mit oder ohne Beifügung eines das Nachfolgeverhältnis andeutenden Zusatzes fortführt, haftet für alle im Betriebe des Geschäfts begründeten Verbindlichkeiten des früheren Inhabers. Die in dem Betriebe begründeten Forderungen gelten den Schuldnern gegenüber als auf den Erwerber übergegangen, falls der bisherige Inhaber oder seine Erben in die Fortführung der Firma eingewilligt haben.
(2) Eine abweichende Vereinbarung ist einem Dritten gegenüber nur wirksam, wenn sie in das Handelsregister eingetragen und bekanntgemacht oder von dem Erwerber oder dem Veräußerer dem Dritten mitgeteilt worden ist.
(3) Wird die Firma nicht fortgeführt, so haftet der Erwerber eines Handelsgeschäfts für die früheren Geschäftsverbindlichkeiten nur, wenn ein besonderer Verpflichtungsgrund vorliegt, insbesondere wenn die Übernahme der Verbindlichkeiten in handelsüblicher Weise von dem Erwerber bekanntgemacht worden ist.

§ 26 [Haftung des früheren Geschäftsinhabers bei Firmenfortführung]

(1) Ist der Erwerber des Handelsgeschäfts auf Grund der Fortführung der Firma oder auf Grund der in § 25 Abs. 3 bezeichneten Kundmachung für die früheren Geschäftsverbindlichkeiten haftbar, so haftet der frühere Geschäftsinhaber für diese Verbindlichkeiten nur, wenn sie vor Ablauf von fünf Jahren fällig und daraus Ansprüche gegen ihn gerichtlich geltend gemacht sind; bei öffentlich-rechtlichen Verbindlichkeiten genügt zur Geltendmachung der Erlaß eines Verwaltungsakts. Die Frist beginnt im Falle des § 25 Abs. 1 mit dem Ende des Tages, an dem der neue Inhaber der Firma in das Handelsregister des Gerichts der Hauptniederlassung eingetragen wird, im Falle des § 25 Abs. 3 mit dem Ende des Tages, an dem die Übernahme kundgemacht wird. Die für die Verjährung geltenden §§ 203, 206, 207, 210, 212 bis 216 und 220 des Bürgerlichen Gesetzbuches sind entsprechend anzuwenden.

(2) Einer gerichtlichen Geltendmachung bedarf es nicht, soweit der frühere Geschäftsinhaber den Anspruch schriftlich anerkannt hat.

§ 27 [Erbenhaftung]

(1) Wird ein zu einem Nachlasse gehörendes Handelsgeschäft von dem Erben fortgeführt, so finden auf die Haftung des Erben für die früheren Geschäftsverbindlichkeiten die Vorschriften des § 25 entsprechende Anwendung.

(2) Die unbeschränkte Haftung nach § 25 Abs. 1 tritt nicht ein, wenn die Fortführung des Geschäfts vor dem Ablaufe von drei Monaten nach dem Zeitpunkt, in welchem der Erbe von dem Anfalle der Erbschaft Kenntnis erlangt hat, eingestellt wird. Auf den Lauf der Frist finden die für die Verjährung geltenden Vorschriften des § 206 des Bürgerlichen Gesetzbuchs entsprechende Anwendung. Ist bei dem Ablaufe der drei Monate das Recht zur Ausschlagung der Erbschaft noch nicht verloren, so endigt die Frist nicht vor dem Ablaufe der Ausschlagungsfrist.

§ 28 [Haftung bei Eintritt in das Geschäft eines Einzelkaufmanns]

(1) Tritt jemand als persönlich haftender Gesellschafter oder als Kommanditist in das Geschäft eines Einzelkaufmanns ein, so haftet die Gesellschaft, auch wenn sie die frühere Firma nicht fortführt, für alle im Betriebe des Geschäfts entstandenen Verbindlichkeiten des früheren Geschäftsinhabers. Die in dem Betriebe begründeten Forderungen gelten den Schuldnern gegenüber als auf die Gesellschaft übergegangen.

(2) Eine abweichende Vereinbarung ist einem Dritten gegenüber nur wirksam, wenn sie in das Handelsregister eingetragen und bekanntgemacht oder von einem Gesellschafter dem Dritten mitgeteilt worden ist.

(3) Wird der frühere Geschäftsinhaber Kommanditist und haftet die Gesellschaft für die im Betrieb seines Geschäfts entstandenen Verbindlichkeiten, so ist für die Begrenzung seiner Haftung § 26 entsprechend mit der Maßgabe anzuwenden, daß die in § 26 Abs. 1 bestimmte Frist mit dem Ende des Tages beginnt, an dem die Gesellschaft in das Handelsregister eingetragen wird. Dies gilt auch, wenn er in der Gesellschaft oder einem ihr als Gesellschafter angehörenden Unternehmen geschäftsführend tätig wird. Seine Haftung als Kommanditist bleibt unberührt.

§ 29 [Anmeldepflicht]

Jeder Kaufmann ist verpflichtet, seine Firma und den Ort seiner Handelsniederlassung bei dem Gericht, in dessen Bezirke sich die Niederlassung befindet, zur Eintragung in das Handelsregister anzumelden; er hat seine Firma zur Aufbewahrung bei dem Gerichte zu zeichnen.

§ 30 [Unterscheidbarkeit]

(1) Jede neue Firma muß sich von allen an demselben Ort oder in derselben Gemeinde bereits bestehenden und in das Handelsregister oder in das Genossenschaftsregister eingetragenen Firmen deutlich unterscheiden.

(2) Hat ein Kaufmann mit einem bereits eingetragenen Kaufmanne die gleichen Vornamen und den gleichen Familiennamen und will auch er sich dieser Namen als seiner Firma bedienen, so muß er der Firma einen Zusatz beifügen, durch den sie sich von der bereits eingetragenen Firma deutlich unterscheidet.

(3) Besteht an dem Orte oder in der Gemeinde, wo eine Zweigniederlassung errichtet wird, bereits eine gleiche eingetragene Firma, so muß der Firma für die Zweigniederlassung ein der Vorschrift des Absatzes 2 entsprechender Zusatz beigefügt werden.

(4) Durch die Landesregierungen kann bestimmt werden, daß benachbarte Orte oder Gemeinden als ein Ort oder als eine Gemeinde im Sinne dieser Vorschriften anzusehen sind.

§ 31 [Anmeldung von Änderungen]

(1) Eine Änderung der Firma oder ihrer Inhaber sowie die Verlegung der Niederlassung an einen anderen Ort ist nach den Vorschriften des § 29 zur Eintragung in das Handelsregister anzumelden.

(2) Das gleiche gilt, wenn die Firma erlischt. Kann die Anmeldung des Erlöschens einer eingetragenen Firma durch die hierzu Verpflichteten nicht auf dem in § 14 bezeichneten Wege herbeigeführt werden, so hat das Gericht das Erlöschen von Amts wegen einzutragen.

§ 32 [Eintragung der Konkurseröffnung]

Wird über das Vermögen eines Kaufmanns der Konkurs eröffnet, so ist dies von Amts wegen in das Handelsregister einzutragen. Das gleiche gilt von der Aufhebung des Eröffnungsbeschlusses sowie von der Einstellung und Aufhebung des Konkurses. Eine öffentliche Bekanntmachung der Eintragungen findet nicht statt. Die Vorschriften des § 15 bleiben außer Anwendung.

§ 33 [Eintragung juristischer Personen]

(1) Eine juristische Person, deren Eintragung in das Handelsregister mit Rücksicht auf den Gegenstand oder auf die Art und den Umfang ihres Gewerbebetriebes zu erfolgen hat, ist von sämtlichen Mitgliedern des Vorstandes zur Eintragung anzumelden.

(2) Der Anmeldung sind die Satzung der juristischen Person und die Urkunden über die Bestellung des Vorstandes in Urschrift oder in öffentlich beglaubigter Abschrift beizufügen. Bei der Eintragung sind die Firma und der Sitz der juristischen Person, der Gegenstand des Unternehmens und die Mitglieder des Vorstandes anzugeben. Besondere Bestimmungen der Satzung über die Befugnis des Vorstandes zur Vertretung der juristischen Person oder über die Zeitdauer des Unternehmens sind gleichfalls einzutragen.

(3) Die Errichtung einer Zweigniederlassung ist durch den Vorstand unter Beifügung einer öffentlich beglaubigten Abschrift der Satzung anzumelden.

§ 34 [Satzungsänderungen]

(1) Jede Änderung der nach § 33 Abs. 3[1)] einzutragenden Tatsachen oder der Satzung, die Auflösung der juristischen Person, falls sie nicht die Folge der Eröffnung des Konkurses ist, sowie die Personen der Liquidatoren und die besonderen Bestimmungen über ihre Vertretungsbefugnis sind zur Eintragung in das Handelsregister anzumelden.

(2) Bei der Eintragung einer Änderung der Satzung genügt, soweit nicht die Änderung die in § 33 Abs. 3[1)] bezeichneten Angaben betrifft, die Bezugnahme auf die bei dem Gericht eingereichten Urkunden über die Änderung.

(3) Die Anmeldung hat durch den Vorstand oder, sofern die Eintragung erst nach der Anmeldung der ersten Liquidatoren geschehen soll, durch die Liquidatoren zu erfolgen.

(4) Die Eintragung gerichtlich bestellter Vorstandsmitglieder oder Liquidatoren geschieht von Amts wegen.

(5) Im Falle des Konkurses finden die Vorschriften des § 32 Anwendung.

§ 35 [Unterschriftszeichnung]

Die Mitglieder des Vorstandes und die Liquidatoren einer juristischen Person haben ihre Unterschrift zur Aufbewahrung bei dem Gerichte zu zeichnen.

§ 36 [Staatliche und kommunale Unternehmen]

Ein Unternehmen des Reichs, eines Bundesstaats oder eines inländischen Kommunalverbandes braucht nicht in das Handelsregister eingetragen zu werden. Erfolgt die Anmeldung, so ist die Eintragung auf die Angabe der Firma sowie des Sitzes und des Gegenstandes des Unternehmens zu beschränken.

§ 37 [Firmenschutz]

(1) Wer eine nach den Vorschriften dieses Abschnitts ihm nicht zustehende Firma gebraucht, ist von dem Registergerichte zur Unterlassung des Gebrauchs der Firma durch Festsetzung von Ordnungsgeld anzuhalten.

(2) Wer in seinen Rechten dadurch verletzt wird, daß ein anderer eine Firma unbefugt gebraucht, kann von diesem die Unterlassung des Gebrauchs der Firma verlangen. Ein nach sonstigen Vorschriften begründeter Anspruch auf Schadensersatz bleibt unberührt.

Vierter Abschnitt

Handelsbücher

§§ 38 bis **47 b (aufgehoben)**

Fünfter Abschnitt

Prokura und Handlungsvollmacht

§ 48 [Erteilung der Prokura]

(1) Die Prokura kann nur von dem Inhaber des Handelsgeschäfts oder seinem gesetzlichen Vertreter und nur mittels ausdrücklicher Erklärung erteilt werden.

(2) Die Erteilung kann an mehrere Personen gemeinschaftlich erfolgen (Gesamtprokura).

§ 49 [Umfang der Prokura]

(1) Die Prokura ermächtigt zu allen Arten von gerichtlichen und außergerichtlichen Geschäften und Rechtshandlungen, die der Betrieb eines Handelsgewerbes mit sich bringt.

(2) Zur Veräußerung und Belastung von Grundstücken ist der Prokurist nur ermächtigt, wenn ihm diese Befugnis erteilt ist.

§ 50 [Beschränkung der Prokura]

(1) Eine Beschränkung des Umfanges der Prokura ist Dritten gegenüber unwirksam.

(2) Dies gilt insbesondere von der Beschränkung, daß die Prokura nur für gewisse Geschäfte oder gewisse Arten von Geschäften oder nur unter gewissen Umständen oder für eine gewisse Zeit oder an einzelnen Orten ausgeübt werden soll.

1) Jetzt Abs. 2 Satz 2 und 3; vgl. Artikel 1 Nr. 2 des Gesetzes vom 10. 8. 1937 (RGBl. I S. 897).

(3) Eine Beschränkung der Prokura, auf den Betrieb einer von mehreren Niederlassungen des Geschäftsinhabers ist Dritten gegenüber nur wirksam, wenn die Niederlassungen unter verschiedenen Firmen betrieben werden. Eine Verschiedenheit der Firmen im Sinne dieser Vorschrift wird auch dadurch begründet, daß für eine Zweigniederlassung der Firma ein Zusatz beigefügt wird, der sie als Firma der Zweigniederlassung bezeichnet.

§ 51 [Zeichnung des Prokuristen]

Der Prokurist hat in der Weise zu zeichnen, daß er der Firma seinen Namen mit einem die Prokura andeutenden Zusatze beifügt.

§ 52 [Widerruf – Unübertragbarkeit – Tod des Inhabers]

(1) Die Prokura ist ohne Rücksicht auf das der Erteilung zugrunde liegende Rechtsverhältnis jederzeit widerruflich, unbeschadet des Anspruchs auf die vertragsmäßige Vergütung.

(2) Die Prokura ist nicht übertragbar.

(3) Die Prokura erlischt nicht durch den Tod des Inhabers des Handelsgeschäfts.

§ 53 [Anmeldung der Erteilung und des Erlöschens]

(1) Die Erteilung der Prokura ist von dem Inhaber des Handelsgeschäfts zur Eintragung in das Handelsregister anzumelden. Ist die Prokura als Gesamtprokura erteilt, so muß auch dies zur Eintragung angemeldet werden.

(2) Der Prokurist hat die Firma nebst seiner Namensunterschrift zur Aufbewahrung bei dem Gerichte zu zeichnen.

(3) Das Erlöschen der Prokura ist in gleicher Weise wie die Erteilung zur Eintragung anzumelden.

§ 54 [Handlungsvollmacht]

(1) Ist jemand ohne Erteilung der Prokura zum Betrieb eines Handelsgewerbes oder zur Vornahme einer bestimmten zu einem Handelsgewerbe gehörigen Art von Geschäften oder zur Vornahme einzelner zu einem Handelsgewerbe gehöriger Geschäfte ermächtigt, so erstreckt sich die Vollmacht (Handlungsvollmacht) auf alle Geschäfte und Rechtshandlungen, die der Betrieb eines derartigen Handelsgewerbes oder die Vornahme derartiger Geschäfte gewöhnlich mit sich bringt.

(2) Zur Veräußerung oder Belastung von Grundstücken, zur Eingehung von Wechselverbindlichkeiten, zur Aufnahme von Darlehen und zur Prozeßführung ist der Handlungsbevollmächtigte nur ermächtigt, wenn ihm eine solche Befugnis besonders erteilt ist.

(3) Sonstige Beschränkungen der Handlungsvollmacht braucht ein Dritter nur dann gegen sich gelten zu lassen, wenn er sie kannte oder kennen mußte.

§ 55 [Abschlußvollmacht]

(1) Die Vorschriften des § 54 finden auch Anwendung auf Handlungsbevollmächtigte, die Handelsvertreter sind oder die als Handlungsgehilfen damit betraut sind, außerhalb des Betriebes des Prinzipals Geschäfte in dessen Namen abzuschließen.

(2) Die ihnen erteilte Vollmacht zum Abschluß von Geschäften bevollmächtigt sie nicht, abgeschlossene Verträge zu ändern, insbesondere Zahlungsfristen zu gewähren.

(3) Zur Annahme von Zahlungen sind sie nur berechtigt, wenn sie dazu bevollmächtigt sind.

(4) Sie gelten als ermächtigt, die Anzeige von Mängeln einer Ware, die Erklärung, daß eine Ware zur Verfügung gestellt werde, sowie ähnliche Erklärungen, durch die ein Dritter seine Rechte aus mangelhafter Leistung geltend macht oder sie vorbehält, entgegenzunehmen; sie können die dem Unternehmer (Prinzipal) zustehenden Rechte auf Sicherung des Beweises geltend machen.

§ 56 [Ermächtigung der Ladenangestellten]
Wer in einem Laden oder in einem offenen Warenlager angestellt ist, gilt als ermächtigt zu Verkäufen und Empfangnahmen, die in einem derartigen Laden oder Warenlager gewöhnlich geschehen.

§ 57 [Zeichnung des Handlungsbevollmächtigten]
Der Handlungsbevollmächtigte hat sich bei der Zeichnung jedes eine Prokura andeutenden Zusatzes zu enthalten; er hat mit einem das Vollmachtsverhältnis ausdrückenden Zusätze zu zeichnen.

§ 58 [Übertragung der Handlungsvollmacht]
Der Handlungsbevollmächtigte kann ohne Zustimmung des Inhabers des Handelsgeschäfts seine Handlungsvollmacht auf einen anderen nicht übertragen.

Sechster Abschnitt
Handlungsgehilfen und Handlungslehrlinge

§ 59 [Ortsübliche Dienstleistung und Vergütung]
Wer in einem Handelsgewerbe zur Leistung kaufmännischer Dienste gegen Entgelt angestellt ist (Handlungsgehilfe), hat, soweit nicht besondere Vereinbarungen über die Art und den Umfang seiner Dienstleistungen oder über die ihm zukommende Vergütung getroffen sind, die dem Ortsgebrauch entsprechenden Dienste zu leisten sowie die dem Ortsgebrauch entsprechende Vergütung zu beanspruchen. In Ermangelung eines Ortsgebrauchs gelten die den Umständen nach angemessenen Leistungen als vereinbart.

§ 60 [Gesetzliches Wettbewerbsverbot]
(1) Der Handlungsgehilfe darf ohne Einwilligung des Prinzipals weder ein Handelsgewerbe betreiben noch in dem Handelszweige des Prinzipals für eigene oder fremde Rechnung Geschäfte machen.
(2) Die Einwilligung zum Betrieb eines Handelsgewerbes gilt als erteilt, wenn dem Prinzipal bei der Anstellung des Gehilfen bekannt ist, daß er das Gewerbe betreibt, und der Prinzipal die Aufgabe des Betriebs nicht ausdrücklich vereinbart.

§ 61 [Verletzung des Wettbewerbsverbots]
(1) Verletzt der Handlungsgehilfe die ihm nach § 60 obliegende Verpflichtung, so kann der Prinzipal Schadensersatz fordern; er kann statt dessen verlangen, daß der Handlungsgehilfe die für eigene Rechnung gemachten Geschäfte als für Rechnung des Prinzipals eingegangen gelten lasse und die aus Geschäften für fremde Rechnung bezogene Vergütung herausgebe oder seinen Anspruch auf die Vergütung abtrete.
(2) Die Ansprüche verjähren in drei Monaten von dem Zeitpunkt an, in welchem der Prinzipal Kenntnis von dem Abschlusse des Geschäfts erlangt; sie verjähren ohne Rücksicht auf diese Kenntnis in fünf Jahren von dem Abschlusse des Geschäfts an.

§ 62 [Fürsorgepflicht des Arbeitgebers]
(1) Der Prinzipal ist verpflichtet, die Geschäftsräume und die für den Geschäftsbetrieb bestimmten Vorrichtungen und Gerätschaften so einzurichten und zu unterhalten, auch den Geschäftsbetrieb und die Arbeitszeit so zu regeln, daß der Handlungsgehilfe gegen eine Gefährdung seiner Gesundheit, soweit die Natur des Betriebs es gestattet, geschützt und die Aufrechterhaltung der guten Sitten und des Anstandes gesichert ist.
(2) Ist der Handlungsgehilfe in die häusliche Gemeinschaft aufgenommen, so hat der Prinzipal in Ansehung des Wohn- und Schlafraums, der Verpflegung sowie der Arbeits- und Erholungszeit diejenigen Einrichtungen und Anordnungen zu treffen, welche mit Rücksicht

auf die Gesundheit, die Sittlichkeit und die Religion des Handlungsgehilfen erforderlich sind.

(3) Erfüllt der Prinzipal die ihm in Ansehung des Lebens und der Gesundheit des Handlungsgehilfen obliegenden Verpflichtungen nicht, so finden auf seine Verpflichtung zum Schadensersatze die für unerlaubte Handlungen geltenden Vorschriften der §§ 842 bis 846 des Bürgerlichen Gesetzbuchs entsprechende Anwendung.

(4) Die dem Prinzipal hiernach obliegenden Verpflichtungen können nicht im voraus durch Vertrag aufgehoben oder beschränkt werden.

§ 63 (aufgehoben)

§ 64 [Gehaltszahlung]

Die Zahlung des dem Handlungsgehilfen zukommenden Gehalts hat am Schlusse jedes Monats zu erfolgen. Eine Vereinbarung, nach der die Zahlung des Gehalts später erfolgen soll, ist nichtig.

§ 65 [Provisionsanspruch]

Ist bedungen, daß der Handlungsgehilfe für Geschäfte, die von ihm geschlossen oder vermittelt werden, Provision erhalten solle, so sind die für die Handelsvertreter geltenden Vorschriften des § 87 Abs. 1 und 3 sowie der §§ 87 a bis 87 c anzuwenden.

§§ **66** bis **72 (aufgehoben)**

§ 73 [Zeugnis]

(1) Bei der Beendigung des Dienstverhältnisses kann der Handlungsgehilfe ein schriftliches Zeugnis über die Art und Dauer der Beschäftigung fordern. Das Zeugnis ist auf Verlangen des Handlungsgehilfen auch auf die Führung und die Leistungen auszudehnen.

(2) (aufgehoben)

§ 74 [Wettbewerbsverbot]

(1) Eine Vereinbarung zwischen dem Prinzipal und dem Handlungsgehilfen, die den Gehilfen für die Zeit nach Beendigung des Dienstverhältnisses in seiner gewerblichen Tätigkeit beschränkt (Wettbewerbverbot), bedarf der Schriftform und der Aushändigung einer vom Prinzipal unterzeichneten, die vereinbarten Bestimmungen enthaltenden Urkunde an den Gehilfen.

(2) Das Wettbewerbverbot ist nur verbindlich, wenn sich der Prinzipal verpflichtet, für die Dauer des Verbots eine Entschädigung zu zahlen, die für jedes Jahr des Verbots mindestens die Hälfte der von dem Handlungsgehilfen zuletzt bezogenen vertragsmäßigen Leistungen erreicht.

§ 74 a [Nichtigkeit des Wettbewerbsverbots]

(1) Das Wettbewerbsverbot ist insoweit unverbindlich, als es nicht zum Schutze eines berechtigten geschäftlichen Interesses des Prinzipals dient. Es ist ferner unverbindlich, soweit es unter Berücksichtigung der gewährten Entschädigung nach Ort, Zeit oder Gegenstand eine unbillige Erschwerung des Fortkommens des Gehilfen enthält. Das Verbot kann nicht auf einen Zeitraum von mehr als zwei Jahren von der Beendigung des Dienstverhältnisses an erstreckt werden.

(2) Das Verbot ist nichtig, wenn die dem Gehilfen zustehenden jährlichen vertragsmäßigen Leistungen den Betrag von fünfzehnhundert Deutsche Mark[1)] nicht übersteigen. Das gleiche gilt, wenn der Gehilfe zur Zeit des Abschlusses minderjährig ist oder wenn sich

---

1) Siehe jetzt Zweite Verordnung zur Neuregelung der im Handelsgesetzbuche sowie in der Gewerbeordnung vorgesehenen Gehaltsgrenzen vom 23. 10. 1923 (RGBl. I S. 990).

der Prinzipal die Erfüllung auf Ehrenwort oder unter ähnlichen Versicherungen versprechen läßt. Nichtig ist auch die Vereinbarung, durch die ein Dritter an Stelle des Gehilfen die Verpflichtung übernimmt, daß sich der Gehilfe nach der Beendigung des Dienstverhältnisses in seiner gewerblichen Tätigkeit beschränken werde.

(3) Unberührt bleiben die Vorschriften des § 138 des Bürgerlichen Gesetzbuchs über die Nichtigkeit von Rechtsgeschäften, die gegen die guten Sitten verstoßen.

§ 74 b [Zahlung und Berechnung der Entschädigung]

(1) Die nach § 74 Abs. 2 dem Handlungsgehilfen zu gewährende Entschädigung ist am Schlusse jedes Monats zu zahlen.

(2) Soweit die dem Gehilfen zustehenden vertragsmäßigen Leistungen in einer Provision oder in anderen wechselnden Bezügen bestehen, sind sie bei der Berechnung der Entschädigung nach dem Durchschnitt der letzten drei Jahre in Ansatz zu bringen. Hat die für die Bezüge bei der Beendigung des Dienstverhältnisses maßgebende Vertragsbestimmung noch nicht drei Jahre bestanden, so erfolgt der Ansatz nach dem Durchschnitt des Zeitraums, für den die Bestimmung in Kraft war.

(3) Soweit Bezüge zum Ersatze besonderer Auslagen dienen sollen, die infolge der Dienstleistung entstehen, bleiben sie außer Ansatz.

§ 74 c [Anrechnung von anderweitigem Erwerb]

(1) Der Handlungsgehilfe muß sich auf die fällige Entschädigung anrechnen lassen, was er während des Zeitraums, für den die Entschädigung gezahlt wird, durch anderweite Verwertung seiner Arbeitskraft erwirbt oder zu erwerben böswillig unterläßt, soweit die Entschädigung unter Hinzurechnung dieses Betrags den Betrag der zuletzt von ihm bezogenen vertragsmäßigen Leistungen um mehr als ein Zehntel übersteigen würde. Ist der Gehilfe durch das Wettbewerbverbot gezwungen worden, seinen Wohnsitz zu verlegen, so tritt an die Stelle des Betrags von einem Zehntel der Betrag von einem Viertel. Für die Dauer der Verbüßung einer Freiheitsstrafe kann der Gehilfe eine Entschädigung nicht verlangen.

(2) Der Gehilfe ist verpflichtet, dem Prinzipal auf Erfordern über die Höhe seines Erwerbes Auskunft zu erteilen.

§ 75 [Unwirksamwerden des Wettbewerbverbots]

(1) Löst der Gehilfe das Dienstverhältnis gemäß den Vorschriften der *§§ 70 und 71*[1] wegen vertragswidrigen Verhaltens des Prinzipals auf, so wird das Wettbewerbverbot unwirksam, wenn der Gehilfe vor Ablauf eines Monats nach der Kündigung schriftlich erklärt, daß er sich an die Vereinbarung nicht gebunden erachte.

(2) In gleicher Weise wird das Wettbewerbverbot unwirksam, wenn der Prinzipal das Dienstverhältnis kündigt, es sei denn, daß für die Kündigung ein erheblicher Anlaß in der Person des Gehilfen vorliegt oder daß sich der Prinzipal bei der Kündigung bereit erklärt, während der Dauer der Beschränkung dem Gehilfen die vollen zuletzt von ihm bezogenen vertragsmäßigen Leistungen zu gewähren. Im letzteren Falle finden die Vorschriften des § 74 b entsprechende Anwendung.

(3)[2] *Löst der Prinzipal das Dienstverhältnis gemäß den Vorschriften der §§ 70 und 72 wegen vertragswidrigen Verhaltens des Gehilfen auf, so hat der Gehilfe keinen Anspruch auf die Entschädigung.*

---

1) §§ 70 und 71 HGB aufgehoben durch Erstes Arbeitsrechtsbereinigungsgesetz vom 14. 8. 1969 (BGBl. I S. 1106); vgl. jetzt § 626 BGB.

2) Nach dem Urteil des Bundesarbeitsgerichts vom 23. 2. 1977 – 3 AZR 620/75

§ 75 a [Verzicht auf das Wettbewerbverbot]
Der Prinzipal kann vor der Beendigung des Dienstverhältnisses durch schriftliche Erklärung auf das Wettbewerbverbot mit der Wirkung verzichten, daß er mit dem Ablauf eines Jahres seit der Erklärung von der Verpflichtung zur Zahlung der Entschädigung frei wird.

§ 75 b [Ausnahmen von der Entschädigungspflicht]
Ist der Gehilfe für eine Tätigkeit außerhalb Europas angenommen, so sind die Verbindlichkeiten des Wettbewerbverbots nicht davon abhängig, daß sich der Prinzipal zur Zahlung der in § 74 Abs. 2 vorgesehenen Entschädigung verpflichtet. Das gleiche gilt, wenn die dem Gehilfen zustehenden vertragsmäßigen Leistungen den Betrag von achttausend Deutsche Mark[1] für das Jahr übersteigen; auf die Berechnung des Betrags der Leistungen finden die Vorschriften des § 74 b Abs. 2 und 3 entsprechende Anwendung.

§ 75 c [Vertragsstrafe]
(1) Hat der Handlungsgehilfe für den Fall, daß er die in der Vereinbarung übernommene Verpflichtung nicht erfüllt, eine Strafe versprochen, so kann der Prinzipal Ansprüche nur nach Maßgabe der Vorschriften des § 340 des Bürgerlichen Gesetzbuchs geltend machen. Die Vorschriften des Bürgerlichen Gesetzbuchs über die Herabsetzung einer unverhältnismäßig hohen Vertragsstrafe bleiben unberührt.
(2) Ist die Verbindlichkeit der Vereinbarung nicht davon abhängig, daß sich der Prinzipal zur Zahlung einer Entschädigung an den Gehilfen verpflichtet, so kann der Prinzipal, wenn sich der Gehilfe einer Vertragsstrafe der in Absatz 1 bezeichneten Art unterworfen hat, nur die verwirkte Strafe verlangen; der Anspruch auf Erfüllung oder auf Ersatz eines weiteren Schadens ist ausgeschlossen.

§ 75 d [Abweichende Vereinbarungen]
Auf eine Vereinbarung, durch die von den Vorschriften der §§ 74 bis 75 c zum Nachteil des Handlungsgehilfen abgewichen wird, kann sich der Prinzipal nicht berufen. Das gilt auch von Vereinbarungen, die bezwecken, die gesetzlichen Vorschriften über das Mindestmaß der Entschädigung durch Verrechnungen oder auf sonstige Weise zu umgehen.

§ 75 e (aufgehoben)

§ 75 f [Nichteinstellungsvereinbarung]
Im Falle einer Vereinbarung, durch die sich ein Prinzipal einem anderen Prinzipal gegenüber verpflichtet, einen Handlungsgehilfen, der bei diesem im Dienst ist oder gewesen ist, nicht oder nur unter bestimmten Voraussetzungen anzustellen, steht beiden Teilen der Rücktritt frei. Aus der Vereinbarung findet weder Klage noch Einrede statt.

§ 75 g [Entgegennahme von Mängelrügen durch Außenvertreter]
§ 55 Abs. 4 gilt auch für einen Handlungsgehilfen, der damit betraut ist, außerhalb des Betriebes des Prinzipals für diesen Geschäfte zu vermitteln. Eine Beschränkung dieser Rechte braucht ein Dritter gegen sich nur gelten zu lassen, wenn er sie kannte oder kennen mußte.

§ 75 h [Mangel der Vertretungsmacht]
(1) Hat ein Handlungsgehilfe, der nur mit der Vermittlung von Geschäften außerhalb des Betriebes des Prinzipals betraut ist, ein Geschäft im Namen des Prinzipals abgeschlossen, und war dem Dritten der Mangel der Vertretungsmacht nicht bekannt, so gilt das Geschäft als von dem Prinzipal genehmigt, wenn dieser dem Dritten gegenüber nicht unverzüglich

---
1) Siehe jetzt Zweite Verordnung zur Neuregelung der im Handelsgesetzbuche sowie in der Gewerbeordnung vorgesehenen Gehaltsgrenzen vom 23. 10. 1923 (RGBl. I S. 990).

das Geschäft ablehnt, nachdem er von dem Handlungsgehilfen oder dem Dritten über Abschluß und wesentlichen Inhalt benachrichtigt worden ist.
(2) Das gleiche gilt, wenn ein Handlungsgehilfe, der mit dem Abschluß von Geschäften betraut ist, ein Geschäft im Namen des Prinzipals abgeschlossen hat, zu dessen Abschluß er nicht bevollmächtigt ist.

§§ 76 bis **82 (aufgehoben)**

§ 82 a [Wettbewerbverbot gegenüber Volontären]
Auf Wettbewerbverbote gegenüber Personen, die, ohne als Lehrlinge angenommen zu sein, zum Zwecke ihrer Ausbildung unentgeltlich mit kaufmännischen Diensten beschäftigt werden (Volontäre), finden die für Handlungsgehilfen geltenden Vorschriften insoweit Anwendung, als sie nicht auf das dem Gehilfen zustehende Entgelt Bezug nehmen.

§ 83 [Andere Arbeitnehmer]
Hinsichtlich der Personen, welche in dem Betrieb eines Handelsgewerbes andere als kaufmännische Dienste leisten, bewendet es bei den für das Arbeitsverhältnis dieser Personen geltenden Vorschriften.

Siebenter Abschnitt

Handelsvertreter

§ 84 [Begriff]
(1) Handelsvertreter ist, wer als selbständiger Gewerbetreibender ständig damit betraut ist, für einen anderen Unternehmer (Unternehmer) Geschäfte zu vermitteln oder in dessen Namen abzuschließen. Selbständig ist, wer im wesentlichen frei seine Tätigkeit gestalten und seine Arbeitszeit bestimmen kann.
(2) Wer, ohne selbständig im Sinne des Absatzes 1 zu sein, ständig damit betraut ist, für einen Unternehmer Geschäfte zu vermitteln oder in dessen Namen abzuschließen, gilt als Angestellter.
(3) Der Unternehmer kann auch ein Handelsvertreter sein.

§ 85 [Beurkundung]
Jeder Teil kann verlangen, daß der Inhalt des Vertrages sowie spätere Vereinbarungen zu dem Vertrag in eine vom anderen Teil unterzeichnete Urkunde aufgenommen werden. Dieser Anspruch kann nicht ausgeschlossen werden.

§ 86 [Pflichten des Handelsvertreters]
(1) Der Handelsvertreter hat sich um die Vermittlung oder den Abschluß von Geschäften zu bemühen; er hat hierbei das Interesse des Unternehmers wahrzunehmen.
(2) Er hat dem Unternehmer die erforderlichen Nachrichten zu geben, namentlich ihm von jeder Geschäftsvermittlung und von jedem Geschäftsabschluß unverzüglich Mitteilung zu machen.
(3) Er hat seine Pflichten mit der Sorgfalt eines ordentlichen Kaufmanns wahrzunehmen.
(4) Von den Absätzen 1 und 2 abweichende Vereinbarungen sind unwirksam.

§ 86 a [Pflichten des Unternehmers]
(1) Der Unternehmer hat dem Handelsvertreter die zur Ausübung seiner Tätigkeit erforderlichen Unterlagen, wie Muster, Zeichnungen, Preislisten, Werbedrucksachen, Geschäftsbedingungen, zur Verfügung zu stellen.
(2) Der Unternehmer hat dem Handelsvertreter die erforderlichen Nachrichten zu geben. Er hat ihm unverzüglich die Annahme oder Ablehnung eines vom Handelsvertreter vermittelten oder ohne Vertretungsmacht abgeschlossenen Geschäfts und die Nichtausführung eines von ihm vermittelten oder abgeschlossenen Geschäfts mitzuteilen. Er hat ihn

unverzüglich zu unterrichten, wenn er Geschäfte voraussichtlich nur in erheblich geringerem Umfange abschließen kann oder will, als der Handelsvertreter unter gewöhnlichen Umständen erwarten konnte.

(3) Von den Absätzen 1 und 2 abweichende Vereinbarungen sind unwirksam.

§ 86 b [Delkredereprovision]

(1) Verpflichtet sich ein Handelsvertreter, für die Erfüllung der Verbindlichkeit aus einem Geschäft einzustehen, so kann er eine besondere Vergütung (Delkredereprovision) beanspruchen; der Anspruch kann im voraus nicht ausgeschlossen werden. Die Verpflichtung kann nur für ein bestimmtes Geschäft oder für solche Geschäfte mit bestimmten Dritten übernommen werden, die der Handelsvertreter vermittelt oder abschließt. Die Übernahme bedarf der Schriftform.

(2) Der Anspruch auf die Delkredereprovision entsteht mit dem Abschluß des Geschäfts.

(3) Absatz 1 gilt nicht, wenn der Unternehmer oder der Dritte seine Niederlassung oder beim Fehlen einer solchen seinen Wohnsitz im Ausland hat. Er gilt ferner nicht für Geschäfte, zu deren Abschluß und Ausführung der Handelsvertreter unbeschränkt bevollmächtigt ist.

§ 87 [Provisionsanspruch]

(1) Der Handelsvertreter hat Anspruch auf Provision für alle während des Vertragsverhältnisses abgeschlossenen Geschäfte, die auf seine Tätigkeit zurückzuführen sind oder mit Dritten abgeschlossen werden, die er als Kunden für Geschäfte der gleichen Art geworben hat. Ein Anspruch auf Provision besteht für ihn nicht, wenn und soweit die Provision nach Absatz 3 dem ausgeschiedenen Handelsvertreter zusteht.

(2) Ist dem Handelsvertreter ein bestimmter Bezirk oder ein bestimmter Kundenkreis zugewiesen, so hat er Anspruch auf Provision auch für die Geschäfte, die ohne seine Mitwirkung mit Personen seines Bezirkes oder seines Kundenkreises während des Vertragsverhältnisses abgeschlossen sind. Dies gilt nicht, wenn und soweit die Provision nach Absatz 3 dem ausgeschiedenen Handelsvertreter zusteht.

(3) Für ein Geschäft, das erst nach Beendigung des Vertragsverhältnisses abgeschlossen ist, hat der Handelsvertreter Anspruch auf Provision nur, wenn

1. er das Geschäft vermittelt hat oder es eingeleitet und so vorbereitet hat, daß der Abschluß überwiegend auf seine Tätigkeit zurückzuführen ist, und das Geschäft innerhalb einer angemessenen Frist nach Beendigung des Vertragsverhältnisses abgeschlossen worden ist oder
2. vor Beendigung des Vertragsverhältnisses das Angebot des Dritten zum Abschluß eines Geschäfts, für das der Handelsvertreter nach Absatz 1 Satz 1 oder Absatz 2 Satz 1 Anspruch auf Provision hat, dem Handelsvertreter oder dem Unternehmer zugegangen ist.

Der Anspruch auf Provision nach Satz 1 steht dem nachfolgenden Handelsvertreter anteilig zu, wenn wegen besonderer Umstände eine Teilung der Provision der Billigkeit entspricht.

(4) Neben dem Anspruch auf Provision für abgeschlossene Geschäfte hat der Handelsvertreter Anspruch auf Inkassoprovision für die von ihm auftragsgemäß eingezogenen Beträge.

§ 87 a [Voraussetzungen des Provisionsanspruchs]

(1) Der Handelsvertreter hat Anspruch auf Provision, sobald und soweit der Unternehmer das Geschäft ausgeführt hat. Eine abweichende Vereinbarung kann getroffen werden, jedoch hat der Handelsvertreter mit der Ausführung des Geschäfts durch den Unternehmer

Anspruch auf einen angemessenen Vorschuß, der spätestens am letzten Tag des folgenden Monats fällig ist.
Unabhängig von einer Vereinbarung hat jedoch der Handelsvertreter Anspruch auf Provision, sobald und soweit der Dritte das Geschäft ausgeführt hat.

(2) Steht fest, daß der Dritte nicht leistet, so entfällt der Anspruch auf Provision; bereits empfangene Beträge sind zurückzugewähren.

(3) Der Handelsvertreter hat auch dann einen Anspruch auf Provision, wenn feststeht, daß der Unternehmer das Geschäft ganz oder teilweise nicht oder nicht so ausführt, wie es abgeschlossen worden ist. Der Anspruch entfällt im Falle der Nichtausführung, wenn und soweit diese auf Umständen beruht, die vom Unternehmer nicht zu vertreten sind.

(4) Der Anspruch auf Provision wird am letzten Tag des Monats fällig, in dem nach § 87 c Abs. 1 über den Anspruch abzurechnen ist.

(5) Von Absatz 2 erster Halbsatz, Absätzen 3 und 4 abweichende, für den Handelsvertreter nachteilige Vereinbarungen sind unwirksam.

§ 87 b [Berechnung der Provision]

(1) Ist die Höhe der Provision nicht bestimmt, so ist der übliche Satz als vereinbart anzusehen.

(2) Die Provision ist von dem Entgelt zu berechnen, das der Dritte oder der Unternehmer zu leisten hat. Nachlässe bei Barzahlung sind nicht abzuziehen; dasselbe gilt für Nebenkosten, namentlich für Fracht, Verpackung, Zoll, Steuern, es sei denn, daß die Nebenkosten dem Dritten besonders in Rechnung gestellt sind. Die Umsatzsteuer, die lediglich auf Grund der steuerrechtlichen Vorschriften in der Rechnung gesondert ausgewiesen ist, gilt nicht als besonders in Rechnung gestellt.

(3) Bei Gebrauchsüberlassungs- und Nutzungsverträgen von bestimmter Dauer ist die Provision vom Entgelt für die Vertragsdauer zu berechnen. Bei unbestimmter Dauer ist die Provision vom Entgelt bis zu dem Zeitpunkt zu berechnen, zu dem erstmals von dem Dritten gekündigt werden kann; der Handelsvertreter hat Anspruch auf weitere entsprechend berechnete Provisionen, wenn der Vertrag fortbesteht.

§ 87 c [Abrechnung]

(1) Der Unternehmer hat über die Provision, auf die der Handelsvertreter Anspruch hat, monatlich abzurechnen; der Abrechnungszeitraum kann auf höchstens drei Monate erstreckt werden. Die Abrechnung hat unverzüglich, spätestens bis zum Ende des nächsten Monats, zu erfolgen.

(2) Der Handelsvertreter kann bei der Abrechnung einen Buchauszug über alle Geschäfte verlangen, für die ihm nach § 87 Provision gebührt.

(3) Der Handelsvertreter kann außerdem Mitteilung über alle Umstände verlangen, die für den Provisionsanspruch, seine Fälligkeit und seine Berechnung wesentlich sind.

(4) Wird der Buchauszug verweigert oder bestehen begründete Zweifel an der Richtigkeit oder Vollständigkeit der Abrechnung oder des Buchauszuges, so kann der Handelsvertreter verlangen, daß nach Wahl des Unternehmers entweder ihm oder einem von ihm zu bestimmenden Wirtschaftsprüfer oder vereidigten Buchsachverständigen Einsicht in die Geschäftsbücher oder die sonstigen Urkunden so weit gewährt wird, wie dies zur Feststellung der Richtigkeit oder Vollständigkeit der Abrechnung oder des Buchauszuges erforderlich ist.

(5) Diese Rechte des Handelsvertreters können nicht ausgeschlossen oder beschränkt werden.

§ 87 d [Ersatz von Aufwendungen]

Der Handelsvertreter kann den Ersatz seiner im regelmäßigen Geschäftsbetrieb entstandenen Aufwendungen nur verlangen, wenn dies handelsüblich ist.

§ 88 [Verjährung]

Die Ansprüche aus dem Vertragsverhältnis verjähren in vier Jahren, beginnend mit dem Schluß des Jahres, in dem sie fällig geworden sind.

§ 88 a [Zurückbehaltungsrecht]

(1) Der Handelsvertreter kann nicht im voraus auf gesetzliche Zurückbehaltungsrechte verzichten.

(2) Nach Beendigung des Vertragsverhältnisses hat der Handelsvertreter ein nach allgemeinen Vorschriften bestehendes Zurückbehaltungsrecht an ihm zur Verfügung gestellten Unterlagen (§ 86 a Abs. 1) nur wegen seiner fälligen Ansprüche auf Provision und Ersatz von Aufwendungen.

§ 89 [Kündigung]

(1) Ist das Vertragsverhältnis auf unbestimmte Zeit eingegangen, so kann es im ersten Jahr der Vertragsdauer mit einer Frist von einem Monat, im zweiten Jahr mit einer Frist von zwei Monaten und im dritten bis fünften Jahr mit einer Frist von drei Monaten gekündigt werden. Nach einer Vertragsdauer von fünf Jahren kann das Vertragsverhältnis mit einer Frist von sechs Monaten gekündigt werden. Die Kündigung ist nur für den Schluß eines Kalendermonats zulässig, sofern keine abweichende Vereinbarung getroffen ist.

(2) Die Kündigungsfristen nach Absatz 1 Satz 1 und 2 können durch Vereinbarung verlängert werden; die Frist darf für den Unternehmer nicht kürzer sein als für den Handelsvertreter. Bei Vereinbarung einer kürzeren Frist für den Unternehmer gilt die für den Handelsvertreter vereinbarte Frist.

(3) Ein für eine bestimmte Zeit eingegangenes Vertragsverhältnis, das nach Ablauf der vereinbarten Laufzeit von beiden Teilen fortgesetzt wird, gilt als auf unbestimmte Zeit verlängert. Für die Bestimmung der Kündigungsfristen nach Absatz 1 Satz 1 und 2 ist die Gesamtdauer des Vertragsverhältnisses maßgeblich.

§ 89 a [Fristlose Kündigung]

(1) Das Vertragsverhältnis kann von jedem Teil aus wichtigem Grunde ohne Einhaltung einer Kündigungsfrist gekündigt werden. Dieses Recht kann nicht ausgeschlossen oder beschränkt werden.

(2) Wird die Kündigung durch ein Verhalten veranlaßt, das der andere Teil zu vertreten hat, so ist dieser zum Ersatz des durch die Aufhebung des Vertragsverhältnisses entstehenden Schadens verpflichtet.

§ 89 b [Ausgleichsanspruch]

(1) Der Handelsvertreter kann von dem Unternehmer nach Beendigung des Vertragsverhältnisses einen angemessenen Ausgleich verlangen, wenn und soweit

1. der Unternehmer aus der Geschäftsverbindung mit neuen Kunden, die der Handelsvertreter geworben hat, auch nach Beendigung des Vertragsverhältnisses erhebliche Vorteile hat,
2. der Handelsvertreter infolge der Beendigung des Vertragsverhältnisses Ansprüche auf Provision verliert, die er bei Fortsetzung desselben aus bereits abgeschlossenen oder künftig zustande kommenden Geschäften mit den von ihm geworbenen Kunden hätte, und
3. die Zahlung eines Ausgleichs unter Berücksichtigung aller Umstände der Billigkeit entspricht.

Der Werbung eines neuen Kunden steht es gleich, wenn der Handelsvertreter die Geschäftsverbindung mit einem Kunden so wesentlich erweitert hat, daß dies wirtschaftlich der Werbung eines neuen Kunden entspricht.
(2) Der Ausgleich beträgt höchstens eine nach dem Durchschnitt der letzten fünf Jahre der Tätigkeit des Handelsvertreters berechnete Jahresprovision oder sonstige Jahresvergütung; bei kürzerer Dauer des Vertragsverhältnisses ist der Durchschnitt während der Dauer der Tätigkeit maßgebend.
(3) Der Anspruch besteht nicht, wenn
1. der Handelsvertreter das Vertragsverhältnis gekündigt hat, es sei denn, daß ein Verhalten des Unternehmers hierzu begründeten Anlaß gegeben hat oder dem Handelsvertreter eine Fortsetzung seiner Tätigkeit wegen seines Alters oder wegen Krankheit nicht zugemutet werden kann, oder
2. der Unternehmer das Vertragsverhältnis gekündigt hat und für die Kündigung ein wichtiger Grund wegen schuldhaften Verhaltens des Handelsvertreters vorlag oder
3. auf Grund einer Vereinbarung zwischen dem Unternehmer und dem Handelsvertreter ein Dritter anstelle des Handelsvertreters in das Vertragsverhältnis eintritt; die Vereinbarung kann nicht vor Beendigung des Vertragsverhältnisses getroffen werden.

(4) Der Anspruch kann im voraus nicht ausgeschlossen werden. Er ist innerhalb eines Jahres nach Beendigung des Vertragsverhältnisses geltend zu machen.
(5) Die Absätze 1, 3 und 4 gelten für Versicherungsvertreter mit der Maßgabe, daß an die Stelle der Geschäftsverbindung mit neuen Kunden, die der Handelsvertreter geworben hat, die Vermittlung neuer Versicherungsverträge durch den Versicherungsvertreter tritt und der Vermittlung eines Versicherungsvertrages es gleichsteht, wenn der Versicherungsvertreter einen bestehenden Versicherungsvertrag so wesentlich erweitert hat, daß dies wirtschaftlich der Vermittlung eines neuen Versicherungsvertrages entspricht. Der Ausgleich des Versicherungsvertreters beträgt abweichend von Absatz 2 höchstens drei Jahresprovisionen oder Jahresvergütungen. Die Vorschriften der Sätze 1 und 2 gelten sinngemäß für Bausparkassenvertreter.

§ 90 [Geschäfts- und Betriebsgeheimnisse]

Der Handelsvertreter darf Geschäfts- und Betriebsgeheimnisse, die ihm anvertraut oder als solche durch seine Tätigkeit für den Unternehmer bekanntgeworden sind, auch nach Beendigung des Vertragsverhältnisses nicht verwerten oder anderen mitteilen, soweit dies nach den gesamten Umständen der Berufsauffassung eines ordentlichen Kaufmannes widersprechen würde.

§ 90 a [Wettbewerbsabrede]

(1) Eine Vereinbarung, die den Handelsvertreter nach Beendigung des Vertragsverhältnisses in seiner gewerblichen Tätigkeit beschränkt (Wettbewerbsabrede), bedarf der Schriftform und der Aushändigung einer vom Unternehmer unterzeichneten, die vereinbarten Bestimmungen enthaltenden Urkunde an den Handelsvertreter. Die Abrede kann nur für längstens zwei Jahre von der Beendigung des Vertragsverhältnisses an getroffen werden; sie darf sich nur auf den dem Handelsvertreter zugewiesenen Bezirk oder Kundenkreis und nur auf die Gegenstände erstrecken, hinsichtlich deren sich der Handelsvertreter um die Vermittlung oder den Abschluß von Geschäften für den Unternehmer zu bemühen hat. Der Unternehmer ist verpflichtet, dem Handelsvertreter für die Dauer der Wettbewerbsbeschränkung eine angemessene Entschädigung zu zahlen.
(2) Der Unternehmer kann bis zum Ende des Vertragsverhältnisses schriftlich auf die Wettbewerbsbeschränkung mit der Wirkung verzichten, daß er mit dem Ablauf von sechs Monaten seit der Erklärung von der Verpflichtung zur Zahlung der Entschädigung frei wird.

Kündigt der Unternehmer das Vertragsverhältnis aus wichtigem Grund wegen schuldhaften Verhaltens des Handelsvertreters, so hat dieser keinen Anspruch auf Entschädigung.
(3) Kündigt der Handelsvertreter das Vertragsverhältnis aus wichtigem Grund wegen schuldhaften Verhaltens des Unternehmers, so kann er sich durch schriftliche Erklärung binnen einem Monat nach der Kündigung von der Wettbewerbsabrede lossagen.
(4) Abweichende für den Handelsvertreter nachteilige Vereinbarungen können nicht getroffen werden.

§ 91 [Vollmachten]

(1) § 55 gilt auch für einen Handelsvertreter, der zum Abschluß von Geschäften von einem Unternehmer bevollmächtigt ist, der nicht Kaufmann ist.
(2) Ein Handelsvertreter gilt, auch wenn ihm keine Vollmacht zum Abschluß von Geschäften erteilt ist, als ermächtigt, die Anzeige von Mängeln einer Ware, die Erklärung, daß eine Ware zur Verfügung gestellt werde, sowie ähnliche Erklärungen, durch die ein Dritter seine Rechte aus mangelhafter Leistung geltend macht oder sich vorbehält, entgegenzunehmen; er kann die dem Unternehmer zustehenden Rechte auf Sicherung des Beweises geltend machen. Eine Beschränkung dieser Rechte braucht ein Dritter gegen sich nur gelten zu lassen, wenn er sie kannte oder kennen mußte.

§ 91 a [Mangel an Vertretungsmacht]

(1) Hat ein Handelsvertreter, der nur mit der Vermittlung von Geschäften betraut ist, ein Geschäft im Namen des Unternehmers abgeschlossen, und war dem Dritten der Mangel an Vertretungsmacht nicht bekannt, so gilt das Geschäft als von dem Unternehmer genehmigt, wenn dieser nicht unverzüglich, nachdem er von dem Handelsvertreter oder dem Dritten über Abschluß und wesentlichen Inhalt benachrichtigt worden ist, dem Dritten gegenüber das Geschäft ablehnt.
(2) Das gleiche gilt, wenn ein Handelsvertreter, der mit dem Abschluß von Geschäften betraut ist, ein Geschäft im Namen des Unternehmers abgeschlossen hat, zu dessen Abschluß er nicht bevollmächtigt ist.

§ 92 [Versicherungsvertreter]

(1) Versicherungsvertreter ist, wer als Handelsvertreter damit betraut ist, Versicherungsverträge zu vermitteln oder abzuschließen.
(2) Für das Vertragsverhältnis zwischen dem Versicherungsvertreter und dem Versicherer gelten die Vorschriften für das Vertragsverhältnis zwischen dem Handelsvertreter und dem Unternehmer vorbehaltlich der Absätze 3 und 4.
(3) In Abweichung von § 87 Abs. 1 Satz 1 hat ein Versicherungsvertreter Anspruch auf Provision nur für Geschäfte, die auf seine Tätigkeit zurückzuführen sind. § 87 Abs. 2 gilt nicht für Versicherungsvertreter.
(4) Der Versicherungsvertreter hat Anspruch auf Provision (§ 87 a Abs. 1), sobald der Versicherungsnehmer die Prämie gezahlt hat, aus der sich die Provision nach dem Vertragsverhältnis berechnet.
(5) Die Vorschriften der Absätze 1 bis 4 gelten sinngemäß für Bausparkassenvertreter.

§ 92 a [Mindestarbeitsbedingungen]

(1) Für das Vertragsverhältnis eines Handelsvertreters, der vertraglich nicht für weitere Unternehmer tätig werden darf oder dem dies nach Art und Umfang der von ihm verlangten Tätigkeit nicht möglich ist, kann der Bundesminister der Justiz im Einvernehmen mit den Bundesministern für Wirtschaft und für Arbeit nach Anhörung von Verbänden der Handelsvertreter und der Unternehmer durch Rechtsverordnung, die nicht der Zustimmung des Bundesrates bedarf, die untere Grenze der vertraglichen Leistungen des Unternehmers

festsetzen, um die notwendigen sozialen und wirtschaftlichen Bedürfnisse dieser Handelsvertreter oder einer bestimmten Gruppe von ihnen sicherzustellen. Die festgesetzten Leistungen können vertraglich nicht ausgeschlossen oder beschränkt werden.

(2) Absatz 1 gilt auch für das Vertragsverhältnis eines Versicherungsvertreters, der auf Grund eines Vertrages oder mehrerer Verträge damit betraut ist, Geschäfte für mehrere Versicherer zu vermitteln oder abzuschließen, die zu einem Versicherungskonzern oder zu einer zwischen ihnen bestehenden Organisationsgemeinschaft gehören, sofern die Beendigung des Vertragsverhältnisses mit einem dieser Versicherer im Zweifel auch die Beendigung des Vertragsverhältnisses mit den anderen Versicherern zur Folge haben würde. In diesem Falle kann durch Rechtsverordnung, die nicht der Zustimmung des Bundesrates bedarf, außerdem bestimmt werden, ob die festgesetzten Leistungen von allen Versicherern als Gesamtschuldnern oder anteilig oder nur von einem der Versicherer geschuldet werden und wie der Ausgleich unter ihnen zu erfolgen hat.

§ 92 b [Handelsvertreter im Nebenberuf]

(1) Auf einen Handelsvertreter im Nebenberuf sind §§ 89 und 89 b nicht anzuwenden. Ist das Vertragsverhältnis auf unbestimmte Zeit eingegangen, so kann es mit einer Frist von einem Monat für den Schluß eines Kalendermonats gekündigt werden; wird eine andere Kündigungsfrist vereinbart, so muß sie für beide Teile gleich sein. Der Anspruch auf einen angemessenen Vorschuß nach § 87 a Abs. 1 Satz 2 kann ausgeschlossen werden.

(2) Auf Absatz 1 kann sich nur der Unternehmer berufen, der den Handelsvertreter ausdrücklich als Handelsvertreter im Nebenberuf mit der Vermittlung oder dem Abschluß von Geschäften betraut hat.

(3) Ob ein Handelsvertreter nur als Handelsvertreter im Nebenberuf tätig ist, bestimmt sich nach der Verkehrsauffassung.

(4) Die Vorschriften der Absätze 1 bis 3 gelten sinngemäß für Versicherungsvertreter und für Bausparkassenvertreter.

§ 92 c [Handelsvertreter ohne Niederlassung im Inland]

(1) Hat der Handelsvertreter seine Tätigkeit für den Unternehmer nach dem Vertrag nicht innerhalb des Gebietes der Europäischen Gemeinschaft oder der anderen Vertragsstaaten des Abkommens über den Europäischen Wirtschaftsraum auszuüben, so kann hinsichtlich aller Vorschriften dieses Abschnittes etwas anderes vereinbart werden.

(2) Das gleiche gilt, wenn der Handelsvertreter mit der Vermittlung oder dem Abschluß von Geschäften betraut wird, die die Befrachtung, Abfertigung oder Ausrüstung von Schiffen oder die Buchung von Passagen auf Schiffen zum Gegenstand haben.

Achter Abschnitt
Handelsmakler

§ 93 [Begriff]

(1) Wer gewerbsmäßig für andere Personen, ohne von ihnen auf Grund eines Vertragsverhältnisses ständig damit betraut zu sein, die Vermittlung von Verträgen über Anschaffung oder Veräußerung von Waren oder Wertpapieren, über Versicherungen, Güterbeförderungen, Schiffsmiete oder sonstige Gegenstände des Handelsverkehrs übernimmt, hat die Rechte und Pflichten eines Handelsmaklers.

(2) Auf die Vermittlung anderer als der bezeichneten Geschäfte, insbesondere auf die Vermittlung von Geschäften über unbewegliche Sachen, finden, auch wenn die Vermittlung durch einen Handelsmakler erfolgt, die Vorschriften dieses Abschnitts keine Anwendung.

§ 94 [Schlußnote]

(1) Der Handelsmakler hat, sofern nicht die Parteien ihm dies erlassen oder der Ortsgebrauch mit Rücksicht auf die Gattung der Ware davon entbindet, unverzüglich nach dem Abschlusse des Geschäfts jeder Partei eine von ihm unterzeichnete Schlußnote zuzustellen, welche die Parteien, den Gegenstand und die Bedingungen des Geschäfts, insbesondere bei Verkäufen von Waren oder Wertpapieren deren Gattung und Menge sowie den Preis und die Zeit der Lieferung, enthält.

(2) Bei Geschäften, die nicht sofort erfüllt werden sollen, ist die Schlußnote den Parteien zu ihrer Unterschrift zuzustellen und jeder Partei die von der anderen unterschriebene Schlußnote zu übersenden.

(3) Verweigert eine Partei die Annahme oder Unterschrift der Schlußnote, so hat der Handelsmakler davon der anderen Partei unverzüglich Anzeige zu machen.

§ 95 [Bindung bei Annahme der Schlußnote]

(1) Nimmt eine Partei eine Schlußnote an, in der sich der Handelsmakler die Bezeichnung der anderen Partei vorbehalten hat, so ist sie an das Geschäft mit der Partei, welche ihr nachträglich bezeichnet wird, gebunden, es sei denn, daß gegen diese begründete Einwendungen zu erheben sind.

(2) Die Bezeichnung der anderen Partei hat innerhalb der ortsüblichen Frist, in Ermangelung einer solchen innerhalb einer den Umständen nach angemessenen Frist zu erfolgen.

(3) Unterbleibt die Bezeichnung oder sind gegen die bezeichnete Person oder Firma begründete Einwendungen zu erheben, so ist die Partei befugt, den Handelsmakler auf die Erfüllung des Geschäfts in Anspruch zu nehmen. Der Anspruch ist ausgeschlossen, wenn sich die Partei auf die Aufforderung des Handelsmaklers nicht unverzüglich darüber erklärt, ob sie Erfüllung verlange.

§ 96 [Aufbewahrung der Probe]

Der Handelsmakler hat, sofern nicht die Parteien ihm dies erlassen oder der Ortsgebrauch mit Rücksicht auf die Gattung der Ware davon entbindet, von jeder durch seine Vermittlung nach Probe verkauften Ware die Probe, falls sie ihm übergeben ist, so lange aufzubewahren, bis die Ware ohne Einwendung gegen ihre Beschaffenheit angenommen oder das Geschäft in anderer Weise erledigt wird. Er hat die Probe durch ein Zeichen kenntlich zu machen.

§ 97 [Keine Empfangsermächtigung des Maklers]

Der Handelsmakler gilt nicht als ermächtigt, eine Zahlung oder eine andere im Vertrage bedungene Leistung in Empfang zu nehmen.

§ 98 [Haftung]

Der Handelsmakler haftet jeder der beiden Parteien für den durch sein Verschulden entstehenden Schaden.

§ 99 [Maklerlohn]

Ist unter den Parteien nichts darüber vereinbart, wer den Maklerlohn bezahlen soll, so ist er in Ermangelung eines abweichenden Ortsgebrauchs von jeder Partei zur Hälfte zu entrichten.

§ 100 [Maklertagebuch]

(1) Der Handelsmakler ist verpflichtet, ein Tagebuch zu führen und in dieses alle abgeschlossenen Geschäfte täglich einzutragen. Die Eintragungen sind nach der Zeitfolge zu bewirken; sie haben die in § 94 Abs. 1 bezeichneten Angaben zu enthalten. Das Eingetragene ist von dem Handelsmakler täglich zu unterzeichnen.

(2) Die Vorschriften der §§ 239 und 257 über die Einrichtung und Aufbewahrung der Handelsbücher finden auf das Tagebuch des Handelsmaklers Anwendung.

§ 101 [Auszüge aus dem Tagebuch]

Der Handelsmakler ist verpflichtet, den Parteien jederzeit auf Verlangen Auszüge aus dem Tagebuche zu geben, die von ihm unterzeichnet sind und alles enthalten, was von ihm in Ansehung des vermittelten Geschäfts eingetragen ist.

§ 102 [Vorlegung im Prozeß]

Im Laufe eines Rechtsstreits kann das Gericht auch ohne Antrag einer Partei die Vorlegung des Tagebuchs anordnen, um es mit der Schlußnote, den Auszügen oder anderen Beweismitteln zu vergleichen.

§ 103 [Ordnungswidrigkeiten]

(1) Ordnungswidrig handelt, wer als Handelsmakler

1. vorsätzlich oder fahrlässig ein Tagebuch über die abgeschlossenen Geschäfte zu führen unterläßt oder das Tagebuch in einer Weise führt, die dem § 100 Abs. 1 widerspricht oder
2. ein solches Tagebuch vor Ablauf der gesetzlichen Aufbewahrungsfrist vernichtet.

(2) Die Ordnungswidrigkeit kann mit einer Geldbuße bis zu zehntausend Deutsche Mark geahndet werden.

§ 104 [Vermittlung von Warengeschäften im Kleinverkehr]

Auf Personen, welche die Vermittlung von Warengeschäften im Kleinverkehre besorgen, finden die Vorschriften über Schlußnoten und Tagebücher keine Anwendung. Auf Personen, welche die Vermittlung von Versicherungs- oder Bausparverträgen übernehmen, sind die Vorschriften über Tagebücher nicht anzuwenden.

Zweites Buch

Handelsgesellschaften und stille Gesellschaft

Erster Abschnitt

Offene Handelsgesellschaft

Erster Titel

Errichtung der Gesellschaft

§ 105 [Begriff der OHG – Anwendbarkeit des BGB]

(1) Eine Gesellschaft, deren Zweck auf den Betrieb eines Handelsgewerbes unter gemeinschaftlicher Firma gerichtet ist, ist eine offene Handelsgesellschaft, wenn bei keinem der Gesellschafter die Haftung gegenüber den Gesellschaftsgläubigern beschränkt ist.

(2) Auf die offene Handelsgesellschaft finden, soweit nicht in diesem Abschnitt ein anderes vorgeschrieben ist, die Vorschriften des Bürgerlichen Gesetzbuchs über die Gesellschaft Anwendung.

§ 106 [Anmeldung]

(1) Die Gesellschaft ist bei dem Gericht, in dessen Bezirke sie ihren Sitz hat, zur Eintragung in das Handelsregister anzumelden.

(2) Die Anmeldung hat zu enthalten:

1. den Namen, Vornamen, Stand und Wohnort jedes Gesellschafters;
2. die Firma der Gesellschaft und den Ort, wo sie ihren Sitz hat;
3. den Zeitpunkt, mit welchem die Gesellschaft begonnen hat.

§ 107 [Änderungsanmeldung]

Wird die Firma einer Gesellschaft geändert oder der Sitz der Gesellschaft an einen anderen Ort verlegt oder tritt ein neuer Gesellschafter in die Gesellschaft ein, so ist dies ebenfalls zur Eintragung in das Handelsregister anzumelden.

§ 108 [Bewirkung der Anmeldungen]

(1) Die Anmeldungen sind von sämtlichen Gesellschaftern zu bewirken.

(2) Die Gesellschafter, welche die Gesellschaft vertreten sollen, haben die Firma nebst ihrer Namensunterschrift zur Aufbewahrung bei dem Gerichte zu zeichnen.

Zweiter Titel

Rechtsverhältnis der Gesellschafter untereinander

§ 109 [Gesellschaftsvertrag]

Das Rechtsverhältnis der Gesellschafter untereinander richtet sich zunächst nach dem Gesellschaftsvertrage; die Vorschriften der §§ 110 bis 122 finden nur insoweit Anwendung, als nicht durch den Gesellschaftsvertrag ein anderes bestimmt ist.

§ 110 [Ersatz für Aufwendungen und Verluste]

(1) Macht der Gesellschafter in den Gesellschaftsangelegenheiten Aufwendungen, die er den Umständen nach für erforderlich halten darf, oder erleidet er unmittelbar durch seine Geschäftsführung oder aus Gefahren, die mit ihr untrennbar verbunden sind, Verluste, so ist ihm die Gesellschaft zum Ersatze verpflichtet.

(2) Aufgewendetes Geld hat die Gesellschaft von der Zeit der Aufwendung an zu verzinsen.

§ 111 [Verspätete Einlage oder Ablieferung von Gesellschaftsgeld, unbefugte Entnahme]

(1) Ein Gesellschafter, der seine Geldeinlage nicht zur rechten Zeit einzahlt oder eingenommenes Gesellschaftsgeld nicht zur rechten Zeit an die Gesellschaftskasse abliefert oder unbefugt Geld aus der Gesellschaftskasse für sich entnimmt, hat Zinsen von dem Tage an zu entrichten, an welchem die Zahlung oder die Ablieferung hätte geschehen sollen oder die Herausnahme des Geldes erfolgt ist.

(2) Die Geltendmachung eines weiteren Schadens ist nicht ausgeschlossen.

§ 112 [Wettbewerbsverbot]

(1) Ein Gesellschafter darf ohne Einwilligung der anderen Gesellschafter weder in dem Handelszweige der Gesellschaft Geschäfte machen noch an einer anderen gleichartigen Handelsgesellschaft als persönlich haftender Gesellschafter teilnehmen.

(2) Die Einwilligung zur Teilnahme an einer anderen Gesellschaft gilt als erteilt, wenn den übrigen Gesellschaftern bei Eingehung der Gesellschaft bekannt ist, daß der Gesellschafter an einer anderen Gesellschaft als persönlich haftender Gesellschafter teilnimmt, und gleichwohl die Aufgabe dieser Beteiligung nicht ausdrücklich bedungen wird.

§ 113 [Verletzung des Wettbewerbsverbots]

(1) Verletzt ein Gesellschafter die ihm nach § 112 obliegende Verpflichtung, so kann die Gesellschaft Schadenersatz fordern; sie kann statt dessen von dem Gesellschafter verlangen, daß er die für eigene Rechnung gemachten Geschäfte als für Rechnung der Gesellschaft eingegangen gelten lasse und die aus Geschäften für fremde Rechnung bezogene Vergütung herausgebe oder seinen Anspruch auf die Vergütung abtrete.

(2) Über die Geltendmachung dieser Ansprüche beschließen die übrigen Gesellschafter.

(3) Die Ansprüche verjähren in drei Monaten von dem Zeitpunkt an, in welchem die übrigen Gesellschafter von dem Abschlusse des Geschäfts oder von der Teilnahme des Gesellschafters an der anderen Gesellschaft Kenntnis erlangen; sie verjähren ohne Rücksicht auf diese Kenntnis in fünf Jahren von ihrer Entstehung an.

(4) Das Recht der Gesellschafter, die Auflösung der Gesellschaft zu verlangen, wird durch diese Vorschriften nicht berührt.

§ 114 [Geschäftsführung]
(1) Zur Führung der Geschäfte der Gesellschaft sind alle Gesellschafter berechtigt und verpflichtet.
(2) Ist im Gesellschaftsvertrage die Geschäftsführung einem Gesellschafter oder mehreren Gesellschaftern übertragen, so sind die übrigen Gesellschafter von der Geschäftsführung ausgeschlossen.

§ 115 [Mehrere geschäftsführende Gesellschafter]
(1) Steht die Geschäftsführung allen oder mehreren Gesellschaftern zu, so ist jeder von ihnen allein zu handeln berechtigt; widerspricht jedoch ein anderer geschäftsführender Gesellschafter der Vornahme einer Handlung, so muß diese unterbleiben.
(2) Ist im Gesellschaftsvertrage bestimmt, daß die Gesellschafter, denen die Geschäftsführung zusteht, nur zusammen handeln können, so bedarf es für jedes Geschäft der Zustimmung aller geschäftsführenden Gesellschafter, es sei denn, daß Gefahr im Verzug ist.

§ 116 [Umfang der Geschäftsführung]
(1) Die Befugnis zur Geschäftsführung erstreckt sich auf alle Handlungen, die der gewöhnliche Betrieb des Handelsgewerbes der Gesellschaft mit sich bringt.
(2) Zur Vornahme von Handlungen, die darüber hinausgehen, ist ein Beschluß sämtlicher Gesellschafter erforderlich.
(3) Zur Bestellung eines Prokuristen bedarf es der Zustimmung aller geschäftsführenden Gesellschafter, es sei denn, daß Gefahr im Verzuge ist. Der Widerruf der Prokura kann von jedem der zur Erteilung oder zur Mitwirkung bei der Erteilung befugten Gesellschafter erfolgen.

§ 117 [Entzug der Geschäftsführung]
Die Befugnis zur Geschäftsführung kann einem Gesellschafter auf Antrag der übrigen Gesellschafter durch gerichtliche Entscheidung entzogen werden, wenn ein wichtiger Grund vorliegt; ein solcher Grund ist insbesondere grobe Pflichtverletzung oder Unfähigkeit zur ordnungsmäßigen Geschäftsführung.

§ 118 [Kontrollrecht des Gesellschafters]
(1) Ein Gesellschafter kann, auch wenn er von der Geschäftsführung ausgeschlossen ist, sich von den Angelegenheiten der Gesellschaft persönlich unterrichten, die Handelsbücher und die Papiere der Gesellschaft einsehen und sich aus ihnen eine Bilanz und einen Jahresabschluß anfertigen.
(2) Eine dieses Recht ausschließende oder beschränkende Vereinbarung steht der Geltendmachung des Rechtes nicht entgegen, wenn Grund zu der Annahme unredlicher Geschäftsführung besteht.

§ 119 [Beschlußfassung]
(1) Für die von den Gesellschaftern zu fassenden Beschlüsse bedarf es der Zustimmung aller zur Mitwirkung bei der Beschlußfassung berufenen Gesellschafter.
(2) Hat nach dem Gesellschaftsvertrage die Mehrheit der Stimmen zu entscheiden, so ist die Mehrheit im Zweifel nach der Zahl der Gesellschafter zu berechnen.

§ 120 [Ermittlung von Gewinn und Verlust]
(1) Am Schlusse jedes Geschäftsjahrs wird auf Grund der Bilanz der Gewinn oder der Verlust des Jahres ermittelt und für jeden Gesellschafter sein Anteil daran berechnet.
(2) Der einem Gesellschafter zukommende Gewinn wird dem Kapitalanteile des Gesellschafters zugeschrieben; der auf einen Gesellschafter entfallende Verlust sowie das während des Geschäftsjahrs auf den Kapitalanteil entnommene Geld wird davon abgeschrieben.

§ 121 [Gewinn- und Verlustverteilung]

(1) Von dem Jahresgewinne gebührt jedem Gesellschafter zunächst ein Anteil in Höhe von vier vom Hundert seines Kapitalanteils. Reicht der Jahresgewinn hierzu nicht aus, so bestimmen sich die Anteile nach einem entsprechend niedrigeren Satze.

(2) Bei der Berechnung des nach Absatz 1 einem Gesellschafter zukommenden Gewinnanteils werden Leistungen, die der Gesellschafter im Laufe des Geschäftsjahrs als Einlage gemacht hat, nach dem Verhältnisse der seit der Leistung abgelaufenen Zeit berücksichtigt. Hat der Gesellschafter im Laufe des Geschäftsjahrs Geld auf seinen Kapitalanteil entnommen, so werden die entnommenen Beträge nach dem Verhältnis der bis zur Entnahme abgelaufenen Zeit berücksichtigt.

(3) Derjenige Teil des Jahresgewinns, welcher die nach den Absätzen 1 und 2 zu berechnenden Gewinnanteile übersteigt, sowie der Verlust eines Geschäftsjahrs wird unter die Gesellschafter nach Köpfen verteilt.

§ 122 [Entnahmen]

(1) Jeder Gesellschafter ist berechtigt, aus der Gesellschaftskasse Geld bis zum Betrage von vier vom Hundert seines für das letzte Geschäftsjahr festgestellten Kapitalanteils zu seinen Lasten zu erheben und, soweit es nicht zum offenbaren Schaden der Gesellschaft gereicht, auch die Auszahlung seines den bezeichneten Betrag übersteigenden Anteils am Gewinne des letzten Jahres zu verlangen.

(2) Im übrigen ist ein Gesellschafter nicht befugt, ohne Einwilligung der anderen Gesellschafter seinen Kapitalanteil zu vermindern.

Dritter Titel

Rechtsverhältnis der Gesellschafter zu Dritten

§ 123 [Wirksamkeit der OHG]

(1) Die Wirksamkeit der offenen Handelsgesellschaft tritt im Verhältnis zu Dritten mit dem Zeitpunkt ein, in welchem die Gesellschaft in das Handelsregister eingetragen wird.

(2) Beginnt die Gesellschaft ihre Geschäfte schon vor der Eintragung, so tritt die Wirksamkeit mit dem Zeitpunkte des Geschäftsbeginns ein, soweit nicht aus § 2 sich ein anderes ergibt.

(3) Eine Vereinbarung, daß die Gesellschaft erst mit einem späteren Zeitpunkt ihren Anfang nehmen soll, ist Dritten gegenüber unwirksam.

§ 124 [Rechtsfähigkeit]

(1) Die offene Handelsgesellschaft kann unter ihrer Firma Rechte erwerben und Verbindlichkeiten eingehen, Eigentum und andere dingliche Rechte an Grundstücken erwerben, vor Gericht klagen und verklagt werden.

(2) Zur Zwangsvollstreckung in das Gesellschaftsvermögen ist ein gegen die Gesellschaft gerichteter vollstreckbarer Schuldtitel erforderlich.

§ 125 [Vertretung der Gesellschaft]

(1) Zur Vertretung der Gesellschaft ist jeder Gesellschafter ermächtigt, wenn er nicht durch den Gesellschaftsvertrag von der Vertretung ausgeschlossen ist.

(2) Im Gesellschaftsvertrage kann bestimmt werden, daß alle oder mehrere Gesellschafter nur in Gemeinschaft zur Vertretung der Gesellschaft ermächtigt sein sollen (Gesamtvertretung). Die zur Gesamtvertretung berechtigten Gesellschafter könnten einzelne von ihnen zur Vornahme bestimmter Geschäfte oder bestimmter Arten von Geschäften ermächtigen. Ist der Gesellschaft gegenüber eine Willenserklärung abzugeben, so genügt die Abgabe gegenüber einem der zur Mitwirkung bei der Vertretung befugten Gesellschafter.

(3) Im Gesellschaftsvertrage kann bestimmt werden, daß die Gesellschafter, wenn nicht mehrere zusammen handeln, nur in Gemeinschaft mit einem Prokuristen zur Vertretung der Gesellschaft ermächtigt sein sollen. Die Vorschriften des Absatzes 2 Satz 2 und 3 finden in diesem Falle entsprechende Anwendung.

(4) Der Ausschluß eines Gesellschafters von der Vertretung, die Anordnung einer Gesamtvertretung oder eine gemäß Absatz 3 Satz 1 getroffene Bestimmung sowie jede Änderung in der Vertretungsmacht eines Gesellschafters ist von sämtlichen Gesellschaftern zur Eintragung in das Handelsregister anzumelden.

§ 125 a [Angaben auf Geschäftsbriefen]

(1) Bei einer Gesellschaft, bei der kein Gesellschafter eine natürliche Person ist, müssen auf allen Geschäftsbriefen, die an einen bestimmten Empfänger gerichtet werden, die Rechtsform und der Sitz der Gesellschaft, das Registergericht des Sitzes der Gesellschaft und die Nummer, unter der die Gesellschaft in das Handelsregister eingetragen ist, sowie die Firmen der Gesellschafter angegeben werden. Ferner sind auf den Geschäftsbriefen der Gesellschaft für die Gesellschafter die nach § 35 a des Gesetzes betreffend die Gesellschaften mit beschränkter Haftung oder § 80 des Aktiengesetzes für Geschäftsbriefe vorgeschriebenen Angaben zu machen. Diese Angaben sind nicht erforderlich, wenn zu den Gesellschaften der Gesellschaft eine offene Handelsgesellschaft oder Kommanditgesellschaft gehört, bei der ein persönlich haftender Gesellschafter eine natürliche Person ist.

(2) Für Vordrucke und Bestellscheine ist § 35 a Abs. 2 und 3 des Gesetzes betreffend die Gesellschaften mit beschränkter Haftung, für Zwangsgelder gegen die organschaftlichen Vertreter der zur Vertretung der Gesellschaft ermächtigten Gesellschafter und die Liquidatoren ist § 79 Abs. 1 des Gesetzes betreffend die Gesellschaften mit beschränkter Haftung sinngemäß anzuwenden.

§ 126 [Umfang der Vertretungsmacht]

(1) Die Vertretungsmacht der Gesellschafter erstreckt sich auf alle gerichtlichen und außergerichtlichen Geschäfte und Rechtshandlungen einschließlich der Veräußerung und Belastung von Grundstücken sowie der Erteilung und des Widerrufs einer Prokura.

(2) Eine Beschränkung des Umfanges der Vertretungsmacht ist Dritten gegenüber unwirksam; dies gilt insbesondere von der Beschränkung, daß sich die Vertretung nur auf gewisse Geschäfte oder Arten von Geschäften erstrecken oder daß sie nur unter gewissen Umständen oder für eine gewisse Zeit oder an einzelnen Orten stattfinden soll.

(3) In betreff der Beschränkung auf den Betrieb einer von mehreren Niederlassungen der Gesellschaft finden die Vorschriften des § 50 Abs. 3 entsprechende Anwendung.

§ 127 [Entzug der Vertretungsmacht]

Die Vertretungsmacht kann einem Gesellschafter auf Antrag der übrigen Gesellschafter durch gerichtliche Entscheidung entzogen werden, wenn ein wichtiger Grund vorliegt; ein solcher Grund ist insbesondere grobe Pflichtverletzung oder Unfähigkeit zur ordnungsgemäßen Vertretung der Gesellschaft.

§ 128 [Persönliche Haftung der Gesellschafter]

Die Gesellschafter haften für die Verbindlichkeiten der Gesellschaft den Gläubigern als Gesamtschuldner persönlich. Eine entgegenstehende Vereinbarung ist Dritten gegenüber unwirksam.

§ 129 [Einwendungen des Gesellschafters]

(1) Wird ein Gesellschafter wegen einer Verbindlichkeit der Gesellschaft in Anspruch genommen, so kann er Einwendungen, die nicht in seiner Person begründet sind, nur insoweit geltend machen, als sie von der Gesellschaft erhoben werden können.

(2) Der Gesellschafter kann die Befriedigung des Gläubigers verweigern, solange der Gesellschaft das Recht zusteht, das ihrer Verbindlichkeit zugrunde liegende Rechtsgeschäft anzufechten.

(3) Die gleiche Befugnis hat der Gesellschafter, solange sich der Gläubiger durch Aufrechnung gegen eine fällige Forderung der Gesellschaft befriedigen kann.

(4) Aus einem gegen die Gesellschaft gerichteten vollstreckbaren Schuldtitel findet die Zwangsvollstreckung gegen die Gesellschafter nicht statt.

§ 129 a [Kapitalersetzende Darlehen]

Bei einer offenen Handelsgesellschaft, bei der kein Gesellschafter eine natürliche Person ist, gelten die §§ 32 a und 32 b des Gesetzes betreffend die Gesellschaften mit beschränkter Haftung sinngemäß mit der Maßgabe, daß an die Stelle der Gesellschafter der Gesellschaft mit beschränkter Haftung die Gesellschafter oder Mitglieder der Gesellschafter der offenen Handelsgesellschaft treten. Dies gilt nicht, wenn zu den Gesellschaftern der offenen Handelsgesellschaft eine andere offene Handelsgesellschaft oder Kommanditgesellschaft gehört, bei der ein persönlich haftender Gesellschafter eine natürliche Person ist.

§ 130 [Haftung bei Eintritt in eine bestehende Gesellschaft]

(1) Wer in eine bestehende Gesellschaft eintritt, haftet gleich den anderen Gesellschaftern nach Maßgabe der §§ 128 und 129 für die vor seinem Eintritte begründeten Verbindlichkeiten der Gesellschaft, ohne Unterschied, ob die Firma eine Änderung erleidet oder nicht.

(2) Eine entgegenstehende Vereinbarung ist Dritten gegenüber unwirksam.

§ 130 a [Pflichten bei Zahlungsunfähigkeit oder Überschuldung]

(1) Wird eine Gesellschaft, bei der kein Gesellschafter eine natürliche Person ist, zahlungsunfähig oder deckt das Vermögen der Gesellschaft nicht mehr die Schulden, so ist die Eröffnung des Konkursverfahrens oder eines gerichtlichen Vergleichsverfahrens zu beantragen; dies gilt nicht, wenn zu den Gesellschaftern der offenen Handelsgesellschaft eine andere offene Handelsgesellschaft oder Kommanditgesellschaft gehört, bei der ein persönlich haftender Gesellschafter eine natürliche Person ist. Antragspflichtig sind die organschaftlichen Vertreter der zur Vertretung der Gesellschaft ermächtigten Gesellschafter und die Liquidatoren. Der Antrag ist ohne schuldhaftes Zögern, spätestens aber drei Wochen nach Eintritt der Zahlungsunfähigkeit oder der Überschuldung der Gesellschaft zu stellen. Der Antrag ist nicht schuldhaft verzögert, wenn die Antragspflichtigen die Eröffnung des gerichtlichen Vergleichsverfahrens mit der Sorgfalt eines ordentlichen und gewissenhaften Geschäftsleiters betreiben.

(2) Nachdem die Zahlungsunfähigkeit der Gesellschaft eingetreten ist oder sich ihre Überschuldung ergeben hat, dürfen die organschaftlichen Vertreter der zur Vertretung der Gesellschaft ermächtigten Gesellschafter und die Liquidatoren für die Gesellschaft keine Zahlungen leisten. Dies gilt nicht von Zahlungen, die auch nach diesem Zeitpunkt mit der Sorgfalt eines ordentlichen und gewissenhaften Geschäftsleiters vereinbar sind.

(3) Wird entgegen Absatz 1 die Eröffnung des Konkursverfahrens oder des gerichtlichen Vergleichsverfahrens nicht oder nicht rechtzeitig beantragt oder werden entgegen Absatz 2 Zahlungen geleistet, nachdem die Zahlungsunfähigkeit der Gesellschaft eingetreten ist oder sich ihre Überschuldung ergeben hat, so sind die organschaftlichen Vertreter der zur Vertretung der Gesellschaft ermächtigten Gesellschafter und die Liquidatoren der Gesellschaft gegenüber zum Ersatz des daraus entstehenden Schadens als Gesamtschuldner verpflichtet. Ist dabei streitig, ob sie die Sorgfalt eines ordentlichen und gewissenhaften Geschäftsleiters angewandt haben, so trifft sie die Beweislast. Die Ersatzpflicht kann durch Vereinbarung mit den Gesellschaftern weder eingeschränkt noch ausgeschlossen

werden. Soweit der Ersatz zur Befriedigung der Gläubiger der Gesellschaft erforderlich ist, wird die Ersatzpflicht weder durch einen Verzicht oder Vergleich der Gesellschaft noch dadurch aufgehoben, daß die Handlung auf einem Beschluß der Gesellschafter beruht. Ein Zwangsvergleich oder ein im Vergleichsverfahren geschlossener Vergleich wirkt für und gegen die Forderung der Gesellschaft. Die Ansprüche aus diesen Vorschriften verjähren in fünf Jahren.

(4) Diese Vorschriften gelten sinngemäß, wenn die in den Absätzen 1 bis 3 genannten organschaftlichen Vertreter ihrerseits Gesellschaften sind, bei denen kein Gesellschafter eine natürliche Person ist, oder sich die Verbindung von Gesellschaften in dieser Art fortsetzt.

§ 130 b [Strafvorschrift]

(1) Mit Freiheitsstrafe bis zu drei Jahren oder mit Geldstrafe wird bestraft, wer es entgegen § 130 a Abs. 1 oder 4 unterläßt, als organschaftlicher Vertreter oder Liquidator bei Zahlungsunfähigkeit oder Überschuldung der Gesellschaft die Eröffnung des Konkursverfahrens oder des gerichtlichen Vergleichsverfahrens zu beantragen.

(2) Handelt der Täter fahrlässig, so ist die Strafe Freiheitsstrafe bis zu einem Jahr oder Geldstrafe.

Vierter Titel

Auflösung der Gesellschaft und Ausscheiden von Gesellschaftern

§ 131 [Auflösungsgründe]

Die offene Handelsgesellschaft wird aufgelöst:

1. durch den Ablauf der Zeit, für welche sie eingegangen ist;
2. durch Beschluß der Gesellschafter;
3. durch die Eröffnung des Konkurses über das Vermögen der Gesellschaft;
4. durch den Tod eines Gesellschafters, sofern nicht aus dem Gesellschaftsvertrage sich ein anderes ergibt;
5. durch die Eröffnung des Konkurses über das Vermögen eines Gesellschafters;
6. durch Kündigung und durch gerichtliche Entscheidung.

§ 132 [Kündigung eines Gesellschafters]

Die Kündigung eines Gesellschafters kann, wenn die Gesellschaft für unbestimmte Zeit eingegangen ist, nur für den Schluß eines Geschäftsjahrs erfolgen; sie muß mindestens sechs Monate vor diesem Zeitpunkte stattfinden.

§ 133 [Auflösung durch gerichtliche Entscheidung]

(1) Auf Antrag eines Gesellschafters kann die Auflösung der Gesellschaft vor dem Ablaufe der für ihre Dauer bestimmten Zeit oder bei einer für unbestimmte Zeit eingegangenen Gesellschaft ohne Kündigung durch gerichtliche Entscheidung ausgesprochen werden, wenn ein wichtiger Grund vorliegt.

(2) Ein solcher Grund ist insbesondere vorhanden, wenn ein anderer Gesellschafter eine ihm nach dem Gesellschaftsvertrag obliegende wesentliche Verpflichtung vorsätzlich oder aus grober Fahrlässigkeit verletzt oder wenn die Erfüllung einer solchen Verpflichtung unmöglich wird.

(3) Eine Vereinbarung, durch welche das Recht des Gesellschafters, die Auflösung der Gesellschaft zu verlangen, ausgeschlossen oder diesen Vorschriften zuwider beschränkt wird, ist nichtig.

§ 134 [Gesellschaft auf Lebenszeit, fortgesetzte Gesellschaft]
Eine Gesellschaft, die für die Lebenszeit eines Gesellschafters eingegangen ist oder nach dem Ablaufe der für ihre Dauer bestimmten Zeit stillschweigend fortgesetzt wird, steht im Sinne der Vorschriften der §§ 132 und 133 einer für unbestimmte Zeit eingegangenen Gesellschaft gleich.

§ 135 [Kündigung durch Privatgläubiger]
Hat ein Privatgläubiger eines Gesellschafters, nachdem innerhalb der letzten sechs Monate eine Zwangsvollstreckung in das bewegliche Vermögen des Gesellschafters ohne Erfolg versucht ist, auf Grund eines nicht bloß vorläufig vollstreckbaren Schuldtitels die Pfändung und Überweisung des Anspruchs auf dasjenige erwirkt, was dem Gesellschafter bei der Auseinandersetzung zukommt, so kann er die Gesellschaft ohne Rücksicht darauf, ob sie für bestimmte oder unbestimmte Zeit eingegangen ist, sechs Monate vor dem Ende des Geschäftsjahrs für diesen Zeitpunkt kündigen.

§ 136 [Fortdauer der Geschäftsführungsbefugnis]
Wird die Gesellschaft in anderer Weise als durch Kündigung aufgelöst, so gilt die Befugnis eines Gesellschafters zur Geschäftsführung zu seinen Gunsten gleichwohl als fortbestehend, bis er von der Auflösung Kenntnis erlangt oder die Auflösung kennen muß.

§ 137 [Tod oder Konkurs eines Gesellschafters]
(1) Wird die Gesellschaft durch den Tod eines Gesellschafters aufgelöst, so hat der Erbe des verstorbenen Gesellschafters den übrigen Gesellschaftern den Tod unverzüglich anzuzeigen und bei Gefahr im Verzuge die von seinem Erblasser zu besorgenden Geschäfte fortzuführen, bis die übrigen Gesellschafter in Gemeinschaft mit ihm anderweit Fürsorge treffen können. Die übrigen Gesellschafter sind in gleicher Weise zur einstweiligen Fortführung der von ihnen zu besorgenden Geschäfte verpflichtet. Die Gesellschaft gilt insoweit als fortbestehend.

(2) Die Vorschriften des Absatzes 1 Satz 2 und 3 finden auch im Falle der Auflösung der Gesellschaft durch die Eröffnung des Konkurses über das Vermögen eines Gesellschafters Anwendung.

§ 138 [Fortbestand nach Ausscheiden eines Gesellschafters]
Ist im Gesellschaftsvertrage bestimmt, daß, wenn ein Gesellschafter kündigt oder stirbt oder wenn der Konkurs über sein Vermögen eröffnet wird, die Gesellschaft unter den übrigen Gesellschaftern fortbestehen soll, so scheidet mit dem Zeitpunkt, in welchem mangels einer solchen Bestimmung die Gesellschaft aufgelöst werden würde, der Gesellschafter, in dessen Person das Ereignis eintritt, aus der Gesellschaft aus.

§ 139 [Fortsetzung mit Erben]
(1) Ist im Gesellschaftsvertrage bestimmt, daß im Falle des Todes eines Gesellschafters die Gesellschaft mit dessen Erben fortgesetzt werden soll, so kann jeder Erbe sein Verbleiben in der Gesellschaft davon abhängig machen, daß ihm unter Belassung des bisherigen Gewinnanteils die Stellung eines Kommanditisten eingeräumt und der auf ihn fallende Teil der Einlage des Erblassers als seine Kommanditeinlage anerkannt wird.

(2) Nehmen die übrigen Gesellschafter einen dahingehenden Antrag des Erben nicht an, so ist dieser befugt, ohne Einhaltung einer Kündigungsfrist sein Ausscheiden aus der Gesellschaft zu erklären.

(3) Die bezeichneten Rechte können von dem Erben nur innerhalb einer Frist von drei Monaten nach dem Zeitpunkt, in welchem er von dem Anfalle der Erbschaft Kenntnis erlangt hat, geltend gemacht werden. Auf den Lauf der Frist finden die für die Verjährung geltenden Vorschriften des § 206 des Bürgerlichen Gesetzbuchs entsprechende Anwendung.

Ist bei dem Ablaufe der drei Monate das Recht zur Ausschlagung der Erbschaft noch nicht verloren, so endigt die die Frist nicht vor dem Ablaufe der Ausschlagungsfrist.

(4) Scheidet innerhalb der Frist des Absatzes 3 der Erbe aus der Gesellschaft aus oder wird innerhalb der Frist die Gesellschaft aufgelöst oder dem Erben die Stellung eines Kommanditisten eingeräumt, so haftet er für die bis dahin entstandenen Gesellschaftsschulden nur nach Maßgabe der die Haftung des Erben für die Nachlaßverbindlichkeiten betreffenden Vorschriften des bürgerlichen Rechtes.

(5) Der Gesellschaftsvertrag kann die Anwendung der Vorschriften der Absätze 1 bis 4 nicht ausschließen; es kann jedoch für den Fall, daß der Erbe sein Verbleiben in der Gesellschaft von der Einräumung der Stellung eines Kommanditisten abhängig macht, sein Gewinnanteil anders als der des Erblassers bestimmt werden.

§ 140 [Ausschließung eines Gesellschafters]

(1) Tritt in der Person eines Gesellschafters ein Umstand ein, der nach § 133 für die übrigen Gesellschafter das Recht begründet, die Auflösung der Gesellschaft zu verlangen, so kann vom Gericht anstatt der Auflösung die Ausschließung dieses Gesellschafters aus der Gesellschaft ausgesprochen werden, sofern die übrigen Gesellschafter dies beantragen.

(2) Für die Auseinandersetzung zwischen der Gesellschaft und dem ausgeschlossenen Gesellschafter ist die Vermögenslage der Gesellschaft in dem Zeitpunkte maßgebend, in welchem die Klage auf Ausschließung erhoben ist.

§ 141 [Fortbestand bei Kündigung durch Privatgläubiger oder Konkurs]

(1) Macht ein Privatgläubiger eines Gesellschafters von dem ihm nach § 135 zustehenden Rechte Gebrauch, so können die übrigen Gesellschafter auf Grund eines von ihnen gefaßten Beschlusses dem Gläubiger erklären, daß die Gesellschaft unter ihnen fortbestehen solle. In diesem Falle scheidet der betreffende Gesellschafter mit dem Ende des Geschäftsjahres aus der Gesellschaft aus.

(2) Diese Vorschriften finden im Falle der Eröffnung des Konkurses über das Vermögen eines Gesellschafters mit der Maßgabe Anwendung, daß die Erklärung gegenüber dem Konkursverwalter zu erfolgen hat und daß der Gemeinschuldner mit dem Zeitpunkte der Eröffnung des Konkurses als aus der Gesellschaft ausgeschieden gilt.

§ 142 [Übernahme durch einen Gesellschafter]

(1) Sind nur zwei Gesellschafter vorhanden, so kann, wenn in der Person des einen von ihnen die Voraussetzungen vorliegen, unter welchen bei einer größeren Zahl von Gesellschaftern seine Ausschließung aus der Gesellschaft zulässig sein würde, der andere Gesellschafter auf seinen Antrag vom Gerichte für berechtigt erklärt werden, das Geschäft ohne Liquidation mit Aktiven und Passiven zu übernehmen.

(2) Macht bei einer aus zwei Gesellschaftern bestehenden Gesellschaft ein Privatgläubiger des einen Gesellschafters von der ihm nach § 135 zustehenden Befugnis Gebrauch oder wird über das Vermögen des einen Gesellschafters der Konkurs eröffnet, so ist der andere Gesellschafter berechtigt, das Geschäft in der bezeichneten Weise zu übernehmen.

(3) Auf die Auseinandersetzung finden die für den Fall des Ausscheidens eines Gesellschafters aus der Gesellschaft geltenden Vorschriften entsprechende Anwendung.

§ 143 [Anmeldung von Auflösung und Ausscheiden]

(1) Die Auflösung der Gesellschaft ist, wenn sie nicht infolge der Eröffnung des Konkurses über das Vermögen der Gesellschaft eintritt, von sämtlichen Gesellschaftern zur Eintragung in das Handelsregister anzumelden.

(2) Das gleiche gilt von dem Ausscheiden eines Gesellschafters aus der Gesellschaft.

(3) Ist anzunehmen, daß der Tod eines Gesellschafters die Auflösung oder das Ausscheiden zur Folge gehabt hat, so kann, auch ohne daß die Erben bei der Anmeldung mitwirken, die Eintragung erfolgen, soweit einer solchen Mitwirkung besondere Hindernisse entgegenstehen.

§ 144 [Fortsetzung nach Gesellschaftskonkurs]

(1) Ist die Gesellschaft durch die Eröffnung des Konkurses über ihr Vermögen aufgelöst, der Konkurs aber nach Abschluß eines Zwangsvergleichs aufgehoben oder auf Antrag des Gemeinschuldners eingestellt, so können die Gesellschafter die Fortsetzung der Gesellschaft beschließen.

(2) Die Fortsetzung ist von sämtlichen Gesellschaftern zur Eintragung in das Handelsregister anzumelden.

Fünfter Titel

Liquidation der Gesellschaft

§ 145 [Liquidation]

(1) Nach der Auflösung der Gesellschaft findet die Liquidation statt, sofern nicht eine andere Art der Auseinandersetzung von den Gesellschaftern vereinbart oder über das Vermögen der Gesellschaft der Konkurs eröffnet ist.

(2) Ist die Gesellschaft durch Kündigung des Gläubigers eines Gesellschafters oder durch die Eröffnung des Konkurses über das Vermögen eines Gesellschafters aufgelöst, so kann die Liquidation nur mit Zustimmung des Gläubigers oder des Konkursverwalters unterbleiben.

§ 146 [Liquidatoren]

(1) Die Liquidation erfolgt, sofern sie nicht durch Beschluß der Gesellschafter oder durch den Gesellschaftsvertrag einzelnen Gesellschaftern oder anderen Personen übertragen ist, durch sämtliche Gesellschafter als Liquidatoren. Mehrere Erben eines Gesellschafters haben einen gemeinsamen Vertreter zu bestellen.

(2) Auf Antrag eines Beteiligten kann aus wichtigen Gründen die Ernennung von Liquidatoren durch das Gericht erfolgen, in dessen Bezirke die Gesellschaft ihren Sitz hat; das Gericht kann in einem solchen Falle Personen zu Liquidatoren ernennen, die nicht zu den Gesellschaftern gehören. Als Beteiligter gilt außer den Gesellschaftern im Falle des § 135 auch der Gläubiger, durch den die Kündigung erfolgt ist.

(3) Ist über das Vermögen eines Gesellschafters der Konkurs eröffnet, so tritt der Konkursverwalter an die Stelle des Gesellschafters.

§ 147 [Abberufung von Liquidatoren]

Die Abberufung von Liquidatoren geschieht durch einstimmigen Beschluß der nach § 146 Abs. 2 und 3 Beteiligten; sie kann auf Antrag eines Beteiligten aus wichtigen Gründen auch durch das Gericht erfolgen.

§ 148 [Anmeldung der Liquidatoren]

(1) Die Liquidatoren sind von sämtlichen Gesellschaftern zur Eintragung in das Handelsregister anzumelden. Das gleiche gilt von jeder Änderung in den Personen der Liquidatoren oder in ihrer Vertretungsmacht. Im Falle des Todes eines Gesellschafters kann, wenn anzunehmen ist, daß die Anmeldung den Tatsachen entspricht, die Eintragung erfolgen, auch ohne daß die Erben bei der Anmeldung mitwirken, soweit einer solchen Mitwirkung besondere Hindernisse entgegenstehen.

(2) Die Eintragung gerichtlich bestellter Liquidatoren sowie die Eintragung der gerichtlichen Abberufung von Liquidatoren geschieht von Amts wegen.

(3) Die Liquidatoren haben die Firma nebst ihrer Namensunterschrift zur Aufbewahrung bei dem Gerichte zu zeichnen.

§ 149 [Rechte und Pflichten der Liquidatoren]

Die Liquidatoren haben die laufenden Geschäfte zu beendigen, die Forderungen einzuziehen, das übrige Vermögen in Geld umzusetzen und die Gläubiger zu befriedigen; zur Beendigung schwebender Geschäfte können sie auch neue Geschäfte eingehen. Die Liquidatoren vertreten innerhalb ihres Geschäftskreises die Gesellschaft gerichtlich und außergerichtlich.

§ 150 [Mehrere Liquidatoren]

(1) Sind mehrere Liquidatoren vorhanden, so können sie die zur Liquidation gehörenden Handlungen nur in Gemeinschaft vornehmen, sofern nicht bestimmt ist, daß sie einzeln handeln können; eine solche Bestimmung ist in das Handelsregister einzutragen.

(2) Durch die Vorschrift des Absatzes 1 wird nicht ausgeschlossen, daß die Liquidatoren einzelne von ihnen zur Vornahme bestimmter Geschäfte oder bestimmter Arten von Geschäften ermächtigen. Ist der Gesellschaft gegenüber eine Willenserklärung abzugeben, so findet die Vorschrift des § 125 Abs. 2 Satz 3 entsprechende Anwendung.

§ 151 [Unwirksamkeit von Befugnisbeschränkungen]

Eine Beschränkung des Umfanges der Befugnisse der Liquidatoren ist Dritten gegenüber unwirksam.

§ 152 [Anordnungsbefugnis der Beteiligten]

Gegenüber den nach § 146 Abs. 2 und 3 Beteiligten haben die Liquidatoren, auch wenn sie vom Gerichte bestellt sind, den Anordnungen Folge zu leisten, welche die Beteiligten in betreff der Geschäftsführung einstimmig beschließen.

§ 153 [Unterschriftsabgabe]

Die Liquidatoren haben ihre Unterschrift in der Weise abzugeben, daß sie der bisherigen, als Liquidationsfirma zu bezeichnenden Firma ihren Namen beifügen.

§ 154 [Bilanzierungspflicht]

Die Liquidatoren haben bei dem Beginne sowie bei der Beendigung der Liquidation eine Bilanz aufzustellen.

§ 155 [Verteilung des Restvermögens]

(1) Das nach Berichtigung der Schulden verbleibende Vermögen der Gesellschaft ist von den Liquidatoren nach dem Verhältnisse der Kapitalanteile, wie sie sich auf Grund der Schlußbilanz ergeben, unter die Gesellschafter zu verteilen.

(2) Das während der Liquidation entbehrliche Geld wird vorläufig verteilt. Zur Deckung noch nicht fälliger oder streitiger Verbindlichkeiten sowie zur Sicherung der den Gesellschaftern bei der Schlußverteilung zukommenden Beträge ist das Erforderliche zurückzubehalten. Die Vorschriften des § 122 Abs. 1 finden während der Liquidation keine Anwendung.

(3) Entsteht über die Verteilung des Gesellschaftsvermögens Streit unter den Gesellschaftern, so haben die Liquidatoren die Verteilung bis zur Entscheidung des Streites auszusetzen.

§ 156 [Rechtsstellung während der Liquidation]

Bis zur Beendigung der Liquidation kommen in bezug auf das Rechtsverhältnis der bisherigen Gesellschafter untereinander sowie der Gesellschaft zu Dritten die Vorschriften des zweiten und dritten Titels zur Anwendung, soweit sich nicht aus dem gegenwärtigen Titel oder aus dem Zwecke der Liquidation ein anderes ergibt.

(Fortsetzung auf Seite 47)

§ 157 [Erlöschen der Firma nach Beendigung der Liquidation]

(1) Nach der Beendigung der Liquidation ist das Erlöschen der Firma von den Liquidatoren zur Eintragung in das Handelsregister anzumelden.

(2) Die Bücher und Papiere der aufgelösten Gesellschaft werden einem der Gesellschafter oder einem Dritten in Verwahrung gegeben. Der Gesellschafter oder der Dritte wird in Ermangelung unter Verständigung durch das Gericht bestimmt, in dessen Bezirke die Gesellschaft ihren Sitz hat.

(3) Die Gesellschafter und deren Erben behalten das Recht auf Einsicht und Benutzung der Bücher und Papiere.

§ 158 [Andere Auseinandersetzungsart]

Vereinbaren die Gesellschafter statt der Liquidation eine andere Art der Auseinandersetzung, so finden, solange noch ungeteiltes Gesellschaftsvermögen vorhanden ist, im Verhältnisse zu Dritten die für die Liquidation geltenden Vorschriften entsprechende Anwendung.

Sechster Titel

Verjährung. Zeitliche Begrenzung der Haftung.

§ 159 [Verjährungsfrist]

(1) Die Ansprüche gegen einen Gesellschafter aus Verbindlichkeiten der Gesellschaft verjähren in fünf Jahren nach der Auflösung der Gesellschaft, sofern nicht der Anspruch gegen die Gesellschaft einer kürzeren Verjährung unterliegt.

(2) Die Verjährung beginnt mit dem Ende des Tages, an welchem die Auflösung der Gesellschaft in das Handelsregister des für den Sitz der Gesellschaft zuständigen Gerichts eingetragen wird.

(3) Wird der Anspruch des Gläubigers gegen die Gesellschaft erst nach der Eintragung fällig, so beginnt die Verjährung mit dem Zeitpunkte der Fälligkeit.

(4) Die Unterbrechung der Verjährung gegenüber der aufgelösten Gesellschaft wirkt auch gegenüber den Gesellschaftern, die der Gesellschaft zur Zeit der Auflösung angehört haben.

§ 160 [Haftungszeit nach Ausscheiden eines Gesellschafters]

(1) Scheidet ein Gesellschafter aus der Gesellschaft aus, so haftet er für ihre bis dahin begründeten Verbindlichkeiten, wenn sie vor Ablauf von fünf Jahren nach dem Ausscheiden fällig und daraus Ansprüche gegen ihn gerichtlich geltend gemacht sind; bei öffentlich-rechtlichen Verbindlichkeiten genügt zur Geltendmachung der Erlaß eines Verwaltungsakts. Die Frist beginnt mit dem Ende des Tages, an dem das Ausscheiden in das Handelsregister des für den Sitz der Gesellschaft zuständigen Gerichts eingetragen wird. Die für die Verjährung geltenden §§ 203, 206, 207, 210, 212 bis 216 und 220 des Bürgerlichen Gesetzbuches sind entsprechend anzuwenden.

(2) Einer gerichtlichen Geltendmachung bedarf es nicht, soweit der Gesellschafter den Anspruch schriftlich anerkannt hat.

(3) Wird ein Gesellschafter Kommanditist, so sind für die Begrenzung seiner Haftung für die im Zeitpunkt der Eintragung der Änderung in das Handelsregister begründeten Verbindlichkeiten die Absätze 1 und 2 entsprechend anzuwenden. Dies gilt auch, wenn er in der Gesellschaft oder einem ihr als Gesellschafter angehörenden Unternehmen geschäftsführend tätig wird. Seine Haftung als Kommanditist bleibt unberührt.

Zweiter Abschnitt

Kommanditgesellschaft

§ 161 [Begriff der KG – Anwendung der OHG-Vorschriften]

(1) Eine Gesellschaft, deren Zweck auf den Betrieb eines Handelsgewerbes unter gemeinschaftlicher Firma gerichtet ist, ist eine Kommanditgesellschaft, wenn bei einem oder bei einigen von den Gesellschaftern die Haftung gegenüber den Gesellschaftsgläubigern auf den Betrag einer bestimmten Vermögenseinlage beschränkt ist (Kommanditisten), während bei dem anderen Teile der Gesellschafter eine Beschränkung der Haftung nicht stattfindet (persönlich haftende Gesellschafter).

(2) Soweit nicht in diesem Abschnitt ein anderes vorgeschrieben ist, finden auf die Kommanditgesellschaft die für die offene Handelsgesellschaft geltenden Vorschriften Anwendung

§ 162 [Anmeldung zum Handelsregister]

(1) Die Anmeldung der Gesellschaft hat außer den in § 106 Abs. 2 vorgesehenen Angaben die Bezeichnung der Kommanditisten und den Betrag der Einlage eines jeden von ihnen zu enthalten.

(2) Bei der Bekanntmachung der Eintragung ist nur die Zahl der Kommanditisten anzugeben; der Name, der Stand und der Wohnort der Kommanditisten sowie der Betrag ihrer Einlagen werden nicht bekanntgemacht.

(3) Diese Vorschriften finden im Falle des Eintritts eines Kommanditisten in eine bestehende Handelsgesellschaft und im Falle des Ausscheidens eines Kommanditisten aus einer Kommanditgesellschaft entsprechende Anwendung.

§ 163 [Verhältnis der Gesellschafter untereinander]

Für das Verhältnis der Gesellschafter untereinander gelten in Ermangelung abweichender Bestimmungen des Gesellschaftsvertrags die besonderen Vorschriften der §§ 164 bis 169.

§ 164 [Ausschluß des Kommanditisten von der Geschäftsführung]

Die Kommanditisten sind von der Führung der Gesellschaft ausgeschlossen; sie können einer Handlung der persönlich haftenden Gesellschafter nicht widersprechen, es sei denn, daß die Handlung über den gewöhnlichen Betrieb des Handelsgewerbes der Gesellschaft hinausgeht. Die Vorschriften des § 116 Abs. 3 bleiben unberührt.

§ 165 [Kein Wettbewerbsverbot des Kommanditisten]

Die §§ 112 und 113 finden auf die Kommanditisten keine Anwendung.

§ 166 [Befugnisse des Kommanditisten]

(1) Der Kommanditist ist berechtigt, die abschriftliche Mitteilung des Jahresabschlusses zu verlangen und dessen Richtigkeit unter Einsicht der Bücher und Papiere zu prüfen.

(2) Die in § 118 dem von der Geschäftsführung ausgeschlossenen Gesellschafter eingeräumten weiteren Rechte stehen dem Kommanditisten nicht zu.

(3) Auf Antrag eines Kommanditisten kann das Gericht, wenn wichtige Gründe vorliegen, die Mitteilung einer Bilanz und eines Jahresabschlusses oder sonstiger Aufklärungen sowie die Vorlegung der Bücher und Papiere jederzeit anordnen.

§ 167 [Berechnung von Gewinn und Verlust]

(1) Die Vorschriften des § 120 über die Berechnung des Gewinns oder Verlustes gelten auch für den Kommanditisten.

(2) Jedoch wird der einem Kommanditisten zukommende Gewinn seinem Kapitalanteil nur so lange zugeschrieben, als dieser den Betrag der bedungenen Einlage nicht erreicht.

(3) An dem Verluste nimmt der Kommanditist nur bis zum Betrage seines Kapitalanteils und seiner noch rückständigen Einlage teil.

§ 168 [Verteilung von Gewinn oder Verlust]

(1) Die Anteile der Gesellschafter am Gewinne bestimmen sich, soweit der Gewinn den Betrag von vier vom Hundert der Kapitalanteile nicht übersteigt, nach den Vorschriften des § 121 Abs. 1 und 2.

(2) In Ansehung des Gewinns, welcher diesen Betrag übersteigt, sowie in Ansehung des Verlustes gilt, soweit nicht ein anderes vereinbart ist, ein den Umständen nach angemessenes Verhältnis der Anteile als bedungen.

§ 169 [Kein Entnahmerecht des Kommanditisten]

(1) § 122 findet auf den Kommanditisten keine Anwendung. Dieser hat nur Anspruch auf Auszahlung des ihm zukommenden Gewinns; er kann auch die Auszahlung des Gewinns nicht fordern, solange sein Kapitalanteil durch Verlust unter den auf die bedungene Einlage geleisteten Betrag herabgemindert ist oder durch die Auszahlung unter diesen Betrag herabgemindert werden würde.

(2) Der Kommanditist ist nicht verpflichtet, den bezogenen Gewinn wegen späterer Verluste zurückzuzahlen.

§ 170 [Keine Vertretungsbefugnis des Kommanditisten]

Der Kommanditist ist zur Vertretung der Gesellschaft nicht ermächtigt.

§ 171 [Haftung des Kommanditisten – Gesellschaftskonkurs]

(1) Der Kommanditist haftet den Gläubigern der Gesellschaft bis zur Höhe seiner Einlage unmittelbar; die Haftung ist ausgeschlossen, soweit die Einlage geleistet ist.

(2) Ist über das Vermögen der Gesellschaft der Konkurs eröffnet, so wird während der Dauer des Verfahrens das den Gesellschaftsgläubigern nach Absatz 1 zustehende Recht durch den Konkursverwalter ausgeübt.

§ 172 [Umfang der Haftung]

(1) Im Verhältnis zu den Gläubigern der Gesellschaft wird nach der Eintragung in das Handelsregister die Einlage eines Kommanditisten durch den in der Eintragung angegebenen Betrag bestimmt.

(2) Auf eine nicht eingetragene Erhöhung der aus dem Handelsregister ersichtlichen Einlage können sich die Gläubiger nur berufen, wenn die Erhöhung in handelsüblicher Weise kundgemacht oder ihnen in anderer Weise von der Gesellschaft mitgeteilt worden ist.

(3) Eine Vereinbarung der Gesellschafter, durch die einem Kommanditisten die Einlage erlassen oder gestundet wird, ist den Gläubigern gegenüber unwirksam.

(4) Soweit die Einlage eines Kommanditisten zurückbezahlt wird, gilt sie den Gläubigern gegenüber als nicht geleistet. Das gleiche gilt, soweit ein Kommanditist Gewinnanteile entnimmt, während sein Kapitalanteil durch Verlust unter den Betrag der geleisteten Einlage herabgemindert ist, oder soweit durch die Entnahme der Kapitalanteil unter den bezeichneten Betrag herabgemindert wird.

(5) Was ein Kommanditist auf Grund einer in gutem Glauben errichteten Bilanz in gutem Glauben als Gewinn bezieht, ist er in keinem Falle zurückzuzahlen verpflichtet.

(6) Gegenüber den Gläubigern einer Gesellschaft, bei der kein persönlich haftender Gesellschafter eine natürliche Person ist, gilt die Einlage eines Kommanditisten als nicht geleistet, soweit sie in Anteilen an den persönlich haftenden Gesellschaftern bewirkt ist. Dies gilt nicht, wenn zu den persönlich haftenden Gesellschaftern eine offene Handelsgesellschaft oder Kommanditgesellschaft gehört, bei der ein persönlich haftender Gesellschafter eine natürliche Person ist.

§ 172 a [Kapitalersetzende Darlehen]
Bei einer Kommanditgesellschaft, bei der kein persönlich haftender Gesellschafter eine natürliche Person ist, gelten die §§ 32 a, 32 b des Gesetzes betreffend die Gesellschaften mit beschränkter Haftung sinngemäß mit der Maßgabe, daß an die Stelle der Gesellschafter der Gesellschaft mit beschränkter Haftung die Gesellschafter oder Mitglieder der persönlich haftenden Gesellschafter der Kommanditgesellschaft sowie die Kommanditisten treten. Dies gilt nicht, wenn zu den persönlich haftenden Gesellschaftern eine offene Handelsgesellschaft oder Kommanditgesellschaft gehört, bei der ein persönlich haftender Gesellschafter eine natürliche Person ist.

§ 173 [Haftung bei Eintritt als Kommanditist in eine bestehende Gesellschaft]
(1) Wer in eine bestehende Handelsgesellschaft als Kommanditist eintritt, haftet nach Maßgabe der §§ 171 und 172 für die vor seinem Eintritte begründeten Verbindlichkeiten der Gesellschaft, ohne Unterschied, ob die Firma eine Änderung erleidet oder nicht.
(2) Eine entgegenstehende Vereinbarung ist Dritten gegenüber unwirksam.

§ 174 [Herabsetzung der Einlage]
Eine Herabsetzung der Einlage eines Kommanditisten ist, solange sie nicht in das Handelsregister des Gerichts, in dessen Bezirke die Gesellschaft ihren Sitz hat, eingetragen ist, den Gläubigern gegenüber unwirksam; Gläubiger, deren Forderungen zur Zeit der Eintragung begründet waren, brauchen die Herabsetzung nicht gegen sich gelten zu lassen.

§ 175 [Anmeldung der Änderung einer Einlage]
Die Erhöhung sowie die Herabsetzung einer Einlage ist durch die sämtlichen Gesellschafter zur Eintragung in das Handelsregister anzumelden. Die Bekanntmachung der Eintragung erfolgt gemäß § 162 Abs. 2. Auf die Eintragung in das Handelsregister des Sitzes der Gesellschaft finden die Vorschriften des § 14 keine Anwendung.

§ 176 [Kommanditistenhaftung vor Eintragung]
(1) Hat die Gesellschaft ihre Geschäfte begonnen, bevor sie in das Handelsregister des Gerichts, in dessen Bezirke sie ihren Sitz hat, eingetragen ist, so haftet jeder Kommanditist, der dem Geschäftsbeginne zugestimmt hat, für die bis zur Eintragung begründeten Verbindlichkeiten der Gesellschaft gleich einem persönlich haftenden Gesellschafter, es sei denn, daß seine Beteiligung als Kommanditist dem Gläubiger bekannt war. Diese Vorschrift kommt nicht zur Anwendung, soweit sich aus § 2 ein anderes ergibt.
(2) Tritt ein Kommanditist in eine bestehende Handelsgesellschaft ein, so findet die Vorschrift des Absatzes 1 Satz 1 für die in der Zeit zwischen seinem Eintritt und dessen Eintragung in das Handelsregister begründeten Verbindlichkeiten der Gesellschaft entsprechende Anwendung.

§ 177 [Tod eines Kommanditisten]
Der Tod eines Kommanditisten hat die Auflösung der Gesellschaft nicht zur Folge.

§ 177 a [Geltung der §§ 125 a, 130 a, 130 b]
Die §§ 125 a, 130 a und 130 b gelten auch für die Gesellschaft, bei der ein Kommanditist eine natürliche Person ist. § 130 a jedoch mit der Maßgabe, daß anstelle des Absatzes 1 Satz 1 zweiter Halbsatz der § 172 Abs. 6 Satz 2 anzuwenden ist. Der in § 125 a für die Gesellschafter vorgeschriebenen Angaben bedarf es nur für die persönlich haftenden Gesellschafter der Gesellschaft.

§§ 178 bis 229 (aufgehoben)

Dritter Abschnitt
Stille Gesellschaft

§ 230 [Leistung der Einlage]

(1) Wer sich als stiller Gesellschafter an dem Handelsgewerbe, das ein anderer betreibt, mit einer Vermögenseinlage beteiligt, hat die Einlage so zu leisten, daß sie in das Vermögen des Inhabers des Handelsgeschäfts übergeht.

(2) Der Inhaber wird aus den in dem Betriebe geschlossenen Geschäften allein berechtigt und verpflichtet.

§ 231 [Gewinn- und Verlustanteil]

(1) Ist der Anteil des stillen Gesellschafters am Gewinn und Verluste nicht bestimmt, so gilt ein den Umständen nach angemessener Anteil als bedungen.

(2) Im Gesellschaftsvertrage kann bestimmt werden, daß der stille Gesellschafter nicht am Verluste beteiligt sein soll; seine Beteiligung am Gewinne kann nicht ausgeschlossen werden.

§ 232 [Gewinn- und Verlustberechnung]

(1) Am Schlusse jedes Geschäftsjahrs wird der Gewinn und Verlust berechnet und der auf den stillen Gesellschafter fallende Gewinn ihm ausbezahlt.

(2) Der stille Gesellschafter nimmt an dem Verluste nur bis zum Betrage seiner eingezahlten oder rückständigen Einlage teil. Er ist nicht verpflichtet, den bezogenen Gewinn wegen späterer Verluste zurückzuzahlen; jedoch wird, solange seine Einlage durch Verlust vermindert ist, der jährliche Gewinn zur Deckung des Verlustes verwendet.

(3) Der Gewinn, welcher von dem stillen Gesellschafter nicht erhoben wird, vermehrt dessen Einlage nicht, sofern nicht ein anderes vereinbart ist.

§ 233 [Kontrollrecht des stillen Gesellschafters]

(1) Der stille Gesellschafter ist berechtigt, die abschriftliche Mitteilung des Jahresabschlusses zu verlangen und dessen Richtigkeit unter Einsicht der Bücher und Papiere zu prüfen.

(2) Die in § 716 des Bürgerlichen Gesetzbuchs dem von der Geschäftsführung ausgeschlossenen Gesellschafter eingeräumten weiteren Rechte stehen dem stillen Gesellschafter nicht zu.

(3) Auf Antrag des stillen Gesellschafters kann das Gericht, wenn wichtige Gründe vorliegen, die Mitteilung einer Bilanz und eines Jahresabschlusses oder sonstigen Aufklärungen sowie die Vorlegung der Bücher und Papiere jederzeit anordnen.

§ 234 [Kündigung der Gesellschaft]

(1) Auf die Kündigung der Gesellschaft durch einen Gesellschafter oder durch einen Gläubiger des stillen Gesellschafters finden die Vorschriften der §§ 132, 134 und 135 entsprechende Anwendung. Die Vorschriften des § 723 des Bürgerlichen Gesetzbuchs über das Recht, die Gesellschaft aus wichtigen Gründen ohne Einhaltung einer Frist zu kündigen, bleiben unberührt.

(2) Durch den Tod des stillen Gesellschafters wird die Gesellschaft nicht aufgelöst.

§ 235 [Auseinandersetzung]

(1) Nach der Auflösung der Gesellschaft hat sich der Inhaber des Handelsgeschäfts mit dem stillen Gesellschafter auseinanderzusetzen und dessen Guthaben in Geld zu berichtigen.

(2) Die zur Zeit der Auflösung schwebenden Geschäfte werden von dem Inhaber des Handelsgeschäfts abgewickelt. Der stille Gesellschafter nimmt teil an dem Gewinn und Verluste, der sich aus diesen Geschäften ergibt.

(3) Er kann am Schlusse jedes Geschäftsjahrs Rechenschaft über die inzwischen beendigten Geschäfte, Auszahlung des ihm gebührenden Betrags und Auskunft über den Stand der noch schwebenden Geschäfte verlangen.

§ 236 [Konkurs des Inhabers]

(1) Wird über das Vermögen des Inhabers des Handelsgeschäfts der Konkurs eröffnet, so kann der stille Gesellschafter wegen der Einlage, soweit sie den Betrag des auf ihn fallenden Anteils am Verlust übersteigt, seine Forderung als Konkursgläubiger geltend machen.

(2) Ist die Einlage rückständig, so hat sie der stille Gesellschafter bis zu dem Betrage, welcher zur Deckung seines Anteils am Verlust erforderlich ist, zur Konkursmasse einzuzahlen.

§ 237 [Anfechtung zurückgewährter Einlage durch Konkursverwalter]

(1) Ist auf Grund einer in dem letzten Jahre vor der Eröffnung des Konkurses zwischen dem Inhaber des Handelsgeschäfts und dem stillen Gesellschafter getroffenen Vereinbarung diesem die Einlage ganz oder teilweise zurückgewährt oder sein Anteil an dem entstandenen Verluste ganz oder teilweise erlassen worden, so kann die Rückgewähr oder der Erlaß von dem Konkursverwalter angefochten werden. Es begründet keinen Unterschied, ob die Rückgewähr oder der Erlaß unter Auflösung der Gesellschaft stattgefunden hat oder nicht.

(2) Die Anwendung ist ausgeschlossen, wenn der Konkurs in Umständen seinen Grund hat, die erst nach der Vereinbarung der Rückgewähr oder des Erlasses eingetreten sind.

(3) Die Vorschriften der Konkursordnung über die Geltendmachung der Anfechtung und deren Wirkung finden Anwendung.

Drittes Buch

Handelsbücher

Erster Abschnitt

Vorschriften für alle Kaufleute

Erster Unterabschnitt

Buchführung. Inventar

§ 238 Buchführungspflicht

(1) Jeder Kaufmann ist verpflichtet, Bücher zu führen und in diesen seine Handelsgeschäfte und die Lage seines Vermögens nach den Grundsätzen ordnungsmäßiger Buchführung ersichtlich zu machen. Die Buchführung muß so beschaffen sein, daß sie einem sachverständigen Dritten innerhalb angemessener Zeit einen Überblick über die Geschäftsvorfälle und über die Lage des Unternehmens vermitteln kann. Die Geschäftsvorfälle müssen sich in ihrer Entstehung und Abwicklung verfolgen lassen.

(2) Der Kaufmann ist verpflichtet, eine mit der Urschrift übereinstimmende Wiedergabe der abgesandten Handelsbriefe (Kopie, Abdruck, Abschrift oder sonstige Wiedergabe des Wortlauts auf einem Schrift-, Bild- oder anderen Datenträger) zurückzubehalten.

§ 239 Führung der Handelsbücher

(1) Bei der Führung der Handelsbücher und bei den sonst erforderlichen Aufzeichnungen hat sich der Kaufmann einer lebenden Sprache zu bedienen. Werden Abkürzungen, Ziffern, Buchstaben oder Symbole verwendet, muß im Einzelfall deren Bedeutung eindeutig festliegen.

(2) Die Eintragungen in Büchern und die sonst erforderlichen Aufzeichnungen müssen vollständig, richtig, zeitgerecht und geordnet vorgenommen werden.

(3) Eine Eintragung oder eine Aufzeichnung darf nicht in einer Weise verändert werden, daß der ursprüngliche Inhalt nicht mehr feststellbar ist. Auch solche Veränderungen dürfen nicht vorgenommen werden, deren Beschaffenheit es ungewiß läßt, ob sie ursprünglich oder erst später gemacht worden sind.

(4) Die Handelsbücher und die sonst erforderlichen Aufzeichnungen können auch in der geordneten Ablage von Belegen bestehen oder auf Datenträgern geführt werden, soweit diese Formen der Buchführung einschließlich des dabei angewandten Verfahrens den Grundsätzen ordnungsmäßiger Buchführung entsprechen. Bei der Führung der Handelsbücher und der sonst erforderlichen Aufzeichnungen auf Datenträgern muß insbesondere sichergestellt sein, daß die Daten während der Dauer der Aufbewahrungsfrist verfügbar sind und jederzeit innerhalb angemessener Frist lesbar gemacht werden können. Absätze 1 bis 3 gelten sinngemäß.

§ 240 Inventar

(1) Jeder Kaufmann hat zu Beginn seines Handelsgewerbes seine Grundstücke, seine Forderungen und Schulden, den Betrag seines baren Geldes sowie seine sonstigen Vermögensgegenstände genau zu verzeichnen und dabei den Wert der einzelnen Vermögensgegenstände und Schulden anzugeben.

(2) Er hat demnächst für den Schluß eines jeden Geschäftsjahrs ein solches Inventar aufzustellen. Die Dauer des Geschäftsjahrs darf zwölf Monate nicht überschreiten. Die Aufstellung des Inventars ist innerhalb der einem ordnungsmäßigen Geschäftsgang entsprechenden Zeit zu bewirken.

(3) Vermögensgegenstände des Sachanlagevermögens sowie Roh-, Hilfs- und Betriebsstoffe können, wenn sie regelmäßig ersetzt werden und ihr Gesamtwert für das Unternehmen von nachrangiger Bedeutung ist, mit einer gleichbleibenden Menge und einem gleichbleibenden Wert angesetzt werden, sofern ihr Bestand in seiner Größe, seinem Wert und seiner Zusammensetzung nur geringen Veränderungen unterliegt. Jedoch ist in der Regel alle drei Jahre eine körperliche Bestandsaufnahme durchzuführen.

(4) Gleichartige Vermögensgegenstände des Vorratsvermögens sowie andere gleichartige oder annähernd gleichwertige bewegliche Vermögensgegenstände und Schulden können jeweils zu einer Gruppe zusammengefaßt und mit dem gewogenen Durchschnittswert angesetzt werden.

§ 241 Inventurvereinfachungsverfahren

(1) Bei der Aufstellung des Inventars darf der Bestand der Vermögensgegenstände nach Art, Menge und Wert auch mit Hilfe anerkannter mathematisch-statistischer Methoden auf Grund von Stichproben ermittelt werden. Das Verfahren muß den Grundsätzen ordnungsmäßiger Buchführung entsprechen. Der Aussagewert des auf diese Weise aufgestellten Inventars muß dem Aussagewert eines auf Grund einer körperlichen Bestandsaufnahme aufgestellten Inventars gleichkommen.

(2) Bei der Aufstellung des Inventars für den Schluß eines Geschäftsjahrs bedarf es einer körperlichen Bestandsaufnahme der Vermögensgegenstände für diesen Zeitpunkt nicht, soweit durch Anwendung eines den Grundsätzen ordnungsmäßiger Buchführung entsprechenden anderen Verfahrens gesichert ist, daß der Bestand der Vermögensgegenstände nach Art, Menge und Wert auch ohne die körperliche Bestandsaufnahme für diesen Zeitpunkt festgestellt werden kann.

(3) In dem Inventar für den Schluß eines Geschäftsjahrs brauchen Vermögensgegenstände nicht verzeichnet zu werden, wenn

1. der Kaufmann ihren Bestand auf Grund einer körperlichen Bestandsaufnahme oder auf Grund eines nach Absatz 2 zulässigen anderen Verfahrens nach Art, Menge und Wert

in einem besonderen Inventar verzeichnet hat, das für einen Tag innerhalb der letzten drei Monate vor oder der ersten beiden Monate nach dem Schluß des Geschäftsjahrs aufgestellt ist, und
2. auf Grund des besonderen Inventars durch Anwendung eines den Grundsätzen ordnungsmäßiger Buchführung entsprechenden Fortschreibungs- oder Rückrechnungsverfahrens gesichert ist, daß der am Schluß des Geschäftsjahrs vorhandene Bestand der Vermögensgegenstände für diesen Zeitpunkt ordnungsgemäß bewertet werden kann.

Zweiter Unterabschnitt
Eröffnungsbilanz. Jahresabschluß
Erster Titel
Allgemeine Vorschriften

§ 242 Pflicht zur Aufstellung
(1) Der Kaufmann hat zu Beginn seines Handelsgewerbes und für den Schluß eines jeden Geschäftsjahrs einen das Verhältnis seines Vermögens und seiner Schulden darstellenden Abschluß (Eröffnungsbilanz, Bilanz) aufzustellen. Auf die Eröffnungsbilanz sind die für den Jahresabschluß geltenden Vorschriften entsprechend anzuwenden, soweit sie sich auf die Bilanz beziehen.
(2) Er hat für den Schluß eines jeden Geschäftsjahrs eine Gegenüberstellung der Aufwendungen und Erträge des Geschäftsjahrs (Gewinn- und Verlustrechnung) aufzustellen.
(3) Die Bilanz und die Gewinn- und Verlustrechnung bilden den Jahresabschluß.

§ 243 Aufstellungsgrundsatz
(1) Der Jahresabschluß ist nach den Grundsätzen ordnungsmäßiger Buchführung aufzustellen.
(2) Er muß klar und übersichtlich sein.
(3) Der Jahresabschluß ist innerhalb der einem ordnungsmäßigen Geschäftsgang entsprechenden Zeit aufzustellen.

§ 244 Sprache. Währungseinheit
Der Jahresabschluß ist in deutscher Sprache und in Deutscher Mark aufzustellen.

§ 245 Unterzeichnung
Der Jahresabschluß ist vom Kaufmann unter Angabe des Datums zu unterzeichnen. Sind mehrere persönlich haftende Gesellschafter vorhanden, so haben sie alle zu unterzeichnen.

Zweiter Titel
Ansatzvorschriften

§ 246 Vollständigkeit. Verrechnungsverbot
(1) Der Jahresabschluß hat sämtliche Vermögensgegenstände, Schulden, Rechnungsabgrenzungsposten, Aufwendungen und Erträge zu enthalten, soweit gesetzlich nichts anderes bestimmt ist. Vermögensgegenstände, die unter Eigentumsvorbehalt erworben oder an Dritte für eigene oder fremde Verbindlichkeiten verpfändet oder in anderer Weise als Sicherheit übertragen worden sind, sind in die Bilanz des Sicherungsgebers aufzunehmen. In die Bilanz des Sicherungsnehmers sind sie nur aufzunehmen, wenn es sich um Bareinlagen handelt.
(2) Posten der Aktivseite dürfen nicht mit Posten der Passivseite, Aufwendungen nicht mit Erträgen, Grundstücksrechte nicht mit Grundstückslasten verrechnet werden.

§ 247 Inhalt der Bilanz

(1) In der Bilanz sind das Anlage- und das Umlaufvermögen, das Eigenkapital, die Schulden sowie die Rechnungsabgrenzungsposten gesondert auszuweisen und hinreichend aufzugliedern.

(2) Beim Anlagevermögen sind nur die Gegenstände auszuweisen, die bestimmt sind, dauernd dem Geschäftsbetrieb zu dienen.

(3) Passivposten, die für Zwecke der Steuern vom Einkommen und vom Ertrag zulässig sind, dürfen in der Bilanz gebildet werden. Sie sind als Sonderposten mit Rücklageanteil auszuweisen und nach Maßgabe des Steuerrechts aufzulösen. Einer Rückstellung bedarf es insoweit nicht.

§ 248 Bilanzierungsverbote

(1) Aufwendungen für die Gründung des Unternehmens und für die Beschaffung des Eigenkapitals dürfen in die Bilanz nicht als Aktivposten aufgenommen werden.

(2) Für immaterielle Vermögensgegenstände des Anlagevermögens, die nicht entgeltlich erworben wurden, darf ein Aktivposten nicht angesetzt werden.

(3) Aufwendungen für den Abschluß von Versicherungsverträgen dürfen nicht aktiviert werden.

§ 249 Rückstellungen

(1) Rückstellungen sind für ungewisse Verbindlichkeiten und für drohende Verluste aus schwebenden Geschäften zu bilden. Ferner sind Rückstellungen zu bilden für

1. im Geschäftsjahr unterlassene Aufwendungen für Instandhaltung, die im folgenden Geschäftsjahr innerhalb von drei Monaten, oder für Abraumbeseitigung, die im folgenden Geschäftsjahr nachgeholt werden,
2. Gewährleistungen, die ohne rechtliche Verpflichtung erbracht werden.

Rückstellungen dürfen für unterlassene Aufwendungen für Instandhaltung auch gebildet werden, wenn die Instandhaltung nach Ablauf der Frist nach Satz 2 Nr. 1 innerhalb des Geschäftsjahrs nachgeholt wird.

(2) Rückstellungen dürfen außerdem für ihrer Eigenart nach genau umschriebene, dem Geschäftsjahr oder einem früheren Geschäftsjahr zuzuordnende Aufwendungen gebildet werden, die am Abschlußstichtag wahrscheinlich oder sicher, aber hinsichtlich ihrer Höhe oder des Zeitpunkts ihres Eintritts unbestimmt sind.

(3) Für andere als die in den Absätzen 1 und 2 bezeichneten Zwecke dürfen Rückstellungen nicht gebildet werden. Rückstellungen dürfen nur aufgelöst werden, soweit der Grund hierfür entfallen ist.

§ 250 Rechnungsabgrenzungsposten

(1) Als Rechnungsabgrenzungsposten sind auf der Aktivseite Ausgaben vor dem Abschlußstichtag auszuweisen, soweit sie Aufwand für eine bestimmte Zeit nach diesem Tag darstellen. Ferner dürfen ausgewiesen werden

1. als Aufwand berücksichtigte Zölle und Verbrauchsteuern, soweit sie auf am Abschlußstichtag auszuweisende Vermögensgegenstände des Vorratsvermögens entfallen,
2. als Aufwand berücksichtigte Umsatzsteuer auf am Abschlußstichtag auszuweisende oder von den Vorräten offen abgesetzte Anzahlungen.

(2) Auf der Passivseite sind als Rechnungsabgrenzungsposten Einnahmen vor dem Abschlußstichtag auszuweisen, soweit sie Ertrag für eine bestimmte Zeit nach diesem Tag darstellen.

(3) Ist der Rückzahlungsbetrag einer Verbindlichkeit höher als der Ausgabebetrag, so darf der Unterschiedsbetrag in den Rechnungsabgrenzungsposten auf der Aktivseite aufgenom-

men werden. Der Unterschiedsbetrag ist durch planmäßige jährliche Abschreibungen zu tilgen, die auf die gesamte Laufzeit der Verbindlichkeit verteilt werden können.

§ 251 Haftungsverhältnisse

Unter der Bilanz sind, sofern sie nicht auf der Passivseite auszuweisen sind, Verbindlichkeiten aus der Begebung und Übertragung von Wechseln, aus Bürgschaften, Wechsel- und Scheckbürgschaften und aus Gewährleistungsverträgen sowie Haftungsverhältnisse aus der Bestellung von Sicherheiten für fremde Verbindlichkeiten zu vermerken; sie dürfen in einem Betrag angegeben werden. Haftungsverhältnisse sind auch anzugeben, wenn ihnen gleichwertige Rückgriffsforderungen gegenüberstehen.

Dritter Titel

Bewertungsvorschriften

§ 252 Allgemeine Bewertungsgrundsätze

(1) Bei der Bewertung der im Jahresabschluß ausgewiesenen Vermögensgegenstände und Schulden gilt insbesondere folgendes:

1. Die Wertansätze in der Eröffnungsbilanz des Geschäftsjahrs müssen mit denen der Schlußbilanz des vorhergehenden Geschäftsjahrs übereinstimmen.
2. Bei der Bewertung ist von der Fortführung der Unternehmenstätigkeit auszugehen, sofern dem nicht tatsächliche oder rechtliche Gegebenheiten entgegenstehen.
3. Die Vermögensgegenstände und Schulden sind zum Abschlußstichtag einzeln zu bewerten.
4. Es ist vorsichtig zu bewerten, namentlich sind alle vorhersehbaren Risiken und Verluste, die bis zum Abschlußstichtag entstanden sind, zu berücksichtigen, selbst wenn diese erst zwischen dem Abschlußstichtag und dem Tag der Aufstellung des Jahresabschlusses bekanntgeworden sind; Gewinne sind nur zu berücksichtigen, wenn sie am Abschlußstichtag realisiert sind.
5. Aufwendungen und Erträge des Geschäftsjahrs sind unabhängig von den Zeitpunkten der entsprechenden Zahlungen im Jahresabschluß zu berücksichtigen.
6. Die auf den vorhergehenden Jahresabschluß angewandten Bewertungsmethoden sollen beibehalten werden.

(2) Von den Grundsätzen des Absatzes 1 darf nur in begründeten Ausnahmefällen abgewichen werden.

§ 253 Wertansätze der Vermögensgegenstände und Schulden

(1) Vermögensgegenstände sind höchstens mit den Anschaffungs- oder Herstellungskosten, vermindert um Abschreibungen nach den Absätzen 2 und 3 anzusetzen. Verbindlichkeiten sind zu ihrem Rückzahlungsbetrag, Rentenverpflichtungen, für die eine Gegenleistung nicht mehr zu erwarten ist, zu ihrem Barwert und Rückstellungen nur in Höhe des Betrags anzusetzen, der nach vernünftiger kaufmännischer Beurteilung notwendig; Rückstellungen dürfen nur abgezinst werden, soweit die ihnen zugrundeliegenden Verbindlichkeiten einen Zinsanteil enthalten.

(2) Bei Vermögensgegenständen des Anlagevermögens, deren Nutzung zeitlich begrenzt ist, sind die Anschaffungs- oder Herstellungskosten um planmäßige Abschreibungen zu vermindern. Der Plan muß die Anschaffungs- oder Herstellungskosten auf die Geschäftsjahre verteilen, in denen der Vermögensgegenstand voraussichtlich genutzt werden kann. Ohne Rücksicht darauf, ob ihre Nutzung zeitlich begrenzt ist, können bei Vermögensgegenständen des Anlagevermögens außerplanmäßige Abschreibungen vorgenommen werden, um die Vermögensgegenstände mit dem niedrigeren Wert anzusetzen, der ihnen am

Abschlußstichtag beizulegen ist; sie sind vorzunehmen bei einer voraussichtlich dauernden Wertminderung.

(3) Bei Vermögensgegenständen des Umlaufvermögens sind Abschreibungen vorzunehmen, um diese mit einem niedrigeren Wert anzusetzen, der sich aus einem Börsen- oder Marktpreis am Abschlußstichtag ergibt. Ist ein Börsen- oder Marktpreis nicht festzustellen und übersteigen die Anschaffungs- oder Herstellungskosten den Wert, der den Vermögensgegenständen am Abschlußstichtag beizulegen ist, so ist auf diesen Wert abzuschreiben. Außerdem dürfen Abschreibungen vorgenommen werden, soweit diese nach vernünftiger kaufmännischer Beurteilung notwendig sind, um zu verhindern, daß in der nächsten Zukunft der Wertansatz dieser Vermögensgegenstände auf Grund von Wertschwankungen geändert werden muß.

(4) Abschreibungen sind außerdem im Rahmen vernünftiger kaufmännischer Beurteilung zulässig.

(5) Ein niedrigerer Wertansatz nach Absatz 2 Satz 3, Absatz 3 oder 4 darf beibehalten werden, auch wenn die Gründe dafür nicht mehr bestehen.

§ 254 Steuerrechtliche Abschreibungen

Abschreibungen können auch vorgenommen werden, um Vermögensgegenstände des Anlage- oder Umlaufvermögens mit dem niedrigeren Wert anzusetzen, der auf einer nur steuerrechtlich zulässigen Abschreibung beruht. § 253 Abs. 5 ist entsprechend anzuwenden.

§ 255 Anschaffungs- und Herstellungskosten

(1) Anschaffungskosten sind die Aufwendungen, die geleistet werden, um einen Vermögensgegenstand zu erwerben und ihn in einen betriebsbereiten Zustand zu versetzen, soweit sie dem Vermögensgegenstand einzeln zugeordnet werden können. Zu den Anschaffungskosten gehören auch die Nebenkosten sowie die nachträglichen Anschaffungskosten. Anschaffungspreisminderungen sind abzusetzen.

(2) Herstellungskosten sind die Aufwendungen, die durch den Verbrauch von Gütern und die Inanspruchnahme von Diensten für die Herstellung eines Vermögensgegenstands, seine Erweiterung oder für eine über seinen ursprünglichen Zustand hinausgehende wesentliche Verbesserung entstehen. Dazu gehören die Materialkosten, die Fertigungskosten und die Sonderkosten der Fertigung. Bei der Berechnung der Herstellungskosten dürfen auch angemessene Teile der notwendigen Materialgemeinkosten, der notwendigen Fertigungsgemeinkosten und des Wertverzehrs des Anlagevermögens, soweit er durch die Fertigung veranlaßt ist, eingerechnet werden. Kosten der allgemeinen Verwaltung sowie Aufwendungen für soziale Einrichtungen des Betriebs, für freiwillige soziale Leistungen und für betriebliche Altersversorgung brauchen nicht eingerechnet zu werden. Aufwendungen im Sinne der Sätze 3 und 4 dürfen nur insoweit berücksichtigt werden, als sie auf den Zeitraum der Herstellung entfallen. Vertriebskosten dürfen nicht in die Herstellungskosten einbezogen werden.

(3) Zinsen für Fremdkapital gehören nicht zu den Herstellungskosten. Zinsen für Fremdkapital, das zur Finanzierung der Herstellung eines Vermögensgegenstands verwendet wird, dürfen angesetzt werden, soweit sie auf den Zeitraum der Herstellung entfallen; in diesem Falle gelten sie als Herstellungskosten des Vermögensgegenstands.

(4) Als Geschäfts- oder Firmenwert darf der Unterschiedsbetrag angesetzt werden, um den die für die Übernahme eines Unternehmens bewirkte Gegenleistung den Wert der einzelnen Vermögensgegenstände des Unternehmens abzüglich der Schulden im Zeitpunkt der Übernahme übersteigt. Der Betrag ist in jedem folgenden Geschäftsjahr zu mindestens einem Viertel durch Abschreibungen zu tilgen. Die Abschreibung des Geschäfts- oder

Firmenwerts kann aber auch planmäßig auf die Geschäftsjahre verteilt werden, in denen er voraussichtlich genutzt wird.

§ 256 Bewertungsvereinfachungsverfahren

Soweit es den Grundsätzen ordnungsmäßiger Buchführung entspricht, kann für den Wertansatz gleichartiger Vermögensgegenstände des Vorratsvermögens unterstellt werden, daß die zuerst oder daß die zuletzt angeschafften oder hergestellten Vermögensgegenstände zuerst oder in einer sonstigen bestimmten Folge verbraucht oder veräußert worden sind. § 240 Abs. 3 und 4 ist auch auf den Jahresabschluß anwendbar.

Dritter Unterabschnitt

Aufbewahrung und Vorlage

§ 257 Aufbewahrung von Unterlagen. Aufbewahrungsfristen

(1) Jeder Kaufmann ist verpflichtet, die folgenden Unterlagen geordnet aufzubewahren:

1. Handelsbücher, Inventare, Eröffnungsbilanzen, Jahresabschlüsse, Lageberichte, Konzernabschlüsse, Konzernlageberichte sowie die zu ihrem Verständnis erforderlichen Arbeitsanweisungen und sonstigen Organisationsunterlagen,
2. die empfangenen Handelsbriefe,
3. Wiedergaben der abgesandten Handelsbriefe,
4. Belege für Buchungen in den von ihm nach § 238 Abs. 1 zu führenden Büchern (Buchungsbelege).

(2) Handelsbriefe sind nur Schriftstücke, die ein Handelsgeschäft betreffen.

(3) Mit Ausnahme der Eröffnungsbilanzen, Jahresabschlüsse und der Konzernabschlüsse können die in Absatz 1 aufgeführten Unterlagen auch als Wiedergabe auf einem Bildträger oder auf anderen Datenträgern aufbewahrt werden, wenn dies den Grundsätzen ordnungsmäßiger Buchführung entspricht und sichergestellt ist, daß die Wiedergabe oder die Daten

1. mit den empfangenen Handelsbriefen und den Buchungsbelegen bildlich und mit den anderen Unterlagen inhaltlich übereinstimmen, wenn sie lesbar gemacht werden,
2. während der Dauer der Aufbewahrungsfrist verfügbar sind und jederzeit innerhalb angemessener Frist lesbar gemacht werden können.

Sind Unterlagen auf Grund des § 239 Abs. 4 Satz 1 auf Datenträgern hergestellt worden, können statt des Datenträgers die Daten auch ausgedruckt aufbewahrt werden; die ausgedruckten Unterlagen können auch nach Satz 1 aufbewahrt werden.

(4) Die in Absatz 1 Nr. 1 aufgeführten Unterlagen sind zehn Jahre und die sonstigen in Absatz 1 aufgeführten Unterlagen sechs Jahre aufzubewahren.

(5) Die Aufbewahrungsfrist beginnt mit dem Schluß des Kalenderjahrs, in dem die letzte Eintragung in das Handelsbuch gemacht, das Inventar aufgestellt, die Eröffnungsbilanz oder der Jahresabschluß festgestellt, der Konzernabschluß aufgestellt, der Handelsbrief empfangen oder abgesandt worden oder der Buchungsbeleg entstanden ist.

§ 258 Vorlegung im Rechtsstreit

(1) Im Laufe eines Rechtsstreits kann das Gericht auf Antrag oder von Amts wegen die Vorlegung der Handelsbücher einer Partei anordnen.

(2) Die Vorschriften der Zivilprozeßordnung über die Verpflichtung des Prozeßgegners zur Vorlegung von Urkunden bleiben unberührt.

§ 259 Auszug bei Vorlegung im Rechtsstreit

Werden in einem Rechtsstreit Handelsbücher vorgelegt, so ist von ihrem Inhalt, soweit er den Streitpunkt betrifft, unter Zuziehung der Parteien Einsicht zu nehmen und geeignetenfalls ein Auszug zu fertigen. Der übrige Inhalt der Bücher ist dem Gericht insoweit offenzulegen, als es zur Prüfung ihrer ordnungsmäßigen Führung notwendig ist.

§ 260 Vorlegung bei Auseinandersetzungen

Bei Vermögensauseinandersetzungen, insbesondere in Erbschafts-, Gütergemeinschafts- und Gesellschaftsteilungssachen, kann das Gericht die Vorlegung der Handelsbücher zur Kenntnisnahme von ihrem ganzen Inhalt anordnen.

§ 261 Vorlegung von Unterlagen auf Bild- oder Datenträgern

Wer aufzubewahrende Unterlagen nur in der Form einer Wiedergabe auf einem Bildträger oder auf anderen Datenträgern vorlegen kann, ist verpflichtet, auf seine Kosten diejenigen Hilfsmittel zur Verfügung zu stellen, die erforderlich sind, um die Unterlagen lesbar zu machen; soweit erforderlich, hat er die Unterlagen auf seine Kosten auszudrucken oder ohne Hilfsmittel lesbare Reproduktionen beizubringen.

Vierter Unterabschnitt

Sollkaufleute. Landesrecht

§ 262 Anwendung auf Sollkaufleute

Für Unternehmer, die nach § 2 verpflichtet sind, die Eintragung ihres Unternehmens in das Handelsregister herbeizuführen, gelten die Vorschriften dieses Abschnitts schon von dem Zeitpunkt an, in dem diese Verpflichtung entstanden ist.

§ 263 Vorbehalt landesrechtlicher Vorschriften

Unberührt bleiben bei Unternehmen ohne eigene Rechtspersönlichkeit einer Gemeinde, eines Gemeindeverbands oder eines Zweckverbands landesrechtliche Vorschriften, die von den Vorschriften dieses Abschnitts abweichen.

Zweiter Abschnitt

Ergänzende Vorschriften für Kapitalgesellschaften (Aktiengesellschaften, Kommanditgesellschaften auf Aktien und Gesellschaften mit beschränkter Haftung)

Erster Unterabschnitt

Jahresabschluß der Kapitalgesellschaft und Lagebericht

Erster Titel

Allgemeine Vorschriften

§ 264 Pflicht zur Aufstellung

(1) Die gesetzlichen Vertreter einer Kapitalgesellschaft haben den Jahresabschluß (§ 242) um einen Anhang zu erweitern, der mit der Bilanz und der Gewinn- und Verlustrechnung eine Einheit bildet, sowie einen Lagebericht aufzustellen. Der Jahresabschluß und der Lagebericht sind von den gesetzlichen Vertretern in den ersten drei Monaten des Geschäftsjahrs für das vergangene Geschäftsjahr aufzustellen. Kleine Kapitalgesellschaften (§ 267 Abs. 1) brauchen den Lagebericht nicht aufzustellen; sie dürfen den Jahresabschluß auch später aufstellen, wenn dies einem ordnungsgemäßen Geschäftsgang entspricht, jedoch innerhalb der ersten sechs Monate des Geschäftsjahres.

(2) Der Jahresabschluß der Kapitalgesellschaft hat unter Beachtung der Grundsätze ordnungsmäßiger Buchführung ein den tatsächlichen Verhältnissen entsprechendes Bild der Vermögens-, Finanz- und Ertragslage der Kapitalgesellschaft zu vermitteln. Führen besondere Umstände dazu, daß der Jahresabschluß ein den tatsächlichen Verhältnissen entsprechendes Bild im Sinne des Satzes 1 nicht vermittelt, so sind im Anhang zusätzliche Angaben zu machen.

§ 265 Allgemeine Grundsätze für die Gliederung

(1) Die Form der Darstellung, insbesondere die Gliederung der aufeinanderfolgenden Bilanzen und Gewinn- und Verlustrechnungen, ist beizubehalten, soweit nicht in Ausnahmefällen wegen besonderer Umstände Abweichungen erforderlich sind. Die Abweichungen sind im Anhang anzugeben und zu begründen.

(2) In der Bilanz sowie in der Gewinn- und Verlustrechnung ist zu jedem Posten der entsprechende Betrag des vorhergehenden Geschäftsjahrs anzugeben. Sind die Beträge nicht vergleichbar, so ist dies im Anhang anzugeben und zu erläutern. Wird der Vorjahresbetrag angepaßt, so ist auch dies im Anhang anzugeben und zu erläutern.

(3) Fällt ein Vermögensgegenstand oder eine Schuld unter mehrere Posten der Bilanz, so ist die Mitzugehörigkeit zu anderen Posten bei dem Posten, unter dem der Ausweis erfolgt ist, zu vermerken oder im Anhang anzugeben, wenn dies zur Aufstellung eines klaren und übersichtlichen Jahresabschlusses erforderlich ist. Eigene Anteile dürfen unabhängig von ihrer Zweckbestimmung nur unter dem dafür vorgesehenen Posten im Umlaufvermögen ausgewiesen werden.

(4) Sind mehrere Geschäftszweige vorhanden und bedingt dies die Gliederung des Jahresabschlusses nach verschiedenen Gliederungsvorschriften, so ist der Jahresabschluß nach der für einen Geschäftszweig vorgeschriebenen Gliederung aufzustellen und nach der für die anderen Geschäftszweige vorgeschriebenen Gliederung zu ergänzen. Die Ergänzung ist im Anhang anzugeben und zu begründen.

(5) Eine weitere Untergliederung der Posten ist zulässig; dabei ist jedoch die vorgeschriebene Gliederung zu beachten. Neue Posten dürfen hinzugefügt werden, wenn ihr Inhalt nicht von einem vorgeschriebenen Posten gedeckt wird.

(6) Gliederung und Bezeichnung der mit arabischen Zahlen versehenen Posten der Bilanz und der Gewinn- und Verlustrechnung sind zu ändern, wenn dies wegen Besonderheiten der Kapitalgesellschaft zur Aufstellung eines klaren und übersichtlichen Jahresabschlusses erforderlich ist.

(7) Die mit arabischen Zahlen versehenen Posten der Bilanz und der Gewinn- und Verlustrechnung können, wenn nicht besondere Formblätter vorgeschrieben sind, zusammengefaßt ausgewiesen werden, wenn

1. sie einen Betrag enthalten, der für die Vermittlung eines den tatsächlichen Verhältnissen entsprechenden Bildes im Sinne des § 264 Abs. 2 nicht erheblich ist, oder
2. dadurch die Klarheit der Darstellung vergrößert wird; in diesem Falle müssen die zusammengefaßten Posten jedoch im Anhang gesondert ausgewiesen werden.

(8) Ein Posten der Bilanz oder der Gewinn- und Verlustrechnung, der keinen Betrag ausweist, braucht nicht aufgeführt zu werden, es sei denn, daß im vorhergehenden Geschäftsjahr unter diesem Posten ein Betrag ausgewiesen wurde.

Zweiter Titel
Bilanz

§ 266 Gliederung der Bilanz

(1) Die Bilanz ist in Kontoform aufzustellen. Dabei haben große und mittelgroße Kapitalgesellschaften (§ 267 Abs. 3, 2) auf der Aktivseite die in Absatz 2 und auf der Passivseite die in Absatz 3 bezeichneten Posten gesondert und in der vorgeschriebenen Reihenfolge auszuweisen. Kleine Kapitalgesellschaften (§ 267 Abs. 1) brauchen nur eine verkürzte Bilanz aufzustellen, in die nur die in den Absätzen 2 und 3 mit Buchstaben und römischen Zahlen bezeichneten Posten gesondert und in der vorgeschriebenen Reihenfolge aufgenommen werden.

(2) Aktivseite

A. Anlagevermögen:

I. Immaterielle Vermögensgegenstände:

1. Konzessionen, gewerbliche Schutzrechte und ähnliche Rechte und Werte sowie Lizenzen an solchen Rechten und Werten;
2. Geschäfts- oder Firmenwert;
3. geleistete Anzahlungen;

II. Sachanlagen:

1. Grundstücke, grundstücksgleiche Rechte und Bauten einschließlich der Bauten auf fremden Grundstücken;
2. technische Anlagen und Maschinen;
3. andere Anlagen, Betriebs- und Geschäftsausstattung;
4. geleistete Anzahlungen und Anlagen im Bau;

III. Finanzanlagen:

1. Anteile an verbundenen Unternehmen;
2. Ausleihungen an verbundene Unternehmen;
3. Beteiligungen;
4. Ausleihungen an Unternehmen, mit denen ein Beteiligungsverhältnis besteht;
5. Wertpapiere des Anlagevermögens;
6. sonstige Ausleihungen.

B. Umlaufvermögen:

I. Vorräte:

1. Roh-, Hilfs- und Betriebsstoffe;
2. unfertige Erzeugnisse, unfertige Leistungen;
3. fertige Erzeugnisse und Waren;
4. geleistete Anzahlungen;

II. Forderungen und sonstige Vermögensgegenstände:

1. Forderungen aus Lieferungen und Leistungen;
2. Forderungen gegen verbundene Unternehmen;
3. Forderungen gegen Unternehmen, mit denen ein Beteiligungsverhältnis besteht;
4. sonstige Vermögensgegenstände;

III. Wertpapiere:

1. Anteile an verbundenen Unternehmen;
2. eigene Anteile;
3. sonstige Wertpapiere;

IV. Schecks, Kassenbestand, Bundesbank- und Postgiroguthaben, Guthaben bei Kreditinstituten.

C. Rechnungsabgrenzungsposten.

(3) Passivseite

A. Eigenkapital:

I. Gezeichnetes Kapital;

II. Kapitalrücklage;

III. Gewinnrücklagen:

1. gesetzliche Rücklage;
2. Rücklage für eigene Anteile;
3. satzungsmäßige Rücklagen;
4. andere Gewinnrücklagen;

IV. Gewinnvortrag/Verlustvortrag;

V. Jahresüberschuß/Jahresfehlbetrag.

B. Rückstellungen:
1. Rückstellungen für Pensionen und ähnliche Verpflichtungen;
2. Steuerrückstellungen;
3. sonstige Rückstellungen.

C. Verbindlichkeiten:
1. Anleihen,
davon konvertibel;
2. Verbindlichkeiten gegenüber Kreditinstituten;
3. erhaltene Anzahlungen auf Bestellungen;
4. Verbindlichkeiten aus Lieferungen und Leistungen;
5. Verbindlichkeiten aus der Annahme gezogener Wechsel und der Ausstellung eigener Wechsel;
6. Verbindlichkeiten gegenüber verbundenen Unternehmen;
7. Verbindlichkeiten gegenüber Unternehmen, mit denen ein Beteiligungsverhältnis besteht;
8. sonstige Verbindlichkeiten,
davon aus Steuern,
davon im Rahmen der sozialen Sicherheit.

D. Rechnungsabgrenzungsposten.

§ 267 Umschreibung der Größenklassen[1)]

(1) Kleine Kapitalgesellschaften sind solche, die mindestens zwei der drei nachstehenden Merkmale nicht überschreiten:
1. Fünf Millionen dreihundertzehntausend Deutsche Mark Bilanzsumme nach Abzug eines auf der Aktivseite ausgewiesenen Fehlbetrags (§ 268 Abs. 3).
2. Zehn Millionen sechshundertzwanzigtausend Deutsche Mark Umsatzerlöse in den zwölf Monaten vor dem Abschlußstichtag.
3. Im Jahresdurchschnitt fünfzig Arbeitnehmer.

(2) Mittelgroße Kapitalgesellschaften sind solche, die mindestens zwei der drei in Absatz 1 bezeichneten Merkmale überschreiten und jeweils mindestens zwei der drei nachstehenden Merkmale nicht überschreiten:
1. Einundzwanzig Millionen zweihundertvierzigtausend Deutsche Mark Bilanzsumme nach Abzug eines auf der Aktivseite ausgewiesenen Fehlbetrags (§ 268 Abs. 3).
2. Zweiundvierzig Millionen vierhundertachtzigtausend Deutsche Mark Umsatzerlöse in den zwölf Monaten vor dem Abschlußstichtag.
3. Im Jahresdurchschnitt zweihundertfünfzig Arbeitnehmer.

(3) Große Kapitalgesellschaften sind solche, die mindestens zwei der drei in Absatz 2 bezeichneten Merkmale überschreiten. Eine Kapitalgesellschaft gilt stets als große, wenn Aktien oder andere von ihr ausgegebene Wertpapiere an einer Börse in einem Mitgliedstaat der Europäischen Wirtschaftsgemeinschaft zum amtlichen Handel oder zum geregelten Markt zugelassen oder in den geregelten Freiverkehr einbezogen sind oder die Zulassung zum amtlichen Handel oder zum geregelten Markt beantragt ist.

---

1) Gemäß Art. 5 des Gesetzes zur Änderung des D-Markbilanzgesetzes und anderer handelsrechtlicher Bestimmungen vom 25. 7.1994 (BGBl. I S. 1682) dürfen die geänderten Bestimmungen des Handelsgesetzbuches auf alle Geschäftsjahre angewendet werden, die nach dem 31. Dezember 1990 beginnen.

(4) Die Rechtsfolgen der Merkmale nach den Absätzen 1 bis 3 Satz 1 treten nur ein, wenn sie an den Abschlußstichtagen von zwei aufeinanderfolgenden Geschäftsjahren über- oder unterschritten werden. Im Falle der Umwandlung oder Neugründung treten die Rechtsfolgen schon ein, wenn die Voraussetzungen des Absatzes 1, 2 oder 3 am ersten Abschlußstichtag nach der Umwandlung oder Neugründung vorliegen.
(5) Als durchschnittliche Zahl der Arbeitnehmer gilt der vierte Teil der Summe aus den Zahlen der jeweils am 31. März, 30. Juni, 30. September und 31. Dezember beschäftigten Arbeitnehmer einschließlich der im Ausland beschäftigten Arbeitnehmer, jedoch ohne die zu ihrer Berufsausbildung Beschäftigten.
(6) Informations- und Auskunftsrechte der Arbeitnehmervertretungen nach anderen Gesetzen bleiben unberührt.

§ 268 Vorschriften zu einzelnen Posten der Bilanz. Bilanzvermerke

(1) Die Bilanz darf auch unter Berücksichtigung der vollständigen oder teilweisen Verwendung des Jahresergebnisses aufgestellt werden. Wird die Bilanz unter Berücksichtigung der teilweisen Verwendung des Jahresergebnisses aufgestellt, so tritt an die Stelle der Posten »Jahresüberschuß/Jahresfehlbetrag« und »Gewinnvortrag/Verlustvortrag« der Posten »Bilanzgewinn/Bilanzverlust«; ein vorhandener Gewinn- oder Verlustvortrag ist in den Posten »Bilanzgewinn/Bilanzverlust« einzubeziehen und in der Bilanz oder im Anhang gesondert anzugeben.
(2) In der Bilanz oder im Anhang ist die Entwicklung der einzelnen Posten des Anlagevermögens und des Postens »Aufwendungen für die Ingangsetzung und Erweiterung des Geschäftsbetriebs« darzustellen. Dabei sind, ausgehend von den gesamten Anschaffungs- und Herstellungskosten, die Zugänge, Abgänge, Umbuchungen und Zuschreibungen des Geschäftsjahrs sowie die Abschreibungen in ihrer gesamten Höhe gesondert aufzuführen. Die Abschreibungen des Geschäftsjahrs sind entweder in der Bilanz bei dem betreffenden Posten zu vermerken oder im Anhang in einer der Gliederung des Anlagevermögens entsprechenden Aufgliederung anzugeben.
(3) Ist das Eigenkapital durch Verluste aufgebraucht und ergibt sich ein Überschuß der Passivposten über die Aktivposten, so ist dieser Betrag am Schluß der Bilanz auf der Aktivseite gesondert unter der Bezeichnung »Nicht durch Eigenkapital gedeckter Fehlbetrag« auszuweisen.
(4) Der Betrag der Forderungen mit einer Restlaufzeit von mehr als einem Jahr ist bei jedem gesondert ausgewiesenen Posten zu vermerken. Werden unter dem Posten »sonstige Vermögensgegenstände« Beträge für Vermögensgegenstände ausgewiesen, die erst nach dem Abschlußstichtag rechtlich entstehen, so müssen Beträge, die einen größeren Umfang haben, im Anhang erläutert werden.
(5) Der Betrag der Verbindlichkeiten mit einer Restlaufzeit bis zu einem Jahr ist bei jedem gesondert ausgewiesenen Posten zu vermerken. Erhaltene Anzahlungen auf Bestellungen sind, soweit Anzahlungen auf Vorräte nicht von dem Posten »Vorräte« offen abgesetzt werden, unter den Verbindlichkeiten gesondert auszuweisen. Sind unter dem Posten »Verbindlichkeiten« Beträge für Verbindlichkeiten ausgewiesen, die erst nach dem Abschlußstichtag rechtlich entstehen, so müssen Beträge, die einen größeren Umfang haben, im Anhang erläutert werden.
(6) Ein nach § 250 Abs. 3 in den Rechnungsabgrenzungsposten auf der Aktivseite aufgenommener Unterschiedsbetrag ist in der Bilanz gesondert auszuweisen oder im Anhang anzugeben.
(7) Die in § 251 bezeichneten Haftungsverhältnisse sind jeweils gesondert unter der Bilanz oder im Anhang unter Angabe der gewährten Pfandrechte und sonstigen Sicherheiten

anzugeben; bestehen solche Verpflichtungen gegenüber verbundenen Unternehmen, so sind sie gesondert anzugeben.

§ 269 Aufwendungen für die Ingangsetzung und Erweiterung des Geschäftsbetriebs
Die Aufwendungen für die Ingangsetzung des Geschäftsbetriebs und dessen Erweiterung dürfen, soweit sie nicht bilanzierungsfähig sind, als Bilanzierungshilfe aktiviert werden; der Posten ist in der Bilanz unter der Bezeichnung »Aufwendungen für die Ingangsetzung und Erweiterung des Geschäftsbetriebs« vor dem Anlagevermögen auszuweisen und im Anhang zu erläutern. Werden solche Aufwendungen in der Bilanz ausgewiesen, so dürfen Gewinne nur ausgeschüttet werden, wenn die nach der Ausschüttung verbleibenden jederzeit auflösbaren Gewinnrücklagen zuzüglich eines Gewinnvortrags und abzüglich eines Verlustvortrags dem angesetzten Betrag mindestens entsprechen.

§ 270 Bildung bestimmter Posten
(1) Einstellungen in die Kapitalrücklage und deren Auflösung sind bereits bei der Aufstellung der Bilanz vorzunehmen. Satz 1 ist auf Einstellungen in den Sonderposten mit Rücklageanteil und dessen Auflösung anzuwenden.
(2) Wird die Bilanz unter Berücksichtigung der vollständigen oder teilweisen Verwendung des Jahresergebnisses aufgestellt, so sind Entnahmen aus Gewinnrücklagen sowie Einstellungen in Gewinnrücklagen, die nach Gesetz, Gesellschaftsvertrag oder Satzung vorzunehmen sind oder auf Grund solcher Vorschriften beschlossen worden sind, bereits bei der Aufstellung der Bilanz zu berücksichtigen.

§ 271 Beteiligungen. Verbundene Unternehmen
(1) Beteiligungen sind Anteile an anderen Unternehmen, die bestimmt sind, dem eigenen Geschäftsbetrieb durch Herstellung einer dauernden Verbindung zu jenen Unternehmen zu dienen. Dabei ist es unerheblich, ob die Anteile in Wertpapieren verbrieft sind oder nicht. Als Beteiligung gelten im Zweifel Anteile an einer Kapitalgesellschaft, deren Nennbeträge insgesamt den fünften Teil des Nennkapitals dieser Gesellschaft überschreiten. Auf die Berechnung ist § 16 Abs. 2 und 4 des Aktiengesetzes entsprechend anzuwenden. Die Mitgliedschaft in einer eingetragenen Genossenschaft gilt nicht als Beteiligung im Sinne dieses Buches.
(2) Verbundene Unternehmen im Sinne dieses Buches sind solche Unternehmen, die als Mutter- oder Tochterunternehmen (§ 290) in den Konzernabschluß eines Mutterunternehmens nach den Vorschriften über die Vollkonsolidierung einzubeziehen sind, das als oberstes Mutterunternehmen den am weitestgehenden Konzernabschluß nach dem Zweiten Unterabschnitt aufzustellen hat, auch wenn die Aufstellung unterbleibt, oder das einen befreienden Konzernabschluß nach § 291 oder nach einer nach § 292 erlassenen Rechtsverordnung aufstellt oder aufstellen könnte; Tochterunternehmen, die nach § 295 oder § 296 nicht einbezogen werden, sind ebenfalls verbundene Unternehmen.

§ 272 Eigenkapital
(1) Gezeichnetes Kapital ist das Kapital, auf das die Haftung der Gesellschafter für die Verbindlichkeiten der Kapitalgesellschaft gegenüber den Gläubigern beschränkt ist. Die ausstehenden Einlagen auf das gezeichnete Kapital sind auf der Aktivseite vor dem Anlagevermögen gesondert auszuweisen und entsprechend zu bezeichnen; die davon eingeforderten Einlagen sind zu vermerken. Die nicht eingeforderten ausstehenden Einlagen dürfen auch von dem Posten »Gezeichnetes Kapital« offen abgesetzt werden; in diesem Falle ist der verbleibende Betrag als Posten »Eingefordertes Kapital« in der Hauptspalte der Passivseite auszuweisen und ist außerdem der eingeforderte, aber noch nicht eingezahlte Betrag unter den Forderungen gesondert auszuweisen und entsprechend zu bezeichnen.

(2) Als Kapitalrücklage sind auszuweisen
1. der Betrag, der bei der Ausgabe von Anteilen einschließlich von Bezugsanteilen über den Nennbetrag hinaus erzielt wird;
2. der Betrag, der bei der Ausgabe von Schuldverschreibungen für Wandlungsrechte und Optionsrechte zum Erwerb von Anteilen erzielt wird;
3. der Betrag von Zuzahlungen, die Gesellschafter gegen Gewährung eines Vorzugs für ihre Anteile leisten;
4. der Betrag von anderen Zuzahlungen, die Gesellschafter in das Eigenkapital leisten.

(3) Als Gewinnrücklagen dürfen nur Beträge ausgewiesen werden, die im Geschäftsjahr oder in einem früheren Geschäftsjahr aus dem Ergebnis gebildet worden sind. Dazu gehören aus dem Ergebnis zu bildende gesetzliche oder auf Gesellschaftsvertrag oder Satzung beruhende Rücklagen und andere Gewinnrücklagen.

(4) In eine Rücklage für eigene Anteile ist ein Betrag einzustellen, der dem auf der Aktivseite der Bilanz für die eigenen Anteile anzusetzenden Betrag entspricht. Die Rücklage darf nur aufgelöst werden, soweit die eigenen Anteile ausgegeben, veräußert oder eingezogen werden oder soweit nach § 253 Abs. 3 auf der Aktivseite ein niedrigerer Betrag angesetzt wird. Die Rücklage, die bereits bei der Aufstellung der Bilanz vorzunehmen ist, darf aus vorhandenen Gewinnrücklagen gebildet werden, soweit diese frei verfügbar sind. Die Rücklage nach Satz 1 ist auch für Anteile eines herrschenden oder eines mit Mehrheit beteiligten Unternehmens zu bilden.

§ 273 Sonderposten mit Rücklageanteil

Der Sonderposten mit Rücklageanteil (§ 247 Abs. 3) darf nur insoweit gebildet werden, als das Steuerrecht die Anerkennung des Wertansatzes bei der steuerrechtlichen Gewinnermittlung davon abhängig macht, daß der Sonderposten in der Bilanz gebildet wird. Er ist auf der Passivseite vor den Rückstellungen auszuweisen; die Vorschriften, nach denen er gebildet worden ist, sind in der Bilanz oder im Anhang anzugeben.

§ 274 Steuerabgrenzung

(1) Ist der dem Geschäftsjahr und früheren Geschäftsjahren zuzurechnende Steueraufwand zu niedrig, weil der nach den steuerrechtlichen Vorschriften zu versteuernde Gewinn niedriger als das handelsrechtliche Ergebnis ist, und gleicht sich der zu niedrige Steueraufwand des Geschäftsjahrs und früherer Geschäftsjahre in späteren Geschäftsjahren voraussichtlich aus, so ist in Höhe der voraussichtlichen Steuerbelastung nachfolgender Geschäftsjahre eine Rückstellung nach § 249 Abs. 1 Satz 1 zu bilden und in der Bilanz oder im Anhang gesondert anzugeben. Die Rückstellung ist aufzulösen, sobald die höhere Steuerbelastung eintritt oder mit ihr voraussichtlich nicht mehr zu rechnen ist.

(2) Ist der dem Geschäftsjahr und früheren Geschäftsjahren zuzurechnende Steueraufwand zu hoch, weil der nach den steuerrechtlichen Vorschriften zu versteuernde Gewinn höher als das handelsrechtliche Ergebnis ist, und gleicht sich der zu hohe Steueraufwand des Geschäftsjahrs und früherer Geschäftsjahre in späteren Geschäftsjahren voraussichtlich aus, so darf in Höhe der voraussichtlichen Steuerentlastung nachfolgender Geschäftsjahre ein Abgrenzungsposten als Bilanzierungshilfe auf der Aktivseite der Bilanz gebildet werden. Dieser Posten ist unter entsprechender Bezeichnung gesondert auszuweisen und im Anhang zu erläutern. Wird ein solcher Posten ausgewiesen, so dürfen Gewinne nur ausgeschüttet werden, wenn die nach der Ausschüttung verbleibenden jederzeit auflösbaren Gewinnrücklagen zuzüglich eines Gewinnvortrags und abzüglich eines Verlustvortrags dem angesetzten Betrag mindestens entsprechen. Der Betrag ist aufzulösen, sobald die Steuerentlastung eintritt oder mit ihr voraussichtlich nicht mehr zu rechnen ist.

§ 274 a Größenabhängige Erleichterungen

Kleine Kapitalgesellschaften sind von der Anwendung der folgenden Vorschriften befreit:
1. § 268 Abs. 2 über die Aufstellung eines Anlagengitters,
2. § 268 Abs. 4 Satz 2 über die Pflicht zur Erläuterung bestimmter Forderungen im Anhang,
3. § 268 Abs. 5 Satz 3 über die Erläuterung bestimmter Verbindlichkeiten im Anhang,
4. § 268 Abs. 6 über den Rechnungsabgrenzungsposten nach § 250 Abs. 3,
5. § 269 Satz 1 insoweit, als die Aufwendungen für die Ingangsetzung und Erweiterung des Geschäftsbetriebs im Anhang erläutert werden müssen.

Dritter Titel

Gewinn- und Verlustrechnung

§ 275 Gliederung

(1) Die Gewinn- und Verlustrechnung ist in Staffelform nach dem Gesamtkostenverfahren oder dem Umsatzkostenverfahren aufzustellen. Dabei sind die in Absatz 2 oder 3 bezeichneten Posten in der angegebenen Reihenfolge gesondert auszuweisen.

(2) Bei Anwendung des Gesamtkostenverfahrens sind auszuweisen:
1. Umsatzerlöse
2. Erhöhung oder Verminderung des Bestands an fertigen und unfertigen Erzeugnissen
3. andere aktivierte Eigenleistungen
4. sonstige betriebliche Erträge
5. Materialaufwand:
   a) Aufwendungen für Roh-, Hilfs- und Betriebsstoffe und für bezogene Waren
   b) Aufwendungen für bezogene Leistungen
6. Personalaufwand:
   a) Löhne und Gehälter
   b) soziale Abgaben und Aufwendungen für Altersversorgung und für Unterstützung, davon für Altersversorgung
7. Abschreibungen:
   a) auf immaterielle Vermögensgegenstände des Anlagevermögens und Sachanlagen sowie auf aktivierte Aufwendungen für die Ingangsetzung und Erweiterung des Geschäftsbetriebs
   b) auf Vermögensgegenstände des Umlaufvermögens, soweit diese die in der Kapitalgesellschaft üblichen Abschreibungen überschreiten
8. sonstige betriebliche Aufwendungen
9. Erträge aus Beteiligungen, davon aus verbundenen Unternehmen
10. Erträge aus anderen Wertpapieren und Ausleihungen des Finanzanlagevermögens, davon aus verbundenen Unternehmen
11. sonstige Zinsen und ähnliche Erträge, davon aus verbundenen Unternehmen
12. Abschreibungen auf Finanzanlagen und auf Wertpapiere des Umlaufvermögens
13. Zinsen und ähnliche Aufwendungen, davon an verbundene Unternehmen
14. Ergebnis der gewöhnlichen Geschäftstätigkeit
15. außerordentliche Erträge
16. außerordentliche Aufwendungen
17. außerordentliches Ergebnis

18. Steuern vom Einkommen und vom Ertrag
19. sonstige Steuern
20. Jahresüberschuß/Jahresfehlbetrag.

(3) Bei Anwendung des Umsatzkostenverfahrens sind auszuweisen:

1. Umsatzerlöse
2. Herstellungskosten der zur Erzielung der Umsatzerlöse erbrachten Leistungen
3. Bruttoergebnis vom Umsatz
4. Vertriebskosten
5. allgemeine Verwaltungskosten
6. sonstige betriebliche Erträge
7. sonstige betriebliche Aufwendungen
8. Erträge aus Beteiligungen,
   davon aus verbundenen Unternehmen
9. Erträge aus anderen Wertpapieren und Ausleihungen des Finanzanlagevermögens,
   davon aus verbundenen Unternehmen
10. sonstige Zinsen und ähnliche Erträge,
   davon aus verbundenen Unternehmen
11. Abschreibungen auf Finanzanlagen und auf Wertpapiere des Umlaufvermögens
12. Zinsen und ähnliche Aufwendungen,
   davon an verbundene Unternehmen
13. Ergebnis der gewöhnlichen Geschäftstätigkeit
14. außerordentliche Erträge
15. außerordentliche Aufwendungen
16. außerordentliches Ergebnis
17. Steuern vom Einkommen und vom Ertrag
18. sonstige Steuern
19. Jahresüberschuß/Jahresfehlbetrag.

(4) Veränderungen der Kapital- und Gewinnrücklagen dürfen in der Gewinn- und Verlustrechnung erst nach dem Posten »Jahresüberschuß/Jahresfehlbetrag« ausgewiesen werden.

§ 276 Größenabhängige Erleichterungen

Kleine und mittelgroße Kapitalgesellschaften (§ 267 Abs. 1, 2) dürfen die Posten § 275 Abs. 2 Nr. 1 bis 5 oder Abs. 3 Nr. 1 bis 3 und 6 zu einem Posten unter der Bezeichnung »Rohergebnis« zusammenfassen. Kleine Kapitalgesellschaften brauchen außerdem die in § 277 Abs. 4 Satz 2 und 3 verlangten Erläuterungen zu den Posten »außerordentliche Erträge« und »außerordentliche Aufwendungen« nicht zu machen.

§ 277 Vorschriften zu einzelnen Posten der Gewinn- und Verlustrechnung

(1) Als Umsatzerlöse sind die Erlöse aus dem Verkauf und der Vermietung oder Verpachtung von für die gewöhnliche Geschäftstätigkeit der Kapitalgesellschaft typischen Erzeugnissen und Waren sowie aus von für die gewöhnliche Geschäftstätigkeit der Kapitalgesellschaft typischen Dienstleistungen nach Abzug von Erlösschmälerungen und der Umsatzsteuer auszuweisen.

(2) Als Bestandsveränderungen sind sowohl Änderungen der Menge als auch solche des Wertes zu berücksichtigen; Abschreibungen jedoch nur, soweit diese die in der Kapitalgesellschaft sonst üblichen Abschreibungen nicht überschreiten.

(3) Außerplanmäßige Abschreibungen nach § 253 Abs. 2 Satz 3 sowie Abschreibungen nach § 253 Abs. 3 Satz 3 sind jeweils gesondert auszuweisen oder im Anhang anzugeben. Erträge und Aufwendungen aus Verlustübernahme und auf Grund einer Gewinngemein-

schaft, eines Gewinnabführungs- oder eines Teilgewinnabführungsvertrags erhaltene oder abgeführte Gewinne sind jeweils gesondert unter entsprechender Bezeichnung auszuweisen.
(4) Unter den Posten »außerordentliche Erträge« und »außerordentliche Aufwendungen« sind Erträge und Aufwendungen auszuweisen, die außerhalb der gewöhnlichen Geschäftstätigkeit der Kapitalgesellschaft anfallen. Die Posten sind hinsichtlich ihres Betrags und ihrer Art im Anhang zu erläutern, soweit die ausgewiesenen Beträge für die Beurteilung der Ertragslage nicht von untergeordneter Bedeutung sind. Satz 2 gilt auch für Erträge und Aufwendungen, die einem anderen Geschäftsjahr zuzurechnen sind.

§ 278 Steuern

Die Steuern vom Einkommen und vom Ertrag sind auf der Grundlage des Beschlusses über die Verwendung des Ergebnisses zu berechnen; liegt ein solcher Beschluß im Zeitpunkt der Feststellung des Jahresabschlusses nicht vor, so ist vom Vorschlag über die Verwendung des Ergebnisses auszugehen. Weicht der Beschluß über die Verwendung des Ergebnisses vom Vorschlag ab, so braucht der Jahresabschluß nicht geändert zu werden.

Vierter Titel

Bewertungsvorschriften

§ 279 Nichtanwendung von Vorschriften. Abschreibungen

(1) § 253 Abs. 4 ist nicht anzuwenden. § 253 Abs. 2 Satz 3 darf, wenn es sich nicht um eine voraussichtlich dauernde Wertminderung handelt, nur auf Vermögensgegenstände, die Finanzanlagen sind, angewendet werden.
(2) Abschreibungen nach § 254 dürfen nur insoweit vorgenommen werden, als das Steuerrecht ihre Anerkennung bei der steuerrechtlichen Gewinnermittlung davon abhängig macht, daß sie sich aus der Bilanz ergeben.

§ 280 Wertaufholungsgebot

(1) Wird bei einem Vermögensgegenstand eine Abschreibung nach § 253 Abs. 2 Satz 3 oder Abs. 3 oder § 254 Satz 1 vorgenommen und stellt sich in einem späteren Geschäftsjahr heraus, daß die Gründe dafür nicht mehr bestehen, so ist der Betrag dieser Abschreibung im Umfang der Werterhöhung unter Berücksichtigung der Abschreibungen, die inzwischen vorzunehmen gewesen wären, zuzuschreiben. § 253 Abs. 5, § 254 Satz 2 sind insoweit nicht anzuwenden.
(2) Von der Zuschreibung nach Absatz 1 kann abgesehen werden, wenn der niedrigere Wertansatz bei der steuerrechtlichen Gewinnermittlung beibehalten werden kann und wenn Voraussetzung für die Beibehaltung ist, daß der niedrigere Wertansatz auch in der Bilanz beibehalten wird.
(3) Im Anhang ist der Betrag der im Geschäftsjahr aus steuerrechtlichen Gründen unterlassenen Zuschreibungen anzugeben und hinreichend zu begründen.

§ 281 Berücksichtigung steuerrechtlicher Vorschriften

(1) Die nach § 254 zulässigen Abschreibungen dürfen auch in der Weise vorgenommen werden, daß der Unterschiedsbetrag zwischen der nach § 253 in Verbindung mit § 279 und der nach § 254 zulässigen Bewertung in den Sonderposten mit Rücklageanteil eingestellt wird. In der Bilanz oder im Anhang sind die Vorschriften anzugeben, nach denen die Wertberichtigung gebildet worden ist. Unbeschadet steuerrechtlicher Vorschriften über die Auflösung ist die Wertberichtigung insoweit aufzulösen, als die Vermögensgegenstände, für die sie gebildet worden ist, aus dem Vermögen ausscheiden oder die steuerrechtliche Wertberichtigung durch handelsrechtliche Abschreibungen ersetzt wird.

(2) Im Anhang ist der Betrag der im Geschäftsjahr allein nach steuerrechtlichen Vorschriften vorgenommenen Abschreibungen, getrennt nach Anlage- und Umlaufvermögen, anzugeben, soweit er sich nicht aus der Bilanz oder der Gewinn- und Verlustrechnung ergibt, und hinreichend zu begründen. Erträge aus der Auflösung des Sonderpostens mit Rücklageanteil sind in dem Posten »sonstige betriebliche Erträge«, Einstellungen in den Sonderposten mit Rücklageanteil sind in dem Posten »sonstige betriebliche Aufwendungen« der Gewinn- und Verlustrechnung gesondert auszuweisen oder im Anhang anzugeben.

§ 282 Abschreibung der Aufwendungen für die Ingangsetzung und Erweiterung des Geschäftsbetriebs

Für die Ingangsetzung und Erweiterung des Geschäftsbetriebs ausgewiesene Beträge sind in jedem folgenden Geschäftsjahr zu mindestens einem Viertel durch Abschreibungen zu tilgen.

§ 283 Wertansatz des Eigenkapitals

Das gezeichnete Kapital ist zum Nennbetrag anzusetzen.

Fünfter Titel
Anhang

§ 284 Erläuterung der Bilanz und der Gewinn- und Verlustrechnung

(1) In den Anhang sind diejenigen Angaben aufzunehmen, die zu den einzelnen Posten der Bilanz oder der Gewinn- und Verlustrechnung vorgeschrieben oder die im Anhang zu machen sind, weil sie in Ausübung eines Wahlrechts nicht in die Bilanz oder in die Gewinn- und Verlustrechnung aufgenommen wurden.

(2) Im Anhang müssen

1. die auf die Posten der Bilanz und der Gewinn- und Verlustrechnung angewandten Bilanzierungs- und Bewertungsmethoden angegeben werden;
2. die Grundlagen für die Umrechnung in Deutsche Mark angegeben werden, soweit der Jahresabschluß Posten enthält, denen Beträge zugrunde liegen, die auf fremde Währung lauten oder ursprünglich auf fremde Währung lauteten;
3. Abweichungen von Bilanzierungs- und Bewertungsmethoden angegeben und begründet werden; deren Einfluß auf die Vermögens-, Finanz- und Ertragslage ist gesondert darzustellen;
4. bei Anwendung einer Bewertungsmethode nach § 240 Abs. 4, § 256 Satz 1 die Unterschiedsbeträge pauschal für die jeweilige Gruppe ausgewiesen werden, wenn die Bewertung im Vergleich zu einer Bewertung auf der Grundlage des letzten vor dem Abschlußstichtag bekannten Börsenkurses oder Marktpreises einen erheblichen Unterschied aufweist.
5. Angaben über die Einbeziehung von Zinsen für Fremdkapital in die Herstellungskosten gemacht werden.

§ 285 Sonstige Pflichtangaben

Ferner sind im Anhang anzugeben:

1. zu den in der Bilanz ausgewiesenen Verbindlichkeiten
   a) der Gesamtbetrag der Verbindlichkeiten mit einer Restlaufzeit von mehr als fünf Jahren,
   b) der Gesamtbetrag der Verbindlichkeiten, die durch Pfandrechte oder ähnliche Rechte gesichert sind, unter Angabe von Art und Form der Sicherheiten;

2. die Aufgliederung der in Nummer 1 verlangten Angaben für jeden Posten der Verbindlichkeiten nach dem vorgeschriebenen Gliederungsschema, sofern sich diese Angaben nicht aus der Bilanz ergeben;
3. der Gesamtbetrag der sonstigen finanziellen Verpflichtungen, die nicht in der Bilanz erscheinen und auch nicht nach § 251 anzugeben sind, sofern diese Angabe für die Beurteilung der Finanzlage von Bedeutung ist; davon sind Verpflichtungen gegenüber verbundenen Unternehmen gesondert anzugeben;
4. die Aufgliederung der Umsatzerlöse nach Tätigkeitsbereichen sowie nach geographisch bestimmten Märkten, soweit sich, unter Berücksichtigung der Organisation des Verkaufs von für die gewöhnliche Geschäftstätigkeit der Kapitalgesellschaft typischen Erzeugnissen und der für die gewöhnliche Geschäftstätigkeit der Kapitalgesellschaft typischen Dienstleistungen, die Tätigkeitsbereiche und geographisch bestimmten Märkte untereinander erheblich unterscheiden;
5. das Ausmaß, in dem das Jahresergebnis dadurch beeinflußt wurde, daß bei Vermögensgegenständen im Geschäftsjahr oder in früheren Geschäftsjahren Abschreibungen nach §§ 254, 280 Abs. 2 auf Grund steuerrechtlicher Vorschriften vorgenommen oder beibehalten wurden oder ein Sonderposten nach § 273 gebildet wurde; ferner das Ausmaß erheblicher künftiger Belastungen, die sich aus einer solchen Bewertung ergeben;
6. in welchem Umfang die Steuern vom Einkommen und vom Ertrag das Ergebnis der gewöhnlichen Geschäftstätigkeit und das außerordentliche Ergebnis belasten;
7. die durchschnittliche Zahl der während des Geschäftsjahrs beschäftigten Arbeitnehmer getrennt nach Gruppen;
8. bei Anwendung des Umsatzkostenverfahrens (§ 275 Abs. 3)
   a) der Materialaufwand des Geschäftsjahrs, gegliedert nach § 275 Abs. 2 Nr. 5,
   b) der Personalaufwand des Geschäftsjahrs, gegliedert nach § 275 Abs. 2 Nr. 6;
9. für die Mitglieder des Geschäftsführungsorgans, eines Aufsichtsrats, eines Beirats oder einer ähnlichen Einrichtung jeweils für jede Personengruppe
   a) die für die Tätigkeit im Geschäftsjahr gewährten Gesamtbezüge (Gehälter, Gewinnbeteiligungen, Aufwandsentschädigungen, Versicherungsentgelte, Provisionen und Nebenleistungen jeder Art). In die Gesamtbezüge sind auch Bezüge einzurechnen, die nicht ausgezahlt, sondern in Ansprüche anderer Art umgewandelt oder zur Erhöhung anderer Ansprüche verwendet werden. Außer den Bezügen für das Geschäftsjahr sind die weiteren Bezüge anzugeben, die im Geschäftsjahr gewährt, bisher aber in keinem Jahresabschluß angegeben worden sind;
   b) die Gesamtbezüge (Abfindungen, Ruhegehälter, Hinterbliebenenbezüge und Leistungen verwandter Art) der früheren Mitglieder der bezeichneten Organe und ihrer Hinterbliebenen. Buchstabe a Satz 2 und 3 ist entsprechend anzuwenden. Ferner ist der Betrag der für diese Personengruppe gebildeten Rückstellungen für laufende Pensionen und Anwartschaften auf Pensionen und der Betrag der für diese Verpflichtungen nicht gebildeten Rückstellungen anzugeben;
   c) die gewährten Vorschüsse und Kredite unter Angabe der Zinssätze, der wesentlichen Bedingungen und der gegebenenfalls im Geschäftsjahr zurückgezahlten Beträge sowie die zugunsten dieser Personen eingegangenen Haftungsverhältnisse;
10. alle Mitglieder des Geschäftsführungsorgans und eines Aufsichtsrats, auch wenn sie im Geschäftsjahr oder später ausgeschieden sind, mit dem Familiennamen und mindestens einem ausgeschriebenen Vornamen. Der Vorsitzende eines Aufsichtsrats,

seine Stellvertreter und ein etwaiger Vorsitzender des Geschäftsführungsorgans sind als solche zu bezeichnen;

11. Name und Sitz anderer Unternehmen, von denen die Kapitalgesellschaft oder eine für Rechnung der Kapitalgesellschaft handelnde Person mindestens den fünften Teil der Anteile besitzt; außerdem sind die Höhe des Anteils am Kapital, das Eigenkapital und das Ergebnis des letzten Geschäftsjahrs dieser Unternehmen anzugeben, für das ein Jahresabschluß vorliegt; auf die Berechnung der Anteile ist § 16 Abs. 2 und 4 des Aktiengesetzes entsprechend anzuwenden;
12. Rückstellungen, die in der Bilanz unter dem Posten »sonstige Rückstellungen« nicht gesondert ausgewiesen werden, sind zu erläutern, wenn sie einen nicht unerheblichen Umfang haben;
13. bei Anwendung des § 255 Abs. 4 Satz 3 die Gründe für die planmäßige Abschreibung des Geschäfts- oder Firmenwerts;
14. Name und Sitz des Mutterunternehmens der Kapitalgesellschaft, das den Konzernabschluß für den größten Kreis von Unternehmen aufstellt, und ihres Mutterunternehmens, das den Konzernabschluß für den kleinsten Kreis von Unternehmen aufstellt, sowie im Falle der Offenlegung der von diesen Mutterunternehmen aufgestellten Konzernabschlüsse der Ort, wo diese erhältlich sind.

§ 286 Unterlassen von Angaben

(1) Die Berichterstattung hat insoweit zu unterbleiben, als es für das Wohl der Bundesrepublik Deutschland oder eines ihrer Länder erforderlich ist.

(2) Die Aufgliederung der Umsatzerlöse nach § 285 Nr. 4 kann unterbleiben, soweit die Aufgliederung nach vernünftiger kaufmännischer Beurteilung geeignet ist, der Kapitalgesellschaft oder einem Unternehmen, von dem die Kapitalgesellschaft mindestens den fünften Teil der Anteile besitzt, einen erheblichen Nachteil zuzufügen.

(3) Die Angaben nach § 285 Nr. 11 können unterbleiben, soweit sie

1. für die Darstellung der Vermögens-, Finanz- und Ertragslage der Kapitalgesellschaft nach § 264 Abs. 2 von untergeordneter Bedeutung sind oder
2. nach vernünftiger kaufmännischer Beurteilung geeignet sind, der Kapitalgesellschaft oder dem anderen Unternehmen einen erheblichen Nachteil zuzufügen.

Die Angabe des Eigenkapitals und des Jahresergebnisses kann unterbleiben, wenn das Unternehmen, über das zu berichten ist, seinen Jahresabschluß nicht offenzulegen hat und die berichtende Kapitalgesellschaft weniger als die Hälfte der Anteile besitzt. Die Anwendung der Ausnahmeregelung nach Satz 1 Nr. 2 ist im Anhang anzugeben.

(4) Die in § 285 Nr. 9 Buchstabe a und b verlangten Angaben über die Gesamtbezüge der dort bezeichneten Personen können unterbleiben, wenn sich anhand dieser Angaben die Bezüge eines Mitglieds dieser Organe feststellen lassen.

§ 287 Aufstellung des Anteilsbesitzes

Die in § 285 Nr. 11 verlangten Angaben dürfen statt im Anhang auch in einer Aufstellung des Anteilsbesitzes gesondert gemacht werden. Die Aufstellung ist Bestandteil des Anhangs. Auf die besondere Aufstellung des Anteilsbesitzes und den Ort ihrer Hinterlegung ist im Anhang hinzuweisen.

§ 288 Größenabhängige Erleichterungen

Kleine Kapitalgesellschaften im Sinne des § 267 Abs. 1 brauchen die Angaben nach § 284 Abs. 2 Nr. 4, § 285 Nr. 2 bis 8 Buchstabe a, Nr. 9 Buchstabe a und b und Nr. 12 nicht zu machen. Mittelgroße Kapitalgesellschaften im Sinne des § 267 Abs. 2 brauchen die Angaben nach § 285 Nr. 4 nicht zu machen.

Sechster Titel
Lagebericht

§ 289

(1) Im Lagebericht sind zumindest der Geschäftsverlauf und die Lage der Kapitalgesellschaft so darzustellen, daß ein den tatsächlichen Verhältnissen entsprechendes Bild vermittelt wird.

(2) Der Lagebericht soll auch eingehen auf:
1. Vorgänge von besonderer Bedeutung, die nach dem Schluß des Geschäftsjahrs eingetreten sind;
2. die voraussichtliche Entwicklung der Kapitalgesellschaft;
3. den Bereich Forschung und Entwicklung;
4. bestehende Zweigniederlassungen der Gesellschaft.

Zweiter Unterabschnitt
Konzernabschluß und Konzernlagebericht
Erster Titel
Anwendungsbereich

§ 290 Pflicht zur Aufstellung

(1) Stehen in einem Konzern die Unternehmen unter der einheitlichen Leitung einer Kapitalgesellschaft (Mutterunternehmen) mit Sitz im Inland und gehört dem Mutterunternehmen eine Beteiligung nach § 271 Abs. 1 an dem oder den anderen unter der einheitlichen Leitung stehenden Unternehmen (Tochterunternehmen), so haben die gesetzlichen Vertreter des Mutterunternehmens in den ersten fünf Monaten des Konzerngeschäftsjahrs für das vergangene Konzerngeschäftsjahr einen Konzernabschluß und einen Konzernlagebericht aufzustellen.

(2) Eine Kapitalgesellschaft mit Sitz im Inland ist stets zur Aufstellung eines Konzernabschlusses und eines Konzernlageberichts verpflichtet (Mutterunternehmen), wenn ihr bei einem Unternehmen (Tochterunternehmen)
1. die Mehrheit der Stimmrechte der Gesellschafter zusteht,
2. das Recht zusteht, die Mehrheit der Mitglieder des Verwaltungs-, Leitungs- oder Aufsichtsorgans zu bestellen oder abzuberufen, und sie gleichzeitig Gesellschafter ist oder
3. das Recht zusteht, einen beherrschenden Einfluß auf Grund eines mit diesem Unternehmen geschlossenen Beherrschungsvertrags oder auf Grund einer Satzungsbestimmung dieses Unternehmens auszuüben.

(3) Als Rechte, die einem Mutterunternehmen nach Absatz 2 zustehen, gelten auch die einem Tochterunternehmen zustehenden Rechte und die den für Rechnung des Mutterunternehmens oder von Tochterunternehmen handelnden Personen zustehenden Rechte. Den einem Mutterunternehmen an einem anderen Unternehmen zustehenden Rechten werden die Rechte hinzugerechnet, über die es oder ein Tochterunternehmen auf Grund einer Vereinbarung mit anderen Gesellschaftern dieses Unternehmens verfügen kann. Abzuziehen sind Rechte, die
1. mit Anteilen verbunden sind, die von dem Mutterunternehmen oder von Tochterunternehmen für Rechnung einer anderen Person gehalten werden, oder
2. mit Anteilen verbunden sind, die als Sicherheit gehalten werden, sofern diese Rechte nach Weisung des Sicherungsgebers oder, wenn ein Kreditinstitut die Anteile als Sicherheit für ein Darlehen hält, im Interesse des Sicherungsgebers ausgeübt werden.

(4) Welcher Teil der Stimmrechte einem Unternehmen zusteht, bestimmt sich für die Berechnung der Mehrheit nach Absatz 2 Nr. 1 nach dem Verhältnis der Zahl der Stimmrechte, die es aus den ihm gehörenden Anteilen ausüben kann, zur Gesamtzahl aller Stimmrechte. Von der Gesamtzahl aller Stimmrechte sind die Stimmrechte aus eigenen Anteilen abzuziehen, die dem Tochterunternehmen selbst, einem seiner Tochterunternehmen oder einer anderen Person für Rechnung dieser Unternehmen gehören.

§ 291 Befreiende Konzernabschlüsse und Konzernlageberichte

(1) Ein Mutterunternehmen, das zugleich Tochterunternehmen eines Mutterunternehmens mit Sitz in einem Mitgliedstaat der Europäischen Wirtschaftsgemeinschaft oder in einem anderen Vertragsstaat des Abkommens über den Europäischen Wirtschaftsraum ist, braucht einen Konzernabschluß und einen Konzernlagebericht nicht aufzustellen, wenn ein den Anforderungen des Absatzes 2 entsprechender Konzernabschluß und Konzernlagebericht seines Mutterunternehmens einschließlich des Bestätigungsvermerks oder des Vermerks über dessen Versagung nach den für den entfallenden Konzernabschluß und Konzernlagebericht maßgeblichen Vorschriften in deutscher Sprache offengelegt wird. Ein befreiender Konzernabschluß und ein befreiender Konzernlagebericht können von jedem Unternehmen unabhängig von seiner Rechtsform und Größe aufgestellt werden, wenn das Unternehmen als Kapitalgesellschaft mit Sitz in einem Mitgliedstaat der Europäischen Wirtschaftsgemeinschaft oder in einem anderen Vertragsstaat des Abkommens über den Europäischen Wirtschaftsraum zur Aufstellung eines Konzernabschlusses unter Einbeziehung des zu befreienden Mutterunternehmens und seiner Tochterunternehmen verpflichtet wäre.

(2) Der Konzernabschluß und Konzernlagebericht eines Mutterunternehmens mit Sitz in einem Mitgliedstaat der Europäischen Wirtschaftsgemeinschaft oder in einem anderen Vertragsstaat des Abkommens über den Europäischen Wirtschaftsraum haben befreiende Wirkung, wenn

1. das zu befreiende Mutterunternehmen und seine Tochterunternehmen in den befreienden Konzernabschluß unbeschadet der §§ 295, 296 einbezogen worden sind,
2. der befreiende Konzernabschluß und der befreiende Konzernlagebericht dem für das den befreienden Konzernabschluß aufstellende Mutterunternehmen maßgeblichen und mit den Anforderungen der Richtlinie 83/349/EWG des Rates vom 13. Juni 1983 über den konsolidierten Abschluß (ABl. EG Nr. L 193 S. 1) übereinstimmenden Recht entsprechen und nach diesem Recht von einem in Übereinstimmung mit den Vorschriften der Richtlinie 84/253/EWG des Rates vom 10. April 1984 über die Zulassung der mit der Pflichtprüfung der Rechnungslegungsunterlagen beauftragten Personen (ABl. EG Nr. L 126 S. 20) zugelassenen Abschlußprüfer geprüft worden sind und
3. der Anhang des Jahresabschlusses des zu befreienden Unternehmens folgende Angaben enthält:
   a) Name und Sitz des Mutterunternehmens, das den befreienden Konzernabschluß und Konzernlagebericht aufstellt, und
   b) einen Hinweis auf die Befreiung von der Verpflichtung, einen Konzernabschluß und einen Konzernlagebericht aufzustellen.

(3) Die Befreiung nach Absatz 1 kann trotz Vorliegens der Voraussetzungen nach Absatz 2 von einem Mutterunternehmen nicht in Anspruch genommen werden, wenn Gesellschafter, denen bei Aktiengesellschaften und Kommanditgesellschaften auf Aktien mindestens zehn vom Hundert und bei Gesellschaften mit beschränkter Haftung mindestens zwanzig vom Hundert der Anteile an dem zu befreienden Mutterunternehmen gehören, spätestens sechs

Monate vor dem Ablauf des Konzerngeschäftsjahrs die Aufstellung eines Konzernabschlusses und eines Konzernlageberichts beantragt haben. Gehören dem Mutterunternehmen mindestens neunzig vom Hundert der Anteile an dem zu befreienden Mutterunternehmen, so kann Absatz 1 nur angewendet werden, wenn die anderen Gesellschafter der Befreiung zugestimmt haben.

§ 292 Rechtsverordnungsermächtigung für befreiende Konzernabschlüsse und Konzernlageberichte

(1) Der Bundesminister der Justiz wird ermächtigt, im Einvernehmen mit dem Bundesminister der Finanzen und dem Bundesminister für Wirtschaft durch Rechtsverordnung, die nicht der Zustimmung des Bundesrates bedarf, zu bestimmen, daß § 291 auf Konzernabschlüsse und Konzernlageberichte von Mutterunternehmen mit Sitz in einem Staat, der nicht Mitglied der Europäischen Wirtschaftsgemeinschaft und auch nicht Vertragsstaat des Abkommens über den Europäischen Wirtschaftsraum ist, mit der Maßgabe angewendet werden darf, daß der befreiende Konzernabschluß und der befreiende Konzernlagebericht nach dem mit den Anforderungen der Richtlinie 83/349/EWG übereinstimmenden Recht eines Mitgliedstaates der Europäischen Wirtschaftsgemeinschaft oder eines anderen Vertragsstaates des Abkommens über den Europäischen Wirtschaftsraum aufgestellt worden oder einem nach diesem Recht eines Mitgliedstaates der Europäischen Wirtschaftsgemeinschaft oder eines anderen Vertragsstaates des Abkommens über den Europäischen Wirtschaftraum aufgestellten Konzernabschluß und Konzernlagebericht gleichwertig sein müssen. Das Recht eines anderen Mitgliedstaates der Europäischen Wirtschaftsgemeinschaft oder Vertragsstaates des Abkommens über den Europäischen Wirtschaftsraum kann einem befreienden Konzernabschluß und einem befreienden Konzernlagebericht jedoch nur zugrunde gelegt oder für die Herstellung der Gleichwertigkeit herangezogen werden, wenn diese Unterlagen in dem anderen Mitgliedstaat oder Vertragsstaat anstelle eines sonst nach dem Recht dieses Mitgliedstaates oder Vertragsstaates vorgeschriebenen Konzernabschlusses und Konzernlageberichts offengelegt werden. Die Anwendung dieser Vorschrift kann in der Rechtsverordnung nach Satz 1 davon abhängig gemacht werden, daß die nach diesem Unterabschnitt aufgestellten Konzernabschlüsse und Konzernlageberichte in dem Staat, in dem das Mutterunternehmen seinen Sitz hat, als gleichwertig mit den dort für Unternehmen mit entsprechender Rechtsform und entsprechendem Geschäftszweig vorgeschriebenen Konzernabschlüssen und Konzernlageberichten angesehen werden.

(2) Ist ein nach Absatz 1 zugelassener Konzernabschluß nicht von einem in Übereinstimmung mit den Vorschriften der Richtlinie 84/253/EWG zugelassenen Abschlußprüfer geprüft worden, so kommt ihm befreiende Wirkung nur zu, wenn der Abschlußprüfer eine den Anforderungen dieser Richtlinie gleichwertige Befähigung hat und der Konzernabschluß in einer den Anforderungen des Dritten Unterabschnitts entsprechenden Weise geprüft worden ist.

(3) In einer Rechtsverordnung nach Absatz 1 kann außerdem bestimmt werden, welche Voraussetzungen Konzernabschlüsse und Konzernlageberichte von Mutterunternehmen mit Sitz in einem Staat, der nicht Mitglied der Europäischen Wirtschaftsgemeinschaft und auch nicht Vertragsstaat des Abkommens über den Europäischen Wirtschaftsraum ist, im einzelnen erfüllen müssen, um nach Absatz 1 gleichwertig zu sein, und wie die Befähigung von Abschlußprüfern beschaffen sein muß, um nach Absatz 2 gleichwertig zu sein. In der Rechtsverordnung können zusätzliche Angaben und Erläuterungen zum Konzernabschluß vorgeschrieben werden, soweit diese erforderlich sind, um die Gleichwertigkeit dieser Konzernabschlüsse und Konzernlageberichte mit solchen nach diesem Unterabschnitt

oder dem Recht eines anderen Mitgliedstaates der Europäischen Wirtschaftsgemeinschaft oder Vertragsstaates des Abkommens über den Europäischen Wirtschaftsraum herzustellen.
(4) Die Rechtsverordnung ist vor Verkündung dem Bundestag zuzuleiten. Sie kann durch Beschluß des Bundestages geändert oder abgelehnt werden. Der Beschluß des Bundestages wird dem Bundesminister der Justiz zugeleitet. Der Bundesminister der Justiz ist bei der Verkündung der Rechtsverordnung an den Beschluß gebunden. Hat sich der Bundestag nach Ablauf von drei Sitzungswochen seit Eingang einer Rechtsverordnung nicht mit ihr befaßt, so wird die unveränderte Rechtsverordnung dem Bundesminister der Justiz zur Verkündung zugeleitet. Der Bundestag befaßt sich mit der Rechtsverordnung auf Antrag von so vielen Mitgliedern des Bundestages, wie zur Bildung einer Fraktion erforderlich sind.

§ 293 Größenabhängige Befreiungen[1)]

(1) Ein Mutterunternehmen ist von der Pflicht, einen Konzernabschluß und einen Konzernlagebericht aufzustellen, befreit, wenn

1. am Abschlußstichtag seines Jahresabschlusses und am vorhergehenden Abschlußstichtag mindestens zwei der drei nachstehenden Merkmale zutreffen:
   a) Die Bilanzsummen in den Bilanzen des Mutterunternehmens und der Tochterunternehmen, die in den Konzernabschluß einzubeziehen wären, übersteigen insgesamt nach Abzug von in den Bilanzen auf der Aktivseite ausgewiesenen Fehlbeträgen nicht dreiundsechzig Millionen siebenhundertzwanzigtausend Deutsche Mark.
   b) Die Umsatzerlöse des Mutterunternehmens und der Tochterunternehmen, die in den Konzernabschluß einzubeziehen wären, übersteigen in den zwölf Monaten vor dem Abschlußstichtag insgesamt nicht sechsundneunzig Millionen Deutsche Mark.
   c) Das Mutterunternehmen und die Tochterunternehmen, die in den Konzernabschluß einzubeziehen wären, haben in den zwölf Monaten vor dem Abschlußstichtag im Jahresdurchschnitt nicht mehr als fünfhundert Arbeitnehmer beschäftigt; oder
2. am Abschlußstichtag eines von ihm aufzustellenden Konzernabschlusses und am vorhergehenden Abschlußstichtag mindestens zwei der drei nachstehenden Merkmale zutreffen:
   a) Die Bilanzsumme übersteigt nach Abzug eines auf der Aktivseite ausgewiesenen Fehlbetrags nicht dreiundfünfzig Millionen einhunderttausend Deutsche Mark.
   b) Die Umsatzerlöse in den zwölf Monaten vor dem Abschlußstichtag übersteigen nicht einhundertsechs Millionen zweihunderttausend Deutsche Mark.
   c) Das Mutterunternehmen und die in den Konzernabschluß einbezogenen Tochterunternehmen haben in den zwölf Monaten vor dem Abschlußstichtag im Jahresdurchschnitt nicht mehr als fünfhundert Arbeitnehmer beschäftigt.

Auf die Ermittlung der durchschnittlichen Zahl der Arbeitnehmer ist § 267 Abs. 5 anzuwenden.

(2) und (3) (aufgehoben)

(4) Außer in den Fällen des Absatzes 1 ist ein Mutterunternehmen von der Pflicht zur Aufstellung des Konzernabschlusses und des Konzernlageberichts befreit, wenn die

---

1) Gemäß Art. 5 des Gesetzes zur Änderung des D-Markbilanzgesetzes und anderer handelsrechtlicher Bestimmungen vom 25. 7.1994 (BGBl. I S. 1682) dürfen die geänderten Bestimmungen des Handelsgesetzbuches auf alle Geschäftsjahre angewendet werden, die nach dem 31. Dezember 1990 beginnen.

Voraussetzungen des Absatzes 1 nur am Abschlußstichtag oder nur am vorhergehenden Abschlußstichtag erfüllt sind und das Mutterunternehmen am vorhergehenden Abschlußstichtag von der Pflicht zur Aufstellung des Konzernabschlusses und des Konzernlageberichts befreit war.

(5) Die Absätze 1 und 4 sind nicht anzuwenden, wenn am Abschlußstichtag Aktien oder andere von dem Mutterunternehmen oder einem in den Konzernabschluß des Mutterunternehmens einbezogenen Tochterunternehmen ausgegebene Wertpapiere an einer Börse in einem Mitgliedstaat der Europäischen Wirtschaftsgemeinschaft oder in einem Vertragsstaat des Abkommens über den Europäischen Wirtschaftsraum zum amtlichen Handel zugelassen oder in den geregelten Freiverkehr einbezogen sind oder die Zulassung zum amtlichen Handel beantragt ist.

Zweiter Titel

Konsolidierungskreis

§ 294 Einzubeziehende Unternehmen. Vorlage- und Auskunftspflichten

(1) In den Konzernabschluß sind das Mutterunternehmen und alle Tochterunternehmen ohne Rücksicht auf den Sitz der Tochterunternehmen einzubeziehen, sofern die Einbeziehung nicht nach den §§ 295, 296 unterbleibt.

(2) Hat sich die Zusammensetzung der in den Konzernabschluß einbezogenen Unternehmen im Laufe des Geschäftsjahrs wesentlich geändert, so sind in den Konzernabschluß Angaben aufzunehmen, die es ermöglichen, die aufeinanderfolgenden Konzernabschlüsse sinnvoll zu vergleichen. Dieser Verpflichtung kann auch dadurch entsprochen werden, daß die entsprechenden Beträge des vorhergehenden Konzernabschlusses an die Änderung angepaßt werden.

(3) Die Tochterunternehmen haben dem Mutterunternehmen ihre Jahresabschlüsse, Lageberichte, Konzernabschlüsse, Konzernlageberichte und, wenn eine Prüfung des Jahresabschlusses oder des Konzernabschlusses stattgefunden hat, die Prüfungsberichte sowie, wenn ein Zwischenabschluß aufzustellen ist, einen auf den Stichtag des Konzernabschlusses aufgestellten Abschluß unverzüglich einzureichen. Das Mutterunternehmen kann von jedem Tochterunternehmen alle Aufklärungen und Nachweise verlangen, welche die Aufstellung des Konzernabschlusses und des Konzernlageberichts erfordert.

§ 295 Verbot der Einbeziehung

(1) Ein Tochterunternehmen darf in den Konzernabschluß nicht einbezogen werden, wenn sich seine Tätigkeit von der Tätigkeit der anderen einbezogenen Unternehmen derart unterscheidet, daß die Einbeziehung in den Konzernabschluß mit der Verpflichtung, ein den tatsächlichen Verhältnissen entsprechendes Bild der Vermögens-, Finanz- und Ertragslage des Konzerns zu vermitteln, unvereinbar ist; § 311 über die Einbeziehung von assoziierten Unternehmen bleibt unberührt.

(2) Absatz 1 ist nicht allein deshalb anzuwenden, weil die in den Konzernabschluß einbezogenen Unternehmen teils Industrie-, teils Handels- und teils Dienstleistungsunternehmen sind oder weil diese Unternehmen unterschiedliche Erzeugnisse herstellen, mit unterschiedlichen Erzeugnissen Handel treiben oder Dienstleistungen unterschiedlicher Art erbringen.

(3) Die Anwendung des Absatzes 1 ist im Konzernanhang anzugeben und zu begründen. Wird der Jahresabschluß oder der Konzernabschluß eines nach Absatz 1 nicht einbezogenen Unternehmens im Geltungsbereich dieses Gesetzes nicht offengelegt, so ist er gemeinsam mit dem Konzernabschluß zum Handelsregister einzureichen.

§ 296 Verzicht auf die Einbeziehung

(1) Ein Tochterunternehmen braucht in den Konzernabschluß nicht einbezogen zu werden, wenn

1. erhebliche und andauernde Beschränkungen die Ausübung der Rechte des Mutterunternehmens in bezug auf das Vermögen oder die Geschäftsführung dieses Unternehmens nachhaltig beeinträchtigen,
2. die für die Aufstellung des Konzernabschlusses erforderlichen Angaben nicht ohne unverhältnismäßig hohe Kosten oder Verzögerungen zu erhalten sind oder
3. die Anteile des Tochterunternehmens ausschließlich zum Zwecke ihrer Weiterveräußerung gehalten werden.

(2) Ein Tochterunternehmen braucht in den Konzernabschluß nicht einbezogen zu werden, wenn es für die Verpflichtung, ein den tatsächlichen Verhältnissen entsprechendes Bild der Vermögens-, Finanz- und Ertragslage des Konzerns zu vermitteln, von untergeordneter Bedeutung ist. Entsprechen mehrere Tochterunternehmen der Voraussetzung des Satzes 1, so sind diese Unternehmen in den Konzernabschluß einzubeziehen, wenn sie zusammen nicht von untergeordneter Bedeutung sind.

(3) Die Anwendung der Absätze 1 und 2 ist im Konzernanhang zu begründen.

Dritter Titel

Inhalt und Form des Konzernabschlusses

§ 297 Inhalt

(1) Der Konzernabschluß besteht aus der Konzernbilanz, der Konzern-Gewinn- und Verlustrechnung und dem Konzernanhang, die eine Einheit bilden.

(2) Der Konzernabschluß ist klar und übersichtlich aufzustellen. Er hat unter Beachtung der Grundsätze ordnungsmäßiger Buchführung ein den tatsächlichen Verhältnissen entsprechendes Bild der Vermögens-, Finanz- und Ertragslage des Konzerns zu vermitteln. Führen besondere Umstände dazu, daß der Konzernabschluß ein den tatsächlichen Verhältnissen entsprechendes Bild im Sinne des Satzes 2 nicht vermittelt, so sind im Konzernanhang zusätzliche Angaben zu machen.

(3) Im Konzernabschluß ist die Vermögens-, Finanz- und Ertragslage der einbezogenen Unternehmen so darzustellen, als ob diese Unternehmen insgesamt ein einziges Unternehmen wären. Die auf den vorhergehenden Konzernabschluß angewandten Konsolidierungsmethoden sollen beibehalten werden. Abweichungen von Satz 2 sind in Ausnahmefällen zulässig. Sie sind im Konzernanhang anzugeben und zu begründen. Ihr Einfluß auf die Vermögens-, Finanz- und Ertragslage des Konzerns ist anzugeben.

§ 298 Anzuwendende Vorschriften. Erleichterungen

(1) Auf den Konzernabschluß sind, soweit seine Eigenart keine Abweichung bedingt oder in den folgenden Vorschriften nichts anderes bestimmt ist, die §§ 244 bis 256, §§ 265, 266, 268 bis 275, §§ 277 bis 283 über den Jahresabschluß und die für die Rechtsform und den Geschäftszweig der in den Konzernabschluß einbezogenen Unternehmen mit Sitz im Geltungsbereich dieses Gesetzes geltenden Vorschriften, soweit sie für große Kapitalgesellschaften gelten, entsprechend anzuwenden.

(2) In der Gliederung der Konzernbilanz dürfen die Vorräte in einem Posten zusammengefaßt werden, wenn deren Aufgliederung wegen besonderer Umstände mit einem unverhältnismäßigen Aufwand verbunden wäre.

(3) Der Konzernanhang und der Anhang des Jahresabschlusses des Mutterunternehmens dürfen zusammengefaßt werden. In diesem Falle müssen der Konzernabschluß und der

Jahresabschluß des Mutterunternehmens gemeinsam offengelegt werden. Bei Anwendung des Satzes 1 dürfen auch die Prüfungsberichte und die Bestätigungsvermerke jeweils zusammengefaßt werden.

§ 299 Stichtag für die Aufstellung

(1) Der Konzernabschluß ist auf den Stichtag des Jahresabschlusses des Mutterunternehmens oder auf den hiervon abweichenden Stichtag der Jahresabschlüsse der bedeutendsten oder der Mehrzahl der in den Konzernabschluß einbezogenen Unternehmen aufzustellen; die Abweichung vom Abschlußstichtag des Mutterunternehmens ist im Konzernanhang anzugeben und zu begründen.

(2) Die Jahresabschlüsse der in den Konzernabschluß einbezogenen Unternehmen sollen auf den Stichtag des Konzernabschlusses aufgestellt werden. Liegt der Abschlußstichtag eines Unternehmens um mehr als drei Monate vor dem Stichtag des Konzernabschlusses, so ist dieses Unternehmen auf Grund eines auf den Stichtag und den Zeitraum des Konzernabschlusses aufgestellten Zwischenabschlusses in den Konzernabschluß einzubeziehen.

(3) Wird bei abweichenden Abschlußstichtagen ein Unternehmen nicht auf der Grundlage eines auf den Stichtag und den Zeitraum des Konzernabschlusses aufgestellten Zwischenabschlusses in den Konzernbereich einbezogen, so sind Vorgänge von besonderer Bedeutung für die Vermögens-, Finanz- und Ertragslage eines in den Konzernabschluß einbezogenen Unternehmens, die zwischen dem Abschlußstichtag dieses Unternehmens und dem Abschlußstichtag des Konzernabschlusses eingetreten sind, in der Konzernbilanz und der Konzern-Gewinn- und Verlustrechnung zu berücksichtigen oder im Konzernanhang anzugeben.

Vierter Titel

Vollkonsolidierung

§ 300 Konsolidierungsgrundsätze. Vollständigkeitsgebot

(1) In dem Konzernabschluß ist der Jahresabschluß des Mutterunternehmens mit den Jahresabschlüssen der Tochterunternehmen zusammenzufassen. An die Stelle der dem Mutterunternehmen gehörenden Anteile an den einbezogenen Tochterunternehmen treten die Vermögensgegenstände, Schulden, Rechnungsabgrenzungsposten, Bilanzierungshilfen und Sonderposten der Tochterunternehmen, soweit sie nach dem Recht des Mutterunternehmens bilanzierungsfähig sind und die Eigenart des Konzernabschlusses keine Abweichungen bedingt oder in den folgenden Vorschriften nichts anderes bestimmt ist.

(2) Die Vermögensgegenstände, Schulden und Rechnungsabgrenzungsposten sowie die Erträge und Aufwendungen der in den Konzernabschluß einbezogenen Unternehmen sind unabhängig von ihrer Berücksichtigung in den Jahresabschlüssen dieser Unternehmen vollständig aufzunehmen, soweit nach dem Recht des Mutterunternehmens nicht ein Bilanzierungsverbot oder ein Bilanzierungswahlrecht besteht. Nach dem Recht des Mutterunternehmens zulässige Bilanzierungswahlrechte dürfen im Konzernabschluß unabhängig von ihrer Ausübung in den Jahresabschlüssen der in den Konzernabschluß einbezogenen Unternehmen ausgeübt werden. Ansätze, die auf der Anwendung von für Kreditinstitute oder Versicherungsunternehmen wegen der Besonderheiten des Geschäftszweigs geltenden Vorschriften beruhen, dürfen beibehalten werden; auf die Anwendung dieser Ausnahme ist im Konzernanhang hinzuweisen.

§ 301 Kapitalkonsolidierung

(1) Der Wertansatz der dem Mutterunternehmen gehörenden Anteile an einem in den Konzernabschluß einbezogenen Tochterunternehmen wird mit dem auf diese Anteile ent-

fallenden Betrag des Eigenkapitals des Tochterunternehmens verrechnet. Das Eigenkapital ist anzusetzen

1. entweder mit dem Betrag, der dem Buchwert der in den Konzernabschluß aufzunehmenden Vermögensgegenstände, Schulden, Rechnungsabgrenzungsposten, Bilanzierungshilfen und Sonderposten gegebenenfalls nach Anpassung der Wertansätze nach § 308 Abs. 2, entspricht, oder
2. mit dem Betrag, der dem Wert der in den Konzernabschluß aufzunehmenden Vermögensgegenstände, Schulden, Rechnungsabgrenzungsposten, Bilanzierungshilfen und Sonderposten entspricht, der diesen an dem für die Verrechnung nach Absatz 2 gewählten Zeitpunkt beizulegen ist.

Bei Ansatz mit dem Buchwert nach Satz 2 Nr. 1 ist ein sich ergebender Unterschiedsbetrag den Wertansätzen von in der Konzernbilanz anzusetzenden Vermögensgegenständen und Schulden des jeweiligen Tochterunternehmens insoweit zuzuschreiben oder mit diesen zu verrechnen, als deren Wert höher oder niedriger ist als der bisherige Wertansatz. Bei Ansatz mit den Werten nach Satz 2 Nr. 2 darf das anteilige Eigenkapital nicht mit einem Betrag angesetzt werden, der die Anschaffungskosten des Mutterunternehmens für die Anteile an dem einbezogenen Tochterunternehmen überschreitet. Die angewandte Methode ist im Konzernanhang anzugeben.

(2) Die Verrechnung nach Absatz 1 wird auf der Grundlage der Wertansätze zum Zeitpunkt des Erwerbs der Anteile oder der erstmaligen Einbeziehung des Tochterunternehmens in den Konzernabschluß oder, beim Erwerb der Anteile zu verschiedenen Zeitpunkten, zu dem Zeitpunkt, zu dem das Unternehmen Tochterunternehmen geworden ist, durchgeführt. Der gewählte Zeitpunkt ist im Konzernanhang anzugeben.

(3) Ein bei der Verrechnung nach Absatz 1 Satz 2 Nr. 2 entstehender oder ein nach Zuschreibung oder Verrechnung nach Absatz 1 Satz 3 verbleibender Unterschiedsbetrag ist in der Konzernbilanz, wenn er auf der Aktivseite entsteht, als Geschäfts- oder Firmenwert und, wenn er auf der Passivseite entsteht, als Unterschiedsbetrag aus der Kapitalkonsolidierung auszuweisen. Der Posten und wesentliche Änderungen gegenüber dem Vorjahr sind im Anhang zu erläutern. Werden Unterschiedsbeträge der Aktivseite mit solchen der Passivseite verrechnet, so sind die verrechneten Beträge im Anhang anzugeben.

(4) Absatz 1 ist nicht auf Anteile an dem Mutterunternehmen anzuwenden, die dem Mutterunternehmen oder einem in den Konzernabschluß einbezogenen Tochterunternehmen gehören. Solche Anteile sind in der Konzernbilanz als eigene Anteile im Umlaufvermögen gesondert auszuweisen.

§ 302 Kapitalkonsolidierung bei Interessenzusammenführung

(1) Ein Mutterunternehmen darf die in § 301 Abs. 1 vorgeschriebene Verrechnung der Anteile unter den folgenden Voraussetzungen auf das gezeichnete Kapital des Tochterunternehmens beschränken:

1. die zu verrechnenden Anteile betragen mindestens neunzig vom Hundert des Nennbetrags oder, falls ein Nennbetrag nicht vorhanden ist, des rechnerischen Wertes der Anteile des Tochterunternehmens, die nicht eigene Anteile sind,
2. die Anteile sind auf Grund einer Vereinbarung erworben worden, die die Ausgabe von Anteilen eines in den Konzernabschluß einbezogenen Unternehmens vorsieht, und
3. eine in der Vereinbarung vorgesehene Barzahlung übersteigt nicht zehn vom Hundert des Nennbetrags oder, falls ein Nennbetrag nicht vorhanden ist, des rechnerischen Wertes der ausgegebenen Anteile.

(2) Ein sich nach Absatz 1 ergebender Unterschiedsbetrag ist, wenn er auf der Aktivseite

entsteht, mit den Rücklagen zu verrechnen oder, wenn er auf der Passivseite entsteht, den Rücklagen hinzuzurechnen.
(3) Die Anwendung der Methode nach Absatz 1 und die sich daraus ergebenden Veränderungen der Rücklagen sowie Name und Sitz des Unternehmens sind im Konzernanhang anzugeben.

§ 303 Schuldenkonsolidierung

(1) Ausleihungen und andere Forderungen, Rückstellungen und Verbindlichkeiten zwischen den in den Konzernabschluß einbezogenen Unternehmen sowie entsprechende Rechnungsabgrenzungsposten sind wegzulassen.
(2) Absatz 1 braucht nicht angewendet zu werden, wenn die wegzulassenden Beträge für die Vermittlung eines den tatsächlichen Verhältnissen entsprechenden Bildes der Vermögens-, Finanz- und Ertragslage des Konzerns nur von untergeordneter Bedeutung sind.

§ 304 Behandlung der Zwischenergebnisse

(1) In den Konzernabschluß zu übernehmende Vermögensgegenstände, die ganz oder teilweise auf Lieferungen oder Leistungen zwischen in den Konzernabschluß einbezogenen Unternehmen beruhen, sind in der Konzernbilanz mit einem Betrag anzusetzen, zu dem sie in der auf den Stichtag des Konzernabschlusses aufgestellten Jahresbilanz dieses Unternehmens angesetzt werden könnten, wenn die in den Konzernabschluß einbezogenen Unternehmen auch rechtlich ein einziges Unternehmen bilden würden.
(2) Absatz 1 braucht nicht angewendet zu werden, wenn die Lieferung oder Leistung zu üblichen Marktbedingungen vorgenommen worden ist und die Ermittlung des nach Absatz 1 vorgeschriebenen Wertansatzes einen unverhältnismäßig hohen Aufwand erfordern würde. Die Anwendung des Satzes 1 ist im Konzernanhang anzugeben und, wenn der Einfluß auf die Vermögens-, Finanz- und Ertragslage des Konzerns wesentlich ist, zu erläutern.
(3) Absatz 1 braucht außerdem nicht angewendet zu werden, wenn die Behandlung der Zwischenergebnisse nach Absatz 1 für die Vermittlung eines den tatsächlichen Verhältnissen entsprechenden Bildes der Vermögens-, Finanz- und Ertragslage des Konzerns nur von untergeordneter Bedeutung ist.

§ 305 Aufwands- und Ertragskonsolidierung

(1) In der Konzern-Gewinn- und Verlustrechnung sind
1. bei den Umsatzerlösen die Erlöse aus Lieferungen und Leistungen zwischen den in den Konzernabschluß einbezogenen Unternehmen mit den auf sie entfallenden Aufwendungen zu verrechnen, soweit sie nicht als Erhöhung des Bestands an fertigen und unfertigen Erzeugnissen oder als andere aktivierte Eigenleistungen auszuweisen sind,
2. andere Erträge aus Lieferungen und Leistungen zwischen den in den Konzernabschluß einbezogenen Unternehmen mit den auf sie entfallenden Aufwendungen zu verrechnen, soweit sie nicht als andere aktivierte Eigenleistungen auszuweisen sind.

(2) Aufwendungen und Erträge brauchen nach Absatz 1 nicht weggelassen zu werden, wenn die wegzulassenden Beträge für die Vermittlung eines den tatsächlichen Verhältnissen entsprechenden Bildes der Vermögens-, Finanz- und Ertragslage des Konzerns nur von untergeordneter Bedeutung sind.

§ 306 Steuerabgrenzung

Ist das im Konzernabschluß ausgewiesene Jahresergebnis auf Grund von Maßnahmen, die nach den Vorschriften dieses Titels durchgeführt worden sind, niedriger oder höher als die Summe der Einzelergebnisse der in den Konzernabschluß einbezogenen Unternehmen, so ist der sich für das Geschäftsjahr und frühere Geschäftsjahre ergebende Steueraufwand, wenn er im Verhältnis zum Jahresergebnis zu hoch ist, durch Bildung eines Abgrenzungspostens auf der Aktivseite oder, wenn er im Verhältnis zum Jahresergebnis zu niedrig ist, durch Bildung einer Rückstellung nach § 249 Abs. 1 Satz 1 anzupassen, soweit sich der zu hohe oder der zu niedrige Steueraufwand in späteren Geschäftsjahren voraussichtlich ausgleicht. Der Posten ist in der Konzernbilanz oder im Konzernanhang gesondert anzugeben. Er darf mit den Posten nach § 274 zusammengefaßt werden.

§ 307 Anteile anderer Gesellschafter

(1) In der Konzernbilanz ist für nicht dem Mutterunternehmen gehörende Anteile an in den Konzernabschluß einbezogenen Tochterunternehmen ein Ausgleichsposten für die Anteile der anderen Gesellschafter in Höhe ihres Anteils am Eigenkapital unter entsprechender Bezeichnung innerhalb des Eigenkapitals gesondert auszuweisen. In den Ausgleichsposten sind auch die Beträge einzubeziehen, die bei Anwendung der Kapitalkonsolidierungsmethode nach § 301 Abs. 1 Satz 2 Nr. 2 dem Anteil der anderen Gesellschafter am Eigenkapital entsprechen.

(2) In der Konzern-Gewinn- und Verlustrechnung ist der im Jahresergebnis enthaltene, anderen Gesellschaftern zustehende Gewinn und der auf sie entfallende Verlust nach dem Posten »Jahresüberschuß/Jahresfehlbetrag« unter entsprechender Bezeichnung gesondert auszuweisen.

Fünfter Titel

Bewertungsvorschriften

§ 308 Einheitliche Bewertung

(1) Die in den Konzernabschluß nach § 300 Abs. 2 übernommenen Vermögensgegenstände und Schulden der in den Konzernabschluß einbezogenen Unternehmen sind nach den auf den Jahresabschluß des Mutterunternehmens anwendbaren Bewertungsmethoden einheitlich zu bewerten. Nach dem Recht des Mutterunternehmens zulässige Bewertungswahlrechte können im Konzernabschluß unabhängig von ihrer Ausübung in den Jahresabschlüssen der in den Konzernabschluß einbezogenen Unternehmen ausgeübt werden. Abweichungen von den auf den Jahresabschluß des Mutterunternehmens angewandten Bewertungsmethoden sind im Konzernanhang anzugeben und zu begründen.

(2) Sind in den Konzernabschluß aufzunehmende Vermögensgegenstände oder Schulden des Mutterunternehmens oder der Tochterunternehmen in den Jahresabschlüssen dieser Unternehmen nach Methoden bewertet worden, die sich von denen unterscheiden, die auf den Konzernabschluß anzuwenden sind oder die von den gesetzlichen Vertretern des Mutterunternehmens in Ausübung von Bewertungswahlrechten auf den Konzernabschluß angewendet werden, so sind die abweichend bewerteten Vermögensgegenstände oder Schulden nach den auf den Konzernabschluß angewandten Bewertungsmethoden neu zu bewerten und mit den neuen Wertansätzen in den Konzernabschluß zu übernehmen. Wertansätze, die auf der Anwendung von für Kreditinstitute oder Versicherungsunternehmen wegen der Besonderheiten des Geschäftszweigs geltenden Vorschriften beruhen, dürfen beibehalten werden; auf die Anwendung dieser Ausnahme ist im Konzernanhang hinzuweisen. Eine einheitliche Bewertung nach Satz 1 braucht nicht vorgenommen zu werden, wenn ihre Auswirkungen für die Vermittlung eines den tatsächlichen Verhältnissen entsprechenden Bildes der Vermögens-, Finanz- und Ertragslage des Konzerns nur von untergeordneter Bedeutung sind. Darüber hinaus sind Abweichungen in Ausnahmefällen zulässig; sie sind im Konzernanhang anzugeben und zu begründen.

(3) Wurden in den Konzernabschluß zu übernehmende Vermögensgegenstände oder Schulden im Jahresabschluß eines in den Konzernabschluß einbezogenen Unternehmens mit einem nur nach Steuerrecht zulässigen Wert angesetzt, weil dieser Wertansatz sonst nicht bei der steuerrechtlichen Gewinnermittlung berücksichtigt werden würde, oder ist aus diesem Grunde auf der Passivseite ein Sonderposten gebildet worden, so dürfen diese Wertansätze unverändert in den Konzernabschluß übernommen werden. Der Betrag der im Geschäftsjahr nach Satz 1 in den Jahresabschlüssen vorgenommenen Abschreibungen, Wertberichtigungen und Einstellungen in Sonderposten sowie der Betrag der unterlassenen Zuschreibungen sind im Konzernanhang anzugeben; die Maßnahmen sind zu begründen.

§ 309 Behandlung des Unterschiedsbetrags

(1) Ein nach § 301 Abs. 3 auszuweisender Geschäfts- oder Firmenwert ist in jedem folgenden Geschäftsjahr zu mindestens einem Viertel durch Abschreibungen zu tilgen. Die Abschreibung des Geschäfts- oder Firmenwerts kann aber auch planmäßig auf die Geschäftsjahre verteilt werden, in denen er voraussichtlich genutzt werden kann. Der Geschäfts- oder Firmenwert darf auch offen mit den Rücklagen verrechnet werden.

(2) Ein nach § 301 Abs. 3 auf der Passivseite auszuweisender Unterschiedsbetrag darf ergebniswirksam nur aufgelöst werden, soweit

1. eine zum Zeitpunkt des Erwerbs der Anteile oder der erstmaligen Konsolidierung erwartete ungünstige Entwicklung der künftigen Ertragslage des Unternehmens eingetreten ist oder zu diesem Zeitpunkt erwartete Aufwendungen zu berücksichtigen sind oder
2. am Abschlußstichtag feststeht, daß er einem realisierten Gewinn entspricht.

Sechster Titel
Anteilmäßige Konsolidierung

§ 310

(1) Führt ein in einen Konzernabschluß einbezogenes Mutter- oder Tochterunternehmen ein anderes Unternehmen gemeinsam mit einem oder mehreren nicht in den Konzernabschluß einbezogenen Unternehmen, so darf das andere Unternehmen in den Konzernabschluß entsprechend den Anteilen am Kapital einbezogen werden, die dem Mutterunternehmen gehören.

(2) Auf die anteilmäßige Konsolidierung sind die §§ 297 bis 301, §§ 303 bis 306, 308, 309 entsprechend anzuwenden.

Siebenter Titel
Assoziierte Unternehmen

§ 311 Definition. Befreiung

(1) Wird von einem in den Konzernabschluß einbezogenen Unternehmen ein maßgeblicher Einfluß auf die Geschäfts- und Finanzpolitik eines nicht einbezogenen Unternehmens, an dem das Unternehmen nach § 271 Abs. 1 beteiligt ist, ausgeübt (assoziiertes Unternehmen), so ist diese Beteiligung in der Konzernbilanz unter einem besonderen Posten mit entsprechender Bezeichnung auszuweisen. Ein maßgeblicher Einfluß wird vermutet, wenn ein Unternehmen bei einem anderen Unternehmen mindestens den fünften Teil der Stimmrechte der Gesellschafter innehat.

(2) Auf eine Beteiligung an einem assoziierten Unternehmen brauchen Absatz 1 und § 312 nicht angewendet zu werden, wenn die Beteiligung für die Vermittlung eines den tatsächlichen Verhältnissen entsprechenden Bildes der Vermögens-, Finanz- und Ertragslage des Konzerns von untergeordneter Bedeutung ist.

§ 312 Wertansatz der Beteiligung und Behandlung des Unterschiedsbetrags

(1) Eine Beteiligung an einem assoziierten Unternehmen ist in der Konzernbilanz

1. entweder mit dem Buchwert oder
2. mit dem Betrag, der dem anteiligen Eigenkapital des assoziierten Unternehmens entspricht,

anzusetzen. Bei Ansatz mit dem Buchwert nach Satz 1 Nr. 1 ist der Unterschiedsbetrag zwischen diesem Wert und dem anteiligen Eigenkapital des assoziierten Unternehmens bei erstmaliger Anwendung in der Konzernbilanz zu vermerken oder im Konzernanhang anzugeben. Bei Ansatz mit dem anteiligen Eigenkapital nach Satz 1 Nr. 2 ist das Eigenkapital mit dem Betrag anzusetzen, der sich ergibt, wenn die Vermögensgegenstände, Schulden, Rechnungsabgrenzungsposten, Bilanzierungshilfen und Sonderposten des assoziierten Unternehmens mit dem Wert angesetzt werden, der ihnen an dem nach Absatz 3 gewählten Zeitpunkt beizulegen ist, jedoch darf dieser Betrag die Anschaffungskosten für die Anteile an dem assoziierten Unternehmen nicht überschreiten; der Unterschiedsbetrag zwischen diesem Wertansatz und dem Buchwert der Beteiligung ist bei erstmaliger Anwendung in der Konzernbilanz gesondert auszuweisen oder im Konzernanhang anzugeben. Die angewandte Methode ist im Konzernanhang anzugeben.

(2) Der Unterschiedsbetrag nach Absatz 1 Satz 2 ist den Wertansätzen von Vermögensgegenständen und Schulden des assoziierten Unternehmens insoweit zuzuordnen, als deren Wert höher oder niedriger ist als der bisherige Wertansatz. Der nach Satz 1 zugeordnete oder der sich nach Absatz 1 Satz 1 Nr. 2 ergebende Betrag ist entsprechend der Behandlung der Wertansätze dieser Vermögensgegenstände und Schulden im Jahresabschluß des assoziierten Unternehmens im Konzernabschluß fortzuführen, abzuschreiben oder aufzulösen. Auf einen nach Zuordnung nach Satz 1 verbleibenden Unterschiedsbetrag und einen Unterschiedsbetrag nach Absatz 1 Satz 3 zweiter Halbsatz ist § 309 entsprechend anzuwenden.

(3) Der Wertansatz der Beteiligung und die Unterschiedsbeträge werden auf der Grundlage der Wertansätze zum Zeitpunkt des Erwerbs der Anteile oder der erstmaligen Einbeziehung des assoziierten Unternehmens in den Konzernabschluß oder beim Erwerb der Anteile zu verschiedenen Zeitpunkten zu dem Zeitpunkt, zu dem das Unternehmen assoziiertes Unternehmen geworden ist, ermittelt. Der gewählte Zeitpunkt ist im Konzernanhang anzugeben.

(4) Der nach Absatz 1 ermittelte Wertansatz einer Beteiligung ist in den Folgejahren um den Betrag der Eigenkapitalveränderungen, die den dem Mutterunternehmen gehörenden Anteilen am Kapital des assoziierten Unternehmens entsprechen, zu erhöhen oder zu vermindern; auf die Beteiligung entfallende Gewinnausschüttungen sind abzusetzen. In der Konzern-Gewinn- und Verlustrechnung ist das auf assoziierte Beteiligungen entfallende Ergebnis unter einem gesonderten Posten auszuweisen.

(5) Wendet das assoziierte Unternehmen in seinem Jahresabschluß vom Konzernabschluß abweichende Bewertungsmethoden an, so können abweichend bewertete Vermögensgegenstände oder Schulden für die Zwecke der Absätze 1 bis 4 nach den auf den Konzernabschluß angewandten Bewertungsmethoden bewertet werden. Wird die Bewertung nicht angepaßt, so ist dies im Konzernanhang anzugeben. § 304 über die Behandlung der Zwischenergebnisse ist entsprechend anzuwenden, soweit die für die Beurteilung maßgeblichen Sachverhalte bekannt oder zugänglich sind. Die Zwischenergebnisse dürfen auch anteilig entsprechend den dem Mutterunternehmen gehörenden Anteilen am Kapital des assoziierten Unternehmens weggelassen werden.

(6) Es ist jeweils der letzte Jahresabschluß des assoziiierten Unternehmens zugrunde zu legen. Stellt das assoziierte Unternehmen einen Konzernabschluß auf, so ist von diesem und nicht vom Jahresabschluß des assoziierten Unternehmens auszugehen.

Achter Titel

Konzernanhang

§ 313 Erläuterung der Konzernbilanz und der Konzern-Gewinn- und Verlustrechnung. Angaben zum Beteiligungsbesitz

(1) In den Konzernanhang sind diejenigen Angaben aufzunehmen, die zu einzelnen Posten der Konzernbilanz oder der Konzern-Gewinn- und Verlustrechnung vorgeschrieben oder die im Konzernanhang zu machen sind, weil sie in Ausübung eines Wahlrechts nicht in die Konzernbilanz oder in die Konzern-Gewinn- und Verlustrechnung aufgenommen wurden. Im Konzernanhang müssen

1. die auf die Posten der Konzernbilanz und der Konzern-Gewinn- und Verlustrechnung angewandten Bilanzierungs- und Bewertungsmethoden angegeben werden;
2. die Grundlagen für die Umrechnung in Deutsche Mark angegeben werden, sofern der Konzernabschluß Posten enthält, denen Beträge zugrunde liegen, die auf fremde Währung lauten oder ursprünglich auf fremde Währung lauteten;
3. Abweichungen von Bilanzierungs-, Bewertungs- und Konsolidierungsmethoden angegeben und begründet werden; deren Einfluß auf die Vermögens-, Finanz- und Ertragslage des Konzerns ist gesondert darzustellen.

(2) Im Konzernanhang sind außerdem anzugeben:

1. Name und Sitz der in den Konzernabschluß einbezogenen Unternehmen, der Anteil am Kapital der Tochterunternehmen, der dem Mutterunternehmen und den in den Konzernabschluß einbezogenen Tochterunternehmen gehört oder von einer für Rechnung dieser Unternehmen handelnden Person gehalten wird, sowie der zur Einbeziehung in den Konzernabschluß verpflichtete Sachverhalt, sofern die Einbeziehung nicht auf einer der Kapitalbeteiligung entsprechenden Mehrheit der Stimmrechte beruht. Diese Angaben sind auch für Tochterunternehmen zu machen, die nach den §§ 295, 296 nicht einbezogen worden sind;
2. Name und Sitz der assoziierten Unternehmen, der Anteil am Kapital der assoziierten Unternehmen, der dem Mutterunternehmen und den in den Konzernabschluß einbezogenen Tochterunternehmen gehört oder von einer für Rechnung dieser Unternehmen handelnden Person gehalten wird. Die Anwendung des § 311 Abs. 2 ist jeweils anzugeben und zu begründen;
3. Name und Sitz der Unternehmen, die nach § 310 nur anteilmäßig in den Konzernabschluß einbezogen worden sind, der Tatbestand, aus dem sich die Anwendung dieser Vorschrift ergibt, sowie der Anteil am Kapital dieser Unternehmen, der dem Mutterunternehmen und den in den Konzernabschluß einbezogenen Tochterunternehmen gehört oder von einer für Rechnung dieser Unternehmen handelnden Person gehalten wird;
4. Name und Sitz anderer als der unter den Nummern 1 bis 3 bezeichneten Unternehmen, bei denen das Mutterunternehmen, ein Tochterunternehmen oder eine für Rechnung eines dieser Unternehmen handelnde Person mindestens den fünften Teil der Anteile besitzt, unter Angabe des Anteils am Kapital sowie der Höhe des Eigenkapitals und des Ergebnisses des letzten Geschäftsjahrs, für das ein Abschluß aufgestellt worden ist. Diese Angaben brauchen nicht gemacht zu werden, wenn sie für die Vermittlung eines den tatsächlichen Verhältnissen entsprechenden Bildes der Vermögens-, Finanz- und Ertragslage des Konzerns von untergeordneter Bedeutung sind. Das Eigenkapital und das Ergebnis brauchen nicht angegeben zu werden, wenn das in Anteilsbesitz stehende

Unternehmen seinen Jahresabschluß nicht offenzulegen hat und das Mutterunternehmen, das Tochterunternehmen oder die Person weniger als die Hälfte der Anteile an diesem Unternehmen besitzt.

(3) Die in Absatz 2 verlangten Angaben brauchen insoweit nicht gemacht zu werden, als nach vernünftiger kaufmännischer Beurteilung damit gerechnet werden muß, daß durch die Angaben dem Mutterunternehmen, einem Tochterunternehmen oder einem anderen in Absatz 2 bezeichneten Unternehmen erhebliche Nachteile entstehen können. Die Anwendung der Ausnahmeregelung ist im Konzernanhang anzugeben.

(4) Die in Absatz 2 verlangten Angaben dürfen statt im Anhang auch in einer Aufstellung des Anteilsbesitzes gesondert gemacht werden. Die Aufstellung ist Bestandteil des Anhangs. Auf die besondere Aufstellung des Anteilsbesitzes und den Ort ihrer Hinterlegung ist im Anhang hinzuweisen.

§ 314 Sonstige Pflichtangaben

(1) Im Konzernanhang sind ferner anzugeben:

1. der Gesamtbetrag der in der Konzernbilanz ausgewiesenen Verbindlichkeiten mit einer Restlaufzeit von mehr als fünf Jahren sowie der Gesamtbetrag der in der Konzernbilanz ausgewiesenen Verbindlichkeiten, die von in den Konzernabschluß einbezogenen Unternehmen durch Pfandrechte oder ähnliche Rechte gesichert sind, unter Angabe von Art und Form der Sicherheiten;
2. der Gesamtbetrag der sonstigen finanziellen Verpflichtungen, die nicht in der Konzernbilanz erscheinen oder nicht nach § 298 Abs. 1 in Verbindung mit § 251 anzugeben sind, sofern diese Angabe für die Beurteilung der Finanzlage des Konzerns von Bedeutung ist; davon und von den Haftungsverhältnissen nach § 251 sind Verpflichtungen gegenüber Tochterunternehmen, die nicht in den Konzernabschluß einbezogen werden, jeweils gesondert anzugeben;
3. die Aufgliederung der Umsatzerlöse nach Tätigkeitsbereichen sowie nach geographisch bestimmten Märkten, soweit sich, unter Berücksichtigung der Organisation des Verkaufs von für die gewöhnliche Geschäftstätigkeit des Konzerns typischen Erzeugnissen und der für die gewöhnliche Geschäftstätigkeit des Konzerns typischen Dienstleistungen, die Tätigkeitsbereiche und geographisch bestimmten Märkte untereinander erheblich unterscheiden;
4. die durchschnittliche Zahl der Arbeitnehmer der in den Konzernabschluß einbezogenen Unternehmen während des Geschäftsjahrs, getrennt nach Gruppen, sowie der in dem Geschäftsjahr verursachte Personalaufwand, sofern er nicht gesondert in der Konzern-Gewinn- und Verlustrechnung ausgewiesen ist; die durchschnittliche Zahl der Arbeitnehmer von nach § 310 nur anteilmäßig einbezogenen Unternehmen ist gesondert anzugeben;
5. das Ausmaß, in dem das Jahresergebnis des Konzerns dadurch beeinflußt wurde, daß bei Vermögensgegenständen im Geschäftsjahr oder in früheren Geschäftsjahren Abschreibungen nach den §§ 254, 280 Abs. 2 oder in entsprechender Anwendung auf Grund steuerrechtlicher Vorschriften vorgenommen oder beibehalten wurden oder ein Sonderposten nach § 273 oder in entsprechender Anwendung gebildet wurde; ferner das Ausmaß erheblicher künftiger Belastungen, die sich für den Konzern aus einer solchen Bewertung ergeben;
6. für die Mitglieder des Geschäftsführungsorgans, eines Aufsichtsrats, eines Beirats oder einer ähnlichen Einrichtung des Mutterunternehmens, jeweils für jede Personengruppe:
   a) die für die Wahrnehmung ihrer Aufgaben im Mutterunternehmen und den Tochterunternehmen im Geschäftsjahr gewährten Gesamtbezüge (Gehälter, Gewinn-

beteiligungen, Aufwandsentschädigungen, Versicherungsentgelte, Provisionen und Nebenleistungen jeder Art). In die Gesamtbezüge sind auch Bezüge einzurechnen, die nicht ausgezahlt, sondern in Ansprüche anderer Art umgewandelt oder zur Erhöhung anderer Ansprüche verwendet werden. Außer den Bezügen für das Geschäftsjahr sind die weiteren Bezüge anzugeben, die im Geschäftsjahr gewährt, bisher aber in keinem Konzernabschluß angegeben worden sind;

b) die für die Wahrnehmung ihrer Aufgaben im Mutterunternehmen und den Tochterunternehmen gewährten Gesamtbezüge (Abfindungen, Ruhegehälter, Hinterbliebenenbezüge und Leistungen verwandter Art) der früheren Mitglieder der bezeichneten Organe und ihrer Hinterbliebenen; Buchstabe a Satz 2 und 3 ist entsprechend anzuwenden. Ferner ist der Betrag der für diese Personengruppe gebildeten Rückstellungen für laufende Pensionen und Anwartschaften auf Pensionen und der Betrag der für diese Verpflichtungen nicht gebildeten Rückstellungen anzugeben;

c) die vom Mutterunternehmen und den Tochterunternehmen gewährten Vorschüsse und Kredite unter Angabe der Zinssätze, der wesentlichen Bedingungen und der gegebenenfalls im Geschäftsjahr zurückgezahlten Beträge sowie die zugunsten dieser Personengruppe eingegangenen Haftungsverhältnisse;

7. der Bestand an Anteilen an dem Mutterunternehmen, die das Mutterunternehmen oder ein Tochterunternehmen oder ein anderer für Rechnung eines in den Konzernabschluß einbezogenen Unternehmens erworben oder als Pfand genommen hat; dabei sind die Zahl und der Nennbetrag dieser Anteile sowie deren Anteil am Kapital anzugeben.

(2) Die Umsatzerlöse brauchen nicht nach Absatz 1 Nr. 3 aufgegliedert zu werden, soweit nach vernünftiger kaufmännischer Beurteilung damit gerechnet werden muß, daß durch die Aufgliederung einem in den Konzernabschluß einbezogenen Unternehmen erhebliche Nachteile entstehen. Die Anwendung der Ausnahme ist im Konzernanhang anzugeben.

Neunter Titel
Konzernlagebericht

§ 315

(1) Im Konzernlagebericht sind zumindest der Geschäftsverlauf und die Lage des Konzerns so darzustellen, daß ein den tatsächlichen Verhältnissen entsprechendes Bild vermittelt wird.

(2) Der Konzernlagebericht soll auch eingehen auf:

1. Vorgänge von besonderer Bedeutung, die nach dem Schluß des Konzerngeschäftsjahrs eingetreten sind;
2. die voraussichtliche Entwicklung des Konzerns;
3. den Bereich Forschung und Entwicklung des Konzerns.

(3) § 298 Abs. 3 über die Zusammenfassung von Konzernanhang und Anhang ist entsprechend anzuwenden.

Dritter Unterabschnitt
Prüfung

§ 316 Pflicht zur Prüfung

(1) Der Jahresabschluß und der Lagebericht von Kapitalgesellschaften, die nicht kleine im Sinne des § 267 Abs. 1 sind, sind durch einen Abschlußprüfer zu prüfen. Hat keine Prüfung stattgefunden, so kann der Jahresabschluß nicht festgestellt werden.

(2) Der Konzernabschluß und der Konzernlagebericht von Kapitalgesellschaften sind durch einen Abschlußprüfer zu prüfen.

(3) Werden der Jahresabschluß, der Konzernabschluß, der Lagebericht oder der Konzernlagebericht nach Vorlage des Prüfungsberichts geändert, so hat der Abschlußprüfer diese Unterlagen erneut zu prüfen, soweit es die Änderung erfordert. Über das Ergebnis der Prüfung ist zu berichten; der Bestätigungsvermerk ist entsprechend zu ergänzen.

§ 317 Gegenstand und Umfang der Prüfung

(1) In die Prüfung des Jahresabschlusses ist die Buchführung einzubeziehen. Die Prüfung des Jahresabschlusses und des Konzernabschlusses hat sich darauf zu erstrecken, ob die gesetzlichen Vorschriften und sie ergänzende Bestimmungen des Gesellschaftsvertrags oder der Satzung beachtet sind. Der Lagebericht und der Konzernlagebericht sind darauf zu prüfen, ob der Lagebericht mit dem Jahresabschluß und der Konzernlagebericht mit dem Konzernabschluß in Einklang stehen und ob die sonstigen Angaben im Lagebericht nicht eine falsche Vorstellung von der Lage des Unternehmens und im Konzernlagebericht von der Lage des Konzerns erwecken.

(2) Der Abschlußprüfer des Konzernabschlusses hat auch die im Konzernabschluß zusammengefaßten Jahresabschlüsse darauf zu prüfen, ob sie den Grundsätzen ordnungsmäßiger Buchführung entsprechen und ob die für die Übernahme in den Konzernabschluß maßgeblichen Vorschriften beachtet sind. Dies gilt nicht für Jahresabschlüsse, die auf Grund gesetzlicher Vorschriften nach diesem Unterabschnitt oder die ohne gesetzliche Verpflichtung nach den Grundsätzen dieses Unterabschnitts geprüft worden sind. Satz 2 ist entsprechend auf die Jahresabschlüsse von in den Konzernabschluß einbezogenen Tochterunternehmen mit Sitz im Ausland anzuwenden; sind diese Jahresabschlüsse nicht von einem in Übereinstimmung mit den Vorschriften der Richtlinie 84/253/EWG zugelassenen Abschlußprüfer geprüft worden, so gilt dies jedoch nur, wenn der Abschlußprüfer eine den Anforderungen dieser Richtlinie gleichwertige Befähigung hat und der Jahresabschluß in einer den Anforderungen dieses Unterabschnitts entsprechenden Weise geprüft worden ist.

§ 318 Bestellung und Abberufung des Abschlußprüfers

(1) Der Abschlußprüfer des Jahresabschlusses wird von den Gesellschaftern gewählt; den Abschlußprüfer des Konzernabschlusses wählen die Gesellschafter des Mutterunternehmens. Bei Gesellschaften mit beschränkter Haftung kann der Gesellschaftsvertrag etwas anderes bestimmen. Der Abschlußprüfer soll jeweils vor Ablauf des Geschäftsjahrs gewählt werden, auf das sich seine Prüfungstätigkeit erstreckt. Die gesetzlichen Vertreter haben unverzüglich nach der Wahl den Prüfungsauftrag zu erteilen. Der Prüfungsauftrag kann nur widerrufen werden, wenn nach Absatz 3 ein anderer Prüfer bestellt worden ist.

(2) Als Abschlußprüfer des Konzernabschlusses gilt, wenn kein anderer Prüfer bestellt wird, der Prüfer als bestellt, der für die Prüfung des in den Konzernabschluß einbezogenen Jahresabschlusses des Mutterunternehmens bestellt worden ist. Erfolgt die Einbeziehung auf Grund eines Zwischenabschlusses, so gilt, wenn kein anderer Prüfer bestellt wird, der Prüfer als bestellt, der für die Prüfung des letzten vor dem Konzernabschlußstichtag aufgestellten Jahresabschlusses des Mutterunternehmens bestellt worden ist.

(3) Auf Antrag der gesetzlichen Vertreter, des Aufsichtsrats oder von Gesellschaftern, bei Aktiengesellschaften und Kommanditgesellschaften auf Aktien jedoch nur, wenn die Anteile dieser Gesellschafter zusammen den zehnten Teil des Grundkapitals oder den Nennbetrag von zwei Millionen Deutsche Mark erreichen, hat das Gericht nach Anhörung der Beteiligten und des gewählten Prüfers einen anderen Abschlußprüfer zu bestellen, wenn dies aus einem in der Person des gewählten Prüfers liegenden Grund geboten erscheint, insbesondere wenn Besorgnis der Befangenheit besteht. Der Antrag ist binnen zwei Wochen

seit dem Tage der Wahl des Abschlußprüfers zu stellen; Aktionäre können den Antrag nur stellen, wenn sie gegen die Wahl des Abschlußprüfers bei der Beschlußfassung Widerspruch erklärt haben. Stellen Aktionäre den Antrag, so haben sie glaubhaft zu machen, daß sie seit mindestens drei Monaten vor dem Tage der Hauptversammlung Inhaber der Aktien sind. Zur Glaubhaftmachung genügt eine eidesstattliche Versicherung vor einem Notar. Unterliegt die Gesellschaft einer staatlichen Aufsicht, so kann auch die Aufsichtsbehörde den Antrag stellen. Gegen die Entscheidung ist die sofortige Beschwerde zulässig.

(4) Ist der Abschlußprüfer bis zum Ablauf des Geschäftsjahrs nicht gewählt worden, so hat das Gericht auf Antrag der gesetzlichen Vertreter, des Aufsichtsrats oder eines Gesellschafters den Abschlußprüfer zu bestellen. Gleiches gilt, wenn ein gewählter Abschlußprüfer die Annahme des Prüfungsauftrags abgelehnt hat, weggefallen ist oder am rechtzeitigen Abschluß der Prüfung verhindert ist und ein anderer Abschlußprüfer nicht gewählt worden ist. Die gesetzlichen Vertreter sind verpflichtet, den Antrag zu stellen. Gegen die Entscheidung des Gerichts findet die sofortige Beschwerde statt; die Bestellung des Abschlußprüfers ist unanfechtbar.

(5) Der vom Gericht bestellte Abschlußprüfer hat Anspruch auf Ersatz angemessener barer Auslagen und auf Vergütung für seine Tätigkeit. Die Auslagen und die Vergütung setzt das Gericht fest. Gegen die Entscheidung ist die sofortige Beschwerde zulässig. Die weitere Beschwerde ist ausgeschlossen. Aus der rechtskräftigen Entscheidung findet die Zwangsvollstreckung nach der Zivilprozeßordnung statt.

(6) Ein von dem Abschlußprüfer angenommener Prüfungsauftrag kann von dem Abschlußprüfer nur aus wichtigem Grund gekündigt werden. Als wichtiger Grund ist es nicht anzusehen, wenn Meinungsverschiedenheiten über den Inhalt des Bestätigungsvermerks, seine Einschränkung oder Versagung bestehen. Die Kündigung ist schriftlich zu begründen. Der Abschlußprüfer hat über das Ergebnis seiner bisherigen Prüfung zu berichten; § 321 ist entsprechend anzuwenden.

(7) Kündigt der Abschlußprüfer den Prüfungsauftrag nach Absatz 6, so haben die gesetzlichen Vertreter die Kündigung dem Aufsichtsrat, der nächsten Hauptversammlung oder bei Gesellschaften mit beschränkter Haftung den Gesellschaftern mitzuteilen. Den Bericht des bisherigen Abschlußprüfers haben die gesetzlichen Vertreter unverzüglich dem Aufsichtsrat vorzulegen. Jedes Aufsichtsratsmitglied hat das Recht, von dem Bericht Kenntnis zu nehmen. Der Bericht ist auch jedem Aufsichtsratsmitglied auf Verlangen auszuhändigen, soweit der Aufsichtsrat nichts anderes beschlossen hat.

§ 319 Auswahl der Abschlußprüfer

(1) Abschlußprüfer können Wirtschaftsprüfer und Wirtschaftsprüfungsgesellschaften sein. Abschlußprüfer von Jahresabschlüssen und Lageberichten mittelgroßer Gesellschaften mit beschränkter Haftung (§ 267 Abs. 2) können auch vereidigte Buchprüfer und Buchprüfungsgesellschaften sein.

(2) Ein Wirtschaftsprüfer oder vereidigter Buchprüfer darf nicht Abschlußprüfer sein, wenn er oder eine Person, mit der er seinen Beruf gemeinsam ausübt,

1. Anteile an der zu prüfenden Kapitalgesellschaft besitzt;
2. gesetzlicher Vertreter oder Mitglied des Aufsichtsrats oder Arbeitnehmer der zu prüfenden Kapitalgesellschaft ist oder in den letzten drei Jahren vor seiner Bestellung war;
3. gesetzlicher Vertreter oder Mitglied des Aufsichtsrats einer juristischen Person, Gesellschafter einer Personengesellschaft oder Inhaber eines Unternehmens ist, sofern die juristische Person, die Personengesellschaft oder das Einzelunternehmen mit der zu

prüfenden Kapitalgesellschaft verbunden ist oder von dieser mehr als zwanzig vom Hundert der Anteile besitzt;
4. Arbeitnehmer eines Unternehmens ist, das mit der zu prüfenden Kapitalgesellschaft verbunden ist oder an dieser mehr als zwanzig vom Hundert der Anteile besitzt, oder Arbeitnehmer einer natürlichen Person ist, die an der zu prüfenden Kapitalgesellschaft mehr als zwanzig vom Hundert der Anteile besitzt;
5. bei der Führung der Bücher oder der Aufstellung des zu prüfenden Jahresabschlusses der Kapitalgesellschaft über die Prüfungstätigkeit hinaus mitgewirkt hat;
6. gesetzlicher Vertreter, Arbeitnehmer, Mitglied des Aufsichtsrats oder Gesellschafter einer juristischen oder natürlichen Person oder einer Personengesellschaft oder Inhaber eines Unternehmens ist, sofern die juristische oder natürliche Person, die Personengesellschaft oder einer ihrer Gesellschafter oder das Einzelunternehmen nach Nummer 5 nicht Abschlußprüfer der zu prüfenden Kapitalgesellschaft sein darf;
7. bei der Prüfung eine Person beschäftigt, die nach den Nummern 1 bis 6 nicht Abschlußprüfer sein darf;
8. in den letzten fünf Jahren jeweils mehr als die Hälfte der Gesamteinnahmen aus seiner beruflichen Tätigkeit aus der Prüfung und Beratung der zu prüfenden Kapitalgesellschaft und von Unternehmen, an denen die zu prüfende Kapitalgesellschaft mehr als zwanzig vom Hundert der Anteile besitzt, bezogen hat und dies auch im laufenden Geschäftsjahr zu erwarten ist; zur Vermeidung von Härtefällen kann die Wirtschaftsprüferkammer befristete Ausnahmegenehmigungen erteilen.

(3) Eine Wirtschaftsprüfungsgesellschaft oder Buchprüfungsgesellschaft darf nicht Abschlußprüfer sein, wenn
1. sie Anteile an der zu prüfenden Kapitalgesellschaft besitzt oder mit dieser verbunden ist oder wenn ein mit ihr verbundenes Unternehmen an der zu prüfenden Kapitalgesellschaft mehr als zwanzig vom Hundert der Anteile besitzt oder mit dieser verbunden ist;
2. sie nach Absatz 2 Nr. 6 als Gesellschafter einer juristischen Person oder einer Personengesellschaft oder nach Absatz 2 Nr. 5, 7 oder 8 nicht Abschlußprüfer sein darf;
3. bei einer Wirtschaftsprüfungsgesellschaft oder Buchprüfungsgesellschaft, die juristische Person ist, ein gesetzlicher Vertreter oder ein Gesellschafter, der fünfzig vom Hundert oder mehr der den Gesellschaftern zustehenden Stimmrechte besitzt, oder bei anderen Wirtschaftsprüfungsgesellschaften oder Buchprüfungsgesellschaften ein Gesellschafter nach Absatz 2 Nr. 1 bis 4 nicht Abschlußprüfer sein darf;
4. einer ihrer gesetzlichen Vertreter oder einer ihrer Gesellschafter nach Absatz 2 Nr. 5 oder 6 nicht Abschlußprüfer sein darf oder
5. eines ihrer Aufsichtsratsmitglieder nach Absatz 2 Nr. 2 oder 5 nicht Abschlußprüfer sein darf.

(4) Die Absätze 2 und 3 sind auf den Abschlußprüfer des Konzernabschlusses entsprechend anzuwenden.

§ 320 Vorlagepflicht. Auskunftsrecht

(1) Die gesetzlichen Vertreter der Kapitalgesellschaft haben dem Abschlußprüfer den Jahresabschluß und den Lagebericht unverzüglich nach der Aufstellung vorzulegen. Sie haben ihm zu gestatten, die Bücher und Schriften der Kapitalgesellschaft sowie die Vermögensgegenstände und Schulden, namentlich die Kasse und die Bestände an Wertpapieren und Waren, zu prüfen.

(2) Der Abschlußprüfer kann von den gesetzlichen Vertretern alle Aufklärungen und Nachweise verlangen, die für eine sorgfältige Prüfung notwendig sind. Soweit es die

Vorbereitung der Abschlußprüfung erfordert, hat der Abschlußprüfer die Rechte nach Absatz 1 Satz 2 und nach Satz 1 auch schon vor Aufstellung des Jahresabschlusses. Soweit es für eine sorgfältige Prüfung notwendig ist, hat der Abschlußprüfer die Rechte nach den Sätzen 1 und 2 auch gegenüber Mutter- und Tochterunternehmen.
(3) Die gesetzlichen Vertreter einer Kapitalgesellschaft, die einen Konzernabschluß aufzustellen hat, haben dem Abschlußprüfer des Konzernabschlusses den Konzernabschluß, den Konzernlagebericht, die Jahresabschlüsse, Lageberichte und, wenn eine Prüfung stattgefunden hat, die Prüfungsberichte des Mutterunternehmens und der Tochterunternehmen vorzulegen. Der Abschlußprüfer hat die Rechte nach Absatz 1 Satz 2 und nach Absatz 2 bei dem Mutterunternehmen und den Tochterunternehmen, die Rechte nach Absatz 2 auch gegenüber den Abschlußprüfern des Mutterunternehmens und der Tochterunternehmen.

§ 321 Prüfungsbericht

(1) Der Abschlußprüfer hat über das Ergebnis der Prüfung schriftlich zu berichten. Im Bericht ist besonders festzustellen, ob die Buchführung, der Jahresabschluß, der Lagebericht, der Konzernabschluß und der Konzernlagebericht den gesetzlichen Vorschriften entsprechen und die gesetzlichen Vertreter die verlangten Aufklärungen und Nachweise erbracht haben. Die Posten des Jahresabschlusses sind aufzugliedern und ausreichend zu erläutern. Nachteilige Veränderungen der Vermögens-, Finanz- und Ertragslage gegenüber dem Vorjahr und Verluste, die das Jahresergebnis nicht unwesentlich beeinflußt haben, sind aufzuführen und ausreichend zu erläutern.
(2) Stellt der Abschlußprüfer bei Wahrnehmung seiner Aufgaben Tatsachen fest, die den Bestand eines geprüften Unternehmens gefährden oder seine Entwicklung wesentlich beeinträchtigen können oder die schwerwiegende Verstöße der gesetzlichen Vertreter gegen Gesetz, Gesellschaftsvertrag oder Satzung erkennen lassen, so hat er auch darüber zu berichten.
(3) Der Abschlußprüfer hat den Bericht zu unterzeichnen und den gesetzlichen Vertretern vorzulegen.

§ 322 Bestätigungsvermerk

(1) Sind nach dem abschließenden Ergebnis der Prüfung keine Einwendungen zu erheben, so hat der Abschlußprüfer dies durch folgenden Vermerk zum Jahresabschluß und zum Konzernabschluß zu bestätigen:
»Die Buchführung und der Jahresabschluß entsprechen/Der Konzernabschluß entspricht nach meiner/unserer pflichtgemäßen Prüfung den gesetzlichen Vorschriften. Der Jahresabschluß/Konzernabschluß vermittelt unter Beachtung der Grundsätze ordnungsmäßiger Buchführung ein den tatsächlichen Verhältnissen entsprechendes Bild der Vermögens-, Finanz- und Ertragslage der Kapitalgesellschaft/des Konzerns. Der Lagebericht/Konzernlagebericht steht im Einklang mit dem Jahresabschluß/Konzernabschluß.«
(2) Der Bestätigungsvermerk ist in geeigneter Weise zu ergänzen, wenn zusätzliche Bemerkungen erforderlich erscheinen, um einen falschen Eindruck über den Inhalt der Prüfung und die Tragweite des Bestätigungsvermerks zu vermeiden. Auf die Übereinstimmung mit dem Gesellschaftsvertrag oder der Satzung ist hinzuweisen, wenn diese in zulässiger Weise ergänzende Vorschriften über den Jahresabschluß oder den Konzernabschluß enthalten.
(3) Sind Einwendungen zu erheben, so hat der Abschlußprüfer den Bestätigungsvermerk einzuschränken oder zu versagen. Die Versagung ist durch einen Vermerk zum Jahresabschluß oder zum Konzernabschluß zu erklären. Die Einschränkung und die Versagung sind zu begründen. Einschränkungen sind so darzustellen, daß deren Tragweite deutlich erkennbar wird. Ergänzungen des Bestätigungsvermerks nach Absatz 2 sind nicht als Einschränkungen anzusehen.

(4) Der Abschlußprüfer hat den Bestätigungsvermerk oder den Vermerk über seine Versagung unter Angabe von Ort und Tag zu unterzeichnen. Der Bestätigungsvermerk oder der Vermerk über seine Versagung ist auch in den Prüfungsbericht aufzunehmen.

§ 323 Verantwortlichkeit des Abschlußprüfers

(1) Der Abschlußprüfer, seine Gehilfen und die bei der Prüfung mitwirkenden gesetzlichen Vertreter einer Prüfungsgesellschaft sind zur gewissenhaften und unparteiischen Prüfung und zur Verschwiegenheit verpflichtet. Sie dürfen nicht unbefugt Geschäfts- und Betriebsgeheimnisse verwerten, die sie bei ihrer Tätigkeit erfahren haben. Wer vorsätzlich oder fahrlässig seine Pflichten verletzt, ist der Kapitalgesellschaft und, wenn ein verbundenes Unternehmen geschädigt worden ist, auch diesem zum Ersatz des daraus entstehenden Schadens verpflichtet. Mehrere Personen haften als Gesamtschuldner.

(2) Die Ersatzpflicht von Personen, die fahrlässig gehandelt haben, beschränkt sich auf fünfhunderttausend Deutsche Mark für eine Prüfung. Dies gilt auch, wenn an der Prüfung mehrere Personen beteiligt gewesen oder mehrere zum Ersatz verpflichtende Handlungen begangen worden sind, und ohne Rücksicht darauf, ob andere Beteiligte vorsätzlich gehandelt haben.

(3) Die Verpflichtung zur Verschwiegenheit besteht, wenn eine Prüfungsgesellschaft Abschlußprüfer ist, auch gegenüber dem Aufsichtsrat und den Mitgliedern des Aufsichtsrats der Prüfungsgesellschaft.

(4) Die Ersatzpflicht nach diesen Vorschriften kann durch Vertrag weder ausgeschlossen noch beschränkt werden.

(5) Die Ansprüche aus diesen Vorschriften verjähren in fünf Jahren.

§ 324 Meinungsverschiedenheiten zwischen Kapitalgesellschaft und Abschlußprüfer

(1) Bei Meinungsverschiedenheiten zwischen dem Abschlußprüfer und der Kapitalgesellschaft über die Auslegung und Anwendung der gesetzlichen Vorschriften sowie von Bestimmungen des Gesellschaftsvertrags oder der Satzung über den Jahresabschluß, Lagebericht, Konzernabschluß oder Konzernlagebericht entscheidet auf Antrag des Abschlußprüfers oder der gesetzlichen Vertreter der Kapitalgesellschaft ausschließlich das Landgericht.

(2) Auf das Verfahren ist das Gesetz über die Angelegenheiten der freiwilligen Gerichtsbarkeit anzuwenden. Das Landgericht entscheidet durch einen mit Gründen versehenen Beschluß. Die Entscheidung wird erst mit der Rechtskraft wirksam. Gegen die Entscheidung findet die sofortige Beschwerde statt, wenn das Landgericht sie in der Entscheidung zugelassen hat. Es soll sie nur zulassen, wenn dadurch die Klärung einer Rechtsfrage von grundsätzlicher Bedeutung zu erwarten ist. Die Beschwerde kann nur durch Einreichung einer von einem Rechtsanwalt unterzeichneten Beschwerdeschrift eingelegt werden. Über sie entscheidet das Oberlandesgericht; § 28 Abs. 2 und 3 des Gesetzes über die Angelegenheiten der freiwilligen Gerichtsbarkeit ist entsprechend anzuwenden. Die weitere Beschwerde ist ausgeschlossen. Die Landesregierung kann durch Rechtsverordnung die Entscheidung über die Beschwerde für die Bezirke mehrerer Oberlandesgerichte einem der Oberlandesgerichte oder dem Obersten Landesgericht übertragen, wenn dies der Sicherung einer einheitlichen Rechtsprechung dient. Die Landesregierung kann die Ermächtigung durch Rechtsverordnung auf die Landesjustizverwaltung übertragen.

(3) Für die Kosten des Verfahrens gilt die Kostenordnung. Für das Verfahren des ersten Rechtszugs wird das Doppelte der vollen Gebühr erhoben. Für den zweiten Rechtszug wird die gleiche Gebühr erhoben; dies gilt auch dann, wenn die Beschwerde Erfolg hat. Wird der Antrag oder die Beschwerde zurückgenommen, bevor es zu einer Entscheidung kommt, so ermäßigt sich die Gebühr auf die Hälfte. Der Geschäftswert ist von Amts wegen festzusetzen. Er bestimmt sich nach § 30 Abs. 2 der Kostenordnung. Der Abschlußprüfer

ist zur Leistung eines Kostenvorschusses nicht verpflichtet. Schuldner der Kosten ist Kapitalgesellschaft. Die Kosten können jedoch ganz oder zum Teil dem Abschlußprüfer auferlegt werden, wenn dies der Billigkeit entspricht.

Vierter Unterabschnitt

Offenlegung (Einreichung zu einem Register, Bekanntmachung im Bundesanzeiger). Veröffentlichung und Vervielfältigung. Prüfung durch das Registergericht

§ 325 Offenlegung

(1) Die gesetzlichen Vertreter von Kapitalgesellschaften haben den Jahresabschluß unverzüglich nach seiner Vorlage an die Gesellschafter, jedoch spätestens vor Ablauf des neunten Monats des dem Abschlußstichtag nachfolgenden Geschäftsjahrs, mit dem Bestätigungsvermerk oder dem Vermerk über dessen Versagung zum Handelsregister des Sitzes der Kapitalgesellschaft einzureichen; gleichzeitig sind der Lagebericht, der Bericht des Aufsichtsrats und, soweit sich der Vorschlag für die Verwendung des Ergebnisses und der Beschluß über seine Verwendung aus dem eingereichten Jahresabschluß nicht ergeben, der Vorschlag für die Verwendung des Ergebnisses und der Beschluß über seine Verwendung unter Angabe des Jahresüberschusses oder Jahresfehlbetrags einzureichen; Angaben über die Ergebnisverwendung brauchen von Gesellschaften mit beschränkter Haftung nicht gemacht zu werden, wenn sich anhand dieser Angaben die Gewinnanteile von natürlichen Personen feststellen lassen, die Gesellschafter sind. Die gesetzlichen Vertreter haben unverzüglich nach der Einreichung der in Satz 1 bezeichneten Unterlagen im Bundesanzeiger bekanntzumachen, bei welchem Handelsregister und unter welcher Nummer diese Unterlagen eingereicht worden sind. Werden zur Wahrung der Frist nach Satz 1 der Jahresabschluß und der Lagebericht ohne die anderen Unterlagen eingereicht, so sind der Bericht und der Vorschlag nach ihrem Vorliegen, die Beschlüsse nach der Beschlußfassung und der Vermerk nach der Erteilung unverzüglich einzureichen; wird der Jahresabschluß bei nachträglicher Prüfung oder Feststellung geändert, so ist auch die Änderung nach Satz 1 einzureichen.

(2) Absatz 1 ist auf große Kapitalgesellschaften (§ 267 Abs. 3) mit der Maßgabe anzuwenden, daß die in Absatz 1 bezeichneten Unterlagen zunächst im Bundesanzeiger bekanntzumachen sind und die Bekanntmachung unter Beifügung der bezeichneten Unterlagen zum Handelsregister des Sitzes der Kapitalgesellschaft einzureichen ist; die Bekanntmachung nach Absatz 1 Satz 2 entfällt. Die Aufstellung des Anteilsbesitzes (§ 287) braucht nicht im Bundesanzeiger bekanntgemacht zu werden.

(3) Die gesetzlichen Vertreter einer Kapitalgesellschaft, die einen Konzernabschluß aufzustellen hat, haben den Konzernabschluß unverzüglich nach seiner Vorlage an die Gesellschafter, jedoch spätestens vor Ablauf des neunten Monats des dem Konzernabschlußstichtag nachfolgenden Geschäftsjahrs, mit dem Bestätigungsvermerk oder dem Vermerk über dessen Versagung und den Konzernlagebericht im Bundesanzeiger bekanntzumachen und die Bekanntmachung unter Beifügung der bezeichneten Unterlagen zum Handelsregister des Sitzes der Kapitalgesellschaft einzureichen. Die Aufstellung des Anteilsbesitzes (§ 313 Abs. 4) braucht nicht im Bundesanzeiger bekanntgemacht zu werden. Absatz 1 Satz 3 ist entsprechend anzuwenden.

(4) Bei Anwendung der Absätze 2 und 3 ist für die Wahrung der Fristen nach Absatz 1 Satz 1 und Absatz 3 Satz 1 der Zeitpunkt der Einreichung der Unterlagen beim Bundesanzeiger maßgebend.

(5) Auf Gesetz, Gesellschaftsvertrag oder Satzung beruhende Pflichten der Gesellschaft, den Jahresabschluß, Lagebericht, Konzernabschluß oder Konzernlagebericht in anderer

Weise bekanntzumachen, einzureichen oder Personen zugänglich zu machen, bleiben unberührt.

§ 325 a [Zweigniederlassungen von Kapitalgesellschaften mit Sitz im Ausland]

(1) Bei inländischen Zweigniederlassungen von Kapitalgesellschaften mit Sitz in einem anderen Mitgliedstaat der Europäischen Wirtschaftsgemeinschaft oder Vertragsstaat des Abkommens über den Europäischen Wirtschaftsraum haben die in § 13 e Abs. 2 Satz 4 Nr. 3 genannten Personen oder, wenn solche nicht angemeldet sind, die gesetzlichen Vertreter der Gesellschaft die Unterlagen der Rechnungslegung der Hauptniederlassung, die nach dem für die Hauptniederlassung maßgeblichen Recht erstellt, geprüft und offengelegt worden sind, nach den §§ 325, 328, 329 Abs. 1 offenzulegen. Die Unterlagen sind zu dem Handelsregister am Sitz der Zweigniederlassung einzureichen; bestehen mehrere inländische Zweigniederlassungen derselben Gesellschaft, brauchen die Unterlagen nur zu demjenigen Handelsregister eingereicht zu werden, zu dem gemäß § 13 e Abs. 5 die Satzung oder der Gesellschaftsvertrag eingereicht wurde. Die Unterlagen sind in deutscher Sprache oder in einer von dem Register der Hauptniederlassung beglaubigten Abschrift einzureichen. Von der Beglaubigung des Registers ist eine beglaubigte Übersetzung in deutscher Sprache einzureichen.

(2) Diese Vorschrift gilt nicht für Zweigniederlassungen, die von Kreditinstituten im Sinne des § 340 oder von Versicherungsunternehmen im Sinne des § 341 des Versicherungsaufsichtsgesetzes errichtet werden.

§ 326 Größenabhängige Erleichterungen für kleine Kapitalgesellschaften bei der Offenlegung

Auf kleine Kapitalgesellschaften (§ 267 Abs. 1) ist § 325 Abs. 1 mit der Maßgabe anzuwenden, daß die gesetzlichen Vertreter nur die Bilanz und den Anhang spätestens vor Ablauf des zwölften Monats des dem Bilanzstichtag nachfolgenden Geschäftsjahrs einzureichen haben. Der Anhang braucht die die Gewinn- und Verlustrechnung betreffenden Angaben nicht zu enthalten.

§ 327 Größenabhängige Erleichterungen für mittelgroße Kapitalgesellschaften bei der Offenlegung

Auf mittelgroße Kapitalgesellschaften (§ 267 Abs. 2) ist § 325 Abs. 1 mit der Maßgabe anzuwenden, daß die gesetzlichen Vertreter

1. die Bilanz nur in der für kleine Kapitalgesellschaften nach § 266 Abs. 1 Satz 3 vorgeschriebenen Form zum Handelsregister einreichen müssen. In der Bilanz oder im Anhang sind jedoch die folgenden Posten des § 266 Abs. 2 und 3 zusätzlich gesondert anzugeben:

   Auf der Aktivseite

   A I 2 Geschäfts- oder Firmenwert;
   A II 1 Grundstücke, grundstücksgleiche Rechte und Bauten einschließlich der Bauten auf fremden Grundstücken;
   A II 2 technische Anlagen und Maschinen;
   A II 3 andere Anlagen, Betriebs- und Geschäftsausstattung;
   A II 4 geleistete Anzahlungen und Anlagen im Bau;
   A III 1 Anteile an verbundenen Unternehmen;
   A III 2 Ausleihungen an verbundene Unternehmen;
   A III 3 Beteiligungen;
   A III 4 Ausleihungen an Unternehmen, mit denen ein Beteiligungsverhältnis besteht;
   B II 2 Forderungen gegen verbundene Unternehmen;

B II 3 Forderungen gegen Unternehmen, mit denen ein Beteiligungsverhältnis besteht;
B III 1 Anteile an verbundenen Unternehmen;
B III 2 eigene Anteile.
Auf der Passivseite
C 1 Anleihen,
davon konvertibel;
C 2 Verbindlichkeiten gegenüber Kreditinstituten;
C 6 Verbindlichkeiten gegenüber verbundenen Unternehmen;
C 7 Verbindlichkeiten gegenüber Unternehmen, mit denen ein Beteiligungsverhältnis besteht;

2. den Anhang ohne die Angaben nach § 285 Nr. 2, 5 und 8 Buchstabe a, Nr. 12 zum Handelsregister einreichen dürfen.

§ 328 Form und Inhalt der Unterlagen bei der Offenlegung, Veröffentlichung und Vervielfältigung

(1) Bei der vollständigen oder teilweisen Offenlegung des Jahresabschlusses und des Konzernabschlusses und bei der Veröffentlichung oder Vervielfältigung in anderer Form auf Grund des Gesellschaftsvertrags oder der Satzung sind die folgenden Vorschriften einzuhalten:

1. Der Jahresabschluß und der Konzernabschluß sind so wiederzugeben, daß sie den für ihre Aufstellung maßgeblichen Vorschriften entsprechen, soweit nicht Erleichterungen nach §§ 326, 327 in Anspruch genommen werden; sie haben in diesem Rahmen vollständig und richtig zu sein. Das Datum der Feststellung ist anzugeben, sofern der Jahresabschluß festgestellt worden ist. Wurde der Jahresabschluß oder der Konzernabschluß auf Grund gesetzlicher Vorschriften durch einen Abschlußprüfer geprüft, so ist jeweils der vollständige Wortlaut des Bestätigungsvermerks oder des Vermerks über dessen Versagung wiederzugeben; wird der Jahresabschluß wegen der Inanspruchnahme von Erleichterungen nur teilweise offengelegt und bezieht sich der Bestätigungsvermerk auf den vollständigen Jahresabschluß, so ist hierauf hinzuweisen.
2. Werden der Jahresabschluß oder der Konzernabschluß zur Wahrung der gesetzlich vorgeschriebenen Fristen über die Offenlegung vor der Prüfung oder Feststellung, sofern diese gesetzlich vorgeschrieben sind, oder nicht gleichzeitig mit beizufügenden Unterlagen offengelegt, so ist hierauf bei der Offenlegung hinzuweisen.

(2) Werden der Jahresabschluß oder der Konzernabschluß in Veröffentlichungen und Vervielfältigungen, die nicht durch Gesetz, Gesellschaftsvertrag oder Satzung vorgeschrieben sind, nicht in der nach Absatz 1 vorgeschriebenen Form wiedergegeben, so ist jeweils in einer Überschrift darauf hinzuweisen, daß es sich nicht um eine der gesetzlichen Form entsprechende Veröffentlichung handelt. Ein Bestätigungsvermerk darf nicht beigefügt werden. Ist jedoch auf Grund gesetzlicher Vorschriften eine Prüfung durch einen Abschlußprüfer erfolgt, so ist anzugeben, ob der Abschlußprüfer den in gesetzlicher Form erstellten Jahresabschluß oder den Konzernabschluß bestätigt hat oder ob er die Bestätigung eingeschränkt oder versagt hat. Ferner ist anzugeben, bei welchem Handelsregister und in welcher Nummer des Bundesanzeigers die Offenlegung erfolgt ist oder daß die Offenlegung noch nicht erfolgt ist.

(3) Absatz 1 Nr. 1 ist auf den Lagebericht, den Konzernlagebericht, den Vorschlag für die Verwendung des Ergebnisses und den Beschluß über seine Verwendung sowie auf die Aufstellung des Anteilsbesitzes entsprechend anzuwenden. Werden die in Satz 1 bezeichneten Unterlagen nicht gleichzeitig mit dem Jahresabschluß oder dem Konzernabschluß offengelegt, so ist bei ihrer nachträglichen Offenlegung jeweils anzugeben, auf

welchen Abschluß sie sich beziehen und wo dieser offengelegt worden ist; dies gilt auch für die nachträgliche Offenlegung des Bestätigungsvermerks oder des Vermerks über seine Versagung.

(4) Werden die Angaben im Jahresabschluß oder im Konzernabschluß außer in Deutscher Mark auch in Europäischer Währungseinheit gemacht, ist der am Bilanzstichtag gültige Umrechnungskurs zugrunde zu legen. Dieser Kurs ist im Anhang anzugeben.

§ 329 Prüfungspflicht des Registergerichts

(1) Das Gericht prüft, ob die vollständig oder teilweise zum Handelsregister einzureichenden Unterlagen vollzählig sind und, sofern vorgeschrieben, bekanntgemacht worden sind.

(2) Gibt die Prüfung nach Absatz 1 Anlaß zu der Annahme, daß von der Größe der Kapitalgesellschaft abhängige Erleichterungen nicht hätten in Anspruch genommen werden dürfen, so kann das Gericht zu seiner Unterrichtung von der Kapitalgesellschaft innerhalb einer angemessenen Frist die Mitteilung der Umsatzerlöse (§ 277 Abs. 1) und der durchschnittlichen Zahl der Arbeitnehmer (§ 267 Abs. 5) verlangen. Unterläßt die Kapitalgesellschaft die fristgemäße Mitteilung, so gelten die Erleichterungen als zu Unrecht in Anspruch genommen.

Fünfter Unterabschnitt
Verordnungsermächtigung für Formblätter und andere Vorschriften

§ 330 [Verordnungsermächtigung für Formblätter]

(1) Das Bundesministerium der Justiz wird ermächtigt, im Einvernehmen mit dem Bundesministerium der Finanzen und dem Bundesministerium für Wirtschaft durch Rechtsverordnung, die nicht der Zustimmung des Bundesrates bedarf, für Kapitalgesellschaften Formblätter vorzuschreiben oder andere Vorschriften für die Gliederung des Jahresabschlusses oder des Konzernabschlusses oder den Inhalt des Anhangs, des Konzernanhangs, des Lageberichts oder des Konzernlageberichts zu erlassen, wenn der Geschäftszweig eine von den §§ 266, 275 abweichende Gliederung des Jahresabschlusses oder des Konzernabschlusses oder von den Vorschriften des Ersten Abschnitts und des Ersten und Zweiten Unterabschnitts des Zweiten Abschnitts abweichende Regelungen erfordert. Die sich aus den abweichenden Vorschriften ergebenden Anforderungen an die in Satz 1 bezeichneten Unterlagen sollen den Anforderungen gleichwertig sein, die sich für große Kapitalgesellschaften (§ 267 Abs. 3) aus den Vorschriften des Ersten Abschnitts und des Ersten und Zweiten Unterabschnitts des Zweiten Abschnitts sowie den für den Geschäftszweig geltenden Vorschriften ergeben. Über das geltende Recht hinausgehende Anforderungen dürfen nur gestellt werden, soweit sie auf Rechtsakten des Rates der Europäischen Gemeinschaften beruhen.

(2) Absatz 1 ist auf Kreditinstitute im Sinne des § 1 Abs. 1 des Gesetzes über das Kreditwesen, soweit sie nach dessen § 2 Abs. 1 oder 4 von der Anwendung nicht ausgenommen sind, nach Maßgabe der Sätze 3 und 4 ungeachtet ihrer Rechtsform anzuwenden. Satz 1 ist auch auf Zweigstellen von Unternehmen mit Sitz in einem Staat anzuwenden, der nicht Mitglied der Europäischen Wirtschaftsgemeinschaft und auch nicht Vertragsstaat des Abkommens über den Europäischen Wirtschaftsraum ist, sofern die Zweigstelle nach § 53 Abs. 1 des Gesetzes über das Kreditwesen als Kreditinstitut gilt. Die Rechtsverordnung bedarf nicht der Zustimmung des Bundesrates; sie ist im Einvernehmen mit dem Bundesministerium der Finanzen und im Benehmen mit der Deutschen Bundesbank zu erlassen. In die Rechtsverordnung nach Satz 1 können auch nähere Bestimmungen über die Aufstellung des Jahresabschlusses und des Konzernabschlusses im Rahmen der vorgeschriebenen

Formblätter für die Gliederung des Jahresabschlusses und des Konzernabschlusses sowie des Zwischenabschlusses gemäß § 340 a Abs. 3 und des Konzernzwischenabschlusses gemäß § 340 i Abs. 4 und über den Inhalt der Anlage gemäß § 26 Abs. 1 Satz 1 des Gesetzes über das Kreditwesen aufgenommen werden, soweit dies zur Erfüllung der Aufgaben des Bundesaufsichtsamts für das Kreditwesen oder der Deutschen Bundesbank erforderlich ist, insbesondere um einheitliche Unterlagen zur Beurteilung der von den Kreditinstituten durchgeführten Bankgeschäfte zu erhalten.

(3) Absatz 1 ist auf Vericherungsunternehmen nach Maßgabe der Sätze 3 und 4 ungeachtet ihrer Rechtsform anzuwenden. Satz 1 ist auch auf Niederlassungen im Geltungsbereich dieses Gesetzes von Versicherungsunternehmen mit Sitz in einem anderen Staat anzuwenden, wenn sie zum Betrieb des Direktversicherungsgeschäfts der Erlaubnis durch die deutsche Versicherungsaufsichtsbehörde bedürfen. Die Rechtsverordnung bedarf der Zustimmung des Bundesrates und ist im Einvernehmen mit dem Bundesministerium der Finanzen zu erlassen. In die Rechtsverordnung nach Satz 1 können auch nähere Bestimmungen über die Aufstellung des Jahresabschlusses und des Konzernabschlusses im Rahmen der vorgeschriebenen Formblätter für die Gliederung des Jahresabschlusses und des Konzernabschlusses sowie Vorschriften über den Ansatz und die Bewertung von versicherungstechnischen Rückstellungen, insbesondere die Näherungsverfahren, aufgenommen werden.

(4) In der Rechtsverordnung nach Absatz 1 in Verbindung mit Absatz 3 kann bestimmt werden, daß Versicherungsunternehmen, auf die die Richtlinie 91/674/EWG nach deren Artikel 2 in Verbindung mit Artikel 3 der Richtlinie 73/239/EWG oder in Verbindung mit Artikel 3 der Richtlinie 73/239/EWG oder in Verbindung mit Artikel 2 oder 3 oder Artikel 3 der Richtlinie 79/267/EWG nicht anzuwenden ist, von den Regelungen des Zweiten Unterabschnitts des Vierten Abschnitts ganz oder teilweise befreit werden, soweit dies erforderlich ist, um eine im Verhältnis zur Größe der Versicherungsunternehmen unangemessene Belastung zu vermeiden; Absatz 1 Satz 2 ist insoweit nicht anzuwenden. In der Rechtsverordnung dürfen diesen Versicherungsunternehmen auch für die Gliederung des Jahresabschlusses und des Konzernabschlusses, für die Erstellung von Anhang und Lagebericht und Konzernanhang und Konzernlagebericht sowie für die Offenlegung ihrer Größe angemessene Vereinfachungen gewährt werden.

Sechster Unterabschnitt

Straf- und Bußgeldvorschriften Zwangsgelder

§ 331 Unrichtige Darstellung

Mit Freiheitsstrafe bis zu drei Jahren oder mit Geldstrafe wird bestraft, wer

1. als Mitglied des vertretungsberechtigten Organs oder des Aufsichtsrats einer Kapitalgesellschaft die Verhältnisse der Kapitalgesellschaft in der Eröffnungsbilanz, im Jahresabschluß, im Lagebericht oder im Zwischenabschluß nach § 340 a Abs. 3 unrichtig wiedergibt oder verschleiert,
2. als Mitglied des vertretungsberechtigten Organs oder des Aufsichtsrats einer Kapitalgesellschaft die Verhältnisse des Konzerns im Konzernabschluß, im Konzernlagebericht oder im Konzernzwischenabschluß nach § 340 i Abs. 4 unrichtig wiedergibt oder verschleiert,
3. als Mitglied des vertretungsberechtigten Organs einer Kapitalgesellschaft zum Zwecke der Befreiung nach § 291 oder einer nach § 292 erlassenen Rechtsverordnung einen Konzernabschluß oder Konzernlagebericht, in dem die Verhältnisse des Konzerns

unrichtig wiedergegeben oder verschleiert worden sind, vorsätzlich oder leichtfertig offenlegt oder
4. als Mitglied des vertretungsberechtigten Organs einer Kapitalgesellschaft oder als Mitglied des vertretungsberechtigten Organs oder als vertretungsberechtigter Gesellschafter eines ihrer Tochterunternehmen (§ 290 Abs. 1, 2) in Aufklärungen oder Nachweisen, die nach § 320 einem Abschlußprüfer der Kapitalgesellschaft, eines verbundenen Unternehmens oder des Konzerns zu geben sind, unrichtige Angaben macht oder die Verhältnisse der Kapitalgesellschaft, eines Tochterunternehmens oder des Konzerns unrichtig wiedergibt oder verschleiert.

§ 332 Verletzung der Berichtspflicht

(1) Mit Freiheitsstrafe bis zu drei Jahren oder mit Geldstrafe wird bestraft, wer als Abschlußprüfer oder Gehilfe eines Abschlußprüfers über das Ergebnis der Prüfung eines Jahresabschlusses, eines Lageberichts, eines Konzernabschlusses, eines Konzernlageberichts einer Kapitalgesellschaft oder eines Zwischenabschlusses nach § 340 a Abs. 3 oder eines Konzernzwischenabschlusses gemäß § 340 i Abs. 4 unrichtig berichtet, im Prüfungsbericht (§ 321) erhebliche Umstände verschweigt oder einen inhaltlich unrichtigen Bestätigungsvermerk (§ 322) erteilt.

(2) Handelt der Täter gegen Entgelt oder in der Absicht, sich oder einen anderen zu bereichern oder einen anderen zu schädigen, so ist die Strafe Freiheitsstrafe bis zu fünf Jahren oder Geldstrafe.

§ 333 Verletzung der Geheimhaltungspflicht

(1) Mit Freiheitsstrafe bis zu einem Jahr oder mit Geldstrafe wird bestraft, wer ein Geheimnis der Kapitalgesellschaft, eines Tochterunternehmens (§ 290 Abs. 1, 2), eines gemeinsam geführten Unternehmens (§ 310) oder eines assoziierten Unternehmens (§ 311), namentlich ein Betriebs- oder Geschäftsgeheimnis, das ihm in seiner Eigenschaft als Abschlußprüfer oder Gehilfe eines Abschlußprüfers bei Prüfung des Jahresabschlusses oder des Konzernabschlusses bekannt geworden ist, unbefugt offenbart.

(2) Handelt der Täter gegen Entgelt oder in der Absicht, sich oder einen anderen zu bereichern oder einen anderen zu schädigen, so ist die Strafe Freiheitsstrafe bis zu zwei Jahren oder Geldstrafe. Ebenso wird bestraft, wer ein Geheimnis der in Absatz 1 bezeichneten Art, namentlich ein Betriebs- oder Geschäftsgeheimnis, das ihm unter den Voraussetzungen des Absatzes 1 bekannt geworden ist, unbefugt verwertet.

(3) Die Tat wird nur auf Antrag der Kapitalgesellschaft verfolgt.

§ 334 Bußgeldvorschriften

(1) Ordnungswidrig handelt, wer als Mitglied des vertretungsberechtigten Organs oder des Aufsichtsrats einer Kapitalgesellschaft
1. bei der Aufstellung oder Feststellung des Jahresabschlusses einer Vorschrift
   a) des § 243 Abs. 1 oder 2, der §§ 244, 245, 246, 247, 248, 249 Abs. 1 Satz 1 oder Abs. 3, des § 250 Abs. 1 Satz 1 oder Abs. 2, des § 251 oder des § 264 Abs. 2 über Form oder Inhalt,
   b) des § 253 Abs. 1 Satz 1 in Verbindung mit § 255 Abs. 1 oder 2 Satz 1, 2 oder 6, des § 253 Abs. 1 Satz 2 oder Abs. 2 Satz 1, 2 oder 3, dieser Verbindung mit § 279 Abs. 1 Satz 2, des § 253 Abs. 3 Satz 1 oder 2, des § 280 Abs. 1, des § 282 oder des § 283 über die Bewertung,
   c) des § 265 Abs. 2, 3, 4 oder 6, der §§ 266, 268 Abs. 2, 3, 4, 5, 6 oder 7, der §§ 272, 273, 274 Abs. 1, des § 275 oder des § 277 über die Gliederung oder

d) des § 280 Abs. 3, des § 281 Abs. 1 Satz 2 oder 3 oder Abs. 2 Satz 1, des § 284 oder des § 285 über die in der Bilanz oder im Anhang zu machenden Angaben,
2. bei der Aufstellung des Konzernabschlusses einer Vorschrift
a) des § 294 Abs. 1 über den Konsolidierungskreis,
b) des § 297 Abs. 2 oder 3 oder des § 298 Abs. 1 in Verbindung mit den §§ 244, 245, 246, 247, 248, 249 Abs. 1 Satz 1 oder Abs. 3, dem § 250 Abs. 1 Satz 1 oder Abs. 2 oder dem § 251 über Inhalt oder Form,
c) des § 300 über die Konsolidierungsgrundsätze oder das Vollständigkeitsgebot,
d) des § 308 Abs. 1 Satz 1 in Verbindung mit den in Nummer 1 Buchstabe b bezeichneten Vorschriften oder des § 308 Abs. 2 über die Bewertung,
e) des § 311 Abs. 1 Satz 1 in Verbindung mit § 312 über die Behandlung assoziierter Unternehmen oder
f) des § 308 Abs. 1 Satz 3, des § 313 oder des § 314 über die im Anhang zu machenden Angaben,
3. bei der Aufstellung des Lageberichts einer Vorschrift des § 289 Abs. 1 über den Inhalt des Lageberichts,
4. bei der Aufstellung des Konzernlageberichts einer Vorschrift des § 315 Abs. 1 über den Inhalt des Konzernlageberichts,
5. bei der Offenlegung, Veröffentlichung oder Vervielfältigung einer Vorschrift des § 328 über Form oder Inhalt oder
6. einer auf Grund des § 330 Abs. 1 Satz 1 erlassenen Rechtsverordnung, soweit sie für einen bestimmten Tatbestand auf diese Bußgeldvorschrift verweist,

zuwiderhandelt.

(2) Ordnungswidrig handelt auch, wer zu einem Jahresabschluß oder einem Konzernabschluß, der auf Grund gesetzlicher Vorschriften zu prüfen ist, einen Vermerk nach § 322 erteilt, obwohl nach § 319 Abs. 2 er oder nach § 319 Abs. 3 die Wirtschaftsprüfungsgesellschaft oder Buchprüfungsgesellschaft, für die er tätig wird, nicht Abschlußprüfer sein darf.

(3) Die Ordnungswidrigkeit kann mit einer Geldbuße bis zu fünfzigtausend Deutsche Mark geahndet werden.

(4) Die Absätze 1 bis 3 sind auf Kreditinstitute im Sinne des § 340 und Versicherungsunternehmen im Sinne des § 341 Abs. 1 nicht anzuwenden.

§ 335 Festsetzung von Zwangsgeld

Mitglieder des vertretungsberechtigten Organs einer Kapitalgesellschaft, die

1. § 242 Abs. 1 und 2, § 264 Abs. 1 über die Pflicht zur Aufstellung eines Jahresabschlusses und eines Lageberichts,
2. § 290 Abs. 1 und 2 über die Pflicht zur Aufstellung eines Konzernabschlusses und eines Konzernlageberichts,
3. § 318 Abs. 1 Satz 4 über die Pflicht zur unverzüglichen Erteilung des Prüfungsauftrags,
4. § 318 Abs. 4 Satz 3 über die Pflicht, den Antrag auf gerichtliche Bestellung des Abschlußprüfers zu stellen,
5. § 320 über die Pflichten gegenüber dem Abschlußprüfer oder
6. § 325 über die Pflicht zur Offenlegung des Jahresabschlusses, des Lageberichts, des Konzernabschlusses, des Konzernlageberichts und anderer Unterlagen der Rechnungslegung,
7. § 325 a über die Pflicht zur Offenlegung der Rechnungsunterlagen der Hauptniederlassung

nicht befolgen, sind hierzu vom Registergericht durch Festsetzung von Zwangsgeld nach § 132 Abs. 1 des Gesetzes über die Angelegenheiten der freiwilligen Gerichtsbarkeit anzuhalten; im Fall der Nummer 7 treten die in § 13 e Abs. 2 Satz 4 Nr. 3 genannten Personen, sobald sie angemeldet sind, an die Stelle der Mitglieder des vertretungsberechtigten Organs der Kapitalgesellschaft. Das Registergericht schreitet jedoch nur ein, wenn ein Gesellschafter, Gläubiger oder der Gesamtbetriebsrat oder, wenn ein solcher nicht besteht, der Betriebsrat der Kapitalgesellschaft dies beantragt; § 14 ist insoweit nicht anzuwenden. Bestehen die Pflichten hinsichtlich eines Konzernabschlusses und eines Konzernlageberichts, so können den Antrag nach Satz 2 auch die Gesellschafter und Gläubiger eines Tochterunternehmens sowie der Konzernbetriebsrat stellen. Die Antragsberechtigung ist glaubhaft zu machen. Ein späterer Wegfall der Antragsberechtigung ist unschädlich. Der Antrag kann nicht zurückgenommen werden. Das Gericht kann von der wiederholten Androhung und Festsetzung eines Zwangsgeldes absehen. Das einzelne Zwangsgeld darf den Betrag von zehntausend Deutsche Mark nicht übersteigen.

Dritter Abschnitt

Ergänzende Vorschriften für eingetragene Genossenschaften

§ 336 Pflicht zur Aufstellung von Jahresabschluß und Lagebericht

(1) Der Vorstand einer Genossenschaft hat den Jahresabschluß (§ 242) um einen Anhang zu erweitern, der mit der Bilanz und der Gewinn- und Verlustrechnung eine Einheit bildet, sowie einen Lagebericht aufzustellen. Der Jahresabschluß und der Lagebericht sind in den ersten fünf Monaten des Geschäftsjahrs für das vergangene Geschäftsjahr aufzustellen.

(2) Auf den Jahresabschluß und den Lagebericht sind, soweit in den folgenden Vorschriften nichts anderes bestimmt ist, § 264 Abs. 2, §§ 265 bis 289 über den Jahresabschluß und den Lagebericht entsprechend anzuwenden; § 277 Abs. 3 Satz 1, §§ 279, 280, 281 Abs. 2 Satz 1, § 285 Nr. 5, 6 brauchen jedoch nicht angewendet zu werden. Sonstige Vorschriften, die durch den Geschäftszweig bedingt sind, bleiben unberührt.

(3) § 330 Abs. 1 über den Erlaß von Rechtsverordnungen ist entsprechend anzuwenden.

§ 337 Vorschriften zur Bilanz

(1) An Stelle des gezeichneten Kapitals ist der Betrag der Geschäftsguthaben der Genossen auszuweisen. Dabei ist der Betrag der Geschäftsguthaben der mit Ablauf des Geschäftsjahrs ausgeschiedenen Genossen gesondert anzugeben. Werden rückständige fällige Einzahlungen auf Geschäftsanteile in der Bilanz als Geschäftsguthaben ausgewiesen, so ist der entsprechende Betrag auf der Aktivseite unter der Bezeichnung »Rückständige fällige Einzahlungen auf Geschäftsanteile« einzustellen. Werden rückständige fällige Einzahlungen nicht als Geschäftsguthaben ausgewiesen, so ist der Betrag bei dem Posten »Geschäftsguthaben« zu vermerken. In beiden Fällen ist der Betrag mit dem Nennwert anzusetzen.

(2) An Stelle der Gewinnrücklagen sind die Ergebnisrücklagen auszuweisen und wie folgt aufzugliedern:

1. Gesetzliche Rücklage;
2. andere Ergebnisrücklagen; die Ergebnisrücklage nach § 73 Abs. 3 des Gesetzes betreffend die Erwerbs- und Wirtschaftsgenossenschaften und die Beträge, die aus dieser Ergebnisrücklage an ausgeschiedene Genossen auszuzahlen sind, müssen vermerkt werden.

(3) Bei den Ergebnisrücklagen sind gesondert aufzuführen:

1. Die Beträge, welche die Generalversammlung aus dem Bilanzgewinn des Vorjahrs eingestellt hat;

2. die Beträge, die aus dem Jahresüberschuß des Geschäftsjahrs eingestellt werden;
3. die Beträge, die für das Geschäftsjahr entnommen werden.

§ 338 Vorschriften zum Anhang

(1) Im Anhang sind auch Angaben zu machen über die Zahl der im Laufe des Geschäftsjahrs eingetretenen oder ausgeschiedenen sowie die Zahl der am Schluß des Geschäftsjahrs der Genossenschaft angehörenden Genossen. Ferner sind der Gesamtbetrag, um welchen in diesem Jahr die Geschäftsguthaben sowie die Haftsummen der Genossen sich vermehrt oder vermindert haben, und der Betrag der Haftsummen anzugeben, für welche am Jahresschluß alle Genossen zusammen aufzukommen haben.

(2) Im Anhang sind ferner anzugeben:
1. Name und Anschrift des zuständigen Prüfungsverbandes, dem die Genossenschaft angehört;
2. alle Mitglieder des Vorstands und des Aufsichtsrats, auch wenn sie im Geschäftsjahr oder später ausgeschieden sind, mit dem Familiennamen und mindestens einem ausgeschriebenen Vornamen; ein etwaiger Vorsitzender des Aufsichtsrats ist als solcher zu bezeichnen.

(3) An Stelle der in § 285 Nr. 9 vorgeschriebenen Angaben über die an Mitglieder von Organen geleisteten Bezüge, Vorschüsse und Kredite sind lediglich die Forderungen anzugeben, die der Genossenschaft gegen Mitglieder des Vorstands oder Aufsichtsrats zustehen. Die Beträge dieser Forderungen können für jedes Organ in einer Summe zusammengefaßt werden.

§ 339 Offenlegung

(1) Der Vorstand hat unverzüglich nach der Generalversammlung über den Jahresabschluß den festgestellten Jahresabschluß, den Lagebericht und den Bericht des Aufsichtsrats zum Genossenschaftsregister des Sitzes der Genossenschaft einzureichen. Ist die Erteilung eines Bestätigungsvermerks nach § 58 Abs. 2 des Gesetzes betreffend die Erwerbs- und Wirtschaftsgenossenschaften vorgeschrieben, so ist dieser mit dem Jahresabschluß einzureichen; hat der Prüfungsverband die Bestätigung des Jahresabschlusses versagt, so muß dies auf dem eingereichten Jahresabschluß vermerkt und der Vermerk vom Prüfungsverband unterschrieben sein. Ist die Prüfung des Jahresabschlusses im Zeitpunkt der Einreichung der Unterlagen nach Satz 1 nicht abgeschlossen, so ist der Bestätigungsvermerk oder der Vermerk über seine Versagung unverzüglich nach Abschluß der Prüfung einzureichen. Wird der Jahresabschluß oder der Lagebericht nach der Einreichung geändert, so ist auch die geänderte Fassung einzureichen.

(2) Der Vorstand einer Genossenschaft, die die Größenmerkmale des § 267 Abs. 3 erfüllt, hat ferner unverzüglich nach der Generalversammlung über den Jahresabschluß den festgestellten Jahresabschluß mit dem Bestätigungsvermerk in den für die Bekanntmachungen der Genossenschaft bestimmten Blättern bekanntzumachen und die Bekanntmachung zu dem Genossenschaftsregister des Sitzes der Genossenschaft einzureichen. Ist die Prüfung des Jahresabschlusses im Zeitpunkt der Generalversammlung nicht abgeschlossen, so hat die Bekanntmachung nach Satz 1 unverzüglich nach dem Abschluß der Prüfung zu erfolgen.

(3) Die §§ 326 bis 329 über die größenabhängigen Erleichterungen bei der Offenlegung, über Form und Inhalt der Unterlagen bei der Offenlegung, Veröffentlichung und Vervielfältigung sowie über die Prüfungspflicht des Registergerichts sind entsprechend anzuwenden.

Vierter Abschnitt
Ergänzende Vorschriften für Unternehmen bestimmter Geschäftszweige
Erster Unterabschnitt
Ergänzende Vorschriften für Kreditinstitute
Erster Titel
Anwendungsbereich

§ 340 [Anwendungsbereich]

(1) Dieser Unterabschnitt ist auf Kreditinstitute im Sinne des § 1 Abs. 1 des Gesetzes über das Kreditwesen anzuwenden, soweit sie nach dessen § 2 Abs. 1 oder 4 von der Anwendung nicht ausgenommen sind, sowie auf Zweigstellen von Unternehmen mit Sitz in einem Staat, der nicht Mitglied der Europäischen Wirtschaftsgemeinschaft und auch nicht Vertragsstaat des Abkommens über den Europäischen Wirtschaftsraum ist, sofern die Zweigstelle nach § 53 Abs. 1 des Gesetzes über das Kreditwesen als Kreditinstitut gilt. § 340 l Abs. 2 bis 4 ist außerdem auf Zweigstellen im Sinne des § 53 b Abs. 1 Satz 1 und Abs. 7 des Gesetzes über das Kreditwesen, auch in Verbindung mit einer Rechtsverordnung nach § 53 c Nr. 1 dieses Gesetzes, anzuwenden, sofern diese Zweigstellen Bankgeschäfte im Sinne des § 1 Abs. 1 Satz 2 Nr. 1 bis 5 und 7 bis 9 dieses Gesetzes betreiben. Zusätzliche Anforderungen aufgrund von Vorschriften, die wegen der Rechtsform oder für Zweigstellen bestehen, bleiben unberührt.

(2) Dieser Unterabschnitt ist auf Unternehmen der in § 2 Abs. 1 Nr. 5 und 8 des Gesetzes über das Kreditwesen bezeichneten Art insoweit ergänzend anzuwenden, als sie Bankgeschäfte betreiben, die nicht zu den ihnen eigentümlichen Geschäften gehören.

(3) Dieser Unterabschnitt ist auf Wohnungsunternehmen mit Spareinrichtung nicht anzuwenden.

Zweiter Titel
Jahresabschluß, Lagebericht, Zwischenabschluß

§ 340 a Anzuwendende Vorschriften

(1) Kreditinstitute, auch wenn sie nicht in der Rechtsform einer Kapitalgesellschaft betrieben werden, haben auf ihren Jahresabschluß die für große Kapitalgesellschaften geltenden Vorschriften des Ersten Unterabschnitts des Zweiten Abschnitts anzuwenden, soweit in den Vorschriften dieses Unterabschnitts nichts anderes bestimmt ist; Kreditinstitute haben außerdem einen Lagebericht nach § 289 aufzustellen.

(2) § 265 Abs. 6 und 7, §§ 267, 268 Abs. 4 Satz 1, Abs. 5 Satz 1 und 2, §§ 276, 277 Abs. 1, 2, 3 Satz 1, § 279 Abs. 1 Satz 2, § 284 Abs. 2 Nr. 4, § 285 Nr. 8 und 12, § 288 sind nicht anzuwenden. An Stelle von § 247 Abs. 1, §§ 251, 266, 268 Abs. 2 und 7, §§ 275, 285 Nr. 1, 2, 4 und 9 Buchstabe c sind die durch Rechtsverordnung erlassenen Formblätter und anderen Vorschriften anzuwenden. § 246 Abs. 2 ist nicht anzuwenden, soweit abweichende Vorschriften bestehen.

(3) Sofern Kreditinstitute Zwischenabschlüsse zur Ermittlung von Zwischenergebnissen im Sinne des § 10 Abs. 7 Satz 3 des Gesetzes über das Kreditwesen aufstellen, gelten die Bestimmungen über den Jahresabschluß und § 340 k über die Prüfung entsprechend.

§ 340 b Pensionsgeschäfte

(1) Pensionsgeschäfte sind Verträge, durch die ein Kreditinstitut oder der Kunde eines Kreditinstituts (Pensionsgeber) ihm gehörende Vermögensgegenstände einem anderen Kreditinstitut oder einem seiner Kunden (Pensionsnehmer) gegen Zahlung eines Betrags überträgt und in denen gleichzeitig vereinbart wird, daß die Vermögensgegenstände später

gegen Entrichtung des empfangenen oder eines im voraus vereinbarten anderen Betrags an den Pensionsgeber zurückübertragen werden müssen oder können.

(2) Übernimmt der Pensionsnehmer die Verpflichtung, die Vermögensgegenstände zu einem bestimmten oder vom Pensionsgeber zu bestimmenden Zeitpunkt zurückzuübertragen, so handelt es sich um ein echtes Pensionsgeschäft.

(3) Ist der Pensionsnehmer lediglich berechtigt, die Vermögensgegenstände zu einem vorher bestimmten oder von ihm noch zu bestimmenden Zeitpunkt zurückzuübertragen, so handelt es sich um ein unechtes Pensionsgeschäft.

(4) Im Falle von echten Pensionsgeschäften sind die übertragenen Vermögensgegenstände in der Bilanz des Pensionsgebers weiterhin auszuweisen. Der Pensionsgeber hat in Höhe des für die Übertragung erhaltenen Betrags eine Verbindlichkeit gegenüber dem Pensionsnehmer auszuweisen. Ist für die Rückübertragung ein höherer oder ein niedrigerer Betrag vereinbart, so ist der Unterschiedsbetrag über die Laufzeit des Pensionsgeschäfts zu verteilen. Außerdem hat der Pensionsgeber den Buchwert der in Pension gegebenen Vermögensgegenstände im Anhang anzugeben. Der Pensionsnehmer darf die ihm in Pension gegebenen Vermögensgegenstände nicht in seiner Bilanz ausweisen; er hat in Höhe des für die Übertragung gezahlten Betrags eine Forderung an den Pensionsgeber in seiner Bilanz auszuweisen. Ist für die Rückübertragung ein höherer oder ein niedrigerer Betrag vereinbart, so ist der Unterschiedsbetrag über die Laufzeit des Pensionsgeschäfts zu verteilen.

(5) Im Falle von unechten Pensionsgeschäften sind die Vermögensgegenstände nicht in der Bilanz des Pensionsgebers, sondern in der Bilanz des Pensionsnehmers auszuweisen. Der Pensionsgeber hat unter der Bilanz den für den Fall der Rückübertragung vereinbarten Betrag anzugeben.

(6) Devisentermingeschäfte, Börsentermingeschäfte und ähnliche Geschäfte sowie die Ausgabe eigener Schuldverschreibungen auf abgekürzte Zeit gelten nicht als Pensionsgeschäfte im Sinne dieser Vorschrift.

§ 340 c Vorschriften zur Gewinn- und Verlustrechnung und zum Anhang

(1) Als Ertrag oder Aufwand aus Finanzgeschäften ist der Unterschiedsbetrag der Erträge und Aufwendungen aus Geschäften mit Wertpapieren des Handelsbestands, Finanzinstrumenten, Devisen und Edelmetallen sowie der Erträge aus Zuschreibungen und der Aufwendungen aus Abschreibungen bei diesen Vermögensgegenständen auszuweisen. In die Verrechnung sind außerdem die Aufwendungen für die Bildung von Rückstellungen für drohende Verluste aus den in Satz 1 bezeichneten Geschäften und die Erträge aus der Auflösung dieser Rückstellungen einzubeziehen.

(2) Die Aufwendungen aus Abschreibungen auf Beteiligungen, Anteile an verbundenen Unternehmen und wie Anlagevermögen behandelte Wertpapiere dürfen mit den Erträgen aus Zuschreibungen zu solchen Vermögensgegenständen verrechnet und in einem Aufwand- oder Ertragsposten ausgewiesen werden. In die Verrechnung nach Satz 1 dürfen auch die Aufwendungen und Erträge aus Geschäften mit solchen Vermögensgegenständen einbezogen werden.

(3) Kreditinstitute, die dem haftenden Eigenkapital nicht realisierte Reserven nach § 10 Abs. 4 a Satz 1 Nr. 4 des Gesetzes über das Kreditwesen zurechnen, haben den Betrag, mit dem diese Reserven dem haftenden Eigenkapital zugerechnet werden, im Anhang zur Bilanz und zur Gewinn- und Verlustrechnung anzugeben.

§ 340 d Fristengliederung[1)]
Die Forderungen und Verbindlichkeiten sind im Anhang nach der Fristigkeit zu gliedern. Für die Gliederung nach der Fristigkeit ist die Restlaufzeit am Bilanzstichtag maßgebend.

Dritter Titel
Bewertungsvorschriften

§ 340 e Bewertung von Vermögensgegenständen
(1) Kreditinstitute haben Beteiligungen einschließlich der Anteile an verbundenen Unternehmen, Konzessionen, gewerbliche Schutzrechte und ähnliche Rechte und Werte sowie Lizenzen an solchen Rechten und Werten, Grundstücke, grundstücksgleiche Rechte und Bauten einschließlich der Bauten auf fremden Grundstücken, technische Anlagen und Maschinen, andere Anlagen, Betriebs- und Geschäftsausstattung sowie Anlagen im Bau nach den für das Anlagevermögen geltenden Vorschriften zu bewerten, es sei denn, daß sie nicht dazu bestimmt sind, dauernd dem Geschäftsbetrieb zu dienen; in diesem Falle sind sie nach Satz 2 zu bewerten. Andere Vermögensgegenstände, insbesondere Forderungen und Wertpapiere, sind nach den für das Umlaufvermögen geltenden Vorschriften zu bewerten, es sei denn, daß sie dazu bestimmt werden, dauernd dem Geschäftsbetrieb zu dienen; in diesem Falle sind sie nach Satz 1 zu bewerten. § 253 Abs. 2 Satz 3 darf auf die in Satz 1 bezeichneten Vermögensgegenstände mit Ausnahme der Beteiligungen und der Anteile an verbundenen Unternehmen nur angewendet werden, wenn es sich um eine voraussichtlich dauernde Wertminderung handelt.
(2) Abweichend von § 253 Abs. 1 Satz 1 dürfen Hypothekendarlehen und andere Forderungen mit ihrem Nennbetrag angesetzt werden, soweit der Unterschiedsbetrag zwischen dem Nennbetrag und dem Auszahlungsbetrag oder den Anschaffungskosten Zinscharakter hat. Ist der Nennbetrag höher als der Auszahlungsbetrag oder die Anschaffungskosten, so ist der Unterschiedsbetrag in den Rechnungsabgrenzungsposten auf der Passivseite aufzunehmen; er ist planmäßig aufzulösen und in seiner jeweiligen Höhe in der Bilanz oder im Anhang gesondert anzugeben. Ist der Nennbetrag niedriger als der Auszahlungsbetrag oder die Anschaffungskosten, so darf der Unterschiedsbetrag in den Rechnungsabgrenzungsposten auf der Aktivseite aufgenommen werden; er ist planmäßig aufzulösen und in seiner jeweiligen Höhe in der Bilanz oder im Anhang gesondert anzugeben.

§ 340 f Vorsorge für allgemeine Bankrisiken
(1) Kreditinstitute dürfen Forderungen an Kreditinstitute und Kunden, Schuldverschreibungen und andere festverzinsliche Wertpapiere sowie Aktien und andere nicht festverzinsliche Wertpapiere, die weder wie Anlagevermögen behandelt werden noch Teil des Handelsbestands sind, mit einem niedrigeren als dem nach § 253 Abs. 1 Satz 1, Abs. 3 vorgeschriebenen oder zugelassenen Wert ansetzen, soweit dies nach vernünftiger kaufmännischer Beurteilung zur Sicherung gegen die besonderen Risiken des Geschäftszweigs der Kreditinstitute notwendig ist. Der Betrag der auf diese Weise gebildeten Vorsorgereserven darf vier vom Hundert des Gesamtbetrags der in Satz 1 bezeichneten Vermögensgegenstände, der sich bei deren Bewertung nach § 253 Abs. 1 Satz 1, Abs. 3 ergibt, nicht übersteigen.
(2) Ein niedrigerer Wertansatz nach Absatz 1 darf beibehalten werden; § 280 ist auf die in Absatz 1 bezeichneten Vermögensgegenstände nicht anzuwenden. In der Bilanz oder im Anhang brauchen die in § 281 Abs. 1 Satz 2, Abs. 2 verlangten Angaben und Aufgliederungen nicht gemacht zu werden, soweit Satz 1 angewendet wird.

1) Tritt am 1. 1. 1998 in Kraft.

(3) Aufwendungen und Erträge aus der Anwendung von Absatz 1 und aus Geschäften mit in Absatz 1 bezeichneten Wertpapieren und Aufwendungen aus Abschreibungen sowie Erträge aus Zuschreibungen zu diesen Wertpapieren dürfen mit den Aufwendungen aus Abschreibungen auf Forderungen, Zuführungen zu Rückstellungen für Eventualverbindlichkeiten und für Kreditrisiken sowie mit den Erträgen aus Zuschreibungen zu Forderungen oder aus deren Eingang nach teilweiser oder vollständiger Abschreibung und aus Auflösungen von Rückstellungen für Eventualverbindlichkeiten und für Kreditrisiken verrechnet und in der Gewinn- und Verlustrechnung in einem Aufwand- oder Ertragsposten ausgewiesen werden.
(4) Angaben über die Bildung und Auflösung von Vorsorgereserven nach Absatz 1 sowie über vorgenommene Verrechnungen nach Absatz 3 brauchen im Jahresabschluß, Lagebericht, Konzernabschluß und Konzernlagebericht nicht gemacht zu werden.

§ 340 g Sonderposten für allgemeine Bankrisiken

(1) Kreditinstitute dürfen auf der Passivseite ihrer Bilanz zur Sicherung gegen allgemeine Bankrisiken einen Sonderposten »Fonds für allgemeine Bankrisiken« bilden, soweit dies nach vernünftiger kaufmännischer Beurteilung wegen der besonderen Risiken des Geschäftszweigs der Kreditinstitute notwendig ist.
(2) Die Zuführungen zum Sonderposten oder die Erträge aus der Auflösung des Sonderpostens sind in der Gewinn- und Verlustrechnung gesondert auszuweisen.

Vierter Titel

Währungsumrechnung

§ 340 h

(1) Auf ausländische Währung lautende Vermögensgegenstände, die wie Anlagevermögen behandelt werden, sind, soweit sie weder durch Verbindlichkeiten noch durch Termingeschäfte in derselben Währung besonders gedeckt sind, mit ihrem Anschaffungskurs in Deutsche Mark umzurechnen. Andere auf ausländische Währung lautende Vermögensgegenstände und Schulden sowie am Bilanzstichtag nicht abgewickelte Kassageschäfte sind mit dem Kassakurs am Bilanzstichtag in Deutsche Mark umzurechnen. Nicht abgewickelte Termingeschäfte sind zum Terminkurs am Bilanzstichtag umzurechnen.
(2) Aufwendungen, die sich aus der Währungsumrechnung ergeben, sind in der Gewinn- und Verlustrechnung zu berücksichtigen. Erträge, die sich aus der Währungsumrechnung ergeben, sind in der Gewinn- und Verlustrechnung zu berücksichtigen. soweit die Vermögensgegenstände, Schulden oder Termingeschäfte durch Vermögensgegenstände, Schulden oder andere Termingeschäfte in derselben Währung besonders gedeckt sind. Liegt keine besondere Deckung vor, aber eine Deckung in derselben Währung, so dürfen Erträge nach Satz 2 berücksichtigt werden, soweit sie einen nur vorübergehend wirksamen Aufwand aus den zur Deckung dienenden Geschäften ausgleichen. In allen anderen Fällen dürfen Erträge aus der Währungsumrechnung nicht berücksichtigt werden; sie dürfen auch mit Aufwendungen nach Satz 1 nicht verrechnet werden.

Fünfter Titel

Konzernabschluß, Konzernlagebericht, Konzernzwischenabschluß

§ 340 i Pflicht zur Aufstellung

(1) Kreditinstitute, auch wenn sie nicht in der Rechtsform einer Kapitalgesellschaft betrieben werden, haben unabhängig von ihrer Größe einen Konzernabschluß und einen

Konzernlagebericht nach den Vorschriften des Zweiten Unterabschnitts des Zweiten Abschnitts über den Konzernabschluß und Konzernlagebericht aufzustellen, soweit in den Vorschriften dieses Unterabschnitts nichts anderes bestimmt ist. Zusätzliche Anforderungen auf Grund von Vorschriften, die wegen der Rechtsform bestehen, bleiben unberührt.

(2) Auf den Konzernabschluß sind, soweit seine Eigenart keine Abweichung bedingt, die §§ 340 a bis 340 g über den Jahresabschluß und die für die Rechtsform und den Geschäftszweig der in den Konzernabschluß einbezogenen Unternehmen mit Sitz im Geltungsbereich dieses Gesetzes geltenden Vorschriften entsprechend anzuwenden, soweit sie für große Kapitalgesellschaften gelten. Die §§ 293, 298 Abs. 1 und 2, § 314 Abs. 1 Nr. 1, 3, 6 Buchstabe c sind nicht anzuwenden.

(3) Als Kreditinstitute im Sinne dieses Titels gelten auch Mutterunternehmen; deren einziger Zweck darin besteht, Beteiligungen an Tochterunternehmen zu erwerben sowie die Verwaltung und Verwertung dieser Beteiligungen wahrzunehmen, sofern diese Tochterunternehmen ausschließlich oder überwiegend Kreditinstitute sind.

(4) Sofern Kreditinstitute Konzernzwischenabschlüsse zur Ermittlung von Konzernzwischenergebnissen in Sinne des § 10 a Abs. 1 Satz 2 in Verbindung mit § 10 Abs. 7 Satz 3 des Gesetzes über das Kreditwesen aufstellen, gelten die Bestimmungen über den Konzernabschluß und § 340 k über die Prüfung entsprechend.

§ 340 j Einzubeziehende Unternehmen

(1) Eine unterschiedliche Tätigkeit im Sinne des § 295 Abs. 1 liegt nicht vor, wenn das Tochterunternehmen eines Kreditinstituts eine Tätigkeit ausübt, die eine unmittelbare Verlängerung der Banktätigkeit oder eine Hilfstätigkeit für das Mutterunternehmen darstellt.

(2) Bezieht ein Kreditinstitut ein Tochterunternehmen, das Kreditinstitut ist, nach § 296 Abs. 1 Nr. 3 in seinen Konzernabschluß nicht ein und ist der vorübergehende Besitz von Aktien oder Anteilen dieses Unternehmens auf eine finanzielle Stützungsaktion zur Sanierung oder Rettung des genannten Unternehmens zurückzuführen, so hat es den Jahresabschluß dieses Unternehmens seinem Konzernabschluß beizufügen und im Konzernanhang zusätzliche Angaben über die Art und die Bedingungen der finanziellen Stützungsaktion zu machen.

Sechster Titel
Prüfung

§ 340 k

(1) Kreditinstitute haben unabhängig von ihrer Größe ihren Jahresabschluß und Lagebericht sowie ihren Konzernabschluß und Konzernlagebericht unbeschadet der Vorschriften der §§ 28 bis 30 des Gesetzes über das Kreditwesen nach den Vorschriften des Dritten Unterabschnitts des Zweiten Abschnitts über die Prüfung prüfen zu lassen: § 319 Abs. 1 Satz 2 ist nicht anzuwenden. Die Prüfung ist spätestens vor Ablauf des fünften Monats des dem Abschlußstichtag nachfolgenden Geschäftsjahrs vorzunehmen. Der Jahresabschluß ist nach der Prüfung unverzüglich festzustellen.

(2) Ist das Kreditinstitut eine Genossenschaft oder ein rechtsfähiger wirtschaftlicher Verein, so ist die Prüfung abweichend von § 319 Abs. 1 Satz 1 von dem Prüfungsverband durchzuführen, dem das Kreditinstitut als Mitglied angehört, sofern mehr als die Hälfte der Mitglieder des Vorstands dieses Prüfungsverbands Wirtschaftsprüfer sind. Hat der Prüfungsverband nur zwei Vorstandsmitglieder, so muß einer von ihnen Wirtschaftsprüfer sein. § 319 Abs. 2 und 3 ist entsprechend anzuwenden; § 319 Abs. 3 Nr. 5 ist nicht anzuwenden, sofern sichergestellt ist, daß der Abschlußprüfer die Prüfung unabhängig von

den Weisungen durch das Aufsichtsorgan des Prüfungsverbands durchführen kann. Ist das Mutterunternehmen eine Genossenschaft, so ist der Prüfungsverband, dem die Genossenschaft angehört, unter den Voraussetzungen der Sätze 1 bis 3 auch Abschlußprüfer des Konzernabschlusses und des Konzernlageberichts.

(3) Ist das Kreditinstitut eine Sparkasse, so dürfen die nach Absatz 1 vorgeschriebenen Prüfungen abweichend von § 319 Abs. 1 Satz 1 von der Prüfungsstelle eines Sparkassen- und Giroverbands durchgeführt werden. Die Prüfung darf von der Prüfungsstelle jedoch nur durchgeführt werden, wenn der Leiter der Prüfungsstelle die Voraussetzungen des § 319 erfüllt. Außerdem muß sichergestellt sein, daß der Abschlußprüfer die Prüfung unabhängig von den Weisungen der Organe des Sparkassen- und Giroverbands durchführen kann.

Siebenter Titel

Offenlegung

§ 340 l

(1) Kreditinstitute haben den Jahresabschluß und den Lagebericht sowie den Konzernabschluß und den Konzernlagebericht und die anderen in § 325 bezeichneten Unterlagen nach § 325 Abs. 2 bis 5, §§ 328, 329 Abs. 1 offenzulegen. Kreditinstitute, die nicht Zweigstellen sind, haben die in Satz 1 bezeichneten Unterlagen außerdem in jedem anderen Mitgliedstaat der Europäischen Wirtschaftsgemeinschaft und in jedem anderen Vertragsstaat des Abkommens über den Europäischen Wirtschaftsraum offenzulegen, in dem sie eine Zweigstelle errichtet haben. Die Offenlegung (Einreichung zu einem Register, Bekanntmachung in einem Amtsblatt) richtet sich nach dem Recht des jeweiligen Mitgliedstaats oder Vertragsstaats.

(2) Zweigstellen im Geltungsbereich dieses Gesetzes von Unternehmen mit Sitz in einem anderen Staat haben die in Absatz 1 Satz 1 bezeichneten Unterlagen ihrer Hauptniederlassung, die nach deren Recht aufgestellt und geprüft worden sind, nach § 325 Abs. 2 bis 5, §§ 328, 329 Abs. 1 offenzulegen. Zweigstellen im Geltungsbereich dieses Gesetzes von Unternehmen mit Sitz in einem Staat, der nicht Mitglied der Europäischen Wirtschaftsgemeinschaft und auch nicht Vertragsstaat des Abkommens über den Europäischen Wirtschaftsraum ist, brauchen auf ihre eigene Geschäftstätigkeit bezogene gesonderte Rechnungslegungsunterlagen nach Absatz 1 Satz 1 nicht offenzulegen, sofern die nach Satz 1 offenzulegenden Unterlagen nach einem an die Richtlinie 86/635/EWG angepaßten Recht aufgestellt und geprüft worden oder den nach einem dieser Rechte aufgestellten Unterlagen gleichwertig sind. Sind die Unterlagen nicht in deutscher Sprache erstellt, so ist jeweils eine Übersetzung in deutscher Sprache beizufügen.

(3) Ist das Kreditinstitut eine Genossenschaft, so tritt an die Stelle des Handelsregisters das Genossenschaftsregister. § 339 ist auf Kreditinstitute, die Genossenschaften sind, nicht anzuwenden.

(4) Kreditinstitute, deren Bilanzsumme am Bilanzstichtag 300 Millionen Deutsche Mark nicht übersteigt, dürfen an Stelle von § 325 Abs. 2 auf die Offenlegung § 325 Abs. 1 anwenden. Satz 1 ist auf Zweigstellen im Sinne des Absatzes 2 mit der Maßgabe anzuwenden, daß bei der Offenlegung von Unterlagen der Hauptniederlassung die zum Bilanzstichtag in Deutsche Mark umgerechnete Bilanzsumme des Kreditinstituts mit Sitz in einem anderen Staat maßgeblich ist.

Achter Titel
Straf- und Bußgeldvorschriften, Zwangsgelder

§ 340 m Strafvorschriften
Die Strafvorschriften der §§ 331 bis 333 sind auch auf nicht in der Rechtsform einer Kapitalgesellschaft betriebene Kreditinstitute anzuwenden. § 331 ist darüber hinaus auch anzuwenden auf die Verletzung von Pflichten durch den Geschäftsleiter (§ 1 Abs. 2 Satz 1 des Gesetzes über das Kreditwesen) eines nicht in der Rechtsform einer Kapitalgesellschaft betriebenen Kreditinstituts, durch den Inhaber eines in der Rechtsform des Einzelkaufmanns betriebenen Kreditinstituts oder durch den Geschäftsleiter im Sinne des § 53 Abs. 2 Nr. 1 des Gesetzes über das Kreditwesen.

§ 340 n Bußgeldvorschriften
(1) Ordnungswidrig handelt, wer als Geschäftsleiter im Sinne des § 1 Abs. 2 Satz 1 oder des § 53 Abs. 2 Nr. 1 des Gesetzes über das Kreditwesen oder als Inhaber eines in der Rechtsform des Einzelkaufmanns betriebenen Kreditinstituts oder als Mitglied des Aufsichtsrats
1. bei der Aufstellung oder Feststellung des Jahresabschlusses oder bei der Aufstellung des Zwischenabschlusses gemäß § 340 a Abs. 3 einer Vorschrift
   a) des § 243 Abs. 1 oder 2, der §§ 244, 245, 246 Abs. 1 oder 2, dieser in Verbindung mit § 340 a Abs. 2 Satz 3, des § 247 Abs. 2 oder 3, der §§ 248, 249 Abs. 1 Satz 1 oder Abs. 3, des § 250 Abs. 1 Satz 1 oder Abs. 2, des § 264 Abs. 2, des § 340 b Abs. 4 oder 5 oder des § 340 c Abs. 1 über Form oder Inhalt,
   b) des § 253 Abs. 1 Satz 1 in Verbindung mit § 255 Abs. 1 oder 2 Satz 1, 2 oder 6, des § 253 Abs. 1 Satz 2 oder Abs. 2 Satz 1, 2 oder 3, dieser in Verbindung mit § 340 e Abs. 1 Satz 3, des § 253 Abs. 3 Satz 1 oder 2, des § 280 Abs. 1 in Verbindung mit § 340 f Abs. 2, der §§ 282, 283, des § 340 e Abs. 1, des § 340 f Abs. 1 Satz 2 oder des § 340 g Abs. 2 über die Bewertung,
   c) des § 265 Abs. 2, 3 oder 4, des § 268 Abs. 3 oder 6, der §§ 272, 273, 274 Abs. 1 oder des § 277 Abs. 3 Satz 2 oder Abs. 4 über die Gliederung,
   d) des § 280 Abs. 3, des § 281 Abs. 1 Satz 2, dieser in Verbindung mit § 340 f Abs. 2 Satz 2, oder des § 281 Abs. 1 Satz 3 oder Abs. 2 Satz 1, dieser in Verbindung mit § 340 f Abs. 2 Satz 2, des § 284 Abs. 1, 2 Nr. 1, 3 oder 5 oder des § 285 Nr. 3, 5 bis 7, 9 Buchstabe a oder b, Nr. 10, 11, 13 oder 14 über die in der Bilanz oder im Anhang zu machenden Angaben oder
2. bei der Aufstellung des Konzernabschlusses oder des Konzernzwischenabschlusses gemäß § 340 i Abs. 4 einer Vorschrift
   a) des § 294 Abs. 1 über den Konsolidierungskreis,
   b) des § 297 Abs. 2 oder 3 oder des § 340 i Abs. 2 Satz 1 in Verbindung mit einer der in Nummer 1 Buchstabe a bezeichneten Vorschriften über Form oder Inhalt,
   c) des § 300 über die Konsolidierungsgrundsätze oder das Vollständigkeitsgebot,
   d) des § 308 Abs. 1 Satz 1 in Verbindung mit den in Nummer 1 Buchstabe b bezeichneten Vorschriften oder des § 308 Abs. 2 über die Bewertung,
   e) des § 311 Abs. 1 Satz 1 in Verbindung mit § 312 über die Behandlung assoziierter Unternehmen oder
   f) des § 308 Abs. 1 Satz 3, des § 313 oder des § 314 über die im Anhang zu machenden Angaben,
3. bei der Aufstellung des Lageberichts einer Vorschrift des § 289 Abs. 1 über den Inhalt des Lageberichts,

4. bei der Aufstellung des Konzernlageberichts einer Vorschrift des § 315 Abs. 1 über den Inhalt des Konzernlageberichts,
5. bei der Offenlegung, Veröffentlichung oder Vervielfältigung einer Vorschrift des § 328 über Form oder Inhalt oder
6. einer auf Grund des § 330 Abs. 2 in Verbindung mit Abs. 1 Satz 1 erlassenen Rechtsverordnung, soweit sie für einen bestimmten Tatbestand auf diese Bußgeldvorschrift verweist,

zuwiderhandelt.

(2) Ordnungswidrig handelt auch, wer zu einem Jahresabschluß oder einem Konzernabschluß, der auf Grund gesetzlicher Vorschriften zu prüfen ist, einen Vermerk nach § 322 erteilt, obwohl nach § 319 Abs. 2 er, nach § 319 Abs. 3 die Wirtschaftsprüfungsgesellschaft oder nach § 340 k Abs. 2 oder 3 der Prüfungsverband, für die oder für den er tätig wird, nicht Abschlußprüfer sein darf.

(3) Die Ordnungswidrigkeit kann mit einer Geldbuße bis zu fünfzigtausend Deutsche Mark geahndet werden.

§ 340 o Festsetzung von Zwangsgeld

Personen, die

1. als Geschäftsleiter im Sinne des § 1 Abs. 2 Satz 1 des Gesetzes über das Kreditwesen eines Kreditinstituts, das nicht Kapitalgesellschaft ist, oder als Inhaber eines in der Rechtsform des Einzelkaufmanns betriebenen Kreditinstituts
   a) eine der in § 335 Satz 1 Nr. 1, 3 bis 6 bezeichneten Vorschriften oder
   b) § 340 i Abs. 1 Satz 1 oder
2. als Geschäftsleiter von Zweigstellen im Sinne des § 53 Abs. 1 des Gesetzes über das Kreditwesen § 3401 Abs. 1 oder 2 über die Offenlegung der Rechnungslegungsunterlagen

nicht befolgen, sind hierzu vom Registergericht durch Festsetzung von Zwangsgeld nach § 132 Abs. 1 des Gesetzes über die Angelegenheiten der freiwilligen Gerichtsbarkeit anzuhalten. § 335 Satz 2 bis 8 ist anzuwenden.

Zweiter Unterabschnitt

Ergänzende Vorschriften für Versicherungsunternehmen

Erster Titel

Anwendungsbereich

§ 341 [Anwendungsbereich]

(1) Dieser Unterabschnitt ist, soweit nichts anderes bestimmt ist, auf Unternehmen, die den Betrieb von Versicherungsgeschäften zum Gegenstand haben und nicht Träger der Sozialversicherung sind (Versicherungsunternehmen), anzuwenden. Dies gilt nicht für solche Versicherungsunternehmen, die auf Grund von Gesetz, Tarifvertrag oder Satzung ausschließlich für ihre Mitglieder oder die durch Gesetz oder Satzung begünstigten Personen Leistungen erbringen oder als nicht rechtsfähige Einrichtungen ihre Aufwendungen im Umlageverfahren decken, es sei denn, sie sind Aktiengesellschaften, Versicherungsvereine auf Gegenseitigkeit oder rechtsfähige kommunale Schadenversicherungsunternehmen.

(2) Versicherungsunternehmen im Sinne des Absatzes 1 sind auch Niederlassungen im Geltungsbereich dieses Gesetzes von Versicherungsunternehmen im Sitz in einem anderen Staat, wenn sie zum Betrieb des Direktversicherungsgeschäfts der Erlaubnis durch die deutsche Versicherungsaufsichtsbehörde bedürfen.

(3) Zusätzliche Anforderungen auf Grund von Vorschriften, die wegen der Rechtsform oder für Niederlassungen bestehen, bleiben unberührt.

Zweiter Titel
Jahresabschluß, Lagebericht

§ 341 a Anzuwendende Vorschriften

(1) Versicherungsunternehmen haben einen Jahresabschluß und einen Lagebericht nach den für große Kapitalgesellschaften geltenden Vorschriften des Ersten Unterabschnitts des Zweiten Abschnitts in den ersten vier Monaten des Geschäftsjahres für das vergangene Geschäftsjahr aufzustellen und dem Abschlußprüfer zur Durchführung der Prüfung vorzulegen; die Frist des § 264 Abs. 1 Satz 2 gilt nicht.

(2) § 265 Abs. 6, §§ 267, 268 Abs. 4 Satz 1, Abs. 5 Satz 1 und 2, §§ 276, 277 Abs. 1 und 2, § 279 Abs. 1 Satz 2, § 285 Nr. 8 Buchstabe a und § 288 sind nicht anzuwenden. Anstelle von § 247 Abs. 1, §§ 251, 265 Abs. 7, §§ 266, 268 Abs. 2 und 7, §§ 275, 281 Abs. 2 Satz 2, § 285 Nr. 4 und 8 Buchstabe b sowie § 286 Abs. 2 sind die durch Rechtsverordnung erlassenen Formblätter und anderen Vorschriften anzuwenden. § 246 Abs. 2 ist nicht anzuwenden, soweit abweichende Vorschriften bestehen. § 285 Nr. 3 gilt mit der Maßgabe, daß die Angaben für solche finanzielle Verpflichtungen nicht zu machen sind, die im Rahmen des Versicherungsgeschäfts entstehen.

(3) Auf Krankenversicherungsunternehmen, die das Krankenversicherungsgeschäft ausschließlich oder überwiegend nach Art der Lebensversicherung betreiben, sind die für die Rechnungslegung der Lebensversicherungsunternehmen geltenden Vorschriften entsprechend anzuwenden.

(4) Auf Versicherungsunternehmen, die nicht Aktiengesellschaften, Kommanditgesellschaften auf Aktien oder kleinere Vereine sind, sind § 152 Abs. 2 und 3 sowie die §§ 170 bis 176 des Aktiengesetzes entsprechend anzuwenden; § 160 des Aktiengesetzes ist entsprechend anzuwenden, soweit er sich auf Genußrechte bezieht.

(5) Bei Versicherungsunternehmen, die ausschließlich die Rückversicherung betreiben oder deren Beiträge aus in Rückdeckung übernommenen Versicherungen die übrigen Beiträge übersteigen, verlängert sich die in Absatz 1 erster Halbsatz genannte Frist von vier Monaten auf zehn Monate, sofern das Geschäftsjahr mit dem Kalenderjahr übereinstimmt; die Hauptversammlung oder die Versammlung der obersten Vertretung, die den Jahresabschluß entgegennimmt oder festzustellen hat, muß abweichend von § 175 Abs. 1 Satz 2 des Aktiengesetzes spätestens 14 Monate nach dem Ende des vergangenen Geschäftsjahres stattfinden.

Dritter Titel
Bewertungsvorschriften

§ 341 b Bewertung von Vermögensgegenständen

(1) Versicherungsunternehmen haben immaterielle Vermögensgegenstände, soweit sie entgeltlich erworben wurden, Grundstücke, grundstücksgleiche Rechte und Bauten einschließlich der Bauten auf fremden Grundstücken, technische Anlagen und Maschinen, andere Anlagen, Betriebs- und Geschäftsausstattung, Anlagen im Bau und Vorräte nach den für das Anlagevermögen geltenden Vorschriften zu bewerten. Satz 1 ist vorbehaltlich Absatz 2 und § 341 c auch auf Kapitalanlagen anzuwenden, soweit es sich hierbei um Beteiligungn, Anteile an verbundenen Unternehmen, Ausleihungn an verbundene Unternehmen oder an Unternehmen, mit denen ein Beteiligungsverhältnis besteht, Namensschuldverschreibungen, Hypothekendarlehen und andere Forderungen und Rechte, sonstige Ausleihungen und Depotforderungen aus dem in Rückdeckung übernommenen Versicherungsgeschäft handelt. § 253 Abs. 2 Satz 3 darf, wenn es sich nicht um eine voraussichtlich

dauernde Wertminderung handelt, nur auf die in Satz 2 bezeichneten Vermögensgegenstände angewendet werden.

(2) Auf Kapitalanlagen, soweit es sich hierbei um Aktien einschließlich der eigenen Anteile, Investmentanteile sowie sonstige festverzinsliche und nicht festverzinsliche Wertpapiere handelt, sind die für das Umlaufvermögen geltenden § 253 Abs. 1 Satz 1, Abs. 3, §§ 254, 256, 279 Abs. 1 Satz 1, Abs. 2, § 280 anzuwenden. Satz 1 gilt nicht für Namensschuldverschreibungen. Pensions- und Sterbekassen, die nach § 5 Abs. 1 Nr. 3 des Körperschaftsteuergesetzes von der Körperschaftsteuer befreit sind, brauchen § 280 Abs. 1 Satz 1 nicht anzuwenden.

(3) § 256 Satz 2 in Verbindung mit § 240 Abs. 3 über die Bewertung zum Festwert ist auf Grundstücke, Bauten und im Bau befindliche Anlagen nicht anzuwenden.

§ 341 c Namensschuldverschreibungen, Hypothekendarlehen und andere Forderungen

(1) Abweichend von § 253 Abs. 1 Satz 1 dürfen Namensschuldverschreibungen, Hypothekendarlehen und andere Forderungen mit ihrem Nennbetrag angesetzt werden.

(2) Ist der Nennbetrag höher als die Anschaffungskosten, so ist der Unterschiedsbetrag in den Rechnungsabgrenzungsposten auf der Passivseite aufzunehmen, planmäßig aufzulösen und in seiner jeweiligen Höhe in der Bilanz oder im Anhang gesondert anzugeben. Ist der Nennbetrag niedriger als die Anschaffungskosten, darf der Unterschiedsbetrag in den Rechnungsabgrenzungsposten auf der Aktivseite aufgenommen werden; er ist planmäßig aufzulösen und in seiner jeweiligen Höhe in der Bilanz oder im Anhang gesondert anzugeben.

§ 341 d Anlagestock der fondsgebundenen Lebensversicherung

Kapitalanlagen für Rechnung und Risiko von Inhabern von Lebensvericherungen, für die ein Anlagestock nach § 54 b des Versicherungsaufsichtsgesetzes zu bilden ist, sind mit dem Zeitwert unter Berücksichtigung des Grundsatzes der Vorsicht zu bewerten; die §§ 341 b, 341 c sind nicht anzuwenden.

Vierter Titel

Versicherungstechnische Rückstellungen

§ 341 e Allgemeine Bilanzierungsgrundsätze

(1) Versicherungsunternehmen haben versicherungstechnische Rückstellungen auch insoweit zu bilden, wie dies nach vernünftiger kaufmännischer Beurteilung notwendig ist, um die dauernde Erfüllbarkeit der Verpflichtungen aus den Versicherungsverträgen sicherzustellen. Dabei sind die im Interesse der Versicherten erlassenen aufsichtsrechtlichen Vorschriften über die bei der Berechnung der Rückstellungen zu verwendenden Rechnungsrundlagen einschließlich des dafür anzusetzenden Rechnungszinsfußes und über die Zuweisung bestimmter Kapitalerträge zu den Rückstellungen zu berücksichtigen.

(2) Versicherungstechnische Rückstellungen sind außer in den Fällen der §§ 341 f bis 341 h insbesondere zu bilden

1. für den Teil der Beiträge, der Ertrag für eine bestimmte Zeit nach dem Abschlußstichtag darstellt (Beitragsüberträge);
2. für erfolgsabhängige und erfolgsunabhängige Beitragsrückerstattungen, soweit die ausschließliche Verwendung der Rückstellung zu diesem Zweck durch Gesetz, Satzung, geschäftsplanmäßige Erklärung oder vertragliche Vereinbarung gesichert ist (Rückstellung für Beitragsrückerstattung);

3. für Verluste, mit denen nach dem Abschlußstichtag aus bis zum Ende des Geschäftsjahres geschlossenen Verträgen zu rechnen ist (Rückstellung für drohende Verluste aus dem Versicherungsgeschäft).

(3) Soweit eine Bewertung nach § 252 Abs. 1 Nr. 3 oder § 240 Abs. 4 nicht möglich ist oder der damit verbundene Aufwand unverhältnismäßig wäre, können die Rückstellungen auf Grund von Näherungsverfahren geschätzt werden, wenn anzunehmen ist, daß diese zu annähernd gleichen Ergebnissen wie Einzelberechnungen führen.

§ 341 f Deckungsrückstellung

(1) Deckungsrückstellungen sind für die Verpflichtungen aus dem Lebensversicherungs- und dem nach Art der Lebensversicherung betriebenen Versicherungsgeschäft in Höhe ihres versicherungsmathematisch errechneten Wertes einschließlich bereits zugeteilter Überschußanteile mit Ausnahme der verzinslich angesammelten Überschußanteile und nach Abzug des versicherungsmathematisch ermittelten Barwerts der künftigen Beiträge zu bilden (prospektive Methode). Ist eine Ermittlung des Wertes der künftigen Verpflichtungen und der künftigen Beiträge nicht möglich, hat die Berechnung auf Grund der aufgezinsten Einnahmen und Ausgaben der vorangegangenen Geschäftsjahre zu erfolgen (retrospektive Methode).

(2) Bei der Bildung der Deckungsrückstellung sind auch gegenüber den Versicherten eingegangene Zinssatzverpflichtungen zu berücksichtigen, sofern die derzeitigen oder zu erwartenden Erträge der Vermögenswerte des Unternehmens für die Deckung dieser Verpflichtungen nicht ausreichen.

(3) In der Krankenversicherung, die nach Art der Lebensversicherung betrieben wird, ist als Deckungsrückstellung eine Alterungsrückstellung zu bilden; hierunter fallen auch der Rückstellung bereits zugeführte Beträge aus der Rückstellung für Beitragsrückerstattung sowie Zuschreibungn, die dem Aufbau einer Anwartschaft auf Beitragsermäßigung im Alter dienen. Bei der Berechnung sind die für die Berechnung der Prämien geltenden aufsichtsrechtlichen Bestimmungen zu berücksichtigen.

§ 341 g Rückstellung für noch nicht abgewickelte Versicherungsfälle

(1) Rückstellungen für noch nicht abgewickelte Versicherungsfälle sind für die Verpflichtungen aus den bis zum Ende des Geschäftsjahres eingetretenen, aber noch nicht abgewickelten Versicherungsfällen zu bilden. Hierbei sind die gesamten Schadenregulierungsaufwendungen zu berücksichtigen.

(2) Für bis zum Abschlußstichtag eingetretene, aber bis zur inventurmäßigen Erfassung noch nicht gemeldete Versicherungsfälle ist die Rückstellung pauschal zu bewerten. Dabei sind die bisherigen Erfahrungen in bezug auf die Anzahl der nach dem Abschlußstichtag gemeldeten Versicherungsfälle und die Höhe der damit verbundenen Aufwendungen zu berücksichtigen.

(3) Bei Krankenversicherungsunternehmen ist die Rückstellung anhand eines statistischen Näherungsverfahrens zu ermitteln. Dabei ist von den in den ersten Monaten des nach dem Abschlußstichtag folgenden Geschäftsjahres erfolgten Zahlungen für die bis zum Abschlußstichtag eingetretenen Versicherungsfälle auszugehen.

(4) Bei Mitversicherungen muß die Rückstellung der Höhe nach anteilig zumindest derjenigen entsprechen, die der führende Versicherer nach den Vorschriften oder der Übung in dem Land bilden muß, von dem aus er tätig wird.

(5) Sind die Versicherungsleistungen auf Grund rechtskräftigen Urteils, Vergleichs oder Anerkenntnisses in Form einer Rente zu erbringen, so müssen die Rückstellungsbeiträge nach anerkannten versicherungsmathematischen Methoden berechnet werden.

§ 341 h Schwankungsrückstellung und ähnliche Rückstellungen

(1) Schwankungsrückstellungen sind zum Ausgleich der Schwankungen im Schadenverlauf künftiger Jahre zu bilden, wenn insbesondere

1. nach den Erfahrungen in dem betreffenden Versicherungszweig mit erheblichen Schwankungen der jährlichen Aufwendungen für Versicherungsfälle zu rechnen ist,
2. die Schwankungen nicht jeweils durch Beiträge ausgeglichen werden und
3. die Schwankungen nicht durch Rückversicherungen gedeckt sind.

(2) Für Risiken gleicher Art, bei denen der Ausgleich von Leistung und Gegenleistung wegen des hohen Schadenrisikos im Einzelfall nach versicherungsmathematischen Grundsätzen nicht im Geschäftsjahr, sondern nur in einem am Abschlußstichtag nicht bestimmbaren Zeitraum gefunden werden kann, ist eine Rückstellung zu bilden und in der Bilanz als »ähnliche Rückstellung« unter den Schwankungsrückstellungen auszuweisen.

Fünfter Titel

Konzernabschluß, Konzernlagebericht

§ 341 i Aufstellung, Fristen

(1) Versicherungsunternehmen, auch wenn sie nicht in der Rechtsform einer Kapitalgesellschaft betrieben werden, haben unabhängig von ihrer Größe einen Konzernabschluß und einen Konzernlagebericht aufzustellen. Zusätzliche Anforderungen auf Grund von Vorschriften, die wegen der Rechtsform bestehen, bleiben unberührt.

(2) Als Versicherungsuntenehmen im Sinne dieses Titels gelten auch Mutterunternehmen, deren einziger oder hauptsächlicher Zweck darin besteht, Beteiligungen an Tochterunternehmen zu erwerben, diese Beteiligungen zu verwalten und rentabel zu machen, sofern diese Tochterunternehmen ausschließlich oder überwiegend Versicherungsunternehmen sind.

(3) Die gesetzlichen Vertreter eines Mutterunternehmens haben den Konzernabschluß und den Konzernlagebericht abweichend von § 290 Abs. 1 innerhalb von zwei Monaten nach Ablauf der Aufstellungsfrist für den zuletzt aufzustellenden und in den Konzernabschluß einzubeziehenden Abschluß, spätestens jedoch innerhalb von zwölf Monaten nach dem Stichtag des Konzernabschlusses, für das vergangene Konzerngeschäftsjahr aufzustellen und dem Abschlußprüfer des Konzernabschlusses vorzulegen. § 299 Abs. 2 Satz 2 ist mit der Maßgabe anzuwenden, daß der Stichtag des Jahresabschlusses eines Unternehmens nicht länger als sechs Monate vor dem Stichtag des Konzernabschlusses liegen darf.

(4) Der Konzernabschluß und der Konzernlagebericht sind abweichend von § 337 Abs. 2 des Aktiengesetzes spätestens der nächsten nach Ablauf der Austellungsfrist für den Konzernabschluß und Konzernlagebericht einzuberufenden Hauptversammlung, die einen Jahresabschluß des Mutterunternehmens entgegennimmt oder festzustellen hat, vorzulegen.

§ 341 j Anzuwendende Vorschriften

(1) Auf den Konzernabschluß und den Konzernlagebericht sind die Vorschriften des Zweiten Unterabschnitts des Zweiten Abschnitts über den Konzernabschluß und den Konzernlagebericht und, soweit die Eigenart des Konzernabschlusses keine Abweichungen bedingt, die §§ 341 a bis 341 h über den Jahresabschluß sowie die für die Rechtsform und den Geschäftszweig der in den Konzernabschluß einbezogenen Untenehmen mit Sitz im Geltungsbereich dieses Gesetzes geltenden Vorschriften entsprechend anzuwenden, soweit sie für große Kapitalgesellschaften gelten. Die §§ 293, 298 Abs. 1 und 2 sowie § 314 Abs. 1 Nr. 3 sind nicht anzuwenden. § 314 Abs. 1 Nr. 2 gilt mit der Maßgabe, daß die Angaben für solche finanzielle Verpflichtungen nicht zu machen sind, die im Rahmen des Versicherungsgeschäfts entstehen.

(2) § 304 Abs. 2 Satz 1 über die Behandlung der Zwischenergebnisse ist bei Lieferungen und Leistungen, die zu üblichen Marktbedingungen vorgenommen worden sind und die Rechtsansprüche der Versicherungsnehmer begründet haben, auch dann anzuwenden, wenn die Ermittlung des nach § 304 Abs. 1 vorgeschriebenen Wertansatzes keinen unverhältnismäßig hohen Aufwand erfordern würde.

(3) Auf Versicherungsunternehmen, die nicht Aktiengesellschaften, Kommanditgesellschaften auf Aktien oder kleinere Vereine sind, ist § 337 Abs. 1 des Aktiengesetzes entsprechend anzuwenden.

Sechster Titel
Prüfung

§ 341 k [Prüfung]

(1) Versicherungsunternehmen haben unabhängig von hrer Größe ihren Jahresabschluß und Lagebericht sowie ihren Konzernabschluß und Konzernlagebericht nach den Vorschriften des Dritten Unterabschnitts des Zweiten Abschnitts prüfen zu lassen. § 319 Abs. 1 Satz 2 ist nicht anzuwenden. Hat keine Prüfung stattgefunden, so kann der Jahresabschluß nicht festgestellt werden.

(2) § 318 Abs. 1 Satz 1 ist mit der Maßgabe anzuwenden, daß der Abschlußprüfer des Jahresabschlusses und des Konzernabschlusses vom Aufsichtsrat bestimmt wird. § 318 Abs. 1 Satz 3 und 4 gilt entsprechend.

(3) In den Fällen des § 321 Abs. 2 hat der Abschlußprüfer die Aufsichtsbehörde unverzüglich zu unterrichten.

Siebenter Titel
Offenlegung

§ 341 l [Offenlegung]

(1) Versicherungsunternehmen haben den Jahresabschluß und den Lagebericht sowie den Konzernabschluß und den Konzernlagebericht und die anderen in § 325 bezeichneten Unterlagen nach § 325 Abs. 2 bis 5, §§ 328, 329 Abs. 1 offenzulegen. Von den in § 341 a Abs. 5 genannten Versicherungsunternehmen ist § 325 Abs. 2 Satz 1 mit der Maßgabe anzuwenden, daß die Frist für die Einreichung der Unterlagen beim Bundesanzeiger 15 Monate beträgt.

(2) Ist das Versicherungsunternehmen nicht in das Handelsregister eingetragen, so sind die Unterlagen bei dem für den Sitz des Unternehmens zuständigen Registergericht einzureichen.

(3) Die gesetzlichen Vertreter eines Mutterunternehmens haben abweichend von § 325 Abs. 3 unverzüglich nach der Hauptversammlung oder der dieser entsprechenden Versammlung der obersten Vertretung, welcher der Konzernabschluß und der Konzernlagebericht vorzulegen sind, jedoch spätestens vor Ablauf des dieser Versammlung folgenden Monats den Konzernabschluß mit dem Bestätigungsvermerk oder dem Vermerk über dessen Versagung und den Konzernlagebericht mit Ausnahme der Aufstellung des Anteilsbesitzes im Bundesanzeiger bekanntzumachen und die Bekanntmachung unter Beifügung der bezeichneten Unterlagen zum Handelsregister des Sitzes des Mutterunternehmens einzureichen.

Achter Titel
Straf- und Bußgeldvorschriften, Zwangsgelder

§ 341 m Strafvorschriften
Die Strafvorschriften der §§ 331 bis 333 sind auch auf nicht in der Rechtsform einer Kapitalgesellschaft betriebene Versicherungsunternehmen anzuwenden. § 331 ist darüber hinaus auch anzuwenden auf die Verletzung von Pflichten durch den Hauptbevollmächtigten (§ 106 Abs. 3 des Versicherungsaufsichtsgesetzes).

§ 341 n Bußgeldvorschriften
(1) Ordnungswidrig handelt, wer als Mitglied des vertretungsberechtigten Organs oder des Aufsichtsrats eines Versicherungsunternehmens oder als Hauptbevollmächtigter (§ 106 Abs. 3 des Versicherungsaufsichtsgesetzes)
1. bei der Aufstellung oder Feststellung des Jahresabschlusses einer Vorschrift
   a) des § 243 Abs. 1 oder 2, der §§ 244, 245, 246 Abs. 1 oder 2, dieser in Verbindung mit § 341 a Abs. 2 Satz 3, des § 247 Abs. 3, der §§ 248, 249 Abs. 1 Satz 1 oder Abs. 3, des § 250 Abs. 1 Satz 1 oder Abs. 2, des § 264 Abs. 2, des § 341 e Abs. 1 oder 2 oder der §§ 341 f, 341 g oder 341 h über Form oder Inhalt,
   b) des § 253 Abs. 1 Satz 1 in Verbindung mit § 255 Abs. 1 oder 2 Satz 1, 2 oder 6 des § 253 Abs. 1 Satz 2 oder Abs. 2 Satz 1, 2 oder 3, dieser in Verbindung mit § 341 b Abs. 1 Satz 3, des § 253 Abs. 3 Satz 1 oder 2, des § 280 Abs. 1, der §§ 282, 283, des § 341 b Abs. 1 Satz 1 oder des § 341 d über die Bewertung,
   c) des § 265 Abs. 2, 3 oder 4, des § 268 Abs. 3 oder 6, der §§ 272, 273, 274 Abs. 1 oder des § 277 Abs. 3 Satz 2 oder Abs. 4 über die Gliederung,
   d) des § 280 Abs. 3, des § 281 Abs. 1 Satz 2 oder 3 oder Abs. 2 Satz 1, des § 284 oder des § 285 Nr. 1, 2 oder 3 in Verbindung mit § 341 a Abs. 2 Satz 4, § 285 Nr. 5 bis 7, 9 bis 14 über die in der Bilanz oder im Anhang zu machenden Angaben oder
2. bei der Aufstellung des Konzernabschlusses einer Vorschrift
   a) des § 294 Abs. 1 über den Konsolidierungskreis,
   b) des § 297 Abs. 2 oder 3 oder des § 341 j Abs. 1 Satz 1 in Verbindung mit einer der in Nummer 1 Buchstab a bezeichneten Vorschriften über Form oder inhalt,
   c) des § 300 über die Konsolidierungsgrundsätze oder das Vollständigkeitsgebot,
   d) des § 308 Abs. 1 Satz 1 in Verbindung mit den in Nummer 1 Buchstabe b bezeichneten Vorschriften oder des § 308 Abs. 2 über die Bewertung,
   e) des § 311 Abs. 1 Satz 1 in Verbindung mit § 312 über die Behandlung assoziierter Unternehmen oder
   f) des § 308 Abs. 1 Satz 3, des § 313 oder des § 314 in Verbindung mit § 341 j Abs. 1 Satz 2 oder 3 über die im Anhang zu machenden Angaben,
3. bei der Aufstellung des Lageberichts einer Vorschrift des § 289 Abs. 1 über den Inhalt des Lageberichts,
4. bei der Aufstellung des Konzernlageberichts einer Vorschrift des § 315 Abs. 1 über den Inhalt des Konzernlageberichts,
5. bei der Offenlegung, Veröffentlichung oder Vervielfältigung einer Vorschrift des § 328 über Form oder Inhalt oder
6. einer auf Grund des § 330 Abs. 3 und 4 in Verbindung mit Abs. 1 Satz 1 erlassenen Rechtsverordnung, soweit sie für einen bestimmten Tatbestand auf diese Bußgeldvorschrift verweist,

zuwiderhandelt.

(2) Ordnungswidrig handelt auch, wer zu einem Jahresabschluß oder einem Konzernabschluß, der auf Grund gesetzlicher Vorschriften zu prüfen ist, einen Vermerk nach § 322 erteilt, obwohl nach § 319 Abs. 2 er oder nach § 319 Abs. 3 die Wirtschaftsprüfungsgesellschaft, für die er tätig wird, nicht Abschlußprüfer sein darf.
(3) Die Ordnungswidrigkeit kann mit einer Geldbuße bis zu fünfzigtausend Deutsche Mark geahndet werden.
(4) Verwaltungsbehörde im Sinne des § 36 Abs. 1 Nr. 1 des Gesetzes über Ordnungswidrigkeiten ist bei Ordnungswidrigkeiten nach den Absätzen 1 und 2 das Bundesaufsichtsamt für das Versicherungswesen für die seiner Aufsicht unterliegenden Versicherungsunternehmen. Unterliegt ein Versicherungsunternehmen der Aufsicht einer Landesbehörde, so ist diese zuständig.

§ 341 o Festsetzung von Zwangsgeld
Personen, die
1. als Mitglieder des vertretungsberechtigten Organs eines Vericherungsunternehmens, das nicht Kapitalgesellschaft ist,
   a) eine der in § 335 Satz 1 Nr. 1, 3 bis 6 bezeichneten Vorschriften oder
   b) § 341 i Abs. 1 Satz 1 oder
2. als Hauptbevollmächtigter (§ 106 Abs. 3 des Versicherungsaufsichtsgesetzes) § 341 l Abs. 1 über die Offenlegung der Rechnungslegungsunterlagen

nicht befolgen, sind hierzu vom Registergericht durch Festsetzung von Zwangsgeld nach § 132 Abs. 1 des Gesetzes über die Angelegenheiten der freiwilligen Gerichtsbarkeit anzuhalten. § 335 Satz 2 bis 8 ist anzuwenden.

§ 342 (entfallen)

Viertes Buch
Handelsgeschäfte
Erster Abschnitt
Allgemeine Vorschriften

§ 343 [Begriff der Handelsgeschäfte]
(1) Handelsgeschäfte sind alle Geschäfte eines Kaufmanns, die zum Betriebe seines Handelsgewerbes gehören.
(2) Die in § 1 Abs. 2 bezeichneten Geschäfte sind auch dann Handelsgeschäfte, wenn sie von einem Kaufmann im Betriebe seines gewöhnlich auf andere Geschäfte gerichteten Handelsgewerbes geschlossen werden.

§ 344 [Gesetzliche Vermutung]
(1) Die von einem Kaufmanne vorgenommenen Rechtsgeschäfte gelten im Zweifel als zum Betriebe seines Handelsgewerbes gehörig.
(2) Die von einem Kaufmanne gezeichneten Schuldscheine gelten als im Betriebe seines Handelsgewerbes gezeichnet, sofern nicht aus der Urkunde sich das Gegenteil ergibt.

§ 345 [Einseitige Handelsgeschäfte]
Auf ein Rechtsgeschäft, das für einen der beiden Teile ein Handelsgeschäft ist, kommen die Vorschriften über Handelsgeschäfte für beide Teile gleichmäßig zur Anwendung, soweit nicht aus diesen Vorschriften sich ein anderes ergibt.

§ 346 [Handelsbräuche]
Unter Kaufleuten ist in Ansehung der Bedeutung und Wirkung von Handlungen und Unterlassungen auf die im Handelsverkehre geltenden Gewohnheiten und Gebräuche Rücksicht zu nehmen.

§ 347 [Sorgfalt des ordentlichen Kaufmanns]

(1) Wer aus einem Geschäfte, das auf seiner Seite ein Handelsgeschäft ist, einem anderen zur Sorgfalt verpflichtet ist, hat für die Sorgfalt eines ordentlichen Kaufmanns einzustehen.

(2) Unberührt bleiben die Vorschriften des Bürgerlichen Gesetzbuchs, nach welchen der Schuldner in bestimmten Fällen nur grobe Fahrlässigkeit zu vertreten oder nur für diejenige Sorgfalt einzustehen hat, welche er in eigenen Angelegenheiten anzuwenden pflegt.

§ 348 [Vertragsstrafe]

Eine Vertragsstrafe, die von einem Kaufmann im Betriebe seines Handelsgewerbes versprochen ist, kann nicht auf Grund der Vorschriften des § 343 des Bürgerlichen Gesetzbuchs herabgesetzt werden.

§ 349 [Keine Einrede der Vorausklage]

Dem Bürgen steht, wenn die Bürgschaft für ihn ein Handelsgeschäft ist, die Einrede der Vorausklage nicht zu. Das gleiche gilt unter der bezeichneten Voraussetzung für denjenigen, welcher aus einem Kreditauftrag als Bürge haftet.

§ 350 [Formfreiheit]

Auf eine Bürgschaft, ein Schuldversprechen oder ein Schuldanerkenntnis finden, sofern die Bürgschaft auf der Seite des Bürgen, das Versprechen oder das Anerkenntnis auf der Seite des Schuldners ein Handelsgeschäft ist, die Formvorschriften des § 766 Satz 1 , des § 780 und des § 781 Satz 1 des Bürgerlichen Gesetzbuchs keine Anwendung.

§ 351 [Ausnahmen für Minderkaufleute]

Die Vorschriften der §§ 348 bis 350 finden auf die in § 4 bezeichneten Gewerbetreibenden keine Anwendung.

§ 352 [Gesetzlicher Zinssatz]

(1) Die Höhe der gesetzlichen Zinsen, mit Einschluß der Verzugszinsen, ist bei beiderseitigen Handelsgeschäften fünf vom Hundert für das Jahr. Das gleiche gilt, wenn für eine Schuld aus einem solchen Handelsgeschäfte Zinsen ohne Bestimmung des Zinsfußes versprochen sind.

(2) Ist in diesem Gesetzbuche die Verpflichtung zur Zahlung von Zinsen ohne Bestimmung der Höhe ausgesprochen, so sind darunter Zinsen zu fünf vom Hundert für das Jahr zu verstehen.

§ 353 [Recht auf Zinsforderung]

Kaufleute untereinander sind berechtigt, für ihre Forderungen aus beiderseitigen Handelsgeschäften vom Tage der Fälligkeit an Zinsen zu fordern. Zinsen von Zinsen können auf Grund dieser Vorschrift nicht gefordert werden.

§ 354 [Provision, Lagergeld, Zinsen]

(1) Wer in Ausübung seines Handelsgewerbes einem anderen Geschäfte besorgt oder Dienste leistet, kann dafür auch ohne Verabredung Provision und, wenn es sich um Aufbewahrung handelt, Lagergeld nach den an dem Orte üblichen Sätzen fordern.

(2) Für Darlehen, Vorschüsse, Auslagen und andere Verwendungen kann er vom Tage der Leistung an Zinsen berechnen.

§ 354 a [Abtretung einer Geldforderung]

Ist die Abtretung einer Geldforderung durch Vereinbarung mit dem Schuldner gemäß § 399 des Bürgerlichen Gesetzbuchs ausgeschlossen und ist das Rechtsgeschäft, das diese Forderung begründet hat, für beide Teile ein Handelsgeschäft, oder ist der Schuldner eine juristische Person des öffentlichen Rechts oder ein öffentlich-rechtliches Sondervermögen, so ist die Abtretung gleichwohl wirksam. Der Schuldner kann jedoch mit befreiender Wirkung an den bisherigen Gläubiger leisten. Abweichende Vereinbarungen sind unwirksam.

§ 355 [Laufende Rechnung, Kontokorrent]

(1) Steht jemand mit einem Kaufmanne derart in Geschäftsverbindung, daß die aus der Verbindung entspringenden beiderseitigen Ansprüche und Leistungen nebst Zinsen in Rechnung gestellt und in regelmäßigen Zeitabschnitten durch Verrechnung und Feststellung des für den einen oder anderen Teil sich ergebenden Überschusses ausgeglichen werden (laufende Rechnung, Kontokorrent), so kann derjenige, welchem bei dem Rechnungsabschluß ein Überschuß gebührt, von dem Tage des Abschlusses an Zinsen von dem Überschusse verlangen, auch soweit in der Rechnung Zinsen enthalten sind.

(2) Der Rechnungsabschluß geschieht jährlich einmal, sofern nicht ein anderes bestimmt ist.

(3) Die laufende Rechnung kann im Zweifel auch während der Dauer einer Rechnungsperiode jederzeit mit der Wirkung gekündigt werden, daß derjenige, welchem nach der Rechnung ein Überschuß gebührt, dessen Zahlung beanspruchen kann.

§ 356 [Gesicherte Forderungen aus laufender Rechnung]

(1) Wird eine Forderung, die durch Pfand, Bürgschaft oder in anderer Weise gesichert ist, in die laufende Rechnung aufgenommen, so wird der Gläubiger durch die Anerkennung des Rechnungsabschlusses nicht gehindert, aus der Sicherheit insoweit Befriedigung zu suchen, als sein Guthaben aus der laufenden Rechnung und die Forderung sich decken.

(2) Haftet ein Dritter für eine in die laufende Rechnung aufgenommene Forderung als Gesamtschuldner, so findet auf die Geltendmachung der Forderung gegen ihn die Vorschrift des Absatzes 1 entsprechende Anwendung.

§ 357 [Pfändung]

Hat der Gläubiger eines Beteiligten die Pfändung und Überweisung des Anspruchs auf dasjenige erwirkt, was seinem Schuldner als Überschuß aus der laufenden Rechnung zukommt, so können dem Gläubiger gegenüber Schuldposten, die nach der Pfändung durch neue Geschäfte entstehen, nicht in Rechnung gestellt werden. Geschäfte, die auf Grund eines schon vor der Pfändung bestehenden Rechtes oder einer schon vor diesem Zeitpunkte bestehenden Verpflichtung des Drittschuldners vorgenommen werden, gelten nicht als neue Geschäfte im Sinne dieser Vorschrift.

§ 358 [Bewirkung der Leistung während der Geschäftszeit]

Bei Handelsgeschäften kann die Leistung nur während der gewöhnlichen Geschäftszeit bewirkt und gefordert werden.

§ 359 [Leistungszeiten – »acht Tage«]

(1) Ist als Zeit der Leistung das Frühjahr oder der Herbst oder ein in ähnlicher Weise bestimmter Zeitpunkt vereinbart, so entscheidet im Zweifel der Handelsgebrauch des Ortes der Leistung.

(2) Ist eine Frist von acht Tagen vereinbart, so sind hierunter im Zweifel volle acht Tage zu verstehen.

§ 360 [Gattungsschuld]

Wird eine nur der Gattung nach bestimmte Ware geschuldet, so ist Handelsgut mittlerer Art und Güte zu leisten.

§ 361 [Maß, Gewicht, Währung, Zeitrechnung und Entfernungen]

Maß, Gewicht, Währung, Zeitrechnung und Entfernungen, die an dem Orte gelten, wo der Vertrag erfüllt werden soll, sind im Zweifel als die vertragsmäßigen zu betrachten.

§ 362 [Schweigen auf Anträge]

(1) Geht einem Kaufmanne, dessen Gewerbebetrieb die Besorgung von Geschäften für andere mit sich bringt, ein Antrag über die Besorgung solcher Geschäfte von jemand zu, mit dem er in Geschäftsverbindung steht, so ist er verpflichtet, unverzüglich zu antworten; sein Schweigen gilt als Annahme des Antrags. Das gleiche gilt, wenn einem Kaufmann ein Antrag über die Besorgung von Geschäften von jemand zugeht, dem gegenüber er sich zur Besorgung solcher Geschäfte erboten hat.

(2) Auch wenn der Kaufmann den Antrag ablehnt, hat er die mitgesendeten Waren auf Kosten des Antragstellers, soweit er für diese Kosten gedeckt ist und soweit es ohne Nachteil für ihn geschehen kann, einstweilen vor Schaden zu bewahren.

§ 363 [Kaufmännische Orderpapiere]

(1) Anweisungen, die auf einen Kaufmann über die Leistung von Geld, Wertpapieren oder anderen vertretbaren Sachen ausgestellt sind, ohne daß darin die Leistung von einer Gegenleistung abhängig gemacht ist, können durch Indossament übertragen werden, wenn sie an Order lauten. Dasselbe gilt von Verpflichtungsscheinen, die von einem Kaufmann über Gegenstände der bezeichneten Art an Order ausgestellt sind, ohne daß darin die Leistung von einer Gegenleistung abhängig gemacht ist.

(2) Ferner können Konnossemente der Verfrachter, Ladescheine der Frachtführer, Lagerscheine der staatlich zur Ausstellung solcher Urkunden ermächtigten Anstalten sowie Transportversicherungspolicen durch Indossament übertragen werden, wenn sie an Order lauten.

§ 364 [Wirkung des Indossaments]

(1) Durch das Indossament gehen alle Rechte aus dem indossierten Papier auf den Indossatar über.

(2) Dem legitimierten Besitzer der Urkunde kann der Schuldner nur solche Einwendungen entgegensetzen, welche die Gültigkeit seiner Erklärung in der Urkunde betreffen oder sich aus dem Inhalte der Urkunde ergeben oder ihm unmittelbar gegen den Besitzer zustehen.

(3) Der Schuldner ist nur gegen Aushändigung der quittierten Urkunde zur Leistung verpflichtet.

§ 365 [Anwendung von Wechselrecht – Aufgebotsverfahren]

(1) In betreff der Form des Indossaments, in betreff der Legitimation des Besitzers und der Prüfung der Legitimation sowie in betreff der Verpflichtung des Besitzers zur Herausgabe, finden die Vorschriften der Artikel 11 bis 13, 36, 74 der Wechselordnung[1] entsprechende Anwendung.

(2) Ist die Urkunde vernichtet oder abhanden gekommen, so unterliegt sie der Kraftloserklärung im Wege des Aufgebotsverfahrens. Ist das Aufgebotsverfahren eingeleitet, so kann der Berechtigte, wenn er bis zur Kraftloserklärung Sicherheit bestellt, Leistung nach Maßgabe der Urkunde von dem Schuldner verlangen.

§ 366 [Gutgläubiger Erwerb beweglicher Sachen]

(1) Veräußert oder verpfändet ein Kaufmann im Betriebe seines Handelsgewerbes eine ihm nicht gehörige bewegliche Sache, so finden die Vorschriften des Bürgerlichen Gesetzbuchs zugunsten derjenigen, welche Rechte von einem Nichtberechtigten herleiten, auch dann Anwendung, wenn der gute Glaube des Erwerbers die Befugnis des Veräußerers oder Verpfänders, über die Sache für den Eigentümer zu verfügen, betrifft.

1) Jetzt Artikel 13, 14 Abs. 2, Artikel 16 und 40 Abs. 3 Satz 2 Wechselgesetz.

(2) Ist die Sache mit dem Rechte eines Dritten belastet, so finden die Vorschriften des Bürgerlichen Gesetzbuchs zugunsten derjenigen, welche Rechte von einem Nichtberechtigten herleiten, auch dann Anwendung, wenn der gute Glaube die Befugnis des Veräußerers oder Verpfänders, ohne Vorbehalt des Rechtes über die Sache zu verfügen, betrifft.
(3) Das gesetzliche Pfandrecht des Kommissionärs, des Spediteurs, des Lagerhalters und des Frachtführers steht hinsichtlich des Schutzes des guten Glaubens einem gemäß Absatz 1 durch Vertrag erworbenen Pfandrechte gleich.

§ 367 [Gutgläubiger Erwerb abhanden gekommener Inhaberpapiere]

(1) Wird ein Inhaberpapier, das dem Eigentümer gestohlen worden, verlorengegangen oder sonst abhanden gekommen ist, an einen Kaufmann, der Bankier- oder Geldwechslergeschäfte betreibt, veräußert oder verpfändet, so gilt dessen guter Glaube als ausgeschlossen, wenn zur Zeit der Veräußerung oder Verpfändung der Verlust des Papiers im Bundesanzeiger bekanntgemacht und seit dem Ablauf des Jahres, in dem die Veröffentlichung erfolgt ist, nicht mehr als ein Jahr verstrichen war. Inhaberpapieren stehen an Order lautende Anleiheschuldverschreibungen sowie Namensaktien, Zwischenscheine und Reichsbankanteilscheine gleich, falls sie mit einem Blankoindossament versehen sind.
(2) Der gute Glaube des Erwerbers wird durch die Veröffentlichung im Bundesanzeiger nicht ausgeschlossen, wenn der Erwerber die Veröffentlichung infolge besonderer Umstände nicht kannte und seine Unkenntnis nicht auf grober Fahrlässigkeit beruht.
(3) Auf Zins-, Renten- und Gewinnanteilscheine, die nicht später als in dem nächsten auf die Veräußerung oder Verpfändung folgenden Einlösungstermin fällig werden, auf unverzinsliche Inhaberpapiere, die auf Sicht zahlbar sind, und auf Banknoten sind diese Vorschriften nicht anzuwenden.

§ 368 [Pfandverkauf]

(1) Bei dem Verkauf eines Pfandes tritt, wenn die Verpfändung auf der Seite des Pfandgläubigers und des Verpfänders ein Handelsgeschäft ist, an die Stelle der in § 1234 des Bürgerlichen Gesetzbuchs bestimmten Frist von einem Monat eine solche von einer Woche.
(2) Diese Vorschrift findet auf das gesetzliche Pfandrecht des Kommissionärs, des Spediteurs, des Lagerhalters und des Frachtführers entsprechende Anwendung, auf das Pfandrecht des Spediteurs und des Frachtführers auch dann, wenn nur auf ihrer Seite der Speditions- oder Frachtvertrag ein Handelsgeschäft ist.

§ 369 [Kaufmännisches Zurückbehaltungsrecht]

(1) Ein Kaufmann hat wegen der fälligen Forderungen, welche ihm gegen einen anderen Kaufmann aus den zwischen ihnen geschlossenen beiderseitigen Handelsgeschäften zustehen, ein Zurückbehaltungsrecht an den beweglichen Sachen und Wertpapieren des Schuldners, welche mit dessen Willen auf Grund von Handelsgeschäften in seinen Besitz gelangt sind, sofern er sie noch im Besitze hat, insbesondere mittels Konnossements, Ladescheins oder Lagerscheins darüber verfügen kann. Das Zurückbehaltungsrecht ist auch dann begründet, wenn das Eigentum an dem Gegenstande von dem Schuldner auf den Gläubiger übergegangen oder von einem Dritten für den Schuldner auf den Gläubiger übertragen, aber auf den Schuldner zurückzuübertragen ist.
(2) Einem Dritten gegenüber besteht das Zurückbehaltungsrecht insoweit, als dem Dritten die Einwendungen gegen den Anspruch des Schuldners auf Herausgabe des Gegenstandes entgegengesetzt werden können.
(3) Das Zurückbehaltungsrecht ist ausgeschlossen, wenn die Zurückbehaltung des Gegenstandes der von dem Schuldner vor oder bei der Übergabe erteilten Anweisung oder

der von dem Gläubiger übernommenen Verpflichtung, in einer bestimmten Weise mit dem Gegenstande zu verfahren, widerstreitet.

(4) Der Schuldner kann die Ausübung des Zurückbehaltungsrechts durch Sicherheitsleistung abwenden. Die Sicherheitsleistung durch Bürgen ist ausgeschlossen.

§ 370 [Erweitertes Zurückbehaltungsrecht]

(1) Das Zurückbehaltungsrecht kann auch wegen nicht fälliger Forderungen geltend gemacht werden:

1. wenn über das Vermögen des Schuldners der Konkurs eröffnet ist oder der Schuldner seine Zahlungen eingestellt hat;
2. wenn eine Zwangsvollstreckung in das Vermögen des Schuldners ohne Erfolg versucht ist.

(2) Der Geltendmachung des Zurückbehaltungsrechts steht die Anweisung des Schuldners oder die Übernahme der Verpflichtung, in einer bestimmten Weise mit dem Gegenstande zu verfahren, nicht entgegen, sofern die in Absatz 1 Nr. 1 und 2 bezeichneten Tatsachen erst nach der Übergabe des Gegenstandes oder nach der Übernahme der Verpflichtung dem Gläubiger bekannt werden.

§ 371 [Befriedigungsrecht]

(1) Der Gläubiger ist kraft des Zurückbehaltungsrechts befugt, sich aus dem zurückbehaltenen Gegenstande für seine Forderung zu befriedigen. Steht einem Dritten ein Recht an dem Gegenstande zu, gegen welches das Zurückbehaltungsrecht nach § 369 Abs. 2 geltend gemacht werden kann, so hat der Gläubiger in Ansehung der Befriedigung aus dem Gegenstande den Vorrang.

(2) Die Befriedigung erfolgt nach den für das Pfandrecht geltenden Vorschriften des Bürgerlichen Gesetzbuchs. An die Stelle der in § 1234 des Bürgerlichen Gesetzbuchs bestimmten Frist von einem Monate tritt eine solche von einer Woche.

(3) Sofern die Befriedigung nicht im Wege der Zwangsvollstreckung stattfindet, ist sie erst zulässig, nachdem der Gläubiger einen vollstreckbaren Titel für sein Recht auf Befriedigung gegen den Eigentümer oder, wenn der Gegenstand ihm selbst gehört, gegen den Schuldner erlangt hat; in dem letzteren Falle finden die den Eigentümer betreffenden Vorschriften des Bürgerlichen Gesetzbuchs über die Befriedigung auf den Schuldner entsprechende Anwendung. In Ermangelung des vollstreckbaren Titels ist der Verkauf des Gegenstandes nicht rechtsmäßig.

(4) Die Klage auf Gestattung der Befriedigung kann bei dem Gericht, in dessen Bezirke der Gläubiger seinen allgemeinen Gerichtsstand oder den Gerichtsstand der Niederlassung hat, erhoben werden.

§ 372 [Eigentumsvermutung zugunsten des Gläubigers]

(1) In Ansehung der Befriedigung aus dem zurückbehaltenen Gegenstande gilt zugunsten des Gläubigers der Schuldner, sofern er bei dem Besitzerwerbe des Gläubigers der Eigentümer des Gegenstandes war, auch weiter als Eigentümer, sofern nicht der Gläubiger weiß, daß der Schuldner nicht mehr Eigentümer ist.

(2) Erwirbt ein Dritter nach dem Besitzerwerbe des Gläubigers von dem Schuldner das Eigentum, so muß er ein rechtskräftiges Urteil, das in einem zwischen dem Gläubiger und dem Schuldner wegen Gestattung der Befriedigung geführten Rechtsstreit ergangen ist, gegen sich gelten lassen, sofern nicht der Gläubiger bei dem Eintritte der Rechtshängigkeit gewußt hat, daß der Schuldner nicht mehr Eigentümer war.

Zweiter Abschnitt
Handelskauf

§ 373 [Annahmeverzug]
(1) Ist der Käufer mit der Annahme der Ware im Verzuge, so kann der Verkäufer die Ware auf Gefahr und Kosten des Käufers in einem öffentlichen Lagerhaus oder sonst in sicherer Weise hinterlegen.

(2) Er ist ferner befugt, nach vorgängiger Androhung die Ware öffentlich versteigern zu lassen; er kann, wenn die Ware einen Börsen- oder Marktpreis hat, nach vorgängiger Androhung den Verkauf auch aus freier Hand durch einen zu solchen Verkäufen öffentlich ermächtigten Handelsmakler oder durch eine zur öffentlichen Versteigerung befugte Person zum laufenden Preise bewirken. Ist die Ware dem Verderb ausgesetzt und Gefahr im Verzuge, so bedarf es der vorgängigen Androhung nicht; dasselbe gilt, wenn die Androhung aus anderen Gründen untunlich ist.

(3) Der Selbsthilfeverkauf erfolgt für Rechnung des säumigen Käufers.

(4) Der Verkäufer und der Käufer können bei der öffentlichen Versteigerung mitbieten.

(5) Im Falle der öffentlichen Versteigerung hat der Verkäufer den Käufer von der Zeit und dem Orte der Versteigerung vorher zu benachrichtigen; von dem vollzogenen Verkaufe hat er bei jeder Art des Verkaufs dem Käufer unverzüglich Nachricht zu geben. Im Falle der Unterlassung ist er zum Schadensersatze verpflichtet. Die Benachrichtigungen dürfen unterbleiben, wenn sie untunlich sind.

§ 374 [Befugnisse nach dem BGB]
Durch die Vorschriften des § 373 werden die Befugnisse nicht berührt, welche dem Verkäufer nach dem Bürgerlichen Gesetzbuche zustehen, wenn der Käufer im Verzuge der Annahme ist.

§ 375 [Bestimmungskauf]
(1) Ist bei dem Kaufe einer beweglichen Sache dem Käufer die nähere Bestimmung über Form, Maß oder ähnliche Verhältnisse vorbehalten, so ist der Käufer verpflichtet, die vorbehaltene Bestimmung zu treffen.

(2) Ist der Käufer mit der Erfüllung dieser Verpflichtung im Verzuge, so kann der Verkäufer die Bestimmung statt des Käufers vornehmen oder gemäß § 326 des Bürgerlichen Gesetzbuches Schadensersatz wegen Nichterfüllung fordern oder vom Vertrage zurücktreten. Im ersteren Falle hat der Verkäufer die von ihm getroffene Bestimmung dem Käufer mitzuteilen und ihm zugleich eine angemessene Frist zur Vornahme einer anderweitigen Bestimmung zu setzen. Wird eine solche innerhalb der Frist von dem Käufer nicht vorgenommen, so ist die von dem Verkäufer getroffene Bestimmung maßgebend.

§ 376 [Fixhandelskauf]
(1) Ist bedungen, daß die Leistung des einen Teiles genau zu einer festbestimmten Zeit oder innerhalb einer festbestimmten Frist bewirkt werden soll, so kann der andere Teil, wenn die Leistung nicht zu der bestimmten Zeit oder nicht innerhalb der bestimmten Frist erfolgt, von dem Vertrage zurücktreten oder, falls der Schuldner im Verzug ist, statt der Erfüllung Schadensersatz wegen Nichterfüllung verlangen. Erfüllung kann er nur beanspruchen, wenn er sofort nach dem Ablaufe der Zeit oder der Frist dem Gegner anzeigt, daß er auf Erfüllung bestehe.

(2) Wird Schadensersatz wegen Nichterfüllung verlangt und hat die Ware einen Börsen- oder Marktpreis, so kann der Unterschied des Kaufpreises und des Börsen- oder Marktpreises zur Zeit und am Orte der geschuldeten Leistung gefordert werden.

(3) Das Ergebnis eines anderweit vorgenommenen Verkaufs oder Kaufes kann, falls die Ware einen Börsen- oder Marktpreis hat, dem Ersatzanspruche nur zugrunde gelegt werden, wenn der Verkauf oder Kauf sofort nach dem Ablaufe der bedungenen Leistungszeit oder Leistungsfrist bewirkt ist. Der Verkauf oder Kauf muß, wenn er nicht in öffentlicher Versteigerung geschieht, durch einen zu solchen Verkäufen oder Käufen öffentlich ermächtigten Handelsmakler oder eine zur öffentlichen Versteigerung befugte Person zum laufenden Preise erfolgen.

(4) Auf den Verkauf mittels öffentlicher Versteigerung findet die Vorschrift des § 373 Abs. 4 Anwendung. Von dem Verkauf oder Kaufe hat der Gläubiger den Schuldner unverzüglich zu benachrichtigen; im Falle der Unterlassung ist er zum Schadensersatze verpflichtet.

§ 377 [Untersuchungs- und Anzeigepflicht]

(1) Ist der Kauf für beide Teile ein Handelsgeschäft, so hat der Käufer die Ware unverzüglich nach der Ablieferung durch den Verkäufer, soweit dies nach ordnungsmäßigem Geschäftsgange tunlich ist, zu untersuchen und, wenn sich ein Mangel zeigt, dem Verkäufer unverzüglich Anzeige zu machen.

(2) Unterläßt der Käufer die Anzeige, so gilt die Ware als genehmigt, es sei denn, daß es sich um einen Mangel handelt, der bei der Untersuchung nicht erkennbar war.

(3) Zeigt sich später ein solcher Mangel, so muß die Anzeige unverzüglich nach der Entdeckung gemacht werden; anderenfalls gilt die Ware auch in Ansehung dieses Mangels als genehmigt.

(4) Zur Erhaltung der Rechte des Käufers genügt die rechtzeitige Absendung der Anzeige.

(5) Hat der Verkäufer den Mangel arglistig verschwiegen, so kann er sich auf diese Vorschriften nicht berufen.

§ 378 [Falschlieferung oder Mengenfehler]

Die Vorschriften des § 377 finden auch dann Anwendung, wenn eine andere als die bedungene Ware oder eine andere als die bedungene Menge von Waren geliefert ist, sofern die gelieferte Ware nicht offensichtlich von der Bestellung so erheblich abweicht, daß der Verkäufer die Genehmigung des Käufers als ausgeschlossen betrachten mußte.

§ 379 [Aufbewahrungspflicht bei Distanzkauf]

(1) Ist der Kauf für beide Teile ein Handelsgeschäft, so ist der Käufer, wenn er die ihm von einem anderen Orte übersendete Ware beanstandet, verpflichtet, für ihre einstweilige Aufbewahrung zu sorgen.

(2) Er kann die Ware, wenn sie dem Verderb ausgesetzt und Gefahr im Verzug ist, unter Beobachtung der Vorschriften des § 373 verkaufen lassen.

§ 380 [Abzug des Verpackungsgewichts]

(1) Ist der Kaufpreis nach dem Gewichte der Ware zu berechnen, so kommt das Gewicht der Verpackung (Taragewicht) in Abzug, wenn nicht aus dem Vertrag oder dem Handelsgebrauche des Ortes, an welchem der Verkäufer zu erfüllen hat, sich ein anderes ergibt.

(2) Ob und in welcher Höhe das Taragewicht nach einem bestimmten Ansatz oder Verhältnisse statt nach genauer Ausmittelung abzuziehen ist, sowie, ob und wieviel als Gutgewicht zugunsten des Käufers zu berechnen ist oder als Vergütung für schadhafte oder unbrauchbare Teile (Refaktie) gefordert werden kann, bestimmt sich nach dem Vertrag oder dem Handelsgebrauche des Ortes, an welchem der Verkäufer zu erfüllen hat.

§ 381 [Wertpapierkauf – Werklieferungsvertrag]
(1) Die in diesem Abschnitte für den Kauf von Waren getroffenen Vorschriften gelten auch für den Kauf von Wertpapieren.
(2) Sie finden auch Anwendung, wenn aus einem von dem Unternehmer zu beschaffenden Stoffe eine nicht vertretbare bewegliche Sache herzustellen ist.

§ 382 [Viehkauf]
Die Vorschriften der §§ 481 bis 492 des Bürgerlichen Gesetzbuchs über die Gewährleistung bei Viehmängeln werden durch die Vorschriften dieses Abschnitts nicht berührt.

Dritter Abschnitt
Kommissionsgeschäft

§ 383 [Begriff des Kommissionärs]
Kommissionär ist, wer es gewerbsmäßig übernimmt, Waren oder Wertpapiere für Rechnung eines anderen (des Kommittenten) in eigenem Namen zu kaufen oder zu verkaufen.

§ 384 [Pflichten des Kommissionärs]
(1) Der Kommissionär ist verpflichtet, das übernommene Geschäft mit der Sorgfalt eines ordentlichen Kaufmanns auszuführen; er hat hierbei das Interesse des Kommittenten wahrzunehmen und dessen Weisungen zu befolgen.
(2) Er hat dem Kommittenten die erforderlichen Nachrichten zu geben, insbesondere von der Ausführung der Kommission unverzüglich Anzeige zu machen; er ist verpflichtet, dem Kommittenten über das Geschäft Rechenschaft abzulegen und ihm dasjenige herauszugeben, was er aus der Geschäftsbesorgung erlangt hat.
(3) Der Kommissionär haftet dem Kommittenten für die Erfüllung des Geschäfts, wenn er ihm nicht zugleich mit der Anzeige von der Ausführung der Kommission den Dritten namhaft macht, mit dem er das Geschäft abgeschlossen hat.

§ 385 [Schadensersatzpflicht des Kommissionärs]
(1) Handelt der Kommissionär nicht gemäß den Weisungen des Kommittenten, so ist er diesem zum Ersatze des Schadens verpflichtet; der Kommittent braucht das Geschäft nicht für seine Rechnung gelten zu lassen.
(2) Die Vorschriften des § 665 des Bürgerlichen Gesetzbuchs bleiben unberührt.

§ 386 [Abweichungen vom Preislimit]
(1) Hat der Kommissionär unter dem ihm gesetzten Preise verkauft oder hat er den ihm für den Einkauf gesetzten Preis überschritten, so muß der Kommittent, falls er das Geschäft als nicht für seine Rechnung abgeschlossen zurückweisen will, dies unverzüglich auf die Anzeige von der Ausführung des Geschäfts erklären; anderenfalls gilt die Abweichung von der Preisbestimmung als genehmigt.
(2) Erbietet sich der Kommissionär zugleich mit der Anzeige von der Ausführung des Geschäfts zur Deckung des Preisunterschieds, so ist der Kommittent zur Zurückweisung nicht berechtigt. Der Anspruch des Kommittenten auf den Ersatz eines den Preisunterschied übersteigenden Schadens bleibt unberührt.

§ 387 [Abschluß zu vorteilhafteren Bedingungen]
(1) Schließt der Kommissionär zu vorteilhafteren Bedingungen ab, als sie ihm von dem Kommittenten gesetzt worden sind, so kommt dies dem Kommittenten zustatten.
(2) Dies gilt insbesondere, wenn der Preis, für welchen der Kommissionär verkauft, den von dem Kommittenten bestimmten niedrigsten Preis übersteigt oder wenn der Preis, für welchen er einkauft, den von dem Kommittenten bestimmten höchsten Preis nicht erreicht.

§ 388 [Pflichten des Kommissionärs bei mangelhafter Lieferung]

(1) Befindet sich das Gut, welches dem Kommissionär zugesendet ist, bei der Ablieferung in einem beschädigten oder mangelhaften Zustande, der äußerlich erkennbar ist, so hat der Kommissionär die Rechte gegen den Frachtführer oder Schiffer zu wahren, für den Beweis des Zustandes zu sorgen und dem Kommittenten unverzüglich Nachricht zu geben; im Falle der Unterlassung ist er zum Schadensersatze verpflichtet.

(2) Ist das Gut dem Verderb ausgesetzt oder treten später Veränderungen an dem Gute ein, die dessen Entwertung befürchten lassen, und ist keine Zeit vorhanden, die Verfügung des Kommittenten einzuholen, oder ist der Kommittent in der Erteilung der Verfügung säumig, so kann der Kommissionär den Verkauf des Gutes nach Maßgabe der Vorschriften des § 373 bewirken.

§ 389 [Unterlassene Verfügung des Kommittenten]

Unterläßt der Kommittent über das Gut zu verfügen, obwohl er dazu nach Lage der Sache verpflichtet ist, so hat der Kommissionär die nach § 373 dem Verkäufer zustehenden Rechte.

§ 390 [Haftung für Verlust und Beschädigung]

(1) Der Kommissionär ist für den Verlust und die Beschädigung des in seiner Verwahrung befindlichen Gutes verantwortlich, es sei denn, daß der Verlust oder die Beschädigung auf Umständen beruht, die durch die Sorgfalt eines ordentlichen Kaufmanns nicht abgewendet werden konnten.

(2) Der Kommissionär ist wegen der Unterlassung der Versicherung des Gutes nur verantwortlich, wenn er von dem Kommittenten angewiesen war, die Versicherung zu bewirken.

§ 391 [Einkaufskommission]

Ist eine Einkaufskommission erteilt, die für beide Teile ein Handelsgeschäft ist, so finden in bezug auf die Verpflichtung des Kommittenten, das Gut zu untersuchen und dem Kommissionär von den entdeckten Mängeln Anzeige zu machen, sowie in bezug auf die Sorge für die Aufbewahrung des beanstandeten Gutes und auf den Verkauf bei drohendem Verderbe die für den Käufer geltenden Vorschriften der §§ 377 bis 379 entsprechende Anwendung. Der Anspruch des Kommittenten auf Abtretung der Rechte, die dem Kommissionär gegen den Dritten zustehen, von welchem er das Gut für Rechnung des Kommittenten gekauft hat, wird durch eine verspätete Anzeige des Mangels nicht berührt.

§ 392 [Forderungen aus dem Kommissionsgeschäft]

(1) Forderungen aus einem Geschäft, das der Kommissionär abgeschlossen hat, kann der Kommittent dem Schuldner gegenüber erst nach der Abtretung geltend machen.

(2) Jedoch gelten solche Forderungen, auch wenn sie nicht abgetreten sind, im Verhältnisse zwischen dem Kommittenten und dem Kommissionär oder dessen Gläubigern als Forderungen des Kommittenten.

§ 393 [Vorschuß oder Kredit]

(1) Wird von dem Kommissionär ohne Zustimmung des Kommittenten einem Dritten ein Vorschuß geleistet oder Kredit gewährt, so handelt der Kommissionär auf eigene Gefahr.

(2) Insoweit jedoch der Handelsgebrauch am Orte des Geschäfts die Stundung des Kaufpreises mit sich bringt, ist in Ermangelung einer anderen Bestimmung des Kommittenten auch der Kommissionär dazu berechtigt.

(3) Verkauft der Kommissionär unbefugt auf Kredit, so ist er verpflichtet, dem Kommittenten sofort als Schuldner des Kaufpreises die Zahlung zu leisten. Wäre beim Verkaufe gegen bar der Preis geringer gewesen, so hat der Kommissionär nur den geringeren Preis

und, wenn dieser niedriger ist als der ihm gesetzte Preis, auch den Unterschied nach § 386 zu vergüten.

§ 394 [Haftungsübernahme – Delkredereprovision]

(1) Der Kommissionär hat für die Erfüllung der Verbindlichkeit des Dritten, mit dem er das Geschäft für Rechnung des Kommittenten abschließt, einzustehen, wenn dies von ihm übernommen oder am Orte seiner Niederlassung Handelsgebrauch ist.

(2) Der Kommissionär, der für den Dritten einzustehen hat, ist dem Kommittenten für die Erfüllung im Zeitpunkte des Verfalls unmittelbar insoweit verhaftet, als die Erfüllung aus dem Vertragsverhältnisse gefordert werden kann. Er kann eine besondere Vergütung (Delkredereprovision) beanspruchen.

§ 395 [Wechselankauf]

Ein Kommissionär, der den Ankauf eines Wechsels übernimmt, ist verpflichtet, den Wechsel, wenn er ihn indossiert, in üblicher Weise und ohne Vorbehalt zu indossieren.

§ 396 [Provisionsanspruch – Aufwendungsersatz]

(1) Der Kommissionär kann die Provision fordern, wenn das Geschäft zur Ausführung gekommen ist. Ist das Geschäft nicht zur Ausführung gekommen, so hat er gleichwohl den Anspruch auf die Auslieferungsprovision, sofern eine solche ortsgebräuchlich ist; auch kann er die Provision verlangen, wenn die Ausführung des von ihm abgeschlossenen Geschäfts nur aus einem in der Person des Kommittenten liegenden Grunde unterblieben ist.

(2) Zu dem von dem Kommittenten für Aufwendungen des Kommissionärs nach den §§ 670 und 675 des Bürgerlichen Gesetzbuchs zu leistenden Ersatze gehört auch die Vergütung für die Benutzung der Lagerräume und der Beförderungsmittel des Kommissionärs.

§ 397 [Pfandrecht]

Der Kommissionär hat an dem Kommissionsgute, sofern er es im Besitze hat, insbesondere mittels Konnossements, Ladescheins oder Lagerscheins darüber verfügen kann, ein Pfandrecht wegen der auf das Gut verwendeten Kosten, der Provision, der auf das Gut gegebenen Vorschüsse und Darlehn, der mit Rücksicht auf das Gut gezeichneten Wechsel oder in anderer Weise eingegangenen Verbindlichkeiten sowie wegen aller Forderungen aus laufender Rechnung in Kommissionsgeschäften.

§ 398 [Befriedigung aus Kommissionsgut]

Der Kommissionär kann sich, auch wenn er Eigentümer des Kommissionsguts ist, für die in § 397 bezeichneten Ansprüche nach Maßgabe der für das Pfandrecht geltenden Vorschriften aus dem Gute befriedigen.

§ 399 [Befriedigung aus Forderungen]

Aus den Forderungen, welche durch das für Rechnung des Kommittenten geschlossene Geschäft begründet sind, kann sich der Kommissionär für die in § 397 bezeichneten Ansprüche vor dem Kommittenten und dessen Gläubigern befriedigen.

§ 400 [Selbsteintrittsrecht]

(1) Die Kommission zum Einkauf oder zum Verkaufe von Waren, die einen Börsen- oder Marktpreis haben, sowie von Wertpapieren, bei denen ein Börsen- oder Marktpreis amtlich festgestellt wird, kann, wenn der Kommittent nicht ein anderes bestimmt hat, von dem Kommissionär dadurch ausgeführt werden, daß er das Gut, welches er einkaufen soll, selbst als Verkäufer liefert oder das Gut, welches er verkaufen soll, selbst als Käufer übernimmt.

(2) Im Falle einer solchen Ausführung der Kommission beschränkt sich die Pflicht des Kommissionärs, Rechenschaft über die Abschließung des Kaufes oder Verkaufs abzulegen, auf den Nachweis, daß bei dem berechneten Preise der zur Zeit der Ausführung der

Kommission bestehende Börsen- oder Marktpreis eingehalten ist. Als Zeit der Ausführung gilt der Zeitpunkt, in welchem der Kommissionär die Anzeige von der Ausführung zur Absendung an den Kommittenten abgegeben hat.

(3) Ist bei einer Kommission, die während der Börsen- oder Marktzeit auszuführen war, die Ausführungsanzeige erst nach dem Schlusse der Börse oder des Marktes zur Absendung abgegeben, so darf der berechnete Preis für den Kommittenten nicht ungünstiger sein als der Preis, der am Schlusse der Börse oder des Marktes bestand.

(4) Bei einer Kommission, die zu einem bestimmten Kurse (erster Kurs, Mittelkurs, letzter Kurs) ausgeführt werden soll, ist der Kommissionär ohne Rücksicht auf den Zeitpunkt der Absendung der Ausführungsanzeige berechtigt und verpflichtet, diesen Kurs dem Kommittenten in Rechnung zu stellen.

(5) Bei Wertpapieren und Waren, für welche der Börsen- oder Marktpreis amtlich festgestellt wird, kann der Kommissionär im Falle der Ausführung der Kommission durch Selbsteintritt dem Kommittenten keinen ungünstigeren Preis als den amtlich festgestellten in Rechnung stellen.

§ 401 [Berechnung des Preises bei Selbsteintritt]

(1) Auch im Falle der Ausführung der Kommission durch Selbsteintritt hat der Kommissionär, wenn er bei Anwendung pflichtmäßiger Sorgfalt die Kommission zu einem günstigeren als dem nach § 400 sich ergebenden Preise ausführen konnte, dem Kommittenten den günstigeren Preis zu berechnen.

(2) Hat der Kommissionär vor der Absendung der Ausführungsanzeige aus Anlaß der erteilten Kommission an der Börse oder am Markte ein Geschäft mit einem Dritten abgeschlossen, so darf er dem Kommittenten keinen ungünstigeren als den hierbei vereinbarten Preis berechnen.

§ 402 [Unabdingbarkeit]

Die Vorschriften des § 400 Abs. 2 bis 5 und des § 401 können nicht durch Vertrag zum Nachteile des Kommittenten abgeändert werden.

§ 403 [Provisionsanspruch bei Selbsteintritt]

Der Kommissionär, der das Gut selbst als Verkäufer liefert oder als Käufer übernimmt, ist zu der gewöhnlichen Provision berechtigt und kann die bei Kommissionsgeschäften sonst regelmäßig vorkommenden Kosten berechnen.

§ 404 [Pfand- und Befriedigungsrecht bei Selbsteintritt]

Die Vorschriften der §§ 397 und 398 finden auch im Falle der Ausführung der Kommission durch Selbsteintritt Anwendung.

§ 405 [Ausdrückliche Erklärung des Selbsteintritts – Widerruf der Kommission]

(1) Zeigt der Kommissionär die Ausführung der Kommission an, ohne ausdrücklich zu bemerken, daß er selbst eintreten wolle, so gilt dies als Erklärung, daß die Ausführung durch Abschluß des Geschäfts mit einem Dritten für Rechnung des Kommittenten erfolgt sei.

(2) Eine Vereinbarung zwischen dem Kommittenten und dem Kommissionär, daß die Erklärung darüber, ob die Kommission durch Selbsteintritt oder durch Abschluß mit einem Dritten ausgeführt sei, später als am Tage der Ausführungsanzeige abgegeben werden dürfe, ist nichtig.

(3) Widerruft der Kommittent die Kommission und geht der Widerruf dem Kommissionär zu, bevor die Ausführungsanzeige zur Absendung abgegeben ist, so steht dem Kommissionär das Recht des Selbsteintritts nicht mehr zu.

§ 406 [Ähnliche Geschäfte]

(1) Die Vorschriften dieses Abschnitts kommen auch zur Anwendung, wenn ein Kommissionär im Betriebe seines Handelsgewerbes ein Geschäft anderer als der in § 383 bezeichneten Art für Rechnung eines anderen in eigenem Namen zu schließen übernimmt. Das gleiche gilt, wenn ein Kaufmann, der nicht Kommissionär ist, im Betriebe seines Handelsgewerbes ein Geschäft in der bezeichneten Weise zu schließen übernimmt.

(2) Als Einkaufs- und Verkaufskommission im Sinne dieses Abschnitts gilt auch eine Kommission, welche die Lieferung einer nicht vertretbaren beweglichen Sache, die aus einem von dem Unternehmer zu beschaffenden Stoffe herzustellen ist, zum Gegenstande hat.

Vierter Abschnitt

Speditionsgeschäft

§ 407 [Begriff des Spediteurs – Vorschriften]

(1) Spediteur ist, wer es gewerbsmäßig übernimmt, Güterversendungen durch Frachtführer oder durch Verfrachter von Seeschiffen für Rechnung eines anderen (des Versenders) in eigenem Namen zu besorgen.

(2) Auf die Rechte und Pflichten des Spediteurs finden, soweit dieser Abschnitt keine Vorschriften enthält, die für den Kommissionär geltenden Vorschriften, insbesondere die Vorschriften der §§ 388 bis 390 über die Empfangnahme, die Aufbewahrung und die Versicherung des Gutes, Anwendung.

§ 408 [Pflichten]

(1) Der Spediteur hat die Versendung, insbesondere die Wahl der Frachtführer, Verfrachter und Zwischenspediteure, mit der Sorgfalt eines ordentlichen Kaufmanns auszuführen; er hat hierbei das Interesse des Versenders wahrzunehmen und dessen Weisungen zu befolgen.

(2) Der Spediteur ist nicht berechtigt, dem Versender eine höhere als die mit dem Frachtführer oder dem Verfrachter bedungene Fracht zu berechnen.

§ 409 [Provisionsanspruch]

Der Spediteur hat die Provision zu fordern, wenn das Gut dem Frachtführer oder dem Verfrachter zur Beförderung übergeben ist.

§ 410 [Pfandrecht]

Der Spediteur hat wegen der Fracht, der Provision, der Auslagen und Verwendungen sowie wegen der auf das Gut gegebenen Vorschüsse ein Pfandrecht an dem Gute, sofern er es noch im Besitze hat, insbesondere mittels Konnossements, Ladescheins oder Lagerscheins darüber verfügen kann.

§ 411 [Zwischenspediteur]

(1) Bedient sich der Spediteur eines Zwischenspediteurs, so hat dieser zugleich die seinem Vormanne zustehenden Rechte, insbesondere dessen Pfandrecht, auszuüben.

(2) Soweit der Vormann wegen seiner Forderung von dem Nachmanne befriedigt wird, geht die Forderung und das Pfandrecht des Vormanns auf den Nachmann über. Dasselbe gilt von der Forderung und dem Pfandrechte des Frachtführers, soweit der Zwischenspediteur ihn befriedigt.

§ 412 [Selbsteintritt]

(1) Der Spediteur ist, wenn nicht ein anderes bestimmt ist, befugt, die Beförderung des Gutes selbst auszuführen.

(2) Macht er von dieser Befugnis Gebrauch, so hat er zugleich die Rechte und Pflichten eines Frachtführers oder Verfrachters; er kann die Provision, die bei Speditionsgeschäften sonst regelmäßig vorkommenden Kosten sowie die gewöhnliche Fracht verlangen.

§ 413 [Spedition mit fixen Spesen – Sammelladung]

(1) Hat sich der Spediteur mit dem Versender über einen bestimmten Satz der Beförderungskosten geeinigt, so hat er ausschließlich die Rechte und Pflichten eines Frachtführers. Er kann in einem solchen Falle Provision nur verlangen, wenn es besonders vereinbart ist.

(2) Bewirkt der Spediteur die Versendung des Gutes zusammen mit den Gütern anderer Versender auf Grund eines für seine Rechnung über eine Sammelladung geschlossenen Frachtvertrags, so finden die Vorschriften des Absatzes 1 Anwendung, auch wenn eine Einigung über einen bestimmten Satz der Beförderungskosten nicht stattgefunden hat. Der Spediteur kann in diesem Falle eine den Umständen nach angemessene Fracht, höchstens aber die für die Beförderung des einzelnen Gutes gewöhnliche Fracht verlangen.

§ 414 [Verjährung]

(1) Die Ansprüche gegen den Spediteur wegen Verlustes, Minderung, Beschädigung oder verspäteter Ablieferung des Gutes verjähren in einem Jahre. Die Verjährungsfrist kann durch Vertrag verlängert werden.

(2) Die Verjährung beginnt im Falle der Beschädigung oder Minderung mit dem Ablaufe des Tages, an welchem die Ablieferung stattgefunden hat, im Falle des Verlustes oder der verspäteten Ablieferung mit dem Ablaufe des Tages, an welchem die Ablieferung hätte bewirkt sein müssen.

(3) Die in Absatz 1 bezeichneten Ansprüche können nach der Vollendung der Verjährung nur aufgerechnet werden, wenn vorher der Verlust, die Minderung, die Beschädigung oder die verspätete Ablieferung dem Spediteur angezeigt oder die Anzeige an ihn abgesendet worden ist. Der Anzeige an den Spediteur steht es gleich, wenn das selbständige Beweisverfahren nach der Zivilprozeßordnung beantragt oder in einem zwischen dem Versender und dem Empfänger oder einem späteren Erwerber des Gutes wegen des Verlustes, der Minderung, der Beschädigung oder der verspäteten Ablieferung anhängigen Rechtsstreite dem Spediteur der Streit verkündet wird.

(4) Diese Vorschriften finden keine Anwendung, wenn der Spediteur den Verlust, die Minderung, die Beschädigung oder die verspätete Ablieferung des Gutes vorsätzlich herbeigeführt hat.

§ 415 [Gelegenheitsspedition]

Die Vorschriften dieses Abschnitts kommen auch zur Anwendung, wenn ein Kaufmann, der nicht Spediteur ist, im Betriebe seines Handelsgewerbes eine Güterversendung durch Frachtführer oder Verfrachter für Rechnung eines anderen in eigenem Namen zu besorgen übernimmt.

Fünfter Abschnitt
Lagergeschäft

§ 416 [Begriff des Lagerhalters]

Lagerhalter ist, wer gewerbsmäßig die Lagerung und Aufbewahrung von Gütern übernimmt.

§ 417 [Rechte und Pflichten]

(1) Auf die Rechte und Pflichten des Lagerhalters in Ansehung der Empfangnahme, Aufbewahrung und Versicherung des Gutes finden die für den Kommissionär geltenden Vorschriften der §§ 388 bis 390 Anwendung.

(2) Treten Veränderungen an dem Gute ein, welche dessen Entwertung befürchten lassen, so hat der Lagerhalter den Einlagerer hiervon unverzüglich zu benachrichtigen. Versäumt er dies, so hat er den daraus entstehenden Schaden zu ersetzen.

§ 418 [Besichtigung, Probeentnahme, Erhaltungsmaßnahmen]
Der Lagerhalter hat dem Einlagerer die Besichtigung des Gutes, die Entnahme von Proben und die zur Erhaltung des Gutes notwendigen Handlungen während der Geschäftsstunden zu gestatten.

§ 419 [Lagerung vertretbarer Sachen]
(1) Im Falle der Lagerung vertretbarer Sachen ist der Lagerhalter zu ihrer Vermischung mit anderen Sachen von gleicher Art und Güte nur befugt, wenn ihm dies ausdrücklich gestattet ist.
(2) Der Lagerhalter erwirbt auch in diesem Falle nicht das Eigentum des Gutes; aus dem durch die Vermischung entstandenen Gesamtvorrate kann er jedem Einlagerer den ihm gebührenden Anteil ausliefern, ohne daß er hierzu der Genehmigung der übrigen Beteiligten bedarf.
(3) Ist das Gut in der Art hinterlegt, daß das Eigentum auf den Lagerhalter übergehen und dieser verpflichtet sein soll, Sachen von gleicher Art, Güte und Menge zurückzugewähren, so finden die Vorschriften dieses Abschnitts keine Anwendung.

§ 420 [Lagerkosten]
(1) Der Lagerhalter hat Anspruch auf das bedungene oder ortsübliche Lagergeld sowie auf Erstattung der Auslagen für Fracht und Zölle und der sonst für das Gut gemachten Aufwendungen, soweit er sie den Umständen nach für erforderlich halten durfte.
(2) Von den hiernach dem Lagerhalter zukommenden Beträgen (Lagerkosten) sind die baren Auslagen sofort zu erstatten. Die sonstigen Lagerkosten sind nach dem Ablaufe von je drei Monaten seit der Einlieferung oder, wenn das Gut in der Zwischenzeit zurückgenommen wird, bei der Rücknahme zu erstatten; wird das Gut teilweise zurückgenommen, so ist nur ein entsprechender Teil zu berichtigen, es sei denn, daß das auf dem Lager verbleibende Gut zur Sicherung des Lagerhalters nicht ausreicht.

§ 421 [Pfandrecht]
Der Lagerhalter hat wegen der Lagerkosten ein Pfandrecht an dem Gute, solange er es im Besitze hat, insbesondere mittels Konnossements, Ladescheins oder Lagerscheins darüber verfügen kann.

§ 422 [Rücknahme des Guts]
(1) Der Lagerhalter kann nicht verlangen, daß der Einlagerer das Gut vor dem Ablaufe der bedungenen Lagerzeit und, falls eine solche nicht bedungen ist, daß er es vor dem Ablaufe von drei Monaten nach der Einlieferung zurücknehme. Ist eine Lagerzeit nicht bedungen oder behält der Lagerhalter nach dem Ablaufe der bedungenen Lagerzeit das Gut auf dem Lager, so kann er die Rücknahme nur nach vorgängiger Kündigung unter Einhaltung einer Kündigungsfrist von einem Monate verlangen.
(2) Der Lagerhalter ist berechtigt, die Rücknahme des Gutes vor dem Ablaufe der Lagerzeit und ohne Einhaltung einer Kündigungsfrist zu verlangen, wenn ein wichtiger Grund vorliegt.

§ 423 [Verjährung]
Auf die Verjährung der Ansprüche gegen den Lagerhalter wegen Verlustes, Minderung, Beschädigung oder verspäteter Ablieferung des Gutes finden die Vorschriften des § 414 entsprechende Anwendung. Im Falle des gänzlichen Verlustes beginnt die Verjährung mit

dem Ablaufe des Tages, an welchem der Lagerhalter dem Einlagerer Anzeige von dem Verluste macht.

§ 424 [Orderlagerschein]

Ist von dem Lagerhalter ein Lagerschein ausgestellt, der durch Indossament übertragen werden kann, so hat, wenn das Gut von dem Lagerhalter übernommen ist, die Übergabe des Lagerscheins an denjenigen, welcher durch den Schein zur Empfangnahme des Gutes legitimiert wird, für den Erwerb von Rechten an dem Gute dieselben Wirkungen wie die Übergabe des Gutes.

Sechster Abschnitt

Frachtgeschäft

§ 425 [Begriff des Frachtführers]

Frachtführer ist, wer es gewerbsmäßig übernimmt, die Beförderung von Gütern zu Lande oder auf Flüssen oder sonstigen Binnengewässern auszuführen.

§ 426 [Frachtführer]

(1) Der Frachtführer kann die Ausstellung eines Frachtbriefs verlangen.

(2) Der Frachtbrief soll enthalten:

1. den Ort und den Tag der Ausstellung;
2. den Namen und den Wohnort des Frachtführers;
3. den Namen dessen, an welchen das Gut abgeliefert werden soll (des Empfängers);
4. den Ort der Ablieferung;
5. die Bezeichnung des Gutes nach Beschaffenheit, Menge und Merkzeichen;
6. die Bezeichnung der für eine zoll- oder steueramtliche Behandlung oder polizeiliche Prüfung nötigen Begleitpapiere;
7. die Bestimmung über die Fracht sowie im Falle ihrer Vorausbezahlung einen Vermerk über die Vorausbezahlung;
8. die besonderen Vereinbarungen, welche die Beteiligten über andere Punkte, namentlich über die Zeit, innerhalb welcher die Beförderung bewirkt werden soll, über die Entschädigung wegen verspäteter Ablieferung und über die auf dem Gute haftenden Nachnahmen, getroffen haben;
9. die Unterschrift des Absenders; eine im Wege der mechanischen Vervielfältigung hergestellte Unterschrift ist genügend.

(3) Der Absender haftet dem Frachtführer für die Richtigkeit und die Vollständigkeit der in den Frachtbrief aufgenommenen Angaben.

§ 427 [Begleitpapiere]

Der Absender ist verpflichtet, dem Frachtführer die Begleitpapiere zu übergeben, welche zur Erfüllung der Zoll-, Steuer- oder Polizeivorschriften vor der Ablieferung an den Empfänger erforderlich sind. Er haftet dem Frachtführer, sofern nicht diesem ein Verschulden zur Last fällt, für alle Folgen, die aus dem Mangel, der Unzulänglichkeit oder der Unrichtigkeit der Papiere entstehen.

§ 428 [Lieferfrist – Verhinderung]

(1) Ist über die Zeit, binnen welcher der Frachtführer die Beförderung bewirken soll, nichts bedungen, so bestimmt sich die Frist, innerhalb deren er die Reise anzutreten und zu vollenden hat, nach dem Ortsgebrauche. Besteht ein Ortsgebrauch nicht, so ist die Beförderung binnen einer den Umständen nach angemessenen Frist zu bewirken.

(2) Wird der Antritt oder die Fortsetzung der Reise ohne Verschulden des Absenders zeitweilig verhindert, so kann der Absender von dem Vertrage zurücktreten; er hat jedoch

den Frachtführer, wenn diesem kein Verschulden zur Last fällt, für die Vorbereitung der Reise, die Wiederausladung und den zurückgelegten Teil der Reise zu entschädigen. Über die Höhe der Entschädigung entscheidet der Ortsgebrauch; besteht ein Ortsgebrauch nicht, so ist eine den Umständen nach angemessene Entschädigung zu gewähren.

§ 429 [Haftung des Frachtführers]

(1) Der Frachtführer haftet für den Schaden, der durch Verlust oder Beschädigung des Gutes in der Zeit von der Annahme bis zur Ablieferung oder durch Versäumung der Lieferzeit entsteht, es sei denn, daß der Verlust, die Beschädigung oder die Verspätung auf Umständen beruht, die durch die Sorgfalt eines ordentlichen Frachtführers nicht abgewendet werden konnten.

(2) Für den Verlust oder die Beschädigung von Kostbarkeiten, Kunstgegenständen, Geld und Wertpapieren haftet der Frachtführer nur, wenn ihm diese Beschaffenheit oder der Wert des Gutes bei der Übergabe zur Beförderung angegeben worden ist.

§ 430 [Umfang der Ersatzleistung]

(1) Muß auf Grund des Frachtvertrags von dem Frachtführer für gänzlichen oder teilweisen Verlust des Gutes Ersatz geleistet werden, so ist der gemeine Handelswert und in dessen Ermangelung der gemeine Wert zu ersetzen, welchen Gut derselben Art und Beschaffenheit am Orte der Ablieferung in dem Zeitpunkte hatte, in welchem die Ablieferung zu bewirken war; hiervon kommt in Abzug, was infolge des Verlustes an Zöllen und sonstigen Kosten sowie an Fracht erspart ist.

(2) Im Falle der Beschädigung ist der Unterschied zwischen dem Verkaufswerte des Gutes im beschädigten Zustand und dem gemeinen Handelswert oder dem gemeinen Werte zu ersetzen, welchen das Gut ohne die Beschädigung am Orte und zur Zeit der Ablieferung gehabt haben würde; hiervon kommt in Abzug, was infolge der Beschädigung an Zöllen und sonstigen Kosten erspart ist.

(3) Ist der Schaden durch Vorsatz oder grobe Fahrlässigkeit des Frachtführers herbeigeführt, so kann Ersatz des vollen Schadens gefordert werden.

§ 431 [Haftung für Erfüllungsgehilfen]

Der Frachtführer hat ein Verschulden seiner Leute und ein Verschulden anderer Personen, deren er sich bei der Ausführung der Beförderung bedient, in gleichem Umfange zu vertreten wie eigenes Verschulden.

§ 432 [Unterfrachtführer]

(1) Übergibt der Frachtführer zur Ausführung der von ihm übernommenen Beförderung das Gut einem anderen Frachtführer, so haftet er für die Ausführung der Beförderung bis zur Ablieferung des Gutes an den Empfänger.

(2) Der nachfolgende Frachtführer tritt dadurch, daß er das Gut mit dem ursprünglichen Frachtbrief annimmt, diesem gemäß in den Frachtvertrag ein und übernimmt die selbständige Verpflichtung, die Beförderung nach dem Inhalte des Frachtbriefs auszuführen.

(3) Hat auf Grund dieser Vorschriften einer der beteiligten Frachtführer Schadensersatz geleistet, so steht ihm der Rückgriff gegen denjenigen zu, welcher den Schaden verschuldet hat. Kann dieser nicht ermittelt werden, so haben die beteiligten Frachtführer den Schaden nach dem Verhältnis ihrer Anteile an der Fracht gemeinsam zu tragen, soweit nicht festgestellt wird, daß der Schaden nicht auf ihrer Beförderungsstrecke entstanden ist.

§ 433 [Verfügungsrecht des Absenders]

(1) Der Absender kann den Frachtführer anweisen, das Gut anzuhalten, zurückzugeben oder an einen anderen als den im Frachtbriefe bezeichneten Empfänger auszuliefern. Die Mehrkosten, die durch eine solche Verfügung entstehen, sind dem Frachtführer zu erstatten.

(2) Das Verfügungsrecht des Absenders erlischt, wenn nach der Ankunft des Gutes am Orte der Ablieferung der Frachtbrief dem Empfänger übergeben oder von dem Empfänger Klage gemäß § 435 gegen den Frachtführer erhoben wird. Der Frachtführer hat in einem solchen Falle nur die Anweisungen des Empfängers zu beachten; verletzt er diese Verpflichtung, so ist er dem Empfänger für das Gut verhaftet.

§ 434 [Rechte des Empfängers vor Ankunft des Gutes]

Der Empfänger ist vor der Ankunft des Gutes am Orte der Ablieferung dem Frachtführer gegenüber berechtigt, alle zur Sicherstellung des Gutes erforderlichen Maßregeln zu ergreifen und dem Frachtführer die zu diesem Zwecke notwendigen Anweisungen zu erteilen. Die Auslieferung des Gutes kann er vor dessen Ankunft am Orte der Ablieferung nur fordern, wenn der Absender den Frachtführer dazu ermächtigt hat.

§ 435 [Rechte des Empfängers nach Ankunft des Gutes]

Nach der Ankunft des Gutes am Orte der Ablieferung ist der Empfänger berechtigt, die durch den Frachtvertrag begründeten Rechte gegen Erfüllung der sich daraus ergebenden Verpflichtungen in eigenem Namen gegen den Frachtführer geltend zu machen, ohne Unterschied, ob er hierbei in eigenem oder in fremdem Interesse handelt. Er ist insbesondere berechtigt, von dem Frachtführer die Übergabe des Frachtbriefs und die Auslieferung des Gutes zu verlangen. Dieses Recht erlischt, wenn der Absender dem Frachtführer eine nach § 433 noch zulässige entgegenstehende Anweisung erteilt.

§ 436 [Zahlungspflicht des Empfängers]

Durch Annahme des Gutes und des Frachtbriefs wird der Empfänger verpflichtet, dem Frachtführer nach Maßgabe des Frachtbriefs Zahlung zu leisten.

§ 437 [Ablieferungshindernisse]

(1) Ist der Empfänger des Gutes nicht zu ermitteln oder verweigert er die Annahme oder ergibt sich ein sonstiges Ablieferungshindernis, so hat der Frachtführer den Absender unverzüglich hiervon in Kenntnis zu setzen und dessen Anweisung einzuholen.

(2) Ist dies den Umständen nach nicht tunlich oder der Absender mit der Erteilung der Anweisung nicht ausführbar, so ist der Frachtführer befugt, das Gut in einem öffentlichen Lagerhaus oder sonst in sicherer Weise zu hinterlegen. Er kann, falls das Gut dem Verderben ausgesetzt und Gefahr im Verzuge ist, das Gut auch gemäß § 373 Abs. 2 bis 4 verkaufen lassen.

(3) Von der Hinterlegung und dem Verkaufe des Gutes hat der Frachtführer den Absender und den Empfänger unverzüglich zu benachrichtigen, es sei denn, daß dies untunlich ist; im Falle der Unterlassung ist er zum Schadensersatze verpflichtet.

§ 438 [Erlöschen der Ansprüche gegen den Frachtführer]

(1) Ist die Fracht nebst den sonst auf dem Gute haftenden Forderungen bezahlt und das Gut angenommen, so sind alle Ansprüche gegen den Frachtführer aus dem Frachtvertrag erloschen.

(2) Diese Vorschrift findet keine Anwendung, soweit die Beschädigung oder Minderung des Gutes vor dessen Annahme durch amtlich bestellte Sachverständige festgestellt ist.

(3) Wegen einer Beschädigung oder Minderung des Gutes, die bei der Annahme äußerlich nicht erkennbar ist, kann der Frachtführer auch nach der Annahme des Gutes und der Bezahlung der Fracht in Anspruch genommen werden, wenn der Mangel in der Zeit zwischen der Übernahme des Gutes durch den Frachtführer und der Ablieferung entstanden ist und die Feststellung des Mangels durch amtlich bestellte Sachverständige unverzüglich nach der Entdeckung und spätestens binnen einer Woche nach der Annahme beantragt wird. Ist dem Frachtführer der Mangel unverzüglich nach der Entdeckung und binnen der

bezeichneten Frist angezeigt, so genügt es, wenn die Feststellung unverzüglich nach dem Zeitpunkte beantragt wird, bis zu welchem der Eingang einer Antwort des Frachtführers unter regelmäßigen Umständen erwartet werden darf.

(4) Die Kosten einer von dem Empfangsberechtigten beantragten Feststellung sind von dem Frachtführer zu tragen, wenn ein Verlust oder eine Beschädigung ermittelt wird, für welche der Frachtführer Ersatz leisten muß.

(5) Der Frachtführer kann sich auf diese Vorschriften nicht berufen, wenn er den Schaden durch Vorsatz oder grobe Fahrlässigkeit herbeigeführt hat.

§ 439 [Verjährung]

Auf die Verjährung der Ansprüche gegen den Frachtführer wegen Verlustes, Minderung, Beschädigung oder verspäteter Ablieferung des Gutes finden die Vorschriften des § 414 entsprechende Anwendung. Dies gilt nicht für die in § 432 Abs. 3 bezeichneten Ansprüche.

§ 440 [Pfandrecht des Frachtführers]

(1) Der Frachtführer hat wegen aller durch den Frachtvertrag begründeten Forderungen, insbesondere der Fracht- und Liegegelder, der Zollgelder und anderer Auslagen, sowie wegen der auf das Gut geleisteten Vorschüsse ein Pfandrecht an dem Gute.

(2) Das Pfandrecht besteht, solange der Frachtführer das Gut noch im Besitze hat, insbesondere mittels Konnossements, Ladescheins oder Lagerscheins darüber verfügen kann.

(3) Auch nach der Ablieferung dauert das Pfandrecht fort, sofern der Frachtführer es binnen drei Tagen nach der Ablieferung gerichtlich geltend macht und das Gut noch im Besitze des Empfängers ist.

(4) Die in § 1234 Abs. 1 des Bürgerlichen Gesetzbuchs bezeichnete Androhung des Pfandverkaufs sowie die in den §§ 1237 und 1241 des Bürgerlichen Gesetzbuchs vorgesehenen Benachrichtigungen sind an den Empfänger zu richten. Ist dieser nicht zu ermitteln oder verweigert er die Annahme des Gutes, so hat die Androhung und Benachrichtigung gegenüber dem Absender zu erfolgen.

§ 441 [Rechte und Pflichten des letzten Frachtführers]

(1) Der letzte Frachtführer hat, falls nicht im Frachtbrief ein anderes bestimmt ist, bei der Ablieferung auch die Forderungen der Vormänner sowie die auf dem Gute haftenden Nachnahmen einzuziehen und die Rechte der Vormänner, insbesondere auch das Pfandrecht, auszuüben. Das Pfandrecht der Vormänner besteht so lange als das Pfandrecht des letzten Frachtführers.

(2) Wird der vorhergehende Frachtführer von dem nachfolgenden befriedigt, so gehen seine Forderung und sein Pfandrecht auf den letzteren über.

(3) In gleicher Art gehen die Forderung und das Pfandrecht des Spediteurs auf den nachfolgenden Spediteur und den nachfolgenden Frachtführer über.

§ 442 [Haftung des letzten Frachtführers]

Der Frachtführer, welcher das Gut ohne Bezahlung abliefert und das Pfandrecht nicht binnen drei Tagen nach der Ablieferung gerichtlich geltend macht, ist den Vormännern verantwortlich. Er wird, ebenso wie die vorhergehenden Frachtführer und Spediteure, des Rückgriffs gegen die Vormänner verlustig. Der Anspruch gegen den Empfänger bleibt in Kraft.

§ 443 [Rang mehrerer Pfandrechte]

(1) Bestehen an demselben Gute mehrere nach den §§ 397, 410, 421 und 440 begründete Pfandrechte, so geht unter denjenigen Pfandrechten, welche durch die Versendung oder

durch die Beförderung des Gutes entstanden sind, das später entstandene dem früher entstandenen vor.

(2) Diese Pfandrechte haben sämtlich den Vorrang vor dem nicht aus der Versendung entstandenen Pfandrechte des Kommissionärs und des Lagerhalters sowie vor dem Pfandrechte des Spediteurs und des Frachtführers für Vorschüsse.

§ 444 [Ladeschein]

Über die Verpflichtung zur Auslieferung des Gutes kann von dem Frachtführer ein Ladeschein ausgestellt werden.

§ 445 [Inhalt des Ladescheins]

(1) Der Ladeschein soll enthalten:

1. den Ort und den Tag der Ausstellung;
2. den Namen und den Wohnort des Frachtführers;
3. den Namen des Absenders;
4. den Namen desjenigen, an welchen oder an dessen Order das Gut abgeliefert werden soll; als solcher gilt der Absender, wenn der Ladeschein nur an Order gestellt ist;
5. den Ort der Ablieferung;
6. die Bezeichnung des Gutes nach Beschaffenheit, Menge und Merkzeichen;
7. die Bestimmung über die Fracht und über die auf dem Gute haftenden Nachnahmen sowie im Falle der Vorausbezahlung der Fracht einen Vermerk über die Vorausbezahlung.

(2) Der Ladeschein muß von dem Frachtführer unterzeichnet sein.

(3) Der Absender hat dem Frachtführer auf Verlangen eine von ihm unterschriebene Abschrift des Ladescheins auszuhändigen.

§ 446 [Bedeutung des Ladescheins]

(1) Der Ladeschein entscheidet für das Rechtsverhältnis zwischen dem Frachtführer und dem Empfänger des Gutes; die nicht in den Ladeschein aufgenommenen Bestimmungen des Frachtvertrags sind dem Empfänger gegenüber unwirksam, sofern nicht der Ladeschein ausdrücklich auf sie Bezug nimmt.

(2) Für das Rechtsverhältnis zwischen dem Frachtführer und dem Absender bleiben die Bestimmungen des Frachtvertrags maßgebend.

§ 447 [Legitimation durch Ladeschein]

(1) Zum Empfange des Gutes legitimiert ist derjenige, an welchen das Gut nach dem Ladeschein abgeliefert werden soll oder auf welchen der Ladeschein, wenn er an Order lautet, durch Indossament übertragen ist.

(2) Der zum Empfange Legitimierte hat schon vor der Ankunft des Gutes am Ablieferungsorte die Rechte, welche dem Absender in Ansehung der Verfügung über das Gut zustehen, wenn ein Ladeschein nicht ausgestellt ist.

(3) Der Frachtführer darf einer Anweisung des Absenders, das Gut anzuhalten, zurückzugeben oder an einen anderen als den durch den Ladeschein legitimierten Empfänger auszuliefern, nur Folge leisten, wenn ihm der Ladeschein zurückgegeben wird; verletzt er diese Verpflichtung, so ist er dem rechtmäßigen Besitzer des Ladescheins für das Gut verhaftet.

§ 448 [Frachtgut gegen Ladeschein]

Der Frachtführer ist zur Ablieferung des Gutes nur gegen Rückgabe des Ladescheins, auf dem die Ablieferung des Gutes bescheinigt ist, verpflichtet.

§ 449 [Nachfolgender Frachtführer]
Im Falle des § 432 Abs. 1 wird der nachfolgende Frachtführer, der das Gut auf Grund des Ladescheins übernimmt, nach Maßgabe des Scheines verpflichtet.

§ 450 [Wirkung der Übergabe]
Die Übergabe des Ladescheins an denjenigen, welcher durch den Schein zur Empfangnahme des Gutes legitimiert wird, hat, wenn das Gut von dem Frachtführer übernommen ist, für den Erwerb von Rechten an dem Gute dieselben Wirkungen wie die Übergabe des Gutes.

§ 451 [Gelegenheitsfrachtführer]
Die Vorschriften der §§ 426 bis 450 kommen auch zur Anwendung, wenn ein Kaufmann, der nicht Frachtführer ist, im Betriebe seines Handelsgewerbes eine Beförderung von Gütern zu Lande oder auf Flüssen oder sonstigen Binnengewässern auszuführen übernimmt.

§ 452 [Beförderung durch Post]
Auf die Beförderung von Gütern durch die Postverwaltungen des Reichs und der Bundesstaaten finden die Vorschriften dieses Abschnitts keine Anwendung. Die bezeichneten Postverwaltungen gelten nicht als Kaufleute im Sinne dieses Gesetzbuchs.

Siebenter Abschnitt

Beförderung von Gütern und Personen auf den Eisenbahnen des öffentlichen Verkehrs

§ 453 (aufgehoben)

§ 454 [Haftung für Verlust oder Beschädigung]
Die Eisenbahn haftet für den Schaden, der durch Verlust oder Beschädigung des Gutes in der Zeit von der Annahme zur Beförderung bis zur Ablieferung entsteht, es sei denn, daß der Schaden durch ein Verschulden oder eine nicht von der Eisenbahn verschuldete Anweisung des Verfügungsberechtigten, durch höhere Gewalt, durch Mängel der Verpackung oder durch besondere Mängel des Gutes, namentlich durch inneren Verderb, Schwinden, gewöhnlichen Rinnverlust verursacht ist.

§ 455 [Haftung für Verspätung]
Die Eisenbahn haftet für den Schaden, der durch Versäumung der Lieferfrist entsteht, es sei denn, daß die Verspätung von einem Ereignis herrührt, das sie weder herbeigeführt hat noch abzuwenden vermochte.

§ 456 [Haftung für Bedienstete]
Die Eisenbahn haftet für ihre Bediensteten und andere Personen, deren sie sich bei der Ausführung der von ihr übernommenen Beförderung bedient.

§ 457 [Anwendung von Vorschriften über das Frachtgeschäft]
§§ 440 bis 443 finden entsprechende Anwendung.

§§ **458** bis **473** **(aufgehoben)**

Fünftes Buch
Seehandel
Erster Abschnitt
Allgemeine Vorschriften

§§ **474** und **475** **(aufgehoben)**

§§ **476** bis **905** **(hier nicht abgedruckt)**

Aktiengesetz

Vom 6. September 1965 (BGBl. I S. 1089)
(BGBl. III 4121-1)

Änderungen

Paragraph	Art der Änderung	Geändert durch	Datum	Fundstelle BGBl.
405 406	geändert aufgehoben	Einführungsgesetz zum Gesetz über Ordnungswidrigkeiten	24. 5.1968	I S. 503
23, 37, 39, 40, 42, 44, 80, 81 , 181, 206, 248, 250, 251, 262, 263, 266, 268, 274-276, 281, 282, 289, 353	geändert	Gesetz zur Durchführung der Ersten Richtlinie des Rates der Europäischen Gemeinschaften zur Koordinierung des Gesellschaftsrechts	15. 8.1969	I S. 1146
147 385 a-385 q	geändert eingefügt	Gesetz zur Ergänzung der handelsrechtlichen Vorschriften über die Änderung der Unternehmensform	15. 8.1969	I S. 1171
330	geändert	Gesetz über die Rechnungslegung von bestimmten Unternehmen und Konzernen	15. 8.1969	I S. 1189
23, 30, 130, 142, 147, 163, 235, 258, 280, 341, 346, 355, 357, 362, 369, 376, 384, 389	geändert	Beurkundungsgesetz	28. 8.1969	I S. 1513
385 m, 385 q	geändert	Gesetz zur Änderung des Gesetzes betreffend die Erwerbs- und Wirtschaftsgenossenschaften	9.10.1973	I S. 1451
399-404, 407	geändert	Einführungsgesetz zum Strafgesetzbuch	2. 3.1974	I S. 469
84, 95, 96, 98, 100, 101, 103, 104, 119, 124, 250-252, 265	geändert	Mitbestimmungsgesetz	4. 5.1976	I S. 1153
157	geändert	Einführungsgesetz zur Abgabenordnung	14.12.1976	I S. 3341
23, 24, 26, 27, 34, 36, 37, 52, 56, 57, 62, 71, 151, 157, 160, 183, 184, 186, 188, 190, 194-	geändert	Gesetz zur Durchführung der Zweiten Richtlinie des Rates der Europäischen Gemeinschaften zur Koordinierung des Gesellschaftsrechts	13.12.1978	I S. 1959

Paragraph	Art der Änderung	Geändert durch	Datum	Fundstelle BGBl.
196, 205, 206, 221, 237, 281, 343, 405, 407				
36 a, 53 a, 71 a-71 e, 150 a	eingefügt			
35, 37, 76, 81, 265, 266, 369, 399, 400	geändert	Gesetz zur Änderung des Gesetzes betreffend die Gesellschaften mit beschränkter Haftung und anderer handelsrechtlicher Vorschriften[1]	4. 7.1980	I S. 836
62, 136, 339, 340, 341, 344-347, 348-352, 353, 354, Überschrift des Dritten Abschnitts des Ersten Teils des Vierten Buches, 353, 356, Überschrift des Vierten Abschnitts des Ersten Teils des Vierten Buches, 357, 358, 359, 360, 369, 405, 407	geändert	Verschmelzungsrichtlinie-Gesetz	25.10.1982	I S. 1425
340 a-340 d, 347 a, 352 a-352 c, Fünfter Abschnitt des Ersten Teils des Vierten Buches 358 a	eingefügt			
70, 209, 360, 385 d	geändert	Vierzehntes Gesetz zur Änderung des Versicherungsaufsichtsgesetzes	29. 3.1983	I S. 377
30, 33, 49, 58, 59, 71, 71 a, 86, 98, 99, 101, 104, 107, 119,	geändert	Bilanzrichtlinien-Gesetz	19.12.1985	I S.2355

1) Übergangsvorschriften: Artikel 12.

Paragraph	Art der Änderung	Geändert durch	Datum	Fundstelle BGBl.
120, 131, 143, 144, 150, 152, 158, 160, 170, 171, 173-176, 199, 204, 206-209, 229-234, 236, 237, 240-242, 251, 254, 256-259, 261, 270, 275, 283, 286, 288, 300-302, 304, 312-315, 324, 337, 340 b, 340 d, 348, 400, 404, 405, 407				
148, 149, 150 a, 151, 153-157, 159, 161-169, 177, 178, 325, 329-336, 338	aufgehoben			
98, 99, 104 250, 252	geändert	Gesetz zur Änderung des Betriebsverfassungsgesetzes, über Sprecherausschüsse der leitenden Angestellten und zur Sicherung der Montan-Mitbestimmung	20.12.1988	I S. 2312
98, 104, 250, 252	geändert	Arbeitsgerichtsgesetz-Änderungsgesetz	26. 6.1990	I S. 1206
37, 76, 81, 100, 265	geändert	Betreuungsgesetz	12. 9.1990	I S. 2002
131, 176, 256, 258	geändert	Bankbilanzrichtlinie-Gesetz	30.11.1990	I S. 2570
409	gegenstandslos	Sechstes Überleitungsgesetz	25. 9.1990	I S. 2106
128	geändert	Fünfte Zuständigkeitsanpassungs-Verordnung	26. 2.1993	I S. 278
80 42 – 44	geändert aufgehoben	Gesetz zur Durchführung der Elften gesellschaftsrechtlichen Richtlinie des Rates der Europäischen Gemeinschaften und über Gebäudeversicherungsverhältnisse	22. 7.1993	I S. 1282

Paragraph	Art der Änderung	Geändert durch	Datum	Fundstelle BGBl.
209, 256	geändert	Versicherungsbilanzricht-linie-Gesetz	24. 6.1994	I S. 1377
8, 71, 71 d	geändert	Zweites Finanzmarkt-förderungsgesetz	26. 7.1994	I S. 1749, 1777
2, 10, 31, 34, 36, 37, 40, 57, 58, 121, 124, 130, 182, 186, 188, 222, 241, 242, 256, 340 c, 399	geändert	Gesetz für kleine Aktien-gesellschaften und zur Deregulierung des Aktienrechts	2. 8.1994	I S. 1961
42	eingefügt			
50, 62, 87, 92, 93, 117, 225, 233, 262 – 264, 274, 283, 289, 290, 302, 303, 309, 321, 347, 385 a, 401	geändert	Einführungsgesetz zur Insolvenzordnung[1]	5.10.1994	I S. 2911, 2930
71, 99, 211, 293, 295, 305, 306, 319, 320, 399, 407	geändert	Gesetz zur Bereinigung des Umwandlungsrechts	28.10.1994	I S. 3210, 3260
179 a, 293 a – 293 g, 320 a, 320 b	eingefügt			
Viertes Buch (alt)	aufgehoben			
Fünftes Buch (alt) wird Viertes Buch (neu)				

1) Die Änderungen treten am 1. 1. 1999 in Kraft und werden zu diesem Zeitpunkt eingearbeitet.

Inhaltsübersicht

§§

Erstes Buch
Aktiengesellschaft (§§ 1-277)

Erster Teil
Allgemeine Vorschriften 1- 22

Zweiter Teil
Gründung der Gesellschaft 23- 53

Dritter Teil
Rechtsverhältnisse der Gesellschaft und der Gesellschafter 53 a- 75

Vierter Teil
Verfassung der Aktiengesellschaft 76-147

1. Abschnitt
Vorstand 76- 94

2. Abschnitt
Aufsichtsrat 95-116

3. Abschnitt
Benutzung des Einflusses auf die Gesellschaft 117

4. Abschnitt
Hauptversammlung 118-147

1. Unterabschnitt
Rechte der Hauptversammlung 118-120

2. Unterabschnitt
Einberufung der Hauptversammlung 121-128

3. Unterabschnitt
Verhandlungsniederschrift. Auskunftsrecht 129-132

4. Unterabschnitt
Stimmrecht 133-137

5. Unterabschnitt
Sonderbeschluß 138

6. Unterabschnitt
Vorzugsaktien ohne Stimmrecht 139-141

7. Unterabschnitt
Sonderprüfung. Geltendmachung von Ersatzansprüchen 142-147

Fünfter Teil
Rechnungslegung. Gewinnverwendung 148-178

1. Abschnitt
Jahresabschluß und Lagebericht 148-161

§§

2. Abschnitt
Prüfung des Jahresabschlusses 162-171

1. Unterabschnitt
Prüfung durch Abschlußprüfer 162-169 (aufgehoben)

2. Unterabschnitt
Prüfung durch den Aufsichtsrat 170-171

3. Abschnitt
Feststellung des Jahresabschlusses. Gewinnverwendung 172-176

1. Unterabschnitt
Feststellung des Jahresabschlusses 172-173

2. Unterabschnitt
Gewinnverwendung 174

3. Unterabschnitt
Ordentliche Hauptversammlung 175-176

4. Abschnitt
Bekanntmachung des Jahresabschlusses 177-178 (aufgehoben)

Sechster Teil
Satzungsänderung. Maßnahmen der Kapitalbeschaffung und Kapitalherabsetzung 179-240

1. Abschnitt
Satzungsänderung 179-181

2. Abschnitt
Maßnahmen der Kapitalbeschaffung 182-221

1. Unterabschnitt
Kapitalerhöhung gegen Einlagen 182-191

2. Unterabschnitt
Bedingte Kapitalerhöhung 192-201

3. Unterabschnitt
Genehmigtes Kapital 202-206

4. Unterabschnitt
Kapitalerhöhung aus Gesellschaftsmitteln 207-220

5. Unterabschnitt
Wandelschuldverschreibungen. Gewinnschuldverschreibungen 221

3. Abschnitt
Maßnahmen der Kapitalherabsetzung 222-240

	§§
1. Unterabschnitt Ordentliche Kapitalherabsetzung	222-228
2. Unterabschnitt Vereinfachte Kapitalherabsetzung	229-236
3. Unterabschnitt Kapitalherabsetzung durch Einziehung von Aktien	237-239
4. Unterabschnitt Ausweis der Kapitalherabsetzung	240
Siebenter Teil Nichtigkeit von Hauptversammlungsbeschlüssen und des festgestellten Jahresabschlusses. Sonderprüfung wegen unzulässiger Unterbewertung	241-261
1. Abschnitt Nichtigkeit von Hauptversammlungsbeschlüssen	241-255
1. Unterabschnitt Allgemeines	241-249
2. Unterabschnitt Nichtigkeit bestimmter Hauptversammlungsbeschlüsse	250-255
2. Abschnitt Nichtigkeit des festgestellten Jahresabschlusses	256-257
3. Abschnitt Sonderprüfung wegen unzulässiger Unterbewertung	258-261
Achter Teil Auflösung und Nichtigerklärung der Gesellschaft	262-277
1. Abschnitt Auflösung	262-274
1. Unterabschnitt Auflösungsgründe und Anmeldung	262-263
2. Unterabschnitt Abwicklung	264-274
2. Abschnitt Nichtigerklärung der Gesellschaft	275-277
Zweites Buch **Kommanditgesellschaft auf Aktien (§§ 278-290)**	
Drittes Buch **Verbundene Unternehmen (§§ 291-338)**	
Erster Teil Unternehmensverträge	291-307
1. Abschnitt Arten von Unternehmensverträgen	291-292
2. Abschnitt Abschluß, Änderung und Beendigung von Unternehmensverträgen	293-299
3. Abschnitt Sicherung der Gesellschaft und der Gläubiger	300-303
4. Abschnitt Sicherung der außenstehenden Aktionäre bei Beherrschungs- und Gewinnabführungsverträgen	304-307
Zweiter Teil Leitungsmacht und Verantwortlichkeit bei Abhängigkeit von Unternehmen	308-318
1. Abschnitt Leitungsmacht und Verantwortlichkeit bei Bestehen eines Beherrschungsvertrags	308-310
2. Abschnitt Verantwortlichkeit bei Fehlen eines Beherrschungsvertrags	311-318
Dritter Teil Eingegliederte Gesellschaften	319-327
Vierter Teil Wechselseitig beteiligte Unternehmen	328
Fünfter Teil Rechnungslegung im Konzern (aufgehoben)	329-338 339-393
Viertes Buch **Sonder-, Straf- und Schlußvorschriften (§§ 394-410)**	
Erster Teil Sondervorschriften bei Beteiligung von Gebietskörperschaften	394-395
Zweiter Teil Gerichtliche Auflösung	396-398
Dritter Teil Straf- und Bußgeldvorschriften. Schlußvorschriften	399-410

Der Bundestag hat mit Zustimmung des Bundesrates das folgende Gesetz beschlossen:

Erstes Buch
Aktiengesellschaft
Erster Teil
Allgemeine Vorschriften

§ 1 Wesen der Aktiengesellschaft

(1) Die Aktiengesellschaft ist eine Gesellschaft mit eigener Rechtspersönlichkeit. Für die Verbindlichkeiten der Gesellschaft haftet den Gläubigern nur das Gesellschaftsvermögen.

(2) Die Aktiengesellschaft hat ein in Aktien zerlegtes Grundkapital.

§ 2 Gründerzahl

An der Feststellung des Gesellschaftsvertrags (der Satzung) müssen sich eine oder mehrere Personen beteiligen, welche die Aktien gegen Einlagen übernehmen.

§ 3 Die Aktiengesellschaft als Handelsgesellschaft

Die Aktiengesellschaft gilt als Handelsgesellschaft, auch wenn der Gegenstand des Unternehmens nicht im Betrieb eines Handelsgewerbes besteht.

§ 4 Firma

(1) Die Firma der Aktiengesellschaft ist in der Regel dem Gegenstand des Unternehmens zu entnehmen. Sie muß die Bezeichnung »Aktiengesellschaft« enthalten.

(2) Führt die Aktiengesellschaft die Firma eines auf sie übergegangenen Handelsgeschäfts fort (§ 22 des Handelsgesetzbuchs), so muß sie die Bezeichnung »Aktiengesellschaft« in die Firma aufnehmen.

§ 5 Sitz

(1) Sitz der Gesellschaft ist der Ort, den die Satzung bestimmt.

(2) Die Satzung hat als Sitz in der Regel den Ort, wo die Gesellschaft einen Betrieb hat, oder den Ort zu bestimmen, wo sich die Geschäftsleitung befindet oder die Verwaltung geführt wird.

§ 6 Grundkapital

Das Grundkapital und die Aktien müssen auf einen Nennbetrag in Deutscher Mark lauten.

§ 7 Mindestnennbetrag des Grundkapitals

Der Mindestnennbetrag des Grundkapitals ist einhunderttausend Deutsche Mark.

§ 8 Mindestnennbetrag der Aktien

(1) Der Mindestnennbetrag der Aktien ist fünf Deutsche Mark. Aktien über einen geringeren Nennbetrag sind nichtig. Für den Schaden aus der Ausgabe sind die Ausgeber den Inhabern als Gesamtschuldner verantwortlich.

(2) Höhere Aktiennennbeträge müssen auf volle fünf Deutsche Mark lauten.

(3) Die Aktien sind unteilbar.

(4) Diese Vorschriften gelten auch für Anteilscheine, die den Aktionären vor der Ausgabe der Aktien erteilt werden (Zwischenscheine).

§ 9 Ausgabebetrag der Aktien

(1) Für einen geringeren Betrag als den Nennbetrag dürfen Aktien nicht ausgegeben werden.

(2) Für einen höheren Betrag ist die Ausgabe zulässig.

§ 10 Aktien und Zwischenscheine

(1) Die Aktien können auf den Inhaber oder auf Namen lauten.

(Fortsetzung auf Seite 7)

(2) Sie müssen auf Namen lauten, wenn sie vor der vollen Leistung des Nennbetrags oder des höheren Ausgabebetrags ausgegeben werden. Der Betrag der Teilleistungen ist in der Aktie anzugeben.
(3) Zwischenscheine müssen auf Namen lauten.
(4) Zwischenscheine auf den Inhaber sind nichtig. Für den Schaden aus der Ausgabe sind die Ausgeber den Inhabern als Gesamtschuldner verantwortlich.
(5) In der Satzung kann der Anspruch auf Einzelverbriefung der Aktien ausgeschlossen oder eingeschränkt werden.

§ 11 Aktien besonderer Gattung
Die Aktien können verschiedene Rechte gewähren, namentlich bei der Verteilung des Gewinns und des Gesellschaftsvermögens. Aktien mit gleichen Rechten bilden eine Gattung.

§ 12 Stimmrecht. Keine Mehrstimmrechte
(1) Jede Aktie gewährt das Stimmrecht. Vorzugsaktien können nach den Vorschriften dieses Gesetzes als Aktien ohne Stimmrecht ausgegeben werden.
(2) Mehrstimmrechte sind unzulässig. Die für Wirtschaft zuständige oberste Behörde des Landes, in dem die Gesellschaft ihren Sitz hat, kann Ausnahmen zulassen, soweit es zur Wahrung überwiegender gesamtwirtschaftlicher Belange erforderlich ist.

§ 13 Unterzeichnung der Aktien
Zur Unterzeichnung von Aktien und Zwischenscheinen genügt eine vervielfältigte Unterschrift. Die Gültigkeit der Unterzeichnung kann von der Beachtung einer besonderen Form abhängig gemacht werden. Die Formvorschrift muß in der Urkunde enthalten sein.

§ 14 Zuständigkeit
Gericht im Sinne dieses Gesetzes ist, wenn nichts anderes bestimmt ist, das Gericht des Sitzes der Gesellschaft.

§ 15 Verbundene Unternehmen
Verbundene Unternehmen sind rechtlich selbständige Unternehmen, die im Verhältnis zueinander in Mehrheitsbesitz stehende Unternehmen und mit Mehrheit beteiligte Unternehmen (§ 16), abhängige und herrschende Unternehmen (§ 17), Konzernunternehmen (§ 18), wechselseitig beteiligte Unternehmen (§ 19) oder Vertragsteile eines Unternehmensvertrags (§§ 291, 292) sind.

§ 16 In Mehrheitsbesitz stehende Unternehmen und mit Mehrheit beteiligte Unternehmen
(1) Gehört die Mehrheit der Anteile eines rechtlich selbständigen Unternehmens einem anderen Unternehmen oder steht einem anderen Unternehmen die Mehrheit der Stimmrechte zu (Mehrheitsbeteiligung), so ist das Unternehmen ein in Mehrheitsbesitz stehendes Unternehmen, das andere Unternehmen ein an ihm mit Mehrheit beteiligtes Unternehmen.
(2) Welcher Teil der Anteile einem Unternehmen gehört, bestimmt sich bei Kapitalgesellschaften nach dem Verhältnis des Gesamtnennbetrags der ihm gehörenden Anteile zum Nennkapital, bei bergrechtlichen Gewerkschaften nach der Zahl der Kuxe. Eigene Anteile sind bei Kapitalgesellschaften vom Nennkapital, bei bergrechtlichen Gewerkschaften von der Zahl der Kuxe abzusetzen. Eigenen Anteilen des Unternehmens stehen Anteile gleich, die einem anderen für Rechnung des Unternehmens gehören.
(3) Welcher Teil der Stimmrechte einem Unternehmen zusteht, bestimmt sich nach dem Verhältnis der Zahl der Stimmrechte, die es aus den ihm gehörenden Anteilen ausüben kann, zur Gesamtzahl aller Stimmrechte. Von der Gesamtzahl aller Stimmrechte sind die

Stimmrechte aus eigenen Anteilen sowie aus Anteilen, die nach Absatz 2 Satz 3 eigenen Anteilen gleichstehen, abzusetzen.

(4) Als Anteile, die einem Unternehmen gehören, gelten auch die Anteile, die einem von ihm abhängigen Unternehmen oder einem anderen für Rechnung des Unternehmens oder eines von diesem abhängigen Unternehmens gehören und, wenn der Inhaber des Unternehmens ein Einzelkaufmann ist, auch die Anteile, die sonstiges Vermögen des Inhabers sind.

§ 17 Abhängige und herrschende Unternehmen

(1) Abhängige Unternehmen sind rechtlich selbständige Unternehmen, auf die ein anderes Unternehmen (herrschendes Unternehmen) unmittelbar oder mittelbar einen beherrschenden Einfluß ausüben kann.

(2) Von einem in Mehrheitsbesitz stehenden Unternehmen wird vermutet, daß es von dem an ihm mit Mehrheit beteiligten Unternehmen abhängig ist.

§ 18 Konzern und Konzernunternehmen

(1) Sind ein herrschendes und ein oder mehrere abhängige Unternehmen unter der einheitlichen Leitung des herrschenden Unternehmens zusammengefaßt, so bilden sie einen Konzern; die einzelnen Unternehmen sind Konzernunternehmen. Unternehmen, zwischen denen ein Beherrschungsvertrag (§ 291) besteht oder von denen das eine in das andere eingegliedert ist (§ 315), sind als unter einheitlicher Leitung zusammengefaßt anzusehen. Von einem abhängigen Unternehmen wird vermutet, daß es mit dem herrschenden Unternehmen einen Konzern bildet.

(2) Sind rechtlich selbständige Unternehmen, ohne daß das eine Unternehmen von dem anderen abhängig ist, unter einheitlicher Leitung zusammengefaßt, so bilden sie auch einen Konzern; die einzelnen Unternehmen sind Konzernunternehmen.

§ 19 Wechselseitig beteiligte Unternehmen

(1) Wechselseitig beteiligte Unternehmen sind Unternehmen mit Sitz im Inland in der Rechtsform einer Kapitalgesellschaft oder bergrechtlichen Gewerkschaft, die dadurch verbunden sind, daß jedem Unternehmen mehr als der vierte Teil der Anteile des anderen Unternehmens gehört. Für die Feststellung, ob einem Unternehmen mehr als der vierte Teil der Anteile des anderen Unternehmens gehört, gilt § 16 Abs. 2 Satz 1, Abs. 4.

(2) Gehört einem wechselseitig beteiligten Unternehmen an dem anderen Unternehmen eine Mehrheitsbeteiligung oder kann das eine auf das andere Unternehmen unmittelbar oder mittelbar einen beherrschenden Einfluß ausüben, so ist das eine als herrschendes, das andere als abhängiges Unternehmen anzusehen.

(3) Gehört jedem der wechselseitig beteiligten Unternehmen an dem anderen Unternehmen eine Mehrheitsbeteiligung oder kann jedes auf das andere unmittelbar oder mittelbar einen beherrschenden Einfluß ausüben, so gelten beide Unternehmen als herrschend und als abhängig.

(4) § 328 ist auf Unternehmen, die nach Absatz 2 oder 3 herrschende oder abhängige Unternehmen sind, nicht anzuwenden.

§ 20 Mitteilungspflichten

(1) Sobald einem Unternehmen mehr als der vierte Teil der Aktien einer Aktiengesellschaft mit Sitz im Inland gehört, hat es dies der Gesellschaft unverzüglich schriftlich mitzuteilen. Für die Feststellung, ob dem Unternehmen mehr als der vierte Teil der Aktien gehört, gilt § 16 Abs. 2 Satz 1, Abs. 4.

(2) Für die Mitteilungspflicht nach Absatz 1 rechnen zu den Aktien, die dem Unternehmen gehören, auch Aktien,

1. deren Übereignung das Unternehmen, ein von ihm abhängiges Unternehmen oder ein anderer für Rechnung des Unternehmens oder eines von diesem abhängigen Unternehmens verlangen kann;
2. zu deren Abnahme das Unternehmen, ein von ihm abhängiges Unternehmen oder ein anderer für Rechnung des Unternehmens oder eines von diesem abhängigen Unternehmens verpflichtet ist.

(3) Ist das Unternehmen eine Kapitalgesellschaft oder bergrechtliche Gewerkschaft, so hat es, sobald ihm ohne Hinzurechnung der Aktien nach Absatz 2 mehr als der vierte Teil der Aktien gehört, auch dies der Gesellschaft unverzüglich schriftlich mitzuteilen.

(4) Sobald dem Unternehmen eine Mehrheitsbeteiligung (§ 16 Abs. 1) gehört, hat es auch dies der Gesellschaft unverzüglich schriftlich mitzuteilen.

(5) Besteht die Beteiligung in der nach Absatz 1, 3 oder 4 mitteilungspflichtigen Höhe nicht mehr, so ist dies der Gesellschaft unverzüglich schriftlich mitzuteilen.

(6) Die Gesellschaft hat das Bestehen einer Beteiligung, die ihr nach Absatz 1 oder 4 mitgeteilt worden ist, unverzüglich in den Gesellschaftsblättern bekanntzumachen; dabei ist das Unternehmen anzugeben, dem die Beteiligung gehört. Wird der Gesellschaft mitgeteilt, daß die Beteiligung in der nach Absatz 1 oder 4 mitteilungspflichtigen Höhe nicht mehr besteht, so ist auch dies unverzüglich in den Gesellschaftsblättern bekanntzumachen.

(7) Rechte aus Aktien, die einem nach Absatz 1 oder 4 mitteilungspflichtigen Unternehmen gehören, können für die Zeit, für die das Unternehmen die Mitteilung nicht gemacht hat, durch das Unternehmen, ein von ihm abhängiges Unternehmen oder einen anderen für Rechnung des Unternehmens oder eines von diesem abhängigen Unternehmens nicht ausgeübt werden.

§ 21 Mitteilungspflichten der Gesellschaft

(1) Sobald der Gesellschaft mehr als der vierte Teil der Anteile einer anderen Kapitalgesellschaft oder bergrechtlichen Gewerkschaft mit Sitz im Inland gehört, hat sie dies dem Unternehmen, an dem die Beteiligung besteht, unverzüglich schriftlich mitzuteilen. Für die Feststellung, ob der Gesellschaft mehr als der vierte Teil der Anteile gehört, gilt § 16 Abs. 2 Satz 1, Abs. 4 sinngemäß.

(2) Sobald der Gesellschaft eine Mehrheitsbeteiligung (§ 16 Abs. 1) an einem anderen Unternehmen gehört, hat sie dies dem Unternehmen, an dem die Mehrheitsbeteiligung besteht, unverzüglich schriftlich mitzuteilen.

(3) Besteht die Beteiligung in der nach Absatz 1 oder 2 mitteilungspflichtigen Höhe nicht mehr, hat die Gesellschaft dies dem anderen Unternehmen unverzüglich schriftlich mitzuteilen.

(4) Rechte aus Anteilen, die einer nach Absatz 1 oder 2 mitteilungspflichtigen Gesellschaft gehören, können für die Zeit, für die sie die Mitteilung nicht gemacht hat, nicht ausgeübt werden.

§ 22 Nachweis mitgeteilter Beteiligungen

Ein Unternehmen, dem eine Mitteilung nach § 20 Abs. 1, 3 oder 4, § 21 Abs. 1 oder 2 gemacht worden ist, kann jederzeit verlangen, daß ihm das Bestehen der Beteiligung nachgewiesen wird.

Zweiter Teil
Gründung der Gesellschaft

§ 23 Feststellung der Satzung

(1) Die Satzung muß durch notarielle Beurkundung festgestellt werden. Bevollmächtigte bedürfen einer notariell beglaubigten Vollmacht.

(2) In der Urkunde sind anzugeben
1. die Gründer;
2. der Nennbetrag, der Ausgabebetrag und, wenn mehrere Gattungen bestehen, die Gattung der Aktien, die jeder Gründer übernimmt;
3. der eingezahlte Betrag des Grundkapitals.

(3) Die Satzung muß bestimmen
1. die Firma und den Sitz der Gesellschaft;
2. den Gegenstand des Unternehmens; namentlich ist bei Industrie- und Handelsunternehmen die Art der Erzeugnisse und Waren, die hergestellt und gehandelt werden sollen, näher anzugeben;
3. die Höhe des Grundkapitals;
4. die Nennbeträge der Aktien und die Zahl der Aktien jeden Nennbetrags sowie, wenn mehrere Gattungen bestehen, die Gattung der Aktien und die Zahl der Aktien jeder Gattung;
5. ob die Aktien auf den Inhaber oder auf den Namen ausgestellt werden;
6. die Zahl der Mitglieder des Vorstands oder die Regeln, nach denen diese Zahl festgelegt wird.

(4) Die Satzung muß ferner Bestimmungen über die Form der Bekanntmachungen der Gesellschaft enthalten.

(5) Die Satzung kann von den Vorschriften dieses Gesetzes nur abweichen, wenn es ausdrücklich zugelassen ist. Ergänzende Bestimmungen der Satzung sind zulässig, es sei denn, daß dieses Gesetz eine abschließende Regelung enthält.

§ 24 Umwandlung von Aktien

Die Satzung kann bestimmen, daß auf Verlangen eines Aktionärs seine Inhaberaktie in eine Namensaktie oder seine Namensaktie in eine Inhaberaktie umzuwandeln ist.

§ 25 Bekanntmachungen der Gesellschaft

Bestimmt das Gesetz oder die Satzung, daß eine Bekanntmachung der Gesellschaft durch die Gesellschaftsblätter erfolgen soll, so ist sie in den Bundesanzeiger einzurücken. Daneben kann die Satzung andere Blätter als Gesellschaftsblätter bezeichnen.

§ 26 Sondervorteile. Gründungsaufwand

(1) Jeder einem einzelnen Aktionär oder einem Dritten eingeräumte besondere Vorteil muß in der Satzung unter Bezeichnung des Berechtigten festgesetzt werden.

(2) Der Gesamtaufwand, der zu Lasten der Gesellschaft an Aktionäre oder an andere Personen als Entschädigung oder als Belohnung für die Gründung oder ihre Vorbereitung gewährt wird, ist in der Satzung gesondert festzusetzen.

(3) Ohne diese Festsetzung sind die Verträge und die Rechtshandlungen zu ihrer Ausführung der Gesellschaft gegenüber unwirksam. Nach der Eintragung der Gesellschaft in das Handelsregister kann die Unwirksamkeit nicht durch Satzungsänderung geheilt werden.

(4) Die Festsetzungen können erst geändert werden, wenn die Gesellschaft fünf Jahre im Handelsregister eingetragen ist.

(5) Die Satzungsbestimmungen über die Festsetzungen können durch Satzungsänderung erst beseitigt werden, wenn die Gesellschaft dreißig Jahre im Handelsregister eingetragen

ist und wenn die Rechtsverhältnisse, die den Festsetzungen zugrunde liegen, seit mindestens fünf Jahren abgewickelt sind.

§ 27 Sacheinlagen. Sachübernahmen

(1) Sollen Aktionäre Einlagen machen, die nicht durch Einzahlung des Nennbetrags oder des höheren Ausgabebetrags der Aktien zu leisten sind (Sacheinlagen), oder soll die Gesellschaft vorhandene oder herzustellende Anlagen oder andere Vermögensgegenstände übernehmen (Sachübernahmen), so müssen in der Satzung festgesetzt werden der Gegenstand der Sacheinlage oder der Sachübernahme, die Person, von der die Gesellschaft den Gegenstand erwirbt, und der Nennbetrag der bei der Sacheinlage zu gewährenden Aktien oder die bei der Sachübernahme zu gewährende Vergütung. Soll die Gesellschaft einen Vermögensgegenstand übernehmen, für den eine Vergütung gewährt wird, die auf die Einlage eines Aktionärs angerechnet werden soll, so gilt dies als Sacheinlage.

(2) Sacheinlagen oder Sachübernahmen können nur Vermögensgegenstände sein, deren wirtschaftlicher Wert feststellbar ist; Verpflichtungen zu Dienstleistungen können nicht Sacheinlagen oder Sachübernahmen sein.

(3) Ohne eine Festsetzung nach Absatz 1 sind Verträge über Sacheinlagen und Sachübernahmen und die Rechtshandlungen zu ihrer Ausführung der Gesellschaft gegenüber unwirksam. Ist die Gesellschaft eingetragen, so wird die Gültigkeit der Satzung durch diese Unwirksamkeit nicht berührt. Ist die Vereinbarung einer Sacheinlage unwirksam, so ist der Aktionär verpflichtet, den Nennbetrag oder den höheren Ausgabebetrag der Aktie einzuzahlen.

(4) Nach Eintragung der Gesellschaft in das Handelsregister kann die Unwirksamkeit nicht durch Satzungsänderung geheilt werden.

(5) Für die Änderung rechtswirksam getroffener Festsetzungen gilt § 26 Abs. 4, für die Beseitigung der Satzungsbestimmungen § 26 Abs. 5.

§ 28 Gründer

Die Aktionäre, die die Satzung festgestellt haben, sind die Gründer der Gesellschaft.

§ 29 Errichtung der Gesellschaft

Mit der Übernahme aller Aktien durch die Gründer ist die Gesellschaft errichtet.

§ 30 Bestellung des Aufsichtsrats, des Vorstands und des Abschlußprüfers

(1) Die Gründer haben den ersten Aufsichtsrat der Gesellschaft und den Abschlußprüfer für das erste Voll- oder Rumpfgeschäftsjahr zu bestellen. Die Bestellung bedarf notarieller Beurkundung.

(2) Auf die Zusammensetzung und die Bestellung des ersten Aufsichtsrats sind die Vorschriften über die Bestellung von Aufsichtsratsmitgliedern der Arbeitnehmer nicht anzuwenden.

(3) Die Mitglieder des ersten Aufsichtsrats können nicht für längere Zeit als bis zur Beendigung der Hauptversammlung bestellt werden, die über die Entlastung für das erste Voll- oder Rumpfgeschäftsjahr beschließt. Der Vorstand hat rechtzeitig vor Ablauf der Amtszeit des ersten Aufsichtsrats bekanntzumachen, nach welchen gesetzlichen Vorschriften der nächste Aufsichtsrat nach seiner Ansicht zusammenzusetzen ist; §§ 96 bis 99 sind anzuwenden.

(4) Der Aufsichtsrat bestellt den ersten Vorstand.

§ 31 Bestellung des Aufsichtsrats bei Sachgründung

(1) Ist in der Satzung als Gegenstand einer Sacheinlage oder Sachübernahme die Einbringung oder Übernahme eines Unternehmens oder eines Teils eines Unternehmens festgesetzt worden, so haben die Gründer nur so viele Aufsichtsratsmitglieder zu bestellen,

wie nach den gesetzlichen Vorschriften, die nach ihrer Ansicht nach der Einbringung oder Übernahme für die Zusammensetzung des Aufsichtsrats maßgebend sind, von der Hauptversammlung ohne Bindung an Wahlvorschläge zu wählen sind. Sie haben jedoch, wenn dies nur zwei Aufsichtsratsmitglieder sind, drei Aufsichtsratsmitglieder zu bestellen.

(2) Der nach Absatz 1 Satz 1 bestellte Aufsichtsrat ist, soweit die Satzung nichts anderes bestimmt, beschlußfähig, wenn die Hälfte, mindestens jedoch drei seiner Mitglieder an der Beschlußfassung teilnehmen.

(3) Unverzüglich nach der Einbringung oder Übernahme des Unternehmens oder des Unternehmensteils hat der Vorstand bekanntzumachen, nach welchen gesetzlichen Vorschriften nach seiner Ansicht der Aufsichtsrat zusammengesetzt sein muß. §§ 97 bis 99 gelten sinngemäß. Das Amt der bisherigen Aufsichtsratsmitglieder erlischt nur, wenn der Aufsichtsrat nach anderen als den von den Gründern für maßgebend gehaltenen Vorschriften zusammenzusetzen ist oder wenn die Gründer drei Aufsichtsratsmitglieder bestellt haben, der Aufsichtsrat aber auch aus Aufsichtsratsmitgliedern der Arbeitnehmer zu bestehen hat.

(4) Absatz 3 gilt nicht, wenn das Unternehmen oder der Unternehmensteil erst nach der Bekanntmachung des Vorstands nach § 30 Abs. 3 Satz 2 eingebracht oder übernommen wird.

(5) § 30 Abs. 3 Satz 1 gilt nicht für die nach Absatz 3 bestellten Aufsichtsratsmitglieder der Arbeitnehmer.

§ 32 Gründungsbericht

(1) Die Gründer haben einen schriftlichen Bericht über den Hergang der Gründung zu erstatten (Gründungsbericht).

(2) Im Gründungsbericht sind die wesentlichen Umstände darzulegen, von denen die Angemessenheit der Leistungen für Sacheinlagen oder Sachübernahmen abhängt. Dabei sind anzugeben

1. die vorausgegangenen Rechtsgeschäfte, die auf den Erwerb durch die Gesellschaft hingezielt haben;
2. die Anschaffungs- und Herstellungskosten aus den letzten beiden Jahren;
3. beim Übergang eines Unternehmens auf die Gesellschaft die Betriebserträge aus den letzten beiden Geschäftsjahren.

(3) Im Gründungsbericht ist ferner anzugeben, ob und in welchem Umfang bei der Gründung für Rechnung eines Mitglieds des Vorstands oder des Aufsichtsrats Aktien übernommen worden sind und ob und in welcher Weise ein Mitglied des Vorstands oder des Aufsichtsrats sich einen besonderen Vorteil oder für die Gründung oder ihre Vorbereitung eine Entschädigung oder Belohnung ausbedungen hat.

§ 33 Gründungsprüfung. Allgemeines

(1) Die Mitglieder des Vorstands und des Aufsichtsrats haben den Hergang der Gründung zu prüfen.

(2) Außerdem hat eine Prüfung durch einen oder mehrere Prüfer (Gründungsprüfer) stattzufinden, wenn

1. ein Mitglied des Vorstands oder des Aufsichtsrats zu den Gründern gehört oder
2. bei der Gründung für Rechnung eines Mitglieds des Vorstands oder des Aufsichtsrats Aktien übernommen worden sind oder
3. ein Mitglied des Vorstands oder des Aufsichtsrats sich einen besonderen Vorteil oder für die Gründung oder ihre Vorbereitung eine Entschädigung oder Belohnung ausbedungen hat oder
4. eine Gründung mit Sacheinlagen oder Sachübernahmen vorliegt.

(3) Die Gründungsprüfer bestellt das Gericht nach Anhörung der Industrie- und Handelskammer. Gegen die Entscheidung ist die sofortige Beschwerde zulässig.

(4) Als Gründungsprüfer sollen, wenn die Prüfung keine anderen Kenntnisse fordert, nur bestellt werden

1. Personen, die in der Buchführung ausreichend vorgebildet und erfahren sind;
2. Prüfungsgesellschaften, von deren gesetzlichen Vertretern mindestens einer in der Buchführung ausreichend vorgebildet und erfahren ist.

(5) Als Gründungsprüfer darf nicht bestellt werden, wer nach § 143 Abs. 2 nicht Sonderprüfer sein kann. Gleiches gilt für Personen und Prüfungsgesellschaften, auf deren Geschäftsführung die Gründer oder Personen, für deren Rechnung die Gründer Aktien übernommen haben, maßgebenden Einfluß haben.

§ 34 Umfang der Gründungsprüfung

(1) Die Prüfung durch die Mitglieder des Vorstands und des Aufsichtsrats sowie die Prüfung durch die Gründungsprüfer haben sich namentlich darauf zu erstrecken,

1. ob die Angaben der Gründer über die Übernahme der Aktien, über die Einlagen auf das Grundkapital und über die Festsetzungen nach §§ 26 und 27 richtig und vollständig sind;
2. ob der Wert der Sacheinlagen oder Sachübernahmen den Nennbetrag der dafür zu gewährenden Aktien oder den Wert der dafür zu gewährenden Leistungen erreicht.

(2) Über jede Prüfung ist unter Darlegung dieser Umstände schriftlich zu berichten. In dem Bericht ist der Gegenstand jeder Sacheinlage oder Sachübernahme zu beschreiben sowie anzugeben, welche Bewertungsmethoden bei der Ermittlung des Wertes angewandt worden sind.

(3) Je ein Stück des Berichts der Gründungsprüfer ist dem Gericht und dem Vorstand einzureichen. Jedermann kann den Bericht bei dem Gericht einsehen.

§ 35 Meinungsverschiedenheiten zwischen Gründern und Gründungsprüfern. Vergütung und Auslagen der Gründungsprüfer

(1) Die Gründungsprüfer können von den Gründern alle Aufklärungen und Nachweise verlangen, die für eine sorgfältige Prüfung notwendig sind.

(2) Bei Meinungsverschiedenheiten zwischen den Gründern und den Gründungsprüfern über den Umfang der Aufklärungen und Nachweise, die von den Gründern zu gewähren sind, entscheidet das Gericht. Die Entscheidung ist unanfechtbar. Solange sich die Gründer weigern, der Entscheidung nachzukommen, wird der Prüfungsbericht nicht erstattet.

(3) Die Gründungsprüfer haben Anspruch auf Ersatz angemessener barer Auslagen und auf Vergütung für ihre Tätigkeit. Die Auslagen und die Vergütung setzt das Gericht fest. Gegen die Entscheidung ist die sofortige Beschwerde zulässig. Die weitere Beschwerde ist ausgeschlossen. Aus der rechtskräftigen Entscheidung findet die Zwangsvollstreckung nach der Zivilprozeßordnung statt.

§ 36 Anmeldung der Gesellschaft

(1) Die Gesellschaft ist bei dem Gericht von allen Gründern und Mitgliedern des Vorstands und des Aufsichtsrats zur Eintragung in das Handelsregister anzumelden.

(2) Die Anmeldung darf erst erfolgen, wenn auf jede Aktie, soweit nicht Sacheinlagen vereinbart sind, der eingeforderte Betrag ordnungsgemäß eingezahlt worden ist (§ 54 Abs. 3) und, soweit er nicht bereits zur Bezahlung der bei der Gründung angefallenen Steuern und Gebühren verwandt wurde, endgültig zur freien Vergütung des Vorstands steht. Wird die Gesellschaft nur durch eine Person errichtet, so hat der Gründer zusätzlich

für den Teil der Geldeinlage, der den eingeforderten Betrag übersteigt, eine Sicherung zu bestellen.

§ 36 a Leistung der Einlagen

(1) Bei Bareinlagen muß der eingeforderte Betrag (§ 36 Abs. 2) mindestens ein Viertel des Nennbetrags und bei Ausgabe der Aktien für einen höheren als den Nennbetrag auch den Mehrbetrag umfassen.

(2) Sacheinlagen sind vollständig zu leisten. Besteht die Sacheinlage in der Verpflichtung, einen Vermögensgegenstand auf die Gesellschaft zu übertragen, so muß diese Leistung innerhalb von fünf Jahren nach der Eintragung der Gesellschaft in das Handelsregister zu bewirken sein. Der Wert muß dem Nennbetrag und bei Ausgabe der Aktien für einen höheren als den Nennbetrag auch dem Mehrbetrag entsprechen.

§ 37 Inhalt der Anmeldung

(1) In der Anmeldung ist zu erklären, daß die Voraussetzungen des § 36 Abs. 2 und des § 36 a erfüllt sind; dabei sind der Betrag, zu dem die Aktien ausgegeben werden, und der darauf eingezahlte Betrag anzugeben. Es ist nachzuweisen, daß der eingezahlte Betrag endgültig zur freien Verfügung des Vorstands steht. Ist der Betrag durch Gutschrift auf ein Konto der Gesellschaft oder des Vorstands bei der Deutschen Bundesbank oder einem Kreditinstitut (§ 54 Abs. 3) eingezahlt worden, so ist der Nachweis durch eine schriftliche Bestätigung des Instituts zu führen. Für die Richtigkeit der Bestätigung ist das Institut der Gesellschaft verantwortlich. Sind von dem eingezahlten Betrag Steuern und Gebühren bezahlt worden, so ist dies nach Art und Höhe der Beträge nachzuweisen.

(2) In der Anmeldung haben die Vorstandsmitglieder zu versichern, daß keine Umstände vorliegen, die ihrer Bestellung nach § 76 Abs. 3 Satz 3 und 4 entgegenstehen, und daß sie über ihre unbeschränkte Auskunftspflicht gegenüber dem Gericht belehrt worden sind. Die Belehrung nach § 51 Abs. 2 des Gesetzes über das Zentralregister und das Erziehungsregister in der Fassung der Bekanntmachung vom 22. Juli 1976 (BGBl. I S. 2005) kann auch durch einen Notar vorgenommen werden.

(3) In der Anmeldung ist ferner anzugeben, welche Vertretungsbefugnis die Vorstandsmitglieder haben.

(4) Der Anmeldung sind beizufügen

1. die Satzung und die Urkunden, in denen die Satzung festgestellt worden ist und die Aktien von den Gründern übernommen worden sind;
2. im Fall der §§ 26 und 27 die Verträge, die den Festsetzungen zugrunde liegen oder zu ihrer Ausführung geschlossen worden sind, und eine Berechnung des der Gesellschaft zur Last fallenden Gründungsaufwands; in der Berechnung sind die Vergütungen nach Art und Höhe und die Empfänger einzeln anzuführen;
3. die Urkunden über die Bestellung des Vorstands und des Aufsichtsrats;
4. der Gründungsbericht und die Prüfungsberichte der Mitglieder des Vorstands und des Aufsichtsrats sowie der Gründungsprüfer nebst ihren urkundlichen Unterlagen;
5. wenn der Gegenstand des Unternehmens oder eine andere Satzungsbestimmung der staatlichen Genehmigung bedarf, die Genehmigungsurkunde.

(5) Die Vorstandsmitglieder haben ihre Namensunterschrift zur Aufbewahrung beim Gericht zu zeichnen.

(6) Die eingereichten Schriftstücke werden beim Gericht in Urschrift, Ausfertigung oder öffentlich beglaubigter Abschrift aufbewahrt.

§ 38 Prüfung durch das Gericht

(1) Das Gericht hat zu prüfen, ob die Gesellschaft ordnungsgemäß errichtet und angemeldet ist. Ist dies nicht der Fall, so hat es die Eintragung abzulehnen.

(2) Das Gericht kann die Eintragung auch ablehnen, wenn die Gründungsprüfer erklären oder es offensichtlich ist, daß der Gründungsbericht oder der Prüfungsbericht der Mitglieder des Vorstands und des Aufsichtsrats unrichtig oder unvollständig ist oder den gesetzlichen Vorschriften nicht entspricht. Gleiches gilt, wenn die Gründungsprüfer erklären oder das Gericht der Auffassung ist, daß der Wert der Sacheinlagen oder Sachübernahmen nicht unwesentlich hinter dem Nennbetrag der dafür zu gewährenden Aktien oder dem Wert der dafür zu gewährenden Leistungen zurückbleibt.

§ 39 Inhalt der Eintragung

(1) Bei der Eintragung der Gesellschaft sind die Firma und der Sitz der Gesellschaft, der Gegenstand des Unternehmens, die Höhe des Grundkapitals, der Tag der Feststellung der Satzung und die Vorstandsmitglieder anzugeben. Ferner ist einzutragen, welche Vertretungsbefugnis die Vorstandsmitglieder haben.

(2) Enthält die Satzung Bestimmungen über die Dauer der Gesellschaft oder über das genehmigte Kapital, so sind auch diese Bestimmungen einzutragen.

§ 40 Bekanntmachung der Eintragung

(1) In die Bekanntmachung der Eintragung sind außer deren Inhalt aufzunehmen

1. die Festsetzungen nach § 23 Abs. 3 und 4, §§ 24, 25 Satz 2, §§ 26 und 27 sowie Bestimmungen der Satzung über die Zusammensetzung des Vorstands;
2. der Ausgabebetrag der Aktien;
3. Name, Beruf und Wohnort der Gründer;
4. Name, Beruf und Wohnort der Mitglieder des ersten Aufsichtsrats.

(2) Zugleich ist bekanntzumachen, daß die mit der Anmeldung eingereichten Schriftstücke, namentlich die Prüfungsberichte der Mitglieder des Vorstands und des Aufsichtsrats sowie der Gründungsprüfer, bei dem Gericht eingesehen werden können.

§ 41 Handeln im Namen der Gesellschaft vor der Eintragung. Verbotene Aktienausgabe

(1) Vor der Eintragung in das Handelsregister besteht die Aktiengesellschaft als solche nicht. Wer vor der Eintragung der Gesellschaft in ihrem Namen handelt, haftet persönlich; handeln mehrere, so haften sie als Gesamtschuldner.

(2) Übernimmt die Gesellschaft eine vor ihrer Eintragung in ihrem Namen eingegangene Verpflichtung durch Vertrag mit dem Schuldner in der Weise, daß sie an die Stelle des bisherigen Schuldners tritt, so bedarf es zur Wirksamkeit der Schuldübernahme der Zustimmung des Gläubigers nicht, wenn die Schuldübernahme binnen drei Monaten nach der Eintragung der Gesellschaft vereinbart und dem Gläubiger von der Gesellschaft oder dem Schuldner mitgeteilt wird.

(3) Verpflichtung aus nicht in der Satzung festgesetzten Verträgen über Sondervorteile, Gründungsaufwand, Sacheinlagen oder Sachübernahmen kann die Gesellschaft nicht übernehmen.

(4) Vor der Eintragung der Gesellschaft können Anteilsrechte nicht übertragen, Aktien oder Zwischenscheine nicht ausgegeben werden. Die vorher ausgegebenen Aktien oder Zwischenscheine sind nichtig. Für den Schaden aus der Ausgabe sind die Ausgeber den Inhabern als Gesamtschuldner verantwortlich.

§ 42 Einpersonen-Gesellschaft

Gehören alle Aktien allein oder neben der Gesellschaft einem Aktionär, ist dies sowie der Name, Vorname, Beruf und Wohnort des alleinigen Aktionärs unverzüglich bei dem Gericht anzumelden.

§§ 43 und **44 (aufgehoben)**

§ 45 Sitzverlegung

(1) Wird der Sitz der Gesellschaft im Inland verlegt, so ist die Verlegung beim Gericht des bisherigen Sitzes anzumelden.

(2) Wird der Sitz aus dem Bezirk des Gerichts des bisherigen Sitzes verlegt, so hat dieses unverzüglich von Amts wegen die Verlegung dem Gericht des neuen Sitzes mitzuteilen. Der Mitteilung sind die Eintragungen für den bisherigen Sitz sowie die bei dem bisher zuständigen Gericht aufbewahrten Urkunden beizufügen. Das Gericht des neuen Sitzes hat zu prüfen, ob die Verlegung ordnungsgemäß beschlossen und § 30 des Handelsgesetzbuchs beachtet ist. Ist dies der Fall, so hat es die Sitzverlegung einzutragen und hierbei die ihm mitgeteilten Eintragungen ohne weitere Nachprüfung in sein Handelsregister zu übernehmen. Mit der Eintragung wird die Sitzverlegung wirksam. Die Eintragung ist dem Gericht des bisherigen Sitzes mitzuteilen. Dieses hat die erforderlichen Löschungen von Amts wegen vorzunehmen.

(3) Wird in den ersten zwei Jahren nach der Eintragung der Gesellschaft in das Handelsregister des ursprünglichen Sitzes eine Sitzverlegung aus dem Bezirk des Gerichts des bisherigen Sitzes eingetragen, so sind in der Bekanntmachung der Eintragung alle Angaben nach § 40 Abs. 1 zu veröffentlichen.

(4) Wird der Sitz an einen anderen Ort innerhalb des Gerichts des bisherigen Sitzes verlegt, so hat das Gericht zu prüfen, ob die Sitzverlegung ordnungsgemäß beschlossen und § 30 des Handelsgesetzbuchs beachtet ist. Ist dies der Fall, so hat es die Sitzverlegung einzutragen. Mit der Eintragung wird die Sitzverlegung wirksam.

§ 46 Verantwortlichkeit der Gründer

(1) Die Gründer sind der Gesellschaft als Gesamtschuldner verantwortlich für die Richtigkeit und Vollständigkeit der Angaben, die zum Zwecke der Gründung der Gesellschaft über Übernahme der Aktien, Einzahlung auf die Aktien, Verwendung eingezahlter Beträge, Sondervorteile, Gründungsaufwand, Sacheinlagen und Sachübernahmen gemacht worden sind. Sie sind ferner dafür verantwortlich, daß eine zur Annahme von Einzahlungen auf das Grundkapital bestimmte Stelle (§ 54 Abs. 3) hierzu geeignet ist und daß die eingezahlten Beträge zur freien Verfügung des Vorstandes stehen. Sie haben, unbeschadet der Verpflichtung zum Ersatz des sonst entstehenden Schadens, fehlende Einzahlungen zu leisten und eine Vergütung, die nicht unter den Gründungsaufwand aufgenommen ist, zu ersetzen.

(2) Wird die Gesellschaft von Gründern durch Einlagen, Sachübernahmen oder Gründungsaufwand vorsätzlich oder aus grober Fahrlässigkeit geschädigt, so sind ihr alle Gründer als Gesamtschuldner zum Ersatz verpflichtet.

(3) Von diesen Verpflichtungen ist ein Gründer befreit, wenn er die die Ersatzpflicht begründeten Tatsachen weder kannte noch bei Anwendung der Sorgfalt eines ordentlichen Geschäftsmannes kennen mußte.

(4) Entsteht der Gesellschaft ein Ausfall, weil ein Aktionär zahlungsunfähig oder unfähig ist, eine Sacheinlage zu leisten, so sind ihr zum Ersatz als Gesamtschuldner die Gründer verpflichtet, welche die Beteiligung des Aktionärs in Kenntnis seiner Zahlungsunfähigkeit oder Leistungsunfähigkeit angenommen haben.

(5) Neben den Gründern sind in gleicher Weise Personen verantwortlich, für deren

Rechnung die Gründer Aktien übernommen haben. Sie können sich auf ihre eigene Unkenntnis nicht wegen solcher Umstände berufen, die ein für ihre Rechnung handelnder Gründer kannte oder kennen mußte.

§ 47 Verantwortlichkeit anderer Personen neben den Gründern

Neben den Gründern und den Personen, für deren Rechnung die Gründer Aktien übernommen haben, ist als Gesamtschuldner der Gesellschaft zum Schadenersatz verpflichtet,

1. wer bei Empfang einer Vergütung, die entgegen den Vorschriften nicht in den Gründungsaufwand aufgenommen ist, wußte oder nach den Umständen annehmen mußte, daß die Verheimlichung beabsichtigt oder erfolgt war, oder wer zur Verheimlichung wissentlich mitgewirkt hat;
2. wer im Fall einer vorsätzlichen oder grobfahrlässigen Schädigung der Gesellschaft durch Einlagen oder Sachübernahmen an der Schädigung wissentlich mitgewirkt hat;
3. wer vor Eintragung der Gesellschaft in das Handelsregister oder in den ersten zwei Jahren nach der Eintragung die Aktien öffentlich ankündigt, um sie in den Verkehr einzuführen, wenn er die Unrichtigkeit oder Unvollständigkeit der Angaben, die zum Zwecke der Gründung der Gesellschaft gemacht worden sind (§ 46 Abs. 1), oder die Schädigung der Gesellschaft durch Einlagen oder Sachübernahmen kannte oder bei Anwendung der Sorgfalt eines ordentlichen Geschäftsmannes kennen mußte.

§ 48 Verantwortlichkeit des Vorstands und des Aufsichtsrats

Mitglieder des Vorstands und des Aufsichtsrats, die bei der Gründung ihre Pflichten verletzen, sind der Gesellschaft zum Ersatz des daraus entstehenden Schadens als Gesamtschuldner verpflichtet; sie sind namentlich dafür verantwortlich, daß eine zur Annahme von Einzahlungen auf die Aktien bestimmte Stelle (§ 54 Abs. 3) hierzu geeignet ist, und daß die eingezahlten Beträge zur freien Verfügung des Vorstands stehen. Für die Sorgfaltspflicht und Verantwortlichkeit der Mitglieder des Vorstands und des Aufsichtsrats bei der Gründung gelten im übrigen §§ 93 und 116 mit Ausnahme von § 93 Abs. 4 Satz 3 und 4 und Abs. 6.

§ 49 Verantwortlichkeit der Gründungsprüfer

§ 323 Abs. 1 bis 4 des Handelsgesetzbuches über die Verantwortlichkeit des Abschlußprüfers gilt sinngemäß.

§ 50 Verzicht und Vergleich

Die Gesellschaft kann auf Ersatzansprüche gegen die Gründer, die neben diesen haftenden Personen und gegen die Mitglieder des Vorstands und des Aufsichtsrats (§§ 46 bis 48) erst drei Jahre nach der Eintragung der Gesellschaft in das Handelsregister und nur dann verzichten oder sich über sie vergleichen, wenn die Hauptversammlung zustimmt und nicht eine Minderheit, deren Anteile zusammen den zehnten Teil des Grundkapitals erreichen, zur Niederschrift Widerspruch erhebt. Die zeitliche Beschränkung gilt nicht, wenn der Ersatzpflichtige zahlungsunfähig ist und sich zur Abwendung oder Beseitigung des Konkursverfahrens mit seinen Gläubigern vergleicht.

§ 51 Verjährung der Ersatzansprüche

Ersatzansprüche der Gesellschaft nach den §§ 46 bis 49 verjähren in fünf Jahren. Die Verjährung beginnt mit der Eintragung der Gesellschaft in das Handelsregister oder, wenn die zum Ersatz verpflichtende Handlung später begangen worden ist, mit der Vornahme der Handlung.

§ 52 Nachgründung

(1) Verträge der Gesellschaft, nach denen sie vorhandene oder herzustellende Anlagen oder andere Vermögensgegenstände für eine den zehnten Teil des Grundkapitals überstei-

gende Vergütung erwerben soll, und die in den ersten zwei Jahren seit der Eintragung der Gesellschaft in das Handelsregister geschlossen werden, werden nur mit Zustimmung der Hauptversammlung und durch Eintragung in das Handelsregister wirksam. Ohne die Zustimmung der Hauptversammlung oder die Eintragung im Handelsregister sind auch die Rechtshandlungen zu ihrer Ausführung unwirksam.

(2) Ein Vertrag nach Absatz 1 bedarf der schriftlichen Form, soweit nicht eine andere Form vorgeschrieben ist. Er ist von der Einberufung der Hauptversammlung an, die über die Zustimmung beschließen soll, in dem Geschäftsraum der Gesellschaft zur Einsicht der Aktionäre auszulegen. Auf Verlangen ist jedem Aktionär unverzüglich eine Abschrift zu erteilen. In der Hauptversammlung ist der Vertrag auszulegen. Der Vorstand hat ihn zu Beginn der Verhandlung zu erläutern. Der Niederschrift ist er als Anlage beizufügen.

(3) Vor der Beschlußfassung der Hauptversammlung hat der Aufsichtsrat den Vertrag zu prüfen und einen schriftlichen Bericht zu erstatten (Nachgründungsbericht). Für den Nachgründungsbericht gilt sinngemäß § 32 Abs. 2 und 3 über den Gründungsbericht.

(4) Außerdem hat vor der Beschlußfassung eine Prüfung durch einen oder mehrere Gründungsprüfer stattzufinden. § 33 Abs. 3 bis 5, §§ 34, 35 über die Gründungsprüfung gelten sinngemäß.

(5) Der Beschluß der Hauptversammlung bedarf einer Mehrheit, die mindestens drei Viertel des bei der Beschlußfassung vertretenen Grundkapitals umfaßt. Wird der Vertrag im ersten Jahre nach der Eintragung der Gesellschaft in das Handelsregister geschlossen, so müssen außerdem die Anteile der zustimmenden Mehrheit mindestens ein Viertel des gesamten Grundkapitals erreichen. Die Satzung kann an Stelle dieser Mehrheiten größere Kapitalmehrheiten und weitere Erfordernisse bestimmen.

(6) Nach Zustimmung der Hauptversammlung hat der Vorstand den Vertrag zur Eintragung in das Handelsregister anzumelden. Der Anmeldung ist der Vertrag in Urschrift, Ausfertigung oder öffentlich beglaubigter Abschrift mit dem Nachgründungsbericht und dem Bericht der Gründungsprüfer mit den urkundlichen Unterlagen beizufügen.

(7) Bestehen gegen die Eintragung Bedenken, weil die Gründungsprüfer erklären oder weil es offensichtlich ist, daß der Nachgründungsbericht unrichtig oder unvollständig ist oder den gesetzlichen Vorschriften nicht entspricht oder daß die für die zu erwerbenden Vermögensgegenstände gewährte Vergütung unangemessen hoch ist, so kann das Gericht die Eintragung ablehnen.

(8) Bei der Eintragung genügt die Bezugnahme auf die eingereichten Urkunden. In die Bekanntmachung der Eintragung sind aufzunehmen der Tag des Vertragsabschlusses und der Zustimmung der Hauptversammlung sowie der zu erwerbende Vermögensgegenstand, die Person, von der die Gesellschaft ihn erwirbt, und die zu gewährende Vergütung.

(9) Vorstehende Vorschriften gelten nicht, wenn der Erwerb der Vermögensgegenstände den Gegenstand des Unternehmens bildet oder wenn sie in der Zwangsvollstreckung erworben werden.

(10) Ein Vertrag nach Absatz 1 ist, gleichviel ob er vor oder nach Ablauf von zwei Jahren seit der Eintragung der Gesellschaft in das Handelsregister geschlossen ist, nicht deshalb unwirksam, weil ein Vertrag der Gründer über denselben Gegenstand nach § 27 Abs. 3 der Gesellschaft gegenüber unwirksam ist.

§ 53 Ersatzansprüche bei der Nachgründung

Für die Nachgründung gelten die §§ 46, 47, 49 bis 51 über die Ersatzansprüche der Gesellschaft sinngemäß. An die Stelle der Gründer treten die Mitglieder des Vorstands und des Aufsichtsrats. Sie haben die Sorgfalt eines ordentlichen und gewissenhaften Geschäftsleiters anzuwenden. Soweit Fristen mit der Eintragung der Gesellschaft in das

Handelsregister beginnen, tritt an deren Stelle die Eintragung des Vertrags über die Nachgründung.

Dritter Teil

Rechtsverhältnisse der Gesellschaft und der Gesellschafter

§ 53 a Gleichbehandlung der Aktionäre

Aktionäre sind unter gleichen Voraussetzungen gleich zu behandeln.

§ 54 Hauptverpflichtung der Aktionäre

(1) Die Verpflichtung der Aktionäre zur Leistung der Einlagen wird durch den Nennbetrag oder den höheren Ausgabebetrag der Aktien begrenzt.

(2) Soweit nicht in der Satzung Sacheinlagen festgesetzt sind, haben die Aktionäre den Nennbetrag oder den höheren Ausgabebetrag der Aktien einzuzahlen.

(3) Der vor der Anmeldung der Gesellschaft eingeforderte Betrag kann nur in gesetzlichen Zahlungsmitteln, in von der Deutschen Bundesbank bestätigten Schecks, durch Gutschrift auf ein Konto im Inland bei der Deutschen Bundesbank oder einem Kreditinstitut oder auf ein Postscheckkonto der Gesellschaft oder des Vorstands zu seiner freien Verfügung eingezahlt werden. Forderungen des Vorstands aus diesen Einzahlungen gelten als Forderungen der Gesellschaft.

§ 55 Nebenverpflichtungen der Aktionäre

(1) Ist die Übertragung der Aktien an die Zustimmung der Gesellschaft gebunden, so kann die Satzung Aktionären die Verpflichtung auferlegen, neben den Einlagen auf das Grundkapital wiederkehrende, nicht in Geld bestehende Leistungen zu erbringen. Dabei hat sie zu bestimmen, ob die Leistungen entgeltlich oder unentgeltlich zu erbringen sind. Die Verpflichtung und der Umfang der Leistungen sind in den Aktien und Zwischenscheinen anzugeben.

(2) Die Satzung kann Vertragsstrafen für den Fall festsetzen, daß die Verpflichtung nicht oder nicht gehörig erfüllt wird.

§ 56 Keine Zeichnung eigener Aktien; Aktienübernahme für Rechnung der Gesellschaft oder durch ein abhängiges oder in Mehrheitsbesitz stehendes Unternehmen

(1) Die Gesellschaft darf keine eigenen Aktien zeichnen.

(2) Ein abhängiges Unternehmen darf keine Aktien der herrschenden Gesellschaft, ein in Mehrheitsbesitz stehendes Unternehmen keine Aktien der an ihm mit Mehrheit beteiligten Gesellschaft als Gründer oder Zeichner oder in Ausübung eines bei einer bedingten Kapitalerhöhung eingeräumten Umtausch- oder Bezugsrechts übernehmen. Ein Verstoß gegen diese Vorschrift macht die Übernahme nicht unwirksam.

(3) Wer als Gründer oder Zeichner oder in Ausübung eines bei einer bedingten Kapitalerhöhung eingeräumten Umtausch- oder Bezugsrechts eine Aktie für Rechnung der Gesellschaft oder eines abhängigen oder in Mehrheitsbesitz stehenden Unternehmens übernommen hat, kann sich nicht darauf berufen, daß er die Aktie nicht für eigene Rechnung übernommen hat. Er haftet ohne Rücksicht auf Vereinbarungen mit der Gesellschaft oder dem abhängigen oder in Mehrheitsbesitz stehenden Unternehmen auf die volle Einlage. Bevor er die Aktie für eigene Rechnung übernommen hat, stehen ihm keine Rechte aus der Aktie zu.

(4) Werden bei einer Kapitalerhöhung Aktien unter Verletzung der Absätze 1 oder 2 gezeichnet, so haftet auch jedes Vorstandsmitglied der Gesellschaft auf die volle Einlage. Dies gilt nicht, wenn das Vorstandsmitglied beweist, daß es kein Verschulden trifft.

§ 57 Keine Rückgewähr, keine Verzinsung der Einlagen

(1) Den Aktionären dürfen die Einlagen nicht zurückgewährt werden. Als Rückgewähr von Einlagen gilt nicht die Zahlung des Erwerbspreises beim zulässigen Erwerb eigener Aktien.

(2) Den Aktionären dürfen Zinsen weder zugesagt noch ausgezahlt werden.

(3) Vor Auflösung der Gesellschaft darf unter die Aktionäre nur der Bilanzgewinn verteilt werden.

§ 58 Verwendung des Jahresüberschusses

(1) Die Satzung kann nur für den Fall, daß die Hauptversammlung den Jahresabschluß feststellt, bestimmen, daß Beträge aus dem Jahresüberschuß in andere Gewinnrücklagen einzustellen sind. Auf Grund einer solchen Satzungsbestimmung kann höchstens die Hälfte des Jahresüberschusses in andere Gewinnrücklagen eingestellt werden. Dabei sind Beträge, die in die gesetzliche Rücklage einzustellen sind, und ein Verlustvortrag vorab vom Jahresüberschuß abzuziehen.

(2) Stellen Vorstand und Aufsichtsrat den Jahresabschluß fest, so können sie einen Teil des Jahresüberschusses, höchstens jedoch die Hälfte, in andere Gewinnrücklagen einstellen. Die Satzung kann Vorstand und Aufsichtsrat zur Einstellung eines größeren oder kleineren Teils, bei Gesellschaften, deren Aktien zum Handel an einer Börse zugelassen sind, nur eines größeren Teils des Jahresüberschusses ermächtigen. Auf Grund einer solchen Satzungsbestimmung dürfen Vorstand und Aufsichtsrat keine Beträge in andere Gewinnrücklagen einstellen, wenn die anderen Gewinnrücklagen die Hälfte des Grundkapitals übersteigen oder soweit sie nach der Einstellung die Hälfte übersteigen würden. Absatz 1 Satz 3 gilt sinngemäß.

(2 a) Unbeschadet der Absätze 1 und 2 können Vorstand und Aufsichtsrat den Eigenkapitalanteil von Wertaufholungen bei Vermögensgegenständen des Anlage- und Umlaufvermögens und von bei der steuerrechtlichen Gewinnermittlung gebildeten Passivposten, die nicht im Sonderposten mit Rücklageanteil ausgewiesen werden dürfen, in andere Gewinnrücklagen einstellen. Der Betrag dieser Rücklagen ist entweder in der Bilanz gesondert auszuweisen oder im Anhang anzugeben.

(3) Die Hauptversammlung kann im Beschluß über die Verwendung des Bilanzgewinns weitere Beträge in Gewinnrücklagen einstellen oder als Gewinn vortragen. Sie kann ferner, wenn die Satzung sie hierzu ermächtigt, auch eine andere Verwendung als nach Satz 1 oder als die Verteilung unter die Aktionäre beschließen.

(4) Die Aktionäre haben Anspruch auf den Bilanzgewinn, soweit er nicht nach Gesetz oder Satzung, durch Hauptversammlungsbeschluß nach Absatz 3 oder als zusätzlicher Aufwand auf Grund des Gewinnverwendungsbeschlusses von der Verteilung unter die Aktionäre ausgeschlossen ist.

§ 59 Abschlagszahlung auf den Bilanzgewinn

(1) Die Satzung kann den Vorstand ermächtigen, nach Ablauf des Geschäftsjahrs auf den voraussichtlichen Bilanzgewinn einen Abschlag an die Aktionäre zu zahlen.

(2) Der Vorstand darf einen Abschlag nur zahlen, wenn ein vorläufiger Abschluß für das vergangene Geschäftsjahr einen Jahresüberschuß ergibt. Als Abschlag darf höchstens die Hälfte des Betrags gezahlt werden, der von dem Jahresüberschuß nach Abzug der Beträge verbleibt, die nach Gesetz oder Satzung in Gewinnrücklagen einzustellen sind. Außerdem darf der Abschlag nicht die Hälfte des vorjährigen Bilanzgewinns übersteigen.

(3) Die Zahlung eines Abschlags bedarf der Zustimmung des Aufsichtsrats.

§ 60 Gewinnverteilung

(1) Die Anteile der Aktionäre am Gewinn bestimmen sich nach dem Verhältnis der Aktiennennbeträge.

(2) Sind die Einlagen auf das Grundkapital nicht auf alle Aktien in demselben Verhältnis geleistet, so erhalten die Aktionäre aus dem verteilbaren Gewinn vorweg einen Betrag von vier vom Hundert der geleisteten Einlagen. Reicht der Gewinn dazu nicht aus, so bestimmt sich der Betrag nach einem entsprechend niedrigeren Satz. Einlagen, die im Laufe des Geschäftsjahrs geleistet wurden, werden nach dem Verhältnis der Zeit berücksichtigt, die seit der Leistung verstrichen ist.

(3) Die Satzung kann eine andere Art der Gewinnverteilung bestimmen.

§ 61 Vergütung von Nebenleistungen

Für wiederkehrende Leistungen, zu denen Aktionäre nach der Satzung neben den Einlagen auf das Grundkapital verpflichtet sind, darf eine den Wert der Leistungen nicht übersteigende Vergütung ohne Rücksicht darauf gezahlt werden, ob ein Bilanzgewinn ausgewiesen wird.

§ 62 Haftung der Aktionäre beim Empfang verbotener Leistungen

(1) Die Aktionäre haben der Gesellschaft Leistungen, die sie entgegen den Vorschriften dieses Gesetzes von ihr empfangen haben, zurückzugewähren. Haben sie Beträge als Gewinnanteile bezogen, so besteht die Verpflichtung nur, wenn sie wußten oder infolge von Fahrlässigkeit nicht wußten, daß sie zum Bezuge nicht berechtigt waren.

(2) Der Anspruch der Gesellschaft kann auch von den Gläubigern der Gesellschaft geltend gemacht werden, soweit sie von dieser keine Befriedigung erlangen können. Ist über das Vermögen der Gesellschaft das Konkursverfahren eröffnet, so übt während dessen Dauer der Konkursverwalter das Recht der Gesellschaftsgläubiger gegen die Aktionäre aus.

(3) Die Ansprüche nach diesen Vorschriften verjähren in fünf Jahren seit dem Empfang der Leistung.

§ 63 Folgen nicht rechtzeitiger Einzahlung

(1) Die Aktionäre haben die Einlagen nach Aufforderung durch den Vorstand einzuzahlen. Die Aufforderung ist, wenn die Satzung nichts anderes bestimmt, in den Gesellschaftsblättern bekanntzumachen.

(2) Aktionäre, die den eingeforderten Betrag nicht rechtzeitig einzahlen, haben ihn vom Eintritt der Fälligkeit an mit fünf vom Hundert für das Jahr zu verzinsen. Die Geltendmachung eines weiteren Schadens ist nicht ausgeschlossen.

(3) Für den Fall nicht rechtzeitiger Einzahlung kann die Satzung Vertragsstrafen festsetzen.

§ 64 Ausschluß säumiger Aktionäre

(1) Aktionären, die den eingeforderten Betrag nicht rechtzeitig einzahlen, kann eine Nachfrist mit der Androhung gesetzt werden, daß sie nach Fristablauf ihrer Aktien und der geleisteten Einzahlungen für verlustig erklärt werden.

(2) Die Nachfrist muß dreimal in den Gesellschaftsblättern bekanntgemacht werden. Die erste Bekanntmachung muß mindestens drei Monate, die letzte mindestens einen Monat vor Fristablauf ergehen. Zwischen den einzelnen Bekanntmachungen muß ein Zeitraum von mindestens drei Wochen liegen. Ist die Übertragung der Aktien an die Zustimmung der Gesellschaft gebunden, so genügt an Stelle der öffentlichen Bekanntmachungen die einmalige Einzelaufforderung an die säumigen Aktionäre; dabei muß eine Nachfrist gewährt werden, die mindestens einen Monat seit dem Empfang der Aufforderung beträgt.

(3) Aktionäre, die den eingeforderten Betrag trotzdem nicht zahlen, werden durch Bekanntmachung in den Gesellschaftsblättern ihrer Aktien und der geleisteten Einzahlungen zugunsten der Gesellschaft für verlustig erklärt. In der Bekanntmachung sind die für verlustig erklärten Aktien mit ihren Unterscheidungsmerkmalen anzugeben.

(4) An Stelle der alten Urkunden werden neue ausgegeben; diese haben außer den geleisteten Teilzahlungen den rückständigen Betrag anzugeben. Für den Ausfall der Gesellschaft an diesem Betrag oder an den später eingeforderten Beträgen haftet ihr der ausgeschlossene Aktionär.

§ 65 Zahlungspflicht der Vormänner

(1) Jeder im Aktienbuch verzeichnete Vormann des ausgeschlossenen Aktionärs ist der Gesellschaft zur Zahlung des rückständigen Betrags verpflichtet, soweit dieser von seinen Nachmännern nicht zu erlangen ist. Von der Zahlungsaufforderung an einen früheren Aktionär hat die Gesellschaft seinen unmittelbaren Vormann zu benachrichtigen. Daß die Zahlung nicht zu erlangen ist, wird vermutet, wenn sie nicht innerhalb eines Monats seit der Zahlungsaufforderung und der Benachrichtigung des Vormanns eingegangen ist. Gegen Zahlung des rückständigen Betrags wird die neue Urkunde ausgehändigt.

(2) Jeder Vormann ist nur zur Zahlung der Beträge verpflichtet, die binnen zwei Jahren eingefordert werden. Die Frist beginnt mit dem Tage, an dem die Übertragung der Aktie zum Aktienbuch der Gesellschaft angemeldet wird.

(3) Ist die Zahlung des rückständigen Betrags von Vormännern nicht zu erlangen, so hat die Gesellschaft die Aktie unverzüglich zum amtlichen Börsenpreis durch Vermittlung eines Kursmaklers und beim Fehlen eines Börsenpreises durch öffentliche Versteigerung zu verkaufen. Ist von der Versteigerung am Sitz der Gesellschaft kein angemessener Erfolg zu erwarten, so ist die Aktie an einem geeigneten Ort zu verkaufen. Zeit, Ort und Gegenstand der Versteigerung sind öffentlich bekanntzumachen. Der ausgeschlossene Aktionär und seine Vormänner sind besonders zu benachrichtigen; die Benachrichtigung kann unterbleiben, wenn sie untunlich ist. Bekanntmachung und Benachrichtigung müssen mindestens zwei Wochen vor der Versteigerung ergehen.

§ 66 Keine Befreiung der Aktionäre von ihren Leistungspflichten

(1) Die Aktionäre und ihre Vormänner können von ihren Leistungspflichten nach den §§ 54 und 65 nicht befreit werden. Gegen eine Forderung der Gesellschaft nach den §§ 54 und 65 ist die Aufrechnung nicht zulässig.

(2) Absatz 1 gilt entsprechend für die Verpflichtung zur Rückgewähr von Leistungen, die entgegen den Vorschriften dieses Gesetzes empfangen sind, für die Ausfallhaftung des ausgeschlossenen Aktionärs sowie für die Schadenersatzpflicht des Aktionärs wegen nicht gehöriger Leistung einer Sacheinlage.

(3) Durch eine ordentliche Kapitalherabsetzung oder durch eine Kapitalherabsetzung durch Einziehung von Aktien können die Aktionäre von der Verpflichtung zur Leistung von Einlagen befreit werden, durch eine ordentliche Kapitalherabsetzung jedoch höchstens in Höhe des Betrags, um den das Grundkapital herabgesetzt worden ist.

§ 67 Eintragung im Aktienbuch

(1) Namensaktien sind unter Bezeichnung des Inhabers nach Namen, Wohnort und Beruf in das Aktienbuch der Gesellschaft einzutragen.

(2) Im Verhältnis zur Gesellschaft gilt als Aktionär nur, wer als solcher im Aktienbuch eingetragen ist.

(3) Ist jemand nach Ansicht der Gesellschaft zu Unrecht als Aktionär in das Aktienbuch eingetragen worden, so kann die Gesellschaft die Eintragung nur löschen, wenn sie

vorher die Beteiligten von der beabsichtigten Löschung benachrichtigt und ihnen eine angemessene Frist zur Geltendmachung eines Widerspruchs gesetzt hat. Widerspricht ein Beteiligter innerhalb der Frist, so hat die Löschung zu unterbleiben.

(4) Diese Vorschriften gelten sinngemäß für Zwischenscheine.

(5) Jedem Aktionär ist auf Verlangen Einsicht in das Aktienbuch zu gewähren.

§ 68 Übertragung von Namensaktien. Umschreibung im Aktienbuch

(1) Namensaktien können durch Indossament übertragen werden. Für die Form des Indossaments, den Rechtsausweis des Inhabers und seine Verpflichtung zur Herausgabe gelten sinngemäß Artikel 12, 13 und 16 des Wechselgesetzes.

(2) Die Satzung kann die Übertragung an die Zustimmung der Gesellschaft binden. Die Zustimmung erteilt der Vorstand. Die Satzung kann jedoch bestimmen, daß der Aufsichtsrat oder die Hauptversammlung über die Erteilung der Zustimmung beschließt. Die Satzung kann die Gründe bestimmen, aus denen die Zustimmung verweigert werden darf.

(3) Geht die Namensaktie auf einen anderen über, so ist dies bei der Gesellschaft anzumelden. Die Aktie ist vorzulegen und der Übergang nachzuweisen. Die Gesellschaft vermerkt den Übergang im Aktienbuch.

(4) Die Gesellschaft ist verpflichtet, die Ordnungsmäßigkeit der Reihe der Indossamente und der Abtretungserklärungen, aber nicht die Unterschriften zu prüfen.

(5) Diese Vorschriften gelten sinngemäß für Zwischenscheine.

§ 69 Rechtsgemeinschaft an einer Aktie

(1) Steht eine Aktie mehreren Berechtigten zu, so können sie die Rechte aus der Aktie nur durch einen gemeinschaftlichen Vertreter ausüben.

(2) Für die Leistungen auf die Aktie haften sie als Gesamtschuldner.

(3) Hat die Gesellschaft eine Willenserklärung dem Aktionär gegenüber abzugeben, so genügt, wenn die Berechtigten der Gesellschaft keinen gemeinschaftlichen Vertreter benannt haben, die Abgabe der Erklärung gegenüber einem Berechtigten. Bei mehreren Erben eines Aktionärs gilt dies nur für Willenserklärungen, die nach Ablauf eines Monats seit dem Anfall der Erbschaft abgegeben werden.

§ 70 Berechnung der Aktienbesitzzeit

Ist die Ausübung von Rechten aus der Aktie davon abhängig, daß der Aktionär während eines bestimmten Zeitraums Inhaber der Aktie gewesen ist, so steht dem Eigentum ein Anspruch auf Übereignung gegen ein Kreditinstitut gleich. Die Eigentumszeit eines Rechtsvorgängers wird dem Aktionär zugerechnet, wenn er die Aktie unentgeltlich, von seinem Treuhänder, als Gesamtrechtsnachfolger, bei Auseinandersetzung einer Gemeinschaft oder bei einer Bestandsübertragung nach § 14 des Versicherungsaufsichtsgesetzes oder § 14 des Gesetzes über Bausparkassen erworben hat.

§ 71 Erwerb eigener Aktien

(1) Die Gesellschaft darf eigene Aktien nur erwerben,

1. wenn der Erwerb notwendig ist, um einen schweren, unmittelbar bevorstehenden Schaden von der Gesellschaft abzuwenden,
2. wenn die Aktien Personen, die im Arbeitsverhältnis zu der Gesellschaft oder einem mit ihr verbundenen Unternehmen stehen oder standen, zum Erwerb angeboten werden sollen,
3. wenn der Erwerb geschieht, um Aktionäre nach § 305 Abs. 2, § 320 b oder nach § 29 Abs. 1, § 125 Satz 1 in Verbindung mit § 29 Abs. 1, § 207 Abs. 1 Satz 1 des Umwandlungsgesetzes abzufinden,

4. wenn der Erwerb unentgeltlich geschieht oder ein Kreditinstitut mit dem Erwerb eine Einkaufskommission ausführt,
5. durch Gesamtrechtsnachfolge,
6. auf Grund eines Beschlusses der Hauptversammlung zur Einziehung nach den Vorschriften über die Herabsetzung des Grundkapitals oder
7. wenn sie ein Kredit- oder Finanzinstitut ist, aufgrund eines Beschlusses der Hauptversammlung zum Zwecke des Wertpapierhandels. Der Beschluß muß bestimmen, daß der Handelsbestand der zu diesem Zweck zu erwerbenden Aktien fünf vom Hundert des Grundkapitals am Ende jeden Tages nicht übersteigen darf; er muß den niedrigsten und höchsten Gegenwert festlegen. Die Ermächtigung darf höchstens 18 Monate gelten.

(2) Der Gesamtnennbetrag der zu den Zwecken nach Absatz 1 Nr. 1 bis 3 und 7 erworbenen Aktien darf zusammen mit dem Betrag anderer Aktien der Gesellschaft, welche die Gesellschaft bereits erworben hat und noch besitzt, zehn vom Hundert des Grundkapitals nicht übersteigen. Dieser Erwerb ist ferner nur zulässig, wenn die Gesellschaft die nach § 272 Abs. 4 des Handelsgesetzbuchs vorgeschriebene Rücklage für eigene Aktien bilden kann, ohne das Grundkapital oder eine nach Gesetz oder Satzung zu bildende Rücklage zu mindern, die nicht zu Zahlungen an die Aktionäre verwandt werden darf. In den Fällen des Absatzes 1 Nr. 1, 2, 4 und 7 ist der Erwerb nur zulässig, wenn auf die Aktien der Nennbetrag oder der höhere Ausgabebetrag voll geleistet ist.

(3) Im Falle des Absatzes 1 Nr. 1 hat der Vorstand die nächste Hauptversammlung über die Gründe und den Zweck des Erwerbs, über die Zahl und den Nennbetrag der erworbenen Aktien, über deren Anteil am Grundkapital sowie über den Gegenwert der Aktien zu unterrichten. Im Falle des Absatzes 1 Nr. 2 sind die Aktien innerhalb eines Jahres nach ihrem Erwerb an die Arbeitnehmer auszugeben.

(4) Ein Verstoß gegen die Absätze 1 oder 2 macht den Erwerb eigener Aktien nicht unwirksam. Ein schuldrechtliches Geschäft über den Erwerb eigener Aktien ist jedoch nichtig, soweit der Erwerb gegen die Absätze 1 oder 2 verstößt.

§ 71 a Umgehungsgeschäfte

(1) Ein Rechtsgeschäft, das die Gewährung eines Vorschusses oder eines Darlehens oder die Leistung einer Sicherheit durch die Gesellschaft an einen anderen zum Zweck des Erwerbs von Aktien dieser Gesellschaft zum Gegenstand hat, ist nichtig. Dies gilt nicht für Rechtsgeschäfte im Rahmen der laufenden Geschäfte von Kreditinstituten sowie für die Gewährung eines Vorschusses oder eines Darlehens oder für die Leistung einer Sicherheit zum Zweck des Erwerbs von Aktien durch Arbeitnehmer der Gesellschaft oder eines mit ihr verbundenen Unternehmens; auch in diesen Fällen ist das Rechtsgeschäft jedoch nichtig, wenn bei einem Erwerb der Aktien durch die Gesellschaft diese die nach § 272 Abs. 4 des Handelsgesetzbuchs vorgeschriebene Rücklage für eigene Aktien nicht bilden könnte, ohne das Grundkapital oder eine nach Gesetz oder Satzung zu bildende Rücklage zu mindern, die nicht zu Zahlungen an die Aktionäre verwandt werden darf.

(2) Nichtig ist ferner ein Rechtsgeschäft zwischen der Gesellschaft und einem anderen, nach dem dieser berechtigt oder verpflichtet sein soll, Aktien der Gesellschaft für Rechnung der Gesellschaft oder eines abhängigen oder eines in ihrem Mehrheitsbesitz stehenden Unternehmens zu erwerben, soweit der Erwerb durch die Gesellschaft gegen § 71 Abs. 1 oder 2 verstoßen würde.

§ 71 b Rechte aus eigenen Aktien

Aus eigenen Aktien stehen der Gesellschaft keine Rechte zu.

§ 71 c Veräußerung und Einziehung eigener Aktien

(1) Hat die Gesellschaft eigene Aktien unter Verstoß gegen § 71 Abs. 1 oder 2 erworben, so müssen sie innerhalb eines Jahres nach ihrem Erwerb veräußert werden.

(2) Übersteigt der Gesamtnennbetrag der Aktien, welche die Gesellschaft nach § 71 Abs. 1 in zulässiger Weise erworben hat und noch besitzt, zehn vom Hundert des Grundkapitals, so muß der Teil der Aktien, der diesen Satz übersteigt, innerhalb von drei Jahren nach dem Erwerb der Aktien veräußert werden.

(3) Sind eigene Aktien innerhalb der in den Absätzen 1 und 2 vorgesehenen Fristen nicht veräußert worden, so sind sie nach § 237 einzuziehen.

§ 71 d Erwerb eigener Aktien durch Dritte

Ein im eigenen Namen, jedoch für Rechnung der Gesellschaft handelnder Dritter darf Aktien der Gesellschaft nur erwerben oder besitzen, soweit dies der Gesellschaft nach § 71 Abs. 1 Nr. 1 bis 5 und 7 und Abs. 2 gestattet wäre. Gleiches gilt für den Erwerb oder den Besitz von Aktien der Gesellschaft durch ein abhängiges oder ein im Mehrheitsbesitz der Gesellschaft stehendes Unternehmen sowie für den Erwerb oder den Besitz durch einen Dritten, der im eigenen Namen, jedoch für Rechnung eines abhängigen oder eines im Mehrheitsbesitz der Gesellschaft stehenden Unternehmens handelt. Bei der Berechnung des Gesamtnennbetrags nach § 71 Abs. 2 Satz 1 und § 71 c Abs. 2 gelten diese Aktien als Aktien der Gesellschaft. Im übrigen gelten § 71 Abs. 3 und 4, §§ 71 a bis 71 c sinngemäß. Der Dritte oder das Unternehmen hat der Gesellschaft auf ihr Verlangen das Eigentum an den Aktien zu verschaffen. Die Gesellschaft hat den Gegenwert der Aktien zu erstatten.

§ 71 e Inpfandnahme eigener Aktien

(1) Dem Erwerb eigener Aktien nach § 71 Abs. 1 und 2, § 71 d steht es gleich, wenn eigene Aktien als Pfand genommen werden. Jedoch darf ein Kreditinstitut im Rahmen der laufenden Geschäfte eigene Aktien bis zu dem in § 71 Abs. 2 Satz 1 bestimmten Gesamtnennbetrag als Pfand nehmen. § 71 a gilt sinngemäß.

(2) Ein Verstoß gegen Absatz 1 macht die Inpfandnahme eigener Aktien unwirksam, wenn auf sie der Nennbetrag oder der höhere Ausgabebetrag noch nicht voll geleistet ist. Ein schuldrechtliches Geschäft über die Inpfandnahme eigener Aktien ist nichtig, soweit der Erwerb gegen Absatz 1 verstößt.

§ 72 Kraftloserklärung von Aktien im Aufgebotsverfahren

(1) Ist eine Aktie oder ein Zwischenschein abhanden gekommen oder vernichtet, so kann die Urkunde im Aufgebotsverfahren nach der Zivilprozeßordnung für kraftlos erklärt werden. § 799 Abs. 2 und § 800 des Bürgerlichen Gesetzbuchs gelten sinngemäß.

(2) Sind Gewinnanteilscheine auf den Inhaber ausgegeben, so erlischt mit der Kraftloserklärung der Aktie oder des Zwischenscheins auch der Anspruch aus den noch nicht fälligen Gewinnanteilscheinen.

(3) Die Kraftloserklärung einer Aktie nach §§ 73 oder 226 steht der Kraftloserklärung der Urkunde nach Absatz 1 nicht entgegen.

§ 73 Kraftloserklärung von Aktien durch die Gesellschaft

(1) Ist der Inhalt von Aktienurkunden durch eine Veränderung der rechtlichen Verhältnisse unrichtig geworden, so kann die Gesellschaft die Aktien, die trotz Aufforderung nicht zur Berichtigung oder zum Umtausch bei ihr eingereicht sind, mit Genehmigung des Gerichts für kraftlos erklären. Beruht die Unrichtigkeit auf einer Änderung des Nennbetrags der Aktien, so können sie nur dann für kraftlos erklärt werden, wenn der Nennbetrag zur Herabsetzung des Grundkapitals herabgesetzt ist. Namensaktien können nicht deshalb für kraftlos erklärt werden, weil die Bezeichnung des Aktionärs unrichtig geworden ist. Gegen

die Entscheidung des Gerichts ist die sofortige Beschwerde zulässig; eine Anfechtung der Entscheidung, durch die die Genehmigung erteilt wird, ist ausgeschlossen.

(2) Die Aufforderung, die Aktien einzureichen, hat die Kraftloserklärung anzudrohen und auf die Genehmigung des Gerichts hinzuweisen. Die Kraftloserklärung kann nur erfolgen, wenn die Aufforderung in der in § 64 Abs. 2 für die Nachfrist vorgeschriebenen Weise bekanntgemacht worden ist. Die Kraftloserklärung geschieht durch Bekanntmachung in den Gesellschaftsblättern. In der Bekanntmachung sind die für kraftlos erklärten Aktien so zu bezeichnen, daß sich aus der Bekanntmachung ohne weiteres ergibt, ob eine Aktie für kraftlos erklärt ist.

(3) An Stelle der für kraftlos erklärten Aktien sind neue Aktien auszugeben und dem Berechtigten auszuhändigen oder, wenn ein Recht zur Hinterlegung besteht, zu hinterlegen. Die Aushändigung oder Hinterlegung ist dem Gericht anzuzeigen.

(4) Soweit zur Herabsetzung des Grundkapitals Aktien zusammengelegt werden, gilt § 226.

§ 74 Neue Urkunden an Stelle beschädigter oder verunstalteter Aktien oder Zwischenscheine

Ist eine Aktie oder ein Zwischenschein so beschädigt oder verunstaltet, daß die Urkunde zum Umlauf nicht mehr geeignet ist, so kann der Berechtigte, wenn der wesentliche Inhalt und die Unterscheidungsmerkmale der Urkunde noch sicher zu erkennen sind, von der Gesellschaft die Erteilung einer neuen Urkunde gegen Aushändigung der alten verlangen. Die Kosten hat er zu tragen und vorzuschießen.

§ 75 Neue Gewinnanteilscheine

Neue Gewinnanteilscheine dürfen an den Inhaber des Erneuerungsscheins nicht ausgegeben werden, wenn der Besitzer der Aktie oder des Zwischenscheins der Ausgabe widerspricht; sie sind dem Besitzer der Aktie oder des Zwischenscheins auszuhändigen, wenn er die Haupturkunde vorlegt.

Vierter Teil

Verfassung der Aktiengesellschaft

Erster Abschnitt

Vorstand

§ 76 Leitung der Aktiengesellschaft

(1) Der Vorstand hat unter eigener Verantwortung die Gesellschaft zu leiten.

(2) Der Vorstand kann aus einer oder mehreren Personen bestehen. Bei Gesellschaften mit einem Grundkapital von mehr als drei Millionen Deutsche Mark hat er aus mindestens zwei Personen zu bestehen, es sei denn, die Satzung bestimmt, daß er aus einer Person besteht. Die Vorschriften über die Bestellung eines Arbeitsdirektors bleiben unberührt.

(3) Mitglied des Vorstands kann nur eine natürliche, unbeschränkt geschäftsfähige Person sein. Ein Betreuter, der bei der Besorgung seiner Vermögensangelegenheiten ganz oder teilweise einem Einwilligungsvorbehalt (§ 1903 des Bürgerlichen Gesetzbuchs) unterliegt, kann nicht Mitglied des Vorstands sein. Wer wegen einer Straftat nach den §§ 283 bis 283 d des Strafgesetzbuchs verurteilt worden ist, kann auf die Dauer von fünf Jahren seit der Rechtskraft des Urteils nicht Mitglied des Vorstands sein; in die Frist wird die Zeit nicht eingerechnet, in welcher der Täter auf behördliche Anordnung in einer Anstalt verwahrt worden ist. Wem durch gerichtliches Urteil oder durch vollziehbare Entscheidung einer Verwaltungsbehörde die Ausübung eines Berufs, Berufszweiges, Gewerbes oder Gewerbezweiges untersagt worden ist, kann für die Zeit, für welche das Verbot wirksam

ist, bei einer Gesellschaft, deren Unternehmensgegenstand ganz oder teilweise mit dem Gegenstand des Verbots übereinstimmt, nicht Mitglied des Vorstands sein.

§ 77 Geschäftsführung

(1) Besteht der Vorstand aus mehreren Personen, so sind sämtliche Vorstandsmitglieder nur gemeinschaftlich zur Geschäftsführung befugt. Die Satzung oder die Geschäftsordnung des Vorstands kann Abweichendes bestimmen; es kann jedoch nicht bestimmt werden, daß ein oder mehrere Vorstandsmitglieder Meinungsverschiedenheiten im Vorstand gegen die Mehrheit seiner Mitglieder entscheiden.

(2) Der Vorstand kann sich eine Geschäftsordnung geben, wenn nicht die Satzung den Erlaß der Geschäftsordnung dem Aufsichtsrat übertragen hat oder der Aufsichtsrat eine Geschäftsordnung für den Vorstand erläßt. Die Satzung kann Einzelfragen der Geschäftsordnung bindend regeln. Beschlüsse des Vorstands über die Geschäftsordnung müssen einstimmig gefaßt werden.

§ 78 Vertretung

(1) Der Vorstand vertritt die Gesellschaft gerichtlich und außergerichtlich.

(2) Besteht der Vorstand aus mehreren Personen, so sind, wenn die Satzung nichts anderes bestimmt, sämtliche Vorstandsmitglieder nur gemeinschaftlich zur Vertretung der Gesellschaft befugt. Ist eine Willenserklärung gegenüber der Gesellschaft abzugeben, so genügt die Abgabe gegenüber einem Vorstandsmitglied.

(3) Die Satzung kann auch bestimmen, daß einzelne Vorstandsmitglieder allein oder in Gemeinschaft mit einem Prokuristen zur Vertretung der Gesellschaft befugt sind. Dasselbe kann der Aufsichtsrat bestimmen, wenn die Satzung ihn hierzu ermächtigt hat. Absatz 2 Satz 2 gilt in diesen Fällen sinngemäß.

(4) Zur Gesamtvertretung befugte Vorstandsmitglieder können einzelne von ihnen zur Vornahme bestimmter Geschäfte oder bestimmter Arten von Geschäften ermächtigen. Dies gilt sinngemäß, wenn ein einzelnes Vorstandsmitglied in Gemeinschaft mit einem Prokuristen zur Vertretung der Gesellschaft befugt ist.

§ 79 Zeichnung durch Vorstandsmitglieder

Vorstandsmitglieder zeichnen für die Gesellschaft, indem sie der Firma der Gesellschaft oder der Benennung des Vorstands ihre Namensunterschrift hinzufügen.

§ 80 Angaben auf Geschäftsbriefen

(1) Auf allen Geschäftsbriefen, die an einen bestimmten Empfänger gerichtet werden, müssen die Rechtsform und der Sitz der Gesellschaft, das Registergericht des Sitzes der Gesellschaft und die Nummer, unter der die Gesellschaft in das Handelsregister eingetragen ist, sowie alle Vorstandsmitglieder und der Vorsitzende des Aufsichtsrats mit dem Familiennamen und mindestens einem ausgeschriebenen Vornamen angegeben werden. Der Vorsitzende des Vorstands ist als solcher zu bezeichnen. Werden Angaben über das Kapital der Gesellschaft gemacht, so müssen in jedem Falle das Grundkapital sowie, wenn auf die Aktien der Nennbetrag oder der höhere Ausgabebetrag nicht vollständig eingezahlt ist, der Gesamtbetrag der ausstehenden Einlagen angegeben werden.

(2) Der Angaben nach Absatz 1 Satz 1 und 2 bedarf es nicht bei Mitteilungen oder Berichten, die im Rahmen einer bestehenden Geschäftsverbindung ergehen und für die üblicherweise Vordrucke verwendet werden, in denen lediglich die im Einzelfall erforderlichen besonderen Angaben eingefügt zu werden brauchen.

(3) Bestellscheine gelten als Geschäftsbriefe im Sinne des Absatzes 1. Absatz 2 ist auf sie nicht anzuwenden.

(4) Auf allen Geschäftsbriefen und Bestellscheinen, die von einer Zweigniederlassung

einer Aktiengesellschaft mit Sitz im Ausland verwendet werden, müssen das Register, bei dem die Zweigniederlassung geführt wird, und die Nummer des Registereintrags angegeben werden; im übrigen gelten die Vorschriften der Absätze 1 bis 3, soweit nicht das ausländische Recht Abweichungen nötig macht. Befindet sich die ausländische Gesellschaft in Abwicklung, so sind auch diese Tatsache sowie alle Abwickler anzugeben.

§ 81 Änderung des Vorstands und der Vertretungsbefugnis seiner Mitglieder

(1) Jede Änderung des Vorstands oder der Vertretungsbefugnis eines Vorstandsmitglieds hat der Vorstand zur Eintragung in das Handelsregister anzumelden.

(2) Der Anmeldung sind die Urkunden über die Änderung in Urschrift oder öffentlich beglaubigter Abschrift für das Gericht des Sitzes der Gesellschaft beizufügen.

(3) Die neuen Vorstandsmitglieder haben in der Anmeldung zu versichern, daß keine Umstände vorliegen, die ihrer Bestellung nach § 76 Abs. 3 Satz 3 und 4 entgegenstehen, und daß sie über ihre unbeschränkte Auskunftspflicht gegenüber dem Gericht belehrt worden sind. § 37 Abs. 2 Satz 2 ist anzuwenden.

(4) Die neuen Vorstandsmitglieder haben ihre Namensunterschrift zur Aufbewahrung beim Gericht zu zeichnen.

§ 82 Beschränkungen der Vertretungs- und Geschäftsführungsbefugnis

(1) Die Vertretungsbefugnis des Vorstands kann nicht beschränkt werden.

(2) Im Verhältnis der Vorstandsmitglieder zur Gesellschaft sind diese verpflichtet, die Beschränkungen einzuhalten, die im Rahmen der Vorschriften über die Aktiengesellschaft die Satzung, der Aufsichtsrat, die Hauptversammlung und die Geschäftsordnungen des Vorstands und des Aufsichtsrats für die Geschäftsführungsbefugnis getroffen haben.

§ 83 Vorbereitung und Ausführung von Hauptversammlungsbeschlüssen

(1) Der Vorstand ist auf Verlangen der Hauptversammlung verpflichtet, Maßnahmen, die in die Zuständigkeit der Hauptversammlung fallen, vorzubereiten. Das gleiche gilt für die Vorbereitung und den Abschluß von Verträgen, die nur mit Zustimmung der Hauptversammlung wirksam werden. Der Beschluß der Hauptversammlung bedarf der Mehrheiten, die für die Maßnahmen oder für die Zustimmung zu dem Vertrag erforderlich sind.

(2) Der Vorstand ist verpflichtet, die von der Hauptversammlung im Rahmen ihrer Zuständigkeit beschlossenen Maßnahmen auszuführen.

§ 84 Bestellung und Abberufung des Vorstands

(1) Vorstandsmitglieder bestellt der Aufsichtsrat auf höchstens fünf Jahre. Eine wiederholte Bestellung oder Verlängerung der Amtszeit, jeweils für höchstens fünf Jahre, ist zulässig. Sie bedarf eines erneuten Aufsichtsratsbeschlusses, der frühestens ein Jahr vor Ablauf der bisherigen Amtszeit gefaßt werden kann. Nur bei einer Bestellung auf weniger als fünf Jahre kann eine Verlängerung der Amtszeit ohne neuen Aufsichtsratsbeschluß vorgesehen werden, sofern dadurch die gesamte Amtszeit nicht mehr als fünf Jahre beträgt. Dies gilt sinngemäß für den Anstellungsvertrag; er kann jedoch vorsehen, daß er für den Fall einer Verlängerung der Amtszeit bis zu deren Ablauf weitergilt.

(2) Werden mehrere Personen zu Vorstandsmitgliedern bestellt, so kann der Aufsichtsrat ein Mitglied zum Vorsitzenden des Vorstands ernennen.

(3) Der Aufsichtsrat kann die Bestellung zum Vorstandsmitglied und die Ernennung zum Vorsitzenden des Vorstands widerrufen, wenn ein wichtiger Grund vorliegt. Ein solcher Grund ist namentlich grobe Pflichtverletzung, Unfähigkeit zur ordnungsmäßigen Geschäftsführung oder Vertrauensentzug durch die Hauptversammlung, es sei denn, daß das Vertrauen aus offenbar unsachlichen Gründen entzogen worden ist. Dies gilt auch für

den vom ersten Aufsichtsrat bestellten Vorstand. Der Widerruf ist wirksam, bis seine Unwirksamkeit rechtskräftig festgestellt ist. Für die Ansprüche aus dem Anstellungsvertrag gelten die allgemeinen Vorschriften.

(4) Die Vorschriften des Gesetzes über die Mitbestimmung der Arbeitnehmer in den Aufsichtsräten und Vorständen der Unternehmen des Bergbaus und der Eisen und Stahl erzeugenden Industrie vom 21. Mai 1951 (BGBl. I S. 347) – Montan-Mitbestimmungsgesetz – über die besonderen Mehrheitserfordernisse für einen Aufsichtsratsbeschluß über die Bestellung eines Arbeitsdirektors oder den Widerruf seiner Bestellung bleiben unberührt.

§ 85 Bestellung durch das Gericht

(1) Fehlt ein erforderliches Vorstandsmitglied, so hat in dringenden Fällen das Gericht auf Antrag eines Beteiligten das Mitglied zu bestellen. Gegen die Entscheidung ist die sofortige Beschwerde zulässig.

(2) Das Amt des gerichtlich bestellten Vorstandsmitglieds erlischt in jedem Fall, sobald der Mangel behoben ist.

(3) Das gerichtlich bestellte Vorstandsmitglied hat Anspruch auf Ersatz angemessener barer Auslagen und auf Vergütung für seine Tätigkeit. Einigen sich das gerichtlich bestellte Vorstandsmitglied und die Gesellschaft nicht, so setzt das Gericht die Auslagen und die Vergütung fest. Gegen die Entscheidung ist die sofortige Beschwerde zulässig. Die weitere Beschwerde ist ausgeschlossen. Aus der rechtskräftigen Entscheidung findet die Zwangsvollstreckung nach der Zivilprozeßordnung statt.

§ 86 Gewinnbeteiligung der Vorstandsmitglieder

(1) Den Vorstandsmitgliedern kann für ihre Tätigkeit eine Beteiligung am Gewinn gewährt werden. Sie soll in der Regel in einem Anteil am Jahresgewinn der Gesellschaft bestehen.

(2) Wird den Vorstandsmitgliedern ein Anteil am Jahresgewinn der Gesellschaft gewährt, so berechnet sich der Anteil nach dem Jahresüberschuß, vermindert um einen Verlustvortrag aus dem Vorjahr und um die Beträge, die nach Gesetz oder Satzung aus dem Jahresüberschuß in Gewinnrücklagen einzustellen sind. Entgegenstehende Festsetzungen sind nichtig.

§ 87 Grundsätze für die Bezüge der Vorstandsmitglieder

(1) Der Aufsichtsrat hat bei der Festsetzung der Gesamtbezüge des einzelnen Vorstandsmitglieds (Gehalt, Gewinnbeteiligungen, Aufwandsentschädigungen, Versicherungsentgelte, Provisionen und Nebenleistungen jeder Art) dafür zu sorgen, daß die Gesamtbezüge in einem angemessenen Verhältnis zu den Aufgaben des Vorstandsmitglieds und zur Lage der Gesellschaft stehen. Dies gilt sinngemäß für Ruhegehalt, Hinterbliebenenbezüge und Leistungen verwandter Art.

(2) Tritt nach der Festsetzung eine so wesentliche Verschlechterung in den Verhältnissen der Gesellschaft ein, daß die Weitergewährung der in Absatz 1 Satz 1 aufgeführten Bezüge eine schwere Unbilligkeit für die Gesellschaft sein würde, so ist der Aufsichtsrat, im Fall des § 85 Abs. 3 das Gericht auf Antrag des Aufsichtsrats, zu einer angemessenen Herabsetzung berechtigt. Durch eine Herabsetzung wird der Anstellungsvertrag im übrigen nicht berührt. Das Vorstandsmitglied kann jedoch seinen Anstellungsvertrag für den Schluß des nächsten Kalendervierteljahrs mit einer Kündigungsfrist von sechs Wochen kündigen.

(3) Wird über das Vermögen der Gesellschaft das Konkursverfahren eröffnet und kündigt der Konkursverwalter den Anstellungsvertrag eines Vorstandsmitglieds, so kann es Ersatz für den Schaden, der ihm durch die Aufhebung des Dienstverhältnisses entsteht, nur für zwei Jahre seit dem Ablauf des Dienstverhältnisses verlangen. Gleiches gilt, wenn über die

Gesellschaft das gerichtliche Vergleichsverfahren eröffnet wird und die Gesellschaft den Anstellungsvertrag kündigt.

§ 88 Wettbewerbsverbot

(1) Die Vorstandsmitglieder dürfen ohne Einwilligung des Aufsichtsrats weder ein Handelsgewerbe betreiben noch im Geschäftszweig der Gesellschaft für eigene oder fremde Rechnung Geschäfte machen. Sie dürfen ohne Einwilligung auch nicht Mitglied des Vorstands oder Geschäftsführer oder persönlich haftender Gesellschafter einer anderen Handelsgesellschaft sein. Die Einwilligung des Aufsichtsrats kann nur für bestimmte Handelsgewerbe oder Handelsgesellschaften oder für bestimmte Arten von Geschäften erteilt werden.

(2) Verstößt ein Vorstandsmitglied gegen dieses Verbot, so kann die Gesellschaft Schadenersatz fordern. Sie kann statt dessen von dem Mitglied verlangen, daß es die für eigene Rechnung gemachten Geschäfte als für Rechnung der Gesellschaft eingegangen gelten läßt und die aus Geschäften für fremde Rechnung bezogene Vergütung herausgibt oder seinen Anspruch auf die Vergütung abtritt.

(3) Die Ansprüche der Gesellschaft verjähren in drei Monaten seit dem Zeitpunkt, in dem die übrigen Vorstandsmitglieder und die Aufsichtsratsmitglieder von der zum Schadenersatz verpflichtenden Handlung Kenntnis erlangen. Sie verjähren ohne Rücksicht auf diese Kenntnis in fünf Jahren seit ihrer Entstehung.

§ 89 Kreditgewährung an Vorstandsmitglieder

(1) Die Gesellschaft darf ihren Vorstandsmitgliedern Kredit nur auf Grund eines Beschlusses des Aufsichtsrats gewähren. Der Beschluß kann nur für bestimmte Kreditgeschäfte oder Arten von Kreditgeschäften und nicht für länger als drei Monate im voraus gefaßt werden. Er hat die Verzinsung und Rückzahlung des Kredits zu regeln. Der Gewährung eines Kredits steht die Gestattung einer Entnahme gleich, die über die dem Vorstandsmitglied zustehenden Bezüge hinausgeht, namentlich auch die Gestattung der Entnahme von Vorschüssen auf Bezüge. Dies gilt nicht für Kredite, die ein Monatsgehalt nicht übersteigen.

(2) Die Gesellschaft darf ihren Prokuristen und zum gesamten Geschäftsbetrieb ermächtigten Handlungsbevollmächtigten Kredit nur mit Einwilligung des Aufsichtsrats gewähren. Eine herrschende Gesellschaft darf Kredite an gesetzliche Vertreter, Prokuristen oder zum gesamten Geschäftsbetrieb ermächtigte Handlungsbevollmächtigte eines abhängigen Unternehmens nur mit Einwilligung ihres Aufsichtsrats, eine abhängige Gesellschaft darf Kredite an gesetzliche Vertreter, Prokuristen oder zum gesamten Geschäftsbetrieb ermächtigte Handlungsbevollmächtigte des herrschenden Unternehmens nur mit Einwilligung des Aufsichtsrats des herrschenden Unternehmens gewähren. Absatz 1 Satz 2 bis 5 gilt sinngemäß.

(3) Absatz 2 gilt auch für Kredite an den Ehegatten oder an ein minderjähriges Kind eines Vorstandsmitglieds, eines anderen gesetzlichen Vertreters, eines Prokuristen oder eines zum gesamten Geschäftsbetrieb ermächtigten Handlungsbevollmächtigten. Er gilt ferner für Kredite an einen Dritten, der für Rechnung dieser Personen oder für Rechnung eines Vorstandsmitglieds, eines anderen gesetzlichen Vertreters, eines Prokuristen oder eines zum gesamten Geschäftsbetrieb ermächtigten Handelsbevollmächtigten handelt.

(4) Ist ein Vorstandsmitglied, ein Prokurist oder ein zum gesamten Geschäftsbetrieb ermächtigter Handlungsbevollmächtigter zugleich gesetzlicher Vertreter oder Mitglied des Aufsichtsrats einer anderen juristischen Person oder Gesellschafter einer Personenhandelsgesellschaft, so darf die Gesellschaft der juristischen Person oder der Personenhandelsgesellschaft Kredit nur mit Einwilligung des Aufsichtsrats gewähren, Absatz 1 Satz 2 und 3 gilt sinngemäß. Dies gilt nicht, wenn die juristische Person oder die Personen-

handelsgesellschaft mit der Gesellschaft verbunden ist oder wenn der Kredit für die Bezahlung von Waren gewährt wird, welche die Gesellschaft der juristischen Person oder der Personenhandelsgesellschaft liefert.

(5) Wird entgegen den Absätzen 1 bis 4 Kredit gewährt, so ist der Kredit ohne Rücksicht auf entgegenstehende Vereinbarungen sofort zurückzugewähren, wenn nicht der Aufsichtsrat nachträglich zustimmt.

(6) Ist die Gesellschaft ein Kreditinstitut, so gelten an Stelle der Absätze 1 bis 5 die Vorschriften des Gesetzes über das Kreditwesen.

§ 90 Berichte an den Aufsichtsrat

(1) Der Vorstand hat dem Aufsichtsrat zu berichten über

1. die beabsichtigte Geschäftspolitik und andere grundsätzliche Fragen der künftigen Geschäftsführung;
2. die Rentabilität der Gesellschaft, insbesondere die Rentabilität des Eigenkapitals;
3. den Gang der Geschäfte, insbesondere den Umsatz, und die Lage der Gesellschaft;
4. Geschäfte, die für die Rentabilität oder Liquidität der Gesellschaft von erheblicher Bedeutung sein können.

Außerdem ist dem Vorsitzenden des Aufsichtsrats aus sonstigen wichtigen Anlässen zu berichten; als wichtiger Anlaß ist auch ein dem Vorstand bekanntgewordener geschäftlicher Vorgang bei einem verbundenen Unternehmen anzusehen, der auf die Lage der Gesellschaft von erheblichem Einfluß sein kann.

(2) Die Berichte nach Absatz 1 Satz 1 Nr. 1 bis 4 sind wie folgt zu erstatten:

1. die Berichte nach Nummer 1 mindestens einmal jährlich, wenn nicht Änderungen der Lage oder neue Fragen eine unverzügliche Berichterstattung gebieten;
2. die Berichte nach Nummer 2 in der Sitzung des Aufsichtsrats, in der über den Jahresabschluß verhandelt wird;
3. die Berichte nach Nummer 3 regelmäßig, mindestens vierteljährlich;
4. die Berichte nach Nummer 4 möglichst so rechtzeitig, daß der Aufsichtsrat vor Vornahme der Geschäfte Gelegenheit hat, zu ihnen Stellung zu nehmen.

(3) Der Aufsichtsrat kann vom Vorstand jederzeit einen Bericht verlangen über Angelegenheiten der Gesellschaft, über ihre rechtlichen und geschäftlichen Beziehungen zu verbundenen Unternehmen sowie über geschäftliche Vorgänge bei diesen Unternehmen, die auf die Lage der Gesellschaft von erheblichem Einfluß sein können. Auch ein einzelnes Mitglied kann einen Bericht, jedoch nur an den Aufsichtsrat, verlangen; lehnt der Vorstand die Berichterstattung ab, so kann der Bericht nur verlangt werden, wenn ein anderes Aufsichtsratsmitglied das Verlangen unterstützt.

(4) Die Berichte haben den Grundsätzen einer gewissenhaften und getreuen Rechenschaft zu entsprechen.

(5) Jedes Aufsichtsratsmitglied hat das Recht, von den Berichten Kenntnis zu nehmen. Soweit die Berichte schriftlich erstattet worden sind, sind sie auch jedem Aufsichtsratsmitglied auf Verlangen auszuhändigen, soweit der Aufsichtsrat nichts anderes beschlossen hat. Der Vorsitzende des Aufsichtsrats hat die Aufsichtsratsmitglieder über die Berichte nach Absatz 1 Satz 2 spätestens in der nächsten Aufsichtsratssitzung zu unterrichten.

§ 91 Buchführung

Der Vorstand hat dafür zu sorgen, daß die erforderlichen Handelsbücher geführt werden.

§ 92 Vorstandspflichten bei Verlust, Überschuldung oder Zahlungsunfähigkeit

(1) Ergibt sich bei Aufstellung der Jahresbilanz oder einer Zwischenbilanz oder ist bei pflichtmäßigem Ermessen anzunehmen, daß ein Verlust in Höhe der Hälfte des Grundka-

pitals besteht, so hat der Vorstand unverzüglich die Hauptversammlung einzuberufen und ihr dies anzuzeigen.

(2) Wird die Gesellschaft zahlungsunfähig, so hat der Vorstand ohne schuldhaftes Zögern, spätestens aber drei Wochen nach Eintritt der Zahlungsunfähigkeit, die Eröffnung des Konkursverfahrens oder des gerichtlichen Vergleichsverfahrens zu beantragen. Dies gilt sinngemäß, wenn das Vermögen der Gesellschaft nicht mehr die Schulden deckt. Der Antrag ist nicht schuldhaft verzögert, wenn der Vorstand die Eröffnung des gerichtlichen Vergleichsverfahrens mit der Sorgfalt eines ordentlichen und gewissenhaften Geschäftsleiters betreibt.

(3) Nachdem die Zahlungsunfähigkeit der Gesellschaft eingetreten ist oder sich ihre Überschuldung ergeben hat, darf der Vorstand keine Zahlungen leisten. Dies gilt nicht von Zahlungen, die auch nach diesem Zeitpunkt mit der Sorgfalt eines ordentlichen und gewissenhaften Geschäftsleiters vereinbar sind.

§ 93 Sorgfaltspflicht und Verantwortlichkeit der Vorstandsmitglieder

(1) Die Vorstandsmitglieder haben bei ihrer Geschäftsführung die Sorgfalt eines ordentlichen und gewissenhaften Geschäftsleiters anzuwenden. Über vertrauliche Angaben und Geheimnisse der Gesellschaft, namentlich Betriebs- oder Geschäftsgeheimnisse, die ihnen durch ihre Tätigkeit im Vorstand bekanntgeworden sind, haben sie Stillschweigen zu bewahren.

(2) Vorstandsmitglieder, die ihre Pflichten verletzen, sind der Gesellschaft zum Ersatz des daraus entstehenden Schadens als Gesamtschuldner verpflichtet. Ist streitig, ob sie die Sorgfalt eines ordentlichen und gewissenhaften Geschäftsleiters angewandt haben, so trifft sie die Beweislast.

(3) Die Vorstandsmitglieder sind namentlich zum Ersatz verpflichtet, wenn entgegen diesem Gesetz

1. Einlagen an die Aktionäre zurückgewährt werden,
2. den Aktionären Zinsen oder Gewinnanteile gezahlt werden,
3. eigene Aktien der Gesellschaft oder einer anderen Gesellschaft gezeichnet, erworben, als Pfand genommen oder eingezogen werden,
4. Aktien vor der vollen Leistung des Nennbetrags oder des höheren Ausgabebetrags ausgegeben werden,
5. Gesellschaftsvermögen verteilt wird,
6. Zahlungen geleistet werden, nachdem die Zahlungsunfähigkeit der Gesellschaft eingetreten ist oder sich ihre Überschuldung ergeben hat,
7. Vergütungen an Aufsichtsratsmitglieder gewährt werden,
8. Kredit gewährt wird,
9. bei der bedingten Kapitalerhöhung außerhalb des festgesetzten Zwecks oder vor der vollen Leistung des Gegenwerts Bezugsaktien ausgegeben werden.

(4) Der Gesellschaft gegenüber tritt die Ersatzpflicht nicht ein, wenn die Handlung auf einem gesetzmäßigen Beschluß der Hauptversammlung beruht. Dadurch, daß der Aufsichtsrat die Handlung gebilligt hat, wird die Ersatzpflicht nicht ausgeschlossen. Die Gesellschaft kann erst drei Jahre nach der Entstehung des Anspruchs und nur dann auf Ersatzansprüche verzichten oder sich über sie vergleichen, wenn die Hauptversammlung zustimmt und nicht eine Minderheit, deren Anteile zusammen den zehnten Teil des Grundkapitals erreichen, zur Niederschrift Widerspruch erhebt. Die zeitliche Beschränkung gilt nicht, wenn der Ersatzpflichtige zahlungsunfähig ist und sich zur Abwendung oder Beseitigung des Konkursverfahrens mit seinen Gläubigern vergleicht.

(5) Der Ersatzanspruch der Gesellschaft kann auch von den Gläubigern der Gesellschaft

geltend gemacht werden, soweit sie von dieser keine Befriedigung erlangen können. Dies gilt jedoch in anderen Fällen als denen des Absatzes 3 nur dann, wenn die Vorstandsmitglieder die Sorgfalt eines ordentlichen und gewissenhaften Geschäftsleiters gröblich verletzt haben; Absatz 2 Satz 2 gilt sinngemäß. Den Gläubigern gegenüber wird die Ersatzpflicht weder durch einen Verzicht oder Vergleich der Gesellschaft noch dadurch aufgehoben, daß die Handlung auf einem Beschluß der Hauptversammlung beruht. Ist über das Vermögen der Gesellschaft das Konkursverfahren eröffnet, so übt während dessen Dauer der Konkursverwalter das Recht der Gläubiger gegen die Vorstandsmitglieder aus.
(6) Die Ansprüche aus diesen Vorschriften verjähren in fünf Jahren.

§ 94 Stellvertreter von Vorstandsmitgliedern
Die Vorschriften für die Vorstandsmitglieder gelten auch für ihre Stellvertreter.

Zweiter Abschnitt
Aufsichtsrat

§ 95 Zahl der Aufsichtsratsmitglieder
Der Aufsichtsrat besteht aus drei Mitgliedern. Die Satzung kann eine bestimmte höhere Zahl festsetzen. Die Zahl muß durch drei teilbar sein. Die Höchstzahl der Aufsichtsratsmitglieder beträgt bei Gesellschaften mit einem Grundkapital
bis zu 3 000 000 Deutsche Mark neun,
von mehr als 3 000 000 Deutsche Mark fünfzehn,
von mehr als 20 000 000 Deutsche Mark einundzwanzig.
Durch die vorstehenden Vorschriften werden hiervon abweichende Vorschriften des Gesetzes über die Mitbestimmung der Arbeitnehmer vom 4. Mai 1976 (BGBl. I S. 1153), des Montan-Mitbestimmungsgesetzes und des Gesetzes zur Ergänzung des Gesetzes über die Mitbestimmung der Arbeitnehmer in den Aufsichtsräten und Vorständen der Unternehmen des Bergbaus und der Eisen und Stahl erzeugenden Industrie vom 7. August 1956 (BGBl. I S. 707) – Mitbestimmungsergänzungsgesetz – nicht berührt.

§ 96 Zusammensetzung des Aufsichtsrats
(1) Der Aufsichtsrat setzt sich zusammen
bei Gesellschaften, für die das Mitbestimmungsgesetz gilt, aus Aufsichtsratsmitgliedern der Aktionäre und der Arbeitnehmer,
bei Gesellschaften, für die das Montan-Mitbestimmungsgesetz gilt, aus Aufsichtsratsmitgliedern der Aktionäre und der Arbeitnehmer und aus weiteren Mitgliedern,
bei Gesellschaften, für die die §§ 5 bis 13 des Mitbestimmungsergänzungsgesetzes gelten, aus Aufsichtsratsmitgliedern der Aktionäre und der Arbeitnehmer und aus einem weiteren Mitglied,
bei Gesellschaften, für die § 76 Abs. 1 des Betriebsverfassungsgesetzes 1952 gilt, aus Aufsichtsratsmitgliedern der Aktionäre und der Arbeitnehmer,
bei den übrigen Gesellschaften nur aus Aufsichtsratsmitgliedern der Aktionäre.
(2) Nach anderen als den zuletzt angewandten gesetzlichen Vorschriften kann der Aufsichtsrat nur zusammengesetzt werden, wenn nach § 97 oder nach § 98 die in der Bekanntmachung des Vorstands oder in der gerichtlichen Entscheidung angegebenen gesetzlichen Vorschriften anzuwenden sind.

§ 97 Bekanntmachung über die Zusammensetzung des Aufsichtsrats
(1) Ist der Vorstand der Ansicht, daß der Aufsichtsrat nicht nach den für ihn maßgebenden gesetzlichen Vorschriften zusammengesetzt ist, so hat er dies unverzüglich in den Gesellschaftsblättern und gleichzeitig durch Aushang in sämtlichen Betrieben der

Gesellschaft und ihrer Konzernunternehmen bekanntzumachen. In der Bekanntmachung sind die nach Ansicht des Vorstands maßgebenden gesetzlichen Vorschriften anzugeben. Es ist darauf hinzuweisen, daß der Aufsichtsrat nach diesen Vorschriften zusammengesetzt wird, wenn nicht Antragsberechtigte nach § 98 Abs. 2 innerhalb eines Monats nach der Bekanntmachung im Bundesanzeiger das nach § 98 Abs. 1 zuständige Gericht anrufen.

(2) Wird das nach § 98 Abs. 1 zuständige Gericht nicht innerhalb eines Monats nach der Bekanntmachung im Bundesanzeiger angerufen, so ist der neue Aufsichtsrat nach den in der Bekanntmachung des Vorstands angegebenen gesetzlichen Vorschriften zusammenzusetzen. Die Bestimmungen der Satzung über die Zusammensetzung des Aufsichtsrats, über die Zahl der Aufsichtsratsmitglieder sowie über die Wahl, Abberufung und Entsendung von Aufsichtsratsmitgliedern treten mit der Beendigung der ersten Hauptversammlung, die nach Ablauf der Anrufungsfrist einberufen wird, spätestens sechs Monate nach Ablauf dieser Frist insoweit außer Kraft, als sie den nunmehr anzuwendenden gesetzlichen Vorschriften widersprechen. Mit demselben Zeitpunkt erlischt das Amt der bisherigen Aufsichtsratsmitglieder. Eine Hauptversammlung, die innerhalb der Frist von sechs Monaten stattfindet, kann an Stelle der außer Kraft tretenden Satzungsbestimmungen mit einfacher Stimmenmehrheit neue Satzungsbestimmungen beschließen.

(3) Solange ein gerichtliches Verfahren nach §§ 98, 99 anhängig ist, kann eine Bekanntmachung über die Zusammensetzung des Aufsichtsrats nicht erfolgen.

§ 98 Gerichtliche Entscheidung über die Zusammensetzung des Aufsichtsrats

(1) Ist streitig oder ungewiß, nach welchen gesetzlichen Vorschriften der Aufsichtsrat zusammenzusetzen ist, so entscheidet darüber auf Antrag ausschließlich das Landgericht (Zivilkammer), in dessen Bezirk die Gesellschaft ihren Sitz hat. Die Landesregierung kann die Entscheidung durch Rechtsverordnung für die Bezirke mehrerer Landgerichte einem der Landgerichte übertragen, wenn dies der Sicherung einer einheitlichen Rechtsprechung dient. Die Landesregierung kann die Ermächtigung auf die Landesjustizverwaltung übertragen.

(2) Antragsberechtigt sind

1. der Vorstand,
2. jedes Aufsichtsratsmitglied,
3. jeder Aktionär,
4. der Gesamtbetriebsrat der Gesellschaft oder, wenn in der Gesellschaft nur ein Betriebsrat besteht, der Betriebsrat,
5. der Gesamtbetriebsrat eines anderen Unternehmens, dessen Arbeitnehmer nach den gesetzlichen Vorschriften, deren Anwendung streitig oder ungewiß ist, selbst oder durch Delegierte an der Wahl von Aufsichtsratsmitgliedern der Gesellschaft teilnehmen, oder, wenn in dem anderen Unternehmen nur ein Betriebsrat besteht, der Betriebsrat,
6. mindestens ein Zehntel oder einhundert der Arbeitnehmer, die nach den gesetzlichen Vorschriften, deren Anwendung streitig oder ungewiß ist, selbst oder durch Delegierte an der Wahl von Aufsichtsratsmitgliedern der Gesellschaft teilnehmen,
7. Spitzenorganisationen der Gewerkschaften, die nach den gesetzlichen Vorschriften, deren Anwendung streitig oder ungewiß ist, ein Vorschlagsrecht hätten,
8. Gewerkschaften, die nach den gesetzlichen Vorschriften, deren Anwendung streitig oder ungewiß ist, ein Vorschlagsrecht hätten.

Ist die Anwendung des Mitbestimmungsgesetzes oder die Anwendung von Vorschriften des Mitbestimmungsgesetzes streitig oder ungewiß, so sind außer den nach Satz 1 Antragsberechtigten auch je ein Zehntel der wahlberechtigten Arbeiter, der wahlberechtigten in § 3

Abs. 3 Nr. 1 des Mitbestimmungsgesetzes bezeichneten Angestellten oder der wahlberechtigten leitenden Angestellten im Sinne des Mitbestimmungsgesetzes antragsberechtigt.
(3) Die Absätze 1 und 2 gelten sinngemäß, wenn streitig ist, ob der Abschlußprüfer das nach § 3 oder § 16 des Mitbestimmungsergänzungsgesetzes maßgebliche Umsatzverhältnis richtig ermittelt hat.
(4) Entspricht die Zusammensetzung des Aufsichtsrats nicht der gerichtlichen Entscheidung, so ist der neue Aufsichtsrat nach den in der Entscheidung angegebenen gesetzlichen Vorschriften zusammenzusetzen. § 97 Abs. 2 gilt sinngemäß mit der Maßgabe, daß die Frist von sechs Monaten mit dem Eintritt der Rechtskraft beginnt.

§ 99 Verfahren

(1) Auf das Verfahren ist das Gesetz über die Angelegenheiten der freiwilligen Gerichtsbarkeit anzuwenden, soweit in den Absätzen 2 bis 5 nichts anderes bestimmt ist.
(2) Das Landgericht hat den Antrag in den Gesellschaftsblättern bekanntzumachen. Der Vorstand und jedes Aufsichtsratsmitglied sowie die nach § 98 Abs. 2 antragsberechtigten Betriebsräte, Spitzenorganisationen und Gewerkschaften sind zu hören.
(3) Das Landgericht entscheidet durch einen mit Gründen versehenen Beschluß. Gegen die Entscheidung findet die sofortige Beschwerde statt. Sie kann nur auf eine Verletzung des Gesetzes gestützt werden; die §§ 550, 551, 561, 563 der Zivilprozeßordnung gelten sinngemäß. Die Beschwerde kann nur durch Einreichung einer von einem Rechtsanwalt unterzeichneten Beschwerdeschrift eingelegt werden. Über sie entscheidet das Oberlandesgericht. § 28 Abs. 2 und 3 des Gesetzes über die Angelegenheiten der freiwilligen Gerichtsbarkeit gilt entsprechend. Die weitere Beschwerde ist ausgeschlossen. Die Landesregierung kann durch Rechtsverordnung die Entscheidung über die Beschwerde für die Bezirke mehrerer Oberlandesgerichte einem der Oberlandesgerichte oder dem Obersten Landesgericht übertragen, wenn dies der Sicherung einer einheitlichen Rechtsprechung dient. Die Landesregierung kann die Ermächtigung auf die Landesjustizverwaltung übertragen.
(4) Das Gericht hat seine Entscheidung dem Antragsteller und der Gesellschaft zuzustellen. Es hat sie ferner ohne Gründe in den Gesellschaftsblättern bekanntzumachen. Die Beschwerde steht jedem nach § 98 Abs. 2 Antragsberechtigten zu. Die Beschwerdefrist beginnt mit der Bekanntmachung der Entscheidung im Bundesanzeiger, für den Antragsteller und die Gesellschaft jedoch nicht vor der Zustellung der Entscheidung.
(5) Die Entscheidung wird erst mit der Rechtskraft wirksam. Sie wirkt für und gegen alle. Der Vorstand hat die rechtskräftige Entscheidung unverzüglich zum Handelsregister einzureichen.
(6) Für die Kosten des Verfahrens gilt die Kostenordnung. Für das Verfahren des ersten Rechtszugs wird das Vierfache der vollen Gebühr erhoben. Für den zweiten Rechtszug wird die gleiche Gebühr erhoben; dies gilt auch dann, wenn die Beschwerde Erfolg hat. Wird der Antrag oder die Beschwerde zurückgenommen, bevor es zu einer Entscheidung kommt, so ermäßigt sich die Gebühr auf die Hälfte. Der Geschäftswert ist von Amts wegen festzusetzen. Er bestimmt sich nach § 30 Abs. 2 der Kostenordnung mit der Maßgabe, daß der Wert regelmäßig auf einhunderttausend Deutsche Mark anzunehmen ist. Schuldner der Kosten ist die Gesellschaft. Die Kosten können jedoch ganz oder zum Teil dem Antragsteller auferlegt werden, wenn dies der Billigkeit entspricht. Kosten der Beteiligten werden nicht erstattet.

§ 100 Persönliche Voraussetzungen für Aufsichtsratsmitglieder

(1) Mitglied des Aufsichtsrats kann nur eine natürliche, unbeschränkt geschäftsfähige Person sein. Ein Betreuter, der bei der Besorgung seiner Vermögensangelegenheiten

ganz oder teilweise einem Einwilligungsvorbehalt (§ 1903 des Bürgerlichen Gesetzbuchs) unterliegt, kann nicht Mitglied des Aufsichtsrats sein.

(2) Mitglied des Aufsichtsrats kann nicht sein, wer

1. bereits in zehn Handelsgesellschaften oder bergrechtlichen Gewerkschaften, die gesetzlich einen Aufsichtsrat zu bilden haben, Aufsichtsratsmitglied ist,
2. gesetzlicher Vertreter eines von der Gesellschaft abhängigen Unternehmens ist, oder
3. gesetzlicher Vertreter einer anderen Kapitalgesellschaft oder bergrechtlichen Gewerkschaft ist, deren Aufsichtsrat ein Vorstandsmitglied der Gesellschaft angehört.

Auf die Höchstzahl nach Satz 1 Nr. 1 sind bis zu fünf Aufsichtsratssitze nicht anzurechnen, die ein gesetzlicher Vertreter (beim Einzelkaufmann der Inhaber) des herrschenden Unternehmens eines Konzerns in zum Konzern gehörenden Handelsgesellschaften und bergrechtlichen Gewerkschaften, die gesetzlich einen Aufsichtsrat zu bilden haben, inne hat.

(3) Die anderen persönlichen Voraussetzungen der Aufsichtsratsmitglieder der Arbeitnehmer sowie der weiteren Mitglieder bestimmen sich nach dem Mitbestimmungsgesetz, dem Montan-Mitbestimmungsgesetz, dem Mitbestimmungsergänzungsgesetz und dem Betriebsverfassungsgesetz 1952.

(4) Die Satzung kann persönliche Voraussetzungen nur für Aufsichtsratsmitglieder fordern, die von der Hauptversammlung ohne Bindung an Wahlvorschläge gewählt oder auf Grund der Satzung in den Aufsichtsrat entsandt werden.

§ 101 Bestellung der Aufsichtsratsmitglieder

(1) Die Mitglieder des Aufsichtsrats werden von der Hauptversammlung gewählt, soweit sie nicht in den Aufsichtsrat zu entsenden oder als Aufsichtsratsmitglieder der Arbeitnehmer nach dem Mitbestimmungsgesetz, dem Mitbestimmungsergänzungsgesetz oder dem Betriebsverfassungsgesetz 1952 zu wählen sind. An Wahlvorschläge ist die Hauptversammlung nur gemäß §§ 6 und 8 des Montan-Mitbestimmungsgesetzes gebunden.

(2) Ein Recht, Mitglieder in den Aufsichtsrat zu entsenden, kann nur durch die Satzung und nur für bestimmte Aktionäre oder für die jeweiligen Inhaber bestimmter Aktien begründet werden. Inhabern bestimmter Aktien kann das Entsendungsrecht nur eingeräumt werden, wenn die Aktien auf Namen lauten und ihre Übertragung an die Zustimmung der Gesellschaft gebunden ist. Die Aktien der Entsendungsberechtigten gelten nicht als eine besondere Gattung. Die Entsendungsrechte können insgesamt höchstens für ein Drittel der sich aus dem Gesetz oder der Satzung ergebenden Zahl der Aufsichtsratsmitglieder der Aktionäre eingeräumt werden. § 4 Abs. 1 des Gesetzes über die Überführung der Anteilsrechte an der Volkswagenwerk Gesellschaft mit beschränkter Haftung in private Hand vom 21. Juli 1960 (BGBl. I S. 585), zuletzt geändert durch das Zweite Gesetz zur Änderung des Gesetzes über die Überführung der Anteilsrechte an der Volkswagenwerk Gesellschaft mit beschränkter Haftung in private Hand vom 31. Juli 1970 (BGBl. I S. 1149), bleibt unberührt.

(3) Stellvertreter von Aufsichtsratsmitgliedern können nicht bestellt werden. Jedoch kann für jedes Aufsichtsratsmitglied mit Ausnahme des weiteren Mitglieds, das nach dem Montan-Mitbestimmungsgesetz oder dem Mitbestimmungsergänzungsgesetz auf Vorschlag der übrigen Aufsichtsratsmitglieder gewählt wird, ein Ersatzmitglied bestellt werden, das Mitglied des Aufsichtsrats wird, wenn das Aufsichtsratsmitglied vor Ablauf seiner Amtszeit wegfällt. Das Ersatzmitglied kann nur gleichzeitig mit dem Aufsichtsratsmitglied bestellt werden. Auf seine Bestellung sowie die Nichtigkeit und Anfechtung seiner Bestellung sind die für das Aufsichtsratsmitglied geltenden Vorschriften anzuwenden.

§ 102 Amtszeit der Aufsichtsratsmitglieder

(1) Aufsichtsratsmitglieder können nicht für längere Zeit als bis zur Beendigung der Hauptversammlung bestellt werden, die über die Entlastung für das vierte Geschäftsjahr nach dem Beginn der Amtszeit beschließt. Das Geschäftsjahr, in dem die Amtszeit beginnt, wird nicht mitgerechnet.

(2) Das Amt des Ersatzmitglieds erlischt spätestens mit Ablauf der Amtszeit des weggefallenen Aufsichtsratsmitglieds.

§ 103 Abberufung der Aufsichtsratsmitglieder

(1) Aufsichtsratsmitglieder, die von der Hauptversammlung ohne Bindung an einen Wahlvorschlag gewählt worden sind, können von ihr vor Ablauf der Amtszeit abberufen werden. Der Beschluß bedarf einer Mehrheit, die mindestens drei Viertel der abgegebenen Stimmen umfaßt. Die Satzung kann eine andere Mehrheit und weitere Erfordernisse bestimmen.

(2) Ein Aufsichtsratsmitglied, das auf Grund der Satzung in den Aufsichtsrat entsandt ist, kann von dem Entsendungsberechtigten jederzeit abberufen und durch ein anderes ersetzt werden. Sind die in der Satzung bestimmten Voraussetzungen des Entsendungsrechts weggefallen, so kann die Hauptversammlung das entsandte Mitglied mit einfacher Stimmenmehrheit abberufen.

(3) Das Gericht hat auf Antrag des Aufsichtsrats ein Aufsichtsratsmitglied abzuberufen, wenn in dessen Person ein wichtiger Grund vorliegt. Der Aufsichtsrat beschließt über die Antragstellung mit einfacher Mehrheit. Ist das Aufsichtsratsmitglied auf Grund der Satzung in den Aufsichtsrat entsandt worden, so können auch Aktionäre, deren Anteile zusammen den zehnten Teil des Grundkapitals oder den Nennbetrag von zwei Millionen Deutsche Mark erreichen, den Antrag stellen. Gegen die Entscheidung ist die sofortige Beschwerde zulässig.

(4) Für die Abberufung der Aufsichtsratsmitglieder, die weder von der Hauptversammlung ohne Bindung an einen Wahlvorschlag gewählt worden sind noch auf Grund der Satzung in den Aufsichtsrat entsandt sind, gelten außer Absatz 3 das Mitbestimmungsgesetz, das Montan-Mitbestimmungsgesetz, das Mitbestimmungsergänzungsgesetz und das Betriebsverfassungsgesetz 1952.

(5) Für die Abberufung eines Ersatzmitglieds gelten die Vorschriften über die Abberufung des Aufsichtsratsmitglieds, für das es bestellt ist.

§ 104 Bestellung durch das Gericht

(1) Gehört dem Aufsichtsrat die zur Beschlußfähigkeit nötige Zahl von Mitgliedern nicht an, so hat ihn das Gericht auf Antrag des Vorstands, eines Aufsichtsratsmitglieds oder eines Aktionärs auf diese Zahl zu ergänzen. Der Vorstand ist verpflichtet, den Antrag unverzüglich zu stellen, es sei denn, daß die rechtzeitige Ergänzung vor der nächsten Aufsichtsratssitzung zu erwarten ist. Hat der Aufsichtsrat auch aus Aufsichtsratsmitgliedern der Arbeitnehmer zu bestehen, so können auch den Antrag stellen

1. der Gesamtbetriebsrat der Gesellschaft oder, wenn in der Gesellschaft nur ein Betriebsrat besteht, der Betriebsrat, sowie, wenn die Gesellschaft herrschendes Unternehmen eines Konzerns ist, der Konzernbetriebsrat,
2. der Gesamtbetriebsrat eines anderen Unternehmens, dessen Arbeitnehmer selbst oder durch Delegierte an der Wahl teilnehmen, oder, wenn in dem anderen Unternehmen nur ein Betriebsrat besteht, der Betriebsrat,
3. mindestens ein Zehntel oder einhundert der Arbeitnehmer, die selbst oder durch Delegierte an der Wahl teilnehmen,

4. Spitzenorganisationen der Gewerkschaften, die das Recht haben, Aufsichtsratsmitglieder der Arbeitnehmer vorzuschlagen,
5. Gewerkschaften, die das Recht haben, Aufsichtsratsmitglieder der Arbeitnehmer vorzuschlagen.

Hat der Aufsichtsrat nach dem Mitbestimmungsgesetz auch aus Aufsichtsratsmitgliedern der Arbeitnehmer zu bestehen, so sind außer den nach Satz 3 Antragsberechtigten auch je ein Zehntel der wahlberechtigten Arbeiter, der wahlberechtigten in § 3 Abs. 3 Nr. 1 des Mitbestimmungsgesetzes bezeichneten Angestellten oder der wahlberechtigten leitenden Angestellten im Sinne des Mitbestimmungsgesetzes antragsberechtigt. Gegen die Entscheidung ist die sofortige Beschwerde zulässig.

(2) Gehören dem Aufsichtsrat länger als drei Monate weniger Mitglieder als die durch Gesetz oder Satzung festgesetzte Zahl an, so hat ihn das Gericht auf Antrag auf diese Zahl zu ergänzen. In dringenden Fällen hat das Gericht auf Antrag den Aufsichtsrat auch vor Ablauf der Frist zu ergänzen. Das Antragsrecht bestimmt sich nach Absatz 1. Gegen die Entscheidung ist die sofortige Beschwerde zulässig.

(3) Absatz 2 ist auf einen Aufsichtsrat, in dem die Arbeitnehmer ein Mitbestimmungsrecht nach dem Mitbestimmungsgesetz, dem Montan-Mitbestimmungsgesetz oder dem Mitbestimmungsergänzungsgesetz haben, mit der Maßgabe anzuwenden,

1. daß das Gericht den Aufsichtsrat hinsichtlich des weiteren Mitglieds, das nach dem Montan-Mitbestimmungsgesetz oder dem Mitbestimmungsergänzungsgesetz auf Vorschlag der übrigen Aufsichtsratsmitglieder gewählt wird, nicht ergänzen kann,
2. daß es stets ein dringender Fall ist, wenn dem Aufsichtsrat, abgesehen von dem in Nummer 1 genannten weiteren Mitglied, nicht alle Mitglieder angehören, aus denen er nach Gesetz oder Satzung zu bestehen hat.

(4) Hat der Aufsichtsrat auch aus Aufsichtsratsmitgliedern der Arbeitnehmer zu bestehen, so hat das Gericht ihn so zu ergänzen, daß das für seine Zusammensetzung maßgebende zahlenmäßige Verhältnis hergestellt wird. Wenn der Aufsichtsrat zur Herstellung seiner Beschlußfähigkeit ergänzt wird, gilt dies nur, soweit die zur Beschlußfähigkeit nötige Zahl der Aufsichtsratsmitglieder die Wahrung dieses Verhältnisses möglich macht. Ist ein Aufsichtsratsmitglied zu ersetzen, das nach Gesetz oder Satzung in persönlicher Hinsicht besonderen Voraussetzungen entsprechen muß, so muß auch das vom Gericht bestellte Aufsichtsratsmitglied diesen Voraussetzungen entsprechen. Ist ein Aufsichtsratsmitglied zu ersetzen, bei dessen Wahl eine Spitzenorganisation der Gewerkschaften, eine Gewerkschaft oder die Betriebsräte ein Vorschlagsrecht hätten, so soll das Gericht Vorschläge dieser Stellen berücksichtigen, soweit nicht überwiegende Belange der Gesellschaft oder der Allgemeinheit der Bestellung des Vorgeschlagenen entgegenstehen; das gleiche gilt, wenn das Aufsichtsratsmitglied durch Delegierte zu wählen wäre, für gemeinsame Vorschläge der Betriebsräte der Unternehmen, in denen Delegierte zu wählen sind.

(5) Das Amt des gerichtlich bestellten Aufsichtsratsmitglieds erlischt in jedem Fall, sobald der Mangel behoben ist.

(6) Das gerichtlich bestellte Aufsichtsratsmitglied hat Anspruch auf Ersatz angemessener barer Auslagen und, wenn den Aufsichtsratsmitgliedern der Gesellschaft eine Vergütung gewährt wird, auf Vergütung für seine Tätigkeit. Auf Antrag des Aufsichtsratsmitglieds setzt das Gericht die Auslagen und die Vergütung fest. Gegen die Entscheidung ist die sofortige Beschwerde zulässig. Die weitere Beschwerde ist ausgeschlossen. Aus der rechtskräftigen Entscheidung findet die Zwangsvollstreckung nach der Zivilprozeßordnung statt.

§ 105 Unvereinbarkeit der Zugehörigkeit zum Vorstand und zum Aufsichtsrat

(1) Ein Aufsichtsratsmitglied kann nicht zugleich Vorstandsmitglied, dauernd Stellvertreter von Vorstandsmitgliedern, Prokurist oder zum gesamten Geschäftsbetrieb ermächtigter Handlungsbevollmächtigter der Gesellschaft sein.

(2) Nur für einen im voraus begrenzten Zeitraum, höchstens für ein Jahr, kann der Aufsichtsrat einzelne seiner Mitglieder zu Stellvertretern von fehlenden oder behinderten Vorstandsmitgliedern bestellen. Eine wiederholte Bestellung oder Verlängerung der Amtszeit ist zulässig, wenn dadurch die Amtszeit insgesamt ein Jahr nicht übersteigt. Während ihrer Amtszeit als Stellvertreter von Vorstandsmitgliedern können die Aufsichtsratsmitglieder keine Tätigkeit als Aufsichtsratsmitglied ausüben. Das Wettbewerbsverbot des § 88 gilt für sie nicht.

§ 106 Bekanntmachung der Änderungen im Aufsichtsrat

Der Vorstand hat jeden Wechsel der Aufsichtsratsmitglieder unverzüglich in den Gesellschaftsblättern bekanntzumachen und die Bekanntmachung zum Handelsregister einzureichen.

§ 107 Innere Ordnung des Aufsichtsrats

(1) Der Aufsichtsrat hat nach näherer Bestimmung der Satzung aus seiner Mitte einen Vorsitzenden und mindestens einen Stellvertreter zu wählen. Der Vorstand hat zum Handelsregister anzumelden, wer gewählt ist. Der Stellvertreter hat nur dann die Rechte und Pflichten des Vorsitzenden, wenn dieser behindert ist.

(2) Über die Sitzungen des Aufsichtsrats ist eine Niederschrift anzufertigen, die der Vorsitzende zu unterzeichnen hat. In der Niederschrift sind der Ort und der Tag der Sitzung, die Teilnehmer, die Gegenstände der Tagesordnung, der wesentliche Inhalt der Verhandlungen und die Beschlüsse des Aufsichtsrats anzugeben. Ein Verstoß gegen Satz 1 oder Satz 2 macht einen Beschluß nicht unwirksam. Jedem Mitglied des Aufsichtsrats ist auf Verlangen eine Abschrift der Sitzungsniederschrift auszuhändigen.

(3) Der Aufsichtsrat kann aus seiner Mitte einen oder mehrere Ausschüsse bestellen, namentlich, um seine Verhandlungen und Beschlüsse vorzubereiten oder die Ausführung seiner Beschlüsse zu überwachen. Die Aufgaben nach Absatz 1 Satz 1, § 59 Abs. 3, § 77 Abs. 2 Satz 1, § 84 Abs. 1 Satz 1 und 3, Abs. 2 und Abs. 3 Satz 1, § 111 Abs. 3, §§ 171, 314 Abs. 2 und 3 sowie Beschlüsse, daß bestimmte Arten von Geschäften nur mit Zustimmung des Aufsichtsrats vorgenommen werden dürfen, können einem Ausschuß nicht an Stelle des Aufsichtsrats zur Beschlußfassung überwiesen werden.

§ 108 Beschlußfassung des Aufsichtsrats

(1) Der Aufsichtsrat entscheidet durch Beschluß.

(2) Die Beschlußfähigkeit des Aufsichtsrats kann, soweit sie nicht gesetzlich geregelt ist, durch die Satzung bestimmt werden. Ist sie weder gesetzlich noch durch die Satzung geregelt, so ist der Aufsichtsrat nur beschlußfähig, wenn mindestens die Hälfte der Mitglieder, aus denen er nach Gesetz oder Satzung insgesamt zu bestehen hat, an der Beschlußfassung teilnimmt. In jedem Fall müssen mindestens drei Mitglieder an der Beschlußfassung teilnehmen. Der Beschlußfähigkeit steht nicht entgegen, daß dem Aufsichtsrat weniger Mitglieder als die durch Gesetz oder Satzung festgesetzte Zahl angehören, auch wenn das für seine Zusammensetzung maßgebende zahlenmäßige Verhältnis nicht gewahrt ist.

(3) Abwesende Aufsichtsratsmitglieder können dadurch an der Beschlußfassung des Aufsichtsrats und seiner Ausschüsse teilnehmen, daß sie schriftliche Stimmabgaben überreichen lassen. Die schriftlichen Stimmabgaben können durch andere Aufsichtsratsmitglieder überreicht werden. Sie können auch durch Personen, die nicht dem Aufsichtsrat angehören,

übergeben werden, wenn diese nach § 109 Abs. 3 zur Teilnahme an der Sitzung berechtigt sind.

(4) Schriftliche, telegraphische oder fernmündliche Beschlußfassungen des Aufsichtsrats oder eines Ausschusses sind nur zulässig, wenn kein Mitglied diesem Verfahren widerspricht.

§ 109 Teilnahme an Sitzungen des Aufsichtsrats und seiner Ausschüsse

(1) An den Sitzungen des Aufsichtsrats und seiner Ausschüsse sollen Personen, die weder dem Aufsichtsrat noch dem Vorstand angehören, nicht teilnehmen. Sachverständige und Auskunftspersonen können zur Beratung über einzelne Gegenstände zugezogen werden.

(2) Aufsichtsratsmitglieder, die dem Ausschuß nicht angehören, können an den Ausschußsitzungen teilnehmen, wenn der Vorsitzende des Aufsichtsrats nichts anderes bestimmt.

(3) Die Satzung kann zulassen, daß an den Sitzungen des Aufsichtsrats und seiner Ausschüsse Personen, die dem Aufsichtsrat nicht angehören, an Stelle von verhinderten Aufsichtsratsmitgliedern teilnehmen können, wenn diese sie hierzu schriftlich ermächtigt haben.

(4) Abweichende gesetzliche Vorschriften bleiben unberührt.

§ 110 Einberufung des Aufsichtsrats

(1) Jedes Aufsichtsratsmitglied oder der Vorstand kann unter Angabe des Zwecks und der Gründe verlangen, daß der Vorsitzende des Aufsichtsrats unverzüglich den Aufsichtsrat einberuft. Die Sitzung muß binnen zwei Wochen nach der Einberufung stattfinden.

(2) Wird einem Verlangen, das von mindestens zwei Aufsichtsratsmitgliedern oder vom Vorstand geäußert ist, nicht entsprochen, so können die Antragsteller unter Mitteilung des Sachverhalts selbst den Aufsichtsrat einberufen.

(3) Der Aufsichtsrat soll in der Regel einmal im Kalendervierteljahr, er muß einmal im Kalenderhalbjahr einberufen werden.

§ 111 Aufgaben und Rechte des Aufsichtsrats

(1) Der Aufsichtsrat hat die Geschäftsführung zu überwachen.

(2) Der Aufsichtsrat kann die Bücher und Schriften der Gesellschaft sowie die Vermögensgegenstände, namentlich die Gesellschaftskasse und die Bestände an Wertpapieren und Waren, einsehen und prüfen. Er kann damit auch einzelne Mitglieder oder für bestimmte Aufgaben besondere Sachverständige beauftragen.

(3) Der Aufsichtsrat hat eine Hauptversammlung einzuberufen, wenn das Wohl der Gesellschaft es fordert. Für den Beschluß genügt die einfache Mehrheit.

(4) Maßnahmen der Geschäftsführung können dem Aufsichtsrat nicht übertragen werden. Die Satzung oder der Aufsichtsrat kann jedoch bestimmen, daß bestimmte Arten von Geschäften nur mit seiner Zustimmung vorgenommen werden dürfen. Verweigert der Aufsichtsrat seine Zustimmung, so kann der Vorstand verlangen, daß die Hauptversammlung über die Zustimmung beschließt. Der Beschluß, durch den die Hauptversammlung zustimmt, bedarf einer Mehrheit, die mindestens drei Viertel der abgegebenen Stimmen umfaßt. Die Satzung kann weder eine andere Mehrheit noch weitere Erfordernisse bestimmen.

(5) Die Aufsichtsratsmitglieder können ihre Aufgaben nicht durch andere wahrnehmen lassen.

§ 112 Vertretung der Gesellschaft gegenüber Vorstandsmitgliedern

Vorstandsmitgliedern gegenüber vertritt der Aufsichtsrat die Gesellschaft gerichtlich und außergerichtlich.

§ 113 Vergütung der Aufsichtsratsmitglieder

(1) Den Aufsichtsratsmitgliedern kann für ihre Tätigkeit eine Vergütung gewährt werden. Sie kann in der Satzung festgesetzt oder von der Hauptversammlung bewilligt werden. Sie soll in einem angemessenen Verhältnis zu den Aufgaben der Aufsichtsratsmitglieder und zur Lage der Gesellschaft stehen. Ist die Vergütung in der Satzung festgesetzt, so kann die Hauptversammlung eine Satzungsänderung, durch welche die Vergütung herabgesetzt wird, mit einfacher Stimmenmehrheit beschließen.

(2) Den Mitgliedern des ersten Aufsichtsrats kann nur die Hauptversammlung eine Vergütung für ihre Tätigkeit bewilligen. Der Beschluß kann erst in der Hauptversammlung gefaßt werden, die über die Entlastung der Mitglieder des ersten Aufsichtsrats beschließt.

(3) Wird den Aufsichtsratsmitgliedern ein Anteil am Jahresgewinn der Gesellschaft gewährt, so berechnet sich der Anteil nach dem Bilanzgewinn, vermindert um einen Betrag von mindestens vier vom Hundert der auf den Nennbetrag der Aktien geleisteten Einlagen. Entgegenstehende Festsetzungen sind nichtig.

§ 114 Verträge mit Aufsichtsratsmitgliedern

(1) Verpflichtet sich ein Aufsichtsratsmitglied außerhalb seiner Tätigkeit im Aufsichtsrat durch einen Dienstvertrag, durch den ein Arbeitsverhältnis nicht begründet wird, oder durch einen Werkvertrag gegenüber der Gesellschaft zu einer Tätigkeit höherer Art, so hängt die Wirksamkeit des Vertrags von der Zustimmung des Aufsichtsrats ab.

(2) Gewährt die Gesellschaft auf Grund eines solchen Vertrags dem Aufsichtsratsmitglied eine Vergütung, ohne daß der Aufsichtsrat dem Vertrag zugestimmt hat, so hat das Aufsichtsratsmitglied die Vergütung zurückzugewähren, es sei denn, daß der Aufsichtsrat den Vertrag genehmigt. Ein Anspruch des Aufsichtsratsmitglieds gegen die Gesellschaft auf Herausgabe der durch die geleistete Tätigkeit erlangten Bereicherung bleibt unberührt; der Anspruch kann jedoch nicht gegen den Rückgewähranspruch aufgerechnet werden.

§ 115 Kreditgewährung an Aufsichtsratsmitglieder

(1) Die Gesellschaft darf ihren Aufsichtsratsmitgliedern Kredit nur mit Einwilligung des Aufsichtsrats gewähren. Eine herrschende Gesellschaft darf Kredite an Aufsichtsratsmitglieder eines abhängigen Unternehmens nur mit Einwilligung ihres Aufsichtsrats, eine abhängige Gesellschaft darf Kredite an Aufsichtsratsmitglieder des herrschenden Unternehmens nur mit Einwilligung des Aufsichtsrats des herrschenden Unternehmens gewähren. Die Einwilligung kann nur für bestimmte Kreditgeschäfte oder Arten von Kreditgeschäften und nicht für länger als drei Monate im voraus erteilt werden. Der Beschluß über die Einwilligung hat die Verzinsung und Rückzahlung des Kredits zu regeln. Betreibt das Aufsichtsratsmitglied ein Handelsgewerbe als Einzelkaufmann, so ist die Einwilligung nicht erforderlich, wenn der Kredit für die Bezahlung von Waren gewährt wird, welche die Gesellschaft seinem Handelsgeschäft liefert.

(2) Absatz 1 gilt auch für Kredite an den Ehegatten oder an ein minderjähriges Kind eines Aufsichtsratsmitglieds und für Kredite an einen Dritten, der für Rechnung dieser Personen oder für Rechnung eines Aufsichtsratsmitglieds handelt.

(3) Ist ein Aufsichtsratsmitglied zugleich gesetzlicher Vertreter einer anderen juristischen Person oder Gesellschafter einer Personenhandelsgesellschaft, so darf die Gesellschaft der juristischen Person oder der Personenhandelsgesellschaft Kredit nur mit Einwilligung des Aufsichtsrats gewähren; Absatz 1 Satz 3 und 4 gilt sinngemäß. Dies gilt nicht, wenn die juristische Person oder die Personenhandelsgesellschaft mit der Gesellschaft verbunden ist oder wenn der Kredit für die Bezahlung von Waren gewährt wird, welche die Gesellschaft der juristischen Person oder der Personenhandelsgesellschaft liefert.

(4) Wird entgegen den Absätzen 1 bis 3 Kredit gewährt, so ist der Kredit ohne Rücksicht

auf entgegenstehende Vereinbarungen sofort zurückzugewähren, wenn nicht der Aufsichtsrat nachträglich zustimmt.

(5) Ist die Gesellschaft ein Kreditinstitut, so gelten an Stelle der Absätze 1 bis 4 die Vorschriften des Gesetzes über das Kreditwesen.

§ 116 Sorgfaltspflicht und Verantwortlichkeit der Aufsichtsratsmitglieder

Für die Sorgfaltspflicht und Verantwortlichkeit der Aufsichtsratsmitglieder gilt § 93 über die Sorgfaltspflicht und Verantwortlichkeit der Vorstandsmitglieder sinngemäß.

Dritter Abschnitt

Benutzung des Einflusses auf die Gesellschaft

§ 117 Schadenersatzpflicht

(1) Wer vorsätzlich unter Benutzung seines Einflusses auf die Gesellschaft ein Mitglied des Vorstands oder des Aufsichtsrats, einen Prokuristen oder einen Handlungsbevollmächtigten dazu bestimmt, zum Schaden der Gesellschaft oder ihrer Aktionäre zu handeln, ist der Gesellschaft zum Ersatz des ihr daraus entstehenden Schadens verpflichtet. Er ist auch den Aktionären zum Ersatz des ihnen daraus entstehenden Schadens verpflichtet, soweit sie, abgesehen von einem Schaden, der ihnen durch Schädigung der Gesellschaft zugefügt worden ist, geschädigt worden sind.

(2) Neben ihm haften als Gesamtschuldner die Mitglieder des Vorstands und des Aufsichtsrats, wenn sie unter Verletzung ihrer Pflichten gehandelt haben. Ist streitig, ob sie die Sorgfalt eines ordentlichen und gewissenhaften Geschäftsleiters angewandt haben, so trifft sie die Beweislast. Der Gesellschaft und auch den Aktionären gegenüber tritt die Ersatzpflicht der Mitglieder des Vorstands und des Aufsichtsrats nicht ein, wenn die Handlung auf einem gesetzmäßigen Beschluß der Hauptversammlung beruht. Dadurch, daß der Aufsichtsrat die Handlung gebilligt hat, wird die Ersatzpflicht nicht ausgeschlossen.

(3) Neben ihm haftet ferner als Gesamtschuldner, wer durch die schädigende Handlung einen Vorteil erlangt hat, sofern er die Beeinflussung vorsätzlich veranlaßt hat.

(4) Für die Aufhebung der Ersatzpflicht gegenüber der Gesellschaft gilt sinngemäß § 93 Abs. 4 Satz 3 und 4.

(5) Der Ersatzanspruch der Gesellschaft kann auch von den Gläubigern der Gesellschaft geltend gemacht werden, soweit sie von dieser keine Befriedigung erlangen können. Den Gläubigern gegenüber wird die Ersatzpflicht weder durch einen Verzicht oder Vergleich der Gesellschaft noch dadurch aufgehoben, daß die Handlung auf einem Beschluß der Hauptversammlung beruht. Ist über das Vermögen der Gesellschaft das Konkursverfahren eröffnet, so übt während dessen Dauer der Konkursverwalter das Recht der Gläubiger aus.

(6) Die Ansprüche aus diesen Vorschriften verjähren in fünf Jahren.

(7) Diese Vorschriften gelten nicht, wenn das Mitglied des Vorstands oder des Aufsichtsrats, der Prokurist oder der Handlungsbevollmächtigte durch Ausübung

1. des Stimmrechts in der Hauptversammlung,
2. der Leitungsmacht auf Grund eines Beherrschungsvertrags oder
3. der Leitungsmacht einer Hauptgesellschaft (§ 319), in die die Gesellschaft eingegliedert ist,

zu der schädigenden Handlung bestimmt worden ist.

Vierter Abschnitt

Hauptversammlung

Erster Unterabschnitt

Rechte der Hauptversammlung

§ 118 Allgemeines

(1) Die Aktionäre üben ihre Rechte in den Angelegenheiten der Gesellschaft in der Hauptversammlung aus, soweit das Gesetz nichts anderes bestimmt.

(2) Die Mitglieder des Vorstands und des Aufsichtsrats sollen an der Hauptversammlung teilnehmen.

§ 119 Rechte der Hauptversammlung

(1) Die Hauptversammlung beschließt in den im Gesetz und in der Satzung ausdrücklich bestimmten Fällen, namentlich über

1. die Bestellung der Mitglieder des Aufsichtsrats, soweit sie nicht in den Aufsichtsrat zu entsenden oder als Aufsichtsratsmitglieder der Arbeitnehmer nach dem Mitbestimmungsgesetz, dem Mitbestimmungsergänzungsgesetz oder dem Betriebsverfassungsgesetz 1952 zu wählen sind;
2. die Verwendung des Bilanzgewinns;
3. die Entlastung der Mitglieder des Vorstands und des Aufsichtsrats;
4. die Bestellung des Abschlußprüfers;
5. Satzungsänderungen;
6. Maßnahmen der Kapitalbeschaffung und der Kapitalherabsetzung;
7. die Bestellung von Prüfern zur Prüfung von Vorgängen bei der Gründung oder der Geschäftsführung;
8. die Auflösung der Gesellschaft.

(2) Über Fragen der Geschäftsführung kann die Hauptversammlung nur entscheiden, wenn der Vorstand es verlangt.

§ 120 Entlastung

(1) Die Hauptversammlung beschließt alljährlich in den ersten acht Monaten des Geschäftsjahrs über die Entlastung der Mitglieder des Vorstands und über die Entlastung der Mitglieder des Aufsichtsrats. Über die Entlastung eines einzelnen Mitglieds ist gesondert abzustimmen, wenn die Hauptversammlung es beschließt oder eine Minderheit es verlangt, deren Anteile zusammen den zehnten Teil des Grundkapitals oder den Nennbetrag von zwei Millionen Deutsche Mark erreichen.

(2) Durch die Entlastung billigt die Hauptversammlung die Verwaltung der Gesellschaft durch die Mitglieder des Vorstands und des Aufsichtsrats. Die Entlastung enthält keinen Verzicht auf Ersatzansprüche.

(3) Die Verhandlung über die Entlastung soll mit der Verhandlung über die Verwendung des Bilanzgewinns verbunden werden. Der Vorstand hat den Jahresabschluß, den Lagebericht und den Bericht des Aufsichtsrats der Hauptversammlung vorzulegen. Für die Auslegung dieser Vorlagen und für die Erteilung von Abschriften gilt § 175 Abs. 2 sinngemäß.

Zweiter Unterabschnitt
Einberufung der Hauptversammlung

§ 121 Allgemeines

(1) Die Hauptversammlung ist in den durch Gesetz oder Satzung bestimmten Fällen sowie dann einzuberufen, wenn das Wohl der Gesellschaft es fordert.

(2) Die Hauptversammlung wird durch den Vorstand einberufen, der darüber mit einfacher Mehrheit beschließt. Personen, die in das Handelsregister als Vorstand eingetragen sind, gelten als befugt. Das auf Gesetz oder Satzung beruhende Recht anderer Personen, die Hauptversammlung einzuberufen, bleibt unberührt.

(3) Die Einberufung ist in den Gesellschaftsblättern bekanntzumachen. Sie muß die Firma, den Sitz der Gesellschaft, Zeit und Ort der Hauptversammlung und die Bedingungen angeben, von denen die Teilnahme an der Hauptversammlung und die Ausübung des Stimmrechts abhängen.

(4) Sind die Aktionäre der Gesellschaft namentlich bekannt, so kann die Hauptversammlung mit eingeschriebenem Brief einberufen werden; der Tag der Absendung gilt als Tag der Bekanntmachung. Die §§ 125 bis 127 gelten sinngemäß.

(5) Wenn die Satzung nichts anderes bestimmt, soll die Hauptversammlung am Sitz der Gesellschaft stattfinden. Sind die Aktien der Gesellschaft an einer deutschen Börse zum amtlichen Handel zugelassen, so kann, wenn die Satzung nichts anderes bestimmt, die Hauptversammlung auch am Sitz der Börse stattfinden.

(6) Sind alle Aktionäre erschienen oder vertreten, kann die Hauptversammlung Beschlüsse ohne Einhaltung der Bestimmungen dieses Unterabschnitts fassen, soweit kein Aktionär der Beschlußfassung widerspricht.

§ 122 Einberufung auf Verlangen einer Minderheit

(1) Die Hauptversammlung ist einzuberufen, wenn Aktionäre, deren Anteile zusammen den zwanzigsten Teil des Grundkapitals erreichen, die Einberufung schriftlich unter Angabe des Zwecks und der Gründe verlangen; das Verlangen ist an den Vorstand zu richten. Die Satzung kann das Recht, die Einberufung der Hauptversammlung zu verlangen, an den Besitz eines geringeren Anteils am Grundkapital knüpfen.

(2) In gleicher Weise können Aktionäre, deren Anteile zusammen den zwanzigsten Teil des Grundkapitals oder den Nennbetrag von einer Million Deutsche Mark erreichen, verlangen, daß Gegenstände zur Beschlußfassung einer Hauptversammlung bekanntgemacht werden.

(3) Wird dem Verlangen nicht entsprochen, so kann das Gericht die Aktionäre, die das Verlangen gestellt haben, ermächtigen, die Hauptversammlung einzuberufen oder den Gegenstand bekanntzumachen. Zugleich kann das Gericht den Vorsitzenden der Versammlung bestimmen. Auf die Ermächtigung muß bei der Einberufung oder Bekanntmachung hingewiesen werden. Gegen die Entscheidung ist die sofortige Beschwerde zulässig.

(4) Die Gesellschaft trägt die Kosten der Hauptversammlung und im Fall des Absatzes 3 auch die Gerichtskosten, wenn das Gericht dem Antrag stattgegeben hat.

§ 123 Einberufungsfrist

(1) Die Hauptversammlung ist mindestens einen Monat vor dem Tage der Versammlung einzuberufen.

(2) Die Satzung kann die Teilnahme an der Hauptversammlung oder die Ausübung des Stimmrechts davon abhängig machen, daß die Aktien bis zu einem bestimmten Zeitpunkt vor der Versammlung hinterlegt werden, ferner davon, daß sich die Aktionäre vor der Versammlung anmelden. Sieht die Satzung eine solche Bestimmung vor, so tritt für die

Berechnung der Einberufungsfrist an die Stelle des Tages der Versammlung der Tag, bis zu dessen Ablauf die Aktien zu hinterlegen sind oder sich die Aktionäre vor der Versammlung anmelden müssen.
(3) Hängt nach der Satzung die Teilnahme an der Hauptversammlung oder die Ausübung des Stimmrechts davon ab, daß die Aktien bis zu einem bestimmten Zeitpunkt vor der Versammlung hinterlegt werden, so genügt es, wenn sie nicht später als am zehnten Tage vor der Versammlung hinterlegt werden. Die Hinterlegung bei einem Notar oder bei einer Wertpapiersammelbank ist ausreichend.
(4) Hängt nach der Satzung die Teilnahme an der Hauptversammlung oder die Ausübung des Stimmrechts davon ab, daß sich die Aktionäre vor der Versammlung anmelden, so genügt es, wenn sie sich nicht später als am dritten Tage vor der Versammlung anmelden.

§ 124 Bekanntmachung der Tagesordnung

(1) Die Tagesordnung der Hauptversammlung ist bei der Einberufung in den Gesellschaftsblättern bekanntzumachen. Hat die Minderheit nach der Einberufung der Hauptversammlung die Bekanntmachung von Gegenständen zur Beschlußfassung der Hauptversammlung verlangt, so genügt es, wenn diese Gegenstände binnen zehn Tagen nach der Einberufung der Hauptversammlung bekanntgemacht werden. § 121 Abs. 4 gilt sinngemäß.
(2) Steht die Wahl von Aufsichtsratsmitgliedern auf der Tagesordnung, so ist in der Bekanntmachung anzugeben, nach welchen gesetzlichen Vorschriften sich der Aufsichtsrat zusammensetzt, und ob die Hauptversammlung an Wahlvorschläge gebunden ist. Soll die Hauptversammlung über eine Satzungsänderung oder über einen Vertrag beschließen, der nur mit Zustimmung der Hauptversammlung wirksam wird, so ist auch der Wortlaut der vorgeschlagenen Satzungsänderung oder der wesentliche Inhalt des Vertrags bekanntzumachen.
(3) Zu jedem Gegenstand der Tagesordnung, über den die Hauptversammlung beschließen soll, haben der Vorstand und der Aufsichtsrat, zur Wahl von Aufsichtsratsmitgliedern und Prüfern nur der Aufsichtsrat, in der Bekanntmachung der Tagesordnung Vorschläge zur Beschlußfassung zu machen. Dies gilt nicht, wenn die Hauptversammlung bei der Wahl von Aufsichtsratsmitgliedern nach § 6 des Montan-Mitbestimmungsgesetzes an Wahlvorschläge gebunden ist, oder wenn der Gegenstand der Beschlußfassung auf Verlangen einer Minderheit auf die Tagesordnung gesetzt worden ist. Der Vorschlag zur Wahl von Aufsichtsratsmitgliedern oder Prüfern hat deren Namen, Beruf und Wohnort anzugeben. Hat der Aufsichtsrat auch aus Aufsichtsratsmitgliedern der Arbeitnehmer zu bestehen, so bedürfen Beschlüsse des Aufsichtsrats über Vorschläge zur Wahl von Aufsichtsratsmitgliedern nur der Mehrheit der Stimmen der Aufsichtsratsmitglieder der Aktionäre; § 8 des Montan-Mitbestimmungsgesetzes bleibt unberührt.
(4) Über Gegenstände der Tagesordnung, die nicht ordnungsgemäß bekanntgemacht sind, dürfen keine Beschlüsse gefaßt werden. Zur Beschlußfassung über den in der Versammlung gestellten Antrag auf Einberufung einer Hauptversammlung, zu Anträgen, die zu Gegenständen der Tagesordnung gestellt werden, und zu Verhandlungen ohne Beschlußfassung bedarf es keiner Bekanntmachung.

§ 125 Mitteilungen für die Aktionäre und an Aufsichtsratsmitglieder

(1) Der Vorstand hat binnen zwölf Tagen nach der Bekanntmachung der Einberufung der Hauptversammlung im Bundesanzeiger den Kreditinstituten und den Vereinigungen von Aktionären, die in der letzten Hauptversammlung Stimmrechte für Aktionäre ausgeübt oder die die Mitteilung verlangt haben, die Einberufung der Hauptversammlung, die Bekanntmachung der Tagesordnung und etwaige Anträge und Wahlvorschläge von

Aktionären einschließlich des Namens des Aktionärs, der Begründung und einer etwaigen Stellungnahme der Verwaltung mitzuteilen.

(2) Die gleiche Mitteilung hat der Vorstand den Aktionären zu übersenden, die
1. eine Aktie bei der Gesellschaft hinterlegt haben,
2. es nach der Bekanntmachung der Einberufung der Hauptversammlung im Bundesanzeiger verlangen oder
3. als Aktionär im Aktienbuch der Gesellschaft eingetragen sind und deren Stimmrechte in der letzten Hauptversammlung nicht durch ein Kreditinstitut ausgeübt worden sind.

(3) Jedes Aufsichtsratsmitglied kann verlangen, daß ihm der Vorstand die gleichen Mitteilungen übersendet.

(4) Jeder Aktionär, der eine Aktie bei der Gesellschaft hinterlegt oder als Aktionär im Aktienbuch der Gesellschaft eingetragen ist, und jedes Aufsichtsratsmitglied kann verlangen, daß der Vorstand ihm die in der Hauptversammlung gefaßten Beschlüsse schriftlich mitteilt.

§ 126 Anträge von Aktionären

(1) Anträge von Aktionären brauchen nach § 125 nur mitgeteilt zu werden, wenn der Aktionär binnen einer Woche nach der Bekanntmachung der Einberufung der Hauptversammlung im Bundesanzeiger der Gesellschaft einen Gegenantrag mit Begründung übersandt und dabei mitgeteilt hat, er wolle in der Versammlung einem Vorschlag des Vorstands und des Aufsichtsrats widersprechen und die anderen Aktionäre veranlassen, für seinen Gegenantrag zu stimmen.

(2) Ein Gegenantrag und dessen Begründung brauchen nicht mitgeteilt zu werden,
1. soweit sich der Vorstand durch die Mitteilung strafbar machen würde,
2. wenn der Gegenantrag zu einem gesetz- oder satzungswidrigen Beschluß der Hauptversammlung führen würde,
3. wenn die Begründung in wesentlichen Punkten offensichtlich falsche oder irreführende Angaben oder wenn sie Beleidigungen enthält,
4. wenn ein auf denselben Sachverhalt gestützter Gegenantrag des Aktionärs bereits zu einer Hauptversammlung der Gesellschaft nach § 125 mitgeteilt worden ist,
5. wenn derselbe Gegenantrag des Aktionärs mit wesentlich gleicher Begründung in den letzten fünf Jahren bereits zu mindestens zwei Hauptversammlungen der Gesellschaft nach § 125 mitgeteilt worden ist und in der Hauptversammlung weniger als der zwanzigste Teil des vertretenen Grundkapitals für ihn gestimmt hat,
6. wenn der Aktionär zu erkennen gibt, daß er an der Hauptversammlung nicht teilnehmen und sich nicht vertreten lassen wird, oder
7. wenn der Aktionär in den letzten zwei Jahren in zwei Hauptversammlungen einen von ihm mitgeteilten Gegenantrag nicht gestellt hat oder nicht hat stellen lassen.

Die Begründung braucht nicht mitgeteilt zu werden, wenn sie insgesamt mehr als einhundert Worte beträgt.

(3) Stellen mehrere Aktionäre zu demselben Gegenstand der Beschlußfassung Gegenanträge, so kann der Vorstand die Gegenanträge und ihre Begründungen zusammenfassen.

§ 127 Wahlvorschläge von Aktionären

Für den Vorschlag eines Aktionärs zur Wahl von Aufsichtsratsmitgliedern oder von Abschlußprüfern gilt § 126 sinngemäß. Der Wahlvorschlag braucht nicht begründet zu werden. Der Vorstand braucht den Wahlvorschlag auch dann nicht mitzuteilen, wenn der Vorschlag nicht die Angaben nach § 124 Abs. 3 Satz 3 enthält.

§ 128 Weitergabe der Mitteilungen durch Kreditinstitute und Vereinigungen von Aktionären

(1) Verwahrt ein Kreditinstitut für Aktionäre Aktien der Gesellschaft, so hat es die Mitteilungen nach § 125 Abs. 1 unverzüglich an sie weiterzugeben.

(2) Beabsichtigt das Kreditinstitut, in der Hauptversammlung das Stimmrecht für Aktionäre auszuüben oder ausüben zu lassen, so hat es dem Aktionär außerdem eigene Vorschläge für die Ausübung des Stimmrechts zu den einzelnen Gegenständen der Tagesordnung mitzuteilen. Bei den Vorschlägen hat sich das Kreditinstitut vom Interesse des Aktionärs leiten zu lassen. Das Kreditinstitut hat den Aktionär ferner um Erteilung von Weisungen für die Ausübung des Stimmrechts zu bitten und darauf hinzuweisen, daß es, wenn der Aktionär nicht rechtzeitig eine andere Weisung erteilt, das Stimmrecht entsprechend seinen nach Satz 1 mitgeteilten Vorschlägen ausüben werde. Das Kreditinstitut hat der Bitte um Erteilung von Weisungen ein Formblatt beizufügen, durch dessen Ausfüllung der Aktionär Weisungen für die Ausübung des Stimmrechts zu den einzelnen Gegenständen der Tagesordnung erteilen kann. Gehört ein Vorstandsmitglied des Kreditinstituts dem Aufsichtsrat der Gesellschaft oder ein Vorstandsmitglied der Gesellschaft dem Aufsichtsrat des Kreditinstituts an, so hat das Kreditinstitut auch dies mitzuteilen.

(3) Soweit ein Aktionär nach Einberufung der Hauptversammlung dem Kreditinstitut zu den einzelnen Gegenständen der Tagesordnung schriftlich Weisungen für die Ausübung des Stimmrechts erteilt hat, braucht das Kreditinstitut keine eigenen Vorschläge nach Absatz 2 mitzuteilen und den Aktionär nicht um Erteilung von Weisungen zu bitten.

(4) Die Verpflichtung des Kreditinstituts zum Ersatz eines aus der Verletzung der Absätze 1 oder 2 entstehenden Schadens kann im voraus weder ausgeschlossen noch beschränkt werden.

(5) Gehören einer Vereinigung von Aktionären Aktionäre der Gesellschaft als Mitglieder an, so hat die Vereinigung die Mitteilungen nach § 125 Abs. 1 an diese Mitglieder auf deren Verlangen unverzüglich weiterzugeben. Im übrigen gelten die Absätze 2 bis 4 für Vereinigungen von Aktionären entsprechend.

(6) Der Bundesminister der Justiz wird ermächtigt, im Einvernehmen mit dem Bundesminister für Wirtschaft und dem Bundesminister der Finanzen durch Rechtsverordnung

1. ein Formblatt für die Erteilung von Weisungen durch den Aktionär vorzuschreiben, das die Kreditinstitute und die Vereinigungen von Aktionären ihrer Bitte um Weisungen nach Absatz 2 Satz 3 beizufügen haben,
2. vorzuschreiben, daß die Gesellschaft den Kreditinstituten und den Vereinigungen von Aktionären die Aufwendungen für die Vervielfältigung der Mitteilungen und für ihre Übersendung an die Aktionäre oder an ihre Mitglieder zu ersetzen hat. Zur Abgeltung der Abwendungen kann für jedes Schreiben nach Absatz 1 ein Pauschbetrag festgesetzt werden.

Die Rechtsverordnung bedarf nicht der Zustimmung des Bundesrates.

Dritter Unterabschnitt

Verhandlungsniederschrift. Auskunftsrecht

§ 129 Verzeichnis der Teilnehmer

(1) In der Hauptverhandlung ist ein Verzeichnis der erschienenen oder vertretenen Aktionäre und der Vertreter von Aktionären mit Angabe ihres Namens und Wohnorts sowie des Betrags der von jedem vertretenen Aktien unter Angabe ihrer Gattung aufzustellen.

(2) Sind einem Kreditinstitut oder einer in § 135 Abs. 9 bezeichneten Person Vollmachten zur Ausübung des Stimmrechts erteilt worden und übt der Bevollmächtigte das Stimmrecht

im Namen dessen, den es angeht, aus, so sind der Betrag und die Gattung der Aktien, für die ihm Vollmachten erteilt worden sind, zur Aufnahme in das Verzeichnis gesondert anzugeben. Die Namen der Aktionäre, welche Vollmachten erteilt haben, brauchen nicht angegeben zu werden.

(3) Wer von einem Aktionär ermächtigt ist, im eigenen Namen das Stimmrecht für Aktien auszuüben, die ihm nicht gehören, hat den Betrag und die Gattung dieser Aktien zur Aufnahme in das Verzeichnis gesondert anzugeben. Dies gilt auch für Namensaktien, als deren Aktionär der Ermächtigte im Aktienbuch eingetragen ist.

(4) Das Verzeichnis ist vor der ersten Abstimmung zur Einsicht für alle Teilnehmer auszulegen. Es ist vom Vorsitzenden zu unterzeichnen.

§ 130 Niederschrift

(1) Jeder Beschluß der Hauptversammlung ist durch eine über die Verhandlung notariell aufgenommene Niederschrift zu beurkunden. Gleiches gilt für jedes Verlangen einer Minderheit nach § 120 Abs. 1 Satz 2, §§ 137 und 147 Abs. 1. Sind die Aktien der Gesellschaft nicht an einer Börse zum Handel zugelassen, reicht eine vom Vorsitzenden des Aufsichtsrats zu unterzeichnende Niederschrift aus, soweit keine Beschlüsse gefaßt werden, für die das Gesetz eine Dreiviertel- oder größere Mehrheit bestimmt.

(2) In der Niederschrift sind der Ort und der Tag der Verhandlung, der Name des Notars sowie die Art und das Ergebnis der Abstimmung und die Feststellung des Vorsitzenden über die Beschlußfassung anzugeben.

(3) Das Verzeichnis der Teilnehmer an der Versammlung sowie die Belege über die Einberufung sind der Niederschrift als Anlage beizufügen. Die Belege über die Einberufung brauchen nicht beigefügt zu werden, wenn sie unter Angabe ihres Inhalts in der Niederschrift aufgeführt werden.

(4) Die Niederschrift ist von dem Notar zu unterschreiben. Die Zuziehung von Zeugen ist nicht nötig.

(5) Unverzüglich nach der Versammlung hat der Vorstand eine öffentlich beglaubigte, im Falle des Absatzes 1 Satz 3 eine vom Vorsitzenden des Aufsichtsrats unterzeichnete Abschrift der Niederschrift und ihrer Anlagen zum Handelsregister einzureichen.

§ 131 Auskunftsrecht des Aktionärs

(1) Jedem Aktionär ist auf Verlangen in der Hauptversammlung vom Vorstand Auskunft über Angelegenheiten der Gesellschaft zu geben, soweit sie zur sachgemäßen Beurteilung des Gegenstands der Tagesordnung erforderlich ist. Die Auskunftspflicht erstreckt sich auch auf die rechtlichen und geschäftlichen Beziehungen der Gesellschaft zu einem verbundenen Unternehmen. Macht eine Gesellschaft von den Erleichterungen nach § 266 Abs. 1 Satz 2, § 276 oder § 288 des Handelsgesetzbuchs Gebrauch, so kann jeder Aktionär verlangen, daß ihm in der Hauptversammlung über den Jahresabschluß der Jahresabschluß in der Form vorgelegt wird, die er ohne Anwendung dieser Vorschriften hätte.

(2) Die Auskunft hat den Grundsätzen einer gewissenhaften und getreuen Rechenschaft zu entsprechen.

(3) Der Vorstand darf die Auskunft verweigern,

1. soweit die Erteilung der Auskunft nach vernünftiger kaufmännischer Beurteilung geeignet ist, der Gesellschaft oder einem verbundenen Unternehmen einen nicht unerheblichen Nachteil zuzufügen;
2. soweit sie sich auf steuerliche Wertansätze oder die Höhe einzelner Steuern bezieht;
3. über den Unterschied zwischen dem Wert, mit dem Gegenstände in der Jahresbilanz angesetzt worden sind, und einem höheren Wert dieser Gegenstände, es sei denn, daß die Hauptversammlung den Jahresabschluß feststellt;

4. über die Bilanzierungs- und Bewertungsmethoden, soweit die Angabe dieser Methoden im Anhang ausreicht, um ein den tatsächlichen Verhältnissen entsprechendes Bild der Vermögens-, Finanz- und Ertragslage der Gesellschaft im Sinne des § 264 Abs. 2 des Handelsgesetzbuchs zu vermitteln; dies gilt nicht, wenn die Hauptversammlung den Jahresabschluß feststellt;
5. soweit sich der Vorstand durch die Erteilung der Auskunft strafbar machen würde;
6. soweit bei einem Kreditinstitut Angaben über angewandte Bilanzierungs- und Bewertungsmethoden sowie vorgenommene Verrechnungen im Jahresabschluß, Lagebericht, Konzernabschluß oder Konzernlagebericht nicht gemacht zu werden brauchen.

Aus anderen Gründen darf die Auskunft nicht verweigert werden.

(4) Ist einem Aktionär wegen seiner Eigenschaft als Aktionär eine Auskunft außerhalb der Hauptversammlung gegeben worden, so ist sie jedem anderen Aktionär auf dessen Verlangen in der Hauptversammlung zu geben, auch wenn sie zur sachgemäßen Beurteilung des Gegenstands der Tagesordnung nicht erforderlich ist. Der Vorstand darf die Auskunft nicht nach Absatz 3 Satz 1 Nr. 1 bis 4 verweigern. Sätze 1 und 2 gelten nicht, wenn ein Tochterunternehmen (§ 290 Abs. 1, 2 des Handelsgesetzbuchs), ein Gemeinschaftsunternehmen (§ 310 Abs. 1 des Handelsgesetzbuchs) oder ein assoziiertes Unternehmen (§ 311 Abs. 1 des Handelsgesetzbuchs) die Auskunft einem Mutterunternehmen (§ 290 Abs. 1, 2 des Handelsgesetzbuchs) zum Zwecke der Einbeziehung der Gesellschaft in den Konzernabschluß des Mutterunternehmens erteilt und die Auskunft für diesen Zweck benötigt wird.

(5) Wird einem Aktionär eine Auskunft verweigert, so kann er verlangen, daß seine Frage und der Grund, aus dem die Auskunft verweigert worden ist, in die Niederschrift über die Verhandlung aufgenommen werden.

§ 132 Gerichtliche Entscheidung über das Auskunftsrecht

(1) Ob der Vorstand die Auskunft zu geben hat, entscheidet auf Antrag ausschließlich das Landgericht, in dessen Bezirk die Gesellschaft ihren Sitz hat. Ist bei dem Landgericht eine Kammer für Handelssachen gebildet, so entscheidet diese an Stelle der Zivilkammer. Die Landesregierung kann die Entscheidung durch Rechtsverordnung für die Bezirke mehrerer Landgerichte einem der Landgerichte übertragen, wenn dies der Sicherung einer einheitlichen Rechtsprechung dient. Die Landesregierung kann die Ermächtigung auf die Landesjustizverwaltung übertragen.

(2) Antragsberechtigt ist jeder Aktionär, dem die verlangte Auskunft nicht gegeben worden ist, und, wenn über den Gegenstand der Tagesordnung, auf den sich die Auskunft bezog, Beschluß gefaßt worden ist, jeder in der Hauptversammlung erschienene Aktionär, der in der Hauptversammlung Widerspruch zur Niederschrift erklärt hat. Der Antrag ist binnen zwei Wochen nach der Hauptversammlung zu stellen, in der die Auskunft abgelehnt worden ist.

(3) § 99 Abs. 1, Abs. 3 Satz 1, 2, 4 bis 9 und Abs. 5 Satz 1 und 3 gilt sinngemäß. Die sofortige Beschwerde findet nur statt, wenn das Landgericht sie in der Entscheidung für zulässig erklärt. Es soll sie nur zulassen, wenn dadurch die Klärung einer Rechtsfrage von grundsätzlicher Bedeutung zu erwarten ist.

(4) Wird dem Antrag stattgegeben, so ist die Auskunft auch außerhalb der Hauptversammlung zu geben. Aus der Entscheidung findet die Zwangsvollstreckung nach den Vorschriften der Zivilprozeßordnung statt.

(5) Für die Kosten des Verfahrens gilt die Kostenordnung. Für das Verfahren des ersten Rechtszugs wird das Doppelte der vollen Gebühr erhoben. Für den zweiten Rechtszug wird die gleiche Gebühr erhoben; dies gilt auch dann, wenn die Beschwerde Erfolg hat.

Wird der Antrag oder die Beschwerde zurückgenommen, bevor es zu einer Entscheidung oder einer vom Gericht vermittelten Einigung kommt, so ermäßigt sich die Gebühr auf die Hälfte. Der Geschäftswert ist von Amts wegen festzusetzen. Er bestimmt sich nach § 30 Abs. 2 der Kostenordnung mit der Maßgabe, daß der Wert regelmäßig auf zehntausend Deutsche Mark anzunehmen ist. Das mit dem Verfahren befaßte Gericht bestimmt nach billigem Ermessen, welchem Beteiligten die Kosten des Verfahrens aufzuerlegen sind.

Vierter Abschnitt
Stimmrecht

§ 133 Grundsatz der einfachen Stimmenmehrheit

(1) Die Beschlüsse der Hauptversammlung bedürfen der Mehrheit der abgegebenen Stimmen (einfache Stimmenmehrheit), soweit nicht Gesetz oder Satzung eine größere Mehrheit oder weitere Erfordernisse bestimmen.

(2) Für Wahlen kann die Satzung andere Bestimmungen treffen.

§ 134 Stimmrecht

(1) Das Stimmrecht wird nach Aktiennennbeträgen ausgeübt. Für den Fall, daß einem Aktionär mehrere Aktien gehören, kann die Satzung das Stimmrecht durch Festsetzung eines Höchstbetrags oder von Abstufungen beschränken. Die Satzung kann außerdem bestimmen, daß zu den Aktien, die dem Aktionär gehören, auch die Aktien rechnen, die einem anderen für seine Rechnung gehören. Für den Fall, daß der Aktionär ein Unternehmen ist, kann sie ferner bestimmen, daß zu den Aktien, die ihm gehören, auch die Aktien rechnen, die einem von ihm abhängigen oder ihn beherrschenden oder einem mit ihm konzernverbundenen Unternehmen oder für Rechnung solcher Unternehmen einem Dritten gehören. Die Beschränkungen können nicht für einzelne Aktionäre angeordnet werden. Bei der Berechnung einer nach Gesetz oder Satzung erforderlichen Kapitalmehrheit bleiben die Beschränkungen außer Betracht.

(2) Das Stimmrecht beginnt mit der vollständigen Leistung der Einlage. Die Satzung kann bestimmen, daß das Stimmrecht beginnt, wenn auf die Aktie die gesetzliche oder höhere satzungsmäßige Mindesteinlage geleistet ist. In diesem Fall gewährt die Leistung der Mindesteinlage eine Stimme; bei höheren Einlagen richtet sich das Stimmenverhältnis nach der Höhe der geleisteten Einlagen. Bestimmt die Satzung nicht, daß das Stimmrecht vor der vollständigen Leistung der Einlage beginnt, und ist noch auf keine Aktie die Einlage vollständig geleistet, so richtet sich das Stimmenverhältnis nach der Höhe der geleisteten Einlagen; dabei gewährt die Leistung der Mindesteinlage eine Stimme. Bruchteile von Stimmen werden in diesen Fällen nur berücksichtigt, soweit sie für den stimmberechtigten Aktionär volle Stimmen ergeben. Die Satzung kann Bestimmungen nach diesem Absatz nicht für einzelne Aktionäre oder für einzelne Aktiengattungen treffen.

(3) Das Stimmrecht kann durch einen Bevollmächtigten ausgeübt werden. Für die Vollmacht ist die schriftliche Form erforderlich und genügend. Die Vollmachtsurkunde ist der Gesellschaft vorzulegen und bleibt in ihrer Verwahrung.

(4) Die Form der Ausübung des Stimmrechts richtet sich nach der Satzung.

§ 135 Ausübung des Stimmrechts durch Kreditinstitute und geschäftsmäßig Handelnde

(1) Ein Kreditinstitut darf das Stimmrecht für Inhaberaktien, die ihm nicht gehören, nur ausüben oder ausüben lassen, wenn es schriftlich bevollmächtigt ist. In der eigenen Hauptversammlung darf das bevollmächtigte Kreditinstitut das Stimmrecht auf Grund der

Vollmacht nur ausüben, soweit der Aktionär eine ausdrückliche Weisung zu den einzelnen Gegenständen der Tagesordnung erteilt hat.

(2) Die Vollmacht darf nur einem bestimmten Kreditinstitut und nur für längstens fünfzehn Monate erteilt werden. Sie ist jederzeit widerruflich. Die Vollmachtsurkunde muß bei der Erteilung der Vollmacht vollständig ausgefüllt sein und darf keine anderen Erklärungen enthalten. Sie soll das Datum der Ausstellung enthalten. Die Frist in Satz 1 beginnt spätestens mit dem Tage der Ausstellung.

(3) Das bevollmächtigte Kreditinstitut darf Personen, die nicht seine Angestellten sind, nur unterbevollmächtigen, wenn die Vollmacht eine Unterbevollmächtigung ausdrücklich gestattet und das bevollmächtigte Kreditinstitut am Ort der Hauptversammlung keine Niederlassung hat. Gleiches gilt für eine Übertragung der Vollmacht durch das bevollmächtigte Kreditinstitut.

(4) Auf Grund der Vollmacht kann das Kreditinstitut das Stimmrecht unter Benennung des Aktionärs in dessen Namen ausüben. Wenn es die Vollmacht bestimmt, kann das Kreditinstitut das Stimmrecht auch im Namen dessen, den es angeht, ausüben. Übt das Kreditinstitut das Stimmrecht unter Benennung des Aktionärs in dessen Namen aus, ist die Vollmachtsurkunde der Gesellschaft vorzulegen und von dieser zu verwahren. Übt es das Stimmrecht im Namen dessen, den es angeht, aus, genügt zum Nachweis seiner Stimmberechtigung gegenüber der Gesellschaft die Erfüllung der in der Satzung für die Ausübung des Stimmrechts vorgesehenen Erfordernisse; enthält die Satzung darüber keine Bestimmung, genügt die Vorlegung der Aktien oder einer Bescheinigung über die Hinterlegung der Aktien bei einem Notar oder einer Wertpapiersammelbank.

(5) Hat der Aktionär dem Kreditinstitut keine Weisung für die Ausübung des Stimmrechts erteilt, so hat das Kreditinstitut das Stimmrecht entsprechend seinen eigenen, den Aktionären nach § 128 Abs. 2 mitgeteilten Vorschlägen auszuüben, es sei denn, daß das Kreditinstitut den Umständen nach annehmen darf, daß der Aktionär bei Kenntnis der Sachlage die abweichende Ausübung des Stimmrechts billigen würde.

(6) Die Wirksamkeit der Stimmabgabe wird durch einen Verstoß gegen Absatz 1 Satz 2, Absätze 2, 3 und 5 nicht beeinträchtigt.

(7) Ein Kreditinstitut darf das Stimmrecht für Namensaktien, die ihm nicht gehören, als deren Aktionär es aber im Aktienbuch eingetragen ist, nur auf Grund einer schriftlichen Ermächtigung, wenn es nicht als deren Aktionär eingetragen ist, nur unter Benennung des Aktionärs in dessen Namen auf Grund einer schriftlichen Vollmacht ausüben. Auf die Ermächtigung oder Vollmacht sind Absatz 1 Satz 2, Absätze 2, 3 und 5, auf die Vollmacht außerdem Absatz 4 Satz 3 anzuwenden. Im übrigen gilt Absatz 6.

(8) Ist das Kreditinstitut bei der Ausübung des Stimmrechts von einer Weisung des Aktionärs oder, wenn der Aktionär keine Weisung erteilt hat, von seinem eigenen, dem Aktionär nach § 128 Abs. 2 mitgeteilten Vorschlag abgewichen, so hat es dies dem Aktionär mitzuteilen und die Gründe anzugeben.

(9) Die Absätze 1 bis 8 gelten sinngemäß für die Ausübung des Stimmrechts durch

1. Vereinigungen von Aktionären,
2. Geschäftsleiter und Angestellte eines Kreditinstituts, wenn die ihnen nicht gehörenden Aktien dem Kreditinstitut zur Verwahrung anvertraut sind,
3. Personen, die sich geschäftsmäßig gegenüber Aktionären zur Ausübung des Stimmrechts in der Hauptversammlung erbieten.

Dies gilt nicht, wenn derjenige, der das Stimmrecht ausüben will, gesetzlicher Vertreter oder Ehegatte des Aktionärs oder mit ihm bis zum vierten Grade verwandt oder verschwägert ist.

(10) Ein Kreditinstitut ist verpflichtet, den Auftrag eines Aktionärs zur Ausübung des Stimmrechts in einer Hauptversammlung anzunehmen, wenn es für den Aktionär Aktien der Gesellschaft verwahrt und sich gegenüber Aktionären der Gesellschaft zur Ausübung des Stimmrechts in derselben Hauptversammlung erboten hat. Die Verpflichtung besteht nicht, wenn das Kreditinstitut am Ort der Hauptversammlung keine Niederlassung hat und der Aktionär die Übertragung der Vollmacht auf oder die Unterbevollmächtigung von Personen, die nicht Angestellte des Kreditinstituts sind, nicht gestattet hat.
(11) Die Verpflichtung des Kreditinstituts zum Ersatz eines aus der Verletzung der Absätze 1 bis 3, 5, 7, 8 oder 10 entstehenden Schadens kann im voraus weder ausgeschlossen noch beschränkt werden.

§ 136 Ausschluß des Stimmrechts

(1) Niemand kann für sich oder für einen anderen das Stimmrecht ausüben, wenn darüber Beschluß gefaßt wird, ob er zu entlasten oder von einer Verbindlichkeit zu befreien ist oder ob die Gesellschaft gegen ihn einen Anspruch geltend machen soll. Für Aktien, aus denen der Aktionär nach Satz 1 das Stimmrecht nicht ausüben kann, kann das Stimmrecht auch nicht durch einen anderen ausgeübt werden.
(2) Ein Vertrag, durch den sich ein Aktionär verpflichtet, nach Weisung der Gesellschaft, des Vorstands oder des Aufsichtsrats der Gesellschaft oder nach Weisung eines abhängigen Unternehmens das Stimmrecht auszuüben, ist nichtig. Ebenso ist ein Vertrag nichtig, durch den sich ein Aktionär verpflichtet, für die jeweiligen Vorschläge des Vorstands oder des Aufsichtsrats der Gesellschaft zu stimmen.

§ 137 Abstimmung über Wahlvorschläge von Aktionären

Hat ein Aktionär einen Vorschlag zur Wahl von Aufsichtsratsmitgliedern nach § 127 gemacht und beantragt er in der Hauptversammlung die Wahl des von ihm Vorgeschlagenen, so ist über seinen Antrag vor dem Vorschlag des Aufsichtsrats zu beschließen, wenn es eine Minderheit der Aktionäre verlangt, deren Anteile zusammen den zehnten Teil des vertretenen Grundkapitals erreichen.

Fünfter Unterabschnitt
Sonderbeschluß

§ 138 Gesonderte Versammlung. Gesonderte Abstimmung

In diesem Gesetz oder in der Satzung vorgeschriebene Sonderbeschlüsse gewisser Aktionäre sind entweder in einer gesonderten Versammlung dieser Aktionäre oder in einer gesonderten Abstimmung zu fassen, soweit das Gesetz nichts anderes bestimmt. Für die Einberufung der gesonderten Versammlung und die Teilnahme an ihr sowie für das Auskunftsrecht gelten die Bestimmungen über die Hauptversammlung, für die Sonderbeschlüsse die Bestimmungen über Hauptversammlungsbeschlüsse sinngemäß. Verlangen Aktionäre, die an der Abstimmung über den Sonderbeschluß teilnehmen können, die Einberufung einer gesonderten Versammlung oder die Bekanntmachung eines Gegenstands zur gesonderten Abstimmung, so genügt es, wenn ihre Anteile, mit denen sie an der Abstimmung über den Sonderbeschluß teilnehmen können, zusammen den zehnten Teil der Anteile erreichen, aus denen bei der Abstimmung über den Sonderbeschluß das Stimmrecht ausgeübt werden kann.

Sechster Unterabschnitt
Vorzugsaktien ohne Stimmrecht

§ 139 Wesen

(1) Für Aktien, die mit einem nachzuzahlenden Vorzug bei der Verteilung des Gewinns ausgestattet sind, kann das Stimmrecht ausgeschlossen werden (Vorzugsaktien ohne Stimmrecht).

(2) Vorzugsaktien ohne Stimmrecht dürfen nur bis zu einem Gesamtnennbetrag in Höhe des Gesamtnennbetrags der anderen Aktien ausgegeben werden.

§ 140 Rechte der Vorzugsaktionäre

(1) Die Vorzugsaktien ohne Stimmrecht gewähren mit Ausnahme des Stimmrechts die jedem Aktionär aus der Aktie zustehenden Rechte.

(2) Wird der Vorzugsbetrag in einem Jahr nicht oder nicht vollständig gezahlt und der Rückstand im nächsten Jahr nicht neben dem vollen Vorzug dieses Jahres nachgezahlt, so haben die Vorzugsaktionäre das Stimmrecht, bis die Rückstände nachgezahlt sind. In diesem Fall sind die Vorzugsaktien auch bei der Berechnung einer nach Gesetz oder Satzung erforderlichen Kapitalmehrheit zu berücksichtigen.

(3) Soweit die Satzung nichts anderes bestimmt, entsteht dadurch, daß der Vorzugsbetrag in einem Jahr nicht oder nicht vollständig gezahlt wird, noch kein durch spätere Beschlüsse über die Gewinnverteilung bedingter Anspruch auf den rückständigen Vorzugsbetrag.

§ 141 Aufhebung oder Beschränkung des Vorzugs

(1) Ein Beschluß, durch den der Vorzug aufgehoben oder beschränkt wird, bedarf zu seiner Wirksamkeit der Zustimmung der Vorzugsaktionäre.

(2) Ein Beschluß über die Ausgabe von Vorzugsaktien, die bei der Verteilung des Gewinns oder des Gesellschaftsvermögens den Vorzugsaktien ohne Stimmrecht vorgehen oder gleichstehen, bedarf gleichfalls der Zustimmung der Vorzugsaktionäre. Der Zustimmung bedarf es nicht, wenn die Ausgabe bei Einräumung des Vorzugs oder, falls das Stimmrecht später ausgeschlossen wurde, bei der Ausschließung ausdrücklich vorbehalten worden war und das Bezugsrecht der Vorzugsaktionäre nicht ausgeschlossen wird.

(3) Über die Zustimmung haben die Vorzugsaktionäre in einer gesonderten Versammlung einen Sonderbeschluß zu fassen. Er bedarf einer Mehrheit, die mindestens drei Viertel der abgegebenen Stimmen umfaßt. Die Satzung kann weder eine andere Mehrheit noch weitere Erfordernisse bestimmen. Wird in dem Beschluß über die Ausgabe von Vorzugsaktien, die bei der Verteilung des Gewinns oder des Gesellschaftsvermögens den Vorzugsaktien ohne Stimmrecht vorgehen oder gleichstehen, das Bezugsrecht der Vorzugsaktionäre auf den Bezug solcher Aktien ganz oder zum Teil ausgeschlossen, so gilt für den Sonderbeschluß § 186 Abs. 3 bis 5 sinngemäß.

(4) Ist der Vorzug aufgehoben, so gewähren die Aktien das Stimmrecht.

Siebenter Unterabschnitt
Sonderprüfung. Geltendmachung von Ersatzansprüchen

§ 142 Bestellung der Sonderprüfer

(1) Zur Prüfung von Vorgängen bei der Gründung oder der Geschäftsführung, namentlich auch bei Maßnahmen der Kapitalbeschaffung und Kapitalherabsetzung, kann die Hauptversammlung mit einfacher Stimmenmehrheit Prüfer (Sonderprüfer) bestellen. Bei der Beschlußfassung kann ein Mitglied des Vorstands oder des Aufsichtsrats weder für sich noch für einen anderen mitstimmen, wenn die Prüfung sich auf Vorgänge erstrecken soll, die mit der Entlastung eines Mitglieds des Vorstands oder des Aufsichtsrats oder der Einleitung

eines Rechtsstreits zwischen der Gesellschaft und einem Mitglied des Vorstands oder des Aufsichtsrats zusammenhängen. Für ein Mitglied des Vorstands oder des Aufsichtsrats, das nach Satz 2 nicht mitstimmen kann, kann das Stimmrecht auch nicht durch einen anderen ausgeübt werden.

(2) Lehnt die Hauptversammlung einen Antrag auf Bestellung von Sonderprüfern zur Prüfung eines Vorgangs bei der Gründung oder eines nicht über fünf Jahre zurückliegenden Vorgangs bei der Geschäftsführung ab, so hat das Gericht auf Antrag von Aktionären, deren Anteile zusammen den zehnten Teil des Grundkapitals oder den Nennbetrag von zwei Millionen Deutsche Mark erreichen, Sonderprüfer zu bestellen, wenn Tatsachen vorliegen, die den Verdacht rechtfertigen, daß bei dem Vorgang Unredlichkeiten oder grobe Verletzungen des Gesetzes oder der Satzung vorgekommen sind. Die Antragsteller haben die Aktien bis zur Entscheidung über den Antrag zu hinterlegen und glaubhaft zu machen, daß sie seit mindestens drei Monaten vor dem Tage der Hauptversammlung Inhaber der Aktien sind. Zur Glaubhaftmachung genügt eine eidesstattliche Versicherung vor einem Notar.

(3) Die Absätze 1 und 2 gelten nicht für Vorgänge, die Gegenstand einer Sonderprüfung nach § 258 sein können.

(4) Hat die Hauptversammlung Sonderprüfer bestellt, so hat das Gericht auf Antrag von Aktionären, deren Anteile zusammen den zehnten Teil des Grundkapitals oder den Nennbetrag von zwei Millionen Deutsche Mark erreichen, einen anderen Sonderprüfer zu bestellen, wenn dies aus einem in der Person des bestellten Sonderprüfers liegenden Grund geboten erscheint, insbesondere, wenn der bestellte Sonderprüfer nicht die für den Gegenstand der Sonderprüfung erforderlichen Kenntnisse hat, oder wenn Besorgnis der Befangenheit oder Bedenken gegen seine Zuverlässigkeit bestehen. Der Antrag ist binnen zwei Wochen seit dem Tage der Hauptversammlung zu stellen.

(5) Das Gericht hat außer den Beteiligten auch den Aufsichtsrat und im Fall des Absatzes 4 den von der Hauptversammlung bestellten Sonderprüfer zu hören. Gegen die Entscheidung ist die sofortige Beschwerde zulässig.

(6) Die vom Gericht bestellten Sonderprüfer haben Anspruch auf Ersatz angemessener barer Auslagen und auf Vergütung für ihre Tätigkeit. Die Auslagen und die Vergütung setzt das Gericht fest. Gegen die Entscheidung ist die sofortige Beschwerde zulässig. Die weitere Beschwerde ist ausgeschlossen. Aus der rechtskräftigen Entscheidung findet die Zwangsvollstreckung nach der Zivilprozeßordnung statt.

§ 143 Auswahl der Sonderprüfer

(1) Als Sonderprüfer sollen, wenn der Gegenstand der Sonderprüfung keine anderen Kenntnisse fordert, nur bestellt werden

1. Personen, die in der Buchführung ausreichend vorgebildet und erfahren sind;
2. Prüfungsgesellschaften, von deren gesetzlichen Vertretern mindestens einer in der Buchführung ausreichend vorgebildet und erfahren ist.

(2) Sonderprüfer darf nicht sein, wer nach § 319 Abs. 2 des Handelsgesetzbuchs nicht Abschlußprüfer sein darf oder während der Zeit, in der sich der zu prüfende Vorgang ereignet hat, hätte sein dürfen. Eine Prüfungsgesellschaft darf nicht Sonderprüfer sein, wenn sie nach § 319 Abs. 3 des Handelsgesetzbuchs nicht Abschlußprüfer sein darf oder während der Zeit, in der sich der zu prüfende Vorgang ereignet hat, hätte sein dürfen.

(3) (aufgehoben)

§ 144 Verantwortlichkeit der Sonderprüfer

§ 323 des Handelsgesetzbuchs über die Verantwortlichkeit des Abschlußprüfers gilt sinngemäß.

§ 145 Rechte der Sonderprüfer. Prüfungsbericht

(1) Der Vorstand hat den Sonderprüfern zu gestatten, die Bücher und Schriften der Gesellschaft sowie die Vermögensgegenstände, namentlich die Gesellschaftskasse und die Bestände an Wertpapieren und Waren, zu prüfen.

(2) Die Sonderprüfer können von den Mitgliedern des Vorstands und des Aufsichtsrats alle Aufklärungen und Nachweise verlangen, welche die sorgfältige Prüfung der Vorgänge notwendig macht.

(3) Die Sonderprüfer haben die Rechte nach Absatz 2 auch gegenüber einem Konzernunternehmen sowie gegenüber einem abhängigen oder herrschenden Unternehmen.

(4) Die Sonderprüfer haben über das Ergebnis der Prüfung schriftlich zu berichten. Auch Tatsachen, deren Bekanntwerden geeignet ist, der Gesellschaft oder einem verbundenen Unternehmen einen nicht unerheblichen Nachteil zuzufügen, müssen in den Prüfungsbericht aufgenommen werden, wenn ihre Kenntnis zur Beurteilung des zu prüfenden Vorgangs durch die Hauptversammlung erforderlich ist. Die Sonderprüfer haben den Bericht zu unterzeichnen und unverzüglich dem Vorstand und zum Handelsregister des Sitzes der Gesellschaft einzureichen. Auf Verlangen hat der Vorstand jedem Aktionär eine Abschrift des Prüfungsberichts zu erteilen. Der Vorstand hat den Bericht dem Aufsichtsrat vorzulegen und bei der Einberufung der nächsten Hauptversammlung als Gegenstand der Tagesordnung bekanntzumachen.

§ 146 Kosten

Bestellt das Gericht Sonderprüfer, so trägt die Gesellschaft unbeschadet eines ihr nach den Vorschriften des bürgerlichen Rechts zustehenden Ersatzanspruchs die Gerichtskosten und die Kosten der Prüfung.

§ 147 Geltendmachung von Ersatzansprüchen

(1) Die Ersatzansprüche der Gesellschaft aus der Gründung gegen die nach den §§ 46 bis 48, 53 verpflichteten Personen oder aus der Geschäftsführung gegen die Mitglieder des Vorstands und des Aufsichtsrats oder aus § 117 müssen geltend gemacht werden, wenn es die Hauptversammlung mit einfacher Stimmenmehrheit beschließt oder es eine Minderheit verlangt, deren Anteile zusammen den zehnten Teil des Grundkapitals erreichen. Das Verlangen der Minderheit ist nur zu berücksichtigen, wenn glaubhaft gemacht wird, daß die Aktionäre, die die Minderheit bilden, seit mindestens drei Monaten vor dem Tage der Hauptversammlung Inhaber der Aktien sind. Zur Glaubhaftmachung genügt eine eidesstattliche Versicherung vor einem Notar.

(2) Der Ersatzanspruch soll binnen sechs Monaten seit dem Tage der Hauptversammlung geltend gemacht werden.

(3) Zur Geltendmachung des Ersatzanspruchs kann die Hauptversammlung besondere Vertreter bestellen. Hat die Hauptversammlung die Geltendmachung des Ersatzanspruchs beschlossen oder eine Minderheit sie verlangt, so hat das Gericht (§ 14) auf Antrag von Aktionären, deren Anteile zusammen den zehnten Teil des Grundkapitals oder den Nennbetrag von zwei Millionen Deutsche Mark erreichen, als Vertreter der Gesellschaft zur Geltendmachung des Ersatzanspruchs andere als die nach §§ 78, 112 oder nach Satz 1 zur Vertretung der Gesellschaft berufenen Personen zu bestellen, wenn ihm dies für eine gehörige Geltendmachung zweckmäßig erscheint. Gibt das Gericht dem Antrag statt, so trägt die Gesellschaft die Gerichtskosten. Gegen die Entscheidung ist die sofortige Beschwerde zulässig. Die gerichtlich bestellten Vertreter können von der Gesellschaft den Ersatz angemessener barer Auslagen und eine Vergütung für ihre Tätigkeit verlangen. Die Auslagen und die Vergütung setzt das Gericht fest. Gegen die Entscheidung ist die sofortige

Beschwerde zulässig. Die weitere Beschwerde ist ausgeschlossen. Aus der rechtskräftigen Entscheidung findet die Zwangsvollstreckung nach der Zivilprozeßordnung statt.
(4) Hat eine Minderheit die Geltendmachung des Ersatzanspruchs verlangt und hat die Gesellschaft, weil sie im Rechtsstreit ganz oder teilweise unterlegen ist, Kosten des Rechtsstreits zu tragen, so ist die Minderheit der Gesellschaft zur Erstattung dieser Kosten verpflichtet. Ist die Gesellschaft ganz unterlegen, so ist die Minderheit der Gesellschaft auch zur Erstattung der Gerichtskosten, die der Gesellschaft durch die Bestellung besonderer Vertreter nach Absatz 3 Satz 3 entstanden sind, sowie der baren Auslagen und der Vergütung der besonderen Vertreter verpflichtet.

Fünfter Teil
Rechnungslegung. Gewinnverwendung
Erster Abschnitt
Jahresabschluß und Lagebericht

§§ **148** und **149** **(aufgehoben)**

§ 150 Gesetzliche Rücklage. Kapitalrücklage

(1) In der Bilanz des nach den §§ 242, 264 des Handelsgesetzbuchs aufzustellenden Jahresabschlusses ist eine gesetzliche Rücklage zu bilden.
(2) In diese ist der zwanzigste Teil des um einen Verlustvortrag aus dem Vorjahr geminderten Jahresüberschusses einzustellen, bis die gesetzliche Rücklage und die Kapitalrücklagen nach § 272 Abs. 2 Nr. 1 bis 3 des Handelsgesetzbuchs zusammen den zehnten oder den in der Satzung bestimmten höheren Teil des Grundkapitals erreichen.
(3) Übersteigen die gesetzliche Rücklage und die Kapitalrücklagen nach § 272 Abs. 2 Nr. 1 bis 3 des Handelsgesetzbuchs zusammen nicht den zehnten oder den in der Satzung bestimmten höheren Teil des Grundkapitals, so dürfen sie nur verwandt werden
1. zum Ausgleich eines Jahresfehlbetrags, soweit er nicht durch einen Gewinnvortrag aus dem Vorjahr gedeckt ist und nicht durch Auflösung anderer Gewinnrücklagen ausgeglichen werden kann;
2. zum Ausgleich eines Verlustvortrags aus dem Vorjahr, soweit er nicht durch einen Jahresüberschuß gedeckt ist und nicht durch Auflösung anderer Gewinnrücklagen ausgeglichen werden kann.

(4) Übersteigen die gesetzliche Rücklage und die Kapitalrücklagen nach § 272 Abs. 2 Nr. 1 bis 3 des Handelsgesetzbuchs zusammen den zehnten oder den in der Satzung bestimmten höheren Teil des Grundkapitals, so darf der übersteigende Betrag verwandt werden
1. zum Ausgleich eines Jahresfehlbetrags, soweit er nicht durch einen Gewinnvortrag aus dem Vorjahr gedeckt ist;
2. zum Ausgleich eines Verlustvortrags aus dem Vorjahr, soweit er nicht durch einen Jahresüberschuß gedeckt ist;
3. zur Kapitalerhöhung aus Gesellschaftsmitteln nach den §§ 207 bis 220.

Die Verwendung nach den Nummern 1 und 2 ist nicht zulässig, wenn gleichzeitig Gewinnrücklagen zur Gewinnausschüttung aufgelöst werden.

§§ **150 a** und **151** **(aufgehoben)**

§ 152 Vorschriften zur Bilanz

(1) Das Grundkapital ist in der Bilanz als gezeichnetes Kapital auszuweisen. Dabei sind die Gesamtnennbeträge der Aktien jeder Gattung gesondert anzugeben. Bedingtes Kapital ist mit dem Nennbetrag zu vermerken. Bestehen Mehrstimmrechtsaktien, so sind

beim gezeichneten Kapital die Gesamtstimmenzahl der Mehrstimmrechtsaktien und die der übrigen Aktien zu vermerken.

(2) Zu dem Posten »Kapitalrücklage« sind in der Bilanz oder im Anhang gesondert anzugeben

1. der Betrag, der während des Geschäftsjahrs eingestellt wurde;
2. der Betrag, der für das Geschäftsjahr entnommen wird.

(3) Zu den einzelnen Posten der Gewinnrücklagen sind in der Bilanz oder im Anhang jeweils gesondert anzugeben

1. die Beträge, die die Hauptversammlung aus dem Bilanzgewinn des Vorjahrs eingestellt hat;
2. die Beträge, die aus dem Jahresüberschuß des Geschäftsjahrs eingestellt werden;
3. die Beträge, die für das Geschäftsjahr entnommen werden.

§§ **153** bis **157** (aufgehoben)

§ 158 Vorschriften zur Gewinn- und Verlustrechnung

(1) Die Gewinn- und Verlustrechnung ist nach dem Posten »Jahresüberschuß/Jahresfehlbetrag« in Fortführung der Numerierung um die folgenden Posten zu ergänzen:

1. Gewinnvortrag/Verlustvortrag aus dem Vorjahr
2. Entnahmen aus der Kapitalrücklage
3. Entnahmen aus Gewinnrücklagen
   a) aus der gesetzlichen Rücklage
   b) aus der Rücklage für eigene Aktien
   c) aus satzungsmäßigen Rücklagen
   d) aus anderen Gewinnrücklagen
4. Einstellungen in Gewinnrücklagen
   a) in die gesetzliche Rücklage
   b) in die Rücklage für eigene Aktien
   c) in satzungsmäßige Rücklagen
   d) in andere Gewinnrücklagen
5. Bilanzgewinn/Bilanzverlust.

Die Angaben nach Satz 1 können auch im Anhang gemacht werden.

(2) Von dem Ertrag aus einem Gewinnabführungs- oder Teilgewinnabführungsvertrag ist ein vertraglich zu leistender Ausgleich für außenstehende Gesellschafter abzusetzen; übersteigt dieser den Ertrag, so ist der übersteigende Betrag unter den Aufwendungen aus Verlustübernahme auszuweisen. Andere Beträge dürfen nicht abgesetzt werden.

§ 159 (aufgehoben)

§ 160 Vorschriften zum Anhang

(1) In jedem Anhang sind auch Angaben zu machen über

1. den Bestand und den Zugang an Aktien, die ein Aktionär für Rechnung der Gesellschaft oder eines abhängigen oder eines im Mehrheitsbesitz der Gesellschaft stehenden Unternehmens oder ein abhängiges oder im Mehrheitsbesitz der Gesellschaft stehendes Unternehmen als Gründer oder Zeichner oder in Ausübung eines bei einer bedingten Kapitalerhöhung eingeräumten Umtausch- oder Bezugsrechts übernommen hat; sind solche Aktien im Geschäftsjahr verwertet worden, so ist auch über die Verwertung unter Angabe des Erlöses und die Verwendung des Erlöses zu berichten;
2. den Bestand an eigenen Aktien der Gesellschaft, die sie, ein abhängiges oder im Mehrheitsbesitz der Gesellschaft stehendes Unternehmen oder ein anderer für Rechnung der Gesellschaft oder eines abhängigen oder eines im Mehrheitsbesitz der Gesellschaft

stehenden Unternehmens erworben oder als Pfand genommen hat; dabei sind die Zahl und der Nennbetrag dieser Aktien sowie deren Anteil am Grundkapital, für erworbene Aktien ferner der Zeitpunkt des Erwerbs und die Gründe für den Erwerb anzugeben. Sind solche Aktien im Geschäftsjahr erworben oder veräußert worden, so ist auch über den Erwerb oder die Veräußerung unter Angabe der Zahl und des Nennbetrags dieser Aktien, des Anteils am Grundkapital und des Erwerbs- oder Veräußerungspreises, sowie über die Verwendung des Erlöses zu berichten;

3. die Zahl und den Nennbetrag der Aktien jeder Gattung, sofern sich diese Angaben nicht aus der Bilanz ergeben; davon sind Aktien, die bei einer bedingten Kapitalerhöhung oder einem genehmigten Kapital im Geschäftsjahr gezeichnet wurden, jeweils gesondert anzugeben;
4. das genehmigte Kapital;
5. die Zahl der Wandelschuldverschreibungen und vergleichbaren Wertpapiere unter Angabe der Rechte, die sie verbriefen;
6. Genußrechte, Rechte aus Besserungsscheinen und ähnliche Rechte unter Angabe der Art und Zahl der jeweiligen Rechte sowie der im Geschäftsjahr neu entstandenen Rechte;
7. das Bestehen einer wechselseitigen Beteiligung unter Angabe des Unternehmens;
8. das Bestehen einer Beteiligung an der Gesellschaft, die ihr nach § 20 Abs. 1 oder 4 mitgeteilt worden ist; dabei ist anzugeben, wem die Beteiligung gehört und ob sie den vierten Teil aller Aktien der Gesellschaft übersteigt oder eine Mehrheitsbeteiligung (§ 16 Abs. 1) ist.

(2) Die Berichterstattung hat insoweit zu unterbleiben, als es für das Wohl der Bundesrepublik Deutschland oder eines ihrer Länder erforderlich ist.

§ 161 (aufgehoben)

Zweiter Abschnitt
Prüfung des Jahresabschlusses
Erster Unterabschnitt
Prüfung durch den Abschlußprüfer

§§ 162 bis **169 (aufgehoben)**

Zweiter Unterabschnitt
Prüfung durch den Aufsichtsrat

§ 170 Vorlage an den Aufsichtsrat

(1) Der Vorstand hat den Jahresabschluß und den Lagebericht unverzüglich nach ihrer Aufstellung dem Aufsichtsrat vorzulegen. Ist der Jahresabschluß durch einen Abschlußprüfer zu prüfen, so sind diese Unterlagen zusammen mit dem Prüfungsbericht des Abschlußprüfers unverzüglich nach dem Eingang des Prüfungsberichts dem Aufsichtsrat vorzulegen.

(2) Zugleich hat der Vorstand dem Aufsichtsrat den Vorschlag vorzulegen, den er der Hauptversammlung für die Verwendung des Bilanzgewinns machen will. Der Vorschlag ist, sofern er keine abweichende Gliederung bedingt, wie folgt zu gliedern:

1. Verteilung an die Aktionäre
2. Einstellung in Gewinnrücklagen
3. Gewinnvortrag
4. Bilanzgewinn.

(3) Jedes Aufsichtsratsmitglied hat das Recht, von den Vorlagen Kenntnis zu nehmen. Die Vorlagen sind auch jedem Aufsichtsratsmitglied auf Verlangen auszuhändigen, soweit der Aufsichtsrat nichts anderes beschlossen hat.

§ 171 Prüfung durch den Aufsichtsrat

(1) Der Aufsichtsrat hat den Jahresabschluß, den Lagebericht und den Vorschlag für die Verwendung des Bilanzgewinns zu prüfen. Ist der Jahresabschluß durch einen Abschlußprüfer zu prüfen, so hat der Abschlußprüfer auf Verlangen des Aufsichtsrats an dessen Verhandlungen über diese Vorlagen teilzunehmen.

(2) Der Aufsichtsrat hat über das Ergebnis der Prüfung schriftlich an die Hauptversammlung zu berichten. In dem Bericht hat der Aufsichtsrat auch mitzuteilen, in welcher Art und in welchem Umfang er die Geschäftsführung der Gesellschaft während des Geschäftsjahrs geprüft hat. Ist der Jahresabschluß durch einen Abschlußprüfer zu prüfen, so hat der Aufsichtsrat ferner zu dem Ergebnis der Prüfung des Jahresabschlusses durch den Abschlußprüfer Stellung zu nehmen. Am Schluß des Berichts hat der Aufsichtsrat zu erklären, ob nach dem abschließenden Ergebnis seiner Prüfung Einwendungen zu erheben sind und ob er den vom Vorstand aufgestellten Jahresabschluß billigt.

(3) Der Aufsichtsrat hat seinen Bericht innerhalb eines Monats, nachdem ihm die Vorlagen zugegangen sind, dem Vorstand zuzuleiten. Wird der Bericht dem Vorstand nicht innerhalb der Frist zugeleitet, hat der Vorstand dem Aufsichtsrat unverzüglich eine weitere Frist von nicht mehr als einem Monat zu setzen. Wird der Bericht dem Vorstand nicht vor Ablauf der weiteren Frist zugeleitet, gilt der Jahresabschluß als vom Aufsichtsrat nicht gebilligt.

Dritter Abschnitt

Feststellung des Jahresabschlusses. Gewinnverwendung

Erster Unterabschnitt

Feststellung des Jahresabschlusses

§ 172 Feststellung durch Vorstand und Aufsichtsrat

Billigt der Aufsichtsrat den Jahresabschluß, so ist dieser festgestellt, sofern nicht Vorstand und Aufsichtsrat beschließen, die Feststellung des Jahresabschlusses der Hauptversammlung zu überlassen. Die Beschlüsse des Vorstands und des Aufsichtsrats sind in den Bericht des Aufsichtsrats an die Hauptversammlung aufzunehmen.

§ 173 Feststellung durch die Hauptversammlung

(1) Haben Vorstand und Aufsichtsrat beschlossen, die Feststellung des Jahresabschlusses der Hauptversammlung zu überlassen, oder hat der Aufsichtsrat den Jahresabschluß nicht gebilligt, so stellt die Hauptversammlung den Jahresabschluß fest.

(2) Auf den Jahresabschluß sind bei der Feststellung die für seine Aufstellung geltenden Vorschriften anzuwenden. Die Hauptversammlung darf bei der Feststellung des Jahresabschlusses nur die Beträge in Gewinnrücklagen einstellen, die nach Gesetz oder Satzung einzustellen sind.

(3) Ändert die Hauptversammlung einen von einem Abschlußprüfer auf Grund gesetzlicher Verpflichtung geprüften Jahresabschluß, so werden vor der erneuten Prüfung nach § 316 Abs. 3 des Handelsgesetzbuchs von der Hauptversammlung gefaßte Beschlüsse über die Feststellung des Jahresabschlusses und die Gewinnverwendung erst wirksam, wenn auf Grund der erneuten Prüfung ein hinsichtlich der Änderungen uneingeschränkter Bestätigungsvermerk erteilt worden ist. Sie werden nichtig, wenn nicht binnen zwei Wochen seit der Beschlußfassung ein hinsichtlich der Änderungen uneingeschränkter Bestätigungsvermerk erteilt wird.

Zweiter Unterabschnitt
Gewinnverwendung

§ 174
(1) Die Hauptversammlung beschließt über die Verwendung des Bilanzgewinns. Sie ist hierbei an den festgestellten Jahresabschluß gebunden.
(2) In dem Beschluß ist die Verwendung des Bilanzgewinns im einzelnen darzulegen, namentlich sind anzugeben
1. der Bilanzgewinn;
2. der an die Aktionäre auszuschüttende Betrag;
3. die in Gewinnrücklagen einzustellenden Beträge;
4. ein Gewinnvortrag;
5. der zusätzliche Aufwand auf Grund des Beschlusses.
(3) Der Beschluß führt nicht zu einer Änderung des festgestellten Jahresabschlusses.

Dritter Unterabschnitt
Ordentliche Hauptversammlung

§ 175 Einberufung
(1) Unverzüglich nach Eingang des Berichts des Aufsichtsrats hat der Vorstand die Hauptversammlung zur Entgegennahme des festgestellten Jahresabschlusses und des Lageberichts sowie zur Beschlußfassung über die Verwendung eines Bilanzgewinns einzuberufen. Die Hauptversammlung hat in den ersten acht Monaten des Geschäftsjahrs stattzufinden.
(2) Der Jahresabschluß, der Lagebericht, der Bericht des Aufsichtsrats und der Vorschlag des Vorstands für die Verwendung des Bilanzgewinns sind von der Einberufung an in dem Geschäftsraum der Gesellschaft zur Einsicht der Aktionäre auszulegen. Auf Verlangen ist jedem Aktionär unverzüglich eine Abschrift der Vorlagen zu erteilen.
(3) Hat die Hauptversammlung den Jahresabschluß festzustellen, so gelten für die Einberufung der Hauptversammlung zur Feststellung des Jahresabschlusses und für die Auslegung der Vorlagen und die Erteilung von Abschriften die Absätze 1 und 2 sinngemäß. Die Verhandlungen über die Feststellung des Jahresabschlusses und über die Verwendung des Bilanzgewinns sollen verbunden werden.
(4) Mit der Einberufung der Hauptversammlung zur Entgegennahme des festgestellten Jahresabschlusses oder, wenn die Hauptversammlung den Jahresabschluß festzustellen hat, der Hauptversammlung zur Feststellung des Jahresabschlusses sind Vorstand und Aufsichtsrat an die in dem Bericht des Aufsichtsrats enthaltenen Erklärungen über den Jahresabschluß (§§ 172, 173 Abs. 1) gebunden.

§ 176 Vorlagen. Anwesenheit des Abschlußprüfers
(1) Der Vorstand hat der Hauptversammlung die in § 175 Abs. 2 angegebenen Vorlagen vorzulegen. Zu Beginn der Verhandlung soll der Vorstand seine Vorlagen, der Vorsitzende des Aufsichtsrats den Bericht des Aufsichtsrats erläutern. Der Vorstand soll dabei auch zu einem Jahresfehlbetrag oder einem Verlust Stellung nehmen, der das Jahresergebnis wesentlich beeinträchtigt hat. Satz 3 ist auf Kreditinstitute nicht anzuwenden.
(2) Ist der Jahresabschluß von einem Abschlußprüfer zu prüfen, so hat der Abschlußprüfer an den Verhandlungen über die Feststellung des Jahresabschlusses teilzunehmen. Der Abschlußprüfer ist nicht verpflichtet, einem Aktionär Auskunft zu erteilen.

Vierter Abschnitt
Bekanntmachung des Jahresabschlusses

§§ **177** und **178** **(aufgehoben)**

Sechster Teil
Satzungsänderung. Maßnahmen der Kapitalbeschaffung und Kapitalherabsetzung

Erster Abschnitt
Satzungsänderung

§ 179 Beschluß der Hauptversammlung

(1) Jede Satzungsänderung bedarf eines Beschlusses der Hauptversammlung. Die Befugnis zu Änderungen, die nur die Fassung betreffen, kann die Hauptversammlung dem Aufsichtsrat übertragen.

(2) Der Beschluß der Hauptversammlung bedarf einer Mehrheit, die mindestens drei Viertel des bei der Beschlußfassung vertretenen Grundkapitals umfaßt. Die Satzung kann eine andere Kapitalmehrheit, für eine Änderung des Gegenstands des Unternehmens jedoch nur eine größere Kapitalmehrheit bestimmen. Sie kann weitere Erfordernisse aufstellen.

(3) Soll das bisherige Verhältnis mehrerer Gattungen von Aktien zum Nachteil einer Gattung geändert werden, so bedarf der Beschluß der Hauptversammlung zu seiner Wirksamkeit der Zustimmung der benachteiligten Aktionäre. Über die Zustimmung haben die benachteiligten Aktionäre einen Sonderbeschluß zu fassen. Für diesen gilt Absatz 2.

§ 179 a Verpflichtung zur Übertragung des ganzen Gesellschaftsvermögens

(1) Ein Vertrag, durch den sich eine Aktiengesellschaft zur Übertragung des ganzen Gesellschaftsvermögens verpflichtet, ohne daß die Übertragung unter die Vorschriften des Umwandlungsgesetzes fällt, bedarf auch dann eines Beschlusses der Hauptversammlung nach § 179, wenn damit nicht eine Änderung des Unternehmensgegenstandes verbunden ist. Die Satzung kann nur eine größere Kapitalmehrheit bestimmen.

(2) Der Vertrag ist von der Einberufung der Hauptversammlung an, die über die Zustimmung beschließen soll, in dem Geschäftsraum der Gesellschaft zur Einsicht der Aktionäre auszulegen. Auf Verlangen ist jedem Aktionär unverzüglich eine Abschrift zu erteilen. In der Hauptversammlung ist der Vertrag auszulegen. Der Vorstand hat ihn zu Beginn der Verhandlung zu erläutern. Der Niederschrift ist er als Anlage beizufügen.

(3) Wird aus Anlaß der Übertragung des Gesellschaftsvermögens die Gesellschaft aufgelöst, so ist der Anmeldung der Auflösung der Vertrag in Ausfertigung oder öffentlich beglaubigter Abschrift beizufügen.

§ 180 Zustimmung der betroffenen Aktionäre

(1) Ein Beschluß, der Aktionären Nebenverpflichtungen auferlegt, bedarf zu seiner Wirksamkeit der Zustimmung aller betroffenen Aktionäre.

(2) Gleiches gilt für einen Beschluß, durch den die Übertragung von Namensaktien oder Zwischenscheinen an die Zustimmung der Gesellschaft gebunden wird.

§ 181 Eintragung der Satzungsänderung

(1) Der Vorstand hat die Satzungsänderung zur Eintragung in das Handelsregister anzumelden. Der Anmeldung ist der vollständige Wortlaut der Satzung beizufügen; er muß mit der Bescheinigung eines Notars versehen sein, daß die geänderten Bestimmungen der Satzung mit dem Beschluß über die Satzungsänderung und die unveränderten Bestimmungen mit dem zuletzt zum Handelsregister eingereichten vollständigen Wortlaut der Satzung übereinstimmen. Bedarf die Satzungsänderung staatlicher Genehmigung, so ist der Anmeldung die Genehmigungsurkunde beizufügen.

(2) Soweit nicht die Änderung Angaben nach § 39 betrifft, genügt bei der Eintragung die Bezugnahme auf die beim Gericht eingereichten Urkunden. Betrifft eine Änderung Bestimmungen, die ihrem Inhalt nach bekanntzumachen sind, so ist auch die Änderung ihrem Inhalt nach bekanntzumachen.
(3) Die Änderung wird erst wirksam, wenn sie in das Handelsregister des Sitzes der Gesellschaft eingetragen worden ist.

Zweiter Abschnitt
Maßnahmen der Kapitalbeschaffung
Erster Unterabschnitt
Kapitalerhöhung gegen Einlagen

§ 182 Voraussetzungen
(1) Eine Erhöhung des Grundkapitals gegen Einlagen kann nur mit einer Mehrheit beschlossen werden, die mindestens drei Viertel des bei der Beschlußfassung vertretenen Grundkapitals umfaßt. Die Satzung kann eine andere Kapitalmehrheit, für die Ausgabe von Vorzugsaktien ohne Stimmrecht jedoch nur eine größere Kapitalmehrheit bestimmen. Sie kann weitere Erfordernisse aufstellen. Die Kapitalerhöhung kann nur durch Ausgabe neuer Aktien ausgeführt werden.
(2) Sind mehrere Gattungen von stimmberechtigten Aktien vorhanden, so bedarf der Beschluß der Hauptversammlung zu seiner Wirksamkeit der Zustimmung der Aktionäre jeder Gattung. Über die Zustimmung haben die Aktionäre jeder Gattung einen Sonderbeschluß zu fassen. Für diesen gilt Absatz 1.
(3) Sollen die neuen Aktien für einen höheren Betrag als den Nennbetrag ausgegeben werden, so ist der Mindestbetrag, unter dem sie nicht ausgegeben werden sollen, im Beschluß über die Erhöhung des Grundkapitals festzusetzen.
(4) Das Grundkapital soll nicht erhöht werden, solange ausstehende Einlagen auf das bisherige Grundkapital noch erlangt werden können. Für Versicherungsgesellschaften kann die Satzung etwas anderes bestimmen. Stehen Einlagen in verhältnismäßig unerheblichem Umfang aus, so hindert dies die Erhöhung des Grundkapitals nicht.

§ 183 Kapitalerhöhung mit Sacheinlagen
(1) Wird eine Sacheinlage (§ 27 Abs. 1 und 2) gemacht, so müssen ihr Gegenstand, die Person, von der die Gesellschaft den Gegenstand erwirbt, und der Nennbetrag der bei der Sacheinlage zu gewährenden Aktien im Beschluß über die Erhöhung des Grundkapitals festgesetzt werden. Der Beschluß darf nur gefaßt werden, wenn die Einbringung von Sacheinlagen und die Festsetzungen nach Satz 1 ausdrücklich und ordnungsgemäß (§ 124 Abs. 1) bekanntgemacht worden sind.
(2) Ohne diese Festsetzung sind Verträge über Sacheinlagen und die Rechtshandlungen zu ihrer Ausführung der Gesellschaft gegenüber unwirksam. Ist die Durchführung der Erhöhung des Grundkapitals eingetragen, so wird die Gültigkeit der Kapitalerhöhung durch diese Unwirksamkeit nicht berührt. Der Aktionär ist verpflichtet, den Nennbetrag oder den höheren Ausgabebetrag der Aktien einzuzahlen. Die Unwirksamkeit kann durch Satzungsänderung nicht geheilt werden, nachdem die Durchführung der Erhöhung des Grundkapitals in das Handelsregister eingetragen worden ist.
(3) Bei der Kapitalerhöhung mit Sacheinlagen hat eine Prüfung durch einen oder mehrere Prüfer stattzufinden. § 33 Abs. 3 bis 5, § 34 Abs. 2 und 3, § 35 gelten sinngemäß. Das Gericht kann die Eintragung ablehnen, wenn der Wert der Sacheinlage nicht unwesentlich hinter dem Nennbetrag der dafür zu gewährenden Aktien zurückbleibt.

§ 184 Anmeldung des Beschlusses

(1) Der Vorstand und der Vorsitzende des Aufsichtsrats haben den Beschluß über die Erhöhung des Grundkapitals zur Eintragung in das Handelsregister anzumelden. Der Bericht über die Prüfung von Sacheinlagen (§ 183 Abs. 3) ist der Anmeldung beizufügen.

(2) In der Anmeldung ist anzugeben, welche Einlagen auf das bisherige Grundkapital noch nicht geleistet sind und warum sie nicht erlangt werden können.

(3) (aufgehoben)

§ 185 Zeichnung der neuen Aktien

(1) Die Zeichnung der neuen Aktien geschieht durch schriftliche Erklärung (Zeichnungsschein), aus der die Beteiligung nach der Zahl, dem Nennbetrag und, wenn mehrere Gattungen ausgegeben werden, der Gattung der Aktien hervorgehen muß. Der Zeichnungsschein soll doppelt ausgestellt werden. Er hat zu enthalten

1. den Tag, an dem die Erhöhung des Grundkapitals beschlossen worden ist;
2. den Ausgabebetrag der Aktien, den Betrag der festgesetzten Einzahlungen sowie den Umfang von Nebenverpflichtungen;
3. die bei einer Kapitalerhöhung mit Sacheinlagen vorgesehenen Festsetzungen und, wenn mehrere Gattungen ausgegeben werden, den Gesamtnennbetrag einer jeden Aktiengattung;
4. den Zeitpunkt, an dem die Zeichnung unverbindlich wird, wenn nicht bis dahin die Durchführung der Erhöhung des Grundkapitals eingetragen ist.

(2) Zeichnungsscheine, die diese Angaben nicht vollständig oder die außer dem Vorbehalt in Absatz 1 Nr. 4 Beschränkungen der Verpflichtung des Zeichners enthalten, sind nichtig.

(3) Ist die Durchführung der Erhöhung des Grundkapitals eingetragen, so kann sich der Zeichner auf die Nichtigkeit oder Unverbindlichkeit des Zeichnungsscheins nicht berufen, wenn er auf Grund des Zeichnungsscheins als Aktionär Rechte ausgeübt oder Verpflichtungen erfüllt hat.

(4) Jede nicht im Zeichnungsschein enthaltene Beschränkung ist der Gesellschaft gegenüber unwirksam.

§ 186 Bezugsrecht

(1) Jedem Aktionär muß auf sein Verlangen ein seinem Anteil an dem bisherigen Grundkapital entsprechender Teil der neuen Aktien zugeteilt werden. Für die Ausübung des Bezugsrechts ist eine Frist von mindestens zwei Wochen zu bestimmen.

(2) Der Vorstand hat den Ausgabebetrag und zugleich eine nach Absatz 1 bestimmte Frist in den Gesellschaftsblättern bekanntzumachen.

(3) Das Bezugsrecht kann ganz oder zum Teil nur im Beschluß über die Erhöhung des Grundkapitals ausgeschlossen werden. In diesem Fall bedarf der Beschluß neben den in Gesetz oder Satzung für die Kapitalerhöhung aufgestellten Erfordernissen einer Mehrheit, die mindestens drei Viertel des bei der Beschlußfassung vertretenen Grundkapitals umfaßt. Die Satzung kann eine größere Kapitalmehrheit und weitere Erfordernisse bestimmen. Ein Ausschluß des Bezugsrechts ist insbesondere dann zulässig, wenn die Kapitalerhöhung gegen Bareinlagen zehn vom Hundert des Grundkapitals nicht übersteigt und der Ausgabebetrag den Börsenpreis nicht wesentlich unterschreitet.

(4) Ein Beschluß, durch den das Bezugsrecht ganz oder zum Teil ausgeschlossen wird, darf nur gefaßt werden, wenn die Ausschließung ausdrücklich und ordnungsgemäß (§ 124 Abs. 1) bekanntgemacht worden ist. Der Vorstand hat der Hauptversammlung einen schriftlichen Bericht über den Grund für den teilweisen oder vollständigen Ausschluß des Bezugsrechts vorzulegen; in dem Bericht ist der vorgeschlagene Ausgabebetrag zu begründen.

(5) Als Ausschluß des Bezugsrechts ist es nicht anzusehen, wenn nach dem Beschluß die neuen Aktien von einem Kreditinstitut mit der Verpflichtung übernommen werden sollen, sie den Aktionären zum Bezug anzubieten. Der Vorstand hat das Bezugsangebot des Kreditinstituts unter Angabe des für die Aktien zu leistenden Entgelts und einer für die Annahme des Angebots gesetzten Frist in den Gesellschaftsblättern bekanntzumachen; gleiches gilt, wenn die neuen Aktien von einem anderen als einem Kreditinstitut mit der Verpflichtung übernommen werden sollen, sie den Aktionären zum Bezug anzubieten.

§ 187 Zusicherung von Rechten auf den Bezug neuer Aktien

(1) Rechte auf den Bezug neuer Aktien können nur unter Vorbehalt des Bezugsrechts der Aktionäre zugesichert werden.

(2) Zusicherungen vor dem Beschluß über die Erhöhung des Grundkapitals sind der Gesellschaft gegenüber unwirksam.

§ 188 Anmeldung und Eintragung der Durchführung

(1) Der Vorstand und der Vorsitzende des Aufsichtsrats haben die Durchführung der Erhöhung des Grundkapitals zur Eintragung in das Handelsregister anzumelden.

(2) Für die Anmeldung gelten sinngemäß § 36 Abs. 2, § 36 a und § 37 Abs. 1. Durch Gutschrift auf ein Konto des Vorstands kann die Einzahlung nicht geleistet werden.

(3) Der Anmeldung sind für das Gericht des Sitzes der Gesellschaft beizufügen

1. die Zweitschriften der Zeichnungsscheine und ein vom Vorstand unterschriebenes Verzeichnis der Zeichner, das die auf jeden entfallenden Aktien und die auf sie geleisteten Einzahlungen angibt;
2. bei einer Kapitalerhöhung mit Sacheinlagen die Verträge, die den Festsetzungen nach § 183 zugrunde liegen oder zu ihrer Ausführung geschlossen worden sind;
3. eine Berechnung der Kosten, die für die Gesellschaft durch die Ausgabe der neuen Aktien entstehen werden;
4. wenn die Erhöhung des Grundkapitals der staatlichen Genehmigung bedarf, die Genehmigungsurkunde.

(4) Anmeldung und Eintragung der Durchführung der Erhöhung des Grundkapitals können mit Anmeldung und Eintragung des Beschlusses über die Erhöhung verbunden werden.

(5) Die eingereichten Schriftstücke werden beim Gericht in Urschrift, Ausfertigung oder öffentlich beglaubigter Abschrift aufbewahrt.

§ 189 Wirksamwerden der Kapitalerhöhung

Mit der Eintragung der Durchführung der Erhöhung des Grundkapitals ist das Grundkapital erhöht.

§ 190 Bekanntmachung

In die Bekanntmachung der Eintragung (§ 188) sind außer deren Inhalt der Ausgabebetrag der Aktien, die bei einer Kapitalerhöhung mit Sacheinlagen vorgesehenen Festsetzungen und ein Hinweis auf den Bericht über die Prüfung von Sacheinlagen (§ 183 Abs. 3) aufzunehmen. Bei der Bekanntmachung dieser Festsetzungen genügt die Bezugnahme auf die beim Gericht eingereichten Urkunden.

§ 191 Verbotene Ausgabe von Aktien und Zwischenscheinen

Vor der Eintragung der Durchführung der Erhöhung des Grundkapitals können die neuen Anteilsrechte nicht übertragen, neue Aktien und Zwischenscheine nicht ausgegeben werden. Die vorher ausgegebenen neuen Aktien und Zwischenscheine sind nichtig. Für den Schaden aus der Ausgabe sind die Ausgeber den Inhabern als Gesamtschuldner verantwortlich.

Zweiter Unterabschnitt
Bedingte Kapitalerhöhung

§ 192 Voraussetzungen

(1) Die Hauptversammlung kann eine Erhöhung des Grundkapitals beschließen, die nur so weit durchgeführt werden soll, wie von einem Umtausch- oder Bezugsrecht Gebrauch gemacht wird, das die Gesellschaft auf die neuen Aktien (Bezugsaktien) einräumt (bedingte Kapitalerhöhung).

(2) Die bedingte Kapitalerhöhung soll nur zu folgenden Zwecken beschlossen werden:

1. zur Gewährung von Umtausch- oder Bezugsrechten an Gläubiger von Wandelschuldverschreibungen;
2. zur Vorbereitung des Zusammenschlusses mehrerer Unternehmen;
3. zur Gewährung von Bezugsrechten an Arbeitnehmer der Gesellschaft zum Bezug neuer Aktien gegen Einlage von Geldforderungen, die den Arbeitnehmern aus einer ihnen von der Gesellschaft eingeräumten Gewinnbeteiligung zustehen.

(3) Der Nennbetrag des bedingten Kapitals darf die Hälfte des Grundkapitals, das zur Zeit der Beschlußfassung über die bedingte Kapitalerhöhung vorhanden ist, nicht übersteigen.

(4) Ein Beschluß der Hauptversammlung, der dem Beschluß über die bedingte Kapitalerhöhung entgegensteht, ist nichtig.

(5) Die folgenden Vorschriften über das Bezugsrecht gelten sinngemäß für das Umtauschrecht.

§ 193 Erfordernisse des Beschlusses

(1) Der Beschluß über die bedingte Kapitalerhöhung bedarf einer Mehrheit, die mindestens drei Viertel des bei der Beschlußfassung vertretenen Grundkapitals umfaßt. Die Satzung kann eine größere Kapitalmehrheit und weitere Erfordernisse bestimmen. § 182 Abs. 2 und § 187 Abs. 2 gelten.

(2) Im Beschluß müssen auch festgestellt werden

1. der Zweck der bedingten Kapitalerhöhung;
2. der Kreis der Bezugsberechtigten;
3. der Ausgabebetrag oder die Grundlagen, nach denen dieser Betrag errechnet wird.

§ 194 Bedingte Kapitalerhöhung mit Sacheinlagen

(1) Wird eine Sacheinlage gemacht, so müssen ihr Gegenstand, die Person, von der die Gesellschaft den Gegenstand erwirbt, und der Nennbetrag der bei der Sacheinlage zu gewährenden Aktien im Beschluß über die bedingte Kapitalerhöhung festgesetzt werden. Als Sacheinlage gilt nicht die Hingabe von Schuldverschreibungen im Umtausch gegen Bezugsaktien. Der Beschluß darf nur gefaßt werden, wenn die Einbringung von Sacheinlagen ausdrücklich und ordnungsgemäß (§ 124 Abs. 1) bekanntgemacht worden ist.

(2) Ohne diese Festsetzung sind Verträge über Sacheinlagen und die Rechtshandlungen zu ihrer Ausführung der Gesellschaft gegenüber unwirksam. Sind die Bezugsaktien ausgegeben, so wird die Gültigkeit der bedingten Kapitalerhöhung durch diese Unwirksamkeit nicht berührt. Der Aktionär ist verpflichtet, den Nennbetrag oder den höheren Ausgabebetrag der Bezugsaktien einzuzahlen. Die Unwirksamkeit kann durch Satzungsänderung nicht geheilt werden, nachdem die Bezugsaktien ausgegeben worden sind.

(3) Die Absätze 1 und 2 gelten nicht für die Einlage von Geldforderungen, die Arbeitnehmern der Gesellschaft aus einer ihnen von der Gesellschaft eingeräumten Gewinnbeteiligung zustehen.

(4) Bei der Kapitalerhöhung mit Sacheinlagen hat eine Prüfung durch einen oder mehrere

Prüfer stattzufinden. § 33 Abs. 3 bis 5, § 34 Abs. 2 und 3, § 35 gelten sinngemäß. Das Gericht kann die Eintragung ablehnen, wenn der Wert der Sacheinlage nicht unwesentlich hinter dem Nennbetrag der dafür zu gewährenden Aktien zurückbleibt.

§ 195 Anmeldung des Beschlusses

(1) Der Vorstand und der Vorsitzende des Aufsichtsrats haben den Beschluß über die bedingte Kapitalerhöhung zur Eintragung in das Handelsregister anzumelden.

(2) Der Anmeldung sind für das Gericht des Sitzes der Gesellschaft beizufügen

1. bei einer bedingten Kapitalerhöhung mit Sacheinlagen die Verträge, die den Festsetzungen nach § 194 zugrunde liegen oder zu ihrer Ausführung geschlossen worden sind, und der Bericht über die Prüfung von Sacheinlagen (§ 194 Abs. 4);
2. eine Berechnung der Kosten, die für die Gesellschaft durch die Ausgabe der Bezugsaktien entstehen werden;
3. wenn die Kapitalerhöhung der staatlichen Genehmigung bedarf, die Genehmigungsurkunde.

(3) Die eingereichten Schriftstücke werden beim Gericht in Urschrift, Ausfertigung oder öffentlich beglaubigter Abschrift aufbewahrt.

§ 196 Bekanntmachung der Eintragung

In die Bekanntmachung der Eintragung des Beschlusses über die bedingte Kapitalerhöhung sind außer deren Inhalt die Feststellungen nach § 193 Abs. 2, die nach § 194 bei der Einbringung von Sacheinlagen vorgesehenen Festsetzungen und ein Hinweis auf den Bericht über die Prüfung von Sacheinlagen (§ 194 Abs. 4) aufzunehmen. Für die Festsetzungen nach § 194 genügt die Bezugnahme auf die beim Gericht eingereichten Urkunden.

§ 197 Verbotene Aktienausgabe

Vor der Eintragung des Beschlusses über die bedingte Kapitalerhöhung können die Bezugsaktien nicht ausgegeben werden. Ein Anspruch des Bezugsberechtigten entsteht vor diesem Zeitpunkt nicht. Die vorher ausgegebenen Bezugsaktien sind nichtig. Für den Schaden aus der Ausgabe sind die Ausgeber den Inhabern als Gesamtschuldner verantwortlich.

§ 198 Bezugserklärung

(1) Das Bezugsrecht wird durch schriftliche Erklärung ausgeübt. Die Erklärung (Bezugserklärung) soll doppelt ausgestellt werden. Sie hat die Beteiligung nach der Zahl, dem Nennbetrag und, wenn mehrere Gattungen ausgegeben werden, der Gattung der Aktien, die Feststellungen nach § 193 Abs. 2, die nach § 194 bei der Einbringung von Sacheinlagen vorgesehenen Festsetzungen sowie den Tag anzugeben, an dem der Beschluß über die bedingte Kapitalerhöhung gefaßt worden ist.

(2) Die Bezugserklärung hat die gleiche Wirkung wie eine Zeichnungserklärung. Bezugserklärungen, deren Inhalt nicht dem Absatz 1 entspricht oder die Beschränkungen der Verpflichtung des Erklärenden enthalten, sind nichtig.

(3) Werden Bezugsaktien ungeachtet der Nichtigkeit einer Bezugserklärung ausgegeben, so kann sich der Erklärende auf die Nichtigkeit nicht berufen, wenn er auf Grund der Bezugserklärung als Aktionär Rechte ausgeübt oder Verpflichtungen erfüllt hat.

(4) Jede nicht in der Bezugserklärung enthaltene Beschränkung ist der Gesellschaft gegenüber unwirksam.

§ 199 Ausgabe der Bezugsaktien

(1) Der Vorstand darf die Bezugsaktien nur in Erfüllung des im Beschluß über die bedingte Kapitalerhöhung festgesetzten Zwecks und nicht vor der vollen Leistung des Gegenwerts ausgeben, der sich aus dem Beschluß ergibt.

(2) Der Vorstand darf Bezugsaktien gegen Wandelschuldverschreibungen nur ausgeben, wenn der Unterschied zwischen dem Ausgabebetrag der zum Umtausch eingereichten Schuldverschreibungen und dem höheren Nennbetrag der für sie zu gewährenden Bezugsaktien aus einer anderen Gewinnrücklage, soweit sie zu diesem Zweck verwandt werden kann, oder durch Zuzahlung des.Umtauschberechtigten gedeckt ist. Dies gilt nicht, wenn der Gesamtbetrag, zu dem die Schuldverschreibungen ausgegeben sind, den Gesamtnennbetrag der Bezugsaktien erreicht oder übersteigt.

§ 200 Wirksamwerden der bedingten Kapitalerhöhung

Mit der Ausgabe der Bezugsaktien ist das Grundkapital erhöht.

§ 201 Anmeldung der Ausgabe von Bezugsaktien

(1) Der Vorstand hat innerhalb eines Monats nach Ablauf des Geschäftsjahrs zur Eintragung in das Handelsregister anzumelden, in welchem Umfang im abgelaufenen Geschäftsjahr Bezugsaktien ausgegeben worden sind.

(2) Der Anmeldung sind für das Gericht des Sitzes der Gesellschaft die Zweitschriften der Bezugserklärungen und ein vom Vorstand unterschriebenes Verzeichnis der Personen, die das Bezugsrecht ausgeübt haben, beizufügen. Das Verzeichnis hat die auf jeden Aktionär entfallenden Aktien und die auf sie gemachten Einlagen anzugeben.

(3) In der Anmeldung hat der Vorstand zu erklären, daß die Bezugsaktien nur in Erfüllung des im Beschluß über die bedingte Kapitalerhöhung festgesetzten Zwecks und nicht vor der vollen Leistung des Gegenwerts ausgegeben worden sind, der sich aus dem Beschluß ergibt.

(4) Die eingereichten Schriftstücke werden beim Gericht in Urschrift, Ausfertigung oder öffentlich beglaubigter Abschrift aufbewahrt.

Dritter Unterabschnitt

Genehmigtes Kapital

§ 202 Voraussetzungen

(1) Die Satzung kann den Vorstand für höchstens fünf Jahre nach Eintragung der Gesellschaft ermächtigen, das Grundkapital bis zu einem bestimmten Nennbetrag (genehmigtes Kapital) durch Ausgabe neuer Aktien gegen Einlagen zu erhöhen.

(2) Die Ermächtigung kann auch durch Satzungsänderung für höchstens fünf Jahre nach Eintragung der Satzungsänderung erteilt werden. Der Beschluß der Hauptversammlung bedarf einer Mehrheit, die mindestens drei Viertel des bei der Beschlußfassung vertretenen Grundkapitals umfaßt. Die Satzung kann eine größere Kapitalmehrheit und weitere Erfordernisse bestimmen. § 182 Abs. 2 gilt.

(3) Der Nennbetrag des genehmigten Kapitals darf die Hälfte des Grundkapitals, das zur Zeit der Ermächtigung vorhanden ist, nicht übersteigen. Die neuen Aktien sollen nur mit Zustimmung des Aufsichtsrats ausgegeben werden.

(4) Die Satzung kann auch vorsehen, daß die neuen Aktien an Arbeitnehmer der Gesellschaft ausgegeben werden.

§ 203 Ausgabe der neuen Aktien

(1) Für die Ausgabe der neuen Aktien gelten sinngemäß, soweit sich aus den folgenden Vorschriften nichts anderes ergibt, §§ 185 bis 191 über die Kapitalerhöhung gegen

Einlagen. An die Stelle des Beschlusses über die Erhöhung des Grundkapitals tritt die Ermächtigung der Satzung zur Ausgabe neuer Aktien.

(2) Die Ermächtigung kann vorsehen, daß der Vorstand über den Ausschluß des Bezugsrechts entscheidet. Wird eine Ermächtigung, die dies vorsieht, durch Satzungsänderung erteilt, so gilt § 186 Abs. 4 sinngemäß.

(3) Die neuen Aktien sollen nicht ausgegeben werden, solange ausstehende Einlagen auf das bisherige Grundkapital noch erlangt werden können. Für Versicherungsgesellschaften kann die Satzung etwas anderes bestimmen. Stehen Einlagen in verhältnismäßig unerheblichem Umfang aus, so hindert dies die Ausgabe der neuen Aktien nicht. In der ersten Anmeldung der Durchführung der Erhöhung des Grundkapitals ist anzugeben, welche Einlagen auf das bisherige Grundkapital noch nicht geleistet sind und warum sie nicht erlangt werden können.

(4) Absatz 3 Satz 1 und 4 gilt nicht, wenn die Aktien an Arbeitnehmer der Gesellschaft ausgegeben werden.

§ 204 Bedingungen der Aktienausgabe

(1) Über den Inhalt der Aktienrechte und die Bedingungen der Aktienausgabe entscheidet der Vorstand, soweit die Ermächtigung keine Bestimmungen enthält. Die Entscheidung des Vorstands bedarf der Zustimmung des Aufsichtsrats; gleiches gilt für die Entscheidung des Vorstands nach § 203 Abs. 2 über den Ausschluß des Bezugsrechts.

(2) Sind Vorzugsaktien ohne Stimmrecht vorhanden, so können Vorzugsaktien, die bei der Verteilung des Gewinns oder des Gesellschaftsvermögens ihnen vorgehen oder gleichstehen, nur ausgegeben werden, wenn die Ermächtigung es vorsieht.

(3) Weist ein Jahresabschluß, der mit einem uneingeschränkten Bestätigungsvermerk versehen ist, einen Jahresüberschuß aus, so können Aktien an Arbeitnehmer der Gesellschaft auch in der Weise ausgegeben werden, daß die auf sie zu leistende Einlage aus dem Teil des Jahresüberschusses gedeckt wird, den nach § 58 Abs. 2 Vorstand und Aufsichtsrat in andere Gewinnrücklagen einstellen könnten. Für die Ausgabe der neuen Aktien gelten die Vorschriften über eine Kapitalerhöhung gegen Bareinlagen, ausgenommen § 188 Abs. 2. Der Anmeldung der Durchführung der Erhöhung des Grundkapitals ist außerdem der festgestellte Jahresabschluß mit Bestätigungsvermerk beizufügen. Die Anmeldenden haben ferner die Erklärung nach § 210 Abs. 1 Satz 2 abzugeben.

§ 205 Ausgabe gegen Sacheinlagen

(1) Gegen Sacheinlagen dürfen Aktien nur ausgegeben werden, wenn die Ermächtigung es vorsieht.

(2) Der Gegenstand der Sacheinlage, die Person, von der die Gesellschaft den Gegenstand erwirbt, und der Nennbetrag der bei der Sacheinlage zu gewährenden Aktien sind, wenn sie nicht in der Ermächtigung festgesetzt sind, vom Vorstand festzusetzen und in den Zeichnungsschein aufzunehmen. Der Vorstand soll die Entscheidung nur mit Zustimmung des Aufsichtsrats treffen.

(3) Bei Ausgabe der Aktien gegen Sacheinlagen hat eine Prüfung durch einen oder mehrere Prüfer stattzufinden. § 33 Abs. 3 bis 5, § 34 Abs. 2 und 3, § 35 gelten sinngemäß. Das Gericht kann die Eintragung ablehnen, wenn der Wert der Sacheinlage nicht unwesentlich hinter dem Nennbetrag der dafür zu gewährenden Aktien zurückbleibt.

(4) Ohne die vorgeschriebene Festsetzung sind Verträge über Sacheinlagen und die Rechtshandlungen zu ihrer Ausführung der Gesellschaft gegenüber unwirksam. Gleiches gilt, wenn die Festsetzung des Vorstands nicht in den Zeichnungsschein aufgenommen ist. Ist die Durchführung der Erhöhung des Grundkapitals eingetragen, so wird die Gültigkeit der Kapitalerhöhung durch diese Unwirksamkeit nicht berührt. Der Aktionär

ist verpflichtet, den Nennbetrag oder den höheren Ausgabebetrag der Aktien einzuzahlen. Die Unwirksamkeit kann durch Satzungsänderung nicht geheilt werden, nachdem die Durchführung der Erhöhung des Grundkapitals in das Handelsregister eingetragen worden ist.

(5) Die Absätze 2 und 3 gelten nicht für die Einlage von Geldforderungen, die Arbeitnehmern der Gesellschaft aus einer ihnen von der Gesellschaft eingeräumten Gewinnbeteiligung zustehen.

§ 206 Verträge über Sacheinlagen vor Eintragung der Gesellschaft

Sind vor Eintragung der Gesellschaft Verträge geschlossen worden, nach denen auf das genehmigte Kapital eine Sacheinlage zu leisten ist, so muß die Satzung die Festsetzungen enthalten, die für eine Ausgabe gegen Sacheinlagen vorgeschrieben sind. Dabei gelten sinngemäß § 27 Abs. 3 und 5, §§ 32 bis 35, 37 Abs. 4 Nr. 2, 4 und 5, § 38 Abs. 2, § 49 über die Gründung der Gesellschaft. An die Stelle der Gründer tritt der Vorstand und an die Stelle der Anmeldung und Eintragung der Gesellschaft die Anmeldung und Eintragung der Durchführung der Erhöhung des Grundkapitals.

Vierter Unterabschnitt

Kapitalerhöhung aus Gesellschaftsmitteln

§ 207 Voraussetzungen

(1) Die Hauptversammlung kann eine Erhöhung des Grundkapitals durch Umwandlung der Kapitalrücklage und von Gewinnrücklagen in Grundkapital beschließen.

(2) Für den Beschluß und für die Anmeldung des Beschlusses gelten § 182 Abs. 1 Satz 1, 2 und 4, § 184 Abs. 1 sinngemäß.

(3) Die Erhöhung kann erst beschlossen werden, nachdem der Jahresabschluß für das letzte vor der Beschlußfassung über die Kapitalerhöhung abgelaufene Geschäftsjahr (letzter Jahresabschluß) festgestellt ist.

(4) Dem Beschluß ist eine Bilanz zugrunde zu legen.

§ 208 Umwandlungsfähigkeit von Kapital- und Gewinnrücklagen

(1) Die Kapitalrücklage und die Gewinnrücklagen, die in Grundkapital umgewandelt werden sollen, müssen in der letzten Jahresbilanz und, wenn dem Beschluß eine andere Bilanz zugrunde gelegt wird, auch in dieser Bilanz unter »Kapitalrücklage« oder »Gewinnrücklagen« oder im letzten Beschluß über die Verwendung des Jahresüberschusses oder des Bilanzgewinns als Zuführung zu diesen Rücklagen ausgewiesen sein. Vorbehaltlich des Absatzes 2 können andere Gewinnrücklagen und deren Zuführungen in voller Höhe, die Kapitalrücklage und die gesetzliche Rücklage sowie deren Zuführungen nur, soweit sie zusammen den zehnten oder den in der Satzung bestimmten höheren Teil des bisherigen Grundkapitals übersteigen, in Grundkapital umgewandelt werden.

(2) Die Kapitalrücklage und die Gewinnrücklagen sowie deren Zuführungen können nicht umgewandelt werden, soweit in der zugrunde gelegten Bilanz ein Verlust einschließlich eines Verlustvortrags ausgewiesen ist. Gewinnrücklagen und deren Zuführungen, die für einen bestimmten Zweck bestimmt sind, dürfen nur umgewandelt werden, soweit dies mit ihrer Zweckbestimmung vereinbar ist.

§ 209 Zugrunde gelegte Bilanz

(1) Dem Beschluß kann die letzte Jahresbilanz zugrunde gelegt werden, wenn die Jahresbilanz geprüft und die festgestellte Jahresbilanz mit dem uneingeschränkten Bestätigungsvermerk des Abschlußprüfers versehen ist und wenn ihr Stichtag höchstens acht Monate vor der Anmeldung des Beschlusses zur Eintragung in das Handelsregister liegt.

(2) Wird dem Beschluß nicht die letzte Jahresbilanz zugrunde gelegt, so muß die Bilanz §§ 150, 152 dieses Gesetzes, §§ 242 bis 256, 264 bis 274, 279 bis 283 des Handelsgesetzbuchs entsprechen. Der Stichtag der Bilanz darf höchstens acht Monate vor der Anmeldung des Beschlusses zur Eintragung in das Handelsregister liegen.
(3) Die Bilanz muß durch einen Abschlußprüfer darauf geprüft werden, ob sie §§ 150, 152 dieses Gesetzes, §§ 242 bis 256, 264 bis 274, 279 bis 283 des Handelsgesetzbuchs entspricht. Sie muß mit einem uneingeschränkten Bestätigungsvermerk versehen sein.
(4) Wenn die Hauptversammlung keinen anderen Prüfer wählt, gilt der Prüfer als gewählt, der für die Prüfung des letzten Jahresabschlusses von der Hauptversammlung gewählt oder vom Gericht bestellt worden ist. Soweit sich aus der Besonderheit des Prüfungsauftrags nichts anderes ergibt, sind auf die Prüfung § 318 Abs. 1 Satz 3, § 319 Abs. 1 bis 3, § 320 Abs. 1, 2, §§ 321, 322 Abs. 4 und § 323 des Handelsgesetzbuchs entsprechend anzuwenden.
(5) Bei Versicherungsgesellschaften wird der Prüfer vom Aufsichtsrat bestimmt; Absatz 4 Satz 1 gilt sinngemäß. Soweit sich aus der Besonderheit des Prüfungsauftrags nichts anderes ergibt, ist auf die Prüfung § 341 k des Handelsgesetzbuchs anzuwenden.
(6) Im Fall der Absätze 2 bis 5 gilt für die Auslegung der Bilanz und für die Erteilung von Abschriften § 175 Abs. 2 sinngemäß.

§ 210 Anmeldung und Eintragung des Beschlusses

(1) Der Anmeldung des Beschlusses zur Eintragung in das Handelsregister ist für das Gericht des Sitzes der Gesellschaft die der Kapitalerhöhung zugrunde gelegte Bilanz mit Bestätigungsvermerk, im Fall des § 209 Abs. 2 bis 6 außerdem die letzte Jahresbilanz, sofern sie noch nicht eingereicht ist, beizufügen. Die Anmeldenden haben dem Gericht gegenüber zu erklären, daß nach ihrer Kenntnis seit dem Stichtag der zugrunde gelegten Bilanz bis zum Tag der Anmeldung keine Vermögensminderung eingetreten ist, die der Kapitalerhöhung entgegenstünde, wenn sie am Tag der Anmeldung beschlossen worden wäre.
(2) Das Gericht darf den Beschluß nur eintragen, wenn die der Kapitalerhöhung zugrunde gelegte Bilanz auf einen höchstens acht Monate vor der Anmeldung liegenden Stichtag aufgestellt und eine Erklärung nach Absatz 1 Satz 2 abgegeben worden ist.
(3) Das Gericht braucht nicht zu prüfen, ob die Bilanzen den gesetzlichen Vorschriften entsprechen.
(4) Bei der Eintragung des Beschlusses ist anzugeben, daß es sich um eine Kapitalerhöhung aus Gesellschaftsmitteln handelt.
(5) Die eingereichten Schriftstücke werden beim Gericht in Urschrift, Ausfertigung oder öffentlich beglaubigter Abschrift aufbewahrt.

§ 211 Wirksamwerden der Kapitalerhöhung

(1) Mit der Eintragung des Beschlusses über die Erhöhung des Grundkapitals ist das Grundkapital erhöht.
(2) (aufgehoben)

§ 212 Aus der Kapitalerhöhung Berechtigte

Die neuen Aktien stehen den Aktionären im Verhältnis ihrer Anteile am bisherigen Grundkapital zu. Ein entgegenstehender Beschluß der Hauptversammlung ist nichtig.

§ 213 Teilrechte

(1) Führt die Kapitalerhöhung dazu, daß auf einen Anteil am bisherigen Grundkapital nur ein Teil einer neuen Aktie entfällt, so ist dieses Teilrecht selbständig veräußerlich und vererblich.

(2) Die Rechte aus einer neuen Aktie einschließlich des Anspruchs auf Ausstellung einer Aktienurkunde können nur ausgeübt werden, wenn Teilrechte, die zusammen eine volle Aktie ergeben, in einer Hand vereinigt sind oder wenn sich mehrere Berechtigte, deren Teilrechte zusammen eine volle Aktie ergeben, zur Ausübung der Rechte zusammenschließen.

§ 214 Aufforderung an die Aktionäre

(1) Nach der Eintragung des Beschlusses über die Erhöhung des Grundkapitals hat der Vorstand unverzüglich die Aktionäre aufzufordern, die neuen Aktien abzuholen. Die Aufforderung ist in den Gesellschaftsblättern bekanntzumachen. In der Bekanntmachung ist anzugeben,

1. um welchen Betrag das Grundkapital erhöht worden ist,
2. in welchem Verhältnis auf die alten Aktien neue Aktien entfallen.

In der Bekanntmachung ist ferner darauf hinzuweisen, daß die Gesellschaft berechtigt ist, Aktien, die nicht innerhalb eines Jahres seit der Bekanntmachung der Aufforderung abgeholt werden, nach dreimaliger Androhung für Rechnung der Beteiligten zu verkaufen.

(2) Nach Ablauf eines Jahres seit der Bekanntmachung der Aufforderung hat die Gesellschaft den Verkauf der nicht abgeholten Aktien anzudrohen. Die Androhung ist dreimal in Abständen von mindestens einem Monat in den Gesellschaftsblättern bekanntzumachen. Die letzte Bekanntmachung muß vor dem Ablauf von achtzehn Monaten seit der Bekanntmachung der Aufforderung ergehen.

(3) Nach Ablauf eines Jahres seit der letzten Bekanntmachung der Androhung hat die Gesellschaft die nicht abgeholten Aktien für Rechnung der Beteiligten zum amtlichen Börsenpreis durch Vermittlung eines Kursmaklers und beim Fehlen eines Börsenpreises durch öffentliche Versteigerung zu verkaufen. § 226 Abs. 3 Satz 2 bis 6 gilt sinngemäß.

(4) Die Absätze 1 bis 3 gelten sinngemäß für Gesellschaften, die keine Aktienurkunden ausgegeben haben. Die Gesellschaften haben die Aktionäre aufzufordern, sich die neuen Aktien zuteilen zu lassen.

§ 215 Eigene Aktien. Teileingezahlte Aktien

(1) Eigene Aktien nehmen an der Erhöhung des Grundkapitals teil.

(2) Teileingezahlte Aktien nehmen entsprechend ihrem Nennbetrag an der Erhöhung des Grundkapitals teil. Bei ihnen kann die Kapitalerhöhung nur durch Erhöhung des Nennbetrags der Aktien ausgeführt werden. Sind neben teileingezahlten Aktien volleingezahlte Aktien vorhanden, so kann bei diesen die Kapitalerhöhung durch Erhöhung des Nennbetrags der Aktien und durch Ausgabe neuer Aktien ausgeführt werden; der Beschluß über die Erhöhung des Grundkapitals muß die Art der Erhöhung angeben. Soweit die Kapitalerhöhung durch Erhöhung des Nennbetrags der Aktien ausgeführt wird, ist sie so zu bemessen, daß durch sie auf keine Aktie Beträge entfallen, die durch eine Erhöhung des Nennbetrags der Aktien nicht gedeckt werden können.

§ 216 Wahrung der Rechte der Aktionäre und Dritter

(1) Das Verhältnis der mit den Aktien verbundenen Rechte zueinander wird durch die Kapitalerhöhung nicht berührt. Die Ausgabe neuer Mehrstimmrechtsaktien und die Erhöhung des Stimmrechts von Mehrstimmrechtsaktien auf Grund des Satzes 1 bedürfen keiner Zulassung nach § 12 Abs. 2 Satz 2.

(2) Soweit sich einzelne Rechte teileingezahlter Aktien, insbesondere die Beteiligung am Gewinn oder das Stimmrecht, nach der auf die Aktie geleisteten Einlage bestimmen, stehen diese Rechte den Aktionären bis zur Leistung der noch ausstehenden Einlagen nur nach der Höhe der geleisteten Einlage, erhöht um den auf den Nennbetrag des Grundkapitals berechneten Hundertsatz der Erhöhung des Grundkapitals zu. Werden weitere Einzahlungen

geleistet, so erweitern sich diese Rechte entsprechend. Im Fall des § 271 Abs. 3 gelten die Erhöhungsbeträge als voll eingezahlt.

(3) Der wirtschaftliche Inhalt vertraglicher Beziehungen der Gesellschaft zu Dritten, die von der Gewinnausschüttung der Gesellschaft, dem Nennbetrag oder Wert ihrer Aktien oder ihres Grundkapitals oder sonst von den bisherigen Kapital- oder Gewinnverhältnissen abhängen, wird durch die Kapitalerhöhung nicht berührt. Gleiches gilt für Nebenverpflichtungen der Aktionäre.

§ 217 Beginn der Gewinnbeteiligung

(1) Die neuen Aktien nehmen, wenn nichts anderes bestimmt ist, am Gewinn des ganzen Geschäftsjahrs teil, in dem die Erhöhung des Grundkapitals beschlossen worden ist.

(2) Im Beschluß über die Erhöhung des Grundkapitals kann bestimmt werden, daß die neuen Aktien bereits am Gewinn des letzten vor der Beschlußfassung über die Kapitalerhöhung abgelaufenen Geschäftsjahrs teilnehmen. In diesem Fall ist die Erhöhung des Grundkapitals zu beschließen, bevor über die Verwendung des Bilanzgewinns des letzten vor der Beschlußfassung abgelaufenen Geschäftsjahrs Beschluß gefaßt ist. Der Beschluß über die Verwendung des Bilanzgewinns des letzten vor der Beschlußfassung über die Kapitalerhöhung abgelaufenen Geschäftsjahrs wird erst wirksam, wenn das Grundkapital erhöht ist. Der Beschluß über die Erhöhung des Grundkapitals und der Beschluß über die Verwendung des Bilanzgewinns des letzten vor der Beschlußfassung über die Kapitalerhöhung abgelaufenen Geschäftsjahrs sind nichtig, wenn der Beschluß über die Kapitalerhöhung nicht binnen drei Monaten nach der Beschlußfassung in das Handelsregister eingetragen worden ist. Der Lauf der Frist ist gehemmt, solange eine Anfechtungs- oder Nichtigkeitsklage rechtshängig ist oder eine zur Kapitalerhöhung beantragte staatliche Genehmigung noch nicht erteilt ist.

§ 218 Bedingtes Kapital

Bedingtes Kapital erhöht sich im gleichen Verhältnis wie das Grundkapital. Ist das bedingte Kapital zur Gewährung von Umtauschrechten an Gläubiger von Wandelschuldverschreibungen beschlossen worden, so ist zur Deckung des Unterschieds zwischen dem Ausgabebetrag der Schuldverschreibungen und dem höheren Gesamtnennbetrag der für sie zu gewährenden Bezugsaktien eine Sonderrücklage zu bilden, soweit nicht Zuzahlungen der Umtauschberechtigten vereinbart sind.

§ 219 Verbotene Ausgabe von Aktien und Zwischenscheinen

Vor der Eintragung des Beschlusses über die Erhöhung des Grundkapitals in das Handelsregister dürfen neue Aktien und Zwischenscheine nicht ausgegeben werden.

§ 220 Wertansätze

Als Anschaffungskosten der vor der Erhöhung des Grundkapitals erworbenen Aktien und der auf sie entfallenen neuen Aktien gelten die Beträge, die sich für die einzelnen Aktien ergeben, wenn die Anschaffungskosten der vor der Erhöhung des Grundkapitals erworbenen Aktien auf diese und auf die auf sie entfallenen neuen Aktien nach dem Verhältnis der Nennbeträge verteilt werden. Der Zuwachs an Aktien ist nicht als Zugang auszuweisen.

Fünfter Unterabschnitt

Wandelschuldverschreibungen. Gewinnschuldverschreibungen

§ 221

(1) Schuldverschreibungen, bei denen den Gläubigern ein Umtausch- oder Bezugsrecht auf Aktien eingeräumt wird (Wandelschuldverschreibungen), und Schuldverschreibungen, bei denen die Rechte der Gläubiger mit Gewinnanteilen von Aktionären in Verbindung gebracht werden (Gewinnschuldverschreibungen), dürfen nur auf Grund eines Beschlusses

der Hauptversammlung ausgegeben werden. Der Beschluß bedarf einer Mehrheit, die mindestens drei Viertel des bei der Beschlußfassung vertretenen Grundkapitals umfaßt. Die Satzung kann eine andere Kapitalmehrheit und weitere Erfordernisse bestimmen. § 182 Abs. 2 gilt.

(2) Eine Ermächtigung des Vorstandes zur Ausgabe von Wandelschuldverschreibungen kann höchstens für fünf Jahre erteilt werden. Der Vorstand und der Vorsitzende des Aufsichtsrats haben den Beschluß über die Ausgabe der Wandelschuldverschreibungen sowie eine Erklärung über deren Ausgabe beim Handelsregister zu hinterlegen. Ein Hinweis auf den Beschluß und die Erklärung ist in den Gesellschaftsblättern bekanntzumachen.

(3) Absatz 1 gilt sinngemäß für die Gewährung von Genußrechten.

(4) Auf Wandelschuldverschreibungen, Gewinnschuldverschreibungen und Genußrechte haben die Aktionäre ein Bezugsrecht. § 186 gilt sinngemäß.

Dritter Abschnitt

Maßnahmen der Kapitalherabsetzung

Erster Unterabschnitt

Ordentliche Kapitalherabsetzung

§ 222 Voraussetzungen

(1) Eine Herabsetzung des Grundkapitals kann nur mit einer Mehrheit beschlossen werden, die mindestens drei Viertel des bei der Beschlußfassung vertretenen Grundkapitals umfaßt. Die Satzung kann eine größere Kapitalmehrheit und weitere Erfordernisse bestimmen.

(2) Sind mehrere Gattungen von stimmberechtigten Aktien vorhanden, so bedarf der Beschluß der Hauptversammlung zu seiner Wirksamkeit der Zustimmung der Aktionäre jeder Gattung. Über die Zustimmung haben die Aktionäre jeder Gattung einen Sonderbeschluß zu fassen. Für diesen gilt Absatz 1.

(3) In dem Beschluß ist festzusetzen, zu welchem Zweck die Herabsetzung stattfindet, namentlich ob Teile des Grundkapitals zurückgezahlt werden sollen.

(4) Das Grundkapital kann herabgesetzt werden

1. durch Herabsetzung des Nennbetrags der Aktien;
2. durch Zusammenlegung der Aktien; diese ist nur zulässig, soweit der Mindestnennbetrag für Aktien nicht innegehalten werden kann.

Der Beschluß muß die Art der Herabsetzung angeben.

§ 223 Anmeldung des Beschlusses

Der Vorstand und der Vorsitzende des Aufsichtsrats haben den Beschluß über die Herabsetzung des Grundkapitals zur Eintragung in das Handelsregister anzumelden.

§ 224 Wirksamwerden der Kapitalherabsetzung

Mit der Eintragung des Beschlusses über die Herabsetzung des Grundkapitals ist das Grundkapital herabgesetzt.

§ 225 Gläubigerschutz

(1) Den Gläubigern, deren Forderungen begründet worden sind, bevor die Eintragung des Beschlusses bekanntgemacht worden ist, ist, wenn sie sich binnen sechs Monaten nach der Bekanntmachung zu diesem Zweck melden, Sicherheit zu leisten, soweit sie nicht Befriedigung verlangen können. Die Gläubiger sind in der Bekanntmachung der Eintragung auf dieses Recht hinzuweisen. Das Recht, Sicherheitsleistung zu verlangen, steht Gläubigern nicht zu, die im Fall des Konkurses ein Recht auf vorzugsweise

Befriedigung aus einer Deckungsmasse haben, die nach gesetzlicher Vorschrift zu ihrem Schutz errichtet und staatlich überwacht ist.

(2) Zahlungen an die Aktionäre dürfen auf Grund der Herabsetzung des Grundkapitals erst geleistet werden, nachdem seit der Bekanntmachung der Eintragung sechs Monate verstrichen sind und nachdem den Gläubigern, die sich rechtzeitig gemeldet haben, Befriedigung oder Sicherheit gewährt worden ist. Auch eine Befreiung der Aktionäre von der Verpflichtung zur Leistung von Einlagen wird nicht vor dem bezeichneten Zeitpunkt und nicht vor Befriedigung oder Sicherstellung der Gläubiger wirksam, die sich rechtzeitig gemeldet haben.

(3) Das Recht der Gläubiger, Sicherheitsleistung zu verlangen, ist unabhängig davon, ob Zahlungen an die Aktionäre auf Grund der Herabsetzung des Grundkapitals geleistet werden.

§ 226 Kraftloserklärung von Aktien

(1) Sollen zur Durchführung der Herabsetzung des Grundkapitals Aktien durch Umtausch, Abstempelung oder durch ein ähnliches Verfahren zusammengelegt werden, so kann die Gesellschaft die Aktien für kraftlos erklären, die trotz Aufforderung nicht bei ihr eingereicht worden sind. Gleiches gilt für eingereichte Aktien, welche die zum Ersatz durch neue Aktien nötige Zahl nicht erreichen und der Gesellschaft nicht zur Verwertung für Rechnung der Beteiligten zur Verfügung gestellt sind.

(2) Die Aufforderung, die Aktien einzureichen, hat die Kraftloserklärung anzudrohen. Die Kraftloserklärung kann nur erfolgen, wenn die Aufforderung in der in § 64 Abs. 2 für die Nachfrist vorgeschriebenen Weise bekanntgemacht worden ist. Die Kraftloserklärung geschieht durch Bekanntmachung in den Gesellschaftsblättern. In der Bekanntmachung sind die für kraftlos erklärten Aktien so zu bezeichnen, daß sich aus der Bekanntmachung ohne weiteres ergibt, ob eine Aktie für kraftlos erklärt ist.

(3) Die neuen Aktien, die an Stelle der für kraftlos erklärten Aktien auszugeben sind, hat die Gesellschaft unverzüglich für Rechnung der Beteiligten zum amtlichen Börsenpreis durch Vermittlung eines Kursmaklers und beim Fehlen eines Börsenpreises durch öffentliche Versteigerung zu verkaufen. Ist von der Versteigerung am Sitz der Gesellschaft kein angemessener Erfolg zu erwarten, so sind die Aktien an einem geeigneten Ort zu verkaufen. Zeit, Ort und Gegenstand der Versteigerung sind öffentlich bekanntzumachen. Die Beteiligten sind besonders zu benachrichtigen; die Benachrichtigung kann unterbleiben, wenn sie untunlich ist. Bekanntmachung und Benachrichtigung müssen mindestens zwei Wochen vor der Versteigerung ergehen. Der Erlös ist den Beteiligten auszuzahlen oder, wenn ein Recht zur Hinterlegung besteht, zu hinterlegen.

§ 227 Anmeldung der Durchführung

(1) Der Vorstand hat die Durchführung der Herabsetzung des Grundkapitals zur Eintragung in das Handelsregister anzumelden.

(2) Anmeldung und Eintragung der Durchführung der Herabsetzung des Grundkapitals können mit Anmeldung und Eintragung des Beschlusses über die Herabsetzung verbunden werden.

§ 228 Herabsetzung unter den Mindestnennbetrag

(1) Das Grundkapital kann unter den in § 7 bestimmten Mindestnennbetrag herabgesetzt werden, wenn dieser durch eine Kapitalerhöhung wieder erreicht wird, die zugleich mit der Kapitalherabsetzung beschlossen ist und bei der Sacheinlagen nicht festgesetzt sind.

(2) Die Beschlüsse sind nichtig, wenn sie und die Durchführung der Erhöhung nicht binnen sechs Monaten nach der Beschlußfassung in das Handelsregister eingetragen worden

sind. Der Lauf der Frist ist gehemmt, solange eine Anfechtungs- oder Nichtigkeitsklage rechtshängig ist oder eine zur Kapitalherabsetzung oder Kapitalerhöhung beantragte staatliche Genehmigung noch nicht erteilt ist. Die Beschlüsse und die Durchführung der Erhöhung des Grundkapitals sollen nur zusammen in das Handelsregister eingetragen werden.

Zweiter Unterabschnitt

Vereinfachte Kapitalherabsetzung

§ 229 Voraussetzungen

(1) Eine Herabsetzung des Grundkapitals, die dazu dienen soll, Wertminderungen auszugleichen, sonstige Verluste zu decken oder Beträge in die Kapitalrücklage einzustellen, kann in vereinfachter Form vorgenommen werden. Im Beschluß ist festzusetzen, daß die Herabsetzung zu diesen Zwecken stattfindet.

(2) Die vereinfachte Kapitalherabsetzung ist nur zulässig, nachdem der Teil der gesetzlichen Rücklage und der Kapitalrücklage, um den diese zusammen über zehn vom Hundert des nach der Herabsetzung verbleibenden Grundkapitals hinausgehen, sowie die Gewinnrücklagen vorweg aufgelöst sind. Sie ist nicht zulässig, solange ein Gewinnvortrag vorhanden ist.

(3) § 222 Abs. 1, 2 und 4, §§ 223, 224, 226 bis 228 über die ordentliche Kapitalherabsetzung gelten sinngemäß.

§ 230 Verbot von Zahlungen an die Aktionäre

Die Beträge, die aus der Auflösung der Kapital- oder Gewinnrücklagen und aus der Kapitalherabsetzung gewonnen werden, dürfen nicht zu Zahlungen an die Aktionäre und nicht dazu verwandt werden, die Aktionäre von der Verpflichtung zur Leistung von Einlagen zu befreien. Sie dürfen nur verwandt werden, um Wertminderungen auszugleichen, sonstige Verluste zu decken und Beträge in die Kapitalrücklage oder in die gesetzliche Rücklage einzustellen. Auch eine Verwendung zu einem dieser Zwecke ist nur zulässig, soweit sie im Beschluß als Zweck der Herabsetzung angegeben ist.

§ 231 Beschränkte Einstellung in die Kapitalrücklage und in die gesetzliche Rücklage

Die Einstellung der Beträge, die aus der Auflösung von anderen Gewinnrücklagen gewonnen werden, in die gesetzliche Rücklage und der Beträge, die aus der Kapitalherabsetzung gewonnen werden, in die Kapitalrücklage ist nur zulässig, soweit die Kapitalrücklage und die gesetzliche Rücklage zusammen zehn vom Hundert des Grundkapitals nicht übersteigen. Als Grundkapital gilt dabei der Nennbetrag, der sich durch die Herabsetzung ergibt, mindestens aber der in § 7 bestimmte Mindestnennbetrag. Bei der Bemessung der zulässigen Höhe bleiben Beträge, die in der Zeit nach der Beschlußfassung über die Kapitalherabsetzung in die Kapitalrücklage einzustellen sind, auch dann außer Betracht, wenn ihre Zahlung auf einem Beschluß beruht, der zugleich mit dem Beschluß über die Kapitalherabsetzung gefaßt wird.

§ 232 Einstellung von Beträgen in die Kapitalrücklage bei zu hoch angenommenen Verlusten

Ergibt sich bei Aufstellung der Jahresbilanz für das Geschäftsjahr, in dem der Beschluß über die Kapitalherabsetzung gefaßt wurde, oder für eines der beiden folgenden Geschäftsjahre, daß Wertminderungen und sonstige Verluste in der bei der Beschlußfassung angenommenen Höhe tatsächlich nicht eingetreten oder ausgeglichen waren, so ist der Unterschiedsbetrag in die Kapitalrücklage einzustellen.

§ 233 Gewinnausschüttung. Gläubigerschutz

(1) Gewinn darf nicht ausgeschüttet werden, bevor die gesetzliche Rücklage und die Kapitalrücklage zusammen zehn vom Hundert des Grundkapitals erreicht haben. Als Grundkapital gilt dabei der Nennbetrag, der sich durch die Herabsetzung ergibt, mindestens aber der in § 7 bestimmte Mindestnennbetrag.

(2) Die Zahlung eines Gewinnanteils von mehr als vier vom Hundert ist erst für ein Geschäftsjahr zulässig, das später als zwei Jahre nach der Beschlußfassung über die Kapitalherabsetzung beginnt. Dies gilt nicht, wenn die Gläubiger, deren Forderungen vor der Bekanntmachung der Eintragung des Beschlusses begründet worden waren, befriedigt oder sichergestellt sind, soweit sie sich binnen sechs Monaten nach der Bekanntmachung des Jahresabschlusses, auf Grund dessen die Gewinnverteilung beschlossen ist, zu diesem Zweck gemeldet haben. Einer Sicherstellung der Gläubiger bedarf es nicht, die im Fall des Konkurses ein Recht auf vorzugsweise Befriedigung aus einer Deckungsmasse haben, die nach gesetzlicher Vorschrift zu ihrem Schutz errichtet und staatlich überwacht ist. Die Gläubiger sind in der Bekanntmachung nach § 325 Abs. 1 Satz 2 oder Abs. 2 Satz 1 des Handelsgesetzbuchs auf die Befriedigung oder Sicherstellung hinzuweisen.

(3) Die Beträge, die aus der Auflösung von Kapital- und Gewinnrücklagen und aus der Kapitalherabsetzung gewonnen sind, dürfen auch nach diesen Vorschriften nicht als Gewinn ausgeschüttet werden.

§ 234 Rückwirkung der Kapitalherabsetzung

(1) Im Jahresabschluß für das letzte vor der Beschlußfassung über die Kapitalherabsetzung abgelaufene Geschäftsjahr können das gezeichnete Kapital sowie die Kapital- und Gewinnrücklagen in der Höhe ausgewiesen werden, in der sie nach der Kapitalherabsetzung bestehen sollen.

(2) In diesem Fall beschließt die Hauptversammlung über die Feststellung des Jahresabschlusses. Der Beschluß soll zugleich mit dem Beschluß über die Kapitalherabsetzung gefaßt werden.

(3) Die Beschlüsse sind nichtig, wenn der Beschluß über die Kapitalherabsetzung nicht binnen drei Monaten nach der Beschlußfassung in das Handelsregister eingetragen worden ist. Der Lauf der Frist ist gehemmt, solange eine Anfechtungs- oder Nichtigkeitsklage rechtshängig ist oder eine zur Kapitalherabsetzung beantragte staatliche Genehmigung noch nicht erteilt ist.

§ 235 Rückwirkung einer gleichzeitigen Kapitalerhöhung

(1) Wird im Fall des § 234 zugleich mit der Kapitalherabsetzung eine Erhöhung des Grundkapitals beschlossen, so kann auch die Kapitalerhöhung in dem Jahresabschluß als vollzogen berücksichtigt werden. Die Beschlußfassung ist nur zulässig, wenn die neuen Aktien gezeichnet, keine Sacheinlagen festgesetzt sind und wenn auf jede Aktie die Einzahlung geleistet ist, die nach § 188 Abs. 2 zur Zeit der Anmeldung der Durchführung der Kapitalerhöhung bewirkt sein muß. Die Zeichnung und die Einzahlung sind dem Notar nachzuweisen, der den Beschluß über die Erhöhung des Grundkapitals beurkundet.

(2) Sämtliche Beschlüsse sind nichtig, wenn die Beschlüsse über die Kapitalherabsetzung und die Kapitalerhöhung und die Durchführung der Erhöhung nicht binnen drei Monaten nach der Beschlußfassung in das Handelsregister eingetragen worden sind. Der Lauf der Frist ist gehemmt, solange eine Anfechtungs- oder Nichtigkeitsklage rechtshängig ist oder eine zur Kapitalherabsetzung oder Kapitalerhöhung beantragte staatliche Genehmigung noch nicht erteilt ist. Die Beschlüsse und die Durchführung der Erhöhung des Grundkapitals sollen nur zusammen in das Handelsregister eingetragen werden.

§ 236 Offenlegung

Die Offenlegung des Jahresabschlusses nach § 325 des Handelsgesetzbuchs darf im Fall des § 234 erst nach Eintragung des Beschlusses über die Kapitalherabsetzung, im Fall des § 235 erst ergehen, nachdem die Beschlüsse über die Kapitalherabsetzung und Kapitalerhöhung und die Durchführung der Kapitalerhöhung eingetragen worden sind.

Dritter Unterabschnitt

Kapitalherabsetzung durch Einziehung von Aktien

§ 237 Voraussetzungen

(1) Aktien können zwangsweise oder nach Erwerb durch die Gesellschaft eingezogen werden. Eine Zwangseinziehung ist nur zulässig, wenn sie in der ursprünglichen Satzung oder durch eine Satzungsänderung vor Übernahme oder Zeichnung der Aktien angeordnet oder gestattet war.

(2) Bei der Einziehung sind die Vorschriften über die ordentliche Kapitalherabsetzung zu befolgen. In der Satzung oder in dem Beschluß der Hauptversammlung sind die Voraussetzungen für eine Zwangseinziehung und die Einzelheiten ihrer Durchführung festzulegen. Für die Zahlung des Entgelts, das Aktionären bei einer Zwangseinziehung oder bei einem Erwerb von Aktien zum Zwecke der Einziehung gewährt wird, und für die Befreiung dieser Aktionäre von der Verpflichtung zur Leistung von Einlagen gilt § 225 Abs. 2 sinngemäß.

(3) Die Vorschriften über die ordentliche Kapitalherabsetzung brauchen nicht befolgt zu werden, wenn Aktien, auf die der Nennbetrag oder der höhere Ausgabebetrag voll geleistet ist,

1. der Gesellschaft unentgeltlich zur Verfügung gestellt oder
2. zu Lasten des Bilanzgewinns oder einer anderen Gewinnrücklage, soweit sie zu diesem Zweck verwandt werden können, eingezogen werden.

(4) Auch in den Fällen des Absatzes 3 kann die Kapitalherabsetzung durch Einziehung nur von der Hauptversammlung beschlossen werden. Für den Beschluß genügt die einfache Stimmenmehrheit. Die Satzung kann eine größere Mehrheit und weitere Erfordernisse bestimmen. Im Beschluß ist der Zweck der Kapitalherabsetzung festzusetzen. Der Vorstand und der Vorsitzende des Aufsichtsrats haben den Beschluß zur Eintragung in das Handelsregister anzumelden.

(5) In den Fällen des Absatzes 3 ist in die Kapitalrücklage ein Betrag einzustellen, der dem Gesamtnennbetrag der eingezogenen Aktien gleichkommt.

(6) Soweit es sich um eine durch die Satzung angeordnete Zwangseinziehung handelt, bedarf es eines Beschlusses der Hauptversammlung nicht. In diesem Fall tritt für die Anwendung der Vorschriften über die ordentliche Kapitalherabsetzung an die Stelle des Hauptversammlungsbeschlusses die Entscheidung des Vorstands über die Einziehung.

§ 238 Wirksamwerden der Kapitalherabsetzung

Mit der Eintragung des Beschlusses oder, wenn die Einziehung nachfolgt, mit der Einziehung ist das Grundkapital um den Gesamtnennbetrag der eingezogenen Aktien herabgesetzt. Handelt es sich um eine durch die Satzung angeordnete Zwangseinziehung, so ist, wenn die Hauptversammlung nicht über die Kapitalherabsetzung beschließt, das Grundkapital mit der Zwangseinziehung herabgesetzt. Zur Einziehung bedarf es einer Handlung der Gesellschaft, die auf Vernichtung der Rechte aus bestimmten Aktien gerichtet ist.

§ 239 Anmeldung der Durchführung

(1) Der Vorstand hat die Durchführung der Herabsetzung des Grundkapitals zur Eintragung in das Handelsregister anzumelden. Dies gilt auch dann, wenn es sich um eine durch die Satzung angeordnete Zwangseinziehung handelt.

(2) Anmeldung und Eintragung der Durchführung der Herabsetzung können mit Anmeldung und Eintragung des Beschlusses über die Herabsetzung verbunden werden.

Vierter Unterabschnitt

Ausweis der Kapitalherabsetzung

§ 240

Der aus der Kapitalherabsetzung gewonnene Betrag ist in der Gewinn- und Verlustrechnung als »Ertrag aus der Kapitalherabsetzung« gesondert, und zwar hinter dem Posten »Entnahmen aus Gewinnrücklagen«, auszuweisen. Eine Einstellung in die Kapitalrücklage nach § 229 Abs. 1 und § 232 ist als »Einstellung in die gesetzliche Rücklage nach den Vorschriften über die vereinfachte Kapitalherabsetzung« gesondert auszuweisen. Im Anhang ist zu erläutern, ob und in welcher Höhe die aus der Kapitalherabsetzung und aus der Auflösung von Gewinnrücklagen gewonnenen Beträge

1. zum Ausgleich von Wertminderungen,
2. zur Deckung von sonstigen Verlusten oder
3. zur Einstellung in die Kapitalrücklage

verwandt werden.

Siebenter Teil

Nichtigkeit von Hauptversammlungsbeschlüssen und des festgestellten Jahresabschlusses. Sonderprüfung wegen unzulässiger Unterbewertung

Erster Abschnitt

Nichtigkeit von Hauptversammlungsbeschlüssen

Erster Unterabschnitt

Allgemeines

§ 241 Nichtigkeitsgründe

Ein Beschluß der Hauptversammlung ist außer in den Fällen des § 192 Abs. 4, §§ 212, 217 Abs. 2, § 228 Abs. 2, § 234 Abs. 3 und § 235 Abs. 2 nur dann nichtig, wenn er

1. in einer Hauptversammlung gefaßt worden ist, die unter Verstoß gegen § 121 Abs. 2 und 3 oder 4 einberufen war,
2. nicht nach § 130 Abs. 1, 2 und 4 beurkundet ist,
3. mit dem Wesen der Aktiengesellschaft nicht zu vereinbaren ist oder durch seinen Inhalt Vorschriften verletzt, die ausschließlich oder überwiegend zum Schutze der Gläubiger der Gesellschaft oder sonst im öffentlichen Interesse gegeben sind,
4. durch seinen Inhalt gegen die guten Sitten verstößt,
5. auf Anfechtungsklage durch Urteil rechtskräftig für nichtig erklärt worden ist,
6. nach § 144 Abs. 2 des Gesetzes über die Angelegenheiten der freiwilligen Gerichtsbarkeit auf Grund rechtskräftiger Entscheidung als nichtig gelöscht worden ist.

§ 242 Heilung der Nichtigkeit

(1) Die Nichtigkeit eines Hauptversammlungsbeschlusses, der entgegen § 130 Abs. 1, 2 und 4 nicht oder nicht gehörig beurkundet worden ist, kann nicht mehr geltend gemacht werden, wenn der Beschluß in das Handelsregister eingetragen worden ist.

(2) Ist ein Hauptversammlungsbeschluß nach § 241 Nr. 1, 3 oder 4 nichtig, so kann die Nichtigkeit nicht mehr geltend gemacht werden, wenn der Beschluß in das Handelsregister eingetragen worden ist und seitdem drei Jahre verstrichen sind. Ist bei Ablauf der Frist eine Klage auf Feststellung der Nichtigkeit des Hauptversammlungsbeschlusses rechtshängig, so verlängert sich die Frist, bis über die Klage rechtskräftig entschieden ist oder sie sich auf andere Weise endgültig erledigt hat. Eine Löschung des Beschlusses von Amts wegen nach § 144 Abs. 2 des Gesetzes über die Angelegenheiten der freiwilligen Gerichtsbarkeit wird durch den Zeitablauf nicht ausgeschlossen. Ist ein Hauptversammlungsbeschluß wegen Verstoßes gegen § 121 Abs. 4 nach § 241 Nr. 1 nichtig, so kann die Nichtigkeit auch dann nicht mehr geltend gemacht werden, wenn der nicht geladene Aktionär den Beschluß genehmigt.
(3) Absatz 2 gilt entsprechend, wenn in den Fällen des § 217 Abs. 2, § 228 Abs. 2, § 234 Abs. 3 und § 235 Abs. 2 die erforderlichen Eintragungen nicht fristgemäß vorgenommen worden sind.

§ 243 Anfechtungsgründe

(1) Ein Beschluß der Hauptversammlung kann wegen Verletzung des Gesetzes oder der Satzung durch Klage angefochten werden.
(2) Die Anfechtung kann auch darauf gestützt werden, daß ein Aktionär mit der Ausübung des Stimmrechts für sich oder einen Dritten Sondervorteile zum Schaden der Gesellschaft oder der anderen Aktionäre zu erlangen suchte und der Beschluß geeignet ist, diesem Zweck zu dienen. Dies gilt nicht, wenn der Beschluß den anderen Aktionären einen angemessenen Ausgleich für ihren Schaden gewährt.
(3) Auf eine Verletzung des § 128 kann die Anfechtung nicht gestützt werden.
(4) Für eine Anfechtung, die auf die Verweigerung einer Auskunft gestützt wird, ist es unerheblich, daß die Hauptversammlung oder Aktionäre erklärt haben oder erklären, die Verweigerung der Auskunft habe ihre Beschlußfassung nicht beeinflußt.

§ 244 Bestätigung anfechtbarer Hauptversammlungsbeschlüsse

Die Anfechtung kann nicht mehr geltend gemacht werden, wenn die Hauptversammlung den anfechtbaren Beschluß durch einen neuen Beschluß bestätigt hat und dieser Beschluß innerhalb der Anfechtungsfrist nicht angefochten oder die Anfechtung rechtskräftig zurückgewiesen worden ist. Hat der Kläger ein rechtliches Interesse, daß der anfechtbare Beschluß für die Zeit bis zum Bestätigungsbeschluß für nichtig erklärt wird, so kann er die Anfechtung weiterhin mit dem Ziel geltend machen, den anfechtbaren Beschluß für diese Zeit für nichtig zu erklären.

§ 245 Anfechtungsbefugnis

Zur Anfechtung ist befugt

1. jeder in der Hauptversammlung erschienene Aktionär, wenn er gegen den Beschluß Widerspruch zur Niederschrift erklärt hat;
2. jeder in der Hauptversammlung nicht erschienene Aktionär, wenn er zu der Hauptversammlung zu Unrecht nicht zugelassen worden ist oder die Versammlung nicht ordnungsgemäß einberufen oder der Gegenstand der Beschlußfassung nicht ordnungsgemäß bekanntgemacht worden ist;
3. im Fall des § 243 Abs. 2 jeder Aktionär;
4. der Vorstand;
5. jedes Mitglied des Vorstands und des Aufsichtsrats, wenn durch die Ausführung des Beschlusses Mitglieder des Vorstands oder des Aufsichtsrats eine strafbare Handlung oder eine Ordnungswidrigkeit begehen oder wenn sie ersatzpflichtig werden würden.

§ 246 Anfechtungsklage

(1) Die Klage muß innerhalb eines Monats nach der Beschlußfassung erhoben werden.

(2) Die Klage ist gegen die Gesellschaft zu richten. Die Gesellschaft wird durch Vorstand und Aufsichtsrat vertreten. Klagt der Vorstand oder ein Vorstandsmitglied, wird die Gesellschaft durch den Aufsichtsrat, klagt ein Aufsichtsratsmitglied, wird sie durch den Vorstand vertreten.

(3) Zuständig für die Klage ist ausschließlich das Landgericht, in dessen Bezirk die Gesellschaft ihren Sitz hat. Die mündliche Verhandlung findet nicht vor Ablauf der Monatsfrist des Absatzes 1 statt. Mehrere Anfechtungsprozesse sind zur gleichzeitigen Verhandlung und Entscheidung zu verbinden.

(4) Der Vorstand hat die Erhebung der Klage und den Termin zur mündlichen Verhandlung unverzüglich in den Gesellschaftsblättern bekanntzumachen.

§ 247 Streitwert

(1) Den Streitwert bestimmt das Prozeßgericht unter Berücksichtigung aller Umstände des einzelnen Falles, insbesondere der Bedeutung der Sache für die Parteien, nach billigem Ermessen. Er darf jedoch ein Zehntel des Grundkapitals oder, wenn dieses Zehntel mehr als eine Million Deutsche Mark beträgt, eine Million Deutsche Mark nur insoweit übersteigen, als die Bedeutung der Sache für den Kläger höher zu bewerten ist.

(2) Macht eine Partei glaubhaft, daß die Belastung mit den Prozeßkosten nach dem gemäß Absatz 1 bestimmten Streitwert ihre wirtschaftliche Lage erheblich gefährden würde, so kann das Prozeßgericht auf ihren Antrag anordnen, daß ihre Verpflichtung zur Zahlung von Gerichtskosten sich nach einem ihrer Wirtschaftslage angepaßten Teil des Streitwerts bemißt. Die Anordnung hat zur Folge, daß die begünstigte Partei die Gebühren ihres Rechtsanwalts ebenfalls nur nach diesem Teil des Streitwerts zu entrichten hat. Soweit ihr Kosten des Rechtsstreits auferlegt werden oder soweit sie diese übernimmt, hat sie die von dem Gegner entrichteten Gerichtsgebühren und die Gebühren seines Rechtsanwalts nur nach dem Teil des Streitwerts zu erstatten. Soweit die außergerichtlichen Kosten dem Gegner auferlegt oder von ihm übernommen werden, kann der Rechtsanwalt der begünstigten Partei seine Gebühren von dem Gegner nach dem für diesen geltenden Streitwert beitreiben.

(3) Der Antrag nach Absatz 2 kann vor der Geschäftsstelle des Prozeßgerichts zur Niederschrift erklärt werden. Er ist vor der Verhandlung zur Hauptsache anzubringen. Später ist er nur zulässig, wenn der angenommene oder festgesetzte Streitwert durch das Prozeßgericht heraufgesetzt wird. Vor der Entscheidung über den Antrag ist der Gegner zu hören.

§ 248 Urteilswirkung

(1) Soweit der Beschluß durch rechtskräftiges Urteil für nichtig erklärt ist, wirkt das Urteil für und gegen alle Aktionäre sowie die Mitglieder des Vorstands und des Aufsichtsrats, auch wenn sie nicht Partei sind. Der Vorstand hat das Urteil unverzüglich zum Handelsregister einzureichen. War der Beschluß in das Handelsregister eingetragen, so ist auch das Urteil einzutragen. Die Eintragung des Urteils ist in gleicher Weise wie die des Beschlusses bekanntzumachen.

(2) Hatte der Beschluß eine Satzungsänderung zum Inhalt, so ist mit dem Urteil der vollständige Wortlaut der Satzung, wie er sich unter Berücksichtigung des Urteils und aller bisherigen Satzungsänderungen ergibt, mit der Bescheinigung eines Notars über diese Tatsache zum Handelsregister einzureichen.

§ 249 Nichtigkeitsklage

(1) Erhebt ein Aktionär, der Vorstand oder ein Mitglied des Vorstands oder des Aufsichtsrats Klage auf Feststellung der Nichtigkeit eines Hauptversammlungsbeschlusses gegen die Gesellschaft, so gelten § 246 Abs. 2, Abs. 3 Satz 1, Abs. 4, §§ 247 und 248 singgemäß. Es ist nicht ausgeschlossen, die Nichtigkeit auf andere Weise als durch Erhebung der Klage geltend zu machen.

(2) Mehrere Nichtigkeitsprozesse sind zur gleichzeitigen Verhandlung und Entscheidung zu verbinden. Nichtigkeits- und Anfechtungsprozesse können verbunden werden.

Zweiter Unterabschnitt

Nichtigkeit bestimmter Hauptversammlungsbeschlüsse

§ 250 Nichtigkeit der Wahl von Aufsichtsratsmitgliedern

(1) Die Wahl eines Aufsichtsratsmitglieds durch die Hauptversammlung ist außer im Falle des § 241 Nr. 1, 2 und 5 nur dann nichtig, wenn

1. der Aufsichtsrat unter Verstoß gegen § 96 Abs. 2, § 97 Abs. 2 Satz 1 oder § 98 Abs. 4 zusammengesetzt wird;
2. die Hauptversammlung, obwohl sie an Wahlvorschläge gebunden ist (§§ 6 und 8 des Montan-Mitbestimmungsgesetzes), eine nicht vorgeschlagene Person wählt;
3. durch die Wahl die gesetzliche Höchstzahl der Aufsichtsratsmitglieder überschritten wird (§ 95);
4. die gewählte Person nach § 100 Abs. 1 und 2 bei Beginn ihrer Amtszeit nicht Aufsichtsratsmitglied sein kann.

(2) Für die Klage auf Feststellung, daß die Wahl eines Aufsichtsratsmitglieds nichtig ist, sind parteifähig

1. der Gesamtbetriebsrat der Gesellschaft oder, wenn in der Gesellschaft nur ein Betriebsrat besteht, der Betriebsrat, sowie, wenn die Gesellschaft herrschendes Unternehmen eines Konzerns ist, der Konzernbetriebsrat,
2. der Gesamtbetriebsrat eines anderen Unternehmens, dessen Arbeitnehmer selbst oder durch Delegierte an der Wahl von Aufsichtsratsmitgliedern der Gesellschaft teilnehmen, oder, wenn in dem anderen Unternehmen nur ein Betriebsrat besteht, der Betriebsrat,
3. jede in der Gesellschaft oder in einem Unternehmen, dessen Arbeitnehmer selbst oder durch Delegierte an der Wahl von Aufsichtsratsmitgliedern der Gesellschaft teilnehmen, vertretene Gewerkschaft sowie deren Spitzenorganisation.

(3) Erhebt ein Aktionär, der Vorstand, ein Mitglied des Vorstands oder des Aufsichtsrats oder eine in Absatz 2 bezeichnete Organisation oder Vertretung der Arbeitnehmer gegen die Gesellschaft Klage auf Feststellung, daß die Wahl eines Aufsichtsratsmitglieds nichtig ist, so gelten § 246 Abs. 2, Abs. 3 Satz 1, Abs. 4, §§ 247, 248 Abs. 1 Satz 2 und § 249 Abs. 2 sinngemäß. Es ist nicht ausgeschlossen, die Nichtigkeit auf andere Weise als durch Erhebung der Klage geltend zu machen.

§ 251 Anfechtung der Wahl von Aufsichtsratsmitgliedern

(1) Die Wahl eines Aufsichtsratsmitglieds durch die Hauptversammlung kann wegen Verletzung des Gesetzes oder der Satzung durch Klage angefochten werden. Ist die Hauptversammlung an Wahlvorschläge gebunden, so kann die Anfechtung auch darauf gestützt werden, daß der Wahlvorschlag gesetzwidrig zustande gekommen ist. § 243 Abs. 4 und § 244 gelten.

(2) Für die Anfechtungsbefugnis gilt § 245 Nr. 1, 2 und 4. Die Wahl eines Aufsichtsratsmitglieds, das nach dem Montan-Mitbestimmungsgesetz auf Vorschlag der Betriebsräte

gewählt worden ist, kann auch von jedem Betriebsrat eines Betriebs der Gesellschaft, jeder in den Betrieben der Gesellschaft vertretenen Gewerkschaft oder deren Spitzenorganisation angefochten werden. Die Wahl eines weiteren Mitglieds, das nach dem Montan-Mitbestimmungsgesetz oder dem Mitbestimmungsergänzungsgesetz auf Vorschlag der übrigen Aufsichtsratsmitglieder gewählt worden ist, kann auch von jedem Aufsichtsratsmitglied angefochten werden.

(3) Für das Anfechtungsverfahren gelten §§ 246, 247 und 248 Abs. 1 Satz 2.

§ 252 Urteilswirkung

(1) Erhebt ein Aktionär, der Vorstand, ein Mitglied des Vorstands oder des Aufsichtsrats oder eine in § 250 Abs. 2 bezeichnete Organisation oder Vertretung der Arbeitnehmer gegen die Gesellschaft Klage auf Feststellung, daß die Wahl eines Aufsichtsratsmitglieds durch die Hauptversammlung nichtig ist, so wirkt ein Urteil, das die Nichtigkeit der Wahl rechtskräftig feststellt, für und gegen alle Aktionäre und Arbeitnehmer der Gesellschaft, der Arbeitnehmer von anderen Unternehmen, deren Arbeitnehmer selbst oder durch Delegierte an der Wahl von Aufsichtsratsmitgliedern der Gesellschaft teilnehmen, die Mitglieder des Vorstands und des Aufsichtsrats sowie die in § 250 Abs. 2 bezeichneten Organisationen und Vertretungen der Arbeitnehmer, auch wenn sie nicht Partei sind.

(2) Wird die Wahl eines Aufsichtsratsmitglieds durch die Hauptversammlung durch rechtskräftiges Urteil für nichtig erklärt, so wirkt das Urteil für und gegen alle Aktionäre sowie die Mitglieder des Vorstands und Aufsichtsrats, auch wenn sie nicht Partei sind. Im Fall des § 251 Abs. 2 Satz 2 wirkt das Urteil auch für und gegen die nach dieser Vorschrift anfechtungsberechtigten Betriebsräte, Gewerkschaften und Spitzenorganisationen, auch wenn sie nicht Partei sind.

§ 253 Nichtigkeit des Beschlusses über die Verwendung des Bilanzgewinns

(1) Der Beschluß über die Verwendung des Bilanzgewinns ist außer in den Fällen des § 173 Abs. 3, des § 217 Abs. 2 und des § 241 nur dann nichtig, wenn die Feststellung des Jahresabschlusses, auf dem er beruht, nichtig ist. Die Nichtigkeit des Beschlusses aus diesem Grunde kann nicht mehr geltend gemacht werden, wenn die Nichtigkeit der Feststellung des Jahresabschlusses nicht mehr geltend gemacht werden kann.

(2) Für die Klage auf Feststellung der Nichtigkeit gegen die Gesellschaft gilt § 249.

§ 254 Anfechtung des Beschlusses über die Verwendung des Bilanzgewinns

(1) Der Beschluß über die Verwendung des Bilanzgewinns kann außer nach § 243 auch angefochten werden, wenn die Hauptversammlung aus dem Bilanzgewinn Beträge in Gewinnrücklagen einstellt oder als Gewinn vorträgt, die nicht nach Gesetz oder Satzung von der Verteilung unter die Aktionäre ausgeschlossen sind, obwohl die Einstellung oder der Gewinnvortrag bei vernünftiger kaufmännischer Beurteilung nicht notwendig ist, um die Lebens- und Widerstandsfähigkeit der Gesellschaft für einen hinsichtlich der wirtschaftlichen und finanziellen Notwendigkeiten übersehbaren Zeitraum zu sichern und dadurch unter die Aktionäre kein Gewinn in Höhe von mindestens vier vom Hundert des Grundkapitals abzüglich von noch nicht eingeforderten Einlagen verteilt werden kann.

(2) Für die Anfechtung gelten §§ 244 bis 248. Die Anfechtungsfrist beginnt auch dann mit der Beschlußfassung, wenn der Jahresabschluß nach § 316 Abs. 3 des Handelsgesetzbuchs erneut zu prüfen ist. Zu einer Anfechtung nach Absatz 1 sind Aktionäre nur befugt, wenn ihre Anteile zusammen den zwanzigsten Teil des Grundkapitals oder den Nennbetrag von einer Million Deutsche Mark erreichen.

§ 255 Anfechtung der Kapitalerhöhung gegen Einlagen

(1) Der Beschluß über eine Kapitalerhöhung gegen Einlagen kann nach § 243 angefochten werden.

(2) Die Anfechtung kann, wenn das Bezugsrecht der Aktionäre ganz oder zum Teil ausgeschlossen worden ist, auch darauf gestützt werden, daß der sich aus dem Erhöhungsbeschluß ergebende Ausgabebetrag oder der Mindestbetrag, unter dem die neuen Aktien nicht ausgegeben werden sollen, unangemessen niedrig ist. Dies gilt nicht, wenn die neuen Aktien von einem Dritten mit der Verpflichtung übernommen werden sollen, sie den Aktionären zum Bezug anzubieten.

(3) Für die Anfechtung gelten §§ 244 bis 248.

Zweiter Abschnitt

Nichtigkeit des festgestellten Jahresabschlusses

§ 256 Nichtigkeit

(1) Ein festgestellter Jahresabschluß ist außer in den Fällen des § 173 Abs. 3, § 234 Abs. 3 und § 235 Abs. 2 nichtig, wenn

1. er durch seinen Inhalt Vorschriften verletzt, die ausschließlich oder überwiegend zum Schutze der Gläubiger der Gesellschaft gegeben sind,
2. er im Falle einer gesetzlichen Prüfungspflicht nicht nach § 316 Abs. 1 und 3 des Handelsgesetzbuchs geprüft worden ist,
3. er im Falle einer gesetzlichen Prüfungspflicht von Personen geprüft worden ist, die nicht zum Abschlußprüfer bestellt sind oder nach § 319 Abs. 1 des Handelsgesetzbuchs oder nach Artikel 25 des Einführungsgesetzes zum Handelsgesetzbuche nicht Abschlußprüfer sind,
4. bei seiner Feststellung die Bestimmungen des Gesetzes oder der Satzung über die Einstellung von Beträgen in Kapital- oder Gewinnrücklagen oder über die Entnahme von Beträgen aus Kapital- oder Gewinnrücklagen verletzt worden sind.

(2) Ein von Vorstand und Aufsichtsrat festgestellter Jahresabschluß ist außer nach Absatz 1 nur nichtig, wenn der Vorstand oder der Aufsichtsrat bei seiner Feststellung nicht ordnungsgemäß mitgewirkt hat.

(3) Ein von der Hauptversammlung festgestellter Jahresabschluß ist außer nach Absatz 1 nur nichtig, wenn die Feststellung

1. in einer Hauptversammlung beschlossen worden ist, die unter Verstoß gegen § 121 Abs. 2 und 3 oder 4 einberufen war,
2. nicht nach § 130 Abs. 1, 2 und 4 beurkundet ist,
3. auf Anfechtungsklage durch Urteil rechtskräftig für nichtig erklärt worden ist.

(4) Wegen Verstoßes gegen die Vorschriften über die Gliederung des Jahresabschlusses sowie wegen der Nichtbeachtung von Formblättern, nach denen der Jahresabschluß zu gliedern ist, ist der Jahresabschluß nur nichtig, wenn seine Klarheit und Übersichtlichkeit dadurch wesentlich beeinträchtigt sind.

(5) Wegen Verstoßes gegen die Bewertungsvorschriften ist der Jahresabschluß nur nichtig, wenn

1. Posten überbewertet oder
2. Posten unterbewertet sind und dadurch die Vermögens- und Ertragslage der Gesellschaft vorsätzlich unrichtig wiedergegeben oder verschleiert wird.

Überbewertet sind Aktivposten, wenn sie mit einem höheren Wert, Passivposten, wenn sie mit einem niedrigeren Betrag angesetzt sind, als nach §§ 253 bis 256 des Handelsgesetzbuchs in Verbindung mit §§ 279 bis 283 des Handelsgesetzbuchs zulässig ist. Unterbewertet sind Aktivposten, wenn sie mit einem niedrigeren Wert, Passivposten, wenn sie mit einem höheren Betrag angesetzt sind, als nach §§ 253 bis 256 des Handelsgesetzbuchs in Verbindung mit §§ 279 bis 283 des Handelsgesetzbuchs zulässig ist. Bei Kreditinstituten und Versicherungsunternehmen liegt ein Verstoß gegen die Bewertungsvorschriften nicht vor, soweit die Abweichung nach den für Kreditinstitute und Versicherungsunternehmen geltenden Vorschriften, insbesondere den §§ 340 e bis 340 g des Handelsgesetzbuchs für Kreditinstitute und den §§ 341 b bis 341 h des Handelsgesetzbuchs für Versicherungsunternehmen, zulässig ist.

(6) Die Nichtigkeit nach Absatz 1 Nr. 1, 3 und 4, Absatz 2, Absatz 3 Nr. 1 und 2, Absatz 4 und 5 kann nicht mehr geltend gemacht werden, wenn seit der Bekanntmachung nach § 325 Abs. 1 Satz 2 oder Abs. 2 Satz 1 des Handelsgesetzbuchs im Bundesanzeiger in den Fällen des Absatzes 1 Nr. 3 und 4, des Absatzes 2 und des Absatzes 3 Nr. 1 und 2 sechs Monate, in den anderen Fällen drei Jahre verstrichen sind. Ist bei Ablauf der Frist eine Klage auf Feststellung der Nichtigkeit nach § 325 Abs. 1 Satz 2 oder Abs. 2 Satz 1 des Handelsgesetzbuchs rechtshängig, so verlängert sich die Frist, bis über die Klage rechtskräftig entschieden ist oder sie sich auf andere Weise endgültig erledigt hat.

(7) Für die Klage auf Feststellung der Nichtigkeit gegen die Gesellschaft gilt § 249 sinngemäß.

§ 257 Anfechtung der Feststellung des Jahresabschlusses durch die Hauptversammlung

(1) Die Feststellung des Jahresabschlusses durch die Hauptversammlung kann nach § 243 angefochten werden. Die Anfechtung kann jedoch nicht darauf gestützt werden, daß der Inhalt des Jahresabschlusses gegen Gesetz oder Satzung verstößt.

(2) Für die Anfechtung gelten die §§ 244 bis 248. Die Anfechtungsfrist beginnt auch dann mit der Beschlußfassung, wenn der Jahresabschluß nach § 316 Abs. 3 des Handelsgesetzbuchs erneut zu prüfen ist.

Dritter Abschnitt

Sonderprüfung wegen unzulässiger Unterbewertung

§ 258 Bestellung der Sonderprüfer

(1) Besteht Anlaß für die Annahme, daß

1. in einem festgestellten Jahresabschluß bestimmte Posten nicht unwesentlich unterbewertet sind (§ 256 Abs. 5 Satz 3) oder
2. der Anhang die vorgeschriebenen Angaben nicht oder nicht vollständig enthält und der Vorstand in der Hauptversammlung die fehlenden Angaben, obwohl nach ihnen gefragt worden ist, nicht gemacht hat und die Aufnahme der Frage in die Niederschrift verlangt worden ist,

so hat das Gericht auf Antrag Sonderprüfer zu bestellen. Die Sonderprüfer haben die bemängelten Posten darauf zu prüfen, ob sie nicht unwesentlich unterbewertet sind. Sie haben den Anhang darauf zu prüfen, ob die vorgeschriebenen Angaben nicht oder nicht vollständig gemacht worden sind und der Vorstand in der Hauptversammlung die fehlenden Angaben, obwohl nach ihnen gefragt worden ist, nicht gemacht hat und die Aufnahme der Frage in die Niederschrift verlangt worden ist.

(1 a) Bei Kreditinstituten kann ein Sonderprüfer nach Absatz 1 nicht bestellt werden, soweit die Unterbewertung oder die fehlenden Angaben im Anhang auf der Anwendung des § 340 f des Handelsgesetzbuchs beruhen.

(2) Der Antrag muß innerhalb eines Monats nach der Hauptversammlung über den Jahresabschluß gestellt werden. Dies gilt auch, wenn der Jahresabschluß nach § 316 Abs. 3

des Handelsgesetzbuchs erneut zu prüfen ist. Er kann nur von Aktionären gestellt werden, deren Anteile zusammen den zwanzigsten Teil des Grundkapitals oder den Nennbetrag von einer Million Deutsche Mark erreichen. Die Antragsteller haben die Aktien bis zur Entscheidung über den Antrag zu hinterlegen und glaubhaft zu machen, daß sie seit mindestens drei Monaten vor dem Tage der Hauptversammlung Inhaber der Aktien sind. Zur Glaubhaftmachung genügt eine eidesstattliche Versicherung vor einem Notar.

(3) Vor der Bestellung hat das Gericht den Vorstand, den Aufsichtsrat und den Abschlußprüfer zu hören. Gegen die Entscheidung ist die sofortige Beschwerde zulässig.

(4) Sonderprüfer nach Absatz 1 können nur Wirtschaftsprüfer und Wirtschaftsprüfungsgesellschaften sein. Für die Auswahl gilt § 319 Abs. 2 und 3 des Handelsgesetzbuchs sinngemäß. Der Abschlußprüfer der Gesellschaft und Personen, die in den letzten drei Jahren vor der Bestellung Abschlußprüfer der Gesellschaft waren, können nicht Sonderprüfer nach Absatz 1 sein.

(5) § 142 Abs. 6 über den Ersatz angemessener barer Auslagen und die Vergütung gerichtlich bestellter Sonderprüfer, § 145 Abs. 1 bis 3 über die Rechte der Sonderprüfer, § 146 über die Kosten der Sonderprüfung und § 323 des Handelsgesetzbuchs über die Verantwortlichkeit des Abschlußprüfers gelten sinngemäß. Die Sonderprüfer nach Absatz 1 haben die Rechte nach § 145 Abs. 2 auch gegenüber dem Abschlußprüfer der Gesellschaft.

§ 259 Prüfungsbericht. Abschließende Feststellungen

(1) Die Sonderprüfer haben über das Ergebnis der Prüfungen schriftlich zu berichten. Stellen die Sonderprüfer bei Wahrnehmung ihrer Aufgaben fest, daß Posten überbewertet sind (§ 256 Abs. 5 Satz 2), oder daß gegen die Vorschriften über die Gliederung des Jahresabschlusses verstoßen ist oder Formblätter nicht beachtet sind, so haben sie auch darüber zu berichten. Für den Bericht gilt § 145 Abs. 4 sinngemäß.

(2) Sind nach dem Ergebnis der Prüfung die bemängelten Posten nicht unwesentlich unterbewertet (§ 256 Abs. 5 Satz 3), so haben die Sonderprüfer am Schluß ihres Berichts in einer abschließenden Feststellung zu erklären,

1. zu welchem Wert die einzelnen Aktivposten mindestens und mit welchem Betrag die einzelnen Passivposten höchstens anzusetzen waren;
2. um welchen Betrag der Jahresüberschuß sich beim Ansatz dieser Werte oder Beträge erhöht oder der Jahresfehlbetrag sich ermäßigt hätte.

Die Sonderprüfer haben ihrer Beurteilung die Verhältnisse am Stichtag des Jahresabschlusses zugrunde zu legen. Sie haben für den Ansatz der Werte und Beträge nach Nummer 1 diejenige Bewertungs- und Abschreibungsmethode zugrunde zu legen, nach der die Gesellschaft die zu bewertenden Gegenstände oder vergleichbare Gegenstände zuletzt in zulässiger Weise bewertet hat.

(3) Sind nach dem Ergebnis der Prüfung die bemängelten Posten nicht oder nur unwesentlich unterbewertet (§ 256 Abs. 5 Satz 3), so haben die Sonderprüfer am Schluß ihres Berichts in einer abschließenden Feststellung zu erklären, daß nach ihrer pflichtmäßigen Prüfung und Beurteilung die bemängelten Posten nicht unzulässig unterbewertet sind.

(4) Hat nach dem Ergebnis der Prüfung der Anhang die vorgeschriebenen Angaben nicht oder nicht vollständig enthalten und der Vorstand in der Hauptversammlung die fehlenden Angaben, obwohl nach ihnen gefragt worden ist, nicht gemacht und ist die Aufnahme der Frage in die Niederschrift verlangt worden, so haben die Sonderprüfer am Schluß ihres Berichts in einer abschließenden Feststellung die fehlenden Angaben zu machen. Ist die Angabe von Abweichungen von Bewertungs- oder Abschreibungsmethoden unterlassen worden, so ist in der abschließenden Feststellung auch der Betrag anzugeben, um den der Jahresüberschuß oder Jahresfehlbetrag ohne die Abweichung, deren Angabe

unterlassen wurde, höher oder niedriger gewesen wäre. Sind nach dem Ergebnis der Prüfung keine Angaben nach Satz 1 unterlassen worden, so haben die Sonderprüfer in einer abschließenden Feststellung zu erklären, daß nach ihrer pflichtmäßigen Prüfung und Beurteilung im Anhang keine der vorgeschriebenen Angaben unterlassen worden ist.
(5) Der Vorstand hat die abschließenden Feststellungen der Sonderprüfer nach den Absätzen 2 bis 4 unverzüglich in den Gesellschaftsblättern bekanntzumachen.

§ 260 Gerichtliche Entscheidung über die abschließenden Feststellungen der Sonderprüfer

(1) Gegen abschließende Feststellungen der Sonderprüfer nach § 259 Abs. 2 und 3 können die Gesellschaft oder Aktionäre, deren Anteile zusammen den zwanzigsten Teil des Grundkapitals oder den Nennbetrag von einer Million Deutsche Mark erreichen, innerhalb eines Monats nach der Veröffentlichung im Bundesanzeiger den Antrag auf Entscheidung durch das nach § 132 Abs. 1 zuständige Gericht stellen. § 258 Abs. 2 Satz 4 und 5 gilt sinngemäß. Der Antrag muß auf Feststellung des Betrags gerichtet sein, mit dem die im Antrag zu bezeichnenden Aktivposten mindestens oder die im Antrag zu bezeichnenden Passivposten höchstens anzusetzen waren. Der Antrag der Gesellschaft kann auch auf Feststellung gerichtet sein, daß der Jahresabschluß die in der abschließenden Feststellung der Sonderprüfer festgestellten Unterbewertungen nicht enthielt.
(2) Über den Antrag entscheidet das Gericht unter Würdigung aller Umstände nach freier Überzeugung. § 259 Abs. 2 Satz 2 und 3 ist anzuwenden. Soweit die volle Aufklärung aller maßgebenden Umstände mit erheblichen Schwierigkeiten verbunden ist, hat das Gericht die anzusetzenden Werte oder Beträge zu schätzen.
(3) § 99 Abs. 1, Abs. 2 Satz 1, Abs. 3 und 5 gilt sinngemäß. Das Gericht hat seine Entscheidung der Gesellschaft und, wenn Aktionäre den Antrag nach Absatz 1 gestellt haben, auch diesen zuzustellen. Es hat sie ferner ohne Gründe in den Gesellschaftsblättern bekanntzumachen. Die Beschwerde steht der Gesellschaft und Aktionären zu, deren Anteile zusammen den zwanzigsten Teil des Grundkapitals oder den Nennbetrag von einer Million Deutsche Mark erreichen. § 258 Abs. 2 Satz 4 und 5 gilt sinngemäß. Die Beschwerdefrist beginnt mit der Bekanntmachung der Entscheidung im Bundesanzeiger, jedoch für die Gesellschaft und, wenn Aktionäre den Antrag nach Absatz 1 gestellt haben, auch für diese nicht vor der Zustellung der Entscheidung.
(4) Für die Kosten des Verfahrens gilt die Kostenordnung. Für das Verfahren des ersten Rechtszugs wird das Doppelte der vollen Gebühr erhoben. Für den zweiten Rechtszug wird die gleiche Gebühr erhoben; dies gilt auch dann, wenn die Beschwerde Erfolg hat. Wird der Antrag oder die Beschwerde zurückgenommen, bevor es zu einer Entscheidung kommt, so ermäßigt sich die Gebühr auf die Hälfte. Der Geschäftswert ist von Amts wegen festzusetzen. Die Kosten sind, wenn dem Antrag stattgegeben wird, der Gesellschaft, sonst dem Antragsteller aufzuerlegen. § 247 gilt sinngemäß.

§ 261 Entscheidung über den Ertrag auf Grund höherer Bewertung

(1) Haben die Sonderprüfer in ihrer abschließenden Feststellung erklärt, daß Posten unterbewertet sind, und ist gegen diese Feststellung nicht innerhalb der in § 260 Abs. 1 bestimmten Frist der Antrag auf gerichtliche Entscheidung gestellt worden, so sind die Posten in dem ersten Jahresabschluß, der nach Ablauf dieser Frist aufgestellt wird, mit den von den Sonderprüfern festgestellten Werten oder Beträgen anzusetzen. Dies gilt nicht, soweit auf Grund veränderter Verhältnisse, namentlich bei Gegenständen, die der Abnutzung unterliegen, auf Grund der Abnutzung, nach §§ 253 bis 256 des Handelsgesetzbuchs in Verbindung mit §§ 279 bis 283 des Handelsgesetzbuchs oder nach den Grundsätzen ordnungsmäßiger Buchführung für Aktivposten ein niedrigerer

Wert oder für Passivposten ein höherer Betrag anzusetzen ist. In diesem Fall sind im Anhang die Gründe anzugeben und in einer Sonderrechnung die Entwicklung des von den Sonderprüfern festgestellten Wertes oder Betrags auf den nach Satz 2 angesetzten Wert oder Betrag darzustellen. Sind die Gegenstände nicht mehr vorhanden, so ist darüber und über die Verwendung des Ertrags aus dem Abgang der Gegenstände im Anhang zu berichten. Bei den einzelnen Posten der Jahresbilanz sind die Unterschiedsbeträge zu vermerken, um die auf Grund von Satz 1 und 2 Aktivposten zu einem höheren Wert oder Passivposten mit einem niedrigeren Betrag angesetzt worden sind. Die Summe der Unterschiedsbeträge ist auf der Passivseite der Bilanz und in der Gewinn- und Verlustrechnung als »Ertrag auf Grund höherer Bewertung gemäß dem Ergebnis der Sonderprüfung« gesondert auszuweisen.

(2) Hat das gemäß § 260 angerufene Gericht festgestellt, daß Posten unterbewertet sind, so gilt für den Ansatz der Posten in dem ersten Jahresabschluß, der nach Rechtskraft der gerichtlichen Entscheidung aufgestellt wird, Absatz 1 sinngemäß. Die Summe der Unterschiedsbeträge ist als »Ertrag auf Grund höherer Bewertung gemäß gerichtlicher Entscheidung« gesondert auszuweisen.

(3) Der Ertrag aus höherer Bewertung nach Absätzen 1 und 2 rechnet für die Anwendung der §§ 58 und 86 Abs. 2 nicht zum Jahresüberschuß. Über die Verwendung des Ertrags abzüglich der auf ihn zu entrichtenden Steuern entscheidet die Hauptversammlung, soweit nicht in dem Jahresabschluß ein Bilanzverlust ausgewiesen wird, der nicht durch Kapital- oder Gewinnrücklagen gedeckt ist.

Achter Teil

Auflösung und Nichtigerklärung der Gesellschaft

Erster Abschnitt

Auflösung

Erster Unterabschnitt

Auflösungsgründe und Anmeldung

§ 262 Auflösungsgründe

(1) Die Aktiengesellschaft wird aufgelöst

1. durch Ablauf der in der Satzung bestimmten Zeit;
2. durch Beschluß der Hauptversammlung; dieser bedarf einer Mehrheit, die mindestens drei Viertel des bei der Beschlußfassung vertretenen Grundkapitals umfaßt; die Satzung kann eine größere Kapitalmehrheit und weitere Erfordernisse bestimmen;
3. durch die Eröffnung des Konkursverfahrens über das Vermögen der Gesellschaft;
4. mit der Rechtskraft des Beschlusses, durch den die Eröffnung des Konkursverfahrens mangels einer den Kosten des Verfahrens entsprechenden Konkursmasse abgelehnt wird;
5. mit der Rechtskraft einer Verfügung des Registergerichts, durch welche nach § 144 a des Gesetzes über die Angelegenheiten der freiwilligen Gerichtsbarkeit ein Mangel der Satzung festgestellt worden ist.

(2) Dieser Abschnitt gilt auch, wenn die Aktiengesellschaft aus anderen Gründen aufgelöst wird.

§ 263 Anmeldung und Eintragung der Auflösung

Der Vorstand hat die Auflösung der Gesellschaft zur Eintragung in das Handelsregister anzumelden. Dies gilt nicht in den Fällen der Eröffnung und der Ablehnung der Eröffnung des Konkursverfahrens (§ 262 Abs. 1 Nr. 3 und 4) sowie im Falle der gerichtlichen

Feststellung eines Mangels der Satzung (§ 262 Abs. 1 Nr. 5). In diesen Fällen hat das Gericht die Auflösung und ihren Grund von Amts wegen einzutragen.

Zweiter Unterabschnitt
Abwicklung

§ 264 Notwendigkeit der Abwicklung

(1) Nach der Auflösung der Gesellschaft findet die Abwicklung statt, wenn nicht über das Vermögen der Gesellschaft das Konkursverfahren eröffnet worden ist.

(2) Soweit sich aus diesem Unterabschnitt oder aus dem Zweck der Abwicklung nichts anderes ergibt, sind auf die Gesellschaft bis zum Schluß der Abwicklung die Vorschriften weiterhin anzuwenden, die für nicht aufgelöste Gesellschaften gelten.

§ 265 Abwickler

(1) Die Abwicklung besorgen die Vorstandsmitglieder als Abwickler.

(2) Die Satzung oder ein Beschluß der Hauptversammlung kann andere Personen als Abwickler bestellen. Für die Auswahl der Abwickler gilt § 76 Abs. 3 Satz 3 und 4 sinngemäß. Auch eine juristische Person kann Abwickler sein.

(3) Auf Antrag des Aufsichtsrats oder einer Minderheit von Aktionären, deren Anteile zusammen den zwanzigsten Teil des Grundkapitals oder den Nennbetrag von einer Million Deutsche Mark erreichen, hat das Gericht bei Vorliegen eines wichtigen Grundes die Abwickler zu bestellen und abzuberufen. Die Aktionäre haben glaubhaft zu machen, daß sie seit mindestens drei Monaten Inhaber der Aktien sind. Zur Glaubhaftmachung genügt eine eidesstattliche Versicherung vor einem Gericht oder Notar. Gegen die Entscheidung ist die sofortige Beschwerde zulässig.

(4) Die gerichtlich bestellten Abwickler haben Anspruch auf Ersatz angemessener barer Auslagen und auf Vergütung für ihre Tätigkeit. Einigen sich der gerichtlich bestellte Abwickler und die Gesellschaft nicht, so setzt das Gericht die Auslagen und die Vergütung fest. Gegen die Entscheidung ist die sofortige Beschwerde zulässig. Die weitere Beschwerde ist ausgeschlossen. Aus der rechtskräftigen Entscheidung findet die Zwangsvollstreckung nach der Zivilprozeßordnung statt.

(5) Abwickler, die nicht vom Gericht bestellt sind, kann die Hauptversammlung jederzeit abberufen. Für die Ansprüche aus dem Anstellungsvertrag gelten die allgemeinen Vorschriften.

(6) Die Absätze 2 bis 5 gelten nicht für den Arbeitsdirektor, soweit sich seine Bestellung und Abberufung nach den Vorschriften des Montan-Mitbestimmungsgesetzes bestimmen.

§ 266 Anmeldung der Abwickler

(1) Die ersten Abwickler sowie ihre Vertretungsbefugnis hat der Vorstand, jeden Wechsel der Abwickler und jede Änderung ihrer Vertretungsbefugnis haben die Abwickler zur Eintragung in das Handelsregister anzumelden.

(2) Der Anmeldung sind die Urkunden über die Bestellung oder Abberufung sowie über die Vertretungsbefugnis in Urschrift oder öffentlich beglaubigter Abschrift für das Gericht des Sitzes der Gesellschaft beizufügen.

(3) In der Anmeldung haben die Abwickler zu versichern, daß keine Umstände vorliegen, die ihrer Bestellung nach § 265 Abs. 2 Satz 2 entgegenstehen, und daß sie über ihre unbeschränkte Auskunftspflicht gegenüber dem Gericht belehrt worden sind. § 37 Abs. 2 Satz 2 ist anzuwenden.

(4) Die Bestellung oder Abberufung von Abwicklern durch das Gericht wird von Amts wegen eingetragen.

(5) Die Abwickler haben ihre Namensunterschrift zur Aufbewahrung beim Gericht zu zeichnen, wenn sie dies nicht schon als Vorstandsmitglieder getan haben.

§ 267 Aufruf der Gläubiger

Die Abwickler haben unter Hinweis auf die Auflösung der Gesellschaft die Gläubiger der Gesellschaft aufzufordern, ihre Ansprüche anzumelden. Die Aufforderung ist dreimal in den Gesellschaftsblättern bekanntzumachen.

§ 268 Pflichten der Abwickler

(1) Die Abwickler haben die laufenden Geschäfte zu beenden, die Forderungen einzuziehen, das übrige Vermögen in Geld umzusetzen und die Gläubiger zu befriedigen. Soweit es die Abwicklung erfordert, dürfen sie auch neue Geschäfte eingehen.

(2) Im übrigen haben die Abwickler innerhalb ihres Geschäftskreises die Rechte und Pflichten des Vorstands. Sie unterliegen wie dieser der Überwachung durch den Aufsichtsrat.

(3) Das Wettbewerbsverbot des § 88 gilt für sie nicht.

(4) Auf allen Geschäftsbriefen, die an einen bestimmten Empfänger gerichtet werden, müssen die Rechtsform und der Sitz der Gesellschaft, die Tatsache, daß die Gesellschaft sich in Abwicklung befindet, das Registergericht des Sitzes der Gesellschaft und die Nummer, unter der die Gesellschaft in das Handelsregister eingetragen ist, sowie alle Abwickler und der Vorsitzende des Aufsichtsrats mit dem Familiennamen und mindestens einem ausgeschriebenen Vornamen angegeben werden. Werden Angaben über das Kapital der Gesellschaft gemacht, so müssen in jedem Falle das Grundkapital sowie, wenn auf die Aktien der Nennbetrag oder der höhere Ausgabebetrag nicht vollständig eingezahlt ist, der Gesamtbetrag der ausstehenden Einlagen angegeben werden. Der Angaben nach Satz 1 bedarf es nicht bei Mitteilungen oder Berichten, die im Rahmen einer bestehenden Geschäftsverbindung ergehen und für die üblicherweise Vordrucke verwendet werden, in denen lediglich die im Einzelfall erforderlichen besonderen Angaben eingefügt zu werden brauchen. Bestellscheine gelten als Geschäftsbriefe im Sinne des Satzes 1; Satz 3 ist auf sie nicht anzuwenden.

§ 269 Vertretung durch die Abwickler

(1) Die Abwickler vertreten die Gesellschaft gerichtlich und außergerichtlich.

(2) Sind mehrere Abwickler bestellt, so sind, wenn die Satzung oder die sonst zuständige Stelle nichts anderes bestimmt, sämtliche Abwickler nur gemeinschaftlich zur Vertretung der Gesellschaft befugt. Ist eine Willenserklärung gegenüber der Gesellschaft abzugeben, so genügt die Abgabe gegenüber einem Abwickler.

(3) Die Satzung oder die sonst zuständige Stelle kann auch bestimmen, daß einzelne Abwickler allein oder in Gemeinschaft mit einem Prokuristen zur Vertretung der Gesellschaft befugt sind. Dasselbe kann der Aufsichtsrat bestimmen, wenn die Satzung oder ein Beschluß der Hauptversammlung ihn hierzu ermächtigt hat. Absatz 2 Satz 2 gilt in diesen Fällen sinngemäß.

(4) Zur Gesamtvertretung befugte Abwickler können einzelne von ihnen zur Vornahme bestimmter Geschäfte oder bestimmter Arten von Geschäften ermächtigen. Dies gilt sinngemäß, wenn ein einzelner Abwickler in Gemeinschaft mit einem Prokuristen zur Vertretung der Gesellschaft befugt ist.

(5) Die Vertretungsbefugnis der Abwickler kann nicht beschränkt werden.

(6) Abwickler zeichnen für die Gesellschaft, indem sie der Firma einen die Abwicklung andeutenden Zusatz und ihre Namensunterschrift hinzufügen.

§ 270 Eröffnungsbilanz. Jahresabschluß und Lagebericht

(1) Die Abwickler haben für den Beginn der Abwicklung eine Bilanz (Eröffnungsbilanz) und einen die Eröffnungsbilanz erläuternden Bericht sowie für den Schluß eines jeden Jahres einen Jahresabschluß und einen Lagebericht aufzustellen.

(2) Die Hauptversammlung beschließt über die Feststellung der Eröffnungsbilanz und des Jahresabschlusses sowie über die Entlastung der Abwickler und der Mitglieder des Aufsichtsrats. Auf die Eröffnungsbilanz und den erläuternden Bericht sind die Vorschriften über den Jahresabschluß entsprechend anzuwenden. Vermögensgegenstände des Anlagevermögens sind jedoch wie Umlaufvermögen zu bewerten, soweit ihre Veräußerung innerhalb eines übersehbaren Zeitraums beabsichtigt ist oder diese Vermögensgegenstände nicht mehr dem Geschäftsbetrieb dienen; dies gilt auch für den Jahresabschluß.

(3) Das Gericht kann von der Prüfung des Jahresabschlusses und des Lageberichts durch einen Abschlußprüfer befreien, wenn die Verhältnisse der Gesellschaft so überschaubar sind, daß eine Prüfung im Interesse der Gläubiger und Aktionäre nicht geboten erscheint. Gegen die Entscheidung ist die sofortige Beschwerde zulässig.

§ 271 Verteilung des Vermögens

(1) Das nach der Berichtigung der Verbindlichkeiten verbleibende Vermögen der Gesellschaft wird unter die Aktionäre verteilt.

(2) Das Vermögen ist nach dem Verhältnis der Aktiennennbeträge zu verteilen, wenn nicht Aktien mit verschiedenen Rechten bei der Verteilung des Gesellschaftsvermögens vorhanden sind.

(3) Sind die Einlagen auf das Grundkapital nicht auf alle Aktien in demselben Verhältnis geleistet, so werden die geleisteten Einlagen erstattet und ein Überschuß nach dem Verhältnis der Aktiennennbeträge verteilt. Reicht das Vermögen zur Erstattung der Einlagen nicht aus, so haben die Aktionäre den Verlust nach dem Verhältnis der Aktiennennbeträge zu tragen; die noch ausstehenden Einlagen sind, soweit nötig, einzuziehen.

§ 272 Gläubigerschutz

(1) Das Vermögen darf nur verteilt werden, wenn ein Jahr seit dem Tage verstrichen ist, an dem der Aufruf der Gläubiger zum drittenmal bekanntgemacht worden ist.

(2) Meldet sich ein bekannter Gläubiger nicht, so ist der geschuldete Betrag für ihn zu hinterlegen, wenn ein Recht zur Hinterlegung besteht.

(3) Kann eine Verbindlichkeit zur Zeit nicht berichtigt werden oder ist sie streitig, so darf das Vermögen nur verteilt werden, wenn dem Gläubiger Sicherheit geleistet ist.

§ 273 Schluß der Abwicklung

(1) Ist die Abwicklung beendet und die Schlußrechnung gelegt, so haben die Abwickler den Schluß der Abwicklung zur Eintragung in das Handelsregister anzumelden. Die Gesellschaft ist zu löschen.

(2) Die Bücher und Schriften der Gesellschaft sind an einem vom Gericht bestimmten sicheren Ort zur Aufbewahrung auf zehn Jahre zu hinterlegen.

(3) Das Gericht kann den Aktionären und den Gläubigern die Einsicht der Bücher und Schriften gestatten.

(4) Stellt sich nachträglich heraus, daß weitere Abwicklungsmaßnahmen nötig sind, so hat auf Antrag eines Beteiligten das Gericht die bisherigen Abwickler neu zu bestellen oder andere Abwickler zu berufen. § 265 Abs. 4 gilt.

(5) Gegen die Entscheidungen nach den Absätzen 2, 3 und 4 Satz 1 ist die sofortige Beschwerde zulässig.

§ 274 Fortsetzung einer aufgelösten Gesellschaft

(1) Ist eine Aktiengesellschaft durch Zeitablauf oder durch Beschluß der Hauptversammlung aufgelöst worden, so kann die Hauptversammlung, solange noch nicht mit der Verteilung des Vermögens unter die Aktionäre begonnen ist, die Fortsetzung der Gesellschaft beschließen. Der Beschluß bedarf einer Mehrheit, die mindestens drei Viertel des bei der Beschlußfassung vertretenen Grundkapitals umfaßt. Die Satzung kann eine größere Kapitalmehrheit und weitere Erfordernisse bestimmen.

(2) Gleiches gilt, wenn die Gesellschaft

1. durch die Eröffnung des Konkursverfahrens aufgelöst, das Konkursverfahren aber auf Antrag der Gesellschaft eingestellt oder nach rechtskräftiger Bestätigung eines Zwangsvergleichs aufgehoben worden ist;
2. durch die gerichtliche Feststellung eines Mangels der Satzung nach § 262 Abs. 1 Nr. 5 aufgelöst worden ist, eine den Mangel behebende Satzungsänderung aber spätestens zugleich mit der Fortsetzung der Gesellschaft beschlossen wird.

(3) Die Abwickler haben die Fortsetzung der Gesellschaft zur Eintragung in das Handelsregister anzumelden. Sie haben bei der Anmeldung nachzuweisen, daß noch nicht mit der Verteilung des Vermögens der Gesellschaft unter die Aktionäre begonnen worden ist.

(4) Der Fortsetzungsbeschluß wird erst wirksam, wenn er in das Handelsregister des Sitzes der Gesellschaft eingetragen worden ist. Im Falle des Absatzes 2 Nr. 2 hat der Fortsetzungsbeschluß keine Wirkung, solange er und der Beschluß über die Satzungsänderung nicht in das Handelsregister des Sitzes der Gesellschaft eingetragen worden sind; die beiden Beschlüsse sollen nur zusammen in das Handelsregister eingetragen werden.

Zweiter Abschnitt

Nichtigerklärung der Gesellschaft

§ 275 Klage auf Nichtigerklärung

(1) Enthält die Satzung keine Bestimmungen über die Höhe des Grundkapitals oder über den Gegenstand des Unternehmens oder sind die Bestimmungen der Satzung über den Gegenstand des Unternehmens nichtig, so kann jeder Aktionär und jedes Mitglied des Vorstands und des Aufsichtsrats darauf klagen, daß die Gesellschaft für nichtig erklärt werden. Auf andere Gründe kann die Klage nicht gestützt werden.

(2) Kann der Mangel nach § 276 geheilt werden, so kann die Klage erst erhoben werden, nachdem ein Klageberechtigter die Gesellschaft aufgefordert hat, den Mangel zu beseitigen, und sic binnen drei Monaten dieser Aufforderung nicht nachgekommen ist.

(3) Die Klage muß binnen drei Jahren nach Eintragung der Gesellschaft erhoben werden. Eine Löschung der Gesellschaft von Amts wegen nach § 144 Abs. 1 des Gesetzes über die Angelegenheiten der freiwilligen Gerichtsbarkeit wird durch den Zeitablauf nicht ausgeschlossen.

(4) Für die Klage gelten § 246 Abs. 2 bis 4, §§ 247, 248 Abs. 1 Satz 1, § 249 Abs. 2 sinngemäß. Der Vorstand hat eine beglaubigte Abschrift der Klage und das rechtskräftige Urteil zum Handelsregister einzureichen. Die Nichtigkeit der Gesellschaft auf Grund rechtskräftigen Urteils ist einzutragen.

§ 276 Heilung von Mängeln

Ein Mangel, der die Bestimmungen über den Gegenstand des Unternehmens betrifft, kann unter Beachtung der Bestimmungen des Gesetzes und der Satzung über Satzungsänderungen geheilt werden.

§ 277 Wirkung der Eintragung der Nichtigkeit

(1) Ist die Nichtigkeit einer Gesellschaft auf Grund rechtskräftigen Urteils oder einer Entscheidung des Registergerichts in das Handelsregister eingetragen, so findet die Abwicklung nach den Vorschriften über die Abwicklung bei Auflösung statt.

(2) Die Wirksamkeit der im Namen der Gesellschaft vorgenommenen Rechtsgeschäfte wird durch die Nichtigkeit nicht berührt.

(3) Die Gesellschafter haben die Einlagen zu leisten, soweit es zur Erfüllung der eingegangenen Verbindlichkeit nötig ist.

Zweites Buch

Kommanditgesellschaft auf Aktien

§ 278 Wesen der Kommanditgesellschaft auf Aktien

(1) Die Kommanditgesellschaft auf Aktien ist eine Gesellschaft mit eigener Rechtspersönlichkeit, bei der mindestens ein Gesellschafter den Gesellschaftsgläubigern unbeschränkt haftet (persönlich haftender Gesellschafter) und die übrigen an dem in Aktien zerlegten Grundkapital beteiligt sind, ohne persönlich für die Verbindlichkeiten der Gesellschaft zu haften (Kommanditaktionäre).

(2) Das Rechtsverhältnis der persönlich haftenden Gesellschafter untereinander und gegenüber der Gesamtheit der Kommanditaktionäre sowie gegenüber Dritten, namentlich die Befugnis der persönlich haftenden Gesellschafter zur Geschäftsführung und zur Vertretung der Gesellschaft, bestimmt sich nach den Vorschriften des Handelsgesetzbuchs über die Kommanditgesellschaft.

(3) Im übrigen gelten für die Kommanditgesellschaft auf Aktien, soweit sich aus den folgenden Vorschriften oder aus dem Fehlen eines Vorstands nichts anderes ergibt, die Vorschriften des Ersten Buchs über die Aktiengesellschaft sinngemäß.

§ 279 Firma

(1) Die Firma der Kommanditgesellschaft auf Aktien ist in der Regel dem Gegenstand des Unternehmens zu entnehmen. Sie muß die Bezeichnung »Kommanditgesellschaft auf Aktien« enthalten.

(2) Führt die Kommanditgesellschaft auf Aktien die Firma eines auf sie übergegangenen Handelsgeschäfts fort (§ 22 des Handelsgesetzbuchs), so muß sie die Bezeichnung »Kommanditgesellschaft auf Aktien« in die Firma aufnehmen.

§ 280 Feststellung der Satzung. Gründer

(1) Die Satzung muß von mindestens fünf Personen durch notarielle Beurkundung festgestellt werden. In der Urkunde sind der Nennbetrag, der Ausgabebetrag und, wenn mehrere Gattungen bestehen, die Gattung der Aktien anzugeben, die jeder Beteiligte übernimmt. Bevollmächtigte bedürfen einer notariell beglaubigten Vollmacht.

(2) Alle persönlich haftenden Gesellschafter müssen sich bei der Feststellung der Satzung beteiligen. Außer ihnen müssen die Personen mitwirken, die als Kommanditaktionäre Aktien gegen Einlagen übernehmen.

(3) Die Gesellschafter, die die Satzung festgestellt haben, sind die Gründer der Gesellschaft.

§ 281 Inhalt der Satzung

(1) Die Satzung muß außer den Festsetzungen nach § 23 Abs. 3 und 4 den Namen, Vornamen, Beruf und Wohnort jedes persönlich haftenden Gesellschafters enthalten.

(2) Vermögenseinlagen der persönlich haftenden Gesellschafter müssen, wenn sie nicht auf das Grundkapital geleistet werden, nach Höhe und Art in der Satzung festgesetzt werden.

(3) (aufgehoben)

§ 282 Eintragung der persönlich haftenden Gesellschafter

Bei der Eintragung der Gesellschaft in das Handelsregister sind statt der Vorstandsmitglieder die persönlich haftenden Gesellschafter anzugeben. Ferner ist einzutragen, welche Vertretungsbefugnis die persönlich haftenden Gesellschafter haben.

§ 283 Persönlich haftende Gesellschafter

Für die persönlich haftenden Gesellschafter gelten sinngemäß die für den Vorstand der Aktiengesellschaft geltenden Vorschriften über

1. die Anmeldungen, Einreichungen, Erklärungen und Nachweise zum Handelsregister sowie über Bekanntmachungen;
2. die Gründungsprüfung;
3. die Sorgfaltspflicht und Verantwortlichkeit;
4. die Pflichten gegenüber dem Aufsichtsrat;
5. die Zulässigkeit einer Kreditgewährung;
6. die Einberufung der Hauptversammlung;
7. die Sonderprüfung;
8. die Geltendmachung von Ersatzansprüchen wegen der Geschäftsführung;
9. die Aufstellung und Vorlegung des Jahresabschlusses, des Lageberichts und des Vorschlags für die Verwendung des Bilanzgewinns;
10. die Prüfung des Jahresabschlusses;
11. die Rechnungslegung im Konzern;
12. die Ausgabe von Aktien bei bedingter Kapitalerhöhung, bei genehmigtem Kapital und bei Kapitalerhöhung aus Gesellschaftsmitteln;
13. die Nichtigkeit und Anfechtung von Hauptversammlungsbeschlüssen;
14. den Antrag auf Eröffnung des Konkursverfahrens oder des gerichtlichen Vergleichsverfahrens.

§ 284 Wettbewerbsverbot

(1) Ein persönlich haftender Gesellschafter darf ohne ausdrückliche Einwilligung der übrigen persönlich haftenden Gesellschafter und des Aufsichtsrats weder im Geschäftszweig der Gesellschaft für eigene oder fremde Rechnung Geschäfte machen noch Mitglied des Vorstands oder Geschäftsführer oder persönlich haftender Gesellschafter einer anderen gleichartigen Handelsgesellschaft sein. Die Einwilligung kann nur für bestimmte Arten von Geschäften oder für bestimmte Handelsgesellschaften erteilt werden.

(2) Verstößt ein persönlich haftender Gesellschafter gegen dieses Verbot, so kann die Gesellschaft Schadenersatz fordern. Sie kann statt dessen von dem Gesellschafter verlangen, daß er die für eigene Rechnung gemachten Geschäfte als für Rechnung der Gesellschaft eingegangen gelten läßt und die aus Geschäften für fremde Rechnung bezogene Vergütung herausgibt oder seinen Anspruch auf die Vergütung abtritt.

(3) Die Ansprüche der Gesellschaft verjähren in drei Monaten seit dem Zeitpunkt, in dem die übrigen persönlich haftenden Gesellschafter und die Aufsichtsratsmitglieder von der zum Schadenersatz verpflichtenden Handlung Kenntnis erlangen. Sie verjähren ohne Rücksicht auf diese Kenntnis in fünf Jahren seit ihrer Entstehung.

§ 285 Hauptversammlung

(1) In der Hauptversammlung haben die persönlich haftenden Gesellschafter nur ein Stimmrecht für ihre Aktien. Sie können das Stimmrecht weder für sich noch für einen anderen ausüben bei Beschlußfassungen über
1. die Wahl und Abberufung des Aufsichtsrats;
2. die Entlastung der persönlich haftenden Gesellschafter und der Mitglieder des Aufsichtsrats;
3. die Bestellung von Sonderprüfern;
4. die Geltendmachung von Ersatzansprüchen;
5. den Verzicht auf Ersatzansprüche;
6. die Wahl von Abschlußprüfern.

Bei diesen Beschlußfassungen kann ihr Stimmrecht auch nicht durch einen anderen ausgeübt werden.

(2) Die Beschlüsse der Hauptversammlung bedürfen der Zustimmung der persönlich haftenden Gesellschafter, soweit sie Angelegenheiten betreffen, für die bei einer Kommanditgesellschaft das Einverständnis der persönlich haftenden Gesellschafter und der Kommanditisten erforderlich ist. Die Ausübung der Befugnisse, die der Hauptversammlung oder einer Minderheit von Kommanditaktionären bei der Bestellung von Prüfern und der Geltendmachung von Ansprüchen der Gesellschaft aus der Gründung oder der Geschäftsführung zustehen, bedarf nicht der Zustimmung der persönlich haftenden Gesellschafter.

(3) Beschlüsse der Hauptversammlung, die der Zustimmung der persönlich haftenden Gesellschafter bedürfen, sind zum Handelsregister erst einzureichen, wenn die Zustimmung vorliegt. Bei Beschlüssen, die in das Handelsregister einzutragen sind, ist die Zustimmung in der Verhandlungsniederschrift oder in einem Anhang zur Niederschrift zu beurkunden.

§ 286 Jahresabschluß. Lagebericht

(1) Die Hauptversammlung beschließt über die Feststellung des Jahresabschlusses. Der Beschluß bedarf der Zustimmung der persönlich haftenden Gesellschafter.

(2) In der Jahresbilanz sind die Kapitalanteile der persönlich haftenden Gesellschafter nach dem Posten »Gezeichnetes Kapital« gesondert auszuweisen. Der auf den Kapitalanteil eines persönlich haftenden Gesellschafters für das Geschäftsjahr entfallende Verlust ist von dem Kapitalanteil abzuschreiben. Soweit der Verlust den Kapitalanteil übersteigt, ist er auf der Aktivseite unter der Bezeichnung »Einzahlungsverpflichtungen persönlich haftender Gesellschafter« unter den Forderungen gesondert auszuweisen, soweit eine Zahlungsverpflichtung besteht; besteht keine Zahlungsverpflichtung, so ist der Betrag als »Nicht durch Vermögenseinlagen gedeckter Verlustanteil persönlich haftender Gesellschafter« zu bezeichnen und gemäß § 268 Abs. 3 des Handelsgesetzbuchs auszuweisen. Unter § 89 fallende Kredite, die die Gesellschaft persönlich haftenden Gesellschaftern, deren Ehegatten oder minderjährigen Kindern oder Dritten, die für Rechnung dieser Personen handeln, gewährt hat, sind auf der Aktivseite bei den entsprechenden Posten unter der Bezeichnung »davon an persönlich haftende Gesellschafter und deren Angehörige« zu vermerken.

(3) In der Gewinn- und Verlustrechnung braucht der auf die Kapitalanteile der persönlich haftenden Gesellschafter entfallende Gewinn oder Verlust nicht gesondert ausgewiesen zu werden.

(4) § 285 Nr. 9 Buchstaben a und b des Handelsgesetzbuchs gilt für die persönlich haftenden Gesellschafter mit der Maßgabe, daß der auf den Kapitalanteil eines persönlich haftenden Gesellschafters entfallende Gewinn nicht angegeben zu werden braucht.

§ 287 Aufsichtsrat

(1) Die Beschlüsse der Kommanditaktionäre führt der Aufsichtsrat aus, wenn die Satzung nichts anderes bestimmt.

(2) In Rechtsstreitigkeiten, die die Gesamtheit der Kommanditaktionäre gegen die persönlich haftenden Gesellschafter oder diese gegen die Gesamtheit der Kommanditaktionäre führen, vertritt der Aufsichtsrat die Kommanditaktionäre, wenn die Hauptversammlung keine besonderen Vertreter gewählt hat. Für die Kosten des Rechtsstreits, die den Kommanditaktionären zur Last fallen, haftet die Gesellschaft unbeschadet ihres Rückgriffs gegen die Kommanditaktionäre.

(3) Persönlich haftende Gesellschafter können nicht Aufsichtsratsmitglieder sein.

§ 288 Entnahmen der persönlich haftenden Gesellschafter. Kreditgewährung

(1) Entfällt auf einen persönlich haftenden Gesellschafter ein Verlust, der seinen Kapitalanteil übersteigt, so darf er keinen Gewinn auf seinen Kapitalanteil entnehmen. Er darf ferner keinen solchen Gewinnanteil und kein Geld auf seinen Kapitalanteil entnehmen, solange die Summe aus Bilanzverlust, Einzahlungsverpflichtungen, Verlustanteilen persönlich haftender Gesellschafter und Forderungen aus Krediten an persönlich haftende Gesellschafter und deren Angehörige die Summe aus Gewinnvortrag, Kapital- und Gewinnrücklagen sowie Kapitalanteilen der persönlich haftenden Gesellschafter übersteigt.

(2) Solange die Voraussetzung von Absatz 1 Satz 2 vorliegt, darf die Gesellschaft keinen unter § 286 Abs. 2 Satz 4 fallenden Kredit gewähren. Ein trotzdem gewährter Kredit ist ohne Rücksicht auf entgegenstehende Vereinbarungen sofort zurückzugewähren.

(3) Ansprüche persönlich haftender Gesellschafter auf nicht vom Gewinn abhängige Tätigkeitsvergütungen werden durch diese Vorschriften nicht berührt. Für eine Herabsetzung solcher Vergütungen gilt § 87 Abs. 2 Satz 1 sinngemäß.

§ 289 Auflösung

(1) Die Gründe für die Auflösung der Kommanditgesellschaft auf Aktien und das Ausscheiden eines von mehreren persönlich haftenden Gesellschaftern aus der Gesellschaft richten sich, soweit in den Absätzen 2 bis 6 nichts anderes bestimmt ist, nach den Vorschriften des Handelsgesetzbuchs über die Kommanditgesellschaft.

(2) Die Kommanditgesellschaft auf Aktien wird auch aufgelöst

1. mit der Rechtskraft des Beschlusses, durch den die Eröffnung des Konkursverfahrens mangels einer den Kosten des Verfahrens entsprechenden Konkursmasse abgelehnt wird;
2. mit der Rechtskraft einer Verfügung des Registergerichts, durch welche nach § 144 a des Gesetzes über die Angelegenheiten der freiwilligen Gerichtsbarkeit ein Mangel der Satzung festgestellt worden ist.

(3) Durch die Eröffnung des Konkursverfahrens über das Vermögen eines Kommanditaktionärs wird die Gesellschaft nicht aufgelöst. Die Gläubiger eines Kommanditaktionärs sind nicht berechtigt, die Gesellschaft zu kündigen.

(4) Für die Kündigung der Gesellschaft durch die Kommanditaktionäre und für ihre Zustimmung zur Auflösung der Gesellschaft ist ein Beschluß der Hauptversammlung nötig. Gleiches gilt für den Antrag auf Auflösung der Gesellschaft durch gerichtliche Entscheidung. Der Beschluß bedarf einer Mehrheit, die mindestens drei Viertel des bei der Beschlußfassung vertretenen Grundkapitals umfaßt. Die Satzung kann eine größere Kapitalmehrheit und weitere Erfordernisse bestimmen.

(Fortsetzung auf Seite 115)

(5) Persönlich haftende Gesellschafter können außer durch Ausschließung nur ausscheiden, wenn es die Satzung für zulässig erklärt.
(6) Die Auflösung der Gesellschaft und das Ausscheiden eines persönlich haftenden Gesellschafters ist von allen persönlich haftenden Gesellschaftern zur Eintragung in das Handelsregister anzumelden. § 143 Abs. 3 des Handelsgesetzbuchs gilt sinngemäß.

§ 290 Abwicklung

(1) Die Abwicklung besorgen alle persönlich haftenden Gesellschafter und eine oder mehrere von der Hauptversammlung gewählte Personen als Abwickler, wenn die Satzung nichts anderes bestimmt.
(2) Die Bestellung oder Abberufung von Abwicklern durch das Gericht kann auch jeder persönlich haftende Gesellschafter beantragen.

Drittes Buch

Verbundene Unternehmen

Erster Teil

Unternehmensverträge

Erster Abschnitt

Arten von Unternehmensverträgen

§ 291 Beherrschungsvertrag. Gewinnabführungsvertrag

(1) Unternehmensverträge sind Verträge, durch die eine Aktiengesellschaft oder Kommanditgesellschaft auf Aktien die Leitung ihrer Gesellschaft einem anderen Unternehmen unterstellt (Beherrschungsvertrag) oder sich verpflichtet, ihren ganzen Gewinn an ein anderes Unternehmen abzuführen (Gewinnabführungsvertrag). Als Vertrag über die Abführung des ganzen Gewinns gilt auch ein Vertrag, durch den eine Aktiengesellschaft oder Kommanditgesellschaft auf Aktien es übernimmt, ihr Unternehmen für Rechnung eines anderen Unternehmens zu führen.
(2) Stellen sich Unternehmen, die voneinander nicht abhängig sind, durch Vertrag unter einheitliche Leitung, ohne daß dadurch eines von ihnen von einem anderen vertragschließenden Unternehmen abhängig wird, so ist dieser Vertrag kein Beherrschungsvertrag.
(3) Leistungen der Gesellschaft auf Grund eines Beherrschungs- oder eines Gewinnabführungsvertrags gelten nicht als Verstoß gegen die §§ 57, 58 und 60.

§ 292 Andere Unternehmensverträge

(1) Unternehmensverträge sind ferner Verträge, durch die eine Aktiengesellschaft oder Kommanditgesellschaft auf Aktien
1. sich verpflichtet, ihren Gewinn oder den Gewinn einzelner ihrer Betriebe ganz oder zum Teil mit dem Gewinn anderer Unternehmen oder einzelner Betriebe anderer Unternehmen zur Aufteilung eines gemeinschaftlichen Gewinns zusammenzulegen (Gewinngemeinschaft),
2. sich verpflichtet, einen Teil ihres Gewinns oder den Gewinn einzelner ihrer Betriebe ganz oder zum Teil an einen anderen abzuführen (Teilgewinnabführungsvertrag),
3. den Betrieb ihres Unternehmens einem anderen verpachtet oder sonst überläßt (Betriebspachtvertrag, Betriebsüberlassungsvertrag).

(2) Ein Vertrag über eine Gewinnbeteiligung mit Mitgliedern von Vorstand und Aufsichtsrat oder mit einzelnen Arbeitnehmern der Gesellschaft sowie eine Abrede über eine Gewinnbeteiligung im Rahmen von Verträgen des laufenden Geschäftsverkehrs oder Lizenzverträgen ist kein Teilgewinnabführungsvertrag.

(3) Ein Betriebspacht- oder Betriebsüberlassungsvertrag und der Beschluß, durch den die Hauptversammlung dem Vertrag zugestimmt hat, sind nicht deshalb nichtig, weil der Vertrag gegen die §§ 57, 58 und 60 verstößt. Satz 1 schließt die Anfechtung des Beschlusses wegen dieses Verstoßes nicht aus.

Zweiter Abschnitt

Abschluß, Änderung und Beendigung von Unternehmensverträgen

§ 293 Zustimmung der Hauptversammlung

(1) Ein Unternehmensvertrag wird nur mit Zustimmung der Hauptversammlung wirksam. Der Beschluß bedarf einer Mehrheit, die mindestens drei Viertel des bei der Beschlußfassung vertretenen Grundkapitals umfaßt. Die Satzung kann eine größere Kapitalmehrheit und weitere Erfordernisse bestimmen. Auf den Beschluß sind die Bestimmungen des Gesetzes und der Satzung über Satzungsänderungen nicht anzuwenden.

(2) Ein Beherrschungs- oder ein Gewinnabführungsvertrag wird, wenn der andere Vertragsteil eine Aktiengesellschaft oder Kommanditgesellschaft auf Aktien ist, nur wirksam, wenn auch die Hauptversammlung dieser Gesellschaft zustimmt. Für den Beschluß gilt Absatz 1 Satz 2 bis 4 sinngemäß.

(3) Der Vertrag bedarf der schriftlichen Form.

(4) (aufgehoben)

§ 293 a Bericht über den Unternehmensvertrag

(1) Der Vorstand jeder an einem Unternehmensvertrag beteiligten Aktiengesellschaft oder Kommanditgesellschaft auf Aktien hat, soweit die Zustimmung der Hauptversammlung nach § 293 erforderlich ist, einen ausführlichen schriftlichen Bericht zu erstatten, in dem der Abschluß des Unternehmensvertrags, der Vertrag im einzelnen und insbesondere Art und Höhe des Ausgleichs nach § 304 und der Abfindung nach § 305 rechtlich und wirtschaftlich erläutert und begründet werden; der Bericht kann von den Vorständen auch gemeinsam erstattet werden. Auf besondere Schwierigkeiten bei der Bewertung der vertragschließenden Unternehmen sowie auf die Folgen für die Beteiligungen der Aktionäre ist hinzuweisen.

(2) In den Bericht brauchen Tatsachen nicht aufgenommen zu werden, deren Bekanntwerden geeignet ist, einem der vertragschließenden Unternehmen oder einem verbundenen Unternehmen einen nicht unerheblichen Nachteil zuzufügen. In diesem Falle sind in dem Bericht die Gründe, aus denen die Tatsachen nicht aufgenommen worden sind, darzulegen.

(3) Der Bericht ist nicht erforderlich, wenn alle Anteilsinhaber aller beteiligten Unternehmen auf seine Erstattung durch öffentlich beglaubigte Erklärung verzichten.

§ 293 b Prüfung des Unternehmensvertrags

(1) Der Unternehmensvertrag ist für jede vertragschließende Aktiengesellschaft oder Kommanditgesellschaft auf Aktien durch sachverständige Prüfer (Vertragsprüfer) zu prüfen, es sei denn, daß sich alle Aktien der abhängigen Gesellschaft in der Hand des herrschenden Unternehmens befinden.

(2) § 293 a Abs. 3 ist entsprechend anzuwenden.

§ 293 c Bestellung der Vertragsprüfer

(1) Die Vertragsprüfer werden von dem Vorstand der abhängigen Gesellschaft oder auf dessen Antrag vom Gericht bestellt. Zuständig ist das Landgericht, in dessen Bezirk die abhängige Gesellschaft ihren Sitz hat. Ist bei dem Landgericht eine Kammer für Handelssachen gebildet, so entscheidet diese an Stelle der Zivilkammer. Für den Ersatz von Auslagen und für die Vergütung der vom Gericht bestellten Prüfer gilt § 318 Abs. 5 des Handelsgesetzbuchs.

(2) Die Landesregierung kann die Entscheidung durch Rechtsverordnung für die Bezirke mehrerer Landgerichte einem der Landgerichte übertragen, wenn dies der Sicherung einer einheitlichen Rechtsprechung dient. Die Landesregieung kann die Ermächtigung auf die Landesjustizverwaltung übertragen.

§ 293 d Auswahl, Stellung und Verantwortlichkeit der Vertragsprüfer

(1) Für die Auswahl und das Auskunftsrecht der Vertragsprüfer gelten § 319 Abs. 1 bis 3, § 320 Abs. 1 Satz 2 und Abs. 2 Satz 1 und 2 des Handelsgesetzbuchs entsprechend. Das Auskunftsrecht besteht gegenüber den vertragschließenden Unternehmen und gegenüber einem Konzernunternehmen sowie einem abhängigen und einem herrschenden Unternehmen.

(2) Für die Verantwortlichkeit der Vertragsprüfer, ihrer Gehilfen und der bei der Prüfung mitwirkenden gesetzlichen Vertreter einer Prüfungsgesellschaft gilt § 323 des Handelsgesetzbuchs entsprechend. Die Verantwortlichkeit besteht gegenüber den vertragschließenden Unternehmen und deren Anteilsinhabern.

§ 293 e Prüfungsbericht

(1) Die Vertragsprüfer haben über das Ergebnis der Prüfung schriftlich zu berichten. Der Prüfungsbericht ist mit einer Erklärung darüber abzuschließen, ob der vorgeschlagene Ausgleich oder die vorgeschlagene Abfindung angemessen ist. Dabei ist anzugeben,

1. nach welchen Methoden Ausgleich und Abfindung ermittelt worden sind;
2. aus welchen Gründen die Anwendung dieser Methoden angemessen ist;
3. welcher Ausgleich oder welche Abfindung sich bei der Anwendung verschiedener Methoden, sofern mehrere angewandt worden sind, jeweils ergeben würde; zugleich ist darzulegen, welches Gewicht den verschiedenen Methoden bei der Bestimmung des vorgeschlagenen Ausgleichs oder der vorgeschlagenen Abfindung und der ihnen zugrunde liegenden Werte beigemessen worden ist und welche besonderen Schwierigkeiten bei der Bewertung der vertragschließenden Unternehmen aufgetreten sind.

(2) § 293 a Abs. 2 und 3 ist entsprechend anzuwenden.

§ 293 f Vorbereitung der Hauptversammlung

(1) Von der Einberufung der Hauptversammlung an, die über die Zustimmung zu dem Unternehmensvertrag beschließen soll, sind in dem Geschäftsraum jeder der beteiligten Aktiengesellschaften oder Kommanditgesellschaften auf Aktien zur Einsicht der Aktionäre auszulegen

1. der Unternehmensvertrag;
2. die Jahresabschlüsse und die Lageberichte der vertragschließenden Unternehmen für die letzten drei Geschäftsjahre;
3. die nach § 293 a erstatteten Berichte der Vorstände und die nach § 293 e erstatteten Berichte der Vertragsprüfer.

(2) Auf Verlangen ist jedem Aktionär unverzüglich und kostenlos eine Abschrift der in Absatz 1 bezeichneten Unterlagen zu erteilen.

§ 293 g Durchführung der Hauptversammlung

(1) In der Hauptversammlung sind die in § 293 f Abs. 1 bezeichneten Unterlagen auszulegen.

(2) Der Vorstand hat den Unternehmensvertrag zu Beginn der Verhandlung mündlich zu erläutern. Er ist der Niederschrift als Anlage beizufügen.

(3) Jedem Aktionär ist auf Verlangen in der Hauptversammlung Auskunft auch über alle für den Vertragschluß wesentlichen Angelegenheiten des anderen Vertragsteils zu geben.

§ 294 Eintragung. Wirksamwerden

(1) Der Vorstand der Gesellschaft hat das Bestehen und die Art des Unternehmensvertrags sowie den Namen des anderen Vertragsteils, bei Teilgewinnabführungsverträgen außerdem die Vereinbarung über die Höhe des abzuführenden Gewinns, zur Eintragung in das Handelsregister anzumelden. Der Anmeldung sind der Vertrag sowie, wenn er nur mit Zustimmung der Hauptversammlung des anderen Vertragsteils wirksam wird, die Niederschrift dieses Beschlusses und ihre Anlagen in Urschrift, Ausfertigung oder öffentlich beglaubigter Abschrift beizufügen.

(2) Der Vertrag wird erst wirksam, wenn sein Bestehen in das Handelsregister des Sitzes der Gesellschaft eingetragen worden ist.

§ 295 Änderung

(1) Ein Unternehmensvertrag kann nur mit Zustimmung der Hauptversammlung geändert werden. §§ 293 bis 294 gelten sinngemäß.

(2) Die Zustimmung der Hauptversammlung der Gesellschaft zu einer Änderung der Bestimmungen des Vertrags, die zur Leistung eines Ausgleichs an die außenstehenden Aktionäre der Gesellschaft oder zum Erwerb ihrer Aktien verpflichten, bedarf, um wirksam zu werden, eines Sonderbeschlusses der außenstehenden Aktionäre. Für den Sonderbeschluß gilt § 293 Abs. 1 Satz 2 und 3. Jedem außenstehenden Aktionär ist auf Verlangen in der Versammlung, die über die Zustimmung beschließt, Auskunft auch über alle für die Änderung wesentlichen Angelegenheiten des anderen Vertragsteils zu geben.

§ 296 Aufhebung

(1) Ein Unternehmensvertrag kann nur zum Ende des Geschäftsjahrs oder des sonst vertraglich bestimmten Abrechnungszeitraums aufgehoben werden. Eine rückwirkende Aufhebung ist unzulässig. Die Aufhebung bedarf der schriftlichen Form.

(2) Ein Vertrag, der zur Leistung eines Ausgleichs an die außenstehenden Aktionäre oder zum Erwerb ihrer Aktien verpflichtet, kann nur aufgehoben werden, wenn die außenstehenden Aktionäre durch Sonderbeschluß zustimmen. Für den Sonderbeschluß gilt § 293 Abs. 1 Satz 2 und 3, § 295 Abs. 2 Satz 3 sinngemäß.

§ 297 Kündigung

(1) Ein Unternehmensvertrag kann aus wichtigem Grunde ohne Einhaltung einer Kündigungsfrist gekündigt werden. Ein wichtiger Grund liegt namentlich vor, wenn der andere Vertragsteil voraussichtlich nicht in der Lage sein wird, seine auf Grund des Vertrags bestehenden Verpflichtungen zu erfüllen.

(2) Der Vorstand der Gesellschaft kann einen Vertrag, der zur Leistung eines Ausgleichs an die außenstehenden Aktionäre der Gesellschaft oder zum Erwerb ihrer Aktien verpflichtet, ohne wichtigen Grund nur kündigen, wenn die außenstehenden Aktionäre durch Sonderbeschluß zustimmen. Für den Sonderbeschluß gilt § 293 Abs. 1 Satz 2 und 3, § 295 Abs. 2 Satz 3 sinngemäß.

(3) Die Kündigung bedarf der schriftlichen Form.

§ 298 Anmeldung und Eintragung

Der Vorstand der Gesellschaft hat die Beendigung eines Unternehmensvertrags, den Grund und den Zeitpunkt der Beendigung unverzüglich zur Eintragung in das Handelsregister anzumelden.

§ 299 Ausschluß von Weisungen

Auf Grund eines Unternehmensvertrags kann der Gesellschaft nicht die Weisung erteilt werden, den Vertrag zu ändern, aufrechtzuerhalten oder zu beendigen.

Dritter Abschnitt

Sicherung der Gesellschaft und der Gläubiger

§ 300 Gesetzliche Rücklage

In die gesetzliche Rücklage sind an Stelle des in § 150 Abs. 2 bestimmten Betrags einzustellen,

1. wenn ein Gewinnabführungsvertrag besteht, aus dem ohne die Gewinnabführung entstehenden, um einen Verlustvortrag aus dem Vorjahr geminderten Jahresüberschuß der Betrag, der erforderlich ist, um die gesetzliche Rücklage unter Hinzurechnung einer Kapitalrücklage innerhalb der ersten fünf Geschäftsjahre, die während des Bestehens des Vertrags oder nach Durchführung einer Kapitalerhöhung beginnen, gleichmäßig auf den zehnten oder den in der Satzung bestimmten höheren Teil des Grundkapitals aufzufüllen, mindestens aber der in Nummer 2 bestimmte Betrag;
2. wenn ein Teilgewinnabführungsvertrag besteht, der Betrag, der nach § 150 Abs. 2 aus dem ohne die Gewinnabführung entstehenden, um einen Verlustvortrag aus dem Vorjahr geminderten Jahresüberschuß in die gesetzliche Rücklage einzustellen wäre;
3. wenn ein Beherrschungsvertrag besteht, ohne daß die Gesellschaft auch zur Abführung ihres ganzen Gewinns verpflichtet ist, der zur Auffüllung der gesetzlichen Rücklage nach Nummer 1 erforderliche Betrag, mindestens aber der in § 150 Abs. 2 oder, wenn die Gesellschaft verpflichtet ist, ihren Gewinn zum Teil abzuführen, der in Nummer 2 bestimmte Betrag.

§ 301 Höchstbetrag der Gewinnabführung

Eine Gesellschaft kann, gleichgültig welche Vereinbarungen über die Berechnung des abzuführenden Gewinns getroffen worden sind, als ihren Gewinn höchstens den ohne die Gewinnabführung entstehenden Jahresüberschuß, vermindert um einen Verlustvortrag aus dem Vorjahr und um den Betrag, der nach § 300 in die gesetzliche Rücklage einzustellen ist, abführen. Sind während der Dauer des Vertrags Beträge in andere Gewinnrücklagen eingestellt worden, so können diese Beträge den anderen Gewinnrücklagen entnommen und als Gewinn abgeführt werden.

§ 302 Verlustübernahme

(1) Besteht ein Beherrschungs- oder ein Gewinnabführungsvertrag, so hat der andere Vertragsteil jeden während der Vertragsdauer sonst entstehenden Jahresfehlbetrag auszugleichen, soweit dieser nicht dadurch ausgeglichen wird, daß den anderen Gewinnrücklagen Beträge entnommen werden, die während der Vertragsdauer in sie eingestellt worden sind.

(2) Hat eine abhängige Gesellschaft den Betrieb ihres Unternehmens dem herrschenden Unternehmen verpachtet oder sonst überlassen, so hat das herrschende Unternehmen jeden während der Vertragsdauer sonst entstehenden Jahresfehlbetrag auszugleichen, soweit die vereinbarte Gegenleistung das angemessene Entgelt nicht erreicht.

(3) Die Gesellschaft kann auf den Anspruch auf Ausgleich erst drei Jahre nach dem Tage, an dem die Eintragung der Beendigung des Vertrags in das Handelsregister nach

§ 10 des Handelsgesetzbuchs als bekanntgemacht gilt, verzichten oder sich über ihn vergleichen. Dies gilt nicht, wenn der Ausgleichspflichtige zahlungsunfähig ist und sich zur Abwendung oder Beseitigung des Konkursverfahrens mit seinen Gläubigern vergleicht. Der Verzicht oder Vergleich wird nur wirksam, wenn die außenstehenden Aktionäre durch Sonderbeschluß zustimmen und nicht eine Minderheit, deren Anteile zusammen den zehnten Teil des bei der Beschlußfassung vertretenen Grundkapitals erreichen, zur Niederschrift Widerspruch erhebt.

§ 303 Gläubigerschutz

(1) Endet ein Beherrschungs- oder ein Gewinnabführungsvertrag, so hat der andere Vertragsteil den Gläubigern der Gesellschaft, deren Forderungen begründet worden sind, bevor die Eintragung der Beendigung des Vertrags in das Handelsregister nach § 10 des Handelsgesetzbuchs als bekanntgemacht gilt, Sicherheit zu leisten, wenn sie sich binnen sechs Monaten nach der Bekanntmachung der Eintragung zu diesem Zweck bei ihm melden. Die Gläubiger sind in der Bekanntmachung der Eintragung auf dieses Recht hinzuweisen.

(2) Das Recht, Sicherheitsleistung zu verlangen, steht Gläubigern nicht zu, die im Fall des Konkurses ein Recht auf vorzugsweise Befriedigung aus einer Deckungsmasse haben, die nach gesetzlicher Vorschrift zu ihrem Schutz errichtet und staatlich überwacht ist.

(3) Statt Sicherheit zu leisten, kann der andere Vertragsteil sich für die Forderung verbürgen. § 349 des Handelsgesetzbuchs über den Ausschluß der Einrede der Vorausklage ist nicht anzuwenden.

Vierter Abschnitt

Sicherung der außenstehenden Aktionäre bei Beherrschungs- und Gewinnabführungsverträgen

§ 304 Angemessener Ausgleich

(1) Ein Gewinnabführungsvertrag muß einen angemessenen Ausgleich für die außenstehenden Aktionäre durch eine auf die Aktiennennbeträge bezogene wiederkehrende Geldleistung (Ausgleichszahlung) vorsehen. Ein Beherrschungsvertrag muß, wenn die Gesellschaft nicht auch zur Abführung ihres ganzen Gewinns verpflichtet ist, den außenstehenden Aktionären als angemessenen Ausgleich einen bestimmten jährlichen Gewinnanteil nach der für die Ausgleichszahlung bestimmten Höhe garantieren. Von der Bestimmung eines angemessenen Ausgleichs kann nur abgesehen werden, wenn die Gesellschaft im Zeitpunkt der Beschlußfassung ihrer Hauptversammlung über den Vertrag keinen außenstehenden Aktionär hat.

(2) Als Ausgleichszahlung ist mindestens die jährliche Zahlung des Betrags zuzusichern, der nach der bisherigen Ertragslage der Gesellschaft und ihren künftigen Ertragsaussichten unter Berücksichtigung angemessener Abschreibungen und Wertberichtigungen, jedoch ohne Bildung anderer Gewinnrücklagen, voraussichtlich als durchschnittlicher Gewinnanteil auf die einzelne Aktie verteilt werden könnte. Ist der andere Vertragsteil eine Aktiengesellschaft oder Kommanditgesellschaft auf Aktien, so kann als Ausgleichszahlung auch die Zahlung des Betrags zugesichert werden, der auf Aktien der anderen Gesellschaft mit mindestens dem entsprechenden Nennbetrag jeweils als Gewinnanteil entfällt. Der entsprechende Nennbetrag bestimmt sich nach dem Verhältnis, in dem bei einer Verschmelzung auf eine Aktie der Gesellschaft Aktien der anderen Gesellschaft zu gewähren wären.

(3) Ein Vertrag, der entgegen Absatz 1 überhaupt keinen Ausgleich vorsieht, ist nichtig. Die Anfechtung des Beschlusses, durch den die Hauptversammlung der Gesellschaft dem

Vertrag oder einer unter § 295 Abs. 2 fallenden Änderung des Vertrags zugestimmt hat, kann nicht auf § 243 Abs. 2 oder darauf gestützt werden, daß der im Vertrag bestimmte Ausgleich nicht angemessen ist. Ist der im Vertrag bestimmte Ausgleich nicht angemessen, so hat das in § 306 bestimmte Gericht auf Antrag den vertraglich geschuldeten Ausgleich zu bestimmen, wobei es, wenn der Vertrag einen nach Absatz 2 Satz 2 berechneten Ausgleich vorsieht, den Ausgleich nach dieser Vorschrift zu bestimmen hat.

(4) Antragsberechtigt ist jeder außenstehende Aktionär. Der Antrag kann nur binnen zwei Monaten seit dem Tage gestellt werden, an dem die Eintragung des Bestehens oder einer unter § 295 Abs. 2 fallenden Änderung des Vertrags im Handelsregister nach § 10 des Handelsgesetzbuchs als bekanntgemacht gilt.

(5) Bestimmt das Gericht den Ausgleich, so kann der andere Vertragsteil den Vertrag binnen zwei Monaten nach Rechtskraft der Entscheidung ohne Einhaltung einer Kündigungsfrist kündigen.

§ 305 Abfindung

(1) Außer der Verpflichtung zum Ausgleich nach § 304 muß ein Beherrschungs- oder ein Gewinnabführungsvertrag die Verpflichtung des anderen Vertragsteils enthalten, auf Verlangen eines außenstehenden Aktionärs dessen Aktien gegen eine im Vertrag bestimmte angemessene Abfindung zu erwerben.

(2) Als Abfindung muß der Vertrag,

1. wenn der andere Vertragsteil eine nicht abhängige und nicht in Mehrheitsbesitz stehende Aktiengesellschaft oder Kommanditgesellschaft auf Aktien mit Sitz im Inland ist, die Gewährung eigener Aktien dieser Gesellschaft,
2. wenn der andere Vertragsteil eine abhängige oder in Mehrheitsbesitz stehende Aktiengesellschaft oder Kommanditgesellschaft auf Aktien und das herrschende Unternehmen eine Aktiengesellschaft oder Kommanditgesellschaft auf Aktien mit Sitz im Inland ist, entweder die Gewährung von Aktien der herrschenden oder mit Mehrheit beteiligten Gesellschaft oder eine Barabfindung,
3. in allen anderen Fällen eine Barabfindung

vorsehen.

(3) Werden als Abfindung Aktien einer anderen Gesellschaft gewährt, so ist die Abfindung als angemessen anzusehen, wenn die Aktien in dem Verhältnis gewährt werden, in dem bei einer Verschmelzung auf eine Aktie der Gesellschaft Aktien der anderen Gesellschaft zu gewähren wären, wobei Spitzenbeträge durch bare Zuzahlungen ausgeglichen werden können. Die angemessene Barabfindung muß die Verhältnisse der Gesellschaft im Zeitpunkt der Beschlußfassung ihrer Hauptversammlung über den Vertrag berücksichtigen. Sie ist nach Ablauf des Tages, an dem der Beherrschungs- oder Gewinnabführungsvertrag wirksam geworden ist, mit jährlich zwei vom Hundert über dem jeweiligen Diskontsatz der Deutschen Bundesbank zu verzinsen; die Geltendmachung eines weiteren Schadens ist nicht ausgeschlossen.

(4) Die Verpflichtung zum Erwerb der Aktien kann befristet werden. Die Frist endet frühestens zwei Monate nach dem Tage, an dem die Eintragung des Bestehens des Vertrags im Handelsregister nach § 10 des Handelsgesetzbuchs als bekanntgemacht gilt. Ist ein Antrag auf Bestimmung des Ausgleichs oder der Abfindung durch das in § 306 bestimmte Gericht gestellt worden, so endet die Frist frühestens zwei Monate nach dem Tage, an dem die Entscheidung über den zuletzt beschiedenen Antrag im Bundesanzeiger bekanntgemacht worden ist.

(5) Die Anfechtung des Beschlusses, durch den die Hauptversammlung der Gesellschaft dem Vertrag oder einer unter § 295 Abs. 2 fallenden Änderung des Vertrags zugestimmt hat,

kann nicht darauf gestützt werden, daß der Vertrag keine angemessene Abfindung vorsieht. Sieht der Vertrag überhaupt keine oder eine den Absätzen 1 bis 3 nicht entsprechende Abfindung vor, so hat das in § 306 bestimmte Gericht auf Antrag die vertraglich zu gewährende Abfindung zu bestimmen. Dabei hat es in den Fällen des Absatzes 2 Nr. 2, wenn der Vertrag die Gewährung von Aktien der herrschenden oder mit Mehrheit beteiligten Gesellschaft vorsieht, das Verhältnis, in dem diese Aktien zu gewähren sind, wenn der Vertrag nicht die Gewährung von Aktien der herrschenden oder mit Mehrheit beteiligten Gesellschaft vorsieht, die angemessene Barabfindung zu bestimmen. § 304 Abs. 4 und 5 gilt sinngemäß.

§ 306 Verfahren

(1) Zuständig ist das Landgericht, in dessen Bezirk die Gesellschaft, deren außenstehende Aktionäre antragsberechtigt sind, ihren Sitz hat. § 132 Abs. 1 Satz 2 bis 4 sowie § 306 Abs. 2 Satz 2 und 3 des Umwandlungsgesetzes sind anzuwenden.

(2) § 99 Abs. 1, Abs. 3 Satz 1, 2, 4 bis 9, Abs. 5 gilt sinngemäß.

(3) Das Landgericht hat den Antrag in den Gesellschaftsblättern der Gesellschaft, deren außenstehende Aktionäre antragsberechtigt sind, bekanntzumachen. Außenstehende Aktionäre können noch binnen einer Frist von zwei Monaten nach dieser Bekanntmachung eigene Anträge stellen. Auf dieses Recht ist in der Bekanntmachung hinzuweisen.

(4) Das Landgericht hat die Vertragsteile des Unternehmensvertrags zu hören. Es hat den außenstehenden Aktionären, die nicht Antragsteller nach § 304 Abs. 4 oder § 305 Abs. 5 sind oder eigene Anträge nach Absatz 3 Satz 2 gestellt haben, zur Wahrung ihrer Rechte einen gemeinsamen Vertreter zu bestellen, der die Stellung eines gesetzlichen Vertreters hat. Werden die Festsetzung des angemessenen Ausgleichs und die Festsetzung der angemessenen Abfindung beantragt, so hat es für jeden Antrag einen gemeinsamen Vertreter zu bestellen. Die Bestellung kann unterbleiben, wenn die Wahrung der Rechte dieser außenstehenden Aktionäre auf andere Weise sichergestellt ist. Die Bestellung des gemeinsamen Vertreters hat das Landgericht in den Gesellschaftsblättern bekanntzumachen. Der Vertreter kann von der Gesellschaft den Ersatz angemessener barer Auslagen und eine Vergütung für seine Tätigkeit verlangen. Die Auslagen und die Vergütung setzt das Landgericht fest. Es kann der Gesellschaft auf Verlangen des Vertreters die Zahlung von Vorschüssen aufgeben. Aus der Festsetzung findet die Zwangsvollstreckung nach der Zivilprozeßordnung statt. § 308 Abs. 3 des Umwandlungsgesetzes ist anzuwenden.

(5) Das Landgericht hat seine Entscheidung den Vertragsteilen des Unternehmensvertrags sowie den Antragstellern nach § 304 Abs. 4, § 305 Abs. 5, den außenstehenden Aktionären, die eigene Anträge nach Absatz 3 Satz 2 gestellt haben, und, wenn ein gemeinsamer Vertreter bestellt ist, diesem zuzustellen.

(6) Der Vorstand der Gesellschaft hat die rechtskräftige Entscheidung ohne Gründe in den Gesellschaftsblättern bekanntzumachen.

(7) Für die Kosten des Verfahrens gilt die Kostenordnung. Für das Verfahren des ersten Rechtszugs wird das Doppelte der vollen Gebühr erhoben. Für den zweiten Rechtszug wird die gleiche Gebühr erhoben; dies gilt auch dann, wenn die Beschwerde Erfolg hat. Wird der Antrag oder die Beschwerde zurückgenommen, bevor es zu einer Entscheidung kommt, so ermäßigt sich die Gebühr auf die Hälfte. Der Geschäftswert ist von Amts wegen festzusetzen. Er bestimmt sich nach § 30 Abs. 1 der Kostenordnung. Schuldner der Kosten sind die Vertragsteile des Unternehmensvertrags. Die Kosten können jedoch ganz oder zum Teil einem anderen Beteiligten auferlegt werden, wenn dies der Billigkeit entspricht.

§ 307 Vertragsbeendigung zur Sicherung außenstehender Aktionäre
Hat die Gesellschaft im Zeitpunkt der Beschlußfassung ihrer Hauptversammlung über einen Beherrschungs- oder Gewinnabführungsvertrag keinen außenstehenden Aktionär, so endet der Vertrag spätestens zum Ende des Geschäftsjahrs, in dem ein außenstehender Aktionär beteiligt ist.

Zweiter Teil
Leitungsmacht und Verantwortlichkeit bei Abhängigkeit von Unternehmen
Erster Abschnitt
Leitungsmacht und Verantwortlichkeit bei Bestehen eines Beherrschungsvertrags

§ 308 Leitungsmacht
(1) Besteht ein Beherrschungsvertrag, so ist das herrschende Unternehmen berechtigt, dem Vorstand der Gesellschaft hinsichtlich der Leitung der Gesellschaft Weisungen zu erteilen. Bestimmt der Vertrag nichts anderes, so können auch Weisungen erteilt werden, die für die Gesellschaft nachteilig sind, wenn sie den Belangen des herrschenden Unternehmens oder der mit ihm und der Gesellschaft konzernverbundenen Unternehmen dienen.
(2) Der Vorstand ist verpflichtet, die Weisungen des herrschenden Unternehmens zu befolgen. Er ist nicht berechtigt, die Befolgung einer Weisung zu verweigern, weil sie nach seiner Ansicht nicht den Belangen des herrschenden Unternehmens oder der mit ihm und der Gesellschaft konzernverbundenen Unternehmen dient, es sei denn, daß sie offensichtlich nicht diesen Belangen dient.
(3) Wird der Vorstand angewiesen, ein Geschäft vorzunehmen, das nur mit Zustimmung des Aufsichtsrats der Gesellschaft vorgenommen werden darf, und wird diese Zustimmung nicht innerhalb einer angemessenen Frist erteilt, so hat der Vorstand dies dem herrschenden Unternehmen mitzuteilen. Wiederholt das herrschende Unternehmen nach dieser Mitteilung die Weisung, so ist die Zustimmung des Aufsichtsrats nicht mehr erforderlich; die Weisung darf, wenn das herrschende Unternehmen einen Aufsichtsrat hat, nur mit dessen Zustimmung wiederholt werden.

§ 309 Verantwortlichkeit der gesetzlichen Vertreter des herrschenden Unternehmens
(1) Besteht ein Beherrschungsvertrag, so haben die gesetzlichen Vertreter (beim Einzelkaufmann der Inhaber) des herrschenden Unternehmens gegenüber der Gesellschaft bei der Erteilung von Weisungen an diese die Sorgfalt eines ordentlichen und gewissenhaften Geschäftsleiters anzuwenden.
(2) Verletzen sie ihre Pflichten, so sind sie der Gesellschaft zum Ersatz des daraus entstehenden Schadens als Gesamtschuldner verpflichtet. Ist streitig, ob sie die Sorgfalt eines ordentlichen und gewissenhaften Geschäftsleiters angewandt haben, so trifft sie die Beweislast.
(3) Die Gesellschaft kann erst drei Jahre nach der Entstehung des Anspruchs und nur dann auf Ersatzansprüche verzichten oder sich über sie vergleichen, wenn die außenstehenden Aktionäre durch Sonderbeschluß zustimmen und nicht eine Minderheit, deren Anteile zusammen den zehnten Teil des bei der Beschlußfassung vertretenen Grundkapitals erreichen, zur Niederschrift Widerspruch erhebt. Die zeitliche Beschränkung gilt nicht, wenn der Ersatzpflichtige zahlungsunfähig ist und sich zur Abwendung oder Beseitigung des Konkursverfahrens mit seinen Gläubigern vergleicht.
(4) Der Ersatzanspruch der Gesellschaft kann auch von jedem Aktionär geltend gemacht werden. Der Aktionär kann jedoch nur Leistung an die Gesellschaft fordern. Der Ersatzanspruch kann ferner von den Gläubigern der Gesellschaft geltend gemacht werden, soweit

sie von dieser keine Befriedigung erlangen können. Den Gläubigern gegenüber wird die Ersatzpflicht durch einen Verzicht oder Vergleich der Gesellschaft nicht ausgeschlossen. Ist über das Vermögen der Gesellschaft das Konkursverfahren eröffnet, so übt während dessen Dauer der Konkursverwalter das Recht der Aktionäre und Gläubiger, den Ersatzanspruch der Gesellschaft geltend zu machen, aus.

(5) Die Ansprüche aus diesen Vorschriften verjähren in fünf Jahren.

§ 310 Verantwortlichkeit der Verwaltungsmitglieder der Gesellschaft

(1) Die Mitglieder des Vorstands und des Aufsichtsrats der Gesellschaft haften neben dem Ersatzpflichtigen nach § 309 als Gesamtschuldner, wenn sie unter Verletzung ihrer Pflichten gehandelt haben. Ist streitig, ob sie die Sorgfalt eines ordentlichen und gewissenhaften Geschäftsleiters angewandt haben, so trifft sie die Beweislast.

(2) Dadurch, daß der Aufsichtsrat die Handlung gebilligt hat, wird die Ersatzpflicht nicht ausgeschlossen.

(3) Eine Ersatzpflicht der Verwaltungsmitglieder der Gesellschaft besteht nicht, wenn die schädigende Handlung auf einer Weisung beruht, die nach § 308 Abs. 2 zu befolgen war.

(4) § 309 Abs. 3 bis 5 ist anzuwenden.

Zweiter Abschnitt

Verantwortlichkeit bei Fehlen eines Beherrschungsvertrags

§ 311 Schranken des Einflusses

(1) Besteht kein Beherrschungsvertrag, so darf ein herrschendes Unternehmen seinen Einfluß nicht dazu benutzen, eine abhängige Aktiengesellschaft oder Kommanditgesellschaft auf Aktien zu veranlassen, ein für sie nachteiliges Rechtsgeschäft vorzunehmen oder Maßnahmen zu ihrem Nachteil zu treffen oder zu unterlassen, es sei denn, daß die Nachteile ausgeglichen werden.

(2) Ist der Ausgleich nicht während des Geschäftsjahrs tatsächlich erfolgt, so muß spätestens am Ende des Geschäftsjahrs, in dem der abhängigen Gesellschaft der Nachteil zugefügt worden ist, bestimmt werden, wann und durch welche Vorteile der Nachteil ausgeglichen werden soll. Auf die zum Ausgleich bestimmten Vorteile ist der abhängigen Gesellschaft ein Rechtsanspruch zu gewähren.

§ 312 Bericht des Vorstands über Beziehungen zu verbundenen Unternehmen

(1) Besteht kein Beherrschungsvertrag, so hat der Vorstand einer abhängigen Gesellschaft in den ersten drei Monaten des Geschäftsjahrs einen Bericht über die Beziehungen der Gesellschaft zu verbundenen Unternehmen aufzustellen. In dem Bericht sind alle Rechtsgeschäfte, welche die Gesellschaft im vergangenen Geschäftsjahr mit dem herrschenden Unternehmen oder einem mit ihm verbundenen Unternehmen oder auf Veranlassung oder im Interesse dieser Unternehmen vorgenommen hat, und alle anderen Maßnahmen, die sie auf Veranlassung oder im Interesse dieser Unternehmen im vergangenen Geschäftsjahr getroffen oder unterlassen hat, aufzuführen. Bei den Rechtsgeschäften sind Leistung und Gegenleistung, bei den Maßnahmen die Gründe der Maßnahme und deren Vorteile und Nachteile für die Gesellschaft anzugeben. Bei einem Ausgleich von Nachteilen ist im einzelnen anzugeben, wie der Ausgleich während des Geschäftsjahrs tatsächlich erfolgt ist, oder auf welche Vorteile der Gesellschaft ein Rechtsanspruch gewährt worden ist.

(2) Der Bericht hat den Grundsätzen einer gewissenhaften und getreuen Rechenschaft zu entsprechen.

(3) Am Schluß des Berichts hat der Vorstand zu erklären, ob die Gesellschaft nach den Umständen, die ihm in dem Zeitpunkt bekannt waren, in dem das Rechtsgeschäft vorge-

nommen oder die Maßnahme getroffen oder unterlassen wurde, bei jedem Rechtsgeschäft eine angemessene Gegenleistung erhielt und dadurch, daß die Maßnahme getroffen oder unterlassen wurde, nicht benachteiligt wurde. Wurde die Gesellschaft benachteiligt, so hat er außerdem zu erklären, ob die Nachteile ausgeglichen worden sind. Die Erklärung ist auch in den Lagebericht aufzunehmen.

§ 313 Prüfung durch den Abschlußprüfer

(1) Ist der Jahresabschluß durch einen Abschlußprüfer zu prüfen, so ist gleichzeitig mit dem Jahresabschluß und dem Lagebericht auch der Bericht über die Beziehungen zu verbundenen Unternehmen dem Abschlußprüfer vorzulegen. Er hat zu prüfen, ob

1. die tatsächlichen Angaben des Berichts richtig sind,
2. bei den im Bericht aufgeführten Rechtsgeschäften nach den Umständen, die im Zeitpunkt ihrer Vornahme bekannt waren, die Leistung der Gesellschaft nicht unangemessen hoch war; soweit sie dies war, ob die Nachteile ausgeglichen worden sind,
3. bei den im Bericht aufgeführten Maßnahmen keine Umstände für eine wesentlich andere Beurteilung als die durch den Vorstand sprechen.

§ 320 Abs. 1 Satz 2 und Abs. 2 Satz 1 und 2 des Handelsgesetzbuchs gilt sinngemäß. Die Rechte nach dieser Vorschrift hat der Abschlußprüfer auch gegenüber einem Konzernunternehmen sowie gegenüber einem abhängigen oder herrschenden Unternehmen.

(2) Der Abschlußprüfer hat über das Ergebnis der Prüfung schriftlich zu berichten. Stellt er bei der Prüfung des Jahresabschlusses, des Lageberichts und des Berichts über die Beziehungen zu verbundenen Unternehmen fest, daß dieser Bericht unvollständig ist, so hat er auch hierüber zu berichten. Der Abschlußprüfer hat seinen Bericht zu unterzeichnen und dem Vorstand vorzulegen.

(3) Sind nach dem abschließenden Ergebnis der Prüfung keine Einwendungen zu erheben, so hat der Abschlußprüfer dies durch folgenden Vermerk zum Bericht über die Beziehungen zu verbundenen Unternehmen zu bestätigen:

Nach meiner/unserer pflichtmäßigen Prüfung und Beurteilung bestätige ich/ bestätigen wir, daß

1. die tatsächlichen Angaben des Berichts richtig sind,
2. bei den im Bericht aufgeführten Rechtsgeschäften die Leistung der Gesellschaft nicht unangemessen hoch war oder Nachteile ausgeglichen worden sind,
3. bei den im Bericht aufgeführten Maßnahmen keine Umstände für eine wesentlich andere Beurteilung als die durch den Vorstand sprechen.

Führt der Bericht kein Rechtsgeschäft auf, so ist Nummer 2, führt er keine Maßnahme auf, so ist Nummer 3 des Vermerks fortzulassen. Hat der Abschlußprüfer bei keinem im Bericht aufgeführten Rechtsgeschäft festgestellt, daß dic Lcistung der Gesellschaft unangemessen hoch war, so ist Nummer 2 des Vermerks auf diese Bestätigung zu beschränken.

(4) Sind Einwendungen zu erheben oder hat der Abschlußprüfer festgestellt, daß der Bericht über die Beziehungen zu verbundenen Unternehmen unvollständig ist, so hat er die Bestätigung einzuschränken oder zu versagen. Hat der Vorstand selbst erklärt, daß die Gesellschaft durch bestimmte Rechtsgeschäfte oder Maßnahmen benachteiligt worden ist, ohne daß die Nachteile ausgeglichen worden sind, so ist dies in dem Vermerk anzugeben und der Vermerk auf die übrigen Rechtsgeschäfte oder Maßnahmen zu beschränken.

(5) Der Abschlußprüfer hat den Bestätigungsvermerk mit Angabe von Ort und Tag zu unterzeichnen. Der Bestätigungsvermerk ist auch in den Prüfungsbericht aufzunehmen.

§ 314 Prüfung durch den Aufsichtsrat

(1) Der Vorstand hat den Bericht über die Beziehungen zu verbundenen Unternehmen und, wenn der Jahresabschluß durch einen Abschlußprüfer zu prüfen ist, den Prüfungs-

bericht des Abschlußprüfers zusammen mit den in § 170 angegebenen Vorlagen dem Aufsichtsrat vorzulegen. Jedes Aufsichtsratsmitglied hat das Recht, von den Berichten Kenntnis zu nehmen. Die Berichte sind auch jedem Aufsichtsratsmitglied auf Verlangen auszuhändigen, soweit der Aufsichtsrat nichts anderes beschlossen hat.

(2) Der Aufsichtsrat hat den Bericht über die Beziehungen zu verbundenen Unternehmen zu prüfen und in seinem Bericht an die Hauptversammlung (§ 171 Abs. 2) über das Ergebnis der Prüfung zu berichten. Ist der Jahresabschluß durch einen Abschlußprüfer zu prüfen, so hat der Aufsichtsrat in diesem Bericht ferner zu dem Ergebnis der Prüfung des Berichts über die Beziehungen zu verbundenen Unternehmen durch den Abschlußprüfer Stellung zu nehmen. Ein von dem Abschlußprüfer erteilter Bestätigungsvermerk ist in den Bericht aufzunehmen, eine Versagung des Bestätigungsvermerks ausdrücklich mitzuteilen.

(3) Am Schluß des Berichts hat der Aufsichtsrat zu erklären, ob nach dem abschließenden Ergebnis seiner Prüfung Einwendungen gegen die Erklärung des Vorstands am Schluß des Berichts über die Beziehungen zu verbundenen Unternehmen zu erheben sind.

(4) Ist der Jahresabschluß durch einen Abschlußprüfer zu prüfen, so hat der Abschlußprüfer auf Verlangen des Aufsichtsrats an dessen Verhandlung über den Bericht über die Beziehungen zu verbundenen Unternehmen teilzunehmen.

§ 315 Sonderprüfung

Auf Antrag eines Aktionärs hat das Gericht Sonderprüfer zur Prüfung der geschäftlichen Beziehungen der Gesellschaft zu dem herrschenden Unternehmen oder einem mit ihm verbundenen Unternehmen zu bestellen, wenn

1. der Abschlußprüfer den Bestätigungsvermerk zum Bericht über die Beziehungen zu verbundenen Unternehmen eingeschränkt oder versagt hat,
2. der Aufsichtsrat erklärt hat, daß Einwendungen gegen die Erklärung des Vorstands am Schluß des Berichts über die Beziehungen zu verbundenen Unternehmen zu erheben sind,
3. der Vorstand selbst erklärt hat, daß die Gesellschaft durch bestimmte Rechtsgeschäfte oder Maßnahmen benachteiligt worden ist, ohne daß die Nachteile ausgeglichen worden sind.

Gegen die Entscheidung ist die sofortige Beschwerde zulässig. Hat die Hauptversammlung zur Prüfung derselben Vorgänge Sonderprüfer bestellt, so kann jeder Aktionär den Antrag nach § 142 Abs. 4 stellen.

§ 316 Kein Bericht über Beziehungen zu verbundenen Unternehmen bei Gewinnabführungsvertrag

§§ 312 bis 315 gelten nicht, wenn zwischen der abhängigen Gesellschaft und dem herrschenden Unternehmen ein Gewinnabführungsvertrag besteht.

§ 317 Verantwortlichkeit des herrschenden Unternehmens und seiner gesetzlichen Vertreter

(1) Veranlaßt ein herrschendes Unternehmen eine abhängige Gesellschaft, mit der kein Beherrschungsvertrag besteht, ein für sie nachteiliges Rechtsgeschäft vorzunehmen oder zu ihrem Nachteil eine Maßnahme zu treffen oder zu unterlassen, ohne daß es den Nachteil bis zum Ende des Geschäftsjahrs tatsächlich ausgleicht oder der abhängigen Gesellschaft einen Rechtsanspruch auf einen zum Ausgleich bestimmten Vorteil gewährt, so ist es der Gesellschaft zum Ersatz des ihr daraus entstehenden Schadens verpflichtet. Es ist auch den Aktionären zum Ersatz des ihnen daraus entstehenden Schadens verpflichtet, soweit sie, abgesehen von einem Schaden, der ihnen durch Schädigung der Gesellschaft zugefügt worden ist, geschädigt worden sind.

(2) Die Ersatzpflicht tritt nicht ein, wenn auch ein ordentlicher und gewissenhafter Geschäftsleiter einer unabhängigen Gesellschaft das Rechtsgeschäft vorgenommen oder die Maßnahme getroffen oder unterlassen hätte.

(3) Neben dem herrschenden Unternehmen haften als Gesamtschuldner die gesetzlichen Vertreter des Unternehmens, die die Gesellschaft zu dem Rechtsgeschäft oder der Maßnahme veranlaßt haben.

(4) § 309 Abs. 3 bis 5 gilt sinngemäß.

§ 318 Verantwortlichkeit der Verwaltungsmitglieder der Gesellschaft

(1) Die Mitglieder des Vorstands der Gesellschaft haften neben den nach § 317 Ersatzpflichtigen als Gesamtschuldner, wenn sie es unter Verletzung ihrer Pflichten unterlassen haben, das nachteilige Rechtsgeschäft oder die nachteilige Maßnahme in dem Bericht über die Beziehungen der Gesellschaft zu verbundenen Unternehmen aufzuführen oder anzugeben, daß die Gesellschaft durch das Rechtsgeschäft oder die Maßnahme benachteiligt wurde und der Nachteil nicht ausgeglichen worden war. Ist streitig, ob sie die Sorgfalt eines ordentlichen und gewissenhaften Geschäftsleiters angewandt haben, so trifft sie die Beweislast.

(2) Die Mitglieder des Aufsichtsrats der Gesellschaft haften neben den nach § 317 Ersatzpflichtigen als Gesamtschuldner, wenn sie hinsichtlich des nachteiligen Rechtsgeschäfts oder der nachteiligen Maßnahme ihre Pflicht, den Bericht über die Beziehungen zu verbundenen Unternehmen zu prüfen und über das Ergebnis der Prüfung an die Hauptversammlung zu berichten (§ 314), verletzt haben; Absatz 1 Satz 2 gilt sinngemäß.

(3) Der Gesellschaft und auch den Aktionären gegenüber tritt die Ersatzpflicht nicht ein, wenn die Handlung auf einem gesetzmäßigen Beschluß der Hauptversammlung beruht.

(4) § 309 Abs. 3 bis 5 gilt sinngemäß.

Dritter Teil

Eingegliederte Gesellschaften

§ 319 Eingliederung

(1) Die Hauptversammlung einer Aktiengesellschaft kann die Eingliederung der Gesellschaft in eine andere Aktiengesellschaft mit Sitz im Inland (Hauptgesellschaft) beschließen, wenn sich alle Aktien der Gesellschaft in der Hand der zukünftigen Hauptgesellschaft befinden. Auf den Beschluß sind die Bestimmungen des Gesetzes und der Satzung über Satzungsänderungen nicht anzuwenden.

(2) Der Beschluß über die Eingliederung wird nur wirksam, wenn die Hauptversammlung der zukünftigen Hauptgesellschaft zustimmt. Der Beschluß über die Zustimmung bedarf einer Mehrheit, die mindestens drei Viertel des bei der Beschlußfassung vertretenen Grundkapitals umfaßt. Die Satzung kann eine größere Kapitalmehrheit und weitere Erfordernisse bestimmen. Absatz 1 Satz 2 ist anzuwenden.

(3) Von der Einberufung der Hauptversammlung der zukünftigen Hauptgesellschaften an, die über die Zustimmung zur Eingliederung beschließen soll, sind in dem Geschäftsraum dieser Gesellschaft zur Einsicht der Aktionäre auszulegen

1. der Entwurf des Eingliederungsbeschlusses;
2. die Jahresabschlüsse und die Lageberichte der beteiligten Gesellschaften für die letzten drei Geschäftsjahre;

3. ein ausführlicher schriftlicher Bericht des Vorstands der zukünftigen Hauptgesellschaft, in dem die Eingliederung rechtlich und wirtschaftlich erläutert und begründet wird (Eingliederungsbericht).

Auf Verlangen ist jedem Aktionär der zukünftigen Hauptgesellschaft unverzüglich und kostenlos eine Abschrift der in Satz 1 bezeichneten Unterlagen zu erteilen. In der Hauptversammlung sind diese Unterlagen auszulegen. Jedem Aktionär ist in der Hauptversammlung auf Verlangen Auskunft auch über alle im Zusammenhang mit der Eingliederung wesentlichen Angelegenheiten der einzugliedernden Gesellschaft zu geben.

(4) Der Vorstand der einzugliedernden Gesellschaft hat die Eingliederung und die Firma der Hauptgesellschaft zur Eintragung in das Handelsregister anzumelden. Der Anmeldung sind die Niederschriften der Hauptversammlungsbeschlüsse und ihre Anlagen in Ausfertigung oder öffentlich beglaubigter Abschrift beizufügen.

(5) Bei der Anmeldung nach Absatz 4 hat der Vorstand zu erklären, daß eine Klage gegen die Wirksamkeit eines Hauptversammlungsbeschlusses nicht oder nicht fristgemäß erhoben oder eine solche Klage rechtskräftig abgewiesen oder zurückgenommen worden ist; hierüber hat der Vorstand dem Registergericht auch nach der Anmeldung Mitteilung zu machen. Liegt die Erklärung nicht vor, so darf die Eingliederung nicht eingetragen werden, es sei denn, daß die klageberechtigten Aktionäre durch notariell beurkundete Verzichtserklärung auf die Klage gegen die Wirksamkeit des Hauptversammlungsbeschlusses verzichten.

(6) Der Erklärung nach Absatz 5 Satz 1 steht es gleich, wenn nach Erhebung einer Klage gegen die Wirksamkeit eines Hauptversammlungsbeschlusses das für diese Klage zuständige Landgericht auf Antrag der Gesellschaft, gegen deren Hauptversammlungsbeschluß sich die Klage richtet, durch rechtskräftigen Beschluß festgestellt hat, daß die Erhebung der Klage der Eintragung nicht entgegensteht. Der Beschluß nach Satz 1 darf nur ergehen, wenn die Klage gegen die Wirksamkeit des Hauptversammlungsbeschlusses unzulässig oder offensichtlich unbegründet ist oder wenn das alsbaldige Wirksamwerden der Eingliederung nach freier Überzeugung des Gerichts unter Berücksichtigung der Schwere der mit der Klage geltend gemachten Rechtsverletzungen zur Abwendung der vom Antragsteller dargelegten wesentlichen Nachteile für die Gesellschaft und ihre Aktionäre vorrangig erscheint. Der Beschluß kann in dringenden Fällen ohne mündliche Verhandlung ergehen. Die vorgebrachten Tatsachen, aufgrund derer der Beschluß nach Satz 2 ergehen kann, sind glaubhaft zu machen. Gegen den Beschluß findet die sofortige Beschwerde statt. Erweist sich die Klage als begründet, so ist die Gesellschaft, die den Beschluß erwirkt hat, verpflichtet, dem Antragsgegner den Schaden zu ersetzen, der ihm aus einer auf dem Beschluß beruhenden Eintragung der Eingliederung entstanden ist.

(7) Mit der Eintragung der Eingliederung in das Handelsregister des Sitzes der Gesellschaft wird die Gesellschaft in die Hauptgesellschaft eingegliedert.

§ 320 Eingliederung durch Mehrheitsbeschluß

(1) Die Hauptversammlung einer Aktiengesellschaft kann die Eingliederung der Gesellschaft in eine andere Aktiengesellschaft mit Sitz im Inland auch dann beschließen, wenn sich Aktien der Gesellschaft im Gesamtnennbetrag von fünfundneunzig vom Hundert des Grundkapitals in der Hand der zukünftigen Hauptgesellschaft befinden. Eigene Aktien und Aktien, die einem anderen für Rechnung der Gesellschaft gehören, sind vom Grundkapital abzusetzen. Für die Eingliederung gelten außer § 319 Abs. 1 Satz 2, Abs. 2 bis 7 die Absätze 2 bis 4.

(2) Die Bekanntmachung der Eingliederung als Gegenstand der Tagesordnung ist nur ordnungsgemäß, wenn

1. sie die Firma und den Sitz der zukünftigen Hauptgesellschaft enthält,

2. ihr eine Erklärung der zukünftigen Hauptgesellschaft beigefügt ist, in der diese den ausscheidenden Aktionären als Abfindung für ihre Aktien eigene Aktien, im Falle des § 320 b Abs. 1 Satz 3 außerdem eine Barabfindung anbietet.

Satz 1 Nr. 2 gilt auch für die Bekanntmachung der zukünftigen Hauptgesellschaft.

(3) Die Eingliederung ist durch sachverständige Prüfer (Eingliederungsprüfer) zu prüfen. Diese werden von dem Vorstand der zukünftigen Hauptgesellschaft bestellt. § 293 a Abs. 3, §§ 293 c bis 293 e sind sinngemäß anzuwenden.

(4) Die in § 319 Abs. 3 Satz 1 bezeichneten Unterlagen sowie der Prüfungsbericht nach Absatz 3 sind jeweils von der Einberufung der Hauptversammlung an, die über die Zustimmung zur Eingliederung beschließen soll, in dem Geschäftsraum der einzugliedernden Gesellschaft und der Hauptgesellschaft zur Einsicht der Aktionäre auszulegen. In dem Eingliederungsbericht sind auch Art und Höhe der Abfindung nach § 320 b rechtlich und wirtschaftlich zu erläutern und zu begründen; auf besondere Schwierigkeiten bei der Bewertung der beteiligten Gesellschaften sowie auf die Folgen für die Beteiligungen der Aktionäre ist hinzuweisen. § 319 Abs. 3 Satz 2 bis 4 gilt sinngemäß für die Aktionäre beider Gesellschaften.

§ 320 a Wirkungen der Eingliederung

Mit der Eintragung der Eingliederung in das Handelsregister gehen alle Aktien, die sich nicht in der Hand der Hauptgesellschaft befinden, auf diese über. Sind über diese Aktien Aktienurkunden ausgegeben, so verbriefen sie bis zu ihrer Aushändigung an die Hauptgesellschaft nur den Anspruch auf Abfindung.

§ 320 b Abfindung der ausgeschiedenen Aktionäre

(1) Die ausgeschiedenen Aktionäre der eingegliederten Gesellschaft haben Anspruch auf angemessene Abfindung. Als Abfindung sind ihnen eigene Aktien der Hauptgesellschaft zu gewähren. Ist die Hauptgesellschaft eine abhängige Gesellschaft, so sind den ausgeschiedenen Aktionären nach deren Wahl eigene Aktien der Hauptgesellschaft oder eine angemessene Barabfindung zu gewähren. Werden als Abfindung Aktien der Hauptgesellschaft gewährt, so ist die Abfindung als angemessen anzusehen, wenn die Aktien in dem Verhältnis gewährt werden, in dem bei einer Verschmelzung auf eine Aktie der Gesellschaft Aktien der Hauptgesellschaft zu gewähren wären, wobei Spitzenbeträge durch bare Zuzahlungen ausgeglichen werden können. Die Barabfindung muß die Verhältnisse der Gesellschaft im Zeitpunkt der Beschlußfassung ihrer Hauptversammlung über die Eingliederung berücksichtigen. Die Barabfindung sowie bare Zuzahlungen sind von der Bekanntmachung der Eintragung der Eingliederung an mit jährlich zwei vom Hundert über dem jeweiligen Diskontsatz der Deutschen Bundesbank zu verzinsen; die Geltendmachung eines weiteren Schadens ist nicht ausgeschlossen.

(2) Die Anfechtung des Beschlusses, durch den die Hauptversammlung der eingegliederten Gesellschaft die Eingliederung der Gesellschaft beschlossen hat, kann nicht auf § 243 Abs. 2 oder darauf gestützt werden, daß die von der Hauptgesellschaft nach § 320 Abs. 2 Nr. 2 angebotene Abfindung nicht angemessen ist. Ist die angebotene Abfindung nicht angemessen, so hat das in § 306 bestimmte Gericht auf Antrag die angemessene Abfindung zu bestimmen. Das gleiche gilt, wenn die Hauptgesellschaft eine Abfindung nicht oder nicht ordnungsgemäß angeboten hat und eine hierauf gestützte Anfechtungsklage innerhalb der Anfechtungsfrist nicht erhoben oder zurückgenommen oder rechtskräftig abgewiesen worden ist.

(3) Antragsberechtigt ist jeder ausgeschiedene Aktionär. Der Antrag kann nur binnen zwei Monaten nach dem Tage gestellt werden, an dem die Eintragung der Eingliederung

in das Handelsregister nach § 10 des Handelsgesetzbuchs als bekanntgemacht gilt. Für das Verfahren gilt § 306 sinngemäß.

§ 321 Gläubigerschutz

(1) Den Gläubigern der eingegliederten Gesellschaft, deren Forderungen begründet worden sind, bevor die Eintragung der Eingliederung in das Handelsregister bekanntgemacht worden ist, ist, wenn sie sich binnen sechs Monaten nach der Bekanntmachung zu diesem Zweck melden, Sicherheit zu leisten, soweit sie nicht Befriedigung verlangen können. Die Gläubiger sind in der Bekanntmachung der Eintragung auf dieses Recht hinzuweisen.

(2) Das Recht, Sicherheitsleistung zu verlangen steht Gläubigern nicht zu, die im Falle des Konkurses ein Recht auf vorzugsweise Befriedigung aus einer Deckungsmasse haben, die nach gesetzlicher Vorschrift zu ihrem Schutz errichtet und staatlich überwacht ist.

§ 322 Haftung der Hauptgesellschaft

(1) Von der Eingliederung an haftet die Hauptgesellschaft für die vor diesem Zeitpunkt begründeten Verbindlichkeiten der eingegliederten Gesellschaft den Gläubigern dieser Gesellschaft als Gesamtschuldner. Die gleiche Haftung trifft sie für alle Verbindlichkeiten der eingegliederten Gesellschaft, die nach der Eingliederung begründet werden. Eine entgegenstehende Vereinbarung ist Dritten gegenüber unwirksam.

(2) Wird die Hauptgesellschaft wegen einer Verbindlichkeit der eingegliederten Gesellschaft in Anspruch genommen, so kann sie Einwendungen, die nicht in ihrer Person begründet sind, nur insoweit geltend machen, als sie von der eingegliederten Gesellschaft erhoben werden können.

(3) Die Hauptgesellschaft kann die Befriedigung des Gläubigers verweigern, solange der eingegliederten Gesellschaft das Recht zusteht, das ihrer Verbindlichkeit zugrunde liegende Rechtsgeschäft anzufechten. Die gleiche Befugnis hat die Hauptgesellschaft, solange sich der Gläubiger durch Aufrechnung gegen eine fällige Forderung der eingegliederten Gesellschaft befriedigen kann.

(4) Aus einem gegen die eingegliederte Gesellschaft gerichteten vollstreckbaren Schuldtitel findet die Zwangsvollstreckung gegen die Hauptgesellschaft nicht statt.

§ 323 Leitungsmacht der Hauptgesellschaft und Verantwortlichkeit der Vorstandsmitglieder

(1) Die Hauptgesellschaft ist berechtigt, dem Vorstand der eingegliederten Gesellschaft hinsichtlich der Leitung der Gesellschaft Weisungen zu erteilen. § 308 Abs. 2 Satz 1, Abs. 3, §§ 309, 310 gelten sinngemäß. §§ 311 bis 318 sind nicht anzuwenden.

(2) Leistungen der eingegliederten Gesellschaft an die Hauptgesellschaft gelten nicht als Verstoß gegen die §§ 57, 58 und 60.

§ 324 Gesetzliche Rücklage. Gewinnabführung. Verlustübernahme

(1) Die gesetzlichen Vorschriften über die Bildung einer gesetzlichen Rücklage, über ihre Verwendung und über die Einstellung von Beträgen in die gesetzliche Rücklage sind auf eingegliederte Gesellschaften nicht anzuwenden.

(2) Auf einen Gewinnabführungsvertrag, eine Gewinngemeinschaft oder einen Teilgewinnabführungsvertrag zwischen der eingegliederten Gesellschaft und der Hauptgesellschaft sind die §§ 293 bis 296, 298 bis 303 nicht anzuwenden. Der Vertrag, seine Änderung und seine Aufhebung bedürfen der schriftlichen Form. Als Gewinn kann höchstens der ohne die Gewinnabführung entstehende Bilanzgewinn abgeführt werden. Der Vertrag endet spätestens zum Ende des Geschäftsjahrs, in dem die Eingliederung endet.

(3) Die Hauptgesellschaft ist verpflichtet, jeden bei der eingegliederten Gesellschaft sonst entstehenden Bilanzverlust auszugleichen, soweit dieser den Betrag der Kapitalrücklagen und der Gewinnrücklagen übersteigt.

§ 325 (aufgehoben)

§ 326 Auskunftsrecht der Aktionäre der Hauptgesellschaft
Jedem Aktionär der Hauptgesellschaft ist über Angelegenheiten der eingegliederten Gesellschaft ebenso Auskunft zu erteilen wie über Angelegenheiten der Hauptgesellschaft.

§ 327 Ende der Eingliederung
(1) Die Eingliederung endet
1. durch Beschluß der Hauptversammlung der eingegliederten Gesellschaft,
2. wenn die Hauptgesellschaft nicht mehr eine Aktiengesellschaft mit Sitz im Inland ist,
3. wenn sich nicht mehr alle Aktien der eingegliederten Gesellschaft in der Hand der Hauptgesellschaft befinden,
4. durch Auflösung der Hauptgesellschaft.

(2) Befinden sich nicht mehr alle Aktien der eingegliederten Gesellschaft in der Hand der Hauptgesellschaft, so hat die Hauptgesellschaft dies der eingegliederten Gesellschaft unverzüglich schriftlich mitzuteilen.
(3) Der Vorstand der bisher eingegliederten Gesellschaft hat das Ende der Eingliederung, seinen Grund und seinen Zeitpunkt unverzüglich zur Eintragung in das Handelsregister des Sitzes der Gesellschaft anzumelden.
(4) Die Ansprüche gegen die frühere Hauptgesellschaft aus Verbindlichkeiten der bisher eingegliederten Gesellschaft verjähren in fünf Jahren seit dem Tage, an dem die Eintragung des Endes der Eingliederung in das Handelsregister nach § 10 des Handelsgesetzbuchs als bekanntgemacht gilt, sofern nicht der Anspruch gegen die bisher eingegliederte Gesellschaft einer kürzeren Verjährung unterliegt. Wird der Anspruch des Gläubigers erst nach dem Tage, an dem die Eintragung des Endes der Eingliederung in das Handelsregister als bekanntgemacht gilt, fällig, so beginnt die Verjährung mit dem Zeitpunkt der Fälligkeit.

Vierter Teil
Wechselseitig beteiligte Unternehmen

§ 328 Beschränkung der Rechte
(1) Sind eine Aktiengesellschaft oder Kommanditgesellschaft auf Aktien und ein anderes Unternehmen wechselseitig beteiligte Unternehmen, so können, sobald dem einen Unternehmen das Bestehen der wechselseitigen Beteiligung bekannt geworden ist oder ihm das andere Unternehmen eine Mitteilung nach § 20 Abs. 3 oder § 21 Abs. 1 gemacht hat, Rechte aus den Anteilen, die ihm an dem anderen Unternehmen gehören, nur für höchstens den vierten Teil aller Anteile des anderen Unternehmens ausgeübt werden. Dies gilt nicht für das Recht auf neue Aktien bei einer Kapitalerhöhung aus Gesellschaftsmitteln. § 16 Abs. 4 ist anzuwenden.
(2) Die Beschränkung des Absatzes 1 gilt nicht, wenn das Unternehmen seinerseits dem anderen Unternehmen eine Mitteilung nach § 20 Abs. 3 oder § 21 Abs. 1 gemacht hatte, bevor es von dem anderen Unternehmen eine solche Mitteilung erhalten hat und bevor ihm das Bestehen der wechselseitigen Beteiligung bekannt geworden ist.
(3) Sind eine Aktiengesellschaft oder Kommanditgesellschaft auf Aktien und ein anderes Unternehmen wechselseitig beteiligte Unternehmen, so haben die Unternehmen einander unverzüglich die Höhe ihrer Beteiligung und jede Änderung schriftlich mitzuteilen.

Fünfter Teil
Rechnungslegung im Konzern

§§ 329 bis 336 (aufgehoben)

§ 337 Vorlage des Konzernabschlusses und des Konzernlageberichts

(1) Unverzüglich nach Eingang des Prüfungsberichts des Abschlußprüfers hat der Vorstand des Mutterunternehmens den Konzernabschluß, den Konzernlagebericht und den Prüfungsbericht dem Aufsichtsrat des Mutterunternehmens zur Kenntnisnahme vorzulegen. Jedes Aufsichtsratsmitglied hat das Recht, von den Vorlagen Kenntnis zu nehmen. Die Vorlagen sind auch jedem Aufsichtsratsmitglied auf Verlangen auszuhändigen, soweit der Aufsichtsrat nichts anderes beschlossen hat.

(2) Ist der Konzernabschluß auf den Stichtag des Jahresabschlusses des Mutterunternehmens aufgestellt worden, so sind der Konzernabschluß und der Konzernlagebericht der Hauptversammlung vorzulegen, die diesen Jahresabschluß entgegennimmt oder festzustellen hat. Weicht der Stichtag des Konzernabschlusses vom Stichtag des Jahresabschlusses des Mutterunternehmens ab, so sind der Konzernabschluß und der Konzernlagebericht der Hauptversammlung vorzulegen, die den nächsten auf den Stichtag des Konzernabschlusses folgenden Jahresabschluß entgegennimmt oder festzustellen hat.

(3) Auf die Auslegung des Konzernabschlusses und des Konzernlageberichts und die Erteilung von Abschriften ist § 175 Abs. 2, auf die Vorlage an die Hauptversammlung und die Berichterstattung des Vorstandes ist § 176 Abs. 1 entsprechend anzuwenden.

(4) Die Auskunftspflicht des Vorstands des Mutterunternehmens in der Hauptversammlung, der der Konzernabschluß und der Konzernlagebericht vorgelegt werden, erstreckt sich auch auf die Lage des Konzerns und der in den Konzernabschluß einbezogenen Unternehmen.

§§ 338 bis 393 (aufgehoben)

Viertes Buch
Sonder-, Straf- und Schlußvorschriften

Erster Teil
Sondervorschriften bei Beteiligung von Gebietskörperschaften

§ 394 Berichte der Aufsichtsratsmitglieder

Aufsichtsratsmitglieder, die auf Veranlassung einer Gebietskörperschaft in den Aufsichtsrat gewählt oder entsandt worden sind, unterliegen hinsichtlich der Berichte, die sie der Gebietskörperschaft zu erstatten haben, keiner Verschwiegenheitspflicht. Für vertrauliche Angaben und Geheimnisse der Gesellschaft, namentlich Betriebs- oder Geschäftsgeheimnisse, gilt dies nicht, wenn ihre Kenntnis für die Zwecke der Berichte nicht von Bedeutung ist.

§ 395 Verschwiegenheitspflicht

(1) Personen, die damit betraut sind, die Beteiligungen einer Gebietskörperschaft zu verwalten oder für eine Gebietskörperschaft die Gesellschaft, die Betätigung der Gebietskörperschaft als Aktionär oder die Tätigkeit der auf Veranlassung der Gebietskörperschaft gewählten oder entsandten Aufsichtsratsmitglieder zu prüfen, haben über vertrauliche Angaben und Geheimnisse der Gesellschaft, namentlich Betriebs- oder Geschäftsgeheimnisse, die ihnen aus Berichten nach § 394 bekanntgeworden sind, Stillschweigen zu bewahren; dies gilt nicht für Mitteilungen im dienstlichen Verkehr.

(2) Bei der Veröffentlichung von Prüfungsergebnissen dürfen vertrauliche Angaben und Geheimnisse der Gesellschaft, namentlich Betriebs- oder Geschäftsgeheimnisse, nicht veröffentlicht werden.

Zweiter Teil

Gerichtliche Auflösung

§ 396 Voraussetzungen

(1) Gefährdet eine Aktiengesellschaft oder Kommanditgesellschaft auf Aktien durch gesetzwidriges Verhalten ihrer Verwaltungsträger das Gemeinwohl und sorgen der Aufsichtsrat und die Hauptversammlung nicht für eine Abberufung der Verwaltungsträger, so kann die Gesellschaft auf Antrag der zuständigen obersten Landesbehörde des Landes, in dem die Gesellschaft ihren Sitz hat, durch Urteil aufgelöst werden. Ausschließlich zuständig für die Klage ist das Landgericht, in dessen Bezirk die Gesellschaft ihren Sitz hat.

(2) Nach der Auflösung findet die Abwicklung nach den §§ 264 bis 273 statt. Den Antrag auf Abberufung oder Bestellung der Abwickler aus einem wichtigen Grund kann auch die in Absatz 1 Satz 1 bestimmte Behörde stellen.

§ 397 Anordnungen bei der Auflösung

Ist die Auflösungsklage erhoben, so kann das Gericht auf Antrag der in § 396 Abs. 1 Satz 1 bestimmten Behörde durch einstweilige Verfügung die nötigen Anordnungen treffen.

§ 398 Eintragung

Die Entscheidungen des Gerichts sind dem Registergericht mitzuteilen. Dieses trägt sie, soweit sie eintragungspflichtige Rechtsverhältnisse betreffen, in das Handelsregister ein.

Dritter Teil

Straf- und Bußgeldvorschriften. Schlußvorschriften

§ 399 Falsche Angaben

(1) Mit Freiheitsstrafe bis zu drei Jahren oder mit Geldstrafe wird bestraft, wer

1. als Gründer oder als Mitglied des Vorstands oder des Aufsichtsrats zum Zweck der Eintragung der Gesellschaft über die Übernahme der Aktien, die Einzahlung auf Aktien, die Verwendung eingezahlter Beträge, den Ausgabebetrag der Aktien, über Sondervorteile, Gründungsaufwand, Sacheinlagen, Sachübernahmen und Sicherungen für nicht voll einbezahlte Geldeinlagen,
2. als Gründer oder als Mitglied des Vorstands oder des Aufsichtsrats im Gründungsbericht, im Nachgründungsbericht oder im Prüfungsbericht,
3. in der öffentlichen Ankündigung nach § 47 Nr. 3,
4. als Mitglied des Vorstands oder des Aufsichtsrats zum Zweck der Eintragung einer Erhöhung des Grundkapitals (§§ 182 bis 206) über die Einbringung des bisherigen, die Zeichnung oder Einbringung des neuen Kapitals, den Ausgabebetrag der Aktien, die Ausgabe der Bezugsaktien oder über Sacheinlagen,
5. als Abwickler zum Zweck der Eintragung der Fortsetzung der Gesellschaft in dem nach § 274 Abs. 3 zu führenden Nachweis oder
6. als Mitglied des Vorstands in der nach § 37 Abs. 2 Satz 1 oder § 81 Abs. 3 Satz 1 abzugebenden Versicherung oder als Abwickler in der nach § 266 Abs. 3 Satz 1 abzugebenden Versicherung

falsche Angaben macht oder erhebliche Umstände verschweigt.

(2) Ebenso wird bestraft, wer als Mitglied des Vorstands oder des Aufsichtsrats zum Zweck der Eintragung einer Erhöhung des Grundkapitals die in § 210 Abs. 1 Satz 2

vorgeschriebene Erklärung oder als Mitglied des Vorstands zum Zweck der Eintragung einer Umwandlung der Gesellschaft in eine Gesellschaft mit beschränkter Haftung die in § 371 Abs. 2 Satz 1 oder 2 oder Abs. 3 Satz 1 vorgeschriebene Erklärung der Wahrheit zuwider abgibt.

§ 400 Unrichtige Darstellung

(1) Mit Freiheitsstrafe bis zu drei Jahren oder mit Geldstrafe wird bestraft, wer als Mitglied des Vorstands oder des Aufsichtsrats oder als Abwickler

1. die Verhältnisse der Gesellschaft einschließlich ihrer Beziehungen zu verbundenen Unternehmen in Darstellungen oder Übersichten über den Vermögensstand, in Vorträgen oder Auskünften in der Hauptversammlung unrichtig wiedergibt oder verschleiert, wenn die Tat nicht in § 331 Nr. 1 des Handelsgesetzbuchs mit Strafe bedroht ist, oder
2. in Aufklärungen oder Nachweisen, die nach den Vorschriften dieses Gesetzes einem Prüfer der Gesellschaft oder eines verbundenen Unternehmens zu geben sind, falsche Angaben macht oder die Verhältnisse der Gesellschaft unrichtig wiedergibt oder verschleiert, wenn die Tat nicht in § 331 Nr. 4 des Handelsgesetzbuchs mit Strafe bedroht ist.

(2) Ebenso wird bestraft, wer als Gründer oder Aktionär in Aufklärungen oder Nachweisen, die nach den Vorschriften dieses Gesetzes einem Gründungsprüfer oder sonstigen Prüfer zu geben sind, falsche Angaben macht oder erhebliche Umstände verschweigt.

§ 401 Pflichtverletzung bei Verlust, Überschuldung oder Zahlungsunfähigkeit

(1) Mit Freiheitsstrafe bis zu drei Jahren oder mit Geldstrafe wird bestraft, wer es

1. als Mitglied des Vorstands entgegen § 92 Abs. 1 unterläßt, bei einem Verlust in Höhe der Hälfte des Grundkapitals die Hauptversammlung einzuberufen und ihr dies anzuzeigen, oder
2. als Mitglied des Vorstands entgegen § 92 Abs. 2 oder als Abwickler entgegen § 268 Abs. 2 Satz 1 unterläßt, bei Zahlungsunfähigkeit oder Überschuldung die Eröffnung des Konkursverfahrens oder des gerichtlichen Vergleichsverfahrens zu beantragen.

(2) Handelt der Täter fahrlässig, so ist die Strafe Freiheitsstrafe bis zu einem Jahr oder Geldstrafe.

§ 402 Falsche Ausstellung oder Verfälschung von Hinterlegungsbescheinigungen

(1) Wer über die Hinterlegung von Aktien oder Zwischenscheinen Bescheinigungen, die zum Nachweis des Stimmrechts in einer Hauptversammlung oder in einer gesonderten Versammlung dienen sollen, falsch ausstellt oder verfälscht, wird mit Freiheitsstrafe bis zu drei Jahren oder mit Geldstrafe bestraft, wenn die Tat nicht in anderen Vorschriften über Urkundenstraftaten mit schwererer Strafe bedroht ist.

(2) Ebenso wird bestraft, wer von einer falschen oder verfälschten Bescheinigung der in Absatz 1 bezeichneten Art zur Ausübung des Stimmrechts Gebrauch macht.

(3) Der Versuch ist strafbar.

§ 403 Verletzung der Berichtspflicht

(1) Mit Freiheitsstrafe bis zu drei Jahren oder mit Geldstrafe wird bestraft, wer als Prüfer oder als Gehilfe eines Prüfers über das Ergebnis der Prüfung falsch berichtet oder erhebliche Umstände im Bericht verschweigt.

(2) Handelt der Täter gegen Entgelt oder in der Absicht, sich oder einen anderen zu bereichern oder einen anderen zu schädigen, so ist die Strafe Freiheitsstrafe bis zu fünf Jahren oder Geldstrafe.

§ 404 Verletzung der Geheimhaltungspflicht

(1) Mit Freiheitsstrafe bis zu einem Jahr oder mit Geldstrafe wird bestraft, wer ein Geheimnis der Gesellschaft, namentlich ein Betriebs- oder Geschäftsgeheimnis, das ihm in seiner Eigenschaft als

1. Mitglied des Vorstands oder des Aufsichtsrats oder Abwickler,
2. Prüfer oder Gehilfe eines Prüfers

bekanntgeworden ist, unbefugt offenbart; im Falle der Nummer 2 jedoch nur, wenn die Tat nicht in § 333 des Handelsgesetzbuchs mit Strafe bedroht ist.

(2) Handelt der Täter gegen Entgelt oder in der Absicht, sich oder einen anderen zu bereichern oder einen anderen zu schädigen, so ist die Strafe Freiheitsstrafe bis zu zwei Jahren oder Geldstrafe. Ebenso wird bestraft, wer ein Geheimnis der in Absatz 1 bezeichneten Art, namentlich ein Betriebs- oder Geschäftsgeheimnis, das ihm unter den Voraussetzungen des Absatzes 1 bekanntgeworden ist, unbefugt verwertet.

(3) Die Tat wird nur auf Antrag der Gesellschaft verfolgt. Hat ein Mitglied des Vorstands oder ein Abwickler die Tat begangen, so ist der Aufsichtsrat, hat ein Mitglied des Aufsichtsrats die Tat begangen, so sind der Vorstand oder die Abwickler antragsberechtigt.

§ 405 Ordnungswidrigkeiten

(1) Ordnungswidrig handelt, wer als Mitglied des Vorstands oder des Aufsichtsrats oder als Abwickler

1. Namensaktien ausgibt, in denen der Betrag der Teilleistung nicht angegeben ist, oder Inhaberaktien ausgibt, bevor auf sie der Nennbetrag oder der höhere Ausgabebetrag voll geleistet ist,
2. Aktien oder Zwischenscheine ausgibt, bevor die Gesellschaft oder im Fall einer Kapitalerhöhung die Durchführung der Erhöhung des Grundkapitals oder im Fall einer bedingten Kapitalerhöhung oder einer Kapitalerhöhung aus Gesellschaftsmitteln der Beschluß über die bedingte Kapitalerhöhung oder die Kapitalerhöhung aus Gesellschaftsmitteln eingetragen ist,
3. Aktien oder Zwischenscheine ausgibt, die auf einen geringeren als den nach § 8 zulässigen Mindestnennbetrag lauten, oder
4. a) entgegen § 71 Abs. 1 Nr. 1 bis 4 oder Abs. 2 eigene Aktien der Gesellschaft erwirbt oder, in Verbindung mit § 71 e Abs. 1, als Pfand nimmt,
   b) zu veräußernde eigene Aktien (§ 71 c Abs. 1 und 2) nicht anbietet oder
   c) die zur Vorbereitung der Beschlußfassung über die Einziehung eigener Aktien (§ 71 c Abs. 3) erforderlichen Maßnahmen nicht trifft.

(2) Ordnungswidrig handelt auch, wer als Aktionär oder als Vertreter eines Aktionärs die nach § 129 in das Verzeichnis aufzunehmenden Angaben nicht oder nicht richtig macht.

(3) Ordnungswidrig handelt ferner, wer

1. Aktien eines anderen, zu dessen Vertretung er nicht befugt ist, ohne dessen Einwilligung zur Ausübung von Rechten in der Hauptversammlung oder in einer gesonderten Versammlung benutzt,
2. zur Ausübung von Rechten in der Hauptversammlung oder in einer gesonderten Versammlung Aktien eines anderen benutzt, die er sich zu diesem Zweck durch Gewähren oder Versprechen besonderer Vorteile verschafft hat,
3. Aktien zu dem in Nummer 2 bezeichneten Zweck gegen Gewähren oder Versprechen besonderer Vorteile einem anderen überläßt,
4. Aktien eines anderen, für die er oder der von ihm Vertretene das Stimmrecht nach § 135 nicht ausüben darf, zur Ausübung des Stimmrechts benutzt,
5. Aktien, für die er oder der von ihm Vertretene das Stimmrecht nach § 20 Abs. 7, § 21

Abs. 4, §§ 71 b, 71 d Satz 4, § 134 Abs. 1, §§ 135, 136, 142 Abs. 1 Satz 2, § 285 Abs. 1 nicht ausüben darf, einem anderen zum Zweck der Ausübung des Stimmrechts überläßt oder solche ihm überlassene Aktien zur Ausübung des Stimmrechts benutzt,

6. besondere Vorteile als Gegenleistung dafür fordert, sich versprechen läßt oder annimmt, daß er bei einer Abstimmung in der Hauptversammlung oder in einer gesonderten Versammlung nicht oder in einem bestimmten Sinne stimme oder
7. besondere Vorteile als Gegenleistung dafür anbietet, verspricht oder gewährt, daß jemand bei einer Abstimmung in der Hauptversammlung oder in einer gesonderten Versammlung nicht oder in einem bestimmten Sinne stimme.

(4) Die Ordnungswidrigkeit kann mit einer Geldbuße bis zu fünfzigtausend Deutsche Mark geahndet werden.

§ 406 (aufgehoben)

§ 407 Zwangsgelder

(1) Vorstandsmitglieder oder Abwickler, die § 52 Abs. 2 Satz 2 und 3, § 71 c, § 73 Abs. 3 Satz 2, §§ 80, 90, 104 Abs. 1, § 111 Abs. 2, § 145, §§ 170, 171 Abs. 3, §§ 175, 179 a Abs. 2 Satz 1 und 2, 214 Abs. 1, § 246 Abs. 4, § 259 Abs. 5, § 268 Abs. 4, § 270 Abs. 1, § 273 Abs. 2, §§ 293 f, 293 g Abs. 1, § 306 Abs. 6, § 312 Abs. 1, § 313 Abs. 1, § 314 Abs. 1 nicht befolgen, sind hierzu vom Registergericht durch Festsetzung von Zwangsgeld anzuhalten; § 14 des Handelsgesetzbuchs bleibt unberührt. Das einzelne Zwangsgeld darf den Betrag von zehntausend Deutsche Mark nicht übersteigen.

(2) Die Anmeldungen zum Handelsregister nach den §§ 36, 45, 52, 181 Abs. 1, §§ 184, 188, 195, 210, 223, 237 Abs. 4, §§ 274, 294 Abs. 1, § 319 Abs. 3 werden durch Festsetzung von Zwangsgeld nicht erzwungen. Für die Einreichung der der Zahl der Zweigniederlassungen entsprechenden Stückzahl der Anmeldungen verbleibt es bei § 14 des Handelsgesetzbuchs.

§ 408 Strafbarkeit persönlich haftender Gesellschafter einer Kommanditgesellschaft auf Aktien

Die §§ 399 bis 407 gelten sinngemäß für die Kommanditgesellschaft auf Aktien. Soweit sie Vorstandsmitglieder betreffen, gelten sie bei der Kommanditgesellschaft auf Aktien für die persönlich haftenden Gesellschafter.

§ 409 Geltung in Berlin

(gegenstandslos)

§ 410 Inkrafttreten

Dieses Gesetz tritt am 1. Januar 1966 in Kraft.

Umwandlungsgesetz (UmwG)[1)]

Vom 28. Oktober 1994 (BGBl. I S. 3210, ber. 1995 I S. 428)[2)]
(BGBl. III 4120-9-2)

Inhaltsübersicht

	§§
Erstes Buch **Möglichkeiten von Umwandlungen**	1
Zweites Buch **Verschmelzung**	2 bis 122
Erster Teil **Allgemeine Vorschriften**	2 bis 38
Erster Abschnitt **Möglichkeit der Verschmelzung**	2 und 3
Zweiter Abschnitt **Verschmelzung durch Aufnahme**	4 bis 35
Dritter Abschnitt **Verschmelzung durch Neugründung**	36 bis 38
Zweiter Teil **Besondere Vorschriften**	39 bis 122
Erster Abschnitt **Verschmelzung unter Beteiligung von Personenhandelsgesellschaften**	39 bis 45
Zweiter Abschnitt **Verschmelzung unter Beteiligung von Gesellschaften mit beschränkter Haftung**	46 bis 59
Erster Unterabschnitt **Verschmelzung durch Aufnahme**	46 bis 55
Zweiter Unterabschnitt **Verschmelzung durch Neugründung**	56 bis 59
Dritter Abschnitt **Verschmelzung unter Beteiligung von Aktiengesellschaften**	60 bis 77
Erster Unterabschnitt **Verschmelzung durch Aufnahme**	60 bis 72
Zweiter Unterabschnitt **Verschmelzung durch Neugründung**	73 bis 77
Vierter Abschnitt **Verschmelzung unter Beteiligung von Kommanditgesellschaften auf Aktien**	78

1) Artikel 1 dieses Gesetzes dient, soweit er Regelungen über Umwandlungen unter Beteiligung von Aktiengesellschaften enthält, der Umsetzung folgender Richtlinien der Europäischen Gemeinschaft:
1. Artikel 13 der Zweiten Richtlinie (77/91/EWG) des Rates vom 13. Dezember 1976 zur Koordinierung der Schutzbestimmungen, die in den Mitgliedstaaten den Gesellschaften im Sinne des Artikels 58 Abs. 2 des Vertrages im Interesse der Gesellschafter sowie Dritter für die Gründung der Aktiengesellschaft sowie für die Erhaltung und Änderung ihres Kapitals vorgeschrieben sind, um diese Bestimmungen gleichwertig zu gestalten (ABl. EG Nr. L 26 S. 1 vom 31. Januar 1977);
2. Dritte Richtlinie (78/855/EWG) des Rates vom 9. Oktober 1978 gemäß Artikel 54 Abs. 3 Buchstabe g des Vertrages betreffend die Verschmelzung von Aktiengesellschaften (ABl. EG Nr. L 295 S. 36 vom 20. Oktober 1978);
3. Sechste Richtlinie (82/891/EWG) des Rates vom 17. Dezember 1982 gemäß Artikel 54 Abs. 3 Buchstabe g des Vertrages betreffend die Spaltung von Aktiengesellschaften (ABl. EG Nr. L 378 S. 47 vom 31. Dezember 1982).

2) Verkündet als Artikel 1 des Gesetzes zur Bereinigung des Umwandlungsrechts vom 28. 10. 1994 (BGBl. I S. 3210). In Kraft ab 1. 1. 1995.

	§§
Fünfter Abschnitt **Verschmelzung unter Beteiligung eingetragener Genossenschaften**	79 bis 98
Erster Unterabschnitt **Verschmelzung durch Aufnahme**	79 bis 95
Zweiter Unterabschnitt **Verschmelzung durch Neugründung**	96 bis 98
Sechster Abschnitt **Verschmelzung unter Beteiligung rechtsfähiger Vereine**	99 bis 104 a
Siebenter Abschnitt **Verschmelzung genossenschaftlicher Prüfungsverbände**	105 bis 108
Achter Abschnitt **Verschmelzung von Versicherungsvereinen auf Gegenseitigkeit**	109 bis 119
Erster Unterabschnitt **Möglichkeit der Verschmelzung**	109
Zweiter Unterabschnitt **Verschmelzung durch Aufnahme**	110 bis 113
Dritter Unterabschnitt **Verschmelzung durch Neugründung**	114 bis 117
Vierter Unterabschnitt **Verschmelzung kleinerer Vereine**	118 und 119
Neunter Abschnitt **Verschmelzung von Kapitalgesellschaften mit dem Vermögen eines Alleingesellschafters**	120 bis 122
Drittes Buch **Spaltung**	123 bis 173
Erster Teil **Allgemeine Vorschriften**	123 bis 137
Erster Abschnitt **Möglichkeit der Spaltung**	123 bis 125
Zweiter Abschnitt **Spaltung zur Aufnahme**	126 bis 134
Dritter Abschnitt **Spaltung zur Neugründung**	135 bis 137
Zweiter Teil **Besondere Vorschriften**	138 bis 173
Erster Abschnitt **Spaltung unter Beteiligung von Gesellschaften mit beschränkter Haftung**	138 bis 140
Zweiter Abschnitt **Spaltung unter Beteiligung von Aktiengesellschaften und Kommanditgesellschaften auf Aktien**	141 bis 146
Dritter Abschnitt **Spaltung unter Beteiligung eingetragener Genossenschaften**	147 und 148
Vierter Abschnitt **Spaltung unter Beteiligung rechtsfähiger Vereine**	149
Fünfter Abschnitt **Spaltung unter Beteiligung genossenschaftlicher Prüfungsverbände**	150
Sechster Abschnitt **Spaltung unter Beteiligung von Versicherungsvereinen auf Gegenseitigkeit**	151
Siebenter Abschnitt **Ausgliederung aus dem Vermögen eines Einzelkaufmanns**	152 bis 160

§§

Erster Unterabschnitt
Möglichkeit der Ausgliederung 152

Zweiter Unterabschnitt
Ausgliederung zur Aufnahme 153 bis 157

Dritter Unterabschnitt
Ausgliederung zur Neugründung 158 bis 160

Achter Abschnitt
Ausgliederung aus dem Vermögen rechtsfähiger Stiftungen 161 bis 167

Neunter Abschnitt
Ausgliederung aus dem Vermögen von Gebietskörperschaften oder Zusammenschlüssen von Gebietskörperschaften 168 bis 173

Viertes Buch
Vermögensübertragung 174 bis 189

Erster Teil
Möglichkeit der Vermögensübertragung 174 und 175

Zweiter Teil
Übertragung des Vermögens oder von Vermögensteilen einer Kapitalgesellschaft auf die öffentliche Hand 176 und 177

Erster Abschnitt
Vollübertragung 176

Zweiter Abschnitt
Teilübertragung 177

Dritter Teil
Vermögensübertragung unter Versicherungsunternehmen 178 bis 189

Erster Abschnitt
Übertragung des Vermögens einer Aktiengesellschaft auf Versicherungsvereine auf Gegenseitigkeit oder öffentlich-rechtliche Versicherungsunternehmen 178 und 179

§§

Erster Unterabschnitt
Vollübertragung 178

Zweiter Unterabschnitt
Teilübertragung 179

Zweiter Abschnitt
Übertragung des Vermögens eines Versicherungsvereins auf Gegenseitigkeit auf Aktiengesellschaften oder öffentlich-rechtliche Versicherungsunternehmen 180 bis 184

Erster Unterabschnitt
Vollübertragung 180 bis 183

Zweiter Unterabschnitt
Teilübertragung 184

Dritter Abschnitt
Übertragung des Vermögens eines kleineren Versicherungsvereins auf Gegenseitigkeit auf eine Aktiengesellschaft oder auf ein öffentlich-rechtliches Versicherungsunternehmen 185 bis 187

Vierter Abschnitt
Übertragung des Vermögens eines öffentlich-rechtlichen Versicherungsunternehmens auf Aktiengesellschaften oder Versicherungsvereine auf Gegenseitigkeit 188 und 189

Erster Unterabschnitt
Vollübertragung 188

Zweiter Unterabschnitt
Teilübertragung 189

Fünftes Buch
Formwechsel 190 bis 304

Erster Teil
Allgemeine Vorschriften 190 bis 213

Zweiter Teil
Besondere Vorschriften 214 bis 304

Erster Abschnitt
Formwechsel von Personenhandelsgesellschaften 214 bis 225

Zweiter Abschnitt
Formwechsel von Kapitalgesellschaften 226 bis 257

Erster Unterabschnitt
Allgemeine Vorschriften 226 und 227

Zweiter Unterabschnitt
Formwechsel in eine Personengesellschaft 228 bis 237

Dritter Unterabschnitt
Formwechsel in eine Kapitalgesellschaft anderer Rechtsform 238 bis 250

Vierter Unterabschnitt
Formwechsel in eine eingetragene Genossenschaft 251 bis 257

Dritter Abschnitt
Formwechsel eingetragener Genossenschaften 258 bis 271

Vierter Abschnitt
Formwechsel rechtsfähiger Vereine 272 bis 290

Erster Unterabschnitt
Allgemeine Vorschriften 272

Zweiter Unterabschnitt
Formwechsel in eine Kapitalgesellschaft 273 bis 282

Dritter Unterabschnitt
Formwechsel in eine eingetragene Genossenschaft 283 bis 290

Fünfter Abschnitt
Formwechsel von Versicherungsvereinen auf Gegenseitigkeit 291 bis 300

Sechster Abschnitt
Formwechsel von Körperschaften und Anstalten des öffentlichen Rechts 301 bis 304

Sechstes Buch
Spruchverfahren 305 bis 312

Siebentes Buch
Strafvorschriften und Zwangsgelder 313 bis 316

Achtes Buch
Übergangs- und Schlußvorschriften 317 bis 325

Erstes Buch
Möglichkeiten von Umwandlungen

§ 1 Arten der Umwandlung; gesetzliche Beschränkungen

(1) Rechtsträger mit Sitz im Inland können umgewandelt werden
1. durch Verschmelzung;
2. durch Spaltung (Aufspaltung, Abspaltung, Ausgliederung);
3. durch Vermögensübertragung;
4. durch Formwechsel.

(2) Eine Umwandlung im Sinne des Absatzes 1 ist außer in den in diesem Gesetz geregelten Fällen nur möglich, wenn sie durch ein anderes Bundesgesetz oder ein Landesgesetz ausdrücklich vorgesehen ist.

(3) Von den Vorschriften dieses Gesetzes kann nur abgewichen werden, wenn dies ausdrücklich zugelassen ist. Ergänzende Bestimmungen in Verträgen, Satzungen, Statuten oder Willenserklärungen sind zulässig, es sei denn, daß dieses Gesetz eine abschließende Regelung enthält.

Zweites Buch
Verschmelzung
Erster Teil
Allgemeine Vorschriften
Erster Abschnitt
Möglichkeit der Verschmelzung

§ 2 Arten der Verschmelzung
Rechtsträger können unter Auflösung ohne Abwicklung verschmolzen werden
1. im Wege der Aufnahme durch Übertragung des Vermögens eines Rechtsträgers oder mehrerer Rechtsträger (übertragende Rechtsträger) als Ganzes auf einen anderen bestehenden Rechtsträger (übernehmender Rechtsträger) oder
2. im Wege der Neugründung durch Übertragung der Vermögen zweier oder mehrerer Rechtsträger (übertragende Rechtsträger) jeweils als Ganzes auf einen neuen, von ihnen dadurch gegründeten Rechtsträger

gegen Gewährung von Anteilen oder Mitgliedschaften des übernehmenden oder neuen Rechtsträgers an die Anteilsinhaber (Gesellschafter, Aktionäre, Genossen oder Mitglieder) der übertragenden Rechtsträger.

§ 3 Verschmelzungsfähige Rechtsträger
(1) An Verschmelzungen können als übertragende, übernehmende oder neue Rechtsträger beteiligt sein:
1. Personenhandelsgesellschaften (offene Handelsgesellschaften, Kommanditgesellschaften);
2. Kapitalgesellschaften (Gesellschaften mit beschränkter Haftung, Aktiengesellschaften, Kommanditgesellschaften auf Aktien);
3. eingetragene Genossenschaften;
4. eingetragene Vereine (§ 21 des Bürgerlichen Gesetzbuchs);
5. genossenschaftliche Prüfungsverbände;
6. Versicherungsvereine auf Gegenseitigkeit.

(2) An einer Verschmelzung können ferner beteiligt sein:
1. wirtschaftliche Vereine (§ 22 des Bürgerlichen Gesetzbuchs), soweit sie übertragender Rechtsträger sind;
2. natürliche Personen, die als Alleingesellschafter einer Kapitalgesellschaft deren Vermögen übernehmen.

(3) An der Verschmelzung können als übertragende Rechtsträger auch aufgelöste Rechtsträger beteiligt sein, wenn die Fortsetzung dieser Rechtsträger beschlossen werden könnte.
(4) Die Verschmelzung kann sowohl unter gleichzeitiger Beteiligung von Rechtsträgern derselben Rechtsform als auch von Rechtsträgern unterschiedlicher Rechtsform erfolgen, soweit nicht etwas anderes bestimmt ist.

Zweiter Abschnitt
Verschmelzung durch Aufnahme

§ 4 Verschmelzungsvertrag
(1) Die Vertretungsorgane der an der Verschmelzung beteiligten Rechtsträger schließen einen Verschmelzungsvertrag. § 310 des Bürgerlichen Gesetzbuchs gilt für ihn nicht.

(2) Soll der Vertrag nach einem der nach § 13 erforderlichen Beschlüsse geschlossen werden, so ist vor diesem Beschluß ein schriftlicher Entwurf des Vertrags aufzustellen.

§ 5 Inhalt des Verschmelzungsvertrags

(1) Der Vertrag oder sein Entwurf muß mindestens folgende Angaben enthalten:
1. den Namen oder die Firma und den Sitz der an der Verschmelzung beteiligten Rechtsträger;
2. die Vereinbarung über die Übertragung des Vermögens jedes übertragenden Rechtsträgers als Ganzes gegen Gewährung von Anteilen oder Mitgliedschaften an dem übernehmenden Rechtsträger;
3. das Umtauschverhältnis der Anteile und gegebenenfalls die Höhe der baren Zuzahlung oder Angaben über die Mitgliedschaft bei dem übernehmenden Rechtsträger;
4. die Einzelheiten für die Übertragung der Anteile des übernehmenden Rechtsträgers oder über den Erwerb der Mitgliedschaft bei dem übernehmenden Rechtsträger;
5. den Zeitpunkt, von dem an diese Anteile oder die Mitgliedschaften einen Anspruch auf einen Anteil am Bilanzgewinn gewähren, sowie alle Besonderheiten in bezug auf diesen Anspruch;
6. den Zeitpunkt, von dem an die Handlungen der übertragenden Rechtsträger als für Rechnung des übernehmenden Rechtsträgers vorgenommen gelten (Verschmelzungsstichtag);
7. die Rechte, die der übernehmende Rechtsträger einzelnen Anteilsinhabern sowie den Inhabern besonderer Rechte wie Anteile ohne Stimmrecht, Vorzugsaktien, Mehrstimmrechtsaktien, Schuldverschreibungen und Genußrechte gewährt, oder die für diese Personen vorgesehenen Maßnahmen;
8. jeden besonderen Vorteil, der einem Mitglied eines Vertretungsorgans oder eines Aufsichtsorgans der an der Verschmelzung beteiligten Rechtsträger, einem geschäftsführenden Gesellschafter, einem Abschlußprüfer oder einem Verschmelzungsprüfer gewährt wird;
9. die Folgen der Verschmelzung für die Arbeitnehmer und ihre Vertretungen sowie die insoweit vorgesehenen Maßnahmen.

(2) Befinden sich alle Anteile eines übertragenden Rechtsträgers in der Hand des übernehmenden Rechtsträgers, so entfallen die Angaben über den Umtausch der Anteile (Absatz 1 Nr. 2 bis 5), soweit sie die Aufnahme dieses Rechtsträgers betreffen.

(3) Der Vertrag oder sein Entwurf ist spätestens einen Monat vor dem Tage der Versammlung der Anteilsinhaber jedes beteiligten Rechtsträgers, die gemäß § 13 Abs. 1 über die Zustimmung zum Verschmelzungsvertrag beschließen soll, dem zuständigen Betriebsrat dieses Rechtsträgers zuzuleiten.

§ 6 Form des Verschmelzungsvertrags

Der Verschmelzungsvertrag muß notariell beurkundet werden.

§ 7 Kündigung des Verschmelzungsvertrags

Ist der Verschmelzungsvertrag unter einer Bedingung geschlossen worden und ist diese binnen fünf Jahren nach Abschluß des Vertrags nicht eingetreten, so kann jeder Teil den Vertrag nach fünf Jahren mit halbjähriger Frist kündigen; im Verschmelzungsvertrag kann eine kürzere Zeit als fünf Jahre vereinbart werden. Die Kündigung kann stets nur für den Schluß des Geschäftsjahres des Rechtsträgers, dem gegenüber sie erklärt wird, ausgesprochen werden.

§ 8 Verschmelzungsbericht

(1) Die Vertretungsorgane jedes der an der Verschmelzung beteiligten Rechtsträger haben einen ausführlichen schriftlichen Bericht zu erstatten, in dem die Verschmelzung, der Verschmelzungsvertrag oder sein Entwurf im einzelnen und insbesondere das Umtauschverhältnis der Anteile oder die Angaben über die Mitgliedschaft bei dem übernehmenden Rechtsträger sowie die Höhe einer anzubietenden Barabfindung rechtlich und wirtschaftlich erläutert und begründet werden (Verschmelzungsbericht); der Bericht kann von den Vertretungsorganen auch gemeinsam erstattet werden. Auf besondere Schwierigkeiten bei der Bewertung der Rechtsträger sowie auf die Folgen für die Beteiligung der Anteilsinhaber ist hinzuweisen. Ist ein an der Verschmelzung beteiligter Rechtsträger ein verbundenes Unternehmen im Sinne des § 15 des Aktiengesetzes, so sind in dem Bericht auch Angaben über alle für die Verschmelzung wesentlichen Angelegenheiten der anderen verbundenen Unternehmen zu machen. Auskunftspflichten der Vertretungsorgane erstrecken sich auch auf diese Angelegenheiten.

(2) In den Bericht brauchen Tatsachen nicht aufgenommen zu werden, deren Bekanntwerden geeignet ist, einem der beteiligten Rechtsträger oder einem verbundenen Unternehmen einen nicht unerheblichen Nachteil zuzufügen. In diesem Falle sind in dem Bericht die Gründe, aus denen die Tatsachen nicht aufgenommen worden sind, darzulegen.

(3) Der Bericht ist nicht erforderlich, wenn alle Anteilsinhaber aller beteiligten Rechtsträger auf seine Erstattung verzichten oder sich alle Anteile des übertragenden Rechtsträgers in der Hand des übernehmenden Rechtsträgers befinden. Die Verzichtserklärungen sind notariell zu beurkunden.

§ 9 Prüfung der Verschmelzung

(1) Soweit in diesem Gesetz vorgeschrieben, ist der Verschmelzungsvertrag oder sein Entwurf durch einen oder mehrere sachverständige Prüfer (Verschmelzungsprüfer) zu prüfen.

(2) Befinden sich alle Anteile eines übertragenden Rechtsträgers in der Hand des übernehmenden Rechtsträgers, so ist eine Verschmelzungsprüfung nach Absatz 1 nicht erforderlich, soweit sie die Aufnahme dieses Rechtsträgers betrifft.

(3) § 8 Abs. 3 ist entsprechend anzuwenden.

§ 10 Bestellung der Verschmelzungsprüfer

(1) Die Verschmelzungsprüfer werden von dem Vertretungsorgan oder auf dessen Antrag vom Gericht bestellt. Sie können für mehrere oder alle beteiligten Rechtsträger gemeinsam bestellt werden. Für den Ersatz von Auslagen und für die Vergütung der vom Gericht bestellten Prüfer gilt § 318 Abs. 5 des Handelsgesetzbuchs.

(2) Zuständig ist jedes Landgericht, in dessen Bezirk ein übertragender Rechtsträger seinen Sitz hat. Ist bei dem Landgericht eine Kammer für Handelssachen gebildet, so entscheidet deren Vorsitzender an Stelle der Zivilkammer.

(3) § 306 Abs. 3, § 307 Abs. 1 sowie § 309 gelten entsprechend.

§ 11 Stellung und Verantwortlichkeit der Verschmelzungsprüfer

(1) Für die Auswahl und das Auskunftsrecht der Verschmelzungsprüfer gelten § 319 Abs. 1 bis 3, § 320 Abs. 1 Satz 2 und Abs. 2 Satz 1 und 2 des Handelsgesetzbuchs entsprechend. Soweit Rechtsträger betroffen sind, für die keine Pflicht zur Prüfung des Jahresabschlusses besteht, gilt Satz 1 entsprechend. Dabei findet § 267 Abs. 1 bis 3 des Handelsgesetzbuchs für die Umschreibung der Größenklassen entsprechende Anwendung. Das Auskunftsrecht besteht gegenüber allen an der Verschmelzung beteiligten Rechts-

trägern und gegenüber einem Konzernunternehmen sowie einem abhängigen und einem herrschenden Unternehmen.

(2) Für die Verantwortlichkeit der Verschmelzungsprüfer, ihrer Gehilfen und der bei der Prüfung mitwirkenden gesetzlichen Vertreter einer Prüfungsgesellschaft gilt § 323 des Handelsgesetzbuchs entsprechend. Die Verantwortlichkeit besteht gegenüber den an der Verschmelzung beteiligten Rechtsträgern und deren Anteilsinhabern.

§ 12 Prüfungsbericht

(1) Die Verschmelzungsprüfer haben über das Ergebnis der Prüfung schriftlich zu berichten. Der Prüfungsbericht kann auch gemeinsam erstattet werden.

(2) Der Prüfungsbericht ist mit einer Erklärung darüber abzuschließen, ob das vorgeschlagene Umtauschverhältnis der Anteile, gegebenenfalls die Höhe der baren Zuzahlung oder die Mitgliedschaft bei dem übernehmenden Rechtsträger als Gegenwert angemessen ist. Dabei ist anzugeben,

1. nach welchen Methoden das vorgeschlagene Umtauschverhältnis ermittelt worden ist;
2. aus welchen Gründen die Anwendung dieser Methoden angemessen ist;
3. welches Umtauschverhältnis oder welcher Gegenwert sich bei der Anwendung verschiedener Methoden, sofern mehrere angewandt worden sind, jeweils ergeben würde; zugleich ist darzulegen, welches Gewicht den verschiedenen Methoden bei der Bestimmung des vorgeschlagenen Umtauschverhältnisses oder des Gegenwerts und der ihnen zugrundeliegenden Werte beigemessen worden ist und welche besonderen Schwierigkeiten bei der Bewertung der Rechtsträger aufgetreten sind.

(3) § 8 Abs. 2 und 3 ist entsprechend anzuwenden.

§ 13 Beschlüsse über den Verschmelzungsvertrag

(1) Der Verschmelzungsvertrag wird nur wirksam, wenn die Anteilsinhaber der beteiligten Rechtsträger ihm durch Beschluß (Verschmelzungsbeschluß) zustimmen. Der Beschluß kann nur in einer Versammlung der Anteilsinhaber gefaßt werden.

(2) Ist die Abtretung der Anteile eines übertragenden Rechtsträgers von der Genehmigung bestimmter einzelner Anteilsinhaber abhängig, so bedarf der Verschmelzungsbeschluß dieses Rechtsträgers zu seiner Wirksamkeit ihrer Zustimmung.

(3) Der Verschmelzungsbeschluß und die nach diesem Gesetz erforderlichen Zustimmungserklärungen einzelner Anteilsinhaber einschließlich der erforderlichen Zustimmungserklärungen nicht erschienener Anteilsinhaber müssen notariell beurkundet werden. Der Vertrag oder sein Entwurf ist dem Beschluß als Anlage beizufügen. Auf Verlangen hat der Rechtsträger jedem Anteilsinhaber auf dessen Kosten unverzüglich eine Abschrift des Vertrags oder seines Entwurfs und der Niederschrift des Beschlusses zu erteilen.

§ 14 Befristung und Ausschluß von Klagen gegen den Verschmelzungsbeschluß

(1) Eine Klage gegen die Wirksamkeit eines Verschmelzungsbeschlusses muß binnen eines Monats nach der Beschlußfassung erhoben werden.

(2) Eine Klage gegen die Wirksamkeit des Verschmelzungsbeschlusses eines übertragenden Rechtsträgers kann nicht darauf gestützt werden, daß das Umtauschverhältnis der Anteile zu niedrig bemessen ist oder daß die Mitgliedschaft bei dem übernehmenden Rechtsträger kein ausreichender Gegenwert für die Anteile oder die Mitgliedschaft bei dem übertragenden Rechtsträger ist.

§ 15 Verbesserung des Umtauschverhältnisses

(1) Ist das Umtauschverhältnis der Anteile zu niedrig bemessen oder ist die Mitgliedschaft bei dem übernehmenden Rechtsträger kein ausreichender Gegenwert für den Anteil oder die Mitgliedschaft bei einem übertragenden Rechtsträger, so kann jeder Anteilsinhaber dieses

übertragenden Rechtsträgers, dessen Recht, gegen die Wirksamkeit des Verschmelzungsbeschlusses Klage zu erheben, nach § 14 Abs. 2 ausgeschlossen ist, von dem übernehmenden Rechtsträger einen Ausgleich durch bare Zuzahlung verlangen; die Zuzahlungen können den zehnten Teil des Gesamtnennbetrags der gewährten Anteile übersteigen.

(2) Die bare Zuzahlung ist nach Ablauf des Tages, an dem die Eintragung der Verschmelzung in das Register des Sitzes des übernehmenden Rechtsträgers nach § 19 Abs. 3 als bekanntgemacht gilt, mit jährlich zwei vom Hundert über dem jeweiligen Diskontsatz der Deutschen Bundesbank zu verzinsen. Die Geltendmachung eines weiteren Schadens ist nicht ausgeschlossen.

§ 16 Anmeldung der Verschmelzung

(1) Die Vertretungsorgane jedes der an der Verschmelzung beteiligten Rechtsträger haben die Verschmelzung zur Eintragung in das Register (Handelsregister, Genossenschaftsregister oder Vereinsregister) des Sitzes ihres Rechtsträgers anzumelden. Das Vertretungsorgan des übernehmenden Rechtsträgers ist berechtigt, die Verschmelzung auch zur Eintragung in das Register des Sitzes jedes der übertragenden Rechtsträger anzumelden.

(2) Bei der Anmeldung haben die Vertretungsorgane zu erklären, daß eine Klage gegen die Wirksamkeit eines Verschmelzungsbeschlusses nicht oder nicht fristgemäß erhoben oder eine solche Klage rechtskräftig abgewiesen oder zurückgenommen worden ist; hierüber haben die Vertretungsorgane dem Registergericht auch nach der Anmeldung Mitteilung zu machen. Liegt die Erklärung nicht vor, so darf die Verschmelzung nicht eingetragen werden, es sei denn, daß die klageberechtigten Anteilsinhaber durch notariell beurkundete Verzichtserklärung auf die Klage gegen die Wirksamkeit des Verschmelzungsbeschlusses verzichten.

(3) Der Erklärung nach Absatz 2 Satz 1 steht es gleich, wenn nach Erhebung einer Klage gegen die Wirksamkeit eines Verschmelzungsbeschlusses das für diese Klage zuständige Prozeßgericht auf Antrag des Rechtsträgers, gegen dessen Verschmelzungsbeschluß sich die Klage richtet, durch rechtskräftigen Beschluß festgestellt hat, daß die Erhebung der Klage der Eintragung nicht entgegensteht. Der Beschluß nach Satz 1 darf nur ergehen, wenn die Klage gegen die Wirksamkeit des Verschmelzungsbeschlusses unzulässig oder offensichtlich unbegründet ist oder wenn das alsbaldige Wirksamwerden der Verschmelzung nach freier Überzeugung des Gerichts unter Berücksichtigung der Schwere der mit der Klage geltend gemachten Rechtsverletzungen zur Abwendung der vom Antragsteller dargelegten wesentlichen Nachteile für die an der Verschmelzung beteiligten Rechtsträger und ihre Anteilsinhaber vorrangig erscheint. Der Beschluß kann in dringenden Fällen ohne mündliche Verhandlung ergehen. Die vorgebrachten Tatsachen, auf Grund derer der Beschluß nach Satz 2 ergehen kann, sind glaubhaft zu machen. Gegen den Beschluß findet die sofortige Beschwerde statt. Erweist sich die Klage als begründet, so ist der Rechtsträger, der den Beschluß erwirkt hat, verpflichtet, dem Antragsgegner den Schaden zu ersetzen, der ihm aus einer auf dem Beschluß beruhenden Eintragung der Verschmelzung entstanden ist; als Ersatz des Schadens kann nicht die Beseitigung der Wirkungen der Eintragung der Verschmelzung im Register des Sitzes des übernehmenden Rechtsträgers verlangt werden.

§ 17 Anlagen der Anmeldung

(1) Der Anmeldung sind in Ausfertigung oder öffentlich beglaubigter Abschrift oder, soweit sie nicht notariell zu beurkunden sind, in Urschrift oder Abschrift der Verschmelzungsvertrag, die Niederschriften der Verschmelzungsbeschlüsse, die nach diesem Gesetz erforderlichen Zustimmungserklärungen einzelner Anteilsinhaber einschließlich der Zustimmungserklärungen nicht erschienener Anteilsinhaber, der Verschmelzungsbericht, der Prüfungsbericht oder die Verzichtserklärungen nach § 8 Abs. 3, § 9 Abs. 3 oder § 12 Abs. 3,

ein Nachweis über die rechtzeitige Zuleitung des Verschmelzungsvertrages oder seines Entwurfs an den zuständigen Betriebsrat sowie, wenn die Verschmelzung der staatlichen Genehmigung bedarf, die Genehmigungsurkunde beizufügen.

(2) Der Anmeldung zum Register des Sitzes jedes der übertragenden Rechtsträger ist ferner eine Bilanz dieses Rechtsträgers beizufügen (Schlußbilanz). Für diese Bilanz gelten die Vorschriften über die Jahresbilanz und deren Prüfung entsprechend. Sie braucht nicht bekanntgemacht zu werden. Das Registergericht darf die Verschmelzung nur eintragen, wenn die Bilanz auf einen höchstens acht Monate vor der Anmeldung liegenden Stichtag aufgestellt worden ist.

§ 18 Firma des übernehmenden Rechtsträgers

(1) Der übernehmende Rechtsträger darf die Firma eines der übertragenden Rechtsträger, dessen Handelsgeschäft er durch die Verschmelzung erwirbt, mit oder ohne Beifügung eines das Nachfolgeverhältnis andeutenden Zusatzes fortführen. Eine Personenhandelsgesellschaft darf eine solche Firma nur fortführen, wenn diese den Namen einer natürlichen Person enthält. Eine eingetragene Genossenschaft darf eine solche Firma nicht fortführen, soweit diese den Namen von Genossen oder anderen Personen enthält.

(2) Das Registergericht kann auf Antrag genehmigen, daß eine Personenhandelsgesellschaft, die durch die Verschmelzung das Handelsgeschäft eines übertragenden Rechtsträgers erwirbt, bei der Bildung ihrer neuen Firma den in der Firma dieses Rechtsträgers enthaltenen Namen einer natürlichen Person verwendet und insoweit von § 19 des Handelsgesetzbuchs abweicht.

(3) Ist an einem der übertragenden Rechtsträger eine natürliche Person beteiligt, die an dem übernehmenden Rechtsträger nicht beteiligt wird, so darf der übernehmende Rechtsträger den Namen dieses Anteilsinhabers nur dann in der nach Absatz 1 fortgeführten oder in der nach Absatz 2 gebildeten Firma verwenden, wenn der betroffene Anteilsinhaber oder dessen Erben ausdrücklich in die Verwendung einwilligen.

§ 19 Eintragung und Bekanntmachung der Verschmelzung

(1) Die Verschmelzung darf in das Register des Sitzes des übernehmenden Rechtsträgers erst eingetragen werden, nachdem sie im Register des Sitzes jedes der übertragenden Rechtsträger eingetragen worden ist. Die Eintragung im Register des Sitzes jedes der übertragenden Rechtsträger ist mit dem Vermerk zu versehen, daß die Verschmelzung erst mit der Eintragung im Register des Sitzes des übernehmenden Rechtsträgers wirksam wird.

(2) Das Gericht des Sitzes des übernehmenden Rechtsträgers hat von Amts wegen dem Gericht des Sitzes jedes der übertragenden Rechtsträger den Tag der Eintragung der Verschmelzung mitzuteilen. Nach Eingang der Mitteilung hat das Gericht des Sitzes jedes der übertragenden Rechtsträger von Amts wegen den Tag der Eintragung der Verschmelzung im Register des Sitzes des übernehmenden Rechtsträgers im Register des Sitzes des übertragenden Rechtsträgers zu vermerken und die bei ihm aufbewahrten Urkunden und anderen Schriftstücke dem Gericht des Sitzes des übernehmenden Rechtsträgers zur Aufbewahrung zu übersenden.

(3) Das Gericht des Sitzes jedes der an der Verschmelzung beteiligten Rechtsträger hat jeweils die von ihm vorgenommene Eintragung der Verschmelzung von Amts wegen durch den Bundesanzeiger und durch mindestens ein anderes Blatt ihrem ganzen Inhalt nach bekanntzumachen. Mit dem Ablauf des Tages, an dem jeweils das letzte der die Bekanntmachung enthaltenden Blätter erschienen ist, gilt die Bekanntmachung für diesen Rechtsträger als erfolgt.

§ 20 Wirkungen der Eintragung

(1) Die Eintragung der Verschmelzung in das Register des Sitzes des übernehmenden Rechtsträgers hat folgende Wirkungen:

1. Das Vermögen der übertragenden Rechtsträger geht einschließlich der Verbindlichkeiten auf den übernehmenden Rechtsträger über.
2. Die übertragenden Rechtsträger erlöschen. Einer besonderen Löschung bedarf es nicht.
3. Die Anteilsinhaber der übertragenden Rechtsträger werden Anteilsinhaber des übernehmenden Rechtsträgers; dies gilt nicht, soweit der übernehmende Rechtsträger oder ein Dritter, der im eigenen Namen, jedoch für Rechnung dieses Rechtsträgers handelt, Anteilsinhaber des übertragenden Rechtsträgers ist oder der übertragende Rechtsträger eigene Anteile innehat oder ein Dritter, der im eigenen Namen, jedoch für Rechnung dieses Rechtsträgers handelt, dessen Anteilsinhaber ist. Rechte Dritter an den Anteilen oder Mitgliedschaften der übertragenden Rechtsträger bestehen an den an ihre Stelle tretenden Anteilen oder Mitgliedschaften des übernehmenden Rechtsträgers weiter.
4. Der Mangel der notariellen Beurkundung des Verschmelzungsvertrags und gegebenenfalls erforderlicher Zustimmungs- oder Verzichtserklärungen einzelner Anteilsinhaber wird geheilt.

(2) Mängel der Verschmelzung lassen die Wirkungen der Eintragung nach Absatz 1 unberührt.

§ 21 Wirkung auf gegenseitige Verträge

Treffen bei einer Verschmelzung aus gegenseitigen Verträgen, die zur Zeit der Verschmelzung von keiner Seite vollständig erfüllt sind, Abnahme-, Lieferungs- oder ähnliche Verpflichtungen zusammen, die miteinander unvereinbar sind oder die beide zu erfüllen eine schwere Unbilligkeit für den übernehmenden Rechtsträger bedeuten würde, so bestimmt sich der Umfang der Verpflichtungen nach Billigkeit unter Würdigung der vertraglichen Rechte aller Beteiligten.

§ 22 Gläubigerschutz

(1) Den Gläubigern der an der Verschmelzung beteiligten Rechtsträger ist, wenn sie binnen sechs Monaten nach dem Tag, an dem die Eintragung der Verschmelzung in das Register des Sitzes desjenigen Rechtsträgers, dessen Gläubiger sie sind, nach § 19 Abs. 3 als bekanntgemacht gilt, ihren Anspruch nach Grund und Höhe schriftlich anmelden, Sicherheit zu leisten, soweit sie nicht Befriedigung verlangen können. Dieses Recht steht den Gläubigern jedoch nur zu, wenn sie glaubhaft machen, daß durch die Verschmelzung die Erfüllung ihrer Forderung gefährdet wird. Die Gläubiger sind in der Bekanntmachung der jeweiligen Eintragung auf dieses Recht hinzuweisen.

(2) Das Recht, Sicherheitsleistung zu verlangen, steht Gläubigern nicht zu, die im Falle der Insolvenz ein Recht auf vorzugsweise Befriedigung aus einer Deckungsmasse haben, die nach gesetzlicher Vorschrift zu ihrem Schutz errichtet und staatlich überwacht ist.

§ 23 Schutz der Inhaber von Sonderrechten

Den Inhabern von Rechten in einem übertragenden Rechtsträger, die kein Stimmrecht gewähren, insbesondere den Inhabern von Anteilen ohne Stimmrecht, von Wandelschuldverschreibungen, von Gewinnschuldverschreibungen und von Genußrechten, sind gleichwertige Rechte in dem übernehmenden Rechtsträger zu gewähren.

§ 24 Wertansätze des übernehmenden Rechtsträgers

In den Jahresbilanzen des übernehmenden Rechtsträgers können als Anschaffungskosten im Sinne des § 253 Abs. 1 des Handelsgesetzbuchs auch die in der Schlußbilanz eines übertragenden Rechtsträgers angesetzten Werte angesetzt werden.

§ 25 Schadenersatzpflicht der Verwaltungsträger der übertragenden Rechtsträger

(1) Die Mitglieder des Vertretungsorgans und, wenn ein Aufsichtsorgan vorhanden ist, des Aufsichtsorgans eines übertragenden Rechtsträgers sind als Gesamtschuldner zum Ersatz des Schadens verpflichtet, den dieser Rechtsträger, seine Anteilsinhaber oder seine Gläubiger durch die Verschmelzung erleiden. Mitglieder der Organe, die bei der Prüfung der Vermögenslage der Rechtsträger und beim Abschluß des Verschmelzungsvertrags ihre Sorgfaltspflicht beobachtet haben, sind von der Ersatzpflicht befreit.

(2) Für diese Ansprüche sowie weitere Ansprüche, die sich für und gegen den übertragenden Rechtsträger nach den allgemeinen Vorschriften auf Grund der Verschmelzung ergeben, gilt dieser Rechtsträger als fortbestehend. Forderungen und Verbindlichkeiten vereinigen sich insoweit durch die Verschmelzung nicht.

(3) Die Ansprüche aus Absatz 1 verjähren in fünf Jahren seit dem Tage, an dem die Eintragung der Verschmelzung in das Register des Sitzes des übernehmenden Rechtsträgers nach § 19 Abs. 3 als bekanntgemacht gilt.

§ 26 Geltendmachung des Schadenersatzanspruchs

(1) Die Ansprüche nach § 25 Abs. 1 und 2 können nur durch einen besonderen Vertreter geltend gemacht werden. Das Gericht des Sitzes eines übertragenden Rechtsträgers hat einen solchen Vertreter auf Antrag eines Anteilsinhabers oder eines Gläubigers dieses Rechtsträgers zu bestellen. Gläubiger sind nur antragsberechtigt, wenn sie von dem übernehmenden Rechtsträger keine Befriedigung erlangen können. Gegen die Entscheidung findet die sofortige Beschwerde statt.

(2) Der Vertreter hat unter Hinweis auf den Zweck seiner Bestellung die Anteilsinhaber und Gläubiger des betroffenen übertragenden Rechtsträgers aufzufordern, die Ansprüche nach § 25 Abs. 1 und 2 binnen einer angemessenen Frist, die mindestens einen Monat betragen soll, anzumelden. Die Aufforderung ist im Bundesanzeiger und, wenn der Gesellschaftsvertrag, die Satzung oder das Statut andere Blätter für die öffentlichen Bekanntmachungen des übertragenden Rechtsträgers bestimmt hatte, auch in diesen Blättern bekanntzumachen.

(3) Der Vertreter hat den Betrag, der aus der Geltendmachung der Ansprüche eines übertragenden Rechtsträgers erzielt wird, zur Befriedigung der Gläubiger dieses Rechtsträgers zu verwenden, soweit die Gläubiger nicht durch den übernehmenden Rechtsträger befriedigt oder sichergestellt sind. Für die Verteilung gelten die Vorschriften über die Verteilung, die im Falle der Abwicklung eines Rechtsträgers in der Rechtsform des übertragenden Rechtsträgers anzuwenden sind, entsprechend. Gläubiger und Anteilsinhaber, die sich nicht fristgemäß gemeldet haben, werden bei der Verteilung nicht berücksichtigt.

(4) Der Vertreter hat Anspruch auf Ersatz angemessener barer Auslagen und auf Vergütung für seine Tätigkeit. Die Auslagen und die Vergütung setzt das Gericht fest. Es bestimmt nach den gesamten Verhältnissen des einzelnen Falles nach freiem Ermessen, in welchem Umfange die Auslagen und die Vergütung von beteiligten Anteilsinhabern und Gläubigern zu tragen sind. Gegen die Entscheidung findet die sofortige Beschwerde statt; die weitere Beschwerde ist ausgeschlossen. Aus der rechtskräftigen Entscheidung findet die Zwangsvollstreckung nach der Zivilprozeßordnung statt.

§ 27 Schadenersatzpflicht der Verwaltungsträger des übernehmenden Rechtsträgers

Ansprüche auf Schadenersatz, die sich auf Grund der Verschmelzung gegen ein Mitglied des Vertretungsorgans oder, wenn ein Aufsichtsorgan vorhanden ist, des Aufsichtsorgans des übernehmenden Rechtsträgers ergeben, verjähren in fünf Jahren seit dem Tage, an dem die Eintragung der Verschmelzung in das Register des Sitzes des übernehmenden Rechtsträgers nach § 19 Abs. 3 als bekanntgemacht gilt.

§ 28 Unwirksamkeit des Verschmelzungsbeschlusses eines übertragenden Rechtsträgers

Nach Eintragung der Verschmelzung in das Register des Sitzes des übernehmenden Rechtsträgers ist eine Klage gegen die Wirksamkeit des Verschmelzungsbeschlusses eines übertragenden Rechtsträgers gegen den übernehmenden Rechtsträger zu richten.

§ 29 Abfindungsangebot im Verschmelzungsvertrag

(1) Bei der Verschmelzung eines Rechtsträgers im Wege der Aufnahme durch einen Rechtsträger anderer Rechtsform hat der übernehmende Rechtsträger im Verschmelzungsvertrag oder in seinem Entwurf jedem Anteilsinhaber, der gegen den Verschmelzungsbeschluß des übertragenden Rechtsträgers Widerspruch zur Niederschrift erklärt, den Erwerb seiner Anteile oder Mitgliedschaften gegen eine angemessene Barabfindung anzubieten; § 71 Abs. 4 Satz 2 des Aktiengesetzes ist insoweit nicht anzuwenden. Das gleiche gilt, wenn durch die Verschmelzung von Rechtsträgern derselben Rechtsform Anteile an dem übertragenden Rechtsträger durch Anteile an dem übernehmenden Rechtsträger ersetzt werden, die in dem Gesellschaftsvertrag, der Satzung oder dem Statut des übernehmenden Rechtsträgers Verfügungsbeschränkungen unterworfen sind. Kann der übernehmende Rechtsträger auf Grund seiner Rechtsform eigene Anteile oder Mitgliedschaften nicht erwerben, so ist die Barabfindung für den Fall anzubieten, daß der Anteilsinhaber sein Ausscheiden aus dem Rechtsträger erklärt. Eine erforderliche Bekanntmachung des Verschmelzungsvertrags oder seines Entwurfs als Gegenstand der Beschlußfassung muß den Wortlaut dieses Angebots enthalten. Der übernehmende Rechtsträger hat die Kosten für eine Übertragung zu tragen.

(2) Dem Widerspruch zur Niederschrift im Sinne des Absatzes 1 steht es gleich, wenn ein nicht erschienener Anteilsinhaber zu der Versammlung der Anteilsinhaber zu Unrecht nicht zugelassen worden ist oder die Versammlung nicht ordnungsgemäß einberufen oder der Gegenstand der Beschlußfassung nicht ordnungsgemäß bekanntgemacht worden ist.

§ 30 Inhalt des Anspruchs auf Barabfindung und Prüfung der Barabfindung

(1) Die Barabfindung muß die Verhältnisse des übertragenden Rechtsträgers im Zeitpunkt der Beschlußfassung über die Verschmelzung berücksichtigen. § 15 Abs. 2 ist auf die Barabfindung entsprechend anzuwenden.

(2) Die Angemessenheit einer anzubietenden Barabfindung ist stets durch Verschmelzungsprüfer zu prüfen. Die §§ 10 bis 12 sind entsprechend anzuwenden. Die Berechtigten können auf die Prüfung oder den Prüfungsbericht verzichten; die Verzichtserklärungen sind notariell zu beurkunden.

§ 31 Annahme des Angebots

Das Angebot nach § 29 kann nur binnen zwei Monaten nach dem Tage angenommen werden, an dem die Eintragung der Verschmelzung in das Register des Sitzes des übernehmenden Rechtsträgers nach § 19 Abs. 3 als bekanntgemacht gilt. Ist nach § 34 ein Antrag auf Bestimmung der Barabfindung durch das Gericht gestellt worden, so kann das Angebot binnen zwei Monaten nach dem Tage angenommen werden, an dem die Entscheidung im Bundesanzeiger bekanntgemacht worden ist.

§ 32 Ausschluß von Klagen gegen den Verschmelzungsbeschluß

Eine Klage gegen die Wirksamkeit des Verschmelzungsbeschlusses eines übertragenden Rechtsträgers kann nicht darauf gestützt werden, daß das Angebot nach § 29 zu niedrig bemessen oder daß die Barabfindung im Verschmelzungsvertrag nicht oder nicht ordnungsgemäß angeboten worden ist.

§ 33 Anderweitige Veräußerung
Einer anderweitigen Veräußerung des Anteils durch den Anteilsinhaber binnen der in § 31 bestimmten Frist stehen Verfügungsbeschränkungen in Gesellschaftsverträgen, Satzungen oder Statuten des übertragenden Rechtsträgers nicht entgegen.

§ 34 Gerichtliche Nachprüfung der Abfindung
Macht ein Anteilsinhaber geltend, daß eine im Verschmelzungsvertrag oder in seinem Entwurf bestimmte Barabfindung, die ihm nach § 29 anzubieten war, zu niedrig bemessen sei, so hat auf seinen Antrag das Gericht die angemessene Barabfindung zu bestimmen. Das gleiche gilt, wenn die Barabfindung nicht oder nicht ordnungsgemäß angeboten worden ist.

§ 35 Bezeichnung unbekannter Aktionäre
Unbekannte Aktionäre einer übertragenden Aktiengesellschaft oder Kommanditgesellschaft auf Aktien sind im Verschmelzungsvertrag, bei Anmeldungen zur Eintragung in ein Register oder bei der Eintragung in eine Liste von Anteilsinhabern durch die Angabe ihrer Aktienurkunden sowie erforderlichenfalls des auf die Aktie entfallenden Anteils zu bezeichnen, soweit eine Benennung der Anteilsinhaber für den übernehmenden Rechtsträger gesetzlich vorgeschrieben ist. Werden solche Anteilsinhaber später bekannt, so sind Register oder Listen von Amts wegen zu berichtigen.

Dritter Abschnitt

Verschmelzung durch Neugründung

§ 36 Anzuwendende Vorschriften
(1) Auf die Verschmelzung durch Neugründung sind die Vorschriften des Zweiten Abschnitts mit Ausnahme des § 16 Abs. 1 und des § 27 entsprechend anzuwenden. An die Stelle des übernehmenden Rechtsträgers tritt der neue Rechtsträger, an die Stelle der Eintragung der Verschmelzung in das Register des Sitzes des übernehmenden Rechtsträgers tritt die Eintragung des neuen Rechtsträgers in das Register.

(2) Auf die Gründung des neuen Rechtsträgers sind die für dessen Rechtsform geltenden Gründungsvorschriften anzuwenden, soweit sich aus diesem Buch nichts anderes ergibt. Den Gründern stehen die übertragenden Rechtsträger gleich. Vorschriften, die für die Gründung eine Mindestzahl der Gründer vorschreiben, sind nicht anzuwenden.

§ 37 Inhalt des Verschmelzungsvertrags
In dem Verschmelzungsvertrag muß der Gesellschaftsvertrag, die Satzung oder das Statut des neuen Rechtsträgers enthalten sein oder festgestellt werden.

§ 38 Anmeldung der Verschmelzung und des neuen Rechtsträgers
(1) Die Vertretungsorgane jedes der übertragenden Rechtsträger haben die Verschmelzung zur Eintragung in das Register des Sitzes ihres Rechtsträgers anzumelden.

(2) Die Vertretungsorgane aller übertragenden Rechtsträger haben den neuen Rechtsträger bei dem Gericht, in dessen Bezirk er seinen Sitz haben soll, zur Eintragung in das Register anzumelden.

Zweiter Teil

Besondere Vorschriften

Erster Abschnitt

Verschmelzung unter Beteiligung von Personenhandelsgesellschaften

§ 39 Ausschluß der Verschmelzung

Eine aufgelöste Personenhandelsgesellschaft kann sich nicht als übertragender Rechtsträger an einer Verschmelzung beteiligen, wenn die Gesellschafter nach § 145 des Handelsgesetzbuchs eine andere Art der Auseinandersetzung als die Abwicklung oder als die Verschmelzung vereinbart haben.

§ 40 Inhalt des Verschmelzungsvertrags

(1) Der Verschmelzungsvertrag oder sein Entwurf hat zusätzlich für jeden Anteilsinhaber eines übertragenden Rechtsträgers zu bestimmen, ob ihm in der übernehmenden oder der neuen Personenhandelsgesellschaft die Stellung eines persönlich haftenden Gesellschafters oder eines Kommanditisten gewährt wird. Dabei ist der Betrag der Einlage jedes Gesellschafters festzusetzen.

(2) Anteilsinhabern eines übertragenden Rechtsträgers, die für dessen Verbindlichkeiten nicht als Gesamtschuldner persönlich unbeschränkt haften, ist die Stellung eines Kommanditisten zu gewähren. Abweichende Bestimmungen sind nur wirksam, wenn die betroffenen Anteilsinhaber dem Verschmelzungsbeschluß des übertragenden Rechtsträgers zustimmen.

§ 41 Verschmelzungsbericht

Ein Verschmelzungsbericht ist für eine an der Verschmelzung beteiligte Personenhandelsgesellschaft nicht erforderlich, wenn alle Gesellschafter dieser Gesellschaft zur Geschäftsführung berechtigt sind.

§ 42 Unterrichtung der Gesellschafter

Der Verschmelzungsvertrag oder sein Entwurf und der Verschmelzungsbericht sind den Gesellschaftern, die von der Geschäftsführung ausgeschlossen sind, spätestens zusammen mit der Einberufung der Gesellschafterversammlung, die gemäß § 13 Abs. 1 über die Zustimmung zum Verschmelzungsvertrag beschließen soll, zu übersenden.

§ 43 Beschluß der Gesellschafterversammlung

(1) Der Verschmelzungsbeschluß der Gesellschafterversammlung bedarf der Zustimmung aller anwesenden Gesellschafter; ihm müssen auch die nicht erschienenen Gesellschafter zustimmen.

(2) Der Gesellschaftsvertrag kann eine Mehrheitsentscheidung der Gesellschafter vorsehen. Die Mehrheit muß mindestens drei Viertel der Stimmen der Gesellschafter betragen. Widerspricht ein Anteilsinhaber eines übertragenden Rechtsträgers, der für dessen Verbindlichkeiten persönlich unbeschränkt haftet, der Verschmelzung, so ist ihm in der übernehmenden oder der neuen Personenhandelsgesellschaft die Stellung eines Kommanditisten zu gewähren; das gleiche gilt für einen Anteilsinhaber der übernehmenden Personenhandelsgesellschaft, der für deren Verbindlichkeiten persönlich unbeschränkt haftet, wenn er der Verschmelzung widerspricht.

§ 44 Prüfung der Verschmelzung

Im Falle des § 43 Abs. 2 ist der Verschmelzungsvertrag oder sein Entwurf für eine Personenhandelsgesellschaft auf Verlangen eines ihrer Gesellschafter nach den §§ 9 bis 12 zu prüfen. Die Kosten trägt die Gesellschaft.

§ 45 Zeitliche Begrenzung der Haftung persönlich haftender Gesellschafter

(1) Überträgt eine Personenhandelsgesellschaft ihr Vermögen durch Verschmelzung auf einen Rechtsträger anderer Rechtsform, dessen Anteilsinhaber für die Verbindlichkeiten

dieses Rechtsträgers nicht unbeschränkt haften, so haftet ein Gesellschafter der Personenhandelsgesellschaft für ihre Verbindlichkeiten, wenn sie vor Ablauf von fünf Jahren nach der Verschmelzung fällig und daraus Ansprüche gegen ihn gerichtlich geltend gemacht sind; bei öffentlich-rechtlichen Verbindlichkeiten genügt zur Geltendmachung der Erlaß eines Verwaltungsakts.

(2) Die Frist beginnt mit dem Tage, an dem die Eintragung der Verschmelzung in das Register des Sitzes des übernehmenden Rechtsträgers nach § 19 Abs. 3 als bekanntgemacht gilt. Die für die Verjährung geltenden §§ 203, 206, 207, 210, 212 bis 216 und 220 des Bürgerlichen Gesetzbuchs sind entsprechend anzuwenden.

(3) Einer gerichtlichen Geltendmachung bedarf es nicht, soweit der Gesellschafter den Anspruch schriftlich anerkannt hat.

(4) Die Absätze 1 bis 3 sind auch anzuwenden, wenn der Gesellschafter in dem Rechtsträger anderer Rechtsform geschäftsführend tätig wird.

Zweiter Abschnitt

Verschmelzung unter Beteiligung von Gesellschaften mit beschränkter Haftung

Erster Unterabschnitt

Verschmelzung durch Aufnahme

§ 46 Inhalt des Verschmelzungsvertrags

(1) Der Verschmelzungsvertrag oder sein Entwurf hat zusätzlich für jeden Anteilsinhaber eines übertragenden Rechtsträgers den Nennbetrag des Geschäftsanteils zu bestimmen, den die übernehmende Gesellschaft mit beschränkter Haftung ihm zu gewähren hat. Der Nennbetrag kann abweichend von dem Nennbetrag der Aktien einer übertragenden Aktiengesellschaft oder Kommanditgesellschaft auf Aktien festgesetzt werden. Er muß mindestens fünfzig Deutsche Mark betragen und durch zehn teilbar sein.

(2) Sollen die zu gewährenden Geschäftsanteile im Wege der Kapitalerhöhung geschaffen und mit anderen Rechten und Pflichten als sonstige Geschäftsanteile der übernehmenden Gesellschaft mit beschränkter Haftung ausgestattet werden, so sind auch die Abweichungen im Verschmelzungsvertrag oder in seinem Entwurf festzusetzen.

(3) Sollen Anteilsinhaber eines übertragenden Rechtsträgers schon vorhandene Geschäftsanteile der übernehmenden Gesellschaft erhalten, so müssen die Gesellschafter und die Nennbeträge der Geschäftsanteile, die sie erhalten sollen, im Verschmelzungsvertrag oder in seinem Entwurf besonders bestimmt werden.

§ 47 Unterrichtung der Gesellschafter

Der Verschmelzungsvertrag oder sein Entwurf und der Verschmelzungsbericht sind den Gesellschaftern spätestens zusammen mit der Einberufung der Gesellschafterversammlung, die gemäß § 13 Abs. 1 über die Zustimmung beschließen soll, zu übersenden.

§ 48 Prüfung der Verschmelzung

Der Verschmelzungsvertrag oder sein Entwurf ist für eine Gesellschaft mit beschränkter Haftung auf Verlangen eines ihrer Gesellschafter nach den §§ 9 bis 12 zu prüfen. Die Kosten trägt die Gesellschaft.

§ 49 Vorbereitung der Gesellschafterversammlung

(1) Die Geschäftsführer haben in der Einberufung der Gesellschafterversammlung, die gemäß § 13 Abs. 1 über die Zustimmung zum Verschmelzungsvertrag beschließen soll, die Verschmelzung als Gegenstand der Beschlußfassung anzukündigen.

(2) Von der Einberufung an sind in dem Geschäftsraum der Gesellschaft die Jahresabschlüsse und die Lageberichte der an der Verschmelzung beteiligten Rechtsträger für die letzten drei Geschäftsjahre zur Einsicht durch die Gesellschafter auszulegen.
(3) Die Geschäftsführer haben jedem Gesellschafter auf Verlangen jederzeit Auskunft auch über alle für die Verschmelzung wesentlichen Angelegenheiten der anderen beteiligten Rechtsträger zu geben.

§ 50 Beschluß der Gesellschafterversammlung

(1) Der Verschmelzungsbeschluß der Gesellschafterversammlung bedarf einer Mehrheit von mindestens drei Vierteln der abgegebenen Stimmen. Der Gesellschaftsvertrag kann eine größere Mehrheit und weitere Erfordernisse bestimmen.
(2) Werden durch die Verschmelzung auf dem Gesellschaftsvertrag beruhende Minderheitsrechte eines einzelnen Gesellschafters einer übertragenden Gesellschaft oder die einzelnen Gesellschaftern einer solchen Gesellschaft nach dem Gesellschaftsvertrag zustehenden besonderen Rechte in der Geschäftsführung der Gesellschaft, bei der Bestellung der Geschäftsführer oder hinsichtlich eines Vorschlagsrechts für die Geschäftsführung beeinträchtigt, so bedarf der Verschmelzungsbeschluß dieser übertragenden Gesellschaft der Zustimmung dieser Gesellschafter.

§ 51 Zustimmungserfordernisse in Sonderfällen

(1) Ist an der Verschmelzung eine Gesellschaft mit beschränkter Haftung, auf deren Geschäftsanteile nicht alle zu leistenden Einlagen in voller Höhe bewirkt sind, als übernehmender Rechtsträger beteiligt, so bedarf der Verschmelzungsbeschluß eines übertragenden Rechtsträgers der Zustimmung aller bei der Beschlußfassung anwesenden Anteilsinhaber dieses Rechtsträgers. Ist der übertragende Rechtsträger eine Personenhandelsgesellschaft oder eine Gesellschaft mit beschränkter Haftung, so bedarf der Verschmelzungsbeschluß auch der Zustimmung der nicht erschienenen Gesellschafter. Die Sätze 1 und 2 gelten entsprechend, wenn eine Gesellschaft mit beschränkter Haftung, auf deren Geschäftsanteile nicht alle zu leistenden Einlagen in voller Höhe bewirkt sind, von einer Gesellschaft mit beschränkter Haftung durch Verschmelzung aufgenommen wird.
(2) Ist im Falle des § 46 Abs. 1 Satz 2 die abweichende Festsetzung des Nennbetrages nicht durch § 46 Abs. 1 Satz 3 bedingt, so bedarf sie der Zustimmung jedes Aktionärs, der sich nicht dem Gesamtnennbetrag seiner Aktien entsprechend beteiligen kann.

§ 52 Anmeldung der Verschmelzung

(1) Bei der Anmeldung der Verschmelzung zur Eintragung in das Register haben die Vertretungsorgane der an der Verschmelzung beteiligten Rechtsträger im Falle des § 51 Abs. 1 auch zu erklären, daß dem Verschmelzungsbeschluß jedes der übertragenden Rechtsträger alle bei der Beschlußfassung anwesenden Anteilsinhaber dieses Rechtsträgers und, sofern der übertragende Rechtsträger eine Personenhandelsgesellschaft oder eine Gesellschaft mit beschränkter Haftung ist, auch die nicht erschienenen Gesellschafter dieser Gesellschaft zugestimmt haben.
(2) Der Anmeldung zum Register des Sitzes der übernehmenden Gesellschaft ist eine von den Geschäftsführern dieser Gesellschaft unterschriebene berichtigte Gesellschafterliste beizufügen.

§ 53 Eintragung bei Erhöhung des Stammkapitals

Erhöht die übernehmende Gesellschaft zur Durchführung der Verschmelzung ihr Stammkapital, so darf die Verschmelzung erst eingetragen werden, nachdem die Erhöhung des Stammkapitals im Register eingetragen worden ist.

§ 54 Verschmelzung ohne Kapitalerhöhung

(1) Die übernehmende Gesellschaft darf zur Durchführung der Verschmelzung ihr Stammkapital nicht erhöhen, soweit
1. sie Anteile eines übertragenden Rechtsträgers innehat;
2. ein übertragender Rechtsträger eigene Anteile innehat oder
3. ein übertragender Rechtsträger Geschäftsanteile dieser Gesellschaft innehat, auf welche die Einlagen nicht in voller Höhe bewirkt sind.

Die übernehmende Gesellschaft braucht ihr Stammkapital nicht zu erhöhen, soweit
1. sie eigene Geschäftsanteile innehat oder
2. ein übertragender Rechtsträger Geschäftsanteile dieser Gesellschaft innehat, auf welche die Einlagen bereits in voller Höhe bewirkt sind.

(2) Absatz 1 gilt entsprechend, wenn Inhaber der dort bezeichneten Anteile ein Dritter ist, der im eigenen Namen, jedoch in einem Fall des Absatzes 1 Satz 1 Nr. 1 oder des Absatzes 1 Satz 2 Nr. 1 für Rechnung der übernehmenden Gesellschaft oder in einem der anderen Fälle des Absatzes 1 für Rechnung des übertragenden Rechtsträgers handelt.

(3) Soweit zur Durchführung der Verschmelzung Geschäftsanteile der übernehmenden Gesellschaft, die sie selbst oder ein übertragender Rechtsträger innehat, geteilt werden müssen, um sie den Anteilsinhabern eines übertragenden Rechtsträgers gewähren zu können, sind Bestimmungen des Gesellschaftsvertrags, welche die Teilung der Geschäftsanteile der übernehmenden Gesellschaft ausschließen oder erschweren, sowie § 5 Abs. 1 zweiter Halbsatz und Abs. 3 Satz 2 des Gesetzes betreffend die Gesellschaften mit beschränkter Haftung nicht anzuwenden; jedoch muß der Nennbetrag jedes Teils der Geschäftsanteile mindestens fünfzig Deutsche Mark betragen und durch zehn teilbar sein. Satz 1 gilt entsprechend, wenn Inhaber der Geschäftsanteile ein Dritter ist, der im eigenen Namen, jedoch für Rechnung der übernehmenden Gesellschaft oder eines übertragenden Rechtsträgers handelt.

(4) Im Verschmelzungsvertrag festgesetzte bare Zuzahlungen dürfen nicht den zehnten Teil des Gesamtnennbetrags der gewährten Geschäftsanteile der übernehmenden Gesellschaft übersteigen.

§ 55 Verschmelzung mit Kapitalerhöhung

(1) Erhöht die übernehmende Gesellschaft zur Durchführung der Verschmelzung ihr Stammkapital, so sind § 55 Abs. 1, §§ 56 a, 57 Abs. 2, Abs. 3 Nr. 1 des Gesetzes betreffend die Gesellschaften mit beschränkter Haftung nicht anzuwenden. Auf die neuen Geschäftsanteile ist § 5 Abs. 1 zweiter Halbsatz und Abs. 3 Satz 2 des Gesetzes betreffend die Gesellschaften mit beschränkter Haftung nicht anzuwenden; jedoch muß der Betrag jeder neuen Stammeinlage mindestens fünfzig Deutsche Mark betragen und durch zehn teilbar sein.

(2) Der Anmeldung der Kapitalerhöhung zum Register sind außer den in § 57 Abs. 3 Nr. 2 und 3 des Gesetzes betreffend die Gesellschaften mit beschränkter Haftung bezeichneten Schriftstücken der Verschmelzungsvertrag und die Niederschriften der Verschmelzungsbeschlüsse in Ausfertigung oder öffentlich beglaubigter Abschrift beizufügen.

Zweiter Unterabschnitt

Verschmelzung durch Neugründung

§ 56 Anzuwendende Vorschriften

Auf die Verschmelzung durch Neugründung sind die Vorschriften des Ersten Unterabschnitts mit Ausnahme der §§ 51, 52 Abs. 1, §§ 53, 54 Abs. 1 bis 3 sowie des § 55 entsprechend anzuwenden.

§ 57 Inhalt des Gesellschaftsvertrags

In den Gesellschaftsvertrag sind Festsetzungen über Sondervorteile, Gründungsaufwand, Sacheinlagen und Sachübernahmen, die in den Gesellschaftsverträgen, Satzungen oder Statuten übertragender Rechtsträger enthalten waren, zu übernehmen.

§ 58 Sachgründungsbericht

(1) In dem Sachgründungsbericht (§ 5 Abs. 4 des Gesetzes betreffend die Gesellschaften mit beschränkter Haftung) sind auch der Geschäftsverlauf und die Lage der übertragenden Rechtsträger darzulegen.

(2) Ein Sachgründungsbericht ist nicht erforderlich, soweit eine Kapitalgesellschaft oder eine eingetragene Genossenschaft übertragender Rechtsträger ist.

§ 59 Verschmelzungsbeschlüsse

Der Gesellschaftsvertrag der neuen Gesellschaft wird nur wirksam, wenn ihm die Anteilsinhaber jedes der übertragenden Rechtsträger durch Verschmelzungsbeschluß zustimmen. Dies gilt entsprechend für die Bestellung der Mitglieder des Aufsichtsrats der neuen Gesellschaft, soweit sie von den Anteilsinhabern der übertragenden Rechtsträger zu wählen sind.

Dritter Abschnitt

Verschmelzung unter Beteiligung von Aktiengesellschaften

Erster Unterabschnitt

Verschmelzung durch Aufnahme

§ 60 Prüfung der Verschmelzung; Bestellung der Verschmelzungsprüfer

(1) Der Verschmelzungsvertrag oder sein Entwurf ist für jede Aktiengesellschaft nach den §§ 9 bis 12 zu prüfen.

(2) Für jede Aktiengesellschaft muß mindestens ein Verschmelzungsprüfer bestellt werden. Die Prüfer werden jeweils vom Vorstand der Gesellschaft bestellt.

(3) Für die Verschmelzung unter Beteiligung mehrerer Aktiengesellschaften reicht die Prüfung durch einen oder mehrere Verschmelzungsprüfer für alle beteiligten Aktiengesellschaften nur aus, wenn diese Prüfer auf gemeinsamen Antrag der Vorstände durch das Gericht bestellt werden. Gegen die Entscheidung findet die sofortige Beschwerde statt. Für den Ersatz von Auslagen und für die Vergütung der vom Gericht bestellten Prüfer gilt § 318 Abs. 5 des Handelsgesetzbuchs.

§ 61 Bekanntmachung des Verschmelzungsvertrags

Der Verschmelzungsvertrag oder sein Entwurf ist vor der Einberufung der Hauptversammlung, die gemäß § 13 Abs. 1 über die Zustimmung beschließen soll, zum Register einzureichen. Das Gericht hat in den für die Bekanntmachung seiner Eintragungen bestimmten Blättern (§ 10 des Handelsgesetzbuchs) einen Hinweis darauf bekanntzumachen, daß der Vertrag oder sein Entwurf beim Handelsregister eingereicht worden ist.

§ 62 Hauptversammlung in besonderen Fällen

(1) Befinden sich mindestens neun Zehntel des Stammkapitals oder des Grundkapitals einer übertragenden Kapitalgesellschaft in der Hand einer übernehmenden Aktiengesellschaft, so ist ein Verschmelzungsbeschluß der übernehmenden Aktiengesellschaft zur Aufnahme dieser übertragenden Gesellschaft nicht erforderlich. Eigene Anteile der übertragenden Gesellschaft und Anteile, die einem anderen für Rechnung dieser Gesellschaft gehören, sind vom Stammkapital oder Grundkapital abzusetzen.

(2) Absatz 1 gilt nicht, wenn Aktionäre der übernehmenden Gesellschaft, deren Anteile zusammen den zwanzigsten Teil des Grundkapitals dieser Gesellschaft erreichen, die Einberufung einer Hauptversammlung verlangen, in der über die Zustimmung zu der Verschmelzung beschlossen wird. Die Satzung kann das Recht, die Einberufung der Hauptversammlung zu verlangen, an den Besitz eines geringeren Teils am Grundkapital der übernehmenden Gesellschaft knüpfen.

(3) Einen Monat vor dem Tage der Gesellschafterversammlung oder der Hauptversammlung der übertragenden Gesellschaft, die gemäß § 13 Abs. 1 über die Zustimmung zum Verschmelzungsvertrag beschließen soll, sind in dem Geschäftsraum der übernehmenden Gesellschaft zur Einsicht der Aktionäre die in § 63 Abs. 1 bezeichneten Unterlagen auszulegen. Gleichzeitig hat der Vorstand der übernehmenden Gesellschaft einen Hinweis auf die bevorstehende Verschmelzung in den Gesellschaftsblättern der übernehmenden Gesellschaft bekanntzumachen und den Verschmelzungsvertrag oder seinen Entwurf zum Register der übernehmenden Gesellschaft einzureichen; § 61 Satz 2 ist entsprechend anzuwenden. Die Aktionäre sind in der Bekanntmachung nach Satz 2 erster Halbsatz auf ihr Recht nach Absatz 2 hinzuweisen. Der Anmeldung der Verschmelzung zur Eintragung in das Handelsregister ist der Nachweis der Bekanntmachung beizufügen. Der Vorstand hat bei der Anmeldung zu erklären, ob ein Antrag nach Absatz 2 gestellt worden ist. Auf Verlangen ist jedem Aktionär der übernehmenden Gesellschaft unverzüglich und kostenlos eine Abschrift der in Satz 1 bezeichneten Unterlagen zu erteilen.

§ 63 Vorbereitung der Hauptversammlung

(1) Von der Einberufung der Hauptversammlung an, die gemäß § 13 Abs. 1 über die Zustimmung zum Verschmelzungsvertrag beschließen soll, sind in dem Geschäftsraum der Gesellschaft zur Einsicht der Aktionäre auszulegen

1. der Verschmelzungsvertrag oder sein Entwurf;
2. die Jahresabschlüsse und die Lageberichte der an der Verschmelzung beteiligten Rechtsträger für die letzten drei Geschäftsjahre;
3. falls sich der letzte Jahresabschluß auf ein Geschäftsjahr bezieht, das mehr als sechs Monate vor dem Abschluß des Verschmelzungsvertrags oder der Aufstellung des Entwurfs abgelaufen ist, eine Bilanz auf einen Stichtag, der nicht vor dem ersten Tag des dritten Monats liegt, der dem Abschluß oder der Aufstellung vorausgeht (Zwischenbilanz);
4. die nach § 8 erstatteten Verschmelzungsberichte;
5. die nach § 60 in Verbindung mit § 12 erstatteten Prüfungsberichte.

(2) Die Zwischenbilanz (Absatz 1 Nr. 3) ist nach den Vorschriften aufzustellen, die auf die letzte Jahresbilanz des Rechtsträgers angewendet worden sind. Eine körperliche Bestandsaufnahme ist nicht erforderlich. Die Wertansätze der letzten Jahresbilanz dürfen übernommen werden. Dabei sind jedoch Abschreibungen, Wertberichtigungen und Rückstellungen sowie wesentliche, aus den Büchern nicht ersichtliche Veränderungen der wirklichen Werte von Vermögensgegenständen bis zum Stichtag der Zwischenbilanz zu berücksichtigen.

(3) Auf Verlangen ist jedem Aktionär unverzüglich und kostenlos eine Abschrift der in Absatz 1 bezeichneten Unterlagen zu erteilen.

§ 64 Durchführung der Hauptversammlung

(1) In der Hauptversammlung sind die in § 63 Abs. 1 bezeichneten Unterlagen auszulegen. Der Vorstand hat den Verschmelzungsvertrag oder seinen Entwurf zu Beginn der Verhandlung mündlich zu erläutern.

(2) Jedem Aktionär ist auf Verlangen in der Hauptversammlung Auskunft auch über alle für die Verschmelzung wesentlichen Angelegenheiten der anderen beteiligten Rechtsträger zu geben.

§ 65 Beschluß der Hauptversammlung

(1) Der Verschmelzungsbeschluß der Hauptversammlung bedarf einer Mehrheit, die mindestens drei Viertel des bei der Beschlußfassung vertretenen Grundkapitals umfaßt. Die Satzung kann eine größere Kapitalmehrheit und weitere Erfordernisse bestimmen.

(2) Sind mehrere Gattungen von Aktien vorhanden, so bedarf der Beschluß der Hauptversammlung zu seiner Wirksamkeit der Zustimmung der stimmberechtigten Aktionäre jeder Gattung. Über die Zustimmung haben die Aktionäre jeder Gattung einen Sonderbeschluß zu fassen. Für diesen gilt Absatz 1.

§ 66 Eintragung bei Erhöhung des Grundkapitals

Erhöht die übernehmende Gesellschaft zur Durchführung der Verschmelzung ihr Grundkapital, so darf die Verschmelzung erst eingetragen werden, nachdem die Durchführung der Erhöhung des Grundkapitals im Register eingetragen worden ist.

§ 67 Anwendung der Vorschriften über die Nachgründung

Wird der Verschmelzungsvertrag in den ersten zwei Jahren seit Eintragung der übernehmenden Gesellschaft in das Register geschlossen, so ist § 52 Abs. 3, 4, 7 bis 9 des Aktiengesetzes über die Nachgründung entsprechend anzuwenden. Dies gilt nicht, wenn der Gesamtnennbetrag der zu gewährenden Aktien den zehnten Teil des Grundkapitals dieser Gesellschaft nicht übersteigt. Wird zur Durchführung der Verschmelzung das Grundkapital erhöht, so ist der Berechnung das erhöhte Grundkapital zugrunde zu legen.

§ 68 Verschmelzung ohne Kapitalerhöhung

(1) Die übernehmende Gesellschaft darf zur Durchführung der Verschmelzung ihr Grundkapital nicht erhöhen, soweit

1. sie Anteile eines übertragenden Rechtsträgers innehat;
2. ein übertragender Rechtsträger eigene Anteile innehat oder
3. ein übertragender Rechtsträger Aktien dieser Gesellschaft besitzt, auf die der Nennbetrag oder der höhere Ausgabebetrag nicht voll geleistet ist.

Die übernehmende Gesellschaft braucht ihr Grundkapital nicht zu erhöhen, soweit

1. sie eigene Aktien besitzt oder
2. ein übertragender Rechtsträger Aktien dieser Gesellschaft besitzt, auf die der Nennbetrag oder der höhere Ausgabebetrag bereits voll geleistet ist.

(2) Absatz 1 gilt entsprechend, wenn Inhaber der dort bezeichneten Anteile ein Dritter ist, der im eigenen Namen, jedoch in einem Fall des Absatzes 1 Satz 1 Nr. 1 oder des Absatzes 1 Satz 2 Nr. 1 für Rechnung der übernehmenden Gesellschaft oder in einem der anderen Fälle des Absatzes 1 für Rechnung des übertragenden Rechtsträgers handelt.

(3) Im Verschmelzungsvertrag festgesetzte bare Zuzahlungen dürfen nicht den zehnten Teil des Gesamtnennbetrags der gewährten Aktien der übernehmenden Gesellschaft übersteigen.

§ 69 Verschmelzung mit Kapitalerhöhung

(1) Erhöht die übernehmende Gesellschaft zur Durchführung der Verschmelzung ihr Grundkapital, so sind § 182 Abs. 4, § 184 Abs. 2, §§ 185, 186, 187 Abs. 1, § 188 Abs. 2 und 3 Nr. 1 des Aktiengesetzes nicht anzuwenden; eine Prüfung der Sacheinlage nach § 183 Abs. 3 des Aktiengesetzes findet nur statt, soweit übertragende Rechtsträger die Rechtsform einer Personenhandelsgesellschaft oder eines rechtsfähigen Vereins haben, wenn Vermögensgegenstände in der Schlußbilanz eines übertragenden Rechtsträgers höher

bewertet worden sind als in dessen letzter Jahresbilanz, wenn die in einer Schlußbilanz angesetzten Werte nicht als Anschaffungskosten in den Jahresbilanzen der übernehmenden Gesellschaft angesetzt werden oder wenn das Gericht Zweifel hat, ob der Wert der Sacheinlage den Nennbetrag der dafür zu gewährenden Aktien erreicht. Dies gilt auch dann, wenn das Grundkapital durch Ausgabe neuer Aktien auf Grund der Ermächtigung nach § 202 des Aktiengesetzes erhöht wird. In diesem Fall ist außerdem § 203 Abs. 3 des Aktiengesetzes nicht anzuwenden.

(2) Der Anmeldung der Kapitalerhöhung zum Register sind außer den in § 188 Abs. 3 Nr. 2 bis 4 des Aktiengesetzes bezeichneten Schriftstücken der Verschmelzungsvertrag und die Niederschriften der Verschmelzungsbeschlüsse in Ausfertigung oder öffentlich beglaubigter Abschrift beizufügen.

§ 70 Geltendmachung eines Schadenersatzanspruchs

Die Bestellung eines besonderen Vertreters nach § 26 Abs. 1 Satz 2 können nur solche Aktionäre einer übertragenden Gesellschaft beantragen, die ihre Aktien bereits gegen Anteile des übernehmenden Rechtsträgers umgetauscht haben.

§ 71 Bestellung eines Treuhänders

(1) Jeder übertragende Rechtsträger hat für den Empfang der zu gewährenden Aktien und der baren Zuzahlungen einen Treuhänder zu bestellen. Die Verschmelzung darf erst eingetragen werden, wenn der Treuhänder dem Gericht angezeigt hat, daß er im Besitz der Aktien und der im Verschmelzungsvertrag festgesetzten baren Zuzahlungen ist.

(2) § 26 Abs. 4 ist entsprechend anzuwenden.

§ 72 Umtausch von Aktien

(1) Für den Umtausch der Aktien einer übertragenden Gesellschaft gilt § 73 Abs. 1 und 2 des Aktiengesetzes, bei Zusammenlegung von Aktien dieser Gesellschaft § 226 Abs. 1 und 2 des Aktiengesetzes über die Kraftloserklärung von Aktien entsprechend. Einer Genehmigung des Gerichts bedarf es nicht.

(2) Ist der übernehmende Rechtsträger ebenfalls eine Aktiengesellschaft, so gelten ferner § 73 Abs. 3 des Aktiengesetzes sowie bei Zusammenlegung von Aktien § 73 Abs. 4 und § 226 Abs. 3 des Aktiengesetzes entsprechend.

Zweiter Unterabschnitt

Verschmelzung durch Neugründung

§ 73 Anzuwendende Vorschriften

Auf die Verschmelzung durch Neugründung sind die Vorschriften des Ersten Unterabschnitts mit Ausnahme der §§ 66, 67, 68 Abs. 1 und 2 und des § 69 entsprechend anzuwenden.

§ 74 Inhalt der Satzung

In die Satzung sind Festsetzungen über Sondervorteile, Gründungsaufwand, Sacheinlagen und Sachübernahmen, die in den Gesellschaftsverträgen, Satzungen oder Statuten übertragender Rechtsträger enthalten waren, zu übernehmen. § 26 Abs. 4 und 5 des Aktiengesetzes bleibt unberührt.

§ 75 Gründungsbericht und Gründungsprüfung

(1) In dem Gründungsbericht (§ 32 des Aktiengesetzes) sind auch der Geschäftsverlauf und die Lage der übertragenden Rechtsträger darzustellen.

(2) Ein Gründungsbericht und eine Gründungsprüfung (§ 33 Abs. 2 des Aktiengesetzes) sind nicht erforderlich, soweit eine Kapitalgesellschaft oder eine eingetragene Genossenschaft übertragender Rechtsträger ist.

§ 76 Verschmelzungsbeschlüsse

(1) Eine übertragende Aktiengesellschaft darf die Verschmelzung erst beschließen, wenn sie und jede andere übertragende Aktiengesellschaft bereits zwei Jahre im Register eingetragen sind.

(2) Die Satzung der neuen Gesellschaft wird nur wirksam, wenn ihr die Anteilsinhaber jedes der übertragenden Rechtsträger durch Verschmelzungsbeschluß zustimmen. Dies gilt entsprechend für die Bestellung der Mitglieder des Aufsichtsrats der neuen Gesellschaft, soweit diese nach § 31 des Aktiengesetzes zu wählen sind. Auf eine übertragende Aktiengesellschaft ist § 124 Abs. 2 Satz 2, Abs. 3 Satz 1 und 3 des Aktiengesetzes entsprechend anzuwenden.

§ 77 Bekanntmachung der Eintragung der neuen Gesellschaft

In die Bekanntmachung der Eintragung der neuen Gesellschaft sind außer den sonst erforderlichen Angaben die Bestimmungen des Verschmelzungsvertrags über die Zahl und, wenn mehrere Gattungen bestehen, die Gattung der Aktien, welche die neue Gesellschaft den Anteilsinhabern der übertragenden Rechtsträger gewährt, sowie über die Art und den Zeitpunkt der Zuteilung dieser Aktien aufzunehmen.

Vierter Abschnitt

Verschmelzung unter Beteiligung von Kommanditgesellschaften auf Aktien

§ 78 Anzuwendende Vorschriften

Auf Verschmelzungen unter Beteiligung von Kommanditgesellschaften auf Aktien sind die Vorschriften des Dritten Abschnitts entsprechend anzuwenden. An die Stelle der Aktiengesellschaft und ihres Vorstands treten die Kommanditgesellschaft auf Aktien und die zu ihrer Vertretung ermächtigten persönlich haftenden Gesellschafter. Der Verschmelzungsbeschluß bedarf auch der Zustimmung der persönlich haftenden Gesellschafter; die Satzung der Kommanditgesellschaft auf Aktien kann eine Mehrheitsentscheidung dieser Gesellschafter vorsehen. Im Verhältnis zueinander gelten Aktiengesellschaften und Kommanditgesellschaften auf Aktien nicht als Rechtsträger anderer Rechtsform im Sinne der §§ 29 und 34.

Fünfter Abschnitt

Verschmelzung unter Beteiligung eingetragener Genossenschaften

Erster Unterabschnitt

Verschmelzung durch Aufnahme

§ 79 Möglichkeit der Verschmelzung

Ein Rechtsträger anderer Rechtsform kann im Wege der Aufnahme mit einer eingetragenen Genossenschaft nur verschmolzen werden, wenn eine erforderliche Änderung des Statuts der übernehmenden Genossenschaft gleichzeitig mit der Verschmelzung beschlossen wird.

§ 80 Inhalt des Verschmelzungsvertrags bei Aufnahme durch eine Genossenschaft

(1) Der Verschmelzungsvertrag oder sein Entwurf hat bei Verschmelzungen im Wege der Aufnahme durch eine eingetragene Genossenschaft für die Festlegung des Umtauschverhältnisses der Anteile (§ 5 Abs. 1 Nr. 3) die Angabe zu enthalten,

1. daß jeder Genosse einer übertragenden Genossenschaft mit einem Geschäftsanteil bei der übernehmenden Genossenschaft beteiligt wird, sofern das Statut dieser Genossenschaft die Beteiligung mit mehr als einem Geschäftsanteil nicht zuläßt, oder

2. daß jeder Genosse einer übertragenden Genossenschaft mit mindestens einem und im übrigen mit so vielen Geschäftsanteilen bei der übernehmenden Genossenschaft beteiligt wird, wie durch Anrechnung seines Geschäftsguthabens bei der übertragenden Genossenschaft als voll eingezahlt anzusehen sind, sofern das Statut der übernehmenden Genossenschaft die Beteiligung eines Genossen mit mehreren Geschäftsanteilen zuläßt oder die Genossen zur Übernahme mehrerer Geschäftsanteile verpflichtet; der Verschmelzungsvertrag oder sein Entwurf kann zugunsten der Genossen einer übertragenden Genossenschaft eine andere Berechnung der Zahl der zu gewährenden Geschäftsanteile vorsehen.

Bei Verschmelzungen im Wege der Aufnahme eines Rechtsträgers anderer Rechtsform durch eine eingetragene Genossenschaft hat der Verschmelzungsvertrag oder sein Entwurf zusätzlich für jeden Anteilsinhaber eines solchen Rechtsträgers den Betrag des Geschäftsanteils und die Zahl der Geschäftsanteile anzugeben, mit denen er bei der Genossenschaft beteiligt wird.

(2) Der Verschmelzungsvertrag oder sein Entwurf hat für jede übertragende Genossenschaft den Stichtag der Schlußbilanz anzugeben.

§ 81 Gutachten des Prüfungsverbandes

(1) Vor der Einberufung der Generalversammlung, die gemäß § 13 Abs. 1 über die Zustimmung zum Verschmelzungsvertrag beschließen soll, ist für jede beteiligte Genossenschaft eine gutachtliche Äußerung des Prüfungsverbandes einzuholen, ob die Verschmelzung mit den Belangen der Genossen und der Gläubiger der Genossenschaft vereinbar ist (Prüfungsgutachten). Das Prüfungsgutachten kann für mehrere beteiligte Genossenschaften auch gemeinsam erstattet werden.

(2) Liegen die Voraussetzungen des Artikels 25 Abs. 1 des Einführungsgesetzes zum Handelsgesetzbuche in der Fassung des Artikels 21 § 5 Abs. 2 des Gesetzes vom 25. Juli 1988 (BGBl. I S. 1093) vor, so kann die Prüfung der Verschmelzung (§§ 9 bis 12) für die dort bezeichneten Rechtsträger auch von dem zuständigen Prüfungsverband durchgeführt werden.

§ 82 Vorbereitung der Generalversammlung

(1) Von der Einberufung der Generalversammlung an, die gemäß § 13 Abs. 1 über die Zustimmung zum Verschmelzungsvertrag beschließen soll, sind auch in dem Geschäftsraum jeder beteiligten Genossenschaft die in § 63 Abs. 1 Nr. 1 bis 4 bezeichneten Unterlagen sowie die nach § 81 erstatteten Prüfungsgutachten zur Einsicht der Genossen auszulegen. Dazu erforderliche Zwischenbilanzen sind gemäß § 63 Abs. 2 aufzustellen.

(2) Auf Verlangen ist jedem Genossen unverzüglich und kostenlos eine Abschrift der in Absatz 1 bezeichneten Unterlagen zu erteilen.

§ 83 Durchführung der Generalversammlung

(1) In der Generalversammlung sind die in § 63 Abs. 1 Nr. 1 bis 4 bezeichneten Unterlagen sowie die nach § 81 erstatteten Prüfungsgutachten auszulegen. Der Vorstand hat den Verschmelzungsvertrag oder seinen Entwurf zu Beginn der Verhandlung mündlich zu erläutern. § 64 Abs. 2 ist entsprechend anzuwenden.

(2) Das für die beschließende Genossenschaft erstattete Prüfungsgutachten ist in der Generalversammlung zu verlesen. Der Prüfungsverband ist berechtigt, an der Generalversammlung beratend teilzunehmen.

§ 84 Beschluß der Generalversammlung

Der Verschmelzungsbeschluß der Generalversammlung bedarf einer Mehrheit von drei Vierteln der abgegebenen Stimmen. Das Statut kann eine größere Mehrheit und weitere Erfordernisse bestimmen.

§ 85 Verbesserung des Umtauschverhältnisses

(1) Bei der Verschmelzung von Genossenschaften miteinander ist § 15 nur anzuwenden, wenn und soweit das Geschäftsguthaben eines Genossen in der übernehmenden Genossenschaft niedriger als das Geschäftsguthaben in der übertragenden Genossenschaft ist.

(2) Der Anspruch nach § 15 kann auch durch Zuschreibung auf das Geschäftsguthaben erfüllt werden, soweit nicht der Gesamtbetrag der Geschäftsanteile des Genossen bei der übernehmenden Genossenschaft überschritten wird.

§ 86 Anlagen der Anmeldung

(1) Der Anmeldung der Verschmelzung ist außer den sonst erforderlichen Unterlagen auch das für die anmeldende Genossenschaft erstattete Prüfungsgutachten in Urschrift oder in öffentlich beglaubigter Abschrift beizufügen.

(2) Der Anmeldung zur Eintragung in das Register des Sitzes des übernehmenden Rechtsträgers ist ferner jedes andere für eine übertragende Genossenschaft erstattete Prüfungsgutachten in Urschrift oder in öffentlich beglaubigter Abschrift beizufügen.

§ 87 Anteilstausch

(1) Auf Grund der Verschmelzung ist jeder Genosse einer übertragenden Genossenschaft entsprechend dem Verschmelzungsvertrag an dem übernehmenden Rechtsträger beteiligt. Eine Verpflichtung, bei einer übernehmenden Genossenschaft weitere Geschäftsanteile zu übernehmen, bleibt unberührt. Rechte Dritter an den Geschäftsguthaben bei einer übertragenden Genossenschaft bestehen an den Anteilen oder Mitgliedschaften des übernehmenden Rechtsträgers anderer Rechtsform weiter, die an die Stelle der Geschäftsanteile der übertragenden Genossenschaft treten. Rechte Dritter an den Anteilen oder Mitgliedschaften des übertragenden Rechtsträgers bestehen an den bei der übernehmenden Genossenschaft erlangten Geschäftsguthaben weiter.

(2) Übersteigt das Geschäftsguthaben, das der Genosse bei einer übertragenden Genossenschaft hatte, den Gesamtbetrag der Geschäftsanteile, mit denen er nach Absatz 1 bei einer übernehmenden Genossenschaft beteiligt ist, so ist der übersteigende Betrag nach Ablauf von sechs Monaten seit dem Tage, an dem die Eintragung der Verschmelzung in das Register des Sitzes der übernehmenden Genossenschaft nach § 19 Abs. 3 als bekanntgemacht gilt, an den Genossen auszuzahlen; die Auszahlung darf jedoch nicht erfolgen, bevor die Gläubiger, die sich nach § 22 gemeldet haben, befriedigt oder sichergestellt sind. Im Verschmelzungsvertrag festgesetzte bare Zuzahlungen dürfen nicht den zehnten Teil des Gesamtnennbetrags der gewährten Geschäftsanteile der übernehmenden Genossenschaft übersteigen.

(3) Für die Berechnung des Geschäftsguthabens, das dem Genossen bei einer übertragenden Genossenschaft zugestanden hat, ist deren Schlußbilanz maßgebend.

§ 88 Geschäftsguthaben bei der Aufnahme von Kapitalgesellschaften und rechtsfähigen Vereinen

(1) Ist an der Verschmelzung eine Kapitalgesellschaft als übertragender Rechtsträger beteiligt, so ist jedem Anteilsinhaber dieser Gesellschaft als Geschäftsguthaben bei der übernehmenden Genossenschaft der Wert der Geschäftsanteile oder der Aktien gutzuschreiben, mit denen er an der übertragenden Gesellschaft beteiligt war. Für die Feststellung des Wertes dieser Beteiligung ist die Schlußbilanz der übertragenden Gesellschaft maßgebend.

Übersteigt das durch die Verschmelzung erlangte Geschäftsguthaben eines Genossen den Gesamtbetrag der Geschäftsanteile, mit denen er bei der übernehmenden Genossenschaft beteiligt ist, so ist der übersteigende Betrag nach Ablauf von sechs Monaten seit dem Tage, an dem die Eintragung der Verschmelzung in das Register des Sitzes der übernehmenden Genossenschaft nach § 19 Abs. 3 als bekanntgemacht gilt, an den Genossen auszuzahlen; die Auszahlung darf jedoch nicht erfolgen, bevor die Gläubiger, die sich nach § 22 gemeldet haben, befriedigt oder sichergestellt sind.

(2) Ist an der Verschmelzung ein rechtsfähiger Verein als übertragender Rechtsträger beteiligt, so kann jedem Mitglied dieses Vereins als Geschäftsguthaben bei der übernehmenden Genossenschaft höchstens der Nennbetrag der Geschäftsanteile gutgeschrieben werden, mit denen es an der übernehmenden Genossenschaft beteiligt ist.

§ 89 Eintragung der Genossen in die Mitgliederliste; Benachrichtigung

(1) Die übernehmende Genossenschaft hat jeden neuen Genossen nach der Eintragung der Verschmelzung in das Register des Sitzes der übernehmenden Genossenschaft unverzüglich in die Mitgliederliste einzutragen und hiervon unverzüglich zu benachrichtigen. Sie hat ferner die Zahl der Geschäftsanteile des Genossen einzutragen, sofern der Genosse mit mehr als einem Geschäftsanteil beteiligt ist.

(2) Die übernehmende Genossenschaft hat jedem Anteilsinhaber eines übertragenden Rechtsträgers, bei unbekannten Aktionären dem Treuhänder der übertragenden Gesellschaft, unverzüglich schriftlich mitzuteilen:

1. den Betrag des Geschäftsguthabens bei der übernehmenden Genossenschaft;
2. den Betrag des Geschäftsanteils bei der übernehmenden Genossenschaft;
3. die Zahl der Geschäftsanteile, mit denen der Anteilsinhaber bei der übernehmenden Genossenschaft beteiligt ist;
4. den Betrag der von dem Genossen nach Anrechnung seines Geschäftsguthabens noch zu leistenden Einzahlung oder den Betrag, der ihm nach § 87 Abs. 2 oder nach § 88 Abs. 1 auszuzahlen ist, sowie
5. den Betrag der Haftsumme der übernehmenden Genossenschaft, sofern deren Genossen Nachschüsse bis zu einer Haftsumme zu leisten haben.

§ 90 Ausschlagung durch einzelne Anteilsinhaber

(1) Die §§ 29 bis 34 sind auf die Genossen einer übertragenden Genossenschaft nicht anzuwenden.

(2) Auf der Verschmelzungswirkung beruhende Anteile und Mitgliedschaften an dem übernehmenden Rechtsträger gelten als nicht erworben, wenn sie ausgeschlagen werden.

(3) Das Recht zur Ausschlagung hat jeder Genosse einer übertragenden Genossenschaft, wenn er in der Generalversammlung oder als Vertreter in der Vertreterversammlung, die gemäß § 13 Abs. 1 über die Zustimmung zum Verschmelzungsvertrag beschließen soll,

1. erscheint und gegen den Verschmelzungsbeschluß Widerspruch zur Niederschrift erklärt oder
2. nicht erscheint, sofern er zu der Versammlung zu Unrecht nicht zugelassen worden ist oder die Versammlung nicht ordnungsgemäß einberufen oder der Gegenstand der Beschlußfassung nicht ordnungsgemäß bekanntgemacht worden ist.

Wird der Verschmelzungsbeschluß einer übertragenden Genossenschaft von einer Vertreterversammlung gefaßt, so steht das Recht zur Ausschlagung auch jedem anderen Genossen dieser Genossenschaft zu, der im Zeitpunkt der Beschlußfassung nicht Vertreter ist.

§ 91 Form und Frist der Ausschlagung

(1) Die Ausschlagung ist gegenüber dem übernehmenden Rechtsträger schriftlich zu erklären.

(2) Die Ausschlagung kann nur binnen sechs Monaten nach dem Tage erklärt werden, an dem die Eintragung der Verschmelzung in das Register des Sitzes des übernehmenden Rechtsträgers nach § 19 Abs. 3 als bekanntgemacht gilt.

(3) Die Ausschlagung kann nicht unter einer Bedingung oder einer Zeitbestimmung erklärt werden.

§ 92 Eintragung der Ausschlagung in die Mitgliederliste

(1) Die übernehmende Genossenschaft hat jede Ausschlagung unverzüglich in die Mitgliederliste einzutragen und den Genossen von der Eintragung unverzüglich zu benachrichtigen.

(2) Die Ausschlagung wird in dem Zeitpunkt wirksam, in dem die Ausschlagungserklärung dem übernehmenden Rechtsträger zugeht.

§ 93 Auseinandersetzung

(1) Mit einem früheren Genossen, dessen Beteiligung an dem übernehmenden Rechtsträger nach § 90 Abs. 2 als nicht erworben gilt, hat der übernehmende Rechtsträger sich auseinanderzusetzen. Maßgebend ist die Schlußbilanz der übertragenden Genossenschaft.

(2) Dieser Genosse kann die Auszahlung des Geschäftsguthabens, das er bei der übertragenden Genossenschaft hatte, verlangen; an den Rücklagen und dem sonstigen Vermögen der übertragenden Genossenschaft hat er vorbehaltlich des § 73 Abs. 3 des Gesetzes betreffend die Erwerbs- und Wirtschaftsgenossenschaften keinen Anteil, auch wenn sie bei der Verschmelzung den Geschäftsguthaben anderer Genossen, die von dem Recht zur Ausschlagung keinen Gebrauch machen, zugerechnet werden.

(3) Reichen die Geschäftsguthaben und die in der Schlußbilanz einer übertragenden Genossenschaft ausgewiesenen Rücklagen zur Deckung eines in dieser Bilanz ausgewiesenen Verlustes nicht aus, so kann der übernehmende Rechtsträger von dem früheren Genossen, dessen Beteiligung als nicht erworben gilt, die Zahlung des anteiligen Fehlbetrags verlangen, wenn und soweit dieser Genosse im Falle der Insolvenz Nachschüsse an die übertragende Genossenschaft zu leisten gehabt hätte. Der anteilige Fehlbetrag wird, falls das Statut der übertragenden Genossenschaft nichts anderes bestimmt, nach der Zahl ihrer Genossen berechnet.

(4) Die Ansprüche verjähren in fünf Jahren. Die Verjährung beginnt mit dem Schluß des Kalenderjahres, in dem die Ansprüche fällig geworden sind.

§ 94 Auszahlung des Auseinandersetzungsguthabens

Ansprüche auf Auszahlung des Geschäftsguthabens nach § 93 Abs. 2 sind binnen sechs Monaten seit der Ausschlagung zu befriedigen; die Auszahlung darf jedoch nicht erfolgen, bevor die Gläubiger, die sich nach § 22 gemeldet haben, befriedigt oder sichergestellt sind, und nicht vor Ablauf von sechs Monaten seit dem Tag, an dem die Eintragung der Verschmelzung in das Register des Sitzes des übernehmenden Rechtsträgers nach § 19 Abs. 3 als bekanntgemacht gilt.

§ 95 Fortdauer der Nachschußpflicht

(1) Ist die Haftsumme bei einer übernehmenden Genossenschaft geringer, als sie bei einer übertragenden Genossenschaft war, oder haften den Gläubigern eines übernehmenden Rechtsträgers nicht alle Anteilsinhaber dieses Rechtsträgers unbeschränkt, so haben zur Befriedigung der Gläubiger der übertragenden Genossenschaft diejenigen Anteilsinhaber, die Mitglieder der übertragenden Genossenschaft waren, weitere Nachschüsse bis zur Höhe

der Haftsumme bei der übertragenden Genossenschaft zu leisten, sofern die Gläubiger, die sich nach § 22 gemeldet haben, wegen ihrer Forderung Befriedigung oder Sicherstellung auch nicht aus den von den Genossen eingezogenen Nachschüssen erlangen können. Für die Einziehung der Nachschüsse gelten die §§ 105 bis 115 a des Gesetzes betreffend die Erwerbs- und Wirtschaftsgenossenschaften entsprechend.

(2) Absatz 1 ist nur anzuwenden, wenn das Insolvenzverfahren über das Vermögen des übernehmenden Rechtsträgers binnen zwei Jahren nach dem Tage eröffnet wird, an dem die Eintragung der Verschmelzung in das Register des Sitzes dieses Rechtsträgers nach § 19 Abs. 3 als bekanntgemacht gilt.

Zweiter Unterabschnitt

Verschmelzung durch Neugründung

§ 96 Anzuwendende Vorschriften

Auf die Verschmelzung durch Neugründung sind die Vorschriften des Ersten Unterabschnitts entsprechend anzuwenden.

§ 97 Pflichten der Vertretungsorgane der übertragenden Rechtsträger

(1) Das Statut der neuen Genossenschaft ist durch sämtliche Mitglieder des Vertretungsorgans jedes der übertragenden Rechtsträger aufzustellen und zu unterzeichnen.

(2) Die Vertretungsorgane aller übertragenden Rechtsträger haben den ersten Aufsichtsrat der neuen Genossenschaft zu bestellen. Das gleiche gilt für die Bestellung des ersten Vorstands, sofern nicht durch das Statut der neuen Genossenschaft anstelle der Wahl durch die Generalversammlung eine andere Art der Bestellung des Vorstands festgesetzt ist.

§ 98 Verschmelzungsbeschlüsse

Das Statut der neuen Genossenschaft wird nur wirksam, wenn ihm die Anteilsinhaber jedes der übertragenden Rechtsträger durch Verschmelzungsbeschluß zustimmen. Dies gilt entsprechend für die Bestellung der Mitglieder des Vorstands und des Aufsichtsrats der neuen Genossenschaft, für die Bestellung des Vorstands jedoch nur, wenn dieser von den Vertretungsorganen aller übertragenden Rechtsträger bestellt worden ist.

Sechster Abschnitt

Verschmelzung unter Beteiligung rechtsfähiger Vereine

§ 99 Möglichkeit der Verschmelzung

(1) Ein rechtsfähiger Verein kann sich an einer Verschmelzung nur beteiligen, wenn die Satzung des Vereins oder Vorschriften des Landesrechts nicht entgegenstehen.

(2) Ein eingetragener Verein kann im Wege der Verschmelzung nur andere eingetragene Vereine aufnehmen oder mit ihnen einen eingetragenen Verein oder einen Rechtsträger anderer Rechtsform neu gründen.

§ 100 Prüfung der Verschmelzung

Der Verschmelzungsvertrag oder sein Entwurf ist für einen wirtschaftlichen Verein nach den §§ 9 bis 12 zu prüfen. Bei einem eingetragenen Verein ist diese Prüfung nur erforderlich, wenn mindestens zehn vom Hundert der Mitglieder sie schriftlich verlangen.

§ 101 Vorbereitung der Mitgliederversammlung

(1) Von der Einberufung der Mitgliederversammlung an, die gemäß § 13 Abs. 1 über die Zustimmung zum Verschmelzungsvertrag beschließen soll, sind in dem Geschäftsraum des Vereins die in § 63 Abs. 1 Nr. 1 bis 4 bezeichneten Unterlagen sowie ein nach § 100 erforderlicher Prüfungsbericht zur Einsicht der Mitglieder auszulegen. Dazu erforderliche Zwischenbilanzen sind gemäß § 63 Abs. 2 aufzustellen.

(2) Auf Verlangen ist jedem Mitglied unverzüglich und kostenlos eine Abschrift der in Absatz 1 bezeichneten Unterlagen zu erteilen.

§ 102 Durchführung der Mitgliederversammlung
In der Mitgliederversammlung sind die in § 63 Abs. 1 Nr. 1 bis 4 bezeichneten Unterlagen sowie ein nach § 100 erforderlicher Prüfungsbericht auszulegen. § 64 Abs. 1 Satz 2 und Abs. 2 ist entsprechend anzuwenden.

§ 103 Beschluß der Mitgliederversammlung
Der Verschmelzungsbeschluß der Mitgliederversammlung bedarf einer Mehrheit von drei Vierteln der erschienenen Mitglieder. Die Satzung kann eine größere Mehrheit und weitere Erfordernisse bestimmen.

§ 104 Bekanntmachung der Verschmelzung
(1) Ist ein übertragender Verein nicht in ein Handelsregister eingetragen, so hat sein Vorstand die bevorstehende Verschmelzung durch den Bundesanzeiger und durch mindestens ein anderes Blatt bekanntzumachen. Die Bekanntmachung im Bundesanzeiger tritt an die Stelle der Eintragung im Register. Sie ist mit einem Vermerk zu versehen, daß die Verschmelzung erst mit der Eintragung im Register des Sitzes des übernehmenden Rechtsträgers wirksam wird. Die §§ 16 und 17 Abs. 1 und § 19 Abs. 1 Satz 2, Abs. 2 und Abs. 3 Satz 1 sind nicht anzuwenden, soweit sie sich auf die Anmeldung und Eintragung dieses übertragenden Vereins beziehen.
(2) Die Schlußbilanz eines solchen übertragenden Vereins ist der Anmeldung zum Register des Sitzes des übernehmenden Rechtsträgers beizufügen.

§ 104 a Ausschluß der Barabfindung in bestimmten Fällen
Die §§ 29 bis 34 sind auf die Verschmelzung eines eingetragenen Vereins, der nach § 5 Abs. 1 Nr. 9 des Körperschaftsteuergesetzes von der Körperschaftsteuer befreit ist, nicht anzuwenden.

Siebenter Abschnitt
Verschmelzung genossenschaftlicher Prüfungsverbände

§ 105 Möglichkeit der Verschmelzung
Genossenschaftliche Prüfungsverbände können nur im Wege der Aufnahme eines Verbandes (übertragender Verband) durch einen anderen Verband (übernehmender Verband) verschmolzen werden.

§ 106 Vorbereitung, Durchführung und Beschluß der Mitgliederversammlung
Auf die Vorbereitung, die Durchführung und den Beschluß der Mitgliederversammlung sind die §§ 101 bis 103 entsprechend anzuwenden.

§ 107 Pflichten der Vorstände
(1) Die Vorstände beider Verbände haben die Verschmelzung gemeinschaftlich unverzüglich zur Eintragung in die Register des Sitzes jedes Verbandes anzumelden, soweit der Verband eingetragen ist. Ist der übertragende Verband nicht eingetragen, so ist § 104 entsprechend anzuwenden.
(2) Die Vorstände haben ferner gemeinschaftlich den für die Verleihung des Prüfungsrechts zuständigen obersten Landesbehörden (§ 63 des Gesetzes betreffend die Erwerbs- und Wirtschaftsgenossenschaften) die Eintragung unverzüglich mitzuteilen.

(3) Der Vorstand des übernehmenden Verbandes hat die Mitglieder unverzüglich von der Eintragung zu benachrichtigen.

§ 108 Austritt von Mitgliedern des übertragenden Verbandes
Tritt ein ehemaliges Mitglied des übertragenden Verbandes gemäß § 39 des Bürgerlichen Gesetzbuchs aus dem übernehmenden Verband aus, so sind Bestimmungen der Satzung des übernehmenden Verbandes, die gemäß § 39 Abs. 2 des Bürgerlichen Gesetzbuchs eine längere Kündigungsfrist als zum Schlusse des Geschäftsjahres vorsehen, nicht anzuwenden.

Achter Abschnitt
Verschmelzung von Versicherungsvereinen auf Gegenseitigkeit

Erster Unterabschnitt
Möglichkeit der Verschmelzung

§ 109 Verschmelzungsfähige Rechtsträger
Versicherungsvereine auf Gegenseitigkeit können nur miteinander verschmolzen werden. Sie können ferner im Wege der Verschmelzung durch eine Aktiengesellschaft, die den Betrieb von Versicherungsgeschäften zum Gegenstand hat (Versicherungs-Aktiengesellschaft), aufgenommen werden.

Zweiter Unterabschnitt
Verschmelzung durch Aufnahme

§ 110 Inhalt des Verschmelzungsvertrags
Sind nur Versicherungsvereine auf Gegenseitigkeit an der Verschmelzung beteiligt, braucht der Verschmelzungsvertrag oder sein Entwurf die Angaben nach § 5 Abs. 1 Nr. 3 bis 5 und 7 nicht zu enthalten.

§ 111 Bekanntmachung des Verschmelzungsvertrags
Der Verschmelzungsvertrag oder sein Entwurf ist vor der Einberufung der obersten Vertretung, die gemäß § 13 Abs. 1 über die Zustimmung zum Verschmelzungsvertrag beschließen soll, zum Register einzureichen. Das Gericht hat in den für die Bekanntmachung seiner Eintragungen bestimmten Blättern (§ 10 des Handelsgesetzbuchs) einen Hinweis darauf bekanntzumachen, daß der Vertrag oder sein Entwurf beim Handelsregister eingereicht worden ist.

§ 112 Vorbereitung, Durchführung und Beschluß der Versammlung der obersten Vertretung
(1) Von der Einberufung der Versammlung der obersten Vertretung an, die gemäß § 13 Abs. 1 über die Zustimmung zum Verschmelzungsvertrag beschließen soll, sind in dem Geschäftsraum des Vereins die in § 63 Abs. 1 bezeichneten Unterlagen zur Einsicht der Mitglieder auszulegen. Dazu erforderliche Zwischenbilanzen sind gemäß § 63 Abs. 2 aufzustellen.
(2) In der Versammlung der obersten Vertretung sind die in § 63 Abs. 1 bezeichneten Unterlagen auszulegen. § 64 Abs. 1 Satz 2 und Abs. 2 ist entsprechend anzuwenden.
(3) Der Verschmelzungsbeschluß der obersten Vertretung bedarf einer Mehrheit von drei Vierteln der abgegebenen Stimmen. Die Satzung kann eine größere Mehrheit und weitere Erfordernisse bestimmen.

§ 113 Keine gerichtliche Nachprüfung
Sind nur Versicherungsvereine auf Gegenseitigkeit an der Verschmelzung beteiligt, findet eine gerichtliche Nachprüfung des Umtauschverhältnisses der Mitgliedschaften nicht statt.

Dritter Unterabschnitt
Verschmelzung durch Neugründung

§ 114 Anzuwendende Vorschriften
Auf die Verschmelzung durch Neugründung sind die Vorschriften des Zweiten Unterabschnitts entsprechend anzuwenden, soweit sich aus den folgenden Vorschriften nichts anderes ergibt.

§ 115 Bestellung der Vereinsorgane
Die Vorstände der übertragenden Vereine haben den ersten Aufsichtsrat des neuen Rechtsträgers und den Abschlußprüfer für das erste Voll- oder Rumpfgeschäftsjahr zu bestellen. Die Bestellung bedarf notarieller Beurkundung. Der Aufsichtsrat bestellt den ersten Vorstand.

§ 116 Beschlüsse der obersten Vertretungen
(1) Die Satzung des neuen Rechtsträgers und die Bestellung seiner Aufsichtsratsmitglieder bedürfen der Zustimmung der übertragenden Vereine durch Verschmelzungsbeschlüsse. § 76 Abs. 2 und § 112 Abs. 3 sind entsprechend anzuwenden.
(2) In der Bekanntmachung der Tagesordnung eines Vereins ist der wesentliche Inhalt des Verschmelzungsvertrags bekanntzumachen. In der Bekanntmachung haben der Vorstand und der Aufsichtsrat, zur Wahl von Aufsichtsratsmitgliedern und Prüfern nur der Aufsichtsrat, Vorschläge zur Beschlußfassung zu machen. Hat der Aufsichtsrat auch aus Aufsichtsratsmitgliedern der Arbeitnehmer zu bestehen, so bedürfen Beschlüsse des Aufsichtsrats über Vorschläge zur Wahl von Aufsichtsratsmitgliedern nur der Mehrheit der Stimmen der Aufsichtsratsmitglieder der Mitglieder des Vereins.

§ 117 Entstehung und Bekanntmachung des neuen Vereins
(1) Vor der Eintragung in das Register besteht ein neuer Verein als solcher nicht. Wer vor der Eintragung des Vereins in seinem Namen handelt, haftet persönlich; handeln mehrere, so haften sie als Gesamtschuldner.
(2) In die Bekanntmachung der Eintragung eines neuen Vereins sind außer deren sonst erforderlichen Inhalt Name, Beruf und Wohnort der Mitglieder des ersten Aufsichtsrats aufzunehmen. Zugleich ist bekanntzumachen, daß die mit der Anmeldung eingereichten Schriftstücke bei dem Gericht eingesehen werden können.

Vierter Unterabschnitt
Verschmelzung kleinerer Vereine

§ 118 Anzuwendende Vorschriften
Auf die Verschmelzung kleinerer Vereine im Sinne des § 53 des Versicherungsaufsichtsgesetzes sind die Vorschriften des Zweiten und des Dritten Unterabschnitts entsprechend anzuwenden. Dabei treten bei kleineren Vereinen an die Stelle der Anmeldung zur Eintragung in das Register der Antrag an die Aufsichtsbehörde auf Genehmigung, an die Stelle der Eintragung in das Register und ihrer Bekanntmachung die Bekanntmachung im Bundesanzeiger nach § 119.

§ 119 Bekanntmachung der Verschmelzung
Sobald die Verschmelzung von allen beteiligten Aufsichtsbehörden genehmigt worden ist, macht die für den übernehmenden kleineren Verein zuständige Aufsichtsbehörde, bei einer Verschmelzung durch Neugründung eines kleineren Vereins die für den neuen Verein zuständige Aufsichtsbehörde die Verschmelzung und ihre Genehmigung im Bundesanzeiger sowie in den weiteren Blättern bekannt, die für die Bekanntmachungen der Amtsgerichte bestimmt sind, in deren Bezirken die beteiligten kleineren Vereine ihren Sitz haben.

Neunter Abschnitt
Verschmelzung von Kapitalgesellschaften mit dem Vermögen eines Alleingesellschafters

§ 120 Möglichkeit der Verschmelzung

(1) Ist eine Verschmelzung nach den Vorschriften des Ersten bis Achten Abschnitts nicht möglich, so kann eine Kapitalgesellschaft im Wege der Aufnahme mit dem Vermögen eines Gesellschafters oder eines Aktionärs verschmolzen werden, sofern sich alle Geschäftsanteile oder alle Aktien der Gesellschaft in der Hand des Gesellschafters oder Aktionärs befinden.

(2) Befinden sich eigene Anteile in der Hand der Kapitalgesellschaft, so werden sie bei der Feststellung der Voraussetzungen der Verschmelzung dem Gesellschafter oder Aktionär zugerechnet.

§ 121 Anzuwendende Vorschriften

Auf die Kapitalgesellschaft sind die für ihre Rechtsform geltenden Vorschriften des Ersten und Zweiten Teils anzuwenden.

§ 122 Eintragung in das Handelsregister

Ein noch nicht in das Handelsregister eingetragener Alleingesellschafter oder Alleinaktionär ist nach den Vorschriften des Handelsgesetzbuchs in das Handelsregister einzutragen; an die Stelle des § 19 des Handelsgesetzbuchs tritt § 18.

Drittes Buch
Spaltung
Erster Teil
Allgemeine Vorschriften
Erster Abschnitt
Möglichkeit der Spaltung

§ 123 Arten der Spaltung

(1) Ein Rechtsträger (übertragender Rechtsträger) kann unter Auflösung ohne Abwicklung sein Vermögen aufspalten

1. zur Aufnahme durch gleichzeitige Übertragung der Vermögensteile jeweils als Gesamtheit auf andere bestehende Rechtsträger (übernehmende Rechtsträger) oder
2. zur Neugründung durch gleichzeitige Übertragung der Vermögensteile jeweils als Gesamtheit auf andere, von ihm dadurch gegründete neue Rechtsträger

gegen Gewährung von Anteilen oder Mitgliedschaften dieser Rechtsträger an die Anteilsinhaber des übertragenden Rechtsträgers (Aufspaltung).

(2) Ein Rechtsträger (übertragender Rechtsträger) kann von seinem Vermögen einen Teil oder mehrere Teile abspalten

1. zur Aufnahme durch Übertragung dieses Teils oder dieser Teile jeweils als Gesamtheit auf einen bestehenden oder mehrere bestehende Rechtsträger (übernehmende Rechtsträger) oder
2. zur Neugründung durch Übertragung dieses Teils oder dieser Teile jeweils als Gesamtheit auf einen oder mehrere, von ihm dadurch gegründeten neuen oder gegründete neue Rechtsträger

gegen Gewährung von Anteilen oder Mitgliedschaften dieses Rechtsträgers oder dieser Rechtsträger an die Anteilsinhaber des übertragenden Rechtsträgers (Abspaltung).

(3) Ein Rechtsträger (übertragender Rechtsträger) kann aus seinem Vermögen einen Teil oder mehrere Teile ausgliedern

1. zur Aufnahme durch Übertragung dieses Teils oder dieser Teile jeweils als Gesamtheit auf einen bestehenden oder mehrere bestehende Rechtsträger (übernehmende Rechtsträger) oder
2. zur Neugründung durch Übertragung dieses Teils oder dieser Teile jeweils als Gesamtheit auf einen oder mehrere, von ihm dadurch gegründeten neuen oder gegründete neue Rechtsträger

gegen Gewährung von Anteilen oder Mitgliedschaften dieses Rechtsträgers oder dieser Rechtsträger an den übertragenden Rechtsträger (Ausgliederung).

(4) Die Spaltung kann auch durch gleichzeitige Übertragung auf bestehende und neue Rechtsträger erfolgen.

§ 124 Spaltungsfähige Rechtsträger

(1) An einer Aufspaltung oder einer Abspaltung können als übertragende, übernehmende oder neue Rechtsträger die in § 3 Abs. 1 genannten Rechtsträger sowie als übertragende Rechtsträger wirtschaftliche Vereine, an einer Ausgliederung können als übertragende, übernehmende oder neue Rechtsträger die in § 3 Abs. 1 genannten Rechtsträger sowie als übertragende Rechtsträger wirtschaftliche Vereine, Einzelkaufleute, Stiftungen sowie Gebietskörperschaften oder Zusammenschlüsse von Gebietskörperschaften, die nicht Gebietskörperschaften sind, beteiligt sein.

(2) § 3 Abs. 3 und 4 ist auf die Spaltung entsprechend anzuwenden.

§ 125 Anzuwendende Vorschriften

Auf die Spaltung sind die Vorschriften des Zweiten Buches mit Ausnahme des § 9 Abs. 2, bei Abspaltung und Ausgliederung mit Ausnahme des § 18 sowie bei Ausgliederung mit Ausnahme des § 14 Abs. 2 und der §§ 15, 29 bis 34, 54, 68 und 71 entsprechend anzuwenden, soweit sich aus diesem Buch nichts anderes ergibt. Eine Prüfung im Sinne der §§ 9 bis 12 findet bei Ausgliederung nicht statt. An die Stelle der übertragenden Rechtsträger tritt der übertragende Rechtsträger, an die Stelle des übernehmenden oder neuen Rechtsträgers treten gegebenenfalls die übernehmenden oder neuen Rechtsträger.

Zweiter Abschnitt

Spaltung zur Aufnahme

§ 126 Inhalt des Spaltungs- und Übernahmevertrags

(1) Der Spaltungs- und Übernahmevertrag oder sein Entwurf muß mindestens folgende Angaben enthalten:

1. den Namen oder die Firma und den Sitz der an der Spaltung beteiligten Rechtsträger;
2. die Vereinbarung über die Übertragung der Teile des Vermögens des übertragenden Rechtsträgers jeweils als Gesamtheit gegen Gewährung von Anteilen oder Mitgliedschaften an den übernehmenden Rechtsträgern;
3. bei Aufspaltung und Abspaltung das Umtauschverhältnis der Anteile und gegebenenfalls die Höhe der baren Zuzahlung oder Angaben über die Mitgliedschaft bei den übernehmenden Rechtsträgern;
4. bei Aufspaltung und Abspaltung die Einzelheiten für die Übertragung der Anteile der übernehmenden Rechtsträger oder über den Erwerb der Mitgliedschaft bei den übernehmenden Rechtsträgern;

5. den Zeitpunkt, von dem an diese Anteile oder die Mitgliedschaft einen Anspruch auf einen Anteil am Bilanzgewinn gewähren, sowie alle Besonderheiten in bezug auf diesen Anspruch;
6. den Zeitpunkt, von dem an die Handlungen des übertragenden Rechtsträgers als für Rechnung jedes der übernehmenden Rechtsträger vorgenommen gelten (Spaltungsstichtag);
7. die Rechte, welche die übernehmenden Rechtsträger einzelnen Anteilsinhabern sowie den Inhabern besonderer Rechte wie Anteile ohne Stimmrecht, Vorzugsaktien, Mehrstimmrechtsaktien, Schuldverschreibungen und Genußrechte gewähren, oder die für diese Personen vorgesehenen Maßnahmen;
8. jeden besonderen Vorteil, der einem Mitglied eines Vertretungsorgans oder eines Aufsichtsorgans der an der Spaltung beteiligten Rechtsträger, einem geschäftsführenden Gesellschafter, einem Abschlußprüfer oder einem Spaltungsprüfer gewährt wird;
9. die genaue Bezeichnung und Aufteilung der Gegenstände des Aktiv- und Passivvermögens, die an jeden der übernehmenden Rechtsträger übertragen werden, sowie der übergehenden Betriebe und Betriebsteile unter Zuordnung zu den übernehmenden Rechtsträgern;
10. bei Aufspaltung und Abspaltung die Aufteilung der Anteile oder Mitgliedschaften jedes der übernehmenden Rechtsträger auf die Anteilsinhaber des übertragenden Rechtsträgers sowie den Maßstab für die Aufteilung;
11. die Folgen der Spaltung für die Arbeitnehmer und ihre Vertretungen sowie die insoweit vorgesehenen Maßnahmen.

(2) Soweit für die Übertragung von Gegenständen im Falle der Einzelrechtsnachfolge in den allgemeinen Vorschriften eine besondere Art der Bezeichnung bestimmt ist, sind diese Regelungen auch für die Bezeichnung der Gegenstände des Aktiv- und Passivvermögens (Absatz 1 Nr. 9) anzuwenden. § 28 der Grundbuchordnung ist zu beachten. Im übrigen kann auf Urkunden wie Bilanzen und Inventare Bezug genommen werden, deren Inhalt eine Zuweisung des einzelnen Gegenstandes ermöglicht; die Urkunden sind dem Spaltungs- und Übernahmevertrag als Anlagen beizufügen.

(3) Der Vertrag oder sein Entwurf ist spätestens einen Monat vor dem Tag der Versammlung der Anteilsinhaber jedes beteiligten Rechtsträgers, die gemäß § 125 in Verbindung mit § 13 Abs. 1 über die Zustimmung zum Spaltungs- und Übernahmevertrag beschließen soll, dem zuständigen Betriebsrat dieses Rechtsträgers zuzuleiten.

§ 127 Spaltungsbericht

Die Vertretungsorgane jedes der an der Spaltung beteiligten Rechtsträger haben einen ausführlichen schriftlichen Bericht zu erstatten, in dem die Spaltung, der Vertrag oder sein Entwurf im einzelnen und bei Aufspaltung und Abspaltung insbesondere das Umtauschverhältnis der Anteile oder die Angaben über die Mitgliedschaften bei den übernehmenden Rechtsträgern, der Maßstab für ihre Aufteilung sowie die Höhe einer anzubietenden Barabfindung rechtlich und wirtschaftlich erläutert und begründet werden (Spaltungsbericht); der Bericht kann von den Vertretungsorganen auch gemeinsam erstattet werden. § 8 Abs. 1 Satz 2 bis 4, Abs. 2 und 3 ist entsprechend anzuwenden.

§ 128 Zustimmung zur Spaltung in Sonderfällen

Werden bei Aufspaltung oder Abspaltung die Anteile oder Mitgliedschaften der übernehmenden Rechtsträger den Anteilsinhabern des übertragenden Rechtsträgers nicht in dem Verhältnis zugeteilt, das ihrer Beteiligung an dem übertragenden Rechtsträger entspricht, so wird der Spaltungs- und Übernahmevertrag nur wirksam, wenn ihm alle Anteilsinhaber des übertragenden Rechtsträgers zustimmen. Bei einer Spaltung zur Aufnahme ist der

Berechnung des Beteiligungsverhältnisses der jeweils zu übertragende Teil des Vermögens zugrunde zu legen.

§ 129 Anmeldung der Spaltung

Zur Anmeldung der Spaltung ist auch das Vertretungsorgan jedes der übernehmenden Rechtsträger berechtigt.

§ 130 Eintragung und Bekanntmachung der Spaltung

(1) Die Spaltung darf in das Register des Sitzes des übertragenden Rechtsträgers erst eingetragen werden, nachdem sie im Register des Sitzes jedes der übernehmenden Rechtsträger eingetragen worden ist. Die Eintragung im Register des Sitzes jedes der übernehmenden Rechtsträger ist mit dem Vermerk zu versehen, daß die Spaltung erst mit der Eintragung im Register des Sitzes des übertragenden Rechtsträgers wirksam wird.

(2) Das Gericht des Sitzes des übertragenden Rechtsträgers hat von Amts wegen dem Gericht des Sitzes jedes der übernehmenden Rechtsträger den Tag der Eintragung der Spaltung mitzuteilen sowie einen Handelsregisterauszug und eine beglaubigte Abschrift des Gesellschaftsvertrages, der Satzung oder des Statuts des übertragenden Rechtsträgers zu übersenden. Nach Eingang der Mitteilung hat das Gericht des Sitzes jedes der übernehmenden Rechtsträger von Amts wegen den Tag der Eintragung der Spaltung im Register des Sitzes des übertragenden Rechtsträgers zu vermerken.

§ 131 Wirkungen der Eintragung

(1) Die Eintragung der Spaltung in das Register des Sitzes des übertragenden Rechtsträgers hat folgende Wirkungen:

1. Das Vermögen des übertragenden Rechtsträgers, bei Abspaltung und Ausgliederung der abgespaltene oder ausgegliederte Teil oder die abgespaltenen oder ausgegliederten Teile des Vermögens einschließlich der Verbindlichkeiten gehen entsprechend der im Spaltungs- und Übernahmevertrag vorgesehenen Aufteilung jeweils als Gesamtheit auf die übernehmenden Rechtsträger über. Gegenstände, die nicht durch Rechtsgeschäft übertragen werden können, verbleiben bei Abspaltung und Ausgliederung im Eigentum oder in Inhaberschaft des übertragenden Rechtsträgers.
2. Bei der Aufspaltung erlischt der übertragende Rechtsträger. Einer besonderen Löschung bedarf es nicht.
3. Bei Aufspaltung und Abspaltung werden die Anteilsinhaber des übertragenden Rechtsträgers entsprechend der im Spaltungs- und Übernahmevertrag vorgesehenen Aufteilung Anteilsinhaber der übernehmenden Rechtsträger; dies gilt nicht, soweit der übernehmende Rechtsträger oder ein Dritter, der im eigenen Namen, jedoch für Rechnung dieses Rechtsträgers handelt, Anteilsinhaber des übertragenden Rechtsträgers ist oder der übertragende Rechtsträger eigene Anteile innehat oder ein Dritter, der im eigenen Namen, jedoch für Rechnung dieses Rechtsträgers handelt, dessen Anteilsinhaber ist. Rechte Dritter an den Anteilen oder Mitgliedschaften des übertragenden Rechtsträgers bestehen an den an ihre Stelle tretenden Anteilen oder Mitgliedschaften der übernehmenden Rechtsträger weiter. Bei Ausgliederung wird der übertragende Rechtsträger entsprechend dem Ausgliederungs- und Übernahmevertrag Anteilsinhaber der übernehmenden Rechtsträger.
4. Der Mangel der notariellen Beurkundung des Spaltungs- und Übernahmevertrags und gegebenenfalls erforderlicher Zustimmungs- oder Verzichtserklärungen einzelner Anteilsinhaber wird geheilt.

(2) Mängel der Spaltung lassen die Wirkungen der Eintragung nach Absatz 1 unberührt.

(3) Ist bei einer Aufspaltung ein Gegenstand im Vertrag keinem der übernehmenden Rechtsträger zugeteilt worden und läßt sich die Zuteilung auch nicht durch Auslegung des Vertrags ermitteln, so geht der Gegenstand auf alle übernehmenden Rechtsträger in dem Verhältnis über, das sich aus dem Vertrag für die Aufteilung des Überschusses der Aktivseite der Schlußbilanz über deren Passivseite ergibt; ist eine Zuteilung des Gegenstandes an mehrere Rechtsträger nicht möglich, so ist sein Gegenwert in dem bezeichneten Verhältnis zu verteilen.

§ 132 Beachtung allgemeinen Rechts

Allgemeine Vorschriften, welche die Übertragbarkeit eines bestimmten Gegenstandes ausschließen oder an bestimmte Voraussetzungen knüpfen oder nach denen die Übertragung eines bestimmten Gegenstandes einer staatlichen Genehmigung bedarf, bleiben durch die Wirkungen der Eintragung nach § 131 unberührt. § 399 des Bürgerlichen Gesetzbuchs steht der Aufspaltung nicht entgegen.

§ 133 Schutz der Gläubiger und der Inhaber von Sonderrechten

(1) Für die Verbindlichkeiten des übertragenden Rechtsträgers, die vor dem Wirksamwerden der Spaltung begründet worden sind, haften die an der Spaltung beteiligten Rechtsträger als Gesamtschuldner. Die §§ 25, 26 und 28 des Handelsgesetzbuchs sowie § 125 in Verbindung mit § 22 bleiben unberührt; zur Sicherheitsleistung ist nur der an der Spaltung beteiligte Rechtsträger verpflichtet, gegen den sich der Anspruch richtet.

(2) Für die Erfüllung der Verpflichtung nach § 125 in Verbindung mit § 23 haften die an der Spaltung beteiligten Rechtsträger als Gesamtschuldner. Bei Abspaltung und Ausgliederung können die gleichwertigen Rechte im Sinne des § 125 in Verbindung mit § 23 auch in dem übertragenden Rechtsträger gewährt werden.

(3) Diejenigen Rechtsträger, denen die Verbindlichkeiten nach Absatz 1 Satz 1 im Spaltungs- und Übernahmevertrag nicht zugewiesen worden sind, haften für diese Verbindlichkeiten, wenn sie vor Ablauf von fünf Jahren nach der Spaltung fällig und daraus Ansprüche gegen sie gerichtlich geltend gemacht sind; bei öffentlich-rechtlichen Verbindlichkeiten genügt zur Geltendmachung der Erlaß eines Verwaltungsakts.

(4) Die Frist beginnt mit dem Tage, an dem die Eintragung der Spaltung in das Register des Sitzes des übertragenden Rechtsträgers nach § 125 in Verbindung mit § 19 Abs. 3 als bekanntgemacht gilt. Die für die Verjährung geltenden §§ 203, 206, 207, 210, 212 bis 216 und 220 des Bürgerlichen Gesetzbuchs sind entsprechend anzuwenden.

(5) Einer gerichtlichen Geltendmachung bedarf es nicht, soweit die in Absatz 3 bezeichneten Rechtsträger den Anspruch schriftlich anerkannt haben.

(6) Die Ansprüche nach Absatz 2 verjähren in fünf Jahren. Für den Beginn der Verjährung gilt Absatz 4 Satz 1 entsprechend.

§ 134 Schutz der Gläubiger in besonderen Fällen

(1) Spaltet ein Rechtsträger sein Vermögen in der Weise, daß die zur Führung eines Betriebes notwendigen Vermögensteile im wesentlichen auf einen übernehmenden oder mehrere übernehmende oder auf einen neuen oder mehrere neue Rechtsträger übertragen werden und die Tätigkeit dieses Rechtsträgers oder dieser Rechtsträger sich im wesentlichen auf die Verwaltung dieser Vermögensteile beschränkt (Anlagegesellschaft), während dem übertragenden Rechtsträger diese Vermögensteile bei der Führung seines Betriebes zur Nutzung überlassen werden (Betriebsgesellschaft), und sind an den an der Spaltung beteiligten Rechtsträgern im wesentlichen dieselben Personen beteiligt, so haftet die Anlagegesellschaft auch für die Forderungen der Arbeitnehmer der Betriebsgesellschaft als Gesamtschuldner, die binnen fünf Jahren nach dem Wirksamwerden der Spaltung

auf Grund der §§ 111 bis 113 des Betriebsverfassungsgesetzes begründet werden. Dies gilt auch dann, wenn die Vermögensteile bei dem übertragenden Rechtsträger verbleiben und dem übernehmenden oder neuen Rechtsträger oder den übernehmenden oder neuen Rechtsträgern zur Nutzung überlassen werden.

(2) Die gesamtschuldnerische Haftung nach Absatz 1 gilt auch für vor dem Wirksamwerden der Spaltung begründete Versorgungsverpflichtungen auf Grund des Gesetzes zur Verbesserung der betrieblichen Altersversorgung.

(3) Für die Ansprüche gegen die Anlagegesellschaft nach den Absätzen 1 und 2 gilt § 133 Abs. 3 bis 5 entsprechend mit der Maßgabe, daß die Frist fünf Jahre nach dem in § 133 Abs. 4 Satz 1 bezeichneten Tage beginnt.

Dritter Abschnitt
Spaltung zur Neugründung

§ 135 Anzuwendende Vorschriften

(1) Auf die Spaltung eines Rechtsträgers zur Neugründung sind die Vorschriften des Zweiten Abschnitts entsprechend anzuwenden, jedoch mit Ausnahme der §§ 129 und 130 Abs. 2 sowie der nach § 125 entsprechend anzuwendenden §§ 4, 7 und 16 Abs. 1 und des § 27. An die Stelle der übernehmenden Rechtsträger treten die neuen Rechtsträger, an die Stelle der Eintragung der Spaltung im Register des Sitzes jeder der übernehmenden Rechtsträger tritt die Eintragung jedes der neuen Rechtsträger in das Register.

(2) Auf die Gründung der neuen Rechtsträger sind die für die jeweilige Rechtsform des neuen Rechtsträgers geltenden Gründungsvorschriften anzuwenden, soweit sich aus diesem Buch nichts anderes ergibt. Den Gründern steht der übertragende Rechtsträger gleich. Vorschriften, die für die Gründung eine Mindestzahl der Gründer vorschreiben, sind nicht anzuwenden.

§ 136 Spaltungsplan

Das Vertretungsorgan des übertragenden Rechtsträgers hat einen Spaltungsplan aufzustellen. Der Spaltungsplan tritt an die Stelle des Spaltungs- und Übernahmevertrags.

§ 137 Anmeldung und Eintragung der neuen Rechtsträger und der Spaltung

(1) Das Vertretungsorgan des übertragenden Rechtsträgers hat jeden der neuen Rechtsträger bei dem Gericht, in dessen Bezirk er seinen Sitz haben soll, zur Eintragung in das Register anzumelden.

(2) Das Vertretungsorgan des übertragenden Rechtsträgers hat die Spaltung zur Eintragung in das Register des Sitzes des übertragenden Rechtsträgers anzumelden.

(3) Das Gericht des Sitzes jedes der neuen Rechtsträger hat von Amts wegen dem Gericht des Sitzes des übertragenden Rechtsträgers den Tag der Eintragung des neuen Rechtsträgers mitzuteilen. Nach Eingang der Mitteilungen für alle neuen Rechtsträger hat das Gericht des Sitzes des übertragenden Rechtsträgers die Spaltung einzutragen sowie von Amts wegen den Zeitpunkt der Eintragung den Gerichten des Sitzes jedes der neuen Rechtsträger mitzuteilen sowie ihnen einen Handelsregisterauszug und eine beglaubigte Abschrift des Gesellschaftsvertrags, der Satzung oder des Statuts des übertragenden Rechtsträgers zu übersenden. Der Zeitpunkt der Eintragung der Spaltung ist in den Registern des Sitzes jedes der neuen Rechtsträger von Amts wegen einzutragen; gesetzlich vorgesehene Bekanntmachungen über die Eintragung der neuen Rechtsträger sind erst danach zulässig.

Zweiter Teil
Besondere Vorschriften
Erster Abschnitt
Spaltung unter Beteiligung von Gesellschaften mit beschränkter Haftung

§ 138 Sachgründungsbericht
Ein Sachgründungsbericht (§ 5 Abs. 4 des Gesetzes betreffend die Gesellschaften mit beschränkter Haftung) ist stets erforderlich.

§ 139 Herabsetzung des Stammkapitals
Ist zur Durchführung der Abspaltung oder der Ausgliederung eine Herabsetzung des Stammkapitals einer übertragenden Gesellschaft mit beschränkter Haftung erforderlich, so kann diese auch in vereinfachter Form vorgenommen werden. Wird das Stammkapital herabgesetzt, so darf die Abspaltung oder die Ausgliederung erst eingetragen werden, nachdem die Herabsetzung des Stammkapitals im Register eingetragen worden ist.

§ 140 Anmeldung der Abspaltung oder der Ausgliederung
Bei der Anmeldung der Abspaltung oder der Ausgliederung zur Eintragung in das Register des Sitzes einer übertragenden Gesellschaft mit beschränkter Haftung haben deren Geschäftsführer auch zu erklären, daß die durch Gesetz und Gesellschaftsvertrag vorgesehenen Voraussetzungen für die Gründung dieser Gesellschaft unter Berücksichtigung der Abspaltung oder der Ausgliederung im Zeitpunkt der Anmeldung vorliegen.

Zweiter Abschnitt
Spaltung unter Beteiligung von Aktiengesellschaften und Kommanditgesellschaften auf Aktien

§ 141 Ausschluß der Spaltung
Eine Aktiengesellschaft oder eine Kommanditgesellschaft auf Aktien, die noch nicht zwei Jahre im Register eingetragen ist, kann nicht gespalten werden.

§ 142 Spaltung mit Kapitalerhöhung; Spaltungsbericht
(1) § 69 ist mit der Maßgabe anzuwenden, daß eine Prüfung der Sacheinlage nach § 183 Abs. 3 des Aktiengesetzes stets stattzufinden hat.
(2) In dem Spaltungsbericht ist gegebenenfalls auf den Bericht über die Prüfung von Sacheinlagen bei einer übernehmenden Aktiengesellschaft nach § 183 Abs. 3 des Aktiengesetzes sowie auf das Register, bei dem dieser Bericht zu hinterlegen ist, hinzuweisen.

§ 143 Besondere Unterrichtung über Vermögensveränderungen
Der Vorstand einer übertragenden Aktiengesellschaft oder Kommanditgesellschaft auf Aktien hat deren Aktionäre vor der Beschlußfassung über jede wesentliche Veränderung des Vermögens dieser Gesellschaft, die zwischen dem Abschluß des Vertrags oder der Aufstellung des Entwurfs und dem Zeitpunkt der Beschlußfassung eingetreten ist, zu unterrichten. Der Vorstand hat hierüber auch die Vertretungsorgane der übernehmenden Rechtsträger zu unterrichten; diese haben ihrerseits die Anteilsinhaber des von ihnen vertretenen Rechtsträgers vor der Beschlußfassung über die Spaltung zu unterrichten.

§ 144 Gründungsbericht und Gründungsprüfung
Ein Gründungsbericht (§ 32 des Aktiengesetzes) und eine Gründungsprüfung (§ 33 Abs. 2 des Aktiengesetzes) sind stets erforderlich.

§ 145 Herabsetzung des Grundkapitals
Ist zur Durchführung der Abspaltung oder der Ausgliederung eine Herabsetzung des Grundkapitals einer übertragenden Aktiengesellschaft oder Kommanditgesellschaft auf

Aktien erforderlich, so kann diese auch in vereinfachter Form vorgenommen werden. Wird das Grundkapital herabgesetzt, so darf die Abspaltung oder die Ausgliederung erst eingetragen werden, nachdem die Durchführung der Herabsetzung des Grundkapitals im Register eingetragen worden ist.

§ 146 Anmeldung der Abspaltung oder der Ausgliederung

(1) Bei der Anmeldung der Abspaltung oder der Ausgliederung zur Eintragung in das Register des Sitzes einer übertragenden Aktiengesellschaft hat deren Vorstand oder einer Kommanditgesellschaft auf Aktien haben deren zu ihrer Vertretung ermächtigte persönlich haftende Gesellschafter auch zu erklären, daß die durch Gesetz und Satzung vorgesehenen Voraussetzungen für die Gründung dieser Gesellschaft unter Berücksichtigung der Abspaltung oder der Ausgliederung im Zeitpunkt der Anmeldung vorliegen.

(2) Der Anmeldung der Abspaltung oder der Ausgliederung sind außer den sonst erforderlichen Unterlagen auch beizufügen:

1. der Spaltungsbericht nach § 127;
2. bei Abspaltung der Prüfungsbericht nach § 125 in Verbindung mit § 12.

Dritter Abschnitt

Spaltung unter Beteiligung eingetragener Genossenschaften

§ 147 Möglichkeit der Spaltung

Die Spaltung eines Rechtsträgers anderer Rechtsform zur Aufnahme von Teilen seines Vermögens durch eine eingetragene Genossenschaft kann nur erfolgen, wenn eine erforderliche Änderung des Statuts der übernehmenden Genossenschaft gleichzeitig mit der Spaltung beschlossen wird.

§ 148 Anmeldung der Abspaltung oder der Ausgliederung

(1) Bei der Anmeldung der Abspaltung oder der Ausgliederung zur Eintragung in das Register des Sitzes einer übertragenden Genossenschaft hat deren Vorstand auch zu erklären, daß die durch Gesetz und Statut vorgesehenen Voraussetzungen für die Gründung dieser Genossenschaft unter Berücksichtigung der Abspaltung oder der Ausgliederung im Zeitpunkt der Anmeldung vorliegen.

(2) Der Anmeldung der Abspaltung oder der Ausgliederung sind außer den sonst erforderlichen Unterlagen auch beizufügen:

1. der Spaltungsbericht nach § 127;
2. das Prüfungsgutachten nach § 125 in Verbindung mit § 81.

Vierter Abschnitt

Spaltung unter Beteiligung rechtsfähiger Vereine

§ 149 Möglichkeit der Spaltung

(1) Ein rechtsfähiger Verein kann sich an einer Spaltung nur beteiligen, wenn die Satzung des Vereins oder Vorschriften des Landesrechts nicht entgegenstehen.

(2) Ein eingetragener Verein kann als übernehmender Rechtsträger im Wege der Spaltung nur andere eingetragene Vereine aufnehmen oder mit ihnen einen eingetragenen Verein gründen.

Fünfter Abschnitt
Spaltung unter Beteiligung genossenschaftlicher Prüfungsverbände

§ 150 Möglichkeit der Spaltung
Die Aufspaltung genossenschaftlicher Prüfungsverbände oder die Abspaltung oder Ausgliederung von Teilen eines solchen Verbandes kann nur zur Aufnahme der Teile eines Verbandes (übertragender Verband) durch einen anderen Verband (übernehmender Verband), die Ausgliederung auch zur Aufnahme von Teilen des Verbandes durch eine oder zur Neugründung einer Kapitalgesellschaft erfolgen.

Sechster Abschnitt
Spaltung unter Beteiligung von Versicherungsvereinen auf Gegenseitigkeit

§ 151 Möglichkeit der Spaltung
Die Spaltung unter Beteiligung von Versicherungsvereinen auf Gegenseitigkeit kann nur durch Aufspaltung oder Abspaltung und nur in der Weise erfolgen, daß die Teile eines übertragenden Vereins auf andere bestehende oder neue Versicherungsvereine auf Gegenseitigkeit oder auf Versicherungs-Aktiengesellschaften übergehen. Ein Versicherungsverein auf Gegenseitigkeit kann ferner im Wege der Ausgliederung einen Vermögensteil auf eine bestehende oder neue Gesellschaft mit beschränkter Haftung übertragen, sofern damit keine Übertragung von Versicherungsverträgen verbunden ist.

Siebenter Abschnitt
Ausgliederung aus dem Vermögen eines Einzelkaufmanns
Erster Unterabschnitt
Möglichkeit der Ausgliederung

§ 152 Übernehmende oder neue Rechtsträger
Die Ausgliederung des von einem Einzelkaufmann betriebenen Unternehmens, dessen Firma im Handelsregister eingetragen ist, oder von Teilen desselben aus dem Vermögen dieses Kaufmanns kann nur zur Aufnahme dieses Unternehmens oder von Teilen dieses Unternehmens durch Personenhandelsgesellschaften, Kapitalgesellschaften oder eingetragene Genossenschaften oder zur Neugründung von Kapitalgesellschaften erfolgen. Sie kann nicht erfolgen, wenn die Verbindlichkeiten des Einzelkaufmanns sein Vermögen übersteigen.

Zweiter Unterabschnitt
Ausgliederung zur Aufnahme

§ 153 Ausgliederungsbericht
Ein Ausgliederungsbericht ist für den Einzelkaufmann nicht erforderlich.

§ 154 Eintragung der Ausgliederung
Das Gericht des Sitzes des Einzelkaufmanns hat die Eintragung der Ausgliederung auch dann abzulehnen, wenn offensichtlich ist, daß die Verbindlichkeiten des Einzelkaufmanns sein Vermögen übersteigen.

§ 155 Wirkungen der Ausgliederung
Erfaßt die Ausgliederung das gesamte Unternehmen des Einzelkaufmanns, so bewirkt die Eintragung der Ausgliederung nach § 131 das Erlöschen der von dem Einzelkaufmann geführten Firma. Das Erlöschen der Firma ist von Amts wegen in das Register einzutragen.

§ 156 Haftung des Einzelkaufmanns
Durch den Übergang der Verbindlichkeiten auf übernehmende oder neue Gesellschaften wird der Einzelkaufmann von der Haftung für die Verbindlichkeiten nicht befreit. § 418 des Bürgerlichen Gesetzbuchs ist nicht anzuwenden.

§ 157 Zeitliche Begrenzung der Haftung für übertragene Verbindlichkeiten
(1) Der Einzelkaufmann haftet für die im Ausgliederungs- und Übernahmevertrag aufgeführten Verbindlichkeiten, wenn sie vor Ablauf von fünf Jahren nach der Ausgliederung fällig und daraus Ansprüche gegen ihn gerichtlich geltend gemacht sind; bei öffentlich-rechtlichen Verbindlichkeiten genügt zur Geltendmachung der Erlaß eines Verwaltungsaktes. Eine Haftung des Einzelkaufmanns als Gesellschafter des aufnehmenden Rechtsträgers nach § 128 des Handelsgesetzbuchs bleibt unberührt.
(2) Die Frist beginnt mit dem Tage, an dem die Eintragung der Ausgliederung in das Register des Sitzes des Einzelkaufmanns nach § 125 in Verbindung mit § 19 Abs. 3 als bekanntgemacht gilt. Die für die Verjährung geltenden §§ 203, 206, 207, 210, 212 bis 216 und 220 des Bürgerlichen Gesetzbuchs sind entsprechend anzuwenden.
(3) Einer gerichtlichen Geltendmachung bedarf es nicht, soweit der Einzelkaufmann den Anspruch schriftlich anerkannt hat.
(4) Die Absätze 1 bis 3 sind auch anzuwenden, wenn der Einzelkaufmann in dem Rechtsträger anderer Rechtsform geschäftsführend tätig wird.

Dritter Unterabschnitt
Ausgliederung zur Neugründung

§ 158 Anzuwendende Vorschriften
Auf die Ausgliederung zur Neugründung sind die Vorschriften des Zweiten Unterabschnitts entsprechend anzuwenden, soweit sich aus diesem Unterabschnitt nichts anderes ergibt.

§ 159 Sachgründungsbericht, Gründungsbericht und Gründungsprüfung
(1) Auf den Sachgründungsbericht (§ 5 Abs. 4 des Gesetzes betreffend die Gesellschaften mit beschränkter Haftung) ist § 58 Abs. 1, auf den Gründungsbericht (§ 32 des Aktiengesetzes) § 75 Abs. 1 entsprechend anzuwenden.
(2) Im Falle der Gründung einer Aktiengesellschaft oder einer Kommanditgesellschaft auf Aktien haben die Prüfung durch die Mitglieder des Vorstands und des Aufsichtsrats (§ 33 Abs. 1 des Aktiengesetzes) sowie die Prüfung durch einen oder mehrere Prüfer (§ 33 Abs. 2 des Aktiengesetzes) sich auch darauf zu erstrecken, ob die Verbindlichkeiten des Einzelkaufmanns sein Vermögen übersteigen.
(3) Zur Prüfung, ob die Verbindlichkeiten des Einzelkaufmanns sein Vermögen übersteigen, hat der Einzelkaufmann den Prüfern eine Aufstellung vorzulegen, in der sein Vermögen seinen Verbindlichkeiten gegenübergestellt ist. Die Aufstellung ist zu gliedern, soweit das für die Prüfung notwendig ist. § 320 Abs. 1 Satz 2 und Abs. 2 Satz 1 des Handelsgesetzbuchs gilt entsprechend, wenn Anlaß für die Annahme besteht, daß in der Aufstellung aufgeführte Vermögensgegenstände überbewertet oder Verbindlichkeiten nicht oder nicht vollständig aufgeführt worden sind.

§ 160 Anmeldung und Eintragung
(1) Die Anmeldung nach § 137 Abs. 1 ist von dem Einzelkaufmann und den Geschäftsführern oder den Mitgliedern des Vorstands und des Aufsichtsrats einer neuen Gesellschaft vorzunehmen.

(2) Die Eintragung der Gesellschaft ist abzulehnen, wenn die Verbindlichkeiten des Einzelkaufmanns sein Vermögen übersteigen.

Achter Abschnitt

Ausgliederung aus dem Vermögen rechtsfähiger Stiftungen

§ 161 Möglichkeit der Ausgliederung

Die Ausgliederung des von einer rechtsfähigen Stiftung (§ 80 des Bürgerlichen Gesetzbuchs) betriebenen Unternehmens oder von Teilen desselben aus dem Vermögen dieser Stiftung kann nur zur Aufnahme dieses Unternehmens oder von Teilen dieses Unternehmens durch Personenhandelsgesellschaften oder Kapitalgesellschaften oder zur Neugründung von Kapitalgesellschaften erfolgen.

§ 162 Ausgliederungsbericht

(1) Ein Ausgliederungsbericht ist nur erforderlich, wenn die Ausgliederung nach § 164 Abs. 1 der staatlichen Genehmigung bedarf oder wenn sie bei Lebzeiten des Stifters von dessen Zustimmung abhängig ist.

(2) Soweit nach § 164 Abs. 1 die Ausgliederung der staatlichen Genehmigung oder der Zustimmung des Stifters bedarf, ist der Ausgliederungsbericht der zuständigen Behörde und dem Stifter zu übermitteln.

§ 163 Beschluß über den Vertrag

(1) Auf den Ausgliederungsbeschluß sind die Vorschriften des Stiftungsrechts für die Beschlußfassung über Satzungsänderungen entsprechend anzuwenden.

(2) Sofern das nach Absatz 1 anzuwendende Stiftungsrecht nicht etwas anderes bestimmt, muß der Ausgliederungsbeschluß von dem für die Beschlußfassung über Satzungsänderungen nach der Satzung zuständigen Organ oder, wenn ein solches Organ nicht bestimmt ist, vom Vorstand der Stiftung einstimmig gefaßt werden.

(3) Der Beschluß und die Zustimmung nach den Absätzen 1 und 2 müssen notariell beurkundet werden.

§ 164 Genehmigung der Ausgliederung

(1) Die Ausgliederung bedarf der staatlichen Genehmigung, sofern das Stiftungsrecht dies vorsieht.

(2) Soweit die Ausgliederung nach Absatz 1 der staatlichen Genehmigung nicht bedarf, hat das Gericht des Sitzes der Stiftung die Eintragung der Ausgliederung auch dann abzulehnen, wenn offensichtlich ist, daß die Verbindlichkeiten der Stiftung ihr Vermögen übersteigen.

§ 165 Sachgründungsbericht und Gründungsbericht

Auf den Sachgründungsbericht (§ 5 Abs. 4 des Gesetzes betreffend die Gesellschaften mit beschränkter Haftung) ist § 58 Abs. 1, auf den Gründungsbericht (§ 32 des Aktiengesetzes) § 75 Abs. 1 entsprechend anzuwenden.

§ 166 Haftung der Stiftung

Durch den Übergang der Verbindlichkeiten auf übernehmende oder neue Gesellschaften wird die Stiftung von der Haftung für die Verbindlichkeiten nicht befreit. § 418 des Bürgerlichen Gesetzbuchs ist nicht anzuwenden.

§ 167 Zeitliche Begrenzung der Haftung für übertragene Verbindlichkeiten

Auf die zeitliche Begrenzung der Haftung der Stiftung für die im Ausgliederungs- und Übernahmevertrag aufgeführten Verbindlichkeiten ist § 157 entsprechend anzuwenden.

Neunter Abschnitt
Ausgliederung aus dem Vermögen von Gebietskörperschaften oder Zusammenschlüssen von Gebietskörperschaften

§ 168 Möglichkeit der Ausgliederung
Die Ausgliederung eines Unternehmens, das von einer Gebietskörperschaft oder von einem Zusammenschluß von Gebietskörperschaften, der nicht Gebietskörperschaft ist, betrieben wird, aus dem Vermögen dieser Körperschaft oder dieses Zusammenschlusses kann nur zur Aufnahme dieses Unternehmens durch eine Personenhandelsgesellschaft, eine Kapitalgesellschaft oder eine eingetragene Genossenschaft oder zur Neugründung einer Kapitalgesellschaft oder einer eingetragenen Genossenschaft sowie nur dann erfolgen, wenn das für die Körperschaft oder den Zusammenschluß maßgebende Bundes- oder Landesrecht einer Ausgliederung nicht entgegensteht.

§ 169 Ausgliederungsbericht; Ausgliederungsbeschluß
Ein Ausgliederungsbericht ist für die Körperschaft oder den Zusammenschluß nicht erforderlich. Das Organisationsrecht der Körperschaft oder des Zusammenschlusses bestimmt, ob und unter welchen Voraussetzungen ein Ausgliederungsbeschluß erforderlich ist.

§ 170 Sachgründungsbericht und Gründungsbericht
Auf den Sachgründungsbericht (§ 5 Abs. 4 des Gesetzes betreffend die Gesellschaften mit beschränkter Haftung) ist § 58 Abs. 1, auf den Gründungsbericht (§ 32 des Aktiengesetzes) § 75 Abs. 1 entsprechend anzuwenden.

§ 171 Wirksamwerden der Ausgliederung
Die Wirkungen der Ausgliederung nach § 131 treten mit deren Eintragung in das Register des Sitzes des übernehmenden Rechtsträgers oder mit der Eintragung des neuen Rechtsträgers ein.

§ 172 Haftung der Körperschaft oder des Zusammenschlusses
Durch den Übergang der Verbindlichkeiten auf den übernehmenden oder neuen Rechtsträger wird die Körperschaft oder der Zusammenschluß von der Haftung für die Verbindlichkeiten nicht befreit. § 418 des Bürgerlichen Gesetzbuchs ist nicht anzuwenden.

§ 173 Zeitliche Begrenzung der Haftung für übertragene Verbindlichkeiten
Auf die zeitliche Begrenzung der Haftung für die im Ausgliederungs- und Übernahmevertrag aufgeführten Verbindlichkeiten ist § 157 entsprechend anzuwenden.

Viertes Buch
Vermögensübertragung
Erster Teil
Möglichkeit der Vermögensübertragung

§ 174 Arten der Vermögensübertragung
(1) Ein Rechtsträger (übertragender Rechtsträger) kann unter Auflösung ohne Abwicklung sein Vermögen als Ganzes auf einen anderen bestehenden Rechtsträger (übernehmender Rechtsträger) gegen Gewährung einer Gegenleistung an die Anteilsinhaber des übertragenden Rechtsträgers, die nicht in Anteilen oder Mitgliedschaften besteht, übertragen (Vollübertragung).

(2) Ein Rechtsträger (übertragender Rechtsträger) kann
1. unter Auflösung ohne Abwicklung sein Vermögen aufspalten durch gleichzeitige Übertragung der Vermögensteile jeweils als Gesamtheit auf andere bestehende Rechtsträger,
2. von seinem Vermögen einen Teil oder mehrere Teile abspalten durch Übertragung dieses Teils oder dieser Teile jeweils als Gesamtheit auf einen oder mehrere bestehende Rechtsträger oder
3. aus seinem Vermögen einen Teil oder mehrere Teile ausgliedern durch Übertragung dieses Teils oder dieser Teile jeweils als Gesamtheit auf einen oder mehrere bestehende Rechtsträger

gegen Gewährung der in Absatz 1 bezeichneten Gegenleistung in den Fällen der Nummer 1 oder 2 an die Anteilsinhaber des übertragenden Rechtsträgers, im Falle der Nummer 3 an den übertragenden Rechtsträger (Teilübertragung).

§ 175 Beteiligte Rechtsträger

Eine Vollübertragung ist oder Teilübertragungen sind jeweils nur möglich
1. von einer Kapitalgesellschaft auf den Bund, ein Land, eine Gebietskörperschaft oder einen Zusammenschluß von Gebietskörperschaften;
2. a) von einer Versicherungs-Aktiengesellschaft auf Versicherungsvereine auf Gegenseitigkeit oder auf öffentlich-rechtliche Versicherungsunternehmen;
   b) von einem Versicherungsverein auf Gegenseitigkeit auf Versicherungs-Aktiengesellschaften oder auf öffentlich-rechtliche Versicherungsunternehmen;
   c) von einem öffentlich-rechtlichen Versicherungsunternehmen auf Versicherungs-Aktiengesellschaften oder auf Versicherungsvereine auf Gegenseitigkeit.

Zweiter Teil
Übertragung des Vermögens oder von Vermögensteilen einer Kapitalgesellschaft auf die öffentliche Hand

Erster Abschnitt
Vollübertragung

§ 176 Anwendung der Verschmelzungsvorschriften

(1) Bei einer Vollübertragung nach § 175 Nr. 1 sind auf die übertragende Kapitalgesellschaft die für die Verschmelzung durch Aufnahme einer solchen übertragenden Gesellschaft jeweils geltenden Vorschriften des Zweiten Buches entsprechend anzuwenden, soweit sich aus den folgenden Vorschriften nichts anderes ergibt.

(2) Die Angaben im Übertragungsvertrag nach § 5 Abs. 1 Nr. 4, 5 und 7 entfallen. An die Stelle des Registers des Sitzes des übernehmenden Rechtsträgers tritt das Register des Sitzes der übertragenden Gesellschaft. An die Stelle des Umtauschverhältnisses der Anteile treten Art und Höhe der Gegenleistung. An die Stelle des Anspruchs nach § 23 tritt ein Anspruch auf Barabfindung; auf diesen sind § 29 Abs. 1, § 30 und § 34 entsprechend anzuwenden.

(3) Mit der Eintragung der Vermögensübertragung in das Handelsregister des Sitzes der übertragenden Gesellschaft geht deren Vermögen einschließlich der Verbindlichkeiten auf den übernehmenden Rechtsträger über. Die übertragende Gesellschaft erlischt; einer besonderen Löschung bedarf es nicht.

(4) Die Beteiligung des übernehmenden Rechtsträgers an der Vermögensübertragung richtet sich nach den für ihn geltenden Vorschriften.

Zweiter Abschnitt
Teilübertragung

§ 177 Anwendung der Spaltungsvorschriften

(1) Bei einer Teilübertragung nach § 175 Nr. 1 sind auf die übertragende Kapitalgesellschaft die für die Aufspaltung, Abspaltung oder Ausgliederung zur Aufnahme von Teilen einer solchen übertragenden Gesellschaft geltenden Vorschriften des Dritten Buches sowie die dort für entsprechend anwendbar erklärten Vorschriften des Zweiten Buches auf den vergleichbaren Vorgang entsprechend anzuwenden, soweit sich aus den folgenden Vorschriften nichts anderes ergibt.

(2) § 176 Abs. 2 bis 4 ist entsprechend anzuwenden. An die Stelle des § 5 Abs. 1 Nr. 4, 5 und 7 tritt § 126 Abs. 1 Nr. 4, 5, 7 und 10.

Dritter Teil
Vermögensübertragung unter Versicherungsunternehmen
Erster Abschnitt
Übertragung des Vermögens einer Aktiengesellschaft auf Versicherungsvereine auf Gegenseitigkeit oder öffentlich-rechtliche Versicherungsunternehmen
Erster Unterabschnitt
Vollübertragung

§ 178 Anwendung der Verschmelzungsvorschriften

(1) Bei einer Vollübertragung nach § 175 Nr. 2 Buchstabe a sind auf die beteiligten Rechtsträger die für die Verschmelzung durch Aufnahme einer Aktiengesellschaft und die für einen übernehmenden Versicherungsverein im Falle der Verschmelzung jeweils geltenden Vorschriften des Zweiten Buches entsprechend anzuwenden, soweit sich aus den folgenden Vorschriften nichts anderes ergibt.

(2) § 176 Abs. 2 bis 4 ist entsprechend anzuwenden.

(3) Das für ein übernehmendes öffentlich-rechtliches Versicherungsunternehmen maßgebende Bundes- oder Landesrecht bestimmt, ob der Vertrag über die Vermögensübertragung zu seiner Wirksamkeit auch der Zustimmung eines anderen als des zur Vertretung befugten Organs des öffentlich-rechtlichen Versicherungsunternehmens oder einer anderen Stelle und welcher Erfordernisse die Zustimmung bedarf.

Zweiter Unterabschnitt
Teilübertragung

§ 179 Anwendung der Spaltungsvorschriften

(1) Bei einer Teilübertragung nach § 175 Nr. 2 Buchstabe a sind auf die beteiligten Rechtsträger die für die Aufspaltung, Abspaltung oder Ausgliederung zur Aufnahme von Teilen einer Aktiengesellschaft und die für übernehmende Versicherungsvereine auf Gegenseitigkeit im Falle der Aufspaltung, Abspaltung oder Ausgliederung von Vermögensteilen geltenden Vorschriften des Dritten Buches und die dort für entsprechend anwendbar erklärten Vorschriften des Zweiten Buches auf den vergleichbaren Vorgang entsprechend anzuwenden, soweit sich aus den folgenden Vorschriften nichts anderes ergibt.

(2) § 176 Abs. 2 bis 4 sowie § 178 Abs. 3 sind entsprechend anzuwenden.

Zweiter Abschnitt

Übertragung des Vermögens eines Versicherungsvereins auf Gegenseitigkeit auf Aktiengesellschaften oder öffentlich-rechtliche Versicherungsunternehmen

Erster Unterabschnitt

Vollübertragung

§ 180 Anwendung der Verschmelzungsvorschriften

(1) Bei einer Vollübertragung nach § 175 Nr. 2 Buchstabe b sind auf die beteiligten Rechtsträger die für die Verschmelzung durch Aufnahme eines Versicherungsvereins und die für eine übernehmende Aktiengesellschaft im Falle der Verschmelzung jeweils geltenden Vorschriften des Zweiten Buches entsprechend anzuwenden, soweit sich aus den folgenden Vorschriften nichts anderes ergibt.

(2) § 176 Abs. 2 bis 4 sowie § 178 Abs. 3 sind entsprechend anzuwenden.

(3) Hat ein Mitglied oder ein Dritter nach der Satzung des Vereins ein unentziehbares Recht auf den Abwicklungsüberschuß oder einen Teil davon, so bedarf der Beschluß über die Vermögensübertragung der Zustimmung des Mitglieds oder des Dritten; die Zustimmung muß notariell beurkundet werden.

§ 181 Gewährung der Gegenleistung

(1) Der übernehmende Rechtsträger ist zur Gewährung einer angemessenen Gegenleistung verpflichtet, wenn dies unter Berücksichtigung der Vermögens- und Ertragslage des übertragenden Vereins im Zeitpunkt der Beschlußfassung der obersten Vertretung gerechtfertigt ist.

(2) In dem Beschluß, durch den dem Übertragungsvertrag zugestimmt wird, ist zu bestimmen, daß bei der Verteilung der Gegenleistung jedes Mitglied zu berücksichtigen ist, das dem Verein seit mindestens drei Monaten vor dem Beschluß angehört hat. Ferner sind in dem Beschluß die Maßstäbe festzusetzen, nach denen die Gegenleistung auf die Mitglieder zu verteilen ist.

(3) Jedes berechtigte Mitglied erhält eine Gegenleistung in gleicher Höhe. Eine andere Verteilung kann nur nach einem oder mehreren der folgenden Maßstäbe festgesetzt werden:

1. die Höhe der Versicherungssumme,
2. die Höhe der Beiträge,
3. die Höhe der Deckungsrückstellung in der Lebensversicherung,
4. der in der Satzung des Vereins bestimmte Maßstab für die Verteilung des Überschusses,
5. der in der Satzung des Vereins bestimmte Maßstab für die Verteilung des Vermögens,
6. die Dauer der Mitgliedschaft.

(4) Ist eine Gegenleistung entgegen Absatz 1 nicht vereinbart worden, so ist sie auf Antrag vom Gericht zu bestimmen; § 30 Abs. 1 und § 34 sind entsprechend anzuwenden.

§ 182 Unterrichtung der Mitglieder

Sobald die Vermögensübertragung wirksam geworden ist, hat das Vertretungsorgan des übernehmenden Rechtsträgers allen Mitgliedern, die dem Verein seit mindestens drei Monaten vor dem Beschluß der obersten Vertretung über die Vermögensübertragung angehört haben, den Wortlaut des Vertrags schriftlich mitzuteilen. In der Mitteilung ist auf die Möglichkeit hinzuweisen, die gerichtliche Bestimmung der angemessenen Gegenleistung zu verlangen.

§ 183 Bestellung eines Treuhänders

(1) Ist für die Vermögensübertragung eine Gegenleistung vereinbart worden, so hat der übertragende Verein einen Treuhänder für deren Empfang zu bestellen. Die Vermögens-

übertragung darf erst eingetragen werden, wenn der Treuhänder dem Gericht angezeigt hat, daß er im Besitz der Gegenleistung ist.
(2) Bestimmt das Gericht nach § 181 Abs. 4 die Gegenleistung, so hat es von Amts wegen einen Treuhänder für deren Empfang zu bestellen. Die Gegenleistung steht zu gleichen Teilen den Mitgliedern zu, die dem Verein seit mindestens drei Monaten vor dem Beschluß der obersten Vertretung über die Vermögensübertragung angehört haben. § 26 Abs. 4 ist entsprechend anzuwenden.

Zweiter Unterabschnitt
Teilübertragung

§ 184 Anwendung der Spaltungsvorschriften

(1) Bei einer Teilübertragung nach § 175 Nr. 2 Buchstabe b sind auf die beteiligten Rechtsträger die für die Aufspaltung, Abspaltung oder Ausgliederung zur Aufnahme von Teilen eines Versicherungsvereins auf Gegenseitigkeit und die für übernehmende Aktiengesellschaften im Falle der Aufspaltung, Abspaltung oder Ausgliederung geltenden Vorschriften des Dritten Buches und die dort für entsprechend anwendbar erklärten Vorschriften des Zweiten Buches auf den vergleichbaren Vorgang entsprechend anzuwenden, soweit sich aus den folgenden Vorschriften nichts anderes ergibt.
(2) § 176 Abs. 2 bis 4 sowie § 178 Abs. 3 sind entsprechend anzuwenden.

Dritter Abschnitt
Übertragung des Vermögens eines kleineren Versicherungsvereins auf Gegenseitigkeit auf eine Aktiengesellschaft oder auf ein öffentlich-rechtliches Versicherungsunternehmen

§ 185 Möglichkeit der Vermögensübertragung

Ein kleinerer Versicherungsverein auf Gegenseitigkeit kann sein Vermögen nur im Wege der Vollübertragung auf eine Versicherungs-Aktiengesellschaft oder auf ein öffentlich-rechtliches Versicherungsunternehmen übertragen.

§ 186 Anzuwendende Vorschriften

Auf die Vermögensübertragung sind die Vorschriften des Zweiten Abschnitts entsprechend anzuwenden. Dabei treten bei kleineren Vereinen an die Stelle der Anmeldung zur Eintragung in das Register der Antrag an die Aufsichtsbehörde auf Genehmigung, an die Stelle der Eintragung in das Register und ihrer Bekanntmachung die Bekanntmachung im Bundesanzeiger nach § 187.

§ 187 Bekanntmachung der Vermögensübertragung

Sobald die Vermögensübertragung von allen beteiligten Aufsichtsbehörden genehmigt worden ist, macht bei einer Vermögensübertragung auf ein öffentlich-rechtliches Versicherungsunternehmen die für den übertragenden kleineren Verein zuständige Aufsichtsbehörde die Vermögensübertragung und ihre Genehmigung im Bundesanzeiger sowie in den weiteren Blättern bekannt, die für die Bekanntmachungen des Amtsgerichts bestimmt sind, in dessen Bezirk der übertragende kleinere Verein seinen Sitz hat.

Vierter Abschnitt
Übertragung des Vermögens eines öffentlich-rechtlichen Versicherungsunternehmens auf Aktiengesellschaften oder Versicherungsvereine auf Gegenseitigkeit

Erster Unterabschnitt
Vollübertragung

§ 188 Anwendung der Verschmelzungsvorschriften

(1) Bei einer Vollübertragung nach § 175 Nr. 2 Buchstabe c sind auf die übernehmenden Rechtsträger die für die Verschmelzung durch Aufnahme geltenden Vorschriften des Zweiten Buches sowie auf das übertragende Versicherungsunternehmen § 176 Abs. 3 entsprechend anzuwenden, soweit sich aus den folgenden Vorschriften nichts anderes ergibt.

(2) § 176 Abs. 2 und 4 sowie § 178 Abs. 3 sind entsprechend anzuwenden.

(3) An die Stelle der Anmeldung zur Eintragung in das Register treten bei den öffentlich-rechtlichen Versicherungsunternehmen der Antrag an die Aufsichtsbehörde auf Genehmigung, an die Stelle der Eintragung in das Register und ihrer Bekanntmachung die Bekanntmachung nach Satz 2. Die für das öffentlich-rechtliche Versicherungsunternehmen zuständige Aufsichtsbehörde macht, sobald die Vermögensübertragung von allen beteiligten Aufsichtsbehörden genehmigt worden ist, die Übertragung und ihre Genehmigung im Bundesanzeiger sowie in den weiteren Blättern bekannt, die für die Bekanntmachungen des Amtsgerichts bestimmt sind, in dessen Bezirk das übertragende Versicherungsunternehmen seinen Sitz hat.

Zweiter Unterabschnitt
Teilübertragung

§ 189 Anwendung der Spaltungsvorschriften

(1) Bei einer Teilübertragung nach § 175 Nr. 2 Buchstabe c sind auf die übernehmenden Rechtsträger die für die Aufspaltung, Abspaltung oder Ausgliederung zur Aufnahme geltenden Vorschriften des Dritten Buches und die dort für entsprechend anwendbar erklärten Vorschriften des Zweiten Buches auf den vergleichbaren Vorgang sowie auf das übertragende Versicherungsunternehmen § 176 Abs. 3 entsprechend anzuwenden, soweit sich aus den folgenden Vorschriften nichts anderes ergibt.

(2) § 176 Abs. 2 und 4, § 178 Abs. 3 sowie § 188 Abs. 3 sind entsprechend anzuwenden.

Fünftes Buch
Formwechsel

Erster Teil
Allgemeine Vorschriften

§ 190 Allgemeiner Anwendungsbereich

(1) Ein Rechtsträger kann durch Formwechsel eine andere Rechtsform erhalten.

(2) Soweit nicht in diesem Buch etwas anderes bestimmt ist, gelten die Vorschriften über den Formwechsel nicht für Änderungen der Rechtsform, die in anderen Gesetzen vorgesehen oder zugelassen sind.

§ 191 Einbezogene Rechtsträger

(1) Formwechselnde Rechtsträger können sein:

1. Personenhandelsgesellschaften (§ 3 Abs. 1 Nr. 1);
2. Kapitalgesellschaften (§ 3 Abs. 1 Nr. 2);
3. eingetragene Genossenschaften;
4. rechtsfähige Vereine;

5. Versicherungsvereine auf Gegenseitigkeit;
6. Körperschaften und Anstalten des öffentlichen Rechts.

(2) Rechtsträger neuer Rechtsform können sein:
1. Gesellschaften des bürgerlichen Rechts;
2. Personenhandelsgesellschaften;
3. Kapitalgesellschaften;
4. eingetragene Genossenschaften.

(3) Der Formwechsel ist auch bei aufgelösten Rechtsträgern möglich, wenn ihre Fortsetzung in der bisherigen Rechtsform beschlossen werden könnte.

§ 192 Umwandlungsbericht

(1) Das Vertretungsorgan des formwechselnden Rechtsträgers hat einen ausführlichen schriftlichen Bericht zu erstatten, in dem der Formwechsel und insbesondere die künftige Beteiligung der Anteilsinhaber an dem Rechtsträger rechtlich und wirtschaftlich erläutert und begründet werden (Umwandlungsbericht). § 8 Abs. 1 Satz 2 bis 4 und Abs. 2 ist entsprechend anzuwenden. Der Umwandlungsbericht muß einen Entwurf des Umwandlungsbeschlusses enthalten.

(2) Dem Bericht ist eine Vermögensaufstellung beizufügen, in der die Gegenstände und Verbindlichkeiten des formwechselnden Rechtsträgers mit dem wirklichen Wert anzusetzen sind, der ihnen am Tage der Erstellung des Berichts beizulegen ist. Die Aufstellung ist Bestandteil des Berichts.

(3) Ein Umwandlungsbericht ist nicht erforderlich, wenn an dem formwechselnden Rechtsträger nur ein Anteilsinhaber beteiligt ist oder wenn alle Anteilsinhaber auf seine Erstattung verzichten. Die Verzichtserklärungen sind notariell zu beurkunden.

§ 193 Umwandlungsbeschluß

(1) Für den Formwechsel ist ein Beschluß der Anteilsinhaber des formwechselnden Rechtsträgers (Umwandlungsbeschluß) erforderlich. Der Beschluß kann nur in einer Versammlung der Anteilsinhaber gefaßt werden.

(2) Ist die Abtretung der Anteile des formwechselnden Rechtsträgers von der Genehmigung einzelner Anteilsinhaber abhängig, so bedarf der Umwandlungsbeschluß zu seiner Wirksamkeit ihrer Zustimmung.

(3) Der Umwandlungsbeschluß und die nach diesem Gesetz erforderlichen Zustimmungserklärungen einzelner Anteilsinhaber einschließlich der erforderlichen Zustimmungserklärungen nicht erschienener Anteilsinhaber müssen notariell beurkundet werden. Auf Verlangen ist jedem Anteilsinhaber auf seine Kosten unverzüglich eine Abschrift der Niederschrift des Beschlusses zu erteilen.

§ 194 Inhalt des Umwandlungsbeschlusses

(1) In dem Umwandlungsbeschluß müssen mindestens bestimmt werden:
1. die Rechtsform, die der Rechtsträger durch den Formwechsel erlangen soll;
2. der Name oder die Firma des Rechtsträgers neuer Rechtsform;
3. eine Beteiligung der bisherigen Anteilsinhaber an dem Rechtsträger nach den für die neue Rechtsform geltenden Vorschriften, soweit ihre Beteiligung nicht nach diesem Buch entfällt;
4. Zahl, Art und Umfang der Anteile oder der Mitgliedschaften, welche die Anteilsinhaber durch den Formwechsel erlangen sollen oder die einem beitretenden persönlich haftenden Gesellschafter eingeräumt werden sollen;
5. die Rechte, die einzelnen Anteilsinhabern sowie den Inhabern besonderer Rechte wie Anteile ohne Stimmrecht, Vorzugsaktien, Mehrstimmrechtsaktien, Schuldverschreibun-

gen und Genußrechte in dem Rechtsträger gewährt werden sollen, oder die Maßnahmen, die für diese Personen vorgesehen sind;
6. ein Abfindungsangebot nach § 207, sofern nicht der Umwandlungsbeschluß zu seiner Wirksamkeit der Zustimmung aller Anteilsinhaber bedarf oder an dem formwechselnden Rechtsträger nur ein Anteilsinhaber beteiligt ist;
7. die Folgen des Formwechsels für die Arbeitnehmer und ihre Vertretungen sowie die insoweit vorgesehenen Maßnahmen.

(2) Der Entwurf des Umwandlungsbeschlusses ist spätestens einen Monat vor dem Tage der Versammlung der Anteilsinhaber, die den Formwechsel beschließen soll, dem zuständigen Betriebsrat des formwechselnden Rechtsträgers zuzuleiten.

§ 195 Befristung und Ausschluß von Klagen gegen den Umwandlungsbeschluß

(1) Eine Klage gegen die Wirksamkeit des Umwandlungsbeschlusses muß binnen eines Monats nach der Beschlußfassung erhoben werden.

(2) Eine Klage gegen die Wirksamkeit des Umwandlungsbeschlusses kann nicht darauf gestützt werden, daß die in dem Beschluß bestimmten Anteile an dem Rechtsträger neuer Rechtsform zu niedrig bemessen sind oder daß die Mitgliedschaft kein ausreichender Gegenwert für die Anteile oder die Mitgliedschaft bei dem formwechselnden Rechtsträger ist.

§ 196 Verbesserung des Beteiligungsverhältnisses

Sind die in dem Umwandlungsbeschluß bestimmten Anteile an dem Rechtsträger neuer Rechtsform zu niedrig bemessen oder ist die Mitgliedschaft bei diesem kein ausreichender Gegenwert für die Anteile oder die Mitgliedschaft bei dem formwechselnden Rechtsträger, so kann jeder Anteilsinhaber, dessen Recht, gegen die Wirksamkeit des Umwandlungsbeschlusses Klage zu erheben, nach § 195 Abs. 2 ausgeschlossen ist, von dem Rechtsträger einen Ausgleich durch bare Zuzahlung verlangen. § 15 Abs. 2 ist entsprechend anzuwenden.

§ 197 Anzuwendende Gründungsvorschriften

Auf den Formwechsel sind die für die neue Rechtsform geltenden Gründungsvorschriften anzuwenden, soweit sich aus diesem Buch nichts anderes ergibt. Vorschriften, die für die Gründung eine Mindestzahl der Gründer vorschreiben, sowie die Vorschriften über die Bildung und Zusammensetzung des ersten Aufsichtsrats sind nicht anzuwenden.

§ 198 Anmeldung des Formwechsels

(1) Die neue Rechtsform des Rechtsträgers ist zur Eintragung in das Register, in dem der formwechselnde Rechtsträger eingetragen ist, anzumelden.

(2) Ist der formwechselnde Rechtsträger nicht in einem Register eingetragen, so ist der Rechtsträger neuer Rechtsform bei dem zuständigen Gericht zur Eintragung in das für die neue Rechtsform maßgebende Register anzumelden. Das gleiche gilt, wenn sich durch den Formwechsel die Art des für den Rechtsträger maßgebenden Registers ändert oder durch eine mit dem Formwechsel verbundene Sitzverlegung die Zuständigkeit eines anderen Registergerichts begründet wird. Im Falle des Satzes 2 ist die Umwandlung auch zur Eintragung in das Register anzumelden, in dem der formwechselnde Rechtsträger eingetragen ist. Diese Eintragung ist mit dem Vermerk zu versehen, daß die Umwandlung erst mit der Eintragung des Rechtsträgers neuer Rechtsform in das für diese maßgebende Register wirksam wird. Der Rechtsträger neuer Rechtsform darf erst eingetragen werden, nachdem die Umwandlung nach den Sätzen 3 und 4 eingetragen worden ist.

(3) § 16 Abs. 2 und 3 ist entsprechend anzuwenden.

§ 199 Anlagen der Anmeldung

Der Anmeldung der neuen Rechtsform oder des Rechtsträgers neuer Rechtsform sind in Ausfertigung oder öffentlich beglaubigter Abschrift oder, soweit sie nicht notariell zu beurkunden sind, in Urschrift oder Abschrift außer den sonst erforderlichen Unterlagen auch die Niederschrift des Umwandlungsbeschlusses, die nach diesem Gesetz erforderlichen Zustimmungserklärungen einzelner Anteilsinhaber einschließlich der Zustimmungserklärungen nicht erschienener Anteilsinhaber, der Umwandlungsbericht oder die Erklärungen über den Verzicht auf seine Erstellung, ein Nachweis über die Zuleitung nach § 194 Abs. 2 sowie, wenn der Formwechsel der staatlichen Genehmigung bedarf, die Genehmigungsurkunde beizufügen.

§ 200 Firma des Rechtsträgers

(1) Der Rechtsträger neuer Rechtsform darf seine bisher geführte Firma beibehalten, soweit sich aus diesem Buch nichts anderes ergibt. § 18 Abs. 1 Satz 2 und 3 ist entsprechend anzuwenden. Zusätzliche Bezeichnungen, die auf die Rechtsform der formwechselnden Gesellschaft hinweisen, dürfen auch dann nicht verwendet werden, wenn der Rechtsträger die bisher geführte Firma beibehält.

(2) Auf eine nach dem Formwechsel beibehaltene Firma ist § 4 Abs. 2 des Gesetzes betreffend die Gesellschaften mit beschränkter Haftung, § 4 Abs. 2 oder § 279 Abs. 2 des Aktiengesetzes entsprechend anzuwenden. § 3 Abs. 2 Satz 1 des Gesetzes betreffend die Erwerbs- und Wirtschaftsgenossenschaften ist auf die Firma der Genossenschaft auch dann anzuwenden, wenn der Rechtsträger seine bisher geführte Firma beibehält.

(3) Das Registergericht kann auf Antrag genehmigen, daß eine Personenhandelsgesellschaft, die ein bisher betriebenes Handelsgeschäft weiterführt, bei der Bildung ihrer neuen Firma den in der bisher geführten Firma enthaltenen Namen einer natürlichen Person verwendet und insoweit von § 19 des Handelsgesetzbuchs abweicht.

(4) War an dem formwechselnden Rechtsträger eine natürliche Person beteiligt, deren Beteiligung an dem Rechtsträger neuer Rechtsform entfällt, so darf der Name dieses Anteilsinhabers nur dann in der beibehaltenen bisherigen oder in der neu gebildeten Firma verwendet werden, wenn der betroffene Anteilsinhaber oder dessen Erben ausdrücklich in die Verwendung des Namens einwilligen.

(5) Durch den Formwechsel in eine Gesellschaft des bürgerlichen Rechts erlischt die Firma der formwechselnden Gesellschaft.

§ 201 Bekanntmachung des Formwechsels

Das für die Anmeldung der neuen Rechtsform oder des Rechtsträgers neuer Rechtsform zuständige Gericht hat die Eintragung der neuen Rechtsform oder des Rechtsträgers neuer Rechtsform durch den Bundesanzeiger und durch mindestens ein anderes Blatt ihrem ganzen Inhalt nach bekanntzumachen. Mit dem Ablauf des Tages, an dem das letzte der die Bekanntmachung enthaltenden Blätter erschienen ist, gilt die Bekanntmachung als erfolgt.

§ 202 Wirkungen der Eintragung

(1) Die Eintragung der neuen Rechtsform in das Register hat folgende Wirkungen:

1. Der formwechselnde Rechtsträger besteht in der in dem Umwandlungsbeschluß bestimmten Rechtsform weiter.
2. Die Anteilsinhaber des formwechselnden Rechtsträgers sind an dem Rechtsträger nach den für die neue Rechtsform geltenden Vorschriften beteiligt, soweit ihre Beteiligung nicht nach diesem Buch entfällt. Rechte Dritter an den Anteilen oder Mitgliedschaften des formwechselnden Rechtsträgers bestehen an den an ihre Stelle tretenden Anteilen oder Mitgliedschaften des Rechtsträgers neuer Rechtsform weiter.

3. Der Mangel der notariellen Beurkundung des Umwandlungsbeschlusses und gegebenenfalls erforderlicher Zustimmungs- oder Verzichtserklärungen einzelner Anteilsinhaber wird geheilt.

(2) Die in Absatz 1 bestimmten Wirkungen treten in den Fällen des § 198 Abs. 2 mit der Eintragung des Rechtsträgers neuer Rechtsform in das Register ein.

(3) Mängel des Formwechsels lassen die Wirkungen der Eintragung der neuen Rechtsform oder des Rechtsträgers neuer Rechtsform in das Register unberührt.

§ 203 Amtsdauer von Aufsichtsratsmitgliedern

Wird bei einem Formwechsel bei dem Rechtsträger neuer Rechtsform in gleicher Weise wie bei dem formwechselnden Rechtsträger ein Aufsichtsrat gebildet und zusammengesetzt, so bleiben die Mitglieder des Aufsichtsrats für den Rest ihrer Wahlzeit als Mitglieder des Aufsichtsrats des Rechtsträgers neuer Rechtsform im Amt. Die Anteilsinhaber des formwechselnden Rechtsträgers können im Umwandlungsbeschluß für ihre Aufsichtsratsmitglieder die Beendigung des Amtes bestimmen.

§ 204 Schutz der Gläubiger und der Inhaber von Sonderrechten

Auf den Schutz der Gläubiger ist § 22, auf den Schutz der Inhaber von Sonderrechten § 23 entsprechend anzuwenden.

§ 205 Schadenersatzpflicht der Verwaltungsträger des formwechselnden Rechtsträgers

(1) Die Mitglieder des Vertretungsorgans und, wenn ein Aufsichtsorgan vorhanden ist, des Aufsichtsorgans des formwechselnden Rechtsträgers sind als Gesamtschuldner zum Ersatz des Schadens verpflichtet, den der Rechtsträger, seine Anteilsinhaber oder seine Gläubiger durch den Formwechsel erleiden. § 25 Abs. 1 Satz 2 ist entsprechend anzuwenden.

(2) Die Ansprüche nach Absatz 1 verjähren in fünf Jahren seit dem Tage, an dem die anzumeldende Eintragung der neuen Rechtsform oder des Rechtsträgers neuer Rechtsform in das Register nach § 201 Satz 2 als bekanntgemacht gilt.

§ 206 Geltendmachung des Schadenersatzanspruchs

Die Ansprüche nach § 205 Abs. 1 können nur durch einen besonderen Vertreter geltend gemacht werden. Das Gericht des Sitzes des Rechtsträgers neuer Rechtsform hat einen solchen Vertreter auf Antrag eines Anteilsinhabers oder eines Gläubigers des formwechselnden Rechtsträgers zu bestellen. § 26 Abs. 1 Satz 3 und 4, Abs. 2, Abs. 3 Satz 2 und 3 und Abs. 4 ist entsprechend anzuwenden; an die Stelle der Blätter für die öffentlichen Bekanntmachungen des übertragenden Rechtsträgers treten die entsprechenden Blätter des Rechtsträgers neuer Rechtsform.

§ 207 Angebot der Barabfindung

(1) Der formwechselnde Rechtsträger hat jedem Anteilsinhaber, der gegen den Umwandlungsbeschluß Widerspruch zur Niederschrift erklärt, den Erwerb seiner umgewandelten Anteile oder Mitgliedschaften gegen eine angemessene Barabfindung anzubieten; § 71 Abs. 4 Satz 2 des Aktiengesetzes ist insoweit nicht anzuwenden. Kann der Rechtsträger auf Grund seiner neuen Rechtsform eigene Anteile oder Mitgliedschaften nicht erwerben, so ist die Barabfindung für den Fall anzubieten, daß der Anteilsinhaber sein Ausscheiden aus dem Rechtsträger erklärt. Der Rechtsträger hat die Kosten für eine Übertragung zu tragen.

(2) § 29 Abs. 2 ist entsprechend anzuwenden.

§ 208 Inhalt des Anspruchs auf Barabfindung und Prüfung der Barabfindung

Auf den Anspruch auf Barabfindung ist § 30 entsprechend anzuwenden.

§ 209 Annahme des Angebots

Das Angebot nach § 207 kann nur binnen zwei Monaten nach dem Tage angenommen werden, an dem die Eintragung der neuen Rechtsform oder des Rechtsträgers neuer Rechtsform in das Register nach § 201 Satz 2 als bekanntgemacht gilt. Ist nach § 212 ein Antrag auf Bestimmung der Barabfindung durch das Gericht gestellt worden, so kann das Angebot binnen zwei Monaten nach dem Tage angenommen werden, an dem die Entscheidung im Bundesanzeiger bekanntgemacht worden ist.

§ 210 Ausschluß von Klagen gegen den Umwandlungsbeschluß

Eine Klage gegen die Wirksamkeit des Umwandlungsbeschlusses kann nicht darauf gestützt werden, daß das Angebot nach § 207 zu niedrig bemessen oder daß die Barabfindung im Umwandlungsbeschluß nicht oder nicht ordnungsgemäß angeboten worden ist.

§ 211 Anderweitige Veräußerung

Einer anderweitigen Veräußerung des Anteils durch den Anteilsinhaber innerhalb der in § 209 bestimmten Frist stehen Verfügungsbeschränkungen im Gesellschaftsvertrag, in der Satzung oder im Statut des Rechtsträgers neuer Rechtsform nicht entgegen.

§ 212 Gerichtliche Nachprüfung der Abfindung

Macht ein Anteilsinhaber geltend, daß eine im Umwandlungsbeschluß bestimmte Barabfindung, die ihm nach § 207 Abs. 1 anzubieten war, zu niedrig bemessen sei, so hat auf seinen Antrag das Gericht die angemessene Barabfindung zu bestimmen. Das gleiche gilt, wenn die Barabfindung nicht oder nicht ordnungsgemäß angeboten worden ist.

§ 213 Bezeichnung unbekannter Aktionäre

Auf die Bezeichnung unbekannter Aktionäre ist § 35 entsprechend anzuwenden.

Zweiter Teil

Besondere Vorschriften

Erster Abschnitt

Formwechsel von Personenhandelsgesellschaften

§ 214 Möglichkeit des Formwechsels

(1) Eine Personenhandelsgesellschaft kann auf Grund eines Umwandlungsbeschlusses nach diesem Gesetz nur die Rechtsform einer Kapitalgesellschaft oder einer eingetragenen Genossenschaft erlangen.

(2) Eine aufgelöste Personenhandelsgesellschaft kann die Rechtsform nicht wechseln, wenn die Gesellschafter nach § 145 des Handelsgesetzbuchs eine andere Art der Auseinandersetzung als die Abwicklung oder als den Formwechsel vereinbart haben.

§ 215 Umwandlungsbericht

Ein Umwandlungsbericht ist nicht erforderlich, wenn alle Gesellschafter der formwechselnden Gesellschaft zur Geschäftsführung berechtigt sind.

§ 216 Unterrichtung der Gesellschafter

Das Vertretungsorgan der formwechselnden Gesellschaft hat allen von der Geschäftsführung ausgeschlossenen Gesellschaftern spätestens zusammen mit der Einberufung der Gesellschafterversammlung, die den Formwechsel beschließen soll, diesen Formwechsel als Gegenstand der Beschlußfassung schriftlich anzukündigen und einen nach diesem Buch erforderlichen Umwandlungsbericht sowie ein Abfindungsangebot nach § 207 zu übersenden.

§ 217 Beschluß der Gesellschafterversammlung

(1) Der Umwandlungsbeschluß der Gesellschafterversammlung bedarf der Zustimmung aller anwesenden Gesellschafter; ihm müssen auch die nicht erschienenen Gesellschafter zustimmen. Der Gesellschaftsvertrag der formwechselnden Gesellschaft kann eine Mehrheitsentscheidung der Gesellschafter vorsehen. Die Mehrheit muß mindestens drei Viertel der Stimmen der Gesellschafter betragen.

(2) Die Gesellschafter, die im Falle einer Mehrheitsentscheidung für den Formwechsel gestimmt haben, sind in der Niederschrift über den Umwandlungsbeschluß namentlich aufzuführen.

(3) Dem Formwechsel in eine Kommanditgesellschaft auf Aktien müssen alle Gesellschafter zustimmen, die in dieser Gesellschaft die Stellung eines persönlich haftenden Gesellschafters haben sollen.

§ 218 Inhalt des Umwandlungsbeschlusses

(1) In dem Umwandlungsbeschluß muß auch der Gesellschaftsvertrag der Gesellschaft mit beschränkter Haftung oder das Statut der Genossenschaft enthalten sein oder die Satzung der Aktiengesellschaft oder der Kommanditgesellschaft auf Aktien festgestellt werden. Eine Unterzeichnung des Statuts durch die Genossen ist nicht erforderlich.

(2) Der Beschluß zur Umwandlung in eine Kommanditgesellschaft auf Aktien muß vorsehen, daß sich an dieser Gesellschaft mindestens ein Gesellschafter der formwechselnden Gesellschaft als persönlich haftender Gesellschafter beteiligt oder daß der Gesellschaft mindestens ein persönlich haftender Gesellschafter beitritt.

(3) Der Beschluß zur Umwandlung in eine Genossenschaft muß die Beteiligung jedes Genossen mit mindestens einem Geschäftsanteil vorsehen. In dem Beschluß kann auch bestimmt werden, daß jeder Genosse bei der Genossenschaft mit mindestens einem und im übrigen mit so vielen Geschäftsanteilen, wie sie durch Anrechnung seines Geschäftsguthabens bei dieser Genossenschaft als voll eingezahlt anzusehen sind, beteiligt wird.

§ 219 Rechtsstellung als Gründer

Bei der Anwendung der Gründungsvorschriften stehen den Gründern die Gesellschafter der formwechselnden Gesellschaft gleich. Im Falle einer Mehrheitsentscheidung treten an die Stelle der Gründer die Gesellschafter, die für den Formwechsel gestimmt haben, sowie beim Formwechsel in eine Kommanditgesellschaft auf Aktien auch beitretende persönlich haftende Gesellschafter.

§ 220 Kapitalschutz

(1) Der Nennbetrag des Stammkapitals einer Gesellschaft mit beschränkter Haftung oder des Grundkapitals einer Aktiengesellschaft oder einer Kommanditgesellschaft auf Aktien darf das nach Abzug der Schulden verbleibende Vermögen der formwechselnden Gesellschaft nicht übersteigen.

(2) In dem Sachgründungsbericht beim Formwechsel in eine Gesellschaft mit beschränkter Haftung oder in dem Gründungsbericht beim Formwechsel in eine Aktiengesellschaft oder in eine Kommanditgesellschaft auf Aktien sind auch der bisherige Geschäftsverlauf und die Lage der formwechselnden Gesellschaft darzulegen.

(3) Beim Formwechsel in eine Aktiengesellschaft oder in eine Kommanditgesellschaft auf Aktien hat die Gründungsprüfung durch einen oder mehrere Prüfer (§ 33 Abs. 2 des Aktiengesetzes) in jedem Fall stattzufinden. Die für Nachgründungen in § 52 Abs. 1 des Aktiengesetzes bestimmte Frist von zwei Jahren beginnt mit dem Wirksamwerden des Formwechsels.

§ 221 Beitritt persönlich haftender Gesellschafter

Der in einem Beschluß zur Umwandlung in eine Kommanditgesellschaft auf Aktien vorgesehene Beitritt eines Gesellschafters, welcher der formwechselnden Gesellschaft nicht angehört hat, muß notariell beurkundet werden. Die Satzung der Kommanditgesellschaft auf Aktien ist von jedem beitretenden persönlich haftenden Gesellschafter zu genehmigen.

§ 222 Anmeldung des Formwechsels

(1) Die Anmeldung nach § 198 einschließlich der Anmeldung des Statuts der Genossenschaft ist durch alle Mitglieder des künftigen Vertretungsorgans sowie, wenn der Rechtsträger nach den für die neue Rechtsform geltenden Vorschriften einen Aufsichtsrat haben muß, auch durch alle Mitglieder dieses Aufsichtsrats vorzunehmen. Zugleich mit der Genossenschaft sind die Mitglieder ihres Vorstandes zur Eintragung in das Register anzumelden.

(2) Ist der Rechtsträger neuer Rechtsform eine Aktiengesellschaft oder eine Kommanditgesellschaft auf Aktien, so haben die Anmeldung nach Absatz 1 auch alle Gesellschafter vorzunehmen, die nach § 219 den Gründern dieser Gesellschaft gleichstehen.

(3) Die Anmeldung der Umwandlung zur Eintragung in das Register nach § 198 Abs. 2 Satz 3 kann auch von den zur Vertretung der formwechselnden Gesellschaft ermächtigten Gesellschaftern vorgenommen werden.

§ 223 Anlagen der Anmeldung

Der Anmeldung der neuen Rechtsform oder des Rechtsträgers neuer Rechtsform sind beim Formwechsel in eine Kommanditgesellschaft auf Aktien außer den sonst erforderlichen Unterlagen auch die Urkunden über den Beitritt aller beitretenden persönlich haftenden Gesellschafter in Ausfertigung oder öffentlich beglaubigter Abschrift beizufügen.

§ 224 Fortdauer und zeitliche Begrenzung der persönlichen Haftung

(1) Der Formwechsel berührt nicht die Ansprüche der Gläubiger der Gesellschaft gegen einen ihrer Gesellschafter aus Verbindlichkeiten der formwechselnden Gesellschaft, für die dieser im Zeitpunkt des Formwechsels nach § 128 des Handelsgesetzbuchs persönlich haftet.

(2) Der Gesellschafter haftet für diese Verbindlichkeiten, wenn sie vor Ablauf von fünf Jahren nach dem Formwechsel fällig und daraus Ansprüche gegen ihn gerichtlich geltend gemacht sind; bei öffentlich-rechtlichen Verbindlichkeiten genügt zur Geltendmachung der Erlaß eines Verwaltungsakts.

(3) Die Frist beginnt mit dem Tage, an dem die Eintragung der neuen Rechtsform oder des Rechtsträgers neuer Rechtsform in das Register nach § 201 Satz 2 als bekanntgemacht gilt. Die für die Verjährung geltenden §§ 203, 206, 207, 210, 212 bis 216 und 220 des Bürgerlichen Gesetzbuchs sind entsprechend anzuwenden.

(4) Einer gerichtlichen Geltendmachung bedarf es nicht, soweit der Gesellschafter den Anspruch schriftlich anerkannt hat.

(5) Die Absätze 1 bis 4 sind auch anzuwenden, wenn der Gesellschafter in dem Rechtsträger anderer Rechtsform geschäftsführend tätig wird.

§ 225 Prüfung des Abfindungsangebots

Im Falle des § 217 Abs. 1 Satz 2 ist die Angemessenheit der angebotenen Barabfindung nach § 208 in Verbindung mit § 30 Abs. 2 nur auf Verlangen eines Gesellschafters zu prüfen. Die Kosten trägt die Gesellschaft.

Zweiter Abschnitt
Formwechsel von Kapitalgesellschaften
Erster Unterabschnitt
Allgemeine Vorschriften

§ 226 Möglichkeit des Formwechsels
Eine Kapitalgesellschaft kann auf Grund eines Umwandlungsbeschlusses nach diesem Gesetz nur die Rechtsform einer Gesellschaft des bürgerlichen Rechts, einer Personenhandelsgesellschaft, einer anderen Kapitalgesellschaft oder einer eingetragenen Genossenschaft erlangen.

§ 227 Nicht anzuwendende Vorschriften
Die §§ 207 bis 212 sind beim Formwechsel einer Kommanditgesellschaft auf Aktien nicht auf deren persönlich haftende Gesellschafter anzuwenden.

Zweiter Unterabschnitt
Formwechsel in eine Personengesellschaft

§ 228 Maßgeblichkeit des Unternehmensgegenstandes
(1) Durch den Formwechsel kann eine Kapitalgesellschaft die Rechtsform einer Personenhandelsgesellschaft nur erlangen, wenn der Unternehmensgegenstand im Zeitpunkt des Wirksamwerdens des Formwechsels den Vorschriften über die Gründung einer offenen Handelsgesellschaft (§ 105 Abs. 1 und § 4 Abs. 1 des Handelsgesetzbuchs) genügt.

(2) Genügt der Gegenstand des Unternehmens diesen Vorschriften nicht, kann durch den Umwandlungsbeschluß bestimmt werden, daß die formwechselnde Gesellschaft die Rechtsform einer Gesellschaft des bürgerlichen Rechts erlangen soll.

§ 229 Vermögensaufstellung
Beim Formwechsel einer Kommanditgesellschaft auf Aktien ist die Vermögensaufstellung nach § 192 Abs. 2, soweit erforderlich, nach den Grundsätzen aufzustellen, die für die Auseinandersetzung mit den persönlich haftenden Gesellschaftern vorgesehen sind. Soll für die Auseinandersetzung ein Stichtag maßgebend sein, der vor dem Tage der Einberufung der Hauptversammlung liegt, so kann die Vermögensaufstellung auf diesen Stichtag aufgestellt werden.

§ 230 Vorbereitung der Versammlung der Anteilsinhaber
(1) Die Geschäftsführer einer formwechselnden Gesellschaft mit beschränkter Haftung haben allen Gesellschaftern spätestens zusammen mit der Einberufung der Gesellschafterversammlung, die den Formwechsel beschließen soll, diesen Formwechsel als Gegenstand der Beschlußfassung schriftlich anzukündigen und den Umwandlungsbericht zu übersenden.

(2) Der Umwandlungsbericht einer Aktiengesellschaft oder einer Kommanditgesellschaft auf Aktien ist von der Einberufung der Hauptversammlung an, die den Formwechsel beschließen soll, in dem Geschäftsraum der Gesellschaft zur Einsicht der Aktionäre auszulegen. Auf Verlangen ist jedem Aktionär und jedem von der Geschäftsführung ausgeschlossenen persönlich haftenden Gesellschafter unverzüglich und kostenlos eine Abschrift des Umwandlungsberichts zu erteilen.

§ 231 Mitteilung des Abfindungsangebots
Das Vertretungsorgan der formwechselnden Gesellschaft hat den Gesellschaftern oder Aktionären spätestens zusammen mit der Einberufung der Gesellschafterversammlung oder der Hauptversammlung, die den Formwechsel beschließen soll, das Abfindungsangebot

nach § 207 zu übersenden. Der Übersendung steht es gleich, wenn das Abfindungsangebot im Bundesanzeiger und den sonst bestimmten Gesellschaftsblättern bekanntgemacht wird.

§ 232 Durchführung der Versammlung der Anteilsinhaber

(1) In der Gesellschafterversammlung oder in der Hauptversammlung, die den Formwechsel beschließen soll, ist der Umwandlungsbericht auszulegen.

(2) Der Entwurf des Umwandlungsbeschlusses einer Aktiengesellschaft oder einer Kommanditgesellschaft auf Aktien ist von deren Vertretungsorgan zu Beginn der Verhandlung mündlich zu erläutern.

§ 233 Beschluß der Versammlung der Anteilsinhaber

(1) Der Umwandlungsbeschluß der Gesellschafterversammlung oder der Hauptversammlung bedarf, wenn die formwechselnde Gesellschaft die Rechtsform einer Gesellschaft des bürgerlichen Rechts oder einer offenen Handelsgesellschaft erlangen soll, der Zustimmung aller anwesenden Gesellschafter oder Aktionäre; ihm müssen auch die nicht erschienenen Anteilsinhaber zustimmen.

(2) Soll die formwechselnde Gesellschaft in eine Kommanditgesellschaft umgewandelt werden, so bedarf der Umwandlungsbeschluß einer Mehrheit von mindestens drei Vierteln der bei der Gesellschafterversammlung einer Gesellschaft mit beschränkter Haftung abgegebenen Stimmen oder des bei der Beschlußfassung einer Aktiengesellschaft oder einer Kommanditgesellschaft auf Aktien vertretenen Grundkapitals; § 50 Abs. 2 und § 65 Abs. 2 sind entsprechend anzuwenden. Der Gesellschaftsvertrag oder die Satzung der formwechselnden Gesellschaft kann eine größere Mehrheit und weitere Erfordernisse bestimmen. Dem Formwechsel müssen alle Gesellschafter oder Aktionäre zustimmen, die in der Kommanditgesellschaft die Stellung eines persönlich haftenden Gesellschafters haben sollen.

(3) Dem Formwechsel einer Kommanditgesellschaft auf Aktien müssen ferner deren persönlich haftende Gesellschafter zustimmen. Die Satzung der formwechselnden Gesellschaft kann für den Fall des Formwechsels in eine Kommanditgesellschaft eine Mehrheitsentscheidung dieser Gesellschafter vorsehen. Jeder dieser Gesellschafter kann sein Ausscheiden aus dem Rechtsträger für den Zeitpunkt erklären, in dem der Formwechsel wirksam wird.

§ 234 Inhalt des Umwandlungsbeschlusses

In dem Umwandlungsbeschluß müssen auch enthalten sein:

1. die Bestimmung des Sitzes der Personengesellschaft;
2. beim Formwechsel in eine Kommanditgesellschaft die Angabe der Kommanditisten sowie des Betrages der Einlage eines jeden von ihnen.

§ 235 Anmeldung des Formwechsels

(1) Beim Formwechsel in eine Gesellschaft des bürgerlichen Rechts ist statt der neuen Rechtsform die Umwandlung der Gesellschaft zur Eintragung in das Register, in dem die formwechselnde Gesellschaft eingetragen ist, anzumelden. § 198 Abs. 2 ist nicht anzuwenden.

(2) Die Anmeldung nach Absatz 1 oder nach § 198 ist durch das Vertretungsorgan der formwechselnden Gesellschaft vorzunehmen.

§ 236 Wirkungen des Formwechsels

Mit dem Wirksamwerden des Formwechsels einer Kommanditgesellschaft auf Aktien scheiden persönlich haftende Gesellschafter, die nach § 233 Abs. 3 Satz 3 ihr Ausscheiden aus dem Rechtsträger erklärt haben, aus der Gesellschaft aus.

§ 237 Fortdauer und zeitliche Begrenzung der persönlichen Haftung
Erlangt ein persönlich haftender Gesellschafter einer formwechselnden Kommanditgesellschaft auf Aktien beim Formwechsel in eine Kommanditgesellschaft die Rechtsstellung eines Kommanditisten, so ist auf seine Haftung für die im Zeitpunkt des Formwechsels begründeten Verbindlichkeiten der formwechselnden Gesellschaft § 224 entsprechend anzuwenden.

Dritter Unterabschnitt
Formwechsel in eine Kapitalgesellschaft anderer Rechtsform

§ 238 Vorbereitung der Versammlung der Anteilsinhaber
Auf die Vorbereitung der Gesellschafterversammlung oder der Hauptversammlung, die den Formwechsel beschließen soll, sind die §§ 230 und 231 entsprechend anzuwenden. § 192 Abs. 2 ist nicht anzuwenden. § 192 Abs. 3 bleibt unberührt.

§ 239 Durchführung der Versammlung der Anteilsinhaber
(1) In der Gesellschafterversammlung oder in der Hauptversammlung, die den Formwechsel beschließen soll, ist der Umwandlungsbericht auszulegen.
(2) Der Entwurf des Umwandlungsbeschlusses einer Aktiengesellschaft oder einer Kommanditgesellschaft auf Aktien ist von deren Vertretungsorgan zu Beginn der Verhandlung mündlich zu erläutern.

§ 240 Beschluß der Versammlung der Anteilsinhaber
(1) Der Umwandlungsbeschluß bedarf einer Mehrheit von mindestens drei Vierteln der bei der Gesellschafterversammlung einer Gesellschaft mit beschränkter Haftung abgegebenen Stimmen oder des bei der Beschlußfassung einer Aktiengesellschaft oder einer Kommanditgesellschaft auf Aktien vertretenen Grundkapitals; § 65 Abs. 2 ist entsprechend anzuwenden. Der Gesellschaftsvertrag oder die Satzung der formwechselnden Gesellschaft kann eine größere Mehrheit und weitere Erfordernisse beim Formwechsel einer Kommanditgesellschaft auf Aktien in eine Aktiengesellschaft auch eine geringere Mehrheit bestimmen.
(2) Dem Formwechsel einer Gesellschaft mit beschränkter Haftung oder einer Aktiengesellschaft in eine Kommanditgesellschaft auf Aktien müssen alle Gesellschafter oder Aktionäre zustimmen, die in der Gesellschaft neuer Rechtsform die Stellung eines persönlich haftenden Gesellschafters haben sollen. Auf den Beitritt persönlich haftender Gesellschafter ist § 221 entsprechend anzuwenden.
(3) Dem Formwechsel einer Kommanditgesellschaft auf Aktien müssen ferner deren persönlich haftende Gesellschafter zustimmen. Die Satzung der formwechselnden Gesellschaft kann eine Mehrheitsentscheidung dieser Gesellschafter vorsehen.

§ 241 Zustimmungserfordernisse beim Formwechsel einer Gesellschaft mit beschränkter Haftung
(1) Wird durch den Umwandlungsbeschluß einer formwechselnden Gesellschaft mit beschränkter Haftung der Nennbetrag der Aktien in der Satzung der Aktiengesellschaft oder der Kommanditgesellschaft auf Aktien auf einen höheren Betrag als fünfzig Deutsche Mark und abweichend vom Nennbetrag der Geschäftsanteile der formwechselnden Gesellschaft festgesetzt, so muß der Festsetzung jeder Gesellschafter zustimmen, der sich nicht dem Gesamtnennbetrag seiner Geschäftsanteile entsprechend beteiligen kann. § 17 Abs. 6 des Gesetzes betreffend die Gesellschaften mit beschränkter Haftung gilt insoweit nicht.
(2) Auf das Erfordernis der Zustimmung einzelner Gesellschafter ist ferner § 50 Abs. 2 entsprechend anzuwenden.

(3) Sind einzelnen Gesellschaftern außer der Leistung von Kapitaleinlagen noch andere Verpflichtungen gegenüber der Gesellschaft auferlegt und können diese wegen der einschränkenden Bestimmung des § 55 des Aktiengesetzes bei dem Formwechsel nicht aufrechterhalten werden, so bedarf der Formwechsel auch der Zustimmung dieser Gesellschafter.

§ 242 Zustimmungserfordernis beim Formwechsel einer Aktiengesellschaft oder einer Kommanditgesellschaft auf Aktien

Wird durch den Umwandlungsbeschluß einer formwechselnden Aktiengesellschaft oder Kommanditgesellschaft auf Aktien der Nennbetrag der Geschäftsanteile in dem Gesellschaftsvertrag der Gesellschaft mit beschränkter Haftung abweichend vom Nennbetrag der Aktien festgesetzt und ist dies nicht durch § 243 Abs. 3 Satz 2 bedingt, so muß der Festsetzung jeder Aktionär zustimmen, der sich nicht dem Gesamtnennbetrag seiner Aktien entsprechend beteiligen kann.

§ 243 Inhalt des Umwandlungsbeschlusses

(1) Auf den Umwandlungsbeschluß ist § 218 entsprechend anzuwenden. Festsetzungen über Sondervorteile, Gründungsaufwand, Sacheinlagen und Sachübernahmen, die in dem Gesellschaftsvertrag oder in der Satzung der formwechselnden Gesellschaft enthalten sind, sind in den Gesellschaftsvertrag oder in die Satzung der Gesellschaft neuer Rechtsform zu übernehmen. § 26 Abs. 4 und 5 des Aktiengesetzes bleibt unberührt.

(2) Vorschriften anderer Gesetze über die Änderung des Stammkapitals oder des Grundkapitals bleiben unberührt.

(3) In dem Gesellschaftsvertrag oder in der Satzung der Gesellschaft neuer Rechtsform kann der Nennbetrag der Anteile abweichend vom Nennbetrag der Anteile der formwechselnden Gesellschaft festgesetzt werden. Er muß in jedem Fall mindestens fünfzig Deutsche Mark betragen und durch zehn teilbar sein.

§ 244 Niederschrift über den Umwandlungsbeschluß; Gesellschaftsvertrag

(1) In der Niederschrift über den Umwandlungsbeschluß sind die Personen, die nach § 245 Abs. 1 bis 3 den Gründern der Gesellschaft gleichstehen, namentlich aufzuführen.

(2) Beim Formwechsel einer Aktiengesellschaft oder einer Kommanditgesellschaft auf Aktien in eine Gesellschaft mit beschränkter Haftung braucht der Gesellschaftsvertrag von den Gesellschaftern nicht unterzeichnet zu werden.

§ 245 Rechtsstellung als Gründer; Kapitalschutz

(1) Bei einem Formwechsel einer Gesellschaft mit beschränkter Haftung in eine Aktiengesellschaft oder in eine Kommanditgesellschaft auf Aktien treten bei der Anwendung der Gründungsvorschriften des Aktiengesetzes an die Stelle der Gründer die Gesellschafter, die für den Formwechsel gestimmt haben, sowie beim Formwechsel einer Gesellschaft mit beschränkter Haftung in eine Kommanditgesellschaft auf Aktien auch beitretende persönlich haftende Gesellschafter. § 220 ist entsprechend anzuwenden.

(2) Beim Formwechsel einer Aktiengesellschaft in eine Kommanditgesellschaft auf Aktien treten bei der Anwendung der Gründungsvorschriften des Aktiengesetzes an die Stelle der Gründer die persönlich haftenden Gesellschafter der Gesellschaft neuer Rechtsform. § 220 ist entsprechend anzuwenden.

(3) Beim Formwechsel einer Kommanditgesellschaft auf Aktien in eine Aktiengesellschaft treten bei der Anwendung der Gründungsvorschriften des Aktiengesetzes an die Stelle der Gründer die persönlich haftenden Gesellschafter der formwechselnden Gesellschaft. § 220 ist entsprechend anzuwenden.

(4) Beim Formwechsel einer Aktiengesellschaft oder einer Kommanditgesellschaft auf Aktien in eine Gesellschaft mit beschränkter Haftung ist ein Sachgründungsbericht nicht erforderlich.

§ 246 Anmeldung des Formwechsels

(1) Die Anmeldung nach § 198 ist durch das Vertretungsorgan der formwechselnden Gesellschaft vorzunehmen.

(2) Zugleich mit der neuen Rechtsform oder mit dem Rechtsträger neuer Rechtsform sind die Geschäftsführer der Gesellschaft mit beschränkter Haftung, die Vorstandsmitglieder der Aktiengesellschaft oder die persönlich haftenden Gesellschafter der Kommanditgesellschaft auf Aktien zur Eintragung in das Register anzumelden.

(3) § 8 Abs. 2 des Gesetzes betreffend die Gesellschaften mit beschränkter Haftung und § 37 Abs. 1 des Aktiengesetzes sind auf die Anmeldung nach § 198 nicht anzuwenden.

§ 247 Wirkungen des Formwechsels

(1) Durch den Formwechsel wird das bisherige Stammkapital einer formwechselnden Gesellschaft mit beschränkter Haftung zum Grundkapital der Gesellschaft neuer Rechtsform oder das bisherige Grundkapital einer formwechselnden Aktiengesellschaft oder Kommanditgesellschaft auf Aktien zum Stammkapital der Gesellschaft neuer Rechtsform.

(2) Eine vereinfachte Kapitalherabsetzung nach dem Formwechsel kann in der Jahresbilanz auch dann rückwirkend berücksichtigt werden, wenn diese Bilanz das letzte vor dem Formwechsel abgelaufene Geschäftsjahr einer formwechselnden Gesellschaft mit beschränkter Haftung betrifft.

(3) Durch den Formwechsel einer Kommanditgesellschaft auf Aktien scheiden deren persönlich haftende Gesellschafter als solche aus der Gesellschaft aus.

§ 248 Umtausch der Anteile

(1) Auf den Umtausch der Geschäftsanteile einer formwechselnden Gesellschaft mit beschränkter Haftung gegen Aktien ist § 73 des Aktiengesetzes, bei Zusammenlegung von Geschäftsanteilen § 226 des Aktiengesetzes über die Kraftloserklärung von Aktien entsprechend anzuwenden.

(2) Auf den Umtausch der Aktien einer formwechselnden Aktiengesellschaft oder Kommanditgesellschaft auf Aktien gegen Geschäftsanteile einer Gesellschaft mit beschränkter Haftung ist § 73 Abs. 1 und 2 des Aktiengesetzes, bei Zusammenlegung von Aktien § 226 Abs. 1 und 2 des Aktiengesetzes über die Kraftloserklärung von Aktien entsprechend anzuwenden.

(3) Einer Genehmigung des Gerichts bedarf es nicht.

§ 249 Gläubigerschutz

Auf den Formwechsel einer Kommanditgesellschaft auf Aktien in eine Gesellschaft mit beschränkter Haftung oder in eine Aktiengesellschaft ist auch § 224 entsprechend anzuwenden.

§ 250 Nicht anzuwendende Vorschriften

Die §§ 207 bis 212 sind auf den Formwechsel einer Aktiengesellschaft in eine Kommanditgesellschaft auf Aktien oder einer Kommanditgesellschaft auf Aktien in eine Aktiengesellschaft nicht anzuwenden.

Vierter Unterabschnitt
Formwechsel in eine eingetragene Genossenschaft

§ 251 Vorbereitung und Durchführung der Versammlung der Anteilsinhaber

(1) Auf die Vorbereitung der Gesellschafterversammlung oder der Hauptversammlung, die den Formwechsel beschließen soll, sind die §§ 229 bis 231 entsprechend anzuwenden. § 192 Abs. 3 bleibt unberührt.

(2) Auf die Gesellschafterversammlung oder die Hauptversammlung, die den Formwechsel beschließen soll, ist § 239 Abs. 1, auf die Hauptversammlung auch § 239 Abs. 2 entsprechend anzuwenden.

§ 252 Beschluß der Versammlung der Anteilsinhaber

(1) Der Umwandlungsbeschluß der Gesellschafterversammlung oder der Hauptversammlung bedarf, wenn das Statut der Genossenschaft eine Verpflichtung der Genossen zur Leistung von Nachschüssen vorsieht, der Zustimmung aller anwesenden Gesellschafter oder Aktionäre; ihm müssen auch die nicht erschienenen Anteilsinhaber zustimmen.

(2) Sollen die Genossen nicht zur Leistung von Nachschüssen verpflichtet werden, so bedarf der Umwandlungsbeschluß einer Mehrheit von mindestens drei Vierteln der bei der Gesellschafterversammlung einer Gesellschaft mit beschränkter Haftung abgegebenen Stimmen oder des bei der Beschlußfassung einer Aktiengesellschaft oder einer Kommanditgesellschaft auf Aktien vertretenen Grundkapitals; § 50 Abs. 2 und § 65 Abs. 2 sind entsprechend anzuwenden. Der Gesellschaftsvertrag oder die Satzung der formwechselnden Gesellschaft kann eine größere Mehrheit und weitere Erfordernisse bestimmen.

(3) Auf den Formwechsel einer Kommanditgesellschaft auf Aktien ist § 240 Abs. 3 entsprechend anzuwenden.

§ 253 Inhalt des Umwandlungsbeschlusses

(1) In dem Umwandlungsbeschluß muß auch das Statut der Genossenschaft enthalten sein. Eine Unterzeichnung des Statuts durch die Genossen ist nicht erforderlich.

(2) Der Umwandlungsbeschluß muß die Beteiligung jedes Genossen mit mindestens einem Geschäftsanteil vorsehen. In dem Beschluß kann auch bestimmt werden, daß jeder Genosse bei der Genossenschaft mit mindestens einem und im übrigen mit so vielen Geschäftsanteilen, wie sie durch Anrechnung seines Geschäftsguthabens bei dieser Genossenschaft als voll eingezahlt anzusehen sind, beteiligt wird.

§ 254 Anmeldung des Formwechsels

(1) Die Anmeldung nach § 198 einschließlich der Anmeldung des Statuts der Genossenschaft ist durch das Vertretungsorgan der formwechselnden Gesellschaft vorzunehmen.

(2) Zugleich mit der Genossenschaft sind die Mitglieder ihres Vorstandes zur Eintragung in das Register anzumelden.

§ 255 Wirkungen des Formwechsels

(1) Jeder Anteilsinhaber, der die Rechtsstellung eines Genossen erlangt, ist bei der Genossenschaft nach Maßgabe des Umwandlungsbeschlusses beteiligt. Eine Verpflichtung zur Übernahme weiterer Geschäftsanteile bleibt unberührt. § 202 Abs. 1 Nr. 2 Satz 2 ist mit der Maßgabe anzuwenden, daß die an den bisherigen Anteilen bestehenden Rechte Dritter an den durch den Formwechsel erlangten Geschäftsguthaben weiterbestehen.

(2) Das Gericht darf eine Auflösung der Genossenschaft von Amts wegen nach § 80 des Gesetzes betreffend die Erwerbs- und Wirtschaftsgenossenschaften nicht vor Ablauf eines Jahres seit dem Wirksamwerden des Formwechsels aussprechen.

(3) Durch den Formwechsel einer Kommanditgesellschaft auf Aktien scheiden deren persönlich haftende Gesellschafter als solche aus dem Rechtsträger aus.

§ 256 Geschäftsguthaben; Benachrichtigung der Genossen

(1) Jedem Genossen ist als Geschäftsguthaben der Wert der Geschäftsanteile oder der Aktien gutzuschreiben, mit denen er an der formwechselnden Gesellschaft beteiligt war.
(2) Übersteigt das durch den Formwechsel erlangte Geschäftsguthaben eines Genossen den Gesamtbetrag der Geschäftsanteile, mit denen er bei der Genossenschaft beteiligt ist, so ist der übersteigende Betrag nach Ablauf von sechs Monaten seit dem Tage, an dem die Eintragung der Genossenschaft in das Register nach § 201 Satz 2 als bekanntgemacht gilt, an den Genossen auszuzahlen. Die Auszahlung darf jedoch nicht erfolgen, bevor die Gläubiger, die sich nach § 204 in Verbindung mit § 22 gemeldet haben, befriedigt oder sichergestellt sind.
(3) Die Genossenschaft hat jedem Genossen unverzüglich nach der Bekanntmachung der Eintragung der Genossenschaft in das Register schriftlich mitzuteilen:
1. den Betrag seines Geschäftsguthabens;
2. den Betrag und die Zahl der Geschäftsanteile, mit denen er bei der Genossenschaft beteiligt ist;
3. den Betrag der von dem Genossen nach Anrechnung seines Geschäftsguthabens noch zu leistenden Einzahlung oder den Betrag, der nach Absatz 2 an ihn auszuzahlen ist;
4. den Betrag der Haftsumme der Genossenschaft, sofern die Genossen Nachschüsse bis zu einer Haftsumme zu leisten haben.

§ 257 Gläubigerschutz

Auf den Formwechsel einer Kommanditgesellschaft auf Aktien ist auch § 224 entsprechend anzuwenden.

Dritter Abschnitt
Formwechsel eingetragener Genossenschaften

§ 258 Möglichkeit des Formwechsels

(1) Eine eingetragene Genossenschaft kann auf Grund eines Umwandlungsbeschlusses nach diesem Gesetz nur die Rechtsform einer Kapitalgesellschaft erlangen.
(2) Der Formwechsel ist nur möglich, wenn auf jeden Genossen, der an der Gesellschaft neuer Rechtsform beteiligt wird, als beschränkt haftender Gesellschafter ein durch zehn teilbarer Geschäftsanteil von mindestens fünfzig Deutschen Mark oder als Aktionär mindestens ein Teilrecht im Nennbetrag von zehn Deutschen Mark entfällt.

§ 259 Gutachten des Prüfungsverbandes

Vor der Einberufung der Generalversammlung, die den Formwechsel beschließen soll, ist eine gutachtliche Äußerung des Prüfungsverbandes einzuholen, ob der Formwechsel mit den Belangen der Genossen und der Gläubiger der Genossenschaft vereinbar ist, insbesondere ob bei der Festsetzung des Stammkapitals oder des Grundkapitals § 263 Abs. 2 Satz 2 und § 264 Abs. 1 beachtet sind (Prüfungsgutachten).

§ 260 Vorbereitung der Generalversammlung

(1) Der Vorstand der formwechselnden Genossenschaft hat allen Genossen spätestens zusammen mit der Einberufung der Generalversammlung, die den Formwechsel beschließen soll, diesen Formwechsel als Gegenstand der Beschlußfassung schriftlich anzukündigen. In der Ankündigung ist auf die für die Beschlußfassung nach § 262 Abs. 1 erforderlichen Mehrheiten sowie auf die Möglichkeit der Erhebung eines Widerspruchs und die sich daraus ergebenden Rechte hinzuweisen.

(2) Auf die Vorbereitung der Generalversammlung sind die §§ 229, 230 Abs. 2 und § 231 Satz 1 entsprechend anzuwenden. § 192 Abs. 3 bleibt unberührt.

(3) In dem Geschäftsraum der formwechselnden Genossenschaft ist außer den sonst erforderlichen Unterlagen auch das nach § 259 erstattete Prüfungsgutachten zur Einsicht der Genossen auszulegen. Auf Verlangen ist jedem Genossen unverzüglich und kostenlos eine Abschrift dieses Prüfungsgutachtens zu erteilen.

§ 261 Durchführung der Generalversammlung

(1) In der Generalversammlung, die den Formwechsel beschließen soll, ist der Umwandlungsbericht, sofern er nach diesem Buch erforderlich ist, und das nach § 259 erstattete Prüfungsgutachten auszulegen. Der Vorstand hat den Umwandlungsbeschluß zu Beginn der Verhandlung mündlich zu erläutern.

(2) Das Prüfungsgutachten ist in der Generalversammlung zu verlesen. Der Prüfungsverband ist berechtigt, an der Generalversammlung beratend teilzunehmen.

§ 262 Beschluß der Generalversammlung

(1) Der Umwandlungsbeschluß der Generalversammlung bedarf einer Mehrheit von mindestens drei Vierteln der abgegebenen Stimmen. Er bedarf einer Mehrheit von neun Zehnteln der abgegebenen Stimmen, wenn spätestens bis zum Ablauf des dritten Tages vor der Generalversammlung wenigstens hundert Genossen, bei Genossenschaften mit weniger als tausend Genossen ein Zehntel der Genossen, durch eingeschriebenen Brief Widerspruch gegen den Formwechsel erhoben haben. Das Statut kann größere Mehrheiten und weitere Erfordernisse bestimmen.

(2) Auf den Formwechsel in eine Kommanditgesellschaft auf Aktien ist § 240 Abs. 2 entsprechend anzuwenden.

§ 263 Inhalt des Umwandlungsbeschlusses

(1) Auf den Umwandlungsbeschluß sind auch die §§ 218, 243 Abs. 3 und § 244 Abs. 2 entsprechend anzuwenden.

(2) In dem Beschluß ist bei der Festlegung von Zahl, Art und Umfang der Anteile (§ 194 Abs. 1 Nr. 4) zu bestimmen, daß an dem Stammkapital oder an dem Grundkapital der Gesellschaft neuer Rechtsform jeder Genosse, der die Rechtsstellung eines beschränkt haftenden Gesellschafters oder eines Aktionärs erlangt, in dem Verhältnis beteiligt wird, in dem am Ende des letzten vor der Beschlußfassung über den Formwechsel abgelaufenen Geschäftsjahres sein Geschäftsguthaben zur Summe der Geschäftsguthaben aller Genossen gestanden hat, die durch den Formwechsel Gesellschafter oder Aktionäre geworden sind. Der Nennbetrag des Stammkapitals oder des Grundkapitals ist so zu bemessen, daß auf jeden Genossen möglichst ein voller Geschäftsanteil oder eine volle Aktie oder ein möglichst hoher Teil eines Geschäftsanteils oder einer Aktie (Teilrecht) entfällt.

(3) Die Geschäftsanteile einer Gesellschaft mit beschränkter Haftung sollen auf einen höheren Nennbetrag als fünfhundert Deutsche Mark nur gestellt werden, soweit auf die Genossen der formwechselnden Genossenschaft volle Geschäftsanteile mit dem höheren Nennbetrag entfallen. Aktien können auf einen höheren Nennbetrag als fünfzig Deutsche Mark nur gestellt werden, soweit volle Aktien mit dem höheren Nennbetrag auf die Genossen entfallen. Wird das Vertretungsorgan der Aktiengesellschaft oder der Kommanditgesellschaft auf Aktien in der Satzung ermächtigt, das Grundkapital bis zu einem bestimmten Nennbetrag durch Ausgabe neuer Aktien gegen Einlagen zu erhöhen, so darf die Ermächtigung nicht vorsehen, daß das Vertretungsorgan über den Ausschluß des Bezugsrechts entscheidet.

§ 264 Kapitalschutz

(1) Der Nennbetrag des Stammkapitals einer Gesellschaft mit beschränkter Haftung oder des Grundkapitals einer Aktiengesellschaft oder einer Kommanditgesellschaft auf Aktien darf das nach Abzug der Schulden verbleibende Vermögen der formwechselnden Genossenschaft nicht übersteigen.

(2) Beim Formwechsel in eine Gesellschaft mit beschränkter Haftung sind die Genossen der formwechselnden Genossenschaft nicht verpflichtet, einen Sachgründungsbericht zu erstatten.

(3) Beim Formwechsel in eine Aktiengesellschaft oder in eine Kommanditgesellschaft auf Aktien hat die Gründungsprüfung durch einen oder mehrere Prüfer (§ 33 Abs. 2 des Aktiengesetzes) in jedem Fall stattzufinden. Jedoch sind die Genossen der formwechselnden Genossenschaft nicht verpflichtet, einen Gründungsbericht zu erstatten; die §§ 32, 35 Abs. 1 und 2 und § 46 des Aktiengesetzes sind nicht anzuwenden. Die für Nachgründungen in § 52 Abs. 1 des Aktiengesetzes bestimmte Frist von zwei Jahren beginnt mit dem Wirksamwerden des Formwechsels.

§ 265 Anmeldung des Formwechsels

Auf die Anmeldung nach § 198 ist § 222 Abs. 1 Satz 1 und Abs. 3 entsprechend anzuwenden. Der Anmeldung ist das nach § 259 erstattete Prüfungsgutachten in Urschrift oder in öffentlich beglaubigter Abschrift beizufügen.

§ 266 Wirkungen des Formwechsels

(1) Durch den Formwechsel werden die bisherigen Geschäftsanteile zu Anteilen an der Gesellschaft neuer Rechtsform und zu Teilrechten. § 202 Abs. 1 Nr. 2 Satz 2 ist mit der Maßgabe anzuwenden, daß die an den bisherigen Geschäftsguthaben bestehenden Rechte Dritter an den durch den Formwechsel erlangten Anteilen und Teilrechten weiterbestehen.

(2) Teilrechte, die durch den Formwechsel entstehen, sind selbständig veräußerlich und vererblich.

(3) Die Rechte aus einer Aktie einschließlich des Anspruchs auf Ausstellung einer Aktienurkunde können nur ausgeübt werden, wenn Teilrechte, die zusammen eine volle Aktie ergeben, in einer Hand vereinigt sind oder wenn mehrere Berechtigte, deren Teilrechte zusammen eine volle Aktie ergeben, sich zur Ausübung der Rechte zusammenschließen. Der Rechtsträger soll die Zusammenführung von Teilrechten zu vollen Aktien vermitteln.

§ 267 Benachrichtigung der Anteilsinhaber

(1) Das Vertretungsorgan der Gesellschaft neuer Rechtsform hat jedem Anteilsinhaber unverzüglich nach der Bekanntmachung der Eintragung der Gesellschaft in das Register deren Inhalt sowie die Zahl und den Nennbetrag der Anteile und des Teilrechts, die auf ihn entfallen sind, schriftlich mitzuteilen. Dabei soll auf die Vorschriften über Teilrechte in § 266 hingewiesen werden.

(2) Zugleich mit der schriftlichen Mitteilung ist deren wesentlicher Inhalt in den Gesellschaftsblättern bekanntzumachen. Der Hinweis nach Absatz 1 Satz 2 braucht in die Bekanntmachung nicht aufgenommen zu werden.

§ 268 Aufforderung an die Aktionäre; Veräußerung von Aktien

(1) In der Mitteilung nach § 267 sind Aktionäre aufzufordern, die ihnen zustehenden Aktien abzuholen. Dabei ist darauf hinzuweisen, daß die Gesellschaft berechtigt ist, Aktien, die nicht binnen sechs Monaten seit der Bekanntmachung der Aufforderung in den Gesellschaftsblättern abgeholt werden, nach dreimaliger Androhung für Rechnung der Beteiligten zu veräußern. Dieser Hinweis braucht nicht in die Bekanntmachung der Aufforderung in den Gesellschaftsblättern aufgenommen zu werden.

(2) Nach Ablauf von sechs Monaten seit der Bekanntmachung der Aufforderung in den Gesellschaftsblättern hat die Gesellschaft neuer Rechtsform die Veräußerung der nicht abgeholten Aktien anzudrohen. Die Androhung ist dreimal in Abständen von mindestens einem Monat in den Gesellschaftsblättern bekanntzumachen. Die letzte Bekanntmachung muß vor dem Ablauf von einem Jahr seit der Bekanntmachung der Aufforderung ergehen.

(3) Nach Ablauf von sechs Monaten seit der letzten Bekanntmachung der Androhung hat die Gesellschaft die nicht abgeholten Aktien für Rechnung der Beteiligten zum amtlichen Börsenpreis durch Vermittlung eines Kursmaklers und beim Fehlen eines Börsenpreises durch öffentliche Versteigerung zu veräußern. § 226 Abs. 3 Satz 2 bis 6 des Aktiengesetzes ist entsprechend anzuwenden.

§ 269 Hauptversammlungsbeschlüsse; genehmigtes Kapital

Solange beim Formwechsel in eine Aktiengesellschaft oder in eine Kommanditgesellschaft auf Aktien die Nennbeträge der abgeholten oder nach § 268 Abs. 3 veräußerten Aktien nicht insgesamt mindestens sechs Zehntel des Grundkapitals erreichen, kann die Hauptversammlung der Gesellschaft neuer Rechtsform keine Beschlüsse fassen, die nach Gesetz oder Satzung einer Kapitalmehrheit bedürfen. Das Vertretungsorgan der Gesellschaft darf während dieses Zeitraums von einer Ermächtigung zu einer Erhöhung des Grundkapitals keinen Gebrauch machen.

§ 270 Abfindungsangebot

Das Abfindungsangebot nach § 207 Abs. 1 Satz 1 gilt auch für jeden Genossen, der dem Formwechsel bis zum Ablauf des dritten Tages vor dem Tage, an dem der Umwandlungsbeschluß gefaßt worden ist, durch eingeschriebenen Brief widersprochen hat.

§ 271 Fortdauer der Nachschußpflicht

Wird über das Vermögen der Gesellschaft neuer Rechtsform binnen zwei Jahren nach dem Tage, an dem ihre Eintragung in das Register nach § 201 Satz 2 als bekanntgemacht gilt, das Insolvenzverfahren eröffnet, so ist jeder Genosse, der durch den Formwechsel die Rechtsstellung eines beschränkt haftenden Gesellschafters oder eines Aktionärs erlangt hat, im Rahmen des Statuts der formwechselnden Genossenschaft (§ 6 Nr. 3 des Gesetzes betreffend die Erwerbs- und Wirtschaftsgenossenschaften) zu Nachschüssen verpflichtet, auch wenn er seinen Geschäftsanteil oder seine Aktie veräußert hat. Die §§ 105 bis 115 a des Gesetzes betreffend die Erwerbs- und Wirtschaftsgenossenschaften sind mit der Maßgabe entsprechend anzuwenden, daß nur solche Verbindlichkeiten der Gesellschaft zu berücksichtigen sind, die bereits im Zeitpunkt des Formwechsels begründet waren.

Vierter Abschnitt

Formwechsel rechtsfähiger Vereine

Erster Unterabschnitt

Allgemeine Vorschriften

§ 272 Möglichkeit des Formwechsels

(1) Ein rechtsfähiger Verein kann auf Grund eines Umwandlungsbeschlusses nur die Rechtsform einer Kapitalgesellschaft oder einer eingetragenen Genossenschaft erlangen.

(2) Ein Verein kann die Rechtsform nur wechseln, wenn seine Satzung oder Vorschriften des Landesrechts nicht entgegenstehen.

Zweiter Unterabschnitt
Formwechsel in eine Kapitalgesellschaft

§ 273 Möglichkeit des Formwechsels
Der Formwechsel ist nur möglich, wenn auf jedes Mitglied, das an der Gesellschaft neuer Rechtsform beteiligt wird, als beschränkt haftender Gesellschafter ein durch zehn teilbarer Geschäftsanteil von mindestens fünfzig Deutschen Mark oder als Aktionär mindestens ein Teilrecht im Nennbetrag von zehn Deutschen Mark entfällt.

§ 274 Vorbereitung und Durchführung der Mitgliederversammlung
(1) Auf die Vorbereitung der Mitgliederversammlung, die den Formwechsel beschließen soll, sind die §§ 229, 230 Abs. 2, § 231 Satz 1 und § 260 Abs. 1 entsprechend anzuwenden. § 192 Abs. 3 bleibt unberührt.
(2) Auf die Mitgliederversammlung, die den Formwechsel beschließen soll, ist § 239 entsprechend anzuwenden.

§ 275 Beschluß der Mitgliederversammlung
(1) Der Umwandlungsbeschluß der Mitgliederversammlung bedarf, wenn der Zweck des Rechtsträgers geändert werden soll (§ 33 Abs. 1 Satz 2 des Bürgerlichen Gesetzbuchs), der Zustimmung aller anwesenden Mitglieder; ihm müssen auch die nicht erschienenen Mitglieder zustimmen.
(2) In anderen Fällen bedarf der Umwandlungsbeschluß einer Mehrheit von mindestens drei Vierteln der erschienenen Mitglieder. Er bedarf einer Mehrheit von mindestens neun Zehnteln der erschienenen Mitglieder, wenn spätestens bis zum Ablauf des dritten Tages vor der Mitgliederversammlung wenigstens hundert Mitglieder, bei Vereinen mit weniger als tausend Mitgliedern ein Zehntel der Mitglieder, durch eingeschriebenen Brief Widerspruch gegen den Formwechsel erhoben haben. Die Satzung kann größere Mehrheiten und weitere Erfordernisse bestimmen.
(3) Auf den Formwechsel in eine Kommanditgesellschaft auf Aktien ist § 240 Abs. 2 entsprechend anzuwenden.

§ 276 Inhalt des Umwandlungsbeschlusses
(1) Auf den Umwandlungsbeschluß sind auch die §§ 218, 243 Abs. 3, § 244 Abs. 2 und § 263 Abs. 2 Satz 2, Abs. 3 entsprechend anzuwenden.
(2) Die Beteiligung der Mitglieder am Stammkapital oder am Grundkapital der Gesellschaft neuer Rechtsform darf, wenn nicht alle Mitglieder einen gleich hohen Anteil erhalten sollen, nur nach einem oder mehreren der folgenden Maßstäbe festgesetzt werden:
1. bei Vereinen, deren Vermögen in übertragbare Anteile zerlegt ist, der Nennbetrag oder der Wert dieser Anteile;
2. die Höhe der Beiträge;
3. bei Vereinen, die zu ihren Mitgliedern oder einem Teil der Mitglieder in vertraglichen Geschäftsbeziehungen stehen, der Umfang der Inanspruchnahme von Leistungen des Vereins durch die Mitglieder oder der Umfang der Inanspruchnahme von Leistungen der Mitglieder durch den Verein;
4. ein in der Satzung bestimmter Maßstab für die Verteilung des Überschusses;
5. ein in der Satzung bestimmter Maßstab für die Verteilung des Vermögens;
6. die Dauer der Mitgliedschaft.

Soll die Beteiligung nur für einen Teil des Stammkapitals oder des Grundkapitals in gleich hohen Anteilen festgesetzt werden, so muß der gleich hohe Anteil ein Teilrecht im Nennbetrag von zehn Deutschen Mark sein.

§ 277 Kapitalschutz
Bei der Anwendung der für die neue Rechtsform maßgebenden Gründungsvorschriften ist auch § 264 entsprechend anzuwenden.

§ 278 Anmeldung des Formwechsels
(1) Auf die Anmeldung nach § 198 ist § 222 Abs. 1 und 3 entsprechend anzuwenden.
(2) Ist der formwechselnde Verein nicht in ein Handelsregister eingetragen, so hat sein Vorstand den bevorstehenden Formwechsel durch das in der Vereinssatzung für Veröffentlichungen bestimmte Blatt, in Ermangelung eines solchen durch dasjenige Blatt bekanntzumachen, das für Bekanntmachungen des Amtsgerichts bestimmt ist, in dessen Bezirk der formwechselnde Verein seinen Sitz hat. Die Bekanntmachung tritt an die Stelle der Eintragung der Umwandlung in das Register nach § 198 Abs. 2 Satz 3. § 50 Abs. 1 Satz 4 des Bürgerlichen Gesetzbuchs ist entsprechend anzuwenden.

§ 279 Bekanntmachung des Formwechsels
In der Bekanntmachung nach § 201 Satz 1 ist auch anzugeben, nach welchen Maßstäben die Mitglieder des formwechselnden Vereins an der Gesellschaft neuer Rechtsform beteiligt sind.

§ 280 Wirkungen des Formwechsels
Durch den Formwechsel werden die bisherigen Mitgliedschaften zu Anteilen an der Gesellschaft neuer Rechtsform und zu Teilrechten. § 266 Abs. 1 Satz 2, Abs. 2 und 3 ist entsprechend anzuwenden.

§ 281 Benachrichtigung der Anteilsinhaber; Veräußerung von Aktien; Hauptversammlungsbeschlüsse
(1) Auf die Benachrichtigung der Anteilsinhaber durch die Gesellschaft, auf die Aufforderung von Aktionären zur Abholung der ihnen zustehenden Aktien und auf die Veräußerung nicht abgeholter Aktien sind die §§ 267 und 268 entsprechend anzuwenden.
(2) Auf Beschlüsse der Hauptversammlung der Gesellschaft neuer Rechtsform sowie auf eine Ermächtigung des Vertretungsorgans zur Erhöhung des Grundkapitals ist § 269 entsprechend anzuwenden.

§ 282 Abfindungsangebot
(1) Auf das Abfindungsangebot nach § 207 Abs. 1 Satz 1 ist § 270 entsprechend anzuwenden.
(2) Absatz 1 und die §§ 207 bis 212 sind auf den Formwechsel eines eingetragenen Vereins, der nach § 5 Abs. 1 Nr. 9 des Körperschaftsteuergesetzes von der Körperschaftsteuer befreit ist, nicht anzuwenden.

Dritter Unterabschnitt
Formwechsel in eine eingetragene Genossenschaft

§ 283 Vorbereitung und Durchführung der Mitgliederversammlung
(1) Auf die Vorbereitung der Mitgliederversammlung, die den Formwechsel beschließen soll, sind die §§ 229 und 230 Abs. 2, § 231 Satz 1 und § 260 Abs. 1 entsprechend anzuwenden. § 192 Abs. 3 bleibt unberührt.
(2) Auf die Mitgliederversammlung, die den Formwechsel beschließen soll, ist § 239 entsprechend anzuwenden.

§ 284 Beschluß der Mitgliederversammlung
Der Umwandlungsbeschluß der Mitgliederversammlung bedarf, wenn der Zweck des Rechtsträgers geändert werden soll (§ 33 Abs. 1 Satz 2 des Bürgerlichen Gesetzbuchs)

oder wenn das Statut der Genossenschaft eine Verpflichtung der Genossen zur Leistung von Nachschüssen vorsieht, der Zustimmung aller anwesenden Mitglieder; ihm müssen auch die nicht erschienenen Mitglieder zustimmen. Im übrigen ist § 275 Abs. 2 entsprechend anzuwenden.

§ 285 Inhalt des Umwandlungsbeschlusses

(1) Auf den Umwandlungsbeschluß ist auch § 253 Abs. 1 und Abs. 2 Satz 1 entsprechend anzuwenden.

(2) Sollen bei der Genossenschaft nicht alle Mitglieder mit der gleichen Zahl von Geschäftsanteilen beteiligt werden, so darf die unterschiedlich hohe Beteiligung nur nach einem oder mehreren der in § 276 Abs. 2 Satz 1 bezeichneten Maßstäbe festgesetzt werden.

§ 286 Anmeldung des Formwechsels

Auf die Anmeldung nach § 198 sind die §§ 254 und 278 Abs. 2 entsprechend anzuwenden.

§ 287 Bekanntmachung des Formwechsels

In der Bekanntmachung nach § 201 Satz 1 ist auch anzugeben, nach welchen Maßstäben die Mitglieder des formwechselnden Vereins an der Genossenschaft beteiligt sind.

§ 288 Wirkungen des Formwechsels

(1) Jedes Mitglied, das die Rechtsstellung eines Genossen erlangt, ist bei der Genossenschaft nach Maßgabe des Umwandlungsbeschlusses beteiligt. Eine Verpflichtung zur Übernahme weiterer Geschäftsanteile bleibt unberührt. § 255 Abs. 1 Satz 3 ist entsprechend anzuwenden.

(2) Das Gericht darf eine Auflösung der Genossenschaft von Amts wegen nach § 80 des Gesetzes betreffend die Erwerbs- und Wirtschaftsgenossenschaften nicht vor Ablauf eines Jahres seit dem Wirksamwerden des Formwechsels aussprechen.

§ 289 Geschäftsguthaben; Benachrichtigung der Genossen

(1) Jedem Genossen kann als Geschäftsguthaben auf Grund des Formwechsels höchstens der Nennbetrag der Geschäftsanteile gutgeschrieben werden, mit denen er bei der Genossenschaft beteiligt ist.

(2) § 256 Abs. 3 ist entsprechend anzuwenden.

§ 290 Abfindungsangebot

Auf das Abfindungsangebot nach § 207 Abs. 1 Satz 2 sind § 270 sowie § 282 Abs. 2 entsprechend anzuwenden.

Fünfter Abschnitt

Formwechsel von Versicherungsvereinen auf Gegenseitigkeit

§ 291 Möglichkeit des Formwechsels

(1) Ein Versicherungsverein auf Gegenseitigkeit, der kein kleinerer Verein im Sinne des § 53 des Versicherungsaufsichtsgesetzes ist, kann auf Grund eines Umwandlungsbeschlusses nur die Rechtsform einer Aktiengesellschaft erlangen.

(2) Der Formwechsel ist nur möglich, wenn auf jedes Mitglied des Vereins, das an der Aktiengesellschaft beteiligt wird, mindestens ein Teilrecht im Nennbetrag von zehn Deutschen Mark entfällt.

§ 292 Vorbereitung und Durchführung der Versammlung der obersten Vertretung

(1) Auf die Vorbereitung der Versammlung der obersten Vertretung, die den Formwechsel beschließen soll, sind die §§ 229 und 230 Abs. 2, § 231 Satz 1 und § 260 Abs. 1 entsprechend anzuwenden.

(2) Auf die Durchführung der Versammlung der obersten Vertretung, die den Formwechsel beschließen soll, ist § 239 entsprechend anzuwenden.

§ 293 Beschluß der obersten Vertretung

Der Umwandlungsbeschluß der obersten Vertretung bedarf einer Mehrheit von mindestens drei Vierteln der abgegebenen Stimmen. Er bedarf einer Mehrheit von neun Zehnteln der abgegebenen Stimmen, wenn spätestens bis zum Ablauf des dritten Tages vor der Versammlung der obersten Vertretung wenigstens hundert Mitglieder des Vereins durch eingeschriebenen Brief Widerspruch gegen den Formwechsel erhoben haben. Die Satzung kann größere Mehrheiten und weitere Erfordernisse bestimmen.

§ 294 Inhalt des Umwandlungsbeschlusses

(1) Auf den Umwandlungsbeschluß sind auch § 218 Abs. 1 und § 263 Abs. 3 Satz 2 und 3 entsprechend anzuwenden. In dem Umwandlungsbeschluß kann bestimmt werden, daß Mitglieder, die dem formwechselnden Verein weniger als drei Jahre vor der Beschlußfassung über den Formwechsel angehören, von der Beteiligung an der Aktiengesellschaft ausgeschlossen sind.

(2) Das Grundkapital der Aktiengesellschaft ist in der Höhe des Grundkapitals vergleichbarer Versicherungsunternehmen in der Rechtsform der Aktiengesellschaft festzusetzen. Würde die Aufsichtsbehörde einer neu zu gründenden Versicherungs-Aktiengesellschaft die Erlaubnis zum Geschäftsbetrieb nur bei Festsetzung eines höheren Grundkapitals erteilen, so ist das Grundkapital auf diesen Betrag festzusetzen, soweit dies nach den Vermögensverhältnissen des formwechselnden Vereins möglich ist. Ist eine solche Festsetzung nach den Vermögensverhältnissen des Vereins nicht möglich, so ist der Nennbetrag des Grundkapitals so zu bemessen, daß auf jedes Mitglied, das die Rechtsstellung eines Aktionärs erlangt, möglichst eine volle Aktie oder ein möglichst hohes Teilrecht entfällt.

(3) Die Beteiligung der Mitglieder am Grundkapital der Aktiengesellschaft darf, wenn nicht alle Mitglieder einen gleich hohen Anteil erhalten sollen, nur nach einem oder mehreren der folgenden Maßstäbe festgesetzt werden:

1. die Höhe der Versicherungssumme;
2. die Höhe der Beiträge;
3. die Höhe der Deckungsrückstellung in der Lebensversicherung;
4. der in der Satzung bestimmte Maßstab für die Verteilung des Überschusses;
5. ein in der Satzung bestimmter Maßstab für die Verteilung des Vermögens;
6. die Dauer der Mitgliedschaft.

§ 276 Abs. 2 Satz 2 ist entsprechend anzuwenden.

§ 295 Kapitalschutz

Bei der Anwendung der Gründungsvorschriften des Aktiengesetzes ist auch § 264 Abs. 1 und 3 entsprechend anzuwenden.

§ 296 Anmeldung des Formwechsels

Auf die Anmeldung nach § 198 ist § 246 Abs. 1 und 2 entsprechend anzuwenden.

§ 297 Bekanntmachung des Formwechsels

In der Bekanntmachung nach § 201 Satz 1 ist auch anzugeben, nach welchen Maßstäben die Mitglieder des formwechselnden Vereins an der Aktiengesellschaft beteiligt sind.

§ 298 Wirkungen des Formwechsels

Durch den Formwechsel werden die bisherigen Mitgliedschaften zu Aktien und Teilrechten. § 266 Abs. 1 Satz 2, Abs. 2 und 3 ist entsprechend anzuwenden.

§ 299 Benachrichtigung der Aktionäre; Veräußerung von Aktien; Hauptversammlungsbeschlüsse

(1) Auf die Benachrichtigung der Aktionäre durch die Gesellschaft ist § 267, auf die Aufforderung zur Abholung der ihnen zustehenden Aktien und auf die Veräußerung nicht abgeholter Aktien ist § 268 entsprechend anzuwenden.

(2) Auf Beschlüsse der Hauptversammlung der Aktiengesellschaft sowie auf eine Ermächtigung des Vorstandes zur Erhöhung des Grundkapitals ist § 269 entsprechend anzuwenden. Die Aufsichtsbehörde kann Ausnahmen von der entsprechenden Anwendung des § 269 Satz 1 zulassen, wenn dies erforderlich ist, um zu verhindern, daß der Aktiengesellschaft erhebliche Nachteile entstehen.

§ 300 Abfindungsangebot

Auf das Abfindungsangebot nach § 207 Abs. 1 Satz 1 ist § 270 entsprechend anzuwenden.

Sechster Abschnitt

Formwechsel von Körperschaften und Anstalten des öffentlichen Rechts

§ 301 Möglichkeit des Formwechsels

(1) Soweit gesetzlich nichts anderes bestimmt ist, kann eine Körperschaft oder Anstalt des öffentlichen Rechts durch Formwechsel nur die Rechtsform einer Kapitalgesellschaft erlangen.

(2) Der Formwechsel ist nur möglich, wenn die Körperschaft oder Anstalt rechtsfähig ist und das für sie maßgebende Bundes- oder Landesrecht einen Formwechsel vorsieht oder zuläßt.

§ 302 Anzuwendende Vorschriften

Die Vorschriften des Ersten Teils sind auf den Formwechsel nur anzuwenden, soweit sich aus dem für die formwechselnde Körperschaft oder Anstalt maßgebenden Bundes- oder Landesrecht nichts anderes ergibt. Nach diesem Recht richtet es sich insbesondere, auf welche Weise der Gesellschaftsvertrag oder die Satzung der Gesellschaft neuer Rechtsform abgeschlossen oder festgestellt wird, wer an dieser Gesellschaft als Anteilsinhaber beteiligt wird und welche Person oder welche Personen den Gründern der Gesellschaft gleichstehen; die §§ 28 und 29 des Aktiengesetzes sind nicht anzuwenden.

§ 303 Kapitalschutz; Zustimmungserfordernisse

(1) Außer den für die neue Rechtsform maßgebenden Gründungsvorschriften ist auch § 220 entsprechend anzuwenden.

(2) Ein Formwechsel in eine Kommanditgesellschaft auf Aktien bedarf der Zustimmung aller Anteilsinhaber, die in dieser Gesellschaft die Stellung eines persönlich haftenden Gesellschafters haben sollen. Auf den Beitritt persönlich haftender Gesellschafter ist § 221 entsprechend anzuwenden.

§ 304 Wirksamwerden des Formwechsels

Der Formwechsel wird mit der Eintragung der Kapitalgesellschaft in das Handelsregister wirksam. Mängel des Formwechsels lassen die Wirkungen der Eintragung unberührt.

Sechstes Buch

Spruchverfahren

§ 305 Antragsfrist

Ein Antrag auf gerichtliche Entscheidung nach den §§ 15, 34, 176 bis 181, 184, 186, 196 oder 212 kann nur binnen zwei Monaten nach dem Tage gestellt werden, an dem die Eintragung der Umwandlung nach den Vorschriften dieses Gesetzes als bekanntgemacht gilt.

§ 306 Gerichtliche Zuständigkeit

(1) Zuständig ist das Landgericht, in dessen Bezirk der Rechtsträger, dessen Anteilsinhaber antragsberechtigt sind, seinen Sitz hat.

(2) Ist bei dem Landgericht eine Kammer für Handelssachen gebildet, so entscheidet diese an Stelle der Zivilkammer. Der Vorsitzende einer Kammer für Handelssachen entscheidet

1. über die Abgabe von Verfahren;
2. im Zusammenhang mit öffentlichen Bekanntmachungen;
3. über Fragen, welche die Zulässigkeit des Antrags betreffen;
4. über alle vorbereitenden Maßnahmen für die Beweisaufnahme;
5. in den Fällen des § 308;
6. über Geschäftswert, Kosten, Gebühren und Auslagen;
7. über die einstweilige Einstellung der Zwangsvollstreckung.

Im Einverständnis der Beteiligten kann der Vorsitzende auch im übrigen an Stelle der Kammer entscheiden.

(3) Die Landesregierung kann die Entscheidung durch Rechtsverordnung für die Bezirke mehrerer Landgerichte einem der Landgerichte übertragen, wenn dies der Sicherung einer einheitlichen Rechtsprechung dient. Die Landesregierung kann die Ermächtigung auf die Landesjustizverwaltung übertragen.

§ 307 Gerichtliches Verfahren

(1) Auf das Verfahren ist das Gesetz über die Angelegenheiten der freiwilligen Gerichtsbarkeit anzuwenden, soweit in den folgenden Vorschriften nichts anderes bestimmt ist.

(2) Der Antrag ist gegen die übernehmenden oder neuen Rechtsträger oder gegen den Rechtsträger neuer Rechtsform, im Falle einer Gesellschaft des bürgerlichen Rechts gegen deren Gesellschafter zu richten.

(3) Das Landgericht hat den Antrag im Bundesanzeiger und, wenn der Gesellschaftsvertrag, die Satzung oder das Statut andere Blätter für die öffentlichen Bekanntmachungen eines übertragenden oder formwechselnden Rechtsträgers bestimmt hatte, auch in diesen Blättern bekanntzumachen. Andere Antragsberechtigte können noch binnen zwei Monaten nach dieser Bekanntmachung eigene Anträge stellen. Auf dieses Recht ist in der Bekanntmachung hinzuweisen. Nach Ablauf dieser Frist sind Anträge unzulässig.

(4) Das Landgericht hat jeden verpflichteten Rechtsträger zu hören.

(5) Das Landgericht entscheidet durch einen mit Gründen versehenen Beschluß. Es hat seine Entscheidung den Beteiligten zuzustellen.

§ 308 Gemeinsamer Vertreter

(1) Das Landgericht hat den außenstehenden Anteilsinhabern, die nicht selbst Antragsteller sind, zur Wahrung ihrer Rechte einen gemeinsamen Vertreter zu bestellen. Dieser hat die Stellung eines gesetzlichen Vertreters. Werden die Festsetzung eines Ausgleichs durch bare Zuzahlung und die Festsetzung der angemessenen Barabfindung beantragt, so ist für jeden Antrag ein gemeinsamer Vertreter zu bestellen. Die Bestellung kann unterbleiben, wenn die Wahrung der Rechte der Anteilsinhaber auf andere Weise sichergestellt ist.

Die Bestellung des gemeinsamen Vertreters hat das Landgericht nach § 307 Abs. 3 Satz 1 bekanntzumachen.

(2) Der Vertreter kann von jedem Rechtsträger, der Antragsgegner ist, den Ersatz angemessener barer Auslagen und eine Vergütung für seine Tätigkeit verlangen; mehrere Rechtsträger haften als Gesamtschuldner. Die Auslagen und die Vergütung setzt das Gericht fest. Es kann den Rechtsträgern auf Verlangen des Vertreters die Zahlung von Vorschüssen aufgeben. Aus der Festsetzung findet die Zwangsvollstreckung nach der Zivilprozeßordnung statt.

(3) Der gemeinsame Vertreter kann das Verfahren auch nach Rücknahme eines Antrages weiterführen. Er steht in diesem Falle einem Antragsteller gleich.

§ 309 Rechtsmittel

(1) Gegen die Entscheidung nach § 307 Abs. 5 findet die sofortige Beschwerde statt. Sie kann nur durch Einreichung einer von einem Rechtsanwalt unterzeichneten Beschwerdeschrift eingelegt werden.

(2) Über die Beschwerde entscheidet das Oberlandesgericht. § 28 Abs. 2 und 3 des Gesetzes über die Angelegenheiten der freiwilligen Gerichtsbarkeit gilt entsprechend. Die weitere Beschwerde ist ausgeschlossen.

(3) Die Landesregierung kann die Entscheidung über die Beschwerde durch Rechtsverordnung für die Bezirke mehrerer Oberlandesgerichte einem der Oberlandesgerichte oder dem obersten Landesgericht übertragen, wenn dies der Sicherung einer einheitlichen Rechtsprechung dient. Die Landesregierung kann die Ermächtigung auf die Landesjustizverwaltung übertragen.

§ 310 Bekanntmachung der Entscheidung

Die gesetzlichen Vertreter jedes übernehmenden oder neuen Rechtsträgers oder des Rechtsträgers neuer Rechtsform haben die rechtskräftige Entscheidung ohne Gründe gemäß § 307 Abs. 3 Satz 1 bekanntzumachen.

§ 311 Wirkung der Entscheidung

Die Entscheidung wird erst mit der Rechtskraft wirksam. Sie wirkt für und gegen alle.

§ 312 Kosten des Verfahrens

(1) Für die Kosten des Verfahrens gilt die Kostenordnung.

(2) Für das Verfahren des ersten Rechtszugs wird das Doppelte der vollen Gebühr erhoben. Für den zweiten Rechtszug wird die gleiche Gebühr erhoben; dies gilt auch dann, wenn die Beschwerde Erfolg hat. Wird der Antrag oder die Beschwerde zurückgenommen, bevor es zu einer Entscheidung kommt, so ermäßigt sich die Gebühr auf die Hälfte.

(3) Der Geschäftswert ist von Amts wegen festzusetzen. Er bestimmt sich nach § 30 Abs. 1 der Kostenordnung.

(4) Schuldner der Kosten sind die übernehmenden oder neuen Rechtsträger oder der Rechtsträger neuer Rechtsform. Die Kosten können jedoch ganz oder zum Teil einem anderen Beteiligten auferlegt werden, wenn dies der Billigkeit entspricht.

Siebentes Buch

Strafvorschriften und Zwangsgelder

§ 313 Unrichtige Darstellung

(1) Mit Freiheitsstrafe bis zu drei Jahren oder mit Geldstrafe wird bestraft, wer als Mitglied eines Vertretungsorgans, als vertretungsberechtigter Gesellschafter, als Mitglied eines

Aufsichtsrats oder als Abwickler eines an einer Umwandlung beteiligten Rechtsträgers bei dieser Umwandlung

1. die Verhältnisse des Rechtsträgers einschließlich seiner Beziehungen zu verbundenen Unternehmen in einem in diesem Gesetz vorgesehenen Bericht (Verschmelzungsbericht, Spaltungsbericht, Übertragungsbericht, Umwandlungsbericht), in Darstellungen oder Übersichten über den Vermögensstand, in Vorträgen oder Auskünften in der Versammlung der Anteilsinhaber unrichtig wiedergibt oder verschleiert, wenn die Tat nicht in § 331 Nr. 1 des Handelsgesetzbuchs mit Strafe bedroht ist, oder
2. in Aufklärungen und Nachweisen, die nach den Vorschriften dieses Gesetzes einem Verschmelzungs-, Spaltungs- oder Übertragungsprüfer zu geben sind, unrichtige Angaben macht oder die Verhältnisse des Rechtsträgers einschließlich seiner Beziehungen zu verbundenen Unternehmen unrichtig wiedergibt oder verschleiert.

(2) Ebenso wird bestraft, wer als Geschäftsführer einer Gesellschaft mit beschränkter Haftung, als Mitglied des Vorstands einer Aktiengesellschaft, als zur Vertretung ermächtigter persönlich haftender Gesellschafter einer Kommanditgesellschaft auf Aktien oder als Abwickler einer solchen Gesellschaft in einer Erklärung nach § 52 Abs. 1 über die Zustimmung der Anteilsinhaber dieses Rechtsträgers oder in einer Erklärung nach § 140 oder § 146 Abs. 1 über die Deckung des Stammkapitals oder Grundkapitals der übertragenden Gesellschaft unrichtige Angaben macht oder seiner Erklärung zugrunde legt.

§ 314 Verletzung der Berichtspflicht

(1) Mit Freiheitsstrafe bis zu drei Jahren oder mit Geldstrafe wird bestraft, wer als Verschmelzungs-, Spaltungs- oder Übertragungsprüfer oder als Gehilfe eines solchen Prüfers über das Ergebnis einer aus Anlaß einer Umwandlung erforderlichen Prüfung falsch berichtet oder erhebliche Umstände in dem Prüfungsbericht verschweigt.

(2) Handelt der Täter gegen Entgelt oder in der Absicht, sich oder einen anderen zu bereichern oder einen anderen zu schädigen, so ist die Strafe Freiheitsstrafe bis zu fünf Jahren oder Geldstrafe.

§ 315 Verletzung der Geheimhaltungspflicht

(1) Mit Freiheitsstrafe bis zu einem Jahr oder mit Geldstrafe wird bestraft, wer ein Geheimnis eines an einer Umwandlung beteiligten Rechtsträgers, namentlich ein Betriebs- oder Geschäftsgeheimnis, das ihm in seiner Eigenschaft als

1. Mitglied des Vertretungsorgans, vertretungsberechtigter Gesellschafter, Mitglied eines Aufsichtsrats oder Abwickler dieses oder eines anderen an der Umwandlung beteiligten Rechtsträgers,
2. Verschmelzungs-, Spaltungs- oder Übertragungsprüfer oder Gehilfe eines solchen Prüfers

bekannt geworden ist, unbefugt offenbart, wenn die Tat im Falle der Nummer 1 nicht in § 85 des Gesetzes betreffend die Gesellschaften mit beschränkter Haftung, § 404 des Aktiengesetzes, § 151 des Gesetzes betreffend die Erwerbs- und Wirtschaftsgenossenschaften oder § 138 des Versicherungsaufsichtsgesetzes, im Falle der Nummer 2 nicht in § 333 des Handelsgesetzbuchs mit Strafe bedroht ist.

(2) Handelt der Täter gegen Entgelt oder in der Absicht, sich oder einen anderen zu bereichern oder einen anderen zu schädigen, so ist die Strafe Freiheitsstrafe bis zu zwei Jahren oder Geldstrafe. Ebenso wird bestraft, wer ein Geheimnis der in Absatz 1 bezeichneten Art, namentlich ein Betriebs- oder Geschäftsgeheimnis, das ihm unter den Voraussetzungen des Absatzes 1 bekannt geworden ist, unbefugt verwertet.

(3) Die Tat wird nur auf Antrag eines der an der Umwandlung beteiligten Rechtsträger verfolgt. Hat ein Mitglied eines Vertretungsorgans, ein vertretungsberechtigter Gesellschaf-

ter oder ein Abwickler die Tat begangen, so sind auch ein Aufsichtsrat oder ein nicht vertretungsberechtigter Gesellschafter antragsberechtigt. Hat ein Mitglied eines Aufsichtsrats die Tat begangen, sind auch die Mitglieder des Vorstands, die vertretungsberechtigten Gesellschafter oder die Abwickler antragsberechtigt.

§ 316 Zwangsgelder

(1) Mitglieder eines Vertretungsorgans, vertretungsberechtigte Gesellschafter oder Abwickler, die § 13 Abs. 3 Satz 3 sowie § 125 Satz 1, § 176 Abs. 1, § 177 Abs. 1, § 178 Abs. 1, § 179 Abs. 1, § 180 Abs. 1, § 184 Abs. 1, § 186 Satz 1, § 188 Abs. 1 und § 189 Abs. 1, jeweils in Verbindung mit § 13 Abs. 3 Satz 3, sowie § 193 Abs. 3 Satz 2 nicht befolgen, sind hierzu von dem zuständigen Registergericht durch Festsetzung von Zwangsgeld anzuhalten; § 14 des Handelsgesetzbuchs bleibt unberührt. Das einzelne Zwangsgeld darf den Betrag von zehntausend Deutschen Mark nicht übersteigen.

(2) Die Anmeldungen einer Umwandlung zu dem zuständigen Register nach § 16 Abs. 1, den §§ 38, 129 und 137 Abs. 1 und 2, § 176 Abs. 1, § 177 Abs. 1, § 178 Abs. 1, § 179 Abs. 1, § 180 Abs. 1, § 184 Abs. 1, §§ 186, 188 Abs. 1, § 189 Abs. 1, §§ 198, 222, 235, 246, 254, 265, 278 Abs. 1, §§ 286 und 296 werden durch Festsetzung von Zwangsgeld nicht erzwungen.

Achtes Buch

Übergangs- und Schlußvorschriften

§ 317 Umwandlung alter juristischer Personen

Eine juristische Person im Sinne des Artikels 163 des Einführungsgesetzes zum Bürgerlichen Gesetzbuche kann nach den für wirtschaftliche Vereine geltenden Vorschriften dieses Gesetzes umgewandelt werden. Hat eine solche juristische Person keine Mitglieder, so kann sie nach den für Stiftungen geltenden Vorschriften dieses Gesetzes umgewandelt werden.

§ 318 Eingeleitete Umwandlungen

Die Vorschriften dieses Gesetzes sind nicht auf solche Umwandlungen anzuwenden, zu deren Vorbereitung bereits vor dem 1. Januar 1995 ein Vertrag oder eine Erklärung beurkundet oder notariell beglaubigt oder eine Versammlung der Anteilsinhaber einberufen worden ist. Für diese Umwandlungen bleibt es bei der Anwendung der bis zu diesem Tage geltenden Vorschriften.

§ 319 Enthaftung bei Altverbindlichkeiten

Die §§ 45, 133 Abs. 1, 3 bis 5, §§ 157, 167, 173, 224, 237, 249 und 257 sind auch auf vor dem 1. Januar 1995 entstandene Verbindlichkeiten anzuwenden, wenn

1. die Umwandlung danach in das Register eingetragen wird und
2. die Verbindlichkeiten nicht später als vier Jahre nach dem Zeitpunkt, an dem die Eintragung der Umwandlung in das Register als bekanntgemacht gilt, fällig werden oder nach Inkrafttreten des Gesetzes zur zeitlichen Begrenzung der Nachhaftung von Gesellschaftern vom 18. März 1994 (BGBl. I S. 560) begründet worden sind.

Auf später fällig werdende und vor Inkrafttreten des Gesetzes zur zeitlichen Begrenzung der Nachhaftung von Gesellschaftern vom 18. März 1994 (BGBl. I S. 560) entstandene Verbindlichkeiten sind die §§ 45, 49 Abs. 4, §§ 56, 56 f Abs. 2, § 57 Abs. 2 und § 58 Abs. 2 des Umwandlungsgesetzes in der durch Artikel 10 Abs. 8 des Gesetzes vom 19. Dezember 1985 (BGBl. I S. 2355) geänderten Fassung der Bekanntmachung vom 6. November 1969 (BGBl. I S. 2081) mit der Maßgabe anwendbar, daß die Verjährungsfrist ein Jahr beträgt. In den Fällen, in denen das bisher geltende Recht eine Umwandlungsmöglichkeit nicht vorsah, verjähren die in Satz 2 genannten Verbindlichkeiten entsprechend den dort genannten Vorschriften.

§ 320 Aufhebung des Umwandlungsgesetzes 1969

Das Umwandlungsgesetz in der Fassung der Bekanntmachung vom 6. November 1969 (BGBl. I S. 2081), zuletzt geändert durch Artikel 2 des Gesetzes vom 18. März 1994 (BGBl. I S. 560), wird aufgehoben.

§ 321 Übergangsmandat des Betriebsrats bei Betriebsspaltung

(1) Hat die Spaltung oder die Teilübertragung eines Rechtsträgers nach dem Dritten oder Vierten Buch die Spaltung eines Betriebs zur Folge, so bleibt dessen Betriebsrat im Amt und führt die Geschäfte für die ihm bislang zugeordneten Betriebsteile weiter, soweit sie über die in § 1 des Betriebsverfassungsgesetzes genannte Arbeitnehmerzahl verfügen und nicht in einen Betrieb eingegliedert werden, in dem ein Betriebsrat besteht. Der Betriebsrat hat insbesondere unverzüglich Wahlvorstände zu bestellen. Das Übergangsmandat endet, sobald in den Betriebsteilen ein neuer Betriebsrat gewählt und das Wahlergebnis bekanntgegeben ist, spätestens jedoch sechs Monate nach Wirksamwerden der Spaltung oder der Teilübertragung des Rechtsträgers.

(2) Werden Betriebsteile, die bislang verschiedenen Betrieben zugeordnet waren, zu einem Betrieb zusammengefaßt, so nimmt der Betriebsrat, dem der nach der Zahl der wahlberechtigten Arbeitnehmer größte Betriebsteil zugeordnet war, das Übergangsmandat wahr. Satz 1 gilt entsprechend, wenn Betriebe zu einem neuen Betrieb zusammengefaßt werden.

§ 322 Gemeinsamer Betrieb

(1) Wird im Falle des § 321 Abs. 1 Satz 1 die Organisation des gespaltenen Betriebes nicht geändert, so wird für die Anwendung des Betriebsverfassungsgesetzes vermutet, daß dieser Betrieb von den an der Spaltung beteiligten Rechtsträgern gemeinsam geführt wird.

(2) Führen an einer Spaltung oder an einer Teilübertragung nach dem Dritten oder Vierten Buch beteiligte Rechtsträger nach dem Wirksamwerden der Spaltung oder der Teilübertragung einen Betrieb gemeinsam, gilt dieser als Betrieb im Sinne des Kündigungsschutzrechts.

§ 323 Kündigungsrechtliche Stellung

(1) Die kündigungsrechtliche Stellung eines Arbeitnehmers, der vor dem Wirksamwerden einer Spaltung oder Teilübertragung nach dem Dritten oder Vierten Buch zu dem übertragenden Rechtsträger in einem Arbeitsverhältnis steht, verschlechtert sich auf Grund der Spaltung oder Teilübertragung für die Dauer von zwei Jahren ab dem Zeitpunkt ihres Wirksamwerdens nicht.

(2) Kommt bei einer Verschmelzung, Spaltung oder Vermögensübertragung ein Interessenausgleich zustande, in dem diejenigen Arbeitnehmer namentlich bezeichnet werden, die nach der Umwandlung einem bestimmten Betrieb oder Betriebsteil zugeordnet werden, so kann die Zuordnung der Arbeitnehmer durch das Arbeitsgericht nur auf grobe Fehlerhaftigkeit überprüft werden.

§ 324 Rechte und Pflichten bei Betriebsübergang

§ 613 a Abs. 1 und 4 des Bürgerlichen Gesetzbuchs bleibt durch die Wirkungen der Eintragung einer Verschmelzung, Spaltung oder Vermögensübertragung unberührt.

§ 325 Mitbestimmungsbeibehaltung

(1) Entfallen durch Abspaltung oder Ausgliederung im Sinne des § 123 Abs. 2 und 3 bei einem übertragenden Rechtsträger die gesetzlichen Voraussetzungen für die Beteiligung der Arbeitnehmer im Aufsichtsrat, so finden die vor der Spaltung geltenden Vorschriften

noch für einen Zeitraum von fünf Jahren nach dem Wirksamwerden der Abspaltung oder Ausgliederung Anwendung. Dies gilt nicht, wenn die betreffenden Vorschriften eine Mindestzahl von Arbeitnehmern voraussetzen und die danach berechnete Zahl der Arbeitnehmer des übertragenden Rechtsträgers auf weniger als in der Regel ein Viertel dieser Mindestzahl sinkt.

(2) Hat die Spaltung oder Teilübertragung eines Rechtsträgers die Spaltung eines Betriebes zur Folge und entfallen für die aus der Spaltung hervorgegangenen Betriebe Rechte oder Beteiligungsrechte des Betriebsrats, so kann durch Betriebsvereinbarung oder Tarifvertrag die Fortgeltung dieser Rechte und Beteiligungsrechte vereinbart werden. Die §§ 9 und 27 des Betriebsverfassungsgesetzes bleiben unberührt.

Gesetz
betreffend die Gesellschaften mit beschränkter Haftung

Vom 20. April 1892 (RGBl. S. 477)
in der Fassung der Bekanntmachung vom 20. Mai 1898 (RGBl. S. 369, 846)
(BGBl. III 4123-1)

Änderungen seit 1. 1. 1964

Paragraph	Art der Änderung	Geändert durch	Datum	Fundstelle BGBl.
52	geändert	Einführungsgesetz zum Aktiengesetz	6. 9.1965	I S. 1185
83	aufgehoben	Einführungsgesetz zum Gesetz über Ordnungswidrigkeiten	24. 5.1968	I S. 503
82, 84 81 a	geändert aufgehoben	Erstes Gesetz zur Reform des Strafrechts	25. 6.1969	I S. 645
8, 10, 52, 54, 60, 65, 67, 68, 71, 75, 76, 79 35 a	geändert eingefügt	Gesetz zur Durchführung der Ersten Richtlinie des Rates der Europäischen Gemeinschaften zur Koordinierung des Gesellschaftsrechts	15. 8.1969	I S. 1146
2, 15, 53, 55	geändert	Beurkundungsgesetz	28. 8.1969	I S. 1513
79, 82, 84	geändert	Einführungsgesetz zum Strafgesetzbuch	2. 3.1974	I S. 469
41	geändert	Zweites Gesetz zur Änderung des Gesetzes über das Kreditwesen	24. 3.1976	I S. 725
1, 2, 5-9, 10, 12, 19, 33, 35, 39, 43, 48, 56, 57, 60, 65-67, 78, 82, 84 9 a-9 c, 32 a, 32 b, 43 a, 51 a, 51 b, 56 a, 57 a, 57 b, 85	geändert eingefügt	Gesetz zur Änderung des Gesetzes betreffend die Gesellschaften mit beschränkter Haftung und anderer handelsrechtlicher Vorschriften	4. 7.1980	I S. 836
52	geändert	Verschmelzungsrichtlinie-Gesetz	25.10.1982	I S. 1425
29, 33, 40-42 a, 52, 71, 79, 82	geändert	Bilanzrichtlinien-Gesetz	19.12.1985	I S. 2355
64	geändert	Zweites Gesetz zur Bekämpfung der Wirtschaftskriminalität	15. 5.1986	I S. 721
6, 8, 39, 66	geändert	Betreuungsgesetz	12. 9.1990	I S. 2002

Paragraph	Art der Änderung	Geändert durch	Datum	Fundstelle BGBl.
19, 35, 40, 60, 65	geändert	Gesetz zur Durchführung der Zwölften Richtlinie des Rates der Europäischen Gemeinschaften auf dem Gebiet des Gesellschaftsrechts betreffend Gesellschaften mit beschränkter Haftung mit einem einzigen Gesellschafter	18.12.1991	I S. 2206
35 a, 54, 74 12	geändert aufgehoben	Gesetz zur Durchführung der Elften gesellschaftsrechtlichen Richtlinie des Rates der Europäischen Gemeinschaften und über Gebäudeversicherungsverhältnisse	22. 7.1993	I S. 1282
84	geändert	Gesetz zur Änderung des D-Markbilanzgesetzes und anderer handelsrechtlicher Bestimmungen	25. 7.1994	I S. 1682
9 b[1], 32 a[1], 32 b[1], 60[1], 64-66[1], 84[1], 58 a-58 f 63[1]	geändert eingefügt aufgehoben	Einführungsgesetz zur Insolvenzordnung	5.10.1994	I S. 2911, 2931
33, 78, 82 57 c-57 o, 58 a-58 f[2]	geändert eingefügt	Gesetz zur Bereinigung des Umwandlungsrechts	28.10.1994	I S. 3210, 3257, ber. 1995 I S. 428

1) Die Änderungen treten am 1.1.1999 in Kraft und werden zu diesem Zeitpunkt eingearbeitet.
2) Diese Paragraphen wurden mit gleichem Wortlaut bereits durch das Einführungsgesetz zur Insolvenzordnung eingefügt.

Inhaltsübersicht*

Erster Abschnitt
Errichtung der Gesellschaft

§ 1 [Errichtungszweck]
§ 2 [Form des Gesellschaftsvertrags]
§ 3 [Inhalt des Gesellschaftsvertrags]
§ 4 [Bezeichnung der Gesellschaft]
§ 5 [Stammkapital – Einlagen]
§ 6 [Geschäftsführer]
§ 7 [Anmeldung]
§ 8 [Inhalt der Anmeldung]
§ 9 [Nachzahlung bei Sacheinlage]
§ 9 a [Haftung für falsche Angaben]
§ 9 b [Verzicht und Vergleich]
§ 9 c [Ablehnung der Eintragung]
§ 10 [Inhalt der Eintragung]
§ 11 [Rechtszustand vor Eintragung]
§ 12 (aufgehoben)

Zweiter Abschnitt
Rechtsverhältnisse der Gesellschaft und der Gesellschafter

§ 13 [Rechtsnatur der GmbH]
§ 14 [Geschäftsanteil]
§ 15 [Erwerb und Veräußerung von Geschäftsanteilen]
§ 16 [Rechtsstellung des Erwerbers]
§ 17 [Veräußerung von Teilen eines Geschäftsanteils]
§ 18 [Ungeteilte Mitberechtigung am Geschäftsanteil]
§ 19 [Leistungen auf die Stammeinlagen]
§ 20 [Verzugszinsen bei verspäteter Einzahlung]
§ 21 [Folgen verzögerter Einzahlung]
§ 22 [Haftung für nicht gezahlte Beträge der Stammeinlage]
§ 23 [Versteigerung des Geschäftsanteils]
§ 24 [Aufbringung des Fehlbetrags]
§ 25 [Zwingende Haftungsvorschriften]
§ 26 [Nachschußpflicht]
§ 27 [Befreiung von der Zahlung des Nachschusses]
§ 28 [Verzögerte Einzahlung von Nachschüssen]
§ 29 [Gewinnanspruch und Gewinnverteilung]
§ 30 [Rückzahlungen]
§ 31 [Erstattung vorschriftswidriger Zahlungen]
§ 32 [Rückzahlung von Gewinnanteilen]
§ 32 a [Rückgewährkapitalersetzender betr. Darlehen]
§ 32 b [Erstattung zurückgezahlter Darlehen]
§ 33 [Erwerb eigener Geschäftsanteile]
§ 34 [Einziehung von Geschäftsanteilen]

Dritter Abschnitt
Vertretung und Geschäftsführung

§ 35 [Vertretung und Zeichnung durch Geschäftsführer]
§ 35 a [Angaben auf Geschäftsbriefen]
§ 36 [Rechtsgeschäfte]
§ 37 [Beschränkung der Vertretungsbefugnis]
§ 38 [Widerruf der Bestellung]
§ 39 [Eintragung von Änderungen in der Geschäftsführung]
§ 40 [Gesellschafterliste]
§ 41 [Buchführung]
§ 42 [Bilanz]
§ 42 a [Vorlage von Jahresabschluß und Lagebericht]
§ 43 [Haftung der Geschäftsführer]
§ 43 a [Keine Kreditgewähr]
§ 44 [Stellvertreter von Geschäftsführern]
§ 45 [Rechte der Gesellschafter]
§ 46 [Aufgaben der Gesellschafter]
§ 47 [Stimmrecht der Gesellschafter]
§ 48 [Beschlußfassung]
§ 49 [Einberufung der Gesellschafterversammlung]
§ 50 [Einberufung durch Minderheit]
§ 51 [Form der Einberufung]
§ 51 a [Auskunfts- und Einsichtsrecht]
§ 51 b [Gerichtliche Entscheidung über Auskunfts- und Einsichtsrecht]
§ 52 [Aufsichtsrat]

Vierter Abschnitt
Abänderungen des Gesellschaftsvertrages

§ 53 [Abänderungsbeschluß]
§ 54 [Anmeldung und Eintragung]
§ 55 [Erhöhung des Stammkapitals]
§ 56 [Sacheinlagen]
§ 56 a [Mindesteinzahlung]
§ 57 [Anmeldung der Erhöhung]
§ 57 a [Ablehnung der Eintragung]
§ 57 b [Bekanntmachung der Eintragung]
§ 57 c [Kapitalerhöhung aus Gesellschaftsmitteln]
§ 57 d [Voraussetzungen der Umwandlung]
§ 57 e [Grundlage des Beschlusses]
§ 57 f [Form der Bilanz]
§ 57 g [Vorherige Bekanntgabe des Jahresabschlusses]

*) Diese Inhaltsübersicht ist nicht amtlich und wurde von der Redaktion eingefügt.

§ 57 h [Kapitalerhöhung]
§ 57 i [Verfahren]
§ 57 j [Geschäftsanteile]
§ 57 k [Selbständiges Teilrecht]
§ 57 l [Auswirkungen auf Stammkapital]
§ 57 m [Rechte aus Geschäftsanteilen]
§ 57 n [Gewinnregelung]
§ 57 o [Berechung der Geschäftsanteile]
§ 58 [Herabsetzung des Stammkapitals]
§ 58 a [Vereinfachte Kapitalherabsetzung]
§ 58 b [Ausgleich von Wertminderung]
§ 58 c [Kapitalrücklage]
§ 58 d [Gewinnausschüttung]
§ 58 e [Ausweis des Stammkapitals nach Herabsetzung]
§ 58 f [Gleichzeitige Berücksichtigung der Kapitalerhöhung]
§ 59 [Gerichtliche Zuständigkeit]

Fünfter Abschnitt
Auflösung und Nichtigkeit der Gesellschaft

§ 60 [Auflösungsgründe]
§ 61 [Auflösung durch Urteil]
§ 62 [Auflösung durch Verwaltungsbehörde]
§ 63 [Konkurs]
§ 64 [Antragspflicht]
§ 65 [Anmeldung der Auflösung – Bekanntmachung]
§ 66 [Liquidation]
§ 67 [Anmeldung der Liquidatoren]
§ 68 [Zeichnung durch Liquidatoren]
§ 69 [Rechtsverhältnisse während der Liquidation]
§ 70 [Aufgaben der Liquidatoren]
§ 71 [Rechte und Pflichten der Liquidatoren]
§ 72 [Verteilung des Gesellschaftervermögens]
§ 73 [Sperrfrist]
§ 74 [Verwahrung der Bücher und Schriften]
§ 75 [Nichtigkeitsklage]
§ 76 [Heilung von Mängeln]
§ 77 [Anwendung der Auflösungsvorschriften bei Nichtigkeit]

Sechster Abschnitt
Schlußbestimmungen

§ 78 [Anmeldepflichtige]
§ 79 [Zwangsgeld]
§§ 80 bis 81 a (aufgehoben)
§ 82 [Bestrafung wegen falscher Angaben]
§ 83 (aufgehoben)
§ 84 [Bestrafung wegen Verstoßes gegen Verlustanzeigepflicht und Pflicht zur Stellung eines Konkurs- oder Vergleichsantrags]
§ 85 [Bestrafung wegen Verstoßes gegen Geheimhaltungspflichten]

Erster Abschnitt

Errichtung der Gesellschaft

§ 1 [Errichtungszweck]

Gesellschaften mit beschränkter Haftung können nach Maßgabe der Bestimmungen dieses Gesetzes zu jedem gesetzlich zulässigen Zweck durch eine oder mehrere Personen errichtet werden.

§ 2 [Form des Gesellschaftsvertrags]

(1) Der Gesellschaftsvertrag bedarf notarieller Form. Er ist von sämtlichen Gesellschaftern zu unterzeichnen.

(2) Die Unterzeichnung durch Bevollmächtigte ist nur auf Grund einer notariell errichteten oder beglaubigten Vollmacht zulässig.

§ 3 [Inhalt des Gesellschaftsvertrags]

(1) Der Gesellschaftsvertrag muß enthalten:

1. die Firma und den Sitz der Gesellschaft,
2. den Gegenstand des Unternehmens,
3. den Betrag des Stammkapitals,
4. den Betrag der von jedem Gesellschafter auf das Stammkapital zu leistenden Einlage (Stammeinlage).

(2) Soll das Unternehmen auf eine gewisse Zeit beschränkt sein oder sollen den Gesellschaftern außer der Leistung von Kapitaleinlagen noch andere Verpflichtungen gegenüber der Gesellschaft auferlegt werden, so bedürfen auch diese Bestimmungen der Aufnahme in den Gesellschaftsvertrag.

§ 4 [Bezeichnung der Gesellschaft]

(1) Die Firma der Gesellschaft muß entweder von dem Gegenstand des Unternehmens entlehnt sein oder die Namen der Gesellschafter oder den Namen wenigstens eines derselben mit einem das Vorhandensein eines Gesellschaftsverhältnisses andeutenden Zusatz enthalten. Die Namen anderer Personen als der Gesellschafter dürfen in die Firma nicht aufgenommen werden. Die Beibehaltung der Firma eines auf die Gesellschaft übergegangenen Geschäfts (Handelsgesetzbuch § 22) wird hierdurch nicht ausgeschlossen.

(2) Die Firma der Gesellschaft muß in allen Fällen die zusätzliche Bezeichnung »mit beschränkter Haftung« enthalten.

§ 5 [Stammkapital – Einlagen]

(1) Das Stammkapital der Gesellschaft muß mindestens fünfzigtausend Deutsche Mark, die Stammeinlage jedes Gesellschafters muß mindestens fünfhundert Deutsche Mark betragen.

(2) Kein Gesellschafter kann bei Errichtung der Gesellschaft mehrere Stammeinlagen übernehmen.

(3) Der Betrag der Stammeinlage kann für die einzelnen Gesellschafter verschieden bestimmt werden. Er muß in Deutsche Mark durch hundert teilbar sein. Der Gesamtbetrag der Stammeinlagen muß mit dem Stammkapital übereinstimmen.

(4) Sollen Sacheinlagen geleistet werden, so müssen der Gegenstand der Sacheinlage und der Betrag der Stammeinlage, auf die sich die Sacheinlage bezieht, im Gesellschaftsvertrag festgesetzt werden. Die Gesellschafter haben in einem Sachgründungsbericht die für die Angemessenheit der Leistungen für Sacheinlagen wesentlichen Umstände darzulegen und beim Übergang eines Unternehmens auf die Gesellschaft die Jahresergebnisse der beiden letzten Geschäftsjahre anzugeben.

§ 6 [Geschäftsführer]

(1) Die Gesellschaft muß einen oder mehrere Geschäftsführer haben.

(2) Geschäftsführer kann nur eine natürliche, unbeschränkt geschäftsfähige Person sein. Wer wegen einer Straftat nach den §§ 283 bis 283 d des Strafgesetzbuchs verurteilt worden ist, kann auf die Dauer von fünf Jahren seit der Rechtskraft des Urteils nicht Geschäftsführer sein; in die Frist wird die Zeit nicht eingerechnet, in welcher der Täter auf behördliche Anordnung in einer Anstalt verwahrt worden ist. Ein Betreuter, der bei der Besorgung seiner Vermögensangelegenheiten ganz oder teilweise einem Einwilligungsvorbehalt (§ 1903 des Bürgerlichen Gesetzbuchs) unterliegt, kann nicht Geschäftsführer sein. Wem durch gerichtliches Urteil oder durch vollziehbare Entscheidung einer Verwaltungsbehörde die Ausübung eines Berufs, Berufszweiges, Gewerbes oder Gewerbezweiges untersagt worden ist, kann für die Zeit, für welche das Verbot wirksam ist, bei einer Gesellschaft, deren Unternehmensgegenstand ganz oder teilweise mit dem Gegenstand des Verbots übereinstimmt, nicht Geschäftsführer sein.

(3) Zu Geschäftsführern können Gesellschafter oder andere Personen bestellt werden. Die Bestellung erfolgt entweder im Gesellschaftsvertrag oder nach Maßgabe der Bestimmungen des dritten Abschnitts.

(4) Ist im Gesellschaftsvertrag bestimmt, daß sämtliche Gesellschafter zur Geschäftsfüh-

rung berechtigt sein sollen, so gelten nur die der Gesellschaft bei Festsetzung dieser Bestimmung angehörenden Personen als die bestellten Geschäftsführer.

§ 7 [Anmeldung]

(1) Die Gesellschaft ist bei dem Gericht, in dessen Bezirk sie ihren Sitz hat, zur Eintragung in das Handelsregister anzumelden.

(2) Die Anmeldung darf erst erfolgen, wenn auf jede Stammeinlage, soweit nicht Sacheinlagen vereinbart sind, ein Viertel eingezahlt ist. Insgesamt muß auf das Stammkapital mindestens soviel eingezahlt sein, daß der Gesamtbetrag der eingezahlten Geldeinlagen zuzüglich des Gesamtbetrags der Stammeinlagen, für die Sacheinlagen zu leisten sind, fünfundzwanzigtausend Deutsche Mark erreicht. Wird die Gesellschaft nur durch eine Person errichtet, so darf die Anmeldung erst erfolgen, wenn mindestens die nach den Sätzen 1 und 2 vorgeschriebenen Einzahlungen geleistet sind und der Gesellschafter für den übrigen Teil der Geldeinlage eine Sicherung bestellt hat.

(3) Die Sacheinlagen sind vor der Anmeldung der Gesellschaft zur Eintragung in das Handelsregister so an die Gesellschaft zu bewirken, daß sie endgültig zur freien Verfügung der Geschäftsführer stehen.

§ 8 [Inhalt der Anmeldung]

(1) Der Anmeldung müssen beigefügt sein:

1. der Gesellschaftsvertrag und im Fall des § 2 Abs. 2 die Vollmachten der Vertreter, welche den Gesellschaftsvertrag unterzeichnet haben, oder eine beglaubigte Abschrift dieser Urkunden,
2. die Legitimation der Geschäftsführer, sofern dieselben nicht im Gesellschaftsvertrag bestellt sind,
3. eine von den Anmeldenden unterschriebene Liste der Gesellschafter, aus welcher Name, Vorname, Stand und Wohnort der letzteren sowie der Betrag der von einem jeden derselben übernommenen Stammeinlage ersichtlich ist,
4. im Fall des § 5 Abs. 4 die Verträge, die den Festsetzungen zugrunde liegen oder zu ihrer Ausführung geschlossen worden sind, und der Sachgründungsbericht,
5. wenn Sacheinlagen vereinbart sind, Unterlagen darüber, daß der Wert der Sacheinlagen den Betrag der dafür übernommenen Stammeinlagen erreicht,
6. in dem Fall, daß der Gegenstand des Unternehmens der staatlichen Genehmigung bedarf, die Genehmigungsurkunde.

(2) In der Anmeldung ist die Versicherung abzugeben, daß die in § 7 Abs. 2 und 3 bezeichneten Leistungen auf die Stammeinlagen bewirkt sind und daß der Gegenstand der Leistungen sich endgültig in der freien Verfügung der Geschäftsführer befindet. Wird die Gesellschaft nur durch eine Person errichtet und die Geldeinlage nicht voll eingezahlt, so ist auch zu versichern, daß die nach § 7 Abs. 2 Satz 3 erforderliche Sicherung bestellt ist.

(3) In der Anmeldung haben die Geschäftsführer zu versichern, daß keine Umstände vorliegen, die ihrer Bestellung nach § 6 Abs. 2 Satz 3 und 4 entgegenstehen, und daß sie über ihre unbeschränkte Auskunftspflicht gegenüber dem Gericht belehrt worden sind. Die Belehrung nach § 51 Abs. 2 des Gesetzes über das Zentralregister und das Erziehungsregister in der Fassung der Bekanntmachung vom 22. Juli 1976 (BGBl. I S. 2005) kann auch durch einen Notar vorgenommen werden.

(4) In der Anmeldung ist ferner anzugeben, welche Vertretungsbefugnis die Geschäftsführer haben.

(5) Die Geschäftsführer haben ihre Unterschrift zur Aufbewahrung bei dem Gericht zu zeichnen.

§ 9 [Nachzahlung bei Sacheinlage]

(1) Erreicht der Wert einer Sacheinlage im Zeitpunkt der Anmeldung der Gesellschaft zur Eintragung in das Handelsregister nicht den Betrag der dafür übernommenen Stammeinlage, hat der Gesellschafter in Höhe des Fehlbetrags eine Einlage in Geld zu leisten.

(2) Der Anspruch der Gesellschaft verjährt in fünf Jahren seit der Eintragung der Gesellschaft in das Handelsregister.

§ 9 a [Haftung für falsche Angaben]

(1) Werden zum Zweck der Errichtung der Gesellschaft falsche Angaben gemacht, so haben die Gesellschafter und Geschäftsführer der Gesellschaft als Gesamtschuldner fehlende Einzahlungen zu leisten, eine Vergütung, die nicht unter den Gründungsaufwand aufgenommen ist, zu ersetzen und für den sonst entstehenden Schaden Ersatz zu leisten.

(2) Wird die Gesellschaft von Gesellschaftern durch Einlagen oder Gründungsaufwand vorsätzlich oder aus grober Fahrlässigkeit geschädigt, so sind ihr alle Gesellschafter als Gesamtschuldner zum Ersatz verpflichtet.

(3) Von diesen Verpflichtungen ist ein Gesellschafter oder ein Geschäftsführer befreit, wenn er die die Ersatzpflicht begründenden Tatsachen weder kannte noch bei Anwendung der Sorgfalt eines ordentlichen Geschäftsmannes kennen mußte.

(4) Neben den Gesellschaftern sind in gleicher Weise Personen verantwortlich, für deren Rechnung die Gesellschafter Stammeinlagen übernommen haben. Sie können sich auf ihre eigene Unkenntnis nicht wegen solcher Umstände berufen, die ein für ihre Rechnung handelnder Gesellschafter kannte oder bei Anwendung der Sorgfalt eines ordentlichen Geschäftsmannes kennen mußte.

§ 9 b [Verzicht und Vergleich]

(1) Ein Verzicht der Gesellschaft auf Ersatzansprüche nach § 9 a oder ein Vergleich der Gesellschaft über diese Ansprüche ist unwirksam, soweit der Ersatz zur Befriedigung der Gläubiger der Gesellschaft erforderlich ist. Dies gilt nicht, wenn der Ersatzpflichtige zahlungsunfähig ist und sich zur Abwendung oder Beseitigung des Konkursverfahrens mit seinen Gläubigern vergleicht.

(2) Ersatzansprüche der Gesellschaft nach § 9 a verjähren in fünf Jahren. Die Verjährung beginnt mit der Eintragung der Gesellschaft in das Handelsregister oder, wenn die zum Ersatz verpflichtende Handlung später begangen worden ist, mit der Vornahme der Handlung.

§ 9 c [Ablehnung der Eintragung]

Ist die Gesellschaft nicht ordnungsgemäß errichtet und angemeldet, so hat das Gericht die Eintragung abzulehnen. Dies gilt auch, wenn Sacheinlagen überbewertet worden sind.

§ 10 [Inhalt der Eintragung]

(1) Bei der Eintragung in das Handelsregister sind die Firma und der Sitz der Gesellschaft, der Gegenstand des Unternehmens, die Höhe des Stammkapitals, der Tag des Abschlusses des Gesellschaftsvertrages und die Personen der Geschäftsführer anzugeben. Ferner ist einzutragen, welche Vertretungsbefugnis die Geschäftsführer haben.

(2) Enthält der Gesellschaftsvertrag eine Bestimmung über die Zeitdauer der Gesellschaft, so ist auch diese Bestimmung einzutragen.

(3) In die Veröffentlichung, durch welche die Eintragung bekanntgemacht wird, sind außer dem Inhalt der Eintragung die nach § 5 Abs. 4 Satz 1 getroffenen Festsetzungen und, sofern der Gesellschaftsvertrag besondere Bestimmungen über die Form enthält, in welcher öffentliche Bekanntmachungen der Gesellschaft erlassen werden, auch diese Bestimmungen aufzunehmen.

§ 11 [Rechtszustand vor Eintragung]

(1) Vor der Eintragung in das Handelsregister des Sitzes der Gesellschaft besteht die Gesellschaft mit beschränkter Haftung als solche nicht.

(2) Ist vor der Eintragung im Namen der Gesellschaft gehandelt worden, so haften die Handelnden persönlich und solidarisch.

§ 12 (aufgehoben)

Zweiter Abschnitt

Rechtsverhältnisse der Gesellschaft und der Gesellschafter

§ 13 [Rechtsnatur der GmbH]

(1) Die Gesellschaft mit beschränkter Haftung als solche hat selbständig ihre Rechte und Pflichten; sie kann Eigentum und andere dingliche Rechte an Grundstücken erwerben, vor Gericht klagen und verklagt werden.

(2) Für die Verbindlichkeiten der Gesellschaft haftet den Gläubigern derselben nur das Gesellschaftsvermögen.

(3) Die Gesellschaft gilt als Handelsgesellschaft im Sinne des Handelsgesetzbuchs.

§ 14 [Geschäftsanteil]

Der Geschäftsanteil jedes Gesellschafters bestimmt sich nach dem Betrage der von ihm übernommenen Stammeinlage.

§ 15 [Erwerb und Veräußerung von Geschäftsanteilen]

(1) Die Geschäftsanteile sind veräußerlich und vererblich.

(2) Erwirbt ein Gesellschafter zu seinem ursprünglichen Geschäftsanteil weitere Geschäftsanteile, so behalten dieselben ihre Selbständigkeit.

(3) Zur Abtretung von Geschäftsanteilen durch Gesellschafter bedarf es eines in notarieller Form geschlossenen Vertrages.

(4) Der notariellen Form bedarf auch eine Vereinbarung, durch welche die Verpflichtung eines Gesellschafters zur Abtretung eines Geschäftsanteils begründet wird. Eine ohne diese Form getroffene Vereinbarung wird jedoch durch den nach Maßgabe des vorigen Absatzes geschlossenen Abtretungsvertrag gültig.

(5) Durch den Gesellschaftsvertrag kann die Abtretung der Geschäftsanteile an weitere Voraussetzungen geknüpft, insbesondere von der Genehmigung der Gesellschaft abhängig gemacht werden.

§ 16 [Rechtsstellung des Erwerbers]

(1) Der Gesellschaft gegenüber gilt im Fall der Veräußerung des Geschäftsanteils nur derjenige als Erwerber, dessen Erwerb unter Nachweis des Übergangs bei der Gesellschaft angemeldet ist.

(2) Die vor der Anmeldung von der Gesellschaft gegenüber dem Veräußerer oder von dem letzteren gegenüber der Gesellschaft in bezug auf das Gesellschaftsverhältnis vorgenommenen Rechtshandlungen muß der Erwerber gegen sich gelten lassen.

(3) Für die zur Zeit der Anmeldung auf den Geschäftsanteil rückständigen Leistungen ist der Erwerber neben dem Veräußerer verhaftet.

§ 17 [Veräußerung von Teilen eines Geschäftsanteils]

(1) Die Veräußerung von Teilen eines Geschäftsanteils kann nur mit Genehmigung der Gesellschaft stattfinden.

(2) Die Genehmigung bedarf der schriftlichen Form; sie muß die Person des Erwerbers und den Betrag bezeichnen, welcher von der Stammeinlage des ungeteilten Geschäftsanteils auf jeden der durch die Teilung entstehenden Geschäftsanteile entfällt.

(3) Im Gesellschaftsvertrag kann bestimmt werden, daß für die Veräußerung von Teilen eines Geschäftsanteils an andere Gesellschafter, sowie für die Teilung von Geschäftsanteilen verstorbener Gesellschafter unter deren Erben eine Genehmigung der Gesellschaft nicht erforderlich ist.

(4) Die Bestimmungen in § 5 Abs. 1 und 3 über den Betrag der Stammeinlagen finden bei der Teilung von Geschäftsanteilen entsprechende Anwendung.

(5) Eine gleichzeitige Übertragung mehrerer Teile von Geschäftsanteilen eines Gesellschafters an denselben Erwerber ist unzulässig.

(6) Außer dem Fall der Veräußerung und Vererbung findet eine Teilung von Geschäftsanteilen nicht statt. Sie kann im Gesellschaftsvertrag auch für diese Fälle ausgeschlossen werden.

§ 18 [Ungeteilte Mitberechtigung am Geschäftsanteil]

(1) Steht ein Geschäftsanteil mehreren Mitberechtigten ungeteilt zu, so können sie die Rechte aus demselben nur gemeinschaftlich ausüben.

(2) Für die auf den Geschäftsanteil zu bewirkenden Leistungen haften sie der Gesellschaft solidarisch.

(3) Rechtshandlungen, welche die Gesellschaft gegenüber dem Inhaber des Anteils vorzunehmen hat, sind, sofern nicht ein gemeinsamer Vertreter der Mitberechtigten vorhanden ist, wirksam, wenn sie auch nur gegenüber einem Mitberechtigten vorgenommen werden. Gegenüber mehreren Erben eines Gesellschafters findet diese Bestimmung nur in bezug auf Rechtshandlungen Anwendung, welche nach Ablauf eines Monats seit dem Anfall der Erbschaft vorgenommen werden.

§ 19 [Leistungen auf die Stammeinlagen]

(1) Die Einzahlungen auf die Stammeinlagen sind nach dem Verhältnis der Geldeinlagen zu leisten.

(2) Von der Verpflichtung zur Leistung der Einlagen können die Gesellschafter nicht befreit werden. Gegen den Anspruch der Gesellschaft ist die Aufrechnung nicht zulässig. An dem Gegenstand einer Sacheinlage kann wegen Forderungen, welche sich nicht auf den Gegenstand beziehen, kein Zurückbehaltungsrecht geltend gemacht werden.

(3) Durch eine Kapitalherabsetzung können die Gesellschafter von der Verpflichtung zur Leistung von Einlagen höchstens in Höhe des Betrags befreit werden, um den das Stammkapital herabgesetzt worden ist.

(4) Vereinigen sich innerhalb von drei Jahren nach der Eintragung der Gesellschaft in das Handelsregister alle Geschäftsanteile in der Hand eines Gesellschafters oder daneben in der Hand der Gesellschaft, so hat der Gesellschafter innerhalb von drei Monaten seit der Vereinigung der Geschäftsanteile alle Geldeinlagen voll einzuzahlen oder der Gesellschaft für die Zahlung der noch ausstehenden Beträge eine Sicherung zu bestellen oder einen Teil der Geschäftsanteile an einen Dritten zu übertragen.

(5) Eine Leistung auf die Stammeinlage, welche nicht in Geld besteht oder welche durch Aufrechnung einer für die Überlassung von Vermögensgegenständen zu gewährenden Vergütung bewirkt wird, befreit den Gesellschafter von seiner Verpflichtung nur, soweit sie in Ausführung einer nach § 5 Abs. 4 Satz 1 getroffenen Bestimmung erfolgt.

§ 20 [Verzugszinsen bei verspäteter Einzahlung]

Ein Gesellschafter, welcher den auf die Stammeinlage eingeforderten Betrag nicht zur rechten Zeit einzahlt, ist zur Entrichtung von Verzugszinsen von Rechts wegen verpflichtet.

§ 21 [Folgen verzögerter Einzahlung]

(1) Im Fall verzögerter Einzahlung kann an den säumigen Gesellschafter eine erneute Aufforderung zur Zahlung binnen einer zu bestimmenden Nachfrist unter Androhung seines Ausschlusses mit dem Geschäftsanteil, auf welchen die Zahlung zu erfolgen hat, erlassen werden. Die Aufforderung erfolgt mittels eingeschriebenen Briefes. Die Nachfrist muß mindestens einen Monat betragen.

(2) Nach fruchtlosem Ablauf der Frist ist der säumige Gesellschafter seines Geschäftsanteils und der geleisteten Teilzahlungen zugunsten der Gesellschaft verlustig zu erklären. Die Erklärung erfolgt mittels eingeschriebenen Briefes.

(3) Wegen des Ausfalls, welchen die Gesellschaft an dem rückständigen Betrag oder den später auf den Geschäftsanteil eingeforderten Beträgen der Stammeinlage erleidet, bleibt ihr der ausgeschlossene Gesellschafter verhaftet.

§ 22 [Haftung für nicht gezahlte Beträge der Stammeinlage]

(1) Wegen des von dem ausgeschlossenen Gesellschafter nicht bezahlten Betrages der Stammeinlage ist der Gesellschaft der letzte und jeder frühere, bei der Gesellschaft angemeldete Rechtsvorgänger des Ausgeschlossenen verhaftet.

(2) Ein früherer Rechtsvorgänger haftet nur, soweit die Zahlung von dessen Rechtsnachfolger nicht zu erlangen ist; dies ist bis zum Beweis des Gegenteils anzunehmen, wenn der letztere die Zahlung nicht bis zum Ablauf eines Monats geleistet hat, nachdem an ihn die Zahlungsaufforderung und an den Rechtsvorgänger die Benachrichtigung von derselben erfolgt ist.

(3) Die Haftpflicht des Rechtsvorgängers ist auf die innerhalb der Frist von fünf Jahren auf die Stammeinlage eingeforderten Einzahlungen beschränkt. Die Frist beginnt mit dem Tage, an welchem der Übergang des Geschäftsanteils auf den Rechtsnachfolger ordnungsmäßig angemeldet ist.

(4) Der Rechtsvorgänger erwirbt gegen Zahlung des rückständigen Betrages den Geschäftsanteil des ausgeschlossenen Gesellschafters.

§ 23 [Versteigerung des Geschäftsanteils]

Ist die Zahlung des rückständigen Betrages von Rechtsvorgängern nicht zu erlangen, so kann die Gesellschaft den Geschäftsanteil im Wege öffentlicher Versteigerung verkaufen lassen. Eine andere Art des Verkaufs ist nur mit Zustimmung des ausgeschlossenen Gesellschafters zulässig.

§ 24 [Aufbringung des Fehlbetrags]

Soweit eine Stammeinlage weder von den Zahlungspflichtigen eingezogen, noch durch Verkauf des Geschäftsanteils gedeckt werden kann, haben die übrigen Gesellschafter den Fehlbetrag nach Verhältnis ihrer Geschäftsanteile aufzubringen. Beiträge, welche von einzelnen Gesellschaftern nicht zu erlangen sind, werden nach dem bezeichneten Verhältnis auf die übrigen verteilt.

§ 25 [Zwingende Haftungsvorschriften]

Von den in den §§ 21 bis 24 bezeichneten Rechtsfolgen können die Gesellschafter nicht befreit werden.

§ 26 [Nachschußpflicht]

(1) Im Gesellschaftsvertrag kann bestimmt werden, daß die Gesellschafter über den Betrag der Stammeinlagen hinaus die Einforderung von weiteren Einzahlungen (Nachschüssen) beschließen können.

(2) Die Einzahlung der Nachschüsse hat nach Verhältnis der Geschäftsanteile zu erfolgen.

(3) Die Nachschußpflicht kann im Gesellschaftsvertrag auf einen bestimmten, nach Verhältnis der Geschäftsanteile festzusetzenden Betrag beschränkt werden.

§ 27 [Befreiung von der Zahlung des Nachschusses]

(1) Ist die Nachschußpflicht nicht auf einen bestimmten Betrag beschränkt, so hat jeder Gesellschafter, falls er die Stammeinlage vollständig eingezahlt hat, das Recht, sich von der Zahlung des auf den Geschäftsanteil eingeforderten Nachschusses dadurch zu befreien, daß er innerhalb eines Monats nach der Aufforderung zur Einzahlung den Geschäftsanteil der Gesellschaft zur Befriedigung aus demselben zur Verfügung stellt. Ebenso kann die Gesellschaft, wenn der Gesellschafter binnen der angegebenen Frist weder von der bezeichneten Befugnis Gebrauch macht, noch die Einzahlung leistet, demselben mittels eingeschriebenen Briefes erklären, daß sie den Geschäftsanteil als zur Verfügung gestellt betrachte.

(2) Die Gesellschaft hat den Geschäftsanteil innerhalb eines Monats nach der Erklärung des Gesellschafters oder der Gesellschaft im Wege öffentlicher Versteigerung verkaufen zu lassen. Eine andere Art des Verkaufs ist nur mit Zustimmung des Gesellschafters zulässig. Ein nach Deckung der Verkaufskosten und des rückständigen Nachschusses verbleibender Überschuß gebührt dem Gesellschafter.

(3) Ist die Befriedigung der Gesellschaft durch den Verkauf nicht zu erlangen, so fällt der Geschäftsanteil der Gesellschaft zu. Dieselbe ist befugt, den Anteil für eigene Rechnung zu veräußern.

(4) Im Gesellschaftsvertrag kann die Anwendung der vorstehenden Bestimmungen auf den Fall beschränkt werden, daß die auf den Geschäftsanteil eingeforderten Nachschüsse einen bestimmten Betrag überschreiten.

§ 28 [Verzögerte Einzahlung von Nachschüssen]

(1) Ist die Nachschußpflicht auf einen bestimmten Betrag beschränkt, so finden, wenn im Gesellschaftsvertrag nicht ein anderes festgesetzt ist, im Fall verzögerter Einzahlung von Nachschüssen die auf die Einzahlung der Stammeinlagen bezüglichen Vorschriften der §§ 21 bis 23 entsprechende Anwendung. Das gleiche gilt im Fall des § 27 Abs. 4 auch bei unbeschränkter Nachschußpflicht, soweit die Nachschüsse den im Gesellschaftsvertrag festgesetzten Betrag nicht überschreiten.

(2) Im Gesellschaftsvertrag kann bestimmt werden, daß die Einforderung von Nachschüssen, auf deren Zahlung die Vorschriften der §§ 21 bis 23 Anwendung finden, schon vor vollständiger Einforderung der Stammeinlagen zulässig ist.

§ 29 [Gewinnanspruch und Gewinnverteilung]

(1) Die Gesellschafter haben Anspruch auf den Jahresüberschuß zuzüglich eines Gewinnvortrags und abzüglich eines Verlustvortrags, soweit der sich ergebende Betrag nicht nach Gesetz oder Gesellschaftsvertrag, durch Beschluß nach Absatz 2 oder als zusätzlicher Aufwand auf Grund des Beschlusses über die Verwendung des Ergebnisses von der Verteilung unter die Gesellschafter ausgeschlossen ist. Wird die Bilanz unter Berücksichtigung der teilweisen Ergebnisverwendung aufgestellt oder werden Rücklagen aufgelöst, so haben die Gesellschafter abweichend von Satz 1 Anspruch auf den Bilanzgewinn.

(2) Im Beschluß über die Verwendung des Ergebnisses können die Gesellschafter, wenn der Gesellschaftsvertrag nichts anderes bestimmt, Beträge in Gewinnrücklagen einstellen oder als Gewinn vortragen.

(3) Die Verteilung erfolgt nach Verhältnis der Geschäftsanteile. Im Gesellschaftsvertrag kann ein anderer Maßstab der Verteilung festgesetzt werden.

(4) Unbeschadet der Absätze 1 und 2 und abweichender Gewinnverteilungsabreden nach Absatz 3 Satz 2 können die Geschäftsführer mit Zustimmung des Aufsichtsrats oder der Gesellschafter den Eigenkapitalanteil von Wertaufholungen bei Vermögensgegenständen des Anlage- und Umlaufvermögens und von bei der steuerrechtlichen Gewinnermittlung gebildeten Passivposten, die nicht im Sonderposten mit Rücklageanteil ausgewiesen werden dürfen, in andere Gewinnrücklagen einstellen. Der Betrag dieser Rücklagen ist entweder in der Bilanz gesondert auszuweisen oder im Anhang anzugeben.

§ 30 [Rückzahlungen]

(1) Das zur Erhaltung des Stammkapitals erforderliche Vermögen der Gesellschaft darf an die Gesellschafter nicht ausgezahlt werden.

(2) Eingezahlte Nachschüsse können, soweit sie nicht zur Deckung eines Verlustes am Stammkapital erforderlich sind, an die Gesellschafter zurückgezahlt werden. Die Zurückzahlung darf nicht vor Ablauf von drei Monaten erfolgen, nachdem der Rückzahlungsbeschluß durch die im Gesellschaftsvertrag für die Bekanntmachungen der Gesellschaft bestimmten öffentlichen Blätter und in Ermangelung solcher durch die für die Bekanntmachungen aus dem Handelsregister bestimmten öffentlichen Blätter bekanntgemacht ist. Im Fall des § 28 Abs. 2 ist die Zurückzahlung von Nachschüssen vor der Volleinzahlung des Stammkapitals unzulässig. Zurückgezahlte Nachschüsse gelten als nicht eingezogen.

§ 31 [Erstattung vorschriftswidriger Zahlungen]

(1) Zahlungen, welche den Vorschriften des § 30 zuwider geleistet sind, müssen der Gesellschaft erstattet werden.

(2) War der Empfänger in gutem Glauben, so kann die Erstattung nur insoweit verlangt werden, als sie zur Befriedigung der Gesellschaftsgläubiger erforderlich ist.

(3) Ist die Erstattung von dem Empfänger nicht zu erlangen, so haften für den zu erstattenden Betrag, soweit er zur Befriedigung der Gesellschaftsgläubiger erforderlich ist, die übrigen Gesellschafter nach Verhältnis ihrer Geschäftsanteile. Beiträge, welche von einzelnen Gesellschaftern nicht zu erlangen sind, werden nach dem bezeichneten Verhältnis auf die übrigen verteilt.

(4) Zahlungen, welche auf Grund der vorstehenden Bestimmungen zu leisten sind, können den Verpflichteten nicht erlassen werden.

(5) Die Ansprüche der Gesellschaft verjähren in fünf Jahren; die Verjährung beginnt mit dem Ablauf des Tages, an welchem die Zahlung, deren Erstattung beansprucht wird, geleistet ist. Fällt dem Verpflichteten eine bösliche Handlungsweise zur Last, so findet die Bestimmung keine Anwendung.

(6) Für die in den Fällen des Absatzes 3 geleistete Erstattung einer Zahlung sind den Gesellschaftern die Geschäftsführer, welchen in betreff der geleisteten Zahlung ein Verschulden zur Last fällt, solidarisch zum Ersatz verpflichtet.

§ 32 [Rückzahlung von Gewinnanteilen]

Liegt die in § 31 Abs. 1 bezeichnete Voraussetzung nicht vor, so sind die Gesellschafter in keinem Fall verpflichtet, Beträge, welche sie in gutem Glauben als Gewinnanteile bezogen haben, zurückzuzahlen.

§ 32 a [Rückgewährkapitalersetzender betr. Darlehen]

(1) Hat ein Gesellschafter der Gesellschaft in einem Zeitpunkt, in dem ihr die Gesellschafter als ordentliche Kaufleute Eigenkapital zugeführt hätten, statt dessen ein Darlehen gewährt, so kann er den Anspruch auf Rückgewähr des Darlehens im Konkurs über das Vermögen der Gesellschaft oder im Vergleichsverfahren zur Abwendung des Konkurses

nicht geltend machen. Ein Zwangsvergleich oder ein im Vergleichsverfahren geschlossener Vergleich wirkt für und gegen die Forderung des Gesellschafters.

(2) Hat ein Dritter der Gesellschaft in einem Zeitpunkt, in dem ihr die Gesellschafter als ordentliche Kaufleute Eigenkapital zugeführt hätten, statt dessen ein Darlehen gewährt und hat ihm ein Gesellschafter für die Rückgewähr des Darlehens eine Sicherung bestellt oder hat er sich dafür verbürgt, so kann der Dritte im Konkursverfahren oder im Vergleichsverfahren zur Abwendung des Konkurses über das Vermögen der Gesellschaft nur für den Betrag verhältnismäßige Befriedigung verlangen, mit dem er bei der Inanspruchnahme der Sicherung oder des Bürgen ausgefallen ist.

(3) Diese Vorschriften gelten sinngemäß für andere Rechtshandlungen eines Gesellschafters oder eines Dritten, die der Darlehensgewährung nach Absatz 1 oder 2 wirtschaftlich entsprechen.

§ 32 b [Erstattung zurückgezahlter Darlehen]

Hat die Gesellschaft im Fall des § 32 a Abs. 2, 3 das Darlehen im letzten Jahr vor der Konkurseröffnung zurückgezahlt, so hat der Gesellschafter, der die Sicherung bestellt hatte oder als Bürge haftete, der Gesellschaft den zurückgezahlten Betrag zu erstatten. Die Verpflichtung besteht nur bis zur Höhe des Betrags, mit dem der Gesellschafter als Bürge haftete oder der dem Wert der von ihm bestellten Sicherung im Zeitpunkt der Rückzahlung des Darlehens entspricht. Der Gesellschafter wird von der Verpflichtung frei, wenn er die Gegenstände, die dem Gläubiger als Sicherung gedient hatten, der Gesellschaft zu ihrer Befriedigung zur Verfügung stellt. Diese Vorschriften gelten sinngemäß für andere Rechtshandlungen, die der Darlehensgewährung wirtschaftlich entsprechen.

§ 33 [Erwerb eigener Geschäftsanteile]

(1) Die Gesellschaft kann eigene Geschäftsanteile, auf welche die Einlagen noch nicht vollständig geleistet sind, nicht erwerben oder als Pfand nehmen.

(2) Eigene Geschäftsanteile, auf welche die Einlagen vollständig geleistet sind, darf sie nur erwerben, sofern der Erwerb aus dem über den Betrag des Stammkapitals hinaus vorhandenen Vermögen geschehen und die Gesellschaft die nach § 272 Abs. 4 des Handelsgesetzbuchs vorgeschriebene Rücklage für eigene Anteile bilden kann, ohne das Stammkapital oder eine nach dem Gesellschaftsvertrag zu bildende Rücklage zu mindern, die nicht zu Zahlungen an die Gesellschafter verwandt werden darf. Als Pfand nehmen darf sie solche Geschäftsanteile nur, soweit der Gesamtbetrag der durch Inpfandnahme eigener Geschäftsanteile gesicherten Forderungen oder, wenn der Wert der als Pfand genommenen Geschäftsanteile niedriger ist, dieser Betrag nicht höher ist als das über das Stammkapital hinaus vorhandene Vermögen. Ein Verstoß gegen die Sätze 1 und 2 macht den Erwerb oder die Inpfandnahme der Geschäftsanteile nicht unwirksam; jedoch ist das schuldrechtliche Geschäft über einen verbotswidrigen Erwerb oder eine verbotswidrige Inpfandnahme nichtig.

(3) Der Erwerb eigener Geschäftsanteile ist ferner zulässig zur Abfindung von Gesellschaftern nach § 29 Abs. 1, § 125 Satz 1 in Verbindung mit § 29 Abs. 1, § 207 Abs. 1 Satz 1 des Umwandlungsgesetzes, sofern der Erwerb binnen sechs Monaten nach dem Wirksamwerden der Umwandlung oder nach der Rechtskraft der gerichtlichen Entscheidung erfolgt und die Gesellschaft die nach § 272 Abs. 4 des Handelsgesetzbuchs vorgeschriebene Rücklage für eigene Anteile bilden kann, ohne das Stammkapital oder eine nach dem Gesellschaftsvertrag zu bildende Rücklage zu mindern, die nicht zu Zahlungen an die Gesellschafter verwandt werden darf.

§ 34 [Einziehung von Geschäftsanteilen]

(1) Die Einziehung (Amortisation) von Geschäftsanteilen darf nur erfolgen, soweit sie im Gesellschaftsvertrag zugelassen ist.

(2) Ohne die Zustimmung des Anteilsberechtigten findet die Einziehung nur statt, wenn die Voraussetzungen derselben vor dem Zeitpunkt, in welchem der Berechtigte den Geschäftsanteil erworben hat, im Gesellschaftsvertrag festgesetzt waren.

(3) Die Bestimmung in § 30 Abs. 1 bleibt unberührt.

Dritter Abschnitt

Vertretung und Geschäftsführung

§ 35 [Vertretung und Zeichnung durch Geschäftsführer]

(1) Die Gesellschaft wird durch die Geschäftsführer gerichtlich und außergerichtlich vertreten.

(2) Dieselben haben in der durch den Gesellschaftsvertrag bestimmten Form ihre Willenserklärungen kundzugeben und für die Gesellschaft zu zeichnen. Ist nichts darüber bestimmt, so muß die Erklärung und Zeichnung durch sämtliche Geschäftsführer erfolgen. Ist der Gesellschaft gegenüber eine Willenserklärung abzugeben, so genügt es, wenn dieselbe an einen der Geschäftsführer erfolgt.

(3) Die Zeichnung geschieht in der Weise, daß die Zeichnenden zu der Firma der Gesellschaft ihre Namensunterschrift beifügen.

(4) Befinden sich alle Geschäftsanteile der Gesellschaft in der Hand eines Gesellschafters oder daneben in der Hand der Gesellschaft und ist er zugleich deren alleiniger Geschäftsführer, so ist auf seine Rechtsgeschäfte mit der Gesellschaft § 181 des Bürgerlichen Gesetzbuchs anzuwenden. Rechtsgeschäfte zwischen ihm und der von ihm vertretenen Gesellschaft sind, auch wenn er nicht alleiniger Geschäftsführer ist, unverzüglich nach ihrer Vornahme in eine Niederschrift aufzunehmen.

§ 35 a [Angaben auf Geschäftsbriefen]

(1) Auf allen Geschäftsbriefen, die an einen bestimmten Empfänger gerichtet werden, müssen die Rechtsform und der Sitz der Gesellschaft, das Registergericht des Sitzes der Gesellschaft und die Nummer, unter der die Gesellschaft in das Handelsregister eingetragen ist, sowie alle Geschäftsführer und, sofern die Gesellschaft einen Aufsichtsrat gebildet und dieser einen Vorsitzenden hat, der Vorsitzende des Aufsichtsrats mit dem Familiennamen und mindestens einem ausgeschriebenen Vornamen angegeben werden. Werden Angaben über das Kapital der Gesellschaft gemacht, so müssen in jedem Falle das Stammkapital sowie, wenn nicht alle in Geld zu leistenden Einlagen eingezahlt sind, der Gesamtbetrag der ausstehenden Einlagen angegeben werden.

(2) Der Angaben nach Absatz 1 Satz 1 bedarf es nicht bei Mitteilungen oder Berichten, die im Rahmen einer bestehenden Geschäftsverbindung ergehen und für die üblicherweise Vordrucke verwendet werden, in denen lediglich die im Einzelfall erforderlichen besonderen Angaben eingefügt zu werden brauchen.

(3) Bestellscheine gelten als Geschäftsbriefe im Sinne des Absatzes 1. Absatz 2 ist auf sie nicht anzuwenden.

(4) Auf allen Geschäftsbriefen und Bestellscheinen, die von einer Zweigniederlassung einer Gesellschaft mit beschränkter Haftung mit Sitz im Ausland verwendet werden, müssen das Register, bei dem die Zweigniederlassung geführt wird, und die Nummer des Registereintrags angegeben werden; im übrigen gelten die Vorschriften der Absätze 1 bis 3, soweit nicht das ausländische Recht Abweichungen nötig macht. Befindet sich

die ausländische Gesellschaft in Liquidation, so sind auch diese Tatsache sowie alle Liquidatoren anzugeben.

§ 36 [Rechtsgeschäfte]

Die Gesellschaft wird durch die in ihrem Namen von den Geschäftsführern vorgenommenen Rechtsgeschäfte berechtigt und verpflichtet; es ist gleichgültig, ob das Geschäft ausdrücklich im Namen der Gesellschaft vorgenommen worden ist, oder ob die Umstände ergeben, daß es nach dem Willen der Beteiligten für die Gesellschaft vorgenommen werden sollte.

§ 37 [Beschränkung der Vertretungsbefugnis]

(1) Die Geschäftsführer sind der Gesellschaft gegenüber verpflichtet, die Beschränkungen einzuhalten, welche für den Umfang ihrer Befugnis, die Gesellschaft zu vertreten, durch den Gesellschaftsvertrag oder, soweit dieser nicht ein anderes bestimmt, durch die Beschlüsse der Gesellschafter festgesetzt sind.

(2) Gegen dritte Personen hat eine Beschränkung der Befugnis der Geschäftsführer, die Gesellschaft zu vertreten, keine rechtliche Wirkung. Dies gilt insbesondere für den Fall, daß die Vertretung sich nur auf gewisse Geschäfte oder Arten von Geschäften erstrecken oder nur unter gewissen Umständen oder für eine gewisse Zeit oder an einzelnen Orten stattfinden soll, oder daß die Zustimmung der Gesellschafter oder eines Organs der Gesellschaft für einzelne Geschäfte erfordert ist.

§ 38 [Widerruf der Bestellung]

(1) Die Bestellung der Geschäftsführer ist zu jeder Zeit widerruflich, unbeschadet der Entschädigungsansprüche aus bestehenden Verträgen.

(2) Im Gesellschaftsvertrag kann die Zulässigkeit des Widerrufs auf den Fall beschränkt werden, daß wichtige Gründe denselben notwendig machen. Als solche Gründe sind insbesondere grobe Pflichtverletzung oder Unfähigkeit zur ordnungsmäßigen Geschäftsführung anzusehen.

§ 39 [Eintragung von Änderungen in der Geschäftsführung]

(1) Jede Änderung in den Personen der Geschäftsführer sowie die Beendigung der Vertretungsbefugnis eines Geschäftsführers ist zur Eintragung in das Handelsregister anzumelden.

(2) Der Anmeldung sind die Urkunden über die Bestellung der Geschäftsführer oder über die Beendigung der Vertretungsbefugnis in Urschrift oder öffentlich beglaubigter Abschrift für das Gericht des Sitzes der Gesellschaft beizufügen.

(3) Die neuen Geschäftsführer haben in der Anmeldung zu versichern, daß keine Umstände vorliegen, die ihrer Bestellung nach § 6 Abs. 2 Satz 3 und 4 entgegenstehen und daß sie über ihre unbeschränkte Auskunftspflicht gegenüber dem Gericht belehrt worden sind. § 8 Abs. 3 Satz 2 ist anzuwenden.

(4) Die Geschäftsführer haben ihre Unterschrift zur Aufbewahrung bei dem Gericht zu zeichnen.

§ 40 [Gesellschafterliste]

(1) Die Geschäftsführer haben jährlich im gleichen Zeitpunkt, in dem der Jahresabschluß zum Handelsregister einzureichen ist, eine von ihnen unterschriebene Liste der Gesellschafter, aus welcher Name, Vorname, Stand und Wohnort der letzteren sowie ihre Stammeinlagen zu entnehmen sind, zum Handelsregister einzureichen. Sind seit Einreichung der letzten Liste Veränderungen hinsichtlich der Person der Gesellschafter und des Umfangs ihrer Beteiligung nicht eingetreten, so genügt die Einreichung einer entsprechenden Erklärung.

(2) Eine Liste mit dem in Absatz 1 Satz 1 bestimmten Inhalt haben die Geschäftsführer unverzüglich zum Handelsregister einzureichen, sobald sich alle Geschäftsanteile in der Hand eines Gesellschafters oder daneben in der Hand der Gesellschaft vereinigt haben.

§ 41 [Buchführung]

(1) Die Geschäftsführer sind verpflichtet, für die ordnungsmäßige Buchführung der Gesellschaft zu sorgen.

(2) bis (4) (aufgehoben)

§ 42 [Bilanz]

(1) In der Bilanz des nach den §§ 242, 264 des Handelsgesetzbuchs aufzustellenden Jahresabschlusses ist das Stammkapital als gezeichnetes Kapital auszuweisen.

(2) Das Recht der Gesellschaft zur Einziehung von Nachschüssen der Gesellschafter ist in der Bilanz insoweit zu aktivieren, als die Einziehung bereits beschlossen ist und den Gesellschaftern ein Recht, durch Verweisung auf den Geschäftsanteil sich von der Zahlung der Nachschüsse zu befreien, nicht zusteht. Der nachzuschießende Betrag ist auf der Aktivseite unter den Forderungen gesondert unter der Bezeichnung »Eingeforderte Nachschüsse« auszuweisen, soweit mit der Zahlung gerechnet werden kann. Ein dem Aktivposten entsprechender Betrag ist auf der Passivseite in dem Posten »Kapitalrücklage« gesondert auszuweisen.

(3) Ausleihungen, Forderungen und Verbindlichkeiten gegenüber Gesellschaftern sind in der Regel als solche jeweils gesondert auszuweisen oder im Anhang anzugeben; werden sie unter anderen Posten ausgewiesen, so muß diese Eigenschaft vermerkt werden.

§ 42 a [Vorlage von Jahresabschluß und Lagebericht]

(1) Die Geschäftsführer haben den Jahresabschluß und den Lagebericht unverzüglich nach der Aufstellung den Gesellschaftern zum Zwecke der Feststellung des Jahresabschlusses vorzulegen. Ist der Jahresabschluß durch einen Abschlußprüfer zu prüfen, so haben die Geschäftsführer ihn zusammen mit dem Lagebericht und dem Prüfungsbericht des Abschlußprüfers unverzüglich nach Eingang des Prüfungsberichts vorzulegen. Hat die Gesellschaft einen Aufsichtsrat, so ist dessen Bericht über das Ergebnis seiner Prüfung ebenfalls unverzüglich vorzulegen.

(2) Die Gesellschafter haben spätestens bis zum Ablauf der ersten acht Monate oder, wenn es sich um eine kleine Gesellschaft handelt (§ 267 Abs. 1 des Handelsgesetzbuchs), bis zum Ablauf der ersten elf Monate des Geschäftsjahrs über die Feststellung des Jahresabschlusses und über die Ergebnisverwendung zu beschließen. Der Gesellschaftsvertrag kann die Frist nicht verlängern. Auf den Jahresabschluß sind bei der Feststellung die für seine Aufstellung geltenden Vorschriften anzuwenden.

(3) Hat ein Abschlußprüfer den Jahresabschluß geprüft, so hat er auf Verlangen eines Gesellschafters an den Verhandlungen über die Feststellung des Jahresabschlusses teilzunehmen.

(4) Ist die Gesellschaft zur Aufstellung eines Konzernabschlusses und eines Konzernlageberichts verpflichtet, so ist Absatz 1 mit der Maßgabe anzuwenden, daß es der Feststellung des Konzernabschlusses nicht bedarf.

§ 43 [Haftung der Geschäftsführer]

(1) Die Geschäftsführer haben in den Angelegenheiten der Gesellschaft die Sorgfalt eines ordentlichen Geschäftsmannes anzuwenden.

(2) Geschäftsführer, welche ihre Obliegenheiten verletzen, haften der Gesellschaft solidarisch für den entstandenen Schaden.

(3) Insbesondere sind sie zum Ersatze verpflichtet, wenn den Bestimmungen des § 30

zuwider Zahlungen aus dem zur Erhaltung des Stammkapitals erforderlichen Vermögen der Gesellschaft gemacht oder den Bestimmungen des § 33 zuwider eigene Geschäftsanteile der Gesellschaft erworben worden sind. Auf den Ersatzanspruch finden die Bestimmungen in § 9 b Abs. 1 entsprechende Anwendung. Soweit der Ersatz zur Befriedigung der Gläubiger der Gesellschaft erforderlich ist, wird die Verpflichtung der Geschäftsführer dadurch nicht aufgehoben, daß dieselben in Befolgung eines Beschlusses der Gesellschafter gehandelt haben.

(4) Die Ansprüche auf Grund der vorstehenden Bestimmungen verjähren in fünf Jahren.

§ 43 a [Keine Kreditgewähr]

Den Geschäftsführern, anderen gesetzlichen Vertretern, Prokuristen oder zum gesamten Geschäftsbetrieb ermächtigten Handlungsbevollmächtigten darf Kredit nicht aus dem zur Erhaltung des Stammkapitals erforderlichen Vermögen der Gesellschaft gewährt werden. Ein entgegen Satz 1 gewährter Kredit ist ohne Rücksicht auf entgegenstehende Vereinbarungen sofort zurückzugewähren.

§ 44 [Stellvertreter von Geschäftsführern]

Die für die Geschäftsführer gegebenen Vorschriften gelten auch für Stellvertreter von Geschäftsführern.

§ 45 [Rechte der Gesellschafter]

(1) Die Rechte, welche den Gesellschaftern in den Angelegenheiten der Gesellschaft, insbesondere in bezug auf die Führung der Geschäfte zustehen, sowie die Ausübung derselben bestimmen sich, soweit nicht gesetzliche Vorschriften entgegenstehen, nach dem Gesellschaftsvertrag.

(2) In Ermangelung besonderer Bestimmungen des Gesellschaftsvertrages finden die Vorschriften der §§ 46 bis 51 Anwendung.

§ 46 [Aufgaben der Gesellschafter]

Der Bestimmung der Gesellschafter unterliegen:

1. die Feststellung des Jahresabschlusses und die Verwendung des Ergebnisses;
2. die Einforderung von Einzahlungen auf die Stammeinlagen;
3. die Rückzahlung von Nachschüssen;
4. die Teilung sowie die Einziehung von Geschäftsanteilen;
5. die Bestellung und die Abberufung von Geschäftsführern sowie die Entlastung derselben;
6. die Maßregeln zur Prüfung und Überwachung der Geschäftsführung;
7. die Bestellung von Prokuristen und von Handlungsbevollmächtigten zum gesamten Geschäftsbetrieb;
8. die Geltendmachung von Ersatzansprüchen, welche der Gesellschaft aus der Gründung oder Geschäftsführung gegen Geschäftsführer oder Gesellschafter zustehen, sowie die Vertretung der Gesellschaft in Prozessen, welche sie gegen die Geschäftsführer zu führen hat.

§ 47 [Stimmrecht der Gesellschafter]

(1) Die von den Gesellschaftern in den Angelegenheiten der Gesellschaft zu treffenden Bestimmungen erfolgen durch Beschlußfassung nach der Mehrheit der abgegebenen Stimmen.

(2) Jede hundert Deutsche Mark eines Geschäftsanteils gewähren eine Stimme.

(3) Vollmachten bedürfen zu ihrer Gültigkeit der schriftlichen Form.

(4) Ein Gesellschafter, welcher durch die Beschlußfassung entlastet oder von einer Verbindlichkeit befreit werden soll, hat hierbei kein Stimmrecht und darf ein solches auch

nicht für andere ausüben. Dasselbe gilt von einer Beschlußfassung, welche die Vornahme eines Rechtsgeschäfts oder die Einleitung oder Erledigung eines Rechtsstreites gegenüber einem Gesellschafter betrifft.

§ 48 [Beschlußfassung]

(1) Die Beschlüsse der Gesellschafter werden in Versammlungen gefaßt.

(2) Der Abhaltung einer Versammlung bedarf es nicht, wenn sämtliche Gesellschafter schriftlich mit der zu treffenden Bestimmung oder mit der schriftlichen Abgabe der Stimmen sich einverstanden erklären.

(3) Befinden sich alle Geschäftsanteile der Gesellschaft in der Hand eines Gesellschafters oder daneben in der Hand der Gesellschaft, so hat er unverzüglich nach der Beschlußfassung eine Niederschrift aufzunehmen und zu unterschreiben.

§ 49 [Einberufung der Gesellschafterversammlung]

(1) Die Versammlung der Gesellschafter wird durch die Geschäftsführer berufen.

(2) Sie ist außer den ausdrücklich bestimmten Fällen zu berufen, wenn es im Interesse der Gesellschaft erforderlich erscheint.

(3) Insbesondere muß die Versammlung unverzüglich berufen werden, wenn aus der Jahresbilanz oder aus einer im Laufe des Geschäftsjahres aufgestellten Bilanz sich ergibt, daß die Hälfte des Stammkapitals verloren ist.

§ 50 [Einberufung durch Minderheit]

(1) Gesellschafter, deren Geschäftsanteile zusammen mindestens dem zehnten Teil des Stammkapitals entsprechen, sind berechtigt, unter Angabe des Zwecks und der Gründe die Berufung der Versammlung zu verlangen.

(2) In gleicher Weise haben die Gesellschafter das Recht zu verlangen, daß Gegenstände zur Beschlußfassung der Versammlung angekündigt werden.

(3) Wird dem Verlangen nicht entsprochen oder sind Personen, an welche dasselbe zu richten wäre, nicht vorhanden, so können die in Absatz 1 bezeichneten Gesellschafter unter Mitteilung des Sachverhältnisses die Berufung oder Ankündigung selbst bewirken. Die Versammlung beschließt, ob die entstandenen Kosten von der Gesellschaft zu tragen sind.

§ 51 [Form der Einberufung]

(1) Die Berufung der Versammlung erfolgt durch Einladung der Gesellschafter mittels eingeschriebener Briefe. Sie ist mit einer Frist von mindestens einer Woche zu bewirken.

(2) Der Zweck der Versammlung soll jederzeit bei der Berufung angekündigt werden.

(3) Ist die Versammlung nicht ordnungsgemäß berufen, so können Beschlüsse nur gefaßt werden, wenn sämtliche Gesellschafter anwesend sind.

(4) Das gleiche gilt in bezug auf Beschlüsse über Gegenstände, welche nicht wenigstens drei Tage vor der Versammlung in der für die Berufung vorgeschriebenen Weise angekündigt worden sind.

§ 51 a [Auskunfts- und Einsichtsrecht]

(1) Die Geschäftsführer haben jedem Gesellschafter auf Verlangen unverzüglich Auskunft über die Angelegenheiten der Gesellschaft zu geben und die Einsicht der Bücher und Schriften zu gestatten.

(2) Die Geschäftsführer dürfen die Auskunft und die Einsicht verweigern, wenn zu besorgen ist, daß der Gesellschafter sie zu gesellschaftsfremden Zwecken verwenden und dadurch der Gesellschaft oder einem verbundenen Unternehmen einen nicht unerheblichen Nachteil zufügen wird. Die Verweigerung bedarf eines Beschlusses der Gesellschafter.

(3) Von diesen Vorschriften kann im Gesellschaftsvertrag nicht abgewichen werden.

§ 51 b [Gerichtliche Entscheidung über Auskunfts- und Einsichtsrecht]
Für die gerichtliche Entscheidung über das Auskunfts- und Einsichtsrecht findet § 132 Abs. 1, 3 bis 5 des Aktiengesetzes entsprechende Anwendung. Antragsberechtigt ist jeder Gesellschafter, dem die verlangte Auskunft nicht gegeben oder die verlangte Einsicht nicht gestattet worden ist.

§ 52 [Aufsichtsrat]
(1) Ist nach dem Gesellschaftsvertrag ein Aufsichtsrat zu bestellen, so sind § 90 Abs. 3, 4, 5 Satz 1 und 2, § 95 Satz 1, § 100 Abs. 1 und 2 Nr. 2, § 101 Abs. 1 Satz 1, § 103 Abs. 1 Satz 1 und 2, §§ 105, 110 bis 114, 116 des Aktiengesetzes in Verbindung mit § 93 Abs. 1 und 2 des Aktiengesetzes, §§ 170, 171, 337 des Aktiengesetzes entsprechend anzuwenden, soweit nicht im Gesellschaftsvertrag ein anderes bestimmt ist.
(2) Werden die Mitglieder des Aufsichtsrats vor der Eintragung der Gesellschaft in das Handelsregister bestellt, gelten § 37 Abs. 4 Nr. 3, § 40 Abs. 1 Nr. 4 des Aktiengesetzes entsprechend. Jede spätere Bestellung sowie jeden Wechsel von Aufsichtsratsmitgliedern haben die Geschäftsführer unverzüglich durch den Bundesanzeiger und die im Gesellschaftsvertrag für die Bekanntmachungen der Gesellschaft bestimmten anderen öffentlichen Blätter bekanntzumachen und die Bekanntmachung zum Handelsregister einzureichen.
(3) Schadensersatzansprüche gegen die Mitglieder des Aufsichtsrats wegen Verletzung ihrer Obliegenheiten verjähren in fünf Jahren.

Vierter Abschnitt
Abänderungen des Gesellschaftsvertrages

§ 53 [Abänderungsbeschluß]
(1) Eine Abänderung des Gesellschaftsvertrages kann nur durch Beschluß der Gesellschafter erfolgen.
(2) Der Beschluß muß notariell beurkundet werden, derselbe bedarf einer Mehrheit von drei Vierteln der abgegebenen Stimmen. Der Gesellschaftsvertrag kann noch andere Erfordernisse aufstellen.
(3) Eine Vermehrung der den Gesellschaftern nach dem Gesellschaftsvertrag obliegenden Leistungen kann nur mit Zustimmung sämtlicher beteiligter Gesellschafter beschlossen werden.

§ 54 [Anmeldung und Eintragung]
(1) Die Abänderung des Gesellschaftsvertrages ist zur Eintragung in das Handelsregister anzumelden. Der Anmeldung ist der vollständige Wortlaut des Gesellschaftsvertrages beizufügen; er muß mit der Bescheinigung eines Notars versehen sein, daß die geänderten Bestimmungen des Gesellschaftsvertrags mit dem Beschluß über die Änderung des Gesellschaftsvertrags und die unveränderten Bestimmungen mit dem zuletzt zum Handelsregister eingereichten vollständigen Wortlaut des Gesellschaftsvertrags übereinstimmen.
(2) Bei der Eintragung genügt, sofern nicht die Abänderung die in § 10 Abs. 1 und 2 bezeichneten Angaben betrifft, die Bezugnahme auf die bei dem Gericht eingereichten Urkunden über die Abänderung. Die öffentliche Bekanntmachung findet in betreff aller Bestimmungen statt, auf welche sich die in § 10 Abs. 3 und in § 13 b Abs. 4 des Handelsgesetzbuchs vorgeschriebenen Veröffentlichungen beziehen.
(3) Die Abänderung hat keine rechtliche Wirkung, bevor sie in das Handelsregister des Sitzes der Gesellschaft eingetragen ist.

§ 55 [Erhöhung des Stammkapitals]

(1) Wird eine Erhöhung des Stammkapitals beschlossen, so bedarf es zur Übernahme jeder auf das erhöhte Kapital zu leistenden Stammeinlage einer notariell aufgenommenen oder beglaubigten Erklärung des Übernehmers.

(2) Zur Übernahme einer Stammeinlage können von der Gesellschaft die bisherigen Gesellschafter oder andere Personen, welche durch die Übernahme ihren Beitritt zu der Gesellschaft erklären, zugelassen werden. Im letzteren Falle sind außer dem Betrage der Stammeinlage auch sonstige Leistungen, zu welchen der Beitretende nach dem Gesellschaftsvertrage verpflichtet sein soll, in der in Absatz 1 bezeichneten Urkunde ersichtlich zu machen.

(3) Wird von einem der Gesellschaft bereits angehörenden Gesellschafter eine Stammeinlage auf das erhöhte Kapital übernommen, so erwirbt derselbe einen weiteren Geschäftsanteil.

(4) Die Bestimmungen in § 5 Abs. 1 und 3 über den Betrag der Stammeinlagen sowie die Bestimmung in § 5 Abs. 2 über die Unzulässigkeit der Übernahme mehrerer Stammeinlagen finden auch hinsichtlich der auf das erhöhte Kapital zu leistenden Stammeinlagen Anwendung.

§ 56 [Sacheinlagen]

(1) Sollen Sacheinlagen geleistet werden, so müssen ihr Gegenstand und der Betrag der Stammeinlage, auf die sich die Sacheinlage bezieht, im Beschluß über die Erhöhung des Stammkapitals festgesetzt werden. Die Festsetzung ist in die in § 55 Abs. 1 bezeichnete Erklärung des Übernehmers aufzunehmen.

(2) Die §§ 9 und 19 Abs. 5 finden entsprechende Anwendung.

§ 56 a [Mindesteinzahlung]

Für die Leistungen der Einlagen auf das neue Stammkapital und die Bestellung einer Sicherung findet § 7 Abs. 2 Satz 1 und 3, Abs. 3 entsprechende Anwendung.

§ 57 [Anmeldung der Erhöhung]

(1) Die beschlossene Erhöhung des Stammkapitals ist zur Eintragung in das Handelsregister anzumelden, nachdem das erhöhte Kapital durch Übernahme von Stammeinlagen gedeckt ist.

(2) In der Anmeldung ist die Versicherung abzugeben, daß die Einlagen auf das neue Stammkapital nach § 7 Abs. 2 Satz 1 und 3, Abs. 3 bewirkt sind und daß der Gegenstand der Leistungen sich endgültig in der freien Verfügung der Geschäftsführer befindet. Für die Anmeldung findet im übrigen § 8 Abs. 2 Satz 2 entsprechende Anwendung.

(3) Der Anmeldung sind beizufügen:

1. die in § 55 Abs. 1 bezeichneten Erklärungen oder eine beglaubigte Abschrift derselben;
2. eine von den Anmeldenden unterschriebene Liste der Personen, welche die neuen Stammeinlagen übernommen haben; aus der Liste muß der Betrag der von jedem übernommenen Einlage ersichtlich sein;
3. bei einer Kapitalerhöhung mit Sacheinlagen die Verträge, die den Festsetzungen nach § 56 zugrunde liegen oder zu ihrer Ausführung geschlossen worden sind.

(4) Für die Verantwortlichkeit der Geschäftsführer, welche die Kapitalerhöhung zur Eintragung in das Handelsregister angemeldet haben, finden § 9 a Abs. 1 und 3, § 9 b entsprechende Anwendung.

§ 57 a [Ablehnung der Eintragung]

Für die Ablehnung der Eintragung durch das Gericht findet § 9 c entsprechende Anwendung.

§ 57 b [Bekanntmachung der Eintragung]
In die Bekanntmachung der Eintragung der Kapitalerhöhung sind außer deren Inhalt die bei einer Kapitalerhöhung mit Sacheinlagen vorgesehenen Festsetzungen aufzunehmen. Bei der Bekanntmachung dieser Festsetzungen genügt die Bezugnahme auf die beim Gericht eingereichten Urkunden.

§ 57 c [Kapitalerhöhung aus Gesellschaftsmitteln]
(1) Das Stammkapital kann durch Umwandlung von Rücklagen in Stammkapital erhöht werden (Kapitalerhöhung aus Gesellschaftsmitteln).
(2) Die Erhöhung des Stammkapitals kann erst beschlossen werden, nachdem der Jahresabschluß für das letzte vor der Beschlußfassung über die Kapitalerhöhung abgelaufene Geschäftsjahr (letzter Jahresabschluß) festgestellt und über die Ergebnisverwendung Beschluß gefaßt worden ist.
(3) Dem Beschluß über die Erhöhung des Stammkapitals ist eine Bilanz zugrunde zu legen.
(4) Neben den §§ 53 und 54 über die Abänderung des Gesellschaftsvertrags gelten die §§ 57 d bis 57 o.

§ 57 d [Voraussetzungen der Umwandlung]
(1) Die Kapital- und Gewinnrücklagen, die in Stammkapital umgewandelt werden sollen, müssen in der letzten Jahresbilanz und, wenn dem Beschluß eine andere Bilanz zugrunde gelegt wird, auch in dieser Bilanz unter »Kapitalrücklage« oder »Gewinnrücklagen« oder im letzten Beschluß über die Verwendung des Jahresergebnisses als Zuführung zu diesen Rücklagen ausgewiesen sein.
(2) Die Rücklagen können nicht umgewandelt werden, soweit in der zugrunde gelegten Bilanz ein Verlust, einschließlich eines Verlustvortrags, ausgewiesen ist.
(3) Andere Gewinnrücklagen, die einem bestimmten Zweck zu dienen bestimmt sind, dürfen nur umgewandelt werden, soweit dies mit ihrer Zweckbestimmung vereinbar ist.

§ 57 e [Grundlage des Beschlusses]
(1) Dem Beschluß kann die letzte Jahresbilanz zugrunde gelegt werden, wenn die Jahresbilanz geprüft und die festgestellte Jahresbilanz mit dem uneingeschränkten Bestätigungsvermerk der Abschlußprüfer versehen ist und wenn ihr Stichtag höchstens acht Monate vor der Anmeldung des Beschlusses zur Eintragung in das Handelsregister liegt.
(2) Bei Gesellschaften, die nicht große im Sinne des § 267 Abs. 3 des Handelsgesetzbuchs sind, kann die Prüfung auch durch vereidigte Buchprüfer erfolgen; die Abschlußprüfer müssen von der Versammlung der Gesellschafter gewählt sein.

§ 57 f [Form der Bilanz]
(1) Wird dem Beschluß nicht die letzte Jahresbilanz zugrunde gelegt, so muß die Bilanz den Vorschriften über die Gliederung der Jahresbilanz und über die Wertansätze in der Jahresbilanz entsprechen. Der Stichtag der Bilanz darf höchstens acht Monate vor der Anmeldung des Beschlusses zur Eintragung in das Handelsregister liegen.
(2) Die Bilanz ist, bevor über die Erhöhung des Stammkapitals Beschluß gefaßt wird, durch einen oder mehrere Prüfer darauf zu prüfen, ob sie dem Absatz 1 entspricht. Sind nach dem abschließenden Ergebnis der Prüfung keine Einwendungen zu erheben, so haben die Prüfer dies durch einen Vermerk zu bestätigen. Die Erhöhung des Stammkapitals kann nicht ohne diese Bestätigung der Prüfer beschlossen werden.
(3) Die Prüfer werden von den Gesellschaftern gewählt; falls nicht andere Prüfer gewählt werden, gelten die Prüfer als gewählt, die für die Prüfung des letzten Jahresabschlusses von den Gesellschaftern gewählt oder vom Gericht bestellt worden sind. Im übrigen

sind, soweit sich aus der Besonderheit des Prüfungsauftrags nichts anderes ergibt, § 318 Abs. 1 Satz 2, § 319 Abs. 1 bis 3, § 320 Abs. 1 Satz 2 und die §§ 321 und 323 des Handelsgesetzbuchs anzuwenden. Bei Gesellschaften, die nicht große im Sinne des § 267 Abs. 3 des Handelsgesetzbuchs sind, können auch vereidigte Buchprüfer zu Prüfern bestellt werden.

§ 57 g [Vorherige Bekanntgabe des Jahresabschlusses]
Die Bestimmungen des Gesellschaftsvertrags über die vorherige Bekanntgabe des Jahresabschlusses an die Gesellschafter sind in den Fällen des § 57 f entsprechend anzuwenden.

§ 57 h [Kapitalerhöhung]
(1) Die Kapitalerhöhung kann vorbehaltlich des § 57 l Abs. 2 durch Bildung neuer Geschäftsanteile oder durch Erhöhung des Nennbetrags der Geschäftsanteile ausgeführt werden. Die neuen Geschäftsanteile und die Geschäftsanteile, deren Nennbetrag erhöht wird, können auf jeden durch zehn teilbaren Betrag, müssen jedoch auf mindestens fünfzig Deutsche Mark gestellt werden.
(2) Der Beschluß über die Erhöhung des Stammkapitals muß die Art der Erhöhung angeben. Soweit die Kapitalerhöhung durch Erhöhung des Nennbetrags der Gesellschaftsanteile ausgeführt werden soll, ist sie so zu bemessen, daß durch sie auf keinen Geschäftsanteil, dessen Nennbetrag erhöht wird, Beträge entfallen, die durch die Erhöhung des Nennbetrags des Geschäftsanteils nicht gedeckt werden können.

§ 57 i [Verfahren]
(1) Der Anmeldung des Beschlusses über die Erhöhung des Stammkapitals zur Eintragung in das Handelsregister ist die der Kapitalerhöhung zugrunde gelegte, mit dem Bestätigungsvermerk der Prüfer versehene Bilanz, in den Fällen des § 57 f außerdem die letzte Jahresbilanz, sofern sie noch nicht eingereicht ist, beizufügen. Die Anmeldenden haben dem Registergericht gegenüber zu erklären, daß nach ihrer Kenntnis seit dem Stichtag der zugrunde gelegten Bilanz bis zum Tag der Anmeldung keine Vermögensminderung eingetreten ist, die der Kapitalerhöhung entgegenstünde, wenn sie am Tag der Anmeldung beschlossen worden wäre.
(2) Das Registergericht darf den Beschluß nur eintragen, wenn die der Kapitalerhöhung zugrunde gelegte Bilanz für einen höchstens acht Monate vor der Anmeldung liegenden Zeitpunkt aufgestellt und eine Erklärung nach Absatz 1 Satz 2 abgegeben worden ist.
(3) Zu der Prüfung, ob die Bilanzen den gesetzlichen Vorschriften entsprechen, ist das Gericht nicht verpflichtet.
(4) Bei der Eintragung des Beschlusses ist anzugeben, daß es sich um eine Kapitalerhöhung aus Gesellschaftsmitteln handelt.

§ 57 j [Geschäftsanteile]
Die neuen Geschäftsanteile stehen den Gesellschaftern im Verhältnis ihrer bisherigen Geschäftsanteile zu. Ein entgegenstehender Beschluß der Gesellschafter ist nichtig.

§ 57 k [Selbständiges Teilrecht]
(1) Führt die Kapitalerhöhung dazu, daß auf einen Geschäftsanteil nur ein Teil eines neuen Geschäftsanteils entfällt, so ist dieses Teilrecht selbständig veräußerlich und vererblich.
(2) Die Rechte aus einem neuen Geschäftsanteil, einschließlich des Anspruchs auf Ausstellung einer Urkunde über den neuen Geschäftsanteil, können nur ausgeübt werden, wenn Teilrechte, die zusammen einen vollen Geschäftsanteil ergeben, in einer Hand vereinigt sind oder wenn sich mehrere Berechtigte, deren Teilrechte zusammen einen vollen Geschäftsanteil ergeben, zur Ausübung der Rechte (§ 18) zusammenschließen.

§ 57 l [Auswirkungen auf Stammkapital]

(1) Eigene Geschäftsanteile nehmen an der Erhöhung des Stammkapitals teil.

(2) Teileingezahlte Geschäftsanteile nehmen entsprechend ihrem Nennbetrag an der Erhöhung des Stammkapitals teil. Bei ihnen kann die Kapitalerhöhung nur durch Erhöhung des Nennbetrags der Geschäftsanteile ausgeführt werden. Sind neben teileingezahlten Geschäftsanteilen vollständig eingezahlte Geschäftsanteile vorhanden, so kann bei diesen die Kapitalerhöhung durch Erhöhung des Nennbetrags der Geschäftsanteile und durch Bildung neuer Geschäftsanteile ausgeführt werden. Die Geschäftsanteile, deren Nennbetrag erhöht wird, können auf jeden durch fünf teilbaren Betrag gestellt werden.

§ 57 m [Rechte aus Geschäftsanteilen]

(1) Das Verhältnis der mit den Geschäftsanteilen verbundenen Rechte zueinander wird durch die Kapitalerhöhung nicht berührt.

(2) Soweit sich einzelne Rechte teileingezahlter Geschäftsanteile, insbesondere die Beteiligung am Gewinn oder das Stimmrecht, nach der je Geschäftsanteil geleisteten Einlage bestimmen, stehen diese Rechte den Gesellschaftern bis zur Leistung der noch ausstehenden Einlagen nur nach der Höhe der geleisteten Einlage, erhöht um den auf den Nennbetrag des Stammkapitals berechneten Hundertsatz der Erhöhung des Stammkapitals, zu. Werden weitere Einzahlungen geleistet, so erweitern sich diese Rechte entsprechend.

(3) Der wirtschaftliche Inhalt vertraglicher Beziehungen der Gesellschaft zu Dritten, die von der Gewinnausschüttung der Gesellschaft, dem Nennbetrag oder Wert ihrer Geschäftsanteile oder ihres Stammkapitals oder in sonstiger Weise von den bisherigen Kapital- oder Gewinnverhältnissen abhängen, wird durch die Kapitalerhöhung nicht berührt.

§ 57 n [Gewinnregelung]

(1) Die neuen Geschäftsanteile nehmen, wenn nichts anderes bestimmt ist, am Gewinn des ganzen Geschäftsjahres teil, in dem die Erhöhung des Stammkapitals beschlossen worden ist.

(2) Im Beschluß über die Erhöhung des Stammkapitals kann bestimmt werden, daß die neuen Geschäftsanteile bereits am Gewinn des letzten vor der Beschlußfassung über die Kapitalerhöhung abgelaufenen Geschäftsjahrs teilnehmen. In diesem Fall ist die Erhöhung des Stammkapitals abweichend von § 57 c Abs. 2 zu beschließen, bevor über die Ergebnisverwendung für das letzte vor der Beschlußfassung abgelaufene Geschäftsjahr Beschluß gefaßt worden ist. Der Beschluß über die Ergebnisverwendung für das letzte vor der Beschlußfassung über die Kapitalerhöhung abgelaufene Geschäftsjahr wird erst wirksam, wenn das Stammkapital erhöht worden ist. Der Beschluß über die Erhöhung des Stammkapitals und der Beschluß über die Ergebnisverwendung für das letzte vor der Beschlußfassung über die Kapitalerhöhung abgelaufene Geschäftsjahr sind nichtig, wenn der Beschluß über die Kapitalerhöhung nicht binnen drei Monaten nach der Beschlußfassung in das Handelsregister eingetragen worden ist; der Lauf der Frist ist gehemmt, solange eine Anfechtungs- oder Nichtigkeitsklage rechtshändig ist oder eine zur Kapitalerhöhung beantragte staatliche Genehmigung noch nicht erteilt worden ist.

§ 57 o [Berechung der Geschäftsanteile]

Als Anschaffungskosten der vor der Erhöhung des Stammkapitals erworbenen Geschäftsanteile und der auf sie entfallenden neuen Geschäftsanteile gelten die Beträge, die sich für die einzelnen Geschäftsanteile ergeben, wenn die Anschaffungskosten der vor der Erhöhung des Stammkapitals erworbenen Geschäftsanteile auf diese und auf die auf sie entfallenden neuen Geschäftsanteile nach dem Verhältnis der Nennbeträge verteilt werden. Der Zuwachs an Geschäftsanteilen ist nicht als Zugang auszuweisen.

§ 58 [Herabsetzung des Stammkapitals]

(1) Eine Herabsetzung des Stammkapitals kann nur unter Beobachtung der nachstehenden Bestimmungen erfolgen:

1. der Beschluß auf Herabsetzung des Stammkapitals muß von den Geschäftsführern zu drei verschiedenen Malen durch die in § 30 Abs. 2 bezeichneten Blätter bekanntgemacht werden; in diesen Bekanntmachungen sind zugleich die Gläubiger der Gesellschaft aufzufordern, sich bei derselben zu melden; die aus den Handelsbüchern der Gesellschaft ersichtlichen oder in anderer Weise bekannten Gläubiger sind durch besondere Mitteilung zur Anmeldung aufzufordern;
2. die Gläubiger, welche sich bei der Gesellschaft melden und der Herabsetzung nicht zustimmen, sind wegen der erhobenen Ansprüche zu befriedigen oder sicherzustellen;
3. die Anmeldung des Herabsetzungsbeschlusses zur Eintragung in das Handelsregister erfolgt nicht vor Ablauf eines Jahres seit dem Tage, an welchem die Aufforderung der Gläubiger in den öffentlichen Blättern zum dritten Mal stattgefunden hat;
4. mit der Anmeldung sind die Bekanntmachungen des Beschlusses einzureichen; zugleich haben die Geschäftsführer die Versicherung abzugeben, daß die Gläubiger, welche sich bei der Gesellschaft gemeldet und der Herabsetzung nicht zugestimmt haben, befriedigt oder sichergestellt sind.

(2) Die Bestimmung in § 5 Abs. 1 über den Mindestbetrag des Stammkapitals bleibt unberührt. Erfolgt die Herabsetzung zum Zweck der Zurückzahlung von Stammeinlagen oder zum Zweck des Erlasses der auf diese geschuldeten Einzahlungen, so darf der verbleibende Betrag der Stammeinlagen nicht unter den in § 5 Abs. 1 und 3 bezeichneten Betrag herabgehen.

§ 58 a [Vereinfachte Kapitalherabsetzung]

(1) Eine Herabsetzung des Stammkapitals, die dazu dienen soll, Wertminderungen auszugleichen oder sonstige Verluste zu decken, kann als vereinfachte Kapitalherabsetzung vorgenommen werden.

(2) Die vereinfachte Kapitalherabsetzung ist nur zulässig, nachdem der Teil der Kapital- und Gewinnrücklagen, der zusammen über zehn vom Hundert des nach der Herabsetzung verbleibenden Stammkapitals hinausgeht, vorweg aufgelöst ist. Sie ist nicht zulässig, solange ein Gewinnvortrag vorhanden ist.

(3) Im Beschluß über die vereinfachte Kapitalherabsetzung sind die Nennbeträge der Geschäftsanteile dem herabgesetzten Stammkapital anzupassen. Die Geschäftsanteile können auf jeden durch zehn teilbaren Betrag, müssen jedoch auf mindestens fünfzig Deutsche Mark gestellt werden. Geschäftsanteile, deren Nennbetrag durch die Herabsetzung unter fünfzig Deutsche Mark sinken würde, sind von den Geschäftsführern zu gemeinschaftlichen Geschäftsanteilen zu vereinigen, wenn die Einlagen auf die Geschäftsanteile voll geleistet, die Geschäftsanteile nicht mit einer Nachschußpflicht oder mit Rechten Dritter belastet und nach dem Gesellschaftsvertrag nicht mit verschiedenen Rechten und Pflichten ausgestattet sind. Die Erklärung über die Vereinigung der Geschäftsanteile bedarf der notariellen Beurkundung. Die Vereinigung wird mit der Eintragung des Beschlusses über die Kapitalherabsetzung in das Handelsregister wirksam.

(4) Das Stammkapital kann unter den in § 5 Abs. 1 bestimmten Mindestnennbetrag herabgesetzt werden, wenn dieser durch eine Kapitalerhöhung wieder erreicht wird, die zugleich mit der Kapitalherabsetzung beschlossen ist und bei der Sacheinlagen nicht festgesetzt sind. Die Beschlüsse sind nichtig, wenn sie nicht binnen drei Monaten nach der

Beschlußfassung in das Handelsregister eingetragen worden sind. Der Lauf der Frist ist gehemmt, solange eine Anfechtungs- oder Nichtigkeitsklage rechtshängig ist oder eine zur Kapitalherabsetzung oder Kapitalerhöhung beantragte staatliche Genehmigung noch nicht erteilt ist. Die Beschlüsse sollen nur zusammen in das Handelsregister eingetragen werden.

(5) Neben den §§ 53 und 54 über die Abänderung des Gesellschaftsvertrags gelten die §§ 58 b bis 58 f.

§ 58 b [Ausgleich von Wertminderung]

(1) Die Beiträge, die aus der Auflösung der Kapital- oder Gewinnrücklagen und aus der Kapitalherabsetzung gewonnen werden, dürfen nur verwandt werden, um Wertminderungen auszugleichen und sonstige Verluste zu decken.

(2) Daneben dürfen die gewonnenen Beträge in die Kapitalrücklage eingestellt werden, soweit diese zehn vom Hundert des Stammkapitals nicht übersteigt. Als Stammkapital gilt dabei der Nennbetrag, der sich durch die Herabsetzung ergibt, mindestens aber der nach § 5 Abs. 1 zulässige Mindestnennbetrag.

(3) Ein Betrag, der auf Grund des Absatzes 2 in die Kapitalrücklage eingestellt worden ist, darf vor Ablauf des fünften nach der Beschlußfassung über die Kapitalherabsetzung beginnenden Geschäftsjahrs nur verwandt werden

1. zum Ausgleich eines Jahresfehlbetrags, soweit er nicht durch einen Gewinnvortrag aus dem Vorjahr gedeckt ist und nicht durch Auflösung von Gewinnrücklagen ausgeglichen werden kann;
2. zum Ausgleich eines Verlustvortrags aus dem Vorjahr, soweit er nicht durch einen Jahresüberschuß gedeckt ist und nicht durch Auflösung von Gewinnrücklagen ausgeglichen werden kann;
3. zur Kapitalerhöhung aus Gesellschaftsmitteln.

§ 58 c [Kapitalrücklage]

Ergibt sich bei Aufstellung der Jahresbilanz für das Geschäftsjahr, in dem der Beschluß über die Kapitalherabsetzung gefaßt wurde, oder für eines der beiden folgenden Geschäftsjahre, daß Wertminderungen und sonstige Verluste in der bei der Beschlußfassung angenommenen Höhe tatsächlich nicht eingetreten oder ausgeglichen waren, so ist der Unterschiedsbetrag in die Kapitalrücklage einzustellen. Für einen nach Satz 1 in die Kapitalrücklage eingestellten Betrag gilt § 58 b Abs. 3 sinngemäß.

§ 58 d [Gewinnausschüttung]

(1) Gewinn darf vor Ablauf des fünften nach der Beschlußfassung über die Kapitalherabsetzung beginnenden Geschäftsjahrs nur ausgeschüttet werden, wenn die Kapital- und Gewinnrücklagen zusammen zehn vom Hundert des Stammkapitals erreichen. Als Stammkapital gilt dabei der Nennbetrag, der sich durch die Herabsetzung ergibt, mindestens aber der nach § 5 Abs. 1 zulässige Mindestnennbetrag.

(2) Die Zahlung eines Gewinnanteils von mehr als vier vom Hundert ist erst für ein Geschäftsjahr zulässig, das später als zwei Jahre nach der Beschlußfassung über die Kapitalherabsetzung beginnt. Dies gilt nicht, wenn die Gläubiger, deren Forderungen vor der Bekanntmachung der Eintragung des Beschlusses begründet worden waren, befriedigt oder sichergestellt sind, soweit sie sich binnen sechs Monaten nach der Bekanntmachung des Jahresabschlusses, auf Grund dessen die Gewinnverteilung beschlossen ist, zu diesem Zweck gemeldet haben. Einer Sicherstellung der Gläubiger bedarf es nicht, die im Fall des Insolvenzverfahrens ein Recht auf vorzugsweise Befriedigung aus einer Deckungsmasse haben, die nach gesetzlicher Vorschrift zu ihrem Schutz errichtet und staatlich überwacht

ist. Die Gläubiger sind in der Bekanntmachung nach § 325 Abs. 1 Satz 2 oder Abs. 2 Satz 1 des Handelsgesetzbuchs auf die Befriedigung oder Sicherstellung hinzuweisen.

§ 58 e [Ausweis des Stammkapitals nach Herabsetzung]

(1) Im Jahresabschluß für das letzte vor der Beschlußfassung über die Kapitalherabsetzung abgelaufene Geschäftsjahr können das Stammkapital sowie die Kapital- und Gewinnrücklagen in der Höhe ausgewiesen werden, in der sie nach der Kapitalherabsetzung bestehen sollen. Dies gilt nicht, wenn der Jahresabschluß anders als durch Beschluß der Gesellschafter festgestellt wird.

(2) Der Beschluß über die Feststellung des Jahresabschlusses soll zugleich mit dem Beschluß über die Kapitalherabsetzung gefaßt werden.

(3) Die Beschlüsse sind nichtig, wenn der Beschluß über die Kapitalherabsetzung nicht binnen drei Monaten nach der Beschlußfassung in das Handelsregister eingetragen worden ist. Der Lauf der Frist ist gehemmt, solange eine Anfechtungs- oder Nichtigkeitsklage rechtshängig ist oder eine zur Kapitalherabsetzung beantragte staatliche Genehmigung noch nicht erteilt ist.

(4) Der Jahresabschluß darf nach § 325 des Handelsgesetzbuchs erst nach Eintragung des Beschlusses über die Kapitalherabsetzung offengelegt werden.

§ 58 f [Gleichzeitige Berücksichtigung der Kapitalerhöhung]

(1). Wird im Fall des § 58 e zugleich mit der Kapitalherabsetzung eine Erhöhung des Stammkapitals beschlossen, so kann auch die Kapitalerhöhung in dem Jahresabschluß als vollzogen berücksichtigt werden. Die Beschlußfassung ist nur zulässig, wenn die neuen Stammeinlagen übernommen, keine Sacheinlagen festgesetzt sind und wenn auf jede neue Stammeinlage die Einzahlung geleistet ist, die nach § 56a zur Zeit der Anmeldung der Kapitalerhöhung bewirkt sein muß. Die Übernahme und die Einzahlung sind dem Notar nachzuweisen, der den Beschluß über die Erhöhung des Stammkapitals beurkundet.

(2) Sämtliche Beschlüsse sind nichtig, wenn die Beschlüsse über die Kapitalherabsetzung und die Kapitalerhöhung nicht binnen drei Monaten nach der Beschlußfassung in das Handelsregister eingetragen worden sind. Der Lauf der Frist ist gehemmt, solange eine Anfechtungs- oder Nichtigkeitsklage rechtshängig ist oder eine zur Kapitalherabsetzung oder Kapitalerhöhung beantragte staatliche Genehmigung noch nicht erteilt worden ist. Die Beschlüsse sollen nur zusammen in das Handelsregister eingetragen werden.

(3) Der Jahresabschluß darf nach § 325 des Handelsgesetzbuchs erst offengelegt werden, nachdem die Beschlüsse über die Kapitalherabsetzung und Kapitalerhöhung eingetragen worden sind.

§ 59 [Gerichtliche Zuständigkeit]

Die Versicherung nach § 57 Abs. 2 ist nur gegenüber dem Gericht des Sitzes der Gesellschaft abzugeben. Die Urkunden nach § 57 Abs. 3 Nr. 1 und § 58 Abs. 1 Nr. 4 sind nur bei dem Gericht des Sitzes der Gesellschaft einzureichen.

Fünfter Abschnitt

Auflösung und Nichtigkeit der Gesellschaft

§ 60 [Auflösungsgründe]

(1) Die Gesellschaft mit beschränkter Haftung wird aufgelöst:

1. durch Ablauf der im Gesellschaftsvertrag bestimmten Zeit;
2. durch Beschluß der Gesellschafter; derselbe bedarf, sofern im Gesellschaftsvertrag nicht ein anderes bestimmt ist, eine Mehrheit von drei Vierteilen der abgegebenen Stimmen;

3. durch gerichtliches Urteil oder durch Entscheidung des Verwaltungsgerichts oder der Verwaltungsbehörde in den Fällen der §§ 61 und 62;
4. durch die Eröffnung des Konkursverfahrens; wird das Verfahren nach Abschluß eines Zwangsvergleichs aufgehoben oder auf Antrag des Gemeinschuldners eingestellt, so können die Gesellschafter die Fortsetzung der Gesellschaft beschließen;
5. mit der Rechtskraft einer Verfügung des Registergerichts, durch welche nach den §§ 144 a, 144 b des Gesetzes über die Angelegenheiten der freiwilligen Gerichtsbarkeit ein Mangel des Gesellschaftsvertrags oder die Nichteinhaltung der Verpflichtungen nach § 19 Abs. 4 dieses Gesetzes festgestellt worden ist.

(2) Im Gesellschaftsvertrag können weitere Auflösungsgründe festgesetzt werden.

§ 61 [Auflösung durch Urteil]

(1) Die Gesellschaft kann durch gerichtliches Urteil aufgelöst werden, wenn die Erreichung des Gesellschaftszweckes unmöglich wird, oder wenn andere, in den Verhältnissen der Gesellschaft liegende, wichtige Gründe für die Auflösung vorhanden sind.

(2) Die Auflösungsklage ist gegen die Gesellschaft zu richten. Sie kann nur von Gesellschaftern erhoben werden, deren Geschäftsanteile zusammen mindestens dem zehnten Teil des Stammkapitals entsprechen.

(3) Für die Klage ist das Landgericht ausschließlich zuständig, in dessen Bezirk die Gesellschaft ihren Sitz hat.

§ 62 [Auflösung durch Verwaltungsbehörde]

(1) Wenn eine Gesellschaft das Gemeinwohl dadurch gefährdet, daß die Gesellschafter gesetzwidrige Beschlüsse fassen oder gesetzwidrige Handlungen der Geschäftsführer wissentlich geschehen lassen, so kann sie aufgelöst werden, ohne daß deshalb ein Anspruch auf Entschädigung stattfindet.

(2) Das Verfahren und die Zuständigkeit der Behörden richtet sich nach den für streitige Verwaltungssachen landesgesetzlich geltenden Vorschriften. Wo ein Verwaltungsstreitverfahren nicht besteht, kann die Auflösung nur durch gerichtliches Erkenntnis auf Betreiben der höheren Verwaltungsbehörde erfolgen. Ausschließlich zuständig ist in diesem Fall das Landgericht, in dessen Bezirk die Gesellschaft ihren Sitz hat.

§ 63 [Konkurs]

(1) Über das Vermögen der Gesellschaft findet das Konkursverfahren außer dem Fall der Zahlungsunfähigkeit auch in dem Fall der Überschuldung statt.

(2) Die auf das Konkursverfahren über das Vermögen einer Aktiengesellschaft bezüglichen Vorschriften in § 207 Abs. 2, § 208 der Konkursordnung finden auf die Gesellschaft mit beschränkter Haftung entsprechende Anwendung.

§ 64 [Antragspflicht]

(1) Wird die Gesellschaft zahlungsunfähig, so haben die Geschäftsführer ohne schuldhaftes Zögern, spätestens aber drei Wochen nach Eintritt der Zahlungsunfähigkeit, die Eröffnung des Konkursverfahrens oder die Eröffnung des gerichtlichen Vergleichsverfahrens zu beantragen. Dies gilt sinngemäß, wenn das Vermögen der Gesellschaft nicht mehr die Schulden deckt. Eine schuldhafte Verzögerung des Antrags liegt nicht vor, wenn die Geschäftsführer die Eröffnung des gerichtlichen Vergleichsverfahrens mit der Sorgfalt eines ordentlichen Geschäftsmanns betreiben.

(2) Die Geschäftsführer sind der Gesellschaft zum Ersatz von Zahlungen verpflichtet, die nach Eintritt der Zahlungsunfähigkeit der Gesellschaft oder nach Feststellung ihrer Überschuldung geleistet werden. Dies gilt nicht von Zahlungen, die auch nach diesem

Zeitpunkt mit der Sorgfalt eines ordentlichen Geschäftsmanns vereinbar sind. Auf den Ersatzanspruch finden die Bestimmungen in § 43 Abs. 3 und 4 entsprechende Anwendung.

§ 65 [Anmeldung der Auflösung – Bekanntmachung]

(1) Die Auflösung der Gesellschaft ist zur Eintragung in das Handelsregister anzumelden. Dies gilt nicht in den Fällen des Konkursverfahrens und der gerichtlichen Feststellung eines Mangels des Gesellschaftsvertrags oder der Nichteinhaltung der Verpflichtungen nach § 19 Abs. 4. In diesen Fällen hat das Gericht die Auflösung und ihren Grund von Amts wegen einzutragen.

(2) Die Auflösung ist von den Liquidatoren zu drei verschiedenen Malen durch die in § 30 Abs. 2 bezeichneten öffentlichen Blätter bekanntzumachen. Durch die Bekanntmachung sind zugleich die Gläubiger der Gesellschaft aufzufordern, sich bei derselben zu melden.

§ 66 [Liquidation]

(1) In den Fällen der Auflösung außer dem Fall des Konkursverfahrens erfolgt die Liquidation durch die Geschäftsführer, wenn nicht dieselbe durch den Gesellschaftsvertrag oder durch Beschluß der Gesellschafter anderen Personen übertragen wird.

(2) Auf Antrag von Gesellschaftern, deren Geschäftsanteile zusammen mindestens dem zehnten Teil des Stammkapitals entsprechen, kann aus wichtigen Gründen die Bestellung von Liquidatoren durch das Gericht (§ 7 Abs. 1) erfolgen.

(3) Die Abberufung von Liquidatoren kann durch das Gericht unter derselben Voraussetzung wie die Bestellung stattfinden. Liquidatoren, welche nicht vom Gericht ernannt sind, können auch durch Beschluß der Gesellschafter vor Ablauf des Zeitraums, für welchen sie bestellt sind, abberufen werden.

(4) Für die Auswahl der Liquidatoren findet § 6 Abs. 2 Satz 3 und 4 entsprechende Anwendung.

§ 67 [Anmeldung der Liquidatoren]

(1) Die ersten Liquidatoren sowie ihre Vertretungsbefugnis sind durch die Geschäftsführer, jeder Wechsel der Liquidatoren und jede Änderung ihrer Vertretungsbefugnis sind durch die Liquidatoren zur Eintragung in das Handelsregister anzumelden.

(2) Der Anmeldung sind die Urkunden über die Bestellung der Liquidatoren oder über die Änderung in den Personen derselben in Urschrift oder öffentlich beglaubigter Abschrift für das Gericht des Sitzes der Gesellschaft beizufügen.

(3) In der Anmeldung haben die Liquidatoren zu versichern, daß keine Umstände vorliegen, die ihrer Bestellung nach § 66 Abs. 4 entgegenstehen, und daß sie über ihre unbeschränkte Auskunftspflicht gegenüber dem Gericht belehrt worden sind. § 8 Abs. 3 Satz 2 ist anzuwenden.

(4) Die Eintragung der gerichtlichen Ernennung oder Abberufung der Liquidatoren geschieht von Amts wegen.

(5) Die Liquidatoren haben ihre Unterschrift zur Aufbewahrung bei dem Gericht zu zeichnen.

§ 68 [Zeichnung durch Liquidatoren]

(1) Die Liquidatoren haben in der bei ihrer Bestellung bestimmten Form ihre Willenserklärungen kundzugeben und für die Gesellschaft zu zeichnen. Ist nichts darüber bestimmt, so muß die Erklärung und Zeichnung durch sämtliche Liquidatoren erfolgen.

(2) Die Zeichnungen geschehen in der Weise, daß die Liquidatoren der bisherigen, nunmehr als Liquidationsfirma zu bezeichnenden Firma ihre Namensunterschrift beifügen.

§ 69 [Rechtsverhältnisse während der Liquidation]

(1) Bis zur Beendigung der Liquidation kommen ungeachtet der Auflösung der Gesellschaft in bezug auf die Rechtsverhältnisse derselben und der Gesellschafter die Vorschriften des zweiten und dritten Abschnitts zur Anwendung, soweit sich aus den Bestimmungen des gegenwärtigen Abschnitts und aus dem Wesen der Liquidation nicht ein anderes ergibt.

(2) Der Gerichtsstand, welchen die Gesellschaft zur Zeit ihrer Auflösung hatte, bleibt bis zur vollzogenen Verteilung des Vermögens bestehen.

§ 70 [Aufgaben der Liquidatoren]

Die Liquidatoren haben die laufenden Geschäfte zu beendigen, die Verpflichtungen der aufgelösten Gesellschaft zu erfüllen, die Forderungen derselben einzuziehen und das Vermögen der Gesellschaft in Geld umzusetzen; sie haben die Gesellschaft gerichtlich und außergerichtlich zu vertreten. Zur Beendigung schwebender Geschäfte können die Liquidatoren auch neue Geschäfte eingehen.

§ 71 [Rechte und Pflichten der Liquidatoren]

(1) Die Liquidatoren haben für den Beginn der Liquidation eine Bilanz (Eröffnungsbilanz) und einen die Eröffnungsbilanz erläuternden Bericht sowie für den Schluß eines jeden Jahres einen Jahresabschluß und einen Lagebericht aufzustellen.

(2) Die Gesellschafter beschließen über die Feststellung der Eröffnungsbilanz und des Jahresabschlusses sowie über die Entlastung der Liquidatoren. Auf die Eröffnungsbilanz und den erläuternden Bericht sind die Vorschriften über den Jahresabschluß entsprechend anzuwenden. Vermögensgegenstände des Anlagevermögens sind jedoch wie Umlaufvermögen zu bewerten, soweit ihre Veräußerung innerhalb eines übersehbaren Zeitraums beabsichtigt ist oder diese Vermögensgegenstände nicht mehr dem Geschäftsbetrieb dienen; dies gilt auch für den Jahresabschluß.

(3) Das Gericht kann von der Prüfung des Jahresabschlusses und des Lageberichts durch einen Abschlußprüfer befreien, wenn die Verhältnisse der Gesellschaft so überschaubar sind, daß eine Prüfung im Interesse der Gläubiger und der Gesellschafter nicht geboten erscheint. Gegen die Entscheidung ist die sofortige Beschwerde zulässig.

(4) Im übrigen haben sie die aus §§ 36, 37, 41 Abs. 1, § 43 Abs. 1, 2 und 4, § 49 Abs. 1 und 2, § 64 sich ergebenden Rechte und Pflichten der Geschäftsführer.

(5) Auf allen Geschäftsbriefen, die an einen bestimmten Empfänger gerichtet werden, müssen die Rechtsform und der Sitz der Gesellschaft, die Tatsache, daß die Gesellschaft sich in Liquidation befindet, das Registergericht des Sitzes der Gesellschaft und die Nummer, unter der die Gesellschaft in das Handelsregister eingetragen ist, sowie alle Liquidatoren und, sofern die Gesellschaft einen Aufsichtsrat gebildet und dieser einen Vorsitzenden hat, der Vorsitzende des Aufsichtsrats mit dem Familiennamen und mindestens einem ausgeschriebenen Vornamen angegeben werden. Werden Angaben über das Kapital der Gesellschaft gemacht, so müssen in jedem Falle das Stammkapital sowie, wenn nicht alle in Geld zu leistenden Einlagen eingezahlt sind, der Gesamtbetrag der ausstehenden Einlagen angegeben werden. Der Angaben nach Satz 1 bedarf es nicht bei Mitteilungen oder Berichten, die im Rahmen einer bestehenden Geschäftsverbindung ergehen und für die üblicherweise Vordrucke verwendet werden, in denen lediglich die im Einzelfall erforderlichen besonderen Angaben eingefügt zu werden brauchen. Bestellscheine gelten als Geschäftsbriefe im Sinne des Satzes 1; Satz 3 ist auf sie nicht anzuwenden.

§ 72 [Verteilung des Gesellschaftervermögens]

Das Vermögen der Gesellschaft wird unter die Gesellschafter nach Verhältnis ihrer Geschäftsanteile verteilt. Durch den Gesellschaftsvertrag kann ein anderes Verhältnis für die Verteilung bestimmt werden.

§ 73 [Sperrfrist]

(1) Die Verteilung darf nicht vor Tilgung oder Sicherstellung der Schulden der Gesellschaft und nicht vor Ablauf eines Jahres seit dem Tage vorgenommen werden, an welchem die Aufforderung an die Gläubiger (§ 65 Abs. 2) in den öffentlichen Blättern zum dritten Male erfolgt ist.

(2) Meldet sich ein bekannter Gläubiger nicht, so ist der geschuldete Betrag, wenn die Berechtigung zur Hinterlegung vorhanden ist, für den Gläubiger zu hinterlegen. Ist die Berichtigung einer Verbindlichkeit zur Zeit nicht ausführbar oder ist eine Verbindlichkeit streitig, so darf die Verteilung des Vermögens nur erfolgen, wenn dem Gläubiger Sicherheit geleistet ist.

(3) Liquidatoren, welche diesen Vorschriften zuwiderhandeln, sind zum Ersatz der verteilten Beträge solidarisch verpflichtet. Auf den Ersatzanspruch finden die Bestimmungen in § 43 Abs. 3 und 4 entsprechende Anwendung.

§ 74 [Verwahrung der Bücher und Schriften]

(1) Ist die Liquidation beendet und die Schlußrechnung gelegt, so haben die Liquidatoren den Schluß der Liquidation zur Eintragung in das Handelsregister anzumelden. Die Gesellschaft ist zu löschen.

(2) Nach Beendigung der Liquidation sind die Bücher und Schriften der Gesellschaft für die Dauer von zehn Jahren einem der Gesellschafter oder einem Dritten in Verwahrung zu geben. Der Gesellschafter oder der Dritte wird in Ermangelung einer Bestimmung des Gesellschaftsvertrags oder eines Beschlusses der Gesellschafter durch das Gericht (§ 7 Abs. 1) bestimmt.

(3) Die Gesellschafter und deren Rechtsnachfolger sind zur Einsicht der Bücher und Schriften berechtigt. Gläubiger der Gesellschaft können von dem Gericht (§ 7 Abs. 1) zur Einsicht ermächtigt werden.

§ 75 [Nichtigkeitsklage]

(1) Enthält der Gesellschaftsvertrag keine Bestimmungen über die Höhe des Stammkapitals oder über den Gegenstand des Unternehmens oder sind die Bestimmungen des Gesellschaftsvertrags über den Gegenstand des Unternehmens nichtig, so kann jeder Gesellschafter, jeder Geschäftsführer und, wenn ein Aufsichtsrat bestellt ist, jedes Mitglied des Aufsichtsrats im Wege der Klage beantragen, daß die Gesellschaft für nichtig erklärt werde.

(2) Die Vorschriften der *§§ 272, 273 des Handelsgesetzbuchs*[1)] finden entsprechende Anwendung.

§ 76 [Heilung von Mängeln]

Ein Mangel, der die Bestimmungen über den Gegenstand des Unternehmens betrifft, kann durch einstimmigen Beschluß der Gesellschafter geheilt werden.

§ 77 [Anwendung der Auflösungsvorschriften bei Nichtigkeit]

(1) Ist die Nichtigkeit einer Gesellschaft in das Handelsregister eingetragen, so finden zum Zwecke der Abwicklung ihrer Verhältnisse die für den Fall der Auflösung geltenden Vorschriften entsprechende Anwendung.

---

1) Anstelle der hier aufgeführten Vorschriften des HGB, die aufgehoben waren, treten entsprechend die diesbezüglichen Vorschriften des Aktiengesetzes.

(2) Die Wirksamkeit der im Namen der Gesellschaft mit Dritten vorgenommenen Rechtsgeschäfte wird durch die Nichtigkeit nicht berührt.

(3) Die Gesellschafter haben die versprochenen Einzahlungen zu leisten, soweit es zur Erfüllung der eingegangenen Verbindlichkeiten erforderlich ist.

Sechster Abschnitt

Schlußbestimmungen

§ 78 [Anmeldepflichtige]

Die in diesem Gesetz vorgesehenen Anmeldungen zum Handelsregister sind durch die Geschäftsführer oder die Liquidatoren, die in § 7 Abs. 1, § 57 Abs. 1, § 57 i Abs. 1, § 58 Abs. 1 Nr. 3 vorgesehenen Anmeldungen sind durch sämtliche Geschäftsführer zu bewirken.

§ 79 [Zwangsgeld]

(1) Geschäftsführer oder Liquidatoren, die die §§ 35 a, 71 Abs. 5 nicht befolgen, sind hierzu vom Registergericht durch Festsetzung von Zwangsgeld anzuhalten; § 14 des Handelsgesetzbuchs bleibt unberührt. Das einzelne Zwangsgeld darf den Betrag von zehntausend Deutsche Mark nicht übersteigen.

(2) In Ansehung der in §§ 7, 54, 57 Abs. 1, § 58 Abs. 2 Nr. 3...[1] bezeichneten Anmeldungen zum Handelsregister findet, soweit es sich um die Anmeldung zum Handelsregister des Sitzes der Gesellschaft handelt, eine Festsetzung von Zwangsgeld nach § 14 des Handelsgesetzbuches nicht statt.

§§ 80 bis 81 a (aufgehoben)

§ 82 [Bestrafung wegen falscher Angaben]

(1) Mit Freiheitsstrafe bis zu drei Jahren oder mit Geldstrafe wird bestraft, wer

1. als Gesellschafter oder als Geschäftsführer zum Zweck der Eintragung der Gesellschaft über die Übernahme der Stammeinlagen, die Leistung der Einlagen, die Verwendung eingezahlter Beträge, über Sondervorteile, Gründungsaufwand, Sacheinlagen und Sicherungen für nicht voll eingezahlte Geldeinlagen,
2. als Gesellschafter im Sachgründungsbericht,
3. als Geschäftsführer zum Zweck der Eintragung einer Erhöhung des Stammkapitals über die Zeichnung oder Einbringung des neuen Kapitals oder über Sacheinlagen,
4. als Geschäftsführer in der in § 57 i Abs. 1 Satz 2 vorgeschriebenen Erklärung oder
5. als Geschäftsführer in der nach § 8 Abs. 3 Satz 1 oder § 39 Abs. 3 Satz 1 abzugebenden Versicherung oder als Liquidator in der nach § 67 Abs. 3 Satz 1 abzugebenden Versicherung

falsche Angaben macht.

(2) Ebenso wird bestraft, wer

1. als Geschäftsführer zum Zweck der Herabsetzung des Stammkapitals über die Befriedigung oder Sicherstellung der Gläubiger eine unwahre Versicherung abgibt oder
2. als Geschäftsführer, Liquidator, Mitglied eines Aufsichtsrats oder ähnlichen Organs in einer öffentlichen Mitteilung die Vermögenslage der Gesellschaft unwahr darstellt oder verschleiert, wenn die Tat nicht in § 331 Nr. 1 des Handelsgesetzbuchs mit Strafe bedroht ist.

---

1) Auslassung gegenstandslos, da abhängig von dem aufgehobenen § 80 GmbH-Gesetz.

§ 83 (aufgehoben)

§ 84 [Bestrafung wegen Verstoßes gegen Verlustanzeigepflicht und Pflicht zur Stellung eines Konkurs- oder Vergleichsantrags]

(1) Mit Freiheitsstrafe bis zu drei Jahren oder mit Geldstrafe wird bestraft, wer es

1. als Geschäftsführer unterläßt, den Gesellschaftern einen Verlust in Höhe der Hälfte des Stammkapitals anzuzeigen, oder
2. als Geschäftsführer entgegen § 64 Abs. 1 oder als Liquidator entgegen § 71 Abs. 4 unterläßt, bei Zahlungsunfähigkeit oder Überschuldung die Eröffnung des Konkursverfahrens oder des gerichtlichen Vergleichsverfahrens zu beantragen.

(2) Handelt der Täter fahrlässig, so ist die Strafe Freiheitsstrafe bis zu einem Jahr oder Geldstrafe.

§ 85 [Bestrafung wegen Verstoßes gegen Geheimhaltungspflichten]

(1) Mit Freiheitsstrafe bis zu einem Jahr oder mit Geldstrafe wird bestraft, wer ein Geheimnis der Gesellschaft, namentlich ein Betriebs- oder Geschäftsgeheimnis, das ihm in seiner Eigenschaft als Geschäftsführer, Mitglied des Aufsichtsrats oder Liquidator bekanntgeworden ist, unbefugt offenbart.

(2) Handelt der Täter gegen Entgelt oder in der Absicht, sich oder einen anderen zu bereichern oder einen anderen zu schädigen, so ist die Strafe Freiheitsstrafe bis zu zwei Jahren oder Geldstrafe. Ebenso wird bestraft, wer ein Geheimnis der in Absatz 1 bezeichneten Art, namentlich ein Betriebs- oder Geschäftsgeheimnis, das ihm unter den Voraussetzungen des Absatzes 1 bekanntgeworden ist, unbefugt verwertet.

(3) Die Tat wird nur auf Antrag der Gesellschaft verfolgt. Hat ein Geschäftsführer oder ein Liquidator die Tat begangen, so sind der Aufsichtsrat und, wenn kein Aufsichtsrat vorhanden ist, von den Gesellschaftern bestellte besondere Vertreter antragsberechtigt. Hat ein Mitglied des Aufsichtsrats die Tat begangen, so sind die Geschäftsführer oder die Liquidatoren antragsberechtigt.

Wechselgesetz

Vom 21. Juni 1933 (RGBl. I S. 399)
(BGBl. III 4133-1)

Änderungen seit 1. 1. 1964

Artikel	Art der Änderung	Geändert durch	Datum	Fundstelle BGBl.
72	geändert	Gesetz über den Fristablauf am Sonnabend	10. 8.1965	I S. 753
48, 49 88	geändert aufgehoben	Gesetz zur Änderung des Gesetzes über die Verwahrung und Anschaffung von Wertpapieren sowie anderer wertpapierrechtlicher Vorschriften	17. 7.1985	I S. 1507
79	geändert	Postneuordnungsgesetz	14. 9.1994	I S. 2325, 2387
43, 44	geändert[1]	Einführungsgesetz zur Insolvenzordnung	5.10.1994	I S. 2911, 2937

Erster Teil

Gezogener Wechsel

Erster Abschnitt

Ausstellung und Form des gezogenen Wechsels

Artikel 1 [Bestandteile]

Der gezogene Wechsel enthält:

1. die Bezeichnung als Wechsel im Texte der Urkunde und zwar in der Sprache, in der sie ausgestellt ist;
2. die unbedingte Anweisung, eine bestimmte Geldsumme zu zahlen;
3. den Namen dessen, der zahlen soll (Bezogener);
4. die Angabe der Verfallzeit;
5. die Angabe des Zahlungsortes;
6. den Namen dessen, an den oder an dessen Order gezahlt werden soll;
7. die Angabe des Tages und des Ortes der Ausstellung;
8. die Unterschrift des Ausstellers.

Artikel 2 [Fehlen von Bestandteilen]

(1) Eine Urkunde, der einer der in vorstehendem Artikel bezeichneten Bestandteile fehlt, gilt nicht als gezogener Wechsel, vorbehaltlich der in den folgenden Absätzen bezeichneten Fälle.

(2) Ein Wechsel ohne Angabe der Verfallzeit gilt als Sichtwechsel.

(3) Mangels einer besonderen Angabe gilt der bei dem Namen des Bezogenen angegebene Ort als Zahlungsort und zugleich als Wohnort des Bezogenen.

(4) Ein Wechsel ohne Angabe des Ausstellungsortes gilt als ausgestellt an dem Orte, der bei dem Namen des Ausstellers angegeben ist.

1) Die Änderungen treten am 1. 1. 1999 in Kraft und werden zu diesem Zeitpunkt eingearbeitet.

Artikel 3 [Wechsel an die eigene Order]

(1) Der Wechsel kann an die eigene Order des Ausstellers lauten.

(2) Er kann auf den Aussteller selbst gezogen werden.

(3) Er kann für Rechnung eines Dritten gezogen werden.

Artikel 4 [Zahlungsort]

Der Wechsel kann bei einem Dritten, am Wohnort des Bezogenen oder an einem anderen Orte, zahlbar gestellt werden.

Artikel 5 [Wechselzinsen]

(1) In einem Wechsel, der auf Sicht oder auf eine bestimmte Zeit nach Sicht lautet, kann der Aussteller bestimmen, daß die Wechselsumme zu verzinsen ist. Bei jedem anderen Wechsel gilt der Zinsvermerk als nicht geschrieben.

(2) Der Zinsfuß ist im Wechsel anzugeben; fehlt diese Angabe, so gilt der Zinsvermerk als nicht geschrieben.

(3) Die Zinsen laufen vom Tage der Ausstellung des Wechsels, sofern nicht ein anderer Tag bestimmt ist.

Artikel 6 [Wechselsumme]

(1) Ist die Wechselsumme in Buchstaben und in Ziffern angegeben, so gilt bei Abweichungen die in Buchstaben angegebene Summe.

(2) Ist die Wechselsumme mehrmals in Buchstaben oder mehrmals in Ziffern angegeben, so gilt bei Abweichungen die geringste Summe.

Artikel 7 [Ungültige Unterschriften]

Trägt ein Wechsel Unterschriften von Personen, die eine Wechselverbindlichkeit nicht eingehen können, gefälschte Unterschriften, Unterschriften erdichteter Personen oder Unterschriften, die aus irgendeinem anderen Grunde für die Personen, die unterschrieben haben oder mit deren Namen unterschrieben worden ist, keine Verbindlichkeit begründen, so hat dies auf die Gültigkeit der übrigen Unterschriften keinen Einfluß.

Artikel 8 [Haftung des Vertreters]

Wer auf einen Wechsel seine Unterschrift als Vertreter eines anderen setzt, ohne hierzu ermächtigt zu sein, haftet selbst wechselmäßig und hat, wenn er den Wechsel einlöst, dieselben Rechte, die der angeblich Vertretene haben würde. Das gleiche gilt von einem Vertreter, der seine Vertretungsbefugnis überschritten hat.

Artikel 9 [Haftung des Ausstellers]

(1) Der Aussteller haftet für die Annahme und die Zahlung des Wechsels.

(2) Er kann die Haftung für die Annahme ausschließen; jeder Vermerk, durch den er die Haftung für die Zahlung ausschließt, gilt als nicht geschrieben.

Artikel 10 [Blankowechsel]

Wenn ein Wechsel, der bei der Begebung unvollständig war, den betroffenen Vereinbarungen zuwider ausgefüllt worden ist, so kann die Nichteinhaltung dieser Vereinbarungen dem Inhaber nicht entgegengesetzt werden, es sei denn, daß er den Wechsel in bösem Glauben erworben hat oder ihm beim Erwerb eine grobe Fahrlässigkeit zur Last fällt.

Zweiter Abschnitt
Indossament

Artikel 11 [Übertragung durch Indossament]

(1) Jeder Wechsel kann durch Indossament übertragen werden, auch wenn er nicht ausdrücklich an Order lautet.

(2) Hat der Aussteller in den Wechsel die Worte »nicht an Order« oder einen gleichbedeutenden Vermerk aufgenommen, so kann der Wechsel nur in der Form und mit den Wirkungen einer gewöhnlichen Abtretung übertragen werden.

(3) Das Indossament kann auch auf den Bezogenen, gleichviel ob er den Wechsel angenommen hat oder nicht, auf den Aussteller oder auf jeden anderen Wechselverpflichteten lauten. Diese Personen können den Wechsel weiter indossieren.

Artikel 12 [Unbedingtheit des Indossaments]

(1) Das Indossament muß unbedingt sein. Bedingungen, von denen es abhängig gemacht wird, gelten als nicht geschrieben.

(2) Ein Teilindossament ist nichtig.

(3) Ein Indossament an den Inhaber gilt als Blankoindossament.

Artikel 13 [Form des Indossaments]

(1) Das Indossament muß auf den Wechsel oder auf ein mit dem Wechsel verbundenes Blatt (Anhang) gesetzt werden. Es muß von dem Indossanten unterschrieben werden.

(2) Das Indossament braucht den Indossatar nicht zu bezeichnen und kann selbst in der bloßen Unterschrift des Indossanten bestehen (Blankoindossament). In diesem letzteren Falle muß das Indossament, um gültig zu sein, auf die Rückseite des Wechsels oder auf den Anhang gesetzt werden.

Artikel 14 [Übertragungsfunktion]

(1) Das Indossament überträgt alle Rechte aus dem Wechsel.

(2) Ist es ein Blankoindossament, so kann der Inhaber

1. das Indossament mit seinem Namen oder mit dem Namen eines anderen ausfüllen;
2. den Wechsel durch ein Blankoindossament oder an eine bestimmte Person weiter indossieren;
3. den Wechsel weiterbegeben, ohne das Blankoindossament auszufüllen und ohne ihn zu indossieren.

Artikel 15 [Haftung des Indossanten]

(1) Der Indossant haftet mangels eines entgegenstehenden Vermerks für die Annahme und die Zahlung.

(2) Er kann untersagen, daß der Wechsel weiter indossiert wird; in diesem Falle haftet er denen nicht, an die der Wechsel weiter indossiert wird.

Artikel 16 [Vermutung der Berechtigung des Wechselinhabers]

(1) Wer den Wechsel in den Händen hat, gilt als rechtmäßiger Inhaber, sofern er sein Recht durch eine ununterbrochene Reihe von Indossamenten nachweist, und zwar auch dann, wenn das letzte ein Blankoindossament ist. Ausgestrichene Indossamente gelten hierbei als nicht geschrieben. Folgt auf ein Blankoindossament ein weiteres Indossament, so wird angenommen, daß der Aussteller dieses Indossaments den Wechsel durch das Blankoindossament erworben hat.

(2) Ist der Wechsel einem früheren Inhaber irgendwie abhanden gekommen, so ist der neue Inhaber, der sein Recht nach den Vorschriften des vorstehenden Absatzes nachweist, zur Herausgabe des Wechsels nur verpflichtet, wenn er ihn in bösem Glauben erworben hat oder ihm beim Erwerb eine grobe Fahrlässigkeit zur Last fällt.

Artikel 17 [Einwendungen des Wechselschuldners]

Wer aus dem Wechsel in Anspruch genommen wird, kann dem Inhaber keine Einwendungen entgegensetzen, die sich auf seine unmittelbaren Beziehungen zu dem Aussteller oder zu einem früheren Inhaber gründen, es sei denn, daß der Inhaber bei dem Erwerb des Wechsels bewußt zum Nachteil des Schuldners gehandelt hat.

Artikel 18 [Vollmachtsindossament]

(1) Enthält das Indossament den Vermerk »Wert zur Einziehung«, »zum Inkasso«, »in Prokura« oder einen anderen nur eine Bevollmächtigung ausdrückenden Vermerk, so kann der Inhaber alle Rechte aus dem Wechsel geltend machen; aber er kann ihn nur durch ein weiteres Vollmachtsindossament übertragen.

(2) Die Wechselverpflichteten können in diesem Falle dem Inhaber nur solche Einwendungen entgegensetzen, die ihnen gegen den Indossanten zustehen.

(3) Die in dem Vollmachtsindossament enthaltene Vollmacht erlischt weder mit dem Tode noch mit dem Eintritt der Handlungsunfähigkeit des Vollmachtgebers.

Artikel 19 [Verpfändung des Indossaments]

(1) Enthält das Indossament den Vermerk »Wert zur Sicherheit«, »Wert zum Pfande« oder einen anderen eine Verpfändung ausdrückenden Vermerk, so kann der Inhaber alle Rechte aus dem Wechsel geltend machen; ein von ihm ausgestelltes Indossament hat aber nur die Wirkung eines Vollmachtsindossaments.

(2) Die Wechselverpflichteten können dem Inhaber keine Einwendungen entgegensetzen, die sich auf ihre unmittelbaren Beziehungen zu dem Indossanten gründen, es sei denn, daß der Inhaber bei dem Erwerb des Wechsels bewußt zum Nachteil des Schuldners gehandelt hat.

Artikel 20 [Wirkungen eines Indossaments nach Verfall]

(1) Ein Indossament nach Verfall hat dieselben Wirkungen wie ein Indossament vor Verfall. Ist jedoch der Wechsel erst nach Erhebung des Protestes mangels Zahlung oder nach Ablauf der hierfür bestimmten Frist indossiert worden, so hat das Indossament nur die Wirkungen einer gewöhnlichen Abtretung.

(2) Bis zum Beweis des Gegenteils wird vermutet, daß ein nicht datiertes Indossament vor Ablauf der für die Erhebung des Protestes bestimmten Frist auf den Wechsel gesetzt worden ist.

Dritter Abschnitt

Annahme

Artikel 21 [Vorlegung zur Annahme]

Der Wechsel kann von dem Inhaber oder von jedem, der den Wechsel auch nur in Händen hat, bis zum Verfall dem Bezogenen an seinem Wohnort zur Annahme vorgelegt werden.

Artikel 22 [Vorschriften des Ausstellers im Wechsel]

(1) Der Aussteller kann in jedem Wechsel mit oder ohne Bestimmung einer Frist vorschreiben, daß der Wechsel zur Annahme vorgelegt werden muß.

(2) Er kann im Wechsel die Vorlegung zur Annahme untersagen, wenn es sich nicht um einen Wechsel handelt, der bei einem Dritten oder an einem von dem Wohnort des Bezogenen verschiedenen Ort zahlbar ist oder der auf eine bestimmte Zeit nach Sicht lautet.

(3) Er kann auch vorschreiben, daß der Wechsel nicht vor einem bestimmten Tage zur Annahme vorgelegt werden darf.

(4) Jeder Indossant kann, wenn nicht der Aussteller die Vorlegung zur Annahme untersagt hat, mit oder ohne Bestimmung einer Frist vorschreiben, daß der Wechsel zur Annahme vorgelegt werden muß.

Artikel 23 [Vorlegungsfrist]

(1) Wechsel, die auf eine bestimmte Zeit nach Sicht lauten, müssen binnen einem Jahr nach dem Tag der Ausstellung zur Annahme vorgelegt werden.

(2) Der Aussteller kann eine kürzere oder längere Frist bestimmen.

(3) Die Indossanten können die Vorlegungsfristen abkürzen.

Artikel 24 [Nochmalige Vorlegung]

(1) Der Bezogene kann verlangen, daß ihm der Wechsel am Tag nach der ersten Vorlegung nochmals vorgelegt wird. Die Beteiligten können sich darauf, daß diesem Verlangen nicht entsprochen worden ist, nur berufen, wenn das Verlangen im Protest vermerkt ist.

(2) Der Inhaber ist nicht verpflichtet, den zur Annahme vorgelegten Wechsel in der Hand des Bezogenen zu lassen.

Artikel 25 [Annahmeerklärung]

(1) Die Annahmeerklärung wird auf den Wechsel gesetzt. Sie wird durch das Wort »angenommen« oder ein gleichbedeutendes Wort ausgedrückt; sie ist vom Bezogenen zu unterschreiben. Die bloße Unterschrift des Bezogenen auf der Vorderseite des Wechsels gilt als Annahme.

(2) Lautet der Wechsel auf eine bestimmte Zeit nach Sicht oder ist er infolge eines besonderen Vermerks innerhalb einer bestimmten Frist zur Annahme vorzulegen, so muß die Annahmeerklärung den Tag bezeichnen, an dem sie erfolgt ist, sofern nicht der Inhaber die Angabe des Tages der Vorlegung verlangt. Ist kein Tag angegeben, so muß der Inhaber, um seine Rückgriffsrechte gegen die Indossanten und den Aussteller zu wahren, diese Unterlassung rechtzeitig durch einen Protest feststellen lassen.

Artikel 26 [Unbedingtheit der Annahme – Beschränkung]

(1) Die Annahme muß unbedingt sein; der Bezogene kann sie aber auf einen Teil der Wechselsumme beschränken.

(2) Wenn die Annahmeerklärung irgendeine andere Abweichung von den Bestimmungen des Wechsels enthält, so gilt die Annahme als verweigert. Der Annehmende haftet jedoch nach dem Inhalt seiner Annahmeerklärung.

Artikel 27 [Domizilwechsel]

(1) Hat der Aussteller im Wechsel einen von dem Wohnort des Bezogenen verschiedenen Zahlungsort angegeben, ohne einen Dritten zu bezeichnen, bei dem die Zahlung geleistet werden soll, so kann der Bezogene bei der Annahmeerklärung einen Dritten bezeichnen. Mangels einer solchen Bezeichnung wird angenommen, daß sich der Annehmer verpflichtet hat, selbst am Zahlungsort zu zahlen.

(2) Ist der Wechsel beim Bezogenen selbst zahlbar, so kann dieser in der Annahmeerklärung eine am Zahlungsort befindliche Stelle bezeichnen, wo die Zahlung geleistet werden soll.

Artikel 28 [Wirkung der Annahme]

(1) Der Bezogene wird durch die Annahme verpflichtet, den Wechsel bei Verfall zu bezahlen.

(2) Mangels Zahlung hat der Inhaber, auch wenn er der Aussteller ist, gegen den Annehmer einen unmittelbaren Anspruch aus dem Wechsel auf alles, was auf Grund der Artikel 48 und 49 gefordert werden kann.

Artikel 29 [Wirkung der Streichung der Annahmeerklärung]

(1) Hat der Bezogene die auf den Wechsel gesetzte Annahmeerklärung vor der Rückgabe des Wechsels gestrichen, so gilt die Annahme als verweigert. Bis zum Beweis des Gegenteils wird vermutet, daß die Streichung vor der Rückgabe des Wechsels erfolgt ist.

(2) Hat der Bezogene jedoch dem Inhaber oder einer Person, deren Unterschrift sich auf dem Wechsel befindet, die Annahme schriftlich mitgeteilt, so haftet der diesen nach dem Inhalt seiner Annahmeerklärung.

Vierter Abschnitt
Wechselbürgschaft

Artikel 30 [Zulässigkeit]

(1) Die Zahlung der Wechselsumme kann ganz oder teilweise durch Wechselbürgschaft gesichert werden.

(2) Diese Sicherheit kann von einem Dritten oder auch von einer Person geleistet werden, deren Unterschrift sich schon auf dem Wechsel befindet.

Artikel 31 [Form]

(1) Die Bürgschaftserklärung wird auf den Wechsel oder auf einen Anhang gesetzt.

(2) Sie wird durch die Worte »als Bürge« oder einen gleichbedeutenden Vermerk ausgedrückt; sie ist von dem Wechselbürgen zu unterschreiben.

(3) Die bloße Unterschrift auf der Vorderseite des Wechsels gilt als Bürgschaftserklärung, soweit es sich nicht um die Unterschrift des Bezogenen oder des Ausstellers handelt.

(4) In der Erklärung ist anzugeben, für wen die Bürgschaft geleistet wird; mangels einer solchen Angabe gilt sie für den Aussteller.

Artikel 32 [Haftung des Wechselbürgen]

(1) Der Wechselbürge haftet in der gleichen Weise wie derjenige, für den er sich verbürgt hat.

(2) Seine Verpflichtungserklärung ist auch gültig, wenn die Verbindlichkeit, für die er sich verbürgt hat, aus einem anderen Grund als wegen eines Formfehlers nichtig ist.

(3) Der Wechselbürge, der den Wechsel bezahlt, erwirbt die Rechte aus dem Wechsel gegen denjenigen, für den er sich verbürgt hat, und gegen alle, die diesem wechselmäßig haften.

Fünfter Abschnitt
Verfall

Artikel 33 [Verfallzeiten]

(1) Ein Wechsel kann gezogen werden
auf Sicht;
auf eine bestimmte Zeit nach Sicht;
auf eine bestimmte Zeit nach der Ausstellung;
auf einen bestimmten Tag.

(2) Wechsel mit anderen oder mit mehreren aufeinanderfolgenden Verfallzeiten sind nichtig.

Artikel 34 [Verfall des Sichtwechsels]

(1) Der Sichtwechsel ist bei der Vorlegung fällig. Er muß binnen einem Jahr nach der Ausstellung zur Zahlung vorgelegt werden. Der Aussteller kann eine kürzere oder eine längere Frist bestimmen. Die Indossanten können die Vorlegungsfristen abkürzen.

(2) Der Aussteller kann vorschreiben, daß der Sichtwechsel nicht vor einem bestimmten Tag zur Zahlung vorgelegt werden darf. In diesem Falle beginnt die Vorlegungsfrist mit diesem Tag.

Artikel 35 [Verfall eines Nachsichtwechsels]

(1) Der Verfall eines Wechsels, der auf eine bestimmte Zeit nach Sicht lautet, richtet sich nach dem in der Annahmeerklärung angegebenen Tag oder nach dem Tag des Protestes.

(2) Ist in der Annahmeerklärung ein Tag nicht angegeben und ein Protest nicht erhoben worden, so gilt dem Annehmer gegenüber der Wechsel als am letzten Tag der für die Vorlegung zur Annahme vorgesehenen Frist angenommen.

Artikel 36 [Auslegungsregeln]

(1) Ein Wechsel, der auf einen oder mehrere Monate nach der Ausstellung oder nach Sicht lautet, verfällt an dem entsprechenden Tag des Zahlungsmonats. Fehlt dieser Tag, so ist der Wechsel am letzten Tag des Monats fällig.

(2) Lautet der Wechsel auf einen oder mehrere Monate und einen halben Monat nach der Ausstellung oder nach Sicht, so werden die ganzen Monate zuerst gezählt.

(3) Ist als Verfallzeit der Anfang, die Mitte oder das Ende eines Monats angegeben, so ist darunter der erste, der fünfzehnte oder der letzte Tag des Monats zu verstehen.

(4) Die Ausdrücke »acht Tage« oder »fünfzehn Tage« bedeuten nicht eine oder zwei Wochen, sondern volle acht oder fünfzehn Tage.

(5) Der Ausdruck »halber Monat« bedeutet fünfzehn Tage.

Artikel 37 [Verfalltag]

(1) Ist ein Wechsel an einem bestimmten Tag an einem Ort zahlbar, dessen Kalender von dem des Ausstellungsorts abweicht, so ist für den Verfalltag der Kalender des Zahlungsorts maßgebend.

(2) Ist ein zwischen zwei Orten mit verschiedenem Kalender gezogener Wechsel eine bestimmte Zeit nach der Ausstellung zahlbar, so wird der Tag der Ausstellung in den nach dem Kalender des Zahlungsorts entsprechenden Tag umgerechnet und hiernach der Verfalltag ermittelt.

(3) Auf die Berechnung der Fristen für die Verlegung von Wechseln findet die Vorschrift des vorstehenden Absatzes entsprechende Anwendung.

(4) Die Vorschriften dieses Artikels finden keine Anwendung, wenn sich aus einem Vermerk im Wechsel oder sonst aus dessen Inhalt ergibt, daß etwas anderes beabsichtigt war.

Sechster Abschnitt
Zahlung

Artikel 38 [Vorlegung zur Zahlung]

(1) Der Inhaber eines Wechsels, der an einem bestimmten Tag oder bestimmte Zeit nach der Ausstellung oder nach Sicht zahlbar ist, hat den Wechsel am Zahlungstag oder an einem der beiden folgenden Werktage zur Zahlung vorzulegen.
(2) Die Einlieferung in eine Abrechnungsstelle steht der Vorlegung zur Zahlung gleich.
(3) Der Reichsminister der Justiz bestimmt, welche Einrichtungen als Abrechnungsstellen anzusehen sind und unter welchen Voraussetzungen die Einlieferung erfolgen kann.

Artikel 39 [Aushändigung des quittierten Wechsels – Teilzahlung]

(1) Der Bezogene kann vom Inhaber gegen Zahlung die Aushändigung des quittierten Wechsels verlangen.
(2) Der Inhaber darf eine Teilzahlung nicht zurückweisen.
(3) Im Falle der Teilzahlung kann der Bezogene verlangen, daß sie auf dem Wechsel vermerkt und ihm eine Quittung erteilt wird.

Artikel 40 [Zahlung vor Verfall]

(1) Der Inhaber des Wechsels ist nicht verpflichtet, die Zahlung vor Verfall anzunehmen.
(2) Der Bezogene, der vor Verfall zahlt, handelt auf eigene Gefahr.
(3) Wer bei Verfall zahlt, wird von seiner Verbindlichkeit befreit, wenn ihm nicht Arglist oder grobe Fahrlässigkeit zur Last fällt. Er ist verpflichtet, die Ordnungsmäßigkeit der Reihe der Indossamente, aber nicht die Unterschriften der Indossanten zu prüfen.

Artikel 41 [Ausländische Währung]

(1) Lautet der Wechsel auf eine Währung, die am Zahlungsort nicht gilt, so kann die Wechselsumme in der Landeswährung nach dem Wert gezahlt werden, den sie am Verfalltage besitzt. Wenn der Schuldner die Zahlung verzögert, so kann der Inhaber wählen, ob die Wechselsumme nach dem Kurs des Verfalltages oder nach dem Kurs des Zahlungstages in die Landeswährung umgerechnet werden soll.
(2) Der Wert der fremden Währung bestimmt sich nach den Handelsgebräuchen des Zahlungsortes. Der Aussteller kann jedoch im Wechsel für die zu zahlende Summe einen Umrechnungskurs bestimmen.
(3) Die Vorschriften der beiden ersten Absätze finden keine Anwendung, wenn der Aussteller die Zahlung in einer bestimmten Währung vorgeschrieben hat (Effektivvermerk).
(4) Lautet der Wechsel auf eine Geldsorte, die im Lande der Ausstellung dieselbe Bezeichnung, aber einen anderen Wert hat als in dem der Zahlung, so wird vermutet, daß die Geldsorte des Zahlungsortes gemeint ist.

Artikel 42 [Hinterlegung der Wechselsumme]

Wird der Wechsel nicht innerhalb der in Artikel 38 bestimmten Frist zur Zahlung vorgelegt, so kann der Schuldner die Wechselsumme bei der zuständigen Behörde auf Gefahr und Kosten des Inhabers hinterlegen.

Siebenter Abschnitt

Rückgriff mangels Annahme und mangels Zahlung

Artikel 43 [Rückgriff mangels Zahlung]

(1) Der Inhaber kann gegen die Indossanten, den Aussteller und die anderen Wechselverpflichteten bei Verfall des Wechsels Rückgriff nehmen, wenn der Wechsel nicht bezahlt worden ist.

(2) Das gleiche Recht steht dem Inhaber schon vor Verfall zu,

1. wenn die Annahme ganz oder teilweise verweigert worden ist;
2. wenn über das Vermögen des Bezogenen, gleichviel ob er den Wechsel angenommen hat oder nicht, der Konkurs oder das gerichtliche Vergleichsverfahren (Ausgleichsverfahren) eröffnet worden ist oder wenn der Bezogene auch nur seine Zahlungen eingestellt hat oder wenn eine Zwangsvollstreckung in sein Vermögen fruchtlos verlaufen ist;
3. wenn über das Vermögen des Ausstellers eines Wechsels, dessen Vorlegung zur Annahme untersagt ist, der Konkurs oder das gerichtliche Vergleichsverfahren (Ausgleichsverfahren) eröffnet worden ist.

Artikel 44 [Wechselprotest]

(1) Die Verweigerung der Annahme oder der Zahlung muß durch eine öffentliche Urkunde (Protest mangels Annahme oder mangels Zahlung) festgestellt werden.

(2) Der Protest mangels Annahme muß innerhalb der Frist erhoben werden, die für die Vorlegung zur Annahme gilt. Ist im Falle des Artikels 24 Abs. 1 der Wechsel am letzten Tage der Frist zum ersten Male vorgelegt worden, so kann der Protest noch am folgenden Tage erhoben werden.

(3) Der Protest mangels Zahlung muß bei einem Wechsel, der an einem bestimmten Tag oder bestimmte Zeit nach der Ausstellung oder nach Sicht zahlbar ist, an einem der beiden auf den Zahlungstag folgenden Werktagen erhoben werden. Bei einem Sichtwechsel muß der Protest mangels Zahlung in den gleichen Fristen erhoben werden, wie sie im vorhergehenden Absatz für den Protest mangels Annahme vorgesehen sind.

(4) Ist Protest mangels Annahme erhoben worden, so bedarf es weder der Vorlegung zur Zahlung noch des Protestes mangels Zahlung.

(5) Hat der Bezogene, gleichviel ob er den Wechsel angenommen hat oder nicht, seine Zahlungen eingestellt, oder ist eine Zwangsvollstreckung in sein Vermögen fruchtlos verlaufen, so kann der Inhaber nur Rückgriff nehmen, nachdem der Wechsel dem Bezogenen zur Zahlung vorgelegt und Protest erhoben worden ist.

(6) Ist über das Vermögen des Bezogenen, gleichviel ob er den Wechsel angenommen hat oder nicht, oder über das Vermögen des Ausstellers eines Wechsels, dessen Vorlegung zur Annahme untersagt ist, Konkurs oder das gerichtliche Vergleichsverfahren (Ausgleichsverfahren) eröffnet worden, so genügt es zur Ausübung des Rückgriffsrechts, daß der gerichtliche Beschluß über die Eröffnung des Konkurses oder des gerichtlichen Vergleichsverfahrens (Ausgleichsverfahrens) vorgelegt wird. Die Vorlegung der Bekanntmachung des gerichtlichen Beschlusses im Bundesanzeiger oder in dem zur Veröffentlichung amtlicher Bekanntmachungen des Gerichts bestimmten Blatt ist der Vorlegung des gerichtlichen Beschlusses gleichzusetzen.

Artikel 45 [Notanzeige]

(1) Der Inhaber muß seinen unmittelbaren Vormann und den Aussteller von dem Unterbleiben der Annahme oder der Zahlung innerhalb der vier Werktage benachrichtigen, die auf den Tag der Protesterhebung oder, im Falle des Vermerks »ohne Kosten«, auf den Tag der Vorlegung folgen. Jeder Indossant muß innerhalb zweier Werktage nach Empfang der Nachricht seinem unmittelbaren Vormann von der Nachricht, die er erhalten hat, Kenntnis geben und ihm die Namen und Adressen derjenigen mitteilen, die vorher Nachricht gegeben haben, und so weiter in der Reihenfolge, bis zum Aussteller. Die Fristen laufen vom Empfang der vorhergehenden Nachricht.

(2) Wird nach Maßgabe des vorhergehenden Absatzes einer Person, deren Unterschrift sich auf dem Wechsel befindet, Nachricht gegeben, so muß die gleiche Nachricht in derselben Frist ihrem Wechselbürgen gegeben werden.

(3) Hat ein Indossant seine Adresse nicht oder in unleserlicher Form angegeben, so genügt es, daß sein unmittelbarer Vormann benachrichtigt wird.

(4) Die Nachricht kann in jeder Form gegeben werden, auch durch die bloße Rücksendung des Wechsels.

(5) Der zur Benachrichtigung Verpflichtete hat zu beweisen, daß er in der vorgeschriebenen Frist benachrichtigt hat. Die Frist gilt als eingehalten, wenn ein Schreiben, das die Benachrichtigung enthält, innerhalb der Frist zur Post gegeben worden ist.

(6) Wer die rechtzeitige Benachrichtigung versäumt, verliert nicht den Rückgriff; er haftet für den etwa durch seine Nachlässigkeit entstandenen Schaden, jedoch nur bis zur Höhe der Wechselsumme.

Artikel 46 [Erlaß des Protestes]

(1) Der Aussteller sowie jeder Indossant oder Wechselbürge kann durch den Vermerk »ohne Kosten«, »ohne Protest« oder einen gleichbedeutenden auf den Wechsel gesetzten und unterzeichneten Vermerk den Inhaber von der Verpflichtung befreien, zum Zwecke der Ausübung des Rückgriffs Protest mangels Annahme oder mangels Zahlung erheben zu lassen.

(2) Der Vermerk befreit den Inhaber nicht von der Verpflichtung, den Wechsel rechtzeitig vorzulegen und die erforderlichen Nachrichten zu geben. Der Beweis, daß die Frist nicht eingehalten worden ist, liegt demjenigen ob, der sich dem Inhaber gegenüber darauf beruft.

(3) Ist der Vermerk vom Aussteller beigefügt, so wirkt er gegenüber allen Wechselverpflichteten; ist er von einem Indossanten oder einem Wechselbürgen beigefügt, so wirkt er nur diesen gegenüber. Läßt der Inhaber ungeachtet des vom Aussteller beigefügten Vermerks Protest erheben, so fallen ihm die Kosten zur Last. Ist der Vermerk von einem Indossanten oder einem Wechselbürgen beigefügt, so sind alle Wechselverpflichteten zum Ersatz der Kosten eines dennoch erhobenen Protestes verpflichtet.

Artikel 47 [Haftung der Wechselschuldner]

(1) Alle, die einen Wechsel ausgestellt, angenommen, indossiert oder mit einer Bürgschaftserklärung versehen haben, haften dem Inhaber als Gesamtschuldner.

(2) Der Inhaber kann jeden einzelnen oder mehrere oder alle zusammen in Anspruch nehmen, ohne an die Reihenfolge gebunden zu sein, in der sie sich verpflichtet haben.

(3) Das gleiche Recht steht jedem Wechselverpflichteten zu, der den Wechsel eingelöst hat.

(4) Durch die Geltendmachung des Anspruchs gegen einen Wechselverpflichteten verliert der Inhaber nicht seine Rechte gegen die anderen Wechselverpflichteten, auch nicht gegen die Nachmänner desjenigen, der zuerst in Anspruch genommen worden ist.

Artikel 48 [Rückgriffsansprüche]

(1) Der Inhaber kann im Wege des Rückgriffs verlangen:
1. die Wechselsumme, soweit der Wechsel nicht angenommen oder nicht eingelöst worden ist, mit den etwa bedungenen Zinsen;
2. Zinsen zu sechs vom Hundert seit dem Verfalltag. Bei einem Wechsel, der im Inland sowohl ausgestellt als auch zahlbar ist, beträgt der Zinssatz zwei vom Hundert über dem jeweiligen Diskontsatz der Deutschen Bundesbank, mindestens aber sechs vom Hundert; Änderungen des Diskontsatzes sind für die Verzinsung ab Beginn des Tages wirksam, an dem die Deutsche Bundesbank die Änderung im Bundesanzeiger bekanntgemacht hat;
3. die Kosten des Protestes und der Nachrichten sowie die anderen Auslagen;
4. eine Vergütung, die mangels besonderer Vereinbarung ein Drittel vom Hundert der Hauptsumme des Wechsels beträgt und diesen Satz keinesfalls überschreiten darf.

(2) Wird der Rückgriff vor Verfall genommen, so werden von der Wechselsumme Zinsen abgezogen. Diese Zinsen werden auf Grund des öffentlich bekanntgemachten Diskontsatzes (Satz der Zentralnotenbank) berechnet, der am Tag des Rückgriffs am Wohnort des Inhabers gilt.

Artikel 49 [Inhalt des Rückgriffsanspruchs]

Wer den Wechsel eingelöst hat, kann von seinen Vormännern verlangen:
1. den vollen Betrag, den er gezahlt hat;
2. die Zinsen dieses Betrags zu sechs vom Hundert seit dem Tag der Einlösung. Bei einem Wechsel, der im Inland sowohl ausgestellt als auch zahlbar ist, beträgt der Zinssatz zwei vom Hundert über dem jeweiligen Diskontsatz der Deutschen Bundesbank, mindestens aber sechs vom Hundert; Änderungen des Diskontsatzes sind für die Verzinsung ab Beginn des Tages wirksam, an dem die Deutsche Bundesbank die Änderung im Bundesanzeiger bekanntgemacht hat;
3. seine Auslagen;
4. eine Vergütung, die nach den Vorschriften des Artikels 48 Abs. 1 Nr. 4 berechnet wird.

Artikel 50 [Wechselaushändigung]

(1) Jeder Wechselverpflichtete, gegen den Rückgriff genommen wird oder Rückgriff genommen werden kann, ist berechtigt, zu verlangen, daß ihm gegen Entrichtung der Rückgriffssumme der Wechsel mit dem Protest und eine quittierte Rechnung ausgehändigt werden.

(2) Jeder Indossant, der den Wechsel eingelöst hat, kann sein Indossament und die Indossamente seiner Nachmänner ausstreichen.

Artikel 51 [Rückgriff nach Teilnahme]

Bei dem Rückgriff nach einer Teilnahme kann derjenige, der den nicht angenommenen Teil der Wechselsumme entrichtet, verlangen, daß dies auf dem Wechsel vermerkt und ihm darüber Quittung erteilt wird. Der Inhaber muß ihm ferner eine beglaubigte Abschrift des Wechsels und den Protest aushändigen, um den weiteren Rückgriff zu ermöglichen.

Artikel 52 [Rückwechsel]

(1) Wer zum Rückgriff berechtigt ist, kann mangels eines entgegenstehenden Vermerkes den Rückgriff dadurch nehmen, daß er auf einen seiner Vormänner einen neuen Wechsel (Rückwechsel) zieht, der auf Sicht lautet und am Wohnort dieses Vormannes zahlbar ist.

(2) Der Rückwechsel umfaßt, außer den in den Artikeln 48 und 49 angegebenen Beträgen, die Maklergebühr und die Stempelsteuer für den Rückwechsel.

(3) Wird der Rückwechsel vom Inhaber gezogen, so richtet sich die Höhe der Wechselsumme nach dem Kurse, den ein vom Zahlungsort des ursprünglichen Wechsels auf den Wohnort des Vormannes gezogener Sichtwechsel hat. Wird der Rückwechsel von einem Indossanten gezogen, so richtet sich die Höhe der Wechselsumme nach dem Kurse den ein vom Wohnort des Ausstellers des Rückwechsels auf den Wohnort des Vormannes gezogener Sichtwechsel hat.

Artikel 53 [Verwirkung des Rückgriffs bei Fristversäumung]

(1) Mit der Versäumung der Fristen

für die Vorlegung eines Wechsels, der auf Sicht oder auf eine bestimmte Zeit nach Sicht lautet,

für die Erhebung des Protestes mangels Annahme oder mangels Zahlung,

für die Vorlegung zur Zahlung im Falle des Vermerkes »ohne Kosten«

verliert der Inhaber seine Rechte gegen die Indossanten, den Aussteller und alle anderen Wechselverpflichteten, mit Ausnahme des Annehmers.

(2) Versäumt der Inhaber die vom Aussteller für die Vorlegung zur Annahme vorgeschriebene Frist, so verliert er das Recht, mangels Annahme und mangels Zahlung Rückgriff zu nehmen, sofern nicht der Wortlaut des Vermerkes ergibt, daß der Aussteller nur die Haftung für die Annahme hat ausschließen wollen.

(3) Ist die Frist für die Vorlegung in einem Indossament enthalten, so kann sich nur der Indossant darauf berufen.

Artikel 54 [Fristverlängerung bei höherer Gewalt]

(1) Steht der rechtzeitigen Vorlegung des Wechsels oder der rechtzeitigen Erhebung des Protestes ein unüberwindliches Hindernis entgegen (gesetzliche Vorschrift eines Staates oder ein anderer Fall höherer Gewalt), so werden die für diese Handlungen bestimmten Fristen verlängert.

(2) Der Inhaber ist verpflichtet, seinen unmittelbaren Vormann von dem Falle der höheren Gewalt unverzüglich zu benachrichtigen und die Benachrichtigung unter Beifügung des Tages und Ortes sowie seiner Unterschrift auf dem Wechsel oder einem Anhang zu vermerken; im übrigen finden die Vorschriften des Artikels 45 Anwendung.

(3) Fällt die höhere Gewalt weg, so muß der Inhaber den Wechsel unverzüglich zur Annahme oder zur Zahlung vorlegen und gegebenenfalls Protest erheben lassen.

(4) Dauert die höhere Gewalt länger als dreißig Tage nach Verfall, so kann Rückgriff genommen werden, ohne daß es der Vorlegung oder der Protesterhebung bedarf.

(5) Bei Wechseln, die auf Sicht oder auf eine bestimmte Zeit nach Sicht lauten, läuft die dreißigtägige Frist von dem Tage, an dem der Inhaber seinen Vormann von dem Falle der höheren Gewalt benachrichtigt hat; diese Nachricht kann schon vor Ablauf der Vorlegungsfrist gegeben werden. Bei Wechseln, die auf bestimmte Zeit nach Sicht lauten, verlängert sich die dreißigtägige Frist um die im Wechsel angegebene Nachsichtfrist.

(6) Tatsachen, die rein persönlich den Inhaber oder denjenigen betreffen, den er mit der Vorlegung des Wechsels oder mit der Protesterhebung beauftragt hat, gelten nicht als Fälle höherer Gewalt.

Achter Abschnitt

Ehreneintritt

1. Allgemeine Vorschriften

Artikel 55 [Notadressat]

(1) Der Aussteller sowie jeder Indossant oder Wechselbürge kann eine Person angeben, die im Notfall annehmen oder zahlen soll.

(2) Der Wechsel kann unter den nachstehend bezeichneten Voraussetzungen zu Ehren eines jeden Wechselverpflichteten, gegen den Rückgriff genommen werden kann, angenommen oder bezahlt werden.

(3) Jeder Dritte, auch der Bezogene, sowie jeder aus dem Wechsel bereits Verpflichtete, mit Ausnahme des Annehmers, kann einen Wechsel zu Ehren annehmen oder bezahlen.

(4) Wer zu Ehren annimmt oder zahlt, ist verpflichtet, den Wechselverpflichteten, für den er eintritt, innerhalb zweier Werktage hiervon zu benachrichtigen. Hält er die Frist nicht ein, so haftet er für den etwa durch seine Nachlässigkeit entstandenen Schaden, jedoch nur bis zur Höhe der Wechselsumme.

2. Ehrenannahme

Artikel 56 [Zulässigkeit]

(1) Die Ehrenannahme ist in allen Fällen zulässig, in denen der Inhaber vor Verfall Rückgriff nehmen kann, es sei denn, daß es sich um einen Wechsel handelt, dessen Vorlegung zur Annahme untersagt ist.

(2) Ist auf dem Wechsel eine Person angegeben, die im Notfall am Zahlungsort annehmen oder zahlen soll, so kann der Inhaber vor Verfall gegen denjenigen, der die Notadresse beigefügt hat, und gegen seine Nachmänner nur Rückgriff nehmen, wenn er den Wechsel der in der Notadresse bezeichneten Person vorgelegt hat und im Falle der Verweigerung der Ehrenannahme die Verweigerung durch einen Protest hat feststellen lassen.

(3) In den anderen Fällen des Ehreneintritts kann der Inhaber die Ehrenannahme zurückweisen. Läßt er sie aber zu, so verliert er den Rückgriff vor Verfall gegen denjenigen, zu dessen Ehren die Annahme erklärt worden ist, und gegen dessen Nachmänner.

Artikel 57 [Form]

Die Ehrenannahme wird auf dem Wechsel vermerkt; sie ist von demjenigen, der zu Ehren annimmt, zu unterschreiben. In der Annahmeerklärung ist anzugeben, für wen die Ehrenannahme stattfindet; mangels einer solchen Angabe gilt sie für den Aussteller.

Artikel 58 [Haftung des Ehrenannehmers]

(1) Wer zu Ehren annimmt, haftet dem Inhaber und den Nachmännern desjenigen, für den er eingetreten ist, in der gleichen Weise wie dieser selbst.

(2) Trotz der Ehrenannahme können der Wechselverpflichtete, zu dessen Ehren der Wechsel angenommen worden ist, und seine Vormänner vom Inhaber gegen Erstattung des im Artikel 48 angegebenen Betrags die Aushändigung des Wechsels und gegebenenfalls des erhobenen Protestes sowie einer quittierten Rechnung verlangen.

3. Ehrenzahlung

Artikel 59 [Zulässigkeit]

(1) Die Ehrenzahlung ist in allen Fällen zulässig, in denen der Inhaber bei Verfall oder vor Verfall Rückgriff nehmen kann.

(2) Die Ehrenzahlung muß den vollen Betrag umfassen, den der Wechselverpflichtete, für den sie stattfindet, zahlen müßte.

(3) Sie muß spätestens am Tage nach Ablauf der Frist für die Erhebung des Protestes mangels Zahlung stattfinden.

Artikel 60 [Protest mangels Ehrenzahlung]

(1) Ist der Wechsel von Personen zu Ehren angenommen, die ihren Wohnsitz am Zahlungsort haben, oder sind am Zahlungsort wohnende Personen angegeben, die im Notfall zahlen sollen, so muß der Inhaber spätestens am Tage nach Ablauf der Frist für die Erhebung des Protestes mangels Zahlung den Wechsel allen diesen Personen vorlegen und gegebenenfalls Protest wegen unterbliebener Ehrenzahlungen erheben lassen.

(2) Wird der Protest nicht rechtzeitig erhoben, so werden derjenige, der die Notadresse angegeben hat oder zu dessen Ehren der Wechsel angenommen worden ist, und die Nachmänner frei.

Artikel 61 [Zurückweisung]

Weist der Inhaber die Ehrenzahlung zurück, so verliert er den Rückgriff gegen diejenigen, die frei geworden wären.

Artikel 62 [Quittung – Aushändigung der Papiere]

(1) Über die Ehrenzahlung ist auf dem Wechsel eine Quittung auszustellen, die denjenigen bezeichnet, für den gezahlt wird. Fehlt die Bezeichnung, so gilt die Zahlung für den Aussteller.

(2) Der Wechsel und der etwa erhobene Protest sind dem Ehrenzahler auszuhändigen.

Artikel 63 [Rechte des Ehrenzahlers]

(1) Der Ehrenzahler erwirbt die Rechte aus dem Wechsel gegen den Wechselverpflichteten, für den er gezahlt hat, und gegen die Personen, die diesem aus dem Wechsel haften. Er kann jedoch den Wechsel nicht weiter indossieren.

(2) Die Nachmänner des Wechselverpflichteten, für den gezahlt worden ist, werden frei.

(3) Sind mehrere Ehrenzahlungen angeboten, so gebührt derjenigen der Vorzug, durch welche die meisten Wechselverpflichteten frei werden. Wer entgegen dieser Vorschrift in Kenntnis der Sachlage zu Ehren zahlt, verliert den Rückgriff gegen diejenigen, die sonst frei geworden wären.

Neunter Abschnitt

Ausfertigung mehrerer Stücke eines Wechsels; Wechselabschriften

1. Ausfertigungen

Artikel 64 [Form – Verlangen mehrerer Ausfertigungen]

(1) Der Wechsel kann in mehreren gleichen Ausfertigungen ausgestellt werden.

(2) Diese Ausfertigungen müssen im Texte der Urkunde mit fortlaufenden Nummern versehen sein; andernfalls gilt jede Ausfertigung als besonderer Wechsel.

(3) Jeder Inhaber eines Wechsels kann auf seine Kosten die Übergabe mehrerer Ausfertigungen verlangen, sofern nicht aus dem Wechsel zu ersehen ist, daß er in einer einzigen Ausfertigung ausgestellt worden ist. Zu diesem Zwecke hat sich der Inhaber an seinen unmittelbaren Vormann zu wenden, der wieder an seinen Vormann zurückgehen muß, und so weiter in der Reihenfolge bis zum Aussteller. Die Indossanten sind verpflichtet, ihre Indossamente auf den neuen Ausfertigungen zu wiederholen.

Artikel 65 [Zahlung – Haftung]

(1) Wird eine Ausfertigung bezahlt, so erlöschen die Rechte aus allen Ausfertigungen, auch wenn diese nicht den Vermerk tragen, daß durch die Zahlung auf eine Ausfertigung die anderen ihre Gültigkeit verlieren. Jedoch bleibt der Bezogene aus jeder angenommenen Ausfertigung, die ihm nicht zurückgegeben worden ist, verpflichtet.

(2) Hat ein Indossant die Ausfertigung an verschiedene Personen übertragen, so haften er und seine Nachmänner aus allen Ausfertigungen, die ihre Unterschrift tragen und nicht herausgegeben worden sind.

Artikel 66 [Versendung einer Ausfertigung zur Annahme]

(1) Wer eine Ausfertigung zur Annahme versendet, hat auf den anderen Ausfertigungen den Namen dessen anzugeben, bei dem sich die versendete Ausfertigung befindet. Dieser ist verpflichtet, sie dem rechtmäßigen Inhaber einer anderen Ausfertigung auszuhändigen.

(2) Wird die Aushändigung verweigert, so kann der Inhaber nur Rückgriff nehmen, nachdem er durch einen Protest hat feststellen lassen:

1. daß ihm die zur Annahme versendete Ausfertigung auf sein Verlangen nicht ausgehändigt worden ist;
2. daß die Annahme oder die Zahlung auch nicht auf eine andere Ausfertigung zu erlangen war.

2. Abschriften

Artikel 67 [Zulässigkeit – Form und Inhalt]

(1) Jeder Inhaber eines Wechsels ist befugt, Abschriften davon herzustellen.

(2) Die Abschrift muß die Urschrift mit den Indossamenten und allen anderen darauf befindlichen Vermerken genau wiedergeben. Es muß angegeben sein, wie weit die Abschrift reicht.

(3) Die Abschrift kann auf dieselbe Weise und mit denselben Wirkungen indossiert und mit einer Bürgschaftserklärung versehen werden wie die Urschrift.

Artikel 68 [Angabe des Verwahrers – Protest]

(1) In der Abschrift ist der Verwahrer der Urschrift zu bezeichnen. Dieser ist verpflichtet, die Urschrift dem rechtmäßigen Inhaber der Abschrift auszuhändigen.

(2) Wird die Aushändigung verweigert, so kann der Inhaber gegen die Indossanten der Abschriften und gegen diejenigen, die eine Bürgschaftserklärung auf die Abschrift gesetzt haben, nur Rückgriff nehmen, nachdem er durch einen Protest hat feststellen lassen, daß ihm die Urschrift auf sein Verlangen nicht ausgehändigt worden ist.

(3) Enthält die Urschrift nach dem letzten, vor Anfertigung der Abschrift daraufgesetzten Indossament den Vermerk »von hier ab gelten Indossamente nur noch auf der Abschrift« oder einen gleichbedeutenden Vermerk, so ist ein später auf die Urschrift gesetztes Indossament nichtig.

Zehnter Abschnitt
Änderungen

Artikel 69 [Änderung des Wechseltextes]

Wird der Text eines Wechsels geändert, so haften diejenigen, die nach der Änderung ihre Unterschrift auf den Wechsel gesetzt haben, entsprechend dem geänderten Texte; wer früher unterschrieben hat, haftet nach dem ursprünglichen Texte.

Elfter Abschnitt
Verjährung

Artikel 70 [Frist]

(1) Die wechselmäßigen Ansprüche gegen den Annehmer verjähren in drei Jahren vom Verfalltage.

(2) Die Ansprüche des Inhabers gegen die Indossanten und gegen den Aussteller verjähren in einem Jahre vom Tage des rechtzeitig erhobenen Protestes oder im Falle des Vermerkes »ohne Kosten« vom Verfalltage.

(3) Die Ansprüche eines Indossanten gegen andere Indossanten und gegen den Aussteller verjähren in sechs Monaten von dem Tage, an dem der Wechsel vom Indossanten eingelöst oder ihm gegenüber gerichtlich geltend gemacht worden ist.

Artikel 71 [Verjährungsunterbrechung]

Die Unterbrechung der Verjährung wirkt nur gegen den Wechselverpflichteten, in Ansehung dessen die Tatsache eingetreten ist, welche die Unterbrechung bewirkt.

Zwölfter Abschnitt
Allgemeine Vorschriften

Artikel 72 [Verfall an Feiertag oder Sonnabend]

(1) Verfällt der Wechsel an einem gesetzlichen Feiertage oder einem Sonnabend, so kann die Zahlung erst am nächsten Werktage verlangt werden. Auch alle anderen auf den Wechsel bezüglichen Handlungen, insbesondere die Vorlegung zur Annahme und die Protesterhebung, können nur an einem Werktage, jedoch nicht an einem Sonnabend, stattfinden.

(2) Fällt der letzte Tag einer Frist, innerhalb deren eine dieser Handlungen vorgenommen werden muß, auf einen gesetzlichen Feiertag oder einen Sonnabend, so wird die Frist bis zum nächsten Werktage verlängert. Feiertage, die in den Lauf einer Frist fallen, werden bei der Berechnung der Frist mitgezählt.

Artikel 73 [Fristenberechnung]

Bei der Berechnung der gesetzlichen oder im Wechsel bestimmten Fristen wird der Tag, von dem sie zu laufen beginnen, nicht mitgezählt.

Artikel 74 [Keine Anerkennung von Respekttagen]

Weder gesetzliche noch richterliche Respekttage werden anerkannt.

Zweiter Teil
Eigener Wechsel

Artikel 75 [Bestandteile]

Der eigene Wechsel enthält:

1. die Bezeichnung als Wechsel im Texte der Urkunde, und zwar in der Sprache, in der sie ausgestellt ist;
2. das unbedingte Versprechen, eine bestimmte Geldsumme zu zahlen;
3. die Angabe der Verfallzeit;
4. die Angabe des Zahlungsortes;
5. den Namen dessen, an den oder an dessen Order gezahlt werden soll;
6. die Angabe des Tages und des Ortes der Ausstellung;
7. die Unterschrift des Ausstellers.

Artikel 76 [Fehlende Bestandteile]

(1) Eine Urkunde, der einer der im vorstehenden Artikel bezeichneten Bestandteile fehlt, gilt nicht als eigener Wechsel, vorbehaltlich der in den folgenden Absätzen bezeichneten Fälle.

(2) Ein eigener Wechsel ohne Angabe der Verfallzeit gilt als Sichtwechsel.

(3) Mangels einer besonderen Angabe gilt der Ausstellungsort als Zahlungsort und zugleich als Wohnort des Ausstellers.

(4) Ein eigener Wechsel ohne Angabe des Ausstellungsortes gilt als ausgestellt an dem Orte, der bei dem Namen des Ausstellers angegeben ist.

Artikel 77 [Anzuwendende Vorschriften]

(1) Für den eigenen Wechsel gelten, soweit sie nicht mit seinem Wesen in Widerspruch stehen, die für den gezogenen Wechsel gegebenen Vorschriften über

das Indossament (Art. 11 bis 20),
den Verfall (Art. 33 bis 37),
die Zahlung (Art. 35 bis 42),
den Rückgriff mangels Zahlung (Art. 43 bis 50, 52 bis 54),
die Ehrenzahlung (Art. 55, 59 bis 63),
die Abschriften (Art. 67 und 68),
die Änderungen (Art. 69),
die Verjährung (Art. 70 und 71),
die Feiertage, die Fristenberechnung und das Verbot der Respekttage (Art. 72 bis 74).

(2) Ferner gelten für den eigenen Wechsel die Vorschriften über gezogene Wechsel, die bei einem Dritten oder an einem von dem Wohnort des Bezogenen verschiedenen Ort zahlbar sind (Art. 4 und 27), über den Zinsvermerk (Art. 5), über die Abweichungen bei der Angabe der Wechselsumme (Art. 6), über die Folgen einer ungültigen Unterschrift (Art. 7) oder die Unterschrift einer Person, die ohne Vertretungsbefugnis handelt oder ihre Vertretungsbefugnis überschreitet (Art. 8), und über den Blankowechsel (Art. 10).

(3) Ebenso finden auf den eigenen Wechsel die Vorschriften über die Wechselbürgschaft Anwendung (Art. 30 bis 32; im Falle des Artikels 31 Abs. 4 gilt die Wechselbürgschaft, wenn die Erklärung nicht angibt, für wen sie geleistet wird, für den Aussteller des eigenen Wechsels.

Artikel 78 [Haftung des Ausstellers]

(1) Der Aussteller eines eigenen Wechsels haftet in der gleichen Weise wie der Annehmer eines gezogenen Wechsels.

(2) Eigene Wechsel, die auf eine bestimmte Zeit nach Sicht lauten, müssen dem Aussteller innerhalb der im Artikel 23 bezeichneten Fristen zur Sicht vorgelegt werden. Die Sicht ist von dem Aussteller auf dem Wechsel unter Angabe des Tages und Beifügung der Unterschrift zu bestätigen. Die Nachsichtfrist läuft vom Tage des Sichtvermerkes. Weigert sich der Aussteller, die Sicht unter Angabe des Tages zu bestätigen, so ist dies durch einen Protest festzustellen (Art. 25); die Nachsichtfrist läuft dann vom Tage des Protestes.

Dritter Teil

Ergänzende Vorschriften

Erster Abschnitt

Protest

Artikel 79 [Protestbeamte]

(1) Jeder Protest muß durch einen Notar oder Gerichtsbeamten aufgenommen werden.

(2) (aufgehoben)

Artikel 80 [Inhalt des Protests]

(1) In dem Protest ist aufzunehmen:

1. der Name dessen, für den protestiert wird, sowie der Name dessen, gegen den protestiert wird;
2. die Angabe, daß derjenige, gegen den protestiert wird, ohne Erfolg zur Vornahme der wechselrechtlichen Leistung aufgefordert worden oder nicht anzutreffen gewesen ist oder daß seine Geschäftsräume oder seine Wohnung sich nicht haben ermitteln lassen;
3. die Angabe des Ortes und des Tages, an dem die Aufforderung geschehen oder ohne Erfolg versucht worden ist.

(2) Verlangt der Bezogene, dem ein Wechsel zur Annahme vorgelegt wird, die nochmalige Vorlegung am nächsten Tage, so ist dies im Protest zu vermerken.

(3) Der Protest ist von dem Protestbeamten zu unterschreiben und mit dem Amtssiegel oder dem Amtsstempel zu versehen.

Artikel 81 [Form]

(1) Der Protest ist auf den Wechsel oder auf ein mit dem Wechsel zu verbindendes Blatt zu setzen.

(2) Er soll unmittelbar hinter den letzten auf der Rückseite des Wechsels befindlichen Vermerk, in Ermangelung eines solchen unmittelbar an einen Rand der Rückseite gesetzt werden.

(3) Wird der Protest auf ein Blatt gesetzt, das mit dem Wechsel verbunden wird, so soll die Verbindungsstelle mit dem Amtssiegel oder dem Amtsstempel versehen werden. Ist dies geschehen, so braucht der Unterschrift des Protestbeamten ein Siegel oder Stempel nicht beigefügt werden.

(4) Wird der Protest unter Vorlegung mehrerer Ausfertigungen desselben Wechsels oder unter Vorlegung der Urschrift und einer Abschrift erhoben, so genügt die Beurkundung auf einer der Ausfertigungen oder auf der Urschrift. Auf den anderen Ausfertigungen oder

auf der Abschrift ist zu vermerken, auf welche Ausfertigung der Protest gesetzt worden ist oder daß er sich auf der Urschrift befindet. Auf den Vermerk finden die Vorschriften des Absatzes 2 und des Absatzes 3 Satz 1 entsprechende Anwendung. Der Protestbeamte hat den Vermerk zu unterschreiben.

Artikel 82 [Protestsetzung auf der Abschrift]

(1) Der Protest, den der Inhaber einer Abschrift nach Art. 68 Abs. 2 gegen den Verwahrer der Urschrift erheben läßt, ist auf die Abschrift oder auf ein damit zu verbindendes Blatt zu setzen.

(2) Wird Protest erhoben, weil die Annahme auf einen Teil der Wechselsumme beschränkt worden ist, so ist eine Abschrift des Wechsels anzufertigen und der Protest auf diese Abschrift oder auf ein damit zu verbindendes Blatt zu setzen. Die Abschrift hat auch die auf dem Wechsel befindlichen Indossamente und anderen Vermerke zu enthalten.

(3) Die Vorschriften des Art. 81 Abs. 2 und Abs. 3 finden entsprechende Anwendung.

Artikel 83 [Mehrfache Aufforderung]

Muß eine wechselrechtliche Leistung von mehreren Personen oder von derselben Person mehrfach verlangt werden, so ist über die mehrfache Aufforderung nur eine Protesturkunde erforderlich.

Artikel 84 [Zahlung an Protestbeamten]

Der Wechsel kann an den Protestbeamten bezahlt werden. Die Befugnis des Protestbeamten zur Annahme der Zahlung kann nicht ausgeschlossen werden.

Artikel 85 [Berichtigung der Protesturkunde]

(1) Schreibfehler, Auslassungen und sonstige Mängel der Protesturkunde können bis zur Aushändigung der Urkunde an denjenigen, für den der Protest erhoben worden ist, von dem Protestbeamten berichtigt werden. Die Berichtigung ist als solche unter Beifügung der Unterschrift kenntlich zu machen.

(2) Von dem Protest ist eine beglaubigte Abschrift zurückzubehalten. Über den Inhalt des Wechsels oder der Wechselabschrift ist ein Vermerk aufzunehmen.
Der Vermerk hat zu enthalten:

1. den Betrag des Wechsels;
2. die Verfallzeit;
3. den Ort und den Tag der Ausstellung;
4. den Namen des Ausstellers, den Namen dessen, an den oder an dessen Order gezahlt werden soll, und den Namen des Bezogenen;
5. falls eine vom Bezogenen oder bei eigenen Wechseln vom Aussteller verschiedene Person angegeben ist, bei der die Zahlung geleistet werden soll, den Namen dieser Person sowie die Namen der etwaigen Notadressen und derjenigen, die den Wechsel zu Ehren angenommen haben.

(3) Die Abschriften und Vermerke sind geordnet aufzubewahren.

Artikel 86 [Tageszeit für Protesterhebung]

Proteste sollen in der Zeit von neun Uhr vormittags bis sechs Uhr abends erhoben werden, außerhalb dieser Zeit nur dann, wenn derjenige, gegen den protestiert wird, ausdrücklich einwilligt.

Artikel 87 [Proteststelle]

(1) Die Vorlegung zur Annahme oder Zahlung, die Protesterhebung, die Abforderung einer Ausfertigung sowie alle sonstigen bei einer bestimmten Person vorzunehmenden Handlungen müssen in deren Geschäftsräumen oder, wenn sich solche nicht ermitteln lassen, in deren Wohnung vorgenommen werden. An einer anderen Stelle, insbesondere an der Börse, kann dies nur mit beiderseitigem Einverständnis geschehen.

(2) Ist in dem Protest vermerkt, daß sich die Geschäftsräume oder die Wohnung nicht haben ermitteln lassen, so ist der Protest nicht deshalb unwirksam, weil die Ermittlung möglich war.

(3) Die Verantwortlichkeit des Protestbeamten, der es unterläßt, geeignete Ermittlungen anzustellen, wird durch die Vorschrift des zweiten Absatzes nicht berührt. Ist eine Nachfrage bei der Polizeibehörde des Ortes ohne Erfolg geblieben, so ist der Protestbeamte zu weiteren Nachforschungen nicht verpflichtet.

Artikel 88 (aufgehoben)

Zweiter Abschnitt

Bereicherung

Artikel 89 [Bereicherungshaftung des Ausstellers und des Annehmers]

(1) Ist die wechselmäßige Verbindlichkeit des Ausstellers oder des Annehmers durch Verjährung oder dadurch erloschen, daß eine zur Erhaltung des Wechselrechts notwendige Handlung versäumt worden ist, so bleiben sie dem Inhaber des Wechsels soweit verpflichtet, als sie sich mit dessen Schaden bereichern würden. Der Anspruch auf Herausgabe der Bereicherung verjährt in drei Jahren nach dem Erlöschen der wechselmäßigen Verbindlichkeit.

(2) Gegen die Indossanten, deren wechselmäßige Verbindlichkeit erloschen ist, findet ein solcher Anspruch nicht statt.

Dritter Abschnitt

Abhanden gekommene Wechsel und Protesturkunden

Artikel 90 [Kraftloserklärung]

(1) Ein abhanden gekommener oder vernichteter Wechsel kann im Wege des Aufgebotsverfahrens für kraftlos erklärt werden. Nach Einleitung des Verfahrens kann der Berechtigte von dem Annehmer des gezogenen oder dem Aussteller des eigenen Wechsels bei der Fälligkeit Zahlung fordern, wenn er bis zur Kraftloserklärung Sicherheit leistet.

(2) Eine abhanden gekommene oder vernichtete Protesturkunde kann durch ein Zeugnis über die Protesterhebung ersetzt werden, das von der die beglaubigte Abschrift der Urkunde verwahrenden Stelle zu erteilen ist. In dem Zeugnis muß der Inhalt des Protestes und des gemäß Art. 85 Abs. 2 aufgenommenen Vermerkes angegeben sein.

Vierter Teil

Geltungsbereich der Gesetze

Artikel 91 [Wechselfähigkeit]

(1) Die Fähigkeit einer Person, eine Wechselverbindlichkeit einzugehen, bestimmt sich nach dem Recht des Landes, dem sie angehört. Erklärt dieses Recht das Recht eines anderen Landes für maßgebend, so ist das letztere Recht anzuwenden.

(2) Wer nach dem in vorstehendem Absatz bezeichneten Recht nicht wechselfähig ist, wird gleichwohl gültig verpflichtet, wenn die Unterschrift in dem Gebiet eines Landes abgegeben worden ist, nach dessen Recht er wechselfähig wäre. Diese Vorschrift findet keine Anwendung, wenn die Verbindlichkeit von einem Inländer im Ausland übernommen worden ist.

Artikel 92 [Form der Wechselerklärung]

(1) Die Form einer Wechselerklärung bestimmt sich nach dem Recht des Landes, in dessen Gebiet die Erklärung unterschrieben worden ist.
(2) Wenn jedoch eine Wechselerklärung, die nach den Vorschriften des vorstehenden Absatzes ungültig ist, dem Recht des Landes entspricht, in dessen Gebiet eine spätere Wechselerklärung unterschrieben worden ist, so wird durch Mängel in der Form der ersten Wechselerklärung die Gültigkeit der späteren Wechselerklärung nicht berührt.
(3) Eine Wechselerklärung, die ein Inländer im Ausland abgegeben hat, ist im Inland gegenüber anderen Inländern gültig, wenn die Erklärung den Formerfordernissen des inländischen Rechts genügt.

Artikel 93 [Wirkungen der Wechselerklärungen]

(1) Die Wirkungen der Verpflichtungserklärung des Annehmers eines gezogenen Wechsels und des Ausstellers eines eigenen Wechsels bestimmen sich nach dem Recht des Zahlungsortes.
(2) Die Wirkungen der übrigen Wechselerklärungen bestimmen sich nach dem Recht des Landes, in dessen Gebiet die Erklärungen unterschrieben worden sind.

Artikel 94 [Fristen für Rückgriff]

Die Fristen für die Ausübung der Rückgriffsrechte werden für alle Wechselverpflichteten durch das Recht des Ortes bestimmt, an dem der Wechsel ausgestellt worden ist.

Artikel 95 [Erwerb der Forderung aus Grundgeschäft]

Das Recht des Ausstellungsortes bestimmt, ob der Inhaber eines gezogenen Wechsels die seiner Ausstellung zugrunde liegende Forderung erwirbt.

Artikel 96 [Teilannahme und Teilzahlung]

(1) Das Recht des Zahlungsortes bestimmt, ob die Annahme eines gezogenen Wechsels auf einen Teil der Summe beschränkt werden kann und ob der Inhaber verpflichtet oder nicht verpflichtet ist, eine Teilzahlung anzunehmen.
(2) Dasselbe gilt für die Zahlung bei einem eigenen Wechsel.

Artikel 97 [Form und Frist]

Die Form des Protestes und die Fristen für die Protesterhebung sowie die Form der übrigen Handlungen, die zur Ausübung oder Erhaltung der Wechselrechte erforderlich sind, bestimmen sich nach dem Rechte des Landes, in dessen Gebiet der Protest zu erheben oder die Handlung vorzunehmen ist.

Artikel 98 [Verlust oder Diebstahl des Wechsels]

Das Recht des Zahlungsortes bestimmt die Maßnahmen, die bei Verlust oder Diebstahl eines Wechsels zu ergreifen sind.

Scheckgesetz

Vom 14. August 1933 (RGBl. I S. 597)
(BGBl. III 4132-1)

Änderungen

Artikel	Art der Änderung	Geändert durch	Datum	Fundstelle BGBl.
55	geändert	Gesetz über den Fristablauf am Sonnabend	10. 8.1965	I S. 753
29, 45, 46, 55	geändert	Gesetz zur Änderung des Gesetzes über die Verwahrung und Anschaffung von Wertpapieren sowie anderer wertpapierrechtlicher Vorschriften	17. 7.1985	I S. 1507

Erster Abschnitt
Ausstellung und Form des Schecks

Artikel 1 [Bestandteile]

Der Scheck enthält:

1. die Bezeichnung als Scheck im Texte der Urkunde, und zwar in der Sprache, in der sie ausgestellt ist;
2. die unbedingte Anweisung, eine bestimmte Geldsumme zu zahlen;
3. den Namen dessen, der zahlen soll (Bezogener);
4. die Angabe des Zahlungsortes;
5. die Angabe des Tages und des Ortes der Ausstellung;
6. die Unterschrift des Ausstellers.

Artikel 2 [Fehlen von Bestandteilen]

(1) Eine Urkunde, in der einer der im vorstehenden Artikel bezeichneten Bestandteile fehlt, gilt nicht als Scheck, vorbehaltlich der in den folgenden Absätzen bezeichneten Fälle.

(2) Mangels einer besonderen Angabe gilt der bei dem Namen des Bezogenen angegebene Ort als Zahlungsort. Sind mehrere Orte bei dem Namen des Bezogenen angegeben, so ist der Scheck an dem an erster Stelle angegebenen Orte zahlbar.

(3) Fehlt eine solche und jede andere Angabe, so ist der Scheck an dem Orte zahlbar, an dem der Bezogene seine Hauptniederlassung hat.

(4) Ein Scheck ohne Angabe des Ausstellungsortes gilt als ausgestellt an dem Orte, der bei dem Namen des Ausstellers angegeben ist.

Artikel 3 [Bezug auf Bankguthaben]

Der Scheck darf nur auf einen Bankier gezogen werden, bei dem der Aussteller ein Guthaben hat, und gemäß einer ausdrücklichen oder stillschweigenden Vereinbarung, wonach der Aussteller das Recht hat, über dieses Guthaben mittels Scheck zu verfügen. Die Gültigkeit der Urkunde als Scheck wird jedoch durch die Nichtbeachtung dieser Vorschriften nicht berührt.

Artikel 4 [Keine Annahme]

Der Scheck kann nicht angenommen werden. Ein auf den Scheck gesetzter Annahmevermerk gilt als nicht geschrieben.

Artikel 5 [Zahlungsempfänger]

(1) Der Scheck kann zahlbar gestellt werden:
an eine bestimmte Person, mit oder ohne den ausdrücklichen Vermerk »an Order«;
an eine bestimmte Person, mit dem Vermerk »nicht an Order« oder mit einem gleichbedeutenden Vermerk;
an den Inhaber.

(2) Ist im Scheck eine bestimmte Person mit dem Zusatz »oder Überbringer« oder mit einem gleichbedeutenden Vermerk als Zahlungsempfänger bezeichnet, so gilt der Scheck als auf den Inhaber gestellt.

(3) Ein Scheck ohne Angabe des Nehmers gilt als zahlbar an den Inhaber.

Artikel 6 [Besondere Scheckarten]

(1) Der Scheck kann an die eigene Order des Ausstellers lauten.

(2) Der Scheck kann für Rechnung eines Dritten gezogen werden.

(3) Der Scheck kann nicht auf den Aussteller selbst gezogen werden, es sei denn, daß es sich um einen Scheck handelt, der von einer Niederlassung auf eine andere Niederlassung des Ausstellers gezogen wird.

Artikel 7 [Zinsvermerk]

Ein in den Scheck aufgenommener Zinsvermerk gilt als nicht geschrieben.

Artikel 8 [Zahlungsort]

Der Scheck kann bei einem Dritten, am Wohnort des Bezogenen oder an einem anderen Orte, zahlbar gestellt werden, sofern der Dritte Bankier ist.

Artikel 9 [Verschiedene Schecksummen]

(1) Ist die Schecksumme in Buchstaben und in Ziffern angegeben, so gilt bei Abweichungen die in Buchstaben angegebene Summe.

(2) Ist die Schecksumme mehrmals in Buchstaben oder mehrmals in Ziffern angegeben, so gilt bei Abweichungen die geringste Summe.

Artikel 10 [Ungültige Unterschriften]

Trägt ein Scheck Unterschriften von Personen, die eine Scheckverbindlichkeit nicht eingeben können, gefälschte Unterschriften, Unterschriften erdichteter Personen oder Unterschriften, die aus irgendeinem anderen Grunde für die Personen, die unterschrieben haben, oder mit deren Namen unterschrieben worden ist, keine Verbindlichkeit begründen, so hat dies auf die Gültigkeit der übrigen Unterschriften keinen Einfluß.

Artikel 11 [Vollmachtlose Vertreter]

Wer auf einen Scheck seine Unterschrift als Vertreter eines anderen setzt, ohne hierzu ermächtigt zu sein, haftet selbst scheckmäßig und hat, wenn er den Scheck einlöst, dieselben Rechte, die der angeblich Vertretene haben würde. Das gleiche gilt von einem Vertreter, der seine Vertretungsbefugnis überschritten hat.

Artikel 12 [Haftung des Ausstellers]

Der Aussteller haftet für die Zahlung des Schecks. Jeder Vermerk, durch den er diese Haftung ausschließt, gilt als nicht geschrieben.

Artikel 13 [Blankoscheck]

Wenn ein Scheck, der bei der Begabung unvollständig war, den getroffenen Vereinbarungen zuwider ausgefüllt worden ist, so kann die Nichteinhaltung dieser Vereinbarungen dem Inhaber nicht entgegengesetzt werden, es sei denn, daß er den Scheck in bösem Glauben erworben hat oder ihm beim Erwerb eine grobe Fahrlässigkeit zur Last fällt.

Zweiter Abschnitt
Übertragung

Artikel 14 [Übertragung durch Indossament]

(1) Der auf eine bestimmte Person zahlbar gestellte Scheck mit oder ohne den ausdrücklichen Vermerk »an Order« kann durch Indossament übertragen werden.

(2) Der auf eine bestimmte Person zahlbar gestellte Scheck mit dem Vermerk »nicht an Order« oder mit einem gleichbedeutenden Vermerk kann nur in der Form und mit den Wirkungen einer gewöhnlichen Abtretung übertragen werden.

(3) Das Indossament kann auch auf den Aussteller oder jeden anderen Scheckverpflichteten lauten. Diese Personen können den Scheck weiter indossieren.

Artikel 15 [Unbedingtheit des Indossaments]

(1) Das Indossament muß unbedingt sein. Bedingungen, von denen es abhängig gemacht wird, gelten als nicht geschrieben.

(2) Ein Teilindossament ist nichtig.

(3) Ebenso ist ein Indossament des Bezogenen nichtig.

(4) Ein Indossament an den Inhaber gilt als Blankoindossament.

(5) Das Indossament an den Bezogenen gilt nur als Quittung, es sei denn, daß der Bezogene mehrere Niederlassungen hat und das Indossament auf eine andere Niederlassung lautet als diejenige, auf die der Scheck gezogen worden ist.

Artikel 16 [Form des Indossaments]

(1) Das Indossament muß auf den Scheck oder ein mit dem Scheck verbundenes Blatt (Anhang) gesetzt werden. Es muß von dem Indossanten unterschrieben werden.

(2) Das Indossament braucht den Indossatar nicht zu bezeichnen und kann selbst in der bloßen Unterschrift des Indossanten bestehen (Blankoindossament). In diesem letzteren Falle muß das Indossament, um gültig zu sein, auf die Rückseite des Schecks oder auf den Anhang gesetzt werden.

Artikel 17 [Übertragungsfunktion]

(1) Das Indossament überträgt alle Rechte aus dem Scheck.

(2) Ist es ein Blankoindossament, so kann der Inhaber

1. das Indossament mit seinem Namen oder mit dem Namen eines anderen ausfüllen;
2. den Scheck durch ein Blankoindossament oder an eine bestimmte Person weiter indossieren;
3. den Scheck weiterbegeben, ohne das Blankoindossament auszufüllen und ohne ihn zu indossieren.

Artikel 18 [Haftung des Indossanten]

(1) Der Indossant haftet mangels eines entgegenstehenden Vermerks für die Zahlung.

(2) Er kann untersagen, daß der Scheck weiter indossiert wird; in diesem Falle haftet er denen nicht, an die der Scheck weiter indossiert wird.

Artikel 19 [Vermutung der rechtmäßigen Inhaberschaft]

Wer einen durch Indossament übertragbaren Scheck in Händen hat, gilt als rechtmäßiger Inhaber, sofern er sein Recht durch eine ununterbrochene Reihe von Indossamenten nachweist, und zwar auch dann, wenn das letzte ein Blankoindossament ist. Ausgestrichene Indossamente gelten hierbei als nicht geschrieben. Folgt auf ein Blankoindossament ein weiteres Indossament, so wird angenommen, daß der Aussteller dieses Indossaments den Scheck durch das Blankoindossament erworben hat.

Artikel 20 [Indossament auf Inhaberscheck]

Ein Indossament auf einem Inhaberscheck macht den Indossanten nach den Vorschriften über den Rückgriff haftbar, ohne aber die Urkunde in einen Orderscheck umzuwandeln.

Artikel 21 [Herausgabe eines abhanden gekommenen Schecks]

Ist der Scheck einem früheren Inhaber irgendwie abhanden gekommen, so ist der Inhaber, in dessen Hände der Scheck gelangt ist – sei es, daß es sich um einen Inhaberscheck handelt, sei es, daß es sich um einen durch Indossament übertragbaren Scheck handelt und der Inhaber sein Recht gemäß Art. 19 nachweist –, zur Herausgabe des Schecks nur verpflichtet, wenn er ihn in bösem Glauben erworben hat oder ihm beim Erwerb eine grobe Fahrlässigkeit zur Last fällt.

Artikel 22 [Einwendungen des Scheckschuldners]

Wer aus dem Scheck in Anspruch genommen wird, kann dem Inhaber keine Einwendungen entgegensetzen, die sich auf seine unmittelbaren Beziehungen zu dem Aussteller oder zu einem früheren Inhaber gründen, es sei denn, daß der Inhaber beim Erwerb des Schecks bewußt zum Nachteil des Schuldners gehandelt hat.

Artikel 23 [Vollmachtsindossament]

(1) Enthält das Indossament den Vermerk »Wert zur Einziehung«, »zum Inkasso«, »in Prokura« oder einen anderen nur eine Bevollmächtigung ausdrückenden Vermerk, so kann der Inhaber alle Rechte aus dem Scheck geltend machen; aber er kann ihn nur durch ein weiteres Vollmachtsindossament übertragen.

(2) Die Scheckverpflichteten können in diesem Falle dem Inhaber nur solche Einwendungen entgegensetzen, die ihnen gegen den Indossanten zustehen.

(3) Die in dem Vollmachtsindossament enthaltene Vollmacht erlischt weder mit dem Tode noch mit dem Eintritt der Handlungsunfähigkeit des Vollmachtgebers.

Artikel 24 [Wirkung des Indossaments nach Protesterhebung]

(1) Ein Indossament, das nach Erhebung des Protestes oder nach Vornahme einer gleichbedeutenden Feststellung oder nach Ablauf der Vorlegungsfrist auf den Scheck gesetzt wird, hat nur die Wirkungen einer gewöhnlichen Abtretung.

(2) Bis zum Beweis des Gegenteils wird vermutet, daß ein nicht datiertes Indossament vor Erhebung des Protestes oder vor der Vorlage einer gleichbedeutenden Feststellung oder vor Ablauf der Vorlegungsfrist auf den Scheck gesetzt worden ist.

Dritter Abschnitt
Scheckbürgschaft

Artikel 25 [Zulässigkeit]

(1) Die Zahlung der Schecksumme kann ganz oder teilweise durch Scheckbürgschaft gesichert werden.

(2) Diese Sicherheit kann von einem Dritten, mit Ausnahme des Bezogenen, oder auch von einer Person geleistet werden, deren Unterschrift sich schon auf dem Scheck befindet.

Artikel 26 [Form]

(1) Die Bürgschaftserklärung wird auf den Scheck oder auf einen Anhang gesetzt.

(2) Sie wird durch die Worte »als Bürge« oder einen gleichbedeutenden Vermerk ausgedrückt; sie ist von dem Scheckbürgen zu unterschreiben.

(3) Die bloße Unterschrift auf der Vorderseite des Schecks gilt als Bürgschaftserklärung, soweit es sich nicht um die Unterschrift des Austellers handelt.

(4) In der Erklärung ist anzugeben, für wen die Bürgschaft geleistet wird; mangels einer solchen Angabe gilt sie für den Aussteller.

Artikel 27 [Haftung des Scheckbürgen]

(1) Der Scheckbürge haftet in der gleichen Weise wie derjenige, für den er sich verbürgt hat.

(2) Seine Verpflichtungserklärung ist auch gültig, wenn die Verbindlichkeit, für die er sich verbürgt hat, aus einem anderen Grunde als wegen eines Formfehlers nichtig ist.

(3) Der Scheckbürge, der den Scheck bezahlt, erwirbt die Rechte aus dem Scheck gegen denjenigen, für den er sich verbürgt hat, und gegen alle, die diesem scheckmäßig haften.

Vierter Abschnitt
Vorlegung und Zahlung

Artikel 28 [Zahlbarkeit des Schecks]

(1) Der Scheck ist bei Sicht zahlbar. Jede gegenteilige Angabe gilt als nicht geschrieben.

(2) Ein Scheck, der vor Eintritt des auf ihm angegebenen Ausstellungstages zur Zahlung vorgelegt wird, ist am Tage der Vorlegung zahlbar.

Artikel 29 [Vorlegungsfristen]

(1) Ein Scheck, der in dem Lande der Ausstellung zahlbar ist, muß binnen acht Tagen zur Zahlung vorgelegt werden.

(2) Ein Scheck, der in einem anderen Lande als dem der Ausstellung zahlbar ist, muß binnen zwanzig Tagen vorgelegt werden, wenn Ausstellungsort und Zahlungsort sich in demselben Erdteil befinden, und binnen siebzig Tagen, wenn Ausstellungsort und Zahlungsort sich in verschiedenen Erdteilen befinden.

(3) Hierbei gelten die in einem Lande Europas ausgestellten und in einem an das Mittelmeer grenzenden Lande zahlbaren Schecks, ebenso wie die in einem an das Mittelmeer grenzenden Lande ausgestellten und in einem Lande Europas zahlbaren Schecks als Schecks, die in demselben Erdteile ausgestellt und zahlbar sind.

(4) Die vorstehend erwähnten Fristen beginnen an dem Tage zu laufen, der in dem Scheck als Ausstellungstag angegeben ist.

Artikel 30 [Verschiedenheit der Kalender]

Ist ein Scheck auf einen Ort gezogen, dessen Kalender von dem des Ausstellungsortes abweicht, so wird der Tag der Ausstellung in den nach dem Kalender des Zahlungsortes entsprechenden Tag umgerechnet.

Artikel 31 [Abrechnungsstelle]

(1) Die Einlieferung in eine Abrechnungsstelle steht der Vorlegung zur Zahlung gleich.

(2) Der Reichsminister der Justiz bestimmt, weiche Einrichtungen als Abrechnungsstellen anzusehen sind und unter welchen Voraussetzungen die Einlieferung erfolgen kann.

Artikel 32 [Widerruf des Schecks]

(1) Ein Widerruf des Schecks ist erst nach Ablauf der Vorlegungsfrist wirksam.

(2) Wenn der Scheck nicht widerrufen ist, kann der Bezogene auch nach Ablauf der Vorlegungsfrist Zahlung leisten.

Artikel 33 [Tod des Scheckausstellers]

Auf die Wirksamkeit des Schecks ist es ohne Einfluß, wenn der Aussteller nach der Begebung des Schecks stirbt oder handlungsunfähig wird.

Artikel 34 [Aushändigung des quittierten Schecks]

(1) Der Bezogene kann vom Inhaber gegen Zahlung die Aushändigung des quittierten Schecks verlangen.

(2) Der Inhaber darf eine Teilzahlung nicht zurückweisen.

(3) Im Falle der Teilzahlung kann der Bezogene verlangen, daß sie auf dem Scheck vermerkt und ihm eine Quittung erteilt wird.

Artikel 35 [Prüfungspflicht des Bezogenen]

Der Bezogene, der einen durch Indossament übertragbaren Scheck einlöst, ist verpflichtet, die Ordnungsmäßigkeit der Reihe der Indossamente, aber nicht die Unterschriften der Indossanten zu prüfen.

Artikel 36 [Scheck auf ausländische Währung]

(1) Lautet der Scheck auf eine Währung, die am Zahlungsorte nicht gilt, so kann die Schecksumme in der Landeswährung nach dem Werte gezahlt werden, den sie am Tage der Vorlegung besitzt. Wenn die Zahlung bei Vorlegung nicht erfolgt ist, so kann der Inhaber wählen, ob die Schecksumme nach dem Kurs des Vorlegungstages oder nach dem Kurs des Zahlungstages in die Landeswährung umgerechnet werden soll.

(2) Der Wert der fremden Währung bestimmt sich nach den Handelsgebräuchen des Zahlungsortes. Der Aussteller kann jedoch im Scheck für die zu zahlende Summe einen Umrechnungskurs bestimmen.

(3) Die Vorschriften der beiden ersten Absätze finden keine Anwendung, wenn der Aussteller die Zahlung in einer bestimmten Währung vorgeschrieben hat (Effektivvermerk).

(4) Lautet der Scheck auf eine Geldsorte, die im Lande der Ausstellung dieselbe Bezeichnung, aber einen anderen Wert hat als in dem der Zahlung, so wird vermutet, daß die Geldsorte des Zahlungsortes gemeint ist.

Fünfter Abschnitt
Gekreuzter Scheck und Verrechnungsscheck

Artikel 37 und **38 (nicht in Kraft)**

Artikel 39 [Verrechnungsscheck]

(1) Der Aussteller sowie jeder Inhaber eines Schecks kann durch den quer über die Vorderseite gesetzten Vermerk »nur zur Verrechnung« oder durch einen gleichbedeutenden Vermerk untersagen, daß der Scheck bar bezahlt wird.

(2) Der Bezogene darf in diesem Falle den Scheck nur im Wege der Gutschrift einlösen (Verrechnung, Überweisung, Ausgleichung). Die Gutschrift gilt als Zahlung.

(3) Die Streichung des Vermerk »nur zur Verrechnung« gilt als nicht erfolgt.

(4) Der Bezogene, der den vorstehenden Vorschriften zuwiderhandelt, haftet für den entstandenen Schaden, jedoch nur bis zur Höhe der Schecksumme.

Sechster Abschnitt
Rückgriff mangels Zahlung

Artikel 40 [Voraussetzungen]

Der Inhaber kann gegen die Indossanten, den Aussteller und die anderen Scheckverpflichteten Rückgriff nehmen, wenn der rechtzeitig vorgelegte Scheck nicht eingelöst und die Verweigerung der Zahlung festgestellt worden ist:

1. durch eine öffentliche Urkunde (Protest) oder
2. durch eine schriftliche, datierte Erklärung des Bezogenen auf dem Scheck, die den Tag der Vorlegung angibt, oder
3. durch eine datierte Erklärung einer Abrechnungsstelle, daß der Scheck rechtzeitig eingeliefert und nicht bezahlt worden ist.

Artikel 41 [Vornahme des Protestes]

(1) Der Protest oder die gleichbedeutende Feststellung muß vor Ablauf der Vorlegungsfrist vorgenommen werden.

(2) Ist die Vorlegung am letzten Tage der Frist erfolgt, so kann der Protest oder die gleichdedeutende Feststellung auch noch an dem folgenden Werktage vorgenommen werden.

Artikel 42 [Benachrichtigung der Vormänner]

(1) Der Inhaber muß seinen unmittelbaren Vormann und den Aussteller von dem Unterbleiben der Zahlung innerhalb der vier Werktage benachrichtigen, die auf den Tag der Protesterhebung oder der Vornahme der gleichbedeutenden Feststellung oder, im Falle des Vermerks »ohne Kosten«, auf den Tag der Vorlegung folgen. Jeder Indossant muß innerhalb zweier Werktage nach Empfang der Nachricht seinem unmittelbaren Vormanne von der Nachricht, die er erhalten hat, Kenntnis geben und ihm die Namen und Adressen derjenigen mitteilen, die vorher Nachricht gegeben haben, und so weiter in der Reihenfolge bis zum Aussteller. Die Fristen laufen vom Empfang der vorhergehenden Nachricht.

(2) Wird nach Maßgabe des vorhergehenden Absatzes einer Person, deren Unterschrift sich auf dem Scheck befindet, Nachricht gegeben, so muß die gleiche Nachricht in derselben Frist ihrem Scheckbürgen gegeben werden.

(3) Hat ein Indossant seine Adresse nicht oder in unleserlicher Form angegeben, so genügt es, daß sein unmittelbarer Vormann benachrichtigt wird.

(4) Die Nachricht kann in jeder Form gegeben werden, auch durch die bloße Rücksendung des Schecks.
(5) Der zur Benachrichtigung Verpflichtete hat zu beweisen, daß er in der vorgeschriebenen Frist benachrichtigt hat. Die Frist gilt als eingehalten, wenn ein Schreiben, das die Benachrichtigung enthält, innerhalb der Frist zur Post gegeben worden ist.
(6) Wer die rechtzeitige Benachrichtigung versäumt, verliert nicht den Rückgriff; er haftet für den etwa durch seine Nachlässigkeit entstandenen Schaden, jedoch nur bis zur Höhe der Schecksumme.

Artikel 43 [Befreiung von der Protesterhebung]

(1) Der Aussteller sowie jeder Indossant oder Scheckbürge kann durch den Vermerk »ohne Kosten«, »ohne Protest« oder einen gleichbedeutenden auf den Scheck gesetzten und unterzeichneten Vermerk den Inhaber von der Verpflichtung befreien, zum Zwecke der Ausübung des Rückgriffs Protest erheben oder eine gleichbedeutende Feststellung vornehmen zu lassen.
(2) Der Vermerk befreit den Inhaber nicht von der Verpflichtung, den Scheck rechtzeitig vorzulegen und die erforderlichen Nachrichten zu geben. Der Beweis, daß die Frist nicht eingehalten worden ist, liegt demjenigen ob, der sich dem Inhaber gegenüber darauf beruft.
(3) Ist der Vermerk vom Aussteller beigefügt, so wirkt er gegenüber allen Scheckverpflichteten; ist er von einem Indossanten oder einem Scheckbürgen beigefügt, so wirkt er nur diesem gegenüber. Läßt der Inhaber ungeachtet des vom Aussteller beigefügten Vermerks Protest erheben oder eine gleichbedeutende Feststellung vornehmen, so fallen ihm die Kosten zur Last. Ist der Vermerk von einem Indossanten oder einem Scheckbürgen beigefügt, so sind alle Scheckverpflichteten zum Ersatz der Kosten eines dennoch erhobenen Protestes oder einer gleichbedeutenden Feststellung verpflichtet.

Artikel 44 [Haftung gegenüber dem Scheckinhaber]

(1) Alle Scheckverpflichteten haften dem Inhaber als Gesamtschuldner.
(2) Der Inhaber kann jeden einzeln oder mehrere oder alle zusammen in Anspruch nehmen, ohne an die Reihenfolge gebunden zu sein, in der sie sich verpflichtet haben.
(3) Das gleiche Recht steht jedem Scheckverpflichteten zu, der den Scheck eingelöst hat.
(4) Durch die Geltendmachung des Anspruchs gegen einen Scheckverpflichteten verliert der Inhaber nicht seine Rechte gegen die anderen Scheckverpflichteten, auch nicht gegen die Nachmänner desjenigen, der zuerst in Anspruch genommen worden ist.

Artikel 45 [Rückgriff des Protestanten]

Der Inhaber kann im Wege des Rückgriffs verlangen:
1. die Schecksumme, soweit der Scheck nicht eingelöst worden ist;
2. Zinsen zu sechs vom Hundert seit dem Tage der Vorlegung. Bei einem Scheck, der im Inland sowohl ausgestellt als auch zahlbar ist, beträgt der Zinssatz zwei vom Hundert über dem jeweiligen Diskontsatz der Deutschen Bundesbank, mindestens aber sechs vom Hundert; Änderungen des Diskontsatzes sind für die Verzinsung ab Beginn des Tages wirksam, an dem die Deutsche Bundesbank die Änderung im Bundesanzeiger bekanntgemacht hat;
3. die Kosten des Protestes oder der gleichbedeutenden Feststellung und der Nachrichten sowie die anderen Auslagen;
4. eine Vergütung, die mangels besonderer Vereinbarung ein Drittel vom Hundert der Hauptsumme des Schecks beträgt und diesen Satz keinesfalls überschreiten darf.

Artikel 46 [Rückgriff des Einlösers]

Wer den Scheck eingelöst hat, kann von seinen Vormännern verlangen:

1. den vollen Betrag, den er gezahlt hat;
2. die Zinsen dieses Betrages zu sechs vom Hundert seit dem Tage der Einlösung. Bei einem Scheck, der im Inland sowohl ausgestellt als auch zahlbar ist, beträgt der Zinssatz zwei vom Hundert über dem jeweiligen Diskontsatz der Deutschen Bundesbank, mindestens aber sechs vom Hundert; Änderungen des Diskontsatzes sind für die Verzinsung ab Beginn des Tages wirksam, an dem die Deutsche Bundesbank die Änderung im Bundesanzeiger bekanntgemacht hat;
3. seine Auslagen;
4. eine Vergütung, die nach den Vorschriften des Artikels 45 Nr. 4 berechnet wird.

Artikel 47 [Aushändigung von Scheck, Protest und quittierter Rechnung]

(1) Jeder Scheckverpflichtete, gegen den Rückgriff genommen wird oder genommen werden kann, ist berechtigt, zu verlangen, daß ihm gegen Entrichtung der Rückgriffssumme der Scheck mit dem Protest oder der gleichbedeutenden Feststellung und eine quittierte Rechnung ausgehändigt werden.

(2) Jeder Indossant, der den Scheck eingelöst hat, kann sein Indossament und die Indossamente seiner Nachmänner ausstreichen.

Artikel 48 [Fristverlängerung bei höherer Gewalt]

(1) Steht der rechtzeitigen Vorlegung des Schecks oder der rechtzeitigen Erhebung des Protestes oder der Vornahme einer gleichbedeutenden Feststellung ein unüberwindliches Hindernis entgegen (gesetzliche Vorschrift eines Staates oder ein anderer Fall höherer Gewalt), so werden die für diese Handlungen bestimmten Fristen verlängert.

(2) Der Inhaber ist verpflichtet, seinen unmittelbaren Vormann von dem Falle der höheren Gewalt unverzüglich zu benachrichtigen und die Benachrichtigung unter Beifügung des Tages und Ortes sowie seiner Unterschrift auf dem Scheck oder einem Anhang zu vermerken, im übrigen finden die Vorschriften des Art. 42 Anwendung.

(3) Fällt die höhere Gewalt weg, so muß der Inhaber den Scheck unverzüglich zur Zahlung vorlegen und gegebenenfalls Protest erheben oder eine gleichbedeutende Feststellung vornehmen lassen.

(4) Dauert die höhere Gewalt länger als fünfzehn Tage seit dem Tage, an dem der Inhaber, selbst vor Ablauf der Vorlegungsfrist, seinen Vormann von dem Falle der höheren Gewalt benachrichtigt hat, so kann Rückgriff genommen werden, ohne daß es der Vorlegung oder der Protesterhebung oder einer gleichbedeutenden Feststellung bedarf.

(5) Tatsachen, die rein persönlich den Inhaber oder denjenigen betreffen, den er mit der Vorlegung des Schecks oder mit der Erhebung des Protestes oder mit der Herbeiführung einer gleichbedeutenden Feststellung beauftragt hat, gelten nicht als Fälle höherer Gewalt.

Siebenter Abschnitt

Ausfertigung mehrerer Stücke eines Schecks

Artikel 49 [Zulässigkeit]

Schecks, die nicht auf den Inhaber gestellt sind und in einem anderen Lande als dem der Ausstellung oder in einem überseeischen Gebiete des Landes der Ausstellung zahlbar sind, und umgekehrt, oder in dem überseeischen Gebiete eines Landes ausgestellt und zahlbar sind, oder in dem überseeischen Gebiete eines Landes ausgestellt und in einem anderen überseeischen Gebiete desselben Landes zahlbar sind, können in mehreren gleichen Ausfertigungen ausgestellt werden. Diese Ausfertigungen müssen im Texte der Urkunde mit fortlaufenden Nummern versehen sein; andernfalls gilt jede Ausfertigung als besonderer Scheck.

Artikel 50 [Zahlung – Haftung]

(1) Wird eine Ausfertigung bezahlt, so erlöschen die Rechte aus allen Ausfertigungen, auch wenn diese nicht den Vermerk tragen, daß durch die Zahlung auf eine Ausfertigung die anderen ihre Gültigkeit verlieren.

(2) Hat ein Indossant die Ausfertigungen an verschiedene Personen übertragen, so haften er und seine Nachmänner aus allen Ausfertigungen, die ihre Unterschrift tragen und nicht herausgegeben worden sind.

Achter Abschnitt

Änderungen

Artikel 51 [Wirkung der Änderung des Textes]

Wird der Text eines Schecks geändert, so haften diejenigen, die ihre Unterschrift nach der Änderung auf den Scheck gesetzt haben, entsprechend dem geänderten Text; wer früher unterschrieben hat, haftet nach dem ursprünglichen Text.

Neunter Abschnitt

Verjährung

Artikel 52 [Verjährung der Rückgriffsansprüche]

(1) Die Rückgriffsansprüche des Inhabers gegen die Indossanten, den Aussteller und die anderen Scheckverpflichteten verjähren in sechs Monaten vom Ablauf der Vorlegungsfrist.

(2) Die Rückgriffsansprüche eines Verpflichteten gegen einen anderen Scheckverpflichteten verjähren in sechs Monaten von dem Tage, an dem der Scheck von dem Verpflichteten eingelöst oder ihm gegenüber gerichtlich geltend gemacht worden ist.

Artikel 53 [Verjährungsunterbrechung]

Die Unterbrechung der Verjährung wirkt nur gegen den Scheckverpflichteten, in Ansehung dessen die Tatsache eingetreten ist, welche die Unterbrechung bewirkt.

Zehnter Abschnitt

Allgemeine Vorschriften

Artikel 54 [Bankiersbegriff]

Als Bankiers im Sinne dieses Gesetzes sind anzusehen:

1. diejenigen Anstalten des öffentlichen Rechts, diejenigen unter staatlicher Aufsicht stehenden Anstalten sowie diejenigen in das Genossenschaftsregister eingetragenen Genossenschaften, die sich nach den für ihren Geschäftsbetrieb maßgebenden Bestimmungen mit der Annahme von Geld und der Leistung von Zahlungen für fremde Rechnung befassen, ferner die unter amtlicher Aufsicht stehenden Sparkassen, wenn sie die nach Landesrecht für sie geltenden Aufsichtsbestimmungen erfüllen;
2. die in das Handelsregister eingetragenen Firmen, die gewerbsmäßig Bankiergeschäfte betreiben.

Artikel 55 [Feiertage und Sonnabende]

(1) Die Vorlegung und der Protest eines Schecks können nur an einem Werktage, jedoch nicht an einem Sonnabend, stattfinden.

(2) Fällt der letzte Tag einer Frist, innerhalb derer eine auf den Scheck bezügliche Handlung, insbesondere die Vorlegung, der Protest oder eine gleichbedeutende Feststellung vorgenommen werden muß, auf einen gesetzlichen Feiertag oder einen Sonnabend, so wird die Frist bis zum nächsten Werktage verlängert. Feiertage, die in den Lauf einer Frist fallen, werden bei der Berechnung der Frist mitgezählt.

(3) Im übrigen finden auf die Vorlegung des Schecks und den Protest die Vorschriften der Art. 79 bis 87 des Wechselgesetzes entsprechende Anwendung.

Artikel 56 [Fristenberechnung]

Bei der Berechnung der in diesem Gesetz vorgesehenen Fristen wird der Tag, an dem sie zu laufen beginnen, nicht mitgezählt.

Artikel 57 [Keine Anerkennung von Respekttagen]

Weder gesetzliche noch richterliche Respekttage werden anerkannt.

Elfter Abschnitt

Ergänzende Vorschriften

Artikel 58 [Bereicherungshaftung des Ausstellers]

(1) Der Aussteller, dessen Rückgriffsverbindlichkeit durch Unterlassung rechtzeitiger Vorlegung oder Verjährung erloschen ist, bleibt dem Inhaber des Schecks so weit verpflichtet, als er sich mit dessen Schaden bereichern würde.

(2) Der Anspruch verjährt in einem Jahre seit der Ausstellung des Schecks.

Artikel 59 [Kraftloserklärung abhanden gekommener Schecks – Ersatz]

(1) Ein abhanden gekommener oder vernichteter Scheck kann im Wege des Aufgebotsverfahrens für kraftlos erklärt werden. Die Aufgebotsfrist muß mindestens zwei Monate betragen. Nach Einleitung des Aufgebotsverfahrens kann der Berechtigte, falls der Scheck rechtzeitig zur Zahlung vorgelegt, von dem Bezogenen aber nicht eingelöst worden war, von dem Aussteller Zahlung fordern, wenn er bis zur Kraftloserklärung Sicherheit leistet.

(2) Eine abhanden gekommene oder vernichtete Protesturkunde kann durch ein Zeugnis über die Protesterhebung ersetzt werden, das von der die beglaubigte Abschrift der Urkunde verwahrenden Stelle zu erteilen ist. In dem Zeugnis muß der Inhalt des Protestes und des gemäß Art. 55 Abs. 3 in Verbindung mit Art. 85 Abs. 2 des Wechselgesetzes aufgenommenen Vermerks angegeben sein.

Zwölfter Abschnitt

Geltungsbereich der Gesetze

Artikel 60 [Scheckfähigkeit]

(1) Die Fähigkeit einer Person, eine Scheckverbindlichkeit einzugehen, bestimmt sich nach dem Recht des Landes, dem sie angehört. Erklärt dieses Recht das Recht eines anderen Landes für maßgebend, so ist das letztere Recht anzuwenden.

(2) Wer nach dem im vorstehenden Absatz bezeichneten Recht eine Scheckverbindlichkeit nicht eingehen kann, wird gleichwohl gültig verpflichtet, wenn die Unterschrift in

dem Gebiet eines Landes abgegeben worden ist, nach dessen Recht er scheckfähig wäre. Diese Vorschrift findet keine Anwendung, wenn die Verbindlichkeit von einem Inländer im Ausland übernommen worden ist.

Artikel 61 [Bestimmung des Bezogenen]

(1) Das Recht des Landes, in dem der Scheck zahlbar ist, bestimmt die Personen, auf die ein Scheck gezogen werden kann.

(2) Ist nach diesem Recht der Scheck im Hinblick auf die Person des Bezogenen nichtig, so sind gleichwohl die Verpflichtungen aus Unterschriften gültig, die in Ländern auf den Scheck gesetzt worden sind, deren Rechte die Nichtigkeit aus einem solchen Grunde nicht vorsieht.

Artikel 62 [Form der Scheckerklärung]

(1) Die Form einer Scheckerklärung bestimmt sich nach dem Recht des Landes, in dessen Gebiet die Erklärung unterschrieben worden ist. Es genügt jedoch die Beobachtung der Form, die das Recht des Zahlungsortes vorschreibt.

(2) Wenn eine Scheckerklärung, die nach den Vorschriften des vorstehenden Absatzes ungültig ist, dem Recht des Landes entspricht, in dessen Gebiet eine spätere Scheckerklärung unterschrieben worden ist, so wird durch Mängel in der Form der ersten Scheckerklärung die Gültigkeit der späteren Scheckerklärung nicht berührt.

(3) Eine Scheckerklärung, die ein Inländer im Ausland abgegeben hat, ist im Inland gegenüber anderen Inländern gültig, wenn die Erklärung den Formerfordernissen des inländischen Rechts genügt.

Artikel 63 [Wirkungen der Scheckerklärungen]

Die Wirkungen der Scheckerklärungen bestimmen sich nach dem Recht des Landes, in dessen Gebiet die Erklärungen unterschrieben worden sind.

Artikel 64 [Rückgriffsfristen]

Die Fristen für die Ausübung der Rückgriffsrechte werden für alle Scheckverpflichteten durch das Recht des Ortes bestimmt, an dem der Scheck ausgestellt worden ist.

Artikel 65 [Weitere Vorschriften nach dem Recht des Zahlungslandes]

Das Recht des Landes, in dessen Gebiete der Scheck zahlbar ist, bestimmt:

1. ob der Scheck notwendigerweise bei Sicht zahlbar ist oder ob er auf eine bestimmte Zeit nach Sicht gezogen werden kann, und welches die Wirkungen sind, wenn auf dem Scheck ein späterer als der wirkliche Ausstellungstag angegeben worden ist;
2. die Vorlegungsfrist;
3. ob ein Scheck angenommen, zertifiziert, bestätigt oder mit einem Visum versehen werden kann, und welches die Wirkungen dieser Vermerke sind;
4. ob der Inhaber eine Teilzahlung verlangen kann und ob er eine solche annehmen muß;
5. ob ein Scheck gekreuzt oder mit dem Vermerk »nur zur Verrechnung« oder mit einem gleichbedeutenden Vermerk versehen werden kann, und welches die Wirkungen der Kreuzung oder des Verrechnungsvermerks oder eines gleichbedeutenden Vermerks sind;
6. ob der Inhaber besondere Rechte auf die Deckung hat, und welches der Inhalt dieser Rechte ist;
7. ob der Aussteller den Scheck widerrufen oder gegen die Einlösung des Schecks Widerspruch erheben kann;

8. die Maßnahmen, die im Falle des Verlustes oder des Diebstahls des Schecks zu ergreifen sind;
9. ob ein Protest oder eine gleichbedeutende Feststellung zur Erhaltung des Rückgriffs gegen die Indossanten, den Aussteller und die anderen Scheckverpflichteten notwendig ist.

Artikel 66 [Recht des Landes der Protesterhebung usw.]

Die Form des Protestes und die Fristen für die Protesterhebung sowie die Form der übrigen Handlungen, die zur Ausübung oder Erhaltung der Scheckrechte erforderlich sind, bestimmen sich nach dem Recht des Landes, in dessen Gebiete der Protest zu erheben oder die Handlung vorzunehmen ist.

Gesetz gegen Wettbewerbsbeschränkungen

Vom 27. Juli 1957 (BGBl. I S. 1081)
in der Fassung der Bekanntmachung vom 20. Februar 1990 (BGBl. I S. 235)[1)]
(BGBl. III 703-1)

Änderungen seit Neufassung

Paragraph	Art der Änderung	Geändert durch	Datum	Fundstelle BGBl.
107	gegenstandslos	Sechstes Überleitungsgesetz	25. 9.1990	I S. 2106
54, 95	geändert	Rechtspflege-Vereinfachungsgesetz	17.12.1990	I S. 2847
80	geändert	Gesetz zur Änderung von Gesetzen auf dem Gebiet des Rechts der Wirtschaft	21.12.1992	I S. 2133
97	geändert	EWR-Ausführungsgesetz	27. 4.1993	I S. 512, 537
44, 99	geändert	Eisenbahnneuordnungsgesetz	27.12.1993	I S. 2378, 2412
48	geändert	Berlin/Bonn-Gesetz	26. 4.1994	I S. 918
89[2)]	geändert	Gesetz zur Neuordnung des Berufsrechts der Rechtsanwälte und der Patentanwälte	2. 9.1994	I S. 2278, 2292
44	geändert	Postneuordnungsgesetz	14. 9.1994	I S. 2325, 2389
23, 24, 24 a	geändert	Gesetz zur Bereinigung des Umwandlungsrechts	28.10.1994	I S. 3210, 3264

1) **Bekanntmachung der Neufassung des Gesetzes gegen Wettbewerbsbeschränkungen**

Vom 20. Februar 1990

Auf Grund des Artikels 3 des Fünften Gesetzes zur Änderung des Gesetzes gegen Wettbewerbsbeschränkungen vom 22. Dezember 1989 (BGBl. I S. 2486) wird nachstehend der Wortlaut des Gesetzes gegen Wettbewerbsbeschränkungen in der seit 1. Januar 1990 geltenden Fassung bekanntgemacht. Die Neufassung berücksichtigt:

1. Die Fassung der Bekanntmachung vom 24. September 1980 (BGBl. I S. 1761),
2. den am 1. April 1983 in Kraft getretenen Artikel 2 Abs. 17 des Gesetzes vom 29. März 1983 (BGBl. I S. 377),
3. den am 7. März 1985 in Kraft getretenen Artikel 2 des Gesetzes vom 27. Februar 1985 (BGBl. I S. 457),
4. den am 24. August 1985 in Kraft getretenen § 63 Abs. 2 des Gesetzes vom 20. August 1985 (BGBl. I S. 1633),
5. den am 1. Januar 1986 in Kraft getretenen Artikel 10 Abs. 16 des Gesetzes vom 19. Dezember 1985 (BGBl. I S. 2355),
6. den am 1. April 1987 in Kraft getretenen Artikel 5 Abs. 5 des Gesetzes vom 7. Juli 1986 (BGBl. I S. 977),
7. den am 1. November 1987 in Kraft getretenen § 25 des Gesetzes vom 22. Oktober 1987 (BGBl. I S. 2294),
8. den am 1. Januar 1990 in Kraft getretenen Artikel 1 des eingangs genannten Gesetzes.

Der Bundesminister für Wirtschaft

2) Die Änderung tritt am 1. 1. 2000 bzw. am 1. 1. 2005 in Kraft und wird zum jeweiligen Zeitpunkt eingearbeitet.

Erster Teil
Wettbewerbsbeschränkungen

Erster Abschnitt
Kartellverträge und Kartellbeschlüsse

§ 1 [Grundsätzliches Kartellverbot]

(1) Verträge, die Unternehmen oder Vereinigungen von Unternehmen zu einem gemeinsamen Zweck schließen, und Beschlüsse von Vereinigungen von Unternehmen sind unwirksam, soweit sie geeignet sind, die Erzeugung oder die Marktverhältnisse für den Verkehr mit Waren oder gewerblichen Leistungen durch Beschränkung des Wettbewerbs zu beeinflussen. Dies gilt nicht, soweit in diesem Gesetz etwas anderes bestimmt ist.
(2) Als Beschluß einer Vereinigung von Unternehmen gilt auch der Beschluß der Mitgliederversammlung einer juristischen Person, soweit ihre Mitglieder Unternehmen sind.

§ 2 [Konditionenkartell]

(1) § 1 gilt nicht für Verträge und Beschlüsse, die die einheitliche Anwendung allgemeiner Geschäfts-, Lieferungs- und Zahlungsbedingungen einschließlich der Skonti zum Gegenstand haben. Die Regelungen dürfen sich nicht auf Preise oder Preisbestandteile beziehen.
(2) Bei der Anmeldung nach § 9 Abs. 1 ist nachzuweisen, daß die Lieferanten und Abnehmer, die durch die Verträge oder Beschlüsse der in Absatz 1 bezeichneten Art betroffen werden, in angemessener Weise gehört worden sind. Ihre Stellungnahmen sind der Anmeldung beizufügen.
(3) Verträge und Beschlüsse der in Absatz 1 bezeichneten Art werden nur wirksam, wenn die Kartellbehörde innerhalb einer Frist von drei Monaten seit Eingang der Anmeldung nicht widerspricht. Der Widerspruch kann nur darauf gestützt werden, daß die Voraussetzungen des § 12 Abs. 1 gegeben sind.

§ 3 [Rabattkartell]

(1) § 1 gilt nicht für Verträge und Beschlüsse über Rabatte bei der Lieferung von Waren, soweit diese Rabatte ein echtes Leistungsentgelt darstellen und nicht zu einer ungerechtfertigt unterschiedlichen Behandlung von Wirtschaftsstufen oder von Abnehmern der gleichen Wirtschaftsstufe führen, die gegenüber den Lieferanten die gleiche Leistung bei der Abnahme von Waren erbringen.
(2) Bei der Anmeldung nach § 9 Abs. 1 ist nachzuweisen, daß die Voraussetzungen des Absatzes 1 vorliegen und daß die Wirtschaftsstufen gehört worden sind, für die die Rabattregelung gelten soll. Ihre Stellungnahmen sind der Anmeldung beizufügen.
(3) Verträge und Beschlüsse der in Absatz 1 bezeichneten Art werden nur wirksam, wenn die Kartellbehörde innerhalb einer Frist von drei Monaten seit Eingang der Anmeldung nicht widerspricht. Die Kartellbehörde hat zu widersprechen, wenn

1. nicht nachgewiesen ist, daß die in Absatz 1 bezeichneten Voraussetzungen vorliegen und daß die Wirtschaftsstufen gehört worden sind, für die die Rabattregelung gelten soll, oder
2. der Vertrag oder Beschluß offensichtlich schädliche Wirkungen für den Ablauf von Erzeugung oder Handel oder für die angemessene Versorgung der Verbraucher hat, insbesondere die Aufnahme der gewerblichen Tätigkeit in einer Wirtschaftsstufe erschwert, oder

3. Marktbeteiligte innerhalb eines Monats nach Bekanntmachung der Anmeldung (§ 10 Abs. 1) nachweisen, daß sie durch den Vertrag oder Beschluß ungerechtfertigt unterschiedlich behandelt werden.

(4) Die Kartellbehörde kann nach Ablauf der in Absatz 3 Satz 1 genannten Frist Verträge und Beschlüsse im Sinne des Absatzes 1 für unwirksam erklären, wenn einer der in Absatz 1 oder 3 genannten Gründe vorliegt.

§ 4 [Strukturkrisenkartell]

Die Kartellbehörde kann im Falle eines auf nachhaltiger Änderung der Nachfrage beruhenden Absatzrückganges auf Antrag die Erlaubnis zu einem Vertrag oder Beschluß der

(Fortsetzung auf Seite 3)

in § 1 bezeichneten Art für Unternehmen der Erzeugung, Herstellung, Bearbeitung oder Verarbeitung erteilen, wenn der Vertrag oder Beschluß notwendig ist, um eine planmäßige Anpassung der Kapazität an den Bedarf herbeizuführen, und die Regelung unter Berücksichtigung der Gesamtwirtschaft und des Gemeinwohls erfolgt.

§ 5 [Normierungskartell]

(1) § 1 gilt nicht für Verträge und Beschlüsse, die lediglich die einheitliche Anwendung von Normen oder Typen zum Gegenstand haben. Der Anmeldung nach § 9 Abs. 1 ist die Stellungnahme eines Rationalisierungsverbandes beizufügen. Rationalisierungsverbände im Sinne dieses Gesetzes sind Verbände, zu deren satzungsmäßigen Aufgaben es gehört, Normungs- und Typungsvorhaben durchzuführen oder zu prüfen und dabei die Lieferanten und Abnehmer, die durch die Vorhaben betroffen werden, in angemessener Weise zu beteiligen.

(2) Die Kartellbehörde erteilt auf Antrag die Erlaubnis zu einem Vertrag oder Beschluß der in § 1 bezeichneten Art, wenn die Regelung der Rationalisierung wirtschaftlicher Vorgänge dient und geeignet ist, die Leistungsfähigkeit oder Wirtschaftlichkeit der beteiligten Unternehmen in technischer, betriebswirtschaftlicher oder organisatorischer Beziehung wesentlich zu heben und dadurch die Befriedigung des Bedarfs zu verbessern. Der Rationalisierungserfolg soll in einem angemessenen Verhältnis zu der damit verbundenen Wettbewerbsbeschränkung stehen.

(3) Soll der Vertrag oder Beschluß die Rationalisierung in Verbindung mit Preisabreden oder durch Bildung von gemeinsamen Beschaffungs- oder Vertriebseinrichtungen (Syndikaten) verwirklichen, darf die Erlaubnis nur erteilt werden, wenn der Rationalisierungszweck auf andere Weise nicht erreicht werden kann und wenn die Rationalisierung im Interesse der Allgemeinheit erwünscht ist. Der Rationalisierungserfolg soll in einem angemessenen Verhältnis zu der damit verbundenen Wettbewerbsbeschränkung stehen.

(4) Verträge und Beschlüsse, die in den in Satz 2 bezeichneten Wirtschaftsbereichen einheitliche Methoden der Leistungsbeschreibung oder Preisaufgliederung festlegen, fallen nicht unter § 1, wenn sie keine Festlegung von Preisen oder Preisbestandteilen enthalten. Dies gilt für Wirtschaftsbereiche, in denen bei Ausschreibungen Waren oder gewerbliche Leistungen nur auf Grund von Beschreibungen angeboten werden können, die eine Prüfung der Beschaffenheit bei Vertragsabschluß nicht ermöglichen.

§ 5 a [Rationalisierungskartell]

(1) § 1 gilt nicht für Verträge und Beschlüsse, die die Rationalisierung wirtschaftlicher Vorgänge durch Spezialisierung zum Gegenstand haben, wenn sie einen wesentlichen Wettbewerb auf dem Markt bestehen lassen. Satz 1 ist auch anzuwenden, wenn der Vertrag oder Beschluß die Spezialisierung in Verbindung mit Abreden der in § 5 Abs. 2 oder 3 bezeichneten Art verwirklichen soll und die Abreden zur Durchführung der Spezialisierung erforderlich sind.

(2) Bei der Anmeldung nach § 9 Abs. 1 ist nachzuweisen, daß die Voraussetzungen des Absatzes 1 vorliegen.

(3) Verträge und Beschlüsse der in Absatz 1 bezeichneten Art werden nur wirksam, wenn die Kartellbehörde innerhalb einer Frist von drei Monaten seit Eingang der Anmeldung nicht widerspricht. Die Kartellbehörde hat zu widersprechen, wenn nicht nachgewiesen ist, daß die in Absatz 1 bezeichneten Voraussetzungen vorliegen. Werden Änderungen oder Ergänzungen eines Vertrages oder Beschlusses der in Absatz 1 bezeichneten Art angemeldet, durch die der Kreis der beteiligten Unternehmen nicht verändert und die

Spezialisierung nicht auf andere Waren oder Leistungen erstreckt wird, beträgt die in Satz 1 genannte Frist einen Monat.

§ 5 b [Ausnahme vom Kartellverbot zugunsten kleiner oder mittlerer Unternehmen]

(1) § 1 gilt nicht für Verträge und Beschlüsse, die die Rationalisierung wirtschaftlicher Vorgänge durch eine andere als die in § 5 a bezeichnete Art der zwischenbetrieblichen Zusammenarbeit zum Gegenstand haben, wenn dadurch der Wettbewerb auf dem Markt nicht wesentlich beeinträchtigt wird und der Vertrag oder Beschluß dazu dient, die Leistungsfähigkeit kleiner oder mittlerer Unternehmen zu fördern.

(2) § 5 a Abs. 2 und 3 gilt entsprechend.

§ 5 c [Weitere Ausnahmen zum Kartellverbot zugunsten kleiner und mittlerer Unternehmen]

§ 1 gilt nicht für Verträge und Beschlüsse, die den gemeinsamen Einkauf von Waren oder die gemeinsame Beschaffung gewerblicher Leistungen zum Gegenstand haben, ohne einen Bezugszwang für die beteiligten Unternehmen zu begründen, wenn dadurch der Wettbewerb auf dem Markt nicht wesentlich beeinträchtigt wird und der Vertrag oder Beschluß dazu dient, die Wettbewerbsfähigkeit kleiner oder mittlerer Unternehmen zu verbessern.

§ 6 [Ausfuhrkartell]

(1) § 1 gilt nicht für Verträge und Beschlüsse, die der Sicherung und Förderung der Ausfuhr dienen, sofern sie sich auf die Regelung des Wettbewerbs auf Märkten außerhalb des Geltungsbereichs dieses Gesetzes beschränken.

(2) Die Kartellbehörde hat auf Antrag die Erlaubnis zu einem Vertrag oder Beschluß der in § 1 bezeichneten Art zu erteilen, wenn eine in Absatz 1 bezeichnete Regelung auch den Verkehr mit Waren oder gewerblichen Leistungen innerhalb des Geltungsbereichs dieses Gesetzes umfaßt, soweit diese Regelung notwendig ist, um die erstrebte Regelung des Wettbewerbs auf den Märkten außerhalb des Geltungsbereichs dieses Gesetzes sicherzustellen. § 15 steht dem nicht entgegen. Dem Antrag ist eine Stellungnahme der betroffenen inländischen Erzeuger und Abnehmer beizufügen.

(3) Die Kartellbehörde darf eine Erlaubnis nach Absatz 2 nicht erteilen, wenn der Vertrag oder Beschluß oder die Art seiner Durchführung

1. die von der Bundesrepublik Deutschland in zwischenstaatlichen Abkommen anerkannten Grundsätze über den Verkehr mit Waren oder gewerblichen Leistungen verletzt oder
2. zu einer wesentlichen Beschränkung des Wettbewerbs innerhalb des Geltungsbereichs dieses Gesetzes führen kann und das Interesse an der Erhaltung des Wettbewerbs überwiegt.

(4) Die Kartellbehörde kann die Beteiligten zum Abschluß einer unter Absatz 2 fallenden Regelung innerhalb eines bestimmten Rahmens ermächtigen.

§ 7 [Einfuhrkartell]

(1) Die Kartellbehörde kann auf Antrag die Erlaubnis zu einem Vertrag oder Beschluß der in § 1 bezeichneten Art erteilen, sofern die Regelung lediglich die Einfuhr in den Geltungsbereich dieses Gesetzes betrifft und die deutschen Bezieher keinem oder nur unwesentlichem Wettbewerb der Anbieter gegenüberstehen.

(2) § 6 Abs. 2 Satz 3 und Abs. 3 gilt entsprechend.

§ 8 [Generalklausel]

(1) Liegen die Voraussetzungen der §§ 2 bis 7 nicht vor, so kann der Bundesminister für Wirtschaft auf Antrag die Erlaubnis zu einem Vertrag oder Beschluß im Sinne des § 1 erteilen, wenn ausnahmsweise die Beschränkung des Wettbewerbs aus überwiegenden Gründen der Gesamtwirtschaft und des Gemeinwohls notwendig ist.

(2) Besteht eine unmittelbare Gefahr für den Bestand des überwiegenden Teils der Unternehmen eines Wirtschaftszweiges, so darf die Erlaubnis nach Absatz 1 nur erteilt werden, wenn andere gesetzliche oder wirtschaftspolitische Maßnahmen nicht oder nicht rechtzeitig getroffen werden können und die Beschränkung des Wettbewerbs geeignet ist, die Gefahr abzuwenden. Die Erlaubnis darf nur in besonders schwerwiegenden Einzelfällen erteilt werden.

(3) § 6 Abs. 2 Satz 3 gilt entsprechend.

§ 9 [Anmeldung und Antrag auf Erlaubnis]

(1) Verträge und Beschlüsse der in den §§ 2, 3, § 5 Abs. 1, § 5 a Abs. 1, § 5 b Abs. 1 und § 6 Abs. 1 bezeichneten Art sowie ihre Änderungen und Ergänzungen bedürfen zu ihrer Wirksamkeit der Anmeldung bei der Kartellbehörde. In den Fällen des § 5 Abs. 1 Satz 1 gilt die Anmeldung nur als bewirkt, wenn ihr die in § 5 Abs. 1 Satz 2 vorgesehene Stellungnahme eines Rationalisierungsverbandes beigefügt ist. Verträge und Beschlüsse der in § 5 Abs. 4 bezeichneten Art sind unverzüglich bei der Kartellbehörde anzumelden.

(2) Bei der Anmeldung der in Absatz 1 Satz 1 und 3 bezeichneten Verträge und Beschlüsse sowie bei Anträgen auf Erteilung einer Erlaubnis für Verträge und Beschlüsse der in den §§ 4, 5 Abs. 2 und 3, § 6 Abs. 2, §§ 7 und 8 bezeichneten Art sind anzugeben:

1. Firma oder sonstige Bezeichnung und Ort der Niederlassung oder Sitz der beteiligten Unternehmen;
2. Rechtsform und Anschrift des Kartells;
3. Name und Anschrift des bestellten Vertreters (§ 36) oder sonstigen Bevollmächtigten, bei juristischen Personen der gesetzliche Vertreter des Kartells.

(3) Die Beendigung oder Aufhebung der in den §§ 2 bis 8 genannten Verträge oder Beschlüsse ist der Kartellbehörde mitzuteilen.

(4) Die Kartellbehörde erteilt zu den nach den §§ 2 bis 5 b, § 6 Abs. 2, §§ 7 und 8 freigestellten Kartellen auf Anfrage Auskunft über

1. Angaben nach § 9 Abs. 2;
2. den wesentlichen Inhalt der Verträge und Beschlüsse, insbesondere Angaben über die betroffenen Waren oder Leistungen, über den Zweck, über die beabsichtigten Maßnahmen und über Geltungsdauer, Kündigung, Rücktritt und Austritt;
3. die von der Kartellbehörde verfügten Befristungen, Beschränkungen, Bedingungen und Auflagen.

§ 10 [Bekanntmachung]

(1) Im Bundesanzeiger sind bekanntzumachen

1. die Anträge auf Erteilung einer Erlaubnis für Verträge und Beschlüsse der in den §§ 4, 5 Abs. 2 und 3, § 6 Abs. 2, §§ 7 und 8 bezeichneten Art;
2. die Anmeldung von Verträgen und Beschlüssen der in den §§ 2, 3, 5 Abs. 1 und 4, § 5 a Abs. 1 sowie § 5 b Abs. 1 bezeichneten Art;
3. die Anmeldungen von Empfehlungen der in § 38 Abs. 2 Nr. 2 und 3 bezeichneten Art;

4. die nach § 23 angezeigten Zusammenschlüsse sowie der Antrag auf Erteilung einer Erlaubnis für einen Zusammenschluß nach § 24 Abs. 3.

Für den Inhalt der Bekanntmachung nach Satz 1 Nr. 1 und 2 gilt § 9 Abs. 2 Nr. 2 und Abs. 4 Nr. 2 entsprechend. Für den Inhalt der Bekanntmachung nach Satz 1 Nr. 3 gilt § 9 Abs. 4 Nr. 2 entsprechend; ferner ist bekanntzumachen, wer die Empfehlungen angemeldet hat und an wen sie gerichtet sind. Für den Inhalt der Bekanntmachung nach Satz 1 Nr. 4 gilt § 23 Abs. 5 Satz 1 sowie Satz 2 Nr. 1 und 2 entsprechend.

(2) Soweit angemeldete Verträge und Beschlüsse in der bekanntgemachten Fassung wirksam werden oder eine beantragte Erlaubnis für Verträge und Beschlüsse in der bekanntgemachten Fassung erteilt wird, genügt für die Bekanntmachung des Wirksamwerdens oder der Erteilung der Erlaubnis eine Bezugnahme auf die Bekanntmachung der Anmeldungen und Anträge.

§ 11 [Erlaubniserteilung]

(1) Eine Erlaubnis nach den §§ 4, 5 Abs. 2 und 3, § 6 Abs. 2, §§ 7 und 8 soll in der Regel nicht für einen längeren Zeitraum als drei Jahre erteilt werden.

(2) Die Erlaubnis kann auf Antrag nach Maßgabe des Absatzes 1 verlängert werden. Die Verlängerung wird nur für diejenigen beteiligten Unternehmen erteilt, die sich damit der Kartellbehörde gegenüber schriftlich einverstanden erklärt haben; die Erklärung muß von den einzelnen Unternehmen selbst und kann erst drei Monate vor Ablauf der Erlaubnis abgegeben werden.

(3) Die Erlaubnis kann mit Beschränkungen, Bedingungen und Auflagen verbunden werden.

(4) Die Erlaubnis kann widerrufen oder durch Anordnung von Beschränkungen oder Bedingungen geändert oder mit Auflagen versehen werden,

1. soweit sich die Verhältnisse, die für die Entscheidung maßgeblich waren, wesentlich geändert haben oder
2. soweit das Kartell oder die an ihm beteiligten Unternehmen einer mit der Erlaubnis verbundenen Auflage zuwiderhandeln.

(5) Die Erlaubnis ist zu widerrufen oder durch Anordnung von Beschränkungen oder Bedingungen zu ändern oder mit Auflagen zu versehen,

1. soweit sie durch rechtswidrige Einwirkung, wie arglistige Täuschung oder Drohung, durch den Antragsteller oder einen anderen herbeigeführt worden ist oder
2. soweit das Kartell oder die beteiligten Unternehmen die durch die Erlaubnis erlangte Freistellung von § 1 mißbrauchen oder
3. soweit der Vertrag oder Beschluß oder die Art seiner Durchführung die von der Bundesrepublik Deutschland in zwischenstaatlichen Abkommen anerkannten Grundsätze über den Verkehr mit Waren oder gewerblichen Leistungen verletzt oder
4. soweit das Kartell dem Verbot des § 25 Abs. 2 oder 3 oder § 26 zuwiderhandelt.

§ 12 [Mißbrauchaufsicht bei Anmeldekartellen]

(1) Bei Verträgen und Beschlüssen der in den §§ 2, 3, 5 Abs. 1 und 4, § 5 a Abs. 1, § 5 b Abs. 1 und § 5 c bezeichneten Art kann die Kartellbehörde die in Absatz 3 bezeichneten Maßnahmen treffen,

1. soweit die Verträge und Beschlüsse oder die Art ihrer Durchführung einen Mißbrauch der durch Freistellung von § 1 erlangten Stellung im Markt darstellen oder

2. soweit sie die von der Bundesrepublik Deutschland in zwischenstaatlichen Abkommen anerkannten Grundsätze über den Verkehr mit Waren oder gewerblichen Leistungen verletzen.

(2) Bei Verträgen und Beschlüssen der in § 6 Abs. 1 bezeichneten Art kann die Kartellbehörde die in Absatz 3 bezeichneten Maßnahmen treffen, soweit
1. die in Absatz 1 Nr. 2 genannten Voraussetzungen vorliegen oder
2. die Anwendung der Verträge oder Beschlüsse überwiegende außenwirtschaftliche Interessen der Bundesrepublik Deutschland erheblich beeinträchtigt.

(3) Die Kartellbehörde kann
1. den beteiligten Unternehmen aufgeben, einen beanstandeten Mißbrauch abzustellen,
2. den beteiligten Unternehmen aufgeben, die Verträge oder Beschlüsse zu ändern, oder
3. die Verträge und Beschlüsse für unwirksam erklären.

§ 13 [Kündigung]

(1) Jeder Beteiligte kann Verträge und Beschlüsse der in den §§ 2 bis 8 bezeichneten Art aus wichtigem Grunde fristlos schriftlich kündigen. Ein wichtiger Grund liegt insbesondere vor, wenn die wirtschaftliche Bewegungsfreiheit des Kündigenden unbillig eingeschränkt oder durch eine nicht gerechtfertigte ungleiche Behandlung im Verhältnis zu den übrigen Beteiligten beeinträchtigt wird. Die Unwirksamkeit der Kündigung wegen Fehlens eines wichtigen Grundes kann nur durch Klage innerhalb von vier Wochen nach Zugang der Kündigung geltend gemacht werden.

(2) Solange die Kartellbehörde für Verträge und Beschlüsse der in den §§ 4, 5 Abs. 2 und 3, § 6 Abs. 2, §§ 7 und 8 bezeichneten Art noch keine Erlaubnis erteilt hat, kann jeder Beteiligte bei Vorliegen eines wichtigen Grundes zurücktreten. Absatz 1 Satz 2 und 3 gilt entsprechend. Ist vor der Rücktrittserklärung bereits die Erteilung einer Erlaubnis bei der Kartellbehörde beantragt worden, so soll die Rücktrittserklärung auch der Kartellbehörde mitgeteilt werden.

(3) Eine Vereinbarung, durch welche das Kündigungsrecht oder Rücktrittsrecht ausgeschlossen oder diesen Vorschriften zuwider rechtlich oder wirtschaftlich eingeschränkt wird, ist nichtig.

§ 14 [Verwertung von Sicherheiten]

(1) Auf Grund von Verträgen und Beschlüssen der in den §§ 2 bis 8 bezeichneten Art dürfen Sicherheiten nur verwertet werden, soweit die Kartellbehörde auf Antrag des Kartells eine Erlaubnis erteilt hat. Die Erlaubnis ist zu versagen, wenn die Maßnahmen die wirtschaftliche Bewegungsfreiheit des Betroffenen unbillig einschränken oder ihn durch eine nicht gerechtfertigte ungleiche Behandlung im Verhältnis zu den übrigen Beteiligten beeinträchtigen.

(2) Die Erlaubnis kann mit Fristen versehen und mit Beschränkungen, Bedingungen und Auflagen verbunden werden.

Zweiter Abschnitt
Sonstige Verträge

§ 15 [Verbot der Preisbindung zweiter Hand]

Verträge zwischen Unternehmen über Waren oder gewerbliche Leistungen, die sich auf Märkte innerhalb des Geltungsbereichs dieses Gesetzes beziehen, sind nichtig, soweit sie einen Vertragsbeteiligten in der Freiheit der Gestaltung von Preisen oder Geschäftsbedingungen bei solchen Verträgen beschränken, die er mit Dritten über die gelieferten Waren, über andere Waren oder über gewerbliche Leistungen schließt.

§ 16 [Ausnahme vom Preisbindungsverbot für Verlagserzeugnisse]

§ 15 gilt nicht, soweit ein Unternehmen die Abnehmer seiner Verlagserzeugnisse rechtlich oder wirtschaftlich bindet, bei der Weiterveräußerung bestimmte Preise zu vereinbaren oder ihren Abnehmern die gleiche Bindung bis zur Weiterveräußerung an den letzten Verbraucher aufzuerlegen.

§ 17 [Mißbrauchsaufsicht]

(1) Die Kartellbehörde kann von Amts wegen und soll auf Antrag eines nach § 16 gebundenen Abnehmers die Preisbindung mit sofortiger Wirkung oder zu einem von ihr zu bestimmenden künftigen Zeitpunkt für unwirksam erklären und die Anwendung einer neuen, gleichartigen Preisbindung verbieten, wenn sie feststellt, daß
1. die Preisbindung mißbräuchlich gehandhabt wird oder
2. die Preisbindung oder ihre Verbindung mit anderen Wettbewerbsbeschränkungen geeignet ist, in einer durch die gesamtwirtschaftlichen Verhältnisse nicht gerechtfertigten Weise die gebundenen Waren zu verteuern oder ein Sinken ihrer Preise zu verhindern oder ihre Erzeugung oder ihren Absatz zu beschränken.

(2) Vor einer Verfügung nach Absatz 1 soll die Kartellbehörde das preisbindende Unternehmen auffordern, den beanstandeten Mißbrauch abzustellen.

§ 18 [Kopplungs- und Ausschließlichkeitsverträge sowie Vertriebsbindungen]

(1) Die Kartellbehörde kann Verträge zwischen Unternehmen über Waren oder gewerbliche Leistungen mit sofortiger Wirkung oder zu einem von ihr zu bestimmenden künftigen Zeitpunkt für unwirksam erklären und die Anwendung neuer, gleichartiger Bindungen verbieten, soweit sie einen Vertragsbeteiligten
1. in der Freiheit der Verwendung der gelieferten Waren, anderer Waren oder gewerblicher Leistungen beschränken oder
2. darin beschränken, andere Waren oder gewerbliche Leistungen von Dritten zu beziehen oder an Dritte abzugeben, oder
3. darin beschränken, die gelieferten Waren an Dritte abzugeben, oder
4. verpflichten, sachlich oder handelsüblich nicht zugehörige Waren oder gewerbliche Leistungen abzunehmen,

und soweit
a) dadurch eine für den Wettbewerb auf dem Markt erhebliche Zahl von Unternehmen gleichartig gebunden und in ihrer Wettbewerbsfreiheit unbillig eingeschränkt ist oder
b) dadurch für andere Unternehmen der Marktzutritt unbillig beschränkt oder
c) durch das Ausmaß solcher Beschränkungen der Wettbewerb auf dem Markt für diese oder andere Waren oder gewerbliche Leistungen wesentlich beeinträchtigt wird.

(2) Als unbillig im Sinne des Absatzes 1 Buchstabe b ist nicht eine Beschränkung anzusehen, die im Verhältnis zu den Angebots- oder Nachfragemöglichkeiten, die den anderen Unternehmen verbleiben, unwesentlich ist.

§ 19 [Unwirksamkeitserklärung]

(1) Erklärt die Kartellbehörde eine Preisbindung oder eine Beschränkung der in § 18 bezeichneten Art für unwirksam, so bestimmt sich die Gültigkeit der übrigen damit

verbundenen vertraglichen Vereinbarungen nach den allgemeinen Vorschriften, soweit nicht Absatz 2 etwas anderes bestimmt.

(2) Die Kartellbehörde kann auf Antrag eines Vertragsbeteiligten gleichzeitig mit einer Verfügung der in Absatz 1 bezeichneten Art anordnen, daß die in der Verfügung ausgesprochene Unwirksamkeit die Gültigkeit der übrigen vertraglichen Vereinbarungen nicht berührt. Sie darf eine solche Anordnung nur erlassen, soweit dies zur Vermeidung einer unbilligen Härte für einen Vertragsbeteiligten erforderlich ist und nicht überwiegende Belange eines anderen Vertragsbeteiligten entgegenstehen.

(3) Bestehen Vereinbarungen, die für den Fall des Absatz 1 dem aus der Preisbindung oder Beschränkung Berechtigten ein Recht zum Rücktritt oder zur Kündigung geben oder den Vertragsinhalt zum Nachteil des Vertragsgegners ändern, insbesondere seine Gegenleistung erhöhen, so können Rechte aus diesen Vereinbarungen nur geltend gemacht werden, soweit die Kartellbehörde auf Antrag eine Erlaubnis erteilt hat. Die Erlaubnis wird erteilt, soweit die Ausübung dieser Rechte die wirtschaftliche Bewegungsfreiheit des Vertragsgegners nicht unbillig einschränkt. Mit der Erlaubnis können Beschränkungen, Fristen, Bedingungen und Auflagen verbunden werden.

§ 20 [Patentverträge]

(1) Verträge über Erwerb oder Benutzung von Patenten, Gebrauchsmustern, Topographien oder Sortenschutzrechten sind unwirksam, soweit sie dem Erwerber oder Lizenznehmer Beschränkungen im Geschäftsverkehr auferlegen, die über den Inhalt des Schutzrechts hinausgehen; Beschränkungen hinsichtlich Art, Umfang, Menge, Gebiet oder Zeit der Ausübung des Schutzrechts gehen nicht über den Inhalt des Schutzrechts hinaus.

(2) Absatz 1 gilt nicht

1. für Beschränkungen des Erwerbers oder Lizenznehmers, soweit und solange sie durch ein Interesse des Veräußerers oder Lizenzgebers an einer technisch einwandfreien Ausnutzung des Gegenstandes des Schutzrechtes gerechtfertigt sind,
2. für Bindungen des Erwerbers oder Lizenznehmers hinsichtlich der Preisstellung für den geschützten Gegenstand,
3. für Verpflichtungen des Erwerbers oder Lizenznehmers zum Erfahrungsaustausch oder zur Gewährung von Lizenzen auf Verbesserungs- oder Anwendungserfindungen, sofern diesen gleichartige Verpflichtungen des Patentinhabers oder Lizenzgebers entsprechen,
4. für Verpflichtungen des Erwerbers oder Lizenznehmers zum Nichtangriff auf das Schutzrecht,
5. für Verpflichtungen des Erwerbers oder Lizenznehmers, soweit sie sich auf die Regelung des Wettbewerbs auf Märkten außerhalb des Geltungsbereichs dieses Gesetzes beziehen,

soweit diese Beschränkungen die Laufzeit des erworbenen oder in Lizenz genommenen Schutzrechts nicht überschreiten.

(3) Die Kartellbehörde kann auf Antrag die Erlaubnis zu einem Vertrag der in Absatz 1 bezeichneten Art erteilen, wenn die wirtschaftliche Bewegungsfreiheit des Erwerbers oder Lizenznehmers oder anderer Unternehmen nicht unbillig eingeschränkt und durch das Ausmaß der Beschränkungen der Wettbewerb auf dem Markt nicht wesentlich beeinträchtigt wird. § 11 Abs. 3 und 5 gilt entsprechend.

(4) Die §§ 1 bis 14 bleiben unberührt.

§ 21 [Verträge über Betriebsgeheimnisse]

(1) § 20 ist bei Verträgen über Überlassung oder Benutzung gesetzlich nicht geschützter Erfindungsleistungen, Fabrikationsverfahren, Konstruktionen, sonstiger die Technik bereichernder Leistungen sowie nicht geschützter, den Pflanzenbau bereichernder Leistungen auf dem Gebiet der Pflanzenzüchtung, soweit sie Betriebsgeheimnisse darstellen, entsprechend anzuwenden.

(2) § 20 ist auf Verträge über Saatgut einer auf Grund des Saatgutverkehrsgesetzes zugelassenen Sorte zwischen einem Züchter und einem Vermehrer oder einem Unternehmen auf der Vermehrungsstufe entsprechend anzuwenden.

Dritter Abschnitt

Marktbeherrschende Unternehmen

§ 22 [Legaldefinition]

(1) Ein Unternehmen ist marktbeherrschend im Sinne dieses Gesetzes, soweit es als Anbieter oder Nachfrager einer bestimmten Art von Waren oder gewerblichen Leistungen

1. ohne Wettbewerber ist oder keinem wesentlichen Wettbewerb ausgesetzt ist oder
2. eine im Verhältnis zu seinen Wettbewerbern überragende Marktstellung hat; hierbei sind insbesondere sein Marktanteil, seine Finanzkraft, sein Zugang zu den Beschaffungs- oder Absatzmärkten, Verflechtungen mit anderen Unternehmen, rechtliche oder tatsächliche Schranken für den Marktzutritt anderer Unternehmen, die Fähigkeit, sein Angebot oder seine Nachfrage auf andere Waren oder gewerbliche Leistungen umzustellen, sowie die Möglichkeit der Marktgegenseite, auf andere Unternehmen auszuweichen, zu berücksichtigen.

(2) Als marktbeherrschend gelten auch zwei oder mehr Unternehmen, soweit zwischen ihnen für eine bestimmte Art von Waren oder gewerblichen Leistungen allgemein oder auf bestimmten Märkten aus tatsächlichen Gründen ein wesentlicher Wettbewerb nicht besteht und soweit sie in ihrer Gesamtheit die Voraussetzungen des Absatzes 1 erfüllen.

(3) Es wird vermutet, daß

1. ein Unternehmen marktbeherrschend im Sinne des Absatzes 1 ist, wenn es für eine bestimmte Art von Waren oder gewerblichen Leistungen einen Marktanteil von mindestens einem Drittel hat; die Vermutung gilt nicht, wenn das Unternehmen im letzten abgeschlossenen Geschäftsjahr Umsatzerlöse von weniger als 250 Millionen Deutscher Mark hatte;
2. die Voraussetzungen des Absatzes 2 vorliegen, wenn für eine bestimmte Art von Waren oder gewerblichen Leistungen
   a) drei oder weniger Unternehmen zusammen einen Marktanteil von 50 vom Hundert oder mehr haben oder
   b) fünf oder weniger Unternehmen zusammen einen Marktanteil von zwei Dritteln oder mehr haben;

   die Vermutung gilt nicht, soweit es sich um Unternehmen handelt, die im letzten abgeschlossenen Geschäftsjahr Umsatzerlöse von weniger als 100 Millionen Deutscher Markt hatten.

Für die Berechnung der Marktanteile und der Umsatzerlöse gilt § 23 Abs. 1 Satz 2 bis 10 entsprechend.

(4) Die Kartellbehörde hat gegenüber marktbeherrschenden Unternehmen die in Absatz 5 genannten Befugnisse, soweit diese Unternehmen ihre marktbeherrschende Stellung auf

dem Markt für diese oder andere Waren oder gewerbliche Leistungen mißbräuchlich ausnutzen. Ein Mißbrauch im Sinne des Satzes 1 liegt insbesondere vor, wenn ein marktbeherrschendes Unternehmen als Anbieter oder Nachfrager einer bestimmten Art von Waren oder gewerblichen Leistungen

1. die Wettbewerbsmöglichkeiten anderer Unternehmen in einer für den Wettbewerb auf dem Markt erheblichen Weise ohne sachlich gerechtfertigten Grund beeinträchtigt;
2. Entgelte oder sonstige Geschäftsbedingungen fordert, die von denjenigen abweichen, die sich bei wirksamem Wettbewerb mit hoher Wahrscheinlichkeit ergeben würden; hierbei sind insbesondere die Verhaltensweisen von Unternehmen auf vergleichbaren Märkten mit wirksamem Wettbewerb zu berücksichtigen;
3. ungünstigere Entgelte oder sonstige Geschäftsbedingungen fordert, als sie das marktbeherrschende Unternehmen selbst auf vergleichbaren Märkten von gleichartigen Abnehmern fordert, es sei denn, daß der Unterschied sachlich gerechtfertigt ist.

(5) Die Kartellbehörde kann unter den Voraussetzungen des Absatzes 4 marktbeherrschende Unternehmen ein mißbräuchliches Verhalten untersagen und Verträge für unwirksam erklären; § 19 gilt entsprechend. Zuvor soll die Kartellbehörde die Beteiligten auffordern, den beanstandeten Mißbrauch abzustellen.

(6) Soweit die Voraussetzungen des Absatzes 1 bei einem Konzernunternehmen im Sinne des § 18 des Aktiengesetzes vorliegen, stehen der Kartellbehörde die Befugnisse nach Absatz 5 gegenüber jedem Konzernunternehmen zu.

§ 23 [Unternehmenszusammenschluß]

(1) Der Zusammenschluß von Unternehmen ist dem Bundeskartellamt unverzüglich anzuzeigen, wenn die beteiligten Unternehmen insgesamt im letzten vor dem Zusammenschluß endenden Geschäftsjahr Umsatzerlöse von mindestens 500 Millionen Deutscher Mark hatten. Ist ein beteiligtes Unternehmen ein abhängiges oder herrschendes Unternehmen im Sinne des § 17 des Aktiengesetzes oder ein Konzernunternehmen im Sinne des § 18 des Aktiengesetzes, so sind für die Berechnung der Umsatzerlöse sowie von Marktanteilen die so verbundenen Unternehmen als einheitliches Unternehmen anzusehen; wirken mehrere Unternehmen aufgrund einer Vereinbarung oder in sonstiger Weise derart zusammen, daß sie gemeinsam einen beherrschenden Einfluß auf ein beteiligtes Unternehmen ausüben können, so gilt jedes von ihnen als herrschendes Unternehmen. Für die Ermittlung der Umsatzerlöse gilt § 277 Abs. 1 des Handelsgesetzbuchs; Umsatzerlöse aus Lieferungen und Leistungen zwischen Unternehmen, die im Sinne des Satzes 2 verbunden sind (Innenumsatzerlöse) sowie Verbrauchsteuern bleiben außer Betracht; Umsatzerlöse in fremder Währung sind nach dem amtlichen Kurs in Deutsche Mark umzurechnen. An die Stelle der Umsatzerlöse treten bei Kreditinstituten und Bausparkassen ein Zehntel der Bilanzsumme, bei Versicherungsunternehmen die Prämieneinnahmen des letzten abgeschlossenen Geschäftsjahres. Die Bilanzsumme ist um diejenigen Ansätze zu vermindern, die für Beteiligungen an im Sinne des Satzes 2 verbundenen Unternehmen ausgewiesen sind; Prämieneinnahmen sind die Einnahmen aus dem Erst- und Rückversicherungsgeschäft einschließlich der in Rückdeckung gegebenen Anteile. Bei Unternehmen, deren Geschäftsbetrieb ganz oder teilweise im Vertrieb von Waren besteht, sind insoweit nur drei Viertel der Umsatzerlöse in Ansatz zu bringen. Bei Unternehmen, deren Geschäftsbetrieb ganz oder teilweise im Verlag, in der Herstellung oder im Vertrieb von Zeitungen oder Zeitschriften oder deren Bestandteilen besteht, ist insoweit das Zwanzigfache der Umsatzerlöse in Ansatz zu bringen; Satz 6 bleibt unberührt. Beim Erwerb des Vermögens eines

anderen Unternehmens ganz oder zu einem wesentlichen Teil ist für die Berechnung der Marktanteile und der Umsatzerlöse des Veräußerers nur auf den veräußerten Vermögensteil abzustellen. Satz 8 gilt entsprechend für den Erwerb von Anteilen, soweit dabei weniger als 25 vom Hundert der Anteile beim Veräußerer verbleiben und der Zusammenschluß nicht die Voraussetzungen des Absatzes 2 Nr. 2 Satz 3, Nr. 5 oder Nr. 6 erfüllt. Steht einer Person oder Personenvereinigung, die nicht Unternehmen ist, die Mehrheitsbeteiligung an einem Unternehmen zu, so gilt sie für die Zwecke dieses Gesetzes als Unternehmen.

(2) Als Zusammenschluß im Sinne dieses Gesetzes gelten folgende Tatbestände:

1. Erwerb des Vermögens eines anderen Unternehmens ganz oder zu einem wesentlichen Teil durch Umwandlung oder in sonstiger Weise.
2. Erwerb von Anteilen an einem anderen Unternehmen, wenn die Anteile allein oder zusammen mit sonstigen, dem Unternehmen bereits gehörenden Anteilen
   a) 25 vom Hundert des Kapitals oder der Stimmrechte des anderen Unternehmens erreichen oder
   b) 50 vom Hundert des Kapitals oder der Stimmrechte des anderen Unternehmens erreichen oder
   c) dem Unternehmen eine Mehrheitsbeteiligung im Sinne des § 16 Abs. 1 des Aktiengesetzes gewähren.

   Zu den Anteilen, die dem Unternehmen gehören, rechnen auch die Anteile, die einem im Sinne des Absatzes 1 Satz 2 verbundenen Unternehmen oder einem anderen für Rechnung eines dieser Unternehmen gehören und, wenn der Inhaber des Unternehmens ein Einzelkaufmann ist, auch die Anteile, die sonstiges Vermögen des Inhabers sind. Erwerben mehrere Unternehmen gleichzeitig oder nacheinander im vorbezeichneten Umfang Anteile an einem anderen Unternehmen, so gilt dies hinsichtlich der Märkte, auf denen das andere Unternehmen tätig ist, auch als Zusammenschluß der sich beteiligenden Unternehmen untereinander (Gemeinschaftsunternehmen). Als Zusammenschluß gilt auch der Erwerb von Anteilen, soweit dem Erwerber durch Vertrag, Satzung, Gesellschaftsvertrag oder Beschluß eine Rechtsstellung verschafft ist, die bei der Aktiengesellschaft ein Aktionär mit mehr als 25 vom Hundert des stimmberechtigten Kapitals innehat.
3. Verträge mit einem anderen Unternehmen, durch die
   a) ein Konzern im Sinne des § 18 des Aktiengesetzes gebildet oder der Kreis der Konzernunternehmen erweitert wird oder
   b) sich das andere Unternehmen verpflichtet, sein Unternehmen für Rechnung des Unternehmens zu führen oder seinen Gewinn ganz oder zum Teil an das Unternehmen abzuführen oder
   c) dem Unternehmen der Betrieb des anderen Unternehmens ganz oder zu einem wesentlichen Teil verpachtet oder sonst überlassen wird.
4. Herbeiführung der Personengleichheit von mindestens der Hälfte der Mitglieder des Aufsichtsrats, des Vorstands oder eines sonstigen zur Geschäftsführung berufenen Organs von Unternehmen.
5. Jede sonstige Verbindung von Unternehmen, auf Grund deren ein oder mehrere Unternehmen unmittelbar oder mittelbar einen beherrschenden Einfluß auf ein anderes Unternehmen ausüben können.
6. Jede Verbindung von Unternehmen der in Nummer 2, 4 oder 5 genannten Art, bei der ein geringerer als der in Nummer 2 Satz 1 Buchstabe a genannte Anteil erworben, eine Rechtsstellung nach Nummer 2 Satz 4 nicht verschafft, der Umfang der Personengleichheit nach Nummer 4 nicht erreicht und ein beherrschender Einfluß im Sinne

der Nummer 5 nicht ermöglicht wird, sofern durch die Verbindung ein oder mehrere Unternehmen unmittelbar oder mittelbar einen wettbewerblich erheblichen Einfluß auf ein anderes Unternehmen ausüben können.

(3) Ein Zusammenschluß ist auch dann anzunehmen, wenn die beteiligten Unternehmen bereits vorher im Sinne des Absatzes 2 zusammengeschlossen waren, es sei denn, daß der Zusammenschluß nicht zu einer wesentlichen Verstärkung der bereits bestehenden Unternehmensverbindung führt. Ein Zusammenschluß liegt nicht vor, wenn ein Kreditinstitut bei der Gründung oder Kapitalerhöhung eines Unternehmens oder sonst im Rahmen seines Geschäftsbetriebes Anteile an einem anderen Unternehmen zum Zweck der Veräußerung auf dem Markt erwirbt, solange es das Stimmrecht aus diesen Anteilen nicht ausübt und sofern die Veräußerung innerhalb eines Jahres erfolgt; bei der Gründung eines Unternehmens führt die Ausübung des Stimmrechts in der ersten Hauptversammlung nach der Gründung nicht zu einem Zusammenschluß. Ist ein an einem Zusammenschluß beteiligtes Unternehmen ein im Sinne des Absatzes 1 Satz 2 verbundenes Unternehmen, so gelten auch das herrschende Unternehmen sowie diejenigen Unternehmen, von denen das herrschende Unternehmen abhängig ist, als am Zusammenschluß beteiligt. Schließen sich zwei oder mehr Unternehmen zusammen, so gilt dies auch als Zusammenschluß der von ihnen abhängigen Unternehmen.

(4) Zur Anzeige sind verpflichtet:

1. in den Fällen der Umwandlung die Inhaber des aufnehmenden oder des neugegründeten Unternehmens oder deren Vertreter, bei juristischen Personen und Gesellschaften die nach Gesetz oder Satzung zur Vertretung berufenen Personen;
2. im übrigen
   a) die Inhaber der am Zusammenschluß beteiligten Unternehmen und
   b) in den Fällen des Absatzes 2 Nr. 1 und 2 auch der Veräußerer

   oder deren Vertreter, bei juristischen Personen und Gesellschaften die nach Gesetz oder Satzung zur Vertretung berufenen Personen; in den Fällen des Buchstabens b gilt Absatz 3 Satz 3 entsprechend.

(5) In der Anzeige ist die Form des Zusammenschlusses anzugeben. Die Anzeige muß ferner über jedes beteiligte Unternehmen folgende Angaben enthalten:

1. die Firma oder sonstige Bezeichnung und den Ort der Niederlassung oder den Sitz;
2. die Art des Geschäftsbetriebes;
3. die Marktanteile einschließlich der Grundlagen für ihre Berechnung oder Schätzung, wenn diese im Geltungsbereich dieses Gesetzes oder in einem wesentlichen Teil desselben für die beteiligten Unternehmen zusammen mindestens 20 vom Hundert erreichen, und die Umsatzerlöse; an Stelle der Umsatzerlöse sind bei Kreditinstituten und Bausparkassen die Bilanzsumme, bei Versicherungsunternehmen die Prämieneinnahmen anzugeben;
4. beim Erwerb von Anteilen an einem anderen Unternehmen die Höhe der erworbenen und der insgesamt gehaltenen Beteiligung.

Ist ein beteiligtes Unternehmen ein im Sinne des Absatzes 1 Satz 2 verbundenes Unternehmen, so sind die in Satz 2 Nr. 1 und 2 geforderten Angaben auch über die so verbundenen Unternehmen und die in Satz 2 Nr. 3 geforderten Angaben über jedes am Zusammenschluß beteiligte Unternehmen und die mit ihm so verbundenen Unternehmen insgesamt zu machen sowie die Konzernbeziehungen, Abhängigkeits- und Beteiligungsverhältnisse zwischen den verbundenen Unternehmen mitzuteilen.

(6) Das Bundeskartellamt kann von jedem beteiligten Unternehmen Auskunft über Marktanteile einschließlich der Grundlagen für die Berechnung oder Schätzung sowie über den Umsatzerlös bei einer bestimmten Art von Waren oder gewerblichen Leistungen verlangen, den das Unternehmen im letzten vor dem Zusammenschluß endenden Geschäftsjahr erzielt hat. Ist ein beteiligtes Unternehmen ein im Sinne des Absatzes 1 Satz 2 verbundenes Unternehmen, so kann das Bundeskartellamt die Auskunft auch über die so verbundenen Unternehmen verlangen; es kann die Auskunft auch von den verbundenen Unternehmen verlangen. § 46 Abs. 2, 5 und 9 gilt entsprechend. Zur Erteilung der Auskunft hat das Bundeskartellamt eine angemessene Frist zu bestimmen. Die Befugnisse des Bundeskartellamtes nach § 46 bleiben unberührt.

§ 23 a [Vermutung der überragenden Marktstellung]

(1) Unbeschadet des § 22 Abs. 1 bis 3 wird für die Zusammenschlußkontrolle vermutet, daß durch den Zusammenschluß eine überragende Marktstellung entstehen oder sich verstärken wird, wenn

1. sich ein Unternehmen, das im letzten vor dem Zusammenschluß endenden Geschäftsjahr Umsatzerlöse von mindestens zwei Milliarden Deutscher Mark hatte, mit einem anderen Unternehmen zusammenschließt, das
   a) auf einem Markt tätig ist, auf dem kleine und mittlere Unternehmen insgesamt einen Marktanteil von mindestens zwei Dritteln und die am Zusammenschluß beteiligten Unternehmen insgesamt einen Marktanteil von mindestens fünf vom Hundert haben, oder
   b) auf einem oder mehreren Märkten marktbeherrschend ist, auf denen insgesamt im letzten abgeschlossenen Kalenderjahr mindestens 150 Millionen Deutscher Mark umgesetzt wurden, oder
2. die am Zusammenschluß beteiligten Unternehmen im letzten vor dem Zusammenschluß endenden Geschäftsjahr insgesamt Umsatzerlöse von mindestens zwölf Milliarden Deutscher Mark und mindestens zwei der am Zusammenschluß beteiligten Unternehmen Umsatzerlöse von jeweils mindestens einer Milliarde Deutscher Mark hatten; die Vermutung gilt nicht, soweit der Zusammenschluß auch die Voraussetzungen des § 23 Abs. 2 Nr. 2 Satz 3 erfüllt und das Gemeinschaftsunternehmen nicht auf einem Markt tätig ist, auf dem im letzten Kalenderjahr mindestens 750 Millionen Deutscher Mark umgesetzt wurden.

(2) Für die Zusammenschlußkontrolle gilt auch eine Gesamtheit von Unternehmen als marktbeherrschend, wenn sie

1. aus drei oder weniger Unternehmen besteht, die auf einem Markt die höchsten Marktanteile und zusammen einen Marktanteil von 50 vom Hundert erreichen, oder
2. aus fünf oder weniger Unternehmen besteht, die auf einem Markt die höchsten Marktanteile und zusammen einen Marktanteil von zwei Dritteln erreichen,

es sei denn, die Unternehmen weisen nach, daß die Wettbewerbsbedingungen auch nach dem Zusammenschluß zwischen ihnen wesentlichen Wettbewerb erwarten lassen oder die Gesamtheit der Unternehmen im Verhältnis zu den übrigen Wettbewerbern keine überragende Marktstellung hat. Satz 1 gilt nicht, soweit es sich um Unternehmen handelt, die im letzten abgeschlossenen Geschäftsjahr Umsatzerlöse von weniger als 150 Millionen Deutscher Mark hatten oder wenn die am Zusammenschluß beteiligten Unternehmen insgesamt einen Marktanteil von nicht mehr als 15 vom Hundert erreichen. § 22 Abs. 2 und 3 Satz 1 Nr. 2 bleibt im übrigen unberührt.

(3) Bei der Berechnung der Umsatzerlöse und Marktanteile ist § 23 Abs. 1 Satz 2 bis 6 und 8 bis 10 anzuwenden.

§ 24 [Befugnisse der Kartellbehörde]

(1) Ist zu erwarten, daß durch einen Zusammenschluß eine marktbeherrschende Stellung entsteht oder verstärkt wird, so hat die Kartellbehörde die in den folgenden Bestimmungen genannten Befugnisse, es sei denn, die beteiligten Unternehmen weisen nach, daß durch den Zusammenschluß auch Verbesserungen der Wettbewerbsbedingungen eintreten und daß diese Verbesserungen die Nachteile der Marktbeherrschung überwiegen.

(2) Liegen die Voraussetzungen des Absatzes 1 vor, so untersagt das Bundeskartellamt den Zusammenschluß. Das Bundeskartellamt darf einen Zusammenschluß untersagen, sobald ihm das Vorhaben des Zusammenschlusses bekanntgeworden ist; vollzogene Zusammenschlüsse darf das Bundeskartellamt nur innerhalb einer Frist von einem Jahr seit Eingang der vollständigen Anzeige nach § 23 untersagen; § 24 a Abs. 2 Satz 2 Nr. 1 und 5 bis 6 gilt entsprechend. Vor einer Untersagung ist den obersten Landesbehörden, in deren Gebiet die beteiligten Unternehmen ihren Sitz haben, Gelegenheit zur Stellungnahme zu geben. Hat das Bundeskartellamt die Verfügung nach Satz 1 erlassen, so ist es unzulässig, den Zusammenschluß ohne Erlaubnis des Bundesministers für Wirtschaft zu vollziehen oder am Vollzug des Zusammenschlusses mitzuwirken; Rechtsgeschäfte, die gegen dieses Verbot verstoßen, sind unwirksam; dies gilt nicht für Verträge über die Umwandlung, Eingliederung oder Gründung eines Unternehmens und für Unternehmensverträge im Sinne der §§ 291 und 292 des Aktiengesetzes, sobald sie durch Eintragung in das zuständige Register rechtswirksam geworden sind. Ein vollzogener Zusammenschluß, den das Bundeskartellamt untersagt hat, ist aufzulösen, wenn nicht der Bundesminister für Wirtschaft die Erlaubnis zu dem Zusammenschluß erteilt.

(3) Der Bundesminister für Wirtschaft erteilt auf Antrag die Erlaubnis zu dem Zusammenschluß, wenn im Einzelfall die Wettbewerbsbeschränkung von gesamtwirtschaftlichen Vorteilen des Zusammenschlusses aufgewogen wird oder der Zusammenschluß durch ein überragendes Interesse der Allgemeinheit gerechtfertigt ist; hierbei ist auch die Wettbewerbsfähigkeit der beteiligten Unternehmen auf Märkten außerhalb des Geltungsbereiches dieses Gesetzes zu berücksichtigen. Die Erlaubnis darf nur erteilt werden, wenn durch das Ausmaß der Wettbewerbsbeschränkung die marktwirtschaftliche Ordnung nicht gefährdet wird. Die Erlaubnis kann mit Beschränkungen und Auflagen verbunden werden. Diese dürfen sich nicht darauf richten, die beteiligten Unternehmen einer laufenden Verhaltenskontrolle zu unterstellen. § 22 bleibt unberührt.

(4) Der Antrag auf Erteilung der Erlaubnis zum Zusammenschluß ist binnen einer Frist von einem Monat beim Bundesminister für Wirtschaft schriftlich einzureichen. Die Frist beginnt mit der Zustellung der in Absatz 2 Satz 1 bezeichneten Verfügung des Bundeskartellamtes; wird die Verfügung des Bundeskartellamtes innerhalb der in § 65 Abs. 1 Satz 1 und 2 vorgesehenen Frist angefochten, so beginnt die Frist für den Erlaubnisantrag in dem Zeitpunkt, in dem die Verfügung des Bundeskartellamtes unanfechtbar wird. Der Bundesminister für Wirtschaft soll über den Antrag innerhalb von vier Monaten seit Ablauf der in den Sätzen 1 und 2 genannten Frist für den Erlaubnisantrag entscheiden. Vor der Entscheidung ist den obersten Landesbehörden, in deren Gebiet die beteiligten Unternehmen ihren Sitz haben, Gelegenheit zur Stellungnahme zu geben.

(5) Der Bundesminister für Wirtschaft kann die Erlaubnis widerrufen oder durch Anordnung von Beschränkungen ändern oder mit Auflagen versehen, wenn die beteiligten Unter-

nehmen einer mit der Erlaubnis verbundenen Auflage zuwiderhandeln. Der Bundesminister für Wirtschaft kann die Erlaubnis zurücknehmen, wenn die beteiligten Unternehmen sie durch arglistige Täuschung, Drohung, Bestechung oder durch Angaben erwirkt haben, die in wesentlicher Beziehung unrichtig oder unvollständig waren.

(6) Die Auflösung eines vollzogenen Zusammenschlusses kann auch darin bestehen, daß die Wettbewerbsbeschränkung auf andere Weise als durch Wiederherstellung des früheren Zustands beseitigt wird. Das Bundeskartellamt ordnet die zur Auflösung des Zusammenschlusses erforderlichen Maßnahmen an, wenn

1. seine in Absatz 2 Satz 1 bezeichnete Verfügung unanfechtbar geworden ist und,
2. falls die beteiligten Unternehmen beim Bundesminister für Wirtschaft einen Antrag auf Erteilung der Erlaubnis zum Zusammenschluß gestellt hatten, die Ablehnung dieses Antrags oder in den Fällen des Absatzes 5 der Widerruf oder die Rücknahme unanfechtbar geworden ist.

Hierbei hat es unter Wahrung der Belange Dritter diejenigen Maßnahmen anzuordnen, die mit dem geringsten Aufwand und der geringsten Belastung für die Beteiligten zum Ziele führen.

(7) Zur Durchsetzung seiner Anordnung kann das Bundeskartellamt insbesondere

1. durch einmalige oder mehrfache Festsetzung eines Zwangsgeldes von 10 000 bis eine Million Deutscher Mark die zur Auflösung des Zusammenschlusses Verpflichteten dazu anhalten, daß sie unverzüglich die angeordneten Maßnahmen ergreifen,
2. untersagen, daß das Stimmrecht aus Anteilen an einem beteiligten Unternehmen, die einem anderen beteiligten Unternehmen gehören oder ihm zuzurechnen sind, ausgeübt wird, oder die Ausübung des Stimmrechts oder die Art der Ausübung von der Erlaubnis des Bundeskartellamtes abhängig machen,
3. den Zusammenschluß bewirkende Verträge der in § 23 Abs. 2 Nr. 1 und 3 bezeichneten Art für unwirksam erklären; dies gilt nicht für Verträge über die Umwandlung, Eingliederung oder Gründung eines Unternehmens und für Unternehmensverträge im Sinne der §§ 291 und 292 des Aktiengesetzes, sobald sie durch Eintragung in das zuständige Register rechtswirksam geworden sind,
4. einen Treuhänder bestellen, der für die zur Auflösung des Zusammenschlusses Verpflichteten die erforderlichen Willenserklärungen abzugeben und die erforderlichen tatsächlichen Handlungen vorzunehmen hat; hierbei ist zu bestimmen, in welchem Umfang während der Dauer der Treuhänderschaft die Rechte der Betroffenen ruhen; für das Rechtsverhältnis zwischen dem Treuhänder und dem Verpflichteten sind die §§ 664, 666 bis 670 des Bürgerlichen Gesetzbuchs entsprechend anzuwenden; der Treuhänder kann von dem Verpflichteten eine angemessene Vergütung beanspruchen.

(8) Die Absätze 1 bis 7 gelten nicht,

1. wenn die beteiligten Unternehmen insgesamt im letzten abgeschlossenen Geschäftsjahr Umsatzerlöse von weniger als 500 Millionen Deutscher Mark hatten oder
2. wenn sich ein Unternehmen, das nicht abhängig ist und im letzten abgeschlossenen Geschäftsjahr Umsatzerlöse von nicht mehr als 50 Millionen Deutscher Mark hatte, einem anderen Unternehmen anschließt, es sei denn, das eine Unternehmen hatte Umsatzerlöse von mindestens vier Millionen Deutscher Mark und das andere Unternehmen Umsatzerlöse von mindestens einer Milliarde Deutscher Mark oder

3. soweit ein Markt betroffen ist, auf dem seit mindestens fünf Jahren Waren oder gewerbliche Leistungen angeboten werden und auf dem im letzten Kalenderjahr weniger als zehn Millionen Deutscher Mark umgesetzt wurden.

Bei der Berechnung der Umsatzerlöse ist § 23 Abs. 1 Satz 2 bis 10 anzuwenden.

(9) Absatz 8 Satz 1 Nr. 2 ist nicht anzuwenden, soweit durch den Zusammenschluß der Wettbewerb beim Verlag, bei der Herstellung oder beim Vertrieb von Zeitungen oder Zeitschriften oder deren Bestandteilen im Sinne des Absatzes 1 beschränkt wird.

§ 24 a [Anmeldung des Zusammenschlußvorhabens]

(1) Das Vorhaben eines Zusammenschlusses kann beim Bundeskartellamt angemeldet werden. Das Vorhaben ist beim Bundeskartellamt anzumelden, wenn

1. eines der am Zusammenschluß beteiligten Unternehmen im letzten abgeschlossenen Geschäftsjahr Umsatzerlöse von mindestens zwei Milliarden Deutscher Mark hatte oder
2. mindestens zwei der am Zusammenschluß beteiligten Unternehmen im letzten abgeschlossenen Geschäftsjahr Umsatzerlöse von jeweils einer Milliarde Deutscher Mark oder mehr hatten oder
3. der Zusammenschluß nach Landesrecht durch Gesetz oder sonstigen Hoheitsakt bewirkt werden soll;

dies gilt nicht für Zusammenschlüsse nach § 23 Abs. 2 Nr. 6. Für die Anmeldung gilt § 23 entsprechend mit der Maßgabe, daß bei Anwendung des § 23 Abs. 1 Satz 1 und Abs. 6 an die Stelle des Zeitpunktes des Zusammenschlusses der Zeitpunkt der Anmeldung tritt und daß in den Fällen der Umwandlung die Inhaber, die Vertreter oder zur Vertretung berufenen Personen der am Zusammenschluß beteiligten Unternehmen zur Anmeldung verpflichtet sind. Die Anmeldung gilt nur als bewirkt, wenn sie die in § 23 Abs. 5 bezeichneten Angaben enthält. § 46 Abs. 9 findet auf die anläßlich der Anmeldung erlangten Kenntnisse und Unterlagen entsprechende Anwendung.

(2) Ist das Zusammenschlußvorhaben beim Bundeskartellamt angemeldet worden, so darf das Bundeskartellamt den Zusammenschluß nur untersagen, wenn es demjenigen, der die Anmeldung bewirkt hat, innerhalb einer Frist von einem Monat seit Eingang der Anmeldung mitteilt, daß es in die Prüfung des Zusammenschlußvorhabens eingetreten ist und wenn die Verfügung nach § 24 Abs. 2 Satz 1 innerhalb einer Frist von vier Monaten seit Eingang der Anmeldung ergeht. Das Bundeskartellamt darf den Zusammenschluß auch nach Ablauf der vier Monate untersagen, wenn

1. die am Zusammenschluß beteiligten Unternehmen einer Fristverlängerung zugestimmt haben oder
2. der Zusammenschluß vollzogen wird, obgleich die in Satz 1 genannte Frist von einem Monat oder, wenn das Bundeskartellamt die Mitteilung nach Satz 1 gemacht hat, die dort genannte Frist von vier Monaten noch nicht abgelaufen ist oder
3. der Zusammenschluß anders als angemeldet vollzogen wird oder
4. der Zusammenschluß noch nicht vollzogen ist und die Verhältnisse, auf Grund deren das Bundeskartellamt von der Mitteilung nach Satz 1 oder von der Untersagung des Zusammenschlusses nach § 24 Abs. 2 Satz 1 abgesehen hatte, sich wesentlich geändert haben oder
5. das Bundeskartellamt durch unrichtige oder unvollständige Angaben der am Zusammenschluß beteiligten Unternehmen oder eines anderen veranlaßt worden ist, die Mitteilung nach Satz 1 oder die Untersagung des Zusammenschlusses nach § 24 Abs. 2 Satz 1 zu unterlassen oder

6. eine Auskunft nach § 23 Abs. 6 oder § 46 nicht oder nicht fristgemäß erteilt wurde und das Bundeskartellamt dadurch zu dem in Nummer 5 bezeichneten Verhalten veranlaßt worden ist.

(3) Die Anmeldung des Zusammenschlußvorhabens läßt die Pflicht zur Anzeige des Zusammenschlusses nach § 23 unberührt; bei der Anzeige nach § 23 kann auf die bei der Anmeldung des Zusammenschlußvorhabens eingereichten Unterlagen Bezug genommen werden.

(4) Ist ein Zusammenschlußvorhaben nach Absatz 1 Satz 2 anzumelden, so ist es unzulässig, den Zusammenschluß vor dem Ablauf der in Absatz 2 Satz 1 genannten Frist von einem Monat und, wenn das Bundeskartellamt die Mitteilung nach Absatz 2 Satz 1 gemacht hat, vor dem Ablauf der dort genannten Frist von vier Monaten oder deren vereinbarter Verlängerung zu vollziehen oder am Vollzug dieses Zusammenschlusses mitzuwirken, es sei denn, das Bundeskartellamt hat demjenigen, der die Anmeldung bewirkt hat, vor Ablauf der in Absatz 2 Satz 1 genannten Fristen schriftlich mitgeteilt, daß das Zusammenschlußvorhaben die Untersagungsvoraussetzungen des § 24 Abs. 1 nicht erfüllt; Rechtsgeschäfte, die gegen dieses Verbot verstoßen, sind unwirksam; dies gilt nicht für Verträge über die Umwandlung, Eingliederung oder Gründung eines Unternehmens und für Unternehmensverträge im Sinne der §§ 291 und 292 des Aktiengesetzes, sobald sie durch Eintragung in das zuständige Register rechtswirksam geworden sind.

§ 24 b [Monopolkommission]

(1) Zur regelmäßigen Begutachtung der Entwicklung der Unternehmenskonzentration in der Bundesrepublik Deutschland und der Anwendung der §§ 22 bis 24 a wird eine Monopolkommission gebildet. Sie besteht aus fünf Mitgliedern, die über besondere volkswirtschaftliche, betriebswirtschaftliche, sozialpolitische, technologische oder wirtschaftsrechtliche Kenntnisse und Erfahrungen verfügen müssen.

(2) Die Mitglieder der Monopolkommission dürfen weder der Regierung oder einer gesetzgebenden Körperschaft des Bundes oder eines Landes noch dem öffentlichen Dienst des Bundes, eines Landes oder einer sonstigen juristischen Person des öffentlichen Rechts, es sei denn als Hochschullehrer oder als Mitarbeiter eines wissenschaftlichen Instituts, angehören. Sie dürfen ferner nicht Repräsentant eines Wirtschaftsverbandes oder einer Organisation der Arbeitgeber oder Arbeitnehmer sein oder zu diesen in einem ständigen Dienst- oder Geschäftsbesorgungsverhältnis stehen. Sie dürfen auch nicht während des letzten Jahres vor der Berufung zum Mitglied der Monopolkommission eine derartige Stellung innegehabt haben.

(3) Die Monopolkommission soll in ihrem Gutachten den jeweiligen Stand der Unternehmenskonzentration sowie deren absehbare Entwicklung unter wirtschafts-, insbesondere wettbewerbspolitischen Gesichtspunkten beurteilen und die Anwendung der §§ 22 bis 24 a würdigen. Sie soll auch nach ihrer Auffassung notwendige Änderungen der einschlägigen Bestimmungen dieses Gesetzes aufzeigen.

(4) Die Monopolkommission ist nur an den durch dieses Gesetz begründeten Auftrag gebunden und in ihrer Tätigkeit unabhängig. Vertritt eine Minderheit bei der Abfassung der Gutachten eine abweichende Auffassung, so kann sie diese in den Gutachten zum Ausdruck bringen.

(5) Die Monopolkommission erstellt alle zwei Jahre bis zum 30. Juni, erstmals zum 30. Juni 1976, ein Gutachten, das sich auf die Verhältnisse in den letzten beiden abgeschlos-

senen Kalenderjahren erstreckt, und leitet es der Bundesregierung unverzüglich zu. Die Gutachten nach Satz 1 werden den gesetzgebenden Körperschaften von der Bundesregierung unverzüglich vorgelegt und zum gleichen Zeitpunkt von der Monopolkommission veröffentlicht. Zu diesem Gutachten nimmt die Bundesregierung in angemessener Frist gegenüber den gesetzgebenden Körperschaften Stellung. Darüber hinaus kann die Monopolkommission nach ihrem Ermessen zusätzliche Gutachten erstellen. Die Bundesregierung kann sie mit der Erstattung zusätzlicher Gutachten beauftragen. Die Monopolkommission leitet Gutachten nach den Sätzen 4 und 5 der Bundesregierung zu und veröffentlicht sie. Der Bundesminister für Wirtschaft hat in Einzelfällen, die ihm nach § 24 Abs. 3 zur Entscheidung vorliegen, eine gutachtliche Stellungnahme der Monopolkommission einzuholen.

(6) Die Mitglieder der Monopolkommission werden auf Vorschlag der Bundesregierung durch den Bundespräsidenten berufen. Zum 1. Juli eines jeden Jahres, in dem nach Absatz 5 Satz 1 ein Gutachten zu erstatten ist, scheidet ein Mitglied aus. Die Reihenfolge des Ausscheidens wird in der ersten Sitzung der Monopolkommission durch das Los bestimmt. Der Bundespräsident beruft auf Vorschlag der Bundesregierung jeweils ein neues Mitglied für die Dauer von vier Jahren. Wiederberufungen sind zulässig. Die Bundesregierung hört die Mitglieder der Monopolkommission an, bevor sie neue Mitglieder vorschlägt. Die Mitglieder sind berechtigt, ihr Amt durch Erklärung gegenüber dem Bundespräsidenten niederzulegen. Scheidet ein Mitglied vorzeitig aus, so wird ein neues Mitglied für die Dauer der Amtszeit des ausgeschiedenen Mitglieds berufen; die Sätze 4 bis 6 gelten entsprechend.

(7) Die Beschlüsse der Monopolkommission bedürfen der Zustimmung von mindestens drei Mitgliedern. Die Monopolkommission wählt aus ihrer Mitte einen Vorsitzenden. Die Monopolkommission gibt sich eine Geschäftsordnung.

(8) Die Monopolkommission erhält eine Geschäftsstelle. Die Tätigkeit der Geschäftsstelle besteht in der Vermittlung und Zusammenstellung von Quellenmaterial, der technischen Vorbereitung der Sitzungen der Monopolkommission, dem Druck und der Veröffentlichung der Gutachten sowie der Erledigung der sonst anfallenden Verwaltungsaufgaben.

(9) Die Mitglieder der Monopolkommission und die Angehörigen der Geschäftsstelle sind zur Verschwiegenheit über die Beratungen und die von der Monopolkommission als vertraulich bezeichneten Beratungsunterlagen verpflichtet. Die Pflicht zur Verschwiegenheit bezieht sich auch auf Informationen, die der Monopolkommission gegeben und als vertraulich bezeichnet werden.

(10) Die Mitglieder der Monopolkommission erhalten eine pauschale Entschädigung sowie Ersatz ihrer Reisekosten. Diese werden vom Bundesminister für Wirtschaft im Einvernehmen mit dem Bundesminister des Innern festgesetzt. Die Kosten der Monopolkommission trägt der Bund.

§ 24 c [Statistische Angaben]

(1) Für die Begutachtung der Entwicklung der Unternehmenskonzentration dürfen der Monopolkommission vom Statistischen Bundesamt und den statistischen Ämtern der Länder aus den von diesen geführten Wirtschaftsstatistiken (Statistik im produzierenden Gewerbe, Handwerksstatistik, Außenhandelsstatistik, Steuerstatistik, Verkehrsstatistik, Statistik im Handel und Gastgewerbe und Pressestatistik) zusammengefaßte Einzelangaben über die Vom-Hundert-Anteile der drei, sechs und zehn größten Unternehmen oder Betriebe des jeweiligen Wirtschaftsbereichs

a) am Wert der zum Absatz bestimmten Güterproduktion,

b) am Umsatz,
c) an der Zahl der tätigen Personen,
d) an den Lohn- und Gehaltsummen,
e) an den Investitionen,
f) an der Wertschöpfung,
g) an der Zahl der Betriebe,
h) an der Größe der Auflagen und am objektbezogenen Umsatz von Zeitungen und Zeitschriften nach Arten

übermittelt werden. Die statistischen Ämter der Länder stellen die hierfür erforderlichen Einzelangaben dem Statistischen Bundesamt zur Verfügung.

(2) Personen, die zusammengefaßte Einzelangaben nach Absatz 1 erhalten sollen, sind vor der Übermittlung zur Geheimhaltung besonders zu verpflichten, soweit sie nicht Amtsträger oder für den öffentlichen Dienst besonders Verpflichtete sind. § 1 Abs. 2, 3 und 4 Nr. 2 des Verpflichtungsgesetzes vom 2. März 1974 (BGBl. I S. 469, 547 – Artikel 42), das durch § 1 Nr. 4 des Gesetzes vom 15. August 1974 (BGBl. I S. 1942) geändert worden ist, gilt entsprechend. Personen, die nach Satz 1 besonders verpflichtet worden sind, stehen für die Anwendung der Vorschriften des Strafgesetzbuches über die Verletzung von Privatgeheimnissen (§ 203 Abs. 2, 4, 5; §§ 204, 205) und des Dienstgeheimnisses (§ 353 b Abs. 1) den für den öffentlichen Dienst besonders Verpflichteten gleich.

(3) Die zusammengefaßten Einzelangaben dürfen nur für die Zwecke verwendet werden, für die sie übermittelt wurden. Sie sind zu löschen, sobald der in Absatz 1 genannte Zweck erfüllt ist.

(4) Bei der Monopolkommission muß durch organisatorische und technische Maßnahmen sichergestellt sein, daß nur Amtsträger, für den öffentlichen Dienst besonders Verpflichtete oder Verpflichtete nach Abs. 2 Satz 1 Empfänger von zusammengefaßten Einzelangaben sind.

(5) Die Übermittlungen sind nach Maßgabe des § 16 Abs. 9 des Bundesstatistikgesetzes aufzuzeichnen. Die Aufzeichnungen sind mindestens fünf Jahre aufzubewahren.

(6) Bei der Durchführung der Wirtschaftsstatistiken nach Absatz 1 sind die befragten Unternehmen schriftlich zu unterrichten, daß die zusammengefaßten Einzelangaben nach Absatz 1 der Monopolkommission übermittelt werden dürfen.

Vierter Abschnitt
Wettbewerbsbeschränkendes und diskriminierendes Verhalten

§ 25 [Verbot abgestimmten Verhaltens – Verbot des äußeren Organisationszwanges]

(1) Ein aufeinander abgestimmtes Verhalten von Unternehmen oder Vereinigungen von Unternehmen, das nach diesem Gesetz nicht zum Gegenstand einer vertraglichen Bindung gemacht werden darf, ist verboten.

(2) Unternehmen und Vereinigungen von Unternehmen dürfen anderen Unternehmen keine Nachteile androhen oder zufügen und keine Vorteile versprechen oder gewähren, um sie zu einem Verhalten zu veranlassen, das nach diesem Gesetz oder nach einer auf Grund dieses Gesetzes ergangenen Verfügung der Kartellbehörde nicht zum Gegenstand einer vertraglichen Bindung gemacht werden darf.

(3) Unternehmen und Vereinigungen von Unternehmen dürfen anderen Unternehmen nicht zwingen,

1. einem Vertrag oder Beschluß im Sinne der §§ 2 bis 8, 29, 99 Abs. 1, § 100 Abs. 1 und 7, §§ 102 und 103 beizutreten oder
2. sich mit anderen Unternehmen im Sinne des § 23 zusammenzuschließen oder
3. in der Absicht, den Wettbewerb zu beschränken, sich im Markt gleichförmig zu verhalten.

§ 26 [Verbot der mittelbaren Sperre – Diskriminierungsverbot]

(1) Unternehmen und Vereinigungen von Unternehmen dürfen nicht ein anderes Unternehmen oder Vereinigungen von Unternehmen in der Absicht, bestimmte Unternehmen unbillig zu beeinträchtigen, zu Liefersperren oder Bezugssperren auffordern.

(2) Marktbeherrschende Unternehmen, Vereinigungen von Unternehmen im Sinne der §§ 2 bis 8, 99 Abs. 1 Nr. 1 und 2 sowie Abs. 2, § 100 Abs. 1 und 7, §§ 102 bis 103 und Unternehmen, die Preise nach den §§ 16, 100 Abs. 3 oder § 103 Abs. 1 Nr. 3 binden, dürfen ein anderes Unternehmen in einem Geschäftsverkehr, der gleichartigen Unternehmen üblicherweise zugänglich ist, weder unmittelbar noch mittelbar unbillig behindern oder gegenüber gleichartigen Unternehmen ohne sachlich gerechtfertigten Grund unmittelbar oder mittelbar unterschiedlich behandeln. Satz 1 gilt auch für Unternehmen und Vereinigungen von Unternehmen, soweit von ihnen kleine oder mittlere Unternehmen als Anbieter oder Nachfrager einer bestimmten Art von Waren oder gewerblichen Leistungen in der Weise abhängig sind, daß ausreichende und zumutbare Möglichkeiten, auf andere Unternehmen auszuweichen, nicht bestehen. Es wird vermutet, daß ein Anbieter einer bestimmten Art von Waren oder gewerblichen Leistungen von einem Nachfrager abhängig im Sinne des Satzes 2 ist, wenn dieser Nachfrager bei ihm zusätzlich zu den verkehrsüblichen Preisnachlässen oder sonstigen Leistungsentgelten regelmäßig besondere Vergünstigungen erlangt, die gleichartigen Nachfragern nicht gewährt werden.

(3) Marktbeherrschende Unternehmen und Vereinigungen von Unternehmen im Sinne des Absatzes 2 Satz 1 dürfen ihre Marktstellung nicht dazu ausnutzen, andere Unternehmen im Geschäftsverkehr zu veranlassen, ihnen ohne sachlich gerechtfertigten Grund Vorzugsbedingungen zu gewähren. Satz 1 gilt auch für Unternehmen und Vereinigungen von Unternehmen im Sinne des Absatzes 2 Satz 2 im Verhältnis zu den von ihnen abhängigen Unternehmen.

(4) Unternehmen mit gegenüber kleinen und mittleren Wettbewerbern überlegener Marktmacht dürfen ihre Marktmacht nicht dazu ausnutzen, solche Wettbewerber unmittelbar oder mittelbar unbillig zu behindern.

(5) Ergibt sich auf Grund bestimmter Tatsachen nach allgemeiner Erfahrung der Anschein, daß ein Unternehmen seine Marktmacht im Sinne des Absatzes 4 ausgenutzt hat, so obliegt es diesem Unternehmen, den Anschein zu widerlegen und solche anspruchsbegründenden Umstände aus seinem Geschäftsbereich aufzuklären, deren Aufklärung dem betroffenen Wettbewerber oder einem Verband nach § 35 Abs. 3 nicht möglich, dem in Anspruch genommenen Unternehmen aber leicht möglich und zumutbar ist.

§ 27 [Aufnahmezwang für Wirtschafts- und Berufsvereinigungen]

(1) Wird die Aufnahme eines Unternehmens in eine Wirtschafts- oder Berufsvereinigung abgelehnt, so kann die Kartellbehörde auf Antrag des betroffenen Unternehmens die Aufnahme in die Vereinigung anordnen, wenn die Ablehnung eine sachlich nicht gerechtfertigte ungleiche Behandlung darstellt und zu einer unbilligen Benachteiligung des Unternehmens im Wettbewerb führt. Wirtschaftsvereinigungen im Sinne dieses Gesetzes sind auch die Gütezeichengemeinschaften.

(2) Die Verfügung kann mit Auflagen verbunden werden.

(3) § 11 Abs. 4 Nr. 1 und Abs. 5 Nr. 1 ist entsprechend anzuwenden.

Fünfter Abschnitt

Wettbewerbsregeln

§ 28 [Legaldefinition]

(1) Wirtschafts- und Berufsvereinigungen können für ihren Bereich Wettbewerbsregeln aufstellen.

(2) Wettbewerbsregeln im Sinne dieser Vorschriften sind Bestimmungen, die das Verhalten von Unternehmen im Wettbewerb regeln zu dem Zweck, einem den Grundsätzen des lauteren oder der Wirksamkeit eines leistungsgerechten Wettbewerbs zuwiderlaufenden Verhalten im Wettbewerb entgegenzuwirken und ein diesen Grundsätzen entsprechendes Verhalten im Wettbewerb anzuregen.

(3) Wirtschafts- und Berufsvereinigungen können bei der Kartellbehörde die Anerkennung von Wettbewerbsregeln beantragen.

(4) Der Antrag auf Anerkennung von Wettbewerbsregeln hat zu enthalten:
1. Name, Rechtsform und Anschrift der Wirtschafts- oder Berufsvereinigung;
2. Name und Anschrift ihres Vertreters;
3. die Angabe des sachlichen und örtlichen Anwendungsbereichs der Wettbewerbsregeln;
4. den Wortlaut der Wettbewerbsregeln.

Dem Antrag sind beizufügen:
1. die Satzung der Wirtschafts- oder Berufsvereinigung;
2. der Nachweis, daß die Wettbewerbsregeln satzungsmäßig aufgestellt sind;
3. eine Aufstellung von außenstehenden Wirtschafts- oder Berufsvereinigungen und Unternehmen der gleichen Wirtschaftsstufe sowie der Lieferanten- und Abnehmervereinigungen und der Bundesorganisationen der beteiligten Wirtschaftsstufen des betreffenden Wirtschaftszweiges.

(5) Änderungen und Ergänzungen anerkannter Wettbewerbsregeln sind der Kartellbehörde mitzuteilen.

§ 29 [Zulässige Vereinbarungen über Einhaltung von Wettbewerbsregeln]

Vereinbarungen, in denen sich die Beteiligten zur Einhaltung von anerkannten Wettbewerbsregeln im Sinne des § 28 verpflichten, sind nicht Verträge oder Beschlüsse im Sinne des § 1 dieses Gesetzes.

§ 30 [Stellungnahme der beteiligten Wirtschaftsstufen]

Die Kartellbehörde hat nichtbeteiligten Unternehmen der gleichen Wirtschaftsstufe, Wirtschafts- und Berufsvereinigungen der durch die Wettbewerbsregeln betroffenen Lieferanten und Abnehmer sowie den Bundesorganisationen der beteiligten Wirtschaftsstufen Gelegenheit zur Stellungnahme zu geben. Die Kartellbehörde kann eine öffentliche mündliche Verhandlung über den Antrag auf Anerkennung durchführen, in der es jedermann freisteht, Einwendungen gegen die Anerkennung zu erheben.

§ 31 [Ablehnung des Antrags auf Anerkennung]

(1) Die Kartellbehörde kann den Antrag auf Anerkennung einer Wettbewerbsregel ablehnen, wenn eine derartige Regel oder eine Vereinbarung darüber im Sinn des § 29 Bestimmungen dieses Gesetzes, des Gesetzes gegen den unlauteren Wettbewerb, des

Rabattgesetzes oder der Verordnung des Reichspräsidenten zum Schutze der Wirtschaft, Erster Teil (Zugabeverordnung), in der im Bundesgesetzblatt Teil III, Gliederungsnummer 43-4-1, veröffentlichten bereinigten Fassung, zuletzt geändert durch § 18 des Gesetzes vom 22. Oktober 1987 (BGBl. I S. 2294), unter Berücksichtigung der dazu ergangenen Rechtsprechung oder einer sonstigen rechtlichen Vorschrift verletzt.

(2) Wirtschafts- und Berufsvereinigungen haben die Außerkraftsetzung von ihnen aufgestellter, anerkannter Wettbewerbsregeln bei der Kartellbehörde anzumelden.

(3) Die Kartellbehörde hat die Anerkennung zurückzunehmen oder zu widerrufen, wenn sie nachträglich feststellt, daß die Voraussetzungen für die Ablehnung der Anerkennung nach Absatz 1 vorliegen.

§ 32 [Bekanntmachungspflicht]

(1) Im Bundesanzeiger sind bekanntzumachen

1. die Anträge nach § 28 Abs. 3;
2. die Anberaumung von Terminen zur mündlichen Verhandlung nach § 30 Satz 2;
3. die Anerkennung von Wettbewerbsregeln, ihren Änderungen und Ergänzungen;
4. die Löschung von Wettbewerbsregeln nach § 31 Abs. 3.

(2) Mit der Bekanntmachung der Anträge nach Absatz 1 Nr. 1 ist darauf hinzuweisen, daß die Wettbewerbsregeln, deren Anerkennung beantragt ist, bei der Kartellbehörde zur öffentlichen Einsichtnahme ausgelegt sind.

(3) Soweit die Anträge nach Absatz 1 Nr. 1 zur Anerkennung führen, genügt für die Bekanntmachung der Anerkennung eine Bezugnahme auf die Bekanntmachung der Anträge.

§ 33 [Auskunft]

Die Kartellbehörden erteilen auf Anfrage Auskunft über anerkannte Wettbewerbsregeln, indem die Aufgaben zu § 28 Abs. 4 Satz 1 mitgeteilt werden.

Sechster Abschnitt
Gemeinsame Bestimmungen

§ 34 [Schriftform]

Kartellverträge und Kartellbeschlüsse (§§ 2 bis 8) sowie Verträge, die Beschränkungen der in den §§ 16, 18, 20 und 21 bezeichneten Art enthalten, sind schriftlich abzufassen. § 126 Abs. 1 des Bürgerlichen Gesetzbuchs findet Anwendung. Es genügt, wenn die Beteiligten Urkunden unterzeichnen, die auf einen schriftlichen Beschluß, auf eine schriftliche Satzung oder auf eine Preisliste Bezug nehmen. § 126 Abs. 2 des Bürgerlichen Gesetzbuchs findet keine Anwendung.

§ 35 [Schadenersatz]

(1) Wer vorsätzlich oder fahrlässig gegen eine Vorschrift dieses Gesetzes oder gegen eine auf Grund dieses Gesetzes von der Kartellbehörde oder dem Beschwerdegericht erlassene Verfügung verstößt, ist, sofern die Vorschrift oder die Verfügung den Schutz eines anderen bezweckt, diesem zum Ersatz des aus dem Verstoß entstandenen Schadens verpflichtet. Richtet sich der Verstoß gegen eine auf Grund des § 27 erlassene Verfügung, so kann der Geschädigte auch für den Schaden, der nicht Vermögensschaden ist, eine billige Entschädigung in Geld verlangen.

(2) Wer vorsätzlich oder fahrlässig gegen eine von der Kartellbehörde oder dem Beschwerdegericht erlassene Verfügung im Sinne des Absatzes 1 verstößt, hat, sofern die

Verfügung oder die Feststellung nach § 70 Abs. 3 unanfechtbar wird, auch den Schaden zu ersetzen, der von der Zustellung der Verfügung an entstanden ist.
(3) In den Fällen des Absatzes 1 kann ein Anspruch auf Unterlassung auch von Verbänden zur Förderung gewerblicher Interessen geltend gemacht werden, soweit die Verbände als solche in bürgerlichen Rechtsstreitigkeiten klagen können.

§ 36 [Bestellung eines Vertreters]

(1) Kartelle sowie Wirtschafts- und Berufsvereinigungen, die nicht rechtsfähig sind, sollen durch ihre Satzung einen Vertreter bestellen, der ermächtigt ist, sie in den durch dieses Gesetz geregelten Anlegenheiten gegenüber der Kartellbehörde sowie in Beschwerdeverfahren (§§ 62 bis 72) und Rechtsbeschwerdeverfahren (§§ 73 bis 75) zu vertreten. Name und Anschrift des Vertreters sollen der Kartellbehörde mitgeteilt werden.
(2) Ist ein dem Absatz 1 entsprechender Vertreter nicht vorhanden, so bestellt auf Antrag der Kartellbehörde das für deren Sitz zuständige Amtsgericht einen Vertreter. Die Kartellbehörde stellt den Antrag von Amts wegen oder auf Antrag eines Dritten, der ein berechtigtes Interesse an der Bestellung eines Vertreters hat. Das Amtsgericht hat die Bestellung zu widerrufen, wenn der Mangel behoben ist.

§ 37 [Gesamtschuldnerische Haftung für Vertreter]

Die Mitglieder eines Kartells, das nicht rechtsfähig ist, sind als Gesamtschuldner für den Schaden verantwortlich, den ein Beauftragter des Kartells durch eine in Ausführung der ihm zustehenden Verrichtungen begangene, auf Grund dieses Gesetzes zum Schadensersatz verpflichtende Handlung einem Dritten zufügt.

Siebenter Abschnitt

Untersagungsverfahren, Mehrerlösabschöpfung

§ 37 a [Untersagungsfälle]

(1) Die Kartellbehörde kann die Durchführung eines Vertrages oder Beschlusses untersagen, der nach den §§ 1, 15, 20 Abs. 1, §§ 21, 100 Abs. 1 Satz 3 oder § 103 Abs. 2 unwirksam oder nichtig ist.
(2) Die Kartellbehörde kann Unternehmen und Vereinigungen von Unternehmen ein Verhalten untersagen, das nach den §§ 25, 26 und 38 Abs. 1 Nr. 11 oder 12 verboten ist.

§ 37 b [Anordnung einer Mehrerlösabschöpfung]

(1) Hat ein Unternehmen vorsätzlich oder fahrlässig durch ein Verhalten, das die Kartellbehörde mit einer Verfügung nach § 22 Abs. 5 oder § 103 Abs. 6 untersagt hat, nach Zustellung der Verfügung einen Mehrerlös erlangt, so kann die Kartellbehörde nach Eintritt der Unanfechtbarkeit der Verfügung oder der Feststellung nach § 70 Abs. 3 anordnen, daß das Unternehmen einen dem Mehrerlös entsprechenden Geldbetrag an die Kartellbehörde abführt (Mehrerlösabschöpfung). Satz 1 gilt nicht, soweit der Mehrerlös durch Schadensersatzleistungen nach § 35 oder durch Geldbuße ausgeglichen ist. Die Mehrerlösabschöpfung darf nur innerhalb einer Frist von drei Jahren seit Eintritt der Unanfechtbarkeit der Verfügung oder der Feststellung nach § 70 Abs. 3 angeordnet werden.
(2) Wäre die Durchführung der Mehrerlösabschöpfung eine unbillige Härte, so soll die Anordnung auf einen angemessenen Geldbetrag beschränkt werden oder ganz unterbleiben. Sie soll auch unterbleiben, wenn der Mehrerlös gering ist.

(3) Die Höhe des Mehrerlöses kann geschätzt werden. Der abzuführende Geldbetrag ist zahlenmäßig zu bestimmen.

(4) Legt ein Unternehmen, gegen das die Abführung des Mehrerlöses angeordnet ist, der Kartellbehörde eine rechtskräftige Entscheidung vor, nach der es zur Leistung von Schadensersatz wegen desselben mißbräuchlichen Verhaltens verpflichtet ist, so ordnet die Kartellbehörde an, daß die Anordnung der Abführung des Mehrerlöses insoweit nicht mehr vollstreckt wird. Ist der Mehrerlös bereits an die Kartellbehörde abgeführt worden und weist das Unternehmen die Zahlung des Schadensersatzes auf Grund der rechtskräftigen Entscheidung an den Geschädigten nach, so erstattet die Kartellbehörde dem Unternehmen den abgeführten Mehrerlös in Höhe der nachgewiesenen Schadensersatzleistung zurück.

Zweiter Teil
Ordnungswidrigkeiten

§ 38 [Ordnungswidrigkeiten]

(1) Ordnungswidrig handelt, wer

1. sich über die Unwirksamkeit oder Nichtigkeit eines Vertrages oder Beschlusses hinwegsetzt, der nach den §§ 1, 15, 20 Abs. 1, §§ 21, 100 Abs. 1 Satz 3, § 103 Abs. 2 oder § 106 unwirksam oder nichtig ist,
2. sich vorsätzlich oder fahrlässig über die Unwirksamkeit eines Vertrages oder Beschlusses hinwegsetzt, den die Kartellbehörde nach § 3 Abs. 4, § 12 Abs. 3 Nr. 3 auch in Verbindung mit § 102 Abs. 2 Satz 2 oder Abs. 3, § 17 Abs. 1, §§ 18, 22 Abs. 5, § 24 Abs. 7 Nr. 3, § 102 a Abs. 2, § 103 Abs. 6 Nr. 3, § 103 a Abs. 3 oder § 104 Abs. 2 Nr. 3 durch unanfechtbar gewordene Verfügung für unwirksam erklärt hat,
3. entgegen § 14 Abs. 1 ohne Erlaubnis Sicherheiten verwertet,
4. vorsätzlich oder fahrlässig einer unanfechtbar gewordenen Verfügung nach Absatz 3, § 12 Abs. 3 Nr. 1 auch in Verbindung mit § 102 Abs. 2 Satz 2 oder Abs. 3, § 17 Abs. 1, §§ 18, 22 Abs. 5, § 24 Abs. 7 Nr. 2, § 27, § 37 a auch in Verbindung mit § 47 Abs. 2 Satz 1 und 2, § 38 a Abs. 3 oder 6, § 102 a Abs. 2, § 103 Abs. 6 Nr. 1 oder § 104 Abs. 2 Nr. 1 zuwiderhandelt, soweit sie ausdrücklich auf diese Bußgeldvorschrift verweist,
5. vorsätzlich oder fahrlässig einer einstweiligen Anordnung nach § 56 oder § 63 Abs. 3, einer Anordnung nach § 63 a oder einer vollziehbaren Verfügung nach § 38 a Abs. 3 oder 6 zuwiderhandelt, die ausdrücklich auf diese Bußgeldvorschrift verweist,
6. vorsätzlich oder fahrlässig Auflagen der Kartellbehörde zuwiderhandelt, sofern die Verfügung, mit der die Auflage erteilt ist, unanfechtbar geworden ist und ausdrücklich auf diese Bußgeldvorschrift verweist,
7. unrichtige oder unvollständige Angaben macht oder benutzt, um für sich oder einen anderen eine Erlaubnis nach diesem Gesetz oder die Anerkennung einer Wettbewerbsregel zu erschleichen oder um die Kartellbehörde zu veranlassen, in den Fällen der §§ 2, 3, 5 a Abs. 1 und 3, § 5 b Abs. 2 oder § 102 Abs. 1 nicht zu widersprechen oder eine Untersagung nach § 24 Abs. 2 Satz 1 oder eine Mitteilung nach § 24 a Abs. 2 Satz 1 zu unterlassen,
8. einem Verbot des § 24 Abs. 2 Satz 4 oder des § 24 a Abs. 4 zuwiderhandelt oder an einer Zuwiderhandlung gegen diese Verbote mitwirkt oder einem Verbot der §§ 25 oder 26 zuwiderhandelt,

9. einem anderen wirtschaftlichen Nachteil zufügt, weil dieser ein Einschreiten der Kartellbehörde beantragt oder angeregt oder von den ihm nach § 13 zustehenden Rechten Gebrauch gemacht hat,
10. durch Empfehlungen daran mitwirkt, daß eine der in den Nummern 1 bis 9 genannten Ordnungswidrigkeiten begangen wird,
11. Empfehlungen ausspricht, die eine Umgehung der in diesem Gesetz ausgesprochenen Verbote oder der von der Kartellbehörde auf Grund dieses Gesetzes erlassenen Verfügungen durch gleichförmiges Verhalten bewirken,
12. Abnehmern seiner Ware empfiehlt, bei der Weiterveräußerung an Dritte bestimmte Preise zu fordern oder anzubieten, bestimmte Arten der Preisfestsetzung anzuwenden oder bestimmte Ober- oder Untergrenzen bei der Preisfestsetzung zu beachten.

(2) Absatz 1 Nr. 11 und, in den Fällen der Nummer 1, Absatz 1 Nr. 12 gilt nicht für

1. Empfehlungen, die von Vereinigungen kleiner oder mittlerer Unternehmen unter Beschränkung auf den Kreis der Beteiligten ausgesprochen werden, wenn die Empfehlungen
   a) dazu dienen, die Leistungsfähigkeit der Beteiligten gegenüber Großbetrieben oder großbetrieblichen Unternehmensformen zu fördern und dadurch die Wettbewerbsbedingungen zu verbessern und
   b) gegenüber dem Empfehlungsempfänger ausdrücklich als unverbindlich bezeichnet sind und zu ihrer Durchsetzung kein wirtschaftlicher, gesellschaftlicher oder sonstiger Druck angewendet wird,
2. Empfehlungen, die lediglich die einheitliche Anwendung von Normen und Typen zum Gegenstand haben, wenn
   a) die Voraussetzungen der Nummer 1 Buchstabe b vorliegen und
   b) die Empfehlungen von demjenigen, der sie ausgesprochen hat, bei der Kartellbehörde angemeldet worden sind und der Anmeldung die Stellungnahme eines Rationalisierungsverbandes beigefügt worden ist; die Anmeldung gilt nur als bewirkt, wenn ihr die Stellungnahme beigefügt ist;

   Empfehlungen eines Rationalisierungsverbandes bedürfen nicht der ausdrücklichen Bezeichnung, daß sie unverbindlich sind, und auch nicht der Anmeldung bei der Kartellbehörde,
3. Empfehlungen von Wirtschafts- und Berufsvereinigungen, die lediglich die einheitliche Anwendung allgemeiner Geschäfts-, Lieferungs- und Zahlungsbedingungen einschließlich der Skonti im Sinne des § 2 Abs. 1 zum Gegenstand haben; Nummer 1 Buchstabe b und Nummer 2 Buchstabe b gelten entsprechend, letztere mit der Abweichung, daß der Anmeldung die Stellungnahmen der betroffenen Wirtschafts- und Berufsvereinigungen beizufügen sind.

(3) Die Kartellbehörde kann Empfehlungen der in Absatz 2 bezeichneten Art für unzulässig erklären und neue, gleichartige Empfehlungen verbieten, soweit sie feststellt, daß die Voraussetzungen des Absatzes 2 nicht oder nicht mehr vorliegen oder die Empfehlungen einen Mißbrauch der Freistellung von Absatz 1 Nr. 11 oder 12 darstellen.

(4) Die Ordnungswidrigkeit kann mit einer Geldbuße bis zu einer Million Deutscher Mark, über diesen Betrag hinaus bis zur dreifachen Höhe des durch die Zuwiderhandlung erlangten Mehrerlöses geahndet werden. Die Höhe des Mehrerlöses kann geschätzt werden.

(5) Die Verjährung der Verfolgung von Ordnungswidrigkeiten nach Absatz 1 richtet sich nach den Vorschriften des Gesetzes über Ordnungswidrigkeiten auch dann, wenn die Tat durch Verbreiten von Druckschriften begangen wird.

§ 38 a [Unverbindliche Preisempfehlungen für Markenwaren]

(1) § 38 Abs. 1 Nr. 11 und 12 gilt nicht für unverbindliche Preisempfehlungen eines Unternehmens für die Weiterveräußerung seiner Markenwaren, die mit gleichartigen Waren anderer Hersteller im Preiswettbewerb stehen, wenn die Empfehlungen

1. ausdrücklich als unverbindlich bezeichnet sind, ausschließlich eine bestimmte Preisangabe enthalten und zu ihrer Durchsetzung kein wirtschaftlicher, gesellschaftlicher oder sonstiger Druck angewendet wird und
2. in der Erwartung ausgesprochen werden, daß der empfohlene Preis dem von der Mehrheit der Empfehlungsempfänger voraussichtlich geforderten Preis entspricht.

(2) Markenwaren im Sinne des Absatzes 1 sind Erzeugnisse, deren Lieferung in gleichbleibender oder verbesserter Güte von dem preisempfehlenden Unternehmen gewährleistet wird und

1. die selbst oder
2. deren für die Abgabe an den Verbraucher bestimmte Umhüllung oder Ausstattung oder
3. deren Behältnisse, aus denen sie verkauft werden,

mit einem ihre Herkunft kennzeichnenden Merkmal (Firmen-, Wort- oder Bildzeichen) versehen sind. Satz 1 ist auf landwirtschaftliche Erzeugnisse mit der Maßgabe anzuwenden, daß geringfügige naturbedingte Qualitätsschwankungen, die vom Erzeuger durch ihm zuzumutende Maßnahmen nicht abgewendet werden können, außer Betracht bleiben.

(3) Die Kartellbehörde kann Empfehlungen der in Absatz 1 bezeichneten Art für unzulässig erklären und neue, gleichartige Empfehlungen verbieten, wenn sie feststellt, daß die Empfehlungen einen Mißbrauch der Freistellung von § 38 Abs. 1 Nr. 11 oder 12 darstellen. Ein Mißbrauch liegt insbesondere vor, wenn

1. die Empfehlung allein oder in Verbindung mit anderen Wettbewerbsbeschränkungen geeignet ist, in einer durch die gesamtwirtschaftlichen Verhältnisse nicht gerechtfertigten Weise die Waren zu verteuern oder ein Sinken ihrer Preise zu verhindern oder ihre Erzeugung oder ihren Absatz zu beschränken oder
2. die Empfehlung geeignet ist, den Verbraucher über den von der Mehrheit der Empfehlungsempfänger geforderten Preis zu täuschen oder
3. der empfohlene Preis in einer Mehrzahl von Fällen die tatsächlich geforderten Preise im gesamten Geltungsbereich dieses Gesetzes oder in einem wesentlichen Teil davon erheblich übersteigt oder
4. durch Vertriebsregelungen oder andere Maßnahmen des empfehlenden Unternehmens bestimmte Unternehmen oder bestimmte Abnehmergruppen ohne sachlich gerechtfertigten Grund vom Vertrieb der Waren ausgeschlossen sind.

(4) Die Kartellbehörde kann von Unternehmen Auskunft verlangen, soweit dies zur Prüfung der Voraussetzungen des Absatzes 3 erforderlich ist. § 46 Abs. 2, 5 und 9 gilt entsprechend. Zur Erteilung der Auskunft hat die Kartellbehörde eine angemessene Frist zu bestimmen. Die Befugnisse der Kartellbehörde nach § 46 bleiben unberührt.

(5) Vor einer Verfügung nach Absatz 3 soll die Kartellbehörde das preisempfehlende Unternehmen auffordern, den beanstandeten Mißbrauch abzustellen.

(6) Die Kartellbehörde kann einem Unternehmen die Anwendung von Empfehlungen der in Absatz 1 bezeichneten Art verbieten, wenn gegen das Unternehmen bereits

1. zwei unanfechtbar gewordene Verfügungen nach Absatz 3 oder
2. zwei rechtskräftig gewordene Bußgeldbescheide nach § 38 Abs. 1 Nr. 11 oder Nr. 12 oder

3. eine unanfechtbar gewordene Verfügung nach Absatz 3 und ein rechtskräftig gewordener Bußgeldbescheid nach § 38 Abs. 1 Nr. 11 oder Nr. 12

ergangen sind und zu besorgen ist, daß das Unternehmen weiterhin ordnungswidrige oder mißbräuchliche Empfehlungen aussprechen wird. Die Kartellbehörde kann das Verbot auf Antrag des Unternehmens aufheben, wenn besondere Umstände die Annahme rechtfertigen, daß ein erneuter Mißbrauch der in Absatz 3 bezeichneten Art oder eine erneute Ordnungswidrigkeit nach § 38 Abs. 1 Nr. 11 oder Nr. 12 nicht mehr zu erwarten ist.

§ 39 [Verletzung der Auskunfts- und der Anmeldefrist]

(1) Eine Ordnungswidrigkeit begeht, wer

1. vorsätzlich oder fahrlässig entgegen § 23 Abs. 6, § 38 a Abs. 4 oder § 46 auch in Verbindung mit § 47 Abs. 2 Satz 1 und 2 die Auskunft nicht, unrichtig, unvollständig oder nicht fristgemäß erteilt oder entgegen § 46 auch in Verbindung mit § 47 Abs. 2 Satz 1 und 2 die geschäftlichen Unterlagen nicht, unvollständig oder nicht fristgemäß vorlegt oder die Duldung von Prüfungen verweigert;
2. vorsätzlich oder fahrlässig die Anmeldung nach § 9 Abs. 1 Satz 3, § 100 Abs. 1 Satz 2 oder § 106 Abs. 3 oder die Anzeige nach § 23 Abs. 1, Abs. 2 Nr. 1 bis 5, Abs. 3 bis 5 nicht unverzüglich vornimmt oder dabei unrichtige oder unvollständige Angaben macht;
3. vorsätzlich oder fahrlässig bei der Anmeldung nach § 24 a Abs. 1 Satz 2 unrichtige oder unvollständige Angaben macht.

(2) Die Ordnungswidrigkeit kann mit einer Geldbuße bis zu fünfzigtausend Deutscher Mark geahndet werden.

§§ 40 bis 43 (aufgehoben)

Dritter Teil

Behörden

Erster Abschnitt

Kartellbehörden

§ 44 [Sachliche Zuständigkeit]

(1) Die in diesem Gesetz der Kartellbehörde übertragenen Aufgaben und Befugnisse nehmen wahr

1. das Bundeskartellamt (§ 48)
   a) gegenüber Kartellen im Sinne der §§ 4, 6 und 7, soweit diese Aufgaben und Befugnisse nicht dem Bundesminister für Wirtschaft übertragen sind;
   b) in bezug auf Verträge der in § 16 und Empfehlungen der in § 38 a bezeichneten Art;
   c) gegenüber Zusammenschlüssen nach den §§ 23 bis 24 a, soweit diese Aufgaben und Befugnisse nicht dem Bundesminister für Wirtschaft übertragen sind;
   d) wenn die Wirkung der Marktbeeinflussung oder des wettbewerbsbeschränkenden oder diskriminierenden Verhaltens oder einer Wettbewerbsregel über das Gebiet eines Landes hinausreicht;
   e) gegenüber den Nachfolgeunternehmen der Deutschen Bundespost POSTDIENST und der Deutschen Bundespost TELEKOM;
2. der Bundesminister für Wirtschaft in den Fällen der §§ 8, 12 Abs. 2 in Verbindung mit § 6 Abs. 1 und des § 24 Abs. 1 in Verbindung mit den Absätzen 3 bis 5;
3. in allen übrigen Fällen die nach Landesrecht zuständige oberste Landesbehörde.

(2) Soweit eine Geldbuße auf Grund dieses Gesetzes gegen Versicherungsunternehmen, Bausparkassen oder solche Unternehmen, die Bank- oder Sparkassengeschäfte betreiben, oder Vereinigungen dieser Unternehmen festgesetzt werden soll, erläßt die Kartellbehörde den Bußgeldbescheid im Einvernehmen mit der fachlich zuständigen Aufsichtsbehörde. Ist ein Einvernehmen nicht herzustellen, so legt die Kartellbehörde die Sache dem Bundesminister für Wirtschaft vor; seine Weisungen ersetzen dieses Einvernehmen. Sind die Kartellbehörde und die fachlich zuständige Aufsichtsbehörde Landesbehörden, so entscheidet, falls ein Einvernehmen nicht herzustellen ist, die nach Landesrecht zuständige Stelle.

§ 45 [Gegenseitige Benachrichtigungspflicht und Abgabe von Verfahren]

(1) Leitet das Bundeskartellamt gegen ein Unternehmen, ein Kartell, eine Wirtschafts- oder Berufsvereinigung ein Verwaltungsverfahren (§§ 51 bis 58) oder ein Bußgeldverfahren (§§ 81 bis 85) ein oder führt es Ermittlungen durch, so benachrichtigt es gleichzeitig die örtlich zuständige oberste Landesbehörde.

(2) Leitet eine oberste Landesbehörde gegen ein Unternehmen, ein Kartell, eine Wirtschafts- oder Berufsvereinigung ein Verwaltungs- oder Bußgeldverfahren ein oder führt sie Ermittlungen durch, so benachrichtigt sie gleichzeitig das Bundeskartellamt.

(3) Die oberste Landesbehörde hat eine Sache an das Bundeskartellamt abzugeben, wenn nach §§ 44 Abs. 1 Nr. 1 die Zuständigkeit des Bundeskartellamtes begründet ist. Das Bundeskartellamt hat eine Sache an die oberste Landesbehörde abzugeben, wenn nach § 44 Abs. 1 Nr. 3 die Zuständigkeit der obersten Landesbehörde begründet ist.

§ 46 [Auskunfts- und Prüfungsrecht der Kartellbehörde]

(1) Soweit es zur Erfüllung der in diesem Gesetz der Kartellbehörde übertragenen Aufgaben erforderlich ist, kann die Kartellbehörde

1. von Unternehmen und Vereinigungen von Unternehmen Auskunft über ihre wirtschaftlichen Verhältnisse verlangen;
2. bei Unternehmen und Vereinigungen von Unternehmen innerhalb der üblichen Geschäftszeiten die geschäftlichen Unterlagen einsehen und prüfen;
3. von Wirtschafts- und Berufsvereinigungen Auskunft über die Satzung, über die Beschlüsse sowie über Anzahl und Namen der Mitglieder verlangen, für die die Beschlüsse bestimmt sind.

(2) Die Inhaber der Unternehmen oder deren Vertreter, bei juristischen Personen, Gesellschaften und nicht rechtsfähigen Vereinen die nach Gesetz oder Satzung zur Vertretung berufenen Personen sowie die gemäß § 36 Abs. 2 bestellten Vertreter sind verpflichtet, die verlangten Auskünfte zu erteilen, die geschäftlichen Unterlagen vorzulegen und die Prüfung dieser geschäftlichen Unterlagen sowie das Betreten von Geschäftsräumen und -grundstücken zu dulden.

(3) Personen, die von der Kartellbehörde mit der Vornahme von Prüfungen beauftragt werden, dürfen die Räume der Unternehmen und Vereinigungen von Unternehmen betreten. Das Grundrecht des Artikels 13 des Grundgesetzes wird insoweit eingeschränkt.

(4) Durchsuchungen können nur auf Anordnung des Amtsrichters, in dessen Bezirk die Durchsuchung erfolgen soll, vorgenommen werden. Auf die Anfechtung dieser Anordnung finden die §§ 306 bis 310 und 311 a der Strafprozeßordnung entsprechende Anwendung. Bei Gefahr im Verzuge können die in Absatz 3 bezeichneten Personen während der Geschäftszeit die erforderlichen Durchsuchungen ohne richterliche Anordnung vornehmen. An Ort und Stelle ist eine Niederschrift über die Durchsuchung und ihr wesentliches Ergebnis

aufzunehmen, aus der sich, falls keine richterliche Anordnung ergangen ist, auch die Tatsachen ergeben, die zur Annahme einer Gefahr im Verzuge geführt haben.

(5) Der zur Erteilung einer Auskunft Verpflichtete kann die Auskunft auf solche Fragen verweigern, deren Beantwortung ihn selbst oder einen der in § 383 Abs. 1 Nr. 1 bis 3 der Zivilprozeßordnung bezeichneten Angehörigen der Gefahr strafgerichtlicher Verfolgung oder eines Verfahrens nach dem Gesetz über Ordnungswidrigkeiten aussetzen würde.

(6) Der Bundesminister für Wirtschaft oder die oberste Landesbehörde fordern die Auskunft durch schriftliche Einzelverfügung, das Bundeskartellamt fordert sie durch Beschluß an. Darin sind die Rechtsgrundlage, der Gegenstand und der Zweck des Auskunftsverlangens anzugeben und eine angemessene Frist zu Erteilung der Auskunft zu bestimmen.

(7) Der Bundesminister für Wirtschaft oder die oberste Landesbehörde ordnen die Prüfung durch schriftliche Einzelverfügung, das Bundeskartellamt ordnet sie durch Beschluß mit Zustimmung des Präsidenten an. In der Anordnung sind Zeitpunkt, Rechtsgrundlage, Gegenstand und Zweck der Prüfung anzugeben.

(8) (aufgehoben)

(9) Die durch Auskünfte nach Absatz 1 Nr. 1 und 3 oder Maßnahmen nach Absatz 1 Nr. 2 erlangten Kenntnisse und Unterlagen dürfen für ein Besteuerungsverfahren oder ein Bußgeldverfahren wegen einer Steuerordnungswidrigkeit oder einer Devisenzuwiderhandlung sowie für ein Verfahren wegen einer Steuerstraftat oder einer Devisenstraftat nicht verwendet werden; die Vorschriften der §§ 93, 97, 105 Abs. 1, 111 Abs. 5 in Verbindung mit § 105 Abs. 1 sowie § 116 Abs. 1 der Abgabenordnung sind insoweit nicht anzuwenden. Satz 1 gilt nicht für Verfahren wegen einer Steuerstraftat sowie eines damit zusammenhängenden Besteuerungsverfahrens, wenn an deren Durchführung ein zwingendes öffentliches Interesse besteht, oder bei vorsätzlich falschen Angaben des Auskunftspflichtigen oder der für ihn tätigen Personen.

§ 47 [Befugnisse des Bundeskartellamtes]

(1) Die in den Artikeln 88 und 89 des Vertrages zur Gründung der Europäischen Wirtschaftsgemeinschaft sowie in Verordnungen nach Artikel 87 dieses Vertrages, auch in Verbindung mit anderen Ermächtigungsgrundlagen dieses Vertrages, den Behörden der Mitgliedstaaten übertragenen Aufgaben nimmt das Bundeskartellamt wahr.

(2) Zur Erfüllung dieser Aufgaben hat das Bundeskartellamt die Befugnisse, die ihm bei der Anwendung dieses Gesetzes zustehen. Es kann insbesondere verbotene Vereinbarungen, Beschlüsse und abgestimmte Verhaltensweisen sowie die verbotene Ausnutzung einer beherrschenden Stellung untersagen; ferner kann es die erforderlichen Ermittlungen durchführen, auch wenn es an Verfahren der Kommission der Europäischen Gemeinschaften mitwirkt. Es gelten auch die Verfahrensvorschriften dieses Gesetzes. Gebühren zur Deckung der Verwaltungskosten werden nicht erhoben.

Zweiter Abschnitt

Bundeskartellamt

§ 48 [Organisation]

(1) Das Bundeskartellamt ist eine selbständige Bundesbehörde mit dem Sitz in Bonn.

(2) Die Entscheidungen des Bundeskartellamtes werden von den Beschlußabteilungen getroffen, die nach Bestimmungen des Bundesministers für Wirtschaft gebildet werden. Im

übrigen regelt der Präsident die Verteilung und den Gang der Geschäfte des Bundeskartellamtes durch eine Geschäftsordnung; sie bedarf der Bestätigung durch den Bundesminister für Wirtschaft.

(3) Die Beschlußabteilungen entscheiden in der Besetzung mit einem Vorsitzenden und zwei Beisitzern.

(4) Die Vorsitzenden und die Beisitzer der Beschlußabteilungen müssen Beamte auf Lebenszeit sein. Die Vorsitzenden und die Beisitzer müssen die Befähigung zum Richteramt oder zum höheren Verwaltungsdienst haben; die Vorsitzenden sollen in der Regel die Befähigung zum Richteramt haben.

(5) Die Mitglieder des Bundeskartellamtes dürfen nicht Inhaber, Leiter oder Mitglied des Vorstandes oder des Aufsichtsrates eines Unternehmens, eines Kartells oder einer Wirtschafts- oder Berufsvereinigung sein.

§ 49 [Veröffentlichung allgemeiner Weisungen]

Soweit der Bundesminister für Wirtschaft dem Bundeskartellamt allgemeine Weisungen für den Erlaß oder die Unterlassung von Verfügungen nach diesem Gesetz erteilt, sind diese Weisungen im Bundesanzeiger zu veröffentlichen.

§ 50 [Tätigkeitsbericht – Verwaltungsgrundsätze]

(1) Das Bundeskartellamt veröffentlicht jeweils nach dem Jahr, in dem die Monopolkommission ein Gutachten nach § 24 b Abs. 5 Satz 1 zu erstatten hat, einen Bericht über seine Tätigkeit in den beiden vorangegangenen Kalenderjahren sowie über die Lage und Entwicklung auf seinem Aufgabengebiet. In den Bericht sind die allgemeinen Weisungen des Bundesministers für Wirtschaft nach § 49 aufzunehmen. Es veröffentlicht ferner fortlaufend seine Verwaltungsgrundsätze.

(2) Die Bundesregierung leitet den Bericht der Kartellbehörde dem Bundestag unverzüglich mit ihrer Stellungnahme zu.

Vierter Teil

Verfahren

Erster Abschnitt

Verwaltungssachen

I. Verfahren vor den Kartellbehörden

§ 51 [Verfahrensbeteiligte]

(1) Die Kartellbehörde leitet eine Verfahren von Amts wegen oder auf Antrag ein.

(2) An dem Verfahren vor der Kartellbehörde sind beteiligt,

1. wer die Einleitung eines Verfahrens beantragt hat;
2. Kartelle, Unternehmen, Wirtschafts- oder Berufsvereinigungen, gegen die sich das Verfahren richtet;
3. in den Fällen der §§ 14, 19 und 105 die betroffenen Unternehmen und Vereinigungen von Unternehmen;
4. Personen und Personenvereinigungen, deren Interessen durch die Entscheidung erheblich berührt werden und die die Kartellbehörde auf ihren Antrag zu dem Verfahren beigeladen hat;
5. in den Fällen des § 23 Abs. 2 Nr. 1 oder 2 auch der Veräußerer.

(3) An Verfahren vor obersten Landesbehörden ist auch das Bundeskartellamt beteiligt.

§ 52 [Einrede der Unzuständigkeit]

(1) Macht ein Beteiligter die örtliche oder sachliche Unzuständigkeit der Kartellbehörde geltend, so kann die Kartellbehörde über die Zuständigkeit vorab entscheiden. Die Verfügung kann selbständig mit der Beschwerde angefochten werden; die Beschwerde hat aufschiebende Wirkung.

(2) Hat ein Beteiligter die örtliche oder sachliche Unzuständigkeit der Kartellbehörde nicht geltend gemacht, so kann eine Beschwerde nicht darauf gestützt werden, daß die Kartellbehörde ihre Zuständigkeit mit Unrecht angenommen hat.

§ 53 [Stellungnahme der Beteiligten]

(1) Die Kartellbehörde hat den Beteiligten Gelegenheit zur Stellungnahme zu geben und sie auf Antrag eines Beteiligten zu einer mündlichen Verhandlung zu laden.

(2) Vertretern der von dem Verfahren berührten Wirtschaftskreise kann die Kartellbehörde in geeigneten Fällen Gelegenheit zur Stellungnahme geben.

(3) In den Fällen des § 22 entscheidet die Kartellbehörde auf Grund öffentlicher mündlicher Verhandlung; mit Einverständnis der Beteiligten kann ohne mündliche Verhandlung entschieden werden. Auf Antrag eines Beteiligten oder von Amts wegen ist für die Verhandlung oder für einen Teil davon die Öffentlichkeit auszuschließen, wenn sie eine Gefährdung der öffentlichen Ordnung, insbesondere der Staatssicherheit, oder die Gefährdung eines wichtigen Geschäfts- oder Betriebsgeheimnisses besorgen läßt. In den Fällen der §§ 24 und 24 a sind im Verfahren vor dem Bundesminister für Wirtschaft die Sätze 1 und 2 entsprechend anzuwenden.

§ 54 [Beweiserhebung]

(1) Die Kartellbehörde kann alle Ermittlungen führen und alle Beweise erheben, die erforderlich sind.

(2) Für den Beweis durch Augenschein, Zeugen und Sachverständige sind § 372 Abs. 1, §§ 376, 377, 378, 380 bis 387, 390, 395 bis 397, 398 Abs. 1, §§ 401, 402, 404, 404 a, 406 bis 409, 411 bis 414 der Zivilprozeßordnung sinngemäß anzuwenden; Haft darf nicht verhängt werden. Für die Entscheidung über die Beschwerde ist das Oberlandesgericht zuständig.

(3) Über die Aussagen der Zeugen soll eine Niederschrift aufgenommen werden, die von dem ermittelnden Mitglied der Kartellbehörde und, wenn ein Urkundsbeamter zugezogen ist, auch von diesem zu unterschreiben ist. Die Niederschrift soll Ort und Tag der Verhandlung sowie die Namen der Mitwirkenden und Beteiligten ersehen lassen.

(4) Die Niederschrift ist dem Zeugen zur Genehmigung vorzulesen oder zur eigenen Durchsicht vorzulegen. Die erteilte Genehmigung ist zu vermerken und von dem Zeugen zu unterschreiben. Unterbleibt die Unterschrift, so ist der Grund hierfür anzugeben.

(5) Bei der Vernehmung von Sachverständigen sind die Bestimmungen der Absätze 3 und 4 entsprechend anzuwenden.

(6) Die Kartellbehörde kann das Amtsgericht um die Beeidigung von Zeugen ersuchen, wenn sie die Beeidigung zur Herbeiführung einer wahrheitsgemäßen Aussage für notwendig erachtet. Über die Beeidigung entscheidet das Gericht.

§ 55 [Beschlagnahme]

(1) Die Kartellbehörde kann Gegenstände, die als Beweismittel für die Ermittlung von Bedeutung sein können, beschlagnahmen. Die Beschlagnahme ist dem davon Betroffenen unverzüglich bekanntzumachen.

(2) Die Kartellbehörde hat binnen drei Tagen die richterliche Bestätigung des Amtsgerichts, in dessen Bezirk die Beschlagnahme vorgenommen ist, nachzusuchen, wenn bei der Beschlagnahme weder der davon Betroffene noch ein erwachsener Angehöriger anwesend war oder wenn der Betroffene und im Falle seiner Abwesenheit ein erwachsener Angehöriger des Betroffenen gegen die Beschlagnahme ausdrücklich Widerspruch erhoben hat.
(3) Der Betroffene kann gegen die Beschlagnahme jederzeit die richterliche Entscheidung nachsuchen. Hierüber ist er zu belehren. Über den Antrag entscheidet das nach Absatz 2 zuständige Gericht.
(4) Gegen die richterliche Entscheidung ist die Beschwerde zulässig. Die §§ 306 bis 310 und 311 a der Strafprozeßordnung gelten entsprechend.

§ 56 [Einstweilige Anordnungen]

Die Kartellbehörde kann bis zur endgültigen Entscheidung über
1. eine Erlaubnis nach den §§ 4, 5 Abs. 2 und 3, § 6 Abs. 2, §§ 7, 8, 20 Abs. 3, § 21 oder § 24 Abs. 3, ihre Verlängerung nach § 11 Abs. 2, ihren Widerruf oder ihre Änderung nach § 11 Abs. 4 und 5,
2. eine Erlaubnis nach § 14,
3. eine Verfügung nach § 3 Abs. 4, § 12 Abs. 3, § 17 Abs. 1, §§ 18, 22 Abs. 5, § 24 Abs. 2 Satz 1 und Abs. 5 bis 7, §§ 27, 31 Abs. 3, §§ 37 a, 38 Abs. 3, § 38 a Abs. 3 oder 6, § 102 Abs. 2 oder 3, § 102 a Abs. 2, § 103 Abs. 6, § 103 a Abs. 3 oder § 104 Abs. 2

einstweilige Anordnungen zum Zwecke der Regelung eines einstweiligen Zustandes treffen.

§ 57 [Verfügungen der Kartellbehörde]

(1) Verfügungen der Kartellbehörde sind zu begründen. Sie sind mit der Begründung und einer Belehrung über das zulässige Rechtsmittel den Beteiligten nach den Vorschriften des Verwaltungszustellungsgesetzes in der im Bundesgesetzblatt Teil III, Gliederungsnummer 201-3, veröffentlichten bereinigten Fassung, zuletzt geändert durch Artikel 39 des Gesetzes vom 14. Dezember 1976 (BGBl. I S. 3341), zuzustellen. Verfügungen, die in Verfahren nach den §§ 22 bis 24 a gegenüber einem Unternehmen mit Sitz außerhalb des Geltungsbereiches dieses Gesetzes ergehen, stellt die Kartellbehörde demjenigen zu, den das Unternehmen dem Bundeskartellamt als Zustellungsbevollmächtigten benannt hat. Hat das Unternehmen einen Zustellungsbevollmächtigten nicht benannt, so stellt die Kartellbehörde die Verfügungen durch Bekanntmachung im Bundesanzeiger zu.
(2) Soweit ein Verfahren nicht mit einer Verfügung abgeschlossen wird, die den Beteiligten nach Absatz 1 Satz 2 bis 4 zugestellt wird, ist seine Beendigung den Beteiligten schriftlich mitzuteilen.

§ 58 [Bekanntmachung der Verfügungen]

Verfügungen der Kartellbehörde,
1. durch die ein Antrag auf Erteilung einer Erlaubnis für Verträge und Beschlüsse der in den §§ 4, 5 Abs. 2 und 3, § 6 Abs. 2 §§ 7 und 8 bezeichneten Art oder auf Anerkennung einer Wettbewerbsregel abgelehnt wird,
2. die einen Widerspruch der Kartellbehörde nach § 2 Abs. 3, § 3 Abs. 3, § 5 a Abs. 3, § 5 b Abs. 2 oder § 102 Abs. 1 enthalten,
3. die eine unanfechtbar gewordene Untersagung nach § 24 Abs. 2 Satz 1, eine Erlaubnis nach § 24 Abs. 3, deren Ablehnung, Änderung, Widerruf oder Rücknahme enthalten oder die nach § 24 Abs. 6 oder 7 ergehen,

4. die nach § 12 Abs. 3, § 17 Abs. 1, §§ 18, 22 Abs. 5, §§ 27, 38 Abs. 3, § 38 a Abs. 3 oder 6, § 102 Abs. 2 oder 3, § 102 a, § 103 Abs. 6, § 103 a Abs. 3 oder § 104 Abs. 2 ergehen,

sind im Bundesanzeiger und, soweit eine oberste Landesbehörde entschieden hat, auch in einem amtlichen Verkündungsblatt des Landes bekanntzumachen.

§§ 59 bis **61 (weggefallen)**

II. Beschwerde

§ 62 [Zulässigkeit]

(1) Gegen Verfügungen der Kartellbehörde ist die Beschwerde zulässig. Sie kann auch auf neue Tatsachen und Beweismittel gestützt werden.
(2) Die Beschwerde steht den am Verfahren vor der Kartellbehörde Beteiligten (§ 51 Abs. 2 und 3) zu.
(3) Die Beschwerde ist auch gegen die Unterlassung einer beantragten Verfügung der Kartellbehörde zulässig, auf deren Vornahme der Antragsteller ein Recht zu haben behauptet. Als Unterlassung gilt es auch, wenn die Kartellbehörde den Antrag auf Vornahme der Verfügung ohne zureichenden Grund in angemessener Frist nicht beschieden hat. Die Unterlassung ist dann einer Ablehnung gleichzuachten.
(4) Über die Beschwerde entscheidet ausschließlich das für den Sitz der Kartellbehörde zuständige Oberlandesgericht, in den Fällen der §§ 24 und 24 a ausschließlich das für den Sitz des Bundeskartellamtes zuständige Oberlandesgericht, und zwar auch dann, wenn sich die Beschwerde gegen eine Verfügung des Bundesministers für Wirtschaft richtet. § 36 der Zivilprozeßordnung gilt entsprechend.

§ 63 [Aufschiebende Wirkung der Beschwerde]

(1) Die Beschwerde hat aufschiebende Wirkung, soweit durch die angefochtene Verfügung
1. eine Erlaubnis nach § 11 Abs. 4 und 5 oder § 24 Abs. 5 widerrufen, zurückgenommen oder geändert, oder
2. eine Verfügung nach § 3 Abs. 4, § 12 Abs. 3, § 17 Abs. 1, §§ 18, 20 Abs. 3 Satz 2, §§ 22 Abs. 5, §§ 27, 31 Abs. 3, §§ 37 a, 37 b Abs. 1, § 38 Abs. 3, § 102 Abs. 2 oder 3, § 102 a Abs. 2, § 103 Abs. 6, § 103 a Abs. 3 oder § 104 Abs. 2 getroffen wird.

(2) Wird eine Verfügung, durch die eine Erlaubnis nach § 14 erteilt oder eine einstweilige Anordnung nach § 56 getroffen wurde, angefochten, so kann das Beschwerdegericht anordnen, daß die angefochtene Verfügung ganz oder teilweise erst nach Abschluß des Beschwerdeverfahrens oder nach Leistung einer Sicherheit in Kraft tritt. Die Anordnung kann jederzeit aufgehoben oder geändert werden.
(3) § 56 gilt entsprechend für das Verfahren vor dem Beschwerdegericht.

§ 63 a [Anordnung der sofortigen Vollziehung]

(1) Die Kartellbehörde kann in den Fällen des § 63 Abs. 1 die sofortige Vollziehung der Verfügung anordnen, wenn dies im öffentlichen Interesse oder im überwiegenden Interesse eines Beteiligten geboten ist.
(2) Die Anordnung nach Absatz 1 kann bereits vor der Einreichung der Beschwerde getroffen werden.

(3) Auf Antrag kann das Beschwerdegericht die aufschiebende Wirkung ganz oder teilweise wiederherstellen, wenn

1. die Voraussetzungen für die Anordnung nach Absatz 1 nicht vorgelegen haben oder nicht mehr vorliegen oder
2. ernstliche Zweifel an der Rechtmäßigkeit der angefochtenen Verfügung bestehen oder
3. die Vollziehung für den Betroffenen eine unbillige, nicht durch überwiegende öffentliche Interessen gebotene Härte zur Folge hätte.

In den Fällen, in denen die Beschwerde keine aufschiebende Wirkung hat, kann die Kartellbehörde die Vollziehung aussetzen; die Aussetzung soll erfolgen, wenn die Voraussetzungen des Satzes 1 Nr. 3 vorliegen. Das Beschwerdegericht kann auf Antrag die aufschiebende Wirkung ganz oder teilweise anordnen, wenn die Voraussetzungen des Satzes 1 Nr. 2 oder 3 vorliegen.

(4) Der Antrag nach Absatz 3 Satz 1 oder 3 ist schon vor Einrichtung der Beschwerde zulässig. Die Tatsachen, auf die der Antrag gestützt wird, sind vom Antragsteller glaubhaft zu machen. Ist die Verfügung im Zeitpunkt der Entscheidung schon vollzogen, kann das Gericht auch die Aufhebung der Vollziehung anordnen. Die Wiederherstellung und die Anordnung der aufschiebenden Wirkung können von der Leistung einer Sicherheit oder von anderen Auflagen abhängig gemacht werden. Sie können auch befristet werden.

(5) Beschlüsse über Anträge nach Absatz 3 können jederzeit geändert oder aufgehoben werden. Soweit durch sie den Anträgen entsprochen ist, sind sie unanfechtbar.

§ 64 [Schadenersatz bei Verwertung von Sicherheiten]

Wird eine Verfügung, durch die eine Erlaubnis gemäß § 14 erteilt wurde, nach ihrer Anfechtung abgeändert oder aufgehoben, so haben die Beteiligten, die auf Grund der angefochtenen Verfügung Maßnahmen getroffen haben, dem Betroffenen den daraus entstandenen Schaden zu ersetzen. Der Entschädigungsanspruch verjährt in sechs Monaten seit der Zustellung der endgültigen Entscheidung an den Betroffenen.

§ 65 [Fristen, Begründung, Anwaltszwang]

(1) Die Beschwerde ist binnen einer Frist von einem Monat bei der Kartellbehörde, deren Verfügung angefochten wird, schriftlich einzureichen. Die Frist beginnt mit der Zustellung der Verfügung der Kartellbehörde. Wird in den Fällen des § 24 Abs. 2 Antrag auf Erteilung einer Erlaubnis nach § 24 Abs. 3 gestellt, so beginnt die Frist für die Beschwerde gegen die Verfügung des Bundeskartellamtes nach § 24 Abs. 2 Satz 1 mit der Zustellung der Verfügung des Bundesministers für Wirtschaft nach § 24 Abs. 3. Es genügt, wenn die Beschwerde innerhalb der Frist bei dem Beschwerdegericht eingeht.

(2) Ergeht auf einen Antrag keine Verfügung (§ 62 Abs. 3 Satz 2), so ist die Beschwerde an keine Frist gebunden.

(3) Die Beschwerde ist zu begründen. Die Frist für die Beschwerdebegründung beträgt einen Monat; sie beginnt mit der Einlegung der Beschwerde und kann auf Antrag von dem Vorsitzenden des Beschwerdegerichts verlängert werden.

(4) Die Beschwerdebegründung muß enthalten

1. die Erklärung, inwieweit die Verfügung angefochten und ihre Abänderung oder Aufhebung beantragt wird,
2. die Angabe der Tatsachen und Beweismittel, auf die sich die Beschwerde stützt.

(5) Die Beschwerdeschrift und die Beschwerdebegründung müssen durch einen bei einem deutschen Gericht zugelassenen Rechtsanwalt unterzeichnet sein; dies gilt nicht für Beschwerden der Kartellbehörden.

§ 66 [Beschwerdebeteiligte]

(1) An dem Verfahren vor dem Beschwerdegericht sind beteiligt
1. der Beschwerdeführer,
2. die Kartellbehörde, deren Verfügung angefochten wird,
3. Personen und Personenvereinigungen, deren Interessen durch die Entscheidung erheblich berührt werden und die die Kartellbehörde auf ihren Antrag zu dem Verfahren beigeladen hat.

(2) Richtet sich die Beschwerde gegen eine Verfügung einer obersten Landesbehörde, ist auch das Bundeskartellamt an dem Verfahren beteiligt.

§ 67 [Auftrittsbefugte Personen]

(1) Vor dem Beschwerdegericht müssen die Beteiligten sich durch einen bei einem deutschen Gericht zugelassenen Rechtsanwalt als Bevollmächtigten vertreten lassen. Die Kartellbehörde kann sich durch ein Mitglied der Behörde vertreten lassen.

(2) Auf Antrag eines Beteiligten ist einem mit schriftlicher Vollmacht versehenen öffentlich bestellten Wirtschaftsprüfer oder anderen sachkundigen Personen das Wort zu gestatten. § 157 Abs. 1 und 2 der Zivilprozeßordnung ist insoweit nicht anzuwenden.

§ 68 [Mündliche Verhandlung und Entscheidung nach Lage der Akten]

(1) Das Beschwerdegericht entscheidet über die Beschwerde auf Grund mündlicher Verhandlung; mit Einverständnis der Beteiligten kann ohne mündliche Verhandlung entschieden werden.

(2) Sind die Beteiligten in dem Verhandlungstermin trotz rechtzeitiger Benachrichtigung nicht erschienen oder gehörig vertreten, so kann gleichwohl in der Sache verhandelt und entschieden werden.

§ 69 [Verfahrensgrundsätze]

(1) Das Beschwerdegericht erforscht den Sachverhalt von Amts wegen.

(2) Der Vorsitzende hat darauf hinzuwirken, daß Formfehler beseitigt, unklare Anträge erläutert, sachdienliche Anträge gestellt, ungenügende tatsächliche Angaben ergänzt, ferner alle für die Feststellung und Beurteilung des Sachverhalts wesentlichen Erklärungen abgegeben werden.

(3) Das Beschwerdegericht kann den Beteiligten aufgeben, sich innerhalb einer zu bestimmenden Frist über aufklärungsbedürftige Punkte zu äußern, Beweismittel zu bezeichnen und in ihren Händen befindliche Urkunden sowie andere Beweismittel vorzulegen. Bei Versäumung der Frist kann nach Lage der Sache ohne Berücksichtigung der nicht beigebrachten Beweismittel entschieden werden.

§ 70 [Nachprüfungsspielraum des Beschwerdegerichts]

(1) Das Beschwerdegericht entscheidet durch Beschluß nach seiner freien, aus dem Gesamtergebnis des Verfahrens gewonnenen Überzeugung. Der Beschluß darf nur auf Tatsachen und Beweismittel gestützt werden, zu denen die Beteiligten sich äußern konnten. Das Beschwerdegericht kann hiervon abweichen, soweit Beigeladenen aus wichtigen Gründen, insbesondere zur Wahrung von Fabrikations-, Betriebs- oder Geschäftsgeheimnissen, Akteneinsicht nicht gewährt oder der Akteninhalt aus diesen Gründen auch nicht vorgetragen worden ist. Dies gilt nicht für solche Beigeladene, die an dem streitigen Rechtsverhältnis derart beteiligt sind, daß die Entscheidung auch ihnen gegenüber nur einheitlich ergehen kann.

(2) Hält das Beschwerdegericht die Verfügung der Kartellbehörde für unzulässig oder unbegründet, so hebt es sie auf. Hat sich die Verfügung vorher durch Zurücknahme oder auf andere Weise erledigt, so spricht das Beschwerdegericht auf Antrag aus, daß die Verfügung der Kartellbehörde unzulässig oder unbegründet gewesen ist, wenn der Beschwerdeführer ein berechtigtes Interesse an dieser Feststellung hat.
(3) Hat sich eine Verfügung nach § 22 Abs. 5 oder § 103 Abs. 6 wegen nachträglicher Änderung der tatsächlichen Verhältnisse oder auf andere Weise erledigt, so spricht das Beschwerdegericht auf Antrag aus, ob, in welchem Umfang und bis zu welchem Zeitpunkt die Verfügung begründet gewesen ist.
(4) Hält das Beschwerdegericht die Ablehnung oder Unterlassung der Verfügung für unzulässig oder unbegründet, so spricht es die Verpflichtung der Kartellbehörde aus, die beantragte Verfügung vorzunehmen.
(5) Die Verfügung ist auch dann unzulässig oder unbegründet, wenn die Kartellbehörde von ihrem Ermessen fehlsamen Gebrauch gemacht hat, insbesondere wenn sie die gesetzlichen Grenzen des Ermessens überschritten oder durch die Ermessensentscheidung Sinn und Zweck dieses Gesetzes verletzt hat. Die Würdigung der gesamtwirtschaftlichen Lage und Entwicklung ist hierbei der Nachprüfung des Gerichts entzogen.
(6) Der Beschluß ist zu begründen und mit einer Rechtsmittelbelehrung den Beteiligten zuzustellen.

§ 71 [Akteneinsicht]

(1) Die in § 66 Abs. 1 Nr. 1 und 2 und Abs. 2 bezeichneten Beteiligten können die Akten des Gerichts einsehen und sich durch die Geschäftsstelle auf ihre Kosten Ausfertigungen, Auszüge und Abschriften erteilen lassen. § 299 Abs. 3 der Zivilprozeßordnung gilt entsprechend.
(2) Einsicht in Vorakten, Beiakten, Gutachten und Auskünfte ist nur mit Zustimmung der Stellen zulässig, denen die Akten gehören oder die die Äußerung eingeholt haben. Die Kartellbehörde hat die Zustimmung zur Einsicht in die ihr gehörigen Unterlagen zu versagen, soweit dies aus wichtigen Gründen, insbesondere zur Wahrung von Fabrikations-, Betriebs- oder Geschäftsgeheimnissen, geboten ist. Wird die Einsicht abgelehnt oder ist sie unzulässig, dürfen diese Unterlagen der Entscheidung nur insoweit zugrunde gelegt werden, als ihr Inhalt vorgetragen worden ist. Das Beschwerdegericht kann die Offenlegung von Tatsachen oder Beweismitteln, deren Geheimhaltung aus wichtigen Gründen, insbesondere zur Wahrung von Fabrikations-, Betriebs- oder Geschäftsgeheimnissen, verlangt wird, nach Anhörung des von der Offenlegung Betroffenen durch Beschluß anordnen, soweit es für die Entscheidung auf diese Tatsachen oder Beweismittel ankommt, andere Möglichkeiten der Sachaufklärung nicht bestehen und nach Abwägung aller Umstände des Einzelfalles die Bedeutung der Sache für die Sicherung des Wettbewerbs das Interesse des Betroffenen an der Geheimhaltung überwiegt. Der Beschluß ist zu begründen. In dem Verfahren nach Satz 4 muß sich der Betroffene nicht durch einen Rechtsanwalt vertreten lassen.
(3) Den in § 66 Abs. 1 Nr. 3 bezeichneten Beteiligten kann das Beschwerdegericht nach Anhörung des Verfügungsberechtigten Akteneinsicht in gleichem Umfang gewähren.

§ 72 [Anzuwendende Vorschriften]

Im Verfahren vor dem Beschwerdegericht gelten, soweit nichts anderes bestimmt ist, entsprechend

1. die Vorschriften der §§ 169 bis 197 des Gerichtsverfassungsgesetzes über Öffentlichkeit, Sitzungspolizei, Gerichtssprache, Beratung und Abstimmung;

2. die Vorschriften der Zivilprozeßordnung über Ausschließung und Ablehnung eines Richters, über Prozeßbevollmächtigte und Beistände, über die Zustellung von Amts wegen, über Ladungen, Termine und Fristen, über die Anordnung des persönlichen Erscheinens der Parteien, über die Verbindung mehrerer Prozesse, über die Erledigung des Zeugen- und Sachverständigenbeweises sowie über die sonstigen Arten des Beweisverfahrens, über die Wiedereinsetzung in den vorigen Stand gegen die Versäumung einer Frist.

III. Rechtsbeschwerde

§ 73 [Zulässigkeit]

(1) Gegen die in der Hauptsache erlassenen Beschlüsse der Oberlandesgerichte findet die Rechtsbeschwerde an den Bundesgerichtshof statt, wenn das Oberlandesgericht die Rechtsbeschwerde zugelassen hat.

(2) Die Rechtsbeschwerde ist zuzulassen, wenn

1. eine Rechtsfrage von grundsätzlicher Bedeutung zu entscheiden ist oder
2. die Fortbildung des Rechts oder die Sicherung einer einheitlichen Rechtsprechung eine Entscheidung des Bundesgerichtshofes erfordert.

(3) Über die Zulassung oder Nichtzulassung der Rechtsbeschwerde ist in der Entscheidung des Oberlandesgerichts zu befinden. Die Nichtzulassung ist zu begründen.

(4) Einer Zulassung zur Einlegung der Rechtsbeschwerde gegen Entscheidungen des Beschwerdegerichts bedarf es nicht, wenn einer der folgenden Mängel des Verfahrens vorliegt und gerügt wird:

1. wenn das beschließende Gericht nicht vorschriftsmäßig besetzt war,
2. wenn bei der Entscheidung ein Richter mitgewirkt hat, der von der Ausübung des Richteramtes kraft Gesetzes ausgeschlossen oder wegen Besorgnis der Befangenheit mit Erfolg abgelehnt war,
3. wenn einem Beteiligten das rechtliche Gehör versagt war,
4. wenn ein Beteiligter im Verfahren nicht nach Vorschrift des Gesetzes vertreten war, sofern er nicht der Führung des Verfahrens ausdrücklich oder stillschweigend zugestimmt hat,
5. wenn die Entscheidung auf Grund einer mündlichen Verhandlung ergangen ist, bei der die Vorschriften über die Öffentlichkeit des Verfahrens verletzt worden sind, oder
6. wenn die Entscheidung nicht mit Gründen versehen ist.

§ 74 [Nichtzulassungsbeschwerde]

(1) Die Nichtzulassung der Rechtsbeschwerde kann selbständig durch Nichtzulassungsbeschwerde angefochten werden.

(2) Über die Nichtzulassungsbeschwerde entscheidet der Bundesgerichtshof durch Beschluß, der zu begründen ist. Der Beschluß kann ohne mündliche Verhandlung ergehen.

(3) Die Nichtzulassungsbeschwerde ist binnen einer Frist von einem Monat schriftlich bei dem Oberlandesgericht einzulegen. Die Frist beginnt mit der Zustellung der angefochtenen Entscheidung.

(4) Für die Nichtzulassungsbeschwerde gelten § 63 Abs. 1 und 2, § 65, Abs. 3, Abs. 4 Nr. 1 und Abs. 5, §§ 66, 67 Abs. 1, §§ 71 und 72 Nr. 2 dieses Gesetzes sowie die §§ 192 bis 197 des Gerichtsverfassungsgesetzes über die Beratung und Abstimmung entsprechend. Für den Erlaß einstweiliger Anordnungen ist das Beschwerdegericht zuständig.

(5) Wird die Rechtsbeschwerde nicht zugelassen, so wird die Entscheidung des Oberlandesgerichts mit der Zustellung des Beschlusses des Bundesgerichtshofes rechtskräftig. Wird die Rechtsbeschwerde zugelassen, so beginnt mit der Zustellung des Beschlusses des Bundesgerichtshofes der Lauf der Beschwerdefrist.

§ 75 [Berechtigte Rechtsbeschwerde als revisionsähnliches Rechtsmittel]

(1) Die Rechtsbeschwerde steht der Kartellbehörde sowie den am Beschwerdeverfahren Beteiligten zu.

(2) Die Rechtsbeschwerde kann nur darauf gestützt werden, daß die Entscheidung auf einer Verletzung des Gesetzes beruht; die §§ 550, 551 Nr. 1 bis 3, 5 bis 7 der Zivilprozeßordnung gelten entsprechend. Die Rechtsbeschwerde kann nicht darauf gestützt werden, daß die Kartellbehörde unter Verletzung des § 44 ihre Zuständigkeit mit Unrecht angenommen hat.

(3) Die Rechtsbeschwerde ist binnen einer Frist von einem Monat schriftlich bei dem Oberlandesgericht einzulegen. Die Frist beginnt mit der Zustellung der angefochtenen Entscheidung.

(4) Der Bundesgerichtshof ist an die in der angefochtenen Entscheidung getroffenen tatsächlichen Feststellungen gebunden, außer wenn in bezug auf diese Feststellungen zulässige und begründete Rechtsbeschwerdegründe vorgebracht sind.

(5) Für die Rechtsbeschwerde gelten im übrigen § 63 Abs. 1 und 2, § 65 Abs. 3, Abs. 4 Nr. 1 und Abs. 5, §§ 66 bis 68, 70 bis 72 entsprechend. Für den Erlaß einstweiliger Anordnungen ist das Beschwerdegericht zuständig.

IV. Gemeinsame Bestimmungen

§ 76 [Verfahrensfähigkeit nichtrechtsfähiger Personenvereinigungen]

Fähig, am Verfahren vor der Kartellbehörde, am Beschwerdeverfahren und am Rechtsbeschwerdeverfahren beteiligt zu sein, sind außer natürlichen und juristischen Personen auch nichtrechtsfähige Personenvereinigungen.

§ 77 [Kostenentscheidung]

Im Beschwerdeverfahren und im Rechtsbeschwerdeverfahren kann das Gericht anordnen, daß die Kosten, die zur zweckentsprechenden Erledigung der Angelegenheit notwendig waren, von einem Beteiligten ganz oder teilweise zu erstatten sind, wenn dies der Billigkeit entspricht. Hat ein Beteiligter Kosten durch ein unbegründetes Rechtsmittel oder durch grobes Verschulden veranlaßt, so sind ihm die Kosten aufzuerlegen. Im übrigen gelten die Vorschriften der Zivilprozeßordnung über das Kostenfestsetzungsverfahren und die Zwangsvollstreckung aus Kostenfestsetzungsbeschlüssen entsprechend.

§ 78 [Kostenberechnung]

(1) Für die Gebühren und Auslagen im Beschwerdeverfahren und im Rechtsbeschwerdeverfahren gelten die Vorschriften für bürgerliche Rechtsstreitigkeiten entsprechend; für Beschlüsse nach § 70 wird die Urteilsgebühr erhoben. Die Gebühren im Beschwerdeverfahren richten sich nach den Vorschriften für die Berufungsinstanz, die Gebühren im Rechtsbeschwerdeverfahren nach den Vorschriften für die Revisionsinstanz.

(2) Im Verfahren auf Grund einer Beschwerde oder Rechtsbeschwerde eines Beigeladenen (§ 51 Abs. 2 Nr. 4) ist der Streitwert nach der sich aus dem Antrag des Beigeladenen für

ihn ergebenden Bedeutung der Sache nach Ermessen zu bestimmen, jedoch nicht über 500 000 Deutsche Mark.

§ 79 (Änderung der Bundesgebührenordnung für Rechtsanwälte)

§ 80 [Ermächtigungsnorm, gebührenpflichtige Handlungen]

(1) Das Nähere über das Verfahren vor der Kartellbehörde bestimmt die Bundesregierung durch Rechtsverordnung, die der Zustimmung des Bundesrates bedarf.

(2) Im Verfahren vor der Kartellbehörde werden Gebühren zur Deckung der Verwaltungskosten erhoben. Gebührenpflichtig sind (gebührenpflichtige Handlungen)

1. Anmeldungen nach § 9 Abs. 1 – auch in Verbindung mit § 103 Abs. 3 und § 103 a Abs. 1 Satz 3, § 24 a Abs. 1, § 38 Abs. 2 Nr. 2 und 3, § 99, § 100 Abs. 1 Satz 2, § 102 Abs. 1 sowie § 102 a Abs. 1 Satz 3 in Verbindung mit Satz 1;
2. Amtshandlungen auf Grund des § 3 Abs. 4, §§ 4, 5 Abs. 2 und 3, § 6 Abs. 2 und 4, §§ 7, 8, 11, 12, 14, 17, 18, 20 bis 22, 24, 24 a, 27, 28, 31, 37 a, 38 Abs. 3, § 38 a Abs. 3 oder 6, §§ 56, 91, 102, 102 a Abs. 2, §§ 103, 103 a, 104 und 105;
3. Anzeigen nach § 23, es sei denn, es liegt ein Fall von § 24 Abs. 8 vor oder der Zusammenschluß ist nach § 24 a angemeldet worden;
4. Erteilung von Abschriften aus den Akten der Kartellbehörde.

Daneben werden als Auslagen die Kosten der öffentlichen Bekanntmachungen erhoben. Die Gebühr für Amtshandlungen auf Grund des § 6 Abs. 2 entfällt, wenn die Kartellbehörde für den Vertrag oder Beschluß bereits eine Ermächtigung nach § 6 Abs. 4 erteilt hat. In den Fällen des § 27 Abs. 3 in Verbindung mit § 11 Abs. 4 Nr. 1 wird die Gebühr nur bei erfolglosem Antrag erhoben. Auf die Gebühr für die Untersagung eines Zusammenschlusses nach § 24 Abs. 2 Satz 1 sind die Gebühren für die Anmeldung des Vorhabens eines Zusammenschlusses nach § 24 a Abs. 1 und für die Anzeige des Zusammenschlusses nach § 23 Abs. 1 anzurechnen.

(3) Die Höhe der Gebühren bestimmt sich nach dem personellen und sachlichen Aufwand der Kartellbehörde unter Berücksichtigung der wirtschaftlichen Bedeutung, die der Gegenstand der gebührenpflichtigen Handlung hat. Die Gebührensätze dürfen jedoch nicht übersteigen

1. 100 000 DM in den Fällen der §§ 23, 24 und 24 a;
2. 50 000 DM in den Fällen der §§ 4, 5 Abs. 2 und 3, § 6 Abs. 2, §§ 7, 8, 22 Abs. 5 und § 102 Abs. 1 – auch in Verbindung mit Abs. 3 –;
3. 30 000 DM in den Fällen der §§ 2 und 3;
4. 15 000 DM in den Fällen der §§ 5 a und 5 b;
5. 10 000 DM in den Fällen den § 6 Abs. 1, § 17 Abs. 1, §§ 18, 20 Abs. 3, § 21, 28 Abs. 3, § 38 Abs. 3, § 38 a Abs. 3 und 6, § 102 Abs. 2 – auch in Verbindung mit Abs. 3 –, § 102 a Abs. 2, § 103 Abs. 6, § 103 a Abs. 3 und § 104 Abs. 2;
6. 5 000 DM in den Fällen des § 5 Abs. 1, § 27 Abs. 1, §§ 37 a, 99 Abs. 2, § 100 Abs. 1 Satz 2, § 102 a Abs. 1 Satz 3, § 103 Abs. 3 und § 103 a Abs. 1 Satz 3;
7. 2 500 DM in den Fällen des § 38 Abs. 2 Nr. 2 und 3;
8. 2 000 DM in den Fällen des § 17 Abs. 1, soweit es sich in entsprechender Anwendung dieser Vorschrift um Preisempfehlungen handelt;
9. 1 000 DM in den Fällen des § 5 Abs. 4, § 91 Abs. 1;
10. 500 DM in den Fällen des § 99 Abs. 1 Nr. 2;
11. 35 DM für die Erteilung beglaubigter Abschriften (Absatz 2 Nr. 4);

12. a) in den Fällen des § 6 Abs. 4, §§ 11 und 27 Abs. 3 den Betrag für die Erteilung der Erlaubnis oder die Anordnung der Aufnahme (Nr. 2 und 6),
    b) in den Fällen der §§ 12, 102 Abs. 4 und § 104 den Betrag für die Anmeldung (Nr. 2 bis 6), 15 000 DM für Verfügungen in bezug auf Verträge oder Beschlüsse der in § 5 c bezeichneten Art und 500 DM für Verfügungen in bezug auf Verträge oder Beschlüsse der in § 100 Abs. 1 und 7 bezeichneten Art,
    c) in den Fällen der §§ 14, 105 zwei vom Hundert des Wertes der Sicherheit,
    d) im Falle des § 31 Abs. 3 den Betrag für die Entscheidung nach § 28 Abs. 3 (Nr. 5),
    e) in den Fällen des § 56 ein Fünftel der Gebühr in der Hauptsache.

Ist der personelle oder sachliche Aufwand der Kartellbehörde unter Berücksichtigung des wirtschaftlichen Werts der gebührenpflichtigen Handlung im Einzelfall außergewöhnlich hoch, kann die Gebühr bis auf das Doppelte erhöht werden. Aus Gründen der Billigkeit kann die unter Berücksichtigung der Sätze 1 bis 3 ermittelte Gebühr bis auf ein Zehntel ermäßigt werden.

(4) Zur Abgeltung mehrfacher gleichartiger Amtshandlungen oder gleichartiger Anmeldungen desselben Gebührenschuldners können Pauschgebührensätze, die den geringen Umfang des Verwaltungsaufwandes berücksichtigen, vorgesehen werden.

(5) Gebühren dürfen nicht erhoben werden
1. für mündliche und schriftliche Auskünfte und Anregungen;
2. wenn sie bei richtiger Behandlung der Sache nicht entstanden wären;
3. in den Fällen des § 24 Abs. 3, wenn die vorangegangene Verfügung des Bundeskartellamtes nach § 24 Abs. 2 Satz 1 aufgehoben worden ist.

(6) Wird ein Antrag zurückgenommen, bevor darüber entschieden ist, so ist die Hälfte der Gebühr zu entrichten. Das gleiche gilt, wenn eine Anmeldung innerhalb von drei Monaten nach Eingang bei der Kartellbehörde zurückgenommen wird.

(7) Gebührenschuldner ist
1. in den Fällen des Absatzes 2 Satz 2 Nr. 1, wer eine Anmeldung eingereicht hat;
2. in den Fällen des Absatzes 2 Satz 2 Nr. 2, wer durch einen Antrag die Tätigkeit der Kartellbehörde veranlaßt hat oder derjenige, gegen den eine Verfügung der Kartellbehörde ergangen ist;
3. in den Fällen des Absatzes 2 Satz 2 Nr. 3, wer angezeigt hat;
4. in den Fällen des Absatzes 2 Satz 2 Nr. 4, wer die Herstellung der Abschriften veranlaßt hat;
5. in den Fällen des § 27 Abs. 3 in Verbindung mit § 11 Abs. 5 Nr. 1 das auf Anordnung der Kartellbehörde aufgenommene Unternehmen, wenn die Verfügung ergeht.

Gebührenschuldner ist auch, wer die Zahlung der Gebühren durch eine vor der Kartellbehörde abgegebene oder ihr mitgeteilte Erklärung übernommen hat oder wer für die Gebührenschuld eines anderen kraft Gesetzes haftet. Mehrere Gebührenschuldner haften als Gesamtschuldner.

(8) Der Anspruch auf Zahlung der Gebühren verjährt in vier Jahren nach der Gebührenfestsetzung. Der Anspruch auf Erstattung der Auslagen verjährt in vier Jahren nach ihrer Entstehung.

(9) Die Bundesregierung wird ermächtigt, durch Rechtsverordnung, die der Zustimmung des Bundesrates bedarf, die Gebührensätze und die Erhebung der Gebühren vom Gebührenschuldner in Durchführung der Vorschriften der Absätze 2 bis 7 sowie die Erstattung

der Auslagen für die in den §§ 10, 32 und 58 bezeichneten Bekanntmachungen zu regeln. Sie kann dabei auch Vorschriften über die Kostenbefreiung von juristischen Personen des öffentlichen Rechts, über die Verjährung sowie über die Kostenerhebung treffen.

(10) Durch Rechtsverordnung der Bundesregierung, die der Zustimmung des Bundesrates bedarf, wird das Nähere über die Erstattung der durch das Verfahren vor der Kartellbehörde entstehenden Kosten nach den Grundsätzen des § 77 bestimmt.

Zweiter Abschnitt
Bußgeldverfahren

§ 81 [Zuständige Verwaltungsbehörde]

Verwaltungsbehörde im Sinne des § 36 Abs. 1 Nr. 1 des Gesetzes über Ordnungswidrigkeiten ist

1. die nach § 44 zuständige Behörde, soweit es sich um Ordnungswidrigkeiten nach den §§ 38 und 39 handelt,
2. das Bundeskartellamt, soweit es sich dabei um Verfahren nach § 47 handelt.

§ 82 [Zuständigkeit des Oberlandesgerichts]

(1) Im gerichtlichen Verfahren wegen einer Ordnungswidrigkeit nach § 38 oder § 39 entscheidet das Oberlandesgericht, in dessen Bezirk die zuständige Kartellbehörde ihren Sitz hat; es entscheidet auch über einen Antrag auf gerichtliche Entscheidung (§ 62 des Gesetzes über Ordnungswidrigkeiten) in den Fällen des § 52 Abs. 2 Satz 3 und des § 69 Abs. 1 Satz 2 des Gesetzes über Ordnungswidrigkeiten. § 140 Abs. 1 Nr. 1 der Strafprozeßordnung in Verbindung mit § 46 Abs. 1 des Gesetzes über Ordnungswidrigkeiten findet keine Anwendung.

(2) Das Oberlandesgericht entscheidet in der Besetzung von drei Mitgliedern mit Einschluß des Vorsitzenden.

§ 83 [Zuständigkeit des Bundesgerichtshofs]

Über die Rechtsbeschwerde (§ 79 des Gesetzes über Ordnungswidrigkeiten) entscheidet der Bundesgerichtshof. Hebt er die angefochtene Entscheidung auf, ohne in der Sache selbst zu entscheiden, so verweist er die Sache an das Oberlandesgericht, dessen Entscheidung aufgehoben wird, zurück.

§ 84 [Zuständigkeit im Wiederaufnahmeverfahren]

Im Wiederaufnahmeverfahren gegen den Bußgeldbescheid der Kartellbehörde (§ 85 Abs. 4 des Gesetzes über Ordnungswidrigkeiten) entscheidet das nach § 82 zuständige Gericht.

§ 85 [Zuständigkeit in Vollstreckungsverfahren]

Die bei der Vollstreckung notwendig werdenden gerichtlichen Entscheidungen (§ 104 des Gesetzes über Ordnungswidrigkeiten) werden von dem nach § 82 zuständigen Gericht erlassen.

§§ 86 und 86 a (weggefallen)

Dritter Abschnitt
Bürgerliche Rechtsstreitigkeiten

§ 87 [Zuständigkeit der Landgerichte]

(1) Für bürgerliche Rechtsstreitigkeiten, die sich aus diesem Gesetz oder aus Kartellverträgen und aus Kartellbeschlüssen ergeben, sind ohne Rücksicht auf den Wert des Streitgegenstandes die Landgerichte ausschließlich zuständig.

(2) Die Rechtsstreitigkeiten sind Handelssachen im Sinne der §§ 93 bis 114 des Gerichtsverfassungsgesetzes.

§ 88 [Klageverbindung]

Mit der Klage aus diesem Gesetz oder aus Kartellverträgen und aus Kartellbeschlüssen (§ 87) kann die Klage wegen eines anderen Anspruchs verbunden werden, wenn dieser im rechtlichen oder unmittelbaren wirtschaftlichen Zusammenhang mit dem Anspruch steht, der bei dem nach § 87 zuständigen Gericht geltend zu machen ist; dies gilt auch dann, wenn für die Klage wegen des anderen Anspruchs eine ausschließliche Zuständigkeit gegeben ist.

§ 89 [Zuweisung an einzelne Landgerichte]

(1) Die Landesregierungen werden ermächtigt, durch Rechtsverordnung bürgerliche Rechtsstreitigkeiten, für die nach § 87 ausschließlich die Landgerichte zuständig sind, einem Landgericht für die Bezirke mehrerer Landgerichte zuzuweisen, wenn eine solche Zusammenfassung der Rechtspflege in Kartellsachen, insbesondere der Sicherung einer einheitlichen Rechtsprechung, dienlich ist. Die Landesregierungen können die Ermächtigung auf die Landesjustizverwaltungen übertragen.

(2) Durch Staatsverträge zwischen Ländern kann die Zuständigkeit eines Landgerichtes für einzelne Bezirke oder das gesamte Gebiet mehrerer Länder begründet werden.

(3) Die Parteien können sich vor den nach den Absätzen 1 und 2 bestimmten Gerichten auch durch Rechtsanwälte vertreten lassen, die bei dem Gericht zugelassen sind, vor das der Rechtsstreit ohne die Regelung nach den Absätzen 1 und 2 gehören würde.

§ 90 [Stellung der Kartellbehörde]

(1) Das Gericht hat das Bundeskartellamt über alle Rechtsstreitigkeiten, die sich aus diesem Gesetz oder aus Kartellverträgen und aus Kartellbeschlüssen ergeben, zu unterrichten. Das Gericht hat dem Bundeskartellamt auf Verlangen Abschriften von allen Schriftsätzen, Protokollen, Verfügungen und Entscheidungen zu übersenden.

(2) Der Präsident des Bundeskartellamtes kann, wenn er dies zur Wahrung des öffentlichen Interesses als angemessen erachtet, aus den Mitgliedern des Bundeskartellamtes und, wenn der Rechtsstreit eines der in § 102 bezeichneten Unternehmen betrifft, auch aus den Mitgliedern der zuständigen Aufsichtsbehörde einen Vertreter bestellen, der befugt ist, dem Gericht schriftliche Erklärungen abzugeben, auf Tatsachen und Beweismittel hinzuweisen, den Terminen beizuwohnen, in ihnen Ausführungen zu machen und Fragen an Parteien, Zeugen und Sachverständige zu richten. Schriftliche Erklärungen des Vertreters sind den Parteien von dem Gericht mitzuteilen.

(3) Reicht die Bedeutung des Rechtsstreits nicht über das Gebiet eines Landes hinaus, so tritt im Rahmen des Absatzes 1 Satz 2 und des Absatzes 2 die oberste Landesbehörde an die Stelle des Bundeskartellamtes.

(4) Die Absätze 1 und 2 gelten entsprechend für Rechtsstreitigkeiten, die die Durchsetzung eines nach § 16 gebundenen Preises gegenüber einem gebundenen Abnehmer oder einem anderen Unternehmen zum Gegenstand haben.

§ 91 [Nichtigkeit von Schiedsgerichtsvereinbarungen]

(1) Schiedsverträge über künftige Rechtsstreitigkeiten aus Verträgen oder Beschlüssen der in den §§ 1 bis 5 c, 7, 8, 29, 99 Abs. 1 Nr. 2, §§ 100, 102, 102 a und 103 bezeichneten Art oder aus Ansprüchen im Sinne des § 35 sind richtig, wenn sie nicht jedem Beteiligten das Recht geben, im Einzelfalle statt der Entscheidung durch das Schiedsgericht eine Entscheidung durch das ordentliche Gericht zu verlangen. Schiedsverträge über künftige Rechtsstreitigkeiten aus Verträgen oder Beschlüssen der in § 6 bezeichneten Art, die nicht jedem Beteiligten das Recht geben, im Einzelfall statt der Entscheidung durch das Schiedsgericht eine Entscheidung durch das ordentliche Gericht zu verlangen, sind unwirksam, soweit nicht die Kartellbehörde auf Antrag eine Erlaubnis erteilt.

(2) Soweit über bereits entstandene Rechtsstreitigkeiten im Sinne des Absatzes 1 Schiedsverträge abgeschlossen werden, ist § 1027 Abs. 2 und 3 der Zivilprozeßordnung nicht anzuwenden.

(3) § 14 Abs. 1 Satz 3 des Gesetzes über die Wahrnehmung von Urheberrechten und verwandten Schutzrechten vom 9. September 1965 (BGBl. I S. 1294) bleibt unberührt.

Vierter Abschnitt

Gemeinsame Bestimmungen

§ 92 [Kartellsenate bei den Oberlandesgerichten – Zuständigkeit]

Bei den Oberlandesgerichten wird ein Kartellsenat gebildet. Er entscheidet über die ihm gemäß § 54 Abs. 2 Satz 2, § 62 Abs. 4, §§ 82, 84 und 85 zugewiesenen Rechtssachen sowie über die Berufung gegen Endurteile und die Beschwerde gegen sonstige Entscheidungen der nach den §§ 87, 89 zuständigen Landgerichte.

§ 93 [Zuweisung an einzelne Oberlandesgerichte]

(1) Sind in einem Lande mehrere Oberlandesgerichte errichtet, so können die Rechtssachen, für die nach § 54 Abs. 2 Satz 2, § 62 Abs. 4, §§ 82, 84 und 85 ausschließlich die Oberlandesgerichte zuständig sind, von den Landesregierungen durch Rechtsverordnung einem oder einigen der Oberlandesgerichte oder dem Obersten Landesgericht zugewiesen werden, wenn eine solche Zusammenfassung der Rechtspflege in Kartellsachen, insbesondere der Sicherung einer einheitlichen Rechtsprechung, dienlich ist. Die Landesregierungen können die Ermächtigung auf die Landesjustizverwaltungen übertragen.

(2) Durch Staatsverträge zwischen Ländern kann die Zuständigkeit eines Oberlandesgerichts oder Obersten Landesgerichts für einzelne Bezirke oder das gesamte Gebiet mehrerer Länder begründet werden.

§ 94 [Weitere Zuständigkeit]

§ 93 Abs. 1 und 2 gilt entsprechend für die Entscheidung über die Berufung gegen Endurteile und die Beschwerde gegen sonstige Entscheidungen der nach den §§ 87, 89 zuständigen Landgerichte. § 89 Abs. 3 ist entsprechend anzuwenden.

§ 95 [Kartellsenat beim Bundesgerichtshof – Zuständigkeit]

(1) Beim Bundesgerichtshof wird ein Kartellsenat gebildet; er entscheidet über folgende Rechtsmittel:

1. in Verwaltungssachen
   über die Rechtsbeschwerde gegen Entscheidungen der Oberlandesgerichte (§§ 73, 75) und über die Nichtzulassungsbeschwerde (§ 74);
2. in Bußgeldverfahren
   über die Rechtsbeschwerde gegen Entscheidungen der Oberlandesgerichte (§ 83);
3. in bürgerlichen Rechtsstreitigkeiten, die sich aus diesem Gesetz oder aus Verträgen und Beschlüssen der in den §§ 1 bis 8 und 29 bezeichneten Art ergeben,
   a) über die Revision gegen Endurteile der Oberlandesgerichte,
   b) über die Revision gegen Endurteile der Landgerichte im Falle des § 566 a der Zivilprozeßordnung,
   c) über die Beschwerde gegen Entscheidungen der Oberlandesgerichte in den Fällen des § 519 b Abs. 2, des § 542 Abs. 3 in Verbindung mit § 341 Abs. 2 und des § 568 a der Zivilprozeßordnung.

(2) Der Kartellsenat gilt im Sinne des § 132 des Gerichtsverfassungsgesetzes in Bußgeldsachen als Strafsenat, in allen übrigen Sachen als Zivilsenat.

§ 96 [Aussetzung anderer Verfahren]

(1) Die Zuständigkeit der nach diesem Gesetz zur Entscheidung berufenen Gerichte ist ausschließlich.

(2) Hängt die Entscheidung eines Rechtsstreits ganz oder teilweise von einer Entscheidung ab, die nach diesem Gesetz zu treffen ist, so hat das Gericht das Verfahren bis zur Entscheidung durch die nach diesem Gesetz zuständigen Behörden und Gerichte auszusetzen. Wer an einem solchen Rechtsstreit beteiligt ist, kann die von dem Gericht für erforderlich erachteten Entscheidungen bei den dafür zuständigen Stellen beantragen.

§ 97 [Rechtsstreitigkeiten auf der Grundlage von EG-Recht]

Für bürgerliche Rechtsstreitigkeiten, die sich aus den Artikeln 85 oder 86 des Vertrages zur Gründung der Europäischen Wirtschaftsgemeinschaft oder aus den Artikeln 53 oder 54 des Abkommens über den Europäischen Wirtschaftsraum ergeben, gelten die §§ 87 bis 90 und 92 bis 96 Abs. 1 entsprechend; hängt die Entscheidung eines Rechtsstreits ganz oder teilweise von der Anwendbarkeit des Artikels 85 oder des Artikels 86 des Vertrages zur Gründung der Europäischen Wirtschaftsgemeinschaft oder des Artikels 53 oder des Artikels 54 des Abkommens über den Europäischen Wirtschaftsraum.

Fünfter Teil
Anwendungsbereich des Gesetzes

§ 98 [Sachlicher und örtlicher Geltungsbereich]

(1) Dieses Gesetz findet auch Anwendung auf Unternehmen, die ganz oder teilweise im Eigentum der öffentlichen Hand stehen oder die von ihr verwaltet oder betrieben werden, soweit in den §§ 99 bis 103 nichts anderes bestimmt wird.

(2) Dieses Gesetz findet Anwendung auf alle Wettbewerbsbeschränkungen, die sich im Geltungsbereich dieses Gesetzes auswirken, auch wenn sie außerhalb des Geltungsbereichs dieses Gesetzes veranlaßt werden. Es findet auch Anwendung auf Ausfuhrkartelle im Sinne

des § 6 Abs. 1, soweit an ihnen Unternehmen mit Sitz im Geltungsbereich dieses Gesetzes beteiligt sind.

§ 99 [Ausnahmebereich Verkehr]

(1) Die §§ 1 und 38 Abs. 1 Nr. 11 finden keine Anwendung auf

1. Verträge von Luftfahrtunternehmen und Unternehmen der Binnenschiffahrt sowie Beschlüsse und Empfehlungen von Vereinigungen dieser Unternehmen, wenn und soweit sie Beförderungsleistungen über die Grenzen des Gebiets hinaus zum Gegenstand haben, in dem der Vertrag zur Gründung der Europäischen Wirtschaftsgemeinschaft Anwendung findet;
2. Verträge von Unternehmen sowie Beschlüsse und Empfehlungen von Vereinigungen dieser Unternehmen, die sich mit der Beförderung von Personen befassen, wenn und soweit sie der aus öffentlichen Verkehrsinteressen erforderlichen Einrichtung und befriedigenden Bedienung, Erweiterung oder Änderung von Verkehrsverbindungen im Sinne des § 8 Abs. 3 des Personenbeförderungsgesetzes dienen. Sie bedürfen zu ihrer Wirksamkeit der Anmeldung bei der Genehmigungsbehörde, die diese Anmeldung an die Kartellbehörde weiterleitet; Verfügungen nach diesem Gesetz, die solche Verträge, Beschlüsse oder Empfehlungen betreffen, ergehen im Benehmen mit der zuständigen Genehmigungsbehörde.

(2) § 38 Abs. 1 Nr. 11 findet keine Anwendung auf Preisempfehlungen von Vereinigungen von

1. Spediteuren für die Versendung von Gütern im Spediteursammelgutverkehr mit Eisenbahn und Kraftwagen;
2. Unternehmen, die den Güterumschlag, die Güterbeförderung und die Güterlagerung und die damit verbundenen Nebenleistungen in den deutschen Flug-, See- und Binnenhäfen sowie die Vermittlung dieser Leistungen, die Vermittlung der Befrachtung und die Abfertigung von See- und Binnenschiffen einschließlich der Schlepperhilfe zum Gegenstand haben.

Diese Preisempfehlungen sind nur zulässig, wenn sie

a) von der Vereinigung, die sie ausgesprochen hat, bei der Kartellbehörde unter Beifügung der Stellungnahmen der von der Wettbewerbsbeschränkung betroffenen Wirtschaftskreise angemeldet worden sind und
b) gegenüber den Empfehlungsempfängern ausdrücklich als unverbindlich bezeichnet sind und zu ihrer Durchsetzung kein wirtschaftlicher, gesellschaftlicher oder sonstiger Druck angewendet wird.

§ 100 [Ausnahmebereich Land- und Forstwirtschaft]

(1) § 1 findet keine Anwendung auf Verträge und Beschlüsse von Erzeugerbetrieben, Vereinigungen von Erzeugerbetrieben und Vereinigungen von Erzeugervereinigungen, soweit sie ohne Preisbindung die Erzeugung oder den Absatz landwirtschaftlicher Erzeugnisse oder die Benutzung gemeinschaftlicher Einrichtungen für die Lagerung, Be- oder Verarbeitung landwirtschaftlicher Erzeugnisse betreffen. Solche Verträge und Beschlüsse von Vereinigungen von Erzeugervereinigungen sind der Kartellbehörde unverzüglich zu melden. Sie dürfen den Wettbewerb nicht ausschließen.

(2) § 15 gilt nicht, soweit Verträge über landwirtschaftliche Erzeugnisse die Sortierung, Kennzeichnung oder Verpackung betreffen.

(3) § 15 gilt nicht, soweit

1. Erzeugerbetriebe oder Vereinigungen von Erzeugerbetrieben die Abnehmer von Saatgut, das den Vorschriften des Saatgutverkehrsgesetzes unterliegt, oder
2. nach dem Tierzuchtgesetz vom 22. Dezember 1989 (BGBl. I S. 2493) anerkannte Zuchtunternehmen oder Züchtervereinigungen die Abnehmer von Tieren, die zur Vermehrung in einem mehrstufigen Zuchtverfahren bestimmt sind,

rechtlich oder wirtschaftlich binden, bei der Weiterveräußerung bestimmte Preise zu vereinbaren oder ihren Abnehmern die gleiche Bindung bis zur Weiterveräußerung an den letzten Verbraucher aufzuerlegen.

(4) § 18 findet keine Anwendung auf Verträge zwischen Erzeugerbetrieben oder Vereinigungen von Erzeugerbetrieben einerseits und Unternehmen oder Vereinigungen von Unternehmen andererseits, soweit die Verträge die Erzeugung, die Lagerung, die Be- oder Verarbeitung oder den Absatz landwirtschaftlicher Erzeugnisse betreffen.

(5) Landwirtschaftliche Erzeugnisse im Sinne dieses Gesetzes sind

1. Erzeugnisse der Landwirtschaft, des Gemüse-, Obst-, Garten- und Weinbaues und der Imkerei sowie die durch Fischerei gewonnenen Erzeugnisse,
2. die durch Be- oder Verarbeitung der unter Nummer 1 genannten Erzeugnisse gewonnenen Waren, deren Be- oder Verarbeitung durch Erzeugerbetriebe oder Vereinigungen von Erzeugerbetrieben durchgeführt zu werden pflegt und die in einer Rechtsverordnung, die die Bundesregierung mit Zustimmung des Bundesrates erläßt, im einzelnen benannt werden.

(6) Erzeugerbetriebe im Sinne dieses Gesetzes sind Betriebe, die die in Absatz 5 Nr. 1 genannten Erzeugnisse erzeugen oder gewinnen. Als Erzeugerbetriebe gelten auch Pflanzen- oder Tierzuchtbetriebe und die auf der Stufe dieser Betriebe tätigen Unternehmen.

(7) § 1 findet keine Anwendung auf Beschlüsse von Vereinigungen forstwirtschaftlicher Erzeugerbetriebe, soweit sie ohne Preisbindung die Erzeugung oder den Absatz forstwirtschaftlicher Erzeugnisse betreffen. Als Vereinigungen forstwirtschaftlicher Erzeugerbetriebe sind Waldwirtschaftsgemeinschaften, Waldwirtschaftsgenossenschaften, Forstverbände, Eigentumsgenossenschaften und ähnliche Vereinigungen anzusehen, deren Wirkungskreis nicht oder nicht wesentlich über das Gebiet einer Gemarkung oder einer Gemeinde hinausgeht und die zur gemeinschaftlichen Durchführung forstbetrieblicher Maßnahmen gebildet werden oder gebildet worden sind.

(8) Dieses Gesetz findet keine Anwendung, soweit folgende Gesetze und die darauf beruhenden Rechtsverordnungen eine nach dem Ersten Teil verbotene Wettbewerbsbeschränkung zulassen:

1. Getreidegesetz in der Fassung der Bekanntmachung vom 3. August 1977 (BGBl. I S. 1521),
2. Zuckergesetz in der im Bundesgesetzblatt Teil III, Gliederungsnummer 7844-1, veröffentlichten bereinigten Fassung, zuletzt geändert durch Artikel 96 Nr. 25 des Gesetzes vom 14. Dezember 1976 (BGBl. I S. 3341),
3. Milch- und Fettgesetz in der im Bundesgesetzblatt Teil III, Gliederungsnummer 7842-1, veröffentlichten bereinigten Fassung, zuletzt geändert durch Artikel 95 Nr. 10 des Gesetzes vom 14. Dezember 1976 (BGBl. I S. 3341),
4. Vieh- und Fleischgesetz in der Fassung der Bekanntmachung vom 21. März 1977 (BGBl. I S. 477), zuletzt geändert durch das Gesetz vom 11. Dezember 1989 (BGBl. I S. 2134).

§ 101 [Ausnahmebereiche Deutsche Bundesbank, staatliche Monopole, Montanunion]

Dieses Gesetz findet keine Anwendung

1. auf die Deutsche Bundesbank und die Kreditanstalt für Wiederaufbau;
2. soweit Leistungen und Entgelte auf Grund des Gesetzes über das Branntweinmonopol in der im Bundesgesetzblatt Teil III, Gliederungsnummer 612-7, veröffentlichten bereinigten Fassung, zuletzt geändert durch Artikel 2 der Verordnung vom 9. Dezember 1988 (BGBl. I S. 2231), und der zu diesem Gesetz ergangenen Rechtsverordnungen geregelt sind;
3. soweit der Vertrag über die Gründung der Europäischen Gemeinschaft für Kohle und Stahl vom 18. April 1951 besondere Vorschriften enthält.

§ 102 [Sonderregelung für Kreditinstitute und Versicherungsunternehmen]

(1) Die §§ 1, 15 und 38 Abs. 1 Nr. 11 gelten nicht für Verträge und Empfehlungen von Kreditinstituten oder Versicherungsunternehmen sowie für Beschlüsse und Empfehlungen von Vereinigungen dieser Unternehmen, wenn sie

1. im Zusammenhang mit Tatbeständen stehen, die auf Grund eines Gesetzes der Genehmigung oder Überwachung durch das Bundesaufsichtsamt für das Kreditwesen, durch das Bundesaufsichtsamt für das Versicherungswesen oder durch die Versicherungaufsichtsbehörden der Länder unterliegen, und
2. geeignet und erforderlich sind, die Leistungsfähigkeit der beteiligten Unternehmen in technischer, betriebswirtschaftlicher oder organisatorischer Beziehung insbesondere durch zwischenbetriebliche Zusammenarbeit oder durch Vereinheitlichung von Vertragsbedingungen zu heben oder zu erhalten und dadurch die Befriedigung des Bedarfs zu verbessern; der zu erwartende Erfolg muß in einem angemessenen Verhältnis zu der damit verbundenen Wettbewerbsbeschränkung stehen.

Verträge, Beschlüsse und Empfehlungen der in Satz 1 bezeichneten Art sind bei der Kartellbehörde anzumelden, die eine Ausfertigung der Anmeldung an die zuständige Aufsichtsbehörde weiterleitet. Bei der Anmeldung ist zu begründen, daß die Voraussetzungen des Satzes 1 vorliegen. Verträge, Beschlüsse und Empfehlungen der in Satz 1 bezeichneten Art werden nur wirksam oder sind nur zulässig, wenn die Kartellbehörde

– innerhalb einer Frist von drei Monaten seit Eingang der Anmeldung nicht widerspricht oder
– vor Ablauf dieser Frist demjenigen, der die Anmeldung bewirkt hat, schriftlich mitteilt, daß sie nicht widersprechen wird.

Innerhalb der Frist nach Satz 4 soll die Kartellbehörde den von der Wettbewerbsbeschränkung betroffenen Wirtschaftskreisen Gelegenheit zur Stellungnahme geben.

(2) § 15 findet auf Verträge, die einen Einzelfall betreffen, keine Anwendung; die §§ 1 und 15 finden auf die für den Einzelfall vereinbarte gemeinsame Übernahme von Einzelrisiken im Mit- und Rückversicherungsgeschäft sowie im Konsortialgeschäft der Kreditinstitute keine Anwendung. Auf derartige Verträge finden Absatz 1 Satz 1 Nr. 2 und § 12 entsprechende Anwendung.

(3) Die Absätze 1 und 2 gelten auch für die in § 1 Abs. 2 des Versicherungsaufsichtsgesetzes genannten Unternehmen.

(4) Für die in Absatz 1 genannten Fälle gelten die §§ 9, 10, 12, 13, 14 und 38 Abs. 3 entsprechend. Bei der Bekanntmachung nach § 10 hat die Kartellbehörde schutzwürdige

Belange Dritter zu berücksichtigen; sie kann aus diesem Grunde und in Fällen offensichtlich geringfügiger Beschränkung des Wettbewerbs von der Bekanntmachung absehen.

(5) Die Kartellbehörde erläßt Verfügungen nach den Absätzen 1, 2 und 4 im Benehmen mit der zuständigen Aufsichtsbehörde. Gibt die Aufsichtsbehörde in Ausübung ihrer gesetzlichen Befugnisse eine förmliche Erklärung ab, so sind die damit verbundenen Festlegungen einer wettbewerblichen Überprüfung entzogen.

(6) Verträge, Beschlüsse und Empfehlungen, die vor Inkrafttreten der Absätze 1 bis 5 wirksam geworden sind, bleiben auch danach wirksam. Die Kartellbehörde hat sie binnen einer Frist von drei Jahren nach Inkrafttreten der Absätze 1 bis 5 für unwirksam oder unzulässig zu erklären, wenn sie den Voraussetzungen des Absatzes 1 Satz 1 Nr. 2 nicht entsprechen. Absatz 5 findet Anwendung.

§ 102 a [Sonderregelung für urheberrechtliche Verwertungsgesellschaften]

(1) Die §§ 1 und 15 finden keine Anwendung auf die Bildung von Verwertungsgesellschaften, die der Aufsicht nach dem Gesetz über die Wahrnehmung von Urheberrechten und verwandten Schutzrechten unterliegen, sowie auf wettbewerbsbeschränkende Verträge oder Beschlüsse solcher Verwertungsgesellschaften, wenn und soweit die Verträge oder Beschlüsse sich auf die nach § 1 des Gesetzes über die Wahrnehmung von Urheberrechten und verwandten Schutzrechten erlaubnisbedürftige Tätigkeit beziehen und der Aufsichtsbehörde gemeldet worden sind. Die Aufsichtsbehörde hat Näheres über den Inhalt der Meldung zu bestimmen. Sie leitet die Meldungen an das Bundeskartellamt weiter.

(2) Das Bundeskartellamt kann den Verwertungsgesellschaften Maßnahmen untersagen und Verträge und Beschlüsse für unwirksam erklären, die einen Mißbrauch der durch Freistellung von den §§ 1 und 15 erlangten Stellung im Markt darstellen. Ist der Inhalt eines Gesamtvertrages oder eines Vertrages mit einem Sendeunternehmen nach § 14 des Gesetzes über die Wahrnehmung von Urheberrechten und verwandten Schutzrechten durch die Schiedsstelle verbindlich festgesetzt worden, so stehen dem Bundeskartellamt Befugnisse nach diesem Gesetz nur zu, soweit in dem Vertrag Bestimmungen zum Nachteil Dritter enthalten sind oder soweit der Vertrag mißbräuchlich gehandhabt wird. Ist der Inhalt des Vertrages nach § 15 des Gesetzes über die Wahrnehmung von Urheberrechten und verwandten Schutzrechten durch das Oberlandesgericht festgesetzt worden, so stehen dem Bundeskartellamt Befugnisse nach diesem Gesetz nur zu, soweit der Vertrag mißbräuchlich gehandhabt wird.

(3) Verfügungen nach diesem Gesetz, die die Tätigkeit von Verwertungsgesellschaften betreffen, werden vom Bundeskartellamt im Benehmen mit der Aufsichtsbehörde getroffen.

§ 103 [Ausnahmebereich Unternehmen der öffentlichen Versorgung]

(1) Die §§ 1, 15 und 18 finden keine Anwendung auf

1. Verträge von Unternehmen der öffentlichen Versorgung mit Elektrizität, Gas oder Wasser (Versorgungsunternehmen) mit anderen Versorgungsunternehmen oder mit Gebietskörperschaften, soweit sich durch sie ein Vertragsbeteiligter verpflichtet, in einem bestimmten Gebiet eine öffentliche Versorgung über feste Leitungswege mit Elektrizität, Gas oder Wasser zu unterlassen;
2. Verträge von Versorgungsunternehmen mit Gebietskörperschaften, soweit sich durch sie eine Gebietskörperschaft verpflichtet, die Verlegung und den Betrieb von Leitungen auf oder unter öffentlichen Wegen für eine bestehende oder beabsichtigte unmittelbare öffentliche Versorgung von Letztverbrauchern im Gebiet der Gebietskörperschaft

mit Elektrizität, Gas oder Wasser ausschließlich einem Versorgungsunternehmen zu gestatten;
3. Verträge von Versorgungsunternehmen mit Versorgungsunternehmen der Verteilungsstufe, soweit sich durch sie ein Versorgungsunternehmen der Verteilungsstufe verpflichtet, seine Abnehmer mit Elektrizität, Gas oder Wasser über feste Leitungswege nicht zu ungünstigeren Preisen oder Bedingungen zu versorgen, als sie das zuliefernde Versorgungsunternehmen seinen vergleichbaren Abnehmern gewährt;
4. Verträge von Versorgungsunternehmen mit anderen Versorgungsunternehmen, soweit sie zu dem gemeinsamen Zweck abgeschlossen sind, bestimmte Versorgungsleistungen über feste Leitungswege ausschließlich einem oder mehreren Versorgungsunternehmen zur Durchführung der öffentlichen Versorgung zur Verfügung zu stellen.

(2) Soweit Verträge der in Absatz 1 Nr. 1 und 2 bezeichneten Art die öffentliche Versorgung mit einer Energieart oder mit Wasser ausschließen, sind sie nichtig. Absatz 1 findet auf sie keine Anwendung.

(3) Auf Verträge der in Absatz 1 Nr. 1, 2 und 4 bezeichneten Art ist § 9 entsprechend anzuwenden.

(4) Verfügungen nach diesem Gesetz, die die öffentliche Versorgung mit Elektrizität, Gas oder Wasser über feste Leitungswege betreffen, werden von der Kartellbehörde im Benehmen mit der Fachaufsichtsbehörde getroffen.

(5) In den Fällen des Absatzes 1 kann die Kartellbehörde unter Berücksichtigung von Sinn und Zweck der Freistellung, insbesondere der Zielsetzung einer möglichst sicheren und preiswürdigen Versorgung, die in Absatz 6 bezeichneten Maßnahmen treffen,
1. soweit die Verträge oder die Art ihrer Durchführung einen Mißbrauch der durch Freistellung von den Vorschriften dieses Gesetzes erlangten Stellung im Markt darstellen oder
2. soweit sie die von der Bundesrepublik Deutschland in zwischenstaatlichen Abkommen anerkannten Grundsätze über den Verkehr mit Waren oder gewerblichen Leistungen verletzen.

Ein Mißbrauch im Sinne des Satzes 1 Nr. 1 liegt insbesondere vor, wenn
1. das Marktverhalten eines Versorgungsunternehmens den Grundsätzen zuwiderläuft, die für das Marktverhalten von Unternehmen bei wirksamem Wettbewerb bestimmend sind, oder
2. ein Versorgungsunternehmen ungünstigere Preise oder Geschäftsbedingungen fordert als gleichartige Versorgungsunternehmen, es sei denn, das Versorgungsunternehmen weist nach, daß der Unterschied auf abweichenden Umständen beruht, die ihm nicht zurechenbar sind; Nummer 1 bleibt unberührt, oder
3. ein Versorgungsunternehmen ein anderes Versorgungsunternehmen oder ein sonstiges Unternehmen in der Verwertung von in eigenen Anlagen erzeugter Energie unbillig behindert oder
4. ein Versorgungsunternehmen ein anderes Versorgungsunternehmen oder ein sonstiges Unternehmen im Absatz oder im Bezug von Elektrizität oder Gas (Energie) dadurch unbillig behindert, daß es sich weigert, mit diesen Unternehmen Verträge über die Einspeisung von Energie in sein Versorgungsnetz und eine damit verbundene Entnahme (Durchleitung) zu angemessenen Bedingungen abzuschließen. Bei der Beurteilung der Unbilligkeit sind die Auswirkungen der Durchleitung auf die Marktverhältnisse, insbesondere auch auf die Versorgungsbedingungen für die Abnehmer des zur Durchleitung verpflichteten Versorgungsunternehmens, zu berücksichtigen.

(6) Die Kartellbehörde kann

1. den beteiligten Unternehmen aufgeben, einen beanstandeten Mißbrauch abzustellen,
2. den beteiligten Unternehmen aufgeben, die Verträge oder Beschlüsse zu ändern, oder
3. die Verträge und Beschlüsse für unwirksam erklären.

(7) Absatz 5 gilt für Mißbrauchsverfahren gegen Versorgungsunternehmen nach § 22 Abs. 5 entsprechend.

§ 103 a [Bedingte Freistellung bei Versorgungsverträgen]

(1) Die Freistellung nach § 103 Abs. 1 Nr. 1, 2 und 4 gilt bei Verträgen über die Versorgung mit Elektrizität oder Gas nur unter der Voraussetzung, daß die vereinbarte Laufzeit des Vertrages zwanzig Jahre nicht überschreitet. Eine Vereinbarung der in § 103 Abs. 1 Nr. 1 bezeichneten Art über die Versorgung mit Elektrizität oder Gas ist insoweit unwirksam, als sie einen Beteiligten verpflichtet, nach Ende der Laufzeit eines Vertrages der in § 103 Abs. 1 Nr. 2 bezeichneten Art hinsichtlich des Gebiets, auf das sich dieser Vertrag bezog, eine unmittelbare öffentliche Versorgung zu unterlassen oder für den Fall, daß ein Dritter die unmittelbare Versorgung übernimmt, diesen weder unmittelbar noch mittelbar zu beliefern. Wird eine Vertragsverlängerung oder ein Neuabschluß zwischen denselben Vertragsparteien vereinbart, so bedarf es einer erneuten Anmeldung (Verlängerungsanmeldung); § 9 gilt entsprechend.

(2) Liegen bei einer Verlängerungsanmeldung über Verträge der in § 103 Abs. 1 Nr. 1 oder 4 bezeichneten Art hinreichende Anhaltspunkte vor, daß durch den Vertrag andere Unternehmen im Absatz oder im Bezug von Energie unbillig behindert werden oder daß der Vertrag zu spürbar ungünstigeren Versorgungsbedingungen als bei gleichartigen Versorgungsunternehmen führt, so teilt die Kartellbehörde den Vertragsparteien innerhalb von drei Monaten seit der Anmeldung mit, daß sie in die Prüfung des Vertrages eingetreten ist. In diesem Fall hat die Kartellbehörde

1. die Anmeldung im Bundesanzeiger zu veröffentlichen und
2. den Beteiligten sowie der zuständigen Fachaufsichtsbehörde Gelegenheit zur Stellungnahme zu geben.

Sie kann zu einer mündlichen Verhandlung einladen. Erfolgt keine Mitteilung nach Satz 1 oder erläßt die Kartellbehörde im Falle einer solchen Mitteilung nicht innerhalb einer Frist von weiteren drei Monaten eine Verfügung nach Absatz 3, so verlängert sich die Freistellung um weitere zwanzig Jahre. Die Kartellbehörde darf auch nach Ablauf der drei Monate eine Verfügung nach Absatz 3 erlassen, wenn die Vertragsparteien einer Fristverlängerung zugestimmt haben. Die Befugnisse der Kartellbehörden nach § 103 Abs. 5 bis 7 bleiben unberührt.

(3) Im Falle einer Verlängerungsanmeldung kann die Kartellbehörde einen Vertrag der in § 103 Abs. 1 Nr. 1 oder 4 bezeichneten Art ganz oder teilweise für unwirksam erklären, wenn durch den Vertrag in einem der Vertragsgebiete oder in einem Teil davon die Versorgung zu spürbar günstigeren Bedingungen verhindert wird, es sei denn, daß

1. hierfür ein sachlich gerechtfertigter Grund vorliegt oder
2. durch die Unwirksamkeit des Vertrages die Marktverhältnisse, insbesondere auch die Versorgungsbedingungen für die durch den Wechsel nicht erfaßten Abnehmer, spürbar verschlechtert oder die erforderliche Sicherheit der Versorgung gefährdet würden.

(4) Für Verträge über die Versorgung mit Elektrizität oder Gas, die vor dem Inkrafttreten dieses Gesetzes angemeldet worden sind (Altverträge), endet die Freistellung nach § 103 Abs. 1 Nr. 1, 2 und 4 zu dem Zeitpunkt, der von den Vertragsparteien am 1. Januar 1979

für den Ablauf des Vertrages festgelegt war, spätestens jedoch am 1. Januar 1995. Sind am 1. Januar 1995 noch nicht zwanzig Jahre seit Anmeldung des Altvertrages abgelaufen, so verlängert sich die Freistellung bis zum Zeitpunkt des vereinbarten Vertragsablaufs, höchstens jedoch bis zum Ablauf von zwanzig Jahren nach der Anmeldung. Wenn ein Vertrag der in § 103 Abs. 1 Nr. 2 bezeichneten Art gemäß Satz 1 oder 2 endet, findet Absatz 1 Satz 2 Anwendung. Wird im Falle eines Altvertrages eine Vertragsverlängerung oder ein Neuabschluß zwischen denselben Vertragsparteien vereinbart, so finden Absatz 1 Satz 3 und die Absätze 2 und 3 Anwendung.

§ 104 [Mißbrauchsaufsicht]

(1) In den Fällen des § 99 Abs. 1 Nr. 1 und 2 sowie Abs. 2 und des § 100 kann die Kartellbehörde die in Absatz 2 bezeichneten Maßnahmen treffen,

1. soweit die Verträge, Beschlüsse oder Empfehlungen oder die Art ihrer Durchführung einen Mißbrauch der durch Freistellung von den Vorschriften dieses Gesetzes erlangten Stellung im Markt darstellen oder
2. soweit sie die von der Bundesrepublik Deutschland in zwischenstaatlichen Abkommen anerkannten Grundsätze über den Verkehr mit Waren oder gewerblichen Leistungen verletzen.

In den Fällen des § 99 Abs. 2 liegt ein Mißbrauch insbesondere vor, wenn die Empfehlung zum Ausschluß wesentlichen Wettbewerbs auf dem betreffenden Markt führt; § 38 a Abs. 3 Satz 2 Nr. 1 bis 3 gilt entsprechend.

(2) Die Kartellbehörde kann unter den Voraussetzungen des Absatzes 1

1. den beteiligten Unternehmen aufgeben, einen beanstandeten Mißbrauch abzustellen,
2. den beteiligten Unternehmen aufgeben, die Verträge oder Beschlüsse zu ändern oder
3. die Verträge und Beschlüsse für unwirksam erklären.

§ 104 a [Kein Entgegenstehen von Vorschriften des Energiewirtschaftsgesetzes)

Die Vorschriften des Energiewirtschaftsgesetzes in der im Bundesgesetzblatt Teil III, Gliederungsnummer 752-1, veröffentlichten bereinigten Fassung, zuletzt geändert durch Artikel 3 des Gesetzes vom 19. Dezember 1977 (BGBl. I S. 2750), einschließlich der dazu ergangenen Durchführungs- und Ausführungsbestimmungen stehen der Anwendung der §§ 22 und 26 Abs. 2 nicht entgegen.

§ 105 [Weiter anzuwendende Vorschriften]

In den Fällen des § 99 Abs. 1 Nr. 1 und 2 und der §§ 100, 102, 102 a und 103 finden die §§ 13, 14 und 34 entsprechende Anwendung.

Sechster Teil

Übergangs- und Schlußbestimmungen

§ 106 [Vor Inkrafttreten des Gesetzes zustande gekommene Verträge und Beschlüsse]

(1) Vor Inkrafttreten dieses Gesetzes gültig zustande gekommene Verträge der in § 15 bezeichneten Art werden mit Ablauf von sechs Monaten nach Inkrafttreten dieses Gesetzes unwirksam, soweit sie mit § 15 nicht vereinbar sind.

(2) Vor Inkrafttreten dieses Gesetzes gültig zustande gekommene Verträge und Beschlüsse der in den §§ 1 bis 5 Abs. 3, §§ 6 bis 8, § 20 Abs. 1, §§ 21, 99 Abs. 2 Nr. 2 bis 4, § 102 und § 103 Abs. 1 Nr. 1, 2 und 4 bezeichneten Art werden mit Ablauf von sechs Monaten nach Inkrafttreten dieses Gesetzes unwirksam, wenn nicht bis zu diesem Zeitpunkt

1. in den Fällen der §§ 2, 3, 5 Abs. 1, § 6 Abs. 1 und § 103 Abs. 1 Nr. 1, 2 und 4 die Verträge und Beschlüsse bei der Kartellbehörde angemeldet worden sind; die §§ 9 und 10 gelten entsprechend;
2. in den Fällen der §§ 4, 5 Abs. 2 und 3, § 6 Abs. 2, §§ 7, 8, 20 Abs. 1 und § 21 ein Antrag auf Erteilung einer Erlaubnis bei der Kartellbehörde gestellt worden ist;
3. in den Fällen des § 99 Abs. 2 Nr. 2 bis 4 die Verträge und Beschlüsse bei der Kartellbehörde angemeldet worden sind; § 99 Abs. 3 gilt entsprechend;
4. in den Fällen des § 102 die Verträge und Beschlüsse der zuständigen Aufsichtsbehörde gemeldet worden sind.

(3) Vor Inkrafttreten dieses Gesetzes gültig zustande gekommene Verträge und Beschlüsse der in § 5 Abs. 4 und § 100 bezeichneten Art sind der Kartellbehörde unverzüglich zu melden; für Verträge und Beschlüsse nach § 5 Abs. 4 gelten die §§ 9 und 10 entsprechend.

(4) Ein vor Inkrafttreten dieses Gesetzes gültig zustande gekommener Schiedsvertrag über künftige Rechtsstreitigkeiten aus Verträgen oder Beschlüssen der in § 1 bezeichneten Art ist nach Maßgabe des § 91 nichtig, sofern sich nicht die Parteien vor diesem Zeitpunkt bereits auf das schiedsrichterliche Verfahren zur Hauptsache eingelassen haben.

§ 107 Berlin-Klausel

(gegenstandslos)

§ 108 (gegenstandslos)

§ 109 (Inkrafttreten)

Gesetz gegen den unlauteren Wettbewerb[2)]

Vom 7. Juni 1909 (RGBl. S. 499)
(BGBl. III 43-1)

Änderungen seit 1. 1. 1964

Paragraph	Art der Änderung	Geändert durch	Datum	Fundstelle BGBl.
13 23 a	geändert eingefügt	Gesetz zur Änderung des Gesetzes gegen den unlauteren Wettbewerb, des Warenzeichengesetzes und des Gebrauchsmustergesetzes	21. 7.1965	I S. 625
4[1)], 6[1)], 8, 10, 12, 15[1)], 17[1)], 18[1)], 20[1)], 23	geändert	Erstes Gesetz zur Reform des Strafrechts	25. 6.1969	I S. 645
3, 13, 24, 25, 27, 27 a 6 a, 6 b	geändert eingefügt	Änderungsgesetz	26. 6.1969	I S. 633
27 a	geändert	Kostenermächtigungs-Änderungsgesetz	23. 6.1970	I S. 805
4, 6, 8, 10-12, 15, 17, 18, 20 a, 22, 23, 27 a 26	geändert aufgehoben	Einführungsgesetz zum Strafgesetzbuch	2. 3.1974	I S. 469
7 d	eingefügt	Zuständigkeitslockerungsgesetz	10. 3.1975	I S. 685
13, 17, 18, 20, 22 6 c	geändert eingefügt	Zweites Gesetz zur Bekämpfung der Wirtschaftskriminalität	15. 5.1986	I S. 721
7, 8, 13, 14, 16, 23 a (alt) wird 23 b, 27, 27 a 6 d, 6 e, 13 a 23 a (neu) 7 a-7 d, 9–11, 29	geändert eingefügt aufgehoben	Gesetz zur Änderung wirtschafts-, verbraucher-, arbeits- und sozialrechtlicher Vorschriften	25. 7.1986	I S. 1169
22	geändert	Halbleiterschutzgesetz	22.10.1987	I S. 2294

1) Freiheitsstrafdrohung geändert unter Berücksichtigung der Artikel 44 ff. des 1. StrRG.
2) Siehe Maßgabe auf Seite 2.

Paragraph	Art der Änderung	Geändert durch	Datum	Fundstelle BGBl.
4	geändert	Gesetz zur Stärkung des Schutzes des geistigen Eigentums und zur Bekämpfung der Produktpiraterie	7. 3.1990	I S. 422
13 a	geändert	Gesetz über Verbraucherkredite, zur Änderung der Zivilprozeßordnung und anderer Gesetze	17.12.1990	I S. 2840
7, 13, 23 a, 24	geändert	Änderungsgesetz	25. 7.1994	I S. 1738
6 d, 6 e	aufgehoben			
27	geändert[1)]	Gesetz zur Neuordnung des Berufsrechts der Rechtsanwälte und der Patentanwälte	2. 9.1994	I S. 2278, 2293
6	geändert[2)]	Einführungsgesetz zur Insolvenzordnung	5.10.1994	I S. 2911, 2940
5	geändert	Markenrechtsreformgesetz	25.10.1994	I S. 3082, 3121
16, 28	aufgehoben			

Maßgabe

Gemäß Anlage I Kapitel III Sachgebiet E Abschnitt III Nr. 1 des Einigungsvertrages vom 23. 9.1990 (BGBl. II S. 885) treten die Rechtsvorschriften mit den folgenden Maßgaben in den Ländern Brandenburg, Mecklenburg-Vorpommern, Sachsen, Sachsen-Anhalt und Thüringen sowie in dem Teil des Landes Berlin, in dem das Grundgesetz bisher nicht galt, in Kraft:
»Abweichend von § 27 a Abs. 2 Satz 1 kann die Einigungstelle auch mit einem Rechtskundigen als Vorsitzendem besetzt werden, der die Befähigung zum Berufsrichter nach dem Recht der Deutschen Demokratischen Republik erworben hat.«

1) Die Änderung tritt am 1. 1. 2000 bzw. 1. 1. 2005 in Kraft und wird zu den jeweiligen Zeitpunkten eingearbeitet.
2) Die Änderung tritt am 1. 1. 1999 in Kraft und wird zu diesem Zeitpunkt eingearbeitet.

§ 1 [Generalklausel]
Wer im geschäftlichen Verkehre zu Zwecken des Wettbewerbs Handlungen vornimmt, die gegen die guten Sitten verstoßen, kann auf Unterlassung und Schadensersatz in Anspruch genommen
werden.

§ 2 [Begriff der Waren, gewerblichen Leistungen und Interessen]
Unter Waren im Sinne dieses Gesetzes sind auch landwirtschaftliche Erzeugnisse, unter gewerblichen Leistungen und Interessen auch landwirtschaftliche zu verstehen.

§ 3 [Irreführende Angaben]
Wer im geschäftlichen Verkehr zu Zwecken des Wettbewerbs über geschäftliche Verhältnisse, insbesondere über die Beschaffenheit, den Ursprung, die Herstellungsart oder die Preisbemessung einzelner Waren oder gewerblicher Leistungen oder des gesamten Angebots, über Preislisten, über die Art des Bezugs oder die Bezugsquelle von Waren, über den Besitz von Auszeichnungen, über den Anlaß oder den Zweck des Verkaufs oder über die Menge der Vorräte irreführende Angaben macht, kann auf Unterlassung der Angaben in Anspruch genommen werden.

§ 4 [Strafvorschriften für irreführende Werbung]
(1) Wer in der Absicht, den Anschein eines besonders günstigen Angebots hervorzurufen, in öffentlichen Bekanntmachungen oder in Mitteilungen, die für einen größeren Kreis von Personen bestimmt sind, über geschäftliche Verhältnisse, insbesondere über die Beschaffenheit, den Ursprung, die Herstellungsart oder die Preisbemessung von Waren oder gewerblichen Leistungen, über die Art des Bezugs oder die Bezugsquelle von Waren, über den Besitz von Auszeichnungen, über den Anlaß oder den Zweck des Verkaufs oder über die Menge der Vorräte wissentlich unwahre und zur Irreführung geeignete Angaben macht, wird mit Freiheitsstrafe bis zu zwei Jahren oder mit Geldstrafe bestraft.
(2) Werden die im Absatz 1 bezeichneten unrichtigen Angaben in einem geschäftlichen Betriebe von einem Angestellten oder Beauftragten gemacht, so ist der Inhaber oder Leiter des Betriebs neben dem Angestellten oder Beauftragten strafbar, wenn die Handlung mit seinem Wissen geschah.

§ 5 [Gattungsnamen – Bildliche Darstellung]
Im Sinne der Vorschriften der §§ 3, 4 sind den dort bezeichneten Angaben bildliche Darstellungen und sonstige Veranstaltungen gleichzuachten, die darauf berechnet und geeignet sind, solche Angaben zu ersetzen.

§ 6 [Verkauf von Waren aus Konkursmasse]
(1) Wird in öffentlichen Bekanntmachungen oder in Mitteilungen, die für einen größeren Kreis von Personen bestimmt sind, der Verkauf von Waren angekündigt, die aus einer Konkursmasse stammen, aber nicht mehr zum Bestande der Konkursmasse gehören, so ist dabei jede Bezugnahme auf die Herkunft der Waren aus einer Konkursmasse verboten.
(2) Ordnungswidrig handelt, wer vorsätzlich oder fahrlässig entgegen Absatz 1 in der Ankündigung von Waren auf deren Herkunft aus einer Konkursmasse Bezug nimmt. Die Ordnungswidrigkeit kann mit einer Geldbuße bis zu zehntausend Deutsche Mark geahndet werden.

§ 6 a [Hinweis auf Hersteller- oder Großhändlereigenschaften]
(1) Wer im geschäftlichen Verkehr mit dem letzten Verbraucher im Zusammenhang mit dem Verkauf von Waren auf seine Eigenschaft als Hersteller hinweist, kann auf Unterlassung in Anspruch genommen werden, es sei denn, daß er
1. ausschließlich an den letzten Verbraucher verkauft oder

2. an den letzten Verbraucher zu den seinen Wiederverkäufern oder gewerblichen Verbrauchern eingeräumten Preisen verkauft oder
3. unmißverständlich darauf hinweist, daß die Preise beim Verkauf an den letzten Verbraucher höher liegen als beim Verkauf an Wiederverkäufer oder gewerbliche Verbraucher, oder dies sonst für den letzten Verbraucher offenkundig ist.

(2) Wer im geschäftlichen Verkehr mit dem letzten Verbraucher im Zusammenhang mit dem Verkauf von Waren auf seine Eigenschaft als Großhändler hinweist, kann auf Unterlassung in Anspruch genommen werden, es sei denn, daß er überwiegend Wiederverkäufer oder gewerbliche Verbraucher beliefert oder die Voraussetzungen des Absatzes 1 Nr. 2 oder Nr. 3 erfüllt.

§ 6 b [Warenbezugsscheine]

Wer im geschäftlichen Verkehr zu Zwecken des Wettbewerbs an letzte Verbraucher Berechtigungsscheine, Ausweise oder sonstige Bescheinigungen zum Bezug von Waren ausgibt oder gegen Vorlage solcher Bescheinigungen Waren verkauft, kann auf Unterlassung in Anspruch genommen werden, es sei denn, daß die Bescheinigungen nur zu einem einmaligen Einkauf berechtigen und für jeden Einkauf einzeln ausgegeben werden.

§ 6 c [Veranlassung von Nichtkaufleuten zur Abnahme von Waren]

Wer es im geschäftlichen Verkehr selbst oder durch andere unternimmt, Nichtkaufleute zur Abnahme von Waren, gewerblichen Leistungen oder Rechten durch das Versprechen zu veranlassen, ihnen besondere Vorteile für den Fall zu gewähren, daß sie andere zum Abschluß gleichartiger Geschäfte veranlassen, denen ihrerseits nach der Art dieser Werbung derartige Vorteile für eine entsprechende Werbung weiterer Abnehmer gewährt werden sollen, wird mit Freiheitsstrafe bis zu zwei Jahren oder mit Geldstrafe bestraft. Nichtkaufleuten im Sinne des Satzes 1 stehen Personen gleich, deren Gewerbebetrieb nach Art oder Umfang einen in kaufmännischer Weise eingerichteten Geschäftsbetrieb nicht erfordert.

§§ 6 d und 6 e (aufgehoben)

§ 7 [Sonderveranstaltungen]

(1) Wer Verkaufsveranstaltungen im Einzelhandel, die außerhalb des regelmäßigen Geschäftsverkehrs stattfinden, der Beschleunigung des Warenabsatzes dienen und den Eindruck der Gewährung besonderer Kaufvorteile hervorrufen (Sonderveranstaltungen), ankündigt oder durchführt, kann auf Unterlassung in Anspruch genommen werden.

(2) Eine Sonderveranstaltung im Sinne des Absatzes 1 liegt nicht vor, wenn einzelne nach Güte oder Preis gekennzeichnete Waren angeboten werden und diese Angebote sich in den regelmäßigen Geschäftsbetrieb des Unternehmens einfügen (Sonderangebote).

(3) Absatz 1 ist nicht anzuwenden auf Sonderveranstaltungen für die Dauer von zwölf Werktagen

1. beginnend am letzten Montag im Januar und am letzten Montag im Juli, in denen Textilien, Bekleidungsgegenstände, Schuhwaren, Lederwaren oder Sportartikel zum Verkauf gestellt werden (Winter- und Sommerschlußverkäufe),
2. zur Feier des Bestehens eines Unternehmens im selben Geschäftszweig nach Ablauf von jeweils 25 Jahren (Jubiläumsverkäufe).

§§ 7 a bis 7 d (aufgehoben)

§ 8 [Räumungsverkäufe]

(1) Ist die Räumung eines vorhandenen Warenvorrats

1. infolge eines Schadens, der durch Feuer, Wasser, Sturm oder ein vom Veranstalter nicht zu vertretendes vergleichbares Ereignis verursacht wurde oder

2. vor Durchführung eines nach den baurechtlichen Vorschriften anzeige- oder genehmigungspflichtigen Umbauvorhabens

den Umständen nach unvermeidlich (Räumungszwangslage), so können, soweit dies zur Behebung der Räumungszwangslage erforderlich ist, Räumungsverkäufe auch außerhalb der Zeiträume des § 7 Abs. 3 für die Dauer von höchstens zwölf Werktagen durchgeführt werden. Bei der Ankündigung eines Räumungsverkaufs nach Satz 1 ist der Anlaß für die Räumung des Warenvorrats anzugeben.

(2) Räumungsverkäufe wegen Aufgabe des gesamten Geschäftsbetriebs können auch außerhalb der Zeiträume des § 7 Abs. 3 für die Dauer von höchstens 24 Werktagen durchgeführt werden, wenn der Veranstalter mindestens drei Jahre vor Beginn keinen Räumungsverkauf wegen Aufgabe eines Geschäftsbetriebs gleicher Art durchgeführt hat, es sei denn, daß besondere Umstände vorliegen, die einen Räumungsverkauf vor Ablauf dieser Frist rechtfertigen. Absatz 1 Satz 2 ist entsprechend anzuwenden.

(3) Räumungsverkäufe nach Absatz 1 Satz 1 Nr. 1 sind spätestens eine Woche, Räumungsverkäufe nach Absatz 1 Satz 1 Nr. 2 und nach Absatz 2 spätestens zwei Wochen vor ihrer erstmaligen Ankündigung bei der zuständigen amtlichen Berufsvertretung von Handel, Handwerk und Industrie anzuzeigen. Die Anzeige muß enthalten:

1. den Grund des Räumungsverkaufs,
2. den Beginn und das Ende sowie den Ort des Räumungsverkaufs,
3. Art, Beschaffenheit und Menge der zu räumenden Waren,
4. im Falle eines Räumungsverkaufs nach Absatz 1 Nr. 2 die Bezeichnung der Verkaufsfläche, die von der Baumaßnahme betroffen ist,
5. im Falle eines Räumungsverkaufs nach Absatz 2 die Dauer der Führung des Geschäftsbetriebs.

Der Anzeige sind Belege für die den Grund des Räumungsverkaufs bildenden Tatsachen beizufügen, im Falle eines Räumungsverkaufs nach Absatz 1 Nr. 2 auch eine Bestätigung der Baubehörde über die Zulässigkeit des Bauvorhabens.

(4) Zur Nachprüfung der Angaben sind die amtlichen Berufsvertretungen von Handel, Handwerk und Industrie sowie die von diesen bestellten Vertrauensmänner befugt. Zu diesem Zweck können sie die Geschäftsräume des Veranstalters während der Geschäftszeiten betreten. Die Einsicht in die Akten und die Anfertigung von Abschriften oder Ablichtungen ist jedem gestattet.

(5) Auf Unterlassung der Ankündigung oder Durchführung des gesamten Räumungsverkaufs kann in Anspruch genommen werden, wer

1. den Absätzen 1 bis 4 zuwiderhandelt,
2. nur für den Räumungsverkauf beschaffte Waren zum Verkauf stellt (Vor- und Nachschieben von Waren).

(6) Auf Unterlassung kann ferner in Anspruch genommen werden, wer

1. den Anlaß für den Räumungsverkauf mißbräuchlich herbeigeführt hat oder in anderer Weise von den Möglichkeiten eines Räumungsverkaufs mißbräuchlich Gebrauch macht,
2. mittelbar oder unmittelbar den Geschäftsbetrieb, dessen Aufgabe angekündigt worden war, fortsetzt oder als Veranstalter des Räumungsverkaufs vor Ablauf von zwei Jahren am selben Ort oder in benachbarten Gemeinden einen Handel mit den davon betroffenen Warengattungen aufnimmt, es sei denn, daß besondere Umstände vorliegen, die die Fortsetzung oder Aufnahme rechtfertigen,
3. im Falle eines Räumungsverkaufs nach Absatz 1 Nr. 2 vor der vollständigen Beendigung der angezeigten Baumaßnahme auf der davon betroffenen Verkaufsfläche einen Handel fortsetzt.

§§ 9 bis 11 (aufgehoben)

§ 12 [Bestechung von Angestellten]

(1) Wer im geschäftlichen Verkehr zu Zwecken des Wettbewerbs einem Angestellten oder Beauftragten eines geschäftlichen Betriebes einen Vorteil als Gegenleistung dafür anbietet, verspricht oder gewährt, daß er ihn oder einen Dritten bei dem Bezug von Waren oder gewerblichen Leistungen in unlauterer Weise bevorzuge, wird mit Freiheitsstrafe bis zu einem Jahr oder mit Geldstrafe bestraft.

(2) Ebenso wird ein Angestellter oder Beauftragter eines geschäftlichen Betriebes bestraft, der im geschäftlichen Verkehr einen Vorteil als Gegenleistung dafür fordert, sich versprechen läßt oder annimmt, daß er einen anderen bei dem Bezug von Waren oder gewerblichen Leistungen im Wettbewerb in unlauterer Weise bevorzuge.

§ 13 [Unterlassungs- und Schadensersatzansprüche]

(1) Wer den §§ 4, 6, 6 c, 12 zuwiderhandelt, kann auf Unterlassung in Anspruch genommen werden.

(2) In den Fällen der §§ 1, 3, 4, 6 bis 6 c, 7 und 8 kann der Anspruch auf Unterlassung geltend gemacht werden

1. von Gewerbetreibenden, die Waren oder gewerbliche Leistungen gleicher oder verwandter Art auf demselben Markt vertreiben, soweit der Anspruch eine Handlung betrifft, die geeignet ist, den Wettbewerb auf diesem Markt wesentlich zu beeinträchtigen,
2. von rechtsfähigen Verbänden zur Förderung gewerblicher Interessen, soweit ihnen eine erhebliche Zahl von Gewerbetreibenden angehört, die Waren oder gewerbliche Leistungen gleicher oder verwandter Art auf demselben Markt vertreiben, soweit sie insbesondere nach ihrer personellen, sachlichen und finanziellen Ausstattung imstande sind, ihre satzungsgemäßen Aufgaben der Verfolgung gewerblicher Interessen tatsächlich wahrzunehmen, und soweit der Anspruch eine Handlung betrifft, die geeignet ist, den Wettbewerb auf diesem Markt wesentlich zu beeinträchtigen,
3. von rechtsfähigen Verbänden, zu deren satzungsgemäßen Aufgaben es gehört, die Interessen der Verbraucher durch Aufklärung und Beratung wahrzunehmen. Im Falle des § 1 können diese Verbände den Anspruch auf Unterlassung nur geltend machen, soweit der Anspruch eine Handlung betrifft, durch die wesentliche Belange der Verbraucher berührt werden,
4. von den Industrie- und Handelskammern oder den Handwerkskammern.

(3) Im Falle des § 12 kann der Anspruch auf Unterlassung nur von den in Absatz 2 Nr. 1, 2 und 4 genannten Gewerbetreibenden, Verbänden und Kammern geltend gemacht werden.

(4) Werden in den in den Absätzen 2 und 3 genannten Fällen die Zuwiderhandlungen in einem geschäftlichen Betrieb von einem Angestellten oder Beauftragten begangen, so ist der Unterlassungsanspruch auch gegen den Inhaber des Betriebs begründet.

(5) Der Anspruch auf Unterlassung kann nicht geltend gemacht werden, wenn die Geltendmachung unter Berücksichtigung der gesamten Umstände mißbräuchlich ist, insbesondere wenn sie vorwiegend dazu dient, gegen den Zuwiderhandelnden einen Anspruch auf Ersatz von Aufwendungen oder Kosten der Rechtsverfolgung entstehen zu lassen.

(6) Zum Ersatz des durch die Zuwiderhandlung entstehenden Schadens ist verpflichtet:

1. wer im Falle des § 3 wußte oder wissen mußte, daß die von ihm gemachten Angaben irreführend sind. Gegen Redakteure, Verleger, Drucker oder Verbreiter von periodischen Druckschriften kann der Anspruch auf Schadensersatz nur geltend gemacht werden, wenn sie wußten, daß die von ihnen gemachten Angaben irreführend waren;

2. wer den §§ 6 bis 6 c, 7, 8, 12 vorsätzlich oder fahrlässig zuwiderhandelt.

§ 13 a [Rücktrittsrecht]

(1) Ist der Abnehmer durch eine unwahre und zur Irreführung geeignete Werbeangabe im Sinne von § 4, die für den Personenkreis, an den sie sich richtet, für den Abschluß von Verträgen wesentlich ist, zur Abnahme bestimmt worden, so kann er von dem Vertrag zurücktreten. Geht die Werbung mit der Angabe von einem Dritten aus, so steht dem Abnehmer das Rücktrittsrecht nur dann zu, wenn der andere Vertragsteil die Unwahrheit der Angabe und ihre Eignung zur Irreführung kannte oder kennen mußte oder sich die Werbung mit dieser Angabe durch eigene Maßnahmen zu eigen gemacht hat.

(2) Der Rücktritt muß dem anderen Vertragsteil gegenüber unverzüglich erklärt werden, nachdem der Abnehmer von den Umständen Kenntnis erlangt hat, die sein Rücktrittsrecht begründen. Das Rücktrittsrecht erlischt, wenn der Rücktritt nicht vor dem Ablauf von sechs Monaten nach dem Abschluß des Vertrages erklärt wird. Er kann nicht im voraus abbedungen werden.

(3) Die Folgen des Rücktritts bestimmen sich bei beweglichen Sachen nach § 3 Abs. 1, 3 und 4 sowie § 5 Abs. 3 Satz 1 des Gesetzes über den Widerruf von Haustürgeschäften und ähnlichen Geschäften. Die Geltendmachung eines weiteren Schadens ist nicht ausgeschlossen. Geht die Werbung von einem Dritten aus, so trägt im Verhältnis zwischen dem anderen Vertragsteil und dem Dritten dieser den durch den Rücktritt des Abnehmers entstandenen Schaden allein, es sei denn, daß der andere Vertragsteil die Zuwiderhandlung kannte.

§ 14 [Kreditschädigung]

(1) Wer zu Zwecken des Wettbewerbes über das Erwerbsgeschäft eines anderen, über die Person des Inhabers oder Leiters des Geschäfts, über die Waren oder gewerblichen Leistungen eines anderen Tatsachen behauptet oder verbreitet, die geeignet sind, den Betrieb des Geschäfts oder den Kredit des Inhabers zu schädigen, ist, sofern die Tatsachen nicht erweislich wahr sind, dem Verletzten zum Ersatze des entstandenen Schadens verpflichtet. Der Verletzte kann auch den Anspruch geltend machen, daß die Behauptung oder Verbreitung der Tatsachen unterbleibe.

(2) Handelt es sich um vertrauliche Mitteilungen und hat der Mitteilende oder der Empfänger der Mitteilung an ihr ein berechtigtes Interesse, so ist der Anspruch auf Unterlassung nur zulässig, wenn die Tatsachen der Wahrheit zuwider behauptet oder verbreitet sind. Der Anspruch auf Schadenersatz kann nur geltend gemacht werden, wenn der Mitteilende die Unrichtigkeit der Tatsachen kannte oder kennen mußte.

(3) Die Vorschrift des § 13 Abs. 4 findet entsprechende Anwendung.

§ 15 [Verleumdung]

(1) Wer wider besseres Wissen über das Erwerbsgeschäft eines anderen, über die Person des Inhabers oder Leiters des Geschäfts, über die Waren oder gewerblichen Leistungen eines anderen Tatsachen der Wahrheit zuwider behauptet oder verbreitet, die geeignet sind, den Betrieb des Geschäfts zu schädigen, wird mit Freiheitsstrafe bis zu einem Jahr oder mit Geldstrafe bestraft.

(2) Werden die in Absatz 1 bezeichneten Tatsachen in einem geschäftlichen Betriebe von einem Angestellten oder Beauftragten behauptet oder verbreitet, so ist der Inhaber des Betriebs neben dem Angestellten oder Beauftragten strafbar, wenn die Handlung mit seinem Wissen geschah.

§ 16 (aufgehoben)

§ 17[1] [Verrat von Betriebsgeheimnissen]

(1) Mit Freiheitsstrafe bis zu drei Jahren oder mit Geldstrafe wird bestraft, wer als Angestellter, Arbeiter oder Lehrling eines Geschäftsbetriebs ein Geschäfts- oder Betriebsgeheimnis, das ihm vermöge des Dienstverhältnisses anvertraut worden oder zugänglich geworden ist, während der Geltungsdauer des Dienstverhältnisses unbefugt an jemand zu Zwecken des Wettbewerbs, aus Eigennutz, zugunsten eines Dritten oder in der Absicht, dem Inhaber des Geschäftsbetriebs Schaden zuzufügen, mitteilt.

(2) Ebenso wird bestraft, wer zu Zwecken des Wettbewerbs, aus Eigennutz, zugunsten eines Dritten oder in der Absicht, dem Inhaber des Geschäftsbetriebs Schaden zuzufügen,

1. sich ein Geschäfts- oder Betriebsgeheimnis durch
   a) Anwendung technischer Mittel,
   b) Herstellung einer verkörperten Wiedergabe des Geheimnisses oder
   c) Wegnahme einer Sache, in der das Geheimnis verkörpert ist,

   unbefugt verschafft oder sichert oder
2. ein Geschäfts- oder Betriebsgeheimnis, das er durch eine der in Absatz 1 bezeichneten Mitteilungen oder durch eine eigene oder fremde Handlung nach Nummer 1 erlangt oder sich sonst unbefugt verschafft oder gesichert hat, unbefugt verwertet oder jemandem mitteilt.

(3) Der Versuch ist strafbar.

(4) In besonders schweren Fällen ist die Strafe Freiheitsstrafe bis zu fünf Jahren oder Geldstrafe. Ein besonders schwerer Fall liegt in der Regel vor, wenn der Täter bei der Mitteilung weiß, daß das Geheimnis im Ausland verwertet werden soll, oder wenn er es selbst im Ausland verwertet.

§ 18[1] [Unbefugte Verwertung von Vorlagen etc.]

Mit Freiheitsstrafe bis zu zwei Jahren oder mit Geldstrafe wird bestraft, wer die ihm im geschäftlichen Verkehr anvertrauten Vorlagen oder Vorschriften technischer Art, insbesondere Zeichnungen, Modelle, Schablonen, Schnitte, Rezepte, zu Zwecken des Wettbewerbes oder aus Eigennutz unbefugt verwertet oder an jemand mitteilt.

§ 19 [Schadensersatzpflicht bei Betriebsverrat]

Zuwiderhandlungen gegen die Vorschriften der §§ 17, 18 verpflichten außerdem zum Ersatze des entstandenen Schadens. Mehrere Verpflichtete haften als Gesamtschuldner.

§ 20[1] [Verleiten und Erbieten zum Betriebsverrat]

(1) Wer zu Zwecken des Wettbewerbes oder aus Eigennutz jemand zu einem Vergehen gegen die §§ 17 oder 18 zu verleiten sucht oder das Erbieten eines anderen zu einem solchen Vergehen annimmt, wird mit Freiheitsstrafe bis zu zwei Jahren oder mit Geldstrafe bestraft.

(2) Ebenso wird bestraft, wer zu Zwecken des Wettbewerbes oder aus Eigennutz sich zu einem Vergehen gegen die §§ 17 oder 18 erbietet oder sich auf das Ansinnen eines anderen zu einem solchen Vergehen bereit erklärt.

(3) § 31 des Strafgesetzbuches gilt entsprechend.

§ 20 a [Betriebsverrat im Ausland]

Bei Straftaten nach den §§ 17, 18 und 20 gilt § 5 Nr. 7 des Strafgesetzbuches entsprechend.

§ 21 [Verjährung]

(1) Die in diesem Gesetze bezeichneten Ansprüche auf Unterlassung oder Schadensersatz verjähren in sechs Monaten von dem Zeitpunkt an, in welchem der Anspruchsberechtigte

---

1) Hierzu Artikel 9 des Zweiten Gesetzes zur Bekämpfung der Wirtschaftskriminalität.

von der Handlung und von der Person des Verpflichteten Kenntnis erlangt, ohne Rücksicht auf diese Kenntnis in drei Jahren von der Begehung der Handlung an.

(2) Für die Ansprüche auf Schadensersatz beginnt der Lauf der Verjährung nicht vor dem Zeitpunkt, in welchem ein Schaden entstanden ist.

§ 22 [Strafantrag; Privatklage]

(1) Die Tat wird, mit Ausnahme der in den §§ 4 und 6 c bezeichneten Fälle, nur auf Antrag verfolgt. Dies gilt in den Fällen der §§ 17, 18 und 20 nicht, wenn die Strafverfolgungsbehörde wegen des besonderen öffentlichen Interesses an der Strafverfolgung ein Einschreiten von Amts wegen für geboten hält. In den Fällen des § 12 hat das Recht, den Strafantrag zu stellen, jeder der im § 13 Abs. 2 Nr. 1, 2 und 4 bezeichneten Gewerbetreibenden, Verbände und Kammern.

(2) Wegen einer Straftat nach den §§ 4 und 6 c ist ebenso wie bei einer nur auf Antrag verfolgbaren Straftat nach § 12 neben dem Verletzten (§ 374 Abs. 1 Nr. 7 der Strafprozeßordnung) jeder der im § 13 Abs. 2 Nr. 1, 2 und 4 bezeichneten Gewerbetreibenden, Verbände und Kammern zur Privatklage berechtigt.

§ 23 [Bekanntmachung der Verurteilung]

(1) Wird in den Fällen des § 15 auf Strafe erkannt, so ist auf Antrag des Verletzten anzuordnen, daß die Verurteilung auf Verlangen öffentlich bekanntgemacht wird.

(2) Ist auf Grund einer der Vorschriften dieses Gesetzes auf Unterlassung Klage erhoben, so kann in dem Urteil der obsiegenden Partei die Befugnis zugesprochen werden, den verfügenden Teil des Urteils innerhalb bestimmter Frist auf Kosten der unterliegenden Partei öffentlich bekanntzumachen.

(3) Die Art der Bekanntmachung ist im Urteil zu bestimmen.

§ 23 a [Streitwertminderung]

Bei der Bemessung des Streitwerts für Ansprüche auf Unterlassung von Zuwiderhandlungen gegen die §§ 1, 3, 4, 6, 6 a bis 6 c, 7, 8 ist es wertmindernd zu berücksichtigen, wenn die Sache nach Art und Umfang einfach gelagert ist oder eine Belastung einer der Parteien mit den Prozeßkosten nach dem vollen Streitwert angesichts ihrer Vermögens- und Einkommensverhältnisse nicht tragbar erscheint.

§ 23 b [Streitwertanpassung]

(1) Macht in bürgerlichen Rechtsstreitigkeiten, in denen durch Klage ein Anspruch auf Grund dieses Gesetzes geltend gemacht wird, eine Partei glaubhaft, daß die Belastung mit den Prozeßkosten nach dem vollen Streitwert ihre wirtschaftliche Lage erheblich gefährden würde, so kann das Gericht auf ihren Antrag anordnen, daß die Verpflichtung dieser Partei zur Zahlung von Gerichtskosten sich nach einem ihrer Wirtschaftslage angepaßten Teil des Streitwerts bemißt. Das Gericht kann die Anordnung davon abhängig machen, daß die Partei außerdem glaubhaft macht, daß die von ihr zu tragenden Kosten des Rechtsstreits weder unmittelbar noch mittelbar von einem Dritten übernommen werden. Die Anordnung hat zur Folge, daß die begünstigte Partei die Gebühren ihres Rechtsanwalts ebenfalls nur nach diesem Teil des Streitwerts zu entrichten hat. Soweit ihr Kosten des Rechtsstreits auferlegt werden oder soweit sie diese übernimmt, hat sie die von dem Gegner entrichteten Gerichtsgebühren und die Gebühren seines Rechtsanwalts nur nach dem Teil des Streitwerts zu erstatten. Soweit die außergerichtlichen Kosten dem Gegner auferlegt oder von ihm übernommen werden, kann der Rechtsanwalt der begünstigten Partei seine Gebühren von dem Gegner nach dem für diesen geltenden Streitwert beitreiben.

(2) Der Antrag nach Absatz 1 kann vor der Geschäftsstelle des Gerichts zur Niederschrift erklärt werden. Er ist vor der Verhandlung zur Hauptsache anzubringen. Danach ist er nur

zulässig, wenn der angenommene oder festgesetzte Streitwert später durch das Gericht heraufgesetzt wird. Vor der Entscheidung über den Antrag ist der Gegner zu hören.

§ 24 [Ausschließliche Zuständigkeit für Wettbewerbsklagen]

(1) Für Klagen auf Grund dieses Gesetzes ist das Gericht zuständig, in dessen Bezirk der Beklagte seine gewerbliche Niederlassung oder in Ermangelung einer solchen seinen Wohnsitz hat. Für Personen, die im Inland weder eine gewerbliche Niederlassung noch einen Wohnsitz haben, ist das Gericht des inländischen Aufenthaltsorts zuständig.

(2) Für Klagen auf Grund dieses Gesetzes ist außerdem nur das Gericht zuständig, in dessen Bezirk die Handlung begangen ist. Satz 1 gilt für Klagen, die von den in § 13 Abs. 2 Nr. 1 bis 4 genannten Gewerbetreibenden, Verbänden oder Kammern erhoben werden, nur dann, wenn der Beklagte im Inland keinen Wohnsitz hat.[1)]

§ 25 [Einstweilige Verfügung]

Zur Sicherung der in diesem Gesetze bezeichneten Ansprüche auf Unterlassung können einstweilige Verfügungen erlassen werden, auch wenn die in den §§ 935, 940 der Zivilprozeßordnung bezeichneten Voraussetzungen nicht zutreffen.

§ 26 (aufgehoben)

§ 27 [Zuständigkeit der Kammern für Handelssachen]

(1) Bürgerliche Rechtsstreitigkeiten, in denen ein Anspruch auf Grund dieses Gesetzes geltend gemacht wird, gehören, sofern in erster Instanz die Landgerichte zuständig sind, vor die Kammern für Handelssachen; ausgenommen sind Rechtsstreitigkeiten, in denen ein letzter Verbraucher einen Anspruch aus § 13 a geltend macht, der nicht aus einem beiderseitigen Handelsgeschäft nach § 95 Abs. 1 Nr. 1 des Gerichtsverfassungsgesetzes herrührt.

(2) Die Landesregierungen werden ermächtigt, durch Rechtsverordnung für die Bezirke mehrerer Landgerichte eines von ihnen als Gericht für Wettbewerbsstreitsachen zu bestimmen, wenn dies der Rechtspflege in Wettbewerbsstreitsachen, insbesondere der Sicherung einer einheitlichen Rechtsprechung, dienlich ist. Die Landesregierungen können diese Ermächtigung auf die Landesjustizverwaltungen übertragen.

(3) Die Parteien können sich vor dem Gericht für Wettbewerbsstreitsachen auch durch Rechtsanwälte vertreten lassen, die bei dem Gericht zugelassen sind, vor das die Klage ohne die Regelung nach Absatz 2 gehören würde. Entsprechendes gilt für die Vertretung vor dem Berufungsgericht.

(4) Die Mehrkosten, die einer Partei dadurch erwachsen, daß sie sich nach Absatz 3 durch einen nicht beim Prozeßgericht zugelassenen Rechtsanwalt vertreten läßt, sind nicht zu erstatten.

§ 27 a [Einigungsstellen zur Beilegung von Wettbewerbsstreitigkeiten]

(1) Die Landesregierungen errichten bei Industrie- und Handelskammern Einigungsstellen zur Beilegung von bürgerlichen Rechtsstreitigkeiten, in denen ein Anspruch auf Grund dieses Gesetzes geltend gemacht wird (Einigungsstellen).

(2) Die Einigungsstellen sind für den Fall ihrer Anrufung durch einen letzten Verbraucher oder einen in § 13 Abs. 2 Nr. 3 genannten Verbraucherverband mit einem Rechtskundigen, der die Befähigung zum Richteramt nach dem Deutschen Richtergesetz hat, als Vorsitzendem und einer gleichen Anzahl von Gewerbetreibenden und Verbrauchern als Beisitzern, im

1) Gemäß Artikel 2 des Änderungsgesetzes vom 25. 7.1994 (BGBl. I S. 1738) ist § 24 Abs. 2 Satz 2 auf Klagen, die vor dem 1. August 1994 erhoben worden sind, nicht anzuwenden.

übrigen mit dem Vorsitzenden und mindestens zwei sachverständigen Gewerbetreibenden als Beisitzern zu besetzen. Der Vorsitzende soll auf dem Gebiete des Wettbewerbsrechts erfahren sein. Die Beisitzer werden von dem Vorsitzenden für den jeweiligen Streitfall aus einer alljährlich für das Kalenderjahr aufzustellenden Liste der Beisitzer berufen. Die Berufung soll im Einvernehmen mit den Parteien erfolgen. Für die Ausschließung und Ablehnung von Mitgliedern der Einigungsstelle sind §§ 41 bis 43 und § 44 Abs. 2 bis 4 der Zivilprozeßordnung entsprechend anzuwenden. Über das Ablehnungsgesuch entscheidet das für den Sitz der Einigungsstelle zuständige Landgericht (Kammer für Handelssachen oder, falls es an einer solchen fehlt, Zivilkammer).

(3) Die Einigungsstellen können bei bürgerlichen Rechtsstreitigkeiten aus den §§ 13 und 13 a von jeder Partei zu einer Aussprache mit dem Gegner über den Streitfall angerufen werden, soweit die Wettbewerbshandlungen den geschäftlichen Verkehr mit dem letzten Verbraucher betreffen. Bei sonstigen bürgerlichen Rechtsstreitigkeiten aus den §§ 13 und 13 a können die Einigungsstellen angerufen werden, wenn der Gegner zustimmt.

(4) Für die Zuständigkeit der Einigungsstellen ist § 24 entsprechend anzuwenden.

(5) Der Vorsitzende der Einigungsstelle kann das persönliche Erscheinen der Parteien anordnen. Gegen eine unentschuldigt ausbleibende Partei kann die Einigungsstelle ein Ordnungsgeld festsetzen. Gegen die Anordnung des persönlichen Erscheinens und gegen die Festsetzung des Ordnungsgeldes findet die sofortige Beschwerde nach den Vorschriften der Zivilprozeßordnung an das für den Sitz der Einigungsstelle zuständige Landgericht (Kammer für Handelssachen oder, falls es an einer solchen fehlt, Zivilkammer) statt.

(6) Die Einigungsstelle hat einen gütlichen Ausgleich anzustreben. Sie kann den Parteien einen schriftlichen, mit Gründen versehenen Einigungsvorschlag machen. Der Einigungsvorschlag und seine Begründung dürfen nur mit Zustimmung der Parteien veröffentlicht werden.

(7) Kommt ein Vergleich zustande, so muß er in einem besonderen Schriftstück niedergelegt und unter Angabe des Tages seines Zustandekommens von den Mitgliedern der Einigungsstelle, welche in der Verhandlung mitgewirkt haben, sowie von den Parteien unterschrieben werden. Aus einem vor der Einigungsstelle geschlossenen Vergleich findet die Zwangsvollstreckung statt; § 797 a der Zivilprozeßordnung ist entsprechend anzuwenden.

(8) Die Einigungsstelle kann, wenn sie den geltend gemachten Anspruch von vornherein für unbegründet oder sich selbst für unzuständig erachtet, die Einleitung von Einigungsverhandlungen ablehnen.

(9) Durch die Anrufung der Einigungsstelle wird die Verjährung in gleicher Weise wie durch Klageerhebung unterbrochen. Die Unterbrechung dauert bis zur Beendigung des Verfahrens vor der Einigungsstelle fort. Kommt ein Vergleich nicht zustande, so ist der Zeitpunkt, zu dem das Verfahren beendet ist, von der Einigungsstelle festzustellen. Der Vorsitzende hat dies den Parteien mitzuteilen. Wird die Anrufung der Einigungsstelle zurückgenommen, so gilt die Unterbrechung der Verjährung als nicht erfolgt.

(10) Ist ein Rechtsstreit der in Absatz 3 Satz 1 bezeichneten Art ohne vorherige Anrufung der Einigungsstelle anhängig gemacht worden, so kann das Gericht auf Antrag den Parteien unter Anberaumung eines neuen Termins aufgeben, vor diesem Termin die Einigungsstelle zur Herbeiführung eines gütlichen Ausgleichs anzurufen. In dem Verfahren über den Antrag auf Erlaß einer einstweiligen Verfügung ist diese Anordnung nur zulässig, wenn der Gegner zustimmt. Absatz 8 ist nicht anzuwenden. Ist ein Verfahren vor der Einigungsstelle anhängig, so ist eine erst nach Anrufung der Einigungsstelle erhobene Klage des Antragsgegners auf Feststellung, daß der geltend gemachte Anspruch nicht bestehe, nicht zulässig.

(11) Die Landesregierungen werden ermächtigt, die zur Durchführung der vorstehenden Bestimmungen und zur Regelung des Verfahrens vor den Einigungsstellen erforderlichen Vorschriften zu erlassen, insbesondere über die Aufsicht über die Einigungsstellen, über ihre Besetzung unter angemessener Beteiligung der nicht den Industrie- und Handelskammern angehörenden Gewerbetreibenden (§ 2 Abs. 2 bis 6 des Gesetzes zur vorläufigen Regelung des Rechts der Industrie- und Handelskammern vom 18. Dezember 1956 – BGBl. I S. 920) und über die Vollstreckung von Ordnungsgeldern, sowie Bestimmungen über die Erhebung von Auslagen durch die Einigungsstelle zu treffen. Bei der Besetzung der Einigungsstellen sind die Vorschläge der für ein Bundesland errichteten, mit öffentlichen Mitteln geförderten Verbraucherzentralen zur Bestimmung der in Absatz 2 Satz 1 genannten Verbraucher zu berücksichtigen.

§§ 28 und **29** **(aufgehoben)**

§ 30 [Inkrafttreten]

(1) Dieses Gesetz tritt am 1. Oktober 1909 in Kraft.

(2) (aufgehoben)

Gesetz über den Schutz von Marken und sonstigen Kennzeichen (Markengesetz – MarkenG)

Vom 25. Oktober 1994 (BGBl. I S. 3082, ber. I 1995, S. 156)[1)]
(BGBl. III 423-5-2)

Änderungen

Paragraph	Art der Änderung	Geändert durch	Datum	Fundstelle BGBl.
27, 29,[2)] 65, Überschrift Teil 5, 143, 144, 146, Überschrift 150	geändert	Markenrechtsänderungsgesetz 1996	19. 7.1996	I S. 1014
Abschnitt 3, §§ 125 a – 125 h, 165	eingefügt			

Inhaltsübersicht

Teil 1
Anwendungsbereich

§ 1 Geschützte Marken und sonstige Kennzeichen
§ 2 Anwendung anderer Vorschriften

Teil 2
Voraussetzungen, Inhalt und Schranken des Schutzes von Marken und geschäftlichen Bezeichnungen; Übertragung und Lizenz

Abschnitt 1
Marken und geschäftliche Bezeichnungen; Vorrang und Zeitrang

§ 3 Als Marke schutzfähige Zeichen
§ 4 Entstehung des Markenschutzes
§ 5 Geschäftliche Bezeichnungen
§ 6 Vorrang und Zeitrang

Abschnitt 2
Voraussetzungen für den Schutz von Marken durch Eintragung

§ 7 Inhaberschaft
§ 8 Absolute Schutzhindernisse
§ 9 Angemeldete oder eingetragene Marken als relative Schutzhindernisse
§ 10 Notorisch bekannte Marken
§ 11 Agentenmarken
§ 12 Durch Benutzung erworbene Marken und geschäftliche Bezeichnungen mit älterem Zeitrang
§ 13 Sonstige ältere Rechte

Abschnitt 3
Schutzinhalt; Rechtsverletzungen

§ 14 Ausschließliches Recht des Inhabers einer Marke; Unterlassungsanspruch; Schadensersatzanspruch
§ 15 Ausschließliches Recht des Inhabers einer geschäftlichen Bezeichnung; Unterlassungsanspruch; Schadensersatzanspruch
§ 16 Wiedergabe einer eingetragenen Marke in Nachschlagewerken
§ 17 Ansprüche gegen Agenten oder Vertreter
§ 18 Vernichtungsanspruch
§ 19 Auskunftsanspruch

---

1) Verkündet als Artikel 1 des Markenrechtsreformgesetzes vom 25. 10. 1994 (BGBl. I S. 3082). In Kraft am 1. 1. 1995.
2) Diese Änderung tritt am 1. 1. 1999 in Kraft und wird zu diesem Zeitpunkt eingearbeitet.

Abschnitt 4
Schranken des Schutzes

§ 20 Verjährung
§ 21 Verwirkung von Ansprüchen
§ 22 Ausschluß von Ansprüchen bei Bestandskraft der Eintragung einer Marke mit jüngerem Zeitrang
§ 23 Benutzung von Namen und beschreibenden Angaben; Ersatzteilgeschäft
§ 24 Erschöpfung
§ 25 Ausschluß von Ansprüchen bei mangelnder Benutzung
§ 26 Benutzung der Marke

Abschnitt 5
Marken als Gegenstand des Vermögens

§ 27 Rechtsübergang
§ 28 Vermutung der Rechtsinhaberschaft; Zustellungen an den Inhaber
§ 29 Dingliche Rechte; Zwangsvollstreckung; Konkursverfahren
§ 30 Lizenzen
§ 31 Angemeldete Marken

Teil 3
Verfahren in Markenangelegenheiten

Abschnitt 1
Eintragungsverfahren

§ 32 Erfordernisse der Anmeldung
§ 33 Anmeldetag; Anspruch auf Eintragung
§ 34 Ausländische Priorität
§ 35 Ausstellungspriorität
§ 36 Prüfung der Anmeldungserfordernisse
§ 37 Prüfung auf absolute Schutzhindernisse
§ 38 Beschleunigte Prüfung
§ 39 Zurücknahme, Einschränkung und Berichtigung der Anmeldung
§ 40 Teilung der Anmeldung
§ 41 Eintragung
§ 42 Widerspruch
§ 43 Einrede mangelnder Benutzung; Entscheidung über den Widerspruch
§ 44 Eintragungsbewilligungsklage

Abschnitt 2
Berichtigung; Teilung; Schutzdauer und Verlängerung

§ 45 Berichtigung des Registers und von Veröffentlichungen
§ 46 Teilung der Eintragung
§ 47 Schutzdauer und Verlängerung

Abschnitt 3
Verzicht, Verfall und Nichtigkeit; Löschungsverfahren

§ 48 Verzicht
§ 49 Verfall
§ 50 Nichtigkeit wegen absoluter Schutzhindernisse
§ 51 Nichtigkeit wegen des Bestehens älterer Rechte
§ 52 Wirkungen der Löschung wegen Verfalls oder Nichtigkeit
§ 53 Löschung durch das Patentamt wegen Verfalls
§ 54 Löschungsverfahren vor dem Patentamt wegen absoluter Schutzhindernisse
§ 55 Löschungsverfahren vor den ordentlichen Gerichten

Abschnitt 4
Allgemeine Vorschriften für das Verfahren vor dem Patentamt

§ 56 Zuständigkeiten im Patentamt
§ 57 Ausschließung und Ablehnung
§ 58 Gutachten
§ 59 Ermittlung des Sachverhalts; rechtliches Gehör
§ 60 Ermittlungen; Anhörungen; Niederschrift
§ 61 Beschlüsse; Rechtsmittelbelehrung
§ 62 Akteneinsicht; Registereinsicht
§ 63 Kosten der Verfahren
§ 64 Erinnerung
§ 65 Rechtsverordnungsermächtigung

Abschnitt 5
Verfahren vor dem Patentgericht

§ 66 Beschwerde
§ 67 Beschwerdesenate; Öffentlichkeit der Verhandlung
§ 68 Beteiligung des Präsidenten des Patentamts
§ 69 Mündliche Verhandlung
§ 70 Entscheidung über die Beschwerde
§ 71 Kosten des Beschwerdeverfahrens
§ 72 Ausschließung und Ablehnung
§ 73 Ermittlung des Sachverhalts; Vorbereitung der mündlichen Verhandlung
§ 74 Beweiserhebung
§ 75 Ladungen
§ 76 Gang der Verhandlung
§ 77 Niederschrift
§ 78 Beweiswürdigung; rechtliches Gehör
§ 79 Verkündung; Zustellung; Begründung

§ 80 Berichtigungen
§ 81 Vertretung; Vollmacht
§ 82 Anwendung weiterer Vorschriften; Anfechtbarkeit; Akteneinsicht

Abschnitt 6
Verfahren vor dem Bundesgerichtshof

§ 83 Zugelassene und zulassungsfreie Rechtsbeschwerde
§ 84 Beschwerdeberechtigung; Beschwerdegründe
§ 85 Förmliche Voraussetzungen
§ 86 Prüfung der Zulässigkeit
§ 87 Mehrere Beteiligte
§ 88 Anwendung weiterer Vorschriften
§ 89 Entscheidung über die Rechtsbeschwerde
§ 90 Kostenentscheidung

Abschnitt 7
Gemeinsame Vorschriften

§ 91 Wiedereinsetzung
§ 92 Wahrheitspflicht
§ 93 Amtssprache und Gerichtssprache
§ 94 Zustellungen
§ 95 Rechtshilfe
§ 96 Inlandsvertreter

Teil 4
Kollektivmarken

§ 97 Kollektivmarken
§ 98 Inhaberschaft
§ 99 Eintragbarkeit von geographischen Herkunftsangaben als Kollektivmarken
§ 100 Schranken des Schutzes; Benutzung
§ 101 Klagebefugnis; Schadensersatz
§ 102 Markensatzung
§ 103 Prüfung der Anmeldung
§ 104 Änderung der Markensatzung
§ 105 Verfall
§ 106 Nichtigkeit wegen absoluter Schutzhindernisse

Teil 5
Schutz von Marken nach dem Madrider Markenabkommen und nach dem Protokoll zum Madrider Markenabkommen; Gemeinschaftsmarken

Abschnitt 1
Schutz von Marken nach dem Madrider Markenabkommen

§ 107 Anwendung der Vorschriften dieses Gesetzes
§ 108 Antrag auf internationale Registrierung
§ 109 Gebühren
§ 110 Eintragung im Register
§ 111 Nachträgliche Schutzerstreckung
§ 112 Wirkung der internationalen Registrierung
§ 113 Prüfung auf absolute Schutzhindernisse
§ 114 Widerspruch
§ 115 Nachträgliche Schutzentziehung
§ 116 Widerspruch und Antrag auf Löschung aufgrund einer international registrierten Marke
§ 117 Ausschluß von Ansprüchen wegen mangelnder Benutzung
§ 118 Zustimmung bei Übertragungen international registrierter Marken

Abschnitt 2
Schutz von Marken nach dem Protokoll zum Madrider Markenabkommen[1)]

§ 119 Anwendung der Vorschriften dieses Gesetzes
§ 120 Antrag auf internationale Registrierung
§ 121 Gebühren
§ 122 Vermerk in den Akten; Eintragung im Register
§ 123 Nachträgliche Schutzerstreckung
§ 124 Entsprechende Anwendung der Vorschriften über die Wirkung der nach dem Madrider Markenabkommen international registrierten Marken
§ 125 Umwandlung einer internationalen Registrierung

1) Hierzu Bekanntmachung vom 24. 4. 1996 (BGBl. I S. 682):
Nach Artikel 50 Abs. 2 Satz 2 des Markenrechtsreformgesetzes vom 25. Oktober 1994 (BGBl. I S. 3082, 1995 I S. 156) wird bekanntgemacht, daß nach Artikel 50 Abs. 2 Satz 1 die §§ 119 bis 125 des Markengesetzes vom 25. Oktober 1994 (BGBl. I S. 3082, 1995 I S. 156)

am 20. März 1996,

dem Tag des Inkrafttretens des Protokolls vom 27. Juni 1989 zum Madrider Abkommen über die internationale Registrierung von Marken (BGBl. 1995 II S. 1016, 1017, 1996 II S. 557) für die Bundesrepublik Deutschland, in Kraft getreten sind.

Abschnitt 3
Gemeinschaftsmarken

§ 125 a Anmeldung von Gemeinschaftsmarken beim Patentamt
§ 125 b Anwendung der Vorschriften dieses Gesetzes
§ 125 c Nachträgliche Feststellung der Ungültigkeit einer Marke
§ 125 d Umwandlung von Gemeinschaftsmarken
§ 125 e Gemeinschaftsmarkengerichte; Gemeinschaftsmarkenstreitsachen
§ 125 f Unterrichtung der Kommission
§ 125 g Örtliche Zuständigkeit der Gemeinschaftsmarkengerichte
§ 125 h Insolvenzverfahren

Teil 6
Geographische Herkunftsangaben

Abschnitt 1
Schutz geographischer Herkunftsangaben

§ 126 Als geographische Herkunftsangaben geschützte Namen, Angaben oder Zeichen
§ 127 Schutzinhalt
§ 128 Unterlassungsanspruch; Schadensersatzanspruch
§ 129 Verjährung

Abschnitt 2
Schutz von geographischen Angaben und Ursprungsbezeichnungen gemäß der Verordnung (EWG) Nr. 2081/92

§ 130 Antrag auf Eintragung einer geographischen Angabe oder Ursprungsbezeichnung
§ 131 Antrag auf Änderung der Spezifikation
§ 132 Einspruchsverfahren
§ 133 Zuständigkeiten im Patentamt; Rechtsmittel
§ 134 Überwachung
§ 135 Unterlassungsanspruch; Schadensersatzanspruch
§ 136 Verjährung

Abschnitt 3
Ermächtigungen zum Erlaß von Rechtsverordnungen

§ 137 Nähere Bestimmungen zum Schutz einzelner geographischer Herkunftsangaben
§ 138 Sonstige Vorschriften für das Verfahren bei Anträgen und Einsprüchen nach der Verordnung (EWG) Nr. 2081/92
§ 139 Durchführungsbestimmungen zur Verordnung (EWG) Nr. 2081/92

Teil 7
Verfahren in Kennzeichenstreitsachen

§ 140 Kennzeichenstreitsachen
§ 141 Gerichtsstand bei Ansprüchen nach diesem Gesetz und dem Gesetz gegen den unlauteren Wettbewerb
§ 142 Streitwertbegünstigung

Teil 8
Straf- und Bußgeldvorschriften; Beschlagnahme bei der Einfuhr und Ausfuhr

Abschnitt 1
Straf- und Bußgeldvorschriften

§ 143 Strafbare Kennzeichenverletzung
§ 144 Strafbare Benutzung geographischer Herkunftsangaben
§ 145 Bußgeldvorschriften

Abschnitt 2
Beschlagnahme von Waren bei der Einfuhr und Ausfuhr

§ 146 Beschlagnahme bei der Verletzung von Kennzeichenrechten
§ 147 Einziehung; Widerspruch; Aufhebung der Beschlagnahme
§ 148 Zuständigkeiten; Rechtsmittel
§ 149 Schadensersatz bei ungerechtfertigter Beschlagnahme
§ 150 Beschlagnahme nach der Verordnung (EWG) Nr. 3842/86
§ 151 Beschlagnahme bei widerrechtlicher Kennzeichnung mit geographischen Herkunftsangaben

Teil 9
Übergangsvorschriften

§ 152 Anwendung dieses Gesetzes
§ 153 Schranken für die Geltendmachung von Verletzungsansprüchen
§ 154 Dingliche Rechte; Zwangsvollstreckung; Konkursverfahren
§ 155 Lizenzen
§ 156 Prüfung angemeldeter Marken auf absolute Schutzhindernisse
§ 157 Bekanntmachung und Eintragung
§ 158 Widerspruchsverfahren
§ 159 Teilung einer Anmeldung
§ 160 Schutzdauer und Verlängerung
§ 161 Löschung einer eingetragenen Marke wegen Verfalls
§ 162 Löschung einer eingetragenen Marke wegen absoluter Schutzhindernisse
§ 163 Löschung einer eingetragenen Marke wegen des Bestehens älterer Rechte
§ 164 Erinnerung und Durchgriffsbeschwerde
§ 165 Übergangsvorschrift aus Anlaß der Insolvenzreform

Teil 1
Anwendungsbereich

§ 1 Geschützte Marken und sonstige Kennzeichen
Nach diesem Gesetz werden geschützt:
1. Marken,
2. geschäftliche Bezeichnungen,
3. geographische Herkunftsangaben.

§ 2 Anwendung anderer Vorschriften
Der Schutz von Marken, geschäftlichen Bezeichnungen und geographischen Herkunftsangaben nach diesem Gesetz schließt die Anwendung anderer Vorschriften zum Schutz dieser Kennzeichen nicht aus.

Teil 2
Voraussetzungen, Inhalt und Schranken des Schutzes von Marken und geschäftlichen Bezeichnungen; Übertragung und Lizenz
Abschnitt 1
Marken und geschäftliche Bezeichnungen; Vorrang und Zeitrang

§ 3 Als Marke schutzfähige Zeichen
(1) Als Marke können alle Zeichen, insbesondere Wörter einschließlich Personennamen, Abbildungen, Buchstaben, Zahlen, Hörzeichen, dreidimensionale Gestaltungen einschließlich der Form einer Ware oder ihrer Verpackung sowie sonstige Aufmachungen einschließlich Farben und Farbzusammenstellungen geschützt werden, die geeignet sind, Waren oder Dienstleistungen eines Unternehmens von denjenigen anderer Unternehmen zu unterscheiden.
(2) Dem Schutz als Marke nicht zugänglich sind Zeichen, die ausschließlich aus einer Form bestehen,
1. die durch die Art der Ware selbst bedingt ist,
2. die zur Erreichung einer technischen Wirkung erforderlich ist oder
3. die der Ware einen wesentlichen Wert verleiht.

§ 4 Entstehung des Markenschutzes
Der Markenschutz entsteht
1. durch die Eintragung eines Zeichens als Marke in das vom Patentamt geführte Register,
2. durch die Benutzung eines Zeichens im geschäftlichen Verkehr, soweit das Zeichen innerhalb beteiligter Verkehrskreise als Marke Verkehrsgeltung erworben hat, oder
3. durch die im Sinne des Artikels 6bis der Pariser Verbandsübereinkunft zum Schutz des gewerblichen Eigentums (Pariser Verbandsübereinkunft) notorische Bekanntheit einer Marke.

§ 5 Geschäftliche Bezeichnungen
(1) Als geschäftliche Bezeichnungen werden Unternehmenskennzeichen und Werktitel geschützt.
(2) Unternehmenskennzeichen sind Zeichen, die im geschäftlichen Verkehr als Name, als Firma oder als besondere Bezeichnung eines Geschäftsbetriebs oder eines Unternehmens benutzt werden. Der besonderen Bezeichnung eines Geschäftsbetriebs stehen solche Geschäftsabzeichen und sonstige zur Unterscheidung des Geschäftsbetriebs von anderen Geschäftsbetrieben bestimmte Zeichen gleich, die innerhalb beteiligter Verkehrskreise als Kennzeichen des Geschäftsbetriebs gelten.

(3) Werktitel sind die Namen oder besonderen Bezeichnungen von Druckschriften, Filmwerken, Tonwerken, Bühnenwerken oder sonstigen vergleichbaren Werken.

§ 6 Vorrang und Zeitrang

(1) Ist im Falle des Zusammentreffens von Rechten im Sinne der §§ 4, 5 und 13 nach diesem Gesetz für die Bestimmung des Vorrangs der Rechte ihr Zeitrang maßgeblich, wird der Zeitrang nach den Absätzen 2 und 3 bestimmt.

(2) Für die Bestimmung des Zeitrangs von angemeldeten oder eingetragenen Marken ist der Anmeldetag (§ 33 Abs. 1) oder, falls eine Priorität nach § 34 oder nach § 35 in Anspruch genommen wird, der Prioritätstag maßgeblich.

(3) Für die Bestimmung des Zeitrangs von Rechten im Sinne des § 4 Nr. 2 und 3 und der §§ 5 und 13 ist der Zeitpunkt maßgeblich, zu dem das Recht erworben wurde.

(4) Kommt Rechten nach den Absätzen 2 und 3 derselbe Tag als ihr Zeitrang zu, so sind die Rechte gleichrangig und begründen gegeneinander keine Ansprüche.

Abschnitt 2

Voraussetzungen für den Schutz von Marken durch Eintragung

§ 7 Inhaberschaft

Inhaber von eingetragenen und angemeldeten Marken können sein:

1. natürliche Personen,
2. juristische Personen oder
3. Personengesellschaften, sofern sie mit der Fähigkeit ausgestattet sind, Rechte zu erwerben und Verbindlichkeiten einzugehen.

§ 8 Absolute Schutzhindernisse[1)]

(1) Von der Eintragung sind als Marke schutzfähige Zeichen im Sinne des § 3 ausgeschlossen, die sich nicht graphisch darstellen lassen.

1. denen für die Waren oder Dienstleistungen jegliche Unterscheidungskraft fehlt,
2. die ausschließlich aus Zeichen oder Angaben bestehen, die im Verkehr zur Bezeichnung der Art, der Beschaffenheit, der Menge, der Bestimmung, des Wertes, der geographischen Herkunft, der Zeit der Herstellung der Waren oder der Erbringung der Dienstleistungen oder zur Bezeichnung sonstiger Merkmale der Waren oder Dienstleistungen dienen können,
3. die ausschließlich aus Zeichen oder Angaben bestehen, die im allgemeinen Sprachgebrauch oder in den redlichen und ständigen Verkehrsgepflogenheiten zur Bezeichnung der Waren oder Dienstleistungen üblich geworden sind,
4. die geeignet sind, das Publikum insbesondere über die Art, die Beschaffenheit oder die geographische Herkunft der Waren oder Dienstleistungen zu täuschen,
5. die gegen die öffentliche Ordnung oder die gegen die guten Sitten verstoßen,
6. die Staatswappen, Staatsflaggen oder andere staatliche Hoheitszeichen oder Wappen eines inländischen Ortes oder eines inländischen Gemeinde- oder weiteren Kommunalverbandes enthalten,
7. die amtliche Prüf- oder Gewährzeichen enthalten, die nach einer Bekanntmachung des Bundesministeriums der Justiz im Bundesgesetzblatt von der Eintragung als Marke ausgeschlossen sind,
8. die Wappen, Flaggen oder andere Kennzeichen, Siegel oder Bezeichnungen internationaler zwischenstaatlicher Organisationen enthalten, die nach einer Bekanntmachung

1) Siehe hierzu Bekanntmachung vom 13. Mai 1996 (BGBl. I S. 747)

des Bundesministeriums der Justiz im Bundesgesetzblatt von der Eintragung als Marke ausgeschlossen sind, oder

9. deren Benutzung ersichtlich nach sonstigen Vorschriften im öffentlichen Interesse untersagt werden kann.

(3) Absatz 2 Nr. 1, 2 und 3 findet keine Anwendung, wenn die Marke sich vor dem Zeitpunkt der Entscheidung über die Eintragung infolge ihrer Benutzung für die Waren oder Dienstleistungen, für die sie angemeldet worden ist, in den beteiligten Verkehrskreisen durchgesetzt hat.

(4) Absatz 2 Nr. 6, 7 und 8 ist auch anzuwenden, wenn die Marke die Nachahmung eines dort aufgeführten Zeichens enthält. Absatz 2 Nr. 6, 7 und 8 ist nicht anzuwenden, wenn der Anmelder befugt ist, in der Marke eines der dort aufgeführten Zeichen zu führen, selbst wenn es mit einem anderen der dort aufgeführten Zeichen verwechselt werden kann. Absatz 2 Nr. 7 ist ferner nicht anzuwenden, wenn die Waren oder Dienstleistungen, für die die Marke angemeldet worden ist, mit denen, für die das Prüf- oder Gewährzeichen eingeführt ist, weder identisch noch diesen ähnlich sind. Absatz 2 Nr. 8 ist ferner nicht anzuwenden, wenn die angemeldete Marke nicht geeignet ist, beim Publikum den unzutreffenden Eindruck einer Verbindung mit der internationalen zwischenstaatlichen Organisation hervorzurufen.

§ 9 Angemeldete oder eingetragene Marken als relative Schutzhindernisse

(1) Die Eintragung einer Marke kann gelöscht werden,

1. wenn sie mit einer angemeldeten oder eingetragenen Marke mit älterem Zeitrang identisch ist und die Waren oder Dienstleistungen, für die sie eingetragen worden ist, mit den Waren oder Dienstleistungen identisch sind, für die die Marke mit älterem Zeitrang angemeldet oder eingetragen worden ist,
2. wenn wegen ihrer Identität oder Ähnlichkeit mit einer angemeldeten oder eingetragenen Marke mit älterem Zeitrang und der Identität oder der Ähnlichkeit der durch die beiden Marken erfaßten Waren oder Dienstleistungen für das Publikum die Gefahr

(Fortsetzung auf Seite 7)

von Verwechslungen besteht, einschließlich der Gefahr, daß die Marken gedanklich miteinander in Verbindung gebracht werden, oder
3. wenn sie mit einer angemeldeten oder eingetragenen Marke mit älterem Zeitrang identisch oder dieser ähnlich ist und für Waren oder Dienstleistungen eingetragen worden ist, die nicht denen ähnlich sind, für die die Marke mit älterem Zeitrang angemeldet oder eingetragen worden ist, falls es sich bei der Marke mit älterem Zeitrang um eine im Inland bekannte Marke handelt und die Benutzung der eingetragenen Marke die Unterscheidungskraft oder die Wertschätzung der bekannten Marke ohne rechtfertigenden Grund in unlauterer Weise ausnutzen oder beeinträchtigen würde.

(2) Anmeldungen von Marken stellen ein Eintragungshindernis im Sinne des Absatzes 1 nur dar, wenn sie eingetragen werden.

§ 10 Notorisch bekannte Marken

(1) Von der Eintragung ausgeschlossen ist eine Marke, wenn sie mit einer im Inland im Sinne des Artikels 6bis der Pariser Verbandsübereinkunft notorisch bekannten Marke mit älterem Zeitrang identisch oder dieser ähnlich ist und die weiteren Voraussetzungen des § 9 Abs. 1 Nr. 1, 2 oder 3 gegeben sind.

(2) Absatz 1 findet keine Anwendung, wenn der Anmelder von dem Inhaber der notorisch bekannten Marke zur Anmeldung ermächtigt worden ist.

§ 11 Agentenmarken

Die Eintragung einer Marke kann gelöscht werden, wenn die Marke ohne die Zustimmung des Inhabers der Marke für dessen Agenten oder Vertreter eingetragen worden ist.

§ 12 Durch Benutzung erworbene Marken und geschäftliche Bezeichnungen mit älterem Zeitrang

Die Eintragung einer Marke kann gelöscht werden, wenn ein anderer vor dem für den Zeitrang der eingetragenen Marke maßgeblichen Tag Rechte an einer Marke im Sinne des § 4 Nr. 2 oder an einer geschäftlichen Bezeichnung im Sinne des § 5 erworben hat und diese ihn berechtigen, die Benutzung der eingetragenen Marke im gesamten Gebiet der Bundesrepublik Deutschland zu untersagen.

§ 13 Sonstige ältere Rechte

(1) Die Eintragung einer Marke kann gelöscht werden, wenn ein anderer vor dem für den Zeitrang der eingetragenen Marke maßgeblichen Tag ein sonstiges, nicht in den §§ 9 bis 12 aufgeführtes Recht erworben hat und dieses ihn berechtigt, die Benutzung der eingetragenen Marke im gesamten Gebiet der Bundesrepublik Deutschland zu untersagen.

(2) Zu den sonstigen Rechten im Sinne des Absatzes 1 gehören insbesondere:
1. Namensrechte,
2. das Recht an der eigenen Abbildung,
3. Urheberrechte,
4. Sortenbezeichnungen,
5. geographische Herkunftsangaben,
6. sonstige gewerbliche Schutzrechte.

Abschnitt 3

Schutzinhalt; Rechtsverletzungen

§ 14 Ausschließliches Recht des Inhabers einer Marke; Unterlassungsanspruch; Schadensersatzanspruch

(1) Der Erwerb des Markenschutzes nach § 4 gewährt dem Inhaber der Marke ein ausschließliches Recht.

(2) Dritten ist es untersagt, ohne Zustimmung des Inhabers der Marke im geschäftlichen Verkehr

1. ein mit der Marke identisches Zeichen für Waren oder Dienstleistungen zu benutzen, die mit denjenigen identisch sind, für die sie Schutz genießt,
2. ein Zeichen zu benutzen, wenn wegen der Identität oder Ähnlichkeit des Zeichens mit der Marke und der Identität oder Ähnlichkeit der durch die Marke und das Zeichen erfaßten Waren oder Dienstleistungen für das Publikum die Gefahr von Verwechslungen besteht, einschließlich der Gefahr, daß das Zeichen mit der Marke gedanklich in Verbindung gebracht wird, oder
3. ein mit der Marke identisches Zeichen oder ein ähnliches Zeichen für Waren oder Dienstleistungen zu benutzen, die nicht denen ähnlich sind, für die die Marke Schutz genießt, wenn es sich bei der Marke um eine im Inland bekannte Marke handelt und die Benutzung des Zeichens die Unterscheidungskraft oder die Wertschätzung der bekannten Marke ohne rechtfertigenden Grund in unlauterer Weise ausnutzt oder beeinträchtigt.

(3) Sind die Voraussetzungen des Absatzes 2 erfüllt, so ist es insbesondere untersagt,

1. das Zeichen auf Waren oder ihrer Aufmachung oder Verpackung anzubringen,
2. unter dem Zeichen Waren anzubieten, in den Verkehr zu bringen oder zu den genannten Zwecken zu besitzen,
3. unter dem Zeichen Dienstleistungen anzubieten oder zu erbringen,
4. unter dem Zeichen Waren einzuführen oder auszuführen,
5. das Zeichen in Geschäftspapieren oder in der Werbung zu benutzen.

(4) Dritten ist es ferner untersagt, ohne Zustimmung des Inhabers der Marke im geschäftlichen Verkehr

1. ein mit der Marke identisches Zeichen oder ein ähnliches Zeichen auf Aufmachungen oder Verpackungen oder auf Kennzeichnungsmitteln wie Etiketten, Anhängern, Aufnähern oder dergleichen anzubringen,
2. Aufmachungen, Verpackungen oder Kennzeichnungsmittel, die mit einem mit der Marke identischen Zeichen oder einem ähnlichen Zeichen versehen sind, anzubieten, in den Verkehr zu bringen oder zu den genannten Zwecken zu besitzen oder
3. Aufmachungen, Verpackungen oder Kennzeichnungsmittel, die mit einem mit der Marke identischen Zeichen oder einem ähnlichen Zeichen versehen sind, einzuführen oder auszuführen,

wenn die Gefahr besteht, daß die Aufmachungen oder Verpackungen zur Aufmachung oder Verpackung oder die Kennzeichnungsmittel zur Kennzeichnung von Waren oder Dienstleistungen benutzt werden, hinsichtlich deren Dritten die Benutzung des Zeichens nach den Absätzen 2 und 3 untersagt wäre.

(5) Wer ein Zeichen entgegen den Absätzen 2 bis 4 benutzt, kann von dem Inhaber der Marke auf Unterlassung in Anspruch genommen werden.

(6) Wer die Verletzungshandlung vorsätzlich oder fahrlässig begeht, ist dem Inhaber der Marke zum Ersatz des durch die Verletzungshandlung entstandenen Schadens verpflichtet.

(7) Wird die Verletzungshandlung in einem geschäftlichen Betrieb von einem Angestellten oder Beauftragten begangen, so kann der Unterlassungsanspruch und, soweit der Angestellte oder Beauftragte vorsätzlich oder fahrlässig gehandelt hat, der Schadensersatzanspruch auch gegen den Inhaber des Betriebs geltend gemacht werden.

§ 15 Ausschließliches Recht des Inhabers einer geschäftlichen Bezeichnung; Unterlassungsanspruch; Schadensersatzanspruch

(1) Der Erwerb des Schutzes einer geschäftlichen Bezeichnung gewährt ihrem Inhaber ein ausschließliches Recht.

(2) Dritten ist es untersagt, die geschäftliche Bezeichnung oder ein ähnliches Zeichen im geschäftlichen Verkehr unbefugt in einer Weise zu benutzen, die geeignet ist, Verwechslungen mit der geschützten Bezeichnung hervorzurufen.

(3) Handelt es sich bei der geschäftlichen Bezeichnung um eine im Inland bekannte geschäftliche Bezeichnung, so ist es Dritten ferner untersagt, die geschäftliche Bezeichnung oder ein ähnliches Zeichen im geschäftlichen Verkehr zu benutzen, wenn keine Gefahr von Verwechslungen im Sinne des Absatzes 2 besteht, soweit die Benutzung des Zeichens die Unterscheidungskraft oder die Wertschätzung der geschäftlichen Bezeichnung ohne rechtfertigenden Grund in unlauterer Weise ausnutzt oder beeinträchtigt.

(4) Wer eine geschäftliche Bezeichnung oder ein ähnliches Zeichen entgegen Absatz 2 oder 3 benutzt, kann von dem Inhaber der geschäftlichen Bezeichnung auf Unterlassung in Anspruch genommen werden.

(5) Wer die Verletzungshandlung vorsätzlich oder fahrlässig begeht, ist dem Inhaber der geschäftlichen Bezeichnung zum Ersatz des daraus entstandenen Schadens verpflichtet.

(6) § 14 Abs. 7 ist entsprechend anzuwenden.

§ 16 Wiedergabe einer eingetragenen Marke in Nachschlagewerken

(1) Erweckt die Wiedergabe einer eingetragenen Marke in einem Wörterbuch, einem Lexikon oder einem ähnlichen Nachschlagewerk den Eindruck, daß es sich bei der Marke um eine Gattungsbezeichnung für die Waren oder Dienstleistungen handelt, für die die Marke eingetragen ist, kann der Inhaber der Marke vom Verleger des Werkes verlangen, daß der Wiedergabe der Marke ein Hinweis beigefügt wird, daß es sich um eine eingetragene Marke handelt.

(2) Ist das Werk bereits erschienen, so beschränkt sich der Anspruch darauf, daß der Hinweis nach Absatz 1 bei einer neuen Auflage des Werkes aufgenommen wird.

(3) Die Absätze 1 und 2 sind entsprechend anzuwenden, wenn das Nachschlagewerk in der Form einer elektronischen Datenbank vertrieben wird oder wenn zu einer elektronischen Datenbank, die ein Nachschlagewerk enthält, Zugang gewährt wird.

§ 17 Ansprüche gegen Agenten oder Vertreter

(1) Ist eine Marke entgegen § 11 für den Agenten oder Vertreter des Inhabers der Marke ohne dessen Zustimmung angemeldet oder eingetragen worden, so ist der Inhaber der Marke berechtigt, von dem Agenten oder Vertreter die Übertragung des durch die Anmeldung oder Eintragung der Marke begründeten Rechts zu verlangen.

(2) Ist eine Marke entgegen § 11 für einen Agenten oder Vertreter des Inhabers der Marke eingetragen worden, so kann der Inhaber die Benutzung der Marke im Sinne des § 14 durch den Agenten oder Vertreter untersagen, wenn er der Benutzung nicht zugestimmt hat. Handelt der Agent oder Vertreter vorsätzlich oder fahrlässig, so ist er dem Inhaber der Marke zum Ersatz des durch die Verletzungshandlung entstandenen Schadens verpflichtet. § 14 Abs. 7 ist entsprechend anzuwenden.

§ 18 Vernichtungsanspruch

(1) Der Inhaber einer Marke oder einer geschäftlichen Bezeichnung kann in den Fällen der §§ 14, 15 und 17 verlangen, daß die im Besitz oder Eigentum des Verletzers befindlichen widerrechtlich gekennzeichneten Gegenstände vernichtet werden, es sei denn, daß der durch die Rechtsverletzung verursachte Zustand der Gegenstände auf andere Weise

beseitigt werden kann und die Vernichtung für den Verletzer oder den Eigentümer im Einzelfall unverhältnismäßig ist.

(2) Absatz 1 ist entsprechend auf die im Eigentum des Verletzers stehenden, ausschließlich oder nahezu ausschließlich zur widerrechtlichen Kennzeichnung benutzten oder bestimmten Vorrichtungen anzuwenden.

(3) Weitergehende Ansprüche auf Beseitigung bleiben unberührt.

§ 19 Auskunftsanspruch

(1) Der Inhaber einer Marke oder einer geschäftlichen Bezeichnung kann den Verletzer in den Fällen der §§ 14, 15 und 17 auf unverzügliche Auskunft über die Herkunft und den Vertriebsweg von widerrechtlich gekennzeichneten Gegenständen in Anspruch nehmen, es sei denn, daß dies im Einzelfall unverhältnismäßig ist.

(2) Der nach Absatz 1 zur Auskunft Verpflichtete hat Angaben zu machen über Namen und Anschrift des Herstellers, des Lieferanten und anderer Vorbesitzer, des gewerblichen Abnehmers oder des Auftraggebers sowie über die Menge der hergestellten, ausgelieferten, erhaltenen oder bestellten Gegenstände.

(3) In Fällen offensichtlicher Rechtsverletzung kann die Verpflichtung zur Erteilung der Auskunft im Wege der einstweiligen Verfügung nach den Vorschriften der Zivilprozeßordnung angeordnet werden.

(4) Die Auskunft darf in einem Strafverfahren oder in einem Verfahren nach dem Gesetz über Ordnungswidrigkeiten wegen einer vor der Erteilung der Auskunft begangenen Tat gegen den zur Auskunft Verpflichteten oder gegen einen in § 52 Abs. 1 der Strafprozeßordnung bezeichneten Angehörigen nur mit Zustimmung des zur Auskunft Verpflichteten verwertet werden.

(5) Weitergehende Ansprüche auf Auskunft bleiben unberührt.

Abschnitt 4
Schranken des Schutzes

§ 20 Verjährung

(1) Die in den §§ 14 bis 19 genannten Ansprüche verjähren in drei Jahren von dem Zeitpunkt an, in dem der Berechtigte von der Verletzung seines Rechts und der Person des Verpflichteten Kenntnis erlangt, ohne Rücksicht auf diese Kenntnis in 30 Jahren von der Verletzung an.

(2) § 852 Abs. 2 des Bürgerlichen Gesetzbuchs ist entsprechend anzuwenden.

(3) Hat der Verpflichtete durch die Verletzung auf Kosten des Berechtigten etwas erlangt, so ist er auch nach Vollendung der Verjährung zur Herausgabe nach den Vorschriften über die Herausgabe einer ungerechtfertigten Bereicherung verpflichtet.

§ 21 Verwirkung von Ansprüchen

(1) Der Inhaber einer Marke oder einer geschäftlichen Bezeichnung hat nicht das Recht, die Benutzung einer eingetragenen Marke mit jüngerem Zeitrang für die Waren oder Dienstleistungen, für die sie eingetragen ist, zu untersagen, soweit er die Benutzung der Marke während eines Zeitraums von fünf aufeinanderfolgenden Jahren in Kenntnis dieser Benutzung geduldet hat, es sei denn, daß die Anmeldung der Marke mit jüngerem Zeitrang bösgläubig vorgenommen worden ist.

(2) Der Inhaber einer Marke oder einer geschäftlichen Bezeichnung hat nicht das Recht, die Benutzung einer Marke im Sinne des § 4 Nr. 2 oder 3, einer geschäftlichen Bezeichnung oder eines sonstigen Rechts im Sinne des § 13 mit jüngerem Zeitrang zu untersagen, soweit er die Benutzung dieses Rechts während eines Zeitraums von fünf aufeinanderfolgenden

Jahren in Kenntnis dieser Benutzung geduldet hat, es sei denn, daß der Inhaber dieses Rechts im Zeitpunkt des Rechtserwerbs bösgläubig war.

(3) In den Fällen der Absätze 1 und 2 kann der Inhaber des Rechts mit jüngerem Zeitrang die Benutzung des Rechts mit älterem Zeitrang nicht untersagen.

(4) Die Absätze 1 bis 3 lassen die Anwendung allgemeiner Grundsätze über die Verwirkung von Ansprüchen unberührt.

§ 22 Ausschluß von Ansprüchen bei Bestandskraft der Eintragung einer Marke mit jüngerem Zeitrang

(1) Der Inhaber einer Marke oder einer geschäftlichen Bezeichnung hat nicht das Recht, die Benutzung einer eingetragenen Marke mit jüngerem Zeitrang für die Waren oder Dienstleistungen, für die sie eingetragen ist, zu untersagen, wenn ein Antrag auf Löschung der Eintragung der Marke mit jüngerem Zeitrang zurückgewiesen worden ist oder zurückzuweisen wäre,

1. weil die Marke oder geschäftliche Bezeichnung mit älterem Zeitrang an dem für den Zeitrang der Eintragung der Marke mit jüngerem Zeitrang maßgeblichen Tag noch nicht im Sinne des § 9 Abs. 1 Nr. 3, des § 14 Abs. 2 Nr. 3 oder des § 15 Abs. 3 bekannt war (§ 51 Abs. 3),
2. weil die Eintragung der Marke mit älterem Zeitrang am Tag der Veröffentlichung der Eintragung der Marke mit jüngerem Zeitrang wegen Verfalls oder wegen absoluter Schutzhindernisse hätte gelöscht werden können (§ 51 Abs. 4).

(2) In den Fällen des Absatzes 1 kann der Inhaber der eingetragenen Marke mit jüngerem Zeitrang die Benutzung der Marke oder der geschäftlichen Bezeichnung mit älterem Zeitrang nicht untersagen.

§ 23 Benutzung von Namen und beschreibenden Angaben; Ersatzteilgeschäft

Der Inhaber einer Marke oder einer geschäftlichen Bezeichnung hat nicht das Recht, einem Dritten zu untersagen, im geschäftlichen Verkehr

1. dessen Namen oder Anschrift zu benutzen,
2. ein mit der Marke oder der geschäftlichen Bezeichnung identisches Zeichen oder ein ähnliches Zeichen als Angabe über Merkmale oder Eigenschaften von Waren oder Dienstleistungen, wie insbesondere ihre Art, ihre Beschaffenheit, ihre Bestimmung, ihren Wert, ihre geographische Herkunft oder die Zeit ihrer Herstellung oder ihrer Erbringung, zu benutzen, oder
3. die Marke oder die geschäftliche Bezeichnung als Hinweis auf die Bestimmung einer Ware, insbesondere als Zubehör oder Ersatzteil, oder einer Dienstleistung zu benutzen, soweit die Benutzung dafür notwendig ist,

sofern die Benutzung nicht gegen die guten Sitten verstößt.

§ 24 Erschöpfung

(1) Der Inhaber einer Marke oder einer geschäftlichen Bezeichnung hat nicht das Recht, einem Dritten zu untersagen, die Marke oder die geschäftliche Bezeichnung für Waren zu benutzen, die unter dieser Marke oder dieser geschäftlichen Bezeichnung von ihm oder mit seiner Zustimmung im Inland, in einem der übrigen Mitgliedstaaten der Europäischen Union oder in einem anderen Vertragsstaat des Abkommens über den Europäischen Wirtschaftsraum in den Verkehr gebracht worden sind.

(2) Absatz 1 findet keine Anwendung, wenn sich der Inhaber der Marke oder der geschäftlichen Bezeichnung der Benutzung der Marke oder der geschäftlichen Bezeichnung im Zusammenhang mit dem weiteren Vertrieb der Waren aus berechtigten Gründen

widersetzt, insbesondere wenn der Zustand der Waren nach ihrem Inverkehrbringen verändert oder verschlechtert ist.

§ 25 Ausschluß von Ansprüchen bei mangelnder Benutzung

(1) Der Inhaber einer eingetragenen Marke kann gegen Dritte Ansprüche im Sinne der §§ 14, 18 und 19 nicht geltend machen, wenn die Marke innerhalb der letzten fünf Jahre vor der Geltendmachung des Anspruchs für die Waren oder Dienstleistungen, auf die er sich zur Begründung seines Anspruchs beruft, nicht gemäß § 26 benutzt worden ist, sofern die Marke zu diesem Zeitpunkt seit mindestens fünf Jahren eingetragen ist.

(2) Werden Ansprüche im Sinne der §§ 14, 18 und 19 wegen Verletzung einer eingetragenen Marke im Wege der Klage geltend gemacht, so hat der Kläger auf Einrede des Beklagten nachzuweisen, daß die Marke innerhalb der letzten fünf Jahre vor Erhebung der Klage für die Waren oder Dienstleistungen, auf die er sich zur Begründung seines Anspruchs beruft, gemäß § 26 benutzt worden ist, sofern die Marke zu diesem Zeitpunkt seit mindestens fünf Jahren eingetragen ist. Endet der Zeitraum von fünf Jahren der Nichtbenutzung nach Erhebung der Klage, so hat der Kläger auf Einrede des Beklagten nachzuweisen, daß die Marke innerhalb der letzten fünf Jahre vor dem Schluß der mündlichen Verhandlung gemäß § 26 benutzt worden ist. Bei der Entscheidung werden nur die Waren oder Dienstleistungen berücksichtigt, für die die Benutzung nachgewiesen worden ist.

§ 26 Benutzung der Marke

(1) Soweit die Geltendmachung von Ansprüchen aus einer eingetragenen Marke oder die Aufrechterhaltung der Eintragung davon abhängig ist, daß die Marke benutzt worden ist, muß sie von ihrem Inhaber für die Waren oder Dienstleistungen, für die sie eingetragen ist, im Inland ernsthaft benutzt worden sein, es sei denn, daß berechtigte Gründe für die Nichtbenutzung vorliegen.

(2) Die Benutzung der Marke mit Zustimmung des Inhabers gilt als Benutzung durch den Inhaber.

(3) Als Benutzung einer eingetragenen Marke gilt auch die Benutzung der Marke in einer Form, die von der Eintragung abweicht, soweit die Abweichungen den kennzeichnenden Charakter der Marke nicht verändern. Satz 1 ist auch dann anzuwenden, wenn die Marke in der Form, in der sie benutzt worden ist, ebenfalls eingetragen ist.

(4) Als Benutzung im Inland gilt auch das Anbringen der Marke auf Waren oder deren Aufmachung oder Verpackung im Inland, wenn die Waren ausschließlich für die Ausfuhr bestimmt sind.

(5) Soweit die Benutzung innerhalb von fünf Jahren ab dem Zeitpunkt der Eintragung erforderlich ist, tritt in den Fällen, in denen gegen die Eintragung Widerspruch erhoben worden ist, an die Stelle des Zeitpunkts der Eintragung der Zeitpunkt des Abschlusses des Widerspruchsverfahrens.

Abschnitt 5

Marken als Gegenstand des Vermögens

§ 27 Rechtsübergang

(1) Das durch die Eintragung, die Benutzung oder die notorische Bekanntheit einer Marke begründete Recht kann für alle oder für einen Teil der Waren oder Dienstleistungen, für die die Marke Schutz genießt, auf andere übertragen werden oder übergehen.

(2) Gehört die Marke zu einem Geschäftsbetrieb oder zu einem Teil eines Geschäftsbetriebs, so wird das durch die Eintragung, die Benutzung oder die notorische Bekanntheit

der Marke begründete Recht im Zweifel von der Übertragung oder dem Übergang des Geschäftsbetriebs oder des Teils des Geschäftsbetriebs, zu dem die Marke gehört, erfaßt.

(3) Der Übergang des durch die Eintragung einer Marke begründeten Rechts wird auf Antrag eines Beteiligten in das Register eingetragen, wenn er dem Patentamt nachgewiesen wird.

(4) Betrifft der Rechtsübergang nur einen Teil der Waren oder Dienstleistungen, für die die Marke eingetragen ist, so ist mit dem Antrag auf Eintragung des Übergangs eine Gebühr nach dem Tarif zu zahlen. Wird die Gebühr nicht gezahlt, so gilt der Antrag als nicht gestellt. Im übrigen sind die Vorschriften über die Teilung der Eintragung mit Ausnahme von § 46 Abs. 2 und 3 Satz 1 bis 3 entsprechend anzuwenden.

§ 28 Vermutung der Rechtsinhaberschaft; Zustellungen an den Inhaber

(1) Es wird vermutet, daß das durch die Eintragung einer Marke begründete Recht dem im Register als Inhaber Eingetragenen zusteht.

(2) Ist das durch die Eintragung einer Marke begründete Recht auf einen anderen übertragen worden oder übergegangen, so kann der Rechtsnachfolger in einem Verfahren vor dem Patentamt, einem Beschwerdeverfahren vor dem Patentgericht oder einem Rechtsbeschwerdeverfahren vor dem Bundesgerichtshof den Anspruch auf Schutz dieser Marke und das durch die Eintragung begründete Recht erst von dem Zeitpunkt an geltend machen, in dem dem Patentamt der Antrag auf Eintragung des Rechtsübergangs zugegangen ist. Satz 1 gilt entsprechend für sonstige Verfahren vor dem Patentamt, Beschwerdeverfahren vor dem Patentgericht oder Rechtsbeschwerdeverfahren vor dem Bundesgerichtshof, an denen der Inhaber einer Marke beteiligt ist.

(3) Verfügungen und Beschlüsse des Patentamts, die der Zustellung an den Inhaber der Marke bedürfen, sind dem als Inhaber Eingetragenen zuzustellen. Ist dem Patentamt ein Antrag auf Eintragung eines Rechtsübergangs zugegangen, so sind die in Satz 1 genannten Verfügungen und Beschlüsse auch dem Rechtsnachfolger zuzustellen.

§ 29 Dingliche Rechte; Zwangsvollstreckung; Konkursverfahren

(1) Das durch die Eintragung, die Benutzung oder die notorische Bekanntheit einer Marke begründete Recht kann

1. verpfändet werden oder Gegenstand eines sonstigen dinglichen Rechts sein oder
2. Gegenstand von Maßnahmen der Zwangsvollstreckung sein.

(2) Betreffen die in Absatz 1 Nr. 1 genannten Rechte oder die in Absatz 1 Nr. 2 genannten Maßnahmen das durch die Eintragung einer Marke begründete Recht, so werden sie auf Antrag eines Beteiligten in das Register eingetragen, wenn sie dem Patentamt nachgewiesen werden.

(3) Wird das durch die Eintragung einer Marke begründete Recht durch ein Konkursverfahren erfaßt, so wird dies auf Antrag des Konkursverwalters oder auf Ersuchen des Konkursgerichts in das Register eingetragen.

§ 30 Lizenzen

(1) Das durch die Eintragung, die Benutzung oder die notorische Bekanntheit einer Marke begründete Recht kann für alle oder für einen Teil der Waren oder Dienstleistungen, für die die Marke Schutz genießt, Gegenstand von ausschließlichen oder nicht ausschließlichen Lizenzen für das Gebiet der Bundesrepublik Deutschland insgesamt oder einen Teil dieses Gebiets sein.

(2) Der Inhaber einer Marke kann die Rechte aus der Marke gegen einen Lizenznehmer geltend machen, der hinsichtlich

1. der Dauer der Lizenz,

2. der von der Eintragung erfaßten Form, in der die Marke benutzt werden darf,
3. der Art der Waren oder Dienstleistungen, für die die Lizenz erteilt wurde,
4. des Gebiets, in dem die Marke angebracht werden darf, oder
5. der Qualität der von ihm hergestellten Waren oder der von ihm erbrachten Dienstleistungen

gegen eine Bestimmung des Lizenzvertrages verstößt.

(3) Der Lizenznehmer kann Klage wegen Verletzung einer Marke nur mit Zustimmung ihres Inhabers erheben.

(4) Jeder Lizenznehmer kann einer vom Inhaber der Marke erhobenen Verletzungsklage beitreten, um den Ersatz seines Schadens geltend zu machen.

(5) Ein Rechtsübergang nach § 27 oder die Erteilung einer Lizenz nach Absatz 1 berührt nicht die Lizenzen, die Dritten vorher erteilt worden sind.

§ 31 Angemeldete Marken

Die §§ 27 bis 30 gelten entsprechend für durch Anmeldung von Marken begründete Rechte.

Teil 3
Verfahren in Markenangelegenheiten
Abschnitt 1
Eintragungsverfahren

§ 32 Erfordernisse der Anmeldung

(1) Die Anmeldung zur Eintragung einer Marke in das Register ist beim Patentamt einzureichen.

(2) Die Anmeldung muß enthalten:
1. Angaben, die es erlauben, die Identität des Anmelders festzustellen,
2. eine Wiedergabe der Marke und
3. ein Verzeichnis der Waren oder Dienstleistungen, für die die Eintragung beantragt wird.

(3) Die Anmeldung muß den weiteren Anmeldungserfordernissen entsprechen, die in einer Rechtsverordnung nach § 65 Abs. 1 Nr. 2 bestimmt worden sind.

(4) Mit der Anmeldung ist eine Gebühr nach dem Tarif zu zahlen. Wird die Eintragung für Waren oder Dienstleistungen beantragt, die in mehr als drei Klassen der Klasseneinteilung von Waren und Dienstleistungen fallen, so ist außerdem für jede weitere Klasse eine Klassengebühr nach dem Tarif zu zahlen.

§ 33 Anmeldetag; Anspruch auf Eintragung

(1) Der Anmeldetag einer Marke ist der Tag, an dem die Unterlagen mit den Angaben nach § 32 Abs. 2 beim Patentamt eingegangen sind.

(2) Die Anmeldung einer Marke, deren Anmeldetag feststeht, begründet einen Anspruch auf Eintragung. Dem Eintragungsantrag ist stattzugeben, es sei denn, daß die Anmeldungserfordernisse nicht erfüllt sind oder daß absolute Eintragungshindernisse der Eintragung entgegenstehen.

§ 34 Ausländische Priorität

(1) Die Inanspruchnahme der Priorität einer früheren ausländischen Anmeldung richtet sich nach den Vorschriften der Staatsverträge mit der Maßgabe, daß die Priorität nach der Pariser Verbandsübereinkunft auch für Dienstleistungen in Anspruch genommen werden kann.

(2) Ist die frühere ausländische Anmeldung in einem Staat eingereicht worden, mit dem kein Staatsvertrag über die Anerkennung der Priorität besteht, so kann der Anmelder ein dem Prioritätsrecht nach der Pariser Verbandsübereinkunft entsprechendes Prioritätsrecht in Anspruch nehmen, soweit nach einer Bekanntmachung des Bundesministeriums der Justiz im Bundesgesetzblatt der andere Staat aufgrund einer ersten Anmeldung beim Patentamt

(Fortsetzung auf Seite 15)

ein Prioritätsrecht gewährt, das nach Voraussetzungen und Inhalt dem Prioritätsrecht nach der Pariser Verbandsübereinkunft vergleichbar ist.

(3) Wer eine Priorität nach Absatz 1 oder 2 in Anspruch nimmt, hat innerhalb von zwei Monaten nach dem Anmeldetag Zeit und Staat der früheren Anmeldung anzugeben. Hat der Anmelder diese Angaben gemacht, fordert ihn das Patentamt auf, innerhalb von zwei Monaten nach der Zustellung der Aufforderung das Aktenzeichen der früheren Anmeldung anzugeben und eine Abschrift der früheren Anmeldung einzureichen. Innerhalb dieser Fristen können die Angaben geändert werden. Werden die Angaben nicht rechtzeitig gemacht, so wird der Prioritätsanspruch für diese Anmeldung verwirkt.

§ 35 Ausstellungspriorität

(1) Hat der Anmelder der Marke Waren oder Dienstleistungen unter der angemeldeten Marke

1. auf einer amtlichen oder amtlich anerkannten internationalen Ausstellung im Sinne des am 22. November 1928 in Paris unterzeichneten Abkommens über internationale Ausstellungen oder
2. auf einer sonstigen inländischen oder ausländischen Ausstellung

zur Schau gestellt, kann er, wenn er die Anmeldung innerhalb einer Frist von sechs Monaten seit der erstmaligen Zurschaustellung der Waren oder Dienstleistungen unter der angemeldeten Marke einreicht, von diesem Tag an ein Prioritätsrecht im Sinne des § 34 in Anspruch nehmen.

(2) Die in Absatz 1 Nr. 1 bezeichneten Ausstellungen werden vom Bundesministerium der Justiz im Bundesgesetzblatt bekanntgemacht.

(3) Die Ausstellungen im Sinne des Absatzes 1 Nr. 2 werden im Einzelfall in einer Bekanntmachung des Bundesministeriums der Justiz im Bundesgesetzblatt über den Ausstellungsschutz bestimmt.

(4) Wer eine Priorität nach Absatz 1 in Anspruch nimmt, hat innerhalb von zwei Monaten nach dem Anmeldetag den Tag der erstmaligen Zurschaustellung sowie die Ausstellung anzugeben. Hat der Anmelder diese Angaben gemacht, fordert ihn das Patentamt auf, innerhalb von zwei Monaten nach der Zustellung der Aufforderung die Nachweise für die Zurschaustellung der Waren oder Dienstleistungen unter der angemeldeten Marke einzureichen. Werden die Nachweise nicht rechtzeitig eingereicht, so wird der Prioritätsanspruch für diese Anmeldung verwirkt.

(5) Die Ausstellungspriorität nach Absatz 1 verlängert nicht die Prioritätsfrist nach § 34.

§ 36 Prüfung der Anmeldungserfordernisse

(1) Das Patentamt prüft, ob

1. die Anmeldung der Marke den Erfordernissen für die Zuerkennung eines Anmeldetages nach § 33 Abs. 1 genügt,
2. die Anmeldung den sonstigen Anmeldungserfordernissen entspricht,
3. die Gebühren nach § 32 Abs. 4 entrichtet worden sind und
4. der Anmelder nach § 7 Inhaber einer Marke sein kann.

(2) Werden nach Absatz 1 Nr. 1 festgestellte Mängel nicht innerhalb einer vom Patentamt bestimmten Frist beseitigt, so gilt die Anmeldung als nicht eingereicht. Kommt der Anmelder der Aufforderung des Patentamts nach, so erkennt das Patentamt als Anmeldetag den Tag zu, an dem die festgestellten Mängel beseitigt werden.

(3) Unterbleibt die Zahlung der Gebühren, so teilt das Patentamt dem Anmelder mit, daß die Anmeldung als zurückgenommen gilt, wenn die Gebühren mit einem Zuschlag nach dem Tarif nicht bis zum Ablauf eines Monats nach Zustellung der Mitteilung gezahlt werden. Werden innerhalb dieser Frist zwar die Anmeldegebühr und der Zuschlag, nicht

aber erforderliche Klassengebühren gezahlt, so gilt Satz 1 insoweit nicht, als der Anmelder angibt, welche Waren- oder Dienstleistungsklassen durch den gezahlten Gebührenbetrag gedeckt werden sollen. Fehlt es an einer solchen Bestimmung, so werden zunächst die Leitklasse und sodann die übrigen Klassen in der Reihenfolge der Klasseneinteilung berücksichtigt.

(4) Werden sonstige Mängel innerhalb einer vom Patentamt bestimmten Frist nicht beseitigt, so weist das Patentamt die Anmeldung zurück.

(5) Kann der Anmelder nicht nach § 7 Inhaber einer Marke sein, so weist das Patentamt die Anmeldung zurück.

§ 37 Prüfung auf absolute Schutzhindernisse

(1) Ist die Marke nach § 3, 8 oder 10 von der Eintragung ausgeschlossen, so wird die Anmeldung zurückgewiesen.

(2) Ergibt die Prüfung, daß die Marke zwar am Anmeldetag (§ 33 Abs. 1) nicht den Voraussetzungen des § 8 Abs. 2 Nr. 1, 2 oder 3 entsprach, daß das Schutzhindernis aber nach dem Anmeldetag weggefallen ist, so kann die Anmeldung nicht zurückgewiesen werden, wenn der Anmelder sich damit einverstanden erklärt, daß ungeachtet des ursprünglichen Anmeldetages und einer etwa nach § 34 oder § 35 in Anspruch genommenen Priorität der Tag, an dem das Schutzhindernis weggefallen ist, als Anmeldetag gilt und für die Bestimmung des Zeitrangs im Sinne des § 6 Abs. 2 maßgeblich ist.

(3) Eine Anmeldung wird nach § 8 Abs. 2 Nr. 4 nur zurückgewiesen, wenn die Eignung zur Täuschung ersichtlich ist.

(4) Eine Anmeldung wird nach § 10 nur zurückgewiesen, wenn die Notorietät der älteren Marke amtsbekannt ist und wenn die weiteren Voraussetzungen des § 9 Abs. 1 Nr. 1 oder 2 gegeben sind.

(5) Die Absätze 1 bis 4 sind entsprechend anzuwenden, wenn die Marke nur für einen Teil der Waren oder Dienstleistungen, für die sie angemeldet worden ist, von der Eintragung ausgeschlossen ist.

§ 38 Beschleunigte Prüfung

(1) Auf Antrag des Anmelders wird die Prüfung nach den §§ 36 und 37 beschleunigt durchgeführt.

(2) Mit dem Antrag auf beschleunigte Prüfung ist eine Gebühr nach dem Tarif zu zahlen. Wird die Gebühr nicht gezahlt, so gilt der Antrag als nicht gestellt.

§ 39 Zurücknahme, Einschränkung und Berichtigung der Anmeldung

(1) Der Anmelder kann die Anmeldung jederzeit zurücknehmen oder das in der Anmeldung enthaltene Verzeichnis der Waren und Dienstleistungen einschränken.

(2) Der Inhalt der Anmeldung kann auf Antrag des Anmelders zur Berichtigung von sprachlichen Fehlern, Schreibfehlern oder sonstigen offensichtlichen Unrichtigkeiten geändert werden.

§ 40 Teilung der Anmeldung

(1) Der Anmelder kann die Anmeldung teilen, indem er erklärt, daß die Anmeldung der Marke für die in der Teilungserklärung aufgeführten Waren und Dienstleistungen als abgetrennte Anmeldung weiterbehandelt werden soll. Für jede Teilanmeldung bleibt der Zeitrang der ursprünglichen Anmeldung erhalten.

(2) Für die abgetrennte Anmeldung sind die nach § 32 erforderlichen Anmeldungsunterlagen einzureichen. Für die Teilung ist außerdem eine Gebühr nach dem Tarif zu zahlen. Werden die Anmeldungsunterlagen nicht innerhalb von drei Monaten nach dem Zugang der Teilungserklärung eingereicht oder wird die Gebühr nicht innerhalb dieser Frist gezahlt, so

gilt die abgetrennte Anmeldung als zurückgenommen. Die Teilungserklärung kann nicht widerrufen werden.

§ 41 Eintragung
Entspricht die Anmeldung den Anmeldungserfordernissen und wird sie nicht gemäß § 37 zurückgewiesen, so wird die angemeldete Marke in das Register eingetragen. Die Eintragung wird veröffentlicht.

§ 42 Widerspruch
(1) Innerhalb einer Frist von drei Monaten nach dem Tag der Veröffentlichung der Eintragung der Marke gemäß § 41 kann von dem Inhaber einer Marke mit älterem Zeitrang gegen die Eintragung der Marke Widerspruch erhoben werden.
(2) Der Widerspruch kann nur darauf gestützt werden, daß die Marke
1. wegen einer angemeldeten oder eingetragenen Marke mit älterem Zeitrang nach § 9 Abs. 1 Nr. 1 oder 2,
2. wegen einer notorisch bekannten Marke mit älterem Zeitrang nach § 10 in Verbindung mit § 9 Abs. 1 Nr. 1 oder 2 oder
3. wegen ihrer Eintragung für einen Agenten oder Vertreter des Markeninhabers nach § 11

gelöscht werden kann.
(3) Innerhalb der Frist des Absatzes 1 ist eine Gebühr nach dem Tarif zu zahlen. Wird die Gebühr nicht gezahlt, so gilt der Widerspruch als nicht erhoben.

§ 43 Einrede mangelnder Benutzung; Entscheidung über den Widerspruch
(1) Ist der Widerspruch vom Inhaber einer eingetragenen Marke mit älterem Zeitrang erhoben worden, so hat er, wenn der Gegner die Benutzung der Marke bestreitet, glaubhaft zu machen, daß sie innerhalb der letzten fünf Jahre vor der Veröffentlichung der Eintragung der Marke, gegen die der Widerspruch sich richtet, gemäß § 26 benutzt worden ist, sofern sie zu diesem Zeitpunkt seit mindestens fünf Jahren eingetragen ist. Endet der Zeitraum von fünf Jahren der Nichtbenutzung nach der Veröffentlichung der Eintragung, so hat der Widersprechende, wenn der Gegner die Benutzung bestreitet, glaubhaft zu machen, daß die Marke innerhalb der letzten fünf Jahre vor der Entscheidung über den Widerspruch gemäß § 26 benutzt worden ist. Bei der Entscheidung werden nur die Waren oder Dienstleistungen berücksichtigt, für die die Benutzung glaubhaft gemacht worden ist.
(2) Ergibt die Prüfung des Widerspruchs, daß die Marke für alle oder für einen Teil der Waren oder Dienstleistungen, für die sie eingetragen ist, zu löschen ist, so wird die Eintragung ganz oder teilweise gelöscht. Kann die Eintragung der Marke nicht gelöscht werden, so wird der Widerspruch zurückgewiesen.
(3) Ist die eingetragene Marke wegen einer oder mehrerer Marken mit älterem Zeitrang zu löschen, so kann das Verfahren über weitere Widersprüche bis zur rechtskräftigen Entscheidung über die Eintragung der Marke ausgesetzt werden.
(4) Im Falle der Löschung nach Absatz 2 ist § 52 Abs. 2 und 3 entsprechend anzuwenden.

§ 44 Eintragungsbewilligungsklage
(1) Der Inhaber der Marke kann im Wege der Klage gegen den Widersprechenden geltend machen, daß ihm trotz der Löschung der Eintragung nach § 43 ein Anspruch auf die Eintragung zusteht.
(2) Die Klage nach Absatz 1 ist innerhalb von sechs Monaten nach Unanfechtbarkeit der Entscheidung, mit der die Eintragung gelöscht worden ist, zu erheben.
(3) Die Eintragung aufgrund einer Entscheidung zugunsten des Inhabers der Marke wird unter Wahrung des Zeitrangs der Eintragung vorgenommen.

Abschnitt 2
Berichtigung; Teilung; Schutzdauer und Verlängerung

§ 45 Berichtigung des Registers und von Veröffentlichungen

(1) Eintragungen im Register können auf Antrag oder von Amts wegen zur Berichtigung von sprachlichen Fehlern, Schreibfehlern oder sonstigen offensichtlichen Unrichtigkeiten geändert werden. War die von der Berichtigung betroffene Eintragung veröffentlicht worden, so ist die berichtigte Eintragung zu veröffentlichen.

(2) Absatz 1 ist entsprechend auf die Berichtigung von Veröffentlichungen anzuwenden.

§ 46 Teilung der Eintragung

(1) Der Inhaber einer eingetragenen Marke kann die Eintragung teilen, indem er erklärt, daß die Eintragung der Marke für die in der Teilungserklärung aufgeführten Waren oder Dienstleistungen als abgetrennte Eintragung fortbestehen soll. Für jede Teileintragung bleibt der Zeitrang der ursprünglichen Eintragung erhalten.

(2) Die Teilung kann erst nach Ablauf der Frist zur Erhebung des Widerspruchs erklärt werden. Die Erklärung ist nur zulässig, wenn ein im Zeitpunkt ihrer Abgabe anhängiger Widerspruch gegen die Eintragung der Marke oder eine in diesem Zeitpunkt anhängige Klage auf Löschung der Eintragung der Marke sich nach der Teilung nur gegen einen der Teile der ursprünglichen Eintragung richten würde.

(3) Für die abgetrennte Eintragung sind die erforderlichen Unterlagen einzureichen. Für die Teilung ist außerdem eine Gebühr nach dem Tarif zu zahlen. Werden die Unterlagen nicht innerhalb von drei Monaten nach dem Zugang der Teilungserklärung eingereicht oder wird die Gebühr nicht innerhalb dieser Frist gezahlt, so gilt dies als Verzicht auf die abgetrennte Eintragung. Die Teilungserklärung kann nicht widerrufen werden.

§ 47 Schutzdauer und Verlängerung

(1) Die Schutzdauer einer eingetragenen Marke beginnt mit dem Anmeldetag (§ 33 Abs. 1) und endet zehn Jahre nach Ablauf des Monats, in den der Anmeldetag fällt.

(2) Die Schutzdauer kann um jeweils zehn Jahre verlängert werden.

(3) Die Verlängerung der Schutzdauer wird dadurch bewirkt, daß eine Verlängerungsgebühr und, falls die Verlängerung für Waren und Dienstleistungen begehrt wird, die in mehr als drei Klassen der Klasseneinteilung von Waren und Dienstleistungen fallen, für jede weitere Klasse eine Klassengebühr nach dem Tarif gezahlt werden. Die Gebühren sind am letzten Tag der Schutzdauer fällig. Die Gebühren können innerhalb eines Zeitraums von einem Jahr vor Fälligkeit gezahlt werden. Werden die Gebühren nicht rechtzeitig gezahlt, so teilt das Patentamt dem Inhaber der eingetragenen Marke mit, daß die Eintragung der Marke gelöscht wird, wenn die Gebühren mit einem Zuschlag nach dem Tarif nicht innerhalb von sechs Monaten nach Ablauf des Monats, in dem die Mitteilung zugestellt worden ist, gezahlt werden.

(4) Beziehen sich die Gebühren nur auf einen Teil der Waren oder Dienstleistungen, für die die Marke eingetragen ist, so wird die Schutzdauer nur für diese Waren oder Dienstleistungen verlängert. Werden innerhalb der Frist des Absatzes 3 Satz 4 zwar die Verlängerungsgebühr und der Zuschlag, nicht aber erforderliche Klassengebühren gezahlt, so wird die Schutzdauer, soweit nicht Satz 1 Anwendung findet, nur für die Klassen der Klasseneinteilung von Waren oder Dienstleistungen verlängert, für die die gezahlten Gebühren ausreichen. Besteht eine Leitklasse, so wird sie zunächst berücksichtigt. Im übrigen werden die Klassen in der Reihenfolge der Klasseneinteilung berücksichtigt.

(5) Die Verlängerung der Schutzdauer wird am Tag nach dem Ablauf der Schutzdauer wirksam. Sie wird in das Register eingetragen und veröffentlicht.

(6) Wird die Schutzdauer nicht verlängert, so wird die Eintragung der Marke mit Wirkung ab dem Ablauf der Schutzdauer gelöscht.

Abschnitt 3

Verzicht, Verfall und Nichtigkeit; Löschungsverfahren

§ 48 Verzicht

(1) Auf Antrag des Inhabers der Marke wird die Eintragung jederzeit für alle oder für einen Teil der Waren oder Dienstleistungen, für die sie eingetragen ist, im Register gelöscht.

(2) Ist im Register eine Person als Inhaber eines Rechts an der Marke eingetragen, so wird die Eintragung nur mit Zustimmung dieser Person gelöscht.

§ 49 Verfall

(1) Die Eintragung einer Marke wird auf Antrag wegen Verfalls gelöscht, wenn die Marke nach dem Tag der Eintragung innerhalb eines ununterbrochenen Zeitraums von fünf Jahren nicht gemäß § 26 benutzt worden ist. Der Verfall einer Marke kann jedoch nicht geltend gemacht werden, wenn nach Ende dieses Zeitraums und vor Stellung des Löschungsantrags eine Benutzung der Marke gemäß § 26 begonnen oder wieder aufgenommen worden ist. Wird die Benutzung jedoch im Anschluß an einen ununterbrochenen Zeitraum von fünf Jahren der Nichtbenutzung innerhalb von drei Monaten vor der Stellung des Löschungsantrags begonnen oder wieder aufgenommen, so bleibt sie unberücksichtigt, sofern die Vorbereitungen für die erstmalige oder die erneute Benutzung erst stattgefunden haben, nachdem der Inhaber der Marke Kenntnis davon erhalten hat, daß Antrag auf Löschung gestellt werden könnte. Wird der Antrag auf Löschung nach § 53 Abs. 1 beim Patentamt gestellt, so bleibt für die Berechnung der Frist von drei Monaten nach Satz 3 der Antrag beim Patentamt maßgeblich, wenn die Klage auf Löschung nach § 55 Abs. 1 innerhalb von drei Monaten nach Zustellung der Mitteilung nach § 53 Abs. 4 erhoben wird.

(2) Die Eintragung einer Marke wird ferner auf Antrag wegen Verfalls gelöscht,

1. wenn die Marke infolge des Verhaltens oder der Untätigkeit ihres Inhabers im geschäftlichen Verkehr zur gebräuchlichen Bezeichnung der Waren oder Dienstleistungen, für die sie eingetragen ist, geworden ist;
2. wenn die Marke infolge ihrer Benutzung durch den Inhaber oder mit seiner Zustimmung für die Waren oder Dienstleistungen, für die sie eingetragen ist, geeignet ist, das Publikum insbesondere über die Art, die Beschaffenheit oder die geographische Herkunft dieser Waren oder Dienstleistungen zu täuschen oder
3. wenn der Inhaber der Marke nicht mehr die in § 7 genannten Voraussetzungen erfüllt.

(3) Liegt ein Verfallsgrund nur für einen Teil der Waren oder Dienstleistungen vor, für die die Marke eingetragen ist, so wird die Eintragung nur für diese Waren oder Dienstleistungen gelöscht.

§ 50 Nichtigkeit wegen absoluter Schutzhindernisse

(1) Die Eintragung einer Marke wird auf Antrag wegen Nichtigkeit gelöscht,

1. wenn sie entgegen § 3 eingetragen worden ist,
2. wenn sie entgegen § 7 eingetragen worden ist,
3. wenn sie entgegen § 8 eingetragen worden ist oder
4. wenn der Anmelder bei der Anmeldung bösgläubig war.

(2) Ist die Marke entgegen § 3, 7 oder 8 eingetragen worden, so kann die Eintragung nur gelöscht werden, wenn das Schutzhindernis auch noch im Zeitpunkt der Entscheidung über den Antrag auf Löschung besteht. Ist die Marke entgegen § 8 Abs. 2 Nr. 1, 2 oder 3 eingetragen worden, so kann die Eintragung außerdem nur dann gelöscht werden, wenn

der Antrag auf Löschung innerhalb von zehn Jahren seit dem Tag der Eintragung gestellt wird.

(3) Die Eintragung einer Marke kann von Amts wegen gelöscht werden, wenn sie entgegen § 8 Abs. 2 Nr. 4 bis 9 eingetragen worden ist und

1. das Löschungsverfahren innerhalb eines Zeitraums von zwei Jahren seit dem Tag der Eintragung eingeleitet wird,
2. das Schutzhindernis auch noch im Zeitpunkt der Entscheidung über die Löschung besteht und
3. die Eintragung ersichtlich entgegen den genannten Vorschriften vorgenommen worden ist.

(4) Liegt ein Nichtigkeitsgrund nur für einen Teil der Waren oder Dienstleistungen vor, für die die Marke eingetragen ist, so wird die Eintragung nur für diese Waren oder Dienstleistungen gelöscht.

§ 51 Nichtigkeit wegen des Bestehens älterer Rechte

(1) Die Eintragung einer Marke wird auf Klage wegen Nichtigkeit gelöscht, wenn ihr ein Recht im Sinne der §§ 9 bis 13 mit älterem Zeitrang entgegensteht.

(2) Die Eintragung kann aufgrund der Eintragung einer Marke mit älterem Zeitrang nicht gelöscht werden, soweit der Inhaber der Marke mit älterem Zeitrang die Benutzung der Marke mit jüngerem Zeitrang für die Waren oder Dienstleistungen, für die sie eingetragen ist, während eines Zeitraums von fünf aufeinanderfolgenden Jahren in Kenntnis dieser Benutzung geduldet hat, es sei denn, daß die Anmeldung der Marke mit jüngerem Zeitrang bösgläubig vorgenommen worden ist. Das gleiche gilt für den Inhaber eines Rechts mit älterem Zeitrang an einer durch Benutzung erworbenen Marke im Sinne des § 4 Nr. 2, an einer notorisch bekannten Marke im Sinne des § 4 Nr. 3, an einer geschäftlichen Bezeichnung im Sinne des § 5 oder an einer Sortenbezeichnung im Sinne des § 13 Abs. 2 Nr. 4. Die Eintragung einer Marke kann ferner nicht gelöscht werden, wenn der Inhaber eines der in den §§ 9 bis 13 genannten Rechte mit älterem Zeitrang der Eintragung der Marke vor der Stellung des Antrags auf Löschung zugestimmt hat.

(3) Die Eintragung kann aufgrund einer bekannten Marke oder einer bekannten geschäftlichen Bezeichnung mit älterem Zeitrang nicht gelöscht werden, wenn die Marke oder die geschäftliche Bezeichnung an dem für den Zeitrang der Eintragung der Marke mit jüngerem Zeitrang maßgeblichen Tag noch nicht im Sinne des § 9 Abs. 1 Nr. 3, des § 14 Abs. 2 Nr. 3 oder des § 15 Abs. 3 bekannt war.

(4) Die Eintragung kann aufgrund der Eintragung einer Marke mit älterem Zeitrang nicht gelöscht werden, wenn die Eintragung der Marke mit älterem Zeitrang am Tag der Veröffentlichung der Eintragung der Marke mit jüngerem Zeitrang

1. wegen Verfalls nach § 49 oder
2. wegen absoluter Schutzhindernisse nach § 50

hätte gelöscht werden können.

(5) Liegt ein Nichtigkeitsgrund nur für einen Teil der Waren oder Dienstleistungen vor, für die die Marke eingetragen ist, so wird die Eintragung nur für diese Waren oder Dienstleistungen gelöscht.

§ 52 Wirkungen der Löschung wegen Verfalls oder Nichtigkeit

(1) Die Wirkungen der Eintragung einer Marke gelten in dem Umfang, in dem die Eintragung wegen Verfalls gelöscht wird, als von dem Zeitpunkt der Erhebung der Klage auf Löschung an nicht eingetreten. In der Entscheidung kann auf Antrag einer Partei ein früherer Zeitpunkt, zu dem einer der Verfallsgründe eingetreten ist, festgesetzt werden.

(2) Die Wirkungen der Eintragung einer Marke gelten in dem Umfang, in dem die Eintragung wegen Nichtigkeit gelöscht wird, als von Anfang an nicht eingetreten.

(3) Vorbehaltlich der Vorschriften über den Ersatz des Schadens, der durch fahrlässiges oder vorsätzliches Verhalten des Inhabers einer Marke verursacht worden ist, sowie der Vorschriften über ungerechtfertigte Bereicherung berührt die Löschung der Eintragung der Marke nicht

1. Entscheidungen in Verletzungsverfahren, die vor der Entscheidung über den Antrag auf Löschung rechtskräftig geworden und vollstreckt worden sind, und
2. vor der Entscheidung über den Antrag auf Löschung geschlossene Verträge insoweit, als sie vor dieser Entscheidung erfüllt worden sind. Es kann jedoch verlangt werden, daß in Erfüllung des Vertrages gezahlte Beträge aus Billigkeitsgründen insoweit zurückerstattet werden, wie die Umstände dies rechtfertigen.

§ 53 Löschung durch das Patentamt wegen Verfalls

(1) Der Antrag auf Löschung wegen Verfalls (§ 49) kann, unbeschadet des Rechts, den Antrag durch Klage nach § 55 geltend zu machen, beim Patentamt gestellt werden.

(2) Das Patentamt unterrichtet den Inhaber der eingetragenen Marke über den Antrag und fordert ihn auf, dem Patentamt mitzuteilen, ob er der Löschung widerspricht.

(3) Widerspricht der Inhaber der eingetragenen Marke der Löschung nicht innerhalb von zwei Monaten nach Zustellung der Mitteilung, wird die Eintragung gelöscht.

(4) Widerspricht der Inhaber der eingetragenen Marke der Löschung, teilt das Patentamt dies dem Antragsteller mit und unterrichtet ihn darüber, daß der Antrag auf Löschung durch Klage nach § 55 geltend zu machen ist.

§ 54 Löschungsverfahren vor dem Patentamt wegen absoluter Schutzhindernisse

(1) Der Antrag auf Löschung wegen absoluter Schutzhindernisse (§ 50) ist beim Patentamt zu stellen. Der Antrag kann von jeder Person gestellt werden.

(2) Mit dem Antrag ist eine Gebühr nach dem Tarif zu zahlen. Wird die Gebühr nicht gezahlt, so gilt der Antrag als nicht gestellt.

(3) Wird ein Antrag auf Löschung gestellt oder wird ein Löschungsverfahren von Amts wegen eingeleitet, so unterrichtet das Patentamt den Inhaber der eingetragenen Marke hierüber. Widerspricht er der Löschung nicht innerhalb von zwei Monaten nach Zustellung der Mitteilung, so wird die Eintragung gelöscht. Widerspricht er der Löschung, so wird das Löschungsverfahren durchgeführt.

§ 55 Löschungsverfahren vor den ordentlichen Gerichten

(1) Die Klage auf Löschung wegen Verfalls (§ 49) oder wegen des Bestehens älterer Rechte (§ 51) ist gegen den als Inhaber der Marke Eingetragenen oder seinen Rechtsnachfolger zu richten.

(2) Zur Erhebung der Klage sind befugt:

1. in den Fällen des Antrags auf Löschung wegen Verfalls jede Person,
2. in den Fällen des Antrags auf Löschung wegen des Bestehens von Rechten mit älterem Zeitrang die Inhaber der in den §§ 9 bis 13 aufgeführten Rechte,
3. in den Fällen des Antrags auf Löschung wegen des Bestehens einer geographischen Herkunftsangabe mit älterem Zeitrang (§ 13 Abs. 2 Nr. 5) die nach § 13 Abs. 2 des Gesetzes gegen den unlauteren Wettbewerb zur Geltendmachung von Ansprüchen Berechtigten.

(3) Ist die Klage auf Löschung vom Inhaber einer eingetragenen Marke mit älterem Zeitrang erhoben worden, so hat er auf Einrede des Beklagten nachzuweisen, daß die Marke innerhalb der letzten fünf Jahre vor Erhebung der Klage gemäß § 26 benutzt

worden ist, sofern sie zu diesem Zeitpunkt seit mindestens fünf Jahren eingetragen ist. Endet der Zeitraum von fünf Jahren der Nichtbenutzung nach Erhebung der Klage, so hat der Kläger auf Einrede des Beklagten nachzuweisen, daß die Marke innerhalb der letzten fünf Jahre vor dem Schluß der mündlichen Verhandlung gemäß § 26 benutzt worden ist. War die Marke mit älterem Zeitrang am Tag der Veröffentlichung der Eintragung der Marke mit jüngerem Zeitrang bereits seit mindestens fünf Jahren eingetragen, so hat der Kläger auf Einrede des Beklagten ferner nachzuweisen, daß die Eintragung der Marke mit älterem Zeitrang an diesem Tag nicht nach § 49 Abs. 1 hätte gelöscht werden können. Bei der Entscheidung werden nur die Waren oder Dienstleistungen berücksichtigt, für die die Benutzung nachgewiesen worden ist.

(4) Ist vor oder nach Erhebung der Klage das durch die Eintragung der Marke begründete Recht auf einen anderen übertragen worden oder übergegangen, so ist die Entscheidung in der Sache selbst auch gegen den Rechtsnachfolger wirksam und vollstreckbar. Für die Befugnis des Rechtsnachfolgers, in den Rechtsstreit einzutreten, gelten die §§ 66 bis 74 und 76 der Zivilprozeßordnung entsprechend.

Abschnitt 4

Allgemeine Vorschriften für das Verfahren vor dem Patentamt

§ 56 Zuständigkeiten im Patentamt

(1) Im Patentamt werden zur Durchführung der Verfahren in Markenangelegenheiten Markenstellen und Markenabteilungen gebildet.

(2) Die Markenstellen sind für die Prüfung von angemeldeten Marken und für die Beschlußfassung im Eintragungsverfahren zuständig. Die Aufgaben einer Markenstelle nimmt ein Mitglied des Patentamts (Prüfer) wahr. Die Aufgaben können auch von einem Beamten des gehobenen Dienstes oder von einem vergleichbaren Angestellten wahrgenommen werden. Beamte des gehobenen Dienstes und vergleichbare Angestellte sind jedoch nicht befugt, eine Beeidigung anzuordnen, einen Eid abzunehmen oder ein Ersuchen nach § 95 Abs. 2 an das Patentgericht zu richten.

(3) Die Markenabteilungen sind für die Angelegenheiten zuständig, die nicht in die Zuständigkeit der Markenstellen fallen. Die Aufgaben einer Markenabteilung werden in der Besetzung mit mindestens drei Mitgliedern des Patentamts wahrgenommen. Der Vorsitzende einer Markenabteilung kann alle in die Zuständigkeit der Markenabteilung fallenden Angelegenheiten mit Ausnahme der Entscheidung über die Löschung einer Marke nach § 54 allein bearbeiten oder diese Angelegenheiten einem Angehörigen der Markenabteilung zur Bearbeitung übertragen.

§ 57 Ausschließung und Ablehnung

(1) Für die Ausschließung und Ablehnung der Prüfer und der Mitglieder der Markenabteilungen sowie der mit der Wahrnehmung von Angelegenheiten, die den Markenstellen oder den Markenabteilungen obliegen, betrauten Beamten des gehobenen und mittleren Dienstes oder Angestellten gelten die §§ 41 bis 44, 45 Abs. 2 Satz 2, §§ 47 bis 49 der Zivilprozeßordnung über die Ausschließung und Ablehnung der Gerichtspersonen entsprechend.

(2) Über das Ablehnungsgesuch entscheidet, soweit es einer Entscheidung bedarf, eine Markenabteilung.

§ 58 Gutachten

(1) Das Patentamt ist verpflichtet, auf Ersuchen der Gerichte oder der Staatsanwaltschaften über Fragen, die angemeldete oder eingetragene Marken betreffen, Gutachten

abzugeben, wenn in dem Verfahren voneinander abweichende Gutachten mehrerer Sachverständiger vorliegen.

(2) Im übrigen ist das Patentamt nicht befugt, ohne Genehmigung des Bundesministeriums der Justiz außerhalb seines gesetzlichen Aufgabenbereichs Beschlüsse zu fassen oder Gutachten abzugeben.

§ 59 Ermittlung des Sachverhalts; rechtliches Gehör

(1) Das Patentamt ermittelt den Sachverhalt von Amts wegen. Es ist an das Vorbringen und die Beweisanträge der Beteiligten nicht gebunden.

(2) Soll die Entscheidung des Patentamts auf Umstände gestützt werden, die dem Anmelder oder Inhaber der Marke oder einem anderen am Verfahren Beteiligten noch nicht mitgeteilt waren, so ist ihm vorher Gelegenheit zu geben, sich dazu innerhalb einer bestimmten Frist zu äußern.

§ 60 Ermittlungen; Anhörungen; Niederschrift

(1) Das Patentamt kann jederzeit die Beteiligten laden und anhören, Zeugen, Sachverständige und Beteiligte eidlich oder uneidlich vernehmen sowie andere zur Aufklärung der Sache erforderliche Ermittlungen anstellen.

(2) Bis zum Beschluß, mit dem das Verfahren abgeschlossen wird, ist der Anmelder oder Inhaber der Marke oder ein anderer an dem Verfahren Beteiligter auf Antrag anzuhören, wenn dies sachdienlich ist. Hält das Patentamt die Anhörung nicht für sachdienlich, so weist es den Antrag zurück. Der Beschluß, durch den der Antrag zurückgewiesen wird, ist selbständig nicht anfechtbar.

(3) Über die Anhörungen und Vernehmungen ist eine Niederschrift zu fertigen, die den wesentlichen Gang der Verhandlung wiedergeben und die rechtserheblichen Erklärungen der Beteiligten enthalten soll. Die §§ 160 a, 162 und 163 der Zivilprozeßordnung sind entsprechend anzuwenden. Die Beteiligten erhalten eine Abschrift der Niederschrift.

§ 61 Beschlüsse; Rechtsmittelbelehrung

(1) Die Beschlüsse des Patentamts sind, auch wenn sie nach Satz 2 verkündet worden sind, schriftlich auszufertigen, zu begründen und den Beteiligten von Amts wegen zuzustellen. Falls eine Anhörung stattgefunden hat, können sie auch am Ende der Anhörung verkündet werden. Einer Begründung bedarf es nicht, wenn am Verfahren nur der Anmelder oder Inhaber der Marke beteiligt ist und seinem Antrag stattgegeben wird.

(2) Der schriftlichen Ausfertigung ist eine Erklärung beizufügen, mit der die Beteiligten über das Rechtsmittel, das gegen den Beschluß gegeben ist, über die Stelle, bei der das Rechtsmittel einzulegen ist, über die Rechtsmittelfrist und, sofern für das Rechtsmittel eine Gebühr zu zahlen ist, über die Gebühr unterrichtet werden. Die Frist für das Rechtsmittel beginnt nur zu laufen, wenn die Beteiligten schriftlich belehrt worden sind. Ist die Belehrung unterblieben oder unrichtig erteilt, so ist die Einlegung des Rechtsmittels nur innerhalb eines Jahres seit Zustellung des Beschlusses zulässig, außer wenn der Beteiligte schriftlich dahingehend belehrt worden ist, daß ein Rechtsmittel nicht gegeben sei. § 91 ist entsprechend anzuwenden. Die Sätze 1 bis 4 gelten entsprechend für den Rechtsbehelf der Erinnerung nach § 64.

§ 62 Akteneinsicht; Registereinsicht

(1) Das Patentamt gewährt auf Antrag Einsicht in die Akten von Anmeldungen von Marken, wenn ein berechtigtes Interesse glaubhaft gemacht wird.

(2) Nach der Eintragung der Marke wird auf Antrag Einsicht in die Akten der eingetragenen Marke gewährt.

(3) Die Einsicht in das Register steht jeder Person frei.

§ 63 Kosten der Verfahren

(1) Sind an dem Verfahren mehrere Personen beteiligt, so kann das Patentamt in der Entscheidung bestimmen, daß die Kosten des Verfahrens einschließlich der Auslagen des Patentamts und der den Beteiligten erwachsenen Kosten, soweit sie zur zweckentsprechenden Wahrung der Ansprüche und Rechte notwendig waren, einem Beteiligten ganz oder teilweise zur Last fallen, wenn dies der Billigkeit entspricht. Die Bestimmung kann auch getroffen werden, wenn der Beteiligte die Erinnerung, die Anmeldung der Marke, den Widerspruch oder den Antrag auf Löschung ganz oder teilweise zurücknimmt oder wenn die Eintragung der Marke wegen Verzichts oder wegen Nichtverlängerung der Schutzdauer ganz oder teilweise im Register gelöscht wird. Soweit eine Bestimmung über die Kosten nicht getroffen wird, trägt jeder Beteiligte die ihm erwachsenen Kosten selbst.

(2) Das Patentamt kann anordnen, daß die Gebühr für einen Widerspruch oder für einen Antrag auf Löschung ganz oder teilweise zurückgezahlt wird, wenn dies der Billigkeit entspricht.

(3) Der Betrag der zu erstattenden Kosten wird auf Antrag durch das Patentamt festgesetzt. Die Vorschriften der Zivilprozeßordnung über das Kostenfestsetzungsverfahren und die Zwangsvollstreckung aus Kostenfestsetzungsbeschlüssen sind entsprechend anzuwenden. An die Stelle der Erinnerung tritt die Beschwerde gegen den Kostenfestsetzungsbeschluß. § 66 ist mit der Maßgabe anzuwenden, daß die Beschwerde innerhalb von zwei Wochen einzulegen ist und daß für die Beschwerde keine Gebühr zu zahlen ist. Die vollstreckbare Ausfertigung wird vom Urkundsbeamten der Geschäftsstelle des Patentgerichts erteilt.

§ 64 Erinnerung

(1) Gegen die Beschlüsse der Markenstellen und der Markenabteilungen, die von einem Beamten des gehobenen Dienstes oder einem vergleichbaren Angestellten erlassen worden sind, findet die Erinnerung statt. Die Erinnerung hat aufschiebende Wirkung.

(2) Die Erinnerung ist innerhalb eines Monats nach Zustellung beim Patentamt einzulegen.

(3) Erachtet der Beamte oder Angestellte, dessen Beschluß angefochten wird, die Erinnerung für begründet, so hat er ihr abzuhelfen. Dies gilt nicht, wenn dem Erinnerungsführer ein anderer an dem Verfahren Beteiligter gegenübersteht.

(4) Über die Erinnerung entscheidet ein Mitglied des Patentamts durch Beschluß.

(5) Nach Einlegung einer Beschwerde nach § 66 Abs. 3 kann über eine Erinnerung nicht mehr entschieden werden. Eine gleichwohl danach erlassene Erinnerungsentscheidung ist gegenstandslos.

§ 65 Rechtsverordnungsermächtigung

(1) Das Bundesministerium der Justiz wird ermächtigt, durch Rechtsverordnung ohne Zustimmung des Bundesrates

1. die Einrichtung und den Geschäftsgang des Patentamts in Markenangelegenheiten zu regeln,
2. weitere Erfordernisse für die Anmeldung von Marken zu bestimmen,
3. die Klasseneinteilung von Waren und Dienstleistungen festzulegen,
4. nähere Bestimmungen für die Durchführung der Prüfungs-, Widerspruchs- und Löschungsverfahren zu treffen,
5. Bestimmungen über das Register der eingetragenen Marken und gegebenenfalls gesonderte Bestimmungen über das Register für Kollektivmarken zu treffen,
6. die in das Register aufzunehmenden Angaben über eingetragene Marken zu regeln und Umfang sowie Art und Weise der Veröffentlichung dieser Angaben festzulegen,

7. Bestimmungen über die sonstigen in diesem Gesetz vorgesehenen Verfahren vor dem Patentamt zu treffen, wie insbesondere das Verfahren bei der Teilung von Anmeldungen und von Eintragungen, das Verfahren zur Erteilung von Auskünften oder Bescheinigungen, das Verfahren der Wiedereinsetzung, das Verfahren der Akteneinsicht, das Verfahren über den Schutz international registrierter Marken und das Verfahren über die Umwandlung von Gemeinschaftsmarken,
8. Bestimmungen über die Form zu treffen, in der Anträge und Eingaben in Markenangelegenheiten einzureichen sind, einschließlich der Übermittlung von Anträgen und Eingaben durch elektronische Datenübertragung,
9. Bestimmungen darüber zu treffen, in welcher Form Beschlüsse, Bescheide oder sonstige Mitteilungen des Patentamts in Markenangelegenheiten den Beteiligten zu übermitteln sind, einschließlich der Übermittlung durch elektronische Datenübertragung, soweit nicht eine bestimmte Form der Übermittlung gesetzlich vorgeschrieben ist,
10. Bestimmungen darüber zu treffen, in welchen Fällen und unter welchen Voraussetzungen Eingaben und Schriftstücke in Markenangelegenheiten in anderen Sprachen als der deutschen Sprache berücksichtigt werden,
11. Beamte des gehobenen Dienstes oder vergleichbare Angestellte mit der Wahrnehmung einzelner den Markenabteilungen obliegenden Angelegenheiten, die keine besonderen rechtlichen Schwierigkeiten bieten, zu betrauen, mit Ausnahme der Beschlußfassung über die Löschung von Marken (§ 48 Abs. 1, §§ 53 und 54), der Abgabe von Gutachten (§ 58 Abs. 1) und der Entscheidungen, mit denen die Abgabe eines Gutachtens abgelehnt wird,
12. Beamte des mittleren Dienstes oder vergleichbare Angestellte mit der Wahrnehmung einzelner den Markenstellen oder Markenabteilungen obliegenden Angelegenheiten, die keine rechtlichen Schwierigkeiten bieten, zu betrauen, mit Ausnahme von Entscheidungen über Anmeldungen, Widersprüche oder sonstige Anträge,
13. zur Deckung der durch eine Inanspruchnahme des Patentamts entstehenden Kosten, soweit nicht durch Gesetz darüber Bestimmungen getroffen sind, die Erhebung von Verwaltungskosten anzuordnen, insbesondere
    a) zu bestimmen, daß Gebühren für Bescheinigungen, Beglaubigungen, Akteneinsicht und Auskünfte sowie Auslagen erhoben werden,
    b) Bestimmungen über den Kostenschuldner, die Fälligkeit von Kosten, die Kostenvorschußpflicht, Kostenbefreiungen, die Verjährung und das Kostenfestsetzungsverfahren zu treffen.

(2) Das Bundesministerium der Justiz kann die Ermächtigung zum Erlaß von Rechtsverordnungen nach Absatz 1 durch Rechtsverordnung ohne Zustimmung des Bundesrates ganz oder teilweise dem Präsidenten des Patentamts übertragen.

Abschnitt 5

Verfahren vor dem Patentgericht

§ 66 Beschwerde

(1) Gegen die Beschlüsse der Markenstellen und der Markenabteilungen findet, soweit gegen sie nicht die Erinnerung gegeben ist (§ 64 Abs. 1), die Beschwerde an das Patentgericht statt. Die Beschwerde steht den am Verfahren vor dem Patentamt Beteiligten zu. Die Beschwerde hat aufschiebende Wirkung.

(2) Die Beschwerde ist innerhalb eines Monats nach Zustellung des Beschlusses beim Patentamt einzulegen.

(3) Ist über eine Erinnerung nach § 64 innerhalb von sechs Monaten nach ihrer Einlegung nicht entschieden worden und hat der Erinnerungsführer nach Ablauf dieser Frist Antrag auf

Entscheidung gestellt, so ist die Beschwerde abweichend von Absatz 1 Satz 1 unmittelbar gegen den Beschluß der Markenstelle oder der Markenabteilung zulässig, wenn über die Erinnerung nicht innerhalb von zwei Monaten nach Zugang des Antrags entschieden worden ist. Steht dem Erinnerungsführer in dem Erinnerungsverfahren ein anderer Beteiligter gegenüber, so ist Satz 1 mit der Maßgabe anzuwenden, daß an die Stelle der Frist von sechs Monaten nach Einlegung der Erinnerung eine Frist von zehn Monaten tritt. Hat der andere Beteiligte ebenfalls Erinnerung eingelegt, so bedarf die Beschwerde nach Satz 2 der Einwilligung des anderen Beteiligten. Die schriftliche Erklärung der Einwilligung ist der Beschwerde beizufügen. Legt der andere Beteiligte nicht innerhalb einer Frist von einem Monat nach Zustellung der Beschwerde gemäß Absatz 4 Satz 2 ebenfalls Beschwerde ein, so gilt seine Erinnerung als zurückgenommen. Der Lauf der Fristen nach den Sätzen 1 und 2 wird gehemmt, wenn das Verfahren ausgesetzt oder wenn einem Beteiligten auf Gesuch eine Frist gewährt wird. Der noch übrige Teil der Fristen nach den Sätzen 1 und 2 beginnt nach Beendigung der Aussetzung oder nach Ablauf der gewährten Frist zu laufen. Nach Erlaß der Erinnerungsentscheidung findet die Beschwerde nach den Sätzen 1 und 2 nicht mehr statt.

(4) Der Beschwerde und allen Schriftsätzen sollen Abschriften für die übrigen Beteiligten beigefügt werden. Die Beschwerde und alle Schriftsätze, die Sachanträge oder die Erklärung der Zurücknahme der Beschwerde oder eines Antrags enthalten, sind den übrigen Beteiligten von Amts wegen zuzustellen. Andere Schriftsätze sind ihnen formlos mitzuteilen, sofern nicht die Zustellung angeordnet wird.

(5) Für die Beschwerde ist eine Gebühr nach dem Tarif zu zahlen. Wird die Gebühr für eine Beschwerde nach Absatz 1 nicht innerhalb der Frist des Absatzes 2 oder für eine Beschwerde nach Absatz 3 nicht innerhalb eines Monats nach Zugang der Beschwerde gezahlt, so gilt die Beschwerde als nicht eingelegt.

(6) Erachtet die Stelle, deren Beschluß angefochten wird, die Beschwerde für begründet, so hat sie ihr abzuhelfen. Dies gilt nicht, wenn dem Beschwerdeführer ein anderer an dem Verfahren Beteiligter gegenübersteht. Die Stelle kann anordnen, daß die Beschwerdegebühr zurückgezahlt wird. Wird der Beschwerde nicht nach Satz 1 abgeholfen, so ist sie vor Ablauf von einem Monat ohne sachliche Stellungnahme dem Patentgericht vorzulegen. In den Fällen des Satzes 2 ist die Beschwerde unverzüglich dem Patentgericht vorzulegen.

§ 67 Beschwerdesenate; Öffentlichkeit der Verhandlung

(1) Über Beschwerden im Sinne des § 66 entscheidet ein Beschwerdesenat des Patentgerichts in der Besetzung mit drei rechtskundigen Mitgliedern.

(2) Die Verhandlung über Beschwerden gegen Beschlüsse der Markenstellen und der Markenabteilungen einschließlich der Verkündung der Entscheidungen ist öffentlich, sofern die Eintragung veröffentlicht worden ist.

(3) Die §§ 172 bis 175 des Gerichtsverfassungsgesetzes gelten entsprechend mit der Maßgabe, daß

1. die Öffentlichkeit für die Verhandlung auf Antrag eines Beteiligten auch dann ausgeschlossen werden kann, wenn sie eine Gefährdung schutzwürdiger Interessen des Antragstellers besorgen läßt,
2. die Öffentlichkeit für die Verkündung der Entscheidungen bis zur Veröffentlichung der Eintragung ausgeschlossen ist.

§ 68 Beteiligung des Präsidenten des Patentamts

(1) Der Präsident des Patentamts kann, wenn er dies zur Wahrung des öffentlichen Interesses als angemessen erachtet, im Beschwerdeverfahren dem Patentgericht gegenüber schriftliche Erklärungen abgeben, an den Terminen teilnehmen und in ihnen Ausführungen

machen. Schriftliche Erklärungen des Präsidenten des Patentamts sind den Beteiligten von dem Patentgericht mitzuteilen.

(2) Das Patentgericht kann, wenn es dies wegen einer Rechtsfrage von grundsätzlicher Bedeutung als angemessen erachtet, dem Präsidenten des Patentamts anheimgeben, dem Beschwerdeverfahren beizutreten. Mit dem Eingang der Beitrittserklärung erlangt der Präsident des Patentamts die Stellung eines Beteiligten.

§ 69 Mündliche Verhandlung

Eine mündliche Verhandlung findet statt, wenn

1. einer der Beteiligten sie beantragt,
2. vor dem Patentgericht Beweis erhoben wird (§ 74 Abs. 1) oder
3. das Patentgericht sie für sachdienlich erachtet.

§ 70 Entscheidung über die Beschwerde

(1) Über die Beschwerde wird durch Beschluß entschieden.

(2) Der Beschluß, durch den eine Beschwerde als unzulässig verworfen wird, kann ohne mündliche Verhandlung ergehen.

(3) Das Patentgericht kann die angefochtene Entscheidung aufheben, ohne in der Sache selbst zu entscheiden, wenn

1. das Patentamt noch nicht in der Sache selbst entschieden hat,
2. das Verfahren vor dem Patentamt an einem wesentlichen Mangel leidet oder
3. neue Tatsachen oder Beweismittel bekannt werden, die für die Entscheidung wesentlich sind.

(4) Das Patentamt hat die rechtliche Beurteilung, die der Aufhebung nach Absatz 3 zugrunde liegt, auch seiner Entscheidung zugrunde zu legen.

§ 71 Kosten des Beschwerdeverfahrens

(1) Sind an dem Verfahren mehrere Personen beteiligt, so kann das Patentgericht bestimmen, daß die Kosten des Verfahrens einschließlich der den Beteiligten erwachsenen Kosten, soweit sie zur zweckentsprechenden Wahrung der Ansprüche und Rechte notwendig waren, einem Beteiligten ganz oder teilweise zur Last fallen, wenn dies der Billigkeit entspricht. Soweit eine Bestimmung über die Kosten nicht getroffen wird, trägt jeder Beteiligte die ihm erwachsenen Kosten selbst.

(2) Dem Präsidenten des Patentamts können Kosten nur auferlegt werden, wenn er nach seinem Beitritt in dem Verfahren Anträge gestellt hat.

(3) Das Patentgericht kann anordnen, daß die Beschwerdegebühr (§ 66 Abs. 5) zurückgezahlt wird.

(4) Die Absätze 1 bis 3 sind auch anzuwenden, wenn der Beteiligte die Beschwerde, die Anmeldung der Marke, den Widerspruch oder den Antrag auf Löschung ganz oder teilweise zurücknimmt oder wenn die Eintragung der Marke wegen Verzichts oder wegen Nichtverlängerung der Schutzdauer ganz oder teilweise im Register gelöscht wird.

(5) Im übrigen gelten die Vorschriften der Zivilprozeßordnung über das Kostenfestsetzungsverfahren und die Zwangsvollstreckung aus Kostenfestsetzungsbeschlüssen entsprechend.

§ 72 Ausschließung und Ablehnung

(1) Für die Ausschließung und Ablehnung der Gerichtspersonen gelten die §§ 41 bis 44 und 47 bis 49 der Zivilprozeßordnung entsprechend.

(2) Von der Ausübung des Amtes als Richter ist auch ausgeschlossen, wer bei dem vorausgegangenen Verfahren vor dem Patentamt mitgewirkt hat.

(3) Über die Ablehnung eines Richters entscheidet der Senat, dem der Abgelehnte angehört. Wird der Senat durch das Ausscheiden des abgelehnten Mitglieds beschlußunfähig, so entscheidet ein anderer Beschwerdesenat.
(4) Über die Ablehnung eines Urkundsbeamten entscheidet der Senat, in dessen Geschäftsbereich die Sache fällt.

§ 73 Ermittlung des Sachverhalts; Vorbereitung der mündlichen Verhandlung
(1) Das Patentgericht ermittelt den Sachverhalt von Amts wegen. Es ist an das Vorbringen und die Beweisanträge der Beteiligten nicht gebunden.
(2) Der Vorsitzende oder ein von ihm zu bestimmendes Mitglied des Senats hat schon vor der mündlichen Verhandlung oder, wenn eine solche nicht stattfindet, vor der Entscheidung des Patentgerichts alle Anordnungen zu treffen, die notwendig sind, um die Sache möglichst in einer mündlichen Verhandlung oder in einer Sitzung zu erledigen. Im übrigen gilt § 273 Abs. 2, Abs. 3 Satz 1 und Abs. 4 Satz 1 der Zivilprozeßordnung entsprechend.

§ 74 Beweiserhebung
(1) Das Patentgericht erhebt Beweis in der mündlichen Verhandlung. Es kann insbesondere Augenschein einnehmen, Zeugen, Sachverständige und Beteiligte vernehmen und Urkunden heranziehen.
(2) Das Patentgericht kann in geeigneten Fällen schon vor der mündlichen Verhandlung durch eines seiner Mitglieder als beauftragten Richter Beweis erheben lassen oder unter Bezeichnung der einzelnen Beweisfragen ein anderes Gericht um die Beweisaufnahme ersuchen.
(3) Die Beteiligten werden von allen Beweisterminen benachrichtigt und können der Beweisaufnahme beiwohnen. Sie können an Zeugen und Sachverständige sachdienliche Fragen richten. Wird eine Frage beanstandet, so entscheidet das Patentgericht.

§ 75 Ladungen
(1) Sobald der Termin zur mündlichen Verhandlung bestimmt ist, sind die Beteiligten mit einer Ladungsfrist von mindestens zwei Wochen zu laden. In dringenden Fällen kann der Vorsitzende die Frist abkürzen.
(2) Bei der Ladung ist darauf hinzuweisen, daß beim Ausbleiben eines Beteiligten auch ohne ihn verhandelt und entschieden werden kann.

§ 76 Gang der Verhandlung
(1) Der Vorsitzende eröffnet und leitet die mündliche Verhandlung.
(2) Nach Aufruf der Sache trägt der Vorsitzende oder der Berichterstatter den wesentlichen Inhalt der Akten vor.
(3) Hierauf erhalten die Beteiligten das Wort, um ihre Anträge zu stellen und zu begründen.
(4) Der Vorsitzende hat die Sache mit den Beteiligten in tatsächlicher und rechtlicher Hinsicht zu erörtern.
(5) Der Vorsitzende hat jedem Mitglied des Senats auf Verlangen zu gestatten, Fragen zu stellen. Wird eine Frage beanstandet, so entscheidet der Senat.
(6) Nach Erörterung der Sache erklärt der Vorsitzende die mündliche Verhandlung für geschlossen. Der Senat kann die Wiedereröffnung beschließen.

§ 77 Niederschrift
(1) Zur mündlichen Verhandlung und zu jeder Beweisaufnahme wird ein Urkundsbeamter der Geschäftsstelle als Schriftführer zugezogen. Wird auf Anordnung des Vorsitzenden von der Zuziehung des Schriftführers abgesehen, besorgt ein Richter die Niederschrift.

(2) Über die mündliche Verhandlung und jede Beweisaufnahme ist eine Niederschrift aufzunehmen. Die §§ 160 bis 165 der Zivilprozeßordnung sind entsprechend anzuwenden.

§ 78 Beweiswürdigung; rechtliches Gehör

(1) Das Patentgericht entscheidet nach seiner freien, aus dem Gesamtergebnis des Verfahrens gewonnenen Überzeugung. In der Entscheidung sind die Gründe anzugeben, die für die richterliche Überzeugung leitend gewesen sind.

(2) Die Entscheidung darf nur auf Tatsachen und Beweisergebnisse gestützt werden, zu denen die Beteiligten sich äußern konnten.

(3) Ist eine mündliche Verhandlung vorhergegangen, so kann ein Richter, der bei der letzten mündlichen Verhandlung nicht zugegen war, bei der Beschlußfassung nur mitwirken, wenn die Beteiligten zustimmen.

§ 79 Verkündung; Zustellung; Begründung

(1) Die Endentscheidungen des Patentgerichts werden, wenn eine mündliche Verhandlung stattgefunden hat, in dem Termin, in dem die mündliche Verhandlung geschlossen wird, oder in einem sofort anzuberaumenden Termin verkündet. Dieser soll nur dann über drei Wochen hinaus angesetzt werden, wenn wichtige Gründe, insbesondere der Umfang oder die Schwierigkeit der Sache, dies erfordern. Statt der Verkündung ist die Zustellung der Endentscheidung zulässig. Entscheidet das Patentgericht ohne mündliche Verhandlung, so wird die Verkündung durch Zustellung an die Beteiligten ersetzt. Die Endentscheidungen sind den Beteiligten von Amts wegen zuzustellen.

(2) Die Entscheidungen des Patentgerichts, durch die ein Antrag zurückgewiesen oder über ein Rechtsmittel entschieden wird, sind zu begründen.

§ 80 Berichtigungen

(1) Schreibfehler, Rechenfehler und ähnliche offenbare Unrichtigkeiten in der Entscheidung sind jederzeit vom Patentgericht zu berichtigen.

(2) Enthält der Tatbestand der Entscheidung andere Unrichtigkeiten oder Unklarheiten, so kann die Berichtigung innerhalb von zwei Wochen nach Zustellung der Entscheidung beantragt werden.

(3) Über die Berichtigung nach Absatz 1 kann ohne vorherige mündliche Verhandlung entschieden werden.

(4) Über den Antrag auf Berichtigung nach Absatz 2 entscheidet das Patentgericht ohne Beweisaufnahme durch Beschluß. Hierbei wirken nur die Richter mit, die bei der Entscheidung, deren Berichtigung beantragt ist, mitgewirkt haben.

(5) Der Berichtigungsbeschluß wird auf der Entscheidung und den Ausfertigungen vermerkt.

§ 81 Vertretung; Vollmacht

(1) Vor dem Patentgericht kann sich ein Beteiligter in jeder Lage des Verfahrens durch einen Bevollmächtigten vertreten lassen. Durch Beschluß kann angeordnet werden, daß ein Bevollmächtigter bestellt werden muß. § 96 bleibt unberührt.

(2) Die Vollmacht ist schriftlich zu den Gerichtsakten einzureichen. Sie kann nachgereicht werden. Das Patentgericht kann hierfür eine Frist bestimmen.

(3) Der Mangel der Vollmacht kann in jeder Lage des Verfahrens geltend gemacht werden. Das Patentgericht hat den Mangel der Vollmacht von Amts wegen zu berücksichtigen, wenn nicht als Bevollmächtigter ein Rechtsanwalt oder ein Patentanwalt auftritt.

§ 82 Anwendung weiterer Vorschriften; Anfechtbarkeit; Akteneinsicht

(1) Soweit dieses Gesetz keine Bestimmungen über das Verfahren vor dem Patentgericht enthält, sind das Gerichtsverfassungsgesetz und die Zivilprozeßordnung entsprechend

anzuwenden, wenn die Besonderheiten des Verfahrens vor dem Patentgericht dies nicht ausschließen. Die Vorschriften des Gerichtsverfassungsgesetzes über Gerichtsferien sind nicht anzuwenden. Für Auslagen im Verfahren vor dem Patentgericht gilt das Gerichtskostengesetz entsprechend.

(2) Eine Anfechtung der Entscheidungen des Patentgerichts findet nur statt, soweit dieses Gesetz sie zuläßt.

(3) Für die Gewährung der Akteneinsicht an dritte Personen ist § 62 Abs. 1 und 2 entsprechend anzuwenden. Über den Antrag entscheidet das Patentgericht.

Abschnitt 6

Verfahren vor dem Bundesgerichtshof

§ 83 Zugelassene und zulassungsfreie Rechtsbeschwerde

(1) Gegen die Beschlüsse der Beschwerdesenate des Patentgerichts, durch die über eine Beschwerde nach § 66 entschieden wird, findet die Rechtsbeschwerde an den Bundesgerichtshof statt, wenn der Beschwerdesenat die Rechtsbeschwerde in dem Beschluß zugelassen hat. Die Rechtsbeschwerde hat aufschiebende Wirkung.

(2) Die Rechtsbeschwerde ist zuzulassen, wenn

1. eine Rechtsfrage von grundsätzlicher Bedeutung zu entscheiden ist oder
2. die Fortbildung des Rechts oder die Sicherung einer einheitlichen Rechtsprechung eine Entscheidung des Bundesgerichtshofs erfordert.

(3) Einer Zulassung zur Einlegung der Rechtsbeschwerde bedarf es nicht, wenn gerügt wird,

1. daß das beschließende Gericht nicht vorschriftsmäßig besetzt war,
2. daß bei dem Beschluß ein Richter mitgewirkt hat, der von der Ausübung des Richteramtes kraft Gesetzes ausgeschlossen oder wegen Besorgnis der Befangenheit mit Erfolg abgelehnt war,
3. daß einem Beteiligten das rechtliche Gehör versagt war,
4. daß ein Beteiligter im Verfahren nicht nach Vorschrift des Gesetzes vertreten war, sofern er nicht der Führung des Verfahrens ausdrücklich oder stillschweigend zugestimmt hat,
5. daß der Beschluß aufgrund einer mündlichen Verhandlung ergangen ist, bei der die Vorschriften über die Öffentlichkeit des Verfahrens verletzt worden sind, oder
6. daß der Beschluß nicht mit Gründen versehen ist.

§ 84 Beschwerdeberechtigung; Beschwerdegründe

(1) Die Rechtsbeschwerde steht den am Beschwerdeverfahren Beteiligten zu.

(2) Die Rechtsbeschwerde kann nur darauf gestützt werden, daß der Beschluß auf einer Verletzung des Gesetzes beruht. Die §§ 550 und 551 Nr. 1 bis 3 und 5 bis 7 der Zivilprozeßordnung gelten entsprechend.

§ 85 Förmliche Voraussetzungen

(1) Die Rechtsbeschwerde ist innerhalb eines Monats nach Zustellung des Beschlusses beim Bundesgerichtshof schriftlich einzulegen.

(2) In dem Rechtsbeschwerdeverfahren vor dem Bundesgerichtshof richten sich die Gebühren und Auslagen nach den Vorschriften des Gerichtskostengesetzes. Für das Verfahren wird eine Gebühr erhoben, die nach den Sätzen berechnet wird, die für das Verfahren in der Revisionsinstanz in Zivilsachen gelten. Die Bestimmungen des § 142 über die Streitwertbegünstigung gelten entsprechend.

(3) Die Rechtsbeschwerde ist zu begründen. Die Frist für die Begründung beträgt einen

Monat. Sie beginnt mit der Einlegung der Rechtsbeschwerde und kann auf Antrag vom Vorsitzenden verlängert werden.

(4) Die Begründung der Rechtsbeschwerde muß enthalten

1. die Erklärung, inwieweit der Beschluß angefochten und seine Abänderung oder Aufhebung beantragt wird,
2. die Bezeichnung der verletzten Rechtsnorm und
3. wenn die Rechtsbeschwerde auf die Verletzung von Verfahrensvorschriften gestützt wird, die Bezeichnung der Tatsachen, die den Mangel ergeben.

(5) Vor dem Bundesgerichtshof müssen sich die Beteiligten durch einen beim Bundesgerichtshof zugelassenen Rechtsanwalt als Bevollmächtigten vertreten lassen. Auf Antrag eines Beteiligten ist seinem Patentanwalt das Wort zu gestatten. § 157 Abs. 1 und 2 der Zivilprozeßordnung ist insoweit nicht anzuwenden. Von den Kosten, die durch die Mitwirkung eines Patentanwalts entstehen, sind die Gebühren bis zur Höhe einer vollen Gebühr nach § 11 der Bundesgebührenordnung für Rechtsanwälte und außerdem die notwendigen Auslagen des Patentanwalts zu erstatten.

§ 86 Prüfung der Zulässigkeit

Der Bundesgerichtshof hat von Amts wegen zu prüfen, ob die Rechtsbeschwerde an sich statthaft und ob sie in der gesetzlichen Form und Frist eingelegt und begründet ist. Liegen die Voraussetzungen nicht vor, so ist die Rechtsbeschwerde als unzulässig zu verwerfen.

§ 87 Mehrere Beteiligte

(1) Sind an dem Verfahren über die Rechtsbeschwerde mehrere Personen beteiligt, so sind die Beschwerdeschrift und die Beschwerdebegründung den anderen Beteiligten mit der Aufforderung zuzustellen, etwaige Erklärungen innerhalb einer bestimmten Frist nach Zustellung beim Bundesgerichtshof schriftlich einzureichen. Mit der Zustellung der Beschwerdeschrift ist der Zeitpunkt mitzuteilen, in dem die Rechtsbeschwerde eingelegt ist. Die erforderliche Zahl von beglaubigten Abschriften soll der Beschwerdeführer mit der Beschwerdeschrift oder der Beschwerdebegründung einreichen.

(2) Ist der Präsident des Patentamts nicht am Verfahren über die Rechtsbeschwerde beteiligt, so ist § 68 Abs. 1 entsprechend anzuwenden.

§ 88 Anwendung weiterer Vorschriften

(1) Im Verfahren über die Rechtsbeschwerde gelten die Vorschriften der Zivilprozeßordnung über die Ausschließung und Ablehnung der Gerichtspersonen, über Prozeßbevollmächtigte und Beistände, über Zustellungen von Amts wegen, über Ladungen, Termine und Fristen und über Wiedereinsetzung in den vorigen Stand entsprechend. Im Falle der Wiedereinsetzung in den vorigen Stand gilt § 91 Abs. 8 entsprechend.

(2) Für die Öffentlichkeit des Verfahrens gilt § 67 Abs. 2 und 3 entsprechend.

§ 89 Entscheidung über die Rechtsbeschwerde

(1) Die Entscheidung über die Rechtsbeschwerde ergeht durch Beschluß. Die Entscheidung kann ohne mündliche Verhandlung getroffen werden.

(2) Der Bundesgerichtshof ist bei seiner Entscheidung an die in dem angefochtenen Beschluß getroffenen tatsächlichen Feststellungen gebunden, außer wenn in bezug auf diese Feststellungen zulässige und begründete Rechtsbeschwerdegründe vorgebracht sind.

(3) Die Entscheidung ist zu begründen und den Beteiligten von Amts wegen zuzustellen.

(4) Im Falle der Aufhebung des angefochtenen Beschlusses ist die Sache zur anderweitigen Verhandlung und Entscheidung an das Patentgericht zurückzuverweisen. Das Patentgericht hat die rechtliche Beurteilung, die der Aufhebung zugrunde gelegt ist, auch seiner Entscheidung zugrunde zu legen.

§ 90 Kostenentscheidung

(1) Sind an dem Verfahren mehrere Personen beteiligt, so kann der Bundesgerichtshof bestimmen, daß die Kosten des Verfahrens einschließlich der den Beteiligten erwachsenen Kosten, soweit sie zur zweckentsprechenden Wahrung der Ansprüche und Rechte notwendig waren, einem Beteiligten ganz oder teilweise zur Last fallen, wenn dies der Billigkeit entspricht. Die Bestimmung kann auch getroffen werden, wenn der Beteiligte die Rechtsbeschwerde, die Anmeldung der Marke, den Widerspruch oder den Antrag auf Löschung ganz oder teilweise zurücknimmt oder wenn die Eintragung der Marke wegen Verzichts oder wegen Nichtverlängerung der Schutzdauer ganz oder teilweise im Register gelöscht wird. Soweit eine Bestimmung über die Kosten nicht getroffen wird, trägt jeder Beteiligte die ihm erwachsenen Kosten selbst.

(2) Wird die Rechtsbeschwerde zurückgewiesen oder als unzulässig verworfen, so sind die durch die Rechtsbeschwerde veranlaßten Kosten dem Beschwerdeführer aufzuerlegen. Hat ein Beteiligter durch grobes Verschulden Kosten veranlaßt, so sind ihm diese aufzuerlegen.

(3) Dem Präsidenten des Patentamts können Kosten nur auferlegt werden, wenn er die Rechtsbeschwerde eingelegt oder in dem Verfahren Anträge gestellt hat.

(4) Im übrigen gelten die Vorschriften der Zivilprozeßordnung über das Kostenfestsetzungsverfahren und die Zwangsvollstreckung aus Kostenfestsetzungsbeschlüssen entsprechend.

Abschnitt 7

Gemeinsame Vorschriften

§ 91 Wiedereinsetzung

(1) Wer ohne Verschulden verhindert war, dem Patentamt oder dem Patentgericht gegenüber eine Frist einzuhalten, deren Versäumung nach gesetzlicher Vorschrift einen Rechtsnachteil zur Folge hat, ist auf Antrag wieder in den vorigen Stand einzusetzen. Dies gilt nicht für die Frist zur Erhebung des Widerspruchs und zur Zahlung der Widerspruchsgebühr.

(2) Die Wiedereinsetzung muß innerhalb von zwei Monaten nach Wegfall des Hindernisses beantragt werden.

(3) Der Antrag muß die Angabe der die Wiedereinsetzung begründenden Tatsachen enthalten. Diese Tatsachen sind bei der Antragstellung oder im Verfahren über den Antrag glaubhaft zu machen.

(4) Die versäumte Handlung ist innerhalb der Antragsfrist nachzuholen. Ist dies geschehen, so kann Wiedereinsetzung auch ohne Antrag gewährt werden.

(5) Ein Jahr nach Ablauf der versäumten Frist kann die Wiedereinsetzung nicht mehr beantragt und die versäumte Handlung nicht mehr nachgeholt werden.

(6) Über den Antrag beschließt die Stelle, die über die nachgeholte Handlung zu beschließen hat.

(7) Die Wiedereinsetzung ist unanfechtbar.

(8) Wird dem Inhaber einer Marke Wiedereinsetzung gewährt, so kann er Dritten gegenüber, die in dem Zeitraum zwischen dem Eintritt des Rechtsverlusts an der Eintragung der Marke und der Wiedereinsetzung unter einem mit der Marke identischen oder ihr ähnlichen Zeichen gutgläubig Waren in den Verkehr gebracht oder Dienstleistungen erbracht haben, hinsichtlich dieser Handlungen keine Rechte geltend machen.

§ 92 Wahrheitspflicht

In den Verfahren vor dem Patentamt, dem Patentgericht und dem Bundesgerichtshof haben die Beteiligten ihre Erklärungen über tatsächliche Umstände vollständig und der Wahrheit gemäß abzugeben.

§ 93 Amtssprache und Gerichtssprache

Die Sprache vor dem Patentamt und vor dem Patentgericht ist deutsch. Im übrigen finden die Vorschriften des Gerichtsverfassungsgesetzes über die Gerichtssprache Anwendung.

§ 94 Zustellungen

(1) Für Zustellungen im Verfahren vor dem Patentamt und dem Patentgericht gelten die Vorschriften des Verwaltungszustellungsgesetzes mit folgenden Maßgaben:

1. Zustellungen an Empfänger, die sich im Ausland aufhalten und die keinen Inlandsvertreter (§ 96) bestellt haben, können auch durch Aufgabe zur Post nach den §§ 175 und 213 der Zivilprozeßordnung bewirkt werden, soweit für den Empfänger die Notwendigkeit zur Bestellung eines Inlandsvertreters im Zeitpunkt der zu bewirkenden Zustellung erkennbar war.
2. Für Zustellungen an Erlaubnisscheininhaber (§ 177 der Patentanwaltsordnung) ist § 5 Abs. 2 des Verwaltungszustellungsgesetzes entsprechend anzuwenden.
3. An Empfänger, denen beim Patentamt oder beim Patentgericht ein Abholfach eingerichtet worden ist, kann auch dadurch zugestellt werden, daß das Schriftstück im Abholfach des Empfängers niedergelegt wird. Über die Niederlegung ist eine schriftliche Mitteilung zu den Akten zu geben. Auf dem Schriftstück ist zu vermerken, wann es niedergelegt worden ist. Die Zustellung gilt als am dritten Tag nach der Niederlegung im Abholfach bewirkt.

(2) § 9 Abs. 1 des Verwaltungszustellungsgesetzes ist nicht anzuwenden, wenn mit der Zustellung die Frist für die Einlegung der Erinnerung (§ 64 Abs. 2), der Beschwerde (§ 66 Abs. 2) oder der Rechtsbeschwerde (§ 85 Abs. 1) beginnt.

§ 95 Rechtshilfe

(1) Die Gerichte sind verpflichtet, dem Patentamt Rechtshilfe zu leisten.

(2) Im Verfahren vor dem Patentamt setzt das Patentgericht auf Ersuchen des Patentamts Ordnungs- oder Zwangsmittel gegen Zeugen oder Sachverständige fest, die nicht erscheinen oder ihre Aussage oder deren Beeidigung verweigern. Ebenso ist die Vorführung eines nicht erschienenen Zeugen anzuordnen.

(3) Über das Ersuchen nach Absatz 2 entscheidet ein Beschwerdesenat des Patentgerichts in der Besetzung mit drei rechtskundigen Mitgliedern. Die Entscheidung ergeht durch Beschluß.

§ 96 Inlandsvertreter

(1) Der Inhaber einer angemeldeten oder eingetragenen Marke, der im Inland weder einen Wohnsitz oder Sitz noch eine Niederlassung hat, kann an einem in diesem Gesetz geregelten Verfahren vor dem Patentamt oder dem Patentgericht nur teilnehmen, wenn er im Inland einen Rechtsanwalt oder einen Patentanwalt als Vertreter bestellt hat.

(2) Der nach Absatz 1 bestellte Vertreter ist im Verfahren vor dem Patentamt und dem Patentgericht und in bürgerlichen Rechtsstreitigkeiten, die die Marke betreffen, zur Vertretung befugt. Der Vertreter kann auch Strafanträge stellen.

(3) Der Ort, wo der Vertreter seinen Geschäftsraum hat, gilt im Sinne des § 23 der Zivilprozeßordnung als der Ort, wo sich der Vermögensgegenstand befindet. Fehlt ein Geschäftsraum, so ist der Ort maßgebend, wo der Vertreter seinen Wohnsitz, und in Ermangelung eines solchen der Ort, wo das Patentamt seinen Sitz hat.

(4) Absatz 1 gilt entsprechend für Dritte, die an einem in diesem Gesetz geregelten Verfahren vor dem Patentamt oder dem Patentgericht beteiligt sind.

Teil 4
Kollektivmarken

§ 97 Kollektivmarken

(1) Als Kollektivmarken können alle als Marke schutzfähigen Zeichen im Sinne des § 3 eingetragen werden, die geeignet sind, die Waren oder Dienstleistungen der Mitglieder des Inhabers der Kollektivmarke von denjenigen anderer Unternehmen nach ihrer betrieblichen oder geographischen Herkunft, ihrer Art, ihrer Qualität oder ihren sonstigen Eigenschaften zu unterscheiden.

(2) Auf Kollektivmarken sind die Vorschriften dieses Gesetzes anzuwenden, soweit in diesem Teil nicht etwas anderes bestimmt ist.

§ 98 Inhaberschaft

Inhaber von angemeldeten oder eingetragenen Kollektivmarken können nur rechtsfähige Verbände sein, einschließlich der rechtsfähigen Dachverbände und Spitzenverbände, deren Mitglieder selbst Verbände sind. Diesen Verbänden sind die juristischen Personen des öffentlichen Rechts gleichgestellt.

§ 99 Eintragbarkeit von geographischen Herkunftsangaben als Kollektivmarken

Abweichend von § 8 Abs. 2 Nr. 2 können Kollektivmarken ausschließlich aus Zeichen oder Angaben bestehen, die im Verkehr zur Bezeichnung der geographischen Herkunft der Waren oder der Dienstleistungen dienen können.

§ 100 Schranken des Schutzes; Benutzung

(1) Zusätzlich zu den Schutzschranken, die sich aus § 23 ergeben, gewährt die Eintragung einer geographischen Herkunftsangabe als Kollektivmarke ihrem Inhaber nicht das Recht, einem Dritten zu untersagen, solche Angaben im geschäftlichen Verkehr zu benutzen, sofern die Benutzung den guten Sitten entspricht und nicht gegen § 127 verstößt.

(2) Die Benutzung einer Kollektivmarke durch mindestens eine hierzu befugte Person oder durch den Inhaber der Kollektivmarke gilt als Benutzung im Sinne des § 26.

§ 101 Klagebefugnis; Schadensersatz

(1) Soweit in der Markensatzung nichts anderes bestimmt ist, kann eine zur Benutzung der Kollektivmarke berechtigte Person Klage wegen Verletzung einer Kollektivmarke nur mit Zustimmung ihres Inhabers erheben.

(2) Der Inhaber der Kollektivmarke kann auch Ersatz des Schadens verlangen, der den zur Benutzung der Kollektivmarke berechtigten Personen aus der unbefugten Benutzung der Kollektivmarke oder eines ähnlichen Zeichens entstanden ist.

§ 102 Markensatzung

(1) Der Anmeldung der Kollektivmarke muß eine Markensatzung beigefügt sein.

(2) Die Markensatzung muß mindestens enthalten:

1. Namen und Sitz des Verbandes,
2. Zweck und Vertretung des Verbandes,
3. Voraussetzungen für die Mitgliedschaft,
4. Angaben über den Kreis der zur Benutzung der Kollektivmarke befugten Personen,
5. die Bedingungen für die Benutzung der Kollektivmarke und
6. Angaben über die Rechte und Pflichten der Beteiligten im Falle von Verletzungen der Kollektivmarke.

(3) Besteht die Kollektivmarke aus einer geographischen Herkunftsangabe, muß die Satzung vorsehen, daß jede Person, deren Waren oder Dienstleistungen aus dem entsprechenden geographischen Gebiet stammen und den in der Markensatzung enthaltenen Bedingungen für die Benutzung der Kollektivmarke entsprechen, Mitglied des Verbandes werden kann und in den Kreis der zur Benutzung der Kollektivmarke befugten Personen aufzunehmen ist.

(4) Die Einsicht in die Markensatzung steht jeder Person frei.

§ 103 Prüfung der Anmeldung

Die Anmeldung einer Kollektivmarke wird außer nach § 37 auch zurückgewiesen, wenn sie nicht den Voraussetzungen der §§ 97, 98 und 102 entspricht oder wenn die Markensatzung gegen die öffentliche Ordnung oder die guten Sitten verstößt, es sei denn, daß der Anmelder die Markensatzung so ändert, daß der Zurückweisungsgrund nicht mehr besteht.

§ 104 Änderung der Markensatzung

(1) Der Inhaber der Kollektivmarke hat dem Patentamt jede Änderung der Markensatzung mitzuteilen.

(2) Im Falle einer Änderung der Markensatzung sind die §§ 102 und 103 entsprechend anzuwenden.

§ 105 Verfall

(1) Die Eintragung einer Kollektivmarke wird außer aus den in § 49 genannten Verfallsgründen auf Antrag wegen Verfalls gelöscht,

1. wenn der Inhaber der Kollektivmarke nicht mehr besteht,
2. wenn der Inhaber der Kollektivmarke keine geeigneten Maßnahmen trifft, um zu verhindern, daß die Kollektivmarke mißbräuchlich in einer den Verbandszwecken oder der Markensatzung widersprechenden Weise benutzt wird, oder
3. wenn eine Änderung der Markensatzung entgegen § 104 Abs. 2 in das Register eingetragen worden ist, es sei denn, daß der Inhaber der Kollektivmarke die Markensatzung erneut so ändert, daß der Löschungsgrund nicht mehr besteht.

(2) Als eine mißbräuchliche Benutzung im Sinne des Absatzes 1 Nr. 2 ist es insbesondere anzusehen, wenn die Benutzung der Kollektivmarke durch andere als die zur Benutzung befugten Personen geeignet ist, das Publikum zu täuschen.

(3) Der Antrag auf Löschung nach Absatz 1 ist beim Patentamt zu stellen. Das Verfahren richtet sich nach § 54.

§ 106 Nichtigkeit wegen absoluter Schutzhindernisse

Die Eintragung einer Kollektivmarke wird außer aus den in § 50 genannten Nichtigkeitsgründen auf Antrag wegen Nichtigkeit gelöscht, wenn sie entgegen § 103 eingetragen worden ist. Betrifft der Nichtigkeitsgrund die Markensatzung, so wird die Eintragung nicht gelöscht, wenn der Inhaber der Kollektivmarke die Markensatzung so ändert, daß der Nichtigkeitsgrund nicht mehr besteht.

Teil 5

Schutz von Marken nach dem Madrider Markenabkommen und nach dem Protokoll zum Madrider Markenabkommen; Gemeinschaftsmarken

Abschnitt 1

Schutz von Marken nach dem Madrider Markenabkommen

§ 107 Anwendung der Vorschriften dieses Gesetzes

Die Vorschriften dieses Gesetzes sind auf internationale Registrierungen von Marken nach dem Madrider Abkommen über die internationale Registrierung von Marken (Madrider

Markenabkommen), die durch Vermittlung des Patentamts vorgenommen werden oder deren Schutz sich auf das Gebiet der Bundesrepublik Deutschland erstreckt, entsprechend anzuwenden, soweit in diesem Abschnitt oder im Madrider Markenabkommen nichts anderes bestimmt ist.

§ 108 Antrag auf internationale Registrierung

(1) Der Antrag auf internationale Registrierung einer in das Register eingetragenen Marke nach Artikel 3 des Madrider Markenabkommens ist beim Patentamt zu stellen.

(2) Wird der Antrag auf internationale Registrierung vor der Eintragung der Marke in das Register gestellt, so gilt er als am Tag der Eintragung der Marke zugegangen.

(3) Dem Antrag ist eine Übersetzung des Verzeichnisses der Waren oder Dienstleistungen in der für die internationale Registrierung vorgeschriebenen Sprache beizufügen. Das Verzeichnis soll in der Reihenfolge der Klassen der internationalen Klassifikation von Waren und Dienstleistungen gruppiert sein.

§ 109 Gebühren

(1) Mit dem Antrag auf internationale Registrierung ist eine nationale Gebühr nach dem Tarif zu zahlen. Ist der Antrag auf internationale Registrierung vor der Eintragung der Marke in das Register gestellt worden, so wird die Gebühr am Tag der Eintragung fällig. Wird die Gebühr nicht gezahlt, so gilt der Antrag als nicht gestellt.

(2) Die nach Artikel 8 Abs. 2 des Madrider Markenabkommens zu zahlenden internationalen Gebühren sind unmittelbar an das Internationale Büro der Weltorganisation für geistiges Eigentum zu zahlen.

§ 110 Eintragung im Register

Der Tag und die Nummer der internationalen Registrierung einer im Register eingetragenen Marke sind in das Register einzutragen.

§ 111 Nachträgliche Schutzerstreckung

(1) Wird ein Antrag auf nachträgliche Schutzerstreckung einer international registrierten Marke nach Artikel 3ter Abs. 2 des Madrider Markenabkommens beim Patentamt gestellt, so ist mit dem Antrag eine nationale Gebühr nach dem Tarif zu zahlen. Wird die Gebühr nicht gezahlt, so gilt der Antrag als nicht gestellt.

(2) § 109 Abs. 2 gilt entsprechend.

§ 112 Wirkung der internationalen Registrierung

(1) Die internationale Registrierung einer Marke, deren Schutz nach Artikel 3ter des Madrider Markenabkommens auf das Gebiet der Bundesrepublik Deutschland erstreckt worden ist, hat dieselbe Wirkung, wie wenn die Marke am Tag der internationalen Registrierung nach Artikel 3 Abs. 4 des Madrider Markenabkommens oder am Tag der Eintragung der nachträglichen Schutzerstreckung nach Artikel 3ter Abs. 2 des Madrider Markenabkommens zur Eintragung in das vom Patentamt geführte Register angemeldet und eingetragen worden wäre.

(2) Die in Absatz 1 bezeichnete Wirkung gilt als nicht eingetreten, wenn der international registrierten Marke nach den §§ 113 bis 115 der Schutz verweigert wird.

§ 113 Prüfung auf absolute Schutzhindernisse

(1) International registrierte Marken werden in gleicher Weise wie zur Eintragung in das Register angemeldete Marken nach § 37 auf absolute Schutzhindernisse geprüft. § 37 Abs. 2 ist nicht anzuwenden.

(2) An die Stelle der Zurückweisung der Anmeldung (§ 37 Abs. 1) tritt die Verweigerung des Schutzes.

§ 114 Widerspruch

(1) An die Stelle der Veröffentlichung der Eintragung (§ 41) tritt für international registrierte Marken die Veröffentlichung in dem vom Internationalen Büro der Weltorganisation für geistiges Eigentum herausgegebenen Veröffentlichungsblatt.

(2) Die Frist zur Erhebung des Widerspruchs (§ 42 Abs. 1) gegen die Schutzgewährung für international registrierte Marken beginnt mit dem ersten Tag des Monats, der dem Monat folgt, der als Ausgabemonat des Heftes des Veröffentlichungsblattes angegeben ist, in dem die Veröffentlichung der international registrierten Marke enthalten ist.

(3) An die Stelle der Löschung der Eintragung (§ 43 Abs. 2) tritt die Verweigerung des Schutzes.

§ 115 Nachträgliche Schutzentziehung

(1) An die Stelle des Antrags oder der Klage auf Löschung einer Marke wegen Verfalls (§ 49), wegen des Vorliegens absoluter Schutzhindernisse (§ 50) oder aufgrund eines älteren Rechts (§ 51) tritt für international registrierte Marken der Antrag oder die Klage auf Schutzentziehung.

(2) Wird ein Antrag auf Schutzentziehung nach § 49 Abs. 1 wegen mangelnder Benutzung gestellt, so tritt an die Stelle des Tages der Eintragung in das Register der Tag, an dem die Frist des Artikels 5 Abs. 2 des Madrider Markenabkommens abgelaufen ist, oder, falls bei Ablauf dieser Frist die in den §§ 113 und 114 genannten Verfahren noch nicht abgeschlossen sind, der Tag des Zugangs der abschließenden Mitteilung über die Schutzbewilligung beim Internationalen Büro der Weltorganisation für geistiges Eigentum.

§ 116 Widerspruch und Antrag auf Löschung aufgrund einer international registrierten Marke

(1) Wird aufgrund einer international registrierten Marke Widerspruch gegen die Eintragung einer Marke erhoben, so ist § 43 Abs. 1 mit der Maßgabe anzuwenden, daß an die Stelle des Tages der Eintragung der in § 115 Abs. 2 bezeichnete Tag tritt.

(2) Wird aufgrund einer international registrierten Marke eine Klage auf Löschung einer eingetragenen Marke nach § 51 erhoben, so ist § 55 Abs. 3 mit der Maßgabe anzuwenden, daß an die Stelle des Tages der Eintragung der in § 115 Abs. 2 bezeichnete Tag tritt.

§ 117 Ausschluß von Ansprüchen wegen mangelnder Benutzung

Werden Ansprüche im Sinne der §§ 14, 18 und 19 wegen der Verletzung einer international registrierten Marke geltend gemacht, so ist § 25 mit der Maßgabe anzuwenden, daß an die Stelle des Tages der Eintragung der Marke der in § 115 Abs. 2 bezeichnete Tag tritt.

§ 118 Zustimmung bei Übertragungen international registrierter Marken

Das Patentamt erteilt dem Internationalen Büro der Weltorganisation für geistiges Eigentum die nach Artikel 9bis Abs. 1 des Madrider Markenabkommens erforderliche Zustimmung im Falle der Übertragung einer international registrierten Marke ohne Rücksicht darauf, ob die Marke für den neuen Inhaber der international registrierten Marke in das vom Patentamt geführte Register eingetragen ist.

Abschnitt 2

Schutz von Marken nach dem Protokoll zum Madrider Markenabkommen

§ 119 Anwendung der Vorschriften dieses Gesetzes

Die Vorschriften dieses Gesetzes sind auf internationale Registrierungen von Marken nach dem Madrider Protokoll vom 27. Juni 1989 zum Madrider Abkommen über die internationale Registrierung von Marken (Protokoll zum Madrider Markenabkommen), die durch Vermittlung des Patentamts vorgenommen werden oder deren Schutz sich auf das Gebiet der Bundesrepublik Deutschland erstreckt, entsprechend anzuwenden, soweit in diesem Abschnitt oder im Protokoll zum Madrider Markenabkommen nichts anderes bestimmt ist.

§ 120 Antrag auf internationale Registrierung

(1) Der Antrag auf internationale Registrierung einer zur Eintragung in das Register angemeldeten Marke oder einer in das Register eingetragenen Marke nach Artikel 3 des Protokolls zum Madrider Markenabkommen ist beim Patentamt zu stellen. Der Antrag kann auch schon vor der Eintragung der Marke gestellt werden, wenn die internationale Registrierung auf der Grundlage einer im Register eingetragenen Marke vorgenommen werden soll.

(2) Soll die internationale Registrierung auf der Grundlage einer im Register eingetragenen Marke vorgenommen werden und wird der Antrag auf internationale Registrierung vor der Eintragung der Marke in das Register gestellt, so gilt er als am Tag der Eintragung der Marke zugegangen.

(3) § 108 Abs. 3 ist entsprechend anzuwenden.

§ 121 Gebühren

(1) Mit dem Antrag auf internationale Registrierung ist eine nationale Gebühr nach dem Tarif zu zahlen.

(2) Soll die internationale Registrierung auf der Grundlage einer im Register eingetragenen Marke sowohl nach dem Madrider Markenabkommen als auch nach dem Protokoll zum Madrider Markenabkommen vorgenommen werden, so ist mit dem Antrag auf internationale Registrierung eine gemeinsame nationale Gebühr nach dem Tarif zu zahlen.

(3) Soll die internationale Registrierung auf der Grundlage einer im Register eingetragenen Marke vorgenommen werden und ist der Antrag auf internationale Registrierung vor der Eintragung der Marke in das Register gestellt worden, so wird die Gebühr nach Absatz 1 oder nach Absatz 2 am Tag der Eintragung fällig. Werden die Gebühren nach Absatz 1 oder Absatz 2 nicht gezahlt, so gilt der Antrag als nicht gestellt.

(4) Die nach Artikel 8 Abs. 2 oder nach Artikel 8 Abs. 7 des Protokolls zum Madrider Markenabkommen zu zahlenden internationalen Gebühren sind unmittelbar an das Internationale Büro der Weltorganisation für geistiges Eigentum zu zahlen.

§ 122 Vermerk in den Akten; Eintragung im Register

(1) Ist die internationale Registrierung auf der Grundlage einer zur Eintragung in das Register angemeldeten Marke vorgenommen worden, so sind der Tag und die Nummer der internationalen Registrierung in den Akten der angemeldeten Marke zu vermerken.

(2) Der Tag und die Nummer der internationalen Registrierung, die auf der Grundlage einer im Register eingetragenen Marke vorgenommen worden ist, ist in das Register einzutragen. Satz 1 ist auch anzuwenden, wenn die internationale Registrierung auf der Grundlage einer zur Eintragung in das Register angemeldeten Marke vorgenommen worden ist und die Anmeldung zur Eintragung geführt hat.

§ 123 Nachträgliche Schutzerstreckung

(1) Der Antrag auf nachträgliche Schutzerstreckung einer international registrierten Marke nach Artikel 3ter Abs. 2 des Protokolls zum Madrider Markenabkommen ist beim Patentamt zu stellen. Soll die nachträgliche Schutzerstreckung auf der Grundlage einer im Register eingetragenen Marke vorgenommen werden und wird der Antrag schon vor der Eintragung der Marke gestellt, so gilt er als am Tag der Eintragung zugegangen.

(2) Mit dem Antrag auf nachträgliche Schutzerstreckung ist eine nationale Gebühr nach dem Tarif zu zahlen. Soll die nachträgliche Schutzerstreckung auf der Grundlage einer im Register eingetragenen Marke sowohl nach dem Madrider Markenabkommen als auch nach dem Protokoll zum Madrider Markenabkommen vorgenommen werden, so ist mit dem Antrag auf nachträgliche Schutzerstreckung eine gemeinsame nationale Gebühr nach dem Tarif zu zahlen. Wird die Gebühr nach Satz 1 oder nach Satz 2 nicht gezahlt, so gilt der Antrag als nicht gestellt.

(3) § 121 Abs. 4 gilt entsprechend.

§ 124 Entsprechende Anwendung der Vorschriften über die Wirkung der nach dem Madrider Markenabkommen international registrierten Marken

Die §§ 112 bis 117 sind auf international registrierte Marken, deren Schutz nach Artikel 3ter des Protokolls zum Madrider Markenabkommen auf das Gebiet der Bundesrepublik Deutschland erstreckt worden ist, entsprechend anzuwenden mit der Maßgabe, daß an die Stelle der in den §§ 112 bis 117 aufgeführten Vorschriften des Madrider Markenabkommens die entsprechenden Vorschriften des Protokolls zum Madrider Markenabkommen treten.

§ 125 Umwandlung einer internationalen Registrierung

(1) Wird beim Patentamt ein Antrag nach Artikel $9^{quinquies}$ des Protokolls zum Madrider Markenabkommen auf Umwandlung einer im internationalen Register gemäß Artikel 6 Abs. 4 des Protokolls zum Madrider Markenabkommen gelöschten Marke gestellt und geht der Antrag mit den erforderlichen Angaben dem Patentamt vor Ablauf einer Frist von drei Monaten nach dem Tag der Löschung der Marke im internationalen Register zu, so ist der Tag der internationalen Registrierung dieser Marke nach Artikel 3 Abs. 4 des Protokolls zum Madrider Markenabkommen oder der Tag der Eintragung der Schutzerstreckung nach Artikel 3ter Abs. 2 des Protokolls zum Madrider Markenabkommen, gegebenenfalls mit der für die internationale Registrierung in Anspruch genommenen Priorität, für die Bestimmung des Zeitrangs im Sinne des § 6 Abs. 2 maßgebend.

(2) Mit dem Antrag auf Umwandlung ist eine Gebühr nach dem Tarif zu zahlen. Wird die Umwandlung für Waren oder Dienstleistungen beantragt, die in mehr als drei Klassen der Klasseneinteilung von Waren und Dienstleistungen fallen, so ist außerdem für jede weitere Klasse eine Klassengebühr nach dem Tarif zu zahlen. Unterbleibt die Zahlung der Gebühren, so ist § 36 Abs. 3 entsprechend anzuwenden.

(3) Der Antragsteller hat eine Bescheinigung des Internationalen Büros der Weltorganisation für geistiges Eigentum einzureichen, aus der sich die Marke und die Waren oder Dienstleistungen ergeben, für die sich der Schutz der internationalen Registrierung vor ihrer Löschung im internationalen Register auf die Bundesrepublik Deutschland erstreckt hatte.

(4) Der Antragsteller hat außerdem eine Übersetzung des Verzeichnisses der Waren oder Dienstleistungen, für die die Eintragung beantragt wird, einzureichen.

(5) Der Antrag auf Umwandlung wird im übrigen wie eine Anmeldung zur Eintragung einer Marke behandelt. War jedoch am Tag der Löschung der Marke im internationalen Register die Frist nach Artikel 5 Abs. 2 des Protokolls zum Madrider Markenabkommen zur Verweigerung des Schutzes bereits abgelaufen und war an diesem Tag kein Verfahren zur Schutzverweigerung oder zur nachträglichen Schutzentziehung anhängig, so wird die Marke ohne vorherige Prüfung unmittelbar nach § 41 in das Register eingetragen. Gegen die Eintragung einer Marke nach Satz 2 kann Widerspruch nicht erhoben werden.

Abschnitt 3
Gemeinschaftsmarken

§ 125 a Anmeldung von Gemeinschaftsmarken beim Patentamt

Werden beim Patentamt Anmeldungen von Gemeinschaftsmarken nach Artikel 25 Abs. 1 Buchstabe b der Verordnung (EG) Nr. 40/94 des Rates vom 20. Dezember 1993 über die Gemeinschaftsmarke (ABl. EG Nr. L 11 S. 1) eingereicht, so vermerkt das Patentamt auf der Anmeldung ohne Prüfung unverzüglich an das Harmonisierungsamt für den Binnenmarkt (Marken, Muster und Modelle) weiter.

§ 125 b Anwendung der Vorschriften dieses Gesetzes

Die Vorschriften dieses Gesetzes sind auf Marken, die nach der Verordnung über die Gemeinschaftsmarke angemeldet oder eingetragen worden sind, in folgenden Fällen anzuwenden:

1. Für die Anwendung des § 9 (Relative Schutzhindernisse) sind angemeldete oder eingetragene Gemeinschaftsmarken mit älterem Zeitrang den nach diesem Gesetz angemeldeten oder eingetragenen Marken mit älterem Zeitrang gleichgestellt, jedoch mit der Maßgabe, daß an die Stelle der Bekanntheit im Inland gemäß § 9 Abs. 1 Nr. 3 die Bekanntheit in der Gemeinschaft gemäß Artikel 9 Abs. 1 Satz 2 Buchstabe c der Verordnung über die Gemeinschaftsmarke tritt.
2. Dem Inhaber einer eingetragenen Gemeinschaftsmarke stehen zusätzlich zu den Ansprüchen nach den Artikeln 9 bis 11 der Verordnung über die Gemeinschaftsmarke die gleichen Ansprüche auf Schadensersatz (§ 14 Abs. 6 und 7), auf Vernichtung (§ 18) und auf Auskunftserteilung (§ 19) zu wie dem Inhaber einer nach diesem Gesetz eingetragenen Marke.
3. Werden Ansprüche aus einer eingetragenen Gemeinschaftsmarke gegen die Benutzung einer nach diesem Gesetz eingetragenen Marke mit jüngerem Zeitrang geltend gemacht, so ist § 21 Abs. 1 (Verwirkung) entsprechend anzuwenden.
4. Wird ein Widerspruch gegen die Eintragung einer Marke (§ 42) auf eine eingetragene Gemeinschaftsmarke mit älterem Zeitrang gestützt, so ist § 43 Abs. 1 (Glaubhaftmachung der Benutzung) entsprechend anzuwenden mit der Maßgabe, daß an die Stelle der Benutzung der Marke mit älterem Zeitrang gemäß § 26 die Benutzung der Gemeinschaftsmarke mit älterem Zeitrang gemäß Artikel 15 der Verordnung über die Gemeinschaftsmarke tritt.
5. Wird ein Antrag auf Löschung der Eintragung einer Marke (§ 51 Abs. 1) auf eine eingetragene Gemeinschaftsmarke mit älterem Zeitrang gestützt, so sind
   a) § 51 Abs. 2 Satz 1 (Verwirkung) entsprechend anzuwenden;
   b) § 55 Abs. 3 (Nachweis der Benutzung) mit der Maßgabe entsprechend anzuwenden, daß an die Stelle der Benutzung der Marke mit älterem Zeitrang gemäß § 26 die Benutzung der Gemeinschaftsmarke nach Artikel 15 der Verordnung über die Gemeinschaftsmarke tritt.
6. Anträge auf Beschlagnahme bei der Einfuhr und Ausfuhr können von Inhabern eingetragener Gemeinschaftsmarken in gleicher Weise gestellt werden wie von Inhabern nach diesem Gesetz eingetragener Marken. Die §§ 146 bis 149 sind entsprechend anzuwenden.

§ 125 c Nachträgliche Feststellung der Ungültigkeit einer Marke

(1) Ist für eine angemeldete oder eingetragene Gemeinschaftsmarke der Zeitrang einer im Register des Patentamts eingetragenen Marke nach Artikel 34 oder 35 der Verordnung über die Gemeinschaftsmarke in Anspruch genommen worden und ist die im Register des

Patentamts eingetragene Marke wegen Nichtverlängerung der Schutzdauer nach § 47 Abs. 6 oder wegen Verzichts nach § 48 Abs. 1 gelöscht worden, so kann auf Antrag nachträglich die Ungültigkeit dieser Marke wegen Verfalls oder wegen Nichtigkeit festgestellt werden.

(2) Die Feststellung der Ungültigkeit erfolgt unter den gleichen Voraussetzungen wie eine Löschung wegen Verfalls oder wegen Nichtigkeit. Jedoch kann die Ungültigkeit einer Marke wegen Verfalls nach § 49 Abs. 1 nur festgestellt werden, wenn die Voraussetzungen für die Löschung nach dieser Vorschrift auch schon in dem Zeitpunkt gegeben waren, in dem die Marke wegen Nichtverlängerung der Schutzdauer oder wegen Verzichts gelöscht worden ist.

(3) Das Verfahren zur Feststellung der Ungültigkeit richtet sich nach den Vorschriften, die für das Verfahren zur Löschung einer eingetragenen Marke gelten, mit der Maßgabe, daß an die Stelle der Löschung der Eintragung der Marke die Feststellung ihrer Ungültigkeit tritt.

§ 125 d Umwandlung von Gemeinschaftsmarken

(1) Ist dem Patentamt ein Antrag auf Umwandlung einer angemeldeten oder eingetragenen Gemeinschaftsmarke nach Artikel 109 Abs. 3 der Verordnung über die Gemeinschaftsmarke übermittelt worden, so hat der Anmelder innerhalb einer Frist von zwei Monaten nach Zugang des Umwandlungsantrags beim Patentamt eine Gebühr nach dem Tarif zu zahlen. Wird die Umwandlung für Waren oder Dienstleistungen beantragt, die in mehr als drei Klassen der Klasseneinteilung von Waren und Dienstleistungen fallen, so ist außerdem für jede weitere Klasse eine Klassengebühr nach dem Tarif zu zahlen. Wird die Gebühr nicht rechtzeitig gezahlt, so gilt der Umwandlungsantrag als nicht gestellt.

(2) Das Patentamt prüft, ob der Umwandlungsantrag nach Artikel 108 Abs. 2 der Verordnung über die Gemeinschaftsmarke zulässig ist. Ist der Umwandlungsantrag unzulässig, so wird er zurückgewiesen.

(3) Betrifft der Umwandlungsantrag eine Marke, die noch nicht als Gemeinschaftsmarke eingetragen war, so wird der Umwandlungsantrag wie die Anmeldung einer Marke zur Eintragung in das Register des Patentamts behandelt mit der Maßgabe, daß an die Stelle des Anmeldetages im Sinne des § 33 Abs. 1 der Anmeldetag der Gemeinschaftsmarke im Sinne des Artikels 27 der Verordnung über die Gemeinschaftsmarke oder der Tag einer für die Gemeinschaftsmarke in Anspruch genommenen Priorität tritt. War für die Anmeldung der Gemeinschaftsmarke der Zeitrang einer im Register des Patentamts eingetragenen Marke nach Artikel 34 der Verordnung über die Gemeinschaftsmarke in Anspruch genommen worden, so tritt dieser Zeitrang an die Stelle des nach Satz 1 maßgeblichen Tages.

(4) Betrifft der Umwandlungsantrag eine Marke, die bereits als Gemeinschaftsmarke eingetragen war, so trägt das Patentamt die Marke ohne weitere Prüfung unmittelbar nach § 41 unter Wahrung ihres ursprünglichen Zeitrangs in das Register ein. Gegen die Eintragung kann Widerspruch nicht erhoben werden.

(5) Im übrigen sind auf Umwandlungsanträge die Vorschriften dieses Gesetzes für die Anmeldung von Marken anzuwenden.

§ 125 e Gemeinschaftsmarkengerichte; Gemeinschaftsmarkenstreitsachen

(1) Für alle Klagen, für die nach der Verordnung über die Gemeinschaftsmarke die Gemeinschaftsmarkengerichte im Sinne des Artikels 91 Abs. 1 der Verordnung zuständig sind (Gemeinschaftsmarkenstreitsachen), sind als Gemeinschaftsmarkengerichte erster Instanz die Landgerichte ohne Rücksicht auf den Streitwert ausschließlich zuständig.

(2) Gemeinschaftsmarkengericht zweiter Instanz ist das Oberlandesgericht, in dessen Bezirk das Gemeinschaftsmarkengericht erster Instanz seinen Sitz hat.

(3) Die Landesregierungen werden ermächtigt, durch Rechtsverordnung die Gemeinschaftsmarkenstreitsachen für die Bezirke mehrerer Gemeinschaftsmarkengerichte einem

dieser Gerichte zuzuweisen. Die Landesregierungen können diese Ermächtigung durch Rechtsverordnung auf die Landesjustizverwaltungen übertragen.

(4) Die Länder können durch Vereinbarung den Gemeinschaftsmarkengerichten eines Landes obliegende Aufgaben ganz oder teilweise dem zuständigen Gemeinschaftsmarkengericht eines anderen Landes übertragen.

(5) Auf Verfahren vor den Gemeinschaftsmarkengerichten ist § 140 Abs. 3 bis 5 entsprechend anzuwenden.

§ 125 f Unterrichtung der Kommission

Das Bundesministerium der Justiz teilt der Kommission der Europäischen Gemeinschaften die Gemeinschaftsmarkengerichte erster und zweiter Instanz sowie jede Änderung der Anzahl, der Bezeichnung oder der örtlichen Zuständigkeit der Gemeinschaftsmarkengerichte erster und zweiter Instanz mit.

§ 125 g Örtliche Zuständigkeit der Gemeinschaftsmarkengerichte

Sind nach Artikel 93 der Verordnung über die Gemeinschaftsmarke deutsche Gemeinschaftsmarkengerichte international zuständig, so gelten für die örtliche Zuständigkeit dieser Gerichte die Vorschriften entsprechend, die anzuwenden wären, wenn es sich um eine beim Patentamt eingereichte Anmeldung einer Marke oder um eine im Register des Patentamts eingetragene Marke handelte. Ist eine Zuständigkeit danach nicht begründet, so ist das Gericht örtlich zuständig, bei dem der Kläger seinen allgemeinen Gerichtsstand hat.

§ 125 h Insolvenzverfahren

(1) Ist dem Insolvenzgericht bekannt, daß zur Insolvenzmasse eine angemeldete oder eingetragene Gemeinschaftsmarke gehört, so ersucht es das Harmonisierungsamt für den Binnenmarkt (Marken, Muster und Modelle) im unmittelbaren Verkehr,

1. die Eröffnung des Verfahrens und, soweit nicht bereits darin enthalten, die Anordnung einer Verfügungsbeschränkung,
2. die Freigabe oder die Veräußerung der Gemeinschaftsmarke oder der Anmeldung der Gemeinschaftsmarke,
3. die rechtskräftige Einstellung des Verfahrens und
4. die rechtskräftige Aufhebung des Verfahrens, im Falle einer Überwachung des Schuldners jedoch erst nach Beendigung dieser Überwachung, und einer Verfügungsbeschränkung

in das Register für Gemeinschaftsmarken oder, wenn es sich um eine Anmeldung handelt, in die Akten der Anmeldung einzutragen.

(2) Die Eintragung in das Register für Gemeinschaftsmarken oder in die Akten der Anmeldung kann auch vom Insolvenzverwalter beantragt werden. Im Falle der Eigenverwaltung (§ 270 der Insolvenzordnung) tritt der Sachwalter an die Stelle des Insolvenzverwalters.

Teil 6

Geographische Herkunftsangaben

Abschnitt 1

Schutz geographischer Herkunftsangaben

§ 126 Als geographische Herkunftsangaben geschützte Namen, Angaben oder Zeichen

(1) Geographische Herkunftsangaben im Sinne dieses Gesetzes sind die Namen von Orten, Gegenden, Gebieten oder Ländern sowie sonstige Angaben oder Zeichen, die im

geschäftlichen Verkehr zur Kennzeichnung der geographischen Herkunft von Waren oder Dienstleistungen benutzt werden.

(2) Dem Schutz als geographische Herkunftsangaben sind solche Namen, Angaben oder Zeichen im Sinne des Absatzes 1 nicht zugänglich, bei denen es sich um Gattungsbezeichnungen handelt. Als Gattungsbezeichnungen sind solche Bezeichnungen anzusehen, die zwar eine Angabe über die geographische Herkunft im Sinne des Absatzes 1 enthalten oder von einer solchen Angabe abgeleitet sind, die jedoch ihre ursprüngliche Bedeutung verloren haben und als Namen von Waren oder Dienstleistungen oder als Bezeichnungen oder Angaben der Art, der Beschaffenheit, der Sorte oder sonstiger Eigenschaften oder Merkmale von Waren oder Dienstleistungen dienen.

§ 127 Schutzinhalt

(1) Geographische Herkunftsangaben dürfen im geschäftlichen Verkehr nicht für Waren oder Dienstleistungen benutzt werden, die nicht aus dem Ort, der Gegend, dem Gebiet oder dem Land stammen, das durch die geographische Herkunftsangabe bezeichnet wird, wenn bei der Benutzung solcher Namen, Angaben oder Zeichen für Waren oder Dienstleistungen anderer Herkunft eine Gefahr der Irreführung über die geographische Herkunft besteht.

(2) Haben die durch eine geographische Herkunftsangabe gekennzeichneten Waren oder Dienstleistungen besondere Eigenschaften oder eine besondere Qualität, so darf die geographische Herkunftsangabe im geschäftlichen Verkehr für die entsprechenden Waren oder Dienstleistungen dieser Herkunft nur benutzt werden, wenn die Waren oder Dienstleistungen diese Eigenschaften oder diese Qualität aufweisen.

(3) Genießt eine geographische Herkunftsangabe einen besonderen Ruf, so darf sie im geschäftlichen Verkehr für Waren oder Dienstleistungen anderer Herkunft auch dann nicht benutzt werden, wenn eine Gefahr der Irreführung über die geographische Herkunft nicht besteht, sofern die Benutzung für Waren oder Dienstleistungen anderer Herkunft geeignet ist, den Ruf der geographischen Herkunftsangabe oder ihre Unterscheidungskraft ohne rechtfertigenden Grund in unlauterer Weise auszunutzen oder zu beeinträchtigen.

(4) Die vorstehenden Absätze finden auch dann Anwendung, wenn Namen, Angaben oder Zeichen benutzt werden, die der geschützten geographischen Herkunftsangabe ähnlich sind oder wenn die geographische Herkunftsangabe mit Zusätzen benutzt wird, sofern

1. in den Fällen des Absatzes 1 trotz der Abweichung oder der Zusätze eine Gefahr der Irreführung über die geographische Herkunft besteht oder
2. in den Fällen des Absatzes 3 trotz der Abweichung oder der Zusätze die Eignung zur unlauteren Ausnutzung oder Beeinträchtigung des Rufs oder der Unterscheidungskraft der geographischen Herkunftsangabe besteht.

§ 128 Unterlassungsanspruch; Schadensersatzanspruch

(1) Wer im geschäftlichen Verkehr Namen, Angaben oder Zeichen entgegen § 127 benutzt, kann von den nach § 13 Abs. 2 des Gesetzes gegen den unlauteren Wettbewerb zur Geltendmachung von Ansprüchen Berechtigten auf Unterlassung in Anspruch genommen werden.

(2) Wer dem § 127 vorsätzlich oder fahrlässig zuwiderhandelt, ist zum Ersatz des durch die Zuwiderhandlung entstandenen Schadens verpflichtet.

(3) Wird die Zuwiderhandlung in einem geschäftlichen Betrieb von einem Angestellten oder Beauftragten begangen, so kann der Unterlassungsanspruch, und, soweit der Angestellte oder Beauftragte vorsätzlich oder fahrlässig gehandelt hat, der Schadensersatzanspruch auch gegen den Inhaber des Betriebs geltend gemacht werden.

§ 129 Verjährung
Ansprüche nach § 128 verjähren gemäß § 20.

Abschnitt 2
Schutz von geographischen Angaben und Ursprungsbezeichnungen gemäß der Verordnung (EWG) Nr. 2081/92

§ 130 Antrag auf Eintragung einer geographischen Angabe oder Ursprungsbezeichnung
(1) Anträge auf Eintragung einer geographischen Angabe oder einer Ursprungsbezeichnung in das Verzeichnis der geschützten Ursprungsbezeichnungen und der geschützten geographischen Angaben, das von der Kommission der Europäischen Gemeinschaften gemäß der Verordnung (EWG) Nr. 2081/92 des Rates vom 14. Juli 1992 zum Schutz von geographischen Angaben und Ursprungsbezeichnungen für Agrarerzeugnisse und Lebensmittel (ABl. EG Nr. L 208 S. 1) in ihrer jeweils geltenden Fassung geführt wird, sind beim Patentamt einzureichen.
(2) Mit dem Antrag ist eine Gebühr nach dem Tarif zu zahlen. Wird die Gebühr nicht gezahlt, so gilt der Antrag als nicht gestellt.
(3) Ergibt die Prüfung des Antrages, daß die zur Eintragung angemeldete geographische Angabe oder Ursprungsbezeichnung den Voraussetzungen der Verordnung (EWG) Nr. 2081/92 und der zu ihrer Durchführung erlassenen Vorschriften entspricht, so unterrichtet das Patentamt den Antragsteller hierüber und übermittelt den Antrag dem Bundesministerium der Justiz.
(4) Das Bundesministerium der Justiz übermittelt den Antrag mit den erforderlichen Unterlagen an die Kommission der Europäischen Gemeinschaften.
(5) Ergibt die Prüfung, daß die Voraussetzungen für die Eintragung der angemeldeten geographischen Angabe oder Ursprungsbezeichnung nicht gegeben sind, so wird der Antrag zurückgewiesen.

§ 131 Antrag auf Änderung der Spezifikation
Für Anträge auf Änderung der Spezifikation einer geographischen Angabe oder einer Ursprungsbezeichnung gemäß Artikel 9 der Verordnung (EWG) Nr. 2081/92 gilt § 130 entsprechend. Eine Gebühr ist nicht zu zahlen.

§ 132 Einspruchsverfahren
(1) Einsprüche nach Artikel 7 Abs. 3 der Verordnung (EWG) Nr. 2081/92 gegen die Eintragung von geographischen Angaben und Ursprungsbezeichnungen in das von der Kommission der Europäischen Gemeinschaften geführte Verzeichnis der geschützten Ursprungsbezeichnungen und der geschützten geographischen Angaben oder gegen die Änderung der Spezifikation einer geographischen Angabe oder einer Ursprungsbezeichnung sind beim Patentamt einzulegen.
(2) Für den Einspruch ist eine Gebühr nach dem Tarif zu zahlen. Wird die Gebühr nicht rechtzeitig gezahlt, so gilt der Einspruch als nicht erhoben.

§ 133 Zuständigkeiten im Patentamt; Rechtsmittel
(1) Für die Bearbeitung von Anträgen nach den §§ 130 und 131 und von Einsprüchen nach § 132 sind die im Patentamt errichteten Markenabteilungen zuständig.
(2) Gegen Entscheidungen, die das Patentamt nach den Vorschriften dieses Abschnitts trifft, finden die Beschwerde zum Bundespatentgericht und die Rechtsbeschwerde zum Bundesgerichtshof statt. Die Vorschriften des Teils 3 dieses Gesetzes über das Beschwer-

deverfahren vor dem Patentgericht und über das Rechtsbeschwerdeverfahren vor dem Bundesgerichtshof sind entsprechend anzuwenden.

§ 134 Überwachung

(1) Die nach der Verordnung (EWG) Nr. 2081/92 und den zu ihrer Durchführung erlassenen Vorschriften erforderliche Überwachung und Kontrolle obliegt den nach Landesrecht zuständigen Stellen.

(2) Soweit es zur Überwachung und Kontrolle im Sinne des Absatzes 1 erforderlich ist, können die Beauftragten der zuständigen Stellen bei Betrieben, die Agrarerzeugnisse oder Lebensmittel herstellen oder in den Verkehr bringen (§ 7 Abs. 1 des Lebensmittel- und Bedarfsgegenständegesetzes) oder innergemeinschaftlich verbringen, einführen oder ausführen, während der Geschäfts- oder Betriebszeit

1. Geschäftsräume und Grundstücke, Verkaufseinrichtungen und Transportmittel betreten und dort Besichtigungen vornehmen,
2. Proben gegen Empfangsbescheinigung entnehmen; auf Verlangen des Betroffenen ist ein Teil der Probe oder, falls diese unteilbar ist, eine zweite Probe amtlich verschlossen und versiegelt zurückzulassen,
3. Geschäftsunterlagen einsehen und prüfen,
4. Auskunft verlangen.

Diese Befugnisse erstrecken sich auch auf Agrarerzeugnisse oder Lebensmittel, die an öffentlichen Orten, insbesondere auf Märkten, Plätzen, Straßen oder im Umherziehen in den Verkehr gebracht werden.

(3) Inhaber oder Leiter der Betriebe sind verpflichtet, das Betreten der Geschäftsräume und Grundstücke, Verkaufseinrichtungen und Transportmittel sowie die dort vorzunehmenden Besichtigungen zu gestatten, die zu besichtigenden Agrarerzeugnisse oder Lebensmittel selbst oder durch andere so darzulegen, daß die Besichtigung ordnungsgemäß vorgenommen werden kann, selbst oder durch andere die erforderliche Hilfe bei Besichtigungen zu leisten, die Proben entnehmen zu lassen, die geschäftlichen Unterlagen vorzulegen, prüfen zu lassen und Auskünfte zu erteilen.

(4) Erfolgt die Überwachung bei der Einfuhr oder bei der Ausfuhr, so gelten die Absätze 2 und 3 entsprechend auch für denjenigen, der die Agrarerzeugnisse oder Lebensmittel für den Betriebsinhaber innergemeinschaftlich verbringt, einführt oder ausführt.

(5) Der zur Erteilung einer Auskunft Verpflichtete kann die Auskunft auf solche Fragen verweigern, deren Beantwortung ihn selbst oder einen der in § 383 Abs. 1 Nr. 1 bis 3 der Zivilprozeßordnung bezeichneten Angehörigen der Gefahr strafrechtlicher Verfolgung oder eines Verfahrens nach dem Gesetz über Ordnungswidrigkeiten aussetzen würde.

(6) Für Amtshandlungen, die nach Artikel 10 der Verordnung (EWG) Nr. 2081/92 zu Kontrollzwecken vorzunehmen sind, werden kostendeckende Gebühren und Auslagen erhoben. Die kostenpflichtigen Tatbestände werden durch das Landesrecht bestimmt.

§ 135 Unterlassungsanspruch; Schadensersatzanspruch

(1) Wer im geschäftlichen Verkehr Handlungen vornimmt, die gegen Artikel 8 oder 13 der Verordnung (EWG) Nr. 2081/92 verstoßen, kann von den nach § 13 Abs. 2 des Gesetzes gegen den unlauteren Wettbewerb zur Geltendmachung von Ansprüchen Berechtigten auf Unterlassung in Anspruch genommen werden.

(2) § 128 Abs. 2 und 3 ist entsprechend anzuwenden.

§ 136 Verjährung

Die Ansprüche nach § 135 verjähren gemäß § 20.

Abschnitt 3
Ermächtigungen zum Erlaß von Rechtsverordnungen

§ 137 Nähere Bestimmungen zum Schutz einzelner geographischer Herkunftsangaben

(1) Das Bundesministerium der Justiz wird ermächtigt, im Einvernehmen mit den Bundesministerien für Wirtschaft, für Ernährung, Landwirtschaft und Forsten und für Gesundheit durch Rechtsverordnung mit Zustimmung des Bundesrates nähere Bestimmungen über einzelne geographische Herkunftsangaben zu treffen.

(2) In der Rechtsverordnung können

1. durch Bezugnahme auf politische oder geographische Grenzen das Herkunftsgebiet,
2. die Qualität oder sonstige Eigenschaften im Sinne des § 127 Abs. 2 sowie die dafür maßgeblichen Umstände, wie insbesondere Verfahren oder Art und Weise der Erzeugung oder Herstellung der Waren oder der Erbringung der Dienstleistungen oder Qualität oder sonstige Eigenschaften der verwendeten Ausgangsmaterialien wie deren Herkunft, und
3. die Art und Weise der Verwendung der geographischen Herkunftsangabe

geregelt werden. Bei der Regelung sind die bisherigen lauteren Praktiken, Gewohnheiten und Gebräuche bei der Verwendung der geographischen Herkunftsangabe zu berücksichtigen.

§ 138 Sonstige Vorschriften für das Verfahren bei Anträgen und Einsprüchen nach der Verordnung (EWG) Nr. 2081/92

(1) Das Bundesministerium der Justiz wird ermächtigt, durch Rechtsverordnung ohne Zustimmung des Bundesrates nähere Bestimmungen über das Antrags- und Einspruchsverfahren (§§ 130 bis 133) zu treffen.

(2) Das Bundesministerium der Justiz kann die Ermächtigung zum Erlaß von Rechtsverordnungen nach Absatz 1 durch Rechtsverordnung ohne Zustimmung des Bundesrates ganz oder teilweise auf den Präsidenten des Patentamts übertragen.

§ 139 Durchführungsbestimmungen zur Verordnung (EWG) Nr. 2081/92

(1) Das Bundesministerium der Justiz wird ermächtigt, im Einvernehmen mit den Bundesministerien für Wirtschaft, für Ernährung, Landwirtschaft und Forsten und für Gesundheit durch Rechtsverordnung mit Zustimmung des Bundesrates weitere Einzelheiten des Schutzes von Ursprungsbezeichnungen und geographischen Angaben nach der Verordnung (EWG) Nr. 2081/92 zu regeln, soweit sich das Erfordernis hierfür aus der Verordnung (EWG) Nr. 2081/92 oder den zu ihrer Durchführung erlassenen Vorschriften des Rates oder der Kommission der Europäischen Gemeinschaften ergibt. In Rechtsverordnungen nach Satz 1 können insbesondere Vorschriften über

1. die Kennzeichnung der Agrarerzeugnisse oder Lebensmittel,
2. die Berechtigung zum Verwenden der geschützten Bezeichnungen oder
3. die Voraussetzungen und das Verfahren bei der Überwachung oder Kontrolle beim innergemeinschaftlichen Verbringen oder bei der Einfuhr oder Ausfuhr

erlassen werden. Rechtsverordnungen nach Satz 1 können auch erlassen werden, wenn die Mitgliedstaaten nach den dort genannten gemeinschaftsrechtlichen Vorschriften befugt sind, ergänzende Vorschriften zu erlassen.

(2) Die Landesregierungen werden ermächtigt, durch Rechtsverordnung die Durchführung der nach Artikel 10 der Verordnung (EWG) Nr. 2081/92 erforderlichen Kontrollen zugelassenen privaten Kontrollstellen zu übertragen oder solche an der Durchführung dieser Kontrollen zu beteiligen. Die Landesregierungen können auch die Voraussetzungen und das

Verfahren der Zulassung privater Kontrollstellen durch Rechtsverordnung regeln. Sie sind befugt, die Ermächtigung nach den Sätzen 1 und 2 durch Rechtsverordnung ganz oder teilweise auf andere Behörden zu übertragen.

Teil 7
Verfahren in Kennzeichenstreitsachen

§ 140 Kennzeichenstreitsachen

(1) Für alle Klagen, durch die ein Anspruch aus einem der in diesem Gesetz geregelten Rechtsverhältnisse geltend gemacht wird (Kennzeichenstreitsachen), sind die Landgerichte ohne Rücksicht auf den Streitwert ausschließlich zuständig.

(2) Die Landesregierungen werden ermächtigt, durch Rechtsverordnung die Kennzeichenstreitsachen insgesamt oder teilweise für die Bezirke mehrerer Landgerichte einem von ihnen zuzuweisen, sofern dies der sachlichen Förderung oder schnelleren Erledigung der Verfahren dient. Die Landesregierungen können diese Ermächtigung auf die Landesjustizverwaltungen übertragen. Die Länder können außerdem durch Vereinbarung den Gerichten eines Landes obliegende Aufgaben insgesamt oder teilweise dem zuständigen Gericht eines anderen Landes übertragen.

(3) Vor dem Gericht für Kennzeichenstreitsachen können sich die Parteien auch durch Rechtsanwälte vertreten lassen, die bei dem Landgericht zugelassen sind, vor das die Klage ohne eine Zuweisung nach Absatz 2 gehören würde. Satz 1 gilt entsprechend für die Vertretung vor dem Berufungsgericht.

(4) Die Mehrkosten, die einer Partei dadurch erwachsen, daß sie sich nach Absatz 3 durch einen nicht beim Prozeßgericht zugelassenen Rechtsanwalt vertreten läßt, sind nicht zu erstatten.

(5) Von den Kosten, die durch die Mitwirkung eines Patentanwalts in einer Kennzeichenstreitsache entstehen, sind die Gebühren bis zur Höhe einer vollen Gebühr nach § 11 der Bundesgebührenordnung für Rechtsanwälte und außerdem die notwendigen Auslagen des Patentanwalts zu erstatten.

§ 141 Gerichtsstand bei Ansprüchen nach diesem Gesetz und dem Gesetz gegen den unlauteren Wettbewerb

Ansprüche, welche die in diesem Gesetz geregelten Rechtsverhältnisse betreffen und auf Vorschriften des Gesetzes gegen den unlauteren Wettbewerb gegründet werden, brauchen nicht im Gerichtsstand des § 24 des Gesetzes gegen den unlauteren Wettbewerb geltend gemacht zu werden.

§ 142 Streitwertbegünstigung

(1) Macht in bürgerlichen Rechtsstreitigkeiten, in denen durch Klage ein Anspruch aus einem der in diesem Gesetz geregelten Rechtsverhältnisse geltend gemacht wird, eine Partei glaubhaft, daß die Belastung mit den Prozeßkosten nach dem vollen Streitwert ihre wirtschaftliche Lage erheblich gefährden würde, so kann das Gericht auf ihren Antrag anordnen, daß die Verpflichtung dieser Partei zur Zahlung von Gerichtskosten sich nach einem ihrer Wirtschaftslage angepaßten Teil des Streitwerts bemißt.

(2) Die Anordnung nach Absatz 1 hat zur Folge, daß die begünstigte Partei die Gebühren ihres Rechtsanwalts ebenfalls nur nach diesem Teil des Streitwerts zu entrichten hat. Soweit ihr Kosten des Rechtsstreits auferlegt werden oder soweit sie diese übernimmt, hat sie die von dem Gegner entrichteten Gerichtsgebühren und die Gebühren seines Rechtsanwalts nur nach dem Teil des Streitwerts zu erstatten. Soweit die außergerichtlichen Kosten dem Gegner auferlegt oder von ihm übernommen werden, kann der Rechtsanwalt der

begünstigten Partei seine Gebühren von dem Gegner nach dem für diesen geltenden Streitwert beitreiben.

(3) Der Antrag nach Absatz 1 kann vor der Geschäftsstelle des Gerichts zur Niederschrift erklärt werden. Er ist vor der Verhandlung zur Hauptsache zu stellen. Danach ist er nur zulässig, wenn der angenommene oder festgesetzte Streitwert später durch das Gericht heraufgesetzt wird. Vor der Entscheidung über den Antrag ist der Gegner zu hören.

Teil 8

Straf- und Bußgeldvorschriften; Beschlagnahme bei der Einfuhr und Ausfuhr

Abschnitt 1

Straf- und Bußgeldvorschriften

§ 143 Strafbare Kennzeichenverletzung

(1) Wer im geschäftlichen Verkehr widerrechtlich

1. entgegen § 14 Abs. 2 Nr. 1 oder 2 ein Zeichen benutzt,
2. entgegen § 14 Abs. 2 Nr. 3 ein Zeichen in der Absicht benutzt, die Unterscheidungskraft oder die Wertschätzung einer bekannten Marke auszunutzen oder zu beeinträchtigen,
3. entgegen § 14 Abs. 4 Nr. 1 ein Zeichen anbringt oder entgegen § 14 Abs. 4 Nr. 2 oder 3 eine Aufmachung oder Verpackung oder ein Kennzeichnungsmittel anbietet, in den Verkehr bringt, besitzt, einführt oder ausführt, soweit Dritten die Benutzung des Zeichens
   a) nach § 14 Abs. 2 Nr. 1 oder 2 untersagt wäre oder
   b) nach § 14 Abs. 2 Nr. 3 untersagt wäre und die Handlung in der Absicht vorgenommen wird, die Ausnutzung oder Beeinträchtigung der Unterscheidungskraft oder der Wertschätzung einer bekannten Marke zu ermöglichen,
4. entgegen § 15 Abs. 2 eine Bezeichnung oder ein Zeichen benutzt oder
5. entgegen § 15 Abs. 3 eine Bezeichnung oder ein Zeichen in der Absicht benutzt, die Unterscheidungskraft oder die Wertschätzung einer bekannten geschäftlichen Bezeichnung auszunutzen oder zu beeinträchtigen,

wird mit Freiheitsstrafe bis zu drei Jahren oder mit Geldstrafe bestraft.

(1 a) Ebenso wird bestraft, wer die Rechte des Inhabers einer nach Rechtsvorschriften der Europäischen Gemeinschaft geschützten Marke verletzt, soweit eine Rechtsverordnung nach Absatz 7 für einen bestimmten Tatbestand auf diese Strafvorschrift verweist.

(2) Handelt der Täter gewerbsmäßig, so ist die Strafe Freiheitsstrafe bis zu fünf Jahren oder Geldstrafe.

(3) Der Versuch ist strafbar.

(4) In den Fällen der Absätze 1 und 1 a wird die Tat nur auf Antrag verfolgt, es sei denn, daß die Strafverfolgungsbehörde wegen des besonderen öffentlichen Interesses an der Strafverfolgung ein Einschreiten von Amts wegen für geboten hält.

(5) Gegenstände, auf die sich die Straftat bezieht, können eingezogen werden. § 74 a des Strafgesetzbuchs ist anzuwenden. Soweit den in § 18 bezeichneten Ansprüchen auf Vernichtung im Verfahren nach den Vorschriften der Strafprozeßordnung über die Entschädigung des Verletzten (§§ 403 bis 406 c der Strafprozeßordnung) stattgegeben wird, sind die Vorschriften über die Einziehung nicht anzuwenden.

(6) Wird auf Strafe erkannt, so ist, wenn der Verletzte es beantragt und ein berechtigtes Interesse daran dartut, anzuordnen, daß die Verurteilung auf Verlangen öffentlich bekanntgemacht wird. Die Art der Bekanntmachung ist im Urteil zu bestimmen.

(7) Das Bundesministerium der Justiz wird ermächtigt, durch Rechtsverordnung ohne Zustimmung des Bundesrates die Tatbestände zu bezeichnen, die als Straftaten nach Absatz 1 a geahndet werden können, soweit dies zur Durchsetzung des in Rechtsvorschriften der Europäischen Gemeinschaft vorgesehenen Schutzes von Marken erforderlich ist.

§ 144 Strafbare Benutzung geographischer Herkunftsangaben

(1) Wer im geschäftlichen Verkehr widerrechtlich eine geographische Herkunftsangabe, einen Namen, eine Angabe oder ein Zeichen

1. entgegen § 127 Abs. 1 oder 2, jeweils auch in Verbindung mit Abs. 4 oder einer Rechtsverordnung nach § 137 Abs. 1, benutzt oder
2. entgegen § 127 Abs. 3, auch in Verbindung mit Abs. 4 oder einer Rechtsverordnung nach § 137 Abs. 1, in der Absicht benutzt, den Ruf oder die Unterscheidungskraft einer geographischen Herkunftsangabe auszunutzen oder zu beeinträchtigen,

wird mit Freiheitsstrafe bis zu zwei Jahren oder mit Geldstrafe bestraft.

(2) Ebenso wird bestraft, wer im geschäftlichen Verkehr widerrechtlich eine nach Rechtsvorschriften der Europäischen Gemeinschaft geschützte geographische Angabe oder Ursprungsbezeichnung benutzt, soweit eine Rechtsverordnung nach Absatz 6 für einen bestimmten Tatbestand auf diese Strafvorschrift verweist.

(3) Der Versuch ist strafbar.

(4) Bei einer Verurteilung bestimmt das Gericht, daß die widerrechtliche Kennzeichnung der im Besitz des Verurteilten befindlichen Gegenstände beseitigt wird oder, wenn dies nicht möglich ist, die Gegenstände vernichtet werden.

(5) Wird auf Strafe erkannt, so ist, wenn das öffentliche Interesse dies erfordert, anzuordnen, daß die Verurteilung öffentlich bekanntgemacht wird. Die Art der Bekanntmachung ist im Urteil zu bestimmen.

(6) Das Bundesministerium der Justiz wird ermächtigt, durch Rechtsverordnung ohne Zustimmung des Bundesrates die Tatbestände zu bezeichnen, die als Straftaten nach Absatz 2 geahndet werden können, soweit dies zur Durchsetzung des in Rechtsvorschriften der Europäischen Gemeinschaft vorgesehenen Schutzes von geographischen Angaben und Ursprungsbezeichnungen erforderlich ist.

§ 145 Bußgeldvorschriften

(1) Ordnungswidrig handelt, wer im geschäftlichen Verkehr widerrechtlich in identischer oder nachgeahmter Form

1. ein Wappen, eine Flagge oder ein anderes staatliches Hoheitszeichen oder ein Wappen eines inländischen Ortes oder eines inländischen Gemeinde- oder weiteren Kommunalverbandes im Sinne des § 8 Abs. 2 Nr. 6,
2. ein amtliches Prüf- oder Gewährzeichen im Sinne des § 8 Abs. 2 Nr. 7 oder
3. ein Kennzeichen, ein Siegel oder eine Bezeichnung im Sinne des § 8 Abs. 2 Nr. 8

zur Kennzeichnung von Waren oder Dienstleistungen benutzt.

(2) Ordnungswidrig handelt, wer vorsätzlich oder fahrlässig

1. entgegen § 134 Abs. 3, auch in Verbindung mit Abs. 4,
   a) das Betreten von Geschäftsräumen, Grundstücken, Verkaufseinrichtungen oder Transportmitteln oder deren Besichtigung nicht gestattet,
   b) die zu besichtigenden Agrarerzeugnisse oder Lebensmittel nicht so darlegt, daß die Besichtigung ordnungsgemäß vorgenommen werden kann,
   c) die erforderliche Hilfe bei der Besichtigung nicht leistet,
   d) Proben nicht entnehmen läßt,
   e) geschäftliche Unterlagen nicht oder nicht vollständig vorlegt oder nicht prüfen läßt oder

f) eine Auskunft nicht, nicht richtig oder nicht vollständig erteilt oder
2. einer nach § 139 Abs. 1 erlassenen Rechtsverordnung zuwiderhandelt, soweit sie für einen bestimmten Tatbestand auf diese Bußgeldvorschrift verweist.

(3) Die Ordnungswidrigkeit kann in den Fällen des Absatzes 1 mit einer Geldbuße bis zu fünftausend Deutsche Mark und in den Fällen des Absatzes 2 mit einer Geldbuße bis zu zwanzigtausend Deutsche Mark geahndet werden.

(4) In den Fällen des Absatzes 1 ist § 144 Abs. 4 entsprechend anzuwenden.

Abschnitt 2

Beschlagnahme von Waren bei der Einfuhr und Ausfuhr

§ 146 Beschlagnahme bei der Verletzung von Kennzeichenrechten

(1) Waren, die widerrechtlich mit einer nach diesem Gesetz geschützten Marke oder geschäftlichen Bezeichnung versehen sind, unterliegen, soweit nicht die Verordnung (EG) Nr. 3295/94 des Rates vom 22. Dezember 1994 über Maßnahmen zum Verbot der Überführung nachgeahmter Waren und unerlaubt hergestellter Vervielfältigungsstücke oder Nachbildungen in den zollrechtlich freien Verkehr oder in ein Nichterhebungsverfahren sowie zum Verbot ihrer Ausfuhr und Wiederausfuhr (ABl. EG Nr. L 341 S. 8) in ihrer jeweils geltenden Fassung anzuwenden ist, auf Antrag und gegen Sicherheitsleistung des Rechtsinhabers bei ihrer Einfuhr oder Ausfuhr der Beschlagnahme durch die Zollbehörde, sofern die Rechtsverletzung offensichtlich ist. Dies gilt für den Verkehr mit anderen Mitgliedstaaten der Europäischen Union sowie mit den anderen Vertragsstaaten des Abkommens über den Europäischen Wirtschaftsraum nur, soweit Kontrollen durch die Zollbehörden stattfinden.

(2) Ordnet die Zollbehörde die Beschlagnahme an, unterrichtet sie unverzüglich den Verfügungsberechtigten sowie den Antragsteller. Dem Antragsteller sind Herkunft, Menge und Lagerort der Waren sowie Name und Anschrift des Verfügungsberechtigten mitzuteilen. Das Brief- und Postgeheimnis (Artikel 10 des Grundgesetzes) wird insoweit eingeschränkt. Dem Antragsteller wird Gelegenheit gegeben, die Waren zu besichtigen, soweit hierdurch nicht in Geschäfts- oder Betriebsgeheimnisse eingegriffen wird.

§ 147 Einziehung; Widerspruch; Aufhebung der Beschlagnahme

(1) Wird der Beschlagnahme nicht spätestens nach Ablauf von zwei Wochen nach Zustellung der Mitteilung nach § 146 Abs. 2 Satz 1 widersprochen, ordnet die Zollbehörde die Einziehung der beschlagnahmten Waren an.

(2) Widerspricht der Verfügungsberechtigte der Beschlagnahme, unterrichtet die Zollbehörde hiervon unverzüglich den Antragsteller. Dieser hat gegenüber der Zollbehörde unverzüglich zu erklären, ob er den Antrag nach § 146 Abs. 1 in bezug auf die beschlagnahmten Waren aufrechterhält.

(3) Nimmt der Antragsteller den Antrag zurück, hebt die Zollbehörde die Beschlagnahme unverzüglich auf. Hält der Antragsteller den Antrag aufrecht und legt er eine vollziehbare gerichtliche Entscheidung vor, die die Verwahrung der beschlagnahmten Waren oder eine Verfügungsbeschränkung anordnet, trifft die Zollbehörde die erforderlichen Maßnahmen.

(4) Liegen die Fälle des Absatzes 3 nicht vor, hebt die Zollbehörde die Beschlagnahme nach Ablauf von zwei Wochen nach Zustellung der Mitteilung an den Antragsteller nach Absatz 2 auf. Weist der Antragsteller nach, daß die gerichtliche Entscheidung nach Absatz 3 Satz 2 beantragt, ihm aber noch nicht zugegangen ist, wird die Beschlagnahme für längstens zwei weitere Wochen aufrechterhalten.

§ 148 Zuständigkeiten; Rechtsmittel

(1) Der Antrag nach § 146 Abs. 1 ist bei der Oberfinanzdirektion zu stellen und hat Wirkung für zwei Jahre, sofern keine kürzere Geltungsdauer beantragt wird. Der Antrag kann wiederholt werden.

(2) Für die mit dem Antrag verbundenen Amtshandlungen werden vom Antragsteller Kosten nach Maßgabe des § 178 der Abgabenordnung erhoben.

(3) Die Beschlagnahme und die Einziehung können mit den Rechtsmitteln angefochten werden, die im Bußgeldverfahren nach dem Gesetz über Ordnungswidrigkeiten gegen die Beschlagnahme und Einziehung zulässig sind. Im Rechtsmittelverfahren ist der Antragsteller zu hören. Gegen die Entscheidung des Amtsgerichts ist die sofortige Beschwerde zulässig. Über die sofortige Beschwerde entscheidet das Oberlandesgericht.

§ 149 Schadensersatz bei ungerechtfertigter Beschlagnahme

Erweist sich die Beschlagnahme als von Anfang an ungerechtfertigt und hat der Antragsteller den Antrag nach § 146 Abs. 1 in bezug auf die beschlagnahmten Waren aufrechterhalten oder sich nicht unverzüglich erklärt (§ 147 Abs. 2 Satz 2), so ist er verpflichtet, den dem Verfügungsberechtigten durch die Beschlagnahme entstandenen Schaden zu ersetzen.

§ 150 Beschlagnahme nach der Verordnung (EG) Nr. 3295/94

In Verfahren nach der in § 146 Abs. 1 genannten Verordnung sind die §§ 146 bis 149 entsprechend anzuwenden, soweit in der Verordnung nichts anderes bestimmt ist.

§ 151 Beschlagnahme bei widerrechtlicher Kennzeichnung mit geographischen Herkunftsangaben

(1) Waren, die widerrechtlich mit einer nach diesem Gesetz oder nach Rechtsvorschriften der Europäischen Gemeinschaft geschützten geographischen Herkunftsangabe versehen sind, unterliegen bei ihrer Einfuhr, Ausfuhr oder Durchfuhr der Beschlagnahme zum Zwecke der Beseitigung der widerrechtlichen Kennzeichnung, sofern die Rechtsverletzung offensichtlich ist. Dies gilt für den Verkehr mit anderen Mitgliedstaaten der Europäischen Union sowie mit den anderen Vertragsstaaten des Abkommens über den Europäischen Wirtschaftsraum nur, soweit Kontrollen durch die Zollbehörden stattfinden.

(2) Die Beschlagnahme wird durch die Zollbehörde vorgenommen. Die Zollbehörde ordnet auch die zur Beseitigung der widerrechtlichen Kennzeichnung erforderlichen Maßnahmen an.

(3) Wird den Anordnungen der Zollbehörde nicht entsprochen oder ist die Beseitigung untunlich, ordnet die Zollbehörde die Einziehung der Waren an.

(4) Die Beschlagnahme und die Einziehung können mit den Rechtsmitteln angefochten werden, die im Bußgeldverfahren nach dem Gesetz über Ordnungswidrigkeiten gegen die Beschlagnahme und Einziehung zulässig sind. Gegen die Entscheidung des Amtsgerichts ist die sofortige Beschwerde zulässig. Über die sofortige Beschwerde entscheidet das Oberlandesgericht.

Teil 9

Übergangsvorschriften

§ 152 Anwendung dieses Gesetzes

Die Vorschriften dieses Gesetzes finden, soweit nachfolgend nichts anderes bestimmt ist, auch auf Marken, die vor dem 1. Januar 1995 angemeldet oder eingetragen oder durch Benutzung im geschäftlichen Verkehr oder durch notorische Bekanntheit erworben worden sind, und auf geschäftliche Bezeichnungen Anwendung, die vor dem 1. Januar 1995 nach den bis dahin geltenden Vorschriften geschützt waren.

§ 153 Schranken für die Geltendmachung von Verletzungsansprüchen

(1) Standen dem Inhaber einer vor dem 1. Januar 1995 eingetragenen oder durch Benutzung oder notorische Bekanntheit erworbenen Marke oder einer geschäftlichen Bezeichnung nach den bis dahin geltenden Vorschriften gegen die Benutzung der Marke, der geschäftlichen Bezeichnung oder eines übereinstimmenden Zeichens keine Ansprüche wegen Verletzung zu, so können die Rechte aus der Marke oder aus der geschäftlichen Bezeichnung nach diesem Gesetz nicht gegen die Weiterbenutzung dieser Marke, dieser geschäftlichen Bezeichnung oder dieses Zeichens geltend gemacht werden.

(2) Auf Ansprüche des Inhabers einer vor dem 1. Januar 1995 eingetragenen oder durch Benutzung oder notorische Bekanntheit erworbenen Marke oder einer geschäftlichen Bezeichnung ist § 21 mit der Maßgabe anzuwenden, daß die in § 21 Abs. 1 und 2 vorgesehene Frist von fünf Jahren mit dem 1. Januar 1995 zu laufen beginnt.

§ 154 Dingliche Rechte; Zwangsvollstreckung; Konkursverfahren

(1) Ist vor dem 1. Januar 1995 an dem durch die Anmeldung oder Eintragung einer Marke begründeten Recht ein dingliches Recht begründet worden oder war das durch die Anmeldung oder Eintragung begründete Recht Gegenstand von Maßnahmen der Zwangsvollstreckung, so können diese Rechte oder Maßnahmen nach § 29 Abs. 2 in das Register eingetragen werden.

(2) Absatz 1 ist entsprechend anzuwenden, wenn das durch die Anmeldung oder Eintragung einer Marke begründete Recht durch ein Konkursverfahren erfaßt worden ist.

§ 155 Lizenzen

Auf vor dem 1. Januar 1995 an dem durch die Anmeldung oder Eintragung, durch die Benutzung oder durch die notorische Bekanntheit einer Marke begründeten Recht erteilte Lizenzen ist § 30 mit der Maßgabe anzuwenden, daß diesen Lizenzen die Wirkung des § 30 Abs. 5 nur insoweit zugute kommt, als es sich um nach dem 1. Januar 1995 eingetretene Rechtsübergänge oder an Dritte erteilte Lizenzen handelt.

§ 156 Prüfung angemeldeter Marken auf absolute Schutzhindernisse

(1) Ist vor dem 1. Januar 1995 ein Zeichen angemeldet worden, das nach den bis dahin geltenden Vorschriften aus vom Patentamt von Amts wegen zu berücksichtigenden Gründen von der Eintragung ausgeschlossen war, das aber nach § 3, 7, 8 oder 10 dieses Gesetzes nicht von der Eintragung ausgeschlossen ist, so sind die Vorschriften dieses Gesetzes mit der Maßgabe anzuwenden, daß die Anmeldung als am 1. Januar 1995 eingereicht gilt und daß, ungeachtet des ursprünglichen Anmeldetags und einer etwa in Anspruch genommenen Priorität, der 1. Januar 1995 für die Bestimmung des Zeitrangs im Sinne des § 6 Abs. 2 maßgeblich ist.

(2) Kommt das Patentamt bei der Prüfung des angemeldeten Zeichens zu dem Ergebnis, daß die Voraussetzungen des Absatzes 1 gegeben sind, so teilt es dies dem Anmelder mit.

(3) Teilt der Anmelder dem Patentamt innerhalb einer Frist von zwei Monaten nach Zustellung der Mitteilung nach Absatz 2 mit, daß er mit der Verschiebung des Zeitrangs im Sinne des Absatzes 1 einverstanden ist, wird die Anmeldung des Zeichens als Anmeldung einer Marke nach diesem Gesetz weiterbehandelt.

(4) Teilt der Anmelder dem Patentamt mit, daß er mit einer Verschiebung des Zeitrangs im Sinne des Absatzes 1 nicht einverstanden ist oder gibt er innerhalb der Frist des Absatzes 3 keine Erklärung ab, so weist das Patentamt die Anmeldung zurück.

(5) Der Anmelder kann die Erklärung nach Absatz 3 auch noch in einem Erinnerungsverfahren, einem Beschwerdeverfahren oder in einem Rechtsbeschwerdeverfahren über die

Zurückweisung der Anmeldung abgeben, das am 1. Januar 1995 anhängig ist. Die Absätze 2 bis 4 sind entsprechend anzuwenden.

§ 157 Bekanntmachung und Eintragung

Ist vor dem 1. Januar 1995 die Bekanntmachung einer Anmeldung nach § 5 Abs. 1 des Warenzeichengesetzes beschlossen worden, ist die Anmeldung aber noch nicht nach § 5 Abs. 2 des Warenzeichengesetzes bekanntgemacht worden, so wird die Marke ohne vorherige Bekanntmachung nach § 41 in das Register eingetragen. Ist für einen nach dem Beschluß der Bekanntmachung gestellten Antrag auf beschleunigte Eintragung die in § 6 a Abs. 2 des Warenzeichengesetzes vorgesehene Gebühr bereits gezahlt worden, wird sie von Amts wegen erstattet.

§ 158 Widerspruchsverfahren

(1) Ist vor dem 1. Januar 1995 die Anmeldung einer Marke nach § 5 Abs. 2 des Warenzeichengesetzes oder die Eintragung einer Marke nach § 6 a Abs. 3 des Warenzeichengesetzes in Verbindung mit § 5 Abs. 2 des Warenzeichengesetzes bekanntgemacht worden, so können Widersprüche innerhalb der Frist des § 5 Abs. 4 des Warenzeichengesetzes sowohl auf die Widerspruchsgründe des § 5 Abs. 4 des Warenzeichengesetzes als auch auf die Widerspruchsgründe des § 42 Abs. 2 gestützt werden. Wird innerhalb der Frist des § 5 Abs. 4 des Warenzeichengesetzes Widerspruch nicht erhoben, so wird, soweit es sich nicht um eine nach § 6 a Abs. 1 des Warenzeichengesetzes eingetragene Marke handelt, die Marke nach § 41 in das Register eingetragen. Ein Widerspruch nach § 42 findet gegen eine solche Eintragung nicht statt.

(2) Ist vor dem 1. Januar 1995 ein Widerspruch gemäß § 5 Abs. 4 des Warenzeichengesetzes gegen die Eintragung einer nach § 5 Abs. 2 des Warenzeichengesetzes bekanntgemachten oder einer nach § 6 a Abs. 1 des Warenzeichengesetzes eingetragenen Marke erhoben worden oder wird nach dem 1. Januar 1995 ein Widerspruch nach Absatz 1 erhoben, so sind die Widerspruchsgründe des § 5 Abs. 4 Nr. 2 und 3 des Warenzeichengesetzes, soweit der Widerspruch darauf gestützt worden ist, weiterhin anzuwenden. Ist der Widerspruch auf § 5 Abs. 4 Nr. 1 des Warenzeichengesetzes gestützt worden, ist anstelle dieser Bestimmung die Bestimmung des § 42 Abs. 2 Nr. 1 anzuwenden.

(3) Ist in einem Verfahren über einen Widerspruch, der vor dem 1. Januar 1995 erhoben worden ist, die Benutzung der Marke, aufgrund deren Widerspruch erhoben worden ist, bestritten worden oder wird die Benutzung in einem solchen Widerspruchsverfahren bestritten, so ist anstelle des § 5 Abs. 7 des Warenzeichengesetzes § 43 Abs. 1 entsprechend anzuwenden. Satz 1 gilt für das Beschwerdeverfahren vor dem Patentgericht auch dann, wenn ein solches Verfahren am 1. Januar 1995 anhängig ist. Satz 1 gilt nicht für Rechtsbeschwerden, die am 1. Januar 1995 anhängig sind.

(4) Wird der Widerspruch zurückgewiesen, so wird, soweit es sich nicht um eine nach § 6 a Abs. 1 des Warenzeichengesetzes eingetragene Marke handelt, die Marke nach § 41 in das Register eingetragen. Ein Widerspruch nach § 42 findet gegen eine solche Eintragung nicht statt.

(5) Wird dem Widerspruch gegen eine nach § 5 Abs. 2 des Warenzeichengesetzes bekanntgemachte Anmeldung stattgegeben, so wird die Eintragung versagt. Wird dem Widerspruch gegen eine nach § 6 a Abs. 1 des Warenzeichengesetzes eingetragene Marke stattgegeben, so wird die Eintragung nach § 43 Abs. 2 Satz 1 gelöscht.

(6) In den Fällen des Absatzes 1 Satz 2 und des Absatzes 4 Satz 1 findet eine Zurückweisung der Anmeldung aus von Amts wegen zu berücksichtigenden Eintragungshindernissen nicht statt.

§ 159 Teilung einer Anmeldung
Auf die Teilung einer vor dem 1. Januar 1995 nach § 5 Abs. 2 des Warenzeichengesetzes bekanntgemachten Anmeldung ist § 40 mit der Maßgabe anzuwenden, daß die Teilung erst nach Ablauf der Widerspruchsfrist erklärt werden kann und daß die Erklärung nur zulässig ist, wenn ein im Zeitpunkt ihrer Abgabe anhängiger Widerspruch sich nach der Teilung nur gegen einen der Teile der ursprünglichen Anmeldung richten würde. Der Teil der ursprünglichen Anmeldung, gegen den sich kein Widerspruch richtet, wird nach § 41 in das Register eingetragen. Ein Widerspruch nach § 42 findet gegen eine solche Eintragung nicht statt.

§ 160 Schutzdauer und Verlängerung
Die Vorschriften dieses Gesetzes über die Schutzdauer und die Verlängerung der Schutzdauer (§ 47) sind auch auf vor dem 1. Januar 1995 eingetragene Marken anzuwenden mit der Maßgabe, daß für die Berechnung der Frist, innerhalb derer die Gebühren für die Verlängerung der Schutzdauer einer eingetragenen Marke wirksam vor Fälligkeit gezahlt werden können, die Vorschriften des § 9 Abs. 2 des Warenzeichengesetzes weiterhin anzuwenden sind, wenn die Schutzdauer nach § 9 Abs. 2 des Warenzeichengesetzes vor dem 1. Januar 1995 abläuft.

§ 161 Löschung einer eingetragenen Marke wegen Verfalls
(1) Ist vor dem 1. Januar 1995 ein Antrag auf Löschung der Eintragung einer Marke nach § 11 Abs. 4 des Warenzeichengesetzes beim Patentamt gestellt worden und ist die Frist des § 11 Abs. 4 Satz 3 des Warenzeichengesetzes für den Widerspruch gegen die Löschung am 1. Januar 1995 noch nicht abgelaufen, so beträgt diese Frist zwei Monate.
(2) Ist vor dem 1. Januar 1995 eine Klage auf Löschung der Eintragung einer Marke nach § 11 Abs. 1 Nr. 3 oder 4 des Warenzeichengesetzes erhoben worden, so wird die Eintragung nur gelöscht, wenn der Klage sowohl nach den bis dahin geltenden Vorschriften als auch nach den Vorschriften dieses Gesetzes stattzugeben ist.

§ 162 Löschung einer eingetragenen Marke wegen absoluter Schutzhindernisse
(1) Ist der Inhaber einer Marke vor dem 1. Januar 1995 benachrichtigt worden, daß die Eintragung der Marke nach § 10 Abs. 2 Nr. 2 des Warenzeichengesetzes gelöscht werden soll, und ist die Frist des § 10 Abs. 3 Satz 2 des Warenzeichengesetzes für den Widerspruch gegen die Löschung am 1. Januar 1995 noch nicht abgelaufen, so beträgt diese Frist zwei Monate.
(2) Ist vor dem 1. Januar 1995 ein Verfahren von Amts wegen zur Löschung der Eintragung einer Marke wegen des Bestehens absoluter Schutzhindernisse nach § 10 Abs. 2 Nr. 2 des Warenzeichengesetzes eingeleitet worden oder ist vor diesem Zeitpunkt ein Antrag auf Löschung nach dieser Vorschrift gestellt worden, so wird die Eintragung nur gelöscht, wenn die Marke sowohl nach den bis dahin geltenden Vorschriften als auch nach den Vorschriften dieses Gesetzes nicht schutzfähig ist. Dies gilt auch dann, wenn nach dem 1. Januar 1995 ein Verfahren nach § 54 zur Löschung der Eintragung einer Marke eingeleitet wird, die vor dem 1. Januar 1995 eingetragen worden ist.

§ 163 Löschung einer eingetragenen Marke wegen des Bestehens älterer Rechte
(1) Ist vor dem 1. Januar 1995 eine Klage auf Löschung der Eintragung einer Marke aufgrund einer früher angemeldeten Marke nach § 11 Abs. 1 Nr. 1 des Warenzeichengesetzes oder aufgrund eines sonstigen älteren Rechts erhoben worden, so wird, soweit in Absatz 2 nichts anderes bestimmt ist, die Eintragung nur gelöscht, wenn der Klage sowohl nach den bis dahin geltenden Vorschriften als auch nach den Vorschriften dieses Gesetzes stattzugeben ist. Dies gilt auch dann, wenn nach dem 1. Januar 1995 eine Klage nach

§ 55 auf Löschung der Eintragung einer Marke erhoben wird, die vor dem 1. Januar 1995 eingetragen worden ist.

(2) In den Fällen des Absatzes 1 Satz 1 ist § 51 Abs. 2 Satz 1 und 2 nicht anzuwenden. In den Fällen des Absatzes 1 Satz 2 ist § 51 Abs. 2 Satz 1 und 2 mit der Maßgabe anzuwenden, daß die Frist von fünf Jahren mit dem 1. Januar 1995 zu laufen beginnt.

§ 164 Erinnerung und Durchgriffsbeschwerde

Die Vorschriften dieses Gesetzes gelten auch für Erinnerungen, die vor dem 1. Januar 1995 eingelegt worden sind, mit der Maßgabe, daß die in § 66 Abs. 3 Satz 1 und 2 vorgesehenen Fristen von sechs Monaten und zehn Monaten am 1. Januar 1995 zu laufen beginnen.

§ 165 Übergangsvorschrift aus Anlaß der Insolvenzrechtsreform

Bis zum 1. Januar 1999 ist § 125 h mit der Maßgabe anzuwenden, daß an die Stelle des Insolvenzverfahrens das Konkursverfahren, an die Stelle des Insolvenzgerichts das Konkursgericht, an die Stelle der Insolvenzmasse die Konkursmasse und an die Stelle des Insolvenzverwalters der Konkursverwalter tritt.

Gesetz über Urheberrecht und verwandte Schutzrechte (Urheberrechtsgesetz)

Vom 9. September 1965 (BGBl. I S. 1273)
(BGBl. III 440-1)

Änderungen

Paragraph	Art der Änderung	Geändert durch	Datum	Fundstelle BGBl.
111	geändert	Erstes Gesetz zur Reform des Strafrechts	25. 6.1969	I S. 645
138	geändert	Kostenermächtigungs-Änderungsgesetz	23. 6.1970	I S. 805
26, 27, 46, 62	geändert	Änderungsgesetz	10.11.1972	I S. 2081
135 a	eingefügt			
133	aufgehoben	Gesetz zu den am 24. Juli 1971 in Paris unterzeichneten Übereinkünften auf dem Gebiet des Urheberrechts[1]	17. 8.1973	II S. 1069
106–111	geändert	Einführungsgesetz zum Strafgesetzbuch	2. 3.1974	I S. 469
2, 3, 47, 49, 52-54, 72, 87, 109-111	geändert	Gesetz zur Änderung von Vorschriften auf dem Gebiet des Urheberrechts	24. 6.1985	I S. 1137
108 a, 137 a, Anlage[2]	eingefügt			
68	aufgehoben			
110	geändert	Opferschutzgesetz	18.12.1986	I S. 2496
54, 70, 71, 82, 98, 99, 101, 102, 106-108 a, 110	geändert	Gesetz zur Stärkung des Schutzes des geistigen Eigentums und zur Bekämpfung der Produktpiraterie	7. 3.1990	I S. 422
101 a, 111 a, 137 b, 137 c	eingefügt			
142	gegenstandslos	Sechstes Überleitungsgesetz	25. 9.1990	I S. 2106
2, 53	geändert	Zweites Änderungsgesetz	9. 6.1993	I S. 910
69 a–69 g, 137 d	eingefügt			
69 c, 111 a	geändert	Gesetz zur Anpassung des EWR-Ausführungsgesetzes	27. 9.1993	I S. 1666

1) I. V. m. der Bekanntmachung über das Inkrafttreten der Pariser Fassung der Berner Übereinkunft zum Schutz von Werken der Literatur und Kunst vom 5. 2. 1974 (BGBl. II S. 165) und der Bekanntmachung über das Inkrafttreten der Pariser Fassung der Berner Übereinkunft zum Schutz von Werken der Literatur und Kunst vom 15. 7.1974 (BGBl. II S. 1079).

Paragraph	Art der Änderung	Geändert durch	Datum	Fundstelle BGBl.
54, Anlage 54 a-h	geändert eingefügt	Gesetz zur Änderung des Patentgebührengesetzes und anderer Gesetze	25. 7.1994	I S. 1739
105[1]	geändert	Gesetz zur Neuordnung des Berufsrechts der Rechtsanwälte und der Patentanwälte	2. 9.1994	I S.2 278, 2293
69 g	geändert	Markenrechtsreform-gesetz	25.10.1994	I S. 3028, 3120
17, 27, 64-67, 71, 72, 75, 78, 80-83, 85, 87, 92, 94, 97, 108, 119, 120, 125-128, 138	geändert	Drittes Änderungs-gesetz	23. 6.1995	I S. 842
137 e, 137 f	eingefügt			
111 a	geändert	Markenrechtsänderungs-gesetz 1996	19. 7.1996	I S. 1014, 1017

1) Die Änderung tritt am 1. 1. 2000 bzw. am 1. 1. 2005 in Kraft und wird zum jeweiligen Zeitpunkt eingearbeitet.

Der Bundestag hat das folgende Gesetz beschlossen:

Erster Teil
Urheberrecht
Erster Abschnitt
Allgemeines

§ 1
Die Urheber von Werken der Literatur, Wissenschaft und Kunst genießen für ihre Werke Schutz nach Maßgabe dieses Gesetzes.

Zweiter Abschnitt
Das Werk

§ 2 Geschützte Werke
(1) Zu den geschützten Werken der Literatur, Wissenschaft und Kunst gehören insbesondere:
1. Sprachwerke, wie Schriftwerke, Reden und Computerprogramme;
2. Werke der Musik;
3. pantomimische Werke einschließlich der Werke der Tanzkunst;
4. Werke der bildenden Künste einschließlich der Werke der Baukunst und der angewandten Kunst und Entwürfe solcher Werke;
5. Lichtbildwerke einschließlich der Werke, die ähnlich wie Lichtbildwerke geschaffen werden;
6. Filmwerke einschließlich der Werke, die ähnlich wie Filmwerke geschaffen werden;
7. Darstellungen wissenschaftlicher oder technischer Art, wie Zeichnungen, Pläne, Karten, Skizzen, Tabellen und plastische Darstellungen.

(2) Werke im Sinne dieses Gesetzes sind nur persönliche geistige Schöpfungen.

§ 3 Bearbeitungen
Übersetzungen und andere Bearbeitungen eines Werkes, die persönliche geistige Schöpfungen des Bearbeiters sind, werden unbeschadet des Urheberrechts am bearbeiteten Werk wie selbständige Werke geschützt. Die nur unwesentliche Bearbeitung eines nicht geschützten Werkes der Musik wird nicht als selbständiges Werk geschützt.

§ 4 Sammelwerke
Sammlungen von Werken oder anderen Beiträgen, die durch Auslese oder Anordnung eine persönliche geistige Schöpfung sind (Sammelwerke), werden unbeschadet des Urheberrechts an den aufgenommenen Werken wie selbständige Werke geschützt.

§ 5 Amtliche Werke
(1) Gesetze, Verordnungen, amtliche Erlasse und Bekanntmachungen sowie Entscheidungen und amtlich verfaßte Leitsätze zu Entscheidungen genießen keinen urheberrechtlichen Schutz.

(2) Das gleiche gilt für andere amtliche Werke, die im amtlichen Interesse zur allgemeinen Kenntnisnahme veröffentlicht worden sind, mit der Einschränkung, daß die Bestimmungen über Änderungsverbot und Quellenangabe in § 62 Abs. 1 bis 3 und § 63 Abs. 1 und 2 entsprechend anzuwenden sind.

§ 6 Veröffentlichte und erschienene Werke
(1) Ein Werk ist veröffentlicht, wenn es mit Zustimmung des Berechtigten der Öffentlichkeit zugänglich gemacht worden ist.

(2) Ein Werk ist erschienen, wenn mit Zustimmung des Berechtigten Vervielfältigungsstücke des Werkes nach ihrer Herstellung in genügender Anzahl der Öffentlichkeit angeboten oder in Verkehr gebracht worden sind. Ein Werk der bildenden Künste gilt auch dann als erschienen, wenn das Original oder ein Vervielfältigungsstück des Werkes mit Zustimmung des Berechtigten bleibend der Öffentlichkeit zugänglich ist.

Dritter Abschnitt

Der Urheber

§ 7 Urheber

Urheber ist der Schöpfer des Werkes.

§ 8 Miturheber

(1) Haben mehrere ein Werk gemeinsam geschaffen, ohne daß sich ihre Anteile gesondert verwerten lassen, so sind sie Miturheber des Werkes.

(2) Das Recht zur Veröffentlichung und zur Verwertung des Werkes steht den Miturhebern zur gesamten Hand zu; Änderungen des Werkes sind nur mit Einwilligung der Miturheber zulässig. Ein Miturheber darf jedoch seine Einwilligung zur Veröffentlichung, Verwertung oder Änderung nicht wider Treu und Glauben verweigern. Jeder Miturheber ist berechtigt, Ansprüche aus Verletzungen des gemeinsamen Urheberrechts geltend zu machen; er kann jedoch nur Leistung an alle Miturheber verlangen.

(3) Die Erträgnisse aus der Nutzung des Werkes gebühren den Miturhebern nach dem Umfang ihrer Mitwirkung an der Schöpfung des Werkes, wenn nichts anderes zwischen den Miturhebern vereinbart ist.

(4) Ein Miturheber kann auf seinen Anteil an den Verwertungsrechten (§ 15) verzichten. Der Verzicht ist den anderen Miturhebern gegenüber zu erklären. Mit der Erklärung wächst der Anteil den anderen Miturhebern zu.

§ 9 Urheber verbundener Werke

Haben mehrere Urheber ihre Werke zu gemeinsamer Verwertung miteinander verbunden, so kann jeder vom anderen die Einwilligung zur Veröffentlichung, Verwertung und Änderung der verbundenen Werke verlangen, wenn die Einwilligung dem anderen nach Treu und Glauben zuzumuten ist.

§ 10 Vermutung der Urheberschaft

(1) Wer auf den Vervielfältigungsstücken eines erschienenen Werkes oder auf dem Original eines Werkes der bildenden Künste in der üblichen Weise als Urheber bezeichnet ist, wird bis zum Beweis des Gegenteils als Urheber des Werkes angesehen; dies gilt auch für eine Bezeichnung, die als Deckname oder Künstlerzeichen des Urhebers bekannt ist.

(2) Ist der Urheber nicht nach Absatz 1 bezeichnet, so wird vermutet, daß derjenige ermächtigt ist, die Rechte des Urhebers geltend zu machen, der auf den Vervielfältigungsstücken des Werkes als Herausgeber bezeichnet ist. Ist kein Herausgeber angegeben, so wird vermutet, daß der Verleger ermächtigt ist.

Vierter Abschnitt

Inhalt des Urheberrechts

1. Allgemeines

§ 11

Das Urheberrecht schützt den Urheber in seinen geistigen und persönlichen Beziehungen zum Werk und in der Nutzung des Werkes.

2. Urheberpersönlichkeitsrecht

§ 12 Veröffentlichungsrecht

(1) Der Urheber hat das Recht zu bestimmen, ob und wie sein Werk zu veröffentlichen ist.

(2) Dem Urheber ist es vorbehalten, den Inhalt seines Werkes öffentlich mitzuteilen oder zu beschreiben, solange weder das Werk noch der wesentliche Inhalt oder eine Beschreibung des Werkes mit seiner Zustimmung veröffentlicht ist.

§ 13 Anerkennung der Urheberschaft

Der Urheber hat das Recht auf Anerkennung seiner Urheberschaft am Werk. Er kann bestimmen, ob das Werk mit einer Urheberbezeichnung zu versehen und welche Bezeichnung zu verwenden ist.

§ 14 Entstellung des Werkes

Der Urheber hat das Recht, eine Entstellung oder eine andere Beeinträchtigung seines Werkes zu verbieten, die geeignet ist, seine berechtigten geistigen oder persönlichen Interessen am Werk zu gefährden.

3. Verwertungsrechte

§ 15 Allgemeines

(1) Der Urheber hat das ausschließliche Recht, sein Werk in körperlicher Form zu verwerten; das Recht umfaßt insbesondere

1. das Vervielfältigungsrecht (§ 16),
2. das Verbreitungsrecht (§ 17),
3. das Ausstellungsrecht (§ 18).

(2) Der Urheber hat ferner das ausschließliche Recht, sein Werk in unkörperlicher Form öffentlich wiederzugeben (Recht der öffentlichen Wiedergabe); das Recht umfaßt insbesondere

1. das Vortrags-, Aufführungs- und Vorführungsrecht (§ 19),
2. das Senderecht (§ 20),
3. das Recht der Wiedergabe durch Bild- oder Tonträger (§ 21),
4. das Recht der Wiedergabe von Funksendungen (§ 22).

(3) Die Wiedergabe eines Werkes ist öffentlich, wenn sie für eine Mehrzahl von Personen bestimmt ist, es sei denn, daß der Kreis dieser Personen bestimmt abgegrenzt ist und sie durch gegenseitige Beziehungen oder durch Beziehung zum Veranstalter persönlich untereinander verbunden sind.

§ 16 Vervielfältigungsrecht

(1) Das Vervielfältigungsrecht ist das Recht, Vervielfältigungsstücke des Werkes herzustellen, gleichviel in welchem Verfahren und in welcher Zahl.

(2) Eine Vervielfältigung ist auch die Übertragung des Werkes auf Vorrichtungen zur wiederholbaren Wiedergabe von Bild- oder Tonfolgen (Bild- oder Tonträger), gleichviel, ob es sich um die Aufnahme einer Wiedergabe des Werkes auf einen Bild- oder Tonträger oder um die Übertragung des Werkes von einem Bild- oder Tonträger auf einen anderen handelt.

§ 17 Verbreitungsrecht

(1) Das Verbreitungsrecht ist das Recht, das Original oder Vervielfältigungsstücke des Werkes der Öffentlichkeit anzubieten oder in Verkehr zu bringen.

(2) Sind das Original oder Vervielfältigungsstücke des Werkes mit Zustimmung des zur Verbreitung Berechtigten im Gebiet der Europäischen Union oder eines anderen

Vertragsstaates des Abkommens über den Europäischen Wirtschaftsraum im Wege der Veräußerung in Verkehr gebracht worden, so ist ihre Weiterverbreitung mit Ausnahme der Vermietung zulässig.

(3) Vermietung im Sinne der Vorschriften dieses Gesetzes ist die zeitlich begrenzte, unmittelbar oder mittelbar Erwerbszwecken dienende Gebrauchsüberlassung. Als Vermietung gilt jedoch nicht die Überlassung von Originalen oder Vervielfältigungsstücken

1. von Bauwerken und Werken der angewandten Kunst oder
2. im Rahmen eines Arbeits- oder Dienstverhältnisses zu dem ausschließlichen Zweck, bei der Erfüllung von Verpflichtungen aus dem Arbeits- oder Dienstverhältnis benutzt zu werden.

§ 18 Ausstellungsrecht

Das Ausstellungsrecht ist das Recht, das Original oder Vervielfältigungsstücke eines unveröffentlichten Werkes der bildenden Künste oder eines unveröffentlichten Lichtbildwerkes öffentlich zur Schau zu stellen.

§ 19 Vortrags-, Aufführungs- und Vorführungsrecht

(1) Das Vortragsrecht ist das Recht, ein Sprachwerk durch persönliche Darbietung öffentlich zu Gehör zu bringen.

(2) Das Aufführungsrecht ist das Recht, ein Werk der Musik durch persönliche Darbietung öffentlich zu Gehör zu bringen oder ein Werk öffentlich bühnenmäßig darzustellen.

(3) Das Vortrags- und das Aufführungsrecht umfassen das Recht, Vorträge und Aufführungen außerhalb des Raumes, in dem die persönliche Darbietung stattfindet, durch Bildschirm, Lautsprecher oder ähnliche technische Einrichtungen öffentlich wahrnehmbar zu machen.

(4) Das Vorführungsrecht ist das Recht, ein Werk der bildenden Künste, ein Lichtbildwerk, ein Filmwerk oder Darstellungen wissenschaftlicher oder technischer Art durch technische Einrichtungen öffentlich wahrnehmbar zu machen. Das Vorführungsrecht umfaßt nicht das Recht, die Funksendung solcher Werke öffentlich wahrnehmbar zu machen (§ 22).

§ 20 Senderecht

Das Senderecht ist das Recht, das Werk durch Funk, wie Ton- und Fernsehrundfunk, Drahtfunk oder ähnliche technische Einrichtungen, der Öffentlichkeit zugänglich zu machen.

§ 21 Recht der Wiedergabe durch Bild- oder Tonträger

Das Recht der Wiedergabe durch Bild- oder Tonträger ist das Recht, Vorträge oder Aufführungen des Werkes mittels Bild- oder Tonträger öffentlich wahrnehmbar zu machen. § 19 Abs. 3 gilt entsprechend.

§ 22 Recht der Wiedergabe von Funksendungen

Das Recht der Wiedergabe von Funksendungen ist das Recht, Funksendungen des Werkes durch Bildschirm, Lautsprecher oder ähnliche technische Einrichtungen öffentlich wahrnehmbar zu machen. § 19 Abs. 3 gilt entsprechend.

§ 23 Bearbeitungen und Umgestaltungen

Bearbeitungen oder andere Umgestaltungen des Werkes dürfen nur mit Einwilligung des Urhebers des bearbeiteten oder umgestalteten Werkes veröffentlicht oder verwertet werden. Handelt es sich um eine Verfilmung des Werkes, um die Ausführung von Plänen und Entwürfen eines Werkes der bildenden Künste oder um den Nachbau eines Werkes der Baukunst, so bedarf bereits das Herstellen der Bearbeitung oder Umgestaltung der Einwilligung des Urhebers.

§ 24 Freie Benutzung

(1) Ein selbständiges Werk, das in freier Benutzung des Werkes eines anderen geschaffen worden ist, darf ohne Zustimmung des Urhebers des benutzten Werkes veröffentlicht und verwertet werden.

(2) Absatz 1 gilt nicht für die Benutzung eines Werkes der Musik, durch welche eine Melodie erkennbar dem Werk entnommen und einem neuen Werk zugrunde gelegt wird.

4. Sonstige Rechte des Urhebers

§ 25 Zugang zu Werkstücken

(1) Der Urheber kann vom Besitzer des Originals oder eines Vervielfältigungsstückes seines Werkes verlangen, daß er ihm das Original oder das Vervielfältigungsstück zugänglich macht, soweit dies zur Herstellung von Vervielfältigungsstücken oder Bearbeitungen des Werkes erforderlich ist und nicht berechtigte Interessen des Besitzers entgegenstehen.

(2) Der Besitzer ist nicht verpflichtet, das Original oder das Vervielfältigungsstück dem Urheber herauszugeben.

§ 26 Folgerecht

(1) Wird das Original eines Werkes der bildenden Künste weiterveräußert und ist hieran ein Kunsthändler oder Versteigerer als Erwerber, Veräußerer oder Vermittler beteiligt, so hat der Veräußerer dem Urheber einen Anteil in Höhe von fünf vom Hundert des Veräußerungserlöses zu entrichten. Die Verpflichtung entfällt, wenn der Veräußerungserlös weniger als einhundert Deutsche Mark beträgt.

(2) Der Urheber kann auf seinen Anteil im voraus nicht verzichten. Die Anwartschaft darauf unterliegt nicht der Zwangsvollstreckung; eine Verfügung über die Anwartschaft ist unwirksam.

(3) Der Urheber kann von einem Kunsthändler oder Versteigerer Auskunft darüber verlangen, welche Originale von Werken des Urhebers innerhalb des letzten vor dem Auskunftsersuchen abgelaufenen Kalenderjahres unter Beteiligung des Kunsthändlers oder Versteigerers weiterveräußert wurden.

(4) Der Urheber kann, soweit dies zur Durchsetzung seines Anspruchs gegen den Veräußerer erforderlich ist, von dem Kunsthändler oder Versteigerer Auskunft über den Namen und die Anschrift des Veräußerers sowie über die Höhe des Veräußerungserlöses verlangen. Der Kunsthändler oder Versteigerer darf die Auskunft über Namen und Anschrift des Veräußerers verweigern, wenn er dem Urheber den Anteil entrichtet.

(5) Die Ansprüche nach den Absätzen 3 und 4 können nur durch eine Verwertungsgesellschaft geltend gemacht werden.

(6) Bestehen begründete Zweifel an der Richtigkeit oder Vollständigkeit einer Auskunft nach Absatz 3 oder 4, so kann die Verwertungsgesellschaft verlangen, daß nach Wahl des Auskunftspflichtigen ihr oder einem von ihm zu bestimmenden Wirtschaftsprüfer oder vereidigten Buchprüfer Einsicht in die Geschäftsbücher oder sonstige Urkunden soweit gewährt wird, wie dies zur Feststellung der Richtigkeit oder Vollständigkeit der Auskunft erforderlich ist. Erweist sich die Auskunft als unrichtig oder unvollständig, so hat der Auskunftspflichtige die Kosten der Prüfung zu erstatten.

(7) Die Ansprüche des Urhebers verjähren in zehn Jahren.

(8) Die vorstehenden Bestimmungen sind auf Werke der Baukunst und der angewandten Kunst nicht anzuwenden.

§ 27 Vergütung für Vermietung und Verleihen

(1) Hat der Urheber das Vermietrecht (§ 17) an einem Bild- oder Tonträger dem Tonträger- oder Filmhersteller eingeräumt, so hat der Vermieter gleichwohl dem Urheber eine angemessene Vergütung für die Vermietung zu zahlen. Auf den Vergütungsanspruch kann nicht verzichtet werden. Er kann im voraus nur an eine Verwertungsgesellschaft abgetreten werden.

(2) Für das Verleihen von Originalen oder Vervielfältigungsstücken eines Werkes, deren Weiterverbreitung nach § 17 Abs. 2 zulässig ist, ist dem Urheber eine angemessene Vergütung zu zahlen, wenn die Originale oder Vervielfältigungsstücke durch eine der Öffentlichkeit zugängliche Einrichtung (Bücherei, Sammlung von Bild- oder Tonträgern oder anderer Originale oder Vervielfältigungsstücke) verliehen werden. Verleihen im Sinne von Satz 1 ist die zeitlich begrenzte, weder unmittelbar noch mittelbar Erwerbszwecken dienende Gebrauchsüberlassung; § 17 Abs. 3 Satz 2 findet entsprechende Anwendung.

(3) Die Vergütungsansprüche nach den Absätzen 1 und 2 können nur durch eine Verwertungsgesellschaft geltend gemacht werden.

Fünfter Abschnitt

Rechtsverkehr im Urheberrecht

1. Rechtsnachfolge in das Urheberrecht

§ 28 Vererbung des Urheberrechts

(1) Das Urheberrecht ist vererblich.

(2) Der Urheber kann durch letztwillige Verfügung die Ausübung des Urheberrechts einem Testamentsvollstrecker übertragen. § 2210 des Bürgerlichen Gesetzbuchs ist nicht anzuwenden.

§ 29 Übertragung des Urheberrechts

Das Urheberrecht kann in Erfüllung einer Verfügung von Todes wegen oder an Miterben im Wege der Erbauseinandersetzung übertragen werden. Im übrigen ist es nicht übertragbar.

§ 30 Rechtsnachfolger des Urhebers

Der Rechtsnachfolger des Urhebers hat die dem Urheber nach diesem Gesetz zustehenden Rechte, soweit nichts anderes bestimmt ist.

2. Nutzungsrechte

§ 31 Einräumung von Nutzungsrechten

(1) Der Urheber kann einem anderen das Recht einräumen, das Werk auf einzelne oder alle Nutzungsarten zu nutzen (Nutzungsrecht). Das Nutzungsrecht kann als einfaches oder ausschließliches Recht eingeräumt werden.

(2) Das einfache Nutzungsrecht berechtigt den Inhaber, das Werk neben dem Urheber oder anderen Berechtigten auf die ihm erlaubte Art zu nutzen.

(3) Das ausschließliche Nutzungsrecht berechtigt den Inhaber, das Werk unter Ausschluß aller anderen Personen einschließlich des Urhebers auf die ihm erlaubte Art zu nutzen und einfache Nutzungsrechte einzuräumen. § 35 bleibt unberührt.

(4) Die Einräumung von Nutzungsrechten für noch nicht bekannte Nutzungsarten sowie Verpflichtungen hierzu sind unwirksam.

(5) Sind bei der Einräumung des Nutzungsrechts die Nutzungsarten, auf die sich das Recht erstrecken soll, nicht einzeln bezeichnet, so bestimmt sich der Umfang des Nutzungsrechts nach dem mit seiner Einräumung verfolgten Zweck.

§ 32 Beschränkung von Nutzungsrechten
Das Nutzungsrecht kann räumlich, zeitlich oder inhaltlich beschränkt eingeräumt werden.

§ 33 Weiterwirkung einfacher Nutzungsrechte
Ein einfaches Nutzungsrecht, das der Urheber vor Einräumung eines ausschließlichen Nutzungsrechts eingeräumt hat, bleibt gegenüber dem Inhaber des ausschließlichen Nutzungsrechts wirksam, wenn nichts anderes zwischen dem Urheber und dem Inhaber des einfachen Nutzungsrechts vereinbart ist.

§ 34 Übertragung von Nutzungsrechten
(1) Ein Nutzungsrecht kann nur mit Zustimmung des Urhebers übertragen werden. Der Urheber darf die Zustimmung nicht wider Treu und Glauben verweigern.
(2) Werden mit dem Nutzungsrecht an einem Sammelwerk (§ 4) Nutzungsrechte an den in das Sammelwerk aufgenommenen einzelnen Werken übertragen, so genügt die Zustimmung des Urhebers des Sammelwerkes.
(3) Ein Nutzungsrecht kann ohne Zustimmung des Urhebers übertragen werden, wenn die Übertragung im Rahmen der Gesamtveräußerung eines Unternehmens oder der Veräußerung von Teilen eines Unternehmens geschieht.
(4) Abweichende Vereinbarungen zwischen dem Inhaber des Nutzungsrechts und dem Urheber sind zulässig.
(5) Ist die Übertragung des Nutzungsrechts nach Vertrag oder kraft Gesetzes ohne Zustimmung des Urhebers zulässig, so haftet der Erwerber gesamtschuldnerisch für die Erfüllung der sich aus dem Vertrag mit dem Urheber ergebenden Verpflichtungen des Veräußerers.

§ 35 Einräumung einfacher Nutzungsrechte
(1) Der Inhaber eines ausschließlichen Nutzungsrechts kann einfache Nutzungsrechte nur mit Zustimmung des Urhebers einräumen. Der Zustimmung bedarf es nicht, wenn das ausschließliche Nutzungsrecht nur zur Wahrnehmung der Belange des Urhebers eingeräumt ist.
(2) Die Bestimmungen in § 34 Abs. 1 Satz 2, Abs. 2 und Abs. 4 sind entsprechend anzuwenden.

§ 36 Beteiligung des Urhebers
(1) Hat der Urheber einem anderen ein Nutzungsrecht zu Bedingungen eingeräumt, die dazu führen, daß die vereinbarte Gegenleistung unter Berücksichtigung der gesamten Beziehungen des Urhebers zu dem anderen in einem groben Mißverhältnis zu den Erträgnissen aus der Nutzung des Werkes steht, so ist der andere auf Verlangen des Urhebers verpflichtet, in eine Änderung des Vertrages einzuwilligen, durch die dem Urheber eine den Umständen nach angemessene Beteiligung an den Erträgnissen gewährt wird.
(2) Der Anspruch verjährt in zwei Jahren von dem Zeitpunkt an, in dem der Urheber von den Umständen, aus denen sich der Anspruch ergibt, Kenntnis erlangt, ohne Rücksicht auf diese Kenntnis in zehn Jahren.
(3) Auf den Anspruch kann im voraus nicht verzichtet werden. Die Anwartschaft darauf unterliegt nicht der Zwangsvollstreckung; eine Verfügung über die Anwartschaft ist unwirksam.

§ 37 Verträge über die Einräumung von Nutzungsrechten
(1) Räumt der Urheber einem anderen ein Nutzungsrecht am Werk ein, so verbleibt ihm im Zweifel das Recht der Einwilligung zur Veröffentlichung oder Verwertung einer Bearbeitung des Werkes.
(2) Räumt der Urheber einem anderen ein Nutzungsrecht zur Vervielfältigung des Werkes

ein, so verbleibt ihm im Zweifel das Recht, das Werk auf Bild- oder Tonträger zu übertragen.

(3) Räumt der Urheber einem anderen ein Nutzungsrecht zu einer öffentlichen Wiedergabe des Werkes ein, so ist dieser im Zweifel nicht berechtigt, die Wiedergabe außerhalb der Veranstaltung, für die sie bestimmt ist, durch Bildschirm, Lautsprecher oder ähnliche technische Einrichtungen öffentlich wahrnehmbar zu machen.

§ 38 Beiträge zu Sammlungen

(1) Gestattet der Urheber die Aufnahme des Werkes in eine periodisch erscheinende Sammlung, so erwirbt der Verleger oder Herausgeber im Zweifel ein ausschließliches Nutzungsrecht zur Vervielfältigung und Verbreitung. Jedoch darf der Urheber das Werk nach Ablauf eines Jahres seit Erscheinen anderweit vervielfältigen und verbreiten, wenn nichts anderes vereinbart ist.

(2) Absatz 1 Satz 2 gilt auch für einen Beitrag zu einer nicht periodisch erscheinenden Sammlung, für dessen Überlassung dem Urheber kein Anspruch auf Vergütung zusteht.

(3) Wird der Beitrag einer Zeitung überlassen, so erwirbt der Verleger oder Herausgeber ein einfaches Nutzungsrecht, wenn nichts anderes vereinbart ist. Räumt der Urheber ein ausschließliches Nutzungsrecht ein, so ist er sogleich nach Erscheinen des Beitrags berechtigt, ihn anderweit zu vervielfältigen und zu verbreiten, wenn nichts anderes vereinbart ist.

§ 39 Änderungen des Werkes

(1) Der Inhaber eines Nutzungsrechts darf das Werk, dessen Titel oder Urheberbezeichnung (§ 10 Abs. 1) nicht ändern, wenn nichts anderes vereinbart ist.

(2) Änderungen des Werkes und seines Titels, zu denen der Urheber seine Einwilligung nach Treu und Glauben nicht versagen kann, sind zulässig.

§ 40 Verträge über künftige Werke

(1) Ein Vertrag, durch den sich der Urheber zur Einräumung von Nutzungsrechten an künftigen Werken verpflichtet, die überhaupt nicht näher oder nur der Gattung nach bestimmt sind, bedarf der schriftlichen Form. Er kann von beiden Vertragsteilen nach Ablauf von fünf Jahren seit dem Abschluß des Vertrages gekündigt werden. Die Kündigungsfrist beträgt sechs Monate, wenn keine kürzere Frist vereinbart ist.

(2) Auf das Kündigungsrecht kann im voraus nicht verzichtet werden. Andere vertragliche oder gesetzliche Kündigungsrechte bleiben unberührt.

(3) Wenn in Erfüllung des Vertrages Nutzungsrechte an künftigen Werken eingeräumt worden sind, wird mit Beendigung des Vertrages die Verfügung hinsichtlich der Werke unwirksam, die zu diesem Zeitpunkt noch nicht abgeliefert sind.

§ 41 Rückrufsrecht wegen Nichtausübung

(1) Übt der Inhaber eines ausschließlichen Nutzungsrechts das Recht nicht oder nur unzureichend aus und werden dadurch berechtigte Interessen des Urhebers erheblich verletzt, so kann dieser das Nutzungsrecht zurückrufen. Dies gilt nicht, wenn die Nichtausübung oder die unzureichende Ausübung des Nutzungsrechts überwiegend auf Umständen beruht, deren Behebung dem Urheber zuzumuten ist.

(2) Das Rückrufsrecht kann nicht vor Ablauf von zwei Jahren seit Einräumung oder Übertragung des Nutzungsrechts oder, wenn das Werk später abgeliefert wird, seit der Ablieferung geltend gemacht werden. Bei einem Beitrag zu einer Zeitung beträgt die Frist drei Monate, bei einem Beitrag zu einer Zeitschrift, die monatlich oder in kürzeren Abständen erscheint, sechs Monate und bei einem Beitrag zu anderen Zeitschriften ein Jahr.

(3) Der Rückruf kann erst erklärt werden, nachdem der Urheber dem Inhaber des Nutzungsrechts unter Ankündigung des Rückrufs eine angemessene Nachfrist zur zureichenden Ausübung des Nutzungsrechts bestimmt hat. Der Bestimmung der Nachfrist bedarf es nicht, wenn die Ausübung des Nutzungsrechts seinem Inhaber unmöglich ist oder von ihm verweigert wird oder wenn durch die Gewährung einer Nachfrist überwiegende Interessen des Urhebers gefährdet würden.

(4) Auf das Rückrufsrecht kann im voraus nicht verzichtet werden. Seine Ausübung kann im voraus für mehr als fünf Jahre nicht ausgeschlossen werden.

(5) Mit Wirksamwerden des Rückrufs erlischt das Nutzungsrecht.

(6) Der Urheber hat den Betroffenen zu entschädigen, wenn und soweit es der Billigkeit entspricht.

(7) Rechte und Ansprüche der Beteiligten nach anderen gesetzlichen Vorschriften bleiben unberührt.

§ 42 Rückrufsrecht wegen gewandelter Überzeugung

(1) Der Urheber kann ein Nutzungsrecht gegenüber dem Inhaber zurückrufen, wenn das Werk seiner Überzeugung nicht mehr entspricht und ihm deshalb die Verwertung des Werkes nicht mehr zugemutet werden kann. Der Rechtsnachfolger des Urhebers (§ 30) kann den Rückruf nur erklären, wenn er nachweist, daß der Urheber vor seinem Tode zum Rückruf berechtigt gewesen wäre und an der Erklärung des Rückrufs gehindert war oder diese letztwillig verfügt hat.

(2) Auf das Rückrufsrecht kann im voraus nicht verzichtet werden. Seine Ausübung kann nicht ausgeschlossen werden.

(3) Der Urheber hat den Inhaber des Nutzungsrechts angemessen zu entschädigen. Die Entschädigung muß mindestens die Aufwendungen decken, die der Inhaber des Nutzungsrechts bis zur Erklärung des Rückrufs gemacht hat; jedoch bleiben hierbei Aufwendungen, die auf bereits gezogene Nutzungen entfallen, außer Betracht. Der Rückruf wird erst wirksam, wenn der Urheber die Aufwendungen ersetzt oder Sicherheit dafür geleistet hat. Der Inhaber des Nutzungsrechts hat dem Urheber binnen einer Frist von drei Monaten nach Erklärung des Rückrufs die Aufwendungen mitzuteilen; kommt er dieser Pflicht nicht nach, so wird der Rückruf bereits mit Ablauf dieser Frist wirksam.

(4) Will der Urheber nach Rückruf das Werk wieder verwerten, so ist er verpflichtet, dem früheren Inhaber des Nutzungsrechts ein entsprechendes Nutzungsrecht zu angemessenen Bedingungen anzubieten.

(5) Die Bestimmungen in § 41 Abs. 5 und 7 sind entsprechend anzuwenden.

§ 43 Urheber in Arbeits- oder Dienstverhältnissen

Die Vorschriften dieses Unterabschnitts sind auch anzuwenden, wenn der Urheber das Werk in Erfüllung seiner Verpflichtungen aus einem Arbeits- oder Dienstverhältnis geschaffen hat, soweit sich aus dem Inhalt oder dem Wesen des Arbeits- oder Dienstverhältnisses nichts anderes ergibt.

§ 44 Veräußerung des Originals des Werkes

(1) Veräußert der Urheber das Original des Werkes, so räumt er damit im Zweifel dem Erwerber ein Nutzungsrecht nicht ein.

(2) Der Eigentümer des Originals eines Werkes der bildenden Künste oder eines Lichtbildwerkes ist berechtigt, das Werk öffentlich auszustellen, auch wenn es noch nicht veröffentlicht ist, es sei denn, daß der Urheber dies bei der Veräußerung des Originals ausdrücklich ausgeschlossen hat.

Sechster Abschnitt

Schranken des Urheberrechts

§ 45 Rechtspflege und öffentliche Sicherheit

(1) Zulässig ist, einzelne Vervielfältigungsstücke von Werken zur Verwendung in Verfahren vor einem Gericht, einem Schiedsgericht oder einer Behörde herzustellen oder herstellen zu lassen.

(2) Gerichte und Behörden dürfen für Zwecke der Rechtspflege und der öffentlichen Sicherheit Bildnisse vervielfältigen oder vervielfältigen lassen.

(3) Unter den gleichen Voraussetzungen wie die Vervielfältigung ist auch die Verbreitung, öffentliche Ausstellung und öffentliche Wiedergabe der Werke zulässig.

§ 46 Sammlungen für Kirchen-, Schul- oder Unterrichtsgebrauch[1)]

(1) Zulässig ist die Vervielfältigung und Verbreitung, wenn Teile von Werken, Sprachwerke oder Werke der Musik von geringem Umfang, einzelne Werke der bildenden Künste oder einzelne Lichtbildwerke nach dem Erscheinen in eine Sammlung aufgenommen werden, die Werke einer größeren Anzahl von Urhebern vereinigt und nach ihrer Beschaffenheit nur für den Kirchen-, Schul- oder Unterrichtsgebrauch bestimmt ist. Auf der Titelseite oder an einer entsprechenden Stelle der Sammlung ist deutlich anzugeben, wozu sie bestimmt ist.

(2) Absatz 1 gilt für Werke der Musik, die in eine für den Musikunterricht bestimmte Sammlung aufgenommen werden, nur, wenn es sich um eine Sammlung für den Musikunterricht in Schulen mit Ausnahme der Musikschulen handelt.

(3) Mit der Vervielfältigung darf erst begonnen werden, wenn die Absicht, von der Berechtigung nach Absatz 1 Gebrauch zu machen, dem Urheber oder, wenn sein Wohnort oder Aufenthaltsort unbekannt ist, dem Inhaber des ausschließlichen Nutzungsrechts durch eingeschriebenen Brief mitgeteilt worden ist und seit Absendung des Briefes zwei Wochen verstrichen sind. Ist auch der Wohnort oder Aufenthaltsort des Inhabers des ausschließlichen Nutzungsrechts unbekannt, so kann die Mitteilung durch Veröffentlichung im Bundesanzeiger bewirkt werden.

(4) Für die Vervielfältigung und Verbreitung ist dem Urheber eine angemessene Vergütung zu zahlen.

(5) Der Urheber kann die Vervielfältigung und Verbreitung verbieten, wenn das Werk seiner Überzeugung nicht mehr entspricht, ihm deshalb die Verwertung des Werkes nicht mehr zugemutet werden kann und er ein etwa bestehendes Nutzungsrecht aus diesem Grunde zurückgerufen hat (§ 42). Die Bestimmungen in § 136 Abs. 1 und 2 sind entsprechend anzuwenden.

§ 47 Schulfunksendungen

(1) Schulen sowie Einrichtungen der Lehrerbildung und der Lehrerfortbildung dürfen einzelne Vervielfältigungsstücke von Werken, die innerhalb einer Schulfunksendung gesendet werden, durch Übertragung der Werke auf Bild- oder Tonträger herstellen. Das gleiche gilt für Heime der Jugendhilfe und die staatlichen Landesbildstellen oder vergleichbare Einrichtungen in öffentlicher Trägerschaft.

---

1) Gemäß Entscheidung des Bundesverfassungsgerichts vom 7. 7. 1971 – 1 BvR 765/66 (BGBl. I S. 1784) ist § 46 insoweit mit Artikel 14 Abs. 1 Satz 1 des Grundgesetzes unvereinbar, als die Vervielfältigung und Verbreitung *vergütungsfrei* zulässig ist, wenn Teile von Werken, Sprachwerke oder Werke der Musik von geringem Umfang, einzelne Werke der bildenden Künste oder einzelne Lichtbildwerke nach dem Erscheinen in eine Sammlung aufgenommen werden, die Werke einer größeren Anzahl von Urhebern vereinigt und nach ihrer Beschaffenheit nur für den Kirchen-, Schul- oder Unterrichtsgebrauch bestimmt ist.

(2) Die Bild- oder Tonträger dürfen nur für den Unterricht verwendet werden. Sie sind spätestens am Ende des auf die Übertragung der Schulfunksendung folgenden Schuljahres zu löschen, es sei denn, daß dem Urheber eine angemessene Vergütung gezahlt wird.

§ 48 Öffentliche Reden

(1) Zulässig ist

1. die Vervielfältigung und Verbreitung von Reden über Tagesfragen in Zeitungen sowie in Zeitschriften oder anderen Informationsblättern, die im wesentlichen den Tagesinteressen Rechnung tragen, wenn die Reden bei öffentlichen Versammlungen oder im Rundfunk gehalten worden sind, sowie die öffentliche Wiedergabe solcher Reden,
2. die Vervielfältigung, Verbreitung und öffentliche Wiedergabe von Reden, die bei öffentlichen Verhandlungen vor staatlichen, kommunalen oder kirchlichen Organen gehalten worden sind.

(2) Unzulässig ist jedoch die Vervielfältigung und Verbreitung der in Absatz 1 Nr. 2 bezeichneten Reden in Form einer Sammlung, die überwiegend Reden desselben Urhebers enthält.

§ 49 Zeitungsartikel und Rundfunkkommentare

(1) Zulässig ist die Vervielfältigung und Verbreitung einzelner Rundfunkkommentare und einzelner Artikel aus Zeitungen und anderen lediglich Tagesinteressen dienenden Informationsblättern in anderen Zeitungen und Informationsblättern dieser Art sowie die öffentliche Wiedergabe solcher Kommentare und Artikel, wenn sie politische, wirtschaftliche oder religiöse Tagesfragen betreffen und nicht mit einem Vorbehalt der Rechte versehen sind. Für die Vervielfältigung, Verbreitung und öffentliche Wiedergabe ist dem Urheber eine angemessene Vergütung zu zahlen, es sei denn, daß es sich um eine Vervielfältigung, Verbreitung oder öffentliche Wiedergabe kurzer Auszüge aus mehreren Kommentaren oder Artikeln in Form einer Übersicht handelt. Der Anspruch kann nur durch eine Verwertungsgesellschaft geltend gemacht werden.

(2) Unbeschränkt zulässig ist die Vervielfältigung, Verbreitung und öffentliche Wiedergabe von vermischten Nachrichten tatsächlichen Inhalts und von Tagesneuigkeiten, die durch Presse oder Funk veröffentlicht worden sind; ein durch andere gesetzliche Vorschriften gewährter Schutz bleibt unberührt.

§ 50 Bild- und Tonberichterstattung

Zur Bild- und Tonberichterstattung über Tagesereignisse durch Funk und Film sowie in Zeitungen oder Zeitschriften, die im wesentlichen den Tagesinteressen Rechnung tragen, dürfen Werke, die im Verlauf der Vorgänge, über die berichtet wird, wahrnehmbar werden, in einem durch den Zweck gebotenen Umfang vervielfältigt, verbreitet und öffentlich wiedergegeben werden.

§ 51 Zitate

Zulässig ist die Vervielfältigung, Verbreitung und öffentliche Wiedergabe, wenn in einem durch den Zweck gebotenen Umfang

1. einzelne Werke nach dem Erscheinen in ein selbständiges wissenschaftliches Werk zur Erläuterung des Inhalts aufgenommen werden,
2. Stellen eines Werkes nach der Veröffentlichung in einem selbständigen Sprachwerk angeführt werden,
3. einzelne Stellen eines erschienenen Werkes der Musik in einem selbständigen Werk der Musik angeführt werden.

§ 52 Öffentliche Wiedergabe

(1) Zulässig ist die öffentliche Wiedergabe eines erschienenen Werkes, wenn die Wiedergabe keinem Erwerbszweck des Veranstalters dient, die Teilnehmer ohne Entgelt zugelassen werden und im Falle des Vortrages oder der Aufführung des Werkes keiner der ausübenden Künstler (§ 73) eine besondere Vergütung erhält. Für die Wiedergabe ist eine angemessene Vergütung zu zahlen. Die Vergütungspflicht entfällt für Veranstaltungen der Jugendhilfe, der Sozialhilfe, der Alten- und Wohlfahrtspflege, der Gefangenenbetreuung sowie für Schulveranstaltungen, sofern sie nach ihrer sozialen oder erzieherischen Zweckbestimmung nur einem bestimmt abgegrenzten Kreis von Personen zugänglich sind. Dies gilt nicht, wenn die Veranstaltung dem Erwerbszweck eines Dritten dient; in diesem Fall hat der Dritte die Vergütung zu zahlen.

(2) Zulässig ist die öffentliche Wiedergabe eines erschienenen Werkes auch bei einem Gottesdienst oder einer kirchlichen Feier der Kirchen oder Religionsgemeinschaften. Jedoch hat der Veranstalter dem Urheber eine angemessene Vergütung zu zahlen.

(3) Öffentliche bühnenmäßige Aufführungen und Funksendungen eines Werkes sowie öffentliche Vorführungen eines Filmwerkes sind stets nur mit Einwilligung des Berechtigten zulässig.

§ 53 Vervielfältigungen zum privaten und sonstigen eigenen Gebrauch

(1) Zulässig ist, einzelne Vervielfältigungsstücke eines Werkes zum privaten Gebrauch herzustellen. Der zur Vervielfältigung Befugte darf die Vervielfältigungsstücke auch durch einen anderen herstellen lassen; doch gilt dies für die Übertragung von Werken auf Bild- oder Tonträger und die Vervielfältigung von Werken der bildenden Künste nur, wenn es unentgeltlich geschieht.

(2) Zulässig ist, einzelne Vervielfältigungsstücke eines Werkes herzustellen oder herstellen zu lassen

1. zum eigenen wissenschaftlichen Gebrauch, wenn und soweit die Vervielfältigung zu diesem Zweck geboten ist,
2. zur Aufnahme in ein eigenes Archiv, wenn und soweit die Vervielfältigung zu diesem Zweck geboten ist und als Vorlage für die Vervielfältigung ein eigenes Werkstück benutzt wird,
3. zur eigenen Unterrichtung über Tagesfragen, wenn es sich um ein durch Funk gesendetes Werk handelt,
4. zum sonstigen eigenen Gebrauch,
   a) wenn es sich um kleine Teile eines erschienenen Werkes oder um einzelne Beiträge handelt, die in Zeitungen oder Zeitschriften erschienen sind,
   b) wenn es sich um ein seit mindestens zwei Jahren vergriffenes Werk handelt.

(3) Zulässig ist, Vervielfältigungsstücke von kleinen Teilen eines Druckwerkes oder von einzelnen Beiträgen, die in Zeitungen oder Zeitschriften erschienen sind, zum eigenen Gebrauch

1. im Schulunterricht, in nichtgewerblichen Einrichtungen der Aus- und Weiterbildung sowie in Einrichtungen der Berufsbildung in der für eine Schulklasse erforderlichen Anzahl oder
2. für staatliche Prüfungen und Prüfungen in Schulen, Hochschulen, in nichtgewerblichen Einrichtungen der Aus- und Weiterbildung sowie in der Berufsbildung in der erforderlichen Anzahl

herzustellen oder herstellen zu lassen, wenn und soweit die Vervielfältigung zu diesem Zweck geboten ist.

(4) Die Vervielfältigung
a) graphischer Aufzeichnungen von Werken der Musik,
b) eines Buches oder einer Zeitschrift, wenn es sich um eine im wesentlichen vollständige Vervielfältigung handelt,

ist, soweit sie nicht durch Abschreiben vorgenommen wird, stets nur mit Einwilligung des Berechtigten zulässig oder unter den Voraussetzungen des Absatzes 2 Nr. 2 oder zum eigenen Gebrauch, wenn es sich um ein seit mindestens zwei Jahren vergriffenes Werk handelt.

(5) Die Vervielfältigungsstücke dürfen weder verbreitet noch zu öffentlichen Wiedergaben benutzt werden. Zulässig ist jedoch, rechtmäßig hergestellte Vervielfältigungsstücke von Zeitungen und vergriffenen Werken sowie solche Werkstücke zu verleihen, bei denen kleine beschädigte oder abhanden gekommene Teile durch Vervielfältigungsstücke ersetzt worden sind.

(6) Die Aufnahme öffentlicher Vorträge, Aufführungen oder Vorführungen eines Werkes auf Bild- oder Tonträger, die Ausführung von Plänen und Entwürfen zu Werken der bildenden Künste und der Nachbau eines Werkes der Baukunst sind stets nur mit Einwilligung des Berechtigten zulässig.

§ 54 Vergütungspflicht für Vervielfältigung im Wege der Bild- und Tonaufzeichnung

(1) Ist nach der Art eines Werkes zu erwarten, daß es durch Aufnahme von Funksendungen auf Bild- oder Tonträger oder durch Übertragungen von einem Bild- oder Tonträger auf einen anderen nach § 53 Abs. 1 oder 2 vervielfältigt wird, so hat der Urheber des Werkes gegen den Hersteller
1. von Geräten und
2. von Bild- oder Tonträgern,

die erkennbar zur Vornahme solcher Vervielfältigungen bestimmt sind, Anspruch auf Zahlung einer angemessenen Vergütung für die durch die Veräußerung der Geräte sowie der Bild- oder Tonträger geschaffene Möglichkeit, solche Vervielfältigungen vorzunehmen. Neben dem Hersteller haftet als Gesamtschuldner, wer die Geräte oder die Bild- oder Tonträger in den Geltungsbereich dieses Gesetzes gewerblich einführt oder wiedereinführt oder wer mit ihnen handelt. Der Händler haftet nicht, wenn er im Kalenderhalbjahr Bild- oder Tonträger von weniger als 6 000 Stunden Spieldauer und weniger als 100 Geräte bezieht.

(2) Einführer ist, wer die Geräte oder Bild- oder Tonträger in den Geltungsbereich dieses Gesetzes verbringt oder verbringen läßt. Liegt der Einfuhr ein Vertrag mit einem Gebietsfremden zugrunde, so ist Einführer nur der im Geltungsbereich dieses Gesetzes ansässige Vertragspartner, soweit er gewerblich tätig wird. Wer lediglich als Spediteur oder Frachtführer oder in einer ähnlichen Stellung bei dem Verbringen der Waren tätig wird, ist nicht Einführer. Wer die Gegenstände aus Drittländern in eine Freizone oder in ein Freilager nach Artikel 166 der Verordnung (EWG) Nr. 2913/92 des Rates vom 12. Oktober 1992 zur Festlegung des Zollkodex der Gemeinschaften (ABl. EG Nr. L 302 S. 1) verbringt oder verbringen läßt, ist als Einführer nur anzusehen, wenn die Gegenstände in diesem Bereich gebraucht oder wenn sie in den zollrechtlich freien Verkehr übergeführt werden.

§ 54 a Vergütungspflicht für Vervielfältigung im Wege der Ablichtung

(1) Ist nach der Art eines Werkes zu erwarten, daß es nach § 53 Abs. 1 bis 3 durch Ablichtung eines Werkstücks oder in einem Verfahren vergleichbarer Wirkung vervielfältigt wird, so hat der Urheber des Werkes gegen den Hersteller von Geräten, die zur Vornahme solcher Vervielfältigungen bestimmt sind, Anspruch auf Zahlung einer angemessenen Vergütung für die durch die Veräußerung oder ein sonstiges Inverkehrbringen der Geräte geschaffene

Möglichkeit, solche Vervielfältigungen vorzunehmen. Neben dem Hersteller haftet als Gesamtschuldner, wer die Geräte in den Geltungsbereich dieses Gesetzes gewerblich einführt oder wiedereinführt oder wer mit ihnen handelt. Der Händler haftet nicht, wenn er im Kalenderhalbjahr weniger als 20 Geräte bezieht.

(2) Werden Geräte dieser Art in Schulen, Hochschulen sowie Einrichtungen der Berufsbildung oder der sonstigen Aus- und Weiterbildung (Bildungseinrichtungen), Forschungseinrichtungen, öffentlichen Bibliotheken oder in Einrichtungen betrieben, die Geräte für die Herstellung von Ablichtungen entgeltlich bereithalten, so hat der Urheber auch gegen den Betreiber des Gerätes einen Anspruch auf Zahlung einer angemessenen Vergütung.

(3) § 54 Abs. 2 gilt entsprechend.

§ 54 b Wegfall der Vergütungspflicht des Händlers

Die Vergütungspflicht des Händlers (§ 54 Abs. 1 und § 54 a Abs. 1) entfällt,

1. soweit ein zur Zahlung der Vergütung Verpflichteter, von dem der Händler die Geräte oder die Bild- oder Tonträger bezieht, an einen Gesamtvertrag über die Vergütung gebunden ist oder
2. wenn der Händler Art und Stückzahl der bezogenen Geräte und Bild- oder Tonträger und seine Bezugsquelle der nach § 54 h Abs. 3 bezeichneten Empfangsstelle jeweils zum 10. Januar und 10. Juli für das vorangegangene Kalenderhalbjahr schriftlich mitteilt.

§ 54 c Wegfall der Vergütungspflicht bei Ausfuhr

Der Anspruch nach § 54 Abs. 1 und § 54 a Abs. 1 entfällt, soweit nach den Umständen mit Wahrscheinlichkeit erwartet werden kann, daß die Geräte oder die Bild- oder Tonträger nicht zu Vervielfältigungen im Geltungsbereich dieses Gesetzes benutzt werden.

§ 54 d Vergütungshöhe

(1) Als angemessene Vergütung nach § 54 Abs. 1 und § 54 a Abs. 1 und 2 gelten die in der Anlage bestimmten Sätze, soweit nicht etwas anderes vereinbart wird.

(2) Die Höhe der von dem Betreiber nach § 54 a Abs. 2 insgesamt geschuldeten Vergütung bemißt sich nach der Art und dem Umfang der Nutzung des Gerätes, die nach den Umständen, insbesondere nach dem Standort und der üblichen Verwendung, wahrscheinlich ist.

§ 54 e Hinweispflicht in Rechnungen auf urheberrechtliche Vergütungen

(1) In Rechnungen für die Veräußerung oder ein sonstiges Inverkehrbringen der Geräte nach § 54 a Abs. 1 ist auf die auf das Gerät entfallende Urhebervergütung hinzuweisen.

(2) In Rechnungen für die Veräußerung oder ein sonstiges Inverkehrbringen der in § 54 Abs. 1 genannten Geräte oder Bild- oder Tonträger, in denen die Umsatzsteuer nach § 14 Abs. 1 Satz 1 des Umsatzsteuergesetzes gesondert auszuweisen ist, ist zu vermerken, ob die auf das Gerät oder die Bild- oder Tonträger entfallende Urhebervergütung entrichtet wurde.

§ 54 f Meldepflicht

(1) Wer Geräte oder Bild- oder Tonträger, die erkennbar zur Vornahme von Vervielfältigungen im Wege der Bild- und Tonaufzeichnung bestimmt sind, in den Geltungsbereich dieses Gesetzes gewerblich einführt oder wiedereinführt, ist dem Urheber gegenüber verpflichtet, Art und Stückzahl der eingeführten Gegenstände der nach § 54 h Abs. 3 bezeichneten Empfangsstelle monatlich bis zum 10. Tag nach Ablauf jedes Kalendermonats schriftlich mitzuteilen.

(2) Absatz 1 gilt entsprechend für Geräte, die zur Vornahme von Vervielfältigungen durch

Ablichtung eines Werkstücks oder in einem Verfahren vergleichbarer Wirkung bestimmt sind.

(3) Kommt der Meldepflichtige seiner Meldepflicht nicht, nur unvollständig oder sonst unrichtig nach, so kann der doppelte Vergütungssatz verlangt werden.

§ 54 g Auskunftspflicht[1)]

(1) Der Urheber kann von den nach § 54 Abs. 1 oder § 54 a Abs. 1 zur Zahlung der Vergütung Verpflichteten Auskunft über Art und Stückzahl der im Geltungsbereich dieses Gesetzes veräußerten oder in Verkehr gebrachten Geräte und Bild- oder Tonträger verlangen. Die Auskunftspflicht des Händlers erstreckt sich auch auf die Benennung der Bezugsquellen; sie besteht auch in den Fällen des § 54 Abs. 1 Satz 3, des § 54 a Abs. 1 Satz 3 und des § 54 b Nr. 1. § 26 Abs. 6 gilt entsprechend.

(2) Der Urheber kann von dem Betreiber eines Gerätes in einer Einrichtung im Sinne des § 54 a Abs. 2 Satz 1 die für die Bemessung der Vergütung erforderliche Auskunft verlangen.

(3) Kommt der zur Zahlung der Vergütung Verpflichtete seiner Auskunftspflicht nicht, nur unvollständig oder sonst unrichtig nach, so kann der doppelte Vergütungssatz verlangt werden.

§ 54 h Verwertungsgesellschaften; Handhabung der Mitteilungen

(1) Die Ansprüche nach den §§ 54, 54 a, 54 f Abs. 3 und § 54 g können nur durch eine Verwertungsgesellschaft geltend gemacht werden.

(2) Jedem Berechtigten steht ein angemessener Anteil an den nach § 54 und § 54 a gezahlten Vergütungen zu.

(3) Für Mitteilungen nach den §§ 54 b und 54 f haben die Verwertungsgesellschaften dem Patentamt, je gesondert für die Vergütungsansprüche nach § 54 Abs. 1 und § 54 a Abs. 1, eine gemeinsame Empfangsstelle zu bezeichnen. Das Patentamt gibt diese im Bundesanzeiger bekannt.

(4) Das Patentamt kann Muster für die Mitteilungen nach § 54 b Nr. 2 und § 54 f im Bundesanzeiger bekanntmachen. Diese Muster sind zu verwenden.

(5) Die Verwertungsgesellschaften und die Empfangsstelle dürfen die gemäß § 54 b Nr. 2, §§ 54 f und 54 g erhaltenen Angaben nur zur Geltendmachung der Ansprüche nach Absatz 1 verwenden.

§ 55 Vervielfältigung durch Sendeunternehmen

(1) Ein Sendeunternehmen, das zur Funksendung eines Werkes berechtigt ist, darf das Werk mit eigenen Mitteln auf Bild- oder Tonträger übertragen, um diese zur Funksendung über jeden seiner Sender oder Richtstrahler je einmal zu benutzen. Die Bild- oder Tonträger sind spätestens einen Monat nach der ersten Funksendung des Werkes zu löschen.

(2) Bild- oder Tonträger, die außergewöhnlichen dokumentarischen Wert haben, brauchen nicht gelöscht zu werden, wenn sie in ein amtliches Archiv aufgenommen werden. Von der Aufnahme in das Archiv ist der Urheber unverzüglich zu benachrichtigen.

§ 56 Vervielfältigung und öffentliche Wiedergabe durch Geschäftsbetriebe

(1) In Geschäftsbetrieben, die Bild- oder Tonträger, Geräte zu deren Herstellung oder Wiedergabe oder zum Empfang von Funksendungen vertreiben oder instandsetzen, dürfen Werke auf Bild- oder Tonträger übertragen und mittels Bild- oder Tonträger öffentlich wiedergegeben sowie Funksendungen von Werken öffentlich wahrnehmbar gemacht werden,

---

1) Gemäß Artikel 4 des Gesetzes zur Änderung des Patentgebührengesetzes und anderer Gesetze vom 25. 7.1994 (BGBl. I S. 1739) erstreckt sich die durch Artikel 2 Nr. 1 eingeführte Auskunftspflicht des Händlers (§ 54 g Abs. 1 des Urheberrechtsgesetzes) auf die seit dem 1. Januar 1993 bezogenen Waren.

soweit dies notwendig ist, um Kunden diese Geräte und Vorrichtungen vorzuführen oder um die Geräte instandzusetzen.

(2) Nach Absatz 1 hergestellte Bild- oder Tonträger sind unverzüglich zu löschen.

§ 57 Unwesentliches Beiwerk

Zulässig ist die Vervielfältigung, Verbreitung und öffentliche Wiedergabe von Werken, wenn sie als unwesentliches Beiwerk neben dem eigentlichen Gegenstand der Vervielfältigung, Verbreitung oder öffentlichen Wiedergabe anzusehen sind.

§ 58 Katalogbilder

Zulässig ist, öffentlich ausgestellte sowie zur öffentlichen Ausstellung oder zur Versteigerung bestimmte Werke, der bildenden Künste in Verzeichnissen, die zur Durchführung der Ausstellung oder Versteigerung vom Veranstalter herausgegeben werden, zu vervielfältigen und zu verbreiten.

§ 59 Werke an öffentlichen Plätzen

(1) Zulässig ist, Werke, die sich bleibend an öffentlichen Wegen, Straßen oder Plätzen befinden, mit Mitteln der Malerei oder Graphik, durch Lichtbild oder durch Film zu vervielfältigen, zu verbreiten und öffentlich wiederzugeben. Bei Bauwerken erstrecken sich diese Befugnisse nur auf die äußere Ansicht.

(2) Die Vervielfältigungen dürfen nicht an einem Bauwerk vorgenommen werden.

§ 60 Bildnisse

(1) Der Besteller eines Bildnisses oder sein Rechtsnachfolger darf es durch Lichtbild vervielfältigen oder vervielfältigen lassen. Handelt es sich bei dem Bildnis um ein Lichtbildwerk, so ist die Vervielfältigung auch auf andere Weise als durch Lichtbild zulässig. Die Vervielfältigungsstücke dürfen unentgeltlich verbreitet werden.

(2) Die gleichen Rechte stehen bei einem auf Bestellung geschaffenen Bildnis dem Abgebildeten, nach seinem Tode seinen Angehörigen zu.

(3) Angehörige im Sinne des Absatzes 2 sind der Ehegatte und die Kinder oder, wenn weder ein Ehegatte noch Kinder vorhanden sind, die Eltern.

§ 61 Zwangslizenz zur Herstellung von Tonträgern

(1) Ist einem Hersteller von Tonträgern ein Nutzungsrecht an einem Werk der Musik eingeräumt worden mit dem Inhalt, das Werk zu gewerblichen Zwecken auf Tonträger zu übertragen und diese zu vervielfältigen und zu verbreiten, so ist der Urheber verpflichtet, jedem anderen Hersteller von Tonträgern, der im Geltungsbereich dieses Gesetzes seine Hauptniederlassung oder seinen Wohnsitz hat, nach Erscheinen des Werkes gleichfalls ein Nutzungsrecht mit diesem Inhalt zu angemessenen Bedingungen einzuräumen; dies gilt nicht, wenn das bezeichnete Nutzungsrecht erlaubterweise von einer Verwertungsgesellschaft wahrgenommen wird oder wenn das Werk der Überzeugung des Urhebers nicht mehr entspricht, ihm deshalb die Verwertung des Werkes nicht mehr zugemutet werden kann und er ein etwa bestehendes Nutzungsrecht aus diesem Grunde zurückgerufen hat. Der Urheber ist nicht verpflichtet, die Benutzung des Werkes zur Herstellung eines Filmes zu gestatten.

(2) Gegenüber einem Hersteller von Tonträgern, der weder seine Hauptniederlassung noch seinen Wohnsitz im Geltungsbereich dieses Gesetzes hat, besteht die Verpflichtung nach Absatz 1, soweit in dem Staat, in dem er seine Hauptniederlassung oder seinen Wohnsitz hat, den Herstellern von Tonträgern, die ihre Hauptniederlassung oder ihren Wohnsitz im Geltungsbereich dieses Gesetzes haben, nach einer Bekanntmachung des Bundesministers der Justiz im Bundesgesetzblatt ein entsprechendes Recht gewährt wird.

(3) Das nach den vorstehenden Bestimmungen einzuräumende Nutzungsrecht wirkt nur im Geltungsbereich dieses Gesetzes und für die Ausfuhr nach Staaten, in denen das Werk keinen Schutz gegen die Übertragung auf Tonträger genießt.
(4) Hat der Urheber einem anderen das ausschließliche Nutzungsrecht eingeräumt mit dem Inhalt, das Werk zu gewerblichen Zwecken auf Tonträger zu übertragen und diese zu vervielfältigen und zu verbreiten, so gelten die vorstehenden Bestimmungen mit der Maßgabe, daß der Inhaber des ausschließlichen Nutzungsrechts zur Einräumung des in Absatz 1 bezeichneten Nutzungsrechts verpflichtet ist.
(5) Auf ein Sprachwerk, das als Text mit einem Werk der Musik verbunden ist, sind die vorstehenden Bestimmungen entsprechend anzuwenden, wenn einem Hersteller von Tonträgern ein Nutzungsrecht eingeräumt worden ist mit dem Inhalt, das Sprachwerk in Verbindung mit dem Werk der Musik auf Tonträger zu übertragen und diese zu vervielfältigen und zu verbreiten.
(6) Für Klagen, durch die ein Anspruch auf Einräumung des Nutzungsrechts geltend gemacht wird, sind, sofern der Urheber oder im Falle des Absatzes 4 der Inhaber des ausschließlichen Nutzungsrechts im Geltungsbereich dieses Gesetzes keinen allgemeinen Gerichtsstand hat, die Gerichte zuständig, in deren Bezirk das Patentamt seinen Sitz hat. Einstweilige Verfügungen können erlassen werden, auch wenn die in den §§ 935 und 940 der Zivilprozeßordnung bezeichneten Voraussetzungen nicht zutreffen.
(7) Die vorstehenden Bestimmungen sind nicht anzuwenden, wenn das in Absatz 1 bezeichnete Nutzungsrecht lediglich zur Herstellung eines Filmes eingeräumt worden ist.

§ 62 Änderungsverbot

(1) Soweit nach den Bestimmungen dieses Abschnitts die Benutzung eines Werkes zulässig ist, dürfen Änderungen an dem Werk nicht vorgenommen werden. § 39 gilt entsprechend.
(2) Soweit der Benutzungszweck es erfordert, sind Übersetzungen und solche Änderungen des Werkes zulässig, die nur Auszüge oder Übertragungen in eine andere Tonart oder Stimmlage darstellen.
(3) Bei Werken der bildenden Künste und Lichtbildwerken sind Übertragungen des Werkes in eine andere Größe und solche Änderungen zulässig, die das für die Vervielfältigung angewendete Verfahren mit sich bringt.
(4) Bei Sammlungen für Kirchen-, Schul- oder Unterrichtsgebrauch (§ 46) sind außer den nach den Absätzen 1 bis 3 erlaubten Änderungen solche Änderungen von Sprachwerken zulässig, die für den Kirchen-, Schul- oder Unterrichtsgebrauch erforderlich sind. Diese Änderungen bedürfen jedoch der Einwilligung des Urhebers, nach seinem Tode der Einwilligung seines Rechtsnachfolgers (§ 30), wenn dieser Angehöriger (§ 60 Abs. 3) des Urhebers ist oder das Urheberrecht auf Grund letztwilliger Verfügung des Urhebers erworben hat. Die Einwilligung gilt als erteilt, wenn der Urheber oder der Rechtsnachfolger nicht innerhalb eines Monats, nachdem ihm die beabsichtigte Änderung mitgeteilt worden ist, widerspricht und er bei der Mitteilung der Änderung auf diese Rechtsfolge hingewiesen worden ist.

§ 63 Quellenangabe

(1) Wenn ein Werk oder ein Teil eines Werkes in den Fällen des § 45 Abs. 1, der §§ 46 bis 48, 50, 51, 58, 59 und 61 vervielfältigt wird, ist stets die Quelle deutlich anzugeben. Bei der Vervielfältigung ganzer Sprachwerke oder ganzer Werke der Musik ist neben dem Urheber auch der Verlag anzugeben, in dem das Werk erschienen ist, und außerdem kenntlich zu machen, ob an dem Werk Kürzungen oder andere Änderungen vorgenommen worden sind. Die Verpflichtung zur Quellenangabe entfällt, wenn die Quelle weder auf

dem benutzten Werkstück oder bei der benutzten Werkwiedergabe genannt noch dem zur Vervielfältigung Befugten anderweit bekannt ist.

(2) Soweit nach den Bestimmungen dieses Abschnitts die öffentliche Wiedergabe eines Werkes zulässig ist, ist die Quelle deutlich anzugeben, wenn und soweit die Verkehrssitte es erfordert.

(3) Wird ein Artikel aus einer Zeitung oder einem anderen Informationsblatt nach § 49 Abs. 1 in einer anderen Zeitung oder in einem anderen Informationsblatt abgedruckt oder durch Funk gesendet, so ist stets außer dem Urheber, der in der benutzten Quelle bezeichnet ist, auch die Zeitung oder das Informationsblatt anzugeben, woraus der Artikel entnommen ist; ist dort eine andere Zeitung oder ein anderes Informationsblatt als Quelle angeführt, so ist diese Zeitung oder dieses Informationsblatt anzugeben. Wird ein Rundfunkkommentar nach § 49 Abs. 1 in einer Zeitung oder einem anderen Informationsblatt abgedruckt oder durch Funk gesendet, so ist stets außer dem Urheber auch das Sendeunternehmen anzugeben, das den Kommentar gesendet hat.

Siebenter Abschnitt

Dauer des Urheberrechts

§ 64 Allgemeines

Das Urheberrecht erlischt siebzig Jahre nach dem Tode des Urhebers.

§ 65 Miturheber, Filmwerke

(1) Steht das Urheberrecht mehreren Miturhebern (§ 8) zu, so erlischt es siebzig Jahre nach dem Tode des längstlebenden Miturhebers.

(2) Bei Filmwerken und Werken, die ähnlich wie Filmwerke hergestellt werden, erlischt das Urheberrecht siebzig Jahre nach dem Tod des Längstlebenden der folgenden Personen: Hauptregisseur, Urheber des Drehbuchs, Urheber der Dialoge, Komponist der für das betreffende Filmwerk komponierten Musik.

§ 66 Anonyme und pseudonyme Werke

(1) Bei anonymen und pseudonymen Werken erlischt das Urheberrecht siebzig Jahre nach der Veröffentlichung. Es erlischt jedoch bereits siebzig Jahre nach der Schaffung des Werkes, wenn das Werk innerhalb dieser Frist nicht veröffentlicht worden ist.

(2) Offenbart der Urheber seine Identität innerhalb der in Absatz 1 Satz 1 bezeichneten Frist oder läßt das vom Urheber angenommene Pseudonym keinen Zweifel an seiner Identität zu, so berechnet sich die Dauer des Urheberrechts nach den §§ 64 und 65. Dasselbe gilt, wenn innerhalb der in Absatz 1 Satz 1 bezeichneten Frist der wahre Name des Urhebers zur Eintragung in die Urheberrolle (§ 138) angemeldet wird.

(3) Zu den Handlungen nach Absatz 2 sind der Urheber, nach seinem Tode sein Rechtsnachfolger (§ 30) oder der Testamentsvollstrecker (§ 28 Abs. 2) berechtigt.

§ 67 Lieferungswerke

Bei Werken, die in inhaltlich nicht abgeschlossenen Teilen (Lieferungen) veröffentlicht werden, berechnet sich im Falle des § 66 Abs. 1 Satz 1 die Schutzfrist einer jeden Lieferung gesondert ab dem Zeitpunkt ihrer Veröffentlichung.

§ 68 (aufgehoben)

§ 69 Berechnung der Fristen

Die Fristen dieses Abschnitts beginnen mit dem Ablauf des Kalenderjahres, in dem das für den Beginn der Frist maßgebende Ereignis eingetreten ist.

Achter Abschnitt

Besondere Bestimmungen für Computerprogramme

§ 69 a Gegenstand des Schutzes

(1) Computerprogramme im Sinne dieses Gesetzes sind Programme in jeder Gestalt, einschließlich des Entwurfsmaterials.

(2) Der gewährte Schutz gilt für alle Ausdrucksformen eines Computerprogramms. Ideen und Grundsätze, die einem Element eines Computerprogramms zugrunde liegen, einschließlich der den Schnittstellen zugrundeliegenden Ideen und Grundsätze, sind nicht geschützt.

(3) Computerprogramme werden geschützt, wenn sie individuelle Werke in dem Sinne darstellen, daß sie das Ergebnis der eigenen geistigen Schöpfung ihres Urhebers sind. Zur Bestimmung ihrer Schutzfähigkeit sind keine anderen Kriterien, insbesondere nicht qualitative oder ästhetische, anzuwenden.

(4) Auf Computerprogramme finden die für Sprachwerke geltenden Bestimmungen Anwendung, soweit in diesem Abschnitt nichts anderes bestimmt ist.

§ 69 b Urheber in Arbeits- und Dienstverhältnissen

(1) Wird ein Computerprogramm von einem Arbeitnehmer in Wahrnehmung seiner Aufgaben oder nach den Anweisungen seines Arbeitgebers geschaffen, so ist ausschließlich der Arbeitgeber zur Ausübung aller vermögensrechtlichen Befugnisse an dem Computerprogramm berechtigt, sofern nichts anderes vereinbart ist.

(2) Absatz 1 ist auf Dienstverhältnisse entsprechend anzuwenden.

§ 69 c Zustimmungsbedürftige Handlungen

Der Rechtsinhaber hat das ausschließliche Recht, folgende Handlungen vorzunehmen oder zu gestatten:

1. die dauerhafte oder vorübergehende Vervielfältigung, ganz oder teilweise, eines Computerprogramms mit jedem Mittel und in jeder Form. Soweit das Laden, Anzeigen, Ablaufen, Übertragen oder Speichern des Computerprogramms eine Vervielfältigung erfordert, bedürfen diese Handlungen der Zustimmung des Rechtsinhabers;
2. die Übersetzung, die Bearbeitung, das Arrangement und andere Umarbeitungen eines Computerprogramms sowie die Vervielfältigung der erzielten Ergebnisse. Die Rechte derjenigen, die das Programm bearbeiten, bleiben unberührt;
3. jede Form der Verbreitung des Originals eines Computerprogramms oder von Vervielfältigungsstücken, einschließlich der Vermietung. Wird ein Vervielfältigungsstück eines Computerprogramms mit Zustimmung des Rechtsinhabers im Gebiet der Europäischen Gemeinschaften oder eines anderen Vertragsstaates des Abkommens über den Europäischen Wirtschaftsraum im Wege der Veräußerung in Verkehr gebracht, so erschöpft sich das Verbreitungsrecht in bezug auf dieses Vervielfältigungsstück mit Ausnahme des Vermietrechts.

§ 69 d Ausnahmen von den zustimmungsbedürftigen Handlungen

(1) Soweit keine besonderen vertraglichen Bestimmungen vorliegen, bedürfen die in § 69 c Nr. 1 und 2 genannten Handlungen nicht der Zustimmung des Rechtsinhabers, wenn sie für eine bestimmungsgemäße Benutzung des Computerprogramms einschließlich der Fehlerberichtigung durch jeden zur Verwendung eines Vervielfältigungsstücks des Programms Berechtigten notwendig sind.

(2) Die Erstellung einer Sicherungskopie durch eine Person, die zur Benutzung des Programms berechtigt ist, darf nicht vertraglich untersagt werden, wenn sie für die Sicherung künftiger Benutzung erforderlich ist.

(3) Der zur Verwendung eines Vervielfältigungsstücks eines Programms Berechtigte kann ohne Zustimmung des Rechtsinhabers das Funktionieren dieses Programms beobachten, untersuchen oder testen, um die einem Programmelement zugrundeliegenden Ideen und Grundsätze zu ermitteln, wenn dies durch Handlungen zum Laden, Anzeigen, Ablaufen, Übertragen oder Speichern des Programms geschieht, zu denen er berechtigt ist.

§ 69 e Dekompilierung

(1) Die Zustimmung des Rechtsinhabers ist nicht erforderlich, wenn die Vervielfältigung des Codes oder die Übersetzung der Codeform im Sinne des § 69 c Nr. 1 und 2 unerläßlich ist, um die erforderlichen Informationen zur Herstellung der Interoperabilität eines unabhängig geschaffenen Computerprogramms mit anderen Programmen zu erhalten, sofern folgende Bedingungen erfüllt sind:

1. Die Handlungen werden von dem Lizenznehmer oder von einer anderen zur Verwendung eines Vervielfältigungsstücks des Programms berechtigten Person oder in deren Namen von einer hierzu ermächtigten Person vorgenommen;
2. die für die Herstellung der Interoperabilität notwendigen Informationen sind für die in Nummer 1 genannten Personen noch nicht ohne weiteres zugänglich gemacht;
3. die Handlungen beschränken sich auf die Teile des ursprünglichen Programms, die zur Herstellung der Interoperabilität notwendig sind.

(2) Bei Handlungen nach Absatz 1 gewonnene Informationen dürfen nicht

1. zu anderen Zwecken als zur Herstellung der Interoperabilität des unabhängig geschaffenen Programms verwendet werden,
2. an Dritte weitergegeben werden, es sei denn, daß dies für die Interoperabilität des unabhängig geschaffenen Programms notwendig ist,
3. für die Entwicklung, Herstellung oder Vermarktung eines Programms mit im wesentlichen ähnlicher Ausdrucksform oder für irgendwelche anderen das Urheberrecht verletzenden Handlungen verwendet werden.

(3) Die Absätze 1 und 2 sind so auszulegen, daß ihre Anwendung weder die normale Auswertung des Werkes beeinträchtigt noch die berechtigten Interessen des Rechtsinhabers unzumutbar verletzt.

§ 69 f Rechtsverletzungen

(1) Der Rechtsinhaber kann von dem Eigentümer oder Besitzer verlangen, daß alle rechtswidrig hergestellten, verbreiteten oder zur rechtswidrigen Verbreitung bestimmten Vervielfältigungsstücke vernichtet werden. § 98 Abs. 2 und 3 ist entsprechend anzuwenden.

(2) Absatz 1 ist entsprechend auf Mittel anzuwenden, die allein dazu bestimmt sind, die unerlaubte Beseitigung oder Umgehung technischer Programmschutzmechanismen zu erleichtern.

§ 69 g Anwendung sonstiger Rechtsvorschriften; Vertragsrecht

(1) Die Bestimmungen dieses Abschnitts lassen die Anwendung sonstiger Rechtsvorschriften auf Computerprogramme, insbesondere über den Schutz von Erfindungen, Topographien von Halbleitererzeugnissen, Marken und den Schutz gegen unlauteren Wettbewerb einschließlich des Schutzes von Geschäfts- und Betriebsgeheimnissen, sowie schuldrechtliche Vereinbarungen unberührt.

(2) Vertragliche Bestimmungen, die in Widerspruch zu § 69 d Abs. 2 und 3 und § 69 e stehen, sind nichtig.

Zweiter Teil

Verwandte Schutzrechte

Erster Abschnitt

Schutz bestimmter Ausgaben

§ 70 Wissenschaftliche Ausgaben

(1) Ausgaben urheberrechtlich nicht geschützter Werke oder Texte werden in entsprechender Anwendung der Vorschriften des Ersten Teils geschützt, wenn sie das Ergebnis wissenschaftlich sichtender Tätigkeit darstellen und sich wesentlich von den bisher bekannten Ausgaben der Werke oder Texte unterscheiden.

(2) Das Recht steht dem Verfasser der Ausgabe zu.

(3) Das Recht erlischt fünfundzwanzig Jahre nach dem Erscheinen der Ausgabe, jedoch bereits fünfundzwanzig Jahre nach der Herstellung, wenn die Ausgabe innerhalb dieser Frist nicht erschienen ist. Die Frist ist nach § 69 zu berechnen.

§ 71 Nachgelassene Werke

(1) Wer ein nicht erschienenes Werk nach Erlöschen des Urheberrechts erlaubterweise erstmals erscheinen läßt oder erstmals öffentlich wiedergibt, hat das ausschließliche Recht, das Werk zu verwerten. Das gleiche gilt für nicht erschienene Werke, die im Geltungsbereich dieses Gesetzes niemals geschützt waren, deren Urheber aber schon länger als siebzig Jahre tot ist. Die §§ 5, 15 bis 24, 26, 27 und 45 bis 63 sind sinngemäß anzuwenden.

(2) Das Recht ist übertragbar.

(3) Das Recht erlischt fünfundzwanzig Jahre nach dem Erscheinen des Werkes oder, wenn seine erste öffentliche Wiedergabe früher erfolgt ist, nach dieser.

Zweiter Abschnitt

Schutz der Lichtbilder

§ 72

(1) Lichtbilder und Erzeugnisse, die ähnlich wie Lichtbilder hergestellt werden, werden in entsprechender Anwendung der für Lichtbildwerke geltenden Vorschriften des Ersten Teils geschützt.

(2) Das Recht nach Absatz 1 steht dem Lichtbildner zu.

(3) Das Recht nach Absatz 1 erlischt fünfzig Jahre nach dem Erscheinen des Lichtbildes oder, wenn seine erste erlaubte öffentliche Wiedergabe früher erfolgt ist, nach dieser, jedoch bereits fünfzig Jahre nach der Herstellung, wenn das Lichtbild innerhalb dieser Frist nicht erschienen ist oder erlaubterweise öffentlich wiedergegeben worden ist. Die Frist ist nach § 69 zu berechnen.

Dritter Abschnitt

Schutz des ausübenden Künstlers

§ 73 Ausübender Künstler

Ausübender Künstler im Sinne dieses Gesetzes ist, wer ein Werk vorträgt oder aufführt oder bei dem Vortrag oder der Aufführung eines Werkes künstlerisch mitwirkt.

§ 74 Bildschirm- und Lautsprecherübertragung

Die Darbietung des ausübenden Künstlers darf nur mit seiner Einwilligung außerhalb des Raumes, in dem sie stattfindet, durch Bildschirm, Lautsprecher oder ähnliche technische Einrichtungen öffentlich wahrnehmbar gemacht werden.

§ 75 Aufnahme, Vervielfältigung und Verbreitung

(1) Die Darbietung des ausübenden Künstlers darf nur mit seiner Einwilligung auf Bild- oder Tonträger aufgenommen werden.

(2) Der ausübende Künstler hat das ausschließliche Recht, den Bild- oder Tonträger zu vervielfältigen und zu verbreiten.

(3) Auf die Vergütungsansprüche des ausübenden Künstlers für die Vermietung und das Verleihen der Bild- oder Tonträger findet § 27 entsprechende Anwendung.

§ 76 Funksendung

(1) Die Darbietung des ausübenden Künstlers darf nur mit seiner Einwilligung durch Funk gesendet werden.

(2) Die Darbietung des ausübenden Künstlers, der erlaubterweise auf Bild- oder Tonträger aufgenommen worden ist, darf ohne seine Einwilligung durch Funk gesendet werden, wenn die Bild- und Tonträger erschienen sind; jedoch ist ihm hierfür eine angemessene Vergütung zu zahlen.

§ 77 Öffentliche Wiedergabe

Wird die Darbietung des ausübenden Künstlers mittels Bild- oder Tonträger oder die Funksendung seiner Darbietung öffentlich wahrnehmbar gemacht, so ist ihm hierfür eine angemessene Vergütung zu zahlen.

§ 78 Abtretung

Der ausübende Künstler kann die nach den §§ 74 bis 77 gewährten Rechte und Ansprüche an Dritte abtreten. § 75 Abs. 3 in Verbindung mit § 27 Abs. 1 Satz 2 und 3 bleibt unberührt.

§ 79 Ausübende Künstler in Arbeits- oder Dienstverhältnissen

Hat ein ausübender Künstler eine Darbietung in Erfüllung seiner Verpflichtungen aus einem Arbeits- oder Dienstverhältnis erbracht, so bestimmt sich, wenn keine besonderen Vereinbarungen getroffen sind, nach dem Wesen des Arbeits- oder Dienstverhältnisses, in welchem Umfang und unter welchen Bedingungen der Arbeitgeber oder Dienstherr die Darbietung benutzen und anderen ihre Benutzung gestatten darf.

§ 80 Chor-, Orchester- und Bühnenaufführungen

(1) Bei Chor-, Orchester- und Bühnenaufführungen genügt in den Fällen der §§ 74, 75 Abs. 1 und 2 und § 76 Abs. 1 neben der Einwilligung der Solisten, des Dirigenten und des Regisseurs die Einwilligung der gewählten Vertreter (Vorstände) der mitwirkenden Künstlergruppen, wie Chor, Orchester, Ballett und Bühnenensemble. Hat eine Gruppe keinen Vorstand, so wird die Einwilligung der ihr angehörenden ausübenden Künstler durch die Einwilligung des Leiters der Gruppe ersetzt.

(2) Zur Geltendmachung der sich aus den §§ 74 bis 77 ergebenden Rechte mit Ausnahme der Einwilligungsrechte sind bei Chor-, Orchester- und Bühnenaufführungen für die mitwirkenden Künstlergruppen jeweils deren Vorstände und, soweit für eine Gruppe ein Vorstand nicht besteht, der Leiter dieser Gruppe allein ermächtigt. Die Ermächtigung kann auf eine Verwertungsgesellschaft übertragen werden.

§ 81 Schutz des Veranstalters

Wird die Darbietung des ausübenden Künstlers von einem Unternehmen veranstaltet, so bedarf es in den Fällen der §§ 74, 75 Abs. 1 und 2 und § 76 Abs. 1 neben der Einwilligung des ausübenden Künstlers auch der Einwilligung des Inhabers des Unternehmens.

§ 82 Dauer der Rechte

Ist die Darbietung des ausübenden Künstlers auf einen Bild- oder Tonträger aufgenommen worden, so erlöschen die Rechte des ausübenden Künstlers fünfzig Jahre, diejenigen des Veranstalters fünfundzwanzig Jahre nach dem Erscheinen des Bild- oder Tonträgers oder, wenn seine erste erlaubte Benutzung zur öffentlichen Wiedergabe früher erfolgt ist, nach dieser; die Rechte des ausübenden Künstlers erlöschen jedoch bereits fünfzig Jahre nach der Darbietung, diejenigen des Veranstalters fünfundzwanzig Jahre nach der Darbietung, wenn der Bild- oder Tonträger innerhalb dieser Frist nicht erschienen oder erlaubterweise zur öffentlichen Wiedergabe benutzt worden ist. Die Frist ist nach § 69 zu berechnen.

§ 83 Schutz gegen Entstellung

(1) Der ausübende Künstler hat das Recht, eine Entstellung oder eine andere Beeinträchtigung seiner Darbietung zu verbieten, die geeignet ist, sein Ansehen oder seinen Ruf als ausübender Künstler zu gefährden.

(2) Haben mehrere ausübende Künstler gemeinsam eine Darbietung erbracht, so haben sie bei der Ausübung des Rechts aufeinander angemessene Rücksicht zu nehmen.

(3) Das Recht erlischt mit dem Tode des ausübenden Künstlers, jedoch erst fünfzig Jahre nach der Darbietung, wenn der ausübende Künstler vor Ablauf dieser Frist verstorben ist; die Frist ist nach § 69 zu berechnen. Nach dem Tode des ausübenden Künstlers steht das Recht seinen Angehörigen (§ 60 Abs. 3) zu.

§ 84 Beschränkung der Rechte

Auf die dem ausübenden Künstler und dem Veranstalter nach diesem Abschnitt zustehenden Rechte sind die Vorschriften des Sechsten Abschnitts des Ersten Teils mit Ausnahme des § 61 sinngemäß anzuwenden.

Vierter Abschnitt

Schutz des Herstellers von Tonträgern

§ 85 Vervielfältigungs- und Verbreitungsrecht

(1) Der Hersteller eines Tonträgers hat das ausschließliche Recht, den Tonträger zu vervielfältigen und zu verbreiten. Ist der Tonträger in einem Unternehmen hergestellt worden, so gilt der Inhaber des Unternehmens als Hersteller. Das Recht entsteht nicht durch Vervielfältigung eines Tonträgers.

(2) Das Recht erlischt fünfzig Jahre nach dem Erscheinen des Tonträgers oder, wenn seine erste erlaubte Benutzung zur öffentlichen Wiedergabe früher erfolgt ist, nach dieser, jedoch bereits fünfzig Jahre nach der Herstellung, wenn der Tonträger innerhalb dieser Frist nicht erschienen oder erlaubterweise zur öffentlichen Wiedergabe benutzt worden ist. Die Frist ist nach § 69 zu berechnen.

(3) § 27 Abs. 2 und 3 sowie die Vorschriften des Sechsten Abschnitts des Ersten Teils mit Ausnahme des § 61 sind entsprechend anzuwenden.

§ 86 Anspruch auf Beteiligung

Wird ein erschienener Tonträger, auf den die Darbietung eines ausübenden Künstlers aufgenommen ist, zur öffentlichen Wiedergabe der Darbietung benutzt, so hat der Hersteller des Tonträgers gegen den ausübenden Künstler einen Anspruch auf angemessene Beteiligung an der Vergütung, die dieser nach § 76 Abs. 2 und § 77 erhält.

Fünfter Abschnitt

Schutz des Sendeunternehmens

§ 87

(1) Das Sendeunternehmen hat das ausschließliche Recht,

1. seine Funksendung weiterzusenden,

2. seine Funksendung auf Bild- oder Tonträger aufzunehmen, Lichtbilder von seiner Funksendung herzustellen sowie die Bild- oder Tonträger oder Lichtbilder zu vervielfältigen und zu verbreiten, ausgenommen das Vermietrecht,
3. an Stellen, die der Öffentlichkeit nur gegen Zahlung eines Eintrittsgeldes zugänglich sind, seine Funksendung öffentlich wahrnehmbar zu machen.

(2) Das Recht erlischt fünfzig Jahre nach der ersten Funksendung. Die Frist ist nach § 69 zu berechnen.

(3) Die Vorschriften des Sechsten Abschnitts des Ersten Teils mit Ausnahme des § 47 Abs. 2 Satz 2, des § 54 Abs. 1 und des § 61 sind sinngemäß anzuwenden.

Dritter Teil

Besondere Bestimmungen für Filme

Erster Abschnitt

Filmwerke

§ 88 Recht zur Verfilmung

(1) Gestattet der Urheber einem anderen, sein Werk zu verfilmen, so liegt darin im Zweifel die Einräumung folgender ausschließlicher Nutzungsrechte:

1. das Werk unverändert oder unter Bearbeitung oder Umgestaltung zur Herstellung eines Filmwerkes zu benutzen;
2. das Filmwerk zu vervielfältigen und zu verbreiten;
3. das Filmwerk öffentlich vorzuführen, wenn es sich um ein zur Vorführung bestimmtes Filmwerk handelt;
4. das Filmwerk durch Funk zu senden, wenn es sich um ein zur Funksendung bestimmtes Filmwerk handelt;
5. Übersetzungen und andere filmische Bearbeitungen oder Umgestaltungen des Filmwerkes in gleichem Umfang wie dieses zu verwerten.

(2) Die in Absatz 1 bezeichneten Befugnisse berechtigen im Zweifel nicht zu einer Wiederverfilmung des Werkes. Der Urheber ist im Zweifel berechtigt, sein Werk nach Ablauf von zehn Jahren nach Vertragsabschluß anderweit filmisch zu verwerten.

(3) Die vorstehenden Bestimmungen sind auf die in den §§ 70 und 71 bezeichneten Schutzrechte entsprechend anzuwenden.

§ 89 Rechte am Filmwerk

(1) Wer sich zur Mitwirkung bei der Herstellung eines Filmes verpflichtet, räumt damit für den Fall, daß er ein Urheberrecht am Filmwerk erwirbt, dem Filmhersteller im Zweifel das ausschließliche Recht ein, das Filmwerk sowie Übersetzungen und andere filmische Bearbeitungen oder Umgestaltungen des Filmwerkes auf alle bekannten Nutzungsarten zu nutzen.

(2) Hat der Urheber des Filmwerkes das in Absatz 1 bezeichnete Nutzungsrecht im voraus einem Dritten eingeräumt, so behält er gleichwohl stets die Befugnis, dieses Recht beschränkt oder unbeschränkt dem Filmhersteller einzuräumen.

(3) Die Urheberrechte an den zur Herstellung des Filmwerkes benutzten Werken, wie Roman, Drehbuch und Filmmusik, bleiben unberührt.

§ 90 Einschränkung der Rechte

Die Bestimmungen über das Erfordernis der Zustimmung des Urhebers zur Übertragung von Nutzungsrechten (§ 34) und zur Einräumung einfacher Nutzungsrechte (§ 35) sowie über das Rückrufsrecht wegen Nichtausübung (§ 41) und wegen gewandelter Überzeugung

(§ 42) gelten nicht für die in § 88 Abs. 1 Nr. 2 bis 5 und § 89 Abs. 1 bezeichneten Rechte. Dem Urheber des Filmwerkes (§ 89) stehen Ansprüche aus § 36 nicht zu.

§ 91 Rechte an Lichtbildern

Die Rechte zur filmischen Verwertung der bei der Herstellung eines Filmwerkes entstehenden Lichtbilder erwirbt der Filmhersteller. Dem Lichtbildner stehen insoweit keine Rechte zu.

§ 92 Ausübende Künstler

(1) Schließt ein ausübender Künstler mit dem Filmhersteller einen Vertrag über seine Mitwirkung bei der Herstellung eines Filmwerks, so liegt darin im Zweifel hinsichtlich der Verwertung des Filmwerks die Abtretung der Rechte nach § 75 Abs. 1 und 2 und § 76 Abs. 1.

(2) Hat der ausübende Künstler ein in Absatz 1 erwähntes Recht im voraus an einen Dritten abgetreten, so behält er gleichwohl die Befugnis, dieses Recht hinsichtlich der Verwertung des Filmwerks an den Filmhersteller abzutreten.

§ 93 Schutz gegen Entstellung

Die Urheber des Filmwerkes und der zu seiner Herstellung benutzten Werke sowie die Inhaber verwandter Schutzrechte, die bei der Herstellung des Filmwerkes mitwirken oder deren Leistungen zur Herstellung des Filmwerkes benutzt werden, können nach den §§ 14 und 83 hinsichtlich der Herstellung und Verwertung des Filmwerkes nur gröbliche Entstellungen oder andere gröbliche Beeinträchtigungen ihrer Werke oder Leistungen verbieten. Sie haben hierbei aufeinander und auf den Filmhersteller angemessene Rücksicht zu nehmen.

§ 94 Schutz des Filmherstellers

(1) Der Filmhersteller hat das ausschließliche Recht, den Bildträger oder Bild- und Tonträger, auf den das Filmwerk aufgenommen ist, zu vervielfältigen, zu verbreiten und zur öffentlichen Vorführung oder Funksendung zu benutzen. Der Filmhersteller hat ferner das Recht, jede Entstellung oder Kürzung des Bildträgers oder Bild- und Tonträgers zu verbieten, die geeignet ist, seine berechtigten Interessen an diesem zu gefährden.

(2) Das Recht ist übertragbar.

(3) Das Recht erlischt fünfzig Jahre nach dem Erscheinen des Bildträgers oder Bild- und Tonträgers oder, wenn seine erste erlaubte Benutzung zur öffentlichen Wiedergabe früher erfolgt ist, nach dieser, jedoch bereits fünfzig Jahre nach der Herstellung, wenn der Bildträger oder Bild- und Tonträger innerhalb dieser Frist nicht erschienen oder erlaubterweise zur öffentlichen Wiedergabe benutzt worden ist.

(4) § 27 Abs. 2 und 3 sowie die Vorschriften des Sechsten Abschnitts des Ersten Teils mit Ausnahme des § 61 sind entsprechend anzuwenden.

Zweiter Abschnitt

Laufbilder

§ 95

Die §§ 88, 90, 91, 93 und 94 sind auf Bildfolgen und Bild- und Tonfolgen, die nicht als Filmwerke geschützt sind, entsprechend anzuwenden.

Vierter Teil
Gemeinsame Bestimmungen für Urheberrecht und verwandte Schutzrechte
Erster Abschnitt
Verwertungsverbot

§ 96

(1) Rechtswidrig hergestellte Vervielfältigungsstücke dürfen weder verbreitet noch zu öffentlichen Wiedergaben benutzt werden.

(2) Rechtswidrig veranstaltete Funksendungen dürfen nicht auf Bild- oder Tonträger aufgenommen oder öffentlich wiedergegeben werden.

Zweiter Abschnitt
Rechtsverletzungen
1. Bürgerlich-rechtliche Vorschriften; Rechtsweg

§ 97 Anspruch auf Unterlassung und Schadenersatz

(1) Wer das Urheberrecht oder ein anderes nach diesem Gesetz geschütztes Recht widerrechtlich verletzt, kann vom Verletzten auf Beseitigung der Beeinträchtigung, bei Wiederholungsgefahr auf Unterlassung und, wenn dem Verletzer Vorsatz oder Fahrlässigkeit zur Last fällt, auch auf Schadenersatz in Anspruch genommen werden. An Stelle des Schadenersatzes kann der Verletzte die Herausgabe des Gewinns, den der Verletzer durch die Verletzung des Rechts erzielt hat, und Rechnungslegung über diesen Gewinn verlangen.

(2) Urheber, Verfasser wissenschaftlicher Ausgaben (§ 70), Lichtbildner (§ 72) und ausübende Künstler (§ 73) können, wenn dem Verletzer Vorsatz oder Fahrlässigkeit zur Last fällt, auch wegen des Schadens, der nicht Vermögensschaden ist, eine Entschädigung in Geld verlangen, wenn und soweit es der Billigkeit entspricht.

(3) Ansprüche aus anderen gesetzlichen Vorschriften bleiben unberührt.

§ 98 Anspruch auf Vernichtung oder Überlassung der Vervielfältigungsstücke

(1) Der Verletzte kann verlangen, daß alle rechtswidrig hergestellten, verbreiteten oder zur rechtswidrigen Verbreitung bestimmten Vervielfältigungsstücke, die im Besitz oder Eigentum des Verletzers stehen, vernichtet werden.

(2) Statt der in Absatz 1 vorgesehenen Maßnahmen kann der Verletzte verlangen, daß ihm die Vervielfältigungsstücke, die im Eigentum des Verletzers stehen, gegen eine angemessene Vergütung überlassen werden, welche die Herstellungskosten nicht übersteigen darf.

(3) Sind die Maßnahmen nach den Absätzen 1 und 2 gegenüber dem Verletzer oder Eigentümer im Einzelfall unverhältnismäßig und kann der durch die Rechtsverletzung verursachte Zustand der Vervielfältigungsstücke auf andere Weise beseitigt werden, so hat der Verletzte nur Anspruch auf die hier erforderlichen Maßnahmen.

§ 99 Anspruch auf Vernichtung oder Überlassung der Vorrichtungen

Die Bestimmungen des § 98 sind entsprechend auf die im Eigentum des Verletzers stehenden, ausschließlich oder nahezu ausschließlich zur rechtswidrigen Herstellung von Vervielfältigungsstücken benutzten oder bestimmten Vorrichtungen anzuwenden.

§ 100 Haftung des Inhabers eines Unternehmens

Ist in einem Unternehmen von einem Arbeitnehmer oder Beauftragten ein nach diesem Gesetz geschütztes Recht widerrechtlich verletzt worden, so hat der Verletzte die Ansprüche aus den §§ 97 bis 99 mit Ausnahme des Anspruchs auf Schadenersatz auch gegen den Inhaber des Unternehmens. Weitergehende Ansprüche nach anderen gesetzlichen Vorschriften bleiben unberührt.

§ 101 Ausnahmen

(1) Richten sich im Falle der Verletzung eines nach diesem Gesetz geschützten Rechts die Ansprüche des Verletzten auf Beseitigung oder Unterlassung (§ 97), auf Vernichtung oder Überlassung der Vervielfältigungsstücke (§ 98) oder der Vorrichtungen (§ 99) gegen eine Person, der weder Vorsatz noch Fahrlässigkeit zur Last fällt, so kann diese zur Abwendung der Ansprüche den Verletzten in Geld entschädigen, wenn ihr durch die Erfüllung der Ansprüche ein unverhältnismäßig großer Schaden entstehen würde und dem Verletzten die Abfindung in Geld zuzumuten ist. Als Entschädigung ist der Betrag zu zahlen, der im Falle einer vertraglichen Einräumung des Rechts als Vergütung angemessen gewesen wäre. Mit der Zahlung der Entschädigung gilt die Einwilligung des Verletzten zur Verwertung im üblichen Umfange als erteilt.

(2) Den in den §§ 98 und 99 vorgesehenen Maßnahmen unterliegen nicht:

1. Bauwerke;
2. ausscheidbare Teile von Vervielfältigungsstücken und Vorrichtungen, deren Herstellung oder Verbreitung nicht rechtswidrig ist.

§ 101 a Anspruch auf Auskunft hinsichtlich Dritter

(1) Wer im geschäftlichen Verkehr durch die Herstellung oder Verbreitung von Vervielfältigungsstücken das Urheberrecht oder ein anderes nach diesem Gesetz geschütztes Recht verletzt, kann vom Verletzten auf unverzügliche Auskunft über die Herkunft und den Vertriebsweg dieser Vervielfältigungsstücke in Anspruch genommen werden, es sei denn, daß dies im Einzelfall unverhältnismäßig ist.

(2) Der nach Absatz 1 zur Auskunft Verpflichtete hat Angaben zu machen über Namen und Anschrift des Herstellers, des Lieferanten und anderer Vorbesitzer der Vervielfältigungsstücke, des gewerblichen Abnehmers oder Auftraggebers sowie über die Menge der hergestellten, ausgelieferten, erhaltenen oder bestellten Vervielfältigungsstücke.

(3) In Fällen offensichtlicher Rechtsverletzung kann die Verpflichtung zur Erteilung der Auskunft im Wege der einstweiligen Verfügung nach den Vorschriften der Zivilprozeßordnung angeordnet werden.

(4) Die Auskunft darf in einem Strafverfahren oder in einem Verfahren nach dem Gesetz über Ordnungswidrigkeiten wegen einer vor der Erteilung der Auskunft begangenen Tat gegen den zur Auskunft Verpflichteten oder gegen einen in § 52 Abs. 1 der Strafprozeßordnung bezeichneten Angehörigen nur mit Zustimmung des zur Auskunft Verpflichteten verwertet werden.

(5) Weitergehende Ansprüche auf Auskunft bleiben unberührt.

§ 102 Verjährung

(1) Der Anspruch wegen Verletzung des Urheberrechts oder eines anderen nach diesem Gesetz geschützten Rechts verjähren in drei Jahren von dem Zeitpunkt an, in dem der Berechtigte von der Verletzung und der Person des Verpflichteten Kenntnis erlangt, ohne Rücksicht auf diese Kenntnis in dreißig Jahren von der Verletzung an. § 852 Abs. 2 des Bürgerlichen Gesetzbuchs ist entsprechend anzuwenden. Hat der Verpflichtete durch die Verletzung auf Kosten des Berechtigten etwas erlangt, so ist er auch nach Vollendung der Verjährung zur Herausgabe nach den Vorschriften über die Herausgabe einer ungerechtfertigten Bereicherung verpflichtet.

§ 103 Bekanntmachung des Urteils

(1) Ist eine Klage auf Grund dieses Gesetzes erhoben worden, so kann im Urteil der obsiegenden Partei die Befugnis zugesprochen werden, das Urteil auf Kosten der unterliegenden Partei öffentlich bekanntzumachen, wenn sie ein berechtigtes Interesse dartut. Das

Urteil darf erst nach Rechtskraft bekanntgemacht werden, wenn nicht das Gericht etwas anderes bestimmt.
(2) Art und Umfang der Bekanntmachung werden im Urteil bestimmt. Die Befugnis zur Bekanntmachung erlischt, wenn das Urteil nicht innerhalb von sechs Monaten nach Eintritt der Rechtskraft bekanntgemacht wird.
(3) Die Partei, der die Befugnis zur Bekanntmachung zusteht, kann beantragen, die unterliegende Partei zur Vorauszahlung der Bekanntmachungskosten zu verurteilen. Über den Antrag entscheidet das Prozeßgericht erster Instanz durch Beschluß ohne mündliche Verhandlung. Vor der Entscheidung ist die unterliegende Partei zu hören.

§ 104 Rechtsweg

Für alle Rechtsstreitigkeiten, durch die ein Anspruch aus einem der in diesem Gesetz geregelten Rechtsverhältnisse geltend gemacht wird (Urheberrechtsstreitsachen), ist der ordentliche Rechtsweg gegeben. Für Urheberrechtsstreitsachen aus Arbeits- oder Dienstverhältnissen, die ausschließlich Ansprüche auf Leistung einer vereinbarten Vergütung zum Gegenstand haben, bleiben der Rechtsweg zu den Gerichten für Arbeitssachen und der Verwaltungsrechtsweg unberührt.

§ 105 Gerichte für Urheberrechtsstreitsachen

(1) Die Landesregierungen werden ermächtigt, durch Rechtsverordnung Urheberrechtsstreitsachen, für die das Landgericht in erster Instanz oder in der Berufungsinstanz zuständig ist, für die Bezirke mehrerer Landgerichte einem von ihnen zuzuweisen, wenn dies der Rechtspflege dienlich ist.
(2) Die Landesregierungen werden ferner ermächtigt, durch Rechtsverordnung die zur Zuständigkeit der Amtsgerichte gehörenden Urheberrechtsstreitsachen für die Bezirke mehrerer Amtsgerichte einem von ihnen zuzuweisen, wenn dies der Rechtspflege dienlich ist.
(3) Die Landesregierungen können die Ermächtigungen nach den Absätzen 1 und 2 auf die Landesjustizverwaltungen übertragen.
(4) Vor einem Landgericht, dem nach Absatz 1 die Urheberrechtsstreitsachen aus den Bezirken mehrerer Landgerichte zugewiesen sind, können sich die Parteien auch durch Rechtsanwälte vertreten lassen, die bei dem sonst zuständigen Landgericht zugelassen sind. Das Entsprechende gilt für die Vertretung vor dem Oberlandesgericht als Berufungsgericht.
(5) Die Mehrkosten, die einer Partei dadurch erwachsen, daß sie sich nach Absatz 4 durch einen nicht beim Prozeßgericht zugelassenen Rechtsanwalt vertreten läßt, sind nicht zu erstatten.

2. Strafrechtliche Vorschriften

§ 106 Unerlaubte Verwertung urheberrechtlich geschützter Werke

(1) Wer in anderen als den gesetzlich zugelassenen Fällen ohne Einwilligung des Berechtigten ein Werk oder eine Bearbeitung oder Umgestaltung eines Werkes vervielfältigt, verbreitet oder öffentlich wiedergibt, wird mit Freiheitsstrafe bis zu drei Jahren oder mit Geldstrafe bestraft.
(2) Der Versuch ist strafbar.

§ 107 Unzulässiges Anbringen der Urheberbezeichnung

(1) Wer
1. auf dem Original eines Werkes der bildenden Künste die Urheberbezeichnung (§ 10 Abs. 1) ohne Einwilligung des Urhebers anbringt oder ein derart bezeichnetes Original verbreitet,

2. auf einem Vervielfältigungsstück, einer Bearbeitung oder Umgestaltung eines Werkes der bildenden Künste die Urheberbezeichnung (§ 10 Abs. 1) auf eine Art anbringt, die dem Vervielfältigungsstück, der Bearbeitung oder Umgestaltung den Anschein eines Originals gibt, oder ein derart bezeichnetes Vervielfältigungsstück, eine solche Bearbeitung oder Umgestaltung verbreitet,

wird mit Freiheitsstrafe bis zu drei Jahren oder mit Geldstrafe bestraft, wenn die Tat nicht in anderen Vorschriften mit schwererer Strafe bedroht ist.

(2) Der Versuch ist strafbar.

§ 108 Unerlaubte Eingriffe in verwandte Schutzrechte

(1) Wer in anderen als den gesetzlich zugelassenen Fällen ohne Einwilligung des Berechtigten

1. eine wissenschaftliche Ausgabe (§ 70) oder eine Bearbeitung oder Umgestaltung einer solchen Ausgabe vervielfältigt, verbreitet oder öffentlich wiedergibt,
2. ein nachgelassenes Werk oder eine Bearbeitung oder Umgestaltung eines solchen Werkes entgegen § 71 verwertet,
3. ein Lichtbild (§ 72) oder eine Bearbeitung oder Umgestaltung eines Lichtbildes vervielfältigt, verbreitet oder öffentlich wiedergibt,
4. die Darbietung eines ausübenden Künstlers entgegen den §§ 74, 75 Abs. 1 oder 2 oder § 76 Abs. 1 verwertet,
5. einen Tonträger entgegen § 85 verwertet,
6. eine Funksendung entgegen § 87 verwertet,
7. einen Bildträger oder Bild- und Tonträger entgegen §§ 94 oder 95 in Verbindung mit § 94 verwertet,

wird mit Freiheitsstrafe bis zu drei Jahren oder mit Geldstrafe bestraft.

(2) Der Versuch ist strafbar.

§ 108 a Gewerbsmäßige unerlaubte Verwertung

(1) Handelt der Täter in den Fällen der §§ 106 bis 108 gewerbsmäßig, so ist die Strafe Freiheitsstrafe bis zu fünf Jahren oder Geldstrafe.

(2) Der Versuch ist strafbar.

§ 109 Strafantrag

In den Fällen der §§ 106 bis 108 wird die Tat nur auf Antrag verfolgt, es sei denn, daß die Strafverfolgungsbehörde wegen des besonderen öffentlichen Interesses an der Strafverfolgung ein Einschreiten von Amts wegen für geboten hält.

§ 110 Einziehung

Gegenstände, auf die sich eine Straftat nach den §§ 106, 107 Abs. 1 Nr. 2, §§ 108 und 108 a bezieht, können eingezogen werden. § 74 a des Strafgesetzbuches ist anzuwenden. Soweit den in den §§ 98 und 99 bezeichneten Ansprüchen im Verfahren nach den Vorschriften der Strafprozeßordnung über die Entschädigung des Verletzten (§§ 403 bis 406 c) stattgegeben wird, sind die Vorschriften über die Einziehung nach anzuwenden.

§ 111 Bekanntgabe der Verurteilung

Wird in den Fällen der §§ 106 bis 108 a auf Strafe erkannt, so ist, wenn der Verletzte es beantragt und ein berechtigtes Interesse daran dartut, anzuordnen, daß die Verurteilung auf Verlangen öffentlich bekanntgemacht wird. Die Art der Bekanntmachung ist im Urteil zu bestimmen.

3. Vorschriften über Maßnahmen der Zollbehörde

§ 111 a

(1) Verletzt die Herstellung oder Verbreitung von Vervielfältigungsstücken das Urheberrecht oder ein anderes nach diesem Gesetz geschütztes Recht, so unterliegen die Vervielfältigungsstücke, soweit nicht die Verordnung (EG) Nr. 3295/94 des Rates vom 22. Dezember 1994 über Maßnahmen zum Verbot der Überführung nachgeahmter Waren und unerlaubt hergestellter Vervielfältigungsstücke oder Nachbildungen in den zollrechtlich freien Verkehr oder in ein Nichterhebungsverfahren sowie zum Verbot ihrer Ausfuhr und Wiederausfuhr (ABl. EG Nr. L 341 S. 8) in ihrer jeweils geltenden Fassung anzuwenden ist, auf Antrag und gegen Sicherheitsleistung des Rechtsinhabers bei ihrer Einfuhr oder Ausfuhr der Beschlagnahme durch die Zollbehörde, sofern die Rechtsverletzung offensichtlich ist. Dies gilt für den Verkehr mit anderen Mitgliedstaaten der Europäischen Wirtschaftsgemeinschaft sowie mit anderen Vertragsstaaten des Abkommens über den Europäischen Wirtschaftsraum nur, soweit Kontrollen durch die Zollbehörden stattfinden.

(2) Ordnet die Zollbehörde die Beschlagnahme an, so unterrichtet sie unverzüglich den Verfügungsberechtigten sowie den Antragsteller. Dem Antragsteller sind Herkunft, Menge und Lagerort der Vervielfältigungsstücke sowie Name und Anschrift des Verfügungsberechtigten mitzuteilen; das Brief- und Postgeheimnis (Artikel 10 des Grundgesetzes) wird insoweit eingeschränkt. Dem Antragsteller wird Gelegenheit gegeben, die Vervielfältigungsstücke zu besichtigen, soweit hierdurch nicht in Geschäfts- oder Betriebsgeheimnisse eingegriffen wird.

(3) Wird der Beschlagnahme nicht spätestens nach Ablauf von zwei Wochen nach Zustellung der Mitteilung nach Absatz 2 Satz 1 widersprochen, so ordnet die Zollbehörde die Einziehung der beschlagnahmten Vervielfältigungsstücke an.

(4) Widerspricht der Verfügungsberechtigte der Beschlagnahme, so unterrichtet die Zollbehörde hiervon unverzüglich den Antragsteller. Dieser hat gegenüber der Zollbehörde unverzüglich zu erklären, ob er den Antrag nach Absatz 1 in bezug auf die beschlagnahmten Vervielfältigungsstücke aufrechterhält.

1. Nimmt der Antragsteller den Antrag zurück, hebt die Zollbehörde die Beschlagnahme unverzüglich auf.
2. Hält der Antragsteller den Antrag aufrecht und legt er eine vollziehbare gerichtliche Entscheidung vor, die die Verwahrung der beschlagnahmten Vervielfältigungsstücke oder eine Verfügungsbeschränkung anordnet, trifft die Zollbehörde die erforderlichen Maßnahmen.

Liegen die Fälle der Nummern 1 oder 2 nicht vor, hebt die Zollbehörde die Beschlagnahme nach Ablauf von zwei Wochen nach Zustellung der Mitteilung an den Antragsteller nach Satz 1 auf; weist der Antragsteller nach, daß die gerichtliche Entscheidung nach Nummer 2 beantragt, ihm aber noch nicht zugegangen ist, wird die Beschlagnahme für längstens zwei weitere Wochen aufrechterhalten.

(5) Erweist sich die Beschlagnahme als von Anfang an ungerechtfertigt und hat der Antragsteller den Antrag nach Absatz 1 in bezug auf die beschlagnahmten Vervielfältigungsstücke aufrechterhalten oder sich nicht unverzüglich erklärt (Absatz 4 Satz 2), so ist er verpflichtet, den dem Verfügungsberechtigten durch die Beschlagnahme entstandenen Schaden zu ersetzen.

(6) Der Antrag nach Absatz 1 ist bei der Oberfinanzdirektion zu stellen und hat Wirkung für zwei Jahre, sofern keine kürzere Geltungsdauer beantragt wird; er kann wiederholt werden. Für die mit dem Antrag verbundenen Amtshandlungen werden vom Antragsteller Kosten nach Maßgabe des § 178 der Abgabenordnung erhoben.

(7) Die Beschlagnahme und die Einziehung können mit den Rechtsmitteln angefochten werden, die im Bußgeldverfahren nach dem Gesetz über Ordnungswidrigkeiten gegen die Beschlagnahme und Einziehung zulässig sind. Im Rechtsmittelverfahren ist der Antragsteller zu hören. Gegen die Entscheidung des Amtsgerichts ist die sofortige Beschwerde zulässig; über sie entscheidet das Oberlandesgericht.
(8) In Verfahren nach der Verordnung (EG) Nr. 3295/94 sind die Absätze 1 bis 7 entsprechend anzuwenden, soweit in der Verordnung nichts anderes bestimmt ist.

Dritter Abschnitt

Zwangsvollstreckung

1. Allgemeines

§ 112

Die Zulässigkeit der Zwangsvollstreckung in ein nach diesem Gesetz geschütztes Recht richtet sich nach den allgemeinen Vorschriften, soweit sich aus den §§ 113 bis 119 nichts anderes ergibt.

2. Zwangsvollstreckung wegen Geldforderungen gegen den Urheber

§ 113 Urheberrecht

Gegen den Urheber ist die Zwangsvollstreckung wegen Geldforderungen in das Urheberrecht nur mit seiner Einwilligung und nur insoweit zulässig, als er Nutzungsrechte einräumen kann (§ 31). Die Einwilligung kann nicht durch den gesetzlichen Vertreter erteilt werden.

§ 114 Originale von Werken

(1) Gegen den Urheber ist die Zwangsvollstreckung wegen Geldforderungen in die ihm gehörenden Originale seiner Werke nur mit seiner Einwilligung zulässig. Die Einwilligung kann nicht durch den gesetzlichen Vertreter erteilt werden.
(2) Der Einwilligung bedarf es nicht,
1. soweit die Zwangsvollstreckung in das Original des Werkes zur Durchführung der Zwangsvollstreckung in ein Nutzungsrecht am Werk notwendig ist,
2. zur Zwangsvollstreckung in das Original eines Werkes der Baukunst,
3. zur Zwangsvollstreckung in das Original eines anderen Werkes der bildenden Künste, wenn das Werk veröffentlicht ist.

In den Fällen der Nummern 2 und 3 darf das Original des Werkes ohne Zustimmung des Urhebers verbreitet werden.

3. Zwangsvollstreckung wegen Geldforderungen gegen den Rechtsnachfolger des Urhebers

§ 115 Urheberrecht

Gegen den Rechtsnachfolger des Urhebers (§ 30) ist die Zwangsvollstreckung wegen Geldforderungen in das Urheberrecht nur mit seiner Einwilligung und nur insoweit zulässig, als er Nutzungsrechte einräumen kann (§ 31). Der Einwilligung bedarf es nicht, wenn das Werk erschienen ist.

§ 116 Originale von Werken

(1) Gegen den Rechtsnachfolger des Urhebers (§ 30) ist die Zwangsvollstreckung wegen Geldforderungen in die ihm gehörenden Originale von Werken des Urhebers nur mit seiner Einwilligung zulässig.
(2) Der Einwilligung bedarf es nicht
1. in den Fällen des § 114 Abs. 2 Satz 1,
2. zur Zwangsvollstreckung in das Original eines Werkes, wenn das Werk erschienen ist.

§ 114 Abs. 2 Satz 2 gilt entsprechend.

§ 117 Testamentsvollstrecker
Ist nach § 28 Abs. 2 angeordnet, daß das Urheberrecht durch einen Testamentsvollstrecker ausgeübt wird, so ist die nach den §§ 115 und 116 erforderliche Einwilligung durch den Testamentsvollstrecker zu erteilen.

4. Zwangsvollstreckung wegen Geldforderungen gegen den Verfasser wissenschaftlicher Ausgaben und gegen den Lichtbildner

§ 118
Die §§ 113 bis 117 sind sinngemäß anzuwenden
1. auf die Zwangsvollstreckung wegen Geldforderungen gegen den Verfasser wissenschaftlicher Ausgaben (§ 70) und seinen Rechtsnachfolger,
2. auf die Zwangsvollstreckung wegen Geldforderungen gegen den Lichtbildner (§ 72) und seinen Rechtsnachfolger.

5. Zwangsvollstreckung wegen Geldforderungen in bestimmte Vorrichtungen

§ 119
(1) Vorrichtungen, die ausschließlich zur Vervielfältigung oder Funksendung eines Werkes bestimmt sind, wie Formen, Platten, Steine, Druckstöcke, Matrizen und Negative, unterliegen der Zwangsvollstreckung wegen Geldforderungen nur, soweit der Gläubiger zur Nutzung des Werkes mittels dieser Vorrichtungen berechtigt ist.
(2) Das gleiche gilt für Vorrichtungen, die ausschließlich zur Vorführung eines Filmwerkes bestimmt sind, wie Filmstreifen und dergleichen.
(3) Die Absätze 1 und 2 sind auf die nach den §§ 70 und 71 geschützten Ausgaben, die nach § 72 geschützten Lichtbilder und die nach § 75 Abs. 2, §§ 85, 87, 94 und 95 geschützten Bild- und Tonträger entsprechend anzuwenden.

Fünfter Teil
Anwendungsbereich
Übergangs- und Schlußbestimmungen
Erster Abschnitt
Anwendungsbereich des Gesetzes
1. Urheberrecht

§ 120 Deutsche Staatsangehörige und Staatsangehörige anderer EU-Staaten und EWR-Staaten
(1) Deutsche Staatsangehörige genießen den urheberrechtlichen Schutz für alle ihre Werke, gleichviel, ob und wo die Werke erschienen sind. Ist ein Werk von Miturhebern (§ 8) geschaffen, so genügt es, wenn ein Miturheber deutscher Staatsangehöriger ist.
(2) Deutschen Staatsangehörigen stehen gleich:
1. Deutsche im Sinne des Artikels 116 Abs. 1 des Grundgesetzes, die nicht die deutsche Staatsangehörigkeit besitzen, und
2. Staatsangehörige eines anderen Mitgliedstaates der Europäischen Union oder eines anderen Vertragstaates des Abkommens über den Europäischen Wirtschaftsraum.

§ 121 Ausländische Staatsangehörige
(1) Ausländische Staatsangehörige genießen den urheberrechtlichen Schutz für ihre im Geltungsbereich dieses Gesetzes erschienenen Werke, es sei denn, daß das Werk oder eine Übersetzung des Werkes früher als dreißig Tage vor dem Erscheinen im Geltungsbereich dieses Gesetzes außerhalb dieses Gebietes erschienen ist. Mit der gleichen Einschränkung

genießen ausländische Staatsangehörige den Schutz auch für solche Werke, die im Geltungsbereich dieses Gesetzes nur in Übersetzung erschienen sind.

(2) Den im Geltungsbereich dieses Gesetzes erschienenen Werken im Sinne des Absatzes 1 werden die Werke der bildenden Künste gleichgestellt, die mit einem Grundstück im Geltungsbereich dieses Gesetzes fest verbunden sind.

(3) Der Schutz nach Absatz 1 kann durch Rechtsverordnung des Bundesministers der Justiz für ausländische Staatsangehörige beschränkt werden, die keinem Mitgliedstaat der Berner Übereinkunft zum Schutze von Werken der Literatur und der Kunst angehören und zur Zeit des Erscheinens des Werkes weder im Geltungsbereich dieses Gesetzes noch in einem anderen Mitgliedstaat ihren Wohnsitz haben, wenn der Staat, dem sie angehören, deutschen Staatsangehörigen für ihre Werke keinen genügenden Schutz gewährt.

(4) Im übrigen genießen ausländische Staatsangehörige den urheberrechtlichen Schutz nach Inhalt der Staatsverträge. Bestehen keine Staatsverträge, so besteht für solche Werke urheberrechtlicher Schutz, soweit in dem Staat, dem der Urheber angehört, nach einer Bekanntmachung des Bundesministers der Justiz im Bundesgesetzblatt deutsche Staatsangehörige für ihre Werke einen entsprechenden Schutz genießen.

(5) Das Folgerecht (§ 26) steht ausländischen Staatsangehörigen nur zu, wenn der Staat, dem sie angehören, nach einer Bekanntmachung des Bundesministers der Justiz im Bundesgesetzblatt deutschen Staatsangehörigen ein entsprechendes Recht gewährt.

(6) Den Schutz nach den §§ 12 bis 14 genießen ausländische Staatsangehörige für alle ihre Werke, auch wenn die Voraussetzungen der Absätze 1 bis 5 nicht vorliegen.

§ 122 Staatenlose

(1) Staatenlose mit gewöhnlichem Aufenthalt im Geltungsbereich dieses Gesetzes genießen für ihre Werke den gleichen urheberrechtlichen Schutz wie deutsche Staatsangehörige.

(2) Staatenlose ohne gewöhnlichen Aufenthalt im Geltungsbereich dieses Gesetzes genießen für ihre Werke den gleichen urheberrechtlichen Schutz wie die Angehörigen des ausländischen Staates, in dem sie ihren gewöhnlichen Aufenthalt haben.

§ 123 Ausländische Flüchtlinge

Für Ausländer, die Flüchtlinge im Sinne von Staatsverträgen oder anderen Rechtsvorschriften sind, gelten die Bestimmungen des § 122 entsprechend. Hierdurch wird ein Schutz nach § 121 nicht ausgeschlossen.

2. Verwandte Schutzrechte

§ 124 Wissenschaftliche Ausgaben und Lichtbilder

Für den Schutz wissenschaftlicher Ausgaben (§ 70) und den Schutz von Lichtbildern (§ 72) sind die §§ 120 bis 123 sinngemäß anzuwenden.

§ 125 Schutz des ausübenden Künstlers

(1) Den nach den §§ 73 bis 84 gewährten Schutz genießen deutsche Staatsangehörige für alle ihre Darbietungen, gleichviel, wo diese stattfinden. § 120 Abs. 2 ist anzuwenden.

(2) Ausländische Staatsangehörige genießen den Schutz für alle ihre Darbietungen, die im Geltungsbereich dieses Gesetzes stattfinden, soweit nicht in den Absätzen 3 und 4 etwas anderes bestimmt ist.

(3) Werden Darbietungen ausländischer Staatsangehöriger erlaubterweise auf Bild- oder Tonträger aufgenommen und sind diese erschienen, so genießen die ausländischen Staatsangehörigen hinsichtlich dieser Bild- oder Tonträger den Schutz nach § 75 Abs. 2, § 76 Abs. 2 und § 77, wenn die Bild- oder Tonträger im Geltungsbereich dieses Gesetzes erschienen

sind, es sei denn, daß die Bild- oder Tonträger früher als dreißig Tage vor dem Erscheinen im Geltungsbereich dieses Gesetzes außerhalb dieses Gebietes erschienen sind.

(4) Werden Darbietungen ausländischer Staatsangehöriger erlaubterweise durch Funk gesendet, so genießen die ausländischen Staatsangehörigen den Schutz gegen Aufnahme der Funksendung auf Bild- und Tonträger (§ 75 Abs. 1) und Weitersendung der Funksendung (§ 76 Abs. 1) sowie den Schutz nach § 77, wenn die Funksendung im Geltungsbereich dieses Gesetzes ausgestrahlt worden ist.

(5) Im übrigen genießen ausländische Staatsangehörige den Schutz nach Inhalt der Staatsverträge. § 121 Abs. 4 Satz 2 sowie die §§ 122 und 123 gelten entsprechend.

(6) Den Schutz nach den §§ 74, 75 Abs. 1 und § 83 genießen ausländische Staatsangehörige für alle ihre Darbietungen, auch wenn die Voraussetzungen der Absätze 2 bis 5 nicht vorliegen. Das gleiche gilt für den Schutz nach § 76 Abs. 1, soweit es sich um die unmittelbare Sendung der Darbietung handelt.

(7) Wird Schutz nach den Absätzen 2 bis 4 oder 6 gewährt, so erlischt er spätestens mit dem Ablauf der Schutzdauer in dem Staat, dessen Staatsangehöriger der ausübende Künstler ist, ohne die Schutzfrist nach § 82 zu überschreiten.

§ 126 Schutz des Herstellers von Tonträgern

(1) Den nach den §§ 85 und 86 gewährten Schutz genießen deutsche Staatsangehörige oder Unternehmen mit Sitz im Geltungsbereich dieses Gesetzes für alle ihre Tonträger, gleichviel, ob und wo diese erschienen sind. § 120 Abs. 2 ist anzuwenden. Unternehmen mit Sitz in einem anderen Mitgliedstaat der Europäischen Union oder in einem anderen Vertragsstaat des Abkommens über den Europäischen Wirtschaftsraum stehen Unternehmen mit Sitz im Geltungsbereich dieses Gesetzes gleich.

(2) Ausländische Staatsangehörige oder Unternehmen ohne Sitz im Geltungsbereich dieses Gesetzes genießen den Schutz für ihre im Geltungsbereich dieses Gesetzes erschienenen Tonträger, es sei denn, daß der Tonträger früher als dreißig Tage vor dem Erscheinen im Geltungsbereich dieses Gesetzes außerhalb dieses Gebietes erschienen ist. Der Schutz erlischt jedoch spätestens mit dem Ablauf der Schutzdauer in dem Staat, dessen Staatsangehörigkeit der Hersteller des Tonträgers besitzt oder in welchem das Unternehmen seinen Sitz hat, ohne die Schutzfrist nach § 85 Abs. 2 zu überschreiten.

(3) Im übrigen genießen ausländische Staatsangehörige oder Unternehmen ohne Sitz im Geltungsbereich dieses Gesetzes den Schutz nach Inhalt der Staatsverträge. § 121 Abs. 4 Satz 2 sowie die §§ 122 und 123 gelten entsprechend.

§ 127 Schutz des Sendeunternehmens

(1) Den nach § 87 gewährten Schutz genießen Sendeunternehmen mit Sitz im Geltungsbereich dieses Gesetzes für alle Funksendungen, gleichviel, wo sie diese ausstrahlen. § 126 Abs. 1 Satz 3 ist anzuwenden.

(2) Sendeunternehmen ohne Sitz im Geltungsbereich dieses Gesetzes genießen den Schutz für alle Funksendungen, die sie im Geltungsbereich dieses Gesetzes ausstrahlen. Der Schutz erlischt spätestens mit dem Ablauf der Schutzdauer in dem Staat, in dem das Sendeunternehmen seinen Sitz hat, ohne die Schutzfrist nach § 87 Abs. 2 zu überschreiten.

(3) Im übrigen genießen Sendeunternehmen ohne Sitz im Geltungsbereich dieses Gesetzes den Schutz nach Inhalt der Staatsverträge. § 121 Abs. 4 Satz 2 gilt entsprechend.

§ 128 Schutz des Filmherstellers

(1) Den nach den §§ 94 und 95 gewährten Schutz genießen deutsche Staatsangehörige oder Unternehmen mit Sitz im Geltungsbereich dieses Gesetzes für alle ihre Bildträger

oder Bild- und Tonträger, gleichviel, ob und wo diese erschienen sind. § 120 Abs. 2 und § 126 Abs. 1 Satz 3 sind anzuwenden.

(2) Für ausländische Staatsangehörige oder Unternehmen ohne Sitz im Geltungsbereich dieses Gesetzes gelten die Bestimmungen in § 126 Abs. 2 und 3 entsprechend.

Zweiter Abschnitt
Übergangsbestimmungen

§ 129 Werke

(1) Die Vorschriften dieses Gesetzes sind auch auf die vor seinem Inkrafttreten geschaffenen Werke anzuwenden, es sei denn, daß sie zu diesem Zeitpunkt urheberrechtlich nicht geschützt sind oder daß in diesem Gesetz sonst etwas anderes bestimmt ist. Dies gilt für verwandte Schutzrechte entsprechend.

(2) Die Dauer des Urheberrechts an einem Werk, das nach Ablauf von fünfzig Jahren nach dem Tode des Urhebers, aber vor dem Inkrafttreten dieses Gesetzes veröffentlicht worden ist, richtet sich nach den bisherigen Vorschriften.

§ 130 Übersetzungen

Unberührt bleiben die Rechte des Urhebers einer Übersetzung, die vor dem 1. Januar 1902 erlaubterweise ohne Zustimmung des Urhebers des übersetzten Werkes erschienen ist.

§ 131 Vertonte Sprachwerke

Vertonte Sprachwerke, die nach § 20 des Gesetzes betreffend das Urheberrecht an Werken der Literatur und der Tonkunst vom 19. Juni 1901 (RGBl. S. 227) in der Fassung des Gesetzes zur Ausführung der revidierten Berner Übereinkunft zum Schutze von Werken der Literatur und Kunst vom 22. Mai 1910 (RGBl. S. 793) ohne Zustimmung ihres Urhebers vervielfältigt, verbreitet und öffentlich wiedergegeben werden durften, dürfen auch weiterhin in gleichem Umfang vervielfältigt, verbreitet und öffentlich wiedergegeben werden, wenn die Vertonung des Werkes vor dem Inkrafttreten dieses Gesetzes erschienen ist.

§ 132 Verträge

(1) Die Vorschriften dieses Gesetzes sind mit Ausnahme der §§ 42, 43 und 79 auf Verträge, die vor dem Inkrafttreten dieses Gesetzes abgeschlossen worden sind, nicht anzuwenden. Die §§ 40 und 41 gelten für solche Verträge mit der Maßgabe, daß die in § 40 Abs. 1 Satz 2 und § 41 Abs. 2 genannten Fristen frühestens mit dem Inkrafttreten dieses Gesetzes beginnen.

(2) Vor dem Inkrafttreten dieses Gesetzes getroffene Verfügungen bleiben wirksam.

§ 133 (aufgehoben)

§ 134 Urheber

Wer zur Zeit des Inkrafttretens dieses Gesetzes nach den bisherigen Vorschriften, nicht aber nach diesem Gesetz als Urheber eines Werkes anzusehen ist, gilt, abgesehen von den Fällen des § 135, weiterhin als Urheber. Ist nach den bisherigen Vorschriften eine juristische Person als Urheber eines Werkes anzusehen, so sind für die Berechnung der Dauer des Urheberrechts die bisherigen Vorschriften anzuwenden.

§ 135 Inhaber verwandter Schutzrechte[1)]
Wer zur Zeit des Inkrafttretens dieses Gesetzes nach den bisherigen Vorschriften als Urheber eines Lichtbildes oder der Übertragung eines Werkes auf Vorrichtungen zur mechanischen Wiedergabe für das Gehör anzusehen ist, ist Inhaber der entsprechenden verwandten Schutzrechte, die dieses Gesetz ihm gewährt.

§ 135 a Berechnung der Schutzfrist
Wird durch die Anwendung dieses Gesetzes auf ein vor seinem Inkrafttreten entstandenes Recht die Dauer des Schutzes verkürzt und liegt das für den Beginn der Schutzfrist nach diesem Gesetz maßgebende Ereignis vor dem Inkrafttreten dieses Gesetzes, so wird die Frist erst vom Inkrafttreten dieses Gesetzes an berechnet. Der Schutz erlischt jedoch spätestens mit Ablauf der Schutzdauer nach den bisherigen Vorschriften.

§ 136 Vervielfältigung und Verbreitung
(1) War eine Vervielfältigung, die nach diesem Gesetz unzulässig ist, bisher erlaubt, so darf die vor Inkrafttreten dieses Gesetzes begonnene Herstellung von Vervielfältigungsstücken vollendet werden.
(2) Die nach Absatz 1 oder bereits vor dem Inkrafttreten dieses Gesetzes hergestellten Vervielfältigungsstücke dürfen verbreitet werden.
(3) Ist für eine Vervielfältigung, die nach den bisherigen Vorschriften frei zulässig war, nach diesem Gesetz eine angemessene Vergütung an den Berechtigten zu zahlen, so dürfen die in Absatz 2 bezeichneten Vervielfältigungsstücke ohne Zahlung einer Vergütung verbreitet werden.

§ 137 Übertragung von Rechten
(1) Soweit das Urheberrecht vor Inkrafttreten dieses Gesetzes auf einen anderen übertragen worden ist, stehen dem Erwerber die entsprechenden Nutzungsrechte (§ 31) zu. Jedoch erstreckt sich die Übertragung im Zweifel nicht auf Befugnisse, die erst durch dieses Gesetz begründet werden.
(2) Ist vor dem Inkrafttreten dieses Gesetzes das Urheberrecht ganz oder teilweise einem anderen übertragen worden, so erstreckt sich die Übertragung im Zweifel auch auf den Zeitraum, um den die Dauer des Urheberrechts nach den §§ 64 bis 66 verlängert worden ist. Entsprechendes gilt, wenn vor dem Inkrafttreten dieses Gesetzes einem anderen die Ausübung einer dem Urheber vorbehaltenen Befugnis erlaubt worden ist.
(3) In den Fällen des Absatzes 2 hat der Erwerber oder Erlaubnisnehmer dem Veräußerer oder Erlaubnisgeber eine angemessene Vergütung zu zahlen, sofern anzunehmen ist, daß dieser für die Übertragung oder die Erlaubnis eine höhere Gegenleistung erzielt haben würde, wenn damals bereits die verlängerte Schutzdauer bestimmt gewesen wäre.
(4) Der Anspruch auf die Vergütung entfällt, wenn alsbald nach seiner Geltendmachung der Erwerber dem Veräußerer das Recht für die Zeit nach Ablauf der bisher bestimmten Schutzdauer zur Verfügung stellt oder der Erlaubnisnehmer für diese Zeit auf die Erlaubnis verzichtet. Hat der Erwerber das Urheberrecht vor dem Inkrafttreten dieses Gesetzes weiterveräußert, so ist die Vergütung insoweit nicht zu zahlen, als die den Erwerber mit Rücksicht auf die Umstände der Weiterveräußerung unbillig belasten würde.

---

1) Gemäß Beschluß des Bundesverfassungsgerichts vom 8. 7. 1971 – 1 BvR 766/66 (BGBl. I S. 1943) ist § 135 mit Artikel 14 Abs. 1 Satz 1 des Grundgesetzes unvereinbar, soweit danach § 82 Satz 1 Urheberrechtsgesetz uneingeschränkt auf die »verwandten Schutzrechte« derjenigen Anwendung findet, die am 1. 1. 1966 »nach den bisherigen Vorschriften als Urheber... der Übertragung eines Werkes auf Vorrichtungen zur mechanischen Wiedergabe für das Gehör anzusehen« waren.

(5) Absatz 1 gilt für verwandte Schutzrechte entsprechend.

§ 137 a Lichtbildwerke

(1) Die Vorschriften dieses Gesetzes über die Dauer des Urheberrechts sind auch auf Lichtbildwerke anzuwenden, deren Schutzfrist am 1. Juli 1985 nach dem bis dahin geltenden Recht noch nicht abgelaufen ist.

(2) Ist vorher einem anderen ein Nutzungsrecht an einem Lichtbildwerk eingeräumt oder übertragen worden, so erstreckt sich die Einräumung oder Übertragung im Zweifel nicht auf den Zeitraum, um den die Dauer des Urheberrechts an Lichtbildwerken verlängert worden ist.

§ 137 b Bestimmte Ausgaben

(1) Die Vorschriften dieses Gesetzes über die Dauer des Schutzes nach den §§ 70 und 71 sind auch auf wissenschaftliche Ausgaben und Ausgaben nachgelassener Werke anzuwenden, deren Schutzfrist am 1. Juli 1990 nach dem bis dahin geltenden Recht noch nicht abgelaufen ist.

(2) Ist vor dem 1. Juli 1990 einem anderen ein Nutzungsrecht an einer wissenschaftlichen Ausgabe oder einer Ausgabe nachgelassener Werke eingeräumt oder übertragen worden, so erstreckt sich die Einräumung oder Übertragung im Zweifel auch auf den Zeitraum, um den die Dauer des verwandten Schutzrechtes verlängert worden ist.

(3) Die Bestimmungen in § 137 Abs. 3 und 4 gelten entsprechend.

§ 137 c Ausübende Künstler

(1) Die Vorschriften dieses Gesetzes über die Dauer des Schutzes nach § 82 sind auch auf Darbietungen anzuwenden, die vor dem 1. Juli 1990 auf Bild- oder Tonträger aufgenommen worden sind, wenn am 1. Januar 1991 seit dem Erscheinen des Bild- oder Tonträgers 50 Jahre noch nicht abgelaufen sind. Ist der Bild- oder Tonträger innerhalb dieser Frist nicht erschienen, so ist die Frist von der Darbietung an zu berechnen. Der Schutz nach diesem Gesetz dauert in keinem Fall länger als 50 Jahre nach dem Erscheinen des Bild- oder Tonträgers oder, falls der Bild- oder Tonträger nicht erschienen ist, 50 Jahre nach der Darbietung.

(2) Ist vor dem 1. Juli 1990 einem anderen ein Nutzungsrecht an der Darbietung eingeräumt oder übertragen worden, so erstreckt sich die Einräumung oder Übertragung im Zweifel auch auf den Zeitraum, um den die Dauer des Schutzes verlängert worden ist.

(3) Die Bestimmungen in § 137 Abs. 3 und 4 gelten entsprechend.

§ 137 d Computerprogramme

(1) Die Vorschriften des Achten Abschnitts des Ersten Teils sind auch auf Computerprogramme anzuwenden, die vor dem 24. Juni 1993 geschaffen worden sind. Jedoch erstreckt sich das ausschließliche Vermietrecht (§ 69 c Nr. 3) nicht auf Vervielfältigungsstücke eines Programms, die ein Dritter vor dem 1. Januar 1993 zum Zweck der Vermietung erworben hat.

(2) § 69 g Abs. 2 ist auch auf Verträge anzuwenden, die vor dem 24. Juni 1993 abgeschlossen worden sind.

§ 137 e Übergangsregelung bei Umsetzung der Richtlinie 92/100/EWG

(1) Die am 30. Juni 1995 in Kraft tretenden Vorschriften dieses Gesetzes finden auch auf vorher geschaffene Werke, Darbietungen, Tonträger, Funksendungen und Filme Anwendung, es sei denn, daß diese zu diesem Zeitpunkt nicht mehr geschützt sind.

(2) Ist ein Original oder Vervielfältigungsstück eines Werkes oder ein Bild- oder Tonträger vor dem 30. Juni 1995 erworben oder zum Zweck der Vermietung einem Dritten überlassen worden, so gilt für die Vermietung nach diesem Zeitpunkt die Zustimmung der Inhaber

des Vermietrechts (§§ 17, 75 Abs. 2, §§ 85 und 94) als erteilt. Diesen Rechtsinhabern hat der Vermieter jeweils eine angemessene Vergütung zu zahlen; § 27 Abs. 1 Satz 2 und 3 hinsichtlich der Ansprüche der Urheber und ausübenden Künstler und § 27 Abs. 3 finden entsprechende Anwendung. § 137 d bleibt unberührt.

(3) Wurde ein Bild- oder Tonträger, der vor dem 30. Juni 1995 erworben worden oder zum Zweck der Vermietung einem Dritten überlassen worden ist, zwischen dem 1. Juli 1994 und dem 30. Juni 1995 vermietet, besteht für diese Vermietung ein Vergütungsanspruch in entsprechender Anwendung des Absatzes 2 Satz 2.

(4) Hat ein Urheber vor dem 30. Juni 1995 ein ausschließliches Verbreitungsrecht eingeräumt, so gilt die Einräumung auch für das Vermietrecht. Hat ein ausübender Künstler vor diesem Zeitpunkt bei der Herstellung eines Filmwerkes mitgewirkt oder in die Benutzung seiner Darbietung zur Herstellung eines Filmwerkes eingewilligt, so gelten seine ausschließlichen Rechte als auf den Filmhersteller übertragen. Hat er vor diesem Zeitpunkt in die Aufnahme seiner Darbietung auf Tonträger und in die Vervielfältigung eingewilligt, so gilt die Einwilligung auch als Übertragung des Verbreitungsrechts, einschließlich der Vermietung.

§ 137 f Übergangsregelung bei Umsetzung der Richtlinie 93/98/EWG

(1) Würde durch die Anwendung dieses Gesetzes in der ab dem 1. Juli 1995 geltenden Fassung die Dauer eines vorher entstandenen Rechts verkürzt, so erlischt der Schutz mit dem Ablauf der Schutzdauer nach den bis zum 30. Juni 1995 geltenden Vorschriften. Im übrigen sind die Vorschriften dieses Gesetzes über die Schutzdauer in der ab dem 1. Juli 1995 geltenden Fassung auch auf Werke und verwandte Schutzrechte anzuwenden, deren Schutz am 1. Juli 1995 noch nicht erloschen ist.

(2) Die Vorschriften dieses Gesetzes in der ab dem 1. Juli 1995 geltenden Fassung sind auch auf Werke anzuwenden, deren Schutz nach diesem Gesetz vor dem 1. Juli 1995 abgelaufen ist, nach dem Gesetz eines anderen Mitgliedstaates der Europäischen Union oder eines Vertragsstaates des Abkommens über den Europäischen Wirtschaftsraum zu diesem Zeitpunkt aber noch besteht. Satz 1 gilt entsprechend für die verwandten Schutzrechte des Herausgebers nachgelassener Werke (§ 71), der ausübenden Künstler (§ 73), der Hersteller von Tonträgern (§ 85), der Sendeunternehmen (§ 87) und der Filmhersteller (§§ 94 und 95).

(3) Lebt nach Absatz 2 der Schutz eines Werkes im Geltungsbereich dieses Gesetzes wieder auf, so stehen die wiederauflebenden Rechte dem Urheber zu. Eine vor dem 1. Juli 1995 begonnene Nutzungshandlung darf jedoch in dem vorgesehenen Rahmen fortgesetzt werden. Für die Nutzung ab dem 1. Juli 1995 ist eine angemessene Vergütung zu zahlen. Die Sätze 1 bis 3 gelten für verwandte Schutzrechte entsprechend.

(4) Ist vor dem 1. Juli 1995 einem anderen ein Nutzungsrecht an einer nach diesem Gesetz noch geschützten Leistung eingeräumt oder übertragen worden, so erstreckt sich die Einräumung oder Übertragung im Zweifel auch auf den Zeitraum, um den die Schutzdauer verlängert worden ist. Im Fall des Satzes 1 ist eine angemessene Vergütung zu zahlen.

Dritter Abschnitt

Schlußbestimmungen

§ 138 Urheberrolle

(1) Die Urheberrolle für die in § 66 Abs. 2 Satz 2 vorgesehenen Eintragungen wird beim Patentamt geführt. Das Patentamt bewirkt die Eintragungen, ohne die Berechtigung des Antragstellers oder die Richtigkeit der zur Eintragung angemeldeten Tatsachen zu prüfen.

(2) Wird die Eintragung abgelehnt, so kann der Antragsteller gerichtliche Entscheidung beantragen. Über den Antrag entscheidet das für den Sitz des Patentamts zuständige Oberlandesgericht durch einen mit Gründen versehenen Beschluß. Der Antrag ist schriftlich bei dem Oberlandesgericht einzureichen. Die Entscheidung des Oberlandesgerichts ist endgültig. Im übrigen gelten für das gerichtliche Verfahren die Vorschriften des Gesetzes über die Angelegenheiten der freiwilligen Gerichtsbarkeit entsprechend. Für die Gerichtskosten gilt die Kostenordnung; die Gebühren richten sich nach § 131 der Kostenordnung.
(3) Die Eintragungen werden im Bundesanzeiger öffentlich bekanntgemacht. Die Kosten für die Bekanntmachung hat der Antragsteller im voraus zu entrichten.
(4) Die Einsicht in die Urheberrolle ist jedem gestattet. Auf Antrag werden Auszüge aus der Rolle erteilt; sie sind auf Verlangen zu beglaubigen.
(5) Der Bundesminister der Justiz wird ermächtigt, durch Rechtsverordnung
1. Bestimmungen über die Form des Antrags und die Führung der Urheberrolle zu erlassen,
2. zur Deckung der Verwaltungskosten die Erhebung von Kosten (Gebühren und Auslagen) für die Eintragung, für die Ausfertigung eines Eintragungsscheins und für die Erteilung sonstiger Auszüge und deren Beglaubigung anzuordnen sowie Bestimmungen über den Kostenschuldner, die Fälligkeit von Kosten, die Kostenvorschußpflicht, Kostenbefreiungen, die Verjährung, das Kostenfestsetzungsverfahren und die Rechtsbehelfe gegen die Kostenfestsetzung zu treffen. Die Gebühr für die Eintragung darf 30 Deutsche Mark nicht übersteigen.

(6) Eintragungen, die nach § 56 des Gesetzes betreffend das Urheberrecht an Werken der Literatur und der Tonkunst vom 19. Juni 1901 beim Stadtrat in Leipzig vorgenommen worden sind, bleiben wirksam.

§ 139 Änderung der Strafprozeßordnung

§ 140 Änderung des Gesetzes über das am 6. September 1952 unterzeichnete Welturheberrechtsabkommen

§ 141 Aufgehobene Vorschriften
Mit dem Inkrafttreten dieses Gesetzes werden aufgehoben:
1. die §§ 57 bis 60 des Gesetzes betreffend das Urheberrecht an Schriftwerken, Abbildungen, musikalischen Kompositionen und dramatischen Werken vom 11. Juni 1870 (BGBl. des Norddeutschen Bundes S. 339);
2. die §§ 17 bis 19 des Gesetzes betreffend das Urheberrecht an Werken der bildenden Künste vom 9. Januar 1876 (RGBl. S. 4);
3. das Gesetz betreffend das Urheberrecht an Werken der Literatur und der Tonkunst vom 19. Juni 1901 in der Fassung des Gesetzes zur Ausführung der revidierten Berner Übereinkunft zum Schutze von Werken der Literatur und Kunst vom 22. Mai 1910 und des Gesetzes zur Verlängerung der Schutzfristen im Urheberrecht vom 13. Dezember 1934 (RGBl. II S. 1395);
4. die §§ 3, 13 und 42 des Gesetzes über das Verlagsrecht vom 19. Juni 1901 (RGBl. S. 217) in der Fassung des Gesetzes zur Ausführung der revidierten Berner Übereinkunft zum Schutze von Werken der Literatur und Kunst vom 22. Mai 1910;
5. das Gesetz betreffend das Urheberrecht an Werken der bildenden Künste und der Photographie vom 9. Januar 1907 (RGBl. S. 7) in der Fassung des Gesetzes zur Ausführung der revidierten Berner Übereinkunft zum Schutz von Werken der Literatur und Kunst vom 22. Mai 1910, des Gesetzes zur Verlängerung der Schutzfristen im Urheberrecht vom 13. Dezember 1934 und des Gesetzes zur Verlängerung der

Schutzfristen für das Urheberrecht an Lichtbildern vom 12. Mai 1940 (RGBl. I S. 758), soweit es nicht den Schutz von Bildnissen betrifft;
6. die Artikel I, III und IV des Gesetzes zur Ausführung der revidierten Berner Übereinkunft zum Schutze von Werken der Literatur und Kunst vom 22. Mai 1910;
7. das Gesetz zur Erleichterung der Filmberichterstattung vom 30. April 1936 (RGBl. I S. 404);
8. § 10 des Gesetzes über die Rechtsstellung heimatloser Ausländer im Bundesgebiet vom 25. April 1951 (BGBl. I S. 269).

§ 142 Geltung im Land Berlin

(gegenstandslos)

§ 143 Inkrafttreten

(1) Die §§ 64 bis 67, 69, 105 Abs. 1 bis 3 und § 138 Abs. 5 treten am Tage nach der Verkündung dieses Gesetzes in Kraft.[1)]

(2) Im übrigen tritt dieses Gesetz am 1. Januar 1966 in Kraft.

1) Verkündet am 16. 9. 1965.

Anlage
(zu § 54 d Abs. 1 des Urheberrechtsgesetzes)

Vergütungssätze

I. Vergütung nach § 54 Abs. 1:
Die Vergütung aller Berechtigten beträgt

1. für jedes Tonaufzeichnungsgerät	2,50 DM
2. für jedes Bildaufzeichnungsgerät mit oder ohne Tonteil	18,00 DM
3. bei Tonträgern für jede Stunde Spieldauer bei üblicher Nutzung	0,12 DM
4. bei Bildträgern für jede Stunde Spieldauer bei üblicher Nutzung	0,17 DM

5. für jedes Ton- und Bildaufzeichnungsgerät, für dessen Betrieb nach seiner Bauart gesonderte Träger (Nummern 3 und 4) nicht erforderlich sind, das Doppelte der Vergütungssätze nach den Nummern 1 und 2.

II. Vergütung nach § 54 a Abs. 1 und 2

1. Die Vergütung aller Berechtigten nach § 54 a Abs. 1 beträgt für jedes Vervielfältigungsgerät mit einer Leistung

von 2 bis 12 Vervielfältigungen je Minute	75,– DM
von 13 bis 35 Vervielfältigungen je Minute	100,– DM
von 36 bis 70 Vervielfältigungen je Minute	150,– DM
über 70 Vervielfältigungen je Minute	600,– DM

2. Die Vergütung aller Berechtigten nach § 54 a Abs. 2 beträgt für jede DIN-A4-Seite der Ablichtung

a) bei Ablichtungen, die aus ausschließlich für den Schulgebrauch bestimmten, von einer Landesbehörde als Schulbuch zugelassenen Büchern hergestellt werden,	0,05 DM
b) bei allen übrigen Ablichtungen	0,02 DM

3. Bei Vervielfältigungsgeräten, mit denen mehrfarbige Ablichtungen hergestellt werden können, und bei mehrfarbigen Ablichtungen ist der doppelte Vergütungssatz anzuwenden.
4. Bei Vervielfältigungensverfahren vergleichbarer Wirkung sind diese Vergütungssätze entsprechend anzuwenden.

Gerichtsverfassungsgesetz (GVG)

Vom 27. Januar 1877 (RGBl. S. 41)
in der Fassung der Bekanntmachung vom 9. Mai 1975 (BGBl. I S. 1077)[1)2)]
(BGBl. III 300-2)

---

1) **Bekanntmachung der Neufassung des Gerichtsverfassungsgesetzes (GVG)**

Vom 9. Mai 1975

Auf Grund des Artikels 323 des Einführungsgesetzes zum Strafgesetzbuch vom 2. März 1974 (BGBl. I S. 469) wird nachstehend der Wortlaut des Gerichtsverfassungsgesetzes vom 27. Januar 1877 (RGBl. S. 41) in der ab 1. Januar 1975 geltenden Fassung bekanntgemacht.
Diese Fassung ergibt sich aus

1. der im Bundesgesetzblatt Teil III, Gliederungsnummer 300-2, veröffentlichten bereinigten Fassung des Gesetzes
   nach Maßgabe des § 3 Abs. 1 Satz 2 des Gesetzes über die Sammlung des Bundesrechts vom 10. Juli 1958 (BGBl. I S. 437) und des § 3 des Gesetzes über den Abschluß der Sammlung des Bundesrechts vom 28. Dezember 1968 (BGBl. I S. 1451),
2. Artikel 4 des Siebenten Strafrechtsänderungsgesetzes vom 1. Juni 1964 (BGBl. I S. 337),
3. § 27 des Gesetzes zur Regelung des öffentlichen Vereinsrechts vom 5. August 1964 (BGBl. I S. 593),
4. Artikel 1 des Gesetzes zur Änderung von Wertgrenzen und Kostenvorschriften in der Zivilgerichtsbarkeit vom 27. November 1964 (BGBl. I S. 933),
5. Artikel 11 des Gesetzes zur Änderung der Strafprozeßordnung und des Gerichtsverfassungsgesetzes vom 19. Dezember 1964 (BGBl. I S. 1067),
6. § 41 des Einführungsgesetzes zum Aktiengesetz vom 6. September 1965 (BGBl. I S. 1185),
7. § 21 des Gesetzes zur Wahrung der Einheitlichkeit der Rechtsprechung der obersten Gerichtshöfe des Bundes vom 19. Juni 1968 (BGBl. I S. 661),
8. Artikel 4 des Achten Strafrechtsänderungsgesetzes vom 25. Juni 1968 (BGBl. I S. 741),
9. Artikel 10 des Ersten Gesetzes zur Reform des Strafrechts vom 25. Juni 1969 (BGBl. I S. 645),
10. Artikel 4 des Gesetzes über die rechtliche Stellung der nichtehelichen Kinder vom 19. August 1969 (BGBl. I S. 1243),
11. Artikel 1 des Gesetzes zur allgemeinen Einführung eines zweiten Rechtszuges in Staatsschutz-Strafsachen vom 8. September 1969 (BGBl. I S. 1582),
12. Artikel 1 des Gesetzes zur Änderung des Gerichtsverfassungsgesetzes vom 8. September 1971 (BGBl. I S. 1513),
13. Artikel II Nr. 4 des Gesetzes zur Änderung des Deutschen Richtergesetzes vom 10. September 1971 (BGBl. I S. 1557),
14. Artikel 2 des Elften Strafrechtsänderungsgesetzes vom 16. Dezember 1971 (BGBl. I S. 1977),
15. Artikel 3 des Zwölften Strafrechtsänderungsgesetzes vom 16. Dezember 1971 (BGBl. I S.1979),
16. Artikel II und XIII des Gesetzes zur Änderung der Bezeichnungen der Richter und ehrenamtlichen Richter und der Präsidialverfassung der Gerichte vom 26. Mai 1972 (BGBl. I S. 841),
17. Artikel 4 des Vierten Gesetzes zur Reform des Strafrechts vom 23. November 1973 (BGBl. I S. 1725),
18. Artikel 22 des Einführungsgesetzes zum Strafgesetzbuch vom 2. März 1974 (BGBl. I S. 469),
19. Artikel 1 des Gesetzes zur Änderung des Gerichtsverfassungsgesetzes vom 25. März 1974 (BGBl. I S. 761),
20. Artikel 2, 8 Nr. V und 9 Abs. 9 des Ersten Gesetzes zur Reform des Strafverfahrensrechts vom 9. Dezember 1974 (BGBl. I S. 3393),
21. Artikel 2 des Gesetzes zur Entlastung der Landgerichte und zur Vereinfachung des gerichtlichen Protokolls vom 20. Dezember 1974 (BGBl. I S. 3651),
22. Artikel 5 des Gesetzes zur Ergänzung des Ersten Gesetzes zur Reform des Strafverfahrensrechts vom 20. Dezember 1974 (BGBl. I S. 3686).

Wegen der Geltungsbeschränkungen wird auf die Fußnoten zu den einzelnen Vorschriften hingewiesen.

Der Bundesminister der Justiz

2) Siehe Maßgabe auf Seite 5.

Änderungen seit Neufassung

Paragraph	Art der Änderung	Geändert durch	Datum	Fundstelle BGBl.
107	geändert	Gesetz zur Änderung des Gerichtskostengesetzes, des Gesetzes über Kosten der Gerichtsvollzieher, der Bundesgebührenordnung für Rechtsanwälte und anderer Vorschriften	20. 8.1975	I S. 2189
58, 74 c, 78 a, 78 b, 121	geändert	Strafvollzugsgesetz	16. 3.1976	I S. 581
23 a, 72, 119, 133, 138, 170, 200	geändert	Erstes Gesetz zur Reform des Ehe- und Familienrechts	14. 6.1976	I S. 1421
23 b, 23 c	eingefügt			
155	geändert	Adoptionsgesetz	2. 7.1976	I S. 1749
74 c	geändert	Erstes Gesetz zur Bekämpfung der Wirtschaftskriminalität	29. 7.1976	I S. 2034
120, 142 a	geändert	Gesetz zur Änderung des Strafgesetzbuches, der Strafprozeßordnung, des Gerichtsverfassungsgesetzes, der Bundesrechtsanwaltsordnung und des Strafvollzugsgesetzes	18. 8.1976	I S. 2181
96, 99, 133, 157	geändert	Vereinfachungsnovelle	3.12.1976	I S. 3281
42, 45-49, 52, 54, 74 a, 74 c, 74 d, 77, 135, 143	geändert	Strafverfahrensänderungsgesetz 1979 (StVÄG 1979)	5.10.1978	I S. 1645
74 e	eingefügt			
153	geändert	Gesetz zur Neuregelung des Rechts des Urkundsbeamten der Geschäftsstelle	19.12.1979	I S. 2306
74	geändert	Achtzehntes Strafrechtsänderungsgesetz	28. 3.1980	I S. 373
74 a	geändert	Gesetz zur Neuordnung des Betäubungsmittelrechts	28. 7.1981	I S. 681
23	geändert	Gesetz zur Erhöhung von Wertgrenzen in der Gerichtsbarkeit	8.12.1982	I S. 1615
78 a, 78 b	geändert	Gesetz über die internationale Rechtshilfe in Strafsachen	23.12.1982	I S. 2071
78 a, 121	geändert	Gesetz zur Änderung des Strafvollzugsgesetzes	20. 1.1984	I S. 97, 360

Paragraph	Art der Änderung	Geändert durch	Datum	Fundstelle BGBl.
20	geändert	Zweites Gesetz zur Änderung des Bundeszentral-registergesetzes	17. 7.1984	I S. 990
23 b, 72, 119, 200	geändert	Gesetz zur Änderung unterhaltsrechtlicher, verfahrensrechtlicher und anderer Vorschriften	20. 2.1986	I S. 301
78 a, 78 b	geändert	Dreiundzwanzigstes Strafrechtsände-rungsgesetz	13. 4.1986	I S. 393
74 c	geändert	Zweites Gesetz zur Bekämpfung der Wirtschafts-kriminalität	15. 5.1986	I S. 721
95	geändert	Gesetz zur Änderung wirtschafts-, verbraucher-, arbeits- und sozialrechtlicher Vorschriften	25. 7.1986	I S. 1169
120, 142 a	geändert	Gesetz zur Änderung des Gebrauchs-mustergesetzes	15. 8.1986	I S. 1446
107	geändert	Gesetz zur Änderung von Kostengesetzen	9.12.1986	I S. 2326
172-175 171 b	geändert eingefügt	Opferschutzgesetz[1)]	18.12.1986	I S. 2496
120, 142 a	geändert	Gesetz zur Bekämpfung des Terrorismus	19.12.1986	I S. 2566
36, 58, 76, 77, 78 b, 120	geändert	Strafverfahrens-änderungsgesetz 1987	27. 1.1987	I S. 475
120, 142 a	geändert	Halbleiterschutz-gesetz	22.10.1987	I S. 2294
74 c	geändert	EWIV-Ausführungs-gesetz	14. 4.1988	I S. 514
74 c	geändert	Gesetz zur Stärkung des Schutzes des geistigen Eigentums und zur Bekämpfung der Produktpiraterie	7. 3.1990	I S. 422

Paragraph	Art der Änderung	Geändert durch	Datum	Fundstelle BGBl.
23 b, 200	geändert	Gesetz zur Ausführung von Sorgerechtsübereinkommen und zur Änderung des Gesetzes über die Angelegenheiten der freiwilligen Gerichtsbarkeit sowie anderer Gesetze	5. 4.1990	I S. 701
23 b, 23 c 138	geändert	Betreuungsgesetz	12. 9.1990	I S. 2002
171	aufgehoben			
17, 17 a 17 b	geändert eingefügt	Gesetz zur Neuregelung des verwaltungsgerichtlichen Verfahrens	17.12.1990	I S. 2809
21 c, 23, 35, 96, 98, 101, 108, 109, 113, 116, 132, 138, 166	geändert	Rechtspflege-Vereinfachungsgesetz	17.12.1990	I S. 2847
136, 137	aufgehoben			
Maßgabe Anlage I Kapitel III Sachgebiet A Abschnitt III Nr. 1 Buchst. a Abs. 1, Buchst. b, Buchst. c Abs. 1, Abs. 2 erster Halbsatz, zweiter Halbsatz und Abs. 3 bis 5 sowie Buchst. d, e, f, g, h, i, j, k, l, m, o Abs. 1 u. Buchst. s	nicht mehr anzuwenden[1]	Rechtspflege-Anpassungsgesetz	26. 6.1992	I S. 1147
172	geändert	Gesetz zur Bekämpfung des illegalen Rauschgifthandels und anderer Erscheinungsformen der Organisierten Kriminalität	15. 7.1992	I S.1302
Maßgabe Anlage I Kapitel III Sachgebiet A Abschnitt III Nr. 1 Buchst. f, g, j, 21 g, 23, 23 b, 24, 25, 74, 74 c, 76, 78 b, 196	geändert	Gesetz zur Entlastung der Rechtspflege	11. 1.1993	I S.50

1) In den Ländern Mecklenburg-Vorpommern, Sachsen und Sachsen-Anhalt.

Paragraph	Art der Änderung	Geändert durch	Datum	Fundstelle BGBl.
22 c, 193	geändert	Gesetz zur Änderung des Rechtspfleger-gesetzes und anderer Gesetze	24. 6.1994	I S. 1374
74 c	geändert	Zweites Finanzmarkt-förderungsgesetz	26. 7.1994	I S. 1749, 1782
22, 32, 33, 109, 113, 202	geändert	Einführungsgesetz zur Insolvenzordnung[1)]	5.10.1994	I S. 2911, 2915
74 c	geändert	Markenrechtsreform-gesetz	25.10.1994	I S. 3082, 3116
122	geändert	Verbrechensbekämpfungs-gesetz	28.10.1994	I S. 3186, 3193
74 c, 95	geändert	Gesetz zur Bereinigung des Umwandlungsrechts	28.10.1994	I S. 3210, 3265
78 b	geändert	Gesetz zur Rechtsver-einheitlichung der Sicherungsverwahrung	16. 6.1995	I S. 818
95	geändert	Markenrechtsänderungs-gesetz 1996	19. 7.1996	I S. 1014, 1016

1) Die Änderungen treten am 1. 1. 1999 in Kraft und werden zu diesem Zeitpunkt eingearbeitet.

Maßgabe

Gemäß Anlage I Kapitel III Sachgebiet A Abschnitt III Nr. 1 des Einigungsvertrags vom 23. 9. 1990 (BGBl. II S. 885) treten die Rechtsvorschriften mit den folgenden Maßgaben in den Ländern Brandenburg, Mecklenburg-Vorpommern, Sachsen, Sachsen-Anhalt und Thüringen in Kraft:

»Allgemeine Vorschriften

a) Aufbau der Gerichtsbarkeit

(1)[1] Die ordentliche streitige Gerichtsbarkeit der Länder wird in den in Artikel 1 Abs. 1 des Vertrages genannten Ländern durch die Kreisgerichte und die Bezirksgerichte ausgeübt. Diese Gerichte sind auch zuständig für Angelegenheiten der freiwilligen Gerichtsbarkeit, die den Gerichten übertragen sind.

(2) Die Länder richten durch Gesetz die im Gerichtsverfassungsgesetz vorgesehenen Gerichte und Staatsanwaltschaften ein, sobald hierfür unter Berücksichtigung der Bedürfnisse einer geordneten Rechtspflege jeweils die personellen und sachlichen Voraussetzungen gegeben sind. Sie können dabei Regelungen über den Übergang der anhängigen Verfahren treffen.

(3) Bis zur Errichtung selbständiger Gerichtsbarkeiten sind die Kreis- und Bezirksgerichte nach den Maßgaben t) bis x) auch in Angelegenheiten der Verwaltungs-, Finanz-, Arbeits- und Sozialgerichtsbarkeit zuständig.

b)[1] Gleichstellungsklausel

(1) Wo das Gerichtsverfassungsgesetz oder andere Rechtsvorschriften die Zuständigkeit der Gerichte regeln, den Gerichten Aufgaben zuweisen oder Gerichte bezeichnen, treten die Kreisgerichte an die Stelle der Amtsgerichte und die Bezirksgerichte an die Stelle der Landgerichte und der Oberlandesgerichte, soweit nichts anderes bestimmt ist.

(2) Absatz 1 gilt entsprechend für Aufgabenzuweisungen an die Präsidenten oder Präsidien der Gerichte. Dabei steht der Direktor eines Kreisgerichts mit mehr als 20 Richterplanstellen einem Präsidenten des Amtsgerichts gleich.

(3) Die Bezeichnung Senate bei den Bezirksgerichten steht der Bezeichnung Kammern bei den Landgerichten gleich, soweit die Bezirksgerichte an die Stelle der Landgerichte treten.

c)[1] Präsidium und Geschäftsverteilung

(1) Bei den Kreis- und Bezirksgerichten sind erstmals für das am 1. Januar 1992 beginnende Geschäftsjahr Präsidien nach den Vorschriften des Zweiten Titels (§§ 21 a bis 21 i) nach Maßgabe der Absätze 3 und 4 zu bilden. Bis zu diesem Zeitpunkt gehören dem Präsidium des Bezirksgerichts der Präsident, seine Stellvertreter und die Vorsitzenden der Spruchkörper an. Bei den Kreisgerichten, bei denen das Präsidium nicht nach § 21 a Abs. 2 Nr. 3 aus allen wählbaren Richtern besteht, besteht das Präsidium bis zu diesem Zeitpunkt aus dem Direktor, den beiden Richtern mit der längsten und den beiden Richtern mit der kürzesten richterlichen Tätigkeit.

(2) An die Stelle des aufsichtführenden Richters (§ 21 a Abs. 2 Satz 1, § 21 c Abs. 1, § 21 e Abs. 8, §§ 21 h, 21 i Abs. 2 Satz 1) tritt der Direktor des Kreisgerichts; § 22 a ist nicht anzuwenden.

(3) Die Vorschriften über die paritätische Wahl und Besetzung des Präsidiums mit Vorsitzenden Richtern (§ 21 a Abs. 2 Satz 2, § 21 b Abs. 2, § 21 c Abs. 2 letzter Satzteil) finden keine Anwendung.

(4) Abweichend von § 21 b Abs. 1 Satz 2 sind zum Präsidium wählbar alle Richter, die bei dem Gericht eine Planstelle innehaben.

(5) In Spruchkörpern, die mit mehreren Berufsrichtern besetzt sind, bestimmt, abweichend von § 21 f Abs. 1, das Präsidium die Vorsitzenden. Auf diese ist § 21 e Abs. 2, Abs. 3 Satz 2 entsprechend anzuwenden.

d)[1] Verwendung von Richtern auf Probe, auf Zeit oder kraft Auftrags

Vorschriften, die die Tätigkeit von Richtern auf Probe, Richtern auf Zeit oder Richtern kraft Auftrags ausschließen oder beschränken oder Richtern auf Lebenszeit bestimmte Aufgaben vorbehalten, finden keine Anwendung.

Zuständigkeit und Besetzung der Gerichte

e)[1] Zuständigkeit der Kreisgerichte in bürgerlichen Rechtsstreitigkeiten, Familiensachen und Angelegenheiten der freiwilligen Gerichtsbarkeit

(1) In bürgerlichen Rechtsstreitigkeiten einschließlich von Ehe- und Familiensachen und in Angelegenheiten der freiwilligen Gerichtsbarkeit sind die Kreisgerichte zuständig, soweit die Zuständigkeit der Amtsgerichte oder der Landgerichte im ersten Rechtszug besteht.

---

1) Nicht mehr anzuwenden in den Ländern Mecklenburg-Vorpommern, Sachsen und Sachsen-Anhalt.

(2) Bei den Kreisgerichten, in deren Bezirk das Bezirksgericht seinen Sitz hat, werden Kammern für Handelssachen gebildet. Diese sind für das Gebiet des Bezirksgerichts zuständig für Handelssachen im Sinne des § 95 mit Ausnahme der Nummer 4 Buchstaben c) und f). Die Vorschriften, die die Zuständigkeit der Kammer für Handelssachen von Anträgen der Parteien abhängig machen, finden keine Anwendung.

f)[1] Zuständigkeit der Kreisgerichte in Strafsachen

(1) In Strafsachen sind die Kreisgerichte im ersten Rechtszug zuständig, soweit nicht die Zuständigkeit des Bezirksgerichts ausdrücklich begründet ist; sie dürfen auf keine höhere Strafe als auf vier Jahre Freiheitsstrafe und nicht auf Unterbringung in einem psychiatrischen Krankenhaus, allein oder neben einer Strafe, oder in der Sicherungsverwahrung erkennen.

(2) Die Kreisgerichte nehmen ferner die Aufgaben der Strafvollstreckungskammern nach § 78 a und des Landgerichts nach § 161 a Abs. 3 Satz 2 der Strafprozeßordnung wahr.

g) Besetzung des Kreisgerichts

(1) Die Kreisgerichte entscheiden, soweit nicht nach den Vorschriften des Gerichtsverfassungsgesetzes oder der Prozeßgesetze die ehrenamtlichen Richter nicht mitwirken.

1. in Handelssachen als Kammern für Handelssachen durch einen Richter und zwei ehrenamtliche Richter (Handelsrichter), in Registersachen durch einen Richter,
2. in Patent-, Gebrauchsmuster-, Geschmacksmuster- und Warenzeichenstreitsachen durch einen Richter und zwei ehrenamtliche Richter,
3. in Landwirtschaftssachen (§ 1 des Gesetzes über das gerichtliche Verfahren in Landwirtschaftssachen) durch einen Richter und zwei ehrenamtliche Richter,
4. in der Hauptverhandlung in Strafsachen als Schöffengerichte durch einen Richter und zwei Schöffen, es sei denn, daß keine höhere Strafe als Freiheitsstrafe von zwei Jahren zu erwarten ist,
5. über die Aussetzung der Vollstreckung des Restes einer lebenslangen Freiheitsstrafe oder die Aussetzung der Vollstreckung der Unterbringung durch drei Richter.

(2) Im übrigen entscheiden die Kreisgerichte durch einen Richter.

h)[1] Zuständigkeit der Bezirksgerichte in bürgerlichen Rechtsstreitigkeiten, Familiensachen und Angelegenheiten der freiwilligen Gerichtsbarkeit

(1) In bürgerlichen Rechtsstreitigkeiten einschließlich von Ehe- und Familiensachen und in Angelegenheiten der freiwilligen Gerichtsbarkeit entscheiden die Zivilsenate der Bezirksgerichte über Berufungen und Beschwerden gegen die Entscheidungen des Kreisgerichts, soweit nicht die Zuständigkeit der besonderen Senate nach Maßgabe l) begründet ist. An die Stelle der Zivilsenate treten für die in Maßgabe e) Abs. 2 genannten Verfahren Senate für Handelssachen bei den Bezirksgerichten, in deren Bezirk die Landesregierung ihren Sitz hat; die Landesregierungen können durch Rechtsverordnung die örtliche Zuständigkeit eines anderen Bezirksgerichts begründen.

(2) Die Zivilsenate entscheiden über Berufungen und Beschwerden abschließend, soweit nach den Vorschriften des Gerichtsverfassungsgesetzes und der Zivilprozeßordnung im ersten Rechtszug das Amtsgericht und im zweiten Rechtszug das Landgericht zuständig wäre; Maßgabe l) Abs. 3 bleibt unberührt.

i)[1] Zuständigkeit der Bezirksgerichte in Strafsachen

(1) Die Strafsenate der Bezirksgerichte sind als erkennende Gerichte des ersten Rechtszuges zuständig

1. für die in § 74 Abs. 2, § 74 a genannten Straftaten,
2. wenn die Strafgewalt des Kreisgerichts nicht ausreicht,
3. wenn wegen des besonderen Umfangs, der besonderen Schwierigkeit oder der besonderen Bedeutung der Sache eine Verhandlung vor dem Strafsenat geboten ist,
4. soweit nach den Vorschriften des Jugendgerichtsgesetzes die Jugendkammer im ersten Rechtszug zuständig ist.

Die Zuständigkeit des besonderen Senats nach Maßgabe l) bleibt unberührt.

(2) Die Strafsenate der Bezirksgerichte sind ferner zuständig

1. zur Verhandlung und Entscheidung über Berufungen gegen Urteile des Kreisgerichts,

1) Nicht mehr anzuwenden in den Ländern Mecklenburg-Vorpommern, Sachsen, Sachsen-Anhalt.

2. zur Entscheidung über Beschwerden gegen Verfügungen des Richters beim Kreisgericht und Entscheidungen der Kreisgerichte,
3. zur Entscheidung über Kassationen in Strafsachen.

j)[1] Besetzung der Bezirksgerichte

(1) Die Bezirksgerichte entscheiden in Strafsachen in der Hauptverhandlung

1. durch zwei Richter und zwei Schöffen
   a) als erkennende Gerichte im ersten Rechtszug,
   b) über Berufungen gegen Urteile der Jugendschöffengerichte,
2. durch einen Richter und zwei Schöffen über Berufungen gegen Urteile der Kreisgerichte in allen anderen Fällen.

Außerhalb der Hauptverhandlung entscheidet der Vorsitzende allein. In den in Maßgabe i) Abs. 2 Nr. 2 und 3 genannten Fällen entscheiden die Bezirksgerichte durch drei Richter.

(2) Die Bezirksgerichte entscheiden über Berufungen und Beschwerden in Handelssachen und in Landwirtschaftssachen durch einen Richter und zwei ehrenamtliche Richter; diese wirken nicht mit, soweit nach den Vorschriften des Gerichtsverfassungsgesetzes oder der Prozeßgesetze eine Mitwirkung der ehrenamtlichen Richter nicht stattfindet. Soweit nach den Vorschriften des Gerichtsverfassungsgesetzes und der Zivilprozeßordnung das Landgericht im ersten Rechtszug zuständig wäre, entscheidet der Senat für Handelssachen durch drei Richter.

(3) Im übrigen entscheiden die Bezirksgerichte in bürgerlichen Rechtsstreitigkeiten einschließlich von Ehe- und Familiensachen und in Angelegenheiten der freiwilligen Gerichtsbarkeit über Berufungen und Beschwerden durch drei Richter, soweit nicht nach den Vorschriften der Prozeßgesetze ein Richter allein entscheidet.

k)[1] Besondere Senate des Bezirksgerichts

(1) Bei den Bezirksgerichten, in deren Bezirk die Landesregierung ihren Sitz hat, werden besondere Senate gebildet. Diese Senate treten im Rahmen ihrer Zuständigkeit an die Stelle der Oberlandesgerichte.

(2) Die besonderen Senate entscheiden in der Besetzung mit drei Richtern, soweit nicht nach den Vorschriften der Prozeßgesetze der Einzelrichter zu entscheiden hat.

l)[1] Zuständigkeit der besonderen Senate

(1) Die besonderen Senate sind im ersten Rechtszug als Strafsenate für die in § 120 genannten Sachen zuständig. Für diese Sachen ist zunächst für das in Artikel 3 des Einigungsvertrages genannte Gebiet das Kammergericht in Berlin zuständig. Sobald eines der in Artikel 1 Abs. 1 des Einigungsvertrages genannten Länder durch Landesgesetz die Zuständigkeit nach Satz 1 begründet, entfällt die Zuständigkeit des Kammergerichts für das Gebiet dieses Landes. Bereits anhängige Verfahren werden von einem Zuständigkeitswechsel nach Satz 3 nicht berührt.

(2) Die besonderen Senate sind als Strafsenate ferner zuständig

1. für die Verhandlung und Entscheidung des Rechtsmittels der Revision nach Maßgabe des § 121 Abs. 1 Nr. 1,
2. für die Verhandlung und Entscheidung über Rechtsbeschwerden über Entscheidungen der Strafvollstreckungskammern nach Maßgabe des § 121 Abs. 1 Nr. 3,
3. für die Entscheidungen gemäß § 25 Abs. 1 § 35 Satz 2, § 37 Abs. 1 des Einführungsgesetzes zum Gerichtsverfassungsgesetz, soweit der Antrag eine Angelegenheit der Strafrechtspflege oder des Vollzuges betrifft,
4. für die Entscheidungen, die nach dem Gesetz über die internationale Rechtshilfe in Strafsachen dem Oberlandesgericht obliegen,
5. für die Entscheidungen nach den §§ 120, 121, 172 Abs. 2 bis 4 der Strafprozeßordnung sowie über weitere Beschwerden in Haftsachen nach § 310 Abs. 1 der Strafprozeßordnung,
6. für die Entscheidungen, die nach §§ 138 a bis 138 c der Strafprozeßordnung den Oberlandesgerichten zugewiesen sind,
7. für die Entscheidungen über Beschwerden gegen Entscheidungen der Strafsenate der Bezirksgerichte bei der Eröffnung des Hauptverfahrens und als erkennende Gerichte,
8. für die Bestimmung des zuständigen Gerichts in den Fällen des § 140 a und der Kassation (Maßgabe h) zur Strafprozeßordnung Nr. 14).

1) Nicht mehr anzuwenden in den Ländern Mecklenburg-Vorpommern, Sachsen, Sachsen-Anhalt.

(3) Die besonderen Senate sind als Zivilsenate zuständig für die Entscheidung
1. gemäß § 25 Abs. 1 des Einführungsgesetzes zum Gerichtsverfassungsgesetz, soweit nicht die Zuständigkeit des Strafsenats (Absatz 2 Nr. 3) begründet ist,
2. über Beschwerden und weitere Beschwerden nach dem Gesetz über die Angelegenheiten der freiwilligen Gerichtsbarkeit in den in §§ 27, 28, 143 Abs. 2 genannten Fällen sowie nach § 78 der Grundbuchordnung, soweit das Oberlandesgericht zuständig ist,
3. über sofortige Beschwerden nach § 8 Abs. 2 Satz 1 des Sorgerechtsübereinkommens-Ausführungsgesetzes vom 5. April 1990 (BGBl. I S. 701),
4. über Vorlagebeschlüsse nach Artikel III Abs. 1 Satz 1 des Dritten Gesetzes zur Änderung mietrechtlicher Vorschriften vom 21. Dezember 1967 (BGBl. I S. 1248), geändert durch Gesetz vom 5. Juni 1980 (BGBl. I S. 657),
5. über die Bestimmung des zuständigen Gerichts in den Fällen der §§ 5, 46 Abs. 2, 3 des Gesetzes über die Angelegenheiten der freiwilligen Gerichtsbarkeit, soweit das Oberlandesgericht zuständig ist,
6. über die Entscheidung der Landesjustizverwaltung nach Artikel 7 § 1 des Familienrechtsänderungsgesetzes vom 11. August 1961 (BGBl. I S. 1221), geändert durch Gesetz vom 14. Juni 1976 (BGBl. I S. 1421),
7. über Beschwerden gegen Verfügungen der Kartellbehörden nach §§ 62 ff. des Gesetzes gegen Wettbewerbsbeschränkungen,
8. über sonstige Beschwerden, soweit diese nach §§ 71, 89 Abs. 1 Satz 3, §§ 135, 141 Abs. 3, §§ 372 a, 380, 387, 390, 406, 409, 411 Abs. 2 der Zivilprozeßordnung (Maßgabe d) zur Zivilprozeßordnung – Nr. 59) und § 102 des Gesetzes über die Zwangsversteigerung und die Zwangsverwaltung (Maßgabe a) zum Gesetz über die Zwangsversteigerung und die Zwangsverwaltung – Nr. 15) zulässig sind,
9. über die Anfechtung von Wahlen zum Präsidium nach § 21 b Abs. 6.

m)[1] Bußgeldsachen

Die Maßgaben f), g), i), j), k) und l) gelten für Bußgeldsachen nach Maßgabe des § 46 Abs. 7 des Gesetzes über Ordnungswidrigkeiten sinngemäß. Für die Entscheidung über Rechtsbeschwerden und ihre Zulassung in Bußgeldsachen nach §§ 79 und 80 des Gesetzes über Ordnungswidrigkeiten und für Entscheidungen nach §§ 82, 84 und 85 des Gesetzes gegen Wettbewerbsbeschränkungen ist der besondere Senat des Bezirksgerichts (Maßgabe k) zuständig.

Weitere Anpassungsvorschriften

n) Zuständigkeitskonzentrationen

(1) Die Landesregierungen werden ermächtigt, durch Rechtsverordnung einem Gericht für die Bezirke mehrerer Gerichte Sachen aller Art ganz oder teilweise zuzuweisen oder auswärtige Kammern oder Senate von Gerichten einzurichten, wenn dies für eine sachdienliche Erledigung der Sachen zweckmäßig ist. Die Landesregierungen können die Ermächtigung durch Rechtsverordnung auf die Landesjustizverwaltungen übertragen.

(2) Die Länder können durch Vereinbarung dem Gericht eines Landes obliegende Aufgaben ganz oder teilweise dem zuständigen Gericht eines anderen Landes übertragen.

(3) Die nach dem bisher geltenden Recht vorgenommenen Konzentrationen bleiben, vorbehaltlich einer Regelung durch die Länder, bestehen; soweit sich die sachliche Zuständigkeit ändert, gilt die Konzentration auch für das danach sachlich zuständige Gericht. Satz 1 gilt nicht für Urheberrechtsstreitigkeiten.

o) Staatsanwaltschaften

(1) Bei den Bezirksgerichten sind Staatsanwaltschaften zu bilden, die auch das Amt der Staatsanwaltschaft bei den Kreisgerichten wahrnehmen, soweit dort keine selbständigen Staatsanwaltschaften eingerichtet werden. Eine der Staatsanwaltschaft bei den Oberlandesgerichten entsprechende Staatsanwaltschaft wird nur bei den Bezirksgerichten errichtet, bei denen besondere Senate gebildet sind. Im Sinne der §§ 144, 147 erstreckt sich der Bezirk dieser Staatsanwaltschaft auf das ganze Land.

(2) Zu Hilfsbeamten der Staatsanwaltschaft können auch Angestellte bestellt werden, die gemäß § 152 Abs. 2 bezeichneten Personengruppen vergleichbar sind.

1) Nicht mehr anzuwenden in den Ländern Mecklenburg-Vorpommern, Sachsen, Sachsen-Anhalt.

p) Ehrenamtliche Richter

(1) Ehrenamtliche Richter, die nach § 37 des Richtergesetzes der Deutschen Demokratischen Republik vom 5. Juli 1990 (GBl. I Nr. 42 S. 637) gewählt oder berufen worden sind oder demnächst gewählt oder berufen werden, üben ihr Amt für die Dauer des Zeitraums, für den sie gewählt oder berufen sind, nach Maßgabe des Gerichtsverfassungsgesetzes und der sonstigen Verfahrensgesetze aus.

(2) Die Vorschriften über die Heranziehung der Schöffen in Strafverfahren sind erstmals auf die Schöffen anzuwenden, die nach den Vorschriften des Gerichtsverfassungsgesetzes gewählt werden. Bis zu diesem Zeitpunkt bewendet es bei den bisherigen Vorschriften der Deutschen Demokratischen Republik.

q) Urkundsbeamte der Geschäftsstelle und Gerichtsvollzieher

(1) Mit den Aufgaben eines Urkundsbeamten der Geschäftsstelle können auch andere als die in § 153 genannten Personen betraut werden.

(2) Die Aufgaben der Gerichtsvollzieher können auch von Angestellten wahrgenommen werden.

r) Rechte der Sorben

Das Recht der Sorben, in den Heimatkreisen der sorbischen Bevölkerung vor Gericht sorbisch zu sprechen, wird durch § 184 nicht berührt.

s)[1] Gerichtsferien

Die Vorschriften des Siebzehnten Titels des Gerichtsverfassungsgesetzes über die Gerichtsferien sind nicht anzuwenden.

Besondere Vorschriften für die Verwaltungs-, Finanz-, Arbeits- und Sozialgerichtsbarkeit

t) Grundsatz

(1) Die Kreis- und Bezirksgerichte verhandeln und entscheiden bis zur Errichtung einer selbständigen Verwaltungs-, Finanz-, Arbeits- und Sozialgerichtsbarkeit als Gerichte der Länder auch in den in deren Zuständigkeit fallenden Sachen. Die Vorschriften der Verwaltungsgerichtsordnung, der Finanzgerichtsordnung, des Arbeitsgerichtsgesetzes und des Sozialgerichtsgesetzes über die Errichtung, die Organisation und die Besetzung der Gerichte finden für die Dauer der Zuständigkeit der Kreis- und Bezirksgerichte in diesen Sachen insoweit keine Anwendung, als die nachfolgenden Bestimmungen entgegenstehen.

(2) Im Verhältnis der Spruchkörper der Kreis- und Bezirksgerichte, die die ordentliche streitige Gerichtsbarkeit oder Angelegenheiten der freiwilligen Gerichtsbarkeit oder Aufgaben

- der Verwaltungsgerichtsbarkeit,
- der Finanzgerichtsbarkeit,
- der Arbeitsgerichtsbarkeit oder
- der Sozialgerichtsbarkeit

ausüben, gelten die Vorschriften über die Entscheidung über die Zulässigkeit oder Unzulässigkeit des Rechtswegs und die Verweisung in einen anderen Rechtsweg entsprechend.

(3) Für die Dauer der Zuständigkeit der Kreis- und Bezirksgerichte gelten die Maßgaben n), p) und r) entsprechend.

(4) Die Länder richten baldmöglichst durch Gesetz für die in Absatz 1 Satz 1 genannten Sachgebiete Gerichte der Länder ein, soweit hierfür unter Berücksichtigung der Bedürfnisse einer geordneten Rechtspflege jeweils die personellen und sachlichen Voraussetzungen geschaffen werden können. Sie können dabei Regelungen über den Übergang der anhängigen Verfahren treffen.

u) Verwaltungsgerichtsbarkeit

(1) Für Sachen, für die nach dem Recht der Bundesrepublik Deutschland die Verwaltungsgerichte zuständig sind, werden bei den Kreisgerichten, in deren Bezirk das Bezirksgericht seinen Sitz hat, Kammern für Verwaltungssachen eingerichtet. Diese verhandeln und entscheiden durch zwei Richter und drei ehrenamtliche Richter, soweit nicht nach den Vorschriften der Prozeßgesetze die ehrenamtlichen Richter nicht mitwirken oder ein Richter allein entscheidet. In den Fällen des § 5 Abs. 3 Satz 2 der Verwaltungsgerichtsordnung sowie des Artikels 2 § 1 Abs. 1 Satz 2 des Gesetzes zur Entlastung der Gerichte in der Verwaltungs- und Finanzgerichtsbarkeit vom 31. März 1978 (BGBl. I S. 446), zuletzt geändert durch Artikel 1 des Gesetzes vom 4. Juli 1985 (BGBl. I S. 1274), entscheiden die Kammern durch den Vorsitzenden; ist ein Berichterstatter bestellt, so entscheidet dieser.

(2) Für Sachen, für die nach dem Recht der Bundesrepublik Deutschland die Oberverwaltungsgerichte zuständig sind, werden bei den Bezirksgerichten, in deren Bezirk die Landesregierung ihren Sitz hat,

1) Nicht mehr anzuwenden in den Ländern Mecklenburg-Vorpommern, Sachsen, Sachsen-Anhalt.

Senate für Verwaltungssachen eingerichtet. Diese verhandeln und entscheiden durch drei Richter und zwei ehrenamtliche Richter; Absatz 1 Satz 2 letzter Satzteil gilt entsprechend.

(3) Soweit am Tag des Wirksamwerdens des Beitritts ein anderes Kreis- oder Bezirksgericht örtlich zuständig ist, bleibt es dabei. Die Landesregierungen können durch Rechtsverordnung die örtliche Zuständigkeit eines anderen Kreis- oder Bezirksgerichts begründen.

(4) Die Länder können vereinbaren, daß für Streitigkeiten nach dem Asylverfahrensgesetz und wegen Verwaltungsentscheidungen der Ausländerbehörden gegen Asylbewerber Gerichte in den Gebieten, in denen die Verwaltungsgerichtsordnung schon vor dem Wirksamwerden des Beitritts gegolten hat, auch dann zuständig sind, wenn der Asylantragsteller seinen Wohnsitz in dem in Artikel 3 des Vertrages genannten Gebiet hat.

v) Finanzgerichtsbarkeit

Für Sachen, für die nach dem Recht der Bundesrepublik Deutschland die Finanzgerichte zuständig sind, werden bei den Bezirksgerichten, in deren Bezirk die Landesregierung ihren Sitz hat, Senate für Finanzrecht eingerichtet. Diese verhandeln und entscheiden durch drei Richter und zwei ehrenamtliche Richter; Maßgabe u) Abs. 1 Satz 2 letzter Satzteil gilt entsprechend. Ist am Tag des Wirksamwerdens des Beitritts ein anderes Bezirksgericht eines Landes zuständig, so bleibt es dabei. Die Landesregierungen können durch Rechtsverordnung die Zuständigkeit eines anderen Bezirksgerichts des Landes begründen.

w) Arbeitsgerichtsbarkeit

(1) Für Sachen, für die nach dem Recht der Bundesrepublik Deutschland die Arbeitsgerichte zuständig sind, werden bei den Kreisgerichten Kammern für Arbeitsrecht eingerichtet.

(2) Für Sachen, für die nach dem Recht der Bundesrepublik Deutschland die Landesarbeitsgerichte zuständig sind, werden bei den Bezirksgerichten Senate für Arbeitsrecht eingerichtet.

(3) Die Kammern und Senate für Arbeitsrecht entscheiden in den im Arbeitsgerichtsgesetz in der Fassung der Bekanntmachung vom 2. Juli 1979 (BGBl. I S. 853,1036), zuletzt geändert durch Artikel 1 des Gesetzes vom 26. Juni 1990 (BGBl. I S. 1206), festgelegten Besetzungen.

x) Sozialgerichtsbarkeit

(1) Für Sachen, für die nach dem Recht der Bundesrepublik Deutschland die Sozialgerichte zuständig sind, werden bei den Kreisgerichten, in deren Bezirk das Bezirksgericht seinen Sitz hat, Kammern für Sozialrecht eingerichtet. Diese entscheiden durch einen Richter und zwei ehrenamtliche Richter, soweit nicht nach den Prozeßgesetzen die ehrenamtlichen Richter nicht mitwirken.

(2) Für Sachen, für die nach dem Recht der Bundesrepublik Deutschland die Landessozialgerichte zuständig sind, werden bei den Bezirksgerichten, in deren Bezirk die Landesregierung ihren Sitz hat, Senate für Sozialrecht eingerichtet. Diese verhandeln und entscheiden durch drei Richter und zwei ehrenamtliche Richter; Maßgabe u) Abs. 1 Satz 2 letzter Satzteil gilt entsprechend.

(3) Diesen Kammern und Senaten gehören in allen Streitigkeiten je ein auf Vorschlag der Gewerkschaften und der Arbeitgeberverbände nach § 37 des Richtergesetzes der Deutschen Demokratischen Republik vom 5. Juli 1990 (GBl. I Nr. 42 S. 637) berufener ehrenamtlicher Richter an.

(4) Maßgabe u) Abs. 3 gilt entsprechend.

Überleitungsvorschriften für anhängige Verfahren

y) Oberstes Gericht

(1) Beim Obersten Gericht der Deutschen Demokratischen Republik anhängige Strafverfahren im ersten Rechtszug gehen in der Lage, in der sie sich befinden, auf das nach Maßgabe l) Abs. 1 zuständige Gericht über. Dieses kann die Sache mit bindender Wirkung an das Bezirks- oder Kreisgericht abgeben, wenn es dessen Zuständigkeit für begründet hält.

(2) Beim Obersten Gericht anhängige Revisionsverfahren, Berufungsverfahren, die als Revisionsverfahren fortgesetzt werden, sowie Berufungsverfahren, die Entscheidungen der Spruchstelle für Nichtigkeitserklärungen des Patentamts der Deutschen Demokratischen Republik betreffen, gehen in der Lage, in der sie sich befinden, auf den zuständigen obersten Gerichtshof des Bundes über. Richtet sich die Zulässigkeit der Revision nach neuem Recht, so entscheidet dieser auch über die Zulässigkeit.

(3) Beim Obersten Gericht anhängige andere Berufungs-, Protest-, Beschwerde- und Kassationsverfahren sowie andere Verfahren, für die nach neuem Recht das Bezirksgericht zuständig ist, gehen in der Lage, in der sie sich befinden, auf das Bezirksgericht über. Beim Bezirksgericht entscheidet ein anderer Spruchkörper als der, dessen Entscheidung angefochten ist; Maßgabe h) Satz 3 zur Strafprozeßordnung – Nr. 14 – bleibt unberührt. Ein Richter oder ehrenamtlicher Richter, der an der angefochtenen Entscheidung mitgewirkt hat, ist von der Ausübung des Richteramtes ausgeschlossen.

z) Generalstaatsanwalt der Deutschen Demokratischen Republik
Bei dem Generalstaatsanwalt der Deutschen Demokratischen Republik anhängige Verfahren gehen auf die Staatsanwaltschaft über, die nach den in Kraft gesetzten Vorschriften zuständig ist.«

Maßgabe
Gemäß Anlage I Kapitel III Sachgebiet A Abschnitt IV Nr. 3 Buchst. a des Einigungsvertrags vom 23. 9. 1990 (BGBl. II S. 885) gelten die Rechtsvorschriften im Land Berlin mit folgenden Maßgaben anstelle der in Abschnitt III in Bezug auf dieses Gesetz genannten Maßgaben (vgl. vorstehende Maßgaben):

»aa) Richter aus dem Teil des Landes Berlin, in dem das Grundgesetz bisher nicht galt, dürfen abweichend von § 23 b Abs. 3 Satz 2 Geschäfte des Familienrichters wahrnehmen, wenn sie vor dem Wirksamwerden des Beitritts mindestens drei Jahre als Richter tätig gewesen sind.

bb) § 21 f Abs. 1 ist, unbeschadet des § 28 Abs. 2 des Deutschen Richtergesetzes, für das Landgericht Berlin bis zum 31. Dezember 1993 nicht anzuwenden.

cc) Ehrenamtliche Richter:
- Die nach dem Gerichtsverfassungsgesetz in Berlin berufenen Schöffen und Hilfsschöffen üben ihr Amt für die Dauer des Zeitraums aus, für den sie berufen sind. Eine Neuwahl findet nicht statt. Die vorhandenen Vorschlagslisten (§ 52 Abs. 6 GVG) gelten bis zum Ende der laufenden Schöffenwahlperiode fort.
- § 108 gilt mit folgender Maßgabe:
  Zum ehrenamtlichen Richter einer Kammer für Handelssachen bei dem Landgericht Berlin kann bis zum 31. Dezember 1991 auf Vorschlag der Industrie- und Handelskammern auch ernannt werden, wer am Tag des Wirksamwerdens des Beitritts bei dem Stadtbezirksgericht Berlin-Mitte an einer Kammer für Handelssachen als ehrenamtlicher Richter tätig war.
- § 13 Abs. 1 des Sozialgerichtsgesetzes und § 20 Abs. 1 des Arbeitsgerichtsgesetzes gelten mit folgender Maßgabe:
  Zum ehrenamtlichen Richter bei dem Sozialgericht Berlin oder dem Arbeitsgericht Berlin kann bis zum 31. Dezember 1991 auf Vorschlag der zuständigen Verbände oder Stellen auch berufen werden, wer am Tag des Wirksamwerdens des Beitritts Schöffe für Arbeitsrecht in dem Teil des Landes Berlin, in dem das Grundgesetz bisher nicht galt, war.
- § 25 der Verwaltungsgerichtsordnung gilt mit folgender Maßgabe:
  Die am Tag des Wirksamwerdens des Beitritts einer Kammer für Verwaltungssachen beim Stadtbezirksgericht Berlin-Mitte zugeordneten Schöffen gelten als ehrenamtliche Richter des Verwaltungsgerichts Berlin für die Dauer der laufenden Wahlperiode mit Wirkung von dem Tag an als gewählt, der zwei Monate nach dem Wirksamwerden des Beitritts liegt.

dd) Die Maßgabe q) zum Gerichtsverfassungsgesetz in Abschnitt III – Nr. 1 – gilt sinngemäß.

ee) Die Maßgaben y) und z) zum Gerichtsverfassungsgesetz in Abschnitt III – Nr. 1 – gelten sinngemäß mit der Maßgabe, daß an die Stelle des Bezirksgerichts das Landgericht Berlin tritt, soweit nicht die Zuständigkeit eines Gerichts der besonderen Gerichtsbarkeiten gegeben ist.«

Erster Titel
Gerichtsbarkeit

§ 1 [Unabhängigkeit der Gerichte]

Die richterliche Gewalt wird durch unabhängige, nur dem Gesetz unterworfene Gerichte ausgeübt.

§§ 2 bis 9 (weggefallen)

§ 10 [Befugnisse der Referendare]

Unter Aufsicht des Richters können Referendare Rechtshilfeersuchen erledigen und außer in Strafsachen Verfahrensbeteiligte anhören, Beweise erheben und die mündliche Verhandlung leiten. Referendare sind nicht befugt, eine Beeidigung anzuordnen oder einen Eid abzunehmen.

§ 11 (weggefallen)

§ 12 [Gerichte der ordentlichen Gerichtsbarkeit]

Die ordentliche streitige Gerichtsbarkeit wird durch Amtsgerichte, Landgerichte, Oberlandesgerichte und durch den Bundesgerichtshof (den obersten Gerichtshof des Bundes für das Gebiet der ordentlichen Gerichtsbarkeit) ausgeübt.

§ 13 [Zuständigkeit der ordentlichen Gerichte]

Vor die ordentlichen Gerichte gehören alle bürgerlichen Rechtsstreitigkeiten und Strafsachen, für die nicht entweder die Zuständigkeit von Verwaltungsbehörden oder Verwaltungsgerichten begründet ist oder auf Grund von Vorschriften des Bundesrechts besondere Gerichte bestellt oder zugelassen sind.

§ 13 a (weggefallen)

§ 14 [Schiffahrtsgerichte]

Als besondere Gerichte werden Gerichte der Schiffahrt für die in den Staatsverträgen bezeichneten Angelegenheiten zugelassen.

§ 15 (weggefallen)

§ 16 [Verbot von Ausnahmegerichten]

Ausnahmegerichte sind unstatthaft. Niemand darf seinem gesetzlichen Richter entzogen werden.

§ 17 [Rechtsweg]

(1) Die Zulässigkeit des beschrittenen Rechtsweges wird durch eine nach Rechtshängigkeit eintretende Veränderung der sie begründenden Umstände nicht berührt. Während der Rechtshängigkeit kann die Sache von keiner Partei anderweitig anhängig gemacht werden.
(2) Das Gericht des zulässigen Rechtsweges entscheidet den Rechtsstreit unter allen in Betracht kommenden rechtlichen Gesichtspunkten. Artikel 14 Abs. 3 Satz 4 und Artikel 34 Satz 3 des Grundgesetzes bleiben unberührt.

§ 17 a [Bindung an Entscheidung über Rechtsweg – Verweisung – Sofortige Beschwerde]

(1) Hat ein Gericht den zu ihm beschrittenen Rechtsweg rechtskräftig für zulässig erklärt, sind andere Gerichte an diese Entscheidung gebunden.

(2) Ist der beschrittene Rechtsweg unzulässig, spricht das Gericht dies nach Anhörung der Parteien von Amts wegen aus und verweist den Rechtsstreit zugleich an das zuständige Gericht des zulässigen Rechtsweges. Sind mehrere Gerichte zuständig, wird an das vom Kläger oder Antragsteller auszuwählende Gericht verwiesen oder, wenn die Wahl unterbleibt, an das vom Gericht bestimmte. Der Beschluß ist für das Gericht an das der Rechtsstreit verwiesen worden ist, hinsichtlich des Rechtsweges bindend.
(3) Ist der beschrittene Rechtsweg zulässig, kann das Gericht dies vorab aussprechen. Es hat vorab zu entscheiden, wenn eine Partei die Zulässigkeit des Rechtsweges rügt.
(4) Der Beschluß nach den Absätzen 2 und 3 kann ohne mündliche Verhandlung ergehen. Er ist zu begründen. Gegen den Beschluß ist die sofortige Beschwerde nach den Vorschriften der jeweils anzuwendenden Verfahrensordnung gegeben. Den Beteiligten steht die Beschwerde gegen einen Beschluß des oberen Landesgerichts an den obersten Gerichtshof des Bundes nur zu, wenn sie in dem Beschluß zugelassen worden ist. Die Beschwerde ist zuzulassen, wenn die Rechtsfrage grundsätzliche Bedeutung hat oder wenn das Gericht von der Entscheidung eines obersten Gerichtshofes des Bundes oder des Gemeinsamen Senats der obersten Gerichtshöfe des Bundes abweicht. Der oberste Gerichtshof des Bundes ist an die Zulassung der Beschwerde gebunden.
(5) Das Gericht, das über ein Rechtsmittel gegen eine Entscheidung in der Hauptsache entscheidet, prüft nicht, ob der beschrittene Rechtsweg zulässig ist.

§ 17 b [Rechtskraft des Verweisungsbeschlusses]

(1) Nach Eintritt der Rechtskraft des Verweisungsbeschlusses wird der Rechtsstreit mit Eingang der Akten bei dem im Beschluß bezeichneten Gericht anhängig. Die Wirkungen der Rechtshängigkeit bleiben bestehen.
(2) Wird ein Rechtsstreit an ein anderes Gericht verwiesen, so werden die Kosten im Verfahren vor dem angegangenen Gericht als Teil der Kosten behandelt, die bei dem Gericht erwachsen, an das der Rechtsstreit verwiesen wurde. Dem Kläger sind die entstandenen Mehrkosten auch dann aufzuerlegen, wenn er in der Hauptsache obsiegt.

§ 18 [Befreiung diplomatischer Missionen von der deutschen Gerichtsbarkeit]

Die Mitglieder der im Geltungsbereich dieses Gesetzes errichteten diplomatischen Missionen, ihre Familienmitglieder und ihre privaten Hausangestellten sind nach Maßgabe des Wiener Übereinkommens über diplomatische Beziehungen vom 18. April 1961 (BGBl. 1964 II S. 957 ff.) von der deutschen Gerichtsbarkeit befreit. Dies gilt auch, wenn ihr Entsendestaat nicht Vertragspartei dieses Übereinkommens ist; in diesem Falle findet Artikel 2 des Gesetzes vom 6. August 1964 zu dem Wiener Übereinkommen vom 18. April 1961 über diplomatische Beziehungen (BGBl. 1964 II S. 957) entsprechende Anwendung.

§ 19 [Befreiung konsularischer Vertretungen von der deutschen Gerichtsbarkeit]

(1) Die Mitglieder der im Geltungsbereich dieses Gesetzes errichteten konsularischen Vertretungen einschließlich der Wahlkonsularbeamten sind nach Maßgabe des Wiener Übereinkommens über konsularische Beziehungen vom 24. April 1963 (BGBl. 1969 II S. 1585 ff.) von der deutschen Gerichtsbarkeit befreit. Dies gilt auch, wenn ihr Entsendestaat nicht Vertragspartei dieses Übereinkommens ist; in diesem Falle findet Artikel 2 des Gesetzes vom 26. August 1969 zu dem Wiener Übereinkommen vom 24. April 1963 über konsularische Beziehungen (BGBl. 1969 II S. 1585) entsprechende Anwendung.
(2) Besondere völkerrechtliche Vereinbarungen über die Befreiung der in Absatz 1 genannten Personen von der deutschen Gerichtsbarkeit bleiben unberührt.

§ 20 [Weitere Befreiungen]

(1) Die deutsche Gerichtsbarkeit erstreckt sich auch nicht auf Repräsentanten anderer Staaten und deren Begleitung, die sich auf amtliche Einladung der Bundesrepublik Deutschland im Geltungsbereich dieses Gesetzes aufhalten.

(2) Im übrigen erstreckt sich die deutsche Gerichtsbarkeit auch nicht auf andere als die in Absatz 1 und in den §§ 18 und 19 genannten Personen, soweit sie nach den allgemeinen Regeln des Völkerrechts, auf Grund völkerrechtlicher Vereinbarungen oder sonstiger Rechtsvorschriften von ihr befreit sind.

§ 21 (weggefallen)

Zweiter Titel

Allgemeine Vorschriften über das Präsidium und die Geschäftsverteilung

§ 21 a [Bildung und Zusammensetzung des Präsidiums]

(1) Bei jedem Gericht wird ein Präsidium gebildet.

(2) Das Präsidium besteht aus dem Präsidenten oder aufsichtführenden Richter als Vorsitzenden und

1. bei Gerichten mit mindestens zwanzig Richterplanstellen aus acht gewählten Richtern,
2. bei Gerichten mit mindestens acht Richterplanstellen aus vier gewählten Richtern,
3. bei den anderen Gerichten aus den nach § 21 b Abs. 1 wählbaren Richtern.

Die Hälfte der gewählten Richter sind bei den Landgerichten, bei den Oberlandesgerichten und beim Bundesgerichtshof Vorsitzende Richter; sind bei einem Gericht nicht mehr als die hiernach zu wählenden Vorsitzenden Richter vorhanden, so gelten diese als gewählt.

§ 21 b [Wahl der Mitglieder]

(1) Wahlberechtigt sind die Richter auf Lebenszeit und die Richter auf Zeit, denen bei dem Gericht ein Richteramt übertragen ist, sowie die bei dem Gericht tätigen Richter auf Probe, die Richter kraft Auftrags und die für eine Dauer von mindestens drei Monaten abgeordneten Richter, die Aufgaben der Rechtsprechung wahrnehmen. Wählbar sind die Richter auf Lebenszeit und die Richter auf Zeit, denen bei dem Gericht ein Richteramt übertragen ist. Nicht wahlberechtigt und nicht wählbar sind Richter, die an ein anderes Gericht für mehr als drei Monate oder an eine Verwaltungsbehörde abgeordnet sind.

(2) Jeder Wahlberechtigte wählt die vorgeschriebene Zahl von Richtern, und zwar bei den Landgerichten, bei den Oberlandesgerichten und beim Bundesgerichtshof jeweils eine gleiche Zahl von Vorsitzenden Richtern und weiteren Richtern. In den Fällen des § 21 a Abs. 2 Satz 2 Halbsatz 2 wählt jeder Wahlberechtigte so viele weitere Richter, bis die in § 21 a Abs. 2 Satz 1 bestimmte Zahl von Richtern erreicht ist.

(3) Die Wahl ist unmittelbar und geheim. Gewählt ist, wer die meisten Stimmen auf sich vereinigt. Bei Stimmengleichheit entscheidet das Los.

(4) Die Mitglieder werden für vier Jahre gewählt. Alle zwei Jahre scheidet die Hälfte aus. Die zum ersten Mal ausscheidenden Mitglieder werden durch das Los bestimmt.

(5) Das Wahlverfahren wird durch eine Rechtsverordnung geregelt, die von der Bundesregierung mit Zustimmung des Bundesrates erlassen wird.

(6) Ist bei der Wahl ein Gesetz verletzt worden, so kann die Wahl von den in Absatz 1 Satz 1 bezeichneten Richtern angefochten werden. Über die Wahlanfechtung entscheidet ein Senat des zuständigen Oberlandesgerichts, bei dem Bundesgerichtshof ein Senat dieses Gerichts. Wird die Anfechtung für begründet erklärt, so kann ein Rechtsmittel gegen

eine gerichtliche Entscheidung nicht darauf gestützt werden, das Präsidium sei deswegen nicht ordnungsgemäß zusammengesetzt gewesen. Im übrigen sind auf das Verfahren die Vorschriften des Gesetzes über die Angelegenheiten der freiwilligen Gerichtsbarkeit sinngemäß anzuwenden.

§ 21 c [Stellvertreter]

(1) Bei einer Verhinderung des Präsidenten oder aufsichtführenden Richters tritt sein Vertreter (§ 21 h) an seine Stelle. Ist der Präsident oder aufsichtführende Richter anwesend, so kann sein Vertreter, wenn er nicht selbst gewählt ist, an den Sitzungen des Präsidiums mit beratender Stimme teilnehmen. Die gewählten Mitglieder des Präsidiums werden nicht vertreten.

(2) Scheidet ein gewähltes Mitglied des Präsidiums aus dem Gericht aus, wird es an ein anderes Gericht für mehr als drei Monate oder an eine Verwaltungsbehörde abgeordnet, wird es kraft Gesetzes Mitglied des Präsidiums oder wird es zum Vorsitzenden Richter ernannt, so tritt an seine Stelle der durch die letzte Wahl Nächstberufene.

§ 21 d [Größe des Präsidiums]

(1) Für die Größe des Präsidiums ist die Zahl der Richterplanstellen am Ablauf des Tages maßgebend, der dem Tage, an dem das Geschäftsjahr beginnt, um sechs Monate vorhergeht.

(2) Ist die Zahl der Richterplanstellen bei einem Gericht mit einem Präsidium nach § 21 a Abs. 2 Satz 1 Nr. 1 unter zwanzig gefallen, so sind bei der nächsten Wahl, die nach § 21 b Abs. 4 stattfindet, zwei Richter zu wählen; neben den nach § 21 b Abs. 4 ausscheidenden Mitgliedern scheiden zwei weitere Mitglieder aus, die durch das Los bestimmt werden.

(3) Ist die Zahl der Richterplanstellen bei einem Gericht mit einem Präsidium nach § 21 a Abs. 2 Satz 1 Nr. 2 über neunzehn gestiegen, so sind bei der nächsten Wahl, die nach § 21 b Abs. 4 stattfindet, sechs Richter zu wählen; hiervon scheiden zwei Mitglieder, die durch das Los bestimmt werden, nach zwei Jahren aus.

§ 21 e [Aufgaben und Befugnisse des Präsidiums-Geschäftsverteilung]

(1) Das Präsidium bestimmt die Besetzung der Spruchkörper, bestellt die Ermittlungsrichter, regelt die Vertretung und verteilt die Geschäfte. Es trifft diese Anordnungen vor dem Beginn des Geschäftsjahres für dessen Dauer. Der Präsident bestimmt, welche richterlichen Aufgaben er wahrnimmt. Jeder Richter kann mehreren Spruchkörpern angehören.

(2) Vor der Geschäftsverteilung ist den Vorsitzenden Richtern, die nicht Mitglieder des Präsidiums sind, Gelegenheit zu einer Äußerung zu geben.

(3) Die Anordnungen nach Absatz 1 dürfen im Laufe des Geschäftsjahres nur geändert werden, wenn dies wegen Überlastung oder ungenügender Auslastung eines Richters oder Spruchkörpers oder infolge Wechsels oder dauernder Verhinderung einzelner Richter nötig wird. Vor der Änderung ist den Vorsitzenden Richtern, deren Spruchkörper von der Änderung der Geschäftsverteilung berührt wird, Gelegenheit zu einer Äußerung zu geben.

(4) Das Präsidium kann anordnen, daß ein Richter oder Spruchkörper, der in einer Sache tätig geworden ist, für diese nach einer Änderung der Geschäftsverteilung zuständig bleibt.

(5) Soll ein Richter einem anderen Spruchkörper zugeteilt oder soll sein Zuständigkeitsbereich geändert werden, so ist ihm, außer in Eilfällen, vorher Gelegenheit zu einer Äußerung zu geben.

(6) Soll ein Richter für Aufgaben der Justizverwaltung ganz oder teilweise freigestellt werden, so ist das Präsidium vorher zu hören.

(7) Das Präsidium entscheidet mit Stimmenmehrheit; bei Stimmengleichheit gibt die Stimme des Vorsitzenden den Ausschlag.

(8) Der Geschäftsverteilungsplan des Gerichts ist in der von dem Präsidenten oder aufsichtführenden Richter bestimmten Geschäftsstelle des Gerichts zur Einsichtnahme aufzulegen; einer Veröffentlichung bedarf es nicht.

§ 21 f [Vorsitz in den Spruchkörpern]

(1) Den Vorsitz in den Spruchkörpern bei den Landgerichten, bei den Oberlandesgerichten sowie bei dem Bundesgerichtshof führen der Präsident und die Vorsitzenden Richter.

(2) Bei Verhinderung des Vorsitzenden führt den Vorsitz das vom Präsidium bestimmte Mitglied des Spruchkörpers. Ist auch dieser Vertreter verhindert, führt das dienstälteste, bei gleichem Dienstalter das lebensälteste Mitglied des Spruchkörpers den Vorsitz.

§ 21 g [Geschäftsverteilung innerhalb der Spruchkörper]

(1) Innerhalb des mit mehreren Richtern besetzten Spruchkörpers verteilt der Vorsitzende die Geschäfte auf die Mitglieder.

(2) Der Vorsitzende bestimmt vor Beginn des Geschäftsjahres für dessen Dauer, nach welchen Grundsätzen die Mitglieder an den Verfahren mitwirken; diese Anordnung kann nur geändert werden, wenn dies wegen Überlastung, ungenügender Auslastung, Wechsels oder dauernder Verhinderung einzelner Mitglieder des Spruchkörpers nötig wird.

(3) Absatz 2 gilt entsprechend, soweit nach den Vorschriften der Zivilprozeßordnung die Zivilkammer die Verfahren einem ihrer Mitglieder als Einzelrichter übertragen kann. Auch der Vorsitzende hat in angemessenem Umfang als Einzelrichter tätig zu werden.

§ 21 h [Vertretung des Präsidenten]

Der Präsident oder aufsichtführende Richter wird in seinen durch dieses Gesetz bestimmten Geschäften, die nicht durch das Präsidium zu verteilen sind, durch seinen ständigen Vertreter, bei mehreren ständigen Vertretern durch den dienstältesten, bei gleichem Dienstalter durch den lebensältesten von ihnen vertreten. Ist ein ständiger Vertreter nicht bestellt oder ist er verhindert, wird der Präsident oder aufsichtführende Richter durch den dienstältesten, bei gleichem Dienstalter durch den lebensältesten Richter vertreten.

§ 21 i [Beschlußfähigkeit]

(1) Das Präsidium ist beschlußfähig, wenn mindestens die Hälfte seiner gewählten Mitglieder anwesend ist.

(2) Sofern eine Entscheidung des Präsidiums nicht rechtzeitig ergehen kann, werden die in § 21 e bezeichneten Anordnungen von dem Präsidenten oder aufsichtführenden Richter getroffen. Die Gründe für die getroffene Anordnung sind schriftlich niederzulegen. Die Anordnung ist dem Präsidium unverzüglich zur Genehmigung vorzulegen. Sie bleibt in Kraft, solange das Präsidium nicht anderweit beschließt.

Dritter Titel

Amtsgerichte

§ 22 [Einzelrichter]

(1) Den Amtsgerichten stehen Einzelrichter vor.

(2) Einem Richter beim Amtsgericht kann zugleich ein weiteres Richteramt bei einem anderen Amtsgericht oder bei einem Landgericht übertragen werden.

(3) Die allgemeine Dienstaufsicht kann von der Landesjustizverwaltung dem Präsidenten des übergeordneten Landgerichts übertragen werden. Geschieht dies nicht, so ist, wenn das Amtsgericht mit mehreren Richtern besetzt ist, einem von ihnen von der Landesjustizverwaltung die allgemeine Dienstaufsicht zu übertragen.
(4) Jeder Richter beim Amtsgericht erledigt die ihm obliegenden Geschäfte, soweit dieses Gesetz nichts anderes bestimmt, als Einzelrichter.
(5) Es können Richter auf Probe und Richter kraft Auftrags verwendet werden.

§ 22 a [Vorsitzender des Amtsgerichtspräsidiums]

Bei Amtsgerichten mit einem aus allen wählbaren Richtern bestehenden Präsidium (§ 21 a Abs. 2 Satz 1 Nr. 3) gehört der Präsident des übergeordneten Landgerichts oder, wenn der Präsident eines anderen Amtsgerichts die Dienstaufsicht ausübt, dieser Präsident dem Präsidium als Vorsitzender an.

§ 22 b [Vertretung bei Amtsgericht mit einem Richter]

(1) Ist ein Amtsgericht nur mit einem Richter besetzt, so beauftragt das Präsidium des Landgerichts einen Richter seines Bezirks mit der ständigen Vertretung dieses Richters.
(2) Wird an einem Amtsgericht die vorübergehende Vertretung durch einen Richter eines anderen Gerichts nötig, so beauftragt das Präsidium des Landgerichts einen Richter seines Bezirks längstens für zwei Monate mit der Vertretung.
(3) In Eilfällen kann der Präsident des Landgerichts einen zeitweiligen Vertreter bestellen. Die Gründe für die getroffene Anordnung sind schriftlich niederzulegen.
(4) Bei Amtsgerichten, über die der Präsident eines anderen Amtsgerichts die Dienstaufsicht ausübt, ist in den Fällen der Absätze 1 und 2 das Präsidium des anderen Amtsgerichts und im Falle des Absatzes 3 dessen Präsident zuständig.

§ 22 c [Verordnungsermächtigung]

(1) Die Landesregierungen werden ermächtigt, durch Rechtsverordnung ein Amtsgericht zu bestimmen, das für mehrere Amtsgerichte im Bezirk des Landgerichts Geschäfte des Bereitschaftsdienstes an dienstfreien Tagen ganz oder teilweise wahrnimmt, wenn dies zur Sicherstellung einer gleichmäßigeren Belastung der Richter mit Bereitschaftsdiensten angezeigt ist. Zu dem Bereitschaftsdienst sind die Richter der in Satz 1 bezeichneten Amtsgerichte heranzuziehen. Über die Verteilung der Geschäfte des Bereitschaftsdienstes beschließt nach Maßgabe des § 21 e das Präsidium des Landgerichts.
(2) Die Landesregierungen können die Ermächtigung nach Absatz 1 auf die Landesjustizverwaltungen übertragen.

§ 22 d [Handlungen eines unzuständigen Richters]

Die Gültigkeit der Handlung eines Richters beim Amtsgericht wird nicht dadurch berührt, daß die Handlung nach der Geschäftsverteilung von einem anderen Richter wahrzunehmen gewesen wäre.

§ 23 [Zuständigkeit in Zivilstreitigkeiten]

Die Zuständigkeit der Amtsgerichte umfaßt in bürgerlichen Rechtsstreitigkeiten, soweit sie nicht ohne Rücksicht auf den Wert des Streitgegenstandes den Landgerichten zugewiesen sind:
1.[1] Streitigkeiten über Ansprüche, deren Gegenstand an Geld oder Geldeswert die Summe von zehntausend Deutsche Mark nicht übersteigt;

---

1) Gemäß Art. 10 Abs. 6 des Rechtspflege-Vereinfachungsgesetzes vom 17. 12. 1990 (BGBl. I S. 2847) gilt § 23 Nr. 1 des Gerichtsverfassungsgesetzes für vor dem 1. 4.1991 anhängige Verfahren in der bisherigen Fassung. Bisherige Fassung lautet:
»Streitigkeiten über vermögensrechtliche Ansprüche, deren Gegenstand an Geld oder Geldeswert die Summe von fünftausend Deutsche Mark nicht übersteigt;«

2. ohne Rücksicht auf den Wert des Streitgegenstandes:
   a) Streitigkeiten über Ansprüche aus einem Mietverhältnis über Wohnraum oder über den Bestand eines solchen Mietverhältnisses; diese Zuständigkeit ist ausschließlich;
   b) Streitigkeiten zwischen Reisenden und Wirten, Fuhrleuten, Schiffern, Flößern oder Auswanderungsexpedienten in den Einschiffungshäfen, die über Wirtszechen, Fuhrlohn, Überfahrtsgeld, der Beförderung der Reisenden und ihrer Habe und über Verlust und Beschädigung der letzteren, sowie Streitigkeiten zwischen Reisenden und Handwerkern, die aus Anlaß der Reise entstanden sind;
   c) Streitigkeiten wegen Viehmängel;
   d) Streitigkeiten wegen Wildschadens;
   e) (weggefallen)
   f) (weggefallen)
   g) Ansprüche aus einem mit der Überlassung eines Grundstücks in Verbindung stehenden Leibgedings-, Leibzuchts-, Altenteils- oder Auszugsvertrag;
   h) das Aufgebotsverfahren.

§ 23 a [Zuständigkeit in Kindschafts-, Unterhalts- und Ehesachen]

Die Amtsgerichte sind in bürgerlichen Rechtsstreitigkeiten ferner zuständig für

1. Streitigkeiten in Kindschaftssachen;
2. Streitigkeiten, die eine durch Ehe oder Verwandtschaft begründete gesetzliche Unterhaltspflicht betreffen;
3. Ansprüche nach den §§ 1615 k bis 1615 m des Bürgerlichen Gesetzbuchs;
4. Ehesachen;
5. Streitigkeiten über Ansprüche aus dem ehelichen Güterrecht, auch wenn Dritte am Verfahren beteiligt sind.

§ 23 b [Familiengerichte]

(1) Bei den Amtsgerichten werden Abteilungen für Familiensachen (Familiengerichte) gebildet. Familiensachen sind:

1. Ehesachen;
2. Verfahren über die Regelung der elterlichen Sorge für ein eheliches Kind, soweit nach den Vorschriften des Bürgerlichen Gesetzbuchs hierfür das Familiengericht zuständig ist;
3. Verfahren über die Regelung des Umgangs eines Elternteils mit dem ehelichen Kinde;
4. Verfahren über die Herausgabe des Kindes an den anderen Elternteil;
5. Streitigkeiten, die die gesetzliche Unterhaltspflicht gegenüber einem ehelichen Kinde betreffen;
6. Streitigkeiten, die die durch Ehe begründete gesetzliche Unterhaltspflicht betreffen;
7. Verfahren, die den Versorgungsausgleich betreffen;
8. Verfahren über die Regelung der Rechtsverhältnisse an der Ehewohnung und am Hausrat (Verordnung über die Behandlung der Ehewohnung und des Hausrats – Sechste Durchführungsverordnung zum Ehegesetz vom 21. Oktober 1944, RGBl. I S. 256);
9. Streitigkeiten über Ansprüche aus dem ehelichen Güterrecht, auch wenn Dritte am Verfahren beteiligt sind;
10. Verfahren nach den §§ 1382 und 1383 des Bürgerlichen Gesetzbuchs;
11. Verfahren nach den §§ 5 bis 8 des Sorgerechtsübereinkommens-Ausführungsgesetzes.

(2) Sind wegen des Umfangs der Geschäfte oder wegen der Zuweisung von Vormundschafts-, Betreuungs- und Unterbringungssachen mehrere Abteilungen für

Familiensachen zu bilden, so sollen alle Familiensachen, die denselben Personenkreis betreffen, derselben Abteilung zugewiesen werden. Wird eine Ehesache rechtshängig, während eine andere Familiensache bei einer anderen Abteilung im ersten Rechtszug anhängig ist, so ist diese von Amts wegen an die Abteilung der Ehesache abzugeben.

(3) Die Abteilungen für Familiensachen werden mit Familienrichtern besetzt. Ein Richter auf Probe darf im ersten Jahr nach seiner Ernennung Geschäfte des Familienrichters nicht wahrnehmen.

§ 23 c [Zusammenfassung der Familien- und Vormundschaftssachen]

Die Landesregierungen werden ermächtigt, durch Rechtsverordnung einem Amtsgericht für die Bezirke mehrerer Amtsgerichte die Familiensachen sowie ganz oder teilweise die Vormundschafts-, Betreuungs- und Unterbringungssachen zuzuweisen, sofern die Zusammenfassung der sachlichen Förderung der Verfahren dient oder zur Sicherung einer einheitlichen Rechtsprechung geboten erscheint. Die Landesregierungen können die Ermächtigungen auf die Landesjustizverwaltungen übertragen.

§ 24 [Zuständigkeit in Strafsachen]

(1) In Strafsachen sind die Amtsgerichte zuständig, wenn nicht

1. die Zuständigkeit des Landgerichts nach § 74 Abs. 2 oder § 74 a oder des Oberlandesgerichts nach § 120 begründet ist,
2. im Einzelfall eine höhere Strafe als vier Jahre Freiheitsstrafe oder die Unterbringung des Beschuldigten in einem psychiatrischen Krankenhaus, allein oder neben einer Strafe, oder in der Sicherungsverwahrung zu erwarten ist oder
3. die Staatsanwaltschaft wegen der besonderen Bedeutung des Falles Anklage beim Landgericht erhebt.

(2) Das Amtsgericht darf nicht auf eine höhere Strafe als vier Jahre Freiheitsstrafe und nicht auf die Unterbringung in einem psychiatrischen Krankenhaus, allein oder neben einer Strafe, oder in der Sicherungsverwahrung erkennen.

§ 25 [Zuständigkeit des Strafrichters]

Der Richter beim Amtsgericht entscheidet als Strafrichter bei Vergehen,

1. wenn sie im Wege der Privatklage verfolgt werden oder
2. wenn eine höhere Strafe als Freiheitsstrafe von zwei Jahren nicht zu erwarten ist.

§ 26 [Jugendschutzsachen]

(1) Für Straftaten Erwachsener, durch die ein Kind oder ein Jugendlicher verletzt oder unmittelbar gefährdet wird, sowie für Verstöße Erwachsener gegen Vorschriften, die dem Jugendschutz oder der Jugenderziehung dienen, sind neben den für allgemeine Strafsachen zuständigen Gerichten auch die Jugendgerichte zuständig. Die §§ 24 und 25 gelten entsprechend.

(2) In Jugendschutzsachen soll der Staatsanwalt Anklage bei den Jugendgerichten nur erheben, wenn in dem Verfahren Kinder oder Jugendliche als Zeugen benötigt werden oder wenn aus sonstigen Gründen eine Verhandlung vor dem Jugendgericht zweckmäßig erscheint.

§ 26 a (weggefallen)

§ 27 [Bestimmung der Zuständigkeit und des Geschäftskreises]

Im übrigen wird die Zuständigkeit und der Geschäftskreis der Amtsgerichte durch die Vorschriften dieses Gesetzes und der Prozeßordnungen bestimmt.

Vierter Titel
Schöffengerichte

§ 28 [Zuständigkeit]
Für die Verhandlung und Entscheidung der zur Zuständigkeit der Amtsgerichte gehörenden Strafsachen werden, soweit nicht der Strafrichter entscheidet, bei den Amtsgerichten Schöffengerichte gebildet.

§ 29 [Besetzung des Schöffengerichts]
(1) Das Schöffengericht besteht aus dem Richter beim Amtsgericht als Vorsitzenden und zwei Schöffen. Ein Richter auf Probe darf im ersten Jahr nach seiner Ernennung nicht Vorsitzender sein.

(2) Bei Eröffnung des Hauptverfahrens kann auf Antrag der Staatsanwaltschaft die Zuziehung eines zweiten Richters beim Amtsgericht beschlossen werden, wenn dessen Mitwirkung nach dem Umfang der Sache notwendig erscheint. Eines Antrages der Staatsanwaltschaft bedarf es nicht, wenn ein Gericht höherer Ordnung das Hauptverfahren vor dem Schöffengericht eröffnet.

§ 30 [Stellung und Befugnisse der Schöffen]
(1) Insoweit das Gesetz nicht Ausnahmen bestimmt, üben die Schöffen während der Hauptverhandlung das Richteramt in vollem Umfang und mit gleichem Stimmrecht wie die Richter beim Amtsgericht aus und nehmen auch an den im Laufe einer Hauptverhandlung zu erlassenden Entscheidungen teil, die in keiner Beziehung zu der Urteilsfällung stehen und die auch ohne mündliche Verhandlung erlassen werden können.

(2) Die außerhalb der Hauptverhandlung erforderlichen Entscheidungen werden von dem Richter beim Amtsgericht erlassen.

§ 31 [Ehrenamt]
Das Amt eines Schöffen ist ein Ehrenamt. Es kann nur von Deutschen versehen werden.

§ 32 [Unfähigkeit zum Schöffenamt]
Unfähig zu dem Amt eines Schöffen sind:

1. Personen, die infolge Richterspruchs die Fähigkeit zur Bekleidung öffentlicher Ämter nicht besitzen oder wegen einer vorsätzlichen Tat zu einer Freiheitsstrafe von mehr als sechs Monaten verurteilt sind;
2. Personen, gegen die ein Ermittlungsverfahren wegen einer Tat schwebt, die den Verlust der Fähigkeit zur Bekleidung öffentlicher Ämter zur Folge haben kann;
3. Personen, die infolge gerichtlicher Anordnung in der Verfügung über ihr Vermögen beschränkt sind.

§ 33 [Nicht zu berufende Personen]
Zu dem Amt eines Schöffen sollen nicht berufen werden:

1. Personen, die bei Beginn der Amtsperiode das fünfundzwanzigste Lebensjahr noch nicht vollendet haben würden;
2. Personen, die das siebzigste Lebensjahr vollendet haben oder es bis zum Beginn der Amtsperiode vollenden würden;
3. Personen, die zur Zeit der Aufstellung der Vorschlagsliste noch nicht ein Jahr in der Gemeinde wohnen;
4. Personen, die wegen geistiger oder körperlicher Gebrechen zu dem Amt nicht geeignet sind.

§ 34 [Andere nicht zu berufende Personen]

(1) Zu dem Amt eines Schöffen sollen ferner nicht berufen werden:

1. der Bundespräsident;
2. die Mitglieder der Bundesregierung oder einer Landesregierung;
3. Beamte, die jederzeit einstweilig in den Warte- oder Ruhestand versetzt werden können;
4. Richter und Beamte der Staatsanwaltschaft, Notare und Rechtsanwälte;
5. gerichtliche Vollstreckungsbeamte, Polizeivollzugsbeamte, Bedienstete des Strafvollzugs sowie hauptamtliche Bewährungs- und Gerichtshelfer;
6. Religionsdiener und Mitglieder solcher religiösen Vereinigungen, die satzungsgemäß zum gemeinsamen Leben verpflichtet sind;
7. Personen, die acht Jahre lang als ehrenamtliche Richter in der Strafrechtspflege tätig gewesen sind und deren letzte Dienstleistung zu Beginn der Amtsperiode weniger als acht Jahre zurückliegt.

(2) Die Landesgesetze können außer den vorbezeichneten Beamten höhere Verwaltungsbeamte bezeichnen, die zu dem Amt eines Schöffen nicht berufen werden sollen.

§ 35 [Ablehnung der Berufung zum Schöffen]

Die Berufung zum Amt eines Schöffen dürfen ablehnen:

1. Mitglieder des Bundestages, des Bundesrates, des Europäischen Parlaments, eines Landtages oder einer zweiten Kammer;
2. Personen, die in der vorhergehenden Amtsperiode die Verpflichtung eines ehrenamtlichen Richters in der Strafrechtspflege an vierzig Tagen erfüllt haben, sowie Personen, die bereits als ehrenamtliche Richter tätig sind;
3. Ärzte, Zahnärzte, Krankenschwestern, Kinderkrankenschwestern, Krankenpfleger und Hebammen;
4. Apothekenleiter, die keinen weiteren Apotheker beschäftigen;
5. Personen, die glaubhaft machen, daß ihnen die unmittelbare persönliche Fürsorge für ihre Familie die Ausübung des Amtes in besonderem Maße erschwert;
6. Personen, die das fünfundsechzigste Lebensjahr vollendet haben oder es bis zum Ende der Amtsperiode vollendet haben würden;
7. Personen, die glaubhaft machen, daß die Ausübung des Amtes für sie oder einen Dritten wegen Gefährdung oder erheblicher Beeinträchtigung einer ausreichenden wirtschaftlichen Lebensgrundlage eine besondere Härte bedeutet.

§ 36 [Vorschlagsliste für Schöffen]

(1) Die Gemeinde stellt in jedem vierten Jahr eine Vorschlagsliste für Schöffen auf. Für die Aufnahme in die Liste ist die Zustimmung von zwei Dritteln der gesetzlichen Zahl der Mitglieder der Gemeindevertretung erforderlich.

(2) Die Vorschlagsliste soll alle Gruppen der Bevölkerung nach Geschlecht, Alter, Beruf und sozialer Stellung angemessen berücksichtigen. Sie muß Geburtsnamen, Familiennamen, Vornamen, Tag und Ort der Geburt, Wohnanschrift und Beruf der vorgeschlagenen Personen enthalten.

(3) Die Vorschlagsliste ist in der Gemeinde eine Woche lang zu jedermanns Einsicht aufzulegen. Der Zeitpunkt der Auflegung ist vorher öffentlich bekanntzumachen.

(4) In die Vorschlagslisten des Bezirks des Amtsgerichts sind mindestens doppelt so viele Personen aufzunehmen, wie als erforderliche Zahl von Haupt- und Hilfsschöffen nach § 43 bestimmt sind. Die Verteilung auf die Gemeinden des Bezirks erfolgt durch den Präsidenten des Landgerichts (Präsidenten des Amtsgerichts) in Anlehnung an die Einwohnerzahl der Gemeinden.

§ 37 [Einspruch gegen Vorschlagsliste]

Gegen die Vorschlagsliste kann binnen einer Woche, gerechnet vom Ende der Auflegungsfrist, schriftlich oder zu Protokoll mit der Begründung Einspruch erhoben werden, daß in die Vorschlagsliste Personen aufgenommen sind, die nach § 32 nicht aufgenommen werden durften oder nach den §§ 33, 34 nicht aufgenommen werden sollten.

§ 38 [Übersendung der Vorschlagsliste]

(1) Der Gemeindevorsteher sendet die Vorschlagsliste nebst den Einsprüchen an den Richter beim Amtsgericht des Bezirks.

(2) Wird nach Absendung der Vorschlagsliste ihre Berichtigung erforderlich, so hat der Gemeindevorsteher hiervon dem Richter beim Amtsgericht Anzeige zu machen.

§ 39 [Vorbereitung der Schöffenwahl]

Der Richter beim Amtsgericht stellt die Vorschlagslisten der Gemeinden zur Liste des Bezirks zusammen und bereitet den Beschluß über die Einsprüche vor. Er hat die Beachtung der Vorschriften des § 36 Abs. 3 zu prüfen und die Abstellung etwaiger Mängel zu veranlassen.

§ 40 [Ausschuß]

(1) Bei dem Amtsgericht tritt jedes vierte Jahr ein Ausschuß zusammen.

(2) Der Ausschuß besteht aus dem Richter beim Amtsgericht als Vorsitzenden und einem von der Landesregierung zu bestimmenden Verwaltungsbeamten sowie zehn Vertrauenspersonen als Beisitzern.

(3) Die Vertrauenspersonen werden aus den Einwohnern des Amtsgerichtsbezirks von der Vertretung des ihm entsprechenden unteren Verwaltungsbezirks mit einer Mehrheit von zwei Dritteln der gesetzlichen Mitgliederzahl gewählt. Umfaßt der Amtsgerichtsbezirk mehrere Verwaltungsbezirke oder Teile mehrerer Verwaltungsbezirke, so bestimmt die zuständige oberste Landesbehörde die Zahl der Vertrauenspersonen, die von den Vertretungen dieser Verwaltungsbezirke zu wählen sind.

(4) Der Ausschuß ist beschlußfähig, wenn wenigstens der Vorsitzende, der Verwaltungsbeamte und fünf Vertrauenspersonen anwesend sind.

§ 41 [Entscheidung über Einsprüche]

Der Ausschuß entscheidet mit einfacher Mehrheit über die gegen die Vorschlagsliste erhobenen Einsprüche. Bei Stimmengleichheit entscheidet die Stimme des Vorsitzenden. Die Entscheidungen sind zu Protokoll zu vermerken. Sie sind nicht anfechtbar.

§ 42 [**Schöffenwahl**]

(1) Aus der berichtigten Vorschlagsliste wählt der Ausschuß mit einer Mehrheit von zwei Dritteln der Stimmen für die nächsten vier Geschäftsjahre:

1. die erforderliche Zahl von Schöffen;
2. die erforderliche Zahl der Personen, die an die Stelle wegfallender Schöffen treten oder in den Fällen der §§ 46, 47 als Schöffen benötigt werden (Hilfsschöffen). Zu wählen sind Personen, die am Sitz des Amtsgerichts oder in dessen nächster Umgebung wohnen.

(2) Bei der Wahl soll darauf geachtet werden, daß alle Gruppen der Bevölkerung nach Geschlecht, Alter, Beruf und sozialer Stellung angemessen berücksichtigt werden.

§ 43 [**Zahl der Haupt- und Hilfsschöffen**]

(1) Die für jedes Amtsgericht erforderliche Zahl von Haupt- und Hilfsschöffen wird durch den Präsidenten des Landgerichts (Präsidenten des Amtsgerichts) bestimmt.

(2) Die Zahl der Hauptschöffen ist so zu bemessen, daß voraussichtlich jeder zu nicht mehr als zwölf ordentlichen Sitzungstagen im Jahr herangezogen wird.

§ 44 [**Schöffenlisten**]

Die Namen der gewählten Hauptschöffen und Hilfsschöffen werden bei jedem Amtsgericht in gesonderte Verzeichnisse aufgenommen (Schöffenlisten).

§ 45 [**Auslosung der Schöffen**]

(1) Die Tage der ordentlichen Sitzungen des Schöffengerichts werden für das ganze Jahr im voraus festgestellt.

(2) Die Reihenfolge, in der die Hauptschöffen an den einzelnen ordentlichen Sitzungen des Jahres teilnehmen, wird durch Auslosung in öffentlicher Sitzung des Amtsgerichts bestimmt. Sind bei einem Amtsgericht mehrere Schöffengerichte eingerichtet, so kann die Auslosung in einer Weise bewirkt werden, nach der jeder Hauptschöffe nur an den Sitzungen eines Schöffengerichts teilnimmt. Die Auslosung ist so vorzunehmen, daß jeder ausgeloste Hauptschöffe möglichst zu zwölf Sitzungstagen herangezogen wird. Satz 1 gilt entsprechend für die Reihenfolge, in der die Hilfsschöffen an die Stelle wegfallender Schöffen treten (Hilfsschöffenliste); Satz 2 ist auf sie nicht anzuwenden.

(3) Das Los zieht der Richter beim Amtsgericht.

(4) Die Schöffenlisten werden bei einem Urkundsbeamten der Geschäftsstelle (Schöffengeschäftsstelle) geführt. Er nimmt ein Protokoll über die Auslosung auf. Der Richter beim Amtsgericht benachrichtigt die Schöffen von der Auslosung. Zugleich sind die Hauptschöffen von den Sitzungstagen, an denen sie tätig werden müssen, unter Hinweis auf die gesetzlichen Folgen des Ausbleibens in Kenntnis zu setzen. Ein Schöffe, der erst im Laufe des Geschäftsjahres zu einem Sitzungstag herangezogen wird, ist sodann in gleicher Weise zu benachrichtigen.

§ 46 [**Bildung eines weiteren Schöffengerichts**]

Wird bei einem Amtsgericht während des Geschäftsjahres ein weiteres Schöffengericht gebildet, so werden für dessen ordentliche Sitzungen die benötigten Hauptschöffen gemäß § 45 Abs. 1, 2 Satz 1, Abs. 3, 4 aus der Hilfsschöffenliste ausgelost. Die ausgelosten Schöffen werden in der Hilfsschöffenliste gestrichen.

§ 47 [Außerordentliche Sitzungen]

Wenn die Geschäfte die Anberaumung außerordentlicher Sitzungen erforderlich machen oder wenn zu einzelnen Sitzungen die Zuziehung anderer als der zunächst berufenen Schöffen oder Ergänzungsschöffen erforderlich wird, so werden Schöffen aus der Hilfsschöffenliste herangezogen.

§ 48 [Ergänzungsschöffen]

(1) Ergänzungsschöffen (§ 192 Abs. 2, 3) werden aus der Hilfsschöffenliste zugewiesen.

(2) Im Fall der Verhinderung eines Hauptschöffen tritt der zunächst zugewiesene Ergänzungsschöffe auch dann an seine Stelle, wenn die Verhinderung vor Beginn der Sitzung bekannt wird.

§ 49 [Heranziehung der Hilfsschöffen]

(1) Wird die Heranziehung von Hilfsschöffen zu einzelnen Sitzungen erforderlich (§§ 47, 48 Abs. 1), so werden sie aus der Hilfsschöffenliste in deren Reihenfolge zugewiesen.

(2) Wird ein Hauptschöffe von der Schöffenliste gestrichen, so tritt der Hilfsschöffe, der nach der Reihenfolge der Hilfsschöffenliste an nächster Stelle steht, unter seiner Streichung in der Hilfsschöffenliste an die Stelle des gestrichenen Hauptschöffen. Die Schöffengeschäftsstelle benachrichtigt den neuen Hauptschöffen gemäß § 45 Abs. 4 Satz 3, 4.

(3) Maßgebend für die Reihenfolge ist der Eingang der Anordnung oder Feststellung, aus der sich die Notwendigkeit der Heranziehung ergibt, bei der Schöffengeschäftsstelle. Die Schöffengeschäftsstelle vermerkt Datum und Uhrzeit des Eingangs auf der Anordnung oder Feststellung. In der Reihenfolge des Eingangs weist sie die Hilfsschöffen nach Absatz 1 den verschiedenen Sitzungen zu oder überträgt sie nach Absatz 2 in die Hauptschöffenliste. Gehen mehrere Anordnungen oder Feststellungen gleichzeitig ein, so sind zunächst Übertragungen aus der Hilfsschöffenliste in die Hauptschöffenliste nach Absatz 2 in der alphabetischen Reihenfolge der Familiennamen der von der Schöffenliste gestrichenen Hauptschöffen vorzunehmen; im übrigen ist die alphabetische Reihenfolge der Familiennamen der an erster Stelle Angeklagten maßgebend.

(4) Ist ein Hilfsschöffe einem Sitzungstag zugewiesen, so ist er erst wieder heranzuziehen, nachdem alle anderen Hilfsschöffen ebenfalls zugewiesen oder von der Dienstleistung entbunden oder nicht erreichbar (§ 54) gewesen sind. Dies gilt auch, wenn er selbst nach seiner Zuweisung von der Dienstleistung entbunden worden oder nicht erreichbar gewesen ist.

§ 50 [Längerdauernde Sitzung]

Erstreckt sich die Dauer einer Sitzung über die Zeit hinaus, für die der Schöffe zunächst einberufen ist, so hat er bis zur Beendigung der Sitzung seine Amtstätigkeit fortzusetzen.

§ 51 (weggefallen)

§ 52 [Streichung von der Schöffenliste]

(1) Ein Schöffe ist von der Schöffenliste zu streichen, wenn

1. seine Unfähigkeit zum Amt eines Schöffen eintritt oder bekannt wird, oder
2. Umstände eintreten oder bekannt werden, bei deren Vorhandensein eine Berufung zum Schöffenamt nicht erfolgen soll.

(2) Auf seinen Antrag ist ein Schöffe aus der Schöffenliste zu streichen, wenn er während eines Geschäftsjahres an mehr als vierundzwanzig Sitzungstagen an Sitzungen teilgenommen hat. Bei Hauptschöffen wird die Streichung nur für Sitzungen wirksam, die später als zwei Wochen nach dem Tag beginnen, an dem der Antrag bei der Schöffengeschäftsstelle eingeht. Ist einem Hilfsschöffen eine Mitteilung über seine Heranziehung zu einem bestimmten Sitzungstag bereits zugegangen, so wird seine Streichung erst nach Abschluß der an diesem Sitzungstag begonnenen Hauptverhandlung wirksam.

(3) Der Richter beim Amtsgericht entscheidet nach Anhörung der Staatsanwaltschaft und des beteiligten Schöffen.

(4) Die Entscheidung ist nicht anfechtbar.

(5) Wird ein Hilfsschöffe in die Hauptschöffenliste übertragen, so gehen die Dienstleistungen vor, zu denen er zuvor als Hilfsschöffe herangezogen war.

(6) Hat sich die ursprüngliche Zahl der Hilfsschöffen in der Hilfsschöffenliste auf die Hälfte verringert, so findet aus den vorhandenen Vorschlagslisten eine Ergänzungswahl durch den Ausschuß statt, der die Schöffenwahl vorgenommen hatte. Der Richter beim Amtsgericht kann von der Ergänzungswahl absehen, wenn sie in den letzten sechs Monaten des Zeitraums stattfinden müßte, für den die Schöffen gewählt sind. Für die Bestimmung der Reihenfolge der neuen Hilfsschöffen gilt § 45 entsprechend mit der Maßgabe, daß die Plätze im Anschluß an den im Zeitpunkt der Auslosung an letzter Stelle der Hilfsschöffenliste stehenden Schöffen ausgelost werden.

§ 53 [Berücksichtigung von Ablehnungsgründen]

(1) Ablehnungsgründe sind nur zu berücksichtigen, wenn sie innerhalb einer Woche, nachdem der beteiligte Schöffe von seiner Einberufung in Kenntnis gesetzt worden ist, von ihm geltend gemacht werden. Sind sie später entstanden oder bekannt geworden, so ist die Frist erst von diesem Zeitpunkt zu berechnen.

(2) Der Richter beim Amtsgericht entscheidet über das Gesuch nach Anhörung der Staatsanwaltschaft. Die Entscheidung ist nicht anfechtbar.

§ 54 [Veränderung an einzelnen Sitzungstagen]

(1) Der Richter beim Amtsgericht kann einen Schöffen auf dessen Antrag wegen eingetretener Hinderungsgründe von der Dienstleistung an bestimmten Sitzungstagen entbinden. Ein Hinderungsgrund liegt vor, wenn der Schöffe an der Dienstleistung durch unabwendbare Umstände gehindert ist oder wenn ihm die Dienstleistung nicht zugemutet werden kann.

(2) Für die Heranziehung von Hilfsschöffen steht es der Verhinderung eines Schöffen gleich, wenn der Schöffe nicht erreichbar ist. Ein Schöffe, der sich zur Sitzung nicht einfindet und dessen Erscheinen ohne erhebliche Verzögerung ihres Beginns voraussichtlich nicht herbeigeführt werden kann, gilt als nicht erreichbar. Ein Hilfsschöffe ist auch dann als nicht erreichbar anzusehen, wenn seine Heranziehung eine Vertagung der Verhandlung oder eine erhebliche Verzögerung ihres Beginns notwendig machen würde. Die Entscheidung darüber, daß ein Schöffe nicht erreichbar ist, trifft der Richter beim Amtsgericht. § 56 bleibt unberührt.

(3) Die Entscheidung ist nicht anfechtbar. Der Antrag nach Absatz 1 und die Entscheidung sind aktenkundig zu machen.

§ 55 [Entschädigung]

Die Schöffen und Vertrauenspersonen des Ausschusses erhalten eine Entschädigung nach dem Gesetz über die Entschädigung der ehrenamtlichen Richter.

§ 56 [Unentschuldigtes Fernbleiben]

(1) Gegen Schöffen und Vertrauenspersonen des Ausschusses, die sich ohne genügende Entschuldigung zu den Sitzungen nicht rechtzeitig einfinden oder sich ihren Obliegenheiten in anderer Weise entziehen, wird ein Ordnungsgeld festgesetzt. Zugleich werden ihnen auch die verursachten Kosten auferlegt.

(2) Die Entscheidung trifft der Richter beim Amtsgericht nach Anhörung der Staatsanwaltschaft. Bei nachträglicher genügender Entschuldigung kann die Entscheidung ganz oder zum Teil zurückgenommen werden. Gegen die Entscheidung ist Beschwerde des Betroffenen nach den Vorschriften der Strafprozeßordnung zulässig.

§ 57 [Fristbestimmung]

Bis zu welchem Tag die Vorschlagslisten aufzustellen und dem Richter beim Amtsgericht einzureichen sind, der Ausschuß zu berufen und die Auslosung der Schöffen zu bewirken ist, wird durch die Landesjustizverwaltung bestimmt.

§ 58 [Zusammenfassung bei Entscheidungen in Strafsachen]

(1) Die Landesregierungen werden ermächtigt, durch Rechtsverordnung einem Amtsgericht für die Bezirke mehrerer Amtsgerichte die Strafsachen ganz oder teilweise, Entscheidungen bestimmter Art in Strafsachen sowie Rechtshilfeersuchen in strafrechtlichen Angelegenheiten von Stellen außerhalb des räumlichen Geltungsbereichs dieses Gesetzes zuzuweisen, sofern die Zusammenfassung für eine sachdienliche Förderung oder schnellere Erledigung der Verfahren zweckmäßig ist. Die Landesregierungen können die Ermächtigung durch Rechtsverordnung auf die Landesjustizverwaltungen übertragen.

(2) Wird ein gemeinsames Schöffengericht für die Bezirke mehrerer Amtsgerichte eingerichtet, so bestimmt der Präsident des Landgerichts (Präsident des Amtsgerichts) die erforderliche Zahl von Haupt- und Hilfsschöffen und die Verteilung der Zahl der Hauptschöffen auf die einzelnen Amtsgerichtsbezirke. Ist Sitz des Amtsgerichts, bei dem ein gemeinsames Schöffengericht eingerichtet ist, eine Stadt, die Bezirke der anderen Amtsgerichte oder Teile davon umfaßt, so verteilt der Präsident des Landgerichts (Präsident des Amtsgerichts) die Zahl der Hilfsschöffen auf diese Amtsgerichte; die Landesjustizverwaltung kann bestimmte Amtsgerichte davon ausnehmen. Der Präsident des Amtsgerichts tritt nur dann an die Stelle des Präsidenten des Landgerichts, wenn alle beteiligten Amtsgerichte seiner Dienstaufsicht unterstehen.

(3) Die übrigen Vorschriften dieses Titels sind entsprechend anzuwenden.

Fünfter Titel
Landgerichte

§ 59 [Besetzung der Landgerichte]

(1) Die Landgerichte werden mit einem Präsidenten sowie mit Vorsitzenden Richtern und weiteren Richtern besetzt.

(2) Den Richtern kann gleichzeitig ein weiteres Richteramt bei einem Amtsgericht übertragen werden.

(3) Es können Richter auf Probe und Richter kraft Auftrags verwendet werden.

§ 60 [Bildung von Zivil- und Strafkammern]

Bei den Landgerichten werden Zivil- und Strafkammern gebildet.

§§ 61 bis **69 (weggefallen)**

§ 70 [Vertretung – Richter auf Probe oder kraft Auftrags]

(1) Soweit die Vertretung eines Mitgliedes nicht durch ein Mitglied desselben Gerichts möglich ist, wird sie auf den Antrag des Präsidiums durch die Landesjustizverwaltung geordnet.

(2) Die Beiordnung eines Richters auf Probe oder eines Richters kraft Auftrags ist auf eine bestimmte Zeit auszusprechen und darf vor Ablauf dieser Zeit nicht widerrufen werden.

(3) Unberührt bleiben die landesgesetzlichen Vorschriften, nach denen richterliche Geschäfte nur von auf Lebenszeit ernannten Richtern wahrgenommen werden können, sowie die, welche die Vertretung durch auf Lebenszeit ernannte Richter regeln.

§ 71 [Zuständigkeit der Zivilkammern in 1. Instanz]

(1) Vor die Zivilkammern, einschließlich der Kammern für Handelssachen, gehören alle bürgerlichen Rechtsstreitigkeiten, die nicht den Amtsgerichten zugewiesen sind.

(2) Die Landgerichte sind ohne Rücksicht auf den Wert des Streitgegenstandes ausschließlich zuständig

1. für die Ansprüche, die auf Grund der Beamtengesetze gegen den Fiskus erhoben werden;
2. für die Ansprüche gegen Richter und Beamte wegen Überschreitung ihrer amtlichen Befugnisse oder wegen pflichtwidriger Unterlassung von Amtshandlungen.

(3) Der Landesgesetzgebung bleibt überlassen, Ansprüche gegen den Staat oder eine Körperschaft des öffentlichen Rechts wegen Verfügungen der Verwaltungsbehörden sowie Ansprüche wegen öffentlicher Abgaben ohne Rücksicht auf den Wert des Streitgegenstandes den Landgerichten ausschließlich zuzuweisen.

§ 72 [Zuständigkeit der Zivilkammern in 2. Instanz]

Die Zivilkammern, einschließlich der Kammern für Handelssachen, sind die Berufungs- und Beschwerdegerichte in den vor den Amtsgerichten verhandelten bürgerlichen Rechtsstreitigkeiten mit Ausnahme der Kindschaftssachen und der von den Familiengerichten entschiedenen Sachen.

§ 73 [Strafkammern als Beschwerdegerichte]

(1) Die Strafkammern entscheiden über Beschwerden gegen Verfügungen des Richters beim Amtsgericht, gegen Entscheidungen des Richters beim Amtsgericht und der Schöffengerichte sowie über Anträge auf gerichtliche Entscheidung in den Fällen des § 161 a Abs. 3 der Strafprozeßordnung.

(2) Die Strafkammern erledigen außerdem die in der Strafprozeßordnung den Landgerichten zugewiesenen Geschäfte.

§ 73 a (weggefallen)

§ 74 [Zuständigkeit der Strafkammern in 1. und 2. Instanz]

(1) Die Strafkammern sind als erkennende Gerichte des ersten Rechtszuges zuständig für alle Verbrechen, die nicht zur Zuständigkeit des Amtsgerichts oder des Oberlandesgerichts gehören. Sie sind auch zuständig für alle Straftaten, bei denen eine höhere Strafe als

vier Jahre Freiheitsstrafe oder die Unterbringung in einem psychiatrischen Krankenhaus, allein oder neben einer Strafe, oder in der Sicherungsverwahrung zu erwarten ist oder bei denen die Staatsanwaltschaft wegen der besonderen Bedeutung des Falles Anklage beim Landgericht erhebt (§ 24 Abs. 1 Nr. 3).

(2) Für die Verbrechen

1. des sexuellen Mißbrauchs von Kindern mit Todesfolge (§ 176 Abs. 4 des Strafgesetzbuches),
2. der Vergewaltigung mit Todesfolge (§ 177 Abs. 3 des Strafgesetzbuches),
3. der sexuellen Nötigung mit Todesfolge (§ 178 Abs. 3 des Strafgesetzbuches),
4. des Mordes (§ 211 des Strafgesetzbuches),
5. des Totschlags (§ 212 des Strafgesetzbuches),
6. der Kindestötung (§ 217 des Strafgesetzbuches),
7. der Aussetzung mit Todesfolge (§ 221 Abs. 3 letzter Halbsatz des Strafgesetzbuches),
8. der Körperverletzung mit Todesfolge (§ 226 des Strafgesetzbuches),
9. der Vergiftung mit Todesfolge (§ 229 Abs. 2 letzter Halbsatz des Strafgesetzbuches),
10. der Freiheitsberaubung mit Todesfolge (§ 239 Abs. 3 des Strafgesetzbuches),
11. des erpresserischen Menschenraubes mit Todesfolge (§ 239 a Abs. 2 des Strafgesetzbuches),
12. der Geiselnahme mit Todesfolge (§ 239 b Abs. 2 in Verbindung mit § 239 a Abs. 2 des Strafgesetzbuches),
13. des Raubes mit Todesfolge (§ 251 des Strafgesetzbuches),
14. des räuberischen Diebstahls mit Todesfolge (§ 252 in Verbindung mit § 251 des Strafgesetzbuches),
15. der räuberischen Erpressung mit Todesfolge (§ 255 in Verbindung mit § 251 des Strafgesetzbuches),
16. der besonders schweren Brandstiftung (§ 307 des Strafgesetzbuches),
17. des Herbeiführens einer Explosion durch Kernenergie (§ 310 b Abs. 1 bis 3 des Strafgesetzbuches),
18. des Herbeiführens einer Sprengstoffexplosion mit Todesfolge (§ 311 Abs. 1 bis 3 des Strafgesetzbuches),
19. des Mißbrauchs ionisierender Strahlen gegenüber einer unübersehbaren Zahl von Menschen (§ 311 a Abs. 2 des Strafgesetzbuches),
20. des Herbeiführens einer lebensgefährdenden Überschwemmung mit Todesfolge (§ 312 letzter Halbsatz des Strafgesetzbuches),
21. des Angriffs auf den Luftverkehr mit Todesfolge (§ 316 c Abs. 2 des Strafgesetzbuches),
22. der Beschädigung wichtiger Anlagen mit Todesfolge (§ 318 Abs. 2 letzter Halbsatz des Strafgesetzbuches),
23. der gemeingefährlichen Vergiftung mit Todesfolge (§ 319 letzter Halbsatz des Strafgesetzbuches)

ist eine Strafkammer als Schwurgericht zuständig. § 120 bleibt unberührt.

(3) Die Strafkammern sind außerdem zuständig für die Verhandlung und Entscheidung über das Rechtsmittel der Berufung gegen die Urteile des Strafrichters und des Schöffengerichts.

§ 74 a [Zuständigkeit der Kammer für Staatsschutzsachen]

(1) Bei den Landgerichten, in deren Bezirk ein Oberlandesgericht seinen Sitz hat, ist eine Strafkammer für den Bezirk eines Oberlandesgerichts als erkennendes Gericht des ersten Rechtszuges zuständig für Straftaten

1. des Friedensverrats in den Fällen des § 80 a des Strafgesetzbuches,
2. der Gefährdung des demokratischen Rechtsstaates in den Fällen der §§ 84 bis 86, 87 bis 90, 90 a Abs. 3 und des § 90 b des Strafgesetzbuches,
3. der Gefährdung der Landesverteidigung in den Fällen der §§ 109 d bis 109 g des Strafgesetzbuches,
4. der Zuwiderhandlung gegen ein Vereinigungsverbot in den Fällen des § 129 des Strafgesetzbuches und des § 20 des Vereinsgesetzes; dies gilt nicht, wenn dieselbe Handlung eine Straftat nach dem Betäubungsmittelgesetz darstellt,
5. der Verschleppung (§ 234 a des Strafgesetzbuches) und
6. der politischen Verdächtigung (§ 241 a des Strafgesetzbuches).

(2) Die Zuständigkeit des Landgerichts entfällt, wenn der Generalbundesanwalt wegen der besonderen Bedeutung des Falles vor der Eröffnung des Hauptverfahrens die Verfolgung übernimmt, es sei denn, daß durch Abgabe nach § 142 a Abs. 4 oder durch Verweisung nach § 120 Abs. 2 Satz 2 die Zuständigkeit des Landgerichts begründet wird.

(3) In den Sachen, in denen die Strafkammer nach Absatz 1 zuständig ist, trifft sie auch die in § 73 Abs. 1 bezeichneten Entscheidungen.

(4) Im Rahmen der Absätze 1 und 3 erstreckt sich der Bezirk des Landgerichts auf den Bezirk des Oberlandesgerichts.

§ 74 b [Zuständigkeit der Jugendkammer]

In Jugendschutzsachen (§ 26 Abs. 1 Satz 1) ist neben der für allgemeine Strafsachen zuständigen Strafkammer auch die Jugendkammer als erkennendes Gericht des ersten Rechtszuges zuständig. § 26 Abs. 2 und §§ 73 und 74 gelten entsprechend.

§ 74 c [Zuständigkeit der Wirtschaftskammer]

(1) Für Straftaten

1. nach dem Patentgesetz, dem Gebrauchsmustergesetz, dem Halbleiterschutzgesetz, dem Sortenschutzgesetz, dem Markengesetz, dem Geschmacksmustergesetz, dem Urheberrechtsgesetz, dem Gesetz gegen den unlauteren Wettbewerb, dem Aktiengesetz, dem Gesetz über die Rechnungslegung von bestimmten Unternehmen und Konzernen, dem Gesetz betreffend die Gesellschaften mit beschränkter Haftung, dem Handelsgesetzbuch, dem Gesetz zur Ausführung der EWG-Verordnung über die Europäische wirtschaftliche Interessenvereinigung, dem Genossenschaftsgesetz und dem Umwandlungsgesetz,
2. nach den Gesetzen über das Bank-, Depot-, Börsen- und Kreditwesen sowie nach dem Versicherungsaufsichtsgesetz und dem Wertpapierhandelsgesetz,
3. nach dem Wirtschaftsstrafgesetz 1954, dem Außenwirtschaftsgesetz, den Devisenbewirtschaftungsgesetzen sowie dem Finanzmonopol-, Steuer- und Zollrecht, auch soweit dessen Strafvorschriften nach anderen Gesetzen anwendbar sind; dies gilt nicht, wenn dieselbe Handlung eine Straftat nach dem Betäubungsmittelgesetz darstellt, und nicht für Steuerstraftaten, welche die Kraftfahrzeugsteuer betreffen,
4. nach dem Weingesetz und dem Lebensmittelrecht,
5. des Computerbetruges, des Subventionsbetruges, des Kapitalanlagebetruges, des Kreditbetruges, des Bankrotts, der Gläubigerbegünstigung und der Schuldnerbegünstigung,

6. des Betruges, der Untreue, des Wuchers, der Vorteilsgewährung und der Bestechung, soweit zur Beurteilung des Falles besondere Kenntnisse des Wirtschaftslebens erforderlich sind,

ist, soweit nach § 74 Abs. 1 als Gericht des ersten Rechtszuges und nach § 74 Abs. 3 für die Verhandlung und Entscheidung über das Rechtsmittel der Berufung gegen die Urteile des Schöffengerichts das Landgericht zuständig ist, eine Strafkammer als Wirtschaftsstrafkammer zuständig.

(2) In den Sachen, in denen die Wirtschaftsstrafkammer nach Absatz 1 zuständig ist, trifft sie auch die in § 73 Abs. 1 bezeichneten Entscheidungen.

(3) Die Landesregierungen werden ermächtigt, zur sachdienlichen Förderung oder schnelleren Erledigung der Verfahren durch Rechtsverordnung einem Landgericht für die Bezirke mehrerer Landgerichte ganz oder teilweise Strafsachen zuzuweisen, welche die in Absatz 1 bezeichneten Straftaten zum Gegenstand haben. Die Landesregierungen können die Ermächtigung durch Rechtsverordnung auf die Landesjustizverwaltungen übertragen.

(4) Im Rahmen des Absatzes 3 erstreckt sich der Bezirk des danach bestimmten Landgerichts auf die Bezirke der anderen Landgerichte.

§ 74 d [Zuweisung von Strafsachen an ein Landgericht]

(1) Die Landesregierungen werden ermächtigt, durch Rechtsverordnung einem Landgericht für die Bezirke mehrerer Landgerichte die in § 74 Abs. 2 bezeichneten Strafsachen zuzuweisen, sofern dies der sachlichen Förderung der Verfahren dient. Die Landesregierungen können die Ermächtigung auf die Landesjustizverwaltungen übertragen.

(2) (aufgehoben)

§ 74 e [Vorrangsregelung]

Unter verschiedenen nach den Vorschriften der §§ 74 bis 74 d zuständigen Strafkammern kommt

1. in erster Linie dem Schwurgericht (§ 74 Abs. 2, § 74 d),
2. in zweiter Linie der Wirtschaftsstrafkammer (§ 74 c),
3. in dritter Linie der Strafkammer nach § 74 a

der Vorrang zu.

§ 75 [Besetzung der Zivilkammern]

Die Zivilkammern sind, soweit nicht nach den Vorschriften der Prozeßgesetze an Stelle der Kammer der Einzelrichter zu entscheiden hat, mit drei Mitgliedern einschließlich des Vorsitzenden besetzt.

§ 76 [Besetzung der Strafkammern]

(1) Die Strafkammern sind mit drei Richtern einschließlich des Vorsitzenden und zwei Schöffen (große Strafkammer), in Verfahren über Berufungen gegen ein Urteil des Strafrichters oder des Schöffengerichts mit dem Vorsitzenden und zwei Schöffen (kleine Strafkammer) besetzt. Bei Entscheidungen außerhalb der Hauptverhandlung wirken die Schöffen nicht mit.

(2)[1] Bei der Eröffnung des Hauptverfahrens beschließt die große Strafkammer, daß sie in der Hauptverhandlung mit zwei Richtern einschließlich des Vorsitzenden und zwei Schöffen besetzt ist, wenn nicht die Strafkammer als Schwurgericht zuständig ist oder

---

1) Gemäß Artikel 15 Abs. 2 des Gesetzes zur Entlastung der Rechtspflege vom 11. 1.1993 (BGBl. I S. 50) tritt § 76 Abs. 2 mit Ablauf des 28. 2.1998 außer Kraft.

nach dem Umfang oder der Schwierigkeit der Sache die Mitwirkung eines dritten Richters notwendig erscheint.
(3) In Verfahren über Berufungen gegen ein Urteil des erweiterten Schöffengerichts (§ 29 Abs. 2) ist ein zweiter Richter hinzuzuziehen. Außerhalb der Hauptverhandlung entscheidet der Vorsitzende allein.

§ 77 [Schöffen der Strafkammern]

(1) Für die Schöffen der Strafkammern gelten entsprechend die Vorschriften über die Schöffen des Schöffengerichts mit folgender Maßgabe:
(2) Der Präsident des Landgerichts verteilt die Zahl der erforderlichen Hauptschöffen für die Strafkammern auf die zum Bezirk des Landgerichts gehörenden Amtsgerichtsbezirke. Die Hilfsschöffen wählt der Ausschuß bei dem Amtsgericht, in dessen Bezirk das Landgericht seinen Sitz hat. Hat das Landgericht seinen Sitz außerhalb seines Bezirks, so bestimmt die Landesjustizverwaltung, welcher Ausschuß der zum Bezirk des Landgerichts gehörigen Amtsgerichte die Hilfsschöffen wählt. Ist Sitz des Landgerichts eine Stadt, die Bezirke von zwei oder mehr zum Bezirk des Landgerichts gehörenden Amtsgerichten oder Teile davon umfaßt, so gilt für die Wahl der Hilfsschöffen durch die bei diesen Amtsgerichten gebildeten Ausschüsse Satz 1 entsprechend; die Landesjustizverwaltung kann bestimmte Amtsgerichte davon ausnehmen. Die Namen der gewählten Hauptschöffen und der Hilfsschöffen werden von dem Richter beim Amtsgericht dem Präsidenten des Landgerichts mitgeteilt. Der Präsident des Landgerichts stellt die Namen der Hauptschöffen zur Schöffenliste des Landgerichts zusammen.
(3) An die Stelle des Richters beim Amtsgericht tritt für die Auslosung der Reihenfolge, in der die Hauptschöffen an den einzelnen ordentlichen Sitzungen teilnehmen, und der Reihenfolge, in der die Hilfsschöffen an die Stelle wegfallender Schöffen treten, der Präsident des Landgerichts; § 45 Abs. 4 Satz 3, 4 gilt entsprechend. Die Entscheidung darüber, ob ein Schöffe von der Schöffenliste zu streichen ist, sowie über die von einem Schöffen vorgebrachten Ablehnungsgründe trifft eine Strafkammer. Im übrigen tritt an die Stelle des Richters beim Amtsgericht der Vorsitzende der Strafkammer.
(4) Ein ehrenamtlicher Richter darf für dasselbe Geschäftsjahr nur entweder als Schöffe für das Schöffengericht oder als Schöffe für die Strafkammern bestimmt werden. Ist jemand für dasselbe Geschäftsjahr in einem Bezirk zu mehreren dieser Ämter oder in mehreren Bezirken zu diesen Ämtern bestimmt worden, so hat der Einberufene das Amt zu übernehmen, zu dem er zuerst einberufen wird.

§ 78 [Auswärtige Strafkammern]

(1) Die Landesregierungen werden ermächtigt, durch Rechtsverordnung wegen großer Entfernung zu dem Sitz eines Landgerichts bei einem Amtsgericht für den Bezirk eines oder mehrerer Amtsgerichte eine Strafkammer zu bilden und ihr für diesen Bezirk die gesamte Tätigkeit der Strafkammer des Landgerichts oder einen Teil dieser Tätigkeit zuzuweisen. Die in § 74 Abs. 2 bezeichneten Verbrechen dürfen einer nach Satz 1 gebildeten Strafkammer nicht zugewiesen werden. Die Landesregierungen können die Ermächtigung auf die Landesjustizverwaltungen übertragen.
(2) Die Kammer wird aus Mitgliedern des Landgerichts oder Richtern beim Amtsgericht des Bezirks besetzt, für den sie gebildet wird. Der Vorsitzende und die übrigen Mitglieder werden durch das Präsidium des Landgerichts bezeichnet.
(3) Der Präsident des Landgerichts verteilt die Zahl der erforderlichen Hauptschöffen auf die zum Bezirk der Strafkammer gehörenden Amtsgerichtsbezirke. Die Hilfsschöffen wählt der Ausschuß bei dem Amtsgericht, bei dem die auswärtige Strafkammer gebildet worden

ist. Die sonstigen in § 77 dem Präsidenten des Landgerichts zugewiesenen Geschäfte nimmt der Vorsitzende der Strafkammer wahr.

5 a. Titel
Strafvollstreckungskammern

§ 78 a [Zuständigkeit]

(1) Bei den Landgerichten werden, soweit in ihrem Bezirk für Erwachsene Anstalten unterhalten werden, in denen Freiheitsstrafe oder freiheitsentziehende Maßregeln der Besserung und Sicherung vollzogen werden, oder soweit in ihrem Bezirk andere Vollzugsbehörden ihren Sitz haben, Strafvollstreckungskammern gebildet. Diese sind zuständig für die Entscheidungen

1. nach den §§ 462 a, 463 der Strafprozeßordnung, soweit sich nicht aus der Strafprozeßordnung etwas anderes ergibt,
2. nach den §§ 109, 138 Abs. 2 des Strafvollzugsgesetzes,
3. nach den §§ 50, 58 Abs. 3 und § 71 Abs. 4 des Gesetzes über die internationale Rechtshilfe in Strafsachen.

Ist nach § 454 b Abs. 3 der Strafprozeßordnung über die Aussetzung der Vollstreckung mehrerer Freiheitsstrafen gleichzeitig zu entscheiden, so entscheidet eine Strafvollstreckungskammer über die Aussetzung der Vollstreckung aller Strafen.

(2) Die Landesregierungen weisen Strafsachen nach Absatz 1 Satz 2 Nr. 3 für die Bezirke der Landgerichte, bei denen keine Strafvollstreckungskammern zu bilden sind, in Absatz 1 Satz 1 bezeichneten Landgerichten durch Rechtsverordnung zu. Die Landesregierungen werden ermächtigt, durch Rechtsverordnung einem der in Absatz 1 bezeichneten Landgerichte für die Bezirke mehrerer Landgerichte die in die Zuständigkeit der Strafvollstreckungskammern fallenden Strafsachen zuzuweisen und zu bestimmen, daß Strafvollstreckungskammern ihren Sitz innerhalb ihres Bezirkes auch oder ausschließlich an Orten haben, an denen das Landgericht seinen Sitz nicht hat, sofern diese Bestimmungen für eine sachdienliche Förderung oder schnellere Erledigung der Verfahren zweckmäßig sind. Die Landesregierungen können die Ermächtigungen nach den Sätzen 1 und 2 durch Rechtsverordnung auf die Landesjustizverwaltungen übertragen.

(3) Unterhält ein Land eine Anstalt, in der Freiheitsstrafe oder freiheitsentziehende Maßregeln der Besserung und Sicherung vollzogen werden, auf dem Gebiete eines anderen Landes, so können die beteiligten Länder vereinbaren, daß die Strafvollstreckungskammer bei dem Landgericht zuständig ist, in dessen Bezirk die für die Anstalt zuständige Aufsichtsbehörde ihren Sitz hat.

§ 78 b [Besetzung]

(1) Die Strafvollstreckungskammern sind besetzt

1. in Verfahren über die Aussetzung der Vollstreckung des Restes einer lebenslangen Freiheitsstrafe oder die Aussetzung der Vollstreckung der Unterbringung in einem psychiatrischen Krankenhaus oder in der Sicherungsverwahrung mit drei Richtern unter Einschluß des Vorsitzenden,
2. in den sonstigen Fällen mit einem Richter.

(2) Die Mitglieder der Strafvollstreckungskammern werden vom Präsidium des Landgerichts aus der Zahl der Mitglieder des Landgerichts und der in seinem Bezirk angestellten Richter beim Amtsgericht bestellt.

Sechster Titel
Schwurgerichte

§§ 79 bis **92** **(weggefallen)**

Siebenter Titel
Kammern für Handelssachen

§ 93 [Bildung und Sitz]

(1) Soweit die Landesjustizverwaltung ein Bedürfnis als vorhanden annimmt, können bei den Landgerichten für deren Bezirke oder für örtlich abgegrenzte Teile davon Kammern für Handelssachen gebildet werden.

(2) Solche Kammern können ihren Sitz innerhalb des Landgerichtsbezirks auch an Orten haben, an denen das Landgericht seinen Sitz nicht hat.

§ 94 [Aufgabe der Kammer für Handelssachen]

Ist bei einem Landgericht eine Kammer für Handelssachen gebildet, so tritt für Handelssachen diese Kammer an die Stelle der Zivilkammern nach Maßgabe der folgenden Vorschriften.

§ 95 [Begriff »Handelssachen«]

(1) Handelssachen im Sinne dieses Gesetzes sind die bürgerlichen Rechtsstreitigkeiten, in denen durch die Klage ein Anspruch geltend gemacht wird:

1. gegen einen Kaufmann im Sinne des Handelsgesetzbuches aus Geschäften, die für beide Teile Handelsgeschäfte sind;
2. aus einem Wechsel im Sinne des Wechselgesetzes oder aus einer der im § 363 des Handelsgesetzbuches bezeichneten Urkunden;
3. auf Grund des Scheckgesetzes;
4. aus einem der nachstehend bezeichneten Rechtsverhältnisse:
   a) aus dem Rechtsverhältnis zwischen den Mitgliedern einer Handelsgesellschaft oder zwischen dieser und ihren Mitgliedern oder zwischen dem stillen Gesellschafter und dem Inhaber des Handelsgeschäfts, sowohl während des Bestehens als auch nach Auflösung des Gesellschaftsverhältnisses, und aus dem Rechtsverhältnis zwischen den Vorstehern oder den Liquidatoren einer Handelsgesellschaft und der Gesellschaft oder deren Mitgliedern;
   b) aus dem Rechtsverhältnis, welches das Recht zum Gebrauch der Handelsfirma betrifft;
   c) aus den Rechtsverhältnissen, die sich auf den Schutz der Marken und sonstigen Kennzeichen sowie der Muster und Modelle beziehen;
   d) aus dem Rechtsverhältnis, das durch den Erwerb eines bestehenden Handelsgeschäfts unter Lebenden zwischen dem bisherigen Inhaber und dem Erwerber entsteht;
   e) aus dem Rechtsverhältnis zwischen einem Dritten und dem, der wegen mangelnden Nachweises der Prokura oder Handlungsvollmacht haftet;
   f) aus den Rechtsverhältnissen des Seerechts, insbesondere aus denen, die sich auf die Reederei, auf die Rechte und Pflichten des Reeders oder Schiffseigners, des Korrespondentreeders und der Schiffsbesatzung, auf die Bodmerei und die Haverei, auf den Schadensersatz im Falle des Zusammenstoßes von Schiffen, auf die Bergung und Hilfeleistung und auf die Ansprüche der Schiffsgläubiger beziehen;

5. auf Grund des Gesetzes gegen den unlauteren Wettbewerb mit Ausnahme der Ansprüche der letzten Verbraucher aus § 13 a des Gesetzes gegen den unlauteren Wettbewerb, soweit nicht ein beiderseitiges Handelsgeschäft nach Absatz 1 Nr. 1 gegeben ist;
6. aus den §§ 45 bis 48 des Börsengesetzes (RGBl. 1908 S. 215).

(2) Handelssachen im Sinne dieses Gesetzes sind ferner die Rechtsstreitigkeiten, in denen sich die Zuständigkeit des Landgerichts nach § 246 Abs. 3 Satz 1 oder § 396 Abs. 1 Satz 2 des Aktiengesetzes sowie nach § 10 und § 306 des Umwandlungsgesetzes richtet.

§ 96 [Antrag auf Verhandlung vor Kammer für Handelssachen]

(1) Der Rechtsstreit wird vor der Kammer für Handelssachen verhandelt, wenn der Kläger dies in der Klageschrift beantragt hat.

(2) Ist ein Rechtsstreit nach den Vorschriften der §§ 281, 506 der Zivilprozeßordnung vom Amtsgericht an das Landgericht zu verweisen, so hat der Kläger den Antrag auf Verhandlung vor der Kammer für Handelssachen vor dem Amtsgericht zu stellen.

§ 97 [Verweisung an Zivilkammer]

(1) Wird vor der Kammer für Handelssachen eine nicht vor sie gehörige Klage zur Verhandlung gebracht, so ist der Rechtsstreit auf Antrag des Beklagten an die Zivilkammer zu verweisen.

(2) Gehört die Klage oder die im Falle des § 506 der Zivilprozeßordnung erhobene Widerklage als Klage nicht vor die Kammer für Handelssachen, so ist diese auch von Amts wegen befugt, den Rechtsstreit an die Zivilkammer zu verweisen, solange nicht eine Verhandlung zur Hauptsache erfolgt und darauf ein Beschluß verkündet ist. Die Verweisung von Amts wegen kann nicht aus dem Grund erfolgen, daß der Beklagte nicht Kaufmann ist.

§ 98 [Verweisung an Kammer für Handelssachen]

(1) Wird vor der Zivilkammer eine vor die Kammer für Handelssachen gehörige Klage zur Verhandlung gebracht, so ist der Rechtsstreit auf Antrag des Beklagten an die Kammer für Handelssachen zu verweisen. Ein Beklagter, der nicht in das Handelsregister oder Genossenschaftsregister eingetragen ist, kann den Antrag nicht darauf stützen, daß er Kaufmann ist.

(2) Der Antrag ist zurückzuweisen, wenn die im Falle des § 506 der Zivilprozeßordnung erhobene Widerklage als Klage vor die Kammer für Handelssachen nicht gehören würde.

(3) Zu einer Verweisung von Amts wegen ist die Zivilkammer nicht befugt.

(4) Die Zivilkammer ist zur Verwerfung des Antrags auch dann befugt, wenn der Kläger ihm zugestimmt hat.

§ 99 [Verweisung an Zivilkammer bei Klageerweiterung oder Widerklage]

(1) Wird in einem bei der Kammer für Handelssachen anhängigen Rechtsstreit die Klage nach § 256 Abs. 2 der Zivilprozeßordnung durch den Antrag auf Feststellung eines Rechtsverhältnisses erweitert oder eine Widerklage erhoben und gehört die erweiterte Klage oder die Widerklage als Klage nicht vor die Kammer für Handelssachen, so ist der Rechtsstreit auf Antrag des Gegners an die Zivilkammer zu verweisen.

(2) Unter der Beschränkung des § 97 Abs. 2 ist die Kammer zu der Verweisung auch von Amts wegen befugt. Diese Befugnis tritt auch dann ein, wenn durch eine Klageänderung ein Anspruch geltend gemacht wird, der nicht vor die Kammer für Handelssachen gehört.

§ 100 [Anwendung der §§ 96 bis 99 auf Verfahren in 2. Instanz]

Die §§ 96 bis 99 sind auf das Verfahren im zweiten Rechtszuge vor den Kammern für Handelssachen entsprechend anzuwenden.

§ 101 [Zulässigkeit des Verweisungsantrags][1)]

(1) Der Antrag auf Verweisung des Rechtsstreits an eine andere Kammer ist nur vor der Verhandlung des Antragstellers zur Sache zulässig. Ist dem Antragsteller vor der mündlichen Verhandlung eine Frist zur Klageerwiderung oder Berufungserwiderung gesetzt, so hat er den Antrag innerhalb der Frist zu stellen. § 296 Abs. 3 der Zivilprozeßordnung gilt entsprechend; der Entschuldigungsgrund ist auf Verlangen des Gerichts glaubhaft zu machen.

(2) Über den Antrag ist vorab zu entscheiden. Die Entscheidung kann ohne mündliche Verhandlung ergehen.

§ 102 [Unanfechtbarkeit der Verweisung]

Die Entscheidung über Verweisung eines Rechtsstreits an die Zivilkammer oder an die Kammer für Handelssachen ist nicht anfechtbar. Erfolgt die Verweisung an eine andere Kammer, so ist diese Entscheidung für die Kammer, an die der Rechtsstreit verwiesen wird, bindend. Der Termin zur weiteren mündlichen Verhandlung wird von Amts wegen bestimmt und den Parteien bekanntgemacht.

§ 103 [Hauptintervention]

Bei der Kammer für Handelssachen kann ein Anspruch nach § 64 der Zivilprozeßordnung nur dann geltend gemacht werden, wenn der Rechtsstreit nach den Vorschriften der §§ 94, 95 vor die Kammer für Handelssachen gehört.

§ 104 [Verwendung bei Beschwerdesachen]

(1) Wird die Kammer für Handelssachen als Beschwerdegericht mit einer vor sie nicht gehörenden Beschwerde befaßt, so ist die Beschwerde von Amts wegen an die Zivilkammer zu verweisen. Ebenso hat die Zivilkammer, wenn sie als Beschwerdegericht in einer Handelssache mit einer Beschwerde befaßt wird, diese von Amts wegen an die Kammer für Handelssachen zu verweisen. Die Vorschriften des § 102 Satz 1, 2 sind entsprechend anzuwenden.

(2) Eine Beschwerde kann nicht an eine andere Kammer verwiesen werden, wenn bei der Kammer, die mit der Beschwerde befaßt wird, die Hauptsache anhängig ist oder diese Kammer bereits eine Entscheidung in der Hauptsache erlassen hat.

---

1) Gemäß Art. 10 Abs. 7 des Rechtspflege-Vereinfachungsgesetzes vom 17. 12. 1990 (BGBl. I S. 2847) ist § 101 des Gerichtsverfassungsgesetzes in seiner bisherigen Fassung anzuwenden, wenn die Klage oder die Berufung vor dem 1. 4.1991 zugestellt worden ist. Alte Fassung lautet:

»(1) Der Antrag auf Verweisung des Rechtsstreits an eine andere Kammer ist nur vor der Verhandlung des Antragstellers zur Sache zulässig.

(2) Über den Antrag ist vorab zu verhandeln und zu entscheiden.«

§ 105 [Besetzung]

(1) Die Kammern für Handelssachen entscheiden in der Besetzung mit einem Mitglied des Landgerichts als Vorsitzenden und zwei ehrenamtlichen Richtern, soweit nicht nach den Vorschriften der Prozeßgesetze an Stelle der Kammer der Vorsitzende zu entscheiden hat.

(2) Sämtliche Mitglieder der Kammer für Handelssachen haben gleiches Stimmrecht.

(3) In Streitigkeiten, die sich auf das Rechtsverhältnis zwischen Reeder oder Schiffer und Schiffsmannschaft beziehen, kann die Entscheidung im ersten Rechtszug durch den Vorsitzenden allein erfolgen.

§ 106 [Vorsitz bei auswärtigen Kammern]

Im Falle des § 93 Abs. 2 kann ein Richter beim Amtsgericht Vorsitzender der Kammer für Handelssachen sein.

§ 107 [Entschädigung ehrenamtlicher Richter]

(1) Die ehrenamtlichen Richter, die weder ihren Wohnsitz noch ihre gewerbliche Niederlassung am Sitz der Kammer für Handelssachen haben, erhalten Tage- und Übernachtungsgelder nach den für Richter am Landgericht geltenden Vorschriften.

(2) Den ehrenamtlichen Richtern werden die Fahrtkosten in entsprechender Anwendung des § 3 des Gesetzes über die Entschädigung der ehrenamtlichen Richter ersetzt.

§ 108 [Ernennung ehrenamtlicher Richter]

Die ehrenamtlichen Richter werden auf gutachtlichen Vorschlag der Industrie- und Handelskammer für die Dauer von vier Jahren ernannt; eine wiederholte Ernennung ist nicht ausgeschlossen.

§ 109 [Eignung]

(1) Zum ehrenamtlichen Richter kann ernannt werden, wer

1. Deutscher ist,
2. das dreißigste Lebensjahr vollendet hat und
3. als Kaufmann, Vorstandsmitglied oder Geschäftsführer einer juristischen Person oder als Prokurist in das Handelsregister oder das Genossenschaftsregister eingetragen ist oder eingetragen war oder als Vorstandsmitglied einer juristischen Person des öffentlichen Rechts aufgrund des § 36 des Handelsgesetzbuchs oder einer gesetzlichen Sonderregelung für diese juristische Person nicht eingetragen zu werden braucht.

(2) Wer diese Voraussetzungen erfüllt, soll nur ernannt werden, wenn er

1. in dem Bezirk der Kammer für Handelssachen wohnt oder
2. in diesem Bezirk eine Handelsniederlassung hat oder
3. einem Unternehmen angehört, das in diesem Bezirk seinen Sitz oder seine Niederlassung hat.

Darüber hinaus soll nur ernannt werden

1. ein Prokurist, wenn er im Unternehmen eine der eigenverantwortlichen Tätigkeit des Unternehmers vergleichbare selbständige Stellung einnimmt,
2. ein Vorstandsmitglied einer Genossenschaft, wenn es hauptberuflich in einer Genossenschaft tätig ist, die in ähnlicher Weise wie eine Handelsgesellschaft am Handelsverkehr teilnimmt.

(3) Zum ehrenamtlichen Richter kann nicht ernannt werden, wer zu dem Amt eines Schöffen unfähig ist oder nach § 33 Nr. 4 zu dem Amt eines Schöffen nicht berufen werden soll.

§ 110 [Ehrenamtliche Richter an Seeplätzen]

An Seeplätzen können ehrenamtliche Richter auch aus dem Kreis der Schiffahrtskundigen ernannt werden.

§ 111 (weggefallen)

§ 112 [Rechte und Pflichten]

Die ehrenamtlichen Richter haben während der Dauer ihres Amts in Beziehung auf dasselbe alle Rechte und Pflichten eines Richters.

§ 113 [Amtsenthebung]

(1) Ein ehrenamtlicher Richter ist seines Amtes zu entheben, wenn er

1. eine der für seine Ernennung erforderlichen Eigenschaften verliert oder Umstände eintreten oder nachträglich bekanntwerden, die einer Ernennung nach § 109 entgegenstehen, oder
2. seine Amtspflichten gröblich verletzt hat.

(2) Die Entscheidung trifft der erste Zivilsenat des Oberlandesgerichts durch Beschluß nach Anhörung des Beteiligten. Sie ist unanfechtbar.

(3) Beantragt der ehrenamtliche Richter selbst die Entbindung von seinen Amt, so trifft die Entscheidung die Landesjustizverwaltung.

§ 114 [Eigene Sachkunde]

Über Gegenstände, zu deren Beurteilung eine kaufmännische Begutachtung genügt, sowie über das Bestehen von Handelsgebräuchen kann die Kammer für Handelssachen auf Grund eigener Sachkunde und Wissenschaft entscheiden.

Achter Titel

Oberlandesgerichte

§ 115 [Besetzung]

Die Oberlandesgerichte werden mit einem Präsidenten sowie mit Vorsitzenden Richtern und weiteren Richtern besetzt.

§ 115 a (weggefallen)

§ 116 [Zivil- und Strafsenate]

(1) Bei den Oberlandesgerichten werden Zivil- und Strafsenate gebildet. Bei den nach § 120 zuständigen Oberlandesgerichten werden Ermittlungsrichter bestellt; zum Ermittlungsrichter kann auch jedes Mitglied eines anderen Oberlandesgerichts, das in dem in § 120 bezeichneten Gebiet seinen Sitz hat, bestellt werden.

(2) Durch Anordnung der Landesjustizverwaltung können außerhalb des Sitzes des Oberlandesgerichts für den Bezirk eines oder mehrerer Landgerichte Zivil- oder Strafsenate gebildet und ihnen für diesen Bezirk die gesamte Tätigkeit des Zivil- oder Strafsenats des Oberlandesgerichts oder ein Teil dieser Tätigkeit zugewiesen werden. Ein auswärtiger Senat für Familiensachen kann für die Bezirke mehrerer Familiengerichte gebildet werden.

§ 117 [Vertretung eines Richters]

Die Vorschrift des § 70 Abs. 1 ist entsprechend anzuwenden.

§ 118 (weggefallen)

§ 119 [Zuständigkeit in Zivilstreitigkeiten]

(1) Die Oberlandesgerichte sind in bürgerlichen Rechtsstreitigkeiten zuständig für die Verhandlung und Entscheidung über die Rechtsmittel;

1.[1] der Berufung gegen die Endurteile der Amtsgerichte in Kindschaftssachen und in den von den Familiengerichten entschiedenen Sachen;
2.[1] der Beschwerde gegen Entscheidungen der Amtsgerichte in Kindschaftssachen und in den von den Familiengerichten entschiedenen Sachen;
3. der Berufung gegen die Endurteile der Landgerichte;
4. der Beschwerde gegen Entscheidungen der Landgerichte.

(2) § 23 b Abs. 1, 2 gilt entsprechend.

§ 120 [Zuständigkeit in Strafsachen in 1. Instanz]

(1) In Strafsachen sind die Oberlandesgerichte, in deren Bezirk die Landesregierungen ihren Sitz haben, für das Gebiet des Landes zuständig für die Verhandlung und Entscheidung im ersten Rechtszug

1. bei Friedensverrat in den Fällen des § 80 des Strafgesetzbuches,
2. bei Hochverrat (§§ 81 bis 83 des Strafgesetzbuches),
3. bei Landesverrat und Gefährdung der äußeren Sicherheit (§§ 94 bis 100 a des Strafgesetzbuches) sowie bei Straftaten nach § 52 Abs. 2 des Patentgesetzes, nach § 9 Abs. 2 des Gebrauchsmustergesetzes in Verbindung mit § 52 Abs. 2 des Patentgesetzes oder nach § 4 Abs. 4 des Halbleiterschutzgesetzes in Verbindung mit § 9 Abs. 2 des Gebrauchsmustergesetzes und § 52 Abs. 2 des Patentgesetzes,
4. bei einem Angriff gegen Organe und Vertreter ausländischer Staaten (§ 102 des Strafgesetzbuches),
5. bei einer Straftat gegen Verfassungsorgane in den Fällen der §§ 105, 106 des Strafgesetzbuches,
6. bei einer Zuwiderhandlung gegen das Vereinigungsverbot des § 129 a des Strafgesetzbuches,
7. bei Nichtanzeige von Straftaten nach § 138 des Strafgesetzbuches, wenn die Nichtanzeige eine Straftat betrifft, die zur Zuständigkeit der Oberlandesgerichte gehört, und
8. bei Völkermord (§ 220 a des Strafgesetzbuches).

(2) Diese Oberlandesgerichte sind ferner für die Verhandlung und Entscheidung im ersten Rechtszug zuständig

1. bei den in § 74 a Abs. 1 bezeichneten Straftaten, wenn der Generalbundesanwalt wegen der besonderen Bedeutung des Falles nach § 74 a Abs. 2 die Verfolgung übernimmt,
2. bei Mord (§ 211 des Strafgesetzbuches), Totschlag (§ 212 des Strafgesetzbuches) und den in § 129 a Abs. 1 Nr. 2 und 3 des Strafgesetzbuches bezeichneten Straftaten, wenn ein Zusammenhang mit der Tätigkeit einer nicht oder nicht nur im Inland bestehenden Vereinigung besteht, deren Zweck oder Tätigkeit die Begehung von Straftaten dieser Art zum Gegenstand hat, und der Generalbundesanwalt wegen der besonderen Bedeutung des Falles die Verfolgung übernimmt,

---

1) Hierzu Artikel 6 Nr. 6 des Gesetzes zur Änderung unterhaltsrechtlicher, verfahrensrechtlicher und anderer Vorschriften vom 20. 2. 1986 (BGBl.I S. 301).

3. bei Mord (§ 211 des Strafgesetzbuches), Totschlag (§ 212 des Strafgesetzbuches), Geiselnahme (§ 239 b des Strafgesetzbuches), besonders schwerer Brandstiftung (§ 307 des Strafgesetzbuches), Herbeiführen einer Explosion durch Kernenergie (§ 310 b Abs. 1 des Strafgesetzbuches), Mißbrauch ionisierender Strahlen (§ 311 a Abs. 2 des Strafgesetzbuches), Herbeiführen einer lebensgefährdenden Überschwemmung (§ 312 des Strafgesetzbuches), Angriff auf den Luftverkehr (§ 316 c Abs. 1 des Strafgesetzbuches) und gemeingefährlicher Vergiftung (§ 319 des Strafgesetzbuches), wenn die Tat nach den Umständen bestimmt und geeignet ist,
   a) den Bestand oder die äußere oder innere Sicherheit der Bundesrepublik Deutschland zu beeinträchtigen,
   b) Verfassungsgrundsätze zu beseitigen, außer Geltung zu setzen oder zu untergraben oder
   c) die Sicherheit der in der Bundesrepublik Deutschland stationierten Truppen des Nordatlantik-Pakts, seiner nichtdeutschen Vertragsstaaten oder der im Land Berlin anwesenden Truppen der Drei Mächte zu beeinträchtigen,

   und der Generalbundesanwalt wegen der besonderen Bedeutung des Falles die Verfolgung übernimmt.

Sie verweisen bei der Eröffnung des Hauptverfahrens die Sache in den Fällen der Nummer 1 an das Landgericht, in den Fällen der Nummern 2 und 3 an das Land- oder Amtsgericht, wenn eine besondere Bedeutung des Falles nicht vorliegt.

(3) In den Sachen, in denen diese Oberlandesgerichte nach Absatz 1 oder 2 zuständig sind, treffen sie auch die in § 73 Abs. 1 bezeichneten Entscheidungen. Sie entscheiden ferner über die Beschwerde gegen Verfügungen der Ermittlungsrichter der Oberlandesgerichte (§ 169 Abs. 1 Satz 1 der Strafprozeßordnung) in den in § 304 Abs. 5 der Strafprozeßordnung bezeichneten Fällen.

(4) Diese Oberlandesgerichte entscheiden auch über die Beschwerde gegen Verfügungen und Entscheidungen des nach § 74 a zuständigen Gerichts.

(5) Für den Gerichtsstand gelten die allgemeinen Vorschriften. Die beteiligten Länder können durch Vereinbarung die den Oberlandesgerichten in den Absätzen 1 bis 4 zugewiesenen Aufgaben dem hiernach zuständigen Gericht eines Landes auch für das Gebiet eines anderen Landes übertragen.

(6) Soweit nach § 142 a für die Verfolgung der Strafsachen die Zuständigkeit des Bundes begründet ist, üben diese Oberlandesgerichte Gerichtsbarkeit nach Artikel 96 Abs. 5 des Grundgesetzes aus.

§ 121 [Zuständigkeit in Strafsachen in 2. Instanz]

(1) Die Oberlandesgerichte sind in Strafsachen ferner zuständig für die Verhandlung und Entscheidung über die Rechtsmittel:

1. der Revision gegen
   a) die mit der Berufung nicht anfechtbaren Urteile des Strafrichters;
   b) die Berufungsurteile der kleinen und großen Strafkammern;
   c) die Urteile des Landgerichts im ersten Rechtszug, wenn die Revision ausschließlich auf die Verletzung einer in den Landesgesetzen enthaltenen Rechtsnorm gestützt wird;
2. der Beschwerde gegen strafrichterliche Entscheidungen, soweit nicht die Zuständigkeit der Strafkammern oder des Bundesgerichtshofes begründet ist;

3. der Rechtsbeschwerde gegen Entscheidungen der Strafvollstreckungskammern nach den §§ 116, 138 Abs. 2 des Strafvollzugsgesetzes.

(2) Will ein Oberlandesgericht bei seiner Entscheidung nach Absatz 1 Nr. 1 a oder b von einer nach dem 1. April 1950 ergangenen, bei seiner Entscheidung nach Absatz 2 Nr. 3 von einer nach dem 1. Januar 1977 ergangenen Entscheidung eines anderen Oberlandesgerichts oder von einer Entscheidung des Bundesgerichtshofes abweichen, so hat es die Sache diesem vorzulegen.

(3) Ein Land, in dem mehrere Oberlandesgerichte errichtet sind, kann durch Rechtsverordnung der Landesregierung die Entscheidungen nach Absatz 1 Nr. 3 einem Oberlandesgericht für die Bezirke mehrerer Oberlandesgerichte oder dem Obersten Landesgericht zuweisen, sofern die Zuweisung für eine sachdienliche Förderung oder schnellere Erledigung der Verfahren zweckmäßig ist. Die Landesregierungen können die Ermächtigung durch Rechtsverordnung auf die Landesjustizverwaltungen übertragen.

§ 122 [Besetzung der Senate]

(1) Die Senate der Oberlandesgerichte entscheiden, soweit nicht nach den Vorschriften der Prozeßgesetze an Stelle des Senats der Einzelrichter zu entscheiden hat, in der Besetzung von drei Mitgliedern mit Einschluß des Vorsitzenden.

(2) Die Strafsenate entscheiden über die Eröffnung des Hauptverfahrens des ersten Rechtszuges mit einer Besetzung von fünf Richtern einschließlich des Vorsitzenden. Bei der Eröffnung des Hauptverfahrens beschließt der Strafsenat, daß er in der Hauptverhandlung mit drei Richtern einschließlich des Vorsitzenden besetzt ist, wenn nicht nach dem Umfang oder der Schwierigkeit der Sache die Mitwirkung zweier weiterer Richter notwendig erscheint. Über die Einstellung des Hauptverfahrens wegen eines Verfahrenshindernisses entscheidet der Strafsenat in der für die Hauptverhandlung bestimmten Besetzung.

Neunter Titel

Bundesgerichtshof

§ 123 [Sitz]

Sitz des Bundesgerichtshofes ist Karlsruhe.

§ 124 [Besetzung]

Der Bundesgerichtshof wird mit einem Präsidenten sowie mit Vorsitzenden Richtern und weiteren Richtern besetzt.

§ 125 [Berufung und Ernennung der Mitglieder]

(1) Die Mitglieder des Bundesgerichtshofes werden durch den Bundesminister der Justiz gemeinsam mit dem Richterwahlausschuß gemäß dem Richterwahlgesetz berufen und vom Bundespräsidenten ernannt.

(2) Zum Mitglied des Bundesgerichtshofes kann nur berufen werden, wer das fünfunddreißigste Lebensjahr vollendet hat.

§§ 126 bis **129 (weggefallen)**

§ 130 [Zivil- und Strafsenate]

(1) Bei dem Bundesgerichtshof werden Zivil- und Strafsenate gebildet und Ermittlungsrichter bestellt. Ihre Zahl bestimmt der Bundesminister der Justiz.

(2) Der Bundesminister der Justiz wird ermächtigt, Zivil- und Strafsenate auch außerhalb des Sitzes des Bundesgerichtshofes zu bilden und die Dienstsitze für Ermittlungsrichter des Bundesgerichtshofes zu bestimmen.

§§ 131 und 131 a (weggefallen)

§ 132 [Große Senate – Vereinigte Große Senate]

(1) Beim Bundesgerichtshof werden ein Großer Senat für Zivilsachen und ein Großer Senat für Strafsachen gebildet. Die Großen Senate bilden die Vereinigten Großen Senate.

(2) Will ein Senat in einer Rechtsfrage von der Entscheidung eines anderen Senats abweichen, so entscheiden der Große Senat für Zivilsachen, wenn ein Zivilsenat von einem anderen Zivilsenat oder von dem Großen Zivilsenat, der Große Senat für Strafsachen, wenn ein Strafsenat von einem anderen Strafsenat oder von dem Großen Senat für Strafsachen, die Vereinigten Großen Senate, wenn ein Zivilsenat von einem Strafsenat oder von dem Großen Senat für Strafsachen oder ein Strafsenat von einem Zivilsenat oder von dem Großen Senat für Zivilsachen oder ein Senat von den Vereinigten Großen Senaten abweichen will.

(3) Eine Vorlage an den Großen Senat oder die Vereinigten Großen Senate ist nur zulässig, wenn der Senat, von dessen Entscheidung abgewichen werden soll, auf Anfrage des erkennenden Senats erklärt hat, daß er an seiner Rechtsauffassung festhält. Kann der Senat, von dessen Entscheidung abgewichen werden soll, wegen einer Änderung des Geschäftsverteilungsplanes mit der Rechtsfrage nicht mehr befaßt werden, tritt der Senat an seine Stelle, der nach dem Geschäftsverteilungsplan für den Fall, in dem abweichend entschieden wurde, zuständig wäre. Über die Anfrage und die Antwort entscheidet der jeweilige Senat durch Beschluß in der für Urteile erforderlichen Besetzung; § 97 Abs. 2 Satz 1 des Steuerberatungsgesetzes und § 74 Abs. 2 Satz 1 der Wirtschaftsprüferordnung bleiben unberührt.

(4) Der erkennende Senat kann eine Frage von grundsätzlicher Bedeutung dem Großen Senat zur Entscheidung vorlegen, wenn das nach seiner Auffassung zur Fortbildung des Rechts oder zur Sicherung einer einheitlichen Rechtsprechung erforderlich ist.

(5) Der Große Senat für Zivilsachen besteht aus dem Präsidenten und je einem Mitglied der Zivilsenate, der Große Senat für Strafsachen aus dem Präsidenten und je zwei Mitgliedern der Strafsenate. Legt ein anderer Senat vor oder soll von dessen Entscheidung abgewichen werden, ist auch ein Mitglied dieses Senats im Großen Senat vertreten. Die Vereinigten Großen Senate bestehen aus den Präsidenten und den Mitgliedern der Großen Senate.

(6) Die Mitglieder und die Vertreter werden durch das Präsidium für ein Geschäftsjahr bestellt. Dies gilt auch für das Mitglied eines anderen Senats nach Absatz 5 Satz 2 und für seinen Vertreter. Den Vorsitz in den Großen Senaten und den Vereinigten Großen Senaten führt der Präsident, bei Verhinderung das dienstälteste Mitglied. Bei Stimmengleichheit gibt die Stimme des Vorsitzenden den Ausschlag.

§ 133 [Zuständigkeit in Zivilstreitigkeiten]

In bürgerlichen Rechtsstreitigkeiten ist der Bundesgerichtshof zuständig für die Verhandlung und Entscheidung über die Rechtsmittel:

1. der Revision gegen die Endurteile der Oberlandesgerichte sowie gegen die Endurteile der Landgerichte im Falle des § 566 a der Zivilprozeßordnung;
2. der Beschwerde gegen Entscheidungen der Oberlandesgerichte in den Fällen des § 519 b Abs. 2, des § 542 Abs. 3 in Verbindung mit § 341 Abs. 2, des § 568 a und des § 621 e Abs. 2 der Zivilprozeßordnung.

§§ **134** und **134 a (weggefallen)**

§ 135 [Zuständigkeit in Strafsachen]

(1) In Strafsachen ist der Bundesgerichtshof zuständig zur Verhandlung und Entscheidung über das Rechtsmittel der Revision gegen die Urteile der Oberlandesgerichte im ersten Rechtszug sowie gegen die Urteile der Landgerichte im ersten Rechtszug, soweit nicht die Zuständigkeit der Oberlandesgerichte begründet ist.

(2) Der Bundesgerichtshof entscheidet ferner über Beschwerden gegen Beschlüsse und Verfügungen der Oberlandesgerichte in den in § 138 d Abs. 6 Satz 1, § 304 Abs. 4 Satz 2 und § 310 Abs. 1 der Strafprozeßordnung bezeichneten Fällen, über Beschwerden gegen Verfügungen des Ermittlungsrichters des Bundesgerichtshofes (§ 169 Abs. 1 Satz 2 der Strafprozeßordnung) in den in § 304 Abs. 5 der Strafprozeßordnung bezeichneten Fällen sowie über Anträge gegen Entscheidungen des Generalbundesanwalts in den in § 161 a Abs. 3 der Strafprozeßordnung bezeichneten Fällen.

§§ **136** und **137 (aufgehoben)**

§ 138 [Verfahren vor den Großen Senaten]

(1) Die Großen Senate und die Vereinigten Großen Senate entscheiden nur über die Rechtsfrage. Sie können ohne mündliche Verhandlung entscheiden. Die Entscheidung ist in der vorliegenden Sache für den erkennenden Senat bindend.

(2) Vor der Entscheidung des Großen Senats für Strafsachen oder der Vereinigten Großen Senate und in Rechtsstreitigkeiten, welche die Nichtigerklärung einer Ehe, die Feststellung des Bestehens oder Nichtbestehens einer Ehe oder die Anfechtung einer Todeserklärung zum Gegenstand haben, ist der Generalbundesanwalt zu hören. Der Generalbundesanwalt kann auch in der Sitzung seine Auffassung darlegen.

(3) Erfordert die Entscheidung der Sache eine erneute mündliche Verhandlung vor dem erkennenden Senat, so sind die Beteiligten unter Mitteilung der ergangenen Entscheidung der Rechtsfrage zu der Verhandlung zu laden.

§ 139 [Besetzung der Senate]

(1) Die Senate des Bundesgerichtshofes entscheiden in der Besetzung von fünf Mitgliedern einschließlich des Vorsitzenden.

(2) Die Strafsenate entscheiden über Beschwerden und Anträge auf gerichtliche Entscheidung (§ 161 a Abs. 3 der Strafprozeßordnung) in der Besetzung von drei Mitgliedern einschließlich des Vorsitzenden. Dies gilt nicht für die Entscheidung über Beschwerden gegen Beschlüsse, durch welche die Eröffnung des Hauptverfahrens abgelehnt oder das Verfahren wegen eines Verfahrenshindernisses eingestellt wird.

§ 140 [Geschäftsordnung]

Der Geschäftsgang wird durch eine Geschäftsordnung geregelt, die das Plenum beschließt; sie bedarf der Bestätigung durch den Bundesrat.

9 a. Titel

Zuständigkeit für Wiederaufnahmeverfahren in Strafsachen

§ 140 a

(1) Im Wiederaufnahmeverfahren entscheidet ein anderes Gericht mit gleicher sachlicher Zuständigkeit als das Gericht, gegen dessen Entscheidung sich der Antrag auf Wiederaufnahme des Verfahrens richtet. Über einen Antrag gegen ein im Revisionsverfahren

erlassenes Urteil entscheidet ein anderes Gericht der Ordnung des Gerichts, gegen dessen Urteil die Revision eingelegt war.

(2) Das Präsidium des Oberlandesgerichts bestimmt vor Beginn des Geschäftsjahres die Gerichte, die innerhalb seines Bezirks für die Entscheidungen in Wiederaufnahmeverfahren örtlich zuständig sind.

(3) Ist im Bezirk eines Oberlandesgerichts nur ein Landgericht eingerichtet, so entscheidet über den Antrag, für den nach Absatz 1 das Landgericht zuständig ist, eine andere Strafkammer des Landgerichts, die vom Präsidium des Oberlandesgerichts vor Beginn des Geschäftsjahres bestimmt wird. Die Landesregierungen werden ermächtigt, durch Rechtsverordnung die nach Absatz 2 zu treffende Entscheidung des Präsidiums eines Oberlandesgerichts, in dessen Bezirk nur ein Landgericht eingerichtet ist, dem Präsidium eines benachbarten Oberlandesgerichts für solche Anträge zuzuweisen, für die nach Absatz 1 das Landgericht zuständig ist. Die Landesregierungen können die Ermächtigung durch Rechtsverordnung auf die Landesjustizverwaltungen übertragen.

(4) In den Ländern, in denen nur ein Oberlandesgericht und nur ein Landesgericht eingerichtet sind, gilt Absatz 3 Satz 1 entsprechend. Die Landesregierungen dieser Länder werden ermächtigt, mit einem benachbarten Land zu vereinbaren, daß die Aufgaben des Präsidiums des Oberlandesgerichts nach Absatz 2 einem benachbarten, zu einem anderen Land gehörenden Oberlandesgericht für Anträge übertragen werden, für die nach Absatz 1 das Landgericht zuständig ist.

(5) In den Ländern, in denen nur ein Landgericht eingerichtet ist und einem Amtsgericht die Strafsachen für die Bezirke der anderen Amtsgerichte zugewiesen sind, gelten Absatz 3 Satz 1 und Absatz 4 Satz 2 entsprechend.

(6) Wird die Wiederaufnahme des Verfahrens beantragt, das von einem Oberlandesgericht im ersten Rechtszug entschieden worden war, so ist ein anderer Senat dieses Oberlandesgerichts zuständig. § 120 Abs. 5 Satz 2 gilt entsprechend.

(7) Für Entscheidungen über Anträge zur Vorbereitung eines Wiederaufnahmeverfahrens gelten die Absätze 1 bis 6 entsprechend.

Zehnter Titel

Staatsanwaltschaft

§ 141 [Sitz]

Bei jedem Gericht soll eine Staatsanwaltschaft bestehen.

§ 142 [Sachliche Zuständigkeit – Referendare]

(1) Das Amt der Staatsanwaltschaft wird ausgeübt:

1. bei dem Bundesgerichtshof durch einen Generalbundesanwalt und durch einen oder mehrere Bundesanwälte;
2. bei den Oberlandesgerichten und den Landgerichten durch einen oder mehrere Staatsanwälte;
3. bei den Amtsgerichten durch einen oder mehrere Staatsanwälte oder Amtsanwälte.

(2) Die Zuständigkeit der Amtsanwälte erstreckt sich nicht auf das amtsrichterliche Verfahren zur Vorbereitung der öffentlichen Klage in den Strafsachen, die zur Zuständigkeit anderer Gerichte als der Amtsgerichte gehören.

(3) Referendaren kann die Wahrnehmung der Aufgaben eines Amtsanwalts und im Einzelfall die Wahrnehmung der Aufgaben eines Staatsanwalts unter dessen Aufsicht übertragen werden.

§ 142 a [Zuständigkeit des Generalbundesanwalts]

(1) Der Generalbundesanwalt übt in den zur Zuständigkeit von Oberlandesgerichten im ersten Rechtszug gehörenden Strafsachen (§ 120 Abs. 1 und 2) das Amt der Staatsanwaltschaft auch bei diesen Gerichten aus. Können in den Fällen des § 120 Abs. 1 die Beamten der Staatsanwaltschaft eines Landes und der Generalbundesanwalt sich nicht darüber einigen, wer von ihnen die Verfolgung zu übernehmen hat, so entscheidet der Generalbundesanwalt.

(2) Der Generalbundesanwalt gibt das Verfahren vor Einreichung einer Anklageschrift oder einer Antragsschrift (§ 440 der Strafprozeßordnung) an die Landesstaatsanwaltschaft ab,

1. wenn es folgende Straftaten zum Gegenstand hat:
   a) Straftaten nach den §§ 82, 83 Abs. 2, §§ 98, 99 oder 102 des Strafgesetzbuches,
   b) Straftaten nach den §§ 105 oder 106 des Strafgesetzbuches, wenn die Tat sich gegen ein Organ eines Landes oder gegen ein Mitglied eines solchen Organs richtet,
   c) Straftaten nach § 138 des Strafgesetzbuches in Verbindung mit einer der in Buchstabe a bezeichneten Strafvorschriften oder
   d) Straftaten nach § 52 Abs. 2 des Patentgesetzes, nach § 9 Abs. 2 des Gebrauchsmustergesetzes in Verbindung mit § 52 Abs. 2 des Patentgesetzes oder nach § 4 Abs. 4 des Halbleiterschutzgesetzes in Verbindung mit § 9 Abs. 2 des Gebrauchsmustergesetzes und § 52 Abs. 2 des Patentgesetzes;
2. in Sachen von minderer Bedeutung.

(3) Eine Abgabe an die Landesstaatsanwaltschaft unterbleibt,

1. wenn die Tat die Interessen des Bundes in besonderem Maße berührt oder
2. wenn es im Interesse der Rechtseinheit geboten ist, daß der Generalbundesanwalt die Tat verfolgt.

(4) Der Generalbundesanwalt gibt eine Sache, die er nach § 120 Abs. 2 Nr. 2 oder 3 oder § 74 a Abs. 2 übernommen hat, wieder an die Landesstaatsanwaltschaft ab, wenn eine besondere Bedeutung des Falles nicht mehr vorliegt.

§ 143 [Örtliche Zuständigkeit]

(1) Die örtliche Zuständigkeit der Beamten der Staatsanwaltschaft wird durch die örtliche Zuständigkeit des Gerichts bestimmt, für das sie bestellt sind.

(2) Ein unzuständiger Beamter der Staatsanwaltschaft hat sich den innerhalb seines Bezirks vorzunehmenden Amtshandlungen zu unterziehen, bei denen Gefahr im Verzug ist.

(3) Können die Beamten der Staatsanwaltschaft verschiedener Länder sich nicht darüber einigen, wer von ihnen die Verfolgung zu übernehmen hat, so entscheidet der ihnen gemeinsam vorgesetzte Beamte der Staatsanwaltschaft, sonst der Generalbundesanwalt.

(4) Den Beamten einer Staatsanwaltschaft kann für die Bezirke mehrerer Land- oder Oberlandesgerichte die Zuständigkeit für die Verfolgung bestimmter Arten von Strafsachen, die Strafvollstreckung in diesen Sachen sowie die Bearbeitung von Rechtshilfeersuchen von Stellen außerhalb des räumlichen Geltungsbereichs dieses Gesetzes zugewiesen werden, sofern dies für eine sachdienliche Förderung oder schnellere Erledigung der Verfahren zweckmäßig ist; in diesen Fällen erstreckt sich die örtliche Zuständigkeit der Beamten der Staatsanwaltschaft in den ihnen zugewiesenen Sachen auf alle Gerichte der Bezirke, für die ihnen diese Sachen zugewiesen sind.

§ 144 [Vertreter der ersten Beamten]

Besteht die Staatsanwaltschaft eines Gerichts aus mehreren Beamten, so handeln die dem ersten Beamten beigeordneten Personen als dessen Vertreter; sie sind, wenn sie für ihn auftreten, zu allen Amtsverrichtungen desselben ohne den Nachweis eines besonderen Auftrags berechtigt.

§ 145 [Befugnisse der ersten Beamten – Amtsanwälte]

(1) Die ersten Beamten der Staatsanwaltschaft bei den Oberlandesgerichten und den Landgerichten sind befugt, bei allen Gerichten ihres Bezirks die Amtsverrichtungen der Staatsanwaltschaft selbst zu übernehmen oder mit ihrer Wahrnehmung einen anderen als den zunächst zuständigen Beamten zu beauftragen.

(2) Amtsanwälte können das Amt der Staatsanwaltschaft nur bei den Amtsgerichten versehen.

§ 145 a (weggefallen)

§ 146 [Weisungsgebundenheit]

Die Beamten der Staatsanwaltschaft haben den dienstlichen Anweisungen ihres Vorgesetzten nachzukommen.

§ 147 [Aufsichts- und Leitungsrecht]

Das Recht der Aufsicht und Leitung steht zu:

1. dem Bundesminister der Justiz hinsichtlich des Generalbundesanwalts und der Bundesanwälte;
2. der Landesjustizverwaltung hinsichtlich aller staatsanwaltschaftlichen Beamten des betreffenden Landes;
3. dem ersten Beamten der Staatsanwaltschaft bei den Oberlandesgerichten und den Landgerichten hinsichtlich aller Beamten der Staatsanwaltschaft ihres Bezirks.

§ 148 [Bundesanwaltschaft]

Der Generalbundesanwalt und die Bundesanwälte sind Beamte.

§ 149 [Ernennung]

Der Generalbundesanwalt und die Bundesanwälte werden auf Vorschlag des Bundesministers der Justiz, der der Zustimmung des Bundesrates bedarf, vom Bundespräsidenten ernannt.

§ 150 [Unabhängigkeit von den Gerichten]

Die Staatsanwaltschaft ist in ihren amtlichen Verrichtungen von den Gerichten unabhängig.

§ 151 [Verbot richterlicher Geschäfte]

Die Staatsanwälte dürfen richterliche Geschäfte nicht wahrnehmen. Auch darf ihnen eine Dienstaufsicht über die Richter nicht übertragen werden.

§ 152 [Hilfsbeamte der Staatsanwaltschaft]

(1) Die Hilfsbeamten der Staatsanwaltschaft sind in dieser Eigenschaft verpflichtet, den Anordnungen der Staatsanwaltschaft ihres Bezirks und der dieser vorgesetzten Beamten Folge zu leisten.

(2) Die Landesregierungen werden ermächtigt, durch Rechtsverordnung diejenigen Beamten- und Angestelltengruppen zu bezeichnen, auf die diese Vorschrift anzuwenden ist. Die Angestellten müssen im öffentlichen Dienst stehen, das 21. Lebensjahr vollendet haben und mindestens zwei Jahre in den bezeichneten Beamten- oder Angestelltengruppen tätig gewesen sein. Die Landesregierungen können die Ermächtigung durch Rechtsverordnung auf die Landesjustizverwaltungen übertragen.

Elfter Titel

Geschäftsstelle

§ 153 [Sitz – Urkundsbeamte]

(1) Bei jedem Gericht und jeder Staatsanwaltschaft wird eine Geschäftsstelle eingerichtet, die mit der erforderlichen Zahl von Urkundsbeamten besetzt wird.

(2) Mit den Aufgaben eines Urkundsbeamten der Geschäftsstelle kann betraut werden, wer einen Vorbereitungsdienst von zwei Jahren abgeleistet und die Prüfung für den mittleren Justizdienst oder für den mittleren Dienst bei der Arbeitsgerichtsbarkeit bestanden hat. Sechs Monate des Vorbereitungsdienstes sollen auf einen Fachlehrgang entfallen.

(3) Mit den Aufgaben eines Urkundsbeamten der Geschäftsstelle kann auch betraut werden,

1. wer die Rechtspflegerprüfung oder die Prüfung für den gehobenen Dienst bei der Arbeitsgerichtsbarkeit bestanden hat,
2. wer nach den Vorschriften über den Laufbahnwechsel die Befähigung für die Laufbahn des mittleren Justizdienstes erhalten hat,
3. wer als anderer Bewerber (§ 4 Abs. 3 des Rahmengesetzes zur Vereinheitlichung des Beamtenrechts) nach den landesrechtlichen Vorschriften in die Laufbahn des mittleren Justizdienstes übernommen worden ist.

(4) Die näheren Vorschriften zur Ausführung der Absätze 1 bis 3 erlassen der Bund und die Länder für ihren Bereich. Sie können auch bestimmen, ob und inwieweit Zeiten einer dem Ausbildungsziel förderlichen sonstigen Ausbildung oder Tätigkeit auf den Vorbereitungsdienst angerechnet werden können.

(5) Der Bund und die Länder können ferner bestimmen, daß mit Aufgaben eines Urkundsbeamten der Geschäftsstelle auch betraut werden kann, wer auf dem Sachgebiet, das ihm übertragen werden soll, einen Wissens- und Leistungsstand aufweist, der dem durch die Ausbildung nach Absatz 2 vermittelten Stand gleichwertig ist.

Zwölfter Titel

Zustellungs- und Vollstreckungsbeamte

§ 154 [Gerichtsvollzieher]

Die Dienst- und Geschäftsverhältnisse der mit den Zustellungen, Ladungen und Vollstreckungen zu betrauenden Beamten (Gerichtsvollzieher) werden bei dem Bundesgerichtshof durch den Bundesminister der Justiz, bei den Landesgerichten durch die Landesjustizverwaltung bestimmt.

§ 155 [Ausschließungsgründe]

Der Gerichtsvollzieher ist von der Ausübung seines Amts kraft Gesetzes ausgeschlossen:

I. in bürgerlichen Rechtsstreitigkeiten:

1. wenn er selbst Partei oder gesetzlicher Vertreter einer Partei ist oder zu einer Partei in dem Verhältnis eines Mitberechtigten, Mitverpflichteten oder Schadensersatzpflichtigen steht;
2. wenn sein Ehegatte Partei ist, auch wenn die Ehe nicht mehr besteht;
3. wenn eine Person Partei ist, mit der er in gerader Linie verwandt oder verschwägert, in der Seitenlinie bis zum dritten Grad verwandt oder bis zum zweiten Grad verschwägert ist oder war;

II. in Strafsachen:
1. wenn er selbst durch die Straftat verletzt ist;
2. wenn er der Ehegatte des Beschuldigten oder Verletzten ist oder gewesen ist;
3. wenn er mit dem Beschuldigten oder Verletzten in dem unter Nummer I 3 bezeichneten Verwandtschafts- oder Schwägerschaftsverhältnis steht oder stand.

Dreizehnter Titel
Rechtshilfe

§ 156 [Pflicht zur Rechtshilfe]

Die Gerichte haben sich in bürgerlichen Rechtsstreitigkeiten und in Strafsachen Rechtshilfe zu leisten.

§ 157 [Zuständigkeit]

(1) Das Ersuchen um Rechtshilfe ist an das Amtsgericht zu richten, in dessen Bezirk die Amtshandlung vorgenommen werden soll.

(2) Die Landesregierungen werden ermächtigt, durch Rechtsverordnung die Erledigung von Rechtshilfeersuchen für die Bezirke mehrerer Amtsgerichte einem von ihnen ganz oder teilweise zuzuweisen, sofern dadurch der Rechtshilfeverkehr erleichtert oder beschleunigt wird. Die Landesregierungen können diese Ermächtigung durch Rechtsverordnung auf die Landesjustizverwaltungen übertragen.

§ 158 [Ablehnung des Ersuchens]

(1) Das Ersuchen darf nicht abgelehnt werden.

(2) Das Ersuchen eines nicht im Rechtszuge vorgesetzten Gerichts ist jedoch abzulehnen, wenn die vorzunehmende Handlung nach dem Recht des ersuchten Gerichts verboten ist. Ist das ersuchte Gericht örtlich nicht zuständig, so gibt es das Ersuchen an das zuständige Gericht ab.

§ 159 [Entscheidung über Rechtshilfeersuchen]

(1) Wird das Ersuchen abgelehnt, oder wird der Vorschrift des § 158 Abs. 2 zuwider dem Ersuchen stattgegeben, so entscheidet das Oberlandesgericht, zu dessen Bezirk das ersuchte Gericht gehört. Die Entscheidung ist nur anfechtbar, wenn sie die Rechtshilfe für unzulässig erklärt und das ersuchende und das ersuchte Gericht den Bezirken verschiedener Oberlandesgerichte angehören. Über die Beschwerde entscheidet der Bundesgerichtshof.

(2) Die Entscheidungen ergehen auf Antrag der Beteiligten oder des ersuchenden Gerichts ohne mündliche Verhandlung.

§ 160 [Vollstreckungen, Ladungen und Zustellungen]

Vollstreckungen, Ladungen und Zustellungen werden nach Vorschrift der Prozeßordnung bewirkt ohne Rücksicht darauf, ob sie in dem Land, dem das Prozeßgericht angehört, oder in einem anderen deutschen Land vorzunehmen sind.

§ 161 [Mitwirkung der Geschäftsstelle eines anderen Amtsgerichts]

Gerichte, Staatsanwaltschaften und Geschäftsstellen der Gerichte können wegen Erteilung eines Auftrags an einen Gerichtsvollzieher die Mitwirkung der Geschäftsstelle des Amtsgerichts in Anspruch nehmen, in dessen Bezirk der Antrag ausgeführt werden soll. Der von der Geschäftsstelle beauftragte Gerichtsvollzieher gilt als unmittelbar beauftragt.

§ 162 [Ersuchen um Strafvollstreckung]

Hält sich ein zu einer Freiheitsstrafe Verurteilter außerhalb des Bezirks der Strafvollstreckungsbehörde auf, so kann diese Behörde die Staatsanwaltschaft des Landgerichts, in dessen Bezirk sich der Verurteilte befindet, um die Vollstreckung der Strafe ersuchen.

§ 163 [Ausführung durch Staatsanwaltschaft]

Soll eine Freiheitsstrafe in dem Bezirk eines anderen Gerichts vollstreckt oder ein in dem Bezirk eines anderen Gerichts befindlicher Verurteilter zum Zwecke der Strafverbüßung ergriffen und abgeliefert werden, so ist die Staatsanwaltschaft bei dem Landgericht des Bezirks um die Ausführung zu ersuchen.

§ 164 [Kostenfreiheit]

(1) Kosten und Auslagen der Rechtshilfe werden von der ersuchenden Behörde nicht erstattet.

(2) Gebühren oder andere öffentliche Abgaben, denen die von der ersuchenden Behörde übersendeten Schriftstücke (Urkunden, Protokolle) nach dem Recht der ersuchten Behörde unterliegen, bleiben außer Ansatz.

§ 165 (weggefallen)

§ 166 [Amtshandlungen des Gerichts außerhalb seines Bezirks]

Ein Gericht darf Amtshandlungen im Geltungsbereich dieses Gesetzes auch außerhalb seines Bezirks vornehmen.

§ 167 [Verfolgung eines Flüchtigen über Landesgrenzen]

(1) Die Polizeibeamten eines deutschen Landes sind ermächtigt, die Verfolgung eines Flüchtigen auf das Gebiet eines anderen deutschen Landes fortzusetzen und den Flüchtigen dort zu ergreifen.

(2) Der Ergriffene ist unverzüglich an das nächste Gericht oder die nächste Polizeibehörde des Landes, in dem er ergriffen wurde, abzuführen.

§ 168 [Aktenmitteilung]

Die in einem deutschen Land bestehenden Vorschriften über die Mitteilung von Akten einer öffentlichen Behörde an ein Gericht dieses Landes sind auch dann anzuwenden, wenn das ersuchende Gericht einem anderen deutschen Land angehört.

Vierzehnter Titel

Öffentlichkeit und Sitzungspolizei

§ 169 [Öffentliche Verhandlung]

Die Verhandlung vor dem erkennenden Gericht einschließlich der Verkündung der Urteile und Beschlüsse ist öffentlich. Ton- und Fernseh-Rundfunkaufnahmen sowie Ton- und Filmaufnahmen zum Zwecke der öffentlichen Vorführung oder Veröffentlichung ihres Inhalts sind unzulässig.

§ 170 [Nichtöffentlichkeit der Verhandlung in Familien- und Kindschaftssachen]

Die Verhandlung in Familien- und Kindschaftssachen ist nicht öffentlich. Dies gilt für die Familiensachen des § 23 b Abs. 1 Satz 2 Nr. 5, 6, 9 nur, soweit sie mit einer der anderen Familiensachen verhandelt werden.

§ 171 (aufgehoben)

§ 171 a [Ausschluß der Öffentlichkeit in Unterbringungssachen]

Die Öffentlichkeit kann für die Hauptverhandlung oder für einen Teil davon ausgeschlossen werden, wenn das Verfahren die Unterbringung des Beschuldigten in einem psychiatrischen Krankenhaus oder einer Entziehungsanstalt, allein oder neben einer Strafe, zum Gegenstand hat.

§ 171 b [Ausschluß der Öffentlichkeit wegen schutzwürdiger Interessen]

(1) Die Öffentlichkeit kann ausgeschlossen werden, soweit Umstände aus dem persönlichen Lebensbereich eines Prozeßbeteiligten, Zeugen oder durch eine rechtswidrige Tat (§ 11 Abs. 1 Nr. 5 des Strafgesetzbuches) Verletzten zur Sprache kommen, deren öffentliche Erörterung schutzwürdige Interessen verletzen würde, soweit nicht das Interesse an der öffentlichen Erörterung dieser Umstände überwiegt. Dies gilt nicht, soweit die Personen, deren Lebensbereiche betroffen sind, in der Hauptverhandlung dem Ausschluß der Öffentlichkeit widersprechen.

(2) Die Öffentlichkeit ist auszuschließen, wenn die Voraussetzungen des Absatzes 1 Satz 1 vorliegen und der Ausschluß von der Person, deren Lebensbereich betroffen ist, beantragt wird.

(3) Die Entscheidungen nach den Absätzen 1 und 2 sind unanfechtbar.

§ 172 [Ausschluß aus besonderen Gründen]

Das Gericht kann für die Verhandlung oder für einen Teil davon die Öffentlichkeit ausschließen, wenn

1. eine Gefährdung der Staatssicherheit, der öffentlichen Ordnung oder der Sittlichkeit zu besorgen ist,

1a. eine Gefährdung des Lebens, des Leibes oder der Freiheit eines Zeugen oder einer anderen Person zu besorgen ist,

2. ein wichtiges Geschäfts-, Betriebs-, Erfindungs- oder Steuergeheimnis zur Sprache kommt, durch dessen öffentliche Erörterung überwiegende schutzwürdige Interessen verletzt würden,

3. ein privates Geheimnis erörtert wird, dessen unbefugte Offenbarung durch den Zeugen oder Sachverständigen mit Strafe bedroht ist,

4. eine Person unter sechzehn Jahren vernommen wird.

§ 173 [Öffentlichkeit der Urteilsverkündung]

(1) Die Verkündung des Urteils erfolgt in jedem Falle öffentlich.

(2) Durch einen besonderen Beschluß des Gerichts kann unter den Voraussetzungen der §§ 171 b und 172 auch für die Verkündung der Urteilsgründe oder eines Teiles davon die Öffentlichkeit ausgeschlossen werden.

§ 174 [Verhandlung und Beschluß über Ausschluß der Öffentlichkeit]

(1) Über die Ausschließung der Öffentlichkeit ist in nicht öffentlicher Sitzung zu verhandeln, wenn ein Beteiligter es beantragt oder das Gericht es für angemessen erachtet. Der Beschluß, der die Öffentlichkeit ausschließt, muß öffentlich verkündet werden; er kann in nicht öffentlicher Sitzung verkündet werden, wenn zu befürchten ist, daß seine öffentliche Verkündung eine erhebliche Störung der Ordnung in der Sitzung zur Folge haben würde. Bei der Verkündung ist in den Fällen der §§ 171 b, 172 und 173 anzugeben, aus welchem Grund die Öffentlichkeit ausgeschlossen worden ist.

(2) Soweit die Öffentlichkeit wegen Gefährdung der Staatssicherheit ausgeschlossen wird, dürfen Presse, Rundfunk und Fernsehen keine Berichte über die Verhandlung und den Inhalt eines die Sache betreffenden amtlichen Schriftstücks veröffentlichen.

(3) Ist die Öffentlichkeit wegen Gefährdung der Staatssicherheit oder aus den in §§ 171 b und 172 Nr. 2 und 3 bezeichneten Gründen ausgeschlossen, so kann das Gericht den anwesenden Personen die Geheimhaltung von Tatsachen, die durch die Verhandlung oder durch ein die Sache betreffendes amtliches Schriftstück zu ihrer Kenntnis gelangen, zur Pflicht machen. Der Beschluß ist in das Sitzungsprotokoll aufzunehmen. Er ist anfechtbar. Die Beschwerde hat keine aufschiebende Wirkung.

§ 175 [Zutritt zu Verhandlungen]

(1) Der Zutritt zu öffentlichen Verhandlungen kann unerwachsenen und solchen Personen versagt werden, die in einer der Würde des Gerichts nicht entsprechenden Weise erscheinen.

(2) Zu nicht öffentlichen Verhandlungen kann der Zutritt einzelnen Personen vom Gericht gestattet werden. In Strafsachen soll dem Verletzten der Zutritt gestattet werden. Einer Anhörung der Beteiligten bedarf es nicht.

(3) Die Ausschließung der Öffentlichkeit steht der Anwesenheit der die Dienstaufsicht führenden Beamten der Justizverwaltung bei den Verhandlungen vor dem erkennenden Gericht nicht entgegen.

§ 176 [Aufrechterhaltung der Ordnung]

Die Aufrechterhaltung der Ordnung in der Sitzung obliegt dem Vorsitzenden.

§ 177 [Maßnahmen]

Parteien, Beschuldigte, Zeugen, Sachverständige oder bei der Verhandlung nicht beteiligte Personen, die den zur Aufrechterhaltung der Ordnung getroffenen Anordnungen nicht Folge leisten, können aus dem Sitzungszimmer entfernt sowie zur Ordnungshaft abgeführt und während einer zu bestimmenden Zeit, die vierundzwanzig Stunden nicht übersteigen darf, festgehalten werden. Über Maßnahmen nach Satz 1 entscheidet gegenüber Personen, die bei der Verhandlung nicht beteiligt sind, der Vorsitzende, in den übrigen Fällen das Gericht.

§ 178 [Ordnungsgeld oder -haft wegen Ungebühr]

(1) Gegen Parteien, Beschuldigte, Zeugen, Sachverständige oder bei der Verhandlung nicht beteiligte Personen, die sich in der Sitzung einer Ungebühr schuldig machen, kann vorbehaltlich der strafgerichtlichen Verfolgung ein Ordnungsgeld bis zu zweitausend Deutsche Mark oder Ordnungshaft bis zu einer Woche festgesetzt und sofort vollstreckt werden. Bei der Festsetzung von Ordnungsgeld ist zugleich für den Fall, daß dieses nicht beigetrieben werden kann, zu bestimmen, in welchem Maße Ordnungshaft an seine Stelle tritt.

(2) Über die Festsetzung von Ordnungsmitteln entscheidet gegenüber Personen, die bei der Verhandlung nicht beteiligt sind, der Vorsitzende, in den übrigen Fällen das Gericht.
(3) Wird wegen derselben Tat später auf Strafe erkannt, so sind das Ordnungsgeld oder die Ordnungshaft auf die Strafe anzurechnen.

§ 179 [Vollstreckung der Ordnungsmittel]

Die Vollstreckung der vorstehend bezeichneten Ordnungsmittel hat der Vorsitzende unmittelbar zu veranlassen.

§ 180 [Ordnungsmittel außerhalb der Sitzung]

Die in den §§ 176 bis 179 bezeichneten Befugnisse stehen auch einem einzelnen Richter bei der Vornahme von Amtshandlungen außerhalb der Sitzung zu.

§ 181 [Beschwerde]

(1) Ist in den Fällen der §§ 178, 180 ein Ordnungsmittel festgesetzt, so kann gegen die Entscheidung binnen der Frist von einer Woche nach ihrer Bekanntmachung Beschwerde eingelegt werden, sofern sie nicht von dem Bundesgerichtshof oder einem Oberlandesgericht getroffen ist.
(2) Die Beschwerde hat in dem Falle des § 178 keine aufschiebende Wirkung, in dem Falle des § 180 aufschiebende Wirkung.
(3) Über die Beschwerde entscheidet das Oberlandesgericht.

§ 182 [Protokollierung von Ordnungsmaßnahmen]

Ist ein Ordnungsmittel wegen Ungebühr festgesetzt oder eine Person zur Ordnungshaft abgeführt oder eine bei der Verhandlung beteiligte Person entfernt worden, so ist der Beschluß des Gerichts und dessen Veranlassung in das Protokoll aufzunehmen.

§ 183 [Straftaten in der Sitzung]

Wird eine Straftat in der Sitzung begangen, so hat das Gericht den Tatbestand festzustellen und der zuständigen Behörde das darüber aufgenommene Protokoll mitzuteilen. In geeigneten Fällen ist die vorläufige Festnahme des Täters zu verfügen.

Fünfzehnter Titel
Gerichtssprache

§ 184 [Deutsch als Gerichtssprache]

Die Gerichtssprache ist deutsch.

§ 185 [Dolmetscher]

(1) Wird unter Beteiligung von Personen verhandelt, die der deutschen Sprache nicht mächtig sind, so ist ein Dolmetscher zuzuziehen. Ein Nebenprotokoll in der fremden Sprache wird nicht geführt; jedoch sollen Aussagen und Erklärungen in fremder Sprache, wenn und soweit der Richter dies mit Rücksicht auf die Wichtigkeit der Sache für erforderlich erachtet, auch in der fremden Sprache in das Protokoll oder in eine Anlage niedergeschrieben werden. In den dazu geeigneten Fällen soll dem Protokoll eine durch den Dolmetscher zu beglaubigende Übersetzung beigefügt werden.
(2) Die Zuziehung eines Dolmetschers kann unterbleiben, wenn die beteiligten Personen sämtlich der fremden Sprache mächtig sind.

§ 186 [Taube oder Stumme]

Zur Verhandlung mit tauben oder stummen Personen ist, sofern nicht eine schriftliche Verständigung erfolgt, eine Person als Dolmetscher zuzuziehen, mit deren Hilfe die Verständigung in anderer Weise erfolgen kann.

§ 187 [Vortrag Tauber oder Fremdsprachiger]

(1) Ob einer Partei, die taub ist, bei der mündlichen Verhandlung der Vortrag zu gestatten sei, bleibt dem Ermessen des Gerichts überlassen.

(2) Dasselbe gilt in Anwaltsprozessen von einer Partei, die der deutschen Sprache nicht mächtig ist.

§ 188 [Eidesleistung Fremdsprachiger]

Personen, die der deutschen Sprache nicht mächtig sind, leisten Eide in der ihnen geläufigen Sprache.

§ 189 [Eidesleistung des Dolmetschers]

(1) Der Dolmetscher hat einen Eid dahin zu leisten:

daß er treu und gewissenhaft übertragen werde.

Gibt der Dolmetscher an, daß er aus Glaubens- oder Gewissensgründen keinen Eid leisten wolle, so hat er eine Bekräftigung abzugeben. Diese Bekräftigung steht dem Eid gleich; hierauf ist der Dolmetscher hinzuweisen.

(2) Ist der Dolmetscher für Übertragungen der betreffenden Art im allgemeinen beeidigt, so genügt die Berufung auf den geleisteten Eid.

§ 190 [Urkundsbeamter als Dolmetscher]

Der Dienst des Dolmetschers kann von dem Urkundsbeamten der Geschäftsstelle wahrgenommen werden. Einer besonderen Beeidigung bedarf es nicht.

§ 191 [Ausschließung und Ablehnung von Dolmetschern]

Auf den Dolmetscher sind die Vorschriften über Ausschließung und Ablehnung der Sachverständigen entsprechend anzuwenden. Es entscheidet das Gericht oder der Richter, von dem der Dolmetscher zugezogen ist.

Sechzehnter Titel

Beratung und Abstimmung

§ 192 [Mitwirkende Richter]

(1) Bei Entscheidungen dürfen Richter nur in der gesetzlich bestimmten Anzahl mitwirken.

(2) Bei Verhandlungen von längerer Dauer kann der Vorsitzende die Zuziehung von Ergänzungsrichtern anordnen, die der Verhandlung beizuwohnen und im Falle der Verhinderung eines Richters für ihn einzutreten haben.

(3) Diese Vorschriften sind auch auf Schöffen anzuwenden.

§ 193 [Geheime Beratung und Abstimmung]

(1) Bei der Beratung und Abstimmung dürfen außer den zur Entscheidung berufenen Richtern nur die bei demselben Gericht zu ihrer juristischen Ausbildung beschäftigten Personen und die dort beschäftigten wissenschaftlichen Hilfskräfte zugegen sein, soweit der Vorsitzende deren Anwesenheit gestattet.

(2) Ausländische Berufsrichter, Staatsanwälte und Anwälte, die einem Gericht zur Ableistung eines Studienaufenthaltes zugewiesen worden sind, können bei demselben Gericht bei der Beratung und Abstimmung zugegen sein, soweit der Vorsitzende deren Anwesenheit gestattet und sie gemäß den Absätzen 3 und 4 verpflichtet sind. Satz 1 gilt entsprechend für ausländische Juristen, die im Entsendestaat in einem Ausbildungsverhältnis stehen.

(3) Die in Absatz 2 genannten Personen sind auf ihren Antrag zur Geheimhaltung besonders zu verpflichten. § 1 Abs. 2 und 3 des Verpflichtungsgesetzes vom 2. März 1974 (BGBl. I S. 469, 547 – Artikel 42) gilt entsprechend. Personen, die nach Satz 1 besonders verpflichtet worden sind, stehen für die Anwendung der Vorschriften des Strafgesetzbuches über die Verletzung von Privatgeheimnissen (§ 203 Abs. 2 Satz 1 Nr. 2, Satz 2, Abs. 4 und 5, § 205), Verwertung fremder Geheimnisse (§§ 204, 205), Verletzung des Dienstgeheimnisses (§ 353 b Abs. 1 Satz 1 Nr. 2, Satz 2, Abs. 3 und 4) sowie Verletzung des Steuergeheimnisses (§ 355) den für den öffentlichen Dienst besonders Verpflichteten gleich.

(4) Die Verpflichtung wird vom Präsidenten oder vom aufsichtsführenden Richter des Gerichts vorgenommen. Er kann diese Befugnis auf den Vorsitzenden des Spruchkörpers oder auf den Richter übertragen, dem die in Absatz 2 genannten Personen zugewiesen sind. Einer erneuten Verpflichtung bedarf es während der Dauer des Studienaufenthaltes nicht. In den Fällen des § 355 des Strafgesetzbuches ist der Richter, der die Verpflichtung vorgenommen hat, neben dem Verletzten antragsberechtigt.

§ 194 [Leitung der Beratung]

(1) Der Vorsitzende leitet die Beratung, stellt die Fragen und sammelt die Stimmen.

(2) Meinungsverschiedenheiten über den Gegenstand, die Fassung und die Reihenfolge der Fragen oder über das Ergebnis der Abstimmung entscheidet das Gericht.

§ 195 [Keine Abstimmungsverweigerung]

Kein Richter oder Schöffe darf die Abstimmung über eine Frage verweigern, weil er bei der Abstimmung über eine vorhergegangene Frage in der Minderheit geblieben ist.

§ 196 [Mehrheitsentscheidung]

(1) Das Gericht entscheidet soweit das Gesetz nicht ein anderes bestimmt, mit der absoluten Mehrheit der Stimmen.

(2) Bilden sich in Beziehungen auf Summen, über die zu entscheiden ist, mehr als zwei Meinungen, deren keine die Mehrheit für sich hat, so werden die für die größte Summe abgegebenen Stimmen den für die zunächst geringere abgegebenen so lange hinzugerechnet, bis sich eine Mehrheit ergibt.

(3) Bilden sich in einer Strafsache, von der Schuldfrage abgesehen, mehr als zwei Meinungen, deren keine die erforderliche Mehrheit für sich hat, so werden die dem Beschuldigten nachteiligsten Stimmen den zunächst minder nachteiligen so lange hinzugerechnet, bis sich die erforderliche Mehrheit ergibt. Bilden sich in der Straffrage zwei Meinungen, ohne daß eine die erforderliche Mehrheit für sich hat, so gilt die mildere Meinung.

(4) Ergibt sich in dem mit zwei Richtern und zwei Schöffen besetzten Gericht in einer Frage, über die mit einfacher Mehrheit zu entscheiden ist, Stimmengleichheit, so gibt die Stimme des Vorsitzenden den Ausschlag.

§ 197 [Reihenfolge bei Stimmabgabe]

Die Richter stimmen nach dem Dienstalter, bei gleichem Dienstalter nach dem Lebensalter, ehrenamtliche Richter und Schöffen nach dem Lebensalter; der jüngere stimmt vor dem älteren. Die Schöffen stimmen vor den Richtern. Wenn ein Berichterstatter ernannt ist, so stimmt er zuerst. Zuletzt stimmt der Vorsitzende.

§ 198 (weggefallen)

Siebzehnter Titel
Gerichtsferien

§ 199 [Beginn und Ende]

Die Gerichtsferien beginnen am 15. Juli und enden am 15. September.

§ 200 [Feriensachen]

(1) Während der Ferien werden nur in Feriensachen Termine abgehalten und Entscheidungen erlassen.

(2) Feriensachen sind:

1. Strafsachen;
2. Arrestsachen sowie die eine einstweilige Verfügung oder eine einstweilige Anordnung nach den §§ 127 a, 620, 621 f der Zivilprozeßordnung betreffenden Sachen;
3. Meß- und Marktsachen;
4. Streitigkeiten zwischen dem Vermieter und dem Mieter oder Untermieter von Wohnräumen oder anderen Räumen oder zwischen dem Mieter und dem Untermieter solcher Räume wegen Überlassung, Benutzung oder Räumung, wegen Fortsetzung des Mietverhältnisses über Wohnraum auf Grund der §§ 556 a, 556 b des Bürgerlichen Gesetzbuchs sowie wegen Zurückhaltung der von dem Mieter oder dem Untermieter in die Mieträume eingebrachten Sachen;
5. Streitigkeiten in Kindschaftssachen;

5 a. Streitigkeiten über eine durch Ehe oder Verwandtschaft begründete gesetzliche Unterhaltspflicht, soweit sie nicht Folgesachen (§ 623 Abs. 1 Satz 1 der Zivilprozeßordnung) sind, und über Ansprüche nach den §§ 1615 k, 1615 l des Bürgerlichen Gesetzbuchs;

5 b. Familiensachen nach § 23 b Abs. 1 Satz 2 Nr. 2 bis 4, 8, soweit sie nicht Folgesachen (§ 623 Abs. 1 Satz 1 der Zivilprozeßordnung) sind, und nach § 23 b Abs. 1 Satz 2 Nr. 11;

6. Wechselsachen;
7. Regreßansprüche aus einem Scheck;
8. Bausachen, wenn über Fortsetzung eines angefangenen Baues gestritten wird.

(3) In dem Verfahren vor den Amtsgerichten hat das Gericht auf Antrag auch andere Sachen als Feriensachen zu bezeichnen. Werden in einer Sache, die durch Beschluß des Gerichts als Feriensache bezeichnet ist, in einem Termin zur mündlichen Verhandlung einander widersprechende Anträge gestellt, so ist der Beschluß aufzuheben, sofern die Sache nicht besonderer Beschleunigung bedarf.

(4) In dem Verfahren vor den Landgerichten sowie in dem Verfahren in den höheren Instanzen soll das Gericht auf Antrag auch solche Sachen, die nicht unter die Vorschrift des Absatzes 1 fallen, soweit sie besonderer Beschleunigung bedürfen, als Feriensachen bezeichnen. Die Bezeichnung kann vorbehaltlich der Entscheidung des Gerichts durch den Vorsitzenden erfolgen.

§ 201 [Ferienkammern]

Zur Erledigung der Feriensachen können bei den Landgerichten Ferienkammern, bei den Oberlandesgerichten und dem Bundesgerichtshof Feriensenate gebildet werden.

§ 202 [Ferienunabhängige Verfahren]

Auf das Kostenfestsetzungsverfahren, das Mahnverfahren, das Zwangsvollstreckungsverfahren, das Konkursverfahren und das Vergleichsverfahren zur Abwendung des Konkurses sind die Ferien ohne Einfluß.

Einführungsgesetz zum Gerichtsverfassungsgesetz

Vom 27. Januar 1877 (RGBl. S. 77)
(BGBl. III 300-1)

Änderungen seit 1. 1. 1964

Paragraph	Art der Änderung	Geändert durch	Datum	Fundstelle BGBl.
9	geändert	Gesetz zur allgemeinen Einführung eines zweiten Rechtszuges in Staatsschutz-Strafsachen	8. 9.1969	I S. 1582
10	geändert	Gesetz zur Änderung der Bezeichnung der Richter und ehrenamtlichen Richter und der Präsidialverfassung der Gerichte	26. 5.1972	I S. 841
23	geändert	Einführungsgesetz zum Strafgesetzbuch	2. 3.1974	I S. 469
23	geändert	Strafvollzugsgesetz	16. 3.1976	I S. 581
31-38	eingefügt	Änderungsgesetz	30. 9.1977	I S. 1877
29	geändert	Gesetz über die Prozeßkostenhilfe	13. 6.1980	I S. 677
9	geändert	Zwanzigstes Strafrechtsänderungsgesetz	8.12.1981	I S. 1329
9	geändert	Gesetz über die internationale Rechtshilfe in Strafsachen	23.12.1982	I S. 2071
34 a	eingefügt	Änderungsgesetz	4.12.1985	I S. 2141
6	eingefügt	Strafverfahrensänderungsgesetz 1987	27. 1.1987	I S. 475
10 4 a	geändert eingefügt	Rechtspflege-Vereinfachungsgesetz	17.12.1990	I S. 2847
4 a	geändert	Gesetz zur Änderung des Rechtspflegergesetzes und anderer Gesetze	24. 6.1994	I S. 1374

§ 1 [Inkrafttreten]

Das Gerichtsverfassungsgesetz tritt im ganzen Umfang des Reichs an einem durch Kaiserliche Verordnung mit Zustimmung des Bundesrats festzusetzenden Tage, spätestens am 1. Oktober 1879, gleichzeitig mit der in § 2 des Einführungsgesetzes der Zivilprozeßordnung vorgesehenen Gebührenordnung in Kraft.

§ 2 [Anwendungsbereich]

Die Vorschriften des Gerichtsverfassungsgesetzes finden nur auf die ordentliche streitige Gerichtsbarkeit und deren Ausübung Anwendung.

§ 3 [Abweichende Zuständigkeitsregelung durch Landesrecht]

(1) Die Gerichtsbarkeit in bürgerlichen Rechtsstreitigkeiten und Strafsachen, für welche besondere Gerichte zugelassen sind, kann den ordentlichen Landesgerichten durch die Landesgesetzgebung übertragen werden. Die Übertragung darf nach anderen als den durch das Gerichtsverfassungsgesetz vorgeschriebenen Zuständigkeitsnormen erfolgen.
(2) Auch kann die Gerichtsbarkeit letzter Instanz in den vorerwähnten Sachen auf Antrag des betreffenden Bundesstaates mit Zustimmung des Bundesrats durch Kaiserliche Verordnung dem Bundesgerichtshof übertragen werden.
(3) Insoweit für bürgerliche Rechtsstreitigkeiten ein von den Vorschriften der Zivilprozeßordnung abweichendes Verfahren gestattet ist, kann die Zuständigkeit der ordentlichen Landesgerichte durch die Landesgesetzgebung nach anderen als den durch das Gerichtsverfassungsgesetz vorgeschriebenen Normen bestimmt werden.

§ 4 [Übertragung anderer Arten der Gerichtsbarkeit durch Landesgesetzgebung]

Durch die Vorschriften des Gerichtsverfassungsgesetzes über die Zuständigkeit der Behörden wird die Landesgesetzgebung nicht gehindert, den betreffenden Landesbehörden jede andere Art der Gerichtsbarkeit sowie Geschäfte der Justizverwaltung zu übertragen. Andere Gegenstände der Verwaltung dürfen den ordentlichen Gerichten nicht übertragen werden.

§ 4 a [Regelung für Berlin und Hamburg]

(1) Die Länder Berlin und Hamburg bestimmen, welche Stellen die Aufgaben erfüllen, die im Gerichtsverfassungsgesetz den Landesbehörden, den Gemeinden oder den unteren Verwaltungsbezirken sowie deren Vertretungen zugewiesen sind.
(2) Das Land Berlin kann unbeschadet der in § 141 des Gerichtsverfassungsgesetzes getroffenen Regelung durch Gesetz bei dem Landgericht eine weitere Staatsanwaltschaft einrichten, wenn dies aus besonderen Gründen erforderlich ist.

§ 5 (überholt)

§ 6 [Geltungsbeginn von Vorschriften betr. ehrenamtliche Richter]

(1) Vorschriften über die Wahl oder Ernennung ehrenamtlicher Richter in der ordentlichen Gerichtsbarkeit einschließlich ihrer Vorbereitung, über die Voraussetzung hierfür, die Zuständigkeit und das dabei einzuschlagende Verfahren sowie über die allgemeinen Regeln über Auswahl und Zuziehung dieser ehrenamtlichen Richter zu den einzelnen Sitzungen sind erstmals auf die erste Amtsperiode der ehrenamtlichen Richter anzuwenden, die nicht früher als am ersten Tag des auf ihr Inkrafttreten folgenden zwölften Kalendermonats beginnt.
(2) Vorschriften über die Dauer der Amtsperiode ehrenamtlicher Richter in der ordentlichen Gerichtsbarkeit sind erstmals auf die erste nach ihrem Inkrafttreten beginnende Amtsperiode anzuwenden.

§ 7 (überholt)

§ 8 [Revisionen in bürgerlichen Rechtsstreitigkeiten]

(1) Durch die Gesetzgebung eines Landes, in dem mehrere Oberlandesgerichte errichtet werden, kann die Verhandlung und Entscheidung der zur Zuständigkeit des Bundesgerichtshofes gehörenden Revisionen in bürgerlichen Rechtsstreitigkeiten einem obersten Landesgericht zugewiesen werden.
(2) Diese Vorschrift findet jedoch auf bürgerliche Rechtsstreitigkeiten, in denen für die Entscheidung Bundesrecht in Betracht kommt, keine Anwendung, es sei denn, daß es sich im wesentlichen um Rechtsnormen handelt, die in den Landesgesetzen enthalten sind.

§ 9 [Revisionen in Strafsachen]

Durch die Gesetzgebung eines Landes, in dem mehrere Oberlandesgerichte errichtet werden, können die zur Zuständigkeit der Oberlandesgerichte gehörenden Entscheidungen in Strafsachen oder in Verfahren nach dem Gesetz über die internationale Rechtshilfe in Strafsachen ganz oder teilweise ausschließlich einem der mehreren Oberlandesgerichte oder an Stelle eines solchen Oberlandesgerichts dem Obersten Landesgericht zugewiesen werden. Dem Obersten Landesgericht können auch die zur Zuständigkeit eines Oberlandesgerichts nach § 120 des Gerichtsverfassungsgesetzes gehörenden Entscheidungen zugewiesen werden.

§ 10 [Anwendung der Vorschriften des GVG auf die obersten Landesgerichte]

(1) Die allgemeinen sowie die in § 116 Abs. 1 Satz 2, §§ 124, 130 Abs. 1 und § 181 Abs. 1 enthaltenen besonderen Vorschriften des Gerichtsverfassungsgesetzes finden auf die obersten Landesgerichte der ordentlichen Gerichtsbarkeit entsprechende Anwendung; ferner sind die Vorschriften der §§ 132, 138 des Gerichtsverfassungsgesetzes mit der Maßgabe entsprechend anzuwenden, daß durch Landesgesetz die Zahl der Mitglieder der Großen Senate anderweitig geregelt oder die Bildung eines einzigen Großen Senats angeordnet werden kann, der aus dem Präsidenten und mindestens acht Mitgliedern zu bestehen hat und an die Stelle der Großen Senate für Zivilsachen und für Strafsachen sowie der Vereinigten Großen Senate tritt.
(2) Die Besetzung der Senate bestimmt sich in Strafsachen, in Grundbuchsachen und in Angelegenheiten der freiwilligen Gerichtsbarkeit nach den Vorschriften über die Oberlandesgerichte, im übrigen nach den Vorschriften über den Bundesgerichtshof.

§ 11 [Vorentscheidung bei Amtspflichtverletzungen von Beamten]

(1) Die landesgesetzlichen Bestimmungen, durch welche die strafrechtliche oder zivilrechtliche Verfolgung öffentlicher Beamten wegen der in Ausübung oder in Veranlassung der Ausübung ihres Amts vorgenommenen Handlungen an besondere Voraussetzungen gebunden ist, treten außer Kraft.
(2) Unberührt bleiben die landesgesetzlichen Vorschriften, durch welche die Verfolgung der Beamten entweder im Falle des Verlangens einer vorgesetzten Behörde oder unbedingt an die Vorentscheidung einer besonderen Behörde gebunden ist, mit der Maßgabe:
1. daß die Vorentscheidung auf die Feststellung beschränkt ist, ob der Beamte sich einer Überschreitung seiner Amtsbefugnisse oder der Unterlassung einer ihm obliegenden Amtshandlung schuldig gemacht habe;
2. daß in den *Bundesstaaten*, in welchen ein oberster Verwaltungsgerichtshof besteht, die Vorentscheidung diesem, in den anderen *Bundesstaaten* dem *Reichsgericht* zusteht.

§§ 12 bis **16 (aufgehoben bzw. überholt)**

§ 17 [Zuweisung von Kompetenzstreitigkeiten an den Bundesgerichtshof]

(1) Auf Antrag eines Bundesstaates und mit Zustimmung des Bundesrats kann durch Kaiserliche Verordnung die Verhandlung mit Entscheidung der in § 17 des Gerichtsverfassungsgesetzes bezeichneten Streitigkeiten dem Bundesgerichtshof zugewiesen werden.

(2) (überholt)

§§ 18 bis **22 (überholt)**

§ 23 [Entscheidung über Justizverwaltungsakte]

(1) Über die Rechtmäßigkeit der Anordnungen, Verfügungen oder sonstigen Maßnahmen, die von den Justizbehörden zur Regelung einzelner Angelegenheiten auf den Gebieten des bürgerlichen Rechts einschließlich des Handelsrechts, des Zivilprozesses, der freiwilligen Gerichtsbarkeit und der Strafrechtspflege getroffen werden, entscheiden auf Antrag die ordentlichen Gerichte. Das gleiche gilt für Anordnungen, Verfügungen und sonstige Maßnahmen der Vollzugsbehörden im Vollzug der Jugendstrafe, des Jugendarrestes und der Untersuchungshaft sowie derjenigen Freiheitsstrafen und Maßregeln der Besserung und Sicherung, die außerhalb des Justizvollzuges vollzogen werden.

(2) Mit dem Antrag auf gerichtliche Entscheidung kann auch die Verpflichtung der Justiz- oder Vollzugsbehörde zum Erlaß eines abgelehnten oder unterlassenen Verwaltungsaktes begehrt werden.

(3) Soweit die ordentlichen Gerichte bereits auf Grund anderer Vorschriften angerufen werden können, behält es hierbei sein Bewenden.

§ 24 [Voraussetzungen des Antrags]

(1) Der Antrag auf gerichtliche Entscheidung ist nur zulässig, wenn der Antragsteller geltend macht, durch die Maßnahme oder ihre Ablehnung oder Unterlassung in seinen Rechten verletzt zu sein.

(2) Soweit Maßnahmen der Justiz- oder Vollzugsbehörden der Beschwerde oder einem anderen förmlichen Rechtsbehelf im Verwaltungsverfahren unterliegen, kann der Antrag auf gerichtliche Entscheidung erst nach vorausgegangenem Beschwerdeverfahren gestellt werden.

§ 25 [Zuständigkeit]

(1) Über den Antrag entscheidet ein Zivilsenat oder, wenn der Antrag eine Angelegenheit der Strafrechtspflege oder des Vollzugs betrifft, ein Strafsenat des Oberlandesgerichts, in dessen Bezirk die Justiz- oder Vollzugsbehörde ihren Sitz hat. Ist ein Beschwerdeverfahren (§ 24 Abs. 2) vorausgegangen, so ist das Oberlandesgericht zuständig, in dessen Bezirk die Beschwerdebehörde ihren Sitz hat.

(2) Ein Land, in dem mehrere Oberlandesgerichte errichtet sind, kann durch Gesetz die nach Absatz 1 zur Zuständigkeit des Zivilsenats oder des Strafsenats gehörenden Entscheidungen ausschließlich einem der Oberlandesgerichte oder dem Obersten Landesgericht zuweisen.

§ 26 [Antragsfrist]

(1) Der Antrag auf gerichtliche Entscheidung muß innerhalb eines Monats nach Zustellung oder schriftlicher Bekanntgabe des Bescheides oder, soweit ein Beschwerdeverfahren (§ 24 Abs. 2) vorausgegangen ist, nach Zustellung des Beschwerdebescheides schriftlich

oder zur Niederschrift der Geschäftsstelle des Oberlandesgerichts oder eines Amtsgerichts gestellt werden.

(2) War der Antragsteller ohne Verschulden verhindert, die Frist einzuhalten, so ist ihm auf Antrag Wiedereinsetzung in den vorigen Stand zu gewähren.

(3) Der Antrag auf Wiedereinsetzung ist binnen zwei Wochen nach Wegfall des Hindernisses zu stellen. Die Tatsachen zur Begründung des Antrags sind bei der Antragstellung oder im Verfahren über den Antrag glaubhaft zu machen. Innerhalb der Antragsfrist ist die versäumte Rechtshandlung nachzuholen. Ist dies geschehen, so kann die Wiedereinsetzung auch ohne Antrag gewährt werden.

(4) Nach einem Jahr seit dem Ende der versäumten Frist ist der Antrag auf Wiedereinsetzung unzulässig, außer wenn der Antrag vor Ablauf der Jahresfrist infolge höherer Gewalt unmöglich war.

§ 27 [Antrag auf Erzwingung einer Amtshandlung]

(1) Ein Antrag auf gerichtliche Entscheidung kann auch gestellt werden, wenn über einen Antrag, eine Maßnahme zu treffen, oder über eine Beschwerde oder einen anderen förmlichen Rechtsbehelf ohne zureichenden Grund nicht innerhalb von drei Monaten entschieden ist. Das Gericht kann vor Ablauf dieser Frist angerufen werden, wenn dies wegen besonderer Umstände des Falles geboten ist.

(2) Liegt ein zureichender Grund dafür vor, daß über die Beschwerde oder den förmlichen Rechtsbehelf noch nicht entschieden oder die beantragte Maßnahme noch nicht erlassen ist, so setzt das Gericht das Verfahren bis zum Ablauf einer von ihm bestimmten Frist, die verlängert werden kann, aus. Wird der Beschwerde innerhalb der vom Gericht gesetzten Frist stattgegeben oder der Verwaltungsakt innerhalb dieser Frist erlassen, so ist die Hauptsache für erledigt zu erklären.

(3) Der Antrag nach Absatz 1 ist nur bis zum Ablauf eines Jahres seit der Einlegung der Beschwerde oder seit der Stellung des Antrags auf Vornahme der Maßnahme zulässig, außer wenn die Antragstellung vor Ablauf der Jahresfrist infolge höherer Gewalt unmöglich war oder unter den besonderen Verhältnissen des Einzelfalles unterblieben ist.

§ 28 [Entscheidung über Antrag]

(1) Soweit die Maßnahme rechtswidrig und der Antragsteller dadurch in seinen Rechten verletzt ist, hebt das Gericht die Maßnahme und, soweit ein Beschwerdeverfahren (§ 24 Abs. 2) vorausgegangen ist, den Beschwerdebescheid auf. Ist die Maßnahme schon vollzogen, so kann das Gericht auf Antrag auch aussprechen, daß und wie die Justiz- oder Vollzugsbehörde die Vollziehung rückgängig zu machen hat. Dieser Ausspruch ist nur zulässig, wenn die Behörde dazu in der Lage und diese Frage spruchreif ist. Hat sich die Maßnahme vorher durch Zurücknahme oder anders erledigt, so spricht das Gericht auf Antrag aus, daß die Maßnahme rechtswidrig gewesen ist, wenn der Antragsteller ein berechtigtes Interesse an dieser Feststellung hat.

(2) Soweit die Ablehnung oder Unterlassung der Maßnahme rechtswidrig und der Antragsteller dadurch in seinen Rechten verletzt ist, spricht das Gericht die Verpflichtung der Justiz- oder Vollzugsbehörde aus, die beantragte Amtshandlung vorzunehmen, wenn die Sache spruchreif ist. Andernfalls spricht es die Verpflichtung aus, den Antragsteller unter Beachtung der Rechtsauffassung des Gerichts zu bescheiden.

(3) Soweit die Justiz- oder Vollzugsbehörde ermächtigt ist, nach ihrem Ermessen zu handeln, prüft das Gericht auch, ob die Maßnahme oder ihre Ablehnung oder Unterlassung rechtswidrig ist, weil die gesetzlichen Grenzen des Ermessens überschritten sind oder

von dem Ermessen in einer dem Zweck der Ermächtigung nicht entsprechenden Weise Gebrauch gemacht ist.

§ 29 [Endgültigkeit der Entscheidung – Vorlage an den Bundesgerichtshof]

(1) Die Entscheidung des Oberlandesgerichts ist endgültig. Will ein Oberlandesgericht jedoch von einer auf Grund des § 23 ergangenen Entscheidung eines anderen Oberlandesgerichts oder des Bundesgerichtshofes abweichen, so legt es die Sache diesem vor. Der Bundesgerichtshof entscheidet an Stelle des Oberlandesgerichts.

(2) Im übrigen sind auf das Verfahren vor dem Zivilsenat die Vorschriften des Reichsgesetzes über die Angelegenheiten der freiwilligen Gerichtsbarkeit über das Beschwerdeverfahren, auf das Verfahren vor dem Strafsenat die Vorschriften der Strafprozeßordnung über das Beschwerdeverfahren sinngemäß anzuwenden.

(3) Auf die Bewilligung der Prozeßkostenhilfe sind die Vorschriften der Zivilprozeßordnung entsprechend anzuwenden.

§ 30 [Kosten]

(1) Für die Kosten des Verfahrens vor dem Oberlandesgericht gelten die Vorschriften der Kostenordnung entsprechend. Abweichend von § 130 der Kostenordnung wird jedoch ohne Begrenzung durch einen Höchstbetrag bei Zurückweisung das Doppelte der vollen Gebühr, bei Zurücknahme des Antrags eine volle Gebühr erhoben.

(2) Das Oberlandesgericht kann nach billigem Ermessen bestimmen, daß die außergerichtlichen Kosten des Antragstellers, die zur zweckentsprechenden Rechtsverfolgung notwendig waren, ganz oder teilweise aus der Staatskasse zu erstatten sind. Die Vorschriften des § 91 Abs. 1 Satz 2 und der *§§ 102*[1] bis 107 der Zivilprozeßordnung gelten entsprechend. Die Entscheidung des Oberlandesgerichts kann nicht angefochten werden.

(3) Der Geschäftswert bestimmt sich nach § 30 der Kostenordnung. Er wird vor dem Oberlandesgericht durch unanfechtbaren Beschluß festgesetzt.

§ 31 [Kontaktsperre für Gefangene zur Abwehr einer terroristischen Gefahr][2]

Besteht eine gegenwärtige Gefahr für Leben, Leib oder Freiheit einer Person, begründen bestimmte Tatsachen den Verdacht, daß die Gefahr von einer terroristischen Vereinigung ausgeht, und ist es zur Abwehr dieser Gefahr geboten, jedwede Verbindung von Gefangenen untereinander und mit der Außenwelt einschließlich des schriftlichen und mündlichen Verkehrs mit dem Verteidiger zu unterbrechen, so kann eine entsprechende Feststellung getroffen werden. Die Feststellung darf sich nur auf Gefangene beziehen, die wegen einer Straftat nach § 129 a des Strafgesetzbuches oder wegen einer der in dieser Vorschrift bezeichneten Straftaten rechtskräftig verurteilt sind oder gegen die ein Haftbefehl wegen des Verdachts einer solchen Straftat besteht; das gleiche gilt für solche Gefangene, die wegen einer anderen Straftat verurteilt oder die wegen des Verdachts einer anderen Straftat in Haft sind und gegen die der dringende Verdacht besteht, daß sie diese Tat im Zusammenhang mit einer Tat nach § 129 a des Strafgesetzbuches begangen haben. Die Feststellung ist auf bestimmte Gefangene oder Gruppen von Gefangenen zu beschränken, wenn dies zur Abwehr der Gefahr ausreicht. Die Feststellung ist nach pflichtgemäßem Ermessen zu treffen.

---

1) § 102 ZPO aufgehoben durch Gesetz zur Änderung von Wertgrenzen und Kostenvorschriften in der Zivilgerichtsbarkeit vom 27. 11. 1964 (BGBl. I S. 933)

2) §§ 31 - 34 und 35 - 38 eingefügt durch das Gesetz zur Änderung des Einführungsgesetzes zum Gerichtsverfassungsgesetz vom 30. 9. 1977 (BGBl. I S. 1877). Zu beachten sind die Übergangs- und Überleitungsregelungen der Artikel 2 und 3 des genannten Änderungsgesetzes (abgedruckt unter II B 9 a).

§ 32 [Zuständigkeit]

Die Feststellung nach § 31 trifft die Landesregierung oder die von ihr bestimmte oberste Landesbehörde. Ist es zur Abwendung der Gefahr geboten, die Verbindung in mehreren Ländern zu unterbrechen, so kann die Feststellung der Bundesminister der Justiz treffen.

§ 33 [Maßnahmen zur Kontaktsperre][1)]

Ist eine Feststellung nach § 31 erfolgt, so treffen die zuständigen Behörden der Länder die Maßnahmen, die zur Unterbrechung der Verbindung erforderlich sind.

§ 34 [Wirkungen der Kontaktsperre]

(1) Sind Gefangene von Maßnahmen nach § 33 betroffen, so gelten für sie, von der ersten sie betreffenden Maßnahme an, solange sie von einer Feststellung erfaßt sind, die in den Absätzen 2 bis 4 nachfolgenden besonderen Vorschriften.

(2) Gegen die Gefangenen laufende Fristen werden gehemmt, wenn sie nicht nach anderen Vorschriften unterbrochen werden.

(3) In Strafverfahren und anderen gerichtlichen Verfahren, für die die Vorschriften der Strafprozeßordnung als anwendbar erklärt sind, gilt ergänzend folgendes:

1. Gefangenen, die keinen Verteidiger haben, wird ein Verteidiger bestellt.
2. Gefangene dürfen bei Vernehmungen und anderen Ermittlungshandlungen auch dann nicht anwesend sein, wenn sie nach allgemeinen Vorschriften ein Recht auf Anwesenheit haben; Gleiches gilt für ihre Verteidiger, soweit ein von der Feststellung nach § 31 erfaßter Mitgefangener anwesend ist. Solche Maßnahmen dürfen nur stattfinden, wenn der Gefangene oder der Verteidiger ihre Durchführung verlangt und derjenige, der nach Satz 1 nicht anwesend sein darf, auf seine Anwesenheit verzichtet. § 147 Abs. 3 der Strafprozeßordnung ist nicht anzuwenden, soweit der Zweck der Unterbrechung gefährdet würde.
3. Eine Vernehmung des Gefangenen als Beschuldigter, bei der der Verteidiger nach allgemeinen Vorschriften ein Anwesenheitsrecht hat, findet nur statt, wenn der Gefangene und der Verteidiger auf die Anwesenheit des Verteidigers verzichten.
4. Bei der Verkündung eines Haftbefehls hat der Verteidiger kein Recht auf Anwesenheit; er ist von der Verkündung des Haftbefehls zu unterrichten. Der Richter hat dem Verteidiger das wesentliche Ergebnis der Vernehmung des Gefangenen bei der Verkündung, soweit der Zweck der Unterbrechung nicht gefährdet wird, und die Entscheidung mitzuteilen.
5. Mündliche Haftprüfungen sowie andere mündliche Verhandlungen, deren Durchführung innerhalb bestimmter Fristen vorgeschrieben ist, finden, soweit der Gefangene anwesend ist, ohne den Verteidiger statt; Nummer 4 Satz 2 gilt entsprechend. Eine mündliche Verhandlung bei der Haftprüfung ist auf Antrag des Gefangenen oder seines Verteidigers nach Ende der Maßnahmen nach § 33 zu wiederholen, auch wenn die Voraussetzungen des § 118 Abs. 3 der Strafprozeßordnung nicht vorliegen.
6. Eine Hauptverhandlung findet nicht statt und wird, wenn sie bereits begonnen hat, nicht fortgesetzt. Die Hauptverhandlung darf bis zur Dauer von dreißig Tagen unterbrochen werden; § 229 Abs. 2 der Strafprozeßordnung bleibt unberührt.
7. Eine Unterbringung zur Beobachtung des psychischen Zustandes nach § 81 der Strafprozeßordnung darf nicht vollzogen werden.
8. Der Gefangene darf sich in einem gegen ihn errichteten Strafverfahren schriftlich an das Gericht oder die Staatsanwaltschaft wenden. Dem Verteidiger darf für die Dauer der Feststellung keine Einsicht in diese Schriftstücke gewährt werden.

---

1) Siehe Fußnote 2) auf S. 6.

(4) Ein anderer Rechtsstreit oder ein anderes gerichtliches Verfahren, in dem der Gefangene Partei oder Beteiligter ist, wird unterbrochen; das Gericht kann einstweilige Maßnahmen treffen.

§ 34 a [Beiordnung einer Kontaktperson]

(1) Dem Gefangenen ist auf seinen Antrag ein Rechtsanwalt als Kontaktperson beizuordnen. Der Kontaktperson obliegt, unter Wahrung der Ziele der nach § 31 getroffenen Feststellung, die rechtliche Betreuung des Gefangenen, soweit dafür infolge der nach § 33 getroffenen Maßnahmen ein Bedürfnis besteht; die Kontaktperson kann insbesondere durch Anträge und Anregungen auf die Ermittlung entlastender Tatsachen und Umstände hinwirken, die im Interesse des Gefangenen unverzüglicher Aufklärung bedürfen.

(2) Soweit der Gefangene damit einverstanden ist, teilt die Kontaktperson dem Gericht und der Staatsanwaltschaft die bei dem Gespräch mit dem Gefangenen und im weiteren Verlauf ihrer Tätigkeit gewonnenen Erkenntnisse mit; sie kann im Namen des Gefangenen Anträge stellen. Die Kontaktperson ist im Einverständnis mit dem Gefangenen befugt, an Vernehmungen und Ermittlungshandlungen teilzunehmen, bei denen der Verteidiger nach § 34 Abs. 3 Nr. 3, Nr. 4 Satz 1 und Nr. 5 Satz 1 nicht anwesend sein darf. Die Kontaktperson darf Verbindung mit Dritten aufnehmen, soweit dies zur Erfüllung ihrer Aufgaben nach Absatz 1 unabweisbar ist.

(3) Über die Beiordnung einer Kontaktperson und deren Auswahl aus dem Kreis der im Geltungsbereich dieses Gesetzes zugelassenen Rechtsanwälte entscheidet der Präsident des Landgerichts, in dessen Bezirk die Justizvollzugsanstalt liegt, innerhalb von 48 Stunden nach Eingang des Antrags. Der Verteidiger des Gefangenen darf nicht beigeordnet werden. Der Präsident ist hinsichtlich der Beiordnung und der Auswahl Weisungen nicht unterworfen; seine Vertretung richtet sich nach § 21 h des Gerichtsverfassungsgesetzes. Dritte dürfen über die Person des beigeordneten Rechtsanwalts, außer durch ihn selbst im Rahmen seiner Aufgabenerfüllung nach Absatz 1 und 2, nicht unterrichtet werden. Der beigeordnete Rechtsanwalt muß die Aufgaben einer Kontaktperson übernehmen. Der Rechtsanwalt kann beantragen, die Beiordnung aufzuheben, wenn hierfür wichtige Gründe vorliegen.

(4) Der Gefangene hat nicht das Recht, einen bestimmten Rechtsanwalt als Kontaktperson vorzuschlagen.

(5) Dem Gefangenen ist mündlicher Verkehr mit der Kontaktperson gestattet. Für das Gespräch sind Vorrichtungen vorzusehen, die die Übergabe von Schriftstücken und anderen Gegenständen ausschließen.

(6) Der Gefangene ist bei Bekanntgabe der Feststellung nach § 31 über sein Recht, die Beiordnung einer Kontaktperson zu beantragen, und über die übrigen Regelungen der Absätze 1 bis 5 zu belehren.

§ 35 [Gerichtliche Bestätigung der Kontaktsperrefeststellung]

Die Feststellung nach § 31 verliert ihre Wirkung, wenn sie nicht innerhalb von zwei Wochen nach ihrem Erlaß bestätigt worden ist. Für die Bestätigung einer Feststellung, die eine Landesbehörde getroffen hat, ist ein Strafsenat des Oberlandesgerichts zuständig, in dessen Bezirk die Landesregierung ihren Sitz hat, für die Bestätigung einer Feststellung des Bundesministers der Justiz ein Strafsenat des Bundesgerichtshofes; § 25 Abs. 2 gilt entsprechend.

§ 36 [Zurücknahme, befristete Wirkung der Feststellung]

Die Feststellung nach § 31 ist zurückzunehmen, sobald ihre Voraussetzungen nicht mehr vorliegen. Sie verliert spätestens nach Ablauf von dreißig Tagen ihre Wirkung; die Frist beginnt mit Ablauf des Tages, unter dem die Feststellung ergeht. Eine Feststellung, die bestätigt worden ist, kann mit ihrem Ablauf erneut getroffen werden, wenn die Voraussetzungen noch vorliegen; für die erneute Feststellung gilt § 35. War eine Feststellung nicht bestätigt, so kann eine erneute Feststellung nur getroffen werden, wenn neue Tatsachen es erfordern. § 34 Abs. 3 Nr. 6 Satz 2 ist bei erneuten Feststellungen nicht mehr anwendbar.

§ 37 [Entscheidung über die Rechtmäßigkeit einzelner Maßnahmen]

(1) Über die Rechtmäßigkeit einzelner Maßnahmen nach § 33 entscheidet auf Antrag ein Strafsenat des Oberlandesgerichts, in dessen Bezirk die Landesregierung ihren Sitz hat.

(2) Stellt ein Gefangener einen Antrag nach Absatz 1, so ist der Antrag von einem Richter bei dem Amtsgericht aufzunehmen, in dessen Bezirk der Gefangene verwahrt wird.

(3) Bei der Anhörung werden Tatsachen und Umstände soweit und solange nicht mitgeteilt, als die Mitteilung den Zweck der Unterbrechung gefährden würde. § 33 a der Strafprozeßordnung gilt entsprechend.

(4) Die Vorschriften des § 23 Abs. 2, des § 24 Abs. 1, des § 25 Abs. 2 und der §§ 26 bis 30 gelten entsprechend.

§ 38 [Besserungs- und Sicherungsmaßregeln, Anstaltsunterbringung]

Die Vorschriften der §§ 31 bis 37 gelten entsprechend, wenn eine Maßregel der Besserung und Sicherung vollzogen wird oder wenn ein Unterbringungsbefehl nach § 126 a der Strafprozeßordnung besteht.

Deutsches Richtergesetz

Vom 8. September 1961 (BGBl. I S. 1665)
in der Fassung der Bekanntmachung vom 19. April 1972 (BGBl. I S. 713)[1)2)]
(BGBl. III 301-1)

Änderungen seit Neufassung

Paragraph	Art der Änderung	Geändert durch	Datum	Fundstelle BGBl.
12, 14, 29, 54 19 a, 45 a, 120 a	geändert eingefügt	Gesetz zur Änderung der Bezeichnungen der Richter und ehrenamtlichen Richter und der Präsidialverfassung der Gerichte	26. 5.1972	I S. 841
71 a	eingefügt	Zweites Gesetz zur Änderung des Bundesbeamtengesetzes	28. 7.1972	I S. 1288
48 a, 62, 76 a, 78	eingefügt	Gesetz zur Änderung beamten- und richterrechtlicher Vorschriften	31. 1.1974	I S. 131
4, 52, 53, 58, 60	geändert	Bundespersonalvertretungsgesetz	15. 3.1974	I S. 693

1) **Bekanntmachung der Neufassung des Deutschen Richtergesetzes**

Vom 19. April 1972

Auf Grund des Artikels III § 3 des Gesetzes zur Änderung des Deutschen Richtergesetzes vom 10. September 1971 (BGBl. I S. 1557) wird nachstehend der Wortlaut des Deutschen Richtergesetzes vom 8. September 1961 (BGBl. I S. 1665) unter Berücksichtigung

a) des Artikels 3 des Gesetzes zur Kürzung des Vorbereitungsdienstes für den Erwerb der Befähigung zum höheren Beamtendienst und zum Richteramt vom 18. August 1965 (BGBl. I S. 891),
b) des Artikels I § 10 des Gesetzes zur Neuordnung des Bundesdisziplinarrechts vom 20. Juli 1967 (BGBl. I S. 725),
c) des Artikels 6 Nr. 4 Buchstabe c des Achten Strafrechtsänderungsgesetzes vom 25. Juni 1968 (BGBl. I S. 741),
d) des Artikels 5 des Sechsten Gesetzes zur Änderung beamtenrechtlicher und besoldungsrechtlicher Vorschriften vom 31. März 1969 (BGBl. I S. 257),
e) des Artikels 39 des Ersten Gesetzes zur Reform des Strafrechts (1. StrRG) vom 25. Juni 1969 (BGBl. I S. 644),
f) des § 4 des Ersten Gesetzes zur Änderung des Gesetzes über Hilfsmaßnahmen für Deutsche aus der sowjetischen Besatzungszone Deutschlands und dem sowjetisch besetzten Sektor von Berlin (1. FlüHÄndG) vom 10. Mai 1971 (BGBl. I S. 445) und
g) des Artikels I des Gesetzes zur Änderung des Deutschen Richtergesetzes vom 10. September 1971 (BGBl. I S. 1557)

bekanntgemacht.

Der Bundesminister der Justiz

2) Siehe Maßgabe auf Seite 4.

Paragraph	Art der Änderung	Geändert durch	Datum	Fundstelle BGBl.
45, 123	geändert	Gesetz zur Ergänzung des Ersten Gesetzes zur Reform des Strafverfahrensrechts	20.12.1974	I S. 3686
48	geändert	Haushaltsstrukturgesetz	18.12.1975	I S. 3091
19 a, 45 a	geändert	Gesetz zur Änderung von Bezeichnungen der Richter und ehrenamtlichen Richter	22.12.1975	I S. 3176
5 b	geändert	Zweites Gesetz zur Änderung des Rechtspflegergesetzes	18. 8.1976	I S. 2186
71, 71 a, 115	geändert	Beamtenversorgungsgesetz	24. 8.1976	I S. 2485
36 17 a	geändert eingefügt	Gesetz zur Neuregelung der Rechtsverhältnisse der Mitglieder des Deutschen Bundestages	18. 2.1977	I S. 297
48	geändert	Gesetz zur Änderung dienstrechtlicher Vorschriften	30. 7.1979	I S. 1299
121	geändert	Zweites Gesetz zur Änderung dienstrechtlicher Vorschriften	30. 7.1979	I S. 1301
48 a, 76 a	geändert	Drittes Gesetz zur Änderung dienstrechtlicher Vorschriften	10. 5.1980	I S. 561
5 b	geändert	Gesetz über die Prozeßkostenhilfe	13. 6.1980	I S. 677
5 a, 5 b, 5 d	geändert	Zweites Änderungsgesetz	16. 8.1980	I S. 1451
48a	geändert	Viertes Gesetz zur Änderung dienstrechtlicher Vorschriften	12. 7.1984	I S. 875
5–5 d, 109	geändert	Drittes Änderungsgesetz	25. 7.1984	I S. 995
48 a, 62, 76 a, 78 48 b	geändert eingefügt	Fünftes Gesetz zur Änderung dienstrechtlicher Vorschriften	25. 7.1984	I S. 998
48, 70	geändert	Gesetz zur Änderung des Gesetzes über das Bundesverfassungsgericht und zur Änderung des Deutschen Richtergesetzes	12.12.1985	I S. 2226

Paragraph	Art der Änderung	Geändert durch	Datum	Fundstelle BGBl.
120	geändert	Gesetz zur Änderung des Gebrauchsmustergesetzes	15. 8.1986	I S. 1446
21, 48a, 48b, 76 a, 78	geändert	Achtes Gesetz zur Änderung dienstrechtlicher Vorschriften	30. 6.1989	I S. 1282
45	geändert	Arbeitsgerichtsgesetz-Änderungsgesetz	26. 6.1990	I S. 1206
18, 19	geändert	Betreuungsgesetz	12. 9.1990	I S. 2002
124, 125	gegenstandslos	Sechstes Überleitungsgesetz	25. 9.1990	I S. 2106
61	geändert	Rechtspflegevereinfachungsgesetz	17.12.1990	I S. 2847
48 a, 76 a	geändert	Neuntes Gesetz zur Änderung dienstrechtlicher Vorschriften	11. 6.1992	I S. 1030
Maßgabe Anlage I Kapitel III Sachgebiet A Abschnitt III Nr. 8 Buchst. f, i, l, m, n, u, u. y Doppelbuchstabe cc Abschnitt IV Nr. 3 Buchst. b Doppelbuchst. bb	aufgehoben	Rechtspflege-Anpassungsgesetz	26. 6.1992	I S. 1147
5 a, 5 b, 5 d	geändert	Gesetz zur Verkürzung der Juristenausbildung	20.11.1992	I S. 1926
29	geändert	Gesetz zur Entlastung der Rechtspflege	11. 1.1993	I S. 50
48 b, 76 a	geändert	Zehntes Gesetz zur Änderung dienstrechtlicher Vorschriften	20.12.1993	I S. 2136
48 a, 48 b, 76 a	geändert	Elftes Gesetz zur Änderung dienstrechtlicher Vorschriften	20. 5.1994	I S. 1078
76 b	eingefügt			
112	geändert	Gesetz zur Änderung des Rechtspflegergesetzes und anderer Gesetze	24. 6.1994	I S. 1374
48 a, 76 a	geändert	Zweites Gleichberechtigungsgesetz	24. 6.1994	I S. 1406, 2103
123	geändert	Gesetz zur Neuordnung des Berufsrechts der Rechtsanwälte und der Patentanwälte	2. 9.1994	I S. 2278, 2292

Maßgabe

Gemäß Anlage I Kapitel III Sachgebiet A Abschnitt III Nr. 8 des Einigungsvertrages vom 23. 9. 1990 (BGBl. II S. 885) treten die Rechtsvorschriften mit den folgenden Maßgaben in den Ländern Brandenburg, Mecklenburg-Vorpommern, Sachsen, Sachsen-Anhalt und Thüringen vorbehaltlich der Sonderregelung für das Land Berlin in Abschnitt IV (vgl. nachfolgende Maßgabe), in Kraft:

»a) In dem in Artikel 1 Abs. 1 des Vertrages genannten Gebiet kann in ein Richterverhältnis auch berufen werden, wer die Befähigung zum Berufsrichter nach dem Recht der Deutschen Demokratischen Republik erworben hat.

b) Wer nach dem Recht der Deutschen Demokratischen Republik die Befähigung zum Berufsrichter erworben hat und nach dem Wirksamwerden des Beitritts mindestens drei Jahre im richterlichen Dienst tätig war, kann zum Richter auf Lebenszeit ernannt werden.

c) § 10 Abs. 2 findet auf Tätigkeiten vor dem Wirksamwerden des Beitritts in dem in Artikel 1 Abs. 1 des Vertrages genannten Gebiet keine Anwendung.

d) Richter, die nach den Vorschriften des Richtergesetzes der Deutschen Demokratischen Republik vom 5. Juli 1990 (GBl. I Nr. 42 S. 637) in Verbindung mit der Ordnung über die Bildung und Arbeitsweise der Richterwahlausschüsse der Deutschen Demokratischen Republik vom 22. Juli 1990 (GBl. I Nr. 49 S. 904) in ein Richterverhältnis auf Zeit oder auf Probe berufen worden sind, dürfen dieselben Aufgaben wahrnehmen wie Richter auf Lebenszeit.

e) Richter, die nach den Vorschriften des Richtergesetzes der Deutschen Demokratischen Republik in Verbindung mit der Ordnung über die Bildung und Arbeitsweise der Richterwahlausschüsse in ein Richterverhältnis auf Probe berufen worden sind, sind spätestens fünf Jahre nach ihrer Ernennung zu Richtern auf Lebenszeit zu ernennen. § 12 Abs. 2 Satz 2 findet auf sie Anwendung.

f) (aufgehoben)

g) Ein nach den Vorschriften des Richtergesetzes der Deutschen Demokratischen Republik in Verbindung mit der Ordnung über die Bildung und Arbeitsweise der Richterwahlausschüsse begründetes Richterverhältnis auf Zeit gilt als auf drei Jahre befristet.

h) Die Ernennung oder Berufung eines nach den Vorschriften des Richtergesetzes der Deutschen Demokratischen Republik in Verbindung mit der Ordnung über die Bildung und Arbeitsweise der Richterwahlausschüsse berufenen Richters auf Probe oder auf Zeit ist außer in den Fällen des §19 Abs. 1 Nr. 2 bis 4 zurückzunehmen, wenn nachträglich Tatsachen bekannt geworden sind, die seine Berufung nicht gerechtfertigt hätten.

i) (aufgehoben)

j) An die Stelle des allgemeinen Dienstalters tritt die Dauer der richterlichen Vortätigkeit.

k) Ein nach den Vorschriften des Richtergesetzes der Deutschen Demokratischen Republik in Verbindung mit der Ordnung über die Bildung und Arbeitsweise der Richterwahlaus schüsse berufener Richter auf Zeit kann außer aus den in § 21 genannten Gründen ent lassen werden, wenn er für das Richteramt nicht geeignet ist. Die Entlassung kann nur zum Ablauf des sechsten, zwölften und achtzehnten Monats oder zum Ablauf des zwei ten oder dritten Jahres erfolgen. § 22 Abs. 4 und 5 findet auf die Entlassung wegen Nichteignung entsprechende Anwendung; § 21 Abs. 3 findet keine Anwendung. Die Ent lassungsverfügung kann beim Dienstgericht angefochten werden.

l - n) (aufgehoben)

o) Für den Fortbestand der Richterverhältnisse der am Tag des Wirksamwerdens des Beitritts amtierenden Richter gelten die Vorschriften des Richtergesetzes der Deutschen Demokratischen Republik in Verbindung mit der Ordnung über die Bildung und Arbeitsweise der Richterwahlausschüsse. Die auf dieser Grundlage gebildeten Richterwahlausschüsse bleiben auch nach Bildung der Länder bestehen. Die Befugnisse, die nach diesen Vorschriften der Volkskammer oder deren Organen zustehen, gehen auf die Landtage über. Das Landesrecht kann bestimmen, daß die Volkskammerabgeordneten, die Mitglieder der Richterwahlausschüsse nach § 12 Abs. 3 des Richtergesetzes der Deutschen Demokratischen Republik in Verbindung mit § 4 Abs. 2 der Ordnung über die Bildung und Arbeitsweise der Richterwahlausschüsse sind, durch Landtagsabgeordnete ersetzt werden. Bis zu ihrer Ersetzung durch Landtagsabgeordnete üben die zu Mitgliedern des Richterwahlausschusses berufenen Volkskammerabgeordneten ihr Amt aus, auch wenn ihr Mandat vorher endet.

Die Richterwahlausschüsse sollen über den Fortbestand der Richterverhältnisse der nach den Vorschriften des Richtergesetzes der Deutschen Demokratischen Republik zur Aus übung der Rechtsprechung ermächtigten Richter spätestens bis zum 15. April 1991 entscheiden. Bis zur Entscheidung durch den Richterwahlausschuß sind die im Amt befindlichen Richter zur Ausübung der Rechtsprechung ermächtigt.

Mit der Bildung der Landesregierungen gehen die Befugnisse des Ministers der Justiz auf die zuständigen Landesminister über.

p) Die Länder regeln Zuständigkeit und Verfahren für eine Rücknahme der Ernennung oder Berufung gemäß Maßgabe h). Solange das jeweilige Land keine Regelung getroffen hat, richten sich Zuständigkeit und Verfahren der Rücknahme nach den Vorschriften des Richtergesetzes der Deutschen Demokratischen Republik in Verbindung mit der Ordnung über die Bildung und Arbeitsweise der Richterwahlausschüsse.

q) Ein nach den Vorschriften des Richtergesetzes der Deutschen Demokratischen Republik in Verbindung mit der Ordnung über die Bildung und Arbeitsweise der Richterwahlausschüsse berufener Richter mit einer richterlichen Vortätigkeit von mindestens drei Jahren kann mit der Wahrnehmung von mit Dienstaufsichtsbefugnissen verbundenen Aufgaben beauftragt werden. Zuständigkeit und Verfahren richten sich nach dem am Tage vor dem Wirksamwerden des Beitritts nach dem Richtergesetz der Deutschen Demokratischen Republik in Verbindung mit der Ordnung über die Bildung und Arbeitsweise der Richterwahlausschüsse geltenden Recht über die Ernennung in eine Richterstellung mit entsprechenden Aufgaben, soweit nicht in dem jeweiligen Land eine Regelung getroffen worden ist.

r) Für Bildung und Aufgaben des Richterrats gelten die Bestimmungen des Richtergesetzes der Deutschen Demokratischen Republik, soweit nicht in dem jeweiligen Land eine Regelung getroffen worden ist.

s) Die Länder treffen bis spätestens 31. Dezember 1992 Regelungen über die Bildung und Aufgaben des Präsidialrats.

t) Die Altersgrenze richtet sich nach den bisher in der Deutschen Demokratischen Republik geltenden Bestimmungen, bis die jeweiligen Länder eine Regelung getroffen haben. Diese Regelung ist spätestens bis zum 31. Dezember 1991 in Kraft zu setzen.

(Fortsetzung auf Seite 5)

u) (aufgehoben)

v) Bis zur Regelung durch das jeweilige Land findet die Durchführungsverordnung zum Richtergesetz – Disziplinarordnung – vom 1. August 1990 (GBl. I Nr. 52 S. 1061) Anwendung.

w) Die Dienstbezüge, die Versorgung, der Mutterschutz, der Urlaub, die Reise- und Umzugskosten sowie das Trennungsgeld richten sich nach den Bestimmungen, die am Tag des Wirksamwerdens des Beitritts in dem in Artikel 1 Abs. 1 des Vertrages genannten Gebiet gelten. Die Bundesregierung wird durch Rechtsverordnung mit Zustimmung des Bundesrates die Regelungen der Entwicklung der allgemeinen wirtschaftlichen und finanziellen Verhältnisse in dem in Artikel 1 Abs. 1 des Vertrages genannten Gebiet regelmäßig anpassen. Vor Erlaß der Rechtsverordnung nach Satz 2 sind die Regierungen der betroffenen Länder zu hören.

x) Soweit nicht in den Maßgaben p) bis w) etwas anderes bestimmt ist, sind die in Artikel 1 Abs. 1 des Vertrages genannten Länder verpflichtet, Rechtsverhältnisse der Richter bis zum 31. Dezember 1992 nach § 71 Abs. 1 und 2 zu regeln. Die Bundesregierung bestimmt durch Rechtsverordnung, mit welchen Übergangsregelungen die für Landesrichter geltenden richterrechtlichen und auf Richter anwendbaren beamtenrechtlichen Bundesgesetze im Gebiet der in Artikel 1 Abs. 1 des Vertrages genannten Länder gelten, sowie ab wann und mit welchen Anpassungen, die durch die besonderen Gegebenheiten im Gebiet der in Artikel 1 Absatz 1 des Vertrages genannten Länder erforderlich sind, das übrige für Landesrichter unmittelbar oder kraft Verweisung auf beamtenrechtliche Vorschriften geltende Bundesrecht dort eingeführt wird. Vor Erlaß einer Rechtsverordnung nach Satz 2 sind die Regierungen der betroffenen Länder zu hören. Die Rechtsverordnungen bedürfen der Zustimmung des Bundesrates, wenn sie sich auf Gesetze beziehen, die der Zustimmung des Bundesrates bedürfen.

y) Für das in Artikel 1 Abs 1 des Vertrages genannte Gebiet gelten folgende Überleitungsvorschriften:

aa) Wer am Tag des Wirksamwerdens des Beitritts die Befähigung zum Berufsrichter erworben hat oder demnächst erwirbt, behält diese Befähigung. Gleiches gilt für aus der Vertragsgerichtsbarkeit in die ordentliche Gerichtsbarkeit übergeführte Richter und für aus den Staatlichen Notariaten in die ordentliche Gerichtsbarkeit übergeführte Notare.

bb) Wer nach dem Wirksamwerden des Beitritts gemäß Maßgabe b) in ein Richterverhältnis auf Lebenszeit berufen wird, erfüllt damit auch die Voraussetzungen für die Berufung in ein Richterverhältnis in dem Gebiet, in dem das Deutsche Richtergesetz bereits vor dem Wirksamwerden des Beitritts galt.

cc) (aufgehoben)

dd) Hochschullehrer an rechtswissenschaftlichen Fakultäten oder Fachbereichen von wissenschaftlichen Hochschulen oder Universitäten in dem in Artikel 1 Abs. 1 des Vertrages genannten Gebiet, die die Einstellungsvoraussetzungen für Professoren nach § 44 des Hochschulrahmengesetzes erfüllen und nach dem Wirksamwerden des Beitritts berufen worden sind, sind zum Richteramt befähigt.

ee) Wer bis zum 31. Dezember 1991 Richter-, Staatsanwalts-, Rechtsanwalts- oder Notarassistent ist oder wird, beendet seine Ausbildung nach den in dem in Artikel 1 Abs. 1 des Vertrages genannten Gebiet geltenden Bestimmungen und erwirbt mit dem erfolgreichen Abschluß die in diesen Bestimmungen vorgesehene Befähigung. Dies gilt nicht für Absolventen der Juristischen Hochschule Potsdam-Eiche oder vergleichbarer Einrichtungen.

ff) Diplom-Juristen, die ihr Diplom nicht an der Juristischen Hochschule Potsdam-Eiche oder einer vergleichbaren Einrichtung erworben haben und am Tag des Wirksamwerdens des Beitritts eine mindestens dreijährige Berufserfahrung besitzen, erwerben nach einer erfolgreichen Einarbeitungszeit von einem Jahr bei einem Gericht in dem in Artikel 1 Abs. 1 des Vertrages genannten Gebiet die Befähigung zum Berufsrichter.

gg) Der Abschluß eines rechtswissenschaftlichen Studiums als Diplom-Jurist an einer Universität oder wissenschaftlichen Hochschule in dem in Artikel 1 Abs. 1 des Vertrages genannten Gebiet – mit Ausnahme eines an der Juristischen Hochschule Potsdam-Eiche oder einer vergleichbaren Einrichtung erworbenen Diploms – wird der ersten Staatsprüfung im Sinne der §§ 5 bis 6 gleichgestellt.

hh) Wer vor dem 1. September 1990 in dem in Artikel 1 Abs. 1 des Vertrages genannten Gebiet ein Studium der Rechtswissenschaften – mit Ausnahme eines Studiums an der Juristischen Hochschule Potsdam-Eiche oder einer vergleichbaren Einrichtung- aufgenommen hat, kann das Studium nach den fortgeltenden Bestimmungen abschließen. Der erfolgreiche Abschluß der Ausbildung gilt als erste Staatsprüfung im Sinne der §§ 5 bis 6.

ii) Studenten, die ihr Studium in dem in Artikel 1 des Vertrages genannten Gebiet bis zum Jahre 1993 abschließen, können einen besonderen Vorbereitungsdienst ableisten, der sich aus theoretischen und praktischen Ausbildungsabschnitten zusammensetzt und zweieinhalb Jahre dauert.
Der Vorbereitungsdienst umfaßt Einführungslehrgänge in die Rechts- und Wirtschaftsordnung und das Zivilrecht von vier Monaten, das Strafrecht von einem Monat und das Verwaltungsrecht von zwei

Monaten, jeweils unter Einschluß des dazugehörigen Verfahrensrechts. Die praktische Ausbildung findet bei folgenden Pflichtstationen statt:
– bei einem ordentlichen Gericht in Zivilsachen für die Dauer von sechs Monaten,
– bei einem Gericht in Strafsachen oder einer Staatsanwaltschaft für die Dauer von drei Monaten,
– bei einer Verwaltungsbehörde für die Dauer von vier Monaten,
– bei einem Rechtsanwalt für die Dauer von vier Monaten.

Im Anschluß an die Pflichtstationen wird der Rechtspraktikant für sechs Monate nach seiner Wahl bei einer oder zwei der in § 5 b Abs. 1 Nr. 5 genannten Stationen ausgebildet.

Für die Prüfungsjahrgänge 1991 bis 1993 können die Einführungslehrgänge unter Berücksichtigung ihrer Ausbildung im Recht der Bundesrepublik Deutschland während des Studiums abgekürzt werden; die Dauer der Pflichtstationen verlängert sich um die Zeit, um die der zugehörige Einführungslehrgang verkürzt wird. Die zweite juristische Prüfung wird nach Maßgabe des jeweiligen Landesrechts von dem Land abgenommen, in dem der Rechtspraktikant den Vorbereitungsdienst überwiegend abgeleistet hat. Bei der Aufgabenstellung für die Rechtspraktikanten sind die Besonderheiten ihres Ausbildungsganges angemessen zu berücksichtigen

Die Rechtspraktikanten werden in ein Rechtsverhältnis zu ihren Herkunftsländern übernommen.

jj) Ein an der Juristischen Hochschule Potsdam-Eiche oder einer vergleichbaren Einrichtung erworbener Abschluß berechtigt nicht zur Aufnahme eines gesetzlich geregelten juristischen Berufs.

z) Für Staatsanwälte gilt folgendes:

aa) § 38 a Abs. 1 des Gesetzes über die Staatsanwaltschaft der Deutschen Demokratischen Republik vom 7. April 1977 (GBl. I Nr. 10 S. 93), zuletzt geändert durch Gesetz vom 5. Juli 1990 (GBl. I Nr. 42 S. 635), gilt entsprechend Maßgabe o) weiter.

bb) Soweit der Minister der Justiz der Deutschen Demokratischen Republik gemäß § 38 a Abs. 2 des Gesetzes über die Staatsanwaltschaft Staatsanwälte mit der Rechtsfolge des § 38 a Abs. 3 neu berufen hat, verbleibt es hierbei.

cc) Im übrigen gelten die Maßgaben a), b), c), e), h), k), p), q), v), w), y) aa), y) bb), y) ee), y) ff) und y) jj) sinngemäß.

Maßgabe

Gemäß Anlage I Kapitel III Sachgebiet A Abschnitt IV Nr. 3 Buchst. b des Einigungsvertrages vom 23. 9. 1990 (BGBl. II S. 885) gilt das Deutsche Richtergesetz im Land Berlin mit folgenden Maßgaben anstelle der in Abschnitt III im Bezug auf dieses Gesetz genannten Maßgaben (vgl. vorstehende Maßgabe):

»aa) Wer bei einem Stadtbezirksgericht oder dem Stadtgericht Berlin als Richter tätig war oder ist, kann im Land Berlin Aufgaben der rechtsprechenden Gewalt wahrnehmen, und zwar als
– beisitzender Richter, jedoch nicht bei einem oberen Landesgericht,
– Richter bei dem Arbeitsgericht Berlin,
– Richter bei einem Amtsgericht, jedoch nicht als Vorsitzender eines Schöffengerichts.

Er erhält die Stellung eines Richters auf Probe. Voraussetzung für die Berufung in das Richterverhältnis auf Probe ist die Befähigung zum Berufsrichter im Sinne des § 9 des Richtergesetzes der Deutschen Demokratischen Republik vom 5. Juli 1990 (GBl. I Nr. 42 S. 637). Soweit aus dem Teil des Landes Berlin, in dem das Grundgesetz bisher nicht galt, tätige Richter gemäß § 45 Abs. 2 Satz 2 des Richtergesetzes der Deutschen Demokratischen Republik zur Ausübung der Rechtsprechung lediglich ermächtigt sind, entscheidet über die Berufung in das Richterverhältnis auf Probe der Senator für Justiz gemeinsam mit dem Richterwahlausschuß.

bb) (aufgehoben)

cc) Wer beim Generalstaatsanwalt von Berlin oder bei den Staatsanwaltschaften der Stadtbezirke von Berlin als Staatsanwalt tätig war oder ist, kann im Land Berlin Aufgaben als Staatsanwalt bei der Staatsanwaltschaft bei dem Landgericht in einem dem Richterverhältnis auf Probe entsprechenden Rechtsverhältnis wahrnehmen. Voraussetzung ist die Befähigung zum Amt eines Staatsanwalts gemäß § 35 Abs. 1 des Gesetzes über die Staatsanwaltschaft der Deutschen Demokratischen Republik vom 7. April 1977 (GBl. I Nr. 10 S. 93), zuletzt geändert durch Gesetz vom 5. Juli 1990 (GBl. I Nr. 42 S. 635). Soweit eine Überprüfung der Staatsanwälte durch den zuständigen Ausschuß in der Deutschen Demokratischen Republik nicht stattgefunden hat, entscheidet über die Berufung der Senator für Justiz gemeinsam mit dem Richterwahlausschuß.

dd) Ein Richter, der nach Maßgabe aa) zum Richter auf Probe ernannt worden ist, kann unter der Voraussetzung des § 25 des Richtergesetzes der Deutschen Demokratischen Republik in den Vorruhestand versetzt werden. Für das Vorruhestandsverhältnis gelten die für die Richter der in Artikel 1 Abs. 1 des Vertrages genannten Länder anzuwendenden Vorschriften.

ee) In dem Teil des Landes Berlin, in dem das Grundgesetz bisher nicht galt, gelten für Richter die Maßgaben a), b), c), e), f), h), j), w) und y) zum Deutschen Richtergesetz in Abschnitt III – Nr. 8 - ; für Staatsanwälte gelten die Maßgaben a), b), c), e), h), w), y)aa), y)bb), y)ee), y)ff), y)jj) und z)aa) sinngemäß. Das Land Berlin kann das Prüfungsverfahren des Staatsexamens für Studenten der Humboldt-Universität an das geltende Landesrecht anpassen.«

Inhaltsübersicht

	§§
Erster Teil **Richteramt in Bund und Ländern**	
Erster Abschnitt **Einleitende Vorschriften**	1 bis 4
Zweiter Abschnitt **Befähigung zum Richteramt**	5 bis 7
Dritter Abschnitt **Richterverhältnis**	8 bis 24
Vierter Abschnitt **Unabhängigkeit des Richters**	25 bis 37
Fünfter Abschnitt **Besondere Pflichten des Richters**	38 bis 43
Sechster Abschnitt **Ehrenamtliche Richter**	44 und 45
Zweiter Teil **Richter im Bundesdienst**	
Erster Abschnitt **Allgemeine Vorschriften**	46 bis 48 b
Zweiter Abschnitt **Richtervertretungen**	49 bis 60
Dritter Abschnitt **Dienstgericht des Bundes**	61 bis 68
Vierter Abschnitt **Richter des Bundesverfassungsgerichts**	69 und 70
Dritter Teil **Richter im Landesdienst**	71 bis 84
Vierter Teil **Übergangs- und Schlußvorschriften**	
Erster Abschnitt **Änderung von Bundesrecht**	85 bis 104
Zweiter Abschnitt **Überleitung von Rechtsverhältnissen**	105 bis 118
Dritter Abschnitt **Schlußvorschriften**	119 bis 126

Erster Teil

Richteramt in Bund und Ländern

Erster Abschnitt

Einleitende Vorschriften

§ 1 Berufsrichter und ehrenamtliche Richter

Die rechtsprechende Gewalt wird durch Berufsrichter und durch ehrenamtliche Richter ausgeübt.

§ 2 Geltung für Berufsrichter

Die Vorschriften dieses Gesetzes gelten, soweit dieses Gesetz nicht anderes bestimmt, nur für die Berufsrichter.

§ 3 Dienstherr

Die Richter stehen im Dienst des Bundes oder eines Landes.

§ 4 Unvereinbare Aufgaben

(1) Ein Richter darf Aufgaben der rechtsprechenden Gewalt und Aufgaben der gesetzgebenden oder der vollziehenden Gewalt nicht zugleich wahrnehmen.

(2) Außer Aufgaben der rechtsprechenden Gewalt darf ein Richter jedoch wahrnehmen
1. Aufgaben der Gerichtsverwaltung,
2. andere Aufgaben, die auf Grund eines Gesetzes Gerichten oder Richtern zugewiesen sind,
3. Aufgaben der Forschung und Lehre an einer wissenschaftlichen Hochschule, öffentlichen Unterrichtsanstalt oder amtlichen Unterrichtseinrichtung,
4. Prüfungsangelegenheiten,
5. den Vorsitz in Einigungsstellen und entsprechenden unabhängigen Stellen im Sinne des § 104 Satz 2 des Bundespersonalvertretungsgesetzes.

Zweiter Abschnitt

Befähigung zum Richteramt

§ 5 Befähigung zum Richteramt

(1) Die Befähigung zum Richteramt erwirbt, wer ein rechtswissenschaftliches Studium an einer Universität mit der ersten Staatsprüfung und einen anschließenden Vorbereitungsdienst mit der zweiten Staatsprüfung abschließt.

(2) Studium und Vorbereitungsdienst sind inhaltlich aufeinander abzustimmen.

§ 5 a Studium

(1) Die Studienzeit beträgt dreieinhalb Jahre; diese Zeit kann unterschritten werden, sofern die für die Zulassung zur ersten Prüfung erforderlichen Leistungen nachgewiesen sind. Mindestens zwei Jahre müssen auf ein Studium an einer Universität im Geltungsbereich dieses Gesetzes entfallen.

(2) Gegenstand des Studiums sind Pflicht- und Wahlfächer. Pflichtfächer sind die Kernbereiche des Bürgerlichen Rechts, des Strafrechts, des Öffentlichen Rechts und des Verfahrensrechts einschließlich der europarechtlichen Bezüge, der rechtwissenschaftlichen Methoden und der philosophischen, geschichtlichen und gesellschaftlichen Grundlagen. Die Wahlfächer dienen der Ergänzung des Studiums und der Vertiefung der mit ihnen zusammenhängenden Pflichtfächer.

(3) Die Inhalte des Studiums berücksichtigen die rechtsprechende, verwaltende und rechtsberatende Praxis. Während der vorlesungsfreien Zeit finden praktische Studienzeiten von insgesamt mindestens drei Monaten Dauer statt. Das Landesrecht kann bestimmen, daß die praktische Studienzeit bei einer Stelle und zusammenhängend stattfindet.

(4) Das Nähere regelt das Landesrecht.

§ 5 b Vorbereitungsdienst

(1) Der Vorbereitungsdienst dauert zwei Jahre. Die Ausbildung findet zunächst statt bei folgenden Pflichtstationen:
1. einem ordentlichen Gericht in Zivilsachen,
2. einem Gericht in Strafsachen oder einer Staatsanwaltschaft,
3. einer Verwaltungsbehörde,
4. einem Rechtsanwalt,

sodann, nach Wahl des Referendars,

5. bei einer Wahlstation; diese kann bei folgenden Ausbildungsstellen stattfinden, die durch Landesrecht zu Schwerpunktbereichen zusammenzufassen sind:
   a) einer der Pflichtstationen,
   b) einer gesetzgebenden Körperschaft des Bundes oder eines Landes,
   c) einem Notar,

d) einem Gericht der Verwaltungs-, der Finanz-, der Arbeits- oder der Sozialgerichtsbarkeit,
e) einer Gewerkschaft, einem Arbeitgeberverband oder einer Körperschaft wirtschaftlicher, sozialer oder beruflicher Selbstverwaltung,
f) einem Wirtschaftsunternehmen,
g) einer überstaatlichen, zwischenstaatlichen oder ausländischen Ausbildungsstelle oder einem ausländischen Rechtsanwalt,
h) einer sonstigen Ausbildungsstelle, bei der eine sachgerechte Ausbildung gewährleistet ist.

(2) Das Landesrecht kann bestimmen, daß
1. die Ausbildung bei den Pflichtstationen in angemessenem Umfang bei überstaatlichen, zwischenstaatlichen oder ausländischen Ausbildungsstellen oder einem ausländischen Rechtsanwalt,
2. die Ausbildung nach Absatz 1 Satz 2 Nr. 1 zum Teil bei einem Gericht der Arbeitsgerichtsbarkeit, die Ausbildung nach Absatz 1 Satz 2 Nr. 3 zum Teil bei einem Gericht der Verwaltungs-, der Finanz- oder der Sozialgerichtsbarkeit

stattfinden kann. Eine Ausbildung an einer rechtswissenschaftlichen Fakultät kann auf die Ausbildung nach Absatz 1 Satz 2 Nr. 5, eine Ausbildung an der Hochschule für Verwaltungswissenschaften kann auf die Ausbildung nach Absatz 1 Satz 2 Nr. 3 oder 5 angerechnet werden.

(3) Eine Pflichtstation dauert mindestens drei Monate. Die Ausbildung bei der Wahlstation dauert mindestens vier und höchstens sechs Monate. Der Vorbereitungsdienst kann im Einzelfall aus zwingenden Gründen verlängert werden, nicht jedoch wegen unzureichender Leistungen.

(4) Während der Ausbildung können Ausbildungslehrgänge bis zu einer Gesamtdauer von drei Monaten vorgesehen werden.

(5) Das Nähere regelt das Landesrecht.

§ 5 c Anrechnung einer Ausbildung für den gehobenen Dienst

(1) Eine erfolgreich abgeschlossene Ausbildung für den gehobenen Justizdienst oder für den gehobenen nichttechnischen Verwaltungsdienst kann auf Antrag bis zur Dauer von 18 Monaten auf die Ausbildung angerechnet werden. Auf den Vorbereitungsdienst dürfen jedoch nicht mehr als sechs Monate angerechnet werden.

(2) Das Nähere regelt das Landesrecht.

§ 5 d Prüfungen

(1) In den Prüfungen sind schriftliche und mündliche Leistungen zu erbringen. Die Einheitlichkeit der Prüfungsanforderungen und der Leistungsbewertung ist zu gewährleisten.

(2) Der Stoff der ersten Prüfung ist so zu bemessen, daß das Studium nach dem vierten Studienjahr abgeschlossen werden kann. Das Landesrecht kann bestimmen, daß schriftliche Prüfungsleistungen während des Studiums erbracht werden, jedoch nicht vor Ablauf von zweieinhalb Studienjahren. Die mündliche Prüfung bezieht sich auf das gesamte Studium.

(3) Die schriftlichen Leistungen in der zweiten Prüfung beziehen sich auf die Ausbildung bei den Pflichtstationen; die mündlichen Leistungen beziehen sich auf die gesamte Ausbildung unter besonderer Berücksichtigung des Schwerpunktbereichs. Die schriftlichen

Leistungen sind gegen oder nach Ende der Ausbildung bei der letzten Pflichtstation zu erbringen. Sieht das Landesrecht neben Aufsichtsarbeiten auch eine häusliche Arbeit vor, kann bestimmt werden, daß diese Leistung nach Beendigung der Wahlstation erbracht werden muß.

(4) In der ersten und zweiten Prüfung kann das Prüfungsorgan bei seiner Entscheidung von der rechnerisch ermittelten Gesamtnote abweichen, wenn dies auf Grund des Gesamteindrucks den Leistungsstand des Kandidaten besser kennzeichnet und die Abweichung auf das Bestehen der Prüfung keinen Einfluß hat; hierbei sind bei der zweiten Prüfung auch die Leistungen im Vorbereitungsdienst zu berücksichtigen. Die Abweichung darf ein Drittel des durchschnittlichen Umfangs einer Notenstufe nicht übersteigen. Der Anteil der mündlichen Prüfungsleistungen an der Gesamtnote darf 40 vom Hundert nicht übersteigen. Eine rechnerisch ermittelte Anrechnung von im Vorbereitungsdienst erteilten Noten auf die Gesamtnote der zweiten Prüfung ist ausgeschlossen. Der Bundesminister der Justiz wird ermächtigt, durch Rechtsverordnung mit Zustimmung des Bundesrates eine Noten- und Punkteskala für die Einzel- und Gesamtnoten festzulegen.

(5) Die erste Prüfung kann einmal wiederholt werden. Eine erfolglose erste Prüfung gilt als nicht unternommen, wenn der Bewerber sich frühzeitig zur Prüfung gemeldet und die vorgesehenen Prüfungsleistungen vollständig erbracht hat. Das Nähere, insbesondere den Ablauf der Meldefrist, die Anrechnung von Zeiten des Auslandsstudiums, der Erkrankung und der Beurlaubung auf die Studiendauer sowie die Folgen einer Prüfungsunterbrechung, regelt das Landesrecht. Das Landesrecht kann eine Wiederholung der Prüfung zur Notenverbesserung vorsehen.

(6) Das Nähere regelt das Landesrecht.

§ 6 Anerkennung von Prüfungen

(1) Die Zulassung zum Vorbereitungsdienst darf einem Bewerber nicht deswegen versagt werden, weil er die erste Prüfung nach § 5 in einem anderen Land im Geltungsbereich dieses Gesetzes abgelegt hat. Die in einem Land im Geltungsbereich dieses Gesetzes auf den Vorbereitungsdienst verwendete Zeit ist in jedem deutschen Land anzurechnen.

(2) Wer im Geltungsbereich dieses Gesetzes die Befähigung zum Richteramt nach § 5 erworben hat, ist im Bund und in jedem deutschen Land zum Richteramt befähigt.

§ 7 Universitätsprofessoren

Jeder ordentliche Professor der Rechte an einer Universität im Geltungsbereich dieses Gesetzes ist zum Richteramt befähigt.

Dritter Abschnitt

Richterverhältnis

§ 8 Rechtsformen des Richterdienstes

Richter können nur als Richter auf Lebenszeit, auf Zeit, auf Probe oder kraft Auftrags berufen werden.

§ 9 Voraussetzungen für die Berufungen

In das Richterverhältnis darf nur berufen werden, wer

1. Deutscher im Sinne des Artikels 116 des Grundgesetzes ist,
2. die Gewähr dafür bietet, daß er jederzeit für die freiheitliche demokratische Grundordnung im Sinne des Grundgesetzes eintritt und
3. die Befähigung zum Richteramt besitzt (§§ 5 bis 7).

§ 10 Ernennung auf Lebenszeit

(1) Zum Richter auf Lebenszeit kann ernannt werden, wer nach Erwerb der Befähigung zum Richteramt mindestens drei Jahre im richterlichen Dienst tätig gewesen ist.

(2) Auf die Zeit nach Absatz 1 können angerechnet werden Tätigkeiten

1. als Beamter des höheren Dienstes,
2. im deutschen öffentlichen Dienst oder im Dienst einer zwischenstaatlichen oder überstaatlichen Einrichtung, wenn die Tätigkeit nach Art und Bedeutung der Tätigkeit in einem Amt des höheren Dienstes entsprochen hat,
3. als habilitierter Lehrer des Rechts an einer deutschen wissenschaftlichen Hochschule,
4. als Rechtsanwalt, Notar oder als Assessor bei einem Rechtsanwalt oder Notar,
5. in anderen Berufen, wenn die Tätigkeit nach Art und Bedeutung wie die unter den Nummern 1 bis 4 genannten Tätigkeiten geeignet war, Kenntnisse und Erfahrungen für die Ausübung des Richteramts zu vermitteln.

Die Anrechnung von mehr als zwei Jahren dieser Tätigkeiten setzt besondere Kenntnisse und Erfahrungen des zu Ernennenden voraus.

§ 11 Ernennung auf Zeit

Eine Ernennung zum Richter auf Zeit ist nur unter den durch Bundesgesetz bestimmten Voraussetzungen und nur für die bundesgesetzlich bestimmten Aufgaben zulässig.

§ 12 Ernennung auf Probe

(1) Wer später als Richter auf Lebenszeit oder als Staatsanwalt verwendet werden soll, kann zum Richter auf Probe ernannt werden.

(2) Spätestens fünf Jahre nach seiner Ernennung ist der Richter auf Probe zum Richter auf Lebenszeit oder unter Berufung in das Beamtenverhältnis auf Lebenszeit zum Staatsanwalt zu ernennen. Die Frist verlängert sich um die Zeit einer Beurlaubung ohne Bezüge.

§ 13 Verwendung eines Richters auf Probe

Ein Richter auf Probe kann ohne seine Zustimmung nur bei einem Gericht, bei einer Behörde der Gerichtsverwaltung oder bei einer Staatsanwaltschaft verwendet werden.

§ 14 Ernennung zum Richter kraft Auftrags

(1) Ein Beamter auf Lebenszeit oder auf Zeit kann zum Richter kraft Auftrags ernannt werden, wenn er später als Richter auf Lebenszeit verwendet werden soll.
(2) (aufgehoben)

§ 15 Wirkungen auf das Beamtenverhältnis

(1) Der Richter kraft Auftrags behält sein bisheriges Amt. Seine Besoldung und Versorgung bestimmen sich nach diesem Amt. Im übrigen ruhen für die Dauer des Richterverhältnisses kraft Auftrags die Rechte und Pflichten aus dem Beamtenverhältnis mit Ausnahme der Pflicht zur Amtsverschwiegenheit und des Verbots der Annahme von Geschenken.
(2) Wird das Richterverhältnis zu einem anderen Dienstherrn begründet, so ist auch dieser zur Zahlung der Dienstbezüge verpflichtet.

§ 16 Dauer der Verwendung als Richter kraft Auftrags

(1) Spätestens zwei Jahre nach seiner Ernennung ist der Richter kraft Auftrags zum Richter auf Lebenszeit zu ernennen oder einem Richterwahlausschuß zur Wahl vorzuschlagen. Lehnt der Richter die Ernennung ab, so endet das Richterverhältnis kraft Auftrags.
(2) Für die Verwendung des Richters kraft Auftrags gelten die Vorschriften für Richter auf Probe entsprechend.

§ 17 Ernennung durch Urkunde

(1) Der Richter wird durch Aushändigung einer Urkunde ernannt.
(2) Einer Ernennung bedarf es
1. zur Begründung des Richterverhältnisses,
2. zur Umwandlung des Richterverhältnisses in ein solches anderer Art (§ 8),
3. zur Verleihung eines anderen Amtes mit anderem Endgrundgehalt.

(3) In der Ernennungsurkunde müssen bei der Begründung des Richterverhältnisses die Worte »unter Berufung in das Richterverhältnis« mit dem Zusatz »auf Lebenszeit«, »auf Zeit«, »auf Probe« oder »kraft Auftrags« enthalten sein. Bei der Begründung eines Richterverhältnisses auf Zeit ist die Zeitdauer der Berufung in der Urkunde anzugeben.
(4) Bei der Umwandlung eines Richterverhältnisses in ein Richterverhältnis anderer Art müssen in der Ernennungsurkunde die diese Art bestimmenden Worte nach Absatz 3 enthalten sein, bei der ersten Verleihung eines Amtes und bei der Verleihung eines anderen Amtes mit anderem Endgrundgehalt und anderer Amtsbezeichnung muß in der Ernennungsurkunde die Amtsbezeichnung dieses Amtes enthalten sein.

§ 17 a [Erneute Bewerbung um ein Bundestagsmandat]

Legt ein Richter sein Mandat nieder und bewirbt er sich zu diesem Zeitpunkt erneut um einen Sitz im Deutschen Bundestag, so ist die Übertragung eines anderen Amtes mit höherem Endgrundgehalt nicht zulässig.

§ 18 Nichtigkeit der Ernennung

(1) Eine Ernennung ist nichtig, wenn sie von einer sachlich unzuständigen Behörde ausgesprochen wurde. Die Ernennung kann nicht rückwirkend bestätigt werden.
(2) Eine Ernennung ist ferner nichtig, wenn der Ernannte im Zeitpunkt der Ernennung
1. nicht Deutscher im Sinne des Artikels 116 des Grundgesetzes war oder
2. (aufgehoben)

3. nicht die Fähigkeit zur Bekleidung öffentlicher Ämter hatte.

(3) Die Nichtigkeit einer Ernennung zum Richter auf Lebenszeit oder zum Richter auf Zeit kann erst geltend gemacht werden, nachdem ein Gericht sie rechtskräftig festgestellt hat.

§ 19 Rücknahme der Ernennung

(1) Eine Ernennung ist zurückzunehmen,

1. wenn der Ernannte nicht die Befähigung zum Richteramt besaß,
2. wenn die gesetzlich vorgeschriebene Beteiligung eines Richterwahlausschusses unterblieben war und der Richterwahlausschuß die nachträgliche Bestätigung abgelehnt hat,
3. wenn die Ernennung durch Zwang, arglistige Täuschung oder Bestechung herbeigeführt wurde oder
4. wenn nicht bekannt war, daß der Ernannte ein Verbrechen oder Vergehen begangen hatte, das ihn der Berufung in das Richterverhältnis unwürdig erscheinen läßt, und er deswegen rechtskräftig zu einer Strafe verurteilt war oder wird.

(2) Eine Ernennung kann zurückgenommen werden, wenn nicht bekannt war, daß der Ernannte in einem gerichtlichen Verfahren aus dem Dienst oder Beruf entfernt oder zum Verlust der Versorgungsbezüge verurteilt worden war.

(3) Die Ernennung zum Richter auf Lebenszeit oder zum Richter auf Zeit kann ohne schriftliche Zustimmung des Richters nur auf Grund rechtskräftiger richterlicher Entscheidung zurückgenommen werden.

§ 19 a Amtsbezeichnungen

(1) Amtsbezeichnungen der Richter auf Lebenszeit und der Richter auf Zeit sind »Richter«, »Vorsitzender Richter«, »Direktor«, »Vizepräsident« oder »Präsident« mit einem das Gericht bezeichnenden Zusatz (»Richter am ...«, »Vorsitzender Richter am ...«, »Direktor des...«, »Vizepräsident des...«, »Präsident des...«).

(2) Richter kraft Auftrags führen im Dienst die Bezeichnung »Richter« mit einem das Gericht bezeichnenden Zusatz (»Richter am...«).

(3) Richter auf Probe führen die Bezeichnung »Richter«, im staatsanwaltschaftlichen Dienst die Bezeichnung »Staatsanwalt«.

§ 20 Allgemeines Dienstalter

Das allgemeine Dienstalter eines Richters bestimmt sich nach dem Tag, an dem ihm sein Richteramt übertragen worden ist. Hat der Richter zuvor ein anderes Richteramt oder ein sonstiges Amt mit mindestens dem gleichen Anfangsgrundgehalt bekleidet, so bestimmt sich das allgemeine Dienstalter nach dem Tag der Übertragung dieses Amtes.

§ 21 Entlassung aus dem Dienstverhältnis

(1) Der Richter ist entlassen,

1. wenn er die Eigenschaft als Deutscher im Sinne des Artikels 116 des Grundgesetzes verliert,
2. wenn er in ein öffentlich-rechtliches Dienst- oder Amtsverhältnis zu einem anderen Dienstherrn tritt, sofern gesetzlich nicht anderes bestimmt ist, oder
3. wenn er zum Berufssoldaten oder Soldaten auf Zeit ernannt wird.

In den Fällen der Nummer 2 kann die oberste Dienstbehörde im Einvernehmen mit dem neuen Dienstherrn und mit Zustimmung des Richters die Fortdauer des Richterverhältnisses neben dem neuen Dienst- oder Amtsverhältnis anordnen.

(2) Der Richter ist zu entlassen,

1. wenn er sich weigert, den Richtereid (§ 38) zu leisten,
2. wenn er zur Zeit der Ernennung Mitglied des Bundestages oder eines Landtages war und nicht innerhalb der von der obersten Dienstbehörde gesetzten angemessenen Frist sein Mandat niederlegt,
3. wenn er nach Erreichen der Altersgrenze berufen worden ist,
4. wenn er seine Entlassung schriftlich verlangt,
5. wenn er die Altersgrenze erreicht oder dienstunfähig ist und das Dienstverhältnis nicht durch Eintritt in den Ruhestand endet oder
6. wenn er ohne Genehmigung der obersten Dienstbehörde seinen Wohnsitz oder dauernden Aufenthalt im Ausland nimmt.

(3) Ein Richter auf Lebenszeit oder ein Richter auf Zeit kann ohne seine schriftliche Zustimmung nur auf Grund rechtskräftiger richterlicher Entscheidung entlassen werden. Die Entlassung eines Richters auf Lebenszeit oder eines Richters auf Zeit nach Absatz 1 kann erst geltend gemacht werden, nachdem ein Gericht sie rechtskräftig festgestellt hat.

§ 22 Entlassung eines Richters auf Probe

(1) Ein Richter auf Probe kann zum Ablauf des sechsten, zwölften, achtzehnten oder vierundzwanzigsten Monats nach seiner Ernennung entlassen werden.

(2) Ein Richter auf Probe kann zum Ablauf des dritten oder vierten Jahres entlassen werden,

1. wenn er für das Richteramt nicht geeignet ist oder
2. wenn ein Richterwahlausschuß seine Übernahme in das Richterverhältnis auf Lebenszeit oder auf Zeit ablehnt.

(3) Ein Richter auf Probe kann ferner bei einem Verhalten, das bei Richtern auf Lebenszeit eine im förmlichen Disziplinarverfahren zu verhängende Disziplinarmaßnahme zur Folge hätte, entlassen werden.

(4) Die Fristen der Absätze 1 und 2 verlängern sich um die Zeit einer Beurlaubung ohne Bezüge.

(5) In den Fällen der Absätze 1 und 2 ist die Entlassungsverfügung dem Richter mindestens sechs Wochen vor dem Entlassungstag mitzuteilen.

§ 23 Entlassung eines Richters kraft Auftrags

Für die Beendigung des Richterverhältnisses kraft Auftrags gelten die Vorschriften über die Beendigung des Richterverhältnisses auf Probe entsprechend.

§ 24 Beendigung des Dienstverhältnisses durch richterliche Entscheidung

Wird gegen einen Richter durch Urteil eines deutschen Gerichts im Geltungsbereich dieses Gesetzes erkannt auf

1. Freiheitsstrafe von mindestens einem Jahr wegen einer vorsätzlichen Tat,
2. Freiheitsstrafe wegen einer vorsätzlichen Tat, die nach den Vorschriften über Friedensverrat, Hochverrat, Gefährdung des demokratischen Rechtsstaates oder Landesverrat und Gefährdung der äußeren Sicherheit strafbar ist,
3. Aberkennung der Fähigkeit zur Bekleidung öffentlicher Ämter oder
4. Verwirkung eines Grundrechts gemäß Artikel 18 des Grundgesetzes,

so endet das Richterverhältnis mit der Rechtskraft des Urteils, ohne daß es einer weiteren gerichtlichen Entscheidung bedarf.

Vierter Abschnitt
Unabhängigkeit des Richters

§ 25 Grundsatz

Der Richter ist unabhängig und nur dem Gesetz unterworfen.

§ 26 Dienstaufsicht

(1) Der Richter untersteht einer Dienstaufsicht nur, soweit nicht seine Unabhängigkeit beeinträchtigt wird.
(2) Die Dienstaufsicht umfaßt vorbehaltlich des Absatzes 1 auch die Befugnis, die ordnungswidrige Art der Ausführung eines Amtsgeschäfts vorzuhalten und zu ordnungsgemäßer, unverzögerter Erledigung der Amtsgeschäfte zu ermahnen.
(3) Behauptet der Richter, daß eine Maßnahme der Dienstaufsicht seine Unabhängigkeit beeinträchtige, so entscheidet auf Antrag des Richters ein Gericht nach Maßgabe dieses Gesetzes.

§ 27 Übertragung eines Richteramts

(1) Dem Richter auf Lebenszeit und dem Richter auf Zeit ist ein Richteramt bei einem bestimmten Gericht zu übertragen.
(2) Ihm kann ein weiteres Richteramt bei einem anderen Gericht übertragen werden, soweit ein Gesetz dies zuläßt.

§ 28 Besetzung der Gerichte mit Richtern auf Lebenszeit

(1) Als Richter dürfen bei einem Gericht nur Richter auf Lebenszeit tätig werden, soweit nicht ein Bundesgesetz etwas anderes bestimmt.
(2) Vorsitzender eines Gerichts darf nur ein Richter sein. Wird ein Gericht in einer Besetzung mit mehreren Richtern tätig, so muß ein Richter auf Lebenszeit den Vorsitz führen.

§ 29[1] Besetzung der Gerichte mit Richtern auf Probe, Richtern kraft Auftrags und abgeordneten Richtern

Bei einer gerichtlichen Entscheidung dürfen nicht mehr als insgesamt zwei Richter auf Probe oder Richter kraft Auftrags oder abgeordnete Richter mitwirken. Sie müssen als solche in dem Geschäftsverteilungsplan kenntlich gemacht werden.

§ 30 Versetzung und Amtsenthebung

(1) Ein Richter auf Lebenszeit oder ein Richter auf Zeit kann ohne seine schriftliche Zustimmung nur
1. im Verfahren über die Richteranklage (Artikel 98 Abs. 2 und 5 des Grundgesetzes),
2. im förmlichen Disziplinarverfahren,
3. im Interesse der Rechtspflege (§ 31),
4. bei Veränderung der Gerichtsorganisation (§ 32)

in ein anderes Amt versetzt oder seines Amtes enthoben werden.
(2) Die Versetzung oder Amtsenthebung kann – außer im Fall des Absatzes 1 Nr. 4 – nur auf Grund rechtskräftiger richterlicher Entscheidung ausgesprochen werden.

---

1) In Kraft ab 1. 3. 1993.
Gemäß Artikel 15 Abs. 3 des Gesetzes zur Entlastung der Rechtspflege vom 11. 1. 1993 (BGBl. I S. 50) tritt § 29 am 1. 3. 1998 in seiner am 28. 2. 1993 geltenden Fassung wieder in Kraft, die wie folgt lautet: »Bei einer gerichtlichen Entscheidung darf nicht mehr als ein Richter auf Probe oder ein Richter kraft Auftrags oder ein abgeordneter Richter mitwirken. Er muß als solcher in dem Geschäftsverteilungsplan kenntlich gemacht werden.«

(3) Der Versetzung steht es gleich, wenn ein Richter, der mehrere Richterämter innehat, eines Amtes enthoben wird.

§ 31 Versetzung im Interesse der Rechtspflege

Ein Richter auf Lebenszeit oder ein Richter auf Zeit kann

1. in ein anderes Richteramt mit gleichem Endgrundgehalt,
2. in den einstweiligen Ruhestand oder
3. in den Ruhestand

versetzt werden, wenn Tatsachen außerhalb seiner richterlichen Tätigkeit eine Maßnahme dieser Art zwingend gebieten, um eine schwere Beeinträchtigung der Rechtspflege abzuwenden.

§ 32 Veränderung der Gerichtsorganisation

(1) Bei einer Veränderung in der Einrichtung der Gerichte oder ihrer Bezirke kann einem auf Lebenszeit oder auf Zeit ernannten Richter dieser Gerichte ein anderes Richteramt übertragen werden. Ist eine Verwendung in einem Richteramt mit gleichem Endgrundgehalt nicht möglich, so kann ihm ein Richteramt mit geringerem Endgrundgehalt übertragen werden.

(2) Ist die Übertragung eines anderen Richteramts nicht möglich, so kann der Richter seines Amtes enthoben werden. Ihm kann jederzeit ein neues Richteramt, auch mit geringerem Endgrundgehalt, übertragen werden.

(3) Die Übertragung eines anderen Richteramts (Absatz 1) und die Amtsenthebung (Absatz 2 Satz 1) können nicht später als drei Monate nach Inkrafttreten der Veränderung ausgesprochen werden.

§ 33 Belassung des vollen Gehalts

(1) In den Fällen des § 32 erhält der Richter sein bisheriges Grundgehalt einschließlich ruhegehaltfähiger oder unwiderruflicher Stellenzulagen und steigt in den Dienstaltersstufen seiner bisherigen Besoldungsgruppe weiter auf. Im übrigen richten sich die Dienstbezüge nach den allgemeinen besoldungsrechtlichen Vorschriften. Soweit ihre Höhe durch den dienstlichen Wohnsitz bestimmt ist, ist bei Amtsenthebung (§ 32 Abs. 2 Satz 1) der letzte dienstliche Wohnsitz maßgebend.

(2) Der seines Amtes enthobene Richter gilt für die Anwendung der Vorschriften über das Ruhen der Versorgungsbezüge und über das Zusammentreffen mehrerer Versorgungsbezüge als Richter im Ruhestand.

§ 34 Versetzung in den Ruhestand wegen Dienstunfähigkeit

Ein Richter auf Lebenszeit oder ein Richter auf Zeit kann ohne seine schriftliche Zustimmung nur auf Grund rechtskräftiger richterlicher Entscheidung wegen Dienstunfähigkeit in den Ruhestand versetzt werden.

§ 35 Vorläufige Untersagung der Amtsgeschäfte

In einem Verfahren nach § 18 Abs. 3, § 19 Abs. 3, § 21 Abs. 3, §§ 30 und 34 kann das Gericht auf Antrag dem Richter die Führung seiner Amtsgeschäfte vorläufig untersagen.

§ 36 Mitgliedschaft in einer Volksvertretung oder Regierung

(1) Stimmt ein Richter seiner Aufstellung als Bewerber für die Wahl zum Deutschen Bundestag oder zu der gesetzgebenden Körperschaft eines Landes zu, ist ihm auf Antrag

innerhalb der letzten zwei Monate vor dem Wahltag der zur Vorbereitung seiner Wahl erforderliche Urlaub unter Wegfall der Dienstbezüge zu gewähren.

(2) Nimmt ein Richter die Wahl in den Deutschen Bundestag oder in die gesetzgebende Körperschaft eines Landes an oder wird ein Richter mit seiner Zustimmung zum Mitglied der Bundesregierung oder der Regierung eines Landes ernannt, so enden das Recht und die Pflicht zur Wahrnehmung des Richteramts ohne gerichtliche Entscheidung nach näherer Bestimmung der Gesetze.

§ 37 Abordnung

(1) Ein Richter auf Lebenszeit oder ein Richter auf Zeit darf nur mit seiner Zustimmung abgeordnet werden.

(2) Die Abordnung ist auf eine bestimmte Zeit auszusprechen.

(3) Zur Vertretung eines Richters darf ein Richter auf Lebenszeit oder ein Richter auf Zeit ohne seine Zustimmung längstens für zusammen drei Monate innerhalb eines Geschäftsjahres an andere Gerichte desselben Gerichtszweigs abgeordnet werden.

Fünfter Abschnitt

Besondere Pflichten des Richters

§ 38 Richtereid

(1) Der Richter hat folgenden Eid in öffentlicher Sitzung eines Gerichts zu leisten:

»Ich schwöre, das Richteramt getreu dem Grundgesetz für die Bundesrepublik Deutschland und getreu dem Gesetz auszuüben, nach bestem Wissen und Gewissen ohne Ansehen der Person zu urteilen und nur der Wahrheit und Gerechtigkeit zu dienen, so wahr mir Gott helfe.«

(2) Der Eid kann ohne die Worte »so wahr mir Gott helfe« geleistet werden.

(3) Der Eid kann für Richter im Landesdienst eine Verpflichtung auf die Landesverfassung enthalten und statt vor einem Gericht in anderer Weise öffentlich geleistet werden.

§ 39 Wahrung der Unabhängigkeit

Der Richter hat sich innerhalb und außerhalb seines Amtes, auch bei politischer Betätigung, so zu verhalten, daß das Vertrauen in seine Unabhängigkeit nicht gefährdet wird.

§ 40 Schiedsrichter und Schlichter

(1) Eine Nebentätigkeit als Schiedsrichter oder Schiedsgutachter darf dem Richter nur genehmigt werden, wenn die Parteien des Schiedsvertrags ihn gemeinsam beauftragen oder wenn er von einer unbeteiligten Stelle benannt ist. Die Genehmigung ist zu versagen, wenn der Richter zur Zeit der Entscheidung über die Erteilung der Genehmigung mit der Sache befaßt ist oder nach der Geschäftsverteilung befaßt werden kann.

(2) Auf eine Nebentätigkeit als Schlichter in Streitigkeiten zwischen Vereinigungen oder zwischen diesen und Dritten ist Absatz 1 entsprechend anzuwenden.

§ 41 Rechtsgutachten

(1) Ein Richter darf weder außerdienstlich Rechtsgutachten erstatten, noch entgeltlich Rechtsauskünfte erteilen.

(2) Ein beamteter Professor der Rechte oder der politischen Wissenschaften der gleichzeitig Richter ist, darf mit Genehmigung der obersten Dienstbehörde der Gerichtsverwaltung Rechtsgutachten erstatten und Rechtsauskünfte erteilen. Die Genehmigung darf allgemein

oder für den Einzelfall nur erteilt werden, wenn die richterliche Tätigkeit des Professors nicht über den Umfang einer Nebentätigkeit hinausgeht und nicht zu besorgen ist, daß dienstliche Interessen beeinträchtigt werden.

§ 42 Nebentätigkeiten in der Rechtspflege

Ein Richter ist zu einer Nebentätigkeit (Nebenamt, Nebenbeschäftigung) nur in der Rechtspflege und in der Gerichtsverwaltung verpflichtet.

§ 43 Beratungsgeheimnis

Der Richter hat über den Hergang bei der Beratung und Abstimmung auch nach Beendigung seines Dienstverhältnisses zu schweigen.

Sechster Abschnitt
Ehrenamtliche Richter

§ 44 Bestellung und Abberufung des ehrenamtlichen Richters

(1) Ehrenamtliche Richter dürfen bei einem Gericht nur auf Grund eines Gesetzes und unter den gesetzlich bestimmten Voraussetzungen tätig werden.

(2) Ein ehrenamtlicher Richter kann vor Ablauf seiner Amtszeit nur unter den gesetzlich bestimmten Voraussetzungen und gegen seinen Willen nur durch Entscheidung eines Gerichts abberufen werden.

§ 45 Unabhängigkeit und besondere Pflichten des ehrenamtlichen Richters

(1) Der ehrenamtliche Richter ist in gleichem Maße wie ein Berufsrichter unabhängig. Er hat das Beratungsgeheimnis zu wahren (§ 43).

(2) Der ehrenamtliche Richter ist vor seiner ersten Dienstleistung in öffentlicher Sitzung des Gerichts durch den Vorsitzenden zu vereidigen. Die Vereidigung gilt für die Dauer des Amtes, bei erneuter Bestellung auch für die sich unmittelbar anschließende Amtszeit. Der Schwörende soll bei der Eidesleistung die rechte Hand erheben.

(3) Der ehrenamtliche Richter leistet den Eid, indem er die Worte spricht:
»Ich schwöre, die Pflichten eines ehrenamtlichen Richters getreu dem Grundgesetz für die Bundesrepublik Deutschland und getreu dem Gesetz zu erfüllen, nach bestem Wissen und Gewissen ohne Ansehen der Person zu urteilen und nur der Wahrheit und Gerechtigkeit zu dienen, so wahr mir Gott helfe.«
Der Eid kann ohne die Worte »so wahr mir Gott helfe« geleistet werden.
Hierüber ist der Schwörende vor der Eidesleistung durch den Vorsitzenden zu belehren.

(4) Gibt ein ehrenamtlicher Richter an, daß er aus Glaubens- oder Gewissensgründen keinen Eid leisten wolle, so spricht er die Worte:
»Ich gelobe, die Pflichten eines ehrenamtlichen Richters getreu dem Grundgesetz für die Bundesrepublik Deutschland und getreu dem Gesetz zu erfüllen, nach bestem Wissen und Gewissen ohne Ansehen der Person zu urteilen und nur der Wahrheit und Gerechtigkeit zu dienen.«
Das Gelöbnis steht dem Eid gleich.

(5) Gibt ein ehrenamtlicher Richter an, daß er als Mitglied einer Religions- oder Bekenntnisgemeinschaft eine Beteuerungsformel dieser Gemeinschaft verwenden wolle, so kann er diese dem Eid oder dem Gelöbnis anfügen.

(6) Die ehrenamtlichen Richter in der Finanzgerichtsbarkeit leisten den Eid dahin,

die Pflichten eines ehrenamtlichen Richters getreu dem Grundgesetz für die Bundesrepublik Deutschland und getreu dem Gesetz zu erfüllen, das Steuergeheimnis zu wahren, nach bestem Wissen und Gewissen ohne Ansehen der Person zu urteilen und nur der Wahrheit und Gerechtigkeit zu dienen.
Dies gilt für das Gelöbnis entsprechend.

(7) Für ehrenamtliche Richter bei den Gerichten der Länder können der Eid und das Gelöbnis eine zusätzliche Verpflichtung auf die Landesverfassung enthalten.

(8) Über die Verpflichtung des ehrenamtlichen Richters auf sein Amt wird ein Protokoll aufgenommen.

(9) Im übrigen bestimmen sich die Rechte und Pflichten der ehrenamtlichen Richter nach den für die einzelnen Gerichtszweige geltenden Vorschriften.

§ 45 a Bezeichnungen der ehrenamtlichen Richter

Die ehrenamtlichen Richter in der Strafgerichtsbarkeit führen die Bezeichnung »Schöffe«, die ehrenamtlichen Richter bei den Kammern für Handelssachen die Bezeichnung »Handelsrichter« und die anderen ehrenamtlichen Richter die Bezeichnung »ehrenamtlicher Richter«.

Zweiter Teil

Richter im Bundesdienst

Erster Abschnitt

Allgemeine Vorschriften

§ 46 Geltung des Bundesbeamtenrechts

Soweit dieses Gesetz nichts anderes bestimmt, gelten für die Rechtsverhältnisse der Richter im Bundesdienst bis zu einer besonderen Regelung die Vorschriften für Bundesbeamte entsprechend.

§ 47 Bundespersonalausschuß in Angelegenheiten der Richter

In Angelegenheiten der Richter im Bundesdienst wirkt im Bundespersonalausschuß als weiteres ständiges ordentliches Mitglied der Leiter der Personalabteilung des Bundesministeriums der Justiz mit, dessen Stellvertreter ein anderer Beamter des Bundesministeriums der Justiz ist. Nichtständige ordentliche Mitglieder sind vier Richter; sie und ihre Stellvertreter müssen Richter auf Lebenszeit im Bundesdienst sein. Der Beamte des Bundesministeriums der Justiz und die Richter werden vom Bundesminister der Justiz im Einvernehmen mit den beteiligten Bundesministern vorgeschlagen, davon drei Richter und ihre Stellvertreter auf Grund einer Benennung durch die Spitzenorganisationen der Berufsverbände der Richter.

§ 48 Eintritt in den Ruhestand

(1) Die Richter auf Lebenszeit treten mit dem Ende des Monats in den Ruhestand, in dem sie das fünfundsechzigste Lebensjahr vollenden.

(2) Der Eintritt in den Ruhestand kann nicht hinausgeschoben werden.

(3) Ein Richter auf Lebenszeit ist auf seinen Antrag in den Ruhestand zu versetzen
1. frühestens mit Vollendung das zweiundsechzigsten Lebensjahres oder

2. als Schwerbehinderter im Sinne des § 1 des Schwerbehindertengesetzes frühestens mit Vollendung des sechzigsten Lebensjahres.

Dem Antrag nach Nummer 2 darf nur entsprochen werden, wenn sich der Richter unwiderruflich dazu verpflichtet, nicht mehr als durchschnittlich im Monat 425 Deutsche Mark aus Beschäftigungen oder Erwerbstätigkeiten hinzuzuverdienen.

§ 48 a Ermäßigung der Dienstzeit und Beurlaubung aus familiären Gründen

(1) Einem Richter ist auf Antrag

1. der Dienst bis auf die Hälfte des regelmäßigen Dienstes zu ermäßigen,
2. ein Urlaub ohne Dienstbezüge bis zur Dauer von drei Jahren mit der Möglichkeit der Verlängerung zu gewähren,

wenn er

a) mindestens ein Kind unter achtzehn Jahren oder
b) einen nach ärztlichem Gutachten pflegebedürftigen sonstigen Angehörigen

tatsächlich betreut oder pflegt.

(2) Die Dauer des Urlaubs im Sinne des Absatzes 1 darf auch in Verbindung mit Urlaub nach § 48 b Abs. 1 zwölf Jahre nicht überschreiten. Der Antrag auf Verlängerung eines ermäßigten Dienstes oder eines Urlaubs ist spätestens sechs Monate vor Ablauf der genehmigten Freistellung zu stellen.

(3) Anträge nach Absatz 1 sind nur dann zu genehmigen, wenn der Richter zugleich der Verwendung auch in einem anderen Richteramt desselben Gerichtszweiges zustimmt.

(4) Während einer Freistellung vom Dienst nach Absatz 1 dürfen nur solche Nebentätigkeiten genehmigt werden, die dem Zweck der Freistellung nicht zuwiderlaufen.

(5) Während der Zeit der Beurlaubung ohne Dienstbezüge nach Absatz 1 Nr. 2 in Verbindung mit Absatz 2 Satz 1 besteht ein Anspruch auf Leistungen der Krankheitsfürsorge in entsprechender Anwendung der Beihilferegelungen für Richter mit Dienstbezügen. Dies gilt nicht, wenn der Richter berücksichtigungsfähiger Angehöriger eines Beihilfeberechtigten wird oder Anspruch auf Familienhilfe nach § 10 des Fünften Buches Sozialgesetzbuch hat.

(6) Die Ermäßigung des Dienstes nach Absatz 1 darf das berufliche Fortkommen nicht beeinträchtigen; eine unterschiedliche Behandlung von Richtern mit ermäßigter Arbeitszeit gegenüber Richtern mit regelmäßiger Arbeitszeit ist nur zulässig, wenn zwingende sachliche Gründe sie rechtfertigen.

§ 48 b Beurlaubung aus Arbeitsmarktgründen

(1) Einem Richter ist in einer Arbeitsmarktsituation, in der ein außergewöhnlicher Bewerberüberhang besteht und deshalb ein dringendes öffentliches Interesse daran gegeben ist, verstärkt Bewerber im öffentlichen Dienst zu beschäftigen, nach einer Vollbeschäftigung im öffentlichen Dienst von mindestens zwanzig Jahren oder einer Vollzeitbeschäftigung und Teilzeitbeschäftigung, die insgesamt dem Umfang einer Vollzeitbeschäftigung von zwanzig Jahren entsprechen und nach Vollendung des fünfundzwanzigsten Lebensjahres auf Antrag, der sich auf die Zeit bis zum Beginn des Ruhestandes erstrecken muß, Urlaub ohne Dienstbezüge zu bewilligen.

(2) Dem Antrag darf nur entsprochen werden, wenn der Richter erklärt, während des Urlaubs auf die Ausübung entgeltlicher Nebentätigkeiten zu verzichten und entgeltliche Tätigkeiten nach § 46 dieses Gesetzes in Verbindung mit § 66 Abs. 1 des Bundesbeamtengesetzes nur in dem Umfang auszuüben, wie er sie bei Vollzeitbeschäftigung ohne Verletzung dienstlicher Pflichten ausüben könnte. Wird diese Verpflichtung schuldhaft verletzt, ist die Bewilligung zu widerrufen. Trotz der Erklärung des Richters nach Satz 1

dürfen Nebentätigkeiten genehmigt werden, soweit sie dem Zweck der Bewilligung nicht zuwiderlaufen. Während des Zeitraums, für den Urlaub bewilligt worden ist, ist eine Beendigung des Urlaubs nur mit Zustimmung der zuständigen Behörde zulässig; diese kann in besonderen Härtefällen eine Rückkehr aus dem Urlaub zulassen, wenn dem Richter die Fortsetzung des Urlaubs nicht zugemutet werden kann.

(3) Abweichend von den Voraussetzungen des Absatzes 1 ist einem Richter nach einer Ermäßigung des Dienstes von mindestens fünfzehn Jahren und nach Vollendung des fünfzigsten Lebensjahres auf Antrag der Dienst bis auf drei Viertel seines regelmäßigen Dienstes zu ermäßigen, wenn die Voraussetzungen des § 48 a Abs. 1 nicht vorliegen und es dem Richter nicht mehr zuzumuten ist, zur Vollbeschäftigung zurückzukehren.

Zweiter Abschnitt
Richtervertretungen

§ 49 Richterrat und Präsidialrat

Bei den Gerichten des Bundes werden als Richtervertretungen errichtet
1. Richterräte für die Beteiligung an allgemeinen und sozialen Angelegenheiten,
2. Präsidialräte für die Beteiligung an der Ernennung eines Richters.

§ 50 Zusammensetzung des Richterrats

(1) Der Richterrat besteht bei dem
1. Bundesgerichtshof und Bundespatentgericht aus je fünf gewählten Richtern,
2. Bundesverwaltungsgericht, Bundesfinanzhof, Bundesarbeitsgericht, Bundessozialgericht und Bundesdisziplinargericht aus je drei gewählten Richtern.

(2) Für die Richter der Truppendienstgerichte wird ein Richterrat aus drei gewählten Richtern errichtet. Der Richterrat bestimmt seinen Sitz bei einem Truppendienstgericht.

(3) Der Präsident des Gerichts und sein ständiger Vertreter können dem Richterrat nicht angehören.

§ 51 Wahl des Richterrats

(1) Die Mitglieder des Richterrats und eine gleiche Anzahl von Stellvertretern werden auf jeweils vier Jahre geheim und unmittelbar gewählt.

(2) Zur Vorbereitung der Wahl beruft der Präsident des Gerichts, bei den Truppendienstgerichten der lebensälteste Richter, eine Versammlung der Richter ein. Die Versammlung beschließt unter dem Vorsitz des lebensältesten Richters das Wahlverfahren.

§ 52 Aufgaben des Richterrats

Für die Befugnisse und Pflichten des Richterrats gelten § 2 Abs. 1, §§ 66 bis 74, 75 Abs. 2 und 3 Nr. 1 bis 5 und 11 bis 16, § 76 Abs. 2, § 78 Abs. 1 Nr. 1, 2 und Abs. 2 bis 4,

§§ 80 und 81 des Bundespersonalvertretungsgesetzes vom 15. März 1974 (BGBl. I S. 693) sinngemäß.

§ 53 Gemeinsame Aufgaben von Richterrat und Personalvertretung

(1) Sind an einer Angelegenheit sowohl der Richterrat als auch die Personalvertretung beteiligt, so entsendet der Richterrat für die gemeinsame Beschlußfassung Mitglieder in die Personalvertretung.

(2) Die Zahl der entsandten Mitglieder des Richterrats muß zur Zahl der Richter im gleichen Verhältnis stehen wie die Zahl der Mitglieder der Personalvertretung zu der Zahl der Beamten, Angestellten und Arbeiter. Jedoch entsendet der Richterrat mindestens die in § 17 Abs. 3 und Abs. 5 Satz 1 des Bundespersonalvertretungsgesetzes bestimmte Zahl von Mitgliedern.

§ 54 Bildung des Präsidialrats

(1) Bei jedem obersten Gerichtshof des Bundes wird ein Präsidialrat errichtet. Der Präsidialrat beim Bundesverwaltungsgericht ist zugleich für das Bundesdisziplinargericht und die Truppendienstgerichte zuständig. Er besteht bei

1. dem Bundesgerichtshof aus dem Präsidenten als Vorsitzendem, seinem ständigen Vertreter, zwei vom Präsidium aus seiner Mitte gewählten Mitgliedern und drei weiteren Mitgliedern,
2. den anderen obersten Gerichtshöfen des Bundes aus dem Präsidenten als Vorsitzendem, seinem ständigen Vertreter, einem vom Präsidium aus seiner Mitte gewählten Mitglied und zwei weiteren Mitgliedern.

Ist kein ständiger Vertreter ernannt, so wirkt an seiner Stelle der dienstälteste, bei gleichem Dienstalter der lebensälteste Vorsitzende Richter mit. Die weiteren Mitglieder werden von den Richtern des Gerichts, bei dem der Präsidialrat errichtet ist, geheim und unmittelbar gewählt. § 51 Abs. 2 gilt entsprechend.

(2) An die Stelle der beiden von den Richtern des Bundesverwaltungsgerichts gewählten Mitglieder treten in Angelegenheiten der Richter des Bundesdisziplinargerichts zwei von den Richtern dieses Gerichts, in Angelegenheiten der Richter der Truppendienstgerichte zwei von den Richtern dieser Gerichte gewählte Mitglieder; Absatz 1 Satz 5 und 6 gilt entsprechend.

(3) Für die Richter des Bundespatentgerichts wird ein Präsidialrat errichtet; er besteht aus dem Präsidenten als Vorsitzendem, seinem ständigen Vertreter, zwei vom Präsidium aus seiner Mitte gewählten Mitgliedern und drei weiteren Mitgliedern. Absatz 1 Satz 5 und 6 gilt entsprechend.

(4) Die Amtszeit des Präsidialrats beträgt vier Jahre.

§ 55 Aufgabe des Präsidialrats

Vor jeder Ernennung oder Wahl eines Richters ist der Präsidialrat des Gerichts, bei dem der Richter verwendet werden soll, zu beteiligen. Das gleiche gilt, wenn einem Richter ein Richteramt an einem Gericht eines anderen Gerichtszweigs übertragen werden soll.

§ 56 Einleitung der Beteiligung

(1) Die oberste Dienstbehörde beantragt die Stellungnahme des Präsidialrats. Dem Antrag sind die Bewerbungsunterlagen und die Personal- und Befähigungsnachweise beizufügen. Personalakten dürfen nur mit Zustimmung des Bewerbers oder Richters vorgelegt werden.

(2) Auf Ersuchen eines Mitglieds eines Richterwahlausschusses hat die oberste Dienstbehörde die Stellungnahme zu beantragen.

§ 57 Stellungnahme des Präsidialrats

(1) Der Präsidialrat gibt eine schriftlich begründete Stellungnahme ab über die persönliche und fachliche Eignung des Bewerbers oder Richters. Die Stellungnahme ist zu den Personalakten zu nehmen.

(2) Der Präsidialrat hat seine Stellungnahme binnen eines Monats abzugeben.

(3) Ein Richter darf erst ernannt oder gewählt werden, wenn die Stellungnahme des Präsidialrats vorliegt oder die Frist des Absatzes 2 verstrichen ist.

§ 58 Geschäftsführung, Rechtsstellung der Mitglieder

(1) Die Richtervertretungen regeln ihre Beschlußfassung und Geschäftsführung in einer Geschäftsordnung.

(2) Die Kosten der Richtervertretungen fallen dem Haushalt der Gerichte zur Last. Die Gerichtsverwaltung stellt Räume und Geschäftsbedarf zur Verfügung.

(3) Die Mitgliedschaft in der Richtervertretung ist ein Ehrenamt. Für die Rechte und Pflichten der Mitglieder gelten die §§ 8 bis 11, 46 Abs. 3 bis 7, § 47 Abs. 2 des Bundespersonalvertretungsgesetzes sinngemäß.

§ 59 Abgeordnete Richter

(1) Ein an ein Gericht des Bundes abgeordneter Richter wird zum Richterrat dieses Gerichts wahlberechtigt, sobald die Abordnung länger als drei Monate gedauert hat. Wird ein Richter im Bundesdienst an ein anderes Gericht oder an eine Verwaltungsbehörde abgeordnet, so verliert er sein Wahlrecht zum Richterrat bei dem bisherigen Gericht nach Ablauf von drei Monaten.

(2) Ein abgeordneter Richter kann dem Präsidialrat für das Gericht des Bundes, an das er abgeordnet ist, nicht angehören; er ist für diesen Präsidialrat nicht wahlberechtigt. Ein Richter im Bundesdienst scheidet mit Beginn der Abordnung aus dem Präsidialrat seines bisherigen Gerichts aus; seine Wahlberechtigung bleibt jedoch unberührt.

§ 60 Rechtsweg in Angelegenheiten der Richtervertretungen

Für Rechtsstreitigkeiten aus der Bildung oder Tätigkeit der Richtervertretungen steht der Rechtsweg zu den Verwaltungsgerichten offen. Das Verwaltungsgericht entscheidet bei Rechtsstreitigkeiten aus der gemeinsamen Beteiligung von Richterrat und Personalvertretung (§ 53 Abs. 1) nach den Verfahrensvorschriften und in der Besetzung des § 83 Abs. 2 und § 84 des Bundespersonalvertretungsgesetzes.

Dritter Abschnitt
Dienstgericht des Bundes

§ 61 Verfassung des Dienstgerichts

(1) Für die Richter im Bundesdienst wird als Dienstgericht des Bundes ein besonderer Senat des Bundesgerichtshofs gebildet.

(2) Das Dienstgericht des Bundes verhandelt und entscheidet in der Besetzung mit einem Vorsitzenden, zwei ständigen Beisitzern und zwei nichtständigen Beisitzern. Der Vorsitzende und die ständigen Beisitzer müssen dem Bundesgerichtshof, die nichtständigen Beisitzer als Richter auf Lebenszeit dem Gerichtszweig des betroffenen Richters angehören.

Der Präsident eines Gerichts und sein ständiger Vertreter können nicht Mitglied des Dienstgerichts sein.

(3) Das Präsidium des Bundesgerichtshofs bestimmt den Vorsitzenden und die Beisitzer sowie deren Vertreter für fünf Geschäftsjahre. Bei der Hinzuziehung der nichtständigen Beisitzer ist es an die Reihenfolge in den Vorschlagslisten gebunden, die von den Präsidien der obersten Gerichtshöfe des Bundes aufgestellt werden.

(4) Das Dienstgericht gilt in Disziplinarverfahren (§ 63) als Strafsenat, in Versetzungs- und Prüfungsverfahren (§§ 65, 66) als Zivilsenat im Sinne des § 132 des Gerichtsverfassungsgesetzes.

§ 62 Zuständigkeit des Dienstgerichts

(1) Das Dienstgericht des Bundes entscheidet endgültig

1. in Disziplinarsachen, auch der Richter im Ruhestand;
2. über die Versetzung im Interesse der Rechtspflege;
3. bei Richtern auf Lebenszeit oder auf Zeit über die
   a) Nichtigkeit einer Ernennung,
   b) Rücknahme einer Ernennung,
   c) Entlassung,
   d) Versetzung in den Ruhestand wegen Dienstunfähigkeit;
4. bei Anfechtung
   a) einer Maßnahme wegen Veränderung der Gerichtsorganisation,
   b) der Abordnung eines Richters gemäß § 37 Abs. 3,
   c) einer Verfügung, durch die ein Richter auf Probe oder kraft Auftrags entlassen, durch die seine Ernennung zurückgenommen oder die Nichtigkeit seiner Ernennung festgestellt oder durch die er wegen Dienstunfähigkeit in den Ruhestand versetzt wird,
   d) der Heranziehung zu einer Nebentätigkeit,
   e) einer Maßnahme der Dienstaufsicht aus den Gründen des § 26 Abs. 3,
   f) einer Verfügung über Ermäßigung des Dienstes oder Beurlaubung nach § 48 a oder § 48 b.

(2) Das Dienstgericht des Bundes entscheidet auch über die Revision gegen Urteile der Dienstgerichte der Länder (§ 79).

§ 63 Disziplinarverfahren

(1) Für das Verfahren in Disziplinarsachen gelten die Vorschriften der Bundesdisziplinarordnung sinngemäß.

(2) Über die Einleitung oder Einstellung des förmlichen Disziplinarverfahrens, über die vorläufige Dienstenthebung, die Einbehaltung von Dienstbezügen sowie über die Aufhebung dieser Maßnahmen entscheidet auf Antrag der obersten Dienstbehörde das Dienstgericht durch Beschluß. Der Beschluß ist der obersten Dienstbehörde und dem Richter zuzustellen.

(3) Die Aufgaben des Bundesdisziplinaranwalts nimmt der Generalbundesanwalt wahr. § 30 b Abs. 2 der Bundesdisziplinarordnung findet keine Anwendung.

§ 64 Disziplinarmaßnahmen

(1) Durch Disziplinarverfügung kann nur ein Verweis ausgesprochen werden.

(2) Gegen einen Richter bei einem obersten Gerichtshof des Bundes kann nur Verweis, Geldbuße oder Entfernung aus dem Dienst verhängt werden.

§ 65 Versetzungsverfahren

(1) Für das Verfahren bei Versetzung im Interesse der Rechtspflege (Versetzungsverfahren) gelten die Vorschriften der Verwaltungsgerichtsordnung sinngemäß.

(2) Das Verfahren wird durch einen Antrag der obersten Dienstbehörde eingeleitet. Ein Vorverfahren findet nicht statt. Der Oberbundesanwalt wirkt an dem Verfahren nicht mit.

(3) Das Gericht erklärt eine der in § 31 vorgesehenen Maßnahmen für zulässig oder weist den Antrag zurück.

§ 66 Prüfungsverfahren

(1) Für das Verfahren in den Fällen des § 62 Abs. 1 Nr. 3 und 4 (Prüfungsverfahren) gelten die Vorschriften der Verwaltungsgerichtsordnung sinngemäß. Der Oberbundesanwalt wirkt an dem Verfahren nicht mit.

(2) Ein Vorverfahren findet nur in den Fällen des § 62 Abs. 1 Nr. 4 statt.

(3) Das Verfahren wird in den Fällen des § 62 Abs. 1 Nr. 3 durch einen Antrag der obersten Dienstbehörde, in den Fällen der Nummer 4 durch einen Antrag des Richters eingeleitet.

§ 67 Urteilsformel im Prüfungsverfahren

(1) In dem Fall des § 62 Abs. 1 Nr. 3 Buchstabe a stellt das Gericht die Nichtigkeit fest oder weist den Antrag zurück.

(2) In den Fällen des § 62 Abs. 1 Nr. 3 Buchstaben b bis d stellt das Gericht die Zulässigkeit der Maßnahme oder die Entlassung fest oder weist den Antrag zurück.

(3) In den Fällen des § 62 Abs. 1 Nr. 4 Buchstaben a bis d hebt das Gericht die angefochtene Maßnahme auf oder weist den Antrag zurück.

(4) In dem Fall des § 62 Abs. 1 Nr. 4 Buchstabe e stellt das Gericht die Unzulässigkeit der Maßnahme fest oder weist den Antrag zurück.

§ 68 Aussetzung von Verfahren

(1) Ist eine Maßnahme der Dienstaufsicht aus den Gründen des § 26 Abs. 3 angefochten und hängt die Entscheidung hierüber von dem Bestehen oder Nichtbestehen eines Rechtsverhältnisses ab, das den Gegenstand eines anderen Verfahrens bildet oder bilden kann, so hat das Dienstgericht die Verhandlung bis zur Erledigung des anderen Verfahrens auszusetzen. Der Aussetzungsbeschluß ist zu begründen.

(2) Ist das Verfahren bei dem anderen Gericht noch nicht anhängig, so setzt das Dienstgericht in dem Aussetzungsbeschluß eine angemessene Frist zur Einleitung des Verfahrens. Nach fruchtlosem Ablauf der Frist weist es den Antrag ohne weitere Sachprüfung zurück.

(3) Hängt die Entscheidung eines anderen Gerichts als eines Dienstgerichts davon ab, ob eine Maßnahme der Dienstaufsicht aus den Gründen des § 26 Abs. 3 unzulässig ist, so hat das Gericht die Verhandlung bis zur Erledigung des Verfahrens vor dem Dienstgericht auszusetzen. Der Aussetzungsbeschluß ist zu begründen. Absatz 2 gilt sinngemäß.

Vierter Abschnitt

Richter des Bundesverfassungsgerichts

§ 69 Beschränkte Geltung dieses Gesetzes

Für die Richter des Bundesverfassungsgerichts gelten die Vorschriften dieses Gesetzes nur, soweit sie mit der besonderen Rechtsstellung dieser Richter nach dem Grundgesetz und nach dem Gesetz über das Bundesverfassungsgericht vereinbar sind.

§ 70 Bundesrichter als Richter des Bundesverfassungsgerichts

(1) Die Rechte und Pflichten eines Richters an den obersten Gerichtshöfen des Bundes ruhen, solange er Mitglied des Bundesverfassungsgerichts ist.

(2) Er ist auf seinen Antrag auch als Richter an einem obersten Gerichtshof des Bundes zu dem Zeitpunkt in den Ruhestand zu versetzen, zu dem sein Amt als Richter des Bundesverfassungsgerichts nach Maßgabe des § 98 des Gesetzes über das Bundesverfassungsgericht endet.

Dritter Teil

Richter im Landesdienst

§ 71 Bindung an Rahmenvorschriften

(1) Die Länder sind verpflichtet, die Rechtsverhältnisse der Richter gemäß den §§ 72 bis 84 und, soweit dieses Gesetz nicht anderes bestimmt, auf der Grundlage des Kapitels I des Beamtenrechtsrahmengesetzes zu regeln. Sie haben dabei die gemeinsamen Interessen von Bund und Ländern zu berücksichtigen.

(2) Soweit die unabhängige Stelle (§§ 61, 62 des Beamtenrechtsrahmengesetzes) für Angelegenheiten der Richter zuständig ist, muß mindestens die Hälfte ihrer Mitglieder Richter sein.

(3) Für die Richter im Landesdienst gelten die §§ 123 bis 132 des Beamtenrechtsrahmengesetzes entsprechend, soweit dieses Gesetz nicht anderes bestimmt.

§ 71 a Anwendung des Beamtenversorgungsgesetzes

Die Abschnitte I bis XIII des Beamtenversorgungsgesetzes gelten entsprechend für die Versorgung der Richter im Landesdienst, soweit dieses Gesetz nichts anderes bestimmt.

§ 72 Bildung des Richterrats

In den Ländern sind Richterräte zu bilden. Ihre Mitglieder werden durch die Richter unmittelbar und geheim aus ihrer Mitte gewählt.

§ 73 Aufgaben des Richterrats

Der Richterrat hat mindestens folgende Aufgaben:

1. Beteiligung an allgemeinen und sozialen Angelegenheiten der Richter,
2. gemeinsame Beteiligung mit der Personalvertretung an allgemeinen und sozialen Angelegenheiten, die sowohl Richter als auch Bedienstete des Gerichts betreffen.

§ 74 Bildung des Präsidialrats

(1) Für jeden Gerichtszweig ist ein Präsidialrat zu bilden. Für mehrere Gerichtszweige kann durch Gesetz die Bildung eines gemeinsamen Präsidialrats vorgeschrieben werden.

(2) Der Präsidialrat besteht aus dem Präsidenten eines Gerichts als Vorsitzendem und aus Richtern, von denen mindestens die Hälfte durch die Richter zu wählen sind.

§ 75 Aufgaben des Präsidialrats

(1) Der Präsidialrat ist an der Ernennung eines Richters für ein Amt mit höherem Endgrundgehalt als dem eines Eingangsamts zu beteiligen. Er gibt eine schriftlich begründete Stellungnahme ab über die persönliche und fachliche Eignung des Richters.

(2) Dem Präsidialrat können weitere Aufgaben übertragen werden.

§ 76 Altersgrenze

(1) Die Altersgrenze der Richter ist durch Gesetz zu bestimmen.

(2) Der Eintritt in den Ruhestand kann nicht hinausgeschoben werden.

§ 76 a Teilzeitbeschäftigung, Ermäßigung der Dienstzeit und Beurlaubung

(1) Ermäßigung des Dienstes und Beurlaubung aus familiären Gründen sind entsprechend § 48 a Abs. 1 bis 4 zu regeln.

(2) Durch Gesetz kann bestimmt werden, daß einem Richter wegen der Arbeitsmarktsituation, in der ein außergewöhnlicher Bewerberüberhang besteht und deshalb ein dringendes öffentliches Interesse daran gegeben ist, verstärkt Bewerber im öffentlichen Dienst zu beschäftigen,

1. auf Antrag Teilzeitbeschäftigung bis zur Hälfte des regelmäßigen Dienstes bis zur Dauer von insgesamt fünfzehn Jahren,
2. nach Vollendung des fünfundfünfzigsten Lebensjahres auf Antrag, der sich auf die Zeit bis zum Beginn des Ruhestandes erstrecken muß, Teilzeitbeschäftigung bis zur Hälfte des regelmäßigen Dienstes,
3. auf Antrag Urlaub ohne Dienstbezüge bis zur Dauer von insgesamt sechs Jahren, mindestens von einem Jahr,
4. nach einer Vollzeitbeschäftigung im öffentlichen Dienst von mindestens zwanzig Jahren oder einer Vollzeitbeschäftigung und Teilzeitbeschäftigung, die insgesamt dem Umfang einer Vollzeitbeschäftigung von zwanzig Jahren entsprechen, und nach Vollendung des fünfundfünfzigsten Lebensjahres auf Antrag, der sich auf die Zeit bis zum Beginn des Ruhestandes erstrecken muß, Urlaub ohne Dienstbezüge

zu bewilligen ist. Abweichend von Satz 1 Nr. 1 kann bis zur Dauer von insgesamt zwanzig Jahren Teilzeitbeschäftigung bewilligt werden, wenn während des Bewilligungszeitraumes durchschnittlich drei Viertel des regelmäßigen Dienstes nicht unterschritten werden.

(3) Einem Antrag nach Absatz 2 darf nur entsprochen werden, wenn

1. in den Fällen des Absatzes 2 Satz 1 Nr. 1 und 2 das Aufgabengebiet des richterlichen Amtes Teilzeitbeschäftigung zuläßt,
2. im Falle des Absatzes 2 Satz 1 Nr. 3 zwingende dienstliche Gründe nicht entgegenstehen,
3. der Richter zugleich der Verwendung auch in einem anderen Richteramt desselben Gerichtszweiges zustimmt,
4. der Richter erklärt, während der Dauer des Bewilligungszeitraumes auf die Ausübung entgeltlicher Nebentätigkeiten zu verzichten und entgeltliche Tätigkeiten nach § 71 dieses Gesetzes in Verbindung mit § 42 Abs. 1 Satz 3 des Beamtenrechtsrahmengesetzes nur in dem Umfang auszuüben, wie er sie bei Vollzeitbeschäftigung ohne Verletzung dienstlicher Pflichten ausüben könnte.

Wird die Verpflichtung nach Satz 1 Nr. 4 schuldhaft verletzt, ist die Bewilligung zu widerrufen. Trotz der Erklärung des Richters nach Satz 1 Nr. 4 dürfen Nebentätigkeiten genehmigt werden, soweit sie dem Zweck der Bewilligung nicht zuwiderlaufen. Eine Änderung des Umfangs der Teilzeitbeschäftigung oder eine Rückkehr zur Vollzeitbeschäftigung oder zur Teilzeitbeschäftigung während der Dauer des Bewilligungszeitraumes ist nur mit Zustimmung der zuständigen Dienstbehörde zulässig. Die zuständige Dienstbehörde kann in besonderen Härtefällen eine Rückkehr aus dem Urlaub zulassen, wenn dem Richter die Fortsetzung des Urlaubs nicht zugemutet werden kann.

(4) Teilzeitbeschäftigung und Urlaub nach Absatz 2 Satz 1 Nr. 1, 3 und 4 dürfen zusammen eine Dauer von fünfzehn Jahren, Urlaub allein darf eine Dauer von zwölf

Jahren nicht überschreiten. Teilzeitbeschäftigung im Sinne des Absatzes 2 Satz 2 und Urlaub nach Absatz 2 Satz 1 Nr. 3 und 4 dürfen zusammen eine Dauer von zwanzig Jahren nicht überschreiten. Der Antrag auf Verlängerung einer Teilzeitbeschäftigung nach Absatz 2 Satz 1 Nr. 1 oder eines Urlaubs nach Absatz 2 Satz 1 Nr. 3 ist spätestens sechs Monate vor Ablauf der genehmigten Freistellung zu stellen.

(5) Teilzeitbeschäftigung und Urlaub nach Absatz 2 Satz 1 Nr. 1, 3 und 4 sowie Teilzeitbeschäftigung nach § 76 b oder Teilzeitbeschäftigung nach Absatz 2 Satz 1 Nr. 1 sowie Teilzeitbeschäftigung nach § 76 b dürfen zusammen die Dauer von fünfzehn Jahren nicht überschreiten. Bei Teilzeitbeschäftigung im Sinne des Absatzes 2 Satz 2 oder im Sinne des § 76 b Abs. 1 Satz 2 gilt Satz 1 mit der Maßgabe, daß anstelle der Dauer von fünfzehn Jahren die Dauer von zwanzig Jahren tritt. Urlaub nach Absatz 2 Satz 1 Nr. 3 und 4 sowie Urlaub nach Absatz 1 dürfen zusammen eine Dauer von zwölf Jahren nicht überschreiten.

(6) Abweichend von Absatz 2 ist einem Richter nach einer Teilzeitbeschäftigung im öffentlichen Dienst von mindestens fünfzehn Jahren und nach Vollendung des fünfzigsten Lebensjahres auf Antrag Teilzeitbeschäftigung bis zur Hälfte des regelmäßigen Dienstes zu bewilligen, wenn die Höchstdauer der Teilzeitbeschäftigung nach den Absätzen 4 und 5 oder § 76 b Abs. 1 erreicht ist und die Voraussetzungen des § 76 a Abs. 1 nicht vorliegen und es dem Richter nicht mehr zuzumuten ist, zur Vollbeschäftigung zurückzukehren.

(7) Die Ermäßigung des Dienstes nach den Absätzen 1 und 2 darf das berufliche Fortkommen nicht beeinträchtigen; eine unterschiedliche Behandlung von Richtern mit ermäßigter Arbeitszeit gegenüber Richtern mit regelmäßiger Arbeitszeit ist nur zulässig, wenn zwingende sachliche Gründe sie rechtfertigen.

§ 76 b Teilzeitbeschäftigung bei Bewerbermangel

(1) Durch Gesetz kann bestimmt werden, daß einem Richter in einer Arbeitsmarktsituation, in der ein außergewöhnlicher Bewerbermangel besteht und deshalb zur Aufrechterhaltung der Funktionsfähigkeit der Rechtssprechung ein dringendes Bedürfnis zur Gewinnung von Teilzeitkräften gegeben ist, auf Antrag Teilzeitbeschäftigung bis zur Hälfte des regelmäßigen Dienstes bis zur Dauer von insgesamt fünfzehn Jahren zu bewilligen ist. § 76 a Abs. 2 Satz 2 gilt entsprechend.

(2) Für die Übernahme von Nebentätigkeiten gilt § 71 dieses Gesetzes in Verbindung mit § 42 des Beamtenrechtsrahmengesetzes, § 42 Abs. 2 Satz 3 jedoch mit der Maßgabe, daß vom regelmäßigen Dienst ohne Rücksicht auf die Bewilligung von Teilzeitbeschäftigung auszugehen ist.

(3) Einem Antrag nach Absatz 1 darf nur entsprochen werden, wenn

1. das Aufgabengebiet des richterlichen Amtes Teilzeitbeschäftigung zuläßt und
2. der Richter zugleich der Verwendung auch in einem anderen Richteramt desselben Gerichtszweiges zustimmt.

§ 76 a Abs. 3 Satz 4 gilt entsprechend.

(4) Teilzeitbeschäftigung nach Absatz 1 Satz 1 sowie Teilzeitbeschäftigung und Urlaub nach § 76 a Abs. 2 Nr. 1, 3 und 4 dürfen zusammen die Dauer von fünfzehn Jahren nicht überschreiten. Bei Teilzeitbeschäftigung im Sinne des Absatzes 1 Satz 2 oder im Sinne des § 76 a Abs. 2 Satz 2 gilt Satz 1 mit der Maßgabe, daß an die Stelle der Dauer von fünfzehn Jahren die Dauer von zwanzig Jahren tritt.

§ 77 Errichtung von Dienstgerichten

(1) In den Ländern sind Dienstgerichte zu bilden.

(2) Die Dienstgerichte entscheiden in der Besetzung mit einem Vorsitzenden und je zur Hälfte mit ständigen und nichtständigen Beisitzern. Alle Mitglieder müssen auf Lebenszeit ernannte Richter sein. Die nichtständigen Mitglieder sollen dem Gerichtszweig des betroffenen Richters angehören.

(3) Die Mitglieder der Dienstgerichte werden von dem Präsidium des Gerichts bestimmt, bei dem das Dienstgericht errichtet ist. Die Landesgesetzgebung kann das Präsidium an Vorschlagslisten, die von den Präsidien anderer Gerichte aufgestellt werden, binden. Der Präsident eines Gerichts oder sein ständiger Vertreter kann nicht Mitglied eines Dienstgerichts sein.

§ 78 Zuständigkeit des Dienstgerichts

Das Dienstgericht entscheidet

1. in Disziplinarsachen, auch der Richter im Ruhestand;
2. über die Versetzung im Interesse der Rechtspflege;
3. bei Richtern auf Lebenszeit oder auf Zeit über die
   a) Nichtigkeit einer Ernennung,
   b) Rücknahme einer Ernennung,
   c) Entlassung,
   d) Versetzung in den Ruhestand wegen Dienstunfähigkeit;
4. bei Anfechtung
   a) einer Maßnahme wegen Veränderung der Gerichtsorganisation,
   b) der Abordnung eines Richters gemäß § 37 Abs. 3,
   c) einer Verfügung, durch die ein Richter auf Probe oder kraft Auftrags entlassen, durch die seine Ernennung zurückgenommen oder die Nichtigkeit seiner Ernennung festgestellt oder durch die er wegen Dienstunfähigkeit in den Ruhestand versetzt wird,
   d) der Heranziehung zu einer Nebentätigkeit,
   e) einer Maßnahme der Dienstaufsicht aus den Gründen des § 26 Abs. 3,
   f) einer Verfügung über Ermäßigung des Dienstes oder Beurlaubung nach § 76 a in Verbindung mit § 48 a; einer Verfügung über Teilzeitbeschäftigung oder Beurlaubung nach § 76 a Abs. 2 bis 5.

§ 79 Rechtszug

(1) Das Verfahren vor den Dienstgerichten besteht aus mindestens zwei Rechtszügen.

(2) In den Fällen des § 78 Nr. 2, 3 und 4 steht den Beteiligten die Revision an das Dienstgericht des Bundes nach Maßgabe des § 80 zu.

(3) Die Landesgesetzgebung kann in den Fällen des § 78 Nr. 1 die Revision an das Dienstgericht des Bundes vorsehen.

§ 80 Revision im Versetzungsverfahren und im Prüfungsverfahren

(1) Für die Revision im Versetzungsverfahren und im Prüfungsverfahren gelten die Vorschriften der Verwaltungsgerichtsordnung sinngemäß. Der Oberbundesanwalt wirkt an dem Verfahren nicht mit.

(2) Die Revision ist stets zuzulassen.

(3) Die Revision kann nur darauf gestützt werden, daß das Urteil auf der Nichtanwendung oder unrichtigen Anwendung einer Rechtsnorm beruht.

§ 81 Zulässigkeit der Revision im Disziplinarverfahren

(1) Soweit die Landesgesetzgebung im Disziplinarverfahren die Revision an das Dienstgericht des Bundes vorgesehen hat (§ 79 Abs. 3), kann die Revision vorbehaltlich des Absatzes 3 nur eingelegt werden, wenn sie von dem Dienstgericht des Landes zugelassen worden ist. Sie ist nur zuzulassen, wenn

1. die Rechtssache grundsätzliche Bedeutung hat oder
2. das Urteil von einer Entscheidung des Dienstgerichts des Bundes abweicht und auf dieser Abweichung beruht.

(2) Die Nichtzulassung der Revision kann selbständig durch Beschwerde innerhalb zweier Wochen nach Zustellung des Urteils angefochten werden. Die Beschwerde ist bei dem Gericht einzulegen, dessen Entscheidung angefochten werden soll. In der Beschwerdeschrift muß die grundsätzliche Bedeutung der Rechtssache dargelegt oder die Entscheidung des Dienstgerichts des Bundes, von dem das angefochtene Urteil abweicht, bezeichnet werden. Die Einlegung der Beschwerde hemmt die Rechtskraft des Urteils. Wird der Beschwerde nicht abgeholfen, so entscheidet das Dienstgericht des Bundes durch Beschluß. Der Beschluß bedarf keiner Begründung, wenn die Beschwerde einstimmig verworfen oder zurückgewiesen wird. Mit Ablehnung der Beschwerde durch das Dienstgericht des Bundes wird das Urteil rechtskräftig. Wird der Beschwerde stattgegeben, so beginnt mit Zustellung des Beschwerdebescheides die Revisionsfrist.

(3) Einer Zulassung bedarf es nicht, wenn als wesentliche Mängel des Verfahrens gerügt werden, daß

1. das erkennende Gericht nicht vorschriftsmäßig besetzt war,
2. bei der Entscheidung ein Richter mitgewirkt hat, der von der Ausübung des Richteramts kraft Gesetzes ausgeschlossen oder wegen Besorgnis der Befangenheit mit Erfolg abgelehnt war, oder
3. die Entscheidung nicht mit Gründen versehen ist.

§ 82 Revisionsverfahren im Disziplinarverfahren

(1) Die Revision ist bei dem Gericht, dessen Urteil angefochten wird, innerhalb zweier Wochen nach Zustellung des Urteils oder nach Zustellung des Beschlusses über die Zulassung der Revision schriftlich oder durch schriftlich aufzunehmende Erklärung vor der Geschäftsstelle einzulegen und spätestens innerhalb zweier weiterer Wochen zu begründen. In der Begründung ist anzugeben, inwieweit das Urteil angefochten wird, welche Änderungen des Urteils beantragt und wie diese Anträge begründet werden. § 80 Abs. 3 gilt entsprechend.

(2) Das Dienstgericht des Bundes ist an die in dem angefochtenen Urteil getroffenen tatsächlichen Feststellungen gebunden, es sei denn, daß zulässige und begründete Revisionsgründe gegen diese Feststellungen vorgebracht sind.

(3) § 67 Abs. 1 Satz 2 und Abs. 2, § 73 Abs. 1 Nr. 1, Abs. 2 und 3 und § 75 der Bundesdisziplinarordnung gelten sinngemäß. Das Urteil kann nur auf Zurückweisung der Revision oder auf Aufhebung des angefochtenen Urteils lauten.

§ 83 Verfahrensvorschriften

Disziplinarverfahren, Versetzungsverfahren und Prüfungsverfahren sind entsprechend § 63 Abs. 2, § 64 Abs. 1, §§ 65 bis 68 zu regeln.

§ 84 Verfassungsrichter

Das Landesrecht bestimmt, wieweit dieses Gesetz für die Mitglieder des Verfassungsgerichts eines Landes gilt.

Vierter Teil
Übergangs- und Schlußvorschriften
Erster Abschnitt
Änderung von Bundesrecht

§§ 85 bis **103 (Änderungs- und Aufhebungsvorschriften)**

§ 104 Verweisung auf aufgehobene Vorschriften

Soweit in anderen Gesetzen und Verordnungen auf Vorschriften oder Bezeichnungen verwiesen wird, die durch dieses Gesetz aufgehoben werden, treten an ihre Stelle die entsprechenden Vorschriften oder die Bezeichnungen dieses Gesetzes.

Zweiter Abschnitt
Überleitung von Rechtsverhältnissen

§ 105 Überleitungsvorschriften für Richter auf Lebenszeit und auf Zeit

(1) Wer vor Inkrafttreten dieses Gesetzes in ein öffentlich-rechtliches Dienstverhältnis auf Lebenszeit oder auf Zeit berufen ist und ein Richteramt als Hauptamt innehat, erhält die Rechtsstellung eines Richters auf Lebenszeit oder auf Zeit im Sinne dieses Gesetzes.

(2) Wer bei Inkrafttreten dieses Gesetzes die Befähigung zum Richteramt nicht besitzt, kann bei einem Gericht nur entsprechend den bis zum Inkrafttreten dieses Gesetzes geltenden Vorschriften weiterverwendet werden.

(3) Wer nach dem 8. Mai 1945 aus Anlaß der Übertragung eines Richteramts einen Eid geleistet hat, ist von der Pflicht zur Leistung des Richtereides (§ 38) befreit.

§ 106 Überleitungsvorschriften für Richter auf Probe, Richter kraft Auftrags und abgeordnete Richter

(1) Wer bei Inkrafttreten dieses Gesetzes in einem öffentlich-rechtlichen Dienstverhältnis auf Probe die Aufgaben eines Richters wahrnimmt, erhält die Rechtsstellung eines Richters auf Probe. Die Fristen in § 12 Abs. 2 und § 22 Abs. 1 und 2 rechnen von der Einstellung ab.

(2) Ist ein Beamter auf Lebenszeit oder auf Zeit bei Inkrafttreten dieses Gesetzes mit der Wahrnehmung eines Richteramts beauftragt, so darf er dieses Amt bis zum Ablauf eines Jahres nach Inkrafttreten dieses Gesetzes führen. Danach kann er bei einem Gericht nur noch in einem Richterverhältnis nach den Vorschriften dieses Gesetzes verwendet werden.

§ 107 Dienstverhältnisse auf Widerruf

Bis zum Ablauf von zwei Jahren nach Inkrafttreten dieses Gesetzes können richterliche Aufgaben in den Ländern auch in einem öffentlich-rechtlichen Dienstverhältnis auf Widerruf wahrgenommen werden.

§ 108 Richterliche Vortätigkeit

Wer bei Inkrafttreten dieses Gesetzes die Befähigung zum Richteramt besitzt, kann bis zum Ablauf von drei Jahren nach Inkrafttreten dieses Gesetzes Tätigkeiten nach § 10 Abs. 2 unbeschränkt angerechnet erhalten.

§ 109 Befähigung zum Richteramt

Wer am 16. September 1984 im Geltungsbereich dieses Gesetzes zum Richteramt befähigt ist, behält diese Befähigung.

§ 110 Befähigung zum höheren Verwaltungsdienst

Wer bis zum Inkrafttreten dieses Gesetzes nach mindestens dreijährigem Studium der Rechtswissenschaft an einer Universität und dreijähriger Ausbildung im öffentlichen Dienst durch Ablegen der gesetzlich vorgeschriebenen Prüfungen die Befähigung zum höheren Verwaltungsdienst erworben hat, kann auch nach Inkrafttreten dieses Gesetzes zum Richter in der Verfassungsgerichtsbarkeit, Verwaltungsgerichtsbarkeit, Sozialgerichtsbarkeit und Disziplinargerichtsbarkeit ernannt werden. § 19 Abs. 1 Nr. 1 gilt entsprechend.

§ 111 Vorsitzende der Arbeitsgerichte und Sozialgerichte

(1) Zum Vorsitzenden eines Arbeitsgerichts oder eines Sozialgerichts kann bis zum Ablauf von zwei Jahren nach Inkrafttreten dieses Gesetzes auch ernannt werden, wer die Voraussetzungen des § 18 Abs. 3 des Arbeitsgerichtsgesetzes oder des § 9 Abs. 2 des Sozialgerichtsgesetzes in der bis zum Inkrafttreten dieses Gesetzes geltenden Fassung erfüllt; § 19 Abs. 1 Nr. 1 gilt entsprechend. Der Vorsitzende eines Arbeitsgerichts kann bis zu diesem Zeitpunkt auch zum Richter auf Zeit ernannt werden. Auf Richter auf Zeit sind § 18 Abs. 4 und § 19 des Arbeitsgerichtsgesetzes in der bis zum Inkrafttreten dieses Gesetzes geltenden Fassung anzuwenden.

(2) Das gleiche gilt für die Ernennung zum Vorsitzenden auf Grund eines Landesgesetzes gemäß § 207 Abs. 1 des Sozialgerichtsgesetzes.

§ 112 Anerkennung ausländischer Prüfungen

(1) Die Vorschriften über die Anerkennung von Prüfungen nach dem Bundesvertriebenengesetz werden durch dieses Gesetz nicht berührt.

(2) Juristische Prüfungen, die Deutsche aus dem in Artikel 3 des Einigungsvertrages genannten Gebiet vor dem 3 .Oktober 1990 im Ausland abgelegt haben, sind als erste Staatsprüfung nach § 5 Abs. 1 anzuerkennen, wenn sie in der Deutschen Demokratischen Republik durch völkerrechtliche Vereinbarung mit der Sowjetunion oder mit Staaten in Mittel- und Osteuropa, die mit der Sowjetunion verbündet waren, oder durch Rechtsvorschrift dem Abschluß als Diplom-Jurist gleichgestellt wurden und der ersten Staatsprüfung gleichwertig sind.

§ 112 a (aufgehoben)

§ 113 Übergangsvorschriften für Ausbildungen und Prüfungen

(1) Die Landesregierungen bestimmen durch Rechtsverordnung, wieweit Studium und Vorbereitungsdienst, die vor Inkrafttreten dieses Gesetzes nach den bisher geltenden Vorschriften abgeleistet worden sind, anerkannt werden. Das gleiche gilt für die Anerkennung erster Prüfungen.

(2) Die für den Vorbereitungsdienst der Kriegsheimkehrer bestehenden Rechtsvorschriften bleiben unberührt.

§ 114 Ermächtigung zum Erlaß von Rechtsverordnungen

Der Bundesminister der Justiz wird ermächtigt, durch Rechtsverordnung mit Zustimmung des Bundesrates das allgemeine Dienstalter abweichend von § 20 zu regeln, um Nachteile auszugleichen, die

1. aus den Wiedergutmachungsgesetzen berechtigte Richter durch Verfolgungsmaßnahmen,
2. unter Artikel 131 des Grundgesetzes fallende Richter durch das Ausscheiden aus dem Amt und
3. Richter, deren Anstellung infolge des Krieges verzögert worden ist, durch die verspätete Anstellung

erlitten haben.

§ 115 Überleitungsvorschriften für Richter des ehemaligen Deutschen Obergerichts für das Vereinigte Wirtschaftsgebiet

Die Richter des ehemaligen Deutschen Obergerichts für das Vereinigte Wirtschaftsgebiet treten mit dem Ablauf des Monats in den Ruhestand, in dem sie das fünfundsechzigste Lebensjahr vollenden. Die Versorgung der Richter des ehemaligen Deutschen Obergerichts und die Versorgung ihrer Hinterbliebenen richten sich nach § 69 des Beamtenversorgungsgesetzes.

§ 116 Eintritt in den Ruhestand in Sonderfällen

(1) Ein Richter oder Staatsanwalt, der in der Zeit vom 1. September 1939 bis zum 9. Mai 1945 als Richter oder Staatsanwalt in der Strafrechtspflege mitgewirkt hat, kann auf seinen Antrag in den Ruhestand versetzt werden.

(2) Der Antrag kann nur bis zum 30. Juni 1962 gestellt werden.

§ 117 Überleitung von Gerichtsverfahren

Ein Verfahren, das einen Richter oder Staatsanwalt im Bundesgebiet betrifft und bei Inkrafttreten dieses Gesetzes bei einem Gericht anhängig ist, das nach diesem Gesetz nicht mehr zuständig ist, geht in der Lage, in der es sich bei Inkrafttreten dieses Gesetzes befindet, auf das nunmehr zuständige Gericht über.

§ 118 Übergangsvorschriften für die Zuständigkeit der Disziplinargerichte

(1) Bis zur Errichtung der Dienstgerichte in den Ländern entscheiden in den Fällen des § 78 die für Disziplinarverfahren gegen Richter im Landesdienst zuständigen Gerichte.

(2) Auf das Verfahren vor den Dienstgerichten der Länder in Versetzungs- und Prüfungssachen (§ 78 Nr. 2, 3 und 4) sind bis zum Erlaß landesrechtlicher Vorschriften die Verwaltungsgerichtsordnung und § 65 Abs. 2 Satz 1 und 2 und Abs. 3, § 66 Abs. 2 und 3, §§ 67 und 68 anzuwenden. Ein Vertreter des öffentlichen Interesses wirkt an dem Verfahren nicht mit.

(Fortsetzung auf Seite 33)

Dritter Abschnitt
Schlußvorschriften

§ 119 (gegenstandslos)

§ 120 Technische Mitglieder des Bundespatentgerichts
Zum Richteramt bei dem Bundespatentgericht ist auch befähigt, wer die Voraussetzungen des § 65 Abs. 2 des Patentgesetzes erfüllt. § 19 Abs. 1 Nr. 1 gilt entsprechend.

§ 120 a Besondere Vorschriften über die Amtsbezeichnungen
Die Vorschriften dieses Gesetzes über die Amtsbezeichnungen gelten nicht für die Richter des Bundesverfassungsgerichts.

§ 121 Richter im Bundesdienst als Mitglieder der gesetzgebenden Körperschaft eines Landes
Für die Rechtsstellung der nach dem 1. Juni 1978 in die gesetzgebende Körperschaft eines Landes gewählten Richter im Bundesdienst gelten die für in den Deutschen Bundestag gewählte Richter maßgebenden Vorschriften in den §§ 5 bis 7, 23 Abs. 5 und in § 36 Abs. 1 des Abgeordnetengesetzes vom 18. Februar 1977 (BGBl. I S. 297) entsprechend. Steht dem Richter auf Grund seiner Mitgliedschaft in der gesetzgebenden Körperschaft keine Entschädigung mit Alimentationscharakter zu, werden ihm fünfzig vom Hundert seiner zuletzt bezogenen Besoldung weitergewährt; allgemeine Besoldungserhöhungen nach § 14 des Bundesbesoldungsgesetzes werden berücksichtigt.

§ 122 Staatsanwälte
(1) Zum Staatsanwalt kann nur ernannt werden, wer die Befähigung zum Richteramt (§§ 5 bis 7) besitzt.
(2) Dem richterlichen Dienst im Sinne des § 10 Abs. 1 steht eine staatsanwaltschaftliche Tätigkeit gleich.
(3) Auf die Staatsanwälte ist § 41 entsprechend anzuwenden.
(4) In förmlichen Disziplinarverfahren gegen Staatsanwälte entscheiden die Dienstgerichte für Richter. Die nichtständign Beisitzer müssen auf Lebenszeit berufene Staatsanwälte sein. Der Bundesminister der Justiz bestellt die nichtständigen Beisitzer beim Dienstgericht des Bundes. Die Bestellung der nichtständigen Beisitzer bei den Dienstgerichten der Länder regelt die Landesgesetzgebung.
(5) Die Absätze 1 bis 4 und § 110 Satz 1 gelten entsprechend für den Oberbundesanwalt und die Bundesanwälte beim Bundesverwaltungsgericht, den Bundesdisziplinaranwalt, den Bundeswehrdisziplinaranwalt, die Staatsanwälte und die Landesanwälte bei den Gerichten der Verwaltungsgerichtsbarkeit der Länder; der Bundesminister der Justiz bestellt die nichtständigen Beisitzer beim Dienstgericht des Bundes im Einvernehmen mit dem zuständigen Bundesminister.

§ 123 Besetzung der Berufsgerichte für Rechtsanwälte
§ 94 Abs. 1 und § 101 Abs. 3 der Bundesrechtsanwaltsordnung vom 1. August 1959 (BGBl. I S. 565) werden durch dieses Gesetz nicht berührt. Die Landesjustizverwaltung bestimmt das Gericht, vor dem die ehrenamtlichen Richter, die Vorsitzende eines Anwaltsgerichts oder eines Anwaltsgerichtshofes sind, auf ihr Amt verpflichtet werden.

§ 124 Sonderregelung für Berlin
§ 50 Abs. 2, §§ 69, 70, 92, 97 und 99 finden im Land Berlin keine Anwendung. Das gleiche gilt für § 51 Abs. 2, § 54 Abs. 1 und 2 und § 122 Abs. 5, soweit sie sich auf Truppendienstgerichte, Richter der Truppendienstgerichte, Richter eines Wehrdienstsenats oder den Bundeswehrdisziplinaranwalt beziehen.

§ 125 Berlin-Klausel
(gegenstandslos)

§ 126 Inkrafttreten
Dieses Gesetz tritt am 1. Juli 1962 in Kraft. Die §§ 114 und 116 treten jedoch bereits am Tage nach der Verkündung in Kraft.

Rechtspflegergesetz[1)]

Vom 5. November 1969 (BGBl. I S. 2065)
(BGBl. III 302-2)

Änderungen seit Neufassung

Paragraph	Art der Änderung	Geändert durch	Datum	Fundstelle BGBl.
23	geändert	Gesetz zur Änderung des Gebrauchsmustergesetzes	15. 8.1986	I S. 1446
3	geändert	Gesetz über das Baugesetzbuch	8.12.1986	I S. 2191
20	geändert	Gesetz zur Änderung von Kostengesetzen	9.12.1986	I S. 2326
3, 23	geändert	Gesetz zur Änderung des Geschmacksmustergesetzes	18.12.1986	I S. 2501
29	geändert	Auslandsunterhaltsgesetz	19.12.1986	I S. 2563
23	geändert	Halbleiterschutzgesetz	22.10.1987	I S. 2294
20, 26	geändert	Anerkennungs- und Vollstreckungsausführungsgesetz	30. 5.1988	I S. 662
14, 29	geändert	Gesetz zur Ausführung von Sorgerechtsübereinkommen und zur Änderung des Gesetzes über die Angelegenheiten der freiwilligen Gerichtsbarkeit sowie anderer Gesetze	5. 4.1990	I S. 701
14	geändert	Kinder- und Jugendhilfegesetz	26. 6.1990	I S. 1163
3, 14	geändert	Betreuungsgesetz	12. 9.1990	I S. 2002
39	gegenstandslos	Sechstes Überleitungsgesetz	25. 9.1990	I S. 2106
11, 20, 21, 26	geändert	Rechtspflege-Vereinfachungsgesetz	17.12.1990	I S. 2847
20	geändert	Gesetz zur Aufhebung des Heimkehrergesetzes und zur Änderung anderer Vorschriften	20.12.1991	I S. 2317
14	geändert	Familiennamensrechtsgesetz	16.12.1993	I S. 2054
34	geändert	Gesetz zur Änderung des Rechtspflegergesetzes und anderer Gesetze	24. 6.1994	I S. 1374
34 a	eingefügt			

Paragraph	Art der Änderung	Geändert durch	Datum	Fundstelle BGBl.
3	geändert	Gesetz zur Schaffung von Partnerschaftsgesellschaften und zur Änderung anderer Gesetze	25. 7.1994	I S. 1744
3, 11, 17, 18	geändert	Einführungsgesetz zur Insolvenzordnung[1]	5.10.1994	I S. 2911, 2915
19	aufgehoben			
23	geändert	Markenrechtsreformgesetz	25.10.1994	I S. 3082, 3116
17	geändert	Gesetz zur Bereinigung des Umwandlungsrechts	28.10.1994	I S. 3210, 3265

Maßgabe

Gemäß Anlage I Kapitel III Sachgebiet A Abschnitt III Nr. 3 des Einigungsvertrages vom 23. 9. 1990 (BGBl. II S. 885) treten die Rechtsvorschriften mit den folgenden Maßgaben in den Ländern Brandenburg, Mecklenburg-Vorpommern, Sachsen, Sachsen-Anhalt und Thüringen sowie in dem Teil des Landes Berlin, in dem das Grundgesetz bisher nicht galt, in Kraft:

»a) Solange und soweit Rechtspfleger mit einer den Erfordernissen des § 2 entsprechenden Ausbildung nicht oder nicht in ausreichender Zahl zur Verfügung stehen, werden die den Rechtspflegern übertragenen Aufgaben der Rechtspflege von Richtern und von im Staatlichen Notariat tätig gewesenen Notaren sowie Geschäfte der Staatsanwaltschaft, soweit sie durch das Rechtspflegergesetz dem Rechtspfleger übertragen worden sind, von Staatsanwälten wahrgenommen.
Gerichtssekretäre können Rechtspflegeraufgaben auf Sachgebieten wahrnehmen, die ihnen nach dem bisherigen Recht des in Artikel 3 des Vertrages genannten Gebietes zur Erledigung zugewiesen sind oder zugewiesen werden können. Gerichtssekretäre können nach näherer Bestimmung des Landesrechts mit weiteren Rechtspflegeraufgaben betraut werden, wenn sie auf Grund von Fortbildungsmaßnahmen zur Erledigung dieser Aufgaben geeignet sind.

b) Die Landesjustizverwaltungen können bestimmen, daß mit Aufgaben eines Rechtspflegers auch betraut werden kann, wer auf dem Sachgebiet, das ihm übertragen werden soll, einen Wissens- und Leistungsstand aufweist, der dem durch die Ausbildung nach § 2 vermittelten Stand vergleichbar ist.

c) Für die Anfechtung von Entscheidungen, die der Richter anstelle des Rechtspflegers getroffen hat, gilt § 11 Abs. 3; § 11 Abs. 5 bleibt unberührt.«

Der Bundestag hat mit Zustimmung des Bundesrates das folgende Gesetz beschlossen:

Erster Abschnitt

Aufgaben und Stellung des Rechtspflegers

§ 1 Allgemeine Stellung des Rechtspflegers

Der Rechtspfleger nimmt die ihm durch dieses Gesetz übertragenen Aufgaben der Rechtspflege wahr.

§ 2 Voraussetzungen für die Tätigkeit als Rechtspfleger

(1) Mit den Aufgaben eines Rechtspflegers kann ein Beamter des Justizdienstes betraut werden, der einen Vorbereitungsdienst von drei Jahren abgeleistet und die Rechtspflegerprüfung bestanden hat. Der Vorbereitungsdienst vermittelt in einem Studiengang einer

1) Die Änderungen treten am 1. 1. 1999 in Kraft und werden zu diesem Zeitpunkt eingearbeitet

Fachhochschule oder in einem gleichstehenden Studiengang dem Beamten die wissenschaftlichen Erkenntnisse und Methoden sowie die berufspraktischen Fähigkeiten und Kenntnisse, die zu Erfüllung der Aufgaben eines Rechtspflegers erforderlich sind. Der Vorbereitungsdienst besteht aus Fachstudien von mindestens achtzehnmonatiger Dauer und berufspraktischen Studienzeiten. Die berufspraktischen Studienzeiten umfassen die Ausbildung in den Schwerpunktbereichen der Aufgaben eines Rechtspflegers; die praktische Ausbildung darf die Dauer von einem Jahr nicht unterschreiten.

(2) Zum Vorbereitungsdienst kann zugelassen werden, wer eine zu einem Hochschulstudium berechtigende Schulbildung besitzt oder einen als gleichwertig anerkannten Bildungsstand nachweist. Beamte des mittleren Justizdienstes können zur Rechtspflegeraus-bildung zugelassen werden, wenn sie nach der Laufbahnprüfung mindestens drei Jahre im mittleren Justizdienst tätig waren und nach ihrer Persönlichkeit sowie ihren bisherigen Leistungen für den Dienst als Rechtspfleger geeignet erscheinen. Die Länder können bestimmen, daß die Zeit der Tätigkeit im mittleren Justizdienst bis zu einer Dauer von sechs Monaten auf die berufspraktischen Studienzeiten angerechnet werden kann.

(3) Mit den Aufgaben eines Rechtspflegers kann auf seinen Antrag auch betraut werden, wer die Befähigung zum Richteramt besitzt.

(4) Auf den Vorbereitungsdienst können ein erfolgreich abgeschlossenes Studium der Rechtswissenschaften bis zur Dauer von zwölf Monaten und ein Vorbereitungsdienst nach § 5 b des Deutschen Richtergesetzes bis zur Dauer von sechs Monaten angerechnet werden. Auf Teilnehmer einer Ausbildung nach § 5 b des Deutschen Richtergesetzes in der Fassung des Gesetzes vom 10. September 1971 (BGBl. I S. 1557) ist Satz 1 entsprechend anzuwenden.

(5) Referendare können mit der zeitweiligen Wahrnehmung der Geschäfte eines Rechtspflegers beauftragt werden.

(6) Die Länder erlassen die näheren Vorschriften.

§ 3 Übertragene Geschäfte

Dem Rechtspfleger werden folgende Geschäfte übertragen:

1. in vollem Umfange die nach den gesetzlichen Vorschriften vom Richter wahrzunehmenden Geschäfte des Amtsgerichts in
   a) Vereinssachen im Sinne der §§ 29, 37, 55 bis 79 des Bürgerlichen Gesetzbuchs und der §§ 159, 160 und 162 des Gesetzes über die Angelegenheiten der freiwilligen Gerichtsbarkeit,
   b) Verfahren zur Abnahme eidestattlicher Versicherungen in den Fällen des § 163 des Gesetzes über die Angelegenheiten der freiwilligen Gerichtsbarkeit, bei Untersuchung und Verwahrung von Sachen sowie beim Pfandverkauf nach den §§ 164 bis 166 des Gesetzes über die Angelegenheiten der freiwilligen Gerichtsbarkeit,
   c) (gestrichen)
   d) Pachtkreditsachen im Sinne des Pachtkreditgesetzes,
   e) Güterrechtsregistersachen im Sinne der §§ 1558 bis 1563 des Bürgerlichen Gesetzbuchs und der §§ 161, 162 des Gesetzes über die Angelegenheiten der freiwilligen Gerichtsbarkeit,
   f) Urkundssachen einschließlich der Entgegennahme der Erklärung,
   g) Verschollenheitssachen,
   h) Grundbuchsachen, Schiffsregister- und Schiffsbauregistersachen sowie Sachen des Registers für Pfandrechte an Luftfahrzeugen,
   i) Verfahren nach dem Gesetz über die Zwangsversteigerung und die Zwangsverwaltung,

k) Verteilungsverfahren, die außerhalb der Zwangsvollstreckung nach den Vorschriften der Zivilprozeßordnung über das Verteilungsverfahren durchzuführen sind,
l) Verteilungsverfahren, die außerhalb der Zwangsversteigerung nach den für die Verteilung des Erlöses im Falle der Zwangsversteigerung geltenden Vorschriften durchzuführen sind,
m) Verteilungsverfahren nach § 75 Abs. 2 des Flurbereinigungsgesetzes, § 54 Abs. 3 des Landbeschaffungsgesetzes, § 28 Abs. 2 des Luftverkehrsgesetzes, § 119 Abs. 3 des Baugesetzbuchs und § 94 Abs. 4 des Bundesberggesetzes;

2. vorbehaltlich der in den §§ 14 bis 19 b dieses Gesetzes aufgeführten Ausnahmen die nach den gesetzlichen Vorschriften vom Richter wahrzunehmenden Geschäfte des Amtsgerichts in
a) Vormundschafts-, Familien- und Betreuungssachen im Sinne des Zweiten Abschnitts des Gesetzes über die Angelegenheiten der freiwilligen Gerichtsbarkeit und Angelegenheiten, die im Bürgerlichen Gesetzbuch dem Familiengericht übertragen sind,
b) (aufgehoben)
c) Nachlaß und Teilungssachen im Sinne des Fünften Abschnitts des Gesetzes über die Angelegenheiten der freiwilligen Gerichtsbarkeit sowie bei der amtlichen Verwahrung von Testamenten und Erbverträgen nach den §§ 2258 a bis 2264, 2300 und 2300 a des Bürgerlichen Gesetzbuchs,
d) Handelssachen im Sinne des Siebenten Abschnitts sowie Partnerschaftssachen im Sinne des § 160 b des Gesetzes über die Angelegenheiten der freiwilligen Gerichtsbarkeit,
e) Verfahren nach der Konkursordnung,
f) Verfahren nach der Vergleichsordnung,
g) Verfahren nach dem Ausführungsgesetz zum deutsch-österreichischen Konkursvertrag vom 8. März 1985 (BGBl. I S. 535),
h) Verfahren nach der Seerechtlichen Verteilungsordnung;

3. die in den §§ 20 bis 24 a dieses Gesetzes einzeln aufgeführten Geschäfte
a) in Verfahren nach der Zivilprozeßordnung und dem Mieterschutzgesetz,
b) in Festsetzungsverfahren,
c) des Gerichts in Straf- und Bußgeldverfahren,
d) in Verfahren vor dem Patentgericht,
e) auf dem Gebiet der Aufnahme von Erklärungen,
f) auf dem Gebiet der Beratungshilfe;

4. die in den §§ 29 bis 31 dieses Gesetzes einzeln aufgeführten Geschäfte
a) im internationalen Rechtsverkehr,
b) in Hinterlegungssachen,
c) der Staatsanwaltschaft im Strafverfahren und der Vollstreckung in Straf- und Bußgeldsachen sowie von Ordnungs- und Zwangsmitteln.

§ 4 Umfang der Übertragung

(1) Der Rechtspfleger trifft alle Maßnahmen, die zur Erledigung der ihm übertragenen Geschäfte erforderlich sind.

(2) Der Rechtspfleger ist nicht befugt,

1. eine Beeidigung anzuordnen oder einen Eid abzunehmen,
2. Freiheitsentziehungen anzudrohen oder anzuordnen, sofern es sich nicht um Maßnahmen zur Vollstreckung
a) einer Freiheitsstrafe nach § 457 der Strafprozeßordnung oder einer Ordnungshaft nach § 890 der Zivilprozeßordnung,

b) einer Maßregel der Besserung und Sicherung nach § 463 der Strafprozeßordnung oder

c) der Erzwingungshaft nach § 97 des Gesetzes über Ordnungswidrigkeiten handelt,

3. über Anträge zu entscheiden, die auf Änderung einer Entscheidung des Urkundsbeamten der Geschäftsstelle gerichtet sind.

(3) Hält der Rechtspfleger Maßnahmen für geboten, zu denen er nach Absatz 2 Nr. 1 und 2 nicht befugt ist, so legt er deswegen die Sache dem Richter zur Entscheidung vor.

§ 5 Vorlage an den Richter

(1) Der Rechtspfleger hat ihm übertragene Geschäfte dem Richter vorzulegen, wenn

1. er von einer ihm bekannten Stellungnahme des Richters abweichen will;
2. sich bei der Bearbeitung der Sache rechtliche Schwierigkeiten ergeben;
3. die Anwendung von nicht im Geltungsbereich dieses Gesetzes geltendem Recht in Betracht kommt;
4. zwischen dem übertragenen Geschäft und einem vom Richter wahrzunehmenden Geschäft ein so enger Zusammenhang besteht, daß eine getrennte Behandlung nicht sachdienlich ist.

(2) Die vorgelegten Sachen bearbeitet der Richter, solange er es für erforderlich hält. Er kann die Sachen dem Rechtspfleger zurückgeben. Gibt der Richter eine Sache an den Rechtspfleger zurück, so ist dieser an eine von dem Richter mitgeteilte Rechtsauffassung gebunden.

§ 6 Bearbeitung übertragener Sachen durch den Richter

Steht ein übertragenes Geschäft mit einem vom Richter wahrzunehmenden Geschäft in einem so engen Zusammenhang, daß eine getrennte Bearbeitung nicht sachdienlich wäre, so soll der Richter die gesamte Angelegenheit bearbeiten.

§ 7 Bestimmung des zuständigen Organs der Rechtspflege

Bei Streit oder Ungewißheit darüber, ob ein Geschäft von dem Richter oder dem Rechtspfleger zu bearbeiten ist, entscheidet der Richter über die Zuständigkeit durch Beschluß. Der Beschluß ist unanfechtbar.

§ 8 Gültigkeit von Geschäften

(1) Hat der Richter ein Geschäft wahrgenommen, das dem Rechtspfleger übertragen ist, so wird die Wirksamkeit des Geschäfts hierdurch nicht berührt.

(2) Hat der Rechtspfleger ein Geschäft wahrgenommen, das ihm der Richter nach diesem Gesetz übertragen kann, so ist das Geschäft nicht deshalb unwirksam, weil die Übertragung unterblieben ist oder die Voraussetzungen für die Übertragung im Einzelfalle nicht gegeben waren.

(3) Ein Geschäft ist nicht deshalb unwirksam, weil es der Rechtspfleger entgegen § 5 Abs. 1 dem Richter nicht vorgelegt hat.

(4) Hat der Rechtspfleger ein Geschäft des Richters wahrgenommen, das ihm nach diesem Gesetz weder übertragen ist noch übertragen werden kann, so ist das Geschäft unwirksam. Das gilt nicht, wenn das Geschäft dem Rechtspfleger durch eine Entscheidung nach § 7 zugewiesen worden war.

(5) Hat der Rechtspfleger ein Geschäft des Urkundsbeamten der Geschäftsstelle wahrgenommen, so wird die Wirksamkeit des Geschäfts hierdurch nicht berührt.

§ 9 Selbständigkeit des Rechtspflegers

Der Rechtspfleger ist bei seinen Entscheidungen nur dem Gesetz unterworfen. Er entscheidet, soweit sich nicht aus diesem Gesetz etwas anderes ergibt, selbständig.

§ 10 Ausschließung und Ablehnung des Rechtspflegers

Für die Ausschließung und Ablehnung des Rechtspflegers sind die für den Richter geltenden Vorschriften entsprechend anzuwenden. Über die Ablehnung des Rechtspflegers entscheidet der Richter.

§ 11 Rechtsbehelfe

(1) Gegen die Entscheidungen des Rechtspflegers ist vorbehaltlich der Bestimmungen des Absatzes 5 die Erinnerung zulässig. Die Erinnerung ist binnen der für die sofortige Beschwerde geltenden Frist einzulegen, wenn gegen die Entscheidung, falls sie der Richter erlassen hätte, die sofortige Beschwerde oder kein Rechtsmittel gegeben wäre.

(2) Der Rechtspfleger kann der Erinnerung abhelfen; in den Fällen des Absatzes 1 Satz 2 gilt dies nur für die Erinnerungen in den in § 21 Nr. 1 und 2 bezeichneten Festsetzungsverfahren. Erinnerungen, denen er nicht abhilft oder nicht abhelfen kann, legt er dem Richter vor. Der Richter entscheidet über die Erinnerung, wenn er sie für zulässig und begründet erachtet oder wenn gegen die Entscheidung falls er sie erlassen hätte, ein Rechtsmittel nicht gegeben wäre. Andernfalls legt der Richter die Erinnerung dem Rechtsmittelgericht vor und unterrichtet die Beteiligten hiervon. In diesem Fall gilt die Erinnerung als Beschwerde gegen die Entscheidung des Rechtspflegers.

(3) Gegen die Entscheidung des Richters ist das Rechtsmittel gegeben, das nach den allgemeinen verfahrensrechtlichen Vorschriften zulässig ist.

(4) Auf die Erinnerung sind im übrigen die Vorschriften über die Beschwerde sinngemäß anzuwenden.

(5) Gerichtliche Verfügungen, die nach den Vorschriften der Grundbuchordnung, der Schiffsregisterordnung, des Gesetzes über die Angelegenheiten der freiwilligen Gerichtsbarkeit und den für den Erbschein geltenden Bestimmungen wirksam geworden sind und nicht mehr geändert werden können, sind mit der Erinnerung nicht anfechtbar. Die Erinnerung ist ferner in den Fällen der §§ 694, 700 der Zivilprozeßordnung und gegen Entscheidungen über die Gewährung eines Stimmrechts (§§ 95, 96 der Konkursordnung, § 71 der Vergleichsordnung), über die Änderung eines Vergleichsvorschlages in den Fällen des § 76 Satz 2 der Vergleichsordnung sowie gegen die Anordnung oder Ablehnung einer Vertagung des Vergleichstermins nach § 77 der Vergleichsordnung ausgeschlossen.

(6) Das Erinnerungsverfahren ist gerichtsgebührenfrei. Eine Beschwerdegebühr wird nicht erhoben, wenn die Beschwerde vor einer gerichtlichen Verfügung zurückgenommen wird.

§ 12 Bezeichnung des Rechtspflegers

Im Schriftverkehr und bei der Aufnahme von Urkunden in übertragenen Angelegenheiten hat der Rechtspfleger seiner Unterschrift das Wort »Rechtspfleger« beizufügen.

§ 13 Ausschluß des Anwaltszwangs

§ 78 Abs. 1 der Zivilprozeßordnung ist auf Verfahren vor dem Rechtspfleger nicht anzuwenden.

Zweiter Abschnitt

Dem Richter vorbehaltene Geschäfte auf dem Gebiet der freiwilligen Gerichtsbarkeit sowie in Konkursverfahren, Vergleichsverfahren und seerechtlichen Verteilungsverfahren

§ 14 Vormundschaftssachen

(1) Von den Angelegenheiten, die dem Vormundschaftsgericht und im Bürgerlichen Gesetzbuch dem Familiengericht übertragen sind, bleiben dem Richter vorbehalten

1. die Aufhebung einer Beschränkung oder Ausschließung der Berechtigung des Ehegatten, Geschäfte mit Wirkung für den anderen Ehegatten zu besorgen (§ 1357 Abs. 2 Satz 1 des Bürgerlichen Gesetzbuchs);
2. die Entscheidung über die Stundung der Ausgleichsforderung im Falle des § 1382 Abs. 5 des Bürgerlichen Gesetzbuchs sowie die Übertragung bestimmter Vermögensgegenstände unter Anrechnung auf die Ausgleichsforderung im Falle des § 1383 Abs. 3 des Bürgerlichen Gesetzbuchs;

2 a. der Versorgungsausgleich mit Ausnahme
   a) des Festsetzungsverfahrens nach § 53 e Abs. 2, 3 des Gesetzes über die Angelegenheiten der freiwilligen Gerichtsbarkeit und
   b) der Entscheidung über Anträge nach § 1587 d des Bürgerlichen Gesetzbuchs, sofern ein Verfahren nach §§ 1587 b, 1587 f des Bürgerlichen Gesetzbuchs nicht anhängig ist;

3. die Geschäfte, welche
   a) die Anfechtung der Ehelichkeit durch ein minderjähriges Kind (§ 1597 Abs. 1 des Bürgerlichen Gesetzbuchs), eines gestorbenen Kindes oder durch das Kind nach dem Tode des Mannes (§ 1599 Abs. 2 Satz 1, 2 des Bürgerlichen Gesetzbuchs),
   b) die Anfechtung der Anerkennung durch ein minderjähriges Kind (§ 1600 k des Bürgerlichen Gesetzbuchs), eines gestorbenen Kindes oder die Anfechtung der Anerkennung durch das Kind oder die Mutter nach dem Tode des Mannes (§ 1600 l Abs. 2 des Bürgerlichen Gesetzbuchs),
   c) die Anfechtung der Vaterschaft durch ein minderjähriges Kind, eines gestorbenen Kindes oder die Anfechtung der Vaterschaft durch das Kind oder die Mutter nach dem Tode des Mannes (Artikel 12 § 3 Abs. 2 des Gesetzes über die rechtliche Stellung der nichtehelichen Kinder vom 9. August 1969, BGBl. I S. 1243),
   d) die Feststellung der Vaterschaft nach dem Tode des Kindes oder des Mannes (§ 1600 n Abs. 2 des Bürgerlichen Gesetzbuchs),
   e) die Ehelicherklärung (§ 1723 ff., 1740 a ff. des Bürgerlichen Gesetzbuchs) einschließlich der Namenserteilung nach § 1740 g des Bürgerlichen Gesetzbuchs,
   f) die Ersetzung der Einwilligung oder der Zustimmung zu einer Annahme als Kind (§ 1746 Abs. 3, §§ 1748, 1749 Abs. 1 des Bürgerlichen Gesetzbuchs), die Entscheidung über die Annahme als Kind einschließlich der Entscheidungen über den Namen des Kindes (§§ 1752, 1768, 1757 Abs. 4 des Bürgerlichen Gesetzbuchs), die Genehmigung der Einwilligung des Kindes zur Annahme (§ 1746 Abs. 1 Satz 4 des Bürgerlichen Gesetzbuchs), die Aufhebung des Annahmeverhältnisses (§§ 1760, 1763, 1771 des Bürgerlichen Gesetzbuchs) sowie die Entscheidungen nach § 1751 Abs. 3, § 1764 Abs. 4, § 1765 Abs. 2 des Bürgerlichen Gesetzbuchs und nach § 56 f Abs. 2 des Gesetzes über die Angelegenheiten der freiwilligen Gerichtsbarkeit

   betreffen, soweit sie eine richterliche Entscheidung enthalten;

4. Verrichtungen auf Grund der §§ 1896 bis 1900, 1908 a, 1908 b Abs. 1, 2 und 5 des Bürgerlichen Gesetzbuchs sowie die anschließende Bestellung eines neuen Betreuers, die Bestellung eines neuen Betreuers im Falle des Todes des Betreuers (§ 1908 c des Bürgerlichen Gesetzbuchs), Verrichtungen auf Grund des § 1908 d des Bürgerlichen Gesetzbuchs, des § 69 c des Gesetzes über die Angelegenheiten der freiwilligen Gerichtsbarkeit, sofern die genannten Verrichtungen nicht nur eine Betreuung nach § 1896 Abs. 3 des Bürgerlichen Gesetzbuchs betreffen, Verrichtungen auf Grund der §§ 1903 bis 1906 des Bürgerlichen Gesetzbuchs, die Anordnung einer Vormundschaft, einer Betreuung oder einer Pflegschaft über einen Angehörigen eines fremden Staates einschließlich der vorläufigen Maßregeln (Artikel 24 des Einführungsgesetzes zum Bürgerlichen Gesetzbuche) sowie die Anordnung einer Betreuung oder Pflegschaft auf Grund dienstrechtlicher Vorschriften;
5. die Entscheidung von Meinungsverschiedenheiten zwischen den Sorgeberechtigten;
6. die Ersetzung der Zustimmung eines Ehegatten, eines Sorgeberechtigten oder eines Abkömmlings zu einem Rechtsgeschäft mit Ausnahme der Ersetzung der Zustimmung eines Ehegatten nach § 1452 des Bürgerlichen Gesetzbuchs;

6 a. die Entscheidung über die Übertragung von Angelegenheiten der elterlichen Sorge auf die Pflegeperson nach § 1630 Abs. 3 des Bürgerlichen Gesetzbuchs;

6 b. die Entscheidung und die Ersetzung der Erklärung nach § 1631 a des Bürgerlichen Gesetzbuchs;

7. die Entscheidung über den Anspruch auf Herausgabe eines Kindes nach § 1632 Abs. 1 des Bürgerlichen Gesetzbuchs und der zu dem persönlichen Gebrauch bestimmten Sachen nach § 50 d des Gesetzes über die Angelegenheiten der freiwilligen Gerichtsbarkeit sowie die Entscheidung über den Verbleib des Kindes bei der Pflegeperson nach § 1632 Abs. 4 des Bürgerlichen Gesetzbuchs;
8. die Maßnahmen und Anordnungen auf Grund des § 1666 und des § 1838 des Bürgerlichen Gesetzbuchs;

9.-11. (aufgehoben)

12. die Ersetzung der Einwilligung des gesetzlichen Vertreters und des Sorgeberechtigten zur Eheschließung (§ 3 Abs. 3 des Ehegesetzes) sowie die Ersetzung der Genehmigung des gesetzlichen Vertreters nach erfolgter Eheschließung (§ 30 Abs. 3 des Ehegesetzes);
13. (aufgehoben)
14. die Genehmigung für den Scheidungsantrag und für die Erhebung der Eheaufhebungsklage durch den gesetzlichen Vertreter eines geschäftsunfähigen Ehegatten (§ 607 Abs. 2 Satz 2 der Zivilprozeßordnung);
15. die Übertragung der elterlichen Sorge nach den §§ 1671, 1672, 1678 Abs. 2, 1680 Abs. 2, 1681 Abs. 1 Satz 2 des Bürgerlichen Gesetzbuchs, die Entscheidungen nach § 1680 Abs. 1 des Bürgerlichen Gesetzbuchs sowie die Entscheidung über die Rückübertragung der elterlichen Sorge nach § 1738 Abs. 2 des Bürgerlichen Gesetzbuchs;
16. die Regelung des persönlichen Umgangs zwischen Eltern und Kindern sowie zwischen Kindern und Dritten nach §§ 1634 Abs. 2, 1711 Abs. 2 des Bürgerlichen Gesetzbuchs und die Entscheidung über Streitigkeiten, die eine Angelegenheit nach § 1632 Abs. 2 des Bürgerlichen Gesetzbuchs betreffen;
17. (aufgehoben)
18. die Befreiung vom Erfordernis der Ehemündigkeit (§ 1 Abs. 2 des Ehegesetzes), vom Eheverbot wegen Schwägerschaft (§ 4 Abs. 3 des Ehegesetzes) und vom Eheverbot

wegen Verwandtschaft in der Seitenlinie und wegen Schwägerschaft (§ 7 Abs. 2 des Ehegesetzes);

19. die Maßnahmen, welche die religiöse Kindererziehung betreffen (§ 1801 des Bürgerlichen Gesetzbuchs, §§ 2, 3, 7 des Gesetzes über die religiöse Kindererziehung vom 15. Juli 1921 – RGBl. S. 939);
20. die Genehmigung nach § 6 des Gesetzes über die freiwillige Kastration und andere Behandlungsmethoden vom 15. August 1969 (BGBl. I S. 1143);

20 a. die Genehmigung nach § 3 Abs. 1 Satz 2 sowie nach § 6 Abs. 2 Satz 1, § 7 Abs. 3 Satz 2 und § 9 Abs. 3 Satz 1, jeweils in Verbindung mit § 3 Abs. 1 Satz 3, des Gesetzes über die Änderung der Vornamen und die Feststellung der Geschlechtszugehörigkeit in besonderen Fällen vom 10. September 1980 (BGBl. I S. 1654);

21. die im Jugendgerichtsgesetz genannten Verrichtungen mit Ausnahme der Bestellung eines Pflegers nach § 67 Abs. 4 Satz 3;
22. (aufgehoben)

(2) Die Maßnahmen und Anordnungen nach den §§ 5 bis 10 des Sorgerechtsübereinkommens-Ausführungsgesetzes bleiben dem Richter vorbehalten.

§ 15 (aufgehoben)

§ 16 Nachlaß- und Teilungssachen

(1) Von den Angelegenheiten, die dem Nachlaßgericht, dem für Teilungssachen sowie dem nach den §§ 2258 a bis 2264, 2300 und 2300 a des Bürgerlichen Gesetzbuchs zuständigen Gericht übertragen sind, bleiben dem Richter vorbehalten

1. die Geschäfte des Nachlaßgerichts, die bei einer Nachlaßpflegschaft oder Nachlaßverwaltung erforderlich werden, soweit sie den nach § 14 dieses Gesetzes von der Übertragung ausgeschlossenen Geschäften in Vormundschaftssachen entsprechen;
2. die Ernennung von Testamentsvollstreckern (§ 2200 des Bürgerlichen Gesetzbuchs);
3. die Entscheidung über Anträge, eine vom Erblasser für die Verwaltung des Nachlasses durch letztwillige Verfügung getroffene Anordnung außer Kraft zu setzen (§ 2216 Abs. 2 Satz 2 des Bürgerlichen Gesetzbuchs);
4. die Entscheidung von Meinungsverschiedenheiten zwischen mehreren Testamentsvollstreckern (§ 2224 des Bürgerlichen Gesetzbuchs);
5. die Entlassung eines Testamentsvollstreckers aus wichtigem Grund (§ 2227 des Bürgerlichen Gesetzbuchs);
6. die Erteilung von Erbscheinen (§ 2353 des Bürgerlichen Gesetzbuchs) sowie Zeugnissen nach den §§ 36, 37 der Grundbuchordnung oder den §§ 42, 74 der Schiffsregisterordnung, sofern eine Verfügung von Todes wegen vorliegt, sowie von gegenständlich beschränkten Erbscheinen (§ 2369 des Bürgerlichen Gesetzbuchs), auch wenn eine Verfügung von Todes wegen nicht vorliegt, ferner die Erteilung von Testamentsvollstreckerzeugnissen (§ 2368 des Bürgerlichen Gesetzbuchs);
7. die Einziehung von Erbscheinen (§ 2361 des Bürgerlichen Gesetzbuchs) und von Zeugnissen nach den §§ 36, 37 der Grundbuchordnung und den §§ 42, 74 der Schiffsregisterordnung, wenn die Erbscheine oder Zeugnisse vom Richter erteilt oder wegen einer Verfügung von Todes wegen einzuziehen sind, ferner die Einziehung von Testamentsvollstreckerzeugnissen (§ 2368 des Bürgerlichen Gesetzbuchs) und von

Zeugnissen über die Fortsetzung einer Gütergemeinschaft (§ 1507 des Bürgerlichen Gesetzbuchs);

8. bei der gerichtlichen Vermittlung der Erbauseinandersetzung (§ 86 bis 98 des Gesetzes über die Angelegenheiten der freiwilligen Gerichtsbarkeit) die Genehmigungen (§ 97 Abs. 2 des Gesetzes über die Angelegenheiten der freiwilligen Gerichtsbarkeit), soweit die entsprechenden vormundschaftsgerichtlichen Genehmigungen dem Richter vorbehalten sind.

(2) Liegt eine Verfügung von Todes wegen vor, ist aber dennoch ein Erbschein oder ein Zeugnis nach den §§ 36, 37 der Grundbuchordnung oder den §§ 42, 74 der Schiffsregisterordnung auf Grund gesetzlicher Erbfolge zu erteilen, so kann der Richter die Erteilung des Erbscheins oder des Zeugnisses dem Rechtspfleger übertragen, wenn deutsches Erbrecht anzuwenden ist. Der Rechtspfleger ist an die ihm mitgeteilte Auffassung des Richters gebunden.

§ 17 Handels- und Registersachen

In Handels- und Registersachen bleiben dem Richter vorbehalten

1. bei Aktiengesellschaften, Kommanditgesellschaften auf Aktien, Gesellschaften mit beschränkter Haftung und Versicherungsvereinen auf Gegenseitigkeit folgende Verfügungen beim Gericht des Sitzes und, wenn es sich um eine Gesellschaft mit Sitz im Ausland handelt, beim Gericht der Zweigniederlassung:
   a) auf erste Eintragung,
   b) auf Eintragung von Satzungsänderungen, die nicht nur die Fassung betreffen,
   c) auf Eintragung der Eingliederung oder der Umwandlung,
   d) auf Eintragung des Bestehens, der Änderung oder der Beendigung eines Unternehmensvertrages,
   e) auf Löschungen im Handelsregister nach den §§ 142 und 144 des Gesetzes über die Angelegenheiten der freiwilligen Gerichtsbarkeit, nach § 2 des Gesetzes über die Auflösung und Löschung von Gesellschaften und Genossenschaften vom 9. Oktober 1934 (RGBl. I S. 914) und nach § 43 Abs. 2 des Gesetzes über das Kreditwesen vom 10. Juli 1961 (BGBl. I S. 881);
   f) Verfügungen nach § 144 a und § 144 b des Gesetzes über die Angelegenheiten der freiwilligen Gerichtsbarkeit;
2. a) die nach § 145 des Gesetzes über die Angelegenheiten der freiwilligen Gerichtsbarkeit zu erledigenden Angelegenheiten mit Ausnahme der in § 146 Abs. 2, §§ 147, 157 Abs. 2, § 166 Abs. 3 und § 338 Abs. 3 des Handelsgesetzbuchs geregelten
   Geschäfte, sowie die Verfügungen nach § 28 Abs. 2 des Gesetzes über das Kreditwesen,
   b) die nach § 2 Abs. 3 des Gesetzes über die Auflösung und Löschung von Gesellschaften und Genossenschaften zu treffenden Verfügungen, soweit sich diese nicht auf Genossenschaften beziehen, sowie die Verfügungen nach § 47 Abs. 2 des Gesetzes über die Beaufsichtigung der privaten Versicherungsunternehmungen und Bausparkassen und nach § 38 Abs. 1 Satz 5 des Gesetzes über das Kreditwesen;
3. die Verrichtungen, welche den Gerichten in Ansehung der nach dem Handelsgesetzbuch oder nach dem Gesetz betreffend die privatrechtlichen Verhältnisse der Binnenschiffahrt aufzumachenden Dispache obliegen (§§ 149 bis 158 des Gesetzes über die Angelegenheiten der freiwilligen Gerichtsbarkeit).

§ 18 Konkursverfahren

(1) Im Verfahren nach der Konkursordnung bleibt dem Richter das Verfahren bis zur Entscheidung über den Eröffnungsantrag unter Einschluß dieser Entscheidung und der Ernennung des Konkursverwalters vorbehalten.

(2) Der Richter kann sich das Konkursverfahren ganz oder teilweise vorbehalten, wenn er dies für geboten erachtet. Hält er den Vorbehalt nicht mehr für erforderlich, kann er das Verfahren dem Rechtspfleger übertragen. Auch nach der Übertragung kann er das Verfahren wieder an sich ziehen, wenn und solange er dies für erforderlich hält.

§ 19 Vergleichsverfahren

(1) Im Verfahren nach der Vergleichsordnung bleibt dem Richter das Verfahren bis zur Entscheidung über den Eröffnungsantrag unter Einschluß dieser Entscheidung und der Ernennung des Vergleichsverwalters vorbehalten.

(2) § 18 Abs. 1 gilt nicht für die Entscheidung über die Eröffnung des Konkursverfahrens nach § 80 Abs. 1, § 96 Abs. 5 und 6, § 101 der Vergleichsordnung unter Einschluß der Ernennung des Konkursverwalters, sofern die Entscheidung über die Eröffnung des Konkursverfahrens von Amts wegen zu treffen ist.

(3) Der Richter kann sich das Vergleichsverfahren und ein mögliches Anschlußkonkursverfahren nach Absatz 2 ganz oder teilweise vorbehalten, wenn er dies für geboten erachtet. Hält er den Vorbehalt nicht mehr für erforderlich, kann er das Verfahren dem Rechtspfleger übertragen. Auch nach der Übertragung kann er das Verfahren wieder an sich ziehen, wenn und solange er dies für erforderlich hält.

(4) Die Entscheidung des Rechtspflegers über die Gewährung des Stimmrechts nach § 71 der Vergleichsordnung hat nicht die in § 97 der Vergleichsordnung bezeichneten Rechtsfolgen.

§ 19 a Ausführung des deutsch-österreichischen Konkursvertrags

Im Verfahren nach dem Ausführungsgesetz zum deutsch-österreichischen Konkursvertrag vom 8. März 1985 (BGBl. I S. 535) bleiben dem Richter vorbehalten:

1. die Einstellung eines Verfahrens zugunsten der österreichischen Gerichte (§§ 3, 24),
2. die Bestellung eines besonderen Konkurs- oder besonderen Vergleichsverwalters, wenn der Konkurs- oder Vergleichsverwalter von dem Richter ernannt worden ist (§§ 4, 24),
3. die Anordnung von Zwangsmaßnahmen einschließlich der Haft (§§ 11, 15, 24),
4. die Entscheidung über die Postsperre (§§ 17, 24).

§ 19 b Seerechtliches Verteilungsverfahren

(1) Im Verfahren nach der Seerechtlichen Verteilungsordnung bleiben dem Richter vorbehalten:

1. das Verfahren bis zur Entscheidung über den Eröffnungsantrag unter Einschluß dieser Entscheidung und der Ernennung des Sachwalters;
2. die Entscheidung, daß und in welcher Weise eine im Verlaufe des Verfahrens unzureichend gewordene Sicherheit zu ergänzen oder anderweitige Sicherheit zu leisten ist (§ 6 Abs. 5 der Seerechtlichen Verteilungsordnung);
3. die Entscheidung über die Erweiterung des Verfahrens auf Ansprüche wegen Personenschäden (§§ 16, 30 der Seerechtlichen Verteilungsordnung);

4. die Entscheidung über die Zulassung einer Zwangsvollstreckung nach § 17 Abs. 4 der Seerechtlichen Verteilungsordnung;
5. die Anordnung, bei der Verteilung Anteile nach § 26 Abs. 5 der Seerechtlichen Verteilungsordnung zurückzubehalten.

(2) Der Richter kann sich das Verteilungsverfahren ganz oder teilweise vorbehalten, wenn er dies für geboten erachtet. Hält er den Vorbehalt nicht mehr für erforderlich, kann er das Verfahren dem Rechtspfleger übertragen. Auch nach der Übertragung kann er das Verfahren wieder an sich ziehen, wenn und solange er dies für erforderlich hält.

Dritter Abschnitt

Dem Rechtspfleger übertragene Geschäfte in bürgerlichen Rechtsstreitigkeiten, in Festsetzungsverfahren, Verfahren bei gerichtlichen Entscheidungen in Straf- und Bußgeldverfahren, Verfahren vor dem Patentgericht, auf dem Gebiet der Aufnahme von Erklärungen und der Beratungshilfe

§ 20 Bürgerliche Rechtsstreitigkeiten

Folgende Geschäfte im Verfahren nach der Zivilprozeßordnung und dem Mieterschutzgesetz werden dem Rechtspfleger übertragen:

1. das Mahnverfahren im Sinne des Siebenten Buchs der Zivilprozeßordnung einschließlich der Bestimmung der Einspruchsfrist nach § 700 Abs. 1 in Verbindung mit § 339 Abs. 2 der Zivilprozeßordnung sowie der Abgabe an das für das streitige Verfahren als zuständig bezeichnete Gericht, auch soweit das Mahnverfahren maschinell bearbeitet wird; jedoch bleibt das Streitverfahren dem Richter vorbehalten;
2. das Aufgebotsverfahren mit Ausnahme der Wahrnehmung des Aufgebotstermins und der darin ergehenden Entscheidungen sowie des Anfechtungsverfahrens (§§ 946 ff. der Zivilprozeßordnung);
3. die nach den §§ 109, 715 der Zivilprozeßordnung zu treffenden Entscheidungen bei der Rückerstattung von Sicherheiten;
4. im Verfahren über die Prozeßkostenhilfe
   a) die in § 118 Abs. 2 der Zivilprozeßordnung bezeichneten Maßnahmen einschließlich der Beurkundung von Vergleichen nach § 118 Abs. 1 Satz 3 zweiter Halbsatz, wenn der Vorsitzende den Rechtspfleger damit beauftragt;
   b) die Bestimmung des Zeitpunktes für die Einstellung und eine Wiederaufnahme der Zahlungen nach § 120 Abs. 3 der Zivilprozeßordnung;
   c) die Änderung und die Aufhebung der Bewilligung der Prozeßkostenhilfe nach § 120 Abs. 4, § 124 Nr. 2, 3 und 4 der Zivilprozeßordnung;
5. das Verfahren über die Bewilligung der Prozeßkostenhilfe in den Fällen, in denen außerhalb oder nach Abschluß eines gerichtlichen Verfahrens die Bewilligung der Prozeßkostenhilfe lediglich für die Zwangsvollstreckung beantragt wird; jedoch bleibt dem Richter das Verfahren über die Bewilligung der Prozeßkostenhilfe in den Fällen vorbehalten, in welchen dem Prozeßgericht die Vollstreckung obliegt oder in welchen die Prozeßkostenhilfe für eine Rechtsverfolgung oder Rechtsverteidigung beantragt wird, die eine sonstige richterliche Handlung erfordert;
6. (weggefallen)
7. Entscheidungen, die Zustellungen in den vom Richter wahrzunehmenden Geschäften betreffen, soweit es sich handelt um

a) die Anordnung der Bestellung von Zustellungsbevollmächtigten (§ 174 der Zivilprozeßordnung);
b) die Bewilligung der Zustellung im Falle des § 177 der Zivilprozeßordnung;
c) die Erteilung der Erlaubnis zur Zustellung zur Nachtzeit sowie an Sonn- und allgemeinen Feiertagen (§ 188 der Zivilprozeßordnung);

8. (aufgehoben)
9. (aufgehoben)
10. das vereinfachte Verfahren zur Abänderung von Unterhaltstiteln nach den §§ 641 l bis 641 p, 641 r, 641 s der Zivilprozeßordnung einschließlich der Maßnahmen nach § 641 r Satz 4 der Zivilprozeßordnung;
11. die Entscheidung über Anträge auf Festsetzung des für ein nichteheliches Kind zu leistenden Unterhalts in den Fällen der §§ 642 a bis 642 d der Zivilprozeßordnung und über Anträge auf Stundung rückständiger Unterhaltsbeträge nach § 643 a Abs. 4 Satz 2 der Zivilprozeßordnung oder auf Aufhebung oder Änderung einer Stundung nach § 642 f der Zivilprozeßordnung sowie die Maßnahmen und Entscheidungen bei der Umstellung von Unterhaltstiteln nach Artikel 12 § 14 Abs. 3 Satz 1, 2 und Abs. 4 Satz 1 des Gesetzes über die rechtliche Stellung der nichtehelichen Kinder vom 19. August 1969 (BGBl. I S. 1243);
12. die Erteilung der vollstreckbaren Ausfertigungen in den Fällen des § 726 Abs. 1, der §§ 727 bis 729, 733, 738, 742, 744, 745 Abs. 2 sowie des § 749 der Zivilprozeßordnung;
13. die Erteilung von weiteren vollstreckbaren Ausfertigungen gerichtlicher Urkunden und die Entscheidung über den Antrag auf Erteilung weiterer vollstreckbarer Ausfertigungen notarieller Urkunden nach § 797 Abs. 3 der Zivilprozeßordnung und § 49 Abs. 2 Nr. 2 des Gesetzes für Jugendwohlfahrt;
14. die Anordnung, daß die Partei, welche einen Beschluß über die einstweilige Unterhaltsregelung, einen Arrestbefehl oder eine einstweilige Verfügung erwirkt hat, binnen einer zu bestimmenden Frist Klage zu erheben oder die Betragsfestsetzung zu beantragen habe, (§ 641 e Abs. 2 und 3, § 926 Abs. 1, § 936 der Zivilprozeßordnung);
15. die Entscheidung über Anträge auf Aufhebung eines vollzogenen Arrestes gegen Hinterlegung des in dem Arrestbefehl festgelegten Geldbetrages (§ 934 Abs. 1 der Zivilprozeßordnung);
16. die Pfändung von Forderungen sowie die Anordnung der Pfändung von eingetragenen Schiffen oder Schiffsbauwerken aus einem Arrestbefehl, soweit der Arrestbefehl nicht zugleich den Pfändungsbeschluß oder die Anordnung der Pfändung enthält;

16a. die Anordnung, daß die Sache versteigert und der Erlös hinterlegt werde, nach § 23 des Anerkennungs- und Vollstreckungsausführungsgesetzes vom 30. Mai 1988 (BGBl. I S. 662);

17. die Geschäfte im Zwangsvollstreckungsverfahren nach dem Achten Buch der Zivilprozeßordnung, soweit sie von dem Vollstreckungsgericht, einem von diesem ersuchten Gericht oder in den Fällen der §§ 848,854, 855, 902 der Zivilprozeßordnung von einem anderen Amtsgericht oder dem Verteilungsgericht (§ 873 der Zivilprozeßordnung) zu erledigen sind; zu diesen Geschäften zählen auch Vollstreckungsverfahren zur Abnahme eidesstattlicher Versicherungen auf Antrag oder Ersuchen einer Behörde. Jedoch bleiben dem Richter vorbehalten
    a) die Entscheidungen nach § 766 der Zivilprozeßordnung,
    b) (aufgehoben)

c) die Entscheidungen des Vollstreckungsgerichts nach den §§ 30, 31 des Wohnraumbewirtschaftungsgesetzes.

§ 21 Festsetzungsverfahren

(1) Folgende Geschäfte im Festsetzungsverfahren werden dem Rechtspfleger übertragen:
1. die Festsetzung der Kosten in den Fällen, in denen die §§ 103 ff. der Zivilprozeßordnung anzuwenden sind;
2. die Festsetzung der Vergütung des Rechtsanwalts nach § 19 der Bundesgebührenordnung für Rechtsanwälte;
3. die Festsetzung der Gerichtskosten nach den Gesetzen und Verordnungen zur Ausführung von Verträgen mit ausländischen Staaten über die Rechtshilfe sowie die Anerkennung und Vollstreckung gerichtlicher Entscheidungen und anderer Schuldtitel in Zivil- und Handelssachen.

(2) (aufgehoben)

§ 22 Gerichtliche Geschäfte in Straf- und Bußgeldverfahren

Von den gerichtlichen Geschäften in Straf- und Bußgeldverfahren werden dem Rechtspfleger übertragen:
1. die Geschäfte bei der Durchführung der Beschlagnahme (§ 111 f Abs. 2 der Strafprozeßordnung, § 46 Abs. 1 des Gesetzes über Ordnungswidrigkeiten),
2. die Geschäfte bei der Vollziehung des Arrestes sowie die Anordnung der Notveräußerung und die weiteren Anordnungen bei deren Durchführung (§ 111 f Abs. 3 Satz 3, § 111 l der Strafprozeßordnung, § 46 Abs. 1 des Gesetzes über Ordnungswidrigkeiten), soweit die entsprechenden Geschäfte im Zwangsvollstreckungs- und Arrestverfahren dem Rechtspfleger übertragen sind.

§ 23 Verfahren vor dem Patentgericht

(1) Im Verfahren vor dem Patentgericht werden dem Rechtspfleger die folgenden Geschäfte übertragen:
1. die nach den §§ 109, 715 der Zivilprozeßordnung in Verbindung mit § 99 Abs. 1 des Patentgesetzes zu treffenden Entscheidungen bei der Rückerstattung von Sicherheiten in den Fällen des § 81 Abs. 7 und des § 85 Abs. 2 und 6 des Patentgesetzes sowie des § 20 des Gebrauchsmustergesetzes;
2. bei Verfahrenskostenhilfe (§§ 129 bis 137 des Patentgesetzes, § 21 Abs. 2 des Gebrauchsmustergesetzes, § 11 des Halbleiterschutzgesetzes, § 36 des Sortenschutzgesetzes) die in § 20 Nr. 4 bezeichneten Maßnahmen;
3. (weggefallen)
4. der Ausspruch, daß eine Beschwerde oder eine Klage als nicht erhoben, eine Klage als zurückgenommen, ein Antrag auf Erlaß einer einstweiligen Verfügung, durch welche die Benutzung einer Erfindung gestattet werden soll, als nicht gestellt oder eine Berufung als nicht eingelegt gilt (§ 73 Abs. 3, § 81 Abs. 6 und 7 Satz 3, § 85 Abs. 2 Satz 1, § 110 Abs. 1 Satz 3 des Patentgesetzes, § 18 Abs. 2, § 20 des Gebrauchsmustergesetzes, § 4 Abs. 4 Satz 3 des Halbleiterschutzgesetzes, § 66 Abs. 5 des Markengesetzes, § 10 a Abs. 1 Satz 3 des Geschmacksmustergesetzes);
5. die Bestimmung einer Frist für die Nachreichung der schriftlichen Vollmacht (§ 97 Abs. 2 Satz 2 des Patentgesetzes, § 18 Abs. 3 des Gebrauchsmustergesetzes, § 4 Abs. 4 Satz 3 des Halbleiterschutzgesetzes, § 81 Abs. 2 Satz 3 des Markengesetzes, § 10 a Abs. 1 Satz 4 des Geschmacksmustergesetzes);

6. die Anordnung, Urschriften, Ablichtungen oder beglaubigte Abschriften von Druckschriften, die im Patentamt und im Patentgericht nicht vorhanden sind, einzureichen (§ 125 Abs. 1 des Patentgesetzes, § 18 Abs. 3 des Gebrauchsmustergesetzes, § 4 Abs. 4 Satz 3 des Halbleiterschutzgesetzes);
7. die Aufforderung zur Benennung eines Vertreters nach § 25 des Patentgesetzes, § 28 des Gebrauchsmustergesetzes, § 11 des Halbleiterschutzgesetzes und § 96 des Markengesetzes, § 10 a Abs. 1 Satz 4 des Geschmacksmustergesetzes;
8. die Erteilung der Erlaubnis zur Zustellung zur Nachtzeit sowie an Sonn- und allgemeinen Feiertagen (§ 12 Abs. 1 bis 3 des Verwaltungszustellungsgesetzes in Verbindung mit § 127 Abs. 1 des Patentgesetzes, § 18 Abs. 3 des Gebrauchsmustergesetzes, § 4 Abs. 4 Satz 3 des Halbleiterschutzgesetzes, § 94 Abs. 1 des Markengesetzes, § 10 a Abs. 1 Satz 4 des Geschmacksmustergesetzes);
9. die Erteilung der vollstreckbaren Ausfertigungen in den Fällen des § 20 Nr. 12 dieses Gesetzes in Verbindung mit § 99 Abs. 1 des Patentgesetzes, § 18 Abs. 3 des Gebrauchsmustergesetzes, § 4 Abs. 4 Satz 3 des Halbleiterschutzgesetzes, § 82 Abs. 1 des Markengesetzes, § 10 a Abs. 1 Satz 4 des Geschmacksmustergesetzes;
10. die Erteilung von weiteren vollstreckbaren Ausfertigungen gerichtlicher Urkunden nach § 797 Abs. 3 der Zivilprozeßordnung in Verbindung mit § 99 Abs. 1 des Patentgesetzes, § 18 Abs. 3 des Gebrauchsmustergesetzes, § 4 Abs. 4 Satz 3 des Halbleiterschutzgesetzes, § 82 Abs. 1 des Markengesetzes, § 10 a Abs. 1 Satz 4 des Geschmacksmustergesetzes;
11. die Entscheidung über Anträge auf Gewährung von Akteneinsicht an dritte Personen, sofern kein Beteiligter Einwendungen erhebt und es sich nicht um Akten von Patentanmeldungen, Patenten, Gebrauchsmusteranmeldungen, Gebrauchsmustern, angemeldeter oder eingetragener Topographien handelt, für die jede Bekanntmachung unterbleibt (§§ 50, 99 Abs. 3 des Patentgesetzes, §§ 9, 18 Abs. 3 des Gebrauchsmustergesetzes, § 4 Abs. 4 Satz 3 des Halbleiterschutzgesetzes, § 82 Abs. 3 des Markengesetzes, § 10 a Abs. 1 Satz 4 des Geschmacksmustergesetzes);
12. die Festsetzung der Kosten nach §§ 103 ff. der Zivilprozeßordnung in Verbindung mit § 80 Abs. 5, § 84 Abs. 2 Satz 2, § 99 Abs. 1, § 109 Abs. 3 des Patentgesetzes, § 18 Abs. 3 des Gebrauchsmustergesetzes, § 4 Abs. 4 Satz 3 des Halbleiterschutzgesetzes, § 71 Abs. 5, § 82 Abs. 1 des Markengesetzes, § 10 a Abs. 1 Satz 4 des Geschmacksmustergesetzes.

(2) Die Erinnerung gegen die Entscheidungen des Rechtspflegers ist binnen einer Frist von zwei Wochen einzulegen. Über die Erinnerung entscheidet der Richter; der Rechtspfleger kann ihr nur abhelfen, wenn mit ihr ein Kostenfestsetzungsbeschluß angefochten wird. § 11 Abs. 2 ist nicht anzuwenden.

§ 24 Aufnahme von Erklärungen

(1) Folgende Geschäfte der Geschäftsstelle werden dem Rechtspfleger übertragen:

1. die Aufnahme von Erklärungen über die Einlegung und Begründung
   a) der Rechtsbeschwerde und der weiteren Beschwerde,
   b) der Revision in Strafsachen;
2. die Aufnahme eines Antrags auf Wiederaufnahme des Verfahrens (§ 366 Abs. 2 der Strafprozeßordnung, § 85 des Gesetzes über Ordnungswidrigkeiten).

(2) Ferner soll der Rechtspfleger aufnehmen:

1. sonstige Rechtsbehelfe, soweit sie gleichzeitig begründet werden;

2. Klagen und Klageerwiderungen;
3. andere Anträge und Erklärungen, die zur Niederschrift der Geschäftsstelle abgegeben werden können, soweit sie nach Schwierigkeit und Bedeutung den in den Nummern 1 und 2 genannten Geschäften vergleichbar sind.

(3) § 5 ist nicht anzuwenden.

§ 24 a Beratungshilfe

(1) Folgende Geschäfte werden dem Rechtspfleger übertragen:
1. die Entscheidung über Anträge auf Gewährung von Beratungshilfe;
2. die dem Amtsgericht nach § 3 Abs. 2 des Beratungshilfegesetzes zugewiesenen Geschäfte.

(2) § 5 und § 11 Abs. 1 Satz 2, Abs. 5 sind nicht anzuwenden.

Vierter Abschnitt

Sonstige Vorschriften auf dem Gebiet der Gerichtsverfassung

§ 25 Vorbereitende Tätigkeit des Rechtspflegers

Durch die Vorschriften des § 3 wird die Befugnis der Landesjustizverwaltungen und der von ihnen bestimmten Stellen nicht berührt, den Rechtspfleger mit der Mitwirkung bei Geschäften, die vom Richter wahrzunehmen sind, zu beauftragen, insbesondere soweit es sich um die Vorbereitung richterlicher Amtshandlungen, darunter die Anfertigung von Entwürfen, handelt.

§ 26 Verhältnis des Rechtspflegers zum Urkundsbeamten der Geschäftsstelle

Die Zuständigkeit des Urkundsbeamten der Geschäftsstelle nach Maßgabe der gesetzlichen Vorschriften bleibt unberührt, soweit sich nicht aus § 20 Satz 1 Nr. 12 (zu den §§ 726 ff. der Zivilprozeßordnung), aus § 21 Abs. 1 Nr. 1 und 2 (Festsetzungsverfahren) und aus § 24 (Aufnahme von Erklärungen) etwas anderes ergibt.

§ 27 Pflicht zur Wahrnehmung sonstiger Dienstgeschäfte

(1) Durch die Beschäftigung eines Beamten als Rechtspfleger wird seine Pflicht, andere Dienstgeschäfte einschließlich der Geschäfte des Urkundsbeamten der Geschäftsstelle wahrzunehmen, nicht berührt.

(2) Die Vorschriften dieses Gesetzes sind auf die sonstigen Dienstgeschäfte eines mit den Aufgaben des Rechtspflegers betrauten Beamten nicht anzuwenden.

§ 28 Zuständiger Richter

Soweit mit Angelegenheiten, die dem Rechtspfleger zur selbständigen Wahrnehmung übertragen sind, nach diesem Gesetz der Richter befaßt wird, ist hierfür das nach den allgemeinen Verfahrensvorschriften zu bestimmende Gericht in der für die jeweilige Amtshandlung vorgeschriebenen Besetzung zuständig.

Fünfter Abschnitt

Dem Rechtspfleger übertragene Geschäfte in anderen Bereichen

§ 29 Geschäfte im internationalen Rechtsverkehr

Die der Geschäftsstelle des Amtsgerichts gesetzlich zugewiesene Ausführung ausländischer Zustellungsanträge und die Entgegennahme eines Gesuchs, mit dem ein Anspruch auf Gewährung von Unterhalt nach dem Übereinkommen vom 20. Juni 1956 über die

Geltendmachung von Unterhaltsansprüchen im Ausland in Verbindung mit dem Gesetz vom 26. Februar 1959 (BGBl. II S. 149) oder nach dem Auslandsunterhaltsgesetz vom 19. Dezember 1986 (BGBl. I S. 2563) geltend gemacht werden soll, sowie die Entgegennahme von Anträgen nach § 11 Abs. 1 und die Entscheidung über Anträge nach § 11 Abs. 2 Satz 2 des Sorgerechtsübereinkommens-Ausführungsgesetzes werden dem Rechtspfleger übertragen.

§ 30 Hinterlegungssachen

Die Geschäfte der Hinterlegungsstelle im Sinne der Hinterlegungsordnung werden dem Rechtspfleger übertragen.

§ 31 Geschäfte der Staatsanwaltschaft im Strafverfahren und Vollstreckung in Straf- und Bußgeldsachen sowie von Ordnungs- und Zwangsmitteln

(1) Von den Geschäften der Staatsanwaltschaft im Strafverfahren werden dem Rechtspfleger übertragen:

1. die Geschäfte bei der Durchführung der Beschlagnahme (§ 111 f Abs. 2 der Strafprozeßordnung),
2. die Geschäfte bei der Durchführung der Beschlagnahme und Vollziehung des Arrestes sowie die Anordnung der Notveräußerung und die weiteren Anordnungen bei deren Durchführung (§ 111 f Abs. 1, 3, § 111 l der Strafprozeßordnung), soweit die entsprechenden Geschäfte im Zwangsvollstreckungs- und Arrestverfahren dem Rechtspfleger übertragen sind.

(2) Die der Vollstreckungsbehörde in Straf- und Bußgeldsachen obliegenden Geschäfte werden dem Rechtspfleger übertragen. Der Bundesminister der Justiz wird ermächtigt, durch Rechtsverordnung mit Zustimmung des Bundesrates einzelne Geschäfte wegen ihrer rechtlichen Schwierigkeit, wegen ihrer Bedeutung für den Betroffenen oder zur Sicherung einer einheitlichen Rechtsanwendung von der Übertragung auszunehmen oder ihre Vorlage an den Staatsanwalt anzuordnen.

(3) Die gerichtliche Vollstreckung von Ordnungs- und Zwangsmitteln wird dem Rechtspfleger übertragen, soweit sich nicht der Richter im Einzelfall die Vollstreckung ganz oder teilweise vorbehält.

(4) Werden Ordnungs- und Zwangsmittel von der Staatsanwaltschaft vollstreckt, so gilt Absatz 2 entsprechend.

(5) Die Leitung der Vollstreckung im Jugendstrafverfahren bleibt dem Richter vorbehalten. Dem Rechtspfleger werden die Geschäfte der Vollstreckung übertragen, durch die eine richterliche Vollstreckungsanordnung oder eine die Leitung der Vollstreckung nicht betreffende allgemeine Verwaltungsvorschrift ausgeführt wird. Der Bundesminister der Justiz wird ermächtigt, durch Rechtsverordnung mit Zustimmung des Bundesrates auf dem Gebiet der Vollstreckung im Jugendstrafverfahren dem Rechtspfleger nichtrichterliche Geschäfte zu übertragen, soweit nicht die Leitung der Vollstreckung durch den Jugendrichter beeinträchtigt wird oder das Vollstreckungsgeschäft wegen seiner rechtlichen Schwierigkeit, wegen der Bedeutung für den Betroffenen, vor allem aus erzieherischen Gründen, oder zur Sicherung einer einheitlichen Rechtsanwendung dem Vollstreckungsleiter vorbehalten bleiben muß. Der Richter kann die Vorlage von übertragenen Vollstreckungsgeschäften anordnen.

(6) Über Einwendungen gegen Maßnahmen des Rechtspflegers entscheidet der Richter oder Staatsanwalt, an dessen Stelle der Rechtspfleger tätig geworden ist. Er kann dem

Rechtspfleger Weisungen erteilen. Die Befugnisse des Behördenleiters aus den §§ 145, 146 des Gerichtsverfassungsgesetzes bleiben unberührt.

(7) Unberührt bleiben ferner bundes- und landesrechtliche Vorschriften, welche die Vollstreckung von Vermögensstrafen im Verwaltungszwangsverfahren regeln.

§ 32 Nicht anzuwendende Vorschriften

Auf die nach den §§ 29 bis 31 dem Rechtspfleger übertragenen Geschäfte sind die §§ 5 bis 11 nicht anzuwenden.

Sechster Abschnitt

Schlußvorschriften

§ 33 Regelung für die Übergangszeit; Befähigung zum Amt des Bezirksnotars

(1) Justizbeamte, die die Voraussetzungen des § 2 nicht erfüllen, können mit den Aufgaben eines Rechtspflegers betraut werden, wenn sie auf Grund der bisher geltenden Vorschriften

1. vor dem Inkrafttreten dieses Gesetzes die Prüfung für den gehobenen Justizdienst bestanden haben oder nicht nur zeitweilig als Rechtspfleger tätig gewesen sind oder
2. binnen zwei Jahren nach dem Inkrafttreten dieses Gesetzes die Prüfung für den gehobenen Justizdienst bestehen.

(2) Mit den Aufgaben eines Rechtspflegers kann auch ein Beamter des Justizdienstes betraut werden, der im Lande Baden-Württemberg die Befähigung zum Amt des Bezirksnotars erworben hat.

§ 33 a Übergangsregelung für die Jugendstrafvollstreckung

Bis zum Inkrafttreten der auf Grund der Ermächtigung nach § 31 Abs. 5 zu erlassenden Rechtsverordnung gelten die Bestimmungen über die Entlastung des Jugendrichters in Strafvollstreckungsgeschäften weiter.

§ 34 Wahrnehmung von Rechtspflegeraufgaben durch Bereichsrechtspfleger

(1) Mit Ablauf des 31. Dezember 1996 ist die Maßgabe zu diesem Gesetz in Anlage I Kapitel III Sachgebiet A Abschnitt III Nr. 3 des Einigungsvertrages vom 31. August 1990 (BGBl. 1990 II S.889) nicht mehr anzuwenden.

(2) Beschäftigte, die nach dieser Maßgabe mit Rechtspflegeraufgaben betraut worden sind (Bereichsrechtspfleger), dürfen die Aufgaben eines Rechtspflegers auf den ihnen übertragenen Sachgebieten auch nach Ablauf der in Absatz 1 genannten Frist wahrnehmen.

(3) Bereichsrechtspfleger können auch nach dem 31. Dezember 1996 auf weiteren Sachgebieten mit Rechtspflegeraufgaben betraut werden, wenn sie auf Grund von Fortbildungsmaßnahmen zur Erledigung von Aufgaben auf diesen Sachgebieten geeignet sind. Dies gilt entsprechend für Beschäftigte, die bis zu diesem Zeitpunkt nur an Fortbildungsmaßnahmen für die Aufgaben der Justizverwaltung, die von Beamten des gehobenen Dienstes wahrgenommen werden, erfolgreich teilgenommen haben.

§ 34 a Ausbildung von Bereichsrechtspflegern zu Rechtspflegern

(1) Bereichsrechtspfleger, die an für sie bestimmten Lehrgängen einer Fachhochschule teilgenommen und diese Ausbildung mit einer Prüfung erfolgreich abgeschlossen haben, erwerben die Stellung eines Rechtspflegers und dürfen mit allen Rechtspflegeraufgaben betraut werden. Die Lehrgänge dauern insgesamt achtzehn Monate und vermitteln den

Teilnehmern die wissenschaftlichen Erkenntnisse und Methoden sowie die berufspraktischen Fähigkeiten und Kenntnisse, die zur Erfüllung der Aufgaben eines Rechtspflegers erforderlich sind.

(2) Erfolgreich abgeschlossene Aus- und Fortbildungslehrgänge, an denen ein Bereichsrechtspfleger seit dem 3. Oktober 1990 teilgenommen hat, können auf die für die betreffenden Sachgebiete bestimmten Lehrgänge nach Absatz 1 angerechnet werden. Auf diesen Sachgebieten kann eine Prüfung nach Absatz 1 entfallen.

(3) Die Länder können vorsehen, daß die Prüfung nach Absatz 1 jeweils für die einzelnen Sachgebiete am Ende der Lehrgänge abgelegt wird.

(4) Das Nähere regelt das Landesrecht.

§ 35 Vorbehalt für Baden-Württemberg

(1) Im Lande Baden-Württemberg werden bei den Notariaten und den Grundbuchämtern des badischen Rechtsgebietes im Rahmen ihrer Zuständigkeit die beim Amtsgericht nach § 3 Nr. 1 Buchstaben f, h und i sowie nach § 3 Nr.2 Buchstabe c vorbehaltlich des § 16 dieses Gesetzes dem Rechtspfleger übertragenen Geschäfte von einem zum Rechtspflegeramt befähigten Beamten wahrgenommen, sofern diesen Behörden solche Beamte als Rechtspfleger zugewiesen werden.

(2) Der einem Notariat zugewiesene Rechtspfleger ist auch für die Beurkundung einer Erbscheinsverhandlung einschließlich der Abnahme einer eidesstattlichen Versicherung (§ 2356 des Bürgerlichen Gesetzbuchs) zuständig.

(3) Im übrigen gelten die Vorschriften dieses Gesetzes mit der Maßgabe entsprechend, daß der Notar neben dem Rechtspfleger für die diesem übertragenen Geschäfte zuständig bleibt. An die Stelle des Richters tritt der Notar.

(4) Soweit nach landesrechtlichen Vorschriften für die dem Vormundschaftsgericht, Nachlaßgericht oder Grundbuchamt obliegenden Verrichtungen andere Behörden als die Amtsgerichte zuständig sind, bleibt die Entscheidung dem Richter vorbehalten, wenn die Abänderung einer Entscheidung einer solchen Behörde bei dem Amtsgericht nachzusuchen ist.

§ 36 Neugliederung der Gerichte in Baden-Württemberg

Das Land Baden-Württemberg kann bei der Neugliederung von Amtsgerichtsbezirken die Vorschriften des Grundbuch- und Notarrechts, die am Sitz des Amtsgerichts gelten, auf die dem Bezirk dieses Amtsgerichts neu eingegliederten Gebietsteile erstrecken. Mit dem Inkrafttreten einer solchen Bestimmung gelten in den eingegliederten Gebietsteilen die bundesrechtlichen Vorschriften des Grundbuchs- und Notarrechts, insoweit, als sie am Sitz des Amtsgerichts in Kraft sind.

§ 36 a Vorbehalt für die Freie und Hansestadt Hamburg

In der Freien und Hansestadt Hamburg gilt § 24 Abs. 2 mit der Maßgabe, daß der Rechtspfleger die dort bezeichneten Anträge und Erklärungen nur dann aufnehmen soll, wenn dies wegen des Zusammenhangs mit einem von ihm wahrzunehmenden Geschäft, wegen rechtlicher Schwierigkeiten oder aus sonstigen Gründen geboten ist.

§ 37 Rechtspflegergeschäfte nach Landesrecht

Die Länder können Aufgaben, die den Gerichten durch landesrechtliche Vorschriften zugewiesen sind, auf den Rechtspfleger übertragen.

§ 38 Aufhebung und Änderung von Vorschriften

(1) Folgende Vorschriften werden aufgehoben:

1. das Gesetz über Maßnahmen auf dem Gebiete der Gerichtsverfassung und des Verfahrensrechts (Rechtspflegergesetz) vom 8. Februar 1957 (BGBl. I S. 18), zuletzt geändert durch das Einführungsgesetz zum Aktiengesetz vom 6. September 1965 (BGBl. I S. 1185);
2. Artikel VI § 1 Nr. III und § 3 Abs. 1 des Gesetzes zur Entlastung der Gerichte vom 11. März 1921 (RGBl. S. 229).

(2) Die Hinterlegungsordnung vom 10. März 1937 (RGBl. I S. 285), zuletzt geändert durch das Gesetz zur Wiederherstellung der Rechtseinheit auf dem Gebiete der Gerichtsverfassung, der bürgerlichen Rechtspflege, des Strafverfahrens und des Kostenrechts vom 12. September 1950 (BGBl. S. 455), wird wie folgt geändert:
(Die Änderung ist hier nicht abgedruckt.)

(3) (aufgehoben)

§ 39 Geltung in Berlin

(gegenstandslos)

§ 40 Inkrafttreten

Dieses Gesetz tritt am 1. Juli 1970 in Kraft; § 31 Abs.2 Satz 2 tritt am Tage nach der Verkündung in Kraft.[1)]
Die verfassungsmäßigen Rechte des Landes Baden-Württemberg aus Artikel 138 des Grundgesetzes sind gewahrt.

---

1) Verkündet am 8. 11. 1969.

Zivilprozeßordnung

Vom 30. Januar 1877 (RGBl. S. 83)
in der Fassung vom 12. September 1950 (BGBl. I S. 455, 533)[1)2)]
(BGBl. III 310-4)

Änderungen seit 1. 1. 1964

Paragraph	Art der Änderung	Geändert durch	Datum	Fundstelle BGBl.
257, 709, 721, 795 93 b, 308 a, 794 a, 940 a	geändert eingefügt	Zweites Gesetz zur Änderung mietrechtlicher Vorschriften	14. 7.1964	I S. 457
97, 511 a, 546, 547 102	geändert aufgehoben	Gesetz zur Änderung von Wertgrenzen und Kostenvorschriften in der Zivilgerichtsbarkeit	27.11.1964	I S. 933
126, 127	geändert	Gesetz zur Änderung der Bundesgebührenordnung für Rechtsanwälte und anderer Gesetze	30. 6.1965	I S. 577
850 c, 850 f	geändert	Zweites Gesetz zur Änderung der Pfändfreigrenzen	9. 8.1965	I S. 729
216, 222	geändert	Gesetz über den Fristablauf am Sonnabend	10. 8.1965	I S. 753
903, 915	geändert	Gesetz zur Änderung der Reichsabgabenordnung und anderer Gesetze	15. 9.1965	I S. 1356
93 b 29 a, 1025 a	geändert eingefügt	Drittes Gesetz zur Änderung mietrechtlicher Vorschriften	21.12.1967	I S. 1248
384	geändert	Einführungsgesetz zum Gesetz über Ordnungswidrigkeiten	24. 5.1968	I S. 503
393, 1032	geändert	Erstes Gesetz zur Reform des Strafrechts	25. 6.1969	I S. 645
547, 566 a	geändert	Gesetz zur Entlastung des Bundesgerichtshofs in Zivilsachen	15. 8.1969	I S. 1141

1) Neugefaßt durch Artikel 9 und Anlage 2 des Gesetzes zur Wiederherstellung der Rechtseinheit auf dem Gebiete der Gerichtsverfassung, der bürgerlichen Rechtspflege, des Strafverfahrens und des Kostenrechts vom 12. 9. 1950 (BGBl. S. 455).

2) Siehe Maßgabe Seite 9.

Die Anlagen sind hier nicht abgedruckt.

Paragraph	Art der Änderung	Geändert durch	Datum	Fundstelle BGBl.
153, 155, 323, 372 a, Überschrift zum Sechsten Buche und Überschriften des Zweiten und Dritten Abschnitts, 640-644, 704, 794, 798, 850 c, 850 d, 850 i	geändert	Gesetz über die rechtliche Stellung der nichtehelichen Kinder	19. 8.1969	I S. 1243
93 c, 93 d	eingefügt			
416, 440	geändert	Beurkundungsgesetz	28. 8.1969	I S. 1513
254, 807, 883, 889, Überschrift des Vierten Abschnitts des Achten Buches, 899, 900-903, 914, 915	geändert	Gesetz zur Änderung des Rechtspflegergesetzes, des Beurkundungsgesetzes und zur Umwandlung des Offenbarungseides in eine eidesstattliche Versicherung	27. 6.1970	I S. 911
93 b	geändert	Gesetz zur Verbesserung des Mietrechts und zur Begrenzung des Mietanstiegs sowie zur Regelung von Ingenieur- und Architektenleistungen	4.11.1971	I S. 1745
850 c-850 f, 850 i	geändert	Drittes Gesetz zur Änderung der Pfändungsfreigrenzen	1. 3.1972	I S. 221
904, 1002, 1024	geändert	Seerechtsänderungsgesetz	21. 6.1972	I S. 966
141, 149, 299, 377, 380, 381, 390, 409, 411, 580, 581, 619, 653, 888, 889, 890, 957	geändert	Einführungsgesetz zum Strafgesetzbuch	2. 3.1974	I S. 469
15, 29, 33, 38-40, 331, 504	geändert	Änderungsgesetz	21. 3.1974	I S. 753
696 a, 700 a	eingefügt			
159, 160, 161-165, 253, 261 a, 297, 348-350, 510 a, 511 a, 567	geändert	Gesetz zur Entlastung der Landgerichte und zur Vereinfachung des gerichtlichen Protokolls	20.12.1974	I S. 3651

Paragraph	Art der Änderung	Geändert durch	Datum	Fundstelle BGBl.
160 a, 524	eingefügt			
298, 507, 523 a	aufgehoben			
Überschrift des Elften Titels im Ersten Abschnitt des Zweiten Buches, 480, 481, 484	geändert	Gesetz zur Ergänzung des Ersten Gesetzes zur Reform des Strafverfahrensrechts	20.12.1974	I S. 3686
545-547, 549, 554, 555, 556, 559, 561, 566 a	geändert	Gesetz zur Änderung des Rechts der Revision in Zivilsachen	8. 7.1975	I S. 1863
554 b, 565 a	eingefügt			
383, 385, 386	geändert	Gesetz über das Zeugnisverweigerungsrecht der Mitarbeiter von Presse und Rundfunk	25. 7.1975	I S. 1973, ber. S.2164
850 e	geändert	Sozialgesetzbuch –Allgemeiner Teil-	11.12.1975	I S. 3015
907	aufgehoben	Strafvollzugsgesetz	16. 3.1976	I S. 581, ber. S.2088
Überschrift des Ersten Titels des Ersten Abschnitts im Ersten Buch, 2-4, 6, 52, 78 a (alt) wird 78 b (neu), 93 a, 97, Überschrift des Siebenten Titels im Zweiten Abschnitt im Ersten Buch, 116 b, 118, 233, 324, 328, 511 a, 546, 569, 572, Überschrift des Sechsten Buches, Überschrift des Ersten Abschnitts im Sechsten Buch, 606-630, 636, 640, 640 g, 670, 697, 709, 750, 794, 850 d	geändert	Erstes Gesetz zur Reform des Ehe- und Familienrechts	14. 6.1976	I S. 1421
78 a, 127 a, Überschriften	eingefügt			

Paragraph	Art der Änderung	Geändert durch	Datum	Fundstelle BGBl.
des Ersten-Vierten Titels des Ersten Abschnitts im Sechsten Buch				
41, 383, 455, 680, 681	geändert	Adoptionsgesetz	2. 7.1976	I S. 1749
323, Überschrift des Sechsten Buches, Überschrift des Dritten Abschnitts des Sechsten Buches, 642 a, 642 b, 642 d, 794	geändert	Gesetz zur vereinfachten Abänderung von Unterhaltsrenten	29. 7.1976	I S. 2029, ber. S.3314
Überschrift des Ersten Titels des Dritten Abschnitts im Sechsten Buch 641 l-641 t, Überschrift des Zweiten Titels des Dritten Abschnitts im Sechsten Buch, 798 a	eingefügt			
38, 39, 51, 85, 88, 97, 109, 128, 129, 133, 141, 164, 203, 204, 216, 221, 227, 233, 236, 238, 251, 251 a, 256, 261, 261 b (alt) wird 270 (neu), 267 (alt) wird 262 (neu), 264 (alt) wird 263 (neu), 268 (alt) wird 264 (neu), 269 (alt) wird 267 (neu), 270 (alt) wird 268 (neu), 27 (alt) wird 269 (neu), 276 (alt) wird 281 (neu),	geändert	Vereinfachungsnovelle	3.12.1976	I S. 3281

Paragraph	Art der Änderung	Geändert durch	Datum	Fundstelle BGBl.
271-280, 282, 283, 296, 307, 310, 311,313, 315, 317, 320, 321, 329, 331, 331 a, 335, 337, 340-341, 342, 348, 356, 379, 495, 496-499, 504,506,513, 516, 518-519 a, 520, 528-531, 534, 538, 542, 543, 549, 552, 553 a, 555, 560, 566, 567, 572, 579,584, 604, 611, 612, 615, 618, 621, 621 b, 621 c, 626, 640, 664, 684, 688-703 a, 707-715, 717, 719, 720, 721, 750, 751,775, 794-795,796, 839, 900, 924				
129 a, 213 a, 296 a, 299 a, 313 a, 313 b, 341 a, 358 a, 527, 568 a, 703 b-703 d, 720 a, 1027 a	eingefügt			
232, 261 a, 357 a, 500, 508, 510 c	aufgehoben			
903, 915	geändert	Einführungsgesetz zur Abgabenordnung	14.12.1976	I S. 3341
932, 984	geändert	Gesetz zur Änderung sachenrechtlicher, grundbuchrechtlicher und anderer Vorschriften	22. 6.1977	I S. 998
699, 788, 835, 850 a-850 c, 850 f	geändert	Viertes Gesetz zur Änderung der Pfändungsfreigrenzen	28. 2.1978	I S. 333
850 k	eingefügt			
807, 816, 845, 857, 911, 914	geändert	Gesetz zur Änderung zwangsvollstreckungsrechtlicher Vorschriften	1. 2.1979	I S. 127

Paragraph	Art der Änderung	Geändert durch	Datum	Fundstelle BGBl.
620 a	geändert	Gesetz zur Neuregelung des Rechts der elterlichen Sorge	18. 7.1979	I S. 1061
78 b, Überschrift des Siebenten Titels im Zweiten Abschnitt des Ersten Buches, 114-127, 349, 516, 552, 569, 620 a, 621 a, 624,625, 794, 850 c, Anlage (alt) wird Anlage 2	geändert	Gesetz über die Prozeßkostenhilfe	13. 6.1980	I S. 677
78 c, Anlage 1	eingefügt			
116 a, 116 b, 118 a	aufgehoben			
157	geändert	Fünftes Gesetz zur Änderung der Bundesgebührenordnung für Rechtsanwälte	18. 8.1980	I S. 1503
78, 78 a, 511 a	geändert	Gesetz zur Erhöhung von Wertgrenzen in der Gerichtsbarkeit	8.12.1982	I S. 1615
721, 794 a	geändert	Gesetzzur Erhöhung des Angebots an Mietwohnungen	20.12.1982	I S. 1912
811, 850 a-850 c 850 f, Anlage 2	geändert	Fünftes Gesetz zur der Pfändungsfreigrenzen	8. 3.1984	I S. 364
45, 78, 78 c, 121, 529, 549, 569, 620-620 b, 620 d, 620 f, 621, 621 b, 621 e, 623, 624, 629 a, 629 c, 794	geändert	Gesetz zur Änderung unterhaltsrechtlicher, verfahrensrechtlicher und anderer Vorschriften	20. 2.1986	I S. 301
78 a	aufgehoben			
305 a, 786 a	eingefügt	Zweites Seerechtsänderungsgesetz	25. 7.1986	I S. 1120

Paragraph	Art der Änderung	Geändert durch	Datum	Fundstelle BGBl.
328, 606 a, 621, 640 a, 641 a, 648, 676, 1039, 1041, 1044, 1045	geändert	Gesetz zur Neuregelung des Internationalen Privatrechts	25. 7.1986	I S. 1142
648 a	eingefügt			
606 b	aufgehoben			
93 a, 115, 118, 120, 124, 127	geändert	Gesetz zur Änderung von Kostengesetzen	9.12.1986	I S. 2326
313 b, 688, 922	geändert	Anerkennungs- und Vollstreckungsausführungsgesetz	30. 5.1988	I S. 662
850 e	geändert	Erstes Gesetz zur Änderung des Sozialgesetzbuches	20. 7.1988	I S. 1046
78	geändert	Rentenreformgesetz 1992	18.12.1989	I S. 2261
721, 794 a	geändert	Wohnungsbau-Erleichterungsgesetz	17. 5.1990	I S. 926
765 a, 811, 811 c (alt) wird 811 d	geändert	Gesetz zur Verbesserung der Rechtsstellung des Tieres im bürgerlichen Recht	20. 8.1990	I S. 1762
811 c (neu)	eingefügt			
53, 313 a, 455, 572, Überschrift des Sechsten Buches, 640 b,	geändert	Betreuungsgesetz	12. 9.1990	I S. 2002
Vierter Abschnitt des Sechsten Buches, 645-687	aufgehoben			
744 a	eingefügt	Einigungsvertrag	23. 9.1990	II S. 885
32 a	eingefügt	Gesetz über die Umwelthaftung	10.12.1990	I S. 2634
261, 567	geändert	Gesetz zur Neuregelung des verwaltungsgerichtlichen Verfahrens	17.12.1990	I S. 2809
688, 690, 691	geändert	Gesetz über Verbraucherkredite, zur Änderung der Zivilprozeßordnung und anderer Gesetze	17.12.1990	I S. 2840

Paragraph	Art der Änderung	Geändert durch	Datum	Fundstelle BGBl.
78 c, 81, 91 a, 103-107, 127, 128, 160 a, 204-206, 211, 271, 273, 275-277, 281, 358 a, 375, 377, 405, 406, 409, 411, 451, 485-487, 490, 491-494, 511 a, 515, 520, 546, 554 b, 556, 567, 568, 641 n, 641 p, 642 a-642 b, 688, 689, 690, 691, 696, 697, 700, 703 c, 703 d, 721, 793-794 a, 797, 798, 845, 864, 937	geändert	Rechtspflege-Vereinfachungsgesetz	17.12.1990	I. S.2847
29 b, 378, 404 a, 407 a, 494 a, 495 a, 541, 577 a, 806 a, 1044 b	eingefügt			
850 a-850 c, 850 f Anlage 2	geändert	Sechstes Gesetz zur Änderung der Pfändungsfreigrenzen[1]	1. 4.1992	I S. 745
Maßgabe Anlage I Kapitel III Sachgebiet A Abschnitt III Nr. 5 Buchst. a-d	aufgehoben	Rechtspflege-Anpassungsgesetz	26. 6.1992	I S. 1147

1) Siehe hierzu: Artikel 2
Übergangsregelung

(1) Eine vor dem Inkrafttreten des Artikels 1 ausgebrachte Pfändung, die nach den Pfändungsfreigrenzen des bisher geltenden Rechts bemessen worden ist, richtet sich hinsichtlich der Leistungen, die nach dem Inkrafttreten des Artikels 1 fällig werden, nach den neuen Vorschriften. Auf Antrag des Gläubigers, des Schuldners oder des Drittschuldners hat das Vollstreckungsgericht den Pfändungsbeschluß entsprechend zu berichtigen. Der Drittschuldner kann nach dem Inhalt des früheren Pfändungsbeschlusses mit befreiender Wirkung leisten, bis ihm der Berichtigungsbeschluß zugestellt wird.

(2) Soweit die Wirksamkeit einer Verfügung über Arbeitseinkommen davon abhängt, daß die Forderung der Pfändung unterworfen ist, sind die Vorschriften des Artikels 1 auch dann anzuwenden, wenn die Verfügung vor dem Inkrafttreten des Artikels 1 erfolgt ist. Der Schuldner der Forderung kann nach Maßgabe der bisherigen Vorschriften so lange mit befreiender Wirkung leisten, bis ihm eine entgegenstehende vollstreckbare gerichtliche Entscheidung zugestellt wird oder eine Verzichtserklärung desjenigen zugeht, an den der Schuldner auf Grund dieses Gesetzes weniger als bisher zu leisten hat.

Paragraph	Art der Änderung	Geändert durch	Datum	Fundstelle BGBl.
9, 29 a, 128, 313 a, 348, 495 a, 511 a, 689	geändert	Gesetz zur Entlastung der Rechtspflege	11. 1.1993	I S. 50
882 a	geändert	Eisenbahnneuordnungsgesetz	27.12.1993	I S. 2378, 2410
850 e	geändert	Zweites Gesetz zur Änderung des Sozialgesetzbuchs	13. 6.1994	I S. 1229, 1251
104, 699	geändert	Kostenrechtsänderungsgesetz 1994	24. 6.1994	I S. 1325, 1362
915 915 a-915 h	geändert eingefügt	Gesetz zur Änderung von Vorschriften über das Schuldnerverzeichnis	15. 7.1994	I S. 1566
78, 78 c, 121, 215, 271, 520, 573	geändert[1)]	Gesetz zur Neuordnung des Berufsrechts der Rechtsanwälte und der Patentanwälte	2. 9.1994	I S. 2278, 2291
48	geändert	Gesetz zur Änderung des Beratungshilfegesetzes und anderer Gesetze	14. 9.1994	I S. 2323
240, 243, 782, 784, 786, 804, 807, 993, 19 a	geändert[2)] eingefügt[2)]	Einführungsgesetz zur Insolvenzordnung	5.10.1994	I S. 2911
114-117, 120, 127, 850 c, 850 f Anlage 1 Anlage 2 (alt) wird Anlage (neu)	geändert aufgehoben	Prozeßkostenhilfeänderungsgesetz	10.10.1994	I S. 2954
376	geändert	Siebzehntes Gesetz zur Änderung des Abgeordnetengesetzes und Vierzehntes Gesetz zur Änderung des Europaabgeordnetengesetzes	4.11.1994	I S. 3346
850 e	geändert	Jahressteuer-Ergänzungsgesetz 1996	18.12.1995	I S. 1959, 1962

1) Die Änderungen treten am 1. 1. 2000 bzw. am 1. 1. 2005 in Kraft und werden zu diesem Zeitpunkt eingearbeitet.

2) Die Änderungen treten am 1. 1. 1999 in Kraft und werden zu diesem Zeitpunkt eingearbeitet.

Maßgabe

Gemäß Anlage I Kapitel III Sachgebiet A Abschnitt III Nr. 5 des Einigungsvertrags vom 23. 9 .1990 (BGBl. II S. 885) treten die Rechtsvorschriften mit den folgenden Maßgaben in den Ländern Brandenburg, Mecklenburg-Vorpommern, Sachsen, Sachsen-Anhalt und Thüringen sowie in dem Teil des Landes Berlin, in dem das Grundgesetz bisher nicht galt, in Kraft:

»a) bis d) (aufgehoben)

e) Das Vereinfachte Verfahren zur Abänderung von Unterhaltstiteln nach §§ 641 l ff. und das Verfahren über den Regelunterhalt nichtehelicher Kinder nach §§ 642 ff. finden erst statt, wenn die in §§ 1612 a, 1615 f des Bürgerlichen Gesetzbuchs vorgesehenen Verordnungen in dem in Artikel 3 des Vertrages genannten Gebiet in Kraft getreten sind.

f) Eine gerichtliche Zahlungsaufforderung, die vor dem 1. Juli 1990 erlassen und zugestellt worden ist und deren Vollstreckung bis zum Tag des Wirksamwerdens des Beitritts nicht beantragt wurde, gilt als Mahnbescheid, gegen den ein Widerspruch nicht mehr zulässig ist. Der Lauf der in § 701 bestimmten Frist beginnt am Tag des Wirksamwerdens des Beitritts.

g) Ist am Tag des Wirksamwerdens des Beitritts ein Rechtsmittel eingelegt, so richtet sich seine Zulässigkeit nach den bisher geltenden Vorschriften, wenn das Rechtsmittelgericht vor dem Wirksamwerden des Beitritts bereits Beweis erhoben hat.

h) Für einen Rechtsstreit in Ehesachen (§§ 606 bis 638), der vor dem Wirksamwerden des Beitritts anhängig geworden ist, gelten folgende besondere Regelungen:

  aa) Eine mündliche Verhandlung, die in einem Verfahren auf Scheidung oder Feststellung der Nichtigkeit der Ehe geschlossen worden ist, ist wieder zu eröffnen.

  bb) Tatsachen, die erst durch mit dem Vertrag übergeleitete Rechtsvorschriften erheblich geworden sind, können noch in der Revisionsinstanz vorgebracht werden. Das Revisionsgericht verweist die Sache an das Berufungsgericht zurück, wenn bezüglich der neuen Tatsachen eine Beweisaufnahme erforderlich wird.

  cc) Ist ein Verfahren auf Scheidung oder Feststellung der Nichtigkeit der Ehe in der Rechtsmittelinstanz anhängig, so ist, wenn die Ehe aufgelöst wird, in der ersten Entscheidung, die nach dem Wirksamwerden des Beitritts ergeht, über die Kosten des gesamten Verfahrens nach § 93 a Abs. 1, 3, 4 zu entscheiden.

  dd) Werden innerhalb eines Monats nach dem Wirksamwerden des Beitritts Folgesachen der in § 621 Abs. 1 bezeichneten Art anhängig, während die Scheidungssache in der Rechtsmittelinstanz anhängig ist, so wird der Scheidungsausspruch nicht wirksam, bevor nicht über die Folgesachen erstinstanzlich entschieden ist; das Familiengericht kann den Scheidungsausspruch vorher für wirksam erklären, wenn die Voraussetzungen des § 628 Abs. 1 Satz 1 gegeben sind.

  ee) Eine Entscheidung, die auf Grund der bisher geltenden Vorschriften ergangen ist, steht der Berufung auf solche Tatsachen nicht entgegen, die erst durch mit dem Vertrag übergeleitete Rechtsvorschriften erheblich geworden sind.

i) Gegen Entscheidungen, die vor dem Wirksamwerden des Beitritts rechtskräftig geworden sind, finden die vorgesehenen Rechtsbehelfe gegen rechtskräftige Entscheidungen statt (§§ 323, 324, 579 ff., 767 ff.). Die Voraussetzungen einschließlich der Fristen richten sich nach der Zivilprozeßordnung.

j) Entscheidungen der gesellschaftlichen Gerichte können nicht für vollstreckbar erklärt werden.

k) Eine vor dem Wirksamwerden des Beitritts in dem in Artikel 3 des Vertrages genannten Gebiet begonnene Maßnahme der Zwangsvollstreckung ist nach dem bisherigen Recht zu erledigen. Werden weitere selbständige Maßnahmen zur Fortsetzung der bereits begonnenen Zwangsvollstreckung nach dem Wirksamwerden des Beitritts in dem in Artikel 3 des Vertrages genannten Gebiet eingeleitet, gelten die Vorschriften der Zivilprozeßordnung. Die Verwertung eines gepfändeten Gegenstandes gilt als selbständige Maßnahme.

l) Für die am Tag des Wirksamwerdens des Beitritts noch nicht beendeten Schiedsverfahren, die in dem in Artikel 3 des Vertrages genannten Gebiet durchgeführt werden, sind §§ 1 bis 23 der Verordnung über das schiedsgerichtliche Verfahren der Deutschen Demokratischen Republik vom 18. Dezember 1975 (GBl. I 1976 Nr. 1 S. 8) mit der Maßgabe weiter anzuwenden, daß an die Stelle der Einigung im Sinne der §§ 18 und 19 dieser Verordnung der Schiedsvergleich nach § 1044 a tritt.«

Maßgabe

Gemäß Anlage I Kapitel III Sachgebiet A Abschnitt III Nr. 3 Buchst. c des Einigungsvertrags vom 23. 9 .1990 (BGBl. II S. 885) gelten die Rechtsvorschriften auch in dem beigetretenen Teil des Landes Berlin mit folgenden Besonderheiten:

»aa) Die Maßgaben a) bis d) zur Zivilprozeßordnung in Abschnitt III – Nr. 5 – sind nicht anzuwenden.

bb) In den von Gerichten des Teils des Landes Berlin, in dem das Grundgesetz bisher nicht galt, übergehenden Verfahren ist bis zur Beendigung des Rechtszugs eine Vertretung der Parteien durch einen Rechtsanwalt als Prozeßbevollmächtigten nicht erforderlich, soweit sie nach den bisher geltenden Vorschriften nicht vorgeschrieben war.

Rechtsanwälte mit Kanzlei in dem in Artikel 3 des Vertrages genannten Gebiet, die in übergehenden Verfahren zu Prozeßbevollmächtigten bestellt sind, sind bis zur Beendigung des Rechtszugs zur Fortführung der Prozeßvertretung berechtigt. Vorschriften, die die Zulassung eines Rechtsanwalts bei einem bestimmten Gericht voraussetzen, sind insoweit nicht anzuwenden.«

Übersicht über den Gesetzesinhalt

	§§
Erstes Buch **Allgemeine Vorschriften**	
Erster Abschnitt **Gerichte**	
Erster Titel: Sachliche Zuständigkeit der Gerichte und Wertvorschriften	1 bis 11
Zweiter Titel: Gerichtsstand	12 bis 37
Dritter Titel: Vereinbarung über die Zuständigkeit der Gerichte	38 bis 40
Vierter Titel: Ausschließung und Ablehnung der Gerichtspersonen	41 bis 49
Zweiter Abschnitt **Parteien**	
Erster Titel: Parteifähigkeit. Prozeßfähigkeit	50 bis 58
Zweiter Titel: Streitgenossenschaft	59 bis 63
Dritter Titel: Beteiligung Dritter am Rechtsstreit	64 bis 77
Vierter Titel: Prozeßbevollmächtigte und Beistände	78 bis 90
Fünfter Titel: Prozeßkosten	91 bis 107
Sechster Titel: Sicherheitsleistung	108 bis 113
Siebenter Titel: Prozeßkostenhilfe und Prozeßkostenvorschuß	114 bis 127 a
Dritter Abschnitt **Verfahren**	
Erster Titel: Mündliche Verhandlung	128 bis 165
Zweiter Titel: Verfahren bei Zustellungen	
I: Zustellung auf Betreiben der Parteien	166 bis 207
II: Zustellungen von Amts wegen	208 bis 213 a
Dritter Titel: Ladungen, Termine und Fristen	214 bis 229
Vierter Titel: Folgen der Versäumung, Wiedereinsetzung in den vorigen Stand	230 bis 238
Fünfter Titel: Unterbrechung und Aussetzung des Verfahrens	239 bis 252
Zweites Buch **Verfahren im ersten Rechtszuge**	
Erster Abschnitt **Verfahren vor den Landgerichten**	
Erster Titel: Verfahren bis zum Urteil	253 bis 299 a
Zweiter Titel: Urteil	300 bis 329
Dritter Titel: Versäumnisurteil	330 bis 347
Vierter Titel: Verfahren vor dem Einzelrichter	348 bis 350
Fünfter Titel: Allgemeine Vorschriften über die Beweisaufnahme	355 bis 370
Sechster Titel: Beweis durch Augenschein	371 bis 372 a
Siebenter Titel: Zeugenbeweis	373 bis 401
Achter Titel: Beweis durch Sachverständige	402 bis 414
Neunter Titel: Beweis durch Urkunden	415 bis 444
Zehnter Titel: Beweis durch Parteivernehmung	445 bis 455
Elfter Titel: Abnahme von Eiden und Bekräftigungen	478 bis 484
Zwölfter Titel: Sicherung des Beweises	485 bis 495

Zweiter Abschnitt
Verfahren vor den Amtsgerichten 495 bis 510 b

Drittes Buch
Rechtsmittel

Erster Abschnitt
Berufung 511 bis 544

Zweiter Abschnitt
Revision 545 bis 566 a

Dritter Abschnitt
Beschwerde 567 bis 577

Viertes Buch
Wiederaufnahme des Verfahrens 578 bis 591

Fünftes Buch
Urkunden und Wechselprozeß 592 bis 605 a

Sechstes Buch
Familiensachen. Kindschaftssachen. Unterhaltssachen.

Erster Abschnitt
Verfahren in Familiensachen

Erster Titel: Allgemeine Vorschriften für Ehesachen 606 bis 620 g

Zweiter Titel: Verfahren in anderen Familiensachen 621 bis 621 f

Dritter Titel: Scheidungs- und Folgesachen 622 bis 630

Vierter Titel: Verfahren auf Nichtigerklärung und auf Feststellung des Bestehens oder Nichtbestehens einer Ehe 631 bis 638

Zweiter Abschnitt
Verfahren in Kindsschaftssachen 640 bis 641 k

Dritter Abschnitt
Verfahren über den Unterhalt Minderjähriger

Erster Titel: Vereinfachtes Verfahren zur Abänderung von Unterhaltstiteln 641 l bis 641 t

Zweiter Titel: Verfahren über den Regelunterhalt nichtehelicher Kinder 642 bis 644

Vierter Abschnitt
Verfahren in Entmündigungssachen (aufgehoben) 645 bis 687

Siebentes Buch
Mahnverfahren 688 bis 703 d

Achtes Buch
Zwangsvollstreckung

Erster Abschnitt
Allgemeine Vorschriften 704 bis 802

Zweiter Abschnitt
Zwangsvollstreckung wegen Geldforderungen

Erster Titel: Zwangsvollstreckung in das bewegliche Vermögen

I. Allgemeine Vorschriften 803 bis 807

II. Zwangsvollstreckung in körperliche Sachen 808 bis 827

III. Zwangsvollstreckung in Forderungen und andere Vermögensrechte 828 bis 863

Zweiter Titel: Zwangsvollstreckung in das unbewegliche Vermögen 864 bis 871

Dritter Titel: Verteilungsverfahren 872 bis 882

Vierter Titel: Zwangsvollstreckung gegen juristische Personen des öffentlichen Rechts 882 a

Dritter Abschnitt
Zwangsvollstreckung zur Erwirkung der Herausgabe von Sachen und zur Erwirkung von Handlungen oder Unterlassungen 883 bis 898

Vierter Abschnitt
Eidesstattliche Versicherung und Haft 899 bis 915 h

Fünfter Abschnitt
Arrest und einstweilige Verfügung 916 bis 945

Neuntes Buch
Aufgebotsverfahren 946 bis 1024

Zehntes Buch
Schiedsrichterliches Verfahren 1025 bis 1048

Erstes Buch
Allgemeine Vorschriften
Erster Abschnitt
Gerichte
Erster Titel
Sachliche Zuständigkeit der Gerichte und Wertvorschriften

§ 1 [Sachliche Zuständigkeitsbestimmung im GVG]

Die sachliche Zuständigkeit der Gerichte wird durch das Gesetz über die Gerichtsverfassung bestimmt.

§ 2 [Bedeutung des Wertes]

Kommt es nach den Vorschriften dieses Gesetzes oder des Gerichtsverfassungsgesetzes auf den Wert des Streitgegenstandes, des Beschwerdegegenstandes, der Beschwer oder der Verurteilung an, so gelten die nachfolgenden Vorschriften.

§ 3 [Wertfestsetzung]

Der Wert wird von dem Gericht nach freiem Ermessen festgesetzt; es kann eine beantragte Beweisaufnahme sowie von Amts wegen die Einnahme des Augenscheins und die Begutachtung durch Sachverständige anordnen.

§ 4 [Berechnungszeitpunkt; Nebenforderungen]

(1) Für die Wertberechnung ist der Zeitpunkt der Einreichung der Klage, in der Rechtsmittelinstanz der Zeitpunkt der Einlegung des Rechtsmittels, bei der Verurteilung der Zeitpunkt des Schlusses der mündlichen Verhandlung, auf die das Urteil ergeht, entscheidend; Früchte, Nutzungen, Zinsen und Kosten bleiben unberücksichtigt, wenn sie als Nebenforderungen geltend gemacht werden.

(2) Bei Ansprüchen aus Wechseln im Sinne des Wechselgesetzes sind Zinsen, Kosten und Provision, die außer der Wechselsumme gefordert werden, als Nebenforderungen anzusehen.

§ 5 [Zusammenrechnung mehrerer Ansprüche]

Mehrere in einer Klage geltend gemachte Ansprüche werden zusammengerechnet; dies gilt nicht für den Gegenstand der Klage und der Widerklage.

§ 6 [Besitz; Sicherstellung; Pfandrecht]

Der Wert wird bestimmt: durch den Wert einer Sache, wenn es auf deren Besitz, und durch den Betrag einer Forderung, wenn es auf deren Sicherstellung oder ein Pfandrecht ankommt. Hat der Gegenstand des Pfandrechts einen geringeren Wert, so ist dieser maßgebend.

§ 7 [Grunddienstbarkeit]

Der Wert einer Grunddienstbarkeit wird durch den Wert, den sie für das herrschende Grundstück hat, und wenn der Betrag, um den sich der Wert des dienenden Grundstücks durch die Dienstbarkeit mindert, größer ist, durch diesen Betrag bestimmt.

§ 8 [Pacht- oder Mietverhältnis]

Ist das Bestehen oder die Dauer eines Pacht- oder Mietverhältnisses streitig, so ist der Betrag des auf die gesamte streitige Zeit fallenden Zinses und, wenn der fünfundzwanzigfache Betrag des einjährigen Zinses geringer ist, dieser Betrag für die Wertberechnung entscheidend.

§ 9 [Wiederkehrende Nutzungen oder Leistungen]

Der Wert des Rechts auf wiederkehrende Nutzungen oder Leistungen wird nach dem dreieinhalbfachen Wert des einjährigen Bezuges berechnet. Bei bestimmter Dauer des Bezugsrechts ist der Gesamtbetrag der künftigen Bezüge maßgebend, wenn er der geringere ist.

§ 10 [Verstoß gegen sachliche Zuständigkeit]

Das Urteil eines Landgerichts kann nicht aus dem Grunde angefochten werden, weil die Zuständigkeit des Amtsgerichts begründet gewesen sei.

§ 11 [Bindende Entscheidung über Unzuständigkeit]

Ist die Unzuständigkeit eines Gerichts auf Grund der Vorschriften über die sachliche Zuständigkeit der Gerichte rechtskräftig ausgesprochen, so ist diese Entscheidung für das Gericht bindend, bei dem die Sache später anhängig wird.

Zweiter Titel

Gerichtsstand

§ 12 [Allgemeiner Gerichtsstand]

Das Gericht, bei dem eine Person ihren allgemeinen Gerichtsstand hat, ist für alle gegen sie zu erhebenden Klagen zuständig, sofern nicht für eine Klage ein ausschließlicher Gerichtsstand begründet ist.

§ 13 [Allgemeiner Gerichtsstand]

Der allgemeine Gerichtsstand einer Person wird durch den Wohnsitz bestimmt.

§ 14 (weggefallen)

§ 15 [Allgemeiner Gerichtsstand für Deutsche im Ausland]

(1) Deutsche, die das Recht der Exterritorialität genießen, sowie die im Ausland beschäftigten deutschen Angehörigen des öffentlichen Dienstes behalten den Gerichtsstand ihres letzten inländischen Wohnsitzes. Wenn sie einen solchen Wohnsitz nicht hatten, haben sie ihren allgemeinen Gerichtsstand am Sitz der Bundesregierung.

(2) Auf Honorarkonsuln ist diese Vorschrift nicht anzuwenden.

§ 16 [Allgemeiner Gerichtsstand für wohnsitzlose Personen]

Der allgemeine Gerichtsstand einer Person, die keinen Wohnsitz hat, wird durch den Aufenthaltsort im Inland und, wenn ein solcher nicht bekannt ist, durch den letzten Wohnsitz bestimmt.

§ 17 [Allgemeiner Gerichtsstand für juristische Personen]

(1) Der allgemeine Gerichtsstand der Gemeinden, der Korporationen sowie derjenigen Gesellschaften, Genossenschaften oder anderen Vereine und derjenigen Stiftungen, Anstalten und Vermögensmassen, die als solche verklagt werden können, wird durch ihren Sitz bestimmt. Als Sitz gilt, wenn sich nichts anderes ergibt, der Ort, wo die Verwaltung geführt wird.

(2) Gewerkschaften haben den allgemeinen Gerichtsstand bei dem Gericht, in dessen Bezirk das Bergwerk liegt, Behörden, wenn sie als solche verklagt werden können, bei dem Gericht ihres Amtssitzes.
(3) Neben dem durch die Vorschriften dieses Paragaphen bestimmten Gerichtsstand ist ein durch Statut oder in anderer Weise besonders geregelter Gerichtsstand zulässig.

§ 18 [Allgemeiner Gerichtsstand des Fiskus]

Der allgemeine Gerichtsstand des Fiskus wird durch den Sitz der Behörde bestimmt, die berufen ist, den Fiskus in dem Rechtsstreit zu vertreten.

§ 19 [Anordnung des Gerichtsbezirks für Behörden]

Ist der Ort, an dem eine Behörde ihren Sitz hat, in mehrere Gerichtsbezirke geteilt, so wird der Bezirk, der im Sinne der §§ 17, 18 als Sitz der Behörde gilt, für die Bundesbehörden von dem Bundesminister der Justiz, im übrigen von der Landesjustizverwaltung durch allgemeine Anordnung bestimmt.

§ 20 [Besonderer Gerichtsstand des Aufenthaltsorts]

Wenn Personen an einem Ort unter Verhältnissen, die ihrer Natur nach auf einen Aufenthalt von längerer Dauer hinweisen, insbesondere als Hausgehilfen, Arbeiter, Gewerbegehilfen, Studierende, Schüler oder Lehrlinge sich aufhalten, so ist das Gericht des Aufenthaltsortes für alle Klagen zuständig, die gegen diese Personen wegen vermögensrechtlicher Ansprüche erhoben werden.

§ 21 [Besonderer Gerichtsstand der Niederlassung]

(1) Hat jemand zum Betriebe einer Fabrik, einer Handlung oder eines anderen Gewerbes eine Niederlassung, von der aus unmittelbar Geschäfte geschlossen werden, so können gegen ihn alle Klagen, die auf den Geschäftsbetrieb der Niederlassung Bezug haben, bei dem Gericht des Ortes erhoben werden, wo die Niederlassung sich befindet.
(2) Der Gerichtsstand der Niederlassung ist auch für Klagen gegen Personen begründet, die ein mit Wohn- und Wirtschaftsgebäuden versehenes Gut als Eigentümer, Nutznießer oder Pächter bewirtschaften, soweit diese Klagen die auf die Bewirtschaftung des Gutes sich beziehenden Rechtsverhältnisse betreffen.

§ 22 [Besonderer Gerichtsstand für Mitglieder]

Das Gericht, bei dem Gemeinden, Korporationen, Gesellschaften, Genossenschaften oder andere Vereine den allgemeinen Gerichtsstand haben, ist für die Klagen zuständig, die von ihnen gegen ihre Mitglieder als solche oder von den Mitgliedern in dieser Eigenschaft gegeneinander erhoben werden.

§ 23 [Besonderer Gerichtsstand für vermögensrechtliche Ansprüche]

Für Klagen wegen vermögensrechtlicher Ansprüche gegen eine Person, die im Inland keinen Wohnsitz hat, ist das Gericht zuständig, in dessen Bezirk sich Vermögen derselben oder der mit der Klage in Anspruch genommene Gegenstand befindet. Bei Forderungen gilt als der Ort, wo das Vermögen sich befindet, der Wohnsitz des Schuldners und, wenn für die Forderungen eine Sache zur Sicherheit haftet, auch der Ort, wo die Sache sich befindet.

§ 23 a [Besonderer Gerichtsstand für Unterhaltssachen]

Für Klagen in Unterhaltssachen gegen eine Person, die im Inland keinen Gerichtsstand hat, ist das Gericht zuständig, bei dem der Kläger im Inland seinen allgemeinen Gerichtsstand hat.

§ 24 [Ausschließlicher dinglicher Gerichtsstand]

(1) Für Klagen, durch die das Eigentum, eine dingliche Belastung oder die Freiheit von einer solchen geltend gemacht wird, für Grenzscheidungs-, Teilungs- und Besitzklagen ist, sofern es sich um unbewegliche Sachen handelt, das Gericht ausschließlich zuständig, in dessen Bezirk die Sache belegen ist.
(2) Bei den eine Grunddienstbarkeit, eine Reallast oder ein Vorkaufsrecht betreffenden Klagen ist die Lage des dienenden oder belasteten Grundstücks entscheidend.

§ 25 [Dinglicher Gerichtsstand bei Sachzusammenhang]

In dem dinglichen Gerichtsstand kann mit der Klage aus einer Hypothek, Grundschuld oder Rentenschuld die Schuldklage, mit der Klage auf Umschreibung oder Löschung einer Hypothek, Grundschuld oder Rentenschuld die Klage auf Befreiung von der persönlichen Verbindlichkeit, mit der Klage auf Anerkennung einer Reallast die Klage auf rückständige Leistungen erhoben werden, wenn die verbundenen Klagen gegen denselben Beklagten gerichtet sind.

§ 26 [Dinglicher Gerichtsstand bei persönlichen Klagen]

In dem dinglichen Gerichtsstand können persönliche Klagen, die gegen den Eigentümer oder Besitzer einer unbeweglichen Sache als solche gerichtet werden, sowie Klagen wegen Beschädigung eines Grundstücks oder hinsichtlich der Entschädigung wegen Enteignung eines Grundstücks erhoben werden.

§ 27 [Besonderer Gerichtsstand bei Erbfolge]

(1) Klagen, welche die Feststellung des Erbrechts, Ansprüche des Erben gegen einen Erbschaftsbesitzer, Ansprüche aus Vermächtnissen oder sonstigen Verfügungen von Todes wegen, Pflichtteilsansprüche oder die Teilung der Erbschaft zum Gegenstand haben, können vor dem Gericht erhoben werden, bei dem der Erblasser zur Zeit seines Todes den allgemeinen Gerichtsstand gehabt hat.
(2) Ist der Erblasser ein Deutscher und hatte er zur Zeit seines Todes im Inland keinen allgemeinen Gerichtsstand, so können die im Absatz 1 bezeichneten Klagen vor dem Gericht erhoben werden, in dessen Bezirk der Erblasser seinen letzten inländischen Wohnsitz hatte; wenn er einen solchen Wohnsitz nicht hatte, so gilt die Vorschrift des § 15 Abs. 1 Satz 2 entsprechend.

§ 28 [Erweiterter Gerichtsstand bei Erbfolge]

In dem Gerichtsstand der Erbschaft können auch Klagen wegen anderer Nachlaßverbindlichkeiten erhoben werden, solange sich der Nachlaß noch ganz oder teilweise im Bezirk des Gerichts befindet oder die vorhandenen mehreren Erben noch als Gesamtschuldner haften.

§ 29 [Besonderer Gerichtsstand des vertraglichen Erfüllungsortes]

(1) Für Streitigkeiten aus einem Vertragsverhältnis und über dessen Bestehen ist das Gericht des Ortes zuständig, an dem die streitige Verpflichtung zu erfüllen ist.

(2) Eine Vereinbarung über den Erfüllungsort begründet die Zuständigkeit nur, wenn die Vertragsparteien Kaufleute, die nicht zu den in § 4 des Handelsgesetzbuchs bezeichneten Gewerbetreibenden gehören, juristische Personen des öffentlichen Rechts oder öffentlich-rechtliche Sondervermögen sind.

§ 29 a [Ausschließlicher Gerichtsstand in Mietsachen]

(1) Für Streitigkeiten über Ansprüche aus Miet- oder Pachtverhältnissen über Räume oder über das Bestehen solcher Verhältnisse ist das Gericht ausschließlich zuständig, in dessen Bezirk sich die Räume befinden.

(2) Absatz 1 ist nicht anzuwenden, wenn es sich um Wohnraum der in § 556 a Abs. 8 des Bürgerlichen Gesetzbuchs genannten Art handelt.

§ 29 b [Besonderer Gerichtsstand bei Wohnungseigentümergemeinschaft]

Für Klagen Dritter, die sich gegen Mitglieder oder frühere Mitglieder einer Wohnungseigentümergemeinschaft richten und sich auf das gemeinschaftliche Eigentum, seine Verwaltung oder auf das Sondereigentum beziehen, ist das Gericht zuständig, in dessen Bezirk das Grundstück liegt.

§ 30 [Besonderer Gerichtsstand bei Messe und Markt]

Für Klagen aus den auf Messen und Märkten, mit Ausnahme der Jahr- und der Wochenmärkte, geschlossenen Handelsgeschäften (Meß- und Marktsachen) ist das Gericht des Meß- oder Marktortes zuständig, wenn die Klage erhoben wird, während der Beklagte oder sein zur Prozeßführung berechtigter Vertreter sich am Ort oder im Bezirk des Gerichts aufhält.

§ 31 [Besonderer Gerichtsstand bei Vermögensverwaltung]

Für Klagen, die aus einer Vermögensverwaltung von dem Geschäftsherrn gegen den Verwalter oder von dem Verwalter gegen den Geschäftsherrn erhoben werden, ist das Gericht des Ortes zuständig, wo die Verwaltung geführt ist.

§ 32 [Besonderer Gerichtsstand der unerlaubten Handlung]

Für Klagen aus unerlaubten Handlungen ist das Gericht zuständig, in dessen Bezirk die Handlung begangen ist.

§ 32 a[1] [Zuständigkeit des Gerichts]

Für Klagen gegen den Inhaber einer im Anhang 1 des Umwelthaftungsgesetzes genannten Anlage, mit denen der Ersatz eines durch eine Umwelteinwirkung verursachten Schadens geltend gemacht wird, ist das Gericht ausschließlich zuständig, in dessen Bezirk die Umwelteinwirkung von der Anlage ausgegangen ist. Dies gilt nicht, wenn die Anlage im Ausland belegen ist.

---

1) Gemäß Art. 3 des Gesetzes über die Umwelthaftung vom 10. 12. 1990 (BGBl. I S. 2634) bleibt die Zivilprozeßordnung in der bisherigen Fassung maßgebend, soweit der Schaden vor dem Inkrafttreten dieses Gesetzes verursacht worden ist.

§ 33 [Besonderer Gerichtsstand für Widerklage]

(1) Bei dem Gericht der Klage kann eine Widerklage erhoben werden, wenn der Gegenanspruch mit dem in der Klage geltend gemachten Anspruch oder mit den gegen ihn vorgebrachten Verteidigungsmitteln in Zusammenhang steht.

(2) Dies gilt nicht, wenn für eine Klage wegen des Gegenanspruchs die Vereinbarung der Zuständigkeit des Gerichts nach § 40 Abs. 2 unzulässig ist.

§ 34 [Besonderer Gerichtsstand des Hauptprozesses]

Für Klagen der Prozeßbevollmächtigten, der Beistände, der Zustellungsbevollmächtigten und der Gerichtsvollzieher wegen Gebühren und Auslagen ist das Gericht des Hauptprozesses zuständig.

§ 35 [Wahlgerichtsstand]

Unter mehreren zuständigen Gerichten hat der Kläger die Wahl.

§ 35 a [Wahlgerichtsstand bei Unterhaltsklagen]

Das Kind kann die Klage, durch die beide Eltern auf Erfüllung der Unterhaltspflicht in Anspruch genommen werden, vor dem Gericht erheben, bei dem der Vater oder die Mutter einen Gerichtsstand hat.

§ 36 [Zuständigkeitsbestimmung durch das Gericht]

Das zuständige Gericht wird durch das im Rechtszuge zunächst höhere Gericht bestimmt:

1. wenn das an sich zuständige Gericht in einem einzelnen Falle an der Ausübung des Richteramtes rechtlich oder tatsächlich verhindert ist;
2. wenn es mit Rücksicht auf die Grenzen verschiedener Gerichtsbezirke ungewiß ist, welches Gericht für den Rechtsstreit zuständig sei;
3. wenn mehrere Personen, die bei verschiedenen Gerichten ihren allgemeinen Gerichtsstand haben, als Streitgenossen im allgemeinen Gerichtsstand verklagt werden sollen und für den Rechtsstreit ein gemeinschaftlicher besonderer Gerichtsstand nicht begründet ist;
4. wenn die Klage in dem dinglichen Gerichtsstand erhoben werden soll und die Sache in den Bezirken verschiedener Gerichte belegen ist;
5. wenn in einem Rechtsstreit verschiedene Gerichte sich rechtskräftig für zuständig erklärt haben;
6. wenn verschiedene Gerichte, von denen eines für den Rechtsstreit zuständig ist, sich rechtskräftig für unzuständig erklärt haben.

§ 37 [Verfahren – Unanfechtbarkeit]

(1) Die Entscheidung über das Gesuch um Bestimmung des zuständigen Gerichts kann ohne mündliche Verhandlung ergehen.

(2) Der Beschluß, der das zuständige Gericht bestimmt, ist nicht anfechtbar.

Dritter Titel

Vereinbarung über die Zuständigkeit der Gerichte

§ 38 [Zulässige Gerichtsstandsvereinbarung]

(1) Ein an sich unzuständiges Gericht des ersten Rechtszuges wird durch ausdrückliche oder stillschweigende Vereinbarung der Parteien zuständig, wenn die Vertragsparteien

Kaufleute, die nicht zu den in § 4 des Handelsgesetzbuchs bezeichneten Gewerbetreibenden gehören, juristische Personen des öffentlichen Rechts oder öffentlich-rechtliche Sondervermögen sind.

(2) Die Zuständigkeit eines Gerichts des ersten Rechtszuges kann ferner vereinbart werden, wenn mindestens eine der Vertragsparteien keinen allgemeinen Gerichtsstand im Inland hat. Die Vereinbarung muß schriftlich abgeschlossen oder, falls sie mündlich getroffen wird, schriftlich bestätigt werden. Hat eine der Parteien einen inländischen allgemeinen Gerichtsstand, so kann für das Inland nur ein Gericht gewählt werden, bei dem diese Partei ihren allgemeinen Gerichtsstand hat oder ein besonderer Gerichtsstand begründet ist.

(3) Im übrigen ist eine Gerichtsstandsvereinbarung nur zulässig, wenn sie ausdrücklich und schriftlich

1. nach dem Entstehen der Streitigkeit oder
2. für den Fall geschlossen wird, daß die im Klageweg in Anspruch zu nehmende Partei nach Vertragsschluß ihren Wohnsitz oder gewöhnlichen Aufenthaltsort aus dem Geltungsbereich dieses Gesetzes verlegt oder ihr Wohnsitz oder gewöhnlicher Aufenthalt im Zeitpunkt der Klageerhebung nicht bekannt ist.

§ 39 [Rügelose Verhandlung bei Unzuständigkeit]

Die Zuständigkeit eines Gerichts des ersten Rechtszuges wird ferner dadurch begründet, daß der Beklagte, ohne die Unzuständigkeit geltend zu machen, zur Hauptsache mündlich verhandelt. Dies gilt nicht, wenn die Belehrung nach § 504 unterblieben ist.

§ 40 [Unwirksame und unzulässige Gerichtsstandsvereinbarung]

(1) Die Vereinbarung hat keine rechtliche Wirkung, wenn sie nicht auf ein bestimmtes Rechtsverhältnis und die aus ihm entspringenden Rechtsstreitigkeiten sich bezieht.

(2) Eine Vereinbarung ist unzulässig, wenn der Rechtsstreit andere als vermögensrechtliche Ansprüche betrifft oder wenn für die Klage ein ausschließlicher Gerichtsstand begründet ist. In diesen Fällen wird die Zuständigkeit eines Gerichts auch nicht durch rügeloses Verhandeln zur Hauptsache begründet.

Vierter Titel

Ausschließung und Ablehnung der Gerichtspersonen

§ 41 [Ausschluß von der Ausübung des Richteramtes]

Ein Richter ist von der Ausübung des Richteramtes kraft Gesetzes ausgeschlossen:

1. in Sachen, in denen er selbst Partei ist oder bei denen er zu einer Partei in dem Verhältnis eines Mitberechtigten, Mitverpflichteten oder Regreßpflichtigen steht;
2. in Sachen seines Ehegatten, auch wenn die Ehe nicht mehr besteht;
3. in Sachen einer Person, mit der er in gerader Linie verwandt oder verschwägert, in der Seitenlinie bis zum dritten Grad verwandt oder bis zum zweiten Grad verschwägert ist oder war;
4. in Sachen, in denen er als Prozeßbevollmächtigter oder Beistand einer Partei bestellt oder als gesetzlicher Vertreter einer Partei aufzutreten berechtigt ist oder gewesen ist;
5. in Sachen, in denen er als Zeuge oder Sachverständiger vernommen ist;
6. in Sachen, in denen er in einem früheren Rechtszuge oder im schiedsrichterlichen Verfahren bei dem Erlaß der angefochtenen Entscheidung mitgewirkt hat, sofern es sich nicht um die Tätigkeit eines beauftragten oder ersuchten Richters handelt.

§ 42 [Richterablehnung]

(1) Ein Richter kann sowohl in den Fällen, in denen er von der Ausübung des Richteramts kraft Gesetzes ausgeschlossen ist, als auch wegen Besorgnis der Befangenheit abgelehnt werden.

(2) Wegen Besorgnis der Befangenheit findet die Ablehnung statt, wenn ein Grund vorliegt, der geeignet ist, Mißtrauen gegen die Unparteilichkeit eines Richters zu rechtfertigen.

(3) Das Ablehnungsrecht steht in jedem Falle beiden Parteien zu.

§ 43 [Verlust des Ablehnungsrechts]

Eine Partei kann einen Richter wegen Besorgnis der Befangenheit nicht mehr ablehnen, wenn sie sich bei ihm, ohne den ihr bekannten Ablehnungsgrund geltend zu machen, in eine Verhandlung eingelassen oder Anträge gestellt hat.

§ 44 [Form des Ablehnungsgesuchs]

(1) Das Ablehnungsgesuch ist bei dem Gericht, dem der Richter angehört, anzubringen; es kann vor der Geschäftsstelle zu Protokoll erklärt werden.

(2) Der Ablehnungsgrund ist glaubhaft zu machen; zur Versicherung an Eides Statt darf die Partei nicht zugelassen werden. Zur Glaubhaftmachung kann auf das Zeugnis des abgelehnten Richters Bezug genommen werden.

(3) Der abgelehnte Richter hat sich über den Ablehnungsgrund dienstlich zu äußern.

(4) Wird ein Richter, bei dem die Partei sich in eine Verhandlung eingelassen oder Anträge gestellt hat, wegen Besorgnis der Befangenheit abgelehnt, so ist glaubhaft zu machen, daß der Ablehnungsgrund erst später entstanden oder der Partei bekanntgeworden sei.

§ 45 [Zuständigkeit]

(1) Über das Ablehnungsgesuch entscheidet das Gericht, dem der Abgelehnte angehört; wenn dieses Gericht durch Ausscheiden des abgelehnten Mitglieds beschlußunfähig wird, das im Rechtszuge zunächst höhere Gericht.

(2) Wird ein Richter beim Amtsgericht abgelehnt, so entscheidet das Landgericht, in Kindschaftssachen und bei Ablehnung eines Familienrichters das Oberlandesgericht. Einer Entscheidung bedarf es nicht, wenn der Richter beim Amtsgericht das Ablehnungsgesuch für begründet hält.

§ 46 [Verfahren; Entscheidung; Rechtsmittel]

(1) Die Entscheidung über das Ablehnungsgesuch kann ohne mündliche Verhandlung ergehen.

(2) Gegen den Beschluß, durch den das Gesuch für begründet erklärt wird, findet kein Rechtsmittel, gegen den Beschluß, durch den das Gesuch für unbegründet erklärt wird, findet sofortige Beschwerde statt.

§ 47 [Unaufschiebbare Amtshandlungen]

Ein abgelehnter Richter hat vor Erledigung des Ablehnungsgesuchs nur solche Handlungen vorzunehmen, die keinen Aufschub gestatten.

§ 48 [Selbstablehnung; Ablehnung von Amts wegen]

Das für die Erledigung eines Ablehnungsgesuchs zuständige Gericht hat auch dann zu entscheiden, wenn ein solches Gesuch nicht angebracht ist, ein Richter aber von einem Verhältnis Anzeige macht, das eine Ablehnung rechtfertigen könnte, oder wenn aus anderer Veranlassung Zweifel darüber entstehen, ob ein Richter kraft Gesetzes ausgeschlossen sei.

§ 49 [Ablehnung von Urkundsbeamten]

Die Vorschriften dieses Titels sind auf den Urkundsbeamten der Geschäftsstelle entsprechend anzuwenden; die Entscheidung ergeht durch das Gericht, bei dem er angestellt ist.

Zweiter Abschnitt
Parteien
Erster Titel
Parteifähigkeit. Prozeßfähigkeit

§ 50 [Parteifähigkeit]
(1) Parteifähig ist, wer rechtsfähig ist.
(2) Ein Verein, der nicht rechtsfähig ist, kann verklagt werden; in dem Rechtsstreit hat der Verein die Stellung eines rechtsfähigen Vereins.

§ 51 [Prozeßfähigkeit – Prozeßführung]
(1) Die Fähigkeit einer Partei, vor Gericht zu stehen, die Vertretung nicht prozeßfähiger Parteien durch andere Personen (gesetzliche Vertreter) und die Notwendigkeit einer besonderen Ermächtigung zur Prozeßführung bestimmt sich nach den Vorschriften des bürgerlichen Rechts, soweit nicht die nachfolgenden Paragraphen abweichende Vorschriften enthalten.
(2) Das Verschulden eines gesetzlichen Vertreters steht dem Verschulden der Partei gleich.

§ 52 [Umfang der Prozeßfähigkeit]
(1) Eine Person ist insoweit prozeßfähig, als sie sich durch Verträge verpflichten kann.
(2) (aufgehoben)

§ 53 [Wirkung einer Pflegschaft]
Wird in einem Rechtsstreit eine prozeßfähige Person durch einen Betreuer oder Pfleger vertreten, so steht sie für den Rechtsstreit einer nicht prozeßfähigen Person gleich.

§ 54 [Besondere Ermächtigung zu Prozeßhandlungen]
Einzelne Prozeßhandlungen, zu denen nach den Vorschriften des bürgerlichen Rechts eine besondere Ermächtigung erforderlich ist, sind ohne sie gültig, wenn die Ermächtigung zur Prozeßführung im allgemeinen erteilt oder die Prozeßführung auch ohne eine solche Ermächtigung im allgemeinen statthaft ist.

§ 55 [Prozeßfähigkeit von Ausländern]
Ein Ausländer, dem nach dem Recht seines Landes die Prozeßfähigkeit mangelt, gilt als prozeßfähig, wenn ihm nach dem Recht des Prozeßgerichts die Prozeßfähigkeit zusteht.

§ 56 [Prüfung von Amts wegen – vorläufige Zulassung]
(1) Das Gericht hat dem Mangel der Parteifähigkeit, der Prozeßfähigkeit, der Legitimation eines gesetzlichen Vertreters und der erforderlichen Ermächtigung zur Prozeßführung von Amts wegen zu berücksichtigen.
(2) Die Partei oder deren gesetzlicher Vertreter kann zur Prozeßführung mit Vorbehalt der Beseitigung des Mangels zugelassen werden, wenn mit dem Verzuge Gefahr für die Partei verbunden ist. Das Endurteil darf erst erlassen werden, nachdem die für die Beseitigung des Mangels zu bestimmende Frist abgelaufen ist.

§ 57 [Prozeßpfleger]
(1) Soll eine nicht prozeßfähige Partei verklagt werden, die ohne gesetzlichen Vertreter ist, so hat ihr der Vorsitzende des Prozeßgerichts, falls mit dem Verzuge Gefahr verbunden ist, auf Antrag bis zu dem Eintritt des gesetzlichen Vertreters einen besonderen Vertreter zu bestellen.
(2) Der Vorsitzende kann einen solchen Vertreter auch bestellen, wenn in den Fällen des § 20 eine nicht prozeßfähige Person bei dem Gericht ihres Aufenthaltsortes verklagt werden soll.

§ 58 [Prozeßpfleger bei herrenlosem Grundstück und Schiff]

(1) Soll ein Recht an einem Grundstück, das von dem bisherigen Eigentümer nach § 928 des Bürgerlichen Gesetzbuchs aufgegeben und von dem Aneignungsberechtigten noch nicht erworben worden ist, im Wege der Klage geltend gemacht werden, so hat der Vorsitzende des Prozeßgerichts auf Antrag einen Vertreter zu bestellen, dem bis zur Eintragung eines neuen Eigentümers die Wahrnehmung der sich aus dem Eigentum ergebenden Rechte und Verpflichtungen im Rechtsstreit obliegt.

(2) Absatz 1 gilt entsprechend, wenn im Wege der Klage ein Recht an einem eingetragenen Schiff oder Schiffsbauwerk geltend gemacht werden soll, das von dem bisherigen Eigentümer nach § 7 des Gesetzes über Rechte an eingetragenen Schiffen und Schiffsbauwerken vom 15. November 1940 (RGBl. I S. 1499) aufgegeben und von dem Aneignungsberechtigten noch nicht erworben worden ist.

Zweiter Titel

Streitgenossenschaft

§ 59 [Parteienhäufung]

Mehrere Personen können als Streitgenossen gemeinschaftlich klagen oder verklagt werden, wenn sie hinsichtlich des Streitgegenstandes in Rechtsgemeinschaft stehen oder wenn sie aus demselben tatsächlichen und rechtlichen Grunde berechtigt oder verpflichtet sind.

§ 60 [Gleichartigkeit der Ansprüche]

Mehrere Personen können auch dann als Streitgenossen gemeinschaftlich klagen oder verklagt werden, wenn gleichartige und auf einem im wesentlichen gleichartigen tatsächlichen und rechtlichen Grunde beruhende Ansprüche oder Verpflichtungen den Gegenstand des Rechtsstreits bilden.

§ 61 [Wirkung der Streitgenossenschaft]

Streitgenossen stehen, soweit nicht aus den Vorschriften des bürgerlichen Rechts oder dieses Gesetzes sich ein anderes ergibt, dem Gegner dergestalt als einzelne gegenüber, daß die Handlungen des einen Streitgenossen dem anderen weder zum Vorteil noch zum Nachteil gereichen.

§ 62 [Notwendige Streitgenossenschaft]

(1) Kann das streitige Rechtsverhältnis allen Streitgenossen gegenüber nur einheitlich festgestellt werden oder ist die Streitgenossenschaft aus einem sonstigen Grunde eine notwendige, so werden, wenn ein Termin oder eine Frist nur von einzelnen Streitgenossen versäumt wird, die säumigen Streitgenossen als durch die nicht säumigen vertreten angesehen.

(2) Die säumigen Streitgenossen sind auch in dem späteren Verfahren zuzuziehen.

§ 63 [Prozeßbetrieb und Ladung]

Das Recht zur Betreibung des Prozesses steht jedem Streitgenossen zu; zu allen Terminen sind sämtliche Streitgenossen zu laden.

Dritter Titel

Beteiligung Dritter am Rechtsstreit

§ 64 [Hauptintervention]

Wer die Sache oder das Recht, worüber zwischen anderen Personen ein Rechtsstreit anhängig geworden ist, ganz oder teilweise für sich in Anspruch nimmt, ist bis zur rechtskräftigen Entscheidung dieses Rechtsstreits berechtigt, seinen Anspruch durch eine gegen beide Parteien gerichtete Klage bei dem Gericht geltend zu machen, vor dem der Rechtsstreit im ersten Rechtszuge anhängig wurde.

§ 65 [Prozeßaussetzung bei Hauptintervention]

Der Hauptprozeß kann auf Antrag einer Partei bis zur rechtskräftigen Entscheidung über die Hauptintervention ausgesetzt werden.

§ 66 [Nebenintervention]

(1) Wer ein rechtliches Interesse daran hat, daß in einem zwischen anderen Personen anhängigen Rechtsstreit die eine Partei obsiege, kann dieser Partei zum Zwecke ihrer Unterstützung beitreten.

(2) Die Nebenintervention kann in jeder Lage des Rechtsstreits bis zur rechtskräftigen Entscheidung, auch in Verbindung mit der Einlegung eines Rechtsmittels, erfolgen.

§ 67 [Rechtsstellung des Nebenintervenienten]

Der Nebenintervenient muß den Rechtsstreit in der Lage annehmen, in der er sich zur Zeit seines Beitritts befindet; er ist berechtigt, Angriffs- und Verteidigungsmittel geltend zu machen und alle Prozeßhandlungen wirksam vorzunehmen, insoweit nicht seine Erklärungen und Handlungen mit Erklärungen und Handlungen der Hauptpartei in Widerspruch stehen.

§ 68 [Wirkung der Nebenintervention]

Der Nebenintervenient wird im Verhältnis zu der Hauptpartei mit der Behauptung nicht gehört, daß der Rechtsstreit, wie er dem Richter vorgelegen habe, unrichtig entschieden sei; er wird mit der Behauptung, daß die Hauptpartei den Rechtsstreit mangelhaft geführt habe, nur insoweit gehört, als er durch die Lage des Rechtsstreits zur Zeit seines Beitritts oder durch Erklärungen und Handlungen der Hauptpartei verhindert worden ist, Angriffs- oder Verteidigungsmittel geltend zu machen, oder als Angriffs- oder Verteidigungsmittel, die ihm unbekannt waren, von der Hauptpartei absichtlich oder durch grobes Verschulden nicht geltend gemacht sind.

§ 69 [Streitgenössische Nebenintervention]

Insofern nach den Vorschriften des bürgerlichen Rechts die Rechtskraft der in dem Hauptprozeß erlassenen Entscheidung auf das Rechtsverhältnis des Nebenintervenienten zu dem Gegner von Wirksamkeit ist, gilt der Nebenintervenient im Sinne des § 61 als Streitgenosse der Hauptpartei.

§ 70 [Form des Beitritts]

(1) Der Beitritt des Nebenintervenienten erfolgt durch Einreichung eines Schriftsatzes bei dem Prozeßgericht und, wenn er mit der Einlegung eines Rechtsmittels verbunden wird, durch Einreichung eines Schriftsatzes bei dem Rechtsmittelgericht. Der Schriftsatz ist beiden Parteien zuzustellen und muß enthalten:

1. die Bezeichnung der Parteien und des Rechtsstreits;
2. die bestimmte Angabe des Interesses, das der Nebenintervenient hat;
3. die Erklärung des Beitritts.

(2) Außerdem gelten die allgemeinen Vorschriften über die vorbereitenden Schriftsätze.

§ 71 [Zwischenstreit über Nebenintervention]

(1) Über den Antrag auf Zurückweisung einer Nebenintervention wird nach mündlicher Verhandlung unter den Parteien und dem Nebenintervenienten entschieden. Der Nebenintervenient ist zuzulassen, wenn er sein Interesse glaubhaft macht.

(2) Gegen das Zwischenurteil findet sofortige Beschwerde statt.

(3) Solange nicht die Unzulässigkeit der Intervention rechtskräftig ausgesprochen ist, wird der Intervenient im Hauptverfahren zugezogen.

§ 72 [Zulässigkeit der Streitverkündung]

(1) Eine Partei, die für den Fall des ihr ungünstigen Ausganges des Rechtsstreites einen Anspruch auf Gewährleistung oder Schadloshaltung gegen einen Dritten erheben zu können glaubt oder den Anspruch eines Dritten besorgt, kann bis zur rechtskräftigen Entscheidung des Rechtsstreits dem Dritten gerichtlich den Streit verkünden.

(2) Der Dritte ist zu einer weiteren Streitverkündung berechtigt.

§ 73 [Form der Streitverkündung]

Zum Zwecke der Streitverkündung hat die Partei einen Schriftsatz einzureichen, in dem der Grund der Streitverkündung und die Lage des Rechtsstreits anzugeben ist. Der Schriftsatz ist dem Dritten zuzustellen und dem Gegner des Streitverkünders in Abschrift mitzuteilen. Die Streitverkündung wird erst mit der Zustellung an den Dritten wirksam.

§ 74 [Wirkung, Verweis auf Nebenintervention]

(1) Wenn der Dritte dem Streitverkünder beitritt, so bestimmt sich sein Verhältnis zu den Parteien nach den Grundsätzen über die Nebenintervention.

(2) Lehnt der Dritte den Beitritt ab oder erklärt er sich nicht, so wird der Rechtsstreit ohne Rücksicht auf ihn fortgesetzt.

(3) In allen Fällen dieses Paragraphen sind gegen den Dritten die Vorschriften des § 68 mit der Abweichung anzuwenden, daß statt der Zeit des Beitritts die Zeit entscheidet, zu welcher der Beitritt infolge der Streitverkündung möglich war.

§ 75 [Gläubigerstreit]

Wird von dem verklagten Schuldner einem Dritten, der die geltend gemachte Forderung für sich in Anspruch nimmt, der Streit verkündet und tritt der Dritte in den Streit ein, so ist der Beklagte, wenn er den Betrag der Forderung zugunsten der streitenden Gläubiger unter Verzicht auf das Recht zur Rücknahme hinterlegt, auf seinen Antrag aus dem Rechtsstreit unter Verurteilung in die durch seinen unbegründeten Widerspruch veranlaßten Kosten zu entlassen und der Rechtsstreit über die Berechtigung an der Forderung zwischen den streitenden Gläubigern allein fortzusetzen. Den Obsiegenden ist der hinterlegte Betrag zuzusprechen und der Unterliegende auch zur Erstattung der dem Beklagten entstandenen, nicht durch dessen unbegündeten Widerspruch veranlaßten Kosten, einschließlich der Kosten der Hinterlegung, zu verurteilen.

§ 76 [Urheberbenennung bei Besitz]

(1) Wer als Besitzer einer Sache verklagt ist, die er auf Grund eines Rechtsverhältnisses der im § 868 des Bürgerlichen Gesetzbuchs bezeichneten Art zu besitzen behauptet, kann vor der Verhandlung zur Hauptsache unter Einreichung eines Schriftsatzes, in dem er den mittelbaren Besitzer benennt, und einer Streitverkündungsschrift die Ladung des mittelbaren Besitzers zur Erklärung beantragen. Bis zu dieser Erklärung oder bis zum Schluß des Termins, in dem sich der Benannte zu erklären hat, kann der Beklagte die Verhandlung zur Hauptsache verweigern.

(2) Bestreitet der Benannte die Behauptung des Beklagten oder erklärt er sich nicht, so ist der Beklagte berechtigt, dem Klageantrage zu genügen.

(3) Wird die Behauptung des Beklagten von dem Benannten als richtig anerkannt, so ist dieser berechtigt, mit Zustimmung des Beklagten an dessen Stelle den Prozeß zu übernehmen. Die Zustimmung des Klägers ist nur insoweit erforderlich, als er Ansprüche geltend macht, die unabhängig davon sind, daß der Beklagte auf Grund eines Rechtsverhältnisses der im Absatz 1 bezeichneten Art besitzt.

(4) Hat der Benannte den Prozeß übernommen, so ist der Beklagte auf seinen Antrag von

der Klage zu entbinden. Die Entscheidung ist in Ansehung der Sache selbst auch gegen den Beklagten wirksam und vollstreckbar.

§ 77 [Urheberbenennung bei Unterlassungsklage]

Ist von dem Eigentümer einer Sache oder von demjenigen, dem ein Recht an einer Sache zusteht, wegen einer Beeinträchtigung des Eigentums oder seines Rechtes Klage auf Beseitigung der Beeinträchtigung oder auf Unterlassung weiterer Beeinträchtigungen erhoben, so sind die Vorschriften des § 76 entsprechend anzuwenden, sofern der Beklagte die Beeinträchtigung in Ausübung des Rechtes eines Dritten vorgenommen zu haben behauptet.

Vierter Titel
Prozeßbevollmächtigte und Beistände

§ 78 [Anwaltszwang][1)]

(1) Vor den Landgerichten und vor allen Gerichten des höheren Rechtszuges müssen die Parteien sich durch einen bei dem Prozeßgericht zugelassenen Rechtsanwalt als Bevollmächtigten vertreten lassen (Anwaltsprozeß).

(2) In Familiensachen müssen sich die Parteien und Beteiligten nach Maßgabe der folgenden Vorschriften durch einen bei dem Gericht zugelassenen Rechtsanwalt vertreten lassen:

1. die Ehegatten in Ehesachen und Folgesachen in allen Rechtszügen, am Verfahren über Folgesachen beteiligte Dritte nur für die weitere Beschwerde nach § 621 e Abs. 2 vor dem Bundesgerichtshof,
2. die Parteien und am Verfahren beteiligte Dritte in selbständigen Familiensachen des § 621 Abs. 1 Nr. 8 in allen Rechtszügen, in selbständigen Familiensachen des § 621 Abs. 1 Nr. 4 und 5 nur vor den Gerichten des höheren Rechtszuges,
3. die Beteiligten in selbstständigen Familiensachen des § 621 Abs. 1 Nr. 1 bis 3, 6 nur für die weitere Beschwerde nach § 621 e Abs. 2 vor dem Bundesgerichtshof.

Vor dem Familiengericht ist auch ein bei dem übergeordneten Landgericht zugelassener Rechtsanwalt zur Vertretung berechtigt. Das Jugendamt, die Träger der gesetzlichen Rentenversicherungen sowie sonstige Körperschaften, Anstalten oder Stiftungen des öffentlichen Rechts und deren Verbände einschließlich der Spitzenverbände und ihrer Arbeitsgemeinschaften brauchen sich in den Fällen des Satzes 1 Nr. 1 und 3 nicht durch einen Rechtsanwalt vertreten zu lassen.

---

1) Hierzu Entscheidung des Bundesverfassungsgerichts vom 5. 12. 1995 – 1 BvR 2011/94 – (BGBl. 1996 I S. 563):

»1. § 78 Absatz 1 und 2 der Zivilprozeßordnung in der Fassung des Gesetzes vom 20. 2. 1986 (BGBl. I S. 301) ist mit Artikel 12 Absatz 1 des Grundgesetzes unvereinbar und nichtig, soweit er die Vertretungsbefugnis von Rechtsanwälten, die bei einem Land- oder Amtsgericht der Länder Brandenburg, Mecklenburg-Vorpommern, Sachsen, Sachsen-Anhalt und Thüringen zugelassen sind, in Anwaltsprozessen vor den dortigen Land- und Amtsgerichten regelt.

2. Bis zum Inkrafttreten einer neuen gesetzlichen Regelung, längstens bis zum 31. 12. 2004, kann sich eine Partei oder ein am Verfahren beteiligter Dritter in Anwaltsprozessen vor einem Land- oder Amtsgericht der Länder Brandenburg, Mecklenburg-Vorpommern, Sachsen, Sachsen-Anhalt und Thüringen von jedem Rechtsanwalt vertreten lassen, der bei einem Amts- oder Landgericht eines dieser Länder zugelassen ist.«

(3) Diese Vorschriften sind auf das Verfahren vor einem beauftragten oder ersuchten Richter sowie auf Prozeßhandlungen, die vor dem Urkundsbeamten der Geschäftsstelle vorgenommen werden können, nicht anzuwenden.

(4) Ein Rechtsanwalt, der nach Maßgabe der Absätze 1 und 2 zur Vertretung berechtigt ist, kann sich selbst vertreten.

§ 78 a (gestrichen)

§ 78 b [Notanwalt]

(1) Insoweit eine Vertretung durch Anwälte geboten ist, hat das Prozeßgericht einer Partei auf ihren Antrag für den Rechtszug einen Rechtsanwalt zur Wahrnehmung ihrer Rechte beizuordnen, wenn sie einen zu ihrer Vertretung bereiten Rechtsanwalt nicht findet und die Rechtsverfolgung oder Rechtsverteidigung nicht mutwillig oder aussichtslos erscheint. Über den Antrag kann ohne mündliche Verhandlung entschieden werden.

(2) Gegen den Beschluß, durch den die Beiordnung eines Rechtsanwalts abgelehnt wird, findet die Beschwerde statt.

(3) (weggefallen)

§ 78 c Auswahl des Notanwalts

(1) Der nach § 78 b beizuordnende Rechtsanwalt wird durch den Vorsitzenden des Gerichts aus der Zahl der bei dem Prozeßgericht zugelassenen Rechtsanwälte ausgewählt.

(2) Der beigeordnete Rechtsanwalt kann die Übernahme der Vertretung davon abhängig machen, daß die Partei ihm einen Vorschuß zahlt, der nach der Bundesgebührenordnung für Rechtsanwälte zu bemessen ist.

(3) Gegen eine Verfügung, die nach Absatz 1 getroffen wird, steht der Partei und dem Rechtsanwalt die Beschwerde zu. Dem Rechtsanwalt steht die Beschwerde auch zu, wenn der Vorsitzende des Gerichts den Antrag, die Beiordnung aufzuheben (§ 48 Abs. 2 der Bundesrechtsanwaltsordnung), ablehnt.

§ 79 [Parteiprozeß]

Insoweit eine Vertretung durch Anwälte nicht geboten ist, können die Parteien den Rechtsstreit selbst oder durch jede prozeßfähige Person als Bevollmächtigten führen.

§ 80 [Nachweis der Prozeßvollmacht]

(1) Der Bevollmächtigte hat die Bevollmächtigung durch eine schriftliche Vollmacht nachzuweisen und diese zu den Gerichtsakten abzugeben.

(2) Das Gericht kann auf Antrag des Gegners die öffentliche Beglaubigung einer Privaturkunde anordnen. Wird der Antrag zurückgewiesen, so ist dagegen kein Rechtsmittel zulässig. Bei der Beglaubigung bedarf es weder der Zuziehung von Zeugen noch der Aufnahme eines Protokolls.

§ 81 [Umfang der Prozeßvollmacht]

Die Prozeßvollmacht ermächtigt zu allen den Rechtsstreit betreffenden Prozeßhandlungen, einschließlich derjenigen, die durch eine Widerklage, eine Wiederaufnahme des Verfahrens und die Zwangsvollstreckung veranlaßt werden; zur Bestellung eines Vertreters sowie eines Bevollmächtigten für die höheren Instanzen; zur Beseitigung des Rechtsstreits durch Vergleich, Verzichtleistung auf den Streitgegenstand oder Anerkennung des von dem Gegner geltend gemachten Anspruchs; zur Empfangnahme der von dem Gegner oder aus der Staatskasse zu erstattenden Kosten.

§ 82 [Erstreckung auf Nebenverfahren]

Die Vollmacht für den Hauptprozeß umfaßt die Vollmacht für das eine Hauptintervention, einen Arrest oder eine einstweilige Verfügung betreffende Verfahren.

§ 83 [Wirkung der Vollmachtsbeschränkung]

(1) Eine Beschränkung des gesetzlichen Umfanges der Vollmacht hat dem Gegner gegenüber nur insoweit rechtliche Wirkung, als diese Beschränkung die Beseitigung des Rechtsstreits durch Vergleich, Verzichtleistung auf den Streitgegenstand oder Anerkennung des von dem Gegner geltend gemachten Anspruchs betrifft.

(2) Insoweit eine Vertretung durch Anwälte nicht geboten ist, kann eine Vollmacht für einzelne Prozeßhandlungen erteilt werden.

§ 84 [Mehrere Prozeßbevollmächtigte]

Mehrere Bevollmächtigte sind berechtigt, sowohl gemeinschaftlich als einzeln die Partei zu vertreten. Eine abweichende Bestimmung der Vollmacht hat dem Gegner gegenüber keine rechtliche Wirkung.

§ 85 [Handlungen der Prozeßbevollmächtigten]

(1) Die von dem Bevollmächtigten vorgenommenen Prozeßhandlungen sind für die Partei in gleicher Art verpflichtend, als wenn sie von der Partei selbst vorgenommen wären. Dies gilt von Geständnissen und anderen tatsächlichen Erklärungen, insoweit sie nicht von der miterschienenen Partei sofort widerrufen oder berichtigt werden.

(2) Das Verschulden des Bevollmächtigen steht dem Verschulden der Partei gleich.

§ 86 [Fortbestand der Prozeßvollmacht]

Die Vollmacht wird weder durch den Tod des Vollmachtgebers noch durch eine Veränderung in seiner Prozeßfähigkeit oder seiner gesetzlichen Vertretung aufgehoben; der Bevollmächtigte hat jedoch, wenn er nach Aussetzung des Rechtsstreits für den Nachfolger im Rechtsstreit auftritt, dessen Vollmacht beizubringen.

§ 87 [Erlöschen der Vollmacht]

(1) Dem Gegner gegenüber erlangt die Kündigung des Vollmachtvertrags erst durch die Anzeige des Erlöschens der Vollmacht, in Anwaltsprozessen erst durch die Anzeige der Bestellung eines anderen Anwalts rechtliche Wirksamkeit.

(2) Der Bevollmächtigte wird durch die von seiner Seite erfolgte Kündigung nicht gehindert, für den Vollmachtgeber so lange zu handeln, bis dieser für Wahrnehmung seiner Rechte in anderer Weise gesorgt hat.

§ 88 [Mangel der Vollmacht]

(1) Der Mangel der Vollmacht kann von dem Gegner in jeder Lage des Rechtsstreits gerügt werden.

(2) Das Gericht hat den Mangel der Vollmacht von Amts wegen zu berücksichtigen, wenn nicht als Bevollmächtigter ein Rechtsanwalt auftritt.

§ 89 [Einstweilige Zulassung vollmachtsloser Vertreter]

(1) Handelt jemand für eine Partei als Geschäftsführer ohne Auftrag oder als Bevollmächtigter ohne Beibringung einer Vollmacht, so kann er gegen oder ohne Sicherheitsleistung für Kosten und Schäden zur Prozeßführung einstweilen zugelassen werden. Das Endurteil darf erst erlassen werden, nachdem die für die Beibringung der Genehmigung zu bestimmende Frist abgelaufen ist. Ist zu der Zeit, zu der das Endurteil erlassen wird, die Genehmigung nicht beigebracht, so ist der einstweilen zur Prozeßführung Zugelassene zum Ersatz der dem Gegner infolge der Zulassung erwachsenen Kosten zu verurteilen; auch hat er dem Gegner die infolge der Zulassung entstandenen Schäden zu ersetzen.

(2) Die Partei muß die Prozeßführung gegen sich gelten lassen, wenn sie auch nur mündlich Vollmacht erteilt oder wenn sie die Prozeßführung ausdrücklich oder stillschweigend genehmigt hat.

§ 90 [Beistand]

(1) Insoweit eine Vertretung durch Anwälte nicht geboten ist, kann eine Partei mit jeder prozeßfähigen Person als Beistand erscheinen.

(2) Das von dem Beistand Vorgetragene gilt als von der Partei vorgebracht, insoweit es nicht von dieser sofort widerrufen oder berichtigt wird.

Fünfter Titel

Prozeßkosten

§ 91 [Kostentragungspflicht der unterliegenden Partei; Umfang]

(1) Die unterliegende Partei hat die Kosten des Rechtsstreits zu tragen, insbesondere die dem Gegner erwachsenen Kosten zu erstatten, soweit sie zur zweckentsprechenden Rechtsverfolgung oder Rechtsverteidigung notwendig waren. Die Kostenerstattung umfaßt auch die Entschädigung des Gegners für die durch notwendige Reisen oder durch die notwendige Wahrnehmung von Terminen entstandene Zeitversäumnis; die für die Entschädigung von Zeugen geltenden Vorschriften sind entsprechend anzuwenden.

(2) Die gesetzlichen Gebühren und Auslagen des Rechtsanwalts der obsiegenden Partei sind in allen Prozessen zu erstatten, Reisekosten eines Rechtsanwalts, der nicht bei dem Prozeßgericht zugelassen ist und am Ort des Prozeßgerichts auch nicht wohnt, jedoch nur insoweit, als die Zuziehung zur zweckentsprechenden Rechtsverfolgung oder Rechtsverteidigung notwendig war. Der obsiegenden Partei sind die Mehrkosten nicht zu erstatten, die dadurch entstehen, daß der bei dem Prozeßgericht zugelassene Rechtsanwalt seinen Wohnsitz oder seine Kanzlei nicht an dem Ort hat, an dem sich das Prozeßgericht oder eine auswärtige Abteilung dieses Gerichts befindet. Die Kosten mehrerer Rechtsanwälte sind nur insoweit zu erstatten, als sie die Kosten eines Rechtsanwalts nicht übersteigen oder als in der Person des Rechtsanwalts ein Wechsel eintreten mußte. In eigener Sache sind dem Rechtsanwalt die Gebühren und Auslagen zu erstatten, die er als Gebühren und Auslagen eines bevollmächtigten Rechtsanwalts erstattet verlangen könnte.

(3) Zu den Kosten des Rechtsstreits im Sinne der Absätze 1, 2 gehören auch die Gebühren, die durch ein Güteverfahren vor einer durch die Landesjustizverwaltung eingerichteten oder anerkannten Gütestelle entstanden sind; dies gilt nicht, wenn zwischen der Beendigung des Güteverfahrens und der Klageerhebung mehr als ein Jahr verstrichen ist.

§ 91 a [Kosten bei Erledigungserklärung]

(1) Haben die Parteien in der mündlichen Verhandlung oder durch Einreichung eines Schriftsatzes oder zu Protokoll der Geschäftsstelle den Rechtsstreit in der Hauptsache für erledigt erklärt, so entscheidet das Gericht über die Kosten unter Berücksichtigung des bisherigen Sach- und Streitstandes nach billigem Ermessen durch Beschluß. Die Entscheidung kann ohne mündliche Verhandlung ergehen.

(2) Gegen die Entscheidung findet sofortige Beschwerde statt. Vor der Entscheidung über die Beschwerde ist der Gegner zu hören.

§ 92 [Kostenteilung bei Teilunterliegen]

(1) Wenn jede Partei teils obsiegt, teils unterliegt, so sind die Kosten gegeneinander aufzuheben oder verhältnismäßig zu teilen. Sind die Kosten gegeneinander aufgehoben, so fallen die Gerichtskosten jeder Partei zur Hälfte zur Last.

(2) Das Gericht kann der einen Partei die gesamten Prozeßkosten auferlegen, wenn die Zuvielforderung der anderen Partei verhältnismäßig geringfügig war und keine besonderen Kosten veranlaßt hat oder wenn der Betrag der Forderung der anderen Partei von der

Festsetzung durch richterliches Ermessen, von der Ausmittlung durch Sachverständige oder von einer gegenseitigen Berechnung abhängig war.

§ 93 [Sofortiges Anerkenntnis]
Hat der Beklagte nicht durch sein Verhalten zur Erhebung der Klage Veranlassung gegeben, so fallen dem Kläger die Prozeßkosten zur Last, wenn der Beklagte den Anspruch sofort anerkennt.

§ 93 a [Kosten in Ehesachen]
(1) Wird auf Scheidung einer Ehe erkannt, so sind die Kosten der Scheidungssache und der Folgesachen, über die gleichzeitig entschieden wird oder über die nach § 627 Abs. 1 vorweg entschieden worden ist, gegeneinander aufzuheben; die Kosten einer Folgesache sind auch dann gegeneinander aufzuheben, wenn über die Folgesache infolge einer Abtrennung nach § 628 Abs. 1 Satz 1 gesondert zu entscheiden ist. Das Gericht kann die Kosten nach billigem Ermessen anderweitig verteilen, wenn
1. eine Kostenverteilung nach Satz 1 einen der Ehegatten in seiner Lebensführung unverhältnismäßig beeinträchtigen würde; die Bewilligung von Prozeßkostenhilfe ist dabei nicht zu berücksichtigen;
2. eine Kostenverteilung nach Satz 1 im Hinblick darauf als unbillig erscheint, daß ein Ehegatte in Folgesachen der in § 621 Abs. 1 Nr. 4, 5, 8 bezeichneten Art ganz oder teilweise unterlegen ist.

Haben die Parteien eine Vereinbarung über die Kosten getroffen, so kann das Gericht sie ganz oder teilweise der Entscheidung zugrunde legen.
(2) Wird ein Scheidungsantrag abgewiesen, so hat der Antragssteller auch die Kosten der Folgesachen zu tragen, die infolge der Abweisung gegenstandslos werden; dies gilt auch für die Kosten einer Folgesache, über die infolge einer Abtrennung nach § 623 Abs. 1 Satz 2 oder nach § 628 Abs. 1 Satz 1 gesondert zu entscheiden ist. Das Gericht kann die Kosten anderweitig verteilen, wenn eine Kostenverteilung nach Satz 1 im Hinblick auf den bisherigen Sach- und Streitstand in Folgesachen der in § 621 Abs. 1 Nr. 4, 5, 8 bezeichneten Art als unbillig erscheint.
(3) Wird eine Ehe aufgehoben oder für nichtig erklärt, so sind die Kosten des Rechtsstreits gegeneinander aufzuheben. Das Gericht kann die Kosten nach billigem Ermessen anderweitig verteilen, wenn eine Kostenverteilung nach Satz 1 einen der Ehegatten in seiner Lebensführung unverhältnismäßig beeinträchtigen würde oder wenn eine solche Kostenverteilung im Hinblick darauf als unbillig erscheint, daß bei der Eheschließung ein Ehegatte allein in den Fällen der §§ 30 bis 32 des Ehegesetzes die Aufhebbarkeit oder die Nichtigkeit der Ehe gekannt hat oder ein Ehegatte durch arglistige Täuschung oder widerrechtliche Drohung seitens des anderen Ehegatten oder mit dessen Wissen zur Eingehung der Ehe bestimmt worden ist.
(4) Wird eine Ehe auf Klage des Staatsanwalts oder im Falle des § 20 des Ehegesetzes auf Klage des früheren Ehegatten für nichtig erklärt, so ist Absatz 3 nicht anzuwenden.

§ 93 b [Kosten bei Räumungsprozessen]
(1) Wird einer Klage auf Räumung von Wohnraum mit Rücksicht darauf stattgegeben, daß ein Verlangen des Beklagten auf Fortsetzung des Mietverhältnisses auf Grund der §§ 556 a, 556 b des Bürgerlichen Gesetzbuchs wegen der berechtigten Interessen des Klägers nicht gerechtfertigt ist, so kann das Gericht die Kosten ganz oder teilweise dem Kläger auferlegen, wenn der Beklagte die Fortsetzung des Mietverhältnisses unter Angabe von Gründen verlangt hatte und

1. der Kläger aus Gründen obsiegt, die erst nachträglich entstanden sind (§ 556 a Abs. 1 Satz 3 des Bürgerlichen Gesetzbuchs), oder
2. in den Fällen des § 556 b des Bürgerlichen Gesetzbuchs der Kläger dem Beklagten nicht unverzüglich seine berechtigten Interessen bekanntgegeben hat.

Dies gilt in einem Rechtsstreit wegen Fortsetzung des Mietverhältnisses bei Abweisung der Klage entsprechend.

(2) Wird eine Klage auf Räumung von Wohnraum mit Rücksicht darauf abgewiesen, daß auf Verlangen des Beklagten die Fortsetzung des Mietverhältnisses auf Grund der §§ 556 a, 556 b des Bürgerlichen Gesetzbuchs bestimmt wird, so kann das Gericht die Kosten ganz oder teilweise dem Beklagten auferlegen, wenn er auf Verlangen des Klägers nicht unverzüglich über die Gründe des Widerspruchs Auskunft erteilt hat. Dies gilt in einem Rechtsstreit wegen Fortsetzung des Mietverhältnisses entsprechend, wenn der Klage stattgegeben wird.

(3) Erkennt der Beklagte den Anspruch auf Räumung von Wohnraum sofort an, wird ihm jedoch eine Räumungsfrist bewilligt, so kann das Gericht die Kosten ganz oder teilweise dem Kläger auferlegen, wenn der Beklagte bereits vor Erhebung der Klage unter Angabe von Gründen die Fortsetzung des Mietverhältnisses oder eine den Umständen nach angemessene Räumungsfrist vom Kläger vergeblich begehrt hatte.

§ 93 c [Kosten bei Kindschaftssachen]

Hat eine Klage auf Anfechtung der Ehelichkeit oder eine Klage des Mannes, der die Vaterschaft anerkannt hat, seiner Eltern oder des Kindes auf Anfechtung der Anerkennung der Vaterschaft Erfolg, so sind die Kosten gegeneinander aufzuheben. § 96 gilt entsprechend.

§ 93 d [Kosten bei Unterhaltsklagen nichtehelicher Kinder]

(1) In einem Verfahren über Unterhaltsansprüche des nichtehelichen Kindes gegen den Vater ist nicht deswegen ein Teil der Kosten dem Gegner des Vaters aufzuerlegen, weil einem Begehren des Vaters auf Stundung oder Erlaß rückständigen Unterhalts stattgegeben wird. Beantragt der Vater eine Entscheidung nach § 642 f, so hat er die Kosten des Verfahrens zu tragen.

(2) Das Gericht kann dem Gegner des Vaters die Kosten ganz oder teilweise auferlegen, wenn dies aus besonderen Gründen der Billigkeit entspricht.

§ 94 [Kosten bei übergegangenem Anspruch]

Macht der Kläger einen auf ihn übergegangenen Anspruch geltend, ohne daß er vor der Erhebung der Klage dem Beklagten den Übergang mitgeteilt und auf Verlangen nachgewiesen hat, so fallen ihm die Prozeßkosten insoweit zur Last, als sie dadurch entstanden sind, daß der Beklagte durch die Unterlassung der Mitteilung oder des Nachweises veranlaßt worden ist, den Anspruch zu bestreiten.

§ 95 [Kosten bei Säumnis oder verschuldeter Vertagung]

Die Partei, die einen Termin oder eine Frist versäumt oder die Verlegung eines Termins, die Vertagung einer Verhandlung, die Anberaumung eines Termins zur Fortsetzung der Verhandlung oder die Verlängerung einer Frist durch ihr Verschulden veranlaßt, hat die dadurch verursachten Kosten zu tragen.

§ 96 [Kosten erfolgloser Angriffs- oder Verteidigungsmittel]

Die Kosten eines ohne Erfolg gebliebenen Angriffs- oder Verteidigungsmittels können der Partei auferlegt werden, die es geltend gemacht hat, auch wenn sie in der Hauptsache obsiegt.

§ 97 [Kosten erfolgloser Rechtsmittel]

(1) Die Kosten eines ohne Erfolg eingelegten Rechtsmittels fallen der Partei zur Last, die es eingelegt hat.

(2) Die Kosten des Rechtsmittelverfahrens sind der obsiegenden Partei ganz oder teilweise aufzuerlegen, wenn sie auf Grund eines neuen Vorbringens obsiegt, das sie in einem früheren Rechtszug geltend zu machen imstande war.

(3) Absatz 1 und 2 gelten entsprechend für Familiensachen der in § 621 Abs. 1 Nr. 1 bis 3, 6, 7, 9 bezeichneten Art, die Folgesachen einer Scheidungssache sind.

§ 98 [Vergleichskosten]

Die Kosten eines abgeschlossenen Vergleichs sind als gegeneinander aufgehoben anzusehen, wenn nicht die Parteien ein anderes vereinbart haben. Das gleiche gilt von den Kosten des durch Vergleich erledigten Rechtsstreits, soweit nicht über sie bereits rechtskräftig erkannt ist.

§ 99 [Anfechtung der Kostenentscheidung]

(1) Die Anfechtung der Entscheidung über den Kostenpunkt ist unzulässig, wenn nicht gegen die Entscheidung in der Hauptsache ein Rechtsmittel eingelegt wird.

(2) Ist die Hauptsache durch eine auf Grund eines Anerkenntnisses ausgesprochene Verurteilung erledigt, so findet gegen die Entscheidung über den Kostenpunkt sofortige Beschwerde statt. Vor der Entscheidung über die Beschwerde ist der Gegner zu hören.

§ 100 [Kostenhaftung von Streitgenossen]

(1) Besteht der unterliegende Teil aus mehreren Personen, so haften sie für die Kostenerstattung nach Kopfteilen.

(2) Bei einer erheblichen Verschiedenheit der Beteiligung am Rechtsstreit kann nach dem Ermessen des Gerichts die Beteiligung zum Maßstab genommen werden.

(3) Hat ein Streitgenosse ein besonderes Angriffs- oder Verteidigungsmittel geltend gemacht, so haften die übrigen Streitgenossen nicht für die dadurch veranlaßten Kosten.

(4) Werden mehrere Beklagte als Gesamtschuldner verurteilt, so haften sie auch für die Kostenerstattung, unbeschadet der Vorschrift des Absatzes 3, als Gesamtschuldner. Die Vorschriften des bürgerlichen Rechts, nach denen sich diese Haftung auf die im Absatz 3 bezeichneten Kosten erstreckt, bleiben unberührt.

§ 101 [Kosten der Nebenintervention]

(1) Die durch eine Nebenintervention verursachten Kosten sind dem Gegner der Hauptpartei aufzuerlegen, soweit er nach den Vorschriften der §§ 91 bis 98 die Kosten des Rechtsstreits zu tragen hat; soweit dies nicht der Fall ist, sind sie dem Nebenintervenienten aufzuerlegen.

(2) Gilt der Nebenintervenient als Streitgenosse der Hauptpartei (§ 69), so sind die Vorschriften des § 100 maßgebend.

§ 102 (aufgehoben)

§ 103 [Gesuch um Kostenfestsetzung]

(1) Der Anspruch auf Erstattung der Prozeßkosten kann nur auf Grund eines zur Zwangsvollstreckung geeigneten Titels geltend gemacht werden.

(2) Der Antrag auf Festsetzung des zu erstattenden Betrages ist bei dem Gericht des ersten Rechtszuges anzubringen. Die Kostenberechnung, ihre zur Mitteilung an den Gegner bestimmte Abschrift und die zur Rechtfertigung der einzelnen Ansätze dienenden Belege sind beizufügen.

§ 104 [Kostenfestsetzungsverfahren – Erinnerung]

(1) Über den Festsetzungsantrag entscheidet des Gericht des ersten Rechtszuges. Auf Antrag ist auszusprechen, daß die festgesetzten Kosten vom Eingang des Festsetzungsantrags; im Falle des § 105 Abs. 2 von der Verkündung des Urteils ab mit vier vom Hundert zu verzinsen sind. Die Entscheidung ist, sofern dem Antrag ganz oder teilweise entsprochen wird, dem Gegner des Antragstellers unter Beifügung einer Abschrift der Kostenrechnung von Amts wegen zuzustellen. Dem Antragsteller ist die Entscheidung nur dann von Amts wegen zuzustellen, wenn der Antrag ganz oder teilweise zurückgewiesen wird; im übrigen ergeht die Mitteilung formlos.

(2) Zur Berücksichtigung eines Ansatzes genügt, daß er glaubhaft gemacht ist. Hinsichtlich der einem Rechtsanwalt erwachsenen Auslagen für Post- und Telekommunikationsdienstleistungen genügt die Versicherung des Rechtsanwalts, daß diese Auslagen entstanden sind. Zur Berücksichtigung von Umsatzsteuerbeträgen genügt die Erklärung des Antragstellers, daß er die Beträge nicht als Vorsteuer abziehen kann.

(3) Gegen die Entscheidung findet sofortige Beschwerde statt. Das Beschwerdegericht kann das Verfahren aussetzen, bis die Entscheidung, auf die der Festsetzungsantrag gestützt wird, rechtskräftig ist.

§ 105 [Vereinfachte Kostenfestsetzung]

(1) Der Festsetzungsbeschluß kann auf das Urteil und die Ausfertigungen gesetzt werden, sofern bei Eingang des Antrags eine Ausfertigung des Urteils noch nicht erteilt ist und eine Verzögerung der Ausfertigung nicht eintritt. Eine besondere Ausfertigung und Zustellung des Festsetzungsbeschlusses findet in diesem Falle nicht statt. Den Parteien ist der festgesetzte Betrag mitzuteilen, dem Gegner des Antragstellers unter Beifügung der Abschrift der Kostenberechnung. Die Verbindung des Festsetzungsbeschlusses mit dem Urteil soll unterbleiben, sofern dem Festsetzungsantrag auch nur teilweise nicht entsprochen wird.

(2) Eines Festsetzungsantrags bedarf es nicht, wenn die Partei vor der Verkündung des Urteils die Berechnung ihrer Kosten eingereicht hat; in diesem Falle ist die dem Gegner mitzuteilende Abschrift der Kostenberechnung von Amts wegen anzufertigen.

§ 106 [Kostenausgleich bei Verteilung nach Quoten]

(1) Sind die Prozeßkosten ganz oder teilweise nach Quoten verteilt, so hat nach Eingang des Festsetzungsantrags das Gericht den Gegner aufzufordern, die Berechnung seiner Kosten binnen einer Woche bei Gericht einzureichen. Die Vorschriften des § 105 sind nicht anzuwenden.

(2) Nach fruchtlosem Ablauf der einwöchigen Frist ergeht die Entscheidung ohne Rücksicht auf die Kosten des Gegners, unbeschadet des Rechts des letzteren, den Anspruch auf Erstattung nachträglich geltend zu machen. Der Gegner haftet für die Mehrkosten, die durch das nachträgliche Verfahren entstehen.

§ 107 [Kostenfestsetzung bei Streitwertänderung]

(1) Ergeht nach der Kostenfestsetzung eine Entscheidung, durch die der Wert des Streitgegenstandes festgesetzt wird, so ist, falls diese Entscheidung von der Wertberechnung abweicht, die der Kostenfestsetzung zugrunde liegt, auf Antrag die Kostenfestsetzung entsprechend abzuändern. Über den Antrag entscheidet das Gericht des ersten Rechtszuges.

(2) Der Antrag ist binnen der Frist von einem Monat bei der Geschäftsstelle anzubringen. Die Frist beginnt mit der Zustellung und, wenn es einer solchen nicht bedarf, mit der Verkündung des den Wert des Streitgegenstandes festsetzenden Beschlusses.

(3) Die Vorschriften des § 104 Abs. 3 sind anzuwenden.

Sechster Titel
Sicherheitsleistung

§ 108 [Art und Höhe]
(1) In den Fällen der Bestellung einer prozessualen Sicherheit kann das Gericht nach freiem Ermessen bestimmen, in welcher Art und Höhe die Sicherheit zu leisten ist. Soweit das Gericht eine Bestimmung nicht getroffen hat und die Parteien ein anderes nicht vereinbart haben, ist die Sicherheitsleistung durch Hinterlegung von Geld oder solchen Wertpapieren zu bewirken, die nach § 234 Abs. 1, 3 des Bürgerlichen Gesetzbuchs zur Sicherheitsleistung geeignet sind.
(2) Die Vorschriften des § 234 Abs. 2 und des § 235 des Bürgerlichen Gesetzbuchs sind entsprechend anzuwenden.

§ 109 [Rückgabe der Sicherheit]
(1) Ist die Veranlassung für eine Sicherheitsleistung weggefallen, so hat auf Antrag das Gericht, das die Bestellung der Sicherheit angeordnet oder zugelassen hat, eine Frist zu bestimmen, binnen der ihm die Partei, zu deren Gunsten die Sicherheit geleistet ist, die Einwilligung in die Rückgabe der Sicherheit zu erklären oder die Erhebung der Klage wegen ihrer Ansprüche nachzuweisen hat.
(2) Nach Ablauf der Frist hat das Gericht auf Antrag die Rückgabe der Sicherheit anzuordnen, wenn nicht inzwischen die Erhebung der Klage nachgewiesen ist; ist die Sicherheit durch eine Bürgschaft bewirkt worden, so ordnet das Gericht das Erlöschen der Bürgschaft an. Die Anordnung wird erst mit der Rechtskraft wirksam.
(3) Die Anträge und die Einwilligung in die Rückgabe der Sicherheit können vor der Geschäftsstelle zu Protokoll erklärt werden. Die Entscheidungen können ohne mündliche Verhandlung ergehen.
(4) Gegen den Beschluß, durch den der im Absatz 1 vorgesehene Antrag abgelehnt wird, steht dem Antragsteller, gegen die im Absatz 2 bezeichnete Entscheidung steht beiden Teilen die sofortige Beschwerde zu.

§ 110 [Sicherheitsleistung von Ausländern und Staatenlosen]
(1) Angehörige fremder Staaten, die als Kläger auftreten, haben dem Beklagten auf sein Verlagen wegen der Prozeßkosten Sicherheit zu leisten. Das gleiche gilt für Staatenlose, die ihren Wohnsitz nicht im Inland haben.
(2) Diese Verpflichtung tritt nicht ein:
1. wenn nach den Gesetzen des Staates, dem der Kläger angehört, ein Deutscher in gleichem Falle zur Sicherheitsleistung nicht verpflichtet ist;
2. im Urkunden- oder Wechselprozeß;
3. bei Widerklagen;
4. bei Klagen, die infolge einer öffentlichen Aufforderung angestellt werden;
5. bei Klagen aus Rechten, die im Grundbuch eingetragen sind.

§ 111 [Nachträgliche Sicherheitsleistung]
Der Beklagte kann auch dann Sicherheit verlangen, wenn die Voraussetzungen für die Verpflichtung zur Sicherheitsleistung erst im Laufe des Rechtsstreits eintreten und nicht ein zur Deckung ausreichender Teil des erhobenen Anspruchs unbestritten ist.

§ 112 [Höhe der Sicherheitsleistung]
(1) Die Höhe der zu leistenden Sicherheit wird von dem Gericht nach freiem Ermessen festgesetzt.
(2) Bei der Festsetzung ist derjenige Betrag der Prozeßkosten zugrunde zu legen, den

der Beklagte wahrscheinlich aufzuwenden haben wird. Die dem Beklagten durch eine Widerklage erwachsenden Kosten sind hierbei nicht zu berücksichtigen.

(3) Ergibt sich im Laufe des Rechtsstreits, daß die geleistete Sicherheit nicht hinreicht, so kann der Beklagte die Leistung einer weiteren Sicherheit verlangen, sofern nicht ein zur Deckung ausreichender Teil des erhobenen Anspruchs unbestritten ist.

§ 113 [Frist zur Sicherheitsleistung]

Das Gericht hat dem Kläger bei Anordnung der Sicherheitsleistung eine Frist zu bestimmen, binnen der die Sicherheit zu leisten ist. Nach Ablauf der Frist ist auf Antrag des Beklagten, wenn die Sicherheit bis zur Entscheidung nicht geleistet ist, die Klage für zurückgenommen zu erklären oder, wenn über ein Rechtsmittel des Klägers zu verhandeln ist, dieses zu verwerfen.

Siebenter Titel

Prozeßkostenhilfe und Prozeßkostenvorschuß

§ 114 [Bewilligungsvoraussetzungen]

Eine Partei, die nach ihren persönlichen und wirtschaftlichen Verhältnissen die Kosten der Prozeßführung nicht, nur zum Teil oder nur in Raten aufbringen kann, erhält auf Antrag Prozeßkostenhilfe, wenn die beabsichtigte Rechtsverfolgung oder Rechtsverteidigung hinreichende Aussicht auf Erfolg bietet und nicht mutwillig erscheint.

§ 115 [Bemessungsrichtlinien]

(1) Die Partei hat ihr Einkommen einzusetzen. Zum Einkommen gehören alle Einkünfte in Geld oder Geldeswert. Von ihm sind abzusetzen:

1. die in § 76 Abs. 2, 2 a des Bundessozialhilfegesetzes bezeichneten Beträge;
2. für die Partei und ihren Ehegatten jeweils 64 vom Hundert und bei weiteren Unterhaltsleistungen auf Grund gesetzlicher Unterhaltspflicht für jede unterhaltsberechtigte Person 45 vom Hundert des Grundbetrags nach § 79 Abs. 1 Nr. 1, § 82 des Bundessozialhilfegesetzes, der im Zeitpunkt der Bewilligung der Prozeßkostenhilfe gilt; das Bundesministerium der Justiz gibt jährlich die vom 1. Juli des Jahres bis zum 30. Juni des nächsten Jahres maßgebenden Beträge im Bundesgesetzblatt bekannt.[1] Der Unterhaltsfreibetrag vermindert sich um eigenes Einkommen der unterhaltsberechtigten

---

1) **Bekanntmachung zu § 115 der Zivilprozeßordnung (Prozeßkostenhilfebekanntmachung 1996 – PKHB 1996)**

Vom 18. Juni 1996 (BGBl. I S. 824)
(BGBl. III 310-19-2-3)

Auf Grund des § 115 Abs. 1 Satz 3 Nr. 2 Satz 1 zweiter Halbsatz der Zivilprozeßordnung in der im Bundesgesetzblatt Teil III, Gliederungsnummer 310-4, veröffentlichten bereinigten Fassung, der durch Artikel 1 des Gesetzes vom 10. Oktober 1994 (BGBl. I S. 2954) neu gefaßt worden ist, wird bekanntgemacht:
Die vom 1. Juli 1996 bis zum 30. Juni 1997 maßgebenden Beträge, die nach § 115 Abs. 1 Satz 3 Nr. 2 Satz 1 erster Halbsatz der Zivilprozeßordnung vom Einkommen der Partei abzusetzen sind, betragen

1. für die Partei 649 Deutsche Mark,
2. für den Ehegatten 649 Deutsche Mark,
3. für jede weitere Person, der die Partei auf Grund gesetzlicher Unterhaltspflicht Unterhalt leistet, 456 Deutsche Mark.

Der Bundesminister der Justiz

Person. Wird eine Geldrente gezahlt, ist sie anstelle des Freibetrags abzusetzen, soweit dies angemessen ist;
3. die Kosten der Unterkunft und Heizung, soweit sie nicht in einem auffälligen Mißverhältnis zu den Lebensverhältnissen der Partei stehen;
4. weitere Beträge, soweit dies mit Rücksicht auf besondere Belastungen angemessen ist; § 1610 a des Bürgerlichen Gesetzbuchs gilt entsprechend.

Von dem nach den Abzügen verbleibenden, auf volle Deutsche Mark abzurundenen Teil des monatlichen Einkommens (einzusetzendes Einkommen) sind unabhängig von der Zahl der Rechtszüge höchstens achtundvierzig Monatsraten aufzubringen, und zwar bei einem

einzusetzenden Einkommen (Deutsche Mark)		eine Monatsrate von (Deutsche Mark)
bis	30	0
	100	30
	200	60
	300	90
	400	120
	500	150
	600	190
	700	230
	800	270
	900	310
	1 000	350
	1 100	400
	1 200	450
	1 300	500
	1 400	550
	1 500	600
über	1 500	600 zuzüglich des 1500 übersteigenden Teils des einzusetzenden Einkommens

(2) Die Partei hat ihr Vermögen einzusetzen, soweit dies zumutbar ist. § 88 des Bundessozialhilfegesetzes gilt entsprechend.

(3) Prozeßkostenhilfe wird nicht bewilligt, wenn die Kosten der Prozeßführung der Partei vier Monatsraten und die aus dem Vermögen aufzubringenden Teilbeträge voraussichtlich nicht übersteigen.

Die vom 1. Januar 1995 bis zum 30. Juni 1995 maßgebenden Beträge, die nach § 115 Abs. 1 Satz 3 Nr. 2 Satz 1 erster Halbsatz der Zivilprozeßordnung vom Einkommen der Partei abzusetzen sind, betragen
1. für die Partei 639 Deutsche Mark,
2. für den Ehegatten 639 Deutsche Mark,
3. für jede weitere Person, der die Partei auf Grund gesetzlicher Unterhaltspflicht Unterhalt leistet, 450 Deutsche Mark.

Die Bundesministerin der Justiz

§ 116 [Prozeßkostenhilfe für Parteien kraft Amtes – Juristische Personen]

Prozeßkostenhilfe erhalten auf Antrag

1. eine Partei kraft Amtes, wenn die Kosten aus der verwalteten Vermögensmasse nicht aufgebracht werden können und den am Gegenstand des Rechtsstreits wirtschaftlich Beteiligten nicht zuzumuten ist, die Kosten aufzubringen;
2. eine inländische juristische Person oder parteifähige Vereinigung, wenn die Kosten weder von ihr noch von den am Gegenstand des Rechtsstreits wirtschaftlich Beteiligten aufgebracht werden können und wenn die Unterlassung der Rechtsverfolgung oder Rechtsverteidigung allgemeinen Interessen zuwiderlaufen würde.

§ 114 letzter Halbsatz ist anzuwenden. Können die Kosten nur zum Teil oder nur in Teilbeträgen aufgebracht werden, so sind die entsprechenden Beträge zu zahlen.

§ 117 [Antrag]

(1) Der Antrag auf Bewilligung der Prozeßkostenhilfe ist bei dem Prozeßgericht zu stellen; er kann vor der Geschäftsstelle zu Protokoll erklärt werden. In dem Antrag ist das Streitverhältnis unter Angabe der Beweismittel darzustellen.

(2) Dem Antrag sind eine Erklärung der Partei über ihre persönlichen und wirtschaftlichen Verhältnisse (Familienverhältnisse, Beruf, Vermögen, Einkommen und Lasten) sowie entsprechende Belege beizufügen. Die Erklärung und die Belege dürfen dem Gegner nur mit Zustimmung der Partei zugänglich gemacht werden.

(3) Der Bundesminister der Justiz wird ermächtigt, zur Vereinfachung und Vereinheitlichung des Verfahrens durch Rechtsverordnung mit Zustimmung des Bundesrates Vordrucke für die Erklärung einzuführen.

(4) Soweit Vordrucke für die Erklärung eingeführt sind, muß sich die Partei ihrer bedienen.

§ 118 [Stellungnahme des Prozeßgegners]

(1) Vor der Bewilligung der Prozeßkostenhilfe ist dem Gegner Gelegenheit zur Stellungnahme zu geben, wenn dies nicht aus besonderen Gründen unzweckmäßig erscheint. Die Stellungnahme kann vor der Geschäftsstelle zu Protokoll erklärt werden. Das Gericht kann die Parteien zur mündlichen Erörterung laden, wenn eine Einigung zu erwarten ist; ein Vergleich ist zu gerichtlichem Protokoll zu nehmen. Dem Gegner entstandene Kosten werden nicht erstattet. Die durch die Vernehmung von Zeugen und Sachverständigen nach Absatz 2 Satz 3 entstandenen Auslagen sind als Gerichtskosten von der Partei zu tragen, der die Kosten des Rechtsstreits auferlegt sind.

(2) Das Gericht kann verlangen, daß der Antragsteller seine tatsächlichen Angaben glaubhaft macht. Es kann Erhebungen anstellen, insbesondere die Vorlegung von Urkunden anordnen und Auskünfte einholen. Zeugen und Sachverständige werden nicht vernommen, es sei denn, daß auf andere Weise nicht geklärt werden kann, ob die Rechtsverfolgung oder Rechtsverteidigung hinreichende Aussicht auf Erfolg bietet und nicht mutwillig erscheint; eine Beeidigung findet nicht statt. Hat der Antragsteller innerhalb einer von dem Gericht gesetzten Frist Angaben über seine persönlichen und wirtschaftlichen Verhältnisse nicht glaubhaft gemacht oder bestimmte Fragen nicht oder ungenügend beantwortet, so lehnt das Gericht die Bewilligung von Prozeßkostenhilfe insoweit ab.

(3) Die in Absatz 1, 2 bezeichneten Maßnahmen werden von dem Vorsitzenden oder einem von ihm beauftragten Mitglied des Gerichts durchgeführt.

§ 119 [Bewilligung je Rechtszug]

Die Bewilligung der Prozeßkostenhilfe erfolgt für jeden Rechtszug besonders. In einem höheren Rechtszug ist nicht zu prüfen, ob die Rechtsverfolgung oder Rechtsverteidigung hinreichende Aussicht auf Erfolg bietet oder mutwillig erscheint, wenn der Gegner das Rechtsmittel eingelegt hat.

§ 120 [Inhalt der Bewilligung]

(1) Mit der Bewilligung der Prozeßkostenhilfe setzt das Gericht zu zahlende Monatsraten und aus dem Vermögen zu zahlende Beträge fest. Setzt das Gericht nach § 115 Abs. 1 Satz 3 Nr. 4 mit Rücksicht auf besondere Belastungen von dem Einkommen Beträge ab und ist anzunehmen, daß die Belastungen bis zum Ablauf von vier Jahren ganz oder teilweise entfallen werden, so setzt das Gericht zugleich diejenigen Zahlungen fest, die sich ergeben, wenn die Belastungen nicht oder nur in verringertem Umfang berücksichtigt werden, und bestimmt den Zeitpunkt, von dem an sie zu erbringen sind.

(2) Die Zahlungen sind an die Landeskasse zu leisten, im Verfahren vor dem Bundesgerichtshof an die Bundeskasse, wenn Prozeßkostenhilfe in einem vorherigen Rechtszug nicht bewilligt worden ist.

(3) Das Gericht soll die vorläufige Einstellung der Zahlungen bestimmen,
1. wenn abzusehen ist, daß die Zahlungen der Partei die Kosten decken;
2. wenn die Partei, ein ihr beigeordneter Rechtsanwalt oder die Bundes- oder Landeskasse die Kosten gegen einen anderen am Verfahren Beteiligten geltend machen kann.

(4) Das Gericht kann die Entscheidung über die zu leistenden Zahlungen ändern, wenn sich die für die Prozeßkostenhilfe maßgebenden persönlichen oder wirtschaftlichen Verhältnisse wesentlich geändert haben; eine Änderung der nach § 115 Abs. 1 Satz 3 Nr. 2 Satz 1 maßgebenden Beträge ist nur auf Antrag und nur dann zu berücksichtigen, wenn sie dazu führt, daß keine Monatsrate zu zahlen ist. Auf Verlangen des Gerichts hat sich die Partei darüber zu erklären, ob eine Änderung der Verhältnisse eingetreten ist. Eine Änderung zum Nachteil der Partei ist ausgeschlossen, wenn seit der rechtskräftigen Entscheidung oder sonstigen Beendigung des Verfahrens vier Jahre vergangen sind.

§ 121 [Beiordnung eines Anwalts]

(1) Ist eine Vertretung durch Anwälte vorgeschrieben, wird der Partei ein zur Vertretung bereiter Rechtsanwalt ihrer Wahl beigeordnet.

(2) Ist eine Vertretung durch Anwälte nicht vorgeschrieben, wird der Partei auf ihren Antrag ein zur Vertretung bereiter Rechtsanwalt ihrer Wahl beigeordnet, wenn die Vertretung durch einen Rechtsanwalt erforderlich erscheint oder der Gegner durch einen Rechtsanwalt vertreten ist. Ein nicht bei dem Prozeßgericht zugelassener Rechtsanwalt kann nur beigeordnet werden, wenn dadurch weitere Kosten nicht entstehen.

(3) Wenn besondere Umstände dies erfordern, kann der Partei auf ihren Antrag ein zur Vertretung bereiter Rechtsanwalt ihrer Wahl zur Wahrnehmung eines Termins zur Beweisaufnahme vor dem ersuchten Richter oder zur Vermittlung des Verkehrs mit dem Prozeßbevollmächtigten beigeordnet werden.

(4) Findet die Partei keinen zur Vertretung bereiten Anwalt, ordnet der Vorsitzende ihr auf Antrag einen Rechtsanwalt bei.

§ 122 [Wirkung der Prozeßkostenbewilligung]

(1) Die Bewilligung der Prozeßkostenhilfe bewirkt, daß
1. die Bundes- oder Landeskasse
   a) die rückständigen und die entstehenden Gerichtskosten und Gerichtsvollzieherkosten,
   b) die auf sie übergegangenen Ansprüche der beigeordneten Rechtsanwälte gegen die Partei

   nur nach den Bestimmungen, die das Gericht trifft, gegen die Partei geltend machen kann,
2. die Partei von der Verpflichtung zur Sicherheitsleistung für die Prozeßkosten befreit ist,

3. die beigeordneten Rechtsanwälte Ansprüche auf Vergütung gegen die Partei nicht geltend machen können.

(2) Ist dem Kläger, dem Berufungskläger oder dem Revisionskläger Prozeßkostenhilfe bewilligt und ist nicht bestimmt worden, daß Zahlungen an die Bundes- oder Landeskasse zu leisten sind, so hat dies für den Gegner die einstweilige Befreiung von den in Absatz 1 Nr. 1 Buchstabe a bezeichneten Kosten zur Folge.

§ 123 [Kostenerstattung]

Die Bewilligung der Prozeßkostenhilfe hat auf die Verpflichtung, die dem Gegner entstandenen Kosten zu erstatten, keinen Einfluß.

§ 124 [Aufhebung der Bewilligung]

Das Gericht kann die Bewilligung der Prozeßkostenhilfe aufheben, wenn

1. die Partei durch unrichtige Darstellung des Streitverhältnisses die für die Bewilligung der Prozeßkostenhilfe maßgebenden Voraussetzungen vorgetäuscht hat;
2. die Partei absichtlich oder aus grober Nachlässigkeit unrichtige Angaben über die persönlichen oder wirtschaftlichen Verhältnisse gemacht oder eine Erklärung nach § 120 Abs. 4 Satz 2 nicht abgegeben hat;
3. die persönlichen oder wirtschaftlichen Voraussetzungen für die Prozeßkostenhilfe nicht vorgelegen haben; in diesem Falle ist die Aufhebung ausgeschlossen, wenn seit der rechtskräftigen Entscheidung oder sonstigen Beendigung des Verfahrens vier Jahre vergangen sind;
4. die Partei länger als drei Monate mit der Zahlung einer Monatsrate oder mit der Zahlung eines sonstigen Betrages im Rückstand ist.

§ 125 [Beitreibung der Gerichtskosten]

(1) Die Gerichtskosten und die Gerichtsvollzieherkosten können von dem Gegner erst eingezogen werden, wenn er rechtskräftig in die Prozeßkosten verurteilt ist.

(2) Die Gerichtskosten, von deren Zahlung der Gegner einstweilen befreit ist, sind von ihm einzuziehen, soweit er rechtskräftig in die Prozeßkosten verurteilt oder der Rechtsstreit ohne Urteil über die Kosten beendet ist.

§ 126 [Beitreibung der Anwaltskosten]

(1) Die für die Partei bestellten Rechtsanwälte sind berechtigt, ihre Gebühren und Auslagen von dem in die Prozeßkosten verurteilten Gegner im eigenen Namen beizutreiben.

(2) Eine Einrede aus der Person der Partei ist nicht zulässig. Der Gegner kann mit Kosten aufrechnen, die nach der in demselben Rechtsstreit über die Kosten erlassenen Entscheidung von der Partei zu erstatten sind.

§ 127 [Entscheidungen – Rechtsmittel]

(1) Entscheidungen im Verfahren über die Prozeßkostenhilfe ergehen ohne mündliche Verhandlung. Zuständig ist das Gericht des ersten Rechtszuges; ist das Verfahren in einem höheren Rechtszug anhängig, so ist das Gericht dieses Rechtszuges zuständig. Soweit die Gründe der Entscheidung Angaben über die persönlichen und wirtschaftlichen Verhältnisse der Partei enthalten, dürfen sie dem Gegner nur mit Zustimmung der Partei zugänglich gemacht werden.

(2) Die Bewilligung der Prozeßkostenhilfe kann nur nach Maßgabe des Absatzes 3 angefochten werden. Im übrigen findet die Beschwerde statt.

(3) Gegen die Bewilligung der Prozeßkostenhilfe findet die Beschwerde der Staatskasse statt, wenn weder Monatsraten noch aus dem Vermögen zu zahlende Beträge festgesetzt worden sind. Die Beschwerde kann nur darauf gestützt werden, daß die Partei nach ihren persönlichen und wirtschaftlichen Verhältnissen Zahlungen zu leisten hat. Nach

Ablauf von drei Monaten seit der Verkündung der Entscheidung ist die Beschwerde unstatthaft. Wird die Entscheidung nicht verkündet, so tritt an die Stelle der Verkündung der Zeitpunkt, in dem die unterschriebene Entscheidung der Geschäftsstelle übergeben wird. Die Entscheidung wird der Staatskasse nicht von Amts wegen mitgeteilt.
(4) Die Kosten des Beschwerdeverfahrens werden nicht erstattet.

§ 127 a [Prozeßkostenvorschußpflicht in Unterhaltssachen]

(1) In einer Unterhaltssache kann das Prozeßgericht auf Antrag einer Partei durch einstweilige Anordnung die Verpflichtung zur Leistung eines Prozeßkostenvorschusses für diesen Rechtsstreit unter den Parteien regeln.
(2) Die Entscheidung nach Absatz 1 ist unanfechtbar. Im übrigen gelten die §§ 620 a bis 620 g entsprechend.

Dritter Abschnitt
Verfahren
Erster Titel
Mündliche Verhandlung

§ 128 [Grundsatz der mündlichen Verhandlung]

(1) Die Parteien verhandeln über den Rechtsstreit vor dem erkennenden Gericht mündlich.
(2) Mit Zustimmung der Parteien, die nur bei einer wesentlichen Änderung der Prozeßlage widerruflich ist, kann das Gericht eine Entscheidung ohne mündliche Verhandlung treffen. Es bestimmt alsbald den Zeitpunkt, bis zu dem Schriftsätze eingereicht werden können, und den Termin zur Verkündung der Entscheidung. Eine Entscheidung ohne mündliche Verhandlung ist unzulässig, wenn seit der Zustimmung der Parteien mehr als drei Monate verstrichen sind.
(3) Bei Streitigkeiten über vermögensrechtliche Ansprüche kann das Gericht von Amts wegen anordnen, daß schriftlich zu verhandeln ist, wenn eine Vertretung durch einen Rechtsanwalt nicht geboten ist, der Wert des Streitgegenstandes bei Einreichung der Klage eintausendfünfhundert Deutsche Mark nicht übersteigt und einer Partei das Erscheinen vor Gericht wegen großer Entfernung oder aus sonstigem wichtigen Grunde nicht zuzumuten ist. Das Gericht bestimmt mit der Anordnung nach Satz 1 den Zeitpunkt, der dem Schluß der mündlichen Verhandlung entspricht, und den Termin zur Verkündung des Urteils. Es kann hierüber erneut bestimmen, wenn dies auf Grund einer Änderung der Prozeßlage geboten ist. Die Anordnung nach Satz 1 ist aufzuheben, wenn eine der Parteien es beantragt oder wenn das persönliche Erscheinen der Parteien zur Aufklärung des Sachverhalts unumgänglich erscheint.

§ 129 [Vorbereitende Schriftsätze]

(1) In Anwaltsprozessen wird die mündliche Verhandlung durch Schriftsätze vorbereitet.
(2) In anderen Prozessen kann den Parteien durch richterliche Anordnung aufgegeben werden, die mündliche Verhandlung durch Schriftsätze oder zu Protokoll der Geschäftsstelle abzugebende Erklärungen vorzubereiten.

§ 129 a [Abgabe von Anträgen und Erklärungen]

(1) Anträge und Erklärungen, deren Abgabe vor dem Urkundsbeamten der Geschäftsstelle zulässig ist, können vor der Geschäftsstelle eines jeden Amtsgerichts zu Protokoll abgegeben werden.
(2) Die Geschäftsstelle hat das Protokoll unverzüglich an das Gericht zu übersenden, an das der Antrag oder die Erklärung gerichtet ist. Die Wirkung einer Prozeßhandlung tritt frühestens ein, wenn das Protokoll dort eingeht. Die Übermittlung des Protokolls kann

demjenigen, der den Antrag oder die Erklärung zu Protokoll abgegeben hat, mit seiner Zustimmung überlassen werden.

§ 130 [Inhalt der vorbereitenden Schriftsätze]

Die vorbereitenden Schriftsätze sollen enthalten:

1. die Bezeichnung der Parteien und ihrer gesetzlichen Vertreter nach Namen, Stand oder Gewerbe, Wohnort und Parteistellung; die Bezeichnung des Gerichts und des Streitgegenstandes; die Zahl der Anlagen;
2. die Anträge, welche die Partei in der Gerichtssitzung zu stellen beabsichtigt;
3. die Angabe der zur Begründung der Anträge dienenden tatsächlichen Verhältnisse;
4. die Erklärung über die tatsächlichen Behauptungen des Gegners;
5. die Bezeichnung der Beweismittel, deren sich die Partei zum Nachweis oder zur Widerlegung tatsächlicher Behauptungen bedienen will, sowie die Erklärung über die von dem Gegner bezeichneten Beweismittel;
6. in Anwaltsprozessen die Unterschrift des Anwalts, in anderen Prozessen die Unterschrift der Partei selbst oder desjenigen, der für sie als Bevollmächtigter oder als Geschäftsführer ohne Auftrag handelt.

§ 131 [Urkunden]

(1) Dem vorbereitenden Schriftsatz sind die in den Händen der Partei befindlichen Urkunden, auf die in dem Schriftsatz Bezug genommen wird, in Urschrift oder in Abschrift beizufügen.

(2) Kommen nur einzelne Teile einer Urkunde in Betracht, so genügt die Beifügung eines Auszugs, der den Eingang, die zur Sache gehörende Stelle, den Schluß, das Datum und die Unterschrift enthält.

(3) Sind die Urkunden dem Gehör bereits bekannt oder von bedeutendem Umfang, so genügt ihre genaue Bezeichnung mit dem Erbieten, Einsicht zu gewähren.

§ 132 [Fristen für Schriftsätze]

(1) Der vorbereitende Schriftsatz, der neue Tatsachen oder ein anderes neues Vorbringen enthält, ist so rechtzeitig einzureichen, daß er mindestens eine Woche vor der mündlichen Verhandlung zugestellt werden kann. Das gleiche gilt für einen Schriftsatz, der einen Zwischenstreit betrifft.

(2) Der vorbereitende Schriftsatz, der eine Gegenerklärung auf neues Vorbringen enthält, ist so rechtzeitig einzureichen, daß er mindestens drei Tage vor der mündlichen Verhandlung zugestellt werden kann. Dies gilt nicht, wenn es sich um eine schriftliche Gegenerklärung in einem Zwischenstreit handelt.

§ 133 [Anzahl der Abschriften]

(1) Die Parteien sollen den Schriftsätzen, die sie bei dem Gericht einreichen, die für die Zustellung erforderliche Zahl von Abschriften der Schriftsätze und deren Anlagen beifügen. Das gilt nicht für Anlagen, die dem Gegner in Urschrift oder in Abschrift vorliegen.

(2) Im Falle der Zustellung von Anwalt zu Anwalt (§ 198) haben die Parteien sofort nach der Zustellung eine für das Prozeßgericht bestimmte Abschrift ihrer vorbereitenden Schriftsätze und der Anlagen auf der Geschäftsstelle niederzulegen.

§ 134 [Niederlegungspflicht für Urkunden]

(1) Die Partei ist, wenn sie rechtzeitig aufgefordert wird, verpflichtet, die in ihren Händen befindlichen Urkunden, auf die sie in einem vorbereitenden Schriftsatz Bezug genommen hat, vor der mündlichen Verhandlung auf der Geschäftsstelle niederzulegen und den Gegner von der Niederlegung zu benachrichtigen.

(2) Der Gegner hat zur Einsicht der Urkunden eine Frist von drei Tagen. Die Frist kann auf Antrag von dem Vorsitzenden verlängert oder abgekürzt werden.

§ 135 [Urkundenmitteilung bei Anwaltsprozeß]

(1) Den Rechtsanwälten steht es frei, die Mitteilung von Urkunden von Hand zu Hand gegen Empfangsbescheinigung zu bewirken.

(2) Gibt ein Rechtsanwalt die ihm eingehändigte Urkunde nicht binnen der bestimmten Frist zurück, so ist er auf Antrag nach mündlicher Verhandlung zur unverzüglichen Rückgabe zu verurteilen.

(3) Gegen das Zwischenurteil findet sofortige Beschwerde statt.

§ 136 [Prozeßleitung]

(1) Der Vorsitzende eröffnet und leitet die mündliche Verhandlung.

(2) Er erteilt das Wort und kann es demjenigen, der seinen Anordnungen nicht Folge leistet, entziehen.

(3) Er hat Sorge zu tragen, daß die Sache erschöpfend erörtert und die Verhandlung ohne Unterbrechung zu Ende geführt wird; erforderlichenfalls hat er die Sitzung zur Fortsetzung der Verhandlung sofort zu bestimmen.

(4) Er schließt die Verhandlung, wenn nach Ansicht des Gerichts die Sache vollständig erörtert ist, und verkündet die Urteile und Beschlüsse des Gerichts.

§ 137 [Verlauf der mündlichen Verhandlung]

(1) Die mündliche Verhandlung wird dadurch eingeleitet, daß die Parteien ihre Anträge stellen.

(2) Die Vorträge der Parteien sind in freier Rede zu halten; sie haben das Streitverhältnis in tatsächlicher und rechtlicher Beziehung zu umfassen.

(3) Eine Bezugnahme auf Schriftstücke ist zulässig, soweit keine der Parteien widerspricht und das Gericht sie für angemessen hält. Die Vorlesung von Schriftstücken findet nur insoweit statt, als es auf ihren wörtlichen Inhalt ankommt.

(4) In Anwaltsprozessen ist neben dem Anwalt auch der Partei selbst auf Antrag das Wort zu gestatten.

§ 138 [Erklärungspflicht über Tatsachen – Fiktion des Zugestehens]

(1) Die Parteien haben ihre Erklärungen über tatsächliche Umstände vollständig und der Wahrheit gemäß abzugeben.

(2) Jede Partei hat sich über die von dem Gegner behaupteten Tatsachen zu erklären.

(3) Tatsachen, die nicht ausdrücklich bestritten werden, sind als zugestanden anzusehen, wenn nicht die Absicht, sie bestreiten zu wollen, aus den übrigen Erklärungen der Partei hervorgeht.

(4) Eine Erklärung mit Nichtwissen ist nur über Tatsachen zulässig, die weder eigene Handlungen der Partei noch Gegenstand ihrer eigenen Wahrnehmung gewesen sind.

§ 139 [Richterliche Aufklärungspflicht]

(1) Der Vorsitzende hat dahin zu wirken, daß die Parteien über alle erheblichen Tatsachen sich vollständig erklären und die sachdienlichen Anträge stellen, insbesondere auch ungenügende Angaben der geltend gemachten Tatsachen ergänzen und die Beweismittel bezeichnen. Er hat zu diesem Zwecke, soweit erforderlich, das Sach- und Streitverhältnis mit den Parteien nach der tatsächlichen und der rechtlichen Seite zu erörtern und Fragen zu stellen.

(2) Der Vorsitzende hat auf die Bedenken aufmerksam zu machen, die in Ansehung der von Amts wegen zu berücksichtigenden Punkte obwalten.

(3) Er hat jedem Mitglied des Gerichts auf Verlangen zu gestatten, Fragen zu stellen.

§ 140 [Beanstandung von Sachleitung oder Fragen]

Wird eine auf die Sachleitung bezügliche Anordnung des Vorsitzenden oder eine von dem Vorsitzenden oder einem Gerichtsmitgliede gestellte Frage von einer bei der Verhandlung beteiligten Person als unzulässig beanstandet, so entscheidet das Gericht.

§ 141 [Persönliches Erscheinen]

(1) Das Gericht soll das persönliche Erscheinen beider Parteien anordnen, wenn dies zur Aufklärung des Sachverhalts geboten erscheint. Ist einer Partei wegen großer Entfernung oder aus sonstigem wichtigen Grunde die persönliche Wahrnehmung des Termins nicht zuzumuten, so sieht das Gericht von der Anordnung ihres Erscheinens ab.

(2) Wird das Erscheinen angeordnet, so ist die Partei von Amts wegen zu laden. Die Ladung ist der Partei selbst mitzuteilen, auch wenn sie einen Prozeßbevollmächtigten bestellt hat; der Zustellung bedarf die Ladung nicht.

(3) Bleibt die Partei im Termin aus, so kann gegen sie Ordnungsgeld wie gegen einen im Vernehmungstermin nicht erschienenen Zeugen festgesetzt werden. Dies gilt nicht, wenn die Partei zur Verhandlung einen Vertreter entsendet, der zur Aufklärung des Tatbestandes in der Lage und zur Abgabe der gebotenen Erklärungen, insbesondere zu einem Vergleichsabschluß, ermächtigt ist. Die Partei ist auf die Folgen ihres Ausbleibens in der Ladung hinzuweisen.

§ 142 [Urkundenvorlegung auf gerichtliche Anordnung]

(1) Das Gericht kann anordnen, daß eine Partei die in ihren Händen befindlichen Urkunden, auf die sie sich bezogen hat, sowie Stammbäume, Pläne, Risse und sonstige Zeichnungen vorlege.

(2) Das Gericht kann anordnen, daß die vorgelegten Schriftstücke während einer von ihm zu bestimmenden Zeit auf der Geschäftsstelle verbleiben.

(3) Das Gericht kann anordnen, daß von den in fremder Sprache abgefaßten Urkunden eine Übersetzung beigebracht werde, die ein nach den Richtlinien der Landesjustizverwaltung hierzu ermächtigter Übersetzer angefertigt hat.

§ 143 [Anordnung der Aktenvorlegung]

Das Gericht kann anordnen, daß die Parteien die in ihrem Besitz befindlichen Akten vorlegen, soweit diese aus Schriftstücken bestehen, welche die Verhandlung und Entscheidung der Sache betreffen.

§ 144 [Augenschein, Sachverständige]

(1) Das Gericht kann die Einnahme des Augenscheins sowie die Begutachtung durch Sachverständige anordnen.

(2) Das Verfahren richtet sich nach den Vorschriften, die eine auf Antrag angeordnete Einnahme des Augenscheins oder Begutachtung durch Sachverständige zum Gegenstand haben.

§ 145 [Anordnung der Prozeßtrennung]

(1) Das Gericht kann anordnen, daß mehrere in einer Klage erhobene Ansprüche in getrennten Prozessen verhandelt werden.

(2) Das gleiche gilt, wenn der Beklagte eine Widerklage erhoben hat und der Gegenanspruch mit dem in der Klage geltend gemachten Anspruch nicht in rechtlichem Zusammenhang steht.

(3) Macht der Beklagte die Aufrechnung einer Gegenforderung geltend, die mit der in der Klage geltend gemachten Forderung nicht in rechtlichem Zusammenhang steht, so kann das Gericht anordnen, daß über die Klage und über die Aufrechnung getrennt verhandelt werde; die Vorschriften des § 302 sind anzuwenden.

§ 146 [Beschränkung auf einzelne Angriffs- oder Verteidigungsmittel]
Das Gericht kann anordnen, daß bei mehreren auf denselben Anspruch sich beziehenden selbständigen Angriffs- oder Verteidigungsmitteln (Klagegründen, Einreden Repliken usw.) die Verhandlung zunächst auf eines oder einige dieser Angriffs- oder Verteidigungsmittel zu beschränken sei.

§ 147 [Anordnung der Prozeßverbindung]
Das Gericht kann die Verbindung mehrerer bei ihm anhängiger Prozesse derselben oder verschiedener Parteien zum Zwecke der gleichzeitigen Verhandlung und Entscheidung anordnen, wenn die Ansprüche, die den Gegenstand dieser Prozesse bilden, in rechtlichem Zusammenhang stehen oder in einer Klage hätten geltend gemacht werden können.

§ 148 [Aussetzung wegen Vorgreiflichkeit]
Das Gericht kann, wenn die Entscheidung des Rechtsstreits ganz oder zum Teil von dem Bestehen oder Nichtbestehen eines Rechtsverhältnisses abhängt, das den Gegenstand eines anderen anhängigen Rechtsstreits bildet oder von einer Verwaltungsbehörde festzustellen ist, anordnen, daß die Verhandlung bis zur Erledigung des anderen Rechtsstreits oder bis zur Entscheidung der Verwaltungsbehörde auszusetzen sei.

§ 149 [Abwarten eines Strafverfahrens]
Das Gericht kann, wenn sich im Laufe eines Rechtsstreits der Verdacht einer Straftat ergibt, deren Ermittlung auf die Entscheidung von Einfluß ist, die Aussetzung der Verhandlung bis zur Erledigung des Strafverfahrens anordnen.

§ 150 [Änderung von prozeßleitenden Anordnungen]
Das Gericht kann die von ihm erlassenen, eine Trennung, Verbindung oder Aussetzung betreffenden Anordnungen wieder aufheben.

§ 151 [Ehenichtigkeit als Aussetzungsgrund]
Hängt die Entscheidung eines Rechtsstreits davon ab, ob eine Ehe nichtig ist, so hat das Gericht, wenn die Nichtigkeit nur im Wege der Nichtigkeitsklage geltend gemacht werden kann, auf Antrag das Verfahren auszusetzen und, falls die Nichtigkeitsklage noch nicht erhoben ist, eine Frist zur Erhebung der Klage zu bestimmen. Ist die Nichtigkeitsklage erledigt oder wird sie nicht vor dem Ablauf der bestimmten Frist erhoben, so ist die Aufnahme des ausgesetzten Verfahrens zulässig.

§ 152 [Eheaufhebbarkeit als Aussetzungsgrund]
Hängt die Entscheidung eines Rechtsstreits davon ab, ob eine im Wege der Aufhebungsklage angefochtene Ehe aufhebbar ist, so hat das Gericht auf Antrag das Verfahren auszusetzen. Ist der Rechtsstreit über die Aufhebungsklage erledigt, so findet die Aufnahme des ausgesetzten Verfahrens statt.

§ 153 [Ehelichkeitsanfechtung als Aussetzungsgrund]
Hängt die Entscheidung eines Rechtsstreits davon ab, ob ein Kind, dessen Ehelichkeit im Wege der Anfechtungsklage angefochten worden ist, nichtehelich ist oder ob ein Mann, dessen Anerkennung der Vaterschaft im Wege der Anfechtungsklage angefochten worden ist, der Vater ist, so gelten die Vorschriften des § 152 entsprechend.

§ 154 [Ehe- und Kindschaftsstreit als Aussetzungsgrund]
(1) Wird im Laufe eines Rechtsstreits streitig, ob zwischen den Parteien eine Ehe bestehe oder nicht bestehe, und hängt von der Entscheidung dieser Frage die Entscheidung des Rechtsstreits ab, so hat das Gericht auf Antrag das Verfahren auszusetzen, bis der Streit über das Bestehen oder Nichtbestehen der Ehe im Wege der Feststellungsklage erledigt ist.

(2) Diese Vorschrift gilt entsprechend, wenn im Laufe eines Rechtsstreits streitig wird, ob zwischen den Parteien ein Eltern- und Kindesverhältnis bestehe oder nicht bestehe oder ob der einen Partei die elterliche Sorge für die andere zustehe oder nicht zustehe, und von der Entscheidung dieser Fragen die Entscheidung des Rechtsstreits abhängt.

§ 155 [Aussetzungsaufhebung]

In den Fällen der §§ 151 bis 153 kann das Gericht auf Antrag die Anordnung, durch die das Verfahren ausgesetzt ist, aufheben, wenn die Betreibung des Rechtsstreits, der zu der Aussetzung Anlaß gegeben hat, verzögert wird.

§ 156 [Wiedereröffnung der Verhandlung]

Das Gericht kann die Wiedereröffnung einer Verhandlung, die geschlossen war, anordnen.

§ 157 [Prozeßagenten, ungeeignete Vertreter]

(1) Mit Ausnahme der Mitglieder einer Rechtsanwaltskammer sind Personen, die die Besorgung fremder Rechtsangelegenheiten vor Gericht geschäftsmäßig betreiben, als Bevollmächtigte und Beistände in der mündlichen Verhandlung ausgeschlossen. Sie sind auch dann ausgeschlossen, wenn sie als Partei einen ihnen abgetretenen Anspruch geltend machen und nach der Überzeugung des Gerichts der Anspruch abgetreten ist, um ihren Ausschluß von der mündlichen Verhandlung zu vermeiden.

(2) Das Gericht kann Parteien, Bevollmächtigten und Beiständen, die nicht Mitglieder einer Rechtsanwaltskammer sind, wenn ihnen die Fähigkeit zum geeigneten Vortrag mangelt, den weiteren Vortrag untersagen. Diese Anordnung ist unanfechtbar.

(3) Die Vorschrift des Absatzes 1 ist auf Personen, denen das mündliche Verhandeln vor Gericht durch Anordnung der Justizverwaltung gestattet ist, nicht anzuwenden. Die Justizverwaltung soll bei ihrer Entschließung sowohl auf die Eignung der Person als auch darauf Rücksicht nehmen, ob im Hinblick auf die Zahl der bei dem Gericht zugelassenen Rechtsanwälte ein Bedürfnis zur Zulassung besteht.

§ 158 [Folgen von Ausschluß und Entfernung]

Ist eine bei der Verhandlung beteiligte Person zur Aufrechterhaltung der Ordnung von dem Ort der Verhandlung entfernt worden, so kann auf Antrag gegen sie in gleicher Weise verfahren werden, als wenn sie freiwillig sich entfernt hätte. Das gleiche gilt im Falle des § 157 Abs. 2, sofern die Untersagung bereits bei einer früheren Verhandlung geschehen war.

§ 159 [Protokollierungspflicht]

(1) Über die mündliche Verhandlung und jede Beweisaufnahme ist ein Protokoll aufzunehmen. Für die Protokollführung ist ein Urkundsbeamter der Geschäftsstelle zuzuziehen, wenn nicht der Vorsitzende davon absieht.

(2) Absatz 1 gilt entsprechend für Verhandlungen, die außerhalb der Sitzung vor Richtern beim Amtsgericht oder vor beauftragten oder ersuchten Richtern stattfinden.

§ 160 [Protokollinhalt]

(1) Das Protokoll enthält

1. den Ort und den Tag der Verhandlung;
2. die Namen der Richter, des Urkundsbeamten der Geschäftsstelle und des etwa zugezogenen Dolmetschers;
3. die Bezeichnung des Rechtsstreits;
4. die Namen der erschienenen Parteien, Nebenintervenienten, Vertreter, Bevollmächtigten, Beistände, Zeugen und Sachverständigen;
5. die Angabe, daß öffentlich verhandelt oder die Öffentlichkeit ausgeschlossen worden ist.

(2) Die wesentlichen Vorgänge der Verhandlung sind aufzunehmen.

(3) Im Protokoll sind festzustellen

1. Anerkenntnis, Anspruchsverzicht und Vergleich;
2. die Anträge;
3. Geständnis und Erklärung über einen Antrag auf Parteivernehmung sowie sonstige Erklärungen, wenn ihre Feststellung vorgeschrieben ist;
4. die Aussagen der Zeugen, Sachverständigen und vernommenen Parteien; bei einer wiederholten Vernehmung braucht die Aussage nur insoweit in das Protokoll aufgenommen zu werden, als sie von der früheren abweicht;
5. das Ergebnis eines Augenscheins;
6. die Entscheidungen (Urteile, Beschlüsse und Verfügungen) des Gerichts;
7. die Verkündung der Entscheidungen;
8. die Zurücknahme der Klage oder eines Rechtsmittels;
9. der Verzicht auf Rechtsmittel.

(4) Die Beteiligten können beantragen, daß bestimmte Vorgänge oder Äußerungen in das Protokoll aufgenommen werden. Das Gericht kann von der Aufnahme absehen, wenn es auf die Feststellung des Vorgangs oder der Äußerung nicht ankommt. Dieser Beschluß ist unanfechtbar; er ist in das Protokoll aufzunehmen.

(5) Der Aufnahme in das Protokoll steht die Aufnahme in eine Schrift gleich, die dem Protokoll als Anlage beigefügt und in ihm als solche bezeichnet ist.

§ 160 a [Vorläufige Aufzeichnung]

(1) Der Inhalt des Protokolls kann in einer gebräuchlichen Kurzschrift, durch verständliche Abkürzungen oder auf einem Ton- oder Datenträger vorläufig aufgezeichnet werden.

(2) Das Protokoll ist in diesem Fall unverzüglich nach der Sitzung herzustellen. Soweit Feststellungen nach § 160 Abs. 3 Nr. 4 und 5 mit einem Tonaufnahmegerät vorläufig aufgezeichnet worden sind, braucht lediglich dies in dem Protokoll vermerkt zu werden. Das Protokoll ist um die Feststellungen zu ergänzen, wenn eine Partei dies bis zum rechtskräftigen Abschluß des Verfahrens beantragt oder das Rechtsmittelgericht die Ergänzung anfordert. Sind Feststellungen nach § 160 Abs. 3 Nr. 4 unmittelbar aufgenommen und ist zugleich das wesentliche Ergebnis der Aussagen vorläufig aufgezeichnet worden, so kann eine Ergänzung des Protokolls nur um das wesentliche Ergebnis der Aussagen verlangt werden.

(3) Die vorläufigen Aufzeichnungen sind zu den Prozeßakten zu nehmen oder, wenn sie sich nicht dazu eignen, bei der Geschäftsstelle mit den Prozeßakten aufzubewahren. Aufzeichnungen auf Ton- oder Datenträgern können gelöscht werden,

1. soweit das Protokoll nach der Sitzung hergestellt oder um die vorläufig aufgezeichneten Feststellungen ergänzt ist, wenn die Parteien innerhalb eines Monats nach Mitteilung der Abschrift keine Einwendungen erhoben haben;
2. nach rechtskräftigem Abschluß des Verfahrens.

§ 161 [Ausnahmen von der Protokollierungspflicht]

(1) Feststellungen nach § 160 Abs. 3 Nr. 4 und 5 brauchen nicht in das Protokoll aufgenommen zu werden,

1. wenn das Prozeßgericht die Vernehmung oder den Augenschein durchführt und das Endurteil der Berufung oder der Revision nicht unterliegt;
2. soweit die Klage zurückgenommen, der geltend gemachte Anspruch anerkannt oder auf ihn verzichtet wird, auf ein Rechtsmittel verzichtet oder der Rechtsstreit durch einen Vergleich beendet wird.

(2) In dem Protokoll ist zu vermerken, daß die Vernehmung oder der Augenschein durchgeführt worden ist. § 160 a Abs. 3 gilt entsprechend.

§ 162 [Genehmigung des Protokolls]

(1) Das Protokoll ist insoweit, als es Feststellungen nach § 160 Abs. 3 Nr. 1, 3, 4, 5, 8, 9 oder zu Protokoll erklärte Anträge enthält, den Beteiligten vorzulesen oder zur Durchsicht vorzulegen. Ist der Inhalt des Protokolls nur vorläufig aufgezeichnet worden, so genügt es, wenn die Aufzeichnungen vorgelesen oder abgespielt werden. In dem Protokoll ist zu vermerken, daß dies geschehen und die Genehmigung erteilt ist oder welche Einwendungen erhoben worden sind.

(2) Feststellungen nach § 160 Abs. 3 Nr. 4 brauchen nicht abgespielt zu werden, wenn sie in Gegenwart der Beteiligten unmittelbar aufgezeichnet worden sind; der Beteiligte, dessen Aussage aufgezeichnet ist, kann das Abspielen verlangen. Soweit Feststellungen nach § 160 Abs. 3 Nr. 4 und 5 in Gegenwart der Beteiligten diktiert worden sind, kann das Abspielen, das Vorlesen oder die Vorlage zur Durchsicht unterbleiben, wenn die Beteiligten nach der Aufzeichnung darauf verzichten; in dem Protokoll ist zu vermerken, daß der Verzicht ausgesprochen worden ist.

§ 163 [Unterschrift]

(1) Das Protokoll ist von dem Vorsitzenden und von dem Urkundsbeamten der Geschäftsstelle zu unterschreiben. Ist der Inhalt des Protokolls ganz oder teilweise mit einem Tonaufnahmegerät vorläufig aufgezeichnet worden, so hat der Urkundsbeamte der Geschäftsstelle die Richtigkeit der Übertragung zu prüfen und durch seine Unterschrift zu bestätigen; dies gilt auch dann, wenn der Urkundsbeamte der Geschäftsstelle zur Sitzung nicht zugezogen war.

(2) Ist der Vorsitzende verhindert, so unterschreibt für ihn der älteste beisitzende Richter; war nur ein Richter tätig und ist dieser verhindert, so genügt die Unterschrift des zur Protokollführung zugezogenen Urkundsbeamten der Geschäftsstelle. Ist dieser verhindert, so genügt die Unterschrift des Richters. Der Grund der Verhinderung soll im Protokoll vermerkt werden.

§ 164 [Protokollberichtigung]

(1) Unrichtigkeiten des Protokolls können jederzeit berichtigt werden.

(2) Vor der Berichtigung sind die Parteien und, soweit es die in § 160 Abs. 3 Nr. 4 genannten Feststellungen betrifft, auch die anderen Beteiligten zu hören.

(3) Die Berichtigung wird auf dem Protokoll vermerkt; dabei kann auf eine mit dem Protokoll zu verbindende Anlage verwiesen werden. Der Vermerk ist von dem Richter, der das Protokoll unterschrieben hat, oder von dem allein tätig gewesenen Richter, selbst wenn dieser an der Unterschrift verhindert war, und von dem Urkundsbeamten der Geschäftsstelle, soweit er zur Protokollführung zugezogen war, zu unterschreiben.

§ 165 [Beweiskraft des Protokolls; Fälschungsnachweis]

Die Beachtung der für die mündliche Verhandlung vorgeschriebenen Förmlichkeiten kann nur durch das Protokoll bewiesen werden. Gegen seinen diese Förmlichkeiten betreffenden Inhalt ist nur der Nachweis der Fälschung zulässig.

Zweiter Titel

Verfahren bei Zustellungen

I. Zustellung auf Betreiben der Parteien

§ 166 [Zustellung durch Gerichtsvollzieher]

(1) Die von den Parteien zu betreibenden Zustellungen erfolgen durch Gerichtsvollzieher.

(2) In dem Verfahren vor den Amtsgerichten kann die Partei den Gerichtsvollzieher unter Vermittlung der Geschäftsstelle des Prozeßgerichts mit der Zustellung beauftragen. Das gleiche gilt in Anwaltsprozessen für Zustellungen, durch die eine Notfrist gewahrt werden soll.

§ 167 [Zustellungsauftrag der Partei]

(1) Die mündliche Erklärung einer Partei genügt, um den Gerichtsvollzieher zur Vornahme der Zustellung, die Geschäftsstelle zur Beauftragung eines Gerichtsvollziehers mit der Zustellung zu ermächtigen.

(2) Ist eine Zustellung durch einen Gerichtsvollzieher bewirkt, so wird bis zum Beweis des Gegenteils angenommen, daß sie im Auftrag der Partei erfolgt sei.

§ 168 [Ermächtigung der Geschäftsstelle zum Zustellungsauftrag]

Insoweit eine Zustellung unter Vermittlung der Geschäftsstelle zulässig ist, hat diese einen Gerichtsvollzieher mit der erforderlichen Zustellung zu beauftragen, sofern nicht die Partei erklärt hat, daß sie selbst einen Gerichtsvollzieher beauftragen wolle; in Anwaltsprozessen ist die Erklärung nur zu berücksichtigen, wenn sie in dem zuzustellenden Schriftsatz enthalten ist.

§ 169 [Abschriften von Schriftstücken bei Zustellungsauftrag]

(1) Die Partei hat dem Gerichtsvollzieher und, wenn unter Vermittlung der Geschäftsstelle zuzustellen ist, dieser neben der Urschrift des zuzustellenden Schriftstücks eine der Zahl der Personen, denen zuzustellen ist, entsprechende Zahl von Abschriften zu übergeben.

(2) Die Zeit der Übergabe ist auf der Urschrift und den Abschriften zu vermerken und der Partei auf Verlangen zu bescheinigen.

§ 170 [Durchführung der Zustellung]

(1) Die Zustellung besteht, wenn eine Ausfertigung zugestellt werden soll, in deren Übergabe, in den übrigen Fällen in der Übergabe einer beglaubigten Abschrift des zuzustellenden Schriftstücks.

(2) Die Beglaubigung wird von dem Gerichtsvollzieher, bei den auf Betreiben von Rechtsanwälten oder in Anwaltsprozessen zuzustellenden Schriftstücken von dem Anwalt vorgenommen.

§ 171 [Zustellung an Vertreter]

(1) Die Zustellungen, die an eine Partei bewirkt werden sollen, erfolgen für die nicht prozeßfähigen Personen an ihre gesetzlichen Vertreter.

(2) Bei Behörden, Gemeinden und Korporationen sowie bei Vereinen, die als solche klagen und verklagt werden können, genügt die Zustellung an die Vorsteher.

(3) Bei mehreren gesetzlichen Vertretern sowie bei mehreren Vorstehern genügt die Zustellung an einen von ihnen.

§ 172 (weggefallen)

§ 173 [Zustellung an Bevollmächtigte]

Die Zustellung erfolgt an den Generalbevollmächtigten sowie in den durch den Betrieb eines Handelsgewerbes hervorgerufenen Rechtsstreitigkeiten an den Prokuristen mit gleicher Wirkung wie an die Partei selbst.

§ 174 [Anordnung der Bevollmächtigung]

(1) Wohnt eine Partei weder am Ort des Prozeßgerichts noch innerhalb des Amtsgerichtsbezirkes, in dem das Prozeßgericht seinen Sitz hat, so kann das Gericht, falls sie nicht einen in diesem Ort oder Bezirk wohnhaften Prozeßbevollmächtigten bestellt hat, auf Antrag anordnen, daß sie eine daselbst wohnhafte Person zum Empfang der für sie bestimmten Schriftstücke bevollmächtige. Diese Anordnung kann ohne mündliche Verhandlung ergehen. Eine Anfechtung des Beschlusses findet nicht statt.

(2) Wohnt die Partei nicht im Inland, so ist sie auch ohne Anordnung des Gerichts zur Benennung eines Zustellungsbevollmächtigten verpflichtet, falls sie nicht einen in dem durch den ersten Absatz bezeichneten Ort oder Bezirk wohnhaften Prozeßbevollmächtigten bestellt hat.

§ 175 [Folge der Nichtbenennung eines Zustellungsbevollmächtigten]

(1) Der Zustellungsbevollmächtigte ist bei der nächsten gerichtlichen Verhandlung oder, wenn die Partei vorher dem Gegner einen Schriftsatz zustellen läßt, in diesem zu benennen. Geschieht dies nicht, so können alle späteren Zustellungen bis zur nachträg- lichen Benennung in der Art bewirkt werden, daß der Gerichtsvollzieher das zu übergebende Schriftstück unter der Adresse der Partei nach ihrem Wohnort zur Post gibt. Die Zustellung wird mit der Aufgabe zur Post als bewirkt angesehen, selbst wenn die Sendung als unbestellbar zurückkommt.

(2) Die Postsendungen sind mit der Bezeichnung »Einschreiben« zu versehen, wenn die Partei es verlangt und zur Zahlung der Mehrkosten sich bereit erklärt.

§ 176 [Zustellung an Prozeßbevollmächtigten]

Zustellungen, die in einem anhängigen Rechtsstreit bewirkt werden sollen, müssen an den für den Rechtszug bestellten Prozeßbevollmächtigten erfolgen.

§ 177 [Unbekannter Aufenthalt des Prozeßbevollmächtigten]

(1) Ist der Aufenthalt eines Prozeßbevollmächtigten unbekannt, so hat das Prozeßgericht auf Antrag die Zustellung an den Zustellungsbevollmächtigten, in Ermangelung eines solchen an den Gegner selbst zu bewilligen.

(2) Die Entscheidung über den Antrag kann ohne mündliche Verhandlung erlassen werden. Eine Anfechtung der die Zustellung bewilligenden Entscheidung findet nicht statt.

§ 178 [Begriff des Rechtszuges]

Als zu dem Rechtszug gehörig sind im Sinne des § 176 auch diejenigen Prozeßhandlungen anzusehen, die das Verfahren vor dem Gericht des Rechtszuges infolge eines Einspruchs, einer Aufhebung des Urteils dieses Gerichts, einer Wiederaufnahme des Verfahrens oder eines neuen Vorbringens in dem Verfahren der Zwangsvollstreckung zum Gegenstand haben. Das Verfahren vor dem Vollstreckungsgericht ist als zum ersten Rechtszuge gehörig anzusehen.

§ 179 (weggefallen)

§ 180 [Zustellungsort]

Die Zustellungen können an jedem Ort erfolgen, wo die Person, der zugestellt werden soll, angetroffen wird.

§ 181 [Ersatzzustellung in Wohnung und Haus]

(1) Wird die Person, der zugestellt werden soll, in ihrer Wohnung nicht angetroffen, so kann die Zustellung in der Wohnung an einen zu der Familie gehörenden erwachsenen Hausgenossen oder an eine in der Familie dienende erwachsene Person erfolgen.

(2) Wird eine solche Person nicht angetroffen, so kann die Zustellung an den in demselben Hause wohnenden Hauswirt oder Vermieter erfolgen, wenn sie zur Annahme des Schriftstücks bereit sind.

§ 182 [Ersatzzustellung durch Niederlegung]

Ist die Zustellung nach diesen Vorschriften nicht ausführbar, so kann sie dadurch erfolgen, daß das zu übergebende Schriftstück auf der Geschäftsstelle des Amtsgerichts, in dessen Bezirk der Ort der Zustellung gelegen ist, oder an diesem Ort bei der Postanstalt oder dem Gemeindevorsteher oder dem Polizeivorsteher niedergelegt und eine schriftliche Mitteilung über die Niederlegung unter der Anschrift des Empfängers in der bei gewöhnlichen Briefen üblichen Weise abgegeben oder, falls dies nicht tunlich ist, an die Tür der Wohnung befestigt oder einer in der Nachbarschaft wohnenden Person zur Weitergabe an den Empfänger ausgehändigt wird.

§ 183 [Ersatzzustellung im Geschäftsraum]

(1) Für Gewerbetreibende, die ein besonderes Geschäftslokal haben, kann, wenn sie in dem Geschäftslokal nicht angetroffen werden, die Zustellung an einen darin anwesenden Gewerbegehilfen erfolgen.

(2) Wird ein Rechtsanwalt, ein Notar oder ein Gerichtsvollzieher in seinem Geschäftslokal nicht angetroffen, so kann die Zustellung an einen darin anwesenden Gehilfen oder Schreiber erfolgen.

§ 184 [Ersatzzustellung bei juristischen Personen]

(1) Wird der gesetzliche Vertreter oder der Vorsteher einer Behörde, einer Gemeinde, einer Korporation oder eines Vereins, dem zugestellt werden soll, in dem Geschäftslokal während der gewöhnlichen Geschäftsstunden nicht angetroffen, oder ist er an der Annahme verhindert, so kann die Zustellung an einen anderen in dem Geschäftslokal anwesenden Beamten oder Bediensteten bewirkt werden.

(2) Wird der gesetzliche Vertreter oder der Vorsteher in seiner Wohnung nicht angetroffen, so sind die Vorschriften der §§ 181, 182 nur anzuwenden, wenn ein besonderes Geschäftslokal nicht vorhanden ist.

§ 185 [Verbot der Ersatzzustellung]

Die Zustellung an eine der in den §§ 181, 183, 184 Abs. 1 bezeichneten Personen hat zu unterbleiben, wenn die Person an dem Rechtsstreit als Gegner der Partei, an welche die Zustellung erfolgen soll, beteiligt ist.

§ 186 [Annahmeverweigerung]

Wird die Annahme der Zustellung ohne gesetzlichen Grund verweigert, so ist das zu übergebende Schriftstück am Ort der Zustellung zurückzulassen.

§ 187 [Heilung von Zustellungsmängeln]

Ist ein Schriftstück, ohne daß sich seine formgerechte Zustellung nachweisen läßt, oder unter Verletzung zwingender Zustellungsvorschriften dem Prozeßbeteiligten zugegangen, an den die Zustellung dem Gesetz gemäß gerichtet war oder gerichtet werden konnte, so kann die Zustellung als in dem Zeitpunkt bewirkt angesehen werden, in dem das Schriftstück dem Beteiligten zugegangen ist. Dies gilt nicht, soweit durch die Zustellung der Lauf einer Notfrist in Gang gesetzt werden soll.

§ 188 [Nächtliche und sonntägliche Zustellung]

(1) Zur Nachtzeit sowie an Sonntagen und allgemeinen Feiertagen darf eine Zustellung, sofern sie nicht durch Aufgabe zur Post bewirkt wird, nur mit richterlicher Erlaubnis erfolgen. Die Nachtzeit umfaßt in dem Zeitraum vom 1. April bis 30. September die

Stunden von neun Uhr abends bis vier Uhr morgens und in dem Zeitraum vom 1. Oktober bis 31. März die Stunden von neun Uhr abends bis sechs Uhr morgens.

(2) Die Erlaubnis wird von dem Vorsitzenden des Prozeßgerichts erteilt; sie kann auch von dem Amtsrichter, in dessen Bezirk die Zustellung erfolgen soll, und in Angelegenheiten, die durch einen beauftragten oder ersuchten Richter zu erledigen sind, von diesem erteilt werden.

(3) Die Verfügung, durch welche die Erlaubnis erteilt wird, ist bei der Zustellung abschriftlich mitzuteilen.

(4) Eine Zustellung, bei der die Vorschriften dieses Paragraphen nicht beobachtet sind, ist gültig, wenn die Annahme nicht verweigert ist.

§ 189 [Anzahl der Ausfertigungen oder Abschriften]

(1) Ist bei einer Zustellung an den Vertreter mehrerer Beteiligter oder an einen von mehreren Vertretern die Übergabe der Ausfertigung oder Abschrift eines Schriftstücks erforderlich, so genügt die Übergabe nur einer Ausfertigung oder Abschrift.

(2) Einem Zustellungsbevollmächtigten mehrerer Beteiligter sind so viele Ausfertigungen oder Abschriften zu übergeben, als Beteiligte vorhanden sind.

§ 190 [Zustellungsurkunde]

(1) Über die Zustellung ist eine Urkunde aufzunehmen.

(2) Die Urkunde ist auf die Urschrift des zuzustellenden Schriftstücks oder auf einen mit ihr zu verbindenden Bogen zu setzen.

(3) Eine durch den Gerichtsvollzieher beglaubigte Abschrift der Zustellungsurkunde auf das bei der Zustellung zu übergebende Schriftstück oder auf einen mit ihm zu verbindenden Bogen zu setzen. Die Übergabe einer Abschrift der Zustellungsurkunde kann dadurch ersetzt werden, daß der Gerichtsvollzieher den Tag der Zustellung auf dem zu übergebenden Schriftstück vermerkt.

(4) Die Zustellungsurkunde ist der Partei, für welche die Zustellung erfolgt, zu übermitteln.

§ 191 [Notwendiger Inhalt der Zustellungsurkunde]

Die Zustellungsurkunde muß enthalten:

1. Ort und Zeit der Zustellung;
2. die Bezeichnung der Person, für die zugestellt werden soll;
3. die Bezeichnung der Person, an die zugestellt werden soll;
4. die Bezeichnung der Person, der zugestellt ist; in den Fällen der §§ 181, 183, 184 die Angabe des Grundes, durch den die Zustellung an die bezeichnete Person gerechtfertigt wird; wenn nach § 182 verfahren ist, die Bemerkung, wie die darin enthaltenen Vorschriften befolgt sind;
5. im Falle der Verweigerung der Annahme die Erwähnung, daß die Annahme verweigert und das zu übergebende Schriftstück am Ort der Zustellung zurückgelassen ist;
6. die Bemerkung, daß eine Ausfertigung oder eine beglaubigte Abschrift des zuzustellenden Schriftstücks und daß eine beglaubigte Abschrift der Zustellungsurkunde übergeben oder der Tag der Zustellung auf dem zu übergebenden Schriftstück vermerkt ist;
7. die Unterschrift des die Zustellung vollziehenden Beamten.

§ 192 [Zustellungsurkunde bei Aufgabe zur Post]

Ist die Zustellung durch Aufgabe zur Post (§ 175) erfolgt, so muß die Zustellungsurkunde den Vorschriften des vorstehenden Paragraphen unter Nummern 2, 3, 7 entsprechen und außerdem ergeben, zu welcher Zeit, unter welcher Adresse und bei welcher Postanstalt die Aufgabe geschehen ist.

§ 193 [Zustellung durch die Post]

Zustellungen können auch durch die Post erfolgen.

§ 194 [Zustellungsersuchen des Gerichtsvollziehers an die Post]

(1) Wird durch die Post zugestellt, so hat der Gerichtsvollzieher die zuzustellende Ausfertigung oder die beglaubigte Abschrift des zuzustellenden Schriftstücks verschlossen der Post mit dem Ersuchen zu übergeben, die Zustellung einem Postbediensteten des Bestimmungsortes aufzutragen. Die Sendung muß mit der Anschrift der Person, an die zugestellt werden soll, sowie mit der Bezeichnung des absendenden Gerichtsvollziehers und einer Geschäftsnummer versehen sein.

(2) Der Gerichtsvollzieher hat auf dem bei der Zustellung zu übergebenden Schriftstück zu vermerken, für welche Person er es der Post übergibt, und auf der Urschrift des zuzustellenden Schriftstücks oder auf einem mit ihr zu verbindenden Bogen zu bezeugen, daß die Übergabe in der im Absatz 1 bezeichneten Art und für wen sie geschehen ist.

§ 195 [Zustellungsausführung durch die Post]

(1) Die Zustellung durch den Postbediensteten erfolgt nach den Vorschriften der §§ 180 bis 186.

(2) Über die Zustellung ist von dem Postbediensteten eine Urkunde aufzunehmen, die den Vorschriften des § 191 Nr. 1, 3 bis 5, 7 entsprechen und die Übergabe der ihrer Anschrift und ihrer Geschäftsnummer nach bezeichneten Sendung sowie der Abschrift der Zustellungsurkunde bezeugen muß. Die Übergabe einer Abschrift der Zustellungsurkunde kann dadurch ersetzt werden, daß der Postbedienstete den Tag der Zustellung auf der Sendung vermerkt; er hat dies in der Zustellungsurkunde zu bezeugen.

(3) Die Urkunde ist von dem Postbediensteten der Postanstalt und von dieser dem Gerichtsvollzieher zu überliefern, der mit ihr nach der Vorschrift des § 190 Abs. 4 zu verfahren hat.

§ 195 a [Hinterlegung bei fehlendem Postbestelldienst]

Findet nach der Wohnung oder dem Geschäftsraum, in denen zugestellt werden soll, ein Postbestelldienst nicht statt, so wird die Sendung bei der zuständigen Postanstalt hinterlegt. Die Postanstalt vermerkt auf der Zustellungsurkunde und auf der Sendung den Grund und den Zeitpunkt der Niederlegung. Das Gericht kann die Zustellung als frühestens mit dem Ablauf einer Woche seit dieser Niederlegung bewirkt ansehen, wenn anzunehmen ist, daß der Empfänger in der Lage gewesen ist, sich die Sendung aushändigen zu lassen oder sich über ihren Inhalt zu unterrichten.

§ 196 [Zustellungsersuchen der Geschäftsstelle an die Post]

Insoweit eine Zustellung unter Vermittlung der Geschäftsstelle zulässig ist, kann diese unmittelbar die Post um Bewirkung der Zustellung ersuchen. In diesem Falle gelten die Vorschriften der §§ 194, 195 für die Geschäftsstelle entsprechend; die erforderliche Beglaubigung nimmt der Urkundsbeamte der Geschäftsstelle vor.

§ 197 [Keine Kostentragungspflicht bei Mehrkosten]

Ist eine Zustellung durch einen Gerichtsvollzieher bewirkt, obgleich sie durch die Post hätte erfolgen können, so hat die zur Erstattung der Prozeßkosten verurteilte Partei die Mehrkosten nicht zu tragen.

§ 198 [Zustellung von Anwalt zu Anwalt]

(1) Sind die Parteien durch Anwälte vertreten, so kann ein Schriftstück auch dadurch zugestellt werden, daß der zustellende Anwalt das zu übergebende Schriftstück dem anderen Anwalt übermittelt (Zustellung von Anwalt zu Anwalt). Auch Schriftsätze, die nach den Vorschriften dieses Gesetzes von Amts wegen zuzustellen wären, können statt

dessen von Anwalt zu Anwalt zugestellt werden, wenn nicht gleichzeitig dem Gegner eine gerichtliche Anordnung mitzuteilen ist. In dem Schriftsatz soll die Erklärung enthalten sein, daß er von Anwalt zu Anwalt zugestellt werde. Die Zustellung ist dem Gericht, sofern dies für die von ihm zu treffende Entscheidung erforderlich ist, nachzuweisen.

(2) Zum Nachweis der Zustellung genügt das mit Datum und Unterschrift versehene schriftliche Empfangsbekenntnis des Anwalts, dem zugestellt worden ist. Der Anwalt, der zustellt, hat dem anderen Anwalt auf Verlangen eine Bescheinigung über die Zustellung zu erteilen.

§ 199 [Auslandszustellung]

Eine im Ausland zu bewirkende Zustellung erfolgt mittels Ersuchens der zuständigen Behörde des fremden Staates oder des in diesem Staate residierenden Konsuls oder Gesandten des Bundes.

§ 200 [Zustellung bei Exterritorialität]

(1) Zustellungen an Deutsche, die das Recht der Exterritorialität genießen, erfolgen, wenn sie zur Mission des Bundes gehören, mittels Ersuchens des Bundeskanzlers.

(2) Zustellungen an die Vorsteher der Bundeskonsulate erfolgen mittels Ersuchens des Bundeskanzlers.

§ 201 (weggefallen)

§ 202 [Ersuchungsschreiben – Nachweis der Auslandszustellung]

(1) Die erforderlichen Ersuchungsschreiben werden von dem Vorsitzenden des Prozeßgerichts erlassen.

(2) Die Zustellung wird durch das schriftliche Zeugnis der ersuchten Behörden oder Beamten, daß die Zustellung erfolgt sei, nachgewiesen.

§ 203 [Zulässigkeit der öffentlichen Zustellung]

(1) Ist der Aufenthalt einer Partei unbekannt, so kann die Zustellung durch öffentliche Bekanntmachung erfolgen.

(2) Die öffentliche Zustellung ist auch dann zulässig, wenn bei einer im Ausland zu bewirkenden Zustellung die Befolgung der für diese bestehenden Vorschriften unausführbar ist oder keinen Erfolg verspricht.

(3) Das gleiche gilt, wenn die Zustellung aus dem Grunde nicht bewirkt werden kann, weil die Wohnung einer nach den §§ 18 bis 20 des Gerichtsverfassungsgesetzes der Gerichtsbarkeit nicht unterworfenen Person der Ort der Zustellung ist.

§ 204 [Anordnung und Ausführung der öffentlichen Zustellung]

(1) Die öffentliche Zustellung wird, nachdem sie auf Antrag der Partei vom Prozeßgericht bewilligt ist, durch die Geschäftsstelle von Amts wegen besorgt. Über den Antrag kann ohne mündliche Verhandlung entschieden werden.

(2) Zur öffentlichen Zustellung wird ein Auszug des zuzustellenden Schriftstücks und eine Benachrichtigung darüber, wo das Schriftstück eingesehen werden kann, an die Gerichtstafel angeheftet.

(3) Enthält das zuzustellende Schriftstück eine Ladung oder eine Aufforderung nach § 276 Abs. 1 Satz 1, so ist außerdem die einmalige Einrückung eines Auszugs des Schriftstücks in den Bundesanzeiger erforderlich. Das Prozeßgericht kann anordnen, daß der Auszug noch in andere Blätter und zu mehreren Malen eingerückt werde.

§ 205 [Inhalt des Auszugs für den Bundesanzeiger]

In dem Auszug müssen bezeichnet werden

1. das Prozeßgericht, die Parteien und der Gegenstand des Prozesses,

2. ein in dem zuzustellenden Schriftstück enthaltener Antrag,
3. die Formel einer zuzustellenden Entscheidung,
4. bei der Zustellung einer Ladung deren Zweck und die Zeit, zu welcher der Geladene erscheinen soll,
5. bei der Zustellung einer Aufforderung nach § 276 Abs. 1 Satz 1, Abs. 2 der Inhalt der Aufforderung und die vorgeschriebene Belehrung.

§ 206 [Zeitliche Wirkung der öffentlichen Zustellung]

(1) Das eine Ladung oder eine Aufforderung nach § 276 Abs. 1 Satz 1 enthaltende Schriftstück gilt als an dem Tage zugestellt, an dem seit der letzten Einrückung des Auszugs in die öffentlichen Blätter ein Monat verstrichen ist. Das Prozeßgericht kann bei Bewilligung der öffentlichen Zustellung den Ablauf einer längeren Frist für erforderlich erklären.

(2) Im übrigen ist ein Schriftstück als zugestellt anzusehen, wenn seit der Anheftung des Auszugs an die Gerichtstafel zwei Wochen verstrichen sind.

(3) Auf die Gültigkeit der Zustellung hat es keinen Einfluß, wenn der anzuheftende Auszug von dem Ort der Anheftung zu früh entfernt wird.

§ 207 [Rückwirkung der Zustellung]

(1) Wird auf ein Gesuch, das die Zustellung eines ihm beigefügten Schriftstücks mittels Ersuchens anderer Behörden oder Beamten oder mittels öffentlicher Bekanntmachung betrifft, die Zustellung demnächst bewirkt, so treten, insoweit durch die Zustellung eine Frist gewahrt und der Lauf der Verjährung oder einer Frist unterbrochen wird, die Wirkungen der Zustellung bereits mit der Überreichung des Gesuchs ein.

(2) Wird ein Schriftsatz, dessen Zustellung unter Vermittlung der Geschäftsstelle erfolgen soll, innerhalb einer Frist von zwei Wochen nach der Einreichung bei der Geschäftsstelle zugestellt, so tritt, sofern durch die Zustellung eine Notfrist gewahrt wird, die Wirkung der Zustellung bereits mit der Einreichung ein.

II. Zustellungen von Amts wegen

§ 208 [Geltung der Vorschriften bei Parteizustellung]

Auf die von Amts wegen zu bewirkenden Zustellungen gelten die Vorschriften über die Zustellungen auf Betreiben der Parteien entsprechend, soweit nicht aus den nachfolgenden Vorschriften sich Abweichungen ergeben.

§ 209 [Bewirkung der Zustellung durch Geschäftsstelle]

Für die Bewirkung der Zustellung hat die Geschäftsstelle Sorge zu tragen.

§ 210 [Beglaubigung durch den Urkundsbeamten]

Die bei der Zustellung zu übergebende Abschrift wird durch den Urkundsbeamten der Geschäftsstelle beglaubigt.

§ 210 a [Zustellung von Rechtsmittelschriften]

(1) Ein Schriftsatz, durch den ein Rechtsmittel eingelegt wird, ist dem Prozeßbevollmächtigten des Rechtszuges, dessen Entscheidung angefochten wird, in Ermangelung eines solchen dem Prozeßbevollmächtigten des ersten Rechtszuges zuzustellen. Ist von der Partei bereits ein Prozeßbevollmächtigter für den höheren, zur Verhandlung und Entscheidung über das Rechtsmittel zuständigen Rechtszug bestellt, so kann die Zustellung auch an diesen Prozeßbevollmächtigten erfolgen.

(2) Ist ein Prozeßbevollmächtigter, dem nach Absatz 1 zugestellt werden kann, nicht vorhanden oder ist sein Aufenthalt unbekannt, so erfolgt die Zustellung an den von der Partei, wenngleich nur für den ersten Rechtszug bestellten Zustellungsbevollmächtigten,

in Ermangelung eines solchen an die Partei selbst, und zwar an diese durch Aufgabe zur Post, wenn sie einen Zustellungsbevollmächtigten zu bestellen hatte, die Bestellung aber unterlassen hat.

§ 211 [Ausführung der Zustellung]

(1) Die Geschäftsstelle hat das zu übergebende Schriftstück einem Gerichtswachtmeister oder der Post zur Zustellung auszuhändigen; ein Beamter der Justizvollzugsanstalt steht bei der Zustellung an eine Gefangenen dem Gerichtswachtmeister gleich. Die Sendung muß verschlossen sein; sie muß mit der Anschrift der Person, an die zugestellt werden soll, sowie mit der Bezeichnung der absendenden Stelle und einer Geschäftsnummer versehen sein. Sie muß den Vermerk »Vereinfachte Zustellung« tragen.

(2) Die Vorschrift des § 194 Abs. 2 ist nicht anzuwenden.

§ 212 [Zustellungsurkunde]

(1) Die Beurkundung der Zustellung durch den Gerichtswachtmeister oder den Postbediensteten erfolgt nach den Vorschriften des § 195 Abs. 2 mit der Maßgabe, daß eine Abschrift der Zustellungsurkunde nicht zu übergeben, der Tag der Zustellung jedoch auf der Sendung zu vermerken ist.

(2) Die Zustellungsurkunde ist der Geschäftsstelle zu überliefern.

§ 212 a [Zustellung an Anwalt o. ä.]

Bei der Zustellung an einen Anwalt, Notar oder Gerichtsvollzieher oder eine Behörde oder Körperschaft des öffentlichen Rechts genügt zum Nachweis der Zustellung das mit Datum und Unterschrift versehene schriftliche Empfangsbekenntnis des Anwalts oder eines gemäß der Rechtsanwaltsordnung bestellten Zustellungsbevollmächtigten, des Notars oder Gerichtsvollziehers oder der Behörde oder Körperschaft.

§ 212 b [Zustellung durch Aushändigung an der Amtsstelle]

Eine Zustellung kann auch dadurch vollzogen werden, daß das zu übergebende Schriftstück an der Amtsstelle dem ausgehändigt wird, an den die Zustellung zu bewirken ist. In den Akten und auf dem ausgehändigten Schriftstück ist zu vermerken, wann dies geschehen ist; der Vermerk ist von dem Beamten, der die Aushändigung vorgenommen hat, zu unterschreiben.

§ 213 [Zustellung durch Aufgabe zur Post]

Ist die Zustellung durch Aufgabe zur Post (§ 175) erfolgt, so hat der Urkundsbeamte der Geschäftsstelle in den Akten zu vermerken, zu welcher Zeit und unter welcher Adresse die Aufgabe geschehen ist. Der Aufnahme einer Zustellungsurkunde bedarf es nicht.

§ 213 a [Bescheinigung des Zustellungszeitpunktes]

Auf Antrag bescheinigt die Geschäftsstelle den Zeitpunkt der Zustellung.

Dritter Titel

Ladungen, Termine und Fristen

§ 214 [Terminladung von Amts wegen]

Die Ladung zu einem Termin wird von Amts wegen veranlaßt.

§ 215 [Ladung im Anwaltsprozeß]

In Anwaltsprozessen muß die Ladung zur mündlichen Verhandlung, sofern die Zustellung nicht an einen Rechtsanwalt erfolgt, die Aufforderung enthalten, einen bei dem Prozeßgericht zugelassenen Anwalt zu bestellen.

§ 216 [Terminbestimmung von Amts wegen]

(1) Die Termine werden von Amts wegen bestimmt, wenn Anträge oder Erklärungen eingereicht werden, über die nur nach mündlicher Verhandlung entschieden werden kann oder über die mündliche Verhandlung vom Gericht angeordnet ist.

(2) Der Vorsitzende hat die Termine unverzüglich zu bestimmen.

(3) Auf Sonntage, allgemeine Feiertage oder Sonnabende sind Termine nur in Notfällen anzuberaumen.

§ 217 [Ladungsfrist]

Die Frist, die in einer anhängigen Sache zwischen der Zustellung der Ladung und dem Terminstag liegen soll (Ladungsfrist), beträgt in Anwaltsprozessen mindestens eine Woche, in anderen Prozessen mindestens drei Tage, in Meß- und Marktsachen mindestens vierundzwanzig Stunden.

§ 218 [Entbehrlichkeit der Ladung]

Zu Terminen, die in verkündeten Entscheidungen bestimmt sind, ist eine Ladung der Parteien unbeschadet der Vorschriften des § 141 Abs. 2 nicht erforderlich.

§ 219 [Terminsort]

(1) Die Termine werden an der Gerichtsstelle abgehalten, sofern nicht die Einnahme eines Augenscheins an Ort und Stelle, die Verhandlung mit einer am Erscheinen vor Gericht verhinderten Person oder eine sonstige Handlung erforderlich ist, die an der Gerichtsstelle nicht vorgenommen werden kann.

(2) Der Bundespräsident ist nicht verpflichtet, persönlich an der Gerichtsstelle zu erscheinen.

§ 220 [Aufruf der Sache – Terminsversäumung]

(1) Der Termin beginnt mit dem Aufruf der Sache.

(2) Der Termin ist von einer Partei versäumt, wenn sie bis zum Schluß nicht verhandelt.

§ 221 [Fristbeginn]

(1) Der Lauf einer richterlichen Frist beginnt, sofern nicht bei ihrer Festsetzung ein anderes bestimmt wird, mit der Zustellung des Schriftstücks, in dem die Frist festgesetzt ist, und, wenn es einer solchen Zustellung nicht bedarf, mit der Verkündung der Frist.

(2) (aufgehoben)

§ 222 [Fristberechnung]

(1) Für die Berechnung der Fristen gelten die Vorschriften des Bürgerlichen Gesetzbuchs.

(2) Fällt das Ende einer Frist auf einen Sonntag, einen allgemeinen Feiertag oder einen Sonnabend, so endet die Frist mit Ablauf des nächsten Werktages.

(3) Bei der Berechnung einer Frist, die nach Stunden bestimmt ist, werden Sonntage, allgemeine Feiertage und Sonnabende nicht mitgerechnet.

§ 223 [Fristhemmende Gerichtsferien, Notfristen]

(1) Der Lauf einer Frist wird durch die Gerichtsferien gehemmt. Der noch übrige Teil der Frist beginnt mit dem Ende der Ferien zu laufen. Fällt der Anfang der Frist in die Ferien, so beginnt der Lauf der Frist mit dem Ende der Ferien.

(2) Die vorstehenden Vorschriften sind auf Notfristen und Fristen in Feriensachen nicht anzuwenden.

(3) Notfristen sind nur diejenigen Fristen, die in diesem Gesetz als solche bezeichnet werden.

§ 224 [Fristkürzung, Fristverlängerung]

(1) Durch Vereinbarung der Parteien können Fristen, mit Ausnahme der Notfristen, abgekürzt werden.

(2) Auf Antrag können richterliche und gesetzliche Fristen abgekürzt oder verlängert werden, wenn erhebliche Gründe glaubhaft gemacht sind, gesetzliche Fristen jedoch nur in den besonders bestimmten Fällen.

(3) Im Falle der Verlängerung wird die neue Frist von dem Ablauf der vorigen Frist an berechnet, wenn nicht im einzelnen Falle ein anderes bestimmt ist.

§ 225 [Entscheidung über Friständerung]

(1) Über das Gesuch um Abkürzung oder Verlängerung einer Frist kann ohne mündliche Verhandlung entschieden werden.

(2) Die Abkürzung oder wiederholte Verlängerung darf nur nach Anhörung des Gegners bewilligt werden.

(3) Eine Anfechtung des Beschlusses, durch den das Gesuch um Verlängerung einer Frist zurückgewiesen ist, findet nicht statt.

§ 226 [Abkürzung von Zwischenfristen]

(1) Einlassungsfristen, Ladungsfristen sowie diejenigen Fristen, die für die Zustellung vorbereitender Schriftsätze bestimmt sind, können auf Antrag abgekürzt werden.

(2) Die Abkürzung der Einlassungs- und der Ladungsfristen wird dadurch nicht ausgeschlossen, daß infolge der Abkürzung die mündliche Verhandlung durch Schriftsätze nicht vorbereitet werden kann.

(3) Der Vorsitzende kann bei Bestimmung des Termins die Abkürzung ohne Anhörung des Gegners und des sonst Beteiligten verfügen; diese Verfügung ist dem Beteiligten abschriftlich mitzuteilen.

§ 227 [Terminsänderung]

(1) Aus erheblichen Gründen kann ein Termin aufgehoben oder verlegt sowie eine Verhandlung vertagt werden. Erhebliche Gründe sind insbesondere nicht

1. das Ausbleiben einer Partei oder die Ankündigung, nicht zu erscheinen, wenn nicht das Gericht dafür hält, daß die Partei ohne ihr Verschulden am Erscheinen verhindert ist;
2. die mangelnde Vorbereitung einer Partei, wenn nicht die Partei dies genügend entschuldigt;
3. das Einvernehmen der Parteien allein.

(2) Über die Aufhebung sowie Verlegung eines Termins entscheidet der Vorsitzende ohne mündliche Verhandlung; über die Vertagung einer Verhandlung entscheidet das Gericht. Die Entscheidung ist kurz zu begründen. Sie ist unanfechtbar.

(3) Die erheblichen Gründe sind auf Verlangen des Vorsitzenden, für eine Vertagung auf Verlangen des Gerichts glaubhaft zu machen.

§ 228 (weggefallen)

§ 229 [Befugnisse des beauftragten oder ersuchten Richters]

Die in diesem Titel dem Gericht und dem Vorsitzenden beigelegten Befugnisse stehen dem beauftragten oder ersuchten Richter in Bezug auf die von diesen zu bestimmenden Termine und Fristen zu.

Vierter Titel

Folgen der Versäumung. Wiedereinsetzung in den vorigen Stand

§ 230 [Versäumung einer Prozeßhandlung]

Die Versäumung einer Prozeßhandlung hat zur allgemeinen Folge, daß die Partei mit der vorzunehmenden Prozeßhandlung ausgeschlossen wird.

§ 231 [Eintritt der Versäumnisfolgen – Nachholung der Prozeßhandlung]

(1) Einer Androhung der gesetzlichen Folgen der Versäumung bedarf es nicht; sie treten von selbst ein, sofern nicht dieses Gesetz einen auf Verwirklichung des Rechtsnachteils gerichteten Antrag erfordert.

(2) Im letzteren Falle kann, solange nicht der Antrag gestellt und die mündliche Verhandlung über ihn geschlossen ist, die versäumte Prozeßhandlung nachgeholt werden.

§ 232 (aufgehoben)

§ 233 [Wiedereinsetzung in den vorigen Stand]

War eine Partei ohne ihr Verschulden verhindert, eine Notfrist oder die Frist zur Begründung der Berufung, der Revision oder der Beschwerde nach §§ 621 e, 629 a Abs. 2 oder die Frist des § 234 Abs. 1 einzuhalten, so ist ihr auf Antrag Wiedereinsetzung in den vorigen Stand zu gewähren.

§ 234 [Frist für den Antrag auf Wiedereinsetzung]

(1) Die Wiedereinsetzung muß innerhalb einer zweiwöchigen Frist beantragt werden.

(2) Die Frist beginnt mit dem Tage, an dem das Hindernis behoben ist.

(3) Nach Ablauf eines Jahres, von dem Ende der versäumten Frist an gerechnet, kann die Wiedereinsetzung nicht mehr beantragt werden.

§ 235 (weggefallen)

§ 236 [Form des Wiedereinsetzungsantrags]

(1) Die Form des Antrags auf Wiedereinsetzung richtet sich nach den Vorschriften, die für die versäumte Prozeßhandlung gelten.

(2) Der Antrag muß die Angabe der die Wiedereinsetzung begründenden Tatsachen enthalten; diese sind bei der Antragstellung oder im Verfahren über den Antrag glaubhaft zu machen. Innerhalb der Antragsfrist ist die versäumte Prozeßhandlung nachzuholen; ist dies geschehen, so kann Wiedereinsetzung auch ohne Antrag gewährt werden.

§ 237 [Zuständigkeit für Wiedereinsetzung]

Über den Antrag auf Wiedereinsetzung entscheidet das Gericht, dem die Entscheidung über die nachgeholte Prozeßhandlung zusteht.

§ 238 [Verfahren bei Wiedereinsetzung]

(1) Das Verfahren über den Antrag auf Wiedereinsetzung ist mit dem Verfahren über die nachgeholte Prozeßhandlung zu verbinden. Das Gericht kann jedoch das Verfahren zunächst auf die Verhandlung und Entscheidung über den Antrag beschränken.

(2) Auf die Entscheidung über die Zulässigkeit des Antrags und auf die Anfechtung der Entscheidung sind die Vorschriften anzuwenden, die in diesen Beziehungen für die nachgeholte Prozeßhandlung gelten. Der Partei, die den Antrag gestellt hat, steht jedoch der Einspruch nicht zu.

(3) Die Wiedereinsetzung ist unanfechtbar.

(4) Die Kosten der Wiedereinsetzung fallen dem Antragsteller zur Last, soweit sie nicht durch einen unbegründeten Widerspruch des Gegners entstanden sind.

Fünfter Titel

Unterbrechung und Aussetzung des Verfahrens

§ 239 [Unterbrechung durch Tod der Partei]

(1) Im Falle des Todes einer Partei tritt eine Unterbrechung des Verfahrens bis zu dessen Aufnahme durch die Rechtsnachfolger ein.

(2) Wird die Aufnahme verzögert, so sind auf Antrag des Gegners die Rechtsnachfolger zur Aufnahme und zugleich zur Verhandlung der Hauptsache zu laden.

(3) Die Ladung ist mit dem den Antrag enthaltenden Schriftsatz den Rechtsnachfolgern selbst zuzustellen. Die Ladungsfrist wird von dem Vorsitzenden bestimmt.

(4) Erscheinen die Rechtsnachfolger in dem Temin nicht, so ist auf Antrag die behauptete Rechtsnachfolge als zugestanden anzunehmen und zur Hauptsache zu verhandeln.

(5) Der Erbe ist vor der Annahme der Erbschaft zur Fortsetzung des Rechtsstreits nicht verpflichtet.

§ 240 [Konkurs]

Im Falle der Eröffnung des Konkurses über das Vermögen einer Partei wird das Verfahren, wenn es die Konkursmasse betrifft, unterbrochen, bis es nach den für den Konkurs geltenden Vorschriften aufgenommen oder das Konkursverfahren aufgehoben wird.

§ 241 [Prozeßunfähigkeit]

(1) Verliert eine Partei die Prozeßfähigkeit oder stirbt der gesetzliche Vertreter einer Partei oder hört seine Vertretungsbefugnis auf, ohne daß die Partei prozeßfähig geworden ist, so wird das Verfahren unterbrochen, bis der gesetzliche Vertreter oder der neue gesetzliche Vertreter von seiner Bestellung dem Gericht Anzeige macht oder der Gegner seine Absicht, das Verfahren fortzusetzen, dem Gericht angezeigt und das Gericht diese Anzeige von Amts wegen zugestellt hat.

(2) Die Anzeige des gesetzlichen Vertreters ist dem Gegner der durch ihn vertretenen Partei, die Anzeige des Gegners ist dem Vertreter zuzustellen.

(3) Diese Vorschriften sind entsprechend anzuwenden, wenn eine Nachlaßverwaltung angeordnet wird.

§ 242 [Nacherbfolge]

Tritt während des Rechtsstreits zwischen einem Vorerben und einem Dritten über einen der Nacherbfolge unterliegenden Gegenstand der Fall der Nacherbfolge ein, so gelten, sofern der Vorerbe befugt war, ohne Zustimmung des Nacherben über den Gegenstand zu verfügen, hinsichtlich der Unterbrechung und der Aufnahme des Verfahrens die Vorschriften des § 239 entsprechend.

§ 243 [Aufnahme bei Nachlaßpflegschaft]

Wird im Falle der Unterbrechung des Verfahrens durch den Tod einer Partei ein Nachlaßpfleger bestellt oder ist ein zur Führung des Rechtsstreits berechtigter Testamentsvollstrecker vorhanden, so sind die Vorschriften des § 241 und, wenn über den Nachlaß der Konkurs eröffnet wird, die Vorschriften des § 240 bei der Aufnahme des Verfahrens anzuwenden.

§ 244 [Anwaltsverlust]

(1) Stirbt in Anwaltsprozessen der Anwalt einer Partei oder wird er unfähig, die Vertretung der Partei fortzuführen, so tritt eine Unterbrechung des Verfahrens ein, bis der bestellte neue Anwalt seine Bestellung dem Gericht angezeigt und das Gericht die Anzeige dem Gegner von Amts wegen zugestellt hat.

(2) Wird diese Anzeige verzögert, so ist auf Antrag des Gegners die Partei selbst zur Verhandlung der Hauptsache zu laden oder zur Bestellung eines neuen Anwalts binnen einer

von dem Vorsitzenden zu bestimmenden Frist aufzufordern. Wird dieser Aufforderung nicht Folge geleistet, so ist das Verfahren als aufgenommen anzusehen. Bis zur nachträglichen Anzeige der Bestellung eines neuen Anwalts können alle Zustellungen an die zur Anzeige verpflichtete Partei, sofern diese weder am Ort des Prozeßgerichts noch innerhalb des Amtsgerichtsbezirkes wohnt, in dem das Prozeßgericht seinen Sitz hat, durch Aufgabe zur Post (§ 175) erfolgen.

§ 245 [Stillstand der Rechtspflege]

Hört infolge eines Krieges oder eines anderen Ereignisses die Tätigkeit des Gerichts auf, so wird für die Dauer dieses Zustandes das Verfahren unterbrochen.

§ 246 [Aussetzung bei Vertretung durch Prozeßbevollmächtigte]

(1) Fand in den Fällen des Todes, des Verlustes der Prozeßfähigkeit, des Wegfalls des gesetzlichen Vertreters, der Anordnung einer Nachlaßverwaltung oder des Eintritts der Nacherbfolge (§§ 239, 241, 242) eine Vertretung durch einen Prozeßbevollmächtigten statt, so tritt eine Unterbrechung des Verfahrens nicht ein; das Prozeßgericht hat jedoch auf Antrag des Bevollmächtigten, in den Fällen des Todes und der Nacherbfolge auch auf Antrag des Gegners die Aussetzung des Verfahrens anzuordnen.

(2) Die Dauer der Aussetzung und die Aufnahme des Verfahrens richten sich nach den Vorschriften der §§ 239, 241 bis 243; in den Fällen des Todes und der Nacherbfolge ist die Ladung mit dem Schriftsatz, in dem sie beantragt ist, auch dem Bevollmächtigten zuzustellen.

§ 247 [Aussetzung wegen Krieg usw.]

Hält sich eine Partei an einem Ort auf, der durch obrigkeitliche Anordnung oder durch Krieg oder durch andere Zufälle von dem Verkehr mit dem Prozeßgericht abgeschnitten ist, so kann das Gericht auch von Amts wegen die Aussetzung des Verfahrens bis zur Beseitigung des Hindernisses anordnen.

§ 248 [Aussetzungsverfahren]

(1) Das Gesuch um Aussetzung des Verfahrens ist bei dem Prozeßgericht anzubringen; es kann vor der Geschäftsstelle zu Protokoll erklärt werden.

(2) Die Entscheidung kann ohne mündliche Verhandlung ergehen.

§ 249 [Wirkung der Unterbrechung und Aussetzung]

(1) Die Unterbrechung und Aussetzung des Verfahrens hat die Wirkung, daß der Lauf einer jeden Frist aufhört und nach Beendigung der Unterbrechung oder Aussetzung die volle Frist von neuem zu laufen beginnt.

(2) Die während der Unterbrechung oder Aussetzung von einer Partei in Ansehung der Hauptsache vorgenommenen Prozeßhandlungen sind der anderen Partei gegenüber ohne rechtliche Wirkung.

(3) Durch die nach dem Schluß einer mündlichen Verhandlung eintretende Unterbrechung wird die Verkündung der auf Grund dieser Verhandlung zu erlassenden Entscheidung nicht gehindert.

§ 250 [Form von Aufnahme und Anzeige]

Die Aufnahme eines unterbrochenen oder ausgesetzten Verfahrens und die in diesem Titel erwähnten Anzeigen erfolgen durch Zustellung eines bei Gericht einzureichenden Schriftsatzes.

§ 251 [Ruhen des Verfahrens]

(1) Das Gericht hat das Ruhen des Verfahrens anzuordnen, wenn beide Parteien dies beantragen und anzunehmen ist, daß wegen Schwebens von Vergleichsverhandlungen oder

aus sonstigen wichtigen Gründen diese Anordnung zweckmäßig ist. Die Anordnung hat auf den Lauf der im § 233 bezeichneten Fristen keinen Einfluß.

(2) Vor Ablauf von drei Monaten kann das Verfahren nur mit Zustimmung des Gerichts aufgenommen werden. Das Gericht erteilt die Zustimmung, wenn ein wichtiger Grund vorliegt.

§ 251 a [Säumnis beider Parteien; Entscheidung nach Aktenlage]

(1) Erscheinen oder verhandeln in einem Termin beide Parteien nicht, so kann das Gericht nach Lage der Akten entscheiden.

(2) Ein Urteil nach Lage der Akten darf nur ergehen, wenn in einem früheren Termin mündlich verhandelt worden ist. Es darf frühestens in zwei Wochen verkündet werden. Das Gericht hat der nicht erschienenen Partei den Verkündungstermin formlos mitzuteilen. Es bestimmt neuen Termin zur mündlichen Verhandlung, wenn die Partei dies spätestens am siebenten Tage vor dem zur Verkündung bestimmten Termin beantragt und glaubhaft macht, daß sie ohne ihr Verschulden ausgeblieben ist und die Verlegung des Termins nicht rechtzeitig beantragen konnte.

(3) Wenn das Gericht nicht nach Lage der Akten entscheidet und nicht nach § 227 vertagt, ordnet es das Ruhen des Verfahrens an.

§ 252 [Rechtsbehelfe gegen Aussetzungsbeschlüsse]

Gegen die Entscheidung, durch die auf Grund der Vorschriften dieses Titels oder auf Grund anderer gesetzlicher Bestimmungen die Aussetzung des Verfahrens angeordnet oder abgelehnt wird, findet Beschwerde, im Falle der Ablehnung sofortige Beschwerde statt.

Zweites Buch

Verfahren im ersten Rechtszuge

Erster Abschnitt

Verfahren vor den Landgerichten

Erster Titel

Verfahren bis zum Urteil

§ 253 [Inhalt der Klageschrift]

(1) Die Erhebung der Klage erfolgt durch Zustellung eines Schriftsatzes (Klageschrift).

(2) Die Klageschrift muß enthalten:

1. die Bezeichnung der Parteien und des Gerichts;
2. die bestimmte Angabe des Gegenstandes und des Grundes des erhobenen Anspruchs sowie einen bestimmten Antrag.

(3) Die Klageschrift soll ferner die Angabe des Wertes des Streitgegenstandes enthalten, wenn hiervon die Zuständigkeit des Gerichts abhängt und der Streitgegenstand nicht in einer bestimmten Geldsumme besteht, sowie eine Äußerung dazu, ob einer Übertragung der Sache auf den Einzelrichter Gründe entgegenstehen.

(4) Außerdem sind die allgemeinen Vorschriften über die vorbereitenden Schriftsätze auch auf die Klageschrift anzuwenden.

(5) Die Klageschrift sowie sonstige Anträge und Erklärungen einer Partei, die zugestellt werden sollen, sind bei dem Gericht schriftlich unter Beifügung der für ihre Zustellung oder Mitteilung erforderlichen Zahl von Abschriften einzureichen.

§ 254 [Stufenklage]

Wird mit der Klage auf Rechnungslegung oder auf Vorlegung eines Vermögensverzeichnisses oder auf Abgabe einer eidesstattlichen Versicherung die Klage auf Herausgabe desjenigen verbunden, was der Beklagte aus dem zugrunde liegenden Rechtsverhältnis schuldet, so kann die bestimmte Angabe der Leistungen, die der Kläger beansprucht, vorbehalten werden, bis die Rechnung mitgeteilt, das Vermögensverzeichnis vorgelegt oder die eidesstattliche Versicherung abgegeben ist.

§ 255 [Fristbestimmung im Urteil]

(1) Hat der Kläger für den Fall, daß der Beklagte nicht vor dem Ablauf einer ihm zu bestimmenden Frist den erhobenen Anspruch befriedigt, das Recht, Schadensersatz wegen Nichterfüllung zu fordern oder die Aufhebung eines Vertrages herbeizuführen, so kann er verlangen, daß die Frist im Urteil bestimmt wird.

(2) Das gleiche gilt, wenn dem Kläger das Recht, die Anordnung einer Verwaltung zu verlangen, für den Fall zusteht, daß der Beklagte nicht vor dem Ablauf einer ihm zu bestimmenden Frist die beanspruchte Sicherheit leistet, sowie im Falle des § 2193 Abs. 2 des Bürgerlichen Gesetzbuchs für die Bestimmung einer Frist zur Vollziehung der Auflage.

§ 256 [Zulässigkeit einer Feststellungsklage]

(1) Auf Feststellung des Bestehens oder Nichtbestehens eines Rechtsverhältnisses, auf Anerkennung einer Urkunde oder auf Feststellung ihrer Unechtheit kann Klage erhoben werden, wenn der Kläger ein rechtliches Interesse daran hat, daß das Rechtsverhältnis oder die Echtheit oder Unechtheit der Urkunde durch richterliche Entscheidung alsbald festgestellt werde.

(2) Bis zum Schluß derjenigen mündlichen Verhandlung, auf die das Urteil ergeht, kann der Kläger durch Erweiterung des Klageantrags, der Beklagte durch Erhebung einer Widerklage beantragen, daß ein im Laufe des Prozesses streitig gewordenes Rechtsverhältnis, von dessen Bestehen oder Nichtbestehen die Entscheidung des Rechtsstreits ganz oder zum Teil abhängt, durch richterliche Entscheidung festgestellt werde.

§ 257 [Klage auf künftige Leistung]

Ist die Geltendmachung einer nicht von einer Gegenleistung abhängigen Geldforderung oder die Geltendmachung des Anspruchs auf Räumung eines Grundstücks oder eines Raumes, der anderen als Wohnzwecken dient, an den Eintritt eines Kalendertages geknüpft, so kann Klage auf künftige Zahlung oder Räumung erhoben werden.

§ 258 [Klage auf wiederkehrende Leistungen]

Bei wiederkehrenden Leistungen kann auch wegen der erst nach Erlaß des Urteils fällig werdenden Leistungen Klage auf künftige Entrichtung erhoben werden.

§ 259 [Besorgnis der Nichterfüllung]

Klage auf künftige Leistung kann außer den Fällen der §§ 257, 258 erhoben werden, wenn den Umständen nach die Besorgnis gerechtfertigt ist, daß der Schuldner sich der rechtzeitigen Leistung entziehen werde.

§ 260 [Anspruchshäufung]

Mehrere Ansprüche des Klägers gegen denselben Beklagten können, auch wenn sie auf verschiedenen Gründen beruhen, in einer Klage verbunden werden, wenn für sämtliche Ansprüche das Prozeßgericht zuständig und dieselbe Prozeßart zulässig ist.

§ 261 [Rechtshängigkeit]

(1) Durch die Erhebung der Klage wird die Rechtshängigkeit der Streitsache begründet.

(2) Die Rechtshängigkeit eines erst im Laufe des Prozesses erhobenen Anspruchs tritt mit dem Zeitpunkt ein, in dem der Anspruch in der mündlichen Verhandlung geltend gemacht oder ein den Erfordernissen des § 253 Abs. 2 Nr. 2 entsprechender Schriftsatz zugestellt wird.

(3) Die Rechtshängigkeit hat folgende Wirkungen:
1. während der Dauer der Rechtshängigkeit kann die Streitsache von keiner Partei anderweitig anhängig gemacht werden;
2. Die Zuständigkeit des Prozeßgerichts wird durch eine Veränderung der sie begründenden Umstände nicht berührt.

§§ 261 a und **261 b (aufgehoben)**

§ 262 [Sonstige Wirkungen der Rechtshängigkeit]
Die Vorschriften des bürgerlichen Rechts über die sonstigen Wirkungen der Rechtshängigkeit bleiben unberührt. Diese Wirkungen sowie alle Wirkungen, die durch die Vorschriften des bürgerlichen Rechts an die Anstellung, Mitteilung oder gerichtliche Anmeldung der Klage, an die Ladung oder Einlassung des Beklagten geknüpft werden, treten unbeschadet der Vorschrift des § 207 mit der Erhebung der Klage ein.

§ 263 [Zulässigkeit der Klageänderung]
Nach dem Eintritt der Rechtshängigkeit ist eine Änderung der Klage zulässig, wenn der Beklagte einwilligt oder das Gericht sie für sachdienlich erachtet.

§ 264 [Keine Klageänderung]
Als eine Änderung der Klage ist es nicht anzusehen, wenn ohne Änderung des Klagegrundes
1. die tatsächlichen oder rechtlichen Anführungen ergänzt oder berichtigt werden;
2. der Klageantrag in der Hauptsache oder in bezug auf Nebenforderungen erweitert oder beschränkt wird;
3. statt des ursprünglich geforderten Gegenstandes wegen einer später eingetretenen Veränderung ein anderer Gegenstand oder das Interesse gefordert wird.

§ 265 [Veräußerung der streitbefangenen Sache]
(1) Die Rechtshängigkeit schließt das Recht der einen oder der anderen Partei nicht aus, die in Streit befangene Sache zu veräußern oder den geltend gemachten Anspruch abzutreten.
(2) Die Veräußerung oder Abtretung hat auf den Prozeß keinen Einfluß. Der Rechtsnachfolger ist nicht berechtigt, ohne Zustimmung des Gegners den Prozeß als Hauptpartei an Stelle des Rechtsvorgängers zu übernehmen oder eine Hauptintervention zu erheben. Tritt der Rechtsnachfolger als Nebenintervenient auf, so ist § 69 nicht anzuwenden.
(3) Hat der Kläger veräußert oder abgetreten, so kann ihm, sofern das Urteil nach § 325 gegen den Rechtsnachfolger nicht wirksam sein würde, der Einwand entgegengesetzt werden, daß er zur Geltendmachung des Anspruchs nicht mehr befugt sei.

§ 266 [Veräußerung eines Grundstücks]
(1) Ist über das Bestehen oder Nichtbestehen eines Rechts, das für ein Grundstück in Anspruch genommen wird, oder einer Verpflichtung, die auf einem Grundstück ruhen soll, zwischen dem Besitzer und einem Dritten ein Rechtsstreit anhängig, so ist im Falle der Veräußerung des Grundstücks der Rechtsnachfolger berechtigt und auf Antrag des Gegners verpflichtet, den Rechtsstreit in der Lage, in der er sich befindet, als Hauptpartei zu übernehmen. Entsprechendes gilt für einen Rechtsstreit über das Bestehen oder Nichtbestehen einer Verpflichtung, die auf einem eingetragenen Schiff oder Schiffsbauwerk ruhen soll.
(2) Diese Bestimmung ist insoweit nicht anzuwenden, als ihr Vorschriften des bürgerlichen Rechts zugunsten derjenigen, die Rechte von einem Nichtberechtigten herleiten, entgegenstehen. In einem solchen Falle gilt, wenn der Kläger veräußert hat, die Vorschrift des § 265 Abs. 3.

§ 267 [Einwilligungsvermutung bei Klageänderung]
Die Einwilligung des Beklagten in die Änderung der Klage ist anzunehmen, wenn er, ohne der Änderung zu widersprechen, sich in einer mündlichen Verhandlung auf die abgeänderte Klage eingelassen hat.

§ 268 [Anfechtbarkeit der Entscheidung über Klageänderung]
Eine Anfechtung der Entscheidung, daß eine Änderung der Klage nicht vorliege oder daß die Änderung zuzulassen sei, findet nicht statt.

§ 269 [Klagerücknahme]
(1) Die Klage kann ohne Einwilligung des Beklagten nur bis zum Beginn der mündlichen Verhandlung des Beklagten zur Hauptsache zurückgenommen werden.

(2) Die Zurücknahme der Klage und, soweit sie zur Wirksamkeit der Zurücknahme erforderlich ist, auch die Einwilligung des Beklagten sind dem Gericht gegenüber zu erklären. Die Zurücknahme der Klage erfolgt, wenn sie nicht bei der mündlichen Verhandlung erklärt wird, durch Einreichung eines Schriftsatzes.

(3) Wird die Klage zurückgenommen, so ist der Rechtsstreit als nicht anhängig geworden anzusehen; ein bereits ergangenes, noch nicht rechtskräftiges Urteil wird wirkungslos, ohne daß es seiner ausdrücklichen Aufhebung bedarf. Der Kläger ist verpflichtet, die Kosten des Rechtsstreits zu tragen, soweit nicht bereits rechtskräftig über sie erkannt ist. Auf Antrag des Beklagten sind die in Satz 1 und 2 bezeichneten Wirkungen durch Beschluß auszusprechen. Der Beschluß bedarf keiner mündlichen Verhandlung. Er unterliegt der sofortigen Beschwerde.

(4) Wird die Klage von neuem angestellt, so kann der Beklagte die Einlassung verweigern, bis die Kosten erstattet sind.

§ 270 [Zustellung von Amts wegen]
(1) Die Zustellungen erfolgen, soweit nicht ein anderes vorgeschrieben ist, von Amts wegen.

(2) Mit Ausnahme der Klageschrift und solcher Schriftsätze, die Sachanträge oder eine Zurücknahme der Klage enthalten, sind Schriftsätze und sonstige Erklärungen der Parteien, sofern nicht das Gericht die Zustellung anordnet, ohne besondere Form mitzuteilen. Bei Übersendung durch die Post gilt die Mitteilung, wenn die Wohnung der Partei im Bereich des Ortsbestellverkehrs liegt, an dem folgenden, im übrigen an dem zweiten Werktage nach der Aufgabe zur Post als bewirkt, sofern nicht die Partei glaubhaft macht, daß ihr die Mitteilung nicht oder erst in einem späteren Zeitpunkt zugegangen ist.

(3) Soll durch die Zustellung eine Frist gewahrt oder die Verjährung unterbrochen werden, so tritt die Wirkung, sofern die Zustellung demnächst erfolgt, bereits mit der Einreichung oder Anbringung des Antrags oder der Erklärung ein.

§ 271 [Zustellung der Klageschrift]
(1) Die Klageschrift ist unverzüglich zuzustellen.

(2) Mit der Zustellung ist der Beklagte aufzufordern, einen bei dem Prozeßgericht zugelassenen Rechtsanwalt zu bestellen, wenn er eine Verteidigung gegen die Klage beabsichtigt.

(3) (aufgehoben)

§ 272 [Beschleunigung des Verfahrens]
(1) Der Rechtsstreit ist in der Regel in einem umfassend vorbereiteten Termin zur mündlichen Verhandlung (Haupttermin) zu erledigen.

(2) Der Vorsitzende bestimmt entweder einen frühen ersten Termin zur mündlichen Verhandlung (§ 275) oder veranlaßt ein schriftliches Vorverfahren (§ 276).

(3) Die mündliche Verhandlung soll so früh wie möglich stattfinden.

§ 273 [Terminsvorbereitung]

(1) Das Gericht hat erforderliche vorbereitende Maßnahmen rechtzeitig zu veranlassen. In jeder Lage des Verfahrens ist darauf hinzuwirken, daß sich die Parteien rechtzeitig und vollständig erklären.

(2) Zur Vorbereitung jedes Termins kann der Vorsitzende oder ein von ihm bestimmtes Mitglied des Prozeßgerichts insbesondere

1. den Parteien die Ergänzung oder Erläuterung ihrer vorbereitenden Schriftsätze sowie die Vorlegung von Urkunden und von anderen zur Niederlegung bei Gericht geeigneten Gegenständen aufgeben, insbesondere eine Frist zur Erklärung über bestimmte klärungsbedürftige Punkte setzen;
2. Behörden oder Träger eines öffentlichen Amtes um Mitteilung von Urkunden oder um Erteilung amtlicher Auskünfte ersuchen;
3. das persönliche Erscheinen der Parteien anordnen;
4. Zeugen, auf die sich eine Partei bezogen hat, und Sachverständige zur mündlichen Verhandlung laden sowie eine Anordnung nach § 378 treffen.

(3) Anordnungen nach Absatz 2 Nr. 4 sollen nur ergehen, wenn der Beklagte dem Klageanspruch bereits widersprochen hat. Für sie gilt § 379 entsprechend.

(4) Die Parteien sind von jeder Anordnung zu benachrichtigen. Wird das persönliche Erscheinen der Parteien angeordnet, so gelten die Vorschriften des § 141 Abs. 2, 3.

§ 274 [Ladung der Parteien – Einlassungsfrist]

(1) Nach der Bestimmung des Termins zur mündlichen Verhandlung ist die Ladung der Parteien durch die Geschäftsstelle zu veranlassen.

(2) Die Ladung ist dem Beklagten mit der Klageschrift zuzustellen, wenn das Gericht einen frühen ersten Verhandlungstermin bestimmt.

(3) Zwischen der Zustellung der Klageschrift und dem Termin zur mündlichen Verhandlung muß ein Zeitraum von mindestens zwei Wochen liegen (Einlassungsfrist). In Meß- und Marktsachen beträgt die Einlassungsfrist mindestens vierundzwanzig Stunden. Ist die Zustellung im Ausland vorzunehmen, so hat der Vorsitzende bei der Festsetzung des Termins die Einlassungsfrist zu bestimmen.

§ 275 [Früher erster Termin]

(1) Zur Vorbereitung des frühen ersten Termins zur mündlichen Verhandlung kann der Vorsitzende oder ein von ihm bestimmtes Mitglied des Prozeßgerichts dem Beklagten eine Frist zur schriftlichen Klageerwiderung setzen. Andernfalls ist der Beklagte aufzufordern, etwa vorzubringende Verteidigungsmittel unverzüglich durch den zu bestellenden Rechtsanwalt in einem Schriftsatz dem Gericht mitzuteilen; § 277 Abs. 1 Satz 2 gilt entsprechend.

(2) Wird das Verfahren in dem frühen ersten Termin zur mündlichen Verhandlung nicht abgeschlossen, so trifft das Gericht alle Anordnungen, die zur Vorbereitung des Haupttermins noch erforderlich sind.

(3) Das Gericht setzt in dem Termin eine Frist zur schriftlichen Klageerwiderung, wenn der Beklagte noch nicht oder nicht ausreichend auf die Klage erwidert hat und ihm noch keine Frist nach Absatz 1 Satz 1 gesetzt war.

(4) Das Gericht kann dem Kläger in dem Termin oder nach Eingang der Klageerwiderung eine Frist zur schriftlichen Stellungnahme auf die Klageerwiderung setzen.

§ 276 [Schriftliches Vorverfahren]

(1) Bestimmt der Vorsitzende keinen frühen ersten Termin zur mündlichen Verhandlung, so fordert er den Beklagten mit der Zustellung der Klage auf, wenn er sich gegen die Klage verteidigen wolle, dies binnen einer Notfrist von zwei Wochen nach Zustellung der Klageschrift dem Gericht schriftlich anzuzeigen; der Kläger ist von der Aufforderung zu unterrichten. Zugleich ist dem Beklagten eine Frist von mindestens zwei weiteren Wochen zur schriftlichen Klageerwiderung zu setzen. Ist die Zustellung der Klage im Ausland vorzunehmen, so bestimmt der Vorsitzende die Frist nach Satz 1; § 175 gilt entsprechend mit der Maßgabe, daß der Zustellungsbevollmächtigte innerhalb dieser Frist zu benennen ist.

(2) Mit der Aufforderung ist der Beklagte über die Folgen einer Versäumung der ihm nach Absatz 1 Satz 1 gesetzten Frist sowie darüber zu belehren, daß er die Erklärung, der Klage entgegentreten zu wollen, nur durch den zu bestellenden Rechtsanwalt abgeben kann.

(3) Der Vorsitzende kann dem Kläger eine Frist zur schriftlichen Stellungnahme auf die Klageerwiderung setzen.

§ 277 [Klageerwiderung]

(1) In der Klageerwiderung hat der Beklagte seine Verteidigungsmittel vorzubringen, soweit es nach der Prozeßlage einer sorgfältigen und auf Förderung des Verfahrens bedachten Prozeßführung entspricht. Die Klageerwiderung soll ferner eine Äußerung dazu enthalten, ob einer Übertragung der Sache auf den Einzelrichter Gründe entgegenstehen.

(2) Der Beklagte ist darüber, daß die Klageerwiderung durch den zu bestellenden Rechtsanwalt bei Gericht einzureichen ist, und über die Folgen einer Fristversäumung zu belehren.

(3) Die Frist zur schriftlichen Klageerwiderung nach § 275 Abs. 1 Satz 1, Abs. 3 beträgt mindestens zwei Wochen.

(4) Für die schriftliche Stellungnahme auf die Klageerwiderung gelten Absatz 1 Satz 1 und Absätze 2 und 3 entsprechend.

§ 278 [Haupttermin]

(1) Im Haupttermin führt das Gericht in den Sach- und Streitstand ein. Die erschienenen Parteien sollen hierzu persönlich gehört werden.

(2) Der streitigen Verhandlung soll die Beweisaufnahme unmittelbar folgen. Im Anschluß an die Beweisaufnahme ist der Sach- und Streitstand erneut mit den Parteien zu erörtern.

(3) Auf einen rechtlichen Gesichtspunkt, den eine Partei erkennbar übersehen oder für unerheblich gehalten hat, darf das Gericht, soweit nicht nur eine Nebenforderung betroffen ist, seine Entscheidung nur stützen, wenn es Gelegenheit zur Äußerung dazu gegeben hat.

(4) Ein erforderlicher neuer Termin ist möglichst kurzfristig anzuberaumen.

§ 279 [Gütliche Beilegung, Güteversuch]

(1) Das Gericht soll in jeder Lage des Verfahrens auf eine gütliche Beilegung des Rechtsstreits oder einzelner Streitpunkte bedacht sein. Es kann die Parteien für einen Güteversuch vor einen beauftragten oder ersuchten Richter verweisen.

(2) Für den Güteversuch kann das persönliche Erscheinen der Parteien angeordnet werden. Wird das Erscheinen angeordnet, so gilt § 141 Abs. 2 entsprechend.

§ 280 [Abgesonderte Verhandlung über Klagezulässigkeit]

(1) Das Gericht kann anordnen, daß über die Zulässigkeit der Klage abgesondert verhandelt wird.

(2) Ergeht ein Zwischenurteil, so ist es in betreff der Rechtsmittel als Endurteil anzusehen. Das Gericht kann jedoch auf Antrag anordnen, daß zur Hauptsache zu verhandeln ist.

§ 281 [Verweisung an zuständiges Gericht]

(1) Ist auf Grund der Vorschriften über die örtliche oder sachliche Zuständigkeit der Gerichte die Unzuständigkeit des Gerichts auszusprechen, so hat das angegangene Gericht, sofern das zuständige Gericht bestimmt werden kann, auf Antrag des Klägers durch Beschluß sich für unzuständig zu erklären und den Rechtsstreit an das zuständige Gericht zu verweisen. Sind mehrere Gerichte zuständig, so erfolgt die Verweisung an das vom Kläger gewählte Gericht.

(2) Anträge und Erklärungen zur Zuständigkeit des Gerichts können vor dem Urkundsbeamten der Geschäftsstelle abgegeben werden. Die Entscheidung kann ohne mündliche Verhandlung ergehen. Der Beschluß ist unanfechtbar. Der Rechtsstreit wird bei dem im Beschluß bezeichneten Gericht mit Eingang der Akten anhängig. Der Beschluß ist für dieses Gericht bindend.

(3) Die im Verfahren vor dem angegangenen Gericht erwachsenen Kosten werden als Teil der Kosten behandelt, die bei dem im Beschluß bezeichneten Gericht erwachsen. Dem Kläger sind die entstandenen Mehrkosten auch dann aufzuerlegen, wenn er in der Hauptsache obsiegt.

§ 282 [Angriffs- und Verteidigungsmittel]

(1) Jede Partei hat in der mündlichen Verhandlung ihre Angriffs- und Verteidigungsmittel, insbesondere Behauptungen, Bestreiten, Einwendungen, Einreden, Beweismittel und Beweiseinreden, so zeitig vorzubringen, wie es nach der Prozeßlage einer sorgfältigen und auf Förderung des Verfahrens bedachten Prozeßführung entspricht.

(2) Anträge sowie Angriffs- und Verteidigungsmittel, auf die der Gegner voraussichtlich ohne vorhergehende Erkundigung keine Erklärung abgeben kann, sind vor der mündlichen Verhandlung durch vorbereitenden Schriftsatz so zeitig mitzuteilen, daß der Gegner die erforderliche Erkundigung noch einzuziehen vermag.

(3) Rügen, die die Zulässigkeit der Klage betreffen, hat der Beklagte gleichzeitig und vor seiner Verhandlung zur Hauptsache vorzubringen. Ist ihm vor der mündlichen Verhandlung eine Frist zur Klageerwiderung gesetzt, so hat er die Rügen schon innerhalb der Frist geltend zu machen.

§ 283 [Nachbringen von Erklärungen]

Kann sich eine Partei in der mündlichen Verhandlung auf ein Vorbringen des Gegners nicht erklären, weil es ihr nicht rechtzeitig vor dem Termin mitgeteilt worden ist, so kann auf ihren Antrag das Gericht eine Frist bestimmen, in der sie die Erklärung in einem Schriftsatz nachbringen kann; gleichzeitig wird ein Termin zur Verkündung einer Entscheidung anberaumt. Eine fristgemäß eingereichte Erklärung muß, eine verspätet eingereichte Erklärung kann das Gericht bei der Entscheidung berücksichtigen.

§ 284 [Beweisaufnahme]

Die Beweisaufnahme und die Anordnung eines besonderen Beweisaufnahmeverfahrens durch Beweisbeschluß wird durch die Vorschriften des fünften bis elften Titels bestimmt.

§ 285 [Verhandlung nach Beweisaufnahme]

(1) Über das Ergebnis der Beweisaufnahme haben die Parteien unter Darlegung des Streitverhältnisses zu verhandeln.

(2) Ist die Beweisaufnahme nicht vor dem Prozeßgericht erfolgt, so haben die Parteien ihr Ergebnis auf Grund der Beweisverhandlungen vorzutragen.

§ 286 [Freie Beweiswürdigung]

(1) Das Gericht hat unter Berücksichtigung des gesamten Inhalts der Verhandlungen und des Ergebnisses einer etwaigen Beweisaufnahme nach freier Überzeugung zu entscheiden, ob eine tatsächliche Behauptung für wahr oder für nicht wahr zu erachten sei. In dem Urteil sind die Gründe anzugeben, die für die richterliche Überzeugung leitend gewesen sind.

(2) An gesetzliche Beweisregeln ist das Gericht nur in den durch dieses Gesetz bezeichneten Fällen gebunden.

§ 287 [Schadensermittlung]

(1) Ist unter den Parteien streitig, ob ein Schaden entstanden sei und wie hoch sich der Schaden oder ein zu ersetzendes Interesse belaufe, so entscheidet hierüber das Gericht unter Würdigung aller Umstände nach freier Überzeugung. Ob und inwieweit eine beantragte Beweisaufnahme oder von Amts wegen die Begutachtung durch Sachverständige anzuordnen sei, bleibt dem Ermessen des Gerichts überlassen. Das Gericht kann den Beweisführer über den Schaden oder das Interesse vernehmen; die Vorschriften des § 452 Abs. 1 Satz 1, Abs. 2 bis 4 gelten entsprechend.

(2) Die Vorschriften des Absatzes 1 Satz 1, 2 sind bei vermögensrechtlichen Streitigkeiten auch in anderen Fällen entsprechend anzuwenden, soweit unter den Parteien die Höhe einer Forderung streitig ist und die vollständige Aufklärung aller hierfür maßgebenden Umstände mit Schwierigkeiten verbunden ist, die zu der Bedeutung des streitigen Teiles der Forderung in keinem Verhältnis stehen.

§ 288 [Gerichtliches Geständnis]

(1) Die von einer Partei behaupteten Tatsachen bedürfen insoweit keines Beweises, als sie im Laufe des Rechtsstreits von dem Gegner bei einer mündlichen Verhandlung oder zum Protokoll eines beauftragten oder ersuchten Richters zugestanden sind.

(2) Zur Wirksamkeit des gerichtlichen Geständnisses ist dessen Annahme nicht erforderlich.

§ 289 [Wirksamkeit]

(1) Die Wirksamkeit des gerichtlichen Geständnisses wird dadurch nicht beeinträchtigt, daß ihm eine Behauptung hinzugefügt wird, die ein selbständiges Angriffs- oder Verteidigungsmittel enthält.

(2) Inwiefern eine vor Gericht erfolgte einräumende Erklärung ungeachtet anderer zusätzlicher oder einschränkender Behauptungen als ein Geständnis anzusehen sei, bestimmt sich nach der Beschaffenheit des einzelnen Falles.

§ 290 [Geständniswiderruf]

Der Widerruf hat auf die Wirksamkeit des gerichtlichen Geständnisses nur dann Einfluß, wenn die widerrufende Partei beweist, daß das Geständnis der Wahrheit nicht entspreche und durch einen Irrtum veranlaßt sei. In diesem Falle verliert das Geständnis seine Wirksamkeit.

§ 291 [Offenkundige Tatsachen]

Tatsachen, die bei dem Gericht offenkundig sind, bedürfen keines Beweises.

§ 292 [Gesetzliche Vermutungen]

Stellt das Gesetz für das Vorhandensein einer Tatsache eine Vermutung auf, so ist der Beweis des Gegenteils zulässig, sofern nicht das Gesetz ein anderes vorschreibt. Dieser Beweis kann auch durch den Antrag auf Parteivernehmung nach § 445 geführt werden.

§ 293 [Ausländisches Recht; Gewohnheitsrecht; Statuten]
Das in einem anderen Staate geltende Recht, die Gewohnheitsrechte und Statuten bedürfen des Beweises nur insofern, als sie dem Gericht unbekannt sind. Bei Ermittlung dieser Rechtsnormen ist das Gericht auf die von den Parteien beigebrachten Nachweise nicht beschränkt; es ist befugt, auch andere Erkenntnisquellen zu benutzen und zum Zwecke einer solchen Benutzung das Erforderliche anzuordnen.

§ 294 [Beweismittel bei Glaubhaftmachung]
(1) Wer eine tatsächliche Behauptung glaubhaft zu machen hat, kann sich aller Beweismittel bedienen, auch zur Versicherung an Eides Statt zugelassen werden.

(2) Eine Beweisaufnahme, die nicht sofort erfolgen kann, ist unstatthaft.

§ 295 [Verzicht auf Verfahrensrügen]
(1) Die Verletzung einer das Verfahren und insbesondere die Form einer Prozeßhandlung betreffenden Vorschrift kann nicht mehr gerügt werden, wenn die Partei auf die Befolgung der Vorschrift verzichtet, oder wenn sie bei der nächsten mündlichen Verhandlung, die auf Grund des betreffenden Verfahrens stattgefunden hat oder in der darauf Bezug genommen ist, den Mangel nicht gerügt hat, obgleich sie erschienen und ihr der Mangel bekannt war oder bekannt sein mußte.

(2) Die vorstehende Bestimmung ist nicht anzuwenden, wenn Vorschriften verletzt sind, auf deren Befolgung eine Partei wirksam nicht verzichten kann.

§ 296 [Nachträglich vorgebrachte Angriffs- und Verteidigungsmittel]
(1) Angriffs- und Verteidigungsmittel, die erst nach Ablauf einer hierfür gesetzten Frist (§ 273 Abs. 2 Nr. 1, § 275 Abs. 1 Satz 1, Abs. 3, 4, § 276 Abs. 1 Satz 2, Abs. 3, § 277) vorgebracht werden, sind nur zuzulassen, wenn nach der freien Überzeugung des Gerichts ihre Zulassung die Erledigung des Rechtsstreits nicht verzögern würde oder wenn die Partei die Verspätung genügend entschuldigt.

(2) Angriffs- und Verteidigungsmittel, die entgegen § 282 Abs. 1 nicht rechtzeitig vorgebracht oder entgegen § 282 Abs. 2 nicht rechtzeitig mitgeteilt werden, können zurückgewiesen werden, wenn ihre Zulassung nach der freien Überzeugung des Gerichts die Erledigung des Rechtsstreits verzögern würde und die Verspätung auf grober Nachlässigkeit beruht.

(3) Verspätete Rügen, die die Zulässigkeit der Klage betreffen und auf die der Beklagte verzichten kann, sind nur zuzulassen, wenn der Beklagte die Verspätung genügend entschuldigt.

(4) In den Fällen der Absätze 1 und 3 ist der Entschuldigungsgrund auf Verlangen des Gerichts glaubhaft zu machen.

§ 296 a [Angriffs- und Verteidigungsmittel nach Schluß der mündlichen Verhandlung]
Nach Schluß der mündlichen Verhandlung, auf die das Urteil ergeht, können Angriffs- und Verteidigungsmittel nicht mehr vorgebracht werden. §§ 156, 283 bleiben unberührt.

§ 297 [Antragsverlesung – Bezugnahme]
(1) Die Anträge sind aus den vorbereitenden Schriftsätzen zu verlesen. Soweit sie darin nicht enthalten sind, müssen sie aus einer dem Protokoll als Anlage beizufügenden Schrift verlesen werden. Der Vorsitzende kann auch gestatten, daß die Anträge zu Protokoll erklärt werden.

(2) Die Verlesung kann dadurch ersetzt werden, daß die Parteien auf die Schriftsätze Bezug nehmen, die die Anträge enthalten.

§ 298 (aufgehoben)

§ 299 [Recht auf Akteneinsicht und Abschriften]

(1) Die Parteien können die Prozeßakten einsehen und sich aus ihnen durch die Geschäftsstelle Ausfertigungen, Auszüge und Abschriften erteilen lassen.

(2) Dritten Personen kann der Vorstand des Gerichts ohne Einwilligung der Parteien die Einsicht der Akten nur gestatten, wenn ein rechtliches Interesse glaubhaft gemacht wird.

(3) Die Entwürfe zu Urteilen, Beschlüssen und Verfügungen, die zu ihrer Vorbereitung gelieferten Arbeiten sowie die Schriftstücke, die Abstimmungen betreffen, werden weder vorgelegt noch abschriftlich mitgeteilt.

§ 299 a [Wiedergabe von Prozeßakten auf Bildträgern]

Sind die Prozeßakten zur Ersetzung der Urschrift auf einem Bildträger nach ordnungsgemäßen Grundsätzen verkleinert wiedergegeben worden und liegt der schriftliche Nachweis darüber vor, daß die Wiedergabe mit der Urschrift übereinstimmt, so können Ausfertigungen, Auszüge und Abschriften von der Wiedergabe erteilt werden. Auf der Urschrift anzubringende Vermerke werden in diesem Fall bei dem Nachweis angebracht.

Zweiter Titel

Urteil

§ 300 [Endurteil]

(1) Ist der Rechtsstreit zur Endentscheidung reif, so hat das Gericht sie durch Endurteil zu erlassen.

(2) Das gleiche gilt, wenn von mehreren zum Zwecke gleichzeitiger Verhandlung und Entscheidung verbundenen Prozessen nur der eine zur Endentscheidung reif ist.

§ 301 [Teilurteil]

(1) Ist von mehreren in einer Klage geltend gemachten Ansprüchen nur der eine oder ist nur ein Teil eines Anspruchs oder bei erhobener Widerklage nur die Klage oder die Widerklage zur Endentscheidung reif, so hat das Gericht sie durch Endurteil (Teilurteil) zu erlassen.

(2) Der Erlaß eines Teilurteils kann unterbleiben, wenn es das Gericht nach Lage der Sache nicht für angemessen erachtet.

§ 302 [Vorbehaltsurteil]

(1) Hat der Beklagte die Aufrechnung einer Gegenforderung geltend gemacht, die mit der in der Klage geltend gemachten Forderung nicht in rechtlichem Zusammenhang steht, so kann, wenn nur die Verhandlung über die Forderung zur Entscheidung reif ist, diese unter Vorbehalt der Entscheidung über die Aufrechnung ergehen.

(2) Enthält das Urteil keinen Vorbehalt, so kann die Ergänzung des Urteils nach Vorschrift des § 321 beantragt werden.

(3) Das Urteil, das unter Vorbehalt der Entscheidung über die Aufrechnung ergeht, ist in betreff der Rechtsmittel und der Zwangsvollstreckung als Endurteil anzusehen.

(4) In betreff der Aufrechnung, über welche die Entscheidung vorbehalten ist, bleibt der Rechtsstreit anhängig. Soweit sich in dem weiteren Verfahren ergibt, daß der Anspruch des Klägers unbegründet war, ist das frühere Urteil aufzuheben, der Kläger mit dem Anspruch abzuweisen und über die Kosten anderweit zu entscheiden. Der Kläger ist zum Ersatz des Schadens verpflichtet, der dem Beklagten durch die Vollstreckung des Urteils oder durch eine zur Abwendung der Vollstreckung gemachte Leistung entstanden ist. Der Beklagte kann den Anspruch auf Schadensersatz in dem anhängigen Rechtsstreit geltend machen;

wird der Anspruch geltend gemacht, so ist er als zur Zeit der Zahlung oder Leistung rechtshängig geworden anzusehen.

§ 303 [Zwischenurteil]

Ist ein Zwischenstreit zur Entscheidung reif, so kann die Entscheidung durch Zwischenurteil ergehen.

§ 304 [Zwischenurteil über den Grund]

(1) Ist ein Anspruch nach Grund und Betrag streitig, so kann das Gericht über den Grund vorab entscheiden.

(2) Das Urteil ist in betreff der Rechtsmittel als Endurteil anzusehen; das Gericht kann jedoch, wenn der Anspruch für begründet erklärt ist, auf Antrag anordnen, daß über den Betrag zu verhandeln sei.

§ 305 [Urteil unter Vorbehalt beschränkter Erbenhaftung]

(1) Durch die Geltendmachung der dem Erben nach den §§ 2014, 2015 des Bürgerlichen Gesetzbuchs zustehenden Einreden wird eine unter dem Vorbehalt der beschränkten Haftung ergehende Verurteilung des Erben nicht ausgeschlossen.

(2) Das gleiche gilt für die Geltendmachung der Einreden, die im Falle der fortgesetzten Gütergemeinschaft dem überlebenden Ehegatten nach dem § 1489 Abs. 2 und den §§ 2014, 2015 des Bürgerlichen Gesetzbuchs zustehen.

§ 305 a [Nichtberücksichtigung des Anspruchs der Haftungsbeschränkung]

Unterliegt der in der Klage geltend gemachte Anspruch der Haftungsbeschränkung nach § 486 Abs. 1 oder 3, §§ 487 bis 487 d des Handelsgesetzbuchs und macht der Beklagte geltend, daß

1. aus demselben Ereignis weitere Ansprüche, für die er die Haftung beschränken kann, entstanden sind und
2. die Summe der Ansprüche die Haftungshöchstbeträge übersteigt, die für diese Ansprüche in Artikel 6 oder 7 des Haftungsbeschränkungsübereinkommens (§ 486 Abs. 1 des Handelsgesetzbuchs) oder in den §§ 487, 487 a oder 487 c des Handelsgesetzbuchs bestimmt sind,

so kann das Gericht das Recht auf Beschränkung der Haftung bei der Entscheidung unberücksichtigt lassen, wenn die Erledigung des Rechtsstreits wegen Ungewißheit über Grund oder Betrag der weiteren Ansprüche nach der freien Überzeugung des Gerichts nicht unwesentlich erschwert wäre. In diesem Fall ergeht das Urteil unter dem Vorbehalt, daß der Beklagte das Recht auf Beschränkung der Haftung geltend machen kann, wenn ein Fonds nach dem Haftungsbeschränkungsübereinkommen errichtet worden ist oder bei Geltendmachung des Rechts auf Beschränkung der Haftung errichtet wird.

§ 306 [Klageabweisung bei Verzicht]

Verzichtet der Kläger bei der mündlichen Verhandlung auf den geltend gemachten Anspruch, so ist er auf Grund des Verzichts mit dem Anspruch abzuweisen, wenn der Beklagte die Abweisung beantragt.

§ 307 [Anerkenntnis]

(1) Erkennt eine Partei den gegen sie geltend gemachten Anspruch bei der mündlichen Verhandlung ganz oder zum Teil an, so ist sie auf Antrag dem Anerkenntnis gemäß zu verurteilen.

(2) Erklärt der Beklagte auf eine Aufforderung nach § 276 Abs. 1 Satz 1, daß er den Anspruch des Klägers ganz oder zum Teil anerkenne, so ist er auf Antrag des Klägers ohne mündliche Verhandlung dem Anerkenntnis gemäß zu verurteilen. Der Antrag kann schon in der Klageschrift gestellt werden.

§ 308 [Bindung an Parteianträge]

(1) Das Gericht ist nicht befugt, einer Partei etwas zuzusprechen, was nicht beantragt ist. Dies gilt insbesondere von Früchten, Zinsen und anderen Nebenforderungen.

(2) Über die Verpflichtung, die Prozeßkosten zu tragen, hat das Gericht auch ohne Antrag zu erkennen.

§ 308 a [Besonderheiten im Räumungsprozeß]

(1) Erachtet das Gericht in einer Streitigkeit zwischen dem Vermieter und dem Mieter oder dem Mieter und dem Untermieter wegen Räumung von Wohnraum den Räumungsanspruch für unbegründet, weil der Mieter nach den §§ 556 a, 556 b des Bürgerlichen Gesetzbuchs eine Fortsetzung des Mietverhältnisses verlangen kann, so hat es in dem Urteil auch ohne Antrag auszusprechen, für welche Dauer und unter welchen Änderungen der Vertragsbedingungen das Mietverhältnis fortgesetzt wird. Vor dem Ausspruch sind die Parteien zu hören.

(2) Der Ausspruch ist selbständig anfechtbar.

§ 309 [Erkennende Richter]

Das Urteil kann nur von denjenigen Richtern gefällt werden, welche der dem Urteil zugrunde liegenden Verhandlung beigewohnt haben.

§ 310 [Verkündungstermin]

(1) Das Urteil wird in dem Termin, in dem die mündliche Verhandlung geschlossen wird, oder in einem sofort anzuberaumenden Termin verkündet. Dieser wird nur dann über drei Wochen hinaus angesetzt, wenn wichtige Gründe, insbesondere der Umfang oder die Schwierigkeit der Sache, dies erfordern.

(2) Wird das Urteil nicht in dem Termin, in dem die mündliche Verhandlung geschlossen wird, verkündet, so muß es bei der Verkündung in vollständiger Form abgefaßt sein.

(3) Bei einem Anerkenntnisurteil und einem Versäumnisurteil, die nach § 307 Abs. 2, § 331 Abs. 3 ohne mündliche Verhandlung ergehen, wird die Verkündung durch die Zustellung des Urteils ersetzt.

§ 311 [Form der Urteilsverkündung]

(1) Das Urteil ergeht im Namen des Volkes.

(2) Das Urteil wird durch Vorlesung der Urteilsformel verkündet. Versäumnisurteile, Urteile, die auf Grund eines Anerkenntnisses erlassen werden, sowie Urteile, welche die Folge der Zurücknahme der Klage oder des Verzichts auf den Klageanspruch aussprechen, können verkündet werden, auch wenn die Urteilsformel noch nicht schriftlich abgefaßt ist.

(3) Die Entscheidungsgründe werden, wenn es für angemessen erachtet wird, durch Vorlesung der Gründe oder durch mündliche Mitteilung des wesentlichen Inhalts verkündet.

(4) Wird das Urteil nicht in dem Termin verkündet, in dem die mündliche Verhandlung geschlossen wird, so kann es der Vorsitzende in Abwesenheit der anderen Mitglieder des Prozeßgerichts verkünden. Die Verlesung der Urteilsformel kann durch eine Bezugnahme auf die Urteilsformel ersetzt werden, wenn an dem Verkündungstermin von den Parteien niemand erschienen ist.

§ 312 [Keine Anwesenheitspflicht]

(1) Die Wirksamkeit der Verkündung eines Urteils ist von der Anwesenheit der Parteien nicht abhängig. Die Verkündung gilt auch derjenigen Partei gegenüber als bewirkt, die den Termin versäumt hat.

(2) Die Befugnis einer Partei, auf Grund eines verkündeten Urteils das Verfahren fortzusetzen oder von dem Urteil in anderer Weise Gebrauch zu machen, ist von der Zustellung an den Gegner nicht abhängig, soweit nicht dieses Gesetz ein anderes bestimmt.

§ 313 [Inhalt des Urteils]

(1) Das Urteil enthält:

1. die Bezeichnung der Parteien, ihrer gesetzlichen Vertreter und der Prozeßbevollmächtigten;
2. die Bezeichnung des Gerichts und die Namen der Richter, die bei der Entscheidung mitgewirkt haben;
3. den Tag, an dem die mündliche Verhandlung geschlossen worden ist;
4. die Urteilsformel;
5. den Tatbestand;
6. die Entscheidungsgründe.

(2) Im Tatbestand sollen die erhobenen Ansprüche und die dazu vorgebrachten Angriffs- und Verteidigungsmittel unter Hervorhebung der gestellten Anträge nur ihrem wesentlichen Inhalt nach knapp dargestellt werden. Wegen der Einzelheiten des Sach- und Streitstandes soll auf Schriftsätze, Protokolle und andere Unterlagen verwiesen werden.

(3) Die Entscheidungsgründe enthalten eine kurze Zusammenfassung der Erwägungen, auf denen die Entscheidung in tatsächlicher und rechtlicher Hinsicht beruht.

§ 313 a [Verzicht auf Tatbestand und Entscheidungsgründe]

(1) Des Tatbestandes bedarf es nicht, wenn ein Rechtsmittel gegen das Urteil unzweifelhaft nicht eingelegt werden kann. Das gleiche gilt für die Entscheidungsgründe, sofern die Parteien zusätzlich spätestens am zweiten Tag nach dem Schluß der mündlichen Verhandlung auf sie verzichten.

(2) Absatz 1 ist nicht anzuwenden

1. in Ehesachen, mit Ausnahme der eine Scheidung aussprechenden Entscheidungen;
2. in Kindschaftssachen;
3. im Falle der Verurteilung zu künftig fällig werdenden wiederkehrenden Leistungen;
4. wenn zu erwarten ist, daß das Urteil im Ausland geltend gemacht werden wird; soll ein ohne Tatbestand und Entscheidungsgründe hergestelltes Urteil im Ausland geltend gemacht werden, so gelten die Vorschriften über die Vervollständigung von Versäumnis- und Anerkenntnisurteilen entsprechend.

§ 313 b [Abgekürzte Urteilsform]

(1) Wird durch Versäumnisurteil, Anerkenntnisurteil oder Verzichtsurteil erkannt, so bedarf es nicht des Tatbestandes und der Entscheidungsgründe. Das Urteil ist als Versäumnis-, Anerkenntnis- oder Verzichtsurteil zu bezeichnen.

(2) Das Urteil kann in abgekürzter Form nach Absatz 1 auf die bei den Akten befindliche Urschrift oder Abschrift der Klage oder auf ein damit zu verbindendes Blatt gesetzt werden. Die Namen der Richter braucht das Urteil nicht zu enthalten. Die Bezeichnung der Parteien, ihrer gesetzlichen Vertreter und der Prozeßbevollmächtigten sind in das Urteil nur aufzunehmen, soweit von den Angaben der Klageschrift abgewichen wird. Wird nach dem Antrag des Klägers erkannt, so kann in der Urteilsformel auf die Klageschrift Bezug genommen werden. Wird das Urteil auf ein Blatt gesetzt, das mit der Klageschrift verbunden wird, so soll die Verbindungsstelle mit dem Gerichtssiegel versehen oder die Verbindung mit Schnur und Siegel bewirkt werden.

(3) Absatz 1 ist nicht anzuwenden, wenn zu erwarten ist, daß das Versäumnisurteil oder das Anerkenntnisurteil im Ausland geltend gemacht werden soll.

§ 314 [Beweiskraft des Tatbestandes]

Der Tatbestand des Urteils liefert Beweis für das mündliche Parteivorbringen. Der Beweis kann nur durch das Sitzungsprotokoll entkräftet werden.

§ 315 [Unterschriften der Richter]
(1) Das Urteil ist von den Richtern, die bei der Entscheidung mitgewirkt haben, zu unterschreiben. Ist ein Richter verhindert, seine Unterschrift beizufügen, so wird dies unter Angabe des Verhinderungsgrundes von dem Vorsitzenden und bei dessen Verhinderung von dem ältesten beisitzenden Richter unter dem Urteil vermerkt.
(2) Ein Urteil, das in dem Termin, in dem die mündliche Verhandlung geschlossen wird, verkündet wird, ist vor Ablauf von drei Wochen vom Tage der Verkündung an gerechnet, vollständig abgefaßt der Geschäftsstelle zu übergeben. Kann dies ausnahmsweise nicht geschehen, so ist innerhalb dieser Frist das von den Richtern unterschriebene Urteil ohne Tatbestand und Entscheidungsgründe der Geschäftsstelle zu übergeben. In diesem Falle sind Tatbestand und Entscheidungsgründe alsbald nachträglich anzufertigen, von den Richtern besonders zu unterschreiben und der Geschäftsstelle zu übergeben.
(3) Der Urkundsbeamte der Geschäftsstelle hat auf dem Urteil den Tag der Verkündung oder der Zustellung nach § 310 Abs. 3 zu vermerken und diesen Vermerk zu unterschreiben.

§ 316 (weggefallen)

§ 317 [Zustellung von Urteilen – Ausfertigungen]
(1) Die Urteile werden den Parteien, verkündete Versäumnisurteile nur der unterliegenden Partei zugestellt. Eine Zustellung nach § 310 Abs. 3 genügt. Auf übereinstimmenden Antrag der Parteien kann der Vorsitzende die Zustellung verkündeter Urteile bis zum Ablauf von fünf Monaten nach der Verkündung hinausschieben.
(2) Solange das Urteil nicht verkündet und nicht unterschrieben ist, dürfen von ihm Ausfertigungen, Auszüge und Abschriften nicht erteilt werden. Die von einer Partei beantragte Ausfertigung eines Urteils erfolgt ohne Tatbestand und Entscheidungsgründe; dies gilt nicht, wenn die Partei eine vollständige Ausfertigung beantragt.
(3) Die Ausfertigung und Auszüge der Urteile sind von dem Urkundsbeamten der Geschäftsstelle zu unterschreiben und mit dem Gerichtssiegel zu versehen.
(4) Ist das Urteil nach § 313 b Abs. 2 in abgekürzter Form hergestellt, so erfolgt die Ausfertigung in gleicher Weise unter Benutzung einer beglaubigten Abschrift der Klageschrift oder in der Weise, daß das Urteil durch Aufnahme der in § 313 Abs. 1 Nr. 1 bis 4 bezeichneten Angaben vervollständigt wird. Die Abschrift der Klageschrift kann durch den Urkundsbeamten der Geschäftsstelle oder durch den Rechtsanwalt des Klägers beglaubigt werden.

§ 318 [Bindung an Zwischen- und Endurteile]
Das Gericht ist an die Entscheidung, die in den von ihm erlassenen End- und Zwischenurteilen enthalten ist, gebunden.

§ 319 [Urteilsberichtigungen]
(1) Schreibfehler, Rechnungsfehler und ähnliche offenbare Unrichtigkeiten, die in dem Urteil vorkommen, sind jederzeit von dem Gericht auch von Amts wegen zu berichtigen.
(2) Über die Berichtigung kann ohne mündliche Verhandlung entschieden werden. Der Beschluß, der eine Berichtigung ausspricht, wird auf dem Urteil und den Ausfertigungen vermerkt.
(3) Gegen den Beschluß, durch den der Antrag auf Berichtigung zurückgewiesen wird, findet kein Rechtsmittel, gegen den Beschluß, der eine Berichtigung ausspricht, findet sofortige Beschwerde statt.

§ 320 [Tatbestandsberichtigung]
(1) Enthält der Tatbestand des Urteils Unrichtigkeiten, die nicht unter die Vorschriften des vorstehenden Paragraphen fallen, Auslassungen, Dunkelheiten oder Widersprüche, so kann

die Berichtigung binnen einer zweiwöchigen Frist durch Einreichung eines Schriftsatzes beantragt werden.

(2) Die Frist beginnt mit der Zustellung des in vollständiger Form abgefaßten Urteils. Der Antrag kann schon vor dem Beginn der Frist gestellt werden. Die Berichtigung des Tatbestandes ist ausgeschlossen, wenn sie nicht binnen drei Monaten seit der Verkündung des Urteils beantragt wird.

(3) Auf den Antrag ist ein Termin zur mündlichen Verhandlung anzuberaumen. Dem Gegner des Antragstellers ist mit der Ladung zu diesem Termin der den Antrag enthaltende Schriftsatz zuzustellen.

(4) Das Gericht entscheidet ohne Beweisaufnahme. Bei der Entscheidung wirken nur diejenigen Richter mit, die bei dem Urteil mitgewirkt haben. Ist ein Richter verhindert, so gibt bei Stimmengleichheit die Stimme des Vorsitzenden und bei dessen Verhinderung die Stimme des ältesten Richters den Ausschlag. Eine Anfechtung des Beschlusses findet nicht statt. Der Beschluß, der eine Berichtigung ausspricht, wird auf dem Urteil und den Ausfertigungen vermerkt.

(5) Die Berichtigung des Tatbestandes hat eine Änderung des übrigen Teils des Urteils nicht zur Folge.

§ 321 [Urteilsergänzung]

(1) Wenn ein nach dem ursprünglich festgestellten oder nachträglich berichtigten Tatbestand von einer Partei geltend gemachter Haupt- oder Nebenanspruch oder wenn der Kostenpunkt bei der Endentscheidung ganz oder teilweise übergangen ist, so ist auf Antrag das Urteil durch nachträgliche Entscheidung zu ergänzen.

(2) Die nachträgliche Entscheidung muß binnen einer zweiwöchigen Frist, die mit der Zustellung des Urteils beginnt, durch Einreichung eines Schriftsatzes beantragt werden.

(3) Auf den Antrag ist ein Termin zur mündlichen Verhandlung anzuberaumen. Dem Gegner des Antragstellers ist mit der Ladung zu diesem Termin der den Antrag enthaltende Schriftsatz zuzustellen.

(4) Die mündliche Verhandlung hat nur den nicht erledigten Teil des Rechtsstreits zum Gegenstande.

§ 322 [Materielle Rechtskraft]

(1) Urteile sind der Rechtskraft nur insoweit fähig, als über den durch die Klage oder durch die Widerklage erhobenen Anspruch entschieden ist.

(2) Hat der Beklagte die Aufrechnung einer Gegenforderung geltend gemacht, so ist die Entscheidung, daß die Gegenforderung nicht besteht, bis zur Höhe des Betrages, für den die Aufrechnung geltend gemacht worden ist, der Rechtskraft fähig.

§ 323 [Abänderungsklage]

(1) Tritt im Falle der Verurteilung zu künftig fällig werdenden wiederkehrenden Leistungen eine wesentliche Änderung derjenigen Verhältnisse ein, die für die Verurteilung zur Entrichtung der Leistungen, für die Bestimmung der Höhe der Leistungen oder der Dauer ihrer Entrichtung maßgebend waren, so ist jeder Teil berechtigt, im Wege der Klage eine entsprechende Abänderung des Urteils zu verlangen.

(2) Die Klage ist nur insoweit zulässig, als die Gründe, auf die sie gestützt wird, erst nach dem Schluß der mündlichen Verhandlung in der eine Erweiterung des Klageantrages oder die Geltendmachung von Einwendungen spätestens hätte erfolgen müssen, entstanden sind und durch Einspruch nicht mehr geltend gemacht werden können.

(3) Das Urteil darf nur für die Zeit nach Erhebung der Klage abgeändert werden.

(4) Die vorstehenden Vorschriften sind auf die Schuldtitel des § 641 p, des § 642 c,

des § 642 d in Verbindung mit § 642 c und des § 794 Abs. 1 Nr. 1 und 5, soweit darin Leistungen der im Absatz 1 bezeichneten Art übernommen worden sind, entsprechend anzuwenden.
(5) Schuldtitel auf Unterhaltszahlungen, deren Abänderung im Vereinfachten Verfahren (§§ 641 l bis 641 t) statthaft ist, können nach den vorstehenden Vorschriften nur abgeändert werden, wenn eine Anpassung im Vereinfachten Verfahren zu einem Unterhaltsbetrag führen würde, der wesentlich von dem Betrag abweicht, der der Entwicklung der besonderen Verhältnisse der Parteien Rechnung trägt.

§ 324 [Nachträgliches Verlangen einer Sicherheitsleistung]
Ist bei einer nach den §§ 843 bis 845 oder §§ 1569 bis 1586 b des Bürgerlichen Gesetzbuchs erfolgten Verurteilung zur Entrichtung einer Geldrente nicht auf Sicherheitsleistung erkannt, so kann der Berechtigte gleichwohl Sicherheitsleistung verlangen, wenn sich die Vermögensverhältnisse des Verpflichteten erheblich verschlechtert haben; unter der gleichen Voraussetzung kann er eine Erhöhung der in dem Urteil bestimmten Sicherheit verlangen.

§ 325 [Rechtskraftwirkung bei Rechtsnachfolge]
(1) Das rechtskräftige Urteil wirkt für und gegen die Parteien und die Personen, die nach dem Eintritt der Rechtshängigkeit Rechtsnachfolger der Parteien geworden sind oder den Besitz der in Streit befangenen Sache in solcher Weise erlangt haben, daß eine der Parteien oder ihr Rechtsnachfolger mittelbarer Besitzer geworden ist.
(2) Die Vorschriften des bürgerlichen Rechts zugunsten derjenigen, die Rechte von einem Nichtberechtigten herleiten, gelten entsprechend.
(3) Betrifft das Urteil einen Anspruch aus einer eingetragenen Reallast, Hypothek, Grundschuld oder Rentenschuld, so wirkt es im Falle einer Veräußerung des belasteten Grundstücks in Ansehung des Grundstücks gegen den Rechtsnachfolger auch dann, wenn dieser die Rechtshängigkeit nicht gekannt hat. Gegen den Ersteher eines im Wege der Zwangsversteigerung veräußerten Grundstücks wirkt das Urteil nur dann, wenn die Rechtshängigkeit spätestens im Versteigerungstermin vor der Aufforderung zur Abgabe von Geboten angemeldet worden ist.
(4) Betrifft das Urteil einen Anspruch aus einer eingetragenen Schiffshypothek, so gilt Absatz 3 Satz 1 entsprechend.

§ 326 [Rechtskraft bei Nacherbfolge]
(1) Ein Urteil, das zwischen einem Vorerben und einem Dritten über einen gegen den Vorerben als Erben gerichteten Anspruch oder über einen der Nacherbfolge unterliegenden Gegenstand ergeht, wirkt, sofern es vor dem Eintritt der Nacherbfolge rechtskräftig wird, für den Nacherben.
(2) Ein Urteil, das zwischen einem Vorerben und einem Dritten über einen der Nacherbfolge unterliegenden Gegenstand ergeht, wirkt auch gegen den Nacherben, sofern der Vorerbe befugt ist, ohne Zustimmung des Nacherben über den Gegenstand zu verfügen.

§ 327 [Rechtskraft bei Testamentsvollstreckung]
(1) Ein Urteil, das zwischen einem Testamentsvollstrecker und einem Dritten über ein der Verwaltung des Testamentsvollstreckers unterliegendes Recht ergeht, wirkt für und gegen den Erben.
(2) Das gleiche gilt von einem Urteil, das zwischen einem Testamentsvollstrecker und einem Dritten über einen gegen den Nachlaß gerichteten Anspruch ergeht, wenn der Testamentsvollstrecker zur Führung des Rechtsstreits berechtigt ist.

§ 328 [Anerkennung ausländischer Urteile]

(1) Die Anerkennung des Urteils eines ausländischen Gerichts ist ausgeschlossen:

1. wenn die Gerichte des Staates, dem das ausländische Gericht angehört, nach den deutschen Gesetzen nicht zuständig sind;
2. wenn dem Beklagten, der sich auf das Verfahren nicht eingelassen hat und sich hierauf beruft, das verfahrenseinleitende Schriftstück nicht ordnungsmäßig oder nicht so rechtzeitig zugestellt worden ist, daß er sich verteidigen konnte;
3. wenn das Urteil mit einem hier erlassenen oder einem anzuerkennenden früheren ausländischen Urteil oder wenn das ihm zugrunde liegende Verfahren mit einem früher hier rechtshängig gewordenen Verfahren unvereinbar ist;
4. wenn die Anerkennung des Urteils zu einem Ergebnis führt, das mit wesentlichen Grundsätzen des deutschen Rechts offensichtlich unvereinbar ist, insbesondere wenn die Anerkennung mit den Grundrechten unvereinbar ist;
5. wenn die Gegenseitigkeit nicht verbürgt ist.

(2) Die Vorschrift der Nummer 5 steht der Anerkennung des Urteils nicht entgegen, wenn das Urteil einen nichtvermögensrechtlichen Anspruch betrifft und nach den deutschen Gesetzen ein Gerichtsstand im Inland nicht begründet war oder wenn es sich um eine Kindschaftssache (§ 640) handelt.

§ 329 [Verkündung und Zustellung von Beschlüssen und Verfügungen]

(1) Die auf Grund einer mündlichen Verhandlung ergehenden Beschlüsse des Gerichts müssen verkündet werden. Die Vorschriften der §§ 309, 310 Abs. 1 und des § 311 Abs. 4 sind auf Beschlüsse des Gerichts, die Vorschriften des § 312 und des § 317 Abs. 2 Satz 1, Abs. 3 auf Beschlüsse des Gerichts und auf Verfügungen des Vorsitzenden sowie eines beauftragten oder ersuchten Richters entsprechend anzuwenden.

(2) Nicht verkündete Beschlüsse des Gerichts und nicht verkündete Verfügungen des Vorsitzenden oder eines beauftragten oder ersuchten Richters sind den Parteien formlos mitzuteilen. Enthält die Entscheidung eine Terminsbestimmung oder setzt sie eine Frist in Lauf, so ist sie zuzustellen.

(3) Entscheidungen, die einen Vollstreckungstitel bilden oder die der sofortigen Beschwerde oder der befristeten Erinnerung nach § 577 Abs. 4 unterliegen, sind zuzustellen.

Dritter Titel

Versäumnisurteil

§ 330 [Versäumnisurteil gegen Kläger]

Erscheint der Kläger im Termin zur mündlichen Verhandlung nicht, so ist auf Antrag das Versäumnisurteil dahin zu erlassen, daß der Kläger mit der Klage abzuweisen sei.

§ 331 [Versäumnisurteil gegen Beklagten]

(1) Beantragt der Kläger gegen den im Termin zur mündlichen Verhandlung nicht erschienenen Beklagten das Versäumnisurteil, so ist das tatsächliche mündliche Vorbringen des Klägers als zugestanden anzunehmen. Dies gilt nicht für Vorbringen zur Zuständigkeit des Gerichts nach § 29 Abs. 2, § 38.

(2) Soweit es den Klageantrag rechtfertigt, ist nach dem Antrag zu erkennen; soweit dies nicht der Fall, ist die Klage abzuweisen.

(3) Hat der Beklagte entgegen § 276 Abs. 1 Satz 1, Abs. 2 nicht rechtzeitig angezeigt, daß er sich gegen die Klage verteidigen wolle, so trifft auf Antrag des Klägers das Gericht die Entscheidung ohne mündliche Verhandlung; dies gilt nicht, wenn die Erklärung

des Beklagten noch eingeht, bevor das von den Richtern unterschriebene Urteil der Geschäftsstelle übergeben ist. Der Antrag kann schon in der Klageschrift gestellt werden.

§ 331 a [Entscheidung nach Lage der Akten]

Beim Ausbleiben einer Partei im Termin zur mündlichen Verhandlung kann der Gegner statt eines Versäumnisurteils eine Entscheidung nach Lage der Akten beantragen; dem Antrag ist zu entsprechen, wenn der Sachverhalt für eine derartige Entscheidung hinreichend geklärt erscheint. § 251 a Abs. 2 gilt entsprechend.

§ 332 [Verhandlungstermin]

Als Verhandlungstermine im Sinne der vorstehenden Paragraphen sind auch diejenigen Termine anzusehen, auf welche die mündliche Verhandlung vertagt ist oder die zu ihrer Fortsetzung vor oder nach dem Erlaß eines Beweisbeschlusses bestimmt sind.

§ 333 [Nichtverhandeln als Säumnis]

Als nicht erschienen ist auch die Partei anzusehen, die in dem Termin zwar erscheint, aber nicht verhandelt.

§ 334 [Keine Säumnis bei teilweisem Verhandeln]

Wenn eine Partei in dem Termin verhandelt, sich jedoch über Tatsachen, Urkunden oder Anträge auf Parteivernehmung nicht erklärt, so sind die Vorschriften dieses Titels nicht anzuwenden.

§ 335 [Unzulässigkeit einer Versäumnisentscheidung]

(1) Der Antrag auf Erlaß eines Versäumnisurteils oder einer Entscheidung nach Lage der Akten ist zurückzuweisen:

1. wenn die erschienene Partei die vom Gericht wegen eines von Amts wegen zu berücksichtigenden Umstandes erforderte Nachweisung nicht zu beschaffen vermag;
2. wenn die nicht erschienene Partei nicht ordnungsmäßig, insbesondere nicht rechtzeitig geladen war;
3. wenn der nicht erschienenen Partei ein tatsächliches mündliches Vorbringen oder ein Antrag nicht rechtzeitig mittels Schriftsatzes mitgeteilt war;
4. wenn im Falle des § 331 Abs. 3 dem Beklagten die Frist des § 276 Abs. 1 Satz 1 nicht mitgeteilt oder er nicht gemäß § 276 Abs. 2 belehrt worden ist.

(2) Wird die Verhandlung vertagt, so ist die nicht erschienene Partei zu dem neuen Termin zu laden.

§ 336 [Sofortige Beschwerde bei Zurückweisung]

(1) Gegen den Beschluß, durch den der Antrag auf Erlaß des Versäumnisurteils zurückgewiesen wird, findet sofortige Beschwerde statt. Wird der Beschluß aufgehoben, so ist die nicht erschienene Partei zu dem neuen Termin nicht zu laden.

(2) Die Ablehnung eines Antrages auf Entscheidung nach Lage der Akten ist unanfechtbar.

§ 337 [Vertagung von Amts wegen]

Das Gericht vertagt die Verhandlung über den Antrag auf Erlaß des Versäumnisurteils oder einer Entscheidung nach Lage der Akten, wenn es dafür hält, daß die von dem Vorsitzenden bestimmte Einlassungs- oder Ladungsfrist zu kurz bemessen oder daß die Partei ohne ihr Verschulden am Erscheinen verhindert ist. Die nicht erschienene Partei ist zu dem neuen Termin zu laden.

§ 338 [Einspruch gegen Versäumnisurteil]

Der Partei, gegen die ein Versäumnisurteil erlassen ist, steht gegen das Urteil der Einspruch zu.

§ 339 [Einspruchsfrist]

(1) Die Einspruchsfrist beträgt zwei Wochen; sie ist eine Notfrist und beginnt mit der Zustellung des Versäumnisurteils.

(2) Muß die Zustellung im Ausland oder durch öffentliche Bekanntmachung erfolgen, so hat das Gericht die Einspruchsfrist im Versäumnisurteil oder nachträglich durch besonderen Beschluß, der ohne mündliche Verhandlung erlassen werden kann, zu bestimmen.

§ 340 [Einspruchsschrift]

(1) Der Einspruch wird durch Einreichung der Einspruchsschrift bei dem Prozeßgericht eingelegt.

(2) Die Einspruchsschrift muß enthalten:

1. die Bezeichnung des Urteils, gegen das der Einspruch gerichtet wird;
2. die Erklärung, daß gegen dieses Urteil Einspruch eingelegt werde.

Soll das Urteil nur zum Teil angefochten werden, so ist der Umfang der Anfechtung zu bezeichnen.

(3) In der Einspruchsschrift hat die Partei ihre Angriffs- und Verteidigungsmittel, soweit es nach der Prozeßlage einer sorgfältigen und auf Förderung des Verfahrens bedachten Prozeßführung entspricht, sowie Rügen, die die Zulässigkeit der Klage betreffen, vorzubringen. Auf Antrag kann der Vorsitzende für die Begründung die Frist verlängern, wenn nach seiner freien Überzeugung der Rechtsstreit durch die Verlängerung nicht verzögert wird oder wenn die Partei erhebliche Gründe darlegt. § 296 Abs. 1, 3, 4 ist entsprechend anzuwenden. Auf die Folgen einer Fristversäumung ist bei der Zustellung des Versäumnisurteils hinzuweisen.

§ 340 a [Zustellung der Einspruchsschrift]

Die Einspruchsschrift ist der Gegenpartei zuzustellen. Dabei ist mitzuteilen, wann das Versäumnisurteil zugestellt und Einspruch eingelegt worden ist. Die erforderliche Zahl von Abschriften soll die Partei mit der Einspruchsschrift einreichen.

§ 341 [Prüfung von Amts wegen]

(1) Das Gericht hat von Amts wegen zu prüfen, ob der Einspruch an sich statthaft und ob er in der gesetzlichen Form und Frist eingelegt ist. Fehlt es an einem dieser Erfordernisse, so ist der Einspruch als unzulässig zu verwerfen.

(2) Die Entscheidung kann ohne mündliche Verhandlung durch Beschluß ergehen. Sie unterliegt in diesem Falle der sofortigen Beschwerde, sofern gegen ein Urteil gleichen Inhalts die Berufung stattfinden würde.

§ 341 a [Termin nach Einspruch]

Wird der Einspruch nicht durch Beschluß als unzulässig verworfen, so ist der Termin zur mündlichen Verhandlung über den Einspruch und die Hauptsache zu bestimmen und den Parteien bekanntzumachen.

§ 342 [Wirkung des zulässigen Einspruchs]

Ist der Einspruch zulässig, so wird der Prozeß, soweit der Einspruch reicht, in die Lage zurückversetzt, in der er sich vor Eintritt der Versäumnis befand.

§ 343 [Neue Entscheidung]

Insoweit die Entscheidung, die auf Grund der neuen Verhandlung zu erlassen ist, mit der in dem Versäumnisurteil enthaltenen Entscheidung übereinstimmt, ist auszusprechen, daß diese Entscheidung aufrechtzuerhalten sei. Insoweit diese Voraussetzung nicht zutrifft, wird das Versäumnisurteil in dem neuen Urteil aufgehoben.

§ 344 [Kosten der Säumnis]

Ist das Versäumnisurteil in gesetzlicher Weise ergangen, so sind die durch die Versäumnis veranlaßten Kosten, soweit sie nicht durch einen unbegründeten Widerspruch des Gegners entstanden sind, der säumigen Partei auch dann aufzuerlegen, wenn infolge des Einspruchs eine abändernde Entscheidung erlassen wird.

§ 345 [Zweites Versäumnisurteil]

Einer Partei, die den Einspruch eingelegt hat, aber in der zur mündlichen Verhandlung bestimmten Sitzung oder in derjenigen Sitzung, auf welche die Verhandlung vertagt ist, nicht erscheint oder nicht zur Hauptsache verhandelt, steht gegen das Versäumnisurteil, durch das der Einspruch verworfen wird, ein weiterer Einspruch nicht zu.

§ 346 [Rücknahme des Einspruchs – Verzicht]

Für den Verzicht auf den Einspruch und seine Zurücknahme gelten die Vorschriften über den Verzicht auf die Berufung und über ihre Zurücknahme entsprechend.

§ 347 [Geltung für Widerklage und Zwischenstreit]

(1) Die Vorschriften dieses Titels gelten für das Verfahren, das eine Widerklage oder die Bestimmung des Betrages eines dem Grunde nach bereits festgestellten Anspruchs zum Gegenstand hat, entsprechend.

(2) War ein Termin lediglich zur Verhandlung über einen Zwischenstreit bestimmt, so beschränkt sich das Versäumnisverfahren und das Versäumnisurteil auf die Erledigung dieses Zwischenstreits. Die Vorschriften dieses Titels gelten entsprechend.

Vierter Titel

Verfahren vor dem Einzelrichter

§ 348 [Übertragung auf Einzelrichter]

(1) Die Zivilkammer soll in der Regel den Rechtsstreit einem ihrer Mitglieder als Einzelrichter zur Entscheidung übertragen, wenn

1. die Sache keine besonderen Schwierigkeiten tatsächlicher oder rechtlicher Art aufweist und
2. die Rechtssache keine grundsätzliche Bedeutung hat.

(2) Über die Übertragung auf den Einzelrichter kann die Kammer ohne mündliche Verhandlung entscheiden. Der Beschluß ist unanfechtbar.

(3) Der Rechtsstreit darf dem Einzelrichter nicht übertragen werden, wenn bereits im Haupttermin vor der Zivilkammer zur Hauptsache verhandelt worden ist, es sei denn, daß inzwischen ein Vorbehalts-, Teil- oder Zwischenurteil ergangen ist.

(4) Der Einzelrichter kann nach Anhörung der Parteien den Rechtsstreit auf die Zivilkammer zurückübertragen, wenn sich aus einer wesentlichen Änderung der Prozeßlage ergibt, daß die Entscheidung von grundsätzlicher Bedeutung ist. Eine erneute Übertragung auf den Einzelrichter ist ausgeschlossen.

§ 349 [Verhandlungsvorbereitung in der Kammer für Handelssachen]

(1) In der Kammer für Handelssachen hat der Vorsitzende die Sache so weit zu fördern, daß sie in einer mündlichen Verhandlung vor der Kammer erledigt werden kann. Beweise darf er nur insoweit erheben, als anzunehmen ist, daß es für die Beweiserhebung auf die besondere Sachkunde der ehrenamtlichen Richter nicht ankommt und die Kammer das Beweisergebnis auch ohne unmittelbaren Eindruck von dem Verlauf der Beweisaufnahme sachgemäß zu würdigen vermag.

(2) Der Vorsitzende entscheidet

1. über die Verweisung des Rechtsstreits;
2. über Rügen, die die Zulässigkeit der Klage betreffen, soweit über sie abgesondert verhandelt wird;
3. über die Aussetzung des Verfahrens;

4. bei Zurücknahme der Klage, Verzicht auf den geltend gemachten Anspruch oder Anerkenntnis des Anspruchs;
5. bei Säumnis einer Partei oder beider Parteien;
6. über die Kosten des Rechtsstreits nach § 91 a;
7. im Verfahren über die Bewilligung der Prozeßkostenhilfe;
8. in Wechsel- und Scheckprozessen;
9. über die Art einer angeordneten Sicherheitsleistung;
10. über die einstweilige Einstellung der Zwangsvollstreckung;
11. über den Wert des Streitgegenstandes;
12. über Kosten, Gebühren und Auslagen.

(3) Im Einverständnis der Parteien kann der Vorsitzende auch im übrigen an Stelle der Kammer entscheiden.

(4) § 348 ist nicht anzuwenden.

§ 350 [Geltung der Rechtsmittelvorschriften]
Für die Anfechtung der Entscheidungen des Einzelrichters (§ 348) und des Vorsitzenden der Kammer für Handelssachen (§ 349) gelten dieselben Vorschriften wie für die Anfechtung entsprechender Entscheidungen der Kammer.

§§ 351 bis **354 (aufgehoben)**

Fünfter Titel
Allgemeine Vorschriften über die Beweisaufnahme

§ 355 [Unmittelbarkeit]
(1) Die Beweisaufnahme erfolgt vor dem Prozeßgericht. Sie ist nur in den durch dieses Gesetz bestimmten Fällen einem Mitglied des Prozeßgerichts oder einem anderen Gericht zu übertragen.

(2) Eine Anfechtung des Beschlusses, durch den die eine oder die andere Art der Beweisaufnahme angeordnet wird, findet nicht statt.

§ 356 [Beibringungsfrist]
Steht der Aufnahme des Beweises ein Hindernis von ungewisser Dauer entgegen, so ist eine Frist zu bestimmen, nach deren fruchtlosem Ablauf das Beweismittel nur benutzt werden kann, wenn nach der freien Überzeugung des Gerichts dadurch das Verfahren nicht verzögert wird. Die Frist kann ohne mündliche Verhandlung bestimmt werden.

§ 357 [Parteiöffentlichkeit – Terminsmitteilung]
(1) Den Parteien ist gestattet, der Beweisaufnahme beizuwohnen.

(2) Wird die Beweisaufnahme einem Mitglied des Prozeßgerichts oder einem anderen Gericht übertragen, so ist die Terminsbestimmung den Parteien ohne besondere Form mitzuteilen, sofern nicht das Gericht die Zustellung anordnet. Bei Übersendung durch die Post gilt die Mitteilung, wenn die Wohnung der Partei im Bereich des Ortsbestellverkehrs liegt, an dem folgenden, im übrigen an dem zweiten Werktage nach der Aufgabe zur Post als bewirkt, sofern nicht die Partei glaubhaft macht, daß ihr die Mitteilung nicht oder erst in einem späteren Zeitpunkt zugegangen ist.

§ 357 a (aufgehoben)

§ 358 [Beweisbeschluß bei besonderem Verfahren]
Erfordert die Beweisaufnahme ein besonderes Verfahren, so ist es durch Beweisbeschluß anzuordnen.

§ 358 a [Beweisbeschluß vor mündlicher Verhandlung]
Das Gericht kann schon vor der mündlichen Verhandlung einen Beweisbeschluß erlassen. Der Beschluß kann vor der mündlichen Verhandlung ausgeführt werden, soweit er anordnet
1. eine Beweisaufnahme vor dem beauftragten oder ersuchten Richter,
2. die Einholung amtlicher Auskünfte,
3. eine schriftliche Beantwortung der Beweisfrage nach § 377 Abs. 3,
4. die Begutachtung durch Sachverständige,
5. die Einnahme eines Augenscheins.

§ 359 [Inhalt des Beweisbeschlusses]
Der Beweisbeschluß enthält:
1. die Bezeichnung der streitigen Tatsachen, über die der Beweis zu erheben ist;
2. die Bezeichnung der Beweismittel unter Benennung der zu vernehmenden Zeugen und Sachverständigen oder der zu vernehmenden Partei;
3. die Bezeichnung der Partei, die sich auf das Beweismittel berufen hat.

§ 360 [Änderung des Beweisbeschlusses]
Vor der Erledigung des Beweisbeschlusses kann keine Partei dessen Änderung auf Grund der früheren Verhandlungen verlangen. Das Gericht kann jedoch auf Antrag einer Partei oder von Amts wegen den Beweisbeschluß auch ohne erneute mündliche Verhandlung insoweit ändern, als der Gegner zustimmt oder es sich nur um die Berichtigung oder Ergänzung der im Beschluß angegebenen Beweistatsachen oder um die Vernehmung anderer als der im Beschluß angegebenen Zeugen oder Sachverständigen handelt. Die gleiche Befugnis hat der beauftragte oder ersuchte Richter. Die Parteien sind tunlichst vorher zu hören und in jedem Falle von der Änderung unverzüglich zu benachrichtigen.

§ 361 [Beweisaufnahme durch den beauftragten Richter]
(1) Soll die Beweisaufnahme durch ein Mitglied des Prozeßgerichts erfolgen, so wird bei der Verkündung des Beweisbeschlusses durch den Vorsitzenden der beauftragte Richter bezeichnet und der Termin zur Beweisaufnahme bestimmt.
(2) Ist die Terminsbestimmung unterblieben, so erfolgt sie durch den beauftragten Richter; wird er verhindert, den Auftrag zu vollziehen, so ernennt der Vorsitzende ein anderes Mitglied.

§ 362 [Beweisaufnahme durch den ersuchten Richter]
(1) Soll die Beweisaufnahme durch ein anderes Gericht erfolgen, so ist das Ersuchungsschreiben von dem Vorsitzenden zu erlassen.
(2) Die auf die Beweisaufnahme sich beziehenden Verhandlungen übersendet der ersuchte Richter der Geschäftsstelle des Prozeßgerichts in Urschrift; die Geschäftsstelle benachrichtigt die Parteien von dem Eingang.

§ 363 [Beweisaufnahme im Ausland]
(1) Soll die Beweisaufnahme im Ausland erfolgen, so hat der Vorsitzende die zuständige Behörde um Aufnahme des Beweises zu ersuchen.
(2) Kann die Beweisaufnahme durch einen Bundeskonsul erfolgen, so ist das Ersuchen an diesen zu richten.

§ 364 [Parteimitwirkung bei Auslandsbeweis]
(1) Wird eine ausländische Behörde ersucht, den Beweis aufzunehmen, so kann das Gericht anordnen, daß der Beweisführer das Ersuchungsschreiben zu besorgen und die Erledigung des Ersuchens zu betreiben habe.
(2) Das Gericht kann sich auf die Anordnung beschränken, daß der Beweisführer eine den

Gesetzen des fremden Staates entsprechende öffentliche Urkunde über die Beweisaufnahme beizubringen habe.

(3) In beiden Fällen ist in dem Beweisbeschluß eine Frist zu bestimmen, binnen der von dem Beweisführer die Urkunde auf der Geschäftsstelle niederzulegen ist. Nach fruchtlosem Ablauf dieser Frist kann die Urkunde nur benutzt werden, wenn dadurch das Verfahren nicht verzögert wird.

(4) Der Beweisführer hat den Gegner, wenn möglich, von dem Ort und der Zeit der Beweisaufnahme so zeitig in Kenntnis zu setzen, daß dieser seine Rechte in geeigneter Weise wahrzunehmen vermag. Ist die Benachrichtigung unterblieben, so hat das Gericht zu ermessen, ob und inwieweit der Beweisführer zur Benutzung der Beweisverhandlung berechtigt ist.

§ 365 [Abgabe der Beweisaufnahme]

Der beauftragte oder ersuchte Richter ist ermächtigt, falls sich später Gründe ergeben, welche die Beweisaufnahme durch ein anderes Gericht sachgemäß erscheinen lassen, dieses Gericht um die Aufnahme des Beweises zu ersuchen. Die Parteien sind von dieser Verfügung in Kenntnis zu setzen.

§ 366 [Zwischenstreit]

(1) Erhebt sich bei der Beweisaufnahme vor einem beauftragten oder ersuchten Richter ein Streit, von dessen Erledigung die Fortsetzung der Beweisaufnahme abhängig und zu dessen Entscheidung der Richter nicht berechtigt ist, so erfolgt die Erledigung durch das Prozeßgericht.

(2) Der Termin zur mündlichen Verhandlung über den Zwischenstreit ist von Amts wegen zu bestimmen und den Parteien bekanntzumachen.

§ 367 [Ausbleiben der Parteien]

(1) Erscheint eine Partei oder erscheinen beide Parteien in dem Termin zur Beweisaufnahme nicht, so ist die Beweisaufnahme gleichwohl insoweit zu bewirken, als dies nach Lage der Sache geschehen kann.

(2) Eine nachträgliche Beweisaufnahme oder eine Vervollständigung der Beweisaufnahme ist bis zum Schluß derjenigen mündlichen Verhandlung, auf die das Urteil ergeht, auf Antrag anzuordnen, wenn das Verfahren dadurch nicht verzögert wird oder wenn die Partei glaubhaft macht, daß sie ohne ihr Verschulden außerstande gewesen sei, in dem früheren Termin zu erscheinen, und im Falle des Antrags auf Vervollständigung, daß durch ihr Nichterscheinen eine wesentliche Unvollständigkeit der Beweisaufnahme veranlaßt sei.

§ 368 [Neuer Beweistermin]

Wird ein neuer Termin zur Beweisaufnahme oder zu ihrer Fortsetzung erforderlich, so ist dieser Termin, auch wenn der Beweisführer oder beide Parteien in dem früheren Termin nicht erschienen waren, von Amts wegen zu bestimmen.

§ 369 [Geltung von ausländischer Beweisaufnahme]

Entspricht die von einer ausländischen Behörde vorgenommene Beweisaufnahme den für das Prozeßgericht geltenden Gesetzen, so kann daraus, daß sie nach den ausländischen Gesetzen mangelhaft ist, kein Einwand entnommen werden.

§ 370 [Fortsetzung der Verhandlung nach Beweisaufnahme]

(1) Erfolgt die Beweisaufnahme vor dem Prozeßgericht, so ist der Termin, in dem die Beweisaufnahme stattfindet, zugleich zur Fortsetzung der mündlichen Verhandlung bestimmt.

(2) In dem Beweisbeschluß, der anordnet, daß die Beweisaufnahme vor einem beauftragten oder ersuchten Richter erfolgen solle, kann zugleich der Termin zur Fortsetzung der

mündlichen Verhandlung vor dem Prozeßgericht bestimmt werden. Ist dies nicht geschehen, so wird nach Beendigung der Beweisaufnahme dieser Termin von Amts wegen bestimmt und den Parteien bekanntgemacht.

Sechster Titel
Beweis durch Augenschein

§ 371 [Beweisantritt]
Der Beweis durch Augenschein wird durch die Bezeichnung des Gegenstandes des Augenscheins und durch die Angabe der zu beweisenden Tatsachen angetreten.

§ 372 [Zuziehung von Sachverständigen]
(1) Das Prozeßgericht kann anordnen, daß bei der Einnahme des Augenscheins ein oder mehrere Sachverständige zuzuziehen seien.
(2) Es kann einem Mitglied des Prozeßgerichts oder einem anderen Gericht die Einnahme des Augenscheins übertragen, auch die Ernennung der zuzuziehenden Sachverständigen überlassen.

§ 372 a [Untersuchung zwecks Feststellung der Abstammung]
(1) Soweit es in den Fällen der §§ 1591 und 1600 o des Bürgerlichen Gesetzbuchs oder in anderen Fällen zur Feststellung der Abstammung erforderlich ist, hat jede Person Untersuchungen, insbesondere die Entnahme von Blutproben zum Zwecke der Blutgruppenuntersuchung, zu dulden, soweit die Untersuchung nach den anerkannten Grundsätzen der Wissenschaft eine Aufklärung des Sachverhalts verspricht und dem zu Untersuchenden nach der Art der Untersuchung, nach den Folgen ihres Ergebnisses für ihn oder einen der im § 383 Abs. 1 Nr. 1 bis 3 bezeichneten Angehörigen und ohne Nachteil für seine Gesundheit zugemutet werden kann.
(2) Die Vorschriften der §§ 386 bis 390 sind entsprechend anzuwenden. Bei wiederholter unberechtigter Verweigerung der Untersuchung kann auch unmittelbarer Zwang angewendet, insbesondere die zwangsweise Vorführung zum Zwecke der Untersuchung angeordnet werden.

Siebenter Titel
Zeugenbeweis

§ 373 [Beweisantritt]
Der Zeugenbeweis wird durch die Benennung der Zeugen und die Bezeichnung der Tatsachen, über welche die Vernehmung der Zeugen stattfinden soll, angetreten.

§ 374 (aufgehoben)

§ 375 [Beweisaufnahme durch beauftragten oder ersuchten Richter]
(1) Die Aufnahme des Zeugenbeweises darf einem Mitglied des Prozeßgerichts oder einem anderen Gericht nur übertragen werden, wenn von vornherein anzunehmen ist, daß das Prozeßgericht das Beweisergebnis auch ohne unmittelbaren Eindruck von dem Verlauf der Beweisaufnahme sachgemäß zu würdigen vermag, und
1. wenn zur Ausmittlung der Wahrheit die Vernehmung des Zeugen an Ort und Stelle dienlich erscheint oder nach gesetzlicher Vorschrift der Zeuge nicht an der Gerichtsstelle, sondern an einem anderen Ort zu vernehmen ist;
2. wenn der Zeuge verhindert ist, vor dem Prozeßgericht zu erscheinen;
3. wenn dem Zeugen das Erscheinen vor dem Prozeßgericht wegen großer Entfernung unter Berücksichtigung der Bedeutung seiner Aussage nicht zugemutet werden kann.

(1 a) Einem Mitglied des Prozeßgerichts darf die Aufnahme des Zeugenbeweises auch dann übertragen werden, wenn dies zur Vereinfachung der Verhandlung vor dem Prozeßgericht zweckmäßig erscheint und wenn von vornherein anzunehmen ist, daß das Prozeßgericht das Beweisergebnis auch ohne unmittelbaren Eindruck von dem Verlauf der Beweisaufnahme sachgemäß zu würdigen vermag.

(2) Der Bundespräsident ist in seiner Wohnung zu vernehmen.

§ 376 [Vernehmung von Staatsbediensteten]

(1) Für die Vernehmung von Richtern, Beamten und anderen Personen des öffentlichen Dienstes als Zeugen über Umstände, auf die sich ihre Pflicht zur Amtsverschwiegenheit bezieht, und für die Genehmigung zur Aussage gelten die besonderen beamtenrechtlichen Vorschriften.

(2) Für die Mitglieder des Bundestages, eines Landtages, der Bundes- oder einer Landesregierung sowie für die Angestellten einer Fraktion des Bundestages oder eines Landtages gelten die für sie maßgebenden besonderen Vorschriften.

(3) Eine Genehmigung in den Fällen der Absätze 1, 2 ist durch das Prozeßgericht einzuholen und dem Zeugen bekanntzumachen.

(4) Der Bundespräsident kann das Zeugnis verweigern, wenn die Ablegung des Zeugnisses dem Wohl des Bundes oder eines deutschen Landes Nachteile bereiten würde.

(5) Diese Vorschriften gelten auch, wenn die vorgenannten Personen nicht mehr im öffentlichen Dienst oder Angestellte einer Fraktion sind oder ihre Mandate beendet sind, soweit es sich um Tatsachen handelt, die sich während ihrer Dienst-, Beschäftigungs- oder Mandatszeit ereignet haben oder ihnen während ihrer Dienst-, Beschäftigungs- oder Mandatszeit zur Kenntnis gelangt sind.

§ 377 [Zeugenladung]

(1) Die Ladung der Zeugen ist von der Geschäftsstelle unter Bezugnahme auf den Beweisbeschluß auszufertigen und von Amts wegen mitzuteilen. Sie wird, sofern nicht das Gericht die Zustellung anordnet, formlos übersandt.

(2) Die Ladung muß enthalten:

1. die Bezeichnung der Parteien;
2. den Gegenstand der Vernehmung;
3. die Anweisung, zur Ablegung des Zeugnisses bei Vermeidung der durch das Gesetz angedrohten Ordnungsmittel in dem nach Zeit und Ort zu bezeichnenden Termin zu erscheinen.

(3) Das Gericht kann eine schriftliche Beantwortung der Beweisfrage anordnen, wenn es dies im Hinblick auf den Inhalt der Beweisfrage und die Person des Zeugen für ausreichend erachtet. Der Zeuge ist darauf hinzuweisen, daß er zur Vernehmung geladen werden kann. Das Gericht ordnet die Ladung des Zeugen an, wenn es dies zur weiteren Klärung der Beweisfrage für notwendig erachtet.

(4) (aufgehoben)

§ 378 [Zeugenpflicht]

(1) Soweit es die Aussage über seine Wahrnehmung erleichtert, hat der Zeuge Aufzeichnungen und andere Unterlagen einzusehen und zu dem Termin mitzubringen, wenn ihm dies gestattet und zumutbar ist. § 429 bleibt unberührt.

(2) Kommt der Zeuge auf eine bestimmte Anordnung des Gerichts der Verpflichtung nach Absatz 1 nicht nach, so kann das Gericht die in § 390 bezeichneten Maßnahmen treffen; hierauf ist der Zeuge vorher hinzuweisen.

§ 379 [Auslagenvorschuß]

Das Gericht kann die Ladung des Zeugen davon abhängig machen, daß der Beweisführer einen hinreichenden Vorschuß zur Deckung der Auslagen zahlt, die der Staatskasse durch die Vernehmung des Zeugen erwachsen. Wird der Vorschuß nicht innerhalb der bestimmten Frist gezahlt, so unterbleibt die Ladung, wenn die Zahlung nicht so zeitig nachgeholt wird, daß die Vernehmung durchgeführt werden kann, ohne daß dadurch nach der freien Überzeugung des Gerichts das Verfahren verzögert wird.

§ 380 [Ausbleiben des Zeugen]

(1) Einem ordnungsgemäß geladenen Zeugen, der nicht erscheint, werden, ohne daß es eines Antrages bedarf, die durch das Ausbleiben verursachten Kosten auferlegt. Zugleich wird gegen ihn ein Ordnungsgeld und für den Fall, daß dieses nicht beigetrieben werden kann, Ordnungshaft festgesetzt.

(2) Im Falle wiederholten Ausbleibens wird das Ordnungsmittel noch einmal festgesetzt; auch kann die zwangsweise Vorführung des Zeugen angeordnet werden.

(3) Gegen diese Beschlüsse findet die Beschwerde statt.

§ 381 [Genügende Entschuldigung des Ausbleibens]

(1) Die Festsetzung eines Ordnungsmittels und die Auferlegung der Kosten sowie die Anordnung der zwangsweisen Vorführung unterbleiben, wenn der Zeuge glaubhaft macht, daß ihm die Ladung nicht rechtzeitig zugegangen ist, oder wenn sein Ausbleiben genügend entschuldigt ist. Erfolgt die Glaubhaftmachung oder die genügende Entschuldigung nachträglich, so werden die gegen den Zeugen getroffenen Anordnungen wieder aufgehoben.

(2) Die Anzeigen und Gesuche des Zeugen können schriftlich oder zum Protokoll der Geschäftsstelle oder mündlich in dem zur Vernehmung bestimmten neuen Termin angebracht werden.

§ 382 [Vernehmung von Regierungsmitgliedern und Parlamentariern]

(1) Die Mitglieder der Bundesregierung oder einer Landesregierung sind an ihrem Amtssitz oder, wenn sie sich außerhalb ihres Amtssitzes aufhalten, an ihrem Aufenthaltsort zu vernehmen.

(2) Die Mitglieder des Bundestages, des Bundesrates, eines Landtages oder einer zweiten Kammer sind während ihres Aufenthaltes am Sitz der Versammlung dort zu vernehmen.

(3) Zu einer Abweichung von den vorstehenden Vorschriften bedarf es:
für die Mitglieder der Bundesregierung der Genehmigung der Bundesregierung,
für die Mitglieder einer Landesregierung der Genehmigung der Landesregierung,
für die Mitglieder einer der im Absatz 2 genannten Versammlungen der Genehmigung dieser Versammlung.

§ 383 [Zeugnisverweigerung aus persönlichen Gründen]

(1) Zur Verweigerung des Zeugnisses sind berechtigt:

1. der Verlobte einer Partei;
2. der Ehegatte einer Partei, auch wenn die Ehe nicht mehr besteht;
3. diejenigen, die mit einer Partei in gerader Linie verwandt oder verschwägert, in der Seitenlinie bis zum dritten Grad verwandt oder bis zum zweiten Grad verschwägert sind oder waren;
4. Geistliche in Ansehung desjenigen, was ihnen bei der Ausübung der Seelsorge anvertraut ist;
5. Personen, die bei der Vorbereitung, Herstellung oder Verbreitung von periodischen Druckwerken oder Rundfunksendungen berufsmäßig mitwirken oder mitgewirkt haben, über die Person des Verfassers, Einsenders oder Gewährsmanns von Beiträgen und Un-

terlagen sowie über die ihnen im Hinblick auf ihre Tätigkeit gemachten Mitteilungen, soweit es sich um Beiträge, Unterlagen und Mitteilungen für den redaktionellen Teil handelt;
6. Personen, denen kraft ihres Amtes, Standes oder Gewerbes Tatsachen anvertraut sind, deren Geheimhaltung durch ihre Natur oder durch gesetzliche Vorschrift geboten ist, in betreff der Tatsachen, auf welche die Verpflichtung zur Verschwiegenheit sich bezieht.

(2) Die unter Nummern 1 bis 3 bezeichneten Personen sind vor der Vernehmung über ihr Recht zur Verweigerung des Zeugnisses zu belehren.

(3) Die Vernehmung der unter Nummern 4 bis 6 bezeichneten Personen ist, auch wenn das Zeugnis nicht verweigert wird, auf Tatsachen nicht zu richten, in Ansehung welcher erhellt, daß ohne Verletzung der Verpflichtung zur Verschwiegenheit ein Zeugnis nicht abgelegt werden kann.

§ 384 [Zeugnisverweigerung aus sachlichen Gründen]
Das Zeugnis kann verweigert werden:
1. über Fragen, deren Beantwortung dem Zeugen oder einer Person, zu der er in einem der im § 383 Nr. 1 bis 3 bezeichneten Verhältnisse steht, einen unmittelbaren vermögensrechtlichen Schaden verursachen würde;
2. über Fragen, deren Beantwortung dem Zeugen oder einem seiner im § 383 Nr. 1 bis 3 bezeichneten Angehörigen zur Unehre gereichen oder die Gefahr zuziehen würde, wegen einer Straftat oder einer Ordnungswidrigkeit verfolgt zu werden;
3. über Fragen, die der Zeuge nicht würde beantworten können, ohne ein Kunst- oder Gewerbegeheimnis zu offenbaren.

§ 385 [Ausnahmen vom Zeugnisverweigerungsrecht]
(1) In den Fällen des § 383 Nr. 1 bis 3 und des § 384 Nr. 1 darf der Zeuge das Zeugnis nicht verweigern:
1. über die Errichtung und den Inhalt eines Rechtsgeschäfts, bei dessen Errichtung er als Zeuge zugezogen war;
2. über Geburten, Verheiratungen oder Sterbefälle von Familienmitgliedern;
3. über Tatsachen, welche die durch das Familienverhältnis bedingten Vermögensangelegenheiten betreffen;
4. über die auf das streitige Rechtsverhältnis sich beziehenden Handlungen, die von ihm selbst als Rechtsvorgänger oder Vertreter einer Partei vorgenommen sein sollen.

(2) Die im § 383 Nr. 4, 6 bezeichneten Personen dürfen das Zeugnis nicht verweigern, wenn sie von der Verpflichtung zur Verschwiegenheit entbunden sind.

§ 386 [Erklärung über Gründe der Zeugnisverweigerung]
(1) Der Zeuge, der das Zeugnis verweigert, hat vor dem zu seiner Vernehmung bestimmten Termin schriftlich oder zum Protokoll der Geschäftsstelle oder in diesem Termin die Tatsachen, auf die er die Weigerung gründet, anzugeben und glaubhaft zu machen.

(2) Zur Glaubhaftmachung genügt in den Fällen des § 383 Nr. 4, 6 die mit Berufung auf einen geleisteten Diensteid abgegebene Versicherung.

(3) Hat der Zeuge seine Weigerung schriftlich oder zum Protokoll der Geschäftsstelle erklärt, so ist er nicht verpflichtet, in dem zu seiner Vernehmung bestimmten Termin zu erscheinen.

(4) Von dem Eingang einer Erklärung des Zeugen oder von der Aufnahme einer solchen zum Protokoll hat die Geschäftsstelle die Parteien zu benachrichtigen.

§ 387 [Zwischenstreit über Zeugnisverweigerung]

(1) Über die Rechtmäßigkeit der Weigerung wird von dem Prozeßgericht nach Anhörung der Parteien entschieden.

(2) Der Zeuge ist nicht verpflichtet, sich durch einen Anwalt vertreten zu lassen.

(3) Gegen das Zwischenurteil findet sofortige Beschwerde statt.

§ 388 [Zwischenstreit bei schriftlicher Zeugnisverweigerung]

Hat der Zeuge seine Weigerung schriftlich oder zum Protokoll der Geschäftsstelle erklärt und ist er in dem Termin nicht erschienen, so hat auf Grund seiner Erklärungen ein Mitglied des Prozeßgerichts Bericht zu erstatten.

§ 389 [Zeugnisverweigerung vor kommissarischem Richter]

(1) Erfolgt die Weigerung vor einem beauftragten oder ersuchten Richter, so sind die Erklärungen des Zeugen, wenn sie nicht schriftlich oder zum Protokoll der Geschäftsstelle abgegeben sind, nebst den Erklärungen der Parteien in das Protokoll aufzunehmen.

(2) Zur mündlichen Verhandlung vor dem Prozeßgericht werden der Zeuge und die Parteien von Amts wegen geladen.

(3) Auf Grund der von dem Zeugen und den Parteien abgegebenen Erklärungen hat ein Mitglied des Prozeßgerichts Bericht zu erstatten. Nach dem Vortrag des Berichterstatters können der Zeuge und die Parteien zur Begründung ihrer Anträge das Wort nehmen; neue Tatsachen oder Beweismittel dürfen nicht geltend gemacht werden.

§ 390 [Folgen bei unberechtigter Verweigerung]

(1) Wird das Zeugnis oder die Eidesleistung ohne Angabe eines Grundes oder aus einem rechtskräftig für unerheblich erklärten Grund verweigert, so werden dem Zeugen, ohne daß es eines Antrages bedarf, die durch die Weigerung verursachten Kosten auferlegt. Zugleich wird gegen ihn ein Ordnungsgeld und für den Fall, daß dieses nicht beigetrieben werden kann, Ordnungshaft festgesetzt.

(2) Im Falle wiederholter Weigerung ist auf Antrag zur Erzwingung des Zeugnisses die Haft anzuordnen, jedoch nicht über den Zeitpunkt der Beendigung des Prozesses in dem Rechtszuge hinaus. Die Vorschriften über die Haft im Zwangsvollstreckungsverfahren gelten entsprechend.

(3) Gegen die Beschlüsse findet die Beschwerde statt.

§ 391 [Beeidigung]

Ein Zeuge ist, vorbehaltlich der sich aus § 393 ergebenden Ausnahmen, zu beeidigen, wenn das Gericht dies mit Rücksicht auf die Bedeutung der Aussage oder zur Herbeiführung einer wahrheitsgemäßen Aussage für geboten erachtet und die Parteien auf die Beeidigung nicht verzichten.

§ 392 [Nacheid – Eidesnorm]

Die Beeidigung erfolgt nach der Vernehmung. Mehrere Zeugen können gleichzeitig beeidigt werden. Die Eidesnorm geht dahin, daß der Zeuge nach bestem Wissen die reine Wahrheit gesagt und nichts verschwiegen habe.

§ 393 [Uneidliche Vernehmung]

Personen, die zur Zeit der Vernehmung das sechzehnte Lebensjahr noch nicht vollendet oder wegen mangelnder Verstandesreife oder wegen Verstandesschwäche von dem Wesen und der Bedeutung des Eides keine genügende Vorstellung haben, sind unbeeidigt zu vernehmen.

§ 394 [Einzelvernehmung]

(1) Jeder Zeuge ist einzeln und in Abwesenheit der später abzuhörenden Zeugen zu vernehmen.

(2) Zeugen, deren Aussagen sich widersprechen, können einander gegenübergestellt werden.

§ 395 [Zeugenbelehrung – Vernehmung zur Person]

(1) Vor der Vernehmung wird der Zeuge zur Wahrheit ermahnt und darauf hingewiesen, daß er in den vom Gesetz vorgesehenen Fällen unter Umständen seine Aussage zu beeidigen habe.

(2) Die Vernehmung beginnt damit, daß der Zeuge über Vornamen und Zunamen, Alter, Stand oder Gewerbe und Wohnort befragt wird. Erforderlichenfalls sind ihm Fragen über solche Umstände, die seine Glaubwürdigkeit in der vorliegenden Sache betreffen, insbesondere über seine Beziehungen zu den Parteien vorzulegen.

§ 396 [Vernehmung zur Sache]

(1) Der Zeuge ist zu veranlassen, dasjenige, was ihm von dem Gegenstand seiner Vernehmung bekannt ist, im Zusammenhang anzugeben.

(2) Zur Aufklärung und zur Vervollständigung der Aussage sowie zur Erforschung des Grundes, auf dem die Wissenschaft des Zeugen beruht, sind nötigenfalls weitere Fragen zu stellen.

(3) Der Vorsitzende hat jedem Mitglied des Gerichts auf Verlangen zu gestatten, Fragen zu stellen.

§ 397 [Befragung durch Parteien]

(1) Die Parteien sind berechtigt, dem Zeugen diejenigen Fragen vorlegen zu lassen, die sie zur Aufklärung der Sache oder der Verhältnisse des Zeugen für dienlich erachten.

(2) Der Vorsitzende kann den Parteien gestatten und hat ihren Anwälten auf Verlangen zu gestatten, an den Zeugen unmittelbar Fragen zu richten.

(3) Zweifel über die Zulässigkeit einer Frage entscheidet das Gericht.

§ 398 [Wiederholte und nachträgliche Vernehmung]

(1) Das Prozeßgericht kann nach seinem Ermessen die wiederholte Vernehmung eines Zeugen anordnen.

(2) Hat ein beauftragter oder ersuchter Richter bei der Vernehmung die Stellung der von einer Partei angeregten Frage verweigert, so kann das Prozeßgericht die nachträgliche Vernehmung des Zeugen über diese Frage anordnen.

(3) Bei der wiederholten oder der nachträglichen Vernehmung kann der Richter statt der nochmaligen Beeidigung den Zeugen die Richtigkeit seiner Aussage unter Berufung auf den früher geleisteten Eid versichern lassen.

§ 399 [Verzicht auf eigene Zeugen]

Die Partei kann auf einen Zeugen, den sie vorgeschlagen hat, verzichten; der Gegner kann aber verlangen, daß der erschienene Zeuge vernommen und, wenn die Vernehmung bereits begonnen hat, daß sie fortgesetzt werde.

§ 400 [Befugnisse des beauftragten oder ersuchten Richters]

Der mit der Beweisaufnahme betraute Richter ist ermächtigt, im Falle des Nichterscheinens oder der Zeugnisverweigerung die gesetzlichen Verfügungen zu treffen, auch sie, soweit dies überhaupt zulässig ist, selbst nach Erledigung des Auftrages wieder aufzuheben, über die Zulässigkeit einer dem Zeugen vorgelegten Frage vorläufig zu entscheiden und die nochmalige Vernehmung eines Zeugen vorzunehmen.

§ 401 [Entschädigung von Zeugen]

Der Zeuge wird nach dem Gesetz über die Entschädigung von Zeugen und Sachverständigen entschädigt.

Achter Titel
Beweis durch Sachverständige

§ 402 [Verweis auf Vorschriften über Zeugen]
Für den Beweis durch Sachverständige gelten die Vorschriften über den Beweis durch Zeugen entsprechend, insoweit nicht in den nachfolgenden Paragraphen abweichende Vorschriften enthalten sind.

§ 403 [Beweisantritt]
Der Beweis wird durch die Bezeichnung der zu begutachtenden Punkte angetreten.

§ 404 [Auswahl durch Gericht]
(1) Die Auswahl der zuzuziehenden Sachverständigen und die Bestimmung ihrer Anzahl erfolgt durch das Prozeßgericht. Es kann sich auf die Ernennung eines einzigen Sachverständigen beschränken. An Stelle der zuerst ernannten Sachverständigen kann es andere ernennen.
(2) Sind für gewisse Arten von Gutachten Sachverständige öffentlich bestellt, so sollen andere Personen nur dann gewählt werden, wenn besondere Umstände es erfordern.
(3) Das Gericht kann die Parteien auffordern, Personen zu bezeichnen, die geeignet sind, als Sachverständige vernommen zu werden.
(4) Einigen sich die Parteien über bestimmte Personen als Sachverständige, so hat das Gericht dieser Einigung Folge zu geben; das Gericht kann jedoch die Wahl der Parteien auf eine bestimmte Anzahl beschränken.

§ 404 a [Weisungsrecht]
(1) Das Gericht hat die Tätigkeit des Sachverständigen zu leiten und kann ihm für Art und Umfang seiner Tätigkeit Weisungen erteilen.
(2) Soweit es die Besonderheit des Falles erfordert, soll das Gericht den Sachverständigen vor Abfassung der Beweisfrage hören, ihn in seine Aufgabe einweisen und ihm auf Verlangen den Auftrag zu erläutern.
(3) Bei streitigem Sachverhalt bestimmt das Gericht, welche Tatsachen der Sachverständige der Begutachtung zugrunde legen soll.
(4) Soweit es erforderlich ist, bestimmt das Gericht, in welchem Umfang der Sachverständige zur Aufklärung der Beweisfrage befugt ist, inwieweit er mit den Parteien in Verbindung treten darf und wann er ihnen die Teilnahme an seinen Ermittlungen zu gestatten hat.
(5) Weisungen an den Sachverständigen sind den Parteien mitzuteilen. Findet ein besonderer Termin zur Einweisung des Sachverständigen statt, so ist den Parteien die Teilnahme zu gestatten.

§ 405 [Auswahl durch verordneten Richter]
Das Prozeßgericht kann den mit der Beweisaufnahme betrauten Richter zur Ernennung der Sachverständigen ermächtigen. Er hat in diesem Falle die Befugnisse und Pflichten des Prozeßgerichts nach den §§ 404, 404 a.

§ 406 [Ablehnungsgründe]
(1) Ein Sachverständiger kann aus denselben Gründen, die zur Ablehnung eines Richters berechtigen, abgelehnt werden. Ein Ablehnungsgrund kann jedoch nicht daraus entnommen werden, daß der Sachverständige als Zeuge vernommen worden ist.
(2) Der Ablehnungsantrag ist bei dem Gericht oder Richter, von dem der Sachverständige ernannt ist, vor seiner Vernehmung zu stellen, spätestens jedoch binnen zwei Wochen nach Verkündung oder Zustellung des Beschlusses über die Ernennung. Zu einem späteren Zeitpunkt ist die Ablehnung nur zulässig, wenn der Antragsteller glaubhaft macht, daß er

ohne sein Verschulden verhindert war, den Ablehungsgrund früher geltend zu machen. Der Antrag kann vor der Geschäftsstelle zu Protokoll erklärt werden.
(3) Der Ablehnungsgrund ist glaubhaft zu machen; zur Versicherung an Eides Statt darf die Partei nicht zugelassen werden.
(4) Die Entscheidung ergeht von dem im zweiten Absatz bezeichneten Gericht oder Richter; eine mündliche Verhandlung der Beteiligten ist nicht erforderlich.
(5) Gegen den Beschluß, durch den die Ablehnung für begründet erklärt wird, findet kein Rechtsmittel, gegen den Beschluß, durch den sie für unbegründet erklärt wird, findet sofortige Beschwerde statt.

§ 407 [Pflicht zur Gutachtenerstattung]

(1) Der zum Sachverständigen Ernannte hat der Ernennung Folge zu leisten, wenn er zur Erstattung von Gutachten der erforderten Art öffentlich bestellt ist oder wenn er die Wissenschaft, die Kunst oder das Gewerbe, deren Kenntnis Voraussetzung der Begutachtung ist, öffentlich zum Erwerb ausübt oder wenn er zur Ausübung derselben öffentlich bestellt oder ermächtigt ist.
(2) Zur Erstattung des Gutachtens ist auch derjenige verpflichtet, der sich hierzu vor Gericht bereit erklärt hat.

§ 407 a [Mitwirkungspflichten]

(1) Der Sachverständige hat unverzüglich zu prüfen, ob der Auftrag in sein Fachgebiet fällt und ohne die Hinzuziehung weiterer Sachverständiger erledigt werden kann. Ist das nicht der Fall, so hat der Sachverständige das Gericht unverzüglich zu verständigen.
(2) Der Sachverständige ist nicht befugt, den Auftrag auf einen anderen zu übertragen. Soweit er sich der Mitarbeit einer anderen Person bedient, hat er diese namhaft zu machen und den Umfang ihrer Tätigkeit anzugeben, falls es sich nicht um Hilfsdienste von untergeordneter Bedeutung handelt.
(3) Hat der Sachverständige Zweifel an Inhalt und Umfang des Auftrages, so hat er unverzüglich eine Klärung durch das Gericht herbeizuführen. Erwachsen voraussichtlich Kosten, die erkennbar außer Verhältnis zum Wert des Streitgegenstandes stehen oder einen angeforderten Kostenvorschuß erheblich übersteigen, so hat der Sachverständige rechtzeitig hierauf hinzuweisen.
(4) Der Sachverständige hat auf Verlangen des Gerichts die Akten und sonstige für die Begutachtung beigezogenen Unterlagen sowie Untersuchungsergebnisse unverzüglich herauszugeben oder mitzuteilen. Kommt er dieser Pflicht nicht nach, so ordnet das Gericht die Herausgabe an.
(5) Das Gericht soll den Sachverständigen auf seine Pflichten hinweisen.

§ 408 [Verweigerungsrecht des Sachverständigen]

(1) Dieselben Gründe, die einen Zeugen berechtigen, das Zeugnis zu verweigern, berechtigen einen Sachverständigen zur Verweigerung des Gutachtens. Das Gericht kann auch aus anderen Gründen einen Sachverständigen von der Verpflichtung zur Erstattung des Gutachtens entbinden.
(2) Für die Vernehmung eines Richters, Beamten oder einer anderen Person des öffentlichen Dienstes als Sachverständigen gelten die besonderen beamtenrechtlichen Vorschriften. Für die Mitglieder der Bundes- oder einer Landesregierung gelten die für sie maßgebenden besonderen Vorschriften.
(3) Wer bei einer richterlichen Entscheidung mitgewirkt hat, soll über Fragen, die den Gegenstand der Entscheidung gebildet haben, nicht als Sachverständiger vernommen werden.

§ 409 [Folgen des Nichterscheinens oder der Verweigerung]

(1) Wenn ein Sachverständiger nicht erscheint oder sich weigert, ein Gutachten zu erstatten, obgleich er dazu verpflichtet ist, oder wenn er Akten oder sonstige Unterlagen zurückbehält, werden ihm die dadurch verursachten Kosten auferlegt. Zugleich wird gegen ihn ein Ordnungsgeld festgesetzt. Im Falle wiederholten Ungehorsams kann das Ordnungsgeld noch einmal festgesetzt werden.

(2) Gegen den Beschluß findet Beschwerde statt.

§ 410 [Beeidigung des Sachverständigen]

(1) Der Sachverständige wird vor oder nach Erstattung des Gutachtens beeidigt. Die Eidesnorm geht dahin, daß der Sachverständige das von ihm erforderte Gutachten unparteiisch und nach bestem Wissen und Gewissen erstatten werde oder erstattet habe.

(2) Ist der Sachverständige für die Erstattung von Gutachten der betreffenden Art im allgemeinen beeidigt, so genügt die Berufung auf den geleisteten Eid; sie kann auch in einem schriftlichen Gutachten erklärt werden.

§ 411 [Schriftliches Gutachten]

(1) Wird schriftliche Begutachtung angeordnet, so hat der Sachverständige das von ihm unterschriebene Gutachten auf der Geschäftsstelle niederzulegen. Das Gericht kann ihm hierzu eine Frist bestimmen.

(2) Versäumt ein zur Erstattung des Gutachtens verpflichteter Sachverständiger die Frist, so kann gegen ihn ein Ordnungsgeld festgesetzt werden. Das Ordnungsgeld muß vorher unter Setzung einer Nachfrist angedroht werden. Im Falle wiederholter Fristversäumnis kann das Ordnungsgeld in der gleichen Weise noch einmal festgesetzt werden. § 409 Abs. 2 gilt entsprechend.

(3) Das Gericht kann das Erscheinen des Sachverständigen anordnen, damit er das schriftliche Gutachten erläutere.

(4) Die Parteien haben dem Gericht innerhalb eines angemessenen Zeitraums ihre Einwendungen gegen das Gutachten, die Begutachtung betreffende Anträge und Ergänzungsfragen zu dem schriftlichen Gutachten mitzuteilen. Das Gericht kann ihnen hierfür eine Frist setzen; § 296 Abs. 1, 4 gilt entsprechend.

§ 412 [Neues Gutachten]

(1) Das Gericht kann eine neue Begutachtung durch dieselben oder durch andere Sachverständige anordnen, wenn es das Gutachten für ungenügend erachtet.

(2) Das Gericht kann die Begutachtung durch einen anderen Sachverständigen anordnen, wenn ein Sachverständiger nach Erstattung des Gutachtens mit Erfolg abgelehnt ist.

§ 413 [Entschädigung des Sachverständigen]

Der Sachverständige wird nach dem Gesetz über die Entschädigung von Zeugen und Sachverständigen entschädigt.

§ 414 [Sachverständige Zeugen]

Insoweit zum Beweise vergangener Tatsachen oder Zustände, zu deren Wahrnehmung eine besondere Sachkunde erforderlich war, sachkundige Personen zu vernehmen sind, kommen die Vorschriften über den Zeugenbeweis zur Anwendung.

Neunter Titel
Beweis durch Urkunden

§ 415 [Beweiskraft öffentlicher Urkunden über Erklärungen]
(1) Urkunden, die von einer öffentlichen Behörde innerhalb der Grenzen ihrer Amtsbefugnisse oder von einer mit öffentlichem Glauben versehenen Person innerhalb des ihr zugewiesenen Geschäftskreises in der vorgeschriebenen Form aufgenommen sind (öffentliche Urkunden), begründen, wenn sie über eine vor der Behörde oder der Urkundsperson abgegebene Erklärung errichtet sind, vollen Beweis des durch die Behörde oder die Urkundsperson beurkundeten Vorganges.
(2) Der Beweis, daß der Vorgang unrichtig beurkundet sei, ist zulässig.

§ 416 [Beweiskraft von Privaturkunden]
Privaturkunden begründen, sofern sie von den Ausstellern unterschrieben oder mittels notariell beglaubigten Handzeichens unterzeichnet sind, vollen Beweis dafür, daß die in ihnen enthaltenen Erklärungen von den Ausstellern abgegeben sind.

§ 417 [Beweiskraft öffentlicher Urkunden mit behördlicher Erklärung]
Die von einer Behörde ausgestellten, eine amtliche Anordnung, Verfügung oder Entscheidung enthaltenden öffentlichen Urkunden begründen vollen Beweis ihres Inhalts.

§ 418 [Beweiskraft anderer öffentlicher Urkunden]
(1) Öffentliche Urkunden, die einen anderen als den in §§ 415, 417 bezeichneten Inhalt haben, begründen vollen Beweis der darin bezeugten Tatsachen.
(2) Der Beweis der Unrichtigkeit der bezeugten Tatsachen ist zulässig, sofern nicht die Landesgesetze diesen Beweis ausschließen oder beschränken.
(3) Beruht das Zeugnis nicht auf eigener Wahrnehmung der Behörde oder der Urkundsperson, so ist die Vorschrift des ersten Absatzes nur dann anzuwenden, wenn sich aus den Landesgesetzen ergibt, daß die Beweiskraft des Zeugnisses von der eigenen Wahrnehmung unabhängig ist.

§ 419 [Mängel der Urkunde]
Inwiefern Durchstreichungen, Radierungen, Einschaltungen oder sonstige äußere Mängel die Beweiskraft einer Urkunde ganz oder teilweise aufheben oder mindern, entscheidet das Gericht nach freier Überzeugung.

§ 420 [Beweisantritt durch Vorlegung]
Der Beweis wird durch die Vorlegung der Urkunde angetreten.

§ 421 [Vorlegung durch Gegner]
Befindet sich die Urkunde nach der Behauptung des Beweisführers in den Händen des Gegners, so wird der Beweis durch Antrag angetreten, dem Gegner die Vorlegung der Urkunde aufzugeben.

§ 422 [Anwendbarkeit von BGB-Vorschriften]
Der Gegner ist zur Vorlegung der Urkunde verpflichtet, wenn der Beweisführer nach den Vorschriften des bürgerlichen Rechts die Herausgabe oder die Vorlegung der Urkunde verlangen kann.

§ 423 [Vorlegungspflicht bei Bezugnahme]
Der Gegner ist auch zur Vorlegung der in seinen Händen befindlichen Urkunden verpflichtet, auf die er im Prozeß zur Beweisführung Bezug genommen hat, selbst wenn es nur in einem vorbereitenden Schriftsatz geschehen ist.

§ 424 [Inhalt des Vorlegungsantrags]
Der Antrag soll enthalten:
1. die Bezeichnung der Urkunde;
2. die Bezeichnung der Tatsachen, die durch die Urkunde bewiesen werden sollen;

3. die möglichst vollständige Bezeichnung des Inhalts der Urkunde;
4. die Angabe der Umstände, auf welche die Behauptung sich stützt, daß die Urkunde sich in dem Besitz des Gegners befindet;
5. die Bezeichnung des Grundes, der die Verpflichtung zur Vorlegung der Urkunde ergibt. Der Grund ist glaubhaft zu machen.

§ 425 [Vorlegungsanordnung durch Gericht]
Erachtet das Gericht die Tatsache, die durch die Urkunde bewiesen werden soll, für erheblich und den Antrag für begründet, so ordnet es, wenn der Gegner zugesteht, daß die Urkunde sich in seinen Händen befinde, oder wenn der Gegner sich über den Antrag nicht erklärt, die Vorlegung der Urkunde an.

§ 426 [Bestreiten des Besitzes]
Bestreitet der Gegner, daß die Urkunde sich in seinem Besitz befinde, so ist er über ihren Verbleib zu vernehmen. In der Ladung zum Vernehmungstermin ist ihm aufzugeben, nach dem Verbleib der Urkunde sorgfältig zu forschen. Im übrigen gelten die Vorschriften der §§ 449 bis 454 entsprechend. Gelangt das Gericht zu der Überzeugung, daß sich die Urkunde im Besitz des Gegners befindet, so ordnet es die Vorlegung an.

§ 427 [Folgen der Nichtvorlegung]
Kommt der Gegner der Anordnung, die Urkunde vorzulegen, nicht nach oder gelangt das Gericht im Falle des § 426 zu der Überzeugung, daß er nach dem Verbleib der Urkunde nicht sorgfältig geforscht habe, so kann eine vom Beweisführer beigebrachte Abschrift der Urkunde als richtig angesehen werden. Ist eine Abschrift der Urkunde nicht beigebracht, so können die Behauptungen des Beweisführers über die Beschaffenheit und den Inhalt der Urkunde als bewiesen angenommen werden.

§ 428 [Beweisantritt bei Urkundsbesitz Dritter]
Befindet sich die Urkunde nach der Behauptung des Beweisführers in den Händen eines Dritten, so wird der Beweis durch den Antrag angetreten, zur Herbeischaffung der Urkunde eine Frist zu bestimmen.

§ 429 [Vorlegungspflicht Dritter]
Der Dritte ist aus denselben Gründen wie der Gegner des Beweisführers zur Vorlegung einer Urkunde verpflichtet; er kann zur Vorlegung nur im Wege der Klage genötigt werden.

§ 430 [Vorlegungsantrag; Glaubhaftmachung]
Zur Begründung des nach § 428 zu stellenden Antrages hat der Beweisführer den Erfordernissen des § 424 Nr. 1 bis 3, 5 zu genügen und außerdem glaubhaft zu machen, daß die Urkunde sich in den Händen des Dritten befinde.

§ 431 [Vorlegungsfrist]
(1) Ist die Tatsache, die durch die Urkunde bewiesen werden soll, erheblich und entspricht der Antrag den Vorschriften des vorstehenden Paragraphen, so hat das Gericht eine Frist zur Vorlegung der Urkunde zu bestimmen. Die Frist kann ohne mündliche Verhandlung bestimmt werden.
(2) Der Gegner kann die Fortsetzung des Verfahrens vor dem Ablauf der Frist beantragen, wenn die Klage gegen den Dritten erledigt ist oder wenn der Beweisführer die Erhebung der Klage oder die Betreibung des Prozesses oder der Zwangsvollstreckung verzögert.

§ 432 [Urkundsbesitz von Behörden und Beamten]
(1) Befindet sich die Urkunde nach der Behauptung des Beweisführers in den Händen einer öffentlichen Behörde oder eines öffentlichen Beamten, so wird der Beweis durch den Antrag angetreten, die Behörde oder den Beamten um die Mitteilung der Urkunde zu ersuchen.

(2) Diese Vorschrift ist auf Urkunden, welche die Parteien nach den gesetzlichen Vorschriften ohne Mitwirkung des Gerichts zu beschaffen imstande sind, nicht anzuwenden.
(3) Verweigert die Behörde oder der Beamte die Mitteilung der Urkunde in Fällen, in denen eine Verpflichtung zur Vorlegung auf § 422 gestützt wird, so gelten die Vorschriften der §§ 428 bis 431.

§ 433 (weggefallen)

§ 434 [Vorlegung vor kommissarischem Richter]
Wenn eine Urkunde bei der mündlichen Verhandlung wegen erheblicher Hindernisse nicht vorgelegt werden kann oder wenn es bedenklich erscheint, sie wegen ihrer Wichtigkeit und der Besorgnis ihres Verlustes oder ihrer Beschädigung vorzulegen, so kann das Prozeßgericht anordnen, daß sie vor einem seiner Mitglieder oder vor einem anderen Gericht vorgelegt werde.

§ 435 [Beglaubigte Abschrift öffentlicher Urkunden]
Eine öffentliche Urkunde kann in Urschrift oder in einer beglaubigten Abschrift, die hinsichtlich der Beglaubigung die Erfordernisse einer öffentlichen Urkunde an sich trägt, vorgelegt werden; das Gericht kann jedoch anordnen, daß der Beweisführer die Urschrift vorlege oder die Tatsachen angebe und glaubhaft mache, die ihn an der Vorlegung der Urschrift verhindern. Bleibt die Anordnung erfolglos, so entscheidet das Gericht nach freier Überzeugung, welche Beweiskraft der beglaubigten Abschrift beizulegen sei.

§ 436 [Zustimmung des Gegners zum Verzicht]
Der Beweisführer kann nach der Vorlegung einer Urkunde nur mit Zustimmung des Gegners auf dieses Beweismittel verzichten.

§ 437 [Vermutung der Echtheit inländischer öffentlicher Urkunden]
(1) Urkunden, die nach Form und Inhalt als von einer öffentlichen Behörde oder von einer mit öffentlichem Glauben versehenen Person errichtet sich darstellen, haben die Vermutung der Echtheit für sich.
(2) Das Gericht kann, wenn es die Echtheit für zweifelhaft hält, auch von Amts wegen die Behörde oder die Person, von der die Urkunde errichtet sein soll, zu einer Erklärung über die Echtheit veranlassen.

§ 438 [Gerichtliches Ermessen bei ausländischen Urkunden]
(1) Ob eine Urkunde, die als von einer ausländischen Behörde oder von einer mit öffentlichem Glauben versehenen Person des Auslandes errichtet sich darstellt, ohne näheren Nachweis als echt anzusehen sei, hat das Gericht nach den Umständen des Falles zu ermessen.
(2) Zum Beweise der Echtheit einer solchen Urkunde genügt die Legalisation durch einen Konsul oder Gesandten des Bundes.

§ 439 [Erklärungspflicht des Gegners]
(1) Über die Echtheit einer Privaturkunde hat sich der Gegner des Beweisführers nach der Vorschrift des § 138 zu erklären.
(2) Befindet sich unter der Urkunde eine Namensunterschrift, so ist die Erklärung auf die Echtheit der Unterschrift zu richten.
(3) Wird die Erklärung nicht abgegeben, so ist die Urkunde als anerkannt anzusehen, wenn nicht die Absicht, die Echtheit bestreiten zu wollen, aus den übrigen Erklärungen der Partei hervorgeht.

§ 440 [Beweis der Echtheit von Privaturkunden]
(1) Die Echtheit einer nicht anerkannten Privaturkunde ist zu beweisen.

(2) Steht die Echtheit der Namensunterschrift fest oder ist das unter einer Urkunde befindliche Handzeichen notariell beglaubigt, so hat die über der Unterschrift oder dem Handzeichen stehende Schrift die Vermutung der Echtheit für sich.

§ 441 [Schriftvergleichung]

(1) Der Beweis der Echtheit oder Unechtheit einer Urkunde kann auch durch Schriftvergleichung geführt werden.

(2) In diesem Falle hat der Beweisführer zur Vergleichung geeignete Schriften vorzulegen oder ihre Mitteilung nach der Vorschrift des § 432 zu beantragen und erforderlichenfalls den Beweis ihrer Echtheit anzutreten.

(3) Befinden sich zur Vergleichung geeignete Schriften in den Händen des Gegners, so ist dieser auf Antrag des Beweisführers zur Vorlegung verpflichtet. Die Vorschriften der §§ 421 bis 426 gelten entsprechend. Kommt der Gegner der Anordnung, die zur Vergleichung geeigneten Schriften vorzulegen, nicht nach oder gelangt das Gericht im Falle des § 426 zu der Überzeugung, daß der Gegner nach dem Verbleib der Schriften nicht sorgfältig geforscht habe, so kann die Urkunde als echt angesehen werden.

(4) Macht der Beweisführer glaubhaft, daß in den Händen eines Dritten geeignete Vergleichungsschriften sich befinden, deren Vorlegung er im Wege der Klage zu erwirken imstande sei, so gelten die Vorschriften des § 431 entsprechend.

§ 442 [Beweiswürdigung bei Schriftvergleichung]

Über das Ergebnis der Schriftvergleichung hat das Gericht nach freier Überzeugung, geeignetenfalls nach Anhörung von Sachverständigen, zu entscheiden.

§ 443 [Verwahrung verdächtiger Urkunden]

Urkunden, deren Echtheit bestritten ist oder deren Inhalt verändert sein soll, werden bis zur Erledigung des Rechtsstreits auf der Geschäftsstelle verwahrt, sofern nicht ihre Auslieferung an eine andere Behörde im Interesse der öffentlichen Ordnung erforderlich ist.

§ 444 [Vereitelung des Urkundsbeweises]

Ist eine Urkunde von einer Partei in der Absicht, ihre Benutzung dem Gegner zu entziehen, beseitigt oder zur Benutzung untauglich gemacht, so können die Behauptungen des Gegners über die Beschaffenheit und den Inhalt der Urkunde als bewiesen angesehen werden.

Zehnter Titel
Beweis durch Parteivernehmung

§ 445 [Antrag auf Vernehmung der gegnerischen Partei]

(1) Eine Partei, die den ihr obliegenden Beweis mit anderen Beweismitteln nicht vollständig geführt oder andere Beweismittel nicht vorgebracht hat, kann den Beweis dadurch antreten, daß sie beantragt, den Gegner über die zu beweisenden Tatsachen zu vernehmen.

(2) Der Antrag ist nicht zu berücksichtigen, wenn er Tatsachen betrifft, deren Gegenteil das Gericht für erwiesen erachtet.

§ 446 [Folgen der Weigerung]

Lehnt der Gegner ab, sich vernehmen zu lassen, oder gibt er auf Verlangen des Gerichts keine Erklärung ab, so hat das Gericht unter Berücksichtigung der gesamten Sachlage, insbesondere der für die Weigerung vorgebrachten Gründe, nach freier Überzeugung zu entscheiden, ob es die behauptete Tatsache als erwiesen ansehen will.

§ 447 [Antrag auf Vernehmung des Beweisführers]
Das Gericht kann über eine streitige Tatsache auch die beweispflichtige Partei vernehmen, wenn eine Partei es beantragt und die andere damit einverstanden ist.

§ 448 [Vernehmung von Amts wegen]
Auch ohne Antrag einer Partei und ohne Rücksicht auf die Beweislast kann das Gericht, wenn das Ergebnis der Verhandlungen und einer etwaigen Beweisaufnahme nicht ausreicht, um seine Überzeugung von der Wahrheit oder Unwahrheit einer zu erweisenden Tatsache zu begründen, die Vernehmung einer Partei oder beider Parteien über die Tatsache anordnen.

§ 449 [Vernehmung von Streitgenossen]
Besteht die zu vernehmende Partei aus mehreren Streitgenossen, so bestimmt das Gericht nach Lage des Falles, ob alle oder nur einzelne Streitgenossen zu vernehmen sind.

§ 450 [Beweisbeschluß – Aussetzung]
(1) Die Vernehmung einer Partei wird durch Beweisbeschluß angeordnet. Die Partei ist, wenn sie bei der Verkündung des Beschlusses nicht persönlich anwesend ist, zu der Vernehmung unter Mitteilung des Beweisbeschlusses persönlich durch Zustellung von Amts wegen zu laden.
(2) Die Ausführung des Beschlusses kann ausgesetzt werden, wenn nach seinem Erlaß über die zu beweisende Tatsache neue Beweismittel vorgebracht werden. Nach Erhebung der neuen Beweise ist von der Parteivernehmung abzusehen, wenn das Gericht die Beweisfrage für geklärt erachtet.

§ 451 [Verweis auf Vorschriften über Zeugen]
Für die Vernehmung einer Partei gelten die Vorschriften der §§ 375, 376, 395 Abs. 1, Abs. 2 Satz 1 und der §§ 396, 397, 398 entsprechend.

§ 452 [Anordnung der Beeidigung]
(1) Reicht das Ergebnis der unbeeidigten Aussage einer Partei nicht aus, um das Gericht von der Wahrheit oder Unwahrheit der zu erweisenden Tatsache zu überzeugen, so kann es anordnen, daß die Partei ihre Aussage zu beeidigen habe. Waren beide Parteien vernommen, so kann die Beeidigung der Aussage über dieselben Tatsachen nur von einer Partei gefordert werden.
(2) Die Eidesnorm geht dahin, daß die Partei nach bestem Wissen die reine Wahrheit gesagt und nichts verschwiegen habe.
(3) Der Gegner kann auf die Beeidigung verzichten.
(4) Die Beeidigung einer Partei, die wegen wissentlicher Verletzung der Eidespflicht rechtskräftig verurteilt ist, ist unzulässig.

§ 453 [Freie Beweiswürdigung]
(1) Das Gericht hat die Aussage der Partei nach § 286 frei zu würdigen.
(2) Verweigert die Partei die Aussage oder den Eid, so gilt § 446 entsprechend.

§ 454 [Entscheidung bei Ausbleiben]
(1) Bleibt die Partei in dem zu ihrer Vernehmung oder Beeidigung bestimmten Termin aus, so entscheidet das Gericht unter Berücksichtigung aller Umstände, insbesondere auch etwaiger von der Partei für ihr Ausbleiben angegebener Gründe, nach freiem Ermessen, ob die Aussage als verweigert anzusehen ist.
(2) War der Termin zur Vernehmung oder Beeidigung der Partei vor dem Prozeßgericht bestimmt, so ist im Falle ihres Ausbleibens, wenn nicht das Gericht die Anberaumung eines neuen Vernehmungstermins für geboten erachtet, zur Hauptsache zu verhandeln.

§ 455 [Prozeßunfähige]

(1) Ist eine Partei nicht prozeßfähig, so ist vorbehaltlich der Vorschrift im Absatz 2 ihr gesetzlicher Vertreter zu vernehmen. Sind mehrere gesetzliche Vertreter vorhanden, so gilt § 449 entsprechend.

(2) Minderjährige, die das sechzehnte Lebensjahr vollendet haben, können über Tatsachen, die in ihren eigenen Handlungen bestehen oder Gegenstand ihrer Wahrnehmung gewesen sind, vernommen und auch nach § 452 beeidigt werden, wenn das Gericht dies nach den Umständen des Falles für angemessen erachtet. Das gleiche gilt von einer prozeßfähigen Person, die in dem Rechtsstreit durch einen Betreuer oder Pfleger vertreten wird.

§§ 456 bis **477 (aufgehoben)**

Elfter Titel

Abnahme von Eiden und Bekräftigungen

§ 478 [Eidesleistung in Person]

Der Eid muß von dem Schwurpflichtigen in Person geleistet werden.

§ 479 [Eidesleistung vor kommissarischem Richter]

(1) Das Prozeßgericht kann anordnen, daß der Eid vor einem seiner Mitglieder oder vor einem anderen Gericht geleistet werde, wenn der Schwurpflichtige am Erscheinen vor dem Prozeßgericht verhindert ist oder sich in großer Entfernung von dessen Sitz aufhält.

(2) Der Bundespräsident leistet den Eid in seiner Wohnung vor einem Mitglied des Prozeßgerichts oder vor einem anderen Gericht.

§ 480 [Belehrung]

Vor der Leistung des Eides hat der Richter den Schwurpflichtigen in angemessener Weise über die Bedeutung des Eides sowie darüber zu belehren, daß er den Eid mit religiöser oder ohne religiöse Beteuerung leisten kann.

§ 481 [Art der Eidesleistung]

(1) Der Eid mit religiöser Beteuerung wird in der Weise geleistet, daß der Richter die Eidesnorm mit der Eingangsformel:

»Sie schwören bei Gott dem Allmächtigen und Allwissenden«

vorspricht und der Schwurpflichtige darauf die Worte spricht (Eidesformel):

»Ich schwöre es, so wahr mir Gott helfe.«

(2) Der Eid ohne religiöse Beteuerung wird in der Weise geleistet, daß der Richter die Eidesnorm mit der Eingangsformel:

»Sie schwören«

vorspricht und der Schwurpflichtige darauf die Worte spricht (Eidesformel):

»Ich schwöre es.«

(3) Gibt der Schwurpflichtige an, daß er als Mitglied einer Religions- oder Bekenntnisgemeinschaft eine Beteuerungsformel dieser Gemeinschaft verwenden wolle, so kann er diese dem Eid anfügen.

(4) Der Schwörende soll bei der Eidesleistung die rechte Hand erheben.

(5) Sollen mehrere Personen gleichzeitig einen Eid leisten, so wird die Eidesformel von jedem Schwurpflichtigen einzeln gesprochen.

§ 482 (aufgehoben)

§ 483 [Eidesleistung Stummer]

(1) Stumme, die schreiben können, leisten den Eid mittels Abschreibens und Unterschreibens der die Eidesnorm enthaltenden Eidesformel.

(2) Stumme, die nicht schreiben können, leisten den Eid mit Hilfe eines Dolmetschers durch Zeichen.

§ 484 [Eidesgleiche Bekräftigung]

(1) Gibt der Schwurpflichtige an, daß er aus Glaubens- oder Gewissensgründen keinen Eid leisten wolle, so hat er eine Bekräftigung abzugeben. Diese Bekräftigung steht dem Eid gleich; hierauf ist der Verpflichtete hinzuweisen.

(2) Die Bekräftigung wird in der Weise abgegeben, daß der Richter die Eidesnorm als Bekräftigungsnorm mit der Eingangsformel:
»Sie bekräftigen im Bewußtsein Ihrer Verantwortung vor Gericht«
vorspricht und der Verpflichtete darauf spricht:
»Ja«.

(3) § 481 Abs. 3, 5, § 483 gelten entsprechend.

Zwölfter Titel

Selbständiges Beweisverfahren

§ 485 [Zulässigkeit der Beweissicherung]

(1) Während oder außerhalb eines Streitverfahrens kann auf Antrag einer Partei die Einnahme des Augenscheins, die Vernehmung von Zeugen oder die Begutachtung durch einen Sachverständigen angeordnet werden, wenn der Gegner zustimmt oder zu besorgen ist, daß das Beweismittel verlorengeht oder seine Benutzung erschwert wird.

(2) Ist ein Rechtsstreit noch nicht anhängig, kann eine Partei die schriftliche Begutachtung durch einen Sachverständigen beantragen, wenn sie ein rechtliches Interesse hat, daß

1. der Zustand einer Person oder der Zustand oder Wert einer Sache,
2. die Ursache eines Personenschadens, Sachschadens oder Sachmangels,
3. der Aufwand für die Beseitigung eines Personenschadens, Sachschadens oder Sachmangels

festgesellt wird. Ein rechtliches Interesse ist anzunehmen, wenn die Feststellung der Vermeidung eines Rechtsstreits dienen kann.

(3) Soweit eine Begutachtung bereits gerichtlich angeordnet worden ist, findet eine neue Begutachtung nur statt, wenn die Voraussetzungen des § 412 erfüllt sind.

§ 486 [Zuständigkeit für Beweissicherungsantrag]

(1) Ist ein Rechtssteit anhängig, so ist der Antrag bei dem Prozeßgericht zu stellen.

(2) Ist ein Rechtsstreit noch nicht anhängig, so ist der Antrag bei dem Gericht zu stellen, das nach dem Vortrag des Antragstellers zur Entscheidung in der Hauptsache berufen wäre. In dem nachfolgenden Streitverfahren kann sich der Antragsteller auf die Unzuständigkeits des Gerichts nicht berufen.

(3) In Fällen dringender Gefahr kann der Antrag auch bei dem Amtsgericht gestellt werden, in dessen Bezirk die zu vernehmende oder zu begutachtende Person sich aufhält oder die in Augenschein zu nehmende oder zu begutachtende Sache sich befindet.

(4) Der Antrag kann vor der Geschäftsstelle zu Protokoll erklärt werden.

§ 487 [Inhalt des Beweissicherungsantrags]

Der Antrag muß enthalten:

1. die Bezeichnung des Gegners;
2. die Bezeichnung der Tatsachen, über die Beweis erhoben werden soll;
3. die Benennung der Zeugen oder die Bezeichnung der übrigen nach § 485 zulässigen Beweismittel;

4. die Glaubhaftmachung der Tatsachen, die die Zulässigkeit des selbständigen Beweisverfahrens und die Zuständigkeit des Gerichts begründen sollen.

§§ 488 und 489 (aufgehoben)

§ 490 [Entscheidung über Antrag]

(1) Über den Antrag kann ohne mündliche Verhandlung entschieden werden.

(2) In dem Beschluß, durch welchen dem Antrag stattgegeben wird, sind die Tatsachen, über die der Beweis zu erheben ist, und die Beweismittel unter Benennung der zu vernehmenden Zeugen und Sachverständigen zu bezeichnen. Der Beschluß ist nicht anfechtbar.

§ 491 [Ladung des Gegners]

(1) Der Gegner ist, sofern es nach den Umständen des Falles geschehen kann, unter Zustellung des Beschlusses und einer Abschrift des Antrags zu dem für die Beweisaufnahme bestimmten Termin so zeitig zu laden, daß er in diesem Termin seine Rechte wahrzunehmen vermag.

(2) Die Nichtbefolgung dieser Vorschrift steht der Beweisaufnahme nicht entgegen.

§ 492 [Geltung allgemeiner Vorschriften – Protokoll]

(1) Die Beweisaufnahme erfolgt nach den für die Aufnahme des betreffenden Beweismittels überhaupt geltenden Vorschriften.

(2) Das Protokoll über die Beweisaufnahme ist bei dem Gericht, das sie angeordnet hat, aufzubewahren.

(3) Das Gericht kann die Pateien zur mündlichen Erörterung laden, wenn eine Einigung zu erwarten ist; ein Vergleich ist zu gerichtlichem Protokoll zu nehmen.

§ 493 [Selbständige Beweiserhebung]

(1) Beruft sich eine Partei im Prozeß auf Tatsachen, über die selbständig Beweis erhoben worden ist, so steht die selbständige Beweiserhebung einer Beweisaufnahme vor dem Prozeßgericht gleich.

(2) War der Gegner in einem Termin im selbständigen Beweisverfahren nicht erschienen, so kann das Ergebnis nur benutzt werden, wenn der Gegner rechtzeitig geladen war.

§ 494 [Unbekannter Gegner]

(1) Wird von dem Beweisführer ein Gegner nicht bezeichnet, so ist der Antrag nur dann zulässig, wenn der Beweisführer glaubhaft macht, daß er ohne sein Verschulden außerstande sei, den Gegner zu bezeichnen.

(2) Wird dem Antrag stattgegeben, so kann das Gericht dem unbekannten Gegner zur Wahrnehmung seiner Rechte bei der Beweisaufnahme einen Vertreter bestellen.

§ 494 a [Pflichten des Antragstellers]

(1) Ist ein Rechtsstreit nicht anhängig, hat das Gericht nach Beendigung der Beweiserhebung auf Antrag ohne mündliche Verhandlung anzuordnen, daß der Antragsteller binnen einer zu bestimmenden Frist Klage zu erheben hat.

(2) Kommt der Antragsteller dieser Anordnung nicht nach, hat das Gericht auf Antrag durch Beschluß auszusprechen, daß er die dem Gegner entstandenen Kosten zu tragen hat. Die Entscheidung kann ohne mündliche Verhandlung ergehen. Sie unterliegt der sofortigen Beschwerde.

Zweiter Abschnitt
Verfahren vor den Amtsgerichten

§ 495 [Anzuwendende Vorschriften]
(1) Für das Verfahren vor den Amtsgerichten gelten die Vorschriften über das Verfahren vor den Landgerichten, soweit nicht aus den allgemeinen Vorschriften des ersten Buches, aus den nachfolgenden besonderen Bestimmungen und aus der Verfassung der Amtsgerichte sich Abweichungen ergeben.
(2) (aufgehoben)

§ 495 a [Entscheidung durch das Gericht]
(1) Das Gericht kann sein Verfahren nach billigem Ermessen bestimmen, wenn der Streitwert eintausendzweihundert Deutsche Mark nicht übersteigt. Auf Antrag muß mündlich verhandelt werden.
(2) Das Gericht entscheidet über den Rechtsstreit durch Urteil, das keines Tatbestandes bedarf. Entscheidungsgründe braucht das Urteil nicht zu enthalten, wenn ihr wesentlicher Inhalt in das Protokoll aufgenommen worden ist.

§ 496 [Einreichung von Schriftsätzen – Erklärung zu Protokoll]
Die Klage, die Klageerwiderung sowie sonstige Anträge und Erklärungen einer Partei, die zugestellt werden sollen, sind bei dem Gericht schriftlich einzureichen oder mündlich zum Protokoll der Geschäftsstelle anzubringen.

§ 497 [Ladungen]
(1) Die Ladung des Klägers zu dem auf die Klage bestimmten Termin ist, sofern nicht das Gericht die Zustellung anordnet, ohne besondere Form mitzuteilen. § 270 Abs. 2 Satz 2 gilt entsprechend.
(2) Die Ladung einer Partei ist nicht erforderlich, wenn der Termin der Partei bei Einreichung oder Anbringung der Klage oder des Antrages, auf Grund dessen die Terminsbestimmung stattfindet, mitgeteilt worden ist. Die Mitteilung ist zu den Akten zu vermerken.

§ 498 [Zustellung bei Klageanbringung zu Protokoll]
Ist die Klage zum Protokoll der Geschäftsstelle angebracht worden, so wird an Stelle der Klageschrift das Protokoll zugestellt.

§ 499 [Belehrung über Folgen eines Anerkenntnisses]
Mit der Aufforderung nach § 276 ist der Beklagte auch über die Folgen eines schriftlich abgegebenen Anerkenntnisses zu belehren.

§§ 499 a bis **503 (aufgehoben)**

§ 504 [Hinweis auf Unzuständigkeit]
Ist das Amtsgericht sachlich oder örtlich unzuständig, so hat es den Beklagten vor der Verhandlung zur Hauptsache darauf und auf die Folgen einer rügelosen Einlassung zur Hauptsache hinzuweisen.

§ 505 (aufgehoben)

§ 506 [Nachträgliche sachliche Unzuständigkeit]
(1) Wird durch Widerklage oder durch Erweiterung des Klageantrages (§ 264 Nr. 2, 3) ein Anspruch erhoben, der zur Zuständigkeit der Landgerichte gehört, oder wird nach § 256 Abs. 2 die Feststellung eines Rechtsverhältnisses beantragt, für das die Landgerichte zuständig sind, so hat das Amtsgericht, sofern eine Partei vor weiterer Verhandlung zur Hauptsache darauf anträgt, durch Beschluß sich für unzuständig zu erklären und den Rechtsstreit an das zuständige Landgericht zu verweisen.

(2) Die Vorschriften des § 281 Abs. 2, Abs. 3 Satz 1 gelten entsprechend.

§§ 507 bis **509 (aufgehoben)**

§ 510 [Unterbliebene Erklärung über Urkunden]
Wegen unterbliebener Erklärung ist eine Urkunde nur dann als anerkannt anzusehen, wenn die Partei durch das Gericht zur Erklärung über die Echtheit der Urkunde aufgefordert ist.

§ 510 a [Protokollierung von Erklärungen]
Andere Erklärungen einer Partei als Geständnisse und Erklärungen über einen Antrag auf Parteivernehmung sind im Protokoll festzustellen, soweit das Gericht es für erforderlich hält.

§ 510 b [Urteil zur Vornahme einer Handlung]
Erfolgt die Verurteilung zur Vornahme einer Handlung, so kann der Beklagte zugleich auf Antrag des Klägers für den Fall, daß die Handlung nicht binnen einer zu bestimmenden Frist vorgenommen ist, zur Zahlung einer Entschädigung verurteilt werden; das Gericht hat die Entschädigung nach freiem Ermessen festzusetzen.

§ 510 c (aufgehoben)

Drittes Buch
Rechtsmittel
Erster Abschnitt
Berufung

§ 511 [Statthaftigkeit]
Die Berufung findet gegen die im ersten Rechtszuge erlassenen Endurteile statt.

§ 511 a [Berufungssumme]
(1) Die Berufung ist unzulässig, wenn der Wert des Beschwerdegegenstandes eintausendfünfhundert Deutsche Mark nicht übersteigt. Der Berufungskläger hat diesen Wert glaubhaft zu machen; zur Versicherung an Eides Statt darf er nicht zugelassen werden.
(2) In Streitigkeiten über Ansprüche aus einem Mietverhältnis über Wohnraum oder über den Bestand eines solchen Mietverhältnisses findet die Berufung auch statt, wenn das Amtsgericht in einer Rechtsfrage von einer Entscheidung eines Oberlandesgerichts oder des Bundesgerichtshofes abgewichen ist und die Entscheidung auf der Abweichung beruht.

§ 512 [Erstinstanzliche Vorentscheidungen]
Der Beurteilung des Berufungsgerichts unterliegen auch diejenigen Entscheidungen, die dem Endurteil vorausgegangen sind, sofern sie nicht nach den Vorschriften dieses Gesetzes unanfechtbar oder mit der Beschwerde anfechtbar sind.

§ 512 a [Örtliche Unzuständigkeit des erstinstanzlichen Gerichts]
Die Berufung kann in Streitigkeiten über vermögensrechtliche Ansprüche nicht darauf gestützt werden, daß das Gericht des ersten Rechtszuges seine örtliche Zuständigkeit mit Unrecht angenommen hat.

§ 513 [Versäumnisurteil]
(1) Ein Versäumnisurteil kann von der Partei, gegen die es erlassen ist, mit der Berufung nicht angefochten werden.
(2) Ein Versäumnisurteil, gegen das der Einspruch an sich nicht statthaft ist, unterliegt der Berufung insoweit, als sie darauf gestützt wird, daß der Fall der Versäumung nicht vorgelegen habe. § 511 a ist nicht anzuwenden.

§ 514 [Rechtsmittelverzicht]
Die Wirksamkeit eines nach Erlaß des Urteils erklärten Verzichts auf das Recht der Berufung ist nicht davon abhängig, daß der Gegner die Verzichtleistung angenommen hat.

§ 515 [Zulässigkeit, Form und Folgen der Berufungsrücknahme]
(1) Die Zurücknahme der Berufung ist ohne Einwilligung des Berufungsbeklagten nur bis zum Beginn der mündlichen Verhandlung des Berufungsbeklagten zulässig.
(2) Die Zurücknahme ist dem Gericht gegenüber zu erklären. Sie erfolgt, wenn sie nicht bei der mündlichen Verhandlung erklärt wird, durch Einreichung eines Schriftsatzes.
(3) Die Zurücknahme hat den Verlust des eingelegten Rechtsmittels und die Verpflichtung zur Folge, die durch das Rechtsmittel entstandenen Kosten zu tragen. Auf Antrag des Gegners sind diese Wirkungen durch Beschluß auszusprechen; hat der Gegner für die Berufungsinstanz keinen Prozeßbevollmächtigten bestellt, so kann der Antrag von einem bei dem Berufungsgericht nicht zugelassenen Rechtsanwalt gestellt werden. Der Beschluß bedarf keiner mündlichen Verhandlung und ist nicht anfechtbar.

§ 516 [Berufungsfrist; Notfrist]
Die Berufungsfrist beträgt einen Monat; sie ist eine Notfrist und beginnt mit der Zustellung des in vollständiger Form abgefaßten Urteils, spätestens aber mit dem Ablauf von fünf Monaten nach der Verkündung.

§ 517 [Frist bei Urteilsergänzung]
Wird innerhalb der Berufungsfrist ein Urteil durch eine nachträgliche Entscheidung ergänzt (§ 321), so beginnt mit der Zustellung der nachträglichen Entscheidung der Lauf der Berufungsfrist auch für die Berufung gegen das zuerst ergangene Urteil von neuem. Wird gegen beide Urteile von derselben Partei Berufung eingelegt, so sind beide Berufungen miteinander zu verbinden.

§ 518 [Berufungsschrift]
(1) Die Berufung wird durch Einreichung der Berufungsschrift bei dem Berufungsgericht eingelegt.
(2) Die Berufungsschrift muß enthalten:
1. die Bezeichnung des Urteils, gegen das die Berufung gerichtet wird;
2. die Erklärung, daß gegen dieses Urteil Berufung eingelegt werde.

(3) Mit der Berufungsschrift soll eine Ausfertigung oder beglaubigte Abschrift des angefochtenen Urteils vorgelegt werden.
(4) Die allgemeinen Vorschriften über die vorbereitenden Schriftsätze sind auch auf die Berufungsschrift anzuwenden.

§ 519 [Begründungspflicht]
(1) Der Berufungskläger muß die Berufung begründen.
(2) Die Berufungsbegründung ist, sofern sie nicht bereits in der Berufungsschrift enthalten ist, in einem Schriftsatz bei dem Berufungsgericht einzureichen. Die Frist für die Berufungsbegündung beträgt einen Monat; sie beginnt mit der Einlegung der Berufung. Die Frist kann auf Antrag von dem Vorsitzenden verlängert werden, wenn nach seiner freien Überzeugung der Rechtsstreit durch die Verlängerung nicht verzögert wird oder wenn der Berufungskläger erhebliche Gründe darlegt.
(3) Die Berufungsbegründung muß enthalten:
1. die Erklärung, inwieweit das Urteil angefochten wird und welche Abänderungen des Urteils beantragt werden (Berufungsanträge);
2. die bestimmte Bezeichnung der im einzelnen anzuführenden Gründe der Anfechtung

(Berufungsgründe) sowie der neuen Tatsachen, Beweismittel und Beweiseinreden, die die Partei zur Rechtfertigung ihrer Berufung anzuführen hat.

(4) In der Berufungsbegründung soll ferner der Wert des nicht in einer bestimmten Geldsumme bestehenden Beschwerdegegenstandes angegeben werden, wenn von ihm die Zulässigkeit der Berufung abhängt.

(5) Die allgemeinen Vorschriften über die vorbereitenden Schriftsätze sind auch auf die Berufungsbegründung anzuwenden.

§ 519 a [Zustellung der Berufungsschrift und -begründung]

Die Berufungsschrift und die Berufungsbegründung sind der Gegenpartei zuzustellen. Mit der Zustellung der Berufungsschrift ist der Zeitpunkt mitzuteilen, in dem die Berufung eingelegt ist. Die erforderliche Zahl von beglaubigten Abschriften soll der Beschwerdeführer mit der Berufungsschrift oder der Berufungsbegründung einreichen.

§ 519 b [Zulässigkeitsprüfung von Amts wegen]

(1) Das Berufungsgericht hat von Amts wegen zu prüfen, ob die Berufung an sich statthaft und ob sie in der gesetzlichen Form und Frist eingelegt und begründet ist. Mangelt es an einem dieser Erfordernisse, so ist die Berufung als unzulässig zu verwerfen.

(2) Die Entscheidung kann ohne mündliche Verhandlung durch Beschluß ergehen; sie unterliegt in diesem Falle der sofortigen Beschwerde, sofern gegen ein Urteil gleichen Inhalts die Revision zulässig wäre.

§ 520 [Verhandlungstermin – Einlassungsfrist]

(1) Wird die Berufung nicht durch Beschluß als unzulässig verworfen, so ist der Termin zur mündlichen Verhandlung zu bestimmen und den Parteien bekanntzumachen. Von der Bestimmung eines Termins zur mündlichen Verhandlung kann zunächst abgesehen werden, wenn zur abschließenden Vorbereitung eines Haupttermins ein schriftliches Vorverfahren erforderlich erscheint.

(2) Der Vorsitzende oder das Berufungsgericht kann dem Berufungsbeklagten eine Frist zur schriftlichen Berufungserwiderung und dem Berufungskläger eine Frist zur schriftlichen Stellungnahme auf die Berufungserwiderung setzen. Im Falle des Absatzes 1 Satz 2 wird dem Berufungsbeklagten eine Frist von mindestens einem Monat zur schriftlichen Berufungserwiderung gesetzt. § 277 Abs. 1 Satz 1, Abs. 2, 4 gilt entsprechend.

(3) Mit der Bekanntmachung nach Absatz 1 Satz 1 oder der Fristsetzung zur Berufungserwiderung nach Absatz 2 Satz 2 ist der Berufungsbeklagte darauf hinzuweisen, daß er sich vor dem Berufungsgericht durch einen bei diesem Gericht zugelassenen Rechtsanwalt vertreten lassen muß. Auf die Frist, die zwischen dem Zeitpunkt der Bekanntmachung des Termins und der mündlichen Verhandlung liegen muß, sind die Vorschriften des § 274 Abs. 3 entsprechend anzuwenden.

§ 521 [Anschlußberufung]

(1) Der Berufungsbeklagte kann sich der Berufung anschließen, selbst wenn er auf die Berufung verzichtet hat oder wenn die Berufungsfrist verstrichen ist.

(2) Die Vorschriften über die Anfechtung des Versäumnisurteils durch Berufung sind auch auf seine Anfechtung durch Anschließung anzuwenden.

§ 522 [Unselbständige und selbständige Anschließung]

(1) Die Anschließung verliert ihre Wirkung, wenn die Berufung zurückgenommen oder als unzulässig verworfen wird.

(2) Hat der Berufungsbeklagte innerhalb der Berufungsfrist sich der erhobenen Berufung angeschlossen, so wird es so angesehen, als habe er die Berufung selbständig eingelegt.

§ 522 a [Form und Begründung der Anschlußberufung]

(1) Die Anschließung erfolgt durch Einreichung der Berufungsanschlußschrift bei dem Berufungsgericht.

(2) Die Anschlußberufung muß vor Ablauf der Berufungsbegründungsfrist (§ 519 Abs. 2) und, sofern sie nach deren Ablauf eingelegt wird, in der Anschlußschrift begründet werden.

(3) Die Vorschriften des § 518 Abs. 2, 4, des § 519 Abs. 3, 5 und der §§ 519 a, 519 b gelten entsprechend.

§ 523 [Verweis auf allgemeine Vorschriften]

Auf das weitere Verfahren sind die im ersten Rechtszuge für das Verfahren vor den Landgerichten geltenden Vorschriften entsprechend anzuwenden, soweit sich nicht Abweichungen aus den Vorschriften dieses Abschnitts ergeben.

§ 523 a (aufgehoben)

§ 524 [Vorbereitung durch Einzelrichter]

(1) Zur Vorbereitung der Entscheidung kann der Vorsitzende oder in der mündlichen Verhandlung das Berufungsgericht die Sache dem Einzelrichter zuweisen. Einzelrichter ist der Vorsitzende oder ein von ihm zu bestimmendes Mitglied des Berufungsgerichts, in Sachen der Kammern für Handelssachen der Vorsitzende.

(2) Der Einzelrichter hat die Sache so weit zu fördern, daß sie in einer mündlichen Verhandlung vor dem Berufungsgericht erledigt werden kann. Er kann zu diesem Zweck einzelne Beweise erheben; dies darf nur insoweit geschehen, als es zur Vereinfachung der Verhandlung vor dem Berufungsgericht wünschenswert und von vornherein anzunehmen ist, daß das Berufungsgericht das Beweisergebnis auch ohne unmittelbaren Eindruck von dem Verlauf der Beweisaufnahme sachgemäß zu würdigen vermag.

(3) Der Einzelrichter entscheidet

1. über die Verweisung nach § 100 in Verbindung mit den §§ 97 bis 99 des Gerichtsverfassungsgesetzes;
2. bei Zurücknahme der Klage oder der Berufung, Verzicht auf den geltend gemachten Anspruch oder Anerkenntnis des Anspruchs;
3. bei Säumnis einer Partei oder beider Parteien;
4. über die Kosten des Rechtsstreits nach § 91 a;
5. über den Wert des Streitgegenstandes;
6. über Kosten, Gebühren und Auslagen.

(4) Im Einverständnis der Parteien kann der Einzelrichter auch im übrigen entscheiden.

§ 525 [Neue Verhandlung]

Vor dem Berufungsgericht wird der Rechtsstreit in den durch die Anträge bestimmten Grenzen von neuem verhandelt.

§ 526 [Parteivortrag]

(1) Bei der mündlichen Verhandlung haben die Parteien das durch die Berufung angefochtene Urteil sowie die dem Urteil vorausgegangenen Entscheidungen nebst den Entscheidungsgründen und den Beweisverhandlungen insoweit vorzutragen, als dies zum Verständnis der Berufungsanträge und zur Prüfung der Richtigkeit der angefochtenen Entscheidung erforderlich ist.

(2) Im Falle der Unrichtigkeit oder Unvollständigkeit des Vortrags hat der Vorsitzende dessen Berichtigung oder Vervollständigung, nötigenfalls unter Wiedereröffnung der Verhandlung, zu veranlassen.

§ 527 [Verspätet vorgebrachte Angriffs- oder Verteidigungsmittel]

Werden Angriffs- oder Verteidigungsmittel entgegen § 519 oder § 520 Abs. 2 nicht rechtzeitig vorgebracht, so gilt § 296 Abs. 1, 4 entsprechend.

§ 528 [Zulassung neuen Vorbringens, Prozeßverzögerungsverbot]

(1) Neue Angriffs- und Verteidigungsmittel, die im ersten Rechtszug entgegen einer hierfür gesetzten Frist (§ 273 Abs. 2 Nr. 1, § 275 Abs. 1 Satz 1, Abs. 3, 4, § 276 Abs. 1 Satz 2, Abs. 3, § 277) nicht vorgebracht worden sind, sind nur zuzulassen, wenn nach der freien Überzeugung des Gerichts ihre Zulassung die Erledigung des Rechtsstreits nicht verzögern würde oder wenn die Partei die Verspätung genügend entschuldigt. Der Entschuldigungsgrund ist auf Verlangen des Gerichts glaubhaft zu machen.

(2) Neue Angriffs- und Verteidigungsmittel, die im ersten Rechtszug entgegen § 282 Abs. 1 nicht rechtzeitig vorgebracht oder entgegen § 282 Abs. 2 nicht rechtzeitig mitgeteilt worden sind, sind nur zuzulassen, wenn ihre Zulassung nach der freien Überzeugung des Gerichts die Erledigung des Rechtsstreits nicht verzögern würde oder wenn die Partei das Vorbringen im ersten Rechtszug nicht aus grober Nachlässigkeit unterlassen hatte.

(3) Angriffs- und Verteidigungsmittel, die im ersten Rechtszug zu Recht zurückgewiesen worden sind, bleiben ausgeschlossen.

§ 529 [Zulassung verspäteter Rügen über die Zulässigkeit der Klage]

(1) Verzichtbare Rügen, die die Zulässigkeit der Klage betreffen und die entgegen § 519 oder § 520 Abs. 2 nicht rechtzeitig vorgebracht werden, sind nur zuzulassen, wenn die Partei die Verspätung genügend entschuldigt. Dasselbe gilt für verzichtbare neue Rügen, die die Zulässigkeit der Klage betreffen, wenn die Partei sie im ersten Rechtszug hätte vorbringen können.

(2) In Streitigkeiten über vermögensrechtliche Ansprüche prüft das Berufungsgericht die ausschließliche Zuständigkeit oder die Zuständigkeit des Arbeitsgerichts nicht von Amts wegen; eine Rüge des Beklagten ist ausgeschlossen, wenn er im ersten Rechtszug ohne die Rüge zur Hauptsache verhandelt hat und dies nicht genügend entschuldigt.

(3) Das Berufungsgericht prüft nicht von Amts wegen, ob eine Familiensache vorliegt. Die Rüge ist ausgeschlossen, wenn sie nicht bereits im ersten Rechtszug erhoben worden ist und dies nicht genügend entschuldigt wird.

(4) § 528 Abs. 1 Satz 2 gilt entsprechend.

§ 530 [Widerklage – Aufrechnung]

(1) Die Erhebung einer Widerklage ist nur zuzulassen, wenn der Gegner einwilligt oder das Gericht die Geltendmachung des mit ihr verfolgten Anspruchs in dem anhängigen Verfahren für sachdienlich hält.

(2) Macht der Beklagte die Aufrechnung einer Gegenforderung geltend, so ist die hierauf gegründete Einwendung nur zuzulassen, wenn der Kläger einwilligt oder das Gericht die Geltendmachung in dem anhängigen Verfahren für sachdienlich hält.

§ 531 [Verlust des Rügerechts]

Die Verletzung einer das Verfahren des ersten Rechtszuges betreffenden Vorschrift kann in der Berufungsinstanz nicht mehr gerügt werden, wenn die Partei das Rügerecht bereits im ersten Rechtszuge nach der Vorschrift des § 295 verloren hat.

§ 532 [Wirksamkeit erstinstanzlicher Geständnisse]

Das im ersten Rechgzuge abgelegte gerichtliche Geständnis behält seine Wirksamkeit auch für die Berufungsinstanz.

§ 533 [Parteivernehmung]

(1) Das Berufungsgericht darf die Vernehmung oder Beeidigung einer Partei, die im ersten Rechtszuge die Vernehmung abgelehnt oder die Aussage oder den Eid verweigert hatte, nur anordnen, wenn es der Überzeugung ist, daß die Partei zu der Ablehnung oder Weigerung genügende Gründe hatte und diese Gründe seitdem weggefallen sind.

(2) War eine Partei im ersten Rechtszuge vernommen und auf ihre Aussage beeidigt, so darf das Berufungsgericht die eidliche Vernehmung des Gegners nur anordnen, wenn die Vernehmung oder Beeidigung im ersten Rechtszuge unzulässig war.

§ 534 [Vorläufige Vollstreckbarkeit]

(1) Ein nicht oder nicht unbedingt für vorläufig vollstreckbar erklärtes Urteil des ersten Rechtszuges ist, soweit es durch die Berufungsanträge nicht angefochten wird, auf Antrag von dem Berufungsgericht durch Beschluß für vorläufig vollstreckbar zu erklären. Die Entscheidung kann ohne mündliche Verhandlung ergehen; sie ist erst nach Ablauf der Berufungsbegründungsfrist zulässig.

(2) Eine Anfechtung der Entscheidung findet nicht statt.

§ 535 (weggefallen)

§ 536 [Abänderung des angefochtenen Urteils]

Das Urteil des ersten Rechtszuges darf nur insoweit abgeändert werden, als eine Abänderung beantragt ist.

§ 537 [Gegenstand der Verhandlung und Entscheidung]

Gegenstand der Verhandlung und Entscheidung des Berufungsgerichts sind alle einen zuerkannten oder aberkannten Anspruch betreffenden Streitpunkte, über die nach den Anträgen eine Verhandlung und Entscheidung erforderlich ist, selbst wenn über diese Streitpunkte im ersten Rechtszuge nicht verhandelt oder nicht entschieden ist.

§ 538 [Notwendigkeit einer Zurückverweisung]

(1) Das Berufungsgericht hat die Sache, insofern ihre weitere Verhandlung erforderlich ist, an das Gericht des ersten Rechtszuges zurückzuverweisen:

1. wenn durch das angefochtene Urteil ein Einspruch als unzulässig verworfen ist;
2. wenn durch das angefochtene Urteil nur über die Zulässigkeit der Klage entschieden ist;
3. wenn im Falle eines nach Grund und Betrag streitigen Anspruchs durch das angefochtene Urteil über den Grund des Anspruchs vorab entschieden oder die Klage abgewiesen ist, es sei denn, daß der Streit über den Betrag des Anspruchs zur Entscheidung reif ist;
4. wenn das angefochtene Urteil im Urkunden- oder Wechselprozeß unter Vorbehalt der Rechte erlassen ist;
5. wenn das angefochtene Urteil ein Versäumnisurteil ist.

(2) Im Falle der Nummer 2 hat das Berufungsgericht die sämtlichen Rügen zu erledigen.

§ 539 [Zurückverweisung wegen Verfahrensmangel]

Leidet das Verfahren des ersten Rechtszuges an einem wesentlichen Mangel, so kann das Berufungsgericht unter Aufhebung des Urteils und des Verfahrens, soweit das letztere durch den Mangel betroffen wird, die Sache an das Gericht des ersten Rechtszuges zurückverweisen.

§ 540 [Eigene Sachentscheidung des Berufungsgerichts]

In den Fällen der §§ 538, 539 kann das Berufungsgericht von einer Zurückverweisung absehen und selbst entscheiden, wenn es dies für sachdienlich hält.

§ 541 [Vorlagepflicht bei abweichendem Votum]

(1) Will das Landgericht als Berufungsgericht bei der Entscheidung einer Rechtsfrage, die sich aus einem Mietvertragsverhältnis über Wohnraum ergibt oder den Bestand eines solchen Mietvertragsverhältnisses betrifft, von einer Entscheidung des Bundesgerichtshofes oder eines Oberlandesgerichts abweichen, so hat es vorab eine Entscheidung des im

Rechtszug übergeordneten Oberlandesgerichts über die Rechtsfrage (Rechtsentscheid) herbeizuführen; das gleiche gilt, wenn eine solche Rechtsfrage von grundsätzlicher Bedeutung ist und sie durch Rechtsentscheid noch nicht entschieden ist. Dem Vorlagebeschluß sind die Stellungnahmen der Parteien beizufügen. Will das Oberlandesgericht von einer Entscheidung des Bundesgerichtshofes oder eines anderen Oberlandesgerichtes abweichen, so hat es die Rechtsfrage dem Bundesgerichtshof zur Entscheidung vorzulegen. Über die Vorlage ist ohne mündliche Verhandlung zu entscheiden. Die Entscheidung ist für das Landgericht bindend.

(2) Sind in einem Land mehrere Oberlandesgerichte errichtet, so können die Rechtssachen, für die nach Absatz 1 die Oberlandesgerichte zuständig sind, von den Landesregierungen durch Rechtsverordnung einem der Oberlandesgerichte oder dem obersten Landesgericht zugewiesen werden, sofern die Zusammenfassung der Rechtspflege in Mietsachen, insbesondere der Sicherung einer einheitlichen Rechtsprechung, dienlich ist. Die Landesregierungen können die Ermächtigung auf die Landesjustizverwaltungen übertragen.

§ 542 [Versäumnisverfahren]

(1) Erscheint der Berufungskläger im Termin zur mündlichen Verhandlung nicht, so ist seine Berufung auf Antrag durch Versäumnisurteil zurückzuweisen.

(2) Erscheint der Berufungsbeklagte nicht und beantragt der Berufungskläger gegen ihn das Versäumnisurteil, so ist das tatsächliche mündliche Vorbringen des Berufungsklägers als zugestanden anzunehmen. Soweit es den Berufungsantrag rechtfertigt, ist nach dem Antrag zu erkennen; soweit dies nicht der Fall ist, ist die Berufung zurückzuweisen.

(3) Im übrigen gelten die Vorschriften über das Versäumnisverfahren im ersten Rechtszug sinngemäß.

§ 543 [Tatbestand und Entscheidungsgründe]

(1) Im Urteil kann von der Darstellung des Tatbestandes und, soweit das Berufungsgericht den Gründen der angefochtenen Entscheidung folgt und dies in seinem Urteil feststellt, auch von der Darstellung der Entscheidungsgründe abgesehen werden.

(2) Findet gegen das Urteil die Revision statt, so soll der Tatbestand eine gedrängte Darstellung des Sach- und Streitstandes auf der Grundlage der mündlichen Vorträge der Parteien enthalten. Eine Bezugnahme auf das angefochtene Urteil sowie auf Schriftsätze, Protokolle und andere Unterlagen ist zulässig, soweit hierdurch die Beurteilung des Parteivorbringens durch das Revisionsgericht nicht wesentlich erschwert wird.

§ 544 [Aktenanforderung]

(1) Die Geschäftsstelle des Berufungsgerichts hat innerhalb vierundzwanzig Stunden, nachdem die Berufungsschrift eingereicht ist, von der Geschäftsstelle des Gerichts des ersten Rechtszuges die Prozeßakten einzufordern.

(2) Nach Erledigung der Berufung sind die Akten der Geschäftsstelle des Gerichts des ersten Rechtszuges nebst einer beglaubigten Abschrift des in der Berufungsinstanz erlassenen Urteils zurückzusenden.

Zweiter Abschnitt
Revision

§ 545 [Statthaftigkeit]

(1) Die Revision findet gegen die in der Berufungsinstanz von den Oberlandesgerichten erlassenen Endurteile nach Maßgabe der folgenden Vorschriften statt.

(2) Gegen Urteile, durch die über die Anordnung, Abänderung oder Aufhebung eines Arrestes oder einer einstweiligen Verfügung entschieden wird, ist die Revision nicht zulässig.

Dasselbe gilt für Urteile über die vorzeitige Besitzeinweisung im Enteignungsverfahren oder im Umlegungsverfahren.

§ 546 [Revisionssumme – Zulassung der Revision]

(1) In Rechtsstreitigkeiten über vermögensrechtliche Ansprüche, bei denen der Wert der Beschwer sechzigtausend Deutsche Mark nicht übersteigt, und über nichtvermögensrechtliche Ansprüche findet die Revision nur statt, wenn das Oberlandesgericht sie in dem Urteil zugelassen hat. Das Oberlandesgericht läßt die Revision zu, wenn

1. die Rechtssache grundsätzliche Bedeutung hat oder
2. das Urteil von einer Entscheidung des Bundesgerichtshofes oder des Gemeinsamen Senats der obersten Gerichtshöfe des Bundes abweicht und auf dieser Abweichung beruht.

Das Revisionsgericht ist an die Zulassung gebunden.

(2) In Rechtsstreitigkeiten über vermögensrechtliche Ansprüche setzt das Oberlandesgericht den Wert der Beschwer in seinem Urteil fest. Das Revisionsgericht ist an die Wertfestsetzung gebunden, wenn der festgesetzte Wert der Beschwer sechzigtausend Deutsche Mark übersteigt.

§ 547 [Revision bei Verwerfung der Berufung]

Die Revision findet stets statt, soweit das Berufungsgericht die Berufung als unzulässig verworfen hat.

§ 548 [Vorentscheidungen der Vorinstanz]

Der Beurteilung des Revisionsgerichts unterliegen auch diejenigen Entscheidungen, die dem Endurteil vorausgegangen sind, sofern sie nicht nach den Vorschriften dieses Gesetzes unanfechtbar sind.

§ 549 [Revisionsgründe]

(1) Die Revision kann nur darauf gestützt werden, daß die Entscheidung auf der Verletzung des Bundesrechts oder einer Vorschrift beruht, deren Geltungsbereich sich über den Bezirk eines Oberlandesgerichts hinaus erstreckt.

(2) Das Revisionsgericht prüft nicht, ob das Gericht des ersten Rechtszuges sachlich oder örtlich zuständig war, ob die Zuständigkeit des Arbeitsgerichts begründet war oder ob eine Familiensache vorliegt.

§ 550 [Gesetzesverletzung]

Das Gesetz ist verletzt, wenn eine Rechtsnorm nicht oder nicht richtig angewendet worden ist.

§ 551 [Absolute Revisionsgründe]

Eine Entscheidung ist stets als auf einer Verletzung des Gesetzes beruhend anzusehen:

1. wenn das erkennende Gericht nicht vorschriftsmäßig besetzt war;
2. wenn bei der Entscheidung ein Richter mitgewirkt hat, der von der Ausübung des Richteramts kraft Gesetzes ausgeschlossen war, sofern nicht dieses Hindernis mittels eines Ablehnungsgesuchs ohne Erfolg geltend gemacht ist;
3. wenn bei der Entscheidung ein Richter mitgewirkt hat, obgleich er wegen Besorgnis der Befangenheit abgelehnt und das Ablehnungsgesuch für begründet erklärt war;
4. wenn das Gericht seine Zuständigkeit oder Unzuständigkeit mit Unrecht angenommen hat;
5. wenn eine Partei in dem Verfahren nicht nach Vorschrift der Gesetze vertreten war, sofern sie nicht die Prozeßführung ausdrücklich oder stillschweigend genehmigt hat;
6. wenn die Entscheidung auf Grund einer mündlichen Verhandlung ergangen ist, bei der die Vorschriften über die Öffentlichkeit des Verfahrens verletzt sind;

7. wenn die Entscheidung nicht mit Gründen versehen ist.

§ 552 [Revisionsfrist; Notfrist]

Die Revisionsfrist beträgt einen Monat; sie ist eine Notfrist und beginnt mit der Zustellung des in vollständiger Form abgefaßten Urteils, spätestens aber mit dem Ablauf von fünf Monaten nach der Verkündung.

§ 553 [Revisionseinlegung – Revisionsschrift]

(1) Die Revision wird durch Einreichung der Revisionsschrift bei dem Revisionsgericht eingelegt. Die Revisionsschrift muß enthalten:

1. die Bezeichnung des Urteils gegen das die Revision gerichtet wird;
2. die Erklärung, daß gegen dieses Urteil die Revision eingelegt werde.

(2) Die allgemeinen Vorschriften über die vorbereitenden Schriftsätze sind auch auf die Revisionsschrift anzuwenden.

§ 553 a [Zustellung der Revisionsschrift]

(1) Mit der Revisionsschrift soll eine Ausfertigung oder beglaubigte Abschrift des angefochtenen Urteils vorgelegt werden.

(2) Die Revisionsschrift ist der Gegenpartei zuzustellen. Hierbei ist der Zeitpunkt mitzuteilen, in dem die Revision eingelegt ist. Die erforderliche Zahl von beglaubigten Abschriften soll der Beschwerdeführer mit der Revisionsschrift einreichen.

§ 554 [Revisionsbegründung]

(1) Der Revisionskläger muß die Revision begründen.

(2) Die Revisionsbegründung ist, sofern sie nicht bereits in der Revisionsschrift enthalten ist, in einem Schriftsatz bei dem Revisionsgericht einzureichen. Die Frist für die Revisionsbegründung beträgt einen Monat; sie beginnt mit der Einlegung der Revision und kann auf Antrag von dem Vorsitzenden verlängert werden.

(3) Die Revisionsbegründung muß enthalten:

1. die Erklärung, inwieweit das Urteil angefochten und dessen Aufhebung beantragt werde (Revisionsanträge);
2. in den Fällen des § 554 b eine Darlegung darüber, ob die Rechtssache grundsätzliche Bedeutung hat;
3. die Angabe der Revisionsgründe, und zwar:
   a) die Bezeichnung der verletzten Rechtsnorm;
   b) insoweit die Revision darauf gestützt wird, daß das Gesetz in bezug auf das Verfahren verletzt sei, die Bezeichnung der Tatsachen, die den Mangel ergeben.

(4) Wenn in Rechtsstreitigkeiten über vermögensrechtliche Ansprüche der von dem Oberlandesgericht festgesetzte Wert der Beschwer sechzigtausend Deutsche Mark nicht übersteigt und das Oberlandesgericht die Revision nicht zugelassen hat, soll in der Revisionsbegründung ferner der Wert der nicht in einer bestimmten Geldsumme bestehenden Beschwer angegeben werden.

(5) Die Vorschriften des § 553 Abs. 2 und des § 553 a Abs. 2 Satz 1, 3 sind auf die Revisionsbegründung entsprechend anzuwenden.

(6) (aufgehoben)

§ 554 a [Zulässigkeitsprüfung]

(1) Das Revisionsgericht hat von Amts wegen zu prüfen, ob die Revision an sich statthaft und ob sie in der gesetzlichen Form und Frist eingelegt und begründet ist. Mangelt es an einem dieser Erfordernisse, so ist die Revision als unzulässig zu verwerfen.

(2) Die Entscheidung kann ohne mündliche Verhandlung durch Beschluß ergehen.

§ 554 b [Annahmerevision]

(1) In Rechtsstreitigkeiten über vermögensrechtliche Ansprüche, bei denen der Wert der Beschwer sechzigtausend Deutsche Mark übersteigt, kann das Revisionsgericht die Annahme der Revision ablehnen, wenn die Rechtssache keine grundsätzliche Bedeutung hat.

(2) Für die Ablehnung der Annahme ist eine Mehrheit von zwei Dritteln der Stimmen erforderlich.

(3) Die Entscheidung kann ohne mündliche Verhandlung durch Beschluß ergehen.

§ 555 [Verhandlungstermin – Einlassungsfrist]

(1) Wird nicht durch Beschluß die Revision als unzulässig verworfen oder die Annahme der Revision abgelehnt, so ist der Termin zur mündlichen Verhandlung von Amts wegen zu bestimmen und den Parteien bekanntzumachen.

(2) Auf die Frist, die zwischen dem Zeitpunkt der Bekanntmachung des Termins und der mündlichen Verhandlung liegen muß, sind die Vorschriften des § 274 Abs. 3 entsprechend anzuwenden.

§ 556 [Anschlußrevision]

(1) Der Revisionsbeklagte kann sich der Revision bis zum Ablauf eines Monats nach der Zustellung der Revisionsbegründung oder des Beschlusses über die Annahme der Revision (§ 554 b) anschließen, selbst wenn er auf die Revision verzichtet hat.

(2) Die Anschließung erfolgt durch Einreichung der Revisionsanschlußschrift bei dem Revisionsgericht. Die Anschlußrevision muß in der Anschlußschrift begründet werden. Die Vorschriften des § 521 Abs. 2, der §§ 522, 553, des § 553 a Abs. 2 Satz 1, des § 554 Abs. 3 und des § 554 a gelten entsprechend. Die Anschließung verliert auch dann ihre Wirkung, wenn die Annahme der Revision nach § 554 b abgelehnt wird.

§ 557 [Geltung allgemeiner Verfahrensvorschriften]

Auf das weitere Verfahren sind die im ersten Rechtszuge für das Verfahren vor den Landgerichten geltenden Vorschriften entsprechend anzuwenden, soweit sich nicht Abweichungen aus den Vorschriften dieses Abschnitts ergeben.

§ 557 a [Kein Einzelrichter]

Die Vorschriften der §§ 348 bis 350 sind nicht anzuwenden.

§ 558 [Verlust des Rügerechts]

Die Verletzung einer das Verfahren der Berufungsinstanz betreffenden Vorschrift kann in der Revisionsinstanz nicht mehr gerügt werden, wenn die Partei das Rügerecht bereits in der Berufungsinstanz nach der Vorschrift des § 295 verloren hat.

§ 559 [Umfang der Revisionsprüfung]

(1) Der Prüfung des Revisionsgerichts unterliegen nur die von den Parteien gestellten Anträge.

(2) Das Revisionsgericht ist an die geltend gemachten Revisionsgründe nicht gebunden. Auf Verfahrensmängel, die nicht von Amts wegen zu berücksichtigen sind, darf das angefochtene Urteil nur geprüft werden, wenn die Mängel nach den §§ 554, 556 gerügt worden sind.

§ 560 [Antrag auf vorläufige Vollstreckbarkeit]

Ein nicht oder nicht unbedingt für vorläufig vollstreckbar erklärtes Urteil des Berufungsgerichts ist, soweit es durch die Revisionsanträge nicht angefochten wird, auf Antrag von dem Revisionsgericht durch Beschluß für vorläufig vollstreckbar zu erklären. Die Entscheidung kann ohne mündliche Verhandlung ergehen; sie ist erst nach Ablauf der Revisionsbegründungsfrist zulässig.

§ 561 [Beschränkte Nachprüfung tatsächlicher Feststellungen]
(1) Der Beurteilung des Revisionsgerichts unterliegt nur dasjenige Parteivorbringen, das aus dem Tatbestand des Berufungsurteils oder dem Sitzungsprotokoll ersichtlich ist. Außerdem können nur die im § 554 Abs. 3 Nr. 3 Buchstabe b erwähnten Tatsachen berücksichtigt werden.
(2) Hat das Berufungsgericht festgestellt, daß eine tatsächliche Behauptung wahr oder nicht wahr sei, so ist diese Feststellung für das Revisionsgericht bindend, es sei denn, daß in bezug auf die Feststellung ein zulässiger und begründeter Revisionsangriff erhoben ist.

§ 562 [Nicht revisible Gesetze]
Die Entscheidung des Berufungsgerichts über das Bestehen und den Inhalt von Gesetzen, auf deren Verletzung die Revision nach § 549 nicht gestützt werden kann, ist für die auf die Revision ergehende Entscheidung maßgebend.

§ 563 [Zurückweisung der Revision]
Ergeben die Entscheidungsgründe zwar eine Gesetzesverletzung, stellt die Entscheidung selbst aber aus anderen Gründen sich als richtig dar, so ist die Revision zurückzuweisen.

§ 564 [Aufhebung des angefochtenen Urteils – Verfahrensmängel]
(1) Insoweit die Revision für begründet erachtet wird, ist das angefochtene Urteil aufzuheben.
(2) Wird das Urteil wegen eines Mangels des Verfahrens aufgehoben, so ist zugleich das Verfahren insoweit aufzuheben, als es durch den Mangel betroffen wird.

§ 565 [Zurückverweisung – eigene Sachentscheidung]
(1) Im Falle der Aufhebung des Urteils ist die Sache zur anderweiten Verhandlung und Entscheidung an das Berufungsgericht zurückzuverweisen. Die Zurückverweisung kann an einen anderen Senat des Berufungsgerichts erfolgen.
(2) Das Berufungsgericht hat die rechtliche Beurteilung, die der Aufhebung zugrunde gelegt ist, auch seiner Entscheidung zugrunde zu legen.
(3) Das Revisionsgericht hat jedoch in der Sache selbst zu entscheiden:
1. wenn die Aufhebung des Urteils nur wegen Gesetzesverletzung bei Anwendung des Gesetzes auf das festgestellte Sachverhältnis erfolgt und nach letzterem die Sache zur Endentscheidung reif ist;
2. wenn die Aufhebung des Urteils wegen Unzuständigkeit des Gerichts oder wegen Unzulässigkeit des Rechtswegs erfolgt.

(4) Kommt in den Fällen der Nummern 1 und 2 für die in der Sache selbst zu erlassende Entscheidung die Anwendbarkeit von Gesetzen, auf deren Verletzung die Revision nach § 549 nicht gestützt werden kann, in Frage, so kann die Sache zur anderweiten Verhandlung und Entscheidung an das Berufungsgericht zurückverwiesen werden.

§ 565 a [Kein Begründungszwang bei Entscheidung über Verfahrensrügen]
Die Entscheidung braucht nicht begründet zu werden, soweit das Revisionsgericht Rügen von Verfahrensmängeln nicht für durchgreifend erachtet. Dies gilt nicht für Rügen nach § 551.

§ 566 [Verweis auf Vorschriften über Berufung]
Die für die Berufung geltenden Vorschriften über die Anfechtbarkeit der Versäumnisurteile, über die Verzichtleistung auf das Rechtsmittel und seine Zurücknahme, über die Vertagung der mündlichen Verhandlung, über die Rügen der Unzulässigkeit der Klage, über den Vortrag der Parteien bei der mündlichen Verhandlung und über die Einforderung und Zurücksendung der Prozeßakten sind auf die Revision entsprechend anzuwenden.

§ 566 a [Sprungrevision]

(1) Gegen die im ersten Rechtszug erlassenen Endurteile der Landgerichte kann mit den folgenden Maßgaben unter Übergehung der Berufungsinstanz unmittelbar die Revision eingelegt werden.

(2) Die Übergehung der Berufungsinstanz bedarf der Einwilligung des Gegners. Die schriftliche Erklärung der Einwilligung ist der Revisionsschrift beizufügen; sie kann auch von dem Prozeßbevollmächtigten des ersten Rechtszuges abgegeben werden.

(3) Das Revisionsgericht kann die Annahme der Revision ablehnen, wenn die Rechtssache keine grundsätzliche Bedeutung hat; § 554 b Abs. 2, 3 ist anzuwenden. Die Revision kann nicht auf Mängel des Verfahrens gestützt werden.

(4) Die Einlegung der Revision und die Erklärung der Einwilligung (Abs. 2) gelten als Verzicht auf das Rechtsmittel der Berufung.

(5) Verweist das Revisionsgericht die Sache zur anderweitigen Verhandlung und Entscheidung zurück, so kann die Zurückverweisung nach seinem Ermessen auch an dasjenige Oberlandesgericht erfolgen, das für die Berufung zuständig gewesen wäre. In diesem Falle gelten für das Verfahren vor dem Oberlandesgericht die gleichen Grundsätze, wie wenn der Rechtsstreit auf eine ordnungsmäßig eingelegte Berufung beim Oberlandesgericht anhängig geworden wäre.

(6) Die Vorschrift des § 565 Abs. 2 ist in allen Fällen der Zurückverweisung entsprechend anzuwenden.

(7) Von der Einlegung der Revision nach Absatz 1 hat die Geschäftsstelle des Revisionsgerichts innerhalb vierundzwanzig Stunden der Geschäftsstelle des Landgerichts Nachricht zu geben.

Dritter Abschnitt
Beschwerde

§ 567 [Statthaftigkeit – Beschwerdewert bei Kosten]

(1) Das Rechtsmittel der Beschwerde findet in den in diesem Gesetz besonders hervorgehobenen Fällen und gegen solche eine mündliche Verhandlung nicht erfordernde Entscheidungen statt, durch die ein das Verfahren betreffendes Gesuch zurückgewiesen ist.

(2) Gegen Entscheidungen über die Verpflichtung, die Prozeßkosten zu tragen, ist die Beschwerde nur zulässig, wenn der Wert des Beschwerdegegenstandes zweihundert Deutsche Mark übersteigt. Gegen andere Entscheidungen über die Kosten ist die Beschwerde nur zulässig, wenn der Wert des Beschwerdegegenstandes einhundert Deutsche Mark übersteigt.

(3) Gegen die Entscheidungen der Landgerichte im Berufungsverfahren und im Beschwerdeverfahren ist eine Beschwerde nicht zulässig. Ausgenommen sind die Entscheidungen nach §§ 46, 71, 89 Abs. 1 Satz 3, §§ 135, 141 Abs. 3, §§ 372 a, 380, 387, 390, 406, 409 und 411 Abs. 2. Die Vorschriften über die weitere Beschwerde bleiben unberührt.

(4) Gegen die Entscheidungen der Oberlandesgerichte ist eine Beschwerde nicht zulässig. § 519 b, § 542 Abs. 3 in Verbindung mit § 341 Abs. 2, § 568 a sowie § 17 a Abs. 4 des Gerichtsverfassungsgesetzes bleiben unberührt.

§ 568 [Zuständigkeit – Unzulässigkeit weiterer Beschwerde]

(1) Über die Beschwerde entscheidet das im Rechtszuge zunächst höhere Gericht.

(2) Gegen die Entscheidung des Beschwerdegerichts findet eine weitere Beschwerde statt, wenn dies im Gesetz besonders bestimmt ist. Sie ist nur zulässig, soweit in der Entscheidung ein neuer selbständiger Beschwerdegrund enthalten ist.

(3) Entscheidungen der Landgerichte über Prozeßkosten unterliegen nicht der weiteren Beschwerde.

§ 568 a [Zulässigkeit weiterer sofortiger Beschwerde]

Beschlüsse des Oberlandesgerichts, durch die über eine sofortige Beschwerde gegen die Verwerfung des Einspruchs gegen ein Versäumnisurteil entschieden wird, unterliegen der weiteren sofortigen Beschwerde, sofern gegen ein Urteil gleichen Inhalts die Revision stattfinden würde; §§ 546, 554 b gelten entsprechend.

§ 569 [Einlegung und Form]

(1) Die Beschwerde wird bei dem Gericht eingelegt, von dem oder von dessen Vorsitzenden die angefochtene Entscheidung erlassen ist; sie kann in dringenden Fällen auch bei dem Beschwerdegericht eingelegt werden.

(2) Die Beschwerde wird durch Einreichung einer Beschwerdeschrift eingelegt. Sie kann auch durch Erklärung zu Protokoll der Geschäftsstelle eingelegt werden, wenn der Rechtsstreit im ersten Rechtszug nicht als Anwaltsprozeß zu führen ist oder war, wenn die Beschwerde die Prozeßkostenhilfe betrifft oder wenn sie von einem Zeugen oder Sachverständigen erhoben wird.

§ 570 [Neues Vorbringen]

Die Beschwerde kann auf neue Tatsachen und Beweise gestützt werden.

§ 571 [Abhilfe; Vorlegung]

Erachtet das Gericht oder der Vorsitzende, dessen Entscheidung angefochten wird, die Beschwerde für begründet, so haben sie ihr abzuhelfen; andernfalls ist die Beschwerde vor Ablauf einer Woche dem Beschwerdegericht vorzulegen.

§ 572 [Teilweise aufschiebende Wirkung – einstweilige Anordnung]

(1) Die Beschwerde hat nur dann aufschiebende Wirkung, wenn sie gegen eine der in den §§ 380, 390, 409, 613 erwähnten Entscheidungen gerichtet ist.

(2) Das Gericht oder der Vorsitzende, dessen Entscheidung angefochten wird, kann anordnen, daß ihre Vollziehung auszusetzen sei.

(3) Das Beschwerdegericht kann vor der Entscheidung eine einstweilige Anordnung erlassen; es kann insbesondere anordnen, daß die Vollziehung der angefochtenen Entscheidung auszusetzen sei.

§ 573 [Verfahren]

(1) Die Entscheidung über die Beschwerde kann ohne mündliche Verhandlung ergehen.

(2) Ordnet das Gericht eine schriftliche Erklärung an, so kann sie durch einen Anwalt abgegeben werden, der bei dem Gericht zugelassen ist, von dem oder von dessen Vorsitzenden die angefochtene Entscheidung erlassen ist. In den Fällen, in denen die Beschwerde zum Protokoll der Geschäftsstelle eingelegt werden darf, kann auch die Erklärung zum Protokoll der Geschäftsstelle abgegeben werden.

§ 574 [Zulässigkeitsprüfung von Amts wegen]

Das Beschwerdegericht hat von Amts wegen zu prüfen, ob die Beschwerde an sich statthaft und ob sie in der gesetzlichen Form und Frist eingelegt ist. Mangelt es an einem dieser Erfordernisse, so ist die Beschwerde als unzulässig zu verwerfen.

§ 575 [Zurückverweisung bei Begründetheit]

Erachtet das Beschwerdegericht die Beschwerde für begründet, so kann es dem Gericht oder Vorsitzenden, von dem die beschwerende Entscheidung erlassen war, die erforderliche Anordnung übertragen.

§ 576 [Erinnerung bei ersuchtem und beauftragtem Richter]

(1) Wird die Änderung einer Entscheidung des beauftragten oder ersuchten Richters oder des Urkundsbeamten der Geschäftsstelle verlangt, so ist die Entscheidung des Prozeßgerichts nachzusuchen.

(2) Die Beschwerde findet gegen die Entscheidung des Prozeßgerichts statt.

(3) Die Vorschrift des ersten Absatzes gilt auch für den Bundesgerichtshof und die Oberlandesgerichte.

§ 577 [Sofortige Beschwerde]

(1) Für die Fälle der sofortigen Beschwerde gelten die nachfolgenden besonderen Vorschriften.

(2) Die Beschwerde ist binnen einer Notfrist von zwei Wochen, die mit der Zustellung, in den Fällen der §§ 336 und 952 Abs. 4 mit der Verkündung der Entscheidung beginnt, einzulegen. Die Einlegung bei dem Beschwerdegericht genügt zur Wahrung der Notfrist, auch wenn der Fall für dringlich nicht erachtet wird. Liegen die Erfordernisse der Nichtigkeits- oder der Restitutionsklage vor, so kann die Beschwerde auch nach Ablauf der Notfrist innerhalb der für diese Klagen geltenden Notfristen erhoben werden.

(3) Das Gericht ist zu einer Änderung seiner der Beschwerde unterliegenden Entscheidung nicht befugt.

(4) In den Fällen des § 576 muß auf dem für die Einlegung der Beschwerde vorgeschriebenen Wege die Entscheidung des Prozeßgerichts binnen der Notfrist nachgesucht werden. Das Prozeßgericht hat das Gesuch, wenn es ihm nicht entsprechen will, dem Beschwerdegericht vorzulegen.

§ 577 a [Anschließungsrecht des Beschwerdegegners]

Der Beschwerdegegner kann sich der Beschwerde anschließen, selbst wenn er auf die Beschwerde verzichtet hat oder die Beschwerdefrist verstrichen ist. Die Anschließung verliert ihre Wirkung, wenn die Beschwerde zurückgenommen oder als unzulässig verworfen wird. Hat sich der Gegner einer befristeten Beschwerde vor Ablauf der Beschwerdefrist angeschlossen und auf die Beschwerde nicht verzichtet, gilt die Anschließung als selbständige Beschwerde.

Viertes Buch
Wiederaufnahme des Verfahrens

§ 578 [Arten der Wiederaufnahme]

(1) Die Wiederaufnahme eines durch rechtskräftiges Endurteil geschlossenen Verfahrens kann durch Nichtigkeitsklage und durch Restitutionsklage erfolgen.

(2) Werden beide Klagen von derselben Partei oder von verschiedenen Parteien erhoben, so ist die Verhandlung und Entscheidung über die Restitutionsklage bis zur rechtskräftigen Entscheidung über die Nichtigkeitsklage auszusetzen.

§ 579 [Nichtigkeitsklage]

(1) Die Nichtigkeitsklage findet statt:

1. wenn das erkennende Gericht nicht vorschriftsmäßig besetzt war;
2. wenn ein Richter bei der Entscheidung mitgewirkt hat, der von der Ausübung des Richteramtes kraft Gesetzes ausgeschlossen war, sofern nicht dieses Hindernis mittels eines Ablehnungsgesuchs oder eines Rechtsmittels ohne Erfolg geltend gemacht ist;
3. wenn bei der Entscheidung ein Richter mitgewirkt hat, obgleich er wegen Besorgnis der Befangenheit abgelehnt und das Ablehnungsgesuch für begründet erklärt war;

4. wenn eine Partei in dem Verfahren nicht nach Vorschrift der Gesetze vertreten war, sofern sie nicht die Prozeßführung ausdrücklich oder stillschweigend genehmigt hat.

(2) In den Fällen der Nummern 1, 3 findet die Klage nicht statt, wenn die Nichtigkeit mittels eines Rechtsmittels geltend gemacht werden konnte.

(3) (aufgehoben)

§ 580 [Restitutionsklage]

Die Restitutionsklage findet statt:

1. wenn der Gegner durch Beeidigung einer Aussage, auf die das Urteil gegründet ist, sich einer vorsätzlichen oder fahrlässigen Verletzung der Eidespflicht schuldig gemacht hat;
2. wenn eine Urkunde, auf die das Urteil gegründet ist, fälschlich angefertigt oder verfälscht war;
3. wenn bei einem Zeugnis oder Gutachten, auf welches das Urteil gegründet ist, der Zeuge oder Sachverständige sich einer strafbaren Verletzung der Wahrheitspflicht schuldig gemacht hat;
4. wenn das Urteil von dem Vertreter der Partei oder von dem Gegner oder dessen Vertreter durch eine in Beziehung auf den Rechtsstreit verübte Straftat erwirkt ist;
5. wenn ein Richter bei dem Urteil mitgewirkt hat, der sich in Beziehung auf den Rechtsstreit einer strafbaren Verletzung seiner Amtspflichten gegen die Partei schuldig gemacht hat;
6. wenn das Urteil eines ordentlichen Gerichts, eines früheren Sondergerichts oder eines Verwaltungsgerichts, auf welches das Urteil gegründet ist, durch ein anderes rechtskräftiges Urteil aufgehoben ist;
7. wenn die Partei
   a) ein in derselben Sache erlassenes, früher rechtskräftig gewordenes Urteil oder
   b) eine andere Urkunde auffindet oder zu benutzen in den Stand gesetzt wird, die eine ihr günstigere Entscheidung herbeigeführt haben würde.

§ 581 [Strafurteil als Voraussetzung – Tatsachenbeweis]

(1) In den Fällen des vorhergehenden Paragaphen Nummern 1 bis 5 findet die Restitutionsklage nur statt, wenn wegen der Straftat eine rechtskräftige Verurteilung ergangen ist oder wenn die Einleitung oder Durchführung eines Strafverfahrens aus anderen Gründen als wegen Mangels an Beweis nicht erfolgen kann.

(2) Der Beweis der Tatsachen, welche die Restitutionsklage begründen, kann durch den Antrag auf Parteivernehmung nicht geführt werden.

§ 582 [Hilfsnatur der Restitutionsklage]

Die Restitutionsklage ist nur zulässig, wenn die Partei ohne ihr Verschulden außerstande war, den Restitutionsgrund in dem früheren Verfahren, insbesondere durch Einspruch oder Berufung oder mittels Anschließung an eine Berufung, geltend zu machen.

§ 583 [Vorentscheidungen]

Mit den Klagen können Anfechtungsgründe, durch die eine dem angefochtenen Urteil vorausgegangene Entscheidung derselben oder einer unteren Instanz betroffen wird, geltend gemacht werden, sofern das angefochtene Urteil auf dieser Entscheidung beruht.

§ 584 [Zuständigkeit]

(1) Für die Klagen ist ausschließlich zuständig: das Gericht, das im ersten Rechtszuge erkannt hat; wenn das angefochtene Urteil oder auch nur eines von mehreren angefochtenen Urteilen von dem Berufungsgericht erlassen wurde oder wenn ein in der Revisionsinstanz

erlassenes Urteil auf Grund des § 580 Nr. 1 bis 3, 6, 7 angefochten wird, das Berufungsgericht; wenn ein in der Revisionsinstanz erlassenes Urteil auf Grund der §§ 579, 580 Nr. 4, 5 angefochten wird, das Revisionsgericht.

(2) Sind die Klagen gegen einen Vollstreckungsbescheid gerichtet, so gehören sie ausschließlich vor das Gericht, das für eine Entscheidung im Streitverfahren zuständig gewesen wäre.

§ 585 [Geltung allgemeiner Verfahrensgrundsätze]

Für die Erhebung der Klagen und das weitere Verfahren gelten die allgemeinen Vorschriften entsprechend, sofern nicht aus den Vorschriften dieses Gesetzes sich eine Abweichung ergibt.

§ 586 [Klagefrist]

(1) Die Klagen sind vor Ablauf der Notfrist eines Monats zu erheben.

(2) Die Frist beginnt mit dem Tage, an dem die Partei von dem Anfechtungsgrund Kenntnis erhalten hat, jedoch nicht vor eingetretener Rechtskraft des Urteils. Nach Ablauf von fünf Jahren, von dem Tage der Rechtskraft des Urteils an gerechnet, sind die Klagen unstatthaft.

(3) Die Vorschriften des vorstehenden Absatzes sind auf die Nichtigkeitsklage wegen mangelnder Vertretung nicht anzuwenden; die Frist für die Erhebung der Klage läuft von dem Tage, an dem der Partei und bei mangelnder Prozeßfähigkeit ihrem gesetzlichen Vertreter das Urteil zugestellt ist.

§ 587 [Notwendiger Inhalt der Klageschrift]

In der Klage muß die Bezeichnung des Urteils, gegen das die Nichtigkeits- oder Restitutionsklage gerichtet wird, und die Erklärung, welche dieser Klagen erhoben wird, enthalten sein.

§ 588 [Sollvorschriften für Inhalt der Klageschrift]

(1) Als vorbereitender Schriftsatz soll die Klage enthalten:

1. die Bezeichnung des Anfechtungsgrundes;
2. die Angabe der Beweismittel für die Tatsachen, die den Grund und die Einhaltung der Notfrist ergeben;
3. die Erklärung, inwieweit die Beseitigung des angefochtenen Urteils und welche andere Entscheidung in der Hauptsache beantragt werde.

(2) Dem Schriftsatz, durch den eine Restitutionsklage erhoben wird, sind die Urkunden, auf die sie gestützt wird, in Urschrift oder in Abschrift beizufügen. Befinden sich die Urkunden nicht in den Händen des Klägers, so hat er zu erklären, welchen Antrag er wegen ihrer Herbeischaffung zu stellen beabsichtigt.

§ 589 [Zulässigkeitsprüfung von Amts wegen]

(1) Das Gericht hat von Amts wegen zu prüfen, ob die Klage an sich statthaft und ob sie in der gesetzlichen Form und Frist erhoben sei. Mangelt es an einem dieser Erfordernisse, so ist die Klage als unzulässig zu verwerfen.

(2) Die Tatsachen, die ergeben, daß die Klage vor Ablauf der Notfrist erhoben ist, sind glaubhaft zu machen.

§ 590 [Erneute Verhandlung]

(1) Die Hauptsache wird, insoweit sie von dem Anfechtungsgrunde betroffen ist, von neuem verhandelt.

(2) Das Gericht kann anordnen, daß die Verhandlung und Entscheidung über Grund und Zulässigkeit der Wiederaufnahme des Verfahrens vor der Verhandlung über die Hauptsache

erfolge. In diesem Falle ist die Verhandlung über die Hauptsache als Fortsetzung der Verhandlung über Grund und Zulässigkeit der Wiederaufnahme des Verfahrens anzuwenden.

(3) Das für die Klagen zuständige Revisionsgericht hat die Verhandlung über Grund und Zulässigkeit der Wiederaufnahme des Verfahrens zu erledigen, auch wenn diese Erledigung von der Feststellung und Würdigung bestrittener Tatsachen abhängig ist.

§ 591 [Rechtsmittel]

Rechtsmittel sind insoweit zulässig, als sie gegen die Entscheidungen der mit den Klagen befaßten Gerichte überhaupt stattfinden.

Fünftes Buch
Urkunden- und Wechselprozeß

§ 592 [Zulässigkeit]

Ein Anspruch, welcher die Zahlung einer bestimmten Geldsumme oder die Leistung einer bestimmten Menge anderer vertretbarer Sachen oder Wertpapiere zum Gegenstand hat, kann im Urkundenprozeß geltend gemacht werden, wenn die sämtlichen zur Begründung des Anspruchs erforderlichen Tatsachen durch Urkunden bewiesen werden können. Als ein Anspruch, welcher die Zahlung einer Geldsumme zum Gegenstand hat, gilt auch der Anspruch aus einer Hypothek, einer Grundschuld, einer Rentenschuld oder einer Schiffshypothek.

§ 593 [Erfordernisse der Klageschrift – Urkunden]

(1) Die Klage muß die Erklärung enthalten, daß im Urkundenprozeß geklagt werde.

(2) Die Urkunden müssen in Urschrift oder in Abschrift der Klage oder einem vorbereitenden Schriftsatz beigefügt werden. Im letzteren Falle muß zwischen der Zustellung des Schriftsatzes und dem Termin zur mündlichen Verhandlung ein der Einlassungsfrist gleicher Zeitraum liegen.

§ 594 (weggefallen)

§ 595 [Unstatthaftigkeit der Widerklage – Beweiseinschränkung]

(1) Widerklagen sind nicht statthaft.

(2) Als Beweismittel sind bezüglich der Echtheit oder Unechtheit einer Urkunde sowie bezüglich anderer als der im § 592 erwähnten Tatsachen nur Urkunden und Antrag auf Parteivernehmung zulässig.

(3) Der Urkundenbeweis kann nur durch Vorlegung der Urkunden angetreten werden.

§ 596 [Abstehen vom Urkundenprozeß]

Der Kläger kann, ohne daß es der Einwilligung des Beklagten bedarf, bis zum Schluß der mündlichen Verhandlung von dem Urkundenprozeß in der Weise abstehen, daß der Rechtsstreit im ordentlichen Verfahren anhängig bleibt.

§ 597 [Klageabweisung]

(1) Insoweit der in der Klage geltend gemachte Anspruch an sich oder infolge einer Einrede des Beklagten als unbegründet sich darstellt, ist der Kläger mit dem Anspruch abzuweisen.

(2) Ist der Urkundenprozeß unstatthaft, ist insbesondere ein dem Kläger obliegender Beweis nicht mit den im Urkundenprozeß zulässigen Beweismitteln angetreten oder mit solchen Beweismitteln nicht vollständig geführt, so wird die Klage als in der gewählten Prozeßart unstatthaft abgewiesen, selbst wenn in dem Termin zur mündlichen Verhandlung der Beklagte nicht erschienen ist oder der Klage nur auf Grund von Einwendungen widersprochen hat, die rechtlich unbegründet oder im Urkundenprozeß unstatthaft sind.

§ 598 [Zurückweisung von Einwendungen]

Einwendungen des Beklagten sind, wenn der dem Beklagten obliegende Beweis nicht mit den im Urkundenprozeß zulässigen Beweismitteln angetreten oder mit solchen Beweismitteln nicht vollständig geführt ist, als im Urkundenprozeß unstatthaft zurückzuweisen.

§ 599 [Vorbehaltsurteil]

(1) Dem Beklagten, welcher dem geltend gemachten Anspruch widersprochen hat, ist in allen Fällen, in denen er verurteilt wird, die Ausführung seiner Rechte vorzubehalten.

(2) Enthält das Urteil keinen Vorbehalt, so kann die Ergänzung des Urteils nach der Vorschrift des § 321 beantragt werden.

(3) Das Urteil, das unter Vorbehalt der Rechte ergeht, ist für die Rechtsmittel und die Zwangsvollstreckung als Endurteil anzusehen.

§ 600 [Nachverfahren]

(1) Wird dem Beklagten die Ausführung seiner Rechte vorbehalten, so bleibt der Rechtsstreit im ordentlichen Verfahren anhängig.

(2) Soweit sich in diesem Verfahren ergibt, daß der Anspruch des Klägers unbegründet war, gelten die Vorschriften des § 302 Abs. 4 Satz 2 bis 4.

(3) Erscheint in diesem Verfahren eine Partei nicht, so sind die Vorschriften über das Versäumnisurteil entsprechend anzuwenden.

§ 601 (aufgehoben)

§ 602 [Besonderheiten im Wechselprozeß]

Werden im Urkundenprozeß Ansprüche aus Wechseln im Sinne des Wechselgesetzes geltend gemacht (Wechselprozeß), so sind die nachfolgenden besonderen Vorschriften anzuwenden.

§ 603 [Gerichtsstand bei Wechselklagen]

(1) Wechselklagen können sowohl bei dem Gericht des Zahlungsortes als bei dem Gericht angestellt werden, bei dem der Beklagte seinen allgemeinen Gerichtsstand hat.

(2) Wenn mehrere Wechselverpflichtete gemeinschaftlich verklagt werden, so ist außer dem Gericht des Zahlungsortes jedes Gericht zuständig, bei dem einer der Beklagten seinen allgemeinen Gerichtsstand hat.

§ 604 [Erfordernisse der Klageschrift – Einlassungs- und Ladungsfrist]

(1) Die Klage muß die Erklärung enthalten, daß im Wechselprozeß geklagt werde.

(2) Die Ladungsfrist beträgt mindestens vierundzwanzig Stunden, wenn die Ladung an dem Ort, der Sitz des Prozeßgerichts ist, zugestellt wird. In Anwaltsprozessen beträgt sie mindestens drei Tage, wenn die Ladung an einem anderen Ort zugestellt wird, der im Bezirk des Prozeßgerichts liegt oder von dem ein Teil zu dessen Bezirk gehört; dies gilt nicht für Meß- und Marktsachen.

(3) In den höheren Instanzen beträgt die Ladungsfrist mindestens vierundzwanzig Stunden, wenn die Zustellung der Berufungs- oder Revisionsschrift oder der Ladung an dem Ort erfolgt, der Sitz des höheren Gerichts ist; mindestens drei Tage, wenn die Zustellung an einem anderen Ort erfolgt, der ganz oder zum Teil in dem Landgerichtsbezirk liegt, in dem das höhere Gericht seinen Sitz hat; mindestens eine Woche, wenn die Zustellung sonst im Inland erfolgt.

§ 605 [Zulässige Beweismittel – Glaubhaftmachung]

(1) Soweit es zur Erhaltung des wechselmäßigen Anspruchs der rechtzeitigen Protesterhebung nicht bedarf, ist als Beweismittel bezüglich der Vorlegung des Wechsels der Antrag auf Parteivernehmung zulässig.

(2) Zur Berücksichtigung einer Nebenforderung genügt, daß sie glaubhaft gemacht ist.

§ 605 a [Scheckprozeß]
Werden im Urkundenprozeß Ansprüche aus Schecks im Sinne des Scheckgesetzes geltend gemacht (Scheckprozeß), so sind die §§ 602 bis 605 entsprechend anzuwenden.

Sechstes Buch
Familiensachen. Kindschaftssachen. Unterhaltssachen.
Erster Abschnitt
Verfahren in Familiensachen
Erster Titel
Allgemeine Vorschriften für Ehesachen

§ 606 [Zuständigkeit]
(1) Für Verfahren auf Scheidung, Aufhebung oder Nichtigerklärung einer Ehe, auf Feststellung des Bestehens oder Nichtbestehens einer Ehe zwischen den Parteien oder auf Herstellung des ehelichen Lebens (Ehesachen) ist das Familiengericht ausschließlich zuständig, in dessen Bezirk die Ehegatten ihren gemeinsamen gewöhnlichen Aufenthalt haben. Fehlt es bei Eintritt der Rechtshängigkeit an einem solchen Aufenthalt im Inland, so ist das Familiengericht ausschließlich zuständig, in dessen Bezirk einer der Ehegatten mit den gemeinsamen minderjährigen Kindern den gewöhnlichen Aufenthalt hat.
(2) Ist eine Zuständigkeit nach Absatz 1 nicht gegeben, so ist das Familiengericht ausschließlich zuständig, in dessen Bezirk die Ehegatten ihren gemeinsamen gewöhnlichen Aufenthalt zuletzt gehabt haben, wenn einer der Ehegatten bei Eintritt der Rechtshängigkeit im Bezirk dieses Gerichts seinen gewöhnlichen Aufenthalt hat. Fehlt ein solcher Gerichtsstand, so ist das Familiengericht ausschließlich zuständig, in dessen Bezirk der gewöhnliche Aufenthaltsort des Beklagten oder, falls ein solcher im Inland fehlt, der gewöhnliche Aufenthaltsort des Klägers gelegen ist. Haben beide Ehegatten das Verfahren rechtshängig gemacht, so ist von den Gerichten, die nach Satz 2 zuständig wären, das Gericht ausschließlich zuständig, bei dem das Verfahren zuerst rechtshängig geworden ist; dies gilt auch, wenn die Verfahren nicht miteinander verbunden werden können. Sind die Verfahren am selben Tage rechtshängig geworden, so ist § 36 entsprechend anzuwenden.
(3) Ist die Zuständigkeit eines Gerichts nach diesen Vorschriften nicht begründet, so ist das Familiengericht beim Amtsgericht Schöneberg in Berlin ausschließlich zuständig.

§ 606 a [Zuständigkeit deutscher Gerichte in Ehesachen]
(1) Für Ehesachen sind die deutschen Gerichte zuständig,
1. wenn ein Ehegatte Deutscher ist oder bei der Eheschließung war,
2. wenn beide Ehegatten ihren gewöhnlichen Aufenthalt im Inland haben,
3. wenn ein Ehegatte Staatenloser mit gewöhnlichem Aufenthalt im Inland ist oder
4. wenn ein Ehegatte seinen gewöhnlichen Aufenthalt im Inland hat, es sei denn, daß die zu fällende Entscheidung offensichtlich nach dem Recht keines der Staaten anerkannt würde, denen einer der Ehegatten angehört.

Diese Zuständigkeit ist nicht ausschließlich.
(2) Der Anerkennung einer ausländischen Entscheidung steht Absatz 1 Satz 1 Nr. 4 und, wenn die Entscheidung von den Staaten anerkannt wird, denen die Ehegatten angehören, Nummern 1 bis 3 nicht entgegen.

§ 606 b (aufgehoben)

§ 607 [Prozeßfähigkeit; gesetzlicher Vertreter]

(1) In Ehesachen ist ein in der Geschäftsfähigkeit beschränkter Ehegatte prozeßfähig; dies gilt jedoch insoweit nicht, als nach § 30 des Ehegesetzes nur sein gesetzlicher Vertreter die Aufhebung der Ehe begehren kann.

(2) Für einen geschäftsunfähigen Ehegatten wird das Verfahren durch den gesetzlichen Vertreter geführt. Der gesetzliche Vertreter ist jedoch zur Erhebung der Klage auf Herstellung des ehelichen Lebens nicht befugt; für den Scheidungsantrag oder die Aufhebungsklage bedarf er der Genehmigung des Vormundschaftsgerichts.

§ 608 [Anzuwendende Vorschriften]

Für Ehesachen gelten im ersten Rechtszug die Vorschriften über das Verfahren vor den Landgerichten entsprechend.

§ 609 [Besondere Vollmacht]

Der Bevollmächtigte bedarf einer besonderen, auf das Verfahren gerichteten Vollmacht.

§ 610 [Verbindung von Verfahren – Widerklage]

(1) Die Verfahren auf Herstellung des ehelichen Lebens, auf Scheidung und auf Aufhebung können miteinander verbunden werden.

(2) Die Verbindung eines anderen Verfahrens mit den erwähnten Verfahren, insbesondere durch die Erhebung einer Widerklage anderer Art, ist unstatthaft. § 623 bleibt unberührt.

§ 611 [Neues Vorbringen]

(1) Bis zum Schluß der mündlichen Verhandlung, auf die das Urteil ergeht, können andere Gründe, als in dem das Verfahren einleitenden Schriftsatz vorgebracht worden sind, geltend gemacht werden.

(2) Die Vorschriften des § 275 Abs. 1 Satz 1, Abs. 3, 4 und des § 276 sind nicht anzuwenden.

§ 612 [Termin – Ladung – Versäumnisurteil]

(1) Die Vorschrift des § 272 Abs. 3 ist nicht anzuwenden.

(2) Der Beklagte ist zu jedem Termin, der nicht in seiner Gegenwart anberaumt wurde, zu laden.

(3) Die Vorschrift des Absatzes 2 ist nicht anzuwenden, wenn der Beklagte durch öffentliche Zustellung geladen, aber nicht erschienen ist.

(4) Ein Versäumnisurteil gegen den Beklagten ist unzulässig.

(5) Die Vorschriften der Absätze 2 bis 4 sind auf den Widerbeklagten entsprechend anzuwenden.

§ 613 [Persönliches Erscheinen, Parteivernehmung]

(1) Das Gericht soll das persönliche Erscheinen der Ehegatten anordnen und sie anhören; es kann sie als Parteien vernehmen. Ist ein Ehegatte am Erscheinen vor dem Prozeßgericht verhindert oder hält er sich in so großer Entfernung von dessen Sitz auf, daß ihm das Erscheinen nicht zugemutet werden kann, so kann er durch einen ersuchten Richter angehört oder vernommen werden.

(2) Gegen einen zur Anhörung oder zur Vernehmung nicht erschienenen Ehegatten ist wie gegen einen im Vernehmungstermin nicht erschienenen Zeugen zu verfahren; auf Ordnungshaft darf nicht erkannt werden.

§ 614 [Verfahrensaussetzung]

(1) Das Gericht soll das Verfahren auf Herstellung des ehelichen Lebens von Amts wegen aussetzen, wenn es zur gütlichen Beilegung des Verfahrens zweckmäßig ist.

(2) Das Verfahren auf Scheidung soll das Gericht von Amts wegen aussetzen, wenn nach seiner freien Überzeugung Aussicht auf Fortsetzung der Ehe besteht. Leben die Ehegatten länger als ein Jahr getrennt, so darf das Verfahren nicht gegen den Widerspruch beider Ehegatten ausgesetzt werden.

(3) Hat der Kläger die Aussetzung des Verfahrens beantragt, so darf das Gericht über die Herstellungsklage nicht entscheiden oder auf Scheidung nicht erkennen, bevor das Verfahren ausgesetzt war.

(4) Die Aussetzung darf nur einmal wiederholt werden. Sie darf insgesamt die Dauer von einem Jahr, bei einer mehr als dreijährigen Trennung die Dauer von sechs Monaten nicht überschreiten.

(5) Mit der Aussetzung soll das Gericht in der Regel den Ehegatten nahelegen, eine Eheberatungsstelle in Anspruch zu nehmen.

§ 615 [Verspätete Angriffs- und Verteidigungsmittel]

(1) Angriffs- und Verteidigungsmittel, die nicht rechtzeitig vorgebracht werden, können zurückgewiesen werden, wenn ihre Zulassung nach der freien Überzeugung des Gerichts die Erledigung des Rechtsstreits verzögern würde und die Verspätung auf grober Nachlässigkeit beruht.

(2) §§ 527, 528 sind nicht anzuwenden.

§ 616 [Untersuchungsgrundsatz]

(1) Das Gericht kann auch von Amts wegen die Aufnahme von Beweisen anordnen und nach Anhörung der Ehegatten auch solche Tatsachen berücksichtigen, die von ihnen nicht vorgebracht sind.

(2) Im Verfahren auf Scheidung oder Aufhebung der Ehe oder auf Herstellung des ehelichen Lebens kann das Gericht gegen den Widerspruch des die Auflösung der Ehe begehrenden oder ihre Herstellung verweigernden Ehegatten Tatsachen, die nicht vorgebracht sind, nur insoweit berücksichtigen, als sie geeignet sind, der Aufrechterhaltung der Ehe zu dienen.

(3) Im Verfahren auf Scheidung kann das Gericht außergewöhnliche Umstände nach § 1568 des Bürgerlichen Gesetzbuches nur berücksichtigen, wenn sie von dem Ehegatten, der die Scheidung ablehnt, vorgebracht sind.

§ 617 [Nichtanwendbare Vorschriften]

Die Vorschriften über die Wirkung eines Anerkenntnisses, über die Folgen der unterbliebenen oder verweigerten Erklärung über Tatsachen oder über die Echtheit von Urkunden, die Vorschriften über den Verzicht der Partei auf die Beeidigung der Gegenpartei oder von Zeugen und Sachverständigen und die Vorschriften über die Wirkung eines gerichtlichen Geständnisses sind nicht anzuwenden.

§ 618 [Keine Hinausschiebung der Zustellung]

§ 317 Abs. 1 Satz 3 gilt nicht für Urteile in Ehesachen.

§ 619 [Tod eines Ehegatten]

Stirbt einer der Ehegatten, bevor das Urteil rechtskräftig ist, so ist das Verfahren in der Hauptsache als erledigt anzusehen.

§ 620 [Einstweilige Anordnungen]

Das Gericht kann im Wege der einstweiligen Anordnung auf Antrag regeln:

1. die elterliche Sorge für ein gemeinschaftliches Kind;
2. den Umgang eines Elternteils mit dem Kinde;
3. die Herausgabe des Kindes an den anderen Elternteil;
4. die Unterhaltspflicht gegenüber einem minderjährigen Kinde;

5. das Getrenntleben der Ehegatten;
6. den Unterhalt eines Ehegatten;
7. die Benutzung der Ehewohnung und des Hausrats;
8. die Herausgabe oder Benutzung der zum persönlichen Gebrauch eines Ehegatten oder eines Kindes bestimmten Sachen;
9. die Verpflichtung zur Leistung eines Kostenvorschusses für die Ehesache und Folgesachen.

Im Falle des Satzes 1 Nr. 1 kann das Gericht eine einstweilige Anordnung auch von Amts wegen erlassen.

§ 620 a [Verfahren bei einstweiliger Anordnung]

(1) Der Beschluß kann ohne mündliche Verhandlung ergehen.

(2) Der Antrag ist zulässig, sobald die Ehesache anhängig oder ein Antrag auf Bewilligung der Prozeßkostenhilfe eingereicht ist. Der Antrag kann zu Protokoll der Geschäftsstelle erklärt werden. Der Antragsteller soll die Voraussetzungen für die Anordnung glaubhaft machen.

(3) Vor einer Anordnung nach § 620 Satz 1 Nr. 1, 2 oder 3 sollen das Kind und das Jugendamt angehört werden. Ist dies wegen der besonderen Eilbedürftigkeit nicht möglich, so soll die Anhörung unverzüglich nachgeholt werden.

(4) Zuständig ist das Gericht des ersten Rechtszuges, wenn die Ehesache in der Berufungsinstanz anhängig ist, das Berufungsgericht. Ist eine Folgesache im zweiten oder dritten Rechtszug anhängig, deren Gegenstand dem des Anordnungsverfahrens entspricht, so ist das Berufungs- oder Beschwerdegericht der Folgesache zuständig. Satz 2 gilt entsprechend, wenn ein Kostenvorschuß für eine Ehesache oder Folgesache begehrt wird, die im zweiten oder dritten Rechtszug anhängig ist oder dort anhängig gemacht werden soll.

§ 620 b [Aufhebung oder Änderung des Beschlusses]

(1) Das Gericht kann auf Antrag den Beschluß aufheben oder ändern. Das Gericht kann von Amts wegen entscheiden, wenn die Anordnung die elterliche Sorge für ein gemeinschaftliches Kind betrifft oder wenn eine Anordnung nach § 620 Satz 1 Nr. 2 oder 3 ohne vorherige Anhörung des Jugendamts erlassen worden ist.

(2) Ist der Beschluß oder die Entscheidung nach Absatz 1 ohne mündliche Verhandlung ergangen, so ist auf Antrag auf Grund mündlicher Verhandlung erneut zu beschließen.

(3) Für die Zuständigkeit gilt § 620 a Abs. 4 entsprechend. Das Rechtsmittelgericht ist auch zuständig, wenn das Gericht des ersten Rechtszuges die Anordnung oder die Entscheidung nach Absatz 1 erlassen hat.

§ 620 c [Sofortige Beschwerde]

Hat das Gericht des ersten Rechtszuges auf Grund mündlicher Verhandlung die elterliche Sorge für ein gemeinschaftliches Kind geregelt, die Herausgabe des Kindes an den anderen Elternteil angeordnet oder die Ehewohnung einem Ehegatten ganz zugewiesen, so findet die sofortige Beschwerde statt. Im übrigen sind die Entscheidungen nach den §§ 620, 620 b unanfechtbar.

§ 620 d [Begründung]

In den Fällen der §§ 620 b, 620 c sind die Anträge und die Beschwerde zu begründen; die Beschwerde muß innerhalb der Beschwerdefrist begründet werden. Das Gericht entscheidet durch begründeten Beschluß.

§ 620 e [Aussetzung der Vollziehung]

Das Gericht kann in den Fällen der §§ 620 b, 620 c vor seiner Entscheidung die Vollziehung einer einstweiligen Anordnung aussetzen.

§ 620 f [Außerkrafttreten der einstweiligen Anordnung]

(1) Die einstweilige Anordnung tritt beim Wirksamwerden einer anderweitigen Regelung sowie dann außer Kraft, wenn der Scheidungsantrag oder die Klage zurückgenommen wird oder rechtskräftig abgewiesen ist oder wenn das Eheverfahren nach § 619 in der Hauptsache als erledigt anzusehen ist. Auf Antrag ist dies durch Beschluß auszusprechen. Gegen die Entscheidung findet die sofortige Beschwerde statt.

(2) Zuständig für die Entscheidung nach Absatz 1 Satz 2 ist das Gericht, das die einstweilige Anordnung erlassen hat.

§ 620 g [Kosten einstweiliger Anordnungen]

Die im Verfahren der einstweiligen Anordnung entstehenden Kosten gelten für die Kostenentscheidung als Teil der Kosten der Hauptsache; § 96 gilt entsprechend.

Zweiter Titel

Verfahren in anderen Familiensachen

§ 621 [Ausschließliche Zuständigkeit]

(1) Für Familiensachen, die

1. die Regelung der elterlichen Sorge für ein eheliches Kind, soweit nach den Vorschriften des Bürgerlichen Gesetzbuchs hierfür das Familiengericht zuständig ist,
2. die Regelung des Umgangs eines Elternteils mit dem ehelichen Kinde,
3. die Herausgabe des Kindes an den anderen Elternteil,
4. die gesetzliche Unterhaltspflicht gegenüber einem ehelichen Kinde,
5. die durch Ehe begründete gesetzliche Unterhaltspflicht,
6. den Versorgungsausgleich,
7. die Regelung der Rechtsverhältnisse an der Ehewohnung und am Hausrat (Verordnung über die Behandlung der Ehewohnung und des Hausrats – Sechste Durchführungsverordnung zum Ehegesetz – vom 21. Oktober 1944, RGBl. I S. 256),
8. Ansprüche aus dem ehelichen Güterrecht, auch wenn Dritte am Verfahren beteiligt sind,
9. Verfahren nach den §§ 1382 und 1383 des Bürgerlichen Gesetzbuchs

betreffen, ist das Familiengericht ausschließlich zuständig.

(2) Während der Anhängigkeit einer Ehesache ist unter den deutschen Gerichten das Gericht ausschließlich zuständig, bei dem die Ehesache im ersten Rechtszug anhängig ist oder war. Ist eine Ehesache nicht anhängig, so richtet sich die örtliche Zuständigkeit nach den allgemeinen Vorschriften.

(3) Wird eine Ehesache rechtshängig, während eine Familiensache der in Absatz 1 genannten Art bei einem anderen Gericht im ersten Rechtszug anhängig ist, so ist diese von Amts wegen an das Gericht der Ehesache zu verweisen oder abzugeben. § 281 Abs. 2, 3 Satz 1 gilt entsprechend.

§ 621 a [Verfahrensvorschriften]

(1) Für die Familiensachen des § 621 Abs. 1 Nr. 1 bis 3, 6, 7, 9 bestimmt sich, soweit sich aus diesem Gesetz oder dem Gerichtsverfassungsgesetz nichts Besonderes ergibt, das Verfahren nach den Vorschriften des Gesetzes über die Angelegenheiten der freiwilligen Gerichtsbarkeit und nach den Vorschriften der Verordnung über die Behandlung der Ehewohnung und des Hausrats. An die Stelle der §§ 2 bis 6, 8 bis 11, 13, 16 Abs. 2, 3 und des § 17 des Gesetzes über die Angelegenheiten der freiwilligen Gerichtsbarkeit treten die für das zivilprozessuale Verfahren maßgeblichen Vorschriften.

(2) Wird in einem Rechtsstreit über eine güterrechtliche Ausgleichsforderung ein Antrag nach § 1382 Abs. 5 oder nach § 1383 Abs. 3 des Bürgerlichen Gesetzbuchs gestellt, so ergeht die Entscheidung einheitlich durch Urteil. § 629 a Abs. 2 gilt entsprechend.

§ 621 b [Güterrechtliche Streitigkeiten]

In Familiensachen des § 621 Abs. 1 Nr. 8 gelten die Vorschriften über das Verfahren vor den Landgerichten entsprechend.

§ 621 c [Keine Hinausschiebung der Zustellung]

§ 317 Abs. 1 Satz 3 ist auf Endentscheidungen in Familiensachen nicht anzuwenden.

§ 621 d [Revision]

(1) Gegen die in der Berufungsinstanz erlassenen Endurteile über Familiensachen des § 621 Abs. 1 Nr. 4, 5, 8 findet die Revision nur statt, wenn das Oberlandesgericht sie in dem Urteil zugelassen hat; § 546 Abs. 1 Satz 2, 3 gilt entsprechend.

(2) Die Revision findet ferner statt, soweit das Berufungsgericht die Berufung als unzulässig verworfen hat.

§ 621 e [Beschwerde – weitere Beschwerde]

(1) Gegen die im ersten Rechtszug ergangenen Endentscheidungen über Familiensachen des § 621 Abs. 1 Nr. 1 bis 3, 6, 7, 9 findet die Beschwerde statt.

(2) In den Familiensachen des § 621 Abs. 1 Nr. 1 bis 3, 6 findet die weitere Beschwerde statt, wenn das Oberlandesgericht sie in dem Beschluß zugelassen hat; § 546 Abs. 1 Satz 2, 3 gilt entsprechend. Die weitere Beschwerde findet ferner statt, soweit das Oberlandesgericht die Beschwerde als unzulässig verworfen hat. Die weitere Beschwerde kann nur darauf gestützt werden, daß die Entscheidung auf einer Verletzung des Gesetzes beruht.

(3) Die Beschwerde wird durch Einreichung der Beschwerdeschrift bei dem Beschwerdegericht eingelegt. Die §§ 516, 517, 519 Abs. 1, 2, §§ 519 a, 552, 554 Abs. 1, 2, 5, § 577 Abs. 3 gelten entsprechend.

(4) Für das Beschwerdegericht gilt § 529 Abs. 3, 4 entsprechend. Das Gericht der weiteren Beschwerde prüft nicht, ob eine Familiensache vorliegt.

§ 621 f [Kostenvorschuß]

(1) In einer Familiensache des § 621 Abs. 1 Nr. 1 bis 3, 6 bis 9 kann das Gericht auf Antrag durch einstweilige Anordnung die Verpflichtung zur Leistung eines Kostenvorschusses für dieses Verfahren regeln.

(2) Die Entscheidung nach Absatz 1 ist unanfechtbar. Im übrigen gelten die §§ 620 a bis 620 g entsprechend.

Dritter Titel

Scheidungs- und Folgesachen

§ 622 [Scheidungsantrag]

(1) Das Verfahren auf Scheidung wird durch Einreichung einer Antragsschrift anhängig.

(2) Die Antragsschrift muß vorbehaltlich des § 630 Angaben darüber enthalten, ob

1. gemeinschaftliche minderjährige Kinder vorhanden sind,
2. ein Vorschlag zur Regelung der elterlichen Sorge unterbreitet wird,
3. Familiensachen der in § 621 Abs. 1 bezeichneten Art anderweitig anhängig sind.

Im übrigen gelten die Vorschriften über die Klageschrift entsprechend.

(3) Bei der Anwendung der allgemeinen Vorschriften treten an die Stelle der Bezeichnungen Kläger und Beklagter die Bezeichnungen Antragsteller und Antragsgegner.

§ 623 [Verbund von Scheidungs- und Folgesachen]

(1) Soweit in Familiensachen des § 621 Abs. 1 eine Entscheidung für den Fall der Scheidung zu treffen ist und von einem Ehegatten rechtzeitig begehrt wird, ist hierüber gleichzeitig und zusammen mit der Scheidungssache zu verhandeln und, sofern dem Scheidungsantrag stattgegeben wird, zu entscheiden (Folgesachen). Wird bei einer Familiensache des § 621 Abs. 1 Nr. 4, 5, 8 ein Dritter Verfahrensbeteiligter, so wird diese Familiensache abgetrennt.

(2) Das Verfahren muß bis zum Schluß der mündlichen Verhandlung erster Instanz in der Scheidungssache anhängig gemacht sein. Satz 1 gilt entsprechend, wenn die Scheidungssache nach § 629 b an das Gericht des ersten Rechtszuges zurückverwiesen ist.

(3) Für die Regelung der elterlichen Sorge für ein gemeinschaftliches Kind und für die Durchführung des Versorgungsausgleichs in den Fällen des § 1587 b des Bürgerlichen Gesetzbuchs bedarf es keines Antrags. Eine Regelung des Umgangs mit dem Kinde soll im allgemeinen nur ergehen, wenn ein Ehegatte dies anregt.

(4) Die vorstehenden Vorschriften gelten auch für Verfahren, die nach § 621 Abs. 3 an das Gericht der Ehesache übergeleitet worden sind, soweit eine Entscheidung für den Fall der Scheidung zu treffen ist.

§ 624 [Besondere Verfahrensvorschriften]

(1) Die Vollmacht für die Scheidungssache erstreckt sich auf die Folgesachen.

(2) Die Bewilligung der Prozeßkostenhilfe für die Scheidungssache erstreckt sich auf Folgesachen nach § 621 Abs. 1 Nr. 1, 6, soweit sie nicht ausdrücklich ausgenommen werden.

(3) Die Vorschriften über das Verfahren vor den Landgerichten gelten entsprechend, soweit in diesem Titel nichts Besonderes bestimmt ist.

(4) Vorbereitende Schriftsätze, Ausfertigungen oder Abschriften werden am Verfahren beteiligten Dritten nur insoweit mitgeteilt oder zugestellt, als das mitzuteilende oder zuzustellende Schriftstück sie betrifft. Dasselbe gilt für die Zustellung von Entscheidungen an Dritte, die zur Einlegung von Rechtsmitteln berechtigt sind.

§ 625 [Beiordnung eines Rechtsanwalts]

(1) Hat in einer Scheidungssache der Antragsgegner keinen Rechtsanwalt als Bevollmächtigten bestellt, so ordnet das Prozeßgericht ihm von Amts wegen zur Wahrnehmung seiner Rechte im ersten Rechtszug hinsichtlich des Scheidungsantrags und der Regelung der elterlichen Sorge für ein gemeinschaftliches Kind einen Rechtsanwalt bei, wenn diese Maßnahme nach der freien Überzeugung des Gerichts zum Schutz des Antragsgegners unabweisbar erscheint; § 78 c Abs. 1, 3 gilt sinngemäß. Vor einer Beiordnung soll der Antragsgegner persönlich gehört und dabei besonders darauf hingewiesen werden, daß die Familiensachen des § 621 Abs. 1 gleichzeitig mit der Scheidungssache verhandelt und entschieden werden können.

(2) Der beigeordnete Rechtsanwalt hat die Stellung eines Beistandes.

§ 626 [Zurücknahme des Scheidungsantrags]

(1) Wird ein Scheidungsantrag zurückgenommen, so gilt § 269 Abs. 3 auch für die Folgesachen. Erscheint die Anwendung des § 269 Abs. 3 Satz 2 im Hinblick auf den bisherigen Sach- und Streitstand in den Folgesachen der in § 621 Abs. 1 Nr. 4, 5, 8 bezeichneten Art als unbillig, so kann das Gericht die Kosten anderweitig verteilen. Das Gericht spricht die Wirkungen der Zurücknahme auf Antrag eines Ehegatten aus.

(2) Auf Antrag einer Partei ist ihr durch Beschluß vorzubehalten, eine Folgesache als selb-

ständige Familiensache fortzuführen. Der Beschluß bedarf keiner mündlichen Verhandlung. In der selbständigen Familiensache wird über die Kosten besonders entschieden.

§ 627 [Vorabentscheidung über elterliche Sorge]

(1) Beabsichtigt das Gericht, von einem übereinstimmenden Vorschlag der Ehegatten zur Regelung der elterlichen Sorge für ein gemeinschaftliches Kind abzuweichen, so ist die Entscheidung vorweg zu treffen.

(2) Über andere Folgesachen und die Scheidungssache wird erst nach Rechtskraft des Beschlusses entschieden.

§ 628 [Vorabentscheidung über den Scheidungsantrag]

(1) Das Gericht kann dem Scheidungsantrag vor der Entscheidung über eine Folgesache stattgeben, soweit

1. in einer Folgesache nach § 621 Abs. 1 Nr. 6 oder 8 vor der Auflösung der Ehe eine Entscheidung nicht möglich ist,
2. in einer Folgesache nach § 621 Abs. 1 Nr. 6 das Verfahren ausgesetzt ist, weil ein Rechtsstreit über den Bestand oder die Höhe einer auszugleichenden Versorgung vor einem anderen Gericht anhängig ist, oder
3. die gleichzeitige Entscheidung über die Folgesache den Scheidungsausspruch so außergewöhnlich verzögern würde, daß der Aufschub auch unter Berücksichtigung der Bedeutung der Folgesache eine unzumutbare Härte darstellen würde.

Hinsichtlich der übrigen Folgesachen bleibt § 623 anzuwenden.

(2) Will das Gericht nach Absatz 1 dem Scheidungsantrag vor der Regelung der elterlichen Sorge für ein gemeinschaftliches Kind stattgeben, so trifft es, wenn hierzu eine einstweilige Anordnung noch nicht vorliegt, gleichzeitig mit dem Scheidungsurteil eine solche einstweilige Anordnung.

§ 629 [Scheidungsurteil]

(1) Ist dem Scheidungsantrag stattzugeben und gleichzeitig über Folgesachen zu entscheiden, so ergeht die Entscheidung einheitlich durch Urteil.

(2) Absatz 1 gilt auch, soweit es sich um ein Versäumnisurteil handelt. Wird hiergegen Einspruch und auch gegen das Urteil im übrigen ein Rechtsmittel eingelegt, so ist zunächst über den Einspruch und das Versäumnisurteil zu verhandeln und zu entscheiden.

(3) Wird ein Scheidungsantrag abgewiesen, so werden die Folgesachen gegenstandslos. Auf Antrag einer Partei ist ihr in dem Urteil vorzubehalten, eine Folgesache als selbständige Familiensache fortzusetzen. § 626 Abs. 2 Satz 3 gilt entsprechend.

§ 629 a [Rechtsmittel]

(1) Gegen Urteile des Berufungsgerichts ist die Revision nicht zulässig, soweit darin über Folgesachen der in § 621 Abs. 1 Nr. 7 oder 9 bezeichneten Art erkannt ist.

(2) Soll ein Urteil nur angefochten werden, soweit darin über Folgesachen der in § 621 Abs. 1 Nr. 1 bis 3, 6, 7, 9 bezeichneten Art erkannt ist, so ist § 621 e entsprechend anzuwenden. Wird nach Einlegung der Beschwerde auch Berufung oder Revision eingelegt, so ist über das Rechtsmittel einheitlich als Berufung oder Revision zu entscheiden. Im Verfahren vor dem Rechtsmittelgericht gelten für Folgesachen § 623 Abs. 1 und die §§ 627 bis 629 entsprechend.

(3) Ist eine nach § 629 Abs. 1 einheitlich ergangene Entscheidung teilweise durch Berufung, Beschwerde, Revision oder weitere Beschwerde angefochten worden, so kann eine Änderung von Teilen der einheitlichen Entscheidung, die eine andere Familiensache betreffen, nur noch bis zum Ablauf eines Monats nach Zustellung der Rechtsmittelbegründung, bei mehreren Zustellungen bis zum Ablauf eines Monats nach der letzten Zustellung

beantragt werden. Wird in dieser Frist eine Abänderung beantragt, so verlängert sich die Frist um einen weiteren Monat. Satz 2 gilt entsprechend, wenn in der verlängerten Frist erneut eine Abänderung beantragt wird. Die §§ 516, 552 und 621 e Abs. 3 Satz 2 in Verbindung mit den §§ 516, 552 bleiben unberührt.

(4) Haben die Ehegatten auf Rechtsmittel gegen den Scheidungsausspruch verzichtet, so können sie auf dessen Anfechtung im Wege der Anschließung an ein Rechtsmittel in einer Folgesache verzichten, bevor ein solches Rechtsmittel eingelegt ist.

§ 629 b [Rückverweisung]

(1) Wird ein Urteil aufgehoben, durch das der Scheidungsantrag abgewiesen ist, so ist die Sache an das Gericht zurückzuverweisen, das die Abweisung ausgesprochen hat, wenn bei diesem Gericht eine Folgesache zur Entscheidung ansteht. Dieses Gericht hat die rechtliche Beurteilung, die der Aufhebung zugrunde gelegt ist, auch seiner Entscheidung zugrunde zu legen.

(2) Das Gericht, an das die Sache zurückverwiesen ist, kann, wenn gegen das Aufhebungsurteil Revision eingelegt wird, auf Antrag anordnen, daß über die Folgesachen verhandelt wird.

§ 629 c [Erweiterte Aufhebung]

Wird eine Entscheidung auf Revision oder weitere Beschwerde teilweise aufgehoben, so kann das Gericht auf Antrag einer Partei die Entscheidung auch insoweit aufheben und die Sache zur anderweitigen Verhandlung und Entscheidung an das Berufungs- oder Beschwerdegericht zurückverweisen, als dies wegen des Zusammenhangs mit der aufgehobenen Entscheidung geboten erscheint. Eine Aufhebung des Scheidungsausspruchs kann nur innerhalb eines Monats nach Zustellung der Rechtsmittelbegründung, bei mehreren Zustellungen bis zum Ablauf eines Monats nach der letzten Zustellung beantragt werden.

§ 629 d [Wirksamwerden der Entscheidungen in Folgesachen]

Vor der Rechtskraft des Scheidungsausspruchs werden die Entscheidungen in Folgesachen nicht wirksam.

§ 630 [Zustimmung zur Scheidung]

(1) Für das Verfahren auf Scheidung nach § 1565 in Verbindung mit § 1566 Abs. 1 des Bürgerlichen Gesetzbuchs muß die Antragsschrift eines Ehegatten auch enthalten:

1. die Mitteilung, daß der andere Ehegatte der Scheidung zustimmen oder in gleicher Weise die Scheidung beantragen wird;
2. den übereinstimmenden Vorschlag der Ehegatten zur Regelung der elterlichen Sorge für ein gemeinschaftliches Kind und über die Regelung des Umgangs des nicht sorgeberechtigten Elternteils mit dem Kinde;
3. die Einigung der Ehegatten über die Regelung der Unterhaltspflicht gegenüber einem Kinde, die durch die Ehe begründete gesetzliche Unterhaltspflicht sowie die Rechtsverhältnisse an der Ehewohnung und am Hausrat.

(2) Die Zustimmung zur Scheidung kann bis zum Schluß der mündlichen Verhandlung, auf die das Urteil ergeht, widerrufen werden. Die Zustimmung und der Widerruf können zu Protokoll der Geschäftsstelle oder in der mündlichen Verhandlung zur Niederschrift des Gerichts erklärt werden.

(3) Das Gericht soll dem Scheidungsantrag erst stattgeben, wenn die Ehegatten über die in Absatz 1 Nr. 3 bezeichneten Gegenstände einen vollstreckbaren Schuldtitel herbeigeführt haben.

Vierter Titel

Verfahren auf Nichtigerklärung und auf Feststellung des Bestehens oder Nichtbestehens einer Ehe

§ 631 [Besondere Vorschriften für Nichtigkeitsklage]
Für die Nichtigkeitsklage gelten die in den nachfolgenden Paragraphen enthaltenen besonderen Vorschriften.

§ 632 [Beklagte]
(1) Die Nichtigkeitsklage des Staatsanwalts ist gegen beide Ehegatten und, wenn einer von ihnen verstorben ist, gegen den überlebenden Ehegatten zu richten. Die Nichtigkeitsklage des einen Ehegatten ist gegen den anderen Ehegatten zu richten.
(2) Im Falle der Doppelehe ist die Nichtigkeitsklage des Ehegatten der früheren Ehe gegen beide Ehegatten der späteren Ehe zu richten.

§ 633 [Klagenverbindung – Widerklage]
(1) Mit der Nichtigkeitsklage kann nur eine Klage auf Feststellung des Bestehens oder Nichtbestehens einer Ehe zwischen den Parteien verbunden werden.
(2) Eine Widerklage ist nur statthaft, wenn sie eine Nichtigkeitsklage oder eine Feststellungsklage der im Absatz 1 bezeichneten Art ist.

§ 634 [Befugnisse des Staatsanwalts]
Der Staatsanwalt kann, auch wenn er die Klage nicht erhoben hat, den Rechtsstreit betreiben, insbesondere selbständig Anträge stellen und Rechtsmittel einlegen.

§ 635 [Versäumnisurteil gegen Kläger]
Das Versäumnisurteil gegen den im Termin zur mündlichen Verhandlung nicht erschienenen Kläger ist dahin zu erlassen, daß die Klage als zurückgenommen gelte.

§ 636 [Tod eines Ehegatten]
Hat der Staatsanwalt die Nichtigkeitsklage zu Lebzeiten beider Ehegatten erhoben, so ist, wenn ein Ehegatte stirbt, § 619 nicht anzuwenden. Das Verfahren wird gegen den überlebenden Ehegatten fortgesetzt.

§ 636 a [Erstreckungswirkung des Nichtigkeitsurteils]
Das auf eine Nichtigkeitsklage ergehende Urteil wirkt, wenn es zu Lebzeiten beider Ehegatten oder, falls der Staatsanwalt die Nichtigkeitsklage erhoben hatte, des Längstlebenden von ihnen rechtskräftig geworden ist, für und gegen alle.

§ 637 [Kosten]
In den Fällen, in denen der als Partei auftretende Staatsanwalt unterliegt, ist die Staatskasse zur Erstattung der dem obsiegenden Gegner erwachsenen Kosten nach den Vorschriften des fünften Titels des zweiten Abschnitts des ersten Buches zu verurteilen.

§ 638 [Feststellungsklage]
Die Vorschriften der §§ 633 bis 635 gelten für eine Klage, welche die Feststellung des Bestehens oder Nichtbestehens einer Ehe zwischen den Parteien zum Gegenstand hat, entsprechend. Das Urteil, durch welches das Bestehen oder Nichtbestehen der Ehe festgestellt wird, wirkt, wenn es zu Lebzeiten beider Parteien rechtskräftig geworden ist, für und gegen alle.

§ 639 (aufgehoben)

Zweiter Abschnitt
Verfahren in Kindschaftssachen

§ 640 [Anwendbare Vorschriften – Begriff]

(1) In Kindschaftssachen sind die Vorschriften der §§ 609, 611 Abs. 2, §§ 612, 613, 615, 616 Abs. 1, §§ 617, 618, 619, 635 entsprechend anzuwenden.

(2) Kindschaftssachen sind Rechtsstreitigkeiten, welche zum Gegenstand haben

1. die Feststellung des Bestehens oder Nichtbestehens eines Eltern-Kindes-Verhältnisses zwischen den Parteien; hierunter fällt auch die Feststellung der Wirksamkeit oder Unwirksamkeit einer Anerkennung der Vaterschaft,
2. die Anfechtung der Ehelichkeit eines Kindes,
3. die Anfechtung der Anerkennung der Vaterschaft oder
4. die Feststellung des Bestehens oder Nichtbestehens der elterlichen Sorge der einen Partei über die andere.

§ 640 a [Zuständigkeit]

(1) Hat der Beklagte im Inland keinen allgemeinen Gerichtsstand, so ist das Amtsgericht zuständig, in dessen Bezirk eine der Parteien ihren gewöhnlichen Aufenthalt oder der Kläger seinen allgemeinen Gerichtsstand hat. Ist auch für diesen kein Gerichtsstand begründet, so ist das Amtsgericht Schöneberg in Berlin zuständig.

(2) Die deutschen Gerichte sind zuständig, wenn eine der Parteien

1. Deutscher ist oder
2. ihren gewöhnlichen Aufenthalt im Inland hat.

Diese Zuständigkeit ist nicht ausschließlich.

§ 640 b [Prozeßfähigkeit bei Anfechtungsklagen]

In einem Rechtsstreit, der die Anfechtung der Ehelichkeit eines Kindes oder die Anfechtung der Anerkennung der Vaterschaft zum Gegenstand hat, sind die Parteien prozeßfähig, auch wenn sie in der Geschäftsfähigkeit beschränkt sind; dies gilt nicht für das minderjährige Kind. Ist eine Partei geschäftsunfähig oder ist das Kind noch nicht volljährig, so wird der Rechtsstreit durch den gesetzlichen Vertreter geführt; dieser kann die Klage nur mit Genehmigung des Vormundschaftsgerichts erheben.

§ 640 c [Klagenverbindung – Widerklage]

Mit einer der im § 640 bezeichneten Klagen kann eine Klage anderer Art nicht verbunden werden. Eine Widerklage anderer Art kann nicht erhoben werden. § 643 Abs. 1 Satz 1 bleibt unberührt.

§ 640 d [Eingeschränkter Untersuchungsgrundsatz]

Ist die Ehelichkeit eines Kindes oder die Anerkennung der Vaterschaft angefochten, so kann das Gericht gegen den Widerspruch des Anfechtenden Tatsachen, die von den Parteien nicht vorgebracht sind, nur insoweit berücksichtigen, als sie geeignet sind, der Anfechtung entgegengesetzt zu werden.

§ 640 e [Beiladung eines Elternteils oder des Kindes]

Ist an dem Rechtsstreit ein Elternteil nicht als Partei beteiligt, so ist er unter Mitteilung der Klage zum Termin zur mündlichen Verhandlung zu laden. Hat die Mutter die Anerkennung der Vaterschaft angefochten, so ist das Kind unter Mitteilung der Klage zum Termin zur mündlichen Verhandlung zu laden. Der Elternteil oder das Kind kann der einen oder anderen Partei zu ihrer Unterstützung beitreten.

§ 640 f [Verfahrensaussetzung]

Kann ein Gutachten, dessen Einholung beschlossen ist, wegen des Alters des Kindes noch nicht erstattet werden, so hat das Gericht, wenn die Beweisaufnahme im übrigen abgeschlossen ist, das Verfahren von Amts wegen auszusetzen. Die Aufnahme des ausgesetzten Verfahrens findet statt, sobald das Gutachten erstattet werden kann.

§ 640 g [Tod des Mannes bei Anfechtungsprozeß]

(1) Hat der Mann die Klage auf Anfechtung der Ehelichkeit des Kindes oder auf Anfechtung der Anerkennung der Vaterschaft erhoben und stirbt er vor der Rechtskraft des Urteils, so ist § 619 nicht anzuwenden, wenn zur Zeit seines Todes seine Eltern oder ein Elternteil noch leben. Die Eltern können das Verfahren aufnehmen; ist ein Elternteil gestorben, so steht dieses Recht dem überlebenden Elternteil zu.

(2) War der Mann nichtehelich, so bleibt sein Vater außer Betracht.

(3) Wird das Verfahren nicht innerhalb eines Jahres aufgenommen, so ist der Rechtsstreit in der Hauptsache als erledigt anzusehen.

§ 640 h [Urteilswirkungen]

Das Urteil wirkt, sofern es bei Lebzeiten der Parteien rechtskräftig wird, für und gegen alle. Ein Urteil, welches das Bestehen des Eltern-Kindes-Verhältnisses oder der elterlichen Sorge feststellt, wirkt jedoch gegenüber einem Dritten, der das elterliche Verhältnis oder die elterliche Sorge für sich in Anspruch nimmt, nur dann, wenn er an dem Rechtsstreit teilgenommen hat.

§ 641 [Anwendung von Sondervorschriften]

Auf einen Rechtsstreit, der die Feststellung des Bestehens oder Nichtbestehens der nichtehelichen Vaterschaft sowie der Vaterschaft zu einem durch nachfolgende Ehe legitimierten oder zu einem für ehelich erklärten Kinde zum Gegenstand hat, sind die nachfolgenden besonderen Vorschriften anzuwenden.

§ 641 a [Amtsgerichtliche Zuständigkeit]

(1) Ausschließlich zuständig ist das Amtsgericht, bei dem die Vormundschaft oder die Pflegschaft für das Kind anhängig ist. Ist eine Vormundschaft oder Pflegschaft im Inland nicht anhängig, so ist das Amtsgericht ausschließlich zuständig, in dessen Bezirk das Kind seinen Wohnsitz oder bei Fehlen eines inländischen Wohnsitzes seinen gewöhnlichen Aufenthalt hat. Hat das Kind im Inland weder Wohnsitz noch gewöhnlichen Aufenthalt, so ist der Wohnsitz oder bei Fehlen eines inländischen Wohnsitzes der gewöhnliche Aufenthalt des Mannes maßgebend. Hat auch der Mann im Inland weder Wohnsitz noch gewöhnlichen Aufenthalt und ist der Mann oder das Kind Deutscher, so ist das Amtsgericht Schöneberg in Berlin ausschließlich zuständig.

(2) (aufgehoben)

§ 641 b [Streitverkündung]

Ein Kind, das für den Fall des Unterliegens einen Dritten als Vater in Anspruch nehmen zu können glaubt, kann bis zur rechtskräftigen Entscheidung des Rechtsstreits dem Dritten gerichtlich den Streit verkünden.

§ 641 c [Beurkundung des Anerkenntnisses der Vaterschaft]

Die Anerkennung der Vaterschaft, die etwa erforderliche Zustimmung des gesetzlichen Vertreters des Anerkennenden sowie die Zustimmung des Kindes und seines gesetzlichen Vertreters können auch in der mündlichen Verhandlung zur Niederschrift des Gerichts erklärt werden.

§ 641 d [Einstweilige Anordnung]

(1) In einem Rechtsstreit auf Feststellung des Bestehens der Vaterschaft kann das Gericht auf Antrag durch einstweilige Anordnung bestimmen, daß der Mann dem Kinde Unterhalt zu zahlen oder für den Unterhalt Sicherheit zu leisten hat, und die Höhe des Unterhalts regeln.

(2) Der Antrag ist zulässig, sobald die Klage eingereicht ist. Er kann vor der Geschäftsstelle zu Protokoll erklärt werden. Der Anspruch und die Notwendigkeit einer einstweiligen Anordnung sind glaubhaft zu machen. Die Entscheidung ergeht auf Grund mündlicher Verhandlung durch Beschluß. Zuständig ist das Gericht des ersten Rechtszuges und, wenn der Rechtsstreit in der Berufungsinstanz schwebt, das Berufungsgericht.
(3) Gegen einen Beschluß, den das Gericht des ersten Rechtszuges erlassen hat, findet die Beschwerde statt. Schwebt der Rechtsstreit in der Berufungsinstanz, so ist die Beschwerde bei dem Berufungsgericht einzulegen.
(4) Die entstehenden Kosten gelten für die Kostenentscheidung als Teil der Kosten der Hauptsache; § 96 gilt sinngemäß.

§ 641 e [Außerkrafttreten und Aufhebung]

(1) Die einstweilige Anordnung tritt, wenn sie nicht vorher aufgehoben wird, außer Kraft, sobald das Kind gegen den Mann einen anderen Schuldtitel über den Unterhalt, der nicht nur vorläufig vollstreckbar ist, erlangt.
(2) Ist rechtskräftig festgestellt, daß der Mann der Vater des Kindes ist, und ist der Mann nicht zugleich verurteilt, den Regelunterhalt zu zahlen, so hat auf Antrag des Mannes das Gericht des ersten Rechtszuges eine Frist zu bestimmen, innerhalb derer das Kind wegen seiner Unterhaltsansprüche die Klage zu erheben hat. Wird die Frist nicht eingehalten, so hat das Gericht auf Antrag die Anordnung aufzuheben. Das Gericht entscheidet durch Beschluß; der Beschluß kann ohne mündliche Verhandlung ergehen. Die Entscheidung über den Antrag nach Satz 2 unterliegt der sofortigen Beschwerde.
(3) Ist der Mann rechtskräftig verurteilt, den Regelunterhalt, den Regelunterhalt zuzüglich eines Zuschlags oder abzüglich eines Abschlags oder einen Zuschlag zum Regelunterhalt zu zahlen, so hat auf Antrag des Mannes das Gericht des ersten Rechtszuges eine Frist zu bestimmen, innerhalb derer das Kind die Festsetzung des Betrages nach § 642 a Abs. 1 oder nach § 642 d oder § 643 Abs. 2 in Verbindung mit § 642 a Abs. 1 zu beantragen hat. Absatz 2 Satz 2 bis 4 gilt entsprechend.

§ 641 f [Außerkrafttreten bei Klagerücknahme oder Klageabweisung]

Die einstweilige Anordnung tritt ferner außer Kraft, wenn die Klage zurückgenommen wird oder wenn ein Urteil ergeht, das die Klage abweist.

§ 641 g [Schadensersatzpflicht]

Ist die Klage auf Feststellung des Bestehens der Vaterschaft zurückgenommen oder rechtskräftig abgewiesen, so hat das Kind dem Manne den Schaden, zu ersetzen, der ihm aus der Vollziehung der einstweiligen Anordnung entstanden ist.

§ 641 h [Urteilsformel]

Weist das Gericht eine Klage auf Feststellung des Nichtbestehens der nichtehelichen Vaterschaft ab, weil es den Kläger oder den Beklagten als Vater festgestellt hat, so spricht es dies in der Urteilsformel aus.

§ 641 i [Restitutionsklage]

(1) Die Restitutionsklage gegen ein rechtskräftiges Urteil, in dem über die Vaterschaft entschieden ist, findet außer in den Fällen des § 580 statt, wenn die Partei ein neues Gutachten über die Vaterschaft vorlegt, das allein oder in Verbindung mit den in dem früheren Verfahren erhobenen Beweisen eine andere Entscheidung herbeigeführt haben würde.
(2) Die Klage kann auch von der Partei erhoben werden, die in dem früheren Verfahren obgesiegt hat.

(3) Für die Klage ist das Gericht ausschließlich zuständig, das im ersten Rechtszug erkannt hat; ist das angefochtene Urteil von dem Berufungs- oder Revisionsgericht erlassen, so ist das Berufungsgericht zuständig. Wird die Klage mit einer Nichtigkeitsklage oder mit einer Restitutionsklage nach § 580 verbunden, so bewendet es bei § 584.
(4) § 586 ist nicht anzuwenden.

§ 641 k [Rechtskrafterstreckung]
Ein rechtskräftiges Urteil, welches das Bestehen der Vaterschaft feststellt, wirkt gegenüber einem Dritten, der die nichteheliche Vaterschaft für sich in Anspruch nimmt, auch dann, wenn er an dem Rechtsstreit nicht teilgenommen hat.

Dritter Abschnitt
Verfahren über den Unterhalt Minderjähriger
Erster Titel
Vereinfachtes Verfahren zur Abänderung von Unterhaltstiteln

§ 641 l [Vereinfachtes Abänderungsverfahren]
(1) Urteile auf künftig fällig werdende wiederkehrende Unterhaltszahlungen können auf Grund des § 1612 a des Bürgerlichen Gesetzbuchs und einer nach diesen Vorschriften erlassenen Rechtsverordnung (Anpassungsverordnung) auf Antrag im Vereinfachten Verfahren abgeändert werden. Das Vereinfachte Verfahren zur Abänderung von Unterhaltstiteln gilt nicht als Familiensache.
(2) Absatz 1 gilt entsprechend, wenn sich die Verpflichtung zu den Unterhaltszahlungen aus einem anderen Schuldtitel ergibt, aus dem die Zwangsvollstreckung stattfindet.
(3) Ausschließlich zuständig ist das Amtsgericht, bei dem der Unterhaltsberechtigte seinen allgemeinen Gerichtsstand hat. Hat der Unterhaltsberechtigte im Inland keinen allgemeinen Gerichtsstand, so ist das Amtsgericht Schöneberg in Berlin ausschließlich zuständig. Wird die Abänderung eines Schuldtitels des § 641 p beantragt, so ist das Amtsgericht ausschließlich zuständig, das diesen Titel erstellt hat.
(4) Eine maschinelle Bearbeitung ist zulässig.
(5) Die Landesregierungen werden ermächtigt, durch Rechtsverordnung Vereinfachte Verfahren zur Abänderung von Unterhaltstiteln einem Amtsgericht für den Bezirk mehrerer Amtsgerichte zuzuweisen, wenn dies ihrer schnelleren und rationelleren Erledigung dient. Die Landesregierungen können die Ermächtigung durch Rechtsverordnung auf die Landesjustizverwaltungen übertragen. Mehrere Länder können die Zuständigkeit eines Amtsgerichts über die Landesgrenzen hinaus vereinbaren.

§ 641 m [Abänderungsantrag]
(1) Der Antrag muß enthalten:
1. die Bezeichnung der Parteien, ihrer gesetzlichen Vertreter und des Prozeßbevollmächtigten des Antragstellers;
2. die Bezeichnung des angerufenen Gerichts;
3. die Bezeichnung des abzuändernden Titels;
4. die Angabe der Anpassungsverordnung, nach der die Abänderung des Titels begehrt wird;
5. die Angabe eines bestimmten Änderungsbetrags, wenn der Antragsteller eine geringere als die nach der Anpassungsverordnung zulässige Abänderung begehrt;
6. die Erklärung, daß kein Verfahren nach § 323 anhängig ist, in dem die Abänderung desselben Titels begehrt wird.

(2) Dem Antrag ist eine Ausfertigung des abzuändernden Titels, bei Urteilen des in vollständiger Form abgefaßten Urteils, beizufügen. Ist ein Urteil in abgekürzter Form abgefaßt, so ist eine unter Benutzung einer beglaubigten Abschrift der Klageschrift hergestellte Ausfertigung, oder wenn bei dem Prozeßgericht die Akten insoweit noch aufbewahrt werden, neben der Ausfertigung des Urteils eine von dem Urkundsbeamten der Geschäftsstelle des Prozeßgerichts beglaubigte Abschrift der Klageschrift beizufügen. Der Vorlage des abzuändernden Titels bedarf es nicht, wenn dieser von dem angerufenen Gericht im Vereinfachten Verfahren auf maschinellem Weg erstellt worden ist; das Gericht kann dem Antragsteller die Vorlage des Titels aufgeben.

(3) Entspricht der Antrag nicht diesen und den in § 641 l bezeichneten Voraussetzungen, so ist er zurückzuweisen. Die Zurückweisung ist nicht anfechtbar.

§ 641 n [Mitteilung an Unterhaltspflichtigen]

Erscheint nach dem Vorbringen des Antragstellers das Vereinfachte Verfahren zulässig, so teilt das Gericht dem Antragsgegner den Antrag oder seinen Inhalt mit. Zugleich teilt es ihm mit, in welcher Höhe und von wann an eine Abänderung in Betracht kommt, und weist darauf hin, daß Einwendungen der in § 641 o Abs. 1 Satz 1, 2 bezeichneten Art binnen zwei Wochen geltend gemacht werden können. § 270 Abs. 2 Satz 2 gilt entsprechend. Ist der Antrag im Ausland zuzustellen, so bestimmt das Gericht die Frist nach Satz 2; § 175 gilt entsprechend mit der Maßgabe, daß der Zustellungsbevollmächtigte innerhalb dieser Frist zu benennen ist.

§ 641 o [Einwendungen des Unterhaltspflichtigen]

(1) Der Antragsgegner kann nur Einwendungen gegen die Zulässigkeit des Vereinfachten Verfahrens, die Höhe des Abänderungsbetrags und den Zeitpunkt der Abänderung erheben; die Einwendung, daß nach § 1612 a Abs. 1 Satz 2 des Bürgerlichen Gesetzbuchs eine Anpassung nicht verlangt werden kann, kann nur erhoben werden, wenn sich dies aus dem abzuändernden Titel ergibt. Ferner kann der Antragsgegner, der den Anspruch anerkennt, hinsichtlich der Verfahrenskosten geltend machen, daß er keinen Anlaß zur Stellung des Antrags gegeben habe (§ 93). Die Einwendungen sind zu berücksichtigen, solange der Abänderungsbeschluß nicht verfügt ist.

(2) Ist gleichzeitig ein Verfahren nach § 323 anhängig, so kann das Gericht das Vereinfachte Verfahren bis zur Erledigung des anderen Verfahrens aussetzen.

§ 641 p [Abänderungsbeschluß – sofortige Beschwerde]

(1) Ist der Antrag nicht zurückzuweisen, so wird der Titel nach Ablauf der in § 641 n bezeichneten Frist ohne mündliche Verhandlung durch Beschluß abgeändert. Der Titel darf nur für die Zeit nach Einreichung oder Anbringung des Antrags abgeändert werden. Betragsangaben in dem Antrag werden nur im Falle des § 641 m Abs. 1 Nr. 5 berücksichtigt. In dem Beschluß sind auch die bisher entstandenen erstattungsfähigen Kosten des Verfahrens festzusetzen, soweit sie ohne weiteres ermittelt werden können; es genügt, daß der Antragsteller die zu ihrer Berechnung notwendigen Angaben dem Gericht mitteilt.

(2) In dem Beschluß ist darauf hinzuweisen, welche Einwendungen mit der sofortigen Beschwerde geltend gemacht werden können und unter welchen Voraussetzungen der Antragsgegner eine Abänderung im Wege der Klage nach § 641 q verlangen kann.

(3) Gegen den Beschluß findet die sofortige Beschwerde statt. Mit der sofortigen Beschwerde kann nur geltend gemacht werden, daß das Vereinfachte Verfahren nicht statthaft sei, der Abänderungsbetrag falsch errechnet sei, der Zeitpunkt für die Wirksamkeit der Abänderung falsch bestimmt sei oder die Kosten unrichtig festgesetzt seien.

§ 641 q [Klage gegen Abänderungsbeschluß]

(1) Führen Abänderungen eines Schuldtitels im Vereinfachten Verfahren zu einem Unterhaltsbetrag, der wesentlich von dem Betrag abweicht, der der Entwicklung der besonderen Verhältnisse der Parteien Rechnung trägt, so kann der Antragsgegner im Wege der Klage eine entsprechende Abänderung des letzten im Vereinfachten Verfahren ergangenen Beschlusses verlangen.

(2) Der Antragsgegner kann die Abänderung eines im Vereinfachten Verfahren ergangenen Beschlusses im Wege der Klage auch verlangen, wenn die Parteien über die Anpassung eine abweichende Vereinbarung getroffen hatten.

(3) Die Klage nach den Absätzen 1 oder 2 ist nur zulässig, wenn sie innerhalb eines Monats nach Zustellung des Beschlusses erhoben wird.

(4) Das Urteil wirkt auf den in dem Beschluß bezeichneten Zeitpunkt zurück. Die im Verfahren über den Abänderungsantrag nach § 641 m entstandenen Kosten werden als Teil der Kosten des entstehenden Rechtsstreits behandelt.

§ 641 r [Anträge und Erklärungen]

Im Vereinfachten Verfahren können die Anträge und Erklärungen vor dem Urkundsbeamten der Geschäftsstelle abgegeben werden. Soweit Vordrucke eingeführt sind, werden diese ausgefüllt; der Urkundsbeamte vermerkt unter Angabe des Gerichts und des Datums, daß er den Antrag oder die Erklärung aufgenommen hat. Soweit Vordrucke nicht eingeführt sind, ist für den Abänderungsantrag bei dem zuständigen Gericht die Aufnahme eines Protokolls nicht erforderlich. Erscheinen die Parteien vor Gericht und einigen sie sich über die Abänderung, so ist diese Einigung als Vergleich zu Protokoll zu nehmen.

§ 641 s [Maschinelle Bearbeitung – Verfahrensablaufplan]

(1) Sind bei maschineller Bearbeitung Beschlüsse, Verfügungen und Ausfertigungen mit einem Gerichtssiegel versehen, so bedarf es einer Unterschrift nicht.

(2) Der Bundesminister der Justiz wird ermächtigt, durch Rechtsverordnung mit Zustimmung des Bundesrates den Verfahrensablauf zu regeln, soweit dies für eine einheitliche maschinelle Bearbeitung der Verfahren erforderlich ist (Verfahrensablaufplan).

§ 641 t [Vordrucke]

(1) Der Bundesminister der Justiz wird ermächtigt, durch Rechtsverordnung mit Zustimmung des Bundesrates zur weiteren Vereinfachung des Abänderungsverfahrens Vordrucke einzuführen.

(2) Soweit nach Absatz 1 Vordrucke für Anträge und Erklärungen der Parteien eingeführt sind, müssen sich die Parteien ihrer bedienen.

Zweiter Titel

Verfahren über den Regelunterhalt nichtehelicher Kinder

§ 642 [Klage auf Leistung des Regelunterhalts]

Das nichteheliche Kind kann mit der Klage gegen seinen Vater auf Unterhalt, anstatt die Verurteilung des Vaters zur Leistung eines bestimmten Betrages zu begehren, beantragen, den Vater zur Leistung des Regelunterhalts zu verurteilen.

§ 642 a [Festsetzung des Regelunterhalts – Beschwerde]

(1) Auf Grund eines rechtskräftigen oder für vorläufig vollstreckbar erklärten Urteils, das einen Anspruch nach § 642 enthält, wird der Betrag des Regelunterhalts auf Antrag durch Beschluß gesondert festgesetzt.

(2) Die Entscheidung kann ohne mündliche Verhandlung ergehen. Ist der Antrag im Ausland zuzustellen, so gilt § 175 entsprechend mit der Maßgabe, daß der Zustellungsbevollmächtigte innerhalb der Frist für die Stellungnahme zu dem Antrag zu benennen ist.
(3) Gegen die Entscheidung findet die sofortige Beschwerde statt.
(4) Ausschließlich zuständig ist das Amtsgericht, bei dem der Unterhaltsberechtigte seinen allgemeinen Gerichtsstand hat. Hat der Unterhaltsberechtigte im Inland keinen allgemeinen Gerichtsstand, so ist das Amtsgericht Schöneberg in Berlin ausschließlich zuständig.
(5) Eine maschinelle Bearbeitung ist zulässig. § 641 l Abs. 5, §§ 641 r, 641 s, 641 t, 690 Abs. 3 gelten entsprechend.

§ 642 b [Neufestsetzung]

(1) Wird der Regelbedarf, nach dem sich der Regelunterhalt errechnet, geändert, so wird der Betrag des Regelunterhalts auf Antrag durch Beschluß neu festgesetzt. Das gleiche gilt, wenn sich ein sonstiger für die Berechnung des Betrages des Regelunterhalts maßgebender Umstand ändert. § 323 Abs. 2, § 641 p Abs. 1 Satz 2 und § 642 a Abs. 2 bis 5 gelten entsprechend. Wird die Abänderung eines Schuldtitels des § 642 a beantragt, so ist das Amtsgericht ausschließlich zuständig, das diesen Titel erstellt hat.
(2) Ist gleichzeitig ein Verfahren nach § 323 anhängig, so kann das Gericht das Verfahren nach Absatz 1 bis zur Erledigung des anderen Verfahrens aussetzen.

§ 642 c [Festsetzung und Neufestsetzung bei Vergleichen und vollstreckbaren Urkunden]

Die Vorschriften der §§ 642 a, 642 b gelten entsprechend, wenn
1. in einem Vergleich der in § 794 Abs. 1 Nr. 1 bezeichneten Art der Vater sich verpflichtet hat, dem Kinde den Regelunterhalt zu zahlen;
2. in einer Urkunde, die von einem deutschen Gericht oder von einem deutschen Notar innerhalb der Grenzen seiner Amtsbefugnisse in der vorgeschriebenen Form aufgenommen worden ist, der Vater eine Verpflichtung der in Nummer 1 bezeichneten Art übernommen und sich der Festsetzung des Betrages des Regelunterhalts in einem Verfahren nach den §§ 642 a, 642 b unterworfen hat.

§ 642 d [Zu- und Abschläge]

(1) Die §§ 642 bis 642 c sind auf die Verurteilung oder Verpflichtung des Vaters zur Leistung des Regelunterhalts zuzüglich eines Zuschlags oder abzüglich eines Abschlags oder zur Leistung eines Zuschlags zum Regelunterhalt sinngemäß anzuwenden.
(2) Der Zuschlag oder der Abschlag ist in einem Vomhundertsatz des Regelbedarfs (§ 1615 f Abs. 1 Satz 2, Abs. 2 des Bürgerlichen Gesetzbuchs) zu bezeichnen. Der Unterhaltsbetrag, der sich infolge des Zuschlags oder des Abschlags ergibt, ist auf volle Deutsche Mark abzurunden, und zwar bei Beträgen unter fünfzig Pfennig nach unten, sonst nach oben.

§ 642 e [Sicherheitsleistung bei Stundung]

Das Gericht kann die Stundung rückständigen Unterhalts von einer Sicherheitsleistung abhängig machen.

§ 642 f [Aufhebung und Änderung der Stundung]

(1) Hat das Gericht rückständigen Unterhalt gestundet, so kann die Entscheidung auf Antrag aufgehoben oder geändert werden, wenn sich die Verhältnisse nach der Entscheidung wesentlich geändert haben oder der Vater mit einer ihm obliegenden Unterhaltsleistung in

Verzug gekommen ist. § 642 a Abs. 2, 3 gilt entsprechend, es sei denn, das Verfahren ist mit einem Verfahren nach § 323 verbunden.

(2) Ist in einem Schuldtitel des § 642 c, des § 642 d in Verbindung mit § 642 c oder des § 794 Abs. 1 Nr. 1 oder 5 die Zahlungsverpflichtung für rückständige Beträge in einer der Stundung entsprechenden Weise beschränkt, so ist Absatz 1 entsprechend anzuwenden.

§ 643 [Verbindung von Unterhaltsklage mit Kindschaftsprozeß]

(1) Wird auf Klage des Kindes das Bestehen der nichtehelichen Vaterschaft festgestellt, so hat das Gericht auf Antrag den Beklagten zugleich zu verurteilen, dem Kinde den Regelunterhalt zu leisten. Herabsetzung des Unterhalts unter den Regelunterhalt sowie Erlaß und Stundung rückständiger Unterhaltsbeträge können in diesem Verfahren nicht begehrt werden.

(2) § 642 a gilt entsprechend mit der Maßgabe, daß der Betrag des Regelunterhalts nicht vor Rechtskraft des Urteils, das die Vaterschaft feststellt, festgesetzt wird.

§ 643 a [Abänderungsverfahren]

(1) Den Parteien ist im Falle des § 643 Abs. 1 Satz 1 vorbehalten, von der Rechtskraft des Urteils an im Wege einer Klage auf Abänderung der Entscheidung über den Regelunterhalt zu verlangen, daß auf höheren Unterhalt, auf Herabsetzung des Unterhalts unter den Regelunterhalt oder auf Erlaß rückständiger Unterhaltsbeträge erkannt wird, oder Stundung rückständiger Unterhaltsbeträge zu beantragen.

(2) Das Urteil darf, wenn die Klage auf höheren Unterhalt oder auf Herabsetzung des Unterhalts unter den Regelunterhalt nicht bis zum Ablauf von drei Monaten nach Rechtskraft des Beschlusses, der den Betrag des Regelunterhalts festsetzt, erhoben wird, nur für die Zeit nach Erhebung der Klage abgeändert werden. Die Klage auf Erlaß und der Antrag auf Stundung rückständiger Unterhaltsbeträge sind nur bis zum Ablauf dieser Frist zulässig. Ist innerhalb der vorgenannten Frist ein Verfahren nach Absatz 1 anhängig geworden, so läuft die Frist für andere Verfahren nach Absatz 1 nicht vor Beendigung des ersten Verfahrens ab.

(3) Ist die Frist nach Absatz 2 noch nicht abgelaufen, so ist das Gericht ausschließlich zuständig, das im ersten Rechtszug über die Klage auf Feststellung des Bestehens der nichtehelichen Vaterschaft erkannt hat.

(4) Sind mehrere Verfahren nach Absatz 1 anhängig, so ordnet das Gericht die Verbindung zum Zwecke gleichzeitiger Verhandlung und Entscheidung an. Ist nur ein Antrag auf Stundung gestellt, so wird durch Beschluß entschieden; § 642 a Abs. 2, 3 gilt entsprechend.

§ 644 [Klagen Dritter]

(1) Macht ein Dritter, der dem Kind Unterhalt gewährt hat, seine Ansprüche gegen den Vater geltend, so sind die §§ 642 e, 642 f entsprechend anzuwenden.

(2) Eine Klage wegen der Ansprüche nach den §§ 1615 k, 1615 l des Bürgerlichen Gesetzbuchs kann auch bei dem Gericht erhoben werden, bei dem wegen des Unterhaltsanspruchs des nichtehelichen Kindes gegen seinen Vater eine Klage im ersten Rechtszug anhängig ist. Für das Verfahren über die Stundung des Anspruchs nach § 1615 l des Bürgerlichen Gesetzbuchs gelten die §§ 642 e, 642 f entsprechend.

Vierter Abschnitt
Verfahren in Entmündigungssachen

§§ 645 bis 687 (aufgehoben)

Siebentes Buch
Mahnverfahren

§ 688 [Zulässigkeit des Mahnverfahrens]

(1) Wegen eines Anspruchs, der die Zahlung einer bestimmten Geldsumme in inländischer Währung zum Gegenstand hat, ist auf Antrag des Antragstellers ein Mahnbescheid zu erlassen.

(2) Das Mahnverfahren findet nicht statt:

1. für Ansprüche des Kreditgebers, wenn der nach dem Verbraucherkreditgesetz anzugebende effektive oder anfängliche effektive Jahreszins den bei Vertragsabschluß geltenden Diskontsatz der Deutschen Bundesbank zuzüglich zwölf vom Hundert übersteigt;
2. wenn die Geltendmachung des Anspruchs von einer noch nicht erbrachten Gegenleistung abhängig ist;
3. wenn die Zustellung des Mahnbescheids durch öffentliche Bekanntmachung erfolgen müßte.

(3) Müßte der Mahnbescheid im Ausland zugestellt werden, findet das Mahnverfahren nur statt, soweit das Anerkennungs- und Vollstreckungsausführungsgesetz vom 30. Mai 1988 (BGBl. I S. 662) dies vorsieht.

§ 689 [Zuständigkeit; maschinelle Bearbeitung]

(1) Das Mahnverfahren wird von den Amtsgerichten durchgeführt. Eine maschinelle Bearbeitung ist zulässig. Bei dieser Bearbeitung sollen Eingänge spätestens an dem Arbeitstag erledigt sein, der dem Tag des Eingangs folgt.

(2) Ausschließlich zuständig ist das Amtsgericht, bei dem der Antragsteller seinen allgemeinen Gerichtsstand hat. Hat der Antragsteller im Inland keinen allgemeinen Gerichtsstand, so ist das Amtsgericht Schöneberg in Berlin ausschließlich zuständig. Sätze 1 und 2 gelten auch, soweit in anderen Vorschriften eine andere ausschließliche Zuständigkeit bestimmt ist.

(3) Die Landesregierungen werden ermächtigt, durch Rechtsverordnung Mahnverfahren einem Amtsgericht für die Bezirke mehrerer Amtsgerichte zuzuweisen, wenn dies ihrer schnelleren und rationelleren Erledigung dient. Die Zuweisung kann auf Mahnverfahren beschränkt werden, die maschinell bearbeitet werden. Die Landesregierungen können die Ermächtigung durch Rechtsverordnung auf die Landesjustizverwaltungen übertragen. Mehrere Länder können die Zuständigkeit eines Amtsgerichts über die Landesgrenzen hinaus vereinbaren.

§ 690 [Inhalt des Antrages auf Erlaß eines Mahnbescheids]

(1) Der Antrag muß auf den Erlaß eines Mahnbescheids gerichtet sein und enthalten:

1. die Bezeichnung der Parteien, ihrer gesetzlichen Vertreter und der Prozeßbevollmächtigten;
2. die Bezeichnung des Gerichts, bei dem der Antrag gestellt wird;
3. die Bezeichnung des Anspruchs unter bestimmter Angabe der verlangten Leistung; Haupt- und Nebenforderung sind gesondert und einzeln zu bezeichnen, Ansprüche aus Verträgen, für die das Verbraucherkreditgesetz gilt, auch unter Angabe des Datums des Vertragsabschlusses und des nach dem Verbraucherkreditgesetz anzugebenden effektiven oder anfänglichen effektiven Jahreszinses;

4. die Erklärung, daß der Anspruch nicht von einer Gegenleistung abhängt oder daß die Gegenleistung erbracht ist;
5. die Bezeichnung des Gerichts, das für ein streitiges Verfahren zuständig ist.

(2) Der Antrag bedarf der handschriftlichen Unterzeichnung.

(3) Der Antrag kann in einer nur maschinell lesbaren Form übermittelt werden, wenn diese dem Gericht für seine maschinelle Bearbeitung geeignet erscheint; der handschriftlichen Unterzeichnung bedarf es nicht, wenn in anderer Weise gewährleistet ist, daß der Antrag nicht ohne den Willen des Antragstellers übermittelt wird.

§ 691 [Zurückweisung]

(1) Der Antrag wird zurückgewiesen:
1. wenn er den Vorschriften der §§ 688, 689, 690, 703 c Abs. 2 nicht entspricht;
2. wenn der Mahnbescheid nur wegen eines Teiles des Anspruchs nicht erlassen werden kann.

Vor der Zurückweisung ist der Antragsteller zu hören.

(2) Sollte durch die Zustellung des Mahnbescheids eine Frist gewahrt oder die Verjährung unterbrochen werden, so tritt die Wirkung mit der Einreichung oder Anbringung des Antrags auf Erlaß des Mahnbescheids ein, wenn innerhalb eines Monats seit der Zustellung der Zurückweisung des Antrags Klage eingereicht und diese demnächst zurückgestellt wird.

(3) Gegen die Zurückweisung findet die Beschwerde statt, wenn der Antrag in einer nur maschinell lesbaren Form übermittelt und mit der Begründung zurückgewiesen worden ist, daß diese Form dem Gericht für seine maschinelle Bearbeitung nicht geeignet erscheine. Im übrigen sind Entscheidungen nach Absatz 1 unanfechtbar.

§ 692 [Inhalt des Mahnbescheids]

(1) Der Mahnbescheid enthält:
1. die in § 690 Abs. 1 Nr. 1 bis 5 bezeichneten Erfordernisse des Antrags;
2. den Hinweis, daß das Gericht nicht geprüft hat, ob dem Antragsteller der geltend gemachte Anspruch zusteht;
3. die Aufforderung, innerhalb von zwei Wochen seit der Zustellung des Mahnbescheids, soweit der geltend gemachte Anspruch als begründet angesehen wird, die behauptete Schuld nebst den geforderten Zinsen und der dem Betrage nach bezeichneten Kosten zu begleichen oder dem Gericht mitzuteilen, ob und in welchem Umfang dem geltend gemachten Anspruch widersprochen wird;
4. den Hinweis, daß ein dem Mahnbescheid entsprechender Vollstreckungsbescheid ergehen kann, aus dem der Antragsteller die Zwangsvollstreckung betreiben kann, falls der Antragsgegner nicht bis zum Fristablauf Widerspruch erhoben hat;
5. für den Fall, daß Vordrucke eingeführt sind, den Hinweis, daß der Widerspruch mit einem Vordruck der beigefügten Art erhoben werden soll, der auch bei jedem Amtsgericht erhältlich ist und ausgefüllt werden kann;
6. für den Fall des Widerspruchs die Ankündigung, an welches Gericht die Sache abgegeben wird, mit dem Hinweis, daß diesem Gericht die Prüfung seiner Zuständigkeit vorbehalten bleibt.

(2) An Stelle einer handschriftlichen Unterzeichnung genügt ein entsprechender Stempelabdruck.

§ 693 [Zustellung des Mahnbescheids]

(1) Der Mahnbescheid wird dem Antragsgegner zugestellt.

(2) Soll durch die Zustellung eine Frist gewahrt oder die Verjährung unterbrochen werden,

so tritt die Wirkung, wenn die Zustellung demnächst erfolgt, bereits mit der Einreichung oder Anbringung des Antrags auf Erlaß des Mahnbescheids ein.

(3) Die Geschäftsstelle setzt den Antragsteller von der Zustellung des Mahnbescheids in Kenntnis.

§ 694 [Widerspruch des Antragsgegners]

(1) Der Antragsgegner kann gegen den Anspruch oder einen Teil des Anspruchs bei dem Gericht, das den Mahnbescheid erlassen hat, schriftlich Widerspruch erheben, solange der Vollstreckungsbescheid nicht verfügt ist.

(2) Ein verspäteter Widerspruch wird als Einspruch behandelt. Dies ist dem Antragsgegner, der den Widerspruch erhoben hat, mitzuteilen.

§ 695 [Unterrichtung des Antragstellers]

Das Gericht hat den Antragsteller von dem Widerspruch und dem Zeitpunkt seiner Erhebung in Kenntnis zu setzen. Wird das Mahnverfahren nicht maschinell bearbeitet, so soll der Antragsgegner die erforderliche Zahl von Abschriften mit dem Widerspruch einreichen.

§ 696 [Verfahren nach Widerspruch]

(1) Wird rechtzeitig Widerspruch erhoben und beantragt eine Partei die Durchführung des streitigen Verfahrens, so gibt das Gericht, das den Mahnbescheid erlassen hat, den Rechtsstreit von Amts wegen an das Gericht ab, das in dem Mahnbescheid gemäß § 692 Abs. 1 Nr. 1 bezeichnet worden ist, wenn die Parteien übereinstimmend die Abgabe an ein anderes Gericht verlangen, an dieses. Der Antrag kann in den Antrag auf Erlaß des Mahnbescheids aufgenommen werden. Die Abgabe ist den Parteien mitzuteilen; sie ist nicht anfechtbar. Mit Eingang der Akten bei dem Gericht, an das er abgegeben wird, gilt der Rechtsstreit als dort anhängig. § 281 Abs. 3 Satz 1 gilt entsprechend.

(2) Ist das Mahnverfahren maschinell bearbeitet worden, so tritt an die Stelle der Akten ein maschinell erstellter Aktenausdruck. Für diesen gelten die Vorschriften über die Beweiskraft öffentlicher Urkunden entsprechend.

(3) Die Streitsache gilt als mit Zustellung des Mahnbescheids rechtshängig geworden, wenn sie alsbald nach der Erhebung des Widerspruchs abgegeben wird.

(4) Der Antrag auf Durchführung des streitigen Verfahrens kann bis zum Beginn der mündlichen Verhandlung des Antragsgegners zur Hauptsache zurückgenommen werden. Die Zurücknahme kann vor der Geschäftsstelle zu Protokoll erklärt werden. Mit der Zurücknahme ist die Streitsache als nicht rechtshängig geworden anzusehen.

(5) Das Gericht, an das der Rechtsstreit abgegeben ist, ist hierdurch in seiner Zuständigkeit nicht gebunden.

§ 697 [Einleitung des streitigen Verfahrens]

(1) Die Geschäftsstelle des Gerichts, an das die Streitsache abgegeben wird, hat dem Antragsteller unverzüglich aufzugeben, seinen Anspruch binnen zwei Wochen in einer der Klageschrift entsprechenden Form zu begründen.

(2) Bei Eingang der Anspruchsbegründung ist wie nach Eingang einer Klage weiter zu verfahren. Zur schriftlichen Klageerwiderung im Vorverfahren nach § 276 kann auch eine mit der Zustellung der Anspruchsbegründung beginnende Frist gesetzt werden.

(3) Geht die Anspruchsbegründung nicht rechtzeitig ein, so wird bis zu ihrem Eingang Termin zur mündlichen Verhandlung nur auf Antrag des Antragsgegners bestimmt. Mit der Terminbestimmung setzt der Vorsitzende dem Antragsteller eine Frist zur Begründung des Anspruchs; § 296 Abs. 1, 4 gilt entsprechend.

(4) Der Antragsgegner kann den Widerspruch bis zum Beginn seiner mündlichen Verhandlung zur Hauptsache zurücknehmen, jedoch nicht nach Erlaß eines Versäumnisurteils gegen ihn. Die Zurücknahme kann zu Protokoll der Geschäftsstelle erklärt werden.

(5) Zur Herstellung eines Urteils in abgekürzter Form nach § 313 b Abs. 2, § 317 Abs. 4 kann der Mahnbescheid an Stelle der Klageschrift benutzt werden. Ist das Mahnverfahren maschinell bearbeitet worden, so tritt an die Stelle der Klageschrift der maschinell erstellte Aktenausdruck.

§ 698 [Streitiges Verfahren bei demselben Gericht]

Die Vorschriften über die Abgabe des Verfahrens gelten sinngemäß, wenn Mahnverfahren und streitiges Verfahren bei demselben Gericht durchgeführt werden.

§ 699 [Vollstreckungsbescheid]

(1) Auf der Grundlage des Mahnbescheids erläßt das Gericht auf Antrag einen Vollstreckungsbescheid, wenn der Antragsgegner nicht rechtzeitig Widerspruch erhoben hat. Der Antrag kann nicht vor Ablauf der Widerspruchsfrist gestellt werden; er hat die Erklärung zu enthalten, ob und welche Zahlungen auf den Mahnbescheid geleistet worden sind; § 690 Abs. 3 gilt entsprechend. Ist der Rechtsstreit bereits an ein anderes Gericht abgegeben, so erläßt dieses den Vollstreckungsbescheid.

(2) Soweit das Mahnverfahren nicht maschinell bearbeitet wird, kann der Vollstrekkungsbescheid auf den Mahnbescheid gesetzt werden.

(3) In den Vollstreckungsbescheid sind die bisher entstandenen Kosten des Verfahrens aufzunehmen. Der Antragsteller braucht die Kosten nur zu berechnen, wenn das Mahnverfahren nicht maschinell bearbeitet wird; im übrigen genügen die zur maschinellen Berechnung erforderlichen Angaben.

(4) Der Vollstreckungsbescheid wird dem Antragsgegner von Amts wegen zugestellt, wenn nicht der Antragsteller die Übergabe an sich zur Zustellung im Parteibetrieb beantragt hat. In diesen Fällen wird der Vollstreckungsbescheid dem Antragsteller zur Zustellung übergeben; die Geschäftsstelle des Gerichts vermittelt diese Zustellung nicht. Bewilligt das mit dem Mahnverfahren befaßte Gericht die öffentliche Zustellung, so wird der Vollstreckungsbescheid an die Gerichtstafel des Gerichts angeheftet, das in dem Mahnbescheid gemäß § 692 Abs. 1 Nr. 1 bezeichnet worden ist.

§ 700 [Wirkung des Vollstreckungsbescheids – Einspruch]

(1) Der Vollstreckungsbescheid steht einem für vorläufig vollstreckbar erklärten Versäumnisurteil gleich.

(2) Die Streitsache gilt als mit der Zustellung des Mahnbescheids rechtshängig geworden.

(3) Wird Einspruch eingelegt, so gibt das Gericht, das den Vollstreckungsbescheid erlassen hat, den Rechtsstreit von Amts wegen an das Gericht ab, das in dem Mahnbescheid gemäß § 692 Abs. 1 Nr. 1 bezeichnet worden ist, wenn die Parteien übereinstimmend die Abgabe an ein anderes Gericht verlangen, an dieses. § 696 Abs. 1 Satz 3 bis 5, Abs. 2, 5, § 697 Abs. 1, 4, § 698 gelten entsprechend. § 340 Abs. 3 ist nicht anzuwenden.

(4) Bei Eingang der Anspruchsbegründung ist wie nach Eingang der Klage weiter zu verfahren, wenn der Einspruch nicht durch Beschluß als unzulässig verworfen wird. § 276 Abs. 1 Satz 1, 3, Abs. 2 ist nicht anzuwenden.

(5) Geht die Anspruchsbegründung innerhalb der von der Geschäftsstelle gesetzten Frist nicht ein und wird der Einspruch auch nicht durch Beschluß als unzulässig verworfen, bestimmt der Vorsitzende unverzüglich Termin; § 697 Abs. 3 Satz 2 gilt entsprechend.

(6) Der Einspruch darf nach § 345 nur verworfen werden, soweit die Voraussetzungen

des § 331 Abs. 1, 2 erster Halbsatz für ein Versäumnisurteil vorliegen; soweit die Voraussetzungen nicht vorliegen, wird der Vollstreckungsbescheid aufgehoben.

§ 701 [Unwirksamwerden des Mahnbescheids]
Ist Widerspruch nicht erhoben und beantragt der Antragsteller den Erlaß des Vollstreckungsbescheids nicht binnen einer sechsmonatigen Frist, die mit der Zustellung des Mahnbescheids beginnt, so fällt die Wirkung des Mahnbescheids weg. Dasselbe gilt, wenn der Vollstreckungsbescheid rechtzeitig beantragt ist, der Antrag aber zurückgewiesen wird.

§ 702 [Abgabe von Anträgen und Erklärungen]
(1) Im Mahnverfahren können die Anträge und Erklärungen vor dem Urkundsbeamten der Geschäftsstelle abgegeben werden. Soweit Vordrucke eingeführt sind, werden diese ausgefüllt; der Urkundsbeamte vermerkt unter Angabe des Gerichts und des Datums, daß er den Antrag oder die Erklärung aufgenommen hat. Auch soweit Vordrucke nicht eingeführt sind, ist für den Antrag auf Erlaß eines Mahnbescheids oder eines Vollstreckungsbescheids bei dem für das Mahnverfahren zuständigen Gericht die Aufnahme eines Protokolls nicht erforderlich.

(2) Der Antrag auf Erlaß eines Mahnbescheids oder eines Vollstreckungsbescheids wird dem Antragsgegner nicht mitgeteilt.

§ 703 [Kein Vollmachtsnachweis]
Im Mahnverfahren bedarf es des Nachweises einer Vollmacht nicht. Wer als Bevollmächtigter einen Antrag einreicht oder einen Rechtsbehelf einlegt, hat seine ordnungsgemäße Bevollmächtigung zu versichern.

§ 703 a [Urkunden-, Wechsel- und Scheckmahnbescheid]
(1) Ist der Antrag des Antragstellers auf den Erlaß eines Urkunden-, Wechsel- oder Scheckmahnbescheids gerichtet, so wird der Mahnbescheid als Urkunden-, Wechsel- oder Scheckmahnbescheid bezeichnet.

(2) Für das Urkunden-, Wechsel- und Scheckmahnverfahren gelten folgende besondere Vorschriften:
1. die Bezeichnung als Urkunden-, Wechsel- oder Scheckmahnbescheid hat die Wirkung, daß die Streitsache, wenn rechtzeitig Widerspruch erhoben wird, im Urkunden-, Wechsel- oder Scheckprozeß anhängig wird;
2. die Urkunden sollen in dem Antrag auf Erlaß des Mahnbescheids und in dem Mahnbescheid bezeichnet werden; ist die Sache an das Streitgericht abzugeben, so müssen die Urkunden in Urschrift oder in Abschrift der Anspruchsbegründung beigefügt werden;
3. im Mahnverfahren ist nicht zu prüfen, ob die gewählte Prozeßart statthaft ist;
4. beschränkt sich der Widerspruch auf den Antrag, dem Beklagten die Ausführung seiner Rechte vorzubehalten, so ist der Vollstreckungsbescheid unter diesem Vorbehalt zu erlassen. Auf das weitere Verfahren ist die Vorschrift des § 600 entsprechend anzuwenden.

§ 703 b [Maschinelle Bearbeitung – Verfahrensablaufplan]
(1) Bei maschineller Bearbeitung werden Beschlüsse, Verfügungen und Ausfertigungen mit dem Gerichtssiegel versehen; einer Unterschrift bedarf es nicht.

(2) Der Bundesminister der Justiz wird ermächtigt, durch Rechtsverordnung mit Zustimmung des Bundesrates den Verfahrensablauf zu regeln, soweit dies für eine einheitliche maschinelle Bearbeitung der Mahnverfahren erforderlich ist (Verfahrensablaufplan).

§ 703 c [Rechtsverordnungen zum Mahnverfahren]

(1) Der Bundesminister der Justiz wird ermächtigt, durch Rechtsverordnung mit Zustimmung des Bundesrates zur Vereinfachung des Mahnverfahrens und zum Schutze der in Anspruch genommenen Partei Vordrucke einzuführen. Für

1. Mahnverfahren bei Gerichten, die die Verfahren maschinell bearbeiten,
2. Mahnverfahren bei Gerichten, die die Verfahren nicht maschinell bearbeiten,
3. Mahnverfahren, in denen der Mahnbescheid im Ausland zuzustellen ist,
4. Mahnverfahren, in denen der Mahnbescheid nach Artikel 32 des Zusatzabkommens zum NATO-Truppenstatut vom 3. August 1959 (BGBl. 1961 II S. 1183, 1218) zuzustellen ist,

können unterschiedliche Vordrucke eingeführt werden.

(2) Soweit nach Absatz 1 Vordrucke für Anträge und Erklärungen der Parteien eingeführt sind, müssen sich die Parteien ihrer bedienen.

(3) Die Landesregierungen bestimmen durch Rechtsverordnung den Zeitpunkt, in dem bei einem Amtsgericht die maschinelle Bearbeitung der Mahnverfahren eingeführt wird; sie können die Ermächtigung durch Rechtsverordnung auf die Landesjustizverwaltungen übertragen.

§ 703 d [Zuständigkeit bei Fehlen eines allgemeinen Gerichtsstands im Inland]

(1) Hat der Antragsgegner keinen allgemeinen Gerichtsstand im Inland, so gelten die nachfolgenden besonderen Vorschriften.

(2) Zuständig für das Mahnverfahren ist das Amtsgericht, das für das streitige Verfahren zuständig sein würde, wenn die Amtsgerichte im ersten Rechtszug sachlich unbeschränkt zuständig wären. § 689 Abs. 3 gilt entsprechend.

(3) (aufgehoben)

Achtes Buch

Zwangsvollstreckung

Erster Abschnitt

Allgemeine Vorschriften

§ 704 [Vollstreckungsfähige Endurteile]

(1) Die Zwangsvollstreckung findet statt aus Endurteilen, die rechtskräftig oder für vorläufig vollstreckbar erklärt sind.

(2) Urteile in Ehe- und Kindschaftssachen dürfen nicht für vorläufig vollstreckbar erklärt werden. Dies gilt auch für den Ausspruch nach § 643 Abs. 1 Satz 1.

§ 705 [Eintritt der formellen Rechtskraft]

Die Rechtskraft der Urteile tritt vor Ablauf der für die Einlegung des zulässigen Rechtsmittels oder des zulässigen Einspruchs bestimmten Frist nicht ein. Der Eintritt der Rechtskraft wird durch rechtzeitige Einlegung des Rechtsmittels oder des Einspruchs gehemmt.

§ 706 [Rechtskraft- und Notfristzeugnis]

(1) Zeugnisse über die Rechtskraft der Urteile sind auf Grund der Prozeßakten von der Geschäftsstelle des Gerichts des ersten Rechtszuges und, solange der Rechtsstreit in einem höheren Rechtszuge anhängig ist, von der Geschäftsstelle des Gerichts dieses Rechtszuges zu erteilen.

(2) Insoweit die Erteilung des Zeugnisses davon abhängt, daß gegen das Urteil ein Rechtsmittel nicht eingelegt ist, genügt ein Zeugnis der Geschäftsstelle des für das Rechtsmittel zuständigen Gerichts, daß bis zum Ablauf der Notfrist eine Rechtsmittelschrift nicht

eingereicht sei. Eines Zeugnisses der Geschäftsstelle des Revisionsgegerichts, daß eine Revisionsschrift nach § 566 a nicht eingereicht sei, bedarf es nicht.

§ 707 [Einstweilige Einstellung]

(1) Wird die Wiedereinsetzung in den vorigen Stand oder eine Wiederaufnahme des Verfahrens beantragt oder wird der Rechtsstreit nach der Verkündung eines Vorbehaltsurteils fortgesetzt, so kann das Gericht auf Antrag anordnen, daß die Zwangsvollstreckung gegen oder ohne Sicherheitsleistung einstweilen eingestellt werde oder nur gegen Sicherheitsleistung stattfinde und daß die Vollstreckungsmaßregeln gegen Sicherheitsleistung aufzuheben seien. Die Einstellung der Zwangsvollstreckung ohne Sicherheitsleistung ist nur zulässig, wenn glaubhaft gemacht wird, daß der Schuldner zur Sicherheitsleistung nicht in der Lage ist und die Vollstreckung einen nicht zu ersetzenden Nachteil bringen würde.

(2) Die Entscheidung kann ohne mündliche Verhandlung ergehen. Eine Anfechtung des Beschlusses findet nicht statt.

§ 708 [Vorläufig ohne Sicherheit vollstreckbare Urteile]

Für vorläufig vollstreckbar ohne Sicherheitsleistung sind zu erklären:

1. Urteile, die auf Grund eines Anerkenntnisses oder eines Verzichts ergehen;
2. Versäumnisurteile und Urteile nach Lage der Akten gegen die säumige Partei gemäß § 331 a;
3. Urteile, durch die gemäß § 341 der Einspruch als unzulässig verworfen wird;
4. Urteile, die im Urkunden-, Wechsel- oder Scheckprozeß erlassen werden;
5. Urteile, die ein Vorbehaltsurteil, das im Urkunden-, Wechsel- oder Scheckprozeß erlassen wurde, für vorbehaltlos erklären;
6. Urteile, durch die Arreste oder einstweilige Verfügungen abgelehnt oder aufgehoben werden;
7. Urteile in Streitigkeiten zwischen dem Vermieter und dem Mieter oder Untermieter von Wohnräumen oder anderen Räumen oder zwischen dem Mieter und dem Untermieter solcher Räume wegen Überlassung, Benutzung oder Räumung, wegen Fortsetzung des Mietverhältnisses über Wohnraum auf Grund der §§ 556 a, 556 b des Bürgerlichen Gesetzbuchs sowie wegen Zurückhaltung der von dem Mieter oder dem Untermieter in die Mieträume eingebrachten Sachen;
8. Urteile, die die Verpflichtung aussprechen, Unterhalt, Renten wegen Entziehung einer Unterhaltsforderung oder Renten wegen einer Verletzung des Körpers oder der Gesundheit zu entrichten, soweit sich die Verpflichtung auf die Zeit nach der Klageerhebung und auf das ihr vorausgehende letzte Vierteljahr bezieht;
9. Urteile nach §§ 861, 862 des Bürgerlichen Gesetzbuchs auf Wiedereinräumung des Besitzes oder auf Beseitigung oder Unterlassung einer Besitzstörung;
10. Urteile der Oberlandesgerichte in vermögensrechtlichen Streitigkeiten;
11. andere Urteile in vermögensrechtlichen Streitigkeiten, wenn der Gegenstand der Verurteilung in der Hauptsache eintausendfünfhundert Deutsche Mark nicht übersteigt oder wenn nur die Entscheidung über die Kosten vollstreckbar ist und eine Vollstreckung im Wert von nicht mehr als zweitausend Deutsche Mark ermöglicht.

§ 709 [Vorläufig gegen Sicherheit vollstreckbare Urteile]

Andere Urteile sind gegen eine der Höhe nach zu bestimmende Sicherheit für vorläufig vollstreckbar zu erklären. Handelt es sich um ein Urteil, das ein Versäumnisurteil aufrechterhält, so ist auszusprechen, daß die Vollstreckung aus dem Versäumnisurteil nur gegen Leistung der Sicherheit fortgesetzt werden darf.

§ 710 [Absehen von der Sicherheit]
Kann der Gläubiger die Sicherheit nach § 709 nicht oder nur unter erheblichen Schwierigkeiten leisten, so ist das Urteil auf Antrag auch ohne Sicherheitsleistung für vorläufig vollstreckbar zu erklären, wenn die Aussetzung der Vollstreckung dem Gläubiger einen schwer zu ersetzenden oder schwer abzusehenden Nachteil bringen würde oder aus einem sonstigen Grunde für den Gläubiger unbillig wäre, insbesondere weil er die Leistung für seine Lebenshaltung oder seine Erwerbstätigkeit dringend benötigt.

§ 711 [Abwendung der Vollstreckung durch Sicherheitsleistung oder Hinterlegung]
In den Fällen des § 708 Nr. 4 bis 11 hat das Gericht auszusprechen, daß der Schuldner die Vollstreckung durch Sicherheitsleistung oder Hinterlegung abwenden darf, wenn nicht der Gläubiger vor der Vollstreckung Sicherheit leistet. Für den Gläubiger gilt § 710 entsprechend.

§ 712 [Keine vorläufige Vollstreckbarkeit bei nicht zu ersetzenden Nachteilen]
(1) Würde die Vollstreckung dem Schuldner einen nicht zu ersetzenden Nachteil bringen, so hat ihm das Gericht auf Antrag zu gestatten, die Vollstreckung durch Sicherheitsleistung oder Hinterlegung ohne Rücksicht auf eine Sicherheitsleistung des Gläubigers abzuwenden. Ist der Schuldner dazu nicht in der Lage, so ist das Urteil nicht für vorläufig vollstreckbar zu erklären oder die Vollstreckung auf die in § 720 a Abs. 1, 2 bezeichneten Maßregeln zu beschränken.
(2) Dem Antrag des Schuldners ist nicht zu entsprechen, wenn ein überwiegendes Interesse des Gläubigers entgegensteht. In den Fällen des § 708 kann das Gericht anordnen, daß das Urteil nur gegen Sicherheitsleistung vorläufig vollstreckbar ist.

§ 713 [Keine Anwendung der §§ 711, 712]
Die in den §§ 711, 712 zugunsten des Schuldners zugelassenen Anordnungen sollen nicht ergehen, wenn die Voraussetzungen, unter denen ein Rechtsmittel gegen das Urteil stattfindet, unzweifelhaft nicht vorliegen.

§ 714 [Zeitpunkt der Anträge zur vorläufigen Vollstreckbarkeit]
(1) Anträge nach den §§ 710, 711 Satz 2, § 712 sind vor Schluß der mündlichen Verhandlung zu stellen, auf die das Urteil ergeht.
(2) Die tatsächlichen Voraussetzungen sind glaubhaft zu machen.

§ 715 [Rückgabe der Sicherheit bei Rechtskraft]
(1) Das Gericht, das eine Sicherheitsleistung des Gläubigers angeordnet oder zugelassen hat, ordnet auf Antrag die Rückgabe der Sicherheit an, wenn ein Zeugnis über die Rechtskraft des für vorläufig vollstreckbar erklärten Urteils vorgelegt wird. Ist die Sicherheit durch eine Bürgschaft bewirkt worden, so ordnet das Gericht das Erlöschen der Bürgschaft an.
(2) § 109 Abs. 3 gilt entsprechend.

§ 716 [Urteilsergänzung]
Ist über die vorläufige Vollstreckbarkeit nicht entschieden, so sind wegen Ergänzung des Urteils die Vorschriften des § 321 anzuwenden.

§ 717 [Außerkrafttreten der vorläufigen Vollstreckbarkeit – Schadensersatz und Herausgabe]
(1) Die vorläufige Vollstreckbarkeit tritt mit der Verkündung eines Urteils, das die Entscheidung in der Hauptsache oder die Vollstreckbarkeitserklärung aufhebt oder abändert, insoweit außer Kraft, als die Aufhebung oder Abänderung ergeht.
(2) Wird ein für vorläufig vollstreckbar erklärtes Urteil aufgehoben oder abgeändert, so ist der Kläger zum Ersatz des Schadens verpflichtet, der dem Beklagten durch die

Vollstreckung des Urteils oder durch eine zur Abwendung der Vollstreckung gemachte Leistung entstanden ist. Der Beklagte kann den Anspruch auf Schadensersatz in dem anhängigen Rechtsstreit geltend machen; wird der Anspruch geltend gemacht, so ist er als zur Zeit der Zahlung oder Leistung rechtshängig geworden anzusehen.

(3) Die Vorschriften des Absatzes 2 sind auf die im § 708 Nr. 10 bezeichneten Urteile der Oberlandesgerichte, mit Ausnahme der Versäumnisurteile, nicht anzuwenden. Soweit ein solches Urteil aufgehoben oder abgeändert wird, ist der Kläger auf Antrag des Beklagten zur Erstattung des von diesem auf Grund des Urteils Gezahlten oder Geleisteten zu verurteilen. Die Erstattungspflicht des Klägers bestimmt sich nach den Vorschriften über die Herausgabe einer ungerechtfertigten Bereicherung. Wird der Antrag gestellt, so ist der Anspruch auf Erstattung als zur Zeit der Zahlung oder Leistung rechtshängig geworden anzusehen; die mit der Rechtshängigkeit nach den Vorschriften des bürgerlichen Rechts verbundenen Wirkungen treten mit der Zahlung oder Leistung auch dann ein, wenn der Antrag nicht gestellt wird.

§ 718 [Vorabentscheidung – Ausschluß von Rechtsmitteln]

(1) In der Berufungsinstanz ist über die vorläufige Vollstreckbarkeit auf Antrag vorab zu verhandeln und zu entscheiden.

(2) Eine Anfechtung der in der Berufungsinstanz über die vorläufige Vollstreckbarkeit erlassenen Entscheidung findet nicht statt.

§ 719 [Voraussetzungen der einstweiligen Einstellung]

(1) Wird gegen ein für vorläufig vollstreckbar erklärtes Urteil der Einspruch oder die Berufung eingelegt, so gelten die Vorschriften des § 707 entsprechend. Die Zwangsvollstreckung aus einem Versäumnisurteil darf nur gegen Sicherheitsleistung eingestellt werden, es sei denn, daß das Versäumnisurteil nicht in gesetzlicher Weise ergangen ist oder die säumige Partei glaubhaft macht, daß ihre Säumnis unverschuldet war.

(2) Wird Revision gegen ein für vorläufig vollstreckbar erklärtes Urteil eingelegt, so ordnet das Revisionsgericht auf Antrag an, daß die Zwangsvollstreckung einstweilen eingestellt wird, wenn die Vollstreckung dem Schuldner einen nicht zu ersetzenden Nachteil bringen würde und nicht ein überwiegendes Interesse des Gläubigers entgegensteht. Die Parteien haben die tatsächlichen Voraussetzungen glaubhaft zu machen.

(3) Die Entscheidung kann ohne mündliche Verhandlung ergehen.

§ 720 [Hinterlegungspflicht zur Vollstreckungsabwendung]

Darf der Schuldner nach § 711 Satz 1, § 712 Abs. 1 Satz 1 die Vollstreckung durch Sicherheitsleistung oder Hinterlegung abwenden, so ist gepfändetes Geld oder der Erlös gepfändeter Gegenstände zu hinterlegen.

§ 720 a [Sicherheitsvollstreckung wegen Geldleistungen]

(1) Aus einem nur gegen Sicherheit vorläufig vollstreckbaren Urteil, durch das der Schuldner zur Leistung von Geld verurteilt worden ist, darf der Gläubiger ohne Sicherheitsleistung die Zwangsvollstreckung insoweit betreiben, als

a) bewegliches Vermögen gepfändet wird,
b) im Wege der Zwangsvollstreckung in das unbewegliche Vermögen eine Sicherungshypothek oder Schiffshypothek eingetragen wird.

Der Gläubiger kann sich aus dem belasteten Gegenstand nur nach Leistung der Sicherheit befriedigen.

(2) Für die Zwangsvollstreckung in das bewegliche Vermögen gilt § 930 Abs. 2, 3 entsprechend.

(3) Der Schuldner ist befugt, die Zwangsvollstreckung nach Absatz 1 durch Leistung

einer Sicherheit in Höhe des Hauptanspruchs abzuwenden, wegen dessen der Gläubiger vollstrecken kann, wenn nicht der Gläubiger vorher die ihm obliegende Sicherheit geleistet hat.

§ 721 [Räumungsfrist bei Wohnraum]

(1) Wird auf Räumung von Wohnraum erkannt, so kann das Gericht auf Antrag oder von Amts wegen dem Schuldner eine den Umständen nach angemessene Räumungsfrist gewähren. Der Antrag ist vor dem Schluß der mündlichen Verhandlung zu stellen, auf die das Urteil ergeht. Ist der Antrag bei der Entscheidung übergangen, so gilt § 321; bis zur Entscheidung kann das Gericht auf Antrag die Zwangsvollstreckung wegen des Räumungsanspruchs einstweilen einstellen.

(2) Ist auf künftige Räumung erkannt und über eine Räumungsfrist noch nicht entschieden, so kann dem Schuldner eine den Umständen nach angemessene Räumungsfrist gewährt werden, wenn er spätestens zwei Wochen vor dem Tage, an dem nach dem Urteil zu räumen ist, einen Antrag stellt. §§ 233 bis 238 gelten sinngemäß.

(3) Die Räumungsfrist kann auf Antrag verlängert oder verkürzt werden. Der Antrag auf Verlängerung ist spätestens zwei Wochen vor Ablauf der Räumungsfrist zu stellen. §§ 233 bis 238 gelten sinngemäß.

(4) Über Anträge nach den Absätzen 2 oder 3 entscheidet das Gericht erster Instanz, solange die Sache in der Berufungsinstanz anhängig ist, das Berufungsgericht. Die Entscheidung kann ohne mündliche Verhandlung ergehen. Vor der Entscheidung ist der Gegner zu hören. Das Gericht ist befugt, die im § 732 Abs. 2 bezeichneten Anordnungen zu erlassen.

(5) Die Räumungsfrist darf insgesamt nicht mehr als ein Jahr betragen. Die Jahresfrist rechnet vom Tage der Rechtskraft des Urteils oder, wenn nach einem Urteil auf künftige Räumung an einem späteren Tage zu räumen ist, von diesem Tage an.

(6) Die sofortige Beschwerde findet statt

1. gegen Urteile, durch die auf Räumung von Wohnraum erkannt ist, wenn sich das Rechtsmittel lediglich gegen die Versagung, Gewährung oder Bemessung einer Räumungsfrist richtet;
2. gegen Beschlüsse über Anträge nach den Absätzen 2 oder 3.

(7) Die Absätze 1 bis 6 gelten nicht für Mietverhältnisse über Wohnraum im Sinne des § 564 b Abs. 7 Nr. 4 und 5 und in den Fällen des § 564 c Abs. 2 des Bürgerlichen Gesetzbuchs.

§ 722 [Vollstreckbarkeit ausländischer Urteile]

(1) Aus dem Urteil eines ausländischen Gerichts findet die Zwangsvollstreckung nur statt, wenn ihre Zulässigkeit durch ein Vollstreckungsurteil ausgesprochen ist.

(2) Für die Klage auf Erlaß des Urteils ist das Amtsgericht oder Landgericht, bei dem der Schuldner seinen allgemeinen Gerichtsstand hat, und sonst das Amtsgericht oder Landgericht zuständig, bei dem nach § 23 gegen den Schuldner Klage erhoben werden kann.

§ 723 [Vollstreckungsurteil]

(1) Das Vollstreckungsurteil ist ohne Prüfung der Gesetzmäßigkeit der Entscheidung zu erlassen.

(2) Das Vollstreckungsurteil ist erst zu erlassen, wenn das Urteil des ausländischen Gerichts nach dem für dieses Gericht geltenden Recht die Rechtskraft erlangt hat. Es ist nicht zu erlassen, wenn die Anerkennung des Urteils nach § 328 ausgeschlossen ist.

§ 724 [Vollstreckbare Ausfertigung]

(1) Die Zwangsvollstreckung wird auf Grund einer mit der Vollstreckungsklausel versehenen Ausfertigung des Urteils (vollstreckbare Ausfertigung) durchgeführt.

(2) Die vollstreckbare Ausfertigung wird von dem Urkundsbeamten der Geschäftsstelle des Gerichts des ersten Rechtszuges und, wenn der Rechtsstreit bei einem höheren Gericht anhängig ist, von dem Urkundsbeamten der Geschäftsstelle dieses Gerichts erteilt.

§ 725 [Vollstreckungsklausel]

Die Vollstreckungsklausel:

»Vorstehende Ausfertigung wird dem usw. (Bezeichnung der Partei) zum Zwecke der Zwangsvollstreckung erteilt«

ist der Ausfertigung des Urteils am Schluß beizufügen, von dem Urkundsbeamten der Geschäftsstelle zu unterschreiben und mit dem Gerichtssiegel zu versehen.

§ 726 [Vollstreckbare Ausfertigung bei bedingten Leistungen]

(1) Von Urteilen, deren Vollstreckung nach ihrem Inhalt von dem durch den Gläubiger zu beweisenden Eintritt einer anderen Tatsache als einer dem Gläubiger obliegenden Sicherheitsleistung abhängt, darf eine vollstreckbare Ausfertigung nur erteilt werden, wenn der Beweis durch öffentliche oder öffentlich beglaubigte Urkunden geführt wird.

(2) Hängt die Vollstreckung von einer Zug um Zug zu bewirkenden Leistung des Gläubigers an den Schuldner ab, so ist der Beweis, daß der Schuldner befriedigt oder im Verzug der Annahme ist, nur dann erforderlich, wenn die dem Schuldner obliegende Leistung in der Abgabe einer Willenserklärung besteht.

§ 727 [Vollstreckbare Ausfertigung für und gegen Rechtsnachfolger]

(1) Eine vollstreckbare Ausfertigung kann für den Rechtsnachfolger des in dem Urteil bezeichneten Gläubigers sowie gegen denjenigen Rechtsnachfolger des in dem Urteil bezeichneten Schuldners und denjenigen Besitzer der in Streit befangenen Sache, gegen die das Urteil nach § 325 wirksam ist, erteilt werden, sofern die Rechtsnachfolge oder das Besitzverhältnis bei dem Gericht offenkundig ist oder durch öffentliche oder öffentlich beglaubigte Urkunden nachgewiesen wird.

(2) Ist die Rechtsnachfolge oder das Besitzverhältnis bei dem Gericht offenkundig, so ist dies in der Vollstreckungsklausel zu erwähnen.

§ 728 [Vollstreckbare Ausfertigung bei Nacherbe und Testamentsvollstrecker]

(1) Ist gegenüber dem Vorerben ein nach § 326 dem Nacherben gegenüber wirksames Urteil ergangen, so sind auf die Erteilung einer vollstreckbaren Ausfertigung für und gegen den Nacherben die Vorschriften des § 727 entsprechend anzuwenden.

(2) Das gleiche gilt, wenn gegenüber einem Testamentsvollstrecker ein nach § 327 dem Erben gegenüber wirksames Urteil ergangen ist, für die Erteilung einer vollstreckbaren Ausfertigung für und gegen den Erben. Eine vollstreckbare Ausfertigung kann gegen den Erben erteilt werden, auch wenn die Verwaltung des Testamentsvollstreckers noch besteht.

§ 729 [Vollstreckbare Ausfertigung gegen Vermögens- und Firmenübernehmer]

(1) Hat jemand das Vermögen eines anderen durch Vertrag mit diesem nach der rechtskräftigen Feststellung einer Schuld des anderen übernommen, so sind auf die Erteilung einer vollstreckbaren Ausfertigung des Urteils gegen den Übernehmer die Vorschriften des § 727 entsprechend anzuwenden.

(2) Das gleiche gilt für die Erteilung einer vollstreckbaren Ausfertigung gegen denjenigen, der ein unter Lebenden erworbenes Handelsgeschäft unter der bisherigen Firma fortführt, in Ansehung der Verbindlichkeiten, für die er nach § 25 Abs. 1 Satz 1, Abs. 2 des

Handelsgesetzbuches haftet, sofern sie vor dem Erwerb des Geschäfts gegen den früheren Inhaber rechtskräftig festgestellt worden sind.

§ 730 [Anhörung des Schuldners]
In den Fällen des § 726 Abs. 1 und der §§ 727 bis 729 kann der Schuldner vor der Erteilung der vollstreckbaren Ausfertigung gehört werden.

§ 731 [Klage auf Erteilung der Vollstreckungsklausel]
Kann der nach dem § 726 Abs. 1 und den §§ 727 bis 729 erforderliche Nachweis durch öffentliche oder öffentlich beglaubigte Urkunden nicht geführt werden, so hat der Gläubiger bei dem Prozeßgericht des ersten Rechtszuges aus dem Urteil auf Erteilung der Vollstreckungsklausel Klage zu erheben.

§ 732 [Erinnerung gegen Klauselerteilung]
(1) Über Einwendungen des Schuldners, welche die Zulässigkeit der Vollstreckungsklausel betreffen, entscheidet das Gericht, von dessen Geschäftsstelle die Vollstreckungsklausel erteilt ist. Die Entscheidung kann ohne mündliche Verhandlung ergehen.
(2) Das Gericht kann vor der Entscheidung eine einstweilige Anordnung erlassen; es kann insbesondere anordnen, daß die Zwangsvollstreckung gegen oder ohne Sicherheitsleistung einstweilen einzustellen oder nur gegen Sicherheitsleistung fortzusetzen sei.

§ 733 [Weitere vollstreckbare Ausfertigung]
(1) Vor der Erteilung einer weiteren vollstreckbaren Ausfertigung kann der Schuldner gehört werden, sofern nicht die zuerst erteilte Ausfertigung zurückgegeben wird.
(2) Die Geschäftsstelle hat von der Erteilung der weiteren Ausfertigung den Gegner in Kenntnis zu setzen.
(3) Die weitere Ausfertigung ist als solche ausdrücklich zu bezeichnen.

§ 734 [Vermerk über Erteilung auf Urteilsurschrift]
Vor der Aushändigung einer vollstreckbaren Ausfertigung ist auf der Urschrift des Urteils zu vermerken, für welche Partei und zu welcher Zeit die Ausfertigung erteilt ist.

§ 735 [Nicht rechtsfähiger Verein in der Zwangsvollstreckung]
Zur Zwangsvollstreckung in das Vermögen eines nicht rechtsfähigen Vereins genügt ein gegen den Verein ergangenes Urteil.

§ 736 [BGB – Gesellschaft in der Zwangsvollstreckung]
Zur Zwangsvollstreckung in das Gesellschaftsvermögen einer nach § 705 des Bürgerlichen Gesetzbuchs eingegangenen Gesellschaft ist ein gegen alle Gesellschafter ergangenes Urteil erforderlich.

§ 737 [Zwangsvollstreckung bei Vermögensnießbrauch]
(1) Bei dem Nießbrauch an einem Vermögen ist wegen der vor der Bestellung des Nießbrauchs entstandenen Verbindlichkeiten des Bestellers die Zwangsvollstreckung in die dem Nießbrauch unterliegenden Gegenstände ohne Rücksicht auf den Nießbrauch zulässig, wenn der Besteller zu der Leistung und der Nießbraucher zur Duldung der Zwangsvollstreckung verurteilt ist.
(2) Das gleiche gilt bei dem Nießbrauch an einer Erbschaft für die Nachlaßverbindlichkeiten.

§ 738 [Vollstreckbare Ausfertigung gegen Nießbraucher]
(1) Ist die Bestellung des Nießbrauchs an einem Vermögen nach der rechtskräftigen Feststellung einer Schuld des Bestellers erfolgt, so sind auf die Erteilung einer in Ansehung der dem Nießbrauch unterliegenden Gegenstände vollstreckbaren Ausfertigung

des Urteils gegen den Nießbraucher die Vorschriften der §§ 727, 730 bis 732 entsprechend anzuwenden.

(2) Das gleiche gilt bei dem Nießbrauch an einer Erbschaft für die Erteilung einer vollstreckbaren Ausfertigung des gegen den Erblasser ergangenen Urteils.

§ 739 [Zwangsvollstreckung gegen Ehegatten, Gewahrsamsvermutung]

Wird zugunsten der Gläubiger eines Ehemannes oder der Gläubiger einer Ehefrau gemäß § 1362 des Bürgerlichen Gesetzbuchs vermutet, daß der Schuldner Eigentümer beweglicher Sachen ist, so gilt, unbeschadet der Rechte Dritter, für die Durchführung der Zwangsvollstreckung nur der Schuldner als Gewahrsamsinhaber und Besitzer.

§ 740 [Zwangsvollstreckung in Gesamtgut]

(1) Leben die Ehegatten in Gütergemeinschaft und verwaltet einer von ihnen das Gesamtgut allein, so ist zur Zwangsvollstreckung in das Gesamtgut ein Urteil gegen diesen Ehegatten erforderlich und genügend.

(2) Verwalten die Ehegatten das Gesamtgut gemeinschaftlich, so ist die Zwangsvollstreckung in das Gesamtgut nur zulässig, wenn beide Ehegatten zur Leistung verurteilt sind.

§ 741 [Zwangsvollstreckung in Gesamtgut bei Erwerbsgeschäft]

Betreibt ein Ehegatte, der in Gütergemeinschaft lebt und das Gesamtgut nicht oder nicht allein verwaltet, selbständig ein Erwerbsgeschäft, so ist zur Zwangsvollstreckung in das Gesamtgut ein gegen ihn ergangenes Urteil genügend, es sei denn, daß zur Zeit des Eintritts der Rechtshängigkeit der Einspruch des anderen Ehegatten gegen den Betrieb des Erwerbsgeschäfts oder der Widerruf seiner Einwilligung zu dem Betrieb im Güterrechtsregister eingetragen war.

§ 742 [Gütergemeinschaft nach Rechtshängigkeit]

Ist die Gütergemeinschaft erst eingetreten, nachdem ein von einem Ehegatten oder gegen einen Ehegatten geführter Rechtsstreit rechtshängig geworden ist, und verwaltet dieser Ehegatte das Gesamtgut nicht oder nicht allein, so sind auf die Erteilung einer in Ansehung des Gesamtgutes vollstreckbaren Ausfertigung des Urteils für oder gegen den anderen Ehegatten die Vorschriften der §§ 727, 730 bis 732 entsprechend anzuwenden.

§ 743 [Beendete Gütergemeinschaft]

Nach der Beendigung der Gütergemeinschaft ist vor der Auseinandersetzung die Zwangsvollstreckung in das Gesamtgut nur zulässig, wenn beide Ehegatten zu der Leistung oder der eine Ehegatte zu der Leistung und der andere zur Duldung der Zwangsvollstreckung verurteilt sind.

§ 744 [Vollstreckbare Ausfertigung bei beendeter Gütergemeinschaft]

Ist die Beendigung der Gütergemeinschaft nach der Beendigung eines Rechtsstreits des Ehegatten eingetreten, der das Gesamtgut allein verwaltet, so sind auf die Erteilung einer in Ansehung des Gesamtgutes vollstreckbaren Ausfertigung des Urteils gegen den anderen Ehegatten die Vorschriften der §§ 727, 730 bis 732 entsprechend anzuwenden.

§ 744 a [Zwangsvollstreckung in gemeinschaftliches Eigentum]

Leben die Ehegatten gemäß Artikel 234 § 4 Abs. 2 des Einführungsgesetzes zum Bürgerlichen Gesetzbuch im Güterstand der Eigentums- und Vermögensgemeinschaft, sind für die Zwangsvollstreckung in Gegenstände des gemeinschaftlichen Eigentums und Vermögens die §§ 740 bis 744, 774 und 860 entsprechend anzuwenden.

§ 745 [Zwangsvollstreckung bei fortgesetzter Gütergemeinschaft]

(1) Im Falle der fortgesetzten Gütergemeinschaft ist zur Zwangsvollstreckung in das Gesamtgut ein gegen den überlebenden Ehegatten ergangenes Urteil erforderlich und genügend.

(2) Nach der Beendigung der fortgesetzten Gütergemeinschaft gelten die Vorschriften der §§ 743, 744 mit der Maßgabe, daß an die Stelle des Ehegatten, der das Gesamtgut allein verwaltet, der überlebende Ehegatte, an die Stelle des anderen Ehegatten die anteilsberechtigten Abkömmlinge treten.

§ 746 (aufgehoben)

§ 747 [Zwangsvollstreckung in Nachlaß bei Erbengemeinschaft]

Zur Zwangsvollstreckung in einen Nachlaß ist, wenn mehrere Erben vorhanden sind, bis zur Teilung ein gegen alle Erben ergangenes Urteil erforderlich.

§ 748 [Zwangsvollstreckung bei Nachlaßverwaltung]

(1) Unterliegt ein Nachlaß der Verwaltung eines Testamentsvollstreckers, so ist zur Zwangsvollstreckung in den Nachlaß ein gegen den Testamentsvollstrecker ergangenes Urteil erforderlich und genügend.

(2) Steht dem Testamentsvollstrecker nur für die Verwaltung einzelner Nachlaßgegenstände zu, so ist die Zwangsvollstreckung in diese Gegenstände nur zulässig, wenn der Erbe zu der Leistung, der Testamentsvollstrecker zur Duldung der Zwangsvollstreckung verurteilt ist.

(3) Zur Zwangsvollstreckung wegen eines Pflichtteilsanspruchs ist im Falle des Absatzes 1 wie im Falle des Absatzes 2 ein sowohl gegen den Erben als gegen den Testamentsvollstrecker ergangenes Urteil erforderlich.

§ 749 [Vollstreckbare Ausfertigung für und gegen Testamentsvollstrecker]

Auf die Erteilung einer vollstreckbaren Ausfertigung eines für oder gegen den Erblasser ergangenen Urteils für oder gegen den Testamentsvollstrecker sind die Vorschriften der §§ 727, 730 bis 732 entsprechend anzuwenden. Auf Grund einer solchen Ausfertigung ist die Zwangsvollstreckung nur in die der Verwaltung des Testamentsvollstreckers unterliegenden Nachlaßgegenstände zulässig.

§ 750 [Vollstreckungsvoraussetzungen]

(1) Die Zwangsvollstreckung darf nur beginnen, wenn die Personen, für und gegen die sie stattfinden soll, in dem Urteil oder in der ihm beigefügten Vollstreckungsklausel namentlich bezeichnet sind und das Urteil bereits zugestellt ist oder gleichzeitig zugestellt wird. Eine Zustellung durch den Gläubiger genügt; in diesem Fall braucht die Ausfertigung des Urteils Tatbestand und Entscheidungsgründe nicht zu enthalten.

(2) Handelt es sich um die Vollstreckung eines Urteils, dessen vollstreckbare Ausfertigung nach § 726 Abs. 1 erteilt worden ist, oder soll ein Urteil, das nach den §§ 727 bis 729, 738, 742, 744, dem § 745 Abs. 2 und dem § 749 für oder gegen eine der dort bezeichneten Personen wirksam ist, für oder gegen eine dieser Personen vollstreckt werden, so muß außer dem zu vollstreckenden Urteil auch die ihm beigefügte Vollstreckungsklausel und, sofern die Vollstreckungsklausel auf Grund öffentlicher oder öffentlich beglaubigter Urkunden erteilt ist, auch eine Abschrift dieser Urkunden, vor Beginn der Zwangsvollstreckung zugestellt sein oder gleichzeitig mit ihrem Beginn zugestellt werden.

(3) Eine Zwangsvollstreckung nach § 720 a darf nur beginnen, wenn das Urteil und die Vollstreckungsklausel mindestens zwei Wochen vorher zugestellt sind.

§ 751 [Vollstreckungsbeginn – Sicherheitsleistung]

(1) Ist die Geltendmachung des Anspruchs von dem Eintritt eines Kalendertages abhängig, so darf die Zwangsvollstreckung nur beginnen, wenn der Kalendertag abgelaufen ist.

(2) Hängt die Vollstreckung von einer dem Gläubiger obliegenden Sicherheitsleistung ab, so darf mit der Zwangsvollstreckung nur begonnen oder sie nur fortgesetzt werden, wenn die Sicherheitsleistung durch eine öffentliche oder öffentlich beglaubigte Urkunde nachgewiesen und eine Abschrift dieser Urkunde bereits zugestellt ist oder gleichzeitig zugestellt wird.

§ 752 (weggefallen)

§ 753 [Vollstreckung durch Gerichtsvollzieher – Vollstreckungsantrag]

(1) Die Zwangsvollstreckung wird, soweit sie nicht den Gerichten zugewiesen ist, durch Gerichtsvollzieher durchgeführt, die sie im Auftrag des Gläubigers zu bewirken haben.

(2) Der Gläubiger kann wegen Erteilung des Auftrags zur Zwangsvollstreckung die Mitwirkung der Geschäftsstelle in Anspruch nehmen. Der von der Geschäftsstelle beauftragte Gerichtsvollzieher gilt als von dem Gläubiger beauftragt.

§ 754 [Wirkung des Vollstreckungsantrags]

In dem schriftlichen oder mündlichen Auftrag zur Zwangsvollstreckung in Verbindung mit der Übergabe der vollstreckbaren Ausfertigung liegt die Beauftragung des Gerichtsvollziehers, die Zahlungen oder sonstigen Leistungen in Empfang zu nehmen, über das Empfangene wirksam zu quittieren und dem Schuldner, wenn dieser seiner Verbindlichkeit genügt hat, die vollstreckbare Ausfertigung auszuliefern.

§ 755 [Ermächtigung des Gerichtsvollziehers]

Dem Schuldner und Dritten gegenüber wird der Gerichtsvollzieher zur Vornahme der Zwangsvollstreckung und der im § 754 bezeichneten Handlungen durch den Besitz der vollstreckbaren Ausfertigung ermächtigt. Der Mangel oder die Beschränkung des Auftrags kann diesen Personen gegenüber von dem Gläubiger nicht geltend gemacht werden.

§ 756 [Zwangsvollstreckung bei Leistung Zug um Zug]

Hängt die Vollstreckung von einer Zug um Zug zu bewirkenden Leistung des Gläubigers an den Schuldner ab, so darf der Gerichtsvollzieher die Zwangsvollstreckung nicht beginnen, bevor er dem Schuldner die diesem gebührende Leistung in einer den Verzug der Annahme begründenden Weise angeboten hat, sofern nicht der Beweis, daß der Schuldner befriedigt oder im Verzug der Annahme ist, durch öffentliche oder öffentlich beglaubigte Urkunden geführt wird und eine Abschrift dieser Urkunden bereits zugestellt ist oder gleichzeitig zugestellt wird.

§ 757 [Titelübergabe und Quittung]

(1) Der Gerichtsvollzieher hat nach Empfang der Leistungen dem Schuldner die vollstreckbare Ausfertigung nebst einer Quittung auszuliefern, bei teilweiser Leistung diese auf der vollstreckbaren Ausfertigung zu vermerken und dem Schuldner Quittung zu erteilen.

(2) Das Recht des Schuldners, nachträglich eine Quittung des Gläubigers selbst zu fordern, wird durch diese Vorschriften nicht berührt.

§ 758 [Durchsuchung – Gewaltanwendung]

(1) Der Gerichtsvollzieher ist befugt, die Wohnung und die Behältnisse des Schuldners zu durchsuchen, soweit der Zweck der Vollstreckung dies erfordert.

(2) Er ist befugt, die verschlossenen Haustüren, Zimmertüren und Behältnisse öffnen zu lassen.

(3) Er ist, wenn er Widerstand findet, zur Anwendung von Gewalt befugt und kann zu diesem Zwecke die Unterstützung der polizeilichen Vollzugsorgane nachsuchen.

§ 759 [Zeugen bei Widerstand oder Abwesenheit]
Wird bei einer Vollstreckungshandlung Widerstand geleistet oder ist bei einer in der Wohnung des Schuldners vorzunehmenden Vollstreckungshandlung weder der Schuldner noch eine zu seiner Familie gehörige oder in dieser Familie dienende erwachsene Person anwesend, so hat der Gerichtsvollzieher zwei erwachsene Personen oder einen Gemeinde- oder Polizeibeamten als Zeugen zuzuziehen.

§ 760 [Recht auf Akteneinsicht und Abschrift]
Jeder Person, die bei dem Vollstreckungsverfahren beteiligt ist, muß auf Begehren Einsicht der Akten des Gerichtsvollziehers gestattet und Abschrift einzelner Aktenstücke erteilt werden.

§ 761 [Nächtliche, sonn- und feiertägliche Vollstreckung]
(1) Zur Nachtzeit (§ 188 Abs. 1) sowie an Sonntagen und allgemeinen Feiertagen darf eine Vollstreckungshandlung nur mit Erlaubnis des Amtsrichters erfolgen, in dessen Bezirk die Handlung vorgenommen werden soll.
(2) Die Verfügung, durch welche die Erlaubnis erteilt wird, ist bei der Zwangsvollstreckung vorzuzeigen.

§ 762 [Vollstreckungsprotokoll]
(1) Der Gerichtsvollzieher hat über jede Vollstreckungshandlung ein Protokoll aufzunehmen.
(2) Das Protokoll muß enthalten:
1. Ort und Zeit der Aufnahme;
2. den Gegenstand der Vollstreckungshandlung unter kurzer Erwähnung der wesentlichen Vorgänge;
3. die Namen der Personen, mit denen verhandelt ist;
4. die Unterschrift dieser Personen und den Vermerk, daß die Unterzeichnung nach Vorlesung oder Vorlegung zur Durchsicht und nach Genehmigung erfolgt sei;
5. die Unterschrift des Gerichtsvollziehers.

(3) Hat einem der unter Nummern 4 bezeichneten Erfordernisse nicht genügt werden können, so ist der Grund anzugeben.

§ 763 [Aufforderungen und Mitteilungen]
(1) Die Aufforderungen und sonstigen Mitteilungen, die zu den Vollstreckungshandlungen gehören, sind von dem Gerichtsvollzieher mündlich zu erlassen und vollständig in das Protokoll aufzunehmen.
(2) Kann dies mündlich nicht ausgeführt werden, so hat der Gerichtsvollzieher eine Abschrift des Protokolls unter entsprechender Anwendung der §§ 181 bis 186 zuzustellen oder durch die Post zu übersenden. Es muß im Protokoll vermerkt werden, daß diese Vorschrift befolgt ist. Eine öffentliche Zustellung findet nicht statt.

§ 764 [Vollstreckungsgericht]
(1) Die den Gerichten zugewiesene Anordnung von Vollstreckungshandlungen und Mitwirkung bei solchen gehört zur Zuständigkeit der Amtsgerichte als Vollstreckungsgerichte.
(2) Als Vollstreckungsgericht ist, sofern nicht das Gesetz ein anderes Amtsgericht bezeichnet, das Amtsgericht anzusehen, in dessen Bezirk das Vollstreckungsverfahren stattfinden soll oder stattgefunden hat.
(3) Die Entscheidungen des Vollstreckungsgerichts können ohne mündliche Verhandlung ergehen.

§ 765 [Zwangsvollstreckung bei Leistung Zug um Zug]
Hängt die Vollstreckung von einer Zug um Zug zu bewirkenden Leistung des Gläubigers an den Schuldner ab, so darf das Vollstreckungsgericht eine Vollstreckungsmaßregel nur anordnen, wenn der Beweis, daß der Schuldner befriedigt oder im Verzug der Annahme ist, durch öffentliche oder öffentlich beglaubigte Urkunden geführt wird und eine Abschrift dieser Urkunden bereits zugestellt ist. Der Zustellung bedarf es nicht, wenn bereits der Gerichtsvollzieher die Zwangsvollstreckung nach § 756 begonnen hatte und der Beweis durch das Protokoll des Gerichtsvollziehers geführt wird.

§ 765 a [Vollstreckungsschutz]
(1) Auf Antrag des Schuldners kann das Vollstreckungsgericht eine Maßnahme der Zwangsvollstreckung ganz oder teilweise aufheben, untersagen oder einstweilen einstellen, wenn die Maßnahme unter voller Würdigung des Schutzbedürfnisses des Gläubigers wegen ganz besonderer Umstände eine Härte bedeutet, die mit den guten Sitten nicht vereinbar ist. Betrifft die Maßnahme ein Tier, so hat das Vollstreckungsgericht bei der von ihm vorzunehmenden Abwägung die Verantwortung des Menschen für das Tier zu berücksichtigen.

(2) Eine Maßnahme zur Erwirkung der Herausgabe von Sachen kann der Gerichtsvollzieher bis zur Entscheidung des Vollstreckungsgerichts, jedoch nicht länger als eine Woche, aufschieben, wenn ihm die Voraussetzungen des Absatzes 1 glaubhaft gemacht werden und dem Schuldner die rechtzeitige Anrufung des Vollstreckungsgerichts nicht möglich war.

(3) Das Vollstreckungsgericht hebt seinen Beschluß auf Antrag auf oder ändert ihn, wenn dies mit Rücksicht auf eine Änderung der Sachlage geboten ist.

(4) Die Aufhebung von Vollstreckungsmaßregeln erfolgt in den Fällen der Absätze 1 und 3 erst nach Rechtskraft des Beschlusses.

§ 766 [Erinnerung gegen Art und Weise der Vollstreckung]
(1) Über Anträge, Einwendungen und Erinnerungen, welche die Art und Weise der Zwangsvollstreckung oder das vom Gerichtsvollzieher bei ihr zu beobachtende Verfahren betreffen, entscheidet das Vollstreckungsgericht. Es ist befugt, die im § 732 Abs. 2 bezeichneten Anordnungen zu erlassen.

(2) Dem Vollstreckungsgericht steht auch die Entscheidung zu, wenn ein Gerichtsvollzieher sich weigert, einen Vollstreckungsauftrag zu übernehmen oder eine Vollstreckungshandlung dem Auftrag gemäß auszuführen, oder wenn wegen der von dem Gerichtsvollzieher in Ansatz gebrachten Kosten Erinnerungen erhoben werden.

§ 767 [Vollstreckungsgegenklage]
(1) Einwendungen, die den durch das Urteil festgestellten Anspruch selbst betreffen, sind von dem Schuldner im Wege der Klage bei dem Prozeßgericht des ersten Rechtszuges geltend zu machen.

(2) Sie sind nur insoweit zulässig, als die Gründe, auf denen sie beruhen, erst nach dem Schluß der mündlichen Verhandlung, in der Einwendungen nach den Vorschriften dieses Gesetzes spätestens hätten geltend gemacht werden müssen, entstanden sind und durch Einspruch nicht mehr geltend gemacht werden können.

(3) Der Schuldner muß in der von ihm zu erhebenden Klage alle Einwendungen geltend machen, die er zur Zeit der Erhebung der Klage geltend zu machen imstande war.

§ 768 [Klage gegen Vollstreckungsklausel]
Die Vorschriften des § 767 Abs. 1, 3 gelten entsprechend, wenn in den Fällen des § 726 Abs. 1, der §§ 727 bis 729, 738, 742, 744, des § 745 Abs. 2 und des § 749 der Schuldner den bei der Erteilung der Vollstreckungsklausel als bewiesen angenommenen Eintritt

der Voraussetzung für die Erteilung der Vollstreckungsklausel bestreitet, unbeschadet der Befugnis des Schuldners, in diesen Fällen Einwendungen gegen die Zulässigkeit der Vollstreckungsklausel nach § 732 zu erheben.

§ 769 [Einstweilige Anordnungen]

(1) Das Prozeßgericht kann auf Antrag anordnen, daß bis zum Erlaß des Urteils über die in den §§ 767, 768 bezeichneten Einwendungen die Zwangsvollstreckung gegen oder ohne Sicherheitsleistung eingestellt oder nur gegen Sicherheitsleistung fortgesetzt werde und daß Vollstreckungsmaßregeln gegen Sicherheitsleistung aufzuheben seien. Die tatsächlichen Behauptungen, die den Antrag begründen, sind glaubhaft zu machen.

(2) In dringenden Fällen kann das Vollstreckungsgericht eine solche Anordnung erlassen, unter Bestimmung einer Frist, innerhalb der die Entscheidung des Prozeßgerichts beizubringen sei. Nach fruchtlosem Ablauf der Frist wird die Zwangsvollstreckung fortgesetzt.

(3) Die Entscheidung über diese Anträge kann ohne mündliche Verhandlung ergehen.

§ 770 [Erlaß von einstweiligen Anordnungen im Urteil]

Das Prozeßgericht kann in dem Urteil, durch das über die Einwendungen entschieden wird, die in dem vorstehenden Paragraphen bezeichneten Anordnungen erlassen oder die bereits erlassenen Anordnungen aufheben, abändern oder bestätigen. Für die Anfechtung einer solchen Entscheidung gelten die Vorschriften des § 718 entsprechend.

§ 771 [Drittwiderspruchsklage]

(1) Behauptet ein Dritter, daß ihm an dem Gegenstand der Zwangsvollstreckung ein die Veräußerung hinderndes Recht zustehe, so ist der Widerspruch gegen die Zwangsvollstreckung im Wege der Klage bei dem Gericht geltend zu machen, in dessen Bezirk die Zwangsvollstreckung erfolgt.

(2) Wird die Klage gegen den Gläubiger und den Schuldner gerichtet, so sind diese als Streitgenossen anzusehen.

(3) Auf die Einstellung der Zwangsvollstreckung und die Aufhebung der bereits getroffenen Vollstreckungsmaßregeln sind die Vorschriften der §§ 769, 770 entsprechend anzuwenden. Die Aufhebung einer Vollstreckungsmaßregel ist auch ohne Sicherheitsleistung zulässig.

§ 772 [Veräußerungsverbot und Widerspruchsklage]

Solange ein Veräußerungsverbot der in den §§ 135, 136 des Bürgerlichen Gesetzbuchs bezeichneten Art besteht, soll der Gegenstand, auf den es sich bezieht, wegen eines persönlichen Anspruchs oder auf Grund eines infolge des Verbots unwirksamen Rechtes nicht im Wege der Zwangsvollstreckung veräußert oder überwiesen werden. Auf Grund des Veräußerungsverbots kann nach Maßgabe des § 771 Widerspruch erhoben werden.

§ 773 [Nacherbfolge und Widerspruchsklage]

Ein Gegenstand, der zu einer Vorerbschaft gehört, soll nicht im Wege der Zwangsvollstreckung veräußert oder überwiesen werden, wenn die Veräußerung oder die Überweisung im Falle des Eintritts der Nacherbfolge nach § 2115 des Bürgerlichen Gesetzbuchs dem Nacherben gegenüber unwirksam ist. Der Nacherbe kann nach Maßgabe des § 771 Widerspruch erheben.

§ 774 [Widerspruchsklage des Ehegatten]

Findet nach § 741 die Zwangsvollstreckung in das Gesamtgut statt, so kann ein Ehegatte nach Maßgabe des § 771 Widerspruch erheben, wenn das gegen den anderen Ehegatten ergangene Urteil in Ansehung des Gesamtgutes ihm gegenüber unwirksam ist.

§ 775 [Einstellung und Beschränkung der Zwangsvollstreckung]

Die Zwangsvollstreckung ist einzustellen oder zu beschränken:

1. wenn die Ausfertigung einer vollstreckbaren Entscheidung vorgelegt wird, aus der sich ergibt, daß das zu vollstreckende Urteil oder seine vorläufige Vollstreckbarkeit aufge-

hoben oder daß die Zwangsvollstreckung für unzulässig erklärt oder ihre Einstellung angeordnet ist;
2. wenn die Ausfertigung einer gerichtlichen Entscheidung vorgelegt wird, aus der sich ergibt, daß die einstweilige Einstellung der Vollstreckung oder einer Vollstrekkungsmaßregel angeordnet ist oder daß die Vollstreckung nur gegen Sicherheitsleistung fortgesetzt werden darf;
3. wenn eine öffentliche Urkunde vorgelegt wird, aus der sich ergibt, daß die zur Abwendung der Vollstreckung erforderliche Sicherheitsleistung oder Hinterlegung erfolgt ist;
4. wenn eine öffentliche Urkunde oder eine von dem Gläubiger ausgestellte Privaturkunde vorgelegt wird, aus der sich ergibt, daß der Gläubiger nach Erlaß des zu vollstreckenden Urteils befriedigt ist oder Stundung bewilligt hat;
5. wenn ein Postschein vorgelegt wird, aus dem sich ergibt, daß nach Erlaß des Urteils die zur Befriedigung des Gläubigers erforderliche Summe zur Auszahlung an den letzteren bei der Post eingezahlt ist.

§ 776 [Aufhebung und Bestehenbleiben von Vollstreckungsmaßregeln]
In den Fällen des § 775 Nr. 1, 3 sind zugleich die bereits getroffenen Vollstreckungsmaßregeln aufzuheben. In den Fällen der Nummern 4, 5 bleiben diese Maßregeln einstweilen bestehen; dasselbe gilt in den Fällen der Nummer 2, sofern nicht durch die Entscheidung auch die Aufhebung der bisherigen Vollstreckungshandlungen angeordnet ist.

§ 777 [Erinnerung bei anderweitiger Gläubigersicherheit]
Hat der Gläubiger eine bewegliche Sache des Schuldners im Besitz, in Ansehung deren ihm ein Pfandrecht oder ein Zurückbehaltungsrecht für seine Forderung zusteht, so kann der Schuldner der Zwangsvollstreckung in sein übriges Vermögen nach § 766 widersprechen, soweit die Forderung durch den Wert der Sache gedeckt ist. Steht dem Gläubiger ein solches Recht in Ansehung der Sache auch für eine andere Forderung zu, so ist der Widerspruch nur zulässig, wenn auch diese Forderung durch den Wert der Sache gedeckt ist.

§ 778 [Beschränkung auf Nachlaß vor Erbschaftsannahme]
(1) Solange der Erbe die Erbschaft nicht angenommen hat, ist eine Zwangsvollstreckung wegen eines Anspruchs, der sich gegen den Nachlaß richtet, nur in den Nachlaß zulässig.
(2) Wegen eigener Verbindlichkeiten des Erben ist eine Zwangsvollstreckung in den Nachlaß vor der Annahme der Erbschaft nicht zulässig.

§ 779 [Tod des Schuldners nach begonnener Zwangsvollstreckung]
(1) Eine Zwangsvollstreckung, die zur Zeit des Todes des Schuldners gegen ihn bereits begonnen hatte, wird in seinen Nachlaß fortgesetzt.
(2) Ist bei einer Vollstreckungshandlung die Zuziehung des Schuldners nötig, so hat, wenn die Erbschaft noch nicht angenommen oder wenn der Erbe unbekannt oder es ungewiß ist, ob er die Erbschaft angenommen hat, das Vollstreckungsgericht auf Antrag des Gläubigers dem Erben einen einstweiligen besonderen Vertreter zu bestellen. Die Bestellung hat zu unterbleiben, wenn ein Nachlaßpfleger bestellt ist oder wenn die Verwaltung des Nachlasses einem Testamentsvollstrecker zusteht.

§ 780 [Geltendmachung der beschränkten Erbenhaftung]
(1) Der als Erbe des Schuldners verurteilte Beklagte kann die Beschränkung seiner Haftung nur geltend machen, wenn sie ihm im Urteil vorbehalten ist.

(2) Der Vorbehalt ist nicht erforderlich, wenn der Fiskus als gesetzlicher Erbe verurteilt wird oder wenn das Urteil über eine Nachlaßverbindlichkeit gegen einen Nachlaßverwalter oder einen anderen Nachlaßpfleger oder gegen einen Testamentsvollstrecker, dem die Verwaltung des Nachlasses zusteht, erlassen wird.

§ 781 [Berücksichtigung der beschränkten Erbenhaftung]
Bei der Zwangsvollstreckung gegen den Erben des Schuldners bleibt die Beschränkung der Haftung unberücksichtigt, bis auf Grund derselben gegen die Zwangsvollstreckung von dem Erben Einwendungen erhoben werden.

§ 782 [Einrede gegenüber Nachlaßgläubigern]
Der Erbe kann auf Grund der ihm nach den §§ 2014, 2015 des Bürgerlichen Gesetzbuchs zustehenden Einreden nur verlangen, daß die Zwangsvollstreckung für die Dauer der dort bestimmten Fristen auf solche Maßregeln beschränkt wird, die zur Vollziehung eines Arrestes zulässig sind. Wird vor dem Ablauf der Frist die Eröffnung des Nachlaßkonkurses beantragt, so ist auf Antrag die Beschränkung der Zwangsvollstreckung auch nach dem Ablauf der Frist aufrechtzuerhalten, bis über die Eröffnung des Konkursverfahrens rechtskräftig entschieden ist.

§ 783 [Einreden des Erben gegen persönliche Gläubiger]
In Ansehung der Nachlaßgegenstände kann der Erbe die Beschränkung der Zwangsvollstreckung nach § 782 auch gegenüber den Gläubigern verlangen, die nicht Nachlaßgläubiger sind, es sei denn, daß er für die Nachlaßverbindlichkeiten unbeschränkt haftet.

§ 784 [Rechte des Erben bei Nachlaßverwaltung und Nachlaßkonkurs]
(1) Ist eine Nachlaßverwaltung angeordnet oder der Nachlaßkonkurs eröffnet, so kann der Erbe verlangen, daß Maßregeln der Zwangsvollstreckung, die zugunsten eines Nachlaßgläubigers in sein nicht zum Nachlaß gehörendes Vermögen erfolgt sind, aufgehoben werden, es sei denn, daß er für die Nachlaßverbindlichkeiten unbeschränkt haftet.
(2) Im Falle der Nachlaßverwaltung steht dem Nachlaßverwalter das gleiche Recht gegenüber Maßregeln der Zwangsvollstreckung zu, die zugunsten eines anderen Gläubigers als eines Nachlaßgläubigers in den Nachlaß erfolgt sind.

§ 785 [Vollstreckungsgegenklage des Erben]
Die auf Grund der §§ 781 bis 784 erhobenen Einwendungen werden nach den Vorschriften der §§ 767, 769, 770 erledigt.

§ 786 [Vollstreckungsgegenklage bei sonstiger Haftungsbeschränkung]
Die Vorschriften des § 780 Abs. 1 und der §§ 781 bis 785 sind auf die nach § 1489 des Bürgerlichen Gesetzbuchs eintretende beschränkte Haftung, die Vorschriften des § 780 Abs. 1 und der §§ 781, 785 sind auf die nach den §§ 419, 1480, 1504, 2187 des Bürgerlichen Gesetzbuchs eintretende beschränkte Haftung entsprechend anzuwenden.

§ 786 a [Zwangsvollstreckung auf Grund eines Vorbehaltsurteils nach § 305 a]
(1) Die Vorschriften des § 780 Abs. 1 und des § 781 sind auf die nach § 486 Abs. 1, 3, §§ 487 bis 487 d des Handelsgesetzbuchs eintretende beschränkte Haftung entsprechend anzuwenden.
(2) Ist das Urteil nach § 305 a unter Vorbehalt ergangen, so gelten für die Zwangsvollstreckung die folgenden Vorschriften:
1. Wird im Geltungsbereich dieses Gesetzes die Eröffnung eines Seerechtlichen Verteilungsverfahrens beantragt, an dem der Gläubiger mit dem Anspruch teilnimmt, so entscheidet das Gericht nach § 5 Abs. 3 der Seerechtlichen Verteilungsordnung über die Einstellung der Zwangsvollstreckung; nach Eröffnung des Verteilungsverfahrens

sind die Vorschriften des § 8 Abs. 4 und 5 der Seerechtlichen Verteilungsordnung anzuwenden.

2. Ist nach Artikel 11 des Haftungsbeschränkungsübereinkommens (§ 486 Abs. 1 des Handelsgesetzbuchs) von dem Schuldner oder für ihn ein Fonds in einem anderen Vertragsstaat des Übereinkommens errichtet worden, so sind, sofern der Gläubiger den Anspruch gegen den Fonds geltend gemacht hat, die Vorschriften des § 34 der Seerechtlichen Verteilungsordnung anzuwenden. Hat der Gläubiger den Anspruch nicht gegen den Fonds geltend gemacht oder sind die Voraussetzungen des § 34 Abs. 2 der Seerechtlichen Verteilungsordnung nicht gegeben, so werden Einwendungen, die auf Grund des Rechts auf Beschränkung der Haftung nach § 486 Abs. 1, 3, §§ 487 bis 487 d des Handelsgesetzbuchs erhoben werden, nach den Vorschriften der §§ 767, 769, 770 erledigt; das gleiche gilt, wenn der Fonds in dem anderen Vertragsstaat erst bei Geltendmachung des Rechts auf Beschränkung der Haftung errichtet wird.

(3) Ist das Urteil eines Gerichts, das seinen Sitz außerhalb des Geltungsbereichs dieses Gesetzes hat, unter dem Vorbehalt ergangen, daß der Beklagte das Recht auf Beschränkung der Haftung nach dem Haftungsbeschränkungsübereinkommen geltend machen kann, wenn ein Fonds nach Artikel 11 des Übereinkommens errichtet worden ist oder bei Geltendmachung des Rechts auf Beschränkung der Haftung errichtet wird, so gelten für die Zwangsvollstreckung wegen des durch das Urteil festgestellten Anspruchs die Vorschriften des Absatzes 2 entsprechend.

§ 787 [Zwangsvollstreckung bei herrenlosem Grundstück oder Schiff]

(1) Soll durch die Zwangsvollstreckung ein Recht an einem Grundstück, das von dem bisherigen Eigentümer nach § 928 des Bürgerlichen Gesetzbuchs aufgegeben und von dem Aneignungsberechtigten noch nicht erworben worden ist, geltend gemacht werden, so hat das Vollstreckungsgericht auf Antrag einen Vertreter zu bestellen, dem bis zur Eintragung eines neuen Eigentümers die Wahrnehmung der sich aus dem Eigentum ergebenden Rechte und Verpflichtungen im Zwangsvollstreckungsverfahren obliegt.

(2) Absatz 1 gilt entsprechend, wenn durch die Zwangsvollstreckung ein Recht an einem eingetragenen Schiff oder Schiffsbauwerk geltend gemacht werden soll, das von dem bisherigen Eigentümer nach § 7 des Gesetzes über Rechte an eingetragenen Schiffen und Schiffsbauwerken vom 15. November 1940 (RGBl. I S. 1499) aufgegeben und von dem Aneignungsberechtigten noch nicht erworben worden ist.

§ 788 [Vollstreckungskosten]

(1) Die Kosten der Zwangsvollstreckung fallen, soweit sie notwendig waren (§ 91), dem Schuldner zur Last; sie sind zugleich mit dem zur Zwangsvollstreckung stehenden Anspruch beizutreiben. Als Kosten der Zwangsvollstreckung gelten auch die Kosten der Ausfertigung und der Zustellung des Urteils.

(2) Die Kosten der Zwangsvollstreckung sind dem Schuldner zu erstatten, wenn das Urteil, aus dem die Zwangsvollstreckung erfolgt ist, aufgehoben wird.

(3) Die Kosten eines Verfahrens nach den §§ 765 a, 811 a, 811 b, 813 a, 850 k, 851 a und 851 b kann das Gericht ganz oder teilweise dem Gläubiger auferlegen, wenn dies aus besonderen, in dem Verhalten des Gläubigers liegenden Gründen der Billigkeit entspricht.

§ 789 [Ersuchen um behördliche Mitwirkung]

Wird zum Zwecke der Vollstreckung das Einschreiten einer Behörde erforderlich, so hat das Gericht die Behörde um ihr Einschreiten zu ersuchen.

§ 790 (aufgehoben)

§ 791 [Ersuchen um behördliche Mitwirkung bei Auslandsvollstreckung]

(1) Soll die Zwangsvollstreckung in einem ausländischen Staate erfolgen, dessen Behörden im Wege der Rechtshilfe die Urteile deutscher Gerichte vollstrecken, so hat auf Antrag des Gläubigers das Prozeßgericht des ersten Rechtszuges die zuständige Behörde des Auslandes um die Zwangsvollstreckung zu ersuchen.

(2) Kann die Vollstreckung durch einen Bundeskonsul erfolgen, so ist das Ersuchen an diesen zu richten.

§ 792 [Erteilung von Urkunden zur Zwangsvollstreckung]

Bedarf der Gläubiger zum Zwecke der Zwangsvollstreckung eines Erbscheins oder einer anderen Urkunde, die dem Schuldner auf Antrag von einer Behörde, einem Beamten oder einem Notar zu erteilen ist, so kann er die Erteilung an Stelle des Schuldners verlangen.

§ 793 [Sofortige Beschwerde]

(1) Gegen Entscheidungen, die im Zwangsvollstreckungsverfahren ohne mündliche Verhandlung ergehen können, findet sofortige Beschwerde statt.

(2) Hat das Landgericht über die Beschwerde entschieden, so findet, soweit das Gesetz nicht etwas anderes bestimmt, die sofortige weitere Beschwerde statt.

§ 794 [Weitere Vollstreckungstitel]

(1) Die Zwangsvollstreckung findet ferner statt:

1. aus Vergleichen, die zwischen den Parteien oder zwischen einer Partei und einem Dritten zur Beilegung des Rechtsstreits seinem ganzen Umfang nach oder in betreff eines Teiles des Streitgegenstandes vor einem deutschen Gericht oder vor einer durch die Landesjustizverwaltung eingerichteten oder anerkannten Gütestelle abgeschlossen sind, sowie aus Vergleichen, die gemäß § 118 Abs. 1 Satz 3 oder § 492 Abs. 3 zu richterlichem Protokoll genommen sind;
2. aus Kostenfestsetzungsbeschlüssen;

2a. aus Beschlüssen, die den Betrag des vom Vater eines nichtehelichen Kindes zu zahlenden Regelunterhalts, auch eines Zu- oder Abschlags hierzu, festsetzen;

2b. aus Beschlüssen, die über einen Antrag auf Abänderung eines Unterhaltstitels im Vereinfachten Verfahren entscheiden;

3. aus Entscheidungen, gegen die das Rechtsmittel der Beschwerde stattfindet, dies gilt nicht für Entscheidungen nach § 620 Satz 1 Nr. 1, 3 und § 620 b in Verbindung mit § 620 Satz 1 Nr. 1, 3;

3a. aus einstweiligen Anordnungen nach den §§ 127 a, 620 Satz 1 Nr. 4 bis 9 und § 621 f;

4. aus Vollstreckungsbescheiden;

4a. aus den für vollstreckbar erklärten Schiedssprüchen, schiedsrichterlichen Vergleichen und Vergleichen nach § 1044 b Abs. 1, sofern die Entscheidung über die Vollstreckbarkeit rechtskräftig oder für vorläufig vollstreckbar erklärt ist; ferner aus den nach § 1044 b Abs. 2 für vollstreckbar erklärten Vergleichen;

5. aus Urkunden, die von einem deutschen Gericht oder von einem deutschen Notar innerhalb der Grenzen seiner Amtsbefugnisse in der vorgeschriebenen Form aufgenommen sind, sofern die Urkunde über einen Anspruch errichtet ist, der die Zahlung einer bestimmten Geldsumme oder die Leistung einer bestimmten Menge anderer vertretbarer Sachen oder Wertpapiere zum Gegenstand hat, und der Schuldner sich in der Urkunde der sofortigen Zwangsvollstreckung unterworfen hat. Als ein Anspruch, der die Zahlung einer Geldsumme zum Gegenstand hat, gilt auch der Anspruch aus einer Hypothek, einer Grundschuld, einer Rentenschuld oder einer Schiffshypothek.

(2) Soweit nach den Vorschriften der §§ 737, 743, des § 745 Abs. 2 und des § 748 Abs. 2

die Verurteilung eines Beteiligten zur Duldung der Zwangsvollstreckung erforderlich ist, wird sie dadurch ersetzt, daß der Beteiligte in einer nach Absatz 1 Nr. 5 aufgenommenen Urkunde die sofortige Zwangsvollstreckung in die seinem Rechte unterworfenen Gegenstände bewilligt.

§ 794 a [Räumungsfrist bei Vergleichen]

(1) Hat sich der Schuldner in einem Vergleich, aus dem die Zwangsvollstreckung stattfindet, zur Räumung von Wohnraum verpflichtet, so kann ihm das Amtsgericht, in dessen Bezirk der Wohnraum belegen ist, auf Antrag eine den Umständen nach angemessene Räumungsfrist bewilligen. Der Antrag ist spätestens zwei Wochen vor dem Tage, an dem nach dem Vergleich zu räumen ist, zu stellen; §§ 233 bis 238 gelten sinngemäß. Die Entscheidung kann ohne mündliche Verhandlung ergehen. Vor der Entscheidung ist der Gläubiger zu hören. Das Gericht ist befugt, die im § 732 Abs. 2 bezeichneten Anordnungen zu erlassen.

(2) Die Räumungsfrist kann auf Antrag verlängert oder verkürzt werden. Absatz 1 Sätze 2 bis 5 gilt entsprechend.

(3) Die Räumungsfrist darf insgesamt nicht mehr als ein Jahr, gerechnet vom Tage des Abschlusses des Vergleichs, betragen. Ist nach dem Vergleich an einem späteren Tage zu räumen, so rechnet die Frist von diesem Tage an.

(4) Gegen die Entscheidung des Amtsgerichts findet die sofortige Beschwerde statt.

(5) Die Absätze 1 bis 4 gelten nicht für Mietverhältnisse über Wohnraum im Sinne des § 564 b Abs. 7 Nr. 4 und 5 und in den Fällen des § 564 c Abs. 2 des Bürgerlichen Gesetzbuchs.

§ 795 [Anzuwendende Vorschriften]

Auf die Zwangsvollstreckung aus den in § 794 erwähnten Schuldtiteln sind die Vorschriften der §§ 724 bis 793 entsprechend anzuwenden, soweit nicht in den §§ 795 a bis 800 abweichende Vorschriften enthalten sind. Auf die Zwangsvollstreckung aus den in § 794 Abs. 1 Nr. 2, 2 a erwähnten Schuldtiteln ist § 720 a entsprechend anzuwenden, wenn die Schuldtitel auf Urteilen beruhen, die nur gegen Sicherheitsleistung vorläufig vollstreckbar sind.

§ 795 a [Zwangsvollstreckung aus Kostenfestsetzungsbeschluß]

Die Zwangsvollstreckung aus einem Kostenfestsetzungsbeschlusse, der nach § 105 auf das Urteil gesetzt ist, erfolgt auf Grund einer vollstreckbaren Ausfertigung des Urteils; einer besonderen Vollstreckungsklausel für den Festsetzungsbeschluß bedarf es nicht.

§ 796 [Zwangsvollstreckung aus Vollstreckungsbescheid]

(1) Vollstreckungsbescheide bedürfen der Vollstreckungsklausel nur, wenn die Zwangsvollstreckung für einen anderen als den in dem Bescheid bezeichneten Gläubiger oder gegen einen anderen als den in dem Bescheid bezeichneten Schuldner erfolgen soll.

(2) Einwendungen, die den Anspruch selbst betreffen, sind nur insoweit zulässig, als die Gründe, auf denen sie beruhen, nach Zustellung des Vollstreckungsbescheids entstanden sind und durch Einspruch nicht mehr geltend gemacht werden können.

(3) Für Klagen auf Erteilung der Vollstreckungsklausel sowie für Klagen, durch welche die den Anspruch selbst betreffenden Einwendungen geltend gemacht werden oder der bei der Erteilung der Vollstreckungsklausel als bewiesen angenommene Eintritt der Voraussetzung für die Erteilung der Vollstreckungsklausel bestritten wird, ist das Gericht zuständig, das für eine Entscheidung im Streitverfahren zuständig gewesen wäre.

§ 797 [Verfahren bei vollstreckbaren Urkunden]

(1) Die vollstreckbare Ausfertigung gerichtlicher Urkunden wird von dem Urkundsbeamten der Geschäftsstelle des Gerichts erteilt, das die Urkunde verwahrt.

(2) Die vollstreckbare Ausfertigung notarieller Urkunden wird von dem Notar erteilt, der die Urkunde verwahrt. Befindet sich die Urkunde in der Verwahrung einer Behörde, so hat diese die vollstreckbare Ausfertigung zu erteilen.

(3) Die Entscheidung über Einwendungen, welche die Zulässigkeit der Vollstreckungsklausel betreffen, sowie die Entscheidung über Erteilung einer weiteren vollstreckbaren Ausfertigung wird bei gerichtlichen Urkunden von dem im ersten Absatz bezeichneten Gericht, bei notariellen Urkunden von dem Amtsgericht getroffen, in dessen Bezirk der im zweiten Absatz bezeichnete Notar oder die daselbst bezeichnete Behörde den Amtssitz hat.

(4) Auf die Geltendmachung von Einwendungen, die den Anspruch selbst betreffen, ist die beschränkende Vorschrift des § 767 Abs. 2 nicht anzuwenden.

(5) Für Klagen auf Erteilung der Vollstreckungsklausel sowie für Klagen, durch welche die den Anspruch selbst betreffenden Einwendungen geltend gemacht werden oder der bei der Erteilung der Vollstreckungsklausel als bewiesen angenommene Eintritt der Voraussetzung für die Erteilung der Vollstreckungsklausel bestritten wird, ist das Gericht, bei dem der Schuldner im Inland seinen allgemeinen Gerichtsstand hat, und sonst das Gericht zuständig, bei dem nach § 23 gegen den Schuldner Klage erhoben werden kann.

(6) Auf Vergleiche nach § 1044 b Abs. 2 sind die Absätze 2 bis 5 entsprechend anzuwenden.

§ 797 a [Verfahren für Gütestellenvergleiche]

(1) Bei Vergleichen, die vor Gütestellen der im § 794 Abs. 1 Nr. 1 bezeichneten Art geschlossen sind, wird die Vollstreckungsklausel von dem Urkundsbeamten der Geschäftsstelle desjenigen Amtsgerichts erteilt, in dessen Bezirk die Gütestelle ihren Sitz hat.

(2) Über Einwendungen, welche die Zulässigkeit der Vollstreckungsklausel betreffen, entscheidet das im Absatz 1 bezeichnete Gericht.

(3) § 797 Abs. 5 gilt entsprechend.

(4) Die Landesjustizverwaltung kann Vorsteher von Gütestellen ermächtigen, die Vollstreckungsklausel für Vergleiche zu erteilen, die vor der Gütestelle geschlossen sind. Die Ermächtigung erstreckt sich nicht auf die Fälle des § 726 Abs. 1, der §§ 727 bis 729 und des § 733. Über Einwendungen, welche die Zulässigkeit der Vollstreckungsklausel betreffen, entscheidet das im Absatz 1 bezeichnete Gericht.

§ 798 [Wartefrist bei Beschlüssen]

Aus einem Kostenfestsetzungsbeschluß, der nicht auf das Urteil gesetzt ist, aus Beschlüssen nach § 794 Abs. 1 Nr. 2 a, aus Vergleichen nach § 794 Abs. 1 Nr. 4 a zweiter Halbsatz sowie aus den nach § 794 Abs. 1 Nr. 5 aufgenommenen Urkunden darf die Zwangsvollstreckung nur beginnen, wenn der Schuldtitel mindestens zwei Wochen vorher zugestellt ist.

§ 798 a [Wartefrist bei Unterhaltsabänderungsbeschluß]

Aus einem Beschluß nach § 641 p darf die Zwangsvollstreckung nur beginnen, wenn der Beschluß mindestens einen Monat vorher zugestellt ist. Aus einem Kostenfestsetzungsbeschluß, der auf Grund eines Beschlusses nach § 641 p ergangen ist, darf die Zwangsvollstreckung nicht vor Ablauf der in Satz 1 bezeichneten Frist beginnen; § 798 bleibt unberührt.

§ 799 [Vollstreckbare Urkunde bei Rechtsnachfolge]
Hat sich der Eigentümer eines mit einer Hypothek, einer Grundschuld oder einer Rentenschuld belasteten Grundstücks in einer nach § 794 Abs. 1 Nr. 5 aufgenommenen Urkunde der sofortigen Zwangsvollstreckung unterworfen und ist dem Rechtsnachfolger des Gläubigers eine vollstreckbare Ausfertigung erteilt, so ist die Zustellung der die Rechtsnachfolge nachweisenden öffentlichen oder öffentlich beglaubigten Urkunde nicht erforderlich, wenn der Rechtsnachfolger als Gläubiger im Grundbuch eingetragen ist.

§ 800 [Vollstreckbare Urkunde gegen jeweiligen Eigentümer]
(1) Der Eigentümer kann sich in einer nach § 794 Abs. 1 Nr. 5 aufgenommenen Urkunde in Ansehung einer Hypothek, einer Grundschuld oder einer Rentenschuld der sofortigen Zwangsvollstreckung in der Weise unterwerfen, daß die Zwangsvollstreckung aus der Urkunde gegen den jeweiligen Eigentümer des Grundstücks zulässig sein soll. Die Unterwerfung bedarf in diesem Falle der Eintragung in das Grundbuch.
(2) Bei der Zwangsvollstreckung gegen einen späteren Eigentümer, der im Grundbuch eingetragen ist, bedarf es nicht der Zustellung der den Erwerb des Eigentums nachweisenden öffentlichen oder öffentlich beglaubigten Urkunde.
(3) Ist die sofortige Zwangsvollstreckung gegen den jeweiligen Eigentümer zulässig, so ist für die im § 797 Abs. 5 bezeichneten Klagen das Gericht zuständig, in dessen Bezirk das Grundstück belegen ist.

§ 800 a [Anwendbarkeit auf Schiffshypothek]
(1) Die Vorschriften der §§ 799, 800 gelten für eingetragene Schiffe und Schiffsbauwerke, die mit einer Schiffshypothek belastet sind, entsprechend.
(2) Ist die sofortige Zwangsvollstreckung gegen den jeweiligen Eigentümer zulässig, so ist für die im § 797 Abs. 5 bezeichneten Klagen das Gericht zuständig, in dessen Bezirk das Register für das Schiff oder das Schiffsbauwerk geführt wird.

§ 801 [Vollstreckbarkeit nach Landesrecht]
Die Landesgesetzgebung ist nicht gehindert, auf Grund anderer als der in den §§ 704, 794 bezeichneten Schuldtitel die gerichtliche Zwangsvollstreckung zuzulassen und insoweit von diesem Gesetz abweichende Vorschriften über die Zwangsvollstreckung zu treffen.

§ 802 [Ausschließlichkeit der Gerichtsstände]
Die in diesem Buche angeordneten Gerichtsstände sind ausschließliche.

Zweiter Abschnitt
Zwangsvollstreckung wegen Geldforderungen
Erster Titel
Zwangsvollstreckung in das bewegliche Vermögen
I. Allgemeine Vorschriften

§ 803 [Pfändung]
(1) Die Zwangsvollstreckung in das bewegliche Vermögen erfolgt durch Pfändung. Sie darf nicht weiter ausgedehnt werden, als es zur Befriedigung des Gläubigers und zur Deckung der Kosten der Zwangsvollstreckung erforderlich ist.
(2) Die Pfändung hat zu unterbleiben, wenn sich von der Verwertung der zu pfändenden Gegenstände ein Überschuß über die Kosten der Zwangsvollstreckung nicht erwarten läßt.

§ 804 [Pfändungspfandrecht]
(1) Durch die Pfändung erwirbt der Gläubiger ein Pfandrecht an dem gepfändeten Gegenstande.

(2) Das Pfandrecht gewährt dem Gläubiger im Verhältnis zu anderen Gläubigern dieselben Rechte wie ein durch Vertrag erworbenes Faustpfandrecht; es geht Pfand- und Vorzugsrechten vor, die für den Fall eines Konkurses den Faustpfandrechten nicht gleichgestellt sind.

(3) Das durch eine frühere Pfändung begründete Pfandrecht geht demjenigen vor, das durch eine spätere Pfändung begründet wird.

§ 805 [Vorzugsklage]

(1) Der Pfändung einer Sache kann ein Dritter, der sich nicht im Besitz der Sache befindet, auf Grund eines Pfand- oder Vorzugsrechts nicht widersprechen; er kann jedoch seinen Anspruch auf vorzugsweise Befriedigung aus dem Erlös im Wege der Klage geltend machen, ohne Rücksicht darauf, ob seine Forderung fällig ist oder nicht.

(2) Die Klage ist bei dem Vollstreckungsgericht und, wenn der Streitgegenstand zur Zuständigkeit der Amtsgerichte nicht gehört, bei dem Landgericht zu erheben, in dessen Bezirk das Vollstreckungsgericht seinen Sitz hat.

(3) Wird die Klage gegen den Gläubiger und den Schuldner gerichtet, so sind diese als Streitgenossen anzusehen.

(4) Wird der Anspruch glaubhaft gemacht, so hat das Gericht die Hinterlegung des Erlöses anzuordnen. Die Vorschriften der §§ 769, 770 sind hierbei entsprechend anzuwenden.

§ 806 [Keine Gewährleistung bei Pfandveräußerung]

Wird ein Gegenstand auf Grund der Pfändung veräußert, so steht dem Erwerber wegen eines Mangels im Recht oder wegen eines Mangels der veräußerten Sache ein Anspruch auf Gewährleistung nicht zu.

§ 806 a [Informations- und Fragerecht des Gerichtsvollziehers]

(1) Erhält der Gerichtsvollzieher anläßlich der Zwangsvollstreckung durch Befragung des Schuldners oder durch Einsicht in Schriftstücke Kenntnis von Geldforderungen des Schuldners gegen Dritte und konnte eine Pfändung nicht bewirkt werden oder wird eine bewirkte Pfändung voraussichtlich nicht zur vollständigen Befriedigung des Gläubigers führen, so teilt er Namen und Anschriften der Drittschuldner sowie den Grund der Forderungen und für diese bestehende Sicherheiten dem Gläubiger mit.

(2) Trifft der Gerichtsvollzieher den Schuldner nicht in der Wohnung an und konnte eine Pfändung nicht bewirkt werden oder wird eine bewirkte Pfändung voraussichtlich nicht zur vollständigen Befriedigung des Gläubigers führen, so kann der Gerichtsvollzieher die zum Hausstand des Schuldners gehörenden erwachsenen Personen nach dem Arbeitgeber des Schuldners befragen. Diese sind zu einer Auskunft nicht verpflichtet und vom Gerichtsvollzieher auf die Freiwilligkeit ihrer Angaben hinzuweisen. Seine Erkenntnisse teilt der Gerichtsvollzieher dem Gläubiger mit.

§ 807 [Eidesstattliche Versicherung]

(1) Hat die Pfändung zu einer vollständigen Befriedigung des Gläubigers nicht geführt oder macht dieser glaubhaft, daß er durch Pfändung seine Befriedigung nicht vollständig erlangen könne, so ist der Schuldner auf Antrag verpflichtet, ein Verzeichnis seines Vermögens vorzulegen und für seine Forderungen den Grund und die Beweismittel zu bezeichnen. Aus dem Vermögensverzeichnis müssen auch ersichtlich sein

1. die im letzten Jahre vor dem ersten zur Abgabe der eidesstattlichen Versicherung anberaumten Termin vorgenommenen entgeltlichen Veräußerungen des Schuldners an seinen Ehegatten, vor oder während der Ehe, an seine oder seines Ehegatten Verwandte in auf- oder absteigender Linie, an seine oder seines Ehegatten voll- oder halbbürtigen Geschwister oder an den Ehegatten einer dieser Personen;

2. die im letzten Jahr vor dem ersten zur Abgabe der eidesstattlichen Versicherung anberaumten Termin von dem Schuldner vorgenommenen unentgeltlichen Verfügungen, sofern sie nicht gebräuchliche Gelegenheitsgeschenke zum Gegenstand hatten;
3. die in den letzten zwei Jahren vor dem ersten zur Abgabe der eidesstattlichen Versicherung anberaumten Termin von dem Schuldner vorgenommenen unentgeltlichen Verfügungen zugunsten seines Ehegatten.

Sachen, die nach § 811 Nr. 1, 2 der Pfändung offensichtlich nicht unterworfen sind, brauchen in dem Vermögensverzeichnis nicht angegeben zu werden, es sei denn, daß eine Austauschpfändung in Betracht kommt.

(2) Der Schuldner hat zu Protokoll an Eides Statt zu versichern, daß er die von ihm verlangten Angaben nach bestem Wissen und Gewissen richtig und vollständig gemacht habe. Die Vorschriften der §§ 478 bis 480, 483 gelten entsprechend.

II. Zwangsvollstreckung in körperliche Sachen

§ 808 [Durchführung der Pfändung]

(1) Die Pfändung der im Gewahrsam des Schuldners befindlichen körperlichen Sachen wird dadurch bewirkt, daß der Gerichtsvollzieher sie in Besitz nimmt.

(2) Andere Sachen als Geld, Kostbarkeiten und Wertpapiere sind im Gewahrsam des Schuldners zu belassen, sofern nicht hierdurch die Befriedigung des Gläubigers gefährdet wird. Werden die Sachen im Gewahrsam des Schuldners belassen, so ist die Wirksamkeit der Pfändung dadurch bedingt, daß durch Anlegung von Siegeln oder auf sonstige Weise die Pfändung ersichtlich gemacht ist.

(3) Der Gerichtsvollzieher hat den Schuldner von der erfolgten Pfändung in Kenntnis zu setzen.

§ 809 [Pfändung bei Gläubiger oder Dritten]

Die vorstehenden Vorschriften sind auf die Pfändung von Sachen, die sich im Gewahrsam des Gläubigers oder eines zur Herausgabe bereiten Dritten befinden, entsprechend anzuwenden.

§ 810 [Pfändung von Grundstücksfrüchten]

(1) Die Früchte, die von dem Boden noch nicht getrennt sind, können gepfändet werden, solange nicht ihre Beschlagnahme im Wege der Zwangsvollstreckung in das unbewegliche Vermögen erfolgt ist. Die Pfändung darf nicht früher als einen Monat vor der gewöhnlichen Zeit der Reife erfolgen.

(2) Ein Gläubiger, der ein Recht auf Befriedigung aus dem Grundstück hat, kann der Pfändung nach Maßgabe des § 771 widersprechen, sofern nicht die Pfändung für einen im Falle der Zwangsvollstreckung in das Grundstück vorgehenden Anspruch erfolgt ist.

§ 811 [Unpfändbare Sachen]

Folgende Sachen sind der Pfändung nicht unterworfen:

1. die dem persönlichen Gebrauch oder dem Haushalt dienenden Sachen, insbesondere Kleidungsstücke, Wäsche, Betten, Haus- und Küchengerät, soweit der Schuldner ihrer zu einer seiner Berufstätigkeit und seiner Verschuldung angemessenen, bescheidenen Lebens- und Haushaltsführung bedarf; ferner Gartenhäuser, Wohnlauben und ähnliche Wohnzwecken dienende Einrichtungen, die der Zwangsvollstreckung in das bewegliche Vermögen unterliegen und deren der Schuldner oder seine Familie zur ständigen Unterkunft bedarf;
2. die für den Schuldner, seine Familie und seine Hausangehörigen, die ihm im Haushalt helfen, auf vier Wochen erforderlichen Nahrungs-, Feuerungs- und Beleuchtungsmittel

oder, soweit für diesen Zeitraum solche Vorräte nicht vorhanden und ihre Beschaffung auf anderem Wege nicht gesichert ist, der zur Beschaffung erforderliche Geldbetrag;

3. Kleintiere in beschränkter Zahl sowie eine Milchkuh oder nach Wahl des Schuldners statt einer solchen insgesamt zwei Schweine, Ziegen oder Schafe, wenn diese Tiere für die Ernährung des Schuldners, seiner Familie oder Hausangehörigen, die ihm im Haushalt, in der Landwirtschaft oder im Gewerbe helfen, erforderlich sind; ferner die zur Fütterung und zur Streu auf vier Wochen erforderlichen Vorräte oder, soweit solche Vorräte nicht vorhanden sind und ihre Beschaffung für diesen Zeitraum auf anderem Wege nicht gesichert ist, der zu ihrer Beschaffung erforderliche Geldbetrag;
4. bei Personen, die Landwirtschaft betreiben, das zum Wirtschaftsbetrieb erforderliche Gerät und Vieh nebst dem nötigen Dünger sowie die landwirtschaftlichen Erzeugnisse, soweit sie zur Sicherung des Unterhalts des Schuldners, seiner Familie und seiner Arbeitnehmer oder zur Fortführung der Wirtschaft bis zur nächsten Ernte gleicher oder ähnlicher Erzeugnisse erforderlich sind;

4a. bei Arbeitnehmern in landwirtschaftlichen Betrieben die ihnen als Vergütung gelieferten Naturalien, soweit der Schuldner ihrer zu seinem und seiner Familie Unterhalt bedarf;

5. bei Personen, die aus ihrer körperlichen oder geistigen Arbeit oder sonstigen persönlichen Leistungen ihren Erwerb ziehen, die zur Fortsetzung dieser Erwerbstätigkeit erforderlichen Gegenstände;
6. bei den Witwen und minderjährigen Erben der unter Nummer 5 bezeichneten Personen, wenn sie die Erwerbstätigkeit für ihre Rechnung durch einen Stellvertreter fortführen, die zur Fortführung dieser Erwerbstätigkeit erforderlichen Gegenstände;
7. Dienstkleidungsstücke sowie Dienstausrüstungsgegenstände, soweit sie zum Gebrauch des Schuldners bestimmt sind, sowie bei Beamten, Geistlichen, Rechtsanwälten, Notaren, Ärzten und Hebammen die zur Ausübung des Berufes erforderlichen Gegenstände einschließlich angemessener Kleidung;
8. bei Personen, die wiederkehrende Einkünfte der in den §§ 850 bis 850 b bezeichneten Art beziehen, ein Geldbetrag, der dem der Pfändung nicht unterworfenen Teil der Einkünfte für die Zeit von der Pfändung bis zu dem nächsten Zahlungstermin entspricht;
9. die zum Betrieb einer Apotheke unentbehrlichen Geräte, Gefäße und Waren;
10. die Bücher, die zum Gebrauch des Schuldners und seiner Familie in der Kirche oder Schule oder einer sonstigen Unterrichtsanstalt oder bei der häuslichen Andacht bestimmt sind;
11. die in Gebrauch genommenen Haushaltungs- und Geschäftsbücher, die Familienpapiere sowie die Trauringe, Orden und Ehrenzeichen;
12. künstliche Gliedmaßen, Brillen und andere wegen körperlicher Gebrechen notwendige Hilfsmittel, soweit diese Gegenstände zum Gebrauch des Schuldners und seiner Familie bestimmt sind;
13. die zur unmittelbaren Verwendung für die Bestattung bestimmten Gegenstände;
14. (aufgehoben)

§ 811 a [Austauschpfändung]

(1) Die Pfändung einer nach § 811 Nr. 1, 5 und 6 unpfändbaren Sache kann zugelassen werden, wenn der Gläubiger dem Schuldner vor der Wegnahme der Sache ein Ersatzstück, das dem geschützten Verwendungszweck genügt, oder den zur Beschaffung eines solchen Ersatzstückes erforderlichen Geldbetrag überläßt; ist dem Gläubiger die rechtzeitige Ersatzbeschaffung nicht möglich oder nicht zuzumuten, so kann die Pfändung mit der Maßgabe zugelassen werden, daß dem Schuldner der zur Ersatzbeschaffung erforderliche Geldbetrag aus dem Vollstreckungserlös überlassen wird (Austauschpfändung).

(2) Über die Zulässigkeit der Austauschpfändung entscheidet das Vollstreckungsgericht auf Antrag des Gläubigers durch Beschluß. Das Gericht soll die Austauschpfändung nur zulassen, wenn sie nach Lage der Verhältnisse angemessen ist, insbesondere wenn zu erwarten ist, daß der Vollstreckungserlös den Wert des Ersatzstückes erheblich übersteigen werde. Das Gericht setzt den Wert eines vom Gläubiger angebotenen Ersatzstückes oder den zur Ersatzbeschaffung erforderlichen Betrag fest. Bei der Austauschpfändung nach Absatz 1 Halbsatz 1 ist der festgesetzte Betrag dem Gläubiger aus dem Vollstreckungserlös zu erstatten; er gehört zu den Kosten der Zwangsvollstreckung.

(3) Der dem Schuldner überlassene Geldbetrag ist unpfändbar.

(4) Bei der Austauschpfändung nach Absatz 1 Halbsatz 2 ist die Wegnahme der gepfändeten Sache erst nach Rechtskraft des Zulassungsbeschlusses zulässig.

§ 811 b [Vorläufige Austauschpfändung]

(1) Ohne vorgängige Entscheidung des Gerichts ist eine vorläufige Austauschpfändung zulässig, wenn eine Zulassung durch das Gericht zu erwarten ist. Der Gerichtsvollzieher soll die Austauschpfändung nur vornehmen, wenn zu erwarten ist, daß der Vollstreckungserlös den Wert des Ersatzstückes erheblich übersteigen wird.

(2) Die Pfändung ist aufzuheben, wenn der Gläubiger nicht binnen einer Frist von zwei Wochen nach Benachrichtigung von der Pfändung einen Antrag nach § 811 a Abs. 2 bei dem Vollstreckungsgericht gestellt hat oder wenn ein solcher Antrag rechtskräftig zurückgewiesen ist.

(3) Bei der Benachrichtigung ist dem Gläubiger unter Hinweis auf die Antragsfrist und die Folgen ihrer Versäumung mitzuteilen, daß die Pfändung als Austauschpfändung erfolgt ist.

(4) Die Übergabe des Ersatzstückes oder des zu seiner Beschaffung erforderlichen Geldbetrages an den Schuldner und die Fortsetzung der Zwangsvollstreckung erfolgen erst nach Erlaß des Beschlusses gemäß § 811 a Abs. 2 auf Anweisung des Gläubigers. § 811 a Abs. 4 gilt entsprechend.

§ 811 c [Tiere]

(1) Tiere, die im häuslichen Bereich und nicht zu Erwerbszwecken gehalten werden, sind der Pfändung nicht unterworfen.

(2) Auf Antrag des Gläubigers läßt das Vollstreckungsgericht eine Pfändung wegen des hohen Wertes des Tieres zu, wenn die Unpfändbarkeit für den Gläubiger eine Härte bedeuten würde, die auch unter Würdigung der Belange des Tierschutzes und der berechtigten Interessen des Schuldners nicht zu rechtfertigen ist.

§ 811 d [Vorwegpfändung]

(1) Ist zu erwarten, daß eine Sache demnächst pfändbar wird, so kann sie gepfändet werden, ist aber im Gewahrsam des Schuldners zu belassen. Die Vollstreckung darf erst fortgesetzt werden, wenn die Sache pfändbar geworden ist.

(2) Die Pfändung ist aufzuheben, wenn die Sache nicht binnen eines Jahres pfändbar geworden ist.

§ 812 [Hausratspfändung]

Gegenstände, die zum gewöhnlichen Hausrat gehören und im Haushalt des Schuldners gebraucht werden, sollen nicht gepfändet werden, wenn ohne weiteres ersichtlich ist, daß durch ihre Verwertung nur ein Erlös erzielt werden würde, der zu dem Wert außer allem Verhältnis steht.

§ 813 [Schätzung der gepfändeten Sachen]

(1) Die gepfändeten Sachen sollen bei der Pfändung auf ihren gewöhnlichen Verkaufswert geschätzt werden. Die Schätzung des Wertes von Kostbarkeiten soll einem Sachverständigen übertragen werden. In anderen Fällen kann das Vollstreckungsgericht auf Antrag des Gläubigers oder des Schuldners die Schätzung durch einen Sachverständigen anordnen.

(2) Ist die Schätzung des Wertes bei der Pfändung nicht möglich, so soll sie unverzüglich nachgeholt und ihr Ergebnis nachträglich in der Niederschrift über die Pfändung vermerkt werden.

(3) Zur Pfändung von Früchten, die von dem Boden noch nicht getrennt sind, und zur Pfändung von Gegenständen der in § 811 Nr. 4 bezeichneten Art bei Personen, die Landwirtschaft betreiben, soll ein landwirtschaftlicher Sachverständiger zugezogen werden, sofern anzunehmen ist, daß der Wert der zu pfändenden Gegenstände den Betrag von 1000 Deutsche Mark übersteigt.

(4) Die Landesjustizverwaltung kann bestimmen, daß auch in anderen Fällen ein Sachverständiger zugezogen werden soll.

§ 813 a [Vollstreckungsschutz durch Verwertungsaufschub]

(1) Das Vollstreckungsgericht kann auf Antrag des Schuldners die Verwertung gepfändeter Sachen unter Anordnung von Zahlungsfristen zeitweilig aussetzen, wenn dies nach der Persönlichkeit und den wirtschaftlichen Verhältnissen des Schuldners sowie nach der Art der Schuld angemessen erscheint und nicht überwiegende Belange des Gläubigers entgegenstehen.

(2) Wird der Antrag nach Absatz 1 nicht binnen einer Frist von zwei Wochen nach der Pfändung gestellt, so ist er ohne sachliche Prüfung zurückzuweisen, wenn das Vollstreckungsgericht der Überzeugung ist, daß der Schuldner den Antrag in der Absicht der Verschleppung oder aus grober Nachlässigkeit nicht früher gestellt hat.

(3) Anordnungen nach Absatz 1 können mehrmals ergehen und soweit es nach Lage der Verhältnisse, insbesondere wegen nicht ordnungsmäßiger Erfüllung der Zahlungsauflagen geboten ist, auf Antrag aufgehoben oder abgeändert werden.

(4) Die Verwertung darf durch Anordnungen nach Absatz 1 und Absatz 3 nicht länger als insgesamt ein Jahr nach der Pfändung hinausgeschoben werden.

(5) Vor den in Absatz 1 und in Absatz 3 bezeichneten Entscheidungen ist, soweit dies ohne erhebliche Verzögerung möglich ist, der Gegner zu hören. Die für die Entscheidung wesentlichen tatsächlichen Verhältnisse sind glaubhaft zu machen. Das Gericht soll in geeigneten Fällen auf eine gütliche Abwicklung der Verbindlichkeiten hinwirken und kann hierzu eine mündliche Verhandlung anordnen. Die Entscheidungen nach den Absätzen 1, 2 und 3 sind unanfechtbar.

(6) In Wechselsachen findet eine Aussetzung der Verwertung gepfändeter Sachen nicht statt.

§ 814 [Öffentliche Versteigerung]

Die gepfändeten Sachen sind von dem Gerichtsvollzieher öffentlich zu versteigern.

§ 815 [Ablieferung gepfändeten Geldes]

(1) Gepfändetes Geld ist dem Gläubiger abzuliefern.

(2) Wird dem Gerichtsvollzieher glaubhaft gemacht, daß an gepfändetem Geld ein die Veräußerung hinderndes Recht eines Dritten bestehe, so ist das Geld zu hinterlegen. Die Zwangsvollstreckung ist fortzusetzen, wenn nicht binnen einer Frist von zwei Wochen seit dem Tage der Pfändung eine Entscheidung des nach § 771 Abs. 1 zuständigen Gerichts über die Einstellung der Zwangsvollstreckung beigebracht wird.

(3) Die Wegnahme des Geldes durch den Gerichtsvollzieher gilt als Zahlung von seiten des Schuldners, sofern nicht nach Absatz 2 oder nach § 720 die Hinterlegung zu erfolgen hat.

§ 816 [Versteigerungszeit und -ort]

(1) Die Versteigerung der gepfändeten Sachen darf nicht vor Ablauf einer Woche seit dem Tage der Pfändung geschehen, sofern nicht der Gläubiger und der Schuldner über eine frühere Versteigerung sich einigen oder diese erforderlich ist, um die Gefahr einer beträchtlichen Wertverringerung der zu versteigernden Sache abzuwenden oder um unverhältnismäßige Kosten einer längeren Aufbewahrung zu vermeiden.

(2) Die Versteigerung erfolgt in der Gemeinde, in der die Pfändung geschehen ist, oder an einem anderen Ort im Bezirk des Vollstreckungsgerichts, sofern nicht der Gläubiger und der Schuldner über einen dritten Ort sich einigen.

(3) Zeit und Ort der Versteigerung sind unter allgemeiner Bezeichnung der zu versteigernden Sachen öffentlich bekanntzumachen.

(4) Bei der Versteigerung gelten die Vorschriften des § 1239 Abs. 1 Satz 1, Abs. 2 des Bürgerlichen Gesetzbuchs entsprechend.

§ 817 [Zuschlag – Barzahlungspflicht]

(1) Dem Zuschlag an den Meistbietenden soll ein dreimaliger Aufruf vorausgehen; die Vorschriften des § 156 des Bürgerlichen Gesetzbuchs sind anzuwenden.

(2) Die Ablieferung einer zugeschlagenen Sache darf nur gegen bare Zahlung geschehen.

(3) Hat der Meistbietende nicht zu der in den Versteigerungsbedingungen bestimmten Zeit oder in Ermangelung einer solchen Bestimmung nicht vor dem Schluß des Versteigerungstermins die Ablieferung gegen Zahlung des Kaufgeldes verlangt, so wird die Sache anderweit versteigert. Der Meistbietende wird zu einem weiteren Gebot nicht zugelassen; er haftet für den Ausfall, auf den Mehrerlös hat er keinen Anspruch.

(4) Wird der Zuschlag dem Gläubiger erteilt, so ist dieser von der Verpflichtung zur baren Zahlung so weit befreit, als der Erlös nach Abzug der Kosten der Zwangsvollstreckung zu seiner Befriedigung zu verwenden ist, sofern nicht dem Schuldner nachgelassen ist, durch Sicherheitsleistung oder durch Hinterlegung die Vollstreckung abzuwenden. Soweit der Gläubiger von der Verpflichtung zur baren Zahlung befreit ist, gilt der Betrag als von dem Schuldner an den Gläubiger gezahlt.

§ 817 a [Mindestgebot – Gold- und Silbersachen]

(1) Der Zuschlag darf nur auf ein Gebot erteilt werden, das mindestens die Hälfte des gewöhnlichen Verkaufswertes der Sache erreicht (Mindestgebot). Der gewöhnliche Verkaufswert und das Mindestgebot sollen bei dem Ausbieten bekanntgegeben werden.

(2) Wird der Zuschlag nicht erteilt, weil ein das Mindestgebot erreichendes Gebot nicht abgegeben ist, so bleibt das Pfandrecht des Gläubigers bestehen. Er kann jederzeit die Anberaumung eines neuen Versteigerungstermins oder die Anordnung anderweitiger Verwertung der gepfändeten Sache nach § 825 beantragen. Wird die anderweitige Verwertung angeordnet, so gilt Absatz 1 entsprechend.

(3) Gold- und Silbersachen dürfen auch nicht unter ihrem Gold- oder Silberwert zugeschlagen werden. Wird ein den Zuschlag gestattendes Gebot nicht abgegeben, so kann der Gerichtsvollzieher den Verkauf aus freier Hand zu dem Preise bewirken, der den Gold- oder Silberwert erreicht, jedoch nicht unter der Hälfte des gewöhnlichen Verkaufswertes.

§ 818 [Einstellung bei ausreichendem Erlös]

Die Versteigerung wird eingestellt, sobald der Erlös zur Befriedigung des Gläubigers und zur Deckung der Kosten der Zwangsvollstreckung hinreicht.

§ 819 [Zahlungsfiktion bei Erlösempfang]
Die Empfangnahme des Erlöses durch den Gerichtsvollzieher gilt als Zahlung von seiten des Schuldners, sofern nicht dem Schuldner nachgelassen ist, durch Sicherheitsleistung oder durch Hinterlegung die Vollstreckung abzuwenden.

§ 820 (weggefallen)

§ 821 [Sondervorschriften für Wertpapiere]
Gepfändete Wertpapiere sind, wenn sie einen Börsen- oder Marktpreis haben, von dem Gerichtsvollzieher aus freier Hand zum Tageskurse zu verkaufen und, wenn sie einen solchen Preis nicht haben, nach den allgemeinen Bestimmungen zu versteigern.

§ 822 [Umschreibung von Namenspapieren]
Lautet ein Wertpapier auf Namen, so kann der Gerichtsvollzieher durch das Vollstreckungsgericht ermächtigt werden, die Umschreibung auf den Namen des Käufers zu erwirken und die hierzu erforderlichen Erklärungen an Stelle des Schuldners abzugeben.

§ 823 [Inhaberpapiere außer Kurs]
Ist ein Inhaberpapier durch Einschreibung auf den Namen oder in anderer Weise außer Kurs gesetzt, so kann der Gerichtsvollzieher durch das Vollstreckungsgericht ermächtigt werden, die Wiederinkurssetzung zu erwirken und die hierzu erforderlichen Erklärungen an Stelle des Schuldners abzugeben.

§ 824 [Verwertung von Grundstücksfrüchten]
Die Versteigerung gepfändeter, von dem Boden noch nicht getrennter Früchte ist erst nach der Reife zulässig. Sie kann vor oder nach der Trennung der Früchte erfolgen; im letzteren Falle hat der Gerichtsvollzieher die Aberntung bewirken zu lassen.

§ 825 [Anordnung anderer Verwertungsart]
Auf Antrag des Gläubigers oder des Schuldners kann das Vollstreckungsgericht anordnen, daß die Verwertung einer gepfändeten Sache in anderer Weise oder an einem anderen Ort, als in den vorstehenden Paragraphen bestimmt ist, stattzufinden habe oder daß die Versteigerung durch eine andere Person als den Gerichtsvollzieher vorzunehmen sei.

§ 826 [Anschlußpfändung]
(1) Zur Pfändung bereits gepfändeter Sachen genügt die in das Protokoll aufzunehmende Erklärung des Gerichtsvollziehers, daß er die Sachen für seinen Auftraggeber pfände.

(2) Ist die erste Pfändung durch einen anderen Gerichtsvollzieher bewirkt, so ist diesem eine Abschrift des Protokolls zuzustellen.

(3) Der Schuldner ist von den weiteren Pfändungen in Kenntnis zu setzen.

§ 827 [Verfahren bei mehrfacher Pfändung]
(1) Auf den Gerichtsvollzieher, von dem die erste Pfändung bewirkt ist, geht der Auftrag des zweiten Gläubigers kraft Gesetzes über, sofern nicht das Vollstreckungsgericht auf Antrag eines beteiligten Gläubigers oder des Schuldners anordnet, daß die Verrichtungen jenes Gerichtsvollziehers von einem anderen zu übernehmen seien. Die Versteigerung erfolgt für alle beteiligten Gläubiger.

(2) Ist der Erlös zur Deckung der Forderungen nicht ausreichend und verlangt der Gläubiger, für den die zweite oder eine spätere Pfändung erfolgt ist, ohne Zustimmung der übrigen beteiligten Gläubiger eine andere Verteilung als nach der Reihenfolge der Pfändungen, so hat der Gerichtsvollzieher die Sachlage unter Hinterlegung des Erlöses dem Vollstreckungsgericht anzuzeigen. Dieser Anzeige sind die auf das Verfahren sich beziehenden Schriftstücke beizufügen.

(3) In gleicher Weise ist zu verfahren, wenn die Pfändung für mehrere Gläubiger gleichzeitig bewirkt ist.

III. Zwangsvollstreckung in Forderungen und andere Vermögensrechte

§ 828 [Zuständigkeit]

(1) Die gerichtlichen Handlungen, welche die Zwangsvollstreckung in Forderungen und andere Vermögensrechte zum Gegenstand haben, erfolgen durch das Vollstreckungsgericht.
(2) Als Vollstreckungsgericht ist das Amtsgericht, bei dem der Schuldner im Inland seinen allgemeinen Gerichtsstand hat, und sonst das Amtsgericht zuständig, bei dem nach § 23 gegen den Schuldner Klage erhoben werden kann.

§ 829 [Pfändung einer Geldforderung]

(1) Soll eine Geldforderung gepfändet werden, so hat das Gericht dem Drittschuldner zu verbieten, an den Schuldner zu zahlen. Zugleich hat das Gericht an den Schuldner das Gebot zu erlassen, sich jeder Verfügung über die Forderung, insbesondere ihrer Einziehung, zu enthalten.
(2) Der Gläubiger hat den Beschluß dem Drittschuldner zustellen zu lassen. Der Gerichtsvollzieher hat den Beschluß mit einer Abschrift der Zustellungsurkunde dem Schuldner sofort zuzustellen, sofern nicht eine öffentliche Zustellung erforderlich wird. Ist die Zustellung an den Drittschuldner auf unmittelbares Ersuchen der Geschäftsstelle durch die Post erfolgt, so hat die Geschäftsstelle für die Zustellung an den Schuldner in gleicher Weise Sorge zu tragen. An Stelle einer an den Schuldner im Ausland zu bewirkenden Zustellung erfolgt die Zustellung durch Aufgabe zur Post.
(3) Mit der Zustellung des Beschlusses an den Drittschuldner ist die Pfändung als bewirkt anzusehen.

§ 830 [Pfändung einer Hypothekenforderung]

(1) Zur Pfändung einer Forderung, für die eine Hypothek besteht, ist außer dem Pfändungsbeschluß die Übergabe des Hypothekenbriefes an den Gläubiger erforderlich. Wird die Übergabe im Wege der Zwangsvollstreckung erwirkt, so gilt sie als erfolgt, wenn der Gerichtsvollzieher den Brief zum Zwecke der Ablieferung an den Gläubiger wegnimmt. Ist die Erteilung des Hypothekenbriefes ausgeschlossen, so ist die Eintragung der Pfändung in das Grundbuch erforderlich; die Eintragung erfolgt auf Grund des Pfändungsbeschlusses.
(2) Wird der Pfändungsbeschluß vor der Übergabe des Hypothekenbriefes oder der Eintragung der Pfändung dem Drittschuldner zugestellt, so gilt die Pfändung diesem gegenüber mit der Zustellung als bewirkt.
(3) Diese Vorschriften sind nicht anzuwenden, soweit es sich um die Pfändung der Ansprüche auf die im § 1159 des Bürgerlichen Gesetzbuchs bezeichneten Leistungen handelt. Das gleiche gilt bei einer Sicherungshypothek im Falle des § 1187 des Bürgerlichen Gesetzbuchs von der Pfändung der Hauptforderung.

§ 830 a [Pfändung einer Schiffshypothekenforderung]

(1) Zur Pfändung einer Forderung, für die eine Schiffshypothek besteht, ist die Eintragung der Pfändung in das Schiffsregister oder in das Schiffsbauregister erforderlich; die Eintragung erfolgt auf Grund des Pfändungsbeschlusses.
(2) Wird der Pfändungsbeschluß vor der Eintragung der Pfändung dem Drittschuldner zugestellt, so gilt die Pfändung diesem gegenüber mit der Zustellung als bewirkt.
(3) Diese Vorschriften sind nicht anzuwenden, soweit es sich um die Pfändung der Ansprüche auf die im § 53 des Gesetzes über Rechte an eingetragenen Schiffen und Schiffsbauwerken vom 15. November 1940 (RGBl. I S. 1499) bezeichneten Leistungen

handelt. Das gleiche gilt, wenn bei einer Schiffshypothek für eine Forderung aus einer Schuldverschreibung auf den Inhaber, aus einem Wechsel oder aus einem anderen durch Indossament übertragbaren Papier die Hauptforderung gepfändet wird.

§ 831 [Pfändung von Forderungen aus indossablen Papieren]

Die Pfändung von Forderungen aus Wechseln und anderen Papieren, die durch Indossament übertragen werden können, wird dadurch bewirkt, daß der Gerichtsvollzieher diese Papiere in Besitz nimmt.

§ 832 [Umfang der Pfändung bei fortlaufenden Bezügen]

Das Pfandrecht, das durch die Pfändung einer Gehaltsforderung oder einer ähnlichen in fortlaufenden Bezügen bestehenden Forderung erworben wird, erstreckt sich auch auf die nach der Pfändung fällig werdenden Beträge.

§ 833 [Umfang der Pfändung bei Diensteinkommen]

(1) Durch die Pfändung eines Diensteinkommens wird auch das Einkommen betroffen, das der Schuldner infolge der Versetzung in ein anderes Amt, der Übertragung eines neuen Amtes oder einer Gehaltserhöhung zu beziehen hat.

(2) Diese Vorschrift ist auf den Fall der Änderung des Dienstherrn nicht anzuwenden.

§ 834 [Keine Schuldneranhörung]

Vor der Pfändung ist der Schuldner über das Pfändungsgesuch nicht zu hören.

§ 835 [Überweisung der Geldforderung]

(1) Die gepfändete Geldforderung ist dem Gläubiger nach seiner Wahl zur Einziehung oder an Zahlungs Statt zum Nennwert zu überweisen.

(2) Im letzteren Falle geht die Forderung auf den Gläubiger mit der Wirkung über, daß er, soweit die Forderung besteht, wegen seiner Forderung an den Schuldner als befriedigt anzusehen ist.

(3) Die Vorschriften des § 829 Abs. 2, 3 sind auf die Überweisung entsprechend anzuwenden. Wird ein bei einem Geldinstitut gepfändetes Guthaben eines Schuldners, der eine natürliche Person ist, dem Gläubiger überwiesen, so darf erst zwei Wochen nach der Zustellung des Überweisungsbeschlusses an den Drittschuldner aus dem Guthaben an den Gläubiger geleistet oder der Betrag hinterlegt werden.

§ 836 [Wirkung der Überweisung]

(1) Die Überweisung ersetzt die förmlichen Erklärungen des Schuldners, von denen nach den Vorschriften des bürgerlichen Rechts die Berechtigung zur Einziehung der Forderung abhängig ist.

(2) Der Überweisungsbeschluß gilt, auch wenn er mit Unrecht erlassen ist, zugunsten des Drittschuldners dem Schuldner gegenüber so lange als rechtsbeständig, bis er aufgehoben wird und die Aufhebung zur Kenntnis des Drittschuldners gelangt.

(3) Der Schuldner ist verpflichtet, dem Gläubiger die zur Geltendmachung der Forderung nötige Auskunft zu erteilen und ihm die über die Forderung vorhandenen Urkunden herauszugeben. Die Herausgabe kann von dem Gläubiger im Wege der Zwangsvollstreckung erwirkt werden.

§ 837 [Überweisung einer Hypothekenforderung]

(1) Zur Überweisung einer gepfändeten Forderung, für die eine Hypothek besteht, genügt die Aushändigung des Überweisungsbeschlusses an den Gläubiger. Ist die Erteilung des Hypothekenbriefes ausgeschlossen, so ist zur Überweisung an Zahlungs Statt die Eintragung der Überweisung in das Grundbuch erforderlich; die Eintragung erfolgt auf Grund des Überweisungsbeschlusses.

(2) Diese Vorschriften sind nicht anzuwenden, soweit es sich um die Überweisung der Ansprüche auf die im § 1159 des Bürgerlichen Gesetzbuchs bezeichneten Leistungen handelt. Das gleiche gilt bei einer Sicherungshypothek im Falle des § 1187 des Bürgerlichen Gesetzbuchs von der Überweisung der Hauptforderung.

(3) Bei einer Sicherungshypothek der im § 1190 des Bürgerlichen Gesetzbuchs bezeichneten Art kann die Hauptforderung nach den allgemeinen Vorschriften gepfändet und überwiesen werden, wenn der Gläubiger die Überweisung der Forderung ohne die Hypothek an Zahlungs Statt beantragt.

§ 837 a [Überweisung einer Schiffshypothekenforderung]

(1) Zur Überweisung einer gepfändeten Forderung, für die eine Schiffshypothek besteht, genügt, wenn die Forderung zur Einziehung überwiesen wird, die Aushändigung des Überweisungsbeschlusses an den Gläubiger. Zur Überweisung an Zahlungs Statt ist die Eintragung der Überweisung in das Schiffsregister oder in das Schiffsbauregister erforderlich; die Eintragung erfolgt auf Grund des Überweisungsbeschlusses.

(2) Diese Vorschriften sind nicht anzuwenden, soweit es sich um die Überweisung der Ansprüche auf die im § 53 des Gesetzes über Rechte an eingetragenen Schiffen und Schiffsbauwerken vom 15. November 1940 (RGBl. I S. 1499) bezeichneten Leistungen handelt. Das gleiche gilt, wenn bei einer Schiffshypothek für eine Forderung aus einer Schuldverschreibung auf den Inhaber, aus einem Wechsel oder aus einem anderen durch Indossament übertragbaren Papier die Hauptforderung überwiesen wird.

(3) Bei einer Schiffshypothek für einen Höchstbetrag (§ 75 des im Absatz 2 genannten Gesetzes) gilt § 837 Abs. 3 entsprechend.

§ 838 [Einrede des Schuldners bei Faustpfand]

Wird eine durch ein Pfandrecht an einer beweglichen Sache gesicherte Forderung überwiesen, so kann der Schuldner die Herausgabe des Pfandes an den Gläubiger verweigern, bis ihm die Sicherheit für die Haftung geleistet wird, die für ihn aus einer Verletzung der dem Gläubiger dem Verpfänder gegenüber obliegenden Verpflichtungen entstehen kann.

§ 839 [Überweisung bei Vollstreckungsabwendung]

Darf der Schuldner nach § 711 Satz 1, § 712 Abs. 1 Satz 1 die Vollstreckung durch Sicherheitsleistung oder Hinterlegung abwenden, so findet die Überweisung gepfändeter Geldforderungen nur zur Einziehung und nur mit der Wirkung statt, daß der Drittschuldner den Schuldbetrag zu hinterlegen hat.

§ 840 [Erklärungspflicht des Drittschuldners]

(1) Auf Verlangen des Gläubigers hat der Drittschuldner binnen zwei Wochen, von der Zustellung des Pfändungsbeschlusses an gerechnet, dem Gläubiger zu erklären:

1. ob und inwieweit er die Forderung als begründet anerkenne und Zahlung zu leisten bereit sei;
2. ob und welche Ansprüche andere Personen an die Forderung machen;
3. ob und wegen welcher Ansprüche die Forderung bereits für andere Gläubiger gepfändet sei.

(2) Die Aufforderung zur Abgabe dieser Erklärungen muß in die Zustellungsurkunde aufgenommen werden. Der Drittschuldner haftet dem Gläubiger für den aus der Nichterfüllung seiner Verpflichtung entstehenden Schaden.

(3) Die Erklärungen des Drittschuldners können bei Zustellung des Pfändungsbeschlusses oder innerhalb der im ersten Absatz bestimmten Frist an den Gerichtsvollzieher erfolgen. Im ersteren Fall sind sie in die Zustellungsurkunde aufzunehmen und von dem Drittschuldner zu unterschreiben.

§ 841 [Pflicht zur Streitverkündung]
Der Gläubiger, der die Forderung einklagt, ist verpflichtet, dem Schuldner gerichtlich den Streit zu verkünden, sofern nicht eine Zustellung im Ausland oder eine öffentliche Zustellung erforderlich wird.

§ 842 [Schadensersatz bei Verzögerung der Beitreibung]
Der Gläubiger, der die Beitreibung einer ihm zur Einziehung überwiesenen Forderung verzögert, haftet dem Schuldner für den daraus entstehenden Schaden.

§ 843 [Verzicht auf Ansprüche aus Überweisung]
Der Gläubiger kann auf die durch die Pfändung und Überweisung zur Einziehung erworbenen Rechte unbeschadet seines Anspruchs verzichten. Die Verzichtleistung erfolgt durch eine dem Schuldner zuzustellende Erklärung. Die Erklärung ist auch dem Drittschuldner zuzustellen.

§ 844 [Andere Verwertungsart]
(1) Ist die gepfändete Forderung bedingt oder betagt oder ist ihre Einziehung wegen der Abhängigkeit von einer Gegenleistung oder aus anderen Gründen mit Schwierigkeiten verbunden, so kann das Gericht auf Antrag an Stelle der Überweisung eine andere Art der Verwertung anordnen.
(2) Vor dem Beschluß, durch welchen dem Antrag stattgegeben wird, ist der Gegner zu hören, sofern nicht eine Zustellung im Ausland oder eine öffentliche Zustellung erforderlich wird.

§ 845 [Vorpfändung]
(1) Schon vor der Pfändung kann der Gläubiger auf Grund eines vollstreckbaren Schuldtitels durch den Gerichtsvollzieher dem Drittschuldner und dem Schuldner die Benachrichtigung, daß die Pfändung bevorstehe, zustellen lassen mit der Aufforderung an den Drittschuldner, nicht an den Schuldner zu zahlen, und mit der Aufforderung an den Schuldner, sich jeder Verfügung über die Forderung, insbesondere ihrer Einziehung, zu enthalten. Der Gerichtsvollzieher hat die Benachrichtigung mit den Aufforderungen selbst anzufertigen, wenn er von dem Gläubiger hierzu ausdrücklich beauftragt worden ist. Der vorherigen Erteilung einer vollstreckbaren Ausfertigung und der Zustellung des Schuldtitels bedarf es nicht.
(2) Die Benachrichtigung an den Drittschuldner hat die Wirkung eines Arrestes (§ 930), sofern die Pfändung der Forderung innerhalb eines Monats bewirkt wird. Die Frist beginnt mit dem Tage, an dem die Benachrichtigung zugestellt ist.

§ 846 [Zwangsvollstreckung in Herausgabeansprüche]
Die Zwangsvollstreckung in Ansprüche, welche die Herausgabe oder Leistung körperlicher Sachen zum Gegenstand haben, erfolgt nach den §§ 829 bis 845 unter Berücksichtigung der nachstehenden Vorschriften.

§ 847 [Pfändung eines Anspruches auf bewegliche Sachen]
(1) Bei der Pfändung eines Anspruchs, der eine bewegliche körperliche Sache betrifft, ist anzuordnen, daß die Sache an einen vom Gläubiger zu beauftragenden Gerichtsvollzieher herauszugeben sei.
(2) Auf die Verwertung der Sache sind die Vorschriften über die Verwertung gepfändeter Sachen anzuwenden.

§ 847 a [Pfändung eines Anspruches auf ein Schiff]
(1) Bei der Pfändung eines Anspruchs, der ein eingetragenes Schiff betrifft, ist anzuordnen, daß das Schiff an einen vom Vollstreckungsgericht zu bestellenden Treuhänder herauszugeben ist.

(2) Ist der Anspruch auf Übertragung des Eigentums gerichtet, so vertritt der Treuhänder den Schuldner bei der Übertragung des Eigentums. Mit dem Übergang des Eigentums auf den Schuldner erlangt der Gläubiger eine Schiffshypothek für seine Forderung. Der Treuhänder hat die Eintragung der Schiffshypothek in das Schiffsregister zu bewilligen.
(3) Die Zwangsvollstreckung in das Schiff wird nach den für die Zwangsvollstreckung in unbewegliche Sachen geltenden Vorschriften bewirkt.
(4) Die vorstehenden Vorschriften gelten entsprechend, wenn der Anspruch ein Schiffsbauwerk betrifft, das im Schiffsbauregister eingetragen ist oder in dieses Register eingetragen werden kann.

§ 848 [Pfändung eines Anspruchs auf unbewegliche Sachen]
(1) Bei Pfändung eines Anspruchs, der eine unbewegliche Sache betrifft, ist anzuordnen, daß die Sache an einen auf Antrag des Gläubigers vom Amtsgericht der belegenen Sache zu bestellenden Sequester herauszugeben sei.
(2) Ist der Anspruch auf Übertragung des Eigentums gerichtet, so hat die Auflassung an den Sequester als Vertreter des Schuldners zu erfolgen. Mit dem Übergang des Eigentums auf den Schuldner erlangt der Gläubiger eine Sicherungshypothek für seine Forderung. Der Sequester hat die Eintragung der Sicherungshypothek zu bewilligen.
(3) Die Zwangsvollstreckung in die herausgegebene Sache wird nach den für die Zwangsvollstreckung in unbewegliche Sachen geltenden Vorschriften bewirkt.

§ 849 [Keine Überweisung an Zahlungs Statt]
Eine Überweisung der im § 846 bezeichneten Ansprüche an Zahlungs Statt ist unzulässig.

§ 850 [Pfändung von Arbeitseinkommen][1)]
(1) Arbeitseinkommen, das in Geld zahlbar ist, kann nur nach Maßgabe der §§ 850 a bis 850 i gepfändet werden.
(2) Arbeitseinkommen im Sinne dieser Vorschrift sind die Dienst- und Versorgungsbezüge der Beamten, Arbeits- und Dienstlöhne, Ruhegelder und ähnliche nach dem einstweiligen oder dauernden Ausscheiden aus dem Dienst- oder Arbeitsverhältnis gewährte fortlaufende Einkünfte, ferner Hinterbliebenenbezüge sowie sonstige Vergütungen für Dienstleistungen aller Art, die die Erwerbstätigkeit des Schuldners vollständig oder zu einem wesentlichen Teil in Anspruch nehmen.
(3) Arbeitseinkommen sind auch die folgenden Bezüge, soweit sie in Geld zahlbar sind:
a) Bezüge, die ein Arbeitnehmer zum Ausgleich für Wettbewerbsbeschränkungen für die Zeit nach Beendigung seines Dienstverhältnisses beanspruchen kann;
b) Renten, die auf Grund von Versicherungsverträgen gewährt werden, wenn diese Verträge zur Versorgung des Versicherungsnehmers oder seiner unterhaltsberechtigten Angehörigen eingegangen sind.
(4) Die Pfändung des in Geld zahlbaren Arbeitseinkommens erfaßt alle Vergütungen, die dem Schuldner aus der Arbeits- oder Dienstleistung zustehen, ohne Rücksicht auf ihre Benennung oder Berechnungsart.

§ 850 a [Unpfändbare Bezüge][1)]
Unpfändbar sind
1. zur Hälfte die für die Leistung von Mehrarbeitsstunden gezahlten Teile des Arbeitseinkommens;

---

1) Siehe hierzu Artikel 3 des Vierten Gesetzes zur Änderung der Pfändungsfreigrenzen vom 28. 2. 1978 (BGBl. I S. 333):
»Artikel 3 Verweisungen
Soweit in Gesetzen und Verordnungen auf die Vorschriften der §§ 850 bis 850 h der Zivilprozeßordnung verwiesen ist, bezieht sich die Verweisung auch auf § 850 k der Zivilprozeßordnung.«

2. die für die Dauer eines Urlaubs über das Arbeitseinkommen hinaus gewährten Bezüge, Zuwendungen aus Anlaß eines besonderen Betriebsereignisses und Treugelder, soweit sie den Rahmen des Üblichen nicht übersteigen;
3. Aufwandsentschädigungen, Auslösungsgelder und sonstige soziale Zulagen für auswärtige Beschäftigungen, das Entgelt für selbstgestelltes Arbeitsmaterial, Gefahrenzulagen sowie Schmutz- und Erschwerniszulagen, soweit diese Bezüge den Rahmen des Üblichen nicht übersteigen;
4. Weihnachtsvergütungen bis zum Betrage der Hälfte des monatlichen Arbeitseinkommens, höchtens aber bis zum Betrage von 540 Deutsche Mark;
5. Heirats- und Geburtsbeihilfen, sofern die Vollstreckung wegen anderer als der aus Anlaß der Heirat oder der Geburt entstandenen Ansprüche betrieben wird;
6. Erziehungsgelder, Studienbeihilfen und ähnliche Bezüge;
7. Sterbe- und Gnadenbezüge aus Arbeits- oder Dienstverhältnissen;
8. Blindenzulagen.

§ 850 b [Bedingt unpfändbare Bezüge][1)]

(1) Unpfändbar sind ferner:
1. Renten, die wegen einer Verletzung des Körpers oder der Gesundheit zu entrichten sind;
2. Unterhaltsrenten, die auf gesetzlicher Vorschrift beruhen, sowie die wegen Entziehung einer solchen Forderung zu entrichtenden Renten;
3. fortlaufende Einkünfte, die ein Schuldner aus Stiftungen oder sonst auf Grund der Fürsorge und Freigebigkeit eines Dritten oder auf Grund eines Altenteils oder Auszugsvertrags bezieht;
4. Bezüge aus Witwen-, Waisen-, Hilfs- und Krankenkassen, die ausschließlich oder zu einem wesentlichen Teil zu Unterstützungszwecken gewährt werden, ferner Ansprüche aus Lebensversicherungen, die nur auf den Todesfall des Versicherungsnehmers abgeschlossen sind, wenn die Versicherungssumme 4 140 Deutsche Mark nicht übersteigt.

(2) Diese Bezüge können nach den für Arbeitseinkommen geltenden Vorschriften gepfändet werden, wenn die Vollstreckung in das sonstige bewegliche Vermögen des Schuldners zu einer vollständigen Befriedigung des Gläubigers nicht geführt hat oder voraussichtlich nicht führen wird und wenn nach den Umständen des Falles, insbesondere nach der Art des beizutreibenden Anspruchs und der Höhe der Bezüge, die Pfändung der Billigkeit entspricht.

(3) Das Vollstreckungsgericht soll vor seiner Entscheidung die Beteiligten hören.

§ 850 c [Pfändungsgrenzen für Arbeitseinkommen][1)]

(1) Arbeitseinkommen ist unpfändbar, wenn es, je nach dem Zeitraum, für den es gezahlt wird, nicht mehr als

1 209 Deutsche Mark monatlich,
279 Deutsche Mark wöchentlich oder
55,80 Deutsche Mark täglich

beträgt.

Gewährt der Schuldner auf Grund einer gesetzlichen Verpflichtung seinem Ehegatten, einem früheren Ehegatten oder einem Verwandten oder nach §§ 1615 l, 1615 n des

1) Siehe Fußnote zu § 850.

Bürgerlichen Gesetzbuchs der Mutter eines nichtehelichen Kindes Unterhalt, so erhöht sich der Betrag, bis zu dessen Höhe Arbeitseinkommen unpfändbar ist, auf bis zu

3 081 Deutsche Mark monatlich,
711 Deutsche Mark wöchentlich oder
142,20 Deutsche Mark täglich,

und zwar um

468 Deutsche Mark monatlich,
108 Deutsche Mark wöchentlich oder
21,60 Deutsche Mark täglich

für die erste Person, der Unterhalt gewährt wird, und um je

351 Deutsche Mark monatlich,
81 Deutsche Mark wöchentlich oder
16,20 Deutsche Mark täglich

für die zweite bis fünfte Person.

(2) Übersteigt das Arbeitseinkommen den Betrag, bis zu dessen Höhe es je nach der Zahl der Personen, denen der Schuldner Unterhalt gewährt, nach Absatz 1 unpfändbar ist, so ist es hinsichtlich des überschießenden Betrages zu einem Teil unpfändbar, und zwar in Höhe von drei Zehnteln, wenn der Schuldner keiner der in Absatz 1 genannten Personen Unterhalt gewährt, zwei weiteren Zehnteln für die erste Person, der Unterhalt gewährt wird, und je einem weiteren Zehntel für die zweite bis fünfte Person. Der Teil des Arbeitseinkommens, der 3 796 Deutsche Mark monatlich (876 Deutsche Mark wöchentlich, 175,20 Deutsche Mark täglich) übersteigt, bleibt bei der Berechnung des unpfändbaren Betrages unberücksichtigt.

(3) Bei der Berechnung des nach Absatz 2 pfändbaren Teils des Arbeitseinkommens ist das Arbeitseinkommen, gegebenenfalls nach Abzug des nach Absatz 2 Satz 2 pfändbaren Betrages, wie aus der Tabelle ersichtlich, die diesem Gesetz als Anlage beigefügt ist, nach unten abzurunden, und zwar bei Auszahlung für Monate auf einen durch 20 Deutsche Mark, bei Auszahlung für Wochen auf einen durch 5 Deutsche Mark oder bei Auszahlung für Tage auf einen durch 1 Deutsche Mark teilbaren Betrag. Im Pfändungsbeschluß genügt die Bezugnahme auf die Tabelle.

(4) Hat eine Person, welcher der Schuldner auf Grund gesetzlicher Verpflichtung Unterhalt gewährt, eigene Einkünfte, so kann das Vollstreckungsgericht auf Antrag des Gläubigers nach billigem Ermessen bestimmen, daß diese Person bei der Berechnung des unpfändbaren Teils des Arbeitseinkommens ganz oder teilweise unberücksichtigt bleibt; soll die Person nur teilweise berücksichtigt werden, so ist Absatz 3 Satz 2 nicht anzuwenden.

§ 850 d [Pfändbarkeit bei Unterhaltsansprüchen][1)]

(1) Wegen der Unterhaltsansprüche, die kraft Gesetzes einem Verwandten, dem Ehegatten, einem früheren Ehegatten oder nach §§ 1615 l, 1615 n des Bürgerlichen Gesetzbuchs der Mutter eines nichtehelichen Kindes zustehen, sind das Arbeitseinkommen und die in § 850 a Nr. 1, 2 und 4 genannten Bezüge ohne die in § 850 c bezeichneten Beschränkungen pfändbar. Dem Schuldner ist jedoch so viel zu belassen, als er für seinen notwendigen Unterhalt und zur Erfüllung seiner laufenden gesetzlichen Unterhaltspflichten gegenüber den dem Gläubiger vorgehenden Berechtigten oder zur gleichmäßigen Befriedigung der dem Gläubiger gleichstehenden Berechtigten bedarf; von den in § 850 a Nr. 1, 2 und 4 genannten Bezügen hat ihm mindestens die Hälfte des nach § 850 a unpfändbaren Betrages zu verbleiben. Der dem Schuldner hiernach verbleibende Teil seines Arbeitseinkommens darf den Betrag nicht übersteigen, der ihm nach den Vorschriften des § 850 c gegenüber nicht bevorrechtigten Gläubigern zu verbleiben hätte. Für die Pfändung wegen der

1) Siehe Fußnote zu § 850.

Rückstände, die länger als ein Jahr vor dem Antrag auf Erlaß des Pfändungsbeschlusses fällig geworden sind, gelten die Vorschriften dieses Absatzes insoweit nicht, als nach Lage der Verhältnisse nicht anzunehmen ist, daß der Schuldner sich seiner Zahlungspflicht absichtlich entzogen hat.

(2) Mehrere nach Absatz 1 Berechtigte sind mit ihren Ansprüchen in folgender Reihenfolge zu berücksichtigen, wobei mehrere gleich nahe Berechtigte untereinander gleichen Rang haben:

a) die minderjährigen unverheirateten Kinder, der Ehegatte, ein früherer Ehegatte und die Mutter eines nichtehelichen Kindes mit ihrem Anspruch nach §§ 1615 l, 1615 n des Bürgerlichen Gesetzbuchs; für das Rangverhältnis des Ehegatten zu einem früheren Ehegatten gilt jedoch § 1582 des Bürgerlichen Gesetzbuchs entsprechend;[1] das Vollstreckungsgericht kann das Rangverhältnis der Berechtigten zueinander auf Antrag des Schuldners oder eines Berechtigten nach billigem Ermessen in anderer Weise festsetzen; das Vollstreckungsgericht hat vor seiner Entscheidung die Beteiligten zu hören;
b) die übrigen Abkömmlinge, wobei die Kinder den anderen vorgehen;
c) die Verwandten aufsteigender Linie, wobei die näheren Grade den entfernteren vorgehen.

(3) Bei der Vollstreckung wegen der in Absatz 1 bezeichneten Ansprüche sowie wegen der aus Anlaß einer Verletzung des Körpers oder der Gesundheit zu zahlenden Rente kann zugleich mit der Pfändung wegen fälliger Ansprüche auch künftig fällig werdendes Arbeitseinkommen wegen der dann jeweils fällig werdenden Ansprüche gepfändet und überwiesen werden.

§ 850 e [Berechnung des pfändbaren Arbeitseinkommens][2]

Für die Berechnung des pfändbaren Arbeitseinkommens gilt folgendes:

1. Nicht mitzurechnen sind die nach § 850 a der Pfändung entzogenen Bezüge, ferner Beträge, die unmittelbar auf Grund steuerrechtlicher oder sozialrechtlicher Vorschriften zur Erfüllung gesetzlicher Verpflichtungen des Schuldners abzuführen sind. Diesen Beträgen stehen gleich die auf den Auszahlungszeitraum entfallenden Beträge, die der Schuldner
   a) nach den Vorschriften der Sozialversicherungsgesetze zur Weiterversicherung entrichtet oder
   b) an eine Ersatzkasse oder an ein Unternehmen der privaten Krankenversicherung leistet, soweit sie den Rahmen des Üblichen nicht übersteigen.
2. Mehrere Arbeitseinkommen sind auf Antrag zum Vollstreckungsgericht bei der Pfändung zusammenzurechnen. Der unpfändbare Grundbetrag ist in erster Linie dem Arbeitseinkommen zu entnehmen, das die wesentliche Grundlage der Lebenshaltung des Schuldners bildet.

2a. Mit Arbeitseinkommen sind auf Antrag auch Ansprüche auf laufende Geldleistungen nach dem Sozialgesetzbuch zusammenzurechnen, soweit diese der Pfändung unterworfen sind. Der unpfändbare Grundbetrag ist, soweit die Pfändung nicht wegen gesetzlicher Unterhaltsansprüche erfolgt, in erster Linie den laufenden Geldleistungen nach dem Sozialgesetzbuch zu entnehmen. Ansprüche auf Geldleistungen für Kinder

1) § 850 d Abs. 2 Buchstabe a) 2. Halbsatz ist durch das Erste Gesetz zur Reform des Ehe- und Familienrechts vom 14. 6. 1976 (BGBl. I S. 1421) eingefügt worden. Gemäß Artikel 12 Nr. 9 des genannten Gesetzes ist § 850 d in der bisher geltenden Fassung anzuwenden, wenn eine Ehe noch vor dem Inkrafttreten des 1. EheRG (1. 7. 1977) für nichtig erklärt, aufgehoben oder geschieden wurde.

2) Siehe Fußnote zu § 850.

dürfen mit Arbeitseinkommen nur zusammengerechnet werden, soweit sie nach § 54 Abs. 5 des Ersten Buches Sozialgesetzbuch gepfändet werden können.

3. Erhält der Schuldner neben seinem in Geld zahlbaren Einkommen auch Naturalleistungen, so sind Geld- und Naturalleistungen zusammenzurechnen. In diesem Falle ist der in Geld zahlbare Betrag insoweit pfändbar, als der nach § 850 c unpfändbare Teil des Gesamteinkommens durch den Wert der dem Schuldner verbleibenden Naturalleistungen gedeckt ist.
4. Trifft eine Pfändung, eine Abtretung oder eine sonstige Verfügung wegen eines der in § 850 d bezeichneten Ansprüche mit einer Pfändung wegen eines sonstigen Anspruchs zusammen, so sind auf die Unterhaltsansprüche zunächst die gemäß § 850 d der Pfändung in erweitertem Umfang unterliegenden Teile des Arbeitseinkommens zu verrechnen. Die Verrechnung nimmt auf Antrag eines Beteiligten das Vollstreckungsgericht vor. Der Drittschuldner kann, solange ihm eine Entscheidung des Vollstreckungsgerichts nicht zugestellt ist, nach dem Inhalt der ihm bekannten Pfändungsbeschlüsse, Abtretungen und sonstigen Verfügungen mit befreiender Wirkung leisten.

§ 850 f [Gerichtliche Änderung des unpfändbaren Betrags]

(1) Das Vollstreckungsgericht kann dem Schuldner auf Antrag von dem nach den Bestimmungen der §§ 850 c, 850 d und 850 i pfändbaren Teil seines Arbeitseinkommens einen Teil belassen, wenn

a) der Schuldner nachweist, daß bei Anwendung der Pfändungsfreigrenzen entsprechend der Anlage zu diesem Gesetz (zu § 850 c) der notwendige Lebensunterhalt im Sinne des Abschnitts 2 des Bundessozialhilfegesetzes für sich und für die Personen, denen er Unterhalt zu gewähren hat, nicht gedeckt ist,
b) besondere Bedürfnisse des Schuldners aus persönlichen oder beruflichen Gründen oder
c) der besondere Umfang der gesetzlichen Unterhaltspflichten des Schuldners, insbesondere die Zahl der Unterhaltsberechtigten, dies erfordern

und überwiegende Belange des Gläubigers nicht entgegenstehen.

(2) Wird die Zwangsvollstreckung wegen einer Forderung aus einer vorsätzlich begangenen unerlaubten Handlung betrieben, so kann das Vollstreckungsgericht auf Antrag des Gläubigers den pfändbaren Teil des Arbeitseinkommens ohne Rücksicht auf die in § 850 c vorgesehenen Beschränkungen bestimmen; dem Schuldner ist jedoch so viel zu belassen, wie er für seinen notwendigen Unterhalt und zur Erfüllung seiner laufenden gesetzlichen Unterhaltspflichten bedarf.

(3) Wird die Zwangsvollstreckung wegen anderer als der in Absatz 2 und in § 850 d bezeichneten Forderungen betrieben, so kann das Vollstreckungsgericht in den Fällen, in denen sich das Arbeitseinkommen des Schuldner auf mehr als monatlich 3 744 Deutsche Mark (wöchentlich 864 Deutsche Mark, täglich 172,80 Deutsche Mark) beläuft, über die Beträge hinaus, die nach § 850 c pfändbar wären, auf Antrag des Gläubigers die Pfändbarkeit unter Berücksichtigung der Belange des Gläubigers und des Schuldners nach freiem Ermessen festsetzen. Dem Schuldner ist jedoch mindestens so viel zu belassen, wie sich bei einem Arbeitseinkommen von monatlich 3 744 Deutsche Mark (wöchentlich 864 Deutsche Mark, täglich 172,80 Deutsche Mark) aus § 850 c ergeben würde.

§ 850 g [Änderung der Unpfändbarkeitsvoraussetzungen][1)]

Ändern sich die Voraussetzungen für die Bemessung des unpfändbaren Teils des Arbeitseinkommens, so hat das Vollstreckungsgericht auf Antrag des Schuldners oder des Gläubigers

1) Siehe Fußnote zu § 850.

den Pfändungsbeschluß entsprechend zu ändern. Antragsberechtigt ist auch ein Dritter, dem der Schuldner kraft Gesetzes Unterhalt zu gewähren hat. Der Drittschuldner kann nach dem Inhalt des früheren Pfändungsbeschlusses mit befreiender Wirkung leisten, bis ihm der Änderungsbeschluß zugestellt wird.

§ 850 h [Verschleierung des Einkommens][1)]

(1) Hat sich der Empfänger der vom Schuldner geleisteten Arbeiten oder Dienste verpflichtet, Leistungen an einen Dritten zu bewirken, die nach Lage der Verhältnisse ganz oder teilweise eine Vergütung für die Leistung des Schuldners darstellen, so kann der Anspruch des Drittberechtigten insoweit auf Grund des Schuldtitels gegen den Schuldner gepfändet werden, wie wenn der Anspruch dem Schuldner zustände. Die Pfändung des Vergütungsanspruchs des Schuldners umfaßt ohne weiteres den Anspruch des Drittberechtigten. Der Pfändungsbeschluß ist dem Drittberechtigten ebenso wie dem Schuldner zuzustellen.

(2) Leistet der Schuldner einem Dritten in einem ständigen Verhältnis Arbeiten oder Dienste, die nach Art und Umfang üblicherweise vergütet werden, unentgeltlich oder gegen eine unverhältnismäßig geringe Vergütung, so gilt im Verhältnis des Gläubigers zu dem Empfänger der Arbeits- und Dienstleistungen eine angemessene Vergütung als geschuldet. Bei der Prüfung, ob diese Voraussetzungen vorliegen, sowie bei der Bemessung der Vergütung ist auf alle Umstände des Einzelfalles, insbesondere die Art der Arbeits- und Dienstleistung, die verwandtschaftlichen oder sonstigen Beziehungen zwischen dem Dienstberechtigten und dem Dienstverpflichteten und die wirtschaftliche Leistungsfähigkeit des Dienstberechtigten Rücksicht zu nehmen.

§ 850 i [Unpfändbarkeit bei sonstigen Vergütungen]

(1) Ist eine nicht wiederkehrend zahlbare Vergütung für persönlich geleistete Arbeiten oder Dienste verpfändet, so hat das Gericht dem Schuldner auf Antrag so viel zu belassen, als er während eines angemessenen Zeitraums für seinen notwendigen Unterhalt und den seines Ehegatten, eines früheren Ehegatten, seiner unterhaltsberechtigten Verwandten oder der Mutter eines nichtehelichen Kindes nach §§ 1615 l, 1615 n des Bürgerlichen Gesetzbuchs bedarf. Bei der Entscheidung sind die wirtschaftlichen Verhältnisse des Schuldners, insbesondere seine sonstigen Verdienstmöglichkeiten, frei zu würdigen. Dem Schuldner ist nicht mehr zu belassen, als ihm nach freier Schätzung des Gerichts verbleiben würde, wenn sein Arbeitseinkommen aus laufendem Arbeits- oder Dienstlohn bestände. Der Antrag des Schuldners ist insoweit abzulehnen, als überwiegende Belange des Gläubigers entgegenstehen.

(2) Die Vorschriften des Absatzes 1 gelten entsprechend für Vergütungen, die für die Gewährung von Wohngelegenheit oder eine sonstige Sachbenutzung geschuldet werden, wenn die Vergütung zu einem nicht unwesentlichen Teil als Entgelt für neben der Sachbenutzung gewährte Dienstleistungen anzusehen ist.

(3) Die Vorschriften des § 27 des Heimarbeitsgesetzes vom 14. März 1951 (BGBl. I S. 191) bleiben unberührt.

(4) Die Bestimmungen der Versicherungs-, Versorgungs- und sonstigen gesetzlichen Vorschriften über die Pfändung von Ansprüchen bestimmter Art bleiben unberührt.

§ 850 k [Pfändungsschutz für Bankguthaben][1)]

(1) Werden wiederkehrende Einkünfte der in den §§ 850 bis 850 b bezeichneten Art auf das Konto des Schuldners bei einem Geldinstitut überwiesen, so ist eine Pfändung des

1) Siehe Fußnote zu § 850.

Guthabens auf Antrag des Schuldners vom Vollstreckungsgericht insoweit aufzuheben, als das Guthaben dem der Pfändung nicht unterworfenen Teil der Einkünfte für die Zeit von der Pfändung bis zu dem nächsten Zahlungstermin entspricht.

(2) Das Vollstreckungsgericht hebt die Pfändung des Guthabens für den Teil vorab auf, dessen der Schuldner bis zum nächsten Zahlungstermin dringend bedarf, um seinen notwendigen Unterhalt zu bestreiten und seine laufenden gesetzlichen Unterhaltspflichten gegenüber den dem Gläubiger vorgehenden Berechtigten zu erfüllen oder die dem Gläubiger gleichstehenden Unterhaltsberechtigten gleichmäßig zu befriedigen. Der vorab freigegebene Teil des Guthabens darf den Betrag nicht übersteigen, der dem Schuldner voraussichtlich nach Absatz 1 zu belassen ist. Der Schuldner hat glaubhaft zu machen, daß wiederkehrende Einkünfte der in den §§ 850 bis 850 b bezeichneten Art auf das Konto überwiesen worden sind und daß die Voraussetzungen des Satzes 1 vorliegen. Die Anhörung des Gläubigers unterbleibt, wenn der damit verbundene Aufschub dem Schuldner nicht zuzumuten ist.

(3) Im übrigen ist das Vollstreckungsgericht befugt, die in § 732 Abs. 2 bezeichneten Anordnungen zu erlassen.

§ 851 [Unübertragbarkeit von Forderungen]

(1) Eine Forderung ist in Ermangelung besonderer Vorschriften der Pfändung nur insoweit unterworfen, als sie übertragbar ist.

(2) Eine nach § 399 des Bürgerlichen Gesetzbuchs nicht übertragbare Forderung kann insoweit gepfändet und zur Einziehung überwiesen werden, als der geschuldete Gegenstand der Pfändung unterworfen ist.

§ 851 a [Pfändungsschutz für Landwirte]

(1) Die Pfändung von Forderungen, die einem die Landwirtschaft betreibenden Schuldner aus dem Verkauf von landwirtschaftlichen Erzeugnissen zustehen, ist auf seinen Antrag vom Vollstreckungsgericht insoweit aufzuheben, als die Einkünfte zum Unterhalt des Schuldners, seiner Familie und seiner Arbeitnehmer oder zur Aufrechterhaltung einer geordneten Wirtschaftsführung unentbehrlich sind.

(2) Die Pfändung soll unterbleiben, wenn offenkundig ist, daß die Voraussetzungen für die Aufhebung der Zwangsvollstreckung nach Absatz 1 vorliegen.

§ 851 b [Pfändungsschutz bei Miet- und Pachtzinsen]

(1) Die Pfändung von Miet- und Pachtzinsen ist auf Antrag des Schuldners vom Vollstreckungsgericht insoweit aufzuheben, als diese Einkünfte für den Schuldner zur laufenden Unterhaltung des Grundstücks, zur Vornahme notwendiger Instandsetzungsarbeiten und zur Befriedigung von Ansprüchen unentbehrlich sind, die bei einer Zwangsvollstreckung in das Grundstück dem Anspruch des Gläubigers nach § 10 des Gesetzes über die Zwangsversteigerung und die Zwangsverwaltung vorgehen würden. Das gleiche gilt von der Pfändung von Barmitteln und Guthaben, die aus Miet- oder Pachtzinszahlungen herrühren und zu den in Satz 1 bezeichneten Zwecken unentbehrlich sind.

(2) Die Vorschriften des § 813 a Abs. 2, 3 und Abs. 5 Satz 1 und 2 gelten entsprechend. Die Pfändung soll unterbleiben, wenn offenkundig ist, daß die Voraussetzungen für die Aufhebung der Zwangsvollstreckung nach Absatz 1 vorliegen.

§ 852 [Pfändung des Pflichtteilsanspruchs]

(1) Der Pflichtteilsanspruch ist der Pfändung nur unterworfen, wenn er durch Vertrag anerkannt oder rechtshängig geworden ist.

(2) Das gleiche gilt für den nach § 528 des Bürgerlichen Gesetzbuchs dem Schenker

zustehenden Anspruch auf Herausgabe des Geschenkes sowie für den Anspruch eines Ehegatten auf den Ausgleich des Zugewinns.

§ 853 [Mehrfache Pfändung einer Geldforderung]

Ist eine Geldforderung für mehrere Gläubiger gepfändet, so ist der Drittschuldner berechtigt und auf Verlangen eines Gläubigers, dem die Forderung überwiesen wurde, verpflichtet, unter Anzeige der Sachlage und unter Aushändigung der ihm zugestellten Beschlüsse an das Amtsgericht, dessen Beschluß ihm zuerst zugestellt ist, den Schuldbetrag zu hinterlegen.

§ 854 [Mehrfache Pfändung eines Anspruchs auf bewegliche Sachen]

(1) Ist ein Anspruch, der eine bewegliche körperliche Sache betrifft, für mehrere Gläubiger gepfändet, so ist der Drittschuldner berechtigt und auf Verlangen eines Gläubigers, dem der Anspruch überwiesen wurde, verpflichtet, die Sache unter Anzeige der Sachlage und unter Aushändigung der ihm zugestellten Beschlüsse dem Gerichtsvollzieher herauszugeben, der nach dem ihm zuerst zugestellten Beschluß zur Empfangnahme der Sache ermächtigt ist. Hat der Gläubiger einen solchen Gerichtsvollzieher nicht bezeichnet, so wird dieser auf Antrag des Drittschuldners von dem Amtsgericht des Ortes ernannt, wo die Sache herauszugeben ist.

(2) Ist der Erlös zur Deckung der Forderungen nicht ausreichend und verlangt der Gläubiger, für den die zweite oder eine spätere Pfändung erfolgt ist, ohne Zustimmung der übrigen beteiligten Gläubiger eine andere Verteilung als nach der Reihenfolge der Pfändungen, so hat der Gerichtsvollzieher die Sachlage unter Hinterlegung des Erlöses dem Amtsgericht anzuzeigen, dessen Beschluß dem Drittschuldner zuerst zugestellt ist. Dieser Anzeige sind die Schriftstücke beizufügen, die sich auf das Verfahren beziehen.

(3) In gleicher Weise ist zu verfahren, wenn die Pfändung für mehrere Gläubiger gleichzeitig bewirkt ist.

§ 855 [Mehrfache Pfändung eines Anspruchs auf unbewegliche Sachen]

Betrifft der Anspruch eine unbewegliche Sache, so ist der Drittschuldner berechtigt und auf Verlangen eines Gläubigers, dem der Anspruch überwiesen wurde, verpflichtet, die Sache unter Anzeige der Sachlage und unter Aushändigung der ihm zugestellten Beschlüsse an den von dem Amtsgericht der belegenen Sache ernannten oder auf seinen Antrag zu ernennenden Sequester herauszugeben.

§ 855 a [Mehrfache Pfändung bei Anspruch auf Schiffe]

(1) Betrifft der Anspruch ein eingetragenes Schiff, so ist der Drittschuldner berechtigt und auf Verlangen eines Gläubigers, dem der Anspruch überwiesen wurde, verpflichtet, das Schiff unter Anzeige der Sachlage und unter Aushändigung der Beschlüsse dem Treuhänder herauszugeben, der in dem ihm zuerst zugestellten Beschluß bestellt ist.

(2) Absatz 1 gilt sinngemäß, wenn der Anspruch ein Schiffsbauwerk betrifft, das im Schiffsbauregister eingetragen ist oder in dieses Register eingetragen werden kann.

§ 856 [Klage bei mehrfacher Pfändung]

(1) Jeder Gläubiger, dem der Anspruch überwiesen wurde, ist berechtigt, gegen den Drittschuldner Klage auf Erfüllung der nach den Vorschriften der §§ 853 bis 855 diesem obliegenden Verpflichtungen zu erheben.

(2) Jeder Gläubiger, für den der Anspruch gepfändet ist, kann sich dem Kläger in jeder Lage des Rechtsstreits als Streitgenosse anschließen.

(3) Der Drittschuldner hat bei dem Prozeßgericht zu beantragen, daß die Gläubiger, welche die Klage nicht erhoben und dem Kläger sich nicht angeschlossen haben, zum Termin zur mündlichen Verhandlung geladen werden.

(4) Die Entscheidung, die in dem Rechtsstreit über den in der Klage erhobenen Anspruch erlassen wird, ist für und gegen sämtliche Gläubiger wirksam.

(5) Der Drittschuldner kann sich gegenüber einem Gläubiger auf die ihm günstige Entscheidung nicht berufen, wenn der Gläubiger zum Termin zur mündlichen Verhandlung nicht geladen worden ist.

§ 857 [Zwangsvollstreckung in andere Vermögensrechte]

(1) Für die Zwangsvollstreckung in andere Vermögensrechte, die nicht Gegenstand der Zwangsvollstreckung in das unbewegliche Vermögen sind, gelten die vorstehenden Vorschriften entsprechend.

(2) Ist ein Drittschuldner nicht vorhanden, so ist die Pfändung mit dem Zeitpunkt als bewirkt anzusehen, in welchem dem Schuldner das Gebot, sich jeder Verfügung über das Recht zu enthalten, zugestellt ist.

(3) Ein unveräußerliches Recht ist in Ermangelung besonderer Vorschriften der Pfändung insoweit unterworfen, als die Ausübung einem anderen überlassen werden kann.

(4) Das Gericht kann bei der Zwangsvollstreckung in unveräußerliche Rechte, deren Ausübung einem anderen überlassen werden kann, besondere Anordnungen erlassen. Es kann insbesondere bei der Zwangsvollstreckung in Nutzungsrechte eine Verwaltung anordnen; in diesem Falle wird die Pfändung durch Übergabe der zu benutzenden Sache an den Verwalter bewirkt, sofern sie nicht durch Zustellung des Beschlusses bereits vorher bewirkt ist.

(5) Ist die Veräußerung des Rechtes selbst zulässig, so kann auch diese Veräußerung von dem Gericht angeordnet werden.

(6) Auf die Zwangsvollstreckung in eine Reallast, eine Grundschuld oder eine Rentenschuld sind die Vorschriften über die Zwangsvollstreckung in eine Forderung, für die eine Hypothek besteht, entsprechend anzuwenden.

(7) Die Vorschrift des § 845 Abs. 1 Satz 2 ist nicht anzuwenden.

§ 858 [Abweichungen für Schiffspart]

(1) Für die Zwangsvollstreckung in die Schiffspart (§§ 489 ff. des Handelsgesetzbuchs) gilt § 857 mit folgenden Abweichungen:

(2) Als Vollstreckungsgericht ist das Amtsgericht zuständig, bei dem das Register für das Schiff geführt wird.

(3) Die Pfändung bedarf der Eintragung in das Schiffsregister; die Eintragung erfolgt auf Grund des Pfändungsbeschlusses. Der Pfändungsbeschluß soll dem Korrespondentreeder zugestellt werden; wird der Beschluß diesem vor der Eintragung zugestellt, so gilt die Pfändung ihm gegenüber mit der Zustellung als bewirkt.

(4) Verwertet wird die gepfändete Schiffspart im Wege der Veräußerung. Dem Antrag auf Anordnung der Veräußerung ist ein Auszug aus dem Schiffsregister beizufügen, der alle das Schiff und die Schiffspart betreffenden Eintragungen enthält; der Auszug darf nicht älter als eine Woche sein.

(5) Ergibt der Auszug aus dem Schiffsregister, daß die Schiffspart mit einem Pfandrecht belastet ist, das einem anderen als dem betreibenden Gläubiger zusteht, so ist die Hinterlegung des Erlöses anzuordnen. Der Erlös wird in diesem Fall nach den Vorschriften der §§ 873 bis 882 verteilt; Forderungen, für die ein Pfandrecht an der Schiffspart eingetragen ist, sind nach dem Inhalt des Schiffsregisters in den Teilungsplan aufzunehmen.

§ 859 [Pfändung von Gesellschafts- und Nachlaßanteilen]

(1) Der Anteil eines Gesellschafters an dem Gesellschaftsvermögen einer nach § 705 des Bürgerlichen Gesetzbuchs eingegangenen Gesellschaft ist der Pfändung unterworfen. Der

Anteil eines Gesellschafters an den einzelnen zu dem Gesellschaftsvermögen gehörenden Gegenständen ist der Pfändung nicht unterworfen.
(2) Die gleichen Vorschriften gelten für den Anteil eines Miterben an dem Nachlaß und an den einzelnen Nachlaßgegenständen.

§ 860 [Pfändung bei Gesamtgut]

(1) Bei dem Güterstand der Gütergemeinschaft ist der Anteil eines Ehegatten an dem Gesamtgut und an den einzelnen dazu gehörenden Gegenständen der Pfändung nicht unterworfen. Das gleiche gilt bei der fortgesetzten Gütergemeinschaft von den Anteilen des überlebenden Ehegatten und der Abkömmlinge.
(2) Nach der Beendigung der Gemeinschaft ist der Anteil an dem Gesamtgut zugunsten der Gläubiger des Anteilsberechtigten der Pfändung unterworfen.

§§ 861 und **862 (weggefallen)**

§ 863 [Pfändungsbeschränkung bei Nacherbschaft und fortgesetzter Gütergemeinschaft]

(1) Ist der Schuldner als Erbe nach § 2338 des Bürgerlichen Gesetzbuchs durch die Einsetzung eines Nacherben beschränkt, so sind die Nutzungen der Erbschaft der Pfändung nicht unterworfen, soweit sie zur Erfüllung der dem Schuldner seinem Ehegatten, seinem früheren Ehegatten oder seinen Verwandten gegenüber gesetzlich obliegenden Unterhaltspflicht und zur Bestreitung seines standesgemäßen Unterhalts erforderlich sind. Das gleiche gilt, wenn der Schuldner nach § 2338 des Bürgerlichen Gesetzbuchs durch die Ernennung eines Testamentsvollstreckers beschränkt ist, für seinen Anspruch auf den jährlichen Reinertrag.
(2) Die Pfändung ist unbeschränkt zulässig, wenn der Anspruch eines Nachlaßgläubigers oder ein auch dem Nacherben oder dem Testamentsvollstrecker gegenüber wirksames Recht geltend gemacht wird.
(3) Diese Vorschriften gelten entsprechend, wenn der Anteil eines Abkömmlings an dem Gesamtgut der fortgesetzten Gütergemeinschaft nach § 1513 Abs. 2 des Bürgerlichen Gesetzbuchs einer Beschränkung der in Absatz 1 bezeichneten Art unterliegt.

Zweiter Titel

Zwangsvollstreckung in das unbewegliche Vermögen

§ 864 [Gegenstände]

(1) Der Zwangsvollstreckung in das unbewegliche Vermögen unterliegen außer den Grundstücken die Berechtigungen, für welche die sich auf Grundstücke beziehenden Vorschriften gelten, die im Schiffsregister eingetragenen Schiffe und die Schiffsbauwerke, die im Schiffsbauregister eingetragen sind oder in dieses Register eingetragen werden können.
(2) Die Zwangsvollstreckung in den Bruchteil eines Grundstücks, einer Berechtigung der im Absatz 1 bezeichneten Art oder eines Schiffes oder Schiffsbauwerks ist nur zulässig, wenn der Bruchteil in dem Anteil eines Miteigentümers besteht oder wenn sich der Anspruch des Gläubigers auf ein Recht gründet, mit dem der Bruchteil als solcher belastet ist.

§ 865 [Umfang – Verhältnis zur Mobiliarzwangsvollstreckung]

(1) Die Zwangsvollstreckung in das unbewegliche Vermögen umfaßt auch die Gegenstände, auf die sich bei Grundstücken und Berechtigungen die Hypothek bei Schiffen oder Schiffsbauwerken die Schiffshypothek erstreckt.

(2) Diese Gegenstände können, soweit sie Zubehör sind, nicht gepfändet werden. Im übrigen unterliegen sie der Zwangsvollstreckung in das bewegliche Vermögen, solange nicht ihre Beschlagnahme im Wege der Zwangsvollstreckung in das unbewegliche Vermögen erfolgt ist.

§ 866 [Arten der Vollstreckung – Mindestbetrag für Sicherungshypothek]

(1) Die Zwangsvollstreckung in ein Grundstück erfolgt durch Eintragung einer Sicherungshypothek für die Forderung, durch Zwangsversteigerung und durch Zwangsverwaltung.

(2) Der Gläubiger kann verlangen, daß eine dieser Maßregeln allein oder neben den übrigen ausgeführt werde.

(3) Eine Sicherungshypothek (Absatz 1) darf nur für einen Betrag von mehr als fünfhundert Deutsche Mark eingetragen werden; Zinsen bleiben dabei unberücksichtigt, soweit sie als Nebenforderung geltend gemacht sind. Auf Grund mehrerer demselben Gläubiger zustehender Schuldtitel kann eine einheitliche Sicherungshypothek eingetragen werden.

§ 867 [Zwangshypothek]

(1) Die Sicherungshypothek wird auf Antrag des Gläubigers in das Grundbuch eingetragen; die Eintragung ist auf dem vollstreckbaren Titel zu vermerken. Mit der Eintragung entsteht die Hypothek. Das Grundstück haftet auch für die dem Schuldner zur Last fallenden Kosten der Eintragung.

(2) Sollen mehrere Grundstücke des Schuldners mit der Hypothek belastet werden, so ist der Betrag der Forderung auf die einzelnen Grundstücke zu verteilen; die Größe der Teile bestimmt der Gläubiger.

§ 868 [Hypothekenerwerb durch Eigentümer]

(1) Wird durch eine vollstreckbare Entscheidung die zu vollstreckende Entscheidung oder ihre vorläufige Vollstreckbarkeit aufgehoben oder die Zwangsvollstreckung für unzulässig erklärt oder deren Einstellung angeordnet, so erwirbt der Eigentümer des Grundstücks die Hypothek.

(2) Das gleiche gilt, wenn durch eine gerichtliche Entscheidung die einstweilige Einstellung der Vollstreckung und zugleich die Aufhebung der erfolgten Vollstreckungsmaßregeln angeordnet wird oder wenn die zur Abwendung der Vollstreckung nachgelassene Sicherheitsleistung oder Hinterlegung erfolgt.

§ 869 [Zwangsversteigerung – Zwangsverwaltung]

Die Zwangsversteigerung und die Zwangsverwaltung werden durch ein besonderes Gesetz geregelt.

§ 870 [Anwendung auf grundstücksgleiche Rechte]

Auf die Zwangsvollstreckung in eine Berechtigung, für welche die sich auf Grundstücke beziehenden Vorschriften gelten, sind die Vorschriften über die Zwangsvollstreckung in Grundstücke entsprechend anzuwenden.

§ 870 a [Zwangsvollstreckung in Schiff oder Schiffsbauwerk]

(1) Die Zwangsvollstreckung in ein eingetragenes Schiff oder in ein Schiffsbauwerk, das im Schiffsbauregister eingetragen ist oder in dieses Register eingetragen werden kann, erfolgt durch Eintragung einer Schiffshypothek für die Forderung oder durch Zwangsversteigerung.

(2) § 866 Abs. 2, 3, § 867 gelten entsprechend.

(3) Wird durch eine vollstreckbare Entscheidung die zu vollstreckende Entscheidung oder ihre vorläufige Vollstreckbarkeit aufgehoben oder die Zwangsvollstreckung für unzulässig erklärt oder deren Einstellung angeordnet, so erlischt die Schiffshypothek; § 57 Abs. 3 des

Gesetzes über Rechte an eingetragenen Schiffen und Schiffsbauwerken vom 15. November 1940 (RGBl. I S. 1499) ist anzuwenden. Das gleiche gilt, wenn durch eine gerichtliche Entscheidung die einstweilige Einstellung der Zwangsvollstreckung und zugleich die Aufhebung der erfolgten Vollstreckungsmaßregeln angeordnet wird oder wenn die zur Abwendung der Vollstreckung nachgelassene Sicherheitsleistung oder Hinterlegung erfolgt.

§ 871 [Vorbehalt für Landesrecht bei Eisenbahnen]

Unberührt bleiben die landesgesetzlichen Vorschriften, nach denen, wenn ein anderer als der Eigentümer einer Eisenbahn oder Kleinbahn den Betrieb der Bahn kraft eigenen Nutzungsrechts ausübt, das Nutzungsrecht und gewisse dem Betriebe gewidmete Gegenstände in Ansehung der Zwangsvollstreckung zum unbeweglichen Vermögen gehören und die Zwangsvollstreckung abweichend von den Vorschriften des Bundesrechts geregelt ist.

Dritter Titel
Verteilungsverfahren

§ 872 [Voraussetzungen]

Das Verteilungsverfahren tritt ein, wenn bei der Zwangsvollstreckung in das bewegliche Vermögen ein Geldbetrag hinterlegt ist, der zur Befriedigung der beteiligten Gläubiger nicht hinreicht.

§ 873 [Berechnung der Forderungen]

Das zuständige Amtsgericht (§§ 827, 853, 854) hat nach Eingang der Anzeige über die Sachlage an jeden der beteiligten Gläubiger die Aufforderung zu erlassen, binnen zwei Wochen eine Berechnung der Forderung an Kapital, Zinsen, Kosten und sonstigen Nebenforderungen einzureichen.

§ 874 [Teilungsplan]

(1) Nach Ablauf der zweiwöchigen Fristen wird von dem Gericht ein Teilungsplan angefertigt.

(2) Der Betrag der Kosten des Verfahrens ist von dem Bestand der Masse vorweg in Abzug zu bringen.

(3) Die Forderung eines Gläubigers, der bis zur Anfertigung des Teilungsplanes der an ihn gerichteten Aufforderung nicht nachgekommen ist, wird nach der Anzeige und deren Unterlagen berechnet. Eine nachträgliche Ergänzung der Forderung findet nicht statt.

§ 875 [Terminsbestimmung]

(1) Das Gericht hat zur Erklärung über den Teilungsplan sowie zur Ausführung der Verteilung einen Termin zu bestimmen. Der Teilungsplan muß spätestens drei Tage vor dem Termin auf der Geschäftsstelle zur Einsicht der Beteiligten niedergelegt werden.

(2) Die Ladung des Schuldners zu dem Termin ist nicht erforderlich, wenn sie durch Zustellung im Ausland oder durch öffentliche Zustellung erfolgen müßte.

§ 876 [Widerspruch – Ausführung der Verteilung]

Wird in dem Termin ein Widerspruch gegen den Plan nicht erhoben, so ist dieser zur Ausführung zu bringen. Erfolgt ein Widerspruch, so hat sich jeder dabei beteiligte Gläubiger sofort zu erklären. Wird der Widerspruch von den Beteiligten als begründet anerkannt oder kommt anderweit eine Einigung zustande, so ist der Plan demgemäß zu berichtigen. Wenn ein Widerspruch sich nicht erledigt, so wird der Plan insoweit ausgeführt, als er durch den Widerspruch nicht betroffen wird.

§ 877 [Folgen der Säumnis]

(1) Gegen einen Gläubiger, der in dem Termin weder erschienen ist noch vor dem Termin bei dem Gericht Widerspruch erhoben hat, wird angenommen, daß er mit der Ausführung des Planes einverstanden sei.

(2) Ist ein in dem Termin nicht erschienener Gläubiger bei dem Widerspruch beteiligt, den ein anderer Gläubiger erhoben hat, so wird angenommen, daß er diesen Widerspruch nicht als begründet anerkenne.

§ 878 [Widerspruchsklage]

(1) Der widersprechende Gläubiger muß ohne vorherige Aufforderung binnen einer Frist von einem Monat, die mit dem Terminstag beginnt, dem Gericht nachweisen, daß er gegen die beteiligten Gläubiger Klage erhoben habe. Nach fruchtlosem Ablauf dieser Frist wird die Ausführung des Planes ohne Rücksicht auf den Widerspruch angeordnet.

(2) Die Befugnis des Gläubigers, der dem Plan widersprochen hat, ein besseres Recht gegen den Gläubiger, der einen Geldbetrag nach dem Plan erhalten hat, im Wege der Klage geltend zu machen, wird durch die Versäumung der Frist und durch die Ausführung des Planes nicht ausgeschlossen.

§ 879 [Zuständigkeit]

(1) Die Klage ist bei dem Verteilungsgericht und, wenn der Streitgegenstand zur Zuständigkeit der Amtsgerichte nicht gehört, bei dem Landgericht zu erheben, in dessen Bezirk das Verteilungsgericht seinen Sitz hat.

(2) Das Landgericht ist für sämtliche Klagen zuständig, wenn seine Zuständigkeit nach dem Inhalt der erhobenen und in dem Termin nicht zur Erledigung gelangten Widersprüche auch nur bei einer Klage begründet ist, sofern nicht die sämtlichen beteiligten Gläubiger vereinbaren, daß das Verteilungsgericht über alle Widersprüche entscheiden solle.

§ 880 [Urteilsinhalt]

In dem Urteil, durch das über einen erhobenen Widerspruch entschieden wird, ist zugleich zu bestimmen, an welche Gläubiger und in welchen Beträgen der streitige Teil der Masse auszuzahlen sei. Wird dies nicht für angemessen erachtet, so ist die Anfertigung eines neuen Planes und ein anderweites Verteilungsverfahren in dem Urteil anzuordnen.

§ 881 [Versäumnisurteil]

Das Versäumnisurteil gegen einen widersprechenden Gläubiger ist dahin zu erlassen, daß der Widerspruch als zurückgenommen anzusehen sei.

§ 882 [Verfahren nach Urteil]

Auf Grund des erlassenen Urteils wird die Auszahlung oder das anderweite Verteilungsverfahren von dem Verteilungsgericht angeordnet.

Vierter Titel

Zwangsvollstreckung gegen juristische Personen des öffentlichen Rechts[1)]

§ 882 a [Frist – Unzulässigkeit – Anwendungsbereich]

(1) Die Zwangsvollstreckung gegen den Bund oder ein Land wegen einer Geldforderung darf, soweit nicht dingliche Rechte verfolgt werden, erst vier Wochen nach dem Zeitpunkt beginnen, in dem der Gläubiger seine Absicht, die Zwangsvollstreckung zu betreiben, der zur Vertretung des Schuldners berufenen Behörde und, sofern die Zwangsvollstreckung in ein von einer anderen Behörde verwaltetes Vermögen erfolgen soll, auch dem zuständigen Minister der Finanzen angezeigt hat. Dem Gläubiger ist auf Verlangen der Empfang der Anzeige zu bescheinigen. Soweit in solchen Fällen die Zwangsvollstreckung durch den Gerichtsvollzieher zu erfolgen hat, ist der Gerichtsvollzieher auf Antrag des Gläubigers vom Vollstreckungsgericht zu bestimmen.

(2) Die Zwangsvollstreckung ist unzulässig in Sachen, die für die Erfüllung öffentlicher Aufgaben des Schuldners unentbehrlich sind oder deren Veräußerung ein öffentliches Interesse entgegensteht. Darüber, ob die Voraussetzungen des Satzes 1 vorliegen, ist im Streitfall nach § 766 zu entscheiden. Vor der Entscheidung ist der zuständige Minister zu hören.

(3) Die Vorschriften der Absätze 1 und 2 sind auf die Zwangsvollstreckung gegen Körperschaften, Anstalten und Stiftungen des öffentlichen Rechts mit der Maßgabe anzuwenden, daß an die Stelle der Behörde im Sinne des Absatzes 1 die gesetzlichen Vertreter treten. Für öffentlich-rechtliche Bank- und Kreditanstalten gelten die Beschränkungen der Absätze 1 und 2 nicht.

(4) (aufgehoben)

(5) Der Ankündigung der Zwangsvollstreckung und der Einhaltung einer Wartefrist nach Maßgabe der Absätze 1 und 3 bedarf es nicht, wenn es sich um den Vollzug einer einstweiligen Verfügung handelt.

Dritter Abschnitt

Zwangsvollstreckung zur Erwirkung der Herausgabe von Sachen und zur Erwirkung von Handlungen oder Unterlassungen

§ 883 [Herausgabe beweglicher Sachen]

(1) Hat der Schuldner eine bewegliche Sache oder eine Menge bestimmter beweglicher Sachen herauszugeben, so sind sie von dem Gerichtsvollzieher ihm wegzunehmen und dem Gläubiger zu übergeben.

---

1) Zur Frage der Zwangsvollstreckung aus einem gerichtlichen Vollstreckungstitel gegen einen fremden Staat ist durch Beschluß des Bundesverfassungsgerichts von 13. 12. 1977 – 2 BvM 1/76 – (Entscheidungsformel veröffentlicht im BGBl. I 1978 S. 194) folgende Entscheidung ergangen:

»Es besteht folgende allgemeine Regel des Völkerrechts:

Die Zwangsvollstreckung durch den Gerichtsstaat aus einem gerichtlichen Vollstreckungstitel gegen einen fremden Staat, der über ein nicht-hoheitliches Verhalten (**acta iure gestionis**) dieses Staates ergangen ist, in Gegenstände dieses Staates, die sich im Hoheitsbereich des Gerichtsstaats befinden oder dort belegen sind, ist, soweit diese Gegenstände im Zeitpunkt des Beginns der Vollstreckungsmaßnahme hoheitlichen Zwecken des fremden Staates dienen, ohne Zustimmung des fremden Staates unzulässig. Forderungen aus einem laufenden, allgemeinen Bankkonto der Botschaft eines fremden Staates, das im Gerichtsstaat besteht und zur Deckung der Ausgaben und Kosten der Botschaft bestimmt ist, unterliegen nicht der Zwangsvollstreckung durch den Gerichtsstaat.

Diese Regel ist Bestandteil des Bundesrechts.«

(2) Wird die herauszugebende Sache nicht vorgefunden, so ist der Schuldner verpflichtet, auf Antrag des Gläubigers zu Protokoll an Eides Statt zu versichern, daß er die Sache nicht besitze, auch nicht wisse, wo die Sache sich befinde.
(3) Das Gericht kann eine der Sachlage entsprechende Änderung der eidesstattlichen Versicherung beschließen.
(4) Die Vorschriften der §§ 478 bis 480, 483 gelten entsprechend.

§ 884 [Vertretbare Sachen]
Hat der Schuldner eine bestimmte Menge vertretbarer Sachen oder Wertpapiere zu leisten, so gilt die Vorschrift des § 883 Abs. 1 entsprechend.

§ 885 [Herausgabe von Grundstücken]
(1) Hat der Schuldner eine unbewegliche Sache oder ein eingetragenes Schiff oder Schiffsbauwerk herauszugeben, zu überlassen oder zu räumen, so hat der Gerichtsvollzieher den Schuldner aus dem Besitz zu setzen und den Gläubiger in den Besitz einzuweisen.
(2) Bewegliche Sachen, die nicht Gegenstand der Zwangsvollstreckung sind, werden von dem Gerichtsvollzieher weggeschafft und dem Schuldner oder, wenn dieser abwesend ist, einem Bevollmächtigten des Schuldners oder einer zu seiner Familie gehörigen oder in dieser Familie dienenden erwachsenen Person übergeben oder zur Verfügung gestellt.
(3) Ist weder der Schuldner noch eine der bezeichneten Personen anwesend, so hat der Gerichtsvollzieher die Sachen auf Kosten des Schuldners in das Pfandlokal zu schaffen oder anderweit in Verwahrung zu bringen.
(4) Verzögert der Schuldner die Abforderung, so kann das Vollstreckungsgericht den Verkauf der Sachen und die Hinterlegung des Erlöses anordnen.

§ 886 [Herausgabe bei Gewahrsam eines Dritten]
Befindet sich eine herauszugebende Sache im Gewahrsam eines Dritten, so ist dem Gläubiger auf dessen Antrag der Anspruch des Schuldners auf Herausgabe der Sache nach den Vorschriften zu überweisen, welche die Pfändung und Überweisung einer Geldforderung betreffen.

§ 887 [Ersatzvornahme bei vertretbaren Handlungen]
(1) Erfüllt der Schuldner die Verpflichtung nicht, eine Handlung vorzunehmen, deren Vornahme durch einen Dritten erfolgen kann, so ist der Gläubiger von dem Prozeßgericht des ersten Rechtszuges auf Antrag zu ermächtigen, auf Kosten des Schuldners die Handlung vornehmen zu lassen.
(2) Der Gläubiger kann zugleich beantragen, den Schuldner zur Vorauszahlung der Kosten zu verurteilen, die durch die Vornahme der Handlung entstehen werden, unbeschadet des Rechts auf eine Nachforderung, wenn die Vornahme der Handlung einen größeren Kostenaufwand verursacht.
(3) Auf die Zwangsvollstreckung zur Erwirkung der Herausgabe oder Leistung von Sachen sind die vorstehenden Vorschriften nicht anzuwenden.

§ 888 [Zwangsmittel bei unvertretbaren Handlungen]
(1) Kann eine Handlung durch einen Dritten nicht vorgenommen werden, so ist, wenn sie ausschließlich von dem Willen des Schuldners abhängt, auf Antrag von dem Prozeßgericht des ersten Rechtszuges zu erkennen, daß der Schuldner zur Vornahme der Handlung durch Zwangsgeld und für den Fall, daß dieses nicht beigetrieben werden kann, durch Zwangshaft oder durch Zwangshaft anzuhalten sei. Das einzelne Zwangsgeld darf den Betrag von fünfzigtausend Deutsche Mark nicht übersteigen. Für die Zwangshaft gelten die Vorschriften des Vierten Abschnitts über die Haft entsprechend.

(2) Diese Vorschrift kommt im Falle der Verurteilung zur Eingehung einer Ehe, im Falle der Verurteilung zur Herstellung des ehelichen Lebens und im Falle der Verurteilung zur Leistung von Diensten aus einem Dienstvertrag nicht zur Anwendung.

§ 888 a [Besonderheiten bei Entschädigungspflicht]

Ist im Falle des § 510 b der Beklagte zur Zahlung einer Entschädigung verurteilt, so ist die Zwangsvollstreckung auf Grund der Vorschriften der §§ 887, 888 ausgeschlossen.

§ 889 [Eidesstattliche Versicherung]

(1) Ist der Schuldner auf Grund der Vorschriften des bürgerlichen Rechts zur Abgabe einer eidesstattlichen Versicherung verurteilt, so wird die Versicherung vor dem Amtsgericht als Vollstreckungsgericht abgegeben, in dessen Bezirk der Schuldner im Inland seinen Wohnsitz oder in Ermangelung eines solchen seinen Aufenthaltsort hat, sonst vor dem Amtsgericht als Vollstreckungsgericht, in dessen Bezirk das Prozeßgericht des ersten Rechtszuges seinen Sitz hat. Die Vorschriften der §§ 478 bis 480, 483 gelten entsprechend.

(2) Erscheint der Schuldner in dem zur Abgabe der eidesstattlichen Versicherung bestimmten Termin nicht oder verweigert er die Abgabe der eidesstattlichen Versicherung, so verfährt das Vollstreckungsgericht nach § 888.

§ 890 [Erzwingung von Unterlassungen und Duldungen]

(1) Handelt der Schuldner der Verpflichtung zuwider, eine Handlung zu unterlassen oder die Vornahme einer Handlung zu dulden, so ist er wegen einer jeden Zuwiderhandlung auf Antrag des Gläubigers von dem Prozeßgericht des ersten Rechtszuges zu einem Ordungsgeld und für den Fall, daß dieses nicht beigetrieben werden kann, zur Ordnungshaft oder zur Ordnungshaft bis zu sechs Monaten zu verurteilen. Das einzelne Ordnungsgeld darf den Betrag von fünfhunderttausend Deutsche Mark, die Ordnungshaft insgesamt zwei Jahre nicht übersteigen.

(2) Der Verurteilung muß eine entsprechende Androhung vorausgehen, die, wenn sie in dem die Verpflichtung aussprechenden Urteil nicht enthalten ist, auf Antrag von dem Prozeßgericht des ersten Rechtszuges erlassen wird.

(3) Auch kann der Schuldner auf Antrag des Gläubigers zur Bestellung einer Sicherheit für den durch fernere Zuwiderhandlungen entstehenden Schaden auf bestimmte Zeit verurteilt werden.

§ 891 [Verfahren – Anhörung]

Die nach den §§ 887 bis 890 zu erlassenden Entscheidungen können ohne mündliche Verhandlung ergehen. Vor der Entscheidung ist der Schuldner zu hören.

§ 892 [Widerstand des Schuldners]

Leistet der Schuldner Widerstand gegen die Vornahme einer Handlung, die er nach den Vorschriften der §§ 887, 890 zu dulden hat, so kann der Gläubiger zur Beseitigung des Widerstandes einen Gerichtsvollzieher zuziehen, der nach den Vorschriften des § 758 Abs. 3 und des § 759 zu verfahren hat.

§ 893 [Anspruch auf Leistung des Interesses]

(1) Durch die Vorschriften dieses Abschnitts wird das Recht des Gläubigers nicht berührt, die Leistung des Interesses zu verlangen.

(2) Den Anspruch auf Leistung des Interesses hat der Gläubiger im Wege der Klage bei dem Prozeßgericht des ersten Rechtszuges geltend zu machen.

§ 894 [Fiktion der Abgabe einer Willenserklärung]

(1) Ist der Schuldner zur Abgabe einer Willenserklärung verurteilt, so gilt die Erklärung als abgegeben, sobald das Urteil die Rechtskraft erlangt hat. Ist die Willenserklärung von einer Gegenleistung abhängig gemacht, so tritt diese Wirkung ein, sobald nach den

Vorschriften der §§ 726, 730 eine vollstreckbare Ausfertigung des rechtskräftigen Urteils erteilt ist.

(2) Die Vorschrift des ersten Absatzes ist im Falle der Verurteilung zur Eingehung einer Ehe nicht anzuwenden.

§ 895 [Fiktion einer Eintragungsbewilligung]

Ist durch ein vorläufig vollstreckbares Urteil der Schuldner zur Abgabe einer Willenserklärung verurteilt, auf Grund deren eine Eintragung in das Grundbuch, das Schiffsregister oder das Schiffsbauregister erfolgen soll, so gilt die Eintragung einer Vormerkung oder eines Widerspruchs als bewilligt. Die Vormerkung oder der Widerspruch erlischt, wenn das Urteil durch eine vollstreckbare Entscheidung aufgehoben wird.

§ 896 [Erteilung von Urkunden für Eintragung]

Soll auf Grund eines Urteils, das eine Willenserklärung des Schuldners ersetzt, eine Eintragung in ein öffentliches Buch oder Register vorgenommen werden, so kann der Gläubiger an Stelle des Schuldners die Erteilung der im § 792 bezeichneten Urkunden verlangen, soweit er dieser Urkunden zur Herbeiführung der Eintragung bedarf.

§ 897 [Übertragungsfiktion]

(1) Ist der Schuldner zur Übertragung des Eigentums oder zur Bestellung eines Rechtes an einer beweglichen Sache verurteilt, so gilt die Übergabe der Sache als erfolgt, wenn der Gerichtsvollzieher die Sache zum Zwecke der Ablieferung an den Gläubiger wegnimmt.

(2) Das gleiche gilt, wenn der Schuldner zur Bestellung einer Hypothek, Grundschuld oder Rentenschuld oder zur Abtretung oder Belastung einer Hypothekenforderung, Grundschuld oder Rentenschuld verurteilt ist, für die Übergabe des Hypotheken-, Grundschuld- oder Rentenschuldbriefs.

§ 898 [Anwendbarkeit der Gutglaubensvorschriften]

Auf einen Erwerb, der sich nach den §§ 894, 897 vollzieht, sind die Vorschriften des bürgerlichen Rechts zugunsten derjenigen, die Rechte von einem Nichtberechtigten herleiten, anzuwenden.

Vierter Abschnitt

Eidesstattliche Versicherung und Haft

§ 899 [Amtsgerichtliche Zuständigkeit]

Für die Abnahme der eidesstattlichen Versicherung in den Fällen der §§ 807, 883 ist das Amtsgericht, in dessen Bezirk der Schuldner im Inland seinen Wohnsitz oder in Ermangelung eines solchen seinen Aufenthaltsort hat, als Vollstreckungsgericht zuständig.

§ 900 [Verfahren bei Abnahme der eidesstattlichen Versicherung]

(1) Das Verfahren beginnt mit dem Antrag des Gläubigers auf Bestimmung eines Termins zur Abgabe der eidesstattlichen Versicherung. Dem Antrag sind der Vollstreckungstitel und die sonstigen Urkunden, aus denen sich die Verpflichtung des Schuldners zur Abgabe der eidesstattlichen Versicherung ergibt, beizufügen.

(2) Das Vollstreckungsgericht hat vor der Terminbestimmung von Amts wegen festzustellen, ob in dem bei ihm geführten Schuldnerverzeichnis eine Eintragung darüber besteht, daß der Schuldner innerhalb der letzten drei Jahre eine eidesstattliche Versicherung abgegeben hat oder daß gegen ihn die Haft zur Erzwingung der Abgabe der eidesstattlichen Versicherung angeordnet ist. Liegt eine noch nicht gelöschte Eintragung vor, so ist der Gläubiger zu benachrichtigen und das Verfahren nur auf Antrag fortzusetzen.

(3) Die Ladung zu dem Termin zur Abgabe der eidesstattlichen Versicherung ist dem Schuldner selbst zuzustellen, auch wenn er einen Prozeßbevollmächtigten bestellt hat;

einer Mitteilung an den Prozeßbevollmächtigten bedarf es nicht. Dem Gläubiger ist die Terminbestimmung nach Maßgabe des § 357 Abs. 2 mitzuteilen. Seine Anwesenheit in dem Termin ist nicht erforderlich. Das Gericht kann den Termin aufheben oder verlegen oder die Verhandlung vertagen, wenn der Gläubiger zustimmt.

(4) Macht der Schuldner glaubhaft, daß er die Forderung des Gläubigers binnen einer Frist von drei Monaten tilgen werde, so kann das Gericht den Termin zur Abgabe der eidesstattlichen Versicherung bis zu drei Monaten vertagen. Weist der Schuldner in dem neuen Termin nach, daß er die Forderung mindestens zu zwei Dritteln getilgt hat, so kann das Gericht den Termin nochmals bis zu sechs Wochen vertagen. Gegen den Beschluß, durch den der Termin vertagt wird, findet sofortige Beschwerde statt. Der Beschluß, durch den die Vertagung abgelehnt wird, ist unanfechtbar.

(5) Bestreitet der Schuldner die Verpflichtung zur Abgabe der eidesstattlichen Versicherung, so ist von dem Gericht durch Beschluß über den Widerspruch zu entscheiden. Die Abgabe der eidesstattlichen Versicherung erfolgt erst nach Eintritt der Rechtskraft der Entscheidung; das Vollstreckungsgericht kann jedoch die Abgabe der eidesstattlichen Versicherung vor Eintritt der Rechtskraft anordnen, wenn bereits ein früherer Widerspruch rechtskräftig verworfen ist, oder wenn nach Vertagung nach Absatz 4 der Widerspruch auf Tatsachen gestützt wird, die zur Zeit des ersten Antrages auf Vertagung bereits eingetreten waren.

§ 901 [Anordnung von Haft]

Gegen den Schuldner, der in dem zur Abgabe der eidesstattlichen Versicherung bestimmten Termin nicht erscheint oder die Abgabe der eidesstattlichen Versicherung ohne Grund verweigert, hat das Gericht zur Erzwingung der Abgabe auf Antrag die Haft anzuordnen.

§ 902 [Eidesstattliche Versicherung nach Verhaftung]

(1) Der verhaftete Schuldner kann zu jeder Zeit bei dem Amtsgericht des Haftorts beantragen, ihm die eidesstattliche Versicherung abzunehmen. Dem Antrag ist ohne Verzug stattzugeben.

(2) Nach Abgabe der eidesstattlichen Versicherung wird der Schuldner aus der Haft entlassen und der Gläubiger hiervon in Kenntnis gesetzt.

§ 903 [Nochmalige eidesstattliche Versicherung]

Ein Schuldner, der die in § 807 dieses Gesetzes oder in § 284 der Abgabenordnung bezeichnete eidesstattliche Versicherung abgegeben hat, ist, wenn die Abgabe der eidesstattlichen Versicherung in dem Schuldnerverzeichnis noch nicht gelöscht ist, in den ersten drei Jahren nach ihrer Abgabe zur nochmaligen eidesstattlichen Versicherung einem Gläubiger gegenüber nur verpflichtet, wenn glaubhaft gemacht wird, daß der Schuldner später Vermögen erworben hat oder daß ein bisher bestehendes Arbeitsverhältnis mit dem Schuldner aufgelöst ist.

§ 904 [Unzulässige Haft]

Die Haft ist unstatthaft:

1. gegen Mitglieder des Bundestages, eines Landtages oder einer zweiten Kammer während der Tagung, sofern nicht die Versammlung die Vollstreckung genehmigt;
2. (aufgehoben)
3. gegen den Kapitän, die Schiffsmannschaft und alle übrigen auf einem Seeschiff angestellten Personen, wenn sich das Schiff auf der Reise befindet und nicht in einem Hafen liegt.

§ 905 [Haftunterbrechung]
Die Haft wird unterbrochen:
1. gegen Mitglieder des Bundestages, eines Landtages oder einer zweiten Kammer für die Dauer der Tagung, wenn die Versammlung die Freilassung verlangt;
2. (aufgehoben)

§ 906 [Haftaufschub aus Gesundheitsgründen]
Gegen einen Schuldner, dessen Gesundheit durch die Vollstreckung der Haft einer nahen und erheblichen Gefahr ausgesetzt wird, darf, solange dieser Zustand dauert, die Haft nicht vollstreckt werden.

§ 907 (aufgehoben)

§ 908 [Haftbefehl]
Das Gericht hat bei Anordnung der Haft einen Haftbefehl zu erlassen, in dem der Gläubiger, der Schuldner und der Grund der Verhaftung zu bezeichnen sind.

§ 909 [Verhaftung durch Gerichtsvollzieher]
Die Verhaftung des Schuldners erfolgt durch einen Gerichtsvollzieher. Der Haftbefehl muß bei der Verhaftung dem Schuldner vorgezeigt und auf Begehren abschriftlich mitgeteilt werden.

§ 910 [Verhaftung von Beamten]
Vor der Verhaftung eines Beamten, eines Geistlichen oder eines Lehrers an öffentlichen Unterrichtsanstalten ist der vorgesetzten Dienstbehörde von dem Gerichtsvollzieher Anzeige zu machen. Die Verhaftung darf erst erfolgen, nachdem die vorgesetzte Behörde für die dienstliche Vertretung des Schuldners gesorgt hat. Die Behörde ist verpflichtet, ohne Verzug die erforderlichen Anordnungen zu treffen und den Gerichtsvollzieher hiervon in Kenntnis zu setzen.

§ 911 [Keine Hafterneuerung]
Gegen den Schuldner, der ohne sein Zutun auf Antrag des Gläubigers aus der Haft entlassen ist, findet auf Antrag desselben Gläubigers eine Erneuerung der Haft nicht statt.

§ 912 (aufgehoben)

§ 913 [Haftdauer]
Die Haft darf die Dauer von sechs Monaten nicht übersteigen. Nach Ablauf der sechs Monate wird der Schuldner von Amts wegen aus der Haft entlassen.

§ 914 [Wiederholte Verhaftung]
(1) Ein Schuldner, gegen den wegen Verweigerung der Abgabe der eidesstattlichen Versicherung nach § 807 dieses Gesetzes oder nach § 284 der Abgabenordnung eine Haft von sechs Monaten vollstreckt ist, kann auch auf Antrag eines anderen Gläubigers von neuem zur Abgabe einer solchen eidesstattlichen Versicherung durch Haft nur angehalten werden, wenn glaubhaft gemacht wird, daß der Schuldner später Vermögen erworben hat oder daß ein bisher bestehendes Arbeitsverhältnis mit dem Schuldner aufgelöst ist.
(2) Diese Vorschrift ist nicht anzuwenden, wenn seit der Beendigung der Haft drei Jahre verstrichen sind.

§ 915 [Schuldnerverzeichnis]
(1) Das Vollstreckungsgericht führt ein Verzeichnis der Personen, die in einem bei ihm anhängigen Verfahren die eidesstattliche Versicherung nach § 807 abgegeben haben oder gegen die nach § 901 die Haft angeordnet ist. In dieses Schuldnerverzeichnis sind auch die Personen aufzunehmen, die eine eidesstattliche Versicherung nach § 284 der Abgabenordnung abgegeben haben. Die Vollstreckung einer Haft ist in dem Verzeichnis zu vermerken, wenn sie sechs Monate gedauert hat. Geburtsdaten der Personen sind, soweit bekannt, einzutragen.

(2) Personenbezogene Informationen aus dem Schuldnerverzeichnis dürfen nur für Zwecke der Zwangsvollstreckung verwendet werden, sowie um gesetzliche Pflichten zur Prüfung der wirtschaftlichen Zuverlässigkeit zu erfüllen, um Voraussetzungen für die Gewährung von öffentlichen Leistungen zu prüfen oder um wirtschaftliche Nachteile abzuwenden, die daraus entstehen können, daß Schuldner ihren Zahlungsverpflichtungen nicht nachkommen, oder soweit dies zur Verfolgung von Straftaten erforderlich ist. Die Informationen dürfen nur für den Zweck verwendet werden, für den sie übermittelt worden sind. Nicht-öffentliche Stellen sind darauf bei der Übermittlung hinzuweisen.

§ 915 a [Eintragung im Schuldnerverzeichnis]

(1) Eine Eintragung im Schuldnerverzeichnis wird nach Ablauf von drei Jahren seit dem Ende des Jahres gelöscht, in dem die eidesstattliche Versicherung abgegeben, die Haft angeordnet oder die sechsmonatige Haftvollstreckung beendet worden ist.

(2) Eine Eintragung im Schuldnerverzeichnis wird vorzeitig gelöscht, wenn

1. die Befriedigung des Gläubigers, der gegen den Schuldner das Verfahren zur Abnahme der eidesstattlichen Versicherung betrieben hat, nachgewiesen worden ist oder
2. der Wegfall des Eintragungsgrundes dem Vollstreckungsgericht bekanntgeworden ist.

§ 915 b [Auskunft aus Schuldnerverzeichnis]

(1) Der Urkundsbeamte der Geschäftsstelle erteilt auf Antrag Auskunft, welche Angaben über eine bestimmte Person in dem Schuldnerverzeichnis eingetragen sind, wenn dargelegt wird, daß die Auskunft für einen der in § 915 Abs. 2 bezeichneten Zwecke erforderlich ist. Ist eine Eintragung vorhanden, so ist auch das Datum des in Absatz 2 genannten Ereignisses mitzuteilen.

(2) Sind seit dem Tage der Abgabe der eidesstattlichen Versicherung, der Anordnung der Haft oder der Beendigung der sechsmonatigen Haftvollstreckung drei Jahre verstrichen, so gilt die entsprechende Eintragung als gelöscht.

§ 915 c [Keine Beschwerdebefugnis]

Gegen Entscheidungen über Eintragungen, Löschungen und Auskunftsersuchen findet die Beschwerde nicht statt.

§ 915 d [Abdrucke aus Schuldnerverzeichnis]

(1) Aus dem Schuldnerverzeichnis können nach Maßgabe des § 915 e auf Antrag Abdrucke zum laufenden Bezug erteilt werden, auch durch Übermittlung in einer nur maschinell lesbaren Form. Bei der Übermittlung in einer nur maschinell lesbaren Form gelten die von der Landesjustizverwaltung festgelegten Datenübertragungsregeln.

(2) Die Abdrucke sind vertraulich zu behandeln und dürfen Dritten nicht zugänglich gemacht werden.

(3) Nach der Beendigung des laufenden Bezugs sind die Abdrucke unverzüglich zu vernichten; Auskünfte dürfen nicht mehr erteilt werden.

§ 915 e [Abdrucksberechtigte]

(1) Abdrucke erhalten

a) Industrie- und Handelskammern sowie Körperschaften des öffentlichen Rechts, in denen Angehörige eines Berufes kraft Gesetzes zusammengeschlossen sind (Kammern),
b) Antragsteller, die Abdrucke zur Errichtung und Führung zentraler bundesweiter oder regionaler Schuldnerverzeichnisse verwenden, oder
c) Antragsteller, deren berechtigtem Interesse durch Einzelauskünfte, insbesondere aus einem Verzeichnis nach Buchstabe b, oder durch den Bezug von Listen (§ 915 f) nicht hinreichend Rechnung getragen werden kann.

(2) Die Kammern dürfen ihren Mitgliedern oder den Mitgliedern einer anderen Kammer Auskünfte erteilen. Andere Bezieher von Abdrucken dürfen Auskünfte erteilen, soweit dies zu ihrer ordnungsgemäßen Tätigkeit gehört. § 915 d gilt entsprechend. Die Auskünfte dürfen auch im automatisierten Abrufverfahren erteilt werden, soweit diese Form der Datenübermittlung unter Berücksichtigung der schutzwürdigen Interessen der Betroffenen wegen der Vielzahl der Übermittlungen oder wegen ihrer besonderen Eilbedürftigkeit angemessen ist.

(3) Die Kammern dürfen die Abdrucke in Listen zusammenfassen oder hiermit Dritte beauftragen. Sie haben diese bei der Durchführung des Auftrages zu beaufsichtigen.

(4) In den Fällen des Absatzes 1 Satz 1 Buchstabe b und c gilt für nicht-öffentliche Stellen § 38 des Bundesdatenschutzgesetzes mit der Maßgabe, daß die Aufsichtsbehörde auch die Verarbeitung und Nutzung dieser personenbezogenen Daten in oder aus Akten überwacht und auch überprüfen kann, wenn ihr keine hinreichenden Anhaltspunkte dafür vorliegen, daß eine Vorschrift über den Datenschutz verletzt ist. Entsprechendes gilt für nicht-öffentliche Stellen, die von den in Absatz 1 genannten Stellen Auskünfte erhalten haben.

§ 915 f [Listen zum laufenden Bezug]

(1) Die nach § 915 e Abs. 3 erstellten Listen dürfen den Mitgliedern von Kammern auf Antrag zum laufenden Bezug überlassen werden. Für den Bezug der Listen die §§ 915 d und 915 e Abs. 1 Buchstabe c entsprechend.

(2) Die Bezieher der Listen dürfen Auskünfte nur jemandem erteilen, dessen Belange sie kraft Gesetzes oder Vertrags wahrzunehmen haben.

(3) Listen sind unverzüglich zu vernichten, soweit sie durch neue ersetzt werden.

(4) § 915 e Abs. 4 gilt entsprechend.

§ 915 g [Bestimmungen für Abdrucke, Listen und Aufzeichnungen]

(1) Für Abdrucke, Listen und Aufzeichnungen über eine Eintragung im Schuldnerverzeichnis, die auf der Verarbeitung von Abdrucken oder Listen oder auf Auskünften über Eintragungen im Schuldnerverzeichnis beruhen, gilt § 915 a Abs. 1 entsprechend.

(2) Über vorzeitige Löschungen (§ 915 a Abs. 2) sind die Bezieher von Abdrucken innerhalb eines Monats zu unterrichten. Sie unterrichten unverzüglich die Bezieher von Listen (§ 915 f Abs. 1 Satz 1). In den auf Grund der Abdrucke und Listen erstellten Aufzeichnungen sind die Eintragungen unverzüglich zu löschen.

§ 915 h [Ermächtigungsvorschrift]

(1) Das Bundesministerium der Justiz wird ermächtigt, durch Rechtsverordnung mit Zustimmung des Bundesrates

1. Vorschriften über den Inhalt des Schuldnerverzeichnisses, über den Bezug von Abdrucken nach den §§ 915 d, 915 e und das Bewilligungsverfahren sowie den Bezug von Listen nach § 915 f Abs. 1 zu erlassen,
2. Einzelheiten der Einrichtung und Ausgestaltung automatisierter Abrufverfahren nach § 915 e Abs. 2 Satz 4, insbesondere der Protokollierung der Abrufe für Zwecke der Datenschutzkontrolle, zu regeln,
3. die Erteilung und Aufbewahrung von Abdrucken aus dem Schuldnerverzeichnis, die Anfertigung, Verwendung und Weitergabe von Listen, die Mitteilung und den Vollzug von Löschungen und den Ausschluß vom Bezug von Abdrucken und Listen näher zu regeln, um die ordnungsgemäße Behandlung der Mitteilungen, den Schutz vor unbefugter Verwendung und die rechtzeitige Löschung von Eintragungen sicherzustellen,

4. zur Durchsetzung der Vernichtungs- und Löschungspflichten im Falle des Widerrufs der Bewilligung die Verhängung von Zwangsgeldern vorzusehen; das einzelne Zwangsgeld darf den Betrag von 50 000 Deutsche Mark nicht übersteigen.

(2) Die Landesregierungen werden ermächtigt, durch Rechtsverordnung zu bestimmen, daß

1. anstelle des Schuldnerverzeichnisses bei den einzelnen Vollstreckungsgerichten oder neben diesen ein zentrales Schuldnerverzeichnis für die Bezirke mehrerer Amtsgerichte bei einem Amtsgericht geführt wird und die betroffenen Vollstreckungsgerichte diesem Amtsgericht die erforderlichen Daten mitzuteilen haben;
2. bei solchen Verzeichnissen automatisierte Abrufverfahren eingeführt werden, soweit dies unter Berücksichtigung der schutzwürdigen Belange des betroffenen Schuldners und der beteiligten Stellen angemessen ist; die Rechtsverordnung hat Maßnahmen zur Datenschutzkontrolle und Datensicherung vorzusehen.

Sie werden ermächtigt, diese Befugnisse auf die Landesjustizverwaltungen zu übertragen.

Fünfter Abschnitt
Arrest und einstweilige Verfügung

§ 916 [Arrestanspruch]

(1) Der Arrest findet zur Sicherung der Zwangsvollstreckung in das bewegliche oder unbewegliche Vermögen wegen einer Geldforderung oder wegen eines Anspruchs statt, der in eine Geldforderung übergehen kann.

(2) Die Zulässigkeit des Arrestes wird nicht dadurch ausgeschlossen, daß der Anspruch betagt oder bedingt ist, es sei denn, daß der bedingte Anspruch wegen der entfernten Möglichkeit des Eintritts der Bedingung einen gegenwärtigen Vermögenswert nicht hat.

§ 917 [Arrestgrund für dinglichen Arrest]

(1) Der dingliche Arrest findet statt, wenn zu besorgen ist, daß ohne dessen Verhängung die Vollstreckung des Urteils vereitelt oder wesentlich erschwert werden würde.

(2) Als ein zureichender Arrestgrund ist es anzusehen, wenn das Urteil im Ausland vollstreckt werden müßte.

§ 918 [Arrestgrund für persönlichen Arrest]

Der persönliche Sicherheitsarrest findet nur statt, wenn er erforderlich ist, um die gefährdete Zwangsvollstreckung in das Vermögen des Schuldners zu sichern.

§ 919 [Arrestgericht]

Für die Anordnung des Arrestes ist sowohl das Gericht der Hauptsache als das Amtsgericht zuständig, in dessen Bezirk der mit Arrest zu belegende Gegenstand oder die in ihrer persönlichen Freiheit zu beschränkende Person sich befindet.

§ 920 [Arrestgesuch – Glaubhaftmachung]

(1) Das Gesuch soll die Bezeichnung des Anspruchs unter Angabe des Geldbetrages oder des Geldwertes sowie die Bezeichnung des Arrestgrundes enthalten.

(2) Der Anspruch und der Arrestgrund sind glaubhaft zu machen.

(3) Das Gesuch kann vor der Geschäftsstelle zu Protokoll erklärt werden.

§ 921 [Entscheidung über Arrestgesuch – Sicherheitsleistung]

(1) Die Entscheidung kann ohne mündliche Verhandlung ergehen.

(2) Das Gericht kann, auch wenn der Anspruch oder der Arrestgrund nicht glaubhaft gemacht ist, den Arrest anordnen, sofern wegen der dem Gegner drohenden Nachteile Sicherheit geleistet wird. Es kann die Anordnung des Arrestes von einer Sicherheitsleistung abhängig machen, selbst wenn der Anspruch und der Arrestgrund glaubhaft gemacht sind.

§ 922 [Urteil oder Beschluß]

(1) Die Entscheidung über das Gesuch ergeht im Falle einer mündlichen Verhandlung durch Endurteil, andernfalls durch Beschluß. Die Entscheidung, durch die der Arrest angeordnet wird, ist zu begründen, wenn sie im Ausland geltend gemacht werden soll.

(2) Den Beschluß, durch den ein Arrest angeordnet wird, hat die Partei, die den Arrest erwirkt hat, zustellen zu lassen.

(3) Der Beschluß, durch den das Arrestgesuch zurückgewiesen oder vorherige Sicherheitsleistung für erforderlich erklärt wird, ist dem Gegner nicht mitzuteilen.

§ 923 [Abwendungsbefugnis]

In dem Arrestbefehl ist ein Geldbetrag festzustellen, durch dessen Hinterlegung die Vollziehung des Arrestes gehemmt und der Schuldner zu dem Antrag auf Aufhebung des vollzogenen Arrestes berechtigt wird.

§ 924 [Widerspruch]

(1) Gegen den Beschluß, durch den ein Arrest angeordnet wird, findet Widerspruch statt.

(2) Die widersprechende Partei hat in dem Widerspruch die Gründe darzulegen, die sie für die Aufhebung des Arrestes geltend machen will. Das Gericht hat Termin zur mündlichen Verhandlung von Amts wegen zu bestimmen. Ist das Arrestgericht ein Amtsgericht, so ist der Widerspruch unter Angabe der Gründe, die für die Aufhebung des Arrestes geltend gemacht werden sollen, schriftlich oder zum Protokoll der Geschäftsstelle zu erheben.

(3) Durch Erhebung des Widerspruchs wird die Vollziehung des Arrestes nicht gehemmt. Das Gericht kann aber eine einstweilige Anordnung nach § 707 treffen; § 707 Abs. 1 Satz 2 ist nicht anzuwenden.

§ 925 [Entscheidung durch Endurteil]

(1) Wird Widerspruch erhoben, so ist über die Rechtmäßigkeit des Arrestes durch Endurteil zu entscheiden.

(2) Das Gericht kann den Arrest ganz oder teilweise bestätigen, abändern oder aufheben, auch die Bestätigung, Abänderung oder Aufhebung von einer Sicherheitsleistung abhängig machen.

§ 926 [Pflicht zur Klageerhebung]

(1) Ist die Hauptsache nicht anhängig, so hat das Arrestgericht auf Antrag ohne mündliche Verhandlung anzuordnen, daß die Partei, die den Arrestbefehl erwirkt hat, binnen einer zu bestimmenden Frist Klage zu erheben habe.

(2) Wird dieser Anordnung nicht Folge geleistet, so ist auf Antrag die Aufhebung des Arrestes durch Endurteil auszusprechen.

§ 927 [Veränderte Umstände als Aufhebungsgrund]

(1) Auch nach der Bestätigung des Arrestes kann wegen veränderter Umstände, insbesondere wegen Erledigung des Arrestgrundes oder auf Grund des Erbietens zur Sicherheitsleistung die Aufhebung des Arrestes beantragt werden.

(2) Die Entscheidung ist durch Endurteil zu erlassen; sie ergeht durch das Gericht, das den Arrest angeordnet hat, und wenn die Hauptsache anhängig ist, durch das Gericht der Hauptsache.

§ 928 [Arrestvollziehung]

Auf die Vollziehung des Arrestes sind die Vorschriften über die Zwangsvollstreckung entsprechend anzuwenden, soweit nicht die nachfolgenden Paragraphen abweichende Vorschriften enthalten.

§ 929 [Vollstreckungsklausel – Vollziehungsfrist]

(1) Arrestbefehle bedürfen der Vollstreckungsklausel nur, wenn die Vollziehung für einen anderen als den in dem Befehl bezeichneten Gläubiger oder gegen einen anderen als den in dem Befehl bezeichneten Schuldner erfolgen soll.

(2) Die Vollziehung des Arrestbefehls ist unstatthaft, wenn seit dem Tage, an dem der Befehl verkündet oder der Partei, auf deren Gesuch er erging, zugestellt ist, ein Monat verstrichen ist.

(3) Die Vollziehung ist vor der Zustellung des Arrestbefehls an den Schuldner zulässig. Sie ist jedoch ohne Wirkung, wenn die Zustellung nicht innerhalb einer Woche nach der Vollziehung und vor Ablauf der für diese im vorhergehenden Absatz bestimmten Frist erfolgt.

§ 930 [Vollziehung in Fahrnis und Forderungen]

(1) Die Vollziehung des Arrestes in bewegliches Vermögen wird durch Pfändung bewirkt. Die Pfändung erfolgt nach denselben Grundsätzen wie jede andere Pfändung und begründet ein Pfandrecht mit den im § 804 bestimmten Wirkungen. Für die Pfändung einer Forderung ist das Arrestgericht als Vollstreckungsgericht zuständig.

(2) Gepfändetes Geld und ein im Verteilungsverfahren auf den Gläubiger fallender Betrag des Erlöses werden hinterlegt.

(3) Das Vollstreckungsgericht kann auf Antrag anordnen, daß eine bewegliche körperliche Sache, wenn sie der Gefahr einer beträchtlichen Wertverringerung ausgesetzt ist oder wenn ihre Aufbewahrung unverhältnismäßige Kosten verursachen würde, versteigert und der Erlös hinterlegt werde.

§ 931 [Vollziehung in eingetragenes Schiff]

(1) Die Vollziehung des Arrestes in ein eingetragenes Schiff oder Schiffsbauwerk wird durch Pfändung nach den Vorschriften über die Pfändung beweglicher Sachen mit folgenden Abweichungen bewirkt.

(2) Die Pfändung begründet ein Pfandrecht an dem gepfändeten Schiff oder Schiffsbauwerk; das Pfandrecht gewährt dem Gläubiger im Verhältnis zu anderen Rechten dieselben Rechte wie eine Schiffshypothek.

(3) Die Pfändung wird auf Antrag des Gläubigers vom Arrestgericht als Vollstreckungsgericht angeordnet; das Gericht hat zugleich das Registergericht um die Eintragung einer Vormerkung zur Sicherung des Arrestpfandrechts in das Schiffsregister oder Schiffsbauregister zu ersuchen; die Vormerkung erlischt, wenn die Vollziehung des Arrestes unstatthaft wird.

(4) Der Gerichtsvollzieher hat bei der Vornahme der Pfändung das Schiff oder Schiffsbauwerk in Bewachung und Verwahrung zu nehmen.

(5) Ist zur Zeit der Arrestvollziehung die Zwangsversteigerung des Schiffes oder Schiffsbauwerks eingeleitet, so gilt die in diesem Verfahren erfolgte Beschlagnahme des Schiffes oder Schiffsbauwerks als erste Pfändung im Sinne des § 826; die Abschrift des Pfändungsprotokolls ist dem Vollstreckungsgericht einzureichen.

(6) Das Arrestpfandrecht wird auf Antrag des Gläubigers in das Schiffsregister oder Schiffsbauregister eingetragen; der nach § 923 festgestellte Geldbetrag ist als der Höchstbetrag zu bezeichnen, für den das Schiff oder Schiffsbauwerk haftet. Im übrigen gelten der § 867 und der § 870 a Abs. 3 entsprechend, soweit nicht vorstehend etwas anderes bestimmt ist.

§ 932 [Arresthypothek]

(1) Die Vollziehung des Arrestes in ein Grundstück oder in eine Berechtigung, für welche die sich auf Grundstücke beziehenden Vorschriften gelten, erfolgt durch Eintragung einer Sicherungshypothek für die Forderung; der nach § 923 festgestellte Geldbetrag ist als der Höchstbetrag zu bezeichnen, für den das Grundstück oder die Berechtigung haftet. Ein Anspruch nach § 1179 a oder § 1179 b des Bürgerlichen Gesetzbuchs steht dem Gläubiger oder im Grundbuch eingetragenen Gläubiger der Sicherungshypothek nicht zu.

(2) Im übrigen gelten die Vorschriften des § 866 Abs. 3 Satz 1 und der §§ 867, 868.

(3) Der Antrag auf Eintragung der Hypothek gilt im Sinne des § 929 Abs. 2, 3 als Vollziehung des Arrestbefehls.

§ 933 [Vollziehung des persönlichen Sicherheitsarrestes]

Die Vollziehung des persönlichen Sicherheitsarrestes richtet sich, wenn sie durch Haft erfolgt, nach den Vorschriften der §§ 904 und 913 und, wenn sie durch sonstige Beschränkung der persönlichen Freiheit erfolgt, nach den vom Arrestgericht zu treffenden besonderen Anordnungen, für welche die Beschränkungen der Haft maßgebend sind. In den Haftbefehl ist der nach § 923 festgestellte Geldbetrag aufzunehmen.

§ 934 [Aufhebung der Vollziehung]

(1) Wird der in dem Arrestbefehl festgestellte Geldbetrag hinterlegt, so wird der vollzogene Arrest von dem Vollstreckungsgericht aufgehoben.

(2) Das Vollstreckungsgericht kann die Aufhebung des Arrestes auch anordnen, wenn die Fortdauer besondere Aufwendungen erfordert und die Partei, auf deren Gesuch der Arrest verhängt wurde, den nötigen Geldbetrag nicht vorschießt.

(3) Die in diesem Paragraphen erwähnten Entscheidungen können ohne mündliche Verhandlung ergehen.

(4) Gegen den Beschluß, durch den der Arrest aufgehoben wird, findet sofortige Beschwerde statt.

§ 935 [Zulässigkeit einstweiliger Verfügungen]

Einstweilige Verfügungen in bezug auf den Streitgegenstand sind zulässig, wenn zu besorgen ist, daß durch eine Veränderung des bestehenden Zustandes die Verwirklichung des Rechtes einer Partei vereitelt oder wesentlich erschwert werden könnte.

§ 936 [Verweis auf Arrestvorschriften]

Auf die Anordnung einstweiliger Verfügungen und das weitere Verfahren sind die Vorschriften über die Anordnung von Arresten und über das Arrestverfahren entsprechend anzuwenden, soweit nicht die nachfolgenden Paragraphen abweichende Vorschriften enthalten.

§ 937 [Zuständigkeit des Gerichts der Hauptsache]

(1) Für den Erlaß einstweiliger Verfügungen ist das Gericht der Hauptsache zuständig.

(2) Die Entscheidung kann in dringenden Fällen sowie dann, wenn der Antrag auf Erlaß einer einstweiligen Verfügung zurückzuweisen ist, ohne mündliche Verhandlung ergehen.

§ 938 [Inhalt der einstweiligen Verfügung]

(1) Das Gericht bestimmt nach freiem Ermessen, welche Anordnungen zur Erreichung des Zweckes erforderlich sind.

(2) Die einstweilige Verfügung kann auch in einer Sequestration sowie darin bestehen, daß dem Gegner eine Handlung geboten oder verboten, insbesondere die Veräußerung, Belastung oder Verpfändung eines Grundstücks oder eines eingetragenen Schiffes oder Schiffsbauwerks untersagt wird.

§ 939 [Sicherheitsleistung]
Nur unter besonderen Umständen kann die Aufhebung einer einstweiligen Verfügung gegen Sicherheitsleistung gestattet werden.

§ 940 [Einstweilige Verfügungen zur Sicherung des Rechtsfriedens]
Einstweilige Verfügungen sind auch zum Zwecke der Regelung eines einstweiligen Zustandes in bezug auf ein streitiges Rechtsverhältnis zulässig, sofern diese Regelung, insbesondere bei dauernden Rechtsverhältnissen zur Abwendung wesentlicher Nachteile oder zur Verhinderung drohender Gewalt oder aus anderen Gründen nötig erscheint.

§ 940 a [Räumung von Wohnraum]
Die Räumung von Wohnraum darf durch einstweilige Verfügung nur wegen verbotener Eigenmacht angeordnet werden.

§ 941 [Grundbucheintragungen]
Hat auf Grund der einstweiligen Verfügung eine Eintragung in das Grundbuch, das Schiffsregister oder das Schiffsbauregister zu erfolgen, so ist das Gericht befugt, das Grundbuchamt oder die Registerbehörde um die Eintragung zu ersuchen.

§ 942 [Amtsgericht der belegenen Sache]
(1) In dringenden Fällen kann das Amtsgericht, in dessen Bezirk sich der Streitgegenstand befindet, eine einstweilige Verfügung erlassen unter Bestimmung einer Frist, innerhalb der die Ladung des Gegners zur mündlichen Verhandlung über die Rechtmäßigkeit der einstweiligen Verfügung bei dem Gericht der Hauptsache zu beantragen ist.
(2) Die einstweilige Verfügung, auf Grund deren eine Vormerkung oder ein Widerspruch gegen die Richtigkeit des Grundbuchs, des Schiffsregisters oder des Schiffsbauregisters eingetragen werden soll, kann von dem Amtsgericht erlassen werden, in dessen Bezirk das Grundstück belegen ist oder der Heimathafen oder der Heimatort des Schiffes oder der Bauort des Schiffsbauwerks sich befindet, auch wenn der Fall nicht für dringlich erachtet wird; liegt der Heimathafen des Schiffes nicht im Inland, so kann die einstweilige Verfügung vom Amtsgericht in Hamburg erlassen werden. Die Bestimmung der im Absatz 1 bezeichneten Frist hat nur auf Antrag des Gegners zu erfolgen.
(3) Nach fruchtlosem Ablauf der Frist hat das Amtsgericht auf Antrag die erlassene Verfügung aufzuheben.
(4) Die in diesem Paragraphen erwähnten Entscheidungen des Amtsgerichts können ohne mündliche Verhandlung ergehen.

§ 943 [Begriff des Gerichts der Hauptsache]
(1) Als Gericht der Hauptsache im Sinne der Vorschriften dieses Abschnitts ist das Gericht des ersten Rechtszuges und, wenn die Hauptsache in der Berufungsinstanz anhängig ist, das Berufungsgericht anzusehen.
(2) Das Gericht der Hauptsache ist für die nach § 109 zu treffenden Anordnungen ausschließlich zuständig, wenn die Hauptsache anhängig ist oder anhängig gewesen ist.

§ 944 [Kompetenz des Vorsitzenden]
In dringenden Fällen kann der Vorsitzende über die in diesem Abschnitt erwähnten Gesuche, sofern deren Erledigung eine mündliche Verhandlung nicht erfordert, anstatt des Gerichts entscheiden.

§ 945 [Schadensersatzpflicht]
Erweist sich die Anordnung eines Arrestes oder einer einstweiligen Verfügung als von Anfang an ungerechtfertigt, oder wird die angeordnete Maßregel auf Grund des § 926 Abs. 2 oder des § 942 Abs. 3 aufgehoben, so ist die Partei, welche die Anordnung erwirkt

hat, verpflichtet, dem Gegner den Schaden zu ersetzen, der ihm aus der Vollziehung der angeordneten Maßregel oder dadurch entsteht, daß er Sicherheit leistet, um die Vollziehung abzuwenden oder die Aufhebung der Maßregel zu erwirken.

Neuntes Buch

Aufgebotsverfahren

§ 946 [Zulässigkeit – Zuständigkeit]

(1) Eine öffentliche gerichtliche Aufforderung zur Anmeldung von Ansprüchen oder Rechten findet mit der Wirkung, daß die Unterlassung der Anmeldung einen Rechtsnachteil zur Folge hat, nur in den durch das Gesetz bestimmten Fällen statt.

(2) Für das Aufgebotsverfahren ist das durch das Gesetz bestimmte Gericht zuständig.

§ 947 [Antrag – Inhalt des Aufgebot]

(1) Der Antrag kann schriftlich oder zum Protokoll der Geschäftsstelle gestellt werden. Die Entscheidung kann ohne mündliche Verhandlung ergehen.

(2) Ist der Antrag zulässig, so hat das Gericht das Aufgebot zu erlassen. In das Aufgebot ist insbesondere aufzunehmen:

1. die Bezeichnung des Antragstellers;
2. die Aufforderung, die Ansprüche und Rechte spätestens im Aufgebotstermin anzumelden;
3. die Bezeichnung der Rechtsnachteile, die eintreten, wenn die Anmeldung unterbleibt;
4. die Bestimmung eines Aufgebotstermins.

§ 948 [Öffentliche Bekanntmachung]

(1) Die öffentliche Bekanntmachung des Aufgebots erfolgt durch Anheftung an die Gerichtstafel und durch einmalige Einrückung in den Bundesanzeiger, sofern nicht das Gesetz für den betreffenden Fall eine abweichende Anordnung getroffen hat.

(2) Das Gericht kann anordnen, daß die Einrückung noch in anderen Blättern und zu mehreren Malen erfolge.

§ 949 [Gültigkeit der öffentlichen Bekanntmachung]

Auf die Gültigkeit der öffentlichen Bekanntmachung hat es keinen Einfluß, wenn das anzuheftende Schriftstück von dem Ort der Anheftung zu früh entfernt ist oder wenn im Falle wiederholter Bekanntmachung die vorgeschriebenen Zwischenfristen nicht eingehalten sind.

§ 950 [Aufgebotsfrist]

Zwischen dem Tage, an dem die Einrückung oder die erste Einrückung des Aufgebots in den Bundesanzeiger erfolgt ist, und dem Aufgebotstermin muß, sofern das Gesetz nicht eine abweichende Anordnung enthält, ein Zeitraum (Aufgebotsfrist) von mindestens sechs Wochen liegen.

§ 951 [Rechtzeitigkeit der Anmeldung]

Eine Anmeldung, die nach dem Schluß des Aufgebotstermins, jedoch vor Erlaß des Ausschlußurteils erfolgt, ist als rechtzeitig anzusehen.

§ 952 [Ausschlußurteil – Zurückweisungsbeschluß – Beschwerde]

(1) Das Ausschlußurteil ist in öffentlicher Sitzung auf Antrag zu erlassen.

(2) Einem in der Sitzung gestellten Antrag wird ein Antrag gleichgeachtet, der vor dem Aufgebotstermin schriftlich gestellt oder zum Protokoll der Geschäftsstelle erklärt worden ist.

(3) Vor Erlaß des Urteils kann eine nähere Ermittlung, insbesondere die Versicherung der Wahrheit einer Behauptung des Antragstellers an Eides Statt angeordnet werden.

(4) Gegen den Beschluß, durch den der Antrag auf Erlaß des Ausschlußurteils zurückgewiesen wird, sowie gegen Beschränkungen und Vorbehalte, die dem Ausschlußurteil beigefügt sind, findet sofortige Beschwerde statt.

§ 953 [Auswirkung einer Anmeldung]

Erfolgt eine Anmeldung, durch die das von dem Antragsteller zur Begründung des Antrags behauptete Recht bestritten wird, so ist nach Beschaffenheit des Falles entweder das Aufgebotsverfahren bis zur endgültigen Entscheidung über das angemeldete Recht auszusetzen oder in dem Ausschlußurteil das angemeldete Recht vorzubehalten.

§ 954 [Nichterscheinen und unterlassener Antrag]

Wenn der Antragsteller weder in dem Aufgebotstermin erschienen ist noch vor dem Termin den Antrag auf Erlaß des Ausschlußurteils gestellt hat, so ist auf seinen Antrag ein neuer Termin zu bestimmen. Der Antrag ist nur binnen einer vom Tage des Aufgebotstermins laufenden Frist von sechs Monaten zulässig.

§ 955 [Neuer Termin]

Wird zur Erledigung des Aufgebotsverfahrens ein neuer Termin bestimmt, so ist eine öffentliche Bekanntmachung des Termins nicht erforderlich.

§ 956 [Öffentliche Bekanntmachung des Ausschlußurteils]

Das Gericht kann die öffentliche Bekanntmachung des wesentlichen Inhalts des Ausschlußurteils durch einmalige Einrückung in den Bundesanzeiger anordnen.

§ 957 [Anfechtungsklage]

(1) Gegen das Ausschlußurteil findet ein Rechtsmittel nicht statt.

(2) Das Ausschlußurteil kann bei dem Landgericht, in dessen Bezirk das Aufgebotsgericht seinen Sitz hat, mittels einer gegen den Antragsteller zu erhebenden Klage angefochten werden:

1. wenn ein Fall nicht vorlag, in dem das Gesetz das Aufgebotsverfahren zuläßt;
2. wenn die öffentliche Bekanntmachung des Aufgebots oder eine in dem Gesetz vorgeschriebene Art der Bekanntmachung unterblieben ist;
3. wenn die vorgeschriebene Aufgebotsfrist nicht gewahrt ist;
4. wenn der erkennende Richter von der Ausübung des Richteramts kraft Gesetzes ausgeschlossen war;
5. wenn ein Anspruch oder ein Recht ungeachtet der Anmeldung nicht dem Gesetz gemäß in dem Urteil berücksichtigt ist;
6. wenn die Voraussetzungen vorliegen, unter denen die Restitutionsklage wegen einer Straftat stattfindet.

§ 958 [Frist für Anfechtungsklage]

(1) Die Anfechtungsklage ist binnen der Notfrist eines Monats zu erheben. Die Frist beginnt mit dem Tage, an dem der Kläger Kenntnis von dem Ausschlußurteil erhalten hat, in dem Falle jedoch, wenn die Klage auf einem der im § 957 Nr. 4, 6 bezeichneten Anfechtungsgründe beruht und dieser Grund an jenem Tage noch nicht zur Kenntnis des Klägers gelangt war, erst mit dem Tage, an dem der Anfechtungsgrund dem Kläger bekannt geworden ist.

(2) Nach Ablauf von zehn Jahren, von dem Tage der Verkündung des Ausschlußurteils an gerechnet, ist die Klage unstatthaft.

§ 959 [Verbindung von Aufgeboten]

Das Gericht kann die Verbindung mehrerer Aufgebote anordnen, auch wenn die Voraussetzungen des § 147 nicht vorliegen.

§§ 960 bis 976 (aufgehoben)

§ 977 [Aufgebot des Grundstückseigentümers]
Für das Aufgebotsverfahren zum Zwecke der Ausschließung des Eigentümers eines Grundstücks nach § 927 des Bürgerlichen Gesetzbuchs gelten die nachfolgenden besonderen Vorschriften.

§ 978 [Zuständigkeit]
Zuständig ist das Gericht, in dessen Bezirk das Grundstück belegen ist.

§ 979 [Antragsberechtigung]
Antragsberechtigt ist derjenige, der das Grundstück seit der im § 927 des Bürgerlichen Gesetzbuchs bestimmten Zeit im Eigenbesitz hat.

§ 980 [Glaubhaftmachung]
Der Antragsteller hat die zur Begründung des Antrags erforderlichen Tatsachen vor der Einleitung des Verfahrens glaubhaft zu machen.

§ 981 [Inhalt des Aufgebots]
In dem Aufgebot ist der bisherige Eigentümer aufzufordern, sein Recht spätestens im Aufgebotstermin anzumelden, widrigenfalls seine Ausschließung erfolgen werde.

§ 981 a [Aufgebot des Schiffseigentümers]
Für das Aufgebotsverfahren zum Zwecke der Ausschließung des Eigentümers eines eingetragenen Schiffes oder Schiffsbauwerks nach § 6 des Gesetzes über Rechte an eingetragenen Schiffen und Schiffsbauwerken vom 15. November 1940 (RGBl. I S. 1499) gelten die §§ 979 bis 981 entsprechend. Zuständig ist das Gericht, bei dem das Register für das Schiff oder Schiffsbauwerk geführt wird.

§ 982 [Aufgebot eines Grundpfandgläubigers]
Für das Aufgebotsverfahren zum Zwecke der Ausschließung eines Hypotheken-, Grundschuld- oder Rentenschuldgläubigers auf Grund der §§ 1170, 1171 des Bürgerlichen Gesetzbuchs gelten die nachfolgenden besonderen Vorschriften.

§ 983 [Zuständigkeit]
Zuständig ist das Gericht, in dessen Bezirk das belastete Grundstück belegen ist.

§ 984 [Antragsberechtigung]
(1) Antragsberechtigt ist der Eigentümer des belasteten Grundstücks.
(2) Im Falle des § 1170 des Bürgerlichen Gesetzbuchs ist auch ein im Range gleich- oder nachstehender Gläubiger, zu dessen Gunsten eine Vormerkung nach § 1179 des Bürgerlichen Gesetzbuchs eingetragen ist oder ein Anspruch nach § 1179 a des Bürgerlichen Gesetzbuchs besteht, und bei einer Gesamthypothek, Gesamtgrundschuld oder Gesamtrentenschuld außerdem derjenige antragsberechtigt, der auf Grund eines im Range gleich- oder nachstehenden Rechtes Befriedigung aus einem der belasteten Grundstücke verlangen kann, sofern der Gläubiger oder der sonstige Berechtigte für seinen Anspruch einen vollstreckbaren Schuldtitel erlangt hat.

§ 985 [Glaubhaftmachung]
Der Antragsteller hat vor der Einleitung des Verfahrens glaubhaft zu machen, daß der Gläubiger unbekannt ist.

§ 986 [Sondervorschriften für Grundpfandrechte]
(1) Im Falle des § 1170 des Bürgerlichen Gesetzbuchs hat der Antragsteller vor der Einleitung des Verfahrens auch glaubhaft zu machen, daß nicht eine das Aufgebot ausschließende Anerkennung des Rechtes des Gläubigers erfolgt ist.
(2) Ist die Hypothek für die Forderung aus einer Schuldverschreibung auf den Inhaber bestellt oder der Grundschuld- oder Rentenschuldbrief auf den Inhaber ausgestellt, so

hat der Antragsteller glaubhaft zu machen, daß die Schuldverschreibung oder der Brief bis zum Ablauf der im § 801 des Bürgerlichen Gesetzbuchs bezeichneten Frist nicht vorgelegt und der Anspruch nicht gerichtlich geltend gemacht worden ist. Ist die Vorlegung oder die gerichtliche Geltendmachung erfolgt, so ist die im Absatz 1 vorgeschriebene Glaubhaftmachung erforderlich.

(3) Zur Glaubhaftmachung genügt in den Fällen der Absätze 1, 2 die Versicherung des Antragstellers an Eides Statt, unbeschadet der Befugnis des Gerichts, anderweitige Ermittlungen anzuordnen.

(4) In dem Aufgebot ist als Rechtsnachteil anzudrohen, daß der Gläubiger mit seinem Recht ausgeschlossen werde.

(5) Wird das Aufgebot auf Antrag eines nach § 984 Abs. 2 Antragsberechtigten erlassen, so ist es dem Eigentümer des Grundstücks von Amts wegen mitzuteilen.

§ 987 [Ausschluß unbekannter Hypothekengläubiger]

(1) Im Falle des § 1171 des Bürgerlichen Gesetzbuchs hat der Antragsteller sich vor der Einleitung des Verfahrens zur Hinterlegung des dem Gläubiger gebührenden Betrages zu erbieten.

(2) In dem Aufgebot ist als Rechtsnachteil anzudrohen, daß der Gläubiger nach der Hinterlegung des ihm gebührenden Betrages seine Befriedigung statt aus dem Grundstück nur noch aus dem hinterlegten Betrag verlangen könne und sein Recht auf diesen erlösche, wenn er sich nicht vor dem Ablauf von dreißig Jahren nach dem Erlaß des Ausschlußurteils bei der Hinterlegungsstelle melde.

(3) Hängt die Fälligkeit der Forderung von einer Kündigung ab, so erweitert sich die Aufgebotsfrist um die Kündigungsfrist.

(4) Das Ausschlußurteil darf erst dann erlassen werden, wenn die Hinterlegung erfolgt ist.

§ 987 a [Aufgebot des Schiffshypothekengläubigers]

Für das Aufgebotsverfahren zum Zwecke der Ausschließung eines Schiffshypothekengläubigers auf Grund der §§ 66, 67 des Gesetzes über Rechte an eingetragenen Schiffen und Schiffsbauwerken vom 15. November 1940 (RGBl. I S. 1499) gelten die §§ 984 bis 987 entsprechend; an die Stelle der §§ 1170, 1171, 1179 des Bürgerlichen Gesetzbuchs treten die §§ 66, 67, 68 des genannten Gesetzes. Zuständig ist das Gericht, bei dem das Register für das Schiff oder Schiffsbauwerk geführt wird.

§ 988 [Aufgebot anderer dingliche Berechtigter]

Die Vorschriften des § 983, des § 984 Abs. 1, des § 985, des § 986 Abs. 1 bis 4 und der §§ 987, 987 a gelten entsprechend für das Aufgebotsverfahren zum Zwecke der in den §§ 887, 1104, 1112 des Bürgerlichen Gesetzbuchs, § 13 des Gesetzes über Rechte an eingetragenen Schiffen und Schiffsbauwerken vom 15. November 1940 (RGBl. I S. 1499) für die Vormerkung, das Vorkaufsrecht und die Reallast bestimmten Ausschließung des Berechtigten. Antragsberechtigt ist auch, wer auf Grund eines im Range gleich oder nachstehenden Rechtes Befriedigung aus dem Grundstück oder dem Schiff oder Schiffsbauwerk verlangen kann, sofern er für seinen Anspruch einen vollstreckbaren Schuldtitel erlangt hat. Das Aufgebot ist dem Eigentümer des Grundstücks oder des Schiffes oder Schiffsbauwerks von Amts wegen mitzuteilen.

§ 989 [Aufgebot von Nachlaßgläubigern]

Für das Aufgebotsverfahren zum Zwecke der Ausschließung von Nachlaßgläubigern auf Grund des § 1970 des Bürgerlichen Gesetzbuchs gelten die nachfolgenden besonderen Vorschriften.

§ 990 [Zuständigkeit]
Zuständig ist das Amtsgericht, dem die Verrichtungen des Nachlaßgerichts obliegen. Sind diese Verrichtungen einer anderen Behörde als einem Amtsgericht übertragen, so ist das Amtsgericht zuständig, in dessen Bezirk die Nachlaßbehörde ihren Sitz hat.

§ 991 [Antragsberechtigung]
(1) Antragsberechtigt ist jeder Erbe, sofern er nicht für die Nachlaßverbindlichkeiten unbeschränkt haftet.

(2) Zu dem Antrag sind auch ein Nachlaßpfleger und ein Testamentsvollstrecker berechtigt, wenn ihnen die Verwaltung des Nachlasses zusteht.

(3) Der Erbe und der Testamentsvollstrecker können den Antrag erst nach der Annahme der Erbschaft stellen.

§ 992 [Beifügung eines Nachlaßgläubigerverzeichnisses]
Dem Antrag ist ein Verzeichnis der bekannten Nachlaßgläubiger mit Angabe ihres Wohnortes beizufügen.

§ 993 [Nachlaßkonkurs]
(1) Das Aufgebot soll nicht erlassen werden, wenn die Eröffnung des Nachlaßkonkurses beantragt ist.

(2) Durch die Eröffnung des Nachlaßkonkurses wird das Aufgebotsverfahren beendigt.

§ 994 [Aufgebotsfrist – Zustellung von Amts wegen]
(1) Die Aufgebotsfrist soll höchstens sechs Monate betragen.

(2) Das Aufgebot soll den Nachlaßgläubigern, die dem Nachlaßgericht angezeigt sind und deren Wohnort bekannt ist, von Amts wegen zugestellt werden. Die Zustellung kann durch Aufgabe zur Post erfolgen.

§ 995 [Aufgebotsinhalt]
In dem Aufgebot ist den Nachlaßgläubigern, die sich nicht melden, als Rechtsnachteil anzudrohen, daß sie, unbeschadet des Rechtes, vor den Verbindlichkeiten aus Pflichtteilsrechten, Vermächtnissen und Auflagen berücksichtigt zu werden, von dem Erben nur insoweit Befriedigung verlangen können, als sich nach Befriedigung der nicht ausgeschlossenen Gläubiger noch ein Überschuß ergibt.

§ 996 [Inhalt der Forderungsanmeldung]
(1) Die Anmeldung einer Forderung hat die Angabe des Gegenstandes und des Grun- des der Forderung zu enthalten. Urkundliche Beweisstücke sind in Urschrift oder in Abschrift beizufügen.

(2) Das Gericht hat die Einsicht der Anmeldungen jedem zu gestatten, der ein rechtliches Interesse glaubhaft macht.

§ 997 [Erbenmehrheit]
(1) Sind mehrere Erben vorhanden, so kommen der von einem Erben gestellte Antrag und das von ihm erwirkte Ausschlußurteil, unbeschadet der Vorschriften des Bürgerlichen Gesetzbuchs über die unbeschränkte Haftung, auch den anderen Erben zustatten. Als Rechtsnachteil ist den Nachlaßgläubigern, die sich nicht melden, auch anzudrohen, daß jeder Erbe nach der Teilung des Nachlasses nur für den seinem Erbteil entsprechenden Teil der Verbindlichkeit haftet.

(2) Das Aufgebot mit Androhung des im Absatz 1 Satz 2 bestimmten Rechtsnachteils kann von jedem Erben auch dann beantragt werden, wenn er für die Nachlaßverbindlichkeiten unbeschränkt haftet.

§ 998 [Nacherbfolge]
Im Falle der Nacherbfolge ist die Vorschrift des § 997 Abs. 1 Satz 1 auf den Vorerben und den Nacherben entsprechend anzuwenden.

§ 999 [Antragsberechtigung bei Gütergemeinschaft]
Gehört ein Nachlaß zum Gesamtgut der Gütergemeinschaft, so kann sowohl der Ehegatte, der Erbe ist, als auch der Ehegatte, der nicht Erbe ist, aber das Gesamtgut allein oder mit seinem Ehegatten gemeinschaftlich verwaltet, das Aufgebot beantragen, ohne daß die Zustimmung des anderen Ehegatten erforderlich ist. Die Ehegatten behalten diese Befugnis, wenn die Gütergemeinschaft endet. Der von einem Ehegatten gestellte Antrag und das von ihm erwirkte Ausschlußurteil kommen auch dem anderen Ehegatten zustatten.

§ 1000 [Antragsberechtigung bei Erbschaftskauf]
(1) Hat der Erbe die Erbschaft verkauft, so kann sowohl der Käufer als der Erbe das Aufgebot beantragen. Der von dem einen Teil gestellte Antrag und das von ihm erwirkte Ausschlußurteil kommen, unbeschadet der Vorschriften des Bürgerlichen Gesetzbuchs über die unbeschränkte Haftung, auch dem anderen Teil zustatten.
(2) Diese Vorschriften gelten entsprechend, wenn jemand eine durch Vertrag erworbene Erbschaft verkauft oder sich zur Veräußerung einer ihm angefallenen oder anderweit von ihm erworbenen Erbschaft in sonstiger Weise verpflichtet hat.

§ 1001 [Aufgebot von Gesamtgutsgläubigern]
Die Vorschriften der §§ 990 bis 996, 999, 1000 sind im Falle der fortgesetzten Gütergemeinschaft auf das Aufgebotsverfahren zum Zwecke der nach dem § 1489 Abs. 2 und dem § 1970 des Bürgerlichen Gesetzbuchs zulässigen Ausschließung von Gesamtgutsgläubigern entsprechend anzuwenden.

§ 1002 [Aufgebot von Schiffsgläubigern]
(1) Für das Aufgebotsverfahren zum Zwecke der Ausschließung von Schiffsgläubigern auf Grund des § 110 des Gesetzes, betreffend die privatrechtlichen Verhältnisse der Binnenschiffahrt, gelten die nachfolgenden besonderen Vorschriften.
(2) Zuständig ist das Gericht, in dessen Bezirk sich der Heimathafen oder der Heimatort des Schiffes befindet.
(3) Unterliegt das Schiff der Eintragung in das Schiffsregister, so kann der Antrag erst nach der Eintragung der Veräußerung des Schiffes gestellt werden.
(4) Der Antragsteller hat die ihm bekannten Forderungen von Schiffsgläubigern anzugeben.
(5) Die Aufgebotsfrist muß mindestens drei Monate betragen.
(6) In dem Aufgebot ist den Schiffsgläubigern, die sich nicht melden, als Rechtsnachteil anzudrohen, daß ihre Pfandrechte erlöschen, sofern nicht ihre Forderungen dem Antragsteller bekannt sind.

§ 1003 [Aufgebot zur Kraftloserklärung von Urkunden]
Für das Aufgebotsverfahren zum Zwecke der Kraftloserklärung einer Urkunde gelten die nachfolgenden besonderen Vorschriften.

§ 1004 [Antragsberechtigung]
(1) Bei Papieren, die auf den Inhaber lauten oder die durch Indossament übertragen werden können und mit einem Blankoindossament versehen sind, ist der bisherige Inhaber des abhanden gekommenen oder vernichteten Papiers berechtigt, das Aufgebotsverfahren zu beantragen.
(2) Bei anderen Urkunden ist derjenige zu dem Antrag berechtigt, der das Recht aus der Urkunde geltend machen kann.

§ 1005 [Zuständigkeit]

(1) Für das Aufgebotsverfahren ist das Gericht des Ortes zuständig, den die Urkunde als den Erfüllungsort bezeichnet. Enthält die Urkunde eine solche Bezeichnung nicht, so ist das Gericht zuständig, bei dem der Aussteller seinen allgemeinen Gerichtsstand hat, und in Ermangelung eines solchen Gerichts dasjenige, bei dem der Aussteller zur Zeit der Ausstellung seinen allgemeinen Gerichtsstand gehabt hat.

(2) Ist die Urkunde über ein im Grundbuch eingetragenes Recht ausgestellt, so ist das Gericht der belegenen Sache ausschließlich zuständig.

§ 1006 [Bestelltes Aufgebotsgericht]

(1) Die Erledigung der Anträge, das Aufgebot zum Zwecke der Kraftloserklärung eines auf den Inhaber lautenden Papiers zu erlassen, kann von der Landesjustizverwaltung für mehrere Amtsgerichtsbezirke einem Amtsgericht übertragen werden. Auf Verlangen des Antragstellers wird der Antrag durch das nach § 1005 zuständige Gericht erledigt.

(2) Wird das Aufgebot durch ein anderes als das nach § 1005 zuständige Gericht erlassen, so ist das Aufgebot auch durch Anheftung an die Gerichtstafel des letzteren Gerichts öffentlich bekanntzumachen.

(3) Unberührt bleiben die landesgesetzlichen Vorschriften, durch die für das Aufgebotsverfahren zum Zwecke der Kraftloserklärung von Schuldverschreibungen auf den Inhaber, die ein deutsches Land oder früherer Bundesstaat oder eine ihm angehörende Körperschaft, Stiftung oder Anstalt des öffentlichen Rechts ausgestellt oder für deren Bezahlung ein deutsches Land oder füherer Bundesstaat die Haftung übernommen hat, ein bestimmtes Amtsgericht für ausschließlich zuständig erklärt wird.

§ 1007 [Begründung des Antrags]

Der Antragsteller hat zur Begründung des Antrags:

1. entweder eine Abschrift der Urkunde beizubringen oder den wesentlichen Inhalt der Urkunde und alles anzugeben, was zu ihrer vollständigen Erkennbarkeit erforderlich ist;
2. den Verlust der Urkunde sowie diejenigen Tatsachen glaubhaft zu machen, von denen seine Berechtigung abhängt, das Aufgebotsverfahren zu beantragen;
3. sich zur Versicherung der Wahrheit seiner Angaben an Eides Statt zu erbieten.

§ 1008 [Inhalt des Aufgebots]

In dem Aufgebot ist der Inhaber der Urkunde aufzufordern, spätestens im Aufgebotstermin seine Rechte bei dem Gericht anzumelden und die Urkunde vorzulegen. Als Rechtsnachteil ist anzudrohen, daß die Urkunde für kraftlos erklärt werde.

§ 1009 [Öffentliche Bekanntmachung]

(1) Die öffentliche Bekanntmachung des Aufgebots erfolgt durch Anheftung an die Gerichtstafel und in dem Lokal der Börse, wenn eine solche am Sitz des Aufgebotsgerichts besteht, sowie durch einmalige Einrückung in den Bundesanzeiger.

(2) Das Gericht kann anordnen, daß die Einrückung noch in andere Blätter und zu mehreren Malen erfolge.

(3) Betrifft das Aufgebot ein auf den Inhaber lautendes Papier und ist in der Urkunde vermerkt oder in den Bestimmungen, unter denen die erforderliche staatliche Genehmigung erteilt worden ist, vorgeschrieben, daß die öffentliche Bekanntmachung durch bestimmte andere Blätter zu erfolgen habe, so muß die Bekanntmachung auch durch Einrückung in diese Blätter erfolgen. Das gleiche gilt bei Schuldverschreibungen, die von einem deutschen Land oder früheren Bundesstaat ausgegeben sind, wenn die öffentliche Bekanntmachung durch bestimmte Blätter landesgesetzlich vorgeschrieben ist.

§ 1010 [Verfahren bei Wertpapieren mit Zinsscheinen]

(1) Bei Wertpapieren, für die von Zeit zu Zeit Zins-, Renten- oder Gewinnanteilscheine ausgegeben werden, ist der Aufgebotstermin so zu bestimmen, daß bis zu dem Termin der erste einer seit der Zeit des glaubhaft gemachten Verlustes ausgegebenen Reihe von Zins-, Renten- oder Gewinnanteilscheinen fällig geworden ist und seit seiner Fälligkeit sechs Monate abgelaufen sind.

(2) Vor Erlaß des Ausschlußurteils hat der Antragsteller ein nach Ablauf dieser sechsmonatigen Frist ausgestelltes Zeugnis der betreffenden Behörde, Kasse oder Anstalt beizubringen, daß die Urkunde seit der Zeit des glaubhaft gemachten Verlustes ihr zur Ausgabe neuer Scheine nicht vorgelegt sei und daß die neuen Scheine an einen anderen als den Antragsteller nicht ausgegeben seien.

§ 1011 [Verfahren bei Zinsscheinen für mehr als 4 Jahre]

(1) Bei Wertpapieren, für die Zins-, Renten- oder Gewinnanteilscheine zuletzt für einen längeren Zeitraum als vier Jahre ausgegeben sind, genügt es, wenn der Aufgebotstermin so bestimmt wird, daß bis zu dem Termin seit der Zeit des glaubhaft gemachten Verlustes von den zuletzt ausgegebenen Scheinen solche für vier Jahre fällig geworden und seit der Fälligkeit des letzten derselben sechs Monate abgelaufen sind. Scheine für Zeitabschnitte für die keine Zinsen, Renten oder Gewinnanteile gezahlt werden, kommen nicht in Betracht.

(2) Vor Erlaß des Ausschlußurteils hat der Antragsteller ein nach Ablauf dieser sechsmonatigen Frist ausgestelltes Zeugnis der betreffenden Behörde, Kasse oder Anstalt beizubringen, daß die für die bezeichneten vier Jahre und später etwa fällig gewordenen Scheine ihr von einem anderen als dem Antragsteller nicht vorgelegt seien. Hat in der Zeit seit dem Erlaß des Aufgebots eine Ausgabe neuer Scheine stattgefunden, so muß das Zeugnis auch die im § 1010 Abs. 2 bezeichneten Angaben enthalten.

§ 1012 [Vorlegung der Zinsscheine]

Die Vorschriften der §§ 1010, 1011 sind insoweit nicht anzuwenden, als die Zins-, Renten- oder Gewinnanteilscheine, deren Fälligkeit nach diesen Vorschriften eingetreten sein muß, von dem Antragsteller vorgelegt werden. Der Vorlegung der Scheine steht es gleich, wenn das Zeugnis der betreffenden Behörde, Kasse oder Anstalt beigebracht wird, daß die fällig gewordenen Scheine ihr von dem Antragsteller vorgelegt worden seien.

§ 1013 [Abgelaufene Ausgabe der Zinsscheine]

Bei Wertpapieren, für die Zins-, Renten- oder Gewinnanteilscheine ausgegeben sind, aber nicht mehr ausgegeben werden, ist, wenn nicht die Voraussetzungen der §§ 1010, 1011 vorhanden sind, der Aufgebotstermin so zu bestimmen, daß bis zu dem Termin seit der Fälligkeit des letzten ausgegebenen Scheines sechs Monate abgelaufen sind.

§ 1014 [Termin des Aufgebots bei bestimmter Fälligkeit]

Ist in einer Schuldurkunde eine Verfallzeit angegeben, die zur Zeit der ersten Einrückung des Aufgebots in den Bundesanzeiger noch nicht eingetreten ist, und sind die Voraussetzungen der §§ 1010 bis 1013 nicht vorhanden, so ist der Aufgebotstermin so zu bestimmen, daß seit dem Verfalltag sechs Monate abgelaufen sind.

§ 1015 [Aufgebotsfrist]

Die Aufgebotsfrist muß mindestens sechs Monate betragen. Der Aufgebotstermin darf nicht über ein Jahr hinaus bestimmt werden; solange ein so naher Termin nicht bestimmt werden kann, ist das Aufgebot nicht zulässig.

§ 1016 [Anmeldung durch Urkundeninhaber]

Meldet der Inhaber der Urkunde vor dem Aufgebotstermin seine Rechte unter Vorlegung der Urkunde an, so hat das Gericht den Antragsteller hiervon zu benachrichtigen und ihm die Einsicht der Urkunde innerhalb einer zu bestimmenden Frist zu gestatten. Auf Antrag des Inhabers der Urkunde ist zu ihrer Vorlegung ein Termin zu bestimmen.

§ 1017 [Ausschlußurteil]

(1) In dem Ausschlußurteil ist die Urkunde für kraftlos zu erklären.

(2) Das Ausschlußurteil ist seinem wesentlichen Inhalt nach durch den Bundesanzeiger bekanntzumachen. Die Vorschriften des § 1009 Abs. 3 gelten entsprechend.

(3) In gleicher Weise ist nach eingetretener Rechtskraft das auf die Anfechtungsklage ergangene Urteil, soweit dadurch die Kraftloserklärung aufgehoben wird, bekanntzumachen.

§ 1018 [Rechtsfolgen des Ausschlußurteils]

(1) Derjenige, der das Ausschlußurteil erwirkt hat, ist dem durch die Urkunde Verpflichteten gegenüber berechtigt, die Rechte aus der Urkunde geltend zu machen.

(2) Wird das Ausschlußurteil infolge einer Anfechtungsklage aufgehoben, so bleiben die auf Grund des Urteils von dem Verpflichteten bewirkten Leistungen auch Dritten, insbesondere dem Anfechtungskläger, gegenüber wirksam, es sei denn, daß der Verpflichtete zur Zeit der Leistung die Aufhebung des Ausschlußurteils gekannt hat.

§ 1019 [Erlaß einer Zahlungssperre]

(1) Bezweckt das Aufgebotsverfahren die Kraftloserklärung eines auf den Inhaber lautenden Papiers, so hat das Gericht auf Antrag an den Aussteller sowie an die in dem Papier und die von dem Antragsteller bezeichneten Zahlstellen das Verbot zu erlassen, an den Inhaber des Papiers eine Leistung zu bewirken, insbesondere neue Zins-, Renten- oder Gewinnanteilscheine oder einen Erneuerungsschein auszugeben (Zahlungssperre); mit dem Verbot ist die Benachrichtigung von der Einleitung des Aufgebotsverfahrens zu verbinden. Das Verbot ist in gleicher Weise wie das Aufgebot öffentlich bekanntzumachen.

(2) Das an den Aussteller erlassene Verbot ist auch den Zahlstellen gegenüber wirksam, die nicht in dem Papier bezeichnet sind.

(3) Die Einlassung der vor dem Verbot ausgegebenen Zins-, Renten- oder Gewinnanteilscheine wird von dem Verbot nicht betroffen.

§ 1020 [Zahlungssperre vor Verfahrenseinleitung]

Ist die sofortige Einleitung des Aufgebotsverfahrens nach § 1015 Satz 2 unzulässig, so hat das Gericht die Zahlungssperre auf Antrag schon vor der Einleitung des Verfahrens zu verfügen, sofern die übrigen Erfordernisse für die Einleitung vorhanden sind. Auf den Antrag sind die Vorschriften des § 947 Abs. 1 anzuwenden. Das Verbot ist durch Anheftung an die Gerichtstafel und durch einmalige Einrückung in den Bundesanzeiger öffentlich bekanntzumachen.

§ 1021 [Entbehrlichkeit des behördlichen Zeugnisses]

Wird die Zahlungssperre angeordnet, bevor seit der Zeit des glaubhaft gemachten Verlustes Zins-, Renten- oder Gewinnanteilscheine ausgegeben worden sind, so ist die Beibringung des im § 1010 Abs. 2 vorgeschriebenen Zeugnisses nicht erforderlich.

§ 1022 [Aufhebung der Zahlungssperre]

(1) Wird das in Verlust gekommene Papier dem Gericht vorgelegt oder wird das Aufgebotsverfahren in anderer Weise ohne Erlaß eines Ausschlußurteils erledigt, so ist die Zahlungssperre von Amts wegen aufzuheben. Das gleiche gilt, wenn die Zahlungssperre vor der Einleitung des Aufgebotsverfahrens angeordnet worden ist und die Einleitung nicht binnen sechs Monaten nach der Beseitigung des ihr entgegenstehenden Hindernisses beantragt wird. Ist das Aufgebot oder die Zahlungssperre öffentlich bekanntgemacht worden, so ist die Erledigung des Verfahrens oder die Aufhebung der Zahlungssperre von Amts wegen durch den Bundesanzeiger bekanntzumachen.

(2) Im Falle der Vorlegung des Papiers ist die Zahlungssperre erst aufzuheben, nachdem dem Antragsteller die Einsicht nach Maßgabe des § 1016 gestattet worden ist.
(3) Gegen den Beschluß, durch den die Zahlungssperre aufgehoben wird, findet sofortige Beschwerde statt.

§ 1023 [Aufgebot von Legitimationspapieren]
Bezweckt das Aufgebotsverfahren die Kraftloserklärung einer Urkunde der im § 808 des Bürgerlichen Gesetzbuchs bezeichneten Art, so gelten die Vorschriften des § 1006, des § 1009 Abs. 3 des § 1017 Abs. 2 Satz 2 und der §§ 1019 bis 1022 entsprechend. Die Landesgesetze können über die Veröffentlichung des Aufgebots und der im § 1017 Abs. 2, 3 und in den §§ 1019, 1020, 1022 vorgeschriebenen Bekanntmachungen sowie über die Aufgebotsfrist abweichende Vorschriften erlassen.

§ 1024 [Landesgesetzlicher Vorbehalt]
(1) Bei Aufgeboten auf Grund der §§ 887, 927, 1104, 1112, 1162, 1170, 1171 des Bürgerlichen Gesetzbuchs, des § 110 des Gesetzes betreffend die privatrechtlichen Verhältnisse der Binnenschiffahrt, der §§ 6, 13, 66, 67 des Gesetzes über Rechte an eingetragenen Schiffen und Schiffsbauwerken und der §§ 13, 66, 67 des Gesetzes über Rechte an Luftfahrzeugen können die Landesgesetze die Art der Veröffentlichung des Aufgebots und des Ausschlußurteils sowie die Aufgebotsfrist anders bestimmen, als in §§ 948, 950, 956 vorgeschrieben ist.
(2) Bei Aufgeboten, die auf Grund des § 1162 des Bürgerlichen Gesetzbuchs ergehen, können die Landesgesetze die Art der Veröffentlichung des Aufgebots, des Ausschlußurteils und des im § 1017 Abs. 3 bezeichneten Urteils sowie die Aufgebotsfrist auch anders bestimmen, als in den §§ 1009, 1014, 1015, 1017 vorgeschrieben ist.

Zehntes Buch

Schiedsrichterliches Verfahren

§ 1025 [Zulässigkeit – Knebelung]
(1) Die Vereinbarung, daß die Entscheidung einer Rechtsstreitigkeit durch einen oder mehrere Schiedsrichter erfolgen solle, hat insoweit rechtliche Wirkung, als die Parteien berechtigt sind, über den Gegenstand des Streites einen Vergleich zu schließen.
(2) Der Schiedsvertrag ist unwirksam, wenn eine Partei ihre wirtschaftliche oder soziale Überlegenheit dazu ausgenutzt hat, den anderen Teil zu seinem Abschluß oder zur Annahme von Bestimmungen zu nötigen, die ihr im Verfahren, insbesondere hinsichtlich der Ernennung oder Ablehnung der Schiedsrichter, ein Übergewicht über den anderen Teil einräumen.

§ 1025 a [Schiedsvertrag über Mietstreitigkeiten]
Ein Schiedsvertrag über Rechtsstreitigkeiten, die den Bestand eines Mietverhältnisses über Wohnraum betreffen, ist unwirksam. Dies gilt nicht, wenn es sich um Wohnraum der in § 556 a Abs. 8 des Bürgerlichen Gesetzbuchs genannten Art handelt.

§ 1026 [Schiedsvertrag über künftige Rechtsstreitigkeiten]
Ein Schiedsvertrag über künftige Rechtsstreitigkeiten hat keine rechtliche Wirkung, wenn er nicht auf ein bestimmtes Rechtsverhältnis und die aus ihm entspringenden Rechtsstreitigkeiten sich bezieht.

§ 1027 [Schriftform – Handelsgeschäft]
(1) Der Schiedsvertrag muß ausdrücklich geschlossen werden und bedarf der Schriftform; andere Vereinbarungen als solche, die sich auf das schiedsgerichtliche Verfahren beziehen,

darf die Urkunde nicht enthalten. Der Mangel der Form wird durch die Einlassung auf die schiedsgerichtliche Verhandlung zur Hauptsache geheilt.

(2) Die Vorschrift des Absatzes 1 ist nicht anzuwenden, wenn der Schiedsvertrag für beide Teile ein Handelsgeschäft ist und keine der Parteien zu den im § 4 des Handelsgesetzbuchs bezeichneten Gewerbetreibenden gehört.

(3) Soweit der Schiedsvertrag nach Absatz 2 der Schriftform nicht bedarf, kann jede Partei die Errichtung einer schriftlichen Urkunde über den Vertrag verlangen.

§ 1027 a [Unzulässigkeit der Klage bei Einrede des Schiedsvertrags]

Wird das Gericht wegen einer Rechtsstreitigkeit angerufen, für die die Parteien einen Schiedsvertrag geschlossen haben, so hat das Gericht die Klage als unzulässig abzuweisen, wenn sich der Beklagte auf den Schiedsvertrag beruft.

§ 1028 [Schiedsrichterernennung durch Parteien]

Ist in dem Schiedsvertrag eine Bestimmung über die Ernennung der Schiedsrichter nicht enthalten, so wird von jeder Partei ein Schiedsrichter ernannt.

§ 1029 [Ernennungsfrist – gerichtliche Ernennung]

(1) Steht beiden Parteien die Ernennung von Schiedsrichtern zu, so hat die betreibende Partei dem Gegner den Schiedsrichter schriftlich mit der Aufforderung zu bezeichnen, binnen einer einwöchigen Frist seinerseits ein Gleiches zu tun.

(2) Nach fruchtlosem Ablauf der Frist wird auf Antrag der betreibenden Partei der Schiedsrichter von dem zuständigen Gericht ernannt.

§ 1030 [Bindungswirkung der Ernennung]

Eine Partei ist an die durch sie erfolgte Ernennung eines Schiedsrichters dem Gegner gegenüber gebunden, sobald dieser die Anzeige von der Ernennung erhalten hat.

§ 1031 [Wegfall eines Schiedsrichters]

Wenn ein nicht in dem Schiedsvertrag ernannter Schiedsrichter stirbt oder aus einem anderen Grund wegfällt oder die Übernahme oder die Ausführung des Schiedsrichteramts verweigert, so hat die Partei, die ihn ernannt hat, auf Aufforderung des Gegners binnen einer einwöchigen Frist einen anderen Schiedsrichter zu bestellen. Nach fruchtlosem Ablauf der Frist wird auf Antrag der betreibenden Partei der Schiedsrichter von dem zuständigen Gericht ernannt.

§ 1032 [Ablehnung eines Schiedsrichters]

(1) Ein Schiedsrichter kann aus denselben Gründen und unter denselben Voraussetzungen abgelehnt werden, die zur Ablehnung eines Richters berechtigen.

(2) Die Ablehnung kann außerdem erfolgen, wenn ein nicht in dem Schiedsvertrag ernannter Schiedsrichter die Erfüllung seiner Pflichten ungebührlich verzögert.

(3) Minderjährige, Taube, Stumme und Personen, die infolge Richterspruchs die Fähigkeit zur Bekleidung öffentlicher Ämter nicht besitzen, können abgelehnt werden.

§ 1033 [Außerkrafttreten des Schiedsvertrages]

Der Schiedsvertrag tritt außer Kraft, sofern nicht für den betreffenden Fall durch eine Vereinbarung der Parteien Vorsorge getroffen ist;

1. wenn bestimmte Personen in dem Vertrag zu Schiedsrichtern ernannt sind und ein Schiedsrichter stirbt oder aus einem anderen Grund wegfällt oder die Übernahme des Schiedsrichteramts verweigert oder von dem mit ihm geschlossenen Vertrag zurücktritt oder die Erfüllung seiner Pflichten ungebührlich verzögert;
2. wenn die Schiedsrichter den Parteien anzeigen, daß sich unter ihnen Stimmengleichheit ergeben habe.

§ 1034 [Schiedsgerichtliches Verfahren]

(1) Bevor der Schiedsspruch erlassen wird, haben die Schiedsrichter die Parteien zu hören und das dem Streite zugrunde liegende Sachverhältnis zu ermitteln, soweit sie die Ermittlung für erforderlich halten. Rechtsanwälte dürfen als Prozeßbevollmächtigte nicht zurückgewiesen werden; entgegenstehende Vereinbarungen sind unwirksam. Personen, die nach § 157 von dem mündlichen Verhandeln vor Gericht ausgeschlossen sind, dürfen zurückgewiesen werden.

(2) Im übrigen wird das Verfahren, soweit nicht die Parteien eine Vereinbarung getroffen haben, von den Schiedsrichtern nach freiem Ermessen bestimmt.

§ 1035 [Vernehmung – keine Beeidigung]

(1) Die Schiedsrichter können Zeugen und Sachverständige vernehmen, die freiwillig vor ihnen erscheinen.

(2) Zur Beeidigung eines Zeugen oder eines Sachverständigen oder einer Partei sind die Schiedsrichter nicht befugt.

§ 1036 [Antrag an zuständiges Gericht]

(1) Eine von den Schiedsrichtern für erforderlich erachtete richterliche Handlung, zu deren Vornahme sie nicht befugt sind, ist auf Antrag einer Partei, sofern der Antrag für zulässig erachtet wird, von dem zuständigen Gericht vorzunehmen.

(2) Dem Gericht, das die Vernehmung oder Beeidigung eines Zeugen oder eines Sachverständigen angeordnet hat, stehen auch die Entscheidungen zu, die im Falle der Verweigerung des Zeugnisses oder des Gutachtens erforderlich werden.

§ 1037 [Schiedsspruch trotz Unzulässigkeitsrüge]

Die Schiedsrichter können das Verfahren fortsetzen und den Schiedsspruch erlassen, auch wenn die Unzulässigkeit des schiedsrichterlichen Verfahrens behauptet, insbesondere wenn geltend gemacht wird, daß ein rechtsgültiger Schiedsvertrag nicht bestehe, daß der Schiedsvertrag sich auf den zu entscheidenden Streit nicht beziehe, oder daß ein Schiedsrichter zu den schiedsrichterlichen Verrichtungen nicht befugt sei.

§ 1038 [Mehrheitsentscheid]

Ist der Schiedsspruch von mehreren Schiedsrichtern zu erlassen, so ist die absolute Mehrheit der Stimmen entscheidend, sofern nicht der Schiedsvertrag ein anderes bestimmt.

§ 1039 [Form des Schiedsspruchs]

(1) Der Schiedsspruch ist unter Angabe des Tages der Abfassung von den Schiedsrichtern zu unterschreiben. Besteht das Schiedsgericht aus mehr als zwei Mitgliedern und ist von einem Schiedsrichter, obwohl er an der Abstimmung über den Schiedsspruch mitgewirkt hat, die Unterschrift nicht zu erlangen, so reicht die Unterschrift der übrigen Schiedsrichter aus; der Vorsitzende hat unter dem Schiedsspruch zu vermerken, daß die Unterschrift des einen Schiedsrichters nicht zu erlangen war.

(2) Der Schiedsspruch ist den Parteien in einer Ausfertigung zuzustellen, wenn sie nicht eine andere Art der Bekanntmachung vereinbart haben.

(3) Der Schiedsspruch ist auf der Geschäftsstelle des zuständigen Gerichts niederzulegen; außer für den Fall der Vollstreckbarerklärung können die Parteien etwas anderes vereinbaren. Dem Schiedsspruch ist die Zustellungsurkunde oder, wenn eine andere Art der Bekanntmachung vereinbart ist, ein Nachweis der Bekanntmachung beizufügen.

§ 1040 [Wirkungen des Schiedsspruchs]

Der Schiedsspruch hat unter den Parteien die Wirkungen eines rechtskräftigen gerichtlichen Urteils.

§ 1041 [Aufhebungsklage]

(1) Die Aufhebung des Schiedsspruchs kann beantragt werden:
1. wenn dem Schiedsspruch ein gültiger Schiedsvertrag nicht zugrunde liegt oder der Schiedsspruch sonst auf einem unzulässigen Verfahren beruht;
2. wenn die Anerkennung des Schiedsspruchs zu einem Ergebnis führt, das mit wesentlichen Grundsätzen des deutschen Rechts offensichtlich unvereinbar ist, insbesondere wenn die Anerkennung mit den Grundrechten unvereinbar ist;
3. wenn die Partei in dem Verfahren nicht nach Vorschrift der Gesetze vertreten war, sofern sie nicht die Prozeßführung ausdrücklich oder stillschweigend genehmigt hat;
4. wenn der Partei in dem Verfahren das rechtliche Gehör nicht gewährt war;
5. wenn der Schiedsspruch nicht mit Gründen versehen ist;
6. wenn die Voraussetzungen vorliegen, unter denen in den Fällen der Nummern 1 bis 6 des § 580 die Restitutionsklage stattfindet.

(2) Die Aufhebung des Schiedsspruchs findet aus dem unter Nummer 5 erwähnten Grunde nicht statt, wenn die Parteien ein anderes vereinbart haben.

§ 1042 [Erklärung der Vollstreckbarkeit]

(1) Aus dem Schiedsspruch findet die Zwangsvollstreckung nur statt, wenn er für vollstreckbar erklärt ist.

(2) Der Antrag ist unter Aufhebung des Schiedsspruchs abzulehnen, wenn einer der im § 1041 bezeichneten Aufhebungsgründe vorliegt.

§ 1042 a [Vollstreckungsbeschluß und -urteil]

(1) Über den Antrag auf Vollstreckbarerklärung kann ohne mündliche Verhandlung durch Beschluß entschieden werden; vor der Entscheidung ist der Gegner zu hören. Im Falle einer mündlichen Verhandlung wird durch Endurteil entschieden.

(2) Wird ein Aufhebungsgrund geltend gemacht, so ist, sofern nicht die alsbaldige Ablehnung des Antrags gerechtfertigt erscheint, mündliche Verhandlung anzuordnen.

§ 1042 b [Antrag – Termin]

(1) Dem Antrag soll die für die Zustellung erforderliche Zahl von Abschriften beigefügt werden.

(2) Wird die mündliche Verhandlung angeordnet, so ist der Termin den Parteien von Amts wegen bekanntzumachen. Im Verfahren vor den Landgerichten soll die Bekanntmachung die Aufforderung gemäß § 215 enthalten.

§ 1042 c [Vorläufige Vollstreckbarkeit – Widerspruch]

(1) Der Beschluß, durch den der Schiedsspruch für vollstreckbar erklärt wird, ist für vorläufig vollstreckbar zu erklären.

(2) Gegen den Beschluß findet Widerspruch statt. Wird Widerspruch erhoben, so ist über die Vollstreckbarerklärung des Schiedsspruchs durch Endurteil zu entscheiden. Die Vorschriften der §§ 707, 717 gelten entsprechend.

(3) Der Beschluß, durch den der Antrag auf Vollstreckbarkeit abgelehnt wird, unterliegt der sofortigen Beschwerde.

§ 1042 d [Widerspruchsverfahren]

(1) Der Widerspruch ist innerhalb einer mit der Zustellung beginnenden Notfrist von zwei Wochen durch Einreichung einer Widerspruchsschrift einzulegen. § 339 Abs. 2 gilt entsprechend. Die Widerspruchsschrift soll zugleich dasjenige enthalten, was zur Vorbereitung der mündlichen Verhandlung erforderlich ist.

(2) Der Termin zur mündlichen Verhandlung ist den Parteien von Amts wegen bekanntzumachen. Mit der Bekanntmachung ist der Gegenpartei die Widerspruchsschrift von

Amts wegen zuzustellen. Die erforderliche Zahl von Abschriften soll die Partei mit der Widerspruchsschrift einreichen.

§ 1043 [Nachträgliche Aufhebungsklage]

(1) Ist der Schiedsspruch rechtskräftig für vollstreckbar erklärt, so kann seine Aufhebung nur aus den im § 1041 Abs. 1 Nr. 6 bezeichneten Gründen und nur dann beantragt werden, wenn glaubhaft gemacht wird, daß die Partei ohne ihr Verschulden außerstande gewesen ist, den Aufhebungsgrund in dem früheren Verfahren geltend zu machen.

(2) Die Klage ist innerhalb einer Notfrist von einem Monat zu erheben. Die Frist beginnt mit dem Tage, an dem die Partei von dem Aufhebungsgrund Kenntnis erhalten hat, jedoch nicht vor eingetretener Rechtskraft der Entscheidung über die Vollstreckbarerklärung. Nach Ablauf von zehn Jahren, von dem Tage der Rechtskraft der Entscheidung an gerechnet, ist die Klage unstatthaft.

(3) Wird der Schiedsspruch aufgehoben, so ist zugleich die Vollstreckbarerklärung aufzuheben.

§ 1044 [Vollstreckbarkeit ausländischer Schiedssprüche]

(1) Ein ausländischer Schiedsspruch, der nach dem für ihn maßgebenden Recht verbindlich geworden ist, wird, soweit nicht Staatsverträge ein anderes bestimmen, in dem für inländische Schiedssprüche vorgeschriebenen Verfahren für vollstreckbar erklärt. § 1039 ist nicht anzuwenden.

(2) Der Antrag auf Vollstreckbarerklärung ist abzulehnen:

1. wenn der Schiedsspruch rechtsunwirksam ist; für die Rechtswirksamkeit des Schiedsspruchs ist, soweit nicht Staatsverträge ein anderes bestimmen, das für das Schiedsverfahren geltende Recht maßgebend;
2. wenn die Anerkennung des Schiedsspruchs zu einem Ergebnis führt, das mit wesentlichen Grundsätzen des deutschen Rechts offensichtlich unvereinbar ist, insbesondere wenn die Anerkennung mit den Grundrechten unvereinbar ist;
3. wenn die Partei nicht ordnungsmäßig vertreten war, sofern sie nicht die Prozeßführung ausdrücklich oder stillschweigend genehmigt hat;
4. wenn der Partei in dem Verfahren das rechtliche Gehör nicht gewährt war.

(3) An die Stelle der Aufhebung des Schiedsspruchs tritt die Feststellung, daß er im Inland nicht anzuerkennen ist.

(4) Wird der Schiedsspruch, nachdem er für vollstreckbar erklärt worden ist, im Ausland aufgehoben, so kann im Wege der Klage die Aufhebung der Vollstreckbarerklärung beantragt werden. Auf die Klage sind die Vorschriften des § 1043 Abs. 2, 3 mit der Maßgabe entsprechend anzuwenden, daß die Notfrist mit der Kenntnis der Partei von der rechtskräftigen Aufhebung des Schiedsspruchs beginnt.

§ 1044 a [Unterwerfungsklausel]

(1) Hat sich der Schuldner in einem schiedsrichterlichen Vergleich der sofortigen Zwangsvollstreckung unterworfen, so findet die Zwangsvollstreckung aus dem Vergleich statt, wenn er für vollstreckbar erklärt ist. Der Vergleich darf nur für vollstreckbar erklärt werden, wenn er unter Angabe des Tages seines Zustandekommens von den Schiedsrichtern und den Parteien unterschrieben und auf der Geschäftsstelle des zuständigen Gerichts niedergelegt ist.

(2) Die Vollstreckbarerklärung ist abzulehnen, wenn der Vergleich der Rechtswirksamkeit entbehrt oder seine Anerkennung gegen die guten Sitten oder die öffentliche Ordnung verstoßen würde.

(3) Die Vorschriften der §§ 1042 a bis 1042 d gelten entsprechend; die Geltendmachung

der Rechtsunwirksamkeit des Vergleichs steht der Geltendmachung von Aufhebungsgründen gegen einen Schiedsspruch gleich.

§ 1044 b [Entsprechende Anwendbarkeit]

(1) Für einen von den Parteien und deren Rechtsanwälten unterschriebenen Vergleich, in dem der Schuldner sich der sofortigen Zwangsvollstreckung unterworfen hat, gelten hinsichtlich der Vollstreckbarkeit die Vorschriften über den schiedsrichterlichen Vergleich entsprechend.

(2) Mit Zustimmung der Parteien kann der Vergleich ferner von einem Notar, der seinen Amtssitz im Bezirk des nach Absatz 1 zuständigen Gerichts hat, in Verwahrung genommen und für vollstreckbar erklärt werden. § 1044 a Abs. 1 und 2 gilt entsprechend.

§ 1045 [Zuständiges Gericht]

(1) Für die gerichtlichen Entscheidungen über die Ernennung oder die Ablehnung eines Schiedsrichters oder über das Erlöschen eines Schiedsvertrags oder über die Anordnung der von den Schiedsrichtern für erforderlich erachteten richterlichen Handlungen ist das Amtsgericht oder das Landgericht zuständig,

1. das im Schiedsvertrag als solches bezeichnet ist, sonst
2. das für die gerichtliche Geltendmachung des Anspruchs zuständig wäre, hilfsweise
3. in dessen Bezirk das schiedsrichterliche Verfahren stattfindet oder stattgefunden hat.

(2) Die Entscheidung kann ohne mündliche Verhandlung ergehen. Vor der Entscheidung ist der Gegner zu hören.

(3) Gegen die Entscheidung findet sofortige Beschwerde statt.

§ 1046 [Zuständigkeit für Vollstreckbarerklärung und Klage]

Das im § 1045 Abs. 1 bezeichnete Gericht ist auch für die Vollstreckbarerklärung von Schiedssprüchen und schiedsrichterlichen Vergleichen sowie für Klagen zuständig, welche die Unzulässigkeit des schiedsrichterlichen Verfahrens, die Aufhebung eines Schiedsspruchs oder der Vollstreckbarerklärung eines solchen oder die Rechtsunwirksamkeit eines schiedsrichterlichen Vergleichs zum Gegenstand haben.

§ 1047 [Prioritätsprinzip]

Unter mehreren nach den §§ 1045, 1046 zuständigen Gerichten ist und bleibt das Gericht zuständig, an das eine Partei oder das Schiedsgericht (§ 1039) sich zuerst gewendet hat.

§ 1048 [Einseitige Einsetzung eines Schiedsgerichts]

Für Schiedsgerichte, die in gesetzlich statthafter Weise durch letztwillige oder andere nicht auf Vereinbarung beruhende Verfügungen angeordnet werden, gelten die Vorschriften dieses Buches entsprechend.

Gesetz
über die Zwangsversteigerung und die Zwangsverwaltung[1)]

Vom 24. März 1897 (RGBl. S. 97)
in der Fassung der Bekanntmachung vom 20. Mai 1898 (RGBl. S. 369, 713)
(BGBl. III 310-14)

Änderungen seit 1. 1. 1964

Paragraph	Art der Änderung	Geändert durch	Datum	Fundstelle BGBl.
171 169 a 168 a	geändert eingefügt aufgehoben	Gesetz zur Änderung des Gesetzes über Rechte an eingetragenen Schiffen und Schiffsbauwerken, der Schiffsregisterordnung und des Gesetzes über die Zwangsversteigerung und die Zwangsverwaltung	4.12.1968	I S. 1295
163	geändert	Seerechtsänderungsgesetz	21. 6.1972	I S. 966
153	geändert	Einführungsgesetz zum Strafgesetzbuch	2. 3.1974	I S. 469
57 c	geändert	Gesetz zur Förderung von Wohnungseigentum und Wohnbesitz im sozialen Wohnungsbau	23. 3.1976	I S. 737
91, 131 130 a	geändert eingefügt	Gesetz zur Änderung sachenrechtlicher, grundbuchrechtlicher und anderer Vorschriften	22. 6.1977	I S. 998
18, 30, 30 d, 38, 67, 69, 70, 74 a, 82, 85, 88, 100, 103, 105, 114 a, 116, 118, 132, 144, 145, 163, 169 a, 171 85 a 60, 61,134	geändert eingefügt aufgehoben	Gesetz zur Änderung zwangsvollstreckungsrechtlicher Vorschriften	1. 2.1979	I S. 127
57 c	geändert	Wohnungsrechtsvereinfachungsgesetz 1985	11. 7.1985	I S. 1277
180	geändert	Gesetz zur Änderung unterhaltsrechtlicher, verfahrensrechtlicher und anderer Vorschriften	20. 2.1986	I S. 301

1) Siehe Maßgabe auf Seite 2.

Paragraph	Art der Änderung	Geändert durch	Datum	Fundstelle BGBl.
181	geändert	Betreuungsgesetz	12. 9.1990	I S. 2002
152 a	eingefügt	Rechtspflege-Vereinfachungsgesetz	17.12.1990	I S. 2847
Maßgabe Anlage 1 Kapitel III Sachgebiet A Abschnitt III Nr. 15 Buchst. a	aufgehoben	Rechtspflege-Anpassungsgesetz	26. 6.1992	I S. 1147
145 a, 158 a	eingefügt	Registerverfahrenbeschleunigungsgesetz	20.12.1993	I S. 2182, 2211
52	geändert	Sachenrechtsänderungsgesetz	21. 9.1994	I S. 2457, 2489
10, 31, 145 a, 168 c, 172-174, 178,	geändert	Einführungsgesetz zur Insolvenzordnung[1)]	5.10.1994	I S. 2911, 2917
30 d-30 f, 153 b, 153 c, 174 a	eingefügt			
30 d (alt) wird 30 c (neu)				
30 c (alt)	aufgehoben			

Maßgabe

Gemäß Anlage I Kapitel III Sachgebiet A Abschnitt III Nr. 15 des Einigungsvertragsgesetzes vom 23. 9. 1990 (BGBl. II S. 885) treten die Rechtsvorschriften mit den folgenden Maßgaben in den Ländern Brandenburg, Mecklenburg-Vorpommern, Sachsen, Sachsen-Anhalt und Thüringen sowie in dem Teil des Landes Berlin, in dem das Grundgesetz bisher nicht galt, in Kraft:

»a) (aufgehoben)

b) Eine vor dem Wirksamwerden des Beitritts in dem in Artikel 3 des Vertrages genannten Gebiet anhängig gewordene Vollstreckung in Grundstücke ist nach der Grundstücksvollstreckungsverordnung der Deutschen Demokratischen Republik vom 6. Juni 1990 (GBl. I Nr. 32 S. 288) zu erledigen.«

Erster Abschnitt

Zwangsversteigerung und Zwangsverwaltung von Grundstücken im Wege der Zwangsvollstreckung

Erster Titel

Allgemeine Vorschriften

§ 1 [Zuständiges Gericht]

(1) Für die Zwangsversteigerung und die Zwangsverwaltung eines Grundstücks ist als Vollstreckungsgericht das Amtsgericht zuständig, in dessen Bezirke das Grundstück belegen ist.

(2) Die Landesregierungen werden ermächtigt, durch Rechtsverordnung die Zwangsversteigerungs- und Zwangsverwaltungssachen einem Amtsgericht für die Bezirke mehrerer Amtsgerichte zuzuweisen, sofern die Zusammenfassung für eine sachdienliche Förderung und schnellere Erledigung der Verfahren erforderlich ist. Die Landesregierungen können die Ermächtigung auf die Landesjustizverwaltungen übertragen.

1) Die Änderungen treten am 1. 1. 1999 in Kraft und werden zu diesem Zeitpunkt eingearbeitet.

§ 2 [Bestellung des zuständigen Gerichts]

(1) Ist das Grundstück in den Bezirken verschiedener Amtsgerichte belegen oder ist es mit Rücksicht auf die Grenzen der Bezirke ungewiß, welches Gericht zuständig ist, so hat das zunächst höhere Gericht eines der Amtsgerichte zum Vollstreckungsgerichte zu bestellen; die Vorschriften des § 37 der Zivilprozeßordnung finden entsprechende Anwendung.

(2) Die gleiche Anordnung kann getroffen werden, wenn die Zwangsversteigerung oder die Zwangsverwaltung mehrerer Grundstücke in demselben Verfahren zulässig ist und die Grundstücke in den Bezirken verschiedener Amtsgerichte belegen sind. Von der Anordnung soll das zum Vollstreckungsgerichte bestellte Gericht die übrigen Gerichte in Kenntnis setzen.

§ 3 [Zustellungen]

Die Zustellungen erfolgen von Amts wegen.

§ 4 [Zustellung durch Aufgabe zur Post]

Wohnt derjenige, welchem zugestellt werden soll, weder am Orte noch im Bezirke des Vollstreckungsgerichts, so kann die Zustellung durch Aufgabe zur Post erfolgen, solange nicht die Bestellung eines daselbst wohnhaften Prozeßbevollmächtigten oder Zustellungsbevollmächtigten dem Gericht angezeigt ist. Die Postsendung muß mit der Bezeichnung »Einschreiben« versehen werden.

§ 5 [Bestellung eines Zustellungsbevollmächtigten]

Die Bestellung eines Zustellungsbevollmächtigten bei dem Grundbuchamte gilt auch für das Verfahren des Vollstreckungsgerichts, sofern sie diesem bekannt geworden ist.

§ 6 [Bestellung eines Zustellungsvertreters]

(1) Ist der Aufenthalt desjenigen, welchem zugestellt werden soll, und der Aufenthalt seines Zustellungsbevollmächtigten dem Vollstreckungsgericht nicht bekannt oder sind die Voraussetzungen für eine öffentliche Zustellung aus sonstigen Gründen (§ 203 der Zivilprozeßordnung) gegeben, so hat das Gericht für denjenigen, welchem zugestellt werden soll, einen Zustellungsvertreter zu bestellen.

(2) Das gleiche gilt, wenn im Falle der Zustellung durch Aufgabe zur Post die Postsendung als unbestellbar zurückkommt. Die zurückgekommene Sendung soll dem Zustellungsvertreter ausgehändigt werden.

(3) Statt der Bestellung eines Vertreters genügt es, wenn die Zustellung für nicht prozeßfähige Personen an die Vormundschaftsbehörde, für juristische Personen oder für Vereine, die als solche klagen und verklagt werden können, an die Aufsichtsbehörde angeordnet wird.

§ 7 [Pflichten des Zustellungsvertreters]

(1) An den Zustellungsvertreter erfolgen die Zustellungen, solange derjenige, welchem zugestellt werden soll, nicht ermittelt ist.

(2) Der Zustellungsvertreter ist zur Ermittlung und Benachrichtigung des Vertretenen verpflichtet. Er kann von diesem eine Vergütung für seine Tätigkeit und Ersatz seiner Auslagen fordern. Über die Vergütung und die Erstattung der Auslagen entscheidet das Vollstreckungsgericht.

(3) Für die Erstattung der Auslagen haftet der Gläubiger, soweit der Zustellungsvertreter von dem Vertretenen Ersatz nicht zu erlangen vermag; die dem Gläubiger zur Last fallenden Auslagen gehören zu den Kosten der die Befriedigung aus dem Grundstücke bezweckenden Rechtsverfolgung.

§ 8 [Ausnahmen von den Zustellungsvorschriften]
Die Vorschriften der §§ 4 bis 7 finden auf die an den Schuldner zu bewirkende Zustellung des Beschlusses, durch welchen die Zwangsvollstreckung angeordnet oder der Beitritt eines Gläubigers zugelassen wird, keine Anwendung.

§ 9 [Verfahrensbeteiligte]
In dem Verfahren gelten als Beteiligte, außer dem Gläubiger und dem Schuldner:
1. diejenigen, für welche zur Zeit der Eintragung des Vollstreckungsvermerkes ein Recht im Grundbuch eingetragen oder durch Eintragung gesichert ist;
2. diejenigen, welche ein der Zwangsvollstreckung entgegenstehendes Recht, ein Recht an dem Grundstück oder an einem das Grundstück belastenden Rechte, einen Anspruch mit dem Rechte auf Befriedigung aus dem Grundstück oder ein Miet- oder Pachtrecht, auf Grund dessen ihnen das Grundstück überlassen ist, bei dem Vollstreckungsgericht anmelden und auf Verlangen des Gerichts oder eines Beteiligten glaubhaft machen.

§ 10 [Rangordnung der Rechte]
(1) Ein Recht auf Befriedigung aus dem Grundstücke gewähren nach folgender Rangordnung, bei gleichem Range nach dem Verhältnis ihrer Beträge:
1. der Anspruch eines die Zwangsverwaltung betreibenden Gläubigers auf Ersatz seiner Ausgaben zur Erhaltung oder nötigen Verbesserung des Grundstücks, im Falle der Zwangsversteigerung jedoch nur, wenn die Verwaltung bis zum Zuschlage fortdauert und die Ausgaben nicht aus den Nutzungen des Grundstücks erstattet werden können;
2. bei einem land- oder forstwirtschaftlichen Grundstücke die Ansprüche der zur Bewirtschaftung des Grundstücks oder zum Betrieb eines mit dem Grundstücke verbundenen land- oder forstwirtschaftlichen Nebengewerbes angenommenen, in einem Dienst- oder Arbeitsverhältnisse stehenden Personen, insbesondere des Gesindes, der Wirtschafts- und Forstbeamten, auf Lohn, Kostgeld und andere Bezüge wegen der laufenden und der aus dem letzten Jahre rückständigen Beträge;
3. die Ansprüche auf Entrichtung der öffentlichen Lasten des Grundstücks wegen der aus den letzten vier Jahren rückständigen Beträge; wiederkehrende Leistungen, insbesondere Grundsteuern, Zinsen, Zuschläge oder Rentenleistungen, sowie Beträge, die zur allmählichen Tilgung einer Schuld als Zuschlag zu den Zinsen zu entrichten sind, genießen dieses Vorrecht nur für die laufenden Beträge und für die Rückstände aus den letzten zwei Jahren. Untereinander stehen öffentliche Grundstückslasten, gleichviel ob sie auf Bundes- oder Landesrecht beruhen, im Range gleich. Die Vorschriften des § 112 Abs. 1 und der §§ 113 und 116 des Gesetzes über den Lastenausgleich vom 14. August 1952 (Bundesgesetzbl. I S. 446) bleiben unberührt;
4. die Ansprüche aus Rechten an dem Grundstück, soweit sie nicht infolge der Beschlagnahme dem Gläubiger gegenüber unwirksam sind, einschließlich der Ansprüche auf Beträge, die zur allmählichen Tilgung einer Schuld als Zuschlag zu den Zinsen zu entrichten sind; Ansprüche auf wiederkehrende Leistungen, insbesondere Zinsen, Zuschläge, Verwaltungskosten oder Rentenleistungen, genießen das Vorrecht dieser Klasse nur wegen der laufenden und der aus den letzten zwei Jahren rückständigen Beträge;
5. der Anspruch des Gläubigers, soweit er nicht in einer der vorhergehenden Klassen zu befriedigen ist;
6. die Ansprüche der vierten Klasse, soweit sie infolge der Beschlagnahme dem Gläubiger gegenüber unwirksam sind;
7. die Ansprüche der dritten Klasse wegen der älteren Rückstände;
8. die Ansprüche der vierten Klasse wegen der älteren Rückstände.

(2) Das Recht auf Befriedigung aus dem Grundstücke besteht auch für die Kosten der Kündigung und der die Befriedigung aus dem Grundstück bezweckenden Rechtsverfolgung.

§ 11 [Rangverhältnis verschiedener Rechte derselben Klasse]

(1) Sind Ansprüche aus verschiedenen Rechten nach § 10 Nr. 4, 6 oder 8 in derselben Klasse zu befriedigen, so ist für sie das Rangverhältnis maßgebend, welches unter den Rechten besteht.

(2) In der fünften Klasse geht unter mehreren Ansprüchen derjenige vor, für welchen die Beschlagnahme früher erfolgt ist.

§ 12 [Rangordnung von Ansprüchen aus demselben Recht]

Die Ansprüche aus einem und demselben Rechte haben untereinander folgende Rangordnung:

1. die Ansprüche auf Ersatz der im § 10 Abs. 2 bezeichneten Kosten;
2. die Ansprüche auf wiederkehrende Leistungen und andere Nebenleistungen;
3. der Hauptanspruch.

§ 13 [Wiederkehrende Leistungen]

(1) Laufende Beträge wiederkehrender Leistungen sind der letzte vor der Beschlagnahme fällig gewordene Betrag sowie die später fällig werdenden Beträge. Die älteren Beträge sind Rückstände.

(2) Absatz 1 ist anzuwenden, gleichviel ob die Ansprüche auf wiederkehrenden Leistungen auf öffentlichem oder privatem Recht oder ob sie auf Bundes- oder Landesrecht beruhen oder ob die gesetzlichen Vorschriften andere als die in § 10 Abs. 1 Nr. 3 und 4 bestimmten Fristen festsetzen; kürzere Fristen als die in § 10 Abs. 1 Nr. 3 und 4 bestimmten werden stets vom letzten Fälligkeitstag vor der Beschlagnahme zurückgerechnet.

(3) Fehlt es innerhalb der letzten zwei Jahre an einem Fälligkeitstermin, so entscheidet der Zeitpunkt der Beschlagnahme.

(4) Liegen mehrere Beschlagnahmen vor, so ist die erste maßgebend. Bei der Zwangsversteigerung gilt, wenn bis zur Beschlagnahme eine Zwangsverwaltung fortgedauert hat, die für diese bewirkte Beschlagnahme als die erste.

§ 14 [Ansprüche unbestimmten Betrages]

Ansprüche von unbestimmtem Betrage gelten als aufschiebend bedingt durch die Feststellung des Betrags.

Zweiter Titel

Zwangsversteigerung

I. Anordnung der Versteigerung

§ 15 [Anordnung auf Antrag]

Die Zwangsversteigerung eines Grundstücks wird von dem Vollstreckungsgericht auf Antrag angeordnet.

§ 16 [Inhalt des Antrags]

(1) Der Antrag soll das Grundstück, den Eigentümer, den Anspruch und den vollstreckbaren Titel bezeichnen.

(2) Die für den Beginn der Zwangsvollstreckung erforderlichen Urkunden sind dem Antrage beizufügen.

§ 17 [Eintragung des Schuldners]

(1) Die Zwangsversteigerung darf nur angeordnet werden, wenn der Schuldner als Eigentümer des Grundstücks eingetragen oder wenn er Erbe des eingetragenen Eigentümers ist.

(2) Die Eintragung ist durch ein Zeugnis des Grundbuchamts nachzuweisen. Gehören Vollstreckungsgericht und Grundbuchamt demselben Amtsgericht an, so genügt statt des Zeugnisses die Bezugnahme auf das Grundbuch.

(3) Die Erbfolge ist durch Urkunden glaubhaft zu machen, sofern sie nicht bei dem Gericht offenkundig ist.

§ 18 [Zwangsversteigerung mehrerer Grundstücke]

Die Zwangsversteigerung mehrerer Grundstücke kann in demselben Verfahren erfolgen, wenn sie entweder wegen einer Forderung gegen denselben Schuldner oder wegen eines an jedem der Grundstücke bestehenden Rechtes oder wegen einer Forderung, für welche die Eigentümer gesamtschuldnerisch haften, betrieben wird.

§ 19 [Eintragung der Anordnung in das Grundbuch]

(1) Ordnet das Gericht die Zwangsversteigerung an, so hat es zugleich das Grundbuchamt um Eintragung dieser Anordnung in das Grundbuch zu ersuchen.

(2) Das Grundbuchamt hat nach der Eintragung des Versteigerungsvermerkes dem Gericht eine beglaubigte Abschrift des Grundbuchblatts und der Urkunden, auf welche im Grundbuche Bezug genommen wird, zu erteilen, die bei ihm bestellten Zustellungsbevollmächtigten zu bezeichnen und Nachricht zu geben, was ihm über Wohnort und Wohnung der eingetragenen Beteiligten und deren Vertreter bekannt ist. Statt der Erteilung einer beglaubigten Abschrift der Urkunden genügt die Beifügung der Grundakten oder der Urkunden.

(3) Eintragungen im Grundbuch, die nach der Eintragung des Vermerks über die Anordnung der Zwangsversteigerung erfolgen, soll das Grundbuchamt dem Gericht mitteilen.

§ 20 [Beschlagnahme des Grundstücks]

(1) Der Beschluß, durch welchen die Zwangsversteigerung angeordnet wird, gilt zugunsten des Gläubigers als Beschlagnahme des Grundstücks.

(2) Die Beschlagnahme umfaßt auch diejenigen Gegenstände, auf welche sich bei einem Grundstücke die Hypothek erstreckt.

§ 21 [Umfang der Beschlagnahme]

(1) Die Beschlagnahme umfaßt land- und forstwirtschaftliche Erzeugnisse des Grundstücks sowie die Forderung aus einer Versicherung solcher Erzeugnisse nur, soweit die Erzeugnisse noch mit dem Boden verbunden oder soweit sie Zubehör des Grundstücks sind.

(2) Die Beschlagnahme umfaßt nicht die Miet- und Pachtzinsforderungen sowie die Ansprüche aus einem mit dem Eigentum an dem Grundstücke verbundenen Rechte auf wiederkehrende Leistungen.

(3) Das Recht eines Pächters auf den Fruchtgenuß wird von der Beschlagnahme nicht berührt.

§ 22 [Wirksamwerden der Beschlagnahme – Zahlungsverbot]

(1) Die Beschlagnahme des Grundstücks wird mit dem Zeitpunkte wirksam, in welchem der Beschluß, durch den die Zwangsversteigerung angeordnet ist, dem Schuldner zugestellt wird. Sie wird auch wirksam mit dem Zeitpunkt, in welchem das Ersuchen um Eintragung des Versteigerungsvermerkes dem Grundbuchamte zugeht, sofern auf das Ersuchen die Eintragung demnächst erfolgt.

(2) Erstreckt sich die Beschlagnahme auf eine Forderung, so hat das Gericht auf Antrag des Gläubigers dem Drittschuldner zu verbieten, an den Schuldner zu zahlen. Die Beschlagnahme wird dem Drittschuldner gegenüber erst mit dem Zeitpunkte wirksam, in welchem sie ihm bekannt oder das Zahlungsverbot ihm zugestellt wird. Die Vorschriften des § 845 der Zivilprozeßordnung finden entsprechende Anwendung.

§ 23 [Veräußerungsverbot]

(1) Die Beschlagnahme hat die Wirkung eines Veräußerungsverbots. Der Schuldner kann jedoch, wenn sich die Beschlagnahme auf bewegliche Sachen erstreckt, über einzelne Stücke innerhalb der Grenzen einer ordnungsmäßigen Wirtschaft auch dem Gläubiger gegenüber wirksam verfügen.

(2) Kommt es bei einer gegen die Beschlagnahme verstoßenden Verfügung nach § 135 Abs. 2 des Bürgerlichen Gesetzbuchs darauf an, ob derjenige, zu dessen Gunsten verfügt wurde, die Beschlagnahme kannte, so steht die Kenntnis des Versteigerungsantrags einer Kenntnis der Beschlagnahme gleich. Die Beschlagnahme gilt auch in Ansehung der mithaftenden beweglichen Sachen als bekannt, sobald der Versteigerungsvermerk eingetragen ist.

§ 24 [Verwaltung und Benutzung des Grundstücks durch Schuldner]

Die Verwaltung und Benutzung des Grundstücks verbleibt dem Schuldner nur innerhalb der Grenzen einer ordnungsmäßigen Wirtschaft.

§ 25 [Sicherungsmaßregeln]

Ist zu besorgen, daß durch das Verhalten des Schuldners die ordnungsmäßige Wirtschaft gefährdet wird, so hat das Vollstreckungsgericht auf Antrag des Gläubigers die zur Abwendung der Gefährdung erforderlichen Maßregeln anzuordnen. Das Gericht kann die Maßregeln aufheben, wenn der zu deren Fortsetzung erforderliche Geldbetrag nicht vorgeschossen wird.

§ 26 [Veräußerung des Grundstücks nach Beschlagnahme]

Ist die Zwangsversteigerung wegen des Anspruchs aus einem eingetragenen Rechte angeordnet, so hat eine nach der Beschlagnahme bewirkte Veräußerung des Grundstücks auf den Fortgang des Verfahrens gegen den Schuldner keinen Einfluß.

§ 27 [Beitritt weiterer Gläubiger]

(1) Wird nach der Anordnung der Zwangsversteigerung ein weiterer Antrag auf Zwangsversteigerung des Grundstücks gestellt, so erfolgt statt des Versteigerungsbeschlusses die Anordnung, daß der Beitritt des Antragstellers zu dem Verfahren zugelassen wird. Eine Eintragung dieser Anordnung in das Grundbuch findet nicht statt.

(2) Der Gläubiger, dessen Beitritt zugelassen ist, hat dieselben Rechte, wie wenn auf seinen Antrag die Versteigerung angeordnet wäre.

II. Aufhebung und einstweilige Einstellung des Verfahrens

§ 28 [Entgegenstehende Rechte]

Wird dem Vollstreckungsgericht ein aus dem Grundbuch ersichtliches Recht bekannt, welches der Zwangsversteigerung oder der Fortsetzung des Verfahrens entgegensteht, so hat das Gericht das Verfahren entweder sofort aufzuheben oder unter Bestimmung einer Frist, binnen welcher der Gläubiger die Hebung des Hindernisses nachzuweisen hat, einstweilen einzustellen. Im letzteren Falle ist das Verfahren nach dem Ablaufe der Frist aufzuheben, wenn nicht inzwischen der Nachweis erbracht ist.

§ 29 [Aufhebung des Verfahrens]

Das Verfahren ist aufzuheben, wenn der Versteigerungsantrag von dem Gläubiger zurückgenommen wird.

§ 30 [Einstweilige Einstellung mit Bewilligung des Gläubigers]

(1) Das Verfahren ist einstweilen einzustellen, wenn der Gläubiger die Einstellung bewilligt. Die Einstellung kann wiederholt bewilligt werden. Ist das Verfahren auf Grund einer Bewilligung des Gläubigers bereits zweimal eingestellt, so gilt eine erneute Einstellungsbewilligung als Rücknahme des Versteigerungsantrags.

(2) Der Bewilligung der Einstellung steht es gleich, wenn der Gläubiger die Aufhebung des Versteigerungstermins bewilligt.

§ 30 a [Einstweilige Einstellung auf Antrag des Schuldners]

(1) Das Verfahren ist auf Antrag des Schuldners einstweilen auf die Dauer von höchstens sechs Monaten einzustellen, wenn Aussicht besteht, daß durch die Einstellung die Versteigerung vermieden wird, und wenn die Einstellung nach den persönlichen und wirtschaftlichen Verhältnissen des Schuldners sowie nach der Art der Schuld der Billigkeit entspricht.

(2) Der Antrag ist abzulehnen, wenn die einstweilige Einstellung dem betreibenden Gläubiger unter Berücksichtigung seiner wirtschaftlichen Verhältnisse nicht zuzumuten ist, insbesondere ihm einen unverhältnismäßigen Nachteil bringen würde, oder wenn mit Rücksicht auf die Beschaffenheit oder die sonstigen Verhältnisse des Grundstücks anzunehmen ist, daß die Versteigerung zu einem späteren Zeitpunkte einen wesentlich geringeren Erlös bringen würde.

(3) Die einstweilige Einstellung kann auch mit der Maßgabe angeordnet werden, daß sie außer Kraft tritt, wenn der Schuldner die während der Einstellung fällig werdenden wiederkehrenden Leistungen nicht binnen zwei Wochen nach Eintritt der Fälligkeit bewirkt. Wird die Zwangsversteigerung von einem Gläubiger betrieben, dessen Hypothek oder Grundschuld innerhalb der ersten sieben Zehnteile des Grundstückswertes steht, so darf das Gericht von einer solchen Anordnung nur insoweit absehen, als dies nach den besonderen Umständen des Falles zur Wiederherstellung einer geordneten wirtschaftlichen Lage des Schuldners geboten und dem Gläubiger unter Berücksichtigung seiner gesamten wirtschaftlichen Verhältnisse, insbesondere seiner eigenen Zinsverpflichtungen, zuzumuten ist.

(4) Das Gericht kann ferner anordnen, daß der Schuldner Zahlungen auf Rückstände wiederkehrender Leistungen zu bestimmten Terminen zu bewirken hat.

(5) Das Gericht kann schließlich die einstweilige Einstellung von sonstigen Auflagen mit der Maßgabe abhängig machen, daß die einstweilige Einstellung des Verfahrens bei Nichterfüllung dieser Auflagen außer Kraft tritt.

§ 30 b [Antrag auf einstweilige Einstellung]

(1) Die einstweilige Einstellung ist binnen einer Notfrist von zwei Wochen zu beantragen. Die Frist beginnt mit der Zustellung der Verfügung, in welcher der Schuldner auf das Recht zur Stellung des Einstellungsantrages, den Fristbeginn und die Rechtsfolgen eines fruchtlosen Fristablaufs hingewiesen wird. Der Hinweis ist möglichst zugleich mit dem Beschluß, durch den die Zwangsversteigerung angeordnet wird, zuzustellen.

(2) Die Entscheidung über den Antrag auf einstweilige Einstellung des Verfahrens ergeht durch Beschluß. Vor der Entscheidung sind der Schuldner und der betreibende Gläubiger zu hören; in geeigneten Fällen kann das Gericht mündliche Verhandlung anberaumen. Der Schuldner und der betreibende Gläubiger haben ihre Angaben auf Verlangen des Gerichts glaubhaft zu machen.

(3) Gegen die Entscheidung ist die sofortige Beschwerde zulässig; vor der Entscheidung ist der Gegner zu hören. Eine weitere Beschwerde findet nicht statt.

(4) Der Versteigerungstermin soll erst nach Rechtskraft des die einstweilige Einstellung ablehnenden Beschlusses bekanntgegeben werden.

§ 30 c [Einstellung auf Antrag des Konkursverwalters]

(1) Befindet sich der Schuldner im Konkurs, so ist auf Antrag des Konkursverwalters das Verfahren einstweilen einzustellen, wenn durch die Versteigerung die angemessene Verwertung der Konkursmasse wesentlich erschwert werden würde oder wenn ein Zwangsvergleichsvorschlag eingereicht ist. Der Antrag ist abzulehnen, wenn die einstweilige Einstellung dem betreibenden Gläubiger unter Berücksichtigung seiner wirtschaftlichen Verhältnisse nicht zuzumuten ist. Das Verfahren ist auf Antrag des Gläubigers fortzusetzen, wenn der Konkursverwalter zustimmt, wenn die in Satz 1 genannten Voraussetzungen wegfallen, wenn der in Satz 2 genannte Ablehnungsgrund nachträglich eintritt oder wenn das Konkursverfahren beendet ist.

(2) § 30 b gilt entsprechend mit der Maßgabe, daß an die Stelle des Schuldners der Konkursverwalter tritt.

§ 30 d [Erneute Einstellung]

(1) War das Verfahren gemäß § 30 a oder § 30 c einstweilen eingestellt, so kann es auf Grund des § 30 a und des § 30 c einmal erneut eingestellt werden, es sei denn, daß die Einstellung dem Gläubiger unter Berücksichtigung seiner gesamten wirtschaftlichen Verhältnisse nicht zuzumuten ist. § 30 b gilt entsprechend.

(2) Hat eine erneute Einstellung stattgefunden, ist auch § 765 a der Zivilprozeßordnung nicht mehr anzuwenden.

§ 31 [Fortsetzung nach einstweiliger Einstellung]

(1) Im Falle einer einstweiligen Einstellung darf das Verfahren, soweit sich nicht aus dem Gesetz etwas anderes ergibt, nur auf Antrag des Gläubigers fortgesetzt werden. Wird der Antrag nicht binnen sechs Monaten gestellt, so ist das Verfahren aufzuheben.

(2) Die Frist nach Absatz 1 Satz 2 beginnt

a) im Falle des § 30 mit der Einstellung des Verfahrens,

b) im Falle des § 30 a mit dem Zeitpunkt, bis zu dem die Einstellung angeordnet war,

c) im Falle des § 30 c mit dem Ende des Konkursverfahrens,

d) wenn die Einstellung vom Prozeßgericht angeordnet war, mit der Wiederaufhebung der Anordnung oder mit einer sonstigen Erledigung der Einstellung.

(3) Das Vollstreckungsgericht soll den Gläubiger auf den Fristbeginn unter Bekanntgabe der Rechtsfolgen eines fruchtlosen Fristablaufs hinweisen; die Frist beginnt erst zu laufen, nachdem der Hinweis auf die Rechtsfolgen eines fruchtlosen Fristablaufs dem Gläubiger zugestellt worden ist.

§ 32 [Zustellung des Aufhebungs- oder Einstellungsbeschlusses]

Der Beschluß, durch welchen das Verfahren aufgehoben oder einstweilen eingestellt wird, ist dem Schuldner, dem Gläubiger und, wenn die Anordnung von einem Dritten beantragt war, auch diesem zuzustellen.

§ 33 [Versagung des Zuschlags bei Aufhebungs- oder Einstellungsgründen]

Nach dem Schlusse der Versteigerung darf, wenn ein Grund zur Aufhebung oder zur einstweiligen Einstellung des Verfahrens oder zur Aufhebung des Termins vorliegt, die Entscheidung nur durch Versagung des Zuschlags gegeben werden.

§ 34 [Löschung des Versteigerungsvermerks]

Im Falle der Aufhebung des Verfahrens ist das Grundbuchamt um Löschung des Versteigerungsvermerkes zu ersuchen.

III. Bestimmung des Versteigerungstermins

§ 35 [Ausführung durch Vollstreckungsgericht]

Die Versteigerung wird durch das Vollstreckungsgericht ausgeführt.

§ 36 [Bestimmung des Versteigerungstermins]

(1) Der Versteigerungstermin soll erst nach der Beschlagnahme des Grundstücks und nach dem Eingange der Mitteilungen des Grundbuchamts bestimmt werden.

(2) Der Zeitraum zwischen der Anberaumung des Termins und dem Termin soll, wenn nicht besondere Gründe vorliegen, nicht mehr als sechs Monate betragen. War das Verfahren einstweilen eingestellt, so soll diese Frist nicht mehr als zwei Monate, muß aber mindestens einen Monat betragen.

(3) Der Termin kann nach dem Ermessen des Gerichts an der Gerichtsstelle oder an einem anderen Orte im Gerichtsbezirk abgehalten werden.

§ 37 [Inhalt der Terminsbestimmung]

Die Terminsbestimmung muß enthalten:

1. die Bezeichnung des Grundstücks;
2. Zeit und Ort des Versteigerungstermins;
3. die Angabe, daß die Versteigerung im Wege der Zwangsvollstreckung erfolgt;
4. die Aufforderung, Rechte, soweit sie zur Zeit der Eintragung des Versteigerungsvermerkes aus dem Grundbuche nicht ersichtlich waren, spätestens im Versteigerungstermine vor der Aufforderung zur Abgabe von Geboten anzumelden und, wenn der Gläubiger widerspricht, glaubhaft zu machen, widrigenfalls die Rechte bei der Feststellung des geringsten Gebots nicht berücksichtigt und bei der Verteilung des Versteigerungserlöses dem Anspruche des Gläubigers und den übrigen Rechten nachgesetzt werden würden;
5. die Aufforderung an diejenigen, welche ein der Versteigerung entgegenstehendes Recht haben, vor der Erteilung des Zuschlags die Aufhebung oder einstweilige Einstellung des Verfahrens herbeizuführen, widrigenfalls für das Recht der Versteigerungserlös an die Stelle des versteigerten Gegenstandes treten würde.

§ 38 [Weitere Aufgaben]

Die Terminsbestimmung soll die Bezeichnung des zur Zeit der Eintragung des Versteigerungsvermerkes eingetragenen Eigentümers sowie die Angabe des Grundbuchblatts und der Größe des Grundstücks enthalten. Ist in einem früheren Versteigerungstermin der Zuschlag aus den Gründen des § 74 a Abs. 1 oder des § 85 a Abs. 1 versagt worden, so soll auch diese Tatsache in der Terminsbestimmung angegeben werden.

§ 39 [Bekanntmachung]

(1) Die Terminsbestimmung muß durch einmalige Einrückung in das für Bekanntmachungen des Gerichts bestimmte Blatt öffentlich bekanntgemacht werden.

(2) Hat das Grundstück nur einen geringen Wert, so kann das Gericht anordnen, daß die Einrückung unterbleibt; in diesem Falle muß die Bekanntmachung dadurch erfolgen, daß die Terminsbestimmung in der Gemeinde, in deren Bezirke das Grundstück belegen ist, an die für amtliche Bekanntmachungen bestimmte Stelle angeheftet wird.

§ 40 [Anheftung an Gerichtstafel]

(1) Die Terminsbestimmung soll an die Gerichtstafel angeheftet werden. Ist das Gericht nach § 2 Abs. 2 zum Vollstreckungsgerichte bestellt, so soll die Anheftung auch bei den übrigen Gerichten bewirkt werden.

(2) Das Gericht ist befugt, noch andere und wiederholte Veröffentlichungen zu veranlassen; bei der Ausübung dieser Befugnis ist insbesondere auf den Ortsgebrauch Rücksicht zu nehmen.

§ 41 [Zustellung an die Beteiligten]

(1) Die Terminsbestimmung ist den Beteiligten zuzustellen.

(2) Im Laufe der vierten Woche vor dem Termin soll den Beteiligten mitgeteilt werden, auf wessen Antrag und wegen welcher Ansprüche die Versteigerung erfolgt.

(3) Als Beteiligte gelten auch diejenigen, welche das angemeldete Recht noch glaubhaft zu machen haben.

§ 42 [Einsichtgestattung]

(1) Die Einsicht der Mitteilungen des Grundbuchamts sowie der erfolgten Anmeldungen ist jedem gestattet.

(2) Das gleiche gilt von anderen das Grundstück betreffenden Nachweisungen, welche ein Beteiligter einreicht, insbesondere von Abschätzungen.

§ 43 [Aufhebung und Neubestimmung des Versteigerungstermins]

(1) Der Versteigerungstermin ist aufzuheben und von neuem zu bestimmen, wenn die Terminsbestimmung nicht sechs Wochen vor dem Termin bekanntgemacht ist. War das Verfahren einstweilen eingestellt, so reicht es aus, daß die Bekanntmachung der Terminsbestimmung zwei Wochen vor dem Termin bewirkt ist.

(2) Das gleiche gilt, wenn nicht vier Wochen vor dem Termin dem Schuldner ein Beschluß, auf Grund dessen die Versteigerung erfolgen kann, und allen Beteiligten, die schon zur Zeit der Anberaumung des Termins dem Gericht bekannt waren, die Terminsbestimmung zugestellt ist, es sei denn, daß derjenige, in Ansehung dessen die Frist nicht eingehalten ist, das Verfahren genehmigt.

IV. Geringstes Gebot Versteigerungsbedingungen

§ 44 [Begriff]

(1) Bei der Versteigerung wird nur ein solches Gebot zugelassen, durch welches die dem Anspruche des Gläubigers vorgehenden Rechte sowie die aus dem Versteigerungserlöse zu entnehmenden Kosten des Verfahrens gedeckt werden (geringstes Gebot).

(2) Wird das Verfahren wegen mehrerer Ansprüche von verschiedenem Range betrieben, so darf der vorgehende Anspruch der Feststellung des geringsten Gebotes nur dann zugrunde gelegt werden, wenn der wegen dieses Anspruchs ergangene Beschluß dem Schuldner vier Wochen vor dem Versteigerungstermin zugestellt ist.

§ 45 [Berücksichtigung von Rechten]

(1) Ein Recht ist bei der Feststellung des geringsten Gebots insoweit, als es zur Zeit der Eintragung des Versteigerungsvermerkes aus dem Grundbuch ersichtlich war, nach dem Inhalte des Grundbuchs, im übrigen nur dann zu berücksichtigen, wenn es rechtzeitig angemeldet und, falls der Gläubiger widerspricht, glaubhaft gemacht wird.

(2) Von wiederkehrenden Leistungen, die nach dem Inhalte des Grundbuchs zu entrichten sind, brauchen die laufenden Beträge nicht angemeldet, die rückständigen nicht glaubhaft gemacht zu werden.

§ 46 [Wiederkehrende Naturalleistungen]

Für wiederkehrende Leistungen, die nicht in Geld bestehen, hat das Gericht einen Geldbetrag festzusetzen, auch wenn ein solcher nicht angemeldet ist.

§ 47 [Wiederkehrende Geldleistungen]

Laufende Beträge regelmäßig wiederkehrender Leistungen sind für die Zeit bis zum Ablaufe von zwei Wochen nach dem Versteigerungstermine zu decken. Nicht regelmäßig wiederkehrende Leistungen werden mit den Beträgen berücksichtigt, welche vor dem Ablaufe dieser Frist zu entrichten sind.

§ 48 [Bedingte Rechte – Widerspruch oder Vormerkung]

Bedingte Rechte sind wie unbedingte, Rechte, die durch Eintragung eines Widerspruchs oder einer Vormerkung gesichert sind, wie eingetragene Rechte zu berücksichtigen.

§ 49 [Bargebot]

(1) Der Teil des geringsten Gebots, welcher zur Deckung der Kosten sowie der im § 10 Nr. 1 bis 3 und im § 12 Nr. 1, 2 bezeichneten Ansprüche bestimmt ist, desgleichen der das geringste Gebot übersteigende Betrag des Meistgebots ist von dem Ersteher im Verteilungstermine bar zu berichtigen (Bargebot).

(2) Das Bargebot ist von dem Zuschlag an zu verzinsen.

(3) Der Ersteher wird durch Hinterlegung von seiner Verbindlichkeit befreit, wenn die Hinterlegung und die Ausschließung der Rücknahme im Verteilungstermine nachgewiesen werden.

§ 50 [Erhöhung des Bargebots bei fälschlich berücksichtigten Grundpfandrechten]

(1) Soweit eine bei der Feststellung des geringsten Gebots berücksichtigte Hypothek, Grundschuld oder Rentenschuld nicht besteht, hat der Ersteher außer dem Bargebot auch den Betrag des berücksichtigten Kapitals zu zahlen. In Ansehung der Verzinslichkeit, des

Zinssatzes, der Zahlungszeit, der Kündigung und des Zahlungsorts bleiben die für das berücksichtigte Recht getroffenen Bestimmungen maßgebend.

(2) Das gleiche gilt:

1. wenn das Recht bedingt ist und die aufschiebende Bedingung ausfällt oder die auflösende Bedingung eintritt;
2. wenn das Recht noch an einem anderen Grundstücke besteht und an dem versteigerten Grundstücke nach den besonderen Vorschriften über die Gesamthypothek erlischt.

(3) Haftet der Ersteher im Falle des Absatzes 2 Nr. 2 zugleich persönlich, so ist die Erhöhung des zu zahlenden Betrages ausgeschlossen, soweit der Ersteher nicht bereichert ist.

§ 51 [Erhöhung des Bargebots bei anderen fälschlich berücksichtigten Rechten]

(1) Ist das berücksichtigte Recht nicht eine Hypothek, Grundschuld oder Rentenschuld, so finden die Vorschriften des § 50 entsprechende Anwendung. Der Ersteher hat statt des Kapitals den Betrag, um welchen sich der Wert des Grundstücks erhöht, drei Monate nach erfolgter Kündigung zu zahlen und von dem Zuschlag an zu verzinsen.

(2) Der Betrag soll von dem Gerichte bei der Feststellung des geringsten Gebots bestimmt werden.

§ 52 [Bestehenbleibende Rechte]

(1) Ein Recht bleibt insoweit bestehen, als es bei der Feststellung des geringsten Gebots berücksichtigt und nicht durch Zahlung zu decken ist. Im übrigen erlöschen die Rechte.

(2) Das Recht auf eine der in den §§ 912 bis 917 des Bürgerlichen Gesetzbuchs bezeichneten Renten bleibt auch dann bestehen, wenn es bei der Feststellung des geringsten Gebots nicht berücksichtigt ist. Satz 1 ist entsprechend auf den Erbbauzins anzuwenden, wenn nach § 9 Abs. 3 der Verordnung über das Erbaurecht das Bestehenbleiben des Erbbauzinses als Inhalt der Reallast vereinbart worden ist.

§ 53 [Schuldübernahme durch den Ersteher]

(1) Haftet bei einer Hypothek, die bestehenbleibt, der Schuldner zugleich persönlich, so übernimmt der Ersteher die Schuld in Höhe der Hypothek; die Vorschriften des § 416 des Bürgerlichen Gesetzbuchs finden mit der Maßgabe entsprechende Anwendung, daß als Veräußerer im Sinne dieser Vorschriften der Schuldner anzusehen ist.

(2) Das gleiche gilt, wenn bei einer Grundschuld oder Rentenschuld, die bestehenbleibt, der Schuldner zugleich persönlich haftet, sofern er spätestens im Versteigerungstermine vor der Aufforderung zur Abgabe von Geboten die gegen ihn bestehende Forderung unter Angabe ihres Betrags und Grundes angemeldet und auf Verlangen des Gerichts oder eines Beteiligten glaubhaft gemacht hat.

§ 54 [Kündigung von Grundpfandrechten]

(1) Die von dem Gläubiger dem Eigentümer oder von diesem dem Gläubiger erklärte Kündigung einer Hypothek, einer Grundschuld oder einer Rentenschuld ist dem Ersteher gegenüber nur wirksam, wenn sie spätestens in dem Versteigerungstermine vor der Aufforderung zur Abgabe von Geboten erfolgt und bei dem Gericht angemeldet worden ist.

(2) Das gleiche gilt von einer aus dem Grundbuche nicht ersichtlichen Tatsache, in Folge deren der Anspruch vor der Zeit geltend gemacht werden kann.

§ 55 [Erstreckung der Versteigerung]

(1) Die Versteigerung des Grundstücks erstreckt sich auf alle Gegenstände, deren Beschlagnahme noch wirksam ist.

(2) Auf Zubehörstücke, die sich im Besitze des Schuldners oder eines neu eingetretenen Eigentümers befinden, erstreckt sich die Versteigerung auch dann, wenn sie einem Dritten gehören, es sei denn, daß dieser sein Recht nach Maßgabe des § 37 Nr. 5 geltend gemacht hat.

§ 56 [Gefahrübergang]

Die Gefahr des zufälligen Unterganges geht in Ansehung des Grundstücks mit dem Zuschlag, in Ansehung der übrigen Gegenstände mit dem Schlusse der Versteigerung auf den Ersteher über. Von dem Zuschlag an gebühren dem Ersteher die Nutzungen und trägt er die Lasten. Ein Anspruch auf Gewährleistung findet nicht statt.

§ 57 [Mieter und Pächter]

Ist das Grundstück einem Mieter oder Pächter überlassen, so finden die Vorschriften der §§ 571, 572, des § 573 Satz 1 und der §§ 574, 575 des Bürgerlichen Gesetzbuchs nach Maßgabe der §§ 57 a und 57 b entsprechende Anwendung.

§ 57 a [Kündigung durch Ersteher]

Der Ersteher ist berechtigt, das Miet- oder Pachtverhältnis unter Einhaltung der gesetzlichen Frist zu kündigen. Die Kündigung ist ausgeschlossen, wenn sie nicht für den ersten Termin erfolgt, für den sie zulässig ist.

§ 57 b [Vorausverfügungen über Miet- oder Pachtzins]

(1) Soweit nach den Vorschriften des § 573 Satz 1 und der §§ 574, 575 des Bürgerlichen Gesetzbuchs für die Wirkung von Verfügungen und Rechtsgeschäften über den Miet- oder Pachtzins der Übergang des Eigentums in Betracht kommt, ist an dessen Stelle die Beschlagnahme des Grundstücks maßgebend. Ist dem Mieter oder Pächter der Beschluß, durch den die Zwangsversteigerung angeordnet wird, zugestellt, so gilt mit der Zustellung die Beschlagnahme als dem Mieter oder Pächter bekannt; die Zustellung erfolgt auf Antrag des Gläubigers an die von ihm bezeichneten Personen. Dem Beschlusse soll eine Belehrung über die Bedeutung der Beschlagnahme für den Mieter oder Pächter beigefügt werden. Das Gericht hat auf Antrag des Gläubigers zur Feststellung der Mieter und Pächter eines Grundstücks Ermittlungen zu veranlassen; es kann damit einen Gerichtsvollzieher oder einen sonstigen Beamten beauftragen, auch die zuständige örtliche Behörde um Mitteilung der ihr bekannten Mieter und Pächter ersuchen.

(2) Der Beschlagnahme zum Zwecke der Zwangsversteigerung steht die Beschlagnahme zum Zwecke der Zwangsverwaltung gleich, wenn sie bis zum Zuschlag fortgedauert hat. Ist dem Mieter oder Pächter der Beschluß, durch den ihm verboten wird, an den Schuldner zu zahlen, zugestellt, so gilt mit der Zustellung die Beschlagnahme als dem Mieter oder Pächter bekannt.

(3) Auf Verfügungen und Rechtsgeschäfte des Zwangsverwalters finden diese Vorschriften keine Anwendung.

§ 57 c [Beschränkung des Kündigungsrechts]

(1) Der Ersteher eines Grundstücks kann von dem Kündigungsrecht nach § 57 a keinen Gebrauch machen,

1. wenn und solange die Miete zur Schaffung oder Instandsetzung des Mietraums ganz oder teilweise vorausentrichtet oder mit einem sonstigen zur Schaffung oder Instandsetzung des Mietraums geleisteten Beitrag zu verrechnen ist, und zwar ohne Rücksicht darauf, ob die Verfügung gegenüber dem Ersteher wirksam oder unwirksam ist;

2. wenn der Mieter oder ein anderer zugunsten des Mieters zur Schaffung oder Instandsetzung des Mietraums einen Beitrag im Betrag von mehr als einer Jahresmiete geleistet oder erstattet hat und eine Vorausentrichtung der Miete oder eine Verrechnung mit der Miete nicht vereinbart ist (verlorener Baukostenzuschuß), solange der Zuschuß nicht als durch die Dauer des Vertrages getilgt anzusehen ist.

(2) Im Sinne des Absatzes 1 Nr. 2 ist jeweils ein Zuschußbetrag in Höhe einer Jahresmiete als durch eine Mietdauer von vier Jahren getilgt anzusehen; ist die Miete im Hinblick auf den Beitrag erheblich niedriger bemessen worden, als dies ohne den Beitrag geschehen wäre, so tritt für die Berechnung des in Absatz 1 Nr. 2 vorgesehenen Zeitraums an die Stelle der vereinbarten Jahresmiete die Jahresmiete, die ohne Berücksichtigung des Beitrags vereinbart worden wäre. In jedem Falle ist jedoch der Zuschuß nach Ablauf von zwölf Jahren seit der Überlassung der Mieträume oder, sofern die vereinbarte Mietzeit kürzer ist, nach deren Ablauf als getilgt anzusehen.

(3) Ist zur Schaffung oder Instandsetzung des Mietraums sowohl ein Beitrag im Sinne des Absatzes 1 Nr. 1 als auch ein Beitrag im Sinne des Absatzes 1 Nr. 2 geleistet worden, so sind die aus Absatz 1 Nr. 1 und 2 sich ergebenden Zeiträume zusammenzurechnen.

(4) Die Absätze 1 bis 3 gelten für Pachtverhältnisse entsprechend.

(5) (aufgehoben)

§ 57 d [Erklärung über geleistete Miete]

(1) Das Vollstreckungsgericht hat, sofern nach den Umständen anzunehmen ist, daß die in § 57 c vorgesehene Beschränkung des Kündigungsrechts des Erstehers in Betracht kommt, unverzüglich nach Anordnung der Zwangsversteigerung die Mieter und Pächter des Grundstücks aufzufordern, bis zum Beginn des Versteigerungstermins eine Erklärung darüber abzugeben, ob und welche Beiträge im Sinne des § 57 c Abs. 1 von ihnen geleistet und welche Bedingungen hierüber vereinbart worden sind.

(2) Das Vollstreckungsgericht hat im Versteigerungstermin bekanntzugeben, ob und welche Erklärungen nach Absatz 1 abgegeben worden sind.

(3) Hat ein Mieter oder Pächter keine oder eine unvollständige oder eine unrichtige Erklärung abgegeben und ist die Bekanntgabe nach Absatz 2 erfolgt, so ist § 57 c ihm gegenüber nicht anzuwenden. Das gilt nicht, wenn der Ersteher die Höhe der Beiträge gekannt hat oder bei Kenntnis das gleiche Gebot abgegeben haben würde.

(4) Die Aufforderung nach Absatz 1 ist zuzustellen. Sie muß einen Hinweis auf die in Absatz 3 bestimmten Rechtsfolgen enthalten.

§ 58 [Kosten des Zuschlagsbeschlusses]

Die Kosten des Beschlusses, durch welchen der Zuschlag erteilt wird, fallen dem Ersteher zur Last.

§ 59 [Abweichende Feststellung des geringsten Gebots]

(1) Jeder Beteiligte kann eine von den gesetzlichen Vorschriften abweichende Feststellung des geringsten Gebots und der Versteigerungsbedingungen verlangen. Wird durch die Abweichung das Recht eines anderen Beteiligten beeinträchtigt, so ist dessen Zustimmung erforderlich.

(2) Sofern nicht feststeht, ob das Recht durch die Abweichung beeinträchtigt wird, ist das Grundstück mit der verlangten Abweichung und ohne sie auszubieten.

(3) Soll das Fortbestehen eines Rechtes bestimmt werden, das nach § 52 erlöschen würde, so bedarf es nicht der Zustimmung eines nachstehenden Beteiligten.

§§ 60 und 61 (aufgehoben)

§ 62 [Erörterungen vor dem Versteigerungstemin]

Das Gericht kam schon vor dem Versteigerungstermin Erörterungen der Beteiligten über das geringste Gebot und die Versteigerungsbedingungen veranlassen, zu diesem Zwecke auch einen besonderen Termin bestimmen.

§ 63 [Einzelausgebot]

(1) Mehrere in demselben Verfahren zu versteigernde Grundstücke sind einzeln auszubieten.

(2) Jeder Beteiligte kann verlangen, daß neben dem Einzelausgebot alle Grundstücke und, sofern einige von ihnen mit einem und demselben Rechte belastet sind, auch diese Grundstücke zusammen ausgeboten werden. Auf Antrag kann das Gericht auch in anderen Fällen das Gesamtausgebot einiger der Grundstücke anordnen.

(3) Das Gesamtausgebot kann vor oder nach dem Einzelausgebot erfolgen.

(4) Wird bei dem Einzelausgebot auf eines der Grundstücke ein Meistgebot abgegeben, das mehr beträgt als das geringste Gebot für dieses Grundstück, so erhöht sich bei dem Gesamtausgebote das geringste Gebot um den Mehrbetrag. Der Zuschlag wird auf Grund des Gesamtausgebots nur erteilt, wenn das Meistgebot höher ist als das Gesamtergebnis der Einzelausgebote.

(5) Das Einzelausgebot unterbleibt, wenn die anwesenden Beteiligten zustimmen, deren Rechte bei der Feststellung des geringsten Gebots nicht zu berücksichtigen sind.

§ 64 [Gesamthypothek]

(1) Werden mehrere Grundstücke, die mit einer dem Anspruche des Gläubigers vorgehenden Gesamthypothek belastet sind, in demselben Verfahren versteigert, so ist auf Antrag die Gesamthypothek bei der Feststellung des geringsten Gebots für das einzelne Grundstück nur zu dem Teilbetrage zu berücksichtigen, der dem Verhältnisse des Wertes des Grundstücks zu dem Werte der sämtlichen Grundstücke entspricht; der Wert wird unter Abzug der Belastungen berechnet, die der Gesamthypothek im Range vorgehen und bestehen bleiben. Antragsberechtigt sind der Gläubiger, der Eigentümer und jeder dem Hypothekengläubiger gleich- oder nachstehende Beteiligte.

(2) Wird der im Absatz 1 bezeichnete Antrag gestellt, so kann der Hypothekengläubiger bis zum Schlusse der Verhandlung im Versteigerungstermine verlangen, daß bei der Feststellung des geringsten Gebots für die Grundstücke nur die seinem Anspruche vorgehenden Rechte berücksichtigt werden; in diesem Falle sind die Grundstücke auch mit der verlangten Abweichung auszubieten. Erklärt sich nach erfolgtem Ausgebote der Hypothekengläubiger der Aufforderung des Gerichts ungeachtet nicht darüber, welches Ausgebot für die Erteilung des Zuschlags maßgebend sein soll, so verbleibt es bei der auf Grund des Absatzes 1 erfolgten Feststellung des geringsten Gebots.

(3) Diese Vorschriften finden entsprechende Anwendung, wenn die Grundstücke mit einer und derselben Grundschuld oder Rentenschuld belastet sind.

§ 65 [Besondere Versteigerung – Andere Art der Verwertung]

(1) Das Gericht kann auf Antrag anordnen, daß eine Forderung oder eine bewegliche Sache von der Versteigerung des Grundstücks ausgeschlossen und besonders versteigert werden soll. Auf Antrag kann auch eine andere Art der Verwertung angeordnet, insbesondere zur Einziehung einer Forderung ein Vertreter bestellt oder die Forderung einem

Beteiligten mit dessen Zustimmung an Zahlungs Statt überwiesen werden. Die Vorschriften der §§ 817, 820,[1] 835 der Zivilprozeßordnung finden entsprechende Anwendung. Der Erlös ist zu hinterlegen.
(2) Die besondere Versteigerung oder die anderweitige Verwertung ist nur zulässig, wenn das geringste Gebot erreicht ist.

V. Versteigerung

§ 66 [Verfahren im Versteigerungstermin]

(1) In dem Versteigerungstermine werden nach dem Aufrufe der Sache die das Grundstück betreffenden Nachweisungen, die das Verfahren betreibenden Gläubiger, deren Ansprüche, die Zeit der Beschlagnahme, der vom Gericht festgesetzte Wert des Grundstücks und die erfolgten Anmeldungen bekanntgemacht, hierauf das geringste Gebot und die Versteigerungsbedingungen nach Anhörung der anwesenden Beteiligten, nötigenfalls mit Hilfe eines Rechnungsverständigen, unter Bezeichnung der einzelnen Rechte festgestellt und die erfolgten Feststellungen verlesen.
(2) Nachdem dies geschehen, hat das Gericht auf die bevorstehende Ausschließung weiterer Anmeldungen hinzuweisen und sodann zur Abgabe von Geboten aufzufordem.

§ 67 [Verlangen von Sicherheitsleistung]

(1) Ein Beteiligter, dessen Recht durch Nichterfüllung des Gebots beeinträchtigt werden würde, kann Sicherheitsleistung verlangen, jedoch nur sofort nach Abgabe des Gebots. Das Verlangen gilt auch für weitere Gebote desselben Bieters.
(2) Steht dem Bieter eine durch das Gebot ganz oder teilweise gedeckte Hypothek, Grundschuld oder Rentenschuld zu, so braucht er Sicherheit nur auf Verlangen des Gläubigers zu leisten. Auf Gebote des Schuldners oder eines neu eingetretenen Eigentümers findet diese Vorschrift keine Anwendung.
(3) Für ein Gebot des Bundes, der Deutschen Bundesbank, der Deutschen Genossenschaftsbank, der Deutschen Girozentrale (Deutsche Kommunalbank) oder eines Landes kann Sicherheitsleistung nicht verlangt werden.

§ 68 [Höhe der Sicherheit]

(1) Die Sicherheit ist für ein Zehntel des Bargebots, wenn aber der Betrag der aus dem Versteigerungserlöse zu entnehmenden Kosten höher ist, für diesen Betrag zu leisten.
(2) Ein Beteiligter, dessen Recht nach § 52 bestehenbleibt, kann Sicherheitsleistung bis zur Höhe des Betrages verlangen, welcher zur Deckung der seinem Rechte vorgehenden Ansprüche durch Zahlung zu berichtigen ist.
(3) Bietet der Schuldner oder ein neu eingetretener Eigentümer des Grundstücks, so kann der Gläubiger Sicherheitsleistung bis zur Höhe des Betrags verlangen, welcher zur Deckung seines Anspruchs durch Zahlung zu berichtigen ist.

§ 69 [Art der Sicherheitsleistung]

(1) Die Sicherheitsleistung ist durch Hinterlegung von Geld oder inländischen Wertpapieren zu bewirken. Wertpapiere sind zur Sicherheitsleistung nur geeignet, wenn sie auf den Inhaber lauten und einen Kurswert haben; den Inhaberpapieren stehen Orderpapiere

1) § 820 der Zivilprozeßordnung aufgehoben.

gleich, die mit Blankoindossament versehen sind. Mit Wertpapieren kann die Sicherheit in Höhe des ganzen Kurswerts geleistet werden.

(2) Bestätigte Reichsbankschecks sind zur Sicherheitsleistung in Höhe des Nennbetrages geeignet, wenn die Vorlegungsfrist nicht vor dem vierten Tage nach dem Versteigerungstermins abläuft.

(3) Die Übergabe an das Gericht hat die Wirkung der Hinterlegung.

(4) Als Sicherheitsleistung kann das Vollstreckungsgericht auch die Stellung eines Bürgen nach § 239 des Bürgerlichen Gesetzbuchs zulassen, jedoch nicht für Gebote des Schuldners oder eines neu eingetretenen Eigentümers.

§ 70 [Sofortige Entscheidung]

(1) Das Gericht hat über die Sicherheitsleistung sofort zu entscheiden.

(2) Erklärt das Gericht die Sicherheit für erforderlich, so ist sie sofort zu leisten. Die Sicherheitsleistung durch Hinterlegung kann bereits vor dem Versteigerungstermin erfolgen. Unterbleibt die Leistung, so ist das Gebot zurückzuweisen.

(3) Wird das Gebot ohne Sicherheitsleistung zugelassen und von dem Beteiligten, welcher die Sicherheit verlangt hat, nicht sofort Widerspruch erhoben, so gilt das Verlangen als zurückgenommen.

§ 71 [Zurückweisung eines unwirksamen Gebots]

(1) Ein unwirksames Gebot ist zurückzuweisen.

(2) Ist die Wirksamkeit eines Gebots von der Vertretungsmacht desjenigen, welcher das Gebot für den Bieter abgegeben hat, oder von der Zustimmung eines anderen oder einer Behörde abhängig, so erfolgt die Zurückweisung, sofern nicht die Vertretungsmacht oder die Zustimmung bei dem Gericht offenkundig ist oder durch eine öffentlich beglaubigte Urkunde sofort nachgewiesen wird.

§ 72 [Erlöschen eines Gebots]

(1) Ein Gebot erlischt, wenn ein Übergebot zugelassen wird und ein Beteiligter der Zulassung nicht sofort widerspricht. Das Übergebot gilt als zugelassen, wenn es nicht sofort zurückgewiesen wird.

(2) Ein Gebot erlischt auch dann, wenn es zurückgewiesen wird und der Bieter oder ein Beteiligter der Zurückweisung nicht sofort widerspricht.

(3) Das gleiche gilt, wenn das Verfahren einstweilen eingestellt oder der Termin aufgehoben wird.

§ 73 [Stundenfrist – Verkündung des letzten Gebots]

(1) Zwischen der Aufforderung zur Abgabe von Geboten und dem Zeitpunkt, in welchem bezüglich sämtlicher zu versteigernder Grundstücke die Versteigerung geschlossen wird, muß mindestens eine Stunde liegen. Die Versteigerung muß so lange fortgesetzt werden, bis der Aufforderung des Gerichts ungeachtet ein Gebot nicht mehr abgegeben wird.

(2) Das Gericht hat das letzte Gebot und den Schluß der Versteigerung zu verkünden. Die Verkündung des letzten Gebots soll mittels dreimaligen Aufrufs erfolgen.

§ 74 [Anhörung über den Zuschlag]

Nach dem Schlusse der Versteigerung sind die anwesenden Beteiligten über den Zuschlag zu hören.

§ 74 a [Versagung des Zuschlags – Festsetzung des Grundstückswerts]

(1) Bleibt das abgegebene Meistgebot einschließlich des Kapitalwertes der nach den Versteigerungsbedingungen bestehenbleibenden Rechte unter sieben Zehnteilen des Grundstückswertes, so kann ein Berechtigter, dessen Anspruch ganz oder teilweise durch das Meistgebot nicht gedeckt ist, aber bei einem Gebot in der genannten Höhe voraussichtlich gedeckt sein würde, die Versagung des Zuschlags beantragen. Der Antrag ist abzulehnen, wenn der betreibende Gläubiger widerspricht und glaubhaft macht, daß ihm durch die Versagung des Zuschlags ein unverhältnismäßiger Nachteil erwachsen würde.

(2) Der Antrag auf Versagung des Zuschlags kann nur bis zum Schluß der Verhandlung über den Zuschlag gestellt werden; das gleiche gilt von der Erklärung des Widerspruchs.

(3) Wird der Zuschlag gemäß Absatz 1 versagt, so ist von Amts wegen ein neuer Versteigerungstermin zu bestimmen. Der Zeitraum zwischen den beiden Terminen soll, sofern nicht nach den besonderen Verhältnissen des Einzelfalles etwas anderes geboten ist, mindestens drei Monate betragen, darf aber sechs Monate nicht übersteigen.

(4) In dem neuen Versteigerungstermin darf der Zuschlag weder aus den Gründen des Absatzes 1 noch aus denen des § 85 a Abs. 1 versagt werden.

(5) Der Grundstückswert (Verkehrswert) wird vom Vollstreckungsgericht, nötigenfalls nach Anhörung von Sachverständigen, festgesetzt. Der Wert der beweglichen Gegenstände, auf die sich die Versteigerung erstreckt, ist unter Würdigung aller Verhältnisse frei zu schätzen. Der Beschluß über die Festsetzung des Grundstückswertes ist mit der sofortigen Beschwerde anfechtbar; eine weitere Beschwerde findet nicht statt. Der Zuschlag oder die Versagung des Zuschlags können mit der Begründung, daß der Grundstückswert unrichtig festgesetzt sei, nicht angefochten werden.

§ 74 b [Ausnahme vom § 74 a]

Ist das Meistgebot von einem zur Befriedigung aus dem Grundstück Berechtigten abgegeben worden, so findet § 74 a keine Anwendung, wenn das Gebot einschließlich des Kapitalwertes der nach den Versteigerungsbedingungen bestehenbleibenden Rechte zusammen mit dem Betrage, mit dem der Meistbietende bei der Verteilung des Erlöses ausfallen würde, sieben Zehnteile des Grundstückswertes erreicht und dieser Betrag im Range unmittelbar hinter dem letzten Betrage steht, der durch das Gebot noch gedeckt ist.

§ 75 [Einstellung bei Gläubigerbefriedigung]

Zahlt nach dem Beginne der Versteigerung der Schuldner oder ein Dritter, der berechtigt ist, den Gläubiger zu befriedigen, den zur Befriedigung und zur Deckung der Kosten erforderlichen Betrag an das Gericht, so wird das Verfahren einstweilen eingestellt.

§ 76 [Einstellung bei Versteigerung mehrerer Grundstücke]

(1) Wird bei der Versteigerung mehrerer Grundstücke auf eines oder einige so viel geboten, daß der Anspruch des Gläubigers gedeckt ist, so wird das Verfahren in Ansehung der übrigen Grundstücke einstweilen eingestellt; die Einstellung unterbleibt, wenn sie dem berechtigten Interesse des Gläubigers widerspricht.

(2) Ist die einstweilige Einstellung erfolgt, so kann der Gläubiger die Fortsetzung des Verfahrens verlangen, wenn er ein berechtigtes Interesse daran hat, insbesondere wenn er im Verteilungstermine nicht befriedigt worden ist. Beantragt der Gläubiger die Fortsetzung nicht vor dem Ablaufe von drei Monaten nach dem Verteilungstermine, so gilt der Versteigerungsantrag als zurückgenommen.

§ 77 [Einstellung mangels Gebots]

(1) Ist ein Gebot nicht abgegeben oder sind sämtliche Gebote erloschen, so wird das Verfahren einstweilen eingestellt.

(2) Bleibt die Versteigerung in einem zweiten Termine gleichfalls ergebnislos, so wird das Verfahren aufgehoben. Liegen die Voraussetzungen für die Anordnung der Zwangsverwaltung vor, so kann auf Antrag des Gläubigers das Gericht anordnen, daß das Verfahren als Zwangsverwaltung fortgesetzt wird. In einem solchen Falle bleiben die Wirkungen der für die Zwangsversteigerung erfolgten Beschlagnahme bestehen; die Vorschrift des § 155 Abs. 1 findet jedoch auf die Kosten der Zwangsversteigerung keine Anwendung.

§ 78 [Protokoll]

Vorgänge in dem Termine, die für die Entscheidung über den Zuschlag oder für das Recht eines Beteiligten in Betracht kommen, sind durch das Protokoll festzustellen; bleibt streitig, ob oder für welches Gebot der Zuschlag zu erteilen ist, so ist das Sachverhältnis mit den gestellten Anträgen in das Protokoll aufzunehmen.

VI. Entscheidung über den Zuschlag

§ 79 [Keine Bindung an frühere Entscheidungen]

Bei der Beschlußfassung über den Zuschlag ist das Gericht an eine Entscheidung, die es vorher getroffen hat, nicht gebunden.

§ 80 [Keine Berücksichtigung nicht protokollierter Terminsvorgänge]

Vorgänge in dem Versteigerungstermine, die nicht aus dem Protokoll ersichtlich sind, werden bei der Entscheidung über den Zuschlag nicht berücksichtigt.

§ 81 [Zuschlag an Meistbietenden]

(1) Der Zuschlag ist dem Meistbietenden zu erteilen.

(2) Hat der Meistbietende das Recht aus dem Meistgebot an einen anderen abgetreten und dieser die Verpflichtung aus dem Meistgebot übernommen, so ist, wenn die Erklärungen im Versteigerungstermin abgegeben oder nachträglich durch öffentlich beglaubigte Urkunden nachgewiesen werden, der Zuschlag nicht dem Meistbietenden, sondern dem anderen zu erteilen.

(3) Erklärt der Meistbietende im Termin oder nachträglich in einer öffentlich beglaubigten Urkunde, daß er für einen anderen geboten habe, so ist diesem der Zuschlag zu erteilen, wenn die Vertretungsmacht des Meistbietenden oder die Zustimmung des anderen entweder bei dem Gericht offenkundig ist oder durch eine öffentlich beglaubigte Urkunde nachgewiesen wird.

(4) Wird der Zuschlag erteilt, so haften der Meistbietende und der Ersteher als Gesamtschuldner.

§ 82 [Inhalt des Zuschlagsbeschlusses]

In dem Beschlusse, durch welchen der Zuschlag erteilt wird, sind das Grundstück, der Ersteher, das Gebot und die Versteigerungsbedingungen zu bezeichnen; auch sind im Falle des § 69 Abs. 4 der Bürge unter Angabe der Höhe seiner Schuld und im Falle des § 81 Abs. 4 der Meistbietende für mithaftend zu erklären.

§ 83 [Versagung des Zuschlags]

Der Zuschlag ist zu versagen:

1. wenn die Vorschrift des § 43 Abs. 2 oder eine der Vorschriften über die Feststellung des geringsten Gebots oder der Versteigerungsbedingungen verletzt ist;
2. wenn bei der Versteigerung mehrerer Grundstücke das Einzelausgebot oder das Gesamtausgebot den Vorschriften des § 63 Abs. 1, Abs. 2 Satz 1, Abs. 5 zuwider unterblieben ist;
3. wenn in den Fällen des § 64 Abs. 2 Satz 1, Abs. 3 die Hypothek, Grundschuld oder Rentenschuld oder das Recht eines gleich- oder nachstehenden Beteiligten, der dem Gläubiger vorgeht, durch das Gesamtergebnis der Einzelausgebote nicht gedeckt werden;
4. wenn die nach der Aufforderung zur Abgabe von Geboten erfolgte Anmeldung oder Glaubhaftmachung eines Rechtes ohne Beachtung der Vorschrift des § 66 Abs. 2 zurückgewiesen ist;
5. wenn der Zwangsversteigerung oder der Fortsetzung des Verfahrens das Recht eines Beteiligten entgegensteht;
6. wenn die Zwangsversteigerung oder die Fortsetzung des Verfahrens aus einem sonstigen Grunde unzulässig ist;
7. wenn eine der Vorschriften des § 43 Abs. 1 oder des § 73 Abs. 1 verletzt ist.

§ 84 [Ausnahmen vom § 83]

(1) Die im § 83 Nr. 1 bis 5 bezeichneten Versagungsgründe stehen der Erteilung des Zuschlags nicht entgegen, wenn das Recht des Beteiligten durch den Zuschlag nicht beeinträchtigt wird oder wenn der Beteiligte das Verfahren genehmigt.

(2) Die Genehmigung ist durch eine öffentlich beglaubigte Urkunde nachzuweisen.

§ 85 [Versagung bei Antrag auf neuen Versteigerungstermin]

(1) Der Zuschlag ist zu versagen, wenn vor dem Schlusse der Verhandlung ein Beteiligter, dessen Recht durch den Zuschlag beeinträchtigt werden würde und der nicht zu den Berechtigten des § 74 a Abs. 1 gehört, die Bestimmung eines neuen Versteigerungstermins beantragt und sich zugleich zum Ersatze des durch die Versagung des Zuschlages entstehenden Schadens verpflichtet, auch auf Verlangen eines anderen Beteiligten Sicherheit leistet. Die Vorschriften des § 67 Abs. 3 und des § 69 sind entsprechend anzuwenden. Die Sicherheit ist in Höhe des im Verteilungstermin durch Zahlung zu berichtigenden Teils des bisherigen Meistgebots zu leisten.

(2) Die neue Terminsbestimmung ist auch dem Meistbietenden zuzustellen.

(3) Für die weitere Versteigerung gilt das bisherige Meistgebot mit Zinsen von dem durch Zahlung zu berichtigenden Teile des Meistgebots unter Hinzurechnung derjenigen Mehrkosten, welche aus dem Versteigerungserlöse zu entnehmen sind, als ein von dem Beteiligten abgegebenes Gebot.

(4) In dem fortgesetzten Verfahren findet die Vorschrift des Absatzes 1 keine Anwendung.

§ 85 a [Weitere Versagungsgründe]

(1) Der Zuschlag ist ferner zu versagen, wenn das abgegebene Meistgebot einschließlich des Kapitalwertes der nach den Versteigerungsbedingungen bestehenbleibenden Rechte die Hälfte des Grundstückswertes nicht erreicht.

(2) § 74 a Abs. 3, 5 ist entsprechend anzuwenden. In dem neuen Versteigerungstermin darf der Zuschlag weder aus den Gründen des Absatzes 1 noch aus denen des § 74 a Abs. 1 versagt werden.

(3) Ist das Meistgebot von einem zur Befriedigung aus dem Grundstück Berechtigten abgegeben worden, so ist Absatz 1 nicht anzuwenden, wenn das Gebot einschließlich des Kapitalwertes der nach den Versteigerungsbedingungen bestehenbleibenden Rechte zusammen mit dem Betrage, mit dem der Meistbietende bei der Verteilung des Erlöses ausfallen würde, die Hälfte des Grundstückswertes erreicht.

§ 86 [Wirkung der Versagung]

Die rechtskräftige Versagung des Zuschlags wirkt, wenn die Fortsetzung des Verfahrens zulässig ist, wie eine einstweilige Einstellung, anderenfalls wie die Aufebung des Verfahrens.

§ 87 [Verkündungstermin]

(1) Der Beschluß, durch welchen der Zuschlag erteilt oder versagt wird, ist in dem Versteigerungstermin oder in einem sofort zu bestimmenden Termin zu verkünden.

(2) Der Verkündungstermin soll nicht über eine Woche hinaus bestimmt werden. Die Bestimmung des Termins ist zu verkünden und durch Anheftung an die Gerichtstafel bekanntzumachen.

(3) Sind nachträglich Tatsachen oder Beweismittel vorgebracht, so sollen in dem Verkündungstermine die anwesenden Beteiligten hierüber gehört werden.

§ 88 [Zustellung des Zuschlagsbeschlusses]

Der Beschluß, durch welchen der Zuschlag erteilt wird, ist den Beteiligten, soweit sie weder im Versteigerungstermine noch im Verkündungstermin erschienen sind, und dem Ersteher sowie im Falle des § 69 Abs.4 dem für mithaftend erklärten Bürgen und im Falle des § 81 Abs. 4 dem Meistbietenden zuzustellen. Als Beteiligte gelten auch diejenigen, welche das angemeldete Recht noch glaubhaft zu machen haben.

§ 89 [Wirksamwerden des Zuschlags]

Der Zuschlag wird mit der Verkündung wirksam.

§ 90 [Eigentumserwerb durch Zuschlag]

(1) Durch den Zuschlag wird der Ersteher Eigentümer des Grundstücks, sofern nicht im Beschwerdewege der Beschluß rechtskräftig aufgehoben wird.

(2) Mit dem Grundstück erwirbt er zugleich die Gegenstände, auf welche sich die Versteigerung erstreckt hat.

§ 91 [Erlöschen von Rechten]

(1) Durch den Zuschlag erlöschen unter der im § 90 Abs.1 bestimmten Voraussetzung die Rechte, welche nicht nach den Versteigerungsbedingungen bestehen bleiben sollen.

(2) Ein Recht an dem Grundstücke bleibt jedoch bestehen, wenn dies zwischen dem Berechtigten und dem Ersteher vereinbart ist und die Erklärungen entweder im Verteilungstermin abgegeben oder, bevor das Grundbuchamt um Berichtigung des Grundbuchs ersucht ist, durch eine öffentlich beglaubigte Urkunde nachgewiesen werden.

(3) Im Falle des Absatzes 2 vermindert sich der durch Zahlung zu berichtigende Teil des Meistgebots um den Betrag, welcher sonst dem Berechtigten gebühren würde. Im übrigen wirkt die Vereinbarung wie die Befriedigung des Berechtigten aus dem Grundstücke.

(4) Das Erlöschen eines Rechts, dessen Inhaber zur Zeit des Erlöschens nach § 1179 a des Bürgerlichen Gesetzbuchs die Löschung einer bestehenden Hypothek, Grundschuld oder Rentenschuld verlangen kann, hat nicht das Erlöschen dieses Anspruchs zur Folge. Der Anspruch erlischt, wenn der Berechtigte aus dem Grundstück befriedigt wird.

§ 92 [Anspruch auf Wertersatz]

(1) Erlischt durch den Zuschlag ein Recht, das nicht auf Zahlung eines Kapitals gerichtet ist, so tritt an die Stelle des Rechtes der Anspruch auf Ersatz des Wertes aus dem Versteigerungserlöse.

(2) Der Ersatz für einen Nießbrauch, für eine beschränkte persönliche Dienstbarkeit sowie für eine Reallast von unbestimmter Dauer ist durch Zahlung einer Geldrente zu leisten, die dem Jahreswerte des Rechtes gleichkommt. Der Betrag ist für drei Monate vorauszuzahlen. Der Anspruch auf eine fällig gewordene Zahlung verbleibt dem Berechtigten auch dann, wenn das Recht auf die Rente vor dem Ablaufe der drei Monate erlischt.

(3) Bei ablösbaren Rechten bestimmt sich der Betrag der Ersatzleistung durch die Ablösungssumme.

§ 93 [Beschluß als Vollstreckungstitel]

(1) Aus dem Beschlusse, durch welchen der Zuschlag erteilt wird, findet gegen den Besitzer des Grundstücks oder einer mitversteigerten Sache die Zwangsvollstreckung auf Räumung und Herausgabe statt. Die Zwangsvollstreckung soll nicht erfolgen, wenn der Besitzer auf Grund eines Rechtes besitzt, das durch den Zuschlag nicht erloschen ist. Erfolgt gleichwohl die Zwangsvollstreckung, so kann der Besitzer nach Maßgabe des § 771 der Zivilprozeßordnung Widerspruch erheben.

(2) Zum Ersatze von Verwendungen, die vor dem Zuschlage gemacht sind, ist der Ersteher nicht verpflichtet.

§ 94 [Gerichtliche Verwaltung]

(1) Auf Antrag eines Beteiligten, der Befriedigung aus dem Bargebote zu erwarten hat, ist das Grundstück für Rechnung des Erstehers in gerichtliche Verwaltung zu nehmen, solange nicht die Zahlung oder Hinterlegung erfolgt ist. Der Antrag kann schon im Versteigerungstermine gestellt werden.

(2) Auf die Bestellung des Verwalters sowie auf dessen Rechte und Pflichten finden die Vorschriften über die Zwangsverwaltung entsprechende Anwendung.

VII. Beschwerde

§ 95 [Zulässigkeit]

Gegen eine Entscheidung, die vor der Beschlußfassung über den Zuschlag erfolgt, kann die Beschwerde nur eingelegt werden, soweit die Entscheidung die Anordnung, Aufhebung, einstweilige Einstellung oder Fortsetzung des Verfahrens betrifft.

§ 96 [Anwendbare Vorschriften]

Auf die Beschwerde gegen die Entscheidung über den Zuschlag finden die Vorschriften der Zivilprozeßordnung über die sofortige Beschwerde nur insoweit Anwendung, als nicht in den §§ 97 bis 104 ein anderes vorgeschrieben ist.

§ 97 [Beschwerdeberechtigte]

(1) Die Beschwerde steht im Falle der Erteilung des Zuschlags jedem Beteiligten sowie dem Ersteher und dem für zahlungspflichtig erklärten Dritten, im Falle der Versagung dem

Gläubiger zu, in beiden Fällen auch dem Bieter, dessen Gebot nicht erloschen ist, sowie demjenigen, welcher nach § 81 an die Stelle des Bieters treten soll.
(2) Im Falle des § 9 Nr. 2 genügt es, wenn die Anmeldung und Glaubhaftmachung des Rechtes bei dem Beschwerdegericht erfolgt.

§ 98 [**Beschwerdefrist**]

Die Frist für die Beschwerde gegen einen Beschluß des Vollstreckungsgerichts, durch welchen der Zuschlag versagt wird, beginnt mit der Verkündung des Beschlusses. Das gleiche gilt im Falle der Erteilung des Zuschlags für die Beteiligten, welche im Versteigerungstermin oder im Verkündungstermin erschienen waren.

§ 99 [**Gegner des Beschwerdeführers**]

(1) Erachtet das Beschwerdegericht eine Gegenerklärung für erforderlich, so hat es zu bestimmen, wer als Gegner des Beschwerdeführers zuzuziehen ist.
(2) Mehrere Beschwerden sind miteinander zu verbinden.

§ 100 [**Beschwerdegründe**]

(1) Die Beschwerde kann nur darauf gestützt werden, daß eine der Vorschriften der §§ 81, 83 bis 85 a verletzt oder daß der Zuschlag unter anderen als den der Versteigerung zugrunde gelegten Bedingungen erteilt ist.
(2) Auf einen Grund, der nur das Recht eines anderen betrifft, kann weder die Beschwerde noch ein Antrag auf deren Zurückweisung gestützt werden.
(3) Die im § 83 Nr. 6, 7 bezeichneten Versagungsgründe hat das Beschwerdegericht von Amts wegen zu berücksichtigen.

§ 101 [**Entscheidung über die Beschwerde**]

(1) Wird die Beschwerde für begründet erachtet, so hat das Beschwerdegericht unter Aufhebung des angefochtenen Beschlusses in der Sache selbst zu entscheiden.
(2) Wird ein Beschluß, durch welchen der Zuschlag erteilt ist, aufgehoben, auf weitere Beschwerde aber für begründet erachtet, so ist unter Aufhebung des Beschlusses des Beschwerdegerichts die gegen die Erteilung des Zuschlags erhobene Beschwerde zurückzuweisen.

§ 102 [**Weitere Beschwerde**]

Hat das Beschwerdegericht den Beschluß, durch welchen der Zuschlag erteilt war, nach der Verteilung des Versteigerungserlöses aufgehoben, so steht die weitere Beschwerde auch denjenigen zu, welchen der Erlös zugeteilt ist.

§ 103 [**Zustellung des Beschwerdebeschlusses**]

Der Beschluß des Beschwerdegerichts ist, wenn der angefochtene Beschluß aufgehoben oder abgeändert wird, allen Beteiligten und demjenigen Bieter, welchem der Zuschlag verweigert oder erteilt wird, sowie im Falle des § 69 Abs. 4 dem für mithaftend erklärten Bürgen und in den Fällen des § 81 Abs. 2, 3 dem Meistbietenden zuzustellen. Wird die Beschwerde zurückgewiesen, so erfolgt die Zustellung des Beschlusses nur an den Beschwerdeführer und den zugezogenen Gegner.

§ 104 [**Wirksamwerden des Zuschlagsbeschlusses**]

Der Beschluß, durch welchen das Beschwerdegericht den Zuschlag erteilt, wird erst mit der Zustellung an den Ersteher wirksam.

VIII. Verteilung des Erlöses

§ 105 [Bestimmung des Verteilungstermins]

(1) Nach der Erteilung des Zuschlags hat das Gericht einen Termin zur Verteilung des Versteigerungserlöses zu bestimmen.

(2) Die Terminsbestimmung ist den Beteiligten und dem Ersteher sowie im Falle des § 69 Abs.4 dem für mithaftend erklärten Bürgen und in den Fällen des § 81 Abs. 2, 3 dem Meistbietenden zuzustellen. Als Beteiligte gelten auch diejenigen, welche das angemeldete Recht noch glaubhaft zu machen haben.

(3) Die Terminsbestimmung soll an die Gerichtstafel angeheftet werden.

(4) Ist die Terminsbestimmung dem Ersteher und im Falle des § 69 Abs. 4 auch dem für mithaftend erklärten Bürgen sowie in den Fällen des § 81 Abs. 2, 3 auch dem Meistbietenden nicht zwei Wochen vor dem Termin zugestellt, so ist der Termin aufzuheben und von neuem zu bestimmen, sofern nicht das Verfahren genehmigt wird.

§ 106 [Vorläufiger Teilungsplan]

Zur Vorbereitung des Verteilungsverfahrens kann das Gericht in der Terminsbestimmung die Beteiligten auffordern, binnen zwei Wochen eine Berechnung ihrer Ansprüche einzureichen. In diesem Falle hat das Gericht nach dem Ablaufe der Frist den Teilungsplan anzufertigen und ihn spätestens drei Tage vor dem Termin auf der Geschäftsstelle zur Einsicht der Beteiligten niederzulegen.

§ 107 [Teilungsmasse]

(1) In dem Verteilungstermin ist festzustellen, wieviel die zu verteilende Masse beträgt. Zu der Masse gehört auch der Erlös aus denjenigen Gegenständen, welche im Falle des § 65 besonders versteigert oder anderweit verwertet sind.

(2) Die von dem Ersteher im Termine zu leistende Zahlung erfolgt an das Gericht.

(3) Ein Geldbetrag, der zur Sicherheit für das Gebot des Erstehers hinterlegt ist, gilt als gezahlt.

§ 108 [Veräußerung hinterlegter Papiere]

(1) Soweit das Bargebot nicht berichtigt wird, hat das Gericht, wenn Wertpapiere zur Sicherheit für das Gebot des Erstehers hinterlegt sind, die Veräußerung der Papiere nach Maßgabe der Vorschriften über die Zwangsvollstreckung anzuordnen. Der Erlös ist nach Anordnung des Gerichts auszuzahlen oder zu hinterlegen.

(2) Ist der Beschluß, durch welchen der Zuschlag erteilt wird, noch nicht rechtskräftig, so soll auf Antrag desjenigen, welcher die Sicherheit geleistet hat, die Veräußerung bis zur Rechtskraft ausgesetzt werden.

§ 109 [Verfahrenskosten – Überschuß]

(1) Aus dem Versteigerungserlöse sind die Kosten des Verfahrens vorweg zu entnehmen, mit Ausnahme der durch die Anordnung des Verfahrens oder den Beitritt eines Gläubigers, durch den Zuschlag oder durch nachträgliche Verteilungsverhandlungen entstehenden Kosten.

(2) Der Überschuß wird auf die Rechte, welche durch Zahlung zu decken sind, verteilt.

§ 110 [Nachstehende Rechte]

Rechte, die ungeachtet der im § 37 Nr. 4 bestimmten Aufforderung nicht rechtzeitig angemeldet oder glaubhaft gemacht worden sind, stehen bei der Verteilung den übrigen Rechten nach.

§ 111 [Betagter Anspruch]

Ein betagter Anspruch gilt als fällig. Ist der Anspruch unverzinslich, so gebührt dem Berechtigten nur die Summe, welche mit Hinzurechnung der gesetzlichen Zinsen für die Zeit von der Zahlung bis zur Fälligkeit dem Betrage des Anspruchs gleichkommt; solange die Zeit der Fälligkeit ungewiß ist, gilt der Anspruch als aufschiebend bedingt.

§ 112 [Verteilung bei Gesamtausgebot]

(1) Ist bei der Versteigerung mehrerer Grundstücke der Zuschlag auf Grund eines Gesamtausgebots erteilt und wird eine Verteilung des Erlöses auf die einzelnen Grundstücke notwendig, so wird aus dem Erlöse zunächst der Betrag entnommen, welcher zur Dekkung der Kosten sowie zur Befriedigung derjenigen bei der Feststellung des geringsten Gebots berücksichtigten und durch Zahlung zu deckenden Rechte erforderlich ist, für welche die Grundstücke ungeteilt haften.

(2) Der Überschuß wird auf die einzelnen Grundstücke nach dem Verhältnisse des Wertes der Grundstücke verteilt. Dem Überschusse wird der Betrag der Rechte, welche nach § 91 nicht erlöschen, hinzugerechnet. Auf den einem Grundstücke zufallenden Anteil am Erlöse wird der Betrag der Rechte, welche an diesem Grundstücke bestehen bleiben, angerechnet. Besteht ein solches Recht an mehreren der versteigerten Grundstücke, so ist bei jedem von ihnen ein dem Verhältnisse des Wertes der Grundstücke entsprechender Teilbetrag in Anrechnung zu bringen.

(3) Reicht der nach Absatz 2 auf das einzelne Grundstück entfallende Anteil am Erlöse nicht zur Befriedigung derjenigen Ansprüche aus, welche nach Maßgabe des geringsten Gebots durch Zahlung zu berücksichtigen sind oder welche durch das bei dem Einzelausgebote für das Grundstück erzielte Meistgebot gedeckt werden, so erhöht sich der Anteil um den Fehlbetrag.

§ 113 [Aufstellung des Teilungsplans]

(1) In dem Verteilungstermine wird nach Anhörung der anwesenden Beteiligten von dem Gerichte, nötigenfalls mit Hilfe eines Rechnungsverständigen, der Teilungsplan aufgestellt.

(2) In dem Plane sind auch die nach § 91 nicht erlöschenden Rechte anzugeben.

§ 114 [Aufnahme von Ansprüchen in Teilungsplan]

(1) In dem Teilungsplan sind Ansprüche, soweit ihr Betrag oder ihr Höchstbetrag zur Zeit der Eintragung des Versteigerungsvermerkes aus dem Grundbuch ersichtlich war, nach dem Inhalte des Buches, im übrigen nur dann aufzunehmen, wenn sie spätestens in dem Termin angemeldet sind. Die Ansprüche des Gläubigers gelten als angemeldet, soweit sie sich aus dem Versteigerungsantrag ergeben.

(2) Laufende Beträge wiederkehrender Leistungen, die nach dem Inhalte des Grundbuchs zu entrichten sind, brauchen nicht angemeldet zu werden.

§ 114 a [Befriedigung des Erstehers]

Ist der Zuschlag einem zur Befriedigung aus dem Grundstück Berechtigten zu einem Gebot erteilt, das einschließlich des Kapitalwertes der nach den Versteigerungsbedingungen bestehenbleibenden Rechte hinter sieben Zehnteilen des Grundstückswertes zurückbleibt, so gilt der Ersteher auch insoweit als aus dem Grundstück befriedigt, als sein Anspruch durch das abgegebene Meistgebot nicht gedeckt ist, aber bei einem Gebot zum Betrage der Sieben-Zehnteile-Grenze gedeckt sein würde. Hierbei sind dem Anspruch des Erstehers vorgehende oder gleichstehende Rechte, die erlöschen, nicht zu berücksichtigen.

§ 115 [Widerspruch gegen Teilungsplan]

(1) Über den Teilungsplan wird sofort verhandelt. Auf die Verhandlung sowie auf die Erledigung erhobener Widersprüche und die Ausführung des Planes finden die §§ 876 bis 882 der Zivilprozeßordnung entsprechende Anwendung.

(2) Ist ein vor dem Termin angemeldeter Anspruch nicht nach dem Antrag in den Plan aufgenommen, so gilt die Anmeldung als Widerspruch gegen den Plan.

(3) Der Widerspruch des Schuldners gegen einen vollstreckbaren Anspruch wird nach den §§ 767, 769, 770 der Zivilprozeßordnung erledigt.

(4) Soweit der Schuldner durch Sicherheitsleistung oder Hinterlegung die Befriedigung eines solchen Anspruchs abwenden darf, unterbleibt die Ausführung des Planes, wenn die Sicherheit geleistet oder die Hinterlegung erfolgt ist.

§ 116 [Aussetzung der Ausführung]

Die Ausführung des Teilungsplans soll bis zur Rechtskraft des Zuschlags ausgesetzt werden, wenn der Ersteher oder im Falle des § 69 Abs. 4 der für mithaftend erklärte Bürge sowie in den Fällen des § 81 Abs. 2, 3 der Meistbietende die Aussetzung beantragt.

§ 117 [Ausführung des Teilungsplans]

(1) Soweit der Versteigerungserlös in Geld vorhanden ist, wird der Teilungsplan durch Zahlung an die Berechtigten ausgeführt.

(2) Die Auszahlung an einen im Termine nicht erschienenen Berechtigten ist von Amts wegen anzuordnen. Die Art der Auszahlung bestimmt sich nach den Landesgesetzen. Kann die Auszahlung nicht erfolgen, so ist der Betrag für den Berechtigten zu hinterlegen.

(3) Im Falle der Hinterlegung des Erlöses kann statt der Zahlung eine Anweisung auf den hinterlegten Betrag erteilt werden.

§ 118 [Ausführung bei fehlender Berichtigung des Bargebots]

(1) Soweit das Bargebot nicht berichtigt wird, ist der Teilungsplan dadurch auszuführen, daß die Forderung gegen den Ersteher auf die Berechtigten übertragen und im Falle des § 69 Abs. 4 gegen den für mithaftend erklärten Bürgen auf die Berechtigten mitübertragen wird; Übertragung und Mitübertragung erfolgen durch Anordnung des Gerichts. Das gleiche gilt, soweit Zahlungsfristen festgesetzt worden sind.

(2) Die Übertragung wirkt wie die Befriedigung aus dem Grundstücke. Diese Wirkung tritt jedoch im Falle des Absatzes 1 Satz 1 nicht ein, wenn vor dem Ablaufe von drei Monaten der Berechtigte dem Gerichte gegenüber den Verzicht auf die Rechte aus der Übertragung erklärt oder die Zwangsversteigerung beantragt. Wird der Antrag auf Zwangsversteigerung zurückgenommen oder das Verfahren nach § 31 Abs. 2 aufgehoben, so gilt er als nicht gestellt. Im Falle des Verzichts soll das Gericht die Erklärung dem Ersteher sowie demjenigen mitteilen, auf welchen die Forderung infolge des Verzichts übergeht.

§ 119 [Zuteilung eines Betrags auf bedingten Anspruch]

Wird auf einen bedingten Anspruch ein Betrag zugeteilt, so ist durch den Teilungsplan festzustellen, wie der Betrag anderweit verteilt werden soll, wenn der Anspruch wegfällt.

§ 120 [Hinterlegung bei aufschiebend bedingtem Anspruch]

(1) Ist der Anspruch aufschiebend bedingt, so ist der Betrag für die Berechtigten zu hinterlegen. Soweit der Betrag nicht gezahlt ist, wird die Forderung gegen den Ersteher

auf die Berechtigten übertragen. Die Hinterlegung sowie die Übertragung erfolgt für jeden unter der entsprechenden Bedingung.
(2) Während der Schwebezeit gelten für die Anlegung des hinterlegten Geldes, für die Kündigung und Einziehung der übertragenen Forderung sowie für die Anlegung des eingezogenen Geldes die Vorschriften der §§ 1077 bis 1079 des Bürgerlichen Gesetzbuchs; die Art der Anlegung bestimmt derjenige, welchem der Betrag gebührt, wenn die Bedingung ausfällt.

§ 121 [Ersatzanspruch für Nutzungsrechte]

(1) In den Fällen des § 92 Abs. 2 ist für den Ersatzanspruch in den Teilungsplan ein Betrag aufzunehmen, welcher der Summe aller künftigen Leistungen gleichkommt, den fünfundzwanzigfachen Betrag einer Jahresleistung jedoch nicht übersteigt; zugleich ist zu bestimmen, daß aus den Zinsen und dem Betrage selbst die einzelnen Leistungen zur Zeit der Fälligkeit zu entnehmen sind.
(2) Die Vorschriften der §§ 119, 120 finden entsprechende Anwendung; die Art der Anlegung des Geldes bestimmt der zunächst Berechtigte.

§ 122 [Verteilung bei Versteigerung mehrerer Grundstücke]

(1) Sind mehrere für den Anspruch eines Beteiligten haftende Grundstücke in demselben Verfahren versteigert worden, so ist, unbeschadet der Vorschrift des § 1132 Abs. 1 Satz 2 des Bürgerlichen Gesetzbuchs, bei jedem einzelnen Grundstücke nur ein nach dem Verhältnisse der Erlöse zu bestimmender Betrag in den Teilungsplan aufzunehmen. Der Erlös wird unter Abzug des Betrags der Ansprüche berechnet, welche dem Anspruche des Beteiligten vorgehen.
(2) Unterbleibt die Zahlung eines auf den Anspruch des Beteiligten zugeteilten Betrags, so ist der Anspruch bei jedem Grundstück in Höhe dieses Betrags in den Plan aufzunehmen.

§ 123 [Anderweitige Verteilung]

(1) Soweit auf einen Anspruch, für den auch ein anderes Grundstück haftet, der zugeteilte Betrag nicht gezahlt wird, ist durch den Teilungsplan festzustellen, wie der Betrag anderweit verteilt werden soll, wenn das Recht auf Befriedigung aus dem zugeteilten Betrage nach Maßgabe der besonderen Vorschriften über die Gesamthypothek erlischt.
(2) Die Zuteilung ist dadurch auszuführen, daß die Forderung gegen den Ersteher unter der entsprechenden Bedingung übertragen wird.

§ 124 [Widerspruch gegen Teilungsplan]

(1) Im Falle eines Widerspruchs gegen den Teilungsplan ist durch den Plan festzustellen, wie der streitige Betrag verteilt werden soll, wenn der Widerspruch für begründet erklärt wird.
(2) Die Vorschriften des § 120 finden entsprechende Anwendung; die Art der Anlegung bestimmt derjenige, welcher den Anspruch geltend macht.
(3) Das gleiche gilt, soweit nach § 115 Abs. 4 die Ausführung des Planes unterbleibt.

§ 125 [Zuteilung des erhöhten Betrags]

(1) Hat der Ersteher außer dem durch Zahlung zu berichtigenden Teile des Meistgebots einen weiteren Betrag nach den §§ 50, 51 zu zahlen, so ist durch den Teilungsplan festzustellen, wem dieser Betrag zugeteilt werden soll. Die Zuteilung ist dadurch auszuführen, daß die Forderung gegen den Ersteher übertragen wird.

(2) Ist ungewiß oder streitig, ob der weitere Betrag zu zahlen ist, so erfolgt die Zuteilung und Übertragung unter der entsprechenden Bedingung. Die §§ 878 bis 882 der Zivilprozeßordnung finden keine Anwendung.
(3) Die Übertragung hat nicht die Wirkung der Befriedigung aus dem Grundstücke.

§ 126 [**Unbekannter Berechtigter**]

(1) Ist für einen zugeteilten Betrag die Person des Berechtigten unbekannt, insbesondere bei einer Hypothek, Grundschuld oder Rentenschuld der Brief nicht vorgelegt, so ist durch den Teilungsplan festzustellen, wie der Betrag verteilt werden soll, wenn der Berechtigte nicht ermittelt wird.
(2) Der Betrag ist für den unbekannten Berechtigten zu hinterlegen. Soweit der Betrag nicht gezahlt wird, ist die Forderung gegen den Ersteher auf den Berechtigten zu übertragen.

§ 127 [**Behandlung von Briefen über Grundpfandrechte**]

(1) Wird der Brief über eine infolge der Versteigerung erloschene Hypothek, Grundschuld oder Rentenschuld vorgelegt, so hat das Gericht ihn unbrauchbar zu machen. Ist das Recht nur zum Teil erloschen, so ist dies auf dem Briefe zu vermerken. Wird der Brief nicht vorgelegt, so kann das Gericht ihn von dem Berechtigten einfordern.
(2) Im Falle der Vorlegung eines vollstreckbaren Titels über einen Anspruch, auf welchen ein Betrag zugeteilt wird, hat das Gericht auf dem Titel zu vermerken, in welchem Umfange der Betrag durch Zahlung, Hinterlegung oder Übertragung gedeckt worden ist.
(3) Der Wortlaut der Vermerke ist durch das Protokoll festzustellen.

§ 128 [**Eintragung einer Sicherungshypothek**]

(1) Soweit für einen Anspruch die Forderung gegen den Ersteher übertragen wird, ist für die Forderung eine Sicherungshypothek an dem Grundstücke mit dem Range des Anspruchs einzutragen. War das Recht, aus welchem der Anspruch herrührt, nach dem Inhalte des Grundbuchs mit dem Rechte eines Dritten belastet, so wird dieses Recht als Recht an der Forderung miteingetragen.
(2) Soweit die Forderung gegen den Ersteher unverteilt bleibt, wird eine Sicherungshypothek für denjenigen eingetragen, welcher zur Zeit des Zuschlags Eigentümer des Grundstücks war.
(3) Mit der Eintragung entsteht die Hypothek. Vereinigt sich die Hypothek mit dem Eigentum in einer Person, so kann sie nicht zum Nachteil eines Rechtes, das bestehen geblieben ist, oder einer nach Absätzen 1, 2 eingetragenen Sicherungshypothek geltend gemacht werden.
(4) Wird das Grundstück von neuem versteigert, so ist der zur Deckung der Hypothek erforderliche Betrag bar zu berichtigen.

§ 129 [**Keine Benachteiligung bestehengebliebener Rechte**]

Die Sicherungshypothek für die im § 10 Nr. 1 bis 3 bezeichneten Ansprüche, für die im § 10 Nr. 4 bezeichneten Ansprüche auf wiederkehrende Leistungen und für die im § 10 Abs. 2 bezeichneten Kosten kann nicht zum Nachteile der Rechte, welche bestehen geblieben sind, und der übrigen nach § 128 Abs. 1, 2 eingetragenen Sicherungshypotheken geltend gemacht werden, es sei denn, daß vor dem Ablaufe von sechs Monaten nach der Eintragung derjenige, welchem die Hypothek zusteht, die Zwangsversteigerung des Grundstücks beantragt. Wird der Antrag auf Zwangsversteigerung zurückgenommen oder das Verfahren nach § 31 Abs. 2 aufgehoben, so gilt er als nicht gestellt.

§ 130 [Eintragungen in das Grundbuch]

(1) Ist der Teilungsplan ausgeführt und der Zuschlag rechtskräftig, so ist das Grundbuchamt zu ersuchen, den Ersteher als Eigentümer einzutragen, den Versteigerungsvermerk sowie die durch den Zuschlag erloschenen Rechte zu löschen und die Eintragung der Sicherungshypotheken für die Forderung gegen den Ersteher zu bewirken. Bei der Eintragung der Hypotheken soll im Grundbuch ersichtlich gemacht werden, daß sie auf Grund eines Zwangsversteigerungsverfahrens erfolgt ist.

(2) Ergibt sich, daß ein bei der Feststellung des geringsten Gebots berücksichtigtes Recht nicht zur Entstehung gelangt oder daß es erloschen ist, so ist das Ersuchen auch auf die Löschung dieses Rechtes zu richten.

(3) Hat der Ersteher, bevor er als Eigentümer eingetragen worden ist, die Eintragung eines Rechtes an dem versteigerten Grundstück bewilligt, so darf die Eintragung nicht vor der Erledigung des im Absatz 1 bezeichneten Ersuchens erfolgen.

§ 130 a [Vormerkung]

(1) Soweit für den Gläubiger eines erloschenen Rechts gegenüber einer bestehenbleibenden Hypothek, Grundschuld oder Rentenschuld nach § 1179 a des Bürgerlichen Gesetzbuchs die Wirkungen einer Vormerkung bestanden, fallen diese Wirkungen mit der Ausführung des Ersuchens nach § 130 weg.

(2) Ist bei einem solchen Recht der Löschungsanspruch nach § 1179 a des Bürgerlichen Gesetzbuchs gegenüber einem bestehenbleibenden Recht nicht nach § 91 Abs. 4 Satz 2 erloschen, so ist das Ersuchen nach § 130 auf einen spätestens im Verteilungstermin zu stellenden Antrag des Anspruchsberechtigten jedoch auch darauf zu richten, daß für ihn bei dem bestehenbleibenden Recht eine Vormerkung zur Sicherung des sich aus der erloschenen Hypothek, Grundschuld oder Rentenschuld ergebenden Anspruchs auf Löschung einzutragen ist. Die Vormerkung sichert den Löschungsanspruch vom gleichen Zeitpunkt an, von dem ab die Wirkungen des § 1179 a Abs. 1 Satz 3 des Bürgerlichen Gesetzbuchs bestanden. Wer durch die Eintragung der Vormerkung beeinträchtigt wird, kann von dem Berechtigten die Zustimmung zu deren Löschung verlangen, wenn diesem zur Zeit des Erlöschens seines Rechts ein Anspruch auf Löschung des bestehenbleibenden Rechts nicht zustand oder er auch bei Verwirklichung dieses Anspruchs eine weitere Befriedigung nicht erlangen würde; die Kosten der Löschung der Vormerkung und der dazu erforderlichen Erklärungen hat derjenige zu tragen, für den die Vormerkung eingetragen war.

§ 131 [Kein Zwang zur Vorlage von Briefen über Grundpfandrechte]

In den Fällen des § 130 Abs. 1 ist zur Löschung einer Hypothek, einer Grundschuld oder einer Rentenschuld, im Falle des § 128 zur Eintragung des Vorranges einer Sicherungshypothek die Vorlegung des über das Recht erteilten Briefes nicht erforderlich. Das gleiche gilt für die Eintragung der Vormerkung nach § 130 a Abs. 2 Satz 1.

§ 132 [Vollstreckbarkeit des Zuschlagsbeschlusses]

(1) Nach der Ausführung des Teilungsplans ist die Forderung gegen den Ersteher, im Falle des § 69 Abs. 4 auch gegen den für mithaftend erklärten Bürgen und im Falle des § 81 Abs. 4 auch gegen den für mithaftend erklärten Meistbietenden, der Anspruch aus der Sicherungshypothek gegen den Ersteher und jeden späteren Eigentümer vollstreckbar. Diese Vorschrift findet keine Anwendung, soweit der Ersteher einen weiteren Betrag nach den §§ 50, 51 zu zahlen hat.

(2) Die Zwangsvollstreckung erfolgt auf Grund einer vollstreckbaren Ausfertigung des Beschlusses, durch welchen der Zuschlag erteilt ist. In der Vollstreckungsklausel ist der Berechtigte sowie der Betrag der Forderung anzugeben; der Zustellung einer Urkunde über die Übertragung der Forderung bedarf es nicht.

§ 133 [Zwangsvollstreckung ohne Zustellung des Titels]

Die Zwangsvollstreckung in das Grundstück ist gegen den Ersteher ohne Zustellung des vollstreckbaren Titels oder der nach § 132 erteilten Vollstreckungsklausel zulässig; sie kann erfolgen, auch wenn der Ersteher noch nicht als Eigentümer eingetragen ist. Der Vorlegung des im § 17 Abs. 2 bezeichneten Zeugnisses bedarf es nicht, solange das Grundbuchamt noch nicht um die Eintragung ersucht ist.

§ 134 (aufgehoben)

§ 135 [Vertreter für unbekannten Berechtigten]

Ist für einen zugeteilten Betrag die Person des Berechtigten unbekannt, so hat das Vollstreckungsgericht zur Ermittlung des Berechtigten einen Vertreter zu bestellen. Die Vorschriften des § 7 Abs. 2 finden entsprechende Anwendung. Die Auslagen und Gebühren des Vertreters sind aus dem zugeteilten Betrage vorweg zu entnehmen.

§ 136 [Kraftloserklärung von Grundpfandbriefen]

Ist der Nachweis des Berechtigten von der Beibringung des Briefes über eine Hypothek, Grundschuld oder Rentenschuld abhängig, so kann der Brief im Wege des Aufgebotsverfahrens auch dann für kraftlos erklärt werden, wenn das Recht bereits gelöscht ist.

§ 137 [Nachträgliche Ermittlung des Berechtigten]

(1) Wird der Berechtigte nachträglich ermittelt, so ist der Teilungsplan weiter auszuführen.

(2) Liegt ein Widerspruch gegen den Anspruch vor, so ist derjenige, welcher den Widerspruch erhoben hat, von der Ermittlung des Berechtigten zu benachrichtigen. Die im § 878 der Zivilprozeßordnung bestimmte Frist zur Erhebung der Klage beginnt mit der Zustellung der Benachrichtigung.

§ 138 [Ermächtigung zum Aufgebot]

(1) Wird der Berechtigte nicht vor dem Ablaufe von drei Monaten seit dem Verteilungstermin ermittelt, so hat auf Antrag das Gericht den Beteiligten, welchem der Betrag anderweit zugeteilt ist, zu ermächtigen, das Aufgebotsverfahren zum Zwecke der Ausschließung des unbekannten Berechtigten von der Befriedigung aus dem zugeteilten Betrage zu beantragen.

(2) Wird nach der Erteilung der Ermächtigung der Berechtigte ermittelt, so hat das Gericht den Ermächtigten hiervon zu benachrichtigen. Mit der Benachrichtigung erlischt die Ermächtigung.

§ 139 [Terminsbestimmung bei nachträglicher Ermittlung]

(1) Das Gericht kann im Falle der nachträglichen Ermittlung des Berechtigten zur weiteren Ausführng des Teilungsplans einen Termin bestimmen. Die Terminsbestimmung ist dem Berechtigten und dessen Vertreter, dem Beteiligten, welchem der Betrag anderweit zugeteilt ist, und demjenigen zuzustellen, welcher zur Zeit des Zuschlags Eigentümer des Grundstücks war.

(2) Liegt ein Widerspruch gegen den Anspruch vor, so erfolgt die Zustellung der Terminsbestimmung auch an denjenigen, welcher den Widerspruch erhoben hat. Die im § 878 der Zivilprozeßordnung bestimmte Frist zur Erhebung der Klage beginnt mit dem Termine.

§ 140 [Aufgebotsverfahren]

(1) Für das Aufgebotsverfahren ist das Vollstreckungsgericht zuständig.

(2) Der Antragsteller hat zur Begründung des Antrags die ihm bekannten Rechtsnachfolger desjenigen anzugeben, welcher als letzter Berechtigter ermittelt ist.

(3) In dem Aufgebot ist der unbekannte Berechtigte aufzufordern, sein Recht spätestens im Aufgebotstermin anzumelden, widrigenfalls seine Ausschließung von der Befriedigung aus dem zugeteilten Betrag erfolgen werde.

(4) Das Aufgebot ist demjenigen, welcher als letzter Berechtigter ermittelt ist, den angezeigten Rechtsnachfolgern sowie dem Vertreter des unbekannten Berechtigten zuzustellen.

(5) Eine im Vollstreckungsverfahren erfolgte Anmeldung gilt auch für das Aufgebotsverfahren.

(6) Der Antragsteller kann die Erstattung der Kosten des Verfahrens aus dem zugeteilten Betrage verlangen.

§ 141 [Ausführung des Teilungsplans nach Ausschlußurteil]

Nach der Erlassung des Ausschlußurteils hat das Gericht einen Termin zur weiteren Ausführung des Teilungsplans zu bestimmen. Die Terminsbestimmung ist dem Antragsteller und den Personen, welchen Rechte in dem Urteile vorbehalten sind, dem Vertreter des unbekannten Berechtigten sowie demjenigen zuzustellen, welcher zur Zeit des Zuschlags Eigentümer des Grundstücks war.

§ 142 [Erlöschen der Rechte auf hinterlegte Beträge nach 30 Jahren]

In den Fällen des § 117 Abs. 2 und der §§ 120, 121, 124, 126 erlöschen die Rechte auf den hinterlegten Betrag mit dem Ablaufe von dreißig Jahren, wenn nicht der Empfangsberechtigte sich vorher bei der Hinterlegungsstelle meldet; derjenige, welcher zur Zeit des Zuschlags Eigentümer des Grundstücks war, ist zur Erhebung berechtigt. Die dreißigjährige Frist beginnt mit der Hinterlegung, in den Fällen der §§ 120, 121 mit dem Eintritt der Bedingung, unter welcher die Hinterlegung erfolgt ist.

§ 143 [Außergerichtliche Einigung über Erlösverteilung]

Die Verteilung des Versteigerungserlöses durch das Gericht findet nicht statt, wenn dem Gerichte durch öffentliche oder öffentlich beglaubigte Urkunden nachgewiesen wird, daß sich die Beteiligten über die Verteilung des Erlöses geeinigt haben.

§ 144 [Außergerichtliche Befriedigung der Berechtigten]

(1) Weist der Ersteher oder im Falle des § 69 Abs. 4 der für mithaftend erklärte Bürge dem Gerichte durch öffentliche oder öffentlich beglaubigte Urkunden nach, daß er diejenigen Berechtigten, deren Ansprüche durch das Gebot gedeckt sind, befriedigt hat oder daß er von ihnen als alleiniger Schuldner angenommen ist, so sind auf Anordnung des Gerichts die Urkunden nebst der Erklärung des Erstehers oder des Bürgen zur Einsicht der Beteiligten auf der Geschäftsstelle niederzulegen. Die Beteiligten sind von der Niederlegung zu benachrichtigen und aufzufordern, Erinnerungen binnen zwei Wochen geltend zu machen.

(2) Werden Erinnerungen nicht innerhalb der zweiwöchigen Frist erhoben, so beschränkt sich das Verteilungsverfahren auf die Verteilung des Erlöses aus denjenigen Gegenständen, welche im Falle des § 65 besonders versteigert oder anderweit verwertet worden sind.

§ 145 [Anzuwendende Vorschriften]

Die Vorschriften des § 105 Abs. 2 Satz 2 und der §§ 127, 130 bis 133 finden in den Fällen der § 143, 144 entsprechende Anwendung.

IX. Grundpfandrechte in ausländischer Währung

§ 145 a

Für die Zwangsversteigerung eines Grundstücks, das mit einer Hypothek, Grundschuld oder Rentenschuld in einer nach § 28 Satz 2 der Grundbuchordnung zugelassenen Währung belastet ist, gelten folgende Sonderbestimmungen:

1. Die Terminbestimmung muß die Angabe, daß das Grundstück mit einer Hypothek, Grundschuld oder Rentenschuld in einer nach § 28 Satz 2 der Grundbuchordnung zugelassenen Währung belastet ist, und die Bezeichnung dieser Währung enthalten.
2. In dem Zwangsversteigerungstermin wird vor der Aufforderung zur Abgabe von Geboten festgestellt und bekannt gemacht, welchen Wert die in der nach § 28 Satz 2 der Grundbuchordnung zugelassenen Fremdwährung eingetragene Hypothek, Grundschuld oder Rentenschuld nach dem amtlich ermittelten letzten Kurs in Deutsche Mark hat. Dieser Kurswert bleibt für das weitere Verfahren maßgebend.
3. Der bar zu zahlende Teil des geringsten Gebots wird in Deutscher Mark festgestellt. Die Gebote sind in Deutscher Mark abzugeben.
4. Der Teilungsplan wird in Deutscher Mark aufgestellt.
5. Wird ein Gläubiger einer in nach § 28 Satz 2 der Grundbuchordnung zulässigen Fremdwährung eingetragenen Hypothek, Grundschuld oder Rentenschuld nicht vollständig befriedigt, so ist der verbleibende Teil seiner Forderung in der Fremdwährung festzustellen. Die Feststellung ist für die Haftung mitbelasteter Gegenstände, für die Verbindlichkeit des persönlichen Schuldners und für die Geltendmachung des Ausfalls im Konkurs maßgebend.

Dritter Titel

Zwangsverwaltung

§ 146 [Anordnung]

(1) Auf die Anordnung der Zwangsverwaltung finden die Vorschriften über die Anordnung der Zwangsversteigerung entsprechende Anwendung, soweit sich nicht aus den §§ 147 bis 151 ein anderes ergibt.

(2) Von der Anordnung sind nach dem Eingange der im § 19 Abs. 2 bezeichneten Mitteilungen des Grundbuchamts die Beteiligten zu benachrichtigen.

§ 147 [Eigenbesitz des Schuldners]

(1) Wegen des Anspruchs aus einem eingetragenen Rechte findet die Zwangsverwaltung auch dann statt, wenn die Voraussetzungen des § 17 Abs. 1 nicht vorliegen, der Schuldner aber das Grundstück im Eigenbesitze hat.

(2) Der Besitz ist durch Urkunden glaubhaft zu machen, sofern er nicht bei dem Gericht offenkundig ist.

§ 148 [Umfang der Beschlagnahme des Grundstücks]

(1) Die Beschlagnahme des Grundstücks umfaßt auch die im § 21 Abs. 1, 2 bezeichneten Gegenstände. Die Vorschrift des § 23 Abs. 1 Satz 2 findet keine Anwendung.

(2) Durch die Beschlagnahme wird dem Schuldner die Verwaltung und Benutzung des Grundstücks entzogen.

§ 149 [Belassung der Wohnräume für den Schuldner]

(1) Wohnt der Schuldner zur Zeit der Beschlagnahme auf dem Grundstücke, so sind ihm die für seinen Hausstand unentbehrlichen Räume zu belassen.

(2) Gefährdet der Schuldner oder ein Mitglied seines Hausstandes das Grundstück oder die Verwaltung, so hat auf Antrag das Gericht dem Schuldner die Räumung des Grundstücks aufzugeben.

(3) Bei der Zwangsverwaltung eines landwirtschaftlichen, forstwirtschaftlichen oder gärtnerischen Grundstücks hat der Zwangsverwalter aus den Erträgnissen des Grundstücks oder aus deren Erlös dem Schuldner die Mittel zur Verfügung zu stellen, die zur Befriedigung seiner und seiner Familie notwendigen Bedürfnisse erforderlich sind. Im Streitfall entscheidet das Vollstreckungsgericht nach Anhörung des Gläubigers, des Schuldners und des Zwangsverwalters. Der Beschluß unterliegt der sofortigen Beschwerde; eine weitere Beschwerde findet nicht statt.

§ 150 [Bestellung des Verwalters – Grundstücksübergabe]

(1) Der Verwalter wird von dem Gerichte bestellt.

(2) Das Gericht hat dem Verwalter durch einen Gerichtsvollzieher oder durch einen sonstigen Beamten das Grundstück zu übergeben oder ihm die Ermächtigung zu erteilen, sich selbst den Besitz zu verschaffen.

§ 150 a [Vorschlag eines Verwalters]

(1) Gehört bei der Zwangsverwaltung eines Grundstücks zu den Beteiligten eine öffentliche Körperschaft, ein unter staatlicher Aufsicht stehendes Institut, eine Hypothekenbank oder ein Siedlungsunternehmen im Sinne des Reichssiedlungsgesetzes, so kann dieser Beteiligte innerhalb einer ihm vom Vollstreckungsgericht zu bestimmenden Frist eine in seinen Diensten stehende Person als Verwalter vorschlagen.

(2) Das Gericht hat den Vorgeschlagenen zum Verwalter zu bestellen, wenn der Beteiligte die dem Verwalter nach § 154 Satz 1 obliegende Haftung übernimmt und gegen den Vorgeschlagenen mit Rücksicht auf seine Person oder die Art der Verwaltung Bedenken nicht bestehen. Der vorgeschlagene Verwalter erhält für seine Tätigkeit keine Vergütung.

§ 150 b [Bestellung des Schuldners zum Verwalter]

(1) Bei der Zwangsverwaltung eines landwirtschaftlichen, forstwirtschaftlichen oder gärtnerischen Grundstücks ist der Schuldner zum Verwalter zu bestellen. Von seiner Bestellung ist nur abzusehen, wenn er nicht dazu bereit ist oder wenn nach Lage der Verhältnisse eine ordnungsmäßige Führung der Verwaltung durch ihn nicht zu erwarten ist.

(2) Vor der Bestellung sollen der betreibende Gläubiger und etwaige Beteiligte der in § 150 a bezeichneten Art sowie die untere Verwaltungsbehörde gehört werden.

(3) Ein gemäß § 150 a gemachter Vorschlag ist nur für den Fall zu berücksichtigen, daß der Schuldner nicht zum Verwalter bestellt wird.

§ 150 c [Bestellung einer Aufsichtsperson]

(1) Wird der Schuldner zum Zwangsverwalter bestellt, so hat das Gericht eine Aufsichtsperson zu bestellen. Aufsichtsperson kann auch eine Behörde oder juristische Person sein.
(2) Für die Aufsichtsperson gelten die Vorschriften des § 153 Abs. 2 und des § 154 Satz 1 entsprechend. Gerichtliche Anordnungen, die dem Verwalter zugestellt werden, sind auch der Aufsichtsperson zuzustellen. Vor der Erteilung von Anweisungen im Sinne des § 153 ist auch die Aufsichtsperson zu hören.
(3) Die Aufsichtsperson hat dem Gericht unverzüglich Anzeige zu erstatten, wenn der Schuldner gegen seine Pflichten als Verwalter verstößt.
(4) Der Schuldner führt die Verwaltung unter Aufsicht der Aufsichtsperson. Er ist verpflichtet, der Aufsichtsperson jederzeit Auskunft über das Grundstück, den Betrieb und die mit der Bewirtschaftung zusammenhängenden Rechtsverhältnisse zu geben und Einsicht in vorhandene Aufzeichnungen zu gewähren. Er hat, soweit es sich um Geschäfte handelt, die über den Rahmen der laufenden Wirtschaftsführung hinausgehen, rechtzeitig die Entschließung der Aufsichtsperson einzuholen.

§ 150 d [Stellung des zum Verwalter bestellten Schuldners]

Der Schuldner darf als Verwalter über die Nutzungen des Grundstücks und deren Erlös, unbeschadet der Vorschriften der §§ 155 bis 158, nur mit Zustimmung der Aufsichtsperson verfügen. Zur Einziehung von Ansprüchen, auf die sich die Beschlagnahme erstreckt, ist er ohne diese Zustimmung befugt; er ist jedoch verpflichtet, die Beträge, die zu

(Fortsetzung auf Seite 35)

notwendigen Zahlungen zur Zeit nicht erforderlich sind, nach näherer Anordnung des Gerichts unverzüglich anzulegen.

§ 150 e [Vergütung]

Der Schuldner erhält als Verwalter keine Vergütung. Erforderlichenfalls bestimmt das Gericht nach Anhörung der Aufsichtspersonen, in welchem Umfange der Schuldner Erträgnisse des Grundstücks oder deren Erlös zur Befriedigung seiner und seiner Familie notwendigen Bedürfnisse verwenden darf.

§ 151 [Wirksamwerden der Beschlagnahme]

(1) Die Beschlagnahme wird auch dadurch wirksam, daß der Verwalter nach § 150 den Besitz des Grundstücks erlangt.

(2) Der Beschluß, durch welchen der Beitritt eines Gläubigers zugelassen wird, soll dem Verwalter zugestellt werden; die Beschlagnahme wird zugunsten des Gläubigers auch mit dieser Zustellung wirksam, wenn der Verwalter sich bereits im Besitze des Grundstücks befindet.

(3) Das Zahlungsverbot an den Drittschuldner ist auch auf Antrag des Verwalters zu erlassen.

§ 152 [Rechte und Pflichten des Verwalters]

(1) Der Verwalter hat das Recht und die Pflicht, alle Handlungen vorzunehmen, die erforderlich sind, um das Grundstück in seinem wirtschaftlichen Bestande zu erhalten und ordnungsmäßig zu benutzen; er hat die Ansprüche, auf welche sich die Beschlagnahme erstreckt, geltend zu machen und die für die Verwaltung entbehrlichen Nutzungen in Geld umzusetzen.

(2) Ist das Grundstück vor der Beschlagnahme einem Mieter oder Pächter überlassen, so ist der Miet- oder Pachtvertrag auch dem Verwalter gegenüber wirksam.

§ 152 a [Ermächtigung]

Der Bundesminister der Justiz wird ermächtigt, Stellung, Aufgaben und Geschäftsführung des Zwangsverwalters sowie seine Vergütung (Gebühren und Auslagen) durch Rechtsverordnung mit Zustimmung des Bundesrates näher zu regeln. Die Höhe der Vergütung ist an der Art und dem Umfang der Aufgabe sowie an der Leistung des Zwangsverwalters auszurichten. Es sind Mindest- und Höchstsätze vorzusehen.

§ 153 [Beaufsichtigung des Verwalters durch Gericht]

(1) Das Gericht hat den Verwalter nach Anhörung des Gläubigers und des Schuldners mit der erforderlichen Anweisung für die Verwaltung zu versehen, die dem Verwalter zu gewährende Vergütung festzusetzen und die Geschäftsführung zu beaufsichtigen; in geeigneten Fällen ist ein Sachverständiger zuzuziehen.

(2) Das Gericht kann dem Verwalter die Leistung einer Sicherheit auferlegen, gegen ihn Zwangsgeld festsetzen und ihn entlassen. Das Zwangsgeld ist vorher anzudrohen.

§ 153 a [Entgelt für Viehfutter]

Ist in einem Gebiet das zu dem landwirtschaftlichen Betriebe gehörende Vieh nach der Verkehrssitte nicht Zubehör des Grundstücks, so hat, wenn der Schuldner zum Zwangsverwalter bestellt wird, das Vollstreckungsgericht gemäß § 153 Anordnungen darüber zu erlassen, welche Beträge der Schuldner als Entgelt dafür, daß das Vieh aus den Erträgnissen des Grundstücks ernährt wird, der Teilungsmasse zuzuführen hat und wie die Erfüllung dieser Verpflichtung sicherzustellen ist.

§ 154 [**Haftung – Rechnungslegung**]

Der Verwalter ist für die Erfüllung der ihm obliegenden Verpflichtungen allen Beteiligten gegenüber verantwortlich. Er hat dem Gläubiger und dem Schuldner jährlich und nach der Beendigung der Verwaltung Rechnung zu legen. Die Rechnung ist dem Gericht einzureichen und von diesem dem Gläubiger und dem Schuldner vorzulegen.

§ 155 [**Verteilung der Nutzungen**]

(1) Aus den Nutzungen des Grundstücks sind die Ausgaben der Verwaltung sowie die Kosten des Verfahrens mit Ausnahme derjenigen, welche durch die Anordnung des Verfahrens oder den Beitritt eines Gläubigers entstehen, vorweg zu bestreiten.
(2) Die Überschüsse werden auf die in § 10 Abs. 1 Nr. 1 bis 5 bezeichneten Ansprüche verteilt. Hierbei werden in der zweiten, dritten und vierten Rangklasse jedoch nur Ansprüche auf laufende wiederkehrende Leistungen, einschließlich der Rentenleistungen, sowie auf diejenigen Beträge berücksichtigt, die zur allmählichen Tilgung einer Schuld als Zuschlag zu den Zinsen zu entrichten sind. Abzahlungsbeträge auf eine unverzinsliche Schuld sind wie laufende wiederkehrende Leistungen zu berücksichtigen, soweit sie fünf vom Hundert des ursprünglichen Schuldbetrages nicht übersteigen.
(3) Hat der eine Zwangsverwaltung betreibende Gläubiger für Instandsetzungs-, Ergänzungs- oder Umbauarbeiten an Gebäuden Vorschüsse gewährt, so sind diese zum Satze von einhalb vom Hundert über dem Lombardsatz der Deutschen Bundesbank zu verzinsen. Die Zinsen genießen bei der Zwangsverwaltung und der Zwangsversteigerung dasselbe Vorrecht wie die Vorschüsse selbst.
(4) Hat der Zwangsverwalter oder, wenn der Schuldner zum Verwalter bestellt ist, der Schuldner mit Zustimmung der Aufsichtsperson Düngemittel, Saatgut oder Futtermittel angeschafft, die im Rahmen der bisherigen Wirtschaftsweise zur ordnungsmäßigen Aufrechterhaltung des Betriebs benötigt werden, so haben Ansprüche aus diesen Lieferungen den in § 10 Abs. 1 Nr. 1 bezeichneten Rang. Das gleiche gilt von Krediten, die zur Bezahlung dieser Lieferungen in der für derartige Geschäfte üblichen Weise aufgenommen sind.

§ 156 [**Öffentliche Lasten – Verteilungstermin**]

(1) Die laufenden Beträge der öffentlichen Lasten sind von dem Verwalter ohne weiteres Verfahren zu berichtigen.
(2) Ist zu erwarten, daß auch auf andere Ansprüche Zahlungen geleistet werden können, so wird nach dem Eingange der im § 19 Abs. 2 bezeichneten Mitteilungen des Grundbuchamts der Verteilungstermin bestimmt. In dem Termine wird der Teilungsplan für die ganze Dauer des Verfahrens aufgestellt. Die Terminsbestimmung ist den Beteiligten sowie dem Verwalter zuzustellen. Die Vorschriften des § 105 Abs. 2 Satz 2, des § 113 Abs. 1 und der §§ 114, 115, 124, 126 finden entsprechende Anwendung.

§ 157 [**Durchführung des Teilungsplans**]

(1) Nach der Feststellung des Teilungsplans hat das Gericht die planmäßige Zahlung der Beträge an die Berechtigten anzuordnen; die Anordnung ist zu ergänzen, wenn nachträglich der Beitritt eines Gläubigers zugelassen wird. Die Auszahlungen erfolgen zur Zeit ihrer Fälligkeit durch den Verwalter, soweit die Bestände hinreichen.

(2) Im Falle der Hinterlegung eines zugeteilten Betrags für den unbekannten Berechtigten ist nach den Vorschriften der §§ 135 bis 141 zu verfahren. Die Vorschriften des § 142 finden Anwendung.

§ 158 [Befriedigung von Grundpfandberechtigten]

(1) Zur Leistung von Zahlungen auf das Kapital einer Hypothek oder Grundschuld oder auf die Ablösungssumme einer Rentenschuld hat das Gericht einen Termin zu bestimmen. Die Terminsbestimmung ist von dem Verwalter zu beantragen.

(2) Soweit der Berechtigte Befriedigung erlangt hat, ist das Grundbuchamt von dem Gericht um die Löschung des Rechtes zu ersuchen. Eine Ausfertigung des Protokolls ist beizufügen; die Vorlegung des über das Recht erteilten Briefes ist zur Löschung nicht erforderlich.

(3) Im übrigen finden die Vorschriften der §§ 117, 127 entsprechende Anwendung.

§ 158 a [Sonderbestimmungen]

Für die Zwangsverwaltung eines Grundstücks, das mit einer Hypothek, Grundschuld oder Rentenschuld in einer nach § 28 Satz 2 der Grundbuchordnung zugelassenen Währung belastet ist, gelten folgende Sonderbestimmungen:

1. Die Beträge, die auf ein in der Fremdwährung eingetragenes Recht entfallen, sind im Teilungsplan in der eingetragenen Währung festzustellen.
2. Die Auszahlung erfolgt in Deutscher Mark.
3. Der Verwalter zahlt wiederkehrende Leistungen nach dem Kurswert des Fälligkeitstages aus. Zahlungen auf das Kapital setzt das Gericht in dem zur Leistung bestimmten Termin nach dem amtlich ermittelten letzten Kurswert fest.

§ 159 [Klage auf Änderung des Teilungsplans]

(1) Jeder Beteiligte kann eine Änderung des Teilungsplans im Wege der Klage erwirken, auch wenn er Widerspruch gegen den Plan nicht erhoben hat.

(2) Eine planmäßig geleistete Zahlung kann auf Grund einer späteren Änderung des Planes nicht zurückgefordert werden.

§ 160 [Außergerichtliche Verteilung]

Die Vorschriften der §§ 143 bis 145 über die außergerichtliche Verteilung finden entsprechende Anwendung.

§ 161 [Aufhebung des Verfahrens]

(1) Die Aufhebung des Verfahrens erfolgt durch Beschluß des Gerichts.

(2) Das Verfahren ist aufzuheben, wenn der Gläubiger befriedigt ist.

(3) Das Gericht kann die Aufhebung anordnen, wenn die Fortsetzung des Verfahrens besondere Aufwendungen erfordert und der Gläubiger den nötigen Geldbetrag nicht vorschießt.

(4) Im übrigen finden auf die Aufhebung des Verfahrens die Vorschriften der §§ 28, 29, 32, 34 entsprechende Anwendung.

Zweiter Abschnitt

Zwangsversteigerung von Schiffen, Schiffsbauwerken und Luftfahrzeugen im Wege der Zwangsvollstreckung

Erster Titel

Zwangsversteigerung von Schiffen und Schiffsbauwerken

§ 162 [Anzuwendende Vorschriften]

Auf die Zwangsversteigerung eines im Schiffsregister eingetragenen Schiffs oder eines Schiffsbauwerks, das im Schiffsbauregister eingetragen ist oder in dieses Register eingetragen werden kann, sind die Vorschriften des Ersten Abschnitts entsprechend anzuwenden, soweit sich nicht aus den §§ 163 bis 170 a etwas anderes ergibt.

§ 163 [Zuständiges Vollstreckungsgericht – Schiffsregister]

(1) Für die Zwangsversteigerung eines eingetragenen Schiffs ist als Vollstreckungsgericht das Amtsgericht zuständig, in dessen Bezirk sich das Schiff befindet; § 1 Abs. 2 gilt entsprechend.

(2) Für das Verfahren tritt an die Stelle des Grundbuchs das Schiffsregister.

(3) Die Träger der Sozialversicherung einschließlich der Arbeitslosenversicherung gelten als Beteiligte, auch wenn sie eine Forderung nicht angemeldet haben. Bei der Zwangsversteigerung eines Seeschiffes vertritt die Seeberufsgenossenschaft, bei der Zwangsversteigerung eines Binnenschiffes die Binnenschiffahrts-Berufsgenossenschaft die übrigen Versicherungsträger gegenüber dem Vollstreckungsgericht.

§ 164 [Voraussetzungen für den Antrag]

Die Beschränkung des § 17 gilt für die Zwangsversteigerung eines eingetragenen Schiffs nicht, soweit sich aus den Vorschriften des Handelsgesetzbuchs oder des Gesetzes, betreffend die privatrechtlichen Verhältnisse der Binnenschiffahrt, etwas anderes ergibt; die hiernach zur Begründung des Antrags auf Zwangsversteigerung erforderlichen Tatsachen sind durch Urkunden glaubhaft zu machen, soweit sie nicht dem Gericht offenkundig sind; dem Antrag auf Zwangsversteigerung ist ein Zeugnis der Registerbehörde über die Eintragung des Schiffs im Schiffsregister beizufügen.

§ 165 [Bewachung und Verwahrung des Schiffes]

(3) Bei der Anordnung der Zwangsversteigerung hat das Gericht zugleich die Bewachung und Verwahrung des Schiffes anzuordnen. Die Beschlagnahme wird auch mit der Vollziehung dieser Anordnung wirksam.

(2) Das Gericht kann zugleich mit der einstweiligen Einstellung des Verfahrens im Einverständnis mit dem betreibenden Gläubiger anordnen, daß die Bewachung und Verwahrung einem Treuhänder übertragen wird, den das Gericht auswählt. Der Treuhänder untersteht der Aufsicht des Gerichts und ist an die ihm erteilten Weisungen des Gerichts gebunden. Das Gericht kann ihn im Einverständnis des Gläubigers auch ermächtigen, das Schiff für Rechnung und im Namen des Schuldners zu nutzen. Über die Verwendung des Reinertrages entscheidet das Gericht. In der Regel soll er nach den Grundsätzen des § 155 verteilt werden.

§ 166 [Wirkung der Beschlagnahme gegen Schiffseigentümer]

(1) Ist gegen den Schiffer auf Grund eines vollstreckbaren Titels, der auch gegenüber dem Eigentümer wirksam ist, das Verfahren angeordnet, so wirkt die Beschlagnahme zugleich gegen den Eigentümer.

(2) Der Schiffer gilt in diesem Falle als Beteiligter nur so lange, als er das Schiff führt; ein neuer Schiffer gilt als Beteiligter, wenn er sich bei dem Gerichte meldet und seine Angabe auf Verlangen des Gerichts oder eines Beteiligten glaubhaft macht.

§ 167 [Bezeichnung des Schiffes in Terminsbestimmung]

(1) Die Bezeichnung des Schiffes in der Bestimmung des Versteigerungstermins soll nach dem Schiffsregister erfolgen.
(2) Die im § 37 Nr. 4 bestimmte Aufforderung muß ausdrücklich auch auf die Rechte der Schiffsgläubiger hinweisen.

§ 168 [Bekanntmachung]

(1) Die Terminsbestimmung soll auch durch ein geeignetes Schiffahrtsfachblatt bekanntgemacht werden; der Reichsminister der Justiz kann hierüber nähere Bestimmungen erlassen.

(Fortsetzung auf Seite 39)

(2) Befindet sich der Heimatshafen oder Heimatsort des Schiffes in dem Bezirk eines anderen Gerichts, so soll die Terminsbestimmung auch durch das für Bekanntmachungen dieses Gerichts bestimmte Blatt bekanntgemacht werden.

(3) Die im § 39 Abs. 2 vorgesehene Anordnung ist unzulässig.

§ 168 a (aufgehoben)

§ 168 b [Anmeldung von Rechten beim Registergericht]

Hat ein Schiffsgläubiger sein Recht innerhalb der letzten sechs Monate vor der Bekanntmachung der Terminsbestimmung bei dem Registergericht angemeldet, so gilt die Anmeldung als bei dem Versteigerungsgericht bewirkt. Das Registergericht hat bei der Übersendung der im § 19 Abs. 2 bezeichneten Urkunden und Mitteilungen die innerhalb der letzten sechs Monate bei ihm eingegangenen Anmeldungen an das Versteigerungsgericht weiterzugeben.

§ 168 c [Schiffshypothek in ausländischer Währung]

Für die Zwangsversteigerung eines Schiffes, das mit einer Schiffshypothek in ausländischer Währung belastet ist, gelten folgende Sonderbestimmungen:

1. Die Terminbestimmung muß die Angabe, daß das Schiff mit einer Schiffshypothek in ausländischer Währung belastet ist, und die Bezeichnung dieser Währung enthalten.
2. In dem Zwangsversteigerungstermin wird vor der Aufforderung zur Abgabe von Geboten festgestellt und bekanntgemacht, welchen Wert die in ausländischer Währung eingetragene Schiffshypothek nach dem amtlich ermittelten letzten Kurs in Deutscher Mark hat. Dieser Kurswert bleibt für das weitere Verfahren maßgebend.
3. Der bar zu zahlende Teil des geringsten Gebots wird in Deutscher Mark festgestellt. Die Gebote sind in Deutscher Mark abzugeben.
4. Der Teilungsplan wird in Deutscher Mark aufgestellt.
5. Wird ein Gläubiger einer in ausländischer Währung eingetragenen Schiffshypothek nicht vollständig befriedigt, so ist der verbleibende Teil seiner Forderung in der ausländischen Währung festzustellen. Die Feststellung ist für die Haftung mitbelasteter Gegenstände, für die Verbindlichkeit des persönlichen Schuldners und für die Geltendmachung des Ausfalls im Konkurs maßgebend.

§ 169 [Vorausverfügung über Miet- oder Pachtzins]

(1) Ist das Schiff einem Mieter oder Pächter überlassen, so gelten die Vorschriften des § 580 a des Bürgerlichen Gesetzbuchs entsprechend. Soweit nach § 580 a Abs. 2 für die Wirkung von Verfügungen und Rechtsgeschäften über den Miet- oder Pachtzins der Übergang des Eigentums in Betracht kommt, ist an dessen Stelle die Beschlagnahme des Schiffs maßgebend; ist der Beschluß, durch den die Zwangsversteigerung angeordnet wird, auf Antrag des Gläubigers dem Mieter oder Pächter zugestellt, so gilt mit der Zustellung die Beschlagnahme als dem Mieter oder Pächter bekannt.

(2) Soweit das Bargebot im Verteilungstermin nicht berichtigt wird, ist für die Forderung gegen den Ersteher eine Schiffshypothek an dem Schiff in das Schiffsregister einzutragen. Die Schiffshypothek entsteht mit der Eintragung, auch wenn der Ersteher das Schiff inzwischen veräußert hat. Im übrigen gelten die Vorschriften des Gesetzes über Rechte an eingetragenen Schiffen und Schiffsbauwerken vom 15. November 1940 (Reichsgesetzbl. I S. 1499) über die durch Rechtsgeschäft bestellte Schiffshypothek.

§ 169 a [Kein Antrag auf Versagung des Zuschlags bei Seeschiffen]

Auf die Zwangsversteigerung eines Seeschiffes sind die Vorschriften der §§ 74 a, 74 b und 85 a nicht anzuwenden.

§ 170 [Bewachung und Verwahrung des versteigerten Schiffes]

(1) An die Stelle der nach § 94 Abs. 1 zulässigen Verwaltung tritt die gerichtliche Bewachung und Verwahrung des versteigerten Schiffes.

(2) Das Gericht hat die getroffenen Maßregeln aufzuheben, wenn der zu ihrer Fortsetzung erforderliche Geldbetrag nicht vorgeschossen wird.

§ 170 a [Zwangsversteigerung eines Schiffsbauwerks]

(1) Die Zwangsversteigerung eines Schiffsbauwerks darf erst angeordnet werden, nachdem es in das Schiffsbauregister eingetragen ist. Der Antrag auf Anordnung der Zwangsversteigerung kann jedoch schon vor der Eintragung gestellt werden.

(2) § 163 Abs. 1, §§ 165, 167 Abs. 1, §§ 168 c, 169 Abs.2, § 170 gelten sinngemäß. An die Stelle des Grundbuchs tritt das Schiffsbauregister. Wird das Schiffsbauregister von einem anderen Gericht als dem Vollstreckungsgericht geführt, so soll die Terminsbestimmung auch durch das für Bekanntmachungen dieses Gerichts bestimmte Blatt bekanntgemacht werden. An Stelle der im § 43 Abs. 1 bestimmten Frist tritt eine Frist von zwei Wochen, an Stelle der im § 43 Abs. 2 bestimmten Frist eine solche von einer Woche.

§ 171 [Ausländische Schiffe]

(1) Auf die Zwangsversteigerung eines ausländischen Schiffs, das, wenn es ein deutsches Schiff wäre, in das Schiffsregister eingetragen werden müßte, sind die Vorschriften des Ersten Abschnitts entsprechend anzuwenden, soweit sie nicht die Eintragung im Schiffsregister voraussetzen und sich nicht aus den folgenden Vorschriften etwas anderes ergibt.

(2) Als Vollstreckungsgericht ist das Amtsgericht zuständig, in dessen Bezirk sich das Schiff befindet; § 1 Abs. 2 gilt entsprechend. Die Zwangsversteigerung darf, soweit sich nicht aus den Vorschriften des Handelsgesetzbuchs oder des Gesetzes, betreffend die privatrechtlichen Verhältnisse der Binnenschiffahrt, etwas anderes ergibt, nur angeordnet werden, wenn der Schuldner das Schiff im Eigenbesitz hat; die hiernach zur Begründung des Antrags auf Zwangsversteigerung erforderlichen Tatsachen sind durch Urkunden glaubhaft zu machen, soweit sie nicht beim Gericht offenkundig sind.

(3) Die Terminsbestimmung muß die Aufforderung an alle Berechtigten, insbesondere an die Schiffsgläubiger, enthalten, ihre Rechte spätestens im Versteigerungstermin vor der Aufforderung zur Abgabe von Geboten anzumelden und, wenn der Gläubiger widerspricht, glaubhaft zu machen, widrigenfalls die Rechte bei der Verteilung des Versteigerungserlöses dem Anspruch des Gläubigers und den übrigen Rechten nachgesetzt werden würden. Die Terminsbestimmung soll, soweit es ohne erhebliche Verzögerung des Verfahrens tunlich ist, auch den aus den Schiffspapieren ersichtlichen Schiffsgläubigern und sonstigen Beteiligten zugestellt und, wenn das Schiff im Schiffsregister eines fremden Staates eingetragen ist, der Registerbehörde mitgeteilt werden.

(4) Die Vorschriften über das geringste Gebot sind nicht anzuwenden. Das Meistgebot ist in seinem ganzen Betrag durch Zahlung zu berichtigen.

(5) Die Vorschriften der §§ 165, 166, 168 Abs. 1 und 3, §§ 169 a, 170 Abs. 1 sind anzuwenden. Die vom Gericht angeordnete Überwachung und Verwahrung des Schiffs darf

erst aufgehoben und das Schiff dem Ersteher erst übergeben werden, wenn die Berichtigung des Meistgebots oder die Einwilligung der Beteiligten nachgewiesen wird.

Zweiter Titel

Zwangsversteigerung von Luftfahrzeugen

§ 171 a [Anzuwendende Vorschriften]

Auf die Zwangsversteigerung eines in der Luftfahrzeugrolle eingetragenen Luftfahrzeugs sind die Vorschriften des Ersten Abschnitts entsprechend anzuwenden, soweit sich nicht aus den §§ 171 b bis 171 g etwas anderes ergibt. Das gleiche gilt für die Zwangsversteigerung eines in dem Register für Pfandrechte an Luftfahrzeugen eingetragenen Luftfahrzeugs, dessen Eintragung in der Luftfahrzeugrolle gelöscht ist.

§ 171 b [Zuständiges Vollstreckungsgericht – Register]

(1) Für die Zwangsversteigerung des Luftfahrzeugs ist als Vollstreckungsgericht das Amtsgericht zuständig, in dessen Bezirk das Luftfahrt-Bundesamt seinen Sitz hat.

(2) Für das Verfahren tritt an die Stelle des Grundbuchs das Register für Pfandrechte an Luftfahrzeugen.

§ 171 c [Anordnung der Zwangsversteigerung]

(1) Die Zwangsversteigerung darf erst angeordnet werden, nachdem das Luftfahrzeug in das Register für Pfandrechte an Luftfahrzeugen eingetragen ist. Der Antrag auf Anordnung der Zwangsversteigerung kann jedoch schon vor der Eintragung gestellt werden.

(2) Bei der Anordnung der Zwangsversteigerung hat das Gericht zugleich die Bewachung und Verwahrung des Luftfahrzeugs anzuordnen. Die Beschlagnahme wird auch mit der Vollziehung dieser Anordnung wirksam.

(3) Das Gericht kann zugleich mit der einstweiligen Einstellung des Verfahrens im Einverständnis mit dem betreibenden Gläubiger anordnen, daß die Bewachung und Verwahrung einem Treuhänder übertragen wird, den das Gericht auswählt. Der Treuhänder untersteht der Aufsicht des Gerichts und ist an die ihm erteilten Weisungen des Gerichts gebunden. Das Gericht kann ihn im Einverständnis mit dem Gläubiger auch ermächtigen, das Luftfahrzeug für Rechnung und im Namen des Schuldners zu nutzen. Über die Verwendung des Reinertrages entscheidet das Gericht. In der Regel soll er nach den Grundsätzen des § 155 verteilt werden.

§ 171 d [Bezeichnung in Terminsbestimmung]

(1) In der Bestimmung des Versteigerungstermins soll das Luftfahrzeug nach dem Register für Pfandrechte an Luftfahrzeugen bezeichnet werden.

(2) Die in § 39 Abs. 2 vorgesehene Anordnung ist unzulässig.

§ 171 e [Registerpfandrecht in ausländischer Währung]

Für die Zwangsversteigerung eines Luftfahrzeugs, das mit einem Registerpfandrecht in ausländischer Währung belastet ist, gelten folgende Sonderbestimmungen:

1. Die Terminbestimmung muß die Angabe, daß das Luftfahrzeug mit einem Registerpfandrecht in ausländischer Währung belastet ist und die Bezeichnung dieser Währung enthalten.
2. In dem Zwangsversteigerungstermin wird vor der Aufforderung zur Abgabe von Geboten festgestellt und bekanntgemacht, welchen Wert das in ausländischer Währung

eingetragene Registerpfandrecht nach dem amtlich ermittelten letzten Kurs in Deutscher Mark hat. Dieser Kurswert bleibt für das weitere Verfahren maßgebend.

3. Der bar zu zahlende Teil des geringsten Gebots wird in Deutscher Mark festgestellt. Die Gebote sind in Deutscher Mark abzugeben.
4. Der Verteilungsplan wird in Deutscher Mark aufgestellt.
5. Wird ein Gläubiger eines in ausländischer Währung eingetragenen Registerpfandrechts nicht vollständig befriedigt, so ist der verbleibende Teil seiner Forderung in der ausländischen Währung festzustellen. Die Feststellung ist für die Haftung mitbelasteter Gegenstände, für die Verbindlichkeit des persönlichen Schuldners und für die Geltendmachung des Ausfalls im Konkurs maßgebend.

§ 171 f [Vorausverfügung über Miet- oder Pachtzins]

§ 169 gilt für das Luftfahrzeug entsprechend.

§ 171 g [Bewachung und Verwahrung des versteigerten Luftfahrzeugs]

(1) An die Stelle der nach § 94 Abs. 1 zulässigen Verwaltung tritt die gerichtliche Bewachung und Verwahrung des versteigerten Luftfahrzeugs.
(2) Das Gericht hat die getroffenen Maßregeln aufzuheben, wenn der zu ihrer Fortsetzung erforderliche Geldbetrag nicht vorgeschossen wird.

§ 171 h [Sondervorschriften für ausländische Luftfahrzeuge]

Auf die Zwangsversteigerung eines ausländischen Luftfahrzeugs sind die Vorschriften in §§ 171 a bis 171 g entsprechend anzuwenden, soweit sich nicht aus den §§ 171 i bis 171 n anderes ergibt.

§ 171 i [Rangordnung für Ansprüche auf Nebenleistungen]

(1) In der dritten Klasse (§ 10 Abs. 1 Nr. 3) werden nur befriedigt Gebühren, Zölle, Bußen und Geldstrafen auf Grund von Vorschriften über Luftfahrt, Zölle und Einwanderung.
(2) In der vierten Klasse (§ 10 Abs. 1 Nr. 4) genießen Ansprüche auf Zinsen aus Rechten nach § 103 des Gesetzes über Rechte an Luftfahrzeugen vom 26. Februar 1959 (BGBl. I S. 57) das Vorrecht dieser Klasse wegen der laufenden und der aus den letzten drei Geschäftsjahren rückständigen Beträge.

§ 171 k [Veräußerung oder Belastung nach Beschlagnahme]

Wird das Luftfahrzeug nach der Beschlagnahme veräußert oder mit einem Recht nach § 103 des Gesetzes über Rechte an Luftfahrzeugen belastet und ist die Veräußerung oder Belastung nach Artikel VI des Genfer Abkommens vom 19. Juni 1948 (BGBl. 1959 II S. 129) anzuerkennen, so ist die Verfügung dem Gläubiger gegenüber wirksam, es sei denn, daß der Schuldner im Zeitpunkt der Verfügung Kenntnis von der Beschlagnahme hatte.

§ 171 l [Benachrichtigungspflichten]

(1) Das Vollstreckungsgericht teilt die Anordnung der Zwangsversteigerung tunlichst durch Luftpost der Behörde mit, die das Register führt, in dem die Rechte an dem Luftfahrzeug eingetragen sind.
(2) Der Zeitraum zwischen der Anberaumung des Termins und dem Termin muß mindestens sechs Wochen betragen. Die Zustellung der Terminsbestimmung an Beteiligte, die im Ausland wohnen, wird durch Aufgabe zur Post bewirkt. Die Postsendung muß mit der Bezeichnung »Einschreiben« versehen werden. Sie soll tunlichst durch Luftpost befördert

werden. Der betreffende Gläubiger hat die bevorstehende Versteigerung mindestens einen Monat vor dem Termin an dem Ort, an dem das Luftfahrzeug eingetragen ist, nach den dort geltenden Bestimmungen öffentlich bekanntzumachen.

§ 171 m [Beschwerde gegen Zuschlagserteilung]

Die Beschwerde gegen die Erteilung des Zuschlags ist binnen sechs Monaten einzulegen. Sie kann auf die Gründe des § 100 nur binnen einer Notfrist von zwei Wochen, danach nur noch darauf gestützt werden, daß die Vorschriften des § 171l Abs. 2 verletzt sind.

§ 171 n [Anwendung der Vorschriften über Ersatz für Nießbrauch]

Erlischt durch den Zuschlag das Recht zum Besitz eines Luftfahrzeugs auf Grund eines für einen Zeitraum von sechs oder mehr Monaten abgeschlossenen Mietvertrages, so gelten die Vorschriften über den Ersatz für einen Nießbrauch entsprechend.

Dritter Abschnitt
Zwangsversteigerung und Zwangsverwaltung in besonderen Fällen

§ 172 [Zwangsversteigerung oder Zwangsverwaltung im Konkurs]

Wird die Zwangsversteigerung oder die Zwangsverwaltung von dem Konkursverwalter beantragt, so finden die Vorschriften des ersten und zweiten Abschnitts entsprechende Anwendung, soweit sich nicht aus den §§ 173, 174 ein anderes ergibt.

§ 173 [Wirkung der Beschlußzustellung an Verwalter]

Der Beschluß, durch welchen das Verfahren angeordnet wird, gilt nicht als Beschlagnahme. Im Sinne der §§ 13, 55 ist jedoch die Zustellung des Beschlusses an den Konkursverwalter als Beschlagnahme anzusehen.

§ 174 [Rechte des Konkursgläubigers]

Hat ein Gläubiger für seine Forderung gegen den Gemeinschuldner ein von dem Konkursverwalter anerkanntes Recht auf Befriedigung aus dem Grundstücke, so kann er bis zum Schlusse der Verhandlung im Versteigerungstermine verlangen, daß bei der Feststellung des geringsten Gebots nur die seinem Anspruch vorgehenden Rechte berücksichtigt werden; in diesem Falle ist das Grundstück auch mit der verlangten Abweichung auszubieten.

§ 175 [Antragsrecht des Erben]

(1) Hat ein Nachlaßgläubiger für seine Forderung ein Recht auf Befriedigung aus einem zum Nachlasse gehörenden Grundstücke, so kann der Erbe nach der Annahme der Erbschaft die Zwangsversteigerung des Grundstücks beantragen. Zu dem Antrag ist auch jeder andere berechtigt, welcher das Aufgebot der Nachlaßgläubiger beantragen kann.

(2) Diese Vorschriften finden keine Anwendung, wenn der Erbe für die Nachlaßverbindlichkeiten unbeschränkt haftet oder wenn der Nachlaßgläubiger im Aufgebotsverfahren ausgeschlossen ist oder nach den §§ 1974, 1989 des Bürgerlichen Gesetzbuchs einem ausgeschlossenen Gläubiger gleichsteht.

§ 176 [Anzuwendende Vorschriften]

Wird die Zwangsversteigerung nach § 175 beantragt, so finden die Vorschriften des ersten und zweiten Abschnitts sowie der §§ 173, 174 entsprechende Anwendung, soweit sich nicht aus den §§ 177, 178 ein anderes ergibt.

§ 177 [Glaubhaftmachung durch Urkunden]

Der Antragsteller hat die Tatsachen, welche sein Recht zur Stellung des Antrags begründen, durch Urkunden glaubhaft zu machen, soweit sie nicht bei dem Gericht offenkundig sind.

§ 178 [Nachlaßkonkurs]

(1) Die Zwangsversteigerung soll nicht angeordnet werden, wenn die Eröffnung des Nachlaßkonkurses beantragt ist.

(2) Durch die Eröffnung des Nachlaßkonkurses wird die Zwangsversteigerung nicht beendigt; für das weitere Verfahren gilt der Konkursverwalter als Antragsteller.

§ 179 [Berücksichtigung der Nachlaßgläubiger]

Ist ein Nachlaßgläubiger, der verlangen konnte, daß das geringste Gebot nach Maßgabe des § 174 ohne Berücksichtigung seines Anspruchs festgestellt werde, bei der Feststellung des geringsten Gebots berücksichtigt, so kann ihm die Befriedigung aus dem übrigen Nachlasse verweigert werden.

§ 180 [Aufhebung einer Gemeinschaft]

(1) Soll die Zwangsversteigerung zum Zwecke der Aufhebung einer Gemeinschaft erfolgen, so finden die Vorschriften des ersten und zweiten Abschnitts entsprechende Anwendung, soweit sich nicht aus den §§ 181 bis 185 ein anderes ergibt.

(2) Die einstweilige Einstellung des Verfahrens ist auf Antrag eines Miteigentümers auf die Dauer von längstens sechs Monaten anzuordnen, wenn dies bei Abwägung der widerstreitenden Interessen der mehreren Miteigentümer angemessen erscheint. Die einmalige Wiederholung der Einstellung ist zulässig. § 30 b gilt entsprechend.

(3) Betreibt ein Miteigentümer die Zwangsversteigerung zur Aufhebung einer Gemeinschaft, der außer ihm nur sein Ehegatte oder sein früherer Ehegatte angehört, so ist auf Antrag dieses Ehegatten oder früheren Ehegatten die einstweilige Einstellung des Verfahrens anzuordnen, wenn dies zur Abwendung einer ernsthaften Gefährdung des Wohls eines gemeinschaftlichen Kindes erforderlich ist. Die mehrfache Wiederholung der Einstellung ist zulässig. § 36 b gilt entsprechend. Das Gericht hebt seinen Beschluß auf Antrag auf oder ändert ihn, wenn dies mit Rücksicht auf eine Änderung der Sachlage geboten ist.

(4) Durch Anordnungen nach Absatz 2, 3 darf das Verfahren nicht auf mehr als fünf Jahre insgesamt einstweilen eingestellt werden.

§ 181 [Weitere Verfahrensvoraussetzungen]

(1) Ein vollstreckbarer Titel ist nicht erforderlich.

(2) Die Zwangsversteigerung eines Grundstücks, Schiffes, Schiffsbauwerks oder Luftfahrzeugs darf nur angeordnet werden, wenn der Antragsteller als Eigentümer im Grundbuch, im Schiffsregister, im Schiffsbauregister oder im Register für Pfandrechte an Luftfahrzeugen eingetragen oder Erbe eines eingetragenen Eigentümers ist oder wenn er das Recht des Eigentümers oder des Erben auf Aufhebung der Gemeinschaft ausübt. Von dem Vormund oder dem Betreuer eines Miteigentümers kann der Antrag nur mit Genehmigung des Vormundschaftsgerichts gestellt werden.

(3) (weggefallen)

(4) Die Vorschrift des § 17 Abs. 3 findet auch auf die Erbfolge des Antragstellers Anwendung.

§ 182 [Feststellung des geringsten Gebots]

(1) Bei der Feststellung des geringsten Gebots sind die den Anteil des Antragstellers belastenden oder mitbelastenden Rechte an dem Grundstück sowie alle Rechte zu berücksichtigen, die einem dieser Rechte vorgehen oder gleichstehen.

(2) Ist hiernach bei einem Anteil ein größerer Betrag zu berücksichtigen als bei einem anderen Anteile, so erhöht sich das geringste Gebot um den zur Ausgleichung unter den Miteigentümern erforderlichen Betrag.

(3) (weggefallen)

§ 183 [Keine Kündigung von Miet- und Pachtverhältnissen]

Im Falle der Vermietung oder Verpachtung des Grundstücks finden die in den §§ 57 a und 57 b vorgesehenen Maßgaben keine Anwendung.

§ 184 [Keine Sicherheitsleistung]

Ein Miteigentümer braucht für sein Gebot keine Sicherheit zu leisten, wenn ihm eine durch das Gebot ganz oder teilweise gedeckte Hypothek, Grundschuld oder Rentenschuld zusteht.

§ 185 [Einstellung anhängiger Zuweisungsverfahren]

(1) Ist ein Verfahren über einen Antrag auf Zuweisung eines landwirtschaftlichen Betriebes nach § 13 Abs. 1 des Grundstückverkehrsgesetzes vom 28. Juli 1961 (BGBl. I S. 1091) anhängig und erstreckt sich der Antrag auf ein Grundstück, dessen Zwangsversteigerung nach § 180 angeordnet ist, so ist das Zwangsversteigerungsverfahren wegen dieses Grundstücks auf Antrag so lange einzustellen, bis über den Antrag auf Zuweisung rechtskräftig entschieden ist.

(2) Ist die Zwangsversteigerung mehrerer Grundstücke angeordnet und bezieht sich der Zuweisungsantrag nur auf eines oder einzelne dieser Grundstücke, so kann das Vollstreckungsgericht anordnen, daß das Zwangsversteigerungsverfahren auch wegen der nicht vom Zuweisungsverfahren erfaßten Grundstücke eingestellt wird.

(3) Wird dem Zuweisungsantrag stattgegeben, so ist das Zwangsversteigerungsverfahren, soweit es die zugewiesenen Grundstücke betrifft, aufzuheben und im übrigen fortzusetzen.

(4) Die Voraussetzungen für die Einstellung und die Aufhebung des Zwangsversteigerungsverfahrens sind vom Antragsteller nachzuweisen.

Konkursordnung

Vom 10. Februar 1877 (RGBl. S. 351)
in der Fassung der Bekanntmachung vom 20. Mai 1898 (RGBl. S. 369, 612)
(BGBl. III 311-4)

Änderungen seit 1. 1. 1964

Paragraph	Art der Änderung	Geändert durch	Datum	Fundstelle BGBl.
63, 226 244	geändert aufgehoben	Einführungsgesetz zum Gesetz über Ordnungswidrigkeiten	24. 5.1968	I S. 503
240, 241	geändert	Erstes Gesetz zur Reform des Strafrechts	25. 6.1969	I S. 645
226-228, 230	geändert	Gesetz über die rechtliche Stellung der nichtehelichen Kinder	19. 8.1969	I S. 1243
125,175	geändert	Gesetz zur Änderung des Rechtspflegergesetzes, des Beurkundungsgesetzes und zur Umwandlung des Offenbarungseides in eine eidesstattliche Versicherung	27. 6.1970	I S. 911
15	geändert	Seerechtliche Verteilungsordnung	21. 6.1972	I S. 953
49	geändert	Seerechtsänderungsgesetz	21. 6.1972	I S. 966
63, 84, 226, 239, 240, 242, 243	geändert	Einführungsgesetz zum Strafgesetzbuch	2. 3.1974	I S. 469
59-61,103, 224, 231, 232, 236 a	geändert	Gesetz über Konkursausfallgeld	17. 7.1974	I S. 1481
175, 197, 209, 210 Drittes Buch 239-244	geändert aufgehoben	Erstes Gesetz zur Bekämpfung der Wirtschaftskriminalität	29. 7.1976	I S. 2034
165	geändert	Vereinfachungsnovelle	3.12.1976	I S. 3281
59, 61	geändert	Sozialgesetzbuch – Gemeinsame Vorschriften für die Sozialversicherung –	23.12.1976	I S. 3845
24	geändert	Gesetz zur Änderung sachenrechtlicher, grundbuchrechtlicher und anderer Vorschriften	22. 6.1977	I S. 998
41, 209 32 a	geändert eingefügt	Gesetz zur Änderung des Gesetzes betreffend die Gesellschaften mit beschränkter Haftung und anderer handelsrechtlicher Vorschriften	4. 7.1980	I S. 836

Paragraph	Art der Änderung	Geändert durch	Datum	Fundstelle BGBl.
59	geändert	Fünftes Gesetz zur Änderung der Pfändungsfreigrenzen	8. 3.1984	I S. 364
59	geändert	Gesetz zur Erleichterung des Übergangs vom Arbeitsleben in den Ruhestand	13. 4.1984	I S. 601
49	geändert	Gesetz zur Neuordnung des landwirtschaftlichen Pachtrechts	8.11.1985	I S. 2065
15	geändert	Seerechtliche Verteilungsordnung	25. 7.1986	I S. 1130
61	geändert	Betreuungsgesetz	12. 9.1990	I S. 2002
73	geändert	Rechtspflege-Vereinfachungsgesetz	17.12.1990	I S. 2847
107	geändert	Gesetz zur Änderung von Vorschriften über das Schuldnerverzeichnis	15. 7.1994	I S. 1566
212 a	eingefügt	Gesetz zur Schaffung von Partnerschaftsgesellschaften und zur Änderung anderer Gesetze	25. 7.1994	I S. 1744

Übersicht über den Gesetzesinhalt

	§§
Erstes Buch **Konkursrecht**	
Erster Titel **Allgemeine Bestimmungen**	1-16
Zweiter Titel **Erfüllung der Rechtsgeschäfte**	17-28
Dritter Titel **Anfechtung**	29-42
Vierter Titel **Aussonderung**	43-46
Fünfter Titel **Absonderung**	47-51
Sechster Titel **Aufrechnung**	53-56
Siebenter Titel **Massegläubiger**	57-60
Achter Titel **Konkursgläubiger**	61-70
Zweites Buch **Konkursverfahren**	
Erster Titel **Allgemeine Bestimmungen**	71-101
Zweiter Titel **Eröffnungsverfahren**	102-116
Dritter Titel **Teilungsmasse**	117-137
Vierter Titel **Schuldenmasse**	138-148
Fünfter Titel **Verteilung**	149-172
Sechster Titel **Zwangsvergleich**	173-201
Siebenter Titel **Einstellung des Verfahrens**	202-206
Achter Titel **Besondere Bestimmungen**	207-238
Drittes Buch **(aufgehoben)**	

(Fortsetzung auf Seite 3)

Erstes Buch

Konkursrecht

Erster Titel

Allgemeine Bestimmungen

§ 1 **[Konkursmasse]**

(1) Das Konkursverfahren umfaßt das gesamte, einer Zwangsvollstreckung unterliegende Vermögen des Gemeinschuldners, welches ihm zur Zeit der Eröffnung des Verfahrens gehört (Konkursmasse).

(2) Die im § 811 Nr. 4, 9 der Zivilprozeßordnung und im § 20 des Gesetzes über das Postwesen des Deutschen Reichs vom 28. Oktober 1871 vorgesehenen Beschränkungen kommen im Konkursverfahren nicht zur Anwendung.

(3) Zur Konkursmasse gehören auch die Geschäftsbücher des Gemeinschuldners.

(4) Gegenstände, die nicht gepfändet werden sollen, gehören nicht zur Konkursmasse.

§ 2 **[Konkursmasse und Gesamtgut]**

(1) Wird bei dem Güterstand der Gütergemeinschaft das Gesamtgut von einem Ehegatten allein verwaltet und über das Vermögen dieses Ehegatten der Konkurs eröffnet, so gehört das Gesamtgut zur Konkursmasse; eine Auseinandersetzung wegen des Gesamtgutes zwischen den Ehegatten findet nicht statt. Durch das Konkursverfahren über das Vermögen des anderen Ehegatten wird das Gesamtgut nicht berührt.

(2) Verwalten die Ehegatten das Gesamtgut gemeinschaftlich, so wird das Gesamtgut durch das Konkursverfahren über das Vermögen eines Ehegatten nicht berührt; über das Gesamtgut ist ein selbständiger Konkurs nach den §§ 236 a bis 236 c zulässig.

(3) Die Vorschriften des Absatzes 1 sind bei der fortgesetzten Gütergemeinschaft mit der Maßgabe anzuwenden, daß an die Stelle des Ehegatten, der das Gesamtgut allein verwaltet, der überlebende Ehegatte, an die Stelle des anderen Ehegatten die Abkömmlinge treten.

§ 3 **[Konkursgläubiger]**

(1) Die Konkursmasse dient zur gemeinschaftlichen Befriedigung aller persönlichen Gläubiger, welche einen zur Zeit der Eröffnung des Verfahrens begründeten Vermögensanspruch an den Gemeinschuldner haben (Konkursgläubiger).

(2) Unterhaltsansprüche, die nach den §§ 1351, 1360, 1361, 1578 bis 1583, 1586, 1601 bis 1615, 1708 bis 1714 des Bürgerlichen Gesetzbuchs gegen den Gemeinschuldner begründet sind, sowie die sich aus den §§ 1715, 1716 des Bürgerlichen Gesetzbuchs ergebenden Ansprüche können für die Zukunft nur geltend gemacht werden, soweit der Gemeinschuldner als Erbe des Verpflichteten haftet.

§ 4 **[Abgesonderte Befriedigung]**

(1) Ein Anspruch auf abgesonderte Befriedigung aus Gegenständen, welche zur Konkursmasse gehören, kann nur in den von diesem Gesetz zugelassenen Fällen geltend gemacht werden.

(2) Die abgesonderte Befriedigung erfolgt unabhängig vom Konkursverfahren.

§ 5 **[Ausländische Gläubiger]**

(1) Ausländische Gläubiger stehen den inländischen gleich.

(2) Unter Zustimmung des Bundesrats kann durch Anordnung des Reichskanzlers bestimmt werden, daß gegen einen ausländischen Staat, sowie dessen Angehörige und ihre Rechtsnachfolger ein Vergeltungsrecht zur Anwendung gebracht wird.

§ 6 [Verwaltungs- und Verfügungsbefugnis]

(1) Mit der Eröffnung des Verfahrens verliert der Gemeinschuldner die Befugnis, sein zur Konkursmasse gehöriges Vermögen zu verwalten und über dasselbe zu verfügen.

(2) Das Verwaltungs- und Verfügungsrecht wird durch einen Konkursverwalter ausgeübt.

§ 7 [Rechtshandlungen des Gemeinschuldners nach Konkurseröffnung]

(1) Rechtshandlungen, welche der Gemeinschuldner nach der Eröffnung des Verfahrens vorgenommen hat, sind den Konkursgläubigern gegenüber unwirksam; die Vorschriften der §§ 892, 893 des Bürgerlichen Gesetzbuchs, §§ 16, 17 des Gesetzes über Rechte an eingetragenen Schiffen und Schiffsbauwerken vom 15. November 1940 (RGBl. I S. 1499) bleiben unberührt.

(2) Dem anderen Teile ist die Gegenleistung aus der Masse zurückzugewähren, soweit letztere durch dieselbe bereichert ist.

(3) Hat der Gemeinschuldner Rechtshandlungen am Tage der Eröffnung des Verfahrens vorgenommen, so wird vermutet, daß sie nach der Eröffnung vorgenommen worden sind.

§ 8 [Leistungen an Gemeinschuldner nach Konkurseröffnung]

(1) Eine Leistung, welche auf eine zur Konkursmasse zu erfüllende Verbindlichkeit nach der Eröffnung des Verfahrens an den Gemeinschuldner erfolgt ist, befreit den Erfüllenden den Konkursgläubigern gegenüber nur insoweit, als das Geleistete in die Konkursmasse gekommen ist.

(2) War die Leistung vor der öffentlichen Bekanntmachung der Eröffnung erfolgt, so ist der Erfüllende befreit, wenn nicht bewiesen wird, daß ihm zur Zeit der Leistung die Eröffnung des Verfahrens bekannt war.

(3) War die Leistung nach der öffentlichen Bekanntmachung erfolgt, so wird der Erfüllende befreit, wenn er beweist, daß ihm zur Zeit der Leistung die Eröffnung des Verfahrens nicht bekannt war.

§ 9 [Erbschaft und Vermächtnis]

Die Annahme oder Ausschlagung einer vor der Eröffnung des Verfahrens dem Gemeinschuldner angefallenen Erbschaft sowie eines vor diesem Zeitpunkte dem Gemeinschuldner angefallenen Vermächtnisses steht nur dem Gemeinschuldner zu. Das gleiche gilt von der Ablehnung der fortgesetzten Gütergemeinschaft.

§ 10 [Aktivprozesse des Gemeinschuldners]

(1) Rechtsstreitigkeiten über das zur Konkursmasse gehörige Vermögen, welche zur Zeit der Eröffnung des Verfahrens für den Gemeinschuldner anhängig sind, können in der Lage, in welcher sie sich befinden, von dem Konkursverwalter aufgenommen werden. Wird die Aufnahme verzögert, so kommen die Bestimmungen des § 239 der Zivilprozeßordnung zur entsprechenden Anwendung.

(2) Lehnt der Verwalter die Aufnahme des Rechtsstreits ab, so kann sowohl der Gemeinschuldner als der Gegner denselben aufnehmen.

§ 11 [Passivprozesse des Gemeinschuldners über die Aktivmasse]

(1) Rechtsstreitigkeiten, welche gegen den Gemeinschuldner anhängig und auf Aussonderung eines Gegenstandes aus der Konkursmasse oder auf abgesonderte Befriedigung gerichtet sind oder einen Anspruch betreffen, welcher als Masseschuld zu erachten ist, können sowohl von dem Konkursverwalter als von dem Gegner aufgenommen werden.

(2) Erkennt der Verwalter den Anspruch sofort an, so fallen ihm die Prozeßkosten nicht zur Last.

§ 12 [Passivprozesse des Gemeinschuldners über die Passivmasse]

Konkursgläubiger können ihre Forderungen auf Sicherstellung oder Befriedigung aus der Konkursmasse nur nach Maßgabe der Vorschriften für das Konkursverfahren verfolgen.

§ 13 [Wirksamkeit von Veräußerungsverboten]

Ein gegen den Gemeinschuldner bestehendes Veräußerungsverbot der in den §§ 135, 136 des Bürgerlichen Gesetzbuchs bezeichneten Art ist den Konkursgläubigern gegenüber unwirksam; wirksam bleibt jedoch eine bei der Zwangsvollstreckung in das unbewegliche Vermögen erfolgte Beschlagnahme.

§ 14 [Verbot von Einzelvollstreckungen]

(1) Während der Dauer des Konkursverfahrens finden Arreste und Zwangsvollstreckungen zugunsten einzelner Konkursgläubiger weder in das zur Konkursmasse gehörige noch in das sonstige Vermögen des Gemeinschuldners statt.

(2) Hinsichtlich der zur Konkursmasse gehörigen Grundstücke und eingetragenen Schiffe und Schiffsbauwerke sowie der für den Gemeinschuldner eingetragenen Rechte an Grundstücken, an eingetragenen Schiffen und Schiffsbauwerken oder an eingetragenen Rechten kann während der Dauer des Konkursverfahrens eine Vormerkung auf Grund einer einstweiligen Verfügung zugunsten einzelner Konkursgläubiger nicht eingetragen werden.

§ 15 [Unwirksamkeit sonstigen Rechtserwerbs]

Rechte an den zur Konkursmasse gehörigen Gegenständen, sowie Vorzugsrechte und Zurückbehaltungsrechte in Ansehung solcher Gegenstände können nach der Eröffnung des Verfahrens nicht mit Wirksamkeit gegenüber den Konkursgläubigern erworben werden, auch wenn der Erwerb nicht auf einer Rechtshandlung des Gemeinschuldners beruht. Die Vorschriften der §§ 878, 892, 893 des Bürgerlichen Gesetzbuchs, § 3 Abs. 3, §§ 16, 17 des Gesetzes über Rechte an eingetragenen Schiffen und Schiffsbauwerken vom 15. November 1940 (RGBl. I S. 1499) und § 20 Abs. 3 der Seerechtlichen Verteilungsordnung vom 25. Juli 1986 (BGBl. I S. 1130) bleiben unberührt.

§ 16 [Auseinandersetzung von Gemeinschaften]

(1) Befindet sich der Gemeinschuldner mit Dritten in einem Miteigentume, in einer Gesellschaft oder in einer anderen Gemeinschaft, so erfolgt die Teilung oder sonstige Auseinandersetzung außerhalb des Konkursverfahrens.

(2) Eine Vereinbarung, durch welche bei einer Gemeinschaft nach Bruchteilen das Recht, die Aufhebung der Gemeinschaft zu verlangen, für immer oder auf Zeit ausgeschlossen oder eine Kündigungsfrist bestimmt worden ist, wirkt nicht gegen die Konkursmasse. Das gleiche gilt von einer Anordnung dieses Inhalts, die ein Erblasser für die Gemeinschaft seiner Erben getroffen hat.

Zweiter Titel

Erfüllung der Rechtsgeschäfte

§ 17 [Beiderseitig nicht erfüllte gegenseitige Verträge]

(1) Wenn ein zweiseitiger Vertrag zur Zeit der Eröffnung des Konkursverfahrens von dem Gemeinschuldner und von dem anderen Teile nicht oder nicht vollständig erfüllt ist,

so kann der Konkursverwalter an Stelle des Gemeinschuldners den Vertrag erfüllen und die Erfüllung von dem anderen Teile verlangen.

(2) Der Verwalter muß auf Erfordern des anderen Teils, auch wenn die Erfüllungszeit noch nicht eingetreten ist, demselben ohne Verzug erklären, ob er die Erfüllung verlangen will. Unterläßt er dies, so kann er auf der Erfüllung nicht bestehen.

§ 18 [Sonderregelung beim Fixgeschäft]

(1) War die Lieferung von Waren, welche einen Markt- oder Börsenpreis haben, genau zu einer festbestimmten Zeit oder binnen einer festbestimmten Frist bedungen, und tritt die Zeit oder der Ablauf der Frist erst nach der Eröffnung des Verfahrens ein, so kann nicht die Erfüllung verlangt, sondern nur eine Forderung wegen Nichterfüllung geltend gemacht werden.

(2) Der Betrag dieser Forderung bestimmt sich durch den Unterschied zwischen dem Kaufpreise und demjenigen Markt- oder Börsenpreise, welcher an dem Orte der Erfüllung oder an dem für denselben maßgebenden Handelsplatze sich für die am zweiten Werktage nach der Eröffnung des Verfahrens mit der bedungenen Erfüllungszeit geschlossenen Geschäfte ergibt.

(3) Ist ein solcher Markt- oder Börsenpreis nicht zu ermitteln, so findet die Bestimmung des ersten Absatzes keine Anwendung.

§ 19 [Kündigung bei Miete und Pacht]

War dem Gemeinschuldner ein von ihm gemieteter oder gepachteter Gegenstand vor der Eröffnung des Verfahrens überlassen, so kann sowohl der andere Teil als der Verwalter das Miet- oder Pachtverhältnis kündigen. Die Kündigungsfrist ist, falls nicht eine kürzere Frist bedungen war, die gesetzliche. Kündigt der Verwalter, so ist der andere Teil berechtigt, Ersatz des ihm durch die Aufhebung des Vertrags entstehenden Schadens zu verlangen.

§ 20 [Rücktritt bei Miete und Pacht]

(1) War dem Gemeinschuldner ein von ihm gemieteter oder gepachteter Gegenstand zur Zeit der Eröffnung des Verfahrens noch nicht überlassen, so kann der andere Teil von dem Vertrage zurücktreten.

(2) Auf Erfordern des Verwalters muß der andere Teil demselben ohne Verzug erklären, ob er von dem Vertrage zurücktreten will. Unterläßt er dies, so kommen die Bestimmungen des § 17 zur Anwendung.

§ 21 [Wirksamkeit gegenüber der Konkursmasse]

(1) Hatte der Gemeinschuldner einen von ihm vermieteten oder verpachteten Gegenstand dem Mieter oder dem Pächter vor der Eröffnung des Verfahren überlassen, so ist der Miet- oder Pachtvertrag auch der Konkursmasse gegenüber wirksam.

(2) Im Falle der Vermietung oder der Verpachtung eines Grundstücks sowie im Falle der Vermietung von Wohnräumen oder anderen Räumen ist jedoch eine Verfügung, die der Gemeinschuldner vor der Eröffnung des Verfahrens über den auf die spätere Zeit entfallenden Miet- oder Pachtzins getroffen hat, insbesondere die Einziehung des Miet- oder Pachtzinses, der Konkursmasse gegenüber nur insoweit wirksam, als sich die Verfügung auf den Miet- oder Pachtzins für das zur Zeit der Eröffnung des Verfahrens laufende Kalendervierteljahr[1)] bezieht, erfolgt die Konkurseröffnung innerhalb des letzten halben

---

1) Jetzt Kalendermonat; s. § 12 der VO über Maßnahmen auf dem Gebiete der Zwangsvollstreckung vom 26. 5. 1933 (RGBl. I S. 302).

Monats eines Kalendervierteljahrs[1], so ist die Verfügung auch insoweit wirksam, als sie sich auf den Miet- oder Pachtzins für das folgende Kalendervierteljahr[2] bezieht.

(3) Soweit die Entrichtung des Miet- oder Pachtzinses der Konkursmasse gegenüber wirksam ist, kann der Mieter oder der Pächter gegen die Miet- oder Pachtzinsforderung der Konkursmasse eine ihm gegen den Gemeinschuldner zustehende Forderung aufrechnen.

(4) Eine von dem Konkursverwalter vorgenommene freiwillige Veräußerung des von dem Gemeinschuldner vermieteten oder verpachteten Grundstücks oder eingetragenen Schiffs wirkt, sofern das Grundstück oder das Schiff dem Mieter oder dem Pächter vor der Eröffnung des Verfahrens überlassen war, auf das Miet- oder Pachtverhältnis wie eine Zwangsversteigerung. Die Vorschriften der §§ 57 b, 169 Abs. 2 des Gesetzes über die Zwangsversteigerung und Zwangsverwaltung bleiben jedoch außer Betracht.

§ 22 [Kündigungsrecht bei Dienstverhältnis]

(1) Ein in dem Haushalte, Wirtschaftsbetriebe oder Erwerbsgeschäfte des Gemeinschuldners angetretenes Dienstverhältnis kann von jedem Teile gekündigt werden. Die Kündigungsfrist ist, falls nicht eine kürzere Frist bedungen war, die gesetzliche.

(2) Kündigt der Verwalter, so ist der andere Teil berechtigt, Ersatz des ihm durch die Aufhebung des Dienstverhältnisses entstehenden Schadens zu verlangen.

§ 23 [Auftrag – Geschäftsbesorgungsvertrag]

(1) Ein von dem Gemeinschuldner erteilter Auftrag erlischt durch die Eröffnung des Verfahrens, es sei denn, daß der Auftrag sich nicht auf das zur Konkursmasse gehörige Vermögen bezieht. Erlischt der Auftrag, so finden die Vorschriften des § 672 Satz 2 und des § 674 des Bürgerlichen Gesetzbuchs entsprechende Anwendung.

(2) Das gleiche gilt, wenn sich jemand durch einen Dienstvertrag oder einen Werkvertrag verpflichtet hat, ein ihm von dem Gemeinschuldner übertragenes Geschäft für diesen zu besorgen.

§ 24 [Vormerkung]

Ist zur Sicherung eines Anspruchs auf Einräumung oder Aufhebung eines Rechts an einem Grundstück oder eingetragenen Schiff oder Schiffsbauwerk des Gemeinschuldners oder an einem für den Gemeinschuldner eingetragenen Recht oder zur Sicherung eines Anspruchs auf Änderung des Inhalts oder des Ranges eines solchen Rechts eine Vormerkung im Grundbuch, Schiffsregister oder Schiffsbauregister eingetragen, so kann der Gläubiger von dem Konkursverwalter die Befriedigung seines Anspruchs verlangen. Dies gilt auch, wenn der Gemeinschuldner dem Gläubiger gegenüber weitere Verpflichtungen übernommen hat und diese nicht oder nicht vollständig erfüllt sind.

§ 25 [Konkurseröffnung und sonstige Rechtsverhältnisse]

Soweit rücksichtlich einzelner, durch die §§ 18 bis 24 nicht betroffener Rechtsverhältnisse das bürgerliche Recht besondere Bestimmungen über die Wirkung der Eröffnung des Konkursverfahrens enthält, kommen diese Bestimmungen zur Anwendung.

§ 26 [Rückgabeansprüche]

Wenn infolge der Eröffnung des Konkursverfahrens die Nichterfüllung einer Verbindlichkeit oder die Aufhebung eines Rechtsverhältnisses des Gemeinschuldners eintritt, so ist der

1) Jetzt nach dem 15. Tage des Monats; s. § 12 der VO über Maßnahmen auf dem Gebiete der Zwangsvollstreckung vom 26. 5. 1933 (RGBl. I S. 302).

2) Jetzt Kalendermonat; s. § 12 der VO über Maßnahmen auf dem Gebiete der Zwangsvollstreckung vom 26. 5. 1933 (RGBl. I S. 302).

andere Teil nicht berechtigt, die Rückgabe seiner in das Eigentum des Gemeinschuldners übergegangenen Leistung aus der Konkursmasse zu verlangen. Er kann eine Forderung wegen der Nichterfüllung oder der Aufhebung nur als Konkursgläubiger geltend machen, soweit ihm nicht ein Anspruch auf abgesonderte Befriedigung zusteht.

§ 27 [Ersatzansprüche]

Erlischt ein von dem Gemeinschuldner erteilter Auftrag oder ein Dienst- oder Werkvertrag der im § 23 Abs. 2 bezeichneten Art infolge der Eröffnung des Verfahrens, so ist der andere Teil in Ansehung der nach der Eröffnung des Verfahrens entstandenen Ersatzansprüche im Falle des § 672 Satz 2 des Bürgerlichen Gesetzbuchs Massegläubiger, im Falle des § 674 des Bürgerlichen Gesetzbuchs Konkursgläubiger.

§ 28 [Ansprüche geschäftsführender Gesellschafter]

Wird eine nach § 705 des Bürgerlichen Gesetzbuchs eingegangene Gesellschaft durch die Eröffnung des Konkursverfahrens über das Vermögen eines Gesellschafters aufgelöst, so ist der geschaftsführende Gesellschafter in Ansehung der Ansprüche, welche ihm aus der einstweiligen Fortführung der Geschäfte nach § 728 Satz 2 des Bürgerlichen Gesetzbuchs zustehen, Massegläubiger, in Ansehung der ihm nach § 729 des Bürgerlichen Gesetzbuchs zustehenden Ansprüche, unbeschadet der Bestimmung des § 51, Konkursgläubiger.

Dritter Titel
Anfechtung

§ 29 [Anfechtung vor Konkurseröffnung vorgenommener Rechtshandlungen]

Rechtshandlungen, welche vor der Eröffnung des Konkursverfahren vorgenommen sind, können als den Konkursgläubigern gegenüber unwirksam nach Maßgabe der folgenden Bestimmungen angefochten werden.

§ 30 [Konkursanfechtung]

Anfechtbar sind:

1. die nach der Zahlungseinstellung oder dem Antrage auf Eröffnung des Verfahrens von dem Gemeinschuldner eingegangenen Rechtsgeschäfte, durch deren Eingehung die Konkursgläubiger benachteiligt werden, wenn dem anderen Teile zu der Zeit, als er das Geschäft einging, die Zahlungseinstellung oder der Eröffnungsantrag bekannt war; sowie die nach der Zahlungseinstellung oder dem Eröffnungsantrage erfolgten Rechtshandlungen, welche einem Konkursgläubiger Sicherung oder Befriedigung gewähren, wenn dem Gläubiger zu der Zeit, als die Handlung erfolgte, die Zahlungseinstellung oder der Eröffnungsantrag bekannt war;
2. die nach der Zahlungseinstellung oder dem Antrage auf Eröffnung des Verfahrens oder in den letzten zehn Tagen vor der Zahlungseinstellung oder dem Eröffnungsantrage erfolgten Rechtshandlungen, welche einem Konkursgläubiger eine Sicherung oder Befriedigung gewähren, die er nicht oder nicht in der Art oder nicht zu der Zeit zu beanspruchen hatte, sofern er nicht beweist, daß ihm zur Zeit der Handlung weder die Zahlungseinstellung und der Eröffnungsantrag, noch eine Absicht des Gemeinschuldners, ihn vor den übrigen Gläubigern zu begünstigen, bekannt war.

§ 31 [Absichtsanfechtung]

Anfechtbar sind:

1. Rechtshandlungen, welche der Gemeinschuldner in der dem anderen Teile bekannten Absicht, seine Gläubiger zu benachteiligen, vorgenommen hat;
2. die in dem letzten Jahre vor der Eröffnung des Verfahrens geschlossenen, entgeltlichen Verträge des Gemeinschuldners
   mit seinem Ehegatten, vor oder während der Ehe,
   mit seinen oder seines Ehegatten Verwandten in auf- und absteigender Linie, mit seinen oder seines Ehegatten voll- und halbbürtigen Geschwistern, oder mit dem Ehegatten einer dieser Personen,
   sofern durch den Abschluß des Vertrages die Gläubiger des Gemeinschuldners benachteiligt werden und der andere Teil nicht beweist, daß ihm zur Zeit des Vertragsabschlusses eine Absicht des Gemeinschuldners, die Gläubiger zu benachteiligen, nicht bekannt war.

§ 32 [**Schenkungsanfechtung**]

Anfechtbar sind:
1. die in dem letzten Jahre vor der Eröffnung des Verfahrens von dem Gemeinschuldner vorgenommenen unentgeltlichen Verfügungen, sofern nicht dieselben gebräuchliche Gelegenheitsgeschenke zum Gegenstande hatten;
2. die in den letzten zwei Jahren vor der Eröffnung des Konkurses von dem Gemeinschuldner vorgenommenen unentgeltlichen Verfügungen zugunsten seines Ehegatten.

§ 32 a [**Rückgewähr von Darlehen**]

Anfechtbar sind Rechtshandlungen, die dem Gläubiger einer von § 32 a Abs. 1, 3 des Gesetzes betreffend die Gesellschaften mit beschränkter Haftung erfaßten Forderung Sicherung gewähren. Gleiches gilt für Rechtshandlungen, die dem Gläubiger einer solchen Forderung Befriedigung gewähren, wenn sie in dem letzten Jahre vor der Eröffnung des Verfahren vorgenommen sind.

§ 33 [**Zeitliche Begrenzung**]

Rechtshandlungen, welche früher als sechs Monate vor der Eröffnung des Verfahrens erfolgt sind, können aus dem Grunde einer Kenntnis der Zahlungseinstellung nicht angefochten werden.

§ 34 [**Wechsel- und Scheckzahlungen**]

(1) Wechselzahlungen des Gemeinschuldners können auf Grund des § 30 Nr. 1 von dem Empfänger nicht zurückgefordert werden, wenn nach Wechselrecht der Empfänger bei Verlust des Wechselanspruchs gegen andere Wechselverpflichtete zur Annahme der Zahlung verbunden war.

(2) Die gezahlte Wechselsumme muß von dem letzten Wechselregreßschuldner oder, falls derselbe den Wechsel für Rechnung eines Dritten begeben hatte, von diesem erstattet werden, wenn dem letzten Wechselregreßschuldner oder dem Dritten zu der Zeit, als er den Wechsel begab oder begeben ließ, einer der in § 30 Nr. 1 erwähnten Umstände bekannt war.

(3) Die Vorschriften der Absätze 1 und 2 finden auf Scheckzahlungen des Gemeinschuldners entsprechende Anwendung.

§ 35 [Anfechtbarkeit auch titulierter Rechtshandlungen]

Die Anfechtung wird dadurch nicht ausgeschlossen, daß für die anzufechtende Rechtshandlung ein vollstreckbarer Schuldtitel erlangt, oder daß dieselbe durch Zwangsvollstreckung oder durch Vollziehung eines Arrestes erwirkt worden ist.

§ 36 [Ausübung des Anfechtungsrechts]

Das Anfechtungsrecht wird von dem Verwalter ausgeübt.

§ 37 [Verpflichtung zur Rückgewähr]

(1) Was durch die anfechtbare Handlung aus dem Vermögen des Gemeinschuldners veräußert, weggegeben oder aufgegeben ist, muß zur Konkursmasse zurückgewährt werden.

(2) Der gutgläubige Empfänger einer unentgeltlichen Leistung hat dieselbe nur soweit zurückzugewähren, als er durch sie bereichert ist.

§ 38 [Erstattung der Gegenleistung]

Die Gegenleistung ist aus der Konkursmasse zu erstatten, soweit sie sich in derselben befindet, oder soweit die Masse um ihren Wert bereichert ist. Darüber hinaus kann ein Anspruch nur als Konkursforderung geltend gemacht werden.

§ 39 [Wiederaufleben erloschener Forderungen]

Wenn der Empfänger einer anfechtbaren Leistung das Empfangene zurückgewährt, so tritt seine Forderung wieder in Kraft.

§ 40 [Anfechtung gegen Rechtsnachfolger]

(1) Die gegen den Erblasser begründete Anfechtung findet gegen den Erben statt.

(2) Gegen einen anderen Rechtsnachfolger desjenigen, welchem gegenüber die anfechtbare Handlung vorgenommen ist, findet die gegen den letzteren begründete Anfechtung statt:

1. wenn ihm zur Zeit seines Erwerbes die Umstände, welche die Anfechtbarkeit des Erwerbes seines Rechtsvorgängers begründen, bekannt waren;
2. wenn er zu den in § 31 Nr. 2 genannten Personen gehört, es sei denn, daß ihm zur Zeit seines Erwerbes die Umstände, welche die Anfechtbarkeit des Erwerbes seines Rechtsvorgängers begründen, unbekannt waren;
3. wenn ihm das Erlangte unentgeltlich zugewendet worden ist.

(3) Im Falle des Absatzes 2 Nr. 3 findet auf die Haftung des Rechtsnachfolgers die Bestimmung des § 37 Abs. 2 Anwendung.

§ 41 [Anfechtungsfrist]

(1) Die Anfechtung kann nur binnen Jahresfrist seit der Eröffnung des Verfahrens erfolgen. Auf den Lauf der Frist finden die für die Verjährung geltenden Vorschriften des § 203 Abs. 2 und des § 207 des Bürgerlichen Gesetzbuchs entsprechende Anwendung. Die Anfechtung nach § 31 Nr. 1 und § 32 a Satz 1 ist ausgeschlossen, wenn seit der Vornahme der Handlung dreißig Jahre verstrichen sind.

(2) Ist durch die anfechtbare Handlung eine Verpflichtung des Gemeinschuldners zu einer Leistung begründet, so kann der Konkursverwalter die Leistung verweigern, auch wenn die Anfechtung nach Absatz 1 ausgeschlossen ist.

§ 42 [Anfechtung nach Konkurseröffnung vorgenommener Rechtshandlungen]

Die Vorschriften über die Anfechtung der vor der Eröffnung des Verfahrens vorgenommenen Rechtshandlungen gelten auch für die Anfechtung von Rechtshandlungen, die nach der Eröffnung des Verfahrens vorgenommen worden sind, sofern diese nach den §§ 892, 893 des Bürgerlichen Gesetzbuchs, §§ 16, 17 des Gesetzes über Rechte an eingetragenen Schiffen und Schiffsbauwerken vom 15. November 1940 (RGBl. I S. 1499) den Konkursgläubigern gegenüber wirksam sind. Die Frist für die Ausübung des Anfechtungsrechts beginnt mit der Vornahme der Rechtshandlung.

Vierter Titel
Aussonderung

§ 43 [Aussonderungsansprüche]
Die Ansprüche auf Aussonderung eines dem Gemeinschuldner nicht gehörigen Gegenstandes aus der Konkursmasse auf Grund eines dinglichen oder persönlichen Rechts bestimmen sich nach den außerhalb des Konkursverfahrens geltenden Gesetzen.

§ 44 [Verfolgungsrecht bei Warenversand]
(1) Der Verkäufer oder Einkaufskommissionär kann Waren, welche von einem anderen Orte an den Gemeinschuldner abgesendet und von dem Gemeinschuldner noch nicht vollständig bezahlt sind, zurückfordern, sofern nicht dieselben schon vor der Eröffnung des Verfahrens an dem Orte der Ablieferung angekommen und in den Gewahrsam des Gemeinschuldners oder einer anderen Person für ihn gelangt sind.
(2) Die Bestimmungen des § 17 finden Anwendung.

§ 45 [Aussonderungsrecht des Ehegarten][1)]
Der Ehegatte des Gemeinschuldners kann Gegenstände, die er während der Ehe erworben hat, nur in Anspruch nehmen, wenn er beweist, daß sie nicht mit Mitteln des Gemeinschuldners erworben sind.

§ 46 [Ersatzaussonderung]
Sind Gegenstände, deren Aussonderung aus der Konkursmasse hätte beansprucht werden können, vor der Eröffnung des Verfahrens von dem Gemeinschuldner oder nach der Eröffnung des Verfahrens von dem Verwalter veräußert worden, so ist der Aussonderungsberechtigte befugt, die Abtretung des Rechts auf die Gegenleistung, soweit diese noch aussteht, zu verlangen. Er kann die Gegenleistung aus der Masse beanspruchen, soweit sie nach der Eröffnung des Verfahrens zu derselben eingezogen worden ist.

Fünfter Titel
Absonderung

§ 47 [Unbewegliche Gegenstände]
Zur abgesonderten Befriedigung dienen die Gegenstände, welche der Zwangsvollstreckung in das unbewegliche Vermögen unterliegen (unbewegliche Gegenstände), für diejenigen, welchen ein Recht auf Befriedigung aus denselben zusteht.

§ 48 [Rechtsgeschäftliches Pfandrecht]
Gläubiger, welche an einem zur Konkursmasse gehörigen Gegenstand ein durch Rechtsgeschäft bestelltes Pfandrecht haben, können aus den ihnen verpfändeten Gegenständen

1) Gemäß Beschluß des Bundesverfassungsgerichts vom 24. 7. 1968 – 1 BvR 394/67 (BGBl. I S. 994) ist § 45 nichtig.

abgesonderte Befriedigung wegen ihrer Pfandforderung verlangen, zunächst wegen der Kosten, dann wegen der Zinsen, zuletzt wegen des Kapitals.

§ 49 [Weitere Absonderungsberechtigte]

(1) Den im § 48 bezeichneten Pfandgläubigern stehen gleich:

1. die **Reichs**kasse, die Staatskasse und die Gemeinden, sowie die Amts-, Kreis- und Provinzialverbände wegen öffentlicher Abgaben, in Ansehung der zurückgehaltenen oder in Beschlag genommenen zoll- und steuerpflichtigen Sachen;
2. diejenigen, welche an gewissen Gegenständen ein gesetzliches oder ein durch Pfändung erlangtes Pfandrecht haben; das dem Vermieter und dem Verpächter nach den §§ 559, 581, 592 des Bürgerlichen Gesetzbuchs zustehende Pfandrecht kann in Ansehung des Miet- oder Pachtzinses für eine frühere Zeit als das letzte Jahr vor der Eröffnung des Verfahrens, sowie in Ansehung des dem Vermieter oder dem Verpächter infolge der Kündigung des Verwalters entstehenden Entschädigungsanspruchs nicht geltend gemacht werden; das Pfandrecht des Verpächters eines landwirtschaftlichen Grundstücks unterliegt in Ansehung des Pachtzinses der Beschränkung nicht;
3. diejenigen, welche etwas zum Nutzen einer Sache verwendet haben, wegen des den noch vorhandenen Vorteil nicht übersteigenden Betrags ihrer Forderung aus der Verwendung, in Ansehung der zurückbehaltenen Sache;
4. diejenigen, welchen nach dem Handelsgesetzbuche in Ansehung gewisser Gegenstände ein Zurückbehaltungsrecht zusteht.

(2) Die im Absatz 1 Nr. 1 bezeichneten Rechte gehen den im Absatz 1 Nr. 2 bis 4 und den im § 48 bezeichneten Rechten vor; dies gilt nicht gegenüber den Pfandrechten der Schiffsgläubiger (§ 754 des Handelsgesetzbuchs).

§ 50 [Ersatzpflicht]

Wer nach der Eröffnung des Konkursverfahrens oder mit Kenntnis des Eröffnungsantrages oder der Zahlungseinstellung eine Konkursforderung dem im Auslande wohnenden Inhaber eines zur Konkursmasse gehörigen Gegenstandes oder in der Absicht, daß dieser die Forderung erwerbe, einer Mittelsperson abtritt, ist verpflichtet, zur Konkursmasse den Betrag zu ersetzen, welcher derselben dadurch entgeht, daß der Inhaber für die Forderung nach dem Rechte des Auslandes entgegen den Bestimmungen dieses Gesetzes ein Absonderungsrecht an dem Gegenstande ausübt. Die Vorschrift des § 33 findet entsprechende Anwendung.

§ 51 [Gemeinschaft]

Wer sich mit dem Gemeinschuldner in einem Miteigentume, in einer Gesellschaft oder in einer anderen Gemeinschaft befindet, kann wegen der auf ein solches Verhältnis sich gründenden Forderungen abgesonderte Befriedigung aus dem bei der Teilung oder sonstigen Auseinandersetzung ermittelten Anteile des Gemeinschuldner verlangen.

§ 52 (gegenstandslos)

Sechster Titel

Aufrechnung

§ 53 [Keine Forderungsanmeldung]

Soweit ein Gläubiger zu einer Aufrechnung befugt ist, braucht er seine Forderung im Konkursverfahren nicht geltend zu machen.

§ 54 [Aufrechnung trotz Nichtfälligkeit und Nichtgleichartigkeit]

(1) Die Aufrechnung wird nicht dadurch ausgeschlossen, daß zur Zeit der Eröffnung des Verfahrens die aufzurechnenden Forderungen oder die eine von ihnen noch betagt oder noch bedingt war, oder die Forderung des Gläubigers nicht auf einen Geldbetrag gerichtet war.

(2) Eine betagte Forderung des Gläubigers ist zum Zwecke der Aufrechnung nach der Vorschrift des § 65 zu berechnen.

(3) Zum Zwecke der Aufrechnung einer aufschiebend bedingten Forderung bei dem Eintritte der Bedingung kann der Gläubiger Sicherstellung insoweit verlangen, als die Forderung der von ihm einzuzahlenden Schuld gleichkommt.

(4) Eine nicht auf Geld gerichtete Forderung des Gläubigers ist zum Zwecke der Aufrechnung nach den Vorschriften der §§ 69, 70 zu berechnen.

§ 55 [Unzulässige Aufrechnung]

Eine Aufrechnung im Konkursverfahren ist unzulässig:

1. wenn jemand vor oder nach der Eröffnung des Verfahrens eine Forderung an den Gemeinschuldner erworben hat und nach der Eröffnung etwas zur Masse schuldig geworden ist;
2. wenn jemand dem Gemeinschuldner vor der Eröffnung des Verfahrens etwas schuldig war und nach derselben eine Forderung an den Gemeinschuldner erworben hat, auch wenn diese Forderung vor der Eröffnung für einen anderen Gläubiger entstanden war;
3. wenn jemand vor der Eröffnung des Verfahrens dem Gemeinschuldner etwas schuldig war und eine Forderung an den Gemeinschuldner durch ein Rechtsgeschäft mit demselben oder durch Rechtsabtretung oder Befriedigung eines Gläubigers erworben hat, falls ihm zur Zeit des Erwerbes bekannt war, daß der Gemeinschuldner seine Zahlungen eingestellt hatte, oder daß die Eröffnung des Verfahrens beantragt war. Die Vorschrift des § 33 findet entsprechende Anwendung.
   Die Aufrechnung ist zulässig, wenn der Erwerber zur Übernahme der Forderung oder zur Befriedigung des Gläubigers verpflichtet war und zu der Zeit, als er die Verpflichtung einging, weder von der Zahlungseinstellung noch von dem Eröffnungsantrage Kenntnis hatte.

§ 56 [Ersatzpflicht]

Die Bestimmung des § 50 findet entsprechende Anwendung auf den Fall, daß ein im Auslande wohnender Schuldner nach dem Rechte des Auslandes eine nach § 55 unzulässige Aufrechnung mit der ihm abgetretenen Konkursforderung vornimmt.

Siebenter Titel

Massegläubiger

§ 57 [Vorwegbefriedigung]

Aus der Konkursmasse sind die Massekosten und Masseschulden vorweg zu berichtigen.

§ 58 [Massekosten]

Massekosten sind:

1. die gerichtlichen Kosten für das gemeinschaftliche Verfahren;
2. die Ausgaben für die Verwaltung, Verwertung und Verteilung der Masse;
3. die dem Gemeinschuldner und dessen Familie bewilligte Unterstützung.

§ 59 [Masseschulden]

(1) Masseschulden sind:

1. die Ansprüche, welche aus Geschäften oder Handlungen des Konkursverwalters entstehen;
2. die Ansprüche aus zweiseitigen Verträgen, deren Erfüllung zur Konkursmasse verlangt wird oder für die Zeit nach der Eröffnung des Verfahrens erfolgen muß;
3. wegen der Rückstände für die letzten sechs Monate vor der Eröffnung des Verfahrens oder dem Ableben des Gemeinschuldners die Ansprüche
   a) der Arbeitnehmer auf die Bezüge aus einem Arbeitsverhältnis mit dem Gemeinschuldner, der im Rahmen betrieblicher Berufsbildung Beschäftigten auf die Bezüge aus einem Berufsbildungsverhältnis mit dem Gemeinschuldner sowie der in Heimarbeit Beschäftigten und der ihnen Gleichgestellten auf die Bezüge aus einem Beschäftigungsverhältnis mit dem Gemeinschuldner,
   b) der Arbeitnehmer auf Entschädigung aus einer Wettbewerbsabrede mit dem Gemeinschuldner,
   c) der Handelsvertreter auf Vergütung einschließlich Provision gegen den Gemeinschuldner, sofern diese Handelsvertreter zu dem Personenkreis gehören, für den nach § 92 a des Handelsgesetzbuchs die untere Grenze der vertraglichen Leistungen des Unternehmers festgesetzt werden kann, und ihnen während der letzten sechs Monate des Vertragsverhältnisses, bei kürzerer Vertragsdauer während dieser, im Durchschnitt monatlich nicht mehr als tausend Deutsche Mark an Vergütung einschließlich Provision und Ersatz für im regelmäßigen Geschäftsbetrieb entstandene Aufwendungen zugestanden haben oder noch zustehen,
   d) der Berechtigten auf Leistungen aus einer betrieblichen Altersversorgung gegen den Gemeinschuldner,
   e) der Träger der Sozialversicherung und der Bundesanstalt für Arbeit auf Beiträge einschließlich Säumniszuschläge und auf Umlagen;
4. die Ansprüche aus einer rechtlosen Bereicherung der Masse.

(2) Gehen in Absatz 1 Nr. 3 Buchstabe a bezeichnete Ansprüche nach § 141 m Abs. 1 des Arbeitsförderungsgesetzes oder nach § 9 Abs. 3 Satz 1 des Vorruhestandsgesetzes auf die Bundesanstalt für Arbeit über, so werden sie als Konkursforderungen mit dem Rang des § 61 Abs. 1 Nr. 1 berichtigt. Das gleiche gilt für die in Absatz 1 Nr. 3 Buchstabe e bezeichneten Ansprüche auf Beiträge, die nach § 141 n Abs. 2 Satz 1 des Arbeitsförderungsgesetzes gegenüber dem Gemeinschuldner bestehenbleiben.

§ 60 [Rangordnung]

(1) Sobald sich herausstellt, daß die Konkursmasse zur vollständigen Befriedigung aller Massegläubiger nicht ausreicht, werden Massekosten und Masseschulden, soweit diese Ansprüche auf einen Geldbetrag gerichtet sind, nach folgender Rangordnung, bei gleichem Rang nach dem Verhältnis ihrer Beträge, berichtigt:

1.[1] die Masseschulden im Sinne des § 59 Abs. 1 Nr. 1, 2,
2.[1] die Massekosten im Sinne des § 58 Nr. 1, 2, von diesen zuerst die baren Auslagen,
3. die Masseschulden im Sinne des § 59 Abs. 1 Nr. 3, 4,
4. die Massekosten im Sinne des § 58 Nr. 3.

(2) § 13 Abs. 1 Satz 2 des Gesetzes, betreffend die Anfechtung von Rechtshandlungen eines Schuldners außerhalb des Konkursverfahrens, in der Fassung der Bekanntmachung

---

1) Hierzu Beschluß des Bundesverfassungsgerichts vom 30. 3. 1993 – 1 BvR 1045/89 – (BGBl. I S. 928): »§ 60 Absatz 1 Nummer 1 und 2 der Konkursordnung vom 10. 2. 1877 (RGBl. S. 351) in der Fassung des Dritten Gesetzes zur Änderung des Arbeitsförderungsgesetzes vom 17. 7. 1974 (BGBl. I S. 1481) ist nach Maßgabe der Gründe mit dem Grundgesetz vereinbar, soweit er den Anspruch des Konkursverwalters auf Vergütung und Auslagenerstattung betrifft.«

vom 20. Mai 1898 (RGBl. S. 709), geändert durch die Vergleichsordnung vom 5. Juli 1927 (RGBl. I S. 139), bleibt unberührt.

Achter Titel
Konkursgläubiger

§ 61 [Rang der Konkursforderungen]

(1) Die Konkursforderungen werden nach folgender Rangordnung berichtigt:

1. wegen der Rückstände für das letzte Jahr vor der Eröffnung des Verfahrens oder dem Ableben des Gemeinschuldners die Forderungen
   a) der Arbeitnehmer auf die Bezüge aus einem Arbeitsverhältnis mit dem Gemeinschuldner, der im Rahmen betrieblicher Berufsausbildung Beschäftigten auf die Bezüge aus einem Berufsbildungsverhältnis mit dem Gemeinschuldner sowie der in Heimarbeit Beschäftigten und der ihnen Gleichgestellten auf die Bezüge aus einem Beschäftigungsverhältnis mit dem Gemeinschuldner,
   b) der Arbeitnehmer auf Entschädigung aus einer Wettbewerbsabrede mit dem Gemeinschulder,
   c) der Handelsvertreter auf Vergütung einschließlich Provision gegen den Gemeinschuldner, sofern diese Handelsvertreter zu dem Personenkreis gehören, für den nach § 92 a des Handelsgesetzbuchs die untere Grenze der vertraglichen Leistungen des Unternehmers festgesetzt werden kann, und ihnen während der letzten Monate des Vertragsverhältnisses, bei kürzerer Vertragsdauer während dieser, im Durchschnitt monatlich nicht mehr als tausend Deutsche Mark an Vergütung einschließlich Provision und Ersatz für im regelmäßigen Geschäftsbetrieb entstandene Aufwendungen zugestanden haben oder noch zustehen,
   d) der Berechtigten auf Leistungen aus einer betrieblichen Altersversorgung gegen den Gemeinschuldner,
   e) der Träger der Sozialversicherung und der Bundesanstalt für Arbeit auf Beiträge einschließlich Säumniszuschläge und auf Umlagen,

   soweit die Forderungen nicht Masseschulden sind;
2. die Forderungen der **Reichskasse**, der Staatskassen und der Gemeinden sowie der Amts-, Kreis- und Provinzialverbände wegen öffentlicher Abgaben, welche im letzten Jahre vor der Eröffnung des Verfahrens fällig geworden sind oder nach § 65 als fällig gelten; es macht hierbei keinen Unterschied, ob der Steuererheber die Abgabe bereits voschußweise zur Kasse entrichtet hat;
3. die Forderungen der Kirchen und Schulen, der öffentlichen Verbände und der öffentlichen, zur Annahme der Versicherung verpflichteten Feuerversicherungsanstalten wegen der nach Gesetz oder Verfassung zu entrichtenden Abgaben und Leistungen aus dem letzten Jahre vor der Eröffnung des Verfahrens;
4. die Forderungen der Ärzte, Wundärzte, Tierärzte, Apotheker, Hebammen und Krankenpfleger wegen Kur- und Pflegekosten aus dem letzten Jahre vor der Eröffnung des Verfahrens, insoweit der Betrag der Forderungen den Betrag der taxmäßigen Gebührnisse nicht übersteigt;
5. die Forderungen der Kinder, der Mündel, der Betreuten und der Pflegebefohlenen des Gemeinschuldners in Ansehung ihres gesetzlich der Verwaltung desselben unterworfenen Vermögens; das Vorrecht steht ihnen nicht zu, wenn die Forderung nicht binnen

zwei Jahren nach Beendigung der Vermögensverwaltung gerichtlich geltend gemacht und bis zur Eröffnung des Verfahrens verfolgt worden ist;
6. alle übrigen Konkursforderungen.

(2) Die in Absatz 1 unter einer Nummer zusammengefaßten Forderungen haben den gleichen Rang. Gleichrangige Konkursforderungen werden nach dem Verhältnis ihrer Beträge berichtigt.

§ 62 [Nebenforderungen]

Mit der Kapitalsforderung werden an derselben Stelle angesetzt:
1. die Kosten, welche dem Gläubiger vor der Eröffnung des Verfahrens erwachsen sind;
2. die Vertragsstrafen;
3. die bis zur Eröffnung des Verfahrens aufgelaufenen Zinsen.

§ 63 [Von der Geltendmachung ausgeschlossene Forderungen]

Im Konkursverfahren können nicht geltend gemacht werden:
1. die seit der Eröffnung des Verfahrens laufenden Zinsen;
2. die Kosten, welche den einzelnen Gläubigern durch ihre Teilnahme an dem Verfahren erwachsen;
3. Geldstrafen, Geldbußen, Ordnungsgelder und Zwangsgelder sowie solche Nebenfolgen einer Straftat oder Ordnungswidrigkeit, die zu einer Geldzahlung verpflichten;
4. Forderungen aus einer Freigebigkeit des Gemeinschuldners unter Lebenden oder von Todes wegen.

§ 64 [Konkurrenz von Konkursforderungen und Absonderungsrechten]

Ein Gläubiger, welcher abgesonderte Befriedigung beansprucht, kann die Forderung, wenn der Gemeinschuldner auch persönlich für sie haftet, zur Konkursmasse geltend machen, aus derselben aber nur für den Betrag verhältnismäßige Befriedigung verlangen, zu welchem er auf abgesonderte Befriedigung verzichtet oder mit welchem er bei der letzteren ausgefallen ist.

§ 65 [Betagte Forderungen]

(1) Betagte Forderungen gelten als fällig.

(2) Eine betagte unverzinsliche Forderung vermindert sich auf den Betrag, welcher mit Hinzurechnung der gesetzlichen Zinsen desselben für die Zeit von der Eröffnung des Verfahrens bis zur Fälligkeit dem vollen Betrage der Forderung gleichkommt.

§ 66 [Auflösend bedingte Forderungen]

Forderungen unter auflösender Bedingung werden wie unbedingte geltend gemacht.

§ 67 [Aufschiebend bedingte Forderungen]

Forderungen unter aufschiebender Bedingung berechtigen nur zu einer Sicherung.

§ 68 [Konkursforderung bei gesamtschuldnerischer Haftung]

Wird über das Vermögen mehrerer oder einer von mehreren Personen, welche nebeneinander für dieselbe Leistung auf das Ganze haften, das Konkursverfahren eröffnet, so kann der Gläubiger bis zu seiner vollen Befriedigung in jedem Verfahren den Betrag geltend machen, den er zur Zeit der Eröffnung des Verfahrens zu fordern hatte.

§ 69 [Unbestimmte Forderungen]

Forderungen, welche nicht auf einen Geldbetrag gerichtet sind, oder deren Geldbetrag unbestimmt oder ungewiß oder nicht in Reichswährung festgesetzt ist, sind nach ihrem Schätzungswert in Reichswährung geltend zu machen.

§ 70 [Kapitalisierung wiederkehrender Hebungen]

Wiederkehrende Hebungen zu einem bestimmten Betrage und von einer bestimmten Zeitdauer werden unter Abrechnung der Zwischenzinsen der einzelnen Hebungen kapitalisiert. Der Gesamtbetrag darf den zum gesetzlichen Zinssatze kapitalisierten Betrag derselben nicht übersteigen.

Zweites Buch

Konkursverfahren

Erster Titel

Allgemeine Bestimmungen

§ 71 [Zuständigkeit des Amtsgerichts]

(1) Für das Konkursverfahren ist das Amtsgericht ausschließlich zuständig, bei welchem der Gemeinschuldner seine gewerbliche Niederlassung oder in Ermangelung einer solchen seinen allgemeinen Gerichtsstand hat.

(2) Sind mehrere Gerichte zuständig, so schließt dasjenige, bei welchem zuerst die Eröffnung des Verfahrens beantragt worden ist, die übrigen aus.

(3) Die Landesregierungen werden ermächtigt, durch Rechtsverordnung die Konkurssachen einem Amtsgericht für die Bezirke mehrerer Amtsgerichte zuzuweisen, sofern die Zusammenfassung für eine sachdienliche Förderung und schnellere Erledigung der Verfahren erforderlich ist. Die Landesregierungen können die Ermächtigung auf die Landesjustizverwaltungen übertragen.

§ 72 [Entsprechende Anwendung der ZPO]

Die Vorschriften der Zivilprozeßordnung finden, soweit nicht aus den Bestimmungen dieses Gesetzes sich Abweichungen ergeben, auf das Konkursverfahren entsprechende Anwendung.

§ 73 [Verfahren – sofortige Beschwerde]

(1) Die Entscheidungen im Konkursverfahren können ohne vorgängige mündliche Verhandlung erfolgen.

(2) Die Zustellung geschieht von Amts wegen.

(3) Soweit dieses Gesetz nicht ein anderes bestimmt, findet gegen die Entscheidungen im Konkursverfahren die sofortige Beschwerde, gegen Entscheidungen des Beschwerdegerichts, die sofortige weitere Beschwerde statt.

§ 74 [Wirksamkeit der Beschwerdeentscheidung]

Die Entscheidung des Beschwerdegerichts wird erst mit der Rechtskraft wirksam. Das Beschwerdegericht kann jedoch die sofortige Wirksamkeit der Entscheidung anordnen.

§ 75 [Ermittlungen des Konkursgerichts]

Das Konkursgericht kann zur Aufklärung aller das Verfahren betreffenden Verhältnisse die erforderlichen Ermittlungen, insbesondere die Vernehmung von Zeugen und Sachverständigen anordnen.

§ 76 [Öffentliche Bekanntmachungen]

(1) Die öffentlichen Bekanntmachungen erfolgen durch mindestens einmalige Einrückung in das zur Veröffentlichung amtlicher Bekanntmachungen des Gerichts bestimmte Blatt; die Einrückung kann auszugsweise geschehen. Die Bekanntmachung gilt als bewirkt mit dem Ablaufe des zweiten Tages nach der Ausgabe des die Einrückung oder die erste Einrückung enthaltenden Blattes.

(2) Das Gericht kann weitere Bekanntmachungen anordnen.

(3) Die öffentliche Bekanntmachung gilt als Zustellung an alle Beteiligten, auch wenn dieses Gesetz neben ihr eine besondere Zustellung vorschreibt.

§ 77 [Zustellungen – formlose Mitteilungen]

(1) Wenn neben der öffentlichen Bekanntmachung eine besondere Zustellung vorgeschrieben ist, so kann dieselbe durch Aufgabe zur Post bewirkt werden. Einer Beglaubigung der Abschrift des zuzustellenden Schriftstücks bedarf es nicht.

(2) Die dem Verwalter obliegenden Mitteilungen können unmittelbar und ohne besondere Form geschehen.

§ 78 [Ernennung des Konkursverwalters]

(1) Der Konkursverwalter wird von dem Gerichte ernannt.

(2) Das Gericht kann demselben die Leistung einer Sicherheit auferlegen.

§ 79 [Ernennung mehrerer Verwalter]

Wenn die Verwaltung verschiedene Geschäftszweige umfaßt, so können mehrere Konkursverwalter ernannt werden. Jeder von ihnen ist in seiner Geschäftsführung selbständig.

§ 80 [Wahl eines anderen Verwalters]

In der auf die Ernennung eines Verwalters folgenden Gläubigerversammlung können die Konkursgläubiger statt des Ernannten eine andere Person wählen. Das Gericht kann die Ernennung des Gewählten versagen.

§ 81 [Bekanntmachung und Bestallung des Verwalters]

(1) Der Name des Verwalters ist öffentlich bekanntzumachen.

(2) Dem Verwalter ist eine urkundliche Bescheinigung seiner Ernennung zu erteilen. Er hat dieselbe bei der Beendigung seines Amts dem Gericht zurückzureichen.

§ 82 [Haftung]

Der Verwalter ist für die Erfüllung der ihm obliegenden Pflichten allen Beteiligten verantwortlich.

§ 83 [Aufsicht des Konkursgerichts]

Der Verwalter steht unter der Aufsicht des Konkursgerichts.

§ 84 [Zwangsgeld]

(1) Das Gericht kann gegen den Verwalter Zwangsgeld festsetzen. Es kann denselben vor der auf seine Ernennung folgenden Gläubigerversammlung von Amts wegen, später nur auf Antrag der Gläubigerversammlung oder des Gläubigerausschusses seines Amtes entlassen.

(2) Das Zwangsgeld ist vorher anzudrohen. Vor der Entscheidung nach Absatz 1 Satz 2 ist der Verwalter zu hören.

§ 85 [Auslagenerstattung und Vergütung]

(1) Der Verwalter hat Anspruch auf Erstattung angemessener barer Auslagen und auf Vergütung für seine Geschäftsführung. Die Festsetzung der Auslagen und der Vergütung erfolgt durch das Konkursgericht.

(2) Die Landesjustizverwaltung kann für die dem Verwalter zu gewährende Vergütung allgemeine Anordnungen treffen.

§ 86 [Schlußrechnung des Konkursverwalters]

Der Verwalter hat bei der Beendigung seines Amts einer Gläubigerversammlung Schlußrechnung zu legen. Die Rechnung muß mit den Belegen und, wenn ein Gläubigerausschuß bestellt ist, mit dessen Bemerkungen spätestens drei Tage vor dem Termine auf der Geschäftsstelle zur Einsicht der Beteiligten niedergelegt werden. Der Gemeinschuldner, jeder Konkursgläubiger und der nachfolgende Verwalter sind berechtigt, Einwendungen gegen die Rechnung zu erheben. Soweit in dem Termine Einwendungen nicht erhoben werden, gilt die Rechnung als anerkannt.

§ 87 [Gläubigerausschuß]

(1) Vor der ersten Gläubigerversammlung kann das Gericht aus der Zahl der Gläubiger oder der Vertreter von Gläubigern einen Gläubigerausschuß bestellen.

(2) Die Gläubigerversammlung hat über die Bestellung eines Gläubigerausschusses zu beschließen. Die Mitglieder des Gläubigerausschusses sind von der Gläubigerversammlung zu wählen. Zu Mitgliedern können Gläubiger oder andere Personen gewählt werden.

§ 88 [Aufgaben]

(1) Die Mitglieder des Gläubigerausschusses haben den Verwalter bei seiner Geschäftsführung zu unterstützen und zu überwachen. Dieselben können sich von dem Gange der Geschäfte unterrichten, die Bücher und Schriften des Verwalters einsehen und den Bestand seiner Kasse untersuchen.

(2) Der Gläubigerausschuß ist berechtigt, von dem Verwalter Berichterstattung über die Lage der Sache und die Geschäftsführung zu verlangen. Er ist verpflichtet, die Untersuchung der Kasse des Verwalters wenigstens einmal in jedem Monate durch ein Mitglied vornehmen zu lassen.

§ 89 [Haftung]

Die Mitglieder des Gläubigerausschusses sind für die Erfüllung der ihnen obliegenden Pflichten allen Beteiligten verantwortlich.

§ 90 [Beschlußfassung]

Ein Beschluß des Gläubigerausschusses ist gültig, wenn die Mehrheit der Mitglieder an der Beschlußfassung teilgenommen hat und der Beschluß mit absoluter Mehrheit der abgegebenen Stimmen gefaßt ist.

§ 91 [Auslagenerstattung und Vergütung]

(1) Die Mitglieder des Gläubigerausschusses haben Anspruch auf Erstattung angemessener barer Auslagen und auf Vergütung für ihre Geschäftsführung. Die Festsetzung der Auslagen und der Vergütung erfolgt nach Anhörung der Gläubigerversammlung durch das Konkursgericht.

(2) Die Landesjustizverwaltung kann für die den Mitgliedern des Gläubigerausschusses zu gewährende Vergütung allgemeine Anordnungen treffen.

§ 92 [Widerruf der Bestellung]

Die durch das Gericht erfolgte Bestellung zum Mitgliede des Gläubigerausschusses kann von dem Gerichte, die durch die Gläubigerversammlung erfolgte Bestellung zum Mitgliede des Gläubigerausschusses durch Beschluß der Gläubigerversammlung widerrufen werden.

§ 93 [Berufung der Gläubigerversammlung]

(1) Über die Berufung der Gläubigerversammlung beschließt das Gericht. Die Berufung muß erfolgen, wenn sie von dem Verwalter, dem Gläubigerausschusse oder von mindestens fünf Konkursgläubigern, deren Forderungen nach der Schätzung des Gerichts den fünften Teil der Schuldenmasse erreichen, beantragt wird.

(2) Die Berufung muß öffentlich bekanntgemacht werden. Der öffentlichen Bekanntmachung bedarf es nicht, wenn in einer Gläubigerversammlung eine Vertagung der Verhandlung angeordnet wird.

§ 94 [Leitung und Beschlußfassung]

(1) Die Gläubigerversammlung findet unter der Leitung des Gerichts statt.

(2) Die Beschlüsse der Gläubigerversammlung werden mit absoluter Mehrheit der Stimmen gefaßt. Für die Wahl der Mitglieder des Gläubigerausschusses genügt relative Mehrheit der Stimmen.

(3) Die Stimmenmehrheit ist nach den Forderungsbeträgen zu berechnen. Bei Gleichheit der Summen entscheidet die Zahl der Gläubiger.

§ 95 [Stimmrecht]

(1) Zur Teilnahme an den Abstimmungen berechtigen die festgestellten Konkursforderungen. In Ansehung einer streitig gebliebenen Forderung wird bei der Prüfung mit den Parteien erörtert, ob und zu welchem Betrage ein bleibendes Stimmrecht für dieselbe zu gewähren ist. In Ermangelung einer Einigung entscheidet das Konkursgericht. Das Gericht kann die Entscheidung auf den weiteren Antrag einer Partei abändern.

(2) Ob und zu welchem Betrage nicht geprüfte Konkursforderungen zum Stimmen in einer Gläubigerversammlung berechtigen, entscheidet auf den Widerspruch eines Konkursgläubigers oder des Verwalters das Gericht.

(3) Eine Anfechtung der Entscheidung findet nicht statt.

§ 96 [Stimmrecht bei Absonderungs- und Aufrechnungsrechten]

(1) Ob und zu welchem Betrage Forderungen, für welche abgesonderte Befriedigung beansprucht wird, in Ansehung ihres mutmaßlichen Ausfalls, sowie Konkursforderungen unter aufschiebender Bedingung zum Stimmen in einer Gläubigerversammlung berechtigen, entscheidet auf den Widerspruch eines Konkursgläubigers oder des Verwalters das Gericht.

(2) Eine Anfechtung der Entscheidung findet nicht statt.

§ 97 [Zählung der Stimmen]

Gezählt werden nur die Stimmen der in der Gläubigerversammlung erschienenen Gläubiger. Die nicht erschienenen Gläubiger sind an die Beschlüsse gebunden.

§ 98 [Vorherige Bekanntmachung des Gegenstandes der Beschlußfassung]

Der Gegenstand, über welchen in der Gläubigerversammlung ein Beschluß gefaßt werden soll, muß bei der Berufung derselben öffentlich bekanntgemacht werden.

§ 99 [Untersagung der Ausführung eines Beschlusses]

Das Gericht hat die Ausführung eines von der Gläubigerversammlung gefaßten Beschlusses auf den in der Gläubigerversammlung gestellten Antrag des Verwalters oder eines überstimmten Gläubigers zu untersagen, wenn der Beschluß dem gemeinsamen Interesse der Konkursgläubiger widerspricht.

§ 100 [Auskunftspflicht des Gemeinschuldners]

(1) Der Gemeinschuldner ist verpflichtet, dem Verwalter, dem Gläubigerausschusse und auf Anordnung des Gerichts der Gläubigerversammlung über alle das Verfahren betreffenden Verhältnisse Auskunft zu geben.

§ 101 [Anwesenheitspflicht des Gemeinschuldners]

(1) Der Gemeinschuldner darf sich von seinem Wohnorte nur mit Erlaubnis des Gerichts entfernen.

(2) Das Gericht kann die zwangsweise Vorführung und nach Anhörung des Gemeinschuldners die Haft desselben anordnen, wenn er die ihm von dem Gesetze auferlegten Pflichten nicht erfüllt, oder wenn es zur Sicherung der Masse notwendig erscheint.

Zweiter Titel

Eröffnungsverfahren

§ 102 [Zahlungsunfähigkeit]

(1) Die Eröffnung des Konkursverfahrens setzt die Zahlungsunfähigkeit des Gemeinschuldners voraus.

(2) Zahlungsunfähigkeit ist insbesondere anzunehmen, wenn Zahlungseinstellung erfolgt ist.

§ 103 [Antragsgrundsatz]

(1) Das Verfahren kann nur auf Antrag eröffnet werden.

(2) Zu dem Antrage ist der Gemeinschuldner, jeder der in § 59 Abs. 1 Nr. 3 genannten Massegläubiger und jeder Konkursgläubiger berechtigt.

§ 104 [Antragsunterlagen]

Beantragt der Gemeinschuldner die Eröffnung des Verfahrens, so hat er ein Verzeichnis der Gläubiger und Schuldner, sowie eine Übersicht der Vermögensmasse bei Stellung des Antrags einzureichen oder, wenn dies nicht tunlich ist, ohne Verzug nachzuliefern.

§ 105 [Zulassungsverfahren bei Gläubigerantrag]

(1) Der Antrag eines Gläubigers auf Eröffnung des Verfahrens ist zuzulassen, wenn die Forderung des Gläubigers und die Zahlungsunfähigkeit des Gemeinschuldners glaubhaft gemacht werden.

(2) Wird der Antrag zugelassen, so hat das Gericht den Schuldner zu hören und, sofern dieser nicht seine Zahlungsunfähigkeit oder Zahlungseinstellung einräumt, die erforderlichen Ermittlungen anzuordnen.

(3) Die Anhörung des Schuldners kann unterbleiben, wenn sie eine öffentliche Zustellung oder eine Zustellung im Auslande erfordert; in diesem Falle ist, soweit tunlich, ein Vertreter oder Angehöriger des Schuldners zu hören.

§ 106 [Sicherungsmaßnahmen]
(1) Das Gericht kann die zwangsweise Vorführung und die Haft des Schuldners anordnen. Dasselbe kann alle zur Sicherung der Masse dienenden einstweiligen Anordnungen treffen. Es kann insbesondere ein allgemeines Veräußerungsverbot an den Schuldner erlassen.

(2) Bei der Abweisung des Eröffnungsantrags sind die angeordneten Sicherheitsmaßregeln aufzuheben.

§ 107 [Abweisung des Eröffnungsantrags mangels Masse]
(1) Die Abweisung des Eröffnungsantrags kann erfolgen, wenn nach dem Ermessen des Gerichts eine den Kosten des Verfahrens entsprechende Konkursmasse nicht vorhanden ist. Die Abweisung unterbleibt, wenn ein zur Deckung der im § 58 Nr. 1, 2 bezeichneten Massekosten ausreichender Geldbetrag vorgeschossen wird.

(2) Das Gericht hat ein Verzeichnis derjenigen Schuldner zu führen, bezüglich deren der Eröffnungsantrag auf Grund der Vorschrift des Absatzes 1 Satz 1 abgewiesen worden ist (Schuldnerverzeichnis). § 915 Abs. 2, § 915 a Abs. 1, 2 Nr. 2, §§ 915 b bis 915 h der Zivilprozeßordnung gelten entsprechend; die Löschungsfrist beträgt fünf Jahre.

§ 108 [Zeitpunkt der Konkurseröffnung]
(1) Der Eröffnungsbeschluß hat die Stunde der Eröffnung anzugeben.

(2) Ist dies versäumt worden, so gilt als Zeitpunkt der Eröffnung die Mittagsstunde des Tages, an welchem der Beschluß erlassen ist.

§ 109 [Sofortige Beschwerde]
Die sofortige Beschwerde steht gegen den Eröffnungsbeschluß nur dem Gemeinschuldner, gegen den abweisenden Beschluß nur demjenigen zu, welcher den Eröffnungsantrag gestellt hat.

§ 110 [Anordnungen bei Konkurseröffnung]
(1) Bei der Eröffnung des Konkursverfahrens ernennt das Gericht den Konkursverwalter, verordnet einen nicht über einen Monat hinauszusetzenden Termin zur Beschlußfassung über die Wahl eines anderen Verwalters, sowie über die Bestellung eines Gläubigerausschusses, erläßt den offenen Arrest und bestimmt die Anmeldefrist und den allgemeinen Prüfungstermin.

(2) Das Gericht kann die Termine verbinden, wenn die Konkursmasse von geringerem Betrage oder der Kreis der Konkursgläubiger von geringerem Umfange ist, oder wenn der Gemeinschuldner einen Zwangsvergleichsvorschlag eingereicht hat.

§ 111 [Öffentliche Bekanntmachung]

(1) Die Geschäftsstelle hat die Formel des Eröffnungsbeschlusses, den offenen Arrest, die Anmeldefrist und die Termine sofort öffentlich bekanntzumachen.

(2) Die Bekanntmachung ist, unbeschadet der Vorschriften des § 76 Abs. 1, auszugsweise in den Bundesanzeiger einzurücken.

(3) An die ihrem Wohnorte nach bekannten Gläubiger und Schuldner des Gemeinschuldners erfolgt besondere Zustellung.

§ 112 [Mitteilung an Registerbehörden]

Die Geschäftsstelle hat unter Bezeichnung des Konkursverwalters beglaubigte Abschriften der Formel des Eröffnungsbeschlusses den Behörden für die Führung des Handels- oder

(Fortsetzung auf Seite 23)

Genossenschaftsregisters oder ähnlicher Register und der Dienstbehörde des Gemeinschuldners mitzuteilen.

§ 113 [Eintragung der Konkurseröffnung in die Register]

(1) Ein von dem Konkursgericht nach § 106 erlassenes allgemeines Veräußerungsverbot sowie die Eröffnung des Konkursverfahrens ist in das Grundbuch, das Schiffsregister und das Schiffsbauregister einzutragen:

1. bei den Grundstücken, eingetragenen Schiffen und Schiffsbauwerken, als deren Eigentümer der Gemeinschuldner im Grundbuch, Schiffsregister und Schiffsbauregister eingetragen ist;
2. bei den für den Gemeinschuldner eingetragenen Rechten an Grundstücken, eingetragenen Schiffen oder Schiffsbauwerken oder an eingetragenen Rechten, wenn nach der Art des Rechts und den obwaltenden Umständen bei Unterlassung der Eintragung eine Beeinträchtigung der Konkursgläubiger zu besorgen ist.

(2) Das Konkursgericht hat, soweit ihm solche Grundstücke, eingetragenen Schiffe und Schiffsbauwerke oder Rechte bekannt sind, das Grundbuchamt oder das Registergericht von Amts wegen um die Eintragung zu ersuchen.

(3) Die Eintragung kann auch vom Konkursverwalter beim Grundbuchamt oder Registergericht beantragt werden.

§ 114 [Löschung der Eintragung]

Werden Grundstücke, eingetragene Schiffe oder Schiffsbauwerke oder Rechte, bei denen eine Eintragung nach § 113 Abs. 1, 2 bewirkt worden ist, von dem Verwalter freigegeben oder veräußert, so kann das Konkursgericht auf Antrag das Grundbuchamt oder das Registergericht um Löschung der Eintragung ersuchen.

§ 115 [Gebührenfreie Eintragung und Löschung]

Die Eintragung und Löschung von Vermerken auf Grund der §§ 113, 114 geschieht gebührenfrei.

§ 116 [Bekanntmachung der Aufhebung]

Sobald eine den Eröffnungsbeschluß aufhebende Entscheidung die Rechtskraft erlangt hat, ist die Aufhebung des Verfahrens öffentlich bekanntzumachen. Die Vorschriften der §§ 111 Abs. 2, 112, 113, 191 finden entsprechende Anwendung.

Dritter Titel

Teilungsmasse

§ 117 [Pflichten des Konkursverwalters]

(1) Nach der Eröffnung des Verfahrens hat der Verwalter das gesamte zur Konkursmasse gehörige Vermögen sofort in Besitz und Verwaltung zu nehmen und dasselbe zu verwerten.

(2) Die Geschäftsbücher des Gemeinschuldners dürfen nur mit dem Geschäft im Ganzen und nur insoweit veräußert werden, als sie zur Fortführung des Geschäftsbetriebs unentbehrlich sind.

§ 118 [Offener Arrest]

Durch den offenen Arrest wird allen Personen, welche eine zur Konkursmasse gehörige Sache in Besitz haben oder zur Konkursmasse etwas schuldig sind, aufgegeben, nichts an den Gemeinschuldner zu verabfolgen oder zu leisten, auch die Verpflichtung auferlegt, von dem Besitze der Sache und von den Forderungen, für welche sie aus der Sache abgesonderte Befriedigung in Anspruch nehmen, dem Konkursverwalter innerhalb einer bestimmten Frist Anzeige zu machen.

§ 119 [Verletzung der Anzeigepflicht]

Wer die Anzeige über den Besitz von Sachen des Gemeinschuldners innerhalb der bestimmten Frist zu machen unterläßt, haftet für allen aus der Unterlassung oder Verzögerung der Anzeige entstehenden Schaden.

§ 120 [Vorlegungspflicht]

Gläubiger, welche abgesonderte Befriedigung aus einer in ihrem Besitze befindlichen Sache beanspruchen, haben dem Verwalter auf dessen Verlangen die Sache zur Ansicht vorzuzeigen und die Abschätzung derselben zu gestatten.

§ 121 [Postsperre]

(1) Die Post- und Telegraphenanstalten sind verpflichtet, auf Anordnung des Konkursgerichts alle für den Gemeinschuldner eingehenden Sendungen, Briefe und Depeschen dem Verwalter auszuhändigen. Dieser ist zur Eröffnung derselben berechtigt. Der Gemeinschuldner kann die Einsicht und, wenn ihr Inhalt die Masse nicht betrifft, die Herausgabe derselben verlangen.

(2) Das Gericht kann die Anordnung auf Antrag des Gemeinschuldners nach Anhörung des Verwalters aufheben oder beschränken.

§ 122 [Siegelung – Schließung der Geschäftsbücher]

(1) Der Verwalter kann zur Sicherung der zur Konkursmasse gehörigen Sachen durch eine zur Vornahme solcher Handlungen gesetzlich ermächtigte Person siegeln lassen.

(2) Die Geschäftsbücher des Gemeinschuldners sind durch den Urkundsbeamten der Geschäftsstelle zu schließen.

§ 123 [Aufzeichnung der Massegegenstände]

(1) Der Verwalter hat die einzelnen zur Konkursmasse gehörigen Gegenstände unter Angabe ihres Werts aufzuzeichnen. Der Wert ist erforderlichenfalls durch Sachverständige zu ermitteln. Bei der Aufzeichnung ist eine obrigkeitliche oder eine Urkundsperson zuzuziehen. Der Gemeinschuldner ist zuzuziehen, wenn er ohne Aufschub zu erlangen ist.

(2) Auf Antrag des Verwalters und, wenn ein Gläubigerausschuß bestellt ist, des letzteren, kann das Gericht gestatten, daß die Aufzeichnung unterbleibe oder ohne Zuziehung einer obrigkeitlichen oder einer Urkundsperson vorgenommen werde.

§ 124 [Anfertigung von Inventar und Bilanz]

Dem Verwalter liegt die Anfertigung eines Inventars und einer Bilanz ob. Derselbe hat eine von ihm gezeichnete Abschrift des Inventars und der Bilanz und, wenn eine Siegelung und Entsiegelung stattgefunden hat, die Protokolle über dieselben auf der Geschäftsstelle zur Einsicht der Beteiligten niederzulegen.

§ 125 [Abgabe einer eidesstattlichen Versicherung]

Nach der Anfertigung des Inventars kann der Verwalter oder ein Konkursgläubiger den Gemeinschuldner in eine Sitzung des Amtsgerichts, bei welchem das Konkursverfahren anhängig ist, zur Abgabe einer eidesstattlichen Versicherung laden.

§ 126 [Immobiliarvollstreckung]

Die Zwangsverwaltung und die Zwangsversteigerung der zur Masse gehörigen unbeweglichen Gegenstände kann bei der zuständigen Behörde durch den Konkursverwalter betrieben werden.

§ 127 [Pfandverwertung]

(1) Der Verwalter ist berechtigt, die Verwertung eines zur Masse gehörigen beweglichen Gegenstandes, an welchem ein Gläubiger ein durch Rechtsgeschäft bestelltes Pfandrecht oder ein diesem gleichstehendes Recht beansprucht, nach Maßgabe der Vorschriften über die Zwangsvollstreckung oder über den Pfandverkauf zu betreiben. Der Gläubiger kann einer solchen Verwertung nicht widersprechen, vielmehr seine Rechte nur auf den Erlös geltend machen.

(2) Ist der Gläubiger befugt, sich aus dem Gegenstande ohne gerichtliches Verfahren zu befriedigen, so kann auf Antrag des Verwalters das Konkursgericht dem Gläubiger nach dessen Anhörung eine Frist bestimmen, innerhalb welcher er den Gegenstand zu verwerten hat. Nach dem Ablaufe der Frist findet die Vorschrift des ersten Absatzes Anwendung.

§ 128 [Nacherbfolge]

Ist der Gemeinschuldner Vorerbe, so darf der Verwalter die zur Erbschaft gehörigen Gegenstände nicht veräußern, wenn die Veräußerung im Falle des Eintritts der Nacherbfolge nach § 2115 des Bürgerlichen Gesetzbuchs dem Nacherben gegenüber unwirksam ist.

§ 129 [Unterhalt des Gemeinschuldners]

(1) Bis zur Beschlußfassung durch eine Gläubigerversammlung kann der Verwalter mit Genehmigung des Gerichts oder, wenn von dem Gerichte ein Gläubigerausschuß bestellt ist, mit dessen Genehmigung dem Gemeinschuldner und der Familie desselben notdürftigen Unterhalt aus der Konkursmasse gewähren.

(2) Bis zur Beschlußfassung durch eine Gläubigerversammlung hat der Verwalter nach seinem Ermessen das Geschäft des Gemeinschuldners zu schließen oder fortzuführen und die Gelder, Wertpapiere und Kostbarkeiten nach Anordnung des Gerichts zu hinterlegen. Ist von dem Gerichte ein Gläubigerausschuß bestellt, so beschließt dieser über die Schließung oder die Fortführung des Geschäfts und über die Hinterlegung der Gelder, Wertpapiere und Kostbarkeiten.

§ 130 [Mitteilungspflicht bei Geschäftsschließung]

(1) Soll nach § 129 das Geschäft des Gemeinschuldners geschlossen werden, so hat der Verwalter vor der Beschlußfassung des Gläubigerausschusses oder, wenn ein Gläubigerausschuß nicht bestellt ist, vor der Schließung des Geschäfts dem Gemeinschuldner, sofern derselbe ohne Aufschub zu erlangen ist, von der beabsichtigten Maßregel Mitteilung zu machen.

(2) Das Gericht kann auf Antrag des Gemeinschuldners die Schließung des Geschäfts untersagen, wenn der Gemeinschuldner einen Zwangsvergleichsvorschlag eingereicht hat.

§ 131 [Bericht des Konkursverwalters]

In der ersten Gläubigerversammlung hat der Verwalter über die Entstehung der Zahlungsunfähigkeit des Gemeinschuldners, über die Lage der Sache und über die bisher ergriffenen Maßregeln zu berichten.

§ 132 [Beschlußfassungen der Gläubigerversammlung]

(1) Die Gläubigerversammlung beschließt über eine dem Gemeinschuldner und dessen Familie zu bewilligende Unterstützung, über die Schließung oder die Fortführung des Geschäfts und über die Stelle, bei welcher, sowie über die Bedingungen, unter welchen die Gelder, Wertpapiere und Kostbarkeiten hinterlegt oder angelegt werden sollen.

(2) Die Gläubigerversammlung beschließt, in welcher Weise und in welchen Zeiträumen der Verwalter ihr oder einem Gläubigerausschusse über die Verwaltung und Verwertung der Masse Bericht erstatten und Rechnung legen soll.

§ 133 [Genehmigung durch Gläubigerausschuß]

Der Verwalter hat, falls ein Gläubigerausschuß bestellt ist, dessen Genehmigung einzuholen:

1. wenn Gegenstände, deren Verkauf ohne offenbaren Nachteil für die Masse ausgesetzt werden kann und nicht durch die Fortführung des Geschäfts veranlaßt wird, verkauft werden sollen, bevor der allgemeine Prüfungstermin abgehalten oder ein vor dem Schlusse desselben eingereichter Zwangsvergleichsvorschlag erledigt ist;
2. wenn die Erfüllung von Rechtsgeschäften des Gemeinschuldners verlangt, Prozesse anhängig gemacht, deren Aufnahme abgelehnt, Vergleiche oder Schiedsverträge geschlossen, Aussonderungs-, Absonderungs- oder Masseansprüche anerkannt, Pfandstücke eingelöst, oder Forderungen veräußert werden sollen, und es sich in diesen Fällen um einen Wertgegenstand von mehr als dreihundert Deutsche Mark handelt.

§ 134 [Genehmigung in weiteren Fällen]

Der Verwalter hat die Genehmigung des Gläubigerausschusses oder, wenn ein solcher nicht bestellt ist, die Genehmigung einer Gläubigerversammlung einzuholen:

1. wenn ein unbeweglicher Gegenstand aus freier Hand, oder das Geschäft oder das Warenlager des Gemeinschuldners im Ganzen, oder das Recht auf den Bezug wiederkehrender Einkünfte veräußert werden soll;
2. wenn Darlehen aufgenommen, fremde Verbindlichkeiten übernommen, zur Masse gehörige Gegenstände verpfändet oder Grundstücke erstanden werden sollen.

§ 135 [Mitteilungspflicht des Verwalters – vorläufige gerichtliche Untersagung von Rechtshandlungen]

(1) Der Verwalter hat in den Fällen der §§ 133, 134 vor der Beschlußfassung des Gläubigerausschusses oder der Gläubigerversammlung, und in den Fällen des § 133, wenn ein Gläubigerausschuß nicht bestellt ist, vor der Vornahme der Rechtshandlung dem Gemeinschuldner, sofern derselbe ohne Aufschub zu erlangen ist, von der beabsichtigten Maßregel Mitteilung zu machen.

(2) Das Gericht kann auf Antrag des Gemeinschuldners, sofern nicht die Gläubigerversammlung die Genehmigung erteilt hat, die Vornahme der Rechtshandlung vorläufig untersagen und zur Beschlußfassung über die Vornahme eine Gläubigerversammlung berufen.

§ 136 [Gültigkeit von Rechtshandlungen des Verwalters gegenüber Dritten]

Durch die Vorschriften der §§ 133 bis 135 wird die Gültigkeit einer Rechtshandlung des Verwalters dritten Personen gegenüber nicht berührt.

§ 137 [Mitzeichnung eines Gläubigerausschußmitglieds]

Wenn ein Gläubigerausschuß bestellt ist und die Gläubigerversammlung nicht ein anderes beschließt, bedürfen Quittungen des Verwalters über den Empfang von Geldern, Wertpapieren oder Kostbarkeiten von der Hinterlegungsstelle und Anweisungen des Verwalters auf die Hinterlegungsstelle zu ihrer Gültigkeit der Mitzeichnung eines Mitgliedes des Gläubigerausschusses.

Vierter Titel

Schuldenmasse

§ 138 [Anmeldungsfrist]

Die Frist zur Anmeldung der Konkursforderung beträgt zwei Wochen bis drei Monate. Der Zeitraum zwischen dem Ablaufe der Anmeldefrist und dem allgemeinen Prüfungstermine soll mindestens eine Woche und höchstens zwei Monate betragen.

§ 139 [Inhalt und Form der Anmeldung]

Die Anmeldung hat die Angabe des Betrages und des Grundes der Forderung sowie des beanspruchten Vorrechts zu enthalten. Sie kann bei dem Gerichte schriftlich eingereicht oder zum Protokolle der Geschäftsstelle angebracht werden. Die urkundlichen Beweisstücke oder eine Abschrift derselben sind beizufügen.

§ 140 [Konkurstabelle]

(1) Die Anmeldungen sind in der Geschäftsstelle zur Einsicht der Beteiligten niederzulegen.

(2) Der Urkundsbeamte der Geschäftsstelle hat jede Forderung sofort nach der Anmeldung derselben in der Rangordnung des beanspruchten Vorrechts in eine Tabelle einzutragen, welche innerhalb des ersten Drittels des zwischen dem Ablaufe der Anmeldefrist und dem Prüfungstermine liegenden Zeitraums auf der Geschäftsstelle zur Einsicht der Beteiligten niederzulegen und abschriftlich dem Verwalter mitzuteilen ist.

§ 141 [Prüfungsverfahren]

(1) In dem Prüfungstermine werden die angemeldeten Forderungen ihrem Betrage und ihrem Vorrechte nach einzeln erörtert.

(2) Der Gemeinschuldner hat sich über die Forderungen zu erklären.

§ 142 [Nachträgliche Anmeldungen]

(1) In dem Prüfungstermine sind auch diejenigen Forderungen, welche nach dem Ablaufe der Anmeldefrist angemeldet sind, zu prüfen, wenn weder der Verwalter noch ein Konkursgläubiger hiergegen Widerspruch erhebt; anderenfalls ist auf Kosten des Säumigen ein besonderer Prüfungstermin zu bestimmen.

(2) Auf nachträglich beanspruchte Vorrechte und sonstige Änderungen der Anmeldung findet die vorstehende Bestimmung entsprechende Anwendung.

(3) Gläubiger, welche Forderungen nach dem Prüfungstermin anmelden, tragen die Kosten des besonderen Prüfungstermins.

§ 143 [Prüfung trotz Ausbleibens des Gläubigers]

Die Prüfung einer angemeldeten Forderung findet statt, wenngleich der anmeldende Gläubiger im Prüfungstermin ausbleibt.

§ 144 [Feststellung der Konkursforderungen]

(1) Eine Forderung gilt als festgestellt, soweit gegen sie im Prüfungstermine ein Widerspruch weder von dem Verwalter noch von einem Konkursgläubiger erhoben wird, oder soweit ein erhobener Widerspruch beseitigt ist.
(2) Ist die Forderung vom Gemeinschuldner im Prüfungstermine bestritten, so kann ein Rechtsstreit, welcher über dieselbe zur Zeit der Eröffnung des Konkursverfahrens anhängig war, gegen den Gemeinschuldner aufgenommen werden.

§ 145 [Eintragung in die Tabelle]

(1) Das Gericht hat nach der Erörterung einer jeden Forderung das Ergebnis in die Tabelle einzutragen. Auf Wechseln und sonstigen Schuldurkunden ist von dem Urkundsbeamten der Geschäftsstelle die Feststellung zu vermerken.
(2) Die Eintragung in die Tabelle gilt rücksichtlich der festgestellten Forderungen ihrem Betrage und ihrem Vorrechte nach wie ein rechtskräftiges Urteil gegenüber allen Konkursgläubigern.

§ 146 [Feststellungsklage]

(1) Den Gläubigern streitig gebliebener Forderungen bleibt überlassen, die Feststellung derselben gegen die Bestreitenden zu betreiben. Zu diesem Behufe hat das Gericht den Gläubigern einen Auszug aus der Tabelle in beglaubigter Form zu erteilen.
(2) Auf die Feststellung ist im ordentlichen Verfahren Klage zu erheben. Für die Klage ist das Amtsgericht, bei welchem das Konkursverfahren anhängig ist und, wenn der Streitgegenstand zur Zuständigkeit der Amtsgerichte nicht gehört, das Landgericht ausschließlich zuständig, zu dessen Bezirk der Bezirk des Konkursgerichts gehört.
(3) War zur Zeit der Eröffnung des Konkursverfahrens ein Rechtsstreit über die Forderung anhängig, so ist die Feststellung derselben durch Aufnahme des Rechtsstreits zu verfolgen.
(4) Die Feststellung kann nur auf den Grund gestützt und nur auf den Betrag gerichtet werden, welcher in der Anmeldung oder dem Prüfungstermine angegeben ist.
(5) Die Bestimmungen des ersten, dritten und vierten Absatzes finden auf Forderungen, für deren Feststellung ein besonderes Gericht, eine Verwaltungsbehörde oder ein Verwaltungsgericht zuständig ist, entsprechende Anwendung.
(6) Der Widerspruch gegen eine Forderung, für welche ein mit der Vollstreckungsklausel versehener Schuldtitel, ein Endurteil oder ein Vollstreckungsbefehl vorliegt, ist von dem Widersprechenden zu verfolgen.
(7) Die obsiegende Partei hat die Berichtigung der Tabelle zu erwirken.

§ 147 [Umfang der Rechtskraft]

Soweit durch ein Urteil rechtskräftig eine Forderung festgestellt oder ein Widerspruch für begründet erklärt ist, wirkt dasselbe gegenüber allen Konkursgläubigern. War der Prozeß nur gegen einzelne Gläubiger geführt, so können diese den Ersatz ihrer Prozeßkosten aus der Konkursmasse insoweit verlangen, als der letzteren durch das Urteil ein Vorteil erwachsen ist.

§ 148 [Streitwert]

Der Wert des Streitgegenstandes eines Prozesses über die Richtigkeit oder das Vorrecht einer Forderung ist mit Rücksicht auf das Verhältnis der Teilungs- zur Schuldmasse von dem Prozeßgerichte nach freiem Ermessen festzusetzen.

Fünfter Titel
Verteilung

§ 149 [Abschlagsverteilungen]
Nach der Abhaltung des allgemeinen Prüfungstermins soll, so oft hinreichende bare Masse vorhanden ist, eine Verteilung an die Konkursgläubiger erfolgen.

§ 150 [Verteilungsgenehmigung]
Zur Vornahme einer Verteilung hat der Verwalter, wenn ein Gläubigerausschuß bestellt ist, dessen Genehmigung einzuholen.

§ 151 [Gläubigerverzeichnis]
Vor der Vornahme einer Verteilung hat der Verwalter ein Verzeichnis der bei derselben zu berücksichtigenden Forderungen auf der Geschäftsstelle zur Einsicht der Beteiligten niederzulegen und die Summe der Forderungen sowie den zur Verteilung verfügbaren Massebestand öffentlich bekanntzumachen.

§ 152 [Ausschlußfrist]
Konkursgläubiger, deren Forderungen nicht festgestellt sind und für deren Forderungen ein mit der Vollstreckungsklausel versehener Schuldtitel, ein Endurteil oder ein Vollstrekkungsbefehl nicht vorliegt, haben bis zum Ablaufe einer Ausschlußfrist von zwei Wochen nach der öffentlichen Bekanntmachung dem Verwalter den Nachweis zu führen, daß und für welchen Betrag die Feststellungsklage erhoben oder das Verfahren in dem früher anhängigen Prozesse aufgenommen ist. Wird der Nachweis nicht rechtzeitig geführt, so werden die Forderungen bei der vorzunehmenden Verteilung nicht berücksichtigt.

§ 153 [Absonderungsberechtigte Gläubiger]
(1) Gläubiger, von welchen abgesonderte Befriedigung beansprucht wird, haben bis zum Ablaufe der Ausschlußfrist dem Verwalter den Nachweis ihres Verzichts oder ihres Ausfalls nach Maßgabe des § 64 zu führen. Wird der Nachweis nicht rechtzeitig geführt, so werden die Forderungen bei der vorzunehmenden Verteilung nicht berücksichtigt.
(2) Zur Berücksichtigung bei einer Abschlagsverteilung genügt es, wenn bis zum Ablaufe der Ausschlußfrist dem Verwalter der Nachweis, daß die Veräußerung des zur abgesonderten Befriedigung dienenden Gegenstandes betrieben ist, geführt und der Betrag des mutmaßlichen Ausfalls glaubhaft gemacht wird.

§ 154 [Berücksichtigung aufschiebend bedingter Forderungen]
(1) Forderungen unter aufschiebender Bedingung werden bei einer Abschlagsverteilung zu dem Betrage berücksichtigt, welcher auf die unbedingte Forderung fallen würde.
(2) Bei der Schlußverteilung ist die Berücksichtigung ausgeschlossen, wenn die Möglichkeit eines Eintritts der Bedingung eine so entfernte ist, daß die bedingte Forderung einen gegenwärtigen Vermögenswert nicht hat.

§ 155 [Nachträgliche Berücksichtigung]
Gläubiger, welche bei einer Abschlagsverteilung nicht berücksichtigt worden sind, können nachträglich, sobald sie die Vorschriften der §§ 152, 153 erfüllt haben, die bisher festgesetzten Prozentsätze aus der Restmasse verlangen, soweit diese reicht und nicht infolge des Ablaufs einer Ausschlußfrist für eine neue Verteilung zu verwenden ist.

§ 156 [Erhöhung der Schlußverteilungsmasse]

Die Anteile, mit welchen Gläubiger bei Abschlagszahlungen nach Maßgabe des § 153 Abs. 2 oder des § 154 Abs. 1 berücksichtigt worden sind, werden für die Schlußverteilung frei, wenn bei dieser die Voraussetzungen des § 153 Abs. 1 nicht erfüllt sind oder nach Maßgabe des § 154 Abs. 2 die Berücksichtigung der bedingten Forderung ausgeschlossen ist.

§ 157 [Änderungen des Gläubigerverzeichnisses]

Binnen drei Tagen nach dem Ablaufe der Ausschlußfrist hat der Verwalter die auf Grund der vorstehenden Bestimmungen erforderlichen Änderungen des Verzeichnisses zu bewirken.

§ 158 [Einwendungen gegen Gläubigerverzeichnis]

(1) Bei einer Abschlagsverteilung sind Einwendungen gegen das Verzeichnis bis zum Ablaufe einer Woche nach dem Ende der Ausschlußfrist bei dem Konkursgerichte zu erheben.

(2) Das Gericht entscheidet über die Einwendungen. Die Entscheidung, durch welche eine Berichtigung des Verzeichnisses angeordnet wird, ist auf der Geschäftsstelle niederzulegen. Die Beschwerdefrist beginnt mit dem Tage, an welchem die Niederlegung der Entscheidung erfolgt ist.

§ 159 [Prozentsatz der Abschlagsverteilung]

(1) Für eine Abschlagsverteilung bestimmt der Verwalter und, wenn ein Gläubigerausschuß bestellt ist, dieser auf Antrag des Verwalters, den zu zahlenden Prozentsatz.

(2) Der Verwalter hat den Prozentsatz den berücksichtigten Glaubigern mitzuteilen.

§ 160 [Aussetzung bei Vergleichsvorschlag]

Das Gericht kann auf Antrag des Gemeinschuldners, wenn derselbe einen Zwangsvergleich vorgeschlagen hat, die Aussetzung einer Abschlagsverteilung anordnen, sofern nicht schon die Ausschlußfrist abgelaufen ist.

§ 161 [Schlußverteilung]

(1) Die Schlußverteilung erfolgt, sobald die Verwertung der Masse beendigt ist.

(2) Die Vornahme der Schlußverteilung unterliegt der Genehmigung des Gerichts.

§ 162 [Schlußtermin]

(1) Zur Abnahme der Schlußrechnung, zur Erhebung von Einwendungen gegen das Schlußverzeichnis und zur Beschlußfassung der Gläubiger über die nicht verwertbaren Vermögensstücke bestimmt das Gericht einen Schlußtermin, welcher nicht unter drei Wochen und nicht über einen Monat hinaus anzuberaumen ist.

(2) Die Bestimmungen des § 158 Abs. 2 finden auf die Schlußverteilung Anwendung.

§ 163 [Aufhebung des Konkursverfahrens]

(1) Nach der Abhaltung des Schlußtermins beschließt das Gericht die Aufhebung des Konkursverfahrens. Eine Anfechtung des Beschlusses findet nicht statt.

(2) Der Beschluß und der Grund der Aufhebung sind öffentlich bekanntzumachen.

(3) Die Vorschriften der §§ 111 Abs. 2, 112, 113 finden entsprechende Anwendung.

§ 164 [Geltendmachung von Forderungen nach Verfahrensaufhebung – Tabelleneintragung als Titel]

(1) Nach der Aufhebung des Konkursverfahrens können die nicht befriedigten Konkursgläubiger ihre Forderungen gegen den Schuldner unbeschränkt geltend machen.

(2) Für die Gläubiger, deren Forderungen festgestellt und nicht von dem Gemeinschuldner im Prüfungstermine ausdrücklich bestritten worden sind, findet gegen den Schuldner aus der Eintragung in die Tabelle die Zwangsvollstreckung unter entsprechender Anwendung der §§ 724 bis 793 der Zivilprozeßordnung statt.

(3) Für Klagen auf Erteilung der Vollstreckungsklausel, sowie für Klagen, durch welche die die Forderung selbst betreffenden Einwendungen geltend gemacht werden, oder der bei der Erteilung der Vollstreckungsklausel als bewiesen angenommene Eintritt der Tatsache, von welcher die Vollstreckung aus der Eintragung in die Tabelle abhängt, oder die als eingetreten angenommene Rechtsnachfolge bestritten wird, ist das im § 146 Abs. 2 dieses Gesetzes bezeichnete Gericht zuständig.

§ 165 [Wiedereinsetzung in den vorigen Stand]

Hat der Schuldner den Prüfungstermin versäumt, so ist ihm auf Antrag die Wiedereinsetzung in den vorigen Stand zu erteilen. Die Vorschriften des § 51 Abs. 2, des § 85 Abs. 2 und der §§ 233 bis 236 der Zivilprozeßordnung finden entsprechende Anwendung. Die den Antrag auf Wiedereinsetzung betreffenden Schriftsätze sind dem Gläubiger zuzustellen, dessen Forderung nachträglich bestritten werden soll. Das Bestreiten in diesen Schriftsätzen steht, wenn die Wiedereinsetzung erteilt wird, dem Bestreiten im Prüfungstermine gleich und ist in die Tabelle einzutragen.

§ 166 [Nachtragsverteilung]

(1) Wenn nach dem Vollzuge der Schlußverteilung Beträge, welche von der Masse zurückbehalten sind, für dieselbe frei werden, oder Beträge, welche aus der Masse gezahlt sind, zur Masse zurückfließen, so sind dieselben von dem Verwalter nach Anordnung des Konkursgerichts auf Grund des Schlußverzeichnisses zur nachträglichen Verteilung zu bringen. Die über die Verwaltung und Verteilung solcher Beträge abzulegende Rechnung unterliegt der Prüfung des Konkursgerichts.

(2) Dasselbe gilt, wenn nach der Schlußverteilung oder der Aufhebung des Verfahrens zur Konkursmasse gehörige Vermögensstücke ermittelt werden.

§ 167 [Vollzug der Verteilung]

Der Vollzug einer jeden Verteilung erfolgt durch den Verwalter.

§ 168 [Zurückbehaltung von Anteilen]

Die Anteile

1. auf Forderungen, welche infolge eines bei Prüfung erhobenen Widerspruchs im Prozesse befangen sind,
2. auf Forderungen, welche von einer aufschiebenden Bedingung abhängen,
3. auf Forderungen, für welche eine abgesonderte Befriedigung beansprucht und der Vorschrift des § 153 Abs. 2 genügt ist,
4. auf Forderungen unter auflösender Bedingung, sofern der Gläubiger zu einer Sicherheitsleistung verpflichtet ist und die Sicherheit nicht leistet,

werden zurückbehalten.

§ 169 [Hinterlegung von Beträgen]

Die Beträge, welche bei dem Vollzuge der Schlußverteilung zurückzubehalten sind, oder welche bis zu diesem Zeitpunkte nicht erhoben werden, hat der Verwalter nach Anordnung des Gerichts für Rechnung der Beteiligten zu hinterlegen.

§ 170 [Vorauszahlungen auf bevorrechtigte Forderungen]

Zahlungen auf festgestellte, bevorrechtigte Forderungen kann der Verwalter mit Ermächtigung des Gerichts unabhängig von den Verteilungen leisten.

§ 171 [Zurückfließen zur Konkursmasse]

Beträge, welche zur Sicherstellung eines bedingt zur Aufrechnung befugten Gläubigers nach Maßgabe des § 54 Abs. 3 hinterlegt worden sind, fließen für die Schlußverteilung zur Konkursmasse zurück, wenn die Möglichkeit des Eintritts der Bedingung eine so entfernte ist, daß die bedingte Forderung einen gegenwärtigen Vermögenswert nicht hat.

§ 172 [Keine Geltendmachung verspätet bekanntgewordener Masseansprüche]

Masseansprüche, welche nicht bis zu der Festsetzung des Prozentsatzes oder der Beendigung des Schlußtermins oder der Bekanntmachung einer Nachtragsverteilung zur Kenntnis des Verwalters gelangt sind, können nicht auf den Massebestand geltend gemacht werden, welcher zur Auszahlung des festgesetzten Prozentsatzes erforderlich ist oder den Gegenstand der Schlußverteilung oder der Nachtragsverteilung bildet.

Sechster Titel

Zwangsvergleich

§ 173 [Zulässigkeit]

Sobald der allgemeine Prüfungstermin abgehalten und solange nicht die Vornahme der Schlußverteilung genehmigt worden ist, kann auf den Vorschlag des Gemeinschuldners zwischen diesem und den nicht bevorrechtigten Konkursgläubigern ein Zwangsvergleich geschlossen werden.

§ 174 [Inhalt des Vergleichsvorschlags]

Der Vergleichsvorschlag muß angeben, in welcher Weise die Befriedigung der Gläubiger erfolgen, sowie ob und in welcher Art eine Sicherstellung derselben bewirkt werden soll.

§ 175 [Unzulässigkeit]

Ein Zwangsvergleich ist unzulässig:

1. solange der Gemeinschuldner flüchtig ist oder die Abgabe der in § 125 bezeichneten eidesstattlichen Versicherung verweigert;
2. solange gegen den Gemeinschuldner wegen Bankrotts nach § 283 Abs. 1 bis 3, § 283 a des Strafgesetzbuches eine gerichtliche Untersuchung oder ein wieder aufgenommenes Verfahren anhängig ist;
3. wenn der Gemeinschuldner wegen Bankrotts nach § 283 Abs. 1 bis 3, § 283 a des Strafgesetzbuches rechtskräftig verurteilt worden ist.

§ 176 [Zurückweisung durch Gericht]

Auf Antrag des Verwalters und, wenn ein Gläubigerausschuß bestellt ist, des letzteren kann das Gericht den Vergleichsvorschlag zurückweisen, wenn bereits in dem Konkursverfahren ein Vergleichsvorschlag von den Gläubigern abgelehnt oder von dem Gerichte verworfen oder von dem Gemeinschuldner nach der öffentlichen Bekanntmachung des Vergleichstermins zurückgezogen worden ist.

§ 177 [Erklärung des Gläubigerausschusses]

(1) Wird der Vergleichsvorschlag nicht zurückgewiesen, so hat der Gläubigerausschuß sich über die Annehmbarkeit des Vorschlags zu erklären.

(2) Erklärt der Gläubigerausschuß den Vorschlag nicht für annehmbar, so ist ein Widerspruch des Gemeinschuldners gegen die Verwertung der Masse nicht zu berücksichtigen.

§ 178 [Niederlegung von Vorschlag und Ausschußerklärung]

Der Vorschlag und die Erklärung des Gläubigerausschusses sind auf der Geschäftsstelle zur Einsicht der Beteiligten niederzulegen.

§ 179 [Vergleichstermin]

(1) Der Vergleichstermin soll nicht über einen Monat hinaus anberaumt werden. Der Termin ist öffentlich bekanntzumachen. Zu demselben sind der Gemeinschuldner, der Verwalter, sowie unter Mitteilung des Vergleichsvorschlags und des Ergebnisses der Erklärung des Gläubigerausschusses die nicht bevorrechtigten Konkursgläubiger, welche Forderungen angemeldet haben, besonders zu laden.

(2) In der Bekanntmachung ist zu bemerken, daß der Vergleichsvorschlag und die Erklärung des Gläubigerausschusses auf der Geschäftsstelle des Konkursgerichts zur Einsicht der Beteiligten niedergelegt seien.

§ 180 [Verbindung mit Prüfungstermin]

Auf Antrag des Gemeinschuldners und, wenn ein Gläubigerausschuß bestellt ist, des letzteren kann das Gericht den Vergleichstermin mit dem allgemeinen Prüfungstermine verbinden.

§ 181 [Gleichbehandlung der nicht bevorrechtigten Gläubiger]

Der Vergleich muß allen nicht bevorrechtigten Konkursgläubigern gleiche Rechte gewähren. Eine ungleiche Bestimmung der Rechte ist nur mit ausdrücklicher Einwilligung der zurückgesetzten Gläubiger zulässig. Jedes andere Abkommen des Gemeinschuldners oder anderer Personen mit einzelnen Gläubigern, durch welches diese bevorzugt werden sollen, ist nichtig.

§ 182 [Annahme des Vergleichs]

(1) Zur Annahme des Vergleichs ist erforderlich, daß

1. die Mehrzahl der in dem Termine anwesenden stimmberechtigten Gläubiger dem Vergleiche ausdrücklich zustimmt und
2. die Gesamtsumme der Forderungen der zustimmenden Gläubiger wenigstens drei Viertel der Gesamtsumme aller zum Stimmen berechtigenden Forderungen beträgt.

(2) Wird nur eine der Mehrheiten erreicht, so kann der Gemeinschuldner bis zum Schlusse des Termins die einmalige Wiederholung der Abstimmung in einem neuen Termine verlangen. Das Gericht hat denselben zu bestimmen und im Termine zu verkünden.

§ 183 [Stimmrecht des Ehegatten]

(1) Bei der Berechnung der nach § 182 Abs. 1 Nr. 1, 2 erforderlichen Mehrheiten bleibt der Ehegatte des Gemeinschuldners außer Betracht, wenn er dem Vergleiche zugestimmt hat.

(2) Das gleiche gilt von demjenigen, welchem der Ehegatte des Gemeinschuldners während des Konkursverfahrens oder in dem letzten Jahre vor der Eröffnung des Verfahrens eine Forderung gegen den Gemeinschuldner abgetreten hat, soweit das Stimmrecht auf der abgetretenen Forderung beruht. Diese Vorschrift findet keine Anwendung, wenn der Ehegatte zu der Abtretung durch das Gesetz oder durch einen Vertrag verpflichtet war, welcher früher als ein Jahr vor der Eröffnung des Konkursverfahrens geschlossen wurde.

§ 184 [**Bestätigung des Zwangsvergleichs**]

(1) Der angenommene Zwangsvergleich bedarf der Bestätigung des Konkursgerichts.

(2) Das Gericht entscheidet, nachdem es die Gläubiger, den Verwalter und den Gläubigerausschuß in dem Vergleichstermine oder einem zu verkündenden Termine gehört hat.

§ 185 [**Verkündung des Beschlusses**]

Der Beschluß, durch welchen der Zwangsvergleich bestätigt oder verworfen wird, ist zu verkünden.

§ 186 [**Verwerfung des Vergleichs von Amts wegen**]

Der Vergleich ist zu verwerfen:

1. wenn die für das Verfahren und den Abschluß des Vergleichs gegebenen Vorschriften nicht beobachtet sind, und das Fehlende nicht ergänzt werden kann;
2. wenn ein Fall der Unzulässigkeit eines Zwangsvergleichs nachträglich eingetreten ist.

§ 187 [**Verwerfungsgründe**]

Der Vergleich ist zu verwerfen, wenn er den Gläubigern nicht mindestens den fünften Teil ihrer Forderungen gewährt und dieses Ergebnis auf ein unredliches Verhalten des Gemeinschuldners, insbesondere darauf zurückzuführen ist, daß der Gemeinschuldner durch ein solches Verhalten die Eröffnung des Konkursverfahrens verzögert hat. Der Vergleich kann verworfen werden, wenn das gleiche Ergebnis auf ein leichtsinniges Verhalten des Gemeinschuldners zurückzuführen ist.

§ 188 [**Verwerfung des Vergleichs auf Antrag**]

(1) Der Vergleich ist auf Antrag eines nicht bevorrechtigten Konkursgläubigers, welcher stimmberechtigt war oder seine Forderung glaubhaft macht, zu verwerfen:

1. wenn der Vergleich durch Begünstigung eines Gläubigers oder sonst in unlauterer Weise zustande gebracht ist;
2. wenn der Vergleich dem gemeinsamen Interesse der nicht bevorrechtigten Konkursgläubiger widerspricht.

(2) Der Antrag ist nur zuzulassen, wenn die Tatsachen, auf welche derselbe gegründet wird, glaubhaft gemacht werden.

§ 189 [**Sofortige Beschwerde**]

(1) Die sofortige Beschwerde gegen den Beschluß, durch welchen der Vergleich bestätigt oder verworfen ist, steht dem Gemeinschuldner und jedem nicht bevorrechtigten Konkursgläubiger zu, welcher stimmberechtigt war oder seine Forderung glaubhaft macht.

(2) Die Frist zur Einlegung der Beschwerde beginnt mit der Verkündung des Beschlusses.

(3) Eine Anfechtung der Entscheidung des Beschwerdegerichts findet nicht statt.

§ 190 [**Aufhebung des Konkursverfahrens**]

(1) Sobald der Vergleich rechtskräftig bestätigt ist, beschließt das Gericht die Aufhebung des Konkursverfahrens. Eine Anfechtung des Beschlusses findet nicht statt.

(2) Der Beschluß und der Grund der Aufhebung sind öffentlich bekanntzumachen.
(3) Die Vorschriften der §§ 111 Abs. 2, 112, 113 finden entsprechende Anwendung.

§ 191 [Befriedigung der Masseansprüche und bevorrechtigten Forderungen]

(1) Der Verwalter hat aus der Konkursmasse die Masseansprüche zu berichtigen. Die bestrittenen Masseansprüche sind sicherzustellen.
(2) Die bevorrechtigten Konkursforderungen sind, insoweit sie festgestellt sind, zu berichtigen, insoweit sie glaubhaft gemacht sind, sicherzustellen.

§ 192 [Verfügungsbefugnis des Gemeinschuldners]

Soweit der Zwangsvergleich nicht ein anderes bestimmt, erhält der Gemeinschuldner das Recht zurück, über die Konkursmasse frei zu verfügen.

§ 193 [Wirkung des Zwangsvergleichs]

Der rechtskräftig bestätigte Zwangsvergleich ist wirksam für und gegen alle nicht bevorrechtigten Konkursgläubiger, auch wenn dieselben an dem Konkursverfahren oder an der Beschlußfassung über den Vergleich nicht teilgenommen oder gegen den Vergleich gestimmt haben. Die Rechte der Gläubiger gegen Mitschuldner und Bürgen des Gemeinschuldners sowie die Rechte aus einem für die Forderung bestehenden Pfandrecht, aus einer für sie bestehenden Hypothek, Grundschuld, Rentenschuld oder Schiffshypothek oder aus einer zu ihrer Sicherung eingetragenen Vormerkung werden durch den Zwangsvergleich nicht berührt.

§ 194 [Zwangsvollstreckung aus dem Zwangsvergleich]

Aus dem rechtskräftig bestätigten Zwangsvergleiche findet für die Konkursgläubiger, deren Forderungen festgestellt und nicht von dem Gemeinschuldner in dem Prüfungstermine ausdrücklich bestritten worden sind, gegen den Gemeinschuldner und diejenigen, welche in dem Vergleiche für dessen Erfüllung neben dem Gemeinschuldner ohne Vorbehalt der Einrede der Vorausklage Verpflichtungen übernommen haben, die Zwangsvollstreckung unter entsprechender Anwendung der §§ 724 bis 793 der Zivilprozeßordnung und des § 164 Abs. 3 dieses Gesetzes statt.

§ 195 [Keine Aufhebungsklage wegen Nichterfüllung]

Eine Klage auf Aufhebung des Zwangsvergleichs aus dem Grunde der Nichterfüllung desselben findet nicht statt.

§ 196 [Anfechtung wegen arglistiger Täuschung]

(1) Wenn der Zwangsvergleich durch Betrug zustande gebracht ist, so kann jeder Gläubiger den vergleichsmäßigen Erlaß seiner Forderung anfechten, unbeschadet der ihm durch den Vergleich gewährten Rechte.
(2) Die Anfechtung ist nur zulässig, wenn der Gläubiger ohne Verschulden außerstande war, den Anfechtungsgrund in dem Bestätigungsverfahren geltend zu machen.

§ 197 [Verurteilung des Gemeinschuldners wegen Bankrotts]

(1) Die rechtskräftige Verurteilung des Gemeinschuldners wegen Bankrotts nach § 283 Abs. 1 bis 3, § 283 a des Strafgesetzbuches hebt für alle Gläubiger den durch den Zwangsvergleich begründeten Erlaß auf, unbeschadet der ihnen durch den Vergleich gewährten Rechte.

(2) Auf Antrag eines Gläubigers kann das Konkursgericht Sicherheitsmaßregeln gegen den Gemeinschuldner schon vor der rechtskräftigen Verurteilung desselben anordnen.

§ 198 [Wiederaufnahme des Konkursverfahrens]

(1) Im Falle der rechtskräftigen Verurteilung wird, wenn genügende Masse vorhanden ist oder ein zur Deckung der im § 58 Nr. 1, 2 bezeichneten Massekosten ausreichender Geldbetrag vorgeschossen wird, das Konkursverfahren auf Antrag eines Konkursgläubigers wieder aufgenommen.
(2) Die Wiederaufnahme erfolgt durch Beschluß des Gerichts. Auf den Zeitpunkt der Wiederaufnahme und die Bekanntmachung derselben finden die Vorschriften der §§ 108, 111 bis 113 entsprechende Anwendung.

§ 199 [Anfechtung und Aufrechnung bei Wiederaufnahme]

Für die Anfechtung von Rechtshandlungen, welche in der Zeit von der Aufhebung bis zur Wiederaufnahme des Konkursverfahrens vorgenommen sind, sowie für die in diesem Zeitraume entstandenen Aufrechnungsbefugnisse gilt, wenn nicht inzwischen eine Zahlungseinstellung erfolgt ist, als Tag der Zahlungseinstellung der Tag der ersten die Verurteilung des Gemeinschuldners aussprechenden Urteils.

§ 200 [Beteiligte Gläubiger]

(1) An dem aufgenommenen Verfahren nehmen die Gläubiger, für und gegen welche der Vergleich wirksam war, mit dem noch nicht getilgten Betrage ihrer ursprünglichen Forderungen teil.
(2) Die neuen Gläubiger des Gemeinschuldners sind zur Teilnahme an dem Verfahren berechtigt. Dieselben haben keinen Anspruch auf Befriedigung aus einer für die Erfüllung des Zwangsvergleichs bestellten Sicherheit.

§ 201 [Wiederholung des Konkursverfahrens]

(1) Das Verfahren ist so weit als nötig zu wiederholen.
(2) Früher geprüfte Forderungen werden nur hinsichtlich einer inzwischen eingetretenen Tilgung von neuem geprüft.

Siebenter Titel

Einstellung des Verfahrens

§ 202 [Einstellung auf Schuldnerantrag mit Gläubigerzustimmung]

(1) Das Konkursverfahren ist auf Antrag des Gemeinschuldners einzustellen, wenn er nach dem Ablaufe der Anmeldefrist die Zustimmung aller Konkursgläubiger, welche Forderungen angemeldet haben, beibringt. Inwieweit es der Zustimmung oder der Sicherstellung von Gläubigern bedarf, deren Forderungen angemeldet aber nicht festgestellt sind, entscheidet das Konkursgericht nach freiem Ermessen.
(2) Das Verfahren kann auf Antrag des Gemeinschuldners vor dem Ablaufe der Anmeldefrist eingestellt werden, wenn außer den Gläubigern, deren Zustimmung der Gemeinschuldner beibringt, andere Gläubiger nicht bekannt sind.

§ 203 [Behandlung des Einstellungsantrags]

(1) Der Antrag ist öffentlich bekanntzumachen und mit den zustimmenden Erklärungen auf der Geschäftsstelle zur Einsicht der Konkursgläubiger niederzulegen. Die Konkursgläubiger können binnen einer mit der öffentlichen Bekanntmachung beginnenden Frist

von einer Woche Widerspruch gegen den Antrag erheben. Im Falle des § 202 Abs. 1 steht der Widerspruch jedem Gläubiger zu, welcher bis zum Ablaufe der Frist eine Forderung angemeldet hat.

(2) Das Gericht beschließt über die Einstellung nach Anhörung des Gemeinschuldners und des Verwalters. Im Falle eines Widerspruchs ist auch der widersprechende Gläubiger zu hören.

§ 204 [Einstellung mangels Masse]

(1) Das Gericht kann das Konkursverfahren einstellen, sobald sich ergibt, daß eine den Kosten des Verfahrens entsprechende Konkursmasse nicht vorhanden ist. Die Einstellung unterbleibt, wenn ein zur Deckung der in § 58 Nr. 1, 2 bezeichneten Massekosten ausreichender Geldbetrag vorgeschossen wird.

(2) Vor der Einstellung soll die Gläubigerversammlung gehört werden.

§ 205 [Bekanntmachung des Einstellungsbeschlusses]

(1) Der Einstellungsbeschluß und der Grund der Einstellung sind öffentlich bekanntzumachen.

(2) Die Vorschrift der §§ 111 Abs. 2, 112, 113, 191 finden entsprechende Anwendung.

§ 206 [Verfügungsrecht des Gemeinschuldners]

(1) Der Gemeinschuldner erhält das Recht zurück, über die Konkursmasse frei zu verfügen.

(2) Die Vorschriften des § 164 finden entsprechende Anwendung.

Achter Titel

Besondere Bestimmungen

§ 207 [Konkurs der Aktiengesellschaft]

(1) Über das Vermögen einer Aktiengesellschaft findet das Konkursverfahren außer dem Falle der Zahlungsunfähigkeit in dem Falle der Überschuldung statt.

(2) Nach Auflösung einer Aktiengesellschaft ist die Eröffnung des Verfahrens solange zulässig, als die Verteilung des Vermögens nicht vollzogen ist.

§ 208 [Antragsberechtigte]

(1) Zu dem Antrag auf Eröffnung des Verfahrens ist außer den Konkursgläubigern jedes Mitglied des Vorstandes und jeder Liquidator berechtigt.

(2) Wird der Antrag nicht von allen Mitgliedern des Vorstandes oder allen Liquidatoren gestellt, so ist derselbe zuzulassen, wenn die Zahlungsunfähigkeit oder Überschuldung glaubhaft gemacht wird. Das Gericht hat die übrigen Mitglieder oder Liquidatoren nach Maßgabe des § 105 Abs. 2, 3 zu hören.

§ 209 [Konkurs der Personengesellschaft]

(1) Im Falle der Zahlungsunfähigkeit einer offenen Handelsgesellschaft, einer Kommanditgesellschaft oder einer Kommanditgesellschaft auf Aktien findet über das Gesellschaftsvermögen ein selbständiges Konkursverfahren statt. Über das Vermögen einer Kommanditgesellschaft auf Aktien findet das Konkursverfahren auch im Falle der Überschuldung statt. Gleiches gilt für das Konkursverfahren über das Vermögen einer offenen Handelsgesellschaft oder Kommanditgesellschaft, wenn kein persönlich haftender Gesellschafter eine natürliche Person ist, es sei denn, daß zu den persönlich haftenden Gesellschaftern

eine andere offene Handelsgesellschaft oder Kommanditgesellschaft gehört, bei der ein persönlich haftender Gesellschafter eine natürliche Person ist.[1)]

(2) Die Vorschrift des § 207 Abs. 2 findet entsprechende Anwendung.

§ 210 [Antragsberechtigte]

(1) Zu dem Antrage auf Eröffnung des Verfahrens ist außer den Konkursgläubigern jeder persönlich haftende Gesellschafter und jeder Liquidator berechtigt.

(2) Wird der Antrag nicht von allen persönlich haftenden Gesellschaftern oder allen Liquidatoren gestellt, so ist er zuzulassen, wenn bei einer Kommanditgesellschaft auf Aktien oder bei einer offenen Handelsgesellschaft oder Kommanditgesellschaft der in § 209 Abs. 1 Satz 3 bezeichneten Art die Zahlungsunfähigkeit oder die Überschuldung, bei einer anderen offenen Handelsgesellschaft oder Kommanditgesellschaft die Zahlungsunfähigkeit glaubhaft gemacht wird. Das Gericht hat die übrigen persönlich haftenden Gesellschafter oder die Liquidatoren nach Maßgabe des § 105 Abs. 2, 3 zu hören.

(3) Bei einer offenen Handelsgesellschaft oder Kommanditgesellschaft der in § 209 Abs. 1 Satz 3 bezeichneten Art gelten § 208 Abs. 2 und § 210 Abs. 2 für die organschaftlichen Vertreter und die Liquidatoren der zur Vertretung der Gesellschaft ermächtigten Gesellschafter sinngemäß. Gleiches gilt, wenn die organschaftlichen Vertreter ihrerseits Gesellschaften der in § 209 Abs. 1 Satz 3 bezeichneten Art sind oder sich die Verbindung von Gesellschaften in dieser Art fortsetzt.

§ 211 [Zwangsvergleich bei Personengesellschaft]

(1) Ein Zwangsvergleich kann nur auf Vorschlag aller persönlich haftenden Gesellschafter geschlossen werden.

(2) Der Zwangsvergleich begrenzt, soweit er nicht ein anderes festsetzt, zugleich den Umfang der persönlichen Haftung der Gesellschafter.

§ 212 [Konkurs eines Gesellschafters]

(1) In dem Konkursverfahren über das Privatvermögen eines persönlich haftenden Gesellschafters können die Gesellschaftsgläubiger, wenn das Konkursverfahren über das Gesellschaftsvermögen eröffnet ist, Befriedigung nur wegen desjenigen Betrags suchen, für welchen sie in dem letzteren Verfahren keine Befriedigung erhalten.

(2) Bei den Verteilungen sind die Anteile auf den vollen Betrag der Gesellschaftsforderungen zurückzubehalten, bis der Ausfall bei dem Gesellschaftsvermögen feststeht.

(3) Im übrigen finden auf die bezeichneten Forderungen die Vorschriften der §§ 64, 96 entsprechende Anwendung.

§ 212 a [Zahlungsunfähigkeit einer Partnerschaftsgesellschaft]

Im Falle der Zahlungsunfähigkeit einer Partnerschaftsgesellschaft findet über deren Vermögen ein selbständiges Konkursverfahren statt. Die Vorschriften des § 207 Abs. 2 und der §§ 210 bis 212 sind entsprechend anzuwenden. Dabei stehen die Partner den persönlich haftenden Gesellschaftern gleich.

§ 213 [Konkurs juristischer Personen und Vereine]

Auf das Konkursverfahren über das Vermögen einer juristischen Person sowie eines Vereins, der als solcher verklagt werden kann, finden die Vorschriften der §§ 207, 208 entsprechende Anwendung.

---

1) § 209 Abs. 1 Satz 3 2. Halbsatz angefügt durch das Gesetz zur Änderung des Gesetzes betreffend die Gesellschaften mit beschränkter Haftung und anderer handelsrechtlicher Vorschriften vom 4. 7. 1980 (BGBl. I S. 836). Siehe hierzu dessen Artikel 12 § 3.

§ 214 [Zuständigkeit beim Nachlaßkonkurs]
Für das Konkursverfahren über einen Nachlaß ist das Amtsgericht ausschließlich zuständig, bei welchem der Erblasser zur Zeit seines Todes den allgemeinen Gerichtsstand hat.

(Fortsetzung auf Seite 39)

§ 215 [Überschuldung des Nachlasses]

Die Eröffnung des Verfahrens setzt die Überschuldung des Nachlasses voraus.

§ 216 [Eröffnung des Nachlaßkonkursverfahrens]

(1) Die Eröffnung des Verfahrens wird nicht dadurch gehindert, daß der Erbe die Erbschaft noch nicht angenommen hat oder daß er für die Nachlaßverbindlichkeiten unbeschränkt haftet.

(2) Bei dem Vorhandensein mehrerer Erben ist die Eröffnung des Verfahrens auch nach der Teilung des Nachlasses zulässig.

§ 217 [Antragsberechtigte bei Nachlaßkonkurs]

(1) Zu dem Antrag auf Eröffnung des Verfahrens ist jeder Erbe, der Nachlaßverwalter sowie ein anderer Nachlaßpfleger, ein Testamentsvollstrecker, dem die Verwaltung des Nachlasses zusteht, und jeder Nachlaßgläubiger berechtigt.

(2) Wird der Antrag nicht von allen Erben gestellt, so ist er zuzulassen, wenn die Überschuldung glaubhaft gemacht wird. Das Gericht hat die übrigen Erben, soweit tunlich, zu hören.

(3) Steht die Verwaltung des Nachlasses einem Testamentsvollstrecker zu, so ist, wenn der Erbe die Eröffnung des Verfahrens beantragt, der Testamentsvollstrecker, wenn der Testamentsvollstrecker den Antrag stellt, der Erbe zu hören.

§ 218 [Zugehörigkeit des Nachlasses zum Gesamtgut]

(1) Gehört ein Nachlaß zum Gesamtgut der Gütergemeinschaft, so kann sowohl der Ehegatte, der Erbe ist, als auch der Ehegatte, der nicht Erbe ist, aber das Gesamtgut allein oder mit seinem Ehegatten gemeinschaftlich verwaltet, die Eröffnung des Verfahrens beantragen, ohne daß die Zustimmung des anderen Ehegatten erforderlich ist. Die Ehegatten behalten diese Befugnis, wenn die Gütergemeinschaft endet.

(2) Wird der Antrag nicht von beiden Ehegatten gestellt, so ist er zuzulassen, wenn die Überschuldung glaubhaft gemacht wird. Das Gericht hat den anderen Ehegatten, wenn tunlich, zu hören.

§ 219 [Ausgeschlossene Nachlaßgläubiger]

(1) Ein Nachlaßgläubiger, der im Aufgebotsverfahren ausgeschlossen ist oder nach § 1974 des Bürgerlichen Gesetzbuchs einem ausgeschlossenen Gläubiger gleichsteht, kann die Eröffnung des Verfahrens nur beantragen, wenn über das Vermögen des Erben das Konkursverfahren eröffnet ist. Das gleiche gilt von einem Vermächtnisnehmer sowie von demjenigen, welcher berechtigt ist, die Vollziehung einer Auflage zu fordern.

(2) Ist ein Ehegatte der Erbe und gehört der Nachlaß zum Gesamtgut, das von dem anderen Ehegatten allein verwaltet wird, so können die in Absatz 1 bezeichneten Gläubiger den Antrag nur stellen, wenn über das Vermögen des anderen Ehegatten das Konkursverfahren eröffnet ist. Wird das Gesamtgut von beiden Ehegatten verwaltet, so können die Gläubiger den Antrag nur stellen, wenn über das Gesamtgut das Konkursverfahren eröffnet ist.

§ 220 [Antragsfrist für Nachlaßgläubiger]

Die Eröffnung des Verfahrens kann von einem Nachlaßgläubiger nicht mehr beantragt werden, wenn seit der Annahme der Erbschaft zwei Jahre verstrichen sind.

§ 221 [Zwangsvollstreckung nach Erbfall]

(1) Auf Grund einer nach dem Eintritte des Erbfalls gegen den Nachlaß erfolgten Maßregel der Zwangsvollstreckung oder der Arrestvollziehung kann abgesonderte Befriedigung nicht verlangt werden.
(2) Eine nach dem Eintritte des Erbfalls im Wege der einstweiligen Verfügung erlangte Vormerkung ist unwirksam.

§ 222 [Anfechtbare Verfügungen des Erben]

Hat der Erbe vor der Eröffnung des Verfahrens aus dem Nachlasse Pflichtteilsansprüche, Vermächtnisse oder Auflagen erfüllt, so ist die Leistung in gleicher Weise anfechtbar wie eine unentgeltliche Verfügung des Erben.

§ 223 [Kein Zurückhaltungsrecht des Erben wegen Aufwendungen]

Dem Erben steht wegen der ihm nach den §§ 1978, 1979 des Bürgerlichen Gesetzbuchs aus dem Nachlasse zu ersetzenden Aufwendungen ein Zurückhaltungsrecht nicht zu.

§ 224 [Masseschulden bei Nachlaßkonkurs]

(1) Masseschulden sind außer den im § 59 Abs. 1 bezeichneten Verbindlichkeiten:
1. die dem Erben nach den §§ 1978, 1979 des Bürgerlichen Gesetzbuchs aus dem Nachlasse zu ersetzenden Aufwendungen;
2. die Kosten der standesmäßigen Beerdigung des Erblassers;
3. die im Falle der Todeserklärung des Erblassers dem Nachlasse zur Last fallenden Kosten des Verfahrens;
4. die Kosten der Eröffnung einer Verfügung des Erblassers von Todes wegen, der gerichtlichen Sicherung des Nachlasses, einer Nachlaßpflegschaft, des Aufgebots der Nachlaßgläubiger und der Inventarerrichtung;
5. die Verbindlichkeiten aus den von einem Nachlaßpfleger oder einem Testamentsvollstrecker vorgenommenen Rechtsgeschäften;
6. die Verbindlichkeiten, welche für den Erben gegenüber einem Nachlaßpfleger, einem Testamentsvollstrecker oder einem Erben, der die Erbschaft ausgeschlagen hat, aus der Geschäftsführung dieser Personen entstanden sind, soweit die Nachlaßgläubiger verpflichtet sein würden, wenn die bezeichneten Personen die Geschäfte für sie zu besorgen gehabt hätten.

(2) Die in Absatz 1 bezeichneten Verbindlichkeiten haben den Rang des § 60 Abs. 1 Nr. 3.

§ 225 [Ansprüche des Erben im Nachlaßkonkurs]

(1) Der Erbe kann die ihm gegen den Erblasser zustehenden Ansprüche geltend machen.
(2) Hat der Erbe eine Nachlaßverbindlichkeit berichtigt, so tritt er, soweit nicht die Berichtigung nach § 1979 des Bürgerlichen Gesetzbuchs als für Rechnung des Nachlasses erfolgt gilt, an die Stelle des Gläubigers, es sei denn, daß er für die Nachlaßverbindlichkeiten unbeschränkt haftet.
(3) Haftet der Erbe einem einzelnen Gläubiger gegenüber unbeschränkt, so kann er dessen Forderung für den Fall geltend machen, daß der Gläubiger sie nicht geltend macht.

§ 226 [Nachlaßverbindlichkeiten]

(1) In dem Verfahren kann jede Nachlaßverbindlichkeit geltend gemacht werden.
(2) Nachstehende Verbindlichkeiten werden erst nach allen übrigen Verbindlichkeiten und in folgender Rangordnung, bei gleichem Range nach Verhältnis ihrer Beträge, berichtigt:
1. die seit der Eröffnung des Verfahrens laufenden Zinsen der im § 61 bezeichneten Forderungen;

2. die gegen den Erblasser erkannten Nebenfolgen einer Straftat oder Ordnungswidrigkeit, die zu einer Geldzahlung verpflichten;
3. die Verbindlichkeiten aus einer Freigebigkeit des Erblassers unter Lebenden;
4. die Verbindlichkeiten gegenüber Pflichtteilsberechtigten;
5. die Verbindlichkeiten aus den vom Erblasser angeordneten Vermächtnissen und Auflagen;
6. die Verbindlichkeiten gegenüber Erbersatzberechtigten.

(3) Ein Vermächtnis, durch welches das Recht des Bedachten auf den Pflichtteil nach § 2307 des Bürgerlichen Gesetzbuchs ausgeschlossen wird, steht, soweit es den Pflichtteil nicht übersteigt, im Range den Pflichtteilsrechten gleich. Hat der Erblasser durch Verfügung von Todes wegen angeordnet, daß ein Vermächtnis oder eine Auflage vor einem anderen Vermächtnis oder einer anderen Auflage erfüllt werden soll, so hat das Vermächtnis oder die Auflage den Vorrang.

(4) Die Verbindlichkeiten, in Ansehung deren der Gläubiger im Wege des Aufgebotsverfahrens ausgeschlossen ist oder nach § 1974 des Bürgerlichen Gesetzbuchs einem ausgeschlossenen Gläubiger gleichsteht, werden erst nach den im Absatz 2 Nr. 1 bis 3 bezeichneten Verbindlichkeiten und, soweit sie zu den im Absatz 2 Nr. 4 bis 6 bezeichneten Verbindlichkeiten gehören, erst nach den Verbindlichkeiten berichtigt, mit denen sie ohne die Beschränkung gleichen Rang haben würden. Im übrigen wird durch die Beschränkungen an der Rangordnung nichts geändert.

§ 227 [Berücksichtigung von Zinsen]

Mit den im § 226 Abs. 2 Nr. 2 bis 6, Abs. 4 bezeichneten Forderungen werden die bis zur Eröffnung des Verfahrens aufgelaufenen und die seit der Eröffnung laufenden Zinsen an derselben Stelle angesetzt.

§ 228 [Zurückgewährte Gegenstände]

(1) Was infolge der Anfechtung einer von dem Erblasser oder ihm gegenüber vorgenommenen Rechtshandlung zur Konkursmasse zurückgewährt wird, darf nicht zur Berichtigung der im § 226 Abs. 2 Nr. 4 bis 6 bezeichneten Verbindlichkeiten verwendet werden.

(2) Auf dasjenige, was der Erbe auf Grund der Vorschriften der §§ 1978 bis 1980 des Bürgerlichen Gesetzbuchs zu der Masse zu ersetzen hat, haben die Gläubiger, die im Wege des Aufgebotsverfahrens ausgeschlossen sind oder nach § 1974 des Bürgerlichen Gesetzbuchs einem ausgeschlossenen Gläubiger gleichstehen, nur insoweit Anspruch, als der Erbe auch nach den Vorschriften über die Herausgabe einer ungerechtfertigten Bereicherung ersatzpflichtig sein würde.

§ 229 [Fortgeltung der Anmeldung im Aufgebotsverfahren]

Die in dem Aufgebotsverfahren zum Zwecke der Ausschließung von Nachlaßgläubigern angemeldeten und nicht ausgeschlossenen Forderungen gelten als auch im Nachlaßkonkurs angemeldet, sofern das Aufgebot von dem Gerichte, bei welchem der Konkurs anhängig wird, erlassen und das Verfahren nicht vor der Eröffnung des Konkursverfahrens ohne Erlassung des Ausschlußurteils erledigt ist.

§ 230 [Zwangsvergleich bei Nachlaßkonkurs]

(1) Ein Zwangsvergleich kann nur auf den Vorschlag aller Erben geschlossen werden.

(2) Die Gläubiger, welchen die im § 226 Abs. 2 Nr. 2 bis 6, Abs. 4 bezeichneten Forderungen zustehen, nehmen an dem Zwangsvergleiche nicht teil, sie sind jedoch vor der Bestätigung zu hören. Macht einer von ihnen glaubhaft, daß der Zwangsvergleich sein berechtigtes Interesse verletzt, so ist auf seinen Antrag der Zwangsvergleich zu verwerfen; gegen die Bestätigung steht ihm die sofortige Beschwerde nach § 189 zu.

§ 231 [Nacherbfolge]

Die Vorschriften des § 223, des § 224 Abs. 1 Nr. 1 und des § 225 Abs. 2, 3 gelten für den Vorerben auch nach dem Eintritte der Nacherbfolge.

§ 232 [Erbschaftskauf]

(1) Hat der Erbe die Erbschaft verkauft, so tritt der Käufer in Ansehung des Verfahrens an seine Stelle.

(2) Der Erbe ist wegen einer Nachlaßverbindlichkeit, die im Verhältnisse zwischen ihm und dem Käufer diesem zur Last fällt, in derselben Weise wie ein Nachlaßgläubiger zu dem Antrag auf Eröffnung des Verfahrens berechtigt. Das gleiche Recht steht ihm auch wegen einer anderen Nachlaßverbindlichkeit zu, es sei denn, daß er unbeschränkt haftet oder daß eine Nachlaßverwaltung angeordnet ist. Die Vorschriften des § 223, des § 224 Abs. 1 Nr. 1 und des § 225 gelten für den Erben auch nach dem Verkaufe der Erbschaft.

§ 233 [Weiterverkauf der Erbschaft]

Die Vorschriften des § 232 finden entsprechende Anwendung, wenn jemand eine durch Vertrag erworbene Erbschaft verkauft oder sich zur Veräußerung einer ihm angefallenen oder anderweit von ihm erworbenen Erbschaft in sonstiger Weise verpflichtet hat.

§ 234 [Verhältnis zwischen Eigenkonkurs und Nachlaßkonkurs]

(1) In dem Konkursverfahren über das Vermögen des Erben finden, wenn auch über den Nachlaß das Konkursverfahren eröffnet oder wenn eine Nachlaßverwaltung angeordnet ist, auf Nachlaßgläubiger, denen gegenüber der Erbe unbeschränkt haftet, die Vorschriften der §§ 64, 96, 153, 155, 156, des § 168 Nr. 3 und des § 169 entsprechende Anwendung.

(2) Das gleiche gilt, wenn ein Ehegatte der Erbe ist und der Nachlaß zum Gesamtgut gehört, das von dem anderen Ehegatten allein verwaltet wird, auch in dem Konkursverfahren über das Vermögen des anderen Ehegatten und, wenn das Gesamtgut von den Ehegatten gemeinschaftlich verwaltet wird, auch in dem Konkursverfahren über das Gesamtgut und in dem Konkursverfahren über das sonstige Vermögen des Ehegatten, der nicht Erbe ist.

§ 235 [Kein Konkursverfahren über Erbteil]

Über einen Erbteil findet ein Konkursverfahren nicht statt.

§ 236 [Konkurs über Gesamtgut bei fortgesetzter Gütergemeinschaft]

Die Vorschriften der §§ 214 bis 234 finden im Falle der fortgesetzten Gütergemeinschaft auf das Konkursverfahren über das Gesamtgut entsprechende Anwendung. Konkursgläubiger sind nur die Gesamtgutsgläubiger, deren Forderungen schon zur Zeit des Eintritts der fortgesetzten Gütergemeinschaft bestanden. Zu dem Antrag auf Eröffnung des Verfahrens ist ein Gläubiger nicht berechtigt, dem gegenüber der überlebende Ehegatte zu dieser Zeit persönlich haftete. Die anteilsberechtigten Abkömmlinge sind zu dem Antrage nicht berechtigt; das Gericht hat sie, soweit tunlich, zu hören.

§ 236 a [Selbständiger Konkurs über das gemeinschaftlich verwaltete Gesamtgut]

(1) Leben die Ehegatten in Gütergemeinschaft und verwalten sie das Gesamtgut gemeinschaftlich, so ist ein selbständiger Konkurs über das Gesamtgut zulässig, wenn die Ehegatten zahlungsunfähig sind.

(2) Kann einer der in § 59 Abs. 1 Nr. 3 genannten Massegläubiger oder ein Konkursgläubiger die Berichtigung einer Verbindlichkeit aus dem Gesamtgut verlangen, so ist er berechtigt, die Eröffnung des Konkursverfahrens über das Gesamtgut zu beantragen.
(3) Das gleiche gilt für jeden Ehegatten. Wird der Antrag nicht von beiden Ehegatten gestellt, so ist er nur zuzulassen, wenn die Zahlungsunfähigkeit glaubhaft gemacht wird. Das Gericht hat den anderen Ehegatten, wenn tunlich, zu hören.

§ 236 b [Zwangsvergleich bei gemeinschaftlich verwaltetem Gesamtgut]

(1) Ein Zwangsvergleich kann nur auf Vorschlag beider Ehegatten geschlossen werden.
(2) Der Zwangsvergleich begrenzt, soweit er nichts anderes festsetzt, zugleich den Umfang der persönlichen Haftung der Ehegatten.

§ 236 c [Konkurs über das Gesamtgut und das sonstige Vermögen eines Ehegatten]

(1) Ist sowohl über das von Ehegatten gemeinschaftlich verwaltete Gesamtgut als auch über das sonstige Vermögen eines Ehegatten das Konkursverfahren eröffnet, so können die Gläubiger im Konkursverfahren über das sonstige Vermögen des Ehegatten Befriedigung nur wegen des Betrages suchen, für den sie in dem Konkursverfahren über das Gesamtgut keine Befriedigung erhalten.
(2) Bei den Verteilungen sind die Anteile auf den vollen Betrag der Forderung zurückzubehalten, bis der Ausfall bei dem Konkurs über das Gesamtgut feststeht.
(3) Im übrigen sind auf die bezeichneten Forderungen die Vorschriften der §§ 64, 96 entsprechend anzuwenden.

§ 237 [Ausländisches Konkursverfahren]

(1) Besitzt ein Schuldner, über dessen Vermögen im Auslande ein Konkursverfahren eröffnet worden ist, Vermögensgegenstände im Inlande, so ist die Zwangsvollstreckung in das inländische Vermögen zulässig.
(2) Ausnahmen von dieser Bestimmung können unter Zustimmung des Bundesrats durch Anordnung des Reichskanzlers getroffen werden.

§ 238 [Grenzen der Konkursgerichtsbarkeit und des Konkursbeschlags bei Fehlen eines allgemeinen Gerichtsstandes]

(1) Das Konkursverfahren umfaßt nur das im Inlande befindliche Vermögen, wenn der Schuldner im Deutschen Reiche eine gewerbliche Niederlassung, aber keinen allgemeinen Gerichtsstand hat.
(2) Hat ein Schuldner im Deutschen Reiche weder eine gewerbliche Niederlassung noch einen allgemeinen Gerichtsstand, so findet ein Konkursverfahren über das im Inlande befindliche Vermögen des Schuldners statt, wenn er im Inlande ein mit Wohn- und Wirtschaftsgebäuden versehenes Gut als Eigentümer, Nutznießer oder Pächter bewirtschaftet. Für das Verfahren ist das Amtsgericht ausschließlich zuständig, in dessen Bezirk das Gut sich befindet.
(3) Ist im Auslande ein Konkursverfahren eröffnet, so bedarf es nicht des Nachweises der Zahlungsunfähigkeit zur Eröffnung des inländischen Verfahrens.

Drittes Buch[1)]

§§ 239 bis 244 (aufgehoben)

1) Das Dritte Buch (Strafbestimmungen) ist durch das Erste Gesetz zur Bekämpfung der Wirtschaftskriminalität vom 29. 7. 1976 (BGBl. I S. 2034) aufgehoben worden. Für Konkursstraftaten gelten jetzt nur noch §§ 283 bis 283 d des Strafgesetzbuchs.

Gesetz betreffend die Anfechtung von Rechtshandlungen eines Schuldners außerhalb des Konkursverfahrens

Vom 27. Juli 1879 (RGBl. S. 277)
in der Fassung der Bekanntmachung vom 20. Mai 1898 (RGBl. S. 369, 709)
(BGBl. III 311-5)

Änderungen

Paragraph	Art der Änderung	Geändert durch	Datum	Fundstelle BGBl.
3	geändert	Zweites Gesetz zur Änderung des Gesetzes über das Kreditwesen	24. 3.1976	I S. 725
13	geändert	Vereinfachungsnovelle	3.12.1976	I S. 3281
4, 12, 13	geändert	Gesetz zur Änderung des Gesetzes betreffend die Gesellschaften mit beschränkter Haftung und anderer handelsrechtlicher Vorschriften	4. 7.1980	I S. 836
3 b	eingefügt			

§ 1 [Zulässigkeit der Anfechtung]

Rechtshandlungen eines Schuldners können außerhalb des Konkursverfahrens zum Zwecke der Befriedigung eines Gläubigers als diesem gegenüber unwirksam nach Maßgabe der folgenden Bestimmungen angefochten werden.

§ 2 [Anfechtungsberechtigte]

Zur Anfechtung ist jeder Gläubiger, welcher einen vollstreckbaren Schuldtitel erlangt hat und dessen Forderung fällig ist, befugt, sofern die Zwangsvollstreckung in das Vermögen des Schuldners zu einer vollständigen Befriedigung des Gläubigers nicht geführt hat oder anzunehmen ist, daß sie zu einer solchen nicht führen würde.

§ 3 [Anfechtbare Rechtshandlungen]

(1) Anfechtbar sind:

1. Rechtshandlungen, welche der Schuldner in der dem anderen Teile bekannten Absicht, seine Gläubiger zu benachteiligen, vorgenommen hat;
2. die in dem letzten Jahre vor der Anfechtung geschlossenen entgeltlichen Verträge des Schuldners

   mit seinem Ehegatten, vor oder während der Ehe, mit seinen oder seines Ehegatten Verwandten in auf- und absteigender Linie, mit seinen oder seines Ehegatten voll- und halbbürtigen Geschwistern, oder mit dem Ehegatten einer dieser Personen,

   sofern durch den Abschluß des Vertrages die Gläubiger des Schuldners benachteiligt werden und der andere Teil nicht beweist, daß ihm zur Zeit des Vertragsabschlusses eine Absicht des Schuldners, die Gläubiger zu benachteiligen, nicht bekannt war;

3. die in dem letzten Jahre vor der Anfechtung von dem Schuldner vorgenommenen unentgeltlichen Verfügungen, sofern nicht dieselben gebräuchliche Gelegenheitsgeschenke zum Gegenstande hatten;
4. die in den letzten zwei Jahren vor der Anfechtung von dem Schuldner vorgenommenen unentgeltlichen Verfügungen zugunsten seines Ehegatten.

(2) In die Fristen wird die Zeit nicht eingerechnet, während der ein Verfahren auf Herbeiführung eines Vergleichs zum Zwecke der Abwendung des Konkursverfahrens anhängig war. Dasselbe gilt für die Zeit, während der Maßnahmen nach § 46 a Abs. 1 Satz 1 des Gesetzes über das Kreditwesen vom 19. Juli 1961 (BGBl. I S. 881), zuletzt geändert durch das Zweite Gesetz zur Änderung des Gesetzes über das Kreditwesen vom 24. März 1976 (BGBl. I S. 725), angeordnet waren.

§ 3 a [Rechtshandlungen des Erben]

Hat der Erbe aus dem Nachlasse Pflichtteilsansprüche, Vermächtnisse oder Auflagen erfüllt, so kann ein Nachlaßgläubiger, der im Konkursverfahren über den Nachlaß dem Empfänger der Leistung im Range vorgehen oder gleichstehen würde, die Leistung in gleicher Weise anfechten wie eine unentgeltliche Verfügung des Erben.

§ 3 b [Anfechtung von Sicherheits- und Befriedigungsleistungen auf Ansprüche nach § 32 a GmbHG]

Anfechtbar sind Rechtshandlungen, die dem Gläubiger einer von § 32 a Abs. 1, 3 des Gesetzes betreffend die Gesellschaften mit beschränkter Haftung erfaßten Forderung Sicherung gewähren. Gleiches gilt für Rechtshandlungen, die dem Gläubiger einer solchen Forderung Befriedigung gewähren, wenn sie in dem letzten Jahre vor der Anfechtung vorgenommen sind; § 3 Abs. 2 ist anzuwenden.

§ 4 [Benachrichtigung des Anfechtungsgegners]

Hat der Gläubiger, bevor er einen vollstreckbaren Schuldtitel erlangt hatte oder seine Forderung fällig war, denjenigen, welchem gegenüber eine im § 3 Nr. 2 bis 4 und § 3 b Satz 2 bezeichnete Rechtshandlung vorgenommen ist, von seiner Absicht, die Handlung anzufechten, durch Zustellung eines Schriftsatzes in Kenntnis gesetzt, so wird die Frist von dem Zeitpunkte der Zustellung zurückgerechnet, sofern schon zu dieser Zeit der Schuldner zahlungsunfähig war und bis zum Ablaufe von zwei Jahren seit diesem Zeitpunkte die Anfechtung erfolgt ist.

§ 5 [Anfechtung durch Einrede]

Die Erhebung des Anfechtungsanspruchs im Wege der Einrede kann erfolgen, bevor ein vollstreckbarer Schuldtitel für die Forderung erlangt ist; der Gläubiger hat denselben jedoch vor der Entscheidung binnen einer von dem Gerichte zu bestimmenden Frist beizubringen.

§ 6 [Anfechtbarkeit auch titulierter Rechtshandlungen]

Die Anfechtung wird dadurch nicht ausgeschlossen, daß für die anzufechtende Rechtshandlung ein vollstreckbarer Schuldtitel erlangt, oder daß dieselbe durch Zwangsvollstreckung oder durch Vollziehung eines Arrestes erwirkt worden ist.

§ 7 [Verpflichtung zur Rückgewähr]

(1) Der Gläubiger kann, soweit es zu seiner Befriedigung erforderlich ist, beanspruchen, daß dasjenige, was durch die anfechtbare Handlung aus dem Vermögen des Schuldners

veräußert, weggegeben oder aufgegeben ist, als noch zu demselben gehörig von dem Empfänger zurückgewährt werde.

(2) Der gutgläubige Empfänger einer unentgeltlichen Leistung hat dieselbe nur soweit zurückzugewähren, als er durch sie bereichert ist.

§ 8 [Ansprüche des Anfechtungsgegners]

Wegen Erstattung einer Gegenleistung oder im Fall einer anfechtbaren Leistung wegen seiner Forderung kann der Empfänger sich nur an den Schuldner halten.

§ 9 [Geltendmachung der Anfechtung]

Erfolgt die Anfechtung im Wege der Klage, so hat der Klageantrag bestimmt zu bezeichnen, in welchem Umfange und in welcher Weise die Rückgewähr seitens des Empfängers bewirkt werden soll.

§ 10 [Vorläufig vollstreckbarer Schuldtitel]

Liegt ein nur vorläufig vollstreckbarer Schuldtitel des Gläubigers oder ein unter Vorbehalt ergangenes Urteil (Zivilprozeßordnung §§ 540[1], 599) vor, so ist in dem den Anfechtungsanspruch für begründet erklärenden Urteile die Vollstreckung desselben davon abhängig zu machen, daß die gegen den Schuldner ergangene Entscheidung rechtskräftig oder vorbehaltlos wird.

§ 11 [Anfechtung gegen Rechtsnachfolger]

(1) Die gegen den Erblasser begründete Anfechtung findet gegen den Erben statt.

(2) Gegen einen anderen Rechtsnachfolger desjenigen, welchem gegenüber die anfechtbare Handlung vorgenommen ist, findet die gegen den letzteren begründete Anfechtung statt:

1. wenn ihm zur Zeit seines Erwerbes die Umstände, welche die Anfechtbarkeit des Erwerbes seines Rechtsvorgängers begründen, bekannt waren;
2. wenn er zu den im § 3 Nr. 2 genannten Personen gehört, es sei denn, daß ihm zur Zeit seines Erwerbes die Umstände, welche die Anfechtbarkeit des Erwerbes seines Rechtsvorgängers begründen, unbekannt waren;
3. wenn ihm das Erlangte unentgeltlich zugewendet worden ist.

(3) Im Falle des Absatzes 2 Nr. 3 findet auf die Haftung des Rechtsnachfolgers die Vorschrift des § 7 Abs. 2 Anwendung.

(4) Zur Erstreckung der Fristen in Gemäßheit des § 4 genügt die Zustellung des Schriftsatzes an den Rechtsnachfolger, gegen welchen die Anfechtung erfolgen soll.

§ 12 [Anfechtungsfrist]

(1) Die Anfechtung einer nach § 3 Nr. 1 oder § 3 b Satz 1 anfechtbaren Handlung kann nur binnen zehn Jahren erfolgen. Auf den Lauf der Frist finden die für die Verjährung geltenden Vorschriften des § 203 Abs. 2 und der §§ 206, 207 des Bürgerlichen Gesetzbuchs entsprechende Anwendung.

(2) Die Frist beginnt mit dem Zeitpunkt, in welchem der Gläubiger den vollstreckbaren Schuldtitel erlangt hatte und seine Forderung fällig war, wenn aber die Rechtshandlung nach diesem Zeitpunkte vorgenommen ist, mit der Vornahme der Handlung.

---

1) § 540 a. F. ZPO wurde durch Artikel II Nr. 81 der Verordnung über das Verfahren in bürgerlichen Rechtsstreitigkeiten vom 13. 2. 1924 (RGBl. I S. 135) aufgehoben.

(3) Die Anfechtung ist ausgeschlossen, wenn seit der Vornahme der Rechtshandlung dreißig Jahre verstrichen sind.

§ 13 [Konkurseröffnung]

(1) Wird über das Vermögen des Schuldners das Konkursverfahren eröffnet, so steht die Verfolgung der von Konkursgläubigern erhobenen Anfechtungsansprüche dem Konkursverwalter zu. Aus dem Erstrittenen sind dem Gläubiger die Prozeßkosten vorweg zu erstatten.

(2) Ist das Verfahren über den Anfechtungsanspruch noch rechtshängig, so wird dasselbe unterbrochen. Im Fall einer Verzögerung der Aufnahme kommen die Bestimmungen der Zivilprozeßordnung § 239 zur entsprechenden Anwendung. Der Konkursverwalter kann den Anspruch nach den Vorschriften der Konkursordnung §§ 37 bis 39, 41 erweitern. Lehnt der Verwalter die Aufnahme des Rechtsstreits ab, so kann derselbe rücksichtlich der Prozeßkosten von jeder Partei aufgenommen werden. Durch die Ablehnung der Aufnahme wird die Befugnis des Verwalters, nach den Vorschriften der Konkursordnung das Anfechtungsrecht auszuüben, nicht ausgeschlossen.

(3) Soweit der Gläubiger aus dem Zurückzugewährenden eine Sicherung oder Befriedigung erlangt hatte, finden auf die Anfechtung derselben die Vorschriften des § 30 Nr. 1 der Konkursordnung entsprechende Anwendung.

(4) Nach der Beendigung des Konkursverfahrens können Anfechtungsrechte, deren Ausübung dem Konkursverwalter zustand, von den einzelnen Gläubigern nach Maßgabe dieses Gesetzes verfolgt werden, soweit nicht dem Anspruch entgegenstehende Einreden gegen den Verwalter erlangt sind. War die Anfechtung nicht schon zu der Zeit der Eröffnung des Konkursverfahrens erfolgt, so wird die im § 3 Nr. 2 bis 4 und § 3 b Satz 2 bestimmte Frist von diesem Zeitpunkte berechnet, sofern die Anfechtung bis zum Ablauf eines Jahres seit der Beendigung des Konkursverfahrens erfolgt.

(5) Rechtshandlungen, welche der Gemeinschuldner rücksichtlich seines nicht zur Konkursmasse gehörigen Vermögens vorgenommen hat, können von den Konkursgläubigern auch während des Konkursverfahrens nach Maßgabe dieses Gesetzes angefochten werden.

Vergleichsordnung

Vom 26. Februar 1935 (RGBl. I S. 321)[1)]
(BGBl. III 311-1)

Änderungen seit 1.1.1964

Paragraph	Art der Änderung	Geändert durch	Datum	Fundstelle BGBl.
29	geändert	Einführungsgesetz zum Gesetz über Ordnungswidrigkeiten	24. 5.1968	I S. 503
3, 17, 69, 88, 100	geändert	Gesetz zur Änderung des Rechtspflegergesetzes, des Beurkundungsgesetzes und zur Umwandlung des Offenbarungseides in eine eidesstattliche Versicherung	27. 6.1970	I S. 911
112	geändert	Gesetz über Bausparkassen	16.11.1972	I S. 2097
29, 41, 122	geändert	Einführungsgesetz zum Strafgesetzbuch	2. 3.1974	I S. 469
26,106	geändert	Gesetz über Konkursausfallgeld	17. 7.1974	I S. 1481
112	geändert	Zweites Gesetz zur Änderung des Gesetzes über das Kreditwesen	24. 3.1976	I S. 725
17, 79, 88, Überschrift Sechzehnter Abschnitt (jetzt Fünfzehnter Abschnitt)	geändert	Erstes Gesetz zur Bekämpfung der Wirtschaftskriminalität	29. 7.1976	I S. 2034
122, 123	aufgehoben			
50	geändert	Gesetz zur Änderung sachenrechtlicher, grundbuchrechtlicher und anderer Vorschriften	22. 6.1977	I S. 998
107-109	geändert	Gesetz zur Änderung des Gesetzes betreffend die Gesellschaften mit beschränkter Haftung und anderer handelsrechtlicher Vorschriften	4. 7.1980	I S. 836
112	geändert	Vierzehntes Gesetz zur Änderung des Versicherungsaufsichtsgesetzes	29. 3.1983	I S. 377
107	geändert	Drittes Gesetz zur Änderung über das Kreditwesen	20.12.1984	I S. 1693

Paragraph	Art der Änderung	Geändert durch	Datum	Fundstelle BGBl.
52	geändert	Gesetz zur Neuordnung des landwirtschaftlichen Pachtrechts	8.11.1985	I S. 2065
5, 107	geändert	Bilanzrichtlinien-Gesetz	19.12.1985	I S. 2355
121	geändert	Rechtspflege-Vereinfachungsgesetz	17.12.1990	I S. 2847
111	geändert	Registerverfahrenbeschleunigungsgesetz	20.12.1993	I S. 2182, 2208
110 a	eingefügt	Gesetz zur Schaffung von Partnerschaftsgesellschaften und zur Änderung anderer Gesetze	25. 7.1994	I S. 1744

§ 1 Grundsatz

Der Konkurs kann nach Maßgabe dieses Gesetzes durch ein gerichtliches Vergleichsverfahren abgewendet werden.

Erster Abschnitt

Eröffnungsantrag, Vergleichsvorschlag

§ 2 Der Eröffnungsantrag

(1) Der Antrag auf Eröffnung des Vergleichsverfahrens ist bei dem für die Konkurseröffnung zuständigen Gerichte (Vergleichsgericht) zu stellen. Der Antrag kann nur vom Schuldner gestellt werden. Er ist unter den gleichen Voraussetzungen zulässig, unter denen das Konkursverfahren beantragt werden kann.

(2) Nach Eröffnung des Konkursverfahrens kann der Antrag nicht mehr gestellt werden.

§ 3 Inhalt des Eröffnungsantrags

(1) Der Antrag muß den Vergleichsvorschlag enthalten und ergeben, ob und wie die Erfüllung des Vergleichs sichergestellt werden soll.

(2) In dem Antrag hat der Schuldner anzugeben:

1. ob und wann er innerhalb der letzten fünf Jahren vor dem Tage des Antrags sich mit seinen Gläubigern außergerichtlich verglichen hat;
2. ob und wann innerhalb derselben Frist im Inlande ein Konkursverfahren oder ein Vergleichsverfahren über sein Vermögen rechtskräftig eröffnet oder die Eröffnung eines dieser Verfahren mangels Masse rechtskräftig abgelehnt worden ist;
3. ob, wann und mit welchem Ergebnis er innerhalb derselben Frist im Inlande in einem Zwangsvollstreckungsverfahren wegen einer Geldforderung zur Abgabe einer eidesstattlichen Versicherung geladen worden ist;
4. wann und wo er geboren ist.

(3) In den Fällen des Absatzes 2 Nr. 2 und 3 ist das Gericht anzugeben, bei dem das Verfahren anhängig ist oder anhängig gewesen ist.

(4) Die Richtigkeit der Angaben (Absätze 2, 3) hat der Schuldner an Eides Statt zu versichern oder durch öffentliche Urkunden nachzuweisen.

§ 4 Anlagen des Eröffnungsantrags

(1) Dem Antrag sind beizufügen:

1. eine Übersicht des Vermögensstandes des Schuldners (§ 5);

2. je ein Verzeichnis der Gläubiger und der Schuldner unter Angabe der einzelnen Forderungen und Schulden (§ 6);
3. eine Erklärung des Schuldners darüber,
   a) ob innerhalb des letzten Jahres vor dem Tage des Antrags zwischen ihm und seinem Ehegatten vor oder während der Ehe oder einem sonstigen nahen Angehörigen (Absatz 2) eine Vermögensauseinandersetzung stattgefunden hat, sowie darüber,
   b) ob und welche Verfügungen über Vermögensgegenstände er innerhalb der letzten zwei Jahre vor dem Tage des Antrags zugunsten seines Ehegatten vor oder während der Ehe oder eines sonstigen nahen Angehörigen vorgenommen hat; Verfügungen, die ausschließlich gebräuchliche Gelegenheitsgeschenke zum Gegenstand hatten, bleiben außer Betracht;
4. wenn für die Erfüllung des Vergleichs Sicherheit geleistet werden soll, die genaue Bezeichnung der Sicherheiten und, wenn die Sicherheit in einer Bürgschaft besteht, die Bürgschaftserklärung;
5. die Erklärung des Schuldners, daß er bereit sei, den im § 69 Abs. 2 vorgesehenen Eid zu leisten.

(2) Als nahe Angehörige sind anzusehen:
1. der Ehegatte des Schuldners,
2. die Verwandten auf- und absteigender Linie des Schuldners oder seines Ehegatten,
3. die voll- und halbbürtigen Geschwister des Schuldners oder seines Ehegatten,
4. die Ehegatten der unter Nummern 2 und 3 bezeichneten Personen.

(3) Der Antrag und seine Anlagen sind in zwei Stücken vorzulegen.

§ 5 Vermögensübersicht. Jahresabschlüsse

(1) In der Übersicht des Vermögensstandes (§ 4 Abs. 1 Nr. 1) müssen sämtliche Vermögensgegenstände (Aktiven) und Verbindlichkeiten (Passiven) einzeln unter Angabe ihres Betrags oder Wertes angeführt und einander gegenübergestellt werden. Uneinbringliche oder zweifelhafte Aktiven sind als solche kenntlich zu machen. Bei Grundstücken und eingetragenen Schiffen und Schiffsbauwerken, die zu den Aktiven gehören, sind ihre Grundbuchblätter oder Registerblätter anzugeben.

(2) Ist der Schuldner nach Handelsrecht verpflichtet, Bücher zu führen, so hat er die Eröffnungsbilanz und die Jahresabschlüsse sowie sonstige Vermögensübersichten vorzulegen; betreibt er sein Geschäft länger als drei Jahre, so genügt die Vorlage der Unterlagen für die letzten drei Jahre.

§ 6 Gläubigerverzeichnis und Schuldnerverzeichnis

(1) In die Verzeichnisliste der Gläubiger und Schuldner (§ 4 Abs. 1 Nr. 2) sind alle Gläubiger und Schuldner aufzunehmen. Bei jeder Forderung und Verbindlichkeit sind der Betrag und der Schuldgrund anzugeben. Nebenrechte, insbesondere zur Sicherung übertragenes Eigentum, Eigentumsvorbehalte, Hypotheken,
Grundschulden, Schiffshypotheken, Pfandrechte und Bürgschaften, sowie Ansprüche aus zur Deckung erhaltenen oder begebenen Wechseln sind zu bezeichnen, bei Forderungen sind auch die vorhandenen Beweismittel anzuführen; bei Hypotheken und Grundschulden sind die Grundbuchblätter anzugeben, auf denen die belasteten Grundstücke eingetragen sind, bei Schiffshypotheken die Registerblätter, auf denen die belasteten Schiffe oder Schiffsbauwerke eingetragen sind. Ist eine Forderung oder eine Schuld streitig, so ist dies anzugeben. Gläubiger, die nicht zu den Vergleichsgläubigern gehören, sind gesondert

anzugeben. Kann der Gläubiger im Fall des Konkurses abgesonderte Befriedigung beanspruchen, so ist auch die Höhe des mutmaßlichen Ausfalls anzugeben.
(2) Ist ein Gläubiger oder ein Schuldner naher Angehöriger (§ 4 Abs. 2) des Vergleichsschuldners oder seines gesetzlichen Vertreters, so ist dies anzugeben. Ebenso ist anzugeben, wenn ein Gläubiger oder ein Schuldner ein Angestellter des Vergleichsschuldners oder seines gesetzlichen Vertreters ist oder mit dem Schuldner oder seinem gesetzlichen Vertreter in einem Gesellschafts- oder anderen Gemeinschaftsverhältnisse steht; das Gesellschafts- oder Gemeinschaftsverhältnis ist genau zu bezeichnen.
(3) Bei allen Gläubigern und Schuldnern ist die Anschrift anzugeben. Wohnt ein Gläubiger im Auslande oder ist sein Wohnort unbekannt, ist jedoch dem Vergleichsschuldner ein im Inlande wohnender, zur Empfangnahme von Zustellungen befugter Vertreter bekannt, so ist auch dessen Anschrift anzugeben.

§ 7 Inhalt des Vergleichsvorschlags (Mindestsatz)

(1) Der Vergleichsvorschlag muß bestimmt sein. Den Vergleichsgläubigern müssen mindestens fünfunddreißig vom Hundert ihrer Forderungen gewährt werden (Mindestsatz).
(2) Der Mindestsatz erhöht sich auf vierzig vom Hundert, wenn der Schuldner eine Zahlungsfrist von mehr als einem Jahr von der Bestätigung des Vergleichs ab beansprucht. Eine Zahlungsfrist von mehr als achtzehn Monaten darf der Schuldner nur für den Betrag seines Angebots in Anspruch nehmen, der vierzig vom Hundert der Forderungen übersteigt.
(3) Die Mindestsätze müssen bar geboten werden.
(4) Ein Vergleichsvorschlag, in dem der Schuldner den Gläubigern sein Vermögen ganz oder teilweise zur Verwertung mit der Abrede überläßt, daß der nicht durch die Verwertung gedeckte Teil der Forderungen erlassen sein soll, ist nur zulässig, wenn die Verwertung des Vermögens den Vergleichsgläubigern voraussichtlich mindestens fünfunddreißig vom Hundert ihrer Forderungen gewähren wird und der Erlaß, falls die Verwertung weniger ergeben sollte, sich nicht auf den an fünfunddreißig vom Hundert der Forderungen fehlenden Betrag erstreckt.

§ 8 Gleichbehandlung der Gläubiger

(1) Der Vergleich muß allen von ihm betroffenen Gläubigern gleiche Rechte gewähren.
(2) Eine ungleiche Behandlung der Gläubiger ist nur zulässig, wenn
1. die Mehrheit der zurückgesetzten, im Vergleichstermin anwesenden stimmberechtigten Vergleichsgläubiger zustimmt; hierbei werden die schriftlich zustimmenden wie Anwesende behandelt; und
2. die Gesamtsumme der Forderungen der zustimmenden Gläubiger mindestens drei Vierteile der Forderungen der zurückgesetzten stimmberechtigten Gläubiger beträgt. Die Vorschriften des § 75 finden entsprechende Anwendung.

(3) Jedes andere Abkommen des Schuldners oder anderer Personen mit einzelnen Gläubigern, durch welches diese bevorzugt werden, ist nichtig.

§ 9 Wiederauflebensklausel

(1) Werden In dem Vergleich die Forderungen gestundet oder teilweise erlassen, so wird die Stundung oder der Erlaß für den Gläubiger hinfällig, gegenüber dem der Schuldner mit der Erfüllung des Vergleichs in Verzug gerät; Verzug mit der Vergleichserfüllung ist erst anzunehmen, wenn der Schuldner eine fällige Verbindlichkeit trotz einer vom Gläubiger unter Einräumung einer mindestens einwöchigen Nachfrist an ihn gerichteten schriftlichen Mahnung nicht bezahlt hat.

(2) Wird vor vollständiger Erfüllung des Vergleichs über das Vermögen des Schuldners der Konkurs eröffnet, so ist die Stundung oder der Erlaß allen Gläubigern gegenüber hinfällig,
(3) Wenn der Schuldner im Falle des § 7 Abs. 4, nachdem das Vermögen zugunsten der Gläubiger verwertet ist, mit der Entrichtung des Betrages in Verzug gerät, für den er wegen Nichterreichung des Mindestsatzes oder des vereinbarten höheren Satzes weiterhaftet, so finden auf diesen Verzug die Vorschriften des vorstehenden Absatzes 1 keine Anwendung. Wird im Falle des § 7 Abs. 4 nach Verwertung des Vermögens zugunsten der Gläubiger, aber vor Entrichtung des Betrages, für den der Schuldner wegen Nichterreichung des Mindestsatzes oder des vereinbarten höheren Satzes weiterhaftet, über das Vermögen des Schuldners der Konkurs eröffnet, so finden die Vorschriften des vorstehenden Absatzes 2 keine Anwendung.
(4) Die Vorschriften der vorstehenden Absätze 1 bis 3 gelten nur insoweit, als im Vergleich nichts anderes vereinbart ist, jedoch mit der Maßgabe, daß die Anwendung des Absatzes 1 Halbsatz 2 sowie des Absatzes 3 im Vergleich nicht zum Nachteil des Schuldners ausgeschlossen oder beschränkt werden kann.

§ 10 Nachholungsfrist

Unterläßt es der Schuldner, dem Antrag die im § 4 Abs. 1 genannten Anlagen beizufügen oder genügen der Antrag und die Anlagen nicht den Vorschriften der §§ 3 bis 7, so kann das Gericht, falls der Mangel entschuldbar ist, dem Schuldner eine Frist zur Nachholung bewilligen. Die Frist soll zwei Wochen nicht überschreiten. Betrifft das Vergleichsverfahren ein Unternehmen von erheblichem Umfang oder liegen andere besondere Gründe vor, so darf sie länger, jedoch nicht mit mehr als vier Wochen bemessen werden.

Zweiter Abschnitt
Eröffnung des Verfahrens

§ 11 Bestellung eines vorläufigen Verwalters

(1) Das Gericht hat sofort nach dem Eingang des Antrags einen vorläufigen Verwalter zu bestellen und den Eingang des Antrags sowie den Namen des vorläufigen Verwalters öffentlich bekanntzumachen.
(2) Für den vorläufigen Verwalter gelten sinngemäß die Vorschriften über den Vergleichsverwalter (§§ 38 bis 43).

§ 12 Sicherungsmaßnahmen

Das Gericht hat alle Maßnahmen zu treffen, die erforderlich erscheinen, um eine den Gläubigern nachteilige Veränderung in der Vermögenslage des Schuldners bis zur Entscheidung über den Antrag zu verhüten. Es kann insbesondere dem Schuldner Verfügungsbeschränkungen auferlegen und anordnen, daß die im § 57 bezeichneten Beschränkungen des Schuldners eintreten und daß dem vorläufigen Verwalter die dort vorgesehenen Befugnisse des Vergleichsverwalters zustehen. Für die Verfügungsbeschränkungen gelten sinngemäß die Vorschriften der §§ 59 bis 65.

§ 13 Einstweilige Einstellung von Vollstreckungsmaßnahmen

(1) Auf Antrag des vorläufigen Verwalters kann das Vergleichsgericht anordnen, daß eine Zwangsvollstreckung, die gegen den Schuldner bei Eingang des Er- öffnungsantrags anhängig ist oder später anhängig wird, his zur Entscheidung über den Eröffnungsantrag,

längstens jedoch auf die Dauer von sechs Wochen einstweilen eingestellt werde. Die Anordnung soll nur getroffen werden, wenn dies für das Ergebnis der Veräußerung von Vorteil oder zur Vermeidung eines den Gläubigern drohenden Nachteils unerläßlich ist. Die Anordnung ist nur zulässig, wenn der vollstreckende Gläubiger im Falle der Eröffnung des Verfahrens Vergleichsgläubiger wäre oder zu den im § 29 Nr. 3 und 4 bezeichneten Gläubigern gehören würde.
(2) Der Antrag ist abzulehnen, wenn er so spät gestellt wird, daß das Gericht seine Voraussetzungen nicht mehr prüfen kann.

§ 14 Anhörung der Berufsvertretung

Vor der Entscheidung über den Eröffnungsantrag hat das Gericht unbeschadet seiner Verpflichtung nach § 116, wenn der Schuldner Handels- oder Gewerbetreibender oder Landwirt (Bauer) ist, die zuständige amtliche Berufsvertretung der Industrie, des Handels, des Handwerks (Gewerbes) oder der Landwirtschaft zu hören. Die Vertretung hat sich über den Antrag unverzüglich, spätestens jedoch vor Ablauf einer Woche, zu äußern. Das Gericht kann die Frist auf Antrag der Vertretung um eine weitere Woche verlängern.

§ 15 Verfahren bei Aussichtslosigkeit oder bei Rücknahme des Vergleichsantrags

(1) Die in §§ 11 bis 14 vorgesehenen Maßnahmen sollen unterbleiben, wenn der Eröffnung des Vergleichsverfahrens einer der in den §§ 17, 18 bezeichneten Gründe entgegensteht und die Beseitigung dieses Grundes nicht möglich oder mit Sicherheit nicht zu erwarten ist.
(2) Nimmt der Schuldner den Vergleichsantrag vor der Eröffnung des Verfahrens zurück, so hebt das Gericht die auf Grund der §§ 11 bis 13 getroffenen Maßnahmen auf. Die Rücknahme des Antrags und die Beendigung des Amts des vorläufigen Verwalters sind öffentlich bekanntzumachen, es sel denn, daß das Gericht auf Grund des vorstehenden Absatzes 1 von der im § 11 Abs. 1 vorgesehenen öffentlichen Bekanntmachung abgesehen hat.

§ 16 Entscheidung über die Eröffnung

Nach Abschluß der erforderlichen Ermittlungen, insbesondere nach Eingang der Äußerung der amtlichen Berufsvertretung oder nach Ablauf der im § 14 bezeichneten Fristen, entscheidet das Gericht, ob das Vergleichsverfahren zu eröffnen ist.

§ 17 Ablehnungsgründe

Die Eröffnung ist abzulehnen,
1. wenn den Erfordernissen der §§ 3 bis 7 nicht genügt ist und der Mangel auch nicht innerhalb einer nach § 10 gesetzten Frist beseitigt wird;
2. wenn der Schuldner flüchtig ist oder sich verborgen hält oder auf eine an ihn ergehende Ladung des Gerichts (§ 116) ohne genügende Entschuldigung ausbleibt;
3. wenn gegen den Schuldner wegen Bankrotts nach § 283 Abs. 1 bis 3, § 283 a des Strafgesetzbuches eine gerichtliche Untersuchung oder ein wiederaufgenommenes Verfahren anhängig oder der Schuldner wegen einer solchen Straftat rechtskräftig verurteilt ist;
4. wenn innerhalb der letzten fünf Jahre vor dem Tage des Antrags auf Eröffnung des Vergleichsverfahrens im Inlande ein Konkursverfahren oder ein Vergleichsverfahren über das Vermögen des Schuldners rechtskräftig eröffnet oder mangels Masse rechtskräftig abgelehnt worden ist;

5. wenn der Schuldner innerhalb derselben Frist im Inlande in einem Zwangsvollstreckungsverfahren wegen einer Geldforderung die eidesstattliche Versicherung abgegeben oder ohne Grund verweigert hat;
6. wenn das Vermögen des Schuldners nicht ausreicht, um die voraussichtlich entstehenden gerichtlichen Kosten des Verfahrens einschließlich der einem Verwalter (§§ 11, 20) zu gewährenden Vergütung zu decken; die Ablehnung unterbleibt, wenn ein zur Deckung dieser Kosten ausreichender Geldbetrag bei Stellung des Antrags vorgeschossen oder sonst hinreichend sichergestellt wird;
7. wenn der Schuldner dem vorläufigen Verwalter die Einsicht in seine Bücher und Geschäftspapiere oder ohne genügenden Grund eine Auskunft oder eine Aufklärung verweigert;
8. wenn die geschäftlichen Aufzeichnungen des Schuldners so mangelhaft sind, daß sie einen hinreichenden Überblick über seine Vermögenslage nicht ermöglichen;
9. wenn der Schuldner einer nach § 12 erlassenen Anordnung des Gerichts zuwiderhandelt und sein Verhalten nicht entschuldbar ist.

§ 18 Weitere Ablehnungsgründe

Die Eröffnung ist ferner abzulehnen, wenn sich aus dem Antrag des Schuldners, den ihm beigefügten Urkunden und Erklärungen, den Ermittlungen des Gerichts oder dem Gutachten der amtlichen Berufsvertretung ergibt,
1. daß der Schuldner seinen Vermögensverfall durch Unredlichkeit, Preisschleuderei oder Leichtsinn herbeigeführt hat oder
2. daß er den Antrag auf Eröffnung des Vergleichsverfahrens nach der Auffassung des ordentlichen Geschäftsverkehrs schuldhaft verzögert hat oder
3. daß der Vergleichsvorschlag der Vermögenslage des Schuldners nicht entspricht, sel es, daß der Schuldner zuwenig oder zuviel bietet, oder
4. daß im Falle der Fortführung des Unternehmens seine Erhaltung durch den Vergleich offenbar nicht zu erwarten ist.

§ 19 Entscheidung über die Konkurseröffnung

(1) Wird die Eröffnung des Vergleichsverfahrens abgelehnt, so ist zugleich von Amts wegen über die Eröffnung des Konkursverfahrens zu entscheiden.

(2) Gegen die Entscheidung, durch die das Konkursverfahren eröffnet oder die Eröffnung des Konkursverfahrens abgelehnt wird, steht dem Schuldner binnen einer Woche die sofortige Beschwerde zu (§ 121). Der Schuldner kann dabei auch geltend machen, daß die Eröffnung des Vergleichsverfahrens zu Unrecht abgelehnt worden sei.

(3) Wird der Konkurs nicht eröffnet, so tritt eine nach § 12 getroffene Anordnung mit der Rechtskraft des Beschlusses, durch den die Eröffnung des Vergleichs- und des Konkursverfahrens abgelehnt wird, außer Kraft. Ist eine Verfügungsbeschränkung angeordnet worden, so gilt § 65 Abs. 2 sinngemäß.

(4) Das Amt des vorläufigen Verwalters als solchen endigt mit Erlaß des Beschlusses, durch den das Vergleichs- oder das Konkursverfahren eröffnet wird, oder mit der Rechtskraft des Beschlusses, durch den die Eröffnung des Vergleichs- und des Konkursverfahrens abgelehnt wird.

(5) Der Beschluß, durch den das Vergleichs- oder das Konkursverfahren eröffnet oder die Eröffnung des Vergleichs- und des Konkursverfahrens abgelehnt wird, sowie die im Beschwerderechtszug ergehenden Entscheidungen sind auch dem vorläufigen Verwalter zuzustellen. Der Beschluß, durch den die Eröffnung des Vergleichs- und des

Konkursverfahrens abgelehnt wird, ist nach Rechtskraft in derselben Weise öffentlich bekanntzumachen, wie die im § 11 Abs. 1 vorgeschriebene Bekanntmachung erfolgt ist.

§ 20 Inhalt des Eröffnungsbeschlusses

(1) Wird das Vergleichsverfahren eröffnet, so ernennt das Gericht einen Vergleichsverwalter und bestimmt einen Termin zur Verhandlung über den Vergleichsvorschlag (Vergleichstermin).

(2) Der Vergleichstermin ist nicht über einen Monat hinaus anzuberaumen.

(3) Der Eröffnungsbeschluß hat zu enthalten:

1. Namen (Firma), Vornamen, Beschäftigung oder Geschäftszweig, Wohnung oder gewerbliche Niederlassung des Schuldners;
2. Namen und Anschrift des Vergleichsverwalters;
3. Ort und Zeit des Vergleichstermins;
4. die Aufforderung an die Gläubiger, ihre Forderungen alsbald anzumelden.

§ 21 Zeitpunkt der Eröffnung

(1) In dem Beschlusse, durch den das Vergleichsverfahren eröffnet wird, ist die Stunde der Eröffnung anzugeben.

(2) Ist dies versäumt worden, so gilt als Zeitpunkt der Eröffnung die Mittagsstunde des Tages, an dem der Beschluß erlassen worden ist.

§ 22 Bekanntgabe des Eröffnungsbeschlusses

(1) Die Geschäftsstelle hat den Eröffnungsbeschluß sofort öffentlich bekanntzumachen.

(2) Der Schuldner, die aus dem Gläubigerverzeichnis ersichtlichen Vergleichsgläubiger sowie der Vergleichsverwalter sind unter Mitteilung des Eröffnungsbeschlusses und des Vergleichsvorschlag zu dem Vergleichstermin durch besondere Zustellung zu laden.

(3) In der öffentlichen Bekanntmachung und in der Ladung der Gläubiger ist darauf hinzuweisen, daß der Eröffnungsantrag mit seinen Anlagen und das Ergebnis der etwaigen Ermittlungen bei dem Gericht eingesehen werden kann.

§ 23 Vermerk im Handelsregister

(1) Die Geschäftsstelle teilt, wenn der Schuldner im Handelsregister eingetragen ist, eine Ausfertigung des Eröffnungsbeschlusses der für die Führung des Handelsregister zuständigen Behörde mit.

(2) Die Registerbehörde trägt die Eröffnung des Vergleichsverfahrens von Amts wegen in das Handelsregister ein. Eine öffentliche Bekanntmachung der Eintragung findet nicht statt. Die Vorschriften des § 15 des Handelsgesetzbuchs bleiben außer Anwendung.

§ 24 Fortdauer einer Verfügungsbeschränkung

Eine gemäß § 12 angeordnete Verfügungsbeschränkung gilt von der Eröffnung des Verfahrens an als Verfügungsbeschränkung im Sinne der §§ 58 bis 65.

Dritter Abschnitt

Vergleichsgläubiger

§ 25 Grundsatz

(1) An dem Vergleichsverfahren sind, soweit dieses Gesetz nichts anderes bestimmt, alle persönlichen Gläubiger des Schuldners beteiligt, die einen zur Zeit der Eröffnung des Verfahrens begründeten Vermögensanspruch gegen ihn haben (Vergleichsgläubiger).

(2) Unterhaltsberechtigte sind nur insoweit Vergleichsgläubiger, als sie ihren Anspruch im Konkurse geltend machen können.

§ 26 Nichtbeteiligte Gläubiger

(1) Gläubiger, denen im Konkurse ein Anspruch auf Aussonderung oder Ersatzaussonderung oder ein Verfolgungsrecht zusteht, ferner Gläubiger, deren Forderungen im Konkurs ein Vorrecht genießen, und Gläubiger, deren Anpruch durch eine Vormerkung gesichert ist, sind nicht Vergleichsgläubiger.
(2) Ebenso gehören die Gebühren und Auslagen des Gerichts sowie Ansprüche des vorläufigen Verwalters nicht zu den Vergleichsforderungen, auch soweit sie vor der Eröffnung entstanden sind. Zu den Vergleichsforderungen gehören ferner nicht die Ansprüche, die im Konkurs Masseschulden nach § 59 Abs. 1 Nr. 3 der Konkursordnung sind.

§ 27 Absonderungsberechtigte Gläubiger

(1) Gläubiger, die im Konkurse abgesonderte Befriedigung beanspruchen können, sind unbeschadet der Vorschrift des § 71 Abs. 3 insoweit Vergleichsgläubiger, als ihnen der Schuldner auch persönlich haftet und sie auf die abgesonderte Befriedigung verzichten oder bei ihr ausgefallen sind. Solange der Ausfall nicht feststeht, sind sie bei der Vergleichserfüllung, falls nicht im Vergleich eine für den Schuldner günstigere Regelung vereinbart wird, mit dem mutmaßlichen Ausfall zu berücksichtigen.
(2) Die Bestimmungen für Absonderungsberechtigte gelten auch für Gläubiger, denen zur Sicherung eines Anspruchs eine Sache oder ein Recht übertragen worden ist, sowie für diejenigen, auf deren Befriedigung im Konkurs die Vorschriften für Absonderungsberechtigte entsprechende Anwendung finden.

§ 28 Sperrfrist

(1) Gläubiger, die durch eine Zwangsvollstreckungsmaßnahme eine Sicherung erlangt haben, bleiben Vergleichsgläubiger, wenn sie diese Sicherung später als am dreißigsten Tag vor der Stellung des Eröffnungsantrags erworben haben. Dies gilt entsprechend auch für Gläubiger, die durch Zwangesvollstreckung befriedigt worden sind.
(2) Bei der Berechnung der Frist wird der Tag der Stellung des Antrags nicht mitgezählt.

§ 29 Ausgeschlossene Ansprüche

Im Vergleichsverfahren können nicht geltend gemacht werden:
1. die seit der Eröffnung des Verfahrens laufenden Zinsen;
2. die Kosten, die den einzelnen Gläubigern durch ihre Teilnahme an dem Verfahren erwachsen;
3. Geldstrafen, Geldbußen, Ordnungsgelder und Zwangsgelder sowie solche Nebenfolgen einer Straftat oder Ordnungswidrigkeit, die zu einer Geldzahlung verpflichten;
4. Ansprüche auch einer Freigebigkeit des Schuldners.

§ 30 Betagte Forderungen

Betagte Forderungen gelten als fällig. Sind sie unverzinslich, so sind sie nur mit dem Betrag beteiligt, der mit Hinzurechnung der gesetzlichen Zinsen für die Zeit von der Eröffnung des Verfahrens bis zur Fälligkeit dem vollen Betrage der Forderung gleichkommt.

§ 31 Bedingte Forderungen

Forderungen unter auflösender Bedingung nehmen am Verfahren wie unbedingte teil.

§ 32 Haftung von Gesamtschuldnern

Ein Gläubiger, dem mehrere Personen für dieselbe Leistung auf das Ganze haften, ist bis zu seiner vollen Befriedigung an dem Vergleichsverfahren gegen jeden Schuldner mit dem ganzen Betrag beteiligt, den er zur Zeit der Eröffnung des Verfahrens zu fordern hatte.

§ 33 Rechte der Gesamtschuldner und Bürgen

Der Gesamtschuldner und der Bürge sind wegen der Forderung, die sie infolge Befriedigung des Gläubigers künftig gegen den Schuldner erwerben könnten, nur dann Vergleichsgläubiger, wenn der Gläubiger mit seiner Forderung am Vergleichsverfahren nicht teilnimmt.

§ 34 Umrechnung von Forderungen

Forderungen, die nicht auf Geld gerichtet sind oder deren Geldbetrag unbestimmt oder nicht in inländischer Währung festgesetzt ist, sind mit ihrem für die Zeit der Eröffnung des Verfahrens in inländischer Währung zu schätzenden Werte beteiligt.

§ 35 Wiederkehrende Leistungen

Forderungen auf wiederkehrende Leistungen, deren Betrag und Dauer bestimmt sind, sind mit dem Betrag beteiligt, der sich durch Zusammenrechnung der noch ausstehenden Leistungen unter Abzug des im § 30 bezeichneten Zwischenzinses ergibt. Ist die Dauer der Leistungen unbestimmt, so gilt § 34 sinngemäß.

§ 36 Forderungen aus gegenseitigen Verträgen

(1) Ein Gläubiger, dessen Forderungen auf einem gegenseitigen Vertrage beruht, ist nicht Vergleichsgläubiger, wenn zur Zeit der Eröffnung des Verfahrens noch keine Vertragspartei den Vertrag vollständig erfüllt hat.

(2) Sind die geschuldeten Leistungen teilbar und hat der Gläubiger die ihm obliegende Leistung zur Zeit der Eröffnung des Verfahrens bereits teilweise erbracht, so ist er mit dem der Teilleistung entsprechenden Betrage seiner Forderung auf die Gegenleistung Vergleichsgläubiger. Wegen dieser Teilleistung kann der Gläubiger ein etwa im Vertrage vereinbartes oder als vereinbart geltendes Rücktrittsrecht nach der Verfahrenseröffnung nicht mehr ausüben.

(3) Ist die vom Gläubiger geschuldete Leistung deshalb nicht als vollständig bewirkt anzusehen, weil die Leistung mangelhaft ist, so ist der Gläubiger mit dem Anspruch auf die ihm trotz des Mangels etwa zustehende Gegenleistung Vergleichsgläubiger; die dem Schuldner wegen des Mangels zustehenden Rechte bleiben unberührt.

§ 37 Ausländische Gläubiger

Ausländische Gläubiger stehen den inländischen gleich.

Vierter Abschnitt
Vergleichsverwalter. Gläubigerbeirat

§ 38 Bestellung des Vergleichsverwalters

Zum Vergleichsverwalter ist eine geschäftskundige, von den Gläubigern und dem Schuldner unabhängige Person zu bestellen.

§ 39 Aufgaben des Vergleichsverwalters

Der Vergleichsverwalter hat die wirtschaftliche Lage des Schuldners zu prüfen und die Geschäftsführung sowie die Ausgaben für die Lebensführung des Schuldners und seiner Familie zu überwachen.

§ 40 Weitere Rechte und Pflichten des Vergleichsverwalters

(1) Der Vergleichsverwalter ist berechtigt, die Geschäftsräume des Schuldners zu betreten und dort Nachforschungen anzustellen. Der Schuldner hat dem Vergleichsverwalter Einsicht in seine Bücher und Geschäftspapiere zu gestatten; er und seine Angestellten haben ihm alle erforderlichen Auskünkfte zu erteilen.

(2) Der Vergleichsverwalter hat dem Gerichte sofort anzuzeigen, wenn ihm Tatsachen bekannt werden, die ein Einschreiten des Gerichts, insbesondere den Erlaß von Verfügungsbeschkränkungen, die Einstellung des Vergleichverfahrens oder die Versagung der Bestätigung des Vergleichs zu rechtfertigen vermögen. Er hat dem Gericht auf Verlangen jederzeit Auskunft zu erteilen.

(3) Im Vergleichstermin hat der Vergleichsverwalter über die Sachlage, insbesondere über die Ursachen des Zusammenbruchs des Schuldners, die Angemessenheit des Vergleichsvorschlags und die Aussichten auf Erfüllung des Vergleichs zu berichten. Das Vergleichsgericht kann anordnen, daß der Vergleichsverwalter auf Grund des Ergebnisses seiner Ermittlungen (§ 39) über die vorbezeichneten Punkte noch vor dem Vergleichstermin schriftlichen Bericht erstatte und daß er Abschriften des Berichtes den Vergleichsgläubigern mitteile.

§ 41 Aufsicht des Gerichts

(1) Der Vergleichsverwalter steht unter der Aufsicht des Gerichts.

(2) Das Gericht kann gegen den Vergleichsverwalter Zwangsgeld festsetzen. Es kann ihn aus wichtigen Gründen seines Amtes entheben.

(3) Das Zwangsgeld ist vorher anzudrohen. Vor der Entscheidung nach Absatz 2 Satz 2 ist der Vergleichsverwalter zu hören.

(4) Gegen die Entscheidung, durch die ein Zwangsgeld festgesetzt wird, steht dem Vergleichsverwalter die sofortige Beschwerde zu (§ 121). Das Vergleichsgericht kann der Beschwerde abhelfen.

§ 42 Haftung des Vergleichsverwalter

Der Vergleichsverwalter ist allen Beteiligten für die Erfüllung seiner Pflichten verantwortlich.

§ 43 Auslagen und Vergütung des Vergleichsverwalters

(1) Der Vergleichsverwalter kann von dem Schuldner die Erstattung angemessener barer Auslagen und eine angemessene Vergütung für seine Geschäftsführung verlangen. Der Vergleichsverwalter kann Auslagen, die ihm dadurch erwachsen, daß er durch Sachverständige die Bücher des Schuldners prüfen und seine Warenbestände schätzen läßt, nur erstattet verlangen, wenn das Vergleichsgericht vorher der Beiziehung eines Sachverständigen zugestimmt hat; die Zustimmung soll nur erteilt werden, wenn die Prüfung oder die Schätzung besondere Schwierigkeiten bietet.

(2) Die Höhe der Auslagen und der Vergütung setzt das Vergleichsgericht fest. Wird das Vergleichsverfahren nach der Bestätigung des Vergleichs fortgesetzt, so ist zunächst nur die Vergütung für die vom Vergleichsverwalter bis zur Bestätigung des Vergleichsvorschlags geleistete Tätigkeit zu bestimmen. Die Vergütung für die von ihm nachher entfaltete

Tätigkeit ist nach ihrem Abschluß abgesondert zu bemessen; dabei ist insbesondere zu berücksichtigen, ob der Vergleich erfüllt worden ist.

(3) Die Entscheidung ist dem Vergleichsverwalter, dem Schuldner und jedem Mitglied des Gläubigerbeirats zuzustellen und kann von jeder der vorgenannten Personen angefochten werden (§ 121). Das Vergleichsgericht kann der Beschwerde abhelfen.

(4) Vereinbarungen des Vergleichsverwalters mit dem Schuldner oder einem Vergleichsgläubiger über die Höhe der Auslagen oder der Vergütung sind nichtig.

(5) Der Reichsminister der Justiz kann über die dem Verwalter zu gewährende Vergütung allgemeine Anordnungen treffen.

§ 44 Gläubigerbeirat

(1) Zur Unterstützung und Überwachung des Vergleichsverwalters kann das Gericht einen Gläubigerbeirat bestellen, wenn der besondere Umfang des Unternehmens des Schuldners dies geboten erscheinen läßt. Zu Mitgliedern des Beirats können auch juristische Personen bestellt werden.

(2) Das Gericht kann die Bestellung zum Mitglied des Beirats jederzeit widerrufen.

(3) Die Mitglieder des Beirats sind für die Erfüllung ihrer Pflichten allen Beteiligten verantwortlich.

(4) Ein Beschluß des Beirats ist gültig, wenn die Mehrheit der Mitglieder an der Beschlußfassung teilgenommen hat und der Beschluß mit der Mehrheit der abgegebenen Stimmen gefaßt worden ist.

§ 45 Rechte und Pflichten der Mitglieder des Gläubigerbeirats

(1) Die Mitglieder des Gläubigerbeirats sind berechtigt, die Bücher und Geschäftspapiere des Schuldners und des Vergleichsverwalters einzusehen und Aufklärung über hierbei sich ergebende Fragen zu verlangen. Sie haben dem Gerichte sofort anzuzeigen, wenn ihnen Tatsachen bekannt werden, die ein Einschreiten des Gerichts, insbesondere den Erlaß von Verfügungsbeschränkungen, die Einstellung des Vergleichsverfahrens oder die Versagung der Bestätigung des Vergleichs zu rechtfertigen vermögen.

(2) Die Mitglieder des Gläubigerbeirats können von dem Schuldner die Erstattung angemessener barer Auslagen sowie angemessenen Ersatz für Zeitversäumnis verlangen. Die Vorschriften des § 43 Abs. 2 bis 5 finden entsprechende Anwendung.

Fünfter Abschnitt

Wirkungen der Eröffnung des Vergleichsverfahrens

§ 46 Konkursverbot

Die Entscheidung über einen Antrag auf Konkurseröffnung bleibt von der Stellung des Antrags auf Eröffnung des Vergleichsverfahrens bis zur Rechtskraft der Entscheidung, die das Verfahren abschließt, ausgesetzt.

§ 47 Vollstreckungsverhot

Die Vergleichsgläubiger sowie die im § 29 bezeichneten Gläubiger können nach der Eröffnung des Vergleichsverfahrens bis zur Rechtskraft der Entscheidung, die das Verfahren abschließt, Zwangsvollstreckungen gegen den Schuldner nicht vornehmen.

§ 48 Anhängige Vollstreckungsmaßnahmen

(1) Zwangsvollstreckungen, die zur Zeit der Eröffnung des Vergleichsverfahrens zugunsten eines Vergleichsgläubigers oder eines der im § 29 Nr. 3, 4 bezeichneten Gläubiger

gegen den Schuldner anhängig sind, werden bis zur Rechtskraft der Entscheidung, die das Vergleichsverfahren abschließt, kraft Gesetzes einstweilen eingestellt.

(2) Auf Antrag des Vergleichsverwalters kann das Vergleichsgericht die endgültige Einstellung und die Aufhebung einer Zwangsvollstreckungsmaßnahme (Absatz 1) anordnen, wenn die Verfügung über den von der Vollstreckung betroffenen Gegenstand im Interesse der Vergleichsgläubiger geboten ist.

§ 49 Klagen nach der Verfahrenseröffnung

Erhebt ein Vergleichsgläubiger nach der Eröffnung des Verfahrens Klage auf Leistung, so fallen ihm die Prozeßkosten zur Last, wenn der Schuldner den Anspruch sofort anerkennt. Dies gilt nicht, wenn der Gläubiger bei der Erhebung der Klage die Eröffnung des Vergleichsverfahrens nicht kannte oder an alsbaldiger Erlangung des Urteils ein berechtigtes Interesse hatte.

§ 50 Abwicklung gegenseitiger Verträge

(1) Der Schuldner kann die Erfüllung oder die weitere Erfüllung eines gegenseitigen Vertrages ablehnen, wenn zur Zeit der Eröffnung des Vergleichsverfahrens noch keine Vertragspartei den Vertrag vollständig erfüllt hat. Im Falle des § 36 Abs. 2 ist die Ablehnung nur insoweit zulässig, als der Vertragsgegner mit seiner Forderung auf die Gegenleistung nicht Vergleichsgläubiger ist.

(2) Der Schuldner bedarf zur Ablehnung der vorgängigen Ermächtigung des Vergleichsgerichts. Das Gesuch um Ermächtigung kann bereits bei der Stellung des Antrags auf Eröffnung des Verfahrens und muß spätestens binnen zwei Wochen nach der öffentlichen Bekanntmachung des Eröffnungsbeschlusses (§ 22) bei dem Gericht angebracht werden. Vor der Entscheidung hat das Gericht dem Verwalter (§§ 11, 20) und den Vertragsgegner zu hören. Die Anhörung kann unterbleiben, wenn sie untunlich ist. Die Ermächtigung soll nur erteilt werden, wenn die Erfüllung oder die weitere Erfüllung des Vertrags das Zustandekommen oder die Erfüllbarkeit des Vergleichs gefährden würde und die Ablehnung der Erfüllung dem Vertragsgegner keinen unverhältnismäßigen Schaden bringt. Der Beschluß, durch den über das Ermächtigungsgesuch entschieden wird, ist dem Schuldner, dem Verwalter und dem Vertragsgegner zuzustellen.

(3) Der Schuldner kann die Erfüllung nur binnen zwei Wochen nach der Zustellung des Ermächtigungsbeschlusses an ihn ablehnen; nach dem Beginn der Abstimmung über den Vergleichsvorschlag kann die Ablehnung nicht mehr erklärt werden.

(4) Ist zur Sicherung des Anspruchs des Gläubigers eine Vormerkung eingetragen, so steht dem Schuldner gegenüber dem Gläubiger die im Absatz 1 vorgesehene Ablehnungsbefugnis nicht zu. Dies gilt auch, wenn der Schuldner dem Gläubiger gegenüber weitere Verpflichtungen übernommen hat und diese nicht oder nicht vollständig erfüllt sind.[1)]

§ 51 Miet-, Pacht- und Dienstverträge

(1) Auf Miet- und Pachtverträge, bei denen der Schuldner der Vermieter oder der Verpächter ist, sowie auf Dienstverträge, bei denen der Schuldner der zur Dienstleistung Verpflichtete ist, finden die Vorschriften des § 50 keine Anwendung.

---

1) § 50 Abs. 4 Satz 2, angefügt durch das Gesetz zur Änderung sachenrechtlicher, grundbuchrechtlicher und anderer Vorschriften vom 22. 6. 1977 (BGBl. I S. 998), tritt gemäß Artikel 8 § 4 des genannten Gesetzes am Tage nach der Verkündung (verkündet im BGBl. I Nr. 38 vom 29. 6. 1977) in Kraft, mit der Maßgabe, daß er auch für Ansprüche gilt, die durch eine vor diesem Zeitpunkt eingetragene Vormerkung gesichert sind, soweit nicht eine rechtskräftige gerichtliche Entscheidung entgegensteht.

(2) Auf Miet- und Pachtverträge, bei denen der Schuldner der Mieter oder Pächter ist und der Miet- oder Pachtgegenstand ihm vor der Eröffnung des Verfahrens bereits überlassen worden ist, sowie auf Dienstverträge, bei denen der Schuldner der Dienstberechtigte ist, finden die Vorschriften des § 50 mit der Änderung Anwendung, daß an die Stelle der Befugnis zur Ablehnung der Erfüllung oder der weiteren Erfüllung die Befugnis tritt, das Vertragsverhältnis ohne Rücksicht auf eine vereinbarte Vertragsdauer unter Einhaltung der gesetzlichen Frist zu kündigen.

§ 52 Schadensersatz bei Abwicklung gegenseitiger Verträge

(1) Wird die Erfüllung oder weitere Erfüllung eines gegenseitigen Vertrags auf Grund des § 50 abgelehnt oder ein Miet-, Pacht- oder Dienstvertrag auf Grund des § 51 Abs. 2 vorzeitig gekündigt, so kann der Vertragsgegner des Schuldners Schadenersatz wegen Nichterfüllung verlangen. Er ist mit dem Ersatzanspruch am Vergleichsverfahren beteiligt und wird von dem Vergleiche betroffen.

(2) Das dem Vermieter oder dem Verpächter nach den §§ 559, 581, 592 des Bürgerlichen Gesetzbuchs zustehende Pfandrecht kann für einen gemäß Absatz 1 infolge der vorzeitigen Beendigung des Vertrags erwachsenden Schadensersatzanspruch nicht geltend gemacht werden.

§ 53 Unabdingbarkeit der §§ 50 bis 52

Auf eine Abrede, durch die im voraus die Anwendung der §§ 50 bis 52 ausgeschlossen oder beschränkt wird, können sich die Vertragsteile nicht berufen.

§ 54 Aufrechnung

Die Vergleichsgläubiger und die im § 29 bezeichneten Gläubiger bleiben nach der Eröffnung des Verfahrens zur Aufrechnung befugt; die Vorschriften der §§ 54, 55 der Konkursordnung über die Erleichterung und die Beschränkung der Aufrechnung gelten sinngemäß. Soweit die Aufrechnung hiernach statthaft ist, wird die Befugnis hierzu durch die Wirkungen des Vergleichs nicht berührt.

§ 55 Hemmung der Verjährung

Die Verjährung der Ansprüche der Vergleichsgläubiger ist, vorbehaltlich des § 96 Abs. 3, von der Eröffnung des Vergleichsverfahrens bis zur Rechtskraft der Entscheidung, die das Verfahren abschließt, gehemmt.

Sechster Abschnitt

Verpflichtungs- und Verfügungsfähigkeit des Schuldners nach Eröffnung des Vergleichsverfahrens

§ 56 Pflicht zu bescheidener Lebensführung

Der Schuldner darf während des Vergleichsverfahrens die vorhandenen Mittel nur insoweit für sich verbrauchen, als es zu einer bescheidenen Lebensführung für ihn und seine Familie unerläßlich ist.

§ 57 Stellung des Schuldners gegenüber dem Vergleichsverwalter

(1) Verbindlichkeiten, die nicht zum gewöhnlichen Geschäftsbetriebe gehören, soll der Schuldner nur mit Zustimmung des Vergleichsverwalters eingehen. Auch die Eingehung von Verbindlichkeiten, die zum gewöhnlichen Geschäftsbetriebe gehören, soll er unterlassen, wenn der Verwalter dagegen Einspruch erhebt.

(2) Auf Verlangen des Verwalters hat der Schuldner zu gestatten, daß alle eingehenden Gelder nur von dem Verwalter entgegengenommen und Zahlungen nur von dem Verwalter geleistet werden.

§ 58 Verfügungsbeschränkungen (Grundsatz)

(1) Das Gericht kann jederzeit von Amts wegen oder auf Antrag des Vergleichsverwalters, eines Mitglieds des Gläubigerbeirats oder eines Vergleichsgläubigers dem Schuldner Verfügungsbeschränkungen auferlegen.

(2) Bei der Eröffnung des Verfahrens hat das Gericht zu prüfen, ob dem Schuldner solche Beschränkungen aufzuerlegen sind.

§ 59 Allgemeines und besonderes Veräußerungsverbot

Die Verfügungsbeschränkungen können darin bestehen, daß an den Schuldner ein allgemeines Veräußerungsverbot erlassen wird, oder daß dem Schuldner die Verfügung über einzelne Vermögensgegenstände verboten wird. Das allgemeine Veräußerungsverbot ergreift auch das Vermögen, das der Schuldner nach Erlaß des Verbots erwirbt. Im übrigen bestimmen sich die Wirkungen dieser Maßnahmen ausschließlich nach den Vorschriften der §§ 62 bis 64.

§ 60 Beginn des allgemeinen Veräußerungsverbots

(1) In dem Beschluß, durch den das allgemeine Veräußerungsverbot erlassen wird, ist die Stunde anzugeben, zu der das Verbot ergeht. Ist dies versäumt worden, so gilt als Zeitpunkt des Erlasses des Veräußerungsverbots die Mittagsstunde des Tages, an dem der Beschluß ergeht.

(2) Das allgemeine Veräußerungsverbot ist öffentlich bekanntzumachen und dem Vergleichsschuldner sowie seinen Schuldnern und dem Vergleichsverwalter zuzustellen; hierbei hat das Gericht zugleich den Drittschuldnern die Leistung an den Schuldner zu verbieten.

§ 61 Eintragung des Verbots ins Grundbuch und ins Schiffsregister

(1) Das allgemeine Veräußerungsverbot ist in das Grundbuch, das Schiffsregister und das Schiffsbauregister einzutragen

1. bei den Grundstücken, eingetragenen Schiffen und Schiffsbauwerken, als deren Eigentümer der Schuldner eingetragen ist,
2. bei den für den Schuldner eingetragenen Rechten an Grundstücken, eingetragenen Schiffen oder Schiffsbauwerken, wenn nach der Art des Rechts und den Umständen des einzelnen Falles aus der Unterlassung der Eintragung eine Beeinträchtigung der Vergleichsgläubiger zu besorgen ist.

(2) Das Vergleichsgericht hat, soweit ihm solche Grundstücke, eingetragenen Schiffe und Schiffsbauwerke oder Rechte bekannt sind, von Amts wegen oder auf Antrag des Vergleichsverwalters das Grundbuchamt oder das Registergericht um die Eintragung zu ersuchen.

(3) Die Vorschriften der Absätze 1, 2 gelten sinngemäß, wenn der Schuldner während des Bestehens des allgemeinen Veräußerungsverbots ein Grundstück, eingetragenes Schiff oder Schiffsbauwerk, ein Recht an einem solchen Gegenstand oder ein Recht an einem solchen Recht erwirbt.

(4) Die Eintragung geschieht gebührenfrei.

§ 62 Wirkungen des allgemeinen Veräußerungsverbots

(1) Das allgemeine Veräußerungsverbot hat die Wirkung, daß eine rechtsgeschäftliche Verfügung, die der Schuldner nach seinem Erlaß über sein Vermögen trifft, den Vergleichsgläubigern gegenüber unwirksam ist.

(2) Hat der Schuldner eine Verfügung am Tage des Erlasses des allgemeinen Veräußerungsverbots getroffen, so wird vermutet, daß er sie nach dem Erlaß des Verbots betroffen hat.

(3) Die Vorschriften der §§ 892, 893 des Bürgerlichen Gesetzbuchs, §§ 16, 17 des Gesetzes über Rechte an eingetragenen Schiffen und Schiffsbauwerken vom 15. November 1940 (RGBl. I S. 1499) bleiben unberührt.

(4) Soweit sich nicht aus § 893 des Bürgerlichen Gesetzbuchs, § 17 des Gesetzes über Recht an eingetragenen Schiffen und Schiffsbauwerken ein anderes ergibt, wird die Verfügungsbeschränkung gegenüber einem Schuldner des Schuldners erst in dem Zeitpunkt wirksam, in dem sie ihm bekannt wird. Ist die Anordnung des allgemeinen Veräußerungsverbots öffentlich bekanntgemacht oder dem Drittschuldner zugestellt (§ 60 Abs. 2), so wird die Kenntnis vermutet.

§ 63 Verbot der Verfügung über einzelne Gegenstände

(1) Das Verbot der Verfügung über einzelne Gegenstände ist dem Schuldner und dem Vergleichsverwalter zuzustellen. Ist dem Schuldner die Verfügung über einen Anspruch, insbesondere die Einziehung einer Forderung, verboten worden, so ist das Verbot auch dem Drittschuldner zuzustellen; hierbei hat ihm das Gericht die Leistung an den Schuldner zu verbieten.

(2) Ist dem Schuldner die Verfügung über ein Grundstück, ein eingetragenes Schiff oder Schiffsbauwerk, ein Recht an einem solchen Gegenstand oder über ein Recht an einem solchen Recht verboten worden, so gelten sinngemäß die Vorschriften des § 61 Abs. 1, 2, 4.

(3) Das Verbot der Verfügung über einzelne Vermögensgegenstände hat die Wirkung, daß eine rechtsgeschäftliche Verfügung über den Gegenstand den Vergleichsgläubigern gegenüber unwirksam ist. Die Vorschriften zugunsten derjenigen, die Rechte von einem Nichtberechtigten herleiten, gelten sinngemäß. Einem Drittschuldner gegenüber finden die Vorschriften des § 62 Abs. 4 entsprechende Anwendung.

§ 64 Zustimmungsbefugnis des Vergleichsverwalters

Eine Verfügungsbeschränkung steht der Wirksamkeit einer Verfügung nicht entgegen, wenn der Vergleichsverwalter der Verfügung zustimmt. Das Gericht kann die Zustimmungsbefugnis des Vergleichsverwalters ausschließen oder beschränken.

§ 65 Aufhebung der Verfügungsbeschränkungen

(1) Eine Verfügungsbeschränkung ist aufzuheben, wenn sie entbehrlich ist.

(2) Die Aufhebung ist in derselben Weise zuzustellen, öffentlich bekanntzumachen und in das Grundbuch, das Schiffsregister oder das Schiffsbauregister einzutragen wie die Anordnung (§ 60 Abs.2, §§ 61, 63 Abs. 1 und 2).

Siebenter Abschnitt

Anmeldung der Forderungen. Vergleichstermin

§ 66 Verhandlung im Vergleichstermin

(1) Im Vergleichstermin wird über den Vergleichsvorschlag verhandelt, das Stimmrecht der Forderungen, soweit es bestritten wird, festgestellt und abgestimmt. Der Vergleichsvor-

schlag ist zu verlesen; eine nach § 14 eingeholte Äußerung der Berufsvertretung ist ihrem Inhalt nach bekanntzugeben.

(2) Die an dem Vergleichsverfahren nicht beteiligten Gläubiger können in dem Vergleichstermin erscheinen und sind auf ihren Antrag zu hören.

§ 67 Anmeldung der Forderungen

(1) Ein Vergleichsgläubiger, dessen Forderung in das Gläubigerverzeichnis (§ 4 Abs. 1 Nr. 2, § 6) nicht aufgenommen ist, wird bei der Abstimmung berücksichtigt, wenn er seine Forderung bis zum Beginn der Abstimmung über den Vergleichsvorschlag schriftlich oder zu Protokoll der Geschäftsstelle anmeldet. Schriftliche Anmeldungen sind in zwei Stücken zu überreichen.

(2) Die Anmeldung hat den Betrag und den Grund der Forderung zu enthalten; urkundliche Beweisstücke sind in Urschrift oder in Abschrift der Anmeldung beizufügen. Ist die Urschrift nicht beigefügt worden, so kann ihre Vorlage im Vergleichstermin verlangt werden.

(3) Der Urkundsbeamte der Geschäftsstelle hat das Gläubigerverzeichnis nach den Anmeldungen zu berichtigen.

§ 68 Anwesenheitspflicht des Schuldners und des Vergleichsverwalters

(1) Der Schuldner und der Vergleichsverwalter müssen in dem Vergleichstermin persönlich erscheinen.

(2) Der Schuldner darf sich nur vertreten lassen, wenn er glaubhaft macht, daß ihn wichtige Gründe am Erscheinen verhindern.

§ 69 Verpflichtung des Schuldners zur Auskunft und eidesstattlichen Versicherung

(1) Der Schuldner ist auf Verlangen des Vergleichsverwalters oder eines Vergleichsgläubigers verpflichtet, die zur Beurteilung seiner Vermögenslage sowie der Angemessenheit und Erfüllbarkeit des Vergleichsvorschlages erforderlichen Auskünfte zu erteilen, insbesondere die nach § 4 Abs. 1 Nr. 3 abgegebene Erklärung zu erläutern und nähere Angaben über die im Vermögensverzeichnis angeführten Vermögensstücke sowie darüber zu machen, wo und in wessen Gewahrsam sie sich befinden.

(2) Das Vergleichsgericht ordnet, wenn es dies zur Herbeiführung wahrheitsgemäßer Angaben für notwendig hält, von Amts wegen oder auf Antrag des Vergleichsverwalters oder eines Vergleichsgläubigers an, daß der Schuldner zu Protokoll an Eides Statt versichert, er habe nach bestem Wissen sein Vermögen und seine Verbindlichkeiten so vollständig angegeben und die verlangte Auskunft so vollständig erteilt, als er dazu imstande sei. Die Vorschriften der §§ 478 bis 480, 483 der Zivilprozeßordnung gelten entsprechend. Wird von dem Schuldner keine Auskunft verlangt, so hat das Gericht den Gegenstand der eidesstattlichen Versicherung entsprechend einzuschränken.

§ 70 Erörterung der Forderungen

Die Forderungen der Vergleichsgläubiger werden an der Hand des berichtigten Gläubigerverzeichnisses erörtert; der Schuldner hat sich über sie zu erklären.

§ 71 Feststellung des Stimmrechts

(1) Eine Forderung ist stimmberechtigt, wenn weder der Schuldner noch der Vergleichsverwalter noch ein Vergleichsgläubiger sie bestreitet. Der Vergleichsverwalter hat eine

Forderung zu bestreiten, wenn sich gegen sie aus den Geschäftsbüchern und Aufzeichnungen des Schuldners oder sonst begründete Bedenken ergeben, die der Schuldner nicht zu zerstreuen vermag.

(2) Wird eine Forderung bestritten und einigen sich der Schuldner, der Vergleichsverwalter und die im Termin erschienenen Vergleichsgläubiger nicht über die Gewährung des Stimmrechts, so entscheidet das Gericht. Es kann seine Entscheidung auf Antrag des Schuldners, eines im Termin erschienenen Vergleichsgläubigers oder des Vergleichsverwalters bis zum Beginn der Abstimmung über den Vergleichsvorschlag ändern. Die Wirkung der Entscheidung beschränkt sich auf das Stimmrecht und die im § 97 bezeichneten Rechtsfolgen.

(3) Die Vorschriften des Absatzes 2 gelten sinngemäß für aufschiebend bedingte Forderungen und Forderungen, für die abgesonderte Befriedigung beansprucht wird.

(4) Der Urkundsbeamte der Geschäftsstelle hat nach der Erörterung einer jeden Forderung im Gläubigerverzeichnis zu vermerken, ob und von wem die Forderung bestritten wurde. Haben die Beteiligten sich über das Stimmrecht geeinigt oder hat das Gericht über das Stimmrecht entschieden, so ist auch diese Einigung oder Entscheidung zu vermerken.

§ 72 Stimmrecht in besonderen Fällen

(1) Vergleichsgläubiger, deren Kapitalsforderungen nach dem Vergleichsvorschlag nicht beeinträchtigt werden, haben kein Stimmrecht.

(2) Gläubiger, denen eine Forderung gemeinschaftlich zusteht oder deren Forderungen bis zum Eintritt der Zahlungsunfähigkeit des Schuldners eine einzige Forderung gebildet haben, gebührt nur eine Stimme. Die Vorschrift gilt sinngemäß, wenn an einer Forderung ein Pfandrecht oder ein Nießbrauch besteht.

§ 73 Schriftliche Zustimmung

(1) Ein Gläubiger kann dem Vergleichsvorschlag auch schriftlich zustimmen; die Erklärung ist nur zu berücksichtigen, wenn sie dem Gericht bis zum Schluß der Abstimmung zugegangen ist.

(2) Die Zustimmung gilt auch dann als erteilt, wenn die Forderung des zustimmenden Gläubigers bestritten wird; es sei denn, daß die Zustimmung für diesen Fall verweigert worden ist.

§ 74 Abstimmung über den Vergleichsvorschlag

(1) Zur Annahme eines Vergleichsvorschlags ist erforderlich, daß

1. die Mehrheit der im Termin anwesenden stimmberechtigten Gläubiger unter Einrechnung der schriftlich zustimmenden dem Vergleichsvorschlag zustimmt und
2. die Gesamtsumme der Forderungen der zustimmenden Gläubiger mindestens drei Vierteile der Forderungen der stimmberechtigten Gläubiger beträgt.

(2) Die Mehrheiten sind nach dem berichtigten Gläubigerverzeichnis zu berechnen.

(3) Gewährt der Vergleichsvorschlag den Gläubigern nicht mindestens die Hälfte ihrer Forderungen, so muß die nach Absatz 1 Nr. 2 erforderliche Gesamtsumme der Forderungen der zustimmenden Gläubiger mindestens vier Fünfteile der Forderungen der stimmberechtigten Gläubiger betragen.

§ 75 Stimmrecht des Ehegatten und seines Rechtsnachfolgers

(1) Bei der Berechnung der Mehrheiten bleibt der Ehegatte des Schuldner außer Betracht, wenn er dem Vergleichsvorschlag zugestimmt hat.

(2) Das gleiche gilt von demjenigen, dem der Ehegatte des Schuldners nach der Eröffnung des Vergleichsverfahrens oder in dem letzten Jahre vorher eine Forderung gegen den Schuldner abgetreten hat, soweit das Stimmrecht auf der abgetretenen Forderung beruht. Diese Vorschrift findet keine Anwendung, wenn der Ehegatte zu der Abtretung durch Gesetz oder durch einen Vertrag verpflichtet war, der früher als ein Jahr vor der Eröffnung des Vergleichsverfahrens geschlossen worden ist.

§ 76 Änderung des Vergleichsvorschlags zuungunsten der Gläubiger

Wird der Vergleichsvorschlag nach der Eröffnung des Verfahrens zuungunsten der Gläubiger geändert, so darf das Gericht den geänderten Vorschlag, sofern nicht alle Vergleichsgläubiger im Vergleichstermin anwesend sind, nur zur Abstimmung stellen, wenn er ihnen durch das Gericht vor dem Termin mitgeteilt worden ist; Gläubiger, die ihre Forderung so spät angemeldet haben, daß sie nicht rechtzeitig benachrichtigt werden konnten, bleiben außer Betracht. Darüber, ob der Vorschlag zuungunsten der Gläubiger geändert worden ist, entscheidet das Gericht.

§ 77 Vertagung des Vergleichstermins

(1) Der Vergleichstermin ist auf Antrag des Schuldners zu vertagen, wenn nur eine der nach § 74 zur Annahme des Vergleichsvorschlages erforderlichen Mehrheiten erreicht worden ist; die Vertagung darf nicht wiederholt werden.

(2) Der Vergleichstermin kann vertagt werden, wenn drei Vierteile der erschienenen Vergleichsgläubiger es beantragen und zu erwarten ist, daß der neue Termin zu einem Vergleiche führen wird. Die Vorschriften des § 75 finden entsprechende Anwendung.

(3) Der Vergleichstermin kann ferner vertagt werden, wenn der Schuldner sich in dem Termin zulässigerweise hat vertreten lassen (§ 68 Abs. 2) und das Gericht die Leistung des im § 69 Abs. 2 vorgesehenen Eides für notwendig erachtet.

(4) Der neue Termin ist alsbald zu bestimmen und soll in der Regel nicht über zwei Wochen hinaus anberaumt werden..

Achter Abschnitt

Bestätigung des Vergleichs

§ 78 Bestätigungsverfahren

(1) Der angenommene Vergleich bedarf der Bestätigung des Gerichts.

(2) Das Gericht hat vor der Entscheidung über die Bestätigung den Schuldner, den Vergleichsverwalter und den Gläubigerbeirat zu hören.

(3) Die Entscheidung über die Bestätigung ist in dem Vergleichtermin oder in einem alsbald zu bestimmenden, nicht über eine Woche hinaus anzusetzenden Termine zu verkünden.

(4) Wird der Vergleich bestätigt, so ist sein wesentlicher Inhalt den aus dem berichtigten Gläubigerverzeichnis ersichtlichen Vergleichsgläubigern unter Hinweis auf die Bestätigung mitzuteilen.

§ 79 Versagungsgründe

Die Bestätigung ist zu versagen,

1. wenn die für den Inhalt und den Abschluß des Vergleichs gegebenen Vorschriften oder die Vorschriften über das nach der Eröffnung einzuhaltende Verfahren in einem

wesentlichen Punkte nicht beobachtet worden sind und das Fehlende nicht ergänzt werden kann;

2. wenn der Schuldner flüchtig ist oder sich verborgen hält, wenn gegen ihn wegen Bankrotts nach § 283 Abs. 1 bis 3, § 283 a des Strafgesetzbuches eine gerichtliche Untersuchung oder ein wiederaufgenommenes Verfahren anhängig ist oder wenn sich ergibt, daß er wegen einer solchen Straftat rechtskräftig verurteilt worden ist;
3. wenn der Vergleich unlauter, insbesondere durch Begünstigung eines Gläubigers, zustande gebracht worden ist;
4. wenn der Vergleich dem gemeinsamen Interesse der Vergleichsgläubiger widerspricht.

§ 80 Entscheidung über die Eröffnung des Konkurses bei Versagung der Bestätigung

(1) Wird die Bestätigung des Vergleichs versagt, so ist zugleich von Amts wegen über die Konkurseröffnung zu entscheiden.

(2) Gegen die Entscheidung, durch die das Konkursverfahren eröffnet oder die Eröffnung des Konkursverfahrens abgelehnt wird, steht dem Schuldner binnen einer Woche die sofortige Beschwerde zu (§ 121). Der Schuldner kann dabei auch geltend machen, daß die Bestätigung zu Unrecht versagt worden sei.

(3) Die Entscheidung, welche die Bestätigung versagt, und die Entscheidung über die Eröffnung des Konkursverfahrens werden erst mit der Rechtskraft wirksam.

§ 81 Verfahren bei Nichteröffnung des Konkurses

(1) Der Beschluß, der die Bestätigung versagt, ist, wenn der Konkurs nicht eröffnet wird, nach Rechtskraft in derselben Weise öffentlich bekanntzumachen, zuzustellen und in die öffentlichen Register einzutragen, wie die Eröffnung des Verfahrens (§§ 22, 23); der Beschluß ist ferner den Mitgliedern des Gläubigerbeirats zuzustellen; eine Ausfertigung des Beschlusses ist der Registerbehörde mitzuteilen.

(2) Eine Verfügungsbeschränkung tritt außer Kraft. § 65 Abs. 2 gilt sinngemäß.

(3) Das Amt des Vergleichsverwalters und der Mitglieder des Gläubigerbeirats endigt.

Neunter Abschnitt

Wirkungen des bestätigten Vergleichs

§ 82 Grundsatz

(1) Der Vergleich ist wirksam für und gegen alle Vergleichsgläubiger, auch wenn sie an dem Verfahren nicht teilgenommen oder gegen den Vergleich gestimmt haben.

(2) Die Rechte der Gläubiger gegen Mitschuldner und Bürgen des Schuldners sowie die Rechte aus einem für die Forderung bestehenden Pfandrecht, aus einer für sie bestehenden Hypothek, Grundschuld oder Rentenschuld oder aus einer zu ihrer Sicherung eingetragenen Vormerkung werden, unbeschadet der Vorschrift des § 87, durch den Vergleich nicht berührt. Der Schuldner wird jedoch durch den Vergleich gegenüber dem Mitschuldner, dem Bürgen oder anderen Rückgriffberechtigten in gleicher Weise befreit wie gegenüber dem Gläubiger.

§ 83 Wirkung für besondere Ansprüche

(1) Der Vergleich wirkt nach Maßgabe des § 82 auch für und gegen die Forderungen aus einer Freigebigkeit des Schuldners.

(2) Die für die Zeit von der Eröffnung des Verfahrens laufenden Zinsen der von dem Vergleiche betroffenen Forderungen sowie die Kosten, die den betroffenen Gläubigern durch die Teilnahme an dem Verfahren oder eine nach § 87 wirkungslos werdende Vollstreckungsmaßnahme erwachsen sind, gelten, wenn der Vergleich nichts anderes bestimmt, als erlassen.

§ 84 Wirkung auf einen Konkursantrag

Wird der Vergleich bestätigt, so gilt ein Antrag auf Konkurseröffnung, über den die Entscheidung gemäß § 46 ausgesetzt war, als nicht gestellt.

§ 85 Vollstreckung des Vergleichs

(1) Aus dem bestätigten Vergleich in Verbindung mit einem Auszug aus dem berichtigten Gläubigerverzeichnis findet wegen der darin eingetragenen Vergleichsforderungen gegen den Schuldner die Zwangsvollstreckung in gleicher Weise statt wie aus einem vollstreckbaren gerichtlichen Urteil, sofern nicht im Gläubigerverzeichnis vermerkt ist, daß die Forderung vom Schuldner oder vom Vergleichsverwalter bestritten wurde.

(2) Das gleiche gilt für die Zwangsvollstreckung gegen einen Dritten, der für die Erfüllung des Vergleichs neben dem Schuldner ohne Vorbehalt der Einrede der Vorausklage durch eine dem Vergleichsgericht eingereichte schriftliche Erklärung oder im Vergleichstermin durch mündliche Erklärung zu Protokoll Verpflichtungen übernommen hat; hierbei macht es keinen Unterschied, ob die Verpflichtungserklärung gemäß § 4 Abs. 1 Nr. 4 dem Vergleichsantrag beigefügt oder erst später dem Gericht eingereicht worden ist.

(3) Macht der Gläubiger die Rechte geltend, die ihm im Fall des Verzuges des Schuldners zustehen, so bedarf es zur Erteilung der Vollstreckungsklausel für diese Rechte und zur Durchführung der Vollstreckung, außer der Glaubhaftmachung der Mahnung und des Ablaufs der Nachfrist (§ 9), nicht des Nachweises, daß der Schuldner sich im Verzug befindet.

§ 86 Zuständigkeit bei Vollstreckung des Vergleichs

Bei Zwangsvollstreckungen auf Grund des bestätigten Vergleichs (§ 85) ist für Klagen auf Erteilung der Vollstreckungsklausel sowie für Klagen, durch die eine die Forderung selbst betreffende Einwendung geltend gemacht oder der bei der Erteilung der Vollstreckungsklausel als bewiesen angenommene Eintritt der Voraussetzungen für ihre Erteilung bestritten wird, das Amtsgericht, bei dem das Vergleichsverfahren anhängig ist oder anhängig war, und, wenn der Streitgegenstand die Zuständigkeit des Amtsgerichts übersteigt, das Landgericht ausschließlich zuständig, zu dessen Bezirk das Vergleichsgericht gehört.

§ 87 Auswirkung der Sperrfrist

(1) Hat ein Vergleichsgläubiger oder einer der im § 29 Nr. 3 und 4 bezeichneten Gläubiger später als am dreißigsten Tage vor der Stellung des Antrags auf Eröffnung des Vergleichsverfahrens durch eine Zwangsvollstreckungsmaßnahme eine Sicherung oder Befriedigung erlangt, so wird mit der Bestätigung des Vergleichs die Sicherung unwirksam und ist das zur Befriedigung Erlangte nach den Vorschriften über die Herausgabe einer ungerechtfertigten Bereicherung herauszugeben.

§ 88 Wegfall der Vergleichswirkung

(1) Der Vergleich verliert für alle von ihm betroffenen Gläubiger, unbeschadet der ihnen durch den Vergleich gewährten Rechte, seine Wirkung, wenn der Schuldner im Zusammenhang mit dem Vergleichsverfahren wegen Bankrotts nach § 283 Abs. 1 bis 3,

§ 283 a des Strafgesetzbuches oder deswegen rechtskräftig verurteilt wird, weil er eine eidesstattliche Versicherung nach § 3 Abs. 4 oder nach § 69 Abs. 2 vorsätzlich falsch abgegeben hat.

(2) Auf Antrag eines von dem Vergleiche betroffenen Gläubigers kann das Gericht, bei dem das Vergleichsverfahren anhängig ist oder anhängig war, auch schon vor der rechtskräftigen Verurteilung des Schuldners Sicherungsmaßregeln, insbesondere Verfügungsbeschränkungen nach Maßgabe der §§ 59 bis 65 anordnen.

§ 89 Anfechtung des Vergleichs

(1) Jeder von dem Vergleiche betroffene Gläubiger kann, unbeschadet der durch den Vergleich gewährten Rechte, den Vergleich anfechten, wenn der Vergleich durch arglistige Täuschung zustande gekommen ist und der Gläubiger ohne sein Verschulden außerstande war, den Anfechtungsgrund im Vergleichsverfahren geltend zu machen.

(2) Es kann nicht deshalb auf Aufhebung des Vergleichs geklagt werden, weil der Vergleich nicht erfüllt wird.

Zehnter Abschnitt

Aufhebung des Verfahrens, Überwachung der Vergleichserfüllung

§ 90 Aufhebung des Verfahrens

(1) Das Vergleichsverfahren ist mit der Bestätigung des Vergleichs aufzuheben,

1. wenn es die Vergleichsgläubiger im Vergleichstermin mit der zur Annahme des Vergleichs erforderlichen Mehrheit vor der Entscheidung über die Bestätigung beantragen;
2. wenn die Summe der vollstreckbaren Vergleichsforderungen ohne Berücksichtigung des im Vergleich vorgesehenen Erlasses zwanzigtausend Deutsche Mark nicht übersteigt.

(2) Widerspricht die Aufhebung des Verfahrens dem gemeinsamen Interesse der Vergleichsgläubiger, so hat das Gericht auf Antrag eines Vergleichsgläubigers oder von Amts wegen im Falle der Nummer 1 den Antrag abzulehnen und im Falle der Nummer 2 von der Aufhebung abzusehen.

§ 91 Im Vergleich vereinbarte Überwachung des Schuldners

(1) Das Vergleichsverfahren ist ferner mit der Bestätigung des Vergleichs aufzuheben, wenn sich der Schuldner im Vergleich der Überwachung durch eine oder mehrere im Vergleich bezeichnete Personen als Sachwalter der Gläubiger bis zur Erfüllung des Vergleichs oder bis zum Eintritt einer im Vergleich festgesetzten Bedingung unterworfen hat.

(2) Für die im Absatz 1 vorgesehene Überwachung des Schuldners gelten die Vorschriften der §§ 92 bis 95. Im Vergleich kann eine von §§ 92, 93 Absätze 1, 3 abweichende Regelung getroffen werden.

§ 92 Regelung der vereinbarten Überwachung

(1) Der Sachwalter hat die in den §§ 39, 40 Abs. 1, 42 und 57 bezeichneten Rechte und Pflichen des Vergleichsverwalters. Mehrere Sachwalter führen die Geschäfte gemeinschaftlich.

(2) Das Gericht kann einen Sachwalter aus wichtigen Gründen seines Amtes entheben; vor der Entscheidung soll es ihn hören.

(3) Lehnt ein Sachwalter die Übernahme der Tätigkeit ab, wird er seines Amtes enthoben oder fällt er sonst weg, so kann das Gericht einen anderen Sachwalter bestellen.

(4) Hat der Schuldner im Vergleich dem Sachwalter eine Vollmacht erteilt, so kann er die Vollmacht bis zur Beendigung der Tätigkeit des Sachwalters nicht widerrufen.

(5) Ist dem Sachwalter zum Zwecke der Erfüllung des Vergleichs Vermögen des Schuldners übertragen worden, so finden die Vorschriften des bürgerlichen Rechts über die Haftung des Vermögensübernehmers keine Anwendung.

§ 93 Sicherungshypothek bei vereinbarter Überwachung

(1) Ist im Vergleich vorgesehen, daß zur Sicherung seiner Erfüllung eine Hypothek bestellt werden soll, so kann die Hypothek in der Weise eingetragen werden, daß die Vergleichsgläubiger ohne nähere Angabe als Berechtigte bezeichnet werden.

(2) Diese Hypothek kann nur als Sicherungshypothek bestellt werden. Sie gilt als Sicherungshypothek auch dann, wenn sie im Grundbuch nicht als solche bezeichnet ist.

(3) Der jeweilige Sachwalter ist berechtigt, mit Wirkung für und gegen die Gläubiger der Hypothek über die Hypothek zu verfügen. Er ist als Vertreter der Gläubiger ins Grundbuch einzutragen. Ist der Eigentümer berechtigt, von den Gläubigern eine Verfügung zu verlangen, zu der der Sachwalter befugt ist, so kann er die Vornahme der Verfügung von dem Sachwalter verlangen.

(4) Die vorstehenden Vorschriften gelten sinngemäß, wenn zur Sicherung der Erfüllung des Vergleichs eine Schiffshypothek bestellt werden soll.

§ 94 Fortdauer der Verfügungsbeschränkungen bei vereinbarter Überwachung

(1) Verfügungsbeschränkungen dauern fort; neue können auf Antrag des Sachwalters angeordnet werden. Mit der Beendigung der Überwachung sind die Verfügungsbeschränkungen aufzuheben.

(2) Im übrigen gelten die Vorschriften der §§ 59 bis 65 sinngemäß; an die Stelle des Vergleichsverwalters tritt der Sachwalter.

§ 95 Beendigung der vereinbarten Überwachung

Die Beendigung der Überwachung ist auf Antrag des Schuldners oder des Sachwalters durch das Vergleichsgericht auf Kosten des Schuldners öffentlich bekanntzumachen. Dem Antrag des Schuldners ist nur stattzugeben, wenn der Schuldner glaubhaft macht, daß der Vergleich erfüllt oder daß die festgesetzte Bedingung eingetreten ist. Der Umstand, daß der Schuldner im Falle des § 7 Abs. 4 noch nicht den Betrag gezahlt hat, für den er nach Verwertung des Vermögens weiterhaftet, steht der Beendigung der Überwachung nicht entgegen.

§ 96 Fortsetzung des Vergleichsverfahrens

(1) Wird das Vergleichsverfahren nicht mit der Bestätigung des Vergleichs aufgehoben (§§ 90, 91), so ist es nach Maßgabe der folgenden Vorschriften fortzusetzen.

(2) Der Vergleichsverwalter hat die Erfüllung des Vergleichs zu überwachen.

(3) Der in den §§ 46, 47 dem Schuldner gewährte Konkurs- und Vollstreckungsschutz sowie die im § 55 vorgesehene Hemmung der Verjährung enden mit der Bestätigung des Vergleichs.

(4) Das Verfahren ist aufzuheben, wenn der Vergleichsverwalter anzeigt, daß der Schuldner den Vergleich erfüllt hat, oder wenn der Schuldner unter Glaubhaftmachung der Erfüllung die Aufhebung beantragt. Der Umstand, daß der Schuldner im Falle des § 7 Abs. 4 noch nicht den Betrag gezahlt hat, für den er nach Verwertung des Vermögens weiterhaftet, steht der Aufhebung des Verfahrens nicht entgegen.

(5) Zeigt der Vergleichsverwalter dem Gerichte an, daß der Vergleich nicht erfüllt werden kann oder liegt binnen zwei Wochen nach Ablauf des letzten im Vergleich bestimmten Zahlungstages weder eine Anzeige des Vergleichsverwalters über die Erfüllung des Vergleichs noch ein Antrag des Schuldners auf Aufhebung des Vergleichsverfahren vor, oder wird ein solcher Antrag nach Ablauf des letzten im Vergleich bestimmten Zahlungstages abgelehnt, so ist von Amts wegen über die Eröffnung des Konkursverfahrens zu entscheiden. Vor der Entscheidung soll das Gericht den Schuldner und den Vergleichsverwalter hören.
(6) Wird während eines nach Absatz 1 fortgesetzten Verfahrens auf Antrag oder von Amts wegen der Konkurs über das Vermögen des Schuldners eröffnet oder die Eröffnung des Konkurses mangels Masse abgelehnt, so ist in dem Beschluß zugleich die Einstellung des Vergleichsverfahrens auszusprechen. Die Vorschriften des § 80 Absätze 2, 3 und des § 81 gelten mit der Änderung, daß der Schuldner mit der Anfechtung auch geltend machen kann, es sei die Aufhebung des Vergleichsverfahrens zu Unrecht abgelehnt worden.
(7) In den Fällen des Absatzes 5 kann das Gericht davon absehen, von Amts wegen über die Eröffnung des Konkursverfahrens zu entscheiden, wenn die Rückstände in der Vergleichserfüllung verhältnismäßig geringfügig sind. In diesem Falle kann das Gericht das Vergleichsverfahren aufheben.

§ 97 Behandlung bestrittener und teilweise gedeckter Forderungen

(1) Ist eine Forderung vom Schuldner oder Vergleichsverwalter bestritten oder steht bei einer teilweise gedeckten Forderung (§ 27) die Höhe des Ausfalls noch nicht fest und liegt hierüber keine gemäß § 71 Absätze 2, 3 ergangene Entscheidung vor, so hat das Vergleichsgericht, gleichviel ob das Verfahren nach der Bestätigung aufgehoben wurde oder nicht, auf Antrag des Schuldners oder des Gläubigers die mutmaßliche Höhe der bestrittenen Forderung oder des Ausfalls mit der im folgenden Absatz bezeichneten Wirkung festzustellen.
(2) Die für den Fall des Verzugs in der Erfüllung des Vergleichs vorgesehenen Rechtsfolgen (§ 9 Abs. 1) können den Schuldner dann nicht treffen, wenn er bei der Erfüllung des Vergleichs die bestrittene oder teilweise gedeckte Forderung bis zur endgültigen Feststellung der Forderung oder des Ausfalls in dem Ausmaße berücksichtigt, das einer vom Vergleichsgericht gemäß Absatz 1 oder nach § 71 Abs. 2, 3 getroffenen Entscheidung entspricht.
(3) Nach endgültiger Feststellung der Höhe der bestrittenen Forderung oder des Ausfalls hat der Schuldner, der bis dahin die Forderung in dem aus der Entscheidung des Vergleichsgerichts sich ergebenden geringeren Ausmaße bei der Erfüllung des Vergleichs berücksichtigt hat, das Fehlende nachzuzahlen. Verzug in der Erfüllung des Vergleichs ist jedoch erst anzunehmen, wenn der Schuldner den Fehlbetrag trotz einer vom Gläubiger unter Einräumung einer mindestens zweiwöchigen Nachfrist an ihn gerichteten Mahnung nicht bezahlt hat.
(4) Ergibt die endgültige Feststellung, daß der Schuldner zuviel gezahlt hat, so kann er den Mehrbetrag nur insoweit zurückfordern, als der Gläubiger durch die vom Schuldner geleisteten Zahlungen mehr erhalten hat als die gesamte ihm nach dem Vergleich zustehende, wenn auch noch nicht fällige Forderung beträgt.

§ 98 Wirkung der Aufhebung des Verfahrens

(1) Mit der Aufhebung des Verfahrens erlischt das Amt des Vergleichsverwalters und der Mitglieder des Gläubigerbeirats.

(2) Eine Verfügungsbeschränkung tritt, soweit sich aus § 94 nichts anderes ergibt, außer Kraft. § 65 Abs. 2 gilt sinngemäß.

(3) Die Aufhebung ist in derselben Weise öffentlich bekanntzumachen, zuzustellen und in die öffentlichen Register einzutragen wie die Eröffnung des Verfahrens (§§ 22, 23); der Beschluß ist ferner den Mitgliedern des Gläubigerbeirats zuzustellen; eine Ausfertigung des Aufhebungsbeschlusses ist der Registerbehörde mitzuteilen. Hat sich der Schuldner einer Überwachung durch Sachwalter der Gläubiger unterworfen, so ist in der Bekanntmachung hierauf hinzuweisen. Die Aufhebung wird erst nach der Beendigung der Überwachung in die öffentlichen Register eingetragen.

Elfter Abschnitt

Einstellung des Verfahrens

§ 99 Einstellung wegen Rücknahme des Vergleichsvorschlags

Das Vergleichsverfahren ist einzustellen, wenn der Schuldner den Antrag (§ 2) zurücknimmt. Die Rücknahme des Antrags ist bis zur Beendigung der Abstimmung über den Vergleichsvorschlag zulässig.

§ 100 Weitere Einstellungsgründe

(1) Das Vergleichsverfahren ist ferner einzustellen,

1. wenn sich ergibt, daß die Eröffnung des Verfahrens hätte abgelehnt werden müssen; die Einstellung unterbleibt, wenn das Fehlende ergänzt werden kann oder der Vergleichsvorschlag bereits angenommen ist (§ 74);
2. wenn der Schuldner flüchtig wird, sich verborgen hält oder auf eine Ladung des Gerichts (§ 116) ohne genügende Entschuldigung ausbleibt;
3. wenn der Schuldner die Beschränkungen seiner Verpflichtungs- oder Verfügungsfähigkeit (§§ 57 bis 65) nicht einhält und sein Verhalten nicht entschuldbar ist;
4. wenn der Schuldner dem Vergleichsverwalter oder einem Mitglied des Gläubigerbeirats die Einsicht in seine Bücher und Geschäftspapiere oder ohne genügenden Grund eine Auskunft oder eine Aufklärung verweigert;
5. wenn der Schuldner seiner Pflicht zu bescheidener Lebensführung (§ 56) zuwiderhandelt;
6. wenn der Schuldner in dem Vergleichstermin nicht erscheint und sich auch nicht, soweit dies zulässig ist, vertreten läßt;
7. wenn der Schuldner die Abgabe der im § 69 Abs. 2 vorgesehenen eidesstattlichen Versicherung verweigert;
8. wenn sich im Vergleichstermine die zur Annahme des Vergleichsvorschlages erforderliche Mehrheit nicht ergibt und ein Antrag auf Vertagung des Termins nicht gestellt oder abgelehnt wird.

(2) Im Falle der Nr. 6 darf der Einstellungsbeschluß erst am dritten Werktag nach dem Terminstag erlassen werden. Macht der Schuldner vor dem Erlasse des Beschlusses dem Gericht glaubhaft, daß er oder, soweit Vertretung zulässig war, sein Vertreter durch ein auch bei äußerster Sorgfalt nicht zu vermeidendes Ereignis am Erscheinen im Termin verhindert war und auch keine Möglichkeit hatte, dies dem Gericht vor dem Termin anzuzeigen, so unterbleibt die Einstellung. Die Einstellung kann unterbleiben, wenn drei Vierteile der in dem Termin erschienenen Vergleichsgläubiger mit der Fortsetzung des Verfahrens einverstanden sind; die Vorschriften des § 75 finden entsprechende Anwendung. Wird das

Verfahren nicht eingestellt, so ist alsbald ein neuer Vergleichstermin zu bestimmen, der in der Regel nicht über zwei Wochen hinaus anberaumt werden soll.
(3) Die Vorschriften der Absätze 1, 2 gelten nicht für ein nach § 96 fortgesetztes Verfahren.

§ 101 Entscheidung über die Eröffnung des Konkurses

Wird das Verfahren eingestellt, so ist zugleich von Amts wegen über die Eröffnung des Konkursverfahrens zu entscheiden. Die Vorschriften des § 80 Abs.2 und 3 und des § 81 gelten mit der Änderung, daß der Schuldner mit der Anfechtung auch geltend machen kann, es sei das Verfahren zu unrecht eingestellt worden.

Zwölfter Abschnitt
Anschlußkonkurs

§ 102 Grundsatz

(1) Wird bei der Ablehnung der Eröffnung des Vergleichsverfahrens, bei der Versagung der Bestätigung, bei der Einstellung des Vergleichsverfahrens oder in einem nach § 96 fortgesetzten Verfahren der Konkurs eröffnet, so ist er im Eröffnungsbeschluß als Anschlußkonkurs zu bezeichnen.
(2) Für den Anschlußkonkurs gelten die Vorschriften der §§ 103 bis 107.

§ 103 Wirkung der Verfügungsbeschränkungen des Vergleichsverfahrens

Eine im Vergleichsverfahren angeordnete Verfügungsbeschränkung gilt als zugunsten der Konkursgläubiger angeordnet.

§ 104 Wirkung der Sperrfrist

(1) Hat ein Vergleichsgläubiger oder einer der im § 29 Nr. 3 und 4 bezeichneten Gläubiger später als am dreißigsten Tage vor der Stellung des Antrags auf Eröffnung des Vergleichsverfahrens durch eine Zwangsvollstreckungsmaßnahme eine Sicherung oder Befriedigung erlangt, so wird mit der Eröffnung des Konkursverfahrens die Sicherung unwirksam, und ist das zur Befriedigung Erlangte nach den Vorschriften über die Herausgabe einer ungerechtfertigten Bereicherung herauszugeben.
(2) Die Vorschrift des § 28 Abs. 2 findet Anwendung.

§ 105 Kosten des Vergleichsverfahren als Massekosten

Die gerichtlichen Kosten des Vergleichsverfahrens sowie die vom Gericht gemäß §§ 11, 43, 45 festgesetzten Beträge für den vorläufigen Verwalter, den Vergleichsverwalter oder die Mitglieder des Gläubigerbeirats gehören zu den Massekosten im Sinne des § 58 Nr. 1, 2 der Konkursordnung.

§ 106 Ansprüche aus Darlehn des Schuldners als Masseschulden

Ansprüche aus Darlehn, die der Schuldner während des Vergleichsverfahrens, im Falle des § 96 bis zur Bestätigung des Vergleichs, zur Fortführung seines Geschäfts, insbesondere zur Bezahlung von Löhnen oder ähnlichen Forderungen, oder im Interesse des Zustandekommens oder der Durchführung des Vergleichs, insbesondere zur Befriedigung von Kleingläubigern, mit Zustimmung des Vergleichsverwalters aufgenommen hat, gehören zu den Masseschulden im Sinne des § 59 Abs. 1 Nr. 1 der Konkursordnung.

§ 107 Anfechtung. Erstreckung von Fristen

(1) Für die Anfechtbarkeit einer Rechtshandlung steht dem Antrag auf Eröffnung des Konkursverfahrens der Antrag auf Eröffnung des Vergleichsverfahrens gleich.

(2) Die nach § 31 Nr. 2, §§ 32, 32 a Satz 2, § 33, § 55 Nr. 3, § 183 Abs. 2 der Konkursordnung, nach § 237 des Handelsgesetzbuchs und nach § 32 b Satz 1 des Gesetzes betreffend die Gesellschaften mit beschränkter Haftung vom Tage der Konkurseröffnung zu berechnenden Fristen sind vom Tage der Eröffnung des Vergleichsverfahrens zu berechnen.

Dreizehnter Abschnitt

Besondere Arten des Vergleichsverfahrens

§ 108 Aktiengesellschaft usw.

(1) Bei Aktiengesellschaften, Gesellschaften mit beschränkter Haftung, anderen juristischen Personen sowie bei Vereinen, die als solche verklgt werden können, ist vorbehaltlich des § 112 das Vergleichsverfahren insoweit zulässig, als der Konkurs über ihr Vermögen eröffnet werden kann. Bei eingetragenen Vereinen ist die Eröffnung des Vergleichsverfahrens nach Maßgabe des § 23 in das Vereinsregister einzutragen.

(2) Im Vergleichsverfahren über eine Gesellschaft mit beschränkter Haftung gelten die Gesellschafter und frühere Gesellschafter, wenn sie im letzten Jahre vor dem Antrag auf Eröffnung des Vergleichsverfahrens aus der Gesellschaft ausgeschieden sind, als nahe Angehörige der Gesellschaft (§ 4 Abs. 2). Das gleiche gilt für die nahen Angehörigen der im Satz 1 bezeichneten Gesellschafter. Für die Anwendung von §§ 13, 47, 48, 87, 104 stehen die in § 32 a Abs. 1, 3 des Gesetzes betreffend die Gesellschaften mit beschränkter Haftung bezeichneten Gläubiger den in § 29 Nr. 3, 4 bezeichneten Gläubigern gleich.

§ 109 Offene Handelsgesellschaften usw.

(1) Für offene Handelsgesellschaften, Kommanditgesellschaften und Kommanditgesellschaften auf Aktien gelten die folgenden besonderen Vorschriften:

1. Der Vergleichsvorschlag muß von allen persönlich haftenden Gesellschaftern gemacht werden. Andernfalls kann das Verfahren eröffnet werden, wenn glaubhaft gemacht wird, daß der Gesellschafter, der dem Vorschlag nicht zugestimmt hat, daran durch wichtige Gründe verhindert war; in diesem Falle muß die Zustimmung spätestens im Vergleichstermin vor dem Beginn der Abstimmung über den Vergleichsvorschlag erklärt werden.
2. Soweit es für die Eröffnung oder die Fortsetzung des Verfahrens auf das Verhalten des Schuldners ankommt, genügt es, wenn ein die Ablehnung der Eröffnung, die Versagung der Bestätigung des Vergleichs oder die Einstellung des Verfahrens rechtfertigender Grund in der Person eines persönlich haftenden Gesellschafters, in den Fällen des § 100 Abs. 1 Nr. 3, 4, 6 und 7 in der Person eines zur Vertretung berechtigten Gesellschaftlers vorliegt.
3. Der Vergleich begrenzt, soweit er nichts anderes festsetzt, zugleich den Umfang der persönlichen Haftung der Gesellschafter.

(2) In dem Vergleichsverfahren über das Vermögen einer von § 129 a oder § 172 a des Handelsgesetzbuchs erfaßten Gesellschaft gilt für die dort bezeichneten Gläubiger § 108 Abs. 2 Satz 3 sinngemäß.

§ 110 Vergleichsverfahren und Konkurs über das Vermögen eines Gesellschafters

(1) In dem Vergleichsverfahren über das Privatvermögen eines persönlich haftenden Gesellschafters einer offenen Handelsgesellschaft, einer Kommanditgesellschaft oder einer Kommanditgesellschaft auf Aktien sind die Gesellschaftsgläubiger, wenn über das Gesellschaftsvermögen das Vergleichsverfahren oder das Konkursverfahren eröffnet worden ist, nur in Höhe des Betrags beteiligt, für den sie in dem Verfahren über das Gesellschaftsvermögen keine Befriedigung erhalten. § 71 Abs. 2 und § 97 gelten sinngemäß.

(2) Das Vergleichsverfahren über das Vermögen einer offenen Handelsgesellschaft, einer Kommanditgesellschaft oder einer Kommanditgesellschaft auf Aktien steht für die Befriedigung der Gesellschaftsgläubiger im Konkursverfahren über das Privatvermögen eines persönlich haftenden Gesellschafters dieser Gesellschaft dem Konkursverfahren gleich.

§ 110 a Partnerschaftsgesellschaften

(1) Für Partnerschaftsgesellschaften sind die Vorschriften der §§ 109 und 110 entsprechend anzuwenden. Dabei stehen die Partner den persönlich haftenden Gesellschaftern gleich.

(2) Die Eröffnung des Vergleichsverfahrens über das Vermögen einer Partnerschaftsgesellschaft ist nach Maßgabe des § 23 in das Partnerschaftsregister einzutragen.

§ 111 Eingetragene Genossenschaften

Für das Vergleichsverfahren über eine eingetragene Genossenschaft, die den Vorschriften des Gesetzes, betreffend die Erwerbs- und Wirtschaftsgenossenschaften, unterliegt, gelten die folgenden besonderen Vorschriften:

1. Zur Stellung des Antrags ist jedes Mitglied des Vorstandes berechtigt. Wird der Antrag nicht von allen Vorstandsmitgliedern gestellt, so hat das Gericht vor der Entscheidung die Vorstandsmitglieder, die den Antrag nicht gestellt haben, zu hören.
2. In dem Verzeichnis der Gläubiger (§ 4 Abs. 2 Nr. 2) ist anzugeben, wenn ein Gläubiger Mitglied der Genossenschaft ist; das gleiche gilt für eine Anmeldung gemäß § 67. In dem Antrag ist weiter anzugeben, welchem Prüfungsverbande die Genossenschaft angehört oder innerhalb der letzten drei Jahre vor der Stellung des Antrags angehört hat; hat die Genossenschaft innerhalb dieser Zeit keinem Prüfungsverband angehört, so ist der nach der fachlichen Eigenart der Genossenschaft zuständige Prüfungsverband anzugeben, in dessen Bezirk die Genossenschaft ihren Sitz hat. Der Antrag und seine Anlagen sind in drei Stücken vorzulegen.
3. Der Prüfungsverband, dem die Genossenschaft angehört, ist vor der Entscheidung über den Antrag auf Eröffnung des Vergleichsverfahrens nach Maßgabe des § 14 zu hören. Gehört die Genossenschaft keinem Prüfungsverband an, so ist der Prüfungsverband, dem die Genossenschaft innerhalb der letzten drei Jahre vor der Stellung des Antrags angehört hat, oder, wenn sie auch in dieser Zeit keinem Prüfungsverband angehört hat, der nach der fachlichen Eigenart der Genossenschaft zuständige Prüfungsverband zu hören, in dessen Bezirk die Genossenschaft ihren Sitz hat. Kommen hiernach mehrere Prüfungsverbände in Betracht, so steht die Auswahl dem Gericht zu.
4. Die Eröffnung des Vergleichsverfahrens ist nach Maßgabe des § 23 in das Genossenschaftsregister einzutragen.
5. Zum Abschluß eines Vergleichs ist erforderlich, daß die Gläubiger, die Mitglieder der Genossenschaft sind, und die Gläubiger, die nicht Mitglieder der Genossenschaft sind, dem Vergleiche gesondert mit den im § 74 festgesetzten Mehrheiten zustimmen.
6. Hat ein Genosse seinen Austritt aus der Genossenschaft erklärt oder der Gläubiger eines Genossen das Kündigungsrecht ausgeübt, so scheidet der Genosse nicht vor dem

Schlusse des Geschäftsjahrs aus, in dem das Vergleichsverfahren endet oder, wenn in einem Vergleich eine Stundung bewilligt wird, die Stundung abläuft. Der Jahresschluß, zu dem der Genosse ausscheidet, ist erst nach Beendigung des Vergleichsverfahrens in die Mitgliedsliste einzutragen; ist er bereits früher eingetragen, so ist nachträglich zu vermerken, daß ein Vergleichsverfahren eröffnet worden ist. Die Vorschrift des Satzes 1 findet keine Anwendung, wenn der Genosse zur Zeit der Stellung des Vergleichsantrags aus der Genossenschaft bereits wirksam ausgeschieden war.

§ 112 Versicherungsunternehmen und Kreditinstitute

(1) Ein Vergleichsverfahren zum Zwecke der Abwendung des Konkursverfahrens über das Vermögen eines Versicherungsunternehmens und einer Bausparkasse, die der Beaufsichtigung nach Maßgabe des Versicherungsaufsichtsgesetzes oder des Gesetzes über Bausparkassen unterliegen, findet nicht statt.

(2) Der Antrag auf Eröffnung des Vergleichsverfahrens über das Vermögen eines Kreditinstituts, das der Beaufsichtigung nach Maßgabe des Gesetzes über das Kreditwesen unterliegt und nicht Bausparkasse ist, kann nur mit Zustimmung des Bundesaufsichtsamtes für das Kreditwesen gestellt werden.

§ 113 Vergleichsverfahren über einen Nachlaß

(1) Für das Vergleichsverfahren zur Abwendung des Nachlaßkonkurses gelten die folgenden besonderen Vorschriften:

1. Zur Stellung des Antrags ist mit Ausnahme der Nachlaßgläubiger berechtigt, wer die Eröffnung des Konkurses beantragen kann. Die Vorschriften des § 217 Abs. 3 und des § 218 Abs. 2 der Konkursordnung gelten entsprechend. Mehrere Erben können den Antrag nur gemeinschaftlich stellen.
2. Der Antrag kann vor der Annahme der Erbschaft gestellt werden.
3. Der Antrag kann nicht mehr gestellt werden, wenn der Erbe oder einer der Erben für die Nachlaßverbindlichkeiten allen oder einzelnen Nachlaßgläubigern gegenüber unbeschränkt haftet oder wenn der Nachlaß geteilt ist.
4. In Ansehung der Haftung des Erben für die Nachlaßverbindlichkeiten wirkt das Vergleichsverfahren und ein in dem Verfahren geschlossener Vergleich wie der Nachlaßkonkurs und ein in dem Konkursverfahren geschlossener Zwangsvergleich.
5. Soweit es für die Eröffnung oder die Fortsetzung des Verfahrens auf das Verhalten des Schuldners ankommt, genügt es, wenn ein die Ablehnung der Eröffnung, die Versagung der Bestätigung des Vergleichs oder die Einstellung des Verfahrens rechtfertigender Grund in der Person eines von mehreren Miterben vorliegt.
6. Die im § 224 der Konkursordnung bezeichneten Verbindlichkeiten sind auch dann an dem Vergleichsverfahren nicht beteiligt und werden von einem Vergleiche nicht betroffen, wenn sie zur Zeit der Eröffnung des Verfahrens bereits begründet waren.
7. Die im § 226 Abs. 2 und 4 der Konkursordnung genannten Gläubiger sind an dem Vergleichsverfahren nicht beteiligt und werden von einem Vergleiche nicht betroffen; sie können jedoch während der Dauer des Vergleichsverfahrens in den Nachlaß keine Zwangsvollstreckung vornehmen, insbesondere Arreste und einstweilige Verfügungen nicht vollziehen.
8. (aufgehoben)

(2) Ist über einen Nachlaß das Konkursverfahren eröffnet oder ist eine Nachlaßverwaltung angeordnet, so gelten für die Beteiligung der Nachlaßgläubiger an dem Vergleichsverfahren über das Vermögen des Erben oder, wenn dieser in Gütergemeinschaft lebt, an dem Vergleichsverfahren über das Vermögen seines Ehegatten oder über das Gesamtgut die Bestimmungen des § 234 der Konkursordnung sinngemäß.

§ 114 Vergleichsverfahren über das Gesamtgut einer fortgesetzten Gütergemeinschaft

Auf das Vergleichsverfahren zur Abwendung des Konkurses über das Gesamtgut einer fortgesetzten Gütergemeinschaft finden die Vorschriften des § 113 entsprechende Anwendung. Vor der Entscheidung über den Antrag auf Eröffnung des Verfahrens sind die anteilsberechtigten Abkömmlinge, soweit tunlich, zu hören.

§ 114 a [Vergleichsverfahren über das Gesamtgut der Gütergemeinschaft]

Für das Vergleichsverfahren über das Gesamtgut der Gütergemeinschaft gelten folgende besondere Vorschriften:

1. Der Antrag muß von beiden Ehegatten gestellt werden.
2. Soweit es für die Eröffnung oder die Fortsetzung des Verfahrens auf das Verhalten des Schuldners ankommt, genügt es, wenn ein die Ablehnung der Eröffnung, die Versagung der Bestätigung des Vergleichs oder die Einstellung des Verfahrens rechtfertigender Grund in der Person eines der Ehegatten vorliegt.
3. Der Vergleich begrenzt, soweit er nichts anderes festsetzt, zugleich den Umfang der persönlichen Haftung der Ehegatten.

§ 114 b [Vergleich über das Gesamtgut und das sonstige Vermögen eines Ehegatten]

Ist das Vergleichsverfahren oder das Konkursverfahren über das von den Ehegatten gemeinschaftlich verwaltete Gesamtgut und das Vergleichsverfahren über das sonstige Vermögen eines Ehegatten eröffnet worden, so sind die Gesamtgutsgläubiger in dem Vergleichsverfahren über das sonstige Vermögen eines Ehegatten nur in Höhe des Betrages beteiligt, für den sie in dem Verfahren über das Gesamtgut keine Befriedigung erhalten. § 71 Abs. 2 und § 97 gelten sinngemäß.

Das Vergleichsverfahren über das Gesamtgut steht für die Befriedigung der Gesamtgutsgläubiger im Konkursverfahren über das sonstige Vermögen eines Ehegatten dem Konkursverfahren gleich.

Vierzehnter Abschnitt

Allgemeine Verfahrensvorschriften

§ 115 Grundsatz

Auf das Verfahren finden, soweit dieses Gesetz nichts anderes bestimmt, die Vorschriften der Zivilprozeßordnung entsprechende Anwendung.

§ 116 Amtsbetrieb

Das Gericht hat alle das Verfahren betreffenden Ermittlungen anzustellen. Es kann zu diesem Zweck insbesondere den Schuldner hören, Zeugen und Sachverständige vernehmen und eine Gläubigerversammlung berufen; für die Berufung dieser Gläubigerversammlung genügt öffentliche Bekanntmachung des Termins.

§ 117 Mündliche Verhandlung

Die Entscheidungen können ohne mündliche Verhandlungen ergehen.

§ 118 Zustellungen

(1) Die Zustellungen erfolgen von Amts wegen, und zwar durch Aufgabe zur Post. Einer Beglaubigung des zuzustellenden Schriftstücks bedarf es nicht.

(2) Die Postsendung ist, wenn die Person, an die zugestellt werden soll, sich im Ausland befindet, mit der Bezeichnung »Einschreiben« zu versehen.

(3) An Personen, deren Aufenthalt unbekannt ist, wird nicht zugestellt. Haben sie einen zur Empfangnahme von Zustellungen befugten Vertreter, der im Inland wohnt und dem Gericht bekannt ist, so wird dem Vertreter zugestellt.

§ 119 Öffentliche Bekanntmachungen

(1) In den öffentlichen Bekanntmachungen ist der Schuldner genau zu bezeichnen, insbesondere sind seine Anschrift und sein Geschäftszweig anzugeben.

(2) Die öffentlichen Bekanntmachungen erfolgen durch mindestens einmalige Einrückung in das zur Veröffentlichung amtlicher Bekanntmachungen des Gerichts bestimmte Blatt; die Einrückung kann auszugsweise geschehen. Die Bekanntmachung gilt als bewirkt mit dem Ablauf des zweiten Tages nach der Ausgabe des die Einrückung oder die erste Einrückung enthaltenden Blattes.

(3) Die Bekanntmachung ist auszugsweise in den Bundesanzeiger einzurücken; auch kann das Gericht weitere Bekanntmachungen anordnen.

(4) Die öffentliche Bekanntmachung gilt als Zustellung an alle Beteiligten, auch wenn dieses Gesetz neben ihr eine besondere Zustellung vorschreibt.

§ 120 Akteneinsicht

(1) Der Schuldner, der vorläufige Verwalter, der Vergleichsverwalter und jeder Gläubiger können die Akten einsehen; der Schuldner, der vorläufige Verwalter und der Vergleichsverwalter können sich Abschriften daraus erteilen lassen.

(2) Gläubigern kann die Einsicht in solche Teile der Akten versagt werden, deren Kenntnis für sie ohne Bedeutung ist oder deren Geheimhaltung nach Angabe des Schuldners für die Fortführung seines Unternehmens erforderlich ist.

(3) Anderen als den im Absatz 1 bezeichneten Personen kann der Vorstand des Gerichts ohne Einwilligung des Schuldners die Einsicht der Akten nur gestatten, wenn ein rechtliches Interesse glaubhaft gemacht wird.

§ 121 Rechtsmittel

(1) Die Entscheidungen des Gerichts können nur insoweit angefochten werden, als dieses Gesetz es bestimmt.

(2) Soweit eine Anfechtung stattfindet, erfolgt sie durch sofortige Beschwerde. Die Beschwerdefrist (Notfrist) beträgt eine Woche. Die Frist beginnt mit der Verkündung der Entscheidung oder, wenn diese nicht verkündet wird, mit ihrer Zustellung.

(3) (aufgehoben)

§§ 122 und **123 (aufgehoben)**[1)]

Fünfzehnter Abschnitt

Schluß- und Übergangsvorschriften

§ 124 Arrest und einstweilige Verfügung

Zwangsvollstreckung im Sinne dieses Gesetzes ist auch die Vollziehung eines Arrestes oder einer einstweiligen Verfügung.

§§ 125 bis **129 (Änderungsvorschriften)**

§ 130 Inkrafttreten

(1) Dieses Gesetz tritt am 1. April 1935 in Kraft.

1) Der frühere Fünfzehnte Abschnitt (Strafvorschriften) ist durch das Erste Gesetz zur Bekämpfung der Wirtschaftskriminalität vom 29. 7. 1976 (BGBl. I S. 2034) aufgehoben worden für Konkursstraftaten und entsprechende Straftaten im Vergleichsverfahren gelten nur noch die §§ 283 bis 283 d des Strafgesetzbuches.

(2) (Aufhebungs- und gegenstandslose Überleitungsvorschrift)

§ 131 (gegenstandslose Überleitungsbestimmung)

§ 132 Durchführungsvorschriften

Der Reichsminister der Justiz erläßt die zur Durchführung und Ergänzung[1] dieses Gesetzes erforderlichen Rechts- und Verwaltungsvorschriften.

1) Vgl. Artikel 129 Abs. 3 des Grundgesetzes – Erlöschen von Ermächtigungen .

Gesetz über die Angelegenheiten der freiwilligen Gerichtsbarkeit[1)]

Vom 17. Mai 1898 (RGBl. S. 189)
in der Fassung der Bekanntmachung vom 20. Mai 1898 (RGBl. S. 369, 771)
(BGBl. III 315-1)

Änderungen seit 1. 1. 1964

Paragraph	Art der Änderung	Geändert durch	Datum	Fundstelle BGBl.
160 a	eingefügt	Vereinsgesetz	5. 8.1964	I S. 593
17	geändert	Gesetz über den Fristablauf am Sonnabend	10. 8.1965	I S. 753
132, 144-146	geändert	Einführungsgesetz zum Aktiengesetz	6. 9.1965	I S. 1185
144 a	geändert	Gesetz zur Durchführung der Ersten Richtlinie des Rates der Europäischen Gemeinschaft zur Koordinierung des Gesellschaftsrechts	15. 8.1969	I S. 1146
132, 145, 146	geändert	Gesetz über die Rechnungslegung von bestimmten Unternehmen und Konzernen	15. 8.1969	I S. 1189
36, 37, 40, 43, 43 a, 46, 47, 53, 53 a, 55, 56 a, 56 b wird 56 c, 56 c wird 56 d, 56 c (neu), 57, 57a, 58, 60, 68 a, 167,191,	geändert	Gesetz über die rechtliche Stellung der nichtehelichen Kinder	19. 8. 1969	I S. 1243
36 a, 36 b, 55 b, 56 b, 63 a, 83 a	eingefügt			
49	aufgehoben			
34, 43 a, 66, 200	geändert	Beurkundungsgesetz	28. 8.1969	I S. 1513
128, 167-183, 191, 198	aufgehoben			
33, 78, 79, 83, Überschrift des Neunten Abschnitts, 163	geändert	Gesetz zur Änderung des Rechtspflegergesetzes, des Beurkundungsgesetzes und zur Umwandlung des Offenbarungseides in eine eidesstattliche Versicherung	27. 6.1970	I S. 911
145, 146	geändert	Seerechtsänderungsgesetz	21. 6.1972	I S. 966
24, 33, 46, 83, 132, 133, 135, 136, 138-140, 151, 159	geändert	Einführungsgesetz zum Strafgesetzbuch	2. 3.1974	I S. 469

1) Siehe Maßgabe auf Seite 4 a.

Paragraph	Art der Änderung	Geändert durch	Datum	Fundstelle BGBl.
56, 196	aufgehoben	Gesetz zur Neuregelung des Volljährigkeitsalters	31. 7.1974	I S. 1713
20 a	geändert	Gesetz zur Entlastung der Landgerichte und zur Vereinfachung des gerichtlichen Protokolls	20.12.1974	I S. 3651
145	geändert	Zweites Gesetz zur Änderung des Gesetzes über das Kreditwesen	24. 3.1976	I S. 725
126	geändert	Gesetz über die Kaufmannseigenschaft von Land- und Forstwirten und den Ausgleichsanspruch des Handelsvertreters	13. 5.1976	I S. 1197
43 a, 44 a, 45, 53, 56 b, 63 a	geändert	Erstes Gesetz zur Reform des Ehe- und Familienrechts	14. 6.1976	I S. 1421
53 b-53 g, 64 a	eingefügt			
44 b, 57 a	aufgehoben			
6, 34, 52, 53 56 d	geändert	Adoptionsgesetz	2. 7.1976	I S. 1749
43 b, 55 c, 56 e, 56 f	eingefügt			
Dritter Abschnitt 65-68 c	aufgehoben			
64 a	geändert	Vereinfachungsnovelle	3.12.1916	I S. 3281
144 a	geändert	Gesetz zur Durchführung der Zweiten Richtlinie des Rates der Europäischen Gemeinschaften zur Koordinierung des Gesellschaftsrechts	13.12.1978	I S. 1959
50, 55 c, 57, 59, 60, 64 a (alt) wird 64 k	geändert	Gesetz zur Neuregelung des Rechts der elterlichen Sorge	18. 7.1979	I S. 1061
50 a-50 d, 64 a-64 i	eingefügt			
55 a, 64,190	aufgehoben			
14	geändert	Gesetz über die Prozeßkostenhilfe	13. 6.1980	I S. 677
132, 145	geändert	Gesetz zur Änderung des Gesetzes betreffend die Gesellschaften mit beschränkter Haftung und anderer handelsrechtlicher Vorschriften	4. 7.1980	I S. 836
114 b	eingefügt			
145	geändert	Verschmelzungsrichtlinie-Gesetz	25.10.1982	I S. 1425
145	geändert	Vierzehntes Gesetz zur Änderung des Versicherungsaufsichtsgesetzes	29. 3.1983	I S. 377

Paragraph	Art der Änderung	Geändert durch	Datum	Fundstelle BGBl.
132, 144, 145	geändert	Bilanzrichtlinien-Gesetz	19.12.1985	I S. 2355
59, 60, 64 g, 64 k 46 a	geändert eingefügt	Gesetz zur Änderung unterhaltsrechtlicher, verfahrensrechtlicher und anderer Vorschriften	20. 2.1986	I S. 301
149 145 a	geändert eingefügt	Zweites Seerechts-Änderungsgesetz	25. 7.1986	I S. 1120
36, 43-44 47, 185 16 a, 35 a	geändert eingefügt	Gesetz zur Neuregelung des Internationalen Privatrechts	25. 7.1986	I S. 1141
132	geändert	EWIV-Ausführungsgesetz	14. 4.1988	I S. 514
53 e	geändert	Rentenreformgesetz 1992	18.12.1989	I S. 2261
24, 33	geändert	Gesetz zur Ausführung von Sorgerechtsübereinkommen und zur Änderung des Gesetzes über die Angelegenheiten der freiwilligen Gerichtsbarkeit sowie anderer Gesetze	5. 4.1990	I S. 701
49, 49 a	eingefügt	Kinder- und Jugendhilfegesetz	26. 6.1990	I S. 1163
10, 13 a, 20 a, 43, 57, 60, 97, 199 65-70 n 38, 46 a, 50, 52, 54, 61, 64 a-64 i, 50 Abs. 1 (alt) wird 35 a (neu), 35 a (alt) wird 35 b (neu), 50 Abs. 2 (alt) wird 74 a (neu), 64 k (alt) wird 64 (neu)	geändert eingefügt aufgehoben	Betreuungsgesetz	12. 9.1990	I S. 2002
132	geändert	Bankbilanzrichtlinie-Gesetz	30.11.1990	I S. 2570
20 a, 27	geändert	Rechtspflege-Vereinfachungsgesetz	17.12.1990	I S. 2847

Paragraph	Art der Änderung	Geändert durch	Datum	Fundstelle BGBl.
144 b	geändert	Gesetz zur Durchführung der Zwölften Richtlinie des Rates der Europäischen Gemeinschaften auf dem Gebiet des Gesellschaftsrechts betreffend Gesellschaften mit beschränkter Haftung mit einem einzigen Gesellschafter	18.12.1991	I S. 2206
145	geändert	Gesetz zur Änderung des Gesetzes über das Kreditwesen und anderer Vorschriften über Kreditinstitute	21.12.1992	I S. 2211, 2227
148	geändert	Gesetz zur Durchführung der Elften gesellschaftlichen Richtlinie des Rates der Europäischen Gemeinschaften und über Gebäudeversicherungsverhältnisse	22. 7.1993	I S. 1282
46 a	eingefügt	Familiennamenrechtsgesetz	16.12.1993	I S. 2054
125	geändert	Registerverfahrenbeschleunigungsgesetz	20.12.1993	I S. 2182, 2205
132	geändert	Versicherungsbilanzrichtlinie-Gesetz	24. 6.1994	I S. 1377, 1384
145	geändert	Drittes Durchführungsgesetz/EWG zum VAG	21. 7.1994	I S. 1630, 1666
Überschrift Achter Abschnitt,	geändert	Gesetz zur Schaffung von Partnerschaftsgesellschaften und zur Änderung anderer Gesetze[1]	25. 7.1994	I S. 1744
160 b	eingefügt			
145	geändert	Gesetz zur Änderung des Gesetzes über das Kreditwesen und anderer Gesetze	28. 9.1994	I S. 2736, 2749
147	geändert	Einführungsgesetz zur Insolvenzordnung[2]	5.10.1994	I S. 2911, 2919
141 a	eingefügt			
132, 145	geändert	Gesetz zur Bereinigung des Umwandlungsrechts	28.10.1994	I S. 3210, 3265

1) Die Änderungen treten am 1. 1. 1999 in Kraft und werden zu diesem Zeitpunkt eingearbeitet.
2) Geändert durch Ausführungsgesetz Seerechtsübereinkommen 1982/1994 vom 6. 6. 1995 (BGBl. I S. 778).

Maßgabe

Gemäß Anlage I Kapitel III Sachgebiet A Abschnitt III Nr. 13 des Einigungsvertrages vom 23.9.1990 (BGBl. II S. 885) treten die Rechtsvorschriften mit den folgenden Maßgaben in den Ländern Brandenburg, Mecklenburg-Vorpommern, Sachsen, Sachsen-Anhalt und Thüringen in Kraft:

»a) Für das gerichtliche Verfahren über Unterbringungsmaßnahmen sind die Vorschriften über Unterbringungssachen des Betreuungsgesetzes vom 12. September 1990 (BGBl. I S. 2002) anzuwenden.

b) Verfahren nach §§ 125 bis 148 Abs. 1, die noch nicht entschieden sind, werden durch Beschluß an das zuständige Gericht verwiesen.

c) Solange das jeweilige Land keine Bestimmung über die zuständigen Registergerichte getroffen hat, werden in dem in Artikel 1 Abs. 1 des Vertrages genannten Gebiet die Handels- und Genossenschaftsregister von den Kreisgerichten, in deren Bezirk das Bezirksgericht seinen Sitz hat, für das Gebiet des Bezirksgerichts geführt.

d) Die in dem in Artikel 3 des Vertrages genannten Gebiet bei den Räten der Kreise befindlichen Vorgänge über Handels- und Genossenschaftsregister werden zu den nach Maßgabe c) zuständigen Gerichten übergeführt.

e) Für Verfahren nach § 148 Abs. 2 bis § 158 gilt folgendes:

aa) Eine Dispache, die noch nicht nach § 8 Abs. 2 der Verordnung über das Dispacheverfahren der Deutschen Demokratischen Republik vom 27. Mai 1976 (GBl. I Nr. 21 S. 298) anerkannt ist, gilt als Dispache eines Dispacheurs nach § 728 des Handelsgesetzbuchs oder nach § 87 Abs. 2 des Binnenschiffahrtsgesetzes.

bb) Eine noch nicht rechtskräftig entschiedene Feststellungsklage nach § 10 der Verordnung über das Dispacheverfahren ist als Antrag nach § 150 Satz 1 zu behandeln.

cc) Soweit in einem Rechtsstreit gemäß § 11 der Verordnung über das Dispacheverfahren in erster Instanz bereits eine Beweisaufnahme stattgefunden hat oder bereits ein Urteil ergangen ist, ist der Rechtsstreit nach den bisher geltenden Verfahrensvorschriften zu Ende zu führen. Ist dies nicht der Fall, hat erneut ein Verfahren nach §§ 153 bis 156 stattzufinden.

f) Auf eine nach der Verordnung über das Dispacheverfahren anerkannte Dispache findet § 158 Abs. 2 und 3 Anwendung.«

Maßgabe

Gemäß Anlage I Kapitel III Sachgebiet A Abschnitt IV Nr. 3 Buchst. d des Einigungsvertrages vom 23. 9. 1990 (BGBl. II S. 885) gelten die Rechtsvorschriften auch in dem beigetretenen Teil des Landes Berlin mit folgenden Besonderheiten:

»aa) Die Maßgaben a) und c) zu diesem Gesetz in Abschnitt III – Nr. 13 – sind nicht anzuwenden.

bb) Die Maßgabe d) zu diesem Gesetz in Abschnitt III – Nr. 13 – gilt im Land Berlin in folgender Fassung: Die in dem in Artikel 3 des Vertrages genannten Gebiet bei den Räten der Kreise befindlichen Vorgänge über Handels- und Genossenschaftsregister werden zu den nach dem im Geltungsbereich des Grundgesetzes der Bundesrepublik Deutschland geltenden Recht zuständigen Gerichten übergeführt.

cc) Für die am Tag des Wirksamwerdens des Beitritts den Teil des Landes Berlin, in dem das Grundgesetz bisher nicht galt, betreffenden anhängigen sowie die künftigen Verfahren nach § 148 Abs. 2 bis § 158 sind die nach dem im bisherigen Geltungsbereich des Grundgesetzes der Bundesrepublik Deutschland geltenden Recht zuständigen Gerichte zuständig.«

Erster Abschnitt

Allgemeine Vorschriften

§ 1 [Geltungsbereich]

Für diejenigen Angelegenheiten der freiwilligen Gerichtsbarkeit, welche durch Reichsgesetz den Gerichten übertragen sind, gelten, soweit nicht ein anderes bestimmt ist, die nachstehenden allgemeinen Vorschriften.

§ 2 [Rechtshilfe]

Die Gerichte haben sich Rechtshilfe zu leisten. Die §§ 157 bis 168 des Gerichtsverfassungsgesetzes finden Anwendung.

§ 3 [Örtliche Zuständigkeit bei Exterritorialität und Soldaten]

(1) Soweit für die örtliche Zuständigkeit der Gerichte der Wohnsitz eines Beteiligten maßgebend ist, bestimmt sich für Deutsche, die das Recht der Exterritorialität genießen, sowie für Beamte des Reichs oder eines Bundesstaats, die im Ausland angestellt sind, der Wohnsitz nach den Vorschriften des § 15 der Zivilprozeßordnung.

(2) Ist der für den Wohnsitz einer Militärperson maßgebende Garnisonort in mehrere Gerichtsbezirke geteilt, so wird der als Wohnsitz geltende Bezirk von der Landesjustizverwaltung durch allgemeine Anordnung bestimmt.

§ 4 [Zuständigkeit mehrerer Gerichte]

Unter mehreren zuständigen Gerichten gebührt demjenigen der Vorzug, welches zuerst in der Sache tätig geworden ist.

§ 5 [Bestimmung des zuständigen Gerichts]

(1) Besteht Streit oder Ungewißheit darüber, welches von mehreren Gerichten örtlich zuständig ist, so wird das zuständige Gericht durch das gemeinschaftliche obere Gericht und, falls dieses der Bundesgerichtshof ist, durch dasjenige Oberlandesgericht bestimmt, zu dessen Bezirk das zuerst mit der Sache befaßte Gericht gehört. Ist das zuständige Gericht in einem einzelnen Falle an der Ausübung des Richteramts rechtlich oder tatsächlich verhindert, so erfolgt die Bestimmung durch das ihm im Instanzenzuge vorgeordnete Gericht.

(2) Eine Anfechtung der Entscheidung findet nicht statt.

§ 6 [Ausgeschlossene Richter]

(1) Ein Richter ist von der Ausübung des Richteramts kraft Gesetzes ausgeschlossen:

1. in Sachen, in denen er selbst beteiligt ist oder in denen er zu einem Beteiligten in dem Verhältnis eines Mitberechtigten oder Mitverpflichteten steht;
2. in Sachen seines Ehegatten, auch wenn die Ehe nicht mehr besteht;
3. in Sachen einer Person, mit der er in gerader Linie oder im zweiten Grade der Seitenlinie verwandt oder verschwägert ist oder war;
4. in Sachen, in denen er als Vertreter eines Beteiligten bestellt oder als gesetzlicher Vertreter eines solchen aufzutreten berechtigt ist.

(2) Ein Richter kann sich der Ausübung seines Amtes wegen Befangenheit enthalten. Die Ablehnung eines Richters ist ausgeschlossen[1].

1) Gemäß Beschluß des Bundesverfassungsgerichts vom 8. 2. 1967 (2 BvR 235/64 – BGBl. I S. 502) ist § 6 Abs. 2 Satz 2 mit Artikel 101 Abs. 1 Satz 2 des Grundgesetzes unvereinbar und daher nichtig.

§ 7 [Handlungen unzuständiger oder ausgeschlossener Richter]

Gerichtliche Handlungen sind nicht aus dem Grunde unwirksam, weil sie von einem örtlich unzuständigen Gericht oder von einem Richter vorgenommen sind, der von der Ausübung des Richteramts kraft Gesetzes ausgeschlossen ist.

§ 8 [Anwendbare Vorschriften des Gerichtsverfassungsgesetzes]

Auf das gerichtliche Verfahren finden die Vorschriften des Gerichtsverfassungsgesetzes über die Gerichtssprache, über die Sitzungspolizei und über die Beratung und Abstimmung entsprechende Anwendung, die Vorschriften über die Gerichtssprache mit den sich aus dem § 9 ergebenden Abweichungen.

§ 9 [Dolmetscher]

Der Zuziehung eines Dolmetschers bedarf es nicht, wenn der Richter der Sprache in der sich die beteiligten Personen erklären, mächtig ist; die Beeidigung des Dolmetschers ist nicht erforderlich, wenn die beteiligten Personen darauf verzichten. Auf den Dolmetscher finden die Vorschriften des § 6 entsprechende Anwendung.

§ 10 [Gerichtsferien]

Auf das gerichtliche Verfahren sind die Gerichtsferien ohne Einfluß. Die Bearbeitung der Vormundschaftssachen, der Betreuungssachen und der Nachlaßsachen kann während der Ferien unterbleiben, soweit das Bedürfnis einer Beschleunigung nicht vorhanden ist.

§ 11 [Protokollierung von Anträgen und Erklärungen]

Anträge und Erklärungen können zu Protokoll der Geschäftsstelle des zuständigen Gerichts oder der Geschäftsstelle eines Amtsgerichts erfolgen.

§ 12 [Ermittlungen von Amts wegen]

Das Gericht hat von Amts wegen die zur Feststellung der Tatsachen erforderlichen Ermittlungen zu veranstalten und die geeignet erscheinenden Beweise aufzunehmen.

§ 13 [Beistände und Bevollmächtigte]

Die Beteiligten können mit Beiständen erscheinen. Sie können sich, soweit nicht das Gericht das persönliche Erscheinen anordnet, auch durch Bevollmächtigte vertreten lassen. Die Bevollmächtigten haben auf Anordnung des Gerichts oder auf Verlangen eines Beteiligten die Bevollmächtigung durch eine öffentlich beglaubigte Vollmacht nachzuweisen.

§ 13 a [Kostenerstattung]

(1) Sind an einer Angelegenheit mehrere Personen beteiligt, so kann das Gericht anordnen, daß die Kosten, die zur zweckentsprechenden Erledigung der Angelegenheit notwendig waren, von einem Beteiligten ganz oder teilweise zu erstatten sind, wenn dies der Billigkeit entspricht. Hat ein Beteiligter Kosten durch ein unbegründetes Rechtsmittel oder durch grobes Verschulden veranlaßt, so sind ihm die Kosten aufzuerlegen.

(2) In Betreuungs- und Unterbringungssachen kann das Gericht die Auslagen des Betroffenen, soweit sie zur zweckentsprechenden Rechtsverfolgung notwendig waren, ganz oder teilweise der Staatskasse auferlegen, wenn eine Betreuungsmaßnahme nach den §§ 1896 bis 1908 i des Bürgerlichen Gesetzbuchs oder eine Unterbringungsmaßnahme nach § 70 Abs. 1 Satz 2 Nr. 1 und 2 abgelehnt, als ungerechtfertigt aufgehoben, eingeschränkt oder das Verfahren ohne Entscheidung über eine Maßnahme beendet wird. Wird in

den Fällen des Satzes 1 die Tätigkeit des Gerichts von einem am Verfahren nicht beteiligten Dritten veranlaßt und trifft diesen ein grobes Verschulden, so können ihm die Kosten des Verfahrens ganz oder teilweise auferlegt werden. Wird ein Antrag auf eine Unterbringungsmaßnahme nach § 70 Abs. 1 Satz 2 Nr. 3 abgelehnt oder zurückgenommen und hat das Verfahren ergeben, daß für die zuständige Verwaltungsbehörde ein begründeter Anlaß, den Unterbringungsantrag zu stellen, nicht vorgelegen hat, so hat das Gericht die Auslagen des Betroffenen der Körperschaft, der die Verwaltungsbehörde angehört, aufzuerlegen.

(3) Die Vorschriften des § 91 Abs. 1 Satz 2 und der §§ 103 bis 107 der Zivilprozeßordnung gelten entsprechend.

(4) Unberührt bleiben bundesrechtliche Vorschriften, die die Kostenerstattung abweichend regeln.

§ 14 [Prozeßkostenhilfe]

Die Vorschriften der Zivilprozeßordnung über die Prozeßkostenhilfe finden entsprechende Anwendung.

§ 15 [Beweisführung – Glaubhaftmachung]

(1) Die Vorschriften der Zivilprozeßordnung über den Beweis durch Augenschein, über den Zeugenbeweis, über den Beweis durch Sachverständige und über das Verfahren bei der Abnahme von Eiden finden entsprechende Anwendung. Über die Beeidigung eines Zeugen oder Sachverständigen entscheidet jedoch, unbeschadet der §§ 393, 402 der Zivilprozeßordnung, das Ermessen des Gerichts.

(2) Behufs der Glaubhaftmachung einer tatsächlichen Behauptung kann ein Beteiligter zur Versicherung an Eides Statt zugelassen werden.

§ 16 [Bekanntmachung gerichtlicher Verfügungen]

(1) Gerichtliche Verfügungen werden mit der Bekanntmachung an denjenigen, für welchen sie ihrem Inhalte nach bestimmt sind, wirksam.

(2) Die Bekanntmachung erfolgt, wenn mit ihr der Lauf einer Frist beginnt, durch Zustellung nach den für die Zustellung von Amts wegen geltenden Vorschriften der Zivilprozeßordnung; durch die Landesjustizverwaltung kann jedoch für Zustellungen im Ausland eine einfachere Art der Zustellung angeordnet werden. In denjenigen Fällen, in welchen mit der Bekanntmachung nicht der Lauf einer Frist beginnt, soll in den Akten vermerkt werden, in welcher Weise, an welchem Orte und an welchem Tage die Bekanntmachung zur Ausführung gebracht ist; durch die Landesjustizverwaltung kann näher bestimmt werden, in welcher Weise in diesen Fällen die Bekanntmachung zur Ausführung gebracht werden soll.

(3) Einem Anwesenden kann die Verfügung zu Protokoll bekanntgemacht werden. Auf Verlangen ist ihm eine Abschrift der Verfügung zu erteilen.

§ 16 a [Keine Anerkennung ausländischer Entscheidungen]

Die Anerkennung einer ausländischen Entscheidung ist ausgeschlossen:

1. wenn die Gerichte des anderen Staates nach deutschem Recht nicht zuständig sind;
2. wenn einem Beteiligten, der sich zur Hauptsache nicht geäußert hat und sich hierauf beruft, das verfahrenseinleitende Schriftstück nicht ordnungsmäßig oder nicht so rechtzeitig mitgeteilt worden ist, daß er seine Rechte wahrnehmen konnte;

3. wenn die Entscheidung mit einer hier erlassenen oder anzuerkennenden früheren ausländischen Entscheidung oder wenn das ihr zugrunde liegende Verfahren mit einem früher hier rechtshängig gewordenen Verfahren unvereinbar ist;
4. wenn die Anerkennung der Entscheidung zu einem Ergebnis führt, das mit wesentlichen Grundsätzen des deutschen Rechts offensichtlich unvereinbar ist, insbesondere wenn die Anerkennung mit den Grundrechten unvereinbar ist.

§ 17 [Fristen]

(1) Für die Berechnung der Fristen gelten die Vorschriften des Bürgerlichen Gesetzbuchs.
(2) Fällt das Ende der Frist auf einen Sonntag, einen allgemeinen Feiertag oder einen Sonnabend, so endet die Frist mit dem Ablauf des nächsten Werktages.

§ 18 [Änderung einer Verfügung]

(1) Erachtet das Gericht eine von ihm erlassene Verfügung nachträglich für ungerechtfertigt, so ist es berechtigt, sie zu ändern; soweit eine Verfügung nur auf Antrag erlassen werden kann und der Antrag zurückgewiesen worden ist, darf die Änderung nur auf Antrag erfolgen.
(2) Zu der Änderung einer Verfügung, die der sofortigen Beschwerde unterliegt, ist das Gericht nicht befugt.

§ 19 [Beschwerde]

(1) Gegen die Verfügungen des Gerichts erster Instanz findet das Rechtsmittel der Beschwerde statt.
(2) Über die Beschwerde entscheidet das Landgericht.

§ 20 [Beschwerdeberechtigte]

(1) Die Beschwerde steht jedem zu, dessen Recht durch die Verfügung beeinträchtigt ist.
(2) Soweit eine Verfügung nur auf Antrag erlassen werden kann und der Antrag zurückgewiesen worden ist, steht die Beschwerde nur dem Antragsteller zu.

§ 20 a [Anfechtung der Kostenentscheidung]

(1) Die Anfechtung der Entscheidung über den Kostenpunkt ist unzulässig, wenn nicht gegen die Entscheidung in der Hauptsache ein Rechtsmittel eingelegt wird. Gegen die Auslagenentscheidung nach § 13 a Abs. 2 findet jedoch die sofortige Beschwerde der Staatskasse, des Betroffenen, des Dritten oder der Körperschaft, deren Verwaltungsbehörde den Antrag auf eine Unterbringungsmaßnahme nach § 70 Abs. 1 Satz 2 Nr. 3 gestellt hat, statt, wenn der Wert des Beschwerdegegenstandes zweihundert Deutsche Mark übersteigt.
(2) Ist eine Entscheidung in der Hauptsache nicht ergangen, so findet gegen die Entscheidung über den Kostenpunkt die sofortige Beschwerde statt, wenn der Wert des Beschwerdegegenstandes zweihundert Deutsche Mark übersteigt.

§ 21 [Einlegung der Beschwerde]

(1) Die Beschwerde kann bei dem Gerichte, dessen Verfügung angefochten wird oder bei dem Beschwerdegericht eingelegt werden.
(2) Die Einlegung erfolgt durch Einreichung einer Beschwerdeschrift oder durch Erklärung zu Protokoll der Geschäftsstelle desjenigen Gerichts, dessen Verfügung angefochten wird, oder der Geschäftsstelle des Beschwerdegerichts.

§ 22 [Frist für die sofortige Beschwerde]

(1) Die sofortige Beschwerde ist binnen einer Frist von zwei Wochen einzulegen. Die Frist beginnt mit dem Zeitpunkt, in welchem die Verfügung dem Beschwerdeführer bekanntgemacht worden ist.

(2) Einem Beschwerdeführer, der ohne sein Verschulden verhindert war, die Frist einzuhalten, ist auf Antrag von dem Beschwerdegerichte die Wiedereinsetzung in den vorigen Stand zu erteilen, wenn er die Beschwerde binnen zwei Wochen nach der Beseitigung des Hindernisses einlegt und die Tatsachen, welche die Wiedereinsetzung begründen, glaubhaft macht. Eine Versäumung der Frist, die in dem Verschulden eines Vertreters ihren Grund hat, wird als eine unverschuldete nicht angesehen. Gegen die Entscheidung über den Antrag findet die sofortige weitere Beschwerde statt. Nach dem Ablauf eines Jahres, von dem Ende der versäumten Frist an gerechnet, kann die Wiedereinsetzung nicht mehr beantragt werden.

§ 23 [Neues Vorbringen]

Die Beschwerde kann auf neue Tatsachen und Beweise gestützt werden.

§ 24 [Aufschiebende Wirkung]

(1) Die Beschwerde hat nur dann aufschiebende Wirkung, wenn sie gegen eine Verfügung gerichtet ist, durch die ein Ordnungs- oder Zwangsmittel festgesetzt wird. Bei der Anordnung von Zwangshaft (§ 33 Abs. 1) hat die Beschwerde keine aufschiebende Wirkung.

(2) Das Gericht, dessen Verfügung angefochten wird, kann anordnen, daß die Vollziehung auszusetzen ist.

(3) Das Beschwerdegericht kann vor der Entscheidung eine einstweilige Anordnung erlassen; es kann insbesondere anordnen, daß die Vollziehung der angefochtenen Verfügung auszusetzen ist.

§ 25 [Gründe der Beschwerdeentscheidung]

Die Entscheidung des Beschwerdegerichts ist mit Gründen zu versehen.

§ 26 [Wirksamkeit der Beschwerdeentscheidung]

Die Entscheidung des Beschwerdegerichts wird in den Fällen, in welchen die sofortige weitere Beschwerde stattfindet, erst mit der Rechtskraft wirksam. Das Beschwerdegericht kann jedoch die sofortige Wirksamkeit der Entscheidung anordnen.

§ 27 [Weitere Beschwerde]

(1) Gegen die Entscheidung des Beschwerdegerichts ist das Rechtsmittel der weiteren Beschwerde zulässig, wenn die Entscheidung auf einer Verletzung des Gesetzes beruht. Die Vorschriften der §§ 550, 551, 561, 563 der Zivilprozeßordnung finden entsprechende Anwendung.

(2) In den Fällen des § 20 a Abs. 1 Satz 2, Abs. 2 gilt Absatz 1 nur, wenn das Beschwerdegericht erstmals eine Entscheidung über den Kostenpunkt getroffen hat.

§ 28 [Entscheidung über weitere Beschwerde]

(1) Über die weitere Beschwerde entscheidet das Oberlandesgericht.

(2) Will das Oberlandesgericht bei der Auslegung einer reichsgesetzlichen Vorschrift, welche eine der im § 1 bezeichneten Angelegenheiten betrifft, von der auf weitere Beschwerde ergangenen Entscheidung eines anderen Oberlandesgerichts, falls aber über die

Rechtsfrage bereits eine Entscheidung des Bundesgerichtshofs ergangen ist, von dieser abweichen, so hat es die weitere Beschwerde unter Begründung seiner Rechtsauffassung dem Bundesgerichtshof vorzulegen. Der Beschluß über die Vorlegung ist dem Beschwerdeführer bekanntzumachen.

(3) In den Fällen des Absatzes 2 entscheidet über die weitere Beschwerde der Bundesgerichtshof.

§ 29 [Einlegung der weiteren Beschwerde]

(1) Die weitere Beschwerde kann bei dem Gericht erster Instanz, bei dem Landgericht oder bei dem Oberlandesgericht eingelegt werden. Erfolgt die Einlegung durch Einreichung einer Beschwerdeschrift, so muß diese von einem Rechtsanwalt unterzeichnet sein. Der Zuziehung eines Rechtsanwalts bedarf es nicht, wenn die Beschwerde von einer Behörde oder von einem Notar eingelegt wird, der in der Angelegenheit für den Beschwerdeführer einen Antrag bei dem Gericht erster Instanz gestellt hat.

(2) Soweit eine Verfügung der sofortigen Beschwerde unterliegt, findet auch gegen die Entscheidung des Beschwerdegerichts die sofortige weitere Beschwerde statt.

(3) Das Gericht erster Instanz und das Landgericht sind nicht befugt, der weiteren Beschwerde abzuhelfen.

(4) Im übrigen finden die Vorschriften über die Beschwerde entsprechende Anwendung.

§ 30 [Beschwerdegericht]

(1) Die Entscheidungen über Beschwerden erfolgen bei den Landgerichten durch eine Zivilkammer, bei den Oberlandesgerichten und bei dem Bundesgerichtshof durch einen Zivilsenat. Ist bei einem Landgericht eine Kammer für Handelssachen gebildet, so tritt für Handelssachen diese Kammer an die Stelle der Zivilkammer.

(2) Die Vorschriften des § 137 des Gerichtsverfassungsgesetzes[1] finden entsprechende Anwendung.

§ 31 [Rechtskraftzeugnis]

Zeugnisse über die Rechtskraft einer Verfügung sind von der Geschäftsstelle des Gerichts erster Instanz zu erteilen.

§ 32 [Wirksambleibende Rechtsgeschäfte]

Ist eine Verfügung, durch die jemand die Fähigkeit oder die Befugnis zur Vornahme eines Rechtsgeschäfts oder zur Entgegennahme einer Willenserklärung erlangt, ungerechtfertigt, so hat, sofern nicht die Verfügung wegen Mangels der sachlichen Zuständigkeit des Gerichts unwirksam ist, die Aufhebung der Verfügung auf die Wirksamkeit der inzwischen von ihm oder ihm gegenüber vorgenommenen Rechtsgeschäfte keinen Einfluß.

§ 33 [Zwangsgeld – unmittelbarer Zwang]

(1) Ist jemandem durch eine Verfügung des Gerichts die Verpflichtung auferlegt, eine Handlung vorzunehmen, die ausschließlich von seinem Willen abhängt, oder eine Handlung zu unterlassen oder die Vornahme einer Handlung zu dulden, so kann ihn das Gericht, soweit sich nicht aus dem Gesetz ein anderes ergibt, zur Befolgung seiner Anordnung durch Festsetzung von Zwangsgeld anhalten. Ist eine Person herauszugeben, kann das Gericht unabhängig von der Festsetzung eines Zwangsgeldes die Zwangshaft anordnen. Bei

1) Jetzt §§ 136 bis 138 GVG.

Festsetzung eines Zwangsgeldes die Zwangshaft anordnen. Bei Festsetzung des Zwangsmittels sind dem Beteiligten zugleich die Kosten des Verfahrens aufzuerlegen.

(2) Soll eine Sache oder eine Person herausgegeben oder eine Sache vorgelegt werden oder ist eine Anordnung ohne Gewalt nicht durchzuführen, so kann auf Grund einer besonderen Verfügung des Gerichts unabhängig von den gemäß Absatz 1 festgesetzten Zwangsmitteln auch Gewalt gebraucht werden. Der Vollstreckungsbeamte ist befugt, erforderlichenfalls die Unterstützung der polizeilichen Vollzugsorgane nachzusuchen. Die Kosten fallen dem Verpflichteten zur Last. Wird die Sache oder die Person nicht vorgefunden, so kann das Gericht den Verpflichteten anhalten, eine eidesstattliche Versicherung über ihren Verbleib abzugeben. Der § 883 Abs. 2 bis 4, der § 900 Abs. 1 und die §§ 901, 902, 904 bis 910, 913 der Zivilprozeßordnung sind entsprechend anzuwenden.

(3) Das Zwangsgeld (Absatz 1) muß, bevor es festgesetzt wird, angedroht werden. Das einzelne Zwangsgeld darf den Betrag von fünfzigtausend Deutsche Mark nicht übersteigen. Die Festsetzung der Zwangshaft (Absatz 1) soll angedroht werden, wenn nicht die Durchsetzung der gerichtlichen Anordnung besonders eilbedürftig ist oder die Befürchtung besteht, daß die Vollziehung der Haft vereitelt wird. Die besondere Eilbedürftigkeit ist namentlich dann anzunehmen, wann andernfalls die Anordnung im Ausland vollstreckt werden müßte. Für den Vollzug der Haft gelten die §§ 904 bis 906, 908 bis 910, 913 der Zivilprozeßordnung entsprechend. Die besondere Verfügung (Absatz 2 soll in der Regel, bevor sie erlassen wird, angedroht werden.

§ 34 [Akteneinsicht und Abschriften]

(1) Die Einsicht der Gerichtsakten kann jedem insoweit gestattet werden, als er ein berechtigtes Interesse glaubhaft macht. Das gleiche gilt von der Erteilung einer Abschrift; die Abschrift ist auf Verlangen von der Geschäftsstelle zu beglaubigen.

(2) Die Einsicht der Akten und die Erteilung von Abschriften ist insoweit zu versagen, als § 1758 des Bürgerlichen Gesetzbuchs entgegensteht.

Zweiter Abschnitt

Vormundschafts-, Familien-, Betreuungs- und Unterbringungssachen

I. Allgemeine Vorschriften

§ 35 [Sachliche Zuständigkeit]

Für die dem Vormundschaftsgericht obliegenden Verrichtungen sind die Amtsgerichte zuständig.

§ 35 a [Mitteilungspflicht]

Wird infolge eines gerichtlichen Verfahrens eine Tätigkeit des Vormundschaftsgerichts erforderlich, so hat das Gericht dem Vormundschaftsgericht Mitteilung zu machen.

II. Vormundschafts- und Familiensachen

§ 35 b [Zuständigkeit deutscher Gerichte]

(1) Für Verrichtungen, die eine Vormundschaft, Pflegschaft oder Beistandschaft betreffen, sind die deutschen Gerichte zuständig, wenn der Mündel, Pflegling oder das Kind

1. Deutscher ist oder
2. seinen gewöhnlichen Aufenthalt im Inland hat.

(2) Die deutschen Gerichte sind ferner zuständig, soweit der Mündel, Pflegling oder das Kind der Fürsorge durch ein deutsches Gericht bedarf.
(3) Die Zuständigkeit nach den Absätzen 1 und 2 ist nicht ausschließlich.

§ 36 [Örtliche Zuständigkeit]

(1) Für die Vormundschaft ist das Gericht zuständig, in dessen Bezirk der Mündel zu der Zeit, in der die Anordnung der Vormundschaft erforderlich wird oder in der die Vormundschaft kraft Gesetzes eintritt, seinen Wohnsitz oder bei Fehlen eines inländischen Wohnsitzes seinen Aufenthalt hat. Wird die Anordnung einer Vormundschaft über Geschwister erforderlich, die in den Bezirken verschiedener Vormundschaftsgerichte ihren Wohnsitz oder ihren Aufenthalt haben, so ist, wenn für einen der Mündel schon eine Vormundschaft anhängig ist, das für diese zuständige Gericht, anderenfalls dasjenige Gericht, in dessen Bezirk der jüngste Mündel seinen Wohnsitz oder seinen Aufenthalt hat, für alle Geschwister maßgebend.
(2) Ist der Mündel Deutscher und hat er im Inland weder Wohnsitz noch Aufenthalt, so ist das Amtsgericht Schöneberg in Berlin-Schöneberg zuständig. Es kann die Sache aus wichtigen Gründen an ein anderes Gericht abgeben; die Abgabeverfügung ist für dieses Gericht bindend.
(3) Ist der Mündel nicht Deutscher und ist eine Zuständigkeit nach Absatz 1 nicht begründet, so ist das Gericht zuständig, in dessen Bezirk das Bedürfnis der Fürsorge hervortritt.
(4) Für die Vormundschaft über einen Minderjährigen, dessen Familienstand nicht zu ermitteln ist, ist das Gericht zuständig, in dessen Bezirk der Minderjährige aufgefunden wurde.
(5) Die Absätze 1 und 2 gelten für die Beistandschaft und die Pflegschaft nach § 1706 des Bürgerlichen Gesetzbuchs entsprechend.

§ 36 a [Bestellung eines Vormunds oder Pflegers vor Geburt des Kindes]

Für die Bestellung eines Vormunds oder Pflegers vor der Geburt des Kindes (§§ 1708, 1774 Satz 2 des Bürgerlichen Gesetzbuchs) ist das Gericht zuständig, in dessen Bezirk die Mutter zu der Zeit, zu der das Gericht mit der Angelegenheit befaßt wird, ihren Wohnsitz oder bei Fehlen eines inländischen Wohnsitzes ihren Aufenthalt hat. § 36 Abs. 2 ist entsprechend anzuwenden.

§ 36 b [Vormundschaft oder Pflegschaft kraft Gesetzes]

Ist eine Vormundschaft oder Pflegschaft kraft Gesetzes eingetreten, so ist bis zum Eingreifen des nach § 36 zuständigen Vormundschaftsgerichts auch das Gericht, in dessen Bezirk das Kind geboren ist, für die erforderlichen Maßregeln zuständig. Das Gericht soll von den angeordneten Maßregeln dem nach § 36 zuständigen Vormundschaftsgericht Mitteilung machen.

§ 37 [Zuständigkeit für die Anordnung einer Pflegschaft]

(1) Soll jemand nach § 1909 des Bürgerlichen Gesetzbuchs einen Pfleger erhalten, so ist, wenn bei einem inländischen Gericht eine Vormundschaft, Beistandschaft oder Pflegschaft nach § 1706 des Bürgerlichen Gesetzbuchs für ihn anhängig ist, für die Pflegschaft dieses Gericht zuständig. Im übrigen finden auf die Pflegschaft die Vorschriften des § 36 Anwendung.

(2) Für die Pflegschaft über einen Ausländer, für den bei einem inländischen Gericht eine Vormundschaft nicht anhängig ist und der im Inlande weder Wohnsitz noch Aufenthalt hat, ist das Gericht zuständig, in dessen Bezirk das Bedürfnis der Fürsorge hervortritt.

§ 38 (aufgehoben)

§ 39 [Zuständigkeit für Abwesenheitspflegschaft]

(1) Für die Pflegschaft über einen Abwesenden ist das Gericht zuständig, in dessen Bezirk der Abwesende seinen Wohnsitz hat.

(2) Hat der Abwesende im Inlande keinen Wohnsitz, so finden die Vorschriften des § 36 Abs. 2 und des § 37 Abs. 2 entsprechende Anwendung.

§ 40 [Zuständigkeit für Pflegschaft über Leibesfrucht]

Für die Pflegschaft über eine Leibesfrucht ist das Gericht zuständig, welches für die Vormundschaft oder die Pflegschaft nach § 1706 des Bürgerlichen Gesetzbuchs zuständig sein würde, falls das Kind zu der Zeit, zu welcher das Bedürfnis der Fürsorge hervortritt, geboren wäre.

§ 41 [Zuständigkeit bei Pflegschaft für unbekannte Beteiligte]

Wird im Falle des § 1913 des Bürgerlichen Gesetzbuchs die Anordnung einer Pflegschaft für den bei einer Angelegenheit Beteiligten erforderlich, so ist das Gericht zuständig, in dessen Bezirk das Bedürfnis der Fürsorge hervortritt.

§ 42 [Zuständigkeit für Pflegschaft über Sammelvermögen]

Für die Pflegschaft zum Zwecke der Verwaltung und Verwendung eines durch öffentliche Sammlung zusammengebrachten Vermögens ist das Gericht des Ortes zuständig, an welchem bisher die Verwaltung geführt wurde.

§ 43 [Zuständigkeit für weitere Aufgaben des Vormundschaftsgerichts]

(1) Die Zuständigkeit für eine Verrichtung des Vormundschaftsgerichts, die nicht eine Vormundschaft, Beistandschaft oder Pflegschaft betrifft, bestimmt sich, soweit sich nicht aus dem Gesetz ein anderes ergibt, nach den Vorschriften der §§ 35 b, 36 Abs. 1 bis 3; maßgebend ist für jede einzelne Angelegenheit der Zeitpunkt, in welchem das Gericht mit ihr befaßt wird.

(2) Steht die Person, deretwegen das Vormundschaftsgericht tätig werden muß, unter Vormundschaft, Betreuung oder Pflegschaft oder ist dem Vater oder der Mutter dieser Person ein Beistand bestellt, so ist das Gericht zuständig, bei dem die Vormundschaft, Betreuung, Pflegschaft oder Beistandschaft anhängig ist.

§ 43 a [Zuständigkeit für Ehelicherklärung]

(1) Für Entscheidungen, welche die Ehelicherklärung betreffen, sind die deutschen Gerichte zuständig, wenn der Vater oder das Kind

1. Deutscher ist oder
2. seinen gewöhnlichen Aufenthalt im Inland hat.

Diese Zuständigkeit ist nicht ausschließlich.

(2) Für die Ehelicherklärung auf Antrag des Vaters ist das Gericht zuständig, in dessen Bezirk der Vater seinen Wohnsitz oder, falls ein solcher im Inland fehlt, seinen Aufenthalt hat; maßgebend ist der Wohnsitz oder Aufenthalt in dem Zeitpunkt, in dem der Antrag

eingereicht oder im Falle des § 1733 Abs. 2 des Bürgerlichen Gesetzbuchs der Notar mit der Einreichung betraut wird.

(3) Ist der Vater Deutscher und hat er im Inland weder Wohnsitz noch Aufenthalt, so ist das Amtsgericht Schöneberg in Berlin-Schöneberg zuständig. Es kann die Sache aus wichtigen Gründen an ein anderes Gericht abgeben; die Abgabeverfügung ist für dieses Gericht bindend. Ist der Vater nicht Deutscher und hat er im Inland weder Wohnsitz noch Aufenthalt, so ist das Gericht zuständig, in dessen Bezirk das Kind seinen Wohnsitz oder, falls ein solcher im Inland fehlt, seinen Aufenthalt hat; die Sätze 1 und 2 gelten entsprechend.

(4) Für die Ehelicherklärung auf Antrag des Kindes und die Verfügung, durch die dem überlebenden Elternteil nach § 1740 g des Bürgerlichen Gesetzbuchs der Name des Kindes erteilt wird, gelten die vorstehenden Vorschriften entsprechend. An die Stelle des Vaters tritt jedoch bei der Ehelicherklärung der überlebende Elternteil oder, wenn beide Eltern gestorben sind, das Kind, bei der Namenserteilung der überlebende Elternteil.

§ 43 b [Zuständigkeit bei Kindesannahme]

(1) Für Angelegenheiten, welche die Annahme eines Kindes betreffen, sind die deutschen Gerichte zuständig, wenn der Annehmende, einer der annehmenden Ehegatten oder das Kind

1. Deutscher ist oder
2. seinen gewöhnlichen Aufenthalt im Inland hat.

Diese Zuständigkeit ist nicht ausschließlich.

(2) Zuständig ist das Gericht, in dessen Bezirk der Annehmende oder einer der annehmenden Ehegatten seinen Wohnsitz oder, falls ein solcher im Inland fehlt, seinen Aufenthalt hat; maßgebend ist der Wohnsitz oder Aufenthalt in dem Zeitpunkt, in dem der Antrag oder eine Erklärung eingereicht oder im Falle des § 1753 Abs. 2 des Bürgerlichen Gesetzbuchs der Notar mit der Einreichung betraut wird.

(3) Ist der Annehmende oder einer der annehmenden Ehegatten Deutscher und hat er im Inland weder Wohnsitz noch Aufenthalt, so ist das Amtsgericht Schöneberg in Berlin-Schöneberg zuständig. Es kann die Sache aus wichtigen Gründen an ein anderes Gericht abgeben; die Abgabeverfügung ist für dieses Gericht bindend.

(4) Hat der Annehmende oder einer der annehmenden Ehegatten im Inland weder Wohnsitz noch Aufenthalt, so ist das Gericht zuständig, in dessen Bezirk das Kind seinen Wohnsitz oder, falls ein solcher im Inland fehlt, seinen Aufenthalt hat. Ist das Kind Deutscher und hat es im Inland weder Wohnsitz noch Aufenthalt, so ist das Amtsgericht Schöneberg in Berlin-Schöneberg zuständig. Es kann die Sache aus wichtigen Gründen an ein anderes Gericht abgeben; die Abgabeverfügung ist für dieses Gericht bindend.

§ 44 [Zuständigkeit für Fürsorgemaßregeln]

Für die in den §§ 1693, 1846 des Bürgerlichen Gesetzbuchs und im Artikel 24 Abs. 3 des Einführungsgesetzes zum Bürgerlichen Gesetzbuche bezeichneten Maßregeln ist auch das Gericht zuständig, in dessen Bezirk das Bedürfnis der Fürsorge hervortritt. Das Gericht soll, wenn eine Vormundschaft, Pflegschaft oder Beistandschaft anhängig ist, von den angeordneten Maßregeln dem nach § 43 Abs. 2 zuständigen Gerichte Mitteilung machen.

§ 44 a [Zuständigkeit für Befreiung vom Eheverbot]

(1) Für die Befreiung vom Eheverbot wegen Schwägerschaft ist das Gericht zuständig, in dessen Bezirk einer der Verlobten seinen gewöhnlichen Aufenthalt hat. Hat keiner von

ihnen seinen gewöhnlichen Aufenthalt im Inland, so ist das Amtsgericht Schöneberg in Berlin-Schöneberg zuständig. Es kann die Sache aus wichtigen Gründen an ein anderes Gericht abgeben; die Abgabeverfügung ist für dieses Gericht bindend.

(2) Die Verfügung, durch die das Gericht die Befreiung erteilt, ist unanfechtbar. Das Gericht darf sie nicht mehr ändern, wenn die Ehe geschlossen worden ist.

§ 44 b (aufgehoben)

§ 45 [Zuständigkeit für Angelegenheiten der Ehegatten]

(1) Wird in einer Angelegenheit, welche die persönlichen Rechtsbeziehungen der Ehegatten oder der geschiedenen Ehegatten zueinander, das eheliche Güterrecht oder den Versorgungsausgleich betrifft, eine Tätigkeit des Vormundschaftsgerichts oder des Familiengerichts erforderlich, so ist das Gericht zuständig, in dessen Bezirk die Ehegatten ihren gemeinsamen gewöhnlichen Aufenthalt haben oder zuletzt gehabt haben.

(2) Hat keiner der Ehegatten im Bezirk dieses Gerichts seinen gewöhnlichen Aufenthalt oder haben sie einen gemeinsamen gewöhnlichen Aufenthalt im Inland nicht gehabt, so ist das Gericht zuständig, in dessen Bezirk der Ehegatte seinen gewöhnlichen Aufenthalt hat, dessen Recht durch die beantragte Verfügung beeinträchtigt würde. Hat dieser seinen gewöhnlichen Aufenthalt nicht im Inland oder läßt sich sein gewöhnlicher Aufenthalt im Inland nicht feststellen, so ist das Gericht zuständig, in dessen Bezirk der Antragsteller seinen gewöhnlichen Aufenthalt hat.

(3) Ist ein Ehegatte verstorben, so ist das Gericht zuständig, in dessen Bezirk der überlebende Ehegatte seinen gewöhnlichen Aufenthalt hat oder zuletzt gehabt hat.

(4) Ist die Zuständigkeit eines Gerichts nach den vorstehenden Vorschriften nicht begründet, so ist das Amtsgericht Schöneberg in Berlin-Schöneberg zuständig.

(5) Für die Zuständigkeit ist in jeder einzelnen Angelegenheit der Zeitpunkt maßgebend, in dem das Gericht mit ihr befaßt wird.

§ 46 [Abgabe der Vormundschaft]

(1) Das Vormundschaftsgericht kann die Vormundschaft aus wichtigen Gründen an ein anderes Vormundschaftsgericht abgeben, wenn sich dieses zur Übernahme der Vormundschaft bereit erklärt; hat der Mündel bereits einen Vormund erhalten, so ist jedoch dessen Zustimmung erforderlich. Als ein wichtiger Grund ist es in der Regel anzusehen, wenn ein unter Vormundschaft stehender Minderjähriger wegen einer Straftat vor Gericht angeklagt ist.

(2) Einigen sich die Gerichte nicht oder verweigert der Vormund oder, wenn mehrere Vormünder die Vormundschaft gemeinschaftlich führen, einer von ihnen seine Zustimmung, so entscheidet das gemeinschaftliche obere Gericht, und, falls dieses der Bundesgerichtshof ist, dasjenige Oberlandesgericht, zu dessen Bezirk das Gericht gehört, an welches die Vormundschaft abgegeben werden soll. Eine Anfechtung der Entscheidung findet nicht statt.

(3) Diese Vorschriften sind auf die Pflegschaft, die Beistandschaft und die im § 43 bezeichneten Angelegenheiten entsprechend anzuwenden.

§ 46 a [Anhörung der Eltern]

Vor einer Entscheidung, durch die einem Elternteil das Bestimmungsrecht nach § 1616 Abs. 3 des Bürgerlichen Gesetzbuchs übertragen wird, soll das Vormundschaftsgericht beide Eltern anhören und auf eine einvernehmliche Bestimmung hinwirken. Die Entscheidung des Vormundschaftsgerichts bedarf keiner Begründung; sie ist unanfechtbar.

§ 47 [Vormundschaft für im Ausland wohnhafte Deutsche]

(1) Sind für die Anordnung einer Vormundschaft sowohl die deutschen Gerichte wie die Gerichte eines anderen Staates zuständig und ist die Vormundschaft in dem anderen Staat anhängig, so kann die Anordnung der Vormundschaft im Inland unterbleiben, wenn dies im Interesse des Mündels liegt.

(2) Sind für die Anordnung einer Vormundschaft sowohl die deutschen Gerichte wie die Gerichte eines anderen Staates zuständig und besteht die Vormundschaft im Inland, so kann das Gericht, bei dem die Vormundschaft anhängig ist, sie an den Staat, dessen Gerichte für die Anordnung der Vormundschaft zuständig sind, abgeben, wenn dies im Interesse des Mündels liegt, der Vormund seine Zustimmung erteilt und dieser Staat sich zur Übernahme bereit erklärt. Verweigert der Vormund oder, wenn mehrere Vormünder die Vormundschaft gemeinschaftlich führen, einer von ihnen seine Zustimmung, so entscheidet an Stelle des Gerichts, bei dem die Vormundschaft anhängig ist, das im Instanzenzug vorgeordnete Gericht. Eine Anfechtung der Entscheidung findet nicht statt.

(3) Diese Vorschriften gelten auch für die Pflegschaft und die Beistandschaft. Einer Beistandschaft kann dabei eine Pflegschaft nach ausländischem Recht oder eine andere der Beistandschaft ähnliche ausländische Rechtseinrichtung gleichgeachtet werden.

§ 48 [Anzeigepflicht des Standesbeamten]

Wird einem Standesbeamten der Tod einer Person, die ein minderjähriges Kind hinterlassen hat, oder die Geburt eines ehelichen Kindes nach dem Tode des Vaters oder die Geburt eines nichtehelichen Kindes oder die Auffindung eines Minderjährigen, dessen Familienstand nicht zu ermitteln ist, angezeigt, so hat der Standesbeamte hiervon dem Vormundschaftsgericht Anzeige zu machen.

§ 49 [Anhörung der Jugendamtes]

(1) Das Vormundschaftsgericht hört das Jugendamt vor einer Entscheidung

1. nach folgenden Vorschriften des Bürgerlichen Gesetzbuchs
   a) Anfechtung der Ehelichkeit und der Anerkennung (§ 1597 Abs. 1 und 3, § 1600 k Abs. 1 Satz 2, Abs. 2 und 3),
   b) Übertragung von Angelegenheiten der elterlichen Sorge auf die Pflegeperson (§ 1630 Abs. 3),
   c) Unterstützung der Eltern bei der Ausübung der Personensorge (§ 1631 Abs. 3),
   d) Unterbringung, die mit Freiheitsentziehung verbunden ist (§§ 1631 b, 1705, 1800, 1915),
   e) Herausgabe des Kindes, Bestimmung des Umgangs, Wegnahme von der Pflegeperson (§ 1632),
   f) Gefährdung des Kindeswohls (§ 1666),
   g) Ruhen der elterlichen Sorge (§ 1678 Abs. 2),
   h) Entziehung der elterlichen Sorge (§ 1680),
   i) elterliche Sorge nach Tod eines Elternteils (§ 1681 Abs. 1 Satz 2 und Abs. 2 Satz 1),
   j) Nichteintritt, Aufhebung oder Beschränkung der gesetzlichen Amtspflegschaft (§ 1707),
   k) persönlicher Umgang des Vaters mit dem nichtehelichen Kinde (§ 1711 Abs. 2),
   l) Ehelicherklärung (§§ 1723, 1727, 1738 Abs. 2 und § 1740 a),
   m) Annahme als Kind (§ 1741), sofern das Jugendamt nicht eine gutachtliche Äußerung nach § 56 d abgegeben hat, Aufhebung des Annahmeverhältnisses (§§ 1760 und 1763) und Rückübertragung der elterlichen Sorge (§§ 1751 Abs. 3, 1764 Abs. 4),

2. nach folgenden Vorschriften des Ehegesetzes
   a) Befreiung von dem Hindernis der Ehemündigkeit (§ 1 Abs. 2),
   b) Ersetzung der Einwilligung zur Eheschließung (§ 3 Abs. 3).

(2) In den Fällen des § 11 Abs. 1 Nr. 2 und 3 des Adoptionsvermittlungsgesetzes hört das Vormundschaftsgericht vor dem Ausspruch der Annahme außerdem die zentrale Adoptionsstelle des Landesjugendamts, die nach § 11 Abs. 2 des Adoptionsvermittlungsgesetzes beteiligt worden ist. Ist eine zentrale Adoptionsstelle nicht beteiligt worden, so tritt an seine Stelle das Landesjugendamt, in dessen Bereich das Jugendamt liegt, das nach Absatz 1 Nr. 1 Buchstabe m Gelegenheit zur Äußerung erhält oder das eine gutachtliche Äußerung nach § 56 d abgegeben hat.

(3) Dem Jugendamt und dem Landesjugendamt sind alle Entscheidungen des Gerichts bekannt zu machen, zu denen sie nach dieser Vorschrift zu hören waren.

(4) Bei Gefahr im Verzuge kann das Vormundschaftsgericht einstweilige Anordnungen schon vor Anhörung des Jugendamts treffen.

§ 49 a [Anhörung des Jugendamtes]

(1) Das Familiengericht hört das Jugendamt vor einer Entscheidung nach den folgenden Vorschriften des Bürgerlichen Gesetzbuchs
1. Umgang mit dem Kind (§ 1634 Abs. 2 und 4),
2. elterliche Sorge nach Scheidung und bei Getrenntleben der Eltern (§§ 1671 und 1672),
3. Ruhen der elterlichen Sorge (§ 1678 Abs. 2).

(2) § 49 Abs. 3 und 4 gilt entsprechend.

§ 50 (aufgehoben)

§ 50 a [Anhörung der Eltern]

(1) Das Gericht hört in einem Verfahren, das die Personen- oder Vermögenssorge für ein Kind betrifft, die Eltern an. In Angelegenheiten der Personensorge soll das Gericht die Eltern in der Regel persönlich anhören. In den Fällen der §§ 1666 und 1666 a des Bürgerlichen Gesetzbuchs sind die Eltern stets persönlich anzuhören, um mit ihnen zu klären, wie die Gefährdung des Kindeswohls abgewendet werden kann.

(2) Einen Elternteil, der nicht sorgeberechtigt ist, hört das Gericht an, es sei denn, daß von der Anhörung eine Aufklärung nicht erwartet werden kann.

(3) Das Gericht darf von der Anhörung nur aus schwerwiegenden Gründen absehen. Unterbleibt die Anhörung allein wegen Gefahr im Verzuge, so ist sie unverzüglich nachzuholen.

(4) Die Absätze 2 und 3 gelten für die Eltern des Mündels entsprechend.

§ 50 b [Anhörung des Kindes]

(1) Das Gericht hört in einem Verfahren, das die Personen- oder Vermögenssorge betrifft, das Kind persönlich an, wenn die Neigungen, Bindungen oder der Wille des Kindes für die Entscheidung von Bedeutung sind oder wenn es zur Feststellung des Sachverhalts angezeigt erscheint, daß sich das Gericht von dem Kind einen unmittelbaren Eindruck verschafft.

(2) Hat ein Kind das vierzehnte Lebensjahr vollendet und ist es nicht geschäftsunfähig, so hört das Gericht in einem Verfahren, das die Personensorge betrifft, das Kind stets persönlich an. In vermögensrechtlichen Angelegenheiten soll das Kind persönlich angehört werden, wenn dies nach der Art der Angelegenheit angezeigt erscheint. Bei der Anhörung soll das Kind, soweit nicht Nachteile für seine Entwicklung oder Erziehung zu befürchten

sind, über den Gegenstand und möglichen Ausgang des Verfahrens in geeigneter Weise unterrichtet werden; ihm ist Gelegenheit zur Äußerung zu geben.

(3) In den Fällen des Absatzes 1 und des Absatzes 2 Satz 1 darf das Gericht von der Anhörung nur aus schwerwiegenden Gründen absehen. Unterbleibt die Anhörung allein wegen Gefahr im Verzuge, so ist sie unverzüglich nachzuholen.

(4) Die Absätze 1 bis 3 gelten für Mündel entsprechend.

§ 50 c [Anhörung der Pflegeperson]

Lebt ein Kind seit längerer Zeit in Familienpflege, so hört das Gericht in allen die Person des Kindes betreffenden Angelegenheiten auch die Pflegeperson an, es sei denn, daß davon eine Aufklärung nicht erwartet werden kann.

§ 50 d [Einstweilige Anordnung bei Herausgabe eines Kindes]

Ordnet das Gericht die Herausgabe eines Kindes an, so kann es die Herausgabe der zum persönlichen Gebrauch des Kindes bestimmten Sachen durch einstweilige Anordnung regeln.

§ 51 [Wirksamwerden von Verfügungen über elterliche Sorge]

(1) Eine Verfügung, durch die von dem Vormundschaftsgericht festgestellt wird, daß ein Elternteil auf längere Zeit an der Ausübung der elterlichen Sorge tatsächlich verhindert ist, wird mit der Bekanntmachung an den anderen Elternteil wirksam, wenn dieser die elterliche Sorge während der Verhinderung kraft Gesetzes allein ausübt, anderenfalls mit der Übertragung der Ausübung der elterlichen Sorge auf ihn oder mit der Bestellung des Vormundes.

(2) Eine Verfügung, durch die von dem Vormundschaftsgericht festgestellt wird, daß der Grund für das Ruhen der elterlichen Sorge eines Elternteils nicht mehr besteht, wird mit der Bekanntmachung an diesen wirksam.

§ 52 (aufgehoben)

§ 53 [Wirksamwerden sonstiger Verfügungen]

(1) Eine Verfügung, durch die auf Antrag die Ermächtigung oder die Zustimmung eines anderen zu einem Rechtsgeschäft ersetzt oder die Beschränkung oder Ausschließung der Berechtigung des Ehegatten, Geschäfte mit Wirkung für den anderen Ehegatten zu besorgen (§ 1357 Abs. 2 Satz 1 des Bürgerlichen Gesetzbuchs), aufgehoben wird, wird erst mit der Rechtskraft wirksam. Das gleiche gilt von einer Verfügung, durch die die Einwilligung oder Zustimmung eines Elternteils, des Vormundes oder Pflegers oder eines Ehegatten zu einer Annahme als Kind oder auf Antrag des Kindes die Zustimmung der Mutter oder der Ehefrau des Vaters zur Ehelicherklärung ersetzt wird.

(2) Bei Gefahr im Verzuge kann das Gericht die sofortige Wirksamkeit der Verfügung anordnen. Die Verfügung wird mit der Bekanntmachung an den Antragsteller wirksam.

§ 53 a [Verfahren über Zugewinnausgleich]

(1) In den Verfahren nach den §§ 1382, 1383, 1934 d Abs. 5 des Bürgerlichen Gesetzbuchs soll das Gericht mit den Beteiligten mündlich verhandeln und darauf hinwirken, daß sie sich gütlich einigen. Kommt eine Einigung zustande, so ist hierüber eine Niederschrift aufzunehmen; die Vorschriften, die für die Niederschrift über einen Vergleich in bürgerlichen Rechtsstreitigkeiten gelten, sind entsprechend anzuwenden. Der Vergleich kann auch die Verpflichtung des Schuldners zur Zahlung der Ausgleichsforderung enthalten.

(2) Die Verfügung des Gerichts wird erst mit der Rechtskraft wirksam. In der Verfügung, in der über den Antrag auf Stundung der Ausgleichsforderung entschieden wird, kann das Gericht auf Antrag des Gläubigers auch die Verpflichtung des Schuldners zur Zahlung der Ausgleichsforderung aussprechen.
(3) Das Gericht kann einstweilige Anordnungen treffen, wenn hierfür ein Bedürfnis besteht. Die Anordnungen können nur mit der Endentscheidung angefochten werden.
(4) Rechtskräftige Entscheidungen, gerichtliche Vergleiche und einstweilige Anordnungen werden nach den Vorschriften der Zivilprozeßordnung vollstreckt.

§ 53 b [Verfahren über den Versorgungsausgleich]

(1) In den Verfahren nach § 1587 b und nach § 1587 f des Bürgerlichen Gesetzbuchs soll das Gericht mit den Beteiligten mündlich verhandeln.
(2) In den Fällen des § 1587 b Abs. 1, 2 des Bürgerlichen Gesetzbuchs hat das Gericht die Träger der gesetzlichen Rentenversicherungen, in den Fällen des § 1587 b Abs. 2 des Bürgerlichen Gesetzbuchs auch die Träger der Versorgungslast zu beteiligen. Im Verfahren über den Versorgungsausgleich kann das Gericht über Grund und Höhe der Versorgungsanwartschaften bei den hierfür zuständigen Behörden, Rentenversicherungsträgern, Arbeitgebern, Versicherungsgesellschaften und sonstigen Stellen Auskünfte einholen. Die in Satz 2 bezeichneten Stellen sind verpflichtet, den gerichtlichen Ersuchen Folge zu leisten.
(3) Die Entscheidung des Gerichts über den Versorgungsausgleich ist zu begründen.
(4) Kommt eine Vereinbarung zustande, so ist hierüber eine Niederschrift aufzunehmen; die Vorschriften, die für die Niederschrift über einen Vergleich in bürgerlichen Rechtsstreitigkeiten gelten, sind entsprechend anzuwenden.

§ 53 c [Verfahrensaussetzung]

(1) Besteht Streit unter den Beteiligten über den Bestand oder die Höhe einer Anwartschaft oder einer Aussicht auf eine Versorgung, so kann das Gericht das Verfahren über den Versorgungsausgleich aussetzen und einem oder beiden Ehegatten eine Frist zur Erhebung der Klage bestimmen. Wird die Klage nicht vor Ablauf der bestimmten Frist erhoben, so kann das Gericht im weiteren Verfahren das Vorbringen eines Beteiligten, das er mit einer Klage hätte geltend machen können, unberücksichtigt lassen.
(2) Das Gericht hat das Verfahren auszusetzen, wenn ein Rechtsstreit über eine Anwartschaft oder eine Aussicht auf eine Versorgung anhängig ist. Ist die Klage erst nach Ablauf der nach Absatz 1 Satz 1 bestimmten Frist erhoben worden, so steht die Aussetzung im Ermessen des Gerichts.

§ 53 d [Vereinbarung über Versorgungsausgleich]

Eine Entscheidung über den Versorgungsausgleich nach § 1587 b des Bürgerlichen Gesetzbuchs findet insoweit nicht statt, als die Ehegatten den Versorgungsausgleich nach § 1408 Abs. 2 des Bürgerlichen Gesetzbuchs ausgeschlossen oder nach § 1587 o des Bürgerlichen Gesetzbuchs eine Vereinbarung geschlossen haben und das Gericht die Vereinbarung genehmigt hat. Die Verweigerung der Genehmigung ist nicht selbständig anfechtbar.

§ 53 e [Zahlungen zur Begründung von Rentenanwartschaften]

(1) In der Entscheidung nach § 1587 b Abs. 3 Satz 1 erster Halbsatz des Bürgerlichen Gesetzbuchs ist der Träger der gesetzlichen Rentenversicherung, an den die Zahlung zu leisten ist, zu bezeichnen.

(2) Ist ein Ehegatte auf Grund einer Vereinbarung, die das Gericht nach § 1587 o Abs. 2 des Bürgerlichen Gesetzbuchs genehmigt hat, verpflichtet, für den anderen Zahlungen zur Begründung von Rentenanwartschaften in einer gesetzlichen Rentenversicherung zu leisten, so wird der für die Begründung dieser Rentenanwartschaften erforderliche Betrag gesondert festgesetzt. Absatz 1 gilt entsprechend.

(3) Werden die Berechnungsgrößen geändert, nach denen sich der Betrag, der nach § 1587 b Abs. 3 Satz 1 erster Halbsatz des Bürgerlichen Gesetzbuchs oder nach Absatz 2 Satz 1 zu leisten ist, errechnet, so wird der zu leistende Betrag auf Antrag neu festgesetzt.

§ 53 f [Auswirkung eines schuldrechtlichen Versorgungsausgleichs]

Soweit der Versorgungsausgleich nach § 1587 f Nr. 3 des Bürgerlichen Gesetzbuchs stattfindet, hebt das Gericht die auf § 1587 b Abs. 3 des Bürgerlichen Gesetzbuchs gegründete Entscheidung auf.

§ 53 g [Wirksamwerden – weitere Beschwerde – Vollstreckung]

(1) Entscheidungen, die den Versorgungsausgleich betreffen, werden erst mit der Rechtskraft wirksam.

(2) Gegen Entscheidungen nach § 1587 d, § 1587 g Abs. 3, § 1587 i Abs. 3, § 1587 l Abs. 3 Satz 3 des Bürgerlichen Gesetzbuchs sowie nach § 53 e Abs. 2, 3 ist die weitere Beschwerde ausgeschlossen.

(3) Rechtskräftige Entscheidungen und gerichtliche Vergleiche, die den Versorgungsausgleich betreffen, werden nach den Vorschriften der Zivilprozeßordnung vollstreckt.

§ 54 (aufgehoben)

§ 55 [Unabänderliche Verfügungen]

(1) Eine Verfügung, durch welche die Genehmigung zu einem Rechtsgeschäft erteilt oder verweigert wird, kann von dem Vormundschaftsgericht insoweit nicht mehr geändert werden, als die Genehmigung oder deren Verweigerung einem Dritten gegenüber wirksam geworden ist.

(2) Eine Verfügung, durch welche die Zustimmung zu einer Ehelicherklärung ersetzt wird, kann nicht mehr geändert werden, wenn die Ehelicherklärung erfolgt ist.

§ 55 a (aufgehoben)

§ 55 b [Verfahren zur Feststellung der Vaterschaft]

(1) In dem Verfahren, das die Feststellung des Vaters eines nichtehelichen Kindes zum Gegenstand hat, hat das Gericht die Mutter des Kindes sowie, wenn der Mann gestorben ist, dessen Ehefrau, Eltern und eheliche Kinder zu hören. War der Mann nichtehelich, so braucht dessen Vater nicht gehört zu werden. Das Gericht darf von der Anhörung einer Person nur absehen, wenn diese zur Abgabe einer Erklärung dauernd außerstande oder ihr Aufenthalt dauernd unbekannt ist.

(2) Eine Verfügung, durch die das Vormundschaftsgericht über den Antrag auf Feststellung der Vaterschaft entscheidet, wird erst mit der Rechtskraft wirksam.

(3) Gegen die Verfügung, durch die das Vormundschaftsgericht die Vaterschaft feststellt, steht den nach Absatz 1 zu hörenden Personen und dem Kinde die Beschwerde zu.

§ 55 c [Verfahren zur Ehelicherklärung oder Adoption]

In Verfahren, die die Ehelicherklärung eines nichtehelichen Kindes oder die Annahme eines Minderjährigen als Kind betreffen, gelten für die Anhörung eines minderjährigen Kindes die Vorschriften des § 50 b Abs. 1, 2 Satz 1, Abs. 3 entsprechend.

§ 56 (aufgehoben)

§ 56 a [Ehelicherklärung auf Antrag des Vaters]

(1) Eine Verfügung, durch die das Vormundschaftsgericht ein nichteheliches Kind auf Antrag seines Vaters für ehelich erklärt, wird mit der Bekanntmachung an den Vater, nach dem Tode des Vaters, unbeschadet der Vorschrift des § 1733 Abs. 3 des Bürgerlichen Gesetzbuchs, mit der Bekanntmachung an das Kind wirksam. Die Verfügung ist unanfechtbar; das Gericht darf sie nicht ändern.

(2) Gegen eine Verfügung, durch die der Antrag auf Ehelicherklärung abgelehnt wird, steht, falls der Vater verstorben ist, die Beschwerde dem Kinde zu.

§ 56 b [Ehelicherklärung auf Antrag des Kindes]

(1) Eine Verfügung, durch die das Vormundschaftsgericht ein nichteheliches Kind auf seinen Antrag für ehelich erklärt, wird erst mit der Rechtskraft wirksam.

(2) Die Beschwerde steht auch den Personen zu, die nach den Vorschriften des Bürgerlichen Gesetzbuchs zu hören sind.

§ 56 c [Wirksamwerden der Verfügung über die Ehelichkeitsanfechtung]

(1) Eine Verfügung, durch die das Vormundschaftsgericht über die Anfechtung der Ehelichkeit eines Kindes oder die Anfechtung der Anerkennung eines nichtehelichen Kindes entscheidet, wird erst mit der Rechtskraft wirksam.

(2) Ist die Anfechtung gleichzeitig Gegenstand eines Rechtsstreits nach den Vorschriften der Zivilprozeßordnung, so ist das Verfahren vor dem Vormundschaftsgericht bis zur Erledigung des Rechtsstreits auszusetzen.

§ 56 d [Gutachten einer Adoptionsvermittlungsstelle]

Wird ein Minderjähriger als Kind angenommen, so hat das Gericht eine gutachtliche Äußerung der Adoptionsvermittlungsstelle, die das Kind vermittelt hat, einzuholen, ob das Kind und die Familie des Annehmenden für die Annahme geeignet sind. Ist keine Adoptionsvermittlungsstelle tätig geworden, ist eine gutachtliche Äußerung des Jugendamts oder einer Adoptionsvermittlungsstelle einzuholen. Die gutachtliche Äußerung ist kostenlos zu erstatten.

§ 56 e [Beschluß über Kindesannahme]

In einem Beschluß, durch den das Gericht die Annahme als Kind ausspricht, ist anzugeben, auf welche Gesetzesvorschriften sich die Annahme gründet; wenn die Einwilligung eines Elternteils nach § 1747 Abs. 4 des Bürgerlichen Gesetzbuchs nicht für erforderlich erachtet wurde, ist dies ebenfalls in dem Beschluß anzugeben. Der Beschluß wird mit der Zustellung an den Annehmenden, nach dem Tod des Annehmenden mit der Zustellung an das Kind wirksam. Er ist unanfechtbar; das Gericht kann ihn nicht ändern.

§ 56 f [Aufhebung des Annahmeverhältnisses]

(1) In einem Verfahren, das die Aufhebung eines Annahmeverhältnisses betrifft, soll das Gericht die Sache in einem Termin erörtern, zu dem der Antragsteller sowie der

Annehmende, das Kind und, falls das Kind noch minderjährig ist, auch das Jugendamt zu laden sind.

(2) Ist das Kind minderjährig oder geschäftsunfähig und ist der Annehmende sein gesetzlicher Vertreter, so hat das Gericht dem Kind für das Aufhebungsverfahren einen Pfleger zu bestellen.

(3) Der Beschluß, durch den das Gericht das Annahmeverhältnis aufhebt, wird erst mit der Rechtskraft wirksam.

§ 57 [Beschwerde]

(1) Die Beschwerde steht, unbeschadet der Vorschriften des § 20, zu:

1. gegen eine Verfügung, durch welche die Anordnung einer Vormundschaft abgelehnt oder eine Vormundschaft aufgehoben wird, jedem, der ein rechtliches Interesse an der Änderung der Verfügung hat, sowie dem Ehegatten, den Verwandten und Verschwägerten des Mündels;
2. (aufgehoben)
3. gegen eine Verfügung, durch welche die Anordnung einer Pflegschaft abgelehnt oder eine Pflegschaft aufgehoben wird, jedem, der ein rechtliches Interesse an der Änderung der Verfügung hat, im Falle des § 1909 des Bürgerlichen Gesetzbuchs auch dem Ehegatten sowie den Verwandten und Verschwägerten des Pflegebefohlenen;
4. und 5. (aufgehoben)
6. gegen eine Verfügung, durch die ein Antrag des Gegenvormundes zurückgewiesen wird, gegen den gesetzlichen Vertreter wegen pflichtwidrigen Verhaltens einzuschreiten oder den Vormund oder den Pfleger aus einem der im § 1886 des Bürgerlichen Gesetzbuchs bezeichneten Gründe zu entlassen, dem Antragsteller;
7. gegen eine Verfügung, durch die dem Vormund, Pfleger oder Beistand eine Vergütung bewilligt wird, dem Gegenvormund;
8. gegen eine Verfügung, durch welche die Anordnung einer der in § 1631 a Abs. 2, 1640 Abs. 4, den §§ 1666, 1666 a, 1667, 1683 Abs. 4 oder in § 1693 des Bürgerlichen Gesetzbuchs vorgesehenen Maßnahmen abgelehnt oder eine solche Maßnahme aufgehoben wird, den Verwandten und Verschwägerten des Kindes;
9. gegen eine Verfügung, die eine Entscheidung über eine die Sorge für die Person des Kindes oder des Mündels betreffende Angelegenheit enthält, jedem, der ein berechtigtes Interesse hat, diese Angelegenheit wahrzunehmen.

(2) Die Vorschrift des Absatzes 1 Nr. 9 findet auf die sofortige Beschwerde keine Anwendung.

§ 57 a (aufgehoben)

§ 58 [Beschwerderecht bei gemeinschaftlicher Vormundschaft oder Pflegschaft]

(1) Führen mehrere Vormünder, Pfleger oder Beistände ihr Amt gemeinschaftlich, so kann jeder von ihnen für den Mündel oder das Kind das Beschwerderecht selbständig ausüben.

(2) Diese Vorschrift findet in den Fällen der §§ 1630 Abs. 2, 1798 des Bürgerlichen Gesetzbuchs entsprechende Anwendung.

§ 59 [Beschwerderecht des Kindes oder Mündels]

(1) Ein unter elterlicher Sorge stehendes Kind oder ein unter Vormundschaft stehender Mündel kann in allen seine Person betreffenden Angelegenheiten ohne Mitwirkung seines gesetzlichen Vertreters das Beschwerderecht ausüben. Das gleiche gilt in sonstigen

Angelegenheiten, in denen das Kind oder der Mündel vor einer Entscheidung des Vormundschaftsgerichts gehört werden soll.

(2) Die Entscheidung, gegen die das Kind oder der Mündel das Beschwerderecht ausüben kann, ist dem Kind oder Mündel auch selbst bekanntzumachen. Eine Begründung soll dem Kind oder Mündel nicht mitgeteilt werden, wenn Nachteile für dessen Entwicklung, Erziehung oder Gesundheitszustand zu befürchten sind; die Entscheidung hierüber ist nicht anfechtbar.

(3) Diese Vorschriften finden auf Personen, die geschäftsunfähig sind oder bei Verkündung der Entscheidung das vierzehnte Lebensjahr nicht vollendet haben, keine Anwendung. Wird die Entscheidung nicht verkündet, so tritt an die Stelle der Verkündung der Zeitpunkt, in dem die von dem Richter unterschriebene Entscheidung der Geschäftsstelle übergeben wird.

§ 60 [Sofortige Beschwerde]

(1) Die sofortige Beschwerde findet statt:

1. gegen eine Verfügung, durch die ein als Vormund, Pfleger, Gegenvormund oder Beistand Berufener übergangen wird;
2. gegen eine Verfügung, durch welche die Weigerung, eine Vormundschaft, Pflegschaft, Gegenvormundschaft oder Beistandschaft zu übernehmen, zurückgewiesen wird;
3. gegen eine Verfügung, durch die ein Vormund, Pfleger, Gegenvormund oder Beistand gegen seinen Willen entlassen wird;
4. (aufgehoben)
5. (aufgehoben)
6. gegen Verfügungen, die erst mit der Rechtskraft wirksam werden.

(2) Die Frist beginnt in den Fällen des Absatzes 1 Nr. 1 mit dem Zeitpunkt, in welchem der Beschwerdeführer von seiner Übergehung Kenntnis erlangt.

§ 61 (aufgehoben)

§ 62 [Unabänderbare Verfügungen]

Soweit eine Verfügung nach § 55 von dem Vormundschaftsgericht nicht mehr geändert werden kann, ist auch das Beschwerdegericht nicht berechtigt, sie zu ändern.

§ 63 [Weitere Beschwerde]

Auf die weitere Beschwerde finden die Vorschriften der §§ 57 bis 62 entsprechende Anwendung.

§ 63 a [Ausschluß der weiteren Beschwerde]

In Verfahren, die den persönlichen Umgang des Vaters mit dem nichtehelichen Kinde zum Gegenstand haben (§ 1711 Abs. 1 des Bürgerlichen Gesetzbuchs), ist die weitere Beschwerde ausgeschlossen.

§ 64 [Zuständigkeiten]

(1) Für die dem Familiengericht obliegenden Verrichtungen sind die Amtsgerichte zuständig.

(2) Wird eine Ehesache rechtshängig, so gibt das Familienrecht im ersten Rechtszug bei ihm anhängige Verfahren der in § 621 Abs. 1 Nr. 1 bis 3, 9 der Zivilprozeßordnung bezeichneten Art von Amts wegen an das Gericht der Ehesache ab. § 281 Abs. 2, 3 Satz 1 der Zivilprozeßordnung gilt entsprechend.

(3) In Angelegenheiten, die vor das Familiengericht gehören, gelten die Vorschriften des Zweiten und des Dritten Titels des Ersten Abschnitts im Sechsten Buch der Zivilprozeßordnung sowie § 119 Abs. 1 Nr. 1, 2, § 133 Nr. 2 des Gerichtsverfassungsgesetzes. Soweit § 621 a der Zivilprozeßordnung vorsieht, daß Vorschriften des Gesetzes über die Angelegenheiten der freiwilligen Gerichtsbarkeit anzuwenden sind, tritt an die Stelle des Vormundschaftsgerichts das Familiengericht. § 57 Abs. 2 dieses Gesetzes gilt entsprechend für die Beschwerde nach den §§ 621 e, 629 a Abs. 2 der Zivilprozeßordnung, steht jedoch der Beschwerdeberechtigung des Jugendamts nicht entgegen. In den Fällen des § 57 Abs. 1 Nr. 1 und 3 steht die Beschwerde nur dem Ehegatten des Mündels oder Pflegebefohlenen zu.

§§ 64 a bis **64 i** **(aufgehoben)**

III. Betreuungssachen

§ 65 [Örtliche Gerichtszuständigkeit]

(1) Für Verrichtungen, die die Betreuung betreffen, ist das Gericht zuständig, in dessen Bezirk der Betroffene zu der Zeit, zu der das Gericht mit der Angelegenheit befaßt wird, seinen gewöhnlichen Aufenthalt hat.
(2) Hat der Betroffene im Inland keinen gewöhnlichen Aufenthalt oder ist ein solcher nicht feststellbar, so ist das Gericht zuständig, in dessen Bezirk das Bedürfnis der Fürsorge hervortritt.
(3) Ist der Betroffene Deutscher und ergibt sich die Zuständigkeit weder aus Absatz 1 noch aus Absatz 2, so ist das Amtsgericht Schöneberg in Berlin-Schöneberg zuständig.
(4) Ist für den Betroffenen bereits ein Betreuer bestellt, so ist das Gericht, bei dem die Betreuung anhängig ist, auch für weitere die Betreuung betreffende Verrichtungen zuständig.
(5) Für vorläufige Maßregeln nach Artikel 24 Abs. 3 des Einführungsgesetzes zum Bürgerlichen Gesetzbuche sowie Maßregeln nach § 1908 i Abs. 1 Satz 1 in Verbindung mit § 1846 des Bürgerlichen Gesetzbuchs und einstweilige Anordnungen nach § 69 f ist auch das Gericht zuständig, in dessen Bezirk das Bedürfnis der Fürsorge hervortritt. Das Gericht soll von den angeordneten Maßregeln dem nach den Absätzen 1, 3 und 4 zuständigen Gericht Mitteilung machen.

§ 65 a [Abgabe an ein anderes Vormundschaftsgericht]

(1) Für die Abgabe an ein anderes Vormundschaftsgericht gelten § 46 Abs. 1 Satz 1 und Abs. 2, § 36 Abs. 2 Satz 2 entsprechend. Als ein wichtiger Grund für die Abgabe ist es in der Regel anzusehen, wenn sich der gewöhnliche Aufenthalt des Betroffenen geändert hat und die Aufgaben des Betreuers im wesentlichen am neuen Aufenthaltsort zu erfüllen sind. Sind mehrere Betreuer für unterschiedliche Aufgabenkreise bestellt, so kann das Gericht aus wichtigem Grund auch das nur einen Betreuer betreffende Verfahren abgeben.
(2) Vor der Abgabe ist dem Betroffenen Gelegenheit zur Äußerung zu geben. Widerspricht er der Abgabe, so gilt § 46 Abs. 2 entsprechend.

§ 66 [Verfahrensfähigkeit]

In Verfahren, die die Betreuung betreffen, ist der Betroffene ohne Rücksicht auf seine Geschäftsfähigkeit verfahrensfähig.

§ 67 [Bestellung eines Pflegers]

(1) Soweit dies zur Wahrnehmung der Interessen des Betroffenen erforderlich ist, bestellt das Gericht dem Betroffenen einen Pfleger für das Verfahren. Die Bestellung ist insbesondere erforderlich, wenn

1. nach § 68 Abs. 2 von der persönlichen Anhörung des Betroffenen abgesehen werden soll,
2. Gegenstand des Verfahrens die Bestellung eines Betreuers zur Besorgung aller Angelegenheiten des Betroffenen oder die Erweiterung des Aufgabenkreises hierauf ist; dies gilt auch, wenn der Gegenstand des Verfahrens die in § 1896 Abs. 4 und § 1905 des Bürgerlichen Gesetzbuchs bezeichneten Angelegenheiten nicht erfaßt,
3. Gegenstand des Verfahrens die Genehmigung einer Einwilligung des Betreuers in die Sterilisation (§ 1905 Abs. 2 des Bürgerlichen Gesetzbuchs) ist.

Die Bestellung soll unterbleiben oder aufgehoben werden, wenn der Betroffene von einem Rechtsanwalt oder von einem anderen geeigneten Verfahrensbevollmächtigten vertreten wird.

(2) Die Bestellung erfolgt für jeden Rechtszug gesondert, erfaßt jedoch auch die Einlegung und Begründung eines Rechtsmittels.

§ 68 [Anhörung des Betroffenen; Schlußgespräch]

(1) Vor der Bestellung eines Betreuers oder der Anordnung eines Einwilligungsvorbehalts hat das Gericht den Betroffenen persönlich anzuhören und sich einen unmittelbaren Eindruck von ihm zu verschaffen. Den unmittelbaren Eindruck soll sich das Gericht in der üblichen Umgebung des Betroffenen verschaffen, wenn dieser es verlangt oder wenn es der Sachaufklärung dient und der Betroffene nicht widerspricht. Das Gericht unterrichtet ihn über den möglichen Verlauf des Verfahrens. Verfahrenshandlungen nach Satz 1 dürfen nur dann durch einen ersuchten Richter erfolgen, wenn von vornherein anzunehmen ist, daß das entscheidende Gericht das Ergebnis der Ermittlungen auch ohne eigenen Eindruck von dem Betroffenen zu würdigen vermag. Hat der Betroffene seinen Aufenthalt nicht nur vorübergehend im Ausland, so erfolgen Verfahrenshandlungen nach Satz 1 bis 3 im Wege der internationalen Rechtshilfe.

(2) Die persönliche Anhörung des Betroffenen kann unterbleiben, wenn

1. nach ärztlichem Gutachten hiervon erhebliche Nachteile für die Gesundheit des Betroffenen zu besorgen sind oder
2. der Betroffene nach dem unmittelbaren Eindruck des Gerichts offensichtlich nicht in der Lage ist, seinen Willen kundzutun.

(3) Das Gericht kann den Betroffenen durch die zuständige Behörde vorführen lassen, wenn er sich weigert, an Verfahrenshandlungen nach Absatz 1 Satz 1 mitzuwirken.

(4) Das Gericht kann einen Sachverständigen hinzuziehen, wenn es den Betroffenen persönlich anhört und sich einen unmittelbaren Eindruck von ihm verschafft. Auf Verlangen des Betroffenen ist einer Person seines Vertrauens die Anwesenheit zu gestatten. Anderen Personen kann das Gericht die Anwesenheit gestatten, jedoch nicht gegen den Willen des Betroffenen.

(5) Das Ergebnis der Anhörung, das Gutachten des Sachverständigen oder das ärztliche Zeugnis, der etwaige Umfang des Aufgabenkreises und die Frage, welche Person oder Stelle als Betreuer in Betracht kommt, sind mit dem Betroffenen mündlich zu erörtern, soweit dies zur Gewährung des rechtlichen Gehörs oder zur Sachaufklärung erforderlich ist

(Schlußgespräch). Die Verfahrenshandlungen nach Absatz 1 Satz 1 und das Schlußgespräch können in einem Termin stattfinden. Absatz 4 Satz 2 und 3 gilt entsprechend.

§ 68 a [Gelegenheit zur Äußerung]

Vor der Bestellung eines Betreuers oder der Anordnung eines Einwilligungsvorbehalts gibt das Gericht der zuständigen Behörde Gelegenheit zur Äußerung, wenn es der Betroffene verlangt oder wenn es der Sachaufklärung dient. Im Falle des § 1908 a des Bürgerlichen Gesetzbuchs gibt das Gericht auch dem gesetzlichen Vertreter des Betroffenen Gelegenheit zur Äußerung. In der Regel soll auch dem Ehegatten des Betroffenen, seinen Eltern, Pflegeeltern und Kindern Gelegenheit zur Äußerung gegeben werden. Auf Verlangen des Betroffenen ist einer ihm nahestehenden Person und den in Satz 3 genannten Personen Gelegenheit zur Äußerung zu geben, wenn dies ohne erhebliche Verzögerung möglich ist.

§ 68 b [Einholung eines Gutachtens oder ärztlichen Zeugnisses]

(1) Ein Betreuer darf erst bestellt werden, nachdem das Gutachten eines Sachverständigen über die Notwendigkeit der Betreuung eingeholt worden ist. Für die Bestellung eines Betreuers auf Antrag des Betroffenen genügt ein ärztliches Zeugnis, wenn der Betroffene auf die Begutachtung verzichtet hat und die Einholung des Gutachtens insbesondere im Hinblick auf den Umfang des Aufgabenkreises des Betreuers unverhältnismäßig wäre. Ein ärztliches Zeugnis genügt auch, wenn ein Betreuer nur zur Geltendmachung von Rechten des Betroffenen gegenüber seinem Bevollmächtigten bestellt wird. Der Sachverständige hat den Betroffenen vor Erstattung des Gutachtens persönlich zu untersuchen oder zu befragen. Kommt nach Auffassung des Sachverständigen die Bestellung eines Betreuers in Betracht, so hat sich das Gutachten auch auf den Umfang des Aufgabenkreises und die voraussichtliche Dauer der Betreuungsbedürftigkeit zu erstrecken.

(2) Für die Anordnung eines Einwilligungsvorbehalts gilt Absatz 1 Satz 1, 4 und 5 entsprechend.

(3) Das Gericht kann anordnen, daß der Betroffene zur Vorbereitung eines Gutachtens untersucht und durch die zuständige Behörde zu einer Untersuchung vorgeführt wird. Die Anordnung ist nicht anfechtbar.

(4) Das Gericht kann nach Anhörung eines Sachverständigen anordnen, daß der Betroffene auf bestimmte Dauer untergebracht und beobachtet wird, soweit dies zur Vorbereitung des Gutachtens erforderlich ist. Der Betroffene ist vorher persönlich anzuhören. Die Unterbringung darf die Dauer von sechs Wochen nicht überschreiten. Reicht dieser Zeitraum nicht aus, um die erforderlichen Erkenntnisse für das Gutachten zu erlangen, so kann die Unterbringung bis zu einer Gesamtdauer von drei Monaten verlängert werden. Für die Vorführung gilt Absatz 3 entsprechend.

§ 69 [Inhalt der Entscheidung; Begründung]

(1) Die Entscheidung, durch die ein Betreuer bestellt oder ein Einwilligungsvorbehalt angeordnet wird, muß enthalten

1. die Bezeichnung des Betroffenen,
2. bei Bestellung eines Betreuers die Bezeichnung
   a) des Betreuers,
   b) seines Aufgabenkreises,
3. bei Bestellung eines Vereinsbetreuers oder Behördenbetreuers zusätzlich die Bezeichnung
   a) als Vereinsbetreuer oder Behördenbetreuer,

b) des Vereins oder der Behörde,
4. bei Anordnung eines Einwilligungsvorbehalts die Bezeichnung des Kreises der einwilligungsbedürftigen Willenserklärungen,
5. den Zeitpunkt, zu dem das Gericht spätestens über die Aufhebung oder Verlängerung der Maßnahme zu entscheiden hat; dieser Zeitpunkt darf höchstens fünf Jahre nach Erlaß der Entscheidung liegen,
6. eine Rechtsmittelbelehrung.

(2) Die Entscheidung ist auch im Falle der Ablehnung einer Maßnahme zu begründen.

§ 69 a [Bekanntmachung der Entscheidung]

(1) Entscheidungen sind dem Betroffenen stets selbst bekanntzumachen. Von der Bekanntmachung der Entscheidungsgründe an den Betroffenen kann abgesehen werden, wenn dies nach ärztlichem Zeugnis wegen erheblicher Nachteile für seine Gesundheit erforderlich ist.

(2) Die Entscheidung, durch die ein Betreuer bestellt oder ein Einwilligungsvorbehalt angeordnet wird, ist auch der zuständigen Behörde bekanntzumachen. Entscheidungen sind ihr auch dann bekanntzumachen, wenn ihr das Gericht im Verfahren Gelegenheit zur Äußerung gegeben hatte.

(3) Entscheidungen werden mit der Bekanntmachung an den Betreuer wirksam. Ist die Bekanntmachung an den Betreuer nicht möglich oder ist Gefahr im Verzug, so kann das Gericht die sofortige Wirksamkeit anordnen. In diesem Falle wird die Entscheidung in dem Zeitpunkt wirksam, in dem sie und die Anordnung der sofortigen Wirksamkeit der Geschäftsstelle des Gerichts zur Bekanntmachung übergeben werden; das Gericht hat den Zeitpunkt auf der Entscheidung zu vermerken.

(4) Die Genehmigung der Einwilligung eines Betreuers in eine Sterilisation (§ 1905 Abs. 2 des Bürgerlichen Gesetzbuchs) wird mit der Bekanntmachung an den Verfahrenspfleger oder im Falle des § 67 Abs. 1 Satz 3 an den Verfahrensbevollmächtigten sowie an den für die Entscheidung über die Einwilligung in eine Sterilisation bestellten Betreuer wirksam.

§ 69 b [Verpflichtung des Betreuers]

(1) Der Betreuer wird mündlich verpflichtet. Er ist über seine Aufgaben zu unterrichten. Die Sätze 1 und 2 gelten nicht für Vereinsbetreuer, Behördenbetreuer, Vereine und die zuständige Behörde.

(2) Der Betreuer erhält eine Urkunde über seine Bestellung. Die Urkunde soll enthalten
1. die Bezeichnung des Betroffenen und des Betreuers,
2. bei Bestellung eines Vereinsbetreuers oder Behördenbetreuers diese Bezeichnung und die Bezeichnung des Vereins oder der Behörde,
3. den Aufgabenkreis des Betreuers,
4. bei Anordnung eines Einwilligungsvorbehalts die Bezeichnung des Kreises der einwilligungsbedürftigen Willenserklärungen.

(3) In geeigneten Fällen führt das Gericht mit dem Betreuer und dem Betroffenen ein Einführungsgespräch.

§ 69 c [Verein oder Behörde als Betreuer]

(1) Hat das Gericht einen Verein oder die zuständige Behörde zum Betreuer bestellt, so prüft es in Abständen von höchstens zwei Jahren, ob anstelle des Vereins oder der Behörde eine oder mehrere natürliche Personen zum Betreuer bestellt werden können.

(2) Gegen die Auswahl der Person, der ein Verein die Wahrnehmung der Betreuung übertragen hat, kann der Betroffene gerichtliche Entscheidung beantragen. Das Vormundschaftsgericht kann dem Verein aufgeben, eine andere Persln auszuwählen, wenn einem Vorschlag des Betroffenen, dem keine wichtigen Gründe entgegenstehen, nicht entsprochen wurde oder die bisherige Auswahl dem Wohl des Betroffenen zuwiderläuft. § 33 ist nicht anzuwenden.

(3) Ist die zuständige Behörde zum Betreuer bestellt, so gilt Absatz 2 entsprechend.

§ 69 d [Anhörung des Betroffenen]

(1) Das Gericht soll den Betroffenen vor einer Entscheidung nach § 1908 i Abs. 1 Satz 1 in Verbindung mit den §§ 1821, 1822 Nr. 1 bis 4, 6 bis 13, §§ 1823 und 1825 des Bürgerlichen Gesetzbuchs persönlich anhören. Gleiches gilt im Falle des § 1908 i Abs. 1 Satz 1 in Verbindung mit § 1836 des Bürgerlichen Gesetzbuchs, es sei denn, daß die Vergütung aus der Staatskasse zu zahlen ist. Vor einer Entscheidung nach den §§ 1904, 1907 Abs. 1 und 3 des Bürgerlichen Gesetzbuchs hat das Gericht den Betroffenen persönlich anzuhören. Die persönliche Anhörung kann unterbleiben, wenn hiervon erhebliche Nachteile für die Gesundheit des Betroffenen zu besorgen sind oder der Betroffene offensichtlich nicht in der Lage ist, seinen Willen kundzutun.

(2) Vor der Genehmigung der Einwilligung eines Betreuers in eine Untersuchung des Gesundheitszustandes, eine Heilbehandlung oder einen ärztlichen Eingriff (§ 1904 des Bürgerlichen Gesetzbuchs) hat das Gericht das Gutachten eines Sachverständigen einzuholen. Sachverständiger und ausführender Arzt dürfen nicht personengleich sein. § 68 a Satz 3 und 4 gilt entsprechend.

(3) Für die Genehmigung der Einwilligung eines Betreuers in eine Sterilisation (§ 1905 Abs. 2 des Bürgerlichen Gesetzbuchs) gelten Absatz 2 Satz 2, § 68 Abs. 1 Satz 1 und 3, Abs. 5, §§ 68 a und 69 a Abs. 1 Satz 1, Abs. 2 Satz 2 entsprechend. Verfahrenshandlungen durch den ersuchten Richter sind ausgeschlossen. Die Genehmigung darf erst erteilt werden, nachdem Gutachten von Sachverständigen eingeholt sind, die sich auf die medizinischen, psychologischen, sozialen, sonderpädagogischen und sexualpädagogischen Gesichtspunkte erstrecken. Die Sachverständigen haben den Betroffenen vor Erstattung des Gutachtens persönlich zu untersuchen oder zu befragen.

§ 69 e [Anwendbare Vorschriften]

Im übrigen sind §§ 35 b, 47, 53 Abs. 1 Satz 2, Abs. 2, §§ 55 und 62 entsprechend anzuwenden. Das Vormundschaftsgericht kann im Fall des § 1901 a des Bürgerlichen Gesetzbuchs den Besitzer einer Betreuungsverfügung durch Festsetzung von Zwangsgeld zur Ablieferung der Betreuungsverfügung anhalten. Im übrigen gilt § 83 Abs. 2 entsprechend.

§ 69 f [Bestellung durch einstweilige Anordnung]

(1) Das Gericht kann durch einstweilige Anordnung einen vorläufigen Betreuer bestellen oder einen vorläufigen Einwilligungsvorbehalt anordnen, wenn

1. dringende Gründe für die Annahme bestehen, daß die Voraussetzungen für die Bestellung eines Betreuers oder die Anordnung eines Einwilligungsvorbehalts gegeben sind und mit dem Aufschub Gefahr verbunden wäre,
2. ein ärztliches Zeugnis über den Zustand des Betroffenen vorliegt,
3. im Falle des § 67 ein Pfleger für das Verfahren bestellt worden ist und
4. der Betroffene und der Pfleger für das Verfahren persönlich angehört worden sind.

Die Anhörung des Betroffenen kann auch durch einen ersuchten Richter erfolgen. § 69 d Abs. 1 Satz 4 gilt entsprechend. Bei Gefahr im Verzug kann das Gericht die einstweilige Anordnung bereits vor Anhörung des Betroffenen sowie vor Bestellung und Anhörung des Pflegers für das Verfahren erlassen; die Verfahrenshandlungen sind unverzüglich nachzuholen. Bei Gefahr im Verzug kann das Gericht den vorläufigen Betreuer auch abweichend von § 1897 Abs. 4 und 5 des Bürgerlichen Gesetzbuchs bestellen.

(2) Eine einstweilige Anordnung darf die Dauer von sechs Monaten nicht überschreiten; sie kann nach Anhörung eines Sachverständigen durch weitere einstweilige Anordnungen bis zu einer Gesamtdauer von einem Jahr verlängert werden.

(3) Das Gericht kann durch einstweilige Anordnung einen Betreuer entlassen, wenn dringende Gründe für die Annahme bestehen, daß die Voraussetzungen für die Entlassung vorliegen und mit dem Aufschub Gefahr verbunden wäre.

(4) Die einstweilige Anordnung wird auch mit der Übergabe an die Geschäftsstelle zum Zwecke der Bekanntmachung wirksam. Das Gericht hat den Zeitpunkt der Übergabe auf der Entscheidung zu vermerken.

§ 69 g [Beschwerde]

(1) Die Beschwerde gegen die Bestellung eines Betreuers von Amts wegen, die Anordnung eines Einwilligungsvorbehalts und eine Entscheidung, durch die die Bestellung eines Betreuers oder die Anordnung eines Einwilligungsvorbehalts abgelehnt wird, steht unbeschadet des § 20 dem Ehegatten des Betroffenen, denjenigen, die mit dem Betroffenen in gerader Linie verwandt oder verschwägert, in der Seitenlinie bis zum dritten Grad verwandt sind, sowie der zuständigen Behörde zu.

(2) Der Betreuer kann gegen eine Entscheidung, die seinen Aufgabenkreis betrifft, auch im Namen des Betreuten Beschwerde einlegen. Führen mehrere Betreuer ihr Amt gemeinschaftlich, so kann jeder von ihnen für den Betroffenen selbständig Beschwerde einlegen.

(3) Der Betroffene kann, wenn er untergebracht ist, die Beschwerde auch bei dem Amtsgericht einlegen, in dessen Bezirk er untergebracht ist.

(4) Die sofortige Beschwerde findet statt gegen Entscheidungen,

1. durch die ein Einwilligungsvorbehalt angeordnet oder abgelehnt wird,
2. durch die die Weigerung, sich zum Betreuer bestellen zu lassen, zurückgewiesen worden ist,
3. durch die ein Betreuer gegen seinen Willen entlassen worden ist.

Die Beschwerdefrist beginnt mit dem Zeitpunkt, in dem die Entscheidung dem Betreuer bekanntgemacht worden ist. Im Falle der Nummer 1 beginnt für den Betroffenen die Frist nicht vor der Bekanntmachung an ihn selbst, spätestens jedoch mit Ablauf von fünf Monaten nach Bekanntmachung an den Betreuer.

(5) Für das Beschwerdeverfahren gelten die Vorschriften über den ersten Rechtszug entsprechend. Verfahrenshandlungen nach § 68 Abs. 1 Satz 1 sollen in der Regel nicht durch den beauftragten Richter vorgenommen werden. Das Beschwerdegericht kann von solchen Verfahrenshandlungen absehen, wenn diese bereits im ersten Rechtszug vorgenommen worden und von einer erneuten Vornahme keine zusätzlichen Erkenntnisse zu erwarten sind. Das Beschwerdegericht kann seine Entscheidung auf im ersten Rechtszug eingeholte Gutachten oder vorgelegte ärztliche Zeugnisse stützen.

§ 69 h [Wirksamkeit von Rechtsgeschäften]

Wird eine Entscheidung, durch die ein Einwilligungsvorbehalt angeordnet worden ist, als ungerechtfertigt aufgehoben, so kann die Wirksamkeit der von oder gegenüber dem Betroffenen vorgenommenen Rechtsgeschäfte nicht auf Grund dieses Einwilligungsvorbehalts in Frage gestellt werden.

§ 69 i [Erweiterung und Einschränkung des Aufgabenkreises des Betreuers]

(1) Für die Erweiterung des Aufgabenkreises des Betreuers gelten die Vorschriften über die Bestellung des Betreuers entsprechend. Wird der Aufgabenkreis nur unwesentlich erweitert, so kann das Gericht von Verfahrenshandlungen nach § 68 Abs. 1 und § 68 b absehen; in diesem Fall muß es den Betroffenen anhören. Eine unwesentliche Erweiterung liegt insbesondere dann nicht vor, wenn erstmals ganz oder teilweise die Personensorge oder wenn eine der in § 1896 Abs. 4, §§ 1904 bis 1906 des Bürgerlichen Gesetzbuchs genannten Aufgaben in den Aufgabenkreis einbezogen wird.

(2) Für die Erweiterung des Kreises der einwilligungsbedürftigen Willenserklärungen gilt Absatz 1 entsprechend.

(3) Für die Aufhebung der Betreuung, die Einschränkung des Aufgabenkreises des Betreuers, die Aufhebung eines Einwilligungsvorbehalts oder die Einschränkung des Kreises der einwilligungsbedürftigen Willenserklärungen gelten §§ 68 a, 69 a Abs. 2 Satz 1 und § 69 g Abs. 1, 4 entsprechend.

(4) Hat das Gericht nach § 68 b Abs. 1 Satz 2 von der Einholung eines Gutachtens abgesehen, so ist die Begutachtung nachzuholen, wenn ein Antrag des Betroffenen auf Aufhebung der Betreuung oder auf Einschränkung des Aufgabenkreises des Betreuers erstmals abgelehnt werden soll.

(5) Für die Bestellung eines weiteren Betreuers nach § 1899 des Bürgerlichen Gesetzbuchs gilt Absatz 1, soweit damit eine Erweiterung des Aufgabenkreises verbunden ist; im übrigen gelten §§ 68 a und 69 g Abs. 1 entsprechend.

(6) Für die Verlängerung der Bestellung eines Betreuers oder der Anordnung eines Einwilligungsvorbehalts gelten die Vorschriften für die erstmalige Entscheidung entsprechend. Von der erneuten Einholung eines Gutachtens kann abgesehen werden, wenn sich aus der persönlichen Anhörung des Betroffenen und einem ärztlichen Zeugnis ergibt, daß sich der Umfang der Betreuungsbedürftigkeit offensichtlich nicht verringert hat.

(7) Widerspricht der Betroffene der Entlassung des Betreuers (§ 1908 b des Bürgerlichen Gesetzbuchs), so hat das Gericht den Betroffenen und den Betreuer persönlich anzuhören. § 69 d Abs. 1 Satz 4 gilt entsprechend.

(8) Vor der Bestellung eines neuen Betreuers nach § 1908 c des Bürgerlichen Gesetzbuchs ist der Betroffene persönlich anzuhören; im übrigen gelten §§ 68 a, 69 d Abs. 1 Satz 4 und § 69 g Abs. 1 entsprechend.

§ 69 k [Unterrichtungspflicht des Gerichts]

(1) Entscheidungen teilt das Vormundschaftsgericht anderen Gerichten, Behörden oder sonstigen öffentlichen Stellen mit, soweit dies unter Beachtung berechtigter Interessen des Betroffenen nach den Erkenntnissen im gerichtlichen Verfahren erforderlich ist, um eine erhebliche Gefahr für das Wohl des Betroffenen, für Dritte oder für die öffentliche Sicherheit abzuwenden.

(2) Ergeben sich im Verlauf eines gerichtlichen Verfahrens Erkenntnisse, die eine Mitteilung nach Absatz 1 vor Abschluß des Verfahrens erfordern, so hat das Gericht unverzüglich Mitteilung zu machen.

(3) Das Vormundschaftsgericht unterrichtet zugleich mit der Mitteilung den Betroffenen, seinen Pfleger für das Verfahren und seinen Betreuer über deren Inhalt und über den Empfänger. Die Unterrichtung des Betroffenen unterbleibt, wenn

1. der Zweck des Verfahrens oder der Zweck der Mitteilung durch die Unterrichtung gefährdet würde,
2. nach ärztlichem Zeugnis hiervon erhebliche Nachteile für die Gesundheit des Betroffenen zu besorgen sind oder
3. der Betroffene nach dem unmittelbaren Eindruck des Gerichts offensichtlich nicht in der Lage ist, den Inhalt der Unterrichtung zu verstehen.

Sobald die Gründe nach Satz 2 entfallen, ist die Unterrichtung nachzuholen.

(4) Der Inhalt der Mitteilung, die Art und Weise ihrer Übermittlung, der Empfänger, die Unterrichtung des Betroffenen oder die Gründe für das Unterbleiben dieser Unterrichtung sowie die Unterrichtung des Pflegers für das Verfahren und des Betreuers sind aktenkundig zu machen.

(5) Der Empfänger darf die übermittelten personenbezogenen Informationen, soweit gesetzlich nichts anderes bestimmt ist, nur zu dem Zweck verwenden, zu dem die Informationen übermittelt worden sind.

(6) Der Empfänger löscht die mitgeteilte personenbezogene Information, soweit er sie zur Erfüllung seiner Aufgabe nicht mehr benötigt. Stehen der Löschung gesetzliche Aufbewahrungsfristen entgegen, ist die Information Bestandteil einer Akte geworden oder ist die Löschung nur mit unverhältnismäßigem Aufwand möglich, tritt an ihre Stelle eine Sperrung.

§ 69 l [Nachricht an Wahl- und Meldebehörde]

(1) Wird einem Betroffenen zur Besorgung aller seiner Angelegenheiten ein Betreuer bestellt oder der Aufgabenkreis hierauf erweitert, so teilt das Vormundschaftsgericht dies der für die Führung des Wählerverzeichnisses zuständigen Behörde mit. Dies gilt auch, wenn die Entscheidung die in § 1896 Abs. 4 und § 1905 des Bürgerlichen Gesetzbuchs bezeichneten Angelegenheiten nicht erfaßt. Eine Mitteilung hat auch dann zu erfolgen, wenn eine Betreuung nach den Sätzen 1 und 2 auf andere Weise als durch den Tod des Betroffenen endet oder wenn sie eingeschränkt wird.

(2) Wird ein Einwilligungsvorbehalt angeordnet, der sich auf die Aufenthaltsbestimmung des Betroffenen erstreckt, so teilt das Vormundschaftsgericht dies der Meldebehörde unter Angabe des Betreuers mit. Eine Mitteilung hat auch zu erfolgen, wenn der Einwilligungsvorbehalt nach Satz 1 aufgehoben wird oder ein Wechsel in der Person des Betreuers eintritt.

(3) § 69 k Abs. 5 und 6 gilt entsprechend.

§ 69 m [Benachrichtigung während einer Unterbringungsmaßnahme)

(1) Während der Dauer einer Unterbringungsmaßnahme sind die Bestellung eines Betreuers, die sich auf die Aufenthaltsbestimmung des Betroffenen erstreckt, die Aufhebung einer solchen Betreuung und jeder Wechsel in der Person des Betreuers dem Leiter der Einrichtung mitzuteilen, in der der Betroffene lebt.

(2) § 69 k Abs. 5 und 6 gilt entsprechend.

IV. Unterbringungssachen

§ 70 [Unterbringungsmaßnahmen; Gerichtszuständigkeiten]

(1) Die folgenden Vorschriften gelten für Verfahren über Unterbringungsmaßnahmen. Unterbringungsmaßnahmen sind

1. die Genehmigung einer Unterbringung, die mit Freiheitsentziehung verbunden ist,
   a) eines Kindes (§§ 1631 b, 1705, 1800, 1915 des Bürgerlichen Gesetzbuchs) und
   b) eines Betreuten (§ 1906 Abs. 1 bis 3 des Bürgerlichen Gesetzbuchs);
2. die Genehmigung einer Maßnahme nach § 1906 Abs. 4 des Bürgerlichen Gesetzbuchs und
3. die Anordnung einer freiheitsentziehenden Unterbringung nach den Landesgesetzen über die Unterbringung psychisch Kranker.

Für Unterbringungsmaßnahmen sind die Vormundschaftsgerichte zuständig.

(2) Für Unterbringungsmaßnahmen nach Absatz 1 Satz 2 Nr. 1 und 2 ist das Gericht zuständig, bei dem eine Vormundschaft oder eine Betreuung oder Pflegschaft, deren Aufgabenbereich die Unterbringung umfaßt, anhängig ist. Ist ein solches Verfahren nicht anhängig, so finden § 65 Abs. 1 bis 3, § 65 a Abs. 1 Satz 1, Abs. 2 Satz 1 entsprechende Anwendung. In den Fällen der Sätze 1 und 2 gilt für vorläufige Maßregeln § 65 Abs. 5 entsprechend.

(3) In den Fällen des Absatzes 2 Satz 1 kann das Vormundschaftsgericht das Verfahren über die Unterbringungsmaßnahme aus wichtigen Gründen mit Zustimmung des gesetzlichen Vertreters nach Anhörung des Betroffenen an das Gericht abgeben, in dessen Bezirk der Betroffene untergebracht ist, wenn sich das Gericht zur Übernahme des Verfahrens bereit erklärt hat; § 46 Abs. 2 gilt entsprechend. Wird das gemeinschaftliche obere Gericht angerufen, so ist das Gericht, an das das Verfahren abgegeben werden soll, von dem Eingang der Akten bei ihm an bis zu der Entscheidung des gemeinschaftlichen oberen Gerichts für eine vorläufige Maßregel zuständig. Eine weitere Abgabe ist zulässig. Das nach der Abgabe zuständige Gericht ist auch für die Verlängerung einer Unterbringungsmaßnahme zuständig.

(4) Für Unterbringungsmaßnahmen nach Absatz 1 Satz 2 Nr. 1 und 2 gelten die §§ 35 b und 47 entsprechend.

(5) Für eine Unterbringungsmaßnahme nach Absatz 1 Satz 2 Nr. 3 ist das Gericht zuständig, in dessen Bezirk das Bedürfnis für die Unterbringung hervortritt. Das Gericht kann das Verfahren durch unanfechtbaren Beschluß an das Gericht abgeben, in dessen Bezirk der Betroffene untergebracht ist.

(6) Die Landesregierungen werden ermächtigt, zur sachdienlichen Förderung oder schnelleren Erledigung die Verfahren über Unterbringungsmaßnahmen nach Absatz 1 Satz 2 Nr. 3 durch Rechtsverordnung einem Amtsgericht für die Bezirke mehrerer Amtsgerichte zuzuweisen. Die Landesregierungen können die Ermächtigung auf die Landesjustizverwaltungen übertragen.

(7) Ist für die Unterbringungsmaßnahme ein anderes Gericht zuständig als dasjenige, bei dem eine Vormundschaft oder eine die Unterbringung erfassende Betreuung oder Pflegschaft anhängig ist, so teilt dieses Gericht dem für die Unterbringungsmaßnahme zuständigen Gericht die Aufhebung der Vormundschaft, Betreuung oder Pflegschaft, den Wegfall des Aufgabenbereiches Unterbringung und einen Wechsel in der Person des Vormunds, Betreuers oder Pflegers mit; das für die Unterbringungsmaßnahme

zuständige Gericht teilt dem anderen Gericht die Unterbringungsmaßnahme, ihre Änderung, Verlängerung und Aufhebung mit.

§ 70 a [Verfahrensfähigkeit]

Der Betroffene ist ohne Rücksicht auf seine Geschäftsfähigkeit verfahrensfähig, wenn er das vierzehnte Lebensjahr vollendet hat.

§ 70 b [Bestellung eines Pflegers]

(1) Soweit dies zur Wahrnehmung der Interessen des Betroffenen erforderlich ist, bestellt das Gericht dem Betroffenen einen Pfleger für das Verfahren. § 67 Abs. 1 Satz 2 Nr. 1, Satz 3 gilt entsprechend.

(2) Bestellt das Gericht dem Betroffenen keinen Pfleger für das Verfahren, so ist dies in der Entscheidung, durch die eine Unterbringungsmaßnahme getroffen wird, zu begründen.

(3) Die Bestellung endet, sofern sie nicht vorher aufgehoben wird,

1. mit der Rechtskraft der das Verfahren abschließenden Entscheidung oder
2. mit dem sonstigen Abschluß des Verfahrens.

§ 70 c [Persönliche Anhörung durch Gericht]

Vor einer Unterbringungsmaßnahme hat das Gericht den Betroffenen persönlich anzuhören und sich einen unmittelbaren Eindruck von ihm zu verschaffen. Den unmittelbaren Eindruck verschafft sich das Gericht, soweit dies erforderlich ist, in der üblichen Umgebung des Betroffenen. Das Gericht unterrichtet ihn über den möglichen Verlauf des Verfahrens. Verfahrenshandlungen nach Satz 1 sollen nicht durch einen ersuchten Richter erfolgen. Im übrigen gilt § 68 Abs. 1 Satz 5, Abs. 2 bis 5 entsprechend.

§ 70 d [Äußerungsrechte Dritter]

(1) Vor einer Unterbringungsmaßnahme gibt das Gericht Gelegenheit zur Äußerung

1. dem Ehegatten des Betroffenen, wenn die Ehegatten nicht dauernd getrennt leben,
2. jedem Elternteil und Kind, bei dem der Betroffene lebt oder bei Einleitung des Verfahrens gelebt hat,
3. dem Betreuer des Betroffenen,
4. einer von dem Betroffenen benannten Person seines Vertrauens,
5. dem Leiter der Einrichtung, in der der Betroffene lebt, und
6. der zuständigen Behörde.

Das Landesrecht kann vorsehen, daß weiteren Personen und Stellen Gelegenheit zur Äußerung zu geben ist.

(2) Ist der Betroffene minderjährig, sind die Elternteile, denen die Personensorge zusteht, der gesetzliche Vertreter in persönlichen Angelegenheiten und die Pflegeeltern persönlich anzuhören.

§ 70 e [Sachverständigengutachten und ärztliches Zeugnis]

(1) Vor einer Unterbringungsmaßnahme nach § 70 Abs. 1 Satz 2 Nr. 1 und 3 hat das Gericht das Gutachten eines Sachverständigen einzuholen, der den Betroffenen persönlich zu untersuchen oder zu befragen hat. Der Sachverständige soll in der Regel Arzt für Psychiatrie sein; in jedem Fall muß er Arzt mit Erfahrungen auf dem Gebiet der Psychiatrie sein. Für eine Unterbringungsmaßnahme nach § 70 Abs. 1 Satz 2 Nr. 2 genügt ein ärztliches Zeugnis.

(2) § 68 b Abs. 3 und 4 gilt entsprechend.

§ 70 f [Inhalt der Entscheidung; Begründung]

(1) Die Entscheidung, durch die eine Unterbringungsmaßnahme getroffen wird, muß enthalten

1. die Bezeichnung des Betroffenen,
2. die nähere Bezeichnung der Unterbringungsmaßnahme,
3. den Zeitpunkt, zu dem die Unterbringungsmaßnahme endet, wenn sie nicht vorher verlängert wird; dieser Zeitpunkt darf höchstens ein Jahr, bei offensichtlich langer Unterbringungsbedürftigkeit höchstens zwei Jahre nach Erlaß der Entscheidung liegen,
4. eine Rechtsmittelbelehrung.

(2) Die Entscheidung ist auch im Falle der Ablehnung zu begründen.

§ 70 g [Bekanntmachung und Wirksamkeit der Entscheidung]

(1) Entscheidungen sind dem Betroffenen stets selbst bekanntzumachen. Von der Bekanntmachung der Entscheidungsgründe an den Betroffenen kann abgesehen werden, wenn dies nach ärztlichem Zeugnis wegen erheblicher Nachteile für seine Gesundheit erforderlich ist.

(2) Die Entscheidung, durch die eine Unterbringungsmaßnahme getroffen wird, ist auch den in § 70 d genannten Personen und Stellen sowie dem Leiter der Einrichtung, in der der Betroffene untergebracht werden soll, bekanntzumachen. Der zuständigen Behörde sind die Entscheidungen stets bekanntzumachen, wenn ihr das Gericht im Verfahren Gelegenheit zur Äußerung gegeben hatte.

(3) Die Entscheidung, durch die eine Unterbringungsmaßnahme getroffen oder abgelehnt wird, wird erst mit Rechtskraft wirksam. Das Gericht kann jedoch die sofortige Wirksamkeit anordnen. In diesem Falle wird die Entscheidung in dem Zeitpunkt wirksam, in dem sie und die Anordnung der sofortigen Wirksamkeit der Geschäftsstelle des Gerichts zur Bekanntmachung übergeben werden.

(4) Eine Vorführung auf Anordnung des Gerichts ist von der zuständigen Behörde durchzuführen.

(5) Die zuständige Behörde hat den Betreuer, die Eltern, den Vormund oder den Pfleger auf ihren Wunsch bei der Zuführung zur Unterbringung nach § 70 Abs. 1 Satz 2 Nr. 1 zu unterstützen. Gewalt darf die zuständige Behörde nur auf Grund besonderer gerichtlicher Entscheidung anwenden. Die zuständige Behörde ist befugt, erforderlichenfalls die Unterstützung der polizeilichen Vollzugsorgane nachzusuchen.

§ 70 h [Vorläufige Unterbringungsmaßnahme]

(1) Durch einstweilige Anordnung kann eine vorläufige Unterbringungsmaßnahme getroffen werden. § 69 f Abs. 1 und § 70 g gelten entsprechend. § 70 d gilt entsprechend, sofern nicht Gefahr im Verzug ist.

(2) Die einstweilige Anordnung darf die Dauer von sechs Wochen nicht überschreiten. Reicht dieser Zeitraum nicht aus, so kann sie nach Anhörung eines Sachverständigen durch eine weitere einstweilige Anordnung bis zu einer Gesamtdauer von drei Monaten verlängert werden. Eine Unterbringung zur Vorbereitung eines Gutachtens (§ 70 e Abs. 2) ist in diese Gesamtdauer einzubeziehen.

(3) Die Absätze 1 und 2 gelten entsprechend, wenn gemäß § 1846 des Bürgerlichen Gesetzbuchs eine Unterbringungsmaßnahme getroffen werden soll.

§ 70 i [Aufhebung und Verlängerung von Unterbringungsmaßnahmen]

(1) Die Unterbringungsmaßnahme ist aufzuheben, wenn ihre Voraussetzungen wegfallen. Vor der Aufhebung einer Unterbringungsmaßnahme nach § 70 Abs. 1 Satz 2 Nr. 3 gibt das Gericht der zuständigen Behörde Gelegenheit zur Äußerung, es sei denn, daß dies zu einer nicht nur geringen Verzögerung des Verfahrens führen würde. Die Aufhebung einer solchen Unterbringungsmaßnahme ist der zuständigen Behörde stets bekanntzumachen.

(2) Für die Verlängerung einer Unterbringungsmaßnahme gelten die Vorschriften für die erstmalige Maßnahme entsprechend. Bei Unterbringungen mit einer Gesamtdauer von mehr als vier Jahren soll das Gericht in der Regel keinen Sachverständigen bestellen, der den Betroffenen bisher behandelt oder begutachtet hat oder der Einrichtung angehört, in der der Betroffene untergebracht ist.

§ 70 k [Aussetzung einer Vollziehung]

(1) Das Gericht kann die Vollziehung einer Unterbringung nach § 70 Abs. 1 Satz 2 Nr. 3 aussetzen. Die Aussetzung kann mit Auflagen verbunden werden. Die Aussetzung soll in der Regel sechs Monate nich überschreiten; sie kann bis zu einem Jahr verlängert werden.

(2) Das Gericht kann die Aussetzung widerrufen, wenn der Betroffene eine Auflage nicht erfüllt oder sein Zustand dies erfordert.

(3) Für die Verfahren über die Aussetzung und ihren Widerruf gilt § 70 d entsprechend.

§ 70 l [Antrag auf gerichtliche Entscheidung]

(1) Gegen eine Maßnahme zur Regelung einzelner Angelegenheiten im Vollzug der Unterbringung nach § 70 Abs. 1 Satz 2 Nr. 3 kann der Betroffene gerichtliche Entscheidung beantragen. Mit dem Antrag kann auch die Verpflichtung zum Erlaß einer abgelehnten oder unterlassenen Maßnahme begehrt werden.

(2) Der Antrag ist nur zulässig, wenn der Betroffene geltend macht, durch die Maßnahme, ihre Ablehnung oder ihre Unterlassung in seinen Rechten verletzt zu sein.

(3) Der Antrag hat keine aufschiebende Wirkung. Das Gericht kann die aufschiebende Wirkung anordnen.

(4) Die Entscheidung des Gerichts ist unanfechtbar.

§ 70 m [Sofortige Beschwerde]

(1) Die sofortige Beschwerde findet gegen Entscheidungen statt, die erst mit Rechtskraft wirksam werden.

(2) Die Beschwerde gegen Unterbringungsmaßnahmen, vorläufige Unterbringungsmaßnahmen oder die Ablehnung der Aufhebung solcher Maßnahmen steht unbeschadet des § 20 den in § 70 d bezeichneten Personen oder Stellen zu.

(3) § 69 g Abs. 3 und 5 gilt entsprechend.

§ 70 n [Unterrichtungspflicht bei Entscheidung]

Für die Mitteilung von Entscheidungen gilt § 69 k entsprechend.

Vierter Abschnitt

Personenstand

§ 71 [Antragsrecht des Notars]

Sind Vorgänge, die auf Antrag eines Beteiligten in dem Standesregister am Rande einer Eintragung zu vermerken sind, von einem Notar beurkundet, so gilt dieser als ermächtigt, im Namen des Beteiligten, dessen Erklärung beurkundet ist, die Eintragung des Vermerks in das Standesregister zu beantragen.

Fünfter Abschnitt
Nachlaß- und Teilungssachen

§ 72 [Sachliche Zuständigkeit]

Für die dem Nachlaßgericht obliegenden Verrichtungen sind die Amtsgerichte zuständig.

§ 73 [Örtliche Zuständigkeit]

(1) Die örtliche Zuständigkeit bestimmt sich nach dem Wohnsitz, den der Erblasser zur Zeit des Erbfalls hatte; in Ermangelung eines inländischen Wohnsitzes ist das Gericht zuständig, in dessen Bezirk der Erblasser zur Zeit des Erbfalls seinen Aufenthalt hatte.

(2) Ist der Erblasser Deutscher und hatte er zur Zeit des Erbfalles im Inland weder Wohnsitz noch Aufenthalt, so ist das Amtsgericht Schöneberg in Berlin-Schöneberg zuständig. Es kann die Sache aus wichtigen Gründen an ein anderes Gericht abgeben; die Abgabeverfügung ist für dieses Gericht bindend.

(3) Ist der Erblasser ein Ausländer und hatte er zur Zeit des Erbfalls im Inlande weder Wohnsitz noch Aufenthalt, so ist jedes Gericht, in dessen Bezirk sich Nachlaßgegenstände befinden, in Ansehung aller im Inlande befindlichen Nachlaßgegenstände zuständig. Die Vorschriften des § 2369 Abs. 2 des Bürgerlichen Gesetzbuchs finden Anwendung.

§ 74 [Zuständigkeit für die Sicherung des Nachlasses]

Für die Sicherung des Nachlasses ist jedes Amtsgericht zuständig, in dessen Bezirk das Bedürfnis der Fürsorge hervortritt. Das Gericht soll von den angeordneten Maßregeln dem nach § 73 zuständigen Nachlaßgericht Mitteilung machen.

§ 74 a

Erhält das Nachlaßgericht Kenntnis davon, daß ein Kind Vermögen von Todes wegen erworben hat, das nach § 1640 Abs. 1 Satz 1, Abs. 2 des Bürgerlichen Gesetzbuchs zu verzeichnen ist, so teilt das Nachlaßgericht dem Vormundschaftsgericht den Vermögenserwerb mit.

§ 75 [Nachlaßpflegschaft]

Auf die Nachlaßpflegschaft finden die für Vormundschaftssachen geltenden Vorschriften dieses Gesetzes Anwendung. Unberührt bleiben die Vorschriften über die Zuständigkeit des Nachlaßgerichts; das Nachlaßgericht kann jedoch die Pflegschaft nach Maßgabe des § 46 an ein anderes Nachlaßgericht abgeben.

§ 76 [Nachlaßverwaltung]

(1) Gegen eine Verfügung, durch die dem Antrag des Erben, die Nachlaßverwaltung anzuordnen, stattgegeben wird, ist die Beschwerde unzulässig.

(2) Gegen eine Verfügung, durch die dem Antrag eines Nachlaßgläubigers, die Nachlaßverwaltung anzuordnen, stattgegeben wird, findet die sofortige Beschwerde statt. Die Beschwerde steht nur dem Erben, bei Miterben jedem Erben, sowie dem Testamentsvollstrecker zu, welcher zur Verwaltung des Nachlasses berechtigt ist.

§ 77 [Inventarfrist]

(1) Gegen eine Verfügung, durch die dem Erben eine Inventarfrist bestimmt wird, findet die sofortige Beschwerde statt.

(2) Das gleiche gilt von einer Verfügung, durch die über die Bestimmung einer neuen Inventarfrist oder über den Antrag des Erben, die Inventarfrist zu verlängern, entschieden wird.

(3) In den Fällen der Absätze 1, 2 beginnt die Frist zur Einlegung der Beschwerde für jeden Nachlaßgläubiger mit dem Zeitpunkt, in welchem die Verfügung demjenigen Nachlaßgläubiger bekannt gemacht wird, welcher den Antrag auf die Bestimmung der Inventarfrist gestellt hat.

§ 78 [Akteneinsicht und Abschriften]

(1) Hat das Nachlaßgericht nach § 1964 des Bürgerlichen Gesetzbuchs festgestellt, daß ein anderer Erbe als der Fiskus nicht vorhanden ist, so steht die Einsicht der dieser Feststellung vorausgegangenen Ermittlungen jedem zu, der ein berechtigtes Interesse glaubhaft macht. Das gleiche gilt von der Einsicht einer Verfügung, welche die Bestimmung einer Inventarfrist oder die Ernennung oder die Entlassung eines Testamentsvollstreckers betrifft, eines Protokolls über die Abgabe der im § 79 bezeichneten eidesstattlichen Versicherung sowie von der Einsicht eines Erbscheins und eines der in den §§ 1507, 2368 des Bürgerlichen Gesetzbuchs und den §§ 37, 38[1] der Grundbuchanordnung vorgesehenen gerichtlichen Zeugnisse.

(2) Von den Schriftstücken, deren Einsicht gestattet ist, kann eine Abschrift gefordert werden; die Abschrift ist auf Verlangen zu beglaubigen.

§ 79 [Eidesstattliche Versicherung des Erben]

Verlangt ein Nachlaßgläubiger von dem Erben die Abgabe der im § 2006 des Bürgerlichen Gesetzbuchs vorgesehenen eidesstattlichen Versicherung, so kann die Bestimmung des Termins zur Abgabe der eidesstattlichen Versicherung sowohl von dem Nachlaßgläubiger als von dem Erben beantragt werden. Zu dem Termine sind beide Teile zu laden. Die Anwesenheit des Gläubigers ist nicht erforderlich. Die Vorschriften der §§ 478 bis 480, 483 der Zivilprozeßordnung gelten entsprechend.

§ 80 [Sofortige Beschwerde gegen Bestimmung von Erklärungsfristen]

Gegen eine Verfügung, durch die nach den §§ 2151, 2153 bis 2155, 2192, 2193 und dem § 2198 Abs. 2 des Bürgerlichen Gesetzbuchs dem Beschwerten oder einem Dritten eine Frist zur Erklärung bestimmt wird, findet die sofortige Beschwerde statt.

§ 81 [Beschwerde gegen Ernennung oder Entlassung eines Testamentsvollstreckers]

(1) Gegen eine Verfügung, durch die von dem Nachlaßgericht ein Testamentsvollstrecker ernannt oder einem zum Testamentsvollstrecker Ernannten eine Frist zur Erklärung über die Annahme des Amtes bestimmt wird, findet die sofortige Beschwerde statt.

(2) Das gleiche gilt von einer Verfügung, durch die ein Testamentsvollstrecker gegen seinen Willen entlassen wird.

§ 82 [Beschwerderecht bei mehreren Testamentsvollstreckern]

(1) Führen mehrere Testamentsvollstrecker das Amt gemeinschaftlich, so steht gegen eine Verfügung, durch die das Nachlaßgericht Anordnungen des Erblassers für die Verwaltung des Nachlasses außer Kraft setzt oder bei einer Meinungsverschiedenheit zwischen den Testamentsvollstreckern entscheidet, jedem Testamentsvollstrecker die Beschwerde selbständig zu.

(2) Auf eine Verfügung, durch die bei einer Meinungsverschiedenheit zwischen den Testamentsvollstreckern über die Vornahme eines Rechtsgeschäfts das Nachlaßgericht

1) Jetzt §§ 36, 37 Grundbuchordnung.

entscheidet, finden die Vorschriften des § 53 und des § 60 Abs. 1 Nr. 6 entsprechende Anwendung.

§ 83 [Erzwingung der Testamentsablieferung]

(1) Das Nachlaßgericht kann im Falle des § 2259 Abs. 1 des Bürgerlichen Gesetzbuchs den Besitzer des Testaments durch Festsetzung von Zwangsgeld zur Ablieferung des Testaments anhalten.

(2) Besteht Grund zu der Annahme, daß jemand ein Testament in Besitz hat, zu dessen Ablieferung er nach § 2259 Abs. 1 des Bürgerlichen Gesetzbuchs verpflichtet ist, so kann er von dem Nachlaßgericht zur Abgabe einer eidesstattlichen Versicherung über den Verbleib angehalten werden; die Vorschriften des § 883 Abs. 2 bis 4, des § 900 Abs. 1 und der §§ 901, 902, 904 bis 910, 912, 913 der Zivilprozeßordnung[1] finden entsprechende Anwendung.

§ 83 a [Stundung eines Pflichtteils- oder Erbersatzanspruchs]

Für das Verfahren, das die Stundung eines Pflichtteilsanspruchs oder eines Erbersatzanspruchs zum Gegenstand hat (§ 2331 a in Verbindung mit §§ 1382, 1934 b Abs. 2 des Bürgerlichen Gesetzbuchs), gilt § 53 a entsprechend.

§ 84 [Kraftloserklärung eines Erbscheins]

Gegen einen Beschluß, durch den ein Erbschein für kraftlos erklärt wird, findet die Beschwerde nicht statt. Das gleiche gilt von einem Beschluß, durch den eines der in den §§ 1507, 2368 des Bürgerlichen Gesetzbuchs und den §§ 37, 38 der Grundbuchordnung[2] vorgesehenen gerichtlichen Zeugnisse für kraftlos erklärt wird.

§ 85 [Erteilung einer Ausfertigung des Erbscheins]

Wer ein rechtliches Interesse glaubhaft macht, kann verlangen, daß ihm von dem Gericht eine Ausfertigung des Erbscheins erteilt wird. Das gleiche gilt in Ansehung der im § 84 Satz 2 bezeichneten Zeugnisse sowie in Ansehung der gerichtlichen Verfügungen, die sich auf die Ernennung oder die Entlassung eines Testamentsvollstreckers beziehen.

§ 86 [Auseinandersetzung zwischen Miterben]

(1) Hinterläßt ein Erblasser mehrere Erben, so hat das Nachlaßgericht auf Antrag die Auseinandersetzung in Ansehung des Nachlasses zwischen den Beteiligten zu vermitteln, sofern nicht ein zur Bewirkung der Auseinandersetzung berechtigter Testamentsvollstrecker vorhanden ist.

(2) Antragsberechtigt ist jeder Miterbe, der Erwerber eines Erbteils sowie derjenige, welchem ein Pfandrecht oder ein Nießbrauch an einem Erbteile zusteht.

§ 87 [Antrag auf Auseinandersetzung]

(1) In dem Antrage sollen die Beteiligten und die Teilungsmasse bezeichnet werden.

(2) Hält das Gericht vor der Verhandlung mit den Beteiligten eine weitere Aufklärung für angemessen, so hat es den Antragsteller zur Ergänzung des Antrags, insbesondere zur Angabe der den einzelnen Beteiligten in Ansehung des Nachlasses zustehenden Ansprüche, zu veranlassen. Es kann dem Antragsteller auch die Beschaffung der Unterlagen aufgeben.

---

1) § 912 ZPO ist weggefallen.
2) Jetzt §§ 36, 37 Grundbuchordnung.

§ 88 [Abwesenheitspfleger für das Auseinandersetzungsverfahren]
Einem abwesenden Beteiligten kann, wenn die Voraussetzungen der Abwesenheitspflegschaft vorliegen und eine Pflegschaft über ihn nicht bereits anhängig ist, für das Auseinandersetzungsverfahren von dem Nachlaßgericht ein Pfleger bestellt werden. Für die Pflegschaft tritt an die Stelle des Vormundschaftsgerichts das Nachlaßgericht.

§ 89 [Ladung zum Verhandlungstermin]
Das Gericht hat den Antragsteller und die übrigen Beteiligten, diese unter Mitteilung des Antrags, zu einem Verhandlungstermin zu laden. Die Ladung durch öffentliche Zustellung ist unzulässig. Die Ladung soll den Hinweis darauf enthalten, daß ungeachtet des Ausbleibens eines Beteiligten über die Auseinandersetzung verhandelt werden würde und daß, falls der Termin vertagt oder ein neuer Termin zur Fortsetzung der Verhandlung anberaumt werden sollte, die Ladung zu dem neuen Termin unterbleiben könne. Sind Unterlagen für die Auseinandersetzung vorhanden, so ist in der Ladung zu bemerken, daß die Unterlagen auf der Geschäftsstelle eingesehen werden können.

§ 90 [Ladungsfrist]
(1) Die Frist zwischen der Ladung und dem Termin muß mindestens zwei Wochen betragen.
(2) Diese Vorschrift findet auf eine Vertagung sowie auf einen Termin zur Fortsetzung der Verhandlung keine Anwendung. In diesen Fällen kann die Ladung der zu dem früheren Termin geladenen Beteiligten durch die Verkündung des neuen Termins ersetzt werden.

§ 91 [Außergerichtliche Vereinbarung über Auseinandersetzung]
(1) Treffen die erschienenen Beteiligten vor der Auseinandersetzung eine Vereinbarung über vorbereitende Maßregeln, insbesondere über die Art der Teilung, so hat das Gericht die Vereinbarung zu beurkunden. Das gleiche gilt, wenn nur ein Beteiligter erschienen ist, in Ansehung der von diesem gemachten Vorschläge.
(2) Sind die Beteiligten sämtlich erschienen, so hat das Gericht die von ihnen getroffene Vereinbarung zu bestätigen. Dasselbe gilt, wenn die nicht erschienenen Beteiligten ihre Zustimmung zu gerichtlichem Protokoll oder in einer öffentlich beglaubigten Urkunde erteilen.
(3) Ist ein Beteiligter nicht erschienen, so hat das Gericht, sofern er nicht nach Absatz 2 Satz 2 zugestimmt hat, ihm den Inhalt der Urkunde, soweit dieser ihn betrifft, bekanntzumachen und ihn gleichzeitig zu benachrichtigen, daß er die Urkunde auf der Geschäftsstelle einsehen und eine Abschrift der Urkunde fordern könne. Die Bekanntmachung muß den Hinweis darauf enthalten, daß, wenn der Beteiligte nicht innerhalb einer von dem Gericht zu bestimmenden Frist die Anberaumung eines neuen Termins beantrage oder wenn er in dem neuen Termin nicht erscheine, sein Einverständnis mit dem Inhalt der Urkunde angenommen werden würde. Beantragt der Beteiligte rechtzeitig die Anberaumung eines neuen Termins und erscheint er in diesem Termin, so ist die Verhandlung fortzusetzen. Anderenfalls hat das Gericht die Vereinbarung zu bestätigen.

§ 92 [Wiedereinsetzung in den vorigen Stand]
War im Falle des § 91 der Beteiligte ohne sein Verschulden verhindert, die Anberaumung eines neuen Termins rechtzeitig zu beantragen oder in dem neuen Termin zu erscheinen, so ist ihm auf Antrag von dem Gericht die Wiedereinsetzung in den vorigen Stand zu erteilen, wenn er binnen zwei Wochen nach der Beseitigung des Hindernisses die Anberaumung

eines neuen Termins beantragt und die Tatsachen, welche die Wiedereinsetzung begründen, glaubhaft macht. Eine Versäumung, die in dem Verschulden eines Vertreters ihren Grund hat, wird als eine unverschuldete nicht angesehen. Nach dem Ablauf eines Jahres, von dem Ende der versäumten Frist an gerechnet, kann die Wiedereinsetzung nicht mehr beantragt werden.

§ 93 [Auseinandersetzungsplan]

(1) Sobald nach Lage der Sache die Auseinandersetzung stattfinden kann, hat das Gericht einen Auseinandersetzungsplan anzufertigen. Sind die erschienenen Beteiligten mit dem Inhalt des Planes einverstanden, so hat das Gericht die Auseinandersetzung zu beurkunden. Sind die Beteiligten sämtlich erschienen, so hat das Gericht die Auseinandersetzung zu bestätigen; dasselbe gilt, wenn die nicht erschienenen Beteiligten ihre Zustimmung zu gerichtlichem Protokoll oder in einer öffentlich beglaubigten Urkunde erteilen.
(2) Ist ein Beteiligter nicht erschienen, so hat das Gericht nach § 91 Abs. 3 zu verfahren. Die Vorschriften des § 92 finden entsprechende Anwendung.

§ 94 [Verteilung durch Los]

Ist vereinbart, daß eine Verteilung durch das Los geschehen soll, so wird das Los, sofern nicht ein anderes bestimmt ist, für die nicht erschienenen Beteiligten von einem durch das Gericht zu bestellenden Vertreter gezogen.

§ 95 [Aussetzung]

Ergeben sich bei den Verhandlungen Streitpunkte, so ist ein Protokoll darüber aufzunehmen und das Verfahren bis zur Erledigung der Streitpunkte auszusetzen. Soweit bezüglich der unstreitigen Punkte die Aufnahme einer Urkunde ausführbar ist, hat das Gericht nach den §§ 91, 93 zu verfahren.

§ 96 [Sofortige Beschwerde]

Gegen den Beschluß, durch welchen eine vorgängige Vereinbarung oder eine Auseinandersetzung bestätigt, sowie gegen den Beschluß, durch welchen über den Antrag auf Wiedereinsetzung in den vorigen Stand entschieden wird, findet die sofortige Beschwerde statt. Die Beschwerde gegen den Bestätigungsbeschluß kann nur darauf gegründet werden, daß die Vorschriften über das Verfahren nicht beobachtet seien.

§ 97 [Verbindlichkeit – Genehmigung des Vormundschaftsgerichts]

(1) Eine vorgängige Vereinbarung sowie eine Auseinandersetzung ist nach dem Eintritt der Rechtskraft des Bestätigungsbeschlusses für alle Beteiligten in gleicher Weise verbindlich wie eine vertragsmäßige Vereinbarung oder Auseinandersetzung.
(2) Bedarf ein Beteiligter zur Vereinbarung oder zur Auseinandersetzung der Genehmigung des Vormundschaftsgerichts, so ist, wenn er im Inlande keinen Vormund, Betreuer, Pfleger oder Beistand hat, für die Erteilung oder die Verweigerung der Genehmigung an Stelle des Vormundschaftsgerichts das Nachlaßgericht zuständig.

§ 98 [Zwangsvollstreckung]

Aus einer vorgängigen Vereinbarung sowie aus einer Auseinandersetzung findet nach dem Eintritt der Rechtskraft des Bestätigungsbeschlusses die Zwangsvollstreckung statt. Die Vorschriften der §§ 795, 797 der Zivilprozeßordnung finden Anwendung.

§ 99 [Auseinandersetzung bei Gütergemeinschaft]

(1) Nach der Beendigung der ehelichen oder der fortgesetzten Gütergemeinschaft sind auf die Auseinandersetzung über das Gesamtgut die Vorschriften der §§ 86 bis 98 entsprechend anzuwenden.

(2) Für die Auseinandersetzung ist, falls ein Anteil an dem Gesamtgut zu einem Nachlaß gehört, das Amtsgericht zuständig, das für die Auseinandersetzung über den Nachlaß zuständig ist. Im übrigen bestimmt sich die Zuständigkeit nach den Vorschriften des § 45.

Sechster Abschnitt

§§ **100** bis **124** (aufgehoben)

Siebenter Abschnitt

Handelssachen

§ 125 [Sachliche Zuständigkeit]

(1) Für die Führung des Handelsregisters sind die Amtsgerichte zuständig.

(2) Die Landesregierungen werden ermächtigt, durch Rechtsverordnungen

1. die Führung des Handelsregisters für mehrere Amtsgerichtsbezirke einem Amtsgericht zu übertragen, wenn dies einer schnelleren und rationelleren Führung des Handelsregister dient,
2. zu bestimmen, daß die Daten des bei einem Amtsgericht in maschineller Form als automatisierte Datei geführten Handelsregisters an andere Amtsgerichte übermittelt und auch dort zur Einsicht und zur Erteilung von Ausdrucken bereitgehalten werden, wenn dies der Erleichterung des Rechtsverkehrs dient und mit einer rationellen Registerführung vereinbar ist.

Die Landesregierungen können die Ermächtigung nach Satz 1 durch Rechtsverordnung auf die Landesjustizverwaltungen übertragen.

(3) Das Bundesministerium der Justiz wird ermächtigt, durch Rechtsverordnung mit Zustimmung des Bundesrates die näheren Bestimmungen über die Einrichtung und Führung des Handelsregisters, die Einsicht in das Handelsregister und das Verfahren bei Anmeldungen, Eintragungen und Bekanntmachungen zu treffen. Für die Fälle, in denen die Landesregierungen nach § 8 a Abs. 1 des Handelsgesetzbuchs bestimmt haben, daß das Handelsregister in maschineller Form als automatisierte Datei geführt wird, können durch Rechtsverordnung nach Satz 1 auch nähere Bestimmungen hierzu getroffen werden; dabei können auch Einzelheiten der Einrichtung automatisierter Verfahren zur Übermittlung von Daten aus dem Handelsregister durch Abruf und der Genehmigung hierfür (§ 9 a des Handelsgesetzbuchs) geregelt werden.

(4) Durch Rechtsverordnung nach Absatz 3 können auch die näheren Bestimmungen über die Mitwirkung der in § 126 bezeichneten Organe im Verfahren vor den Registergerichten getroffen werden. Dabei kann insbesondere auch bestimmt werden, daß diesen Organen laufend oder in regelmäßigen Abständen die zur Erfüllung ihrer gesetzlichen Aufgaben erforderlichen Daten aus dem Handelsregister und den zum Handelsregister eingereichten Schriftstücken mitgeteilt werden. Die mitzuteilenden Daten sind in der Rechtsverordnung festzulegen. Die Empfänger dürfen die übermittelten personenbezogenen Daten nur für den Zweck verwenden, zu dessen Erfüllung sie ihnen übermittelt worden sind.

(5) Wird das Handelsregister in maschineller Form als automatisierte Datei geführt, so kann die Datenverarbeitung im Auftrag des zuständigen Amtsgerichts auf den Anlagen einer anderen staatlichen Stelle oder auf den Anlagen einer juristischen Person des öffentlichen Rechts vorgenommen werden, wenn die ordnungsgemäße Erledigung der Registersachen sichergestellt ist.

§ 125 a [Mitteilungs- und Auskunftspflicht der Behörden]

(1) Die Gerichte, die Beamten der Staatsanwaltschaft, die Polizei- und Gemeindebehörden sowie die Notare haben von den zu ihrer amtlichen Kenntnis gelangenden Fällen einer unrichtigen, unvollständigen oder unterlassenen Anmeldung zum Handelsregister dem Registergericht Mitteilung zu machen.

(2) Die Steuerbehörden haben den Registergerichten Auskunft über die steuerlichen Verhältnisse von Kaufleuten oder Unternehmungen, insbesondere auf dem Gebiete der Gewerbe- und Umsatzsteuer, zu erteilen, soweit diese Auskunft zur Verhütung unrichtiger Eintragungen im Handelsregister sowie zur Berichtigung und Vervollständigung des Handelsregisters benötigt wird. Die Auskünfte unterliegen nicht der Akteneinsicht (§ 34).

§ 126 [Unterstützung der Registergerichte]

Die Organe des Handelsstandes sowie außer ihnen – soweit es sich um die Eintragung von Handwerkern handelt – die Organe des Handwerksstandes und – soweit es sich um die Eintragung von Land- oder Forstwirten handelt – die Organe des land- und forstwirtschaftlichen Berufsstandes sind verpflichtet, die Registergerichte bei der Verhütung unrichtiger Eintragungen, bei der Berichtigung und Vervollständigung des Handelsregisters sowie beim Einschreiten gegen unzulässigen Firmengebrauch zu unterstützen; sie sind berechtigt, zu diesem Zwecke Anträge bei den Registergerichten zu stellen und gegen Verfügungen der Registergerichte das Rechtsmittel der Beschwerde einzulegen.

§ 127 [Aussetzung einer Verfügung]

Das Registergericht kann, wenn eine von ihm zu erlassende Verfügung von der Beurteilung eines streitigen Rechtsverhältnisses abhängig ist, die Verfügung aussetzen, bis über das Verhältnis im Wege des Rechtsstreits entschieden ist. Es kann, wenn der Rechtsstreit nicht anhängig ist, einem der Beteiligten eine Frist zur Erhebung der Klage bestimmen.

§ 128 (aufgehoben)

§ 129 [Antragsrecht des Notars]

Ist die zu einer Eintragung erforderliche Erklärung von einem Notar beurkundet oder beglaubigt, so gilt dieser als ermächtigt, im Namen des zur Anmeldung Verpflichteten die Eintragung zu beantragen. Die Vorschriften des § 124 finden entsprechende Anwendung.

§ 130 [Inhalt und Bekanntgabe der Eintragung]

(2) Jede Eintragung soll den Tag, an welchem sie erfolgt ist, angeben und mit der Unterschrift des zuständigen Beamten versehen werden.

(2) Jede Eintragung soll demjenigen, welcher sie beantragt hat, bekanntgemacht werden. Auf die Bekanntmachung kann verzichtet werden.

§ 131 (aufgehoben)

§ 132 [Einschreiten des Registergerichts]

(1) Sobald das Registergericht von einem sein Einschreiten nach den §§ 14, 125 a Abs. 2, §§ 335, 340 o, 341 o des Handelsgesetzbuchs, §§ 407, 408 des Aktiengesetzes, § 28 Abs. 4 des Einführungsgesetzes zum Aktiengesetz, § 21 des Gesetzes über die Rechnungslegung von bestimmten Unternehmen und Konzernen vom 15. August 1969 (BGBl. I S. 1189), § 79 Abs. 1 des Gesetzes betreffend die Gesellschaften mit beschränkter Haftung, § 316

des Umwandlungsgesetzes oder § 12 des Gesetzes zur Ausführung der EWG-Verordnung über die Europäische wirtschaftliche Interessenvereinigung rechtfertigenden Sachverhalt glaubhafte Kenntnis erhält, hat es dem Beteiligten unter Androhung eines Zwangsgeldes aufzugeben, innerhalb einer bestimmten Frist seiner gesetzlichen Verpflichtung nachzukommen oder die Unterlassung mittels Einspruchs gegen die Verfügung zu rechtfertigen. § 335 Satz 2 bis 7 des Handelsgesetzbuchs bleibt unberührt.

(2) Die Beschwerde gegen diese Verfügung ist unzulässig.

§ 133 [Festsetzung des Zwangsgeldes]

(1) Wird innerhalb der bestimmten Frist weder der gesetzlichen Verpflichtung genügt noch Einspruch erhoben, so ist das angedrohte Zwangsgeld festzusetzen und zugleich die frühere Verfügung unter Androhung eines erneuten Zwangsgeldes zu wiederholen.

(2) In gleicher Weise ist fortzufahren, bis der gesetzlichen Verpflichtung genügt oder Einspruch erhoben wird.

§ 134 [Einspruch]

(1) Wird rechtzeitig Einspruch erhoben, so hat das Gericht, wenn sich der Einspruch nicht ohne weiteres als begründet ergibt, zur Erörterung der Sache den Beteiligten zu einem Termine zu laden.

(2) Das Gericht kann, auch wenn der Beteiligte nicht erscheint, nach Lage der Sache entscheiden.

§ 135 [Entscheidung über Einspruch]

(1) Wird der Einspruch für begründet erachtet, so ist die erlassene Verfügung aufzuheben.

(2) Andernfalls hat das Gericht den Einspruch zu verwerfen und das angedrohte Zwangsgeld festzusetzen. Das Gericht kann, wenn die Umstände es rechtfertigen, von der Festsetzung eines Zwangsgeldes absehen oder ein geringeres als das angedrohte Zwangsgeld festsetzen.

(3) Im Falle der Verwerfung des Einspruchs hat das Gericht zugleich eine erneute Verfügung nach § 132 zu erlassen. Die in dieser Verfügung bestimmte Frist beginnt mit dem Eintritt der Rechtskraft der Verwerfung des Einspruchs.

§ 136 [Aufhebung oder Herabsetzung des Zwangsgeldes]

Wird im Falle des § 133 gegen die wiederholte Verfügung Einspruch erhoben und dieser für begründet erachtet, so kann das Gericht, wenn die Umstände es rechtfertigen, zugleich ein früher festgesetztes Zwangsgeld aufheben oder an dessen Stelle ein geringeres Zwangsgeld festsetzen.

§ 137 [Wiedereinsetzung in den vorigen Stand]

Gegen die Versäumung der Einspruchsfrist ist auf Antrag nach Maßgabe des § 22 Abs. 2 die Wiedereinsetzung in den vorigen Stand zu erteilen.

§ 138 [Kosten]

Bei der Festsetzung des Zwangsgeldes sind dem Beteiligten zugleich die Kosten des Verfahrens aufzuerlegen.

§ 139 [Sofortige Beschwerde]

(1) Gegen den Beschluß, durch welchen das Zwangsgeld festgesetzt oder der Einspruch verworfen wird, findet die sofortige Beschwerde statt.

(2) Ist das Zwangsgeld nach Maßgabe des § 133 festgesetzt, so kann die Beschwerde nicht darauf gestützt werden, daß die Verfügung, durch welche das Zwangsgeld angedroht worden ist, nicht gerechtfertigt gewesen sei.

§ 140 [Unzulässige Firmenführung]

Soll nach § 37 Abs. 1 des Handelsgesetzbuchs gegen eine Person eingeschritten werden, die eine ihr nicht zustehende Firma gebraucht, so finden die Vorschriften der §§ 132 bis 139 mit der Maßgabe Anwendung, daß

1. in der nach § 132 zu erlassenden Verfügung dem Beteiligten unter Androhung eines Ordnungsgeldes aufgegeben wird, sich des Gebrauchs der Firma zu enthalten oder binnen bestimmter Frist den Gebrauch der Firma mittels Einspruchs gegen die Verfügung zu rechtfertigen;
2. das Ordnungsgeld festgesetzt wird, falls kein Einspruch erhoben oder der erhobene Einspruch rechtskräftig verworfen ist und der Beteiligte nach der Bekanntmachung der Verfügung dieser zuwidergehandelt hat.

§ 141 [Löschung einer Firma]

(1) Soll nach § 31 Abs. 2 des Handelsgesetzbuchs das Erlöschen einer Firma von Amts wegen in das Handelsregister eingetragen werden, so hat das Registergericht den eingetragenen Inhaber der Firma oder dessen Rechtsnachfolger von der beabsichtigten Löschung zu benachrichtigen und ihm zugleich eine angemessene Frist zur Geltendmachung eines Widerspruchs zu bestimmen. Die Frist darf nicht weniger als drei Monate betragen.

(2) Sind die bezeichneten Personen oder deren Aufenthalt nicht bekannt, so erfolgt die Benachrichtigung und die Bestimmung der Frist durch Einrückung in diejenigen Blätter, welche für die Bekanntmachungen der Eintragungen in das Handelsregister bestimmt sind. Es kann angeordnet werden, daß die Bekanntmachung noch in andere Blätter eingerückt wird.

(3) Wird Widerspruch erhoben, so entscheidet über ihn das Gericht. Gegen die den Widerspruch zurückweisende Verfügung findet die sofortige Beschwerde statt.

(4) Die Löschung darf nur erfolgen, wenn Widerspruch nicht erhoben oder wenn die den Widerspruch zurückweisende Verfügung rechtskräftig geworden ist.

§ 142 [Löschung unzulässiger Eintragungen]

(1) Ist eine Eintragung in das Handelsregister bewirkt, obgleich sie wegen Mangels einer wesentlichen Voraussetzung unzulässig war, so kann das Registergericht sie von Amts wegen löschen. Die Löschung geschieht durch Eintragung eines Vermerkes.

(2) Das Gericht hat den Beteiligten von der beabsichtigten Löschung zu benachrichtigen und ihm zugleich eine angemessene Frist zur Geltendmachung eines Widerspruchs zu bestimmen.

(3) Auf das weitere Verfahren finden die Vorschriften des § 141 Abs. 3, 4 Anwendung.

§ 143 [Löschung auf Verfügung des Landgerichts]

(1) Die Löschung einer Eintragung kann gemäß den Vorschriften des § 142 auch von dem Landgericht verfügt werden, welches dem Registergericht im Instanzenzug vorgeordnet ist. Die Vorschrift des § 30 Abs. 1 Satz 2 findet Anwendung.

(2) Gegen die einen Widerspruch zurückweisende Verfügung des Landgerichts findet die sofortige Beschwerde an das Oberlandesgericht mit der Maßnahme statt, daß die Vorschriften des § 28 Abs. 2, 3 zur entsprechenden Anwendung kommen. Die weitere Beschwerde ist ausgeschlossen.

§ 144 [Löschung nichtiger Gesellschaften und Beschlüsse]

(1) Eine in das Handelsregister eingetragene Aktiengesellschaft oder Kommanditgesellschaft auf Aktien kann nach den §§ 142, 143 als nichtig gelöscht werden, wenn die Voraussetzungen vorliegen, unter denen nach den §§ 275, 276 des Aktiengesetzes die Klage auf Nichtigerklärung erhoben werden kann. Das gleiche gilt für eine in das Handelsregister eingetragene Gesellschaft mit beschränkter Haftung, wenn die Voraussetzungen vorliegen, unter denen nach den §§ 75, 76 des Gesetzes, betreffend die Gesellschaften mit beschränkter Haftung, die Nichtigkeitsklage erhoben werden kann.

(2) Ein in das Handelsregister eingetragener Beschluß der Hauptversammlung oder Versammlung der Gesellschafter einer der im Absatz 1 bezeichneten Gesellschaften kann gemäß den Vorschriften der §§ 142, 143 als nichtig gelöscht werden, wenn er durch seinen Inhalt zwingende Vorschriften des Gesetzes verletzt und seine Beseitigung im öffentlichen Interesse erforderlich erscheint.

(3) In den Fällen der Absätze 1, 2 soll die nach § 142 Abs. 2 zu bestimmende Frist mindestens drei Monate betragen.

§ 144 a [Aufforderung zur Behebung von Satzungsmängeln]

(1) Enthält die Satzung einer in das Handelsregister eingetragenen Aktiengesellschaft oder einer Kommanditgesellschaft auf Aktien eine der nach § 23 Abs. 3 Nr. 1, 4, 5 oder 6 des Aktiengesetzes wesentlichen Bestimmungen nicht oder ist eine dieser Bestimmungen oder die Bestimmung nach § 23 Abs. 3 Nr. 3 des Aktiengesetzes nichtig, so hat das Registergericht die Gesellschaft aufzufordern, innerhalb einer bestimmten Frist eine Satzungsänderung, die den Mangel der Satzung behebt, zur Eintragung in das Handelsregister anzumelden oder die Unterlassung durch Widerspruch gegen die Verfügung zu rechtfertigen. Das Gericht hat in der Verfügung darauf hinzuweisen, daß ein nicht behobener Mangel nach Absatz 2 festzustellen ist und daß die Gesellschaft dadurch nach § 262 Abs. 1 Nr. 5, § 289 Abs. 2 Nr. 2 des Aktiengesetzes aufgelöst wird.

(2) Wird innerhalb der nach Absatz 1 bestimmten Frist weder der Aufforderung genügt noch Widerspruch erhoben oder ist ein Widerspruch zurückgewiesen worden, so hat das Gericht den Mangel der Satzung festzustellen. Die Feststellung kann mit der Zurückweisung des Widerspruchs verbunden werden.

(3) Gegen Verfügungen, durch welche eine Feststellung nach Absatz 2 getroffen oder ein Widerspruch zurückgewiesen wird, findet die sofortige Beschwerde statt.

(4) Diese Vorschriften gelten sinngemäß, wenn der Gesellschaftsvertrag einer in das Handelsregister eingetragenen Gesellschaft mit beschränkter Haftung eine der nach § 3 Abs. 1 Nr. 1 oder 4 des Gesetzes betreffend die Gesellschaften mit beschränkter Haftung wesentlichen Bestimmungen nicht enthält oder eine dieser Bestimmungen oder die Bestimmung nach § 3 Abs. 1 Nr. 3 des Gesetzes betreffend die Gesellschaften mit beschränkter Haftung nichtig ist.

§ 144 b [Nichteinhaltung von Verpflichtungen]

Kommt der Gesellschafter einer Gesellschaft mit beschränkter Haftung einer der Verpflichtungen nach § 19 Abs. 4 des Gesetzes betreffend die Gesellschaften mit beschränkter

Haftung nicht fristgemäß nach, so hat das Registergericht den Gesellschafter aufzufordern, dies innerhalb einer bestimmten Frist nachzuholen oder die Unterlassung durch Widerspruch gegen die Verfügung zu rechtfertigen. Das Gericht hat in der Verfügung darauf hinzuweisen, daß die Nichteinhaltung der genannten Verpflichtungen festzustellen ist und daß die Gesellschaft dadurch nach § 60 Abs. 1 Nr. 5 des Gesetzes betreffend die Gesellschaften mit beschränkter Haftung aufgelöst wird. Im übrigen gilt § 144 a Abs. 2 und 3 sinngemäß.

§ 145 [Sachliche Zuständigkeit]

(1) Die Amtsgerichte sind zuständig für die nach § 146 Abs. 2, §§ 147, 157 Abs. 2, § 166 Abs. 3, § 233 Abs. 3, § 318 Abs. 3 bis 5, §§ 522, 590, 729 Abs. 1, § 884 Nr. 4 des Handelsgesetzbuchs, die nach § 33 Abs. 3, §§ 35, 73 Abs. 1, §§ 85, 103 Abs. 3, §§ 104, 122 Abs. 3, § 142 Abs. 2 bis 6, § 147 Abs. 3, § 258 Abs. 1, § 265 Abs. 3 und 4, § 270 Abs. 3, § 273 Abs. 2 bis 4, § 315 des Aktiengesetzes, die nach § 26 Abs. 1 und 4, § 206 Satz 2 und 3 des Umwandlungsgesetzes, die nach § 71 Abs. 3 des Gesetzes betreffend die Gesellschaften mit beschränkter Haftung, die nach § 2 Abs. 3, § 12 Abs. 3 des Gesetzes über die Rechnungslegung von bestimmten Unternehmen und Konzernen, die nach § 11 Abs. 3 des Montan-Mitbestimmungsgesetzes und die nach § 2 b Abs. 2 Satz 4 bis 7, § 45 a Abs. 2 Satz 1, 3, 4 und 6, § 46 a Abs. 2 Satz 1, Abs. 4 und 5 des Gesetzes über das Kreditwesen sowie nach § 104 Abs. 2 Satz 5 bis 8 des Versicherungsaufsichtsgesetzes vom Gericht zu erledigenden Angelegenheiten.

(2) Ist die Führung des Handelsregisters für mehrere Amtsgerichtsbezirke einem Amtsgericht übertragen worden, so gehören zur Zuständigkeit dieses Amtsgerichts auch die im Absatz 1 bezeichneten Angelegenheiten, mit Ausnahme derjenigen Geschäfte, welche den Gerichten nach § 522, §§ 590, 685, § 729 Abs. 1, § 884 Nr. 4 des Handelsgesetzbuchs obliegen.

§ 145 a [Zuständigkeitszuweisung durch Landesregelungen]

Die Landesregierungen werden ermächtigt, durch Rechtsverordnung die Geschäfte der Verklarung nach § 522 des Handelsgesetzbuchs und der Beweisaufnahme nach § 11 des Gesetzes betreffend die privatrechtlichen Verhältnisse der Binnenschiffahrt einem Amtsgericht für die Bezirke mehrerer Amtsgerichte zuzuweisen, wenn dies einer sachlichen Förderung oder schnelleren Erledigung der Verfahren dient. Die Landesregierungen können die Ermächtigung auf die Landesjustizverwaltungen übertragen.

§ 146 [Anhörung des Antragsgegners – Anfechtung]

(1) Soweit in den im § 145 bezeichneten Angelegenheiten ein Gegner des Antragstellers vorhanden ist, hat ihn das Gericht, wenn tunlich, zu hören.

(2) Gegen die Verfügung, durch welche über den Antrag entschieden wird, findet die sofortige Beschwerde statt. Die Vorschriften des Aktiengesetzes und des Gesetzes über die Rechnungslegung von bestimmten Unternehmen und Konzernen vom 15. August 1969 (BGBl. I S. 1189) über die Beschwerde bleiben unberührt.

(3) Eine Anfechtung der Verfügung, durch welche einem nach § 522, §§ 685, 729 Abs. 1 und § 884 Nr. 4 des Handelsgesetzbuchs gestellten Antrage stattgegeben wird, ist ausgeschlossen.

§ 147 [Genossenschaftsregister]

(1) Die Vorschriften der §§ 127 bis 131[1], 142, 143 finden auf die Eintragungen in das Genossenschaftsregister entsprechende Anwendung.

(2) Eine in das Genossenschaftsregister eingetragene Genossenschaft kann gemäß den Vorschriften der §§ 142, 143 als nichtig gelöscht werden, wenn die Voraussetzungen vorliegen, unter denen nach den §§ 94, 95 des Gesetzes, betreffend die Erwerbs- und Wirtschaftsgenossenschaften, die Nichtigkeitsklage erhoben werden kann.

(3) Ein in das Genossenschaftsregister eingetragener Beschluß der Generalversammlung einer Genossenschaft kann gemäß den Vorschriften der §§ 142, 143 als nichtig gelöscht werden, wenn er durch seinen Inhalt zwingende Vorschriften des Gesetzes verletzt und seine Beseitigung im öffentlichen Interesse erforderlich erscheint.

(4) In den Fällen der Absätze 2, 3 soll die nach § 142 Abs. 2 zu bestimmende Frist mindestens drei Monate betragen.

§ 148 [Genossenschaften – GmbH – Binnenschiffahrt – Flößerei]

(1) Die Vorschriften des § 146 Abs. 1, 2 finden auf die nach § 45 Abs. 3, § 61[2] § 83 Abs. 3, 4, § 93 des Gesetzes, betreffend die Erwerbs- und Wirtschaftsgenossenschaften, und nach § 66 Abs. 2, 3, § 74 Abs. 2 und 3 des Gesetzes, betreffend die Gesellschaften mit beschränkter Haftung, von dem Registergericht zu erledigenden Angelegenheiten Anwendung.

(2) Gegen die Verfügung durch welche der im § 11 des Gesetzes, betreffend die privatrechtlichen Verhältnisse der Binnenschiffahrt, oder der im § 8 des Gesetzes, betreffend die privatrechtlichen Verhältnisse der Flößerei, bezeichnete Antrag auf Beweisaufnahme oder der im § 87 Abs. 2 des ersteren Gesetzes bezeichnete Antrag auf Bestellung eines Dispacheurs zurückgewiesen wird, findet die sofortige Beschwerde statt. Eine Anfechtung der Verfügung, durch welche einem solchen Antrage stattgegeben wird, ist ausgeschlossen.

§ 149 [Örtliche Zuständigkeit bei Aufmachung der Dispache]

Für die Verrichtungen, welche den Gerichten in Ansehung der nach dem Handelsgesetzbuch oder nach dem Gesetze, betreffend die privatrechtlichen Verhältnisse der Binnenschiffahrt, aufzumachenden Dispache obliegen, ist das Amtsgericht des Ortes zuständig, an welchem die Verteilung der Havereischäden zu erfolgen hat. § 145 a gilt entsprechend.

§ 150 [Entscheidung über Verpflichtung des Dispacheurs]

Lehnt der Dispacheur den Auftrag eines Beteiligten zur Aufmachung der Dispache aus dem Grunde ab, weil ein Fall der großen Haverei nicht vorliege, so entscheidet über die Verpflichtung des Dispacheurs auf Antrag des Beteiligten das Gericht. Gegen die Verfügung findet die sofortige Beschwerde statt.

§ 151 [Aushändigung der Schriftstücke an Dispacheur]

Auf Antrag des Dispacheurs kann das Gericht einem Beteiligten unter Androhung von Zwangsgeld aufgeben, dem Dispacheur die in seinem Besitze befindlichen Schriftstücke, zu deren Mitteilung er gesetzlich verpflichtet ist, auszuhändigen.

1) § 131 aufgehoben.
2) § 61 a. F. aufgehoben.

§ 152 [Pflichten des Dispacheurs]

Der Dispacheur ist verpflichtet, jedem Beteiligten Einsicht in die Dispache zu gewähren und ihm auf Verlangen eine Abschrift gegen Erstattung der Kosten zu erteilen. Das gleiche gilt, wenn die Dispache nach dem Gesetz, betreffend die privatrechtlichen Verhältnisse der Binnenschiffahrt, von dem Schiffer aufgemacht worden ist, für diesen.

§ 153 [Verhandlung über die Dispache]

(1) Jeder Beteiligte ist befugt, bei dem Gericht eine Verhandlung über die von dem Dispacheur aufgemachte Dispache zu beantragen. In dem Antrage sind diejenigen Beteiligten zu bezeichnen, welche zu dem Verfahren zugezogen werden sollen.

(2) Wird ein Antrag auf gerichtliche Verhandlung gestellt, so hat das Gericht die Dispache und deren Unterlagen von dem Dispacheur einzuziehen und, wenn nicht offensichtlich die Voraussetzungen der großen Haverei fehlen, den Antragsteller sowie die von ihm bezeichneten Beteiligten zu einem Termin zu laden. Mehrere Anträge können von dem Gerichte zum Zwecke der gleichzeitigen Verhandlung verbunden werden.

(3) Die Ladung muß den Hinweis darauf enthalten, daß, wenn der Geladene weder in dem Termin erscheine noch vorher Widerspruch gegen die Dispache bei dem Gericht anmelde, sein Einverständnis mit der Dispache angenommen werden würde. In der Ladung ist zu bemerken, daß die Dispache und deren Unterlagen auf der Geschäftsstelle eingesehen werden können.

(4) Die Frist zwischen der Ladung und dem Termin muß wenigstens zwei Wochen betragen.

§ 154 [Vervollständigung der Unterlagen]

Erachtet das Gericht eine Vervollständigung der Unterlagen der Dispache für notwendig, so hat es die Beibringung der erforderlichen Belege anzuordnen. Die Vorschriften des § 151 finden entsprechende Anwendung.

§ 155 [Verhandlungstermin – Bestätigung – Widerspruch]

(1) In dem Termin ist mit den Erschienenen über die Dispache zu verhandeln.

(2) Wird ein Widerspruch gegen die Dispache nicht erhoben und ist ein solcher auch vorher nicht angemeldet, so hat das Gericht die Dispache gegenüber den an dem Verfahren Beteiligten zu bestätigen.

(3) Liegt ein Widerspruch vor, so haben sich die Beteiligten, deren Rechte durch ihn betroffen werden, zu erklären. Wird der Widerspruch als begründet anerkannt oder kommt anderweit eine Einigung zustande, so ist die Dispache demgemäß zu berichtigen. Erledigt sich der Widerspruch nicht, so ist die Dispache insoweit zu bestätigen, als sie durch den Widerspruch nicht berührt wird.

(4) Werden durch den Widerspruch die Rechte eines in dem Termin nicht erschienenen Beteiligten betroffen, so wird angenommen, daß dieser den Widerspruch nicht als begründet anerkenne.

§ 156 [Verfolgung des Widerspruchs durch Klageerhebung]

(1) Soweit ein Widerspruch nicht gemäß § 155 Abs. 3 erledigt wird, hat ihn der Widersprechende durch Erhebung der Klage gegen diejenigen an dem Verfahren Beteiligten, deren Rechte durch den Widerspruch betroffen werden, zu verfolgen. Die das Verteilungsverfahren betreffenden Vorschriften der §§ 878, 879 der Zivilprozeßordnung finden mit der Maßgabe entsprechende Anwendung, daß das Gericht einem Beteiligten auf seinen Antrag, wenn erhebliche Gründe glaubhaft gemacht werden, die Frist zur Erhebung der Klage verlängern kann und daß an die Stelle der Ausführung des Verteilungsplans die Bestätigung der Dispache tritt.

(2) Ist der Widerspruch durch rechtskräftiges Urteil oder in anderer Weise erledigt, so wird die Dispache bestätigt, nachdem sie erforderlichen Falles von dem Amtsgericht nach Maßgabe der Erledigung der Einwendungen berichtigt ist.

§ 157 [Sofortige Beschwerde]

(1) Gegen die Verfügung, durch welche ein nach § 153 gestellter Antrag auf gerichtliche Verhandlung zurückgewiesen oder über die Bestätigung der Dispache entschieden wird, findet die sofortige Beschwerde statt.

(2) Einwendungen gegen die Dispache, welche mittels Widerspruchs geltend zu machen sind, können nicht im Wege der Beschwerde geltend gemacht werden.

§ 158 [Wirksamkeit der Bestätigung der Dispache – Vollstreckung]

(1) Die Bestätigung der Dispache ist nur für das gegenseitige Verhältnis der an dem Verfahren Beteiligten wirksam.

(2) Aus der rechtskräftig bestätigten Dispache findet die Zwangsvollstreckung nach den Vorschriften der Zivilprozeßordnung statt.

(3) Für Klagen auf Erteilung der Vollstreckungsklausel sowie für Klagen, durch welche Einwendungen gegen die in der Dispache festgestellten Ansprüche geltend gemacht werden oder die bei der Erteilung der Vollstreckungsklausel als eingetreten angenommene Rechtsnachfolge bestritten wird, ist das Amtsgericht zuständig, welches die Dispache bestätigt hat. Gehört der Anspruch nicht vor die Amtsgerichte, so sind die Klagen bei dem zuständigen Landgericht zu erheben.

Achter Abschnitt

Vereinssachen. Partnerschaftssachen. Güterrechtsregister

§ 159 [Vereinsregister]

Auf die Eintragungen in das Vereinsregister finden die Vorschriften der §§ 127 bis 130, 142, 143, auf das Verfahren bei der Verhängung von Zwangsgeld gegen Mitglieder des Vorstandes oder Liquidatoren eines eingetragenen Vereins finden die Vorschriften der §§ 127, 132 bis 139 entsprechende Anwendung.

§ 160 [Anhörung des Vorstands]

Im Falle des § 37 des Bürgerlichen Gesetzbuchs soll das Gericht vor der Verfügung, durch welche über das Verlangen, eine Mitgliederversammlung zu berufen, entschieden wird, soweit tunlich den Vorstand des Vereins hören. Gegen die Verfügung findet die sofortige Beschwerde statt.

§ 160 a [Sofortige Beschwerde]

(1) Gegen die Verfügung, durch welche die Anmeldung eines Vereins oder einer Satzungsänderung zur Eintragung in das Vereinsregister zurückgewiesen wird, findet die sofortige Beschwerde statt.

(2) Die Verfügung, durch die dem Verein die Rechtsfähigkeit auf Grund des § 73 des Bürgerlichen Gesetzbuchs entzogen wird, ist dem Vorstand bekanntzumachen. Gegen sie findet die sofortige Beschwerde statt. Die Verfügung wird erst mit der Rechtskraft wirksam.

§ 160 b [Partnerschaftssachen]

(1) Für die Führung des Partnerschaftsregisters sind die Amtsgerichte zuständig. Auf das Partnerschaftsregister finden § 125 Abs. 2 bis 5, § 125 a und die §§ 127 bis 130, auf das Einschreiten des Registergerichts die §§ 132 bis 140 und auf Löschungen die §§ 141 bis 143 entsprechende Anwendung. § 126 findet mit der Maßgabe Anwendung, daß an die Stelle der Organe des Handelsstandes die Organe des Bundesstandes treten.

(2) Die Amtsgerichte sind ferner zuständig für die nach § 10 Abs. 1 des Partnerschaftsgesellschaftsgesetzes vom 25. Juli 1994 (BGBl. I S. 1744) in Verbindung mit § 146 Abs. 2, §§ 147, 157 Abs. 2 des Handelsgesetzbuchs vom Gericht zu erledigenden Angelegenheiten. Für das Verfahren ist § 146 Abs. 1, Abs. 2 Satz 1 entsprechend anzuwenden.

§ 161 [Güterrechtsregister]

(1) Auf die Eintragungen in das Güterrechtsregister finden die Vorschriften der §§ 127 bis 130, 142, 143 entsprechende Anwendung.

(2) Von einer Eintragung sollen in allen Fällen beide Ehegatten benachrichtigt werden.

§ 162 [Bescheinigung]

Das Amtsgericht hat auf Verlangen eine Bescheinigung darüber zu erteilen, daß bezüglich des Gegenstandes einer Eintragung weitere Eintragungen in das Vereins- oder Güterrechtsregister nicht vorhanden sind oder daß eine bestimmte Eintragung in das Register nicht erfolgt ist.

Neunter Abschnitt

Eidesstattliche Versicherung
Untersuchung und Verwahrung von Sachen
Pfandverkauf

§ 163 [Eidesstattliche Versicherung]

Ist in den Fällen der §§ 259, 260, 2028, 2057 des Bürgerlichen Gesetzbuchs die eidesstattliche Versicherung nicht vor dem Vollstreckungsgericht abzugeben, so finden die Vorschriften des § 79 entsprechende Anwendung.

§ 164 [Feststellung durch Sachverständige]

(1) In den Fällen, in denen nach den Vorschriften des bürgerlichen Rechtes jemand den Zustand oder den Wert einer Sache durch Sachverständige feststellen lassen kann, ist für die Ernennung, Beeidigung und Vernehmung der Sachverständigen das Amtsgericht zuständig, in dessen Bezirk sich die Sache befindet. Durch eine ausdrückliche Vereinbarung der Beteiligten kann die Zuständigkeit eines anderen Amtsgerichts begründet werden.

(2) Eine Anfechtung der Verfügung, durch welche dem Antrage stattgegeben wird, ist ausgeschlossen.

(3) Bei dem Verfahren ist der Gegner soweit tunlich zu hören.

§ 165 [Bestellung des Verwahrers]

(1) In den Fällen der §§ 432, 1217, 1281, 2039 des Bürgerlichen Gesetzbuchs ist für die Bestellung des Verwahrers das Amtsgericht zuständig, in dessen Bezirk sich die Sache befindet.

(2) Über eine von dem Verbraucher beanspruchte Vergütung entscheidet das Amtsgericht.

(3) Vor der Bestellung des Verwahrers und vor der Entscheidung über die Vergütung sind die Beteiligten soweit tunlich zu hören.

§ 166 [Pfandverkauf]

(1) Im Falle des § 1246 Abs. 2 des Bürgerlichen Gesetzbuchs ist für die Entscheidung des Gerichts das Amtsgericht des Ortes zuständig, an welchem das Pfand aufbewahrt wird.

(2) Vor der Entscheidung sind die Beteiligten soweit tunlich zu hören.

Zehnter Abschnitt

Gerichtliche und notarielle Urkunden

§§ 167 bis **184** **(aufgehoben)**

Elfter Abschnitt

Schlußbestimmungen

§ 185 [Inkrafttreten]

(1) Dieses Gesetz tritt gleichzeitig mit dem Bürgerlichen Gesetzbuch in Kraft.

(2) Die Artikel 1 Abs. 2, Artikel 2, 50 des Einführungsgesetzes zum Bürgerlichen Gesetzbuche finden entsprechende Anwendung.

§§ 186 bis **188** **(entfallen)**

§ 189 [Landesrechtliche Vorbehalte]

Soweit im Einführungsgesetze zum Bürgerlichen Gesetzbuche zugunsten der Landesgesetze Vorbehalte gemacht sind, gelten sie auch für die Vorschriften der Landesgesetze über diejenigen Angelegenheiten der freiwilligen Gerichtsbarkeit, welche Gegenstand dieses Gesetzes sind; ...[1)]

§§ 190 und **191** **(aufgehoben)**

§ 192 [Landesrechtliche Vorschriften betreffend Nachlaßauseinandersetzung]

Unberührt bleiben die landesgesetzlichen Vorschriften, nach welchen, wenn die Auseinandersetzung in Ansehung eines Nachlasses nicht binnen einer bestimmten Frist bewirkt ist, das Nachlaßgericht die Auseinandersetzung von Amts wegen zu vermitteln hat; auf die Auseinandersetzung finden die Vorschriften der §§ 88 bis 98 Anwendung.

§ 193 [Landesrechtliche Vorschriften betreffend eheliche Gütergemeinschaft]

Unberührt bleiben die landesgesetzlichen Vorschriften, nach welchen für die gemäß § 99 den Amtsgerichten obliegenden Verrichtungen andere als gerichtliche Behörden zuständig sind, sowie die landesgesetzlichen Vorschriften, nach welchen in den Fällen der §§ 86, 99 an Stelle der Gerichte oder neben diesen die Notare die Auseinandersetzung zu vermitteln haben.

§ 194 [Nach Landesrecht zuständige nicht gerichtliche Behörden]

(1) Sind für die im § 1 bezeichneten Angelegenheiten nach Landesgesetz andere als gerichtliche Behörden zuständig, so gelten die in dem ersten Abschnitt für die Gerichte gegebenen Vorschriften auch für die anderen Behörden.

1) 2. Halbsatz gegenstandslos.

(2) Als gemeinschaftliches oberes Gericht im Sinne der §§ 5, 46 gilt dasjenige Gericht, welches das gemeinschaftliche obere Gericht für die Amtsgerichte ist, in deren Bezirk die Behörden ihren Sitz haben. Durch Landesgesetz kann jedoch bestimmt werden, daß wenn die Behörden in dem Bezirk desselben Amtsgerichts ihren Sitz haben, dieses als gemeinschaftliches oberes Gericht zuständig ist.
(3) Die Vorschriften des § 8 über die Sitzungspolizei und über die Beratung und Abstimmung sowie die Vorschriften, der §§ 6, 10, 11, des § 16 Abs. 2 und des § 31 finden keine Anwendung.
(4) Durch die Vorschrift des Absatzes 1 wird die Verpflichtung der gerichtlichen Behörden, gemäß § 2 Rechtshilfe zu leisten, nicht berührt.

§ 195 [Abänderung einer behördlichen Entscheidung durch Amtsgericht]

(1) Durch die Gesetzgebung eines Bundesstaats, in dem für die dem Vormundschaftsgericht oder dem Nachlaßgericht obliegenden Verrichtungen andere Behörden als die Amtsgerichte zuständig sind, kann bestimmt werden, daß die Abänderung einer Entscheidung einer solchen Behörde bei dem Amtsgericht nachzusuchen ist, in dessen Bezirk die Behörde ihren Sitz hat. In diesem Falle finden auf das Verfahren die Vorschriften der §§ 20 bis 25 entsprechende Anwendung.
(2) Die Beschwerde findet gegen die Entscheidung des Amtsgerichts statt.

§ 196 (aufgehoben)

§ 197 (gegenstandslos)

§ 198 (aufgehoben)

§ 199 [Oberstes Landesgericht als Beschwerdeinstanz]

(1) Durch die Gesetzgebung eines Bundesstaats, in dem mehrere Oberlandesgerichte errichtet sind, kann die Entscheidung über das Rechtsmittel der weiteren Beschwerde einem der mehreren Oberlandesgerichte oder an Stelle eines solchen Oberlandesgerichts dem obersten Landesgericht zugewiesen werden.
(2) Das Gericht, dem nach Absatz 1 die Entscheidung zugewiesen wird, tritt zugleich für die Beschwerde gegen eine Verfügung des Landesgerichts an die Stelle des nach § 143 Abs. 2 zuständigen Oberlandesgerichts. Auch gilt es im Sinne der §§ 5, 46 als gemeinschaftliches oberes Gericht für alle Gerichte des Landes; es tritt ferner in diesen Fällen an die Stelle des Oberlandesgerichts, das die Zuständigkeit zu bestimmen oder über die Übernahme zu entscheiden hat, ohne gemeinschaftliches oberes Gericht zu sein.

§ 200 [Landesgesetzliche Ergänzungs- und Ausführungsvorschriften]

(1) Durch Landesgesetz können Vorschriften zur Ergänzung und Ausführung dieses Gesetzes, mit Einschluß der erforderlichen Übergangsvorschriften, auch insoweit erlassen werden, als dieses Gesetz Vorbehalte für die Landesgesetzgebung nicht enthält.
(2) (aufgehoben)

Hinterlegungsordnung

Vom 10. März 1937 (RGBl. I S. 285)
(BGBl. III 300-15)

Änderungen seit 1. 1. 1964

Paragraph	Art der Änderung	Geändert durch	Datum	Fundstelle BGBl.
3	geändert	Rechtspflegergesetz	5.11.1969	I S. 2065
2, 32	aufgehoben			
26	geändert	Gesetz zur Änderung des Gerichtskostengesetzes, des Gesetzes über Kosten der Gerichtsvollzieher, der Bundesgebührenordnung für Rechtsanwälte und anderer Vorschriften	20. 8.1975	I S. 2189
24 bis 26	aufgehoben	Gesetz zur Änderung der Bundesgebührenordnung für Rechtsanwälte	20. 8.1990	I S. 1765

Die Reichsregierung hat das folgende Gesetz beschlossen, das hiermit verkündet wird:

Erster Abschnitt Allgemeine Bestimmungen

§ 1 [Hinterlegungsstellen und Hinterlegungskassen]

(1) Die Hinterlegungsgeschäfte werden von Hinterlegungsstellen und Hinterlegungskassen wahrgenommen.

(2) Die Aufgaben der Hinterlegungsstellen werden den Amtsgerichten übertragen.

(3) Die Aufgaben der Hinterlegungskassen werden den Kassen der Justizverwaltung übertragen.

§ 2 (aufgehoben)

§ 3 [Beschwerde gegen Entscheidungen der Hinterlegungsstellen]

(1) Beschwerden gegen die Entscheidungen der Hinterlegungsstellen werden im Aufsichtsweg erledigt.

(2) Gegen die Entscheidung des Land- oder Amtsgerichtspräsidenten ist der Antrag auf gerichtliche Entscheidung nach § 23 des Einführungsgesetzes zum Gerichtsverfassungsgesetz zulässig.

(3) Ist durch die Entscheidung des Landgerichtspräsidenten (Amtsgerichtspräsidenten) ein Antrag auf Herausgabe abgelehnt worden, so ist für eine Klage auf Herausgabe gegen das Land der ordentliche Rechtsweg gegeben. Für die Klage ist ohne Rücksicht auf den Wert des Streitgegenstandes das Landgericht zuständig.

§ 4 [Abgabe an eine andere Hinterlegungsstelle]

Die Hinterlegungsstelle kann eine bei ihr anhängige Sache aus wichtigen Gründen an eine andere Hinterlegungsstelle abgeben, wenn diese zur Übernahme bereit ist. Einigen sich die Stellen nicht, so entscheidet die gemeinschaftliche Aufsichtsbehörde.

Zweiter Abschnitt

Annahme

§ 5 [Hinterlegungsfähige Gegenstände]

Zur Hinterlegung werden Geld, Wertpapiere und sonstige Urkunden sowie Kostbarkeiten angenommen.

§ 6 [Annahme zur Hinterlegung]

Die Annahme zur Hinterlegung bedarf einer Verfügung der Hinterlegungsstelle.
Die Verfügung ergeht:

1. auf Antrag des Hinterlegers, wenn er die Tatsachen angibt, welche die Hinterlegung rechtfertigen, oder wenn er nachweist, daß er durch Entscheidung oder Anordnung der zuständigen Behörde zur Hinterlegung für berechtigt oder verpflichtet erklärt ist,
2. auf Ersuchen der zuständigen Behörde.

Dritter Abschnitt

Verwaltung der Hinterlegungsmasse

§ 7 [Zahlungsmittel]

(1) Gesetzliche und gesetzlich zugelassene Zahlungsmittel gehen in das Eigentum des Reichs über.

(2) Andere Zahlungsmittel werden unverändert aufbewahrt. Sie können mit Zustimmung der Beteiligten in gesetzliche oder gesetzlich zugelassene Zahlungsmittel umgewechselt werden. Der Reinerlös geht in das Eigentum des Reichs über.

§ 8 [Verzinsung][1)]

Geld, das in das Eigentum des Reichs übergegangen ist, wird nach folgenden Bestimmungen verzinst:

1. Die Zinsen werden nach Kalendermonaten berechnet. Ihr Lauf beginnt mit dem ersten Tage des auf die Einzahlung folgenden Monats und endigt mit dem Ablauf des Monats, der dem Tage der Auszahlungsverfügung vorhergeht. Sie werden jeweils mit dem Ablauf des Kalenderjahrs oder, wenn das Geld vorher herausgegeben wird, mit der Herausgabe fällig.

---

1) Die Vorschrift wurde 1956 von den Ländern – außer vom Saarland – durch gleichlautende Gesetze neugefaßt. Sie lautet:

Geld, das in das Eigentum des Staates übergegangen ist, wird nach folgenden Bestimmungen verzinst:

1. Die Verzinsung beginnt drei Monate nach Ablauf des Monats, in dem der Betrag eingezahlt worden ist; sie endigt mit dem Ablauf des Monats, der dem Tage der Auszahlungsverfügung vorhergeht.
2. Der Zinssatz beträgt eins vom Tausend monatlich.
3. Die Zinsen werden jeweils mit dem Ablauf des Kalenderjahres oder, wenn das Geld vorher herausgegeben wird, mit der Herausgabe fällig.
4. Beträge unter 100 Deutsche Mark und Zinsen werden nicht verzinst. Beträge, die 100 Deutsche Mark übersteigen, werden bei der Zinsberechnung auf volle 100 Deutsche Mark nach unten abgerundet.

2. Den Zinssatz bestimmt der Reichsminister der Justiz.
3. Beträge unter 100 Deutsche Mark, Pfennigbeträge und Zinsen werden nicht verzinst.

§ 9 [Wertpapiere, Urkunden, Kostbarkeiten]

(1) Wertpapiere und sonstige Urkunden sowie Kostbarkeiten werden unverändert aufbewahrt.

(2) Die Hinterlegungsstelle ist berechtigt, durch einen Sachverständigen den Wert von Kostbarkeiten abschätzen oder ihre Beschaffenheit feststellen zu lassen. Die Kosten trägt der Hinterleger.

§ 10 [Geschäftsbesorgung während der Hinterlegung]

(1) Während der Hinterlegung werden folgende Geschäfte besorgt:
1. Die Einlösung von Wertpapieren, die ausgelost, gekündigt oder aus einem anderen Grunde fällig sind, sowie der Umtausch, die Abstempelung oder dergleichen bei Wertpapieren, die hierzu aufgerufen sind; ist die Einlösung neben anderen Möglichkeiten vorgesehen, so wird die Einlösung besorgt; ist ein Spitzenbetrag vorhanden, dessen Umtausch oder dergleichen nicht möglich ist, so kann die Hinterlegungsstelle seine bestmögliche Verwertung anordnen;
2. die Einlösung fälliger Zins- und Gewinnanteilscheine;
3. die Beschaffung von neuen Zins- und Gewinnanteilscheinen sowie von Erneuerungsscheinen dazu.

Ist die Besorgung eines Geschäfts nach Nummer 1 oder Nummer 2 bei ausländischen Wertpapieren mit unverhältnismäßigen Schwierigkeiten oder Kosten verbunden, so kann die Hinterlegungsstelle statt dessen die bestmögliche Verwertung anordnen.

(2) Die bezeichneten Geschäfte werden jedoch nur besorgt:
1. wenn die Notwendigkeit zu ihrer Vornahme aus dem Deutschen Reichsanzeiger oder der vom Reichsminister der Justiz bestimmten Verlosungstabelle hervorgeht oder
2. wenn die Notwendigkeit zu ihrer Vornahme aus den Wertpapieren selbst hervorgeht oder
3. wenn ein Beteiligter die Vornahme eines dieser Geschäfte beantragt und die Voraussetzungen für die Vornahme dargetan hat.

Die Hinterlegungsstelle kann gleichwohl anordnen, daß die Besorgung der Geschäfte unterbleibt, wenn besondere Bedenken entgegenstehen; in diesem Fall hat sie die Personen, die zur Zeit der Anordnung an der Hinterlegung beteiligt sind, hiervon alsbald zu benachrichtigen, soweit dies ohne unverhältnismäßige Schwierigkeiten möglich ist.

(3) Die Hinterlegungsstelle kann auf Antrag eines Beteiligten
1. eine von Absatz 1 abweichende Regelung treffen,
2. anordnen, daß bei Wertpapieren weitere Geschäfte besorgt werden, wenn ein besonderes Bedürfnis hierfür hervorgetreten ist,
3. anordnen, daß hinterlegtes Geld zum Ankauf von Wertpapieren verwendet wird.

Sie hat vorher die übrigen Beteiligten zu hören, soweit dies ohne unverhältnismäßige Schwierigkeiten möglich ist.

§ 11 [Anzeige an den Gläubiger]

Ist zur Befreiung eines Schuldners von seiner Verbindlichkeit hinterlegt, so soll die Hinterlegungsstelle den Schuldner unter Bezugnahme auf § 382 des Bürgerlichen Gesetzbuchs zu dem Nachweis auffordern, daß und wann der Gläubiger die in § 374 Abs. 2 des Bürgerlichen Gesetzbuchs vorgeschriebene Anzeige von der Hinterlegung empfangen hat. Führt der

Schuldner den Nachweis nicht innerhalb von drei Monaten nach der Aufforderung, so ist die Hinterlegungsstelle ermächtigt, in seinem Namen und auf seine Kosten dem Gläubiger die Anzeige zu machen; die Aufforderung muß einen Hinweis auf diese Rechtsfolge enthalten.

Vierter Abschnitt
Herausgabe

§ 12 [Herausgabeverfügung]

Die Herausgabe bedarf einer Verfügung der Hinterlegungsstelle.

§ 13 [Nachweis der Berechtigung des Empfängers]

(1) Die Verfügung ergeht auf Antrag, wenn die Berechtigung des Empfängers nachgewiesen ist.

(2) Der Nachweis ist namentlich als geführt anzusehen:

1. wenn die Beteiligten die Herausgabe an den Empfänger schriftlich oder zur Niederschrift der Hinterlegungsstelle, eines Gerichts oder eines Urkundsbeamten der Geschäftsstelle bewilligt oder seine Empfangsberechtigung in gleicher Weise anerkannt haben;
2. wenn die Berechtigung des Empfängers durch rechtskräftige Entscheidung mit Wirkung gegen die Beteiligten oder gegen das Reich festgestellt ist.

Aus einem nachher entstandenen Grunde kann auch in diesen Fällen die Berechtigung beanstandet werden.

§ 14 [Öffentlich beglaubigte Bescheinigung]

(1) Ist die für den Nachweis der Empfangsberechtigung wesentliche Erklärung eines Beteiligten schriftlich abgegeben, so kann die Hinterlegungsstelle verlangen, daß die Echtheit der Unterschrift durch eine zur Führung eines öffentlichen Siegels berechtigte Person unter Beidrückung ihres Siegels oder Stempels bescheinigt wird; sie kann auch verlangen, daß die Unterschrift öffentlich beglaubigt wird.

(2) Das gleiche gilt, wenn eine Vollmachtsurkunde eingereicht wird.

§ 15 [Herausgabeersuchen von Behörden]

(1) Die Verfügung ergeht ferner, wenn die zuständige Behörde um Herausgabe an sie selbst oder an eine von ihr bezeichnete Stelle oder Person ersucht. Geht das Ersuchen von einer obersten Reichsbehörde oder von einer ihr unmittelbar unterstellten höheren Reichsbehörde aus, so ist deren Zuständigkeit von der Hinterlegungsstelle nicht zu prüfen. Das gleiche gilt, wenn das Ersuchen von einem Gericht des Reichs ausgeht.

(2) Ergibt sich gegen die Berechtigung des Empfängers ein Bedenken, das die ersuchende Behörde nicht berücksichtigt hat, so ist es ihr mitzuteilen; die Verfügung ist auszusetzen. Hält die Behörde ihr Ersuchen gleichwohl aufrecht, so ist ihm stattzugeben.

§ 16 [Fristbestimmung zur Klageerhebung]

(1) Ist ein Antrag auf Herausgabe gestellt, so kann die Hinterlegungsstelle Beteiligten, welche die Herausgabe nicht bewilligt, auch die Empfangsberechtigung nicht anerkannt haben, eine Frist von mindestens zwei Wochen setzen, binnen deren sie ihr die Erhebung der Klage wegen ihrer Ansprüche nachzuweisen haben. Sie soll jedoch von dieser Möglichkeit nur Gebrauch machen, wenn es unbillig wäre, von dem Antragsteller weitere Nachweise zu verlangen.

(2) Die Bestimmung der Frist ist dem, der die Herausgabe beantragt hat, und den Personen, an die sie sich richtet, nach den Vorschriften der Zivilprozeßordnung über die Zustellung von Amts wegen bekanntzugeben. Sie unterliegt der Beschwerde, die binnen zwei Wochen seit dem Zeitpunkt der Zustellung bei der Hinterlegungsstelle oder dem Landgerichtspräsidenten (Amtsgerichtspräsidenten) einzulegen ist. Die Hinterlegungsstelle hat die Beschwerde dem Landgerichtspräsidenten (Amtsgerichtspräsidenten) vorzulegen; zu einer Änderung ihrer Entscheidung ist sie nicht befugt.

(3) Die Entscheidung des Landgerichtspräsidenten (Amtsgerichtspräsidenten) ist nach Absatz 2 Satz 1 bekanntzugeben. Eine weitere Beschwerde ist nicht zulässig.

(4) Eine verspätete Beschwerde kann, solange noch nicht herausgegeben ist, von dem Landgerichtspräsidenten (Amtsgerichtspräsidenten) zugelassen werden.

(5) Die Frist nach Absatz 1 beginnt mit der Rechtskraft der sie bestimmenden Verfügung. Nach Ablauf dieser Frist gilt die Herausgabe als bewilligt, wenn nicht inzwischen der Hinterlegungsstelle die Erhebung der Klage nachgewiesen ist.

§ 17 [Herausgabeort]

Das Reich ist nicht verpflichtet, die Hinterlegungsmasse an einem anderen Ort als dem Sitz der Hinterlegungsstelle herauszugeben.

§ 18 [Haftung nach der Herausgabe]

Nach der Herausgabe kann das Reich nur auf Grund der Vorschriften über die Haftung für Amtspflichtverletzungen der Justizbeamten in Anspruch genommen werden.

Fünfter Abschnitt
Erlöschen des Anspruchs auf Herausgabe

§ 19 [Erlöschen des Herausgabeanspruchs mit Ablauf von 31 Jahren]

(1) In den Fällen des § 382, des § 1171 Abs. 3 und des § 1269 Satz 3[1)] des Bürgerlichen Gesetzbuchs erlischt der Anspruch auf Herausgabe mit dem Ablauf von einunddreißig Jahren, wenn nicht zu diesem Zeitpunkt ein begründeter Antrag auf Herausgabe vorliegt.

(2) Die einunddreißigjährige Frist beginnt:

1. im Fall des § 382 mit dem Zeitpunkt, in dem der Gläubiger die Anzeige von der Hinterlegung empfangen hat, oder, falls die Anzeige untunlich war und deshalb unterblieben ist, mit der Hinterlegung;
2. in den Fällen des § 1171 Abs. 3 und des § 1269 Satz 3[1)] mit dem Erlaß des Urteils, durch das der Gläubiger mit seinem Recht ausgeschlossen ist; das Gericht hat das Ausschlußurteil der Hinterlegungsstelle mitzuteilen.

§ 20 [Erlöschen des Herausgabeanspruchs in bestimmten Fällen des ZVG]

In den Fällen des § 117 Abs. 2 und der §§ 120, 121, 124, 126 des Gesetzes über die Zwangsversteigerung und die Zwangsverwaltung erlischt der Anspruch auf Herausgabe mit dem Ablauf von einunddreißig Jahren, wenn nicht zu diesem Zeitpunkt ein begründeter Antrag auf Herausgabe vorliegt. Die Frist beginnt mit der Hinterlegung, in den Fällen der §§ 120, 121 mit dem Zeitpunkt, in dem die Bedingung eingetreten ist, unter der hinterlegt

---

1) § 1269 BGB außer Kraft getreten gemäß Verordnung vom 21. 12. 1940 (RGBl. I S. 1609); jetzt maßgebend die Vorschriften des Gesetzes über Rechte an eingetragenen Schiffen und Schiffsbauwerken vom 15. 11. 1940 (RGBl. I S. 1499).

ist. Kann der Eintritt der Bedingung nicht ermittelt werden, so beginnt die Frist mit dem Ablauf von zehn Jahren seit der Hinterlegung oder, wenn die Bedingung erst in einem späteren Zeitpunkt eintreten konnte, mit dem Ablauf von zehn Jahren seit diesem Zeitpunkt.

§ 21 [Erlöschen des Herausgabeanspruchs mit Ablauf von 30 Jahren]

(1) In den übrigen Fällen erlischt der Anspruch auf Herausgabe mit dem Ablauf von dreißig Jahren nach der Hinterlegung, wenn nicht zu diesem Zeitpunkt ein begründeter Antrag auf Herausgabe vorliegt.

(2) Bei Hinterlegungen auf Grund der §§ 1814, 1818 (§§ 1667, 1686,[1] 1915) des Bürgerlichen Gesetzbuchs müssen außerdem zwanzig Jahre seit dem Zeitpunkt abgelaufen sein, in dem die elterliche Gewalt, die Vormundschaft oder Pflegschaft beendigt ist. In den Fällen der Abwesenheitspflegschaft genügt der Ablauf der in Absatz 1 bestimmten Frist.

(3) Bei Hinterlegungen in Stiftungssachen sowie in Fideikommiß- und Fideikommißauflösungssachen[2] findet Absatz 1 keine Anwendung, solange der Reichsminister der Justiz nicht ein anderes bestimmt hat.[3] Dies gilt auch, soweit Lehen, Stammgüter und sonstige gebundene Vermögen im Sinne des Artikels 59 des Einführungsgesetzes zum Bürgerlichen Gesetzbuch sowie Hausgüter und Hausvermögen in Betracht kommen.

§ 22 [Neuer Fristbeginn]

Hat ein Beteiligter in den Fällen des § 21 innerhalb der Frist angezeigt und nachgewiesen, daß die Veranlassung zur Hinterlegung fortbesteht, so beginnt die Frist mit dem Zeitpunkt, in dem die Anzeige eingegangen ist, von neuem.

§ 23 [Verfall der Hinterlegungsmasse]

Mit dem Erlöschen des Anspruchs auf Herausgabe verfällt die Hinterlegungsmasse dem Reich.

Sechster Abschnitt
Kosten

§§ 24 bis 26 (aufgehoben)

Siebenter Abschnitt
Hinterlegung in besonderen Fällen

§ 27 [Hinterlegung von voraussichtlich längerer Dauer]

(1) Für die Hinterlegung von Wertpapieren in den Fällen der §§ 1082, 1392, 1525, 1550, 1667, 1686,[4] 1814, 1818, 1915, 2116 des Bürgerlichen Gesetzbuchs sind neben den Amtsgerichten auch die Staatsbanken Hinterlegungsstellen. Der Reichsminister der Justiz kann noch andere Kreditinstitute als Hinterlegungsstellen bestimmen.

(2) Auf die Hinterlegung bei einer Staatsbank oder einem anderen Kreditinstitut ist dieses Gesetz nicht anzuwenden.

---

1) § 1686 a. F. BGB weggefallen durch Ersetzung der §§ 1626–1698 BGB gemäß Artikel 1 Nr. 22 des Gleichberechtigungsgesetzes vom 18. 6. 1957 (BGBl. I S. 609).

2) Fideikommisse und sonstige gebundene Vermögen sind erloschen.

3) Der folgende letzte Satz ist gegenstandslos wegen Erlöschen der Fideikommisse und sonstigen gebundenen Vermögen.

4) §§ 1392, 1525 und 1550 BGB sind weggefallen. Wegen § 1686 a. F. BGB siehe Fußnote 1).

§ 28 [Genehmigung der Herausgabe durch die Aufsichtsbehörde der Stiftung]

In Fällen, in denen Gegenstände, die zu dem Vermögen einer Stiftung gehören, auf Grund stiftungsrechtlicher Vorschriften oder Anordnungen hinterlegt sind, ist zur Herausgabe die Genehmigung der Aufsichtsbehörde der Stiftung erforderlich; zur Herausgabe von Erträgen bedarf es dieser Genehmigung nicht. Die Aufsichtsbehörde der Stiftung kann etwas anderes bestimmen.

§ 29 [Fideikommißbehörde][1]

(1) In den Fällen, in denen Vermögensgegenstände, die zu einem Familienfideikommiß gehören oder gehört haben, auf Grund fideikommißrechtlicher Vorschriften oder Anordnungen hinterlegt sind, ist zur Herausgabe die Genehmigung der Fideikommißbehörde erforderlich; zur Herausgabe von Erträgen bedarf es dieser Genehmigung nicht. Die Fideikommißbehörde kann etwas anderes bestimmen.

(2) Entsprechendes gilt, soweit Lehen, Stammgüter und sonstige gebundene Vermögen im Sinne des Artikels 59 des Einführungsgesetzes zum Bürgerlichen Gesetzbuch sowie Hausgüter und Hausvermögen in Betracht kommen.

§ 30 [Bundesbank und Staatsbanken als Hinterlegungsstellen]

(1) In den Fällen der §§ 28, 29 sind neben den Amtsgerichten die Reichsbank und die Staatsbanken Hinterlegungsstellen.

(2) Bei der Reichsbank oder einer Staatsbank kann auch dann hinterlegt werden, wenn nach den bisherigen stiftungs- oder fideikommißrechtlichen Vorschriften oder Anordnungen bei Gericht zu hinterlegen ist.

(3) Auf die Hinterlegung bei der Reichsbank oder einer Staatsbank ist dieses Gesetz mit Ausnahme der §§ 28, 29 nicht anzuwenden.

Achter Abschnitt

Übergangsbestimmungen

§ 31 [Abweichende Regelung]

Der Reichsminister der Justiz kann in besonderen Fällen eine von der Vorschrift des § 1 Abs. 3 abweichende Regelung treffen.

§ 32 (aufgehoben)

§ 33 [Als Hinterlegungsstellen bestellte Kreditinstitute]

Soweit andere Kreditinstitute als die Staatsbanken bei Inkrafttreten dieses Gesetzes als Hinterlegungsstellen für die Hinterlegung von Wertpapieren in den Fällen der §§ 1082, 1392, 1525, 1550, 1667, 1686[2], 1814, 1818, 1915 oder 2116 des Bürgerlichen Gesetzbuchs bestellt sind, behält es hierbei bis zum Ablauf des 31. Dezember 1939[3] sein Bewenden mit der Maßgabe, daß die Kreditinstitute Hinterlegungsstellen für alle Fälle dieser Art sind.

§ 34 [Bei Inkrafttreten des Gesetzes anhängige Hinterlegungssachen]

Für Hinterlegungssachen, die bei Inkrafttreten dieses Gesetzes anhängig sind, gilt, soweit nicht in den §§ 35 bis 37 etwas anderes bestimmt ist, folgendes:

---

1) Vgl. Fußnoten zu § 21 Abs. 3.
2) §§ 1392, 1525 und 1550 BGB sind weggefallen. Wegen § 1686 a. F. BGB siehe Fußnote 1) auf S. 6.
3) Frist durch die Zweite VO zur Durchführung der Hinterlegungsordnung vom 24. 11. 1939 (RGBl. I S. 2300) bis auf weiteres verlängert.

1. Sind nach den bisherigen Vorschriften andere Stellen als die Amtsgerichte Hinterlegungsstellen, so gehen mit dem Inkrafttreten dieses Gesetzes die Geschäfte der Hinterlegungsstelle auf das Amtsgericht über, in dessen Bezirk die bisherige Stelle ihren Sitz hat. Die im Zeitpunkt des Übergangs der Geschäfte schwebenden Anträge und Beschwerden sind von den bisher zuständigen Stellen nach den bisherigen Vorschriften zu erledigen.
2. bis 4. (gegenstandslos)

§ 35 [Anhängige Hinterlegungssachen in den Fällen der §§ 28 und 29]

Für die Hinterlegungssachen in den Fällen der §§ 28, 29, die bei Inkrafttreten dieses Gesetzes anhängig sind, gilt folgendes:

1. Befinden sich Hinterlegungsmassen bei der Reichsbank oder einer Staatsbank, so gehen die Geschäfte der Hinterlegungsstelle auf die Reichsbank oder Staatsbank über.
2. Befinden sich Hinterlegungsmassen bei anderen Stellen als einer Kasse der Justizverwaltung, der Reichsbank oder einer Staatsbank, so verbleibt es bei den bisherigen Vorschriften, solange nicht der Reichsminister der Justiz etwas anderes bestimmt.
3. Im übrigen behält es bei § 34 sein Bewenden.

§§ 36 und 37 (gegenstandslos)

Neunter Abschnitt

Schlußbestimmungen

§ 38 [Inkrafttreten]

(1) Dieses Gesetz tritt am 1. April 1937 in Kraft.

(2) Mit dem Inkrafttreten dieses Gesetzes treten die Artikel 144 bis 146 des Einführungsgesetzes zum Bürgerlichen Gesetzbuch und die auf ihnen beruhenden landesrechtlichen Hinterlegungsvorschriften außer Kraft, soweit nicht in den §§ 34, 35, 37 etwas anderes bestimmt ist.

§ 39 [Durchführungsvorschriften]

Der Reichsminister der Justiz wird ermächtigt, Vorschriften zur Durchführung und Ergänzung[1] dieses Gesetzes zu erlassen.

---

1) Ermächtigung zur Ergänzung des Gesetzes erloschen gemäß Artikel 129 Abs. 3 GG.

Grundbuchordnung

Vom 24. März 1897 (RGBl. S. 139)
in der Fassung der Bekanntmachung vom 26. Mai 1994 (BGBl. I S. 1114)[1)]
(BGBl. III 315-11)

Änderungen seit Neufassung

Paragraph	Art der Änderung	Geändert durch	Datum	Fundstelle BGBl.
12 c[2)], 144	geändert	Einführungsgesetz zur Insolvenzordnung	5.10.1994	I S. 2911, 2920
10, 32	geändert	Ausführungsgesetz Seerechtsübereinkommen 1982/1994	6. 6.1995	I S. 778

1) **Bekanntmachung der Neufassung der Grundbuchordnung**

Vom 26. Mai 1994

Auf Grund des Artikels 18 Abs. 3 des Registerverfahrensbeschleunigungsgesetzes vom 20. Dezember 1993 (BGBl. I S. 2182) wird nachstehend der Wortlaut der Grundbuchordnung in der vom 25. Dezember 1993 an geltenden Fassung bekanntgemacht. Die Neufassung berücksichtigt:

1. die im Bundesgesetzblatt Teil III, Gliederungsnummer 315-11, veröffentlichte bereinigte Fassung des Gesetzes nach Maßgabe des § 3 Abs. 1 Satz 2 des Gesetzes über die Sammlung des Bundesrechts vom 10. Juli 1958 (BGBl. I S. 437) und des § 3 des Gesetzes über den Abschluß der Sammlung des Bundesrechts vom 28. Dezember 1968 (BGBl. I S. 1451),
2. den am 1. Januar 1970 in Kraft getretenen § 57 Abs. 7 des Gesetzes vom 28. August 1969 (BGBl. I S. 1513),
3. den am 1. Januar 1975 in Kraft getretenen Artikel 106 des Gesetzes vom 2. März 1974 (BGBl. I S. 469),
4. den am 1. Januar 1978 in Kraft getretenen Artikel 2 des Gesetzes vom 22. Juni 1977 (BGBl. I S. 998),
5. den am 1. September 1986 in Kraft getretenen Artikel 6 § 3 des Gesetzes vom 25. Juli 1986 (BGBl. I S. 1142),
6. den am 29. März 1991 in Kraft getretenen Artikel 10 des Gesetzes vom 22. März 1991 (BGBl. I S. 766),
7. den am 22. Juli 1992 in Kraft getretenen Artikel 11 § 4 des Gesetzes vom 14. Juli 1992 (BGBl. I S. 1257),
8. den am 1. Oktober 1993 in Kraft getretenen Artikel 4 Abs. 1 des Gesetzes vom 17. Juni 1993 (BGBl. I S. 912),
9. den am 25. Dezember 1993 in Kraft getretenen Artikel 1 des eingangs genannten Gesetzes.

Die Bundesministerin der Justiz

2) Die Änderung tritt am 1. 1. 1999 in Kraft und wird zu diesem Zeitpunkt eingearbeitet.

Erster Abschnitt

Allgemeine Vorschriften

§ 1 [Grundbuchämter]

(1) Die Grundbücher, die auch als Loseblattgrundbuch geführt werden können, werden von den Amtsgerichten geführt (Grundbuchämter). Diese sind für die in ihrem Bezirk liegenden Grundstücke zuständig. Die abweichenden Vorschriften der §§ 143 und 144 für Baden-Württemberg und das in Artikel 3 des Einigungsvertrages genannte Gebiet bleiben unberührt.

(2) Liegt ein Grundstück in dem Bezirk mehrerer Grundbuchämter, so ist das zuständige Grundbuchamt nach § 5 des Gesetzes über die Angelegenheiten der freiwilligen Gerichtsbarkeit zu bestimmen.

(3) Die Landesregierungen werden ermächtigt, durch Rechtsverordnung die Führung des Grundbuchs einem Amtsgericht für die Bezirke mehrerer Amtsgerichte zuzuweisen, wenn dies einer schnelleren und rationelleren Grundbuchführung dient. Sie können die Ermächtigung durch Rechtsverordnung auf die Landesjustizverwaltungen übertragen.

(4) Das Bundesministerium der Justiz wird ermächtigt, durch Rechtsverordnung, die der Zustimmung des Bundesrates bedarf, die näheren Vorschriften über die Einrichtung und die Führung der Grundbücher, die Hypotheken-, Grundschuld- und Rentenschuldbriefe und die Abschriften aus dem Grundbuch und den Grundakten sowie die Einsicht hierin zu erlassen sowie das Verfahren zur Beseitigung einer Doppelbuchung zu bestimmen. Es kann hierbei auch regeln, inwieweit Änderungen bei einem Grundbuch, die sich auf Grund von Vorschriften der Rechtsverordnung ergeben, den Beteiligten und der Behörde, die das in § 2 Abs. 2 bezeichnete amtliche Verzeichnis führt, bekanntzugeben sind.

§ 2 [Einrichtung der Grundbücher – Verzeichnis der Grundstücke – Abschreibung]

(1) Die Grundbücher sind für Bezirke einzurichten.

(2) Die Grundstücke werden im Grundbuch nach den in den Ländern eingerichteten amtlichen Verzeichnissen benannt (Liegenschaftskataster).

(3) Ein Teil eines Grundstücks soll von diesem nur abgeschrieben werden, wenn ein von der zuständigen Behörde erteilter beglaubigter Auszug aus dem beschreibenden Teil des amtlichen Verzeichnisses vorgelegt wird, aus dem sich die Bezeichnung des Teils und die sonstigen aus dem amtlichen Verzeichnis in das Grundbuch zu übernehmenden Angaben sowie die Änderungen ergeben, die insoweit bei dem Rest des Grundstücks eintreten. Der Teil muß im amtlichen Verzeichnis unter einer besonderen Nummer verzeichnet sein, es sei denn, daß die zur Führung des amtlichen Verzeichnisses zuständige Behörde hiervon absieht, weil er mit einem benachbarten Grundstück oder einem Teil davon zusammengefaßt wird, und dies dem Grundbuchamt bescheinigt. Durch Rechtsverordnung der Landesregierungen, die zu deren Erlaß auch die Landesjustizverwaltungen ermächtigen können, kann neben dem Auszug aus dem beschreibenden Teil auch die Vorlage eines Auszugs aus der amtlichen Karte vorgeschrieben werden, aus dem sich die Größe und Lage des Grundstücks ergeben, es sei denn, daß der Grundstücksteil bisher im Liegenschaftskataster unter einer besonderen Nummer geführt wird.

(4) Ein Auszug aus dem amtlichen Verzeichnis braucht nicht vorgelegt zu werden, wenn der abzuschreibende Grundstücksteil bereits nach dem amtlichen Verzeichnis im Grundbuch benannt ist oder war.

(5) Die Landesregierungen werden ermächtigt, durch Rechtsverordnung zu bestimmen, daß der nach den vorstehenden Absätzen vorzulegende Auszug aus dem amtlichen Verzeichnis der Beglaubigung nicht bedarf, wenn der Auszug maschinell hergestellt wird und ein ausreichender Schutz gegen die Vorlage von nicht von der zuständigen Behörde hergestellten oder von verfälschten Auszügen besteht. Satz 1 gilt entsprechend für andere Fälle, in denen dem Grundbuchamt Angaben aus dem amtlichen Verzeichnis zu übermitteln sind. Die Landesregierungen können die Ermächtigung durch Rechtsverordnung auf die Landesjustizverwaltungen übertragen.

§ 3 [Grundbuchblatt]

(1) Jedes Grundstück erhält im Grundbuch eine besondere Stelle (Grundbuchblatt). Das Grundbuchblatt ist für das Grundstück als das Grundbuch im Sinne des Bürgerlichen Gesetzbuchs anzusehen.

(2) Die Grundstücke des Bundes, der Länder, der Gemeinden und anderer Kommunalverbände, der Kirchen, Klöster und Schulen, die Wasserläufe, die öffentlichen Wege, sowie die Grundstücke, welche einem dem öffentlichen Verkehr dienenden Bahnunternehmen gewidmet sind, erhalten ein Grundbuchblatt nur auf Antrag des Eigentümers oder eines Berechtigten.

(3) Ein Grundstück ist auf Antrag des Eigentümers aus dem Grundbuch auszuscheiden, wenn der Eigentümer nach Absatz 2 von der Verpflichtung zur Eintragung befreit und eine Eintragung, von der das Recht des Eigentümers betroffen wird, nicht vorhanden ist.

(4) Das Grundbuchamt kann, sofern hiervon nicht Verwirrung oder eine wesentliche Erschwerung des Rechtsverkehrs oder der Grundbuchführung zu besorgen ist, von der Führung eines Grundbuchblatts für ein Grundstück absehen, wenn das Grundstück den wirtschaftlichen Zwecken mehrerer anderer Grundstücke zu dienen bestimmt ist, zu diesen in einem dieser Bestimmung entsprechenden räumlichen Verhältnis und im Miteigentum der Eigentümer dieser Grundstücke steht (dienendes Grundstück).

(5) In diesem Falle müssen an Stelle des ganzen Grundstücks die den Eigentümern zustehenden einzelnen Miteigentumsanteile an dem dienenden Grundstück auf dem Grundbuchblatt des dem einzelnen Eigentümer gehörenden Grundstücks eingetragen werden. Diese Eintragung gilt als Grundbuch für den einzelnen Miteigentumsanteil.

(6) Die Buchung nach den Absätzen 4 und 5 ist auch dann zulässig, wenn die beteiligten Grundstücke noch einem Eigentümer gehören, dieser aber die Teilung des Eigentums am dienenden Grundstück in Miteigentumsanteile und deren Zuordnung zu den herrschenden Grundstücken gegenüber dem Grundbuchamt erklärt hat; die Teilung wird mit der Buchung nach Absatz 5 wirksam.

(7) Werden die Miteigentumsanteile an dem dienenden Grundstück neu gebildet, so soll, wenn die Voraussetzungen des Absatzes 4 vorliegen, das Grundbuchamt in der Regel nach den vorstehenden Vorschriften verfahren.

(8) Stehen die Anteile an dem dienenden Grundstück nicht mehr den Eigentümern der herrschenden Grundstücke zu, so ist ein Grundbuchblatt anzulegen.

(9) Wird das dienende Grundstück als Ganzes belastet, so ist, sofern nicht ein besonderes Grundbuchblatt angelegt wird oder § 48 anwendbar ist, in allen beteiligten Grundbuchblättern kenntlich zu machen, daß das dienende Grundstück als Ganzes belastet ist; hierbei ist jeweils auf die übrigen Eintragungen zu verweisen.

§ 4 [Gemeinschaftliches Grundbuchblatt]

(1) Über mehrere Grundstücke desselben Eigentümers, deren Grundbücher von demselben Grundbuchamt geführt werden, kann ein gemeinschaftliches Grundbuchblatt geführt werden, solange hiervon Verwirrung nicht zu besorgen ist.

(2) Dasselbe gilt, wenn die Grundstücke zu einem Hof im Sinne der Höfeordnung gehören oder in ähnlicher Weise bundes- oder landesrechtlich miteinander verbunden sind, auch wenn ihre Grundbücher von verschiedenen Grundbuchämtern geführt werden. In diesen Fällen ist, wenn es sich um einen Hof handelt, das Grundbuchamt zuständig, welches das Grundbuch über die Hofstelle führt; im übrigen ist das zuständige Grundbuchamt nach § 5 des Gesetzes über die Angelegenheiten der freiwilligen Gerichtsbarkeit zu bestimmen.

§ 5 [Vereinigung von Grundstücken]

(1) Ein Grundstück soll nur dann mit einem anderen Grundstück vereinigt werden, wenn hiervon Verwirrung nicht zu besorgen ist. Werden die Grundbücher von verschiedenen Grundbuchämtern geführt, so ist das zuständige Grundbuchamt nach § 5 des Gesetzes über die Angelegenheiten der freiwilligen Gerichtsbarkeit zu bestimmen.

(2) Die an der Vereinigung beteiligten Grundstücke sollen im Bezirk desselben Grundbuchamts und derselben für die Führung des amtlichen Verzeichnisses nach § 2 Abs. 2 zuständigen Stelle liegen und unmittelbar aneinandergrenzen. Von diesen Erfordernissen soll nur abgewichen werden, wenn hierfür, insbesondere wegen der Zusammengehörigkeit baulicher Anlagen und Nebenanlagen, ein erhebliches Bedürfnis besteht. Die Lage der Grundstücke zueinander ist durch Vorlage einer von der zuständigen Behörde beglaubigten Karte nachzuweisen. Das erhebliche Bedürfnis ist glaubhaft zu machen; § 29 gilt hierfür nicht.

§ 6 [Zuschreibung als Bestandteil]

(1) Ein Grundstück soll nur dann einem anderen Grundstück als Bestandteil zugeschrieben werden, wenn hiervon Verwirrung nicht zu besorgen ist. Werden die Grundbücher von verschiedenen Grundbuchämtern geführt, so ist für die Entscheidung über den Antrag auf Zuschreibung und, wenn dem Antrag stattgegeben wird, für die Führung des Grundbuchs über das ganze Grundstück das Grundbuchamt zuständig, das das Grundbuch über das Hauptgrundstück führt.

(2) § 5 Abs. 2 findet entsprechende Anwendung.

§ 6 a [Eintragung eines Erbbaurechts]

(1) Dem Antrag auf Eintragung eines Erbbaurechts an mehreren Grundstücken oder Erbbaurechten soll unbeschadet des Satzes 2 nur entsprochen werden, wenn hinsichtlich der zu belastenden Grundstücke die Voraussetzungen des § 5 Abs. 2 Satz 1 vorliegen. Von diesen Erfordernissen soll nur abgewichen werden, wenn die zu belastenden Grundstücke nahe beieinander liegen und entweder das Erbbaurecht in Wohnungs- oder Teilerbbaurechte aufgeteilt werden soll oder Gegenstand des Erbbaurechts ein einheitliches Bauwerk oder ein Bauwerk mit dazugehörenden Nebenanlagen auf den zu belastenden Grundstücken ist; § 5 Abs. 2 Satz 3 findet entsprechende Anwendung. Im übrigen sind die Voraussetzungen des Satzes 2 glaubhaft zu machen; § 29 gilt hierfür nicht.

(2) Dem Antrag auf Eintragung eines Erbbaurechts soll nicht entsprochen werden, wenn das Erbbaurecht sowohl an einem Grundstück als auch an einem anderen Erbbaurecht bestellt werden soll.

§ 7 [Abschreibung und Eintragung als selbständiges Grundstück]

(1) Soll ein Grundstücksteil mit einem Recht belastet werden, so ist er von dem Grundstück abzuschreiben und als selbständiges Grundstück einzutragen.

(2) Ist das Recht eine Dienstbarkeit oder eine Reallast, so kann die Abschreibung unterbleiben, wenn hiervon Verwirrung nicht zu besorgen ist. Jedoch sind auch in diesem Fall die Vorschriften des § 2 Abs. 3 über die Vorlegung einer Karte entsprechend anzuwenden.

§ 8 (weggefallen)

§ 9 [Eintragung subjektiv dinglicher Rechte]

(1) Rechte, die dem jeweiligen Eigentümer eines Grundstücks zustehen, sind auf Antrag auch auf dem Blatt dieses Grundstücks zu vermerken. Antragsberechtigt ist der Eigentümer des Grundstücks sowie jeder, dessen Zustimmung nach § 876 Satz 2 des Bürgerlichen Gesetzbuchs zur Aufhebung des Rechtes erforderlich ist.

(2) Der Vermerk ist von Amts wegen zu berichtigen, wenn das Recht geändert oder aufgehoben wird.

(3) Die Eintragung des Vermerks (Absatz 1) ist auf dem Blatt des belasteten Grundstücks von Amts wegen ersichtlich zu machen.

§ 10 [Aufbewahrung von Urkunden]

(1) Urkunden, auf die eine Eintragung sich gründet oder Bezug nimmt, hat das Grundbuchamt aufzubewahren. Eine solche Urkunde darf nur herausgegeben werden, wenn statt der Urkunde eine beglaubigte Abschrift bei dem Grundbuchamt bleibt.

(2) Das Bundesministerium der Justiz wird ermächtigt, durch Rechtsverordnung, die der Zustimmung des Bundesrates bedarf, zu bestimmen, daß statt einer beglaubigten Abschrift der Urkunde eine Verweisung auf die anderen Akten genügt, wenn eine der in Absatz 1 bezeichneten Urkunden in anderen Akten des das Grundbuch führenden Amtsgerichts enthalten ist.

(3) und (4) (aufgehoben)

§ 10 a [Aufbewahrung auf Bildträgern oder anderen Datenträgern]

(1) Die nach § 10 oder nach sonstigen bundesrechtlichen Vorschriften vom Grundbuchamt aufzubewahrenden Urkunden und geschlossenen Grundbücher können als Wiedergabe auf einem Bildträger oder auf anderen Datenträgern aufbewahrt werden, wenn sichergestellt ist, daß die Wiedergabe oder die Daten innerhalb angemessener Zeit lesbar gemacht werden können. Die Landesjustizverwaltungen bestimmen durch allgemeine Verwaltungsanordnung Zeitpunkt und Umfang dieser Art der Aufbewahrung und die Einzelheiten der Durchführung.

(2) Bei der Herstellung der Bild- oder Datenträger ist ein schriftlicher Nachweis anzufertigen, daß die Wiedergabe mit der Urkunde übereinstimmt. Die Originale der Urkunden sind den dafür zuständigen Stellen zu übergeben und von diesen aufzubewahren. Weist die Urkunde farbliche Eintragungen auf, so ist in dem schriftlichen Nachweis anzugeben, daß das Original farbliche Eintragungen aufweist, die in der Wiedergabe nicht farblich erkennbar sind.

(3) Durch Rechtsverordnung des Bundesministeriums der Justiz mit Zustimmung des Bundesrates kann vorgesehen werden, daß für die Führung des Grundbuchs nicht mehr benötigte, bei den Grundakten befindliche Schriftstücke ausgesondert werden können. Welche Schriftstücke dies sind und unter welchen Voraussetzungen sie ausgesondert werden können, ist in der Rechtsverordnung nach Satz 1 zu bestimmen.

§ 11 [Eintragung durch einen kraft Gesetzes ausgeschlossenen Grundbuchbeamten]

Eine Eintragung in das Grundbuch ist nicht aus dem Grunde unwirksam, weil derjenige, der sie bewirkt hat, von der Mitwirkung kraft Gesetzes ausgeschlossen ist.

§ 12 [Einsicht des Grundbuchs]

(1) Die Einsicht des Grundbuchs ist jedem gestattet, der ein berechtigtes Interesse darlegt. Das gleiche gilt von Urkunden, auf die im Grundbuch zur Ergänzung einer Eintragung Bezug genommen ist, sowie von den noch nicht erledigten Eintragungsanträgen.

(2) Soweit die Einsicht des Grundbuchs, der im Absatz 1 bezeichneten Urkunden und der noch nicht erledigten Eintragungsanträge gestattet ist, kann eine Abschrift gefordert werden; die Abschrift ist auf Verlangen zu beglaubigen.

(3) Der *Reichsminister der Justiz* kann jedoch die Einsicht des Grundbuchs und der im Absatz 1 Satz 2 genannten Schriftstücke sowie die Erteilung von Abschriften auch darüber hinaus für zulässig erklären.

§ 12 a [Zusätzliche Verzeichnisse]

(1) Die Grundbuchämter dürfen auch ein Verzeichnis der Eigentümer und der Grundstücke sowie mit Genehmigung der Landesjustizverwaltung weitere, für die Führung des Grundbuchs erforderliche Verzeichnisse einrichten und, auch in maschineller Form, führen. Eine Verpflichtung, diese Verzeichnisse auf dem neuesten Stand zu halten, besteht nicht; eine Haftung bei nicht richtiger Auskunft besteht nicht. Aus öffentlich zugänglich gemachten Verzeichnissen dieser Art sind Auskünfte zu erteilen, soweit ein solches Verzeichnis der Auffindung der Grundbuchblätter dient, zur Einsicht in das Grundbuch oder für den Antrag auf Erteilung von Abschriften erforderlich ist und die Voraussetzungen für die Einsicht in das Grundbuch gegeben sind. Unter den Voraussetzungen des § 12 kann Auskunft aus Verzeichnissen nach Satz 1 auch gewährt werden, wenn damit die Einsicht in das Grundbuch entbehrlich wird. Inländischen Gerichten, Behörden und Notaren kann auch die Einsicht in den entsprechenden Teil des Verzeichnisses gewährt werden. Ein Anspruch auf Erteilung von Abschriften aus dem Verzeichnis besteht nicht. Für maschinell geführte Verzeichnisse gelten § 126 Abs. 2 und § 133 entsprechend.

(2) Als Verzeichnis im Sinne des Absatzes 1 kann mit Genehmigung der Landesjustizverwaltung auch das Liegenschaftskataster verwendet werden.

§ 12 b [Einsicht im Beitrittsgebiet]

(1) Soweit in dem in Artikel 3 des Einigungsvertrages vom 31. August 1990 genannten Gebiet frühere Grundbücher von anderen als den grundbuchführenden Stellen aufbewahrt werden, gilt § 12 entsprechend.

(2) Absatz 1 gilt außer in den Fällen des § 10 a entsprechend für Grundakten, die bei den dort bezeichneten Stellen aufbewahrt werden.

(3) Für Grundakten, die gemäß § 10 a durch eine andere Stelle als das Grundbuchamt aufbewahrt werden, gilt § 12 mit der Maßgabe, daß abweichend von § 12 auch dargelegt werden muß, daß ein berechtigtes Interesse an der Einsicht in das Original der Akten besteht.

§ 12 c [Zuständigkeiten]

(1) Der Urkundsbeamte der Geschäftsstelle entscheidet über:

1. die Gestattung der Einsicht in das Grundbuch oder die in § 12 bezeichneten Akten und Anträge sowie die Erteilung von Abschriften hieraus, soweit nicht Einsicht zu wissenschaftlichen oder Forschungszwecken begehrt wird;
2. die Erteilung von Auskünften nach § 12 a oder die Gewährung der Einsicht in ein dort bezeichnetes Verzeichnis;
3. die Erteilung von Auskünften in den sonstigen gesetzlich vorgesehenen Fällen;
4. die Anträge auf Rückgabe von Urkunden und Versendung von Grundakten an inländische Gerichte oder Behörden.

(2) Der Urkundsbeamte der Geschäftsstelle ist ferner zuständig für

1. die Beglaubigung von Abschriften (Absatz 1 Nr. 1), auch soweit ihm die Entscheidung über die Erteilung nicht zusteht; jedoch kann statt des Urkundsbeamten ein von der Leitung des Amtsgerichts ermächtigter Justizangestellter die Beglaubigung vornehmen;
2. die Verfügungen und Eintragungen zur Erhaltung der Übereinstimmung zwischen dem Grundbuch und dem amtlichen Verzeichnis nach § 2 Abs. 2 oder einem sonstigen, hiermit in Verbindung stehenden Verzeichnis, mit Ausnahme der Verfügungen und Eintragungen, die zugleich eine Berichtigung rechtlicher Art oder eine Berichtigung eines Irrtums über das Eigentum betreffen;
3. die Entscheidungen über Ersuchen des Gerichts um Eintragung oder Löschung des Vermerks über die Eröffnung des Konkurs- und Gesamtvollstreckungsverfahrens oder des Vermerks über die Einleitung eines Zwangsversteigerungs- und Zwangsverwaltungsverfahrens;
4. die Berichtigung der Eintragung des Namens, des Berufs oder des Wohnortes natürlicher Personen im Grundbuch;
5. die Anfertigung der Nachweise nach § 10 a Abs. 2.

(3) Die Vorschriften der §§ 6, 7 des Gesetzes über die Angelegenheiten der freiwilligen Gerichtsbarkeit sind auf den Urkundsbeamten der Geschäftsstelle entsprechend anzuwenden.

(4) Wird die Änderung einer Entscheidung des Urkundsbeamten der Geschäftsstelle verlangt, so entscheidet, wenn dieser dem Verlangen nicht entspricht, der Grundbuchrichter. Die Beschwerde findet erst gegen seine Entscheidung statt.

(5) In den Fällen des § 12 b entscheidet über die Gewährung von Einsicht oder die Erteilung von Abschriften die Leitung der Stelle oder ein von ihm hierzu ermächtigter Bediensteter. Gegen die Entscheidung ist die Beschwerde nach dem Vierten Abschnitt gegeben. Örtlich zuständig ist das Gericht, in dessen Bezirk die Stelle ihren Sitz hat.

Zweiter Abschnitt

Eintragungen in das Grundbuch

§ 13 [Eintragung nur auf Antrag]

(1) Eine Eintragung soll, soweit nicht das Gesetz etwas anderes vorschreibt, nur auf Antrag erfolgen. Antragsberechtigt ist jeder, dessen Recht von der Eintragung betroffen wird oder zu dessen Gunsten die Eintragung erfolgen soll.

(2) Der genaue Zeitpunkt, in dem ein Antrag beim Grundbuchamt eingeht, soll auf dem Antrag vermerkt werden. Der Antrag ist beim Grundbuchamt eingegangen, wenn

er einer zur Entgegennahme zuständigen Person vorgelegt ist. Wird er zur Niederschrift einer solchen Person gestellt, so ist er mit Abschluß der Niederschrift eingegangen.

(3) Für die Entgegennahme eines auf eine Eintragung gerichteten Antrags oder Ersuchens und die Beurkundung des Zeitpunkts, in welchem der Antrag oder das Ersuchen beim Grundbuchamt eingeht, sind nur die für die Führung des Grundbuchs über das betroffene Grundstück zuständige Person und der von der Leitung des Amtsgerichts für das ganze Grundbuchamt oder einzelne Abteilungen zuständige Beamte (Angestellte) der Geschäftsstelle zuständig. Bezieht sich der Antrag oder das Ersuchen auf mehrere Grundstücke in verschiedenen Geschäftsbereichen desselben Grundbuchamts, so ist jeder zuständig, der nach Satz 1 in Betracht kommt.

§ 14 [Berichtigung des Grundbuchs]
Die Berichtigung des Grundbuchs durch Eintragung eines Berechtigten darf auch von demjenigen beantragt werden, welcher auf Grund eines gegen den Berechtigten vollstreckbaren Titels eine Eintragung in das Grundbuch verlangen kann, sofern die Zulässigkeit dieser Eintragung von der vorgängigen Berichtigung des Grundbuchs abhängt.

§ 15 [Antragsrecht des Notars]
Ist die zu einer Eintragung erforderliche Erklärung von einem Notar beurkundet oder beglaubigt, so gilt dieser als ermächtigt, im Namen eines Antragsberechtigten die Eintragung zu beantragen.

§ 16 [Antrag unter Vorbehalt – Mehrere Anträge]
(1) Einem Eintragungsantrag, dessen Erledigung an einen Vorbehalt geknüpft wird, soll nicht stattgegeben werden.

(2) Werden mehrere Eintragungen beantragt, so kann von dem Antragsteller bestimmt werden, daß die eine Eintragung nicht ohne die andere erfolgen soll.

§ 17 [Reihenfolge der Eintragungen]
Werden mehrere Eintragungen beantragt, durch die dasselbe Recht betroffen wird, so darf die später beantragte Eintragung nicht vor der Erledigung des früher gestellten Antrags erfolgen.

§ 18 [Eintragungshindernis]
(1) Steht einer beantragten Eintragung ein Hindernis entgegen, so hat das Grundbuchamt entweder den Antrag unter Angabe der Gründe zurückzuweisen oder dem Antragsteller eine angemessene Frist zur Hebung des Hindernisses zu bestimmen. Im letzteren Fall ist der Antrag nach dem Ablauf der Frist zurückzuweisen, wenn nicht inzwischen die Hebung des Hindernisses nachgewiesen ist.

(2) Wird vor der Erledigung des Antrags eine andere Eintragung beantragt, durch die dasselbe Recht betroffen wird, so ist zugunsten des früher gestellten Antrags von Amts wegen eine Vormerkung oder ein Widerspruch einzutragen; die Eintragung gilt im Sinne des § 17 als Erledigung dieses Antrags. Die Vormerkung oder der Widerspruch wird von Amts wegen gelöscht, wenn der früher gestellte Antrag zurückgewiesen wird.

§ 19 [Eintragungsbewilligung]
Eine Eintragung erfolgt, wenn derjenige sie bewilligt, dessen Recht von ihr betroffen wird.

§ 20 [Einigung bei Auflassung und Erbbaurechtsbestellung]

Im Falle der Auflassung eines Grundstücks sowie im Falle der Bestellung, Änderung des Inhalts oder Übertragung eines Erbbaurechts darf die Eintragung nur erfolgen, wenn die erforderliche Einigung des Berechtigten und des anderen Teils erklärt ist.

§ 21 [Durch die Eintragung betroffene subjektiv dingliche Rechte]

Steht ein Recht, das durch die Eintragung betroffen wird, dem jeweiligen Eigentümer eines Grundstücks zu, so bedarf es der Bewilligung der Personen, deren Zustimmung nach § 876 Satz 2 des Bürgerlichen Gesetzbuchs zur Aufhebung des Rechtes erforderlich ist, nur dann, wenn das Recht auf dem Blatt des Grundstücks vermerkt ist.

§ 22 [Berichtigung des Grundbuchs]

(1) Zur Berichtigung des Grundbuchs bedarf es der Bewilligung nach § 19 nicht, wenn die Unrichtigkeit nachgewiesen wird. Dies gilt insbesondere für die Eintragung oder Löschung einer Verfügungsbeschränkung.

(2) Die Berichtigung des Grundbuchs durch Eintragung eines Eigentümers oder eines Erbbauberechtigten darf, sofern nicht der Fall des § 14 vorliegt oder die Unrichtigkeit nachgewiesen wird, nur mit Zustimmung des Eigentümers oder des Erbbauberechtigten erfolgen.

§ 23 [Löschung nach dem Tode des Berechtigten]

(1) Ein Recht, das auf die Lebenszeit des Berechtigten beschränkt ist, darf nach dessen Tod, falls Rückstände von Leistungen nicht ausgeschlossen sind, nur mit Bewilligung des Rechtsnachfolgers gelöscht werden, wenn die Löschung vor dem Ablauf eines Jahres nach dem Tod des Berechtigten erfolgen soll oder wenn der Rechtsnachfolger der Löschung bei dem Grundbuchamt widersprochen hat; der Widerspruch ist von Amts wegen in das Grundbuch einzutragen. Ist der Berechtigte für tot erklärt, so beginnt die einjährige Frist mit dem Erlaß des die Todeserklärung aussprechenden Urteils.

(2) Der im Absatz 1 vorgesehenen Bewilligung des Rechtsnachfolgers bedarf es nicht, wenn im Grundbuch eingetragen ist, daß zur Löschung des Rechtes der Nachweis des Todes des Berechtigten genügen soll.

§ 24 [Erlöschen des Rechts zu einem bestimmten Zeitpunkt]

Die Vorschriften des § 23 sind entsprechend anzuwenden, wenn das Recht mit der Erreichung eines bestimmten Lebensalters des Berechtigten oder mit dem Eintritt eines sonstigen bestimmten Zeitpunkts oder Ereignisses erlischt.

§ 25 [Löschung einer Vormerkung oder eines Widerspruchs]

Ist eine Vormerkung oder ein Widerspruch auf Grund einer einstweiligen Verfügung eingetragen, so bedarf es zur Löschung nicht der Bewilligung des Berechtigten, wenn die einstweilige Verfügung durch eine vollstreckbare Entscheidung aufgehoben ist. Diese Vorschrift ist entsprechend anzuwenden, wenn auf Grund eines vorläufig vollstreckbaren Urteils nach den Vorschriften der Zivilprozeßordnung oder auf Grund eines Bescheides nach dem Vermögensgesetz eine Vormerkung oder ein Widerspruch eingetragen ist.

§ 26 [Übertragung von Grundpfandrechten]

(1) Soll die Übertragung einer Hypothek, Grundschuld oder Rentenschuld, über die ein Brief erteilt ist, eingetragen werden, so genügt es, wenn an Stelle der Eintragungsbewilligung die Abtretungserklärung des bisherigen Gläubigers vorgelegt wird.

(2) Diese Vorschrift ist entsprechend anzuwenden, wenn eine Belastung der Hypothek, Grundschuld oder Rentenschuld oder die Übertragung oder Belastung einer Forderung, für die ein eingetragenes Recht als Pfand haftet, eingetragen werden soll.

§ 27 [Löschung von Grundpfandrechten]

Eine Hypothek, eine Grundschuld oder eine Rentenschuld darf nur mit Zustimmung des Eigentümers des Grundstücks gelöscht werden. Für eine Löschung zur Berichtigung des Grundbuchs ist die Zustimmung nicht erforderlich, wenn die Unrichtigkeit nachgewiesen wird.

§ 28 [Bezeichnung des Grundbuchs]

In der Eintragungsbewilligung oder, wenn eine solche nicht erforderlich ist, in dem Eintragungsantrag ist das Grundstück übereinstimmend mit dem Grundbuch oder durch Hinweis auf das Grundbuchblatt zu bezeichnen. Einzutragende Geldbeträge sind in inländischer Währung anzugeben; durch Rechtsverordnung des Bundesministeriums der Justiz im Einvernehmen mit dem Bundesministerium der Finanzen kann die Angabe in einer einheitlichen europäischen Währung, in der Währung eines Mitgliedstaats der Europäischen Union oder des Europäischen Wirtschaftsraums oder einer anderen Währung, gegen die währungspolitische Bedenken nicht zu erheben sind, zugelassen und, wenn gegen die Fortdauer dieser Zulassung währungspolitische Bedenken bestehen, wieder eingeschränkt werden.

§ 29 [Beurkundung der Erklärungen]

(1) Eine Eintragung soll nur vorgenommen werden, wenn die Eintragungsbewilligung oder die sonstigen zu der Eintragung erforderlichen Erklärungen durch öffentliche oder öffentlich beglaubigte Urkunden nachgewiesen werden. Andere Voraussetzungen der Eintragung bedürfen, soweit sie nicht bei dem Grundbuchamt offenkundig sind, des Nachweises durch öffentliche Urkunden.

(2) (weggefallen)

(3) Erklärungen oder Ersuchen einer Behörde, auf Grund deren eine Eintragung vorgenommen werden soll, sind zu unterschreiben und mit Siegel oder Stempel zu versehen.

§ 29 a [Glaubhaftmachung]

Die Voraussetzungen des § 1179 Nr. 2 des Bürgerlichen Gesetzbuchs sind glaubhaft zu machen; § 29 gilt hierfür nicht.

§ 30 [Beurkundung des Eintragungsantrags]

Für den Eintragungsantrag sowie für die Vollmacht zur Stellung eines solchen gelten die Vorschriften des § 29 nur, wenn durch den Antrag zugleich eine zu der Eintragung erforderliche Erklärung ersetzt werden soll.

§ 31 [Form des Widerrufs]

Eine Erklärung, durch die ein Eintragungsantrag zurückgenommen wird, bedarf der in § 29 Abs. 1 Satz 1 und Abs. 3 vorgeschriebenen Form. Dies gilt nicht, sofern der Antrag auf eine Berichtigung des Grundbuchs gerichtet ist. Satz 1 gilt für eine Erklärung, durch die eine zur Stellung des Eintragungsantrags erteilte Vollmacht widerrufen wird, entsprechend.

§ 32 [Zeugnis des Registergerichts bei Vertretern von Handelsgesellschaften]

(1) Der Nachweis, daß der Vorstand einer Aktiengesellschaft aus den im Handelsregister eingetragenen Personen besteht, wird durch ein Zeugnis des Gerichts über die Eintragung geführt.

(2) Das gleiche gilt von dem Nachweis der Befugnis zur Vertretung einer offenen Handelsgesellschaft, einer Partnerschaftsgesellschaft, einer Kommanditgesellschaft, einer Kommanditgesellschaft auf Aktien oder einer Gesellschaft mit beschränkter Haftung.

§ 33 [Zeugnis des Registergerichts über den ehelichen Güterstand]

Der Nachweis, daß zwischen Ehegatten Gütertrennung oder ein vertragsmäßiges Güterrecht besteht oder daß ein Gegenstand zum Vorbehaltsgut eines Ehegatten gehört, wird durch ein Zeugnis des Gerichts über die Eintragung des güterrechtlichen Verhältnisses im Güterrechtsregister geführt.

§ 34 [Grundbuchamt als Registergericht]

Ist in den Fällen der §§ 32, 33 das Grundbuchamt zugleich das Registergericht, so genügt statt des Zeugnisses die Bezugnahme auf das Register.

§ 35 [Erbrechtlicher Nachweis – Andere Beweismittel]

(1) Der Nachweis der Erbfolge kann nur durch einen Erbschein geführt werden. Beruht jedoch die Erbfolge auf einer Verfügung von Todes wegen, die in einer öffentlichen Urkunde enthalten ist, so genügt es, wenn an Stelle des Erbscheins die Verfügung und die Niederschrift über die Eröffnung der Verfügung vorgelegt werden; erachtet das Grundbuchamt die Erbfolge durch diese Urkunden nicht für nachgewiesen, so kann es die Vorlegung eines Erbscheins verlangen.

(2) Das Bestehen der fortgesetzten Gütergemeinschaft sowie die Befugnis eines Testamentsvollstreckers zur Verfügung über einen Nachlaßgegenstand ist nur auf Grund der in den §§ 1507, 2368 des Bürgerlichen Gesetzbuchs vorgesehenen Zeugnisse als nachgewiesen anzunehmen; auf den Nachweis der Befugnis des Testamentsvollstreckers sind jedoch die Vorschriften des Absatzes 1 Satz 2 entsprechend anzuwenden.

(3) Zur Eintragung des Eigentümers oder Miteigentümers eines Grundstücks kann das Grundbuchamt von den in den Absätzen 1 und 2 genannten Beweismitteln absehen und sich mit anderen Beweismitteln, für welche die Form des § 29 nicht erforderlich ist, begnügen, wenn das Grundstück oder der Anteil am Grundstück weniger als 5 000 Deutsche Mark wert ist und die Beschaffung des Erbscheins oder des Zeugnisses nach § 1507 des Bürgerlichen Gesetzbuchs nur mit unverhältnismäßigem Aufwand an Kosten oder Mühe möglich ist. Der Antragsteller kann auch zur Versicherung an Eides Statt zugelassen werden.

§ 36 [Nachweis der Rechtsnachfolge bei Auseinandersetzung]

(1) Soll bei einem zum Nachlaß oder zu dem Gesamtgut einer ehelichen oder fortgesetzten Gütergemeinschaft gehörenden Grundstück oder Erbbaurecht einer der Beteiligten als Eigentümer oder Erbbauberechtigter eingetragen werden, so genügt zum Nachweis der Rechtsnachfolge und der zur Eintragung des Eigentumsübergangs erforderlichen Erklärungen der Beteiligten ein Zeugnis des Nachlaßgerichts oder des nach § 99 Abs. 2 des Gesetzes über die Angelegenheiten der freiwilligen Gerichtsbarkeit zuständigen Amtsgerichts.

(2) Das Zeugnis darf nur ausgestellt werden, wenn:

a) die Voraussetzungen für die Erteilung eines Erbscheins vorliegen oder der Nachweis der ehelichen Gütergemeinschaft durch öffentliche Urkunden erbracht ist und
b) die Abgabe der Erklärungen der Beteiligten in einer den Vorschriften der Grundbuchordnung entsprechenden Weise dem Nachlaßgericht oder dem nach § 99 Abs. 2 des Gesetzes über die Angelegenheiten der freiwilligen Gerichtsbarkeit zuständigen Amtsgericht nachgewiesen ist.

(3) Die Vorschriften über die Zuständigkeit zur Entgegennahme der Auflassung bleiben unberührt.

§ 37 [Eintragung eines neuen Gläubigers bei Auseinandersetzung]

Die Vorschriften des § 36 sind entsprechend anzuwenden, wenn bei einer Hypothek, Grundschuld oder Rentenschuld, die zu einem Nachlaß oder zu dem Gesamtgut einer ehelichen oder fortgesetzten Gütergemeinschaft gehört, einer der Beteiligten als neuer Gläubiger eingetragen werden soll.

§ 38 [Eintragung auf Ersuchen einer Behörde]

In den Fällen, in denen nach gesetzlicher Vorschrift eine Behörde befugt ist, das Grundbuchamt um eine Eintragung zu ersuchen, erfolgt die Eintragung auf Grund des Ersuchens der Behörde.

§ 39 [Voraussetzung für die Eintragung – Brief über Grundpfandrechte]

(1) Eine Eintragung soll nur erfolgen, wenn die Person, deren Recht durch sie betroffen wird, als der Berechtigte eingetragen ist.

(2) Bei einer Hypothek, Grundschuld oder Rentenschuld, über die ein Brief erteilt ist, steht es der Eintragung des Gläubigers gleich, wenn dieser sich im Besitz des Briefes befindet und sein Gläubigerrecht nach § 1155 des Bürgerlichen Gesetzbuchs nachweist.

§ 40 [Erbfolge]

(1) Ist die Person, deren Recht durch eine Eintragung betroffen wird, Erbe des eingetragenen Berechtigten, so ist die Vorschrift des § 39 Abs. 1 nicht anzuwenden, wenn die Übertragung oder die Aufhebung des Rechts eingetragen werden soll oder wenn der Eintragungsantrag durch die Bewilligung des Erblassers oder eines Nachlaßpflegers oder durch einen gegen den Erblasser oder den Nachlaßpfleger vollstreckbaren Titel begründet wird.

(2) Das gleiche gilt für eine Eintragung auf Grund der Bewilligung eines Testamentsvollstreckers oder auf Grund eines gegen diesen vollstreckbaren Titels, sofern die Bewilligung oder der Titel gegen den Erben wirksam ist.

§ 41 [Eintragung einer Briefhypothek]

(1) Bei einer Hypothek, über die ein Brief erteilt ist, soll eine Eintragung nur erfolgen, wenn der Brief vorgelegt wird. Für die Eintragung eines Widerspruchs bedarf es der Vorlegung nicht, wenn die Eintragung durch eine einstweilige Verfügung angeordnet ist und der Widerspruch sich darauf gründet, daß die Hypothek oder die Forderung, für welche sie bestellt ist, nicht bestehe oder einer Einrede unterliege oder daß die Hypothek unrichtig eingetragen sei. Der Vorlegung des Briefes bedarf es nicht für die Eintragung einer Löschungsvormerkung nach § 1179 des Bürgerlichen Gesetzbuchs.

(2) Der Vorlegung des Hypothekenbriefs steht es gleich, wenn in den Fällen der §§ 1162, 1170, 1171 des Bürgerlichen Gesetzbuchs auf Grund des Ausschlußurteils die Erteilung eines neuen Briefes beantragt wird. Soll die Erteilung des Briefes nachträglich

ausgeschlossen oder die Hypothek gelöscht werden, so genügt die Vorlegung des Ausschlußurteils.

§ 42 [Eintragung einer Briefgrundschuld und Briefrentenschuld]

Die Vorschriften des § 41 sind auf die Grundschuld und die Rentenschuld entsprechend anzuwenden. Ist jedoch das Recht für den Inhaber des Briefes eingetragen, so bedarf es der Vorlegung des Briefes nur dann nicht, wenn der Eintragungsantrag durch die Bewilligung eines nach § 1189 des Bürgerlichen Gesetzbuchs bestellten Vertreters oder durch eine gegen ihn erlassene gerichtliche Entscheidung begründet wird.

§ 43 [Hypothek für Forderungen aus Inhaber- oder Orderpapieren]

(1) Bei einer Hypothek für die Forderung aus einer Schuldverschreibung auf den Inhaber, aus einem Wechsel oder einem anderen Papier, das durch Indossament übertragen werden kann, soll eine Eintragung nur erfolgen, wenn die Urkunde vorgelegt wird; die Eintragung ist auf der Urkunde zu vermerken.

(2) Diese Vorschrift ist nicht anzuwenden, wenn eine Eintragung auf Grund der Bewilligung eines nach § 1189 des Bürgerlichen Gesetzbuchs bestellten Vertreters oder auf Grund einer gegen diesen erlassenen gerichtlichen Entscheidung bewirkt werden soll.

§ 44 [Form der Eintragung]

(1) Jede Eintragung soll den Tag, an welchem sie erfolgt ist, angeben. Die Eintragung soll, sofern nicht nach § 12 c Abs. 2 Nr. 2 bis 4 der Urkundsbeamte der Geschäftsstelle zuständig ist, die für die Führung des Grundbuchs zuständige Person, regelmäßig unter Angabe des Wortlauts, verfügen und der Urkundsbeamte der Geschäftsstelle veranlassen; sie ist von beiden zu unterschreiben, jedoch kann statt des Urkundsbeamten ein von der Leitung des Amtsgerichts ermächtigter Justizangestellter unterschreiben. In den Fällen des § 12 c Abs. 2 Nr. 2 bis 4 haben der Urkundsbeamte der Geschäftsstelle und zusätzlich entweder ein zweiter Beamter der Geschäftsstelle oder ein von der Leitung des Amtsgerichts ermächtigter Justizangestellter die Eintragung zu unterschreiben.

(2) Soweit nicht gesetzlich etwas anderes bestimmt ist und der Umfang der Belastung aus dem Grundbuch erkennbar bleibt, soll bei der Eintragung eines Rechts, mit dem ein Grundstück belastet wird, auf die Eintragungsbewilligung Bezug genommen werden. Hierbei sollen in der Bezugnahme der Name des Notars, der Notarin oder die Bezeichnung des Notariats und jeweils die Nummer der Urkundenrolle, bei Eintragungen auf Grund eines Ersuchens (§ 38) die Bezeichnung der ersuchenden Stelle und deren Aktenzeichen angegeben werden.

(3) Bei der Umschreibung eines Grundbuchblatts, der Neufassung eines Teils eines Grundbuchblatts und in sonstigen Fällen der Übernahme von Eintragungen auf ein anderes, bereits angelegtes oder neu anzulegendes Grundbuchblatt soll, sofern hierdurch der Inhalt der Eintragung nicht verändert wird, die Bezugnahme auf die Eintragungsbewilligung oder andere Unterlagen bis zu dem Umfange nachgeholt oder erweitert werden, wie sie nach Absatz 2 zulässig wäre. Sofern hierdurch der Inhalt der Eintragung nicht verändert wird, kann auch von dem ursprünglichen Text der Eintragung abgewichen werden.

§ 45 [Reihenfolge der Eintragungen]

(1) Sind in einer Abteilung des Grundbuchs mehrere Eintragungen zu bewirken, so erhalten sie die Reihenfolge, welche der Zeitfolge der Anträge entspricht; sind die Anträge gleichzeitig gestellt, so ist im Grundbuch zu vermerken, daß die Eintragungen gleichen Rang haben.

(2) Werden mehrere Eintragungen, die nicht gleichzeitig beantragt sind, in verschiedenen Abteilungen unter Angabe desselben Tages bewirkt, so ist im Grundbuch zu vermerken, daß die später beantragte Eintragung der früher beantragten im Rang nachsteht.
(3) Diese Vorschriften sind insoweit nicht anzuwenden, als ein Rangverhältnis nicht besteht oder das Rangverhältnis von den Antragstellern abweichend bestimmt ist.

§ 46 [Löschung]

(1) Die Löschung eines Rechtes oder einer Verfügungsbeschränkung erfolgt durch Eintragung eines Löschungsvermerks.
(2) Wird bei der Übertragung eines Grundstücks oder eines Grundstücksteils auf ein anderes Blatt ein eingetragenes Recht nicht mitübertragen, so gilt es in Ansehung des Grundstücks oder des Teils als gelöscht.

§ 47 [Eintragung eines Rechts für mehrere gemeinschaftlich]

Soll ein Recht für mehrere gemeinschaftlich eingetragen werden, so soll die Eintragung in der Weise erfolgen, daß entweder die Anteile der Berechtigten in Bruchteilen angegeben werden oder das für die Gemeinschaft maßgebende Rechtsverhältnis bezeichnet wird.

§ 48 [Mitbelastung]

(1) Werden mehrere Grundstücke mit einem Recht belastet, so ist auf dem Blatt jedes Grundstücks die Mitbelastung der übrigen von Amts wegen erkennbar zu machen. Das gleiche gilt, wenn mit einem an einem Grundstück bestehenden Recht nachträglich noch ein anderes Grundstück belastet oder wenn im Falle der Übertragung eines Grundstücksteils auf ein anderes Grundbuchblatt ein eingetragenes Recht mitübertragen wird.
(2) Soweit eine Mitbelastung erlischt, ist dies von Amts wegen zu vermerken.

§ 49 [Leibgedinge, Leibzucht, Altenteil, Auszug]

Werden Dienstbarkeiten und Reallasten als Leibgedinge, Leibzucht, Altenteil oder Auszug eingetragen, so bedarf es nicht der Bezeichnung der einzelnen Rechte, wenn auf die Eintragungsbewilligung Bezug genommen wird.

§ 50 [Grundpfandrechte für Teilschuldverschreibungen auf den Inhaber]

(1) Bei der Eintragung einer Hypothek für Teilschuldverschreibungen auf den Inhaber genügt es, wenn der Gesamtbetrag der Hypothek unter Angabe der Anzahl, des Betrags und der Bezeichnung der Teile eingetragen wird.
(2) Diese Vorschrift ist entsprechend anzuwenden, wenn eine Grundschuld oder eine Rentenschuld für den Inhaber des Briefes eingetragen und das Recht in Teile zerlegt werden soll.

§ 51 [Nacherbfolge]

Bei der Eintragung eines Vorerben ist zugleich das Recht des Nacherben und, soweit der Vorerbe von den Beschränkungen seines Verfügungsrechts befreit ist, auch die Befreiung von Amts wegen einzutragen.

§ 52 [Testamentsvollstrecker]

Ist ein Testamentsvollstrecker ernannt, so ist dies bei der Eintragung des Erben von Amts wegen miteinzutragen, es sei denn, daß der Nachlaßgegenstand der Verwaltung des Testamentsvollstreckers nicht unterliegt.

§ 53 [Widerspruch von Amts wegen]

(1) Ergibt sich, daß das Grundbuchamt unter Verletzung gesetzlicher Vorschriften eine Eintragung vorgenommen hat, durch die das Grundbuch unrichtig geworden ist, so ist von Amts wegen ein Widerspruch einzutragen. Erweist sich eine Eintragung nach ihrem Inhalt als unzulässig, so ist sie von Amts wegen zu löschen.

(2) Bei einer Hypothek, einer Grundschuld oder einer Rentenschuld bedarf es zur Eintragung eines Widerspruchs der Vorlegung des Briefes nicht, wenn der Widerspruch den im § 41 Abs. 1 Satz 2 bezeichneten Inhalt hat. Diese Vorschrift ist nicht anzuwenden, wenn der Grundschuld- oder Rentenschuldbrief auf den Inhaber ausgestellt ist.

§ 54 [Öffentliche Lasten]

Die auf einem Grundstück ruhenden öffentlichen Lasten als solche sind von der Eintragung in das Grundbuch ausgeschlossen, es sei denn, daß ihre Eintragung gesetzlich besonders zugelassen oder angeordnet ist.

§ 55 [Bekanntmachung der Eintragung]

(1) Jede Eintragung soll dem den Antrag einreichenden Notar, dem Antragsteller und dem eingetragenen Eigentümer sowie allen aus dem Grundbuch ersichtlichen Personen bekanntgemacht werden, zu deren Gunsten die Eintragung erfolgt ist oder deren Recht durch sie betroffen wird, die Eintragung eines Eigentümers auch denen, für die eine Hypothek, Grundschuld, Rentenschuld, Reallast oder ein Recht an einem solchen Recht im Grundbuch eingetragen ist.

(2) Steht ein Grundstück in Miteigentum, so ist die in Absatz 1 vorgeschriebene Bekanntmachung an den Eigentümer nur gegenüber den Miteigentümern vorzunehmen, auf deren Anteil sich die Eintragung bezieht. Entsprechendes gilt bei Miteigentum für die in Absatz 1 vorgeschriebene Bekanntmachung an einen Hypothekengläubiger oder sonstigen Berechtigten von der Eintragung eines Eigentümers.

(3) Veränderungen der grundbuchmäßigen Bezeichnung des Grundstücks und die Eintragung eines Eigentümers sind außerdem der Behörde bekanntzumachen, welche das in § 2 Abs. 2 bezeichnete amtliche Verzeichnis führt.

(4) Die Eintragung des Verzichts auf das Eigentum ist der für die Abgabe der Aneignungserklärung und der für die Führung des Liegenschaftskatasters zuständigen Behörde bekanntzumachen. In den Fällen des Artikels 233 § 15 Abs. 3 des Einführungsgesetzes zum Bürgerlichen Gesetzbuche erfolgt die Bekanntmachung nur gegenüber dem Landesfiskus und der Gemeinde, in deren Gebiet das Grundstück liegt; die Gemeinde unterrichtet ihr bekannte Berechtigte oder Gläubiger.

(5) Wird der in § 9 Abs. 1 vorgesehene Vermerk eingetragen, so hat das Grundbuchamt dies dem Grundbuchamt, welches das Blatt des belasteten Grundstücks führt, bekanntzumachen. Ist der Vermerk eingetragen, so hat das Grundbuchamt, welches das Grundbuchblatt des belasteten Grundstücks führt, jede Änderung oder Aufhebung des Rechts dem Grundbuchamt des herrschenden Grundstücks bekanntzumachen.

(6) Die Bekanntmachung hat die Eintragung wörtlich wiederzugeben. Sie soll auch die Stelle der Eintragung im Grundbuch und den Namen des Grundstückseigentümers, bei einem Eigentumswechsel auch den Namen des bisherigen Eigentümers angeben. In die Bekanntmachung können auch die Bezeichnung des betroffenen Grundstücks in dem in § 2 Abs. 2 genannten amtlichen Verzeichnis sowie bei einem Eigentumswechsel die Anschrift des neuen Eigentümers aufgenommen werden.

(7) Auf die Bekanntmachung kann ganz oder teilweise verzichtet werden.
(8) Sonstige Vorschriften über die Bekanntmachung von Eintragungen in das Grundbuch bleiben unberührt.

§ 55 a [Information der Grundbuchämter untereinander]

(1) Enthält ein beim Grundbuchamt eingegangenes Schriftstück Anträge oder Ersuchen, für deren Erledigung neben dem angegangenen Grundbuchamt auch noch ein anderes Grundbuchamt zuständig ist oder mehrere andere Grundbuchämter zuständig sind, so kann jedes der beteiligten Grundbuchämter den anderen beteiligten Grundbuchämtern Abschriften seiner Verfügungen mitteilen.
(2) Werden bei Gesamtrechten (§ 48) die Grundbücher bei verschiedenen Grundbuchämtern geführt, so sind die Eintragungen sowie die Verfügungen, durch die ein Antrag oder Ersuchen auf Eintragung zurückgewiesen wird, den anderen beteiligten Grundbuchämtern bekanntzugeben.

§ 55 b [Mitteilung an Gerichte oder Behörden]

Soweit das Grundbuchamt auf Grund von Rechtsvorschriften im Zusammenhang mit Grundbucheintragungen Mitteilungen an Gerichte oder Behörden oder sonstige Stellen zu machen hat, muß der Betroffene nicht unterrichtet werden. Das gleiche gilt im Falle des § 55 a.

Dritter Abschnitt

Hypotheken-, Grundschuld-, Rentenschuldbrief

§ 56 [Erteilung und Form des Hypothekenbriefs]

(1) Der Hypothekenbrief wird von dem Grundbuchamt erteilt. Er muß die Bezeichnung als Hypothekenbrief enthalten, den Geldbetrag der Hypothek und das belastete Grundstück bezeichnen sowie mit Unterschrift und Siegel oder Stempel versehen sein.
(2) Der Hypothekenbrief ist von der für die Führung des Grundbuchs zuständigen Person und dem Urkundsbeamten der Geschäftsstelle zu unterschreiben. Jedoch kann statt des Urkundsbeamten der Geschäftsstelle ein von der Leitung des Amtsgerichts ermächtigter Justizangestellter unterschreiben.

§ 57 [Sonstiger Inhalt des Hypothekenbriefs]

(1) Der Hypothekenbrief soll die Nummer des Grundbuchblatts und den Inhalt der die Hypothek betreffenden Eintragungen enthalten. Das belastete Grundstück soll mit der laufenden Nummer bezeichnet werden, unter der es im Bestandsverzeichnis des Grundbuchs verzeichnet ist. Bei der Hypothek eingetragene Löschungsvormerkungen nach § 1179 des Bürgerlichen Gesetzbuchs sollen in den Hypothekenbrief nicht aufgenommen werden.
(2) Ändern sich die in Absatz 1 Satz 1 und 2 bezeichneten Angaben, so ist der Hypothekenbrief auf Antrag zu ergänzen, soweit nicht die Ergänzung schon nach anderen Vorschriften vorzunehmen ist.

§ 58 [Verbindung der Urkunde über die Forderung mit dem Hypothekenbrief]

(1) Ist eine Urkunde über die Forderung, für welche eine Hypothek besteht, ausgestellt, so soll die Urkunde mit dem Hypothekenbrief verbunden werden. Erstreckt sich der Inhalt der Urkunde auch auf andere Angelegenheiten, so genügt es, wenn ein öffentlich beglaubigter Auszug aus der Urkunde mit dem Hypothekenbrief verbunden wird.

(2) (weggefallen)
(3) Zum Nachweis, daß eine Schuldurkunde nicht ausgestellt ist, genügt eine darauf gerichtete Erklärung des Eigentümers.

§ 59 [Hypothekenbrief über eine Gesamthypothek]

(1) Über eine Gesamthypothek soll nur ein Hypothekenbrief erteilt werden. Er ist nur von einer für die Führung des Grundbuchs zuständigen Person und von einem Urkundsbeamten der Geschäftsstelle oder ermächtigten Justizangestellten (§ 56 Abs. 2) zu unterschreiben, auch wenn bezüglich der belasteten Grundstücke insoweit verschiedene Personen zuständig sind.
(2) Werden die Grundbücher der belasteten Grundstücke von verschiedenen Grundbuchämtern geführt, so soll jedes Amt für die Grundstücke, deren Grundbuchblätter es führt, einen besonderen Brief erteilen; die Briefe sind miteinander zu verbinden.

§ 60 [Aushändigung des Hypothekenbriefs]

(1) Der Hypothekenbrief ist dem Eigentümer des Grundstücks, im Falle der nachträglichen Erteilung dem Gläubiger auszuhändigen.
(2) Auf eine abweichende Bestimmung des Eigentümers oder des Gläubigers ist die Vorschrift des § 29 Abs. 1 Satz 1 entsprechend anzuwenden.

§ 61 [Teilhypothekenbrief]

(1) Ein Teilhypothekenbrief kann von dem Grundbuchamt oder einem Notar hergestellt werden.
(2) Der Teilhypothekenbrief muß die Bezeichnung als Teilhypothekenbrief sowie eine beglaubigte Abschrift der im § 56 Abs. 1 Satz 2 vorgesehenen Angaben des bisherigen Briefes enthalten, den Teilbetrag der Hypothek, auf den er sich bezieht, bezeichnen sowie mit Unterschrift und Siegel oder Stempel versehen sein. Er soll außerdem eine beglaubigte Abschrift der sonstigen Angaben des bisherigen Briefes und der auf diesem befindlichen Vermerke enthalten. Eine mit dem bisherigen Brief verbundene Schuldurkunde soll in beglaubigter Abschrift mit dem Teilhypothekenbrief verbunden werden.
(3) Wird der Teilhypothekenbrief vom Grundbuchamt hergestellt, so ist auf die Unterschrift § 56 Abs. 2 anzuwenden.
(4) Die Herstellung des Teilhypothekenbriefes soll auf dem bisherigen Brief vermerkt werden.

§ 62 [Vermerk der Eintragungen auf dem Hypothekenbrief]

(1) Eintragungen, die bei der Hypothek erfolgen, sind von dem Grundbuchamt auf dem Hypothekenbrief zu vermerken; der Vermerk ist mit Unterschrift und Siegel oder Stempel zu versehen. Satz 1 gilt nicht für die Eintragung einer Löschungsvormerkung nach § 1179 des Bürgerlichen Gesetzbuchs.
(2) Auf die Unterschrift ist § 56 Abs. 2 anzuwenden.
(3) In den Fällen des § 53 Abs. 1 hat das Grundbuchamt den Besitzer des Briefes zur Vorlegung anzuhalten. In gleicher Weise hat es, wenn in den Fällen des § 41 Abs. 1 Satz 2 und des § 53 Abs. 2 der Brief nicht vorgelegt ist, zu verfahren, um nachträglich den Widerspruch auf dem Brief zu vermerken.

§ 63 [Vermerk der Mitbelastung im Hypothekenbrief]

Wird nach der Erteilung eines Hypothekenbriefs mit der Hypothek noch ein anderes, bei demselben Grundbuchamt gebuchtes Grundstück belastet, so ist, sofern nicht die Erteilung eines neuen Briefes über die Gesamthypothek beantragt wird, die Mitbelastung auf dem bisherigen Brief zu vermerken und zugleich der Inhalt des Briefes in Ansehung des anderen Grundstücks nach § 57 zu ergänzen.

§ 64 [Verteilung einer Gesamthypothek]

Im Falle der Verteilung einer Gesamthypothek auf die einzelnen Grundstücke ist für jedes Grundstück ein neuer Brief zu erteilen.

§ 65 [Ersatz der Hypothek durch eine Grundschuld oder eine Rentenschuld]

(1) Tritt nach § 1177 Abs. 1 oder nach § 1198 des Bürgerlichen Gesetzbuchs eine Grundschuld oder eine Rentenschuld an die Stelle der Hypothek, so ist, sofern nicht die Erteilung eines neuen Briefes beantragt wird, die Eintragung der Rechtsänderung auf dem bisherigen Brief zu vermerken und eine mit dem Brief verbundene Schuldurkunde abzutrennen.

(2) Das gleiche gilt, wenn nach § 1180 des Bürgerlichen Gesetzbuchs an die Stelle der Forderung, für welche eine Hypothek besteht, eine andere Forderung gesetzt wird.

§ 66 [Hypothekenbrief über mehrere Hypotheken]

Stehen einem Gläubiger mehrere Hypotheken zu, die gleichen Rang haben oder im Rang unmittelbar aufeinanderfolgen, so ist ihm auf seinen Antrag mit Zustimmung des Eigentümers über die mehreren Hypotheken ein Hypothekenbrief in der Weise zu erteilen, daß der Brief die sämtlichen Hypotheken umfaßt.

§ 67 [Erteilung eines neuen Briefes]

Einem Antrag des Berechtigten auf Erteilung eines neuen Briefes ist stattzugeben, wenn der bisherige Brief oder in den Fällen der §§ 1162, 1170, 1171 des Bürgerlichen Gesetzbuchs das Ausschlußurteil vorgelegt wird.

§ 68 [Inhalt des neuen Briefes]

(1) Wird ein neuer Brief erteilt, so hat er die Angabe zu enthalten, daß er an die Stelle des bisherigen Briefes tritt.

(2) Vermerke, die nach den §§ 1140, 1145, 1157 des Bürgerlichen Gesetzbuchs für das Rechtsverhältnis zwischen dem Eigentümer und dem Gläubiger in Betracht kommen, sind auf den neuen Brief zu übertragen.

(3) Die Erteilung des Briefes ist im Grundbuch zu vermerken.

§ 69 [Unbrauchbarmachung des Briefes]

Wird eine Hypothek gelöscht, so ist der Brief unbrauchbar zu machen; das gleiche gilt, wenn die Erteilung des Briefes über eine Hypothek nachträglich ausgeschlossen oder an Stelle des bisherigen Briefes ein neuer Hypothekenbrief, ein Grundschuldbrief oder ein Rentenschuldbrief erteilt wird. Eine mit dem bisherigen Brief verbundene Schuldurkunde ist abzutrennen und, sofern sie nicht mit dem neuen Hypothekenbrief zu verbinden ist, zurückzugeben.

§ 70 [Anwendung der Vorschriften auf Grundschuld- und Rentenschuldbriefe]

(1) Die Vorschriften der §§ 56 bis 69 sind auf den Grundschuldbrief und den Rentenschuldbrief entsprechend anzuwenden. Der Rentenschuldbrief muß auch die Ablösungssumme angeben.

(2) Ist eine für den Inhaber des Briefes eingetragene Grundschuld oder Rentenschuld in Teile zerlegt, so ist über jeden Teil ein besonderer Brief herzustellen.

Vierter Abschnitt
Beschwerde

§ 71 [Zulässigkeit der Beschwerde]

(1) Gegen die Entscheidungen des Grundbuchamts findet das Rechtsmittel der Beschwerde statt.

(2) Die Beschwerde gegen eine Eintragung ist unzulässig. Im Wege der Beschwerde kann jedoch verlangt werden, daß das Grundbuchamt angewiesen wird, nach § 53 einen Widerspruch einzutragen oder eine Löschung vorzunehmen.

§ 72 [Entscheidung über die Beschwerde]

Über die Beschwerde entscheidet das Landgericht, in dessen Bezirk das Grundbuchamt seinen Sitz hat.

§ 73 [Einlegung der Beschwerde]

(1) Die Beschwerde kann bei dem Grundbuchamt oder bei dem Beschwerdegericht eingelegt werden.

(2) Die Beschwerde ist durch Einreichung einer Beschwerdeschrift oder durch Erklärung zur Niederschrift des Grundbuchamts oder der Geschäftsstelle des Beschwerdegerichts einzulegen.

§ 74 [Neues Vorbringen]

Die Beschwerde kann auf neue Tatsachen und Beweise gestützt werden.

§ 75 [Abhelfung der Beschwerde durch das Grundbuchamt]

Erachtet das Grundbuchamt die Beschwerde für begründet, so hat es ihr abzuhelfen.

§ 76 [Einstweilige Anordnung des Beschwerdegerichts]

(1) Das Beschwerdegericht kann vor der Entscheidung eine einstweilige Anordnung erlassen, insbesondere dem Grundbuchamt aufgeben, eine Vormerkung oder einen Widerspruch einzutragen, oder anordnen, daß die Vollziehung der angefochtenen Entscheidung auszusetzen ist.

(2) Die Vormerkung oder der Widerspruch (Absatz 1) wird von Amts wegen gelöscht, wenn die Beschwerde zurückgenommen oder zurückgewiesen ist.

(3) Die Beschwerde hat nur dann aufschiebende Wirkung, wenn sie gegen eine Verfügung gerichtet ist, durch die ein Zwangsgeld festgesetzt wird.

§ 77 [Begründung und Mitteilung der Beschwerdeentscheidung]

Die Entscheidung des Beschwerdegerichts ist mit Gründen zu versehen und dem Beschwerdeführer mitzuteilen.

§ 78 [Weitere Beschwerde]

Gegen die Entscheidung des Beschwerdegerichts ist das Rechtsmittel der weiteren Beschwerde zulässig, wenn die Entscheidung auf einer Verletzung des Gesetzes beruht. Die Vorschriften der §§ 550, 551, 561, 563 der Zivilprozeßordnung sind entsprechend anzuwenden.

§ 79 [Entscheidung über die weitere Beschwerde]

(1) Über die weitere Beschwerde entscheidet das Oberlandesgericht.

(2) Will das Oberlandesgericht bei der Auslegung einer das Grundbuchrecht betreffenden bundesrechtlichen Vorschrift von der auf weitere Beschwerde ergangenen Entscheidung eines anderen Oberlandesgerichts, falls aber über die Rechtsfrage bereits eine Entscheidung des Reichsgerichts, des Obersten Gerichtshofs für die britische Zone oder des Bundesgerichtshofs ergangen ist, von dieser abweichen, so hat es die weitere Beschwerde unter Begründung seiner Rechtsauffassung dem Bundesgerichtshof vorzulegen. Der Beschluß über die Vorlegung ist dem Beschwerdeführer mitzuteilen.
(3) In den Fällen des Absatzes 2 entscheidet über die weitere Beschwerde der Bundesgerichtshof.

§ 80 [Einlegung der weiteren Beschwerde]

(1) Die weitere Beschwerde kann bei dem Grundbuchamt, dem Landgericht oder bei dem Oberlandesgericht eingelegt werden. Wird sie durch Einreichung einer Beschwerdeschrift eingelegt, so muß diese von einem Rechtsanwalt unterzeichnet sein. Der Zuziehung eines Rechtsanwalts bedarf es nicht, wenn die Beschwerde von einer Behörde oder von dem Notar eingelegt wird, der nach § 15 den Eintragungsantrag gestellt hat.
(2) Das Grundbuchamt und das Landgericht sind nicht befugt, der weiteren Beschwerde abzuhelfen.
(3) Im übrigen sind die Vorschriften über die Beschwerde entsprechend anzuwenden.

§ 81 [Zuständigkeit der Zivilkammern bzw. des Zivilsenats]

(1) Über Beschwerden entscheidet bei den Landgerichten eine Zivilkammer, bei den Oberlandesgerichten und dem Bundesgerichtshof ein Zivilsenat.
(2) Die Vorschriften der Zivilprozeßordnung über die Ausschließung und Ablehnung der Gerichtspersonen sowie die Vorschriften der §§ 132 und 138 des Gerichtsverfassungsgesetzes sind entsprechend anzuwenden.

Fünfter Abschnitt

Verfahren des Grundbuchamts in besonderen Fällen

I. Grundbuchberichtigungszwang

§ 82 [Verpflichtung zur Stellung des Antrags auf Berichtigung]

Ist das Grundbuch hinsichtlich der Eintragung des Eigentümers durch Rechtsübergang außerhalb des Grundbuchs unrichtig geworden, so soll das Grundbuchamt dem Eigentümer oder dem Testamentsvollstrecker, dem die Verwaltung des Grundstücks zusteht, die Verpflichtung auferlegen, den Antrag auf Berichtigung des Grundbuchs zu stellen und die zur Berichtigung des Grundbuchs notwendigen Unterlagen zu beschaffen. Das Grundbuchamt soll diese Maßnahme zurückstellen, solange berechtigte Gründe vorliegen.

§ 82 a [Berichtigung von Amts wegen]

Liegen die Voraussetzungen des § 82 vor, ist jedoch das Berichtigungszwangsverfahren nicht durchführbar oder bietet es keine Aussicht auf Erfolg, so kann das Grundbuchamt das Grundbuch von Amts wegen berichtigen. Das Grundbuchamt kann in diesem Fall das Nachlaßgericht um Ermittlung des Erben des Eigentümers ersuchen.

§ 83 [Mitteilung des Nachlaßgerichts vom Erbfall]

Das Nachlaßgericht, das einen Erbschein erteilt oder sonst die Erben ermittelt hat, soll, wenn ihm bekannt ist, daß zu dem Nachlaß ein Grundstück gehört, dem zuständigen Grundbuchamt von dem Erbfall und den Erben Mitteilung machen. Wird ein Testament oder ein Erbvertrag eröffnet, so soll das Gericht, wenn ihm bekannt ist, daß zu dem Nachlaß ein Grundstück gehört, dem zuständigen Grundbuchamt von dem Erbfall Mitteilung machen und die als Erben eingesetzten Personen, soweit ihm ihr Aufenthalt bekannt ist, darauf hinweisen, daß durch den Erbfall das Grundbuch unrichtig geworden ist und welche gebührenrechtlichen Vergünstigungen für eine Grundbuchberichtigung bestehen.

II. Löschung gegenstandsloser Eintragungen

§ 84 [Löschung gegenstandsloser Eintragungen]

(1) Das Grundbuchamt kann eine Eintragung über ein Recht nach Maßgabe der folgenden Vorschriften von Amts wegen als gegenstandslos löschen.

(2) Eine Eintragung ist gegenstandslos:

a) soweit das Recht, auf das sie sich bezieht, nicht besteht und seine Entstehung ausgeschlossen ist;

b) soweit das Recht, auf das sie sich bezieht, aus tatsächlichen Gründen dauernd nicht ausgeübt werden kann.

(3) Zu den Rechten im Sinne der Absätze 1 und 2 gehören auch Vormerkungen, Widersprüche, Verfügungsbeschränkungen, Enteignungsvermerke und ähnliches.

§ 85 [Einleitung des Löschungsverfahrens]

(1) Das Grundbuchamt soll das Verfahren zur Löschung gegenstandsloser Eintragungen grundsätzlich nur einleiten, wenn besondere äußere Umstände (z. B. Umschreibung des Grundbuchblatts wegen Unübersichtlichkeit, Teilveräußerung oder Neubelastung des Grundstücks, Anregung seitens eines Beteiligten) hinreichenden Anlaß dazu geben und Grund zu der Annahme besteht, daß die Eintragung gegenstandslos ist.

(2) Das Grundbuchamt entscheidet nach freiem Ermessen, ob das Löschungsverfahren einzuleiten und durchzuführen ist; diese Entscheidung ist unanfechtbar.

§ 86 [Anregung der Einleitung des Löschungsverfahrens]

Hat ein Beteiligter die Einleitung des Löschungsverfahrens angeregt, so soll das Grundbuchamt die Entscheidung, durch die es die Einleitung des Verfahrens ablehnt oder das eingeleitete Verfahren einstellt, mit Gründen versehen.

§ 87 [Löschung von Amts wegen]

Die Eintragung ist zu löschen:

a) wenn sich aus Tatsachen oder Rechtsverhältnissen, die in einer den Anforderungen dieses Gesetzes entsprechenden Weise festgestellt sind, ergibt, daß die Eintragung gegenstandslos ist;

b) wenn dem Betroffenen eine Löschungsankündigung zugestellt ist und er nicht binnen einer vom Grundbuchamt zugleich zu bestimmenden Frist Widerspruch erhoben hat;

c) wenn durch einen mit Gründen zu versehenden Beschluß rechtskräftig festgestellt ist, daß die Eintragung gegenstandslos ist.

§ 88 [Löschungsverfahren]

(1) Das Grundbuchamt kann den Besitzer von Hypotheken-, Grundschuld- oder Rentenschuldbriefen sowie von Urkunden der in den §§ 1154, 1155 des Bürgerlichen Gesetzbuchs bezeichneten Art zur Vorlegung dieser Urkunden anhalten.

(2) § 16 des Gesetzes über die Angelegenheiten der freiwilligen Gerichtsbarkeit ist auf die Löschungsankündigung (§ 87 Buchstabe b) und den Feststellungsbeschluß (§ 87 Buchstabe c) mit folgenden Maßgaben anzuwenden:

a) die §§ 174, 175 der Zivilprozeßordnung sind nicht anzuwenden;
b) die Löschungsankündigung (§ 87 Buchstabe b) kann nicht öffentlich zugestellt werden;
c) der Feststellungsbeschluß (§ 87 Buchstabe c) kann auch dann, wenn die Person des Beteiligten, dem zugestellt werden soll, unbekannt ist, öffentlich zugestellt werden.

§ 89 [Beschwerde gegen den Feststellungsbeschluß]

(1) Die Beschwerde (§ 71) gegen den Feststellungsbeschluß ist binnen einer Frist von zwei Wochen seit Zustellung des angefochtenen Beschlusses an den Beschwerdeführer einzulegen. Das Grundbuchamt und das Beschwerdegericht können in besonderen Fällen in ihrer Entscheidung eine längere Frist bestimmen.

(2) Auf den zur Zustellung bestimmten Ausfertigungen der Beschlüsse soll vermerkt werden, ob gegen die Entscheidung ein Rechtsmittel zulässig und bei welcher Behörde, in welcher Form und binnen welcher Frist es einzulegen ist.

III. Klarstellung der Rangverhältnisse

§ 90 [Beseitigung von Unklarheiten]

Das Grundbuchamt kann aus besonderem Anlaß, insbesondere bei Umschreibung unübersichtlicher Grundbücher, Unklarheiten und Unübersichtlichkeiten in den Rangverhältnissen von Amts wegen oder auf Antrag eines Beteiligten beseitigen.

§ 91 [Umschreibung eines unübersichtlichen Grundbuchblatts]

(1) Vor der Umschreibung eines unübersichtlichen Grundbuchblatts hat das Grundbuchamt zu prüfen, ob die Rangverhältnisse unklar oder unübersichtlich sind und ihre Klarstellung nach den Umständen angezeigt erscheint. Das Grundbuchamt entscheidet hierüber nach freiem Ermessen. Die Entscheidung ist unanfechtbar.

(2) Der Beschluß, durch den das Verfahren eingeleitet wird, ist allen Beteiligten zuzustellen.

(3) Die Einleitung des Verfahrens ist im Grundbuch zu vermerken.

(4) Der Beschluß, durch den ein Antrag auf Einleitung des Verfahrens abgelehnt wird, ist nur dem Antragsteller bekanntzumachen.

§ 92 [Beteiligte des Verfahrens]

(1) In dem Verfahren gelten als Beteiligte:

a) der zur Zeit der Eintragung des Vermerks (§ 91 Abs. 3) im Grundbuch eingetragene Eigentümer und, wenn das Grundstück mit einer Gesamthypothek, (-grundschuld, -rentenschuld) belastet ist, die im Grundbuch eingetragenen Eigentümer der anderen mit diesem Recht belasteten Grundstücke;
b) Personen, für die in dem unter Buchstabe a bestimmten Zeitpunkt ein Recht am Grundstück oder ein Recht an einem das Grundstück belastenden Recht im Grundbuch eingetragen oder durch Eintragung gesichert ist;
c) Personen, die ein Recht am Grundstück oder an einem das Grundstück belastenden Recht im Verfahren anmelden und auf Verlangen des Grundbuchamts oder eines Beteiligten glaubhaft machen.

(2) Beteiligter ist nicht, wessen Recht von der Rangbereinigung nicht berührt wird.

§ 93 [Anzeigepflicht des eingetragenen Nichtberechtigten]

Ist der im Grundbuch als Eigentümer oder Berechtigter Eingetragene nicht der Berechtigte, so hat er dies unverzüglich nach Zustellung des Einleitungsbeschlusses dem Grundbuchamt anzuzeigen und anzugeben, was ihm über die Person des Berechtigten bekannt ist. Ein schriftlicher Hinweis auf diese Pflicht ist ihm zugleich mit dem Einleitungsbeschluß zuzustellen.

§ 94 [Ermittlung des Berechtigten]

(1) Das Grundbuchamt kann von Amts wegen Ermittlungen darüber anstellen, ob das Eigentum oder ein eingetragenes Recht dem als Berechtigten Eingetragenen oder einem anderen zusteht, und die hierzu geeigneten Beweise erheben. Inwieweit § 35 anzuwenden ist, entscheidet das Grundbuchamt nach freiem Ermessen.

(2) Der ermittelte Berechtigte gilt vom Zeitpunkt seiner Feststellung an auch als Beteiligter.

(3) Bestehen Zweifel darüber, wer von mehreren Personen der Berechtigte ist, so gelten sämtliche Personen als Berechtigte.

§ 95 [Wechsel des Berechtigten im Laufe des Verfahrens]

(1) Wechselt im Laufe des Verfahrens die Person eines Berechtigten, so gilt der neue Berechtigte von dem Zeitpunkt ab, zu dem seine Person dem Grundbuchamt bekannt wird, als Beteiligter.

(2) Das gleiche gilt, wenn im Laufe des Verfahrens ein neues Recht am Grundstück oder an einem das Grundstück belastenden Recht begründet wird, das von dem Verfahren berührt wird.

§ 96 [Abwesenheitspflegschaft]

Ist die Person oder der Aufenthalt eines Beteiligten oder seines Vertreters unbekannt, so kann das Grundbuchamt dem Beteiligten für das Rangbereinigungsverfahren einen Pfleger bestellen. Für die Pflegschaft tritt an die Stelle des Vormundschaftsgerichts das Grundbuchamt.

§ 97 [Zustellungsbevollmächtigter]

(1) Wohnt ein Beteiligter nicht im Inland und hat er einen hier wohnenden Bevollmächtigten nicht bestellt, so kann das Grundbuchamt anordnen, daß er einen im Inland wohnenden Bevollmächtigten zum Empfang der für ihn bestimmten Sendungen oder für das Verfahren bestellt.

(2) Hat das Grundbuchamt dies angeordnet, so können, solange der Beteiligte den Bevollmächtigten nicht bestellt hat, nach der Ladung zum ersten Verhandlungstermin alle weiteren Zustellungen in der Art bewirkt werden, daß das zuzustellende Schriftstück unter der Anschrift des Beteiligten nach seinem Wohnort zur Post gegeben wird; die Postsendungen sind mit der Bezeichnung »Einschreiben« zu versehen. Die Zustellung gilt mit der Aufgabe zur Post als bewirkt, selbst wenn die Sendung als unbestellbar zurückkommt.

§ 98 [Keine öffentliche Zustellung]

Die öffentliche Zustellung ist unzulässig.

§ 99 [Anhaltung zur Briefvorlegung]

Das Grundbuchamt kann den Besitzer von Hypotheken-, Grundschuld- oder Rentenschuldbriefen sowie von Urkunden der in den §§ 1154, 1155 des Bürgerlichen Gesetzbuchs bezeichneten Art zur Vorlegung dieser Urkunden anhalten.

§ 100 [Ladung zum Verhandlungstermin]

Das Grundbuchamt hat die Beteiligten zu einem Verhandlungstermin über die Klarstellung der Rangverhältnisse zu laden. Die Ladung soll den Hinweis enthalten, daß ungeachtet des Ausbleibens eines Beteiligten über die Klarstellung der Rangverhältnisse verhandelt werden würde.

§ 101 [Ladungsfrist]

(1) Die Frist zwischen der Ladung und dem Termin soll mindestens zwei Wochen betragen.

(2) Diese Vorschrift ist auf eine Vertagung sowie auf einen Termin zur Fortsetzung der Verhandlung nicht anzuwenden. Die zu dem früheren Termin Geladenen brauchen zu dem neuen Termin nicht nochmals geladen zu werden, wenn dieser verkündet ist.

§ 102 [Einigung der Beteiligten]

(1) In dem Termin hat das Grundbuchamt zu versuchen, eine Einigung der Beteiligten auf eine klare Rangordnung herbeizuführen. Einigen sich die erschienenen Beteiligten, so hat das Grundbuchamt die Vereinbarung zu beurkunden. Ein nicht erschienener Beteiligter kann seine Zustimmung zu der Vereinbarung in einer öffentlichen oder öffentlich beglaubigten Urkunde erteilen.

(2) Einigen sich die Beteiligten, so ist das Grundbuch der Vereinbarung gemäß umzuschreiben.

§ 103 [Einigungsvorschlag]

Einigen sich die Beteiligten nicht, so macht das Grundbuchamt ihnen einen Vorschlag für eine neue Rangordnung. Es kann hierbei eine Änderung der bestehenden Rangverhältnisse, soweit sie zur Herbeiführung einer klaren Rangordnung erforderlich ist, vorschlagen.

§ 104 [Widerspruch gegen den Einigungsvorschlag]

(1) Der Vorschlag ist den Beteiligten mit dem Hinweis zuzustellen, daß sie gegen ihn binnen einer Frist von einem Monat von der Zustellung ab bei dem Grundbuchamt Widerspruch erheben können. In besonderen Fällen kann eine längere Frist bestimmt werden.

(2) Der Widerspruch ist schriftlich oder durch Erklärung zur Niederschrift des Urkundsbeamten der Geschäftsstelle eines Amtsgerichts einzulegen; in letzterem Fall ist die Widerspruchsfrist gewahrt, wenn die Erklärung innerhalb der Frist abgegeben ist.

§ 105 [Wiedereinsetzung in den vorigen Stand]

(1) Einem Beteiligten, der ohne sein Verschulden verhindert war, die Frist (§ 104) einzuhalten, hat das Grundbuchamt auf seinen Antrag Wiedereinsetzung in den vorigen Stand zu gewähren, wenn er binnen zwei Wochen nach der Beseitigung des Hindernisses den Widerspruch einlegt und die Tatsachen, die die Wiedereinsetzung begründen, glaubhaft macht.

(2) Die Entscheidung, durch die Wiedereinsetzung erteilt wird, ist unanfechtbar; gegen die Entscheidung, durch die der Antrag auf Wiedereinsetzung als unzulässig verworfen oder

zurückgewiesen wird, ist die sofortige Beschwerde nach den Vorschriften des Gesetzes über die Angelegenheiten der freiwilligen Gerichtsbarkeit zulässig.

(3) Die Wiedereinsetzung kann nicht mehr beantragt werden, nachdem die neue Rangordnung eingetragen oder wenn seit dem Ende der versäumten Frist ein Jahr verstrichen ist.

§ 106 [Aussetzung des Verfahrens bei anhängigem Rechtsstreit]

(1) Ist ein Rechtsstreit anhängig, der die Rangverhältnisse des Grundstücks zum Gegenstand hat, so ist das Verfahren auf Antrag eines Beteiligten bis zur Erledigung des Rechtsstreits auszusetzen.

(2) Das Grundbuchamt kann auch von Amts wegen das Verfahren aussetzen und den Beteiligten oder einzelnen von ihnen unter Bestimmung einer Frist aufgeben, die Entscheidung des Prozeßgerichts herbeizuführen, wenn die Aufstellung einer neuen klaren Rangordnung von der Entscheidung eines Streites über die bestehenden Rangverhältnisse abhängt.

§ 107 [Fortsetzung des Verfahrens nach Erledigung des Rechtsstreits]

Ist der Rechtsstreit erledigt, so setzt das Grundbuchamt das Verfahren insoweit fort, als es noch erforderlich ist, um eine klare Rangordnung herbeizuführen.

§ 108 [Feststellung der neuen Rangordnung durch Beschluß]

(1) Nach dem Ablauf der Widerspruchsfrist stellt das Grundbuchamt durch Beschluß die neue Rangordnung fest, sofern nicht Anlaß besteht, einen neuen Vorschlag zu machen. Es entscheidet hierbei zugleich über die nicht erledigten Widersprüche; insoweit ist die Entscheidung mit Gründen zu versehen.

(2) Ist über einen Widerspruch entschieden, so ist der Beschluß allen Beteiligten zuzustellen.

§ 109 [Einstellung des Verfahrens]

Das Grundbuchamt kann jederzeit das Verfahren einstellen, wenn es sich von seiner Fortsetzung keinen Erfolg verspricht. Der Einstellungsbeschluß ist unanfechtbar.

§ 110 [Beschwerde gegen den Feststellungsbeschluß]

(1) Hat das Grundbuchamt in dem Beschluß, durch den die neue Rangordnung festgestellt wird, über einen Widerspruch entschieden, so ist gegen den Beschluß die sofortige Beschwerde nach den Vorschriften des Gesetzes über die Angelegenheiten der freiwilligen Gerichtsbarkeit zulässig.

(2) Die weitere Beschwerde ist unzulässig.

§ 111 [Umschreibung des Grundbuchs]

Ist die neue Rangordnung rechtskräftig festgestellt, so hat das Grundbuchamt das Grundbuch nach Maßgabe dieser Rangordnung umzuschreiben.

§ 112 [Ersatz der bisherigen Rangordnung durch die neue Rangordnung]

Ist die neue Rangordnung (§ 102 Abs. 2, § 111) eingetragen, so tritt sie an die Stelle der bisherigen Rangordnung.

§ 113 [Löschung des Einleitungsvermerks]

Wird die neue Rangordnung eingetragen (§ 102 Abs. 2, § 111) oder wird das Verfahren eingestellt (§ 109), so ist der Einleitungsvermerk zu löschen.

§ 114 [Verteilung der Verfahrenskosten]

Die Kosten des Verfahrens erster Instanz verteilt das Grundbuchamt auf die Beteiligten nach billigem Ermessen.

§ 115 [Kostentragung bei Erledigung eines anhängigen Rechtsstreits]

Wird durch das Verfahren ein anhängiger Rechtsstreit erledigt, so trägt jede Partei die ihr entstandenen außergerichtlichen Kosten. Die Gerichtskosten werden niedergeschlagen.

Sechster Abschnitt

Anlegung von Grundbuchblättern

§ 116 [Verfahren bei der Anlegung des Grundbuchblatts]

(1) Für ein Grundstück, das ein Grundbuchblatt bei der Anlegung des Grundbuchs nicht erhalten hat, wird das Blatt unbeschadet des § 3 Abs. 2 bis 9 von Amts wegen angelegt.

(2) Das Verfahren bei der Anlegung des Grundbuchblatts richtet sich nach den Vorschriften der §§ 117 bis 125.

§ 117 [Auszug aus dem amtlichen Verzeichnis]

Das Grundbuchamt hat die zuständige Behörde um Übersendung eines beglaubigten Auszugs aus dem für die Bezeichnung der Grundstücke im Grundbuch maßgebenden amtlichen Verzeichnis zu ersuchen.

§ 118 [Ermittlung und Beweiserhebung]

Zur Feststellung des Eigentums an dem Grundstück hat das Grundbuchamt von Amts wegen die erforderlichen Ermittlungen anzustellen und die geeigneten Beweise zu erheben.

§ 119 [Aufgebot]

Das Grundbuchamt kann zur Ermittlung des Berechtigten ein Aufgebot nach Maßgabe der §§ 120 und 121 erlassen.

§ 120 [Inhalt des Aufgebots]

In das Aufgebot sind aufzunehmen:

1. die Ankündigung der bevorstehenden Anlegung des Grundbuchblatts;
2. die Bezeichnung des Grundstücks, seine Lage, Beschaffenheit und Größe nach dem für die Bezeichnung der Grundstücke im Grundbuch maßgebenden amtlichen Verzeichnis;
3. die Bezeichnung des Eigenbesitzers, sofern sie dem Grundbuchamt bekannt oder zu ermitteln ist;
4. die Aufforderung an die Personen, welche das Eigentum in Anspruch nehmen, ihr Recht binnen einer vom Grundbuchamt zu bestimmenden Frist von mindestens sechs Wochen anzumelden und glaubhaft zu machen, widrigenfalls ihr Recht bei der Anlegung des Grundbuchs nicht berücksichtigt wird.

§ 121 [Aushang und amtliche Bekanntmachung]

(1) Das Aufgebot ist an die für den Aushang von Bekanntmachungen des Grundbuchamts bestimmte Stelle anzuheften und einmal in dem für die amtlichen Bekanntmachungen des Grundbuchamts bestimmten Blatte zu veröffentlichen. Das Grundbuchamt kann anordnen, daß die Veröffentlichung mehrere Male und noch in anderen Blättern zu erfolgen habe oder, falls das Grundstück einen Wert von weniger als 5 000 Deutsche Mark hat, daß sie ganz unterbleibe.

(2) Das Aufgebot ist in der Gemeinde, in deren Bezirk das Grundstück liegt, an der für amtliche Bekanntmachungen bestimmten Stelle anzuheften oder in sonstiger ortsüblicher Weise bekanntzumachen. Dies gilt nicht, wenn in der Gemeinde eine Anheftung von amtlichen Bekanntmachungen nicht vorgesehen ist und eine sonstige ortsübliche Bekanntmachung lediglich zu einer zusätzlichen Veröffentlichung in einem der in Absatz 1 bezeichneten Blätter führen würde.
(3) Das Aufgebot soll den Personen, die das Eigentum in Anspruch nehmen und dem Grundbuchamt bekannt sind, von Amts wegen zugestellt werden.

§ 122 [Verfahren bei Fehlen des Aufgebotsverfahrens]

Das Grundbuchblatt darf, wenn ein Aufgebotsverfahren (§§ 120, 121) nicht stattgefunden hat, erst angelegt werden, nachdem in der Gemeinde, in deren Bezirk das Grundstück liegt, das Bevorstehen der Anlegung und der Name des als Eigentümer Einzutragenden öffentlich bekanntgemacht und seit der Bekanntmachung ein Monat verstrichen ist; die Art der Bekanntmachung bestimmt das Grundbuchamt.

§ 123 [Voraussetzungen der Eintragung als Eigentümer]

Als Eigentümer ist in das Grundbuch einzutragen:
1. der ermittelte Eigentümer;
2. sonst der Eigenbesitzer, dessen Eigentum dem Grundbuchamt glaubhaft gemacht ist;
3. sonst derjenige, dessen Eigentum nach Lage der Sache dem Grundbuchamt am wahrscheinlichsten erscheint.

§ 124 [Eintragung beschränkter dinglicher Rechte]

(1) Beschränkte dingliche Rechte am Grundstück oder sonstige Eigentumsbeschränkungen werden bei der Anlegung des Grundbuchblatts nur eingetragen, wenn sie bei dem Grundbuchamt angemeldet und entweder durch öffentliche oder öffentlich beglaubigte Urkunden, deren erklärter Inhalt vom Eigentümer stammt, nachgewiesen oder von dem Eigentümer anerkannt sind.
(2) Der Eigentümer ist über die Anerkennung anzuhören. Bestreitet er das angemeldete Recht, so wird es, falls es glaubhaft gemacht ist, durch Eintragung eines Widerspruchs gesichert.
(3) Der Rang der Rechte ist gemäß den für sie zur Zeit ihrer Entstehung maßgebenden Gesetzen und, wenn er hiernach nicht bestimmt werden kann, nach der Reihenfolge ihrer Anmeldung einzutragen.

§ 125 [Beschwerde]

Die Beschwerde gegen die Anlegung des Grundbuchblatts ist unzulässig. Im Wege der Beschwerde kann jedoch verlangt werden, daß das Grundbuchamt angewiesen wird, nach § 53 einen Widerspruch einzutragen oder eine Löschung vorzunehmen.

Siebenter Abschnitt

Das maschinell geführte Grundbuch

§ 126 [Verordnungsermächtigung für automatisierte Datei]

(1) Die Landesregierungen können durch Rechtsverordnung bestimmen, daß und in welchem Umfang das Grundbuch in maschineller Form als automatisierte Datei geführt wird. Hierbei muß gewährleistet sein, daß

1. die Grundsätze einer ordnungsgemäßen Datenverarbeitung eingehalten, insbesondere Vorkehrungen gegen einen Datenverlust getroffen sowie die erforderlichen Kopien der Datenbestände mindestens tagesaktuell gehalten und die originären Datenbestände sowie deren Kopien sicher aufbewahrt werden;
2. die vorzunehmenden Eintragungen alsbald in einen Datenspeicher aufgenommen und auf Dauer inhaltlich unverändert in lesbarer Form wiedergegeben werden können;
3. die nach der Anlage zu diesem Gesetz erforderlichen Maßnahmen getroffen werden.

Die Landesregierungen können durch Rechtsverordnung die Ermächtigung nach Satz 1 auf die Landesjustizverwaltungen übertragen.

(2) Die Führung des Grundbuchs in maschineller Form umfaßt auch die Einrichtung und Führung eines Verzeichnisses der Eigentümer und der Grundstücke sowie weitere, für die Führung des Grundbuchs in maschineller Form erforderliche Verzeichnisse. Das Grundbuchamt kann für die Führung des Grundbuchs auch Verzeichnisse der in Satz 1 bezeichneten Art nutzen, die bei den für die Führung des Liegenschaftskatasters zuständigen Stellen eingerichtet sind; diese dürfen die in Satz 1 bezeichneten Verzeichnisse insoweit nutzen, als dies für die Führung des Liegenschaftskatasters erforderlich ist.

(3) Die Datenverarbeitung kann im Auftrag des nach § 1 zuständigen Grundbuchamts auf den Anlagen einer anderen staatlichen Stelle oder auf den Anlagen einer juristischen Person des öffentlichen Rechts vorgenommen werden, wenn die ordnungsgemäße Erledigung der Grundbuchsachen sichergestellt ist.

§ 127 [Verordnungsermächtigung für maschinelle Bearbeitung]

(1) Die Landesregierungen können durch Rechtsverordnung, zu deren Erlaß auch die Landesjustizverwaltungen ermächtigt werden können, bestimmen, daß das Grundbuchamt

1. Änderungen der Nummer, unter der das Grundstück im Liegenschaftskataster geführt wird, die nicht auf einer Änderung der Umfangsgrenzen des Grundstücks beruhen, sowie im Liegenschaftskataster enthaltene Angaben über die tatsächliche Beschreibung des Grundstücks aus dem Liegenschaftskataster maschinell in das Grundbuch und in Verzeichnisse nach § 126 Abs. 2 einspeichern darf;
2. der für die Führung des Liegenschaftskatasters zuständigen Stelle die Grundbuchstelle sowie Daten des Bestandsverzeichnisses und der ersten Abteilung maschinell übermittelt.

(2) Soweit das Grundbuchamt nach bundesrechtlicher Vorschrift verpflichtet ist, einem Gericht oder einer Behörde über eine Eintragung Mitteilung zu machen, besteht diese Verpflichtung bezüglich der nach Maßgabe des Absatzes 1 aus dem Liegenschaftskataster in das Grundbuch übernommenen Angaben nicht.

§ 128 [Maschinell geführtes Grundbuch]

(1) Das maschinell geführte Grundbuch tritt für ein Grundbuchblatt an die Stelle des bisherigen Grundbuchs, sobald es freigegeben worden ist. Die Freigabe soll erfolgen, sobald die Eintragungen dieses Grundbuchblattes in den für die Grundbucheintragungen bestimmten Datenspeicher aufgenommen worden sind.

(2) Der Schließungsvermerk im bisherigen Grundbuch ist lediglich von einer der nach § 44 Abs. 1 Satz 2 zur Unterschrift zuständigen Personen zu unterschreiben.

§ 129 [Wirksamwerden der Eintragung]

(1) Eine Eintragung wird wirksam, sobald sie in den für die Grundbucheintragungen bestimmten Datenspeicher aufgenommen ist und auf Dauer inhaltlich unverändert in

lesbarer Form wiedergegeben werden kann. Durch eine Bestätigungsanzeige oder in anderer geeigneter Weise ist zu überprüfen, ob diese Voraussetzungen eingetreten sind.

(2) Jede Eintragung soll den Tag angeben, an dem sie wirksam geworden ist. Bei Eintragungen, die gemäß § 127 Abs. 1 Inhalt des Grundbuchs werden, bedarf es abweichend von Satz 1 der Angabe des Tages der Eintragung im Grundbuch nicht.

§ 130 [Eintragungsberechtigter]

§ 44 Abs. 1 Satz 1, 2 Halbsatz 2 und Satz 3 ist für die maschinelle Grundbuchführung nicht anzuwenden; § 44 Abs. 1 Satz 2 erster Halbsatz gilt mit der Maßgabe, daß die für die Führung des Grundbuchs zuständige Person auch die Eintragung veranlassen kann. Wird die Eintragung nicht besonders verfügt, so ist in geeigneter Weise der Veranlasser der Speicherung aktenkundig oder sonst feststellbar zu machen.

§ 131 [Amtlicher Ausdruck]

Wird das Grundbuch in maschineller Form als automatisierte Datei geführt, so tritt an die Stelle der Abschrift der Ausdruck und an die Stelle der beglaubigten Abschrift der amtliche Ausdruck. Die Ausdrucke werden nicht unterschrieben. Der amtliche Ausdruck ist als solcher zu bezeichnen und mit einem Dienstsiegel oder -stempel zu versehen; er steht einer beglaubigten Abschrift gleich.

§ 132 [Entscheidung über die Zulässigkeit der Einsicht]

Die Einsicht in das maschinell geführte Grundbuch kann auch bei einem anderen als dem Grundbuchamt genommen werden, das dieses Grundbuch führt. Das einsichtgewährende Grundbuchamt entscheidet über die Zulässigkeit der Einsicht.

§ 133 [Erfordernisse bei Datenabruf]

(1) Die Einrichtung eines automatisierten Verfahrens, das die Übermittlung der Daten aus dem maschinell geführten Grundbuch durch Abruf ermöglicht, ist zulässig, sofern sichergestellt ist, daß

1. der Abruf von Daten die nach den oder auf Grund der §§ 12 und 12 a zulässige Einsicht nicht überschreitet und
2. die Zulässigkeit der Abrufe auf der Grundlage einer Protokollierung kontrolliert werden kann.

(2) Die Einrichtung eines automatisierten Abrufverfahrens nach Absatz 1 bedarf der Genehmigung durch die Landesjustizverwaltung. Die Genehmigung darf nur Gerichten, Behörden, Notaren, öffentlich bestellten Vermessungsingenieuren, an dem Grundstück dinglich Berechtigten, einer von dinglich Berechtigten beauftragten Person oder Stelle, der Staatsbank Berlin sowie für Zwecke der maschinellen Bearbeitung von Auskunftsanträgen (Absatz 4), nicht jedoch anderen öffentlich-rechtlichen Kreditinstituten erteilt werden. Sie setzt voraus, daß

1. diese Form der Datenübermittlung unter Berücksichtigung der schutzwürdigen Interessen der betroffenen dinglich Berechtigten wegen der Vielzahl der Übermittlungen oder wegen ihrer besonderen Eilbedürftigkeit angemessen ist,
2. auf seiten des Empfängers die Grundsätze einer ordnungsgemäßen Datenverarbeitung eingehalten werden und
3. auf seiten der grundbuchführenden Stelle die technischen Möglichkeiten der Einrichtung und Abwicklung des Verfahrens gegeben sind und eine Störung des Geschäftsbetriebs des Grundbuchamts nicht zu erwarten ist.

(3) Die Genehmigung ist zu widerrufen, wenn eine der in Absatz 2 genannten Voraussetzungen weggefallen ist. Sie kann widerrufen werden, wenn die Anlage mißbräuchlich benutzt worden ist. Ein öffentlich-rechtlicher Vertrag oder eine Verwaltungsvereinbarung kann in den Fällen der Sätze 1 und 2 gekündigt werden. In den Fällen des Satzes 1 ist die Kündigung zu erklären.

(4) Im automatisierten Abrufverfahren nach Absatz 1 können auch Anträge auf Auskunft aus dem Grundbuch (Einsichtnahme und Erteilung von Abschriften) nach § 12 und den diese Vorschriften ausführenden Bestimmungen maschinell bearbeitet werden. Absatz 2 Satz 1 und 3 gilt entsprechend. Die maschinelle Bearbeitung ist nur zulässig, wenn der Eigentümer des Grundstücks, bei Erbbau- und Gebäudegrundbüchern der Inhaber des Erbbaurechts oder Gebäudeeigentums, zustimmt oder die Zwangsvollstreckung in das Grundstück, Erbbaurecht oder Gebäudeeigentum betrieben werden soll und die abrufende Person oder Stelle das Vorliegen dieser Umstände durch Verwendung entsprechender elektronischer Zeichen versichert.

(5) Ist der Empfänger eine nicht öffentliche Stelle, gilt § 38 des Bundesdatenschutzgesetzes mit der Maßgabe, daß die Aufsichtsbehörde die Ausführung der Vorschriften über den Datenschutz auch dann überwacht, wenn keine hinreichenden Anhaltspunkte für eine Verletzung dieser Vorschriften vorliegen. Unabhängig hiervon ist dem Eigentümer des Grundstücks oder dem Inhaber eines grundstücksgleichen Rechts jederzeit Auskunft aus einem über die Abrufe zu führenden Protokoll zu geben; dieses Protokoll kann nach Ablauf eines Jahres vernichtet werden.

(6) Soweit in dem automatisierten Abrufverfahren personenbezogene Daten übermittelt werden, darf der Empfänger diese nur für den Zweck verwenden, zu dessen Erfüllung sie ihm übermittelt worden sind.

(7) Genehmigungen nach Absatz 2 gelten in Ansehung der Voraussetzungen nach den Absätzen 1 und 2 Satz 3 Nr. 1 und 2 im gesamten Land, dessen Behörden sie erteilt haben. Sobald die technischen Voraussetzungen dafür gegeben sind, gelten sie auch im übrigen Bundesgebiet. Das Bundesministerium der Justiz stellt durch Rechtsverordnung mit Zustimmung des Bundesrates fest, wann und in welchen Teilen des Bundesgebiets diese Voraussetzungen gegeben sind. Anstelle der Genehmigungen können auch öffentlich-rechtliche Verträge oder Verwaltungsvereinbarungen geschlossen werden. Die Sätze 1 und 2 gelten entsprechend.

(8) Das Bundesministerium der Justiz wird ermächtigt, durch Rechtsverordnung mit Zustimmung des Bundesrates Gebühren für die Einrichtung und die Nutzung eines Verfahrens für den automatisierten Abruf von Daten aus dem Grundbuch zu bestimmen. Die Gebührensätze sind so zu bemessen, daß der mit der Einrichtung und Nutzung des Verfahrens verbundene Personal- und Sachaufwand gedeckt wird; hierbei kann daneben die Bedeutung, der wirtschaftliche Wert oder der sonstige Nutzen für den Begünstigten angemessen berücksichtigt werden. Ansprüche auf Zahlung von Gebühren können auch für die Zukunft abgetreten werden; die Festsetzung der Gebühren kann im gesetzlich vorgesehenen Umfang auch nach einer Abtretung in dem allgemeinen Verfahren angefochten werden. Die Staatskasse vertritt den Empfänger der Abtretung.

§ 134 [Verordnungsermächtigung für technische Einzelheiten]

Das Bundesministerium der Justiz wird ermächtigt, durch Rechtsverordnung mit Zustimmung des Bundesrates nähere Vorschriften zu erlassen über

1. die Einzelheiten der Anforderungen an die Einrichtung und das Nähere zur Gestaltung und Wiederherstellung des maschinell geführten Grundbuchs sowie die Abweichungen von den Vorschriften des Ersten bis Sechsten Abschnitts der Grundbuchordnung, die für die maschinelle Führung des Grundbuchs erforderlich sind;
2. die Einzelheiten der Gewährung von Einsicht in maschinell geführte Grundbücher;
3. die Einzelheiten der Einrichtung automatisierter Verfahren zur Übermittlung von Daten aus dem Grundbuch auch durch Abruf und der Genehmigung hierfür.

Das Bundesministerium der Justiz kann im Rahmen seiner Ermächtigung nach Satz 1 technische Einzelheiten durch allgemeine Verwaltungsvorschriften mit Zustimmung des Bundesrates regeln oder die Regelung weiterer Einzelheiten durch Rechtsverordnung den Landesregierungen übertragen und hierbei auch vorsehen, daß diese ihre Ermächtigung durch Rechtsverordnung auf die Landesjustizverwaltungen übertragen können.

Achter Abschnitt

Übergangs- und Schlußbestimmungen

§ 135 (Inkrafttreten)

(1) (weggefallen)

(2) Die Artikel 1 Abs. 2, Artikel 2, 50, 55 des Einführungsgesetzes zum Bürgerlichen Gesetzbuche sind entsprechend anzuwenden.

§ 136 [Landesrechtliche Vorbehalte]

(1) Soweit im Einführungsgesetz zum Bürgerlichen Gesetzbuche zugunsten der Landesgesetze Vorbehalte gemacht sind, gelten sie auch für die Vorschriften der Landesgesetze über das Grundbuchwesen; jedoch sind die §§ 12 a und 13 Abs. 3, § 44 Abs. 1 Satz 2 und 3, § 56 Abs. 2, § 59 Abs. 1 Satz 2, § 61 Abs. 3 und § 62 Abs. 2 auch in diesen Fällen anzuwenden.

(2) Absatz 1 zweiter Halbsatz gilt auch für die grundbuchmäßige Behandlung von Bergbauberechtigungen.

(3) Vereinigungen und Zuschreibungen zwischen Grundstücken und Rechten, für die nach Landesrecht die Vorschriften über Grundstücke gelten, sollen nicht vorgenommen werden.

§ 137 [Grundstücksgleiche Rechte]

(1) Die Vorschriften des § 20 und des § 22 Abs. 2 über das Erbbaurecht sowie die Vorschrift des § 49 sind auf die in den Artikeln 63, 68 des Einführungsgesetzes zum Bürgerlichen Gesetzbuche bezeichneten Rechte entsprechend anzuwenden.

(2) Ist auf dem Blatt eines Grundstücks ein Recht der in den Artikeln 63 und 68 des Einführungsgesetzes zum Bürgerlichen Gesetzbuche bezeichneten Art eingetragen, so ist auf Antrag für dieses Recht ein besonderes Grundbuchblatt anzulegen. Dies geschieht von Amts wegen, wenn das Recht veräußert oder belastet werden soll. Die Anlegung wird auf dem Blatt des Grundstücks vermerkt.

(3) Die Landesgesetze können bestimmen, daß statt der Vorschriften des Absatzes 2 die Vorschriften der §§ 14 bis 17 der Verordnung über das Erbbaurecht entsprechend anzuwenden sind.

§ 138 [Bisherige Grundbücher]

Die Bücher, die nach den bisherigen Bestimmungen als Grundbücher geführt wurden, gelten als Grundbücher im Sinne dieses Gesetzes.

§ 139 [Mehrere Bücher]

Werden nach § 138 mehrere Bücher geführt, so muß jedes Grundstück in einem der Bücher eine besondere Stelle haben. An dieser Stelle ist auf die in den anderen Büchern befindlichen Eintragungen zu verweisen. Die Stelle des Hauptbuchs und die Stellen, auf welche verwiesen wird, gelten zusammen als das Grundbuchblatt.

§ 140 [Bezeichnung der Grundstücke nach neuem Recht]

Sind in einem Buch, das nach § 138 als Grundbuch gilt, die Grundstücke nicht nach Maßgabe des § 2 Abs. 2 bezeichnet, so ist diese Bezeichnung von Amts wegen zu bewirken.

§ 141 [Zerstörte oder abhanden gekommene Grundbücher und Urkunden]

(1) Die Landesregierungen oder die von ihnen bestimmten obersten Landesbehörden können durch Rechtsverordnung allgemein oder für bestimmte Grundbücher das Verfahren zum Zwecke der Wiederherstellung eines ganz oder teilweise zerstörten oder abhanden gekommenen Grundbuchs sowie zum Zwecke der Wiederbeschaffung zerstörter oder abhanden gekommener Urkunden der in § 10 Abs. 1 bezeichneten Art bestimmen. Sie können dabei auch darüber bestimmen, in welcher Weise bis zur Wiederherstellung des Grundbuchs die zu einer Rechtsänderung erforderliche Eintragung ersetzt werden soll.

(2) Ist die Vornahme von Eintragungen in das maschinell geführte Grundbuch (§ 126) vorübergehend nicht möglich, so können auf Anordnung der Leitung des Grundbuchamts Eintragungen in einem Ersatzgrundbuch in Papierform vorgenommen werden, sofern hiervon Verwirrung nicht zu besorgen ist. Sie sollen in das maschinell geführte Grundbuch übernommen werden, sobald dies wieder möglich ist. Für die Eintragungen nach Satz 1 gilt § 44; in den Fällen des Satzes 2 gilt § 128 entsprechend. Die Landesregierungen werden ermächtigt, die Einzelheiten des Verfahrens durch Rechtsverordnung zu regeln; sie können diese Ermächtigung auf die Landesjustizverwaltungen durch Rechtsverordnung übertragen.

(3) Die Landesregierungen können durch Rechtsverordnung bestimmen, daß das nach Maßgabe des Siebenten Abschnitts maschinell geführte Grundbuch wieder in Papierform geführt wird. Die Rechtsverordnung soll nur erlassen werden, wenn die Voraussetzungen des § 126 nicht nur vorübergehend entfallen sind und in absehbarer Zeit nicht wiederhergestellt werden können. § 44 gilt sinngemäß. Die Wiederanordnung der maschinellen Führung nach dem Siebenten Abschnitt bleibt unberührt.

§ 142 [Anordnungen über Einsichtnahme und Abschrifterteilung]

Der *Reichsminister der Justiz* kann, unbeschadet der Vorschriften des § 12, Anordnungen über die Einsicht der Grundakten und die Erteilung von Abschriften treffen.

§ 143 [Vorbehalt für Baden-Württemberg]

(1) Die in Baden-Württemberg bestehenden landesrechtlichen Vorschriften über die Grundbuchämter und die Zuständigkeit der dort tätigen Personen sowie über die sich hieraus ergebenden Besonderheiten bleiben unberührt; dies gilt auch für die Vorschriften über die Zahl der erforderlichen Unterschriften unter den Grundbucheintragungen und auf den Hypotheken-, Grundschuld- und Rentenschuldbriefen sowie für Regelungen, die von den §§ 12 c, 13 Abs. 3 und § 44 Abs. 1 Satz 2 und 3 abweichen. Unberührt bleiben auch Artikel 1 Abs. 1 des Gesetzes über die Ermächtigung des Landes Baden-Württemberg zur Rechtsbereinigung vom 17. Dezember 1974 (BGBl. I S. 3602) sowie die §§ 35 und 36 des Rechtspflegergesetzes.

(2) § 29 Abs. 1 und 3 der Grundbuchordnung gilt auch im Lande Baden-Württemberg in der Fassung, die für das übrige Bundesgebiet maßgebend ist.

§ 144 [Sonderregeln für das Beitrittsgebiet]

(1) In dem in Artikel 3 des Einigungsvertrages genannten Gebiet gilt dieses Gesetz mit folgenden Maßgaben:

1. Die Grundbücher können abweichend von § 1 bis zum Ablauf des 31. Dezember 1994 von den bis zum 2. Oktober 1990 zuständigen oder später durch Landesrecht bestimmten Stellen (Grundbuchämter) geführt werden. Die Zuständigkeit der Bediensteten des Grundbuchamts richtet sich nach den für diese Stellen am Tag vor dem Wirksamwerden des Beitritts bestehenden oder in dem jeweiligen Lande erlassenen späteren Bestimmungen. Diese sind auch für die Zahl der erforderlichen Unterschriften und dafür maßgebend, inwieweit Eintragungen beim Grundstücksbestand zu unterschreiben sind. Vorschriften nach den Sätzen 2 und 3 können auch dann beibehalten, geändert oder ergänzt werden, wenn die Grundbücher wieder von den Amtsgerichten geführt werden. Sind vor dem 19. Oktober 1994 in Grundbüchern, die in dem in Artikel 3 des Einigungsvertrages genannten Gebiet geführt werden, Eintragungen vorgenommen worden, die nicht den Vorschriften des § 44 Abs. 1 entsprechen, so sind diese Eintragungen dennoch wirksam, wenn sie den Anforderungen der für die Führung des Grundbuchs von dem jeweiligen Land erlassenen Vorschriften genügen.
2. Amtliches Verzeichnis der Grundstücke im Sinne des § 2 ist das am Tag vor dem Wirksamwerden des Beitritts zur Bezeichnung der Grundstücke maßgebende oder das an seine Stelle tretende Verzeichnis.
3. Die Grundbücher, die nach den am Tag vor dem Wirksamwerden des Beitritts bestehenden Bestimmungen geführt werden, gelten als Grundbücher im Sinne der Grundbuchordnung.
4. Soweit nach den am Tag vor dem Wirksamwerden des Beitritts geltenden Vorschriften Gebäudegrundbuchblätter anzulegen und zu führen sind, sind diese Vorschriften weiter anzuwenden. Dies gilt auch für die Kenntlichmachung der Anlegung des Gebäudegrundbuchblatts im Grundbuch des Grundstücks. Den Antrag auf Anlegung des Gebäudegrundbuchblatts kann auch der Gebäudeeigentümer stellen. Dies gilt entsprechend für nach später erlassenen Vorschriften anzulegende Gebäudegrundbuchblätter. Bei Eintragungen oder Berichtigungen im Gebäudegrundbuch ist in den Fällen des Artikels 233 § 4 des Einführungsgesetzes zum Bürgerlichen Gesetzbuche das Vorhandensein des Gebäudes nicht zu prüfen.
5. Neben diesem Gesetz sind die Vorschriften der §§ 2 bis 34 des Gesetzes über die Angelegenheiten der freiwilligen Gerichtsbarkeit entsprechend anwendbar, soweit sich nicht etwas anderes aus Rechtsvorschriften, insbesondere aus den Vorschriften des Grundbuchrechts, oder daraus ergibt, daß die Grundbücher nicht von Gerichten geführt werden.
6. Anträge auf Eintragung in das Grundbuch, die vor dem Wirksamwerden des Beitritts beim Grundbuchamt eingegangen sind, sind von diesem nach den am Tag vor dem Wirksamwerden des Beitritts geltenden Verfahrensvorschriften zu erledigen.
7. Im übrigen gelten die in Anlage I Kapitel III Sachgebiet A Abschnitt III unter Nr. 28 des Einigungsvertrages aufgeführten allgemeinen Maßgaben entsprechend. Am Tag des Wirksamwerdens des Beitritts anhängige Beschwerdeverfahren sind an das zur Entscheidung über die Beschwerde nunmehr zuständige Gericht abzugeben.

(2) Am 1. Januar 1995 treten nach Absatz 1 Nr. 1 Satz 1 fortgeltende oder von den Ländern erlassene Vorschriften, nach denen die Grundbücher von anderen als den in § 1 be-

zeichneten Stellen geführt werden, außer Kraft. Die in § 1 bezeichneten Stellen bleiben auch nach diesem Zeitpunkt verpflichtet, allgemeine Anweisungen für die beschleunigte Behandlung von Grundbuchsachen anzuwenden. Die Landesregierungen werden ermächtigt, durch Rechtsverordnung einen früheren Tag für das Außerkrafttreten dieser Vorschriften zu bestimmen. In den Fällen der Sätze 1 und 3 kann durch Rechtsverordnung der Landesregierung auch bestimmt werden, daß Grundbuchsachen in einem Teil des Grundbuchbezirks von einer hierfür eingerichteten Zweigstelle des Amtsgerichts (§ 1) bearbeitet werden, wenn dies nach den örtlichen Verhältnissen zur sachdienlichen Erledigung zweckmäßig erscheint, und, unbeschadet des § 176 Abs. 2 des Bundesberggesetzes im übrigen, welche Stelle nach Aufhebung der in Satz 1 bezeichneten Vorschriften die Berggrundbücher führt. Die Landesregierung kann ihre Ermächtigung nach dieser Vorschrift durch Rechtsverordnung auf die Landesjustizverwaltung übertragen.

(3) Soweit die Grundbücher von Behörden der Verwaltung oder Justizverwaltung geführt werden, ist gegen eine Entscheidung des Grundbuchamts (Absatz 1 Nr. 1 Satz 1), auch soweit sie nicht ausdrücklich im Auftrag des Leiters des Grundbuchamts ergangen ist oder ergeht, die Beschwerde nach § 71 der Grundbuchordnung gegeben. Diese Regelung gilt mit Wirkung vom 3. Oktober 1990, soweit Verfahren noch nicht rechtskräftig abgeschlossen sind. Anderweitig anhängige Verfahren über Rechtsmittel gegen Entscheidungen der Grundbuchämter gehen in dem Stand, in dem sie sich bei Inkrafttreten dieser Vorschrift befinden, auf das Beschwerdegericht über. Satz 1 tritt mit dem in Absatz 2 Satz 1 oder Satz 3 bezeichneten Zeitpunkt außer Kraft.

(4) In den Grundbuchämtern in dem in Artikel 3 des Einigungsvertrages genannten Gebiet können bis zum Ablauf des 31. Dezember 1999 auch Personen mit der Vornahme von Amtshandlungen betraut werden, die diesen Ämtern auf Grund von Dienstleistungsverträgen auf Dauer oder vorübergehend zugeteilt werden. Der Zeitpunkt kann durch Rechtsverordnung des Bundesministeriums der Justiz mit Zustimmung des Bundesrates verlängert werden.

Anlage

(zu § 126 Abs. 1 Satz 2 Nr. 3)

Werden personenbezogene Daten automatisiert verarbeitet, sind Maßnahmen zu treffen, die je nach Art der zu schützenden personenbezogenen Daten geeignet sind,

1. Unbefugten den Zugang zu Datenverarbeitungsanlagen, mit denen personenbezogene Daten verarbeitet werden, zu verwehren (Zugangskontrolle),
2. zu verhindern, daß Datenträger unbefugt gelesen, kopiert, verändert oder entfernt werden können (Datenträgerkontrolle),
3. die unbefugte Eingabe in den Speicher sowie die unbefugte Kenntnisnahme, Veränderung oder Löschung gespeicherter personenbezogener Daten zu verhindern (Speicherkontrolle),
4. zu verhindern, daß Datenverarbeitungssysteme mit Hilfe von Einrichtungen zur Datenübertragung von Unbefugten genutzt werden können (Benutzerkontrolle),
5. zu gewährleisten, daß die zur Benutzung eines Datenverarbeitungssystems Berechtigten ausschließlich auf die ihrer Zugriffsberechtigung unterliegenden Daten zugreifen können (Zugriffskontrolle),
6. zu gewährleisten, daß überprüft und festgestellt werden kann, an welche Stellen personenbezogene Daten durch Einrichtungen zur Datenübertragung übermittelt werden können (Übermittlungskontrolle),
7. zu gewährleisten, daß nachträglich überprüft und festgestellt werden kann, welche personenbezogenen Daten zu welcher Zeit von wem in Datenverarbeitungssysteme eingegeben worden sind (Eingabekontrolle),
8. zu gewährleisten, daß personenbezogene Daten, die im Auftrag verarbeitet werden, nur entsprechend den Weisungen des Auftraggebers verarbeitet werden können (Auftragskontrolle),
9. zu verhindern, daß bei der Übertragung personenbezogener Daten sowie beim Transport von Datenträgern die Daten unbefugt gelesen, kopiert, verändert oder gelöscht werden können (Transportkontrolle),
10. die innerbehördliche oder innerbetriebliche Organisation so zu gestalten, daß sie den besonderen Anforderungen des Datenschutzes gerecht wird (Organisationskontrolle).

Gerichtskostengesetz

Vom 18. Juni 1878 (RGBl. S. 141)
in der Fassung der Bekanntmachung vom 15. Dezember 1975 (BGBl. I 3047)[1)2)]
(BGBl. III 360-1)

Änderungen seit Neufassung

Paragraph	Art der Änderung	Geändert durch	Datum	Fundstelle BGBl.
1, Sechster Abschnitt (alt) wird Siebenter Abschnitt, Siebenter Abschnitt (alt) wird Achter Abschnitt, Anlage 1	geändert	Strafvollzugsgesetz	16. 3.1976	I S. 581, 1977 S. 436
Sechster Abschnitt (neu), 48 a	eingefügt			

1) **Bekanntmachung der Neufassung des Gerichtskostengesetzes**

Vom 15. Dezember 1975

Auf Grund des Artikels 5 § 4 des Gesetzes zur Änderung des Gerichtskostengesetzes, des Gesetzes über Kosten der Gerichtsvollzieher, der Bundesgebührenordnung für Rechtsanwälte und anderer Vorschriften vom 20. August 1975 (BGBl. I S. 2189) wird nachstehend der Wortlaut des Gerichtskostengesetzes vom 18. Juni 1878 (RGBl. S. 141) in der ab 15. September 1975 geltenden Fassung bekanntgemacht. Diese Fassung ergibt sich aus

1. der im Bundesgesetzblatt Teil III, Gliederungsnummer 360-1, veröffentlichten bereinigten Fassung des Gesetzes
   nach Maßgabe des § 3 Abs. 1 Satz 2 des Gesetzes über die Sammlung des Bundesrechts vom 10. Juli 1958 (BGBl. I S. 437) und des § 3 des Gesetzes über den Abschluß der Sammlung des Bundesrechts vom 28. Dezember 1968 (BGBl. I S. 1451),
2. Artikel III Nr. 7 des Zweiten Gesetzes zur Änderung mietrechtlicher Vorschriften vom 14. Juli 1964 (BGBl. I S. 457),
3. Artikel 13 Nr. 1 des Gesetzes zur Änderung der Strafprozeßordnung und des Gerichtsverfassungsgesetzes vom 19. Dezember 1974 (BGBl. I S. 1067),
4. § 22 Abs. 1 des Gesetzes zur Ausführung des Vertrages vom 30. August 1962 zwischen der Bundesrepublik Deutschland und dem Königreich der Niederlande über die gegenseitige Anerkennung und Vollstreckung gerichtlicher Entscheidungen und anderer Schuldtitel in Zivil- und Handelssachen vom 15. Januar 1965 (BGBl. I S. 17) i. V. m. der Bekanntmachung vom 11. August 1965 (BGBl. I S. 1040),
5. Artikel 2 § 3 des Gesetzes zur Änderung der Bundesgebührenordnung für Rechtsanwälte und anderer Gesetze vom 30. Juni 1965 (BGBl. I S. 577),

2) Siehe Maßgabe Seite 6.

Paragraph	Art der Änderung	Geändert durch	Datum	Fundstelle BGBl.
1, Überschrift des Zweiten Abschnitts, 12, 20, 49, 61, 65, Anlage 1	geändert	Erstes Ehereformgesetz	14. 6.1976	I S. 1421
17 a, 19 a	eingefügt			
Anlage 1		Gesetz zur vereinfachten Abänderung von Unterhaltsrenten	29. 7.1976	I S. 2029
Anlage 1	geändert	Gesetz zur Änderung des Gesetzes über die Entschädigung von Zeugen und Sachverständigen und anderer Gesetze	22.11.1976	I S. 3221
65, Anlage 1	geändert	Vereinfachungsnovelle	3.12.1976	I S. 3281
68, Anlage 1	geändert	Gesetz zur Änderung zwangsvollstreckungsrechtlicher Vorschriften	1. 2.1979	I S. 127
16, 58, 65 Anlage 1	geändert	(Gesetz über die Prozeßkostenhilfe)	13. 6.1980	I S. 677

6. Artikel 42 das Einführungsgesetzes zum Gesetz über Ordnungswidrigkeiten vom 24. Mai 1968 (BGBl. I S. 503),
7. Artikel 2 des Gesetzes zur Änderung von Vorschriften des Justizkostenrechts vom 28. Dezember 1968 (BGBl. I S. 1458),
8. Artikel 48 des Ersten Gesetzes zur Reform des Strafrechts vom 25. Juni 1969 (BGBl. I S. 645),
9. Artikel 9 des Gesetzes über die rechtliche Stellung der nichtehelichen Kinder vom 19. August 1969 (BGBl. I S. 1243),
10. Artikel 2 § 10 des Gesetzes zur Änderung des Rechtspflegergesetzes. des Beurkundungsgesetzes und zur Umwandlung des Offenbarungseides in eine eidesstattliche Versicherung vom 27. Juni 1970 (BGBl. I S. 911),
11. § 37 des Gesetzes über das Verfahren bei der Einzahlung und Verteilung der Haftungssumme zur Beschränkung der Reederhaftung vom 21. Juni 1972 (BGBl. I S. 953) i. V. m. der Bekanntmachung vom 21. März 1973 (BGBl. I S. 267),
12. § 37 des Gesetzes zur Ausführung des Übereinkommens vom 27. September 1968 über die gerichtliche Zuständigkeit und die Vollstreckung gerichtlicher Entscheidungen in Zivil- und Handelssachen vom 29. Juli 1972 (BGBl. I S. 1328) i. V. m. der Bekanntmachung vom 12. Januar 1973 (BGBl. I S. 26),
13. Artikel 116 des Einführungsgesetzes zum Strafgesetzbuch vom 2. März 1974 (BGBl. I S. 469),
14. Artikel 7 Nr. 1 des Ersten Gesetzes zur Reform des Strafrechtsverfahrens vom 9. Dezember 1974 (BGBl. I S. 3393),
15. Artikel 6 Nr. 3 Buchstabe d des Gesetzes zur Entlastung der Landgerichte und zur Vereinfachung des gerichtlichen Protokolls vom 20. Dezember 1974 (BGBl. I S. 3651),
16. Artikel 2 Nr. 4 des Gesetzes zur Änderung des Rechts der Revision in Zivilsachen vom 8. Juli 1975 (BGBl. I S. 1863),
17. Artikel 1 des Gesetzes zur Änderung des Gerichtskostengesetzes, des Gesetzes über Kosten der Gerichtsvollzieher, der Bundesgebührenordnung für Rechtsanwälte und anderer Vorschriften vom 20. August 1975 (BGBl. I S. 2189).

Der Bundesminister der Justiz

Paragraph	Art der Änderung	Geändert durch	Datum	Fundstelle BGBl.
Anlage 1	geändert	Gesetz zur Ausführung des Vertrages vom 20. Juli 1977 zwischen der Bundesrepublik Deutschland und dem Staat Israel über die gegenseitige Anerkennung und Vollstreckung gerichtlicher Entscheidungen in Zivil- und Handelssachen	13. 8.1980	I S. 1301, 2354
Anlage 1	geändert	Fünftes Gesetz zur Änderung der Bundesgebührenordnung für Rechtsanwälte	18. 8.1980	I S. 1503
Anlage 1	geändert	Gesetz zur Ausführung des Vertrages vom 17. Juni 1977 zwischen der Bundesrepublik Deutschland und dem Königreich Norwegen über die gegenseitige Anerkennung und Vollstreckung gerichtlicher Entscheidungen und anderer Schuldtitel in Zivil- und Handelssachen	10. 6.1981	I S. 514, 947
Anlage 1	geändert	Ausführungsgesetz zum deutsch-österreichischen Konkursvertrag	8. 3.1985	I S. 535
Anlage 1	geändert	Gesetz zur Änderung unterhaltsrechtlicher, verfahrensrechtlicher und anderer Vorschriften	20. 2.1986	I S. 301
Anlage 1	geändert	Zweites Gesetz zur Bekämpfung der Wirtschaftskriminalität	15. 5.1986	I S. 721
1, 4, 54, 55, 57, Anlage 1	geändert	Gesetz zur Änderung des Gesetzes über Ordnungswidrigkeiten, des Straßenverkehrsgesetzes[1] und anderer Gesetze	7. 7.1986	I S. 977

1) Geändert durch Artikel 8 § 5 des Gesetzes zur Änderung von Kostengesetzen vom 9. 12. 1986 (BGBl. I S. 2326).

Paragraph	Art der Änderung	Geändert durch	Datum	Fundstelle BGBl.
Anlage 1	geändert	Unterhaltsvoll-streckungs-Überein-kommens-Aus-führungsgesetz	25. 7.1986	I S. 1156
11, 13, 29, 65, 72, Überschrift des Achten Abschnitts, Anlagen 1, 2	geändert	Gesetz zur Änderung von Kostengesetzen	9.12.1986	I S. 2326
73	eingefügt			
Anlage 1	geändert	Anerkennungs- und Vollstreckungs-ausführungsgesetz	30. 5.1988	I S. 662
Anlage 1	geändert	Gesetz zur Regelung des Geschäftswertes bei land- oder forst-wirtschaftlichen Betriebsübergaben und zur Änderung sonstiger kosten-rechtlicher Vor-schriften	15. 6.1989	I S. 1082
40, 42, 48, Anlage 1	geändert	Erstes Gesetz zur Änderung des Jugend-gerichtsgesetzes	30. 8.1990	I S. 1853
49, 60, 65, Anlage 1	geändert	Betreuungsgesetz	12. 9.1990	I S. 2002
20, Anlage 1	geändert	Gesetz zur Neu-regelung des verwaltungs-gerichtlichen Ver-fahrens	17.12.1990	I S. 2809
65, Anlage 1	geändert	Rechtspflege-Verein-fachungsgesetz	17.12.1990	I S. 2847
Maßgabe Anlage 1 Kapitel III Sachgebiet A Abschnitt III Nr. 19 Buchst. c	aufgehoben	Strafrechtliches Rehabilitierungs-gesetz	29.10.1992	I S. 1814
5, 6, 20, 25, 34, Anlage	geändert	FGO-Änderungsgesetz	21.12.1992	I S. 2109
Anlage	geändert	Gesetz zur Entlastung der Rechtspflege	11. 1.1993	I S. 50
13	geändert	Gesetz zur Umsetzung des Föderalen Konso-lidierungsprogramms	23. 6.1993	I S. 944, 962
2	geändert	Eisenbahnneuordnungsgesetz	27.12.1993	I S. 2378, 2410

Paragraph	Art der Änderung	Geändert durch	Datum	Fundstelle BGBl.
1, 5, 6, 11-15, 17, 19, 19 a, 25, 29, 31, 32, 34, 40, 42, 48, 48 a, 49, 53, 56, 58, 59, 60, 61, 62, 64, 65, 72, Anlagen 1, 2	geändert	Kostenrechtsänderungsgesetz 1994	24. 6.1994	I S. 1325, ber. I S. 2591
40 a	eingefügt			
28	aufgehoben			
2	geändert	Postneuordnungsgesetz	14. 9.1994	I S. 2325, 2387
1, 12, Überschrift, Dritter Abschnitt, 35, 37, 38, 50, 60, 61, 73, Anlage 1	geändert	Einführungsgesetz zur Insolvenzordnung[1]	5.10.1994	I S. 2911, 2921
36, 51	aufgehoben			
20, Anlage 1	geändert	Gesetz zur Bereinigung des Umwandlungsrechts	28.10.1994	I S. 3210, 3265

1) Die Änderungen treten am 1. 1. 1999 in Kraft und werden zu diesem Zeitpunkt eingearbeitet.

Maßgabe

Gemäß Anlage I Kapitel III Sachgebiet A Abschnitt III Nr. 19 des Einigungsvertrages vom 23. 9. 1990 (BGBl. II S. 885) treten die Rechtsvorschriften mit den folgenden Maßgaben in den Ländern Brandenburg, Mecklenburg-Vorpommern, Sachsen, Sachsen-Anhalt und Thüringen sowie in dem Teil des Landes Berlin, in dem das Grundgesetz bisher nicht galt, in Kraft:

»a) Die sich aus den in Kraft gesetzten Vorschriften ergebenden Gebühren ermäßigen sich um 20[1)] vom Hundert, wenn der Kostenschuldner seinen allgemeinen Gerichtsstand in dem in Artikel 3 des Vertrages genannten Gebiet hat. Die Ermäßigung erstreckt sich auf andere Kostenschuldner, die als Zweitschuldner gemäß § 58 Abs. 2 in Anspruch genommen werden. § 11 Abs. 3 bleibt unberührt.

b) Das Gericht kann unter Berücksichtigung aller Umstände des Einzelfalles, insbesondere des Umfangs und der Bedeutung der Sache und der Vermögens- und Einkommensverhältnisse der Beteiligten, einen um bis zu einem Drittel geringeren Wert festsetzen, wenn nach den gesetzlichen Vorschriften ein Mindestwert oder ein fiktiver Wert festgelegt ist, weil genügende tatsächliche Anhaltspunkte für die Bestimmung des Wertes nicht bestehen.

c) (aufgehoben)

d) § 73 Abs. 1 und 3 gilt auch für das Inkrafttreten dieses Gesetzes in dem in Artikel 3 des Vertrages genannten Gebiet.
In Strafsachen, in gerichtlichen Verfahren nach dem Gesetz über Ordnungswidrigkeiten und nach dem Strafvollzugsgesetz werden die Kosten nach dem bisherigen Recht erhoben, wenn das Verfahren vor dem Inkrafttreten dieses Gesetzes anhängig geworden ist. Dies gilt nicht im Verfahren über ein Rechtsmittel, das nach dem Inkrafttreten dieses Gesetzes eingelegt worden ist.«

Maßgabe

Gemäß Anlage I Kapitel III Sachgebiet A Abschnitt IV Nr. 3 Buchst. f des Einigungsvertrages vom 23. 9. 1990 (BGBl. II S. 885) gelten die Rechtsvorschriften auch in dem beigetretenen Teil des Landes Berlin mit folgenden Besonderheiten:

»Die Maßgabe b) des Gerichtskostengesetzes in Abschnitt III – Nr. 19 – ist nicht anzuwenden.«

1) Gemäß § 1 der Ermäßigungssatz-Anpassungsverordnung vom 15. 4. 1996 (BGBl. I S. 604) werden die Ermäßigungssätze ab 1. 7. 1996 auf 10 vom Hundert festgesetzt.

Inhaltsübersicht

	§§
Erster Abschnitt **Allgemeine Vorschriften**	
Geltungsbereich	1
Kostenfreiheit	2
Sicherstellung und Vorauszahlung	3
Kostenansatz	4
Erinnerung, Beschwerde	5
Beschwerde gegen Anordnung eines Vorschusses oder einer Vorauszahlung	6
Nachforderung	7
Nichterhebung von Kosten wegen unrichtiger Sachbehandlung	8
Verweisungen	9
Verjährung	10
Höhe der Kosten	11
Zweiter Abschnitt **Bürgerliche Rechtsstreitigkeiten, Familiensachen (§ 1 Abs. 2) und Verfahren vor den Gerichten der Verwaltungs- und Finanzgerichtsbarkeit**	
Wertberechnung in bürgerlichen Rechtsstreitigkeiten und Familiensachen (§ 1 Abs. 2)	12
Wertberechnung in Verfahren vor Gerichten der Verwaltungsgerichtsbarkeit und Finanzgerichtsbarkeit	13
Wertberechnung in Berufungs- und Revisionsverfahren	14
Zeitpunkt der Wertberechnung	15
Miet-, Pacht- und ähnliche Nutzungsverhältnisse	16
Wiederkehrende Leistungen	17
Versorgungsausgleich	17 a
Stufenklage	18
Klage und Widerklage, Hilfsanspruch, wechselseitige Rechtsmittel, Aufrechnung	19

	§§
Familiensachen	19 a
Arreste, einstweilige Verfügungen, einstweilige Anordnungen	20
Teile des Streitgegenstandes	21
Nebenforderungen	22
Angabe des Wertes	23
Wertfestsetzung für die Zuständigkeit des Prozeßgerichts oder die Zulässigkeit des Rechtsmittels	24
Wertfestsetzung für die Gerichtsgebühren	25
Schätzung des Wertes	26
Einmalige Erhebung der Gebühren	27
(aufgehoben)	28
Zwangsversteigerung	29
Zwangsverwaltung	30
Schiffe, Schiffsbauwerke, Luftfahrzeuge und grundstücksgleiche Rechte	31
Zwangsliquidation einer Bahneinheit	32
Zurückverweisung	33
Verzögerung des Rechtsstreits	34

Dritter Abschnitt
Vergleichsverfahren zur Abwendung des Konkurses, Konkursverfahren, seerechtliches Verteilungsverfahren

Entsprechend anzuwendende Vorschriften	35
Wertberechnung	36
Wertberechnung	37
Beschwerden	38
Seerechtliches Verteilungsverfahren	39

Vierter Abschnitt
Strafsachen

Grundlage der Gebührenbemessung	40
Beschränkung eines Rechtsmittels oder des Einspruchs gegen einen Strafbefehl	40 a
Nachträgliche Bildung einer Gesamtstrafe oder einer Einheitsstrafe	41
Mehrere Angeschuldigte	42
Wiederaufnahme des Verfahrens	43
Zurücknahme des Strafantrages	44
Verurteilung im Privatklageverfahren	45
Wiederaufnahme eines Privatklageverfahrens	46
Vollstreckung in das Vermögen	47

Fünfter Abschnitt
Gerichtliche Verfahren nach dem Gesetz über Ordnungswidrigkeiten 48

Sechster Abschnitt
Gerichtliche Verfahren nach dem Strafvollzugsgesetz 48 a

Siebenter Abschnitt
Kostenzahlung und Kostenvorschuß

	§§
Kostenschuldner in bürgerlichen Rechtsstreitigkeiten, Familiensachen (§ 1 Abs. 2) und in Verfahren vor den Gerichten der Verwaltungs- und Finanzgerichtsbarkeit	49
Kostenschuldner im Konkursverfahren	50
Kostenschuldner im Vergleichsverfahren	51
Kostenschuldner im seerechtlichen Verteilungsverfahren	52
Kostenschuldner im Zwangsversteigerungs- und Zwangsverwaltungsverfahren	53
Sonstige Kostenschuldner	54
Auslagenschuldner in besonderen Fällen	55
Schuldner der Schreibauslagen und bestimmter sonstiger Auslagen	56
Erlöschen der Zahlungspflicht	57
Mehrere Kostenschuldner	58
Haftung von Streitgenossen und Beigeladenen	59
Verpflichtung zur Zahlung von Kosten in besonderen Fällen	60
Fälligkeit der Gebühren	61
Zwangsversteigerung und Zwangsverwaltung	62
Fälligkeit der Gebühren in sonstigen Fällen, Fälligkeit der Auslagen	63
Fälligkeit der Schreibauslagen und bestimmter sonstiger Auslagen	64
Vorauszahlung und Vorschuß in Verfahren vor den ordentlichen Gerichten	65
Vorschuß im Zwangsversteigerungs- und Zwangsverwaltungsverfahren	66
Vorschuß in Strafsachen	67
Auslagenvorschuß	68
Fortdauer der Vorschußpflicht	69

Achter Abschnitt
Schluß- und Übergangsvorschriften

Forst- und Feldrügesachen	70
Anwendung anderer Kostenvorschriften	71
Rechnungsgebühren	72

Anlage 1 (zu § 11 Abs. 1)
Anlage 2 (zu § 11 Abs. 2)

Erster Abschnitt
Allgemeine Vorschriften

§ 1 Geltungsbereich

(1) Für das Verfahren

a) vor den ordentlichen Gerichten nach der Zivilprozeßordnung, der Konkursordnung, der Vergleichsordnung, der Seerechtlichen Verteilungsordnung, dem Gesetz über die Zwangsversteigerung und die Zwangsverwaltung, der Strafprozeßordnung, dem Jugendgerichtsgesetz, dem Gesetz über Ordnungswidrigkeiten und dem Strafvollzugsgesetz,
b) vor den Gerichten der Verwaltungsgerichtsbarkeit nach der Verwaltungsgerichtsordnung,
c) vor den Gerichten der Finanzgerichtsbarkeit nach der Finanzgerichtsordnung,
d) vor den Staatsanwaltschaften nach der Strafprozeßordnung, dem Jugendgerichtsgesetz und dem Gesetz über Ordnungswidrigkeiten

werden Kosten (Gebühren und Auslagen) nur nach diesem Gesetz erhoben.

(2) Die Vorschriften dieses Gesetzes über die Erhebung von Kosten für das Verfahren vor den ordentlichen Gerichten nach der Zivilprozeßordnung gelten auch für Familiensachen des § 621 Abs. 1 Nr. 1 bis 3, 6, 7 und 9 der Zivilprozeßordnung, die Folgesachen einer Scheidungssache sind. Für Familiensachen des § 621 Abs. 1 Nr. 9 der Zivilprozeßordnung gelten sie auch dann, wenn nach § 621 a Abs. 2 der Zivilprozeßordnung einheitlich durch Urteil zu entscheiden ist.

(3) Vorbehaltlich besonderer Bestimmungen im Arbeitsgerichtsgesetz gelten die Vorschriften dieses Gesetzes über die Erhebung von Kosten für Verfahren vor den ordentlichen Gerichten nach der Zivilprozeßordnung auch für Verfahren vor den Gerichten für Arbeitssachen nach dem Arbeitsgerichtsgesetz.

§ 2 Kostenfreiheit

(1) In Verfahren vor den ordentlichen Gerichten und den Gerichten der Finanzgerichtsbarkeit sind von der Zahlung der Kosten befreit der Bund und die Länder sowie die nach Haushaltsplänen des Bundes oder eines Landes verwalteten öffentlichen Anstalten und Kassen.

(2) Sonstige bundesrechtliche Vorschriften, durch die für Verfahren vor den ordentlichen Gerichten und den Gerichten der Finanzgerichtsbarkeit eine sachliche oder persönliche Befreiung von Kosten gewährt ist, bleiben in Kraft. Landesrechtliche Vorschriften, die für diese Verfahren in weiteren Fällen eine sachliche oder persönliche Befreiung von Kosten gewähren, bleiben unberührt.

(3) Vor den Gerichten der Verwaltungsgerichtsbarkeit und den Gerichten für Arbeitssachen finden bundesrechtliche oder landesrechtliche Vorschriften über persönliche Kostenfreiheit keine Anwendung. Vorschriften über sachliche Kostenfreiheit bleiben unberührt.

(4) Soweit jemandem, der von Kosten befreit ist, Kosten des Verfahrens auferlegt werden, sind Kosten nicht zu erheben; bereits erhobene Kosten sind zurückzuzahlen. Das gleiche gilt, soweit ein von Kosten Befreiter Kosten des Verfahrens übernimmt.

§ 3 Sicherstellung und Vorauszahlung

In weiterem Umfang als die Prozeßordnungen und dieses Gesetz es gestatten, darf die Tätigkeit der Gerichte von der Sicherstellung oder Zahlung der Kosten nicht abhängig gemacht werden.

§ 4 Kostenansatz

(1) Außer in Strafsachen und in gerichtlichen Verfahren nach dem Gesetz über Ordnungswidrigkeiten werden angesetzt

1. die Kosten der ersten Instanz bei dem Gericht, bei dem das Verfahren erster Instanz anhängig ist oder zuletzt anhängig war,
2. die Kosten des Rechtsmittelverfahrens bei dem Rechtsmittelgericht.

Dies gilt auch dann, wenn die Kosten bei einem ersuchten Gericht entstanden sind.

(2) Ist in Strafsachen oder in gerichtlichen Verfahren nach dem Gesetz über Ordnungswidrigkeiten eine gerichtliche Entscheidung durch die Staatsanwaltschaft zu vollstrecken oder in Jugendgerichtssachen eine Vollstreckung einzuleiten, so werden die Kosten angesetzt

1. in Strafsachen und in gerichtlichen Verfahren nach dem Gesetz über Ordnungswidrigkeiten bei der Staatsanwaltschaft,
2. in Jugendgerichtssachen bei dem Amtsgericht, dem der Jugendrichter angehört, der die Vollstreckung einzuleiten hat (§ 84 des Jugendgerichtsgesetzes).

Im übrigen werden die Kosten in diesen Verfahren bei dem Gericht des ersten Rechtszuges angesetzt. Die Kosten des Rechtsmittelverfahrens vor dem Bundesgerichtshof werden stets bei dem Bundesgerichtshof angesetzt.

(2 a) Hat die Staatsanwaltschaft im Falle des § 25 a des Straßenverkehrsgesetzes eine abschließende Entscheidung getroffen, so werden die Kosten einschließlich derer, die durch einen Antrag auf gerichtliche Entscheidung entstanden sind, bei ihr angesetzt.

(3) Der Kostenansatz kann im Verwaltungsweg berichtigt werden, solange nicht eine gerichtliche Entscheidung getroffen ist. Ergeht nach der gerichtlichen Entscheidung über den Kostenansatz eine Entscheidung, durch die der Streitwert anders festgesetzt wird, so kann der Kostenansatz ebenfalls berichtigt werden.

§ 5 Erinnerung, Beschwerde

(1) Über Erinnerungen des Kostenschuldners und der Staatskasse gegen den Kostenansatz entscheidet das Gericht, bei dem die Kosten angesetzt sind. Sind die Kosten bei der Staatsanwaltschaft angesetzt worden, so ist das Gericht der ersten Instanz zuständig. War das Verfahren in erster Instanz bei mehreren Gerichten anhängig, so ist das Gericht, bei dem es zuletzt anhängig war, auch insoweit zuständig, als Kosten bei den anderen Gerichten angesetzt worden sind.

(2) Gegen die Entscheidung über die Erinnerung können der Kostenschuldner und die Staatskasse Beschwerde einlegen, wenn der Wert des Beschwerdegegenstandes 100 Deutsche Mark übersteigt. Die Beschwerde ist ausgeschlossen, wenn die Kosten bei dem Rechtsmittelgericht angesetzt worden sind. Eine Beschwerde an einen obersten Gerichtshof des Bundes und eine weitere Beschwerde finden nicht statt.

(3) Erinnerung und Beschwerde sind schriftlich oder zu Protokoll der Geschäftsstelle bei dem Gericht einzulegen, das für die Entscheidung über die Erinnerung zuständig ist; § 129 a der Zivilprozeßordnung gilt entsprechend. Die Erinnerung kann auch bei der Staatsanwaltschaft eingelegt werden, wenn die Kosten bei dieser angesetzt worden sind. Die Beschwerde ist nicht an eine Frist gebunden.

(4) Das Gericht, das über die Erinnerung entschieden hat, kann der Beschwerde abhelfen. Über die Beschwerde entscheidet das nach den für die Hauptsache geltenden Vorschriften zuständige, im Rechtszug nächsthöhere Gericht. Erinnerung und Beschwerde haben keine aufschiebende Wirkung. Der Vorsitzende des Gerichts oder der Vorsitzende des Beschwerdegerichts kann auf Antrag oder von Amts wegen die aufschiebende Wirkung ganz oder teilweise anordnen. Im übrigen sind die für die Beschwerde in der Hauptsache geltenden Vorschriften anzuwenden.

(5) In dem Verfahren über die Erinnerung und über die Beschwerde bedarf es nicht der Mitwirkung eines Bevollmächtigten.

(6) Das Verfahren über die Erinnerung und über die Beschwerde ist gebührenfrei. Kosten werden nicht erstattet.

§ 6 Beschwerde gegen Anordnung eines Vorschusses oder einer Vorauszahlung

Gegen den Beschluß, durch den die Tätigkeit des Gerichts auf Grund dieses Gesetzes von der Zahlung eines Kostenvorschusses oder von einer Vorauszahlung abhängig gemacht wird, und wegen der Höhe des Vorschusses oder der Vorauszahlung findet die Beschwerde statt, auch wenn der Wert des Beschwerdegegenstandes einhundert Deutsche Mark nicht übersteigt. § 5 Abs. 2 Satz 3, Abs. 3 Satz 3, Abs. 4 Satz 1, 2 und 5 und Abs. 6 ist entsprechend anzuwenden.

§ 7 Nachforderung

Wegen irrigen Ansatzes dürfen Kosten nur nachgefordert werden, wenn der berichtigte Ansatz dem Zahlungspflichtigen vor Ablauf des nächsten Kalenderjahres, nachdem die Entscheidung Rechtskraft erlangt oder das Verfahren sich anderweitig erledigt hat, mitgeteilt worden ist. Ist die Wertfestsetzung geändert worden, so genügt es, wenn der berichtigte Ansatz dem Zahlungspflichtigen drei Monate nach der Änderung der Wertfestsetzung mitgeteilt worden ist.

§ 8 Nichterhebung von Kosten wegen unrichtiger Sachbehandlung

(1) Kosten, die bei richtiger Behandlung der Sache nicht entstanden wären, werden nicht erhoben. Das gleiche gilt für Auslagen, die durch eine von Amts wegen veranlaßte Verlegung eines Termins oder Vertagung einer Verhandlung entstanden sind. Für abweisende Bescheide sowie bei Zurücknahme eines Antrags kann von der Erhebung von Kosten abgesehen werden, wenn der Antrag auf unverschuldeter Unkenntnis der tatsächlichen oder rechtlichen Verhältnisse beruht.

(2) Die Entscheidung trifft das Gericht. Solange nicht das Gericht entschieden hat, können Anordnungen nach Absatz 1 im Verwaltungsweg erlassen werden. Eine im Verwaltungsweg getroffene Anordnung kann nur im Verwaltungsweg geändert werden.

§ 9 Verweisungen

(1) Verweist ein erstinstanzliches Gericht oder ein Rechtsmittelgericht ein Verfahren an ein erstinstanzliches Gericht desselben oder eines anderen Zweiges der Gerichtsbarkeit, so ist das frühere erstinstanzliche Verfahren als Teil des Verfahrens vor dem übernehmenden Gericht zu behandeln.

(2) Mehrkosten, die durch Anrufung eines Gerichts entstehen, zu dem der Rechtsweg nicht gegeben oder das für das Verfahren nicht zuständig ist, werden nur dann erhoben, wenn die Anrufung auf verschuldeter Unkenntnis der tatsächlichen oder rechtlichen Verhältnisse beruht. Die Entscheidung trifft das Gericht, an das verwiesen worden ist.

§ 10 Verjährung

(1) Ansprüche auf Zahlung von Kosten verjähren in vier Jahren nach Ablauf des Kalenderjahres, in dem das Verfahren durch rechtskräftige Entscheidung über die Kosten, durch Vergleich oder in sonstiger Weise beendet ist.

(2) Ansprüche auf Rückerstattung von Kosten verjähren in vier Jahren nach Ablauf des Kalenderjahres, in dem der Anspruch entstanden ist. Die Verjährung beginnt jedoch nicht vor dem im Absatz 1 bezeichneten Zeitpunkt.

(3) Auf die Verjährung sind die Vorschriften des Bürgerlichen Gesetzbuchs anzuwenden; die Verjährung wird nicht von Amts wegen berücksichtigt. Die Verjährung der Ansprüche auf Zahlung von Kosten wird auch durch die Aufforderung zur Zahlung oder durch eine

dem Schuldner mitgeteilte Stundung unterbrochen. Ist der Aufenthalt des Kostenschuldners unbekannt, so genügt die Zustellung durch Aufgabe zur Post unter seiner letzten bekannten Anschrift. Bei Kostenbeträgen unter zwanzig Deutsche Mark wird die Verjährung nicht unterbrochen.

§ 11 Höhe der Kosten

(1) Kosten werden nach dem Kostenverzeichnis der Anlage 1 zu diesem Gesetz erhoben.

(2) Die Gebühren richten sich nach dem Wert des Streitgegenstandes (Streitwert), soweit nichts anderes bestimmt ist. Die Gebühr bei einem Streitwert bis 600 DM beträgt 50 DM. Die Gebühr erhöht sich bei einem

Streitwert bis ... DM	für jeden angefangenen Betrag von weiteren ... DM	um ... DM
3 000	600	20
10 000	1 000	15
20 000	2 000	30
50 000	5 000	45
100 000	10 000	60
400 000	30 000	200
1 000 000	60 000	295
über 1 000 000	100 000	300

Eine Gebührentabelle für Streitwerte bis eine Million Deutsche Mark ist diesem Gesetz als Anlage 2 beigefügt.

(3) Der Mindestbetrag einer Gebühr ist 20 Deutsche Mark. Dies gilt nicht für das durch die Geschäftsstelle an die Post gerichtete Ersuchen um Bewirkung einer Zustellung (§ 196 ZPO). Pfennigbeträge werden auf volle zehn Deutsche Pfennig aufgerundet.

Zweiter Abschnitt

Bürgerliche Rechtsstreitigkeiten, Familiensachen (§ 1 Abs. 2) und Verfahren vor den Gerichten der Verwaltungs- und Finanzgerichtsbarkeit

§ 12 Wertberechnung in bürgerlichen Rechtsstreitigkeiten und Familiensachen (§ 1 Abs. 2)

(1) In bürgerlichen Rechtsstreitigkeiten und in den in § 1 Abs. 2 genannten Familiensachen richten sich die Gebühren nach dem für die Zuständigkeit des Prozeßgerichts oder die Zulässigkeit des Rechtsmittels maßgeblichen Wert des Streitgegenstandes, soweit nichts anderes bestimmt ist. In Rechtsstreitigkeiten aufgrund des Gesetzes zur Regelung des Rechts der Allgemeinen Geschäftsbedingungen darf der Streitwert 500 000 Deutsche Mark nicht übersteigen.

(2) In nichtvermögensrechtlichen Streitigkeiten ist der Wert des Streitgegenstandes unter Berücksichtigung aller Umstände des Einzelfalles, insbesondere des Umfangs und der Bedeutung der Sache und der Vermögens- und Einkommensverhältnisse der Parteien, nach Ermessen zu bestimmen. In Ehesachen ist für die Einkommensverhältnisse das in drei Monaten erzielte Nettoeinkommen der Eheleute einzusetzen. In Kindschaftssachen ist von einem Wert von 4 000 Deutsche Mark auszugehen, in einer Scheidungsfolgesache nach § 623 Abs. 1, 4, § 621 Abs. 1 Nr. 1, 2 oder 3 der Zivilprozeßordnung von 1 500 Deutsche

Mark. Der Wert darf nicht über 2 Millionen Deutsche Mark angenommen werden; in Ehesachen darf er nicht unter 4 000 Deutsche Mark angenommen werden.
(3) Ist mit einem nichtvermögensrechtlichen Anspruch ein aus ihm hergeleiteter vermögensrechtlicher Anspruch verbunden, so ist nur ein Anspruch, und zwar der höhere, maßgebend.

§ 13 Wertberechnung in Verfahren vor Gerichten der Verwaltungsgerichtsbarkeit und Finanzgerichtsbarkeit

(1) In Verfahren vor den Gerichten der Verwaltungsgerichtsbarkeit und der Finanzgerichtsbarkeit ist der Streitwert vorbehaltlich der folgenden Vorschriften nach der sich aus dem Antrag des Klägers für ihn ergebenden Bedeutung der Sache nach Ermessen zu bestimmen. Bietet der bisherige Sach- und Streitstand hierfür keine genügenden Anhaltspunkte, so ist ein Streitwert von 8 000 Deutsche Mark anzunehmen.
(2) Betrifft der Antrag des Klägers eine bezifferte Geldleistung oder einen hierauf gerichteten Verwaltungsakt, so ist deren Höhe maßgebend.
(3) In Verfahren vor den Gerichten der Verwaltungsgerichtsbarkeit über Ansprüche nach dem Vermögensgesetz darf der Streitwert nicht über 1 Million Deutsche Mark angenommen werden.
(4) In Verfahren, welche die Begründung, die Umwandlung, das Bestehen, das Nichtbestehen oder die Beendigung eines besoldeten öffentlich-rechtlichen Dienst- oder Amtsverhältnisses betreffen, ist Streitwert
a) der 13fache Betrag des Endgrundgehaltes zuzüglich ruhegehaltsfähiger Zulagen, wenn Gegenstand des Verfahrens ein Dienst- oder Amtsverhältnis auf Lebenszeit ist;
b) in sonstigen Fällen die Hälfte des sich nach Buchstabe a ergebenden Betrages, die Hälfte des 13fachen Anwärtergrundbetrages zuzüglich eines Anwärtersonderzuschlags oder die Hälfte des vertraglich für die Dauer eines Jahres vereinbarten Gehaltes.

Betrifft das Verfahren die Verleihung eines anderen Amtes oder den Zeitpunkt einer Versetzung in den Ruhestand, ist Streitwert die Hälfte des sich nach Satz 1 ergebenden Betrages.
(5) Ist mit einem in Verfahren nach Absatz 4 verfolgten Klagebegehren ein aus ihm hergeleiteter vermögensrechtlicher Anspruch verbunden, so ist nur ein Klagebegehren, und zwar das wertmäßig höhere, maßgebend.
(6) Dem Kläger steht gleich, wer sonst das Verfahren der ersten Instanz beantragt hat.

§ 14 Wertberechnung in Berufungs- und Revisionsverfahren

(1) Im Berufungs- und Revisionsverfahren bestimmt sich der Streitwert nach den Anträgen des Rechtsmittelklägers. Endet das Verfahren, ohne daß solche Anträge eingereicht werden, oder werden, wenn eine Frist für die Berufungs- oder Revisionsbegründung vorgeschrieben ist, innerhalb dieser Frist Berufungs- oder Revisionsanträge nicht eingereicht, so ist die Beschwer maßgebend.
(2) Der Streitwert ist durch den Wert des Streitgegenstandes der ersten Instanz begrenzt. Das gilt nicht, soweit der Streitgegenstand erweitert wird.

§ 15 Zeitpunkt der Wertberechnung

Für die Wertberechnung ist der Zeitpunkt der die Instanz einleitenden Antragstellung entscheidend.

§ 16 Miet-, Pacht- und ähnliche Nutzungsverhältnisse

(1) Ist das Bestehen oder die Dauer eines Miet-, Pacht- oder ähnlichen Nutzungsverhältnisses streitig, so ist der Betrag des auf die streitige Zeit entfallenden Zinses und, wenn der einjährige Zins geringer ist, dieser Betrag für die Wertberechnung maßgebend.

(2) Wird wegen Beendigung eines Miet-, Pacht- oder ähnlichen Nutzungsverhältnisses die Räumung eines Grundstücks, Gebäudes oder Gebäudeteils verlangt, so ist ohne Rücksicht darauf, ob über das Bestehen des Nutzungsverhältnisses Streit besteht, der für die Dauer eines Jahres zu entrichtende Zins maßgebend, wenn sich nicht nach Absatz 1 ein geringerer Streitwert ergibt. Verlangt ein Kläger die Räumung oder Herausgabe auch aus einem anderen Rechtsgrund, so ist der Wert der Nutzung eines Jahres maßgebend.

(3) Werden der Anspruch auf Räumung von Wohnraum und der Anspruch nach den §§ 556 a, 556 b des Bürgerlichen Gesetzbuchs auf Fortsetzung des Mietverhältnisses über diesen Wohnraum in demselben Prozeß verhandelt, so werden die Werte nicht zusammengerechnet.

(4) Bei Ansprüchen nach den §§ 556 a, 556 b des Bürgerlichen Gesetzbuchs ist auch für die Rechtsmittelinstanz der für die erste Instanz maßgebende Wert zugrunde zu legen, sofern nicht die Beschwer geringer ist.

(5) Bei Ansprüchen auf Erhöhung des Mietzinses für Wohnraum ist höchstens der Jahresbetrag des zusätzlich geforderten Zinses maßgebend.

§ 17 Wiederkehrende Leistungen

(1) Bei Ansprüchen auf Erfüllung einer gesetzlichen Unterhaltspflicht ist der Jahresbetrag der wiederkehrenden Leistungen maßgebend, wenn nicht der Gesamtbetrag der geforderten Leistungen geringer ist. Wird auf Leistung des Regelunterhalts geklagt (§§ 642, 642 d der Zivilprozeßordnung), so ist der Jahresbetrag auf der Grundlage des Regelbedarfs nach freiem Ermessen zu bestimmen.

(2) Wird wegen der Tötung eines Menschen oder wegen der Verletzung des Körpers oder der Gesundheit eines Menschen Schadensersatz durch Entrichtung einer Geldrente verlangt, so ist der fünffache Betrag des einjährigen Bezuges maßgebend, wenn nicht der Gesamtbetrag der geforderten Leistungen geringer ist. Dies gilt nicht bei Ansprüchen aus einem Vertrag, der auf Leistung einer solchen Rente gerichtet ist.

(3) Bei Ansprüchen auf wiederkehrende Leistungen aus einem öffentlich-rechtlichen Dienst- oder Amtsverhältnis, einer Dienstpflicht oder einer Tätigkeit, die an Stelle einer gesetzlichen Dienstpflicht geleistet werden kann, sowie bei Ansprüchen von Arbeitnehmern auf wiederkehrende Leistungen ist der dreifache Jahresbetrag der wiederkehrenden Leistungen maßgebend, wenn nicht der Gesamtbetrag der geforderten Leistungen geringer ist.

(4) Die bei Einreichung der Klage fälligen Beträge werden dem Streitwert hinzugerechnet. Der Einreichung der Klage steht die Einreichung eines Antrags auf Bewilligung der Prozeßkostenhilfe gleich, wenn die Klage alsbald nach Mitteilung der Entscheidung über den Antrag oder über eine alsbald eingeleitete Beschwerde eingereicht wird.

§ 17 a Versorgungsausgleich

Im Verfahren über den Versorgungsausgleich sind maßgebend

1. in den Fällen des § 1587 b des Bürgerlichen Gesetzbuchs der Jahresbetrag der Rente, die den zu übertragenden oder zu begründenden Rentenanwartschaften entspricht, mindestens jedoch 1 000 Deutsche Mark,
2. im Falle des § 1587 g Abs. 1 des Bürgerlichen Gesetzbuchs der Jahresbetrag der Geldrente, mindestens jedoch 1 000 Deutsche Mark.

§ 18 Stufenklage

Wird mit der Klage auf Rechnungslegung oder auf Vorlegung eines Vermögensverzeichnisses oder auf Abgabe einer eidesstattlichen Versicherung die Klage auf Herausgabe desjenigen verbunden, was der Beklagte aus dem zugrunde liegenden Rechtsverhältnis schuldet, so ist für die Wertberechnung nur einer der verbundenen Ansprüche, und zwar der höhere, maßgebend.

§ 19 Klage und Widerklage, Hilfsanspruch, wechselseitige Rechtsmittel, Aufrechnung

(1) In einer Klage und in einer Widerklage geltend gemachte Ansprüche, die nicht in getrennten Prozessen verhandelt werden, werden zusammengerechnet. Ein hilfsweise geltend gemachter Anspruch wird mit dem Hauptanspruch zusammengerechnet, soweit eine Entscheidung über ihn ergeht. Betreffen die Ansprüche im Fall des Satzes 1 oder 2 denselben Gegenstand, ist nur der Wert des höheren Anspruchs maßgebend.

(2) Für wechselseitig eingelegte Rechtsmittel, die nicht in getrennten Prozessen verhandelt werden, ist Absatz 1 Satz 1 und 3 entsprechend anzuwenden.

(3) Macht der Beklagte hilfsweise die Aufrechnung mit einer bestrittenen Gegenforderung geltend, so erhöht sich der Streitwert um den Wert der Gegenforderung, soweit eine der Rechtskraft fähige Entscheidung über sie ergeht.

(4) Bei einer Erledigung des Rechtsstreits durch Vergleich sind die Absätze 1 bis 3 entsprechend anzuwenden.

§ 19 a Familiensachen

(1) Die Scheidungssache und die Folgesachen (§ 623 Abs. 1, 4, § 621 Abs. 1 der Zivilprozeßordnung) gelten als ein Verfahren, dessen Gebühren nach dem zusammengerechneten Wert der Gegenstände zu berechnen sind. Eine Scheidungsfolgesache nach § 623 Abs. 1, 4, § 621 Abs. 1 Nr. 1, 2 oder 3 der Zivilprozeßordnung ist auch dann als ein Gegenstand zu bewerten, wenn sie mehrere Kinder betrifft. § 12 Abs. 3 ist nicht anzuwenden.

(2) Absatz 1 Satz 1 gilt entsprechend, wenn nach § 621 a Abs. 2 der Zivilprozeßordnung einheitlich durch Urteil zu entscheiden ist.

§ 20 Arreste, einstweilige Verfügungen, einstweilige Anordnungen, Verfahren nach § 319 Abs. 6 des Aktiengesetzes oder § 16 Abs. 3 des Umwandlungsgesetzes

(1) Im Verfahren über einen Antrag auf Anordnung, Abänderung oder Aufhebung eines Arrestes oder einer einstweiligen Verfügung bestimmt sich der Wert nach § 3 der Zivilprozeßordnung.

(2) Ist in einem Verfahren nach § 620 Satz 1 Nr. 4, 6 oder in einem Verfahren nach § 641 d der Zivilprozeßordnung die Unterhaltspflicht zu regeln, so wird der Wert nach dem sechsmonatigen Bezug berechnet. Im Verfahren nach § 620 Satz 1 Nr. 7 der Zivilprozeßordnung bestimmt sich der Wert, soweit die Benutzung der Ehewohnung zu regeln ist, nach dem dreimonatigen Mietwert, soweit die Benutzung des Hausrats zu regeln ist, nach § 3 der Zivilprozeßordnung.

(3) Im Verfahren über einen Antrag auf Erlaß, Abänderung oder Aufhebung einer einstweiligen Anordnung nach § 123 der Verwaltungsgerichtsordnung oder § 114 der Finanzgerichtsordnung und in Verfahren nach § 47 Abs. 8, § 80 Abs. 5 bis 8, § 80 a Abs. 3 der Verwaltungsgerichtsordnung oder § 69 Abs. 3, 5 der Finanzgerichtsordnung bestimmt sich der Wert nach § 13 Abs. 1.

(4) In Verfahren nach § 319 Abs. 6 des Aktiengesetzes oder § 16 Abs. 3 des Umwandlungsgesetzes bestimmt sich der Wert nach § 3 der Zivilprozeßordnung. Er darf jedoch ein Zehntel des Grundkapitals oder Stammkapitals des übertragenden oder formwechselnden Rechtsträgers oder, falls der übertragende oder formwechselnde Rechtsträger ein Grundkapital oder Stammkapital nicht hat, ein Zehntel des Vermögens dieses Rechtsträgers, höchstens jedoch eine Million Deutsche Mark nur insoweit übersteigen, als die Bedeutung der Sache für die Parteien höher zu bewerten ist.

§ 21 Teile des Streitgegenstandes

(1) Für Handlungen, die einen Teil des Streitgegenstandes betreffen, sind die Gebühren nur nach dem Wert dieses Teils zu berechnen.

(2) Sind von einzelnen Wertteilen in derselben Instanz für gleiche Handlungen Gebühren zu berechnen, so darf nicht mehr erhoben werden, als wenn die Gebühr von dem Gesamtbetrag der Wertteile zu berechnen wäre.

(3) Sind für Teile des Gegenstandes verschiedene Gebührensätze anzuwenden, so sind die Gebühren für die Teile gesondert zu berechnen; die aus dem Gesamtbetrag der Wertteile nach dem höchsten Gebührensatz berechnete Gebühr darf jedoch nicht überschritten werden.

§ 22 Nebenforderungen

(1) Bei Handlungen, die außer dem Hauptanspruch auch Früchte, Nutzungen, Zinsen oder Kosten als Nebenforderungen betreffen, wird der Wert der Nebenforderung nicht berücksichtigt.

(2) Bei Handlungen, die Früchte, Nutzungen, Zinsen oder Kosten als Nebenforderungen ohne den Hauptanspruch betreffen, ist der Wert der Nebenforderungen maßgebend, soweit er den Wert des Hauptanspruchs nicht übersteigt.

(3) Bei Handlungen, welche die Kosten des Rechtsstreits ohne den Hauptanspruch betreffen, ist der Betrag der Kosten maßgebend, soweit er den Wert des Hauptanspruchs nicht übersteigt.

§ 23 Angabe des Wertes

(1) Bei jedem Antrag ist der Wert des Streitgegenstandes, sofern dieser nicht in einer bestimmten Geldsumme besteht oder sich aus früheren Anträgen ergibt, und auf Erfordern auch der Wert eines Teils des Streitgegenstandes schriftlich oder zu Protokoll der Geschäftsstelle anzugeben.

(2) Die Angabe kann jederzeit berichtigt werden.

§ 24 Wertfestsetzung für die Zuständigkeit des Prozeßgerichts oder die Zulässigkeit des Rechtsmittels

Ist der Streitwert für die Entscheidung über die Zuständigkeit des Prozeßgerichts oder die Zulässigkeit des Rechtsmittels festgesetzt, so ist die Festsetzung auch für die Berechnung der Gebühren maßgebend. Die §§ 14 bis 20 bleiben unberührt.

§ 25 Wertfestsetzung für die Gerichtsgebühren

(1) Sind Gebühren, die sich nach dem Streitwert richten, im voraus zu zahlen, setzt das Prozeßgericht bei Eingang einer Klage oder eines Antrags den Wert ohne Anhörung der Parteien durch Beschluß vorläufig fest, wenn Gegenstand des Verfahrens nicht eine bestimmte Geldsumme in inländischer Währung ist. Einwendungen gegen die Höhe des festgesetzten Wertes können nur im Verfahren nach § 6 geltend gemacht werden.

(2) Soweit eine Entscheidung nach § 24 Satz 1 nicht ergeht oder nach § 24 Satz 2 nicht bindet, setzt das Prozeßgericht den Wert durch Beschluß fest, sobald eine Entscheidung über den gesamten Streitgegenstand ergeht oder sich das Verfahren anderweitig erledigt. Die Festsetzung kann von dem Gericht, das sie getroffen hat, und, wenn das Verfahren wegen der Hauptsache oder wegen der Entscheidung über den Streitwert, den Kostenansatz oder die Kostenfestsetzung in der Rechtsmittelinstanz schwebt, von dem Rechtsmittelgericht von Amts wegen geändert werden. Die Änderung ist nur innerhalb von sechs Monaten zulässig, nachdem die Entscheidung in der Hauptsache Rechtskraft erlangt oder das Verfahren sich anderweitig erledigt hat.

(3) Gegen den Beschluß findet die Beschwerde statt, wenn der Wert des Beschwerdegegenstandes einhundert Deutsche Mark übersteigt; § 5 Abs. 2 Satz 3, Abs. 3 Satz 1, Abs. 4 Satz 1, 2 und 5 und Abs. 5 ist entsprechend anzuwenden. Die Beschwerde ist ausgeschlossen, wenn das Rechtsmittelgericht den Beschluß erlassen hat. Sie ist nur zulässig, wenn sie innerhalb der in Absatz 2 Satz 3 bestimmten Frist eingelegt wird; ist der Streitwert später als einen Monat vor Ablauf dieser Frist festgesetzt worden, so kann sie noch innerhalb eines Monats nach Zustellung oder formloser Mitteilung des Festsetzungsbeschlusses eingelegt werden.

(4) Das Verfahren über die Beschwerde ist gebührenfrei. Kosten werden nicht erstattet.

§ 26 Schätzung des Wertes

Wird eine Abschätzung durch Sachverständige erforderlich, so ist in dem Beschluß, durch den der Wert festgesetzt wird (§ 25), über die Kosten der Abschätzung zu entscheiden. Diese Kosten können ganz oder teilweise der Partei auferlegt werden, welche die Abschätzung durch Unterlassen der ihr obliegenden Wertangabe, durch unrichtige Angabe des Wertes, durch unbegründetes Bestreiten des angegebenen Wertes oder durch eine unbegründete Beschwerde veranlaßt hat.

§ 27 Einmalige Erhebung der Gebühren

Die Gebühr für das Verfahren im allgemeinen und die Gebühr für eine Entscheidung werden in jeder Instanz hinsichtlich eines jeden Teils des Streitgegenstandes nur einmal erhoben.

§ 28 (aufgehoben)

§ 29 Zwangsversteigerung

(1) Bei der Zwangsversteigerung von Grundstücken sind die Gebühren für das Verfahren im allgemeinen und für die Abhaltung des Versteigerungstermins nach dem gemäß § 74 a Abs. 5 des Gesetzes über die Zwangsversteigerung und die Zwangsverwaltung festgesetzten Wert zu berechnen. Ist ein solcher Wert nicht festgesetzt, so ist der Einheitswert maßgebend. Weicht der Gegenstand des Verfahrens vom Gegenstand der Einheitsbewertung wesentlich ab oder hat sich der Wert infolge bestimmter Umstände, die nach dem Feststellungszeitpunkt des Einheitswerts eingetreten sind, wesentlich verändert, oder ist ein Einheitswert noch nicht festgestellt, so ist der nach den Grundsätzen der Einheitsbewertung geschätzte Wert maßgebend. Wird der Einheitswert nicht nachgewiesen, so ist das Finanzamt um Auskunft über die Höhe des Einheitswerts zu ersuchen; § 30 der Abgabenordnung steht der Auskunft nicht entgegen.

(2) Die Gebühr für die Erteilung des Zuschlags bestimmt sich nach dem Gebot ohne Zinsen, für das der Zuschlag erteilt ist, einschließlich des Werts der nach den Versteigerungsbedingungen bestehenbleibenden Rechte zuzüglich des Betrages, in dessen Höhe der Ersteher nach § 114 a des Gesetzes über die Zwangsversteigerung und die Zwangsverwaltung als aus dem Grundstück befriedigt gilt. Im Falle der Zwangsversteigerung zur Aufhebung einer Gemeinschaft vermindert sich der Wert nach Satz 1 um den Anteil des Erstehers an dem Gegenstand des Verfahrens; bei Gesamthandeigentum ist jeder Mitberechtigte wie ein Eigentümer nach dem Verhältnis seines Anteils anzusehen.

(3) Die Gebühr für das Verteilungsverfahren bestimmt sich nach dem Gebot ohne Zinsen, für das der Zuschlag erteilt ist, einschließlich des Wertes der nach den Versteigerungsbedingungen bestehenbleibenden Rechte. Der Erlös aus einer gesonderten Versteigerung oder sonstigen Verwertung (§ 65 des Gesetzes über die Zwangsversteigerung und die Zwangsverwaltung) wird hinzugerechnet.

(4) Sind mehrere Gegenstände betroffen, so ist der Gesamtwert maßgebend.

(5) Bei Zuschlägen an verschiedene Ersteher wird die Gebühr für die Erteilung des

Zuschlags von jedem Ersteher nach dem Wert der auf ihn entfallenden Gegenstände erhoben. Eine Bietergemeinschaft gilt als ein Ersteher.

§ 30 Zwangsverwaltung

Die Gebühr für die Durchführung des Zwangsverwaltungsverfahrens bestimmt sich nach dem Gesamtwert der Einkünfte.

§ 31 Schiffe, Schiffsbauwerke, Luftfahrzeuge und grundstücksgleiche Rechte

Die §§ 29 und 30 gelten entsprechend für die Zwangsversteigerung von Schiffen, Schiffsbauwerken und Luftfahrzeugen sowie für die Zwangsversteigerung oder die Zwangsverwaltung von Rechten, die den Vorschriften der Zwangsvollstreckung in das unbewegliche Vermögen unterliegen, einschließlich der unbeweglichen Kuxe.

§ 32 Zwangsliquidation einer Bahneinheit

Bei der Zwangsliquidation einer Bahneinheit bestimmt sich die Gebühr für das Verfahren nach dem Gesamtwert der Bestandteile der Bahneinheit.

§ 33 Zurückverweisung

Wird eine Sache zur anderweitigen Verhandlung an das Gericht der unteren Instanz zurückverwiesen, so bildet das weitere Verfahren mit dem früheren Verfahren vor diesem Gericht im Sinne des § 27 eine Instanz.

§ 34 Verzögerung des Rechtsstreits

(1) Wird außer im Fall des § 335 der Zivilprozeßordnung durch Verschulden des Klägers, des Beklagten oder eines Vertreters die Vertagung einer mündlichen Verhandlung oder die Anberaumung eines neuen Termins zur mündlichen Verhandlung nötig oder ist die Erledigung des Rechtsstreits durch nachträgliches Vorbringen von Angriffs- oder Verteidigungsmitteln, Beweismitteln oder Beweiseinreden, die früher vorgebracht werden konnten, verzögert worden, so kann das Gericht dem Kläger oder dem Beklagten von Amts wegen eine besondere Gebühr in Höhe einer Gebühr auferlegen. Die Gebühr kann bis auf ein Viertel ermäßigt werden. Dem Kläger, dem Beklagten oder dem Vertreter stehen gleich der Nebenintervenient, der Beigeladene, der Oberbundesanwalt und der Vertreter des öffentlichen Interesses sowie ihre Vertreter.

(2) Gegen den Beschluß findet die Beschwerde statt, wenn der Wert des Beschwerdegegenstandes einhundert Deutsche Mark übersteigt. § 5 Abs. 2 Satz 2 und 3, Abs. 3 Satz 1 und 3, Abs. 4 Satz 1, 2 und 5 sowie Abs. 5 und 6 ist entsprechend anzuwenden.

Dritter Abschnitt

Vergleichsverfahren zur Abwendung des Konkurses, Konkursverfahren, seerechtliches Verteilungsverfahren

§ 35 Entsprechend anzuwendende Vorschriften

Für die Gebühren im Vergleichsverfahren zur Abwendung des Konkurses, im Konkursverfahren und im seerechtlichen Verteilungsverfahren gelten die §§ 22, 23, 25, 26 dieses Gesetzes und § 3 der Zivilprozeßordnung entsprechend.

§ 36 Wertberechnung

(1) Die Gebühr für das Vergleichsverfahren zur Abwendung des Konkurses wird nach dem Betrag der Aktiven (§ 5 der Vergleichsordnung) zur Zeit der Stellung des Antrags auf Eröffnung des Vergleichsverfahrens erhoben. Gegenstände, die zur abgesonderten Befriedigung dienen, werden nur in Höhe des für diese nicht erforderlichen Betrages angesetzt.

(2) Übersteigt der Wert der Aktiven den Gesamtbetrag der Forderungen der am Verfahren beteiligten Gläubiger, so ist der Gesamtbetrag der Forderungen maßgebend.

§ 37 Wertberechnung

(1) Die Gebühren für den Antrag auf Eröffnung des Konkursverfahrens und für die Durchführung des Konkursverfahrens werden nach dem Betrag der Aktivmasse erhoben. Gegenstände, die zur abgesonderten Befriedigung dienen, werden nur in Höhe des für diese nicht erforderlichen Betrags angesetzt.

(2) Ist die Aktivmasse höher als die Schuldenmasse, so wird die Gebühr nach dem Betrag der Schuldenmasse erhoben.

(3) Für die Berechnung der Masse ist die Zeit der Beendigung des Verfahrens maßgebend.

(4) Ist der Antrag auf Eröffnung des Konkursverfahrens von einem Gläubiger gestellt, so wird die Gebühr für das Verfahren über den Antrag nach dem Betrag seiner Forderung, wenn jedoch der Betrag der Aktivmasse geringer ist, nach diesem Betrag erhoben.

§ 38 Beschwerden

Bei der Beschwerde des Gemeinschuldners gegen den Beschluß über die Eröffnung des Konkursverfahrens (§ 109 der Konkursordnung) oder den Beschluß über die Bestätigung des Zwangsvergleichs (§§ 189, 230 Abs. 2, § 236 der Konkursordnung) gilt § 37 Abs. 1 bis 3. Bei der Beschwerde eines sonstigen Antragstellers gegen die Abweisung des Eröffnungsantrags gilt § 37 Abs. 4. Bei der Beschwerde eines Konkursgläubigers gegen den Beschluß über die Bestätigung des Zwangsvergleichs bestimmt sich der Wert nach dem Betrag der Forderung unter Berücksichtigung des Verhältnisses der Teilungsmasse zur Schuldenmasse.

§ 39 Seerechtliches Verteilungsverfahren

Die Gebühren für den Antrag auf Eröffnung des seerechtlichen Verteilungsverfahrens und für die Durchführung des Verteilungsverfahrens richten sich nach dem Betrag der festgesetzten Haftungssumme. Ist diese höher als der Gesamtbetrag der Ansprüche, für deren Gläubiger das Recht auf Teilnahme an dem Verteilungsverfahren festgestellt wird, so richten sich die Gebühren nach dem Gesamtbetrag der Ansprüche.

Vierter Abschnitt

Strafsachen

§ 40 Grundlage der Gebührenbemessung[1)]

(1) In Strafsachen bemessen sich die Gerichtsgebühren für alle Rechtszüge nach der rechtskräftig erkannten Strafe.

(2) Ist neben einer Freiheitsstrafe auf Geldstrafe erkannt, so ist die Zahl der Tagessätze der Dauer der Freiheitsstrafe hinzuzurechnen; dabei entsprechen dreißig Tagessätze einem Monat Freiheitsstrafe.

---

1) Absatz 2 (alt) wird mit der Maßgabe gestrichen, daß die Vorschrift weiterhin bei einer Verurteilung zu einer Jugendstrafe von unbestimmter Dauer anzuwenden ist, wenn das Urteil vor dem Inkrafttreten dieses Gesetzes verkündet wurde:
»(2) Bei Verurteilung zu Jugendstrafe von unbestimmter Dauer bemißt sich die Gebühr nach dem im Urteil festgesetzten Mindestmaß. Bestimmt das Urteil das Mindestmaß nicht ausdrücklich, so wird das gesetzliche Mindestmaß zugrunde gelegt.«

(3) Ist auf Verwarnung mit Strafvorbehalt erkannt, so bestimmt sich die Gebühr nach der vorbehaltenen Geldstrafe.

(4) Eine Gebühr wird für alle Rechtszüge auch bei rechtskräftiger Anordnung einer Maßregel der Besserung und Sicherung erhoben. Ist die Maßregel neben einer Strafe angeordnet worden, so wird die Gebühr gesondert berechnet.

(5) Wird im Strafverfahren oder im selbständigen Verfahren nach den §§ 440, 441 der Strafprozeßordnung die Einziehung, der Verfall, die Vernichtung, die Unbrauchbarmachung oder die Abführung des Mehrerlöses angeordnet, so wird wegen der Anordnung einer dieser Rechtsfolgen eine Gebühr nur für das gegen dieses Erkenntnis gerichtete Rechtsmittel- oder Wiederaufnahmeverfahren erhoben. Wird im Nachverfahren (§ 439 der Strafprozeßordnung) der Antrag verworfen, so gilt Satz 1 entsprechend.

§ 40 a Beschränkung eines Rechtsmittels oder des Einspruchs gegen einen Strafbefehl

(1) Wird bei Verurteilung wegen selbständiger Taten ein Rechtsmittel auf einzelne Taten beschränkt, so bemißt sich die Gebühr für das Rechtsmittelverfahren nach der Strafe für diejenige Tat, die Gegenstand des Rechtsmittelverfahrens ist. Bei Gesamtstrafen ist die Summe der angefochtenen Einzelstrafen maßgebend. Ist die Gesamtstrafe, auch unter Einbeziehung der früher erkannten Strafe, geringer, so ist diese maßgebend.

(2) Wird das Rechtsmittel auf die Anordnung einer Maßregel der Besserung und Sicherung beschränkt, so wird die Gebühr für das Rechtsmittelverfahren nur wegen der Anordnung erhoben.

(3) Die Absätze 1 und 2 gelten für das weitere Verfahren nach Einspruch gegen einen Strafbefehl entsprechend.

§ 41 Nachträgliche Bildung einer Gesamtstrafe oder einer Einheitsstrafe

(1) Wird auf Grund des § 55 Abs. 1 des Strafgesetzbuchs eine Gesamtstrafe gebildet, so bemißt sich die Gebühr für das neue Verfahren nach dem Betrag, um den die Gesamtstrafe die früher erkannte Strafe übersteigt. Dies gilt entsprechend, wenn ein Urteil, in dem auf Jugendstrafe erkannt ist, nach § 31 Abs. 2 des Jugendgerichtsgesetzes in ein neues Urteil einbezogen wird.

(2) In den Fällen des § 460 der Strafprozeßordnung und des § 66 des Jugendgerichtsgesetzes verbleibt es bei den Gebühren für die früheren Verfahren.

§ 42 Mehrere Angeschuldigte

(1) Betrifft eine Strafsache mehrere Angeschuldigte, so ist die Gebühr von jedem gesondert nach Maßgabe der gegen ihn erkannten Strafe oder angeordneten Maßregel der Besserung und Sicherung zu erheben. Wird in einer Strafsache gegen einen oder mehrere Angeschuldigte auch eine Geldbuße gegen eine juristische Person oder eine Personenvereinigung festgesetzt, so ist eine Gebühr auch von der juristischen Person oder Personenvereinigung nach Maßgabe der gegen sie festgesetzten Geldbuße zu erheben.

(2) Wird wegen derselben Tat eine der in § 40 Abs. 5 bezeichneten Nebenfolgen angeordnet, so wird nur eine Gebühr erhoben. § 58 bleibt unberührt.

§ 43 Wiederaufnahme des Verfahrens

Wird nach Anordnung der Wiederaufnahme des Verfahrens (§ 370 Abs. 2 der Strafprozeßordnung) das frühere Urteil aufgehoben, so gilt für die Gebührenerhebung das neue Verfahren mit dem früheren Verfahren zusammen als ein Rechtszug. Dies gilt auch für das Wiederaufnahmeverfahren, das sich gegen einen Strafbefehl richtet (§ 373 a der Strafprozeßordnung).

§ 44 Zurücknahme des Strafantrages

Das Gericht kann die Gebühr, die regelmäßig zu erheben ist, wenn das Verfahren nach Eröffnung des Hauptverfahrens infolge Zurücknahme des Antrags, durch den es bedingt war, eingestellt wird, herabsetzen oder beschließen, daß von der Erhebung einer Gebühr abgesehen wird.

§ 45 Verurteilung im Privatklageverfahren

Für das Verfahren auf erhobene Privatklage gelten, wenn der Beschuldigte zu einer Strafe verurteilt wird, die §§ 40 bis 43.

§ 46 Wiederaufnahme eines Privatklageverfahrens

Wird die Wiederaufnahme eines Privatklageverfahrens auf Antrag des Privatklägers angeordnet, so ist, sofern auf eine höhere Strafe erkannt wird, § 43 Satz 1 anzuwenden.

§ 47 Vollstreckung in das Vermögen

Für das Verfahren zur Vollstreckung einer Entscheidung über einen aus der Straftat erwachsenen vermögensrechtlichen Anspruch oder über Erstattung von Kosten (§§ 406 b, 464 b der Strafprozeßordnung) werden Gebühren nach den Vorschriften für bürgerliche Rechtsstreitigkeiten gesondert erhoben.

Fünfter Abschnitt

Gerichtliche Verfahren nach dem Gesetz über Ordnungswidrigkeiten

§ 48

Für das gerichtliche Verfahren nach dem Gesetz über Ordnungswidrigkeiten gelten § 40 Abs. 1 und 5, §§ 40 a, 42, 43 und 47 sinngemäß.

Sechster Abschnitt

Gerichtliche Verfahren nach dem Strafvollzugsgesetz

§ 48 a

In gerichtlichen Verfahren nach dem Strafvollzugsgesetz gelten die §§ 13, 20 Abs. 3, 25 Abs. 2 Satz 2 und 3, Abs. 3 und 4 entsprechend. Der Wert ist von Amts wegen festzusetzen.

Siebenter Abschnitt

Kostenzahlung und Kostenvorschuß

§ 49 Kostenschuldner in bürgerlichen Rechtsstreitigkeiten, Familiensachen (§ 1 Abs. 2) und in Verfahren vor den Gerichten der Verwaltungs- und Finanzgerichtsbarkeit

In bürgerlichen Rechtsstreitigkeiten, in den in § 1 Abs. 2 genannten Familiensachen und in Verfahren vor den Gerichten der Verwaltungs- und Finanzgerichtsbarkeit ist Schuldner der Kosten derjenige, der das Verfahren der Instanz beantragt hat. In dem Verfahren, das gemäß § 700 Abs. 3 der Zivilprozeßordnung dem Mahnverfahren folgt, ist Schuldner der Kosten nach Satz 1, wer den Vollstreckungsbescheid beantragt hat.

§ 50 Kostenschuldner im Konkursverfahren

(1) Im Konkursverfahren ist der Antragsteller Schuldner der Gebühr für das Verfahren über den Antrag auf Eröffnung des Konkursverfahrens. Wird der Antrag auf Eröffnung des Verfahrens abgewiesen oder zurückgenommen, so ist der Antragsteller auch Schuldner der in dem Verfahren entstandenen Auslagen.

(2) Im übrigen ist Schuldner der Gebühren und Auslagen der Gemeinschuldner.

§ 51 Kostenschuldner im Vergleichsverfahren

Im Vergleichsverfahren zur Abwendung des Konkurses ist Schuldner der Kosten der Vergleichsschuldner.

§ 52 Kostenschuldner im seerechtlichen Verteilungsverfahren

Im seerechtlichen Verteilungsverfahren ist Schuldner der Kosten der Antragsteller.

§ 53 Kostenschuldner im Zwangsversteigerungs- und Zwangsverwaltungsverfahren

(1) Im Zwangsversteigerungs- und Zwangsverwaltungsverfahren sowie im Verfahren der Zwangsliquidation einer Bahneinheit ist vorbehaltlich des Absatzes 2 Schuldner der Kosten der Antragsteller, soweit die Kosten nicht dem Erlös entnommen werden können. In Beschwerdeverfahren ist Schuldner der Kosten der Beschwerdeführer.

(2) Schuldner der Kosten für die Erteilung des Zuschlags ist, vorbehaltlich des § 54 Nr. 3, nur der Ersteher. Im Falle der Abtretung der Rechte aus dem Meistgebot oder der Erklärung, für einen Dritten geboten zu haben (§ 81 des Gesetzes über die Zwangsversteigerung und die Zwangsverwaltung), haften der Ersteher und der Meistbietende als Gesamtschuldner.

§ 54 Sonstige Kostenschuldner

Kostenschuldner ist ferner

1. derjenige, dem durch gerichtliche oder staatsanwaltschaftliche Entscheidung die Kosten des Verfahrens auferlegt sind;
2. derjenige, der sie durch eine vor Gericht abgegebene oder dem Gericht mitgeteilte Erklärung oder in einem vor Gericht abgeschlossenen oder dem Gericht mitgeteilten Vergleich übernommen hat;
   dies gilt auch, wenn bei einem Vergleich ohne Bestimmung über die Kosten diese als von beiden Teilen je zur Hälfte übernommen anzusehen sind;
3. derjenige, der für die Kostenschuld eines anderen kraft Gesetzes haftet;
4. der Vollstreckungsschuldner für die notwendigen Kosten der Zwangsvollstreckung.

§ 55 Auslagenschuldner in besonderen Fällen

Der Betroffene, der im gerichtlichen Verfahren nach dem Gesetz über Ordnungswidrigkeiten den Einspruch gegen einen Bußgeldbescheid zurücknimmt, ist Schuldner der entstandenen Auslagen.

§ 56 Schuldner der Schreibauslagen und bestimmter sonstiger Auslagen

(1) Schuldner der Schreibauslagen ist ferner derjenige, der die Erteilung der Ausfertigungen und Abschriften beantragt hat. Sind Abschriften angefertigt worden, weil die Partei oder der Beteiligte es unterlassen hat, einem von Amts wegen zuzustellenden Schriftsatz die erforderliche Zahl von Abschriften beizufügen, so ist Schuldner der Schreibauslagen nur die Partei oder der Beteiligte.

(2) Schuldner der Auslagen für die Versendung von Akten ist nur derjenige, der die Versendung beantragt hat.

§ 57 Erlöschen der Zahlungspflicht

Die durch gerichtliche oder staatsanwaltschaftliche Entscheidung begründete Verpflichtung zur Zahlung von Kosten erlischt, soweit die Entscheidung durch eine andere Entscheidung aufgehoben oder abgeändert wird. Soweit die Verpflichtung zur Zahlung von Kosten nur auf der aufgehobenen oder abgeänderten Entscheidung beruht hat, werden bereits gezahlte Kosten zurückerstattet.

§ 58 Mehrere Kostenschuldner

(1) Mehrere Kostenschuldner haften als Gesamtschuldner.

(2) Soweit ein Kostenschuldner auf Grund von § 54 Nr. 1 oder 2 haftet, soll die Haftung eines anderen Kostenschuldners nur geltend gemacht werden, wenn eine Zwangsvollstreckung in das bewegliche Vermögen des ersteren erfolglos geblieben ist oder aussichtslos erscheint. Soweit einem Kostenschuldner, der auf Grund von § 54 Nr. 1 haftet, die Prozeßkostenhilfe bewilligt oder ein Betrag für die Reise zum Ort einer Verhandlung, Vernehmung oder Untersuchung und für die Rückreise gewährt worden ist, soll die Haftung eines anderen Kostenschuldners nicht geltend gemacht werden.

§ 59 Haftung von Streitgenossen und Beigeladenen

(1) Streitgenossen haften als Gesamtschuldner, wenn die Kosten nicht durch gerichtliche Entscheidung unter sie verteilt sind. Soweit einen Streitgenossen nur Teile des Streitgegenstandes betreffen, beschränkt sich seine Haftung als Gesamtschuldner auf den Betrag, der entstanden wäre, wenn das Verfahren nur diese Teile betroffen hätte.

(2) Absatz 1 gilt auch für mehrere Beigeladene, denen Kosten auferlegt worden sind.

§ 60 Verpflichtung zur Zahlung von Kosten in besonderen Fällen

Die nach den §§ 57 bis 60 und 142 der Konkursordnung sowie den §§ 466 und 471 Abs. 4 der Strafprozeßordnung begründete Verpflichtung zur Zahlung von Kosten besteht auch gegenüber der Staatskasse.

§ 61 Fälligkeit der Gebühren

In bürgerlichen Rechtsstreitigkeiten einschließlich der Familiensachen nach § 621 Abs. 1 Nr. 4, 5 und 8 der Zivilprozeßordnung, im Konkursverfahren, im Vergleichsverfahren zur Abwendung des Konkurses und im seerechtlichen Verteilungsverfahren wird die Gebühr mit der Einreichung der Klage-, Antrags-, Einspruchs- oder Rechtsmittelschrift oder mit der Abgabe der entsprechenden Erklärung zu Protokoll fällig; soweit die Gebühr eine Entscheidung oder sonstige gerichtliche Handlung voraussetzt, wird sie mit dieser fällig.

§ 62 Zwangsversteigerung und Zwangsverwaltung

(1) Die Gebühren für die Entscheidung über den Antrag auf Anordnung der Zwangsversteigerung und über den Beitritt werden mit der Entscheidung fällig. Die Gebühr für die Erteilung des Zuschlags wird mit dessen Verkündung, und, wenn der Zuschlag von dem Beschwerdegericht erteilt wird, mit der Zustellung des Beschlusses an den Ersteher fällig. Im übrigen werden die Gebühren im ersten Rechtszug im Verteilungstermin und, wenn das Verfahren vorher aufgehoben wird, mit der Aufhebung fällig.

(2) Absatz 1 Satz 1 gilt im Verfahren der Zwangsverwaltung entsprechend; im übrigen werden die Gebühren mit der Aufhebung des Verfahrens und, wenn es länger als ein Jahr dauert, am Ende eines jeden Jahres fällig.

§ 63 Fälligkeit der Gebühren in sonstigen Fällen, Fälligkeit der Auslagen

(1) Im übrigen werden die Gebühren sowie die Auslagen fällig, sobald eine unbedingte Entscheidung über die Kosten ergangen ist oder das Verfahren oder die Instanz durch Vergleich, Zurücknahme oder anderweitige Erledigung beendigt ist.

(2) In Strafsachen werden die Kosten, die dem verurteilten Beschuldigten zur Last fallen, erst mit der Rechtskraft des Urteils fällig. Satz 1 gilt in gerichtlichen Verfahren nach dem Gesetz über Ordnungswidrigkeiten entsprechend.

§ 64 Fälligkeit der Schreibauslagen und bestimmter sonstiger Auslagen

(1) Schreibauslagen und Auslagen für die Versendung von Akten werden sofort nach ihrer Entstehung fällig. Sie können bei der Stelle angesetzt werden, bei der sie entstanden sind.

(2) Die Erteilung oder Anfertigung der auf Antrag zu erteilenden Ausfertigungen und Abschriften sowie die Versendung von Akten können von der vorherigen Zahlung eines die Auslagen deckenden Betrages abhängig gemacht werden. § 5 gilt entsprechend.

§ 65 Vorauszahlung und Vorschuß in Verfahren vor den ordentlichen Gerichten

(1) In bürgerlichen Rechtsstreitigkeiten soll die Klage erst nach Zahlung der erforderten Gebühr für das Verfahren im allgemeinen zugestellt werden. Im Mahnverfahren soll auf Antrag des Antragstellers nach Erhebung des Widerspruchs die Sache an das für das streitige Verfahren als zuständig bezeichnete Gericht erst abgegeben werden, wenn die erforderte Gebühr für das Verfahren im allgemeinen gezahlt ist; dies gilt entsprechend für das Verfahren nach Erlaß eines Vollstreckungsbescheids unter Vorbehalt der Ausführung der Rechte des Beklagten. Wird der Klageantrag erweitert, so soll vor Zahlung der erforderten Gebühr für das Verfahren im allgemeinen keine gerichtliche Handlung vorgenommen werden; dies gilt auch in der Rechtsmittelinstanz. Die Sätze 1 bis 3 gelten nicht für die Widerklage.

(2) Absatz 1 gilt nicht für Scheidungsfolgesachen, für Familiensachen des § 621 Abs. 1 Nr. 9 der Zivilprozeßordnung sowie für Rechtsstreitigkeiten über Erfindungen eines Arbeitnehmers, soweit nach § 39 des Gesetzes über Arbeitnehmererfindungen die für Patentstreitsachen zuständigen Gerichte ausschließlich zuständig sind.

(3) Sofern im Klageverfahren Absatz 1 Satz 1 Anwendung findet, soll auch der Mahnbescheid erst nach Zahlung der dafür vorgesehenen Gebühr erlassen werden. Wird der Mahnbescheid maschinell erstellt, so gilt Satz 1 erst für den Erlaß des Vollstreckungsbescheids.

(4) Über den Antrag auf Abnahme der eidesstattlichen Versicherung, den Antrag auf Erteilung der Abschrift eines mit eidesstattlicher Versicherung abgegebenen Vermögensverzeichnisses oder den Antrag auf Gewährung der Einsicht in dieses Schriftstück soll erst nach Zahlung der dafür vorgesehenen Gebühr entschieden werden.

(5) Über Anträge auf gerichtliche Handlungen der Zwangsvollstreckung gemäß § 829 Abs. 1, §§ 835, 839, 846 bis 848, 857, 858, 885 Abs. 4 oder § 886 der Zivilprozeßordnung soll erst nach Zahlung der Gebühr für das Verfahren und der Auslagen für die Zustellung entschieden werden.

(6) Über den Antrag auf Eröffnung des seerechtlichen Verteilungsverfahrens soll erst nach Zahlung der dafür vorgesehenen Gebühr und der Auslagen für die öffentliche Bekanntmachung entschieden werden.

(7) Die Absätze 1, 4 bis 6 gelten nicht,
1. soweit dem Antragsteller die Prozeßkostenhilfe bewilligt ist,
2. wenn dem Antragsteller Gebührenfreiheit zusteht,
3. wenn glaubhaft gemacht wird, daß dem Antragsteller die alsbaldige Zahlung der Kosten mit Rücksicht auf seine Vermögenslage oder aus sonstigen Gründen Schwierigkeiten bereiten würde,
4. wenn glaubhaft gemacht wird, daß eine Verzögerung dem Antragsteller einen nicht oder nur schwer zu ersetzenden Schaden bringen würde; zur Glaubhaftmachung genügt in diesem Falle die Erklärung des zum Prozeßbevollmächtigten bestellten Rechtsanwalts.

In den Fällen der Nummern 3 und 4 ist nicht von der Vorauszahlung oder der Vorschußzahlung zu befreien, wenn die beabsichtigte Rechtsverfolgung aussichtslos oder mutwillig erscheint. Absatz 3 gilt nicht, soweit dem Antragsteller die Prozeßkostenhilfe bewilligt ist oder Gebührenfreiheit zusteht.

§ 66 Vorschuß im Zwangsversteigerungs- und Zwangsverwaltungsverfahren

(1) Im Zwangsversteigerungsverfahren ist spätestens bei der Bestimmung des Zwangsversteigerungstermins ein Vorschuß in Höhe des Doppelten einer Gebühr für die Abhaltung des Versteigerungstermins zu erheben.

(2) Im Zwangsverwaltungsverfahren hat der Antragsteller jährlich einen angemessenen Gebührenvorschuß zu zahlen.

§ 67 Vorschuß in Strafsachen

(1) In Strafsachen hat der Privatkläger oder derjenige, der als Privatkläger oder Nebenkläger eine Berufung oder Revision einlegt oder eine Wiederaufnahme des Verfahrens beantragt, einen Gebührenvorschuß in Höhe der Hälfte der bei Freispruch oder Straffreierklärung des Beschuldigten im Privatklageverfahren zu erhebenden Gebühr für die Instanz zu zahlen. Der Widerkläger ist zur Zahlung eines Gebührenvorschusses nicht verpflichtet.

(2) Wer als Privatkläger das Verfahren nach den §§ 440, 441 der Strafprozeßordnung betreibt oder als Privatkläger oder Nebenkläger in einem solchen Verfahren ein Rechtsmittel einlegt oder die Wiederaufnahme des Verfahrens beantragt, hat gleichfalls den in Absatz 1 bestimmten Gebührenvorschuß zu zahlen.

§ 68 Auslagenvorschuß

(1) Wird die Vornahme einer Handlung, mit der Auslagen verbunden sind, beantragt, so hat derjenige, der die Handlung beantragt hat, einen zur Deckung der Auslagen hinreichenden Vorschuß zu zahlen. Das Gericht soll die Vornahme der Handlung von der vorherigen Zahlung des Vorschusses abhängig machen. Dies gilt nicht für die Anordnung einer Haft.

(2) Die Vorschußpflicht nach Absatz 1 besteht in Strafsachen nur für den Privatkläger, den Widerkläger sowie für den Nebenkläger, der Berufung oder Revision eingelegt hat.

(3) Bei Handlungen, die von Amts wegen vorgenommen werden, kann ein Vorschuß zur Deckung der Auslagen erhoben werden. Dies gilt nicht in Strafsachen und in gerichtlichen Verfahren nach dem Gesetz über Ordnungswidrigkeiten.

§ 69 Fortdauer der Vorschußpflicht

Die Verpflichtung zur Zahlung der vorzuschießenden Beträge bleibt bestehen, auch wenn die Kosten des Verfahrens einem anderen auferlegt oder von einem anderen übernommen sind. § 58 Abs. 2 gilt entsprechend.

Achter Abschnitt

Schluß- und Übergangsvorschriften

§ 70 Forst- und Feldrügesachen

Die Vorschriften dieses Gesetzes gelten für das gerichtliche Verfahren in Forst- und Feldrügesachen entsprechend.

§ 71 Anwendung anderer Kostenvorschriften

Andere bundesrechtliche Kostenvorschriften bleiben unberührt.

§ 72 Rechnungsgebühren

(1) Soweit in den Ländern noch für Rechnungsarbeiten Beamte oder Angestellte besonders bestellt werden (Rechnungsbeamte), sind als Auslagen Rechnungsgebühren zu erheben, die nach dem für die Arbeit erforderlichen Zeitaufwand bemessen werden. Sie betragen 20 Deutsche Mark für die Stunde; die letzte, bereits begonnene Stunde wird voll gerechnet.

(2) Die Rechnungsgebühren setzt das Gericht, das den Rechnungsbeamten beauftragt hat, von Amts wegen fest. Gegen die Festsetzung findet die Beschwerde statt; § 5 Abs. 2 bis 6 gilt entsprechend. Beschwerdeberechtigt sind die Staatskasse und derjenige, der für die Rechnungsgebühren als Kostenschuldner in Anspruch genommen wird.

§ 73 Übergangsvorschrift

(1) In Rechtsstreitigkeiten, die vor dem Inkrafttreten einer Gesetzesänderung anhängig geworden sind, werden die Kosten nach bisherigem Recht erhoben. Dies gilt nicht im Verfahren über ein Rechtsmittel, das nach dem Inkrafttreten einer Gesetzesänderung eingelegt worden ist. Die Sätze 1 und 2 gelten auch, wenn Vorschriften geändert werden, auf die dieses Gesetz verweist.

(2) In Strafsachen, in gerichtlichen Verfahren nach dem Gesetz über Ordnungswidrigkeiten und nach dem Strafvollzugsgesetz werden die Kosten nach dem bisherigen Recht erhoben, wenn die über die Kosten ergehende Entscheidung vor dem Inkrafttreten einer Gesetzesänderung rechtskräftig geworden ist.

(3) In Vergleichsverfahren zur Abwendung des Konkurses, Konkursverfahren, seerechtlichen Verteilungsverfahren und Verfahren der Zwangsversteigerung und Zwangsverwaltung gilt das bisherige Recht für Kosten, die vor dem Inkrafttreten einer Gesetzesänderung fällig geworden sind.

Anlage 1
(zu § 11 Abs. 1)

Kostenverzeichnis

Gliederung

Teil 1

Bürgerliche Rechtsstreitigkeiten und Familiensachen (§ 1 Abs. 2 GKG) vor den ordentlichen Gerichten außer Verfahren der Zwangsversteigerung und Zwangsverwaltung

I. Mahnverfahren
II. Prozeßverfahren
III. Verfahren über Anträge auf Anordnung eines Arrestes oder einer einstweiligen Verfügung sowie deren Aufhebung oder Abänderung in den Fällen des § 926 Abs. 2 und der §§ 927, 936 ZPO
IV. Erstinstanzliche Verfahren über Anträge auf Vollstreckbarerklärung und auf Zulassung der Zwangsvollstreckung
V. Verfahren in Scheidungssachen und Folgesachen
VI. Besondere Verfahren, Vergleich, Zustellungsersuchen, Verzögerung des Rechtsstreits
VII. Einstweilige Anordnungen
VIII. Besondere Verfahren bei Kindesunterhalt
IX. Beschwerdeverfahren

Teil 2

Verfahren vor den Gerichten der Verwaltungsgerichtsbarkeit

I. Prozeßverfahren
II. Einstweilige Anordnungen, Verfahren nach § 80 Abs. 5, § 80a Abs. 3 VwGO
III. Selbständige Beweisverfahren, Vergleich, Verzögerung des Rechtsstreits
IV. Zwangsvollstreckungsverfahren
V. Beschwerdeverfahren

Teil 3

Verfahren vor den Gerichten der Finanzgerichtsbarkeit

I. Prozeßverfahren
II. Einstweilige Anordnungen, Verfahren nach § 69 Abs. 3, 5 FGO
III. Selbständige Beweisverfahren, Verzögerung des Rechtsstreits
IV. Beschwerdeverfahren

Teil 4

Vergleichsverfahren zur Abwendung des Konkurses, Konkursverfahren; Seerechtliche Verteilungsverfahren

I. Vergleichsverfahren zur Abwendung des Konkurses
II. Konkursverfahren
III. Seerechtliche Verteilungsverfahren
IV. Beschwerdeverfahren

Teil 5

Verfahren nach dem Gesetz über die Zwangsversteigerung und die Zwangsverwaltung; Zwangsliquidation einer Bahneinheit

I. Zwangsversteigerung
II. Zwangsverwaltung
III. Zwangsliquidation einer Bahneinheit
IV. Beschwerdeverfahren

Teil 6

Strafsachen

I. Offizialverfahren mit rechtskräftiger Verurteilung zu einer Strafe, Verwarnung mit Strafvorbehalt oder Anordnung einer Maßregel der Besserung und Sicherung

II. Wiederaufnahme eines rechtskräftig mit Verurteilung zu einer Strafe, Verwarnung mit Strafvorbehalt oder Anordnung einer Maßregel der Besserung und Sicherung abgeschlossenen Verfahrens

III. Einziehung und verwandte Maßnahmen

IV. Klageerzwingungsverfahren, unwahre Anzeige und Zurücknahme des Strafantrags

V. Privatklageverfahren

VI. Nebenklage

VII. Beschwerdeverfahren

VIII. Entschädigungsverfahren

Teil 7

Verfahren nach dem Gesetz über Ordnungswidrigkeiten

I. Bußgeldverfahren oder Strafverfahren mit rechtskräftiger Festsetzung einer Geldbuße

II. Verfahren nach Einspruch ohne Sachentscheidung

III. Wiederaufnahme des Bußgeldverfahrens oder des Strafverfahrens, soweit gegen den Betroffenen oder den Beschuldigten eine Geldbuße festgesetzt worden ist

IV. Berufung, Rechtsbeschwerde, Revision und Wiederaufnahme betreffend
- die Einziehung, den Verfall, die Unbrauchbarmachung oder die Abführung des Mehrerlöses neben einer Geldbuße oder selbständig;
- die Verwerfung eines Antrags nach § 439 StPO i. V. m. § 46 Abs. 1 OWiG

V. Unwahre Anzeige

VI. Beschwerdeverfahren

VII. Verfahren mit abschließender Entscheidung im Falle des § 25a Abs. 1 des Straßenverkehrsgesetzes

Teil 8

Gerichtliche Verfahren nach dem Strafvollzugsgesetz

Teil 9

Auslagen

Nr.	Gebührentatbestand	Gebührenbetrag oder Satz der Gebühr nach § 11 Abs. 2 GKG
	Teil 1 **Bürgerliche Rechtsstreitigkeiten und Familiensachen (§ 1 Abs. 2 GKG) vor den ordentlichen Gerichten** außer Verfahren der Zwangsversteigerung und Zwangsverwaltung	
	Für ein Versäumnisurteil gegen die säumige Partei, ein Anerkenntnisurteil und ein Verzichtsurteil wird eine Urteilsgebühr nicht erhoben.	
	I. Mahnverfahren	
1100	Verfahren über den Antrag auf Erlaß eines Mahnbescheids ...	0,5
	II. Prozeßverfahren	
	1. Prozeßverfahren erster Instanz	
1201	Verfahren im allgemeinen ... Soweit wegen desselben Streitgegenstandes ein Mahnverfahren vorausgegangen ist, wird eine Gebühr 1100 nach dem Wert des Streitgegenstandes angerechnet, der in das Prozeßverfahren übergegangen ist. Bei einer Klage nach § 641q Abs. 1, 2 ZPO wird die Gebühr 1800 angerechnet.	3,0

Nr.	Gebührentatbestand	Gebührenbetrag oder Satz der Gebühr nach § 11 Abs. 2 GKG
1202	Beendigung des gesamten Verfahrens durch a) Zurücknahme der Klage – vor dem Schluß der mündlichen Verhandlung, – in den Fällen des § 128 Abs. 2 und 3 ZPO vor dem Zeitpunkt, der dem Schluß der mündlichen Verhandlung entspricht, – im Verfahren nach § 495a ZPO, in dem eine mündliche Verhandlung nicht stattfindet, vor Ablauf des Tages, an dem die Ladung zum Termin zur Verkündung des Urteils zugestellt oder das schriftliche Urteil der Geschäftsstelle übergeben wird, – im Falle des § 331 Abs. 3 ZPO vor Ablauf des Tages, an dem das Urteil der Geschäftsstelle übergeben wird, b) Anerkenntnis- und Verzichtsurteil, c) Abschluß eines Vergleichs vor Gericht, wenn nicht bereits ein Urteil vorausgegangen ist: Die Gebühr 1201 ermäßigt sich auf .... Die Zurücknahme des Antrags auf Durchführung des streitigen Verfahrens, des Widerspruchs gegen den Mahnbescheid oder des Einspruchs gegen den Vollstreckungsbescheid stehen der Zurücknahme der Klage gleich. Erledigungserklärungen nach § 91a ZPO stehen der Zurücknahme nicht gleich. Die Ermäßigung tritt auch ein, wenn mehrere Ermäßigungstatbestände erfüllt sind.	1,0

2. Berufungsverfahren, Beschwerden nach § 621a Abs. 2 Satz 2 i.V.m. § 629a Abs. 2 und § 621e Abs. 1 ZPO

Dieser Abschnitt gilt auch in Berufungsverfahren nach Verfahren der in Abschnitt IV 1 und in Abschnitt IV 2 Unterabschnitte a und c bezeichneten Art.

1220	Verfahren im allgemeinen	1,5
1221	Zurücknahme der Berufung, der Beschwerde, der Klage oder des Antrags vor Ablauf des Tages, an dem entweder ein Beweisbeschluß unterschrieben oder ein Termin zur mündlichen Verhandlung unterschriftlich bestimmt ist; Erledigungserklärungen nach § 91a ZPO stehen der Zurücknahme nicht gleich: Die Gebühr 1220 ermäßigt sich auf	0,5
1223	Grundurteil (§ 304 ZPO), Vorbehaltsurteil (§§ 302, 599 ZPO)	1,5

Urteil, das die Instanz abschließt, soweit die Gebühr 1223 entstanden ist:

1224	Urteil enthält eine Begründung	1,5
1225	Urteil enthält keine Begründung	0,75

Urteil, das die Instanz abschließt, soweit die Gebühr 1223 nicht entstanden ist; Beschluß in den in § 1 Abs. 2 Satz 2 GKG genannten Familiensachen, der die Instanz abschließt:

1226	Urteil enthält eine Begründung; Beschluß	3,0
1227	Urteil enthält keine Begründung	1,5

Beschluß nach § 91a ZPO, soweit nicht bereits die Gebühr 1224 oder 1226 entstanden ist:

1228	Beschluß enthält eine schriftliche Begründung	1,5
1229	Beschluß enthält keine schriftliche Begründung	0,75

3. Revisionsverfahren

1230	Verfahren im allgemeinen	2,0
1231	Zurücknahme der Revision oder Klage, bevor die Schrift zur Begründung der Revision bei Gericht eingegangen ist; Erledigungserklärungen nach § 91a ZPO stehen der Zurücknahme nicht gleich: Die Gebühr 1230 ermäßigt sich auf	0,5

Urteil, das die Instanz abschließt:

1236	Urteil enthält eine Begründung	3,0
1237	Urteil enthält keine Begründung	1,5

Nr.	Gebührentatbestand	Gebührenbetrag oder Satz der Gebühr nach § 11 Abs. 2 GKG
Beschluß nach § 91a ZPO:		
1238	Beschluß enthält eine schriftliche Begründung	1,5
1239	Beschluß enthält keine schriftliche Begründung	0,75

III. **Verfahren über Anträge auf Anordnung eines Arrestes oder einer einstweiligen Verfügung sowie deren Aufhebung oder Abänderung in den Fällen des § 926 Abs. 2 und der §§ 927, 936 ZPO**

1. Verfahren erster Instanz

Im Verfahren über den Antrag auf Anordnung eines Arrestes oder einer einstweiligen Verfügung und im Verfahren über den Antrag auf Aufhebung oder Abänderung (§ 926 Abs. 2, §§ 927, 936 ZPO) werden die Gebühren jeweils gesondert erhoben. Im Falle des § 942 ZPO gilt das Verfahren vor dem Amtsgericht und dem Gericht der Hauptsache als ein Rechtsstreit.

Nr.	Gebührentatbestand	Gebührenbetrag oder Satz der Gebühr nach § 11 Abs. 2 GKG
1310	Verfahren über den Antrag	1,0
1311	In dem Verfahren findet eine mündliche Verhandlung statt: Die Gebühr 1310 erhöht sich auf	3,0
1312	Beendigung des gesamten Verfahrens durch a) Zurücknahme des Antrags vor dem Schluß der mündlichen Verhandlung, b) Anerkenntnis- und Verzichtsurteil, c) Abschluß eines Vergleichs vor Gericht, wenn nicht bereits ein Urteil vorausgegangen ist: Die Gebühr 1311 ermäßigt sich auf Erledigungserklärungen nach § 91a ZPO stehen der Zurücknahme nicht gleich. Die Ermäßigung tritt auch ein, wenn mehrere Ermäßigungstatbestände erfüllt sind.	1,0

2. Berufungsverfahren

Nr.	Gebührentatbestand	Gebührenbetrag oder Satz der Gebühr nach § 11 Abs. 2 GKG
1320	Verfahren im allgemeinen	0,75
Urteil, das die Instanz abschließt:		
1321	Urteil enthält eine Begründung	1,5
1322	Urteil enthält keine Begründung	0,75
Beschluß nach § 91a ZPO:		
1323	Beschluß enthält eine schriftliche Begründung	1,0
1324	Beschluß enthält keine schriftliche Begründung	0,5

IV. **Erstinstanzliche Verfahren über Anträge auf Vollstreckbarerklärung und auf Zulassung der Zwangsvollstreckung**

1. Verfahren über Anträge auf Vollstreckbarerklärung eines Schiedsspruchs oder schiedsrichterlichen oder diesem gleichgestellten Vergleichs (§§ 1042, 1044a, 1044b Abs. 1 ZPO)

Im Berufungsverfahren bestimmen sich die Gebühren nach Abschnitt II 2.

Nr.	Gebührentatbestand	Gebührenbetrag oder Satz der Gebühr nach § 11 Abs. 2 GKG
1410	Verfahren im allgemeinen Die Gebühr entfällt bei Zurücknahme des Antrags, bevor der Gegner angehört worden ist, und früher als eine Woche vor Beginn des Tages, der für die mündliche Verhandlung vorgesehen war.	1,0
Endurteil:		
1412	Urteil enthält eine Begründung	2,5
1413	Urteil enthält keine Begründung	1,5
Beschluß nach § 91a ZPO, soweit nicht bereits die Gebühr 1412 entstanden ist:		
1414	Beschluß enthält eine schriftliche Begründung	1,5
1415	Beschluß enthält keine schriftliche Begründung	0,75

Nr.	Gebührentatbestand	Gebührenbetrag oder Satz der Gebühr nach § 11 Abs. 2 GKG
	2. Verfahren über Anträge auf Vollstreckbarerklärung ausländischer Schuldtitel und ähnliche Verfahren	
	Im Berufungsverfahren nach Verfahren der in den nachfolgenden Unterabschnitten a und c bezeichneten Art bestimmen sich die Gebühren nach Abschnitt II 2.	
	a) Verfahren nach § 3 Abs. 2 des Gesetzes zur Ausführung des Vertrages zwischen der Bundesrepublik Deutschland und der Republik Österreich vom 6. Juni 1959 über die gegenseitige Anerkennung und Vollstreckung von gerichtlichen Entscheidungen, Vergleichen und öffentlichen Urkunden in Zivil- und Handelssachen vom 8. März 1960 (BGBl. I S. 169)	
1420	Verfahren im allgemeinen	1,0
1421	In dem Verfahren wird nicht durch Urteil entschieden: Die Gebühr 1420 ermäßigt sich auf	0,25
	Endurteil:	
1422	Urteil enthält eine Begründung	2,5
1423	Urteil enthält keine Begründung	1,5
	Beschluß nach § 91a ZPO, soweit nicht bereits die Gebühr 1422 entstanden ist:	
1424	Beschluß enthält eine schriftliche Begründung	1,5
1425	Beschluß enthält keine schriftliche Begründung	0,75
	b) Verfahren auf Zulassung der Zwangsvollstreckung aus Schuldtiteln und auf Feststellung der Anerkennung einer Entscheidung nach dem Anerkennungs- und Vollstreckungsausführungsgesetz vom 30. Mai 1988 (BGBl. I S. 662)	
1426	Verfahren über den Antrag, den Schuldtitel mit der Vollstreckungsklausel zu versehen oder festzustellen, ob die Entscheidung anzuerkennen ist.	140 DM
1427	Verfahren über den Antrag auf Aufhebung oder Änderung der Beschlüsse über die Zulassung der Zwangsvollstreckung oder die Anerkennung	70 DM
	c) Verfahren über Anträge auf Vollstreckbarerklärung ausländischer Schuldtitel oder auf Erteilung der Vollstreckungsklausel zu ausländischen Schuldtiteln sowie Verfahren der Aufhebung oder Abänderung der Vollstreckbarerklärung oder der Vollstreckungsklausel in sonstigen Fällen, soweit nicht in Staatsverträgen bestimmt ist, daß ein Schuldtitel kostenfrei für vollstreckbar zu erklären ist	
1430	Verfahren im allgemeinen Die Gebühr entfällt bei Zurücknahme des Antrags, bevor der Gegner angehört worden ist, und früher als eine Woche vor Beginn des Tages, der für die mündliche Verhandlung vorgesehen war.	1,0
1431	Beschluß, durch den über einen Widerspruch entschieden wird	1,0
	Endurteil:	
1432	Urteil enthält eine Begründung	2,5
1433	Urteil enthält keine Begründung	1,5
	Beschluß nach § 91a ZPO, soweit nicht bereits die Gebühr 1432 entstanden ist:	
1434	Beschluß enthält eine schriftliche Begründung	1,5
1435	Beschluß enthält keine schriftliche Begründung	0,75
	V. **Verfahren in Scheidungssachen und Folgesachen**	
	1. Verfahren erster Instanz	
1510	Verfahren im allgemeinen Die Gebühr entfällt bei Zurücknahme des Antrags oder der Klage vor Ablauf des Tages, an dem ein Beweisbeschluß unterschrieben ist, und früher als eine Woche vor Beginn des Tages, der für die mündliche Verhandlung vorgesehen war; Erledigungserklärungen nach § 91a ZPO stehen der Zurücknahme nicht gleich.	1,0
1513	Grundurteil (§ 304 ZPO), Vorbehaltsurteil (§§ 302, 599 ZPO)	0,5

Nr.	Gebührentatbestand	Gebührenbetrag oder Satz der Gebühr nach § 11 Abs. 2 GKG
	Endurteil, soweit die Gebühr 1513 entstanden ist:	
1514	Urteil enthält eine Begründung	0,5
1515	Urteil enthält keine Begründung	0,25
	Endurteil, soweit die Gebühr 1513 nicht entstanden ist; Beschluß in den in § 1 Abs. 2 GKG genannten Scheidungsfolgesachen, der die Instanz abschließt:	
1516	Urteil enthält eine Begründung, Beschluß	1,0
1517	Urteil enthält keine Begründung	0,5
	Beschluß nach § 91a ZPO, soweit nicht bereits die Gebühr 1514 oder 1516 entstanden ist:	
1518	Beschluß enthält eine schriftliche Begründung	1,0
1519	Beschluß enthält keine schriftliche Begründung	0,5
	2. Berufungsverfahren, Beschwerden in Folgesachen nach § 621e Abs. 1, § 629a Abs. 2 i.V.m. § 621e Abs. 1 ZPO	
1520	Verfahren im allgemeinen	1,5
1521	Zurücknahme der Berufung, der Beschwerde, des Antrags oder der Klage vor Ablauf des Tages, an dem ein Beweisbeschluß unterschrieben oder ein Termin zur mündlichen Verhandlung unterschriftlich bestimmt ist; Erledigungserklärungen nach § 91a ZPO stehen der Zurücknahme nicht gleich: Die Gebühr 1520 ermäßigt sich auf	0,5
1523	Grundurteil (§ 304 ZPO), Vorbehaltsurteil (§§ 302, 599 ZPO)	1,0
	Urteil, das die Instanz abschließt, soweit die Gebühr 1523 entstanden ist:	
1524	Urteil enthält eine Begründung	1,0
1525	Urteil enthält keine Begründung	0,5
	Urteil, das die Instanz abschließt, soweit die Gebühr 1523 nicht entstanden ist; Beschluß in den in § 1 Abs. 2 GKG genannten Scheidungsfolgesachen, der die Instanz abschließt:	
1526	Urteil enthält eine Begründung; Beschluß	2,0
1527	Urteil enthält keine Begründung	1,0
	Beschluß nach § 91a ZPO, soweit nicht bereits die Gebühr 1524 oder 1526 entstanden ist:	
1528	Beschluß enthält eine schriftliche Begründung	1,5
1529	Beschluß enthält keine schriftliche Begründung	0,75
	3. Revisionsverfahren, Beschwerden in Folgesachen nach § 621e Abs. 2 Satz 1, § 629a Abs. 2 i.V.m. § 621e Abs. 2 Satz 1 ZPO	
1530	Verfahren im allgemeinen	2,0
1531	Zurücknahme der Revision, der weiteren Beschwerde, des Antrags oder der Klage, bevor die Schrift zur Begründung der Revision oder der weiteren Beschwerde bei Gericht eingegangen ist; Erledigungserklärungen nach § 91a ZPO stehen der Zurücknahme nicht gleich: Die Gebühr 1530 ermäßigt sich auf	0,5
	Urteil, das die Instanz abschließt; Beschluß in den in § 1 Abs. 2 GKG genannten Scheidungsfolgesachen, der die Instanz abschließt:	
1536	Urteil enthält eine Begründung; Beschluß	3,0
1537	Urteil enthält keine Begründung	1,5
	Beschluß nach § 91a ZPO:	
1538	Beschluß enthält eine schriftliche Begründung	1,5
1539	Beschluß enthält keine schriftliche Begründung	0,75

Nr.	Gebührentatbestand	Gebührenbetrag oder Satz der Gebühr nach § 11 Abs. 2 GKG
VI.	**Besondere Verfahren, Vergleich, Zustellungsersuchen, Verzögerung des Rechtsstreits**	
1600	Selbständiges Beweisverfahren	0,5
1610	Verteilungsverfahren	0,5
1620	Aufgebotsverfahren	0,5
1630	Verfahren bei Ernennung eines Schiedsrichters	0,5
1631	Verfahren bei Ablehnung eines Schiedsrichters	0,5
1632	Verfahren bei Erlöschen eines Schiedsvertrages	0,5
1633	Verfahren bei Anordnung der von den Schiedsrichtern für erforderlich erachteten richterlichen Handlungen	0,5
1640	Verfahren über Anträge auf gerichtliche Handlungen der Zwangsvollstreckung gemäß § 829 Abs. 1, §§ 835, 839, 846 bis 848, 857, 858, 885 Abs. 4 oder § 886 ZPO; mehrere Verfahren innerhalb eines Rechtszuges gelten als ein Verfahren, sofern sie denselben Anspruch und denselben Gegenstand betreffen	20 DM
1641	Verfahren nach § 765a ZPO	20 DM
1642	Verfahren nach § 813a ZPO	20 DM
1643	Verfahren über den Antrag auf Abnahme der eidesstattlichen Versicherung	35 DM
1644	Verfahren über den Antrag eines Drittgläubigers auf Erteilung der Abschrift eines mit eidesstattlicher Versicherung abgegebenen Vermögensverzeichnisses	35 DM
	Die Gebühr entfällt, wenn a) ein Verfahren des Antragstellers auf Abnahme der eidesstattlichen Versicherung – auch vor einem anderen Gericht – nicht fortgesetzt worden ist, weil der Schuldner das Vermögensverzeichnis, dessen Abschrift beantragt ist, innerhalb der letzten drei Jahre bereits abgegeben hatte oder b) für ein Verfahren über den Antrag auf Gewährung der Einsicht in dasselbe Vermögensverzeichnis die Gebühr 1645 bereits entstanden ist.	
1645	Verfahren über den Antrag eines Drittgläubigers auf Gewährung der Einsicht in das mit eidesstattlicher Versicherung abgegebene Vermögensverzeichnis	35 DM
	Die Gebühr entfällt, wenn a) ein Verfahren des Antragstellers auf Abnahme der eidesstattlichen Versicherung – auch vor einem anderen Gericht – nicht fortgesetzt worden ist, weil der Schuldner das Vermögensverzeichnis, dessen Einsicht beantragt ist, innerhalb der letzten drei Jahre bereits abgegeben hatte oder b) für ein Verfahren über einen früheren Antrag auf Gewährung der Einsicht in dasselbe Vermögensverzeichnis die Gebühr bereits entstanden ist.	
1650	Verfahren nach § 319 Abs. 6 AktG oder § 16 Abs. 3 UmwG	1,0
1660	Abschluß eines Vergleichs vor Gericht in einem Rechtsstreit außer einem Vergleich über Ansprüche, die in Verfahren nach § 620 oder § 641d ZPO geltend gemacht werden können: Soweit der Wert des Vergleichsgegenstandes den Wert des Streitgegenstandes übersteigt	0,25
1670	Ersuchen durch die Geschäftsstelle an die Post um Bewirkung einer Zustellung (§ 196 ZPO), die nicht von Amts wegen erfolgt	jeweils in Höhe des Betrages der Gebühr nach § 16 Abs. 2 GvKostG
	und, wenn eine nicht vom Gericht hergestellte Abschrift beglaubigt wird, je Seite	Gebühr in Höhe von Schreibauslagen
1680	Auferlegung einer Gebühr nach § 34 GKG wegen Verzögerung des Rechtsstreits	wie vom Gericht bestimmt

Nr.	Gebührentatbestand	Gebührenbetrag oder Satz der Gebühr nach § 11 Abs. 2 GKG
VII. Einstweilige Anordnungen		
Mehrere Entscheidungen der unter einer Nummer genannten Art innerhalb eines Rechtszuges gelten als eine Entscheidung.		
1700	Entscheidung über einen Antrag nach § 127a ZPO	0,5
1701	Entscheidung über einen Antrag nach § 620 Satz 1 Nr. 4, 6 bis 9 ZPO	0,5
1702	Entscheidung über einen Antrag nach § 621f ZPO	0,5
1703	Entscheidung über einen Antrag nach § 641d ZPO	0,5
VIII. Besondere Verfahren bei Kindesunterhalt		
1800	Beschluß, durch den nach § 641p ZPO ein Titel über Unterhalt abgeändert wird	20 DM
1801	Entscheidung über einen Antrag auf Festsetzung des Regelunterhalts nach § 642a Abs. 1, 2 oder § 642d ZPO, wenn die Festsetzung aufgrund eines Vergleichs nach § 642c Nr. 1 ZPO beantragt wird, der vor einer Gütestelle geschlossen wurde, oder aufgrund einer Urkunde nach § 642c Nr. 2 ZPO	20 DM
1802	Entscheidung über einen Antrag auf Neufestsetzung des Regelunterhalts nach § 642b Abs. 1 Satz 1, 2 ZPO	20 DM
1803	Entscheidung über einen Antrag auf Stundung rückständiger Unterhaltsbeträge nach § 643a Abs. 4 Satz 2 ZPO	20 DM
1804	Entscheidung über einen Antrag auf Aufhebung oder Änderung der Stundung nach § 642f ZPO	20 DM
IX. Beschwerdeverfahren außer Verfahren über die in den Abschnitten II 2, V 2 und V 3 genannten Beschwerden		
1900	Verfahren über Beschwerden nach § 71 Abs. 2, § 91a Abs. 2, § 99 Abs. 2, § 269 Abs. 3, § 620c Satz 1, § 641d Abs. 3 ZPO sowie über Beschwerden gegen die Zurückweisung eines Antrags auf Anordnung eines Arrestes oder einer einstweiligen Verfügung	1,0
	Verfahren über die Beschwerde in den in Abschnitt IV 2 Unterabschnitt b genannten Verfahren	
1901	– gegen die Entscheidung über die Zulassung der Zwangsvollstreckung oder die Feststellung der Anerkennung	210 DM
1902	– gegen die Entscheidung über die Aufhebung oder Änderung der Beschlüsse über die Zulassung der Zwangsvollstreckung oder die Anerkennung in einem besonderen Verfahren	105 DM
1903	Verfahren über die Rechtsbeschwerde in den in Abschnitt IV 2 Unterabschnitt b genannten Verfahren	280 DM
1904	Verfahren über die Beschwerde gegen einen Beschluß, durch den über den Widerspruch in den in Abschnitt IV 2 Unterabschnitt c genannten Verfahren entschieden wurde	1,0
1905	Verfahren über nicht besonders aufgeführte Beschwerden, wenn für die angefochtene Entscheidung oder für das dieser Entscheidung vorangegangene Verfahren eine Festgebühr bestimmt ist, und über die Beschwerde gegen eine Entscheidung im Verfahren über die Prozeßkostenhilfe: Die Beschwerde wird verworfen oder zurückgewiesen Wird die Beschwerde nur teilweise verworfen oder zurückgewiesen, kann das Gericht die Gebühr nach billigem Ermessen auf die Hälfte ermäßigen oder bestimmen, daß eine Gebühr nicht zu erheben ist.	50 DM
1906	Verfahren über nicht besonders aufgeführte Beschwerden, die nicht nach anderen Vorschriften gebührenfrei sind: Soweit die Beschwerde verworfen oder zurückgewiesen wird	1,0

Nr.	Gebührentatbestand	Gebührenbetrag oder Satz der Gebühr nach § 11 Abs. 2 GKG
	Teil 2 **Verfahren vor den Gerichten der Verwaltungsgerichtsbarkeit**	
	I. Prozeßverfahren	
	1. Prozeßverfahren erster Instanz	
2110	Verfahren im allgemeinen Die Gebühr entfällt bei a) Zurücknahme der Klage vor Ablauf des Tages, an dem ein Beweisbeschluß oder ein Gerichtsbescheid unterschrieben ist und früher als eine Woche vor Beginn des Tages, der für die mündliche Verhandlung vorgesehen war; die Erledigung des Rechtsstreits in der Hauptsache (§ 161 Abs. 2 VwGO) steht der Zurücknahme nicht gleich; b) Zurücknahme des Antrags nach § 47 VwGO vor Ablauf des Tages, an dem die Erwiderung des Antragsgegners bei Gericht eingeht.	1,0
2111	Zurücknahme der Klage in einem Verfahren nach § 93a Abs. 2 VwGO vor Ablauf einer Erklärungsfrist nach § 93a Abs. 2 Satz 1 VwGO: Die Gebühr 2110 ermäßigt sich auf	0,5
2113	Gerichtsbescheid (§ 84 VwGO), Beschluß nach § 93a Abs. 2 VwGO, Grundurteil (§ 111 VwGO), Vorbehaltsurteil (§ 173 VwGO i.V.m. § 302 ZPO)	1,0
2114	Endurteil, soweit die Gebühr 2113 entstanden ist	1,5
2115	Endurteil, soweit die Gebühr 2113 nicht entstanden ist	2,5
2116	Entscheidungen nach § 47 VwGO	2,5
2118	Beschluß nach § 161 Abs. 2 VwGO, soweit nicht bereits die Gebühr 2114 oder 2115 entstanden ist	1,5
2119	Beschluß nach § 161 Abs. 2 VwGO in einem Verfahren nach § 93a Abs. 2 VwGO, wenn das Verfahren vor Ablauf einer Erklärungsfrist nach § 93a Abs. 2 Satz 1 VwGO beendet wird: Die Gebühr 2118 ermäßigt sich auf	0,75
	2. Berufungsverfahren	
2120	Verfahren im allgemeinen	1,5
2121	Zurücknahme der Berufung oder der Klage vor Ablauf des Tages, an dem ein Beweisbeschluß unterschrieben oder ein Termin zur mündlichen Verhandlung unterschriftlich bestimmt ist; die Erledigung des Rechtsstreits in der Hauptsache (§ 161 Abs. 2 VwGO) steht der Zurücknahme nicht gleich: Die Gebühr 2120 ermäßigt sich auf	0,5
2123	Beschluß nach § 93a Abs. 2 VwGO, Beschluß nach § 130a VwGO, Grundurteil (§ 111 VwGO), Vorbehaltsurteil (§ 173 VwGO i.V.m. § 302 ZPO)	1,5
2124	Urteil, das die Instanz abschließt, soweit die Gebühr 2123 entstanden ist	1,5
2125	Urteil, das die Instanz abschließt, soweit die Gebühr 2123 nicht entstanden ist	3,0
2128	Beschluß nach § 161 Abs. 2 VwGO, soweit nicht bereits die Gebühr 2124 oder 2125 entstanden ist	1,5
	3. Revisionsverfahren	
2130	Verfahren im allgemeinen	2,0
2131	Zurücknahme der Revision oder der Klage, bevor die Schrift zur Begründung der Revision bei Gericht eingegangen ist; die Erledigung des Rechtsstreits in der Hauptsache (§ 161 Abs. 2 VwGO) steht der Zurücknahme nicht gleich: Die Gebühr 2130 ermäßigt sich auf	0,5
2132	Beschluß nach § 93a Abs. 2 VwGO	1,5
2133	Urteil, das die Instanz abschließt	3,0
2138	Beschluß nach § 161 Abs. 2 VwGO	1,5

Nr.	Gebührentatbestand	Gebührenbetrag oder Satz der Gebühr nach § 11 Abs. 2 GKG
II.	**Einstweilige Anordnungen, Verfahren nach § 80 Abs. 5, § 80a Abs. 3 VwGO**	
2210	Verfahren über den Antrag In Verfahren über den Antrag auf Erlaß und über den Antrag auf Aufhebung einer einstweiligen Anordnung werden die Gebühren jeweils gesondert erhoben. Mehrere Verfahren nach § 80 Abs. 5, § 80a Abs. 3 VwGO gelten innerhalb eines Rechtszuges als ein Verfahren.	0,5
III.	**Selbständige Beweisverfahren, Vergleich, Verzögerung des Rechtsstreits**	
2300	Selbständiges Beweisverfahren	0,5
2310	Abschluß eines Vergleichs vor Gericht in einem Rechtsstreit: Soweit der Wert des Vergleichsgegenstandes den Wert des Streitgegenstandes übersteigt	0,25
2320	Auferlegung einer Gebühr nach § 34 GKG wegen Verzögerung des Rechtsstreits	wie vom Gericht bestimmt
IV.	**Zwangsvollstreckungsverfahren**	
2400	Verfahren über Anträge auf gerichtliche Handlungen der Zwangsvollstreckung gemäß §§ 169, 170 VwGO	20 DM
V.	**Beschwerdeverfahren**	
2500	Verfahren über Beschwerden gegen Entscheidungen nach § 123 VwGO	1,0
2501	Verfahren über nicht besonders aufgeführte Beschwerden, wenn für die angefochtene Entscheidung oder für das dieser Entscheidung vorangegangene Verfahren eine Festgebühr bestimmt ist, und über die Beschwerde gegen eine Entscheidung im Verfahren über die Prozeßkostenhilfe: Die Beschwerde wird verworfen oder zurückgewiesen Wird die Beschwerde nur teilweise verworfen oder zurückgewiesen, kann das Gericht die Gebühr nach billigem Ermessen auf die Hälfte ermäßigen oder bestimmen, daß eine Gebühr nicht zu erheben ist.	50 DM
2502	Verfahren über nicht besonders aufgeführte Beschwerden, die nicht nach anderen Vorschriften gebührenfrei sind: Soweit die Beschwerde verworfen oder zurückgewiesen wird	1,0

Teil 3
Verfahren vor den Gerichten der Finanzgerichtsbarkeit

Nr.	Gebührentatbestand	Gebührenbetrag oder Satz der Gebühr nach § 11 Abs. 2 GKG
I.	**Prozeßverfahren**	
	1. Prozeßverfahren erster Instanz	
3110	Verfahren im allgemeinen, soweit es sich nicht nach § 45 Abs. 3 FGO erledigt Die Gebühr entfällt bei Zurücknahme der Klage vor Ablauf des Tages, an dem ein Beweisbeschluß oder ein Gerichtsbescheid unterschrieben ist, und früher als eine Woche vor Beginn des Tages, der für die mündliche Verhandlung vorgesehen war; die Erledigung des Rechtsstreits in der Hauptsache (§ 138 FGO) steht der Zurücknahme nicht gleich.	1,0
3113	Gerichtsbescheid (§ 90a FGO) außer Zwischengerichtsbescheid, Grundurteil (§ 99 Abs. 1 FGO), Vorbehaltsurteil (§ 155 FGO i.V.m. § 302 ZPO)	1,0
3114	Endurteil, soweit die Gebühr 3113 entstanden ist	1,5
3115	Endurteil, soweit die Gebühr 3113 nicht entstanden ist	2,5
3118	Beschluß nach § 138 FGO, soweit nicht bereits die Gebühr 3114 oder 3115 entstanden ist	1,5

Nr.	Gebührentatbestand	Gebührenbetrag oder Satz der Gebühr nach § 11 Abs. 2 GKG
2. Revisionsverfahren		
3130	Verfahren im allgemeinen	2,0
3131	Zurücknahme der Revision oder der Klage, bevor die Schrift zur Begründung der Revision bei Gericht eingegangen ist; die Erledigung des Rechtsstreits in der Hauptsache (§ 138 FGO) steht der Zurücknahme nicht gleich: Die Gebühr 3130 ermäßigt sich auf	0,5
3133	Gerichtsbescheid (§ 90a FGO) außer Zwischengerichtsbescheid	1,5
3134	Urteil, das die Instanz abschließt, soweit die Gebühr 3133 entstanden ist	1,5
3135	Urteil, das die Instanz abschließt, soweit die Gebühr 3133 nicht entstanden ist	3,0
3138	Beschluß nach § 138 FGO	1,5
II. Einstweilige Anordnungen, Verfahren nach § 69 Abs. 3, 5 FGO		
3210	Verfahren über den Antrag In Verfahren über den Antrag auf Erlaß und über den Antrag auf Aufhebung einer einstweiligen Anordnung werden die Gebühren jeweils gesondert erhoben. Mehrere Verfahren nach § 69 Abs. 3, 5 FGO gelten innerhalb eines Rechtszuges als ein Verfahren.	0,5
III. Selbständige Beweisverfahren, Verzögerung des Rechtsstreits		
3300	Selbständiges Beweisverfahren	0,5
3310	Auferlegung einer Gebühr nach § 34 GKG wegen Verzögerung des Rechtsstreits	wie vom Gericht bestimmt
IV. Beschwerdeverfahren		
3400	Verfahren über die Beschwerde nach § 114 FGO	1,0
3401	Verfahren über die Beschwerde gegen eine Entscheidung im Verfahren über die Prozeßkostenhilfe: Die Beschwerde wird verworfen oder zurückgewiesen Wird die Beschwerde nur teilweise verworfen oder zurückgewiesen, kann das Gericht die Gebühr nach billigem Ermessen auf die Hälfte ermäßigen oder bestimmen, daß eine Gebühr nicht zu erheben ist.	50 DM
3402	Verfahren über nicht besonders aufgeführte Beschwerden, die nicht nach anderen Vorschriften gebührenfrei sind: Soweit die Beschwerde verworfen oder zurückgewiesen wird	1,0

Teil 4
Vergleichsverfahren zur Abwendung des Konkurses, Konkursverfahren; Seerechtliche Verteilungsverfahren

Nr.	Gebührentatbestand	Gebührenbetrag oder Satz der Gebühr nach § 11 Abs. 2 GKG
I. Vergleichsverfahren zur Abwendung des Konkurses		
Die Gebühr für das Vergleichsverfahren entfällt bei Überleitung in das Konkursverfahren (§ 102 VerglO).		
4100	Verfahren im allgemeinen einschließlich des Verfahrens zur Abnahme der in § 69 Abs. 2 VerglO vorgesehenen eidesstattlichen Versicherung	1,0
4101	Verfahren erledigt sich ohne Anberaumung eines Vergleichstermins: Die Gebühr 4100 ermäßigt sich auf	0,5
II. Konkursverfahren		
1. Eröffnungsverfahren		
4210	Verfahren über den Antrag des Gemeinschuldners auf Konkurseröffnung Dies gilt nicht für ein Verfahren, in dem über die Eröffnung des Anschlußkonkurses entschieden wird.	0,5

Nr.	Gebührentatbestand	Gebührenbetrag oder Satz der Gebühr nach § 11 Abs. 2 GKG
4211	Verfahren über den Antrag eines Gläubigers auf Konkurseröffnung .... Die Gebühr entfällt, wenn ein ausgesetzter Antrag auf Konkurseröffnung (§ 46 VerglO) a) durch Überleitung des Vergleichsverfahrens in das Konkursverfahren (§ 102 VerglO) gegenstandslos wird oder b) nach § 84 VerglO als nicht gestellt gilt.	0,5 – mindestens 200 DM
	2. Durchführung des Konkursverfahrens einschließlich des Verfahrens zur Abnahme der eidesstattlichen Versicherung nach § 125 KO und des Verfahrens über Anträge auf Erzwingung der Abgabe der eidesstattlichen Versicherung	
	a) Verfahren auf Antrag des Gemeinschuldners auch wenn das Verfahren gleichzeitig auf Antrag eines Gläubigers eröffnet wurde	
4220	Durchführung des Verfahrens .... Die Gebühr entfällt, wenn der Eröffnungsbeschluß auf Beschwerde aufgehoben wird.	2,5
4221	Verfahren wird vor Ablauf der Anmeldefrist nach §§ 202, 204 KO oder nach § 3 des Ausführungsgesetzes zum deutsch-österreichischen Konkursvertrag eingestellt: Die Gebühr 4220 ermäßigt sich auf	0,5
4222	Verfahren wird nach Ablauf der Anmeldefrist nach §§ 202, 204 KO oder nach § 3 des Ausführungsgesetzes zum deutsch-österreichischen Konkursvertrag eingestellt: Die Gebühr 4220 ermäßigt sich auf	1,5
	b) Verfahren auf Antrag eines Gläubigers, Anschlußkonkurs (§ 102 VerglO)	
4225	Durchführung des Verfahrens .... Die Gebühr entfällt, wenn der Eröffnungsbeschluß auf Beschwerde aufgehoben wird.	3,0
4226	Verfahren wird vor Ablauf der Anmeldefrist nach §§ 202, 204 KO oder nach § 3 des Ausführungsgesetzes zum deutsch-österreichischen Konkursvertrag eingestellt: Die Gebühr 4225 ermäßigt sich auf	1,0
4227	Verfahren wird nach Ablauf der Anmeldefrist nach §§ 202, 204 KO oder nach § 3 des Ausführungsgesetzes zum deutsch-österreichischen Konkursvertrag eingestellt: Die Gebühr 4225 ermäßigt sich auf	2,0
	c) Besonderer Prüfungstermin (§ 142 KO)	
4230	Prüfung von Forderungen je Gläubiger	25 DM
	III. **Seerechtliche Verteilungsverfahren**	
4300	Verfahren über den Antrag auf Eröffnung des Verteilungsverfahrens	1,0
4301	Durchführung des Verteilungsverfahrens	2,0
4305	Prüfung von Forderungen in einem besonderen Prüfungstermin (§ 11 der Seerechtlichen Verteilungsordnung) je Gläubiger	25 DM
	IV. **Beschwerdeverfahren**	
4400	Verfahren über die Beschwerde gegen die Entscheidung über den Antrag auf Konkurseröffnung	1,0
4401	Verfahren über Beschwerden in einem Vergleichsverfahren, die nicht nach anderen Vorschriften gebührenfrei sind: Soweit die Beschwerde verworfen oder zurückgewiesen wird	0,5
4402	Verfahren über nicht aufgeführte Beschwerden, die nicht nach anderen Vorschriften gebührenfrei sind: Soweit die Beschwerde verworfen oder zurückgewiesen wird	1,0

Nr.	Gebührentatbestand	Gebührenbetrag oder Satz der Gebühr nach § 11 Abs. 2 GKG
	Teil 5 **Verfahren nach dem Gesetz über die Zwangsversteigerung und die Zwangsverwaltung; Zwangsliquidation einer Bahneinheit**	
	Die Gebühren 5100, 5200 und 5300 werden für jeden Antragsteller gesondert erhoben; Gesamtgläubiger, die den Antrag gemeinsam stellen, gelten als ein Antragsteller. Betrifft ein Antrag mehrere Gegenstände, wird die Gebühr nur einmal erhoben, soweit durch einen einheitlichen Beschluß entschieden wird. Für ein Verfahren nach § 765a ZPO wird keine, für das Beschwerdeverfahren die Gebühr 5400 erhoben; richtet sich die Beschwerde auch gegen eine Entscheidung nach § 30a ZVG, gilt Satz 2 entsprechend.	
I. **Zwangsversteigerung**		
5100	Entscheidung über den Antrag auf Anordnung der Zwangsversteigerung oder über den Beitritt zum Verfahren	100 DM
5110	Verfahren im allgemeinen	0,5
5111	Beendigung des Verfahrens vor Ablauf des Tages, an dem die Verfügung mit der Bestimmung des ersten Versteigerungstermins unterschrieben ist: Die Gebühr 5110 ermäßigt sich auf	0,25
5120	Abhaltung mindestens eines Versteigerungstermins mit Aufforderung zur Abgabe von Geboten Die Gebühr entfällt, wenn der Zuschlag aufgrund des § 74a oder § 85a ZVG, § 13 oder § 13a des Gesetzes über Vollstreckungsschutz für die Binnenschiffahrt versagt bleibt.	0,5
5130	Erteilung des Zuschlags Die Gebühr entfällt, wenn der Zuschlagsbeschluß aufgehoben wird.	0,5
5140	Verteilungsverfahren	0,5
5141	Fall der §§ 143, 144 ZVG: Die Gebühr 5140 ermäßigt sich auf	0,25
II. **Zwangsverwaltung**		
5200	Entscheidung über den Antrag auf Anordnung der Zwangsverwaltung oder über den Beitritt zum Verfahren	100 DM
5210	Durchführung des Verfahrens: Für jedes angefangene Jahr, beginnend mit dem Tag der Beschlagnahme	0,5
III. **Zwangsliquidation einer Bahneinheit**		
5300	Entscheidung über den Antrag auf Eröffnung der Zwangsliquidation	100 DM
5310	Verfahren im allgemeinen	0,5
5311	Verfahren wird eingestellt: Die Gebühr 5310 ermäßigt sich auf	0,25
IV. **Beschwerdeverfahren**		
5400	Verfahren über Beschwerden, wenn für die angefochtene Entscheidung eine Festgebühr bestimmt ist: Die Beschwerde wird verworfen oder zurückgewiesen Wird die Beschwerde nur teilweise verworfen oder zurückgewiesen, kann das Gericht die Gebühr nach billigem Ermessen auf die Hälfte ermäßigen oder bestimmen, daß eine Gebühr nicht zu erheben ist.	100 DM
5401	Verfahren über sonstige Beschwerden, die nicht nach anderen Vorschriften gebührenfrei sind: Soweit die Beschwerde verworfen oder zurückgewiesen wird	0,25

Nr.	Gebührentatbestand	Gebührenbetrag oder Satz der Gebühr 6110, soweit nichts anderes vermerkt ist

Teil 6
Strafsachen

§ 473 Abs. 4 StPO, § 74 JGG, § 11 Abs. 3 Satz 1 und § 44 GKG bleiben unberührt. Wird eine Geldbuße festgesetzt, bestimmen sich die Gebühren insoweit nach Teil 7.

I. **Offizialverfahren mit rechtskräftiger Verurteilung zu einer Strafe, Verwarnung mit Strafvorbehalt oder Anordnung einer Maßregel der Besserung und Sicherung**

1. Verfahren im ersten Rechtszug

Nr.	Gebührentatbestand	Betrag/Satz
6110*	Hauptverhandlung mit Urteil, soweit kein Strafbefehl vorausgegangen ist, bei	
	a) Verurteilung zu Freiheitsstrafe	
	bis zu 3 Monaten	80 DM
	bis zu 6 Monaten	160 DM
	bis zu 2 Jahren	320 DM
	von mehr als 2 Jahren	480 DM
	b) Verurteilung zu Geldstrafe	
	bis zu 90 Tagessätzen	80 DM
	bis zu 180 Tagessätzen	160 DM
	von mehr als 180 Tagessätzen	320 DM
	c) Anordnung einer Maßregel der Besserung und Sicherung	80 DM
6111	Strafbefehl, auch wenn nach Einspruch durch Urteil entschieden worden ist	0,5
6112	Hauptverhandlung mit Urteil, soweit ein Strafbefehl vorausgegangen ist	0,5

2. Berufungsverfahren

Nr.	Gebührentatbestand	Betrag/Satz
6120	Berufungsverfahren mit Urteil	1,0
6121	Erledigung des Berufungsverfahrens ohne Urteil	0,25

3. Revisionsverfahren

Nr.	Gebührentatbestand	Betrag/Satz
6130	Revisionsverfahren mit Urteil oder Beschluß nach § 349 Abs. 2 oder 4 StPO	1,0
6131	Erledigung des Revisionsverfahrens ohne Urteil und ohne Beschluß nach § 349 Abs. 2 oder 4 StPO mit Ausnahme der Zurücknahme der Revision vor Ablauf der Begründungsfrist	0,25

II. **Wiederaufnahme eines rechtskräftig mit Verurteilung zu einer Strafe, Verwarnung mit Strafvorbehalt oder Anordnung einer Maßregel der Besserung und Sicherung abgeschlossenen Verfahrens**

Nr.	Gebührentatbestand	Betrag/Satz
6200	Verwerfung oder Ablehnung eines Antrags auf Wiederaufnahme des Verfahrens	0,5
6201	Urteil nach erneuter Hauptverhandlung	1,0

III. **Einziehung und verwandte Maßnahmen**

1. Antrag des Privatklägers nach § 440 StPO

Nr.	Gebührentatbestand	Betrag/Satz
	Zurückweisung des Antrags	
6310	– durch Urteil	60 DM
6311	– durch Beschluß	30 DM

2. Berufung, Revision und Wiederaufnahme betreffend
– die Einziehung, den Verfall, die Vernichtung, die Unbrauchbarmachung oder die Abführung des Mehrerlöses im Strafverfahren oder im selbständigen Verfahren nach §§ 440, 441 StPO;
– die Verwerfung eines Antrags nach § 439 oder § 440 StPO

Nr.	Gebührentatbestand	Betrag/Satz
6320	Verwerfung der Berufung durch Urteil	60 DM
6321	Erledigung der Berufung ohne Urteil	20 DM
6322	Verwerfung der Revision durch Urteil oder Beschluß nach § 349 Abs. 2 oder 4 StPO	60 DM
6323	Erledigung der Revision ohne Urteil und ohne Beschluß nach § 349 Abs. 2 oder 4 StPO mit Ausnahme der Zurücknahme der Revision vor Ablauf der Begründungsfrist	20 DM

Nr.	Gebührentatbestand	Gebührenbetrag oder Satz der Gebühr 6110, soweit nichts anderes vermerkt ist
6324	Verwerfung oder Ablehnung eines Antrags auf Wiederaufnahme des Verfahrens	30 DM
6325	Urteil nach erneuter Hauptverhandlung (§ 373 StPO)	60 DM
	IV. Klageerzwingungsverfahren, unwahre Anzeige und Zurücknahme des Strafantrags	
6400	Dem Antragsteller, dem Anzeigenden, dem Angeklagten oder Nebenbeteiligten sind die Kosten auferlegt worden (§§ 177, 469, 470 StPO)	60 DM
	V. Privatklageverfahren auch in der Form des Verfahrens nach Widerklage	
	1. Verfahren mit Verurteilung zu einer Strafe	
	a) Verfahren im ersten Rechtszug	
6510	Hauptverhandlung mit Urteil	1,0
	b) Berufungsverfahren	
6520	Berufungsverfahren mit Urteil, wenn der Privatkläger mit Erfolg oder der Beschuldigte die Berufung eingelegt hat	1,0
6521	Berufungsverfahren mit Urteil, wenn der Privatkläger ohne Erfolg die Berufung eingelegt hat	120 DM
6522	Erledigung der Berufung des Beschuldigten ohne Urteil	0,25
6523	Erledigung der Berufung des Privatklägers ohne Urteil	30 DM
	c) Revisionsverfahren	
6530	Revisionsverfahren mit Urteil oder Beschluß nach § 349 Abs. 2 oder 4 StPO, wenn der Privatkläger mit Erfolg oder der Beschuldigte die Revision eingelegt hat	1,0
6531	Revisionsverfahren mit Urteil oder Beschluß nach § 349 Abs. 2 StPO, wenn der Privatkläger ohne Erfolg die Revision eingelegt hat	120 DM
6532	Erledigung der Revision des Beschuldigten ohne Urteil und ohne Beschluß nach § 349 Abs. 2 oder 4 StPO mit Ausnahme der Zurücknahme der Revision vor Ablauf der Begründungsfrist	0,25
6533	Erledigung der Revision des Privatklägers ohne Urteil und ohne Beschluß nach § 349 Abs. 2 StPO mit Ausnahme der Zurücknahme der Revision vor Ablauf der Begründungsfrist	30 DM
	2. Verfahren ohne Verurteilung, das nicht wegen Geringfügigkeit eingestellt ist	
	a) Verfahren im ersten Rechtszug	
6540	Hauptverfahren mit Urteil	120 DM
6541	Erledigung des Verfahrens ohne Urteil	30 DM
	b) Berufungsverfahren	
6550	Berufungsverfahren mit Urteil	120 DM
6551	Erledigung der Berufung ohne Urteil	30 DM
	c) Revisionsverfahren	
6560	Revisionsverfahren mit Urteil oder Beschluß nach § 349 Abs. 2 oder 4 StPO	120 DM
6561	Erledigung der Revision ohne Urteil und ohne Beschluß nach § 349 Abs. 2 oder 4 StPO mit Ausnahme der Zurücknahme der Revision vor Ablauf der Begründungsfrist	30 DM
	3. Wiederaufnahme eines Privatklageverfahrens auf Antrag des Privatklägers	
6570	Der Antrag wird verworfen	30 DM
6571	Nach Anordnung der Wiederaufnahme wird nicht auf eine höhere Strafe erkannt	120 DM

Nr.	Gebührentatbestand	Gebührenbetrag oder Satz der Gebühr 6110, soweit nichts anderes vermerkt ist
	VI. Nebenklage	
	Dem Nebenkläger sind Kosten auferlegt worden:	
6600	Die Berufung des Nebenklägers wird durch Urteil oder die Revision des Nebenklägers wird durch Urteil oder Beschluß nach § 349 Abs. 2 StPO verworfen; aufgrund der Berufung oder Revision des Nebenklägers wird der Angeklagte freigesprochen oder für straffrei erklärt	120 DM
6601	Erledigung der Berufung des Nebenklägers ohne Urteil oder der Revision des Nebenklägers ohne Urteil und ohne Beschluß nach § 349 Abs. 2 StPO mit Ausnahme der Zurücknahme der Revision vor Ablauf der Begründungsfrist	30 DM
6602	Der Antrag des Nebenklägers auf Wiederaufnahme des Verfahrens wird verworfen	30 DM
6603	Nach Anordnung der Wiederaufnahme des Verfahrens auf Antrag des Nebenklägers wird nicht auf eine höhere Strafe erkannt	120 DM
	VII. Beschwerdeverfahren	
	Verwerfung oder Zurückweisung einer Beschwerde	
6700	– gegen einen Beschluß, durch den ein Antrag auf Wiederaufnahme des Verfahrens hinsichtlich einer Freiheitsstrafe, einer Geldstrafe oder einer Maßregel der Besserung und Sicherung verworfen oder abgelehnt wurde	0,5
6702	– im Kostenfestsetzungsverfahren	1,0 der Gebühr nach § 11 Abs. 2 GKG
6703	– in sonstigen Fällen außer in Beschwerdeverfahren, die nach anderen Vorschriften gebührenfrei sind .... Von dem Beschuldigten wird eine Gebühr nur erhoben, wenn gegen ihn rechtskräftig auf eine Strafe oder auf Verwarnung mit Strafvorbehalt erkannt oder eine Maßregel der Besserung und Sicherung angeordnet ist.	20 DM
	VIII. Entschädigungsverfahren	
6800	Soweit dem Verletzten oder seinem Erben im Strafverfahren ein aus der Straftat erwachsener vermögensrechtlicher Anspruch zuerkannt ist (§ 403 StPO) .... Die Gebühr wird für jeden Rechtszug nach dem Wert des zuerkannten Anspruchs erhoben.	1,0 der Gebühr nach § 11 Abs. 2 GKG

Nr.	Gebührentatbestand	Gebührenbetrag oder Satz der Gebühr 7110, soweit nichts anderes vermerkt ist
	Teil 7 Verfahren nach dem Gesetz über Ordnungswidrigkeiten	
	§ 473 Abs. 4 StPO, auch i.V.m. § 46 Abs. 1 OWiG, und § 11 Abs. 3 Satz 1 GKG bleiben unberührt.	
	I. Bußgeldverfahren oder Strafverfahren mit rechtskräftiger Festsetzung einer Geldbuße	
	1. Verfahren im ersten Rechtszug	
7110	Hauptverhandlung mit Urteil oder Beschluß ohne Hauptverhandlung, soweit kein Strafbefehl vorausgegangen ist	10 v. H. des Betrages der Geldbuße, – mindestens 50 DM – höchstens 25 000 DM
7111	Strafbefehl, auch wenn nach Einspruch durch Urteil entschieden worden ist	0,5
7112	Hauptverhandlung mit Urteil, soweit ein Strafbefehl vorausgegangen ist	0,5

Nr.	Gebührentatbestand	Gebührenbetrag oder Satz der Gebühr 7110, soweit nichts anderes vermerkt ist
2. Berufungsverfahren		
7120	Berufungsverfahren mit Urteil	1,0
7121	Erledigung des Berufungsverfahrens ohne Urteil	0,25
3. Rechtsbeschwerdeverfahren		
7130	Rechtsbeschwerdeverfahren mit Urteil oder Beschluß nach § 79 Abs. 5 OWiG	1,0
7131	Erledigung der Rechtsbeschwerde ohne Urteil oder Beschluß nach § 79 Abs. 5 OWiG mit Ausnahme der Zurücknahme der Rechtsbeschwerde vor Ablauf der Begründungsfrist	0,25
4. Revisionsverfahren		
7135	Revisionsverfahren mit Urteil oder Beschluß nach § 349 Abs. 2 oder 4 StPO	1,0
7136	Erledigung des Revisionsverfahrens ohne Urteil und ohne Beschluß nach § 349 Abs. 2 oder 4 StPO mit Ausnahme der Zurücknahme der Revision vor Ablauf der Begründungsfrist	0,25
II. **Verfahren nach Einspruch ohne Sachentscheidung**		
7200	Verwerfung des Einspruchs nach Beginn der Hauptverhandlung	0,5
III. **Wiederaufnahme des Bußgeldverfahrens oder des Strafverfahrens, soweit gegen den Betroffenen oder den Beschuldigten eine Geldbuße festgesetzt worden ist**		
7300	Verwerfung oder Ablehnung eines Antrags auf Wiederaufnahme des Verfahrens	0,5
7301	Entscheidung nach erneuter Hauptverhandlung (§ 373 StPO i.V.m. § 46 Abs. 1 OWiG)	1,0
IV. **Berufung, Rechtsbeschwerde, Revision und Wiederaufnahme betreffend – die Einziehung, den Verfall, die Unbrauchbarmachung oder die Abführung des Mehrerlöses neben einer Geldbuße oder selbständig; – die Verwerfung eines Antrags nach § 439 StPO i.V.m. § 46 Abs. 1 OWiG**		
7400	Verwerfung der Berufung durch Urteil	60 DM
7401	Erledigung der Berufung ohne Urteil	20 DM
7402	Verwerfung der Rechtsbeschwerde durch Urteil oder Beschluß nach § 79 Abs. 5 OWiG	60 DM
7403	Erledigung der Rechtsbeschwerde ohne Urteil oder Beschluß nach § 79 Abs. 5 OWiG mit Ausnahme der Zurücknahme der Rechtsbeschwerde vor Ablauf der Begründungsfrist	20 DM
7404	Verwerfung der Revision durch Urteil oder Beschluß nach § 349 Abs. 2 oder 4 StPO	60 DM
7405	Erledigung der Revision ohne Urteil und ohne Beschluß nach § 349 Abs. 2 oder 4 StPO mit Ausnahme der Zurücknahme der Revision vor Ablauf der Begründungsfrist	20 DM
7406	Verwerfung oder Ablehnung eines Antrags auf Wiederaufnahme des Verfahrens	30 DM
7407	Entscheidung nach erneuter Hauptverhandlung (§ 373 StPO i.V.m. § 46 Abs. 1 OWiG)	60 DM
V. **Unwahre Anzeige**		
7500	Dem Anzeigenden sind die Kosten auferlegt worden (§ 469 StPO i.V.m. § 46 Abs. 1 OWiG)	60 DM

Nr.	Gebührentatbestand	Gebührenbetrag oder Satz der Gebühr 7110, soweit nichts anderes vermerkt ist
VI.	**Beschwerdeverfahren** außer den Verfahren über die in den Abschnitten I und IV genannten Beschwerden	
	Verwerfung oder Zurückweisung einer Beschwerde	
7600	– gegen einen Beschluß, durch den ein Antrag auf Wiederaufnahme des Verfahrens hinsichtlich einer Geldbuße verworfen oder abgelehnt wurde	0,5
7601	– gegen eine Entscheidung, durch die im gerichtlichen Verfahren nach dem OWiG oder im selbständigen Verfahren nach § 30 OWiG, im Strafverfahren oder im selbständigen Verfahren nach den §§ 440, 441, 444 Abs. 3 StPO eine Geldbuße gegen eine juristische Person oder eine Personenvereinigung festgesetzt worden ist Eine Gebühr wird nur erhoben, wenn eine Geldbuße rechtskräftig festgesetzt ist.	0,5
7602	– im Kostenfestsetzungsverfahren	1,0 der Gebühr nach § 11 Abs. 2 GKG
7603	– in sonstigen Fällen außer in Beschwerdeverfahren, die nach anderen Vorschriften gebührenfrei sind Von dem Betroffenen wird eine Gebühr nur erhoben, wenn gegen ihn eine Geldbuße rechtskräftig festgesetzt ist.	20 DM
VII.	**Verfahren mit abschließender Entscheidung im Falle des § 25a Abs. 1 des Straßenverkehrsgesetzes**	
7700	Entscheidung des Gerichts	50 DM
7710	Entscheidung der Staatsanwaltschaft	25 DM

Nr.	Gebührentatbestand	Satz der Gebühr nach § 11 Abs. 2 GKG
	Teil 8 **Gerichtliche Verfahren nach dem Strafvollzugsgesetz**	
8000	Zurückweisung des Antrags	1,0
8001	Zurücknahme des Antrags	0,5
8010	Verwerfung der Rechtsbeschwerde	1,0
8011	Zurücknahme der Rechtsbeschwerde	0,5
8020	Zurückweisung des Antrags auf Erlaß einer Entscheidung nach § 114 Abs. 2 StVollzG	0,5

Nr.	Auslagentatbestand	Höhe

Teil 9
Auslagen

(1) Auslagen, die durch eine für begründet befundene Beschwerde entstanden sind, werden nicht erhoben, soweit das Beschwerdeverfahren gebührenfrei ist; dies gilt jedoch nicht, soweit das Beschwerdegericht die Kosten dem Gegner des Beschwerdeführers auferlegt hat.

(2) Neben Gebühren, die sich nach dem Streitwert richten, mit Ausnahme der Gebühr 6800, werden die Auslagen nach den Nummern 9001 und 9002 nur erhoben, soweit sie in einer Instanz einen Betrag von 100 DM überschreiten.

Nr.	Auslagentatbestand	Höhe
9000	Die Schreibauslagen betragen für jede Seite unabhängig von der Art der Herstellung in demselben Rechtszug a) für die ersten 50 Seiten .... b) für jede weitere Seite .... (1) Die Höhe der Schreibauslagen ist für jeden Kostenschuldner nach § 56 Abs. 1 GKG gesondert zu berechnen; Gesamtschuldner gelten als ein Schuldner. (2) Schreibauslagen werden erhoben für Ausfertigungen oder Abschriften, a) die auf Antrag erteilt, angefertigt oder per Telefax übermittelt werden; b) die angefertigt worden sind, weil die Partei oder ein Beteiligter es unterlassen hat, einem von Amts wegen zuzustellenden Schriftsatz die erforderliche Zahl von Abschriften beizufügen. (3) Frei von Schreibauslagen sind für jede Partei, jeden Beteiligten und jeden Beschuldigten a) eine vollständige Ausfertigung oder Abschrift jeder gerichtlichen Entscheidung und jedes vor Gericht abgeschlossenen Vergleichs; b) eine Ausfertigung ohne Tatbestand und Entscheidungsgründe; c) eine Abschrift jeder Niederschrift über eine Sitzung; d) bei Vertretung durch einen Bevollmächtigten jeweils eine weitere vollständige Ausfertigung oder Abschrift. (4) Schreibauslagen für die erste Abschrift eines mit eidesstattlicher Versicherung abgegebenen Vermögensverzeichnisses und der Niederschrift über die Abgabe der eidesstattlichen Versicherung werden von demjenigen Kostenschuldner nicht erhoben, von dem die Gebühr 1643 oder 1644 zu erheben ist. (5) Werden für Ausfertigungen oder Abschriften Entwürfe verwandt, die der Antragsteller dem Gericht zur Verfügung gestellt hat und die nur durch Geschäftsnummer, Zeitangaben, Kostenrechnung, Ausfertigungs- oder Beglaubigungsvermerk und Unterschrift des ausfertigenden Bediensteten zu ergänzen sind, so werden Schreibauslagen nicht erhoben.	 1 DM 0,30 DM
9001	Entgelte für Telekommunikationsdienstleistungen außer für den Telefondienst ...	in voller Höhe
9002	Kosten für Zustellungen durch a) die Post mit Zustellungsurkunde oder Einschreiben gegen Rückschein .... b) Justizbedienstete nach den §§ 211, 212 ZPO anstelle der tatsächlichen Aufwendungen .... Neben der Gebühr 1643 werden für die erste Zustellung keine Auslagen erhoben.	 in voller Höhe jeweils in Höhe des Betrages der Gebühr nach § 16 Abs.1 GvKostG
9003	Versendung von Akten auf Antrag je Sendung pauschal .... Die Auslagen werden von demjenigen Kostenschuldner nicht erhoben, von dem die Gebühr 1645 zu erheben ist.	15 DM
9004	Kosten, die durch öffentliche Bekanntmachung entstehen, mit Ausnahme der für Post- und Telekommunikationsdienstleistungen zu zahlenden Entgelte, jedoch nicht die Kosten der Bekanntmachung eines besonderen Prüfungstermins (§ 142 KO, § 11 der Seerechtlichen Verteilungsordnung)	in voller Höhe
9005	Nach dem Gesetz über die Entschädigung von Zeugen und Sachverständigen (ZuSEG) zu zahlende Beträge, und zwar auch dann, wenn aus Gründen der Gegenseitigkeit, der Verwaltungsvereinfachung und dgl. keine Zahlungen zu leisten sind .... (1) Ist für einen Beschuldigten oder Betroffenen, der der deutschen Sprache nicht mächtig, taub oder stumm ist, im Strafverfahren oder im gerichtlichen Verfahren nach dem OWiG ein Dolmetscher oder Übersetzer herangezogen worden, um Erklärungen oder Schriftstücke zu übertragen, auf deren Verständnis der Beschuldigte oder Betroffene zu seiner Verteidigung angewiesen ist, werden von diesem die dadurch entstandenen Auslagen nur erhoben, wenn das Gericht ihm diese nach § 464c StPO oder die Kosten nach § 467 Abs. 2 Satz 1 StPO, jeweils auch i.V.m. § 46 Abs. 1 OWiG, auferlegt hat. (2) Sind die Auslagen durch mehrere Geschäfte veranlaßt, die sich auf verschiedene Rechtssachen beziehen, so werden die Auslagen auf die mehreren Geschäfte unter Berücksichtigung der auf die einzelnen Geschäfte verwendeten Zeit angemessen verteilt.	in voller Höhe
9006	Bei Geschäften außerhalb der Gerichtsstelle a) die den Gerichtspersonen aufgrund gesetzlicher Vorschriften gewährte Vergütung (Reisekosten, Auslagenersatz) und die Kosten für die Bereitstellung von Räumen .... b) für den Einsatz von Dienstkraftfahrzeugen für jeden gefahrenen Kilometer .... Sind die Auslagen durch mehrere Geschäfte veranlaßt, die sich auf verschiedene Rechtssachen beziehen, so werden die Auslagen auf die mehreren Geschäfte unter Berücksichtigung der Entfernung und der auf die einzelnen Geschäfte verwendeten Zeit angemessen verteilt.	 in voller Höhe 0,52 DM

Nr.	Auslagentatbestand	Höhe
9007	An Rechtsanwälte zu zahlende Beträge mit Ausnahme der Vergütungen nach dem 13. Abschnitt der BRAGO	in voller Höhe
9008	Kosten für	
	a) die Beförderung von Personen	in voller Höhe
	b) Zahlungen an mittellose Personen für die Reise zum Ort einer Verhandlung, Vernehmung oder Untersuchung und für die Rückreise	bis zur Höhe der nach dem ZuSEG an Zeugen zu zahlenden Beträge
9009	An Dritte zu zahlende Beträge für	
	a) die Beförderung von Tieren und Sachen mit Ausnahme der für Postdienstleistungen zu zahlenden Entgelte, die Verwahrung von Tieren und Sachen sowie die Fütterung von Tieren	in voller Höhe
	b) die Beförderung und die Verwahrung von Leichen	in voller Höhe
	c) die Durchsuchung oder Untersuchung von Räumen und Sachen einschließlich der die Durchsuchung oder Untersuchung vorbereitenden Maßnahmen	in voller Höhe
	d) die Bewachung von Schiffen und Luftfahrzeugen	in voller Höhe
9010	Kosten einer Zwangshaft	in Höhe der für die Freiheitsstrafe geltenden Sätze
9011	Kosten einer Haft außer Zwangshaft, Kosten einer einstweiligen Unterbringung (§ 126a StPO), einer Unterbringung zur Beobachtung (§ 81 StPO, § 73 JGG) und einer einstweiligen Unterbringung in einem Heim der Jugendhilfe (§ 71 Abs. 2, § 72 Abs. 4 JGG) .... Diese Kosten werden nur angesetzt, wenn sie nach den für die Freiheitsstrafe geltenden Vorschriften zu erheben wären.	in Höhe der für die Freiheitsstrafe geltenden Sätze
9012	Beträge, die anderen inländischen Behörden, öffentlichen Einrichtungen oder Bediensteten als Ersatz für Auslagen der in den Nummern 9000 bis 9011 bezeichneten Art zustehen, und zwar auch dann, wenn aus Gründen der Gegenseitigkeit, der Verwaltungsvereinfachung und dgl. keine Zahlungen zu leisten sind	begrenzt durch die Höchstsätze für die Auslagen 9000 bis 9011
9013	Beträge, die ausländischen Behörden, Einrichtungen oder Personen im Ausland zustehen, sowie Kosten des Rechtshilfeverkehrs mit dem Ausland, und zwar auch dann, wenn aus Gründen der Gegenseitigkeit, der Verwaltungsvereinfachung und dgl. keine Zahlungen zu leisten sind	in voller Höhe
9014	Auslagen der in den Nummern 9000 bis 9013 bezeichneten Art, soweit sie durch die Vorbereitung der öffentlichen Klage entstanden sind	begrenzt durch die Höchstsätze für die Auslagen 9000 bis 9012
9015	Auslagen der in den Nummern 9000 bis 9013 bezeichneten Art, soweit sie durch das dem gerichtlichen Verfahren vorausgegangene Bußgeldverfahren entstanden sind .... Absatz 2 der Anmerkung zu Nummer 9005 ist nicht anzuwenden.	begrenzt durch die Höchstsätze für die Auslagen 9000 bis 9012"

Anlage 2
(zu § 11 Abs. 2)

Streitwert bis ... DM	Gebühr ... DM	Streitwert bis ... DM	Gebühr ... DM
600	50	70 000	775
1 200	70	80 000	835
1 800	90	90 000	895
2 400	110	100 000	955
3 000	130	130 000	1 155
4 000	145	160 000	1 355
5 000	160	190 000	1 555
6 000	175	220 000	1 755
7 000	190	250 000	1 955
8 000	205	280 000	2 155
9 000	220	310 000	2 355
10 000	235	340 000	2 555
12 000	265	370 000	2 755
14 000	295	400 000	2 955
16 000	325	460 000	3 250
18 000	355	520 000	3 545
20 000	385	580 000	3 840
25 000	430	640 000	4 135
30 000	475	700 000	4 430
35 000	520	760 000	4 725
40 000	565	820 000	5 020
45 000	610	880 000	5 315
50 000	655	940 000	5 615
60 000	715	1 000 000	5 905

Bundesgebührenordnung für Rechtsanwälte[1)]

Vom 26. Juli 1957 (BGBl. I S. 861, 907)
(BGBl. III 368-1)

Änderungen seit 1. 1. 1964

Paragraph	Art der Änderung	Geändert durch	Datum	Fundstelle BGBl.
50	geändert	Zweites Gesetz zur Änderung mietrechtlicher Vorschriften	14. 7.1964	I S. 457
91	geändert	Gesetz zur Änderung der Strafprozeßordnung und des Gerichtsverfassungsgesetzes (StPÄG)	19.12.1964	I S. 1067
47	geändert	Gesetz zur Ausführung des Vertrages vom 30. August 1962 zwischen der Bundesrepublik Deutschland und dem Königreich der Niederlande über die gegenseitige Anerkennung und Vollstreckung gerichtlicher Entscheidungen und anderer Schuldtitel in Zivil- und Handelssachen	15. 1.1965	I S. 17
4, 11, 20, 26-28, 36, 37, 50, 58, 91, 112, 114, 116, 118-120, 123, 124, Anlage zu § 11	geändert	Gesetz zur Änderung der Bundesgebührenordnung für Rechtsanwälte und anderer Gesetze	30. 6.1965	I S. 577
21 a	eingefügt			
65 b	eingefügt	Gesetz über die Wahrnehmung von Urheberrechten und verwandten Schutzrechten	9. 9.1965	I S. 1294
95	geändert	Gesetz zur Änderung strafrechtlicher Vorschriften der Reichsabgabenordnung und anderer Gesetze (AOStrafÄndG)	10. 8.1967	I S. 877
18, 25	geändert	Gesetz zur Anpassung von Kostengesetzen an das Umsatzsteuergesetz vom 29. Mai 1967	20.12.1967	I S. 1246
66	geändert	Gesetz über den Schutz von Pflanzensorten (Sortenschutzgesetz)	20. 5.1968	I S. 429
188, 96, 105 104	geändert aufgehoben	Einführungsgesetz zum Gesetz über Ordnungswidrigkeiten	24. 5.1968	I S. 503

1) Siehe Maßgabe Seite 5.

Paragraph	Art der Änderung	Geändert durch	Datum	Fundstelle BGBl.
37, 41 43 a	geändert eingefügt	Gesetz über die rechtliche Stellung der nichtehelichen Kinder	19. 8.1969	I S. 1243
83	geändert	Gesetz zur allgemeinen Einführung eines zweiten Rechtszuges in Staatsschutz-Strafsachen	8. 9.1969	I S. 1582
27, 123, Anlage	geändert	Gesetz zur Änderung kostenrechtlicher Vorschriften	29.10.1969	I S. 2049
58	geändert	Gesetz zur Änderung des Rechtspflegergesetzes, des Beurkundungsgesetzes und zur Umwandlung des Offenbarungseides in eine eidesstattliche Versicherung	27. 6.1970	I S. 911
28, 97, 112, 123 35 a	geändert eingefügt	Gesetz zur Änderung der Bundesrechtsanwaltsordnung, derBundesgebührenordnung für Rechtsanwälte und anderer Vorschriften	24.10.1972	I S. 2013
Überschrift des Fünften Abschnitts 81 a	geändert eingefügt	SeerechtlicheVerteilungsordnung	21. 6.1972	I S. 953
20, 58, 88, 89, 96	geändert	Einführungsgesetz zum Strafgesetzbuch	2. 3.1974	I S. 469
83, 86, 90, 91, 97	geändert	Erstes Gesetz zur Reform des Strafverfahrensrechts	9.12.1974	I S. 3393
10, 128	geändert	Gesetz zur Entlastung der Landgerichte und zur Vereinfachung des gerichtlichen Protokolls	20.12.1974	I S. 3651
11 35 a	geändert aufgehoben	Gesetz zur Änderung des Rechts der Revision in Zivilsachen	8. 7.1975	I S. 1863
3, 6, 8, 10-12, 19, 20, 21 a-28, 31-33, 42, 43, 45, 51, 57, 58, 61, 62, 68-70, 75, 76, 80, 83-86, 88, 91, 93, 94, 97-101, 105-107, Überschrift des Neunten Abschnitts, 109, 112,	geändert	Gesetz zur Änderung des Gerichtskostengesetzes, des Gesetzes über Kosten der Gerichtsvollzieher, der Bundesgebührenordnung für Rechtsanwälte und anderer Vorschriften	20. 8.1975	I S. 2189

Paragraph	Art der Änderung	Geändert durch	Datum	Fundstelle BGBl.
Überschrift des Zehnten Abschnitts, 113, 114, 116-118, 120, 122-124, 127, 128, Anlage				
96 a, 109 a, 113 a	eingefügt			
115	aufgehoben			
66 a	geändert	Strafvollzugsgesetz	16. 3.1976	I S. 581
7, 8,15, 31, 36, 37, 41, 63	geändert	Erstes Gesetz zur Reform des Ehe- und Familienrechts	14. 6.1976	I S. 1421
36 a, 61 a	eingefügt			
42	aufgehoben			
43 a (alt) wird 43 b, 43 b (neu)	geändert	Gesetz zur vereinfachten Abänderung von Unterhaltsrenten	29. 7.1976	I S. 2029
43 a	eingefügt			
35, 37, 43	geändert	Vereinfachungsnovelle	3.12.1976	I S. 3281
25	geändert	Steueränderungsgesetz 1977	16. 8.1977	I S. 1586
25	geändert	Steueränderungsgesetz 1979	30.11.1978	I S. 1849
112	geändert	Gesetz zur Neuregelung des Rechts der elterlichen Sorge	18. 7.1979	I S. 1061
18, 25	geändert	Gesetz zur Neufassung des Umsatzsteuergesetzes und zur Änderung anderer Gesetze	26.11.1979	I S. 1953
3, 10, 37, 51, Überschrift Zwölfter Abschnitt, 121-124, 126-129	geändert	Gesetz über die Prozeßkostenhilfe	13. 6.1980	I S. 677
Dreizehnter Abschnitt, 131-133,	eingefügt	Beratungshilfegesetz	18. 6.1980	I S. 689
6, 11, 20, 26, 36 a, 37, 57, 58, 69, 77, 81, 83-86, 91, 93, 94, 105, Achter-Dreizehnter Abschnitt (alt) werden Neunter – Vierzehnter Abschnitt, 106, 107, 109-110, 112, 113 a, 116, 118, Anlage	geändert	Fünftes Änderungsgesetz	18. 8.1980	I S. 1503

Paragraph	Art der Änderung	Geändert durch	Datum	Fundstelle BGBl.
Achter Abschnitt, 105 a, Fünfzehnter Abschnitt, 134, 135	eingefügt			
Neunter Abschnitt, 106-108	geändert	Gesetz über die internationale Rechtshilfe in Strafsachen	23.12.1982	I S. 2071
63	geändert	Gesetz zur Neuordnung des landwirtschaftlichen Pachtrechts	8.11.1985	I S. 2065
97 a	eingefügt	Gesetz zur Änderung des Einführungsgesetzes zum Gerichtsverfassungsgesetz	4.12.1985	I S. 2141
81 a	geändert	Seerechtliche Verteilungsordnung	25. 7.1986	I S. 1130
66	geändert	Gesetz zur Änderung des Gebrauchsmustergesetzes	15. 8.1986	I S. 1446
8, 11, 20, 21 a, 27, 28, 40, 61 a, 62, 65 a-67, 83-86, 91, 93, 94, 100, 105-106, 109, 109 a, 112-114, 116, 120, 123, 132, 134, Anlage	geändert	Gesetz zur Änderung von Kostengesetzen	9.12.1986	I S. 2326
95, 97	geändert	Opferschutzgesetz	18.12.1986	I S. 2496
66	geändert	Halbleiterschutzgesetz	22.10.1987	I S. 2294
24 a	eingefügt	Erstes Gesetz zur Änderung des Gesetzes zur Durchführung der Richtlinie des Rates der Europäischen Gemeinschaften vom 22. März 1977 zur Erleichterung der tatsächlichen Ausübung des freien Dienstleistungsverkehrs der Rechtsanwälte	14. 3.1990	I S. 479
113 a, 116	geändert	Änderungsgesetz	20. 8.1990	I S. 1765
1, 33,112 44	geändert aufgehoben	Betreuungsgesetz	12. 9.1990	I S. 2002

Paragraph	Art der Änderung	Geändert durch	Datum	Fundstelle BGBl.
135	aufgehoben	Sechstes Überleitungsgesetz	25. 9.1990	I S. 2106
6, 114 115	geändert eingefügt	Gesetz zur Neuregelung des verwaltungsgerichtlichen Verfahrens	17.12.1990	I S. 2809
19, 23, 37, 46, 48, 118, 122, 132	geändert	Rechtspflege-Vereinfachungsgesetz	17.12.1990	I S. 2847
58	geändert	Gesetz zur Aufhebung des Heimkehrergesetzes und zur Änderung anderer Vorschriften	20.12.1991	I S. 2317
Maßgabe Anlage I Kapitel III Sachgebiet A Abschnitt III Nr. 26 Buchstaben b u. c	aufgehoben	Rechtspflege-Anpassungsgesetz	26. 6.1992	I S. 1147
Inhaltsübersicht, 96 b, 96 c	geändert eingefügt	Erstes SED-Unrechtsbereinigungsgesetz	29.10.1992	I S. 1814
Maßgabe Anlage I Kapitel III Sachgebiet A Abschnitt III Nr. 26 Buchst. d u. e	aufgehoben	Strafrechtliches Rehabilitierungsgesetz	29.10.1992	I S. 1814
114, 117	geändert	FGO-Änderungsgesetz	21.12.1992	I S. 2109
85, 86, 96 b, 116	geändert	Gesetz zur Entlastung der Rechtspflege	11. 1.1993	I S. 50

Maßgabe

Gemäß Anlage I Kapitel III Sachgebiet A Abschnitt III Nr. 26 des Einigungsvertrages vom 23. 9 .1990 (BGBl. II S. 885) treten die Rechtsvorschriften mit den folgenden Maßgaben in den Ländern Brandenburg, Mecklenburg-Vorpommern, Sachsen, Sachsen-Anhalt und Thüringen vorbehaltlich der Sonderregelungen für das Land Berlin und Abschnitt IV (vgl. nachfolgende Maßgabe), in Kraft:

»a) Die sich aus den in Kraft gesetzten Vorschriften ergebenden Gebühren ermäßigen sich bei der Tätigkeit von Rechtsanwälten, die ihre Kanzlei in dem in Artikel 3 des Vertrages genannten Gebiet eingerichtet haben, um 20[1)] vom Hundert. Die Gebühren ermäßigen sich in gleicher Weise, wenn ein Rechtsanwalt vor Gerichten oder Behörden, die ihren Sitz in dem in Artikel 1 Abs. 1 des Vertrages genannten Gebiet haben, im Auftrag eines Beteiligten tätig wird, der seinen Wohnsitz oder Sitz in dem in Artikel 3 des Vertrages genannten Gebiet hat. § 11 Abs. 2 bleibt unberührt.

b) bis e) (aufgehoben)

f) § 134 gilt auch für das Inkrafttreten dieses Gesetzes in dem in Artikel 3 des Vertrages genannten Gebiet.«

Maßgabe

Gemäß Anlage I Kapitel III Sachgebiet A Abschnitt IV Nr. 3 Buchst. i des Einigungsvertrages vom 23. 9 .1990 (BGBl. II S. 885) gilt die Rechtsvorschrift im Land Berlin mit folgenden Maßgaben anstelle der in Abschnitt III in Bezug auf dieses Gesetz genannten Maßgaben (vgl. vorstehende Maßgabe):

»Die Maßgaben b) und c) zur Bundesgebührenordnung für Rechtsanwälte in Abschnitt III – Nr. 26 – sind nicht anzuwenden.«

1) Gemäß § 1 der Ermäßigungssatz-Anpassungsverordnung vom 15. 4. 1996 (BGBl. I S. 604) werden die Ermäßigungssätze ab 1. 7. 1996 auf 10 vom Hundert festgesetzt.

Paragraph	Art der Änderung	Geändert durch	Datum	Fundstelle BGBl.
6, 8, 11-14, 18, 20, 21 a, 23, 25-28, 33, 35, 38, 51, 53, 57, 58, 60, 69, 70, 83-86, 89-91, 93, 94, 96 b, 97, 101, 109-113 a, 114, 116, 123, 130, 132-134, Anlage	geändert	Kostenrechtsänderungsgesetz 1994	24. 6.1994	I S. 1325, 1357
3	geändert	Gesetz zur Neuordnung des Berufsrechts der Rechtsanwälte und der Patentanwälte	2. 9.1994	I S. 2278, 2292
133	geändert	Gesetz zur Änderung des Beratungshilfegesetzes und anderer Gesetze	14. 9.1994	I S. 2323
1, Überschrift Fünfter Abschnitt, 72-77	geändert	Einführungsgesetz zur Insolvenzordnung[1]	5.10.1994	I S. 2911, 2923
78-81 (alt)	aufgehoben			
81 a (alt) wird 81 (neu)				
66	geändert	Markenrechtsreformgesetz	25.10.1994	I S. 3082, 3116
42	eingefügt	Gesetz zur Bereinigung des Umwandlungsrechts	28.10.1994	I S. 3210, 3265

1) Die Änderungen treten am 1. 1. 1999 in Kraft und werden zu diesem Zeitpunkt eingearbeitet.

Inhaltsübersicht

§§

Erster Abschnitt
Allgemeine Vorschriften

Geltungsbereich 1
Sinngemäße Anwendung des Gesetzes 2
Vereinbarung der Vergütung 3
Vergütung für Tätigkeiten von Vertretern des Rechtsanwalts 4
Mehrere Rechtsanwälte 5
Mehrere Auftraggeber 6
Gegenstandswert 7
Wertvorschriften 8
Wertfestsetzung für die Gerichtsgebühren 9
Wertfestsetzung für die Rechtsanwaltsgebühren 10
Volle Gebühr, Mindestbetrag einer Gebühr 11
Rahmengebühren 12
Abgeltungsbereich der Gebühren 13
Verweisung, Abgabe, Zulassung von Rechtsmitteln 14
Zurückverweisung 15
Fälligkeit 16
Vorschuß 17
Berechnung 18
Festsetzung der Vergütung 19

Zweiter Abschnitt
Gemeinsame Vorschriften über Gebühren und Auslagen

Rat, Auskunft, Erstberatung 20
Gutachten 21
Gutachten über die Aussichten einer Berufung oder einer Revision 21 a
Hebegebühr 22
Vergleichsgebühr 23
Erledigungsgebühr 24
Einvernehmen 24 a
Ersatz von Auslagen 25
Entgelte für Post- und Telekommunikationsdienstleistungen 26
Schreibauslagen 27
Geschäftsreisen 28
Reisen zur Ausführung mehrerer Geschäfte 29
Verlegung der Kanzlei 30

§§

Dritter Abschnitt
Gebühren in bürgerlichen Rechtsstreitigkeiten und in ähnlichen Verfahren

Prozeßgebühr, Verhandlungsgebühr, Beweisgebühr, Erörterungsgebühr 31
Vorzeitige Beendigung des Auftrags 32
Nichtstreitige Verhandlung, Übertragung des mündlichen Verhandelns 33
Vorlegung von Urkunden, Beiziehung von Akten oder Urkunden 34
Entscheidung ohne mündliche Verhandlung 35
(aufgehoben) 35 a
Aussöhnung von Eheleuten 36
Beigeordneter Rechtsanwalt 36 a
Rechtszug 37
Einspruch gegen Versäumnisurteil 38
Verfahren nach Abstandnahme vom Urkunden- oder Wechselprozeß oder nach Vorbehaltsurteil 39
Arrest, einstweilige Verfügung 40
Einstweilige Anordnungen 41
Verfahren nach § 319 Abs. 6 des Aktiengesetzes oder § 16 Abs. 3 des Umwandlungsgesetzes 42
Mahnverfahren 43
Vereinfachtes Verfahren zur Abänderung von Unterhaltstiteln 43 a
Verfahren über den Regelunterhalt nichtehelicher Kinder 43 b
(aufgehoben) 44
Aufgebotsverfahren 45
Vollstreckbarerklärung von Schiedssprüchen, richterliche Handlungen im schiedsgerichtlichen Verfahren 46
Vollstreckbarerklärung ausländischer Schuldtitel 47
Selbständiges Beweisverfahren 48
Vorläufige Einstellung, Beschränkung oder Aufhebung der Zwangsvollstreckung, Vollstreckbarerklärung von Teilen eines Urteils 49
Räumungsfrist 50
Verfahren über die Prozeßkostenhilfe 51
Gebühren des Verkehrsanwalts 52
Vertretung in der mündlichen Verhandlung, Ausführung der Parteirechte 53
Vertretung in der Beweisaufnahme 54
Abänderung von Entscheidungen von beauftragten oder ersuchten Richtern, von Rechtspflegern und

§§

Urkundsbeamten 55
Sonstige Einzeltätigkeiten 56
Zwangsvollstreckung 57
Angelegenheiten der Zwangsvollstreckung 58
Vollziehung eines Arrests oder einer einstweiligen Verfügung 59
Verteilungsverfahren 60
Beschwerde, Erinnerung 61
Beschwerde in Scheidungsfolgesachen 61 a
Arbeitssachen 62
Hausratssachen, Wohnungseigentumssachen, Landwirtschaftssachen, Regelung der Auslandsschulden 63
Vertragshilfeverfahren 64
Güteverfahren 65
Verfahren nach dem Gesetz gegen Wettbewerbsbeschränkungen 65 a
Verfahren nach dem Gesetz über die Wahrnehmung von Urheberrechten und verwandten Schutzrechten 65 b
Verfahren vor dem Patentgericht und dem Bundesgerichtshof 66
Nachprüfung von Anordnungen der Justizbehörden 66 a
Schiedsrichterliches Verfahren 67

Vierter Abschnitt
Gebühren im Verfahren der Zwangsversteigerung und der Zwangsverwaltung

Zwangsversteigerung 68
Zwangsverwaltung 69
Rechtsmittelverfahren 70
Besondere Verteilungsverfahren 71

Fünfter Abschnitt
Gebühren in Konkursverfahren und in Vergleichsverfahren zur Abwendung des Konkurses sowie in seerechtlichen Verteilungsverfahren

Eröffnung des Konkursverfahrens 72
Vertretung im Konkursverfahren 73
Zwangsvergleich 74
Anmeldung einer Konkursforderung 75
Beschwerdeverfahren, Sicherheitsmaßregeln 76
Gegenstandswert 77
Wiederaufnahme des Konkursverfahrens 78
Eröffnung des Vergleichsverfahrens 79
Vertretung im Vergleichsverfahren, Beschwerdeverfahren, Sicherungsmaßregeln 80

§§

Gegenstandswert 81
Seerechtliches Verteilungsverfahren 81 a
Mehrere Aufträge 82

Sechster Abschnitt
Gebühren in Strafsachen und in Verfahren nach dem Strafrechtlichen Rehabilitierungsgesetz

1. Gebühren des gewählten Verteidigers und anderer gewählter Vertreter

Erster Rechtszug 83
Verfahren außerhalb der Hauptverhandlung 84
Berufungsverfahren 85
Revisionsverfahren 86
Pauschgebühren 87
Einziehung und verwandte Maßnahmen 88
Vermögensrechtliche Ansprüche 89
Wiederaufnahmeverfahren 90
Gebühren für einzelne Tätigkeiten 91
Mehrere einzelne Tätigkeiten 92
Gnadengesuche 93
Privatklage 94
Vertretung eines Nebenklägers und anderer Verfahrensbeteiligter 95
Kostenfestsetzung, Zwangsvollstreckung 96
Abtretung des Kostenerstattungsanspruchs 96 a
Rehabilitierungsverfahren 96 b
Verfahren über soziale Ausgleichsleistungen 96 c

2. Gebühren des gerichtlich bestellten Verteidigers und des beigeordneten Rechtsanwalts

Anspruch gegen die Staatskasse 97
Tätigkeit als Kontaktperson 97 a
Festsetzung der Gebühren 98
Strafsachen besonderen Umfangs 99
Anspruch gegen den Beschuldigten 100
Anrechnung, Rückzahlung 101
Privatklage, Nebenklage, Klageerzwingungsverfahren 102
Bundeskasse, Landeskasse 103

Siebenter Abschnitt
Gebühren in Bußgeldverfahren

(aufgehoben) 104
Bußgeldverfahren 105

§§

Achter Abschnitt
Gebühren in Verfahren nach dem Gesetz über die innerdeutsche Rechts- und Amtshilfe in Strafsachen 105 a

Neunter Abschnitt
Gebühren in Verfahren nach dem Gesetz über die internationale Rechtshilfe in Strafsachen

Beistandsleistung 106
Bestellter Rechtsanwalt 107
Pauschgebühren 108

Zehnter Abschnitt
Gebühren im Disziplinarverfahren, im Verfahren nach der Wehrbeschwerdeordnung vor den Wehrdienstgerichten, im ehren- und berufsgerichtlichen Verfahren, bei der Untersuchung von Seeunfällen und bei Freiheitsentziehungen

Disziplinarverfahren 109
Wehrbeschwerdeverfahren vor den Wehrdienstgerichten 109 a
Ehren- und berufsgerichtliche Verfahren 110
Untersuchung von Seeunfällen 111
Freiheitsentziehungen 112

Elfter Abschnitt
Gebühren in Verfahren vor Gerichten der Verfassungsgerichtsbarkeit, vor dem Gerichtshof der Europäischen Gemeinschaften, vor Gerichten der Verwaltungs-, Sozial- und Finanzgerichtsbarkeit

Verfahren vor Verfassungsgerichten 113
Verfahren vor dem Gerichtshof der Europäischen Gemeinschaften 113 a
Verfahren vor Gerichten der Verwaltungs- und Finanzgerichtsbarkeit 114
Vergütung des gerichtlich bestellten Rechtsanwalts 115
Verfahren vor Gerichten der

§§

Sozialgerichtsbarkeit 116
Gebührengleichheit 117

Zwölfter Abschnitt
Gebühren in sonstigen Angelegenheiten

Geschäftsgebühr, Besprechungsgebühr, Beweisaufnahmegebühr 118
Vorverfahren, Verwaltungszwangsverfahren, Aussetzung der Vollziehung 119
Einfache Schreiben 120

Dreizehnter Abschnitt
Vergütung bei Prozeßkostenhilfe

Vergütung aus der Bundes- oder Landeskasse 121
Umfang der Beiordnung 122
Gebühren des Rechtsanwalts 123
Weitere Vergütung 124
Verschulden eines beigeordneten Rechtsanwalts 125
Auslagen 126
Vorschuß 127
Rechtsweg 128
Anrechnung von Vorschüssen und Zahlungen 129
Übergang von Ansprüchen auf die Bundes- oder Landeskasse 130

Vierzehnter Abschnitt
Vergütung für die Beratungshilfe

Vergütung aus der Landeskasse 131
Gebühren für die Beratungshilfe 132
133

Fünfzehnter Abschnitt
Übergangs- und Schlußvorschriften

Übergangsvorschrift 134
(aufgehoben) 135
Anlage zu § 11

Erster Abschnitt
Allgemeine Vorschriften

§ 1 Geltungsbereich

(1) Die Vergütung (Gebühren und Auslagen) des Rechtsanwalts für seine Berufstätigkeit bemißt sich nach diesem Gesetz.

(2) Dieses Gesetz gilt nicht, wenn der Rechtsanwalt als Vormund, Betreuer, Pfleger, Testamentsvollstrecker, Konkursverwalter, Vergleichsverwalter, Milglied des Gläubigerausschusses oder Gläubigerbeirats, Nachlaßverwalter, Zwangsverwalter, Treuhänder,

Schiedsrichter oder in ähnlicher Stellung tätig wird. § 1835 des Bürgerlichen Gesetzbuchs bleibt unberührt.

§ 2 Sinngemäße Anwendung des Gesetzes
Ist in diesem Gesetz über die Gebühren für eine Berufstätigkeit des Rechtsanwalts nichts bestimmt, so sind die Gebühren in sinngemäßer Anwendung der Vorschriften dieses Gesetzes zu bemessen.

§ 3 Vereinbarung der Vergütung
(1) Aus einer Vereinbarung kann der Rechtsanwalt eine höhere als die gesetzliche Vergütung nur fordern, wenn die Erklärung des Auftraggebers schriftlich abgegeben und nicht in der Vollmacht oder in einem Vordruck, der auch andere Erklärungen umfaßt, enthalten ist. Hat der Auftraggeber freiwillig und ohne Vorbehalt geleistet, so kann er das geleistete nicht deshalb zurückfordern, weil seine Erklärung der Vorschrift des Satzes 1 nicht entspricht. Vereinbarungen über die Vergütung nach Absatz 5 sollen schriftlich getroffen werden; ist streitig, ob es zu einer solchen Vereinbarung gekommen ist, so trifft die Beweislast den Auftraggeber.

(2) Die Festsetzung der Vergütung kann dem billigen Ermessen des Vorstandes der Rechtsanwaltskammer überlassen werden. Ist die Festsetzung der Vergütung dem Ermessen eines Vertragsteils überlassen, so gilt die gesetzliche Vergütung als vereinbart.

(3) Ist eine vereinbarte oder von dem Vorstand der Rechtsanwaltskammer festgesetzte Vergütung unter Berücksichtigung aller Umstände unangemessen hoch, so kann sie im Rechtsstreit auf den angemessenen Betrag bis zur Höhe der gesetzlichen Vergütung herabgesetzt werden. Vor der Herabsetzung hat das Gericht ein Gutachten des Vorstandes der Rechtsanwaltskammer einzuholen; dies gilt nicht, wenn der Vorstand der Rechtsanwaltskammer die Vergütung nach Absatz 2 Satz 1 festgesetzt hat. Das Gutachten ist kostenlos zu erstatten.

(4) Durch eine Vereinbarung, nach der ein im Wege der Prozeßkostenhilfe beigeordneter Rechtsanwalt eine Vergütung erhalten soll, wird eine Verbindlichkeit nicht begründet. Hat der Auftraggeber freiwillig und ohne Vorbehalt geleistet, so kann er das Geleistete nicht deshalb zurückfordern, weil eine Verbindlichkeit nicht bestanden hat.

(5) In außergerichtlichen Angelegenheiten kann der Rechtsanwalt Pauschalvergütungen und Zeitvergütungen vereinbaren, die niedriger sind, als die gesetzlichen Gebühren. Handelt es sich bei dem Auftraggeber um einen Verband oder Verein, so gilt dies auch für die Beratung seiner Mitglieder im Rahmen des satzungsgemäßen Aufgabenbereiches des Verbandes oder Vereins. Der Rechtsanwalt kann sich für gerichtliche Mahnverfahren und Zwangsvollstreckungsverfahren nach den §§ 803 bis 863 und 899 bis 915 der Zivilprozeßordnung verpflichten, daß er, wenn der Anspruch des Auftraggebers auf Erstattung der gesetzlichen Vergütung nicht beigetrieben werden kann, einen Teil des Erstattungsanspruchs an Erfüllungs Statt annehmen werde. Der nicht durch Abtretung zu erfüllende Teil der gesetzlichen Vergütung und die sonst nach diesem Absatz vereinbarten Vergütungen müssen in angemessenem Verhältnis zu Leistung, Verantwortung und Haftungsrisiko des Anwalts stehen.

§ 4 Vergütung für Tätigkeiten von Vertretern des Rechtsanwalts
Die Vergütung für eine Tätigkeit, die der Rechtsanwalt nicht persönlich vornimmt, wird nach diesem Gesetz bemessen, wenn der Rechtsanwalt durch einen Rechtsanwalt, den allgemeinen Vertreter oder einen zur Ausbildung zugewiesenen Referendar vertreten wird.

§ 5 Mehrere Rechtsanwälte

Ist der Auftrag mehreren Rechtsanwälten zur gemeinschaftlichen Erledigung übertragen, so erhält jeder Rechtsanwalt für seine Tätigkeit die volle Vergütung.

§ 6 Mehrere Auftraggeber

(1) Wird der Rechtsanwalt in derselben Angelegenheit für mehrere Auftraggeber tätig, so erhält er die Gebühren nur einmal. Ist der Gegenstand der anwaltlichen Tätigkeit derselbe, so erhöhen sich die Geschäftsgebühr (§ 118 Abs. 1 Nr. 1) und die Prozeßgebühr (§ 31 Abs. 1 Nr. 1) durch jeden weiteren Auftraggeber um drei Zehntel; die Erhöhung wird nach dem Betrag berechnet, an dem die Auftraggeber gemeinschaftlich beteiligt sind; mehrere Erhöhungen dürfen den Betrag von zwei vollen Gebühren nicht übersteigen. Bei Gebühren, die nur dem Mindest- und Höchstbetrag nach bestimmt sind, erhöhen sich der Mindest- und Höchstbetrag durch jeden weiteren Auftraggeber um drei Zehntel; mehrere Erhöhungen dürfen das Doppelte des Mindest- und Höchstbetrages nicht übersteigen.

(2) Der Rechtsanwalt erhält auch Schreibauslagen für Abschriften und Ablichtungen, die in derselben Angelegenheit zur notwendigen Unterrichtung von mehr als zehn Auftraggebern gefertigt werden.

(3) Jeder der Auftraggeber schuldet dem Rechtsanwalt die Gebühren und Auslagen, die er schulden würde, wenn der Rechtsanwalt nur in seinem Auftrag tätig geworden wäre; Schreibauslagen schuldet jeder jedoch nur für Abschriften und Ablichtungen, die zu seiner Unterrichtung gefertigt werden. Der Rechtsanwalt kann aber insgesamt nicht mehr als die nach Absatz 1 berechneten Gebühren und die nach Absatz 2 berechneten Schreibauslagen fordern; die übrigen Auslagen kann er nur einmal fordern.

§ 7 Gegenstandswert

(1) Die Gebühren werden, soweit dieses Gesetz nichts anderes bestimmt, nach dem Wert berechnet, den der Gegenstand der anwaltlichen Tätigkeit hat (Gegenstandswert).

(2) In derselben Angelegenheit werden die Werte mehrerer Gegenstände zusammengerechnet.

(3) Eine Scheidungssache und die Folgesachen (§ 623 Abs. 1, 4, § 621 Abs. 1 der Zivilprozeßordnung) gelten als dieselbe Angelegenheit im Sinne dieses Gesetzes.

§ 8 Wertvorschriften

(1) Soweit sich die Gerichtsgebühren nach dem Wert richten, bestimmt sich der Gegenstandswert im gerichtlichen Verfahren nach den für die Gerichtsgebühren geltenden Wertvorschriften. Diese Wertvorschriften gelten sinngemäß auch für die Tätigkeit außerhalb eines gerichtlichen Verfahrens, wenn der Gegenstand der Tätigkeit auch Gegenstand eines gerichtlichen Verfahrens sein könnte.

(2) Soweit sich aus diesem Gesetz nichts anderes ergibt, gelten in anderen Angelegenheiten für den Gegenstandswert § 18 Abs. 2, §§ 19 bis 23, 24 Abs. 1, 2, 4, 5, 6, §§ 25, 39 Abs. 2 der Kostenordnung sinngemäß. Soweit sich der Gegenstandswert aus diesen Vorschriften nicht ergibt und auch sonst nicht feststeht, ist er nach billigem Ermessen zu bestimmen; in Ermangelung genügender tatsächlicher Anhaltspunkte für eine Schätzung und bei nicht vermögensrechtlichen Gegenständen ist der Gegenstandswert auf 8 000 Deutsche Mark, nach Lage des Falles niedriger oder höher, jedoch nicht über eine Million Deutsche Mark anzunehmen. Betrifft die Tätigkeit eine einstweilige Anordnung der in § 620 Satz 1 Nr. 1, 2 oder 3 der Zivilprozeßordnung bezeichneten Art, so ist von einem Wert von 1 000 Deutsche Mark auszugehen.

§ 9 Wertfestsetzung für die Gerichtsgebühren

(1) Wird der für die Gerichtsgebühren maßgebende Wert gerichtlich festgesetzt, so ist die Festsetzung auch für die Gebühren des Rechtsanwalts maßgebend.

(2) Der Rechtsanwalt kann aus eigenem Recht die Festsetzung des Werts beantragen und Rechtsmittel gegen die Festsetzung einlegen. Rechtsbehelfe, die gegeben sind, wenn die Wertfestsetzung unterblieben ist, kann er aus eigenem Recht ergreifen.

§ 10 Wertfestsetzung für die Rechtsanwaltsgebühren

(1) Berechnen sich die Gebühren für die anwaltliche Tätigkeit in einem gerichtlichen Verfahren nicht nach dem für die Gerichtsgebühren maßgebenden Wert oder fehlt es an einem solchen Wert, so setzt das Gericht des Rechtszugs den Wert des Gegenstands der anwaltlichen Tätigkeit auf Antrag durch Beschluß selbständig fest.

(2) Der Antrag ist erst zulässig, wenn die Vergütung fällig ist. Antragsberechtigt sind der Rechtsanwalt, der Auftraggeber und ein erstattungspflichtiger Gegner; wenn Prozeßkostenhilfe bewilligt ist, auch die Bundes- oder Landeskasse. Vor der Entscheidung sind die Beteiligten zu hören. Das Verfahren ist gebührenfrei. Der Rechtsanwalt erhält in dem Verfahren keine Gebühren.

(3) Gegen die Entscheidung kann Beschwerde eingelegt werden, wenn der Beschwerdegegenstand einhundert Deutsche Mark übersteigt. Eine Beschwerde an einen obersten Gerichtshof des Bundes ist nicht zulässig. Die Beschwerde ist binnen zwei Wochen nach Zustellung der Entscheidung einzulegen. Im übrigen sind die für die Beschwerde in der Hauptsache geltenden Verfahrensvorschriften anzuwenden. Die weitere Beschwerde ist statthaft, wenn sie das Beschwerdegericht wegen der grundsätzlichen Bedeutung der zur Entscheidung stehenden Frage zuläßt. Die weitere Beschwerde kann nur darauf gestützt werden, daß die Entscheidung auf einer Verletzung des Gesetzes beruht, die §§ 550 und 551 der Zivilprozeßordnung gelten sinngemäß.

(4) Anträge, Erklärungen und Beschwerden können zu Protokoll der Geschäftsstelle gegeben oder schriftlich ohne Mitwirkung eines Rechtsanwalts eingereicht werden.

§ 11 Volle Gebühr, Mindestbetrag einer Gebühr

(1) Die volle Gebühr bei einem Gegenstandswert bis 600 Deutsche Mark beträgt 50 Deutsche Mark. Die Gebühr erhöht sich bei einem

Gegenstandswert bis (Deutsche Mark)	für jeden angefangenen Betrag von weiteren (Deutsche Mark)	um (Deutsche Mark)
3.000	600	40
10.000	1.000	55
20.000	2.000	70
50.000	5.000	80
100.000	10.000	140
400.000	30.000	160
1.000.000	60.000	250
über 1.000.000	100.000	300

Eine Gebührentabelle für Gegenstandswerte bis eine Million Deutsche Mark ist diesem Gesetz als Anlage beigefügt. Im Berufungs- und Revisionsverfahren erhöhen sich die Beträge der sich aus Satz 1 und 2 ergebenden Gebühren um drei Zehntel. Im Revisionsverfahren erhöht sich die Prozeßgebühr jedoch um zehn Zehntel, soweit sich die Parteien nur durch einen beim Bundesgerichtshof zugelassenen Rechtsanwalt vertreten lassen können. In Verfahren vor dem Rechtsmittelgericht über die Zulassung des Rechtsmittels gelten die Sätze 4 und 5 entsprechend.

(2) Der Mindestbetrag einer Gebühr ist 20 Deutsche Mark. Pfennigbeträge sind auf zehn Deutsche Pfennig aufzurunden.

§ 12 Rahmengebühren

(1) Bei Rahmengebühren bestimmt der Rechtsanwalt die Gebühr im Einzelfall unter Berücksichtigung aller Umstände, insbesondere der Bedeutung der Angelegenheit, des Umfangs und der Schwierigkeiten der anwaltlichen Tätigkeit sowie der Vermögens- und Einkommensverhältnisse des Auftraggebers, nach billigem Ermessen. Ist die Gebühr von einem Dritten zu ersetzen, so ist die von dem Rechtsanwalt getroffene Bestimmung nicht verbindlich, wenn sie unbillig ist.

(2) Im Rechtsstreit hat das Gericht ein Gutachten des Vorstandes der Rechtsanwaltskammer einzuholen; dies gilt auch im Verfahren nach § 495 a der Zivilprozeßordnung. Das Gutachten ist kostenlos zu erstatten.

§ 13 Abgeltungsbereich der Gebühren

(1) Die Gebühren entgelten, soweit dieses Gesetz nichts anderes bestimmt, die gesamte Tätigkeit des Rechtsanwalts vom Auftrag bis zur Erledigung der Angelegenheit.

(2) Der Rechtsanwalt kann die Gebühren in derselben Angelegenheit nur einmal fordern. In gerichtlichen Verfahren kann er die Gebühren in jedem Rechtszug fordern.

(3) Sind für Teile des Gegenstands verschiedene Gebührensätze anzuwenden, so erhält der Rechtsanwalt für die Teile gesondert berechnete Gebühren, jedoch nicht mehr als die aus dem Gesamtbetrag der Wertteile nach dem höchsten Gebührensatz berechnete Gebühr.

(4) Auf bereits entstandene Gebühren ist es, soweit dieses Gesetz nichts anderes bestimmt, ohne Einfluß, wenn sich die Angelegenheit vorzeitig erledigt oder der Auftrag endigt, bevor die Angelegenheit erledigt ist.

(5) Wird der Rechtsanwalt nachdem er in einer Angelegenheit tätig geworden ist, beauftragt, in derselben Angelegenheit weiter tätig zu werden, so erhält er nicht mehr an Gebühren, als er erhalten würde, wenn er von vornherein hiermit beauftragt worden wäre. Ist der frühere Auftrag seit mehr als zwei Kalenderjahren erledigt, gilt die weitere Tätigkeit als neue Angelegenheit.
(6) Ist der Rechtsanwalt nur mit einzelnen Handlungen beauftragt, so erhält er nicht mehr an Gebühren als der mit der gesamten Angelegenheit beauftragte Rechtsanwalt für die gleiche Tätigkeit erhalten würde.

§ 14 Verweisung, Abgabe, Zulassung von Rechtsmitteln

(1) Wird eine Sache an ein anderes Gericht verwiesen oder abgegeben, so sind die Verfahren vor dem verweisenden oder abgebenden und vor dem übernehmenden Gericht ein Rechtszug. Wird eine Sache an ein Gericht eines niedrigeren Rechtszugs verwiesen oder abgegeben, so ist das weitere Verfahren vor diesem Gericht ein neuer Rechtszug.
(2) Wird das Rechtsmittel in Verfahren über die Beschwerde gegen seine Nichtzulassung zugelassen, so ist das Verfahren über das zugelassene Rechtsmittel ein neuer Rechtszug. Alle sonstigen Verfahren über die Zulassung des Rechtsmittels gehören zum Rechtszug des Rechtsmittels.

§ 15 Zurückverweisung

(1) Wird eine Sache an ein untergeordnetes Gericht zurückverwiesen, so ist das weitere Verfahren vor diesem Gericht ein neuer Rechtszug. Die Prozeßgebühr erhält der Rechtsanwalt jedoch nur, wenn die Sache an ein Gericht zurückverwiesen ist, das mit der Sache noch nicht befaßt war.
(2) In den Fällen des § 629 b der Zivilprozeßordnung bildet das weitere Verfahren vor dem Familiengericht mit dem früheren einen Rechtszug.

§ 16 Fälligkeit

Die Vergütung des Rechtsanwalts wird fällig, wenn der Auftrag erledigt oder die Angelegenheit beendigt ist. Ist der Rechtsanwalt in einem gerichtlichen Verfahren tätig, so wird die Vergütung auch fällig, wenn eine Kostenentscheidung ergangen oder der Rechtszug beendigt ist oder wenn das Verfahren länger als drei Monate ruht.

§ 17 Vorschuß

Der Rechtsanwalt kann von seinem Auftraggeber für die entstandenen und die voraussichtlich entstehenden Gebühren und Auslagen einen angemessenen Vorschuß fordern.

§ 18 Berechnung

(1) Der Rechtsanwalt kann die Vergütung nur auf Grund einer von ihm unterzeichneten und dem Auftraggeber mitgeteilten Berechnung einfordern. Der Lauf der Verjährungfrist ist von der Mitteilung der Berechnung nicht abhängig.
(2) In der Berechnung sind die Beträge der einzelnen Gebühren und Auslagen, Vorschüsse, eine kurze Bezeichnung des jeweiligen Gebührentatbestands, die Bezeichnung der Auslagen sowie die angewandten Kostenvorschriften und bei Gebühren, die nach dem Gegenstandswert berechnet sind, auch dieser anzugeben. Bei Entgelten für Post- und Telekommunikationsdienstleistungen genügt die Angabe des Gesamtbetrags.
(3) Hat der Auftraggeber die Vergütung gezahlt, ohne die Berechnung erhalten zu haben, so kann er die Mitteilung der Berechnung noch fordern, solange der Rechtsanwalt zur Aufbewahrung der Handakten verpflichtet ist.

§ 19 Festsetzung der Vergütung

(1) Die gesetzliche Vergütung, die dem Rechtsanwalt als Prozeßbevollmächtigten, Beistand, Unterbevollmächtigten oder Verkehrsanwalt (§ 52) zusteht, wird auf Antrag des Rechtsanwalts oder des Auftraggebers durch das Gericht des ersten Rechtszuges festgesetzt. Getilgte Beträge sind abzusetzen.

(2) Der Antrag ist erst zulässig, wenn die Vergütung fällig ist. Vor der Festsetzung sind die Beteiligten zu hören. Die Vorschriften der Zivilprozeßordnung über das Kostenfestsetzungsverfahren und die Zwangsvollstreckung aus Kostenfestsetzungsbeschlüssen gelten sinngemäß. Das Verfahren ist gebührenfrei. Der Rechtsanwalt erhält in dem Verfahren über den Antrag keine Gebühr.

(3) Im Verfahren vor den Gerichten der Verwaltungsgerichtsbarkeit der Finanzgerichtsbarkeit und der Sozialgerichtsbarkeit wird die Vergütung von dem Urkundungsbeamten der Geschäftsstelle festgesetzt. Die für die jeweilige Gerichtsbarkeit geltenden Vorschriften über die Erinnerung im Kostenfestsetzungsverfahren gelten sinngemäß.

(4) Wird der vom Rechtsanwalt angegebene Gegenstandswert von einem Beteiligten bestritten, so ist das Verfahren auszusetzen bis das Gericht (§§ 9, 10, 113 a Abs. 1) hierüber entschieden hat.

(5) Die Festsetzung ist abzulehnen, soweit der Antragsgegner Einwendungen oder Einreden erhebt, die nicht im Gebührenrecht ihren Grund haben. Hat der Auftraggeber bereits dem Rechtsanwalt gegenüber derartige Einwendungen oder Einreden erhoben, so ist die Erhebung der Klage nicht von der vorherigen Einleitung des Festsetzungsverfahrens abhängig.

(6) Anträge, Erklärungen und Beschwerden können zu Protokoll der Geschäftsstelle gegeben oder schriftlich ohne Mitwirkung eines Rechtsanwalts eingereicht werden.

(7) Durch den Antrag auf Festsetzung der Vergütung wird die Verjährung wie durch Klageerhebung unterbrochen.

(8) Die Absätze 1 bis 7 gelten nicht bei Rahmengebühren.

Zweiter Abschnitt

Gemeinsame Vorschriften über Gebühren und Auslagen

§ 20 Rat, Auskunft, Erstberatung

(1) Für einen mündlichen oder schriftlichen Rat oder eine Auskunft, die nicht mit einer anderen gebührenpflichtigen Tätigkeit zusammenhängen, erhält der Rechtsanwalt eine Gebühr in Höhe von einem Zehntel bis zehn Zehnteln der vollen Gebühr. Ist die Tätigkeit nach Satz 1 Gegenstand einer ersten Beratung, so kann der Rechtsanwalt keine höhere Gebühr als 350 Deutsche Mark fordern. Bezieht sich der Rat oder die Auskunft nur auf strafrechtliche, bußgeldrechtliche oder sonstige Angelegenheiten, in denen die Gebühren nicht nach dem Gegenstandswert berechnet werden, so beträgt die Gebühr 30 bis 350 Deutsche Mark. Die Gebühr ist auf eine Gebühr anzurechnen, die der Rechtsanwalt für eine sonstige Tätigkeit erhält, die mit der Raterteilung oder Auskunft zusammenhängt.

(2) Wird ein Rechtsanwalt, der mit der Angelegenheit noch nicht befaßt gewesen ist, beauftragt, zu prüfen, ob eine Berufung oder Revision Aussicht auf Erfolg hat, so erhält er eine halbe Gebühr nach § 11 Abs. 1 Satz 4, wenn er von der Einlegung eines Rechtsmittels abrät und ein Rechtsmittel durch ihn nicht eingelegt wird. Dies gilt nicht in den im Absatz 1 Satz 2 genannten Angelegenheiten.

§ 21 Gutachten

Für die Ausarbeitung eines schriftlichen Gutachtens mit juristischer Begründung erhält der Rechtsanwalt eine angemessene Gebühr. § 12 gilt sinngemäß.

§ 21 a Gutachten über die Aussichten einer Berufung oder einer Revision

Für die Ausarbeitung eines schriftlichen Gutachtens über die Aussichten einer Berufung oder einer Revision erhält der Rechtsanwalt eine volle Gebühr nach § 11 Abs. 1 Satz 4; dies gilt nicht in den in § 20 Abs. 1 Satz 3 genannten Angelegenheiten. Die Gebühr ist auf eine Prozeßgebühr, die im Berufungs- oder Revisionsverfahren entsteht, anzurechnen.

§ 22 Hebegebühr

(1) Werden an den Rechtsanwalt Zahlungen geleistet, so erhält er für die Auszahlung oder Rückzahlung bei Beträgen

bis zu 5 000 Deutsche Mark einschließlich	1 vom Hundert,
von dem Mehrbetrag bis zu 20 000 Deutsche Mark einschließlich	0,5 vom Hundert,
von dem Mehrbetrag über 20 000 Deutsche Mark	0,25 vom Hundert.

Unbare Zahlungen stehen baren Zahlungen gleich. Der Rechtsanwalt kann die Gebühr bei der Ablieferung an den Auftraggeber entnehmen.

(2) Ist das Geld in mehreren Beträgen gesondert ausgezahlt oder zurückgezahlt, so wird die Gebühr von jedem Betrag gesondert erhoben.

(3) Die Mindestgebühr beträgt eine Deutsche Mark.

(4) Für die Ablieferung oder Rücklieferung von Wertpapieren und Kostbarkeiten erhält der Rechtsanwalt die in den Absätzen 1 bis 3 bestimmte Gebühr nach dem Wert.

(5) Der Rechtsanwalt erhält die in den Absätzen 1 bis 3 bestimmten Gebühren nicht, soweit er Kosten an ein Gericht oder eine Behörde weiterleitet oder eingezogene Kosten an den Auftraggeber abführt oder eingezogene Beträge auf seine Vergütung verrechnet.

§ 23 Vergleichsgebühr

(1) Für die Mitwirkung beim Abschluß eines Vergleichs (§ 779 des Bürgerlichen Gesetzbuchs) erhält der Rechtsanwalt fünfzehn Zehntel der vollen Gebühr (Vergleichsgebühr). Der Rechtsanwalt erhält die Vergleichsgebühr auch dann, wenn er nur bei den Vergleichsverhandlungen mitgewirkt hat, es sei denn, daß seine Mitwirkung für den Abschluß des Vergleichs nicht ursächlich war. Soweit über den Gegenstand des Vergleichs ein gerichtliches Verfahren anhängig ist, erhält der Rechtsanwalt die Vergleichsgebühr nur in Höhe einer vollen Gebühr; das gleiche gilt, wenn ein Verfahren über die Prozeßkostenhilfe anhängig ist.

(2) Für die Mitwirkung bei einem unter einer aufschiebenden Bedingung oder unter dem Vorbehalt des Widerrufs geschlossenen Vergleich erhält der Rechtsanwalt die Vergleichsgebühr, wenn die Bedingung eingetreten ist oder der Vergleich nicht mehr widerrufen werden kann.

(3) Soweit über die Ansprüche vertraglich verfügt werden kann, gelten die Absätze 1 und 2 auch bei Rechtsverhältnissen des öffentlichen Rechts.

§ 24 Erledigungsgebühr

Erledigt sich eine Rechtssache ganz oder teilweise nach Zurücknahme oder Änderung des mit einem Rechtsbehelf angefochtenen Verwaltungsaktes, so erhält der Rechtsanwalt, der bei der Erledigung mitgewirkt hat, eine volle Gebühr.

§ 24 a Einvernehmen

(1) Wird der Rechtsanwalt zur Herstellung des Einvernehmens nach § 4 des Rechtsanwaltsdienstleistungsgesetzes tätig, erhält er eine Gebühr in Höhe der Prozeßgebühr oder der Geschäftsgebühr, die ihm zustünde, wenn er selbst Bevollmächtigter wäre. Die Gebühr ist auf eine entsprechende Gebühr für die Tätigkeit als Bevollmächtigter anzurechnen.

(2) Bezieht sich die Tätigkeit auf eine Angelegenheit, in der die Gebühren nicht nach dem Gegenstandswert berechnet werden, erhält der Rechtsanwalt die Hälfte der Gebühren, die ihm zustünden, wenn er als Bevollmächtigter oder Verteidiger beauftragt wäre; § 83 Abs. 2, § 85 Abs. 2, § 86 Abs. 2, § 106 Abs. 2 Satz 2, § 109 Abs. 3 und 5 Satz 2 sowie § 109 a Abs. 2 gelten nicht. Die Gebühren werden auf entsprechende Gebühren für die Tätigkeit als Bevollmächtigter oder Verteidiger angerechnet.

(3) Der Rechtsanwalt erhält für die Prüfung des Auftrags, das Einvernehmen herzustellen, eine Gebühr in Höhe von einem Zehntel bis fünf Zehnteln der vollen Gebühr, wenn er nach Prüfung der Sach- und Rechtslage das Einvernehmen nicht herstellt. In den Fällen des Absatzes 2 erhält er den sich nach Absatz 2 Satz 1 ergebenden Mindestbetrag.

§ 25 Ersatz von Auslagen

(1) Mit den Gebühren werden auch die allgemeinen Geschäftsunkosten entgolten.

(2) Der Rechtsanwalt hat Anspruch auf Ersatz der auf seine Vergütung entfallenden Umsatzsteuer, sofern diese nicht nach § 19 Abs. 1 des Umsatzsteuergesetzes unerhoben bleibt.

(3) Der Anspruch auf Ersatz der für Post- und Telekommunikationsdienstleistungen zu zahlenden Entgelte, Schreibauslagen und der Reisekosten bestimmt sich nach den folgenden Vorschriften.

§ 26 Entgelte für Post- und Telekommunikationsdienstleistungen

Der Rechtsanwalt hat Anspruch auf Ersatz der bei der Ausführung des Auftrags für Post- und Telekommunikationsdienstleistungen zu zahlenden Entgelte. Er kann nach seiner Wahl an Stelle der tatsächlich entstandenen Kosten einen Pauschsatz fordern, der fünfzehn vom Hundert der gesetzlichen Gebühren beträgt, in derselben Angelegenheit und in gerichtlichen Verfahren in demselben Rechtszug jedoch höchstens 40 Deutsche Mark, in Strafsachen und Bußgeldverfahren höchstens 30 Deutsche Mark. § 11 Abs. 2 Satz 2 gilt sinngemäß.

§ 27 Schreibauslagen

(1) Der Rechtsanwalt hat Anspruch auf Ersatz der Schreibauslagen für Abschriften und Ablichtungen

1. aus Behörden- und Gerichtsakten, soweit deren Herstellung zur sachgemäßen Bearbeitung der Rechtssache geboten war,
2. für die Unterrichtung von mehr als drei Gegnern oder Beteiligten aufgrund einer Rechtsvorschrift oder nach Aufforderung des Gerichts und
3. im übrigen nur, wenn sie im Einverständnis mit dem Auftraggeber zusätzlich, auch zur Unterrichtung Dritter, angefertigt worden sind.

(2) Die Höhe der Schreibauslagen in derselben Angelegenheit und in gerichtlichen Verfahren in demselben Rechtszug bemißt sich nach den für die gerichtlichen Schreibauslagen im Gerichtskostengesetz bestimmten Beträgen.

§ 28 Geschäftsreisen

(1) Für Geschäftsreisen sind dem Rechtsanwalt als Reisekosten die Fahrtkosten und die Übernachtungskosten zu erstatten; ferner erhält er ein Tage- und Abwesenheitsgeld. Eine

Geschäftsreise liegt vor, wenn das Reiseziel außerhalb der Gemeinde liegt, in der sich die Kanzlei oder die Wohnung des Rechtsanwalts befindet.

(2) Als Fahrtkosten sind zu erstatten

1. bei Benutzung eines eigenen Kraftfahrzeugs zur Abgeltung der Anschaffungs-, Unterhaltungs- und Betriebskosten sowie der Abnutzung des Kraftfahrzeugs 0,52 Deutsche Mark für jeden gefahrenen Kilometer zuzüglich der durch die Benutzung des Kraftfahrzeugs aus Anlaß der Geschäftsreise regelmäßig anfallenden baren Auslagen, insbesondere der Parkgebühren,
2. bei Benutzung anderer Verkehrsmittel die tatsächlichen Aufwendungen, soweit sie angemessen sind.

(3) Als Tage- und Abwesenheitsgeld erhält der Rechtsanwalt bei einer Geschäftsreise von nicht mehr als 4 Stunden 30 Deutsche Mark, von mehr als 4 bis 8 Stunden 60 Deutsche Mark und von mehr als 8 Stunden 110 Deutsche Mark; bei Auslandsreisen kann zu diesen Beträgen ein Zuschlag von 50 vom Hundert berechnet werden. Die Übernachtungskosten sind in Höhe der tatsächlichen Aufwendungen zu erstatten, soweit sie angemessen sind.

§ 29 Reisen zur Ausführung mehrerer Geschäfte

Dient eine Reise mehreren Geschäften, so sind die entstandenen Reisekosten und Abwesenheitsgelder nach dem Verhältnis der Kosten zu verteilen, die bei gesonderter Ausführung der einzelnen Geschäfte entstanden wären.

§ 30 Verlegung der Kanzlei

Ein Rechtsanwalt, der seine Kanzlei nach einem anderen Ort verlegt, kann bei Fortführung eines ihm vorher erteilten Auftrags Reisekosten und Abwesenheitsgelder nur insoweit verlangen, als sie auch von seiner bisherigen Kanzlei aus entstanden wären.

Dritter Abschnitt
Gebühren in bürgerlichen Rechtsstreitigkeiten und in ähnlichen Verfahren

§ 31 Prozeßgebühr, Verhandlungsgebühr, Beweisgebühr, Erörterungsgebühr

(1) Der zum Prozeßbevollmächtigten bestellte Rechtsanwalt erhält eine volle Gebühr

1. für das Betreiben des Geschäfts einschließlich der Information (Prozeßgebühr),
2. für die mündliche Verhandlung (Verhandlungsgebühr),
3. für die Vertretung im Beweisaufnahmeverfahren oder bei der Anhörung oder Vernehmung einer Partei nach § 613 der Zivilprozeßordnung (Beweisgebühr),
4. für die Erörterung der Sache, auch im Rahmen eines Versuchs zur gütlichen Beilegung (Erörterungsgebühr).

(2) Erörterungsgebühren und Verhandlungsgebühren, die denselben Gegenstand betreffen und in demselben Rechtszug entstehen, werden aufeinander angerechnet.

(3) Absätze 1 und 2 gelten auch für Scheidungsfolgesachen nach § 623 Abs. 1, 4, § 621 Abs. 1 Nr. 1 bis 3, 6, 7 und 9 der Zivilprozeßordnung.

§ 32 Vorzeitige Beendigung des Auftrags

(1) Endigt der Auftrag, bevor der Rechtsanwalt die Klage, den ein Verfahren einleitenden Antrag oder einen Schriftsatz, der Sachanträge, die Zurücknahme der Klage oder die Zurücknahme des Antrags enthält, eingereicht oder bevor er für seine Partei einen Termin wahrgenommen hat, so erhält er nur eine halbe Prozeßgebühr.

(2) Das gleiche gilt, soweit lediglich beantragt ist, eine Einigung der Parteien zu Protokoll zu nehmen.

§ 33 Nichtstreitige Verhandlung, Übertragung des mündlichen Verhandelns

(1) Für eine nichtstreitige Verhandlung erhält der Rechtsanwalt nur eine halbe Verhandlungsgebühr. Dies gilt nicht, wenn

1. eine Entscheidung nach Lage der Akten (§ 331 a der Zivilprozeßordnung) beantragt wird,
2. der Berufungskläger oder Revisionskläger ein Versäumnisurteil beantragt oder
3. der Kläger in Ehesachen oder in Rechtsstreitigkeiten über die Feststellung der Rechtsverhältnisse zwischen Eltern und Kindern nichtstreitig verhandelt.

(2) Stellt der Rechtsanwalt in der mündlichen Verhandlung Anträge nur zur Prozeß- oder Sachleitung, so erhält er fünf Zehntel der Verhandlungsgebühr.

(3) Der Prozeßbevollmächtigte, der im Einverständnis mit der Partei die Vertretung in der mündlichen Verhandlung einem anderen Rechtsanwalt übertragen hat, erhält eine Gebühr in Höhe von fünf Zehnteln der diesem zustehenden Verhandlungs- oder Erörterungsgebühr, mindestens jedoch drei Zehntel der vollen Gebühr. Diese Gebühr wird auf die Verhandlungs- oder Erörterungsgebühr des Prozeßbevollmächtigten angerechnet.

§ 34 Vorlegung von Urkunden, Beiziehung von Akten oder Urkunden

(1) Der Rechtsanwalt erhält die Beweisgebühr nicht, wenn die Beweisaufnahme lediglich in der Vorlegung der in den Händen des Beweisführers oder des Gegners befindlichen Urkunden besteht.

(2) Werden Akten oder Urkunden beigezogen, so erhält der Rechtsanwalt die Beweisgebühr nur, wenn die Akten oder Urkunden durch Beweisbeschluß oder sonst erkennbar zum Beweis beigezogen oder als Beweis verwertet werden.

§ 35 Entscheidung ohne mündliche Verhandlung

Wird in einem Verfahren, für das mündliche Verhandlung vorgeschrieben ist, im Einverständnis mit den Parteien oder gemäß § 128 Abs. 3, § 307 Abs. 2, § 331 Abs. 3 oder § 495 a Abs. 1 der Zivilprozeßordnung ohne mündliche Verhandlung entschieden, so erhält der Rechtsanwalt die gleichen Gebühren wie in einem Verfahren mit mündlicher Verhandlung.

§ 35 a (aufgehoben)

§ 36 Aussöhnung von Eheleuten

(1) In Ehesachen (§ 606 Abs. 1 Satz 1 der Zivilprozeßordnung) gilt § 23 nicht. Wird ein Vergleich, insbesondere über den Unterhalt, im Hinblick auf eine Ehesache geschlossen, so bleibt der Wert der Ehesache bei der Berechnung der Vergleichsgebühr außer Betracht.

(2) Ist eine Scheidungssache oder eine Klage auf Aufhebung einer Ehe anhängig oder ist der ernstliche Wille eines Ehegatten, ein solches Verfahren anhängig zu machen, hervorgetreten und setzen die Ehegatten die eheliche Lebensgemeinschaft fort oder nehmen sie die eheliche Lebensgemeinschaft wieder auf, so erhält der Rechtsanwalt, der bei der Aussöhnung mitgewirkt hat, eine volle Gebühr.

§ 36 a Beigeordneter Rechtsanwalt

(1) Der Rechtsanwalt, der nach § 625 der Zivilprozeßordnung dem Antragsgegner beigeordnet ist, kann von diesem die Vergütung eines zum Prozeßbevollmächtigten bestellten Rechtsanwalt verlangen, er kann jedoch keinen Vorschuß fordern.

(2) Ist der Antragsgegner mit der Zahlung der Vergütung im Verzug, so kann der Rechtsanwalt eine Vergütung aus der Landeskasse verlangen. Die Vorschriften des Dreizehnten Abschnitts gelten sinngemäß.

§ 37 Rechtszug

Zum Rechtszug gehören insbesondere

1. die Vorbereitung der Klage, des Antrags oder der Rechtsverteidigung, soweit kein besonderes gerichtliches oder behördliches Verfahren stattfindet;
2. außergerichtliche Vergleichsverhandlungen;
3. Zwischenstreite, die Bestimmung des zuständigen Gerichts, das selbständige Beweisverfahren, das Verfahren über die Prozeßkostenhilfe, die vorläufige Einstellung, Beschränkung oder Aufhebung der Zwangsvollstreckung, wenn nicht eine abgesonderte mündliche Verhandlung hierüber stattfindet, Verfahren wegen der Rückgabe einer Sicherheit (§ 109 Abs. 1 und 2, § 715 der Zivilprozeßordnung), die Bestellung von Vertretern durch das Prozeßgericht oder das Vollstreckungsgericht, die Ablehnung von Richtern, Rechtspflegern, Urkundsbeamten der Geschäftsstelle oder Sachverständigen, die Zulassung einer Zustellung zur Nachtzeit, an einem Sonntag oder an einem allgemeinen Feiertag (§ 188 der Zivilprozeßordnung), die Festsetzung des Streitwerts;
4. das Verfahren vor dem beauftragten oder ersuchten Richter und die Änderung seiner Entscheidungen;
5. die Änderung von Entscheidungen des Urkundsbeamten der Geschäftsstelle oder des Rechtspflegers;
6. die Berichtigung oder Ergänzung der Entscheidung oder ihres Tatbestandes; die Festsetzung des Regelunterhalts nach § 642 a Abs. 1 oder § 642 d der Zivilprozeßordnung, soweit nicht § 43 b Abs. 1 Nr. 1 Anwendung findet; die Festsetzung des für die Begründung von Rentenanwartschaften in einer gesetzlichen Rentenversicherung zu leistenden Betrages nach § 53 e Abs. 2 des Gesetzes über die Angelegenheiten der freiwilligen Gerichtsbarkeit;

6a. die für die Geltendmachung im Ausland vorgesehene Vervollständigung der Entscheidung;

7. die Zustellung oder Empfangnahme von Entscheidungen oder Rechtsmittelschriften und ihre Mitteilung an den Auftraggeber, die Einwilligung zur Sprungrevision (§ 566 a Abs. 2 der Zivilprozeßordnung), der Ausspruch über die Verpflichtung, die Kosten zu tragen oder eines Rechtsmittels verlustig zu sein (§§ 91 a, 269 Abs. 3 Satz 2, § 515 Abs. 3 Satz 1, § 566 der Zivilprozeßordnung), die Vollstreckbarerklärung eines Urteils (§§ 534, 560 der Zivilprozeßordnung), die Erteilung des Notfristenzeugnisses, Rechtskraftzeugnisses, die erstmalige Erteilung der Vollstreckungsklausel, wenn deswegen keine Klage nach § 731 der Zivilprozeßordnung erhoben wird, die Kostenfestsetzung (§§ 104, 107 der Zivilprozeßordnung) ausschließlich der Erinnerung gegen den Kostenfestsetzungsbeschluß, die Einforderung der Vergütung (§§ 18, 19), die Herausgabe der Handakten oder ihre Übersendung an einen anderen Rechtsanwalt.

§ 38 Einspruch gegen Versäumnisurteil

(1) Wird der Einspruch gegen ein Versäumnisurteil zurückgenommen oder verworfen, so gilt das Verfahren über den Einspruch als besondere Angelegenheit. Die Prozeßgebühr des bisherigen Verfahrens wird jedoch auf die gleiche Gebühr des Verfahrens über den Einspruch angerechnet.

(2) Wird nach Einspruch zur Hauptsache verhandelt oder die Hauptsache erörtert, so erhält der Rechtsanwalt, der das Versäumnisurteil erwirkt hat, die Gebühr für die Verhandlung, soweit auf diese das Versäumnisurteil ergangen ist, besonders.

§ 39 Verfahren nach Abstandnahme vom Urkunden- oder Wechselprozeß oder nach Vorbehaltsurteil

Das ordentliche Verfahren, das nach Abstandnahme vom Urkunden- oder Wechselprozeß oder nach einem Vorbehaltsurteil anhängig bleibt (§§ 596, 600 der Zivilprozeßordnung), gilt als besondere Angelegenheit. Die Prozeßgebühr des Urkunden- oder Wechselprozesses wird jedoch auf die gleiche Gebühr des ordentlichen Verfahrens angerechnet.

§ 40 Arrest, einstweilige Verfügung

(1) Das Verfahren über einen Antrag auf Anordnung, Abänderung oder Aufhebung eines Arrestes oder einer einstweiligen Verfügung gilt als besondere Angelegenheit.

(2) Das Verfahren über einen Antrag auf Abänderung oder Aufhebung eines Arrestes oder einer einstweiligen Verfügung bildet mit dem Verfahren über den Antrag auf Anordnung des Arrestes oder der einstweiligen Verfügung eine Angelegenheit.

(3) Ist das Berufungsgericht als Gericht der Hauptsache anzusehen (§ 943 der Zivilprozeßordnung), so erhält der Rechtsanwalt die Gebühren nach § 11 Abs. 1 Satz 1 und 2.

§ 41 Einstweilige Anordnungen

(1) Die Verfahren nach
a) § 127 a,
b) §§ 620, 620 b Abs. 1, 2,
c) § 621 f,
d) § 641 d, 641 e Abs.2, 3
der Zivilprozeßordnung gelten jeweils als besondere Angelegenheit. Für mehrere Verfahren, die unter einem Buchstaben genannt sind, erhält der Rechtsanwalt die Gebühren in jedem Rechtszug nur einmal.

(2) Bei einer Einigung der Parteien erhält der Rechtsanwalt die Prozeßgebühr nur zur Hälfte, wenn ein Antrag nach den in Absatz 1 genannten Vorschriften nicht gestellt worden ist. Dies gilt auch, soweit lediglich beantragt ist, eine Einigung der Parteien zu Protokoll zu nehmen.

§ 42 Verfahren nach § 319 Abs. 6 des Aktiengesetzes oder § 16 Abs. 3 des Umwandlungsgesetzes

In Verfahren nach § 319 Abs. 6 des Aktiengesetzes oder § 16 Abs. 3 des Umwandlungsgesetzes erhält der Rechtsanwalt die Hälfte der in § 31 bestimmten Gebühren.

§ 43 Mahnverfahren

(1) Im Mahnverfahren erhält der Rechtsanwalt
1. eine volle Gebühr für die Tätigkeit im Verfahren über den Antrag auf Erlaß des Mahnbescheids einschließlich der Mitteilung des Widerspruchs an den Auftraggeber;
2. drei Zehntel der vollen Gebühr für die Erhebung des Widerspruchs;
3. fünf Zehntel der vollen Gebühr für die Tätigkeit im Verfahren über den Antrag auf Erlaß des Vollstreckungsbescheids, wenn innerhalb der Widerspruchsfrist kein Widerspruch erhoben oder der Widerspruch gemäß § 703 a Abs. 2 Nr. 4 der Zivilprozeßordnung beschränkt worden ist.

(2) Die in Absatz 1 Nr. 1 und 2 bestimmten Gebühren werden auf die Prozeßgebühr angerechnet, die der Rechtsanwalt in dem nachfolgenden Rechtsstreit erhält.

(3) In den Fällen des Absatzes 1 Nr. 1 gilt § 32 singgemäß.

§ 43 a Vereinfachtes Verfahren zur Abänderung von Unterhaltstiteln

(1) In Vereinfachten Verfahren zur Abänderung von Unterhaltstiteln nach den §§ 641 l bis 641 p, 641 r bis 641 t der Zivilprozeßordnung erhält der Rechtsanwalt fünf Zehntel der vollen Gebühr für die Tätigkeit im Verfahren über den Abänderungsantrag.

(2) Die in Absatz 1 bestimmte Gebühr wird auf die Prozeßgebühr angerechnet, wenn eine Klage nach § 641 q der Zivilprozeßordnung erhoben wird.

(3) § 32 gilt sinngemäß.

§ 43 b Verfahren über den Regelunterhalt nichtehelicher Kinder

(1) Der Rechtsanwalt erhält fünf Zehntel der vollen Gebühr

1. im Verfahren über einen Antrag auf Festsetzung des Regelunterhalts nach §§ 642 a, 642 d der Zivilprozeßordnung, wenn die Festsetzung auf Grund eines Vergleichs, der vor einer Gütestelle abgeschlossen worden ist, oder auf Grund einer Urkunde nach § 642 c Nr. 2 der Zivilprozeßordnung erfolgen soll;
2. im Verfahren über einen Antrag auf Neufestsetzung des Regelunterhalts nach § 642 b Abs. 1 Satz 1, 2 der Zivilprozeßordnung;
3. im Verfahren über einen Antrag auf Stundung rückständiger Unterhaltsbeträge nach § 643 a Abs. 4 der Zivilprozeßordnung;
4. im Verfahren über einen Antrag auf Aufhebung oder Änderung einer Entscheidung, durch die rückständigen Unterhaltsbeträge gestundet worden sind, nach § 642 f der Zivilprozeßordnung.

(2) § 32 gilt sinngemäß.

§ 44 (aufgehoben)

§ 45 Aufgebotsverfahren

(1) Im Aufgebotsverfahren (§§ 946 bis 956, 959, 977 bis 1024 der Zivilprozeßordnung) erhält der Rechtsanwalt als Vertreter des Antragsstellers (§ 947 der Zivilprozeßordnung) fünf Zehntel der vollen Gebühr

1. als Prozeßgebühr,
2. für den Antrag auf Erlaß des Aufgebots,
3. für den Antrag auf Anordnung der Zahlungssperre, wenn der Antrag vor dem Antrag auf Erlaß des Aufgebots gestellt wird,
4. für die Wahrnehmung der Aufgebotstermine.

(2) Als Vertreter einer anderen Person erhält der Rechtsanwalt fünf Zehntel der vollen Gebühr für das ganze Verfahren.

§ 46 Vollstreckbarerklärung von Schiedssprüchen, richterliche Handlungen im schiedsgerichtlichen Verfahren

(1) Im Verfahren über Anträge auf Vollstreckbarerklärung eines Schiedsspruchs oder eines schiedsrichterlichen oder diesem gleichgestellten Verfahren (§§ 1042, 1044 a, 1044 b der Zivilprozeßordnung) und im Verfahren nach den §§ 13 bis 30 des Gesetzes zur Ausführung des Abkommens vom 27. Februar 1953 über deutsche Auslandsschulden vom 24. August 1953 (BGBl. I S. 1003) erhält der Rechtsanwalt die in § 31 bestimmten Gebühren.

(2) Die Hälfte der in § 31 bestimmten Gebühren erhält der Rechtsanwalt, wenn seine Tätigkeit ausschließlich eine gerichtliche Entscheidung über die Ernennung oder Ablehnung eines Schiedsrichters, das Erlöschen eines Schiedsvertrages oder die Anordnung

der von Schiedsrichtern für erforderlich erachteten richterlichen Handlungen (§ 1045 der Zivilprozeßordnung) betrifft.

§ 47 Vollstreckbarerklärung ausländischer Schuldtitel

(1) Im Verfahren über Anträge auf Vollstreckbarerklärung ausländischer Schuldtitel oder auf Erteilung der Vollstreckungsklausel zu ausländischen Schuldtiteln sowie im Verfahren der Aufhebung oder Abänderung der Vollstreckbarerklärung oder der Vollstreckungsklausel erhält der Rechtsanwalt die in § 31 bestimmten Gebühren auch dann, wenn durch Beschluß entschieden wird.
(2) Im Verfahren über die Beschwerde gegen eine den Rechtszug beendende Entscheidung erhält der Rechtsanwalt die gleichen Gebühren wie im ersten Rechtszug.
(3) Das Verfahren nach § 3 Abs. 2 des Gesetzes zur Ausführung des Vertrages zwischen der Bundesrepublik Deutschland und der Republik Österreich vom 6. Juni 1959 über die gegenseitige Anerkennung und Vollstreckung von gerichtlichen Entscheidungen, Vergleichen und öffentlichen Urkunden in Zivil- und Handelssachen vom 8. März 1960 (BGBl. I S. 169) gilt als besondere Angelegenheit. Die Prozeßgebühr, die der Rechtsanwalt für das Verfahren nach § 3 Abs. 1 des genannten Gesetzes im ersten Rechtszug erhalten hat, wird jedoch auf die gleiche Gebühr des Verfahrens nach § 3 Abs. 2 zu zwei Dritteln angerechnet.

§ 48 Selbständiges Beweisverfahren

Im selbständigen Beweisverfahren erhält der Rechtsanwalt die in § 31 bestimmten Gebühren.

§ 49 Vorläufige Einstellung, Beschränkung oder Aufhebung der Zwangsvollstreckung, Vollstreckbarerklärung von Teilen eines Urteils

(1) Im Verfahren über die vorläufige Einstellung, Beschränkung oder Aufhebung der Zwangsvollstreckung erhält der Rechtsanwalt, wenn eine abgesonderte mündliche Verhandlung hierüber stattfindet, drei Zehntel der in § 31 bestimmten Gebühren. Wird der Antrag beim Vollstreckungsgericht und beim Prozeßgericht gestellt, so erhält der Rechtsanwalt die Prozeßgebühr nur einmal. Die Vorschriften des § 32 und des § 33 Abs. 1 und 2 gelten nicht.
(2) Im Verfahren auf Vollstreckbarerklärung der durch Rechtsmittelanträge nicht angefochtenen Teile eines Urteils (§§ 534, 560 der Zivilprozeßordnung) erhält der Rechtsanwalt drei Zehntel der vollen Gebühr.

§ 50 Räumungsfrist

Im Verfahren vor dem Prozeßgericht oder dem Amtsgericht auf Bewilligung, Verlängerung oder Verkürzung einer Räumungsfrist (§§ 721, 794 a der Zivilprozeßordnung) erhält der Rechtsanwalt fünf Zehntel der in § 31 bestimmten Gebühren, wenn das Verfahren mit dem Verfahren über die Hauptsache nicht verbunden ist.

§ 51 Verfahren über die Prozeßkostenhilfe

(1) Im Verfahren über die Prozeßkostenhilfe erhält der Rechtsanwalt fünf Zehntel der in § 31 bestimmten Gebühren. In mehreren Verfahren dieser Art erhält der Rechtsanwalt die Gebühren in jedem Rechtszug nur einmal. Die Vorschriften des § 32 und des § 33 Abs. 1 und 2 gelten nicht.
(2) Im Verfahren über die Bewilligung der Prozeßkostenhilfe oder die Aufhebung der Bewilligung nach § 124 Nr. 1 der Zivilprozeßordnung bestimmt sich der Gegenstandswert

nach dem für die Hauptsache maßgebenden Wert; im übrigen ist er nach dem Kosteninteresse nach billigem Ermessen zu bestimmen.

§ 52 Gebühren des Verkehrsanwalts

(1) Der Rechtsanwalt, der lediglich den Verkehr der Partei mit dem Prozeßbevollmächtigten führt, erhält hierfür eine Gebühr in Höhe der dem Prozeßbevollmächtigten zustehenden Prozeßgebühr.

(2) Der Rechtsanwalt, der im Einverständnis mit dem Auftraggeber mit der Übersendung der Akten an den Rechtsanwalt des höheren Rechtszuges gutachtliche Äußerungen verbindet, erhält hierfür die in Absatz 1 bestimmte Gebühr.

§ 53 Vertretung in der mündlichen Verhandlung, Ausführung der Parteirechte

Der Rechtsanwalt, dem die Partei oder mit deren Einverständnis der Prozeßbevollmächtigte nur für die mündliche Verhandlung die Vertretung oder die Ausführung der Parteirechte übertragen hat, erhält neben der Verhandlungs- oder Erörterungsgebühr eine halbe Prozeßgebühr. Diese Prozeßgebühr erhält er auch dann, wenn der Auftrag vor der mündlichen Verhandlung erledigt ist. Erstreckt sich die Vertretung auf eine mit der mündlichen Verhandlung verbundene Beweisaufnahme, so erhält der Rechtsanwalt außerdem die Beweisgebühr.

§ 54 Vertretung in der Beweisaufnahme

Der Rechtsanwalt, dessen Tätigkeit sich auf die Vertretung in der Beweisaufnahme beschränkt, erhält für den Rechtszug je fünf Zehntel der Prozeß- und Beweisgebühr. Der Rechtsanwalt erhält die Beweisgebühr nicht, wenn sich der Auftrag ohne Wahrnehmung eines Termins erledigt.

§ 55 Abänderung von Entscheidungen von beauftragten oder ersuchten Richtern, von Rechtspflegern und Urkundsbeamten

Der Rechtsanwalt, dessen Tätigkeit sich auf ein Verfahren auf Änderung einer Entscheidung des beauftragten oder ersuchten Richters, des Rechtspflegers oder des Urkundsbeamten der Geschäftsstelle (§ 576 der Zivilprozeßordnung) beschränkt, erhält drei Zehntel der im § 31 bestimmten Gebühren. Die Vorschriften des § 32 und des § 33 Abs. 1 und 2 gelten nicht.

§ 56 Sonstige Einzeltätigkeiten

(1) Der nicht zum Prozeßbevollmächtigten bestellte Rechtsanwalt erhält, soweit in diesem Abschnitt nichts anderes bestimmt ist, eine halbe Gebühr für

1. die Einreichung, Anfertigung oder Unterzeichnung von Schriftsätzen,
2. die Wahrnehmung von anderen als zur mündlichen Verhandlung oder zur Beweisaufnahme bestimmten Terminen.

(2) Endigt der Auftrag, bevor der Rechtsanwalt den Schriftsatz ausgehändigt oder eingereicht oder der Termin begonnen hat, so erhält der Rechtsanwalt nur drei Zehntel der vollen Gebühr.

(3) § 120 gilt sinngemäß.

§ 57 Zwangsvollstreckung

(1) Drei Zehntel der im § 31 bestimmten Gebühren erhält der Rechtsanwalt für die Tätigkeit in der Zwangsvollstreckung mit Ausnahme der im Vierten und Fünften Abschnitt geregelten Angelegenheiten. Die Vorschriften des § 32 und des § 33 Abs. 1 und 2 gelten nicht.

(2) In der Zwangsvollstreckung bestimmt sich der Gegenstandswert nach dem Betrag der zu vollstreckenden Geldforderung einschließlich der Nebenforderungen, nach dem Wert der herauszugebenden Sachen oder der zu leistenden Sachen oder nach dem Wert, den die zu erwirkende Handlung, Duldung oder Unterlassung für den Gläubiger hat. Soll ein bestimmter Gegenstand gepfändet werden und hat dieser einen geringeren Wert, so ist der geringere Wert maßgebend. Wird künftig fällig werdendes Arbeitseinkommen nach § 850 d Abs. 3 der Zivilprozeßordnung gepfändet, so sind die noch nicht fälligen Ansprüche nach § 17 Abs. 1 und 2 des Gerichtskostengesetzes zu bewerten. Im Verteilungsverfahren (§ 858 Abs. 5, §§ 872 bis 877 und 882 der Zivilprozeßordnung) ist höchstens der zu verteilende Geldbetrag maßgebend. Im Verfahren über den Antrag auf Abnahme der eidesstattlichen Versicherung nach § 807 der Zivilprozeßordnung bestimmt sich der Gegenstandswert nach dem Betrag, der einschließlich der Nebenforderungen aus dem Vollstreckungstitel noch geschuldet wird; der Wert beträgt jedoch höchstens 3.000 Deutsche Mark. In Verfahren über Anträge des Schuldners sowie in Verfahren über Rechtsbehelfe und Beschwerden ist der Wert nach dem Interesse des Antragstellers oder des Beschwerdeführers nach billigem Ermessen zu bestimmen.

§ 58 Angelegenheiten der Zwangsvollstreckung

(1) In der Zwangsvollstreckung (§ 57) gilt jede Vollstreckungsmaßnahme zusammen mit den durch diese vorbereiteten weiteren Vollstreckungshandlungen bis zur Befriedigung des Gläubigers als eine Angelegenheit.

(2) Keine besonderen Angelegenheiten sind insbesondere

1. die erstmalige Erteilung des Notfristzeugnisses, des Rechtskraftzeugnisses und der Vollstreckungsklausel, wenn deswegen keine Klage nach § 731 der Zivilprozeßordnung erhoben wird;
2. die Zustellung des Urteils, der Vollstreckungsklausel und der sonstigen in § 750 der Zivilprozeßordnung genannten Urkunden;
3. die Zulassung einer Zwangsvollstreckung zur Nachtzeit, an einem Sonntag oder an einem allgemeinen Feiertag (§ 761 der Zivilprozeßordnung);
4. die Bestimmung eines Gerichtsvollziehers (§ 827 Abs. 1, § 854 Abs. 1 der Zivilprozeßordnung) oder eines Sequesters (§§ 848, 855 der Zivilprozeßordnung);
5. die Anzeige der Absicht, die Zwangsvollstreckung gegen eine juristische Person des öffentlichen Rechts zu betreiben (§ 882 a der Zivilprozeßordnung);
6. die einer Verurteilung vorausgehende Androhung von Ordnungsgeld (§ 890 Abs. 2 der Zivilprozeßordnung);
7. die Aufhebung einer Vollstreckungsmaßnahme.

(3) Als besondere Angelegenheiten gelten

1. Verfahren über Einwendungen gegen die Erteilung der Vollstreckungsklausel, auf die § 732 der Zivilprozeßordnung anzuwenden ist;
2. das Verfahren auf Erteilung einer weiteren vollstreckbaren Ausfertigung (§ 733 der Zivilprozeßordnung);
3. Verfahren über Anträge nach den §§ 765 a, 813 a, 851 a, 851 b der Zivilprozeßordnung und §§ 30, 31 des Wohnraumbewirtschaftungsgesetzes; jedes neue Verfahren, insbesondere jedes Verfahren über Anträge auf Änderung der getroffenen Anordnungen, gilt als besondere Angelegenheit;
4. das Verfahren auf Zulassung der Austauschpfändung (§ 811 a der Zivilprozeßordnung);

4 a. das Verfahren über einen Antrag nach § 825 der Zivilprozeßordnung;
5. die Ausführung der Zwangsvollstreckung in ein gepfändetes Vermögensrecht durch Verwaltung (§ 857 Abs. 4 der Zivilprozeßordnung);
6. das Verfahren auf Eintragung einer Zwangshypothek (§§ 867, 870 a der Zivilprozeßordnung);
7. die Vollstreckung der Entscheidung, durch die der Schuldner zur Vorauszahlung der Kosten, die durch die Vornahme einer Handlung entstehen, verurteilt wird (§ 887 Abs. 2 der Zivilprozeßordnung);
8. das Verfahren zur Ausführung der Zwangsvollstreckung auf Vornahme einer Handlung durch Zwangsmittel (§ 888 der Zivilprozeßordnung);
9. jede Verurteilung zu einem Ordnungsgeld gemäß § 890 Abs. 1 der Zivilprozeßordnung;
10. die Verurteilung zur Bestellung einer Sicherheit im Falle des § 890 Abs. 3 der Zivilprozeßordnung;
11. das Verfahren zur Abnahme der eidesstattlichen Versicherung (§§ 900, 901 der Zivilprozeßordnung);
12. das Verfahren auf Löschung der Eintragung im Schuldnerverzeichnis (§ 915 Abs. 2 der Zivilprozeßordnung);
13. das Ausüben der Veröffentlichungsbefugnis.

§ 59 Vollziehung eines Arrests oder einer einstweiligen Verfügung

(1) Die Vorschriften der §§ 57 und 58 gelten bei Vollziehung eines Arrestbefehls oder einer einstweiligen Verfügung (§§ 928 bis 934, 936 der Zivilprozeßordnung) sinngemäß.

(2) Die Angelegenheit endet mit der Aufhebung des Arrests oder der einstweiligen Verfügung oder mit dem Beginn der Zwangsvollstreckung aus dem in der Hauptsache erlassenen Urteil.

§ 60 Verteilungsverfahren

Für die Vertretung im Verteilungsverfahren (§ 858 Abs. 5, §§ 872 bis 877, 882 der Zivilprozeßordnung) erhält der Rechtsanwalt fünf Zehntel, falls jedoch der Auftrag vor dem Termin zur Ausführung der Verteilung erledigt wird, drei Zehntel der vollen Gebühr.

§ 61 Beschwerde, Erinnerung

(1) Fünf Zehntel der im § 31 bestimmten Gebühren erhält der Rechtsanwalt
1. im Beschwerdeverfahren;
2. im Verfahren über die Erinnerung gegen die Kostenfestsetzung und gegen den Kostenansatz.

(2) In derselben Angelegenheit erhält der Rechtsanwalt die in Absatz 1 Nr. 2 bezeichneten Gebühren nur einmal.

(3) Die Vorschriften des § 32 und des § 33 Abs. 1 und 2 gelten nicht.

§ 61 a Beschwerde in Scheidungsfolgesachen

Bei Scheidungsfolgesachen erhält der Rechtsanwalt im Verfahren über die Beschwerde nach § 621 e Abs. 1 und § 629 a Abs. 2 der Zivilprozeßordnung sowie über die weitere Beschwerde nach § 621 e Abs. 2 und § 629 a Abs. 2 der Zivilprozeßordnung die in § 31 bestimmten Gebühren. Die Gebühren richten sich nach § 11 Abs. 1 Satz 4, 5.

§ 62 Arbeitssachen

(1) Im Verfahren vor den Gerichten für Arbeitssachen und vor dem Schiedsgericht (§ 104 des Arbeitsgerichtsgesetzes) gelten die Vorschriften dieses Abschnitts sinngemäß.

(2) Im zweiten und dritten Rechtszug des Beschlußverfahrens erhält der Rechtsanwalt die Gebühren nach § 11 Abs. 1 Satz 4.

(3) Die Hälfte der in § 31 bestimmten Gebühren erhält der Rechtsanwalt, wenn seine Tätigkeit ausschließlich eine gerichtliche Entscheidung über die Bestimmung einer Frist (§ 102 Abs. 3 des Arbeitsgerichtsgesetzes), die Ablehnung eines Schiedsrichters (§ 103 Abs. 3 des Arbeitsgerichtsgesetzes) oder die Vornahme einer Beweisaufnahme oder einer Vereidigung (§ 106 Abs. 2 des Arbeitsgerichtsgesetzes) betrifft. § 67 Abs. 4 gilt sinngemäß.

§ 63 Hausratssachen, Wohnungseigentumssachen, Landwirtschaftssachen, Regelung der Auslandsschulden

(1) Die Vorschriften dieses Abschnitts gelten für folgende Verfahren sinngemäß:

1. Verfahren nach der Verordnung über die Behandlung der Ehewohnung und des Hausrats vom 21. Oktober 1944 (RGBl. I S. 256);
2. Verfahren nach § 43 des Wohnungseigentumsgesetzes;
3. Verfahren nach dem Gesetz über das gerichtliche Verfahren in Landwirtschaftssachen vom 21. Juli 1953 (BGBl. I S. 667);
4. Verfahren nach § 76 des Gesetzes zur Ausführung des Abkommens vom 27. Februar 1953 über deutsche Auslandsschulden vom 24. August 1953 (BGBl. I S. 1003).

(2) Im Verfahren über die Beschwerde gegen eine den Rechtszug beendende Entscheidung erhält der Rechtsanwalt die gleichen Gebühren wie im ersten Rechtszug.

(3) Im Verfahren nach der Verordnung über die Behandlung der Ehewohnung und des Hausrats vom 21. Oktober 1944 (RGBl. I S. 256) erhält der Rechtsanwalt die im § 31 bestimmten Gebühren nur zur Hälfte.

(4) Im Verfahren nach § 35 Abs. 1 Nr. 1 und § 36 des Gesetzes über das gerichtliche Verfahren in Landwirtschaftssachen und vom 21. Juli 1953 (BGBl. I S. 667) erhält der Rechtsanwalt die im § 31 bestimmten Gebühren nur zu drei Zehnteln; die Vorschriften des § 32 und des § 33 Abs. 1 und 2 gelten nicht. Wird in einem Verfahren, in dem eine mündliche Verhandlung auf Antrag stattfinden muß, ohne mündliche Verhandlung entschieden, so erhält der Rechtsanwalt die gleichen Gebühren wie in einem Verfahren mit mündlicher Verhandlung.

§ 64 Vertragshilfeverfahren

(1) Im Verfahren nach dem Vertragshilfegesetz, im Verfahren nach § 14 des Gesetzes über die innerdeutsche Regelung von Vorkriegsremboursverbindlichkeiten vom 20. August 1953 (BGBl. I S. 999) und im Verfahren nach § 22 des Umstellungsergänzungsgesetzes und § 9 Abs. 3 des Zweiten Umstellungsergänzungsgesetzes erhält der Rechtsanwalt fünf Zehntel der vollen Gebühr für jeden Rechtszug. § 23 gilt nicht.

(2) Die Gebühr wird nach dem Nennwert der Hauptforderung berechnet; wenn das Verfahren lediglich Nebenforderungen betrifft, nach der Höhe der Rückstände. Betrifft das Verfahren lediglich die Beseitigung von Rechtsfolgen, die durch Nichtzahlung von Miet- oder Pachtzins eingetreten sind, so wird die Gebühr nach dem einjährigen Miet- oder Pachtzins berechnet.

§ 65 Güteverfahren

(1) Eine volle Gebühr erhält der Rechtsanwalt

1. im Güteverfahren vor einer Gütestelle der in § 795 Abs. 1 Nr. 1 der Zivilprozeßordnung bezeichneten Art;
2. im Verfahren vor einem Ausschuß der in § 111 Abs. 2 des Arbeitsgerichtsgesetzes bezeichneten Art;
3. im Verfahren vor dem Seemannsamt zur vorläufigen Entscheidung von Arbeitssachen;
4. im Verfahren vor sonstigen gesetzlich eingerichteten Einigungsstellen, Gütestellen oder Schiedsstellen.

Auf die Prozeßgebühr, die der Rechtsanwalt in dem nachfolgenden Rechtsstreit erhält, wird die Gebühr nicht angerechnet.

(2) Der Rechtsanwalt erhält eine volle Gebühr für die Mitwirkung bei einer Einigung der Parteien, die in einem der in Absatz 1 bezeichneten Verfahren erzielt wird. § 23 gilt nicht.

§ 65 a Verfahren nach dem Gesetz gegen Wettbewerbsbeschränkungen
Im Beschwerdeverfahren und im Rechtsbeschwerdeverfahren nach dem Gesetz gegen Wettbewerbsbeschränkungen gelten die Vorschriften dieses Abschnitts sinngemäß. Die Gebühren richten sich nach § 11 Abs. 1 Satz 4.

§ 65 b Verfahren nach dem Gesetz über die Wahrnehmung von Urheberrechten und verwandten Schutzrechten
Im Verfahren vor dem Oberlandesgericht nach § 15 des Gesetzes über die Wahrnehmung von Urheberrechten und verwandten Schutzrechten vom 9. September 1965 (BGBl. I S. 1294) gelten die Vorschriften dieses Abschnitts sinngemäß. Die Gebühren richten sich nach § 11 Abs. 1 Satz 4.

§ 66 Verfahren vor dem Patentgericht und dem Bundesgerichtshof
(1) Im Verfahren vor dem Patentgericht und im Verfahren vor dem Bundesgerichtshof über die Berufung, Rechtsbeschwerde oder Beschwerde gegen eine Entscheidung des Patentgerichts gelten die Vorschriften dieses Abschnitts sinngemäß.

(2) Der Rechtsanwalt erhält die in § 31 bestimmten Gebühren im Beschwerdeverfahren vor dem Patentgericht
1. über die in § 23 Abs. 4, § 50 Abs. 1 und 2, § 73 Abs. 3 des Patentgesetzes, § 18 Abs. 2 des Gebrauchsmustergesetzes, § 4 Abs. 4 Satz 3 des Halbleiterschutzgesetzes in Verbindung mit § 18 Abs. 2 des Gebrauchsmustergesetzes und § 34 Abs. 1 des Sortenschutzgesetzes genannten Angelegenheiten,
2. nach dem Geschmacksmustergesetz, wenn sich die Beschwerde gegen einen Beschluß richtet, durch den die Anmeldung eines Geschmacksmusters zurückgewiesen oder durch den über einen Löschungsantrag entschieden worden ist,
3. nach dem Markengesetz, wenn sich die Beschwerde gegen einen Beschluß richtet,
   a) durch den über die Anmeldung einer Marke, einen Widerspruch oder einen Antrag auf Löschung oder über die Erinnerung gegen einen solchen Beschluß entschieden worden ist oder
   b) durch einen Antrag auf Eintragung einer geographischen Angabe oder einer Ursprungsbezeichnung (§ 130 Abs. 5 des Markengesetzes) zurückgewiesen worden ist.

In den übrigen Beschwerdeverfahren vor dem Patentgericht bestimmen sich die Gebühren nach § 61.

(3) Die Gebühren im Verfahren vor dem Bundesgerichtshof richten sich auch bei Rechtsbeschwerdeverfahren und Beschwerdeverfahren nach § 11 Abs. 1 Satz 4.

§ 66 a Nachprüfung von Anordnungen der Justizbehörden

(1) Im Verfahren vor dem Oberlandesgericht und dem Bundesgerichtshof nach §§ 25, 29 des Einführungsgesetzes zum Gerichtsverfassungsgesetz und im Verfahren über den Antrag auf gerichtliche Entscheidung nach § 109 des Strafvollzugsgesetzesgelten die Vorschriften dieses Abschnitts sinngemäß; die Gebühren richten sich nach § 11 Abs. 1 Satz 1 und 2.

(2) Im Verfahren über die Rechtsbeschwerde nach § 116 des Strafvollzugsgesetzes erhält der Rechtsanwalt die gleichen Gebühren wie im ersten Rechtszug; die Gebühren richten sich nach § 11 Abs. 1 Satz 4.

§ 67 Schiedsrichterliches Verfahren

(1) Im schiedsrichterlichen Verfahren gelten die Vorschriften dieses Abschnitts sinngemäß.

(2) Die Verhandlungsgebühr erhält der Rechtsanwalt auch, wenn der Schiedsspruch ohne mündliche Verhandlung erlassen wird.

(3) Im zweiten und dritten Rechtszug des Beschlußverfahrens erhält der Rechtsanwalt die Gebühren nach § 11 Abs. 1 Satz 4.

(4) Für die Berechnung der Gebühren des im schiedsrichterlichen Verfahren zum Prozeßbevollmächtigten bestellten Rechtsanwalts gilt das gerichtliche Verfahren im Falle des § 1036 der Zivilprozeßordnung mit dem schiedsrichterlichen Verfahren als ein Rechtszug.

Vierter Abschnitt

Gebühren im Verfahren der Zwangsversteigerung und der Zwangsverwaltung

§ 68 Zwangsversteigerung

(1) Im Verfahren der Zwangsversteigerung nach dem Gesetz über die Zwangsversteigerung und die Zwangsverwaltung einschließlich der Einstellungsverfahren nach §§ 30 bis 30 d, 180 Abs. 2 erhält der Rechtsanwalt bei Vertretung eines Beteiligten

1. für das Verfahren bis zur Einleitung des Verteilungsverfahrens drei Zehntel der vollen Gebühr;
2. für die Wahrnehmung der Versteigerungstermine vier Zehntel der vollen Gebühr;
3. für das Verteilungsverfahren drei Zehntel der vollen Gebühr; diese Gebühr erhält der Rechtsanwalt auch, wenn unter seiner Mitwirkung eine außergerichtliche Verteilung stattfindet.

(2) Vertritt der Rechtsanwalt einen Bieter, der nicht Beteiligter ist, so erhält er zwei Zehntel der vollen Gebühr für das ganze Verfahren.

(3) Der Gegenstandswert bestimmt sich

1. bei der Vertretung des Gläubigers oder eines anderen nach § 9 Nr. 1 und 2 des Gesetzes über die Zwangsversteigerung und die Zwangsverwaltung Beteiligten nach dem Wert des dem Gläubiger oder dem Beteiligten zustehenden Rechts; wird das Verfahren wegen einer Teilforderung betrieben, so ist der Teilbetrag nur maßgebend, wenn es sich um einen nach § 10 Abs. 1 Nr. 5 des Gesetzes über die Zwangsversteigerung und die Zwangsverwaltung zu befriedigenden Anspruch handelt; Nebenforderungen sind mitzurechnen; der Wert des Gegenstandes der Zwangsversteigerung (§ 66 Abs. 1, § 74 a Abs. 5 des Gesetzes über die Zwangsversteigerung und die Zwangsverwaltung), im Verteilungsverfahren der zur Verteilung kommende Erlös sind maßgebend, wenn sie geringer sind;
2. bei der Vertretung eines anderen Beteiligten, insbesondere des Schuldners, nach dem Wert des Gegenstandes der Zwangsversteigerung, im Verteilungsverfahren nach dem zur Verteilung kommenden Erlös; bei Miteigentümern oder sonstigen Mitberechtigten ist der Anteil maßgebend;

3. bei der Vertretung eines Bieters, der nicht Beteiligter ist, nach dem Betrag des höchsten für den Auftraggeber abgegebenen Gebots, wenn ein solches Gebot nicht abgegeben ist, nach dem Wert des Gegenstandes der Zwangsversteigerung.

§ 69 Zwangsverwaltung

(1) Im Verfahren der Zwangsverwaltung nach dem Gesetz über die Zwangsversteigerung und die Zwangsverwaltung erhält der Rechtsanwalt

1. für die Vertretung des Antragstellers im Verfahren über den Antrag auf Anordnung der Zwangsverwaltung oder auf Zulassung des Beitritts drei Zehntel der vollen Gebühr;
2. für die Vertretung des Antragstellers im weiteren Verfahren einschließlich des Verteilungsverfahrens und für die Vertretung eines sonstigen Beteiligten im ganzen Verfahren einschließlich des Verteilungsverfahrens drei Zehntel der vollen Gebühr, mindestens jedoch 75 Deutsche Mark.

(2) Der Gegenstandswert bestimmt sich bei der Vertretung des Antragstellers nach dem Anspruch, wegen dessen das Verfahren beantragt ist; Nebenforderungen sind mitzurechnen; bei Ansprüchen auf wiederkehrende Leistungen ist der Wert der Leistungen eines Jahres maßgebend. Bei der Vertretung des Schuldners bestimmt sich der Gegenstandswert nach dem zusammengerechneten Wert aller Ansprüche, wegen deren das Verfahren beantragt ist, bei der Vertretung eines sonstigen Beteiligten nach § 8 Abs. 2 Satz 2.

§ 70 Rechtsmittelverfahren

(1) In den Angelegenheiten der §§ 68 und 69 erhält der Rechtsanwalt für die Vertretung eines Beteiligten im Rechtsmittelverfahren fünf Zehntel der vollen Gebühr

1. als Prozeßgebühr;
2. für die Wahrnehmung der im Verfahren stattfindenden Termine;
3. für die Vertretung im Beweisaufnahmeverfahren; § 34 gilt sinngemäß.

(2) Soweit sich die Gerichtsgebühren nicht nach dem Wert richten, bestimmt sich der Gegenstandswert nach § 57 Abs. 2 Satz 6.

§ 71 Besondere Verteilungsverfahren

Für die Mitwirkung des Rechtsanwalts in einem Verteilungsverfahren außerhalb der Zwangsversteigerung und der Zwangsverwaltung gilt, soweit dieses Gesetz nichts anderes bestimmt, § 68 Abs. 1 Nr. 3, Abs. 3 Nr. 1 und 2 sinngemäß.

Fünfter Abschnitt

Gebühren im Konkursverfahren und in Vergleichsverfahren zur Abwendung des Konkurses sowie in seerechtlichen Verteilungsverfahren

§ 72 Eröffnung des Konkursverfahrens

Im Verfahren über einen Antrag auf Eröffnung des Konkursverfahrens (§§ 104 bis 106 der Konkursordnung) erhält der Rechtsanwalt drei Zehntel der vollen Gebühr; vertritt er einen Gläubiger, so erhält er die Hälfte der vollen Gebühr.

§ 73 Vertretung im Konkursverfahren

Für die Vertretung im Konkursverfahren erhält der Rechtsanwalt die Hälfte der vollen Gebühr.

§ 74 Zwangsvergleich

Für die Tätigkeit im Zwangsvergleichsverfahren erhält der Rechtsanwalt eine besondere volle Gebühr.

§ 75 Anmeldung einer Konkursforderung

Beschränkt sich die Tätigkeit des Rechtsanwalts auf die Anmeldung einer Konkursforderung, so erhält er drei Zehntel der vollen Gebühr.

§ 76 Beschwerdeverfahren, Sicherheitsmaßregeln

Der Rechtsanwalt erhält besonders fünf Zehntel der § 31 bestimmten Gebühren

1. im Beschwerdeverfahren;
2. im Verfahren über Anträge auf Anordnung von Sicherheitsmaßregeln im Falle des § 197 Abs. 2 der Konkursordnung.

Die Vorschriften des § 32 und des § 33 Abs. 1 und 2 gelten nicht.

§ 77 Gegenstandswert

(1) Die Gebühren der §§ 72 bis 74 sowie des § 76 im Falle der Beschwerde gegen den Beschluß über die Eröffnung des Konkursverfahrens (§ 109 der Konkursordnung) oder den Beschluß über die Bestätigung eines Zwangsvergleichs (§§ 189, 230 Abs. 2, § 236 der Konkursordnung) werden, wenn der Auftrag vom Gemeinschuldner erteilt ist, nach dem Betrage der Aktivmasse (§ 37 des Gerichtskostengesetzes) berechnet.

(2) Ist der Auftrag von einem Konkursgläubiger erteilt, so werden die Gebühren der §§ 72, 73, 75 und die Gebühren im Falle der Beschwerde gegen den Beschluß über die Eröffnung des Konkursverfahrens nach dem Nennwert der Forderung, die Gebühr des § 74 und die Gebühren im Falle der Beschwerde gegen den Beschluß über die Bestätigung eines Zwangsvergleichs nach dem Wert der Forderung des Gläubigers unter sinngemäßer Anwendung des § 148 der Konkursordnung berechnet. Nebenforderungen sind mitzurechnen.

§ 78 Wiederaufnahme des Konkursverfahrens

Das wiederaufgenommene Konkursverfahren ist eine besondere Angelegenheit.

§ 79 Eröffnung des Vergleichsverfahrens

Im Verfahren über den Antrag auf Eröffnung des Vergleichsverfahrens zur Anwendung des Konkurses erhält der Rechtsanwalt drei Zehntel der vollen Gebühr; vertritt er einen Gläubiger, so erhält er die Hälfte der vollen Gebühr.

§ 80 Vertretung im Vergleichsverfahren, Beschwerdeverfahren, Sicherungsmaßregeln

(1) Für die Vertretung im Vergleichsverfahren zur Abwendung des Konkurses erhält der Rechtsanwalt eine volle Gebühr. Er erhält nur eine halbe Gebühr, wenn seine Tätigkeit vor dem Vergleichstermin beendet ist.

(2) Der Rechtsanwalt erhält besonders fünf Zehntel der vollen Gebühr

1. im Beschwerdeverfahren;
2. im Verfahren über Anträge auf Anordnung von Sicherungsmaßregeln (§ 88 Abs. 2 der Vergleichsordnung).

§ 81 Gegenstandswert

Die Gebühren der §§ 79 und 80 werden bei der Vertretung des Schuldners nach dem Betrag der Aktiven (§ 36 des Gerichtskostengesetzes) berechnet. Bei der Vertretung eines Gläubigers werden die Gebühr des § 79 nach dem Nennwert der Forderung und die Gebühren des § 80 nach dem Wert der Forderung unter sinngemäßer Anwendung des § 148 der Konkursordnung berechnet. Nebenforderungen sind mitzurechnen.

§ 81 a Seerechtliches Verteilungsverfahren

(1) Im Verfahren nach der Seerechtlichen Verteilungsordnung gelten § 72 erster Halbsatz, §§ 73, 75 entsprechend. § 77 gilt entsprechend mit der Maßgabe, daß an die Stelle der Aktivmasse die festgesetzte Haftungssumme tritt.

(2) Der Rechtsanwalt erhält besonders drei Zehntel der § 31 bestimmten Gebühren:

1. im Verfahren über eine Beschwerde (§ 3 Abs. 2 der Seerechtlichen Verteilungsordnung) oder über eine Erinnerung (§ 12 Abs. 2, 4 der Seerechtlichen Verteilungsordnung);

2. im Verfahren über Anträge auf Aufhebung von Vollstreckungsmaßregeln (§ 8 Abs. 5 der Seerechtlichen Verteilungsordnung);
3. im Verfahren über Anträge auf Zulassung der Zwangsvollstreckung, soweit diese auf § 17 Abs. 4 der Seerechtlichen Verteilungsordnung gestützt werden.

Die Vorschriften der §§ 32, 33 Abs. 1 und 2 gelten nicht.

§ 82 Mehrere Aufträge
Die Gebühren werden für jeden Auftrag gesondert ohne Rücksicht auf andere Aufträge berechnet.

Sechster Abschnitt

Gebühren in Strafsachen und in Verfahren nach dem Strafrechtlichen Rehabilitierungsgesetz

1. Gebühren des gewählten Verteidigers und anderer gewählter Vertreter

§ 83 Erster Rechtszug
(1) Der Rechtsanwalt erhält im ersten Rechtszug als Verteidiger in der Hauptverhandlung folgende Gebühren:
1. Im Verfahren vor dem Oberlandesgericht, dem Schwurgericht und vor der Jugendkammer, soweit diese in Sachen entscheidet, die nach den allgemeinen Vorschriften zur Zuständigkeit des Schwurgerichts gehören,
   170 bis 2.540 Deutsche Mark;
2. im Verfahren vor der großen Strafkammer und vor der Jugendkammer, soweit sich die Gebühr nicht nach Nummer 1 bestimmt,
   120 bis 1.520 Deutsche Mark;
3. im Verfahren vor dem Schöffengericht, dem Jugendschöffengericht, dem Strafrichter und dem Jugendrichter
   100 bis 1.300 Deutsche Mark.

(2) Erstreckt sich die Hauptverhandlung über einen Kalendertag hinaus, so erhält der Rechtsanwalt für jeden weiteren Verhandlungstag in den Fällen des Absatzes 1
Nr. 1 170 bis 1.270 Deutsche Mark,
Nr. 2 120 bis 760 Deutsche Mark,
Nr. 3 100 bis 650 Deutsche Mark.
Wird jedoch mit dem Verfahren von neuem begonnen, so gelten für den ersten Tag der neuen Hauptverhandlung die Vorschriften des Absatzes 1.
(3) Befindet sich der Beschuldigte nicht auf freiem Fuß und reicht der Gebührenrahmen des Absatzes 1 deshalb nicht aus, um die gesamte Tätigkeit des Rechtsanwalts angemessen zu entgelten, so kann der Gebührenrahmen um bis zu 25 vom Hundert überschritten werden.

§ 84 Verfahren außerhalb der Hauptverhandlung
(1) Soweit nichts anderes bestimmt ist, erhält der Rechtsanwalt im vorbereitenden Verfahren (Verfahren bis zum Eingang der Anklageschrift oder des Antrags auf Erlaß des Strafbefehls bei Gericht), im gerichtlich anhängigen Verfahren, in dem er nur außerhalb der Hauptverhandlung tätig ist, und in einem Verfahren, in dem eine Hauptverhandlung nicht stattfindet, die Hälfte der Gebühren des § 83 Abs. 1; § 83 Abs. 3 ist anzuwenden.

(2) Wird das Verfahren nicht nur vorläufig eingestellt oder erledigt sich das gerichtliche Verfahren durch Zurücknahme des Einspruchs gegen einen Strafbefehl früher als zwei Wochen vor Beginn des Tages, der für die Hauptverhandlung vorgesehen war, so erhält der Rechtsanwalt, der an der Einstellung oder Erledigung mitgewirkt hat, die Gebühren des § 83 Abs. 1, es sei denn, ein Beitrag zur Förderung des Verfahrens ist nicht ersichtlich; § 83 Abs. 3 ist anzuwenden.

(3) Ist das Verfahren nicht gerichtlich anhängig geworden, so bestimmt sich die Gebühr nach der Ordnung des Gerichts, das für das Hauptverfahren zuständig gewesen wäre.

§ 85 Berufungsverfahren

(1) Der Rechtsanwalt erhält im Berufungsverfahren als Verteidiger 120 bis 1.520 Deutsche Mark.

(2) Erstreckt sich die Hauptverhandlung über einen Kalendertag hinaus, so erhält der Rechtsanwalt für jeden weiteren Verhandlungstag 120 bis 760 Deutsche Mark. Wird jedoch mit dem Verfahren von neuem begonnen, so gelten für den ersten Tag der neuen Hauptverhandlung die Vorschriften des Absatzes 1.

(3) Ist der Rechtsanwalt im Berufungsverfahren nur außerhalb der Hauptverhandlung tätig oder findet die Hauptverhandlung vor dem Berufungsgericht nicht statt, so erhält er die Hälfte der Gebühr des Absatzes 1.

(4) § 83 Abs. 3 und, im Fall des Absatzes 3, auch § 84 Abs. 2 sind entsprechend anzuwenden.

§ 86 Revisionsverfahren

(1) Der Rechtsanwalt erhält im Revisionsverfahren als Verteidiger folgende Gebühren:

1. Im Verfahren vor dem Bundesgerichtshof
   170 bis 2.540 Deutsche Mark;
2. im Verfahren vor dem Oberlandesgericht
   120 bis 1.520 Deutsche Mark.

(2) Erstreckt sich die Hauptverhandlung über einen Kalendertag hinaus, so erhält der Rechtsanwalt für jeden weiteren Verhandlungstag in den Fällen des Absatzes 1
Nr. 1 170 bis 1.270 Deutsche Mark,
Nr. 2 120 bis 760 Deutsche Mark.
Wird jedoch mit dem Verfahren von neuem begonnen, so gelten für den ersten Tag der neuen Hauptverhandlung die Vorschriften des Absatzes 1.

(3) Ist der Rechtsanwalt im Revisionsverfahren als Verteidiger nur außerhalb der Hauptverhandlung tätig oder findet eine Hauptverhandlung vor dem Revisionsgericht nicht statt, so erhält er die Hälfte der Gebühren des Absatzes 1.

(4) § 83 Abs. 3 ist entsprechend anzuwenden.

§ 87 Pauschgebühren

Durch die Gebühren der §§ 83 bis 86 wird die gesamte Tätigkeit des Rechtsanwalts als Verteidiger entgolten. Hierzu gehört auch die Einlegung von Rechtsmitteln bei dem Gericht desselben Rechtszuges.

§ 88 Einziehung und verwandte Maßnahmen

Wenn der Rechtsanwalt eine Tätigkeit für den Beschuldigten ausübt, die sich auf die Einziehung oder den Verfall, die Vernichtung, die Unbrauchbarmachung, die Abführung des Mehrerlöses oder auf eine diesen Zwecken dienende Beschlagnahme bezieht, so ist bei den nach § 12 maßgebenden Umständen auch der Gegenstandswert (§ 7) angemessen zu berücksichtigen. Der Gebührenrahmen kann um einen Betrag bis zu einer nach diesem Gegenstandswert berechneten vollen Gebühr (§ 11) überschritten werden, soweit der Rahmen nicht ausreicht, um die gesamte Tätigkeit des Rechtsanwalts angemessen zu entgelten. Übt der Rechtsanwalt eine Tätigkeit für den Beschuldigten aus, die sich auf das Fahrverbot oder die Entziehung der Fahrerlaubnis erstreckt, und reicht der Gebührenrahmen nicht aus, um die gesamte Tätigkeit des Rechtsanwalts angemessen zu entgelten, so kann er bis zu 25 vom Hundert überschritten werden.

§ 89 Vermögensrechtliche Ansprüche

(1) Macht der Verletzte oder sein Erbe im Strafverfahren einen aus der Straftat erwachsenen vermögensrechtlichen Anspruch geltend, so erhält der Rechtsanwalt neben den Gebühren eines Verteidigers an Stelle der in § 31 bestimmten Gebühren im ersten Rechtszug das Doppelte, im Berufungs- und im Revisionsverfahren das Zweieinhalbfache der vollen Gebühr (§ 11). Wird der Anspruch im Berufungsverfahren erstmalig geltend gemacht, so erhöht sich für das Berufungsverfahren die Gebühr nicht.

(2) Wird der Rechtsanwalt als Prozeßbevollmächtigter des Beschuldigten wegen desselben Anspruchs im bürgerlichen Rechtsstreit tätig, so werden zwei Drittel der Gebühr, die ihm für die Abwehr des Anspruchs im Strafverfahren zusteht, auf die im bürgerlichen Rechtsstreit anfallenden Gebühren angerechnet. Die Anrechnung unterbleibt, soweit der Rechtsanwalt durch diese weniger als zwei Drittel der ihm im bürgerlichen Rechtsstreit zustehenden Gebühren erhalten würde.

(3) Beschränkt sich die Tätigkeit des Rechtsanwalts auf die Geltendmachung oder Abwehr eines aus der Straftat erwachsenen vermögensrechtlichen Anspruchs im Strafverfahren, so erhält er nur die im Absatz 1 bestimmte Gebühr. Absatz 2 gilt sinngemäß.

(4) Die Gebühr für die Mitwirkung beim Abschluß eines Vergleichs nach § 23 bleibt unberührt.

§ 90 Wiederaufnahmeverfahren

(1) Für die Vorbereitung eines Antrags auf Wiederaufnahme des Verfahrens, die Stellung eines solchen Antrags und die Vertretung in dem Verfahren zur Entscheidung über den Antrag gelten die in § 83 Abs. 1 bestimmten Gebühren; § 83 Abs. 3 ist entsprechend anzuwenden. Die Gebühren gelten auch dann, wenn der Rechtsanwalt von der Stellung eines Antrags auf Wiederaufnahme des Verfahrens abrät.

(2) Der Gebührenrahmen bestimmt sich nach der Ordnung des Gerichts, das im ersten Rechtszug entschieden hat.

§ 91 Gebühren für einzelne Tätigkeiten

Beschränkt sich die Tätigkeit des Rechtsanwalts, ohne daß ihm sonst die Verteidigung übertragen ist, auf

1. die Einlegung eines Rechtsmittels, die Anfertigung oder Unterzeichnung anderer Anträge, Gesuche oder Erklärungen oder eine andere nicht in den Nummern 2 oder 3 erwähnte Beistandsleistung;
2. die Anfertigung oder Unterzeichnung einer Schrift zur Rechtfertigung der Berufung oder zur Beantwortung der von dem Staatsanwalt, Privatkläger oder Nebenkläger eingelegten Berufung, die Führung des Verkehrs mit dem Verteidiger, die Beistandsleistung für den Beschuldigten bei einer staatsanwaltschaftlichen oder richterlichen Vernehmung oder einer mündlichen Verhandlung oder einer Augenscheinseinnahme

außerhalb der Hauptverhandlung oder die Beistandsleistung im Verfahren zur gerichtlichen Erzwingung der Anklage (§ 172 Abs. 2 bis 4, § 173 der Strafprozeßordnung);

3. die Anfertigung oder Unterzeichnung einer Schrift zur Begründung der Revision oder zur Erklärung auf die von dem Staatsanwalt, Privatkläger oder Nebenkläger eingelegte Revision;

so erhält er in den Fällen der

Nummer 1 eine Gebühr
von 30 bis 340 Deutsche Mark,

Nummer 2 eine Gebühr
von 50 bis 640 Deutsche Mark,

Nummer 3 eine Gebühr
von 70 bis 1.010 Deutsche Mark.

§ 92 Mehrere einzelne Tätigkeiten

(1) Mit der Gebühr für die Rechtfertigung der Berufung oder die Begründung der Revision ist die Gebühr für die Einlegung des Rechtsmittels entgolten.

(2) Im übrigen erhält der Rechtsanwalt mit der Beschränkung des § 13 für jede der in § 91 bezeichneten Tätigkeiten eine gesonderte Gebühr. Wird ihm die Verteidigung übertragen, so werden die Gebühren des § 91 auf die dem Rechtsanwalt als Verteidiger zustehenden Gebühren angerechnet.

§ 93 Gnadengesuche

Für die Vertretung in einer Gnadensache erhält der Rechtsanwalt eine Gebühr von 40 bis 500 Deutsche Mark. Sie steht ihm auch dann zu, wenn ihm die Verteidigung übertragen war.

§ 94 Privatklage

(1) Für die Tätigkeit als Beistand oder Vertreter eines Privatklägers gelten die Vorschriften der §§ 83 bis 93 sinngemäß.

(2) Durch die Widerklage erhöhen sich die Gebühren des Rechtsanwalts als Beistand oder Vertreter des Privatklägers und des Widerbeklagten sowie des Verteidigers des Angeklagten auch dann nicht, wenn der Privatkläger nicht der Verletzte ist.

(3) Für die Mitwirkung beim Abschluß eines Vergleichs erhält der Rechtsanwalt des Privatklägers und des Beschuldigten eine weitere Gebühr in Höhe von

30 bis 250 Deutsche Mark.

Die Vorschrift des § 23 bleibt unberührt.

(4) Beschränkt sich die Tätigkeit des Rechtsanwalts auf die Anfertigung oder Unterzeichnung der Privatklage, so erhält er eine Gebühr von

50 bis 640 Deutsche Mark.

Wird dem Rechtsanwalt die Vertretung des Privatklägers übertragen, so wird die im Satz 1 bestimmte Gebühr auf die Gebühren angerechnet, die ihm als Vertreter des Privatklägers zustehen.

(5) Für die Tätigkeit des Beistands oder Vertreters in einem Sühneversuch nach § 380 der Strafprozeßordnung erhält der Rechtsanwalt eine Gebühr von

30 bis 250 Deutsche Mark

und für die Mitwirkung bei einer Einigung der Beteiligten eine weitere Gebühr von

30 bis 250 Deutsche Mark.

§ 95 Vertretung eines Nebenklägers und anderer Verfahrensbeteiligter

Für die Tätigkeit als Beistand oder Vertreter eines Nebenklägers, eines Einziehungs- oder Nebenbeteiligten sowie eines Verletzten gelten die Vorschriften der §§ 83 bis 93 sinngemäß; für die Tätigkeit als Beistand oder Vertreter des Verletzten erhält der Rechtsanwalt die Hälfte der Gebühren.

§ 96 Kostenfestsetzung, Zwangsvollstreckung

(1) Dem Rechtsanwalt stehen besondere Gebühren zu

1. im Verfahren über die Erinnerung gegen einen Kostenfestsetzungsbeschluß (§ 464 b der Strafprozeßordnung) oder Kostenansatz und im Beschwerdeverfahren gegen die Entscheidung über diese Erinnerung;
2. in der Zwangsvollstreckung aus Entscheidungen, die über einen aus der Straftat erwachsenen vermögensrechtlichen Anspruch oder die Erstattung von Kosten ergangen sind (§§ 406 b, 464 b der Strafprozeßordnung), für die Mitwirkung bei der Ausübung der Veröffentlichungsbefugnis und im Beschwerdeverfahren gegen eine dieser Entscheidungen.

(2) Die Gebühren bestimmen sich nach den Vorschriften des Dritten Abschnitts.

§ 96 a Abtretung des Kostenerstattungsanspruchs

Tritt der Angeschuldigte den Anspruch gegen die Staatskasse auf Erstattung von Anwaltskosten als notwendige Auslagen (§§ 464 b, 464 a Abs. 2 Nr. 2 der Strafprozeßordnung an den Rechtsanwalt ab, so ist eine von der Staatskasse gegenüber dem Angeschuldigten erklärte Aufrechnung insoweit unwirksam, als sie den Anspruch des Rechtsanwalts vereiteln oder beeinträchtigen würde.

§ 96 b Rehabilitierungsverfahren

(1) Im Rehabilitierungsverfahren nach Abschnitt 2 des Strafrechtlichen Rehabilitierungsgesetzes erhält der Rechtsanwalt im ersten Rechtszug die Gebühr des § 83 Abs. 1 Nr. 2; im übrigen gilt § 83 sinngemäß. Findet eine mündliche Erörterung nicht statt, so gilt § 84 Abs. 1 sinngemäß.

(2) Im Beschwerdeverfahren (§ 13 des Strafrechtlichen Rehabilitierungsgesetzes) erhält der Rechtsanwalt die Gebühr des § 85 Abs. 1; im übrigen gilt § 85 sinngemäß.

§ 96 c Verfahren über soziale Ausgleichsleistungen

Im Verfahren über den Antrag auf gerichtliche Entscheidung oder über die Beschwerde gegen eine den Rechtszug beendende Entscheidung (§ 25 Abs. 1 Satz 3 bis 5, § 13 des Strafrechtlichen Rehabilitierungsgesetzes) erhält der Rechtsanwalt anstelle der in § 31 bestimmten Gebühren das Eineinhalbfache der vollen Gebühr (§ 11).

2. Gebühren des gerichtlich bestellten Verteidigers und des beigeordneten Rechtsanwalts

§ 97 Anspruch gegen die Staatskasse

(1) Ist der Rechtsanwalt gerichtlich bestellt worden, so erhält er anstelle der gesetzlichen Gebühr das Vierfache der in den §§ 83 bis 86, 90 bis 92, 94 und 95 bestimmten Mindestbeträge aus der Staatskasse, jedoch nicht mehr als die Hälfte des Höchstbetrages. Im Falle des § 90 Abs. 1 Satz 2 gilt dies nur dann, wenn der Rechtsanwalt nach § 364 b Abs. 1 Satz 1 der Strafprozeßordnung bestellt worden ist oder das Gericht die Feststellung nach § 364 b Abs. 1 Satz 2 der Strafprozeßordnung getroffen hat. Befindet sich der

Beschuldigte nicht auf freiem Fuß, erhält der Rechtsanwalt in den Fällen des § 83 Abs. 1, der §§ 84, 85 Abs. 1, des § 86 Abs. 1 oder des § 90 anstelle des Vierfachen das Fünffache der Mindestgebühr. In den Fällen der §§ 23, 89, 96 c ist § 123 anzuwenden.

(2) Der Rechtsanwalt erhält ferner Ersatz der Auslagen aus der Staatskasse. § 126 Abs. 1 Satz 1, Abs. 2 gilt sinngemäß; die Feststellung nach § 126 Abs. 2 kann auch für andere Auslagen als Reisekosten getroffen werden. Auslagen, die durch Nachforschungen zur Vorbereitung eines Wiederaufnahmeverfahrens entstehen, werden einem Rechtsanwalt nach Maßgabe der Sätze 1 und 2 vergütet, wenn er nach § 364 b Abs. 1 Satz 1 der Strafprozeßordnung bestellt worden ist oder wenn das Gericht die Feststellung nach § 364 b Abs. 1 Satz 2 der Strafprozeßordnung getroffen hat.

(3) Wird der Rechtsanwalt im ersten Rechtszug bestellt, erhält er die Vergütung auch für seine Tätigkeit als Verteidiger vor dem Zeitpunkt seiner Bestellung einschließlich seiner Tätigkeit vor Erhebung der öffentlichen Klage.

(4) Wegen des Vorschusses gelten § 127 Satz 1, § 98 sinngemäß.

§ 97 a Tätigkeit als Kontaktperson

(1) Der nach § 34 a des Einführungsgesetzes zum Gerichtsverfassungsgesetz als Kontaktperson beigeordnete Rechtsanwalt erhält für seine gesamte Tätigkeit das Zweifache der Höchstgebühr des § 83 Abs. 1 Nr. 1 aus der Staatskasse, ferner Ersatz seiner Auslagen. Für eine besonders umfangreiche Tätigkeit bewilligt das Oberlandesgericht, in dessen Bezirk die Justizvollzugsanstalt liegt, auf Antrag eine höhere Gebühr als nach Satz 1.

(2) Die Vergütung wird auf Antrag von dem Urkundsbeamten der Geschäftsstelle des Landgerichts festgesetzt, in dessen Bezirk die Justizvollzugsanstalt liegt.

(3) Im übrigen gelten die Bestimmungen dieses Gesetzes sinngemäß.

§ 98 Festsetzung der Gebühren

(1) Die aus der Staatskasse zu gewährende Vergütung wird auf Antrag des Rechtsanwalts von dem Urkundsbeamten der Geschäftsstelle des Gerichts des ersten Rechtszuges festgesetzt. § 104 Abs. 2 der Zivilprozeßordnung gilt sinngemäß.

(2) Über die Erinnerung des Rechtsanwalts oder der Staatskasse gegen die Festsetzung nach Absatz 1 entscheidet der Vorsitzende des Gerichts des ersten Rechtszuges durch Beschluß.

(3) Gegen den Beschluß ist Beschwerde nach den Vorschriften der §§ 304 bis 310, 311 a der Strafprozeßordnung zulässig.

(4) Das Verfahren über die Erinnerung und über die Beschwerde ist gebührenfrei. Kosten werden nicht erstattet.

§ 99 Strafsachen besonderen Umfangs

(1) In besonders umfangreichen oder schwierigen Strafsachen ist dem gerichtlich bestellten Rechtsanwalt für das ganze Verfahren oder für einzelne Teile des Verfahrens auf Antrag eine Pauschvergütung zu bewilligen, die über die Gebühren des § 97 hinausgeht.

(2) Über den Antrag entscheidet das Oberlandesgericht, zu dessen Bezirk das Gericht gehört, bei dem die Strafsache im ersten Rechtszug anhängig ist oder war. Der Bundesgerichtshof ist zur Entscheidung berufen, soweit er den Rechtsanwalt bestellt hat. In dem Verfahren ist die Staatskasse zu hören.

§ 100 Anspruch gegen den Beschuldigten

(1) Der gerichtlich bestellte Rechtsanwalt kann von dem Beschuldigten die Zahlung der Gebühren eines gewählten Verteidigers verlangen; er kann jedoch keinen Vorschuß fordern.

Der Anspruch gegen den Beschuldigten entfällt insoweit, als die Staatskasse nach den §§ 97 und 99 Gebühren gezahlt hat.

(2) Der Anspruch kann nur insoweit geltend gemacht werden, als dem Beschuldigten ein Erstattungsanspruch gegen die Staatskasse zusteht, oder das Gericht des ersten Rechtszugs auf Antrag des Rechtsanwalts nach Anhörung des Beschuldigten feststellt, daß dieser ohne Beeinträchtigung des für ihn und seine Familie notwendigen Unterhalts zur Zahlung in der Lage ist. Ist das Verfahren nicht gerichtlich anhängig geworden, so entscheidet das Gericht, das den Verteidiger bestellt hat. Gegen den Beschluß ist sofortige Beschwerde nach den Vorschriften der §§ 304 bis 311 a der Strafprozeßordnung zulässig.

(3) Der für den Beginn der Verjährung maßgebende Zeitpunkt tritt mit der Rechtskraft der das Verfahren abschließenden gerichtlichen Entscheidung, in Ermangelung einer solchen mit der Beendigung des Verfahrens ein. Von der in Absatz 2 Satz 1 vorgesehenen Feststellung des Gerichts ist der Lauf der Verjährungsfrist nicht anhängig.

§ 101 Anrechnung, Rückzahlung

(1) Vorschüsse und Zahlungen, die der Rechtsanwalt vor oder nach der gerichtlichen Bestellung für seine Tätigkeit in der Strafsache von dem Beschuldigten oder einem Dritten nach dieser Gebührenordnung oder auf Grund einer Vereinbarung erhalten hat, sind auf die von der Staatskasse zu zahlenden Gebühren anzurechnen. Hat der Rechtsanwalt von dem Beschuldigten oder einem Dritten Zahlungen empfangen, nachdem er Gebühren aus der Staatskasse erhalten hat, so ist er zur Rückzahlung an die Staatskasse verpflichtet.

(2) Die Anrechnung oder Rückzahlung unterbleibt, soweit der Rechtsanwalt durch diese insgesamt weniger als den doppelten Betrag der ihm nach § 97 zustehenden Gebühr erhalten würde.

(3) Vorschüsse und Zahlungen, die für die Anrechnung oder die Pflicht zur Rückzahlung nach den Absätzen 1 und 2 von Bedeutung sind, hat der Rechtsanwalt der Staatskasse anzuzeigen.

§ 102 Privatklage, Nebenklage, Klageerzwingungsverfahren

Für die Gebühren des Rechtsanwalts, der dem Privatkläger, dem Nebenkläger oder dem Antragsteller im Klageerzwingungsverfahren oder sonst beigeordnet worden ist, gelten die Vorschriften der §§ 97 bis 101 sinngemäß.

§ 103 Bundeskasse, Landeskasse

(1) Staatskasse im Sinne dieser Vorschriften ist die Bundeskasse, wenn ein Gericht des Bundes, die Landeskasse, wenn ein Gericht des Landes den Rechtsanwalt bestellt oder beigeordnet hat.

(2) Hat zuerst ein Gericht des Bundes und sodann ein Gericht des Landes den Rechtsanwalt bestellt oder beigeordnet, so zahlt die Bundeskasse die Vergütung, die der Rechtsanwalt während der Dauer der Bestellung oder Beiordnung durch das Gericht des Bundes verdient hat, die Landeskasse die dem Rechtsanwalt darüber hinaus zustehende Vergütung. Dies gilt sinngemäß, wenn zuerst ein Gericht des Landes und sodann ein Gericht des Bundes den Rechtsanwalt bestellt oder beigeordnet hat.

Siebenter Abschnitt

Gebühren in Bußgeldverfahren

§ 104 (aufgehoben)

§ 105 Bußgeldverfahren

(1) Im Bußgeldverfahren vor der Verwaltungsbehörde und dem sich anschließenden Verfahren bis zum Eingang der Akten bei Gericht erhält der Rechtsanwalt als Verteidiger die Hälfte der Gebühr des § 83 Abs. 1 Nr. 3.

(2) Im Bußgeldverfahren vor dem Amtsgericht erhält der Rechtsanwalt als Verteidiger die Gebühren des § 83 Abs. 1 Nr. 3.

(3) Im übrigen gelten die Vorschriften des Sechsten Abschnitts sinngemäß.

Achter Abschnitt

Gebühren in Verfahren nach dem Gesetz über die innerdeutsche Rechts- und Amtshilfe in Strafsachen

§ 105 a

(1) Der Rechtsanwalt erhält für die Beistandsleistung im Verfahren
vor der Staatsanwaltschaft die Hälfte der Gebühr des § 83 Abs. 1 Nr. 3,
vor dem Oberlandesgericht oder dem Bundesgerichtshof die Hälfte der Gebühr des § 83 Abs. 1 Nr. 1.

(2) Im übrigen gelten die Vorschriften des Sechsten Abschnitts sinngemäß.

Neunter Abschnitt

Gebühren in Verfahren nach dem Gesetz über die internationale Rechtshilfe in Strafsachen

§ 106 Beistandsleistung

(1) Für die Beistandsleistung nach den §§ 40, 45 Abs. 6, §§ 53, 61 Abs. 1 Satz 3, §§ 65, 71 Abs. 4 Satz 4 des Gesetzes über die internationale Rechtshilfe in Strafsachen erhält der Rechtsanwalt die Hälfte der Gebühr des § 83 Abs. 1 Nr. 1.

(2) Für die Beistandsleistung bei einer mündlichen Verhandlung erhält er die Gebühr des § 83 Abs. 1 Nr. 1. Erstreckt sich die Verhandlung über einen Kalendertag hinaus, so erhält der Rechtsanwalt für jeden weiteren Verhandlungstag die Gebühr des § 83 Abs. 2 Nr. 1.

§ 107 Bestellter Rechtsanwalt

(1) Ist der Rechtsanwalt gerichtlich bestellt worden (§ 31 Abs. 2 Satz 3, § 33 Abs. 3, § 36 Abs. 2 Satz 2, § 40 Abs. 2, § 45 Abs. 6, § 52 Abs. 2 Satz 2, § 53 Abs. 2, §§ 65, 71 Abs. 4 Satz 5 des Gesetzes über die internationale Rechtshilfe in Strafsachen), so erhält er anstelle der gesetzlichen Gebühr das Vierfache der in § 106 bestimmten Mindestbeträge aus der Staatskasse, jedoch nicht mehr als die Hälfte des Höchstbetrages.

(2) § 97 Abs. 2 und 4, § 98 Abs. 1, 2 und 4 sowie die §§ 99, 101 und 103 gelten sinngemäß. In den Fällen der Bestellung für Verfahren nach den §§ 53, 71 Abs. 4 Satz 5 des Gesetzes über die internationale Rechtshilfe in Strafsachen gilt § 98 Abs. 3 sinngemäß.

§ 108 Pauschgebühren

Durch die in den §§ 106 und 107 bestimmten Gebühren wird die gesamte Tätigkeit des Rechtsanwalts in dem jeweiligen Verfahren abgegolten. Hierzu gehören auch die

Anfertigung und Unterzeichnung von Anträgen und Erklärungen an die beteiligten Behörden.

Zehnter Abschnitt

Gebühren im Disziplinarverfahren, im Verfahren nach der Wehrbeschwerdeordnung von den Wehrdienstgerichten, im ehren- und berufsgerichtlichen Verfahren, bei der Untersuchung von Seeunfällen und bei Freiheitsentziehungen

§ 109 Disziplinarverfahren

(1) Im Disziplinarverfahren gelten nach Maßgabe der Absätze 2 bis 8 die Vorschriften des Sechsten Abschnitts sinngemäß.

(2) Der Rechtsanwalt erhält als Verteidiger im förmlichen Disziplinarverfahren einschließlich des vorangegangenen Verfahrens folgende Gebühren:

1. Im ersten Rechtszug 120 bis 1.520 Deutsche Mark,
2. im zweiten Rechtszug 130 bis 1.820 Deutsche Mark,
3. im dritten Rechtszug 170 bis 2.540 Deutsche Mark.

(3) Erstreckt sich die Hauptverhandlung über einen Kalendertag hinaus, so erhält der Rechtsanwalt für jeden weiteren Verhandlungstag in den Fällen des Absatzes 2

Nr. 1 120 bis 760 Deutsche Mark,
Nr. 2 130 bis 910 Deutsche Mark,
Nr. 3 170 bis 1.270 Deutsche Mark.

(4) Im Verfahren vor den Dienstvorgesetzten einschließlich Verfahren der Beschwerde erhält der Rechtsanwalt, der nicht auch Verteidiger im förmlichen Disziplinarverfahren ist, eine Gebühr von 70 bis 910 Deutsche Mark.

(5) Im Verfahren auf gerichtliche Entscheidung über die Disziplinarverfügung erhält der Rechtsanwalt als Verteidiger eine Gebühr von 50 bis 650 Deutsche Mark. Erstreckt sich die mündliche Verhandlung oder Beweiserhebung über einen Kalendertag hinaus, so erhält der Rechtsanwalt für jeden weiteren Tag eine Gebühr von 50 bis 650 Deutsche Mark.

(6) Im Verfahren über die Beschwerde gegen die Nichtzulassung der Revision erhält der Rechtsanwalt eine Gebühr von 90 bis 1.270 Deutsche Mark.

(7) Im Verfahren auf Abänderung oder Neubewilligung eines Unterhaltsbeitrages erhält der Rechtsanwalt eine Gebühr von 50 bis 650 Deutsche Mark.

(8) Im Verfahren vor dem Dienstvorgesetzten und im gerichtlichen Verfahren über die nachträgliche Aufhebung einer Disziplinarmaßnahme erhält der Rechtsanwalt jeweils eine Gebühr von 40 bis 500 Deutsche Mark.

§ 109 a Wehrbeschwerdeverfahren vor den Wehrdienstgerichten

(1) Im Verfahren auf gerichtliche Entscheidung nach der Wehrbeschwerdeordnung erhält der Rechtsanwalt im Verfahren vor dem Truppendienstgericht die Gebühr des § 109 Abs. 2 Nr. 1 und im Verfahren vor dem Bundesverwaltungsgericht die Gebühr des § 109 Abs. 2 Nr. 2.

(2) § 109 Abs. 3 gilt sinngemäß.

§ 110 Ehren- und berufsgerichtliche Verfahren

(1) Im Verfahren vor Ehrengerichten oder anderen Berufsgerichten wegen Verletzung einer Berufspflicht gelten die Vorschriften des Sechsten Abschnitts sinngemäß. Die Gebühren richten sich in der ersten Instanz nach den für das Verfahren vor dem Amtsgericht

und im weiteren Verfahren in jedem Rechtszug nach den für das Berufungsverfahren geltenden Vorschriften.

(2) Soweit es sich nicht um die Verletzung einer Berufspflicht handelt, gilt die Vorschrift des § 114 über das verwaltungsgerichtliche Verfahren sinngemäß.

§ 111 Untersuchung von Seeunfällen

(1) Bei der Untersuchung von Seeunfällen gelten die Vorschriften des Sechsten Abschnitts sinngemäß.

(2) Die Gebühren richten sich im Verfahren vor dem Seeamt nach den für das Verfahren vor dem Amtsgericht und im Verfahren vor dem Oberseeamt nach den für das Berufungsverfahren geltenden Vorschriften.

§ 112 Freiheitsentziehungen

(1) Im gerichtlichen Verfahren bei Freiheitsentziehungen erhält der Rechtsanwalt in jedem Rechtszug eine Gebühr

von 50 bis 650 Deutsche Mark

1. für seine Tätigkeit in dem Verfahren im allgemeinen,
2. für die Mitwirkung bei der mündlichen Anhörung der Person, der die Freiheit entzogen werden soll, und bei der mündlichen Vernehmung von Zeugen oder Sachverständigen.

(2) Im Verfahren über die Fortdauer der Freiheitsentziehung und im Verfahren über Anträge auf Aufhebung der Freiheitsentziehung erhält der Rechtsanwalt in jedem Rechtszug eine Gebühr von 40 bis 390 Deutsche Mark

1. für seine Tätigkeit in dem Verfahren im allgemeinen,
2. für die Mitwirkung bei der mündlichen Anhörung der Person, der die Freiheit entzogen ist, und bei der mündlichen Verhandlung von Zeugen oder Sachverständigen.

(3) Beschränkt sich die Tätigkeit des Rechtsanwalts auf die Einlegung eines Rechtsmittels, die Anfertigung oder Unterzeichnung von Anträgen, Gesuchen oder Erklärungen oder auf eine sonstige Beistandsleistung, so erhält er eine Gebühr von 30 bis 340 Deutsche Mark.

(4) Ist der Rechtsanwalt vom Gericht beigeordnet worden, so erhält er das Vierfache der in den Absätzen 1, 2 und 3 bestimmten Mindestgebühren aus der Staatskasse; § 97 Abs. 2, 4, §§ 98 bis 101, 103 gelten sinngemäß.

(5) Die Absätze 1 bis 4 gelten sinngemäß im Verfahren über Unterbringungsmaßnahmen (§ 70 Abs. 1 des Gesetzes über die Angelegenheiten der freiwilligen Gerichtsbarkeit).

Elfter Abschnitt

Gebühren in Verfahren vor Gerichten der Verfassungsgerichtsbarkeit, vor dem Gerichtshof der Europäischen Gemeinschaften, vor Gerichten der Verwaltungs-, Sozial- und Finanzgerichtsbarkeit

§ 113 Verfahren vor Verfassungsgerichten

(1) Die Vorschriften des Sechsten Abschnitts für Strafsachen, die im ersten Rechtszug vor das Oberlandesgericht gehören, gelten sinngemäß in folgenden Verfahren vor dem Bundesverfassungsgericht oder dem Verfassungsgericht (Verfassungsgerichtshof, Staatsgerichtshof) eines Landes:

1. Verfahren über die Verwirkung von Grundrechten, den Verlust des Stimmrechts, den Ausschluß von Wahlen und Abstimmungen,
2. Verfahren über die Verfassungswidrigkeit von Parteien,

3. Verfahren über Anklagen gegen den Bundespräsidenten, gegen ein Regierungsmitglied eines Landes oder gegen einen Abgeordneten oder Richter,
4. Verfahren über sonstige Gegenstände, die in einem dem Strafprozeß ähnlichen Verfahren behandelt werden.

(2) In sonstigen Verfahren vor dem Bundesverfassungsgericht oder dem Verfassungsgericht eines Landes gelten die Vorschriften des Dritten Abschnitts sinngemäß. Die Gebühren richten sich nach § 11 Abs. 1 Satz 4. Der Gegenstandswert ist unter Berücksichtigung aller Umstände, insbesondere der Bedeutung der Angelegenheit, des Umfangs und der Schwierigkeit der anwaltlichen Tätigkeit sowie der Vermögens- und Einkommensverhältnisse des Auftraggebers nach billigem Ermessen zu bestimmen, jedoch nicht unter 8.000 Deutsche Mark.

§ 113 a Verfahren vor dem Gerichtshof der Europäischen Gemeinschaften

(1) In Vorabentscheidungsverfahren vor dem Gerichtshof der Europäischen Gemeinschaften gelten die Vorschriften des Dritten Abschnitts sinngemäß. Die Gebühren richten sich nach § 11 Abs. 1 Satz 4. Die Prozeßgebühr des Verfahrens, in dem vorgelegt worden ist, wird auf die Prozeßgebühr des Verfahrens vor dem Gerichtshof der Europäischen Gemeinschaften angerechnet, wenn nicht eine im Verfahrensrecht vorgesehene schriftliche Stellungnahme gegenüber dem Gerichtshof der Europäischen Gemeinschaften abgegeben wird. Der Gegenstandswert bestimmt sich nach den Wertvorschriften, die für die Gerichtsgebühren des Verfahrens gelten, in dem vorgelegt wird. Das vorlegende Gericht setzt den Gegenstandswert auf Antrag durch Beschluß fest. § 10 Abs. 2 bis 4 gilt sinngemäß.

(2) Ist für das Verfahren, in dem vorgelegt worden ist, die Gebühr nur dem Mindest- und Höchstbetrag nach bestimmt, so erhält der Rechtsanwalt in dem Vorabentscheidungsverfahren eine Gebühr von 170 bis 2.540 Deutsche Mark. Ist der Rechtsanwalt in dem Verfahren vor dem Gericht, das vorgelegt hat, Verteidiger, Prozeßbevollmächtigter, Beistand oder Vertreter, so erhält er in dem Vorabentscheidungsverfahren eine Gebühr nur, wenn er vor dem Gerichtshof der Europäischen Gemeinschaften mündlich verhandelt; die Gebühr beträgt 170 bis 1.270 Deutsche Mark.

§ 114 Verfahren vor Gerichten der Verwaltungs- und Finanzgerichtsbarkeit

(1) In Verfahren vor den Gerichten der Verwaltungsgerichtsbarkeit und der Finanzgerichtsbarkeit gelten die Vorschriften des Dritten Abschnitts sinngemäß.

(2) Der Rechtsanwalt erhält im erstinstanzlichen Verfahren vor dem Bundesverwaltungsgericht und vor einem Oberverwaltungsgericht (Verwaltungsgerichtshof) Gebühren nach § 11 Abs. 1 Satz 4, im Verfahren vor dem Finanzgericht Gebühren nach § 11 Abs. 1 Satz 1 und 2.

(3) Im Verfahren nach § 84 Abs. 1 Satz 2 der Verwaltungsgerichtsordnung und im Verfahren nach § 130 a Satz 2 in Verbindung mit § 125 Abs. 2 Satz 3 der Verwaltungsgerichtsordnung erhält der Rechtsanwalt eine halbe Verhandlungsgebühr.

(4) Ist die Klage nach § 45 der Finanzgerichtsordnung als außergerichtlicher Rechtsbehelf zu behandeln, wird auf die Prozeßgebühr die neu entstehende oder eine in demselben Verwaltungsverfahren bereits entstandene Geschäftsgebühr angerechnet.

(5) Im Verfahren auf Aussetzung oder Aufhebung der Vollziehung des Verwaltungsakts, auf Anordnung oder Wiederherstellung der aufschiebenden Wirkung und in Verfahren auf Erlaß einer einstweiligen Anordnung gilt § 40 sinngemäß. Bei Vollziehung einer einstweiligen Anordnung gilt § 59 sinngemäß.

(6) Im gerichtlichen Verfahren über einen Akt der Zwangsvollstreckung (des Verwaltungszwangs) erhält der Rechtsanwalt drei Zehntel der in § 31 bestimmten Gebühren. Die Vorschriften des § 32 und des § 33 Abs. 1 und 2 gelten nicht.

§ 115 Vergütung des gerichtlich bestellten Rechtsanwalts

Der Rechtsanwalt kann von den Personen, für die er nach § 67 a Abs. 1 Satz 2 der Verwaltungsgerichtsordnung bestellt ist, die Vergütung eines von mehreren Auftraggebern zum Prozeßbevollmächtigten bestellten Rechtsanwalts verlangen; er kann jedoch keinen Vorschuß verlangen. § 36 a Abs. 2 gilt sinngemäß.

§ 116 Verfahren vor Gerichten der Sozialgerichtsbarkeit

(1) Im Verfahren vor Gerichten der Sozialgerichtsbarkeit erhält der Rechtsanwalt
1. vor dem Sozialgericht 100 bis 1.300 Deutsche Mark,
2. vor dem Landessozialgericht 120 bis 1.520 Deutsche Mark,
3. vor dem Bundessozialgericht 170 bis 2.540 Deutsche Mark.

Im Verfahren über die Zulassung eines Rechtsmittels erhält der Rechtsanwalt die Hälfte der Gebühr.

(2) In Verfahren
1. nach § 51 Abs. 2 Satz 1 des Sozialgerichtsgesetzes,
2. auf Grund von Streitigkeiten zwischen juristischen Personen des öffentlichen Rechts,
3. auf Grund von Streitigkeiten zwischen Arbeitgebern und juristischen Personen des öffentlichen Rechts,
4. gegen Entscheidungen einer obersten Bundes- oder Landesbehörde in Angelegenheiten nach dem Fünften Buch Sozialgesetzbuch sowie gegen Entscheidungen einer Landesbehörde nach § 122 Abs. 4 Satz 2 des Fünften Buches Sozialgesetzbuch

werden die Gebühren nach dem Gegenstandswert berechnet. Die Vorschriften des Dritten Abschnitts gelten sinngemäß. Im Verfahren nach § 105 Abs. 1 und im Verfahren nach § 153 Abs. 4 des Sozialgerichtsgesetzes erhält der Rechtsanwalt eine halbe Verhandlungsgebühr.

(3) In den Verfahren des Absatzes 1 erhält der Rechtsanwalt keine besonderen Gebühren nach den §§ 23, 24. Die Höchstbeträge des Absatzes 1 erhöhen sich statt dessen um 50 vom Hundert.

§ 117 [Gebührengleichheit]

Wird durch Urteil ohne mündliche Verhandlung oder als Urteil wirkenden Gerichtsbescheid entschieden, erhält der Rechtsanwalt die gleichen Gebühren wie in einem Verfahren mit mündlicher Verhandlung.

Zwölfter Abschnitt

Gebühren in sonstigen Angelegenheiten

§ 118 Geschäftsgebühr, Besprechungsgebühr, Beweisaufnahmegebühr

(1) In anderen als den im Dritten bis Elften Abschnitt geregelten Angelegenheiten erhält der Rechtsanwalt fünf Zehntel bis zehn Zehntel der vollen Gebühr
1. für das Betreiben des Geschäfts einschließlich der Information, des Einreichens, Fertigens oder Unterzeichnens von Schriftsätzen oder Schreiben und des Entwerfens von Urkunden (Geschäftsgebühr); der Rechtsanwalt erhält diese Gebühr nicht für einen Rat oder eine Auskunft (§ 20);

2. für das Mitwirken bei mündlichen Verhandlungen oder Besprechungen über tatsächliche oder rechtliche Fragen, die von einem Gericht oder einer Behörde angeordnet oder im Einverständnis mit dem Auftraggeber vor einem Gericht oder einer Behörde, mit dem Gegner oder mit einem Dritten geführt werden; für das Mitwirken bei der Gestaltung eines Gesellschaftsvertrages und bei der Auseinandersetzung von Gesellschaften und Gemeinschaften (Besprechungsgebühr); der Rechtsanwalt erhält diese Gebühr nicht für eine mündliche oder fernmündliche Nachfrage;
3. für das Mitwirken bei Beweisaufnahmen, die von einem Gericht oder von einer Behörde angeordnet worden sind (Beweisaufnahmegebühr); § 34 gilt sinngemäß.

(2) Soweit die in Absatz 1 Nr. 1 bestimmte Geschäftsgebühr für eine Tätigkeit außerhalb eines gerichtlichen oder behördlichen Verfahrens entsteht, ist sie auf die entsprechenden Gebühren für ein anschließendes gerichtliches oder behördliches Verfahren anzurechnen. Die in Satz 1 bezeichnete Geschäftsgebühr ist zur Hälfte auf die entsprechenden Gebühren für ein Verfahren über Anträge auf Vollstreckbarerklärung eines Vergleichs nach § 1044 b der Zivilprozeßordnung anzurechnen.

(3) (aufgehoben)

§ 119 Vorverfahren, Verwaltungszwangsverfahren, Aussetzung der Vollziehung

(1) Das Verwaltungsverfahren, das dem Rechtsstreit vorausgeht und der Nachprüfung des Verwaltungsakts dient (Vorverfahren, Einspruchsverfahren, Beschwerdeverfahren, Abhilfeverfahren) ist zusammen mit dem vorangegangenen Verwaltungsverfahren eine Angelegenheit.

(2) Im Verwaltungszwangsverfahren (Verwaltungsvollstreckungsverfahren) erhält der Rechtsanwalt je drei Zehntel der vollen Gebühr als Geschäftsgebühr, Besprechungsgebühr und Beweisaufnahmegebühr.

(3) Das Verwaltungsverfahren auf Aussetzung der Vollziehung oder auf Beseitigung der aufschiebenden oder hemmenden Wirkung ist zusammen mit den in den Absätzen 1 und 2 genannten Verfahren eine Angelegenheit.

§ 120 Einfache Schreiben

(1) Beschränkt sich die Tätigkeit des Rechtsanwalts auf Mahnungen, Kündigungen oder Schreiben einfacher Art, die weder schwierige rechtliche Ausführungen noch größere sachliche Auseinandersetzungen enthalten, so erhält er nur zwei Zehntel der vollen Gebühr.

(2) Beschränkt sich die Tätigkeit des Rechtsanwalts auf ein Schreiben, das nur dem äußeren Betreiben eines Verfahrens dient, insbesondere eine Benachrichtigung, ein Beschleunigungsgesuch, ein Gesuch um Erteilung von Ausfertigungen oder Abschriften, so erhält der Rechtsanwalt nur die Mindestgebühr (§ 11 Abs. 2 Satz 1).

Dreizehnter Abschnitt
Vergütung bei Prozeßkostenhilfe

§ 121 Vergütung aus der Bundes- oder Landeskasse

Der im Wege der Prozeßkostenhilfe oder nach § 11 a des Arbeitsgerichtsgesetzes beigeordnete Rechtsanwalt erhält, soweit in diesem Abschnitt nichts anderes bestimmt ist, die gesetzliche Vergütung in Verfahren vor Gerichten des Bundes aus der Bundeskasse, in Verfahren vor Gerichten eines Landes aus der Landeskasse.

§ 122 Umfang der Beiordnung

(1) Der Anspruch des Rechtsanwalts bestimmt sich nach den Beschlüssen, durch die die Prozeßkostenhilfe bewilligt und der Rechtsanwalt beigeordnet worden ist.

(2) Der Rechtsanwalt erhält Vergütung aus der Bundes- oder Landeskasse, wenn er für eine Berufung oder Revision beigeordnet ist, auch für die Rechtsverteidigung gegen eine Anschlußberufung oder eine Anschlußrevision und, wenn er für die Erwirkung eines Arrests oder einer einstweiligen Verfügung beigeordnet ist, auch für die Vollziehung des Arrests oder der einstweiligen Verfügung. Dies gilt nicht, wenn der Beiordnungsbeschluß ausdrücklich bestimmt, daß der Rechtsanwalt für die Rechtsverteidigung gegen die Anschlußberufung oder Anschlußrevision oder für die Vollziehung des Arrests oder der einstweiligen Verfügung nicht beigeordnet ist.

(3) Die Beiordnung eines Rechtsanwalts in einer Ehesache erstreckt sich auf den Abschluß eines Vergleichs, der den gegenseitigen Unterhalt der Ehegatten und den Unterhalt gegenüber den Kindern im Verhältnis der Ehegatten zueinander, die Sorge für die Person der gemeinschaftlichen minderjährigen Kinder, die Rechtsverhältnisse an der Ehewohnung und dem Hausrat und die Ansprüche aus dem ehelichen Güterrecht betrifft. In anderen Angelegenheiten, die mit dem Hauptprozeß nur zusammenhängen, erhält der für den Hauptprozeß beigeordnete Rechtsanwalt Vergütung aus der Bundes- oder Landeskasse nur dann, wenn er ausdrücklich auch hierfür beigeordnet ist. Dies gilt insbesondere für

1. die Zwangsvollstreckung (den Verwaltungszwang);
2. das Verfahren über den Arrest, die einstweilige Verfügung und die einstweilige Anordnung;
3. selbständige Beweisverfahren;
4. das Verfahren über die Widerklage, ausgenommen die Rechtsverteidigung gegen die Widerklage in Ehesachen.

§ 123 Gebühren des Rechtsanwalts

Aus der Staatskasse (§ 121) werden bei einem Gegenstandswert von mehr als 6.000 Deutsche Mark anstelle der vollen Gebühr (§ 11 Abs. 1 Satz 1 und 2) folgende Gebühren vergütet:

Gegenstandswert bis (Deutsche Mark)	Gebühren (Deutsche Mark)	Gegenstandswert bis (Deutsche Mark)	Gebühren (Deutsche Mark)
7.000	390	25.000	525
8.000	405	30.000	565
9.000	420	35.000	605
10.000	435	40.000	645
12.000	445	45.000	685
14.000	455	50.000	725
16.000	465	über	
18.000	475	50.000	765
20.000	485		

§ 124 Weitere Vergütung

(1) Gebühren bis zur Höhe der Regelgebühren erhält der Rechtsanwalt, soweit die von der Bundes- und der Landeskasse eingezogenen Beträge den Betrag übersteigen, der zur

Deckung der in § 122 Abs. 1 Nr. 1 der Zivilprozeßordnung bezeichneten Kosten und Ansprüche erforderlich ist. Die weitere Vergütung wird aus der Staatskasse gewährt, an die die Zahlungen nach § 120 Abs. 2 der Zivilprozeßordnung zu leisten waren.

(2) Der beigeordnete Rechtsanwalt soll eine Berechnung seiner Vergütung unverzüglich zu den Prozeßakten mitteilen.

(3) Die weitere Vergütung wird erst festgesetzt, wenn das Verfahren durch rechtskräftige Entscheidung oder in sonstiger Weise beendet ist und die von der Partei zu zahlenden Beträge beglichen sind oder eine Zwangsvollstreckung in das bewegliche Vermögen der Partei erfolglos geblieben ist oder aussichtslos erscheint.

(4) Waren mehrere Rechtsanwälte beigeordnet, so bemessen sich die auf die einzelnen Rechtsanwälte entfallenden Beträge nach dem Verhältnis der jeweiligen Unterschiedsbeträge zwischen den Gebühren nach § 123 und den Regelgebühren; dabei sind Zahlungen, die nach § 129 auf den Unterschiedsbetrag anzurechnen sind, von diesem abzuziehen.

§ 125 Verschulden eines beigeordneten Rechtsanwalts

Hat der beigeordnete Rechtsanwalt durch schuldhaftes Verhalten die Beiordnung eines anderen Rechtsanwalts veranlaßt, so kann er Gebühren, die auch für den anderen Rechtsanwalt entstehen, nicht fordern.

§ 126 Auslagen

(1) Auslagen, insbesondere Reisekosten, werden nicht vergütet, wenn sie zur sachgemäßen Wahrnehmung der Interessen der Partei nicht erforderlich waren. Nicht zu vergüten sind die Mehrkosten, die dadurch entstehen, daß der Rechtsanwalt seinen Wohnsitz oder seine Kanzlei nicht an dem Ort hat, an dem sich das Prozeßgericht oder eine auswärtige Abteilung dieses Gerichts befindet; dies gilt nicht, wenn ein Rechtsanwalt beigeordnet wird, der weder bei dem Prozeßgericht noch bei einem Gericht zugelassen ist, das sich an demselben Ort wie das Prozeßgericht befindet.

(2) Ob eine Reise erforderlich ist, stellt das Gericht des Rechtszugs auf Antrag vor Antritt der Reise fest. Die Feststellung, daß die Reise erforderlich ist, ist für das Festsetzungsverfahren (§ 128) bindend.

§ 127 Vorschuß

Für die entstandenen Gebühren (§ 123) und die entstandenen und voraussichtlich entstehenden Auslagen kann der Rechtsanwalt aus der Bundes- oder Landeskasse angemessenen Vorschuß fordern. § 128 gilt sinngemäß.

§ 128 Rechtsweg

(1) Die aus der Bundes- oder Landeskasse zu gewährende Vergütung wird auf Antrag des Rechtsanwalts von dem Urkundsbeamten der Geschäftsstelle des Gerichts des Rechtszuges festgesetzt; jedoch setzt eine aus der Landeskasse zu gewährende Vergütung, wenn das Verfahren durch rechtskräftige Entscheidung oder in sonstiger Weise beendet ist, der Urkundsbeamte des Gerichts des ersten Rechtszuges fest. § 104 Abs. 2 der Zivilprozeßordnung gilt sinngemäß. Der Antrag hat die Erklärung zu enthalten, ob und welche Zahlungen der Rechtsanwalt von der Partei oder einem Dritten bis zum Tage der Antragstellung erhalten hat; Zahlungen, die er nach diesem Zeitpunkt erhalten hat, hat er unverzüglich anzuzeigen.

(2) Der Urkundsbeamte kann vor einer Festsetzung nach § 124 einen Rechtsanwalt auffordern, innerhalb einer Frist von einem Monat bei der Geschäftsstelle des Gerichts,

dem der Urkundsbeamte angehört, Anträge auf Festsetzung der Vergütungen, für die ihm noch Ansprüche gegen die Bundes- oder Landeskasse zustehen, einzureichen oder sich zu den empfangenen Zahlungen (Absatz 1 Satz 3) zu erklären. Kommt der Rechtsanwalt der Aufforderung nicht nach, erlöschen seine Ansprüche.

(3) Über Erinnerungen des Rechtsanwalts und der Bundes- oder Landeskasse gegen die Festsetzung entscheidet das Gericht des Rechtszuges, bei dem die Vergütung festgesetzt ist, durch Beschluß. § 10 Abs. 4 gilt sinngemäß.

(4) Gegen den Beschluß ist die Beschwerde zulässig, wenn der Beschwerdegegenstand einhundert Deutsche Mark übersteigt. § 10 Abs. 3 Satz 2, 4 und Absatz 4 gilt sinngemäß. Eine weitere Beschwerde findet nicht statt.

(5) Das Verfahren über die Erinnerung und über die Beschwerde ist gebührenfrei. Kosten werden nicht erstattet.

§ 129 Anrechnung von Vorschüssen und Zahlungen

Vorschüsse und Zahlungen, die der Rechtsanwalt von seinem Auftraggeber oder einem Dritten vor oder nach der Beiordnung erhalten hat, sind zunächst auf die Vergütungen anzurechnen, für die ein Anspruch gegen die Bundes- oder Landeskasse nicht oder nur unter den Voraussetzungen des § 124 besteht.

§ 130 Übergang von Ansprüchen auf die Bundes- oder Landeskasse

(1) Soweit dem Rechtsanwalt wegen seiner Vergütung ein Anspruch gegen die Partei oder einen ersatzpflichtigen Gegner zusteht, geht der Anspruch mit der Befriedigung des Rechtsanwalts durch die Bundes- oder Landeskasse auf diese über. Der Übergang kann nicht zum Nachteil des Rechtsanwalts geltend gemacht werden.

(2) Für die Geltendmachung des Anspruchs gelten die Vorschriften über die Einziehung der Kosten des gerichtlichen Verfahrens sinngemäß. Ansprüche der Staatskasse werden bei dem Gericht des ersten Rechtszugs angesetzt. Ist das Gericht des ersten Rechtszugs ein Gericht des Landes und ist der Anspruch auf die Bundeskasse übergegangen, so wird er insoweit bei dem jeweiligen obersten Gerichtshof des Bundes angesetzt. Für die Entscheidung über eine gegen den Ansatz gerichtete Erinnerung und über die Beschwerde gilt § 5 des Gerichtskostengesetzes entsprechend.

Vierzehnter Abschnitt
Vergütung für die Beratungshilfe

§ 131 Vergütung aus der Landeskasse

Der Rechtsanwalt erhält, soweit nicht für die Tätigkeit in Beratungsstellen nach § 3 Abs. 1 des Beratungshilfegesetzes besondere Vereinbarungen getroffen sind, eine Vergütung nach diesem Gesetz aus der Landeskasse.

§ 132 Gebühren für die Beratungshilfe

(1) Für einen mündlichen oder schriftlichen Rat und für eine Auskunft, die nicht mit einer anderen gebührenpflichtigen Tätigkeit zusammenhängen, erhält der Rechtsanwalt eine Gebühr von 45 Deutsche Mark. § 20 Abs. 1 Satz 4 ist anzuwenden.

(2) Für die in § 118 bezeichneten Tätigkeiten erhält der Rechtsanwalt eine Gebühr von 110 Deutsche Mark. Auf die Gebühren für ein anschließendes gerichtliches oder behördliches Verfahren ist diese Gebühr zur Hälfte anzurechnen. Auf die Gebühren für

ein Verfahren über Anträge auf Vollstreckbarerklärung eines Vergleichs nach § 1044 b der Zivilprozeßordnung ist die in Satz 1 bezeichnete Gebühr zu einem Viertel anzurechnen.

(3) Führt die Tätigkeit des Rechtsanwalts nach Absatz 2 Satz 1 zu einem Vergleich oder einer Erledigung der Rechtssache (§§ 23, 24), so erhält der Rechtsanwalt eine gesonderte Gebühr in Höhe von 200 Deutsche Mark für den Vergleich oder von 135 Deutsche Mark für die Erledigung.

§ 133

Die §§ 125, 126, 128, 130 Abs. 1 sind sinngemäß anzuwenden. Der Pauschsatz des § 26 bemißt sich nach den Gebühren des § 132. Für die Zuständigkeit gilt § 4 Abs. 1 des Beratungshilfegesetzes entsprechend.

Fünfzehnter Abschnitt

Übergangs- und Schlußvorschriften

§ 134 Übergangsvorschrift

(1) Die Vergütung ist nach bisherigem Recht zu berechnen, wenn der unbedingte Auftrag zur Erledigung derselben Angelegenheit im Sinne des § 13 vor dem Inkrafttreten einer Gesetzesänderung erteilt oder der Rechtsanwalt vor diesem Zeitpunkt gerichtlich bestellt oder beigeordnet worden ist. Ist der Rechtsanwalt im Zeitpunkt des Inkrafttretens einer Gesetzesänderung in derselben Angelegenheit und, wenn ein gerichtliches Verfahren anhängig ist, in demselben Rechtszug bereits tätig, so ist die Vergütung für das Verfahren über ein Rechtsmittel, das nach diesem Zeitpunkt eingelegt worden ist, nach neuem Recht zu berechnen. Die Sätze 1 und 2 gelten auch, wenn Vorschriften geändert werden, auf die dieses Gesetz verweist.

(2) Sind Gebühren nach dem zusammengerechneten Wert mehrerer Gegenstände zu bemessen, gilt für die gesamte Vergütung das bisherige Recht auch dann, wenn dies nach Absatz 1 nur für einen der Gegenstände gelten würde.

§ 135 (aufgehoben)

Anlage
(zu § 11)

Gegenstands-wert bis ... DM	Gebühr ... DM	Gegenstands-wert bis ... DM	Gebühr ... DM
600	50	70 000	1 705
1 200	90	80 000	1 845
1 800	130	90 000	1 985
2 400	170	100 000	2 125
3 000	210	130 000	2 285
4 000	265	160 000	2 445
5 000	320	190 000	2 605
6 000	375	220 000	2 765
7 000	430	250 000	2 925
8 000	485	280 000	3 085
9 000	540	310 000	3 245
10 000	595	340 000	3 405
12 000	665	370 000	3 565
14 000	735	400 000	3 725
16 000	805	460 000	3 975
18 000	875	520 000	4 225
20 000	945	580 000	4 475
25 000	1 025	640 000	4 725
30 000	1 105	700 000	4 975
35 000	1 185	760 000	5 225
40 000	1 265	820 000	5 475
45 000	1 345	880 000	5 725
50 000	1 425	940 000	5 975
60 000	1 565	1 000 000	6 225

Gesetz über die Kosten in Angelegenheiten der freiwilligen Gerichtsbarkeit (Kostenordnung)

Vom 25. November 1935 (RGBl. I S. 1371)
in der Fassung vom 26. Juli 1957 (BGBl. I S. 861, 960)[1)2)]
(BGBl. III 361-1)

Änderungen seit 1. 1. 1964

Paragraph	Art der Änderung	Geändert durch	Datum	Fundstelle BGBl.
137, 153	geändert	Gesetz zur Änderung der Bundesgebührenordnung für Rechtsanwälte und anderer Gesetze	30. 6.1965	I S. 577
154 151 a	geändert eingefügt	Gesetz zur Anpassung von Kostengesetzen an das Umsatzsteuergesetz vom 29. Mai 1967	20. 12.1967	I S. 1246
19, 21, 26, 79, 136, 137 31 a	geändert eingefügt	Gesetz zur Änderung von Vorschriften des Justizkostenrechts	28.12.1968	I S. 1458
47	geändert	Gesetz zur Durchführung der Ersten Richtlinie des Rates der Europäischen Gemeinschaften zur Koordinierung des Gesellschaftsrechts	15. 8.1969	I S. 1146
38, 93, 94 55 a, 106 a	geändert eingefügt	Gesetz über die rechtliche Stellung der nichtehelichen Kinder	19. 8.1969	I S. 1243
112, 144, 145, 150	geändert	Beurkundungsgesetz	28. 8.1969	I S. 1513
124	geändert	Gesetz zur Änderung des Rechtspflegergesetzes, des Beurkundungsgesetzes und zur Umwandlung des Offenbarungseides in eine eidestattliche Versicherung	27. 6.1970	I S. 911
50	geändert	Seerechtsänderungsgesetz	21. 6.1972	I S. 966, S. 1300
153	geändert	Gesetz zur Änderung der Bundesrechtsanwaltsordnung, der Bundesgebührenordnung für Rechtsanwälte und anderer Vorschriften	24.10.1972	I S. 2013
38	geändert	Gesetz zur Änderung des Bürgerlichen Gesetzbuchs und anderer Gesetze	30. 5.1973	I S. 501

1) Neugefaßt auf Grund von Artikel XI § 7 des Gesetzes zur Änderung und Ergänzung kostenrechtlicher Vorschriften vom 26. 7. 1957 (BGBl. I S. 861).

2) Siehe Maßgabe auf Seite 4.

Paragraph	Art der Änderung	Geändert durch	Datum	Fundstelle BGBl.
119, 137	geändert	Einführungsgesetz zum Strafgesetzbuch	2. 3.1974	I S. 469
91 99	geändert aufgehoben	Gesetz zur Neuregelung des Volljährigkeitsalters	31. 7.1974	I S. 1713
8, 14, 30, 31, 33, 47, 51, 52, 55, 56, 72, 73. 82-84, 89, 126, 136, 137, 139, 143, 144, 146, 149,150,152, 153, Anlage	geändert	Gesetz zur Änderung des Gerichtskostengesetzes, des Gesetzes über Kosten der Gerichtsvollzieher, der Bundesgebührenordnung für Rechtsanwälte und anderer Vorschriften	20. 8.1995	I S. 2189
138	aufgehoben			
94, Überschrift zu 97, 97 a, 124, 131	geändert	Erstes Gesetz zur Reform des Ehe- und Familienrechts	14. 6.1976	I S. 1421
99,131 a	eingefügt			
24, 30, 38, 60, 94, 95, 98	geändert	Adoptionsgesetz	2. 7.1976	I S. 1749
23, 44	geändert	Gesetz zur Änderung sachenrechtlicher, grundbuchrechtlicher und anderer Vorschriften	22. 7.1977	I S. 998
151 a	geändert	Steueränderungsgesetz 1977	16. 8.1977	I S. 1586
151 a	geändert	Steueränderungsgesetz 1979	30.11.1978	I S. 1849
94, 95	geändert	Gesetz zur Neuregelung des Rechts der elterlichen Sorge	18. 7.1979	I S. 1061
151 a, 154	geändert	Gesetz zur Neufassung des Umsatzsteuergesetzes und zur Änderung anderer Gesetze	26.11.1979	I S. 1953
8	geändert	Gesetz über die Prozeßkostenhilfe	13. 6.1980	I S. 677
88	geändert	Gesetz zur Änderung des Gesetzes betreffend die Gesellschaften mit beschränkter Haftung und anderer handelsrechtlicher Vorschriften	4. 7.1980	I S. 836
144	geändert	Sozialgesetzbuch – Verwaltungsverfahren –	18. 8.1980	I S. 1469
128 a	eingefügt	Transsexuellengesetz	10. 9.1980	I S. 1654
24	geändert	Adoptionsanpassungsgesetz	24. 6.1985	I S. 1144
50, 86, 121	geändert	Bilanzrichtlinien-Gesetz	19.12.1985	I S. 2355

Paragraph	Art der Änderung	Geändert durch	Datum	Fundstelle BGBl.
32, 33, 50, 52, 55, 56, 72, 73, 79, 82, 84, 89, 92, 96, 111, 126, 130, 136, 139, 145-147, 150, 153, Anlage 2	geändert	Gesetz zur Änderung von Kostengesetzen	9.12.1986	I S. 2326
161	eingefügt			
82	aufgehoben[1]	Gesetz zur Änderung des Geschmacksmustergesetzes	18.12.1986	I S. 2501
26	geändert	EWIV-Ausführungsgesetz	14. 4.1988	I S. 514
11, 19, 107, 143, 144	geändert	Gesetz zur Regelung des Geschäftswertes bei land- oder forstwirtschaftlichen Betriebsübergaben und zur Änderung sonstiger kostenrechtlicher Vorschriften	15. 6.1989	I S. 1082
94, 119	geändert	Gesetz zur Ausführung von Sorgerechtsübereinkommen und zur Änderung des Gesetzes über die Angelegenheiten der freiwilligen Gerichtsbarkeit sowie anderer Gesetze	5. 4.1990	I S. 701
55 a	geändert	Kinder- und Jugendhilfegesetz	26. 6.1990	I S. 1163
92, 93, 95-97, 119, 131, 136, 139	geändert	Betreuungsgesetz	12. 9.1990	I S. 2002
128 b	eingefügt			
14	geändert	Rechtspflege-Vereinfachungsgesetz	17.12.1990	I S. 2847
148 a	eingefügt			
Maßgabe Anlage I Kapitel III Sachgebiet A Abschnitt III Nr. 20 Buchstabe b	aufgehoben	Rechtspflege-Anpassungsgesetz	26. 6.1992	I S. 1147

1) § 82 ist gemäß Artikel 5 des obengenannten Gesetzes weiterhin anzuwenden auf Muster und Modelle, die vor dem 1. 7. 1988 bei den zuständigen Gerichten bereits angemeldet worden sind.

Paragraph	Art der Änderung	Geändert durch	Datum	Fundstelle BGBl.
117	aufgehoben	Gesetz zur Aufhebung des Reichsheimstättengesetzes	17. 6.1993	I S. 912
144 a	eingefügt	Gesetz zur Umsetzung des Föderalen Konsolidierungs-programms	23. 6.1993	I S. 944, 962
8, 73, 83, 89	geändert	Registerverfahrenbeschleuni-gungsgesetz	20.12.1993	I S. 2182, 2210
11	geändert	Eisenbahnneuordnungsgesetz	27.12.1993	I S. 2378
19, 26, 30, 32, 33, 38, 43, 46, 56, 67, 72, 73, 83, 84, 89, 112, 126, 136, 137, 139, 143, 146, 148 a Überschrift, 152-154, Anlage	geändert	Kostenrechtsänderungsgesetz 1994	24. 6.1994	I S. 1325, 1349
131 b	eingefügt			

Maßgabe

Gemäß Anlage I Kapitel III Sachgebiet A Abschnitt III Nr. 20 des Einigungsvertrages vom 23. 9.1990 (BGBl. II S. 885) treten die Rechtsvorschriften mit den folgenden Maßgaben in den Ländern Brandenburg, Mecklenburg-Vorpommern, Sachsen, Sachsen-Anhalt und Thüringen in Kraft:

»a) Die sich aus den in Kraft gesetzten Vorschriften ergebenden Gebühren ermäßigen sich für Kostenschuldner, die ihren Wohnsitz oder Sitz der Hauptniederlassung, bei einer Handelsgesellschaft den Sitz der Gesellschaft, in dem in Artikel 3 des Vertrages genannten Gebiet haben, um 20[1)] vom Hundert. Soweit in bundesrechtlichen Vorschriften ein höherer Ermäßigungssatz festgelegt ist, gilt dieser. § 33 bleibt unberührt. § 144 Abs. 3 gilt sinngemäß.

b) (aufgehoben)

c) Soweit Vorschriften des Rechts der Deutschen Demokratischen Republik, die als Bundesrecht weitergelten, eine weitergehende Befreiung von Gebühren und Auslagen vorsehen als bundesrechtliche Vorschriften in dem Gebiet, in dem die Kostenordnung schon vor dem Beitritt gegolten hat, sind diese Vorschriften des Rechts der Deutschen Demokratischen Republik nicht anzuwenden.

d) Für die Bewertung des land- und forstwirtschaftlichen Vermögens im Sinne des § 19 Abs. 4 gelten die Vorschriften des Bewertungsgesetzes für die Bewertung von Vermögen in dem in Artikel 3 des Vertrages genannten Gebiet. Zum land- und forstwirtschaftlichen Vermögen gehören jedoch auch die Wohngebäude einschließlich des dazugehörigen Grund und Bodens. § 126 Abs. 2 des Bewertungsgesetzes gilt sinngemäß.

e) § 161 gilt auch für das Inkrafttreten dieses Gesetzes in dem in Artikel 3 des Vertrages genannten Gebiet.

Maßgabe

Gemäß Anlage I Kapitel III Sachgebiet A Abschnitt IV Nr. 3 Buchst. g des Einigungsvertrages vom 23. 9. 1990 (BGBl. II S. 885) gelten die Rechtsvorschriften auch in dem beigetretenen Teil des Landes Berlin mit folgenden Besonderheiten:

»Die Maßgabe a) zur Kostenordnung in Abschnitt III – Nr. 20 – findet für die Tätigkeit von Notaren Anwendung, die ihre Geschäftsstelle in dem Teil des Landes Berlin, in dem das Grundgesetz bisher nicht galt, halten«.

1) Gemäß § 1 der Ermäßigungssatz-Anpassungsverordnung vom 15.04.1996 (BGBl. I S. 604) werden die Ermäßigungssätze ab 1. 7. 1996 auf 10 vom Hundert festgesetzt.

Paragraph	Art der Änderung	Geändert durch	Datum	Fundstelle BGBl.
86, 88 26 a, 82	geändert eingefügt	Gesetz zur Schaffung von Partnerschaftsgesellschaften und zur Änderung anderer Gesetze	25. 7.1994	I S. 1744
11	geändert	Postneuordnungsgesetz	14. 9.1994	I S. 2325, 2387
69, 87, 88	geändert	Einführungsgesetz zur Insolvenzordnung[1]	5.10.1994	I S. 2911, 2923

Übersicht

§§

Erster Teil
Gerichtskosten

Erster Abschnitt
Allgemeine Vorschriften

1. Geltungsbereich 1
2. Kostenschuldner
Allgemeiner Grundsatz 2
Weitere Kostenschuldner 3
Gebührenschuldner in besonderen Fällen 4
Mehrere Kostenschuldner 5
Haftung der Erben 6
3. Fälligkeit 7
4. Vorauszahlung und Sicherstellung
Vorschüsse 8
Zurückzahlung von Vorschüssen 9
Zurückbehaltungsrecht 10
5. Kostenbefreiungen
Allgemeine Vorschriften 11
Einschränkungen 12
Gebührenfreiheit für einzelne Gesamtschuldner 13
6. Der Kostenanspruch
Kostenansatz, Erinnerung, Beschwerde 14
Nachforderung 15
Nichterhebung von Kosten wegen unrichtiger Sachbehandlung 16
Verjährung 17
7. Geschäftswert
Grundsatz 18
Sachen 19
Kauf-, Vorkaufs- und Wiederkaufsrecht 20
Erbbaurecht, Wohnungseigentum, Wohnungserbbaurecht 21

§§

Grunddienstbarkeiten 22
Pfandrechte und sonstige Sicherheiten, Rangänderungen 23
Wiederkehrende Nutzungen oder Leistungen 24
Miet- und Pachtrechte, Dienstverträge 25
Anmeldungen zum Handelsregister, Eintragungen in das Handelsregister 26
Anmeldungen zum Partnerschaftsregister, Eintragungen in das Partnerschaftsregister 26a
Beschlüsse von Aktiengesellschaften, anderen Vereinigungen und Stiftungen 27
Anmeldungen zu einem Register, Eintragungen in ein Register, Beurkundung von Beschlüssen 28
Anmeldungen zum Güterrechtsregister, Eintragungen in das Güterrechtsregister, Eintragungen auf Grund von Eheverträgen 29
Angelegenheiten ohne bestimmten Geschäftswert, nichtvermögensrechtliche Angelegenheiten 30
Festsetzung des Geschäftswerts 31
Auskunftspflicht des Notars 31 a
8. Volle Gebühr, Rahmengebühren, Nebengeschäfte
Volle Gebühr 32
Mindestbetrag einer Gebühr, Aufrundung 33
Rahmengebühren 34
Nebengeschäfte 35

Zweiter Abschnitt
Gebühren in Angelegenheiten der freiwilligen Gerichtsbarkeit

1. Beurkundungen und ähnliche Geschäfte
Einseitige Erklärungen und Verträge 36
Vertragsangebot 37

1) Die Änderungen treten am 1. 1. 1999 in Kraft und werden zu diesem Zeitpunkt eingearbeitet.

Besondere Fälle 38
Geschäftswert 39
Geschäftswert bei zustimmenden Erklärungen einzelner Mitberechtigter 40
Geschäftswert bei Vollmachten 41
Ergänzung und Änderung beurkundeter Erklärungen 42
Anerkennung einer schriftlich abgegebenen Erklärung 43
Mehrere Erklärungen in einer Urkunde 44
Beglaubigung von Unterschriften 45
Verfügungen von Todes wegen 46
Beschlüsse von Gesellschaftsorganen 47
Verlosung, Auslosung und Vernichtung von Wertpapieren, Wahlversammlungen 48
Eide, eidesstattliche Versicherungen, Vernehmung von Zeugen und Sachverständigen, Augenscheinseinnahmen 49
Bescheinigungen, Abmarkungen, Verklarungen, Proteste, Schätzungen 50
Wechsel- und Scheckproteste 51
Vermögensverzeichnisse, Siegelungen 52
Freiwillige Versteigerung von Grundstücken 53
Versteigerung von beweglichen Sachen und Rechten 54
Beglaubigung von Abschriften 55
Gebührenfreiheit in Kindschafts- und Unterhaltssachen 55 a
Sicherstellung der Zeit 56
Erfolglose Verhandlung 57
Geschäfte außerhalb der Gerichtsstelle, an Sonn- und Feiertagen und zur Nachtzeit 58
Erklärungen in fremder Sprache 59

2. Grundbuchsachen
Eintragung des Eigentümers 60
Eigentumswechsel bei Gemeinschaften zur gesamten Hand 61
Eintragung von Belastungen 62
Eintragung mehrerer Rechte, Belastung mehrerer Grundstücke 63
Eintragung von Veränderungen und Löschungsvormerkungen 64
Eintragung von Verfügungsbeschränkungen 65
Eintragung von Vormerkungen und Widersprüchen 66
Sonstige Eintragungen 67
Löschungen und Entlassung aus der Mithaft 68
Gebührenfreie Eintragungen und Löschungen, Zwischenverfügungen 69
Löschung gegenstandsloser Rechte und Klarstellung der Rangverhältnisse 70
Erteilung von Hypotheken-, Grundschuld- oder Rentenschuldbriefen 71
Vermerke auf dem Brief 72
Abschriften und Ausdrucke 73
Grundbucheinsicht 74
Eintragungsanträge 75
Wohnungs- und Teileigentum 76
Grundstücksgleiche Rechte 77
Bahneinheiten 78

3. Registersachen
Eintragungen in das Handelsregister 79
Eintragungen in das Vereinsregister 80
Eintragungen in das Güterrechtsregister 81
Eintragungen in das Partnerschaftsregister 82
Genossenschaftsregister 83
Eintragungen in das Schiffsregister, Schiffsurkunden 84
Eintragungen in das Schiffsbauregister und in das Kabelbuch 85
Anmeldungen, Anträge, Aufbewahrung und Prüfung von Unterlagen 86
Gebührenfreie Geschäfte des Registergerichts 87
Löschungsverfahren, Auflösungsverfahren 88
Abschriften und Ausdrucke 89
Registereinsicht 90

4. Familienrechtliche Angelegenheiten
Gebührenfreie Tätigkeit des Vormundschaftsgerichts 91
Vormundschaft, Dauerbetreuung, -pflegschaft und -beistandschaft 92
Betreuung, Pflegschaft und Beistandschaft für einzelne Rechtshandlungen 93
Einzelne Verrichtungen des Vormundschaftsgerichts und des Familiengerichts 94
Weitere Verrichtungen des Vormundschaftsgerichts 95
Nichterhebung von Auslagen in besonderen Fällen 96
Verfügungen des Vormundschaftsgerichts oder des Familiengerichts, die sich nicht auf Minderjährige, Betreute oder Pflegebefohlene beziehen 97
Befreiung von Ehevoraussetzungen und Eheverboten 97 a
Annahme als Kind 98
Versorgungsausgleich bei Scheidung, Nichtigerklärung oder Aufhebung einer Ehe 99
(aufgehoben) 100

5. Nachlaß- und Teilungssachen
Verwahrung von Verfügungen von Todes wegen 101
Eröffnung einer Verfügung von Todes wegen 102
Gemeinsame Vorschriften zu den §§ 101, 102 103
Sicherung des Nachlasses 104
Ermittlung des Erben 105
Nachlaßpflegschaften, Gesamtgutsverwaltung 106
Stundung des Pflichtteilsanspruchs, des Erbersatzanspruchs und des Ausgleichsanspruchs 106 a
Erbschein 107
Erbscheine für bestimmte Zwecke 107 a

Einziehung des Erbscheins 108
Andere Zeugnisse 109
Feststellung des Erbrechts des Fiskus 110
Beschränkte Zeugnisse, Bescheinigungen 111
Erklärungen gegenüber dem Nachlaßgericht 112
Testamentsvollstrecker 113
Nachlaßinventar, Fristbestimmungen 114
Gebührenfreie Erledigung in den Fällen der §§ 112 bis 114 115
Gerichtliche Vermittlung der Auseinandersetzung 116
(aufgehoben) 117

6. Sonstige Angelegenheiten
Genehmigung und Beaufsichtigung von Stiftungen 118
Verfahren bei Festsetzung von Zwangs- und Ordnungsgeld 119
Ernennung von Sachverständigen, Bestellung eines Verwahrers, Verkauf oder Hinterlegung von Pfändern 120
Ernennung und Abberufung von Vorstandsmitgliedern usw. 121
Bestellung eines Vertreters des Grundstücks- oder Schiffseigentümers, Zustellung von Willenserklärungen, Kraftloserklärung von Vollmachten 122
Dispache 123
Eidesstattliche Versicherung 124
Verteilungsverfahren bei Enteignungen und dgl. 125
Kapitalkreditbeschaffung für landwirtschaftliche Pächter 126
Personenstandsangelegenheiten 127
Todeserklärung und Feststellung der Todeszeit 128
Änderung der Vornamen und Feststellung der Geschlechtszugehörigkeit in besonderen Fällen 128 a
Unterbringungssachen 128 b

7. Ergänzende Gebührenvorschriften für Anträge, Beschwerden usw.
Gesuche, Anträge 129
Zurückweisung und Zurücknahme von Anträgen 130
Beschwerden, Anrufung des Gerichts gegen Entscheidungen anderer Behörden oder Dienststellen 131
Beschwerden in Versorgungsausgleichssachen 131 a
Beschwerden in Prozeßkostenhilfesachen 131 b
Beglaubigte Abschriften 132
Vollstreckbare Ausfertigungen 133
Vollstreckungshandlungen 134
Rechtskraftzeugnisse, Kostenfestsetzung 135

Dritter Abschnitt
Auslagen

Schreibauslagen 136
Sonstige Auslagen 137
(aufgehoben) 138
Rechnungsgebühren 139

Zweiter Teil
Kosten der Notare

Verbot der Gebührenvereinbarung 140
Anwendung des Ersten Teils 141
Entscheidung durch das Amtsgericht in Baden-Württemberg 142
Nichtanwendung des Ersten Teils 143
Gebührenermäßigung 144
Besondere Gebührenermäßigung 144 a
Entwürfe 145
Vollzug des Geschäftes 146
Sonstige Geschäfte, Nebentätigkeit, gebührenfreie Geschäfte 147
Auseinandersetzungen 148
Vollstreckbarerklärung eines Anwaltsvergleichs 148 a
Erhebung, Verwahrung und Ablieferung von Geld, Wertpapieren und Kostbarkeiten 149
Bescheinigung 150
Zuziehung eines zweiten Notars 151
Umsatzsteuer 151 a
Schreibauslagen und für Post- und Telekommunikationsdienstleistungen zu zahlende Entgelte 152
Reisekosten 153
Einforderung der Kosten 154
Beitreibung der Kosten 155
Einwendungen gegen die Kostenberechnung 156
Zurückzahlung, Schadensersatz 157

Dritter Teil
Schluß- und Übergangsvorschriften

Landesrechtliche Vorschriften 158
Andere Behörden und Dienststellen 159
Gerichtstage, Sprechtage 160
Übergangsvorschrift 161
Anlage zu § 32

Erster Teil

Gerichtskosten

Erster Abschnitt

Allgemeine Vorschriften

1. Geltungsbereich

§ 1

In den Angelegenheiten der freiwilligen Gerichtsbarkeit werden, soweit bundesrechtlich nichts anderes bestimmt ist, Kosten (Gebühren und Auslagen) nur nach diesem Gesetz erhoben.

2. Kostenschuldner

§ 2 Allgemeiner Grundsatz

Zur Zahlung der Kosten ist verpflichtet

1. bei Geschäften, die nur auf Antrag vorzunehmen sind, jeder, der die Tätigkeit des Gerichts veranlaßt, bei der Beurkundung von Rechtsgeschäften insbesondere jeder Teil, dessen Erklärung beurkundet ist;
2. bei Geschäften, die von Amts wegen vorgenommen werden, derjenige, dessen Interesse wahrgenommen wird.

§ 3 Weitere Kostenschuldner

Kostenschuldner ist ferner

1. derjenige, dem durch eine gerichtliche Entscheidung die Kosten auferlegt sind;
2. derjenige, der sie durch eine vor Gericht abgegebene oder dem Gericht mitgeteilte Erklärung übernommen hat;
3. derjenige, der nach den Vorschriften des bürgerlichen Rechts für die Kostenschuld eines anderen kraft Gesetzes haftet;
4. der Vollstreckungsschuldner für die notwendigen Kosten der Zwangsvollstreckung.

§ 4 Gebührenschuldner in besonderen Fällen

Die Gebühr für die Eintragung des Erstehers als Eigentümer wird nur von diesem erhoben; für die Gebühren, die durch die Eintragung der Sicherungshypothek für Forderungen gegen den Ersteher erwachsen, haftet neben den Gläubigern auch der Ersteher.

§ 5 Mehrere Kostenschuldner

(1) Mehrere Kostenschuldner haften als Gesamtschuldner. Sind an einer Beurkundung mehrere beteiligt und betreffen ihre Erklärungen verschiedene Gegenstände, so beschränkt sich die Haftung des einzelnen auf den Betrag, der entstanden wäre, wenn die übrigen Erklärungen nicht beurkundet worden wären.

(2) Sind durch besondere Anträge eines Beteiligten Mehrkosten entstanden, so fallen diese ihm allein zur Last.

§ 6 Haftung der Erben

Für die Kosten, die durch die Eröffnung einer Verfügung von Todes wegen, die Sicherung eines Nachlasses, die Errichtung eines Nachlaßinventars, eine Nachlaßpflegschaft, eine Nachlaßverwaltung oder eine Pflegschaft für einen Nacherben entstehen, haften nur die Erben, und zwar nach den Vorschriften des Bürgerlichen Gesetzbuches über Nachlaßverbindlichkeiten. Das gleiche gilt für die Kosten, die durch die Entgegennahme von Erklärungen über die Annahme, Ablehnung oder Kündigung des Amtes als Testamentsvollstrecker entstehen.

3. Fälligkeit

§ 7
Gebühren werden mit der Beendigung des gebührenpflichtigen Geschäfts, Auslagen sofort nach ihrer Entstehung fällig.

4. Vorauszahlung und Sicherstellung

§ 8 Vorschüsse
(1) Bei Geschäften, die auf Antrag vorzunehmen sind, hat der zur Zahlung der Kosten Verpflichtete einen zur Deckung der Kosten hinreichenden Vorschuß zu zahlen. Bei Verrichtungen von Amts wegen kann ein Vorschuß nur zur Deckung der Auslagen erhoben werden. Auf die Verpflichtung zur Zahlung des Vorschusses finden die allgemeinen Vorschriften über die Zahlungspflicht Anwendung.
(2) Bei Geschäften, die auf Antrag vorzunehmen sind, soll die Vornahme des Geschäfts davon abhängig gemacht werden, daß der Vorschuß gezahlt oder sichergestellt wird, in Grundbuch- und Nachlaßsachen jedoch nur dann, wenn dies zur Sicherung des Eingangs der Kosten angebracht erscheint. Dies gilt nicht, wenn dem Antragsteller die Prozeßkostenhilfe bewilligt ist oder wenn ihm Gebührenfreiheit zusteht; es gilt ferner nicht, wenn glaubhaft gemacht ist, daß eine etwaige Verzögerung einem Beteiligten einen nicht oder nur schwer zu ersetzenden Schaden bringen würde, oder wenn aus einem anderen Grund das Verlangen nach vorheriger Zahlung oder Sicherstellung der Kosten nicht angebracht erscheint, insbesondere wenn die Berichtigung des Grundbuchs oder die Eintragung eines Widerspruchs beantragt wird.
(3) Gegen Anordnungen nach Absatz 2 ist auch wegen der Höhe des Vorschusses die Beschwerde nach §§ 19, 20, 21, 23, 24 Abs. 1, §§ 25, 30 des Gesetzes über die Angelegenheiten der freiwilligen Gerichtsbarkeit, jedoch in Grundbuchsachen nach §§ 71 bis 77, 81 der Grundbuchordnung und in Schiffsregistersachen nach §§ 75 bis 82, 89 der Schiffsregisterordnung zulässig. Soweit in erster Instanz das Landgericht zuständig ist, entscheidet über die Beschwerde das Oberlandesgericht. Die Beschwerde ist auch statthaft, wenn der Beschwerdegegenstand einhundert Deutsche Mark nicht übersteigt. Das Verfahren über die Beschwerde ist gebührenfrei. Eine Kostenerstattung findet nicht statt.

§ 9 Zurückzahlung von Vorschüssen
Vorschüsse werden nur insoweit zurückgezahlt, als sie den Gesamtbetrag der für das Geschäft bis zu dessen Beendigung entstandenen Kosten übersteigen.

§ 10 Zurückbehaltungsrecht
(1) Ausfertigungen, Abschriften sowie zurückzugebende Urkunden, die aus Anlaß des Geschäfts eingereicht sind, können zurückbehalten werden, bis die in der Angelegenheit erwachsenen Kosten bezahlt sind.
(2) Von der Zurückbehaltung ist abzusehen,
1. wenn der Eingang der Kosten mit Sicherheit zu erwarten ist;
2. wenn glaubhaft gemacht wird, daß die Verzögerung der Herausgabe einem Beteiligten einen nicht oder nur schwer zu ersetzenden Schaden bringen würde, und nicht anzunehmen ist, daß die Kosten entzogen werden sollen;
3. wenn das Schriftstück nicht vom Kostenschuldner, sondern von einem Dritten eingereicht ist, dem gegenüber die Zurückbehaltung eine unbillige Härte wäre.

(3) § 14 Abs. 2 bis 4 gilt entsprechend.

5. Kostenbefreiungen

§ 11 Allgemeine Vorschriften

(1) Von der Zahlung der Kosten sind befreit der Bund und die Länder sowie die nach den Haushaltsplänen des Bundes und der Länder für Rechnungen des Bundes oder eines Landes verwalteten öffentlichen Anstalten und Kassen.

(2) Sonstige bundesrechtliche Vorschriften, durch die eine sachliche oder persönliche Befreiung von Kosten gewährt ist, bleiben in Kraft. Landesrechtliche Vorschriften, die in weiteren Fällen eine sachliche oder persönliche Befreiung von Kosten gewähren, bleiben unberührt.

§ 12 Einschränkungen

(1) Die persönliche Gebührenfreiheit steht der Inanspruchnahme für die Gebühren nicht entgegen, wenn die Haftung auf der Vorschrift des § 3 Nr. 3 (Haftung nach bürgerlichem Recht) beruht, oder wenn der Kostenschuldner als Erbe nach § 6 oder als Anteilsberechtigter nach § 116 Abs. 6 für die Kosten haftet.

(2) Die Gebührenfreiheit entbindet, soweit nicht ein anderes bestimmt ist, nicht von der Verpflichtung zur Zahlung der Auslagen.

§ 13 Gebührenfreiheit für einzelne Gesamtschuldner

Wenn einzelnen von mehreren Gesamtschuldnern Gebührenfreiheit zusteht, so vermindert sich der Gesamtbetrag der Gebühren um den Betrag, den die befreiten Beteiligten an die Nichtbefreiten auf Grund gesetzlicher Vorschrift zu erstatten hätten.

6. Der Kostenanspruch

§ 14 Kostenansatz, Erinnerung, Beschwerde

(1) Die Kosten werden bei dem Gericht angesetzt, bei dem die Angelegenheit anhängig ist oder zuletzt anhängig war, auch wenn die Kosten bei einem ersuchten Gericht entstanden sind oder die Angelegenheit bei einem anderen Gericht anhängig war. Die Kosten eines Rechtsmittelverfahrens werden bei dem mit dem Rechtsmittel befaßten Gericht angesetzt.

(2) Über Erinnerungen des Kostenschuldners und der Staatskasse gegen den Kostenansatz entscheidet das Gericht, bei dem die Kosten angesetzt sind.

(3) Gegen Entscheidungen nach Absatz 2 ist die Beschwerde nach § 567 Abs. 2, 4, § 568 Abs. 1, §§ 569 bis 575 der Zivilprozeßordnung zulässig. Gegen die Entscheidung, die ein Landgericht als Beschwerdegericht trifft, ist die weitere Beschwerde statthaft, wenn sie das Landgericht wegen der grundsätzlichen Bedeutung der zur Entscheidung stehenden Frage zuläßt. Die weitere Beschwerde kann nur darauf gestützt werden, daß die Entscheidung auf einer Verletzung des Gesetzes beruht; §§ 550 und 551 der Zivilprozeßordnung gelten entsprechend. Für die weitere Beschwerde gilt § 567 Abs. 2 der Zivilprozeßordnung nicht.

(4) Erinnerungen oder Beschwerden können in allen Fällen zu Protokoll der Geschäftsstelle oder schriftlich ohne Mitwirkung eines Rechtsanwalts eingelegt werden.

(5) Das Verfahren über die Erinnerung und die Beschwerde ist gebührenfrei. Kosten werden nicht erstattet.

(6) Der Kostenansatz kann auch im Verwaltungsweg berichtigt werden, solange nicht eine gerichtliche Entscheidung getroffen ist.

§ 15 Nachforderung

Kosten können wegen unrichtigen Ansatzes nur nachgefordert werden, wenn der berichtigte Ansatz vor Ablauf des nächsten Kalenderjahres nach endgültiger Erledigung der

Angelegenheit dem Zahlungspflichtigen mitgeteilt ist. Ist innerhalb dieser Frist dem Zahlungspflichtigen davon Mitteilung gemacht, daß ein Wertermittlungsverfahren eingeleitet ist, so ist die Angelegenheit erst mit der Beendigung dieses Verfahrens endgültig erledigt.

§ 16 Nichterhebung von Kosten wegen unrichtiger Sachbehandlung

(1) Kosten, die bei richtiger Behandlung der Sache nicht entstanden wären, werden nicht erhoben. Das gleiche gilt von Auslagen, die durch eine von Amts wegen veranlaßte Verlegung eines Termins oder Vertagung einer Verhandlung entstanden sind.

(2) Die Entscheidung trifft das Gericht. Solange nicht das Gericht entschieden hat, können Anordnungen nach Absatz 1 im Verwaltungsweg erlassen werden. Eine im Verwaltungsweg getroffene Anordnung kann nur im Verwaltungsweg geändert werden.

§ 17 Verjährung

(1) Ansprüche auf Zahlung von Kosten verjähren in vier Jahren nach Ablauf des Kalenderjahres, in dem der Anspruch fällig geworden ist.

(2) Ansprüche auf Rückerstattung von Kosten verjähren in vier Jahren nach Ablauf des Kalenderjahres, in dem der Anspruch entstanden ist.

(3) Auf die Verjährung sind die Vorschriften des Bürgerlichen Gesetzbuchs anzuwenden; die Verjährung wird nicht von Amts wegen berücksichtigt. Die Verjährung der Ansprüche auf Zahlung von Kosten wird auch durch die Aufforderung zur Zahlung und durch eine dem Schuldner mitgeteilte Stundung unterbrochen; ist der Aufenthalt des Kostenschuldners unbekannt, so genügt die Zustellung durch Aufgabe zur Post unter seiner letzten bekannten Anschrift. Bei Kostenbeträgen unter zwanzig Deutsche Mark wird die Verjährung nicht unterbrochen.

7. Geschäftswert

§ 18 Grundsatz

(1) Die Gebühren werden nach dem Wert berechnet, den der Gegenstand des Geschäfts zur Zeit der Fälligkeit hat (Geschäftswert).

(2) Maßgebend ist der Hauptgegenstand des Geschäfts. Früchte, Nutzungen, Zinsen, Vertragsstrafen und Kosten werden nur berücksichtigt, wenn sie Gegenstand eines besonderen Geschäfts sind.

(3) Verbindlichkeiten, die auf dem Gegenstand lasten, werden bei Ermittlung des Geschäftswerts nicht abgezogen; dies gilt auch dann, wenn Gegenstand des Geschäfts ein Nachlaß oder eine sonstige Vermögenssache ist.

§ 19 Sachen

(1) Der Wert einer Sache ist der gemeine Wert. Er wird durch den Preis bestimmt, der im gewöhnlichen Geschäftsverkehr nach der Beschaffenheit der Sache unter Berücksichtigung aller den Preis beeinflussenden Umstände bei einer Veräußerung zu erzielen wäre; ungewöhnliche oder nur persönliche Verhältnisse bleiben außer Betracht.

(2) Bei der Bewertung von Grundbesitz ist der letzte Einheitswert maßgebend, der zur Zeit der Fälligkeit der Gebühr bereits festgestellt ist, sofern sich nicht aus dem Inhalt des Geschäfts, den Angaben der Beteiligten, Grundstücksbelastungen, amtlich bekannten oder aus den Grundakten ersichtlichen Tatsachen oder Vergleichswerten oder aus sonstigen ausreichenden Anhaltspunkten ein höherer Wert ergibt; jedoch soll von einer Beweisaufnahme zur Feststellung eines höheren Wertes abgesehen werden. Wird der Einheitswert nicht nachgewiesen, so ist das Finanzamt um Auskunft über die Höhe des Einheitswerts zu ersuchen; § 30 der Abgabenordnung steht der Auskunft nicht entgegen. Ist der Einheitswert noch nicht festgestellt, so ist dieser vorläufig zu schätzen; die Schätzung ist nach der ersten

Feststellung des Einheitswerts zu berichtigen; die Angelegenheit ist erst mit der Feststellung des Einheitswerts endgültig erledigt (§ 15).

(3) Ist der Einheitswert maßgebend, weicht aber der Gegenstand des gebührenpflichtigen Geschäfts vom Gegenstand der Einheitsbewertung wesentlich ab oder hat sich der Wert infolge bestimmter Umstände, die nach dem Feststellungszeitpunkt des Einheitswerts eingetreten sind, wesentlich verändert, so ist der nach den Grundsätzen der Einheitsbewertung geschätzte Wert maßgebend.

(4) Bei einem Geschäft, das die Überlassung eines land- oder forstwirtschaftlichen Betriebes mit Hofstelle durch Übergabevertrag, Erbvertrag oder Testament, Erb- oder Gesamtgutsauseinandersetzung oder die Fortführung des Betriebes in sonstiger Weise einschließlich der Abfindung weichender Erben betrifft, ist das land- und forstwirtschaftliche Vermögen im Sinne des Bewertungsgesetzes mit dem Vierfachen des letzten Einheitswertes, der zur Zeit der Fälligkeit der Gebühr bereits festgestellt ist, zu bewerten; Absatz 2 Satz 2 und 3 und Absatz 3 gelten entsprechend.

(5) Ist der nach Absatz 2 bis 4 festgestellte Wert höher als der gemeine Wert, so ist der gemeine Wert maßgebend.

§ 20 Kauf-, Vorkaufs- und Wiederkaufsrecht

(1) Beim Kauf von Sachen ist der Kaufpreis maßgebend; der Wert der vorbehaltenen Nutzungen und der vom Käufer übernommenen oder ihm sonst infolge der Veräußerung obliegenden Leistungen wird hinzugerechnet. Ist der Kaufpreis niedriger als der Wert der Sache (§ 19), so ist dieser maßgebend; beim Kauf eines Grundstücks bleibt eine für Rechnung des Erwerbers vorgenommene Bebauung bei der Ermittlung des Werts außer Betracht.

(2) Als Wert eines Vorkaufs- oder Wiederkaufsrechts ist in der Regel der halbe Wert der Sache anzunehmen.

§ 21 Erbbaurecht, Wohnungseigentum, Wohnungserbbaurecht

(1) Bei der Bestellung eines Erbbaurechts beträgt der Wert achtzig vom Hundert des Werts des belasteten Grundstücks (§ 19 Abs. 2). Eine für Rechnung des Erbbauberechtigten erfolgte Bebauung des Grundstücks bleibt bei der Ermittlung des Grundstückswerts außer Betracht. Ist als Entgelt für die Bestellung des Erbbaurechts ein Erbbauzins vereinbart, dessen nach § 24 errechneter Wert den nach Satz 1 und 2 berechneten Wert übersteigt, so ist der Wert des Erbbauzinses maßgebend; entsprechendes gilt, wenn statt des Erbbauzinses ein fester Kapitalbetrag vereinbart ist.

(2) Bei der Begründung von Wohnungseigentum (Teileigentum) sowie bei Geschäften, die die Aufhebung oder das Erlöschen von Sondereigentum betreffen, ist als Geschäftswert die Hälfte des Werts des Grundstücks (§ 19 Abs. 2) anzunehmen.

(3) Bei Wohnungserbbaurechten (Teilerbbaurechten) gilt Absatz 2 entsprechend mit der Maßgabe, daß an die Stelle des Werts des Grundstücks der Einheitswert des Erbbaurechts oder, wenn ein solcher nicht festgestellt ist, der nach Absatz 1 zu bestimmende Wert des Erbbaurechts tritt.

§ 22 Grunddienstbarkeiten

Der Wert einer Grunddienstbarkeit bestimmt sich nach dem Wert, den sie für das herrschende Grundstück hat; ist der Betrag, um den sich der Wert des dienenden Grundstücks durch die Dienstbarkeit mindert, größer, so ist dieser höhere Betrag maßgebend.

§ 23 Pfandrechte und sonstige Sicherheiten, Rangänderungen

(1) Der Wert eines Pfandrechts oder der sonstigen Sicherstellung einer Forderung durch Bürgschaft, Sicherungsübereignung oder dgl. bestimmt sich nach dem Betrag der Forderung

und, wenn der als Pfand oder zur Sicherung dienende Gegenstand einen geringeren Wert hat, nach diesem.

(2) Als Wert einer Hypothek, Schiffshypothek oder Grundschuld gilt der Nennbetrag der Schuld, als Wert einer Rentenschuld der Nennbetrag der Ablösungssumme; bei der Einbeziehung in die Mithaft und bei der Entlassung aus der Mithaft ist jedoch der Wert des Grundstücks (Schiffs, Schiffsbauwerks) maßgebend, wenn er geringer ist.

(3) Bei Einräumung des Vorrangs oder des gleichen Rangs ist der Wert des vortretenden Rechts, höchstens jedoch der Wert des zurücktretenden Rechts maßgebend. Die Vormerkung gemäß § 1179 des Bürgerlichen Gesetzbuchs zugunsten eines nach- oder gleichstehenden Berechtigten steht der Vorrangseinräumung gleich. Der Ausschluß des Löschungsanspruchs nach § 1179 a Abs. 5 des Bürgerlichen Gesetzbuchs ist wie ein Rangrücktritt des Rechts zu behandeln, als dessen Inhalt der Ausschluß vereinbart wird.

§ 24 Wiederkehrende Nutzungen oder Leistungen

(1) Der Wert des Rechts auf wiederkehrende oder dauernde Nutzungen oder Leistungen wird unter Zugrundelegung des einjährigen Bezugswerts nach Maßgabe folgender Vorschriften berechnet:

a) Der Wert von Nutzungen oder Leistungen, die auf bestimmte Zeit beschränkt sind, ist die Summe der einzelnen Jahreswerte, höchstens jedoch das Fünfundzwanzigfache des Jahreswerts; ist die Dauer des Rechts außerdem durch das Leben einer oder mehrerer Personen bedingt, so darf der nach Absatz 2 zu berechnende Wert nicht überschritten werden;

b) Bezugsrechte von unbeschränkter Dauer sind mit dem Fünfundzwanzigfachen, Nutzungen oder Leistungen von unbestimmter Dauer – vorbehaltlich der Vorschriften des Absatzes 2 – mit dem Zwölfeinhalbfachen des Jahreswerts zu bewerten.

(2) Ist die Nutzung oder Leistung auf die Lebensdauer einer Person beschränkt, so gilt als Geschäftswert bei einem Lebensalter

von 15 Jahren oder weniger	der 22fache Betrag,
über 15 Jahren bis zu 25 Jahren	der 21fache Betrag,
über 25 Jahren bis zu 35 Jahren	der 20fache Betrag,
über 35 Jahren bis zu 45 Jahren	der 18fache Betrag,
über 45 Jahren bis zu 55 Jahren	der 15fache Betrag,
über 55 Jahren bis zu 65 Jahren	der 11fache Betrag,
über 65 Jahren bis zu 75 Jahren	der $7^1/_2$fache Betrag,
über 75 Jahren bis zu 80 Jahren	der 5fache Betrag,
über 80 Jahren	der 3fache Betrag

der einjährigen Nutzung oder Leistung. Hängt die Dauer der Nutzung oder Leistung von der Lebensdauer mehrerer Personen ab, so entscheidet, je nachdem ob das Recht mit dem Tode des zuerst oder des zuletzt Sterbenden erlischt, das Lebensalter des Ältesten oder des Jüngsten.

(3) Der Geschäftswert ist höchstens das Fünffache des einjährigen Bezugs, wenn das Recht dem Ehegatten oder einem früheren Ehegatten des Verpflichteten oder einer Person zusteht, die mit dem Verpflichteten in gerader Linie verwandt, verschwägert oder in der Seitenlinie bis zum dritten Grad verwandt oder bis zum zweiten Grad verschwägert ist, auch wenn die die Schwägerschaft begründende Ehe nicht mehr besteht.

(4) Der Geschäftswert des einem nichtehelichen Kind gegen seinen Vater zustehenden Unterhaltsrechts bestimmt sich nach dem Betrag des einjährigen Bezugs. Ist dieser Betrag in den einzelnen Jahren verschieden, so kommt der höchste Betrag zum Ansatz.

(5) Der einjährige Wert von Nutzungen wird zu vier vom Hundert des Werts des Gegenstandes, der die Nutzungen gewährt, angenommen, sofern nicht ein anderer Wert festgestellt werden kann.
(6) Für die Berechnung des Geschäftswerts ist der Beginn des Bezugsrechts maßgebend. Bildet das Recht später den Gegenstand eines gebührenpflichtigen Geschäfts, so ist der spätere Zeitpunkt maßgebend. Steht im Zeitpunkt des Geschäfts der Beginn des Bezugsrechts noch nicht fest oder ist das Recht in anderer Weise bedingt, so ist der Geschäftswert nach den Umständen des Falles niedriger anzusetzen.

§ 25 Miet- und Pachtrechte, Dienstverträge

(1) Der Wert eines Miet- oder Pachtrechts bemißt sich nach dem Wert aller Leistungen des Mieters oder Pächters während der ganzen Vertragszeit. Bei Miet- oder Pachtrechten von unbestimmter Vertragsdauer ist der Wert dreier Jahre maßgebend; ist jedoch die Auflösung des Vertrags erst nach einem längeren Zeitraum zulässig, so ist dieser maßgebend. In keinem Fall darf der Wert den fünfundzwanzigfachen Betrag der einjährigen Leistung übersteigen.
(2) Der Wert eines Dienstvertrags bemißt sich nach dem Wert aller Bezüge des zur Dienstleistung Verpflichteten während der ganzen Vertragszeit, höchstens jedoch nach dem dreifachen Jahresbetrag der Bezüge.

§ 26 Anmeldungen zum Handelsregister, Eintragungen in das Handelsregister

(1) Bei Anmeldungen zum Handelsregister und bei Eintragungen in das Handelsregister richtet sich der Geschäftswert, sofern nicht ein bestimmter Geldbetrag in das Register einzutragen ist, nach den folgenden Vorschriften.
(2) Der Geschäftswert richtet sich nach dem Wert des Betriebsvermögens. Bei der Bewertung des Betriebsvermögens ist der letzte Einheitswert maßgebend, der zur Zeit der Fälligkeit der Gebühr bereits festgestellt ist. Ergeben sich ausreichende Anhaltspunkte dafür, daß dem zu dem Betriebsvermögen gehörenden Grundbesitz ein höherer als der Wert zukommt, mit dem er zur Einheitsbewertung angesetzt ist, so ist der Unterschiedsbetrag dem Einheitswert hinzuzurechnen; § 19 ist entsprechend anzuwenden. Eine Beteiligung an einer inländischen Kapitalgesellschaft, die bei der Einheitsbewertung nach § 102 des Bewertungsgesetzes nicht mitgerechnet worden ist, wird mit dem ihr nach § 11 des Bewertungsgesetzes beizulegenden Wert zum Einheitswert hinzugerechnet. Ist eine Feststellung des in Satz 2 bezeichneten Einheitswertes nicht vorgesehen, tritt an die Stelle des Einheitswertes der Wert, der sich bei Zugrundelegung der nach § 180 Abs. 1 Nr. 3 der Abgabenordnung zur Zeit der Fälligkeit der Gebühr bereits festgestellten Werte nach Kürzung der Summe der Werte aller vermögensteuerpflichtigen Wirtschaftsgüter um die Abzüge ergibt.
(3) Der Geschäftswert beträgt, wenn es sich um die erste Anmeldung oder Eintragung der Firma handelt,
bei einem Wert des Betriebsvermögens

bis zu 10 000 Deutsche Mark	3 000 Deutsche Mark,
bis zu 20 000 Deutsche Mark	6 000 Deutsche Mark,
bis zu 30 000 Deutsche Mark	10 000 Deutsche Mark,
bis zu 50 000 Deutsche Mark	16 000 Deutsche Mark,
bis zu 100 000 Deutsche Mark	20 000 Deutsche Mark,
von dem Mehrbetrag bis zu einer Million Deutsche Mark für je 100 000 Deutsche Mark	5 000 Deutsche Mark,
von dem Mehrbetrag	

bis zu 3 Millionen Deutsche Mark für
je 400 000 Deutsche Mark 15 000 Deutsche Mark,
von dem Mehrbetrag
über 3 Millionen Deutsche Mark für
je 500 000 Deutsche Mark 20 000 Deutsche Mark.

Bei der Berechnung des Geschäftswerts sind Betriebsvermögenswerte über 100 000 Deutsche Mark bis zu einer Million Deutsche Mark auf volle 100 000 Deutsche Mark, Betriebsvermögenswerte über eine Million bis zu 3 Millionen Deutsche Mark auf volle 400 000 Deutsche Mark und höhere Betriebsvermögenswerte auf volle 500 000 Deutsche Mark aufzurunden.

(4) Wenn es sich um eine spätere Anmeldung oder Eintragung handelt, ist die Hälfte des in Absatz 3 bestimmten Werts zugrunde zu legen.

(5) Der Geschäftswert für Eintragungen, die dasselbe Unternehmen betreffen und gleichzeitig angemeldet werden, ist einheitlich nach den Absätzen 2 bis 4 zu bemessen; er kann jedoch nach billigem Ermessen eine bis drei Stufen höher angenommen werden. Dies gilt auch, wenn die Eintragung eines bestimmten Geldbetrages und andere Eintragungen zusammentreffen. Ist die Hälfte des einzutragenden Geldbetrages höher, so ist diese maßgebend. Der Wert für Eintragungen, die sich auf Prokuren beziehen, ist gesondert zu bemessen.

(6) Das Finanzamt kann um Auskunft über die Höhe des Einheitswertes oder der nach § 180 Abs. 1 Nr. 3 der Abgabenordnung festgestellten Werte und um Erteilung einer Abschrift der Bescheide ersucht werden; § 30 der Abgabenordnung steht dem nicht entgegen. Sind die Werte noch nicht festgestellt, so sind sie vorläufig zu schätzen; die Schätzung ist nach der ersten Feststellung zu berichtigen; die Angelegenheit ist erst mit der Feststellung endgültig erledigt (§ 15).

(7) Ist eine Firmenänderung nur deshalb anzumelden oder einzutragen, weil der Ortsname sich geändert hat, oder handelt es sich um eine ähnliche Eintragung, die für das Unternehmen keine wirtschaftliche Bedeutung hat, so beträgt der Geschäftswert ein Zehntel des in Absatz 3 bestimmten Werts, höchstens jedoch 3 000 Deutsche Mark.

(8) Betrifft die Anmeldung oder Eintragung eine Zweigniederlassung, so ist der Geschäftswert unter Berücksichtigung der Bedeutung und des Betriebskapitals der Zweigniederlassung nach billigem Ermessen niedriger festzusetzen als bei einer gleichen Anmeldung oder Eintragung, die das Unternehmen als Ganzes betrifft. Dies gilt auch, wenn ein bestimmter Geldbetrag eingetragen wird.

(9) Bei der Anmeldung oder Eintragung einer Kommanditgesellschaft bestimmt sich der Geschäftswert nach Absatz 3; er kann nach billigem Ermessen eine bis drei Stufen höher angenommen werden. Ist die einzutragende Einlage des Kommanditisten höher als der nach Satz 1 bestimmte Wert, so richtet sich der Wert nach der Einlage. Ist ein Kommanditist als Nachfolger eines anderen in das Register einzutragen, so bestimmt sich der Geschäftswert für die Anmeldung oder Eintragung nach der einfachen Kommanditeinlage. Das gleiche gilt, wenn ein bisher persönlich haftender Gesellschafter als Kommanditist oder ein bisheriger Kommanditist als persönlich haftender Gesellschafter einzutragen ist.

(10) Bei der Beurkundung von Anmeldungen beträgt der Geschäftswert, auch wenn mehrere Anmeldungen in derselben Verhandlung beurkundet werden, in keinem Fall mehr als eine Million Deutscher Mark. Dies gilt auch, wenn ein bestimmter Geldbetrag in das Register einzutragen ist.

§ 26 a Anmeldungen zum Partnerschaftsregister, Eintragungen in das Partnerschaftsregister

Für Anmeldungen zum Partnerschaftsregister und Eintragungen in das Partnerschaftsregister gilt § 26 mit der Maßgabe entsprechend, daß der Geschäftswert für die erste Anmeldung oder Eintragung mindestens 50 000 Deutsche Mark beträgt. Dieser Wert kann angenommen werden, wenn der Kostenschuldner versichert, daß der Einheitswert des Betriebsvermögens einen zu einem höheren Geschäftswert führenden Betrag nicht übersteigt.

§ 27 Beschlüsse von Aktiengesellschaften, anderen Vereinigungen und Stiftungen

(1) § 26 gilt entsprechend für Beschlüsse, deren Gegenstand keinen bestimmten Geldwert hat und die von Organen von Aktiengesellschaften, anderen Vereinigungen und Stiftungen, für deren Betriebsvermögen ein Einheitswert festgestellt wird, gefaßt werden. Als Geschäftswert ist die Hälfte des in § 26 Abs. 3 bestimmten Werts anzunehmen.

(2) Werden in einer Verhandlung mehrere Beschlüsse beurkundet, so gilt § 44 entsprechend. Dies gilt auch, wenn Beschlüsse, deren Gegenstand keinen bestimmten Geldwert hat, und andere Beschlüsse zusammentreffen. Mehrere Wahlen oder Wahlen zusammen mit Beschlüssen über die Entlastung der Verwaltungsträger gelten als ein Beschluß.

(3) Der Wert von Beschlüssen der in Absatz 1 bezeichneten Art beträgt, auch wenn in einer Verhandlung mehrere Beschlüsse beurkundet werden, in keinem Falle mehr als eine Million Deutsche Mark.

§ 28 Anmeldungen zu einem Register, Eintragungen in ein Register, Beurkundung von Beschlüssen

Kommt die Feststellung eines Einheitswerts des Betriebsvermögens nicht in Betracht, so bestimmt sich bei Anmeldungen zu einem Register, bei Eintragungen in ein Register und bei der Beurkundung von Beschlüssen (§ 47), deren Gegenstand keinen bestimmten Geldwert hat, der Geschäftswert nach § 30 Abs. 2.

§ 29 Anmeldungen zum Güterrechtsregister, Eintragungen in das Güterrechtsregister, Eintragungen auf Grund von Eheverträgen

Bei Anmeldungen zum Güterrechtsregister und Eintragungen in dieses Register bestimmt sich der Wert nach § 30 Abs. 2, bei Eintragungen auf Grund von Eheverträgen nach § 39 Abs. 3.

§ 30 Angelegenheiten ohne bestimmten Geschäftswert, nichtvermögensrechtliche Angelegenheiten

(1) Soweit in einer vermögensrechtlichen Angelegenheit der Wert sich aus den Vorschriften dieses Gesetzes nicht ergibt und auch sonst nicht feststeht, ist er nach freiem Ermessen zu bestimmen; insbesondere ist bei Änderungen bestehender Rechte, sofern die Änderung nicht einen bestimmten Geldwert hat, sowie bei Verfügungsbeschränkungen der Wert nach freiem Ermessen festzusetzen.

(2) In Ermangelung genügender tatsächlicher Anhaltspunkte für eine Schätzung ist der Wert regelmäßig auf 5 000 Deutsche Mark anzunehmen. Er kann nach Lage des Falles niedriger oder höher, jedoch nicht über eine Million Deutsche Mark angenommen werden.

(3) In nichtvermögensrechtlichen Angelegenheiten ist der Wert nach Absatz 2 zu bestimmen. In Angelegenheiten, die die Annahme eines Minderjährigen betreffen, beträgt der Wert stets 5 000 Deutsche Mark.

§ 31 Festsetzung des Geschäftswerts

(1) Das Gericht setzt den Geschäftswert durch Beschluß gebührenfrei fest, wenn ein Zahlungspflichtiger oder die Staatskasse dies beantragt oder es sonst angemessen erscheint. Die Festsetzung kann von dem Gericht, das sie getroffen hat, und, wenn das Verfahren wegen der Hauptsache oder wegen der Entscheidung über den Geschäftswert, den Kostenansatz oder die Kostenfestsetzung in der Rechtsmittelinstanz schwebt, von dem Rechtsmittelgericht von Amts wegen geändert werden. Die Änderung ist nur innerhalb von sechs Monaten zulässig, nachdem die Entscheidung in der Hauptsache Rechtskraft erlangt oder das Verfahren sich anderweitig erledigt hat.
(2) Das Gericht kann eine Beweisaufnahme, insbesondere die Begutachtung durch Sachverständige auf Antrag oder von Amts wegen anordnen. Die Kosten können ganz oder teilweise einem Beteiligten auferlegt werden, der durch Unterlassung der Wertangabe, durch unrichtige Angabe, unbegründetes Bestreiten oder unbegründete Beschwerde die Abschätzung veranlaßt hat.
(3) Gegen den Beschluß findet Beschwerde nach Maßgabe des § 14 Abs. 3 und 4 statt. Das Verfahren über die Beschwerde ist gebührenfrei. Kosten werden nicht erstattet.

§ 31 a Auskunftspflicht des Notars

Ein Notar, der in einer Angelegenheit der freiwilligen Gerichtsbarkeit einen Antrag bei Gericht, insbesondere beim Grundbuchamt, Registergericht oder Nachlaßgericht, einreicht, hat Umstände und Anhaltspunkte, die bei seiner Kostenberechnung zu einem Abweichen des Geschäftswertes oder des Betriebsvermögenswertes vom Einheitswert geführt haben, dem Gericht mitzuteilen. Die gleichen Auskünfte hat auf Ersuchen der Notar zu erteilen, der Erklärungen beurkundet oder beglaubigt hat, die in Angelegenheiten der freiwilligen Gerichtsbarkeit von anderer Seite beim Gericht eingereicht worden sind.

8. Volle Gebühr, Rahmengebühren, Nebengeschäfte

§ 32 Volle Gebühr

Die volle Gebühr bei einem Geschäftswert bis 2 000 Deutsche Mark beträgt 20 Deutsche Mark. Die Gebühr erhöht sich bei einem

Geschäftswert bis (Deutsche Mark)	für jeden angefangenen Betrag von weiteren (Deutsche Mark)	um (Deutsche Mark)
10 000	2 000	15
100 000	5 000	10
10 000 000	20 000	30
50 000 000	50 000	33
100 000 000	100 000	20
500 000 000	500 000	15
über 500 000 000	1 000 000	15

Eine Gebührentabelle für Geschäftswerte bis 2 000 000 Deutsche Mark ist diesem Gesetz als Anlage beigefügt.

§ 33 Mindestbetrag einer Gebühr, Aufrundung

Der Mindestbetrag einer Gebühr ist 20 Deutsche Mark. Pfennigbeträge sind auf volle zehn Deutsche Pfennig aufzurunden.

§ 34 Rahmengebühren

Ist die Gebühr nur nach einem Mindest- und Höchstbetrag bestimmt, so ist die Gebühr im Einzelfall unter Berücksichtigung aller Umstände, insbesondere des Umfangs und der Bedeutung der Sache, nach billigem Ermessen zu bestimmen.

§ 35 Nebengeschäfte

Die für ein Geschäft bestimmte Gebühr umfaßt die gesamte auf das Geschäft verwendete Tätigkeit des Gerichts, einschließlich der Nebengeschäfte.

Zweiter Abschnitt

Gebühren in Angelegenheiten der freiwilligen Gerichtsbarkeit

1. Beurkundungen und ähnliche Geschäfte

§ 36 Einseitige Erklärungen und Verträge

(1) Für die Beurkundung einseitiger Erklärungen wird die volle Gebühr erhoben; unerheblich ist, ob die Erklärung von einer oder von mehreren Personen abgegeben wird.

(2) Für die Beurkundung von Verträgen wird das Doppelte der vollen Gebühr erhoben.

§ 37 Vertragsangebot

Für die Beurkundung eines Antrags zum Abschluß eines Vertrags wird das Eineinhalbfache der vollen Gebühr erhoben.

§ 38 Besondere Fälle

(1) Die volle Gebühr wird erhoben für die Beurkundung eines Vertrags über die Verpflichtung zur Übertragung des Eigentums an einem Grundstück, wenn sich der eine Teil bereits vorher in einem beurkundeten Vertrag zur Übertragung oder zum Erwerb des Eigentums verpflichtet hatte. Das gleiche gilt für Verträge über Verpflichtungen, auf die nach besonderer gesetzlicher Vorschrift § 313 des Bürgerlichen Gesetzbuchs anzuwenden ist.

(2) Die Hälfte der vollen Gebühr wird erhoben

1. für jede besondere Beurkundung von Zustimmungserklärungen einzelner Teilnehmer zu einer bereits anderweitig beurkundeten Erklärung;
2. für die Beurkundung der Annahme eines anderweitig beurkundeten Vertragsantrags;
3. für die Beurkundung der Wiederaufhebung eines noch von keiner Seite erfüllten Vertrags;
4. für die Beurkundung einer Vollmacht oder des Widerrufs einer Vollmacht;
5. für die Beurkundung
   a) des Antrags auf Eintragung oder Löschung im Grundbuch, im Schiffsregister, im Schiffsbauregister und im Kabelbuch sowie einer Eintragungs- oder Löschungsbewilligung,

b) der Zustimmung nach § 27 der Grundbuchordnung, nach §§ 35, 74 der Schiffsregisterordnung und nach § 22 Abs. 1 des Kabelpfandgesetzes vom 31. März 1925 (RGBl. I S. 37);

6. für die Beurkundung
   a) der Auflassung,
   b) der Einigung über die Einräumung oder Aufhebung von Sondereigentum,
   c) der Einigung über die Bestellung oder Übertragung eines Erbbaurechts,
   d) der Abtretung von Geschäftsanteilen einer Gesellschaft mit beschränkter Haftung,

   wenn das zugrunde liegende Rechtsgeschäft bereits beurkundet ist;

7. für die Beurkundung der Anmeldung zum Handelsregister und ähnlichen Registern sowie für die Aufnahme einer besonderen Verhandlung über die Zeichnung einer Firma oder Unterschrift.

(3) Ein Viertel der vollen Gebühr wird erhoben für die Beurkundung von Erklärungen, die dem Nachlaßgericht gegenüber abzugeben sind (§ 112 Abs. 1); die Wertvorschrift des § 112 Abs. 2 gilt entsprechend.

(4) Ein Viertel der vollen Gebühr wird ferner erhoben für die Beurkundung von Zustimmungserklärungen zur Anerkennung der Vaterschaft, zur Ehelicherklärung oder zur Annahme als Kind.

§ 39 Geschäftswert

(1) Der Geschäftswert bestimmt sich nach dem Wert des Rechtsverhältnisses, auf das sich die beurkundete Erklärung bezieht. Handelt es sich um Veränderungen eines Rechtsverhältnisses, so darf der Wert des von der Veränderung betroffenen Rechtsverhältnisses nicht überschritten werden, und zwar auch dann nicht, wenn es sich um mehrere Veränderungen desselben Rechtsverhältnisses handelt.

(2) Bei Verträgen, die den Austausch von Leistungen zum Gegenstand haben, ist nur der Wert der Leistungen des einen Teils und, wenn der Wert der Leistungen verschieden ist, der höhere maßgebend.

(3) Bei Eheverträgen bestimmt sich der Geschäftswert nach dem zusammengerechneten Wert der gegenwärtigen Vermögen beider Ehegatten und, wenn der Ehevertrag nur das Vermögen eines Ehegatten betrifft, nach diesem. Bei Ermittlung des Vermögens werden die Schulden abgezogen. Betrifft der Ehevertrag nur bestimmte Gegenstände, so ist deren Wert maßgebend.

(4) Bei der Beurkundung von Satzungen ist der Wert höchstens auf 10 Millionen Deutsche Mark anzunehmen.

§ 40 Geschäftswert bei zustimmenden Erklärungen einzelner Mitberechtigter

Bei zustimmenden Erklärungen einzelner Mitberechtigter bestimmt sich der Geschäftswert nach dem Anteil an dem Gegenstand des Geschäfts. Bei Gesamthandverhältnissen ist der Anteil entsprechend der Beteiligung an dem Gesamthandvermögen zu bemessen.

§ 41 Geschäftswert bei Vollmachten

(1) Bei Vollmachten zum Abschluß eines bestimmten Rechtsgeschäfts ist der für dieses maßgebende Wert zugrunde zu legen.

(2) Der Wert einer allgemeinen Vollmacht ist nach freiem Ermessen zu bestimmen; dabei ist der Umfang der erteilten Ermächtigung und das Vermögen des Vollmachtgebers angemessen zu berücksichtigen.

(3) Bei der von einem Mitberechtigten ausgestellten Vollmacht bestimmt sich der Wert nach dem Anteil des Mitberechtigten. § 40 Satz 2 gilt entsprechend.
(4) In allen Fällen ist der Wert mit höchstens einer Million Deutsche Mark anzunehmen.
(5) Auf den Widerruf einer Vollmacht finden die vorstehenden Vorschriften entsprechende Anwendung.

§ 42 Ergänzung und Änderung beurkundeter Erklärungen

Für die Beurkundung von Ergänzungen und Änderungen einer beurkundeten Erklärung wird derselbe Gebührensatz wie für die ursprüngliche Beurkundung erhoben, jedoch nicht mehr als die volle Gebühr.

§ 43 Anerkennung einer schriftlich abgegebenen Erklärung

Für die Anerkennung des Inhalts einer schriftlich abgegebenen Erklärung (§ 9 Abs. 1 Satz 2 des Beurkundungsgesetzes), einschließlich der Beurkundung ergänzender oder ändernder Erklärungen, wird dieselbe Gebühr wie für die Beurkundung der Erklärung erhoben.

§ 44 Mehrere Erklärungen in einer Urkunde

(1) Werden in einer Verhandlung mehrere Erklärungen beurkundet, die denselben Gegenstand haben (z. B. der Kauf und die Auffassung, die Schulderklärung und die zur Hypothekenbestellung erforderlichen Erklärungen), so wird die Gebühr nur einmal von dem Wert dieses Gegenstandes nach dem höchsten in Betracht kommenden Gebührensatz berechnet. Dies gilt auch dann, wenn von mehreren Erklärungen die einen den ganzen Gegenstand, die anderen nur einen Teil davon betreffen (z. B. das Schuldversprechen und die Bürgschaft für einen Teil der Schuld); unterliegen in diesem Fall die Erklärungen verschiedenen Gebührensätzen, so werden die Gebühren gesondert berechnet, wenn dies für den Kostenschuldner günstiger ist.
(2) Haben die in einer Verhandlung beurkundeten Erklärungen einen verschiedenen Gegenstand, so gilt folgendes:

a) Unterliegen alle Erklärungen dem gleichen Gebührensatz, so wird dieser nur einmal nach den zusammengerechneten Werten berechnet.
b) Sind verschiedene Gebührensätze anzuwenden, so wird jede Gebühr für sich berechnet; soweit mehrere Erklärungen dem gleichen Gebührensatz unterliegen, werden die Werte zusammengerechnet; insgesamt darf in diesem Fall nicht mehr erhoben werden, als bei Zugrundelegung des höchsten der angewendeten Gebührensätze vom Gesamtwert zu erheben sein würde.

(3) Treffen Erklärungen, die sich auf eine Rangänderung beziehen, mit anderen Erklärungen in einer Urkunde zusammen, so gilt als Gegenstand der Rangänderung das vortretende oder das zurücktretende Recht, je nachdem es für den Kostenschuldner nach den vorstehenden Vorschriften günstiger ist. Die Vormerkung gemäß § 1179 des Bürgerlichen Gesetzbuchs zugunsten eines nach- oder gleichstehenden Berechtigten steht der Rangänderung gleich. Das gleiche gilt für den Ausschluß des Löschungsanspruchs nach § 1179 a Abs. 5 des Bürgerlichen Gesetzbuchs.

§ 45 Beglaubigung von Unterschriften

(1) Für die Beglaubigung von Unterschriften oder Handzeichen wird ein Viertel der vollen Gebühr, höchstens jedoch ein Betrag von 250 Deutsche Mark, erhoben. Der Wert ist ebenso zu bestimmen, wie wenn die Erklärung, unter der die Unterschrift oder das Handzeichen beglaubigt wird, beurkundet würde.

(2) Für die nach den Staatsschuldbuchgesetzen erforderlichen Unterschriftsbeglaubigungen wird nur die Mindestgebühr erhoben.

§ 46 Verfügungen von Todes wegen

(1) Für die Beurkundung eines Testaments wird die volle, für die Beurkundung eines Erbvertrags oder eines gemeinschaftlichen Testaments wird das Doppelte der vollen Gebühr erhoben.

(2) Für die Beurkundung des Widerrufs einer letztwilligen Verfügung, der Aufhebung oder Anfechtung eines Erbvertrags sowie des Rücktritts von einem Erbvertrag wird die Hälfte der vollen Gebühr erhoben; ist die Anfechtung dem Nachlaßgericht gegenüber zu erklären, so gilt § 38 Abs. 3. Wird gleichzeitig eine neue Verfügung von Todes wegen beurkundet, so wird die Gebühr für den Widerruf oder die Aufhebung nur insoweit erhoben, als der Geschäftswert der neu errichteten Verfügung hinter dem der widerrufenen oder aufgehobenen Verfügung zurückbleibt.

(3) Wird ein Erbvertrag gleichzeitig mit einem Ehevertrag beurkundet, so wird die Gebühr nur einmal berechnet, und zwar nach dem Vertrag, der den höchsten Geschäftswert hat.

(4) Wird über den ganzen Nachlaß oder einen Bruchteil davon verfügt, so ist der Gebührenberechnung der Wert des nach Abzug der Verbindlichkeiten verbleibenden reinen Vermögens oder der Wert des entsprechenden Bruchteils des reinen Vermögens zugrunde zu legen. Vermächtnisse, Pflichtteilsrechte und Auflagen werden nicht abgezogen.

(5) Der Berechnung der Gebühren sind in der Regel die Angaben des Verfügenden über den Geschäftswert zugrunde zu legen. Eine Nachforderung des deshalb zu wenig angesetzten Betrags wird durch § 15 nicht ausgeschlossen; die Verjährung des Anspruchs (§ 17) beginnt in diesem Fall erst mit dem Ablauf des Jahres, in dem die Verfügung eröffnet oder zurückgegeben ist.

§ 47 Beschlüsse von Gesellschaftsorganen

Für die Beurkundung von Beschlüssen von Hauptversammlungen, Aufsichtsräten und sonstigen Organen von Aktiengesellschaften, anderen Vereinigungen und Stiftungen wird das Doppelte der vollen Gebühr erhohen; als gebührenfreies Nebengeschäft (§ 35) gilt bei Änderungen einer Satzung oder eines Gesellschaftsvertrags auch die für die Anmeldung zum Handelsregister erforderliche Bescheinigung des neuen vollständigen Wortlauts der Satzung oder des Gesellschaftsvertrags. Die Gebühr beträgt in keinem Falle mehr als 10 000 Deutsche Mark.

§ 48 Verlosung, Auslosung und Vernichtung von Wertpapieren, Wahlversammlungen

(1) Das Doppelte der vollen Gebühr wird erhoben für die Beurkundung des Hergangs bei Verlosungen, bei der Auslosung oder Vernichtung von Wertpapieren sowie bei Wahlversammlungen.

(2) Für das Einzahlen von Losen wird neben der im Absatz 1 bestimmten Gebühr eine weitere Gebühr in Höhe der Hälfte der vollen Gebühr erhoben.

(3) Der Geschäftswert bestimmt sich, soweit nicht ein bestimmter Geldbetrag feststeht, nach § 30 Abs. 2; er beträgt in allen Fällen höchstens eine Million Deutsche Mark.

(4) Wird die Auslosung und Vernichtung in einer Verhandlung beurkundet, so wird die Gebühr nur einmal erhoben.

§ 49 Eide, eidesstattliche Versicherungen, Vernehmung von Zeugen und Sachverständigen, Augenscheinseinnahmen

(1) Die volle Gebühr wird erhoben für die Abnahme von Eiden und Versicherungen an Eides Statt, für die Vernehmung von Zeugen und Sachverständigen sowie für die Mitwirkung bei Augenscheinseinnahmen, sofern diese Geschäfte nicht Teil eines anderen Verfahrens sind.

(2) Bei einer eidesstattlichen Versicherung zur Erlangung eines Erbscheins oder eines Zeugnisses der in §§ 109 bis 111 bezeichneten Art bestimmt sich der Geschäftswert nach §§ 107, 109 und 111. Treten in Erbscheinsverfahren weitere Erben einer anderweit beurkundeten eidesstattlichen Versicherung bei, so bestimmt sich die Gebühr nach dem Wert ihres Anteils an dem Nachlaß.

(3) Wird mit der eidesstattlichen Versicherung zugleich der Antrag auf Erteilung eines Erbscheins oder eines Zeugnisses der in §§ 109 und 111 bestimmten Art beurkundet, so wird dafür eine besondere Gebühr nicht erhoben.

§ 50 Bescheinigungen, Abmarkungen, Verklarungen, Proteste, Schätzungen

(1) Die volle Gebühr wird erhoben

1. für die Erteilung von Bescheinigungen über Tatsachen oder Verhältnisse, die urkundlich nachgewiesen oder offenkundig sind;
2. für die Mitwirkung bei Abmarkungen;
3. für die Aufnahme von Protesten und ähnlichen Urkunden;
4. für die Aufnahme von Schätzungen.

(2) Für die Aufnahme von Verklarungen sowie Beweisaufnahmen nach dem Fünften Buch des Handelsgesetzbuchs, nach dem Binnenschiffahrtsgesetz und nach dem Flößereigesetz wird das Doppelte der vollen Gebühr, für die nachträgliche Ergänzung der Verklarung wird eine volle Gebühr erhoben.

§ 51 Wechsel- und Scheckproteste

(1) Für die Aufnahme von Wechsel- und Scheckprotesten wird die Hälfte der vollen Gebühr erhoben.

(2) Daneben wird für jeden Weg, der zur Erledigung des Protestes zurückzulegen ist, eine Wegegebühr von 3 Deutsche Mark erhoben. Die dem Protestbeamten zustehenden Reisekosten werden auf die Wegegebühr angerechnet. Die Wegegebühr wird auch dann erhoben, wenn der Auftrag zur Protesterhebung nach Antritt des Weges seine Erledigung gefunden hat.

(3) Die Protestgebühr ist auch dann zu zahlen, wenn ohne Aufnahme des Protestes an den Protestbeamten gezahlt oder die Zahlung ihm nachgewiesen wird.

(4) Enthält der Wechsel Notadressen, so ist für die Aufnahme eines jeden Protestes wegen Verweigerung der Ehrenannahme oder wegen unterbliebener Ehrenzahlung ein Viertel der vollen Gebühr zu erheben.

(5) Für das Zeugnis über die Protesterhebung (Artikel 90 Abs. 2 des Wechselgesetzes und Artikel 59 Abs. 2 des Scheckgesetzes) werden eine Gebühr von 3 Deutsche Mark und die durch die Abschriften erwachsenen Schreibauslagen erhoben.

§ 52 Vermögensverzeichnisse, Siegelungen

(1) Für die Aufnahme von Vermögensverzeichnissen sowie für Siegelungen und Entsiegelungen wird nach dem Wert der verzeichneten oder versiegelten Gegenstände die Hälfte der vollen Gebühr erhoben. Das gleiche gilt für die Mitwirkung als Urkundsperson bei

der Aufnahme von Vermögensverzeichnissen. Nimmt das Geschäft einen Zeitaufwand von mehr als zwei Stunden in Anspruch, so erhöht sich die Gebühr für jede weitere angefangene Stunde um die Mindestgebühr (§ 33).

(2) Für die Siegelung, einschließlich der Entsiegelung und der Aufnahme eines Vermögensverzeichnisses, wird die Gebühr nur einmal nach dem Gesamtzeitaufwand erhoben.

§ 53 Freiwillige Versteigerung von Grundstücken

(1) Bei freiwilligen Versteigerungen zum Zwecke der Veräußerung oder Verpachtung von Grundstücken und sonstigen Gegenständen, die der Zwangsvollstreckung in das unbewegliche Vermögen unterliegen, werden erhoben

1. für das Verfahren im allgemeinen die Hälfte der vollen Gebühr;
2. für die Aufnahme einer gerichtlichen Schätzung die Hälfte der vollen Gebühr;
3. für die Abhaltung des Versteigerungstermins die volle Gebühr;
4. für die Beurkundung des Zuschlags die volle Gebühr.

(2) Die in Absatz 1 Nr. 1 bestimmte Gebühr wird mit dem Eingang des Antrags fällig und ist auch dann zu erheben, wenn die Versteigerung einer Ortsbehörde übertragen wird.

(3) Der Versteigerungstermin gilt als abgehalten, wenn zur Abgabe von Geboten aufgefordert ist.

(4) Werden mehrere Grundstücke zum Zwecke der Veräußerung in demselben Verfahren versteigert, so werden die Gebühren von dem zusammengerechneten Wert der mehreren Grundstücke berechnet. Die Gebühr für die Beurkundung des Zuschlags wird jedoch für jeden Ersteher nach dem zusammengerechneten Betrag seiner Gebote erhoben; ist der zusammengerechnete Wert der ihm zugeschlagenen Grundstücke höher, so ist dieser maßgebend.

(5) Werden in dem Verfahren mehrere Versteigerungstermine abgehalten, so werden für jeden Termin die Gebühren besonders erhoben.

(6) Schuldner der Kosten für die Beurkundung des Zuschlags ist, vorbehaltlich der Vorschrift in § 3 Nr. 3, nur der Ersteher. Hinsichtlich der übrigen Kosten gelten die allgemeinen Vorschriften über die Zahlungspflicht.

(7) Tritt der Meistbietende die Rechte aus dem Meistgebot oder der Veräußerer den Anspruch gegen den Ersteher ab, oder erklärt der Meistbietende, für einen Dritten geboten zu haben, oder tritt ein Dritter diesen Erklärungen bei, so bleibt die Beurkundung gebührenfrei, wenn sie in dem Protokoll über die Versteigerung geschieht. Das gleiche gilt, wenn nach Maßgabe der Versteigerungsbedingungen für den Anspruch gegen den Ersteher die Bürgschaft übernommen oder eine sonstige Sicherheit bestellt und dies in dem Protokoll über die Versteigerung beurkundet wird.

§ 54 Versteigerung von beweglichen Sachen und Rechten

(1) Für die Versteigerung von beweglichen Sachen, von Früchten auf dem Halm oder von Holz auf dem Stamm sowie von Forderungen oder sonstigen Rechten wird das Dreifache der vollen Gebühr nach dem zusammengerechneten Wert der Gegenstände erhoben.

(2) Soweit sich das Verfahren erledigt, bevor zur Abgabe von Geboten aufgefordert worden ist, ermäßigt sich die Gebühr auf ein Viertel der vollen Gebühr.

(3) Die Kosten können aus dem Erlös vorweg entnommen werden.

§ 55 Beglaubigung von Abschriften

(1) Für die Beglaubigung von Abschriften wird, soweit nicht § 132 anzuwenden ist, eine Gebühr von 1 Deutsche Mark für jede angefangene Seite erhoben. Mindestens wird ein Betrag in Höhe der Mindestgebühr (§ 33) erhoben.

(2) Werden die Abschriften durch das Gericht hergestellt, so kommen die Schreibauslagen hinzu.

§ 55 a Gebührenfreiheit in Kindschafts- und Unterhaltssachen

Beurkundungen und Beglaubigungen der in § 59 des Achten Buches Sozialgesetzbuch genannten Art sind gebührenfrei.

§ 56 Sicherstellung der Zeit

Für die Sicherstellung der Zeit, zu der eine Privaturkunde ausgestellt ist, einschließlich der über die Vorlegung ausgestellten Bescheinigung, wird eine Gebühr von 25 Deutsche Mark erhoben.

§ 57 Erfolglose Verhandlung

Unterbleibt die beantragte Beurkundung infolge Zurücknahme des Antrags oder aus ähnlichen Gründen, nachdem das Gericht mit den Beteiligten darüber verhandelt hat, so wird die Hälfte der vollen Gebühr, jedoch nicht mehr als die für die beantragte Beurkundung bestimmte Gebühr erhoben; die Gebühr darf 100 Deutsche Mark nicht übersteigen.

§ 58 Geschäfte außerhalb der Gerichtsstelle, an Sonn- und Feiertagen und zur Nachtzeit

(1) Wird ein Geschäft auf Verlangen des Antragstellers oder mit Rücksicht auf die Art des Geschäfts außerhalb der Gerichtsstelle vorgenommen, so wird eine Zusatzgebühr in Höhe der Hälfte der vollen Gebühr erhoben, die jedoch den Betrag von 60 Deutsche Mark und die für das Geschäft selbst zu erhebende Gebühr nicht übersteigen darf. Werden mehrere Erklärungen in einer Verhandlung beurkundet, so wird die Gebühr nur einmal erhoben, und zwar, soweit die beurkundeten Erklärungen verschiedene Gegenstände betreffen, nach deren zusammengerechnetem Wert.

(2) Haben die Gerichtspersonen den Weg zu dem Ort des Geschäfts angetreten, so wird die Zusatzgebühr auch dann erhoben, wenn das Geschäft aus einem in der Person der Beteiligten liegenden Grund nicht ausgeführt wird.

(3) Für Beurkundungen an Sonntagen und allgemeinen Feiertagen sowie an Werktagen außerhalb der Zeit von acht bis achtzehn Uhr, jedoch an Sonnabenden nach dreizehn Uhr, wird eine Gebühr in Höhe der Hälfte der vollen Gebühr erhoben, die jedoch den Betrag von 60 Deutsche Mark und die für das Geschäft selbst zu erhebende Gebühr nicht übersteigen darf. Treffen mehrere der in Satz 1 genannten Voraussetzungen zu, so wird die Zusatzgebühr nur einmal erhoben.

(4) Die Vorschriften dieses Paragraphen gelten nicht für Geschäfte der in § 50 Nr. 2 und 4 sowie in §§ 51, 52 und 54 bezeichneten Art; im Fall des § 53 wird die Zusatzgebühr nur erhoben, wenn der Versteigerungstermin außerhalb der Gerichtsstelle abgehalten wird.

§ 59 Erklärungen in fremder Sprache

(1) Gibt ein Beteiligter die zu beurkundende Erklärung in einer fremden Sprache ab, so wird für die Beurkundung eine Zusatzgebühr in Höhe der Hälfte der für die Beurkundung erwachsenden Gebühr bis zum Höchstbetrag von 60 Deutsche Mark erhoben.

(2) Schuldner der Zusatzgebühr sowie der durch die Zuziehung eines Dolmetschers entstandenen Auslagen ist der Beteiligte, der die Verhandlung in der fremden Sprache veranlaßt hat.

2. Grundbuchsachen

§ 60 Eintragung des Eigentümers

(1) Für die Eintragung eines Eigentümers oder von Miteigentümern wird die volle Gebühr erhoben.

(2) Die Gebühr ermäßigt sich auf die Hälfte bei Eintragung des Ehegatten oder von Abkömmlingen des eingetragenen Eigentümers auch wenn die Genannten infolge der Auseinandersetzung des Gesamtguts einer Gütergemeinschaft oder eines Nachlasses oder wenn sie nachträglich als Miteigentümer von Grundstücken eingetragen werden, die zu einer Gütergemeinschaft gehören; bei der Eintragung infolge einer Erbauseinandersetzung oder der Auseinandersetzung einer Gütergemeinschaft macht es keinen Unterschied, ob inzwischen die Erben oder diejenigen, die die Gütergemeinschaft fortgesetzt haben, im Grundbuch eingetragen worden sind oder nicht.

(3) Werden Gebühren auf Grund der Absätze 1 und 2 nebeneinander erhoben, so wird zunächst die volle Gebühr nach dem Gesamtwert berechnet; die so berechnete Gebühr mindert sich um die Hälfte des Anteils der Personen, deren Eintragung nach Absatz 2 nur die halbe Gebühr erfordert.

(4) Die Gebühren nach den Absätzen 1 bis 3 werden nicht erhoben bei Eintragung von Erben des eingetragenen Eigentümers, wenn der Eintragungsantrag binnen zwei Jahren seit dem Erbfall bei dem Grundbuchamt eingereicht wird.

(5) Werden auf Grund eines gleichzeitig gestellten Antrags derselbe Eigentümer oder dieselben Miteigentümer bei mehreren Grundstücken eingetragen, über die das Grundbuch bei demselben Grundbuchamt geführt wird, so werden die Gebühren nur einmal nach dem zusammengerechneten Wert erhoben.

(6) Wird der Eigentümer auf Grund des § 82 a der Grundbuchordnung von Amts wegen eingetragen, so wird für die Eintragung einschließlich des vorangegangenen Verfahrens vor dem Grundbuchamt oder Nachlaßgericht das Doppelte der in den Absätzen 1 und 2 bestimmten Gebühren erhoben.

§ 61 Eigentumswechsel bei Gemeinschaften zur gesamten Hand

(1) Geht ein Grundstück, das für mehrere zur gesamten Hand eingetragen ist, auf einen oder mehrere der Mitberechtigten oder auf eine aus denselben Personen bestehende andere Gesamthandgemeinschaft über, so wird die Gebühr so berechnet, als ob die Beteiligten nach Bruchteilen berechtigt wären; die Anteile der Erwerber bleiben unberücksichtigt. Geht ein Grundstück von einem oder mehreren eingetragenen Eigentümern, die in einer Gesamthandgemeinschaft stehen, auf diese Gemeinschaft über, so wird die Gebühr so berechnet, als ob es sich um eine Gemeinschaft nach Bruchteilen handele; die Anteile der Veräußerer bleiben unberücksichtigt. Treten sonst Änderungen in der Person der an der gesamten Hand Berechtigten ein, so wird der Anteil des ausscheidenden oder neu eintretenden Mitberechtigten zugrunde gelegt.

(2) Die Anteile sind entsprechend der Beteiligung an dem Gesamthandvermögen zu bemessen. Mindestens sind die Gebühren nach dem kleinsten Anteil zu berechnen.

(3) Die Vorschriften der Absätze 1 und 2 gelten nicht für offene Handelsgesellschaften und Kommanditgesellschaften.

§ 62 Eintragung von Belastungen

(1) Für die Eintragung einer Hypothek, Grundschuld oder Rentenschuld, einer Dienstbarkeit, eines Dauerwohnrechts, eines Dauernutzungsrechts, eines Vorkaufsrechts, einer Reallast, eines Erbbaurechts oder eines ähnlichen Rechts an einem Grundstück wird die volle Gebühr erhoben.

(2) Werden Belastungen auf Grund von Gutsüberlassungsverträgen oder von Erb- oder Gesamtgutsauseinandersetzungen zugleich mit der Eintragung des neuen Eigentümers eingetragen, so wird die im Absatz 1 bestimmte Gebühr nur zur Hälfte erhoben.

(3) Als gebührenfreies Nebengeschäft der Eintragung des Rechts (§ 35) gilt insbesondere die gleichzeitig beantragte Eintragung der Unterwerfung unter die sofortige Zwangsvollstreckung, eines Rangvorbehalts oder des Ausschlusses der Brieferteilung. Wird gleichzeitig mit dem Antrag auf Eintragung des Rechts beantragt, eine Löschungsvormerkung gemäß § 1179 des Bürgerlichen Gesetzbuchs zugunsten des Berechtigten einzutragen, so wird für diese Eintragung eine weitere Gebühr nicht erhoben.

§ 63 Eintragung mehrerer Rechte, Belastung mehrerer Grundstücke

(1) Werden ein oder mehrere Grundstücke mit mehreren Rechten der in § 62 bezeichneten Art belastet, so wird die Gebühr für die Eintragung jedes Rechts besonders erhoben. Wird gemäß § 50 der Grundbuchordnung bei einer Hypothek, Grundschuld oder Rentenschuld, die in Teilbeträgen mehreren Berechtigten zusteht, lediglich der Gesamtbetrag des Rechts eingetragen, so gilt dies als Belastung mit nur einem Recht.

(2) Werden mehrere Grundstücke mit einem und demselben Recht belastet, so wird die Gebühr nur einmal erhoben, wenn die Eintragung auf Grund eines gleichzeitig gestellten Antrags erfolgt und das Grundbuch über die Grundstücke bei demselben Grundbuchamt geführt wird. Als Belastung mit einem und demselben Recht gilt auch die Belastung mehrerer Grundstücke mit einem Nießbrauch, mit einer beschränkten persönlichen Dienstbarkeit, mit einem Altenteil oder mit einem Vorkaufsrecht.

(3) Wird gleichzeitig die Belastung mehrerer Grundstücke mit einem und demselben Recht beantragt und wird das Grundbuch über die Grundstücke bei verschiedenen Grundbuchämtern geführt, so wird für die Eintragung auf dem Grundstück, das den höchsten Wert hat, die in § 62 Abs. 1 oder 2 bestimmte Gebühr in voller Höhe erhoben; für jede weitere Eintragung wird die Hälfte der in § 62 Abs. 1 oder 2 bestimmten Gebühr angesetzt, und zwar nach dem Wert des Grundstücks, wenn er geringer ist als der Wert des Rechts. Dabei wird der Wert mehrerer Grundstücke, über die das Grundbuch bei demselben Grundbuchamt geführt wird, zusammengerechnet. Gleichzeitig sind die Anträge gestellt, wenn sie bei einem Grundbuchamt gemeinsam eingereicht sind, bei gesonderter Antragstellung, wenn sie innerhalb eines Monats bei den beteiligten Grundbuchämtern eingehen.

(4) Soweit der Antrag nicht gleichzeitig gestellt ist, wird für jede Eintragung die Hälfte der in § 62 Abs. 1 oder 2 bestimmten Gebühr erhoben, und zwar nach dem Wert des Grundstücks, wenn er geringer ist als der Wert des Rechts. Dabei wird der Wert mehrerer Grundstücke, über die das Grundbuch bei demselben Grundbuchamt geführt wird, zusammengerechnet.

§ 64 Eintragung von Veränderungen und Löschungsvormerkungen

(1) Für die Eintragung von Veränderungen eines Rechts wird die Hälfte der vollen Gebühr erhoben. Als Veränderung eines Rechts gilt auch die Löschungsvormerkung (§ 1179

des Bürgerlichen Gesetzbuchs), soweit sie nicht gemäß § 62 Abs. 3 Satz 2 gebührenfrei einzutragen ist.

(2) Bezieht sich eine Veränderung auf mehrere Rechte, so wird die in Absatz 1 bestimmte Gebühr für jedes Recht besonders erhoben, auch wenn es nur der Eintragung eines einheitlichen Vermerks bedarf.

(3) Beziehen sich mehrere Veränderungen, deren Eintragung gleichzeitig beantragt ist, auf ein und dasselbe Recht, so wird, gleichviel ob es der Eintragung eines oder mehrerer Vermerke bedarf, die Gebühr nur einmal nach dem zusammengerechneten Wert der Veränderungen erhoben.

(4) Der Wert des veränderten Rechts darf, auch wenn es sich um mehrere Veränderungen desselben Rechts handelt, nicht überschritten werden. Handelt es sich um den Übergang eines Rechts, so finden die Vorschriften des § 61 entsprechende Anwendung.

(5) Änderungen des Ranges eingetragener Rechte sind nur als Veränderungen des zurücktretenden Rechts, Löschungsvormerkungen zugunsten eines nach- oder gleichstehenden Gläubigers (§ 1179 des Bürgerlichen Gesetzbuchs) nur als Veränderungen des Rechts zu behandeln, auf dessen Löschung der vorgemerkte Anspruch gerichtet ist; für die Wertberechnung bleibt die Vorschrift des § 23 Abs. 3 unberührt.

(6) Betreffen die Veränderungen Rechte, mit denen mehrere Grundstücke gemeinsam belastet sind, so gelten die Vorschriften des § 63 Abs. 2 und 3 entsprechend.

§ 65 Eintragung von Verfügungsbeschränkungen

(1) Für die Eintragung von Verfügungsbeschränkungen, insbesondere einer Nacherbfolge, einer Testamentsvollstreckung oder einer Belastung des Anteils gemäß § 1010 des Bürgerlichen Gesetzbuchs, wird, soweit nicht die Eintragung nach § 69 gebührenfrei vorzunehmen ist, die Hälfte der vollen Gebühr erhoben.

(2) Bezieht sich eine Verfügungsbeschränkung auf mehrere Rechte, so wird die im Absatz 1 bestimmte Gebühr für jedes Recht besonders erhoben, auch wenn es nur der Eintragung eines Vermerks bedarf. Betreffen die Eintragungen Rechte, mit denen mehrere Grundstücke gemeinsam belastet sind, so gilt § 63 Abs. 2 und 3 entsprechend; eine Verfügungsbeschränkung, die Eigentum an mehreren Grundstücken betrifft, steht einer Belastung der Grundstücke mit einem und demselben Recht gleich.

(3) Beziehen sich mehrere Verfügungsbeschränkungen, deren Eintragung gleichzeitig beantragt ist, auf ein und dasselbe Recht, so wird die Gebühr, gleichviel ob es eines oder mehrere Vermerke bedarf, nur einmal nach dem zusammengerechneten Wert erhoben.

(4) Der Wert des betroffenen Rechts darf, auch wenn es sich um mehrere Verfügungsbeschränkungen hinsichtlich desselben Rechts handelt, nicht überschritten werden.

§ 66 Eintragung von Vormerkungen und Widersprüchen

(1) Für die Eintragung einer Vormerkung wird die Hälfte der Gebühr erhoben, die für die endgültige Eintragung zu erheben sein würde, mindestens jedoch ein Viertel der vollen Gebühr. Für die Eintragung einer Vormerkung, durch die der Anspruch auf Eintragung einer Veränderung oder der Aufhebung eines Rechts am Grundstück gesichert werden soll, wird die gleiche Gebühr erhoben, die für die gesicherte Eintragung zu erheben sein würde; die Vorschriften über die Eintragung einer Löschungsvormerkung (§ 64) bleiben unberührt.

(2) Für die Eintragung eines Widerspruchs wird die Hälfte der Gebühr erhoben, die für die Grundbuchberichtigung zu erheben sein würde, zu deren Sicherung der Widerspruch eingetragen wird; mindestens wird jedoch ein Viertel der vollen Gebühr erhoben.

§ 67 Sonstige Eintragungen

(1) Für alle Eintragungen, die unter keine der vorstehenden Vorschriften fallen und auch nicht als Nebengeschäft gebührenfrei sind, wird ein Viertel der vollen Gebühr erhoben. Dies gilt insbesondere
1. für die Eintragung des Verzichts auf das Eigentum am Grundstück;
2. für die Eintragung des Ausschlusses der Erteilung eines Briefs sowie für die Eintragung der Aufhebung dieses Ausschlusses;
3. für den Vermerk von Rechten, die dem jeweiligen Eigentümer zustehen, einschließlich des Vermerks hierüber auf dem Grundbuchblatt des belasteten Grundstücks;
4. für die Eintragung der ohne Eigentumsübergang stattfindenden Teilungen, Vereinigungen und Zuschreibungen von Grundstücken;
5. für die Anlegung eines Grundbuchblatts für ein noch nicht im Grundbuch eingetragenes oder aus dem Grundbuch ausgeschiedenes Grundstück sowie für die nachträgliche Ausscheidung eines Grundstücks aus dem Grundbuch;
6. für die Eintragung der Unterwerfung unter die sofortige Zwangsvollstreckung bei einer Hypothek, Grundschuld oder Rentenschuld.

(2) § 60 Abs. 5, § 63 Abs. 2, § 65 Abs. 3 gelten entsprechend, jedoch ist mindestens ein Viertel der vollen Gebühr zu erheben.

(3) Der Wert bestimmt sich nach § 30.

§ 68 Löschungen und Entlassung aus der Mithaft

Für jede Löschung wird die Hälfte der für die Eintragung bestimmten Gebühr erhoben; für die Eintragung der Entlassung aus der Mithaft wird die Hälfte der Gebühr erhoben, die für die Eintragung der Einbeziehung in die Mithaft zu erheben sein würde. Mindestens wird ein Viertel der vollen Gebühr erhoben.

§ 69 Gebührenfreie Eintragungen und Löschungen, Zwischenverfügungen

(1) Gebühren werden nicht erhoben
1. für die Umschreibung unübersichtlicher Grundbuchblätter und für die Neufassung einzelner Teile eines Grundbuchblatts;
2. für Eintragungen und Löschungen, die gemäß § 18 Abs. 2 oder § 53 der Grundbuchordnung von Amts wegen erfolgen;
3. für Eintragungen und Löschungen, die vorgenommen werden, um Übereinstimmung zwischen dem Grundbuch und den nach § 2 Abs. 2 der Grundbuchordnung maßgebenden amtlichen Verzeichnissen zu erhalten;
4. für die Eintragung der Vereinigung mehrerer Grundstücke zu einem Grundstück und für die Zuschreibung eines oder mehrerer Grundstücke zu einem anderen Grundstück als dessen Bestandteil, einschließlich hierzu notwendiger Grundstücksteilungen und der Aufnahme des erforderlichen Antrags durch das Grundbuchamt, sofern die das amtliche Verzeichnis (§ 2 Abs. 2 der Grundbuchordnung) führende Behörde bescheinigt, daß die Grundstücke örtlich und wirtschaftlich ein einheitliches Grundstück darstellen;
5. für die Zusammenschreibung mehrerer Grundstücke auf einem Grundbuchblatt (§ 4 der Grundbuchordnung);
6. für die Beseitigung von Doppelbuchungen, einschließlich des vorangegangenen Verfahrens vor dem Grundbuchamt.

(2) Gebührenfrei sind ferner, soweit nicht ein anderes bestimmt ist, Eintragungen und Löschungen, die auf Ersuchen oder Anordnung eines Gerichts, insbesondere des Vergleichs-,

Konkurs- oder Vollstreckungsgerichts, erfolgen; ausgenommen sind die Eintragung des Erstehers als Eigentümer, die Eintragung der Sicherungshypothek für die Forderung gegen den Ersteher und Eintragungen auf Grund einer einstweiligen Verfügung (§ 941 der Zivilprozeßordnung).

(3) Für Zwischenverfügungen des Grundbuchamts (§ 18 Abs. 1 der Grundbuchordnung) werden besondere Gebühren nicht erhoben.

§ 70 Löschung gegenstandsloser Rechte und Klarstellung der Rangverhältnisse

(1) Für die Löschung gegenstandsloser Eintragungen (§ 84 der Grundbuchordnung) sowie für das vorausgegangene Verfahren vor dem Grundbuchamt, einschließlich der Beurkundung der Erklärungen der Beteiligten, werden Gebühren nicht erhoben. Das Grundbuchamt kann die Gebühr für die Löschung einem Beteiligten auferlegen, wenn dies nach den Umständen angemessen erscheint.

(2) Für Eintragungen und Löschungen zur Beseitigung unklarer oder unübersichtlicher Rangverhältnisse (§ 102 Abs. 2, § 111 der Grundbuchordnung) werden Gebühren nicht erhoben; gebührenfrei ist auch das vorangegangene Verfahren vor dem Grundbuchamt, einschließlich der Beurkundung von Erklärungen der Beteiligten. Die Auslagen werden von demjenigen erhoben, dem das Grundbuchamt sie gemäß § 114 der Grundbuchordnung auferlegt hat.

§ 71 Erteilung von Hypotheken-, Grundschuld- oder Rentenschuldbriefen

(1) Für die Erteilung eines Hypotheken-, Grundschuld- oder Rentenschuldbriefs, eines Teilbriefs oder eines neuen Briefs wird ein Viertel der vollen Gebühr erhoben. Für die Eintragung des Erteilungsvermerks in das Grundbuch wird daneben keine Gebühr erhoben.

(2) Für die Erteilung eines Gesamtbriefs wird die im Absatz 1 bestimmte Gebühr nur einmal erhoben, wenn die mehreren Grundstücke bei demselben Grundbuchamt eingetragen sind. Sind die belasteten Grundstücke bei verschiedenen Grundbuchämtern eingetragen, so werden für die gemäß § 59 Abs. 2 der Grundbuchordnung zu erteilenden besonderen Briefe die Gebühren besonders erhoben, und zwar nach dem Wert, nach dem sich die Gebühren für die Eintragung des Rechts bestimmen; ist das Recht schon eingetragen, so ist der Wert maßgebend, nach dem die Eintragungsgebühr zu erheben wäre, falls das Recht im Zeitpunkt der Brieferteilung eingetragen würde. Wird im Fall des Eintritts in die Mithaft die Mitbelastung lediglich auf dem bisherigen Brief vermerkt (§ 63 der Grundbuchordnung), so wird hierfür neben der Eintragungsgebühr eine besondere Gebühr nicht erhoben.

(3) Bei Erteilung eines gemeinschaftlichen Briefs (§ 66 der Grundbuchordnung) werden die Werte der einzelnen Hypotheken zusammengerechnet.

§ 72 Vermerke auf dem Brief

Für die Ergänzung des Grundbuchauszugs auf dem Brief sowie für sonstige Vermerke auf dem Brief wird, sofern es sich nicht um eine gebührenfreie Nebentätigkeit handelt, eine Gebühr von 25 Deutsche Mark erhoben.

§ 73 Abschriften und Ausdrucke

(1) Für die Erteilung von Abschriften aus dem Grundbuch werden erhoben

1. für unbeglaubigte Abschriften eine Gebühr von 20 Deutsche Mark;
2. für beglaubigte Abschriften eine Gebühr von 35 Deutsche Mark.

(2) Für die Erteilung von Ausdrucken aus dem maschinell geführten Grundbuch werden erhoben

1. für Ausdrucke eine Gebühr von 20 Deutsche Mark;
2. für amtliche Ausdrucke eine Gebühr von 35 Deutsche Mark.

(3) Für die Ergänzung oder Bestätigung von Abschriften nach Absatz 1 und von Ausdrucken nach Absatz 2 wird dieselbe Gebühr wie für die Erteilung erhoben.

(4) In den Fällen der Absätze 1 bis 3 werden Schreibauslagen nicht erhoben.

(5) Für die Erteilung von Abschriften, Auskünften und Mitteilungen nach § 19 Abs. 2 und 3 des Gesetzes über die Zwangsversteigerung und die Zwangsverwaltung werden weder Gebühren noch Auslagen erhoben.

(6) Für die Erteilung eines Ausdrucks aus einem maschinell geführten Verzeichnis, das der Auffindung der Grundbuchblätter dient, wird eine Gebühr von 20 Deutsche Mark erhoben.

§ 74 Grundbucheinsicht

Für die Einsicht des Grundbuchs werden Gebühren nicht erhoben.

§ 75 Eintragungsanträge

Für die Aufnahme von Anträgen auf Eintragungen und Löschungen werden Gebühren nach Maßgabe des Beurkundungsabschnitts besonders erhoben, soweit sie in der Form des § 29 der Grundbuchordnung gestellt werden müssen. Im übrigen ist die Aufnahme und Entgegennahme von Anträgen gebührenfrei.

§ 76 Wohnungs- und Teileigentum

(1) Für die Eintragung der vertraglichen Einräumung von Sondereigentum (§ 7 Abs. 1 des Wohnungseigentumsgesetzes) und für die Anlegung der Wohnungsgrundbücher (Teileigentumsgrundbücher) im Falle des § 8 des Wohnungseigentumsgesetzes wird die Hälfte der vollen Gebühr erhoben. Die Gebühr wird auch dann besonders erhoben, wenn die Eintragung von Miteigentum und die Eintragung des Sondereigentums gleichzeitig beantragt werden.

(2) Für die Eintragung von Änderungen des Inhalts des Sondereigentums gilt § 64 entsprechend.

(3) Für die Eintragung der Aufhebung von Sondereigentum (§ 4 Abs. 1 des Wohnungseigentumsgesetzes) und für die Anlegung des Grundbuchblatts für das Grundstück (§ 9 Abs. 1 Nr. 2 und 3, Abs. 3 des Wohnungseigentumsgesetzes) wird die Hälfte der vollen Gebühr erhoben.

(4) Für das Wohnungserbbaurecht (Teilerbbaurecht) gelten die Absätze 1 bis 3 entsprechend.

§ 77 Grundstücksgleiche Rechte

(1) Die für Grundstücke geltenden Vorschriften finden auf Erbbaurechte sowie auf das Bergwerkseigentum und sonstige Berechtigungen, die den für Grundstücke geltenden Vorschriften unterliegen, entsprechende Anwendung.

(2) Wird ein Bergwerk mit unbeweglichen Anteilen der Gewerken in Ausführung eines nach den maßgebenden bergrechtlichen Vorschriften gefaßten Beschlusses auf die Gewerkschaft eingetragen, so wird für die Eintragung, einschließlich der vorläufigen Vermerke, der Anlegung des Gewerkenbuchs und der Ausfertigung und Aufbewahrung der Kuxscheine, die volle Gebühr erhoben. Die gleiche Gebühr wird für die Umschreibung eines Kuxes in dem Gewerkenbuch auf einen anderen Berechtigten erhoben. Für die Eintragung von Pfandrechten auf Kuxscheinen und die Eintragung von Veränderungen und Löschungen

werden dieselben Gebühren erhoben wie bei entsprechenden Eintragungen und Löschungen im Grundbuch. Für die Erteilung beglaubigter Abschriften aus dem Gewerkenbuch und dessen Einsicht gelten die Vorschriften der §§ 73, 74 entsprechend.

§ 78 Bahneinheiten

(1) Die für Grundstücke geltenden Vorschriften finden auf Bahneinheiten entsprechende Anwendung.

(2) Die Gebühr für die Anlegung und die Schließung des Bahngrundbuchs bestimmt sich nach § 67; das gleiche gilt für den Vermerk über das Erlöschen der Genehmigung, einschließlich der erforderlichen öffentlichen Bekanntmachung des Vermerks.

(3) Wird infolge Veräußerung der Bahn der Eigentumswechsel auf dem Grundbuchblatt des Bahngrundstücks eingetragen, so werden dafür Gebühren nicht erhoben.

(4) Die Kosten der Anlegung des Bahngrundbuchs sowie der Vermerke über die Zugehörigkeit eines Grundstücks zur Bahneinheit trägt der Bahneigentümer. Die Kosten fallen jedoch, wenn ein Gläubiger durch den Antrag auf Eintragung einer vollstreckbaren Forderung die Anlegung des Bahngrundbuchs veranlaßt hat, diesem Gläubiger, und wenn das Bahngrundbuch aus Anlaß eines Zwangsversteigerungsverfahrens auf Ersuchen des Vollstreckungsgerichts angelegt ist, dem Ersteher zur Last.

3. Registersachen

§ 79 Eintragungen in das Handelsregister

(1) Für die Eintragungen in das Handelsregister wird die volle Gebühr erhoben. Wenn kein bestimmter Geldbetrag in das Register eingetragen wird, wird das Doppelte der vollen Gebühr erhoben. Das Doppelte der vollen Gebühr wird auch erhoben, wenn die Eintragung bestimmter Geldbeträge und andere Eintragungen zusammentreffen (§ 26 Abs. 5 Satz 1 bis 3). Nur die volle Gebühr wird erhoben, wenn sich der Geschäftswert nach der Einlage eines Kommanditisten richtet. Für die Eintragung einer Kommanditgesellschaft wird jedoch mindestens das Doppelte der vollen Gebühr erhoben, die sich aus dem nach § 26 Abs. 9 Satz 1 bestimmten Wert ergibt.

(2) Die in Absatz 1 Satz 2 bestimmte Gebühr darf

a) für die Eintragung einer Prokura oder deren Änderung den Betrag von 440 Deutsche Mark,
b) für die Eintragung des Erlöschens der Prokura den Betrag von 220 Deutsche Mark,
c) für die Löschung der Firma den Betrag von 660 Deutsche Mark,
d) für alle sonstigen Eintragungen, wenn kein bestimmter Geldbetrag in das Register eingetragen wird und es sich nicht um die erste Eintragung der Firma handelt, den Betrag von 1 320 Deutsche Mark

nicht übersteigen. Die in Absatz 1 Satz 4 bestimmte Gebühr für die Eintragung eines Kommanditisten als Nachfolger eines anderen, eines bisher persönlich haftenden Gesellschafters als Kommanditisten oder eines bisherigen Kommanditisten als persönlich haftenden Gesellschafter darf den Betrag von 1 200 Deutsche Mark nicht übersteigen.

(3) Wird die Eintragung einer Firma gelöscht (rot unterstrichen) und die Firma gleichzeitig in der anderen Abteilung des Handelsregisters eingetragen, so werden die Gebühren für die Löschung (Rotunterstreichung) und die neue Eintragung besonders erhoben.

(4) Die Vermerke über die Eintragung oder Aufhebung einer Zweigniederlassung im Register der Hauptniederlassung werden gebührenfrei eingetragen.

§ 80 Eintragungen in das Vereinsregister

(1) Für Eintragungen in das Vereinsregister werden erhoben

1. für die erste Eintragung des Vereins das Doppelte der vollen Gebühr;
2. für alle späteren Eintragungen die volle Gebühr;
3. für Löschung der Gesamteintragung die Hälfte der vollen Gebühr.

(2) Werden auf Grund derselben Anmeldung mehrere Eintragungen der in Absatz 1 Nr. 2 bezeichneten Art vorgenommen, so wird die Gebühr nur einmal erhoben.

§ 81 Eintragungen in das Güterrechtsregister

Für Eintragungen in das Güterrechtsregister wird die volle Gebühr erhoben.

§ 82 Eintragungen in das Partnerschaftsregister

Für Eintragungen in das Partnerschaftsregister gilt § 79 entsprechend.

§ 83 Genossenschaftsregister

Für Eintragungen in das Genossenschaftsregister werden Gebühren nicht erhoben; in die Liste der Genossen, für Vormerkungen in dieser Liste sowie für die Zurückweisung oder Zurücknahme von Anträgen auf Eintragung der Vormerkung werden Gebühren nicht erhoben; jedoch werden Entgelte für Postdienstleistungen in allen Fällen und Schreibauslagen für Ausfertigungen und Abschriften jeder Art erhoben.

§ 84 Eintragungen in das Schiffsregister, Schiffsurkunden

(1) Für die Eintragung des Schiffs in das Schiffsregister und für die Eintragung von Veränderungen, die das Schiff betreffen, wird ein Viertel der vollen Gebühr erhoben. Der Wert bestimmt sich bei der Eintragung des Schiffs nach dem Wert des Schiffs; bei der Eintragung von Veränderungen gilt § 30 Abs. 2. Bei der Verlegung des Heimathafens (Heimatorts) wird nur eine Gebühr bei dem Gericht des neuen Heimathafens (Heimatorts) erhoben. Die Eintragung von Veränderungen der amtlichen Kennzeichen des Schiffs ist gebührenfrei.

(2) Für die Löschung der Eintragung des Schiffs wird eine Gebühr nur im Fall des § 20 Abs. 2 Satz 2 der Schiffsregisterordnung erhoben; die Gebühr beträgt ein Viertel der vollen Gebühr; der Wert bestimmt sich nach dem Wert des Schiffs. Für die Eintragung, daß das Schiff das Recht zur Führung der Bundesflagge verloren hat oder daß das Schiff seinen Heimatort im Ausland hat, wird eine Gebühr nicht erhoben; das gleiche gilt für Eintragungen in den Fällen des § 17 Abs. 2 der Schiffsregisterordnung.

(3) Für die Eintragung eines neuen Eigentümers, für die Eintragung oder Löschung einer Schiffshypothek, eines Arrestpfandrechts oder eines Nießbrauchs und für die Eintragung von Veränderungen, die sich auf das Eigentum, die Schiffshypothek oder den Nießbrauch beziehen, ferner für die Eintragung oder Löschung von Vormerkungen, Widersprüchen und Verfügungsbeschränkungen gelten die für die entsprechenden Eintragungen im Grundbuch gegebenen Vorschriften sinngemäß mit der Maßgabe, daß in jedem Fall nur ein Viertel der vollen Gebühr erhoben wird.

(4) Bei einer Reederei wird für die Eintragung eines neuen Mitreeders oder der Verpfändung oder Pfändung einer Schiffspart, für die Eintragung einer Verfügungsbeschränkung, die eine Schiffspart betrifft, und für die Eintragung eines Korrespondentreeders eine Gebühr von 20 bis 270 Deutsche Mark erhoben.

(5) Für die Erteilung des Schiffszertifikats, des Schiffsbriefs oder des Flaggenzeugnisses und für den Vermerk von Veränderungen auf dem Zertifikat oder dem Brief wird eine Gebühr von 25 Deutsche Mark erhoben. Für den Vermerk von Veränderungen der amtlichen

Kennzeichen werden weder Gebühren noch Schreibauslagen erhoben. Für die Erteilung eines Auszugs aus dem Schiffszertifikat werden nur Schreibauslagen erhoben.

§ 85 Eintragungen in das Schiffsbauregister und in das Kabelbuch

Für Eintragungen in das Schiffsbauregister und in das Kabelbuch gilt § 84 Abs. 1 bis 4 entsprechend. Für die Eintragung des Schiffsbauwerks und des Kabels wird eine Gebühr nicht erhoben. Die Übertragung der im Schiffsbauregister eingetragenen Hypotheken in das Schiffsregister ist gebührenfrei.

§ 86 Anmeldungen, Anträge, Aufbewahrung und Prüfung von Unterlagen

(1) Für die Aufnahme von Anmeldungen zum Handels-, Vereins-, Güterrechts- und Partnerschaftsregister werden Gebühren nach Maßgabe des Beurkundungsabschnitts besonders erhoben. Das gleiche gilt in Schiffsregister-, Schiffsbauregister- und Kabelpfandsachen für die Aufnahme von Anträgen, die in der Form des § 37 der Schiffsregisterordnung gestellt werden müssen. Im übrigen ist die Aufnahme und Entgegennahme von Anträgen und Anmeldungen gebührenfrei.

(2) Für die Aufbewahrung und Prüfung eines zum Handelsregister oder zum Genossenschaftsregister einzureichenden Jahresabschlusses und der dazu gehörenden Unterlagen sowie für die Aufbewahrung und Prüfung eines zum Handelsregister einzureichenden Konzernabschlusses und der dazu gehörenden Unterlagen wird jeweils eine Gebühr erhoben. Die Gebühr beträgt bei einem Jahresabschluß in der Form des § 266 Abs. 1 Satz 3 des Handelsgesetzbuchs 50 Deutsche Mark, im übrigen 100 Deutsche Mark. Zur Zahlung der Gebühr ist das einreichende Unternehmen verpflichtet.

§ 87 Gebührenfreie Geschäfte des Registergerichts

Gebühren werden nicht erhoben

1. für die aus Anlaß eines Vergleichs- oder Konkursverfahrens von Amts wegen vorzunehmenden Eintragungen sowie für Eintragungen und Löschungen, die auf Ersuchen und Anordnung eines Gerichts, insbesondere des Vollstreckungsgerichts erfolgen; ausgenommen sind die Eintragung des Erstehers als Eigentümer eines Schiffs oder eines Schiffsbauwerks, die Eintragung der Schiffshypothek für die Forderung gegen den Ersteher sowie Eintragungen auf Grund einer einstweiligen Verfügung (§ 941 der Zivilprozeßordnung);
2. für Entscheidungen über Anträge und Beschwerden der in § 126 des Gesetzes über die Angelegenheiten der freiwilligen Gerichtsbarkeit bezeichneten Art.

§ 88 Löschungsverfahren, Auflösungsverfahren

(1) Für die Zurückweisung des Widerspruchs gegen eine angedrohte Löschung in den Fällen der §§ 141 und 160 b Abs. 1 des Gesetzes über die Angelegenheiten der freiwilligen Gerichtsbarkeit wird die für die Löschung bestimmte Gebühr besonders erhoben. Das gleiche gilt für die Verwerfung oder Zurückweisung der Beschwerde gegen die Zurückweisung des Widerspruchs.

(2) Für Löschungen nach §§ 142 bis 144, §§159, 160 b Abs. 1 und §161 des Gesetzes über die Angelegenheiten der freiwilligen Gerichtsbarkeit und nach §§ 2, 3 des Gesetzes über die Auflösung und Löschung von Gesellschaften und Genossenschaften vom 9. Oktober 1934 (RGBl. I S. 914) werden keine Gebühren erhoben. Im übrigen gilt Absatz 1 entsprechend.

(3) Für die Zurückweisung des Widerspruchs gegen eine Aufforderung nach § 144 b des Gesetzes über die Angelegenheiten der freiwilligen Gerichtsbarkeit wird die für die Eintragung der Auflösung bestimmte Gebühr besonders erhoben. Absatz 1 Satz 2 gilt entsprechend.

§ 89 Abschriften und Ausdrucke

(1) Für die Erteilung von Abschriften aus den in diesem Abschnitt genannten Registern und die Erteilung von Ausdrucken aus diesen Registern, die maschinell geführt werden, gilt § 73 Abs. 1 bis 4 entsprechend.

(2) Für Bescheinigungen aus den genannten Registern wird die Mindestgebühr (§ 33) erhoben.

(3) Bescheinigungen nach § 66 Abs. 2 des Bürgerlichen Gesetzbuchs sind frei von Gebühren und Schreibauslagen.

(4) § 73 Abs. 5 gilt entsprechend.

§ 90 Registereinsicht

Für die Einsicht der in diesem Abschnitt genannten Register werden Gebühren nicht erhoben.

4. Familienrechtliche Angelegenheiten

§ 91 Gebührenfreie Tätigkeit des Vormundschaftsgerichts

Für die Tätigkeit des Vormundschaftsgerichts werden nur die in §§ 92 bis 98 bestimmten Gebühren erhoben; im übrigen ist die Tätigkeit des Vormundschaftsgerichts gebührenfrei.

§ 92 Vormundschaft, Dauerbetreuung, -pflegschaft und -beistandschaft

(1) Bei Vormundschaften sowie bei Betreuungen, Pflegschaften für Minderjährige und Beistandschaften, die nicht auf einzelne Rechtshandlungen beschränkt sind, werden Kosten nur erhoben, wenn das Vermögen des Fürsorgebedürftigen nach Abzug der Verbindlichkeiten mehr als 50 000 Deutsche Mark beträgt; der in § 88 Abs. 2 Nr. 7 des Bundessozialhilfegesetzes genannte Vermögenswert wird nicht mitgerechnet. Für jedes angefangene Kalenderjahr wird eine Gebühr in Höhe von 10 Deutsche Mark für jede angefangenen 10 000 Deutsche Mark erhoben, um die das reine Vermögen die in Satz 1 genannten Vermögenswerte übersteigt. Für das bei der Einleitung der Fürsorgemaßnahme laufende und das folgende Kalenderjahr wird nur eine Jahresgebühr erhoben. Die Gebühr wird erstmals bei Anordnung der Fürsorgemaßnahme und später jeweils zu Beginn eines Kalenderjahres fällig.

(2) Bei Dauerpflegschaften, die nicht minderjährige Personen betreffen, wird für jedes angefangene Kalenderjahr eine Gebühr in Höhe von 10 Deutsche Mark für jede angefangenen 10 000 Deutsche Mark des reinen Vermögens erhoben. Absatz 1 Satz 3 und 4 ist anzuwenden.

(3) Erstreckt sich eine Fürsorgemaßnahme nach den Absätzen 1 und 2 auf mehrere Fürsorgebedürftige, so werden die Gebühren für jeden von ihnen besonders erhoben.

(4) Geht eine vorläufige Betreuung in eine endgültige oder kraft Gesetzes eine Vormundschaft in eine Pflegschaft oder eine Pflegschaft in eine Vormundschaft über oder wird eine Vormundschaft, Betreuung, Pflegschaft oder Beistandschaft von einem anderen Gericht übernommen, so bildet das Verfahren eine Einheit.

§ 93 Betreuung, Pflegschaft und Beistandschaft für einzelne Rechtshandlungen

Bei Betreuungen, Pflegschaften oder Beistandschaften für einzelne Rechtshandlungen wird die volle Gebühr nach dem Wert des Gegenstands erhoben, auf den sich die Rechtshandlung bezieht. Ist der Fürsorgebedürftige an dem Gegenstand der Rechtshandlung nur mitberechtigt, so ist der Wert seines Anteils maßgebend; bei Gesamthandverhältnissen ist der Anteil entsprechend der Beteiligung an dem Gesamthandvermögen zu bemessen. Bei einer Pflegschaft oder Beistandschaft für mehrere Fürsorgebedürftige wird die Gebühr nach dem zusammengerechneten Wert einheitlich erhoben. Die Gebühr wird mit der Anordnung fällig. § 92 Abs. 1 Satz 1 gilt entsprechend, bei Pflegschaften jedoch nur, sofern sie minderjährige Personen betreffen. Eine Gebühr wird nicht erhoben, wenn für den Fürsorgebedürftigen eine Vormundschaft, Dauerbetreuung, -pflegschaft oder -beistandschaft besteht oder gleichzeitig anzuordnen ist.

§ 94 Einzelne Verrichtungen des Vormundschaftsgerichts und des Familiengerichts

(1) Die volle Gebühr wird erhoben

1. für Entscheidungen über den Unterhalt eines Kindes nach § 1612 des Bürgerlichen Gesetzbuches;
2. für die Tätigkeit des Vormundschaftsgerichts im Falle der Heirat eines Elternteils, der das Vermögen seines Kindes verwaltet;
3. für die in § 1631 a Abs. 2, § 1632 Abs. 4, § 1639 Abs. 1, § 1640 Abs. 3, 4, in den §§ 1666 bis 1667, 1683 Abs. 4 und in § 1689 Satz 2 des Bürgerlichen Gesetzbuchs vorgesehenen vormundschaftsgerichtlichen Entscheidungen und Anordnungen;
4. für die Übertragung der elterlichen Sorge oder ihrer Ausübung, für die Übertragung des Rechts, für die Person oder das Vermögen des Kindes zu sorgen, sowie für Entscheidungen nach § 1634 oder § 1711 des Bürgerlichen Gesetzbuchs;
5. für die Übertragung der Entscheidungsbefugnis in den persönlichen und vermögensrechtlichen Angelegenheiten des Kindes;
6. für die Anordnung auf Herausgabe des Kindes an die Eltern oder einen Elternteil und für die Bestimmung des Umgangs mit dem Kinde auf Antrag eines Elternteils nach § 1632 Abs. 3 des Bürgerlichen Gesetzbuchs;
7. für Verfahren über die Anfechtung der Ehelichkeit nach § 1599 Abs. 2, über die Anfechtung einer Anerkennung der Vaterschaft nach § 1600 l Abs. 2 Halbsatz 1 und auf Feststellung der Vaterschaft nach § 1600 n Abs. 2 des Bürgerlichen Gesetzbuchs;
8. für die Ersetzung der Einwilligung des gesetzlichen Vertreters oder des Sorgeberechtigten zur Eingehung der Ehe oder der Genehmigung des gesetzlichen Vertreters zu einer ohne seine Einwilligung geschlossene Ehe; für die Ersetzung der Einwilligung oder Genehmigung eines Vormundes oder Pflegers wird eine Gebühr nicht erhoben;
9. für Entscheidung des Familiengerichts nach den §§ 6 bis 8 des Sorgerechtsübereinkommens-Ausführungsgesetzes, soweit nicht die Erhebung von Gebühren nach den auszuführenden Übereinkommen ausgeschlossen ist.

(2) Der Geschäftswert bestimmt sich nach § 30 Abs. 2. Bezieht sich die Entscheidung oder Anordnung auf mehrere Fürsorgebedürftige, so wird nur eine Gebühr erhoben.

(3) In den Fällen des Absatzes 1 Nr. 2 ist nur der Elternteil, der sich wiederverheiraten will, in den Fällen des Absatzes 1 Nr. 8 nur der Elternteil, dessen Einwilligung oder Genehmigung ersetzt wird, zahlungspflichtig. In den Fällen des Absatzes 1 Nr. 3 bis 6 ist zahlungspflichtig nur der Elternteil, den das Gericht nach billigem Ermessen bestimmt; es kann auch anordnen, daß von der Erhebung der Gebühr abzusehen ist.

§ 95 Weitere Verrichtungen des Vormundschaftsgerichts

(1) Die volle Gebühr wird erhoben

1. für die nach § 1643 des Bürgerlichen Gesetzbuchs erforderliche Genehmigung zu einem Rechtsgeschäft;
2. für Verfügungen nach § 112, § 1629 Abs. 2, § 1631 Abs. 3, §§ 1631 b, 1645, 1674, 1693, § 2282 Abs. 2, § 2290 Abs. 3, §§ 2347, 2351 des Bürgerlichen Gesetzbuchs;
3. für sonstige Fürsorgetätigkeiten des Vormundschaftsgerichts für ein unter elterlicher Sorge stehendes Kind mit Ausnahme der Tätigkeit in Angelegenheiten der Annahme als Kind.

§ 92 Abs. 1 Satz 1 gilt entsprechend. Eine Gebühr wird nicht erhoben, wenn für den Fürsorgebedürftigen eine Vormundschaft, Dauerbetreuung, -pflegschaft oder -beistandschaft besteht oder wenn die Tätigkeit des Vormundschaftsgerichts in den Rahmen einer Betreuung, Pflegschaft oder Beistandschaft für einzelne Rechtshandlungen fällt.

(2) Im Falle des Absatzes 1 Nr. 1 bestimmt sich der Geschäftswert nach dem Wert des Gegenstandes, auf den sich das Rechtsgeschäft bezieht; ist der Fürsorgebedürftige an dem Gegenstand des Rechtsgeschäfts nur mitberechtigt, so ist der Wert seines Anteils maßgebend; bei Gesamthandverhältnissen ist der Anteil entsprechend der Beteiligung an dem Gesamthandvermögen zu bemessen. In den Fällen des Absatzes 1 Nr. 2, 3 bestimmt sich der Wert nach § 30 Abs. 2.

(3) Die Vorschrift des § 94 Abs. 2 Satz 2 gilt entsprechend.

§ 96 Nichterhebung von Auslagen in besonderen Fällen

Wird

a) die Bestellung eines Betreuers oder ihre Verlängerung,

b die Erweiterung des Aufgabenkreises des Betreuers,

c) die Anordnung oder Verlängerung eines Einwilligungsvorbehalts,

d) die Erweiterung des Kreises der einwilligungsbedürftigen Willenserklärungen oder

e) eine Genehmigung nach den §§ 1904 und 1905 des Bürgerlichen Gesetzbuchs

abgelehnt oder das Verfahren ohne Entscheidung über die Maßnahme beendet oder wird eine dieser Maßnahmen als ungerechtfertigt aufgehoben oder eingeschränkt, so werden Auslagen, die im Zusammenhang mit der Vorbereitung oder dem Erlaß der Entscheidung entstehen, von dem Betroffenen in keinem Fall erhoben.

§ 97 Verfügungen des Vormundschaftsgerichts oder des Familiengerichts, die sich nicht auf Minderjährige, Betreute oder Pflegebefohlene beziehen

(1) Die volle Gebühr wird erhoben

1. für Entscheidungen, welche die persönlichen Rechtsbeziehungen der Ehegatten oder geschiedenen Ehegatten zueinander oder das eheliche Güterrecht betreffen;
2. für die Ersetzung der Zustimmung anteilsberechtigter Abkömmlinge zu Rechtsgeschäften des überlebenden Ehegatten im Falle der fortgesetzten Gütergemeinschaft;
3. für sonstige Verfügungen des Vormundschaftsgerichts, die sich nicht auf Minderjährige, Betreute oder Pflegebefohlene beziehen.

(2) Der Geschäftswert bestimmt sich nach § 30 Abs. 2.

§ 97 a Befreiung von Ehevoraussetzungen und Eheverboten

(1) Die volle Gebühr wird erhoben für die Befreiung vom Erfordernis der Ehemündigkeit und die Befreiung vom Eheverbot wegen Schwägerschaft (§§ 1, 4 des Ehegesetzes).

(2) Der Geschäftswert bestimmt sich nach § 30 Abs. 2.

§ 98 Annahme als Kind

(1) Die volle Gebühr wird erhoben für eine Entscheidung, durch die die Annahme eines Volljährigen als Kind ausgesprochen oder ein solches Annahmeverhältnis aufgehoben wird.

(2) Der Geschäftswert bestimmt sich nach § 30 Abs. 2.

§ 99 Versorgungsausgleich bei Scheidung, Nichtigerklärung oder Aufhebung einer Ehe

(1) Für das Verfahren über den Versorgungsausgleich nach § 1587 b oder nach § 1587 g Abs. 1 des Bürgerlichen Gesetzbuchs wird die volle Gebühr erhoben. Kommt es zum Versorgungsausgleich durch richterliche Entscheidung nach § 1587 b oder nach § 1587 g Abs. 1 des Bürgerlichen Gesetzbuchs, so erhöht sich die Gebühr auf das Dreifache der

vollen Gebühr. Wird im Falle des § 1587 g Abs. 1 des Bürgerlichen Gesetzbuchs der Antrag zurückgenommen, bevor es zu einer Entscheidung oder einer vom Gericht vermittelten Einigung gekommen ist, so ermäßigt sich die Gebühr auf die Hälfte der vollen Gebühr.

(2) Die volle Gebühr wird erhoben

1. für Entscheidungen nach § 1587 d Abs. 1, § 1587 i Abs. 1, § 1587 l Abs. 1, 3 Satz 3 des Bürgerlichen Gesetzbuchs, sofern der Antrag nicht in einem der in Absatz 1 aufgeführten Verfahren gestellt worden ist,
2. für die Aufhebung oder Änderung von Entscheidungen nach § 1587 d Abs. 2, § 1587 g Abs. 3, § 1587 i Abs. 3 des Bürgerlichen Gesetzbuchs,
3. für die Entscheidung über den Antrag auf Neufestsetzung des zu leistenden Betrages nach § 53 e Abs. 3 des Gesetzes über die Angelegenheiten der freiwilligen Gerichtsbarkeit.

(3) Für den Geschäftswert sind maßgebend

1. im Verfahren nach § 1587 b des Bürgerlichen Gesetzbuchs der Jahresbetrag der Rente, die den zu übertragenden oder zu begründenden Rentenanwartschaften entspricht, mindestens jedoch 1 000 Deutsche Mark,
2. im Verfahren nach § 1587 g Abs. 1 des Bürgerlichen Gesetzbuchs der Jahresbetrag der Geldrente, mindestens jedoch 1 000 Deutsche Mark,
3. im Verfahren nach § 1587 l Abs. 1 des Bürgerlichen Gesetzbuchs der Jahresbetrag der Geldrente, die durch die Abfindungssumme abgegolten wird, mindestens jedoch 1 000 Deutsche Mark,
4. im Verfahren zur Neufestsetzung des zu leistenden Betrages nach § 53 e Abs. 3 des Gesetzes über die Angelegenheiten der freiwilligen Gerichtsbarkeit 200 Deutsche Mark.

Im übrigen bestimmt sich der Geschäftswert nach § 30.

§ 100 (aufgehoben)

5. Nachlaß- und Teilungssachen

§ 101 Verwahrung von Verfügungen von Todes wegen

Für die amtliche Verwahrung einer Verfügung von Todes wegen wird bei der Annahme ein Viertel der vollen Gebühr erhoben.

§ 102 Eröffnung einer Verfügung von Todes wegen

Für die Eröffnung einer Verfügung von Todes wegen wird die Hälfte der vollen Gebühr erhoben.

§ 103 Gemeinsame Vorschriften zu den §§ 101, 102

(1) In den Fällen der §§ 101 und 102 finden die Wertvorschriften des § 46 Abs. 4 entsprechende Anwendung.

(2) Werden mehrere Verfügungen von Todes wegen desselben Erblassers bei demselben Gericht gleichzeitig eröffnet, so ist nur eine Gebühr nach dem zusammengerechneten Wert zu erheben; soweit mehrfach über den ganzen Nachlaß oder über denselben Bruchteil verfügt ist, kommt der Wert nur einmal in Betracht.

(3) Die Gebühr nach § 102 wird von dem Nachlaßgericht erhoben, auch wenn die Eröffnung bei einem anderen Gericht stattgefunden hat.

(4) Für die Nachforderung und Verjährung der Gebühr des § 101 gelten die Vorschriften des § 46 Abs. 5 entsprechend.

§ 104 Sicherung des Nachlasses

(1) Bei der Sicherung eines Nachlasses durch Siegelung oder auf andere Weise wird für das ganze Verfahren, einschließlich der erforderlichen Anordnungen wegen Aufbewahrung und Auslieferung des Nachlasses, die volle Gebühr erhoben. Die Gebühr wird mit der Anordnung fällig.
(2) Neben der Gebühr werden die Gebühren für die Siegelung, Entsiegelung oder Aufnahme des Vermögensverzeichnisses (§ 52) besonders erhoben.

§ 105 Ermittlung des Erben

Für die Ermittlung von Erben wird auch dann, wenn sie nach landesgesetzlichen Vorschriften von Amts wegen stattfindet, keine Gebühr erhoben.

§ 106 Nachlaßpflegschaften, Gesamtgutsverwaltung

(1) Für eine Nachlaßverwaltung, eine Gesamtgutsverwaltung, eine sonstige Nachlaßpflegschaft oder eine Pflegschaft für einen abwesenden Beteiligten nach § 88 des Gesetzes über die Angelegenheiten der freiwilligen Gerichtsbarkeit wird die volle Gebühr erhoben. Sie wird mit der Anordnung fällig. Maßgebend ist der Wert des von der Verwaltung oder Pflegschaft betroffenen Vermögens.
(2) Auf die Gebühr wird eine nach § 104 entstandene Gebühr angerechnet, wenn die Nachlaßpflegschaft zur Sicherung des Nachlasses eingeleitet wird.
(3) Wird der Antrag auf Anordnung einer Nachlaß- oder Gesamtgutsverwaltung abgelehnt oder vor Erlaß einer Entscheidung zurückgenommen, so wird ein Viertel der vollen Gebühr von dem Antragsteller erhoben; ist der Antrag von einem Gläubiger gestellt, so bestimmt sich der Geschäftswert nach der Forderung, jedoch nach dem Wert der Masse (Absatz 1 Satz 3), wenn dieser geringer ist.

§ 106 a Stundung des Pflichtteilsanspruchs, des Erbersatzanspruchs und des Ausgleichsanspruchs

(1) Für Entscheidungen über die Stundung eines Pflichtteilsanspruchs oder eines Erbersatzanspruchs oder eines Erbausgleichsanspruchs wird die volle Gebühr erhoben.
(2) Der Geschäftswert ist nach § 30 zu bestimmen.

§ 107 Erbschein

(1) Für die Erteilung eines Erbscheins, einschließlich des vorangegangenen Verfahrens, wird die volle Gebühr erhoben. Für die Beurkundung der eidesstattlichen Versicherung wird daneben die Gebühr des § 49 besonders erhoben; sie wird beim Nachlaßgericht angesetzt, auch wenn die Erklärung von einem anderen Gericht aufgenommen ist.
(2) Maßgebend ist der Wert des nach Abzug der Nachlaßverbindlichkeiten verbleibenden reinen Nachlasses im Zeitpunkt des Erbfalls; bei einem zum Nachlaß gehörenden land- oder forstwirtschaftlichen Betrieb mit Hofstelle findet § 19 Abs. 4 und 5 Anwendung. Wird der Erbschein nur über das Erbrecht eines Miterben erteilt, so bestimmt sich der Wert nach dessen Erbteil. Bei Erteilung eines beschränkten Erbscheins (§ 2369 des Bürgerlichen Gesetzbuchs) ist der Wert der im Inland befindlichen Gegenstände maßgebend.
(3) Wird dem Nachlaßgericht glaubhaft gemacht, daß der Erbschein nur zur Verfügung über Grundstücke oder im Grundbuch eingetragene Rechte oder zum Zwecke der Berichtigung des Grundbuchs gebraucht wird, so werden die in Absatz 1 genannten Gebühren nur nach dem Werte der im Grundbuch des Grundbuchamts eingetragenen Grundstücke und Rechte berechnet, über die auf Grund des Erbscheins verfügt werden kann; bei einem

zum Nachlaß gehörenden land- oder forstwirtschaftlichen Betrieb mit Hofstelle findet § 19 Abs. 4 und 5 Anwendung. Wird der Erbschein für mehrere Grundbuchämter benötigt, so ist der Gesamtwert der in den Grundbüchern eingetragenen Grundstücke und Rechte maßgebend. Sind die Grundstücke und Rechte mit dinglichen Rechten belastet, so werden diese bei der Wertberechnung abgezogen.

(4) Die Vorschriften des Absatzes 3 gelten entsprechend, wenn dem Nachlaßgericht glaubhaft gemacht wird, daß der Erbschein nur zur Verfügung über eingetragene Schiffe oder Schiffsbauwerke oder im Schiffsregister oder Schiffsbauregister eingetragene Rechte oder zur Berichtigung dieser Register gebraucht wird.

§ 107 a Erbscheine für bestimmte Zwecke

(1) Wird ein Erbschein für einen bestimmten Zweck gebührenfrei oder zu ermäßigten Gebühren erteilt, so werden die in § 107 Abs. 1 genannten Gebühren nacherhoben, wenn von dem Erbschein zu einem anderen Zweck Gebrauch gemacht wird.

(2) Wird der Erbschein für ein gerichtliches oder behördliches Verfahren benötigt, so ist die Ausfertigung des Erbscheins dem Gericht oder der Behörde zur Aufbewahrung bei den Akten zu übersenden. Wird eine Ausfertigung oder Abschrift des Erbscheins auch für andere Zwecke erteilt oder nimmt der Antragsteller bei der Erledigung einer anderen Angelegenheit auf die Akten Bezug, in denen sich der Erbschein befindet, so hat der Antragsteller die in § 107 Abs. 1 genannten Gebühren nach dem in § 107 Abs. 2 bezeichneten Wert nachzuentrichten; die Angelegenheit ist erst mit der Erteilung der Ausfertigung oder Abschrift oder mit der Bezugnahme auf die Akten endgültig erledigt (§ 15). In den Fällen des Satzes 2 hat das Nachlaßgericht die Stelle zu benachrichtigen, welche die nach § 2356 des Bürgerlichen Gesetzbuches erforderliche eidesstattliche Versicherung beurkundet hat.

§ 108 Einziehung des Erbscheins

Für die Einziehung oder Kraftloserklärung eines Erbscheins wird die Hälfte der vollen Gebühr erhoben. § 107 Abs. 2 bis 4 gilt entsprechend. Die Gebühr bleibt außer Ansatz, wenn in demselben Verfahren ein neuer Erbschein erteilt wird.

§ 109 Andere Zeugnisse

(1) Die Vorschriften über den Erbschein gelten entsprechend

1. für das Zeugnis über die Fortsetzung der Gütergemeinschaft nach § 1507 des Bürgerlichen Gesetzbuchs; an Stelle des Nachlasses tritt der halbe Wert des Gesamtguts der fortgesetzten Gütergemeinschaft;
2. für das erste Zeugnis über die Ernennung eines Testamentsvollstreckers; für jedes weitere Zeugnis wird ein Viertel der vollen Gebühr erhoben. Der Wert bestimmt sich nach § 30 Abs. 2.

(2) Absatz 1 findet auf Zeugnisse für Samtgutsverwalter, auf Beisitzbescheinigungen und ähnliche Zeugnisse des Nachlaßgerichts entsprechende Anwendung.

§ 110 Feststellung des Erbrechts des Fiskus

(1) Für das Verfahren zur Feststellung des Erbrechts des Fiskus oder der an seine Stelle tretenden Körperschaft, Stiftung oder Anstalt des öffentlichen Rechts wird dieselbe Gebühr wie für die Erteilung eines Erbscheins erhoben.

(2) Wird auf Grund der Feststellung ein Erbschein erteilt, so wird hierfür eine besondere Gebühr nicht erhoben.

§ 111 Beschränkte Zeugnisse, Bescheinigungen

(1) Die Mindestgebühr (§ 33) wird erhoben

1. für die Zeugnisse nach §§ 36, 37 der Grundbuchordnung und § 42 der Schiffsregisterordnung;
2. für die nach den Staatsschuldbuchgesetzen erforderlichen Bescheinigungen, daß ein Rechtsnachfolger von Todes wegen, ein die Gütergemeinschaft fortsetzender Ehegatte oder ein Testamentsvollstrecker über die Buchforderung verfügen kann.

(2) Für die in dem Verfahren abgegebene eidesstattliche Versicherung wird die Gebühr des § 49 besonders erhoben.

(3) § 107 a gilt entsprechend.

§ 112 Erklärungen gegenüber dem Nachlaßgericht

(1) Ein Viertel der vollen Gebühr wird für die Entgegennahme folgender Erklärungen erhoben:

1. Ablehnung der fortgesetzten Gütergemeinschaft (§ 1484 des Bürgerlichen Gesetzbuchs), Verzicht eines anteilsberechtigten Abkömmlings (§ 1491 des Bürgerlichen Gesetzbuchs) oder Aufhebung der fortgesetzten Gütergemeinschaft (§ 1492 des Bürgerlichen Gesetzbuchs);
2. Ausschlagung der Erbschaft, Anfechtung der Annahme oder Ausschlagung der Erbschaft oder Anfechtung der Versäumung der Ausschlagungsfrist (§§ 1945, 1955, 1956, 2308 Abs. 1 des Bürgerlichen Gesetzbuchs);
3. Anmeldung von Forderungen im Falle des § 2061 des Bürgerlichen Gesetzbuchs;
4. Anfechtung eines Testaments oder Erbvertrags (§§ 2081, 2281 Abs. 2 des Bürgerlichen Gesetzbuchs);
5. Anzeige des Vorerben oder des Nacherben über den Eintritt der Nacherbfolge (§ 2146 des Bürgerlichen Gesetzbuchs);
6. Bestimmung der Person des Testamentsvollstreckers oder Ernennung von Mitvollstreckern (§ 2198 Abs. 1 Satz 2 und § 2199 Abs. 3 des Bürgerlichen Gesetzbuchs); Annahme oder Ablehnung des Amtes des Testamentsvollstreckers (§ 2202 des Bürgerlichen Gesetzbuchs) sowie Kündigung dieses Amtes (§ 2226 des Bürgerlichen Gesetzbuchs);
7. Anzeigen des Verkäufers oder Käufers einer Erbschaft über deren Verkauf nach § 2384 des Bürgerlichen Gesetzbuchs sowie Anzeigen in den Fällen des § 2385 des Bürgerlichen Gesetzbuchs.

(2) Bei der Berechnung der Gebühren wird, wenn eine vermögensrechtliche Angelegenheit vorliegt, der Wert der Vermögensmasse nach Abzug der Schulden zugrunde gelegt; im übrigen ist der Wert nach § 30 Abs. 2 zu bestimmen. Im Fall des Absatzes 1 Nr. 3 wird die Gebühr einheitlich nach dem Gesamtbetrag der angemeldeten Forderungen erhoben; Schuldner der Gebühr ist der Miterbe, der die Aufforderung erlassen hat. Wird im Fall des Absatzes 1 Nr. 2 die Erbschaft von mehreren neben- oder nacheinander berufenen Personen gleichzeitig durch Erklärung vor dem Nachlaßgericht oder durch Einreichung einer Urkunde ausgeschlagen, so wird die Gebühr nur einmal nach dem Wert der ausgeschlagenen Erbschaft erhoben.

(3) Für die Aufnahme der Anmeldungen und Erklärungen werden Gebühren nach § 38 Abs. 3 besonders erhoben, soweit sie in öffentlich beglaubigter Form abzugeben oder notariell zu beurkunden sind; im übrigen ist die Aufnahme der Anmeldungen und Erklärungen gebührenfrei.

§ 113 Testamentsvollstrecker

Die Hälfte der vollen Gebühr wird erhoben für die Ernennung oder Entlassung von Testamentsvollstreckern und für sonstige anläßlich einer Testamentsvollstreckung zu treffenden Anordnungen. Der Wert bestimmt sich nach § 30 Abs. 2.

§ 114 Nachlaßinventar, Fristbestimmungen

Die Hälfte der vollen Gebühr wird erhoben

1. für die Entgegennahme eines Nachlaßinventars, für die Bestimmung einer Inventarfrist oder einer neuen Inventarfrist und für die Verlängerung der Inventarfrist, einschließlich der Anordnung wegen Aufnahme des Inventars durch einen Notar oder einen sonstigen zuständigen Beamten; maßgebend ist der Wert des Nachlasses nach Abzug der Schulden;
2. für die Fristbestimmungen nach §§ 2151, 2153 bis 2155, 2192, 2193 des Bürgerlichen Gesetzbuchs.

§ 115 Gebührenfreie Erledigung in den Fällen der §§ 112 bis 114

Die in §§ 112 bis 114 aufgeführten Verrichtungen bleiben gebührenfrei, wenn sie im Zusammenhang mit einem anderen nach den Vorschriften dieses Unterabschnitts gebührenpflichtigen Verfahren stehen.

§ 116 Gerichtliche Vermittlung der Auseinandersetzung

(1) Für die gerichtliche Vermittlung der Auseinandersetzung eines Nachlasses oder des Gesamtguts einer Gütergemeinschaft, einschließlich des vorangegangenen Verfahrens, wird das Vierfache der vollen Gebühr erhoben. Die Gebühr ermäßigt sich

1. auf das Doppelte der vollen Gebühr, wenn das Verfahren ohne Bestätigung der Auseinandersetzung abgeschlossen wird;
2. auf die Hälfte der vollen Gebühr, wenn sich das Verfahren vor Eintritt in die Verhandlung durch Zurücknahme oder auf andere Weise erledigt.

Die Vorschriften des § 59 gelten entsprechend.

(2) Wird mit einem Dritten vor dem Teilungsgericht zum Zweck der Auseinandersetzung ein Vertrag geschlossen, so wird von dem Dritten die Hälfte der nach dem Beurkundungsabschnitt zu berechnenden Gebühr erhoben.

(3) Für die Beurkundung einer vertragsmäßigen Auseinandersetzung, für die Aufnahme von Vermögensverzeichnissen und Schätzungen sowie für Versteigerungen werden die Gebühren nach Maßgabe des Beurkundungsabschnitts besonders erhoben.

(4) Wird die Vermittlung der Auseinandersetzung einem Notar übertragen, so wird je die Hälfte der vollen Gebühr erhoben

1. für das gerichtliche Verfahren, einschließlich der Anordnung von Beweisaufnahmen,
2. für die Bestätigung der Auseinandersetzung.

(5) Die Gebühr bestimmt sich nach dem Wert der den Gegenstand der Auseinandersetzung bildenden Vermögensmasse. Dabei werden die Werte mehrerer Massen, die in demselben Verfahren auseinandergesetzt werden, zusammengerechnet. Trifft die Auseinandersetzung des Gesamtguts einer Gütergemeinschaft mit der Auseinandersetzung des Nachlasses eines Ehegatten zusammen, so wird die Gebühr einheitlich nach dem zusammengerechneten Wert des Gesamtguts und des übrigen Nachlasses erhoben.

(6) Für die Kosten des Verfahrens (Absätze 1 und 4) haften die Anteilsberechtigten als Gesamtschuldner.

§ 117 (aufgehoben)

6. Sonstige Angelegenheiten

§ 118 Genehmigung und Beaufsichtigung von Stiftungen

(1) Für die Genehmigung einer Familienstiftung wird die volle Gebühr erhoben.

(2) Für die Aufsicht über Stiftungen oder deren Verwaltung wird für jedes angefangene Kalenderjahr die volle Gebühr erhoben. Die Gebühr wird zu Beginn jedes Zeitabschnitts im voraus fällig. Sie kann in einfach liegenden Fällen nach Ermessen des Gerichts bis auf ein Viertel der vollen Gebühr ermäßigt werden.

(3) Die Gebühr bestimmt sich nach dem Wert des Stiftungsvermögens nach Abzug der Schulden.

§ 119 Verfahren bei Festsetzung von Zwangs- und Ordnungsgeld

(1) In einem Verfahren nach den §§ 132 bis 139, 159 des Gesetzes über die Angelegenheiten der freiwilligen Gerichtsbarkeit wird in jedem Rechtszug das Dreifache der vollen Gebühr erhoben

1. für die Festsetzung des Zwangsgeldes,
2. für die Verwerfung des Einspruchs.

(2) Die Gebühr wird nach dem festgesetzten oder angedrohten Betrag des Zwangsgeldes berechnet; sie darf den Betrag des Zwangsgeldes nicht übersteigen.

(3) Jede Wiederholung der Festsetzung des Zwangsgeldes gilt als ein besonderes Verfahren.

(4) Für die Androhung von Zwangsgeld werden Gebühren nicht erhoben.

(5) Die Vorschriften der Absätze 1 bis 4 gelten in anderen Fällen der Festsetzung von Zwangs- und Ordnungsgeld entsprechend. Sie gelten auch für die Festsetzung von Zwangsgeld gegen Vormünder, Betreuer, Pfleger und Beistände. Sie gelten nicht für die Festsetzung von Zwangs- und Ordnungsmittel gegen Zeugen und Sachverständige.

(6) Für die Anordnung von Zwangshaft (§ 33 Abs. 1 und 3 des Gesetzes über die Angelegenheiten der freiwilligen Gerichtsbarkeit) wird in jedem Rechtszug das Dreifache der vollen Gebühr erhoben, neben einer Gebühr nach Absatz 5 gesondert. Der Geschäftswert bestimmt sich nach § 30 Abs. 2.

§ 120 Ernennung von Sachverständigen, Bestellung eines Verwahrers, Verkauf oder Hinterlegung von Pfändern

Die volle Gebühr wird erhoben

1. für die Ernennung und Beeidigung von Sachverständigen zur Feststellung des Zustands oder Werts von Sachen; wird gerichtlich Beweis erhoben, so werden daneben die Gebühren nach § 49 Abs. 1 und § 50 Abs. 1 Nr. 4 erhoben;
2. für die Bestellung eines Verwahrers nach §§ 432, 1217, 1281, 2039 des Bürgerlichen Gesetzbuchs, einschließlich der Entscheidung über seine Vergütung;
3. für Anordnungen des Gerichts über den Verkauf oder die Hinterlegung von Pfändern und anderen Gegenständen.

§ 121 Ernennung und Abberufung von Vorstandsmitgliedern usw.

Soweit nicht in diesem Gesetz oder in sonstigen bundesrechtlichen Vorschriften ein anderes bestimmt ist, wird das Doppelte der vollen Gebühr erhoben für die Erledigung der im Bürgerlichen Gesetzbuch in dem Titel »Juristische Personen«, im Handelsgesetzbuch, im Aktiengesetz, im Genossenschaftsgesetz oder im Gesetz betreffend die Gesellschaften mit beschränkter Haftung, den Gerichten zugewiesenen Angelegenheiten (Ernennung und

Abberufung von Vorstandsmitgliedern und Liquidatoren, Bestellung und Abberufung von Abschlußprüfern und Prüfern, Ermächtigung zur Berufung einer Hauptversammlung oder Generalversammlung oder zur Einsicht von Büchern) sowie für Entscheidungen und Anordnungen ähnlicher Art.

§ 122 Bestellung eines Vertreters des Grundstücks- oder Schiffseigentümers, Zustellung von Willenserklärungen, Kraftloserklärung von Vollmachten

(1) Die Hälfte der vollen Gebühr wird erhoben

1. für die Bestellung eines Vertreters des Grundstückseigentümers oder des Schiffseigentümers nach § 1141 Abs. 2 des Bürgerlichen Gesetzbuchs und § 42 Abs. 2 des Gesetzes über Rechte an eingetragenen Schiffen und Schiffsbauwerken vom 15. November 1940 (RGBl. I S. 1499);
2. für die Bewilligung der öffentlichen Zustellung einer Willenserklärung nach § 132 Abs. 2 des Bürgerlichen Gesetzbuchs;
3. für die Bewilligung der Kraftloserklärung von Vollmachten nach § 176 Abs. 2 des Bürgerlichen Gesetzbuchs.

(2) Der Wert bestimmt sich nach § 30 Abs. 2.

§ 123 Dispache

(1) Für die Bestellung des Dispacheurs, einschließlich der Bestimmung seiner Vergütung, und für die Entscheidung über seine Verpflichtung zu der von ihm abgelehnten Aufmachung der Dispache wird insgesamt die volle Gebühr erhoben. Maßgebend für die Gebühr ist der Betrag des Havarieschadens und, wenn der Wert des Geretteten an Schiff, Fracht und Ladung geringer ist, dieser geringere Wert.

(2) Für die Verhandlung über die Dispache, einschließlich der Bestätigung, wird ebenfalls die volle Gebühr erhoben. Maßgebend ist die Summe der Anteile, die die an der Verhandlung Beteiligten an dem Schaden zu tragen haben. Wird die Dispache bestätigt, so haften die an dem Verfahren Beteiligten für die Kosten als Gesamtschuldner.

§ 124 Eidesstattliche Versicherung

(1) Für die Verhandlung in dem Termin zur Abnahme einer eidesstattlichen Versicherung nach §§ 259, 260, 1580 Satz 2, § 1587 e Abs. 1, § 1587 k Abs. 1, § 1605 Abs. 1 Satz 3, §§ 2006, 2028 Abs. 2, § 2057 des Bürgerlichen Gesetzbuchs und nach § 83 Abs. 2 des Gesetzes über die Angelegenheiten der freiwilligen Gerichtsbarkeit wird die volle Gebühr erhoben, auch wenn die Abgabe der eidesstattlichen Versicherung unterbleibt.

(2) Erledigt sich das Verfahren vor Eintritt in die Verhandlung infolge Zurücknahme des Antrags oder in anderer Weise, so ermäßigt sich die Gebühr entsprechend den Vorschriften des § 130.

§ 125 Verteilungsverfahren bei Enteignungen und dgl.

(1) Soweit bei der Enteignung, bei der Flurbereinigung, bei der Beschädigung von Grundstücken durch Bergbau oder in ähnlichen Fällen ein Verteilungsverfahren vorgesehen ist, wird dafür das Doppelte der vollen Gebühr nach dem zu verteilenden Gesamtbetrag erhoben.

(2) Wird der Antrag auf Eröffnung des Verfahrens zurückgewiesen oder wird der Antrag vor Eröffnung des Verfahrens zurückgenommen, so bemißt sich die nach § 130 zu erhebende Gebühr nach dem zu verteilenden Gesamtbetrag und, wenn ein Berechtigter den Antrag gestellt hat, nach dem von ihm beanspruchten Betrag, falls er geringer ist als der Gesamtbetrag.

§ 126 Kapitalkreditbeschaffung für landwirtschaftliche Pächter

(1) Für die Niederlegung des Verpfändungsvertrags nach dem Pachtkreditgesetz vom 5. August 1951 (BGBl. I S. 494), einschließlich der Erteilung einer Bescheinigung über die erfolgte Niederlegung, wird die Hälfte der vollen Gebühr erhoben.

(2) Ein Viertel der vollen Gebühr wird erhoben

1. für die Entgegennahme der Anzeige über die Abtretung der pfandgesicherten Forderung;
2. für die Herausgabe des Verpfändungsvertrags.

(3) Für die Erteilung einer beglaubigten Abschrift des Verpfändungsvertrags sowie einer Bescheinigung an den Pächter, daß ein Verpfändungsvertrag bei dem Amtsgericht nicht niedergelegt ist, wird eine Gebühr von 25 Deutsche Mark erhoben. Für Abschriften werden daneben die erwachsenen Schreibauslagen angesetzt.

(4) Für die Niederlegung einer Vereinbarung des Pächters und des Pfandgläubigers, durch welche die Erstreckung des Pfandrechts auf die nach seiner Entstehung vom Pächter erworbenen Inventarstücke ausgeschlossen wird, sowie für die Gestattung der Einsicht in die bei dem Amtsgericht niedergelegten Verpfändungsverträge werden Gebühren nicht erhoben.

§ 127 Personenstandsangelegenheiten

(1) Für die Familienregister sowie für die bei den Gerichten aufbewahrten Standesregister und Kirchenbücher gelten die Kostenvorschriften für die Amtstätigkeit des Standesbeamten entsprechend.

(2) Im übrigen werden in Personenstandsangelegenheiten für die Zurückweisung von Anträgen auf eine gerichtliche Anordnung sowie für die Verwerfung oder Zurückweisung einer Beschwerde gegen eine gerichtliche Entscheidung die in §§ 130 und 131 bestimmten Gebühren erhoben.

§ 128 Todeserklärung und Feststellung der Todeszeit

(1) Das Doppelte der vollen Gebühr wird erhoben für

a) die Todeserklärung,
b) die Feststellung der Todeszeit,
c) die Aufhebung oder Änderung der Todeserklärung oder der Feststellung der Todeszeit.

(2) Wird ein Aufgebotsverfahren in ein Verfahren zur Feststellung der Todeszeit übergeleitet, so ist es für die Gebührenberechnung als ein einheitliches Verfahren zu behandeln.

(3) Der Geschäftswert bestimmt sich nach § 30 Abs. 2.

§ 128 a Änderung der Vornamen und Feststellung der Geschlechtszugehörigkeit in besonderen Fällen

(1) In Verfahren nach dem Gesetz über die Änderung der Vornamen und die Feststellung der Geschlechtszugehörigkeit in besonderen Fällen vom 10. September 1980 (BGBl. I S. 1654) wird erhoben

1. das Doppelte der vollen Gebühr
   a) für die Änderung der Vornamen nach § 1 des Gesetzes,
   b) für die Aufhebung der Entscheidung, durch welche die Vornamen geändert worden sind, nach § 6 des Gesetzes,
   c) für die Feststellung, daß der Antragsteller als dem anderen Geschlecht zugehörig anzusehen ist, nach § 8 oder § 9 Abs. 2 des Gesetzes; eine nach Nummer 2 entstandene Gebühr wird angerechnet,

d) für die Aufhebung der Feststellung, daß der Antragsteller als dem anderen Geschlecht zugehörig anzusehen ist, nach § 9 Abs. 3 in Verbindung mit § 6 des Gesetzes;
2. das Eineinhalbfache der vollen Gebühr
für die Feststellung nach § 9 Abs. 1 des Gesetzes.
(2) Der Geschäftswert bestimmt sich nach § 30 Abs. 2.

§ 128 b Unterbringungssachen

In Unterbringungssachen nach den §§ 70 bis 70 n des Gesetzes über die Angelegenheiten der freiwilligen Gerichtsbarkeit werden keine Kosten erhoben.

7. Ergänzende Gebührenvorschriften für Anträge, Beschwerden usw.

§ 129 Gesuche, Anträge

Gesuche und Anträge werden, soweit nichts anderes bestimmt ist, gebührenfrei aufgenommen.

§ 130 Zurückweisung und Zurücknahme von Anträgen

(1) Wird in Fällen, in denen das Gericht nur auf Antrag tätig wird, ein Antrag zurückgewiesen, so wird, soweit nichts anderes bestimmt ist, die Hälfte der vollen Gebühr, höchstens jedoch ein Betrag von 65 Deutsche Mark erhoben.
(2) Wird ein Antrag zurückgenommen, bevor über ihn eine Entscheidung ergangen ist oder die beantragte Handlung stattgefunden hat, so wird, soweit nichts anderes bestimmt ist, ein Viertel der vollen Gebühr, höchstens jedoch ein Betrag von 35 Deutsche Mark erhoben.
(3) Der für die beantragte Verhandlung oder Entscheidung bestimmte Gebührensatz darf nicht überschritten werden.
(4) Im Fall einer teilweisen Zurückweisung oder Zurücknahme ist die Gebühr nach dem Wert des zurückgewiesenen oder zurückgenommenen Teils, jedoch nur insoweit zu erheben, als die Gebühr für die Erledigung des ganzen Antrags die Gebühr für die teilweise Erledigung übersteigt.
(5) Bei Zurückweisung oder Zurücknahme eines Antrags kann von der Erhebung von Kosten abgesehen werden, wenn der Antrag auf unverschuldeter Unkenntnis der tatsächlichen oder rechtlichen Verhältnisse beruht. § 16 Abs. 2 gilt entsprechend.

§ 131 Beschwerden, Anrufung des Gerichts gegen Entscheidungen anderer Behörden oder Dienststellen

(1) Für das Verfahren über Beschwerden wird, soweit nichts anderes bestimmt ist, erhoben
1. in den Fällen der Verwerfung oder Zurückweisung die Hälfte der vollen Gebühr;
2. in den Fällen der Zurücknahme ein Viertel der vollen Gebühr; betrifft die Zurücknahme nur einen Teil des Beschwerdegegenstandes, so ist die Gebühr nur insoweit zu erheben, als sich die Beschwerdegebühr erhöht haben würde, wenn die Entscheidung auf den zurückgenommenen Teil erstreckt worden wäre.

Im übrigen ist das Beschwerdeverfahren gebührenfrei.
(2) Der Wert ist in allen Fällen nach § 30 zu bestimmen.
(3) Richtet sich die Beschwerde gegen eine Entscheidung des Vormundschaftsgerichts oder des Familiengerichts und ist sie von dem Minderjährigen, dem Betreuten oder dem

Pflegebefohlenen oder im Interesse dieser Personen eingelegt, so ist sie in jedem Fall gebührenfrei.

(4) Werden Angelegenheiten der in diesem Abschnitt bezeichneten Art von anderen Behörden oder Stellen, insbesondere von Notaren, erledigt und ist in diesen Fällen eine Anrufung des Gerichts vorgesehen, so steht diese hinsichtlich der Gebühren einer Beschwerde gleich. Dies gilt nicht bei Anträgen auf Änderung von Entscheidungen des ersuchten oder beauftragten Richters oder des Urkundsbeamten der Geschäftsstelle. Es gilt ferner nicht, wenn nach einem Verwaltungsverfahren der Antrag auf gerichtliche Entscheidung gestellt wird.

(5) Auslagen, die durch eine für begründet befundene Beschwerde entstanden sind, werden nicht erhoben, soweit das Beschwerdeverfahren gemäß Absatz 1 Satz 2 gebührenfrei ist.

§ 131 a Beschwerden in Versorgungsausgleichssachen

In Verfahren über Beschwerden in Versorgungsausgleichssachen nach § 621 e der Zivilprozeßordnung werden die gleichen Gebühren wie im ersten Rechtszug erhoben.

§ 131 b Beschwerden in Prozeßkostenhilfesachen

Für das Verfahren über Beschwerden gegen Entscheidungen in Verfahren über die Prozeßkostenhilfe wird eine Gebühr von 50 Deutsche Mark erhoben, wenn die Beschwerde verworfen oder zurückgewiesen wird. Wird die Beschwerde nur teilweise verworfen oder zurückgewiesen, kann das Gericht die Gebühr nach billigem Ermessen auf die Hälfte ermäßigen oder bestimmen, daß eine Gebühr nicht zu erheben ist. Wird die Beschwerde zurückgenommen, bevor eine Entscheidung über sie ergangen ist, wird keine Gebühr erhoben. § 131 Abs. 3 bleibt unberührt.

§ 132 Beglaubigte Abschriften

Soweit nichts anderes bestimmt ist, wird bei der Erteilung beglaubigter Abschriften der vom Gericht erlassenen Entscheidungen sowie der von ihm aufgenommenen oder in Urschrift in seiner dauernden Verwahrung befindlichen Urkunden eine Beglaubigungsgebühr nicht erhoben.

§ 133 Vollstreckbare Ausfertigungen

Für die Erteilung vollstreckbarer Ausfertigungen von gerichtlichen oder notariellen Urkunden wird die Hälfte der vollen Gebühr erhoben, wenn der Eintritt einer Tatsache oder einer Rechtsnachfolge zu prüfen ist (§§ 726 bis 729 der Zivilprozeßordnung) oder es sich um die Erteilung einer weiteren vollstreckbaren Ausfertigung handelt. Das gleiche gilt im Fall der Erteilung vollstreckbarer Ausfertigungen einer bestätigten Auseinandersetzung sowie in ähnlichen Fällen.

§ 134 Vollstreckungshandlungen

Für die Vornahme von gerichtlichen Vollstreckungshandlungen in Angelegenheiten der freiwilligen Gerichtsbarkeit werden, soweit nichts anderes bestimmt ist, die für solche Handlungen im Gerichtskostengesetz vorgesehenen Gebühren erhoben.

§ 135 Rechtskraftzeugnisse, Kostenfestsetzung

Für die Erteilung von Rechtskraftzeugnissen und für die gerichtliche Festsetzung der einem Beteiligten zu erstattenden Kosten werden Gebühren nicht erhoben.

Dritter Abschnitt
Auslagen

§ 136 Schreibauslagen

(1) Schreibauslagen werden erhoben für

1. Ausfertigungen oder Abschriften, die auf Antrag erteilt, angefertigt oder per Telefax übermittelt werden;
2. Ausfertigungen und Abschriften, die angefertigt werden müssen, weil zu den Akten gegebene Urkunden, von denen eine Abschrift zurückbehalten werden muß, zurückgefordert werden; in diesem Fall wird die bei den Akten zurückbehaltene Abschrift gebührenfrei beglaubigt;
3. (aufgehoben)

(2) Frei von Schreibauslagen sind

1. bei Beurkundungen von Verträgen zwei Ausfertigungen oder Abschriften, bei sonstigen Beurkundungen eine Ausfertigung oder Abschrift;
2. für jeden Beteiligten
   a) eine vollständige Ausfertigung oder Abschrift jeder gerichtlichen Entscheidung und jedes vor Gericht abgeschlossenen Vergleichs,
   b) eine Ausfertigung ohne Entscheidungsgründe,
   c) eine Abschrift jeder Niederschrift über eine Sitzung,
   d) bei Vertretung durch einen Bevollmächtigten jeweils eine weitere vollständige Ausfertigung oder Abschrift.

(3) Die Schreibauslagen betragen unabhängig von der Art der Herstellung in derselben Angelegenheit, in gerichtlichen Verfahren in demselben Rechtszug und bei Vormundschaften, Dauerbetreuungen und -pflegschaften in jedem Kalenderjahr für die ersten 50 Seiten 1 DM je Seite und für jede weitere Seite 0,30 DM. Die Höhe der Schreibauslagen ist für jeden Kostenschuldner nach § 2 gesondert zu berechnen; Gesamtschuldner gelten als ein Schuldner.

(4) Aufwendungen für die besondere Ausstattung einer Urkunde (Verwendung besonderen Papiers und dgl.) sind in jedem Falle zu erheben.

(5) Werden für Ausfertigungen oder Abschriften Entwürfe verwendet, die der Antragsteller dem Gericht zur Verfügung gestellt hat und die nur durch Geschäftsnummer, Zeitangaben, Kostenrechnung, Ausfertigungs- oder Beglaubigungsvermerk und Unterschrift des ausfertigenden Bediensteten zu ergänzen sind, so werden Schreibauslagen nicht erhoben.

§ 137 Sonstige Auslagen

Als Auslagen werden ferner erhoben

1. Entgelte für Telekommunikationsdienstleistungen außer für den Telefondienst;
2. Entgelte für Zustellungen durch die Post mit Zustellungsurkunde oder durch Einschreiben gegen Rückschein;
3. für jede Zustellung durch Justizbedienstete nach §§ 211, 212 der Zivilprozeßordnung anstelle der tatsächlichen Aufwendungen ein Betrag in Höhe der in § 16 Abs. 1 des Gesetzes über Kosten der Gerichtsvollzieher bestimmten Gebühr;
4. für die Versendung von Akten auf Antrag je Sendung pauschal ein Betrag von 15 Deutsche Mark;
5. Kosten, die durch öffentliche Bekanntmachung entstehen, mit Ausnahme der für Post- und Telekommunikationsdienstleistungen zu zahlende Entgelte;

6. nach dem Gesetz über die Entschädigung von Zeugen und Sachverständigen zu zahlende Beträge sowie an Urkundszeugen zu zahlende Vergütungen; erhält ein Sachverständiger aufgrund des § 1 Abs. 3 des Gesetzes über die Entschädigung von Zeugen und Sachverständigen keine Entschädigung, so ist der Betrag zu erheben, der ohne diese Vorschrift zu zahlen wäre; sind die Auslagen durch mehrere Geschäfte veranlaßt, die sich auf verschiedene Rechtssachen beziehen, so werden die Auslagen auf die mehreren Geschäfte unter Berücksichtigung der auf die einzelnen Geschäfte verwendeten Zeit angemessen verteilt;
7. bei Geschäften außerhalb der Gerichtsstelle
   a) die den Gerichtspersonen aufgrund gesetzlicher Vorschriften gewährten Vergütungen (Reisekosten, Auslagenersatz),
   b) die Kosten für die Bereitstellung von Räumen,
   c) für den Einsatz von Dienstkraftfahrzeugen für jeden gefahrenen Kilometer ein Betrag von 0,52 Deutsche Mark;

   sind die Auslagen durch mehrere Geschäfte veranlaßt, die sich auf verschiedene Rechtssachen beziehen, so werden die Auslagen auf die merhreren Geschäfte unter Berücksichtigung der Entfernungen und der auf die einzelnen Geschäfte verwendeten Zeit angemessen verteilt;
8. an Rechtsanwälte zu zahlende Beträge mit Ausnahme der Vergütungen nach dem 13. Abschnitt der Bundesgebührenordnung für Rechtsanwälte;
9. Rechnungsgebühren (§ 139);
10. Kosten für die Beförderung von Personen;
11. Beträge, die mittellosen Personen für die Reise zum Ort einer Verhandlung, Vernehmung oder Untersuchung und für die Rückreise gezahlt werden, bis zur Höhe der nach dem Gesetz über die Entschädigung von Zeugen und Sachverständigen an Zeugen zu zahlenden Beträge;
12. an Dritte zu zahlende Beträge für
    a) die Beförderung von Tieren und Sachen, mit Ausnahme der für Postdienstleistungen zu zahlenden Entgelte, die Verwahrung von Tieren und Sachen sowie die Fütterung von Tieren;
    b) die Durchsuchung oder Untersuchung von Räumen und Sachen einschließlich der die Durchsuchung oder Untersuchung vorbereitenden Maßnahmen;
13. Kosten einer Zwangshaft in Höhe der für die Freiheitsstrafe geltenden Sätze, Kosten einer sonstigen Haft nur dann, wenn sie nach den für die Freiheitsstrafe geltenden Vorschriften zu erheben wären;
14. Beträge, die anderen inländischen Behörden, öffentlichen Einrichtungen oder Bediensteten als Ersatz für Auslagen der in den Nummern 1 bis 13 bezeichneten Art zustehen, und zwar auch dann, wenn aus Gründen der Gegenseitigkeit, der Verwaltungsvereinfachung und dergleichen keine Zahlungen zu leisten sind; diese Beträge sind durch die Höchstsätze für die bezeichneten Auslagen begrenzt;
15. Beträge, die ausländischen Behörden, Einrichtungen oder Personen im Ausland zustehen, sowie Kosten des Rechtshilfeverkehrs mit dem Ausland, und zwar auch dann, wenn aus Gründen der Gegenseitigkeit, der Verwaltungsvereinfachung und dergleichen keine Zahlungen zu leisten sind.

§ 138 (aufgehoben)

§ 139 Rechnungsgebühren

(1) Für Rechnungsarbeiten, die durch einen dafür besonders bestellten Beamten oder Angestellten (Rechnungsbeamten) vorgenommen werden, sind als Auslagen Rechnungsgebühren zu erheben, die nach dem für die Arbeit erforderlichen Zeitaufwand bemessen werden. Sie betragen 20 Deutsche Mark für die Stunde; die letzte, bereits begonnene Stunde wird voll gerechnet.

(2) In Vormundschafts-, Betreuungs- und Pflegschaftssachen werden unbeschadet der Vorschrift des § 92 Abs. 1 Satz 1 für die Prüfung eingereichter Rechnungen Rechnungsgebühren nur erhoben, wenn die nachgewiesenen Bruttoeinnahmen mehr als 2 000 Deutsche Mark für das Jahr betragen. Einnahmen aus dem Verkauf von Vermögensstücken rechnen nicht mit.

(3) Die Rechnungsgebühren setzt das Gericht, das den Rechnungsbeamten beauftragt hat, von Amts wegen fest. § 14 Abs. 3 bis 5 gilt entsprechend. Beschwerdeberechtigt sind die Staatskasse und derjenige, der für die Rechnungsgebühren als Kostenschuldner in Anspruch genommen worden ist.

Zweiter Teil
Kosten der Notare

§ 140 Verbot der Gebührenvereinbarung

Die Kosten der Notare bestimmen sich, soweit bundesrechtlich nichts anderes vorgeschrieben ist, ausschließlich nach diesem Gesetz. Vereinbarungen über die Höhe der Kosten sind unwirksam.

§ 141 Anwendung des Ersten Teils

Für die Kosten der Notare gelten die Vorschriften des Ersten Teils dieses Gesetzes entsprechend, soweit in den nachstehenden Vorschriften nichts anderes bestimmt ist.

§ 142 Entscheidung durch das Amtsgericht in Baden-Württemberg

Soweit im Lande Baden-Württemberg die Gebühren für die Tätigkeit des Notars der Staatskasse zufließen, entscheidet in den Fällen des § 14 Abs. 2 und des § 31 (Erinnerung gegen den Kostenansatz, Festsetzung des Geschäftswerts) das Amtsgericht, in dessen Bezirk der Notar (Bezirksnotar) seinen Amtssitz hat.

§ 143 Nichtanwendung des Ersten Teils

(1) Fließen die Gebühren für die Tätigkeit des Notars diesem selbst zu, so finden die folgenden Vorschriften des Ersten Teils keine Anwendung:

§§ 11 und 13 (Allgemeine Vorschriften über Kostenbefreiungen, Gebührenfreiheit für einzelne Gesamtschuldner),
§ 14 (Kostenansatz, Erinnerung, Beschwerde),
§ 15 (Nachforderung),
§ 16 Abs. 2 (Entscheidung über die Nichterhebung von Kosten),
§ 17 Abs. 1, 2, 3 Satz 1 (Verjährung),
§ 31 (Festsetzung des Geschäftswerts),
§ 136 Abs. 5 (Schreibauslagen bei zur Verfügung gestellten Entwürfen),
§ 137 Nr. 9, § 139 (Rechnungsgebühren).

(2) Bundes- oder landesrechtliche Vorschriften, die Gebühren- oder Auslagenbefreiung gewähren, finden keine Anwendung auf den Notar, dem die Gebühren für seine Tätigkeit selbst zufließen. Außer in den Fällen der Kostenerstattung zwischen den Trägern der Sozialhilfe gilt die in § 64 Abs. 2 Satz 3 Nr. 2 des Zehnten Buches Sozialgesetzbuch bestimmte Gebührenfreiheit auch für den Notar.

§ 144 Gebührenermäßigung

(1) Erhebt ein Notar, dem die Gebühren für seine Tätigkeit selbst zufließen, die in den §§ 36 bis 59, 71, 133, 145 und 148 bestimmten Gebühren von

1. dem Bund, einem Land sowie einer nach dem Haushaltsplan des Bundes oder eines Landes für Rechnung des Bundes oder eines Landes verwalteten öffentlichen Körperschaft oder Anstalt,
2. einer Gemeinde, einem Gemeindeverband, einer sonstigen Gebietskörperschaft oder einem Zusammenschluß von Gebietskörperschaften, einem Regionalverband, einem Zweckverband,
3. einer Kirche, sonstigen Religions- oder Weltanschauungsgemeinschaft, jeweils soweit sie die Rechtsstellung einer juristischen Person des öffentlichen Rechts hat,

und betrifft die Angelegenheit nicht deren wirtschaftliche Unternehmen, so ermäßigen sich die Gebühren bei einem Geschäftswert von mehr als 50 000 Deutsche Mark bis zu einem

Geschäftswert von (Deutsche Mark)	um (v. H.)
200 000	30
500 000	40
2 000 000	50
über 2 000 000	60.

Eine ermäßigte Gebühr darf jedoch die bei einem niedrigeren Geschäftswert nach Satz 1 zu erhebende Gebühr nicht unterschreiten. Wenn die Tätigkeit mit dem Erwerb eines Grundstücks oder grundstücksgleichen Rechts zusammenhängt, ermäßigen sich die Gebühren nur, wenn dargelegt wird, daß eine auch nur teilweise Weiterveräußerung an einen nichtbegünstigten Dritten nicht beabsichtigt ist. Ändert sich diese Absicht innerhalb von drei Jahren nach Beurkundung der Auflassung, entfällt eine bereits gewährte Ermäßigung. Der Begünstigte ist verpflichtet, den Notar zu unterrichten.

(2) Die Gebührenermäßigung ist auch einer Körperschaft, Vereinigung oder Stiftung zu gewähren, die ausschließlich und unmittelbar mildtätige oder kirchliche Zwecke im Sinne der Abgabenordnung verfolgt, wenn diese Voraussetzung durch einen Freistellungs- oder Körperschaftsteuerbescheid oder durch eine vorläufige Bescheinigung des Finanzamts nachgewiesen und dargelegt wird, daß die Angelegenheit nicht einen steuerpflichtigen wirtschaftlichen Geschäftsbetrieb betrifft.

(3) Die Ermäßigung erstreckt sich auf andere Beteiligte, die mit dem Begünstigten als Gesamtschuldner haften, nur insoweit, als sie von dem Begünstigten auf Grund gesetzlicher Vorschrift Erstattung verlangen können.

§ 144 a Besondere Gebührenermäßigung

Bei Geschäften, die in dem in Artikel 3 des Einigungsvertrages genannten Gebiet belegene Grundstücke betreffen und bei denen die in § 144 Abs. 1 Satz 1 Nr. 1 und 2 genannten Kostenschuldner nach § 2 Nr. 1 zur Zahlung der Kosten verpflichtet sind, ermäßigen sich die Gebühren, die dem Notar für seine Tätigkeit selbst zufließen und vor dem 1. Januar 2004 fällig werden, um 20 vom Hundert sowie um weitere Vomhundertsätze entsprechend § 144 Abs. 1 Satz 1. Den in Satz 1 genannten Kostenschuldnern steht die Treuhandanstalt gleich. § 144 Abs. 1 Satz 2 gilt sinngemäß. Die Ermäßigungsbestimmungen des Einigungsvertrages sind nicht anzuwenden.

§ 145 Entwürfe

(1) Fertigt der Notar auf Erfordern nur den Entwurf einer Urkunde, so wird die für die Beurkundung bestimmte Gebühr erhoben. Überprüft der Notar auf Erfordern einen ihm vorgelegten Entwurf einer Urkunde oder einen Teil des Entwurfs, so wird die Hälfte der für die Beurkundung der gesamten Erklärung bestimmten Gebühr, mindestens jedoch ein Viertel der vollen Gebühr erhoben; dies gilt auch dann, wenn der Notar den Entwurf auf Grund der Überprüfung ändert oder ergänzt. Nimmt der Notar demnächst aufgrund des von ihm gefertigten oder überprüften Entwurfs eine oder mehrere Beurkundungen vor, so wird die Entwurfsgebühr auf die Beurkundungsgebühren in der Reihenfolge ihrer Entstehung angerechnet. Beglaubigt der Notar demnächst unter einer von ihm entworfenen oder überprüften Urkunde Unterschriften oder Handzeichen, so wird für die erste Beglaubigung keine Gebühr erhoben, für weitere gesonderte Beglaubigungen werden die Gebühren gesondert erhoben.

(2) Fertigt der Notar über ein Rechtsgeschäft, das der behördlichen Nachprüfung unterliegt, im Einverständnis mit den Beteiligten einen Entwurf zur Vorlegung bei einer Behörde, kommt das Rechtsgeschäft jedoch auf Grund der behördlichen Maßnahme nicht zustande, so wird die Hälfte der für die Beurkundung bestimmten Gebühr, mindestens aber eine volle Gebühr, erhoben; jedoch wird die für die Beurkundung bestimmte Gebühr erhoben, wenn sie geringer ist als eine volle Gebühr.

(3) Die im Absatz 2 bestimmte Gebühr wird auch erhoben, wenn der Notar auf Erfordern den Entwurf einer Urkunde für ein Rechtsgeschäft, das der notariellen Beurkundung bedarf, aushändigt, die Beurkundung aber infolge Zurücknahme des Auftrags oder aus ähnlichen Gründen unterbleibt. Daneben werden die im § 57 und im § 130 Abs. 2 bestimmten Gebühren nicht erhoben.

§ 146 Vollzug des Geschäftes

(1) Wird der Notar bei der Veräußerung von Grundstücken und Erbbaurechten sowie bei der Bestellung von Erbbaurechten und bei der Begründung und Veräußerung von Wohnungs- oder Teileigentum auf Verlangen der Beteiligten zum Zwecke des Vollzugs des Geschäfts tätig, so erhält er neben der Entwurfs- oder Beurkundungsgebühr die Hälfte der vollen Gebühr; beschränkt sich seine Tätigkeit auf die Einholung des Zeugnisses nach § 28 Abs. 1 des Baugesetzbuchs, so erhält er nur ein Zehntel der vollen Gebühr. Die dem Notar nach besonderen Vorschriften obliegenden Mitteilungen an Behörden und der Verkehr mit dem Grundbuchamt ist durch die Entwurfs- oder Beurkundungsgebühr abgegolten (§ 35).

(2) Betreibt der Notar, der den Entwurf nicht gefertigt oder überprüft, sondern nur die Unterschrift oder das Handzeichen beglaubigt hat, im Auftrag des Antragstellers den Vollzug eines Antrags auf Eintragung, Veränderung oder Löschung einer Hypothek,

Grundschuld oder Rentenschuld oder einer Schiffshypothek, so erhält er ein Viertel der vollen Gebühr.

(3) Für den Vollzug des Geschäfts in anderen Fällen erhält der Notar neben der Beurkundungs- oder Entwurfsgebühr die Hälfte der vollen Gebühr, wenn es erforderlich ist, Anträge oder Beschwerden, die er aufgrund einer von ihm aufgenommenen, entworfenen oder geprüften Urkunde bei Gerichten, Behörden oder anderen Dienststellen einreicht, tatsächlich oder rechtlich näher zu begründen, und der Beteiligte dies verlangt. Die Gebühr ist für jeden Antrag oder jede Beschwerde gesondert zu erheben.

(4) Der Geschäftswert ist in den Fällen der Absätze 1 und 2 wie bei der Beurkundung, im Fall des Absatzes 3 nach § 30 zu bestimmen.

§ 147 Sonstige Geschäfte, Nebentätigkeit, gebührenfreie Geschäfte

(1) Für die Einsicht des Grundbuchs, öffentlicher Register und von Akten und für eine im Auftrage eines Beteiligten erfolgte Mitteilung über den Inhalt des Grundbuchs oder öffentlicher Register erhält der Notar eine Gebühr von 25 Deutsche Mark. Schließt die Tätigkeit des Notars die Mitteilung über die dem Grundbuchamt bei Einreichung eines Antrags durch den Notar vorliegenden weiteren Anträge einschließlich des sich daraus ergebenden Ranges für das beantragte Recht ein, erhält er ein Viertel der vollen Gebühr nach dem Wert des beantragten Rechts.

(2) Soweit für eine im Auftrag eines Beteiligten ausgeübte Tätigkeit eine Gebühr nicht bestimmt ist, erhält der Notar die Hälfte der vollen Gebühr.

(3) Für die ein Geschäft vorbereitende oder fördernde Tätigkeit (z. B. Raterteilung, Einsicht des Grundbuchs, öffentlicher Register oder von Akten) erhält der Notar die Gebühr des Absatzes 1 oder 2 nur, wenn diese Tätigkeit nicht schon als Nebengeschäft (§ 35) durch eine dem Notar für das Hauptgeschäft oder für erfolglose Verhandlungen (§ 57) zustehende Gebühr abgegolten wird.

(4) Keine Gebühr erhält der Notar für

1. die Übermittlung von Anträgen an das Grundbuchamt oder das Registergericht, wenn der Antrag mit einer anderen gebührenpflichtigen Tätigkeit im Zusammenhang steht,
2. die Stellung von Anträgen im Namen der Beteiligten beim Grundbuchamt oder beim Registergericht aufgrund gesetzlicher Ermächtigung,
3. das Aufsuchen von Urkunden, die von dem Notar aufgenommen sind oder von ihm verwahrt werden,
4. die Erwirkung der Legalisation der eigenen Unterschrift,
5. die Erledigung von Beanstandungen, einschließlich des Beschwerdeverfahrens, soweit er die zugrundeliegende Urkunde aufgenommen, entworfen oder geprüft hat.

§ 148 Auseinandersetzungen

(1) Für die Vermittlung einer Auseinandersetzung durch den Notar gelten nach Maßgabe des Absatzes 2 die Vorschriften des § 116.

(2) Ist die Vermittlung dem Notar von dem Gericht übertragen, so erhält er das Dreieinhalbfache und, wenn die Bestätigung der Auseinandersetzung dem Gericht zusteht, das Dreifache der vollen Gebühr. Die Gebühr ermäßigt sich

1. auf das Doppelte der vollen Gebühr, wenn das Verfahren ohne Bestätigung der Auseinandersetzung abgeschlossen wird;
2. auf die Hälfte der vollen Gebühr, wenn sich das Verfahren vor Eintritt in die Verhandlung durch Zurücknahme oder auf andere Weise erledigt.

§ 148 a Vollstreckbarerklärung eines Anwaltsvergleichs

(1) Für das Verfahren über den Antrag auf Vollstreckbarerklärung eines Anwaltsvergleichs (§ 1044 b Abs. 2 der Zivilprozeßordnung) erhält der Notar die Hälfte der vollen Gebühr. Für die Erteilung vollstreckbarer Ausfertigungen gilt § 133 entsprechend.

(2) In den Fällen des Absatzes 1 Satz 1 richtet sich der Geschäftswert nach den Ansprüchen, die Gegenstand der Vollstreckbarerklärung sein sollen.

§ 149 Erhebung, Verwahrung und Ablieferung von Geld, Wertpapieren und Kostbarkeiten

(1) Werden an den Notar Zahlungen geleistet, so erhält er für die Auszahlung oder Rückzahlung bei Beträgen

bis zu 5 000 Deutsche Mark einschließlich	1 vom Hundert,
von dem Mehrbetrag bis zu 20 000 Deutsche Mark einschließlich	0,5 vom Hundert,
von dem Mehrbetrag über 20 000 Deutsche Mark	0,25 vom Hundert.

Unbare Zahlungen stehen baren Zahlungen gleich. Der Notar kann die Gebühr bei der Ablieferung an den Auftraggeber entnehmen.

(2) Ist Geld in mehreren Beträgen gesondert ausgezahlt oder zurückgezahlt, so wird die Gebühr von jedem Betrag besonders erhoben.

(3) Die Mindestgebühr beträgt eine Deutsche Mark.

(4) Für die Ablieferung oder Rücklieferung von Wertpapieren und Kostbarkeiten erhält der Notar die in den Absätzen 1 bis 3 bestimmte Gebühr nach dem Wert.

(5) Die Gebühr wird im Fall des § 51 Abs. 3 auf die Protestgebühr, nicht jedoch auf die Wegegebühr, angerechnet.

§ 150 Bescheinigung

(1) Für die Erteilung einer Bescheinigung nach § 21 der Bundesnotarordnung erhält der Notar die Mindestgebühr (§ 33).

(2) Für die Erteilung einer Bescheinigung nach § 22 a der Bundesnotarordnung erhält der Notar eine Gebühr von 50 Deutsche Mark.

§ 151 Zuziehung eines zweiten Notars

(1) Der zweite Notar, der auf Verlangen eines Beteiligten anstatt der Zeugen zu einer Beurkundung zugezogen wird, erhält die Hälfte der dem beurkundenden Notar zustehenden Gebühr und im Fall des § 58 daneben die dort bestimmte Zusatzgebühr.

(2) Ist der zweite Notar ohne Verlangen eines Beteiligten anstatt der Zeugen zugezogen, so darf der mit der Beurkundung beauftragte Notar dafür an Gebühren nicht mehr als 2,50 Deutsche Mark für jede angefangene Stunde in Rechnung stellen.

§ 151 a Umsatzsteuer

Der Notar erhält Ersatz der auf seine Kosten entfallenden Umsatzsteuer, sofern diese nicht nach § 19 Abs. 1 des Umsatzsteuergesetzes unerhoben bleibt.

§ 152 Schreibauslagen und für Post- und Telekommunikationsdienstleistungen zu zahlende Entgelte

(1) Der Notar, dem die Gebühren für seine Tätigkeit selbst zufließen, erhält Schreibauslagen auch für die ihm auf Grund besonderer Vorschriften obliegenden Mitteilungen an Behörden.

(2) Er kann außer den im Dritten Abschnitt des Ersten Teils genannten Auslagen erheben
1. Entgelte für Postdienstleistungen
 a) für die Übersendung auf Antrag erteilter Ausfertigungen und Abschriften,
 b) für die in Absatz 1 genannten Mitteilungen;
2. Entgelte für Telefondienstleistungen.

§ 153 Reisekosten

(1) Der Notar erhält für Geschäftsreisen, die er im Auftrag eines Beteiligten vornimmt, Reisekosten. Eine Geschäftsreise liegt vor, wenn das Reiseziel außerhalb der Gemeinde liegt, in der sich der Amtssitz oder die Wohnung des Notars befindet.

(2) Der Notar, dem die Gebühren für seine Tätigkeit selbst zufließen, erhält als Reisekosten
1. bei Benutzung eines eigenen Kraftfahrzeugs Fahrtkosten nach Absatz 4; bei Benutzung anderer Verkehrsmittel die tatsächlichen Aufwendungen, soweit sie angemessen sind;
2. als Tage- und Abwesenheitsgeld bei einer Geschäftsreise von nicht mehr als 4 Stunden 30 Deutsche Mark, von mehr als 4 bis 8 Stunden 60 Deutsche Mark, von mehr als 8 Stunden 110 Deutsche Mark; die Hälfte dieses Satzes ist auf die in § 58 Abs. 1 bestimmte Zusatzgebühr anzurechnen;
3. Ersatz der Übernachtungskosten, soweit sie angemessen sind.

Die Regelung über die Verteilung der Reisekosten bei Erledigung mehrerer Geschäfte auf derselben Geschäftsreise des Notars gilt auch, wenn auf derselben Reise Notargeschäfte und Rechtsanwaltsgeschäfte erledigt werden.

(3) Fließen die Gebühren für die Tätigkeit des Notars der Staatskasse zu, so erhält der Notar bei Geschäftsreisen nach Absatz 1 Reisekostenvergütung nach den für Bundesbeamte der Reisekostenstufe B geltenden Vorschriften. Ist es nach den Umständen, insbesondere nach dem Zweck der Geschäftsreise, erforderlich, ein anderes als ein öffentliches, regelmäßig verkehrendes Beförderungsmittel zu benutzen, so erhält der Notar Ersatz der notwendigen Aufwendungen, bei Benutzung eines eigenen Kraftfahrzeugs Fahrtkosten nach Absatz 4; diese Entschädigung ist stets zu gewähren, wenn der Hin- und Rückweg zusammen nicht mehr als zweihundert Kilometer beträgt oder der Notar Fahrtkosten für nicht mehr als zweihundert Kilometer verlangt.

(4) Als Fahrtkosten bei Benutzung eines eigenen Kraftfahrzeugs sind zur Abgeltung der Anschaffungs-, Unterhaltungs- und Betriebskosten sowie der Abnutzung des Kraftfahrzeugs 0,52 Deutsche Mark für jeden gefahrenen Kilometer zuzüglich der durch die Benutzung des Kraftfahrzeugs aus Anlaß der Geschäftsreise regelmäßig anfallenden baren Auslagen, insbesondere der Parkgebühren, zu erstatten.

§ 154 Einforderung der Kosten

(1) Fließen die Kosten dem Notar selbst zu, so dürfen sie nur auf Grund einer dem Zahlungspflichtigen mitgeteilten, von dem Notar unterschriebenen Berechnung der Gebühren und Auslagen eingefordert werden.

(2) In der Berechnung sind der Geschäftswert, die Kostenvorschriften, eine kurze Bezeichnung des jeweiligen Gebührentatbestands, die Bezeichnung der Auslagen, die Beträge der angesetzten Gebühren und Auslagen sowie etwa verauslagte Gerichtskosten und empfangene Vorschüsse anzugeben.

(3) Der Notar hat die Berechnung in Abschrift zu seinen Akten zu bringen. Er hat sie ferner unter jeder von ihm erteilten Ausfertigung sowie unter jedem Beglaubigungsvermerk

aufzustellen. Hat der Notar eine Urkunde entworfen und demnächst beglaubigt, so sind auch die Kosten des Entwurfs unter der Beglaubigung zu vermerken.

§ 155 Beitreibung der Kosten

Die Kosten werden auf Grund einer mit der Vollstreckungsklausel des Notars versehenen Ausfertigung der Kostenberechnung (§ 154) nach den Vorschriften der Zivilprozeßordnung beigetrieben; § 798 der Zivilprozeßordnung gilt entsprechend. Die Vollstreckungsklausel, die zum Zwecke der Zwangsvollstreckung gegen einen zur Duldung der Zwangsvollstreckung Verpflichteten erteilt wird, hat den Ausspruch der Duldungspflicht zu enthalten.

§ 156 Einwendungen gegen die Kostenberechnung

(1) Einwendungen gegen die Kostenberechnung (§ 154), einschließlich solcher gegen die Zahlungspflicht und gegen die Erteilung der Vollstreckungsklausel, sind bei dem Landgericht, in dessen Bezirk der Notar den Amtssitz hat, im Wege der Beschwerde nach den Vorschriften der Zivilprozeßordnung geltend zu machen. Das Gericht soll vor der Entscheidung die Beteiligten und die vorgesetzte Dienstbehörde des Notars hören. Beanstandet der Zahlungspflichtige dem Notar gegenüber die Kostenberechnung, so kann der Notar die Entscheidung des Landgerichts beantragen. Die Vorschrift des § 567 Abs. 2 der Zivilprozeßordnung ist in Verfahren nach Satz 1 und 3 nicht anzuwenden.

(2) Gegen die Entscheidung des Landgerichts findet binnen der Notfrist von einem Monat seit der Zustellung die weitere Beschwerde statt. Sie ist nur zulässig, wenn das Beschwerdegericht sie wegen der grundsätzlichen Bedeutung der zur Entscheidung stehenden Frage zuläßt. Die Vorschriften des § 568 Abs. 2 und 3 der Zivilprozeßordnung finden keine Anwendung. Die weitere Beschwerde kann nur darauf gestützt werden, daß die Entscheidung auf einer Verletzung des Gesetzes beruht; die Vorschriften der §§ 550 und 551 der Zivilprozeßordnung gelten entsprechend. Für die weitere Beschwerde gilt § 567 Abs. 2 der Zivilprozeßordnung nicht.

(3) Nach Ablauf des Kalenderjahrs, das auf das Jahr folgt, in dem die vollstreckbare Ausfertigung der Kostenberechnung zugestellt ist, können neue Beschwerden (Absatz 1) nicht mehr erhoben werden. Soweit die Einwendungen gegen den Kostenanspruch auf Gründen beruhen, die nach der Zustellung der vollstreckbaren Ausfertigung entstanden sind, können sie auch nach Ablauf dieser Frist geltend gemacht werden.

(4) Die Beschwerden können in allen Fällen zu Protokoll der Geschäftsstelle oder schriftlich ohne Mitwirkung eines Anwalts eingelegt werden. Das Verfahren vor dem Landgericht ist gebührenfrei. Die Kosten für die weitere Beschwerde bestimmen sich nach §§ 131, 136 bis 139. Die gerichtlichen Auslagen einer für begründet befundenen Beschwerde können ganz oder teilweise dem Gegner des Beschwerdeführers auferlegt werden.

(5) Die dem Notar vorgesetzte Dienstbehörde kann den Notar in jedem Fall anweisen, die Entscheidung des Landgerichts herbeizuführen (Absatz 1) und gegen die Entscheidung des Landgerichts die weitere Beschwerde zu erheben (Absatz 2). Die hierauf ergehende gerichtliche Entscheidung kann auch auf eine Erhöhung der Kostenberechnung lauten. Gebühren und Auslagen werden in diesem Verfahren von dem Notar nicht erhoben.

§ 157 Zurückzahlung, Schadensersatz

(1) Wird die Kostenberechnung abgeändert oder ist der endgültige Kostenbetrag geringer als der erhobene Vorschuß, so hat der Notar die zuviel empfangenen Beträge zu erstatten. Hatte der Kostenschuldner seine Einwendungen gegen die Kostenberechnung innerhalb

eines Monats seit der Zustellung der vollstreckbaren Ausfertigung im Wege der Beschwerde (§ 156 Abs. 1 Satz 1) erhoben, so hat der Notar darüber hinaus den Schaden zu ersetzen, der dem Kostenschuldner durch die Vollstreckung oder durch eine zur Abwendung der Vollstreckung erbrachte Leistung entstanden ist.

(2) Über die Verpflichtungen gemäß Absatz 1 wird auf Antrag des Kostenschuldners in dem Verfahren nach § 156 entschieden. Die Entscheidung ist nach den Vorschriften der Zivilprozeßordnung vollstreckbar.

Dritter Teil

Schluß- und Übergangsvorschriften

§ 158 Landesrechtliche Vorschriften

(1) Unberührt bleiben die landesrechtlichen Kostenvorschriften für

1. Verfahren zwecks anderweitiger Festsetzung von Altenteils- und ähnlichen Bezügen;
2. die in landesrechtlichen Vorschriften vorgesehenen Geschäfte der freiwilligen Gerichtsbarkeit.

(2) Ist für ein in landesrechtlichen Vorschriften vorgesehenes Geschäft der freiwilligen Gerichtsbarkeit wegen der Gebühren nichts bestimmt, so wird die Hälfte der vollen Gebühr erhoben.

§ 159 Andere Behörden und Dienststellen

Soweit andere Stellen als Gerichte, Notare oder Gerichtsvollzieher in bestimmten Angelegenheiten der freiwilligen Gerichtsbarkeit zuständig sind oder als gerichtliche Hilfsbeamte tätig werden, bleiben die landesrechtlichen Kostenvorschriften unberührt. Sind jedoch diesen Stellen die Aufgaben des Grundbuchamts, des Vormundschaftsgerichts oder des Nachlaßgerichts übertragen, so finden auf ihre Tätigkeit die Vorschriften des Ersten Teils dieses Gesetzes Anwendung; in den Fällen des § 14 Abs. 2 und des § 31 (Erinnerung gegen den Kostenansatz, Festsetzung des Geschäftswerts) entscheidet das Amtsgericht, in dessen Bezirk die Stelle ihren Sitz hat.

§ 160 Gerichtstage, Sprechtage

Die zur Abhaltung eines Gerichtstags (auswärtigen Amtstags) bestimmten Räumlichkeiten gelten als Gerichtsstelle im Sinne dieses Gesetzes. Hält ein Notar außerhalb seiner Geschäftsstelle regelmäßige Sprechtage ab, so gilt dieser Ort als Amtssitz im Sinne dieses Gesetzes.

§ 161 Übergangsvorschrift

Für Kosten, die vor dem Inkrafttreten einer Gesetzesänderung fällig geworden sind, gilt das bisherige Recht. Werden Gebühren für ein Verfahren erhoben, so werden die Kosten für die jeweilige Instanz nach bisherigem Recht erhoben, wenn die Instanz vor dem Inkrafttreten einer Gesetzesänderung eingeleitet worden ist. Die Sätze 1 und 2 gelten auch, wenn Vorschriften geändert werden, auf die dieses Gesetz verweist.

Anlage
(zu § 32)

Geschäftswert bis . . . DM	Gebühr . . . DM	Geschäftswert bis . . . DM	Gebühr . . . DM	Geschäftswert bis . . . DM	Gebühr . . . DM
2.000	20	460.000	800	1.260.000	2.000
4.000	35	480.000	830	1.280.000	2.030
6.000	50	500.000	860	1.300.000	2.060
8.000	65	520.000	890	1.320.000	2.090
10.000	80	540.000	920	1.340.000	2.120
15.000	90	560.000	950	1.360.000	2.150
20.000	100	580.000	980	1.380.000	2.180
25.000	110	600.000	1.010	1.400.000	2.210
30.000	120	620.000	1.040	1.420.000	2.240
35.000	130	640.000	1.070	1.440.000	2.270
40.000	140	660.000	1.100	1.460.000	2.300
45.000	150	680.000	1.130	1.480.000	2.330
50.000	160	700.000	1.160	1.500.000	2.360
55.000	170	720.000	1.190	1.520.000	2.390
60.000	180	740.000	1.220	1.540.000	2.420
65.000	190	760.000	1.250	1.560.000	2.450
70.000	200	780.000	1.280	1.580.000	2.480
75.000	210	800.000	1.310	1.600.000	2.510
80.000	220	820.000	1.340	1.620.000	2.540
85.000	230	840.000	1.370	1.640.000	2.570
90.000	240	860.000	1.400	1.660.000	2.600
95.000	250	880.000	1.430	1.680.000	2.630
100.000	260	900.000	1.460	1.700.000	2.660
120.000	290	920.000	1.490	1.720.000	2.690
140.000	320	940.000	1.520	1.740.000	2.720
160.000	350	960.000	1.550	1.760.000	2.750
180.000	380	980.000	1.580	1.780.000	2.780
200.000	410	1.000.000	1.610	1.800.000	2.810
220.000	440	1.020.000	1.640	1.820.000	2.840
240.000	470	1.040.000	1.670	1.840.000	2.870
260.000	500	1.060.000	1.700	1.860.000	2.900
280.000	530	1.080.000	1.730	1.880.000	2.930
300.000	560	1.100.000	1.760	1.900.000	2.960
320.000	590	1.120.000	1.790	1.920.000	2.990
340.000	620	1.140.000	1.820	1.940.000	3.020
360.000	650	1.160.000	1.850	1.960.000	3.050
380.000	680	1.180.000	1.880	1.980.000	3,080
400.000	710	1.200.000	1.910	2.000.000	3.110
420.000	740	1.220.000	1.940		
440.000	770	1.240.000	1.970		

Register

Die **fetten** Zahlen verweisen auf die laufenden Nummern der Gesetze (vgl. Inhaltsverzeichnis), die **mageren** auf die Artikel, Paragraphen und Nummern.

Abänderung der Entscheidung im Beschwerdeverfahren **33** 571, der Kostenfestsetzung **33** 107, des Urteils bei wiederkehrenden Leistungen **33** 323, Entscheidung einer nicht gerichtlichen Behörde **37** 195, im Arrestverfahren **33** 925, im Berufungsverfahren **33** 536, 717, vorläufige Anordnungen **33** 770
Abänderungsbeschluß **33** 794, 798 a, GmbH-Vertrag **22** 53 bis 59
Abbaurecht **2** 68
Abberufung Abschlußprüfer **20** 318, Aufsichtsratsmitglieder **21** 103, ehrenamtlicher Richter **31** 44, Liquidator, GmbH **22** 66, Vorstand **21** 84
Abdruck Listen, Aufzeichnungen aus Schuldnerverzeichnis **33** 915 d bis 915 g
Aberntung der Früchte **33** 824
Abfassung des Schiedsspruchs **33** 1039, des Urteils **33** 315
Abfindung Aktionär **21** 305, 320 b, Eingliederung **21** 320 a, Gesamtgut **1** 1501, 1503, Gesellschafter der GmbH **22** 33, künftige Ausgleichsansprüche **1** 1587 l ff., nichteheliches Kind **1** 1615 e, Schadensersatz **1** 843, Unterhaltsgewährung **1** 1585, Unternehmensvertrag **21** 293 a ff.
Abfindungsangebot Formwechsel **21a** 207 ff., Verschmelzungsvertrag **21a** 29, 30 f., 34
Abfindungsvertrag nichteheliches Kind **1** 1615 e
Abgabe andere Hinterlegungsstelle **38** 4, des Rechtsstreits **33** 700, öffentliche –, Rückerstattung **2** 104, von Beweisersuchen **33** 365
Abgekürztes Urteil **33** 313, 317, 696
Abgeordneter Haft **33** 904, 905
Abgeordneter Richter am Bundesgericht **31** 59, Besetzung der Gerichte **31** 29, Überleitungsvorschriften **31** 106
Abgeschlossenheit Garagenstellplatz **8** 3, Räume **8** 3, Voraussetzung für Eintragung des Dauerwohnrechts **8** 32, Wohnungen **8** 3
Abgesonderte Verhandlung **33** 145, 146, 590
Abhängen der Entscheidung von anderem Rechtsstreit **33** 148 ff.
Abhängige Unternehmen **21** 17, 308 ff., Aktienübernahme für Rechnung **21** 56
Abhanden gekommene Wertpapiere **20** 367
Abhanden gekommener Scheck **24** 21, 59
Abhanden gekommener Wechsel **23** 16, 90, 98
Abhandenkommen Sachen, Eigentumserwerb **1** 935, 1006, 1007, Schuldverschreibung **1** 799
Abhelfen der Beschwerde **33** 571, 577
Abhilfe Beschwerde durch Grundbuchamt **39** 75
Abhilferecht Reisender **1** 651 c
Abkauf Überbau **1** 915
Abkömmling anteilsberechtigter **33** 745 f., 860, 862 f., Ausgleich besonderer Leistungen **1** 2057 a, Ausgleich von Zuwendungen **1** 2050 ff., Ausgleichspflicht bei Wegfall **1** 2051, Ausschließung, Gütergemeinschaft **1** 1511, eines Dritten, Testament **1** 2070, Entziehung des Pflichtteils **1** 2333, Erblasser, Testament **1** 2069, fortgesetzte Gütergemeinschaft **1** 1483 ff., kinderloser – als Vorerbe **1** 2107, nichteheliches Kind, Legitimation **1** 1722, Pflichtteilsrecht **1** 2309, Tod **1** 1490, Wirkung des Erbverzichts **1** 2349, Zuwendung an entfernteren **1** 2053
Abkürzung von Fristen **33** 134, 224, 226
Ablauf Vorlegungsfrist beim Scheck **24** 29
Ablehnung Amt eines Testamentsvollstreckers **1** 2202, Auftrag, Anzeigepflicht **1** 663, Berufung zum Schöffen **30** 35 ff., Beurkundung **13** 4, der Gerichtspersonen **33** 42 bis 49, 551, 579, der Schiedsrichter **33** 1032, 1045, des Antrages auf Entscheidung nach Aktenlage **33** 336, des Sachverständigen **33** 404 a, 406, 412, Dolmetscher **30** 191, Eintragung der GmbH **22** 9 c, Eintragung von Abänderungen, GmbH **22** 57 a, fortgesetzte Gütergemeinschaft **1** 1484, Nichtigkeitsklage wegen begründeter **33** 551, 579, Rechtshilfeersuchen **30** 158, Rechtspfleger **32** 10, Revision **33** 554, 554 b, Vergleichsantrag **36** 17 f., Vertragsantrag bei Gütergemeinschaft **1** 1432, Vormundschaft **1** 1786 ff.
Ablehnungsandrohung Verzug, gegenseitiger Vertrag **1** 326
Ablehnungsgesuch **33** 44, 406, 551, 579
Ablehnungsgründe **33** 42, 44, 406
Ablehnungsrecht **33** 42, Verlust **33** 43
Ablichtung Vergütungspflicht **28** 54
Ablieferung durch Frachtführer **20** 437, 440 f., 447 f., Haftung **20** 429, 432, ohne Bezahlung **20** 442, Rechte des Finders **1** 975, Untersuchung nach **20** 377 f., verspätete **20** 414, 429, 439, Ware an Kommissionär **20** 388
Ablieferungshindernisse **20** 437
Ablieferungsort **20** 426, 430, 434 f., 445
Ablieferungspflicht Finder **1** 967, Testament **1** 2259
Ablieferungszeit **20** 376, 414, 430 ff.
Ablösesumme Rentenschuld **1** 1199
Ablösungsrecht Hypothek **1** 1142, 1150, Pfandrecht **1** 1249, Rentenschuld **1** 1199 ff., Zwangsvollstreckung **1** 268
Ablösungsrente **2** 114
Abmarkung **1** 919
Abnahme Kaufsache **1** 433, Vollendung statt **1** 646, Ware beim Frachtgeschäft **20** 436 bis 438, Ware beim Handelskauf **20** 373, Werk **1** 640

Abnahme des Eides **33** 478 bis 484, im schiedsrichterlichen Verfahren **33** 1035, 1036
Abnahmepflicht Besteller **1** 640, Kauf **1** 533
Abnutzung Erbschaftssachen **1** 2132, geliehene Sache **1** 602, Mietsache **1** 548, Nießbrauchsache **1** 1050
Abordnung Richter **31** 37
Abrechnung Handelsvertreterprovision **20** 87 c
Abrechnungsstelle Einlieferung eines Wechsels **23** 38, Scheck **24** 31
Abschätzung bei Pfändung von Früchten **33** 813, gepfändeter Kostbarkeiten **33** 813
Abschlagsverteilung **35** 149, Aussetzung bei Vergleichsvorschlag **35** 160, Prozentsatz **35** 159
Abschlagszahlung Bilanzgewinn **21** 59, s. Teilleistung
Abschluß Erbvertrag **1** 2274; Unternehmensverträge **21** 293 f., Vertrag **1** 145 ff.
Abschlußprüfer **21** 119, Anwesenheit bei Hauptversammlung **21** 176, Auskunftspflicht **20** 320, Auswahl, Ausschluß **20** 319, Bestellung durch Gründer **21** 30, Bestellung und Abberufung **20** 318, Jahresabschluß **20** 316, Kapitalgesellschaft **20** 316 bis 324, Lagebericht **20** 316, Meinungsverschiedenheiten mit Kapitalgesellschaft **20** 324, Prüfung bei verbundenen Unternehmen **21** 313, Prüfungsbericht **20** 321, Prüfungspflicht **20** 316, 322, Strafbarkeit **20** 332, 333, Umfang der Prüfung **20** 317, Verantwortlichkeit, Verschwiegenheit **20** 323, Vergütung **20** 318
Abschlußprüfung **21** 313 ff., GmbH **22** 42 a
Abschlußvertreter Haftung, Klauselverbot im AGB **4** 11
Abschlußvollmacht Handelsrecht **20** 55
Abschreibung bei Bilanzerstellung **20** 253 ff., bei Kapitalgesellschaften **20** 279, 281, 282, der Teilzahlung auf dem Wechsel **23** 39, Geschäfts-, Firmenwert **20** 309, Grundstücksteil **39** 2, 7, steuerrechtliche **20** 254, 279, 281, überhöhte **20** 280
Abschrift **52** 73, 89, aus Prozeßakten **33** 299, 299 a, aus Schuldnerverzeichnis **33** 915 ff., beglaubigte – des Berufungsurteils **33** 544, Beglaubigung **13** 39, 42, **52** 55, 89, 132, Berechtigte **13** 51, Beweiskraft beglaubigter – öffentlicher Urkunden **33** 435, der vorbereitenden Schriftsätze **33** 133, 496, der vorzulegenden Urkunde **33** 427, des Vollstreckungsprotokolls **33** 763, 828, des Widerspruchs gegen Mahnbescheid **33** 695, FGG-Verfahren **37** 34, 78, Grundbuch **39** 12, 124, Güterrechtsregister **1** 1563, im Aufgebotsverfahren **33** 1007, im Zwangsvollstreckungsverfahren **33** 750, 751, 760, Protestsetzung auf Wechsel- **23** 82, Testament **1** 2264, Übergabe einer beglaubigten – der Zustellungsurkunde **33** 190, Vereinsregister **1** 79, von Beschlüssen **33** 329, von Urteilen **33** 317, Vorlegung einer Ausfertigung oder beglaubigten – des Urteils bei Einlegung eines Rechtsmittels **33** 518, 519 a, 553 a, Wechsel **23** 67, 68, zuzustellender Schriftstücke **33** 169, 170, 189, 194
Absender Benachrichtigung **20** 437, Ladeschein **20** 445 ff., Rücktritt **20** 428, Verfügungsrecht **20** 433, 435, 447, Verzug **20** 437
Absendung Ausführungsanzeige beim Kommissionsgeschäft **20** 405, Mängelanzeige **20** 378
Absichtsanfechtung **35** 31
Absolute Revisionsgründe **33** 551
Absolutes Schutzhindernis Markenschutz **27** 8, 37, 50, 54, 106, 113, 156, 162
Absonderung **35** 47 bis 51, Absonderungsberechtigte **35** 49, bei Gemeinschaftsverhältnis mit Gemeinschuldner **35** 51, Ersatzpflicht **35** 50, Pfandrechte **35** 48, unbewegliche Gegenstände **35** 47, Vorlegungspflicht **35** 120
Absonderungsberechtigter Nachweis des Ausfalls **35** 153, sonstige **35** 49, Verzicht **35** 153
Absonderungsrecht **36** 27, an unbeweglichen Gegenständen **35** 47, bei Auseinandersetzung von Gemeinschaftsverhältnissen **35** 51, des Pfändungspfandgläubigers **33** 804, Konkurrenz von Konkursforderungen und **35** 64, Stimmrecht **35** 96
Abstammung **1** 1591 bis 1600 o, DDR-Übergangsrecht **2** 234 § 7, eheliche **1** 1591 ff., **2** 19, 23, nichteheliche **1** 1600 a ff., **2** 20, 23
Abstammungserklärung Zustimmung **2** 23
Abstehen vom Urkunden- oder Wechselprozeß **33** 596
Abstimmung **30** 192 ff., **33** 299, 1038, AG **21** 129 f., gesonderte –, Aktionäre **21** 138, GmbH **22** 47, 48, kein Verweigerungsrecht **30** 195, Reihenfolge **30** 197, über Vergleichsvorschlag **36** 74
Abtretung **33** 157, Aufrechnung gegenüber neuem Gläubiger nach **1** 406, Auskunftspflicht **1** 402, Ausschluß bei Inhaltsänderung oder Vereinbarung **1** 399, Ausschluß bei unpfändbaren Forderungen **1** 400, des im Streit befangenen Anspruchs **33** 265, Einwendungen des Schuldners **1** 404, Ersatzansprüche **1** 255, Forderung **1** 398 ff., Forderung im Hypothekenrecht **1** 1154, 1155, Gehalt **1** 411, Geschäftsanteile, GmbH **22** 15, 16, Herausgabeanspruch **1** 931, Leistung an den bisherigen Gläubiger nach **1** 407, mehrfache **1** 408, Pflicht zur Beurkundung **1** 403, Rechte und Ansprüche an Dritte **28** 78, Scheckforderung **24** 14, Übergang der Neben- und Vorzugsrechte bei **1** 401, Urkundenauslieferung bei **1** 402, vollstreckbare Ausfertigung für Rechtsnachfolger **33** 727, Wechselforderung **23** 11, 14
Abtretungsanzeige **1** 409
Abtretungsurkunde Aushändigung **1** 410
Abwehr einer terroristischen Gefahr Kontaktsperre **30 a** 31 ff.

Abweichung Schecksumme, Zahlen- und Buchstabenangabe **24** 9, von Anträgen, wesentlichen Erklärungen **33** 297, 298, Wechselsumme **23** 6, 77
Abweisung des Scheidungsantrags, Prozeßkosten **33** 93 a, im Urkunden- und Wechselprozeß **33** 597, 602, im Versäumnisverfahren **33** 330, 331, im vorbehaltenen Urteil **33** 302, 600, Konkurseröffnungsantrag mangels Masse **35** 107, wegen Verzichts **33** 306
Abwendung der Vollstreckung **33** 302, 600, 712, 717, 720, 775, 817, 819, 839, 868, wesentliche Nachteile **33** 940
Abwesenheitspfleger Auseinandersetzungsverfahren **37** 88
Abwesenheitspflegschaft **1** 1911, **39** 96, Aufhebung **1** 1921, Zuständigkeit **37** 39
Abwickler AG **21** 265 ff., Geheimhaltungspflicht **21** 404, Ordnungswidrigkeiten **21** 405, Strafvorschriften **21** 399 ff., Vorlage der Eröffnungsbilanz **21** 270, Zwangsgeld **21** 407
Abwicklung AG **21** 264 ff., gegenseitige Verträge **36** 50, Komm AG **21** 290, Schadensersatz **36** 52
actio de dolo **1** 826, depositi **1** 695, empti **1** 433, furti **1** 823, negatoria **1** 1004, pro socio **1** 705, quanti minoris **1** 462, redhibitoria **1** 462, venditi **1** 433
Adoption s. Annahme als Kind
Älterer Zeitrang Markenschutz **27** 12, richtige Markenregistereintragung **27** 51, 163
Änderung Anordnung des Vormundschaftsgerichts **1** 1696, Aufbewahrung, Verwahrer **1** 692, Aufsichtsrat der AG, Bekanntmachung **21** 106, der Klage **33** 263 ff., 614, der Kostenfestsetzung **33** 107, des Beweisbeschlusses **33** 360, einer durch Beschwerde angegriffenen Entscheidung **33** 571, einer Entscheidung des beauftragten, ersuchten Richters, des Urkundsbeamten der Geschäftsstelle und Rechtspflegers **33** 576, 577, grundlegender Verhältnisse bei wiederkehrenden Leistungen **33** 323, im Vertrag bezeichneter Dritter, Leistungsversprechung **1** 332, Inhalt eines Rechts **1** 877, Konzern- und Unternehmensverträge **21** 295, Lagebericht **21** 173, landwirtschaftliche Bestimmung der Pachtsache **1** 590, Recht, Nießbrauch **1** 1071, Satzung der AG **21** 119, 179 ff., Schecktext, Haftung **24** 51, Vergleichsvorschlag zuungunsten der Gläubiger **36** 76, verpfändetes Recht **1** 1276, von Unterhaltstiteln **33** 641 ff., Vorstand der AG **21** 81, Wechseltext **23** 69, Werk **28** 39
Änderungsverbot Werk **28** 62
Änderungsvorbehalt Klauselverbot, AGB **4** 10
AGB-Gesetz **4**
Agent s. Handelsvertreter
Agentenmarken **27** 11
Agio **21** 150 ff.
Akten des Gerichtsvollziehers, Gestattung der Einsicht **33** 760, Einforderung und Rücksendung **33** 544, 566, Einsichtnahme **33** 299, 760, Entscheidung nach Lage der **33** 251 a, 331 a, 335 bis 337, Vorlegung durch die Parteien **33** 143
Akteneinsicht **25** 71, **34** 42, **36** 120, FGG-Verfahren **37** 34, 78, Markenrecht **27** 62, Patentgerichtsentscheidung **27** 82, Testamentsvollstreckung **1** 2228
Aktenlageentscheidung **33** 251 a, 331 a
Aktenmitteilung **30** 168
Aktien Aufgebotsverfahren **21** 72 f., 226, Ausgabebetrag **21** 9, Berichterstattung **21** 160, beschädigte, verunstaltete **21** 74, besonderer Gattung **21** 11, Bezugs- **21** 192 bis 201, Bezugsrecht **21** 186, eigene **21** 56, 71 bis 71 e, 160, 215, Eintragung **21** 67, Einziehung **21** 71 c f., 237 ff., Erwerb eigener **21** 71, 160, Erwerb eigener – durch Dritte **21** 71 c, Grundkapitalerhöhung **21** 185, 220, Inhaber **21** 10, 24, Inpfandnahme **21** 71 c, Kaduzierungsverfahren **21** 64 ff., Kapitalherabsetzung **21** 72 f., 226, 237 ff., Kraftloserklärung **21** 72, 73, 226, Mindestnennbetrag **21** 8, Namens- **21** 10, 24, 67 f., Nennbetrag **21** 6, 23, neue Urkunde **21** 74, Ordnungswidrigkeiten **21** 405, Rechte aus eigenen **21** 71 b, Rechtsgemeinschaft **21** 69, Rechtsverhältnisse bei eigenen **21** 71 bis 71 e, Schadensersatzpflicht, Vorstand **21** 93, Stimmrecht **21** 12, 134, teileingezahlte **21** 215, Übernahme **21** 56, Übertragung **21** 68, Umgehungsgeschäfte **21** 71 a, Umschreibung **21** 68, Umwandlung **21** 24, Unteilbarkeit **21** 8, Unterzeichnung **21** 13, Veräußerung **21** 71 c f., Verbot der Mehrstimmrechtsaktien **21** 12, Verbot der Zeichnung eigener **21** 56, verbotene Ausgabe **21** 41, 191, 197, 219, Vorzugsaktien **21** 11 f., 139 bis 141, 204, Wertansatz neuer **21** 220, Zeichnung neuer **21** 185, Zerlegung des Grundkapitals der AG in **21** 1, Zwischenscheine **21** 10, 74, 191, 219
Aktienausgabe **21** 8 ff., Bezugsaktien **21** 199 ff., gegen Sacheinlagen **21** 205, Grundkapitalerhöhung auf bestimmten Nennbetrag **21** 202 bis 206, verbotene **21** 41, 191, 197, 219, Wirksamwerden der bedingten Kapitalerhöhung **21** 200
Aktienbesitzzeit Berechnung **21** 70
Aktienbuch Eintragung der Namensaktie **21** 67 f.
Aktiengesellschaft (AG) Abwicklung **21** 264 ff., Änderung der Satzung **21** 8, 9, 119, 179 ff., Aktienübernahme für Rechnung **21** 56, Anhangsvorschriften **21** 160, Anmeldung **21** 36, 45, 81, 181, 195, 201, 210, 223, 239, 263, 277, **21a** 16, 125, 176, 198, Antragsberechtigte beim Konkurs **35** 208, Auflösung **21** 119, 262 bis 274, 396 ff., Auflösung wegen Satzungsmangels **37** 144 a, Aufsichtsrat **21** 95 ff., Ausgabe von Bezugsaktien **21** 201, Ausgabe von Gewinnschuldverschreibungen **21** 221, bedingte Kapitalerhöhung **21** 192 bis 201, Beherrschungsvertrag **21** 291, Bekanntmachungen **21** 23, 25, 40, Betriebspachtvertrag **21** 292, Betriebsüberlassungsvertrag

21 292, Beziehung zu verbundenen Unternehmen (Konzernen) **21** 291 ff., Eigenschaft als Kaufmann **20** 6, Eingliederung in andere AG **21** 319 ff., Eintragung der Auflösung **21** 263, 398, Eintragung des Schlusses der Abwicklung **21** 273, Eintragung des Vorstands **21** 81, Eintragung ins Handelsregister **21** 39 ff., 266, Erhöhung des Grundkapitals **21** 182 ff., 195, Eröffnungsbilanz **21** 270, Errichtung **21** 29, Ersatzansprüche gegen Aufsichtsrat, Vorstand und Gründer **21** 46 bis 48, 50, 53, 117, 147, Erwerb eigener Aktien **21** 71, 93, Feststellung der Satzung **21** 23, Firma **21** 4, Formwechsel **21a** 190 ff., 226 ff., Fortsetzung einer aufgelösten **21** 274, Gegenstand des Unternehmens **21** 23, Geltendmachung von Ersatzansprüchen **21** 147, gerichtliches Vergleichsverfahren **21** 92, 401, Geschäftsbericht **21** 400, Geschäftsführung **21** 77, gesetzliche Rücklagen **21** 231, 300, 324, Gewinn- und Verlustrechnung **21** 158, Gewinnabführungsvertrag **21** 291, Gewinngemeinschaft **21** 292, Gewinnverwendung **21** 174, Gründer **21** 2, 28, Gründung **21** 23 ff., Grundkapital **21** 1, 6, 7, 23, 399, Haftung für Verbindlichkeiten **21** 1, Handeln im Namen der – vor Eintragung **21** 41, Handelsbücher, ergänzende Vorschriften **20** 264 bis 335, Handelsgesellschaft **21** 3, Hauptversammlung **21** 118 ff., Herabsetzung des Grundkapitals **21** 222 ff., Jahresabschluß **21** 150 bis 161, Jahresüberschuß **21** 58, Kaduzierungsverfahren **21** 64 ff., Kapitalbeschaffung **21** 119, 182, Kapitalerhöhung **21** 182 ff., 192 bis 201, Kapitalherabsetzung **21** 119, 222 bis 240, Konkurs **21** 62, 87, 92, 262 ff., 401, **35** 207, Kraftloserklärung von Aktien **21** 73, Leitung **21** 76, Mindestnennbetrag der Aktien **21** 8, Mindestnennbetrag des Grundkapitals **21** 7, mit ausländischem Sitz, Zweigniederlassungen **21** 44, Nachgründung **21** 52, 53, Nebenleistungs-AG **21** 55, 61, 180, Nennbetrag der Aktien **21** 8, 23, Nichtigkeit **21** 275 ff., Nichtigkeit des Jahresabschlusses **21** 241 ff., Nichtigkeit von Beschlüssen der Hauptversammlung **21** 241 ff., notarielle Beurkundung **21** 130, **21a** 6, 125, 176, 198, Rechtspersönlichkeit **21** 1, Rechtsverhältnisse **21** 53 a bis 75, Sacheinlagen **21** 27, 41, 205, 206, 399, Satzung **21** 2, Satzungsänderung **21** 179 ff., Sitz **21** 5, 35, Sitzverlegung **21** 45, Sonderprüfung **21** 142 ff., 258 ff., Spaltung **21a** 123 ff., 141 ff., Sperrjahr **21** 272, Stimmrecht **21** 12, Stimmrechtsmißbrauch **21** 405, Teilgewinnabführungsvertrag **21** 292, Überschuldung **21** 92, 401, Umwandlung **21a** 19, 125, 176, 198, unrichtige Wiedergabe des Jahresabschlusses **21** 405, Unternehmensverträge **21** 291 ff., Verantwortlichkeit der Verwaltungsmitglieder **21** 310 f., 318, verbundene Unternehmen **21** 15, 291 ff., Verfassung **21** 76 ff., Vergleichsverfahren **36** 108, Verlust **21** 92, 401, Vermögensübertragung **21a** 174 ff., Verschmelzung **21a** 19, Vertretung **21** 78 ff., 269, Vertretung gegenüber Vorstandsmitgliedern **21** 112, Vorstand **21** 76 ff., Wandelschuldverschreibungen **21** 221, wechselseitige Beteiligung an anderen Unternehmen **21** 19, 328, Zahlungsunfähigkeit **21** 92, 401, zuständiges Gericht **21** 14, Zweigniederlassungen **21** 42 ff.

Aktiengesetz 21 0

Aktionär Abfindung bei Beherrschungs- oder Gewinnabführungsvertrag **21** 305, Abschlagszahlung **21** 59, Anfechtung von Beschlüssen der Hauptversammlung **21** 245, Anspruch auf Bilanzgewinn **21** 58, Anspruch auf Mitteilungen **21** 125, 128, Anträge **21** 126 f., 137, Antrag auf gerichtliche Entscheidung über Zusammensetzung des Aufsichtsrats **21** 98, Aufforderung zur Abholung der neuen Aktien **21** 214, Ausgleichsanspruch bei Gewinnabführungsvertrag **21** 304, Auskunftsrecht **21** 131 f., 138, 326, Bezugsrecht **21** 186 f., Einlage **21** 54, 57, 63, 93, gesonderte Versammlungen **21** 138, Gewinnbeteiligung **21** 60, Gleichbehandlung **21** 53 a, Gründer der AG **21** 28, Haftung **21** 62, Hauptversammlung **21** 118, keine Befreiung von Leistungspflichten **21** 66, keine Rückgewähr **21** 57, keine Verzinsung der Einlagen **21** 57, Ordnungswidrigkeiten **21** 405, Rechtsverhältnis zur Gesellschaft **21** 53 a ff., Sacheinlagen und Sachübernahmen **21** 27, 41, säumiger –, Ausschluß **21** 64 f., Sonderbeschlüsse **21** 138, Sondervorteile **21** 26, Verbot von Zahlungen an **21** 230, Vergütung von Nebenleistungen **21** 61, Verpflichtungen **21** 54 ff., 66, Vorzugsaktionäre, Rechte **21** 140 f., Wahlvorschläge **21** 137, Wahrung der Rechte **21** 216, Widerspruch gegen Hauptversammlungsbeschluß **21** 245, Zahlungspflicht des Vormannes **21** 65, Zustimmung zu Satzungsänderung **21** 180

Aktivlegitimation Testamentsvollstreckung **1** 2212

Aktivmasse Passivprozesse des Gemeinschuldners über **35** 11

Aktivprozeß des Gemeinschuldners **35** 10

Akzept s. Annahme, s. Wechsel

Akzessorietät Hypothek **1** 1153

Alimente s. Nichteheliche Kinder, Unterhalt

aliud 20 378

Alleineigentum Hausrat **11** 9; Wohnung **11** 3

Alleinveröffentlichungsrecht 28 38

Allgemeine Geschäftsbedingungen Begriffsbestimmung **4** 1, Einbeziehung in Vertrag **4** 2, Generalklausel **4** 9, individuelle Vertragsabreden **4** 4, internationaler Geltungsbereich **4** 12, Klauselverbote **4** 10 f., Kollisionsrecht **4** 12, persönlicher Anwendungsbereich **4** 24, Rechtsfolgen bei Nichteinbeziehung und Unwirksamkeit **4** 6, Rechtsverordnungen **4** 27, sachlicher Anwendungsbereich **4** 23, Schranken der Inhaltskontrolle **4** 8, überraschende Klauseln

4 3, Umgehungsverbot **4** 7, Unklarheitenregel **4** 5, Unterlassungs- und Widerrufsanspruch **4** 13, Verbrauchervertrag **4** 24 a, Verfahren **4** 15 ff., Zuständigkeit **4** 14, zwischenstaatlicher Geltungsbereich **4** 12
Allgemeine Weisungen Veröffentlichung **25** 49
Allgemeiner Gerichtsstand **33** 12, 13, 16, 17
Allonge Wechsel **23** 13
Altenteil **33** 850 b, **39** 49
Altenteilsverträge **2** 96
Alter **33** 393, 395, Unterhaltsanspruch wegen –, Scheidung **1** 1571
Alternativobligation s. Wahlschuld
Altersgrenze Richter **31** 76
Amortisation abhanden gekommener Scheck **24** 59, abhanden gekommener Wechsel **23** 90, Geschäftsanteil, GmbH **22** 34, Wertpapiere **20** 365
Amt Träger öffentlicher Ämter, Erteilung amtlicher Auskünfte **33** 273
Amtliche Auskünfte Einholung – vor der mündlichen Verhandlung **33** 272 b
Amtliche Beglaubigung **13** 65
Amtliche Verwahrung Erbvertrag **1** 2277, 2300, 2301, Testament **1** 2248, 2256, 2258 ff., 2272
Amtliche Werke **28** 5
Amts wegen, von **33** 88, 104, 139, 141, 204, 208, 227, 272 b, 275, 287, 296, 308, 319, 329, 335, 337, 340 a, 341, 360, 366, 368, 370, 377, 389, 437, 450, 496, 497, 504, 519 b, 520, 528, 553 a, 554, 554 a, 555, 574, 589, 607, 613, 620, 622, 625, 693, 708, 709, 900, 911, 913, 924, 986, 988, 1022
Amtsanwälte bei Staatsanwaltschaft **30** 142, 145
Amtsbetrieb **36** 116
Amtsbezeichnung **31** 19 a, besondere Vorschriften **31** 120 a
Amtsbezirk Überschreiten **13** 2
Amtsdelikte **1** 839, 841
Amtsenthebung ehrenamtlicher Richter **30** 113, Richter **31** 30
Amtsführung Beschwerde der Testamentsvollstrecker bei gemeinschaftlicher **37** 82
Amtsgericht **30** 22 ff., Abnahme der eidesstattlichen Versicherung **1** 261 , Anmeldung der AG **21** 36 ff., Bestimmung des Verfahrens, Entscheidungsgründe **33** 495 a, Einzelrichter **30** 22, Ermächtigung, Vereinsmitgliederversammlung **1** 37, Familiengerichte **30** 23 b, Geschäftskreis **30** 27, Güterrechtsregister **1** 1558, Jugendschutzsachen **30** 26, Mitwirkung bei Rechtshilfe **30** 161, Präsidium **30** 22 a, Registergericht **37** 125, 145, Richtervertretung **30** 22 b, sachliche Zuständigkeit **37** 145, Schöffengerichte **30** 28, Strafrichter **30** 25, Testamentsverwahrung **1** 2258 a, unzuständiger Richter **30** 22 d, Urteil **33** 495 a, Vereinsregister **1** 21, 55, Vereinsvorstandsbestellung **1** 29, Verfahren **33** 495 bis 510 b, Vollstreckungsgericht **34** 1, 2, Vormundschaftsgericht **37** 35, Zuständigkeit **13** 62, **30** 23 ff., **33** 486, 504 ff., 640 a, 641 a, 642 a, 642 b, 689, 696, 703 c, 764, 796, 797, 828, 873, 919, 942, 990, 1001, 1045, Zuständigkeit, Konkursverfahren **35** 71, Zuständigkeit, Vereinssachen **1** 60 ff., Zustellung von Willenserklärungen **1** 132
Amtsgerichtsbezirk **33** 188, 244, 486, 761, 1006
Amtshaftung **1** 839
Amtshandlung außerhalb des Bezirks **30** 166, Erzwingung **30 a** 27, 28
Amtshilfe Strafsachen **51** 105 a
Amtspflicht Verletzung der – durch Richter **33** 580
Amtspflichtverletzung **1** 839, 841, **30 a** 11
Amtsrichter s. Richter am Amtsgericht
Amtssitz **33** 17, 19, 382
Amtssprache Markenrechtsangelegenheiten **27** 93
Amtsverschwiegenheit **33** 376, 383
Amtsvormundschaft bestellte **1** 1791 b, gesetzliche **1** 1791 c
Amtszeit Aufsichtsratsmitglieder **21** 30, 102, Vorstandsmitglieder **21** 84
Anatozismus **20** 353, 355
Anberaumung Vergleichstermin **35** 179
Anbringung von Anträgen, Erklärungen **33** 103, 105, 496 f., 693
Androhung **33** 231, 498, 890, 986, 995, 997, Besitzaufgabe bei Gläubigerverzug **1** 303, Pfandverkauf **1** 1234, Pfandversteigerung **1** 1220, Versteigerung, geschuldete Sache **1** 384
Aneignung **1** 958 bis 964, Aufgabe des Eigentums **1** 959, aufgegebener Grundstücke **2** 129, Bienenschwarm **1** 961 bis 964, herrenloser Grundstücke durch Fiskus **2** 190, Tauben **2** 130, wilde Tiere **1** 960
Anerbenrecht **2** 64
Anerkenntnis **33** 93, 99, 160, 307, 499, 617, 708
Anerkenntnisurteil **33** 307, 310, 311, 313, 313 b
Anerkennung **33** 81, 83, 93, ausländische Prüfungen **31** 112, das Aufgebot ausschließende – des Rechts des Gläubigers **33** 986, des Pflichtteilsanspruchs **33** 852, einer Urkunde **33** 256, 439 ff., 510, eines ausländischen Urteils **33** 328, 723, Geschäftsfähigkeit **1** 1600 d, 1600 k, keine – von Respekttagen **23** 74, Prüfungen **31** 6, Unwirksamkeit **1** 1600 f, Vaterschaft **1** 1600 a ff., Vaterschaft, Anfechtung **1** 1600 g ff., Wettbewerbsregeln **25** 28 ff., Zustimmung des Kindes **1** 1600 c
Anerkennungserklärung Form, Vaterschaft **1** 1600 e, Vaterschaft **1** 1600 b
Anfall dem Erbschaftsverkäufer verbleibender **1** 2373, Erbschaft **1** 1942 ff., Nacherbschaft **1** 2139, Stiftungsvermögen **1** 88, Vereinsvermögen **1** 45 ff., Vermächtnis **1** 2176 ff.
Anfangsvermögen eheliches Güterrecht **1** 1374 ff.
Anfechtbare Rechtshandlung **35 a** 3
Anfechtbarkeit auch titulierter Rechtshandlungen **35 a** 6, Einrede des Bürgen **1** 770, Einrede,

letztwillige Verfügung **1** 2083, Frist, Willenserklärung **1** 121, 124, Patentgerichtsentscheidung **27** 82, titulierter Rechtshandlungen im Konkurs **35** 35, wegen arglistiger Täuschung **1** 123, wegen Drohung **1** 123, wegen falscher Übermittlung **1** 120, wegen Irrtums **1** 119, Willenserklärung **1** 119 ff., 142, 143

Anfechtung Absichts- **35** 31, Ausübung **35** 36, bei Wiederaufnahme des Konkurses **35** 199, der Ehelichkeit **33** 640, 641 ff., der Kostenentscheidung **33** 99, der nach Konkurseröffnung vorgenommenen Rechtshandlungen **35** 42, der vor Konkurseröffnung vorgenommenen Rechtshandlungen **35** 29, 33, der Zurückweisung eines Mahnantrags **33** 691, des Ausschlußurteils **33** 957 f., durch Einrede **35 a** 5, Ehelichkeit **2** 19, Ehelichkeit, Durchführung **1** 1599, Ehelichkeit, Eltern des Mannes **1** 1595 a, Ehelichkeit, höchstpersönliche **1** 1595, Ehelichkeit, Kind **1** 1596 ff., entgeltliche Verträge mit Ehegatten und Verwandten **35** 31, Erbschaftsannahme **1** 1954 ff., Erbschaftsausschlagung **1** 1954 ff., 2308, Erbschaftserwerb, Erbunwürdigkeit **1** 2340, Erbvertrag **1** 2281 ff., Frist **35** 41, **36** 107, Frist, Willenserklärung **1** 121, 124, gegen Rechtsnachfolger **35** 40, **35 a** 11, Geltendmachung **35 a** 9, Gesellschafterdarlehen **35** 32 a, Hauptversammlungsbeschlüsse der AG **21** 243 ff., 251, 254 f., 257, 320 b, keine – von Wechsel- und Scheckzahlungen **35** 34, Leistungsbestimmung, Vertrag **1** 318, letztwillige Verfügung **1** 2078 ff., Schenkungsanfechtung **35** 32, Sicherheits- und Befriedigungsleistungen auf Ansprüche **35 a** 3 b, trotz Zwangsvollstreckung **35** 35, Vaterschaftsanerkennung **1** 1600 g ff., Vergleich **36** 89, Vermächtnisausschlagung **1** 2308, wegen arglistiger Täuschung **35** 196

Anfechtungsberechtigte **35 a** 2, Anerkennung eines Kindes **1** 1600 g, 1600 k, Erbschaftserwerb, Erbunwürdigkeit **1** 2341, letztwillige Verfügung **1** 2080

Anfechtungserklärung letztwillige Verfügung **1** 2081, Willenserklärung **1** 143

Anfechtungsfrist **35** 41, **35 a** 12, Ehelichkeit **1** 1594, Erbschaftsannahme **1** 1954, Erbschaftsausschlagung **1** 1954, Erbvertrag **1** 2283, letztwillige Verfügung **1** 2082, Vaterschaftsanerkennung **1** 1600 h, 1600 i, Willenserklärung **1** 121, 124

Anfechtungsgegner Ansprüche hinsichtlich seiner Leistung **35 a** 8, Benachrichtigung **35 a** 4

Anfechtungsgesetz **35 a**

Anfechtungsgrund **33** 583, 586, 588, 590, 957, 958

Anfechtungsklage **33** 153, 640 ff., 957, 958, 1017, Ehelichkeit des Kindes **1** 1599, Erbschaftserwerb, Erbunwürdigkeit **1** 2342, Vaterschaftsanerkennung **1** 1600 l

Anfechtungsrecht Ausübung **35** 36, Eltern des Mannes **1** 1595 a, Kind **1** 1596, 1598, letztwillige Verfügung **1** 2080, Mann **1** 1594

Anfechtungstatbestand zeitliche Begrenzung **35** 33

Angabe Ausstellungsort auf Scheck **24** 1, Ausstellungsort auf Wechsel **23** 1, falsche – im Handelsregister, Strafbarkeit **22** 82, falsche – von Abwicklern, Aufsichtsratsmitgliedern, Gründern oder Vorstandsmitgliedern der AG **21** 399, irreführende **26** 3 ff., 13 a, Protesturkunde **23** 80, Schecksumme **24** 1, Verfallzeit auf Wechsel **23** 1, 75, verschiedene Summen auf Wechsel **23** 6, Wechsel **23** 1, Wechselsumme **23** 1, 75, Zahlungsort auf Scheck **24** 1, Zahlungsort auf Wechsel **23** 1, 75

Angebot Leistung, Gläubigerverzug **1** 294 ff.

Angehörige Anhörung, Ehelicherklärung **1** 1740 d, Erblasser, Unterhalt durch Erben **1** 1969, Fortsetzung des Mietverhältnisses **1** 569 a, Zustellungen an **33** 181, 185

Angemeldete Marken **27** 31, 156, 159

Angenommener Ehe mit Annehmendem **1** 1766

Angestellter Haftung für **1** 278, in Läden/Warenlagern **20** 56, Kündigungsfristen **1** 622, 626, und Handelsvertreter **20** 84, Vergütung im Krankheitsfall **1** 616, Wettbewerbsverbot bei in Übersee tätigen und leitenden **20** 75 b

Angriffs- und Verteidigungsmittel **33** 67, 68, 74, 96, 100, 278, 279, 282, 283, 527 ff., 534, 626, selbständiges **33** 146, 289, verspätetes **33** 529, 615

Anhängiger Rechtsstreit **33** 64, 66, 148, 176, 263, 271, 276, 302, 486, 506, 569, 600, 697, 717, 724, 926, 927

Anhang Konzern- **20** 313, Wechsel **23** 13, zum Jahresabschluß eingetragene Genossenschaft **20** 336 ff., zur Bilanz u. Gewinn- u. Verlustrechnung, Kapitalgesellschaft **20** 268, 284 ff., 340 c

Anheftung **33** 204, 206, 948, 949, 1006, 1009

Anhörung Angehörige, Ehelicherklärung **1** 1740 d, Antragsgegner **37** 146, Antragsgegner vor Erbscheinerteilung **1** 2360, bei Widerrufs- oder Unterlassungsklage **4** 16, Berufsvertretung **36** 14, Beteiligte über Zuschlag **34** 74, Betroffener in Betreuungssachen **37** 68, Betroffener in Unterbringungssachen **37** 70 c, der Beteiligten **33** 99, 102, 225, 360, 387, 616, 730, 844, 891, 1034, 1041, 1045, Eltern **37** 46 a, 50 a, Entscheidung ohne **33** 48, 226, 834, Gegenvormund **1** 1826, Jugendamt **37** 49, 49 a, Kind **37** 50 b, 55 c, Markenrechtsangelegenheiten **27** 60, Pflegeperson **37** 50 c, Verwandte, Vormundschaft **1** 1847, Vorstand **37** 160

Ankündigung der Pfändung **33** 845, der Zwangsvollstreckung gegen juristische Personen des öffentlichen Rechts **33** 882 a

Anlage bauliche **1** 1022, Begriffsbestimmungen **7** 3, bestimmungsgemäßer Betrieb **7** 5, gefahrdrohende **1** 907, Unterhaltung **1** 1021

Anlagen zu vorbereitenden Schriftsätzen **33** 130, zum Sitzungsprotokoll **33** 160, 297, 298
Anlagenhaftung Umwelteinwirkungen **7** 1, 2
Anlagevermögen in Bilanz **20** 266, 269, Jahresbilanz der AG **21** 266, 269, Währungsumrechnung **20** 340 h, Wertansatz **20** 253
Anlaß zur Klageerhebung **33** 93
Anlegung eingezogenes Geld **1** 1288, Geld des Kindes **1** 1642, Geld, Vorerbe **1** 2119, Kapital bei Nießbrauch **1** 1079, Mündelgeld **1** 1806 ff.
Anmeldefrist Verletzung **25** 39
Anmeldekartell Mißbrauchaufsicht **25** 12
Anmeldetag Marke **27** 33
Anmeldung Änderung der Vereinssatzung **1** 71, Änderung des Vereinsvorstandes **1** 67, AG **21** 36 ff., 45, 81, 181, 184, 188, 195, 201, 210, 223, 227, 239, 263, 266, 273, 277, 294, 298, **21a** 16, 129, 198 f., Anspruch, Verjährungsunterbrechung **1** 214, Auflösung GmbH **22** 65, Erbrecht **1** 1965, Erhöhung des Stammkapitals, GmbH **22** 57, Errichtung einer Zweigniederlassung **21** 42, Forderungen, Nachlaßgläubiger **1** 1970, Frist zur – der Konkursforderungen **35** 138, GmbH zur Eintragung **22** 7 ff., 39, 78, 79, Kapitalerhöhung bei AG **21** 184, 188, KommAG **21** 289, Liquidatoren des Vereins **1** 76, Liquidatoren, GmbH **22** 67, Marke **27** 4, 6, 9, 32, 36 ff., 41, 103, 159, nachträgliche **35** 142, und Antrag auf Erlaubnis, Kartelle **25** 9, Unterlagen, GmbH **22** 8, Vereinsauflösung **1** 74, 77, Vereinseintragung **1** 59 ff., Vergleichsforderungen, Vergleichstermin **36** 66 ff., von Ansprüchen oder Rechten im Aufgebotsverfahren **33** 946, 951, 953, 957, 996, Zusammenschlußvorhaben **25** 24 a
Anmeldung ins Handelsregister Änderungen **20** 31, 34, 106, 107, 148, 175, Erlöschen der Firma **20** 157, fakultative –, Firma **20** 3, Gesellschaft **20** 162, juristische Person **20** 33 f., Kommanditgesellschaft **20** 162, obligatorische –, Firma **20** 14, 16, 29, 31, 36, OHG **20** 106 ff., 143 f., 148, 157, Prokura **20** 8 bis 16, 53
Anmeldung zum Handelsregister Abänderung GmbH-Vertrag **22** 54
Anmeldungspflicht **20** 14, 16, 29
Annahme als Kind, Richterausschließung **33** 41, Amt eines Testamentsvollstreckers **1** 2202, an Erfüllungs Statt **1** 364, Antrag im Handelsgeschäft **20** 362, Antrag, Vertrag **1** 146 ff., Anweisung **1** 784, 787, der Erbschaft **33** 239, 778, 991, des Geständnisses **33** 288, des zuzustellenden Schriftstücks **33** 180, 181, Erbschaft **1** 1943 ff., geschuldete Leistung, Vormund **1** 1813, Güter **20** 96, 373, 436 bis 438, keine – des Schecks **24** 4, mangelhafte Mietsache **1** 539, mangelhafte Sache, Kauf **1** 464, Schlußnote **20** 94 f., Vermächtnis **1** 2180, Verweigerung **33** 186, von Verzicht **33** 514, Zeugnisverweigerungsrecht **33** 383 ff.
Annahme als Kind **1** 1741 bis 1772, **2** 22, 209, Äußerung der Adoptionsvermittlungsstelle **37** 56 d, Annahmeantrag **1** 1768, Antragsfrist **1** 1762, Antragsrecht **1** 1762, Aufhebung **1** 1759 ff., 1771, Beschluß **37** 56 e, Beschluß des Vormundschaftsgerichts **1** 1752, DDR-Übergangsrecht **2** 234 § 13, Eheschließung Annehmender mit Angenommenem **1** 1766, Eheverbot **10** 7, Einwilligung **1** 1746 ff., elterliche Sorge **1** 1751, Gebühr **52** 98, Geheimhaltung **1** 1758, gemeinschaftliches Kind **1** 1742, Kindesinteressen **1** 1745, 1769, Minderjährige **1** 1741 bis 1766, nach Tod **1** 1753, Name des Kindes **1** 1757, 1765, Probezeit **1** 1744, rechtliche Stellung des Kindes **1** 1754, Unterhaltspflicht **1** 1751, Verfahren zur Aufhebung **37** 56 f., Verwandtschaftsverhältnisse **1** 1755, 1756, Volljährige **1** 1766 bis 1772, Voraussetzungen Annehmender **1** 1743, Wirkung **1** 1770, 1772, Zulässigkeit **1** 1741, 1767, Zustimmung **2** 23
Annahme eines Wechsels **23** 21 bis 29, Domizil **23** 27, Ehren- **23** 55 ff., eingeschränkte **23** 26, nochmalige Vorlegung **23** 24, Rückgriff mangels **23** 43 ff., Unbedingtheit **23** 26, Versendung einer Wechselausfertigung **23** 66, Verweigerung **23** 29, Vorlegung zur **23** 21 ff., Wirkung **23** 28, Zahlstellen- **23** 27, Zahlung durch Protestbeamten **23** 84
Annahme zur Hinterlegung **38** 6, hinterlegungsfähige Gegenstände **38** 5
Annahmeantrag Volljähriger, Adoption **1** 1768
Annahmeerklärung, Wechsel **23** 25, abweichende **23** 26, Ehrenannahme **23** 57, Nachsichtwechsel **23** 35, schriftliche Mitteilung **23** 29, Streichung **23** 29
Annahmefrist Antrag auf Vertrag **1** 147, 148, Klauselverbot, AGB **4** 10
Annahmeverhältnis Aufhebung, Adoption **1** 1759, 1771
Annahmeverhinderung Gläubigerverzug **1** 299
Annahmeverzug Besteller, Werkvertrag **1** 644, Dienstleistung **1** 615, Gläubiger **1** 293 ff., Handelskauf **20** 373
Annehmender Ehe mit Angenommenem **1** 1766
Anonymes Werk **28** 66
Anordnung Änderung durch Familiengericht **1** 1696, Änderung durch Vormundschaftsgericht **1** 1696, bei Konkurseröffnung **35** 110, Bewachung und Verwahrung des Schiffes **34** 165, einer Pflegschaft, Zuständigkeit **37** 37, einstweilige – des Beschwerdegerichts **39** 76, Erblasser **1** 1639, 1803, Erblasser, Pflichtteillast **1** 2324, Erbschaftsherausgabe, Nacherbschaft **1** 2103, formale –, Sammelwerk **28** 4, Hinterlegung, Vormundschaftsgericht **1** 1818, Nachlaßverwaltung **1** 1975 ff., 1981, Schenker **1** 1639, 1803, Sicherungsmaßnahmen **35** 106, sofortige Vollziehung **25** 63 a, über Einsichtnahme und

Abschrifterteilung **39** 124, Vormundschaft von Amts wegen **1** 1774, Vorrang, Vermächtnis oder Beschwerung **1** 2189, Zwangsverwaltung, Grundstücke **34** 146 ff.

Anordnung der Zwangsversteigerung **34** 15 ff., Antrag **34** 15 f., Beschlagnahme **34** 20 ff., 26, Eintragung ins Grundbuch **34** 19, Luftfahrzeuge **34** 171 c, mehrere Grundstücke **34** 18, Verwaltung und Benutzung durch Schuldner **34** 24 f., Zustellung des Beschlusses **34** 8

Anordnungen **33** 140 bis 156, 372, 417, 450, 959, aufklärende **33** 272 b, einstweilige **33** 572, 620, 620 a, 707, 719, 732, 769 bis 771, 805

Anpassung Unterhaltsrenten **1** 1612 a

Anrechnung Abfindungen, Gesamtgut **1** 1501, auf Regelbedarf **1** 1615 g, Ausbildung für den gehobenen Dienst **31** 5 c, Besitzzeit, Ersitzung **1** 942, 943, Draufgabe auf geschuldete Leistung **1** 337, Leistung auf mehrere Forderungen **1** 366, Leistung auf Zinsen und Kosten **1** 367, Teilleistungen bei Kreditvertrag **3** 11, Versorgungsausgleich, Ehescheidung **1** 1587 n, Zuwendungen auf Pflichtteil **1** 2315

Anschaffungskosten Bewertung in Bilanz **20** 255, Geschäftsanteil **22** 57 o

Anschließung an die Berufung **33** 521, 522, 522 a, 582, an die Beschwerde **33** 577 a, an die Revision **33** 556, an Klage des Überweisungsgläubigers **33** 856

Anschlußberufung **33** 521 ff., Begründung der **33** 522 a

Anschlußbeschwerde **33** 577 a

Anschlußkonkurs **36** 102 ff., Anfechtbarkeit von Rechtshandlungen **36** 107, Kosten des Vergleichsverfahrens **36** 105, Verfügungsbeschränkungen **36** 103

Anschlußpfändung **33** 826 f.

Anspruch Abtretung des geltend gemachten **33** 265, Abtretung, Herausgabe **1** 931, 934, Anerkenntnis **33** 307, Anerkennung **33** 93, Anfechtungsgegner hinsichtlich der Leistung **35** 38, Arrestverfahren **33** 916, auf abgesonderte Befriedigung **35** 4, auf Ersatz des Wertes aus Versteigerungserlös **34** 92, auf Herausgabe der Bereicherung **23** 89, auf Herausgabe des Geschenks **33** 852, auf Herausgabe s. Herausgabeanspruch; auf Nebenleistungen **34** 171 i, auf Schadensersatz **33** 302, 717, 945, Auflagenvollziehung **1** 2194, Aufnahme im Teilungsplan **34** 114, aus Darlehn des Schuldners als Masseschulden **36** 106, aus Eigentum **1** 985 ff., aus ein und demselben Recht, Rangordnung **34** 12, aus Miteigentum **1** 1011, aus Vermächtnis **1** 2174, aus verschiedenen Rechten, Rangverhältnis **34** 11, Auseinandersetzung, Miterbe **1** 2042, ausgeschlossener **36** 29, Ausgleichsberechtigter gegen Dritte **1** 1390, Auskunft **25** 23, **28** 26, 101 a, bedingter **34** 119 f., Belohnung bei Auslobung **1** 659, Beseitigung der Besitzstörung **1** 862, Beseitigung der Eigentumsbeeinträchtigung **1** 1004, Beseitigung einer Vormerkung **1** 886, besonderer **36** 83, betagter **34** 111, Bürge auf Befreiung **1** 775, durch Vormerkung gesicherter **35** 24, eines Dritten **33** 72, Einwendung gegen den durch Urteil festgestellten – oder gegen Zulässigkeit der Vollstreckungsklausel **33** 767, 768, 796, Erbe im Nachlaßkonkurs, Geltendmachung **35** 225, Erbschaft **1** 2018 ff., Erlöschen bei Besitz **1** 864, Ersatz- für Nutzungsrechte **34** 121, gegen Akzeptanten **23** 28, gegen Beschenkten, Pflichtteil **1** 2329, gegen den früheren Inhaber einer Firma **20** 26, gegen Frachtführer **20** 438 f., gegen Gesellschafter **20** 159, gegen Inhaber des Unternehmens **28** 100, Gegenansprüche **33** 33, 40, 145, Gegenstand und Grund **33** 253, Gehalt bei Krankheit **20** 63, Gläubigerausschuss auf Auslagenerstattung und Vergütung **35** 91, Grund und Betrag **33** 304, 347, 538, Grundbuchberichtigung **1** 894, Handelsvertreter auf Provision **20** 65, 86 b, 87 f., im Festsetzungsverfahren **33** 103, 104, 106, im Grundbuch eingetragener **33** 110, Konkursverwalter auf Auslagenerstattung und Vergütung **35** 85, Lagerkosten **20** 420, Löschung einer Hypothek **1** 1179 a, 1179 b, Löschungs-, Sicherung **34** 130 a, Mahnverfahren **33** 688, mehrere in einer Klage erhobene **33** 145, nichtvermögensrechtlicher **33** 328, OHG auf Schadensersatz bei Wettbewerbsverstoß **20** 113, Pfändung einer beweglichen Sache **33** 847, 854, Pfändung einer unbeweglichen Sache **33** 848, 855, Pfandrückgabe bei Einrede **1** 1254, Rücktritt **26** 13 a, Schadensersatz **25** 35, **26** 1, 13, 14, 19, **28** 97, Übergang **33** 94, Unterlassung **25** 35, **26** 1, 3, 6 a, 6 b, 7, 8, 13, 14, **28** 97, Urkunden- und Wechselverfahren **33** 592, 602, Verbindung mehrerer – in einer Klage **33** 260, 615, Vergütung **28** 54, Verjährung **20** 26, 88, 113, 139, 159 f., 323, 414, 423, 439, **26** 21, **28** 102, vermögensrechtlicher **33** 20, 546, Vernichtung, Überlassung von Vervielfältigungsstücken **28** 98, Vernichtung, Überlassung von Vorrichtungen **28** 99, Verwendungsersatz **1** 994 ff., Verzicht **33** 306, von unbestimmtem Betrage **34** 14, vor dem Einzelrichter **33** 349, Vormerkungsberechtigter **1** 888, Wiedereinräumung des Besitzes **1** 861, Zusammenrechnung **33** 5, Zwangsvollstreckung aus Urkunden über – auf Zahlung einer Geldsumme **33** 794

Ansprüche Dauerwohnberechtigter **8** 34, Erlöschen bei Produkthaftung **6** 13, nach § 32 a GmbHG **35 a** 3 b, Wohnungseigentümer **8** 34

Ansprüche aus dem Eigentum Ansprüche des früheren Besitzers **1** 1007, Befriedigungsrecht, Besitzer **1** 1003, Beseitigungs- und Unterlassungsanspruch **1** 985 bis 1007, Besitzmittler **1** 991, bösgläubiger Besitzer **1** 990, deliktischer

Besitzer **1** 992, Eigentumsvermutung für Besitzer **1** 1006, Ersatz von Verwendungen **1** 994 bis 1003, Herausgabe der Nutzungen **1** 987, 988, Herausgabe der Sache **1** 985, 986, Klage auf Verwendungsersatz **1** 1001, redlicher Besitzer **1** 993, Schadensersatz **1** 989, Verfolgungsrecht **1** 1005, Wegnahmerecht, Besitzer **1** 997, Zurückbehaltungsrecht, Besitzer **1** 1000

Anstalten des öffentlichen Rechts, Zwangsvollstreckung gegen **33** 882 a, Gerichtsstand **33** 17

Anstaltsunterbringung 30 a 38

Anstandsschenkungen keine Anrechnung auf Pflichtteil **1** 2330, keine Rückgabe **1** 534

Anstiftung Auslandstat **26** 20 a, unerlaubte Handlungen **1** 830, Verrat von Geschäftsgeheimnissen **26** 17, 20, Verwertung von Vorlagen **26** 18, 20

Anteil an Tochterunternehmen, Verrechnung **20** 302, an Unternehmen **20** 271, anderer Gesellschafter, Bilanzausgleichsposten **20** 307, Anteilsbesitzaufstellung **20** 287, Besitz, Aufhebung der Eigentümergemeinschaft **8** 17, Bestimmung, Vermächtnis **1** 2153, fortgesetzte Gütergemeinschaft **1** 1483 ff., Gemeinschaft **1** 742 ff., Gesellschafter der OHG **20** 120 bis 122, 155, Gesellschaftsvermögen **1** 719, 722, 725, 734, 738, Kommanditisten **20** 167 f., Miteigentum **1** 1008, 1066, 1258, Pfändbarkeit **33** 858 bis 860, 863, Pfändung **20** 135, Pfandrecht an Miteigentümer- **1** 1258, stille Gesellschafter **20** 336 f., 341, Zurückbehaltung **35** 168, Zwangsvollstreckung in – eines Miteigentümers **33** 864

Anteilscheine vor Ausgabe von Aktien **21** 8

Anteilsrechte AG, Verbot der Übertragung **21** 41

Anteilsunwürdigkeit Abkömmling **1** 1506

Antrag Aktionäre **21** 98, 126 f., 137, als Einleitung der Verhandlung **33** 137, Anerkennung Wettbewerbsregel **25** 31, Annahme als Kind **1** 1768, Annahme durch Schweigen **20** 362, Antrag auf abgesonderte Verhandlung **33** 275, Antrag, die Rechtsnachfolge als zugestanden anzunehmen **33** 239, auf Abänderung von Unterhaltstiteln **33** 641 m, auf Anerkenntnisurteil **33** 307, auf Ausschließung von Beweismitteln **33** 356, auf Aussetzung des Verfahrens **33** 151 bis 155, 246, 620, auf Berichtigung des Tatbestandes **33** 320, auf einstweilige Anordnung in Ehesachen **33** 620, 620 a, auf Erlaß der Sicherheitsleistung **33** 710, auf nachträgliche Beweisaufnahme **33** 367, auf schriftliches Verfahren **33** 331, auf Verhandlung über den Betrag des Anspruchs **33** 304, auf Verhandlung zur Hauptsache **33** 275, auf Versäumnisurteil **33** 330, 331, 335 ff., 542, auf Verweisung des Rechtsstreits **33** 276, 506, auf Verwirklichung von Rechtsnachteilen **33** 231, auf Vollstreckungsbescheid, Inhalt **33** 699, auf Vorlegung von Urkunden **33** 424, 425, 428, 432, 588, auf Wiedereinsetzung **33** 233 ff., auf Zurückweisung von Beweismitteln **33** 279, 529, auf Zustellungsbescheinigung **33** 213 a, Aufhebung der Adoption **1** 1762, Aufnahme ins Sitzungsprotokoll **33** 160, Auseinandersetzung über Ehewohnung und Hausrat **11** 1, 11, 12, Berichtigung des Grundbuchs **39** 82 ff., Beurkundung **39** 30, Bilanzmitteilung **20** 166, der Berufung **33** 515, der Klage **33** 253, 268, des Beklagten auf Verurteilung des Klägers in die Kosten bei Zurücknahme der Klage **33** 271, des Staatsanwalts in Ehesachen **33** 634, Ehelicherklärung **1** 1723 ff., Ehescheidung **1** 1564, einstweilige Einstellung **34** 30 a ff., Eintragung, Güterrechtsregister **1** 1560, 1561, Eintragung ins Grundbuch **39** 13 ff., Erlaubnis von Kartellen **25** 9, Erzwingung einer Amtshandlung **30 a** 27, gerichtliche Entscheidung **30 a** 23 ff., Gesellschafterausschluß **20** 140, im Arrestverfahren **33** 923, 926, 930, im Aufgebotsverfahren **33** 947, 979 ff., 991 ff., 1006 ff., in den Tatbestand **33** 313, in Nachlaß- und Teilungssachen **37** 87, in vorbereitenden Schriftsätzen **33** 130, 272, Konkurseröffnung, Erbenhaftung **1** 1980, Konkurseröffnungsverfahren **35** 103, Konkursverfahren **20** 130 a f., 177 a, Liquidatorenernennung **20** 146, Nachlaßverwaltung **1** 2062, ne eat judex ultra petita **33** 308, 536, rechtzeitige Mitteilung **33** 272, 335, Tagebuchvorlegung **20** 102, unklarer **33** 139, unter Vorbehalt **39** 16, Vergleichsverfahren **20** 130 a f., 177 a, Verhandlung, Kammer für Handelssachen **30** 96, Verlesung **33** 297, 507, Versagung des Zuschlags **34** 169 a, Versteigerung, Nachlaßgrundstück **34** 175 ff., Versteigerung, Schiff **34** 164, Versteigerungsanordnung **34** 15 f., Vertragsschluß **1** 145 ff., Verweisung an andere Kammer **30** 101, Vorlegung der Handelsbücher **20** 45, Widerruf **39** 31, Zwangsvollstreckungs- **33** 710, 713, 714, 721, 766, 769, 791, 825, 827, 883, 887, 888, 890, 901

Antragsberechtigte beim Konkurs **35** 103, beim Nachlaßkonkurs **35** 217

Antragsfrist Aufhebung der Adoption **1** 1762, Ehelicherklärung **1** 1740 e

Antragsgegner Anhörung **37** 146, Anhörung vor Erbscheinerteilung **1** 2360

Antragsrecht Aufhebung der Adoption **1** 1762, bei Nachlaß- und Teilungssachen **37** 86, Grundbuch **39** 9, 13 ff., Mutter, Pflegschaft **1** 1707, Notar **37** 71, 129

Antragsunterlagen bei Schuldnerantrag auf Konkurseröffnung **35** 104

Antritt von Beweisen **33** 373, 403, 420, 421, 428, 432, 595

Anwachsung besonderer Erbteil **1** 2095, Ersatzerbfolge vor **1** 2099, gemeinschaftlicher Erbteil **1** 2094, Vermächtnis **1** 2158, 2159

Anwalt Beglaubigung durch **33** 170, Tod **33** 244, Zustellung von Anwalt zu Anwalt **33** 198

Anwaltsbestellung 33 87, 215

Anwaltsprozeß 33 78, 87, 88, 116, 129, 130, 137, 166, 168, 170, 215, 217, 244
Anwaltszwang 25 65, 67, **33** 78, Ausschluß **32** 13, 13, **33** 387
Anwartschaften Versorgung **1** 1587 ff., Wertausgleich **1** 1587 a
Anweisung 1 783, 792, Absender an Frachtführer **20** 433, 437, 447, Annahme **1** 784, Anzeigepflicht des Empfängers einer **1** 789, auf Schuld **1** 787, Aushändigung **1** 785, Empfänger **20** 433 ff., Erlöschen **1** 791, kaufmännische **20** 363 ff., Schecksumme **24** 1, Tod oder Geschäftsunfähigkeit **1** 791, Übertragung **1** 792, Valutaverhältnis **1** 788, Verfügungsberechtigter im Eisenbahnfrachtverkehr **20** 454, Verjährung **1** 786, Wesen **1** 783, Widerruf **1** 790, Zahlung der Wechselsumme **23** 1, zwecks Leistung **1** 788
Anwesenheit bei Beweisaufnahme **33** 357, bei eidesstattlicher Versicherung **33** 900, bei Urteilsverkündung **33** 312
Anwesenheitspflicht Gemeinschuldner, Konkurs **35** 101, Schuldner, Vergleichstermin **36** 68, Vergleichsverwalter **36** 68
Anzeige an Gläubiger **38** 11, bei Unterbrechung und Aufnahme des Verfahrens **33** 241, 243, 244, 250, der Zwangsvollstreckung gegen juristische Personen des öffentlichen Rechts **33** 882 a, des Zeugen **33** 381, Eigentumsübertragung der Mietsache **1** 576, Erbschaftskauf **1** 2384, Erlöschen der Vollmacht **1** 170, Forderungsabtretung **1** 409, Frachtführer **20** 437, 440, Gläubiger bei Bürgschaft auf Zeit **1** 777, Gläubiger, Pfandrecht **1** 1280, Handelsvertreter **20** 86, im Zwangsvollstreckungsverfahren **33** 827, 853 ff., 873, 874, Kommissionär **20** 384, 388, 391, 400 f., 405, Lagerhalter **20** 417, Mängel bei Viehkauf **1** 485, Mängel der Kaufsache **1** 478, Makler **20** 94, Selbsthilfeverkauf **20** 373, 379, Spediteur **20** 414, Tod des Beauftragten **1** 673, Tod des Vormunds **1** 1894, Versicherter an Hypothekengläubiger **1** 1128, von der Ernennung eines Schiedsrichters **33** 1030, von der Verhaftung eines Beamten **33** 910, Warenmangel **20** 55, 91, Werkvertrag **1** 639
Anzeigepflicht Ablehnung des Auftrags **1** 663, Abweichung von Weisungen, Auftrag **1** 665, Änderung der Aufbewahrung **1** 692, Anweisungsempfänger **1** 789, Finder **1** 965, Hinterlegung **1** 374, ins Grundbuch eingetragener Nichtberechtigter **39** 93, Lieferung mangelhafter Ware **20** 377, 388, 391, Nacherbfolge **1** 2146, Nießbraucher **1** 1042, Standesbeamte an Vormundschaftsgericht **37** 48, Tod eines Gesellschafters **1** 727, Übernahme der Geschäftsführung **1** 681, Verderb, Pfandgläubiger **1** 1218, Verletzung **35** 119, vertragswidrige Warenlieferung **20** 378
Apotheke unpfändbare Sachen **33** 811
Arbeiter Gerichtsstand **33** 20, Kündigungsfristen **1** 622, 626, Pfändung bei **33** 811, 850 bis 850 i, Vergütung im Krankheitsfall **1** 616
Arbeitgeber Haftung bei Betriebsübergang **1** 613 a, Maßregelungsverbot **1** 612 a
Arbeitnehmer Benachteiligungsverbot **1** 611 a, Kündigung von Dienstwohnungen **1** 565 b ff., Kündigungsfristen **1** 622, 626
Arbeitseinkommen Pfändung **33** 850 bis 850 i
Arbeitsgericht Vorsitzender **31** 111
Arbeitslohn, Arbeitsvergütung Pfändung **33** 850 bis 850 i
Arbeitssachen Anwaltsgebühr **51** 62
Arbeitsverhältnis 33 709, ausübender Künstler **28** 79, DDR-Übergangsrecht **2** 232 § 5, Kündigungsfrist **1** 622, Lösung **1** 620 ff., Minderjährige **1** 113, Mündel **1** 1822, Rechtswahl **2** 30, Übergangsvorschriften **2** 221, Unwirksamkeit der Kündigung bei Betriebsübergang **1** 613 a, Urheberschaft **28** 43
Arbeitsvertrag Rechtswahl **2** 30
Archiv Bild- und Tonträger in amtlichem **28** 55
Arglist Verkäufer **20** 377 f., Zahlung des Wechsels **23** 40
Arglisteinrede Forderung aus unerlaubter Handlung **1** 853
Arglistige Täuschung Anfechtung, Willenserklärung **1** 123, 124, Anfechtung, Zwangsvergleich **35** 196, Bestimmung der Leistung durch Dritte **1** 318, Eheschließung **10** 33, Erbunwürdigkeitsgrund **1** 2339
Arglistiges Verschweigen mit Vermächtnis Beschwerter **1** 2183, Schenker **1** 523, 524, Unternehmer beim Werkvertrag **1** 637, Verkäufer **1** 443, 463, 476, 478 ff., 485, Verleiher **1** 600, Vermieter **1** 540
Arme Bedenkung im Testament **1** 2072
Arrest 33 916 ff., offener **35** 118, Verfahren über –, Anwaltsgebühr **51** 40, 59, Verfahren über –, Wertberechnung **50** 20, Vergleichsverfahren **36** 124
Arrestanordnung 33 916 bis 923, 945
Arrestanspruch 33 916, 920, 921
Arrestbefehl 33 922 ff.
Arrestgericht 33 919, 926, 930, 933
Arrestgesuch 33 920 ff.
Arrestgrund 33 917, 918, 920, 921, 927
Arrestvollziehung 33 923, 924, 928 ff.
Arzneimittelhaftung 6 15
Arzt Schweigepflicht **33** 383, unzulässige Pfändung von Berufsgegenständen und Diensteinkommen **33** 811, 850
Assoziiertes Unternehmen 20 311, 312
Aufbewahrung beanstandete Waren **20** 362, 379, 407, 417, Datenträger **20** 8 a, des Protokolls bei Beweissicherung **33** 492, Handelsbücher **20** 157, hinterlegte Sachen **1** 688 bis 700, kaufmännische Unterlagen **20** 8 a, 257 bis 261, Probe **20** 96, Unterschriften zum Handelsregister **20** 12, Urkunden

39 10, 125, Wertsachen durch Gastwirt **1** 702 ff., s. a. Verwahrung
Aufenthalt Hauptschuldner **1** 772, 773, 775; Kind **1** 1631, unbekannter – bei Pflegschaft **1** 1911, unbekannter – des Zustellungsempfängers **1** 132
Aufenthaltsort der Zeugen und Sachverständigen, Vernehmung an deren **33** 375, 382, des Prozeßbevollmächtigten **33** 177, 210 a, Gerichtsstand des **33** 16, 20, 57, 689, 899, gewöhnlicher – der Ehegatten, Gerichtsstand für Eheklagen **33** 606, unbekannter – der Partei **33** 203
Auffindung einer Urkunde als Restitutionsgrund **33** 580
Aufforderung als Vollstreckungshandlung **33** 763, an Drittschuldner **33** 840, 845, Anmeldung des Erbrechts **1** 1965, 2358, Anmeldung von Ansprüchen, Gläubiger des Vereins **1** 50, Anmeldung von Forderungen, Nachlaßgläubiger **1** 1970 ff., 2061, Erklärung über Schenkungsannahme **1** 516, Genehmigung der Schuldübernahme **1** 415, 416, Genehmigung von Rechtsgeschäften **1** 108, 177, Genehmigung von Verwendungen **1** 1003, im Aufgebotsverfahren **33** 947, 1008, im Schiedsverfahren **33** 1029, 1031, im Verteilungsverfahren **33** 873, 874, 878, Klagen infolge öffentlicher **33** 110, zur Anwaltsbestellung **33** 215, 244, zur Einreichung der Kostenrechnung **33** 106, zur Erklärung über Echtheit einer Urkunde **33** 510
Aufführungsrecht 28 19
Aufgabe Besitz **1** 303, 856, 959, 1007, des Rechts an einem Grundstück **33** 58, Eigentum an beweglichen Sachen **1** 959, Grundstückseigentum **1** 928, Kammer für Handelssachen **30** 94, Nießbrauch **1** 1064, Pfandrecht **1** 1255, Präsidium, Geschäftsverteilung **30** 21 e, Rechte an Grundstücken **1** 875, Sicherheit durch Bürgschaftsgläubiger **1** 776
Aufgabe zur Post 33 175, 188, 192, 208 ff., 244, 496, 829, 994
Aufgaben Aufsichtsrat **21** 111, GmbH-Geschäftsführer **22** 40 ff., GmbH-Gesellschafter **22** 46, Handelsvertreter **20** 86, Hauptversammlung **21** 118, Liquidatoren der GmbH **22** 70
Aufgebot 33 947, 948, 950, 981, 988, 993 ff., 1008 ff., 1024, Bestellung vor Eheschließung **10** 12, Erben **1** 1965, 2358, Grundstückseigentümer **1** 927, Hypothekenbrief **1** 1162, Hypothekengläubiger **1** 1170, 1171, 1188, Nachlaßgläubiger **1** 1970 bis 1974, 1980, 2013, 2015, 2016, 2045, Reallastberechtigter **1** 1112, Schuldverschreibung **1** 799, 800, 808, Vorkaufsberechtigter **1** 1104, Vormerkungsgläubiger **1** 887
Aufgebotsfrist 33 950, 957, 987, 994, 1023, 1024
Aufgebotstermin 33 947, 950, 951, 954, 981, 1010, 1016
Aufgebotsverfahren 33 946 bis 1024, **34** 140, abhanden gekommener oder vernichteter Scheck **24** 59, abhanden gekommener oder vernichteter Wechsel **23** 90, Anwaltsgebühr **51** 45, Fortgeltung der Anmeldung **35** 229, Kraftloserklärung im Wege des **23** 90, Kraftloserklärung von Aktien und Zwischenscheinen **21** 72, Orderpapiere **20** 365, zwecks Ausschließung des unbekannten Berechtigten **34** 138
Aufhebung Annahmeverhältnis, Adoption **1** 1759 ff., 1771, befreite Vormundschaft **1** 1857, Beistandschaft **1** 1692, der Aussetzung der Pfandverwertung **33** 813 a, der Ehe **33** 93 a, 152, 155, 606 ff., der Kosten gegeneinander **33** 91, 93 a, 98, der Streitvollmacht **33** 86, der Versäumnisfolgen **33** 232, des früheren Urteils **33** 178, 302, 536, 564, 565, 600, 775, 788, des strafgerichtlichen Urteils als Restitutionsgrund **33** 580, des Urteils und mangelhaften Verfahrens **33** 564, des Versäumnisurteils **33** 343, des Vollstreckungsbescheids **33** 700, Eigentümergemeinschaft **8** 17, einer Aussetzungs-, Trennungs-, Verbindungsanordnung **33** 150, 155, eines Konkursverfahrens **33** 240, eines Schiedsspruchs **33** 1041, 1046, eines Termins **33** 227, eines Vertrags **33** 255, Erbbaurecht **9** 26, Erbvertrag **1** 2290 bis 2299, Erbverzicht **1** 2351, fortgesetzte Gütergemeinschaft **1** 1492, 1493, 1495, 1496, gegen Zeugen und Sachverständige getroffene Anordnungen **33** 381, 400, 402, Gemeinschaft **1** 749 ff., **34** 180, gerichtliche Maßnahme **30 a** 28, Gütergemeinschaft **1** 1447 ff., 1469 ff., Güterstand durch Ehevertrag **1** 1408, 1414, Hypothek **1** 1165, 1183, Konkurseröffnungsbeschluß **35** 116, Konkursverfahren **35** 163, 190, letztwillige Verfügungen **1** 2289, 2299, Nießbrauch **1** 1062, 1064, Pfandrecht **1** 1255, Pflegschaft **1** 1707, 1919, 1921, Recht an Grundstücken **1** 875, 876, Recht bei Nießbrauch **1** 1071, Sicherungsmaßnahmen **35** 106, Sondereigentum **8** 4, 9, Stiftung **1** 87, Testament **1** 2229 bis 2264, unbeschränkte Geltendmachung ihrer Forderungen durch Konkursgläubiger nach **35** 164, Unternehmensverträge **21** 296, Verfügungsbeschränkungen **36** 65, Vergleichsverfahren **36** 90 ff., verpfändetes Recht **1** 1276, Versteigerungstermin **34** 43, von Arresten **33** 923 bis 925, 926, 934, von einstweiligen Anordnungen in Familiensachen **33** 620 b, von einstweiligen Verfügungen **33** 939, 945, von Vollstreckungsmaßregeln **33** 707, 719, 765 a, 770, 771, 788, 805, 810, 811 b, 811 c, 851 a, 851 b, 868, vorläufig vollstreckbar erklärter Urteile **33** 717, 775, 868, Vormundschaft **1** 1883, Vorzug von Aktien **21** 141, Wohnsitz **1** 7, 8
Aufhebung der Ehe 10 28 bis 37, **11** 25, arglistige Täuschung **10** 33, Aufhebungsklage **10** 35, 36, Drohung **10** 34, Folgen **10** 37, Irrtum über Eheschließung oder Person des anderen Ehegatten **10** 31, Irrtum über persönliche Eigenschaften des anderen Ehegatten **10** 32, Mangel der Einwilligung des gesetzlichen Vertreters **10** 30

Aufhebung des Zwangsversteigerungsverfahrens **34** 28 ff., 161, Antragsrücknahme **34** 29, bei entgegenstehenden Rechten **34** 28, Beschluß, Zustellung **34** 32, Löschung des Versteigerungsvermerks **34** 34, Versagung des Zuschlags **34** 33, 86

Aufhebungsklage bei Ehe **33** 152, fortgesetzte Gütergemeinschaft **1** 1495 ff., gegen den Schiedsspruch **33** 1041, 1044, 1045, Gütergemeinschaft **1** 1447 ff., 1469 ff., 1479 ff., Klagefrist **10** 35, Versäumung der Klagefrist durch gesetzlichen Vertreter **10** 36

Aufklärung Anordnungen im vorbereitenden Verfahren **33** 273, des Sachverhalts, persönliches Erscheinen der Parteien **33** 141

Aufklärungspflicht der Parteien **33** 273

Auflage **33** 255, als Nachlaßverbindlichkeit **1** 1967, 1972, 1980, 1991, 1992, als Pflichtteilsbeschwerung **1** 2306, 2318, 2322, durch Erblasser **1** 1940, 1941, 2192 bis 2196, 2223, Erbschaftskauf **1** 2376, Erbvertrag **1** 1941, 2278, 2279, 2281 ff., gemeinschaftliches Testament **1** 2270, Kürzung zur Pflichtteillastdeckung **1** 2322, Nachlaßüberschuldung durch **1** 1992, Schenkung **1** 330, 525 ff., Testament **1** 1940, 2192 bis 2196, 2223, Unwirksamkeit **1** 2195, Vermächtnis **1** 2186, 2187, Vollziehung **1** 2194, 2196

Auflassung **1** 925, **33** 848, 894, Aufrechnung **1** 387 bis 396, Einigung bei **39** 20, Form **2** 143, Formmangel bei Grundstücksveräußerung, Heilung durch **1** 313, gegen beschlagnahmte Forderung **1** 392, gegen Gesellschaftsforderungen **1** 719, keine – gegen unpfändbare Forderung **1** 394, Kostentragung **1** 449, Voraussetzungen **1** 387, Wirkung **1** 389

Auflösende Bedingung letztwillige Zuwendung **1** 2075, Mietverhältnis **1** 565 a, Rechte und Verbindlichkeiten, Nachlaßwertfeststellung **1** 2313, Rechtsgeschäft **1** 158 bis 162

Auflösung Bilanzrückstellung **20** 249, bisherige Ehe bei Todeserklärung **10** 38, Ehe bei Aufhebung **10** 29, Ehe durch Scheidungsurteil **1** 1564, Ehe durch Tod **1** 1482, Gesellschaft **1** 726 ff., OHG **20** 131 ff., stille Gesellschaft **20** 235, Verein **1** 41, 45 ff., 74, Verein, Vermögensanfall **2** 85, Wartezeit nach – der Ehe **10** 8

Auflösung, AG **21** 119, 262 bis 274, gerichtliche **21** 396 ff., KommAG **21** 289, 396 ff., Rücklagen bei Kapitalherabsetzung **21** 231, wegen Satzungsmangels **37** 144 a

Auflösung, GmbH **22** 60 ff., **37** 144 b, Anmeldung zum Handelsregister **22** 65, durch gerichtliches Urteil **22** 61, durch Verwaltungsbehörde **22** 62, Gründe **22** 60, Liquidation **22** 66 ff.

Auflösungsklage GmbH **22** 61

Aufnahme Bild- und Tonträger **28** 75, des Verfahrens **33** 151 bis 153, 239, 240, 242, 243, 246, 250, Erklärungen **32** 24, 24, Inventar **1** 2002, 2003, Vermögensverzeichnis **1** 1689, Verschmelzung durch – unter Beteiligung von AG **21a** 60 ff., Verschmelzung durch – unter Beteiligung von eG **21a** 79 ff., Verschmelzung durch – unter Beteiligung von genossenschaftlichen Prüfungsverbänden **21a** 105 ff., Verschmelzung durch – unter Beteiligung von GmbH **21a** 46 ff., Verschmelzung durch – unter Beteiligung von KGaA **21a** 78 ff., Verschmelzung durch – unter Beteiligung von Versicherungsvereinen auf Gegenseitigkeit **21a** 110 ff.

Aufnahmezwang Wirtschafts- und Berufsvereinigungen **25** 27

Aufrechnung **20** 129, 414, **50** 19, bei Gesamtgläubigerverhältnis **1** 429, bei Gesamtschuldverhältnis **1** 422, bei Gütergemeinschaft **1** 1419, bei Schuldübernahme **1** 417, bei verschiedenen Leistungsorten **1** 391, bei Wiederaufnahme des Konkurses **35** 199, betagte Forderung **35** 54, einer Gegenforderung **33** 145, 302, 322, 529, 530, Einlage bei AG, keine – gegen Zahlungsverpflichtung **21** 66, Einrede, Bürge **1** 770, Einrede, Grundstückseigentümer **1** 1137, Erfüllung einer Verbindlichkeit durch –, Unwirksamkeit des Rücktritts **1** 357, Ersatzpflicht **35** 56, Form **1** 388, gegen abgetretene Forderung **1** 406, gegen Mietzins bei Hypothek **1** 1125, gegen Mietzinsforderung **1** 552a, 554, 575, gegen Nachlaßforderung **1** 2040, gegen öffentlich-rechtliche Forderung **1** 395, gegen Pachtzins bei Hypothek **1** 1125, Gehaltsansprüche **2** 81, im Konkursverfahren **35** 53, im Vergleichsverfahren **36** 54, keine – gegen Forderung aus unerlaubter Handlung **1** 393, keine – gegen unpfändbare Forderung **1** 394, keine – mit einredebehafteter Forderung **1** 390, konkursrechtlich unzulässige **35** 55, mehrere Forderungen **1** 396, nichtliquide Forderung **35** 54, Schadensersatz beim Kauf **1** 479, 490, trotz Nichtfälligkeit und Nichtgleichartigkeit **35** 54, Unwirksamwerden, Nachlaß **1** 1977, Verjährungsunterbrechung durch **1** 209, 215, von Kosten **33** 124, zur Befriedigung des Gläubigers durch Dritte **1** 268, zur Befriedigung des Hypothekengläubigers **1** 1142, zur Befriedigung des Pfandgläubigers **1** 1224

Aufrechnungsrecht Ersatzpflicht bei Entstehung eines – eines Ausländers durch Forderungsabtretung **35** 56, Käufer **1** 479, Mieter **1** 552 a, 575, Stimmrecht bei **35** 96

Aufrechnungsverbot einredebehaftete Forderung **1** 390, Forderung aus unerlaubter Handlung **1** 393, Klauselverbot, AGB **4** 11, unpfändbare Forderung **1** 394

Aufrechterhaltung der Ordnung **33** 158, des Versäumnisurteils **33** 343, 616, Ordnung **30** 176 ff.

Aufruf der Sache **33** 220, Gläubiger der AG durch Abwickler **21** 267, vor Zuschlag **33** 817

Aufschieben einer Vollstreckungsmaßnahme **33** 765 a, 788

Aufschiebende Bedingung letztwillige Zuwendung **1** 2066, 2070, 2074, 2108, 2162, 2179, Rechte und Verbindlichkeiten, Nachlaßwertfeststellung **1** 2313, Rechtsgeschäft **1** 158 bis 162, unmögliche Leistung **1** 308, Vermächtnis **1** 2177

Aufschiebende Einreden Erbe **1** 2014 bis 2017, s. a. Einrede

Aufschiebende Wirkung Beschwerde **25** 63; der Berufung und Revision **33** 705, der Beschwerde **33** 572

Aufschub Auseinandersetzung **1** 2043, 2045

Aufsicht Beistand für Elternteil **1** 1691, Gericht über Vergleichsverwalter **36** 41, Gericht über Zwangsverwalter **34** 153, Kind **1** 1631, Konkursgericht über Konkursverwalter **35** 84, über Schuldner als Zwangsverwalter **34** 150 c, über Vormund **1** 1799, 1837 bis 1847

Aufsichtspflicht bei Tieren, Haftung **1** 833, 834, Verletzung, Haftung **1** 832, Vormundschaftsgericht über Vormund und Gegenvormund **1** 1837 bis 1847

Aufsichtsrat, AG **21** 95 ff., Abberufung **21** 103, Änderungen **21** 106, Aufgaben **21** 111, Ausschüsse **21** 107, Berichte des Vorstands **21** 90, Beschlußfassung **21** 108, Einberufung **21** 110 f., Entlastung **21** 119 f., erster **21** 30, Geheimhaltungspflicht **21** 404, Haftung **21** 117, 147, 310, innere Ordnung **21** 107, Namensangabe **21** 80, 268, Ordnungswidrigkeiten **21** 405, Prüfung des Lageberichts **21** 170 f., Rechte **21** 111, Sachgründung **21** 31, Sitzungen **21** 107, 109, Stellvertreter **21** 101, 107, Strafvorschriften **21** 399 ff., Überwachung der Bezüge der Vorstandsmitglieder **21** 87, Verantwortlichkeit **21** 48, 310, Vergütung **21** 113 f., Verpflichtung zur Anmeldung **21** 36, Vertretung gegenüber Vorstand **21** 112, Vorsitzender **21** 107, Wahl der Mitglieder **21** 101, 107, 124, 137, Zugehörigkeit zu Vorstand und –, Unvereinbarkeit **21** 105, Zusammensetzung **21** 96 ff.

Aufsichtsrat, GmbH **22** 52

Aufsichtsratsmitglieder, AG Abberufung **21** 103, Amtszeit **21** 102, Bestellung **21** 30 f., 101, 104, 109, Kreditgewährung an **21** 115, Nichtigkeit der Wahl **21** 250 ff., persönliche Voraussetzungen **21** 100, Schadensersatzpflicht **21** 117, Sorgfaltspflicht **21** 116, Vergütung **21** 113, Verträge mit Gesellschaft **21** 114, Wahl **21** 101, 107, 124, 137, Zahl **21** 95

Aufsichtsrecht Bereich Staatsanwaltschaft **30** 147

Aufstellung Jahresabschluß **20** 264

Aufteilungsplan Dauerwohnrecht **8** 32, Wohnungseigentum **8** 7

Auftrag **1** 662 bis 676, Abweichung von Weisungen des Auftraggebers **1** 665, an Gerichtsvollzieher **33** 166 ff., 753 bis 755, 766, Anzeigepflicht bei Ablehnung **1** 663, Aufwendungsersatz **1** 669, 670, Auskunfts- und Rechenschaftspflicht **1** 666, Begriff **1** 662, entgeltliche Geschäftsbesorgung **1** 675, Erlöschen bei Konkurseröffnung **35** 23, Fiktion des Fortbestehens bei Erlöschen **1** 674, Geschäftsführung ohne **1** 677 bis 687, Haftung für Gehilfen **1** 664, Herausgabepflicht des Beauftragten **1** 667, Kündigung **1** 671, Rat oder Empfehlung **1** 676, Tod des Beauftragten **1** 673, Tod oder Geschäftsunfähigkeit des Auftraggebers **1** 672, Unübertragbarkeit **1** 664, Verzinsung des verwendeten Geldes **1** 668, Widerruf **1** 671, zur Bürgschaftsübernahme **1** 775

Aufwandsentschädigung Vorstandsmitglieder, AG **21** 87

Aufwandskonsolidierung **20** 305

Aufwendungen Befreiung von Verbindlichkeiten für Ersatz von **1** 257, Erblasser, Ausgleichung unter Miterben **1** 2050, ersparte – des Vermieters **1** 552, gemeinschaftliches Eigentum **8** 22, Kind, Schenkungsvermutung **1** 1620, Verzinsung **1** 256, Wiederherstellungsmaßnahmen **7** 16

Aufwendungsersatz **1** 256, 257, Beauftragter **1** 669, 670, Beschenkter **1** 526, Besteller **1** 633, Bilanzierungshilfe **20** 269, Eltern **1** 1648, Erbe **1** 1978, 1991, Finder **1** 970, 972, Geschäftsführer ohne Auftrag **1** 683, 685, Gesellschafter der OHG **20** 110, Handelsvertreter **20** 87 d, 88 a, Kommissionär **20** 396, Lagerhalter **20** 420, Makler **1** 652, 654, Mieter **1** 538, Pächter **1** 596 a, Schuldner bei Gläubigerverzug **1** 304, Vereinsvorstand **1** 27, Verlobter **1** 1298, Verwahrer **1** 693, Vorerbe **1** 2124, Vormund **1** 1835

Aufzeichnung Massegegenstände **35** 123

Augenscheins-Einnahme **33** 3, 144, 160, 219, 358 a, 371, 372, 485, 486

Augenscheinseinnahme **52** 49

Ausbesserung Landpachtsache **1** 586, Nießbrauchsache **1** 1041 ff.

Ausbildung Bereichsrechtspfleger zu Rechtspfleger **32** 34 a, 34 a, elterliche Sorge **1** 1631 a, für den gehobenen Dienst, Anrechnung **31** 5 c, Unterhaltsanspruch **1** 1610, Unterhaltsanspruch, Scheidung **1** 1575

Ausbleiben des Schuldners im Eidesleistungstermin **33** 901, Prüfung trotz – des Gläubigers **35** 143, von Parteien **33** 141, 251 a, 330, 331, 333, 335 bis 337, 345, 367, 368, 493, 542, 597, 610, 618, 635, 877, 889, 954, von Sachverständigen **33** 409, von Zeugen **33** 380, 381, 388, 400

Ausdrucke **52** 73, 89

Auseinandersetzung Absonderungsrecht bei – von Gemeinschaftsverhältnissen **35** 51, Antrag auf **37** 87, außergerichtliche Vereinbarung **37** 91, Beendigung der fortgesetzten Gütergemeinschaft **1** 1497 ff., Beendigung der Gütergemeinschaft **1** 1471 ff., bei Gütergemeinschaft **37** 99, Ehescheidung **1** 1478, 1587 ff., Eintragung eines neuen Gläubigers **39** 37, Erbengemeinschaft **1** 2032, 2042 ff., 2204, Gesamtgut **52** 116, 148, Gesellschaft **1** 730 bis 735, 738 ff., Kindesvermögen **1** 1683, 1845, Nachlaß **52** 116, 148, Nachweis

der Rechtsnachfolge **39** 36, von Gemeinschaften **35** 16, zwischen Ehegatten **33** 743, zwischen Miterben **37** 86
Auseinandersetzungsplan **37** 93
Auseinandersetzungsverfahren Abwesenheitspfleger **37** 88, sofortige Beschwerde **37** 96
Auseinandersetzungszeugnis des Vormundschaftsgerichts bei Eheschließung **10** 9
Ausfall Ausschlußfrist zum Nachweis des – für absonderungsberechtigte Gläubiger **35** 153
Ausfertigung **33** 105, 170, 189, 204, 299, 317, 319, 320, 329, 518, 553 a, 788, 1039, mehrere Stücke eines Schecks **24** 49 f., mehrerer Stücke eines Wechsels **23** 64 bis 66, Niederschrift **13** 47 ff., 51, vollstreckbare **13** 52, **33** 724, 726, 727, 733, 734, 738, 742, 744, 749, 750, 754, 755, 757, 797, 799, 894, von Prozeßakten auf Bildträgern **33** 229 a
Ausfertigung, vollstreckbare Gebühren **52** 133
Ausforschungsverbot Annahme als Kind **1** 1758
Ausführung der Rechte, Vorbehalt **33** 599, 600, des Teilungsplans **33** 876 ff., Teilungsplan **34** 117 f., 141, Teilungsplan, Aussetzung **34** 116, Versteigerungs- durch Vollstreckungsgericht **34** 35
Ausfüllung unvollständiger Scheck **24** 13, unvollständiger Wechsel **23** 10
Ausfuhr Wegfall der Vergütungspflicht **28** 54 c
Ausfuhrkartell **25** 6
Ausgabe Aktien s. Aktienausgabe, nachgelassene Werke **28** 71, 137 b, wissenschaftliche **28** 70, 137 b, Zwangsvollstreckung gegen Verfasser **28** 118
Ausgabebetrag Aktien **21** 9
Ausgebot Einzel- **34** 63, Gesamt- **34** 63
Ausgestrichenes Indossament **24** 19
Ausgleich des Zugewinns **33** 852, Versorgungs- nach Scheidung **1** 1587 bis 1587 p, vorzeitiger **1** 1385 ff., vorzeitiger Erb-, nichteheliches Kind **1** 1934 d, Zugewinn der Ehegatten **1** 1363, 1372 ff., 1378 ff.
Ausgleichsanspruch Abfindung künftigen **1** 1587 l, Ausschluß **1** 1587 h, Erlöschen **1** 1587 e, 1587 k, Gesamtgut **1** 1446, 1468, Handelsvertreter gegen Unternehmer **20** 89 b
Ausgleichsberechtigter Ansprüche gegen Dritte **1** 1390, Tod **1** 1587 m
Ausgleichsforderung Anrechnung von Zuwendungen **1** 1380, Ehegatte **1** 1378 ff., **37** 53 a, Fälligkeit **1** 1446, im ehelichen Güterrecht, Zuständigkeit **33** 621, Leistungsverweigerung **1** 1381, Stundung **1** 1382, Übertragung von Vermögensgegenständen **1** 1383
Ausgleichsrente **1** 1587 g
Ausgleichsverfahren über Vermögen des Bezogenen **23** 43
Ausgleichszahlung **21** 293 ff., außenstehende Aktionäre **21** 304
Ausgleichung Abkömmling, besondere Mitarbeit **1** 2075 a, Miterben **1** 2050 bis 2057 a, Vorbehalts-, Sonder- und Gesamtgut **1** 1445, 1467
Ausgleichungspflicht Beamtenhaftung **1** 841, besondere Leistungen eines Abkömmlings **1** 2057 a, Erbschaftskauf **1** 2372, Erbteilserhöhung **1** 1935, 2095, Gesamtgläubiger **1** 430, Gesamtschuldner **1** 426, Miterben **1** 2050 bis 2057 a, Pflichtteilsberechtigte **1** 2315, 2316
Ausgliederung **21a** 152 ff., aus dem Vermögen eines Einzelkaufmanns **21a** 152 ff., aus dem Vermögen rechtsfähiger Stiftungen **21a** 161 ff., aus dem Vermögen von Gebietskörperschaften **21a** 168 ff.
Aushändigung als Zustellungsform **33** 212 b, Anweisung **1** 783 ff., Forderung auf – des Wechsels **23** 50, Hypothekenbrief **39** 60, quittierter Wechsel **23** 39, Scheck **24** 34, 47, Schuldverschreibung auf Inhaber **1** 797, Urkunden bei Hypothek **1** 1117, 1144, 1167, 1168, Vollmachtsurkunde **1** 172
Auskunft aus Schuldnerverzeichnis **33** 915 b, 915 e, Kartellbehörde **25** 33, von Behörden **33** 273
Auskunfterteilung im Zwangsvollstreckungsverfahren **33** 836, über Eintragung in das Schuldnerverzeichnis **33** 915
Auskunftsanspruch Geschädigter gegen Behörden **7** 9, Geschädigter gegen Inhaber einer Anlage **7** 8, hinsichtlich Dritter, Urheberrechtsverletzungen **28** 101 a, Inhaber einer Anlage **7** 10, Markenschutz **27** 19, Urheber **28** 26, 54 g, Verwertungsgesellschaft **28** 26
Auskunftspflicht Abtretender gegenüber neuem Gläubiger **1** 402, Aussteller einer Inhaberschuldverschreibung gegenüber bisherigem Inhaber **1** 799, Beauftragter gegenüber Auftraggeber **1** 666, Behörden **37** 125 a, Ehegatten, Güterstandsbeendigung **1** 1379, Elternteile über Kind **1** 1634, 1711, Erbe gegenüber Pflichtteilsberechtigtem **1** 2314, Erbe, Inventaraufnahme **1** 2003, 2005, 2011, Erbschaftsbesitzer gegenüber Erben **1** 2027, Fiskus gegenüber Nachlaßgläubiger **1** 2011, gegenüber Abschlußprüfer **20** 320, Gegenvormund gegenüber Vormund **1** 1891, Gegenvormund gegenüber Vormundschaftsgericht **1** 1839, Gemeinschuldner **35** 100, Geschäftsführer gegenüber Geschäftsherrn **1** 681, Geschäftsführer gegenüber Gesellschaftern, GmbH **22** 51 a, 51 b, geschiedene Ehegatten **1** 1580, 1587 e, Gesellschafter **1** 713, 740, Händler **28** 54 g, Handlungsgehilfe **20** 74 c, Hauptversammlung, AG **21** 131 f., Hausgenosse des Erblassers gegenüber Erben **1** 2028, Mieter gegenüber Vermieter, Kündigung **1** 556 a, 564 a, Miterben **1** 2057, Nachlaßpfleger gegenüber Nachlaßgläubigern **1** 2012, Notar über Geschäftswert **52** 31 a, Schuldner **36** 69, Tochterunternehmen bei Konsolidierung **20** 294, über Inbegriff von Gegenständen **1** 260,

unrechtmäßiger Erbscheinbesitzer gegenüber Erbe **1** 2362, Verkäufer gegenüber Käufer **1** 444, Verwandte über Vermögen **1** 1605, Vorerbe gegenüber Nacherbe **1** 2127, Vormund gegenüber Vormundschaftsgericht **1** 1839, vorzeitiger Zugewinnausgleich bei Verletzung durch Ehegatten **1** 1386
Auskunftsrecht Aktionär **21** 131 f., 138, 326, Kartellbehörde **25** 23, 46
Ausländer Aufrechnungsrecht eines –, Ersatzpflicht bei Entstehung durch Forderungsabtretung **35** 56, ausländisches Gericht **33** 328, 722, 723, Beerbung **2** 25, Betreuung **2** 24, Ehe mit **2** 13 ff., Ehefähigkeitszeugnis **10** 10, 77 a, Ehesachen **33** 606 ff., für tot erklärter **33** 328, Grundstückserwerb durch **2** 88, Namensrecht **2** 10, Pflegschaft **2** 24, Prozeßfähigkeit **33** 55, Prozeßkostenhilfe **33** 114, Scheckfähigkeit **24** 60, Sicherheitsleistung für Kosten **33** 110, 111, Testierfähigkeit **2** 26, von ausländischen Behörden errichtete Urkunde **33** 438, Vormundschaft **2** 24, Wechselfähigkeit **23** 91
Ausländische öffentliche Urkunden **33** 438, Schiedssprüche **33** 1044, Urteile **33** 328, 606 ff., Vollstreckbarkeit – Urteile **33** 722, 723
Ausländische Entscheidungen keine Anerkennung **37** 16 a
Ausländische Erbschaft **1** 2369
Ausländische Luftfahrzeuge **34** 171 h, Mietrechte an **34** 171 n
Ausländische Priorität Markenschutz **27** 34
Ausländische Prüfungen Anerkennung **31** 112
Ausländische Schiffe **34** 171
Ausländische Währung Grundpfandrecht in **34** 145 a, Scheck auf **24** 36, Schiffshypothek in **34** 168 c, Wechsel auf **23** 41
Ausländischer Gläubiger im Konkursverfahren **35** 5
Ausländischer Staatsangehöriger Schutz ausübender Künstler **28** 125, Schutz Filmhersteller **28** 128, Schutz Hersteller von Tonträgern **28** 126, urheberrechtlicher Schutz **28** 121, 123
Ausländischer Verein **1** 23
Ausländisches Recht Verweisungsvorschriften **2** 3, 4
Ausländisches Unternehmen Schutz Filmhersteller **28** 128, Schutz Hersteller von Tonträgern **28** 126, Schutz Sendeunternehmen **28** 127
Auslagen **33** 91, 115, 116, 120, 124, 379, 401, **52** 1, 136 ff., Fälligkeit **50** 63, 64, **52** 7, Frachtführer **20** 440, Gesellschafter **20** 110, Gläubigerausschuß **35** 91, Handelsvertreter **20** 87 d, Kaufmann **20** 354, Kommissionär **20** 396 f., Konkursverwalter **35** 85, Lagerhalter **20** 420, Nichterhebung in familienrechtlichen Angelegenheiten **52** 96, Rechtsanwalt **51** 20 bis 30, 126, Schuldner **50** 55, 56, Spediteur **20** 409 f., Vergleichsverwalter **36** 43, Vorschuß **50** 68
Ausland Anwendung des Wechselrechts **23** 91 bis 98, Beweisaufnahme im **33** 363, 364, 369, im – ausgestellter Scheck **24** 62, im – ausgestellter Wechsel **23** 92, im – begangene unerlaubte Handlungen **2** 38, im – zahlbarer Scheck **24** 29, 61, Vormundschaft für im – wohnhafte Deutsche **37** 47, Zustellung im **33** 199 f., 203, 262, 274, 339, 688, Zwangsvollstreckung im **33** 791, 917
Auslassung im Tatbestand **33** 320, Protesturkunde **23** 85
Auslegung Ehegattenerbvertrag **1** 2280, Erbeinsetzung **1** 2087, 2097, Erbverzicht **1** 2350, Handlungen und Unterlassungen **20** 346, Pflichtteil **1** 2304, Testament **1** 2066 ff., 2084, Verträge **1** 157, 314, Willenserklärung **1** 133
Auslese Sammelwerke **28** 4
Auslieferungsprovision Handelsgeschäft **20** 396
Auslobung **1** 657 bis 661, Begriff **1** 657, Preisausschreiben **1** 661, Verteilung der Belohnung an mehrere **1** 659, 660, Widerruf **1** 658
Auslosung Schöffen **30** 45
Ausnahme Urheberrechtsverletzung **28** 101, vom Kartellverbot zugunsten kleiner oder mittlerer Unternehmen **25** 5 b, 5 c, vom Preisbindungsverbot für Verlagserzeugnisse **25** 16
Ausnahmegericht Verbot **30** 16
Aussagen der Zeugen und Sachverständigen **33** 160, 161, Einsehen von Unterlagen **33** 378, erleichternde Unterlagen und Aufzeichnungen **33** 378
Ausscheiden Gesellschafter **1** 736 ff.
Ausschlagung beschwerte Erbschaft **1** 2306, Erbschaft **1** 517, 1432, 1455, 1822, 1942 ff., Erbschaft für Kind **1** 1643, Erbschafts-, Anfechtung **1** 2308, Nacherbschaft **1** 2142, Vermächtnis **1** 2176, 2180, 2307, 2321, 2322, Zuwendung, gemeinschaftliches Testament **1** 2271
Ausschlagungsfrist Erbschaft **1** 1944
Ausschlagungsrecht Erbschaft, Vererblichkeit **1** 1952
Ausschließliche Zuständigkeit **33** 24, 29 a, 40, 606, 802, 1005
Ausschließliches Recht Inhaber der Marke **27** 14, Inhaber einer geschäftlichen Bezeichnung **27** 15
Ausschließlichkeitsverträge Wettbewerbsbeschränkung **25** 18
Ausschließung Abkömmling des Erblassers von der Erbfolge **1** 2303, Abkömmling von fortgesetzter Gütergemeinschaft **1** 1511, Anwachsung durch Erblasser **1** 2158, Aufgebotsverfahren zwecks – des unbekannten Berechtigten **34** 138, Auseinandersetzung durch Erblasser **1** 2044, Bestellung zum Betreuer **1** 1898, Bestellung zum Gegenvormund **1** 1852, 1855, Bestellung zum Vormund **1** 1780, 1782, Erteilung des Hypothekenbriefes **1** 1116, Forderungsabtretung **1** 399, 405, fortgesetzte Gütergemeinschaft **1** 1509 ff., Geschäftsbesorgung durch Ehegatte **1** 1357, Gesellschafter

1 737 ff., 20 140, 142, Grundstückseigentümer, Aufgebotsverfahren 1 927, keine – der Verjährung durch Rechtsgeschäft 1 225, Nachlaßgläubiger 1 1973, 1974, Notar 13 6, 7, Rechtspfleger 32 10, 10, Übertragung der Anweisungen 1 792, vom Gewerbebetrieb 20 7, von gesetzlicher Erbfolge 1 1930, 1938

Ausschluß Aufhebung der Gemeinschaft 1 750, 751, Aufrechnung 1 391 ff., der Gerichtspersonen 33 41 ff., 551, 579, 957, der Öffentlichkeit 33 159, des Eigentümers eines Grundstücks 33 977 ff., Dolmetscher 30 191, Ehegattenerbrecht 1 1933, eines Beweises bzw. von Beweismitteln durch Landesgesetz 33 418, Einrede der Vorausklage bei Bürgschaft 1 773, Einreden bei unbeschränkter Erbenhaftung 1 2016, Ersatzansprüche des Geschäftsführers 1 685, Finderlohn 1 978, Gewährleistung, Kauf 1 433, 476, Gewährleistung, Miete 1 540, Gewährleistung, Werkvertrag 1 634, 637, Haftung durch Aussteller eines Wechsels 23 9, Haftung durch Indossanten 23 15, mietrechtliche Kündigungsbestimmungen 1 584 a, Öffentlichkeit 30 171 a ff., Rückforderung bei ungerechtfertigter Bereicherung 1 814, Rückforderung des Geschenkes 1 529, Rücknahme bei Hinterlegung 1 376, 378, säumige Aktionäre 21 64, Stimmrecht 21 136, unbekannter Berechtigter bei Vorkaufsrecht 1 1104, unbekannter Gläubiger 1 887, unbekannter Gläubiger bei Hypothek 1 1170, 1171, Unterhaltsanspruch 1 1579, Ursachenvermutung 7 7, Verantwortlichkeit bei unerlaubten Handlungen 1 827, 828, Versorgungsausgleich 1 1408, 1414, 1587 c, 1587 h, von Gesamtgutsgläubigern 33 1001, von Hypothekengläubigern 33 982 ff., von Nachlaßgläubigern 33 989 ff., von Schiffsgläubigern 33 1002, Vorkaufsrecht 1 507, 511, 512, Weisungen, Unternehmensvertrag 21 299, Zugewinnausgleich 1 1414

Ausschluß des Rücktrittsrechts Stundung des Kaufpreises 1 454, Veräußerung oder Belastung 1 353, Verarbeitung oder Umbildung 1 352, verschuldeter Untergang des empfangenen Gegenstandes 1 351

Ausschlußfrist Ansprüche aus Reisevertrag 1 651 g, Wandelung 1 466, Wiederkauf 1 503, zum Nachweis für Gläubiger nicht festgestellter Konkursforderungen 35 152

Ausschlußurteil 33 951 ff., 956, 957, 958, 987, 997, 999, 1000, 1010, 1011, 1017, 1018, Ausführung des Teilungsplans nach 34 141

Ausschreibung Arbeitsplatz 1 611 b

Ausschuß Aufsichtsrat der AG 21 107, 109, zur Schöffenwahl 30 40

Außerehelicher Verkehr Schadensersatz 1 825, 847, 1300

Außerordentliches Zurückbehaltungsrecht 20 370

Aussetzung Abschlagsverteilung bei Vergleichsvorschlag 35 160, Ausführung des Teilungsplans 34 116, der Verhandlung, des Verfahrens 33 65, 86, 148 ff., 239 ff., 246, 247, 249, 252, 614, 640, der Verwertung gepfändeter Sachen 33 813 a, der Vollstreckung des Festsetzungsbeschlusses 33 104, 107, der Vollziehung der angefochtenen Entscheidung 33 572, 620 e, der Zwangsvollstreckung 33 710, im Aufgebotsverfahren 33 953, im Wiederaufnahmeverfahren 33 578, Verfahren 31 68, Verfahren bei Streit 37 95, Verfahren des Grundbuchamts 39 106

Aussichtslosigkeit der Rechtsverfolgung 33 114, des Vergleichsantrags, Verfahren 36 15

Aussöhnung Aussicht auf – in Ehesachen 33 614

Aussonderung 35 43 bis 46, Ersatz 35 46, Verfolgungsrecht 35 44

Aussonderungsanspruch 35 43

Aussonderungsrecht bei Warenversand 35 44

Ausspielvertrag 1 763

Ausstattung Betreuter 1 1908, Kind aus Elternvermögen 1 1624, Kind aus Gesamtgut 1 1444, 1466, Kind aus Kindesvermögen 1 1625

Aussteller Inhaberschuldverschreibung 1 793 ff.

Aussteller, Scheck als Zahlungsempfänger 24 6, Anweisung auf sein Guthaben 24 1, 3, Bereicherungsklage 24 58, Einlösungspflicht 24 12, Haftung 24 12, Tod, Handlungsunfähigkeit 24 33, Untersagung der Begebung 24 14, Unterschrift 24 1, Zahlungspflicht auf abhanden gekommene Schecks 24 59

Aussteller, Wechsel Haftung 23 9, 43, 47, Indossament auf 23 11, Unterschrift 23 1, 75, von Wechseln 23 8, 9

Ausstellungsort Scheck 24 1 f., 30, Wechsel 23 1, 94, 95, Wechsel ohne 23 2

Ausstellungspriorität Markenschutz 27 35

Ausstellungsrecht 28 18

Ausstellungstag Scheck 24 1, Wechsel 23 1

Ausstreichen Annahmeerklärung beim Wechsel 23 29, Indossament 23 16, 50, 24 19, Vermerk »nur zur Verrechnung« 24 39

Austauschpfändung 33 811 a, 811 b

Austritt Verein 1 39, 58

Ausübender Künstler Abtretung von Ansprüchen und Rechten 28 78, Arbeits- oder Dienstverhältnis 28 79, Begriff 28 73, Beschränkung der Rechte 28 84, Bildschirmübertragung 28 74, Bühnenaufführung 28 80, Choraufführung 28 80, Dauer der Rechte 28 82, 137 c, Einwilligung des Veranstalters 28 81, Funksendung 28 76, Lautsprecherübertragung 28 74, Mitwirkung bei Filmwerken 28 92, öffentliche Wiedergabe 28 77, Orchesteraufführung 28 80, Schutz 28 73 ff., 125, Vervielfältigung 28 75

Ausübung Anfechtungsrecht 35 36, Dienstbarkeiten 1 1020 bis 1029, 1092, elterliche Sorge 1 1627,

1674, Nießbrauch **1** 1036, 1059, Rechte **1** 226 bis 231, Vorkaufsrecht **1** 504 ff., 1097 ff.
Auswärtige Kammer Handelssachen **30** 93, 106, Strafsachen **30** 78
Auswahl mehrere Pfänder zum Verkauf **1** 1230, Sonderprüfer AG **21** 143, Vertragsprüfer **21** 293 d, von Sachverständigen **33** 404, 405
Auswanderungsexpedienten 33 709
Auswechslung Forderung bei Hypothek **1** 1180
Ausweis Kapitalherabsetzung **21** 240
Auszüge aus Beschlüssen **33** 329, aus öffentlich zuzustellenden Schriftstücken **33** 204, 205, 206, aus Prozeßakten **33** 299, aus Urkunden **33** 131, aus Urteilen **33** 317
Auszug 39 49
Auszugsverträge 2 96
Automatisiertes Verfahren Handelsregister **20** 9 a
Automatisierung Vereinsregisterführung **1** 55 a
Aval auf Wechsel **23** 30 bis 32
Avis 23 45
Bahneinheit 2 112, **33** 871, **52** 78, Zwangsliquidation **50** 32
Bahngrundbuch 52 78
Bank Ausübung des Stimmrechts für Aktien **21** 134 f., Weitergabe von Mitteilungen **21** 128
Bankguthaben Bezug bei Scheck **24** 3
Bankier Begriff **24** 54, Bezogener beim Scheck **24** 3, 54
Bankiergeschäfte als Handelsgewerbe **20** 1, Erwerb fremder Inhaberpapiere **20** 367
Bankrisiken allgemeine –, Vorsorge **20** 340 f., Sonderposten **20** 340 g
Bankrott Aufhebung bei Verurteilung des Gemeinschuldners **35** 197
Barabfindung Aktionär **21** 320 b, Formwechsel **21a** 207 ff., Verschmelzung **21a** 30 ff.
Bargebot 34 49, Erhöhung **34** 50 f.
Bargeld 33 108, 808, 815
Barzahlung Pfandkauf **1** 1238, Verrechnungsscheck, Verbot **24** 39
Barzahlungspreis Angabe im Kreditvertrag **3** 4
Baubehörde Ausführungsbestimmung, Wohnungseigentum **8** 59
Bauhandwerkersicherung 1 648 a
Bauliche Anlage Unterhaltspflicht bei Dienstbarkeiten **1** 1020 ff., Werkvertrag **1** 638, 648
Bausicherungshypothek 1 648
Bausparkassenvertreter 20 92, 92 b
Bauwerk als wesentlicher Bestandteil des Erbbaurechts **9** 12, Feuerversicherung **9** 23, kein Wegnahmerecht bei Heimfall, Erlöschen **9** 34, Untergang **9** 13
Beamtenverhältnis Richter **31** 15
Beamtenversorgungsgesetz Anwendung auf Richter **31** 71 a
Beamter als Sachverständiger **33** 408, als Verwahrer von Urkunden **33** 432, Amtspflichtverletzung **30 a** 11, der Staatsanwaltschaft **30** 144 ff., Gehaltsabtretung **1** 411, Haftung **1** 839, 841, Haftung für Hilfspersonen **2** 78, Hilfs- der Staatsanwaltschaft **30** 152, im Auslande angestellter, Wohnsitz **33** 15, öffentlicher – als Zeuge **33** 376, Pfründenrecht **2** 80, Staatshaftung für **2** 77, Urkunds- **30** 153, 190, vermögensrechtliche Ansprüche **2** 80, Versetzung, Kündigung Mietvertrag **1** 570, Vorlegung von Urkunden **33** 273, Vormund **1** 1784, 1888, Zustellungs- und Vollstreckungs- **30** 154 f., Zwangsvollstreckung gegen **33** 811, 850, 910
Beanstandung Ware **20** 377 bis 379, 382
Bearbeitung geschützes Werk **28** 3, 23, maschinelle – des vereinfachten Verfahrens **33** 641 s, übertragener Sachen durch den Richter **32** 6, 6, unwesentliche **28** 3, Verwertung, Veröffentlichung **28** 23
Beauftragter Abweichung von Weisungen **1** 665, Auskunfts- und Rechenschaftspflicht **1** 666, eilbedürftige Handlungen, Fiktion des Fortbestehens seiner Befugnisse **35** 27, Haftung für Gehilfen **1** 664, Herausgabepflicht **1** 667, Kündigung des Auftrags **1** 671, Tod **1** 673
Beauftragter Richter 33 41, 78, 118 a, 165, 188, 229, 279, 288, 329, 348, 349, 361, 365, 366, 370, 372, 375, 389, 398, 400, 405, 434, 479, 576, 577, 613
Bedachter Abkömmlinge **1** 2069, Abkömmlinge Dritter **1** 2070, Anfall bei Ungewißheit **1** 2178, Arme **1** 2072, Ehegatte **1** 2077, gemeinschaftlich –, Vermächtnis **1** 2157, gesetzliche Erben **1** 2066, Kinder **1** 2068, Leistungsanspruch, Vermächtnis **1** 2174, mehrdeutige Bezeichnung **1** 2073, mehrere –, Vermächtnis **1** 2151, Personengruppe **1** 2071, Tod **1** 2160, Verlobter **1** 2077, Verwandte **1** 2067, wahlweise –, Vermächtnis **1** 2152
Bedingte Forderung 35 66, 67, 154, **36** 31, Hypothek **1** 1113, Pfandrecht **1** 1204, 1209
Bedingte Kapitalerhöhung AG **21** 192 bis 201
Bedingter Anspruch 33 916, aufschiebend **34** 120, Zuteilung eines Betrags auf einen **34** 119
Bedingtes Kapital AG **21** 152
Bedingung Auflassung **1** 925, auflösende –, Mietverhältnis **1** 565a, auflösende –, Rechte und Verbindlichkeiten, Nachlaßwertfeststellung **1** 2313, auflösende –, Rechtsgeschäft **1** 158 ff., auflösende –, Testament **1** 2075, Aufrechnungserklärung **1** 388, aufschiebende –, Rechtsgeschäft **1** 158 ff., 308, 455, 495, 652, aufschiebende –, Testament **1** 2066, 2070, 2074, 2108, 2162, 2179, Berechnung des Nachlasses **1** 2313, Ehelicherklärung **1** 1724, Erbschaftsannahme und -ausschlagung **1** 1947, Scheck, unbedingte Anweisung **24** 1, Scheckindossament **24** 15, Vaterschaftsanerkennung unter **1** 1600 b, Vermächtnis **1** 2177, 2180, Vorteil Dritter, Testament **1** 2076,

Wechsel, unbedingte Anweisung **23** 1, Wechselindossament **23** 12
Bedürftigkeit Schenker **1** 519, 528, 529, Unterhalt **1** 1603, 1604, 1608, 1609, 1611
Beeidigung der Sachverständigen **33** 402, 410, 1035, der Zeugen **33** 391, 392, 393, 1035, einer Partei **33** 452
Beeinträchtigung des Eigentums oder eines Rechts an der Sache **33** 77, Dienstbarkeit **1** 916, durch Überbau **1** 916, Eigentum **1** 904, 1004, Erbbaurecht **1** 916, Grunddienstbarkeit **1** 1027 ff., Grundstücksbenutzung **1** 906, Nießbrauch **1** 1065, Pfandrecht **1** 1227, Vermächtnisnehmer **1** 2288, Vertragserbe **1** 2187, Werk **28** 14
Beendigung Besitz **1** 856, des Güteverfahrens **33** 91, Dienstverhältnis **1** 620 ff., Eingliederung von Unternehmen **21** 327, Erbbaurecht **9** 26 bis 30, Gesellschaft **1** 726, Güterstand **1** 1371 ff., Mietverhältnis **1** 564 ff., Nachlaßkonkurs **1** 1989, 1990, 2000, 2060, Nachlaßverwaltung **1** 1988, Nießbrauch **1** 1056, 1072, Pflegschaft **1** 1918, Unterhaltsanspruch **1** 1586 ff., Unternehmensverträge **21** 296 f., Vermögenssorge **1** 1670, 1698, Vormundschaft **1** 1710, 1882 bis 1895
Beerdigungskosten Erblasser **1** 1968, Getöteter **1** 844, Mutter **1** 1615 m, Unterhaltsberechtigter **1** 1615
Befähigung zum höheren Verwaltungsdienst **31** 110, zum Richteramt **31** 5 ff., 109
Befangenheit **33** 42, 43, 44, 49, 406, 551, 579, Besorgnis der –, Prüfer **20** 318
Beförderung als Handelsgewerbe **20** 1, Güter als Frachtgeschäft **20** 425 bis 452, Güter und Personen auf Eisenbahnen **20** 453 bis 460
Beförderungsfrist Frachtgeschäft **20** 428
Beförderungskosten Speditionsgeschäft **20** 413
Beförderungspapiere **20** 426 f.
Beförderungszeit **20** 426, 428 ff., 453
Befreiender Konzernabschluß **20** 271, 291, 292
Befreite Vormundschaft **1** 1852 bis 1857 a, Aufhebung durch Gericht **1** 1857, Voraussetzungen **1** 1856
Befreiung Berechtigter bei Vorkaufsrecht **1** 1101, eingebrachte Sachen von Vermieterpfandrecht **1** 562, einstweilige – von Berichtigung der Gerichtskosten **33** 115, 120, 125, Hinterlegung und Sperrvermerk **1** 1853, Jugendamt als Vormund **1** 1857 a, Käufer bei Vorkaufsrecht **1** 1102, Konzernabschluß und -lagebericht **20** 291 ff., Rechnungslegung **1** 1854, Schuldner durch Hinterlegung **1** 378, Unterhaltspflicht **1** 1603, 1614, Verein als Vormund **1** 1857 a, vom Aufgebot **10** 12, vom Ehefähigkeitszeugnis **10** 10, vom Eheverbot, Zuständigkeit **37** 44 a, vom Erfordernis der Ehemündigkeit **10** 1, von deutscher Gerichtsbarkeit **30** 18 ff., von Eheverboten **10** 4, 7, 8, 10, 21, von persönlicher Verbindlichkeit, Klage auf **33** 25, von Protesterhebung, Scheck **24** 43, von Sicherheitsleistung **33** 110, 115, Vorerbe **1** 2136, Vormund von Verpflichtungen **1** 1813, 1817, Vormundschaft durch Mutter **1** 1855, Vormundschaft durch Vater **1** 1852 ff.
Befreiung von Verbindlichkeit Anzeige an Gläubiger **38** 11, für Aufwendungen **1** 527, Hinterlegung zur **38** 11
Befreiungsanspruch Bürge **1** 775
Befriedigung Anspruch auf abgesonderte **35** 4, aus dem Nießbrauch unterliegenden Gegenständen **1** 1086, 1087, aus Gesamtgut **1** 1437, 1459, aus Grundstück, Erlöschen der Hypothek **1** 1113, 1147, 1181, ausgeschlossener Nachlaßgläubiger **1** 1973, außergerichtliche – der Berechtigten **34** 144, bei Gesamthypothek **1** 1172, 1173, 1182, durch Aufrechnung **1** 1224, durch Bürgen **1** 770 ff., durch Dritte **1** 267, 268, durch Gesamtschuldner **1** 426, durch Hinterlegung **1** 1224, durch persönlichen Schuldner **1** 1164, 1174, durch Pfandverkauf **1** 1228, durch Zwangsvollstreckung **1** 1147, 1277, Einstellung der Zwangsvollstreckung wegen **33** 775, Ersteher **34** 114 a, Frachtführer **20** 440, Gläubiger **20** 371, Grundpfandberechtigte **34** 158, Kommissionär **20** 398 f., Masseansprüche und bevorrechtigte Forderungen **35** 191, Pfandgläubiger **1** 1224, 1225, 1228, 1247, **20** 356, Privatgläubiger eines Gesellschafters **20** 135, Retentionsberechtigter **20** 371, 373, Spediteur **20** 410 f., teilweise – bei Hypothek **1** 1145, unzulässige Vereinbarung **1** 1149, Wiederaufleben von durch – erloschenen Forderungen **35** 39
Befriedigungsleistungen Anfechtung **35 a** 3 b
Befriedigungsrecht Besitzer **1** 1003, Eigentümer bei Hypothek **1** 1142
Befristung Rechtsgeschäfte **1** 163, Vermächtnisanfall **1** 2177
Befugnis Beauftragte, Fiktion des Fortbestehens **35** 27, des Gerichtsvollziehers **33** 755, des gesetzlichen Vertreters **33** 56, Gesellschafter, Fiktion des Fortbestehens **35** 28, Hinterlegung der Wechselsumme **23** 42, Inhaber zur Wechselabschrift **23** 67, Kartellbehörde **25** 24
Beginn bei OHG **20** 123, der Fristen **33** 221, der Zwangsvollstreckung **33** 750 ff., kaufmännischer Geschäftsbetrieb bei KG **20** 176
Beglaubigte Abschrift **33** 191, 204, 317, 340 a, 435, 519 a, 544, 553 a, 554, öffentlich beglaubigte Urkunde im Zwangsvollstreckungsverfahren **33** 726, 727, 750, 751, 756
Beglaubigung **2** 233 § 7, Abschrift **13** 42, Abschrift aus Testament **1** 2264, Abschrift aus Vereinsregister **1** 79, amtliche **13** 65, Anmeldung zur Handelsregistereintragung **20** 12, der Privatvollmacht **33** 80, der Übertragung aus der Kurzschrift **33** 163 a, des Handzeichens **33** 440, einfache Zeugnisse **13** 39, Gebühr **52** 45, 55, 89, 132, Handelsregisterabschrift **20** 9, Handzeichen **1** 126, 129,

Unterschrift **13** 40, Vaterschaftsanerkennung **1** 1600 e, Willenserklärung **1** 129, Zeichnung einer Firma, Namensunterschrift **13** 41, zuzustellender Schriftstücke **33** 170, 196, 210
Begleitpapier Frachtgeschäft **20** 427
Begräbnisstätte **2** 133
Begrenzung räumliche – des Eigentums **1** 905, zeitliche –, Anfechtungstatbestand **35** 33, zeitliche – des Unterhaltsanspruchs **1** 1573, 1578, 1579
Begründung Beschwerde **25** 65, Dauerwohnrecht **8** 31 ff., der Berufung **33** 519, der Revision **33** 554, des Anspruchs im Mahnverfahren **33** 697, Patentgerichtsentscheidung **27** 79, Schuldverhältnis durch Rechtsgeschäft **1** 305, Sondereigentum **8** 1, Teileigentum **8** 2 ff., Vormundschaft **1** 1773 ff., Wohnungseigentum **8** 2 ff.
Begründungszwang bei Prozeßkostenhilfe **33** 126, bei Terminsaufhebung **33** 227, für Berufung **33** 519, für Revision **33** 554
Begünstigter Bestimmung durch Erblasser **1** 2193, Verfügung von Todes wegen **13** 27
Begutachtung **33** 3, 144, 287, 402 ff., neue **33** 412, schriftliche **33** 406, 411
Behältnisse Durchsuchung durch Gerichtsvollzieher **33** 758
Beherrschungsverträge Abfindung für Aktionäre **21** 304 f., AG **21** 291, Ausgleichszahlung für Aktionäre **21** 304, gesetzliche Rücklage **21** 300, Gläubigerschutz bei Beendigung **21** 303, Komm-AG **21** 291, Leitungsmacht und Verantwortlichkeit **21** 308 ff., Sicherung der außenstehenden Aktionäre, Verfahren **21** 304 ff., Verlustübernahme **21** 302
Behinderte Beteiligung an Beurkundung **13** 22 ff.
Behörde **33** 415, 417 f., 437, amtliche Auskunft von **33** 273, Aufsichts- **38** 4, Auskunfts- und Mitteilungspflicht **37** 125 a, Auskunftsanspruch **7** 9, 10, Beweisaufnahme durch ausländische **33** 364, 369, Ersuchen einer – auf Grundbucheintragung **39** 38, Fideikommiß- **38** 29, für Fund zuständige **1** 965 ff., Fund in öffentlicher **1** 978 bis 983, Gerichtsstand einer – als Vertreter des Fiskus **33** 17 ff., Herausgabeersuchen von **38** 15, Urkunden in Händen von **33** 432, 797, Veräußerungsverbot einer **1** 136, Vervielfältigungsrecht **28** 45, von ausländischer – errichtete Urkunde **33** 438, Zustellung an **33** 171, 184
Behördenbetreuer **1** 1908 g, Kostenersatz **1** 1908 h
Beigeladener Gerichtskosten **50** 59
Beihilfen Unpfändbarkeit **33** 850 a
Beiladung in Kindschaftssachen **33** 640 e
Beiordnung eines Gerichtsvollziehers **33** 115, eines Justizbeamten oder Rechtskundigen als Vertreter der armen Partei **33** 116, eines Rechtsanwalts **33** 78 b, 115, 625, Kontaktsperre **30 a** 34 a
Beistände Anwalt als Beistand in Familien- und Folgesachen **33** 625, Ausschließung vom Richteramt **33** 41, Ausschluß als Urkundsbeamter **33** 49, im Parteiprozeß **33** 90, Kostenklagen des –, Gerichtsstand **33** 34, Untersagung des Vortrags und Zurückweisung **33** 157, 158
Beistand Ausübung elterlicher Sorge **1** 1685 ff., im FGG-Verfahren **37** 13, Rechtsstellung **1** 1691
Beistandschaft Gebühr **52** 92, 93
Beistandspflicht Eltern und Kinder **1** 1618 a
Beiträge Gesellschafter **1** 705 ff., höhere –, Familienunterhalt **1** 1300 b, Sammelwerk **28** 4, 38, Vereinsmitglieder **1** 58, zur Krankenversicherung, Berücksichtigung bei der Pfändungsgrenze **33** 850 e
Beitreibung der Zwangsvollstreckungskosten **33** 788, verpfändeter Geldforderungen **33** 842
Beitritt auf Streitverkündung **33** 74, des Nebenintervenienten **33** 66 bis 68, 70, weiterer Gläubiger zur Zwangsversteigerung **34** 27
Beiwohnung außereheliche –, Entschädigung **1** 1300, außereheliche –, Schadensersatz **1** 825, 847, Vaterschaftsvermutung **1** 1591, 1600 o
Bekanntmachung **25** 10, 32, Änderung GmbH-Vertrag **22** 54, Änderungen im Aufsichtsrat der AG **21** 106, AG, Form **21** 23, 25, Anordnung der Nachlaßverwaltung **1** 1983, Aufforderung zur Anmeldung von Nachlaßforderungen **1** 2061, Aufhebung des Konkurseröffnungsbeschlusses **35** 116, Auflösung der GmbH **22** 65, Auslobung **1** 657, 658, Beschluß über Vergleichseröffnung **36** 22, Bestallung des Konkursverwalters **35** 81, des Versteigerungstermins **33** 816, Eintragung der Kapitalerhöhung, GmbH **22** 57 b, Eintragungen im Handelsregister **21** 40, Eintragungen ins Erbbaugrundbuch **9** 17, Formwechsel **21a** 201, Fund **1** 980 ff., Gegenstand der Beschlußfassung, Gläubigerversammlung **35** 98, Grundbucheintragung **39** 55, Güterrechtsregistereintragung **1** 1562, Handelsregistereintragung **20** 10 f., im Vergleichsverfahren **36** 119, Kapitalerhöhung bei AG **21** 190, 196, Kartellbehörde **25** 58, Konkurseinstellungsbeschluß **35** 205, Konkurseröffnungsbeschluß **35** 111, Pfandversteigerung **1** 1237, Spaltung **21a** 129, Tagesordnung der Hauptversammlung **21** 124 f., Terminsbestimmung **34** 39 f., Vereinsauflösung **1** 50, Vereinseintragung **1** 66, Verschmelzung **21a** 19, Versteigerung **1** 383, 1237, Vollmacht **1** 171, 176, von Terminen **33** 214, 218, 366, 370, 520, 555, 948, Wirkung **20** 15, Zusammensetzung des Aufsichtsrats der AG **21** 97
Bekanntmachungsblätter öffentliche **20** 10 f.
Bekanntmachungspflicht **25** 10, 32
Beklagter Entlassung aus dem Rechtsstreit **33** 75 bis 77, Folgen eines Anerkenntnisses **33** 499, Versäumnis **33** 331, 612
Belassung Wohnräume für Schuldner **34** 149
Belastung dingliche **33** 24, 938, empfangener Gegenstand, Rücktritt **1** 353, Erbbaurecht **9** 5, 15,

Fortbestehen bei Heimfall des Erbbaurechts **9** 33, gemeinschaftliche Sache **1** 1009, Grundstück **1** 873, 876, **20** 49, 54, 126, **52** 62 ff., Grundstück mit beschränkter persönlicher Dienstbarkeit **1** 1090 ff., Grundstück mit Dauerwohnrecht **8** 31, Grundstück mit Grunddienstbarkeit **1** 1018 ff., Grundstück mit Grundschuld **1** 1191 ff., Grundstück mit Hypothek **1** 1113, 1114, Grundstück mit Reallast **1** 1105, Grundstück mit Vorkaufsrecht **1** 1094, Grundstücksbruchteil mit Hypothek **1** 1114, Grundstücksbruchteil mit Reallast **1** 1106, Grundstücksbruchteil mit Vorkaufsrecht **1** 1095, mit Nießbrauch **1** 1030 ff., mit Pfandrecht **1** 1204 ff., nach Beschlagnahme, Luftfahrzeug **34** 171 k, Pachtgrundstück **1** 593 b, Sache, Erbschaftskauf **1** 2375, Sache, Kauf **1** 439, Schiff **1** 580 a, vermachtes Grundstück mit Gesamtgrundschuld **1** 2168, vermachtes Grundstück mit Gesamthypothek **1** 2167, vermachtes Grundstück mit Hypothek **1** 2166, Vermächtnisgegenstand **1** 2165, 2288, vermietetes Grundstück **1** 577 ff., Vertrag über **1** 310, 311, 445, 493, 1136

Belege der Kostenberechnung **33** 103

Belegene Sache einstweilige Verfügung **33** 942, Gerichtsstand **33** 24 ff.

Belehrung bei Unzuständigkeit des Amtsgerichts **33** 504, über das Recht der Zeugnisverweigerung **33** 383, über Recht zum Widerruf **5** 2

Belehrungspflicht Beurkundung **13** 17 ff.

Beleihung, Erbbaurecht landesrechtliche Vorschriften **9** 22, Mündelhypothek **9** 18 bis 20, Sicherheitsgrenze für sonstige Beleihungen **9** 21, von Hypothekenbanken **9** 21, von Versicherungsunternehmen **9** 21

Beleihungsgrenze Hypotheken im Erbbaurecht **9** 19, 21

Beleuchtungsmittel Unpfändbarkeit **33** 811

Belohnung Auslobung **1** 657 ff.

Bemessung Unterhalt **1** 1578, 1615 c

Benachrichtigung abwesende Beteiligte, Testament **1** 2262, Anfechtungsgegner **35 a** 4, der Parteien von vorbereitenden Anordnungen **33** 273, Eigentümer bei Pfandverkauf **1** 1241, gegenseitige –, Bundeskartellamt u. oberste Landesbehörde **25** 45, Gläubiger bei Hypothekenübernahme **1** 416, Gläubiger bei Versteigerung der geschuldeten Sache **1** 384, im Beweisaufnahmeverfahren **33** 362, 364, 365, im Mahnverfahren **33** 693, 694, Pfandverkauf **20** 440, Pflicht des Vollstreckungsgerichts **34** 171 l, Scheckverkehr **24** 42, 48, Schuldner bei Hypothek **1** 1166, Unternehmer an Handelsvertreter **20** 86 a, Verpfänder bei Pfandversteigerung **1** 1220, Vorkaufsberechtigter bei Kaufvertrag mit Drittem **1** 510, 1099, Wechselverkehr **23** 45, 54

Benachteiligungsverbot Dienstvertrag **1** 611 a, 612

beneficium abstinendi **1** 1943 ff., ordinis **1** 771, 773, 777

Benennung des Urhebers **33** 76, des Zustellungsbevollmächtigten **33** 174, 175, Pfleger **1** 1917, von Beweismitteln **33** 359, 373, 487, 490, Vormund durch Eltern **1** 1776, 1777, Vormund durch Mutter **1** 1855, Vormund durch Vater **1** 1852

Benutzung der Beweisverhandlungen **33** 364, 369, 493, gemeinschaftlicher Gegenstand **1** 745, 746, 748, Grenzanlagen **1** 921, 922, Grundstück **1** 1018 ff., 1090, Grundstück durch Schuldner **34** 24, Kollektivmarke **27** 100, Marke **27** 26, Marke trotz Eintragung **27** 12, von Beweismitteln **33** 485, 487, von Urkunden **33** 444

Beratung 30 192 ff., durch Anwalt **51** 20, 131 ff.

Beratungsgeheimnis 31 43

Beratungshilfe 32 24 a, 24 a

Berechnung Anfangsvermögen, Güterrecht **1** 1376, Auslegung, Verfall von Wechseln **23** 36, Dauer des Urheberrechts **28** 69, 135 a, der Fristen **33** 222, des Streitwerts **33** 4 ff., Endvermögen, Güterrecht **1** 1376, Erbersatzanspruch **1** 1934 b, Fristen **1** 186 ff., Fristen im Scheckrecht **24** 55 f., Gewinnanteil **20** 120 f., 167, günstigerer Preis bei Selbsteintritt **20** 401, Handelsvertreterprovision **20** 87 b, Kaufpreis nach Gewicht **20** 380, Minderung **1** 472, Pflichtteil **1** 2310 ff., Regelunterhalt **1** 1615 f, Wertunterschied, Versorgungsausgleich **1** 1587 a, Wettbewerbsverbotsentschädigung **20** 74 b, Zugewinn bei Scheidung **1** 1384, Zugewinn bei vorzeitigem Ausgleich **1** 1387

Berechnungszeitpunkt Zugewinn bei Scheidung **1** 1384, Zugewinn bei vorzeitigem Ausgleich **1** 1387

Berechtigter Antrag auf Gundbucheintragung **39** 13 ff., Aufgebotsverfahren zum Zweck der Ausschließung **34** 138, Ausschluß des unbekannten –, Reallasten **1** 1112, Ausschluß des unbekannten –, Vorkaufsrecht **1** 1104, außergerichtliche Befriedigung **34** 144, Beschwerde- **34** 97, dinglich –, Erwerb **1** 954, Ermittlung **39** 94, Grundpfand- **34** 158, nachträgliche Ermittlung **34** 137, 139, persönlich –, Fruchterwerb **1** 1101, Tod, Löschung im Grundbuch **39** 23, Tod, Versorgungsausgleich **1** 1587 m, unbekannter **34** 126, 135, 138, Wechsel des – im Laufe des Verfahrens **39** 95

Berechtigung den auf Grundstücke bezüglichen Vorschriften unterliegende **33** 864, 870, 932, Nachweis der – des Empfängers **38** 13, zur Anfechtung **35 a** 2

Berechtigungsschein für letzte Verbraucher **26** 6 b, Unterlassungsanspruch **26** 6 b

Bereicherung Einrede **1** 821, Erwerb des Eigentums an beweglichen Sachen **1** 951, Fund **1** 977, Geschäftsführung ohne Auftrag **1** 682, 684, Haftung, Scheck **24** 58, Haftung von Wechselaussteller und -annehmer **23** 89, Kündigung des Dienstvertrages **1** 628, Nichtvollziehung einer Auflage **1** 2196, unerlaubte Handlungen **1** 852, ungerechtfertigte **1** 812 bis 822

Bereicherungsanspruch **33** 717, Fund **1** 977, gegen Dritten **1** 822, kein – bei Anstandsleistung **1** 814, Umfang **1** 818, unentgeltliche Verfügung **1** 816
Bereichsrechtspfleger **32** 34 f., 34 f.
Bergrecht **2** 67
Bergwerk Erbschaft **1** 2123, Nießbrauch **1** 1038
Bericht Aufsichtsratmitglieder bei Gebietskörperschaften **21** 394, Unternehmensvertrag **21** 293 a, Vorstand an Aufsichtsrat, AG **21** 90, Vorstand über Beziehungen zu verbundenen Unternehmen **21** 312, 316
Berichterstattung durch ein Mitglied des Gerichts **33** 388, 389
Berichtigung **33** 85, 90, 264, 319, 320, 360, 526, 876, Anmeldung einer Marke **27** 39, Gesamtgutsverbindlichkeiten **1** 1475, Gesamtschuld, Gemeinschaft **1** 755, Gesellschaftsschulden **1** 733, Grundbuch **1** 894 ff., 1144, 1145, 1167, 1416, **39** 14, 22, 82 ff., Markenregister **27** 45, Massekosten und Masseschulden **35** 60, Nachlaßverbindlichkeiten **1** 1979, 2014, 2015, 2046, 2059, Patentgerichtsentscheidung **27** 80, Protesturkunde **23** 85, Teilhaberschuld, Gemeinschaft **1** 756
Berichtigungsanspruch Unverjährbarkeit **1** 898
Berichtigungsurkunden Aushändigung bei Hypothek **1** 1144, 1167
Berichtspflicht Verletzung **21** 403, **21a** 314
Berlin als Hilfs-Gerichtsstand **33** 606, 640 a, 641 a
Berliner Testament **1** 2269
Beruf Kind, elterliche Sorge **1** 1631 a, Vorbildung **1** 1610, 2050
Berufsgericht für Rechtsanwälte **31** 123, Verfahren vor **51** 110
Berufsrichter Geltung des Richtergesetzes **31** 2, rechtsprechende Gewalt **31** 1
Berufsvereinigungen Aufnahmezwang **25** 27, Vertretung in Kartellangelegenheiten **25** 36
Berufsvertretung Anhörung **36** 14
Berufung **33** 511 bis 544, Berufung auf den geleisteten Eid **33** 398, 402, Erbe **1** 1944, 1948, 1949, 1951, 2087 ff., Erbe, mehrfache **1** 1927, 1934, 1948, 1949, 1951, 2007, gegen Versäumnisurteil **33** 513, Gesellschafterversammlung **22** 49, 50, Gläubigerversammlung **35** 93, Hemmung der Zwangsvollstreckung durch **33** 719, Mitglieder des Bundesgerichtshofs **30** 125, Pfleger **1** 1916, 1917, Schöffen, Ablehnung **30** 35, Schöffen, Ausschluß **30** 32 ff., Verzicht auf **33** 514, Voraussetzungen **31** 9, Vormund **1** 1776, Zulässigkeit **33** 519 b, Zurücknahme **33** 515
Berufungsanträge **33** 519, 525, 526, 534
Berufungsbegründung **33** 519
Berufungseinlegung **33** 518
Berufungsfrist **33** 516, 517
Berufungsgericht **33** 525, 537, 538, 544, 562, 565, 584, 943
Berufungsinstanz **33** 119, 530 ff., 718, Kosten **33** 97
Berufungsschrift **33** 518, 544
Berufungssumme **33** 511 a
Berufungsurteil Absehen der Darstellung von Tatbestand und Entscheidungsgründen **33** 543
Berufungsverfahren Anwaltsgebühr **51** 85, 87, Wertberechnung **50** 14
Berufungsverhandlung **33** 526
Beschädigung durch Gebäudeeinsturz **1** 836, eines Grundstücks, Gerichtsstand bei Klagen **33** 26, Frachtführer **20** 429 f., 438 f., fremde Sachen **1** 228, 229, Güter auf Eisenbahnen **20** 454, Kommissionär **20** 388, 390, Lagerhalter **20** 417, Nießbrauchsache **1** 1042, Spediteur **20** 414, vermachte Sache **1** 2164, 2288
Beschäftigung Gerichtsstand des -sortes **33** 20
Bescheinigung der Empfangszeit durch Zustellungsbeamten **33** 169, über Echtheit der Unterschrift **38** 14, über Widerspruch gegen Mahnbescheid **33** 694, über Zustellung **33** 198
Beschenkter Herausgabepflicht gegenüber Pflichtteilsberechtigtem **1** 2329
Beschlagnahme **33** 810, 865, durch Kartellbehörde **25** 55, Forderung, Aufrechnung **1** 392, Grundstück **1** 1124, 1126, **34** 20, Grundstück, Umfang **34** 21, 148, Grundstück, Veräußerung nach **34** 26, Grundstück, Wirksamwerden **34** 22, 151, Grundstücksbestandteile und -erzeugnisse **1** 1121, 1122, Luftfahrzeug, Veräußerung oder Belastung nach **34** 171 k, Schiff, Wirkung gegen Eigentümer **34** 166, Verletzung von Kennzeichenrechten **27** 146 ff., Vervielfältigungsstücke **28** 111 a, Zollbehörde **28** 111 a
Beschleunigte Prüfung Anmeldung einer Marke **27** 38
Beschluß **33** 78 a, 281, 299, 329, 339, 341, 380, 390, 406, 409, 490, 568 a, 696, 765 a, 811 a, 952, Abänderungsbeschluß **33** 641 p, Arrest- **33** 922 ff., 934, Ausschluß der Öffentlichkeit **30** 174, bedingte Kapitalerhöhung, Anmeldung **21** 195, bedingte Kapitalerhöhung, Erfordernis **21** 193, einstweiliges Verfügungsverfahren **33** 936, 942, Feststellung der neuen Rangordnung **39** 108, Hauptversammlung AG, Nichtigkeit **21** 241 ff., 250 ff., Hauptversammlung AG, Niederschrift **21** 130, Hauptversammlung AG, Satzungsänderungen **21** 179, Herabsetzung des Grundkapitals **21** 223, Niederschrift **33** 160, Ordnungsmaßnahmen **30** 182, Patentamt **27** 61, Patentgericht **27** 70, über Aufhebung oder einstweilige Einstellung, Zustellung **34** 32, über einstweilige Anordnung in Ehesachen **33** 620 a, 620 b, über Versteigerung, Zustellung an Konkursverwalter **34** 173, über Zuschlagserteilung **34** 58, 82, 88, 132, Verkündung **33** 136, 160, 329, vor Inkrafttreten des Gesetzes zustande gekommener **25** 106, Zustellung **33** 329, 339

Beschlußfähigkeit Aufsichtsrat, AG **21** 108, Präsidium **30** 21 i

Beschlußfassung Aufsichtsrat, AG **21** 108, Gegenstände der – der Gläubigerversammlung **35** 132, Gemeinschaft **1** 745, Gesellschafter, GmbH **22** 48, Gläubigerversammlung **35** 94, Kapitalerhöhung **22** 57 e, Untersagung durch Konkursgericht **35** 99, Verein **1** 28, 32 ff., 64, 70, vorherige Bekanntmachung des Gegenstandes, Gläubigerversammlung **35** 98

Beschränkte Geschäftsfähigkeit Ehelicherklärung **1** 1728, 1740 c, Ehelichkeitsanfechtung **1** 1595, Ehevertrag **1** 1411, eines Elternteils **1** 1673, Erbvertrag **1** 2275, 2290, 2292, 2296, Erbverzicht **1** 2347, 2352, Geschäftsführer **1** 682, letztwillige Verfügung **1** 1516, Minderjähriger **1** 106 ff., Testamentsvollstrecker **1** 2201, Vaterschaftsanerkennung **1** 1600 d, 1600 k, Verjährung bei **1** 206, Vertreter **1** 165, 179, Willenserklärung gegenüber Person mit **1** 131, Wohnsitzbegründung **1** 8

Beschränkte Haftung GmbH **22** 4

Beschränkte persönliche Dienstbarkeiten **1** 1090 bis 1093, auf vermachtem Grundstück **1** 2182, Begriff **1** 1090, Umfang **1** 1091, Unübertragbarkeit **1** 1092, Wohnungsrecht **1** 1093

Beschränkung Annahme eines Wechsels **23** 26, Befugnisse der Liquidatoren **20** 151, der Haftung **33** 305, 780 ff., der Verhandlung **33** 146, der Zwangsvollstreckung **33** 765 a, 781 bis 783, 786, 788, des Klageantrages **33** 264, des Vollmachtsumfanges **33** 83, Erbbaurecht auf Gebäudeteile **1** 1014, Erbenhaftung **1** 1975 bis 1992, 2144, 2206, Gebrauch der Mietsache **1** 577, Geschäftsbesorgung eines Ehegatten **1** 1357, Geschäftsführungsbefugnis, Vorstand der AG **21** 82, Gewährleistung, Kauf **1** 443, 476, Gewährleistung, Miete **1** 540, Gewährleistung, Werkvertrag **1** 637, gewerbliche Tätigkeit der Handlungsgehilfen **20** 74 bis 75 f., gewerbliche Tätigkeit der Volontäre **20** 82 a, Haftpflicht der Eisenbahnen **20** 458, Haftung des Erbschaftskäufers **1** 2382, 2383, Haftung des Gastwirts **1** 702, Handlungsvollmacht **20** 54, im Wiedereinsetzungsverfahren **33** 238, Nießbrauch **1** 1030, Nutzungsrecht **28** 32, Pflichtteilsrecht **1** 2338, Prokura **20** 50, Rechte des Testamentsvollstreckers **1** 2208, Schutzrechte des ausübenden Künstlers **28** 84, Schutzrechte des Veranstalters **28** 84, Unterhaltspflicht **1** 1611, Urheberrechte, Film **28** 90, Vermögenssorge **1** 1638, Vertretungsbefugnis der GmbH **22** 37, Vertretungsmacht der Gesellschafter **20** 126, Vorkaufsrecht **1** 1097, Vormundschaft **1** 1794 ff., Vorzug von Aktien **21** 141

Beschwerde **33** 233, 252, 380 iVm 572, 390 iVm 572, 409 iVm 572, 512, 567 bis 577, 793, 794, 915 c, Abhilfe **39** 75, Anwaltsgebühr **51** 61, 61 a, 76, 80, Entscheidung **39** 72, 77, Gebühren **38** 25, **52** 131, 131 a, gegen Entscheidung des Grundbuchamts **39** 71 bis 81, gegen Entscheidungen der Hinterlegungsstellen **38** 3, gegen Feststellungsbeschluß **39** 89, 110, gegen Gerichtskosten **50** 5, 6, **52** 14, 143, in Familiensachen **33** 621 e, Prozeßkostenhilfesachen **52** 131 b, sofortige s. dort; weitere **39** 78 ff., Zulässigkeit **39** 71

Beschwerde, FGG-Verfahren **37** 19 ff., aufschiebende Wirkung **37** 24, Begründung der Entscheidung **37** 25, Einlegung **37** 21, Frist **37** 22, Gericht **37** 19, 28, 30, Handelssachen **37** 157, neues Vorbringen **37** 23, sofortige s. dort; Unterbringung **37** 70 m, weitere **37** 27 ff., Wirksamkeit der Entscheidung **37** 26

Beschwerde, GVG Entscheidung über Rechtsweg, Verweisung; sofortige **30** 17 a, gegen Ordnungsmittel **30** 181, Verweisung **30** 104

Beschwerde, Wettbewerbsbeschränkungen auftrittsbefugte Personen **25** 67, Beteiligte **25** 66, 76, Frist **25** 65, Gebühren **25** 78, Kosten **25** 77, Rechts- **25** 73 ff., Streitwert **25** 78, Verfügung Kartellbehörden **25** 62 ff.

Beschwerde, Zwangsversteigerung Anwendung der ZPO **34** 95 ff., Beschluß **34** 103 f., Entscheidung **34** 101, Frist **34** 98, gegen Zuschlagserteilung, Luftfahrzeuge **34** 171 m, Gegner **34** 99, Gründe **34** 100, weitere **34** 102, Zulässigkeit **34** 95, Zustellung **34** 103 f.

Beschwerdeberechtigte im FGG-Verfahren **37** 20, Nachlaßsachen **37** 82, Vormundschaftssachen **37** 57 bis 59, Zwangsversteigerung **34** 97

Beschwerdeberechtigung Markenrechtssachen vor BGH **27** 84

Beschwerdeeinlegung **33** 569, 573, 577

Beschwerdeentscheidung Gründe **37** 25, Wirksamkeit **35** 74, **37** 26

Beschwerdegegenstand **33** 567, 576

Beschwerdegericht **33** 568, 569, 571 ff., 577, 663, **37** 30, **39** 72, einstweilige Anordnung **39** 76, Kammern für Handelssachen als **30** 104, Nachprüfungsspielraum **25** 70, Strafkammer als **30** 73

Beschwerdegründe Markenrechtssachen vor BGH **27** 84

Beschwerdeinstanz oberstes Landesgericht als **37** 199

Beschwerderecht bei gemeinschaftlicher Vormundschaft **37** 58, selbständiges – des Kindes oder des Mündels **37** 59

Beschwerdeschrift **33** 569

Beschwerdesenat Patentgericht **27** 67

Beschwerdeverfahren Markenrechtsangelegenheiten **27** 66, 70 ff., 83 ff.

Beschwerter Aufwendungsersatzanspruch **1** 2185, Bestimmung, Vermächtniserhalt **1** 2151, Herausgabe von Früchten **1** 2184, Vermächtnis **1** 2147, 2148, 2151, 2161, Verwendungsersatzanspruch **1** 2185

Beschwerungen mit Vermächtnis **1** 2147 ff., Pflichtteil **1** 2306
Beseitigung einer Urkunde **33** 444
Beseitigungsanspruch Besitzstörung **1** 862, Eigentumsbeeinträchtigung **1** 1004, Vormerkung im Grundbuch **1** 886
Besetzung Berufsgerichte für Rechtsanwälte **31** 123, BGH **30** 124, der Gerichte **33** 551, 579, Einzelrichter **30** 22, Gerichte mit Richtern auf Lebenszeit **31** 28, Gerichte mit Richtern auf Probe, Richtern kraft Auftrags und abgeordneten Richtern **31** 29, große Strafkammer **30** 76, Kammer für Handelssachen **30** 105, kleine Strafkammer **30** 76, LG **30** 59, OLG **30** 115, Revision wegen vorschriftswidriger **33** 551, Schöffengericht **30** 29, Schwurgericht **30** 76, Senate, BGH **30** 139, Senate, OLG **30** 122, Strafvollstreckungskammer **30** 78 b, Zivilkammer **30** 75
Besichtigung Sachen **1** 809 ff.
Besitz **1** 854 bis 872, **2** 180, am Gesamtgut **1** 1422, Aufgabe **1** 303, 959, 1007, Beeinträchtigung **1** 1004, Beendigung **1** 856, bei Dienstbarkeiten **1** 1029, 1090, bösgläubiger Erwerb **1** 990, DDR-Übergangsrecht **2** 233 § 1, Eigen- **1** 872, Eigentumsvermutung **1** 1006, Einwendungen bei Entziehung oder Störung **1** 863, Erlöschen der Ansprüche **1** 864, Erwerb **1** 854, 990, Frachtgut **20** 440, Kommissionsgut **20** 397, mehrstufiger mittelbarer **1** 871, Mitbesitz **1** 866, mittelbarer **1** 868, 870, 871, 930, 932 a, 1205, Nießbrauch **1** 1036, Pfandsache **1** 1205, Schutz bei Dienstbarkeiten **2** 191, Schutz des mittelbaren Besitzers **1** 869, Selbsthilfe des Besitzers **1** 859, Selbsthilfe durch Besitzdiener **1** 860, Speditionsgut **20** 410, Teil- **1** 865, Testament, Ablieferungspflicht **1** 2259, Übertragung mittelbaren **1** 870, verbotene Eigenmacht **1** 858, Vererblichkeit **1** 857, Verfolgungsrecht **1** 867, von beweglichen Sachen **33** 777, 805, 808, von unbeweglichen Sachen oder Schiffen **33** 885, von Urkunden **33** 426, 428, Wiedereinräumung **1** 861, Zurückbehaltungsrecht **20** 369
Besitzdiener **1** 855, Selbsthilfe durch **1** 860
Besitzeinweisung in unbewegliche Sachen **33** 885
Besitzentziehung **1** 858 ff.
Besitzer **33** 76, 266, 325, 727, Ansprüche des früheren **1** 1007, Befriedigungsrecht **1** 268, 1003, bewegliche Sache **1** 1006, 1007, bösgläubiger **1** 990, deliktischer **1** 992, Eigen- **1** 872, Einwendungen **1** 986, Ersatz von Verwendungen **1** 994 ff., 999 ff., gutgläubige Ersatzleistung **1** 851, Haftung **1** 991 ff., Haftung bei Gebäudeeinsturz **1** 836, 837, Haftung gegenüber Eigentümer **1** 989 ff., Mit- **1** 866, Original oder Vervielfältigungsstück **28** 25, redlicher **1** 993, Schutz des mittelbaren **1** 869, Selbsthilfe **1** 859, unentgeltlicher **1** 988, Verfolgungsrecht **1** 867, Zurückbehaltungsrecht **1** 1000
Besitzklage **1** 861, 862
Besitzklagen Gerichtsstand **33** 24, Streitwert **33** 6
Besitzkonstitut **1** 930, 933, 936
Besitzmittlung gutgläubiger Erwerb **1** 933, Haftung **1** 991, Verhältnis **1** 930
Besitznahme durch den Gerichtsvollzieher **33** 808, 831
Besitzschutz **1** 858 ff., 869, Dienstbarkeiten **1** 1029, 1090, früherer Besitzer **1** 1007
Besitzstörung **1** 858, Beseitigung **1** 862 ff.
Besitzverhältnis **33** 727
Besitzverlust Ersitzungsunterbrechung **1** 940
Besondere Aufwendungen gemeinschaftliches Eigentum **8** 22
Besondere Fälle der Zustellung **33** 244, 246, 250, 253, 312, 317, 320, 320, 321, 516, 625, Arrest **33** 922, 929, Berufungsbeschluß **33** 519 a, 520, 604, Beweissicherungsbeschluß **33** 491, eidesstattliche Versicherung **33** 900, Entscheidungen in Familiensachen **33** 621 b, Klageschrift **33** 271, Revisionsschriftsatz **33** 553 a, 604, Schiedsspruch **33** 1039, Urteile in Ehesachen **33** 618, Verfügungen **33** 329, Versäumnisurteil **33** 310, 339, Vollstreckungsbescheid **33** 699, Zwangsvollstreckung **33** 829 f., 835, 840, 843, 858
Besorgnis bei Urkundenvorlegung **33** 434, für Ablehnung **33** 42, 49, für Arrest **33** 917, für Beweissicherung **33** 485, 487, für Klage auf künftige Leistung **33** 259
Besprechungsgebühr Anwalt **51** 118
Besserungsmaßregel **30 a** 38
Bestätigung anfechtbarer Erbvertrag **1** 2284, anfechtbares Rechtsgeschäft **1** 144, des Arrestes **33** 925, 927, nichtiges Rechtsgeschäft **1** 141, Zwangsvergleich **35** 184
Bestätigung des Vergleichs Verfahren **36** 78, Versagung **36** 78 ff., Wegfall der Wirkung bei Verurteilung **36** 88, Wirkungen **36** 82 ff., Zuständigkeit bei Vollstreckung **36** 86 f.
Bestätigungsvermerk Abschlußprüfer **20** 322
Bestallung Gegenvormund **1** 1792, Konkursverwalter **35** 81, Vormund **1** 1791, 1893
Bestandsverzeichnis Pflicht zur Aufstellung **1** 260
Bestandteil Abtrennung **1** 997, eigener Wechsel **23** 75, Eigentumserwerb **1** 953 ff., Erstreckung der Hypothek **1** 1120 ff., fehlender – auf der Wechselurkunde **23** 2, 76, gezogener Wechsel **23** 1, Grundstücks- **1** 94 ff., 890, 946, 1120, Grundstücks-, DDR-Übergangsrecht **2** 231 § 5, Grundstücks-, Verwendung durch Nießbraucher **1** 1043, 1044, Scheck **24** 1 f., von Sachen **1** 93 bis 96, wesentlicher **1** 93, 94, Zuschreibung als **39** 6
Bestattung Gegenstände für die –, Unpfändbarkeit **33** 811
Bestechung Angestellter **26** 12
Bestehen oder Nichtbestehen einer Ehe **33** 154, 606, 638, einer Gegenforderung **33** 322, eines

Eltern- und Kindesverhältnisses oder elterlicher Sorge **33** 154, 640 ff., eines Rechtsverhältnisses **33** 148, 256, 266
Besteller Rechte des Gläubigers **1** 1086, Verhältnis, Nießbraucher **1** 1087
Bestellschein Geschäftsbrief **22** 35 a
Bestellung Abschlußprüfer **20** 318, Abschlußprüfer, AG **21** 119, Aufsichtsperson **34** 150 c, Aufsichtsratsmitglieder **21** 30 f., 101, 104, 109, Beistand für Elternteil **1** 1691, 1692, Betreuer **1** 1896, 1898, **37** 69 b ff., Bevollmächtigter **20** 54 ff., ehrenamtliche Richter **31** 44, eines Anwalts **33** 271, Erbbaurecht **1** 1015, Gegenvormund **1** 1792, Gläubigerausschuß **35** 87, Hypothek für Inhaberschuldverschreibung **1** 1188, Liquidator **20** 146, Nachlaßpfleger **1** 1961, Nießbrauch an beweglichen Sachen **1** 1032, Nießbrauch an Rechten **1** 1069, Nießbrauch an Vermögen **1** 1085, Pfandrecht an beweglichen Sachen **1** 1205, 1206, Pfandrecht an Rechten **1** 1274, Pfleger **37** 67, 70 b, Pfleger für nichteheliches Kind **1** 1706 ff., Prokurist **20** 48, 116, 126, Schuldner zum Zwangsverwalter **34** 150 b ff., Sonderprüfer, AG **21** 142 f., 258, Vergleichsverwalter **36** 38, Vertragsprüfer **21** 293 c, Vertreter bei Hypothek **1** 1189, Vertreter für unbekannte Berechtigte **34** 135, Verwahrer **37** 165, von Zustellungsbevollmächtigten **33** 174, Vorkaufsrecht **1** 1094 ff., vorläufiger Verwalter **36** 11, Vormund **1** 1789 ff., Vormund oder Pfleger vor Geburt des Kindes **37** 36 a, Vorstand AG **21** 84 f., Widerruf der – von Gläubigerausschußmitgliedern **35** 92, zuständiges Gericht **34** 2, Zustellungsbevollmächtigter **34** 5, Zwangsverwalter **34** 150 f.
Bestellungskosten landwirtschaftliches Grundstück **1** 998
Bestimmtheit der eingeklagten Leistung **33** 253, 254, des Mahngesuchs **33** 690
Bestimmung des zuständigen Gerichts **33** 36, einer Frist im Urteil **33** 255, eines Gerichtsvollziehers **33** 827, 854, eines Sequesters **33** 846, 855, Gegenleistung, Vertrag **1** 316, Inhalt letztwilliger Verfügungen durch andere **1** 2065, 2151 ff., 2193, 2198, Inventarfrist, Nachlaß **1** 1994 ff., landwirtschaftliche –, Änderung **1** 590, Leistung, Vertrag **1** 315 ff., Testamentsvollstrecker **1** 2198, Umgang des Kindes **1** 1632, Vermächtnisanteile **1** 2153, Versteigerungstermin s. Terminsbestimmung **34** , Verteilungstermin **34** 105, 156, zuständiges Organ der Rechtspflege **32** 7, 7
Bestimmungskauf **20** 375
Betagte Forderungen **35** 54, 65, **36** 30
Betagter Anspruch **33** 916, **34** 111
Beteiligte Anhörung **33** 102, Anhörung über Zuschlag **34** 74, Benachrichtigung von Testamentseröffnung **1** 2262, Beschwerde **25** 66, 76, Beurkundung von Willenserklärungen **13** 10, Blinde **13** 22, Einigung **39** 102, Pflegschaft für unbekannten **1** 1913, Schreibunfähige **13** 25, Stumme **13** 22, 24, Taube **13** 22 ff., Tod, Anweisung **1** 791, unerlaubte Handlung **1** 830, Verfahren über Hausratsverteilung **11** 7, Verfahren über Rangordnung **39** 92, Verfahren vor Kartellbehörden **25** 51 ff., Zustellung der Terminsbestimmung **34** 41, Zwangsversteigerung, -verwaltung **34** 9
Beteiligung AG, Mitteilungspflichten **21** 20 ff., 328, an assoziierten Unternehmen, Wertansatz **20** 312, an Unternehmen **20** 271, Auslandstat **26** 20 a, Dritter am Rechtsstreit **33** 64 ff., Ergebnis schwebender Geschäfte **1** 740, Gebietskörperschaften, Sondervorschriften **21** 394 f., Hersteller des Tonträgers **28** 86, Kosten bei erheblicher Verschiedenheit der **33** 100, Urheber und Nutzungsrecht **28** 36, Verrat von Geschäftsgeheimnissen **26** 17, 20, Verwertung von Vorlagen **26** 18, 20
Beteiligungsbesitz Angaben im Konzernanhang **20** 313
Beteiligungsverhältnis Verbesserung bei Formwechsel **21a** 196
Beteuerungsformel **33** 484
Betrag Ansprüche von bestimmten **34** 14, erhöhter –, Zuteilung **34** 125, Hinterlegung **34** 89, 108, 142, **35** 169, laufender **34** 13, Streit über den Betrag eines Anspruchs **33** 304, 347, 538, Zurückfließen zur Konkursmasse **35** 171, Zuteilung auf einen bedingten Anspruch **34** 119
Betreuer Aufgaben **1** 1901, Bestellung **1** 1896, 1897, 1908 c, Entlassung **1** 1908 b, mehrere **1** 1899, natürliche Person **1** 1897, Verein **1** 1900, 1908 e, Vertretung **1** 1902
Betreuter ärztliche Maßnahmen, Einwilligung **1** 1904, 1905, Ausstattung **1** 1908, Beendigung eines Mietverhältnisses **1** 1907, Einwilligung **1** 1903, Unterbringung mit Freiheitsentziehung **1** 1906, Vertretung durch Betreuer **1** 1902
Betreuung **1** 1896 bis 1908 i, **2** 24, **12** 1, **52** 92, 93, Aufhebung **1** 1908 d, Einwilligungsvorbehalt **1** 1903, Genehmigungsvorbehalt **1** 1904, Minderjährige **1** 1908 a, Zuständigkeit, Verfahren, Kosten **12** 5
Betreuungsgesetz **12**
Betreuungssachen andere Entscheidungen **37** 69 d, Anhörung **37** 68, 68 a, Beschwerde **37** 69 g, einstweilige Anordnung **37** 69 f, Entscheidung, Bekanntmachung, Mitteilung **37** 69, 69 a, 69 k, Gutachten **37** 68 b, Mitteilungen **37** 69 k bis 69 m, Pflegerbestellung **37** 67, Überprüfung des Betreuers **37** 69 c, Verfahrensfähigkeit **37** 66, Zuständigkeit des Vormundschaftsgerichts **37** 65, 65 a
Betreuungsverein **12** 4, Anerkennung **1** 1908 f, Bestellung **1** 1900
Betreuungswünsche schriftliche **1** 1901 a
Betrieb gewöhnlicher **20** 164, Handelsgewerbe **20** 1 f., 343 f., 354, Handelsgewerbevollmacht **20** 54,

handwerksmäßiger **20** 1, Konkurrenzbetrieb **20** 60, 112, Land-, Forstwirtschaft **20** 3
Betriebsgeheimnis 20 90, Verrat **26** 17, Verträge **25** 21
Betriebspachtvertrag AG, KommAG **21** 292
Betriebsübergabe Landpachtverhältnis **1** 593 a
Betriebsübergang Rechte und Pflichten aus Dienstvertrag **1** 613 a
Betriebsüberlassungsvertrag AG, KommAG **21** 292
Betriebsverrat im Ausland **26** 20 a, Schadensersatzpflicht **26** 19, Verleiten und Erbieten **26** 20
Betriebswohnungen Kündigung **1** 565 b
Betrug Anfechtung, Willenserklärung **1** 123
Betten Unpfändbarkeit **33** 811
Beurkundung 2 233 § 7, **13** 36 bis 43, **33** 415, Ablehnung **13** 4, Abtretung **1** 403, Annahme als Kind **1** 1750 ff., Anteilsverfügung, Miterbe **1** 2033, bei Grundbucheintragung **39** 29, 30, Beteiligung behinderter Personen **13** 22 ff., des Vaterschaftsanerkenntnisses **33** 641 c, Ehelicherklärung **1** 1730, Ehevertrag **1** 1410, Erbschaftskauf **1** 2371, Erbvertrag **1** 2276, 2282, 2291, 2296, Erbvertragsauflösung durch Vertrag **1** 2290, Erbverzicht **1** 2348, 2351, 2352, Gebühr **52** 36 bis 59, Grundstücksübertragung **1** 873, Gütergemeinschaft **1** 1491, 1492, 1501, 1516, Handelsregisteranmeldung **20** 12, Niederschrift **13** 8 ff., 36 ff., Prüfungs- und Belehrungspflichten **13** 17 ff., Rechtswahl bei Eheschließung **2** 14, 15, Schenkungsversprechen **1** 518, Stiftungsgeschäft unter Lebenden **1** 81, Überschreiten des Amtsbezirks **13** 2, Vaterschaftsanerkennung **1** 1600 e, Verbot der Mitwirkung als Notar **13** 3, Vermerke **13** 17 ff., 39 ff., Vertrag **1** 152, 154, 311 ff., Vertrag des Handelsvertreters **20** 85, vorzeitiger Erbausgleich **1** 1934 d, Willenserklärung **1** 126 ff., Willenserklärungen **13** 6 bis 35, zugunsten des Notars **13** 7, Zuständigkeit der Amtsgerichte, Zustellung **13** 62
Beurkundungsgesetz 13
Beurlaubung aus Arbeitsmarktgründen **31** 48 b, aus familiären Gründen **31** 48 a, Teilzeitbeschäftigung, Ermäßigung **31** 76 a
Beurteilung des Berufungsgerichts **33** 512, des Revisionsgerichts **33** 548, 565
Bevollmächtigter 33 51, 79 ff., 85, 613, Abgabe von Wechselerklärungen ohne Vollmacht **23** 8, Ausübung des Stimmrechts für Aktien **21** 134 f., Bevollmächtigung, Nachweis **33** 80, Handelsgewerbe **20** 54 f., 57 f., im FGG-Verfahren **37** 13, Scheck **24** 23, Vermerk auf Wechsel **23** 18
Bewachung gerichtliche – des versteigerten Luftfahrzeugs **34** 171 g, gerichtliche – des versteigerten Schiffes **34** 170, Schiff, Anordnung **34** 165
Bewegliche Sachen 33 777, 838, 883, 897, 930, HGB **20** 1, 366, Veräußerung streitbefangener **33** 265, s. Sachen
Bewegliches Vermögen 33 803 ff., 930
Beweis bei freiwilliger Gerichtsbarkeit **37** 15; der Unrichtigkeit der in einer öffentlichen Urkunde bezeugten Tatsachen **33** 418, des – nicht bedürftige Tatsachen **33** 288, 291, des Gegenteils **33** 167, 292, des mündlichen Parteivorbringens **33** 314, durch Niederschrift **33** 164, voller Beweis **33** 415 bis 418
Beweisantritt 33 130, 371, 373, 403, 420, 421, 428, 432, über Streitwert **33** 3
Beweisaufnahme allgemeine Bestimmungen **33** 278, 284 bis 287, 320, 355 ff., 358 a, 542, Anwaltsgebühr **51** 34, 54, 118, bei Streitwertfestsetzung **33** 3, im Beweissicherungsverfahren **33** 490 ff., sofortige **33** 294, Übertragung auf den Einzelrichter **33** 375
Beweisbeschluß 33 284, 332, 358 bis 361, 370, bei Parteivernehmung **33** 450, 595
Beweiserhebung Kartellbehörde **25** 54, Patentgericht **27** 74
Beweisfrage Anordnung der schriftlichen Beantwortung **33** 377
Beweisführer 33 287, 364, 368, 421, 422, 426 bis 428, 430 bis 432, 435, 436, 441, 491, 494
Beweisgebühr des Rechtsanwalts **33** 31, 53, 54
Beweiskraft 33 164, 314, 415 ff., 435
Beweislast 33 282, 447, 448, Annahme als Erfüllung **1** 363, fristlose Kündigung des Mietvertrages **1** 542, Klauselverbot, AGB **4** 11, Pflichtteilsentziehung **1** 2336, Produkthaftung **6** 1, Rechtsmängel, Kauf **1** 442, Rücktritt **1** 358, Rücktritt, Werkvertrag **1** 636, Unmöglichkeit der Leistung **1** 282, Vertragsstrafe **1** 345
Beweismittel 33 118, 130, 139, 294, 356, 359, 485, 487, 519, 570, 597, 598, deren Bezeichnung in vorbereitenden Schriftsätzen **33** 130, 519, 588, erbrechtlicher Nachweis **39** 35
Beweisregel 33 286
Beweissicherung 33 485 ff.
Beweisurkunden Auslieferung, Kauf **1** 444, Auslieferung, Schulderlaß **1** 402
Beweisverhandlungen 33 285, 362, 493, 526
Beweiswürdigung 33 286, 287, 419, 435, 442, 446, 453, 454, Patentgericht **27** 78
Bewerbermangel Teilzeitbeschäftigung **31** 76 b
Bewertungsgrundsätze Bilanzerstellung **20** 252 bis 256
Bewertungsvereinfachungsverfahren 20 256
Bewertungsvorschriften 20 252 ff., Kapitalgesellschaft **20** 279 bis 283, Konzernabschluß **20** 308 f.
Bewilligung bei subjektiv-dinglichen Rechten **39** 21, einstweilige Einstellung mit – des Gläubigers **34** 30, Grundbucheintragung **39** 19 ff.
Bewirtschaftung eines Gutes, Gerichtsstand für die auf sie bezüglichen Rechtsverhältnisse **33** 21, Sicherung der ordnungsmäßigen **34** 25
Bezahlte Karenz 20 74

Bezahlung Scheck durch Bezogenen **24** 34 f.
Bezeichnung der Parteien **33** 313, 317, des angefochtenen Urteils **33** 340, 518, 553, des Gerichts **33** 313, 317, mehrdeutige – des Bedachten **1** 2073, von Tatsachen in der Revisionsbegründung **33** 554
Bezirk Amtshandlungen außerhalb **30** 163, 166
Bezirksnotar Befähigung zum Amt **32** 33, 33
Bezogener Annahme **23** 21 ff., Aussteller als **23** 3, Bankguthaben **24** 3, Bankier **24** 3, 54, Beschränkung der Annahme **23** 26, Indossament **24** 14 ff., Prüfungspflicht **24** 35, Recht auf Quittung **24** 34, Recht des Zahlungslandes **24** 61, Scheck **24** 1 ff., Verpflichtung **23** 28, Verrechnungsscheck **24** 39, Wechsel **23** 1, Zahlungsort **24** 2
Bezüge Vorstandsmitglieder, AG **21** 87
Bezugnahme auf das Urteil der ersten Instanz **33** 543, auf die nachgeholte Prozeßhandlung **33** 236, auf Mängel des Verfahrens **33** 295, auf Schriftsätze **33** 297, 510 a, auf Schriftstücke **33** 137, auf Urkunden **33** 423, im Tatbestand auf Schriftsätze und Feststellungen **33** 313
Bezugsaktien **21** 192 ff., 199 ff.
Bezugserklärung neue Aktien **21** 198
Bezugsrecht **33** 9, Aktien, Genußrechte, Gewinn- und Wandelschuldverschreibungen **21** 221, Aktionäre **21** 186 f., neue Aktien nach Kapitalerhöhung **21** 186
Bienenschwarm **1** 961 ff., Einzug in fremde Bienenwohnung **1** 964, Herrenloswerden **1** 961, Vereinigung **1** 963, Verfolgungsrecht des Eigentümers **1** 962
Bilanz **20** 247 ff., Abschnitt **20** 166, 358, AG **21** 152, 209, 270, Anhang **20** 284 bis 288, Bewertungsgrundsätze **20** 252 bis 256, Bewertungsvorschriften **20** 279 bis 283, Bilanzierungsverbote **20** 248, der Kapitalerhöhung zugrunde liegende **21** 209, eingetragene Genossenschaft **20** 337, Eröffnungsbilanz bei Abwicklung **21** 270, GmbH **22** 42, 71, Haftungsverhältnisse **20** 251, Jahresbilanz **20** 120, Kapitalgesellschaft **20** 246 bis 274, KommAG **21** 286, Konkurs **35** 124, OHG **20** 120, Rechnungsabgrenzungsposten **20** 250, stille Gesellschaft **20** 233, verkürzte **20** 266, Vollständigkeit; Verrechnungsverbot **20** 246
Bilanzgewinn, AG Abschlagszahlung **21** 59, Anspruch des Aktionärs **21** 58, Verwendung **21** 119, 170, 174 ff., 253
Bildaufzeichnung Vergütungspflicht **28** 54
Bildberichterstattung Schranken des Urheberrechts **28** 50
Bildnis Vervielfältigung **28** 60
Bildschirmübertragung Schutz ausübender Künstler **28** 74
Bildträger Aufnahme amtliches Archiv **28** 55, für Handelsregisterunterlagen **20** 8 a, 9, für kaufmännische Unterlagen **20** 238 f., 257, 261, Wiedergabe von Prozeßakten **33** 299 a, Wiedergaberecht **28** 21
Billiges Ermessen Auseinandersetzung, Erbrecht **1** 2048, Auslobung **1** 660, Finderlohn **1** 971, gemeinschaftliche Nutzung **1** 745, Pfandverkauf **1** 1246, Verfahren nach – vor AG **33** 495 a, Vertragsschluß **1** 315, 317, 319, Zweckvermächtnis **1** 2156
Billigkeitsgründe Ersatzpflicht **1** 829, Pfandverkauf **1** 1246, Unterhalt, Scheidung **1** 1576
Billigkeitshaftung unerlaubte Handlungen **1** 829
Billigungsfrist Kauf auf Probe oder Besicht **1** 496
Bindung an Vertragsantrag **1** 145, bei Verweisungsbeschlüssen **33** 281, des Revisionsgerichts an tatsächliche Feststellungen des Berufungsgerichts **33** 561, des Richters an eigene Urteile **33** 318, gesamthänderische **1** 719
Binnengewässer Frachtgeschäft **20** 451, Personentransport **20** 1
Binnenschiffahrt **37** 145 a, 148
Blankoindossament Scheck **24** 15, Wechsel **23** 12 ff., 16
Blankoscheck **24** 13
Blankowechsel **23** 10
Blinde Beteiligung an Beurkundung **13** 22
Blindenzulagen Unpfändbarkeit **33** 850 a
Bodenreformabwicklung **2** 233 §§ 11 ff., Berechtigter **2** 233 § 12
Börsenpreis **20** 373, 376, 400, **33** 821
Böser Glaube **1** 990, 1007, Scheckerwerb **24** 3, Wechselerwerb **23** 10
Brautgeschenke Rückgabe **1** 1301
brevi manu traditio **1** 929
Briefe **33** 26, 120, 251 a, 261 b, 496, Unpfändbarkeit **33** 811
Briefgrundschuld Eintragung **39** 42
Briefhypothek **1** 1116, Eigentümerhypothek **1** 1163, Eintragung **39** 41, Erwerb **1** 1117, Forderungsabtretung **1** 1154, Geltendmachung **1** 1160
Briefpfandrecht Vorlegung des Briefs **13** 21
Briefrentenschuld Eintragung **39** 42
Brillen Unpfändbarkeit **33** 811
Bringschuld **1** 270
Bruchteil eines Grundstücks oder einer Berechtigung **33** 864, Einsetzung, Erbschaft **1** 2088 ff., Erhöhung, Erbschaft **1** 2089, Grundstücks-, Belastung **1** 1095, 1106, 1114, Minderung, Erbschaft **1** 2090, Miteigentum **1** 1008, Prozeßkostenhilfe **33** 115, 124, teilweise Einsetzung, Erbschaft **1** 2092, Vermächtnis **1** 2157
Bruchteilbelastung Hypothek **1** 1114, Reallast **1** 1106, Vorkaufsrecht **1** 1095
Bruchteilsgemeinschaft **1** 741 bis 758, **2** 173, DDR-Übergangsrecht **2** 233 § 9
Bruttogewicht **20** 380
Buchersitzung **1** 900

Buchforderungen Mündel **1** 1807, 1815, 1816, 1820, Sicherheitsleistung **1** 236, Sperrung, Vormund **1** 1816, Sperrvermerk, Vorerbschaft **1** 2117, 2118
Buchführung GmbH-Geschäftsführer **22** 41, Inventurvereinfachungsverfahren **20** 241, Pflicht zur –, Kaufleute **20** 238, 239, Pflicht zur –, Vorstands der AG **21** 91
Buchführungspflicht **20** 238
Buchhypothek **1** 1116, 1117, 1139, 1154, Sicherungshypothek **1** 1185
Buchprüfer Abschlußprüfer **20** 319
Buchstaben Angabe der Schecksumme **24** 9, Angabe der Wechselsumme **23** 6
Bücher AG **21** 91, GmbH, Einsicht in **22** 51 a, GmbH, Verwahrung nach Auflösung **22** 74, Unpfändbarkeit **33** 811
Bürge **1** 765 ff., Befreiungsanspruch **1** 775, Einreden **1** 202, 768, 770, 771, Forderungsübergang **1** 774, mehrere **1** 769, Rechte im Vergleichsverfahren **36** 33, Sicherheitsleistung **1** 239, 273
Bürgerlich-rechtliche Gesellschaft s. Gesellschaft
Bürgerliche Rechtsstreitigkeiten **32** 20, 20, Ablehnung des Rechtspflegers **32** 10, Anwaltsgebühren **51** 31 bis 67, Beteiligung Bundeskartellamt **25** 90, Handelssachen **25** 87, Klageverbindung **25** 88, Revision **30 a** 8, Schiedsverträge **25** 91, Wertberechnung **50** 12, Zahlung der Kosten **50** 49, 61, Zuständigkeit bei Kartellverträgen **25** 87, 89
Bürgerliches Gesetzbuch **1** , Anwendung in Handelssachen **20** 27, 62, 74 a, 75 c, 105, 139, 347, 366, 371, 374 f, 382, 385, 396, 440
Bürgerliches Recht **33** 51, 54, 61, 69, 100, 222, 266, 267, 325, 328, 422, 898, 1023, 1024
Bürgermeister Nottestament **1** 2249
Bürgschaft **1** 765 bis 778, auf Zeit **1** 777, Aufgabe von Sicherheitsrechten **1** 776, Ausschluß der Einrede der Vorausklage **1** 773, durch Minderjährige **1** 1822, Einrede der Vorausklage **1** 771, Einreden **1** 768, Einreden der Anfechtbarkeit und der Aufrechenbarkeit **1** 770, Erlöschen **33** 109, 715, Erlöschen bei Schuldübernahme **1** 418, Forderungsübergang auf Bürgen **1** 774, kaufmännische **20** 349 ff., 356, Kreditauftrag **1** 778, Schriftform **1** 766
Bürgschaftserklärung Scheck **24** 25 bis 27, Schriftform **1** 766, Wechsel **23** 30, 31, Wechselabschrift **23** 67
Bürgschaftsschuld Umfang **1** 767
Bund Zwangsvollstreckung gegen **33** 882 a
Bundesanwaltschaft **30** 148 f.
Bundesanzeiger **33** 204, 206, 948, 950, 956, 1009, 1014, 1017, 1022, als Bekanntmachungsblatt **20** 10, 325, 367
Bundesbank als Hinterlegungsstelle **38** 30
Bundesbeamtenrecht Geltung für Richter **31** 46
Bundesdienst Richter im **31** 121
Bundesgerichtshof **30** 123 ff., Besetzung **30** 124, Geschäftsordnung **30** 140, Große Senate, Vereinigte Große Senate **30** 132, 138, Kartellsenat **25** 95, Mitglieder **30** 125, Senate **30** 130, 139, Sitz **30** 123, Verfahrensvorschriften in Markenrechtssachen **27** 83 bis 90, Vorlage von abweichenden Entscheidungen **30 a** 29, Zuständigkeit **25** 83, **30** 133, 135, Zuweisung von Kompetenzstreitigkeiten **30 a** 17
Bundeskartellamt Befugnisse **25** 46, Bürgerliche Rechtsstreitigkeiten **25** 90, Errichtung **25** 48, Kartellbehörde **25** 44, Sitz **25** 48, Tätigkeitsbericht **25** 50, Verfahren **25** 51 ff., Weisungen an **25** 49, Zuständigkeit nach Art. 88, 89 EWG-Vertrag **25** 47
Bundeskasse **33** 97
Bundeskonsul **33** 363, 438, 791
Bundesminister für Wirtschaft Befugnisse **25** 46, Kartellbehörde **25** 44
Bundespatentgericht technische Mitglieder **31** 120
Bundespersonalausschuß in Angelegenheiten der Richter **31** 47
Bundesrichter als Richter des Bundesverfassungsgerichts **31** 70
Bundestag **33** 382, 904, 905
Bundestagsmandat Bewerbung **31** 17 a
Bundesverfassungsgericht Bundesrichter als Richter **31** 70, Richter **31** 69 ff.
Bußgeldverfahren **25** 81 ff., Anwaltsgebühr **51** 105, gerichtliche Geschäfte **32** 22, Geschäfte der Staatsanwaltschaft **32** 31, Kartellbehörde **25** 81, OLG **25** 82, Rechtsbeschwerde BGH **25** 83
Bußgeldvorschriften **7** 22, **20** 334, 340 n, 341 n, Kennzeichenverletzung **27** 145
cessio legis Forderung **1** 401, Unterhaltsgewährung **1** 1607, 1615 b
Chartervertrag anzuwendendes Recht **2** 28
clausula rebus sic stantibus Darlehensvertrag **1** 610, gegenseitige Verträge **1** 321
Clearinghäuser **24** 31
Commis voyageur **20** 5
condictio causa data, causa non secuta **1** 812, 815, indebiti **1** 813, 814, sine causam, ob causam finitam **1** 812
constitutum possessorium **1** 930
Courtage **20** 99
culpa in concreto **1** 277, 690, 708, 1359, 1664, 2131
Damnationslegat **1** 2174
Darlehen **1** 607 bis 610, Ansprüche aus – des Schuldners als Masseschulden **36** 106, Anwendung bei Verwahrung **1** 700, Entrichtung der Zinsen **1** 608, Erstattungspflicht, GmbH **22** 32 b, Gesellschafter **20** 172 a, 1299, Kündigung **1** 609, 609 a, Nichtgewährung bei Hypothek **1** 1139, Rückgewähr **35** 32 a, Rückgewähranspruch, GmbH **22** 32 a, Verbot des – an GmbH-Geschäftsführer, Handlungsbevollmächtigte **22** 43 a, Wesen **1** 607, Zinsen **20** 354

Darlehenshypothek 1 1115, 1139
Darlehensversprechen Widerruf **1** 610
Darstellung bildliche **26** 5
Datenschutz Schuldnerverzeichnis **33** 915 e
Datenträger für Handelsregisterunterlagen **20** 8 a, 9, für kaufmännische Unterlagen **20** 238 f., 257, 261
Datierung Annahme eines Wechsels **23** 25
Datum Protesterhebung **23** 80, Scheckausstellung **24** 1, Wechsel **23** 1, 75
Dauer der Haft **33** 390, 913
Dauer des Urheberrechts **28** 64 ff., anonymes Werk **28** 66, Erlöschen **28** 64, Fristenberechnung **28** 69, Lieferungswerke **28** 67, Miturheber **28** 65, nachgelassenes Werk **28** 64, pseudonymes Werk **28** 66
Dauernutzungsrecht Eintragung **52** 62 ff.
Dauerschuldverhältnisse Laufzeit, Klauselverbot in AGB **4** 11
Dauervollstreckung **1** 2209, 2210
Dauerwohnrecht **8** 31 bis 42, Anspruch auf Entgelt **8** 40, Begriff **8** 31, bei Erbbaurecht **8** 42, besondere Vorschriften für langfristiges **8** 41, Eintragung **52** 62 ff., Ersatzansprüche **8** 34, Heimfallanspruch **8** 36, Inhalt **8** 33, langfristiges **8** 41, Veräußerung **8** 35 ff., Vermietung **8** 37, Voraussetzungen der Eintragung **8** 32, Zuständigkeit für Rechtsstreitigkeiten **8** 52, Zwangsversteigerung **8** 39
Deckung laufende Beträge regelmäßig wiederkehrender Leistungen **34** 47
Deckungskauf **20** 376
Deckungsrückstellung **20** 341 f
Deckungsvorsorge Umwelthaftung **7** 19, 20
Defloration Verlobte **1** 1300
Deichrecht **2** 66
Deliktsfähigkeit **1** 827 ff.
Delkredereprovision Handelsvertreter **20** 86 b, Kommissionär **20** 394
depositum irregulare **1** 700, regulare **1** 688 ff.
Dereliktion bewegliche Sachen **1** 959, Grundstück **1** 928
Deutsche **33** 15, 110, 200, 328, 606, 642, 723
Deutsche Bundesbank Sonderregelung **25** 101
Deutsche Gerichtsbarkeit Befreiung von **30** 18 ff.
Deutsche Staatsangehörige Schutz ausübender Künstler **28** 125, Schutz Filmhersteller **28** 128, Schutz Hersteller von Tonträgern **28** 126, urheberrechtlicher Schutz **28** 120
Deutsches Obergericht **31** 115
Diebstahl Herausgabeanspruch **1** 1007, Inhaberschuldverschreibung **1** 794, kein Eigentumserwerb **1** 935, keine Eigentumsvermutung **1** 1006, Schadensersatz **1** 823, 992, Scheck **24** 65, Wechsel, Auslandsberührung **23** 98
Dienst Handlungsgehilfe **20** 59, kaufmännischer **20** 354
Dienstalter Richter **31** 20
Dienstaufsicht **31** 26
Dienstaufwandsentschädigungen Unpfändbarkeit **33** 850 a
Dienstbarkeit **1** 1018 bis 1093, Beeinträchtigung durch Überbau **1** 916, beschränkt persönliche **1** 1090 bis 1093, Besitzschutz **2** 191, Eintragung **52** 62 ff., Grunddienstbarkeiten **1** 1018 bis 1029, Nießbrauch an einem Vermögen **1** 1085 bis 1089, Nießbrauch an Rechten **1** 1068 bis 1084, Nießbrauch an Sachen **1** 1030 bis 1067
Dienstbehörde Anzeige von Verhaftung eines Beamten **33** 910
Dienstberechtigter Annahmeverzug **1** 615, Gewährung von Zeit zur Stellensuche **1** 629, Pflicht zu Schutzmaßnahmen **1** 618, Pflicht zur Krankenfürsorge **1** 617, Unabdingbarkeit der Pflichten **1** 619
Dienstbezüge bei Wettbewerbsverbot **20** 74 b, Pfändungsbeschränkung **33** 850
Dienste Ersatzanspruch wegen entgangener **1** 845, höherer Art **1** 627, 628, Vergütung geleisteter – beim Rücktritt **1** 346
Diensteid **33** 386
Diensteinkommen **33** 811, 833, 850 bis 850 g
Dienstgericht des Bundes **31** 61 ff., Errichtung **31** 77, Verfassung **31** 61, Zuständigkeit **31** 62, 78
Dienstgeschäfte Rechtspfleger **32** 27
Dienstherr **31** 3
Dienstkleidungsstücke und Dienstausrüstungsgegenstände, Unpfändbarkeit **33** 811
Dienstleistungspflicht Kind **1** 1619
Dienstleistungsvertrag DDR-Übergangsrecht **2** 232 § 6, Rechtswahl **2** 29
Dienstliche Äußerung des abgelehnten Richters **33** 44
Dienstlohn Pfändung **33** 850 bis 850 i
Dienstmietwohnung Kündigung des Vermieters **1** 565 c, Sondervorschriften **1** 565 bis 565 e
Dienstunfähigkeit Versetzung in den Ruhestand **31** 34
Dienstverhältnis **1** 611 bis 630, **2** 171, **33** 709, 850 bis 850 i, 888, auf Widerruf **31** 107, ausübender Künstler **28** 79, Beendigung **31** 24, Ende **1** 620 ff., Entlassung **31** 21, Ersatzansprüche **35** 27, fristlose Kündigung **1** 626 ff., Geschäftsbesorgung **1** 675, in – stehende Personen, Zuwendungen durch Erblasser **1** 2071, Konkurseröffnung **35** 22, 23, Kündigungsfristen **1** 621 ff., Minderjähriger **1** 113, 1822, Schadensersatz bei fristloser Kündigung **1** 628, Urheberschaft **28** 43, Zeugniserteilung **1** 630
Dienstvertrag **1** 611 bis 630, Ausschreibung **1** 611 ff., Benachteiligungsverbot **1** 611 a, Dienstverhinderung des Verpflichteten **1** 616, 617, Geschäftswert **52** 25, Höchstpersönlichkeit **1** 613, im Vergleichsverfahren **36** 51, Maßregelungsverbot **1** 612 a, Pflichten des Dienstberechtigten **1**

615 ff., Rechte und Pflichten bei Betriebsübergang **1** 613 a, Vergütung **1** 611, 612, 614 ff.
Dienstwohnung Zuweisung bei Ehescheidung **11** 4, 7
Dienstzeit Ermäßigung **31** 48 a, Teilzeitbeschäftigung **31** 76 a
Differenzforderung 20 376
Differenzgeschäft 1 764
diligentia quam in suis Ehegatten **1** 1359, elterliche Sorge **1** 1664, Gesellschaft **1** 708, Leistungsverpflichtung **1** 277, Verwahrung **1** 690
Dingliche Rechte Erwerb durch Handelsgesellschaft **20** 124, Markenschutz **27** 29, 154
Dinglicher Arrest 33 917
Dinglicher Gerichtsstand 33 24 bis 26, 36, 1005
Diplomatische Missionen Befreiung von deutscher Gerichtsbarkeit **30** 18
Diskontsatz Zinssatz, Wechsel **23** 48
Diskriminierungsverbot 25 26
Dispache 52 123, Bestätigung **37** 155, örtliche Zuständigkeit bei Aufmachung **37** 149, Verfahren **37** 149 ff., Verhandlung **37** 153, Vervollständigung der Unterlagen **37** 154, Widerspruch **37** 155, 156, Wirksamkeit der Bestätigung **37** 158, Zwangsvollstreckung aus **37** 158
Dispacheur Aushändigung der Schriftstücke **37** 151, Entscheidung über die Verpflichtung **37** 150, Pflichten **37** 152
Dispositionsstellung 20 377, 379, 382
Dissens Verträge **1** 154, 155
Distanzkauf Warenaufbewahrungspflicht **20** 379
Disziplinargericht Übergangsvorschriften für die Zuständigkeit **31** 118
Disziplinarmaßnahme 31 64
Disziplinarverfahren 31 63, Anwaltsgebühr **51** 109, Revisionsverfahren **31** 81, 82
Dolmetscher 30 185, **33** 142, 159, 483, **37** 9, Ausschluß, Ablehnung **30** 191, Eidesleistung **30** 189, Urkundsbeamter als **30** 190
dolus s. arglistige Täuschung
Domizilwechsel 23 4, 22, 27, 77
Doppelehe Nichtigkeit **10** 20, Verbot **10** 5
Draufgabe Verträge **1** 336 ff.
Dreimonatseinrede Berichtigung, Nachlaßverbindlichkeit **1** 2014
Dreißigster Gewährung durch Erben **1** 1969
Dreizeugentestament 1 2250
Dritter Abkömmlinge **1** 2070, Abtretung von Ansprüchen und Rechten an **28** 78, Anfechtung des Erbvertrages **1** 2285, Auskunftsanspruch bei Urheberrechtsverletzungen **28** 101 a, Austausch des begünstigten **1** 332, Bedingung zum Vorteil eines **1** 2076, bei Zwangsvollstreckung **33** 727, 750, 771, 805, 809, 815, 886, 887, 888, Besitz von Urkunden **33** 428 bis 431, 441, Bestimmung des Inhalts letztwilliger Verfügungen **1** 2065, 2151 ff., 2193, 2198, Beteiligung am Rechtsstreit **33** 64 ff., Einsicht in Prozeßakten **33** 299, Eintritt – in Reisevertrag **1** 651 b, Erlöschen der Rechte **1** 936, 945, 949, Ermächtigung des Gerichtsvollziehers gegenüber Dritten **33** 755, Ersatzansprüche bei Tötung **1** 844, Ersatzansprüche wegen entgangener Dienste **1** 845, Ersatzteilnahme bei Reise **1** 651 b, Gesamtgutteilung **1** 1480, Grundkapitalerhöhung, Wahrung der Rechte **21** 216, Haftung neben haftendem Beamten **1** 841, Herausgabepflicht des beschenkten –, ungerechtfertigte Bereicherung **1** 822, Hinterlegung verwahrter Sachen **1** 691, Klage des Ehegatten **1** 1368, Leistung an **1** 362, Leistung durch **1** 267, 268, Leistungsbestimmung durch **1** 317 ff., Rechtskraft gegen **33** 325, 636 a, 638, 640 h, 641 k, Vertrag zugunsten **1** 328 ff., Wechsel für Rechnung **23** 3, zwischen Vorerben, Testamentsvollstrecker und – ergehendes Urteil, Wirkung gegen Nacherben sowie Erben **33** 326, 327
Drittschuldner 20 357, **33** 829, 836, 840, 843, 853 bis 857
Drohung Anfechtung, Erbvertrag **1** 2283, Anfechtung, Willenserklärung **1** 123, 124, Annahme und Ausschlagung einer Erbschaft **1** 1954, Bestimmung der Leistung durch Dritte **1** 318, Eheschließung **10** 34, Erbunwürdigkeitsgrund **1** 2339, letztwillige Verfügung **1** 2078
Dünger Pfändung **33** 811
Dürftigkeit Nachlaß **1** 1982, 1990
Duldung Ausbesserung bei Nießbrauch **1** 1044, der Vornahme einer Handlung **33** 890, 892, der Zwangsvollstreckung **33** 737, 739, 743, 748, 794, Erhalt der Mieträume **1** 541 a, Erneuerung bei Nießbrauch **1** 1044, Überbau **1** 912
Duplikat Scheck **24** 49, Wechsel **23** 64 ff.
Durchgriffsbeschwerde Markenrecht **27** 164
Durchsicht des Protokolls **33** 162
Durchstreichungen in Urkunden **33** 419
Durchsuchung 33 758
Echtheit von Urkunden **33** 437 ff., 510, 595, 617, 670, 679
Edition nachgelassene Werke **28** 71, 137 b, wissenschaftliche **28** 70, 137 b, Zwangsvollstreckung gegen Verfasser **28** 118
Editionsantrag 33 424, 430
Effektiver Jahreszins Angabe im Kreditvertrag **3** 4
Effektivklausel Bezeichnung der zu zahlenden Münzsorte **23** 41, Scheck **24** 36
EG-Recht 25 97
EG-Richtlinien über befreiende Abschlüsse **20** 291 f.
Ehe 33 41, 49, 328, 606 ff., 888, 894, Annehmender und Angenommener **1** 1766, Aufhebbarkeit **33** 152, Bestehen oder Nichtbestehen **33** 154, 638, eheliches Güterrecht **1** 1363 bis 1390, Eingehung einer – durch zum Vormund bestellten Elternteil **1** 1845, Erbrecht **1** 1931 ff., Gültigkeit **2** 198, Güterrechtsregister **1** 1558 bis 1563, Kinder aus

nichtiger oder ungültiger **2** 207, kirchliche Verpflichtungen **1** 1588, Legitimation des Mündels **1** 1883, Legitimation nichtehelicher Kinder **1** 1719, Lohn für Heiratsvermittlung **1** 656, mit Ausländern **2** 13 ff., Nichtigerklärung **1** 1671, 2077, 2268, 2279, Nichtigerklärung, Versorgungsausgleich **52** 99, Nichtigkeit **33** 151, Scheidung **1** 1564 bis 1587 p, Trennung von Tisch und Bett **2** 202, Uneinklagbarkeit bei Verlöbnis **1** 1297, vertragsmäßiges Güterrecht **1** 1408 bis 1518, Wirkung **1** 1353 bis 1362

Ehefähigkeit Ehemündigkeit **10** 1, Einwilligung des gesetzlichen Vertreters und des Personensorgeberechtigten **10** 3, Geschäftsunfähigkeit **10** 2

Ehefähigkeitszeugnis Ausländer **10** 10

Ehefeststellungsklage 33 606, 638

Ehefrau eines für tot erklärten Ausländers **33** 328, Prozeßfähigkeit der **33** 607, Zwangsvollstreckung gegen **33** 739 bis 744, s. Ehegatte

Ehegatte Alleineigentum am Hausrat **11** 9; Anfechtung von entgeltlichen Verträgen mit **35** 31, Antragsrecht bei Zugehörigkeit des Nachlasses zum Gesamtgut **35** 218, Auskunftspflicht **1** 1379, 1580, ausländischer **2** 14 ff., Ausschließung von Erbfolge **1** 1938, einer Partei **33** 383, Einwilligung bei Adoption **1** 1749, Erbschaft **1** 2008, Erbvertrag **1** 2275, 2276, 2279, 2280, 2290, 2292, Erbverzicht **1** 2346 ff., Familienname **1** 1355, Fortsetzung eines Mietverhältnisses **1** 569 a, 569 b, gemeinsamer Mietvertrag **1** 569 b, gemeinsames Eigentum am Hausrat **11** 8, gemeinschaftliche Gesamtgutsverwaltung **1** 1450 ff., gemeinschaftliches Testament **1** 2265 ff., 2292, Gesamtgut **1** 1416, Getrenntleben **1** 1361 ff., 1567, **11** 18 a, Gütergemeinschaft mit neuem **1** 1583, Haftung **11** 10, Klage gegen Dritte **1** 1368, Konkurs über Gesamtgut und sonstiges Vermögen **35** 236 c, letztwillige Verfügung **1** 2077, 2268, 2279, persönliche Rechtsbeziehungen **2** 199, Pflichtteilsentziehung **1** 2335, Pflichtteilsrecht **1** 2303, 2335, Schwägerschaft **1** 1590, Sondergut **1** 1417, Stimmrecht beim Zwangsvergleich **35** 183, Stimmrecht des – und seines Rechtsnachfolgers **36** 75, Tod des **33** 619, überlebender –, fortgesetzte Gütergemeinschaft **1** 1483 ff., Unterhalt geschiedener –, DDR-Übergangsrecht **2** 234 § 5, Unterhaltspflicht **1** 1360, 1604, 1608, 1609, Verfahren betreffend die Ausgleichsforderung **37** 53 a, Vergleich über Gesamtgut und sonstiges Vermögen eines **36** 114 b, Versorgungsausgleich für geschiedenen **1** 1587 ff., verwaltender **1** 1491 ff., von Gerichtspersonen **33** 41, 49, Vorbehaltsgut **1** 1418, Vormundschaft **1** 1436, 1458, Vormundschaft über minderjährigen **1** 1778, Wohnung im eigenen Hause eines **11** 3, Zusammentreffen von Ansprüchen von geschiedenem und neuem **1** 1582, Zuständigkeit für Angelegenheiten **37** 45, Zustimmung zu Geschäften **1** 1365, 1423 ff.

Ehegattenerbrecht 1 1931 bis 1934, Ausschluß **1** 1933, Voraus **1** 1932

Ehegattenerbvertrag Auslegungsregeln **1** 2280, nach BGB **1** 2275 ff.

Ehegesetz 10

Eheliche Abstammung 1 1591 bis 1600, **2** 19, 23

Eheliche Kinder elterliche Sorge **1** 1626 ff., Familienname **1** 1616, Rechtsstellung **1** 1616 ff., Rechtsverhältnis **2** 19, 203

Eheliche Lebensgemeinschaft 1 1353

Ehelicher Güterstand Zeugnis des Registergerichts **39** 33

Ehelicherklärung 1 1723 bis 1740 g, auf Antrag des Kindes **1** 1740 a ff., **37** 56 b, auf Antrag des Vaters **1** 1723 ff., **37** 56 a, Auseinandersetzung des Nachlasses, Aufschub **1** 2043, Bedingungsfeindlichkeit **1** 1724, Einwilligung Beteiligter **1** 1726 ff., Einwilligung des Kindes **1** 1729, Einwilligung des überlebenden Elternteils **1** 1740 b, notarielle Beurkundung **1** 1730, Verfügung **37** 55, Wirksamkeit **1** 1735, Wirkung **1** 1736, 1738, 1740 f, Zuständigkeit **37** 43 a

Eheliches Güterrecht 1 1363 bis 1563, **2** 15, 16, 200, **33** 78 a, 621, 621 b, DDR-Übergangsrecht **2** 234 § 4, gesetzliches Güterrecht **1** 1363 bis 1390, Güterrechtsregister **1** 1558 bis 1563, vertragsmäßiges Güterrecht **1** 1408 bis 1518

Eheliches Leben Herstellung **33** 606 ff., 888

Ehelichkeit Anfechtung **2** 19, eines Kindes **33** 153, 328, 640 ff., zweite Ehe der Mutter **1** 1600

Ehelichkeitsanfechtung 1 1591, 1593 ff., Voraussetzungen **1** 1591, Wirksamwerden der Verfügung **37** 56 c

Ehemann 33 606, 640 b, 739 ff., 750, Ehelichkeitsanfechtung **1** 1593 ff., s. a. Ehegatte

Ehemündigkeit 10 1

Ehename 1 1355; Erklärung über **10** 13 a, Geburtsname des Kindes **1** 1720

Ehenichtigkeit Berufung auf **10** 23, Doppelehe **10** 20, erschöpfende Aufzählung der Nichtigkeitsgründe **10** 16, Folgen **10** 26, Klagebefugnis **10** 24, Mangel der Form **10** 17, Mangel der Geschäfts- oder Urteilsfähigkeit **10** 18, vermögensrechtliche Folgen **10** 26, Verwandtschaft und Schwägerschaft **10** 21

Ehesachen 33 606 ff., 704, Zuständigkeit, Amtsgerichte **30** 23 a

Ehescheidung 1 1564 bis 1587 p, **2** 17, 201, Anwendung des Scheidungsrechts bei Nichtigkeit und Aufhebung der Ehe **10** 26, 37, Auseinandersetzung **1** 1478, elterliche Sorge **1** 1671, 1678, Erbrecht **1** 1933, 2077, 2268, 2279, Fortdauer der Schwägerschaft **1** 1590, Härteklausel **1** 1586, Recht zum Umgang mit dem Kind **1** 1634, Scheidungsgründe **1** 1564 bis 1568, Unterhalt **1** 1569 bis 1586 b, Unterhalt 18, DDR-Übergangsrecht **2**

234 § 5, Urteil **1** 1564, Versorgungsausgleich **1** 1587 bis 1587 p, **52** 99, Versorgungsausgleich, DDR-Übergangsrecht **2** 234 § 6, Zugewinnberechnung **1** 1384
Eheschließung **10** 11 bis 15 a, Annehmender mit Angenommenen **1** 1766, Aufgebot **10** 12, Einwilligung des gesetzlichen Vertreters **10** 3, 30, Eltern **1** 1719, Erklärung über Ehenamen **10** 13 a, erneute – bei fortgesetzter Gütergemeinschaft **1** 1493, erneute – der Mutter **1** 1600, Form **10** 13, Irrtum **10** 31, mit Auslandsberührung **2** 13, Standesbeamter **10** 11, 15, Trauung **10** 14, zum Vormund bestellter Elternteil **1** 1845
Eheverbot Annahme als Kind **10** 7, Auseinandersetzungszeugnis des Vormundschaftsrichters **10** 9, Befreiung von **52** 97 a, Befreiung von –, Zuständigkeit **37** 44 a, Doppelehe **10** 6, Ehefähigkeitszeugnis für Ausländer **10** 10, Verwandtschaft und Schwägerschaft **10** 4, Wartezeit **10** 8
Ehevermittlung **1** 656
Ehevertrag **1** 1408 ff., Form **1** 410, fortgesetzte Gütergemeinschaft **1** 1483, in Verbindung mit Erbvertrag **1** 2276, mit beschränkt Geschäftsfähigen oder Geschäftsunfähigen **1** 1411, Wirkung gegenüber Dritten **1** 412
Ehewirkungen bei Auslandsberührung **2** 14 ff., DDR-Übergangsrecht **2** 234 § 3
Ehewohnung Benutzung bei Getrenntleben **11** 18 a, Getrenntlebender **1** 1361 b, nach Scheidung **11** 1 bis 7, 11, 12, Rechtsstreit über **11** 18, Wohnungseigentum **8** 60
Ehrenamt Schöffen **30** 31
Ehrenamtlicher Richter **30 a** 6, **31** 1, Abberufung **31** 44, Bestellung **31** 44, Entschädigung **30** 107, Ernennung, Eignung **30** 108 ff., Kammer für Handelssachen **30** 105, Rechte **30** 112
Ehrenannahme **23** 56 bis 58, Form **23** 57, Haftung des Ehrenannehmers **23** 58, Zulässigkeit **23** 56
Ehreneintritt Wechsel **23** 55 bis 63
Ehrengericht Verfahren vor **51** 110
Ehrenrechte **33** 1032
Ehrenzahlung **23** 59 bis 63, Herausgabe von Wechsel und Protest **23** 62, Protest mangels **23** 60, Quittung **23** 62, Rechte des Ehrenzahlers **23** 63, Zulässigkeit **23** 59, Zurückweisung **23** 61
Ehrenzeichen Unpfändbarkeit **33** 811
Eid Abnahme **52** 49, bei freiwilliger Gerichtsbarkeit **37** 15, Beurkundung **13** 38, des Zeugen **33** 392
Eidesformel **33** 481, 483
Eidesleistung **33** 392, Dolmetscher **30** 189, fremdsprachige **30** 188
Eidesmündigkeit **33** 393, 455
Eidesnorm **33** 392, 410, 481, 483
Eidespflicht Verletzung **33** 580
Eidesstattliche Verpflichtung Vormund **1** 1789
Eidesstattliche Versicherung **13** 38, **33** 807, 883, 889, 899 ff., 903, 915 b, **52** 49, 124, bei freiwilliger Gerichtsbarkeit **37** 15, Erbe **37** 79, Erbe, Nachlaßinventar **1** 2006, Erbscheinerteilung **1** 2356, 2357, Hausgenosse, Erbschaft **1** 2028, in Verwaltungsverfahren **13** 66, Klage auf Abgabe der **33** 254, Ladung des Gemeinschuldners **35** 125, Miterbe **1** 2057, nach BGB **37** 163, Rechnungslegung **1** 259 ff., Schuldner **36** 69
Eidesunfähigkeit **33** 393
Eidesverweigerung Partei **33** 453, 533, Zeuge **33** 390
Eigenbedarf DDR-Übergangsrecht **2** 232 § 2
Eigenbesitz **33** 979, Begriff **1** 872, Ersitzung des Eigentums **1** 900, 927, 937 ff., Fruchterwerb **1** 955, Schuldner **34** 147
Eigenbesitzer Begriff **1** 872, Ersitzungsunterbrechung **1** 940 ff., Haftung bei Einsturz **1** 836
Eigene Order Wechsel an **23** 3
Eigener Wechsel **23** 75 ff., Ausstellerhaftung **23** 78, Bestandteile **23** 75, fehlende Bestandteile **23** 76, Nachsicht **23** 78
Eigengläubiger Erbe **1** 2214
Eigenhändiges Testament **1** 2247, gemeinschaftliches **1** 2267, Verwahrung **1** 2248
Eigenkapital **20** 272, in der Bilanz **20** 266, 283
Eigenkonkurs Verhältnis zwischen – und Nachlaßkonkurs **35** 234
Eigenmacht verbotene – des Besitzers **1** 992, verbotene – des Erbschaftsbesitzers **1** 2025, verbotene – gegen Besitzer **1** 858 ff.
Eigenschaft persönliche – des Ehegatten, Irrtum **10** 32, Willenserklärung **1** 119, zugesicherte – bei Kauf **1** 459, 463, 477, 480, zugesicherte – bei Miete **1** 537, zugesicherte – bei Werkvertrag **1** 633
Eigentümer **33** 58, 77, 787, 799, 800, 977 ff., 984, 988, Ablösungsrecht bei Hypothek **1** 1142, Angabe in Terminsbestimmung **34** 38, Anspruch auf Störungsbeseitigung **1** 1004, Benachrichtigung bei Pfandverkauf **1** 1242, Einreden gegen Hypothek **1** 1137, Eintragung im Grundbuch **1** 900, Haftung bei Reallasten **1** 1108, Herausgabeanspruch **1** 985, Mitbieten bei Pfandversteigerung **1** 1239, Reallasten zugunsten des **1** 1110, Rechte **1** 903 ff., Schuldner als Grundstücks-, Eintragung **34** 17, Unterlassungsklage, Nießbrauchmißbrauch **1** 1053, Verfolgungsrecht **1** 962, 1005, Verhältnis zum Neugläubiger, Hypothek **1** 1156, Wirkung der Beschlagnahme gegen Schiffs- **34** 166
Eigentümer-Besitzer-Verhältnis **1** 987 ff.
Eigentümergrundschuld **1** 1196, Abweichen von Fremdgrundschuld **1** 1197, Verwandlung der Hypothek **1** 1177
Eigentümerhypothek **1** 1163, 1168 ff., Gesamthypothek **1** 1143, 1172, 1173, 1182
Eigentümerverfügung Bodenreformabwicklung **2** 233 § 13
Eigentum **1** 903 bis 1011, Allein- eines Ehegatten am Hausrat **11** 9, Ansprüche aus **1** 985 bis 1007,

Aufgabe **1** 959, Beeinträchtigung **1** 904 ff., 1004, Beschränkungen **1** 904 bis 918, Bestandteile **1** 953 ff., bewegliche Sachen **1** 929 bis 984, DDR-Übergangsrecht **2** 233 § 2, eines Ehegatten an der Wohnung **11** 3, Ersitzung **1** 900, 927, 937 ff., Erzeugnisse **1** 953 ff., gemeinsames – beider Ehegatten am Hausrat **11** 8, gemeinschaftliches **2** 234 § 4 a, **8** 1, Grundstücke **1** 873, 925 bis 928, gutgläubiger Erwerb **1** 932 ff., Inhalt **1** 903 bis 924, **2** 181, Mit- **1** 1008 bis 1011, **8** 1, Schatz **1** 984, Schuldurkunden **1** 952, Sonder- **8** 1, Stockwerks- **2** 131, Teil- **8** 1, verbundene Rechte, Grundstück **1** 96, Verletzung, Schadensersatz **1** 823, Wohnungs- **8** 1, Zusammentreffen mit Nießbrauch **1** 1063, Zusammentreffen mit Pfandrecht **1** 1256

Eigentumsbeschränkung Nachbarrecht **2** 124, öffentlich-rechtliche **2** 111

Eigentumsbeschränkungen **1** 904 bis 918

Eigentumserwerb bewegliche Sachen **1** 926, 929 bis 984, **20** 366 f., durch Zuschlag **34** 90, eingelagerte vertretbare Sachen **20** 419, Erwerb von – und sonstigen Rechten **20** 124, 366, 419, Finder **1** 973, Gemeinde **1** 976, Gesellschaft **20** 124, Grundstücke **1** 925 bis 928, gutgläubiger **1** 932 ff., **20** 366 f., nach Verschweigung **1** 974, Nießbrauch **1** 1031 ff.

Eigentumsfiktion Hypothek **1** 1148, Pfandverkauf **1** 1248

Eigentumsgemeinschaft Zwangsvollstreckung bei fortgesetzter **33** 744 a

Eigentumsklage Ersitzungsunterbrechung **1** 941, Gerichtsstand **33** 24

Eigentumsübertragung **1** 873, **2** 126, 127, abhanden gekommene Sachen **1** 935, Anzeige durch Vermieter **1** 576, Besitzmittlungsverhältnis **1** 930, Einigung und Übergabe **1** 929 ff., Erlöschen dinglicher Rechte Dritter **1** 936, Grenzüberbau **1** 915, Grundstück **1** 925, gutgläubiger Erwerb **1** 932 ff., nicht eingetragenes Seeschiff **1** 929 a, Verwahrung **1** 700

Eigentumsverlust bewegliche Sachen **1** 926, 929 bis 984, Grundstücke **1** 925 bis 928

Eigentumsvermutung **20** 372, Besitz **1** 1006, Ehegatten **1** 1362, Hypothek **1** 1148, Nießbrauch **1** 1058, Pfandverkauf **1** 1248

Eigentumsvorbehalt Kauf **1** 455

Einbenennung nichteheliches Kind **1** 1618

Einberufung Aufsichtsrat, AG **21** 110, Gesellschafterversammlung **22** 49, 50, gesonderte Versammlung der Aktionäre **21** 138, Hauptversammlung, AG **21** 111, 121 ff., 175

Einbringung Sachen bei Gastwirten **1** 701 bis 704

Einforderung der Streitakten **33** 544, 566

Einführungsgesetz zum Bürgerlichen Gesetzbuche 2

Einführungsgesetz zum Gerichtsverfassungsgesetz 30 a

Einfuhrkartell **25** 7

Eingebrachte Sachen des Mieters **33** 709

Eingebrachtes Gut des Ehegatten **33** 739, 741, 774

Eingetragene Genossenschaft **20** 336 ff., Vergleichsverfahren **36** 111

Eingetragener Verein **1** 21, 55 bis 79, Anmeldung **1** 59, 60, 77, Entziehung der Rechtsfähigkeit **1** 73, Satzung **1** 57, 58

Eingliederung Abfindung **21** 320 b, AG in andere AG **21** 319 ff., Auskunftsrecht **21** 326, Ende **21** 327, Gläubigerschutz **21** 321, Haftung der Hauptgesellschaft **21** 322, Leitungsmacht, Verantwortlichkeit der Hauptgesellschaft **21** 323, Wirkung **21** 320 a

Eingriff unerlaubter – in verwandte Schutzrechte **28** 108

Einheitsstrafe nachträgliche Bildung **50** 41

Einholung gutachterliche Äußerung bei Annahme eines Minderjährigen **37** 56 d, Sachverständigengutachten **37** 68 b

Einigung außergerichtliche – über Erlösverteilung **34** 143, bei Auflassung und Erbbaurechtsbestellung **39** 20, Besitzerwerb **1** 854, Beteiligte **39** 102, Eigentumsübertragung **1** 929, 929 a, Pfandrecht **1** 1205, Rechte an beweglichen Sachen **1** 1032, 1205, 1250, Rechte an Grundstücken **1** 873, 880, 925

Einigungsmangel Vertragsparteien **1** 154, 155

Einigungsstelle Verfahren **26** 27 a, zur Beilegung von Wettbewerbsstreitigkeiten **26** 27 a, Zusammensetzung **26** 27 a

Einigungsvorschlag **39** 103, Widerspruch **39** 104

Einkassierungsindossament **23** 18, **24** 23

Einkaufskommission **20** 391, 400, 406

Einkünfte fortlaufende **33** 850 b, Kindesvermögen **1** 1649, Unterhaltsberechtigter **1** 1577

Einlagen AG **21** 36 a, 54, 57, 63 ff., 93, 182 f., 255, Gesellschaft **1** 705 ff., 732 ff., Kommanditgesellschaft **20** 161 ff., OHG **20** 111, 121 f., 139, stiller Gesellschafter **20** 230, 232, 236 f., Verzinsung **1** 248

Einlagen, GmbH Angabe **22** 8, bei Kapitalerhöhung **22** 55 ff., Einzahlungen auf Stamm- **22** 19, Geld- **22** 9, 19, Sach- **22** 5, 56, Stamm- **22** 5, 55

Einlagerer **20** 417 bis 419

Einlassung **33** 504, auf die abgeänderte Klage **33** 267, Nicht-Einlassung auf ausländischen Prozeß **33** 328, Verweigerung der **33** 269

Einlassungsfrist **33** 274, 276, 337, 499, 520, 555, 593, 604, 612

Einlegung der Berufung **33** 518, 519 b, der Beschwerde **33** 569, 574, 577, der Revision **33** 553, 554 a, des Einspruchs gegen Versäumnisurteil **33** 340, Zeitpunkt der – maßgebend für Streitwert **33** 4

Einleitungsvermerk Löschung **39** 113

Einlieferung Abrechnungsstelle beim Scheck **24** 31, Abrechnungsstelle beim Wechsel **23** 38
Einlösungsrecht Verpfänder **1** 1223
Einmischungsklage 33 64, 65, Rechtsnachfolger **33** 265, Vollmacht **33** 82
Einpersonen-Gesellschaft 21 42
Einrede Anfechtung durch **35 a** 5, Angewiesener **1** 784, 792, Arglist-, Verletzter **1** 853, Aufgebotsverfahren **1** 2015, aufschiebende –, Erbe **1** 2014 ff., aus Handelsgeschäften **20** 349, 414, 423, 439, Ausschluß bei unbeschränkter Erbenhaftung **1** 2016, Ausschluß der – der Vorausklage, Bürgschaft **1** 773, Ausschluß der Aufrechnung **1** 390, bestehende – bei Hypothek **1** 1157, Bürge **1** 202, 768, 770 ff., dauernde – bei Hypothek **1** 1169, der Anfechtbarkeit, Bürgschaft **1** 770, der Anfechtbarkeit, letztwillige Verfügung **1** 2083, der Aufrechenbarkeit, Bürgschaft **1** 770, der Bereicherung **1** 821, der Dürftigkeit des Nachlasses **1** 1990, der Erschöpfung des Nachlasses **1** 1989, der Unzuständigkeit **25** 52, der Vorausklage **1** 202, 771 ff., der Vorausklage, Bürge **20** 349, der Vorausklage, Verzicht **1** 239, des nichterfüllten Vertrags **1** 202, 320, Eigentümer gegen Hypothek **1** 1137, Erbe **1** 202, 1989 ff., 2014 ff., Erfüllung trotz –, ungerechtfertigte Bereicherung **1** 813, mangelnde Benutzung der Marke **27** 43, Notbedarfs-, Schenkung **1** 519, Verpfänder **1** 1211, 1254, Vormerkungsbeseitigung **1** 886
Einreden 33 146, 282, 322, 1027 a, aufschiebende – des Erben **33** 305, aus der Person der armen Partei **33** 124, der Rechtshängigkeit **33** 261, des überlebenden Ehegatten **33** 305, Scheckschuldner **24** 22 f., Wechselschuldner **23** 11, 17 ff.
Einreichung 33 207, 253, 340, 496, 497, 518, 553, 554, 569, 693, Forderungsanmeldung **35** 139
Einrückung 33 204, 206, 950, 956, 1009
Einschaltung in Urkunde **33** 419
Einschränkung des Untersuchungsgrundsatzes beim Verfahren in Kindschaftssachen **33** 640 d, eines gerichtlichen Geständnisses **33** 289, Wechsel **23** 26
Einschreibesendung 33 175
Einseitiges Handelsgeschäft 20 345
Einseitiges Rechtsgeschäft Anfechtung **1** 143, Bevollmächtigter **1** 174, Ehegatte **1** 1367, Minderjähriger **1** 107, 111, Vertretung ohne Vertretungsmacht **1** 180, Vormund ohne Genehmigung **1** 1831
Einsetzung Erbe **1** 1937, 1941, 2087 bis 2099, Nacherbe **1** 2100 bis 2146
Einsicht Anfechtungserklärung, Testament **1** 2081, Anmeldungen im Aufgebotsverfahren **33** 996, Anzeige des Erbschaftskaufs **1** 2384, Anzeige des Vorerben **1** 2146, Berechtigte **13** 51, Erbschaftsausschlagungserklärung **1** 1953, Erklärungen gegenüber Nachlaßgericht **1** 2228, Gerichtsvollzieherakten **33** 760, Gesellschaftsbücher **1** 716, Grundbuch **13** 21, **39** 12, 124, 125, **52** 74, Güterrechtsregister **1** 1563, **52** 90, Handels-, Muster-, Genossenschaftsregister **52** 90, Inventar **1** 2010, Kabelbuch **52** 90, Prozeßakten **33** 299, Schiffs-, Schiffsbauregister **52** 90, Schuldnerverzeichnis **33** 915, Teilungsplan **33** 875, Testament **1** 2264, Urkunden **1** 810, **33** 131, 134, 1016, 1022, Vereinsregister **1** 79, **52** 90, Vormundschaftspapiere **1** 1799
Einsichtnahme Aktienbuch **21** 67
Einsichtsrecht Gesellschafter der GmbH **22** 51 a, 51 b
Einspruch 33 178, 338 bis 346, 513, 582, 694, 700, 705, 719, 767, des Ehegatten gegen Betrieb eines Erwerbsgeschäftes durch den anderen **33** 741, Entscheidung über **30** 41, gegen Versäumnisurteil **51** 38, gegen Vorschlagsliste für Schöffen **30** 37, Unstatthaftigkeit des **33** 238, Zwangsgeldfestsetzung in Handelssachen **37** 134 ff.
Einspruchsbeschränkung Strafbefehl **50** 40 a
Einspruchsfrist 33 339, Versäumung **33** 233
Einspruchsschrift 33 340, 340 a
Einspruchsverfahren Schutz geographischer Herkunftsangaben **27** 132
Einstellung der Versteigerung **33** 818, der Zwangsvollstreckung **33** 707, 719, 732, 766, 769, 771, 775, 805, 815, 868, einstweilige – von Vollstreckungsmaßnahmen **36** 13, Verfahren **39** 109, Vergleichsverfahren, Gründe **36** 99 ff., Zahlungen durch den Akzeptanten, Grund des Rückgriffs **23** 44
Einstellung des Konkursverfahrens Antrag **35** 202 ff., auf Antrag des Gemeinschuldners **35** 202, Bekanntmachung **35** 205, mangels Masse **35** 204
Einsturz Gebäude, Haftung **1** 836, Sicherung gegen **1** 908
Einstweilige Anordnung 33 572, 620 ff., 641 d bis 641 f., 732, 766, 769 bis 771, 794, **50** 20, **51** 41, Beschwerdegericht **39** 76, Betreuerbestellung, Einwilligungsvorbehalt **37** 69 g, Herausgabe eines Kindes **37** 50 d, Kartellbehörde **25** 56, Unterbringungsmaßnahme **37** 70 h
Einstweilige Einstellung Vollstreckungsmaßnahmen **33** 765 a, 788, **36** 13, Zwangsvollstreckung **51** 49
Einstweilige Einstellung des Zwangsversteigerungsverfahrens, Grundstücke auf Antrag des Konkursverwalters **34** 30 c, auf Antrag des Schuldners **34** 30 a, Beschluß **34** 30 b, Beschluß, Zustellung **34** 28 ff., 32, Beschwerde **34** 30 b, Bewilligung des Gläubigers **34** 30, entgegenstehende Rechte **34** 28, erneute Einstellung **34** 30 d, Fortsetzung nach **34** 31, Frist **34** 30 b, mangels Gebot **34** 77, nach Schluß der Versteigerung, Versagung des Zuschlags **34** 33, nach Versteigerungsbeginn

bei Gläubigerbefriedigung **34** 75, Versteigerung mehrerer Grundstücke **34** 76
Einstweilige Maßregel Vormundschaftsgericht **1** 1846
Einstweilige Verfügung 26 25, **33** 82, 935 ff., **50** 20, **51** 40, 59, Grundbuchsrichtigkeit, Widerspruch **1** 899, in Vergleichsverfahren **36** 124, Tierversteigerung **1** 489, Unterhaltsgewährung **1** 1615 o, Vollziehung **33** 936, Vormerkung **1** 885, 1990, 2016
Einstweiliger Vertreter 33 57, 779
Einstweiliger Zustand Regelung **33** 940
Eintragung Abtretung einer Hypothek **1** 1154, allgemeines Veräußerungsverbot in Grundbuch und Schiffsregister **36** 61, als selbständiges Grundstück **39** 7, Angaben bei Vereinen **1** 64, Anmeldung bei Vereinen **1** 59, Antrag auf **39** 13 ff., auf Ersuchen einer Behörde **39** 38, Auflösung oder Entziehung der Rechtsfähigkeit bei Vereinen **1** 74, Bekanntmachung **39** 55, Bekanntmachung bei Vereinen **1** 66, Briefrentenschuld **39** 42, Dauerwohnrecht **8** 32, der Pfändung einer Hypothekenforderung **33** 830, durch einen kraft Gesetzes ausgeschlossenen Grundbuchbeamten **39** 11, Ersteher ins Grundbuch **34** 130, Form **39** 44, Formwechsel **21a** 201 f., gebührenfreie –, Grundbuch **52** 69, Gebührenfreiheit **35** 115, Gefahrübergang **1** 446, gegenstandslose **39** 84 ff., Genossenschaftsregister **52** 83, Grundbuch **52** 60 ff., Grundbuchvertreter, Hypothek **1** 1189, Grundschuld **39** 39, 42, Grundstücksübertragung, Vertrag **1** 313, 873, Güterrechtsregister **1** 1558 ff., **52** 81, Hypothek **1** 1115, **39** 39, 41, in die Konkurstabelle **35** 140, 145, in öffentliches Buch oder Register **33** 895, 896, 932, 941, Inhalt und Bekanntgabe **37** 130, Kabelbuch **52** 85, Konkurseröffnung bei Vereinen **1** 75, Konkurseröffnung in die Register **35** 113, Kosten **1** 449, Liquidatoren bei Vereinen **1** 76, Löschung **39** 84 ff., Löschung bei Freigabe oder Veräußerung **35** 114, Löschung einer – auf Verfügung des Landgerichts **37** 143, Löschung unzulässiger **37** 142, Marke **27** 1 ff., 7 ff., 33, 41, 157 ff., Musterregister **52** 82, Partnerschaftsregister **52** 26 a, 82, Rangfolge, Rechte an Grundstück **1** 879 ff., Rechte an Grundstücken **1** 891 ff., Rechtsänderung bei Grundstücken **1** 873, Reihenfolge **39** 17, 45, Satzungsänderungen bei Vereinen **1** 71, Schiffsbauregister **52** 85, Schiffsregister **52** 84, Schuldner als Grundstückseigentümer **34** 17, Sicherungshypothek **34** 128, **37** 54, Spaltung **21a** 130 f., subjektiv-dingliche Rechte **39** 9, 21, Testamentsvollstrecker **39** 52, Überbaurente **1** 914, Umwandlung **21a** 19, 125, 176, 198, Vereinsauflösung **1** 74, Vereinsregister **1** 21, 55, 56, 63, 64, **52** 80, Verfahren **39** 13 ff., 122, Vermögensübertragung **21a** 176, Verschmelzung **21a** 19 f., Versteigerungsanordnung ins Grundbuch **34** 19, Vertretungsbefugnis bei AG, OHG, KG, KG a A, GmbH **39** 32, Verzicht auf Grundstückseigentum **1** 928, Verzicht auf Hypothek **1** 1168, von Schiffs- bzw. Sicherheitshypothek **33** 720 a, Vor-, Nacherbe **39** 51, Vormerkung **1** 885, Vorstandsänderung bei Vereinen **1** 67, 68, Widerspruch, Grundbuchrichtigkeit **1** 899, Widerspruch, Hypothek **1** 1139
Eintragung ins Handelsregister 20 2 f., 9 f., 12 f., 15 f., 29, 31, 33 f., 36, 53, 106 f., 123, 143 f., 148, 159, 162, 172, 174, 176, **52** 26, 79, Ablehnung, GmbH **22** 9 c, 57 a, Änderungen des GmbH-Vertrags **22** 54, AG **21** 36 ff., 81, 181, 184, 188, 195, 196, 201, 206, 210, 223, 227, 239, 263, 266, 273, 277, 294, 298, 319, 320 a, 398, Anmeldung, GmbH **22** 7, 8, Auflösung, GmbH **22** 65, GmbH **22** 10, Handeln im Namen der Gesellschaft vor –, verbotene Aktienausgabe **21** 41, Herabsetzung des Stammkapitals, GmbH **22** 58 ff., Kapitalerhöhung, GmbH **22** 57, 57 b, 57 i, KommAG **21** 282, 285, Liquidatoren, GmbH **22** 67, Namensaktie **21** 67, Rechtszustand der GmbH vor **22** 11, Satzungsänderung **21** 181, Sitzverlegung, AG **21** 45, Zweigniederlassung, AG **21** 42, Zweigniederlassung GmbH **22** 12
Eintragungsbewilligung 39 19, bei subjektiv-dinglichen Rechten **39** 21, Erblasser **39** 40, Form **39** 28, 29, Hypothek **1** 1115, Rechte an Grundstücken **1** 873, 874, 885, 899, Sondereigentum **8** 7, Übertragung von Grundpfandrechten **39** 26
Eintragungsbewilligungsklage 27 44
Eintragungshindernis 39 18
Eintragungsverfahren Markenschutz **27** 32 ff.
Eintritt in Rechtsverhältnis, Dauerwohnrecht **8** 38
Einwendung 33 282, Aufforderung zur Mitteilung **33** 498, Besitzentziehung **1** 863, Besitzer, Eigentumsanspruch **1** 986, Besitzstörung **1** 863, gegen Änderung von Unterhaltstiteln **33** 641 n, gegen Mahnbescheid **33** 692, gegen Verurteilung zu künftig fälligen wiederkehrenden Leistungen **33** 323, gegen Zulässigkeit der Vollstreckungsklausel **33** 732, 797, Gesellschafter gegen Gesellschaftsverbindlichkeit **20** 129, im Urkundenprozeß **33** 597 f., im Zwangsvollstreckungsverfahren **33** 766, 767 bis 770, 777, 781, 785, 796 f., kein -sverzicht durch Verbraucher **3** 10, Leistungen an Dritte **1** 334, Notarskosten **52** 156, Scheckschuldner **24** 22 f., verbundene Geschäfte **3** 9, Verwender von AGB nach Urteil **4** 19, Wechselschuldner gegenüber Inhaber **23** 17 ff., s. Einrede
Einwilligung 33 109, 263, 267, 299, 436, 515, 596, 741; Annahme als Kind **1** 1746 ff., des gesetzlichen Vertreters **10** 3, 30, des Personensorgeberechtigten **10** 3, Ehegatte, gemeinschaftliche Gesamtgutsverwaltung **1** 1452 ff., Ehelicherklärung **1** 1726, 1727, 1729, 1740 b, einseitige Rechtsgeschäfte **1** 182 ff., Erbe, Rechtsgeschäfte durch Testamentsvollstrecker **1** 2206, Rechtsgeschäfte,

Ehegatte **1** 1365 ff., Rechtsgeschäfte Minderjähriger **1** 107 ff., Schuldner, Leistung durch Dritte **1** 267, Verfügung über Gesamtgut **1** 1423 ff., Verträge **1** 182 ff., zum Betrieb eines Konkurrenzgeschäfts **20** 60, 74, 112, 165, 236

Einwilligungserklärung Annahme als Kind **1** 1750

Einwilligungspflicht Verfügungen des Vorerben **1** 2120

Einwilligungsvorbehalt Anordnung **37** 69, Aufhebung **37** 69 b, Bekanntmachung **37** 69 a, Betreuung **1** 1903, vorläufiger **37** 69 f

Einwirkungen vom Nachbargrundstück **1** 906 ff.

Einzahlung Einlagen **22** 19 ff., Einlagen, AG **21** 54, 63 ff., Gesellschafter **20** 111, 341 f., Nachschüsse **22** 28

Einzelausgebot **34** 63

Einzelkaufmann Eintritt in Geschäft eines **20** 28, Firma **20** 17

Einzelrichter **30** 22, in der Berufungsinstanz **33** 523, 523 a, Übertragung der Sache auf den **33** 271, Verfahren vor **33** 348 bis 350

Einzelvollstreckung Verbot **35** 14

Einzelvormund Entlassung **1** 1886

Einziehung Aktien **21** 237 ff., bei Straftaten nach Urheberrechtsgesetz **28** 110, der Streitkosten beim Gegner **33** 123, Erbschein **1** 2361, 2362, **52** 108, Forderung bei Nießbrauch **1** 1074 ff., 1078 ff., gemeinschaftliche Forderung **1** 754, Geschäftsanteile, GmbH **22** 34, mehrfache Verpfändung **1** 1290, Pfandrechte an Wertpapieren **1** 1294, Überweisung zur **33** 835 ff., Verletzung von Kennzeichenrechten **27** 147, verpfändete Forderung **1** 1282, 1285

Einziehung von Geldern durch Handelsmakler **20** 97, Handlungsbevollmächtigter **20** 55, letzter Frachtführer **20** 441, Liquidator **20** 149

Eisenbahn **20** 453 bis 460, **33** 871, Frachtgeschäftsrecht **20** 425 bis 452, Güterbeförderung **20** 453 ff., Haftung **20** 454 bis 456, 458, Kontrahierungszwang **20** 453, Personenbeförderung **20** 460, Pfandrecht **20** 440 bis 443, 457

Elektronische Datenverarbeitung EDV, Einsatz im Mahnverfahren **33** 689 ff., 695 ff., 703 b, 703 c

Elterliche Sorge **1** 1626 bis 1711, alleinige Ausübung **1** 1678, Anhörung des Jugendamtes bei Entscheidung über **37** 49 a, Ausübung **1** 1627, Beistand **1** 1685 ff., DDR-Übergangsrecht **2** 234 § 11, eheliche Kinder **1** 1626 ff., Ehelicherklärung **1** 1738, Einschränkung **1** 1630, Ende durch Todeserklärung **1** 1677, 1698 a, Entziehung **1** 1680, Getrenntlebender **1** 1672, Mutter **1** 1705, nach Scheidung **1** 1671, nichteheliche Kinder **1** 1705 ff., Ruhen **1** 1673, 1674, 1678, 1698, 1698 a, Ruhen, Adoption **1** 1751, Verhinderung der Eltern **1** 1693, Wirksamwerden von Verfügungen betreffend **37** 51

Eltern Anhörung **37** 46 a, 50 a, Beistandspflicht, Kind **1** 1618 a, DDR-Übergangsrecht **2** 203, des Mannes, Ehelichkeitsanfechtung **1** 1595 a, eheliche Kinder **1** 1626 ff., Eheschließung **1** 1719, 1722, Einwilligung bei Adoption **1** 1747, elterliche Sorge getrenntlebender **1** 1672, elterliche Sorge, Verhinderung **1** 1693, Entscheidungsrecht **1** 1628, Erwerb mit Mitteln des Kindes **1** 1646, Fortführung der Geschäfte **1** 1698 a, Geburtsnamenbestimmung des Kindes **1** 1720, Geldanlegung **1** 1642, gesetzliches Erbrecht **1** 1925, Haftung **1** 1664, nichteheliche Kinder **1** 1705 ff., Personensorgerecht **1** 1631 ff., Pflichtteilsentziehung **1** 2334, Pflichtteilsrecht **1** 2303, 2309, 2311, 2334, Rechenschaft über Kindesvermögen **1** 1698, Rechtsverhältnis, Kind **1** 1616 bis 1625, **2** 19 ff., 234 § 10, Schenkungsverbot **1** 1641, Unterhaltspflicht **1** 1602, 1603, 1615 c, Vormundsausschließung **1** 1782, Vormundsbenennung **1** 1776, Wohnsitz des Kindes **1** 11

Eltern- und Kindesverhältnis, elterliche Sorge **33** 154, 620, 621, 627, 630, 640 ff.

Elternteil Auskunftsrecht über Kind **1** 1634, Eheschließung, Vormundschaft **1** 1845, Einwilligung, Ehelicherklärung **1** 1740 b, Ersetzen der Einwilligung, Adoption **1** 1748, Konkurs **1** 1670, minderjähriger **1** 1673, Namensübertragung **1** 1740 g, Tod **1** 1681, Wohnsitz des Kindes **1** 11

Elternvermögen Ausstattung des Kindes **1** 1624

Empfänger Frachtgut **20** 426, 433 bis 437, 442, 446 f., Nachweis der -berechtigung **38** 13

Empfangnahme der Schuld durch Gerichtsvollzieher **33** 754, 757, Waren **20** 388 bis 390, 407, 417, 436, Zahlungen **20** 55, 91, 97

Empfangsbekenntnis **33** 135, 198, 496

Endentscheidung **33** 300, 301

Endurteil **33** 56, 89, 300, 301, 318, 511, 512, 545, 548, 700, 704, 927, in betracht der Rechtsmittel als – anzusehende Urteile **33** 275, 302, 304, 599

Entbindung des Beklagten von der Klage **33** 76, 77, des Sachverständigen von Erstattung des Gutachtens **33** 408

Entbindungskosten Erstattung **1** 1615 k, 1615 o

Enteignung **2** 109, eines Grundstücks, Gerichtsstand bei Klagen **33** 26, Entschädigung für **2** 52 ff.

Entfernung aus dem Sitzungszimmer **33** 158, eingebrachte Sachen, Pfandrecht des Vermieters **1** 561, große – des Aufenthaltsorts der Partei **33** 141, große – des Zeugen vom Prozeßgericht **33** 375, 479, Haftungsende bei –, Hypothek **1** 1121, Zubehör, Hypothek **1** 1135

Entgelt für Viehfutter **34** 153 a

Entgeltlichkeit Geschäftsbesorgung **20** 354

Entlassung aus der Haft **33** 911, 913, 933, Betreuer **1** 1908 b, des Streitverkünders aus dem Rechtsstreit **33** 75, Richter **31** 21, Richter auf Probe **31**

22, Richter kraft Auftrags **31** 23, Testamentsvollstrecker **1** 2227, Vormund **1** 1790, 1799, 1886 ff.

Entlassung aus der Vormundschaft Beamter **1** 1888, Religionsdiener **1** 1888

Entlastung Vorstands-, Aufsichtsratsmitglieder **21** 119 f.

Entleiher Rückgabepflicht **1** 604, Umfang des Gebrauchsrechts **1** 603

Entmündigung DDR-Übergangsrecht **2** 231 § 1, s. Betreuung

Entnahme Gesellschafter aus Gesellschaftskasse **20** 122; persönlich haftender Gesellschafter der KommAG **21** 288

Entschädigung Bauwerk bei Erlöschen des Erbbaurechts **9** 27, des Obsiegenden für Zeitversäumnis **33** 91, ehrenamtliche Richter **30** 107, für Zeitversäumnis **33** 401, 413, Haftung der Entschädigungsforderung **9** 28, in Geld **1** 249 ff., Rechte der Realgläubiger an **9** 29, Reisevertragsrecht **1** 651 f, Schöffen **30** 55, Vorenthaltung der Mietsache **1** 557, wegen Enteignung **2** 52 ff., wegen Nichtvornahme einer Handlung **33** 510 b, 888 a, Werkvertrag, Verzug des Bestellers **1** 642, Wettbewerbsverbot **20** 74 ff., 90 a, s. a. Ersatz, Schadensersatz

Entschädigungsklagen Gerichtsstand **33** 26

Entscheidung Antrag auf **30 a** 23 ff.; Beschluß über – zum Anwaltsprozeß **33** 78 a, Beschwerde **39** 72, 79, Beschwerde im Markenrecht **27** 70, des Gerichts ohne mündliche Verhandlung **33** 128, 160, 417, 764, 793, frühere **34** 79, Hinterlegungsstellen, Beschwerde **38** 3, Konkurseröffnung **36** 19, 80, 101, Mehrheitsbei Gericht **30** 196, nach Aktenlage **25** 68, über Beschwerde **34** 101, über Einsprüche gegen Vorschlagsliste **30** 41, über Familien- und Folgesachen **33** 627, 629, 629 d, über Rechtshilfeersuchen **30** 158, über Rechtsweg, Verweisung **30** 17 a, über Sicherheitsleistung **34** 70, Vergleichseröffnung **36** 16, Verteilung des Hausrats **11** 15 ff., Zuweisung zur –, Strafsachen **30** 58

Entscheidung nach Lage der Akten **33** 251 a, 331 a, Unanfechtbarkeit der Zurückweisung **33** 336, Zurückweisung des Antrags **33** 335

Entscheidung über Zuschlag Anspruch auf Ersatz des Wertes aus Versteigerungserlös **34** 92, Eigentumserwerb **34** 90, Erlöschen von Rechten **34** 91, Erteilung des Zuschlags **34** 81 f., gerichtliche Verwaltung **34** 94, Verkündungstermin **34** 87, Versagung des Zuschlags **34** 83 ff., Wirksamwerden **34** 89, Zwangsvollstreckung **34** 79 ff., 93

Entscheidungsgründe **33** 311, 313, 313 a, 313 b, 543, 551

Entscheidungsrecht eines Elternteils **1** 1628

Entschuldigung des Zeugen **33** 381, Glaubhaftmachung **33** 296, 528, 529

Entstellung Darbietung des ausübenden Künstlers **28** 83, Filmwerk **28** 93, Werk **28** 14

Entwürfe zu Urteilen usw. **33** 299

Entziehung Befugnis zur Geschäftsführung **20** 117, Besitz **1** 858 ff., der Prozeßkostenhilfe **33** 121, 126, 127, des Wortes **33** 136, 157, elterliche Sorge **1** 1680, 1683, Geschäftsführungsbefugnis für Gesellschaft **1** 712, Haftung für Zufall bei – einer Sache **1** 848, Klage auf – des Wohnungseigentums **8** 51, Mietsache **1** 541, 542, 577, Personensorge **1** 1666 a, Pflichtteil **1** 2333 ff., Vertretungsmacht **20** 127, Vertretungsmacht für Gesellschaft **1** 712, Vertretungsmacht für Mündel **1** 1796, Verwaltung, Vorerbe **1** 2129, von Urkunden **33** 444, Wohnungseigentum **8** 18

Erbausgleich vorzeitiger –, nichteheliches Kind **1** 1934 d, 1934 e

Erbbaugrundbuch **9** 14, Bekanntmachung von Eintragungen **9** 17, Schließung von Amts wegen **9** 16

Erbbaurecht **1** 1012 bis 1017, Anwendung der Grundstücksvorschriften **1** 1017, Anwendung Grundstücksrecht **9** 11, Aufhebung **9** 26, Beeinträchtigung durch Überbau **1** 916, Beendigung **9** 26 bis 30, Begriff **1** 1012, **9** 1, Belastung mit Dauerwohnrecht **8** 42, Beleihung **9** 18 bis 22, Beschränkung **9** 1, Eintragung **52** 62 ff., Erlöschen **1** 1016, Erneuerung **9** 2, 31, Erstreckung **1** 1013, früher begründetes **9** 38, Geschäftswert **52** 21, gesetzlicher Inhalt **9** 1, keine auflösende Bedingung **9** 1, Rangstelle **9** 10, Unzulässigkeit der Beschränkung auf Gebäudeteile **1** 1014, vertraglicher Inhalt **9** 2, Zeitablauf **9** 27 ff.

Erbbaurechtsbestellung **1** 1015, Einigung **39** 20

Erbbaurechtsgrundbuchblatt **39** 8

Erbbaurechtsverordnung **9**

Erbbauzins **9** 9 f., Erhöhung **9** 9 a

Erbe **1** 1922 ff., **33** 27, 239, 305, 326, 728, 747, 748, 780 ff., 859, 863, anfechtbare Rechtshandlungen **35** 222, Anfechtung gegen **35** 40, Annahme und Ausschlagung der Erbschaft **1** 1942 bis 1966, Antragsrecht auf Zwangsversteigerung **34** 175 ff., Auflagen **1** 1940, 2192 ff., aufschiebende Einreden **1** 2014 ff., Auskunftspflicht **1** 2003, 2314, bei Liquidation **20** 146, 148, Berufung **1** 1927, 1934, 1944, 1948, 1949, 1951, 1953, 2007, Beschwerung mit Vermächtnis **1** 2147, 2148, Besitzübergang **1** 857, Bestimmung durch Testament **1** 1937, eidesstattliche Versicherung **1** 2006, **37** 79, Eigengläubiger **1** 2214, Einsetzung auf Bruchteil **1** 2088 ff., Einsicht in die Ermittlungen bei Feststellung des Fiskus als Erbe **37** 78, Erbscheinerteilung **1** 2353 ff., Ermittlung **52** 105, Ersatz- **1** 2096 ff., Erschöpfungseinrede **1** 1989, Ersitzungszeit, Anrechnung **1** 944, Fiskus **1** 1936, 2011, Fortführung der Gesellschaft **20** 137, 139, Fortsetzung der Firma **20** 22, 24,

27, Geltendmachung von Ansprüchen im Nachlaßkonkurs **35** 225, gesetzlicher **1** 1924 ff., 2066, 2149, gleichzeitiger Konkurs **35** 234, Herausgabe des Nachlasses **1** 1990, 1992, Inventarerrichtung **1** 1993 ff., kein Zurückhaltungsrecht wegen Aufwendungsersatzes **35** 223, Konkurseröffnung bei unbeschränkter Haftung **35** 216, Konkurseröffnung vor Erbschaftsannahme **35** 216, Leistung nur an alle **1** 2039, mehrere **1** 2032 bis 2063, nicht pflichtteilsbelasteter **1** 2323, pflichtteilsberechtigter **1** 2328, Rangfolge **1** 1930, Recht zur Büchereinsicht **20** 157, rechtliche Stellung **1** 1942 bis 2063, Rechtshandlungen **35 a** 3 a, Rechtsverhältnis, Nachlaßgläubiger **1** 2058 ff., Rechtsverhältnis, Testamentsvollstrecker **1** 2218, Testamentseröffnung **1** 2260, Tod vor Inventarfristablauf **1** 1998, unrichtiger Erbschein, Herausgabeanspruch **1** 2362, Unterhalt der Mutter vor Geburt des **1** 1963, Verantwortlichkeit **1** 1966, 1978 ff., 1991, Verfügungsbeschränkung, Testamentsvollstreckung **1** 2211, Vermächtnis an gesetzlichen **1** 2149, Zwangsvollstreckung gegen unbekannten Erben, gegen Erben vor Annahmeerklärung **33** 779

Erbeinsetzung **1** 2087 bis 2099, auf Bruchteil **1** 2088 ff., Auslegung **1** 2087, Beschränkung **1** 2306, durch Erbvertrag **1** 1941, 2278 ff., durch Testament **1** 1937, Erbschein **1** 2355, Erbvertrag **1** 1941, 2278 ff., gegenseitige **1** 2098, 2269, 2280, gemeinschaftliches Testament **1** 2269, 2270, keine – bei Pflichtteilszuwendung **1** 2304, Verzicht **1** 2352

Erbengemeinschaft **1** 2032 ff., Auseinandersetzung **1** 2204, gesamtschuldnerische Haftung **1** 2058 ff.

Erbenhaftung beschränkte **1** 1975 ff., HGB **20** 27, Nachlaßverbindlichkeiten **1** 1958, 1967 bis 2017, 2058 ff., unbeschränkte **1** 884, 1993 ff.

Erbenmehrheit **1** 2032 bis 2063

Ersatzanspruch anzuwendende Vorschriften **1** 1934 b, Berechnung **1** 1934 b, nichteheliche Kinder **1** 1934 a bis 1934 c, Pflichtteilsberechtigung **1** 2338 a, Verfahren über Stundung **37** 83 a, Verjährung **1** 1934 b

Erbfähigkeit **1** 1923, Vererblichkeit des Nacherbrechts **1** 2108

Erbfall Mitteilung des Nachlaßgerichts an Grundbuchamt **39** 83

Erbfolge **1** 1922 bis 1941, Nachweis **39** 35, Rangfolge der Ordnung **1** 1930, Voreintragung **39** 40

Erblasser **33** 749, 750, Anfechtung, Erbvertrag **1** 2281 ff., Anordnung der Rangfolge, Vermächtnis **1** 2189, Auferlegung von Pflichtteillast **1** 2324, Auflage **1** 1940, Ausschließung der Auseinandersetzung **1** 2044, Bedenkung mehrerer mit Vermächtnis **1** 2151 ff., Beerdigung **1** 1968, Befreiung des Vorerben **1** 2136, Einsetzung des Nacherben auf Überrest **1** 2137, Enterbung **1** 1938, Erbvertrag **1** 1941, Erbvertragsabschluß **1** 2274 ff., letztwillige Verfügung **1** 2064 ff., letztwillige Zuwendungen **1** 2067 ff., persönliche Testamentserrichtung **1** 2064, Pflege durch Abkömmlinge **1** 2057 a, 2316, Pflegerbenennung **1** 1917, Pflichtteilsentziehung **1** 2333 ff., Teilungsanordnung **1** 2048, Testament **1** 2229 bis 2273, Testamentsvollstrecker, Ernennung **1** 2197, Testamentsvollstrecker, keine Befreiung **1** 2220, Vermächtnis **1** 1939, Vermögensverfügung unter Lebenden, Erbvertrag **1** 2286, Verzeihen **1** 2337, 2343, Zuwendung, Kind **1** 1639, Zuwendung, Mündel **1** 1803

Erbpachtrecht **2** 63

Erbrecht **1** 1922 bis 2385, **2** 213, DDR-Übergangsrecht **2** 235, Erbunwürdigkeit **1** 2339 bis 2345, Erbverzicht **1** 2346 bis 2352, Feststellung vor Erbscheinerteilung **1** 2359, Fiskus **52** 110, gesetzliches –, Ehegatte **1** 1931, gesetzliches –, Fiskus **1** 1936, 1964 ff., internationales Privatrecht **2** 25, 26, nichteheliches Kind **1** 1706, öffentlich-rechtliche Körperschaften **2** 138, öffentliche Aufforderung zur Anmeldung **1** 1965, Verwandte **1** 1924 ff., verwandter Ehegatte **1** 1934 ff.

Erbschaft Anfall **1** 1942 ff., Annahme **33** 239, 778, 779, Aufgebot der Nachlaßgläubiger bei einer verkauften **33** 1000, ausländische **1** 2369, Erwerb vom Erbschaftsbesitzer **1** 2030, Feststellung des Zustandes **1** 2122, Gerichtsstand **33** 27, 28, Gütergemeinschaft **1** 1418, 1432, 1439, 1455, 1461, Herausgabe **1** 2018 ff., 2103, Inventar für zum Gesamtgut gehörende **1** 2008, keine Teilannahme **1** 1950, keine Teilausschlagung **1** 1950, Kind **1** 1638 f., 1643, Mündel **1** 1803, 1822, Nachlaßkonkurs **35** 216, Nießbrauch **1** 1089, 1803, Vererblichkeit des Ausschlagungsrechts **1** 1952, vor Konkurseröffnung **35** 9, Weiterverkauf **35** 233

Erbschaftsannahme **1** 1943 ff., Anfechtung **1** 1954 ff., Bedingungsfeindlichkeit **1** 1947, Erklärungszeitpunkt **1** 1946, keine Teilannahme **1** 1950, mehrere Erbteile **1** 1951, mehrfache Berufung **1** 1948, Prozeßvoraussetzung **1** 1958

Erbschaftsanspruch **1** 2018 bis 2031, Anwendung von Bereicherungsrecht **1** 2021, für tot Erklärter **1** 2031, Verjährung **1** 2026

Erbschaftsausschlagung **1** 517, 1942 ff., Anfechtung **1** 1954 ff., Bedingungsfeindlichkeit **1** 1947, durch Nacherben **1** 2142, Erklärungszeitpunkt **1** 1946, Form **1** 1945, Frist **1** 1944, Geschäftsführung vor **1** 1959, keine Teilausschlagung **1** 1950, mehrere Erbteile **1** 1951, mehrfache Berufung **1** 1948, Vererblichkeit **1** 1952, Wirkung **1** 1953

Erbschaftsbesitzer **1** 944, **33** 27, Auskunftspflicht **1** 2027, Begriff **1** 2018, bösgläubiger **1** 2024, deliktischer **1** 2025, Erwerb vom **1** 2030, Früchteherausgabe **1** 2020, Haftung **1** 2023 ff., Herausgabepflicht **1** 2018, Nutzungsherausgabe **1** 2020, Verwendungsersatz **1** 2022

Erbschaftserwerb Anfechtung, Erbunwürdigkeit **1** 2340, keine Haftung des Gesamtguts **1** 1439
Erbschaftserwerber Rechtsstellung **1** 2030
Erbschaftsgegenstände Abnutzung durch Vorerben **1** 2132, eigennützige Verwendung, Vorerbe **1** 2134, Erhaltungskosten, Vorerbe **1** 2124, keine Ersitzung **1** 2026, Verfügung, Vorerbe **1** 2140, Verzeichnis **1** 2121
Erbschaftsgeschäfte Führung **1** 1959
Erbschaftskäufer **1** 2372 ff., Erfüllung der Nachlaßverbindlichkeiten **1** 2378, Haftung **1** 2382, 2383, Verwendungsersatzpflicht **1** 2381
Erbschaftskauf **1** 2371 bis 2385, Form **1** 2371, Fortbestand erloschener Rechtsverhältnisse **1** 2377, Gefahrübergang **1** 2380, Gewährleistungspflicht des Verkäufers **1** 2376, Haftung **1** 2376, 2382, 2383, Herausgabeanspruch **1** 2374, Kaufgegenstand **1** 2372, Konkursverfahren **35** 232, Lasten **1** 2379, 2380, Nachlaßverbindlichkeiten **1** 2375, Nutzungen **1** 2379, 2380, verbleibender Anfall **1** 2373, Verwendungsersatz **1** 2381, Weiterverkauf **35** 233, Wertersatz **1** 2375
Erbschaftsverkäufer **1** 2371 ff., Anzeigepflicht **1** 2384, Ersatzpflicht **1** 2375, Haftung **1** 2376, Herausgabepflicht **1** 2374, Lastentragung **1** 2379
Erbschaftsverkauf **33** 1000
Erbschein **1** 2353 bis 2370, **33** 792, Angabe des Testamentsvollstreckers **1** 2364, Angaben des Erben **1** 2345, 2355, Antrag **1** 2353 ff., Ausfertigung **37** 85, Einziehung **52** 108, Einziehung des unrichtigen **1** 2361, Erbe **1** 2367, Erteilung **1** 2353 ff., **52** 107, 107 a, für Vorerben **1** 2363, gegenständlich beschränkter **1** 2369, gemeinschaftlicher **1** 2357, Herausgabe des unrichtigen **1** 2362, Kraftloserklärung **37** 84, Kraftloserklärung des unrichtigen **1** 2361, öffentlicher Glaube **1** 2366, 2367, Vermutung der Richtigkeit **1** 2365
Erbscheinserbe Leistungen an **1** 2367
Erbteil Anwachsung **1** 2094 ff., Ausschlagung **1** 1952, Begriff **1** 1922, Erhöhung **1** 1935, gemeinschaftlicher **1** 2093, 2094, 2098, gesetzlicher **1** 1371, 2067, 2326, Haftung bei mehreren **1** 2007, kein Konkursverfahren **35** 235, mehrere **1** 1927, 1951, 2007, unbestimmter **1** 2091, Verhältnis zum Pflichtteil **1** 2303, 2305, 2306, 2310, 2316, Weiterveräußerung **1** 2037
Erbteilkäufer Haftung **1** 2036
Erbunwürdigkeit **1** 2310, 2339 bis 2345, bei Gesamtgutsauseinandersetzung **1** 1506, Geltendmachung **1** 2340, Gründe **1** 2339
Erbunwürdigkeitserklärung Wirkung **1** 2344
Erbvermutung für Fiskus **1** 1964
Erbvertrag **1** 2274 bis 2302, **13** 33, amtliche Verwahrung **1** 2277, 2300, 2301, Anfechtung **1** 2281 ff., Aufhebung **1** 2290 ff., Aufhebung früherer Verfügung **1** 2289, Auflagen **1** 2279, Beeinträchtigung **1** 2288, Begriff **1** 1941, Ehegatten- **1** 2280, einseitige Verfügung **1** 2299, Eröffnung **1** 2300, 2300 a, Form **1** 2276, gegenseitiger **1** 2298, persönlicher Abschluß **1** 2274 ff., Rücktritt **1** 2293 ff., Schenkungsversprechen **1** 2301, vertragsmäßige Verfügungen **1** 2278, 2290 ff., Voraussetzungen **1** 2275, Zuwendungen **1** 2279
Erbverzicht **1** 2346 bis 2352, **2** 217, Aufhebung **1** 2351, Form **1** 2348, Voraussetzungen **1** 2347, Wirkung **1** 2346, 2349, zugunsten anderer **1** 2350
Erfüllung **1** 362 ff., Annahme an – Statt **1** 364, Beweis **1** 345, 358, des Vergleichs, Überwachung **36** 90 ff., durch Leistung **1** 362, durch Leistung an Dritten **1** 362, Frachtgeschäft **20** 435, Fristsetzung **1** 326, Handelsgeschäft **20** 358 bis 361, Kauf **20** 375 f., Kommissionsgeschäft **20** 384, 394, Schenkung **1** 519, trotz Einrede bei ungerechtfertigter Bereicherung **1** 813, Vermächtnis **1** 2181, Wechselverbindlichkeit **23** 38 bis 42, Zug um Zug **1** 274, 322, 348
Erfüllungsgehilfe Frachtführer **20** 431, Haftung für **1** 278, 664
Erfüllungsobjekt **20** 361
Erfüllungsort **1** 269, **20** 361, 376, 380, Gerichtsstand des **33** 29, 1005, Versendungskauf **1** 447, 448
Erfüllungszeit **20** 358 f., 376
Ergänzung **33** 264, 268, 302, 321, 517, 526, 599, 716, 721, Pflichtteil wegen Schenkungen **1** 2325
Ergänzungspflegschaft **1** 1909, Ergänzungspfleger, Benennung **1** 1917, Ergänzungspfleger, Berufung **1** 1916
Ergänzungsschöffen **30** 48
Ergänzungsvorbehalt letztwillige Verfügung **1** 2086
Ergebnis der Beweisaufnahme **33** 285, 286, 442, 542, des Augenscheins **33** 160
Ergebnisverwendung GmbH **22** 46, 57 c
Erhaltung Erbschaft **1** 2124, geliehene Sache **1** 601, gemeinschaftlicher Gegenstand **1** 744, 748, Grundstücksinventar **1** 582, 583, Mietsache **1** 536, 541 a, Nießbrauchsache **1** 1041
Erhebung der Klage **33** 253, 261, 262, 263, 498, 585 ff., der Widerklage **33** 256, des Widerspruchs gegen Arrestbefehl **33** 924
Erhöhung Bargebot **34** 50 f., Erbschaftsbruchteile **1** 2089, Erbteil **1** 1935, Gesellschaftsbeiträge **1** 707, Grundkapital, AG **21** 182 ff., 399, Hypothekenzinsen **1** 1119, Stammkapital der GmbH **22** 55 ff.
Erinnerung gegen Festsetzungsbeschluß **33** 104, 107, im Zwangsvollstreckungsverfahren **33** 766, Patentamtsbeschluß **27** 64, 164
Erklärung **1** 116 bis 144, **33** 67, 85, 90, 130, 138, 139, 160, 167, 168, 273, 282, 283, 298, 334, 425, 439, 446, 510, 510 a, 573, 588, 617, Anfechtungs- **1** 143, 1955, Annahme eines Wechsels **23** 25, Aufnahme **32** 24, Aufrechnungs- **1**

388, Ausübung des Vorkaufsrechts **1** 505, Ausübung des Wiederkaufsrechts **1** 497, des Drittschuldners **33** 840, des Zeugen **33** 386, 388, 389, Erbschaftsausschlagungs- **1** 1945, 1953, 1955, Rücktritts- **1** 349, Schenkungsannahme **1** 516, Schenkungswiderruf **1** 531, Schuldübernahme **1** 415, über Aufgabe eines Rechts an einem Grundstück **1** 875, über den Teilungsplan **33** 875, über geleisteten Mietzins **34** 57 d

Erkrankung Dienstverpflichteter **1** 617

Erläuterung der Schriftsätze **33** 272 b

Erlaß eines Vollstreckungsbescheids **33** 699, Gastwirtshaftung **1** 792 a, rückständige Unterhaltsbeträge **1** 1615 i, Wechselprotest mangels Annahme oder Zahlung **23** 46

Erlaßvertrag **1** 397

Erlaubnis Anmeldung und Antrag **25** 9, Erteilung und Widerruf **25** 11, Kartellbehörde **25** 4 ff., 11, 20, richterliche **33** 188, 761

Erledigung des Arrestgrundes **33** 927, des Auftrags zur Beweisaufnahme **33** 400, des Beweisbeschlusses **33** 360, des Rechtsstreits in Ehesachen **33** 619, 620 f., des Verfahrens, Kosten **33** 91 a

Erledigungsgebühr Anwalt **51** 24

Erlös **33** 720, 805, 817, 818, 819, 827, 854, 858, 885, 930, Berücksichtigung bei Versteigerung mehrerer Grundstücke **34** 122, Ersatz des Wertes aus **34** 92, Fund **1** 966, 975, Hinterlegung **1** 383, 489, Pfand **1** 1219, 1247, Teilung **1** 753, Verteilung **34** 105 ff.

Erlöschen Anspruch auf Ersatz von Verwendungen **1** 1002, Anspruch, Produkthaftung **6** 13, Ansprüche bei Besitz **1** 864, Auftrag **1** 672 ff., Ausgleichsanspruch **1** 1587 k, Bürgschaft **1** 418, 775 ff., der Bürgschaft auf Anordnung des Gerichts **33** 109, der Vollmacht **33** 87, der Wirkungen der Rechtshängigkeit **33** 701, der Wirkungen des Mahnbescheids **33** 701, des Schiedsvertrags **33** 1045, Erbbaurecht **1** 1016, Firma **20** 31, 157, Forderung **1** 389, Gebot **34** 72, Gläubigerrecht bei Hinterlegung **1** 382, Grunddienstbarkeit **1** 1025, 1028, Herausgabeanspruch **38** 19 ff., Hypothek **1** 1178, 1181, juristische Person, Haftung **1** 613 a, Nießbrauch **1** 1061, 1063, Pfandrecht **1** 418, 1242, 1250, 1252, 1253, 1255, 1256, 1276, 1278, Prokura **20** 52, 53, 126, Prozeßkostenhilfe **33** 122, Rechte auf hinterlegte Beträge **34** 142, Rechte ausübender Künstler **28** 82, Rechte Dritter **1** 936, 945, 949, Rechte durch Zuschlag **34** 91, Rentenversprechen **1** 520, Rückgriffsverbindlichkeit, Scheck **24** 58, Rücktrittsrecht **1** 355, 356, Schadensersatzansprüche des Gastes **1** 703, Schuldverschreibung **1** 801, Unterhaltsanspruch **1** 1615, Urheberrecht **28** 64, 129, Vermieterpfandrecht **1** 560, Vollmacht **1** 168 ff., 173, 175, wechselmäßige Verbindlichkeit des Ausstellers oder Annehmers **23** 89

Erlöschen des Schuldverhältnisses Aufrechnung **1** 362 bis 397, durch Erfüllung **1** 362 ff., Erlaßvertrag, negatives Schuldanerkenntnis **1** 397, Hinterlegung **1** 372 ff.

Ermächtigung allgemeine – des Vormundes **1** 1825, des Gerichtsvollziehers zur Zwangsvollstreckung **33** 755, des Gläubigers zur Vornahme vertretbarer Handlung **33** 887, zur Ernennung von Sachverständigen **33** 405, zur Prozeßführung **33** 51, 54, 56

Ermäßigung Dienstzeit **31** 48 a, 76 a

Ermessen freies **33** 3, 93 a, 100, 108, 112, 287, 301, 398, 510 b, 1034

Ermittlung Akteneinsicht über **37** 78, des Nachlaßgerichts vor Erbscheinerteilung **1** 2358, durch Konkursgericht **35** 75, fremden Gewohnheitsrechts, Statuten **33** 293, nachträgliche – des Berechtigten **34** 137, 139

Ermittlung von Amts wegen **37** 12, Markenrechtsangelegenheiten **27** 59, 73

Ermittlungsrichter **30** 116

Ernennung des Sachverständigen **33** 404, 405, 407, ehrenamtliche Richter **30** 108, Generalbundesanwalt und Bundesanwälte **30** 149, Mitglieder des Bundesgerichtshofs **30** 125, Mitvollstrecker **1** 2199, Nichtigkeit der – zum Richter **31** 17 a, Richter auf Lebenszeit **31** 10, Richter auf Probe **31** 12, Richter auf Zeit **31** 11, Richter kraft Auftrags **31** 14, Rücknahme **31** 19, Testamentsvollstrecker **1** 2197, 2200, 2201, von Schiedsrichtern **33** 1029, 1030, 1045

Ernennungsurkunde Richter **31** 17

Erneuerung Erbbaurecht **9** 31, Nießbrauchsgegenstand **1** 1041 ff., Schuldverschreibungen **1** 798

Erneuerungsscheine **33** 1019, Hinterlegung **1** 234, 1082, 2116, Schuldverschreibung **1** 805

Eröffnung Erbvertrag **1** 2300, 2300 a, Konkurs s. Konkurseröffnung; Nachlaßkonkurs **1** 1975 ff., 1980 ff., 2000, 2060, Testament **1** 2260 ff., 2273, **52** 102, 103, Vergleich s. Vergleichseröffnung

Eröffnungsantrag Vergleich s. Vergleichsantrag

Eröffnungsbeschluß, Konkurs Bekanntmachung der Aufhebung **35** 116; Mitteilung an Registerbehörden **35** 112, öffentliche Bekanntmachung **35** 111, sofortige Beschwerde **35** 109, Zeitangabe **35** 108

Eröffnungsbilanz Abwicklung, AG **21** 270, Kaufleute **20** 242 bis 256, s. a. Bilanz

Erörterungsgebühr Anwalt **51** 31

Errichtung AG **21** 29 ff.; Gesellschaften **20** 105 bis 108, 123, 161, GmbH **22** 1 bis 12, Inventar s. Inventarerrichtung; Testament **1** 2064, 2229 ff., Zweigniederlassung, AG **21** 42

Ersatz abhanden gekommener Scheck **24** 59, Aufwendungen des Gesellschafters **20** 110, Aufwendungen des Handelsvertreters **20** 87 d, Bestellungskosten, landwirtschaftliches Grundstück **1**

998, für Rechtsverlust durch Verbindung, Vermischung oder Verarbeitung **1** 951, von Kosten **33** 89, von Schäden **33** 89, 255, 302, 600, 945
Ersatz von Aufwendungen s. Aufwendungsersatz
Ersatz von Verwendungen s. Verwendungsersatz
Ersatzanspruch 21 46 ff., 93, Abtretung **1** 255, 281, bei Nachgründung **21** 53, Dauerwohnberechtigter **8** 34, Dritter bei Tötung **1** 844, Dritter für entgangene Dienste **1** 845, für Nutzungsrechte **34** 121, Gast **1** 703, gegen Aufsichtsrat und Vorstand der AG **21** 48, 50, 53, 117, 147, gegen Gründer einer AG **21** 46 bis 48, 53, 117, 147, Gesellschaft, Geltendmachung **21** 147, GmbH gegenüber Gesellschafter **22** 9 a, 9 b, Gründungsprüfer **21** 49, Herausgabe bei Unmöglichkeit **1** 281, 323, Herausgabe von Früchten einer Sache **1** 102, Verjährung **21** 51, 62, Vermieter **1** 558, Verpächter **1** 591 b, Verpfänder **1** 1226, Verzicht und Vergleich **21** 50, Wohnungseigentümer **8** 34
Ersatzaussonderung 35 46
Ersatzbeschaffung für unpfändbare Sache **33** 811 a, 811 b
Ersatzerbe 1 2096 bis 2099, Ausgleichspflicht **1** 2051, 2053, gegenseitige Einsetzung **1** 2098, Nacherbe und **1** 2102, Recht des – vor Anwachsungsrecht **1** 2099
Ersatzhaftung Unterhaltspflicht **1** 1607
Ersatzkassenbeitrag Berechnung bei der Lohnpfändung **33** 850 e
Ersatzmann Pflichtteilslast **1** 2320
Ersatzpflicht 35 50, bei Entstehung eines Anfechtungsrechts eines Ausländers durch Forderungsabtretung **35** 56, Ehegatte, Gütergemeinschaft **1** 1445, Hersteller **6** 5 ff., Höchstgrenze **7** 15, Rücktritt vom Verlöbnis **1** 1298, 1299, Umfang bei Körperverletzung **6** 8, **7** 13, Umfang bei Tötung **6** 7, **7** 12, Unabdingbarkeit **6** 14, Verkäufer, Erbschaftskauf **1** 2374, 2375
Ersatzsumme Verzinsung bei Wertminderung **1** 849
Ersatzteilgeschäft Markenschutz **27** 23
Ersatzurkunde Schuldverschreibungen **1** 798
Ersatzvermächtnis 1 2190
Ersatzzustellung 33 181 ff.
Erscheinen Werk **28** 6, s. Persönliches Erscheinen
Erschöpfung Markenschutz **27** 24
Erschöpfungseinrede Erbe **1** 1989
Ersetzung dingliche –, Zustimmung **1** 1646; Einwilligung bei Ehelicherklärung **1** 1727, Einwilligung zur Adoption **1** 1747, Zustimmung eines Ehegatten **1** 1365, 1369, 1426, 1452
Ersetzungsbefugnis 1 249, 528, 651 b, 843
Ersichtlichkeit der Mobiliarpfändung **33** 808
Ersitzung 2 185, bewegliche Sachen **1** 937 bis 945, Buch- **1** 900, Erbschaftssachen **1** 944, 2026, Erlöschen von Rechten Dritter **1** 945, Grundstücke **1** 900, Hemmung **1** 939, Nießbrauch an beweglichen Sachen **1** 1033, Unterbrechung **1** 940 ff., Vermutung des Eigenbesitzes **1** 938
Erstattung der Kosten **33** 91, 100, 117, 269, 637, 698, 788, des aufgrund des Urteils Gezahlten **33** 717, von Gutachten **33** 407, 408, 410, 412, vorschriftswidrige Zahlungen **22** 31, zurückgezahlte Darlehen **22** 32 b
Erstdruckrecht 28 38
Erste Instanz OLG, Zuständigkeit in Strafsachen **30** 120, Strafkammern, Zuständigkeit **30** 74, Zivilkammern, Zuständigkeit **30** 71
Ersteher Befriedigung **34** 114 a, beschränktes Kündigungsrecht **34** 57 c, Eintragung ins Grundbuch **34** 130, Gefahrübergang auf **34** 56, Schuldübernahme durch **34** 53
Erster Beamter Aufsichtsrecht **30** 147, Staatsanwaltschaft **30** 144 ff.
Erster Rechtszug Anwaltsgebühr **51** 83, 87
Erstreckung Hypothek auf Erzeugnisse, Bestandteile, Zubehör **1** 1120, Hypothek auf Miet- oder Pachtzinsforderungen **1** 1123, Hypothek auf Versicherungsforderung **1** 1127, Hypothek auf wiederkehrende Leistungen **1** 1126, Nießbrauchsaufhebung auf Zubehör **1** 1062, Pfandrecht auf Erzeugnisse **1** 1212, Pfandrecht auf Zinsen **1** 1289, Pfandrecht auf Zinsscheine **1** 1296, Vermächtnis auf Zubehör **1** 2164, Vorkaufsrecht auf Zubehör **1** 1096
Ersuchen bei Zustellung im Auslande **33** 199, 202, im Beweisverfahren **33** 362 ff., 432, um Rechtshilfe **30** 157 ff., um Strafvollstreckung **30** 162, um Zwangsvollstreckung **33** 789, 791
Ersuchter Richter 33 41, 78, 165, 188, 229, 279, 288, 329, 362, 365, 366, 370, 389, 398, 400, 405, 576, 613
Ersuchungsschreiben 33 202, 362 bis 364, 789, 791
Erteilung des Zuschlags s. Zuschlagserteilung, Hypothekenbrief **39** 56, neuer Hypothekenbrief **39** 67, Prokura **20** 48
Ertragskonsolidierung 20 305
Erweiterter Schutz des guten Glaubens **20** 366
Erweitertes Zurückbehaltungsrecht 20 370
Erweiterung des Klageantrags **33** 256, 264, 268, 323, 506
Erwerb Beschränkung hinsichtlich eigener Geschäftsanteile **22** 33, Besitz **1** 854, Bestandteile einer Sache **1** 953 bis 957, eigene Aktien durch AG **21** 71 d, 93, Eigentum an beweglichen Sachen **1** 926, 929 bis 984, Eigentum an Grundstücken **1** 925 bis 928, **2** 189, Erbschaft bei Gütergemeinschaft **1** 1439, 1461, Erzeugnisse einer Sache **1** 953 bis 957, Geschäftsanteile der GmbH **22** 15 f., Grundstücke durch Ausländer **2** 88, gutgläubiger –, bewegliche Sachen **1** 932 ff., gutgläubiger –, Pfandrecht **1** 1207, 1208, 1244, Hypothek **1** 1117, 1167, im Streit befangener Sachen **33** 265, 266, mit Mitteln des Kindes **1** 1646, Rechte, Beschränkungen für juristische Personen **2** 86

Erwerbsfähigkeit Aufhebung oder Minderung **1** 842, 843
Erwerbsgeschäft des Ehegatten **33** 741, 774, im Namen des Kindes **1** 1645, Mündel **1** 1823, selbständiges –, Gütergemeinschaft **1** 1431, 1456, Verbindlichkeiten **1** 1442, 1464
Erwerbstätigkeit angemessene –, Scheidung **1** 1573, 1574, Ehegatten **1** 1356, 1361
Erwerbsunfähigkeit Unterhaltsanspruch bei Scheidung **1** 1572
Erwirkung der Herausgabe **33** 883 ff., s. Erzwingung
Erzeugervereinigung **25** 100
Erzeugnis der Landwirtschaft **33** 811 Nr. 4, 813; Erstreckung der Hypothek **1** 1120 ff., Erstreckung des Pfandrechts **1** 1212, Erwerb **1** 953 bis 957
Erziehung als Teil des Personensorgerechts **1** 1631, als Teil des Unterhalts **1** 1610, religiöse **1** 1801
Erziehungsgelder Unpfändbarkeit **33** 850 a
Erzwingung Abgabe einer eidesstattlichen Versicherung **33** 889, 901, Amtshandlung **30 a** 27, 28, einer Duldung oder Unterlassung **33** 890, einer Handlung **33** 887, 888, Testamentsablieferung **37** 83
EU-Staaten Urheberrechtsschutz **28** 120
Europäischer Gerichtshof Verfahren vor **51** 113 a
Eviktion Kauf **1** 440, Miete **1** 541
EWR-Staaten Urheberrechtsschutz **28** 120
exceptio doli **1** 817
Exterritoriale Deutsche **33** 15, 200, örtliche Zuständigkeit der Gerichte **37** 3
Fabrikant Gerichtsstand **33** 21
Fabrikarbeiter Gerichtsstand **33** 20
facultas alternativa (Ersetzungsbefugnis) **1** 249, 528, 843
Fälligkeit **33** 805, 832, 844, 916, 987, 1010 ff., Anwaltsgebühr **51** 16, Ausgleichsanspruch **1** 1446, 1468, Auslagen **50** 63, 64, **52** 7, Darlehen **1** 608, 609, Forderung **1** 1078, Gebühren **50** 61 ff., **52** 7, Geldschuld **1** 291, Grundschuldkapital **1** 1193, Leistung **1** 271, Leistung bei Pfandrecht **1** 1281, Leistung bei Pfandrecht an beweglichen Sachen **1** 1228, Leistung bei Pfandrecht an Rechten **1** 1281 ff., Scheck **24** 28, Vergütung bei Dienstvertrag **1** 614 ff., Vergütung bei Verwahrung **1** 699, Vergütung bei Werkvertrag **1** 641, Vermächtnis **1** 2181, 2186, Verzug **1** 284, Wechsel **23** 33 bis 37
Fälschung des Protokolls **33** 164, einer Urkunde **33** 580, Hinterlegungsbescheinigungen, AG **21** 402, Scheck **24** 10, Wechsel **23** 7
Fahrlässige Unkenntnis Änderung des Vereinsvorstandes **1** 68, 70, Nichtigkeit, Anfechtbarkeit einer Willenserklärung **1** 122, 142, Überschuldung der Erbschaft **1** 1980, Vertreter **1** 166
Fahrlässigkeit Beamter **1** 839, Begriff **1** 276, bei Abschlußprüfung **20** 323, Erwerb eines Wechsels **23** 10, 16, 40, Finder **1** 968, Scheckerwerb **24** 21, Schuldner **1** 287, 300, unerlaubte Handlungen **1** 823, s. a. grobe Fahrlässigkeit; s. a. grobe Fahrlässigkeit, Haftung
Faksimile-Unterschrift Aktien **21** 13
Falschlieferung (»aliud«) **20** 378
falsus procurator **1** 177 ff., **23** 8
Familie Trennung des Kindes von **1** 1666 a
Familienangehörige Anwesenheit bei Vollstreckungshandlungen **33** 759, 885; Ersatzzustellung an **33** 181, s. Angehörige
Familienbilder Erbschaftskauf **1** 2373
Familiengericht **30** 23 b f.; Amtsgericht **37** 64, Anhörung des Jugendamts **37** 49 a, Anwaltszwang **33** 78, Ausgleichsforderungen **1** 1382, 1383, Befugnis, Umgang mit Kind **1** 1632, 1634, Bestimmung elterlicher Sorge **1** 1671, 1678, 1696, Familiensachen **37** 64, Versorgungsausgleich **1** 1587 o, Zuständigkeit **33** 606, 621
Familienmitglieder **33** 385
Familienname **1** 1355, **2** 10, Annahme als Kind **1** 1757, 1765, 1772, bei Ehelicherklärung **1** 1737, 1740 f, 1740 g, eheliches Kind **1** 1616, Firma eines Einzelkaufmannes **20** 18, nichteheliches Kind **1** 1617 f., 1706
Familienpapiere im Nachlaß **1** 2047, 2373
Familienpflege **1** 1630, 1632
Familienrecht **1** 1297 bis 1921, DDR-Übergangsrecht **2** 234, 236 § 2, internationales Privatrecht **2** 13 bis 24
Familienrechtliche Angelegenheiten Gebühren **52** 91 bis 99
Familiensachen **33** 97, 606 ff., 621 e, 621 f, 623, 626, 629, Amtsgericht **37** 64, Kostenschuldner **50** 49, Nichtöffentlichkeit **30** 170, Verfahren **37** 64, Wertberechnung **50** 12, 19 a, Zuweisung, Amtsgericht **30** 23 c
Familienunterhalt **1** 1360 ff.
Familienverhältnis **33** 385
Faustpfandrecht **1** 1205, **33** 804
Fehlbetrag Aufbringung durch übrige GmbH-Gesellschafter **22** 24, Ersatzansprüche der GmbH **22** 9 a, Haftung in Gesellschaft **1** 739
Fehler Erbschaftssache, Erbschaftskauf **1** 2376, fehlerhafte Produkte **6** 1 bis 3, Kaufsache **1** 459 ff., Leihsache **1** 600, Mietsache **1** 537 ff., Pachtsache **1** 586, Schenkungssache **1** 524, 526, Werkvertrag **1** 633 ff., s. a. Mangel
Fehlgeburt Ansprüche der Mutter **1** 1615 n
Feiertag allgemeiner **33** 188, 216, 222, 761; Scheckrecht **24** 55, Verfalltag des Wechsels **23** 72
Ferienkammer **30** 201
Feriensache **30** 200, ferienunabhängige Verfahren **30** 202
Fernbleiben unentschuldigtes **30** 56
Fernsehsendungen Filmwerke **28** 88 ff., Laufbilder **28** 95
Fernsprechgebühren **33** 104

Festsetzung Abänderung **33** 37, 107, der Höhe der Sicherheit **33** 112, der Prozeßkosten **33** 104 ff., des Regelunterhalts für Minderjährige **33** 642 a ff., des Wertes des Streitgegenstandes **33** 3 ff., von Strafen **33** 380, 390, 409
Festsetzungsbeschluß 33 105
Festsetzungsgesuch 33 103, 105
Festsetzungsverfahren 32 21
Feststellung der blutmäßigen Abstammung **33** 641 e, 641 h, der Vaterschaft **33** 640, 641 ff., des Bestehens oder Nichtbestehens einer Ehe **33** 154, 606 ff., 638, des Bestehens oder Nichtbestehens eines Vertrags, Gerichtsstand **33** 29, des Rechtsverhältnisses zwischen Eltern und Kindern **33** 154, 640 ff., 704, eines Sachzustands zur Beweissicherung **33** 485, Klage auf – des Bestehens oder Nichtbestehens eines Rechtsverhältnisses **33** 256, 506, zum Sitzungsprotokoll **33** 298, 510 a
Feststellungsbeschluß Beschwerde gegen **39** 89, 110
Feststellungsklage 33 256, Ausschlußfrist **35** 152, nicht festgestellte Konkursforderungen **35** 146, Streitwert **35** 148, Umfang der Rechtskraft **35** 147
Feuerungsmittel Unpfändbarkeit **33** 811
Feuerversicherung 9 23
Fideikommißbehörde 38 29
Fiktion der Rechtshängigkeit **33** 696, 700, der Übergabe **33** 897, des Fortbestehens der Befugnisse des Beauftragten **35** 27, des Fortbestehens der Befügnisse des Gesellschafters **35** 28, des Fortbestehens der Vollmacht **1** 169, des Fortbestehens des Auftrags **1** 674, Nichterlöschen von erloschenen Rechtsverhältnissen **1** 1976
Film s. Filmwerke, Laufbilder
Filmhersteller Rechte **28** 89, 91, 94, 128
Filmwerke 28 2, 88 ff., ausübende Künstler **28** 92, Dauer des Urheberrechts **28** 65, Einschränkung der Rechte **28** 90, Recht zur Verfilmung **28** 88, Rechte an **28** 89, Rechte an Lichtbildern **28** 91, Rechte des Filmherstellers **28** 89, 91, 94, 128, Rechte des Urhebers **28** 88, 89, 90, 93, Schutz gegen Entstellung **28** 93, Wiederverfilmung **28** 88
Finanzgerichtsbarkeit Verfahren vor **51** 114, Wertberechnung **50** 13
Finder Ablieferungspflicht **1** 967, Eigentumserwerb **1** 973, 974, Haftung **1** 968, Rechte nach Ablieferung **1** 975, Zurückbehaltungsrecht **1** 972
Finderlohn 1 971, 978
Fingierte Erklärung Klauselverbot, AGB **4** 10
Firma 20 2 ff., 13, 17 ff., AG **21** 4, des formwechselnden Rechtsträgers **21a** 201, Einzelkaufmann **20** 18, Erwerb **20** 22, Fortführung **20** 21, 22, 24 ff., Gesellschaftereintritt, -austritt **20** 24, GmbH **22** 3 f., Handelsregisteranmeldung **20** 29 ff., juristische Person **20** 33 bis 36, KommAG **21** 279, Kommanditgesellschaft **20** 19, 161, 173, Löschung, Verfahren **37** 141, Minderkaufmann **20** 4, Namensänderung **20** 21, OHG **20** 19, 24, 105 ff., 124, 130, Passivenübernahme **20** 22, 25 bis 27, Prozeßfähigkeit **20** 17, Schutz vor Mißbrauch **20** 37, stille Gesellschaft **20** 18, übernehmender Rechtsträger **21a** 18, Übertragbarkeit **20** 22 ff., unbefugter Gebrauch, Verfahren **37** 140, Unterscheidbarkeit **20** 30, Verbot der Leerübertragung **20** 23, Zeichnung durch den Prokuristen **20** 51, 53
Firmenänderung 20 21, 31 bis 34, fakultative Anmeldung **20** 3, obligatorische Anmeldung **20** 14, 16, 29, 31 ff., Öffentlichkeit, grundsätzliche Anmeldepflicht **20** 8 bis 16, 25, 29, 31 bis 37, Schuldübernahme **20** 25 bis 27, Unterscheidbarkeit **20** 30, Wahlfreiheit **20** 18, 22, 24, 30, Wahrheitspflicht **20** 18 f., 23, 30, 37
Firmenführung unzulässige **37** 140
Firmenwert Abschreibung **20** 309
Fischerei 2 69
Fiskus 33 18, als Erbe **1** 1936, 1964 ff., **33** 780, **52** 110, Aneignung eines aufgegebenen Grundstücks **1** 928, Aneignung herrenloser Grundstücke **2** 190, Erwerb des Fundsachenerlöses **1** 981, Inventarfrist **1** 2011, Schadenshaftung für Beamte **1** 89, Vormerkung zugunsten **2** 233 § 13 a, Zwangsvollstreckung gegen **33** 882 a
Fixgeschäft 1 361, Erfüllung im Konkurs **35** 18
Fixhandelskauf 20 376
Flüchtiger Verfolgung über Landesgrenzen **30** 167
Flüchtlinge Urheberschutz **28** 123
Flurbereinigung 2 113
Förmlichkeiten der mündlichen Verhandlung, Beweis durch das Protokoll **33** 164
Forderung als Sicherheit **1** 232, 233, 236, 238, auflösend bedingte **35** 66, Aufrechnung **1** 387 ff., Aufrechnung im Konkurs **35** 53 bis 56, aufschiebend bedingte **35** 67, 154, aus gegenseitigen Verträgen **36** 36, Aushändigung der Scheckpapiere **24** 47, Aushändigung des Wechsels **23** 50, Auswechslung bei Hypothek **1** 1180, bedingte **36** 31, Befriedigung der bevorrechtigten **35** 191, Behandlung bestrittener und teilweise gedeckter **36** 97, bei Hypothek **1** 1143, 1153 ff., bei Sicherungshypothek **1** 648, bei Vormundschaft **1** 1812, betagte **35** 54, 65, **36** 30, der Vormänner beim Frachtgeschäft **20** 441, Einziehung **1** 754, 1074 ff., 1282, 1285, 2361, 2362, Einziehung bei Nießbrauch **1** 1078, Erbschafts- **1** 2111, 2129, Erlöschen des Pfandrechts mit **1** 1252, Erörterung **36** 70, fällige **20** 369 f., gegen Teilhaber **1** 756, Geltendmachung bei Hypothek **1** 1161, gesicherte – aus laufender Rechnung **20** 356, Handelsgeschäft **20** 353, Hypothek für – aus Inhaber- oder Orderpapieren **39** 43, Kommissionsgeschäft **20** 392, 397, 399, nichtliquide **35** 54, Nießbrauch an **1** 1070, 1074 ff., Pfandrecht

an **1** 1279 ff., Streitwertberechnung **33** 6, Umrechnung **36** 34, unbeschränkte Geltendmachung durch Konkursgläubiger nach Aufhebung **35** 164, unbestimmte **35** 69, unpfändbare **1** 400, Verkauf gemeinschaftlicher **1** 754, Vermächtnis **1** 2173, 2175, Verschweigung, Nachlaßgläubiger **1** 1974, von der Geltendmachung ausgeschlossene **35** 63, Wiederaufleben von durch Befriedigung erloschenen **35** 39, Wohnsitz des Schuldners **33** 23, Zugehörigkeit zum Gesellschaftsvermögen **1** 720, s. a. Konkursforderungen

Forderungsabtretung anzuwendendes Recht **2** 33; Ersatzpflicht bei Entstehung eines Aufrechnungsrechts eines Ausländers durch **35** 56

Forderungsanmeldung 35 139, **36** 66 ff.

Forderungserwerb Wechsel **23** 95

Forderungsrecht Versprechensempfänger bei Vertrag zugunsten Dritter **1** 335

Forderungsübergang anzuwendendes Recht **2** 33, Gesamtschuldner **1** 426, Hypothek **1** 1143, kraft Gesetzes **1** 268, 401, 412, 774, Unterhaltsgewährung **1** 1615 b, Verpfänder **1** 1225

Forderungsübertragung 1 398 bis 413, 1153 ff., anzuwendendes Recht **2** 33

Form Anfechtung **1** 143, 1955, Anmeldung zum Vereinsregister **1** 77, Annahme des Wechsels **23** 25, Antrag zum Güterrechtsregister **1** 1560, Anweisungsannahme **1** 784, Anweisungsübertragung **1** 792, Aufhebung fortgesetzter Gütergemeinschaft **1** 1492, Auflassung **2** 143, Aufrechnung **1** 388, Auseinandersetzungsvereinbarung **1** 1501, Bestätigung anfechtbares Rechtsgeschäft **1** 144, Bestellung, Vormund **1** 1789, Bestimmung, Testamentsvollstrecker **1** 2198, Bürgschaftserklärung **1** 766, Ehelicherklärung **1** 1730, Ehevertrag **1** 1410, Ehrenannahme **23** 57, Eigentumserwerb an Grundstücken **1** 873, Erbschaftsannahme und -ausschlagung **1** 1945, Erbvertrag **1** 2276, Erbvertragsaufhebung **1** 2290 ff., Erbverzichtsvertrag **1** 2248, Erklärungen über Familiennamen **1** 1617, 1618, Indossament **23** 13, **24** 16, Kündigung, Landpachtverhältnisse **1** 594 f, Kündigung, Mietverhältnis über Wohnraum **1** 564 a, Leibrentenversprechen **1** 761, letztwillige Verfügung, Gütergemeinschaft **1** 1516, Mietvertrag **1** 566, Pflichtteilsentziehung **1** 2336, Protest **23** 81, 97, Rechtsgeschäfte **1** 125 bis 129, **2** 11, Rücktritt **1** 349, Rücktritt des Erblassers **1** 2296, 2297, Scheckausfertigung **24** 49, Scheckbürgschaft **24** 26, Scheckerklärung im internationalen Recht **24** 62, Schenkungsversprechen **1** 518, Schenkungswiderruf **1** 531, Schuldanerkenntnis **1** 518, 781, 782, Schuldversprechen **1** 518, 780, 782, Stiftungsgeschäft **1** 81, Testament **1** 2081, 2231 ff., Testamentswiderruf **1** 2254 ff., Vaterschaftsanerkennung **1** 1600 e, Vermächtnisannahme und -ausschlagung **1** 2180, Vertrag **1** 126 ff., Vertrag über Grundstückserwerb **1** 313, Verzicht auf Gesamtgutsanteil **1** 1491, Vollmachterteilung **1** 167, Vorkauf **1** 505, Wechselabschrift **23** 67, Wechselausfertigung **23** 64, Wechselbürgschaft **23** 31, Wechselerklärung im internationalen Recht **23** 92, Wiederkauf **1** 497, Zustimmung **1** 182

Formfreiheit Schuldversprechen, Schuldanerkenntnis **1** 782

Formkaufmann 20 6

Formmangel Heilung bei Bürgschaftserklärung **1** 766, Heilung bei Grundstückserwerb **1** 313, Heilung bei Schenkungsversprechen **1** 518, Kreditvertrag, Rechtsfolgen **3** 6, Nottestament **1** 2249, Rechtsgeschäft, Nichtigkeit **1** 125

Formwechsel 21a 190 ff., Anmeldung **21a** 198 f., 235, 246, 265, Bekanntmachung **21a** 201, Eintragung **21a** 201 f., Gründungsvorschriften **21a** 197, von eingetragenen Genossenschaften **21a** 258 ff., von Kapitalgesellschaften **21a** 226 ff., von Körperschaften und Anstalten des öffentlichen Rechts **21a** 301 ff., von Personenhandelsgesellschaften **21a** 214 ff., von rechtsfähigen Vereinen **21a** 272 ff., von Versicherungsvereinen auf Gegenseitigkeit **21a** 291 ff.

Forst- und Feldrügesachen Kosten **50** 70

Forstwirtschaft 25 100

Fortbestehen Einreden gegen Hypothek **1** 1157, Fiktion des – der Befugnisse des Beauftragten **35** 27, Fiktion des – der Befugnisse des Gesellschafters **35** 28, Fiktion des – der Vollmacht **1** 169, Fiktion des – des Auftrags **1** 674, Geschäftsführungsbefugnis **1** 729

Fortbildung Unterhaltsanspruch, Scheidung **1** 1575

Fortdauer Verfügungsbeschränkung **36** 24, Verfügungsbeschränkungen bei vereinbarter Überwachung **36** 94

Fortführung eines Handelsgeschäfts, Erteilung vollstreckbarer Ausfertigung **33** 729, Geschäfte nach Beendigung der elterlichen Sorge **1** 1698 a

Fortgeltung Forderungsanmeldung im Aufgebotsverfahren **35** 229

Fortgesetzte Gütergemeinschaft Aufhebung **1** 1492 ff., Auseinandersetzung **1** 1497 ff., Ausschließung **1** 1483 bis 1518, Gesamtgut **1** 1488, 1489, 2054, Konkurs über Gesamtgut **35** 236, Sondergut **1** 1486, Übernahmerecht **1** 1502, 1515, Vergleichsverfahren über Gesamtgut **36** 114 ff., Vorbehaltsgut **1** 1486

Fortsetzung befristetes Mietverhältnis **1** 556 b, 556 c, 565 a, 565 d, der Beweisaufnahme **33** 366, 368, der Verhandlung **33** 136, 332, 370, 590, des Rechtsstreits **33** 239, Dienstverhältnis **1** 625, Gesellschaft **1** 724, Mietverhältnis **1** 556 a, 565 d, 568, Mietverhältnis auf Zeit **1** 564 c, Mietverhältnis nach Tod des Mieters **1** 569 ff., Pachtverhältnis **1** 595, Verfahren nach Erledigung des Rechtsstreits **39** 107, Vergleichsverfahren **36** 96, von Mietverhältnissen

33 708, Zwangsversteigerungsverfahren nach einstweiliger Einstellung **34** 31
Fracht Berechnung **20** 408, 412, Bezahlung **20** 438, Erstattung **20** 420, Pfandrecht **20** 410, 440, Zahlungspflicht im Landtransportgeschäft **20** 436
Frachtbrief 20 426, 432 ff.
Frachtführer 20 425, Haftung **20** 429, Unter- **20** 432
Frachtgeschäft 20 425 bis 452
Frachtgut 20 425 ff.
Frachtvertrag Eisenbahn **20** 453 ff., Inhalt **20** 426, 428, Vermittlung **20** 415
Fragen an Zeugen **33** 140, 395, 396, 397, 398, 400, deren Beantwortung vom Zeugen verweigert werden darf **33** 384
Fragerecht und Fragepflicht **33** 139, 396, 397
Freie Benutzung Werk **28** 24
Freies Ermessen s. Ermessen
Freigabe Löschung der Eintragung **35** 114
Freigebigkeit Einkünfte aufgrund der – eines Dritten, bedingte Pfändbarkeit **33** 850 b
Freihändiger Verkauf hinterlegte Sache **1** 385, 386, Orderpapiere **1** 1295, Pfand **1** 1221, 1235
Freiheitsentziehung 51 112, Betreuter **1** 1906, Kind **1** 1631 b, Schadensersatz **1** 823, 845 ff.
Freiheitsstrafe Vollstreckung, anderer Bezirk **30** 163
Freiwerden Berechtigter bei Vorkaufsrecht **1** 1101, Käufer bei Vorkaufsrecht **1** 1102, Schuldner **1** 1165
Freiwillige Gerichtsbarkeit 32 14 ff., Anwendung der Vorschriften für Familiensachen **33** 621 a, Beschwerde in Wohnungseigentumssachen **8** 45, Verfahren in Wohnungseigentumssachen **8** 43 ff.
Freiwillige Gerichtsbarkeit, Gesetz über die Angelegenheiten der 37
Freizeit Stellungssuche **1** 629
Fremdes Recht Ermittlung **33** 293
Fremdsprache Scheck **24** 1, Wechsel in **23** 1, 75
Fremdwährung Scheck **24** 36
Frist 1 186 bis 193, »acht Tage« **20** 359, Anfechtung **36** 107, Anmeldung der Konkursforderungen **35** 138, Antrag auf gerichtliche Entscheidung **30 a** 26, Antragsannahme **1** 147, 148, Antritt der Reise **20** 428, Aufbewahrung kaufmännischer Unterlagen **20** 257, Ausübung der Rückgriffsrechte **23** 94, bei Erhebung der Nichtigkeitsklage **10** 17, Benachrichtigung **23** 45, **24** 42, Berechnung bei Feiertagen **23** 72, **24** 55, Berechnung bei Verträgen **20** 359, Beschwerde- **25** 65, **34** 98, Darlehenskündigung **1** 609, Dauervollstreckung **1** 2210, Dienstvertragskündigung **1** 621 ff., Ehelichkeitsanfechtung **1** 1594, Ehelichkeitserklärung **1** 1740 e, Einberufung der Hauptversammlung **21** 123, Entschädigungsansprüche gegen Frachtführer **20** 438, Erbschaftsannahme, -ausschlagung, Anfechtung **1** 1954, 1956, Erbschaftsausschlagung **1** 1943, 1944, 2306, Erbschaftserwerb, Anfechtung **1** 2340, Erbvertragsanfechtung **1** 2283, Erbvertragseröffnung **1** 2300 a, Ersatzpflicht **1** 250, gesetzliche **24** 56, gesetzliche oder im Wechsel bestimmte **23** 73, hinsichtlich der Folgen der Aufhebung **10** 37, hinsichtlich der Folgen der Nichtigkeit **10** 26, Inventarerrichtung **1** 1994 ff., Kauf auf Probe **1** 496, Klagefrist bei Aufhebungsklage **10** 35, 36, Konkurseröffnungsantrag, Nachlaßgläubiger **35** 220, Landpachtkündigung **1** 594 a ff., letztwillige Verfügung, Anfechtung **1** 2082, 2083, Lieferung **20** 376, Mängelbeseitigung, Werkvertrag **1** 634, Mietverhältniskündigung **1** 565, Nach-, Aktieneinzahlung **21** 64, Nacherbschaft **1** 2109, Nottestament **1** 2252, Pachtkündigung **1** 584, Pfandrecht des Frachtführers **20** 440, 442, Protesterhebung **23** 44, 97, **24** 41, 66, Rechte ausübender Künstler **28** 82, Rechtsgeschäfte **1** 186 bis 193, Rückgewähr **1** 354, Rückgriff **24** 64, Rücktrittsrecht **1** 355, Schenkungsannahme **1** 516, Schuldübernahme **1** 415, Sperr- bei Vergleich **36** 28, 87, 104, Testamentseröffnung **1** 2263 a, Urheberschutz **28** 69, Verfallzeit des Wechsels **23** 36, 37, Verjährung **1** 195 ff., 206 ff., **20** 26, 61, 113, 159, 414, 423, 439, Vermächtnis **1** 2162, 2163, Vertragserfüllung **1** 326, Vorkauf **1** 510, 2034, Vorlegung **24** 29 f., 65, Vorschlagslisten, Schöffen **30** 57, Wandelung **1** 466, Wiederkauf **1** 503, Willenserklärung, Anfechtung **1** 121, 124, Zugewinnausgleich **1** 1385, zur Erklärung über den Ehenamen **10** 13 a, zur Nachholung **36** 10, zwischen Aufforderung zur Gebotsabgabe und Versteigerungsschluß **34** 73
Fristablauf Scheckvorlage **24** 29
Fristbeginn 1 187, Gewährfristen beim Viehkauf **1** 483, Nachlaßpflegschaft **1** 2017, neuer **38** 22
Fristbestimmung zur Klageerhebung **38** 16
Fristen 33 207, 217, 221 ff., Einfluß von Unterbrechung und Aussetzung des Verfahrens auf den Lauf der **33** 249, Frist für vorbereitende Schriftsätze **33** 132, 226, Fristbestimmung im Urteil **33** 255
Fristen, eigentliche gesetzliche **33** 106, 107, 132, 134, 206, 217, 234, 262, 320, 321, 339, 499, 516, 520, 552, 554, 555, 604, 692, 701, 798, 815, 840, 873, 878, 929, 954, 1022, 1029, 1031, richterliche **33** 56, 89, 109, 113, 151, 239, 244, 262, 271, 273, 275 ff., 283, 315, 356, 364, 379, 428, 431, 614, 641 n, 697, 699, 701, 750, 769, 771, 798 a, 805, 926, 942
Fristen, uneigentliche 33 206, 310, 315, 544, 571, 816, 875, 913, 915, 950, 994, 1001, 1002, 1010 bis 1015
Fristende 1 188
Fristlose Kündigung Dienstvertrag **1** 626 ff., Landpachtverhältnis **1** 594 c, Mietverhältnis **1** 542 ff., 553 ff.

Fristsetzung Klauselverbot, AGB **4** 11, Mängelbeseitigung, Werkvertrag **1** 634, Mitwirkung des Bestellers **1** 643, nach Verurteilung des Schuldners **1** 283, Rücktrittsrecht **1** 355, Verzug, gegenseitiger Vertrag **1** 326
Fristverlängerung **24** 41, Berechnung **1** 190, höhere Gewalt **23** 54, **24** 48
Fristversäumung Verwirkung des Rückgriffs **23** 53
Fruchterwerb **1** 953 bis 957
Fruchtziehung Berechtigte **1** 101, 102, übermäßige –, Nießbrauch **1** 1039, übermäßige –, Vorerbschaft **1** 2133
Früchte als Nebenforderungen **33** 4, einer Sache, Begriff **1** 99, Erstreckung der Hypothek **1** 1120 ff., Herausgabe an Vermächtnisnehmer **1** 2184, Herausgabe durch Besitzer **1** 993, Herausgabe durch Erbschaftsbesitzer **1** 2020, Herausgabe, Ersatzanspruch **1** 102, 998, ins Nachbargrundstück fallende **1** 911, 923, 924, nicht von Amts wegen zuzusprechen **33** 308, Pfändung von **33** 810, 813, 861, 862, Verjährung des Anspruchs auf **1** 224, Versteigerung **33** 824, Verteilung **1** 101, 2038, Wertersatz durch Verpächter **1** 596 a
Früchteanteil Gemeinschaft **1** 743
Fürsorge Einkünfte aufgrund der Fürsorge eines Dritten, bedingte Pfändbarkeit **33** 850 b, für den zu Entmündigenden **33** 657
Fürsorgemaßregel Zuständigkeit **37** 44
Fürsorgepflicht Dienstherr **1** 617, 618, Prinzipal **20** 62
Fund **1** 965 bis 984, Ablieferungspflicht **1** 967, Anzeigepflicht des Finders **1** 965, Aufwendungsersatz **1** 970, Empfang des Versteigerungserlöses **1** 981, Haftung **1** 968, Herausgabe **1** 969, Herausgabeanspruch des Geschädigten **1** 977, öffentliche Behörde oder Verkehrsanstalt **1** 978, öffentliche Bekanntmachung **1** 980, öffentliche Versteigerung **1** 979, Rechte des Finders **1** 975, Schatzfund **1** 984, unanbringbare Sachen **1** 983, Verwahrungspflicht **1** 966, Zurückbehaltungsrecht **1** 972
Funksendung ausübender Künstler **28** 76, Wiedergaberecht **28** 22
Garantiefunktion Scheckindossament **24** 18, Wechselindossament **23** 15
Gartenhaus Unpfändbarkeit **33** 811
Gastwirt Haftung **1** 701 bis 703, Pfandrecht **1** 704
Gattungskauf **1** 480, Tiere **1** 491
Gattungsname Verwendung **26** 5
Gattungsschenkung **1** 524
Gattungsschuld **20** 94, 96, 100, 360, Begriff **1** 243, Haftungsminderung **1** 300, Unvermögen bei **1** 279
Gattungsvermächtnis **1** 2155, 2182, 2183
Gebäude Bau über Grundstücksgrenze **1** 912, drohender Einsturz **1** 908, Haftung des Besitzers **1** 836, 837, Haftung des Unterhaltspflichtigen **1** 838, Stockwerkseigentum **2** 131, 182, wesentliche Bestandteile **1** 94, Wiederherstellung **2** 110
Gebäudeeigentum DDR-Übergangsrecht **2** 233 § 4, ohne dingliches Nutzungsrecht **2** 233 § 2 b
Gebäudeteile Beschränkung des Erbbaurechts auf **1** 1014
Gebäudeversicherung Zahlung bei Hypothek **1** 1128
Gebietskörperschaft Beteiligung an AG **21** 394 f.
Gebot Abgabe, Frist **34** 73, an den Gegner bei einstweiligen Verfügungen **33** 938, an den Schuldner bei Forderungspfändung **33** 829, 857, Bar- **34** 49 ff., Einstellung mangels **34** 77, Erlöschen **34** 72, geringstes **34** 44 f., letztes –, Stundenfrist **34** 73, Über- **34** 72, ungenügendes **33** 817 a, unwirksames –, Zurückweisung **34** 71
Gebrauch gemeinschaftlicher Gegenstand **1** 743 ff., 2038, gemeinschaftliches Eigentum **8** 15, in Handelssachen **20** 59, 94, 96, 99, 346, 354, 359, 380, 396, 428, Mietsache **1** 550, 553, Sondereigentum **8** 15, unbefugter – bei Nießbrauch **1** 1053, vertragsmäßiger – bei Leihe **1** 603, vertragsmäßiger –, Mietsache **1** 548, 552, vertragswidriger – bei Leihe **1** 605, vertragswidriger –, Mietsache **1** 550, 553, Wohnungseigentum **8** 15
Gebrauchsüberlassungsverträge **20** 87 b
Gebrechen Unterhaltsanspruch, Scheidung **1** 1572
Gebühren **50** 11, **52** 1, 32 bis 35, Angelegenheiten der freiwilligen Gerichtsbarkeit **52** 36 bis 135, Anträge, Beschwerden, Gesuche usw. **52** 129 bis 135, Beschwerde **38** 25, Beurkundungen u. ä. **52** 36 bis 59, bürgerliche Rechtsstreitigkeiten, Scheidungsfolgesachen, Verfahren vor Gerichten der Verwaltungsgerichtsbarkeit und der Finanzgerichtsbarkeit **50** 12 bis 34, der beigeordneten Anwälte und Gerichtsvollzieher **33** 125, der Zeugen und Sachverständigen **33** 401, 413, einmalige Erhebung **50** 27, 33, Erstattung **33** 91, Fälligkeit **50** 61 ff., **52** 7, familienrechtliche Angelegenheiten **52** 91 bis 99, Gerichtsstand für Klagen wegen **33** 34, Grundbuchsachen **52** 60 bis 78, Hinterlegung **38** 24, internationale Markenregistrierung **27** 109, 121, Nachlaß- und Teilungssachen **52** 101 bis 117, Notar **52** 140 bis 157, Prozeßkostenhilfe **33** 115 ff., Rechnungs- **50** 72, Rechtsanwalt s. dort; Registersachen **52** 79 bis 90, Strafsachen **50** 40 bis 47, Verfahren nach OWiG **50** 48, Verfahren nach StVollzG **50** 48 a, Vergleichsverfahren zur Abwendung des Konkurses, Konkursverfahren, seerechtliches Verteilungsverfahren **50** 35 bis 39, volle **52** 32, s. a. Geschäftswert; s. a. Streitwert
Gebührenfreiheit **33** 115, 124, **52** 12, 13, 143; Anträge, Gesuche **52** 129, für Eintragung und Löschung, Konkurseröffnung **35** 115, Grundbuchsachen **52** 69, Kauf eines mit dem Erbbaurecht belasteten Grundstücks **9** 39, Kindschafts- und Unterhaltssachen **52** 55 a, Notarsgeschäfte **52** 147,

Registersachen **52** 87, Tätigkeiten des Vormundschaftsgerichts **52** 91, Unterbringungssachen **52** 128 b
Gebührenstaffel 33 123
Geburt 33 385, Anfall des Vermächtnisses **1** 2178, Bestellung eines Vormunds oder Pflegers vor – des Kindes **37** 36 a, Namensbestimmung **1** 1720, Unterhaltsanspruch **1** 1615 k ff., zu erwartende – eines Erben **1** 1963, 2043, 2101, 2141
Geburtsbeihilfen Unpfändbarkeit **33** 850 a
Gefährdung Befriedigung des Nachlaßgläubigers **1** 1981, Gemeinwohl **1** 43, 87, Gesundheits- in Mieträumen **1** 544, künftige Ausgleichsforderung **1** 1386, Sicherheit einer Hypothek **1** 1133, Vermögen des Kindes **1** 1667 ff., verpfändete Forderung **1** 1286, Wohl des Kindes **1** 1666
Gefahr eigene **20** 393, Eisenbahntransport **20** 454, für Pfand **1** 1218, gegenseitige Verträge **1** 323, Hinterlegung **1** 379, 694, im Verzuge **20** 115 f., 137, 373, 379, 388, 407, Rücktritt **1** 350, 351, unerlaubte Entziehung **1** 848, Vorlegung von Sachen **1** 811
Gefahrabwendung 1 228 ff., Dienstvertrag **1** 618, Fremdeinwirkung auf Eigentum zur **1** 904, Geschäftsführung ohne Auftrag **1** 680
Gefahrtragung Geldsendungen **1** 270, Hinterlegung **1** 379, Pacht **1** 588, Werkvertrag **1** 644, 645
Gefahrübergang auf Ersteher **34** 56, Erbschaftskauf **1** 2380, Gattungskauf **1** 480, Gläubigerverzug **1** 300, Kauf **1** 446, 450, 459, 483, 484, Rechtskauf **1** 451, Versendungskauf **1** 447, Werkvertrag **1** 644
Gefangener Kontaktsperre **30 a** 31 ff.
Gegenanspruch 33 33, 145
Gegenbeweis 33 164, 314, 415, 418
Gegenerklärung 33 132, 272 a
Gegenforderung 33 145, 302, 322, 529 f.
Gegenleistung 33 257, 688, 756, 765, 844, 894, Bestimmung **1** 316, 323, ungerechtfertigte Bereicherung **1** 323, 327, Verweigerung **1** 320
Gegenseitiger Vertrag 1 320 bis 327, Abwicklung **36** 50, Forderungen aus **36** 36, Schadensersatz bei Abwicklung **36** 52
Gegenseitigkeit 33 110, 114, 328, 723
Gegenstand Absonderungsrecht an unbeweglichen **35** 47, der Beschlußfassung, Gläubigerversammlung **35** 98, der Verurteilung **33** 709, der Zeugenvernehmung **33** 396, des erhobenen Anspruchs **33** 253, 268, hinterlegungsfähiger **38** 5, Inbegriff **1** 260, körperlicher **1** 90, Rückgabe an Gesellschafter **1** 732, Sondereigentum **8** 5, Überlassung an Kind **1** 1644, Verfügungsverbot über einzelnen **36** 63, Vermächtnis fremder **1** 2169, zurückgewährter **35** 228, Zuteilung gemeinschaftlicher **1** 757
Gegenstandswert Anwaltsgebühr **51** 7 ff., 77, 81
Gegenüberstellung 33 394
Gegenverpflichtung Rücktritt bei Aufhebung **1** 2295
Gegenvormund Anhörung **1** 1826, Aufsicht durch Vormundschaftsgericht **1** 1837, 1839, Aufwendungen **1** 1835, Auskunftspflicht **1** 1839, 1891, Beendigung des Amtes **1** 1895, Bestellung **1** 1791 a, 1792, 1857, 1904, Genehmigung, Mündelvermögensanlegung **1** 1810, Genehmigung, Rechtsgeschäft **1** 1832, Genehmigung, Verfügung über Mündelvermögen **1** 1812 ff., Haftung **1** 1833, Mitwirkung, Rechnungslegung **1** 1842, 1891, Rechte und Pflichten gegenüber dem Vormund **1** 1799, 1802, 1809, 1810, 1812, 1832, 1842, 1854, Vergütung **1** 1835, 1836
Gegner Beschwerdeführer **34** 99
Gehalt Belassung **31** 33, Vorstandsmitglieder, AG **21** 87
Gehaltsabtretung 1 411
Gehaltsanspruch Aufrechnung und Übertragung **2** 81
Gehaltsforderung Pfändung **33** 832, 850 bis 850 g, Unpfändbarkeit **33** 811
Geheime Beratung 30 193
Geheimer Vorbehalt 1 116
Geheimhaltung Annahme als Kind **1** 1758, anvertrauter Tatsachen, Zeugnisverweigerung **33** 383, 385
Geheimhaltungspflicht 20 323, 333, Verletzung **21** 404, **21a** 315, Verstoß **22** 85
Gehilfe Haftung für **1** 664, **2** 78, Haftung für Erfüllungs- **1** 278, 691, kein Erwerb bei Zwangsvollstreckung **1** 456, unerlaubte Handlungen **1** 830, 831
Gehobener Dienst Anrechnung einer Ausbildung **31** 5 c
Gehör s. Anhörung
Geistesschwäche Testament **1** 2229, 2253
Geistliche vermögensrechtliche Ansprüche **2** 80
Geistlicher 33 383, 385, 386, 811, 850, 910
Gekreuzter Scheck 24 37 f.
Geld 33 108, 709, 720, 808, 815, 930, als Frachtgut **20** 429, Hinterlegung **1** 372, 1960, Schadensersatz in **1** 249 ff., 843, Sicherheitsleistung durch **1** 232, 233, 235, Sicherheitsleistung durch Hinterlegung **34** 69, Verwahrung **52** 149, Verwendung durch Beauftragten **1** 668, Verwendung durch Verwahrer **1** 698
Geldanlegung Kindesvermögen **1** 1642, Mündelgeld **1** 1806 ff., Vorerbe **1** 2119
Geldanweisung 20 363
Geldeswert 33 709, 920
Geldforderung 33 257, 803 ff., Anlegung **1** 1288, Arrest **33** 916, Einziehung **1** 1288, Nießbrauch **1** 1074 ff., Pfändung **33** 829 ff., Vermächtnis **1** 2173, Zwangsvollstreckung wegen **28** 112 ff.
Geldrente 33 323, 324, 708, 850 b, für Notweg **1** 917, für Überbau **1** 1912 ff., Leibrente **1** 760, Schadensersatz **1** 843 ff., Schadensersatz bei Umwelthaftung **7** 14, Schadensersatz durch – bei Produkthaftung **6** 9, Unterhalt **1** 1361, 1585, 1612

Geldschuld **1** 244, Verzinsung **1** 288, 291, 301, Zahlungsort **1** 270
Geldsortenschuld **1** 245
Geldstrafe **1** 342, **20** 37, 103, **33** 380, 390, 409, 888, 890
Geldsumme **33** 592, 688, 794, Scheck **24** 1
Gelegenheitsfrachtführer **20** 451
Gelegenheitsspediteur **20** 415
Geltendmachung Ansprüche des Erben im Nachlaßkonkurs **35** 225, Ansprüche, Nachlaß **1** 1958, 1961, 1973, 1974, 1984, 2212, 2213, Erbunwürdigkeit **1** 2340, Hypothek **1** 1160, 1161, keine – verspätet bekanntgewordener Masseansprüche **35** 172, Nachlaßverbindlichkeiten **35** 226, Nichtehelichkeit **1** 1593, unbeschränkte – von Forderungen durch Konkursgläubiger nach Aufhebung des Konkursverfahrens **35** 164, Unterhaltsansprüche **1** 1690, Unwirksamkeit, Rechtsgeschäft **1** 1368, von der – ausgeschlossene Forderungen **35** 63
Geltungsbereich einer Vorschrift und Revision **33** 549, persönlicher **4** 24, sachlicher **4** 23, sachlicher und örtlicher **25** 98, zwischenstaatlicher **4** 12
Gemeinde Firmenrecht **20** 30, 36, Fund **1** 976, 979, 981, Gerichtsstand **33** 17, 22, Zustellung an **33** 171, 184
Gemeindegericht Mitglieder **31** 119
Gemeindevorsteher **33** 182
Gemeiner Handelswert **20** 430
Gemeinschaft **1** 741 bis 758, Aufhebung **1** 749 ff., 755 ff., 1010, 1066, **34** 180, Auseinandersetzung **35** 16, 51, Berichtigung, Gesamtschuld **1** 755, Berichtigung, Teilhaberschuld **1** 756, DDR-Übergangsrecht **2** 232 § 9, Gewährleistung wegen Mängel **1** 757, nach Bruchteilen **1** 741 ff., **2** 173, Verkauf, gemeinschaftliche Forderung **1** 754, Verwaltung **1** 744, Wohnungseigentümer- s. dort; zur gesamten Hand bei Gütergemeinschaft **1** 1471, zur gesamten Hand, Eigentumswechsel **52** 61
Gemeinschaftliche Geschäftsführung **1** 709
Gemeinschaftliche Verwaltung Teilhaber einer Gemeinschaft **1** 744
Gemeinschaftlicher Erbteil Anwachsung **1** 2094, Begriff **1** 2093, gegenseitige Einsetzung als Ersatzerbe **1** 2098
Gemeinschaftliches Eigentum **2** 234 § 4 a
Gemeinschaftliches Testament Berliner Testament **1** 2269, Erbvertragsaufhebung durch **1** 2292, Eröffnung **1** 2273, Errichtung **1** 2265, Nottestament **1** 2266, Rücknahme **1** 2272, wechselbezügliche Verfügungen **1** 1516, 2265 bis 2273
Gemeinschaftliches Vermächtnis **1** 2157 ff.
Gemeinschaftsmarken **27** 125 a ff.
Gemeinschaftsmarkengerichte **27** 125 e ff., örtliche Zuständigkeit **27** 125 g
Gemeinschaftsmarkenstreitsachen **27** 125 e ff.
Gemeinschaftsverhältnisse Absonderungsrecht bei Auseinandersetzung **35** 51, Auflösung außerhalb des Konkurses **35** 16
Gemeinschuldner Aktivprozesse **35** 10, als Vorerbe **35** 128, Anwesenheitspflicht **35** 101, Aufhebung bei Verurteilung wegen Bankrotts **35** 197, Auflösung von Gemeinschaftsverhältnissen **35** 16, Auskunftspflicht **35** 100, Erbschaftsannahme, -ausschlagung **35** 9, Ladung zur Abgabe einer eidesstattlichen Versicherung **35** 125, Leistungen an – nach Konkurseröffnung **35** 8, Miet- oder Pachtvertrag hinsichtlich einer dem – bereits überlassenen Sache **35** 19, Miet- oder Pachtvertrag hinsichtlich einer dem – noch nicht überlassenen Sache **35** 20, Passivprozesse über die Aktivmasse **35** 11, Passivprozesse über die Passivmasse **35** 12, Postsperre **35** 121, Schließung des Geschäfts **35** 130, Unterhalt **35** 129, Unwirksamkeit von Rechtshandlungen nach Konkurseröffnung **35** 7, Verfügungsrecht **35** 206, Verwaltungs-, Verfügungsbefugnis **35** 6, Wiedereinsetzung in den vorigen Stand **35** 165, Wiedererlangung der Verwaltungs- und Verfügungsbefugnis **35** 192, Zahlungsunfähigkeit **35** 102
Gemeinwohl Gefährdung **1** 43, 87, Gefährdung durch AG, KommAG **21** 396
Genehmigtes Kapital AG **21** 202 bis 206, Angabe im Anhang **21** 160
Genehmigung auftragslose Geschäftsführung **1** 684, Ausgabe von Inhaberschuldverschreibungen **1** 795, der Niederschrift **13** 13, der Prozeßführung **33** 89, 551, 579, 1041, des Protokolls **33** 162, durch Vormundschaftsgericht **1** 1803, 1809 ff., 1814 ff., 1819 ff., 1828 ff., einseitige Rechtsgeschäfte **1** 182, 184, Geschäftsabschluß **20** 86, Gläubigerausschuß bzw. -versammlung, Handlungen des Konkursverwalters **35** 133 f., Gläubigerausschuß, Verteilungen **35** 150, Herausgabe durch Stiftung **38** 28, Kommissionsgeschäft **20** 386, Lotterie **1** 763, Rechtsgeschäfte **37** 55, Rechtsgeschäfte für Kind **1** 1643, Schuldübernahme **1** 415, 416, Stiftung **1** 80, 82, 83, **52** 118, Vereinssatzung **1** 33, Verfügungen eines Nichtberechtigten **1** 185, Verleihung der Rechtsfähigkeit **1** 22, Vermerk über – in der Niederschrift **13** 18, Verträge **1** 182, 184, Verträge des Ehegatten **1** 1366, Vertrag eines Minderjährigen **1** 108 ff., Vertrag ohne Vertretungsmacht **1** 177 ff., Verwendungen **1** 1001 ff., Vormundschaftsgericht **37** 97, Ware **20** 277, zur Vernehmung von Zeugen **33** 376, 382
Genehmigungsfreie Geschäfte Vormund **1** 1813
Genehmigungsvorbehalt Betreuung **1** 1904
Generalbevollmächtigter Zustellung an **33** 173
Generalbundesanwalt Ernennung **30** 149, Zuständigkeit **30** 142 a
Generalfragen an Zeugen **33** 395
Generalklausel **4** 9, **25** 8, **26** 1
Genosse Beteiligung an AG bei Umwandlung **21** 385 n

Genossenschaft 37 148, eingetragene **20** 336 ff., Vergleichsverfahren **36** 111
Genossenschaften Gerichtsstand **33** 17, 22
Genossenschaftsregister 37 147, Einsicht **52** 90, Eintragung **52** 83
Genußrechte Aktionär 221 **21**
Geographische Herkunftsangabe Kollektivmarke **27** 99, Schutz **27** 1 ff., 13, 126 ff., Schutz einzelner **27** 137, strafbare Benutzung **27** 144
Gericht Amts- **30** 22 ff., Amtshandlungen außerhalb des Bezirks **30** 166, Aufsicht über Vergleichsverwalter **36** 41, Aufsicht über Zwangsverwalter **34** 153, Ausnahme- **30** 16, Bestimmung des zuständigen **33** 36, Bewachung und Verwahrung des versteigerten Luftfahrzeugs **34** 171 g, Bewachung und Verwahrung des versteigerten Schiffes **34** 170, BGH **30** 123 ff., Einschränkung neuer Übertragungen **32** 34, Fristbestimmung **33** 283, Grundstücksverwaltung **34** 94, LG **30** 59 ff., Mitteilungspflicht **37** 50, Neugliederung **32** 36, Nutzungsrecht **28** 61, örtliche Zuständigkeit **37** 3, 5, OLG **30** 115 ff., ordentliche Gerichtsbarkeit **30** 12, Präsidium **30** 21 a, Schiffahrts- **30** 14, Schöffen- **30** 28 ff., Schwur- **30** 74, 74 e, 76, Unabhängigkeit **30** 1, Unabhängigkeit der Staatsanwaltschaft von **30** 150, Vervielfältigungsrecht **28** 45, Zuständigkeit deutscher – bei Kindesannahme **37** 43 b, Zuständigkeit mehrerer **37** 4, Zwangsversteigerung **34** 1 f., 163, 171 b
Gerichtliche Auflösung AG **21** 396 ff., KommAG **21** 396 ff.
Gerichtliche Bestätigung Kontaktsperre **30 a** 35
Gerichtliche Bestellung Aufsichtsratsmitglieder **21** 30, 104, Sonderprüfer **21** 142, 146, Vorstandsmitglied **21** 85
Gerichtliche Entscheidung abschließende Feststellungen der Sonderprüfer **21** 260, Antrag **30 a** 23 ff., Auskunftsrecht des Aktionärs **21** 132
Gerichtliche Niederschrift Hauptversammlung, AG **21** 130
Gerichtliche Verfügung Änderung **37** 18, Bekanntmachung **37** 16, Wirksamkeit **37** 16
Gerichtliche Verwaltung statt Sicherheitsleistung **1** 1052, wegen Pflichtverletzung **1** 1054
Gerichtliches Verfahren Umwandlungsrecht **21a** 305 ff.
Gerichtsakten 33 80, 213, 299
Gerichtsbarkeit 30 1 ff., Ausnahmegerichte **30** 16, Befreiung von der deutschen **30** 18 ff., Gerichte der ordentlichen **30** 12 f., Rechtsweg **30** 17 f., Referendare **30** 10, Schiffahrtsgerichte **30** 14, Unabhängigkeit der Gerichte **30** 1
Gerichtsbeamte Protestperson, -beamter **23** 79
Gerichtsbezirk 33 19
Gerichtsferien 30 199 ff., **37** 10
Gerichtskosten 32 21, s. Kosten
Gerichtskostengesetz 50
Gerichtsorganisation Veränderung **31** 32
Gerichtsperson Ausschließung und Ablehnung **27** 72, **33** 41 bis 49
Gerichtssiegel 33 313, 313 b, 317, 725
Gerichtssprache 30 184; Dolmetscher **30** 185, 189 ff., fremdsprachige **30** 187 f., Markenrechtsangelegenheiten **27** 93, Taube, Stumme **30** 186 f.
Gerichtsstand 33 12 bis 37, allgemeiner **33** 12 bis 19, 603, 640 a, 641 a, 689, 722, 797, 828, 899, 1005, ausschließlicher **33** 24, 29 a, 40, 528, 584, 606, 641 a, 689, 802, 943, 1005, Behörden **33** 17, 19, bei Hauptintervention **33** 64, bei Wohnungseigentum **33** 29 b, besonderer **33** 20 bis 34, Bestimmung des zuständigen Gerichts durch das höhere Gericht **33** 36, der belegenen Sache **33** 24 bis 26, 800, 978, 983, 1005, der Erbschaft **33** 27, 28, der Exterritorialen und der im Ausland angestellten Beamten **33** 15, der korporativen oder gesellschaftlichen Mitgliedschaft **33** 22, der unerlaubten Handlung **33** 32, der Vermögensverwaltung **33** 31, des Aufenthaltsorts **33** 20, 899, des Fiskus **33** 18, des gewöhnlichen Aufenthalts **33** 606 ff., des Niederlassungsorts **33** 21, des Vermögens **33** 23, 722, 797, 828, des Vertrages und Erfüllungsorts **33** 29, für Aufgebotsverfahren **33** 946, 957, 978, 983, 990, 1002, 1005, für Ehesachen **33** 606, für Feststellung des Rechtsverhältnisses zwischen Eltern und Kindern **33** 640 a, für Gesuche und Klagen im schiedsrichterlichen Verfahren **33** 1045, 1046, für Kostenklagen der Prozeßbevollmächtigten **33** 34, für Mahnverfahren **33** 689, für Meß- und Marktsachen **33** 30, für Umweltsachen **33** 32 a, für Widerklage **33** 33, Gemeinden und Personenvereine **33** 17, Gläubiger **20** 371, im Wechselprozeß **33** 603, in Mietsachen **33** 29 a, Klagen aus Haustürgeschäften **5** 7, Personen ohne Wohnsitz **33** 16, Vereinbarung über die Zuständigkeit **33** 38 bis 40, Wahl des Gerichts **33** 35, Wahlkonsul **33** 15
Gerichtsstelle 33 219
Gerichtstafel 33 204, 206, 948, 1006, 1009, 1020
Gerichtstag 33 500
Gerichtsverfahren Überleitung **31** 117
Gerichtsverfassungsgesetz 30 , Anwendung **37** 8, Anwendung auf oberste Landesgerichte **30 a** 10
Gerichtsvollzieher 30 154, -gehilfe/-schreiber **33** 183, als Vollstreckungsbeamter **33** 753 ff., 806 a, 808 ff., 883 ff., 892, 909, als Zustellungsbeamter **33** 166 ff., 175, 194, 195, 197, Aufschieben einer Vollstreckungsmaßnahme **33** 765 a, Ausschließungsgründe **30** 155, Austauschpfändung **33** 811 b, Bestimmung eines **33** 827, 854, Erinnerung gegen dessen Kosten **33** 766, Kostenklagen, Gerichtsstand **33** 34, Mitteilung von Drittschuldnern **33** 806 a, öffentliche Versteigerung durch **33** 814, Versteigerung **1** 383, Verurteilung in Kosten **33** 102, Zustellung von Willenserklärungen **1** 132
Gerichtswachtmeister 33 211 f.

Geringstes Gebot 34 44, abweichende Feststellung **34** 59, Bargebot **34** 49, bedingte Rechte **34** 48, bei Gesamthypothek **34** 64, bestehenbleibende Rechte **34** 52, durch Vormerkung und Widerspruch gesicherte Rechte **34** 48, Erhöhung bei Grundpfandrechten und anderen Rechten **34** 50 f., Erörterungen vor Versteigerungstermin **34** 62, Feststellung **34** 45, 182, wiederkehrende Leistungen **34** 45 bis 47
Gesamtausgebot Verteilung **34** 112
Gesamtfälligstellung Teilzahlungskredit **3** 12
Gesamtgläubiger 1 428 ff.
Gesamtgrundschuld 1 2168
Gesamtgut 1 1416, **33** 740 ff., 774, 860, 863, 999, 1001, als Konkursmasse **35** 2, Antragsrecht des Ehegatten bei Zugehörigkeit des Nachlasses zum **35** 218, Auseinandersetzung **1** 1471 ff., 1497 ff., Ausgleichung **1** 1445, 1446, 1467, 1468, fortgesetzte Gütergemeinschaft **1** 1483 bis 1518, Gemeinschaft zur gesamten Hand **1** 1419, gemeinschaftliche Verwaltung **1** 1450 bis 1470, 1472, Geschäfte **1** 1423, 1424, Haftung **1** 1438 ff., 1460 ff., Konkurs bei fortgesetzter Gütergemeinschaft **35** 236, Konkurs über – und das sonstige Vermögen eines Ehegatten **35** 236 c, Schenkung **1** 1425, selbständiger Konkurs über das gemeinschaftlich verwaltete **35** 236 a, Teilung **1** 1480 ff., Vergleichsverfahren **36** 114 bis 114 b, Verwendung **1** 1420, zum – gehörende Erbschaft, Inventar **1** 2008 ff., Zuwendungen **1** 2054, 2331, Zwangsvergleich bei gemeinschaftlich verwaltetem **35** 236 b
Gesamtgutsverbindlichkeit 1 1459 ff., Auseinandersetzung **1** 1475, 1499, fortgesetzte Gütergemeinschaft **1** 1488, gemeinschaftliche Verwaltung **1** 1459 ff., im Innenverhältnis **1** 1441 ff., 1463, Verwaltung durch Mann oder Frau **1** 1437
Gesamtgutsverwaltung 1 1421, durch Mann oder Frau **1** 1422 bis 1449, gemeinschaftliche **1** 1450 bis 1470
Gesamthandsverhältnis Erbengemeinschaft **1** 2032, Gesellschaft **1** 718, 719
Gesamthypothek 33 984, Befriedigung aus **1** 1181, 1182, Befriedigung durch Eigentümer **1** 1143, 1173, Befriedigung durch persönlichen Schuldner **1** 1174, Begriff **1** 1132, Brief **39** 59, Eigentümer- **1** 1172, geringstes Gebot **34** 64, mit – belastetes Vermächtnis **1** 2167, Verteilung **39** 64, Verzicht auf **1** 1175
Gesamtkostenverfahren Gewinn- und Verlustrechnung **20** 275
Gesamtpreis Minderung **1** 472, und Vorkaufsrecht **1** 508, Wandelung **1** 469, 471
Gesamtprokura 20 38 f., 53
Gesamtrechtsnachfolge 1 1922
Gesamtrentenschuld 1 2168
Gesamtschuld Gemeinschaft **1** 755
Gesamtschuldner Ausgleichungspflicht **1** 426, bei Handelsgeschäft **20** 128, 356, Erben als –, Gerichtsstand **33** 28, Gebührenfreiheit für einzelne **52** 13, 143, gemeinschaftliche Verpflichtung zu teilbarer Leistung **1** 427, Haftung der Scheckverpflichteten **24** 44, Haftung der Wechselverpflichteten **23** 47, Haftung für Kostenerstattung **33** 100, Vorstand, Aufsichtsrat und Gründer der AG **21** 46 ff., 117, 147, 310, 318
Gesamtschuldnerische Haftung 36 32, Ehegatten **1** 1437, 1459 ff., Erben **1** 2058, Liquidatoren **1** 53, mehrere Bürgen **1** 769, mehrere Schuldner **1** 427, 431, mehrere Verantwortliche **1** 840, mehrere Verpflichtete aus einer Aktie **21** 69, Streitgenossen, Gerichtskosten **33** 59, **50** 59, Vereinsvorstand **1** 42, Vormund und Gegenvormund **1** 1833
Gesamtstatut internationales Privatrecht **2** 28
Gesamtstrafe nachträgliche Bildung **50** 41
Gesamtvertretung AG **21** 78, Gesellschaft **20** 125
Gesandte 33 199, 438
Geschädigter Auskunftsanspruch gegen **7** 10, Auskunftsansprüche durch **7** 8, 9
Geschäft bedingungsfeindliches **1** 1947, Betreuung **1** 1902, gerichtliches – in Straf- und Bußgeldverfahren **32** 22, Gültigkeit **32** 8, im internationalen Rechtsverkehr **32** 29, Staatsanwaltschaft **32** 31, über Gesamtgut **1** 1423, 1424, übertragenes **32** 3, Verbot richterlichen –, Staatsanwälte **30** 151, Vormundschaft **1** 1813, 1821 ff., zur Lebensbedarfsdeckung **1** 1357
Geschäftliche Bezeichnung Schutz **27** 1 ff.
Geschäftsabschluß Mitteilungspflicht **20** 86 f.
Geschäftsanmaßung 1 687
Geschäftsanteile, GmbH 22 14 ff., Abtretung, Form **22** 15, Einziehung (Amortisation) **22** 34, Erwerb und Veräußerung **22** 15, 16, Erwerber **22** 16, Erwerbsbeschränkung durch GmbH **22** 33, Kapitalerhöhung **22** 57 h, Mitberechtigung **22** 18, Nennbetrag **22** 14, 57 h, Rechte aus **22** 57 m, Teilrecht **22** 57 k, Veräußerung von Teilen **22** 17, Verhältnis bei Kapitalerhöhung **22** 57 j, Versteigerung **22** 23
Geschäftsbedingungen 20 86 a, allgemeine s. dort
Geschäftsbeginn der KG **20** 176; der OHG **20** 123, 176
Geschäftsbericht AG **21** 160, 400, KommAG **21** 286
Geschäftsbesorgung entgeltliche **1** 675, für Ehegatten, Ausschluß **1** 1357, für Kind **1** 1698 a, 1698 b, während Hinterlegung **38** 10
Geschäftsbesorgungsvertrag Konkurseröffnung **35** 23
Geschäftsbetrieb kaufmännischer **20** 2, Vervielfältigung, öffentliche Wiedergabe **28** 56
Geschäftsbrief Abschrift, Aufbewahrung **20** 238, 257, Angaben der GmbH **22** 35 a, bei AG, Angaben auf **21** 80, bei Kommanditgesellschaft **20** 177 a, bei OHG **20** 125 a

Geschäftsbuch Schließung **35** 122
Geschäftsfähigkeit **1** 104 bis 115, **2** 7, **33** 52, 607, 640 b, beschränkte s. dort; Beurkundung **13** 11, 28, Minderjährige **1** 106 ff.
Geschäftsführender Gesellschafter **1** 709 ff., **20** 114 bis 117, Vollmacht **1** 169
Geschäftsführer, GmbH **22** 6, 35 ff., Angabe auf Geschäftsbrief **22** 35 a, Anmeldung **22** 39, Anmeldungspflicht **22** 78, Auskunftspflicht, Einsicht in Bücher **22** 51 a, Ersatzpflicht **22** 43, Haftung **22** 43, kein Kredit an **22** 43 a, Pflichten **22** 40 bis 42 a, Sorgfaltspflicht **22** 43, Strafbarkeit **22** 82, 84, 85, Umfang der Vertretungsbefugnis **22** 37, Vertretung **22** 35, Widerruflichkeit der Bestellung **22** 38, Zwangsgeld **22** 79
Geschäftsführung AG **21** 77, 82, 111, 119, Befugnis nach Auflösung der Gesellschaft **1** 727 ff., bürgerlich-rechtliche Gesellschaft **1** 709 ff., Handlungsbevollmächtigter **20** 54, KommAG **21** 278, Kommanditgesellschaft **20** 161, 164, nach Beendigung der Vormundschaft **1** 1893, OHG **20** 110, 114 ff., 148 ff., Prokurist **20** 49, Verein **1** 27, vermeintliche; unechte **1** 687, vor Erbschaftsausschlagung **1** 1959
Geschäftsführung, GmbH Angaben auf Geschäftsbriefen **22** 35 bis 52, Berufung der Gesellschafterversammlung **22** 49, Buchführung, Bilanz **22** 41, Eintragung von Änderungen im Handelsregister **22** 39, Pflichten **22** 37, Rechte **22** 45, Stellvertreter **22** 44, Vertretungsmacht und Zeichnungspflicht **22** 35, Widerruf der Bestellung **22** 38
Geschäftsführung ohne Auftrag **33** 89, 130, gegen den Willen des Geschäftsherrn **1** 677 bis 687, zur Gefahrenabwehr **1** 680
Geschäftsgang ordnungsmäßiger **20** 377
Geschäftsgebühr Anwalt **51** 118
Geschäftsgegner Widerrufsrecht, Vormundschaft **1** 1830
Geschäftsgeheimnisse **20** 90
Geschäftsherr entgegenstehender Wille **1** 678, 679, Haftung für Gehilfen **1** 278, 831, Herausgabepflicht **1** 684, Irrtum über die Person des **1** 686
Geschäftsinhaber **20** 18
Geschäftsjahr **20** 120 bis 122, 132, 240
Geschäftslokal **33** 180, 183, 184, Protest **23** 87 f., 88
Geschäftsmäßiges Verhandeln vor Gericht **33** 157
Geschäftsnachfolger **20** 25 bis 27
Geschäftsnummer **33** 194, 211
Geschäftsordnung BGH **30** 140, Verschmelzung mit AG **21** 355, Vorstand, AG **21** 77
Geschäftsschließung Mitteilung an Gemeinschuldner **35** 130
Geschäftsstelle Akteneinforderung der – des Berufungsgerichts **33** 544, Akteneinsicht **33** 299, Ausfertigungserteilung **33** 299, 317, Auskunfterteilung aus dem Schuldnerverzeichnis **33** 915, des schiedsgerichtlichen Vergleichs **33** 1044 a, des Schiedsspruchs **33** 1039, des Verteilungsplanes **33** 875, Einreichung der Klage **33** 261 a, Erklärungen zu Protokoll der **33** 44, 103, 109, 118, 118 a, 129 a, 213 a, 248, 381, 386, 389, 406, 486, 496, 569, 573, 920, 924, 947, 952, Kostenfestsetzung **33** 104, 106, 107, Ladungen **33** 216, 497, Mitwirkung bei Erteilung des Auftrags an Gerichtsvollzieher **33** 753, Mitwirkung bei Rechtshilfe **30** 161, Mitwirkung der – bei Zustellung eines Pfändungsbeschlusses **33** 829, Niederlegung von Schriftsätzen **33** 133, öffentliche Zustellung **33** 204, Sitz, Urkundsbeamte **30** 153, Sprungrevision, Benachrichtigung von der Einlegung durch die des Revisionsgerichts an die – des Landgerichts **33** 566 a, Urteilsübergabe **33** 315, Verhältnis des Rechtspflegers zum Urkundsbeamten **32** 26, Vermittlung von Zustellungen **33** 133, 166, 167, 168, 169, 196, Verständigung des Gegners von Erteilung weiterer vollstreckbarer Ausfertigung **33** 733, Verständigung des Gläubigers von der Zustellung des Zahlungsbefehls **33** 693, von Gutachten der Sachverständigen **33** 411, von Schriftstücken bei nicht ausführbarer Zustellung **33** 182, von Urkunden **33** 134, 142, 364, 443, Wahrung der Notfrist durch Einreichung eines Schriftsatzes bei der **33** 207, Zeugenladung **33** 377, Zeugnisverweigerung, Verständigung der Parteien vom Eingang einer Erklärung des Zeugen **33** 386, Zustellung von Amts wegen **33** 208, 211, 212, 329, 496
Geschäftsstunden **33** 184
Geschäftsunfähigkeit **1** 104, Antragender beim Vertrag **1** 153, Anweisung **1** 791, Auftraggeber **1** 672, Ehegatte **1** 1458, Ehelichkeitsanfechtung **1** 1595, Eheschließung **10** 2, 3, 18, 30, Ehevertrag **1** 1411, Erbvertragsanfechtung **1** 2282, 2283, Erbverzicht **1** 2347, 2351, 2352, Geschäftsführer **1** 682, Kind bei Ehelicherklärung **1** 1740 c, Ruhen der elterlichen Sorge **1** 1673, Schuldverschreibungen **1** 794, Testamentsvollstrecker **1** 2201, Vaterschaftsanerkennung **1** 1600 d, 1600 k, Verjährung bei **1** 206, Vormund **1** 1780, 1781, Willenserklärung **1** 105, 130, 131, Wohnsitzbegründung **1** 8
Geschäftsverbindung **20** 355, 362
Geschäftsverteilung **30** 21 e ff., innerhalb der Spruchkörper **30** 21 g
Geschäftswert **52** 18 ff., Abschlußprüfungsverfahren **20** 324, bei Beurkundung **52** 39, bei Vollmacht **52** 41, Berechnung **52** 19 bis 30, Bestimmung **52** 30, Festsetzung **52** 31, 143, Tilgung durch Abschreibung **20** 309
Geschäftszeit **20** 358 f.
Geschenk **1** 516 bis 534, Rückgabe bei Verlöbnisauflösung **1** 1301
Geschützte Werke **28** 2 ff., unerlaubte Verwertung **28** 106

Geschwister Erben zweiter Ordnung **1** 1925, Nacherben **1** 2109, Unterhalt **1** 1649, Vormund für **1** 1775, 1786

Gesellschaft -svermögen **33** 736, 859, Gerichtsstand **33** 17, 22, nichtige –, Löschung **37** 144

Gesellschaft mit beschränkter Haftung (GmbH) **20** 264 bis 335, **37** 148, Abänderungen des Gesellschaftsvertrages **22** 53 bis 59, Anmeldung, Inhalt **22** 7, 8, Anmeldungen zum Handelsregister **22** 7 ff., 12, 39, 54, 57, 59, 65, 67, 78, 79, auf Lebenszeit **20** 134, Auflösung **22** 60 bis 74, Bilanz **22** 42, Buchführung **22** 41, des bürgerlichen Rechts **20** 105, Eintragung ins Handelsregister **22** 10, Entstehung mit Eintragung **22** 11, Errichtung **22** 1 bis 12, Ersatzanspruch, Verzicht **22** 9 a, Firma **22** 3, 4, Formwechsel **21a** 226 ff., Geldeinlage **22** 9, Geschäftsanteil **22** 14 ff., Geschäftsführer **22** 6, 35 ff., 43, 79 ff., Geschäftsführung **22** 35 bis 52, Gesellschaftsvertrag **22** 2, 3, Handelsgesellschaft **22** 13, Jahresabschluß **22** 42 a, Lagebericht **22** 42 a, Nachschußpflicht **22** 26 ff., Nichtigkeit **22** 74 ff., Rechtsverhältnisse, Gesellschaft und Gesellschafter **22** 13 bis 34, Rechtszustand vor Eintragung **22** 11, Sacheinlage **22** 5, Spaltung **21a** 138 ff., Stammeinlage **22** 5, Stammkapital **22** 5, Vergleichsverfahren **36** 108, Verschmelzung **21a** 46 ff., Verteilung des Gesellschaftsvermögens **22** 72, Vertretung **22** 35 bis 52, Zweck **22** 1, Zweigniederlassung **22** 12

Gesellschaft nach BGB **1** 705 bis 740, Auflösung **1** 726 ff., Auseinandersetzung **1** 730 ff., Beendigung **1** 726, Begriff **1** 705, Berichtigung der Schulden **1** 733 ff., Fortbestehen bei Ausscheiden eines Gesellschafters **1** 736, Geschäftsführung **1** 709, 710 ff., Gewinnverteilung **1** 721, Kündigung **1** 723 ff., Rechenschaftspflicht **1** 740, Überschußverteilung **1** 734, Verlustverteilung **1** 721, 735, 739, Vertretung **1** 714, 715

Gesellschafter Ausscheiden **20** 131, Ausschließung **20** 140, eilbedürftige Handlungen des – und Fiktion des Fortbestehens seiner Befugnisse **35** 28, Eintritt **20** 24, 28, Haftung **20** 128 ff., Konkurs über das Privatvermögen **35** 212, Rechte bei Auflösung durch Konkurs **35** 28, Rechtsverhältnis untereinander **20** 109 ff., 163 ff., Rechtsverhältnis zu Dritten **20** 123 bis 130 b, stiller **20** 230 ff., Tod **20** 137 ff., Übernahme **20** 142, Vergleich, Konkurs über das Privatvermögen **36** 110

Gesellschafter, AG persönlich haftende –, KommAG **21** 218, 282 bis 285, 288, 408, Rechtsverhältnisse **21** 53 a bis 75, Strafbarkeit persönlich haftender –, KommAG **21** 408, Verantwortlichkeit u. Gründungsprüfung, Umwandlung **21** 399

Gesellschafter, GmbH **22** 8, Abfindung bei Umwandlung **22** 33, Abstimmung **22** 47, Änderung Gesellschaftsvertrag **22** 53, Anspruch auf Gewinn **22** 29, Aufbringen von Fehlbeträgen **22** 24, Aufgabenkreis **22** 46, Auskunftsrecht **22** 51 a, 51 b, Einlageleistung **22** 9, Einsichtsrecht **22** 51 a, 51 b, Geschäftsanteil **22** 14 ff., 34, Haftung für falsche Angaben **22** 9 a, 9 b, Liste **22** 40, Mängelheilung durch Beschluß **22** 76, Minderheitsrechte **22** 50, Nachschußpflicht **22** 26 ff., Rechte u. Pflichten **22** 45 ff., Rechtsverhältnisse **22** 13 ff., Rückzahlungen **22** 30 bis 32, Strafbarkeit **22** 82

Gesellschafter nach BGB Auflösung durch Konkurs eines **1** 728, Auflösung durch Tod eines **1** 727, Ausschließung **1** 737, Auseinandersetzung **1** 730 ff., Ausscheiden **1** 736, 738 ff., Beiträge **1** 706, 707, geschäftsführender **1** 169, 709 ff., Geschäftsführungsbefugnis nach Auflösung **1** 729, Gewinnbeteiligung **1** 722, Haftung **1** 708, Kontrollrecht **1** 716, Kündigung **1** 723 ff., Nachschußpflicht **1** 735, 739, Rückgabe von Gegenständen an **1** 732, Verlustbeteiligung **1** 722, Vertretungsmacht **1** 714, 715, Widerspruchsrecht **1** 711

Gesellschafterbeschluß **20** 119, nichtiger –, Löschung **37** 144

Gesellschafterdarlehen GmbH **22** 32 a, 32 b

Gesellschafterrechte Nichtübertragbarkeit **1** 717

Gesellschafterversammlung, GmbH Beschlüsse **22** 48, Durchführung **22** 51, Einberufung **22** 49 ff., Minderheitsrechte **22** 50

Gesellschaftskonkurs **20** 171

Gesellschaftsmittel Kapitalerhöhung aus **22** 57 c, 58 b

Gesellschaftsmittel, AG Kapitalerhöhung aus **21** 207 ff.

Gesellschaftsvermögen **20** 124, 131, 143 ff., 149, 171, Begriff **1** 718, Berichtigung der Schulden; Einlageerstattung **1** 733, gesamthänderische Bindung **1** 719, kein – bei stiller Gesellschaft **20** 230, Überschuß **1** 734, Verteilung OHG **20** 155, 158

Gesellschaftsvermögen, AG Haftung **21** 1, Verpflichtung zur Übertragung **21** 179 a

Gesellschaftsvermögen, GmbH ausgeschlossene Auszahlung **22** 30, Haftung **22** 13, Verteilung bei Auflösung **22** 72, Vorrang der Schuldentilgung **22** 73

Gesellschaftsvertrag **1** 705, Auflösung **1** 726 ff., Kommanditgesellschaft **20** 163, Kündigung **1** 723 ff., OHG **20** 109, 114 f., 119, 125, 133, 138 f., 146, stille Gesellschaft **20** 230 ff.

Gesellschaftsvertrag, GmbH Änderungen **22** 53 bis 59, Form u. Inhalt **22** 2, 3, Nichtigkeit **22** 75, 76

Gesetz ausländisches **33** 293, 369, Begriff **33** 12, Verletzung **33** 550

Gesetz gegen den unlauteren Wettbewerb **26**

Gesetz über den Schutz von Marken und sonstigen Kennzeichen **27**

Gesetzesbegriff **2** 2

Gesetzesverletzung Feststellung des Jahresabschlusses der AG **21** 256, Nichtigkeitsgrund

für Hauptversammlungsbeschluß **21** 241, Wahl der Aufsichtsratsmitglieder **21** 250 ff.
Gesetzliche Erben als Nacherben **1** 2104, als Vorerben **1** 2105, Antrag auf Erbscheinerteilung **1** 2354, Ausgleichungspflicht **1** 2050 ff., dritter Ordnung **1** 1926, Erblasser, Testament **1** 2066, erster Ordnung **1** 1924, fernerer Ordnungen **1** 1929, Vermächtnis an **1** 2149, vierter Ordnung **1** 1928, zweiter Ordnung **1** 1925
Gesetzliche Fristen 33 132, 134, 206 f., 216 f., 221, 234, 262, 315, 320 f., 499, 519 f., 554 f., 571, 593, 604, 692, 701, 798, 817, 840, 873, 878, 929, 950, 954, 987, 994, 1002, 1010 f., 1013, 1015, 1029, 1031
Gesetzliche Rücklage AG **21** 150 ff., verbundene Unternehmen **21** 300, 324
Gesetzliche Schriftform Willenserklärung **1** 126
Gesetzliche Vermutung eingetragenes Recht **1** 891, Vaterschaft **1** 1600 m, 1600 o
Gesetzlicher Inhalt Erbbaurecht **9** 1
Gesetzlicher Vertreter 33 51, 56, 57, 86, 130, 607, 640 b, Ausschließung vom Richteramt **33** 41, Einrede der mangelnden gesetzlichen Vertretung **33** 274, Einwilligung in Eheschließung **10** 3, herrschendes Unternehmen, Verantwortlichkeit **21** 309, 317, Mangel der Einwilligung in Eheschließung **10** 30, Tod oder Aufhören der Vertretungsbefugnis **33** 241, 246, Verurteilung in Kosten **33** 102, Zustellung an **33** 171, 184, 185
Gesetzliches Erbrecht Ehegatten **1** 1371, Erbscheinerteilung **1** 2354, Fiskus **1** 1936, 1964 ff., Verzicht **1** 2349, 2350
Gesetzliches Güterrecht 1 1363 bis 1390
Gesetzliches Pfandrecht 1 1257, Frachtführer **20** 440, Gastwirt **1** 704, Hinterlegung **1** 233, Kommissionär **20** 397, Lagerhalter **20** 421, Spediteur **20** 410, Vermieter **1** 559 ff., Werkvertrag **1** 647
Gesetzliches Veräußerungsverbot Verstoß gegen – durch Verfügung **1** 135
Gesetzliches Verbot Verstoß gegen –, Rechtsgeschäft **1** 134, Verstoß gegen –, Vermächtnis **1** 2171, Verstoß gegen –, verschärfte Haftung **1** 819, Verstoß gegen –, Vertrag **1** 309
Gesetzliches Vorkaufsrecht 13 20
Gesonderte Versammlung Aktionäre **21** 138
Geständnis 33 85, 138, 288 bis 290, 298, 331, 439, 510 a, 531, 542, 617, 640
Gesuch Abkürzung oder Verlängerung von Fristen **33** 225, Arrest und einstweilige Verfügung **33** 920 ff., 936, Aussetzung des Verfahrens **33** 248, Beweissicherung **33** 486, 487, Kostenfestsetzung **33** 103, 105, öffentliche Zustellung **33** 204, 207, um Erlaß eines Mahnbescheids **33** 690, um Zuständigkeitsbestimmung **33** 37, Vollstreckungsbescheid **33** 701, Zurückweisung eines das Verfahren betreffenden **33** 567
Gesundheit Gefährdung durch Mieträume **1** 544, Schaden, Sozialleistungen **1** 1610 a, Schaden, Unterhalt **1** 1578 a, Verletzung, Schadensersatz **1** 823, 833, 836, 843, 845 ff.
Getrenntleben 1 1672, Benutzung der Ehewohnung **1** 1361 b, **11** 18 a, der Ehegatten, Widerspruch gegen Aussetzung des Verfahrens **33** 614, einstweilige Anordnung **33** 620, elterliche Sorge **1** 1629, 1672, 1678, Hausratsverteilung **1** 1361 a, **11** 18 a, Unterhalt **1** 1361, Zerrüttungsvermutung **1** 1566, 1567, Zugewinnausgleich **1** 1385
Gewährfristen Änderung **1** 486, Beginn **1** 483, und Mängelvermutung **1** 484, Viehkauf **1** 482
Gewährleistung Ausschluß oder Beschränkung, Klauselverbot in AGB **4** 11, Ausstattung des Kindes **1** 1624, Hingabe an Erfüllungs Statt **1** 365, Leihe **1** 600, mehrmalige **1** 475, Rechtskauf **1** 437, Rechtsmängel, Erbschaftskauf **1** 2376, 2385, Rechtsmängel, Grundstücke **1** 435, Rechtsmängel, Kauf **1** 434 bis 443, Rechtsmängel, Miete **1** 541, Rechtsmängel, Schenkung **1** 523, 526, Rechtsmängel, Vermächtnis **1** 2182, Sachmängel, Kauf **1** 459 bis 493, Sachmängel, Miete **1** 537 ff., Sachmängel, Schenkung **1** 524, 526, Sachmängel, Vermächtnis **1** 2183, vertraglicher Ausschluß **1** 443, 476, 540, Werkvertrag **1** 633 ff., Wertpapierkauf **1** 437, Zuteilung eines gemeinschaftlichen Gegenstandes **1** 757
Gewährleistungsansprüche Verjährung **1** 477
Gewährleistungsausschluß Kauf **1** 443, 476, Miete **1** 540, Versteigerung **1** 461
Gewahrsam 33 808, 809, 886
Gewahrsamsvermutung 33 739
Gewalt Anwendung von – durch den Gerichtsvollzieher **33** 758, gegen verbotene Eigenmacht **1** 859, 860, höhere s. dort; tatsächliche –, Besitzer **1** 854 ff.
Gewandelte Überzeugung Rückruf des Nutzungsrechts **28** 42
Gewerbe 33 21, 383, 407
Gewerbebetrieb 20 1 ff., 6, 33
Gewerbegeheimnis 33 384
Gewerbegehilfen 33 20, 183, 185
Gewerbeordnung Anwendung HGB **20** 75 f.
Gewerberecht 2 74
Gewerbetreibende 33 183
Gewerkschaft Antrag auf gerichtliche Entscheidung über Zusammensetzung des Aufsichtsrats **21** 98
Gewerkschaften bergrechtliche **33** 17
Gewicht vertragsmäßiges **20** 361, 380
Gewinn entgangener – als Schadensersatz **1** 252
Gewinn- und Verlustrechnung AG **21** 158, Anhang **20** 284 ff., 313 f., Kapitalgesellschaft **20** 275 ff., 284, 313 f., Kommanditgesellschaft **20** 167, Kreditinstitut **20** 340, 340 c, stille Gesellschaft **20** 232
Gewinnabführung Hauptgesellschaft **21** 324, Höchstbetrag **21** 301

Gewinnabführungsverträge, AG 21 291, Abfindung von Aktionären **21** 305, Ausgleichszahlung an Aktionäre **21** 304, gesetzliche Rücklage **21** 300, Gläubigerschutz bei Beendigung **21** 303, kein Bericht über Beziehungen zu verbundenen Unternehmen **21** 312, KommAG **21** 291, Teil- **21** 300, Verlustübernahme **21** 302

Gewinnanspruch GmbH-Gesellschafter **22** 29, keine Rückzahlung **22** 32

Gewinnanteil Aktionäre **21** 60, gutgläubig bezogener –, keine Zurückzahlung **22** 32, Kommanditist **20** 167 ff., OHG-Gesellschafter **20** 120 ff., 139, persönlich haftende Gesellschafter der KommAG **21** 288, stiller Gesellschafter **20** 231

Gewinnanteilscheine 33 1010 ff., abhanden gekommener **20** 367, Ausgabe neuer **21** 75, Hinterlegung **1** 234, 814, 818, 1082, 2116, Kraftloserklärung **1** 799, 800, Kraftloserklärung von Aktien **21** 72 f., neue **1** 805, Nießbrauch **1** 1881 ff., Verlust **1** 804, Vorlegungsfrist **1** 801, 804

Gewinnausschüttung bei vereinfachter Kapitalherabsetzung, AG **21** 233, nach Kapitalherabsetzung **22** 58 d

Gewinnbeteiligung Aktionäre, AG **21** 60, Beginn bei neuen Aktien **21** 217, Gesellschafter **1** 722, 740, persönlich haftende Gesellschafter, KommAG **21** 288, Vorstandsmitglieder, AG **21** 86

Gewinngemeinschaft AG und KommAG **21** 292

Gewinnrechnung 21 158

Gewinnrücklagen 21 58, 59, 86, 152, Auflösung **22** 58 b, Prüfungsbericht **21** 170, Umwandlung **22** 57 c ff., Umwandlung in Grundkapital **21** 208

Gewinnschuldverschreibung Ausgabe **21** 221

Gewinnverteilung AG **21** 60, 174, Gesellschaft **1** 721, 722, GmbH **22** 29, 57 n

Gewinnverwendung AG **21** 174

Gewohnheitsrecht 33 293

Gezogener Wechsel Abschriften **23** 67, 68, Änderungen **23** 69, Annahme **23** 21 bis 29, Ausfertigung mehrerer Stücke eines Wechsels **23** 64 bis 66, Ausstellung und Form **23** 1 bis 10, Ehreneintritt **23** 55 bis 63, Indossament **23** 11 bis 20, Rückgriff mangels Annahme und Zahlung **23** 43 bis 54, Verfall **23** 33 bis 37, Verjährung **23** 70, 71, Wechselbürgschaft **23** 30 bis 32, Zahlung **23** 38 bis 42

Giro 20 363 ff.

Gläubiger 33 806 a, absonderungsberechtigte **36** 27, Änderung des Vergleichsvorschlages zuungunsten der **36** 76, Anzeige an **38** 11, ausländische **35** 5, **36** 37, Ausschluß unbekannter – bei Hypothek **1** 1170, Ausschluß unbekannter – bei Rechten an Grundstücken **1** 887, Ausschlußfrist zum Nachweis des Verzichts oder Ausfalls für absonderungsberechtigte **35** 153, Ausschlußfrist zum Nachweis für – nicht festgestellter Konkursforderungen **35** 152, Beitritt weiterer **34** 27, beteiligte – an wiederaufgenommenen Verfahren **35** 200, Ehegatte bei Gütergemeinschaft **1** 1437, Eigentümer als – bei Grundschuld **1** 1197, einstweilige Einstellung mit Bewilligung des **34** 30, einstweilige Einstellung nach Versteigerungsbeginn bei -befriedigung **34** 75, Eintragung eines neuen – bei Auseinandersetzung **39** 37, Erbe **1** 2214, Forderungsprüfung trotz Ausbleibens **35** 143, Gesellschaft **20** 105, 128 f., 149, 159, 171 f., 174, Gesellschafter, Kündigung der Gesellschaft **1** 725, Gleichbehandlung **36** 8, Gleichbehandlung nicht bevorrechtigter **35** 181, Kommittent **20** 392, 397 f., Konkurs- **34** 174, mehrere **1** 420 bis 432, Mitbieten bei Versteigerung **1** 1239, Nachlaß- **34** 175 ff., nichtbeteiligte **36** 26, Nießbrauchbesteller **1** 1086, Pfandrecht **20** 356 f., 369 ff., Privatgläubiger **20** 135, 141, Rechte **1** 241 bis 292, Rechte, Hausratschulden **11** 10, Schiffs-, Anmeldung von Rechten **34** 168 b, Sicherung für – eines Vereins **1** 52, Unterlassungsklage bei Hypothek **1** 1134, Verhältnis des Eigentümers zum neuen **1** 1156, Verzicht auf Hypothek **1** 1165, vom – zu vertretendes Unmöglichwerden **1** 324, vom Aufgebotsverfahren nicht betroffene **1** 1971, Zustimmung zu Schuldnerantrag auf Konkurseinstellung **35** 202

Gläubigerantrag Zulassungsverfahren **35** 105

Gläubigerausschuß Aufgaben **35** 88, Auslagenerstattung und Vergütung **35** 91, Beschlußfassung **35** 90, Bestellung und Wahl **35** 87, Haftung **35** 89, Vergleichsvorschlag **35** 177, Widerruf der Bestellung **35** 92, Zustimmung zu Handlungen des Konkursverwalters **35** 133, 134, Zustimmung zu Verteilungen **35** 150

Gläubigerausschußerklärung Niederlegung zwecks Einsicht **35** 178

Gläubigerausschußmitglied Mitzeichnung **35** 137, Widerruf der Bestellung **35** 92

Gläubigerbeirat 36 44 ff., Erlöschen des Amts **36** 98, Rechte und Pflichten **36** 45

Gläubigerermittlung Aufschub der Auseinandersetzung **1** 2045

Gläubigerschutz Abwicklung, AG **21** 267, Beendigung eines Beherrschungs- oder Gewinnabführungsvertrags **21** 303, Eingliederung, AG **21** 321, Formwechsel **21a** 204, Herabsetzung des Grundkapitals **21** 225, 233, Liquidation, AG **21** 272, Spaltung **21a** 133 f., Verschmelzung **21a** 22

Gläubigerversammlung Bekanntmachung des Beschlusses **35** 98, Berufung **35** 93, Gegenstände der Beschlußfassung **35** 132, Leitung und Beschlußfassung **35** 94, Stimmrecht **35** 95, 96, 97, Untersagung der Beschlußausführung **35** 100, Zustimmung zu Handlungen des Konkursverwalters **35** 133, 134

Gläubigerverzeichnis 35 151, **36** 4, 6, Änderungen **35** 157, Einwendungen **35** 158

Gläubigerverzug **1** 293 bis 304, Hinterlegung **1** 372, kein – bei Unvermögen des Schuldners **1** 297, Versteigerung **1** 383, 384, Wirkungen **1** 300 ff., Wirkungen bei Gesamtschuld **1** 424
Glaube böser –, Besitzerwerb **1** 990, 1007, Eigentumserwerb **1** 932, Erbschaftsbesitzer **1** 2024, 2025, Ersatzleistender **1** 851, Ersitzung **1** 937, 945, Erwerb von Bestandteilen oder Erzeugnissen **1** 955, 957, Fahrniserwerb **1** 926, 932 ff., Forderungsabtretung **1** 405, guter –, Besitzerwerb **1** 990, 991, 1007, Nießbrauch **1** 1058, Pfandrechtserwerb **1** 1207, 1208, Scheckerwerb **24** 13, 21, Schuldner **1** 720, verschärfte Haftung **1** 819
Glaubhaftmachung **33** 44, 71, 103, 224, 236, 274, 294, 296, 299, 367, 386, 406, 424, 430, 435, 441, 487, 493, 494, 511 a, 528 f., 546, 589, 605, 620 a, 707, 712, 714, 719, 769, 805, 807, 813 a, 815, 900, 903, 914, 920, 980, 986, 996, 1007, 1010, Löschungsvormerkung **39** 29 a
Gleichbehandlung Dienstvertrag **1** 611 a, 611 b, Gläubiger **36** 8
Gleichstellung für ehelich erklärtes Kind **1** 1740 f
GmbH s. Gesellschaft mit beschränkter Haftung
GmbH-Gesetz **22** , Anwendung **20** 32 a f., 129 a, 172 a
Gnadenbezüge **33** 850 a
Gnadengesuch **51** 93
Gold- und Silbersachen **33** 813, 817 a
Goldsachen **1** 1240
Grad der Verwandtschaft, Schwägerschaft **33** 383
Grenzabmarkung **1** 919
Grenzanlagen gemeinschaftliche Nutzung **1** 921, 922
Grenzbaum **1** 923
Grenzscheidungsklagen **33** 24
Grenzüberbau **1** 912
Grenzverwirrung **1** 920
Grenzzeichen verrücktes **1** 919
Grobe Fahrlässigkeit Begriff **1** 277, Dienstverpflichteter **1** 617, Erwerb eines Wechsels **23** 10, Finder **1** 968, Frachtführer **20** 430 ff., Geschäftsführung ohne Auftrag **1** 680, Grenzüberbau **1** 912, Käufer **1** 460, Mieter **1** 539, Schenker **1** 521, 523, 524, 529, Schuldner **1** 300, **20** 347
Grobe Nachlässigkeit **33** 813 a
Grobe Pflichtverletzung geschäftsführender Gesellschafter **1** 712, 715, **20** 117, Vereinsvorstand **1** 27
Grobe Unbilligkeit Ausgleich des Zugewinns **1** 1381, Unterhaltsanspruch, Scheidung **1** 1579
Grober Undank Widerruf der Schenkung **1** 530, 533
Grobes Verschulden der Hauptpartei **33** 68, des Urkundsbeamten der Geschäftsstelle usw., Kosten **33** 102, grobe Nachlässigkeit **33** 279, 813 a
Größenabhängige Erleichterungen Offenlegung **20** 326 f.
Große Kapitalgesellschaft **20** 267
Großeltern Ersatz für Unterhalt **1** 685, gesetzliches Erbrecht **1** 1926, 1931, Unterhalt **1** 1601 ff.
Großer Senat am BGH Verfahren **30** 138, Zuständigkeit **30** 132
Großhändler Hinweis auf Eigenschaft als **26** 6 a, Unterlassungsanspruch gegen **26** 6 a
Gründe der richterlichen Überzeugung **33** 286, für Terminänderung **33** 227
Gründer, AG **21** 2, 28, Bestellung des ersten Aufsichtsrats **21** 30, KommAG **21** 280, Meinungsverschiedenheiten mit Gründungsprüfern **21** 35, Strafvorschriften **21** 399, Verantwortlichkeit **21** 46, 147, Verpflichtung zur Anmeldung **21** 36
Gründung, AG **21** 23 ff., Anmeldung **21** 36, 37, 38, Haftung **21** 46 ff., Nachgründung **21** 52 f., Sacheinlagen **21** 27, Sachübernahmen **21** 27
Gründungsaufwand, AG **21** 26, 399
Gründungsbericht, AG **21** 32, 399
Gründungsprüfung, AG **21** 33 ff., durch Gericht **21** 38, Verantwortlichkeit **21** 49, 399
Grund des erhobenen Anspruchs **33** 253, 304, 538
Grundbuch **33** 110, 800, 830, 837, 867, 941 f., Anlegung **2** 186, Berichtigung **1** 894 ff., 1144, 1155, 1157, 1167, 1416, **39** 14, 22, Bezirke **39** 2, bisheriges **39** 119 bis 121, Einrichtung **39** 2, Einsicht **13** 21, **39** 12, 124, **52** 74, Eintragung **2** 233 § 2 c, Eintragung des allgemeinen Veräußerungsverbots **36** 61, Eintragung Ersteher **34** 130, Eintragung Versteigerungsanordnung **34** 19, Eintragungen **1** 313, 416, 1010, **52** 60 ff., gesetzliche Vermutung der Richtigkeit **1** 891, 1148, Kosten **1** 449, 897, öffentlicher Glaube **1** 892 ff., 1138, Umschreibung **39** 111, Unrichtigkeit **1** 1140, Vormerkung **1** 883 bis 888, zerstörtes oder abhandengekommenes **39** 123
Grundbuchamt **39** 1, Abhelfung der Beschwerde **39** 75, als Registergericht **39** 34, Amtsgericht als **39** 1, Aufbewahrung von Urkunden, Einsicht **39** 10, 12, Einreichung von Urkunden **13** 53, Erklärungen vor **1** 873, 875, 876, 878, Grundbuchberichtigungszwang **39** 82 ff., Klarstellung der Rangverhältnisse **39** 90 ff., Löschung gegenstandsloser Eintragungen **39** 84 ff.
Grundbuchbeamter Eintragung durch einen kraft Gesetzes ausgeschlossenen **39** 11, sachliche Zuständigkeit **39** 1
Grundbuchblatt **39** 3, Angabe in Terminsbestimmung **34** 38, gemeinschaftliches **39** 4, Mitbelastung **39** 48, nachträgliche Anlegung **39** 122, subjektiv-dingliche Rechte **39** 9, Umschreibung **39** 91
Grundbucheintragung s. Eintragung
Grundbuchordnung **39**
Grundbuchsachen Gebühren **52** 60 bis 78
Grundbuchvertreter **1** 1189
Grunddienstbarkeit **1** 1018 bis 1029, auf baulichen Anlagen **1** 1022, auf Vermächtnisgrundstück **1** 2182, Ausübung **1** 1020, 1023, Beeinträchtigung

1 916, 1027, Begriff **1** 1018, Gerichtsstand **33** 24, Geschäftswert **52** 22, nicht eingetragene **2** 187, Streitwert **33** 7, Teilung des dienenden Grundstücks **1** 1026, Teilung des herrschenden Grundstücks **1** 1025, vereinbarte Unterhaltspflicht **1** 1021, Verjährung **1** 1028, Vorteil des herrschenden Grundstücks **1** 1019, Zusammentreffen mehrerer Nutzungsrechte **1** 1024

Grundgeschäft **1** 925 a

Grundkapital, AG **21** 1, 6, aus Gesellschaftsmitteln **21** 207 ff., bedingte Erhöhung **21** 192 ff., Beschaffung **21** 182 bis 221, Einziehung von Aktien **21** 237 ff., Erhöhung gegen Einlagen **21** 182 ff., Genehmigung **21** 202 ff., Herabsetzung **21** 222, 229, Höhe **21** 23, Jahresbilanz **21** 152, Kapitalrücklage **21** 150, Mindestnennbetrag **21** 7

Grundpfandberechtigte Befriedigung **34** 158

Grundpfandbrief **39** 39, 99, Behandlung **34** 127, Kraftloserklärung **34** 136, Vermerk **34** 127, Vorlage **34** 131

Grundpfandrechte ausländische Währung **34** 145 a, fälschlich berücksichtigte –, Erhöhung des Bargebots **34** 50, für Teilschuldverschreibungen auf den Inhaber **39** 50, Kündigung **34** 54, Leistung auf das Kapital **34** 158, Löschung **34** 131, **39** 27, Übertragung **39** 26

Grundschuld **1** 1191 bis 1198, **33** 24, 25, 325, 592, 794, 799 f., 857, 897, -brief **33** 897, 986, -gläubiger **33** 982 ff., Anlegung von Mündelgeld **1** 1807, auf Vermächtnisgrundstück **1** 2165, 2168, Auseinandersetzung bei Nachlaß, Gesamtgut **39** 37, Begriff **1** 1191, Beseitigung bei Verkauf **1** 439, Eigentümer- **1** 1177, 1196, 1197, Eintragung **52** 62 ff., Ersatz der Hypothek durch **39** 65, Fremd-, Abweichungen **1** 1197, Geltung von Landesrecht **2** 60, Inhaber- **1** 1195, Kündigung **1** 1193, Löschung **1** 1196, **39** 27, Nießbrauch **1** 1047, 1080, Pfandrecht **1** 1291, Rangänderung **1** 880, Sicherheitsleistung durch **1** 232, 238, Überleitung **2** 195, Übertragung, Belastung **39** 26, Umwandlungen **1** 1177, 1198, 1203, Verfügungen über – durch Vorerben **1** 2114, Verfügungen über – durch Vormund **1** 1819 ff., Zahlungsort **1** 1194

Grundschuldbrief **39** 56 ff., 70, Ausstellung auf Inhaber **1** 1195, Eigentum an **1** 952, Erteilung **52** 71, Vorlegung **39** 42, 99, Vorlegung zur Grundbuchberichtigung **1** 896

Grundstück **33** 24, 26, 58, 257, 266, 325, 787, 864 ff., 932, 977, -steil, Abschreibung und Eintragung als selbständiges **39** 2, 7, aufgegebenes –, Aneignung **2** 129, Auflassung **2** 143, Befriedigung des Gläubigers aus **1** 1181, Belastung **20** 49, 54, 124, 126, Belastung mit Dauerwohnrecht **8** 31, Belastungen **1** 873, 1009, 1113 bis 1203, Belastungsbeschränkung **2** 117, Belastungsverbot **2** 115, Beschlagnahme **34** 20 ff., 148 f., Besitzaufgabe **1** 303, Bestandteile **1** 94 ff., 890, Bestandteile, DDR-Übergangsrecht **2** 231 § 5, Bezeichnung nach neuem Recht **39** 121, buchungsfreies **2** 127, 128, Dienstbarkeiten **2** 128, Eigentum an **1** 905 bis 924, Eigentumserwerb und -verlust **1** 873, 925 bis 928, **2** 189, Eigentumsübertragung **2** 126, 127, Enteignung, Entschädigung **2** 53, Ersitzung **1** 900, Erwerb durch Ausländer **2** 88, freiwillige Versteigerung **52** 53, Gefahrübergang **1** 446, Geschäfte über –, Gütergemeinschaft **1** 1424, Grenzbäume **2** 122, Grunddienstbarkeiten **1** 1018 bis 1029, Grundschuld **1** 1191 bis 1198, herrenloses –, Aneignung durch Fiskus **2** 190, Kauf **1** 313, 434 ff., 444, 446, 449, Landpacht **1** 585, 593 a, 594, 595 ff., landwirtschaftliches –, Herausgabe **1** 998, 1055, Miete **1** 551, 559 ff., Mietrechte **2** 188, mit Eigentum an – verbundene Rechte **1** 96, Nachbarrecht **2** 124, Nießbrauch an **1** 1030, 1031, 1037, 1043, 1044, 1048, 1055, 1056, Nutzungsrecht an **2** 196, 197, öffentliches –, Haftung bei Benutzung **2** 106, Pacht **1** 582 ff., Pachtrechte **2** 188, Rechte am –, Berücksichtigung **34** 182, Rechte an **1** 873 bis 902, **2** 189, Rechte an, Eintragung **52** 62 ff., Schäden an –, Haftung **2** 107, Schuldner als Eigentümer, Eintragung **34** 17, Teilung **2** 119, Teilung in Miteigentumsanteile **8** 8, Überhang **2** 122, Veräußerung **2** 119, Veräußerung nach Beschlagnahme **34** 26, Vereinigung **39** 5, Vereinigung mehrerer **1** 890, Verfügungen des Vorerben **1** 2113, 2135, vermachtes –, Belastung **1** 2165 ff., 2182, vermietetes –, Veräußerung **1** 571 ff., 579, verpachtetes –, Veräußerung **1** 593 b, Verschlechterung bei Hypothek **1** 1133 ff., Verwaltung und Benutzung durch Schuldner **34** 24, Vorkaufsrecht **1** 510, 1094 bis 1104, Vormerkung **1** 883 ff., Wald- **2** 183, Wiederkaufsrecht **1** 503, Zuschreibung **1** 1131, **39** 6, Zusicherung bestimmter Größe **1** 468, 537, Zwangsversteigerung **34** 15 bis 145, Zwangsversteigerung mehrerer **34** 18, 76, 122, Zwangsverwaltung **34** 146 bis 161

Grundstückseigentümer Heimfallanspruch **9** 3, Zustimmung zur Veräußerung oder Belastung des Erbbaurechts **9** 5 ff., 15

Grundstücksgeschäfte Genehmigung des Vormundschaftsgerichts **1** 1821, Gesamtgut **1** 1424

Grundstücksgleiche Rechte **39** 118, **52** 77, Zwangsversteigerung, Streitwertberechnung **50** 31

Grundstücksgröße Angabe in Terminsbestimmung **34** 38

Grundstücksrecht Anwendung bei Erbbaurecht **9** 11

Grundstücksschätzer Haftung **2** 79

Grundstücksverzeichnis **39** 2

Grundstückswert Festsetzung **34** 74 a

Grundstückszubehör Mitveräußerung **1** 926

Gültigkeit Geschäfte **32** 8, Rechtshandlungen des Konkursverwalters gegenüber Dritten **35** 136

Güte gleiche **20** 419, mittlere **20** 360
Güterbeförderung Eisenbahn **20** 453 ff., Frachtgeschäft **20** 425, Spediteur **20** 407
Güterbeförderungsvertrag anzuwendendes Recht **2** 28
Gütergemeinschaft **1** 1415 bis 1518, **33** 305, 740 ff., 750, 860, 1001, Aufhebungsklage **1** 1447 ff., 1469, 1470, 1495, 1496, Auseinandersetzung **37** 99, Auseinandersetzung des Gesamtgutes **1** 1471 bis 1482, 1497 ff., fortgesetzte **1** 1483 bis 1518, Gemeinschaft zur gesamten Hand **1** 1419, gemeinschaftliche Gesamtgutsverwaltung **1** 1450 bis 1470, Gesamtgut **1** 1416, Gesamtgut als Konkursmasse **35** 2, Gesamtgutsverwaltung durch Mann oder Frau **1** 1422 bis 1449, Konkurs über gemeinschaftlich verwaltetes Gesamtgut **35** 236 a, Konkurs über Gesamtgut und sonstiges Vermögen **35** 236 c, landesrechtliche Vorschriften **37** 193, Sondergut **1** 1417, Übernahme des Gesamtguts **1** 1515, Unterhaltspflicht **1** 1604, Vereinbarung durch Ehevertrag **1** 1415, Vorbehaltsgut **1** 1418, Zwangsvergleich **35** 236 b
Güterrecht DDR-Übergangsrecht **2** 234 § 4, eheliches **1** 1363 bis 1563, **2** 15, 200, gesetzliches **1** 1363 bis 1390, vertragsmäßiges **1** 1408 bis 1518
Güterrechtsregister **1** 1588 bis 1563, **33** 741, **37** 161, Anmeldung zum **52** 28, 86, Antrag auf Eintragung **1** 1560, 1561, Bescheinigung **37** 162, Einsicht **1** 1563, **52** 90, Eintragung **52** 28, 81, Eintragung des Ehevertrags, Geschäftsbesorgung durch einen Ehegatten **1** 1357, 1412, öffentliche Bekanntmachung **1** 1562, Verlegung des Wohnsitzes **1** 1559, zuständiges Amtsgericht **1** 1558
Güterstand **33** 739 ff., 860, Beendigung **1** 1379, DDR-Übergangsrecht **2** 236 § 3, Ehe **2** 15, gesetzlicher **1** 1363, Regelung durch Ehevertrag **1** 1408 ff., Zugewinnausgleich **1** 1371 ff.
Gütertrennung **1** 1388, 1414
Güteverfahren Anwaltsgebühr **51** 65, Kosten **33** 91
Güteversuch im Zivilprozeß **33** 279
Gutachten **33** 404 ff., 580, 656, Anwaltsgebühr **51** 21, Markenrecht **27** 58, schriftliches **33** 411, Verweigerung **33** 407, 408
Guter Glaube **33** 266, Besitzerwerb **1** 990, 991, 1007
Gutgläubiger Erwerb Bestandteile **1** 957, bewegliche Sachen **1** 932 ff., Erzeugnisse **1** 957, im Wechselverkehr **23** 16, Pfand **1** 1207, 1208, 1244, Scheck **24** 21, Vorrang **1** 1208, s. a. guter Glaube
Gutglaubensschutz **20** 366
Guthaben Scheckverkehr **24** 3
Händler Wegfall der Vergütungspflicht **28** 54 b
Härte Erfüllung des Pflichtteilsanspruchs, Stundung **1** 2331 a; Kündigung eines Mietverhältnisses, Widerspruch **1** 556 a, 565 d
Härteklausel bei Ehescheidung **33** 616, Ehescheidung **1** 1568
Häufung der Einwendungen gegen den vollstreckbaren Anspruch **33** 767
Häusliche Gemeinschaft Dienstvertrag **1** 617, 618, mit Erblasser **1** 2028
Haft **33** 380, 390, 402, 619, 888, 890, 901 ff., 933
Haftpflicht Eisenbahn **20** 454 bis 456
Haftung Aktionäre **21** 62, Akzeptant eines Wechsels **23** 28, als Gesamtschuldner **23** 47, **24** 44, Aufsichtspflichtiger **1** 832, aus Ausfertigungen **23** 65, aus Handelsgeschäften **20** 347, Ausscheiden eines Gesellschafters **20** 160, Ausschluß oder Begrenzung, Klauselverbot in AGB **4** 11, Aussteller einer Schuldverschreibung **1** 794, Aussteller von Wechseln **23** 9, 78, Beamte **1** 839, 841, Beamte für Hilfspersonen **2** 78, bei Ablehnung der Vormundschaft **1** 1787, bei Änderungen **23** 69, **24** 51, bei Benutzung öffentlicher Grundstücke **2** 106, bei falschen Angaben zu GmbH **22** 9 a, bei fortgesetzter Gütergemeinschaft **1** 1489, 1504, bei gefährlichen Betrieben **2** 105, bei Gründung der AG **21** 41, 46 ff., 147, bei Körperverletzung **1** 823, bei Kreditauftrag **1** 778, bei Pflichtverletzung des Abschlußprüfers **20** 323, bei Rückgewähr **1** 347, bei Tötung **1** 823, bei ungerechtfertigter Bereicherung **1** 818 ff., bei Verschmelzung von Unternehmen **21a** 25 ff., Beistand **1** 1691, Bereicherung **23** 89, beschränkte –, Erbe **1** 1973, 1975 bis 1992, Beschränkung bei Sachschäden **7** 5, Beschränkung der **33** 305, 780, 781, 786, Besitzer gegenüber Eigentümer **1** 987 ff., Besitzmittler **1** 991, Besteller im Werkvertrag **1** 645, bisheriger Arbeitgeber bei Betriebsübergang **1** 613 a, Blankoscheck **24** 13, Blankowechsel **23** 10, bösgläubiger Besitzer **1** 990, deliktischer Besitzer **1** 992, der Streitgenossen für die Kostenerstattung **33** 100, Ehegatte **1** 1359, Ehegatte für Unterhalt **1** 1584, 1586 a, Ehegatten für Gesamtgutsverbindlichkeiten **1** 1459 ff., 1489 ff., Ehrenannehmer **23** 58, Eigentümer bei Reallast **1** 1108, eintretender Gesellschafter **20** 28, 130, Eisenbahn bei Güterbeförderung **20** 454 ff., Eltern **1** 1664, Empfang verbotener Leistungen **21** 62, Entschädigungsforderung bei Beendigung des Erbbaurechts **9** 28, Erbe bei Vormerkung **1** 884, Erbe für Nachlaßverbindlichkeiten **1** 1586 b, 1967 bis 2017, 2058 ff., 2206, Erben eines Handelsgeschäfts **20** 27, Erbschaftsbesitzer **1** 2023, 2029, Erbschaftskäufer **1** 2036, 2037, Erbschaftskäufer für Nachlaßverbindlichkeiten **1** 2382, Erbschaftsverkäufer **1** 2376, erweiterte – beim Tierkauf **1** 492, erweiterte –, Schuldner **1** 287, Erwerber bei Firmenfortführung **20** 25, fehlerhafte Produkte **6** 1, Finder **1** 968, Forderungsverkäufer **1** 437, 438, Frachtführer **20** 429 bis 432, 438, 442, für Gehilfen **1** 278, 831, für nicht zu vertretendes Unmöglichwerden **1** 323, für nichtbetriebene Anlagen **7** 2, für nichtrechtsfähige Vereine, Handelnder **1** 54, für Schäden an Grundstücken **2** 107,

für Schäden bei Zusammenrottung und Aufruhr **2** 108, für Sorgfalt wie in eigenen Angelegenheiten **1** 277, 690, 708, 1359, 2131, für unerlaubte Handlungen **1** 823 bis 853, für vom Schuldner zu vertretendes Unmöglichwerden **1** 325, Gastwirt **1** 701 bis 703, Gebäudebesitzer **1** 837, Gebäudeunterhaltspflichtiger **1** 838, gegenüber anderem Ehegatten **1** 1481, gegenüber Wechselinhaber **23** 47, Gesamtgut **1** 1438 ff., 1459 ff., 1485, Gesamtschuldner **36** 32, gesamtschuldnerische –, Eigentümer **1** 1108, 2058, gesamtschuldnerische –, Kartellmitglieder **25** 37, Geschäftsführer ohne Auftrag **1** 677 ff., Geschäftsherr für Verrichtungsgehilfen **1** 831, Gesellschafter **1** 708, GmbH-Geschäftsführer **22** 43, GmbH-Gesellschafter für Einlagefehlbetrag **22** 9, GmbH-Vermögen **22** 13, Grundstück **1** 1118, 1119, Grundstücksbesitzer bei Gebäudeeinsturz **1** 836, Grundstücksschätzer **2** 79, Grundstücksverkäufer für Freiheit von öffentlichen Lasten **1** 436, Grundstücksverkäufer für Grundstücksgröße **1** 468, Handelsmakler **20** 98, Hauptgesellschaft bei Eingliederung einer AG **21** 322, Hauptvermächtnisnehmer **1** 2187, Indossant **23** 15, **24** 18, juristische Personen des öffentlichen Rechts **1** 89, juristischer Personen für ihre Organe, DDR-Übergangsrecht **2** 231 § 4, keine – für Rat oder Empfehlung **1** 676, Kommanditist **20** 171 ff., Kommissionär **20** 384 bis 386, 390, Konkurseröffnung vor Erbschaftsannahme trotz unbeschränkter – des Erben **35** 216, Konkursforderung bei gesamtschuldnerischer **35** 68, Lagerhalter **20** 417, Liquidatoren eines Vereins **1** 53, Miterben **1** 2058 ff., nach Herausgabe **38** 18, Nacherbe **1** 2144, Nachlaßverwalter **1** 1985, Nießbraucher **1** 1088, OHG-Gesellschafter **20** 128 ff., persönliche Gesellschafter **20** 161, Pfand **1** 1210, Pfandgläubiger **1** 1251, Rechtsvorgänger, GmbH **22** 22, redlicher Besitzer **1** 993, Reiseveranstalter **1** 651 ff., Schädigung durch Arzneimittel **6** 15, Scheckaussteller **24** 12, Scheckbürge **24** 27, Scheckinhaber **24** 44, Schenker **1** 521 ff., Schuldner **1** 276 ff., Schuldner bei Gläubigerverzug **1** 300, Schuldner bei Herausgabepflicht **1** 292, Schuldner für Erfüllungsgehilfen **1** 278, Spediteur **20** 407, Staat für Beamte **2** 77, Testamentsvollstrecker **1** 2219, Tierhalter **1** 833, Tierhüter **1** 834, Übernehmer bei Vermögensübernahme **1** 419, unbeschränkte **33** 783 ff., 997, 998, 1000, Urheberrechtsverletzungen **28** 100, Verbindlichkeiten, AG **21** 1, verbundene Unternehmen **21** 309 f., 317 f., 322, Verein **1** 31, Vereinsvorstand **1** 42, 53, Vergleichsverwalter **36** 42, Verkäufer für Rechtsmängel **1** 434 ff., Verkäufer für Sachmängel **1** 459, Verleiher **1** 599, 600, Vermieter für Rechtsmängel **1** 541, Vermieter für Sachmängel **1** 537 ff., Verpächter **1** 586, Vertreter **23** 8, Vertreter ohne Vertretungsmacht **1** 179, Verwahrer **1** 690, 691, Verwandte für Unterhalt **1** 1606, vom Gläubiger zu vertretendes Unmöglichwerden **1** 324, vor Eintragung der AG ins Handelsregister **21** 41, vor GmbH-Gründung **22** 11, Vorerbe **1** 2131, 2132, 2145, Vormund **1** 1833, Wechselbürge **23** 32, wegen Vorsatz **1** 276, weitergehende **7** 18, Wiederverkäufer **1** 498, zeitliche Begrenzung **20** 160, Zwangsverwalter **34** 154

Haftungsausschluß Hersteller **6** 1, höhere Gewalt **7** 4, Klauselverbot, AGB **4** 11, Produkthaftung **6** 1

Haftungsende Erzeugnisse, Bestandteile von Grundstücken **1** 1121, 1122, ohne Veräußerung bei Hypothek **1** 1122, Veräußerung und Entfernung bei Hypothek **1** 1121

Haftungshöchstbetrag Rechtsverordnung **6** 17

Haftungshöchstgrenzen **7** 15

Haftungsminderung Produkthaftung **6** 6

Haftungsverhältnisse Bilanzvermerk **20** 251, 268

Halmtaxe **1** 596 a

Handakten **33** 143

Handelsbetrieb **20** 60, 112

Handelsbrauch **20** 346

Handelsbrief s. Geschäftsbrief

Handelsbuch **20** 238 ff., Aufbewahrung **20** 257, bei Minderkaufleuten **20** 4, Einsicht **20** 87 c, 118, 166, Vorlegung **20** 258 bis 261

Handelsbücher **33** 422

Handelsfirma s. Firma

Handelsgebrauch **20** 90, 346, 359, 380, 393 f.

Handelsgeschäft **20** 343 ff., **33** 729, allgemeine Vorschriften **20** 343 ff., Beförderung auf öffentlichen Eisenbahnen **20** 454 ff., Eintritt in bestehendes **20** 22, 24, 28, Firma **20** 19 f., 24, 33, Frachtgeschäft **20** 425 ff., Haftung **20** 25, 347, Handelskauf **20** 373 ff., Lagergeschäft **20** 417 ff., Prokura **20** 48, Speditionsgeschäft **20** 407 ff.

Handelsgesellschaft **20** 6, AG **21** 3, GmbH **22** 13, KommAG **21** 278 ff., Kommanditgesellschaft **20** 161 ff., Nachweis der Vertretungsbefugnis für **39** 32, OHG **20** 105 ff.

Handelsgesetzbuch **20**

Handelsgewerbe **20** 343 f., 406, **33** 173, Gegenstand **20** 1, Kaufmann kraft Eintragung **20** 2, 5, Kaufmann kraft Gesetzes **20** 1

Handelskauf s. Kauf

Handelsmakler **20** 1, 92 bis 104, 373, 376, 379, 388, 437, Haftung **20** 98, keine Empfangsermächtigung **20** 97, Krämermakler **20** 104, Maklerlohn **20** 99, Maklertagebuch **20** 100 ff., Ordnungswidrigkeiten **20** 103

Handelsniederlassung **20** 29, 50, 55

Handelsregister **20** 2 f., 5, 8 bis 16, Abschriften **20** 9, Anmeldung **20** 12, 29 ff., 53, **52** 26, 86, automatisiertes Verfahren **20** 9 a, Befreiung von Eintragung **20** 36, Einreichung Jahresabschluß **20** 325, Einsicht **20** 9, **52** 90, Eintragungen **21a** 19 f., 130 f., 201 f., **52** 26, 79, Eintragungen, AG **21** 37 ff., 42 ff., 81, 181, 184, 188, 195, 201,

223, 227, 238, 239, 266, 273, 277, 282, 285, 289, 294, 298, 319, 320 a, 398, Eintragungen, GmbH **22** 7, 10 bis 12, 39, 54, 57 ff., 58 ff., 65, 67, 78 f., Kommanditgesellschaft **20** 162, 174 bis 176, Konkurseröffnung **20** 32, negative Publizität **20** 15, OHG **20** 106 bis 108, 123, 125, 143 f., 148, 150, 157, Prokura **20** 53, Registergericht **20** 8, Vermerk über Vergleich **36** 23, Wirkung des Eintrags **20** 15 f., 28

Handelssachen **32** 17, Antragsrecht des Notars **37** 129, Auflösung GmbH **37** 144 b, Aussetzung der Verfügung **37** 127, Begriff **30** 95, Dispache-Verfahren **37** 149 bis 158, Einschreiten des Registergerichts, Einspruch **37** 132 ff., Eintragung, Bekanntmachung **37** 130, Genossenschaftsregister **37** 147, Hauptintervention **30** 103, Kammern **30** 93 ff., Löschung von Eintragungen **37** 141 bis 144, Mitteilungspflichten der Behörden **37** 125 a, Mitwirkung von Organen des Handelsstandes **37** 126, sachliche Zuständigkeit, Amtsgericht **37** 125, 145, Satzungsmangel bei AG, GmbH **37** 144 a, Verfahren bei unbefugtem Firmengebrauch **37** 140, Verfahren nach Gesetzen über verschiedene Gesellschaften **37** 148, Verweisung **30** 96 ff., Zuständigkeit der Kammern für **26** 27

Handelsschulden Gesellschaft **20** 130, 149, 155, 159, 173

Handelsstand **20** 1 bis 104, Handelsbücher **20** 38 ff., Handelsfirma **20** 17 ff., Handelsmakler **20** 93 ff., Handelsregister **20** 8 ff., Handelsvertreter **20** 84 ff., Handlungsgehilfen und -lehrlinge **20** 59 ff., Kaufleute **20** 1 ff.

Handelsverkehr Gewohnheiten **20** 346

Handelsvertreter **20** 1, 65, 84 ff.

Handelswert gemeiner **20** 430

Handlung des Streitgenossen **33** 61, eilbedürftige – des Beauftragten **35** 27, eilbedürftige – des Gesellschafters **35** 28, gebührenpflichtige **25** 80, Nebenintervenienten **33** 67, strafbare **33** 580, unerlaubte –, Gerichtsstand **33** 32, unerlaubte s. dort; Verurteilung zur Vornahme von **33** 510 b, Zwangsvollstreckung auf vertretbare/nicht vertretbare Handlungen **33** 887, 888, 892

Handlungsbevollmächtigter **20** 54 bis 58, AG, Kreditgewährung an **21** 89

Handlungsgehilfe **20** 59 bis 83

Handlungslehrling **20** 59 bis 83

Handlungsreisender **20** 55, 91

Handlungsvollmacht **20** 48 ff., 54 ff.

Handwerker Gerichtsstand **33** 20, Pfändung bei **33** 811

Handwerkszeug Unpfändbarkeit **33** 811

Handzeichen **33** 416, 440

Hauptanspruch **33** 321

Hauptgesellschaft Auskunftsrecht der Aktionäre **21** 326, Haftung bei Eingliederung einer AG **21** 322

Hauptintervention Handelssache **30** 103, Voraussetzungen **33** 65 ff., 82, 265

Hauptmängel Mängelvermutung **1** 484, Viehkauf **1** 482 ff.

Hauptpartei **33** 67, 68, 69, 265, 266

Hauptprozeß Gericht des **33** 34, Vollmachtumfang für den **33** 82

Hauptsache **33** 96, 99, 268, 926, Erledigung der – in Ehesachen **33** 619, Gericht der **33** 919, 937, 942 f., Verhandlung **33** 39, 76, 239, 244, 269, 340, 528, 590

Hauptschöffe **30** 42 f.

Haupttermin Bestimmung durch den Vorsitzenden **33** 272, Beweisaufnahme **33** 278, Verbot der Übertragung auf Einzelrichter nach **33** 348, Vorbereitung **33** 275

Hauptvermächtnisnehmer Haftung **1** 2187

Hauptversammlung, AG **21** 118 ff., Anfechtung von Beschlüssen **21** 243 ff., 250 ff., 256 ff., Anträge von Aktionären **21** 126, Auflösung **21** 262, Auskunftspflicht **21** 131, 132, Ausübung des Stimmrechts **21** 134 f., Bestellung von Prüfern **21** 142 f., Durchführung **21** 293 g, Einberufung **21** 92, 121 ff., 175, Entlastung von Aufsichtsrat und Vorstand **21** 119 f., Feststellung des Jahresabschlusses **21** 172, Geltendmachung von Ersatzansprüchen **21** 147, gesonderte Versammlung **21** 138, Gewinnverwendung **21** 174, Kapitalerhöhung **21** 182, 192, 202, 207, Kapitalherabsetzung **21** 222, 229, 237, Mitteilungen für die Aktionäre und an Aufsichtsratsmitglieder **21** 125, Nichtigkeit von Beschlüssen **21** 241 ff., Niederschrift der Beschlüsse **21** 130, ordentliche **21** 175 f., Satzungsänderung **21** 179 ff., Sonderbeschluß **21** 138, Sonderprüfung **21** 142 ff., Stimmrecht **21** 133 ff., 402, Stimmrechtsmißbrauch **21** 405, Tagesordnung **21** 124 f., Verwendung des Bilanzgewinns **21** 174 ff., Vorbereitung **21** 293 f, Vorzugsaktien ohne Stimmrecht **21** 139 ff., Wahl der Aufsichtsratsmitglieder **21** 101, Wahlvorschläge **21** 127, Weitergabe der Mitteilungen durch Kreditinstitute und Vereinigungen von Aktionären **21** 128, Zustimmung zu Unternehmensverträgen **21** 293, Zustimmung zu Verschmelzungsverträgen **21** 340 c, Zustimmung zur Eingliederung von Gesellschaften **21** 319 f., Zustimmung zur Nachgründung **21** 52

Hauptversammlungsbeschlüsse, AG Anfechtungsgründe **21** 243, 251, 255, Anfechtungsklage **21** 246, 247, Eingliederung **21** 319 ff., Heilung **21** 242, Nichtigkeit bestimmter **21** 250 ff., Nichtigkeitsgründe **21** 241, Nichtigkeitsklage **21** 249, Vermögensübertragung **21** 179 a, Verwendung des Bilanzgewinns **21** 253 f., Vorbereitung und Ausführung **21** 83

Hausfrieden Störung, fristlose Kündigung des Mietverhältnisses **1** 554 a

Hausgenosse **33** 181, 185, Erblasser, Auskunftspflicht **1** 2028

Hausgeräte Unpfändbarkeit **33** 811
Haushaltsangehörige 33 811
Haushaltsführung Ehegatten **1** 1356
Haushaltsgegenstände Ersatz **1** 1370, Getrenntlebender **1** 1361 a, im Nachlaß **1** 1932, 1933, Verfügung **1** 1369
Haushaltungsbücher Unpfändbarkeit **33** 811
Hausordnung Aufstellung durch Wohnungseigentümer **8** 21
Hausrat Alleineigentum eines Ehegatten **11** 9, Ersatz **1** 1370, gemeinsames Eigentum der Ehegatten **11** 8, Gläubigerrechte **11** 10, Rechtsstreit über **11** 18, Verteilung bei Getrenntleben **1** 1361 a, **11** 18 a, Verteilung nach Scheidung **11** 1 f., 8 ff., 21
Hausratssachen Anwaltsgebühr **51** 63
Hausratsverordnung 11
Haustiere Aneignung **1** 960, Gewährleistung beim Verkauf **1** 481 ff., Schäden durch **1** 833, 834
Haustürgeschäfte Begriff **5** 1, Widerruf **5** 1 ff.
Haustürwiderrufsgesetz 5
Hauswirt 33 135, 181
Hebammen Pfändung bei **33** 811
Hebegebühr Anwalt **51** 22
Heilung Formmangel, Bürgschaftserklärung **1** 766, Formmangel, Grundstücksgeschäft **1** 313, Formmangel, Schenkung **1** 518, 2301, Jahresabschluß, AG **21** 256, Mängel bei GmbH **22** 76, Mangel, Adoption **1** 1760, Nichtigkeit, AG **21** 276, Nichtigkeit, Hauptversammlungsbeschluß **21** 242, Wohnungseigentumserwerb **8** 61
Heimarbeit Lohnpfändung **33** 850 i
Heimfall Begriff **9** 2, Fortbestehen von Belastungen **9** 33, Vergütungsanspruch **9** 32
Heimfallanspruch Dauerwohnrecht **8** 36, Grundstückseigentümer **9** 3, Verjährung **9** 4
Heiratsbeihilfe Unpfändbarkeit **33** 850 a
Heiratsvermittlung 1 656
Hemmung der Zwangsvollstreckung **33** 707, 719, 769, des Arrestes **33** 924 ff., einer Frist **33** 223, Ersitzung **1** 939, Inventarfrist **1** 1997, Verjährung **1** 202 bis 207, Verjährung bei Gesamtschuld **1** 425, Verjährung bei unerlaubten Handlungen **1** 852, Verjährung beim Werkvertrag **1** 639, Verjährung der Gewährleistungsansprüche beim Kauf **1** 477, Verjährung und Vorlegungsfrist bei Schuldverschreibung auf den Inhaber **1** 802, 808
Herabsetzung Grundkapital, AG **21** 222, 228, 229, Kaufpreis **1** 462, 472, Maklerlohn **1** 655, Regelunterhalt **1** 1615 h, Stammkapital, GmbH **22** 58, Unterhaltsanspruch **1** 1579, Vertragsstrafe **1** 343, Werklohn **1** 634
Herausgabe Bereicherung **1** 684, **23** 89, beweglicher körperlicher Sachen an den Gerichtsvollzieher **33** 847, 854, des Pfandes **33** 838, einer unbeweglichen Sache **33** 848, 855, 885, eines Geschenks **33** 852, Erbschaft **1** 2018 ff., 2103, 2130, 2374, Erbschein an Nachlaßgericht **1** 2362, Ersatz bei Unmöglichkeit der Leistung **1** 281, 323, Ersuchen von Behörden **38** 15, Früchte **1** 102, 2020, 2023, Fundsache **1** 969, 977, Gegenstand **1** 273, Genehmigung durch Stiftung **38** 28, Geschenke bei Lösung des Verlöbnisses **1** 1301, Grundstück **1** 303, 998, Haftung nach **38** 18, im Gewahrsam eines Dritten befindliche herauszugebende Sache **33** 886, Inbegriff von Gegenständen **1** 260, Kaufgegenstand an Dritte **1** 440, 441, keine – des Mehrempfanges **1** 2056, Kind **1** 1632, Kindesvermögen **1** 1698, Klage auf **33** 18, 254, Klagefrist bei Antrag auf **38** 16, Mündelvermögen **1** 1890, Nachlaß **1** 1973, 1986, 1990, 1992, Nutzungen **1** 302, 987, 988, 2020, 2023, Ort **38** 17, Pfand **1** 1231 ff., 1251, Sache **1** 985 ff., 1000, 1007, Schenkung **1** 516, 527 ff., 1301, 2329, Schiff, Schiffsbauwerk **1** 303, ungerechtfertigte Bereicherung **1** 812 bis 822, ungerechtfertigte Bereicherung bei Geschäftsführung ohne Auftrag **1** 682, 684, ungerechtfertigte Bereicherung des Gesamtgutes **1** 1434, 1457, Unmöglichkeit **1** 347, 351, Verfügung **38** 12, von Urkunden **33** 422, 836, Zwangsvollstreckung auf **34** 93
Herausgabeanspruch Abtretung **1** 870, 931, 934, Eigentümer **1** 985 ff., Erbe gegenüber Erbschaftsbesitzer **1** 2018 ff., Erbe, unrichtiger Erbschein **1** 2362, Erlöschen **38** 19 ff., früherer Besitzer **1** 1007, für tot Erklärter **1** 2031, Geschädigter auf Fundsache **1** 977, Haftung bei **1** 292, Markenschutz gegenüber Agenten oder Vertretern **27** 17, neuer Fristbeginn **38** 22, ungerechtfertigte Bereicherung **1** 682, 684, 812 bis 822, 1434, 1457, Verfall der Hinterlegungsmasse **38** 23
Herausgabepflicht abhanden gekommener Scheck **24** 21, abhanden gekommener Wechsel **23** 16, Beauftragter **1** 667, Behörde **1** 983, bei Ehrenzahlung **23** 62, Besitzer des Originals **28** 25, Dritte, Geschenke eines Ehegatten **1** 1390, Erbschaftsbesitzer **1** 2018, 2020, 2023, Erbschaftsverkäufer **1** 2374, Geschäftsführer ohne Auftrag **1** 682, 684, Geschäftsherr **1** 684, Haftung bei **1** 292, quittierter Scheck **24** 34, quittierter Wechsel **23** 39, Scheckpapiere bei Rückgriff **24** 47, Vorerbe **1** 2130, 2138, Wechselpapiere bei Rückgriff **23** 50
Herkunftsangabe Schutz **27** 1 ff., 99, 126 ff.
Herrenlose Sachen Aneignung **1** 958 ff.
Herrenlose Tiere Aneignung **1** 960 ff.
Herrschende Unternehmen 21 17, Beziehungen zu verbundenen Unternehmen ohne Beherrschungsvertrag **21** 312, Schranken des Einflusses auf abhängige Unternehmen **21** 311, Verantwortlichkeit der gesetzlichen Vertreter **21** 309 f., 317
Hersteller Begriff **6** 4, Haftung **6** 1 ff., Haftungsausschluß **6** 1, Hinweis auf Eigenschaft als **26** 6 a, Teilprodukt **6** 1, 4, Unterlassungsanspruch gegen **26** 6 a

Herstellerschutz 28 126, ausübender Künstler **28** 125, Filmhersteller **28** 94, 128, Hersteller Tonträger **28** 86, 126, Vervielfältigung, Verbreitung **28** 85
Herstellung Filmwerk **28** 89, 91, 92, 94, rechtswidrige – von Vervielfältigungsstücken **28** 96, Sache, Werkvertrag **1** 631 bis 651, Tonträger, Schutz **28** 85 f., 126, Tonträger, Zwangslizenz **28** 61
Herstellung des ehelichen Lebens keine Erzwingung der **33** 888, Klage auf **33** 606 ff.
Hilfsbeamter der Staatsanwaltschaft 30 152
Hilfskassen Bezüge aus –, bedingte Pfändbarkeit **33** 850 b
Hilfsschöffe 30 42 ff., Heranziehung **30** 49
Hindernis gegen Beweiserhebung **33** 356, 434
Hindernisse unüberwindliche **23** 54, **24** 48
Hinterbliebenenbezüge Pfändbarkeit **33** 850, Vorstandsmitglieder, AG **21** 87
Hinterleger 1 688, Rückforderungsrecht **1** 695, Rücknahmerecht **1** 376 ff., Schadensersatzpflicht **1** 694
Hinterlegung als Leistung **1** 372 bis 386, als Mittel der Sicherheitsleistung **33** 108, als Sicherheitsleistung **1** 232 bis 235, Annahme zur **38** 6, Anzeige von – an Gläubiger **38** 11, Auslagenvorschuß **33** 379, Ausschluß des unbekannten Gläubigers durch **1** 1171, Befreiung von –, Vormundschaft **1** 1853, bei Annahmeverzug **20** 373 f., 389, 437, bei Dritten **1** 691, bei Einsetzung eines Nacherben **1** 2114, 2116, bei mehreren Gläubigern einer unteilbaren Leistung **1** 432, bei Nießbrauch **1** 1077, 1082, bei Pfandrecht an einer Forderung **1** 1281, bei Vereinen **1** 52, Belohnung bei Auslobung **1** 660, Beträge **35** 169, der Sendung als Zustellung **33** 195 a, des Betrags der gegen ihn eingeklagten Forderung durch den Streitverkünder **33** 75, durch einen Gesamtschuldner **1** 422, Erlöschen des Gläubigerrechts **1** 382, Frist **34** 142, Gefahrtragung **1** 379, Gegenstände **38** 5, Geld oder Wertpapiere **34** 69, 108, 142, Geld, Sicherheitsleistung **1** 232 ff., Geschäftsbesorgung während **38** 10, im Arrestverfahren **33** 923, 930, 934, im Aufgebotsverfahren **33** 987, im Zwangsvollstreckungsverfahren **33** 720, 775, 805, 815, 827, 839, 853, 854, 858, 868, 872, 885, in besonderen Fällen **38** 27 ff., Kostbarkeiten des Mündels **1** 1818, 1819, Kosten **1** 381, Nachlaßsachen **1** 1960, 2039, Nachweis der Empfangsberechtigung **1** 380, Pfand **1** 1217, 1224, **52** 120, Rückgabe an Hinterleger, Verwahrung **1** 695, 696, Rücknahme durch Hinterleger **1** 376 ff., Versteigerungserlös eines Pfandes **1** 1219, Versteigerungserlös eines Tieres **1** 489, Versteigerungserlös hinterlegungsunfähiger Sachen **1** 383, Wechselsumme **23** 42, Wertpapiere bei Einsetzung eines Nacherben **1** 2116, Wertpapiere des Mündels **1** 1814, 1818, 1819, 1853, Wertpapiere, Sicherheitsleistung **1** 232 ff., Wirkung **1** 233, 378, 379, zur Befriedigung des Gläubigers **1** 268, zur Befriedigung des Hypothekengläubigers **1** 1142, 1171, zur Befriedigung des Pfandgläubigers **1** 1224, zur Verwahrung **1** 688 bis 704, s. a. dort
Hinterlegungsbescheinigungen falsche Ausstellung oder Verfälschung **21** 402
Hinterlegungsgebühr 38 24
Hinterlegungskasse 38 1
Hinterlegungsmasse Geschäftsbesorgung **38** 10, Kostbarkeiten **38** 9, Urkunden **38** 9, Verfall **38** 23, Verwaltung **38** 7 ff., Verzinsung von Geld **38** 8, Wertpapiere **38** 9, Zahlungsmittel **38** 7
Hinterlegungsordnung 38
Hinterlegungsort 1 374
Hinterlegungssachen 32 30, anhängige **38** 34 f.
Hinterlegungsschein Erbvertrag **1** 2277, Testament **1** 2248, 2258 b
Hinterlegungsstelle 33 987, **38** 1, Abgabe an andere **38** 4, Bundesbank, Staatsbanken **38** 30, 35, Entscheidungen, Beschwerde **38** 3, Herausgabeverfügung **38** 12, Kreditinstitute **38** 33
Hinweis auf die Bedeutung des Eides **33** 480
Höchstbetrag Haftung des Gastwirts **1** 702, Wertersatz, Rechte an Grundstücken **1** 882
Höchstbetragshypothek 1 1190
Höhere Gewalt 20 454, Ausschluß der Umwelthaftung **7** 4, Einhaltung der Inventarfrist, Verhinderung durch **1** 1996, Fristverlängerung **24** 48, Gastwirtshaftung **1** 701, Hemmung der Verjährung durch **1** 203, Reisevertragskündigung wegen **1** 651 j, Wechselrecht **23** 54
Höherer Verwaltungsdienst Befähigung zum **31** 110
Holographisches Testament 1 2247, 2267
Holschuld Gläubigerverzug **1** 295, Verwahrung **1** 697
Hunde Pfändbarkeit **33** 811
Hydra, Laienwerbung 26 6 c
Hypothek 1 1113 bis 1190, **33** 25, 325, 592, 794, 799, 800, 830, 837, 897, Ablösungsrecht Dritter **1** 1150, auf Vermächtnisgrundstück **1** 2165 ff., Aufgabe durch Gläubiger bei Bürgschaft **1** 776, Aufhebung **1** 1183, Aufrechnung **1** 1125, Ausschluß unbekannter Gläubiger **1** 1170, 1171, Befriedigung durch Eigentümer **1** 1173, Befriedigung durch persönlichen Schuldner **1** 1174, Befriedigung durch Zwangsvollstreckung **1** 1147, Befriedigung trotz Verjährung des gesicherten Anspruchs **1** 223, Befriedigungsabreden **1** 1149, Befriedigungsrecht **1** 1142, Begriff **1** 1113, bei Schuldübernahme **1** 416, 418, Belastung eines Bruchteils **1** 1114, Benachrichtigung des Schuldners **1** 1166, Berichtigungsurkunden, Aushändigung **1** 1167, Beseitigung bei Grundstücksverkauf **1** 439, Brief über mehrere **39** 66, Brief- **1** 1116, 1117, 1160, Buch- **1** 1116, Darlehensbuch- **1** 1139, DDR-Übergangsrecht **2**

233 § 6, Eigentümer- **1** 1163, 1172 f., Eigentümergrundschuld **1** 1177, Eigentumsfiktion **1** 1148, Einreden **1** 1137, 1157, 1169, Eintragung **1** 1115, **52** 62 ff., Eintragung, Bekanntmachung **39** 41, 50, 55, Ende der Haftung ohne Veräußerung **1** 1122, Enthaftung **1** 1121, 1122, Erlöschen durch Befriedigung **1** 1181, Ersatz durch Grund- oder Rentenschuld **39** 65, Erstreckung **1** 1120, 1123, 1126, 1127, Erzeugnisse, Bestandteile, Zubehör **1** 1120, Forderungsabtretung **1** 1154, 1155, Forderungsauswechslung **1** 1180, Freiwerden des Schuldners **1** 1165, für Forderungen aus Inhaber- oder Orderpapieren **39** 43, Gebäudeversicherung **1** 1128, Gefährdung der Sicherheit **1** 1133 ff., Geltendmachung der Forderung **1** 1161, Geltung von Landesrecht **2** 60, Gesamt- **1** 1132, 1172 ff., **34** 64, 122, 123, **39** 59, 64, Haftung für Nebenforderungen **1** 1118, Hinterlegung **1** 1171, Höchstbetrags- **1** 1190, Kollisionsklausel **1** 1176, Kündigung **1** 1141, Löschung **34** 13, **39** 27, Löschungsanspruch bei eigenen Rechten **1** 1179 b, Löschungsanspruch bei fremden Rechten **1** 1179 a, Löschungsvormerkung **1** 1179, Miet- und Pachtzinsforderungen **1** 1123 ff., Mündelsicherheit **1** 1807, Nebenleistungen und Kosten **1** 1158, 1159, 1178, Nichtigkeit von Verfügungsbeschränkungen **1** 1136, Nießbrauch **1** 1074, öffentlicher Glaube des Grundbuches **1** 1138, Rang der Resthypothek **1** 1176, Rangänderung **1** 880, 1151, Schadensversicherung **1** 1129, Schiffs- in ausländischer Währung **34** 168 c, Schuldverschreibungen auf den Inhaber **1** 1188, Sicherheitsleistung durch **1** 232, 238, Sicherungs- **1** 1184 ff., **34** 128 f., Sicherungs- bei vereinbarter Überwachung **36** 93, Teil- **1** 1151, 1152, teilweise Befriedigung **1** 1145, Übergang **1** 401, 1153 ff., 1182, Übergang auf Schuldner **1** 1164, Übergang der Forderung **1** 1143, Übernahme **1** 416, Übertragung, Belastung **39** 26, Umwandlungen **1** 1186, 1198, Unrichtigkeit des Grundbuches **1** 1140, Unterlassungsklage **1** 1134, Urkunden, Aushändigung **1** 1144, Verfügung des Vorerben über **1** 2114, Verfügung über Mündel- **1** 1819, 1821, Verschlechterung oder Entfernung von Zubehör **1** 1135, Versicherungsforderung **1** 1127 ff., Vertreterbestellung **1** 1189, Verzicht **1** 1168, Verzicht auf Gesamt- **1** 1175, Verzugszinsen **1** 1146, Vorausverfügung über Miet- oder Pachtzins **1** 1124, Widerspruch **39** 53, Wiederherstellungsklausel **1** 1130, wiederkehrende Leistungen **1** 1126, Zuschreibung eines Grundstücks **1** 1131, Zwangsvollstreckung **1** 1147

Hypothekenbrief **1** 1116, 1117, **33** 830, 837, 897, Aufgebot **1** 1162, Aushändigung **1** 1144, 1145, 1167, **39** 60, Eigentum an **1** 952, Erteilung **39** 56 ff., **52** 71, Gesamthypothek **39** 59, 64, kein – bei Sicherungshypothek **1** 1185, Kraftloserklärung **1** 1162, Kraftlosigkeit bei Ausschluß unbekannter Gläubiger **1** 1170, neuer **39** 67, 68, Teil- **1** 1152, Teilhypothek **39** 61, über mehrere Hypotheken **39** 66, Übergabe bei Forderungsabtretung **1** 1154, Unbrauchbarmachung **39** 69, Unrichtigkeit des Grundbuchs **1** 1140, Verbindung einer Urkunde über eine Forderung mit **39** 58, Vermerk der Eintragungen **39** 62, Vermerk der Mitbelastung **39** 63, Vermerk über Versteigerung **34** 127, Vorlegung **39** 41, 99

Hypothekendarlehen **20** 341 c

Hypothekengläubiger **33** 982 ff., Ausschluß des unbekannten **1** 1170, 1171, Befriedigung **1** 1147, 1181, Rechte bei Aufhebung des Erbbaurechts **9** 29

Hypothekenzinsen **1** 1118, 1119, Zahlung durch Nießbraucher **1** 1047

Immaterieller Schaden Ersatz **1** 253, 825, 847, 1300

Immobiliarvollstreckung durch Konkursverwalter **35** 126

In Prokura Scheckrecht **24** 23, Wechselrecht **23** 18

Individualabrede Vorrang vor AGB **4** 4

Indossable Papiere **33** 831, 1004, 1019

Indossament **20** 363 bis 365, **23** 11 bis 20, an den Bezogenen **24** 15, auf Inhaberscheck **24** 20, bei Ladeschein **20** 447, bei Wechsel **20** 395, Blanko- **23** 12, 13, 14, 16, **24** 15, 16, 17, Einwendungen des Scheckschuldners **24** 22, Einwendungen des Wechselschuldners **23** 17, Form **23** 13, **24** 14, Garantiefunktion **24** 18, Haftung, Indossant **23** 15, Indossamentenreihe **23** 15, nach Protest, Fristablauf **24** 24, nach Verfall **23** 20, Pfand **23** 19, Scheckvermutung bei -kette **24** 19, Teil- **23** 12, **24** 15, Transportfunktion **24** 17, Übertragung der Namensaktie **21** 68, Übertragung des Schecks **24** 14 ff., Übertragung des Wechsels durch **23** 11, Übertragungsfunktion **23** 14, **24** 14, Unbedingtheit **23** 12, **24** 15, Vollmachts- **23** 18, **24** 23, Wechselvermutung bei -kette **23** 16

Indossant Haftung **23** 15

Indossierung Wechselabschrift **23** 67

Inhaber einer Anlage, Auskunftsansprüche **7** 8, 10, Firma **20** 13, 26, 31, Handelsgeschäft **20** 22, 48, 52 f., Leistung an – bei Schuldverschreibungen **1** 808, Schuldverschreibung **1** 793, Strafbarkeit **26** 4, 15, Unterlassung **26** 13, verwandte Schutzrechte vor 1.1.66 **28** 135

Inhaberaktien **21** 10, 24

Inhabergrundschuld **1** 1195

Inhaberhypothek **1** 1187 ff.

Inhaberkarten Schuldverschreibungen **1** 807

Inhaberklausel Namenspapiere mit – bei Schuldverschreibungen **1** 808

Inhabermarken Schuldverschreibungen **1** 807

Inhaberpapiere **33** 823, 1004 ff., abhanden gekommene **1** 935, 1006, 1007, Ehegatte **1** 1362, Hinterlegung zur Sicherheitsleistung **1** 234, Hypothek

für Forderungen aus **39** 43, kein Gutglaubensschutz bei abhandengekommenen **20** 367, Mündel **1** 1814, 1815, 1820, 1853, Nachlaß, Sicherstellung **1** 2116, 2117, Nießbrauch **1** 1081 bis 1084, Pfandrecht **1** 1293, 1294, 1296, Sicherungshypothek für **1** 1187 ff., Versteigerung **1** 935
Inhaberrecht Markenschutz **27** 14 ff., 28
Inhaberschaft Kollektivmarken **27** 97 ff., Marken **27** 7, 14 ff.
Inhaberscheck 24 5, Indossament **24** 20
Inhaberschuldverschreibung 2 174 ff., Genehmigung des Vormunds **1** 1822, Sicherungshypothek für Forderung aus **1** 1187 ff., Zinseszinsen **1** 248, 793 bis 808
Inhalt des Mahnbescheids **33** 692, Markenschutz **27** 14 ff.
Inhaltskontrolle AGB, Schranken **4** 8
Inkassogiro 23 18
Inland Firmenrecht **20** 13, kein Wohnsitz **33** 606, 640 a, 641 a
Inlandsvertreter Markenrechtsangelegenheiten **27** 96
Innenverhältnis Gütergemeinschaft, Haftung **1** 1441 ff., 1463 ff., 1481
Inpfandnahme eigene Aktien **21** 71 e
Insichgeschäft 1 181
Insolvenzverfahren 27 125 h, 165
Instandhaltung gemeinschaftliches Eigentum **8** 21, 22, Rückstellung **8** 21, Sondereigentum **8** 14, Wohnungseigentum **8** 14
Instandsetzungsarbeiten beim Grundstück, Aufhebung der Pfändung von Mietzinsen **33** 851 b
Instanz 33 176, 178
Interesse 33 66, 70, 256, 268, 287, 893
Internationale Zuständigkeit in Ehesachen **33** 606 b
Internationale Registrierung Markenschutz **27** 108 ff., 120 ff.
Internationaler Geltungsbereich AGB-Gesetz **4** 12
Internationaler Rechtsverkehr 32 29
Internationales Privatrecht 2 3 bis 49, DDR-Übergangsrecht **2** 236, Erbrecht **2** 25, 26, Familienrecht **2** 13 bis 24, Recht der natürlichen Personen und der Rechtsgeschäfte **2** 7 bis 12, Schuldrecht **2** 27 bis 49, Übergangsvorschriften **2** 220, Verweisung **2** 3 bis 6
Internationales Recht Scheckrecht **24** 60 bis 66, Wechselrecht **23** 91 bis 98
Intervention Wechsel **23** 55 bis 63
Invalidenrente Unpfändbarkeit **33** 850 b
Inventar 20 240 f., **33** 811, 813, amtliche Aufnahme **1** 2003, amtliche Mitwirkung **1** 2002, Anfertigung, Konkurs **35** 124, Einsicht **1** 2010, Erbschaftsgrundstück **1** 2111, gepachtetes Grundstück **1** 582, 582 a, Inhalt **1** 2001, Nachlaßverzeichnis **1** 1993 ff., Nießbrauchgut **1** 1048, Rückgewährpflicht **1** 589, Unrichtigkeit **1** 2005, Verfügung **1** 1048, Verfügungsbeschränkungen **1** 583 a, zum Gesamtgut gehörende Erbschaft **1** 2008
Inventarerrichtung 1 1993 ff., Dreimonatseinrede bis **1** 2014, Erbschaftskäufer oder -verkäufer **1** 2283, Miterbe **1** 2063, Recht **1** 1993, Vorerbe **1** 2144, Wirkung **1** 2009
Inventarfrist 1 1994 bis 2000, 2003 ff., Fiskus **1** 2011, Nachlaßpfleger **1** 2012, Nachlaßverwalter **1** 2012
Inventarrecht 1 1993, 2014
Inventarverzeichnis Bezugnahme auf vorhandenes **1** 2004, Mitwirkung des Testamentsvollstreckers **1** 2215
Inventurvereinfachungsverfahren 20 241
Inzidentfeststellungsklage 33 256, 506
Irreführende Angabe Ausnahmen **26** 5, Bildwerbung **26** 5, geschäftlicher Verkehr **26** 3, Rücktrittsrecht **26** 13 a, Strafbarkeit bei öffentlicher Bekanntmachung **26** 4, über Gattungsbezeichnungen **26** 5, über geschäftliche Verhältnisse **26** 3, Unterlassungsanspruch **26** 3, zu Wettbewerbszwecken **26** 3
Irrtum 33 290, Anfechtung wegen **1** 119, 2078, 2080, Bestimmung der Leistung durch Dritte **1** 318, Erbschaftsannahme **1** 1949, Geschäftsführung ohne Auftrag **1** 686, letztwillige Verfügung **1** 2078, 2080, Selbsthilfe **1** 231, über Eheschließung oder Person des anderen Ehegatten **10** 31, über persönliche Eigenschaften des anderen Ehegatten **10** 32, Vergleich **1** 779, Willenserklärungen **1** 119 ff.
Jahresabschluß 20 242 bis 256, 264 bis 288, 330, 340 a bis 340 d, Bewertungsvorschriften **20** 252 ff., eingetragene Genossenschaft **20** 336, GmbH **22** 46, 71, Kapitalgesellschaft **20** 264 ff., Kreditinstitut **20** 340 ff., Offenlegung **20** 325 ff., 340 l, Prüfung **20** 316 ff., Vergleichsantrag **36** 5, Vorlegung im Rechtsstreit **20** 258 bis 261, Wahl des Abschlußprüfers **20** 318
Jahresabschluß, AG 21 131, 150 ff., Anhang **21** 160, bei Abwicklung **21** 270, Bilanz **21** 152, Feststellung durch die Hauptversammlung **21** 173, Feststellung durch Vorstand und Aufsichtsrat **21** 58, 172, Gewinn- und Verlustrechnung **21** 158, Gewinnverwendung **21** 174, KommAG **21** 286, Nichtigkeit **21** 253, 256 f., Offenlegung **21** 236, Prüfung **21** 171, 258 ff., unzulässige Unterbewertung **21** 258 ff., Vorlage an Aufsichtsrat **21** 170
Jahresbilanz GmbH **22** 57 e ff., s. Bilanz
Jahresfehlbetrag Kapitalausgleich **22** 58 b
Jahresgewinn OHG **20** 121
Jahresüberschuß AG **21** 58; Kapitalausgleich **22** 58 b
Jubiläumsverkauf Sonderveranstaltung **26** 7
Jüngerer Zeitrang Markenschutz **27** 22
Jugendamt Anhörung **37** 49, Anhörung bei Entscheidung über Umgang und elterliche Sorge **37** 49 a, Aufgaben **1** 1711, 1748, Befreiungen **1**

1857 a, bestellter Amtsvormund **1** 1791 b, Entlassung aus Vormundschaft **1** 1887, 1889, Gegenvormund **1** 1792, 1805, 1835, gesetzlicher Amtsvormund **1** 1791 c, Mitteilungspflicht **1** 1851, Mitwirkung, Vormundschaft **1** 1845, 1851, Pflegschaft, nichteheliches Kind **1** 1709, 1791 c, Vergütung für Vormundschaft **1** 1836

Jugendkammer Zuständigkeit **30** 74 b

Jugendliche Personen Beeidigung der **33** 393, 455

Jugendschutzsache 30 26

Jugendstrafvollstreckung Übergangsregelung **32** 33 a

Juristische Person 1 21 bis 89, **2** 163, AG **21** 1, als Vermächtnisnehmer **1** 2163, beschränkte persönliche Dienstbarkeit **1** 1092, des öffentlichen Rechts **1** 89, des öffentlichen Rechts, Erklärungen **13** 67, Erbrecht **1** 2101, 2105, 2106, Erwerbsbeschränkung **2** 86, GmbH **22** 13, Haftung für Organe, DDR-Übergangsrecht **2** 231 § 4, im Firmenrecht **20** 6, 33 bis 36, Konkurs **35** 213, Nießbrauch **1** 1059 a ff., 1061, Stiftungen **1** 80 bis 88, Vereine **1** 21 bis 79, Vorkaufsrecht **1** 1098

Juristische Personen Zwangsvollstreckung gegen – des öffentlichen Rechts **33** 882 a

Justizbeamter 33 116

Kabelbuch Anträge **52** 86, Einsicht **52** 90, Eintragung **52** 85

Kaduzierung Aktien **21** 64, GmbH-Geschäftsanteile **22** 21

Käufer ausgeschlossene – bei Pfandverkauf **1** 457, ausgeschlossene – bei Zwangsvollstreckung **1** 456, beschränkte Haftung, Erbschaftskauf **1** 2383, Erbschaftskauf **1** 2372 ff., Erbteilsübertragung **1** 2035, Freiwerden bei Vorkaufsrecht **1** 1102, Grundpflichten **1** 433, Haftung für Nachlaßverbindlichkeiten **1** 2036, in Verzug **20** 373 ff., Kenntnis vom Rechtsmangel **1** 439, Nebenleistungen **1** 473, Rechte bei Verletzungen von Pflichten durch den Verkäufer **1** 440, Rechte bei Vorkaufsrecht **1** 1100, weitere Rechte **1** 441

Kalendertag 33 257, 751

Kalenderverschiedenheit Scheck **24** 30, Wechsel **23** 73

Kammer auswärtige s. dort, Ferienkammer, Jugendkammer, Strafkammer, Strafvollstreckungskammer, Wirtschaftskammer, Zivilkammer s. dort

Kammer für Handelssachen 30 93 ff.; als Beschwerdegericht **30** 104, Antrag auf Verhandlung **30** 96, Besetzung 105 **30** , eigene Sachkunde **30** 114, Entschädigung ehrenamtlicher Richter **30** 107 ff., Hauptintervention **30** 103, Verweisung an **30** 96, 98, Verweisung von **30** 97, Zuständigkeit **26** 27

Kammer für Staatsschutzsachen Zuständigkeit **30** 74 a

Kannkaufmann 20 3

Kapital Anlegung bei Nießbrauch **1** 1079, Ansatz zum Nennbetrag **20** 283, Anteil bei Kommanditgesellschaft **20** 167 ff., Anteil bei OHG **20** 120 ff., 155, Einziehung bei Nießbrauch **1** 1083, genehmigtes –, AG **21** 202 ff., gezeichnetes **20** 272

Kapitalabfindung statt Geldrente, unerlaubte Handlungen **1** 843, statt Geldrente, Unterhalt nach Scheidung **1** 1585

Kapitalanteil Kommanditist **20** 167 ff., OHG-Gesellschafter **20** 120 ff., 155

Kapitalbeschaffung bedingte Kapitalerhöhung **21** 192 bis 201, genehmigtes Kapital **21** 202 bis 206, Kapitalerhöhung aus Gesellschaftsmitteln **21** 207 bis 220, Kapitalerhöhung gegen Einlagen **21** 182 bis 191, Maßnahmen zur **21** 182 bis 221, Wandel- und Gewinnschuldverschreibungen **21** 221

Kapitalerhöhung aus Gesellschaftsmitteln **22** 57 c ff., 57 h, GmbH **22** 55 ff., 57 c ff., und gleichzeitige Kapitalherabsetzung **22** 58 f

Kapitalerhöhung, AG 21 182 ff., Anfechtung der – gegen Einlagen **21** 255, aus Gesellschaftsmitteln **21** 207 bis 220, bedingte **21** 192 ff., Bekanntmachung **21** 190, gegen Einlagen **21** 182 bis 191, 255, Rückwirkung **21** 235, Wirksamwerden **21** 189, 200, 211, zugrunde gelegte Bilanz **21** 209

Kapitalgesellschaft ergänzende Vorschriften **20** 264 bis 335, Größenklassen **20** 267, Jahresabschluß und Lagebericht **20** 264 ff., kleine s. dort; Konzernabschluß und -lagebericht **20** 290 ff., mittelgroße s. dort; Offenlegung **20** 325 ff., Prüfung **20** 316 ff., Straf- und Bußgeldvorschriften; Zwangsgelder **20** 331 ff.

Kapitalherabsetzung GmbH **22** 58 a ff., und gleichzeitige Kapitalerhöhung **22** 58 f

Kapitalherabsetzung, AG Ausweis **21** 240, Einziehung von Aktien **21** 237 ff., ordentliche **21** 222 ff., vereinfachte **21** 229 ff., Wirksamwerden **21** 224

Kapitalisierung wiederkehrender Hebungen **35** 70

Kapitalkonsolidierung 20 301 f.

Kapitalrücklage 20 272, Auflösung **22** 58 b ff., Einstellung in **20** 270, Umwandlung **22** 57 c ff.

Kapitalrücklage, AG 21 150 ff., 208, 231, 232, beschränkte Einstellung **21** 231, Umwandlung in Grundkapital **21** 208, zu hoch angenommene Verluste, Einstellung von Beträgen **21** 232

Kartell Anmelde- **25** 12, Ausfuhr- **25** 6, Einfuhr- **25** 7, gesamtschuldnerische Haftung der Mitglieder **25** 37, Konditionen **25** 2, Kündigung **25** 13, Normierungs- **25** 5, Rabatt- **25** 3, Rationalisierungs- **25** 5 a, Rücktritt **25** 13, Sonder- **25** 8, Strukturkrisen **25** 4, Vertreter **25** 36, Verwertung von Sicherheiten **25** 14

Kartellbehörde Anmeldung von Verträgen **25** 9, Auskunfts- und Prüfungsrecht **25** 23, 38 a, 46, Befugnisse **25** 24, 46, Beschwerde **25** 62 ff., Bundeskartellamt **25** 44, 45, Bundesminister für Wirtschaft **25** 44, Erlaubnis **25** 4 ff., 11, 20, gebührenpflichtige Handlungen **25** 80, Maßnahmen **25** 12, 19, 22, Mehrerlösabschöpfung **25** 37 b, Mißbrauchaufsicht **25** 38 a, oberste Landesbehörde **25** 44, 45, Stellung **25** 90, Untersagungsverfahren **25** 37 a, Verfahren vor **25** 51 ff., Verfügungen **25** 57, 58, Widerspruchsrecht **25** 2, 3, 5 a, Zuständigkeit **25** 44

Kartellgesetz 25 , Verfahren nach **51** 65 a

Kartellsenate BGH **25** 95, OLG **25** 92, Zuständigkeit **25** 92

Kartellverbot Ausnahme zugunsten kleiner oder mittlerer Unternehmen **25** 5 b, 5 c, grundsätzliches **25** 1

Kartellvertrag 25 1, 34

Katalogbilder Schranke des Urheberrechts **28** 58

Kauf 1 433 bis 514, auf Probe **1** 495, 496, Ausschluß des Rücktrittsrechts **1** 454, besondere Arten **1** 494 bis 514, durch Kommissionär **20** 383 ff., Erbschaftskauf **1** 2371 bis 2385, Gefahrübergang **1** 446, Geschäftswertberechnung **52** 20, im Handelsgewerbe **20** 373 bis 382, Kaufverbot **1** 458, Mängelgewähr **1** 459 bis 493, nach Probe **1** 494, **20** 96, Rechte **1** 433, Vermittlung durch Handelsvertreter **20** 84, Vermittlung durch Makler **20** 93, Viehkauf **1** 481 bis 492, Vorkauf **1** 504 ff., Vorkaufsrecht **1** 1094 bis 1104, Wertpapiere **1** 437, **20** 381, Wiederkauf **1** 497 ff.

Kaufähnliche Verträge 1 445, 493

Kaufmännische Anweisungen Orderpapiere, Verpflichtungsscheine **20** 363

Kaufmann Begriff **20** 1, Buchführungspflicht **20** 238 ff., Eröffnungsbilanz **20** 242 ff., Form- **20** 6, Handelsgesellschaft **20** 6, Inventarerstellung **20** 240 f., Kann- **20** 3, Konkurs **20** 32, 34, kraft Eintragung **20** 5, Minder- **20** 4, 351, Muß- **20** 1, Soll- **20** 2, Sorgfaltspflicht **20** 347, Zurückbehaltungsrecht **20** 369 f.

Kaufpreis Einziehung durch Handlungsreisende **20** 55, Fixgeschäft **20** 376, Marktpreis **1** 453, nach Gewicht **20** 380, Pflicht zur Zahlung **1** 433, Sachleistungen **1** 473, Schlußnotenvermerk **20** 94, 100, Stundung **1** 452, 454, 509, Stundung bei Kommissionsgeschäft **20** 393, Verzinsung **1** 452, Wandelung; Minderung **1** 462, 472

Kaufsache Abnahmepflicht des Käufers **1** 433, Untergang und Gefahrenübergang **1** 446

Kaufverbot Kauf trotz **1** 458

Kaufvertrag mit Kreditvertrag verbundenes Geschäft **3** 9

Kausalität Ursachenvermutung **7** 6, 7

Kenntnis Käufer vom Rechtsmangel **1** 439, Käufer vom Sachmangel **1** 460, Mieter vom Mangel der Mietsache **1** 539, verschärfte Haftung bei – des Rechtsmangels **1** 819

Kennzeichenstreitsachen 27 140 ff.

Kennzeichenverletzung Beschlagnahme **27** 146, strafbare **27** 143

Kind 33 620, 621, Adoption **1** 1741 bis 1772, **2** 22, Anfechtung der Vaterschaftsanerkennung **1** 1600 g, 1600 i, Anfechtung eigener Ehelichkeit **1** 1596, 1598, Anhörung **37** 50 b, aus nichtigen oder ungültigen Ehen **2** 207, Ausbildung **1** 1371, 1631 a, Ausstattung **1** 1444, 1466, 1624, Beistandspflicht, Eltern **1** 1618 a, Bestellung eines Vormundes oder Pflegers vor Geburt **37** 36 a, Dienstleistungspflicht **1** 1619, eheliche Abstammung **1** 1591 bis 1600, eheliches **2** 19, 203, Ehelichkeitsanfechtung durch gesetzlichen Vertreter **1** 1597, Einwilligung bei Adoption **1** 1746, Einwilligung in Ehelicherklärung **1** 1729, elterliche Sorge für eheliches **1** 1626 bis 1698 b, elterliche Sorge für nichteheliches **1** 1705 bis 1711, Erbersatzanspruch bei nichtehelichem **1** 1934 a ff., Erblasser, Testament **1** 2068, Familienname **1** 1616, 1617, 1618, 1706, 1737, 1757, 1765, Geschäftsbesorgung nach Tod **1** 1638 a, Herausgabe **1** 1632, Legitimation nichtehelicher **1** 1719 bis 1740 g, Mitspracherecht **1** 1626, nichteheliche Abstammung **1** 1600 a bis 1600 o, nichteheliches **2** 20, 23, 208, 234 § 12, 234 § 9, Pfändung wegen Ansprüchen nichtehelicher **33** 850 d, Pflichtteilsrecht **1** 2303, Rechtsverhältnis, Eltern **1** 1616 bis 1625, Rechtsverhältnis zu den Eltern 203, DDR-Übergangsrecht **2** 234 § 10, Regelunterhalt **1** 1610, selbständiges Beschwerderecht **37** 59, Sterilisation **1** 1631 c, Trennung von Familie **1** 1666 a, Überlassung von Gegenständen **1** 1644, Umgang **1** 1632, 1634, Unterbringung mit Freiheitsentziehung **1** 1631 b, Unterhaltsanspruch **1** 1601 ff., Unterhaltsanspruch nichtehelicher **1** 1615 a ff., Vertretung **1** 1628, Vormundschaft **1** 1773 bis 1895, Wegnahme **1** 1632, Wohnsitz **1** 11, Zustimmung bei Vaterschaftsanerkennung **1** 1600 c, Zustimmung zur Namensänderung **1** 1616 a

Kindergeld 1 1615 g

Kindesannahme s. Annahme als Kind

Kindesinteressen Berücksichtigung, Adoption **1** 1745, 1769

Kindesverhältnis 33 154, 640 ff., 704

Kindesvermögen 33 746, Ausschluß, Vermögenssorge **1** 1638, Ausstattung des Kindes **1** 1625, Einkünfte **1** 1649, elterliche Sorge **1** 1626, Gefährdung **1** 1667, Herausgabe **1** 1698, Vermögensverzeichnis **1** 1640, 1683, 1689, Verwendung der Einkünfte **1** 1649

Kindeswohl Gefährdung **1** 1666, 1761, Schutzmaßnahmen, Anwendung von deutschem Recht **2** 19, 23

Kindschaftssachen Gebührenfreiheit **52** 55 a, nichtöffentliche Verhandlung **30** 170, Verfahren in **33** 640 ff., Zuständigkeit Amtsgericht **30** 23 a

Kirche 2 133

Kirchenbaulast 2 132

Kirchliche Verpflichtungen in Ansehung der Ehe **1** 1588
Kläger formlose Ladung an **33** 497, Versäumnis **33** 330, 542, 635, 638
Klage 33 253, 262, 496, -änderung **33** 263, 264, 268 bis 270, Ablehnung der Zustellung **33** 78 a, auf Abänderung eines Urteils **33** 323, auf Änderung des Teilungsplans **34** 159, auf Ehescheidung **33** 607, 616, auf Herstellung des ehelichen Lebens **33** 614, auf Interesse **33** 893, auf künftige Zahlung, Leistung, Räumung **33** 257 bis 259, auf Unterlassung bei AGB **4** 13 ff., auf Widerruf bei AGB **4** 13 ff., Auflösung der Gesellschaft **20** 133, 140, aus Haustürgeschäften, Gerichtsstand **5** 7, Dritter wegen Unterhaltsleistung **33** 644, Durchführung des Zurückbehaltungsrechts **20** 371, gegen Abänderungsbeschluß **33** 641 q, gegen Ausschlußurteil **33** 957, 958, gegen Empfänger **20** 442, gegen Frachtführer **20** 439, gegen Gesellschafter **20** 159 f., gegen Spediteur **20** 414, im Urkundenprozeß **33** 593, im Wiederaufnahmeverfahren **33** 585 ff., Nutzungsrecht **28** 62, Rüge der Unzulässigkeit **33** 528, und Widerklage, Streitwertberechnung **50** 19, Unzulässigkeit bei Schiedsabrede **33** 1027 a, Urheberrechtsverletzung **28** 103, Verhandlung über Zulässigkeit **33** 280, Vorlegung einer Urkunde **33** 429, Wechselklage **33** 604, wegen unbefugten Firmengebrauchs **20** 37, Wirkungen der Klageerhebung **33** 261, 262, Zurücknahme **33** 269, Zustellung **33** 271
Klageabweisung als unbegründet **33** 302, 597, 600, bei Säumnis **33** 330 f., in Ehesachen **33** 616, wegen Verzichts **33** 306
Klageantrag 33 253, 264, 331, 506
Klagebefugnis Gewerbetreibende **26** 13, Handwerkskammer **26** 13, Industrie- u. Handelskammer **26** 13, Kollektivmarke **27** 101, Nichtigkeit der Ehe **10** 24, Schadensersatzansprüche **26** 13, Unterlassungsansprüche **26** 13, Verbände zur Förderung gewerblicher Interessen **26** 13, Verbraucherschutzverbände **26** 13
Klageerhebung Fristbestimmung **38** 16, Löschung von Markenregistereintragungen **27** 55
Klageerweiterung Verweisung an Zivilkammer **30** 99
Klageerwiderung 33 277, 496, Frist für schriftliche **33** 276, 335
Klagefrist 33 494 a, Erhebung der Aufhebungsklage **10** 35, Versäumung durch den gesetzlichen Vertreter **10** 36
Klagegrund 33 146, 253, 264, 268, 611, 614, 616
Klagenhäufung 33 59, 60, 260, 610, 615, 633
Klageschrift 33 253, 261 b, 271, 307, 496 ff.
Klageverbindung 25 88
Klausel Scheck **24** 18, 43, Wechsel **23** 9, 15, 22, 34, 46
Klauselverbot 4 8 ff., mit Wertungsmöglichkeit **4** 10, ohne Wertungsmöglichkeit **4** 11
Kleidungsstücke 33 811
Kleinbahn 33 871
Kleine Kapitalgesellschaft Erleichterungen **20** 267, 274 a, 276, 288, 326, Jahresabschluß, Lagebericht **20** 264, verkürzte Bilanz **20** 266
Kleingewerbe 20 4, 351
Kleintiere Unpfändbarkeit **33** 811
Körperliche Sachen 33 808 ff., 846 ff., 854, 883 ff., 930
Körperschaften des öffentlichen Rechts Zwangsvollstreckung gegen **33** 882 a
Körperverletzung Ersatzpflicht **6** 1, 8, **7** 13 ff., Schadensersatz **1** 823, 842 ff.
Kollektivmarken 27 97 ff.
Kollisionsklausel 1 1176
Kollisionsnormen 2 7 ff.
Kollisionsrecht 4 12
Kommanditaktionäre 21 278, 280, 285, Aufsichtsrat **21** 287, Konkurs **21** 289
Kommanditgesellschaft 20 161 bis 177 a, Anmeldung **20** 162, Antragsberechtigte im Konkurs **35** 210, Begriff **20** 161, Einlage **20** 172, 174, 175, Firmenname **20** 19, 177 a, Geschäftsbeginn vor Eintragung **20** 176, Geschäftsführung **20** 164, Gewinn **20** 167 ff., Haftung **20** 161, 171, 173, 176, Konkurs **35** 209, Konkurs- oder Vergleichsverfahren **20** 177 a, Rechtsverhältnis der Gesellschafter untereinander **20** 163, Tod eines Kommanditisten **20** 177, Vergleichsverfahren **36** 109, Vertretung **20** 170, Zwangsvergleich **35** 211
Kommanditgesellschaft auf Aktien (KommAG) 20 264 ff., Abwicklung **21** 290, Auflösung **21** 289, 396 ff., Aufsichtsrat **21** 287, Entnahmen der persönlich haftenden Gesellschafter **21** 288, Errichtung **21** 280, Gewinn- und Verlustrechnung **21** 286, Gewinnabführungsvertrag **21** 291, Gewinngemeinschaft **21** 292, Gründer **21** 280, Hauptversammlung **21** 285, Jahresabschluß **21** 286, Konkursverfahren **21** 289, Kreditgewährung **21** 288, Kündigung durch die Kommanditaktionäre **21** 289, Lagebericht **21** 286, persönlich haftende Gesellschafter **21** 278 f., 282 ff., 408, Satzung **21** 280, 281, Spaltung **21a** 141 ff., Stimmrecht der persönlich haftenden Gesellschafter **21** 285, Strafbarkeit persönlich haftender Gesellschafter **21** 408, Unternehmensverträge **21** 291 ff., verbundene Unternehmen **21** 291 ff., Verschmelzung **21a** 78, wechselseitige Beteiligung an anderen Unternehmen **21** 328, Wettbewerbsverbot der persönlich haftenden Gesellschafter **21** 278 bis 290
Kommanditist s. Kommanditgesellschaft
Kommissionär s. Kommissionsgeschäft
Kommissionsgeschäft 20 383 bis 406, Abtretung von Forderungen **20** 392, Begriff **20** 383, 406, Delkredereprovision **20** 394, Einkaufskommission **20** 391, Haftung **20** 390, 394, Handels-

gewerbe **20** 1, Kreditgewährung **20** 393 f., limitierte Kommission **20** 386 f., nichtvertretbare Sachen **20** 406, Pfandrechte **20** 366, 368, 397 f., Provision **20** 394, 396, Schadensersatz **20** 385, 388, Selbsteintrittsrecht **20** 400 f., 404 f., Sorgfaltspflicht **20** 390, Stundung des Kaufpreises **20** 393, Verkauf unter festgesetztem Preis **20** 386, Wechselankauf **20** 395, Widerruf **20** 405

Kommittent 20 383 ff.

Kommunalverband 20 36

Kompensation s. Aufrechnung

Kompetenzkonflikte 33 36

Kompetenzstreitigkeiten Zuweisung an BGH **30 a** 17

Konditionenkartell 25 2

Konkurrenz Konkursforderungen und Absonderungsrechte **35** 64

Konkurrenzklausel s. Wettbewerbsverbot

Konkurrierendes Verschulden 1 254, 846

Konkurs Aktiengesellschaft **35** 207, Anschluß- **36** 102 ff., Elternteil **1** 1670, 1680, Handelsgeschäftinhaber **20** 141, Handelsregistereintragung **20** 32, 34, juristische Personen und Vereine **35** 213, Kommanditgesellschaft **20** 171, 177 a, Nachlaß- **1** 1975 ff., 1988 ff., **34** 178, **35** 214 ff., Nichteröffnung **36** 81 ff., OHG **20** 130 a, 130 b, 131, 137, 138, 141 f., 143 bis 146, Personengesellschaft **35** 209, Privatvermögen eines Gesellschafters **35** 212, Recht auf Rücknahme der hinterlegten Sache **1** 377, Reiseveranstalter **1** 651 k, Schuldübernehmer **1** 418, selbständiger – über das gemeinschaftlich verwaltete Gesamtgut **35** 236 a, Stiftung **1** 86, 89, über das Gesamtgut bei fortgesetzter Gütergemeinschaft **35** 236, über das Gesamtgut und das sonstige Vermögen eines Ehegatten **35** 236 c, über Vermögen des Inhabers bei stiller Gesellschaft **20** 236 f., über Vermögen eines Gesellschafters **36** 110, Verbot **36** 46, Verein **1** 42, 74, 75, Verjährungsunterbrechung **1** 209, 214, Vermögen des Hauptschuldners **1** 773, Vermögen eines Gesellschafters **1** 728, 736, Vorzugsrecht **1** 401, Wechselverpflichteter, Rückgriff, Protest **23** 43, 44, Zurückbehaltungsrecht **20** 370, Zwangsversteigerung im **34** 172 ff., Zwangsverwaltung im **34** 172 ff.

Konkurs, Konkursverfahren 33 240, 243, 804

Konkursanfechtung 35 30

Konkursantrag Pflicht des GmbH-Geschäftsführers **22** 64, Strafbarkeit bei Pflichtverstoß **22** 84, Wirkung des bestätigten Vergleichs auf **36** 84

Konkursantragsfrist für Nachlaßgläubiger **35** 220

Konkursbeschlag Grenzen bei Fehlen eines allgemeinen Gerichtsstandes **35** 238

Konkurseröffnung 35 a 13, Ablehnung der Vergleichseröffnung **36** 19, Abweisung mangels Masse **35** 107, Anfechtung der vor – vorgenommenen Rechtshandlungen **35** 29, 42, Anordnungen **35** 110, Anschlußkonkurs **36** 102 ff., auf Antrag des Erben **1** 1980, Auftrag, Geschäftsbesorgungsvertrag **35** 23, Beschluß über s. Eröffnungsbeschluß; Dienstverhältnis **35** 22, Einstellung des Vergleichsverfahrens **36** 101, Eintragung in die Register **35** 113, Leistungen an Gemeinschuldner nach **35** 8, Rechtsmittel **35** 109, sonstige Rechtsverhältnisse **35** 25, über Vermögen des Bezogenen **23** 43, 44, Unwirksamkeit von Rechtshandlungen des Gemeinschuldners nach **35** 7, Verbot **36** 46, Vergleichsbestätigung **36** 84, Versagung der Vergleichsbestätigung **36** 80 f., vor Erbschaftsannahme trotz unbeschränkter Haftung des Erben und trotz Teilung des Nachlasses **35** 216, Wirkungen **35** 17 bis 28, Zeitpunkt **35** 108

Konkurseröffnungsverfahren Abweisung mangels Masse **35** 107, Anordnungen **35** 102 bis 116, Antragsgrundsatz **35** 103, Antragsunterlagen **35** 104, aufhebende Entscheidung **35** 116, Eröffnungsbeschluß **35** 108, Sicherungsmaßnahmen durch Gericht **35** 106, Zahlungsunfähigkeit des Gemeinschuldners **35** 102, Zulassung des Antrags **35** 105

Konkursforderungen Anmeldung **35** 138, **51** 75, auflösend bedingte **35** 66, aufschiebend bedingte **35** 67, 154, Ausschlußfrist zum Nachweis für Gläubiger nicht festgestellter **35** 152, bei gesamtschuldnerischer Haftung **35** 68, betagte **35** 65, Erhebung der Feststellungsklage bezüglich nicht festgestellter **35** 146, Feststellung **35** 144, gegenüber Gesamtschuldner **35** 68, Konkurrenz von – und Absonderungsrechten **35** 64, Nebenforderungen **35** 62, Rang **35** 61, unbestimmte **35** 69, wiederkehrende Hebungen **35** 70, s. a. Forderung

Konkursgericht Aufsicht über den Konkursverwalter **35** 83; Ermittlungen **35** 75, Untersagung der Beschlußfassung **35** 99, Untersagungsrecht **35** 130, vorläufige Untersagung von Rechtshandlungen **35** 135, Zuständigkeit bei Fehlen eines allgemeinen Gerichtsstands **35** 238

Konkursgläubiger 35 3, keine Einzelzwangsvollstreckung **35** 14, keine Wirkung des Veräußerungsverbots **35** 13, Rangordnung **35** 61, Rechte **34** 174, Schuldenmassestreit **35** 12, stiller Gesellschafter als **20** 236, unbeschränkte Geltendmachung von Forderungen nach Aufhebung **35** 164, unwirksamer Erwerb von Rechten an Konkursmassegegenständen **35** 15

Konkursmasse 35 1, Gesamtgut **35** 2, Irreführung über Waren aus **26** 6, Siegelung von Gegenständen **35** 122, Verkauf von Waren aus **26** 6, Wirksamkeit von Verträgen gegenüber der **35** 21, Zurückfließen von Beträgen **35** 171

Konkursordnung 35

Konkurstabelle Anmeldung der Forderungen **35** 140, Auszug als Vollstreckungstitel **35** 164, Eintragung **35** 145

Konkursverbot 36 46

Konkursverfahren 32 18, **35** 71 bis 238, AG **21** 62, 87, 92, 262, 401, Anwaltsgebühr **51** 72 bis 78, Anwendung der ZPO **35** 72, Aufhebung **35** 163, 190, ausländisches **35** 237, Einstellung **35** 202 bis 206, Ernennung des Konkursverwalters **35** 78, Eröffnungsverfahren **35** 102 bis 116, GmbH **22** 63, 64, 84, kein – über einen Erbteil **35** 235, KommAG **21** 289, Markenschutz **27** 29, 154, Partnerschaftsgesellschaft **35** 212 a, Schuldenmasse **35** 138 bis 148, sofortige (weitere) Beschwerde **35** 73, Teilungsmasse **35** 117 bis 137, Verfahrensgrundsätze **35** 73, Verteilung **35** 149 bis 172, Wertberechnung **50** 35, 37, Wiederaufnahme **35** 198 ff., **51** 78, Wiederholung **35** 201, Zahlung der Kosten **50** 50, 61, zuständiges Amtsgericht **35** 71, Zustellung **35** 77, Zwangsvergleich **35** 173 bis 201

Konkursverwalter Anfechtung **35** 36, Aufnahme des Rechtsstreits **35** 10, Aufsicht des Konkursgerichts **35** 83, Auslagenerstattung und Vergütung **35** 85, Bekanntmachung und Bestallung **35** 81, Bericht **35** 131, einstweilige Einstellung auf Antrag des **34** 30 c, Ernennung **35** 78, 79, Gültigkeit der Rechtshandlungen gegenüber Dritten **35** 136, Haftung **35** 82, kein Anspruch auf Aufhebung der Wohnungseigentümergemeinschaft **8** 11, Mitteilungspflicht **35** 135, Pflichten **35** 117, Rechtsstreitigkeiten im Rahmen des Konkurses **35** 11, Schlußrechnung **35** 86, Verfügungsverbot im Fall der Nacherbfolge **35** 128, Verwaltungs-, Verfügungsbefugnis **35** 80, Vollzug der Verteilung **35** 167, Zustellung des Beschlusses über Versteigerung an **34** 173

Konnossement 20 363, 365, 369, 397, 410, 421

Konsolidation 1 889, Nießbrauch **1** 1063, Pfandrecht **1** 1256

Konsolidierung anteilmäßige **20** 310

Konsolidierungskreis Einbeziehung **20** 294 ff.

Konsul 33 15, 199, 200, 363, 438

Konsularische Vertretung Befreiung von deutscher Gerichtsbarkeit **30** 19

Kontaktperson Rechtsanwalt als **51** 97 a

Kontaktsperre 30 a 31 ff.

Kontokorrent 20 355 ff.

Kontoverträge DDR-Übergangsrecht **2** 232 § 7

Kontrahierungszwang Eisenbahn **20** 453

Kontrollrecht Gesellschafter **1** 716, Kommanditist **20** 166, OHG-Gesellschafter **20** 118

Konventionalstrafe Handlungsgehilfe **20** 75 c, Kaufmann **20** 348, Minderkaufmann **20** 351

Konversion 1 140

Konzern Abfindung außenstehender Aktionäre **21** 305, Änderung des Unternehmensvertrages **21** 294, Begriff **21** 18, Bericht **21** 312 ff., eingegliederte Gesellschaften **21** 18, 319 ff., Eintragung **21** 294, Geschäftsbericht **21** 400, 405, gesetzliche Rücklage **21** 300, Gläubigerschutz bei Beendigung des Unternehmensvertrages **21** 303, Leitungsmacht **21** 308 ff., 323, Rechnungslegung **21** 337, Sicherung der Aktionäre **21** 304 ff., Unternehmen **21** 15, 18, 291 ff., 329 ff., Verantwortlichkeit **21** 309 ff., Verlustübernahme **21** 302, Zustimmung der Hauptversammlung zum Konzernvertrag **21** 293

Konzernabschluß 20 290 bis 314, **21** 400, 405, Abschlußprüfer **20** 316 ff., anteilmäßige Konsolidierung **20** 310, assoziierte Unternehmen **20** 311, 312, befreiender **20** 291, Befreiung **20** 293, bei Kreditinstitut **20** 340 i, 340 j, bei Versicherungen **20** 341 i, 341 j, Bewertungsvorschriften **20** 308 f., Erleichterungen **20** 298, Form und Inhalt **20** 297 bis 299, Konsolidierungskreis **20** 294 bis 296, Offenlegung **20** 325, 328, Stichtag **20** 299, Vollkonsolidierung **20** 300 ff.

Konzernanhang 20 296, 308, 313 f.

Konzernlagebericht 20 315, 341 i, 341 j, befreiender **20** 291, Befreiung **20** 293, Vorlagepflicht **20** 320

Konzernzwischenabschluß 20 340 i

Kopfteile Kostenerstattung nach **33** 100

Kopie Wechsel **23** 67, 68

Kopplungsverträge Wettbewerbsbeschränkung **25** 18

Korporationen 33 17, 22, 171, 184

Korrespektive Verfügung Erbvertrag **1** 2298, gemeinschaftliches Testament **1** 2270, 2271

Kostbarkeiten 20 429, **33** 808, 813, **38** 9, des Mündels **1** 1818, 1819, des Nachlasses **1** 1960, Hinterlegung **1** 372, Hinterlegungsmasse **38** 5, 9

Kosten 33 4, 75, 91 bis 98, 127 a, 620, Abmarkung **1** 919, Abtretungsurkunde **1** 403, als Nebenforderungen bei Berechnung des Streitwerts **33** 4, Anfechtung von Kostenentscheidungen **33** 99, Anrechnung von Teilleistungen auf **1** 367, Aufgebot einer Schuldverschreibung **1** 799, Auflassung und Eintragung **1** 449, Aufrechnung von Forderungen **1** 396, Ausstellung neuer Schuldverschreibungen **1** 800, Beerdigung **1** 1615, 1615 m, 1968, bei Streitverkündung und Hinterlegung **33** 75, bei Verweisung des Rechtsstreits wegen Unzuständigkeit **33** 281, 506, bei Zurücknahme **33** 269, 515, Berichtigung des Grundbuchs **1** 897, beschränkte Beschwerde gegen Kostenentscheidungen **33** 99, Beschwerde **38** 25, Beschwerde gegen **50** 5, 6, **52** 14, Betreuung **12** 5, der Nebenintervention **33** 101, der Rechtshilfe **33** 164, der Sachverständigen **33** 409, 413, der Versäumnis **33** 344, der Wiedereinsetzung **33** 238, der Zwangsvollstreckung **33** 788, 803, 811 a, 818, 867, 874, 887, 911, des Mahnverfahrens **33** 696, 698 ff., durch Verschulden von Gerichtspersonen und Parteivertretern **33** 102, Einforderung, Beitreibung **52** 154, 155, Einrede der fehlenden Erstattung der – des durch die Zurücknahme beendigten

Verfahrens **33** 274, Einwendungen **52** 156, Empfangnahme der – durch den Bevollmächtigten **33** 81, Entbindung **1** 1615 k, Erbenhaftung **52** 6, Erhaltung der geliehenen Sache **1** 601, Erlöschen der Zahlungspflicht **50** 57, Ersatzurkunde bei Schuldverschreibungen **1** 798, Erstattung von – der Zeugen **33** 401, Erstattung von – in Ehesachen **33** 620, 626, 637, Erziehung; Unterhalt **1** 1610, Festsetzungsverfahren **33** 19, 37, 55, 103 bis 107, Forst- und Feldrügesachen **50** 70, Fruchtziehung **1** 102, Fütterung; Viehkauf **1** 488, Geldleistung **1** 270, Gemeinschaft **1** 748, gemeinschaftliches Wohnungseigentum **8** 16, Grundbuchsachen, Verteilung **39** 114, 115, Haftung der Bürgen für **1** 767, Haftung des Pfandes für **1** 1210, Haftung für – bei Hypothek **1** 1118, Haftung von Streitgenossen **33** 100, 101, Hinterlegung **1** 381, Hinterlegungssachen **38** 24, 26, Höhe **50** 11, Hypothek für Nebenleistungen und **1** 1178, Nachforderung **50** 7, **52** 15, Nachlaßverzeichnis **1** 2121, 2123, 2215, Nichterhebung wegen unrichtiger Sachbehandlung **50** 8, **52** 16, 143, Notare **52** 140 bis 157, Quittung **1** 369, Rechtskauf **1** 451, Sicherheitsleistung der Ausländer für **33** 110, Übergabe **1** 448, Umfang der Kostenpflicht **33** 91, Verfahren, Rückerstattung **2** 104, Verfahren über Abschlußprüfung **20** 324, Verfahren über Hausratsverteilung **11** 20 bis 23, Verfahren über Wohnungseigentum **8** 47, 48, Verfahren vor BGH **27** 90, Verfahren vor OLG **30 a** 30, Verfahren vor Patentamt **27** 63, Verfahren vor Patentgericht **27** 71, Vergleichsverfahren als Massekosten **36** 105, Verjährung **50** 10, **52** 17, 143, Verpflichtung zur Kostentragung von Amts wegen auszusprechen **33** 308, Versicherung der Nießbrauchsache **1** 1045, Versteigerung **1** 386, 981, Verurteilung des ausgebliebenen Zeugen und des das Zeugnis unrechtmäßig Verweigernden in **33** 380, 381, 390, Verurteilung des Obsiegenden in **33** 96, 97, Verweisung **50** 9, Verzeichnis, Nießbrauchsachen **1** 1035, Vorauszahlung **50** 3, 6, **52** 8, 9, Vorlegung von Sachen **1** 811, Vorschuß in Unterhaltssachen **33** 127 a, Wirtschaftsplan beim Nießbrauch **1** 1038, Zuschlagbeschluß **34** 58, Zwangsversteigerungsverfahren **34** 109, s. Gebühren

Kostenansatz **50** 4, 5, **52** 14, 143

Kostenanschlag Überschreitung **1** 650

Kostenberechnung **25** 78, **33** 103 ff.

Kostenentscheidung **11** 20, **25** 77; Vollstreckbarkeit **33** 708

Kostenerinnerung **33** 104, 766

Kostenerstattung Rückgriff **23** 48

Kostenfestsetzungsbeschluß als Vollstreckungstitel **33** 794, 795 a, 798

Kostenfestsetzungsverfahren **33** 103 ff.

Kostenfreiheit **50** 2, **52** 11 ff., Rechtshilfe **30** 164

Kostenklagen des Prozeßbevollmächtigten, Gerichtsstand **33** 34

Kostenordnung **52** , Anwendung nach Hinterlegungsordnung **38** 26

Kostenpunkt Anfechtung **33** 99, Übergehung **33** 321

Kostenschuldner Angelegenheiten der freiwilligen Gerichtsbarkeit **52** 2 ff., bürgerliche Rechtsstreitigkeiten, Scheidungsfolgesachen, Verfahren vor Gerichten der Verwaltungs- und Finanzgerichtsbarkeit **50** 49, Konkursverfahren **50** 50, mehrere **50** 58, **52** 5, seerechtliches Verteilungsverfahren **50** 52, sonstige **50** 54 ff., Vergleichsverfahren **50** 51, Zwangsversteigerungs-, Zwangsverwaltungsverfahren **50** 53

Kostenverteilung **33** 92

Kraftloserklärung abhanden gekommener oder vernichteter Scheck **24** 59, abhanden gekommener oder vernichteter Wechsel **23** 90, Aktien bei Herabsetzung des Grundkapitals **21** 226, Aktien durch Gesellschaft **21** 73, Aktien im Aufgebotsverfahren **21** 72, einer Urkunde **33** 1003 ff., Erbschein **1** 2361, **37** 84, Grundpfandbriefe **34** 136, Haftung des Wertpapierverkäufers **1** 437, Hypothekenbrief **1** 1162, Legitimationspapiere **2** 102, Orderpapiere **20** 365, Schuldverschreibung **1** 799, 800, Vollmacht **52** 122, Vollmachtsurkunde **1** 176

Krankenfürsorge Dienstberechtigter **1** 617

Krankenkassen fortlaufende Bezüge aus –, bedingte Pfändbarkeit **33** 850 b

Krankheit Dienstverpflichteter **1** 617, Unterhaltsanspruch, Scheidung **1** 1572, verwaltender Ehegatte **1** 1429

Kranzgeld **1** 1300

Kredit Höchstgrenze **3** 5, Rückzahlung **3** 4, Überziehungs- **3** 5, Verbot der Vergabe an GmbH-Geschäftsführer, Handlungsbevollmächtigte **22** 43 a

Kreditanstalt landschaftliche oder ritterschaftliche **2** 167

Kreditauftrag **1** 778, handelsrechtlicher **20** 349, 351

Kreditgeber **3** 1, Rücktritt **3** 13

Kreditgefährdung Schadensersatz **1** 824

Kreditgewährung Aufsichtsratsmitglieder, AG **21** 115, durch Kommissionär **20** 393, persönlich haftende Gesellschafter, KommAG **21** 288, Vorstandsmitglieder, Prokuristen und Handlungsbevollmächtigte, AG **21** 89

Kreditinstitut **20** 340 bis 340 o, als Hinterlegungsstelle **38** 33, Ausübung des Stimmrechts **21** 134 f., Sonderregelung **25** 102, Vergleichsverfahren **36** 112, Weitergabe von Mitteilungen **21** 128

Kreditschädigung **26** 14

Kreditvermittler **3** 1, Auslagenerstattung **3** 17, Nebenentgelte **3** 17, Vergütung **3** 15, 16

Kreditvermittlungsvertrag **3** 1, 15 ff.

Kreditvertrag **3** 1, DDR-Übergangsrecht **2** 232 § 8, Einwendungsverzicht **3** 10, Formmängel **3** 6, Gesamtfälligstellung bei Teilzahlungskrediten **3** 12, in gerichtlichem Protokoll, in notarieller Urkunde **3** 3, mit Sicherung durch Grundpfandrecht **3** 3, Nichtigkeit **3** 6, Rücktritt des Kreditgebers **3** 13, Schriftform **3** 4, Überziehungskredit **3** 5, verbundene Geschäfte **3** 9, Versandhandel **3** 8, Verzugszinsen; Anrechnung von Teilleistungen **3** 11, vorzeitige Zahlung **3** 14, Wechsel- und Scheckverbot **3** 10, Widerrufsrecht **3** 7

Krieg **33** 245, 247

Küchengerät Unpfändbarkeit **33** 811

Kündigung Arbeitsverhältnis **1** 613 a, 622, 626, Auftrag **1** 671, 675, Darlehen **1** 609, 609 a, Dienstverhältnis **1** 620 ff., **20** 75, Dienstwohnungen **1** 565 c bis 565 e, fristlose –, Dienstverhältnis **1** 626 ff., fristlose –, Landpachtverhältnis **1** 594 e, fristlose –, Mietverhältnis **1** 542 ff., 553 ff., Gemeinschaft **1** 749, Geschäftsführung **1** 712, Gesellschaft **1** 723 ff., Grundpfandrechte **34** 54, Grundschuld **1** 1193, Haftung des Bürgen **1** 767, Hypothek **1** 1118, 1141, 1156, 1160, 2114, Kartell **25** 13, keine – von Miet- oder Pachtverhältnis **34** 183, KommAG **21** 289, Kontokorrent **20** 355, Lagergeschäft **20** 422, Landpachtverhältnis **1** 593 a, 594 a bis 594 f, 595 a, Lehrverhältnis **20** 77, Leihe **1** 605, Miet- oder Pachtverhältnis durch Ersteher **34** 57 a, Mietverhältnis **1** 542 ff., 549, 553 ff., 564 ff., Mietverhältnis bei Nießbrauch **1** 1056, 1059 d, Nießbrauch an einer Forderung **1** 1074, 1077, 1078, OHG **20** 131 f., Pachtverhältnis **1** 584, 584 a, Pachtverhältnis bei Nießbrauch **1** 1056, 1059 d, Privatgläubiger **20** 135, 141, Prüfungsauftrag **20** 318, Reisevertrag **1** 651 e, 651 j, Rentenschuld **1** 1202, stille Gesellschaft **20** 234, Testamentsvollstreckung **1** 2226, Unternehmensverträge **21** 297, Vereinsmitgliedschaft **1** 39, verpfändete Forderung **1** 1283, 1286, Verschmelzungsvertrag **21a** 7, Vertragsverhältnis mit Handelsvertreter **20** 89 f., vorzeitige –, Landpachtverhältnis **1** 595 a, Werkvertrag **1** 643, 649

Kündigungsandrohung Unternehmer bei fehlender Mitwirkung des Bestellers **1** 643

Kündigungsfrist **33** 987, Arbeitsverhältnis **1** 622, 626, Dienstverhältnis **1** 621, 627, Mietverhältnis **1** 565, Pachtverhältnis **1** 584, 594 a bis 594 d

Kündigungsfristengesetz **2** 222

Kündigungsrecht Besteller bei Werkvertrag **1** 649, Einschränkungen bei Pacht **1** 584 a, Ersteher, Beschränkung **34** 57 c, Leihe **1** 605, Tod des Pächters **1** 594 d

Künftige Leistung Klage auf **33** 257 ff.

Künftige Werke Nutzungsrecht **28** 40

Künstler **33** 811, Schutzrechte **28** 73 ff., s.a. ausübender Künstler

Kürzung Beschwerungen **1** 2188; Vermächtnisse und Auflagen **1** 2322

Kunst Urheberrechtsschutz **28** 1 ff.

Kunstgegenstände Haftung des Frachtführers für Verlust **20** 429

Kunstgeheimnis **33** 384

Kurzschrift **33** 163 a

Ladeschein **20** 444 bis 450, indossabler **20** 363, 369, Inhalt **20** 445, Legitimation durch **20** 447, Pfandrecht beim Besitz **20** 397, 410, 421, 440, Übertragbarkeit **20** 363 ff., Zurückbehaltungsrecht **20** 369

Ladung **30** 160, **33** 63, 141, 166 ff., 214 ff., 218, 273, 274, 296, 320, 321, 328, 335 bis 337, 389, 497, 875, der Zeugen **33** 377 ff., durch öffentliche Zustellung **33** 204 bis 206, Gemeinschuldner zur Abgabe einer eidesstattlichen Versicherung **35** 125, in Ehesachen **33** 612, 613, Patentgericht **27** 75, Verhandlung über Rangordnung **39** 100, 101, Verhandlungstermin **37** 89, zur Aufnahme des Verfahrens **33** 239, zur Beweisaufnahme im Sicherungsverfahren **33** 493, zur eidesstattlichen Versicherung **33** 900

Ladungsfrist **37** 90, Begriff **33** 217, 226, 239, 337, 604

Lagebericht bei Abwicklung der AG **21** 270, GmbH, Vorlage **22** 42 a, 71, Kapitalgesellschaft **20** 264 f., 289, KommAG **21** 286, Konzern **20** 291 f., 315, 340 i, 340 j, Kreditinstitut **20** 340 a bis 340 d, Prüfung durch Aufsichtsrat **21** 171, Vorlage **21** 120, 160

Lagergeschäft **20** 416 bis 424

Lagerhalter **20** 416 ff.

Lagerhaus, Lagerraum **20** 373, 396, 437

Lagerkosten **20** 420 f.

Lagerschein **20** 397, 410, 421, 424, 440, indossabler **20** 369, 373 ff.

Lagerzeit **20** 422

Land Zwangsvollstreckung gegen **33** 882 a

Landesgesetze **33** 418, 680, 801, 871, 1006, 1009, 1023 f.

Landesgrenze Verfolgung eines Flüchtigen über **30** 167

Landesrecht Anwendung auf HGB **20** 263, nach – zuständige nicht gerichtliche Behörde **37** 194, Rechtspflegergeschäfte **32** 37

Landesrechtliche Schuldtitel **33** 801

Landesrechtliche Vorbehalte **39** 117

Landesregierung Vernehmung von Mitgliedern der – als Zeugen **33** 376, 382

Landeswährung Scheck **24** 30, Wechsel **23** 41

Landgericht **30** 59 ff., ausschließliche Zuständigkeit **33** 606, 642, auswärtige Strafkammern **30** 78, Besetzung **30** 59, 75 f., Jugendkammer **30** 74 b, Kammer für Staatsschutzsachen **30** 74 a, Löschung einer Eintragung auf Verfügung **37** 143, sonstige Zuständigkeit **33** 608, 697, 796, 879, 957, 1045, Strafkammern **30** 60, 73 f., 76,

Verfahren vor dem **33** 253 bis 494, Verweisung an **33** 276, 506, Verweisung an Amtsgericht **33** 276, Wirtschaftskammer **30** 74 c, Zivilkammern **30** 60, 71 f., 75, Zuständigkeit **25** 87, Zuweisung an einzelne **25** 89

Landgut Auseinandersetzung, fortgesetzte Gütergemeinschaft **1** 1515, Ertragswert, Pflichtteilsberechnung **1** 2312, Ertragswertfeststellung **2** 137, Nießbrauch **1** 1055, Übernahme, Miterbe **1** 2049, Vorerbschaft **1** 2130, Zubehör **1** 98

Landpacht 1 585 bis 597, Ende des Pachtverhältnisses **1** 594 ff., keine Anwendbarkeit des Mietrechts **1** 581, Schriftform **1** 585 a, Vertragsänderung **1** 593

Landtag 33 382, 904, 905

Landwirtschaft 33 811, 813, Ausnahmebereich **25** 100

Landwirtschaftliche Erzeugnisse 26 2, Forderungen aus dem Verkauf, bedingte Pfändbarkeit **33** 851 a

Landwirtschaftliche Grundstücke Kostenersatz bei Herausgabe **1** 998, Nießbrauch **1** 1055, Vorerbschaft **1** 2130

Landwirtschaftlicher Betrieb Zuweisung **34** 185

Landwirtschaftssachen Anwaltsgebühr **51** 63

Lasten dem Besitzer zu ersetzende **1** 995, Erbschaft **1** 2022, 2126, Erbschaftskauf **1** 2379, 2380, gemeinschaftlicher Gegenstand **1** 748, gemeinschaftliches Wohnungseigentum **8** 16, Mietsache **1** 546, Nießbrauch **1** 1047, Übergang beim Kauf **1** 446, Vermächtnisgegenstand **1** 2165, 2185, Verteilung unter mehrere Verpflichtete **1** 103

Laufbilder 28 95

Laufende Beträge aus wiederkehrenden Leistungen **34** 13, regelmäßig wiederkehrender Leistungen, Deckung **34** 47

Laufende Rechnung 20 355 bis 357

Lautsprecherübertragung ausübender Künstler **28** 74

Leben Verletzung, Schadensersatz **1** 823

Lebensalter Unterhalt, Scheidung **1** 1571

Lebensbedarf angemessener Unterhalt **1** 1610, Deckung, Familie **1** 1357, 1360 a, Unterhalt, Scheidung **1** 1578

Lebensgemeinschaft eheliche **1** 1353

Lebensversicherung 20 341 d

Lebensversicherungsvertrag 1 330

Lebenszeit Dienstverhältnis auf **1** 624, Gesellschaft auf **1** 724, **20** 134, Leibrente auf **1** 759, Mietvertrag auf **1** 567, Richter auf **31** 10, 28, 105

Legaldefinition 25 22, 28

Legalisation 33 438

Legitimation des Gerichtsvollziehers **33** 755, des gesetzlichen Vertreters **33** 56, eines nichtehelichen Kindes **33** 328, Empfänger **20** 424, 447, 450, Indossamentenkette **24** 35, Indossatar **23** 40, Inhaber indossabler Papiere **20** 365, Mündel **1** 1883, nichtehelicher Kinder 21, 29, DDR-Übergangsrecht **2** 234 § 12, nichtehelicher Kinder auf Antrag des Vaters **1** 1723 ff., nichtehelicher Kinder durch nachfolgende Ehe **1** 1719 ff., Scheckverpflichtete **24** 44, Zustimmung **2** 23

Legitimationspapier 2 177, 178, Kraftloserklärung **2** 102, qualifiziertes – bei Schuldverschreibung **1** 808

Lehen landesrechtliche Vorschriften **2** 59

Lehrer 33 850 bis 850 g, 910, vermögensrechtliche Ansprüche **2** 80, Wohnungskündigung bei Versetzung **1** 570

Lehrlinge Gerichtsstand **33** 20

Leibesfrucht Zuständigkeit für Pflegschaft **37** 40

Leibgedinge 39 49

Leibgedingsvertrag 2 96

Leibrente 1 759 bis 761, Nießbrauch einer **1** 1073, Schriftform **1** 761, Vertrag zugunsten Dritter **1** 330

Leibzucht 39 49

Leibzuchtsvertrag 2 96

Leihe 1 598 bis 606

Leistung an alle Erben **1** 2039, an bisherigen Gläubiger nach Abtretung **1** 407, an eingetragene Berechtigte **1** 893, an Erbscheinerben **1** 2367, an Erfüllungs Statt **1** 364, 365, 422, an Gemeinschuldner nach Konkurseröffnung **35** 8, an Quittungsüberbringer **1** 370, an Renteninhaber, Scheidung **1** 1587 p, Angewiesener **1** 787, 788, Annahme **1** 363, 364, Annahme durch Vormund **1** 1813, Anrechnung auf mehrere Forderungen **1** 366, Ansprüche des Anfechtungsgegners **35 a** 8, Ansprüche des Anfechtungsgegners hinsichtlich einer **35** 38, Begriff **1** 241, bei Gesamtschuldverhältnissen **1** 421 ff., Bestimmung durch Dritte **1** 317, Bestimmung durch eine Partei **1** 315, Bewirken **1** 362, 407, durch Dritte **1** 267, 268, einzelne – bei Reallasten **1** 1107, Erstrecken der Hypothek auf wiederkehrende **1** 1126, gegen Aushändigung der Schuldverschreibung **1** 797, gewerbliche – und Interessen **26** 2, in Ansprüche auf Herausgabe oder Leistung körperlicher Sachen **33** 846 ff., künftige **33** 257, 259, landwirtschaftliche **26** 2, nach Treu und Glauben **1** 242, nach Verjährung **1** 222, Nießbrauch als Recht auf **1** 1070, Pfandrecht an Recht auf **1** 1275 ff., rückständige **33** 25, Stundung **1** 202, teilbare **1** 420, Teilleistungen **1** 266, Unmöglichkeit **1** 265, 275, 280 ff., 306 ff., 2171, verbotene oder sittenwidrige –, ungerechtfertigte Bereicherung **1** 817, Vermächtnis **1** 2169, 2171, 2181, Verpflichtung des Schuldners zur **1** 241 bis 292, Versprechen an einen Dritten **1** 328 bis 335, Verurteilung zur **1** 283, 322, Verzug **1** 326, wiederkehrende **33** 9, 258, 323, wiederkehrende – bei Schenkung **1** 520, Wirkung bei Nießbrauch **1** 1075, Wirkung bei Pfandrecht **1** 1287, Zug um Zug **1** 274, 298,

322, Zwangsvollstreckung auf Herausgabe oder Leistung körperlicher Sachen **33** 883 ff.
Leistungsanspruch Bedachter, Vermächtnis **1** 2174
Leistungsfähigkeit Unterhalt, Scheidung **1** 1581
Leistungsgegenstand **20** 360
Leistungsort **1** 241, 269, Aufrechnung **1** 391, Grundschuld **1** 1194, Hinterlegung **1** 374, 383, Verwahrung **1** 697, 700
Leistungsschutzrechte **28** 70 ff., Ausgaben nachgelassener Werke **28** 71, ausübende Künstler **28** 73 ff., filmische Verwertung **28** 91, Hersteller von Tonträgern **28** 85 f., Lichtbilder **28** 72, Rechtsverletzungen **28** 97 ff., Schutz **28** 72, Sendeunternehmen **28** 87, Verwertungsverbot **28** 96, wissenschaftliche Ausgaben **28** 70, Zwangsvollstreckung **28** 112 ff.
Leistungsverweigerung Erfüllung der Ausgleichsforderung **1** 1381, gegenseitige Verträge **1** 320, nach Verjährung **1** 222
Leistungsverweigerungsrecht Klauselverbot, AGB **4** 11
Leistungszeit **1** 271, 299, **20** 359, Versäumung **20** 455
Leitung der Verhandlung **33** 136
Leitungsmacht Abhängigkeit von Unternehmen **21** 308 ff., 323
Leitungsrecht Bereich Staatsanwaltschaft **30** 147
Letztwillige Verfügung **33** 27, 1048, Anfechtung **1** 2078 ff., Aufhebung durch Erbvertrag **1** 2289, Ausführung durch Testamentsvollstrecker **1** 2203 ff., Auslegung **1** 2084, Ausschließung der fortgesetzten Gütergemeinschaft **1** 1509 ff., Begriff **1** 1937, Ergänzungsvorbehalt **1** 2086, im Erbvertrag **1** 2278, Pflichtteilsentziehung **1** 2336, teilweise Unwirksamkeit **1** 2085, Testament **1** 2064 bis 2273, über Vormundschaft **1** 1777, 1782, 1856, Unwirksamkeit, Ehegatte **1** 2077, Unwirksamkeit, Verlobter **1** 2077, Widerruf **1** 2253
Letztwillige Zuwendung **1** 1939, 1940, Abkömmlinge **1** 2069, Abkömmlinge Dritter **1** 2070, Arme **1** 2072, auflösend bedingte **1** 2075, aufschiebend bedingte **1** 2074, Kinder **1** 2068, Personengruppe **1** 2071, Verwandte **1** 2067, Vorteil Dritter **1** 2076
Lichtbilder filmische Verwertung **28** 91, Schutzrecht **28** 72, 124
Lichtbildner Zwangsvollstreckung gegen **28** 118
Lichtbildwerke **28** 2, Dauer des Urheberrechts **28** 137 a
Lieferfrist Klauselverbot, AGB **4** 10
Lieferung in Teilleistungen oder wiederkehrenden Leistungen **3** 2
Lieferungsvertrag Rechtswahl **2** 29
Lieferungswerke Dauer des Urheberrechts **28** 67
Liquidation Verein **1** 47 ff.
Liquidation, AG **21** 262 bis 274
Liquidation, GmbH **22** 66 bis 74
Liquidation, OHG Erlöschen der Firma nach Beendigung **20** 157, Rechtsstellung während der **20** 156
Liquidationsfirma **20** 153
Liquidationsgesellschaft **20** 156
Liquidatoren Aufgabe **1** 49, Eintragung **1** 76, Haftung **1** 53, Zwangsgeld **1** 78
Liquidatoren, GmbH **22** 67 ff., Aufgaben **22** 70, Strafvorschriften **22** 82, 84, 85, Zwangsgeld **22** 79
Liquidatoren, OHG **20** 146 ff., Anmeldepflicht **20** 34, Unterschriftszeichnung **20** 35
Literatur Urheberrechtsschutz **28** 1 ff.
Lizenz Markenrecht **27** 30, 155
Lizenzverträge Ausnahmen **25** 20, Unwirksamkeit **25** 20
Löschung der Eintragung in das Schuldnerverzeichnis **33** 915, Eigentümergrundschuld **1** 1196, Einleitungsvermerk **39** 113, Eintragung bei Freigabe oder Veräußerung **35** 114, Eintragung im Aktienbuch **21** 67, Eintragungen über Entmündigungen **12** 6, Erbbaurecht **9** 16, Firma **20** 3, Gebührenfreiheit **35** 115, gegenstandslose Eintragungen **39** 84 ff., Grundpfandrechte **39** 27, Hypothek **1** 1144, 1145, 1179 ff., 1187, im Grundbuch **1** 875, 876, 891, 901, **39** 23 ff., 53, 84 ff., 113, **52** 68 ff., Klage auf Löschung einer Hypothek **33** 25, Rechte **39** 23, 24, Versteigerungsvermerk bei Aufhebung des Verfahrens **34** 34, von Amts wegen **20** 31, Vorstand, Aufsichtsrat und Gründer der AG **21** 46 ff., 117, 147, 310, 318, 349
Löschungsanspruch Hypothek **1** 1179 a, 1179 b, Sicherung **34** 130 a
Löschungspflicht Grundstücksverkauf **1** 435
Löschungsverfahren Markenregistereintragung **27** 53 ff., 161 ff.
Löschungsvormerkung Hypothek **1** 1179, **52** 64, Widerspruch aufgrund einstweiliger Verfügung **39** 25
Lohnanspruch Entstehung bei Mäklervertrag **1** 652, Makler gegen beide Parteien **20** 99, Verwirkung bei Mäklervertrag **1** 654
Lohnfortzahlung vorübergehende Dienstverhinderung **1** 616
Lohnpfändung **33** 850 bis 850 i
Lohnschiebung **33** 850 h
Lokaltermin **33** 219
Lotterievertrag **1** 763
Luftfahrzeug ausländisches **34** 171 h, 171 n, Benachrichtigung über Versteigerung **34** 171 l, gerichtliche Bewachung des versteigerten **34** 171 g, Register für Pfandrechte an **34** 171 b, Verfügung nach Beschlagnahme **34** 171 k, Versteigerungstermin **34** 171 d, Voraussetzungen für Zwangsversteigerung **34** 171 c, zuständiges Amtsgericht **34** 171 b, Zwangsversteigerung **34** 171 a ff., Zwangsversteigerung, Streitwertberechnung **50** 31

Madrider Markenabkommen, Protokoll 27 119 bis 125
Madrider Markenbkommen Schutzvorschriften **27** 107 bis 118
Mäklerlohn 1 652, 653, Herabsetzung **1** 655, Verwirkung des Anspruchs **1** 654
Mäklervertrag 1 652 bis 656, Ehevermittlung **1** 656, Entstehung des Lohnanspruchs **1** 652
Mängel Handelskauf **20** 377 bis 379, Heilung bei GmbH **22** 76, Kommissionsgeschäft **20** 388, Lagergeschäft **20** 417, OHG-Gesellschafter **20** 128, Protesturkunde **23** 85, Speditionsgeschäft **20** 407, Verpackung **20** 429, 454, Ware **20** 377 ff., 388, 407, 417, 438, Wechselverpflichtete **23** 47
Mängelanzeige Ausschlußfrist, AGB **4** 11, Käufer **1** 478, 485, Mieter **1** 545
Mängelbeseitigung Vorenthalten, AGB **4** 11
Mängeleinrede Erhaltung **1** 478, kein Ausschluß bei arglistigem Verschweigen **1** 476
Mängelgewähr Erbschaftskauf **1** 2376, 2385, Hingabe an Erfüllungs Statt **1** 365, Kauf **1** 439, 459 bis 493, Leihe **1** 600, Miete **1** 537 ff., Schenkung **1** 523, 524, 526, Werkvertrag **1** 633 ff., 640
Mängelrüge 20 91
Mahnantrag Inhalt **33** 690, Zurückweisung **33** 691
Mahnbescheid 33 688 ff., Abschriften **33** 695, Einwendungen **33** 692, Inhalt **33** 692, kein Nachweis der Vollmacht **33** 703, Kraftloswerden **33** 701, Urkunden- und Wechsel-M. **33** 703 a, Verweisung **33** 696, Widerspruch **33** 692, 694 ff., Zuständigkeit **33** 20, Zustellung **33** 693
Mahnung Klauselverbot, AGB **4** 11
Mahnverfahren 33 688 bis 703 a, Anwaltsgebühr **51** 43, 120, Verfahrensablaufplan bei Anwendung der EDV **33** 703 b, Vollstreckungsbescheid **33** 699, Vordrucke für das **33** 703 c, Wohnungseigentumssachen **8** 46 a
Makler s. Handelsmakler
Maklergebühr Rückwechsel **23** 52
Maklertagebuch 20 100 ff.
Mangel äußerer – einer Urkunde **33** 419, bei kaufähnlichen Verträgen **1** 493, beim Werkvertrag **1** 633 ff., 640, der Beweisaufnahme im Ausland **33** 369, der Vollmacht, der Parteifähigkeit, Prozeßfähigkeit **33** 56, 88, des Verfahrens **33** 295, 530, 564, Erbschaftssache, Erbschaftskauf **1** 2376, Gewährleistung beim Kauf **1** 434 bis 443, 459 bis 493, im Recht **1** 439, 442, 523, 526, 541, 757, 2376, 2385, keine Gewährleistung für Mängel bei Erwerb in der Zwangsvollstreckung **33** 806, Leihsache **1** 600, Mietsache **1** 537 ff., Pachtsache **1** 586, Reise **1** 651 e, Schenkungssache **1** 523, 524, 526, Vertretungsmacht **20** 91 a, zugeteilter Gegenstand, Gemeinschaftsaufhebung **1** 757
Mangelhafte Unterschriften Wechsel **23** 7, 9
Mangelnde Benutzung kein Anspruch aus Markenschutz bei **27** 25, 43, 117
Markenabteilung Patentamt **27** 56 ff.
Markengesetz 27
Markensatzung 27 102
Markenschutz 27 1 ff.
Markenstelle Patentamt **27** 56 ff.
Markenware unverbindliche Preisempfehlungen **25** 38 a
Marktpreis 1 453, **20** 373, 376, 388, 400, **33** 821, bei Differenzgeschäft **1** 764, beim Pfandverkauf **1** 1221, 1235, 1295, geschuldete Sache **1** 385
Marktstellung Mitglieder eines Kartells **25** 37, Vermutung der überragenden **25** 23 a
Maschinelle Bearbeitung Einführung im Mahnverfahren **33** 703 c
Masseansprüche Berichtigung bei Zwangsvergleich **35** 191, keine Geltendmachung verspätet bekanntgewordener **35** 172
Massegegenstände Aufzeichnung **35** 123
Massegläubiger 35 57 bis 60, Rangordnung **35** 60, Vorwegbefriedigung **35** 57
Massekosten 35 58, Berichtigung **35** 60, Kosten des Vergleichsverfahrens als **36** 105, Rangordnung **35** 60, Vorwegbefriedigung **35** 57
Masseschulden 35 59, Ansprüche aus Darlehen des Schuldners **36** 106, Arbeitnehmerbezüge **35** 59, Berichtigung **35** 60, Nachlaßkonkurs **35** 224, Rangordnung **35** 60, Rechte **36** 33, Vorwegbefriedigung **35** 57
Maßregel einstweilige – des Vormundschaftsgerichts **1** 1846
Maßregelungsverbot Arbeitgeber **1** 612 a
Mehrarbeitszeitvergütung 33 850 a
Mehraufwendungen Ersatz im Gläubigerverzug **1** 304
Mehrempfang keine Herausgabe **1** 2056, Wirkung der Erfüllung durch **1** 422, Wirkung des Erlasses gegenüber **1** 423, 431, Wirkung des Gläubigerverzuges **1** 424
Mehrerlösabschöpfung Anordnung **25** 37 b
Mehrheit Abstimmungen und Beschlüsse **20** 119, **22** 53, 60, Annahme des Vergleichs **35** 182, Bedachte **1** 2151, Berufungsgründe für Erben **1** 1948, 1949, Besitzer **1** 866, Beteiligte, Rücktrittsrecht **1** 356, Bürgen **1** 769, Erben **1** 2032 bis 2063, 2088 ff., 2148, 2204, 2319 ff., Erbteile **1** 1934, Forderungen **1** 366, 396, Forderungsberechtigte, Auslobung **1** 660, Grundstücke, Vereinigung **1** 890, Käufer und Verkäufer **1** 474, Kaufsachen, Mängelgewähr **1** 469, mit Vermächtnis Beschwerte **1** 2148, Pfänder **1** 1222, 1230, Pfandgläubiger **1** 1232, Pfandrechte an einer Forderung **1** 1290, Schuldner und Gläubiger **1** 420 bis 432, Täter, unerlaubte Handlungen **1** 830, 840, Testamentsvollstrecker **1** 2199, 2219, 2224, Vermächtnisnehmer **1** 2148, 2151, 2157 ff., von Ansprüchen **33** 260, 301, von Bevollmächtigten, Vertretungsrecht **33** 84, von gesetzlichen Vertretern **33** 171, von Personen als Partei **33** 59 ff.,

von Pfändungsgläubigern **33** 827, 853 f., von Prozessen **33** 300, von Rechtsanwälten, Kosten **33** 91, von Unterliegenden **33** 100, von Wechselverpflichteten **33** 603, von Zustellungsbeteiligten **33** 189, Vorkaufsberechtigte **1** 513, Vormünder **1** 1791 a, 1797, 1798, 1810, 1833, Wiederkaufsberechtigte **1** 502
Mehrheitsbeschluß Wohnungseigentümerversammlung **8** 25
Mehrheitsbesitz Aktienübernahme für Rechnung **21** 56, in – stehende Unternehmen **21** 16, mit Mehrheit beteiligte Unternehmen **21** 16
Mehrheitsbeteiligung **21** 16, 19 ff.
Mehrheitsentscheidung Abstimmung bei Gericht **30** 196
Mehrkosten **33** 91, 106, 197, vor unzuständigem Gericht **33** 276, 506
Mehrstimmrechte Aktien, Unzulässigkeit **21** 12
Meineid **33** 580
Meinungsverschiedenheiten mehrere Vormünder **1** 1797, 1798, über elterliche Sorge **1** 1627
Meistbietender Zuschlagerteilung **34** 81
Meistbietender, Meistgebot **33** 817
Meldepflicht Vervielfältigungen **28** 54 f
Mentalreservation **1** 116
Meß- und Marktsachen Gerichtsstand **33** 30, Ladungsfrist **33** 217
Miete **1** 535 bis 580 a, bei Nießbrauch **1** 1056, 1059 d, bei Vorerbschaft **1** 2135, Dienst-, Werkswohnungen **1** 565 b bis 565 e, gemeinschaftliche **1** 569 b, Kauf bricht nicht **1** 571, Kündigung **1** 542 ff., 549, 553 ff., 564 ff., Räume **1** 580, Unter- **1** 549
Mieteigentum Auseinandersetzung außerhalb des Konkursverfahrens **35** 16
Mieter als Besitzer **1** 868, 869, Aufrechnungs- und Zurückbehaltungsrecht **1** 552 a, 556, bei Zwangsversteigerung **34** 57, Duldung von Maßnahmen zur Erhaltung und Verbesserung **1** 541 a, 541 b, Erbe **1** 569, keine Befreiung vom Mietzins durch persönliche Verhinderung **1** 552, Kenntnis vom Mangel **1** 539, Mängelanzeige **1** 545, Sicherheitsleistung **1** 572, Tod **1** 569 ff., Tragen der Lasten der Mietsache **1** 546, Versetzung **1** 570, Wegnahmerecht **1** 547 a, Widerspruch gegen Kündigung **1** 556 a, 556 b, 556 c
Mietgrundstück **1** 577 ff.
Mietkaution **1** 550 b
Mieträumungsfrist **2** 93
Mietrecht **1** 535 ff., **2** 188, Geschäftswert **52** 25
Mietsachen Abnutzung **1** 548, Lasten **1** 546, Mängel **1** 537, Mängelanzeige durch Mieter **1** 545, Maßnahmen zur Erhaltung und Verbesserung **1** 541 a, 541 b, Rückgabe **1** 556, 557, vertragsmäßiger Gebrauch **1** 548, vertragswidriger Gebrauch **1** 550
Mietstreitigkeiten **33** 708, Schiedsvertrag **33** 1025 a, Vollstreckbarkeit des Urteils in **33** 709
Mietverhältnis **2** 171, 172, Beendigung durch Betreuten **1** 1907, DDR-Übergangsrecht **2** 232 § 2, Eintritt der Nacherbfolge **1** 2135, Eintritt von Familienangehörigen **1** 569 a, Ende **1** 564, Forsetzung auf Zeit **1** 564 c, Fortsetzung des befristeten **1** 556 b, Fortsetzung durch überlebenden Ehegatten **1** 569 b, fristlose Kündigung **1** 542 ff., 553 ff., keine Kündigung **34** 183, Kündigung **1** 542 ff., 549, 553 ff., 564 ff., Kündigung durch Ersteher **34** 57 a, Kündigung von Dienst-, Werkswohnungen **1** 565 c bis 565 e, nach Nießbrauchübertragung **1** 1059 d, Nießbrauchbeendigung **1** 1056, stillschweigende Verlängerung **1** 568, Streitwertberechnung **33** 8, **50** 16, Verlängerung befristeter oder bedingter **1** 565 a, weitere Fortsetzung **1** 556 c
Mietvertrag Aufhebung des Erbbaurechts **9** 30, Gemeinschuldner als Vermieter **35** 21, hinsichtlich einer dem Gemeinschuldner bereits überlassenen Sache **35** 19, hinsichtlich einer dem Gemeinschuldner noch nicht überlassenen Sache **35** 20, im Vergleichsverfahren **36** 51, Schriftform **1** 566, über mehr als 30 Jahre **1** 567, Wesen **1** 535
Mietzins Aufhebung der Pfändung **33** 851 b, Aufrechnung **1** 575, Befreiung von Entrichtung **1** 537, bei Hypothek **1** 1123 ff., bei verspäteter Rückgabe der Mietsache **1** 557, Entrichtung **1** 551, Erklärung über geleisteten **34** 57 d, Höhe **1** 535, im voraus entrichteter **1** 557 a, keine Befreiung von der Entrichtung wegen persönlicher Verhinderung **1** 552, Rechtsgeschäft über Entrichtung **1** 574, Verfügungen und Rechtsgeschäfte über **34** 57 b, 169, 171 f., Vorausverfügung über **1** 573, Zahlungsverzug, fristlose Kündigung **1** 554
Mikrofilm Wiedergabe von Prozeßakten auf **33** 299 a
Milchkuh Unpfändbarkeit **33** 811
Militärpersonen örtliche Zuständigkeit für **37** 3
Minderjähriger **33** 393, 455, 612, 627, als Eltern, elterliche Sorge **1** 1673, Annahme als Kind **1** 1741 bis 1766, Arbeitsverhältnis **1** 113, beschränkte Geschäftsfähigkeit **1** 106 bis 113, Ehegatte **1** 1458, Ehemündigkeit **10** 1, Ehevertrag **1** 1411, Einholung gutachtlicher Äußerung bei Annahme eines **37** 56 d, einseitige Rechtsgeschäfte **1** 111, Einwilligung des gesetzlichen Vertreters zur Eheschließung **10** 3, 30, elterliche Sorge **1** 1626 bis 1711, Erwerbsgeschäfte **1** 112, 113, Geschäftsunfähigkeit **1** 104, 105, Haftung, unerlaubte Handlungen **1** 828, 829, 832, Testamentserrichtung **1** 2229, 2233, Unterhaltsberechtigung **1** 1602, Unterhaltsrenten für –, DDR-Übergangsrecht **2** 234 § 8, Verfahren über den Unterhalt **33** 642 bis 644, verheiratete **1** 1633, Vormundschaft **1** 1773 bis 1895, vorsorgliche Maßnahmen, Betreuung **1** 1908 a, Willenserklärungen **1** 107

Minderkaufleute **20** 4, Ausnahmen bei Handelsgeschäften **20** 351
Minderung bei Wiederkauf **1** 498, Bruchteile der Erbschaft **1** 2090, Erwerbsfähigkeit, Schadensersatz **1** 842, 843, Kaufpreis **1** 462 ff., 472 ff., 498, keine – bei Viehkauf **1** 487, Miete **1** 537, Reisepreis **1** 651 d, Vergütung bei Werkvertrag **1** 634, 635, Wesen **1** 472
Mindestgebot bei der Versteigerung gepfändeter Sachen **33** 817 a
Mindestnennbetrag Aktien **21** 8, Grundkapital **21** 7, Herabsetzung unter –, Grundkapital **21** 228, Stammkapital der GmbH **22** 58 a f.
Mindestsatz Inhalt des Vergleichsvorschlags **36** 7
Minister **33** 376, 382
Mißbrauch eheliche Rechte **1** 1353, elterliche Sorge **1** 1666 ff., Firma **20** 37, Gesamtgutsverwaltung **1** 1447
Mißbrauchaufsicht **25** 17, 38 a, 104, bei Anmeldekartellen **25** 12
Mißhandlung Erblasser, Pflichtteilsentziehung **1** 2333
Mission des Bundes **33** 200, 203
Mitarbeit in Haushalt, Beruf oder Geschäft des Erblassers, Ausgleichungspflicht **1** 2057 a, 2316
Mitbelastung **39** 48, Vermerk im Hypothekenbrief **39** 63
Mitbenutzungsrecht DDR-Übergangsrecht **2** 233 § 5
Mitberechtigte einer Aktie **21** 69, Geschäftsanteile der GmbH **22** 18
Mitberechtigte, -verpflichtete Verhältnis zum Richter **33** 41, Verhältnis zum Urkundsbeamten der Geschäftsstelle **33** 49
Mitbesitz **1** 866, an Schiffen **1** 932 a, Einräumung bei Pfandrecht **1** 1206
Mitbieten Gläubiger und Eigentümer bei Pfandversteigerung **1** 1239
Mitbürgschaft **1** 769, Aufgabe eines Rechts gegen Mitbürgen **1** 776, Haftung **1** 769, 774
Miteigentümer Nießbrauch **1** 1066, Pfandrecht am Anteil eines **1** 1258, Sondernachfolger eines **1** 1010, Zwangsversteigerung zur Aufhebung der Gemeinschaft **34** 180
Miteigentum **1** 1008 bis 1011, durch Verbindung, Vermischung **1** 947, 948, 2172, Hypotheken an **1** 1114, Reallast **1** 1106 ff., Vermächtnis **1** 2172, Vorkauf **1** 1095
Miteigentumsanteil **8** 1, 3, bei Aufhebung der Gemeinschaft **8** 17, Verbindung mit Sondereigentum **8** 6
Miterbe **1** 2032 bis 2063, **33** 859, Anwachsung **1** 2094, 2095, Auseinandersetzung **1** 2042 ff., 2204, Auseinandersetzung zwischen **37** 86, Ausgleichungspflicht für gesetzliche Erben **1** 2050 ff., Auskunftspflicht **1** 2057, Einsetzung **1** 2091, Erbschein **1** 2357, gesamtschuldnerische Haftung **1** 2058 ff., Gläubigeraufforderung **1** 2061, Inventarerrichtung **1** 2063, keine Rückgabe des Mehrbetrags **1** 2056, Nachlaßverwaltung **1** 2038, pflichtteilsberechtigter **1** 2319, Rechtsverhältnis untereinander **1** 2032 bis 2057 a, Verfügungsrecht über Anteil **1** 2033, 2039 ff., Vorkaufsrecht **1** 2034, 2035
Mitglied Bescheinigung über -zahl bei eingetragenen Vereinen **1** 72, BGH, Berufung und Ernennung **30** 125, der Bundesregierung, Ort der Vernehmung **33** 382, der gesetzgebenden Versammlungen **33** 382, 904, 905, der Kammer als Einzelrichter **33** 350, des Gerichts **33** 139, 140, 396, ein Mitglied des Prozeßgerichts **33** 355, 361, 372, 375, 388, 434, 479, Mindestzahl bei eingetragenen Vereinen **1** 56, Präsidium, Wahl **30** 21 b, Sonderrechte bei Vereinen **1** 35, von Gemeinden usw., Gerichtsstand **33** 22
Mitgliederversammlung Berufung bei Vereinen **1** 36, 37
Mitgliedschaft Unübertragbarkeit bei Vereinen **1** 38
Mitspracherecht Kinder **1** 1626
Mittäter unerlaubte Handlungen **1** 830, 840
Mitteilung **33** 73, 94, 103, 105, 135, 188, 226, 262, 311, 335, 362, 364, 365, 386, 432, 441, 496, 657, 660, 674, 678, 683, 694, 695, 733, 763, 806 a, 922, 986, 988, Aktionäre u. Aufsichtsratsmitglieder **21** 125, Beschwerdeentscheidung **39** 77, Bevollmächtigung **1** 171, 172, Erbfall, Nachlaßgericht an Grundbuchamt **39** 83, Eröffnungsbeschluß an Registerbehörden **35** 112, formlose –, Konkursverfahren **35** 77, Kaufvertrag an Vorkaufsberechtigten **1** 510, Nachlaßgericht an Erben **1** 1953, 1957, Nachlaßgericht an Vormundschaftsgericht **1** 1999, Schuldübernahme **1** 415, Weitergabe durch Kreditinstitute u. Aktionärsvereinigung **21** 128
Mitteilungsblätter neben Bundesanzeiger **33** 204
Mitteilungspflicht Behörden **37** 125 a, bei Beteiligungen der AG **21** 20 f., 328, bei Geschäftsschließung **35** 130, Gericht **37** 50, Jugendamt **1** 1851, Konkursverwalter **35** 135
Mittelbarer Besitz **33** 76, 325, Begriff **1** 868, Eigentumsvermutung **1** 1006, Einräumung **1** 930, 933, 936, 1205, mehrstufiger **1** 871, Übertragung **1** 870
Mittelbarer Besitzer Anspruch des Eigentümers gegen **1** 986, Ansprüche **1** 869, Schutz **1** 868
Mittelgroße Kapitalgesellschaft Erleichterungen **20** 267, 276, 327
Miturheber **28** 8, 65, Änderungen am Werk **28** 8, Dauer des Miturheberrechts **28** 65, Erträgnisse aus Nutzung **28** 8, Recht zur Veröffentlichung, Verwertung **28** 8
Mitverschulden Beschädigter **1** 254, Geschädigter **7** 11, Verletzter **1** 856
Mitvollstrecker Testamentsvollstrecker **1** 2199, 2219, 2224

Mitvormund Anlegung von Mündelgeld **1** 1810, Haftung **1** 1833, Meinungsverschiedenheiten **1** 1797, 1798, Tod **1** 1894, Vereinsvormundschaft **1** 1791 a
Mitwirkende Richter 33 41, 313, 315, 320, 408, 579
Mitwirkung Ehegatten, gemeinschaftliche Gesamtgutsverwaltung **1** 1451, 1454, 1455, Jugendamt, Vormundschaft **1** 1851, zur Einziehung **1** 1078, 1083, 1285
Mitzeichnung Gläubigerausschußmitglied **35** 137
Mobiliarpfändung 33 808 ff.
Monate Fristen nach **33** 222
Monatsanfang Zahlungszeit beim Wechsel **23** 36
Monatsende Zahlungszeit beim Wechsel **23** 36
Monopolkommission 25 24 b, Datenmaterial **25** 24 c, Mitglieder **25** 24 b, Unternehmenskonzentration **25** 24 b, Verfahren **25** 24 b
Montanunion Ausnahmebereich **25** 101
Mündel Erwerbsgeschäfte **1** 1823, Legitimation **1** 1883, Personensorge **1** 1800, religiöse Erziehung **1** 1801, selbständiges Beschwerderecht **37** 59, Todeserklärung **1** 1884, Überlassung von Gegenständen **1** 1824, Verschollenheit **1** 1884
Mündelgeld Anlegung **1** 1806 bis 1811, Anlegung, Pfandrecht **1** 1288, Herausgabe **1** 1890, Verzinsung **1** 1834
Mündelhypothek Erbbaurecht **9** 18 bis 20, 22
Mündelsicherheit Hypothek an Erbbaurecht **9** 18, Wertpapiere **2** 212
Mündliche Verhandlung 33 128, 136 bis 165, 274, 320, 321, Anwaltsgebühr **51** 31, 33, 35, 53, Patentgericht **27** 69, 73 ff., vorgängige – nicht erforderlich **33** 37, 102, 104, 107, 109, 126, 174, 177, 204, 225, 227, 248, 319, 339, 406, 490, 554 a, 567, 573, 697, 707, 715, 719, 732, 738, 742, 744, 749, 764, 769, 771 bis 774, 785, 786, 793, 805, 891, 921, 926, 934, 937, 942, 947, 1020, 1023, 1045
Mußkaufmann 20 1
Musterregister Einsicht **52** 90, Eintragung **52** 82
Mutter 2 19 ff., als Vormund, Wiederverheiratung **1** 1845, Anfechtung der Vaterschaftsanerkennung **1** 1600 g ff., Antragsrecht, Pflegschaft **1** 1707, Beerdigungskosten **1** 1615 m, Befreiung des Vormundes **1** 1855, Benennung des Vormundes **1** 1776, Einwilligung zur Adoption **1** 1747, elterliche Sorge **1** 1705, Sorgerechtsverlust **1** 1738, Unterhalt der werdenden – eines Erben **1** 1963, Unterhalt der werdenden – eines Nacherben **1** 2141, Unterhaltsanspruch **1** 1615 a ff., Unterhaltsverpflichtung **1** 1606, Wiederverheiratung **1** 1600, 1845
Mutterunternehmen 20 271, 290, Konzernabschluß **20** 290 bis 314
Mutwilligkeit 33 114
Nachbargrundstück Anlagen auf **1** 907, Einwirkungen vom **1** 906
Nachbarrecht 1 906 bis 924
Nachbesserung Klauselverbot, AGB **4** 11, Recht auf **1** 476 a
Nacherbe Auskunftsrecht **1** 2127, Ausschlagung der Erbschaft **1** 2142, Begriff **1** 2100, 2103, Einsetzung **1** 2100 bis 2146, 2306, 2338, Einsetzung auf Überrest **1** 2137, Einwilligung, Vorerbenverfügungen **1** 2120, Erbschaftskauf **1** 2373, Erbunwürdigkeit **1** 2340, gesetzlicher Erbe **1** 2104, Haftung **1** 2144, Nacherbfolge **33** 242, 246. 326, 728, 773, 863, 998, noch nicht erzeugter **1** 2101, 2141, Pflegschaft **1** 1913, Recht auf Sicherheitsleistung **1** 2128, und Ersatzerbe **1** 2102, Vertretung durch Testamentsvollstrecker **1** 2222, werdende Mutter des –, Unterhalt **1** 2141
Nacherbenrecht 1 2110
Nacherbenvollstrecker 1 2222
Nacherbfolge 39 51, Einfluß auf Miete und Pacht **1** 2135, Eintritt **1** 2106, 2130, 2139 ff., im Konkurs **35** 231, Verfügungsverbot für Konkursverwalter **35** 128
Nacherbrecht Vererblichkeit **1** 2108
Nacherbschaft Ausschlagung **1** 2142, Surrogation **1** 2111
Nachfolgende Ehe Legitimation des Mündels durch **1** 1883, Legitimation nichtehelicher Kinder durch **1** 1719 ff.
Nachfolgender Frachtführer 20 449
Nachfolger Testamentsvollstrecker **1** 2199
Nachfolgeverhältnis Firma **20** 22, Schulden **20** 25 bis 27
Nachforderung Gerichtskosten **50** 7, **52** 15, 143
Nachfrist Aktieneinzahlung **21** 64, Klauselverbot, AGB **4** 10
Nachgelassene Werke 28 71
Nachgründung 21 52 f., 399, Ersatzansprüche der AG **21** 53
Nachholung versäumter Prozeßhandlungen **33** 231, 236, 237, 238, 379
Nachholungsfrist Vergleichsantrag **36** 10
Nachindossament 23 20
Nachlässigkeit, grobe 33 279, 283, 529
Nachlaß 2 25, 26, **33** 28, 327, 747 ff., 778, 779, 859, -gegenstände **33** 748 ff., 783, 859, -gericht, -behörde **33** 990, -gläubiger **33** 27, 28, 783, 784, 863, 989 ff., -konkurs **33** 243, 782, 784, 993, -pfleger **33** 243, 779, 991, -verbindlichkeiten, Gerichtsstand bei Klagen **33** 27 f., -verwaltung **33** 241, 246, 784, Dürftigkeit **1** 1982, Ehegatte, fortgesetzte Gütergemeinschaft **1** 1483, 1484, Ehegatte, Gütergemeinschaft **1** 1482, einer unterstützten Person **2** 139, 148, Einrede der Dürftigkeit **1** 1990, Erbenauskunftspflicht, Pflichtteil **1** 2314, gemeinschaftliche Verwaltung **1** 2038, Grundlage zur Pflichtteilsberechnung **1** 2311, Haftung für -verbindlichkeiten **33** 783, 991, 997, Handelsgeschäft **20** 27, Herausgabe **1** 1986, Sicherung **1**

1960, **52** 104, Überschuldung **1** 1980, 1990 ff., Vergleichsverfahren **36** 113, Vertrag über – eines noch lebenden Dritten **1** 312, Wertfeststellung **1** 2313

Nachlaß- und Teilungssachen Ablieferung von Testamenten **37** 83, Akteneinsicht, Abschriften **37** 78, Ausfertigung des Erbscheins **37** 85, Beschwerde **37** 80 bis 82, eidesstattliche Versicherung **37** 79, Gebühren **52** 101 bis 117, Kraftloserklärung des Erbscheins **37** 84, Nachlaßgericht, Zuständigkeit **37** 72, 73, 74, sofortige Beschwerde gegen Inventarfrist **37** 72 ff., 77

Nachlaßauseinandersetzung **37** 86 ff., Antrag **37** 87, Antragsrecht **37** 86, Auseinandersetzungsplan **37** 93, außergerichtliche Vereinbarung **37** 91, Aussetzung **37** 95, Ladung der Beteiligten **37** 89, 90, landesrechtliche Vorschriften **37** 192, Losverteilung **37** 94, Pflegschaft für Abwesende **37** 88, sofortige Beschwerde **37** 96, Wiedereinsetzung in vorigen Stand **37** 92, Wirkung **37** 97, Zwangsvollstreckung **37** 98

Nachlaßbehörde **2** 147

Nachlaßforderungen Einziehung **1** 2039, 2040

Nachlaßgegenstände Aufrechnung **1** 2040, Herausgabe **1** 1992, Hinterlegung **1** 1960, Überlassung an Erben, Testamentsvollstreckung **1** 2217

Nachlaßgericht Akteneinsicht, Abschriften **37** 78, Anmeldung von Nachlaßforderungen **1** 2061, Anordnung der Nachlaßverwaltung **1** 1981, Anzeige des Eintritts der Nacherbfolge an **1** 2146, Anzeige des Eintritts des Erbschaftskaufs an **1** 2384, Aufnahme des Inventars **1** 2003, Bestellung eines Nachlaßpflegers **1** 1961, Einholung der Genehmigung einer Stiftung **1** 83, Entlassung des Testamentsvollstreckers **1** 2227, Entscheidung bei Meinungsverschiedenheiten mehrerer Testamentsvollstrecker **1** 2224, Erbscheineinziehung **1** 2361, **52** 108, Erbscheinerteilung **1** 2335 ff., **52** 107, 107 a, Ermittlung des Erben **52** 105, Ernennung des Testamentsvollstreckers **1** 2200, **52** 113, Feststellung, Fiskus als Erbe **1** 1964 ff., **52** 110, Inventarfristbestimmung **1** 1994, 1996, 1999, Mitteilung an Vormundschaftsgericht **1** 1999, **37** 74 a, Mitteilung des Erbfalls an Grundbuchamt **39** 83, Nachlaßpflegschaft **1** 1961, 1962, **52** 106, Nachlaßsicherung **1** 1960, **52** 104, örtliche Zuständigkeit **37** 73, sachliche Zuständigkeit, Amtsgericht **37** 72, Stundung des Pflichtteilsanspruchs **1** 2331 a, **52** 106 a, Testamentseröffnung **1** 2260 ff., **52** 102, 103, Testamentsvollstreckerzeugnis **1** 2368, Zeugnis über Fortsetzung der Gütergemeinschaft **1** 1507, Zuständigkeit zur Nachlaßsicherung **37** 74

Nachlaßgläubiger **1** 1980, 2015, 2016, **34** 175 ff., Anmeldung der Ansprüche gegen Erben **1** 1958, 1961, Antrag auf Nachlaßverwaltung **1** 1981, Aufforderung zur Forderungsanmeldung **1** 1970, Aufgebot **1** 1970 bis 1974, Aufrechnung **1** 1977, ausgeschlossene **35** 219, Ausschließung **1** 1973, 1974, Befriedigungsverweigerung durch Erben **1** 1990, Geltendmachung der Forderung **1** 1966, 1974, 1979, Konkursantragsfrist **35** 220, Rechtsverhältnis, Erbe **1** 2058 ff.

Nachlaßinventar **1** 1960, 1993 ff., 2314, **2** 140, 148, **52** 114, s. a. Inventar

Nachlaßkonkurs **1** 1975 ff., **34** 178, **35** 214 ff.; Antragsberechtigte **35** 217, Antragsfrist **35** 220, ausgeschlossene Nachlaßgläubiger **35** 219, Eröffnung **35** 216, Geltendmachung von Ansprüchen des Erben **35** 225, Gesamtgut als Nachlaß **35** 218, Haftung nach Nachlaßteilung **1** 2060, Masseschulden **35** 224, Nachlaßverbindlichkeiten **35** 226, 228, Überschuldung des Nachlasses **35** 215, Verfahrenseröffnung **1** 1980, Verhältnis zwischen Eigenkonkurs und **35** 234, Zuständigkeit **35** 214, Zwangsvergleich **35** 230

Nachlaßpfleger Bestellung **1** 1960, Inventarfrist **1** 2012

Nachlaßpflegschaft **37** 75, **52** 106, auf Antrag **1** 1961, 1962, Fristbeginn **1** 2017

Nachlaßsachen **32** 16

Nachlaßverbindlichkeiten Anmeldung im Aufgebotsverfahren **35** 229, Aufnahme in das Inventar **1** 2001, 2005, Berichtigung **1** 1979, 2014, 2046, 2378, Erbschaftskauf **1** 2378, Geltendmachung **1** 1958, 1961, 1973, 1974, Haftung des Erben **1** 1967 bis 2017, Haftung des Erbteilkäufers **1** 2036, Haftung nach der Teilung **1** 2060, Nachlaßkonkurs **35** 226, 228, Überschußverteilung **1** 2047, Zinsen **35** 227

Nachlaßverwalter Inventarfrist **1** 2012, Pflichten und Haftung **1** 1985, Verfügung **1** 1987

Nachlaßverwaltung **1** 1975 ff., **37** 76, Ablehnung mangels Masse **1** 1982, 1990, Anordnung **1** 1981, Antrag auf **1** 2013, 2062, Ende **1** 1988, gemeinschaftliche – der Erben **1** 2038, Haftung des Erben **1** 1978, öffentliche Bekanntmachung **1** 1983, Testamentsvollstrecker **1** 2205, 2209 ff.

Nachlaßverzeichnis s. Inventarverzeichnis

Nachprüfungsspielraum Beschwerdegericht **25** 70

Nachrede üble –, Kreditgefährdung **1** 824

Nachschlagewerk Wiedergabe einer eingetragenen Marke **27** 15

Nachschuß GmbH **22** 26 ff., Rückzahlung **22** 30

Nachschußpflicht ausscheidender Gesellschafter **1** 739, Gesellschafter nach Auflösung **1** 735

Nachsichtwechsel **23** 5, 33, Fristverlängerung **23** 54, Fristversäumung **23** 53, Protestfrist **23** 44, Verfall **23** 35, 36, Vorlegung zur Annahme **23** 23, 25, Vorlegung zur Zahlung **23** 38

Nachteil unersetzlicher **33** 707, 710, 712, 719

Nachträgliche Beweisaufnahme **33** 367, Entscheidung **33** 321, Entschuldigung des Zeugen **33** 381, Vernehmung **33** 398, Vorbringen **33** 278, 279, 529, 534, 626

Nachträgliche Feststellung Ungültigkeit einer Marke **27** 125 c
Nachträgliche Schutzentziehung internationaler Markenschutz **27** 115
Nachträgliche Schutzerstreckung 27 111, 123
Nachtragsverteilung 35 166
Nachtzeit 33 188, 761
Nachverfahren bei Kostenfestsetzung **33** 106, im Urkundenprozeß **33** 600
Nachvermächtnis 1 2191, Abkömmlinge der Pflichtteilsberechtigten **1** 2338, Nachweis der Richtigkeit der Angaben **1** 2356
Nachweis Ausschlußfrist zum – des Verzichts oder Ausfalls für absonderungsberechtigte Gläubiger **35** 153, Ausschlußfrist zum – für Gläubiger nicht festgestellter Konkursforderungen **35** 152, Benachrichtigung des Vormannes **24** 42, der Fälschung eines Protokolls **33** 164, der Rechtsnachfolge bei Auseinandersetzung von Nachlaß, Gesamtgut **39** 36, 37, der Unrichtigkeit der Übertragung eines Kurzschriftprotokolls **33** 163 a, der Vollmacht **33** 80, ehelicher Güterstand **39** 33, Empfängerberechtigung **38** 13, erbrechtlicher **39** 35, Vertretungsberechtigung bei Handelsgesellschaften **39** 32
Nachzahlungspflicht nach Bewilligung der Prozeßkostenhilfe **33** 125 bis 127
Nahrungsmittel Unpfändbarkeit **33** 811
Name 2 10, AG **21** 4, bei Adoption **1** 1757, 1765, Bezogener **23** 1, **24** 1, des Richters, Urkundsbeamten der Geschäftsstelle **33** 159, 313, Ehegatten **1** 1355, eheliches Kind **1** 1616, Firma **20** 17 ff., 30, nichteheliches Kind **1** 1617, 1618, 1706, Schuldverschreibungen auf **1** 806, 808, Schutz **1** 12, Zahlungsempfänger **23** 1, **24** 5
Namensänderung Firmenrecht **20** 21, nichteheliches Kind **1** 1737, Zustimmung des Kindes **1** 1616 a
Namensaktie 21 10, 24, 405, Eintragung ins Aktienbuch **21** 67, Übertragung, Umschreibung **21** 68
Namenserteilung Zustimmung **2** 23
Namenspapiere 33 822, mit Inhaberklausel bei Schuldverschreibung **1** 808
Namensrecht 2 10, Markenschutz **27** 13, Übergangsvorschriften **2** 220
Namensschuldverschreibung 20 341 c
Namensübertragung überlebender Elternteil **1** 1740 g
Namensunterschrift 33 439, 440, Beglaubigung **13** 39, 41
nasciturus als Erbe **1** 1923, 1963, 2043, als Nacherbe **1** 2101, 2141, Pflegschaft **1** 1912, 1918
Natürliche Person 1 1 ff., internationales Privatrecht **2** 7 bis 12
Naturalherstellung 1 249
Naturalien Unpfändbarkeit **33** 811
Naturalobligation 1 222, 656, 762, 1297
Neben- und Vorzugsrechte Übergang bei Abtretung **1** 401
Nebenanspruch 33 321
Nebenberuflicher Handelsvertreter 20 92 b
Nebenentgelt für Kreditvermittlung **3** 17
Nebenforderungen 33 4, 264, 308, 321, 605, **50** 22, Konkursforderung **35** 62
Nebenintervenient 33 66 ff., 265
Nebenintervention 33 66 ff., 74, 101
Nebenklage 51 102
Nebenleistungen Ansprüche aus **34** 171 i, Hypothek für – und Kosten **1** 1178, Käufer **1** 473, künftige – bei Hypothek **1** 1158, rückständige – bei Hypothek **1** 1159, Vergütung **21** 61, Zwangsvollstreckung **33** 830, 837
Nebenleistungs-AG 21 55, 61, 180
Nebentätigkeit in der Rechtspflege **31** 42
Nebenverpflichtung Aktionäre **21** 55, 61, 180
Negative Publizität Handelsregister **20** 15
Negatives Interesse 1 122, 179, 307
Negoziabilität Firma **20** 22
Nennbetrag Aktien **21** 6, 23, Geschäftsanteil der GmbH **22** 14, 57 h
Nennwert Überweisung von Geldforderungen **33** 835
Nettogewicht 20 380
Nettokreditbetrag 3 3, Angabe im Kreditvertrag **3** 4
Neue Angriffs- und Verteidigungsmittel 33 554
Neue Tatsachen neues Vorbringen **33** 132, 178, 389, 519, 534, 570
Neugliederung Gerichte in Baden-Württemberg **32** 36
Neugründung durch Verschmelzung unter Beteiligung von AG **21a** 73 ff., durch Verschmelzung unter Beteiligung von eG **21a** 96 ff., durch Verschmelzung unter Beteiligung von GmbH **21a** 56 ff., durch Verschmelzung unter Beteiligung von Versicherungsvereinen auf Gegenseitigkeit **21a** 114 ff.
Nicht an Order-Vermerk Scheck **24** 14, Wechsel **23** 11
Nichtausübung Rückruf des Nutzungsrechts wegen **28** 41
Nichtberechtigter Anzeigepflicht des eingetragenen **39** 93, Ersatzleistung an **1** 851, gutgläubiger Erwerb **1** 932, Herleitung eines Rechts von **33** 266, 325, 898, Verfügung **1** 135, 136, 161, 185, 816, Verpfändung durch **1** 1207
Nichteheliche Abstammung 1 1600 a bis 1600 o, **2** 20, 23
Nichteheliche Kinder Abstammung **1** 1600 a ff., Adoption **1** 1747, Amtsvormundschaft, Jugendamt **1** 1791 c, Ausbildung **1** 1371, Ehelicherklärung **1** 1723 ff., Einbenennung **1** 1618, elterliche Sorge **1** 1705 ff., Erb- und Pflichtteilsrechte **1** 1706, Erbersatzanspruch **1** 1934 a, Familienname **1** 1617, 1618, 1706, Legitimation

1 1719 bis 1740 g, Legitimation 21, 23, DDR-Übergangsrecht **2** 234 § 12, Namensänderung **1** 1720, Pfleger **1** 1706 ff., Rechtsverhältnisse **2** 20 ff., 208, Regelbedarf, DDR-Übergangsrecht **2** 234 § 9, Regelunterhalt **51** 43 b, Tod, Ehelicherklärung **1** 1733, Umgang mit Vater **1** 1711, Unterhaltsanspruch **1** 1615 a ff., vorzeitiger Erbausgleich **1** 1934 d, 1934 e

Nichtehelichkeit Geltendmachung **1** 1593

Nichterfüllung keine Klage auf Aufhebung des Zwangsvergleichs wegen **35** 195, Schadensersatz wegen **1** 325, 326, 463, 635

Nichterlöschen von erloschenen Rechtsverhältnissen **1** 1976

Nichterscheinen der Partei **33** 141, 251 a, 330 ff., 345, 367 f., 600, 612 f., 877, 889, 901, 954, des Sachverständigen **33** 409, des Zeugen **33** 380 f.

Nichtfälligkeit Aufrechnung trotz **35** 54

Nichtgleichartigkeit Aufrechnung trotz **35** 54

Nichtigerklärung AG **21** 275 bis 277, Ehe **11** 25, Ehe, Versorgungsausgleich **52** 99, GmbH **22** 75 ff., Wartezeit nach – der Ehe **10** 8

Nichtigkeit Aufhebungsverbot bei Gemeinschaft **1** 749, Ausschluß der Gewährleistung **1** 443, 476, 540, 541, Ausschluß der Haftung **1** 637, beim Kauf **1** 443, 476, beim Werkvertrag **1** 637, Beschlüsse der Hauptversammlung **21** 241 ff., Ehe **10** 16 bis 27, **33** 151, 606 ff., 631 ff., Ehe, elterliche Sorge **1** 1671, Eintragung, AG **21** 277, Erbvertrag **1** 2298, festgestellter Jahresabschluß **21** 256 f., gemeinschaftliches Testament **1** 2270, GmbH **22** 75 ff., Heilung von Mängeln, AG **21** 276, Klage **21** 249, Konversion **1** 140, Kreditvermittlungsvertrag **3** 15, Kreditvertrag **3** 6, Kündigungsverbot bei Gesellschaft **1** 723, letztwillige Verfügungen **1** 2077, Markenregistereintragung **27** 50 ff., 106, Rechtsgeschäft **1** 125, 134, 138 ff., Rechtsgeschäft wegen Formmangels **1** 125, Richterernennung **31** 18, Scheck **24** 2, sittenwidriges Rechtsgeschäft **1** 138, Strafversprechen bei Verlöbnisbruch **1** 1297, teilweise – eines Rechtsgeschäfts **1** 139, Testamentseröffnungsverbot **1** 2263, Unterhaltsverzicht **1** 1615 e, Veräußerungsverbot bei Hypothek **1** 1136, verbotenes Rechtsgeschäft **1** 134, Verfallvereinbarung, Pfandrecht **1** 1229, Vertrag **1** 306, 310, 312, Wechsel **23** 2, Willenserklärungen **1** 105, 116 ff., 122

Nichtigkeitsklage **33** 151, 577 ff., 583 ff., AG **21** 275, Beschlüsse der Hauptversammlung **21** 249, GmbH **22** 75, Klage auf Nichtigerklärung einer Ehe **33** 606 ff., 631 ff.

Nichtöffentlichkeit Familien- und Kindschaftssachen **30** 170

Nichtrechtsfähige Vereine **1** 54

Nichtübertragbarkeit Gesellschafterrechte **1** 717

Nichtverhandeln **33** 251 a, 333

Nichtvertretbare Sachen Lieferungsobjekt **20** 381, 406

Nichtwissen **33** 138, 439

Nichtzulassungsbeschwerde **25** 74

Niederlassung Gerichtsstand **33** 21

Niederlegung des Gutachtens **33** 411, des Schiedsspruchs **33** 1039, von Urkunden **33** 134, vorbereitender Schriftsätze **33** 133, Vorschlag und Gläubigerausschußerklärung zwecks Einsicht **35** 178, zuzustellender Schriftstücke **33** 182

Niederschrift **33** 164, 165, 314, 389, 492, 496, 500, 762 f., 765, Ausfertigung **13** 47 ff., 51 f., Beurkundung **13** 36 ff., Beurkundung von Willenserklärungen **13** 9 bis 16, Hauptversammlung, AG **21** 130, ohne Unterschrift des Notars **13** 35, Übersetzung **13** 16, Verfahren in Markenrechtsangelegenheiten **27** 60, 77, Vermerke **13** 17 ff., 39 ff., Versteigerung **13** 15, Vorlesen, Genehmigen, Unterschreiben **13** 13 ff.

Nießbrauch **1** 1030 bis 1089, **33** 737, 738, 750, am Handelsgeschäft **20** 22, an Sachen **1** 1030 bis 1067, Anspruch auf Einräumung **1** 1059 e, Anteil eines Miteigentümers **1** 1066, Beendigung **1** 1063, 1064, 1072, Bestellung **1** 1069, bewegliche Sachen, Aufhebung **1** 1064, Erbschaft **1** 1089, Ersatz für **34** 171 n, Erstreckung auf Zubehör **1** 1031, Erwerb durch Ersitzung **1** 1033, Forderung **1** 1074 ff., Grund- oder Rentenschuld **1** 1080, Grundstück mit Inventar **1** 1048, Inbegriff von Sachen **1** 1035, Inhaber- oder Orderpapiere **1** 1081, Leibrente **1** 1073, Miet- und Pachtverhältnisse bei Beendigung **1** 1056, Recht auf Leistung **1** 1070, Rechte **1** 1068 bis 1084, Übergang **1** 1059 c, Übergangsvorschriften **2** 219, Übertragung **1** 1059 c, 1059 d, Unpfändbarkeit **1** 1059 b, verbrauchbare Sachen **1** 1067, 1084, Verjährung der Ersatzansprüche **1** 1057, Vermögen **1** 310, 311, 1085 bis 1089, Versicherungsforderung **1** 1046, verzinsliche Forderung **1** 1076, Zusammentreffen mit anderen Nutzungsrechten **1** 1060

Nießbraucher Anzeigepflicht **1** 1042, Beeinträchtigung des Nießbrauchsrechts **1** 1065, Ersatz von Verwendungen **1** 1049, Feststellung des Zustandes der Sache **1** 1034, Haftung **1** 1088, juristische Person **1** 1059 a ff., mittelbarer Besitz **1** 868, Pflichtverletzung **1** 1054, Rechte und Pflichten **1** 1036 ff., Rückgabepflicht **1** 1055, Sicherheitsleistung **1** 1051, 1052, Tod **1** 1061, unbefugter Gebrauch **1** 1053, Verhältnis zwischen – und Besteller **1** 1087, Versicherungspflicht **1** 1045

Normierungskartell **25** 5

Notadressat Wechsel **23** 55

Notanzeige Wechsel **23** 45

Notar **33** 794, 797, 811, Antragsrecht **37** 71, 129, **39** 15, Auflassung **1** 925, Auskunftspflicht über Geschäftswert **52** 31 a, Ausschließung **13** 6, Beurkundung zugunsten des **13** 7, Gebühren **52** 140

bis 157, in Baden-Württemberg **13** 64, Inventarverzeichnis **1** 1035, 2002, 2003, 2121, 2215, 2314, Niederschrift ohne Unterschrift des **13** 35, Protestbeamter **23** 79, Prüfungs- und Belehrungspflichten **13** 17 ff., Schadensersatzpflicht **52** 157, Testamentserrichtung **1** 2231 ff., Verbot der Mitwirkung an Beurkundung **13** 3, 26, Vermögensverzeichnis **1** 1689, Zuziehung eines zweiten **52** 151, zweiter **13** 26, 29

Notarielle Beurkundung Abtretung von GmbH-Anteil **22** 15, Annahme als Kind **1** 1750 ff., Bestellung des ersten Aufsichtsrats **21** 130, Ehelicherklärung **1** 1730, Ehevertrag **1** 1410, Erbschaftsverkauf **1** 2371, Erbvertrag **1** 2276, Erbvertragsanfechtung **1** 2282, Erbvertragsaufhebung durch Vertrag **1** 2290, Erbvertragsverfügung, Aufhebung **1** 2291, Erbverzichtsvertrag **1** 2348, Gehaltsabtretung **1** 411, Grundstückserwerb **1** 313, Grundstücksübertragung **1** 873, Gütergemeinschaft **1** 1491, 1492, 1501, 1516, Miterbe, Anteilsverfügung **1** 2033, Rücktritt vom Erbvertrag **1** 2296, Satzungsänderungen der GmbH **22** 53, Schenkungsversprechen **1** 518, Stiftungsgeschäft unter Lebenden **1** 81, Vereinbarung über Zugewinnausgleich **1** 1378, Vertrag **1** 128, 152, 154, Vertrag, Grundstücksübertragung **1** 313, Vertrag, Nachlaß lebender Dritter **1** 312, Vertrag, Vermögensübertragung **1** 311, Vollmacht zum GmbH-Vertragsabschluß **22** 2, vorzeitiger Erbausgleich **1** 1934 d, Willenserklärung **1** 126 ff.

Notarielle Urkunden **33** 794, 797

Notarsgehilfe/-schreiber **33** 183, 185

Notbedarf Einrede **1** 519

Notfrist **33** 104, 107, 166, 207, 223 (Begriff), 224, 233, 251, 339, 516, 552, 577, 586, 588, 706, 958, 1043, 1044

Notfristzeugnis **33** 706

Nothilfe **1** 227, 904

Notorisch bekannte Marken **27** 10

Notstand aggressiver **1** 904, defensiver **1** 228

Nottestament gemeinschaftliches **1** 2266, Gültigkeitsdauer **1** 2252, in besonderen Fällen **1** 2250, 2251, vor Bürgermeister **1** 2249

Notverkauf verderbliche Ware **20** 379, verderbliches Kommissionsgut **20** 388

Notverwaltung Gesamtgut **1** 1429

Notweg **1** 917, **2** 116, 123

Notwehr **1** 227

Notwendige Kosten **33** 91, Reisen und Zeitversäumnis **33** 91, Streitgenossenschaft **33** 62, Unterhalt **33** 114, 125

Notwendige Verwendungen Ersatz **1** 590 b, 994

Notzurückbehaltungsrecht **20** 370

Novation **1** 607

Nützliche Verwendungen Ersatz **1** 591, 996

Nukleare Ereignisse **7** 18

Nur zur Verrechnung-Vermerk Scheck **24** 39

Nutznießer Klage gegen –, Gerichtsstand **33** 21

Nutzung **52** 24, Begriff **1** 100, Erbschaftskauf **1** 2379, 2380, Ersatz bei Hinterlegung **1** 379, Ersatz beim Viehkauf **1** 487, Ersatz während Gläubigerverzug **1** 302, gemeinschaftliches Wohnungseigentum **8** 16, Haftung bei Herausgabepflicht **1** 292, Herausgabe an Erben **1** 2020, 2023, Herausgabe an Vermächtnisnehmer **1** 2184, Herausgabe bei Rücktritt **1** 347, Herausgabe bei ungerechtfertigter Bereicherung **1** 818, nach Rechtshängigkeit **1** 987, Pfand **1** 1213, 1214, Übergang bei Kauf **1** 446, Überlassung an Dritte **1** 589, Verteilung **34** 155

Nutzungen als Nebenforderungen beim Streitwert **33** 4, der Erbschaft, Pfändbarkeit bei Vorerben **33** 863, Streitwert wiederkehrender **33** 9

Nutzungspfand **1** 1213, 1214

Nutzungspfandgläubiger Pflichten **1** 1214

Nutzungsrechte **28** 31 bis 44, an Grundstücken **2** 196, 197, ausschließliches **28** 31, Begriff **28** 31, Beiträge zu Sammlungen **28** 38, Beschränkungen **28** 32, Beteiligung an Erträgnissen **28** 36, dingliches –, DDR-Übergangsrecht **2** 233 § 4, einfache **28** 31, 33, 35, Einräumung **28** 31, 35, Ersatzanspruch für **34** 121, Erwerber eines Originals ohne **28** 44, künftige Werke **28** 40, Rechte des Urhebers bei Übertragung **28** 37, Rückruf wegen gewandelter Überzeugung **28** 42, Rückruf wegen Nichtausübung **28** 41, Übertragung **28** 34, Urheberbeteiligung **28** 36, Weiterwirkung **28** 33, Werkänderungen **28** 39, Zusammentreffen mehrerer **1** 1024, 1060, Zwangsvollstreckung in **33** 857, 871

Nutzungsverhältnis DDR-Übergangsrecht **2** 232 § 4

Nutzungsverträge **20** 87 b

Oberlandesgericht **30** 115 ff., **30 a** 29, **33** 545 f., 567 f., 576, Art. 85, 86 EG-Vertrag **25** 97, ausschließliche Zuständigkeit **25** 96, Besetzung **30** 115, 122, Kartellsenate **25** 92, Strafsachen **30** 120 f., Verfahrenskosten **30 a** 30, Zivil- und Strafsenate **30** 116, 122, Zivilstreitigkeiten **30** 119, Zuständigkeit **25** 82, 92, 94, Zuweisung **25** 93

Oberste Landesgerichte Anwendung GVG **30 a** 10

Öfen Unpfändbarkeit **33** 811

Öffentlich bestellte Sachverständige **33** 404, 407, 410

Öffentlich-rechtliche Körperschaft Erbrecht **2** 138, Schuldverschreibungen **2** 100, 101

Öffentliche Aufforderung **33** 110, 946, 1008, Anmeldung des Erbrechts **1** 1965, 2358, Anmeldung von Forderungen der Nachlaßgläubiger **1** 2061

Öffentliche Beamte **33** 432, Pfändung gegen **33** 811, 850, Verhaftung **33** 910, Vernehmung **33** 376, 382, 408

Öffentliche Beglaubigung Unterschrift **38** 14, Vaterschaftsanerkennung **1** 1600 c, Willenserklärung **1** 129

Öffentliche Bekanntmachung 35 76, Aufhebung des Konkurseröffnungsbeschlusses **35** 116, Beschluß über Vergleichseröffnung **36** 22, der Versteigerung **33** 816, Gegenstand der Beschlußfassung, Gläubigerversammlung **35** 98, im Aufgebotsverfahren **33** 948 f., 955 ff., 1006, 1009, 1017, 1019 ff., Konkurseinstellungsbeschluß **35** 205, Konkurseröffnungsbeschluß **35** 111, Konkursverwalter **35** 81, Nachlaßverwaltung **1** 1983, Urteil in Urheberrechtsstreitsachen **28** 103, Vergleichsverfahren **36** 119, Verurteilung nach §§ 106 bis 108 a UrhG **28** 111, Verurteilung nach § 15 UWG **26** 23, Zustellung durch **33** 203 ff., 339, 688

Öffentliche Beurkundung Gesellschaftsvertrag der GmbH **22** 2, 53, Vaterschaft **1** 1600 e

Öffentliche Blätter 20 10 f.

Öffentliche Ladung 33 204 ff.

Öffentliche Lasten Eintragung **39** 54, Grundstücke **1** 436, Nießbrauch **1** 1047, Rangordnung bei Zwangsversteigerung und -verwaltung **34** 10, Zwangsverwaltung **34** 156

Öffentliche Ordnung 2 6

Öffentliche Plätze Werke an –, Vervielfältigung **28** 59

Öffentliche Reden Schranken des Urheberrechts **28** 48

Öffentliche Sicherheit Schranken des Urheberrechts **28** 45

Öffentliche Sparkasse 2 99

Öffentliche Urkunden 33 415, 417 f., 435, 437 f., 726 f., 731, 750 f., 756, 765, 775, 794, 798 ff.

Öffentliche Verhandlung Patentgericht **27** 67

Öffentliche Verkehrsmittel Fund in **1** 878

Öffentliche Versteigerung abhanden gekommene Sachen **1** 935, Fundsachen **1** 966, 979 ff., gemeinschaftliche Sache **1** 753, GmbH-Geschäftsanteil **22** 23, 27, hinterlegte Sachen **1** 383 ff., Kosten **1** 386, Pfand **1** 1219, 1235 ff., Tiere **1** 489

Öffentliche Wiedergabe ausübender Künstler **28** 77, durch Geschäftsbetrieb **28** 56, erschienenes Werk **28** 52, Schranke des Urheberrechts **28** 52, Zitate **28** 51

Öffentliche Zustellung 33 203 ff., 339, 612, 699, ausgeschlossene **33** 688, 763, 829, 841, 875

Öffentlicher Glaube 33 415, 437 f., Erbschein **1** 2366, 2367, Grundbuch **1** 892 ff., 1138, Todeserklärung, Erbschein **1** 2370, Vereinsregister **1** 68

Öffentliches Recht 20 7, 36

Öffentliches Testament 1 2232

Öffentlichkeit 33 159, Ausschluß in Unterbringungssachen **30** 171 a ff., Ausschluß wegen schutzwürdiger Interessen **30** 171 b, bei Urteilsverkündung **30** 173, des Verfahrens **33** 551, Handelsregister **20** 9 f., Nicht- in Familien- und Kindschaftssachen **30** 170, Verhandlung **30** 169, Zutritt zu Verhandlungen **30** 175

Öffnung von Türen und Behältnissen **33** 758

Örtliche Zuständigkeit Bestimmung in FGG-Verfahren **37** 5, Betreuungssachen **37** 65, Nachlaßsachen **37** 73, Staatsanwaltschaft **30** 142, Unterbringungssachen **37** 70, Vormundschaftsgericht **37** 36 bis 43

Offenbarungseid siehe jetzt Eidesstattliche Versicherung

Offenbarungsverbot Annahme als Kind **1** 1758

Offene Handelsgesellschaft (OHG) 20 105 bis 160, Anmeldepflicht **20** 106 ff., 143, 157, Antragsberechtigte bei Konkurs **35** 210, Auflösung **20** 131 ff., Ausscheiden von Gesellschaftern **20** 131 ff., Bilanzierungspflicht **20** 120, Geschäftsführung **20** 114 ff., Gesellschaftserrichtung **20** 105 ff., 123, Gesellschaftsvertrag **20** 109, Gewinnverteilung **20** 121, Haftung **20** 128 ff., 159, Konkurs **35** 209, Liquidation **20** 145 ff., Name **20** 19, Rechtsfähigkeit **20** 124, Rechtsverhältnis der Gesellschafter untereinander **20** 109 ff., Rechtsverhältnis der Gesellschafter zu Dritten **20** 123 ff., Tod eines Gesellschafters **20** 137 ff., Überschuldung **20** 130 a f., Vergleichsverfahren **36** 109, Verjährung **20** 159 f., Vertretung **20** 125 ff., Wettbewerbsverbot **20** 112 f., Zwangsvergleich **35** 211

Offenkundige Tatsachen 33 291, 727

Offenlegung 20 325 bis 329, eingetragene Genossenschaft **20** 338 f., Form, Inhalt **20** 328, Handelsbücher im Rechtsstreit **20** 258 ff., Jahresabschluß **20** 325, **21** 236, Kreditinstitut **20** 340 l, Versicherungsunternehmen **20** 341 l

Orden Unpfändbarkeit **33** 811

Ordentliche Gerichtsbarkeit Gerichte **30** 12

Ordentliches Gericht 30 12, Zuständigkeit **30** 13

Ordentliches Verfahren nach Abstandnahme vom Urkunden- oder Wechselprozeß **33** 600

Orderklausel 23 11, **24** 5

Orderlagerschein 20 424

Orderpapiere Ehegatte **1** 1362, Erbschaft **1** 2116, Frachtgeschäft **20** 445, 447, Hinterlegung zur Sicherheitsleistung **1** 234, Hypothek für Forderungen aus **39** 43, kaufmännische **20** 363 bis 365, Mündel **1** 1814, 1853, Nießbrauch **1** 1081 bis 1084, Sicherungshypothek für **1** 1187, Verpfändung **1** 1292, 1295

Orderscheck 24 6

Ordnung Aufrechterhaltung **30** 176, **33** 158, Erbrecht **1** 1924 ff., innere –, Aufsichtsrat **21** 107, Maßnahmen **30** 177, 182, Mittel **30** 179 f., öffentliche **33** 443

Ordnungsgeld 52 119, Beschwerde **30** 181, unbefugte Firmenführung **20** 37, wegen Ungebühr **30** 178 ff.

Ordnungshaft Beschwerde **30** 181, wegen Ungebühr **30** 178 ff.

Ordnungsmittel 33 141, 380, 390, 409, 411, Geschäfte der Staatsanwaltschaft **32** 31

Ordnungswidrigkeiten 26 6, Abschlußprüfer **20** 334, 340 n, Aktienrecht **21** 405, Gesetz gegen Wettbewerbsbeschränkungen **25** 36, 38 a, 39, Handelsmakler **20** 103, Kapitalgesellschaft **20** 334, Kreditinstitut **20** 340 n

Ordnungswidrigkeitengesetz Verfahren nach –, Gebühren und Auslagen **50** 48, 55

ordre public 2 6

Organ GmbH, Strafvorschriften **22** 82, 84 f., Rechtspflege **32** 7

Organvertreter Pflichten bei Zahlungsunfähigkeit oder Überschuldung **20** 130 a, 177 a, Strafvorschrift **20** 130 b, 177 a

Original Besitzer als Rechtsnachfolger des Urhebers **28** 116, keine Herausgabepflicht des Besitzers **28** 25, Zwangsvollstreckung **28** 112, 114, 116

Ort Ausstellung eines Wechsels **23** 1, 97, Erfüllung **20** 359, 361, 376, 380, Firmenrecht **20** 30, Hinterlegung **1** 374, Leistung **1** 269, Leistung, Aufrechnung **1** 391, Protesterhebung **23** 87, Rückgabe, Verwahrung **1** 697, 700, Scheckzahlung **24** 1 f., Termin **33** 219, Verhandlung, Angabe in Sitzungsniederschrift **33** 159, Vernehmung der Mitglieder des Bundestags usw. **33** 382, Vernehmung des Bundespräsidenten **33** 375, Versteigerung **1** 1236, **33** 816, Vorlegung eines Wechsels **23** 87, Vorlegung von Sachen **1** 811, Zahlung **1** 270, Zahlung der Grundschuld **1** 1194, Zahlung im Wechselrecht **23** 1, 2, Zustellung **33** 180, 191

Ortsgebrauch 20 59, 94, 96, 99, 346, 359, 361, 393, 396, 428

Pacht 1 581 bis 597, Anwendbarkeit des Mietrechts **1** 581, bei Nießbrauch **1** 1056, 1059 d, bei Vorerbschaft **1** 2135, Handelsgeschäft **20** 22, Kündigungsfrist **1** 584, Land- **1** 585 bis 597, Unter- **1** 589, verspätete Rückgabe der Pachtsache **1** 584 b

Pachtrecht 2 188, **52** 25, Pfändung **33** 851

Pachtsache Beschreibung **1** 585 b, Erhaltung **1** 582 a, 588, Mängelhaftung **1** 586, Nutzungsänderung durch Pächter **1** 590, Nutzungsüberlassung **1** 589, Rückgabepflicht **1** 596, vertragswidriger Gebrauch **1** 590 a

Pachtstreit Streitwert **33** 8

Pachtverhältnis 2 171, 172, **50** 16, Beendigung und Verlängerung **1** 594, DDR-Übergangsrecht **2** 232 § 3, Eintritt der Nacherbfolge **1** 2135, Fortsetzung **1** 595, keine Kündigung **34** 183, Kündigung **1** 584, 594 a ff., Kündigung durch Ersteher **34** 57 a, nach Nießbrauchübertragung **1** 1059 d, Nießbrauchbeendigung **1** 1056, Übergangsvorschriften **2** 219

Pachtvertrag Änderung **1** 593, Aufhebung des Erbbaurechts **9** 30, im Vergleichsverfahren **36** 51, Rücktrittsrecht **35** 20, über eine dem Gemeinschuldner bereits überlassene Sache **35** 19, über eine dem Gemeinschuldner noch nicht überlassene Sache **35** 20, vorzeitige Kündigung **1** 595 a, Wesen **1** 581

Pachtzins Entrichtung **1** 587, Erhöhung **1** 588, Erstreckung der Hypothek **1** 1123 ff., Verfügungen und Rechtsgeschäfte über **34** 57 b, 169, 171 f.

Pachtzinsen Aufhebung der Pfändung **33** 851 b

pactum de non cedendi 1 399

Pächter Aufwendungsersatz **1** 596 a, bei Versteigerung **34** 57, Beschreibung der Pachtsache **1** 585 b, Duldungspflicht **1** 588, Gefahrtragungs- und Erhaltungspflicht **1** 582 a, Klage gegen –, Gerichtsstand **33** 21, mittelbarer Besitz **1** 868, Nutzungsänderung **1** 590, Pfandrecht **1** 583, Pflichten **1** 586, Tod **1** 594 d, vertragswidriger Gebrauch **1** 590 a, Wegnahmerecht **1** 591 a, Zurücklassungspflicht **1** 596 b

Pächterpfandrecht 1 583

Papiere auf den Inhaber **33** 823, 1004, 1009, 1017, 1019

Partei 33 50 bis 128, 130, 157, 253, 273 ff., 313 a, 340, 510 a, 529, 619, 690, Anordnung des persönlichen Erscheinens **33** 273, 279, 613, Leistungsbestimmung **1** 315, 316, Vereinbarungen über Ausgleich, Scheidung **1** 1587 o, Vertrags-, Rechtswahl **2** 27, Widerruf von Erklärungen der Vertreter **33** 85, 90

Parteibetrieb 33 364

Parteifähigkeit 33 50, 56

Parteiprozeß 33 79, 80, 88, 217

Parteivernehmung 33 287, 292, 445 ff., 533, 581, 595, 605

Parteivorbringen mündliches **33** 282 f., 314, 561

Partikularrecht Kleingewerbe **20** 4, Ortsidentität **20** 30

Partnergesellschaft Konkursverfahren bei Zahlungsunfähigkeit **35** 212 a

Partnerschaftsgesellschaft Vergleichs-, Konkursverfahren **36** 110 a

Partnerschaftsregister 37 160 b, Geschäftswert bei Anmeldung und Eintragung **52** 26 a, 82, 86

Passivenübergang 20 25 ff.

Passivmasse Passivprozesse des Gemeinschuldners über **35** 12

Passivprozeß des Gemeinschuldners über die Aktivmasse **35** 11, des Gemeinschuldners über die Passivmasse **35** 12, Erben **1** 1958, Testamentsvollstrecker **1** 2213

Patentamt Anmeldung von Gemeinschaftsmarken **27** 125 a, Löschung von Markenregistereintragungen **27** 53 ff., Schutz geographischer Herkunftsangaben **27** 133, Urheberrolle **28** 138, Verfahrensvorschriften **27** 56 bis 65

Patentamtspräsident Patentgericht **27** 68

Patentgericht Verfahren **32** 23, **51** 66, Verfahrensvorschriften **27** 66 bis 82

Patentvertrag 25 20

Pensionsgeschäft 20 340 b

Pensionsrückstellung 20 249

Persönlich haftende Gesellschafter KommAG **21** 278 ff., 288, 289, 408, Strafbarkeit **21** 408
Persönlich haftender Gesellschafter **20** 29, 161, 164
Persönliche Dienstbarkeiten **1** 1090 bis 1093, Vermächtnisgrundstück **1** 2182
Persönliche Eigenschaften Irrtum über –, Eheaufhebungsgrund **10** 32
Persönliche Errichtung Testament **1** 2064
Persönliche Haftung Gesamtgutsverbindlichkeiten, fortgesetzte Gütergemeinschaft **1** 1489
Persönliche Klagen den dinglichen verwandte –, Gerichtsstand **33** 26, mit dinglichen Klagen konnexe –, Gerichtsstand **33** 25
Persönliche Verpflichtung Dienstvertrag **1** 613
Persönlicher Abschluß Erbvertrag **1** 2274
Persönlicher Sicherheitsarrest **33** 918, 933
Persönliches Erscheinen Anordnung **33** 279, 613, der Parteien **33** 141, des Sachverständigen **33** 411, des Schwurpflichtigen **33** 478
Person Irrtum über –, Eheaufhebungsgrund **10** 31, juristische **1** 21 bis 89, **2** 86, 163, natürliche **1** 1 bis 12, natürliche –, internationales Privatrecht **2** 7 bis 12, unterstützte –, Nachlaß **2** 139, Verletzung, Schadensersatz **1** 249, 842
Personalstatut **2** 5
Personalvertretung **31** 53
Personengesellschaft Antragsberechtigte beim Konkurs **35** 210, Konkurs **35** 209, Zwangsvergleich **35** 211
Personengruppe Bedenkung im Testament **1** 2071
Personensorge Eltern für Kinder **1** 1626 ff., 1631, 1633, Entziehung **1** 1666 a, für verheiratete Minderjährige **1** 1633, Inhalt **1** 1631, Mutter für nichteheliches Kind **1** 1705, 1738, Umfang **1** 1632, Vormundschaft **1** 1800
Personensorgerecht Kinder in Ehesachen **33** 627, 627 a
Personenstand Antragsrecht des Notars **37** 71
Personenstandsangelegenheiten Gebühren **52** 127
Personenvereine Gerichtsstand **33** 17, 22, Zustellung an **33** 171, 184
Personenvereinigung nichtrechtsfähige –, Verfahrensfähigkeit **25** 76
Personenzusammenschlüsse alten Rechts Vertretungsbefugnis, DDR-Übergangsrecht **2** 233 § 10
Pfändung **2** 89, **33** 720 a, 803 ff., 829 ff., 846 ff., 930, einer noch nicht pfändbaren Sache **33** 811, Gesellschaftsanteil, OHG **20** 135, Überschuß **20** 357
Pfändungsbeschluß **33** 829 ff., 858
Pfändungsgesuch **33** 834
Pfändungsgläubiger Anspruch auf Aufhebung der Wohnungseigentümergemeinschaft **8** 11
Pfändungspfandrecht **33** 804, 930, Vermieterpfandrecht **1** 563
Pfand Aktien als **21** 71, 93, Herausgabe zum Verkauf **1** 1231, Rückgabe **1** 1223, 1253, Umfang der Haftung **1** 1210, Verkauf **1** 1221, 1228 ff., 1245, 1246, Versteigerung **1** 461
Pfandgläubiger Kündigung der Gesellschaft durch Pfändungs- **1** 725, Mitbieten bei Versteigerung **1** 1239, mittelbarer Besitz **1** 868, nachstehende **1** 1232, Pflichten des nutzungsberechtigten **1** 1214, Rechte bei drohendem Verderb **1** 1219, Rechtsverletzung **1** 1217, Verwahrungspflicht **1** 1215
Pfandindossament **23** 19
Pfandkammer **33** 885
Pfandleihanstalt **2** 94
Pfandrecht **1** 1204 bis 1296, **33** 6, 777, 804, 805, 832, 838, 858, 930, 931, 988, **52** 23, Anteil eines Miteigentümers **1** 1258, Aufhebung **1** 1255, bei Bürgschaft **1** 772, 773, 776, Beseitigung durch Verkäufer **1** 439, Bestellung **1** 1205, 1274, bewegliche Sachen **1** 1204 bis 1258, des Gastwirts **1** 704, des Pächters **1** 583, des Unternehmers, Werkvertrag **1** 647, des Vermieters **1** 559 ff., des Verpächters **1** 592, Eisenbahn **20** 457, Erlöschen **1** 418, 1250, 1252, 1253, 1255, 1256, 1278, Erstreckung auf Erzeugnisse **1** 1212, Forderungen **1** 1279 bis 1290, Frachtführer **20** 410, 440 bis 442, gesetzliches **1** 1257, **2** 188, Grund- oder Rentenschuld **1** 1291, hinterlegtes Geld und Wertpapiere **1** 233, Inhaberpapiere, Orderpapiere, Wechsel **1** 1292 ff., Kaufleute **20** 366 bis 368, Kommissionär **20** 397 f., 404, 443, Lagerhalter **20** 421, mehrere Sachen **1** 1222, Rang **1** 1209, Recht auf Leistung **1** 1275, Rechte **1** 1273 bis 1296, rechtsgeschäftliches **35** 48, Schiffe s. Schiffshypothek; Schutz **1** 1227, Spediteur **20** 410, 411, 442 f., Übergang **1** 401, 1250, 1251, Überleitung **2** 192 ff., Verwertung **35** 127, Wertpapiere **1** 1296, Zusammentreffen mit Eigentum **1** 1256
Pfandverkauf **1** 1221, 1228 ff., 1245, 1246, **20** 368, **52** 120, ausgeschlossene Käufer **1** 457, Befriedigung des Besitzers **1** 1003, Gewährleistung **1** 461, Zuständigkeit, Amtsgericht **37** 166
Pfandverwertung **35** 127
Pflegeperson Wegnahme des Kindes **1** 1632
Pfleger **1** 1706 ff., 1909 ff., **33** 53, 455, Abwesenheits- **1** 1911, Angelegenheiten des Kindes **1** 1630, Bestellung **37** 67, 70 b, Bestellung vor Geburt des Kindes **37** 36 a, Ergänzungs- **1** 1909, 1916, Jugendamt als **1** 1709, nichteheliches Kind **1** 1706 ff., Vormundschaft **1** 1794
Pflegetätigkeit Ausgleichungspflicht bei – eines Abkömmlings **1** 2057 a
Pflegschaft **1** 1904 bis 1921, **2** 24, **12** 1, **52** 92, 93, Abwesenheits- **1** 1911, 1921, Anwendung von Vormundschaftsrecht **1** 1915, Ausschluß vom Wahlrecht aufgrund **12** 7, Beendigung **1** 1918 ff.,

Beschränkung der Vormundschaft **1** 1794, Beschwerderecht **37** 58, DDR-Übergangsrecht **2** 234 § 15, Ergänzungs- **1** 1909, kraft Gesetzes **37** 36 b, Leibesfrucht **1** 1912, Nachlaß- **1** 1960 ff., nichteheliches Kind **1** 1706 ff., 1791 c, Sammelvermögen **1** 1914, unbekannte Beteiligte **1** 1913, Zuständigkeit bei – für unbekannte Beteiligte **37** 41, Zuständigkeit für – über ein Sammelvermögen **37** 42, Zuständigkeit für – über eine Leibesfrucht **37** 40, Zuständigkeit für die Anordnung **37** 37

Pflicht Benachrichtigungs- **34** 171 l, Betreuer **1** 1901, ehrenamtliche Richter **30** 112, Gegenvormund **1** 1799, geschäftsführender Gesellschafter **1** 713, Konkursverwalter **35** 117, Liquidatoren der GmbH **22** 71, Nachlaßverwalter **1** 1985, Nießbraucher **1** 1036 ff., Nutzungspfandgläubiger **1** 1214, Pächter **1** 586, Übernahme der Vormundschaft **1** 1785, Verpächter **1** 586, verwaltender Ehegatte **1** 1435, Wahrnehmung sonstiger Dienstgeschäfte, Rechtspfleger **32** 27, Wohnungseigentümer **8** 14, zur Rechtshilfe **30** 156, Zustellungsvertreter **34** 7, Zwangsverwalter **34** 152

Pflichtangaben Konzernanhang **20** 314

Pflichtschenkung **1** 534

Pflichtteil **1** 2303 bis 2338 a, Anrechnung von Zuwendungen **1** 2315, Ausgleichung **1** 2316, Berechnung **1** 2310, 2311, 2312, Entziehung **1** 2294, 2297, 2333 ff., Ergänzung **1** 2325 ff., fortgesetzte Gütergemeinschaft **1** 1505, Höhe **1** 2303, nichteheliches Kind **1** 1706, überlebender Ehegatte **1** 1371, Vertrag über **1** 312, Verzicht **1** 1432, 1455, 1643, 1822, Zusatz- **1** 2305

Pflichtteilsanspruch **33** 27, 748, 852, Berichtigung **1** 1991, Entstehung **1** 2317, Geltendmachung **1** 2213, Stundung **1** 2331 a, Übertragbarkeit **1** 2317, Verfahren über Stundung **37** 83 a, Verjährung **1** 2332, Verzicht **1** 2346

Pflichtteilsberechtigter **1** 2303, Anfechtung, letztwillige Verfügung **1** 2079, Anspruch auf Pflichtteilsergänzung **1** 2325 ff., Anspruch gegen Beschenkten **1** 2329, Ausgleichung **1** 2316, beschenkter **1** 2327, Beschränkung **1** 2306, 2308, Beschwerung **1** 2306, 2308, Erbe **1** 2328, Erbersatzanspruch **1** 2338 a, Miterbe **1** 2319, Nichtberücksichtigung **1** 2281, Recht auf Auskunft **1** 2314, Unwürdigkeit **1** 2345, Vermächtnisausschlagung **1** 2307

Pflichtteilsbeschränkung Verschwendung **1** 2338

Pflichtteilslast Auferlegung durch Erblasser **1** 2324, Auflagenkürzung zur Deckung **1** 2322, Erbe **1** 2323, Ersatzmann **1** 2320, Vermächtnis **1** 2318, Vermächtnisausschlagung **1** 2321, Vermächtniskürzung zur Deckung **1** 2322

Pflichtteilsrecht Eltern **1** 2309, entferntere Abkömmlinge **1** 2309, nichteheliches Kind **1** 1706, von Aufgebot nicht betroffenes **1** 1972

Pflichtverletzung gerichtliche Verwaltung wegen –, Nießbrauch **1** 1054, geschäftsführender Gesellschafter **1** 712, 715, Geschäftsführer, GmbH **22** 38, Vereinsvorstand **1** 27, Verlust, Überschuldung oder Zahlungsunfähigkeit **21** 401

Pflichtwidrigkeit Gesellschafter **20** 117, 133

Pfründenrecht **2** 80

Pläne **33** 142

Police Übertragbarkeit **20** 363

Polizeibeamter Zuziehung von – bei der Zwangsvollstreckung **33** 758

Polizeirecht **20** 7

Polizeivorsteher **33** 182

Positive Forderungsverletzung **1** 276, 280, 286, 325, 326

Post durch Aufgabe zur **33** 175, 188, 192, 210 a, 213, 244, Zustellung durch die **33** 193 ff., 829

Postanstalt als Zustellungsort **33** 182, 195, 195 a

Postbeamter Protestbeamter **23** 79

Postbote **33** 195, 196, 212

Postgebühren **33** 104

Postschein **33** 775

Postsperre Gemeinschuldner **35** 121

Postzustellungsurkunde **33** 195

Präklusion Anfechtungsrecht **1** 121, 124, Rücktrittsrecht **1** 355, 356, Verwendungsanspruch **1** 1002, Wiederkaufsrecht **1** 503

Präsentation Wechsel **33** 605

Präsident Patentamt **27** 68

Präsidialrat **31** 49, Aufgaben **31** 55, 75, Bildung **31** 54, 74, Stellungnahme **31** 57

Präsidium **30** 21 a ff., am Amtsgericht **30** 22 a, Aufgaben und Befugnisse, Geschäftsverteilung **30** 21 e, Beschlußfähigkeit **30** 21 i, Bildung, Zusammensetzung **30** 21 a ff.

praesumtio iuris **1** 1620, Muciana **1** 1362, **2** 16

Präsumtionsrecht Handelsregister **20** 16

Preisausschreiben **1** 661

Preisbindung Aufhebung vertikaler **25** 17, Verbot der – zweiter Hand **25** 15, Weitergeltung anderer Vereinbarungen **25** 19

Preisbindungsverbot Ausnahme für Verlagserzeugnisse **25** 16

Preiserhöhung Klauselverbot, AGB **4** 11

Preislimit Kommissionsgeschäft **20** 386

Primawechsel **23** 64

Prinzipal **20** 60 ff., 74 f., 82 a

Privatgebrauch Schranken des Urheberrechts **28** 53

Privatgeheimnis Zeugnisverweigerung **33** 383, 385

Privatgläubiger eines Gesellschafters **20** 135, 141

Privatklage **26** 22

Privatklageverfahren Anwaltsgebühr **51** 94, 102, Gebühren **50** 45, 46

Privaturkunden **33** 416, 439 bis 444

Probe Entnahme **20** 418, Kauf auf **1** 495, 496, Kauf nach **1** 494, **20** 96, Richter auf **31** 12, 13, 22, 29, 106

Probezeit vor Annahme als Kind **1** 1744

Produkt fehlerhaftes **6** 1 bis 3, landwirtschaftliche Naturprodukte **6** 2, verbessertes **6** 2
Produkthaftung Erlöschen von Ansprüchen **6** 13, Fehler **6** 3, Hersteller **6** 4, Höchstbetrag **6** 10, Mehrheit Ersatzpflichtiger **6** 5, Selbstbeteiligung **6** 11, Übergangsvorschrift **6** 16, Umfang der Ersatzpflicht **6** 6 ff., Unabdingbarkeit **6** 14
Produkthaftungsgesetz 6
Professor als Richter **31** 7
Prokura 20 48 bis 53, 116, 126, **33** 173
Prokuraindossament 24 23
Prokurist 20 51, 53, 116, AG, Annahme von Krediten **21** 89, AG, Unterschriftszeichnung **21** 42, Vertreter der AG **21** 78
Protest -stelle **23** 87, -zeit **23** 86, auf der Abschrift **23** 82, Benachrichtigung **24** 42, Erlaß **24** 43, Form **23** 81, 97, gegenüber mehreren **23** 83, Inhalt **23** 80, mangels Annahme **23** 44, 46, 53, 82, mangels Aushändigung der Abschrift **23** 68, 82, mangels Aushändigung der Ausfertigung **23** 39, 84, mangels Datierung der Annahme **23** 25, mangels Zahlung **23** 20, 44, 46, 53, Scheck, Rückgriff **24** 40 ff., 47, 55, Voraussetzungen **24** 40, wegen unterbliebener Ehrenzahlung **23** 60, Zeit **24** 41, 55
Protestbeamte 23 79, Berichtigung der Protesturkunde **23** 85, Ermittlungen **23** 87, Zahlung des Wechsels **23** 84
Protesterhebung 23 81, Ort **23** 87, Voraussetzung des Rückgriffs **23** 44, Wechsel **33** 605, Zeit **23** 86, Zeugnis über –, Ersatz von Protesturkunden **23** 90
Protesturkunde 23 80 ff., abhanden gekommene **23** 90, **24** 59, Berichtigung und Abschrift **23** 85
Protokoll Beweiskraft des **33** 164, 314, Bezugnahme im Urteil auf das **33** 313, Feststellungen von Parteierklärungen **33** 510 a, im Beweissicherungsverfahren **33** 492, kein – im Mahnverfahren **33** 702, Terminsvorgänge **34** 78, 80, über die mündliche Verhandlung **33** 129 a, 159 ff., 297, 298, 510 a, über die Zeugen- und Sachverständigenaussagen **33** 160 f., über Vollstreckungshandlungen **33** 762, 763, 765, 826, Vorlesung **33** 162, Zustellung des – über die Klageschrift **33** 498
Protokoll zum Madrider Markenabkommen 27 119 bis 125
Protokollanlage 33 160, 163 a
Protokollarische Erklärung s. Geschäftsstelle
Provision Abrechnung **20** 87 c, Anspruch **20** 65, 87 ff., 396, 409, bei Selbsteintritt **20** 403, bei Wechselanspruch **33** 4, Berechnung **20** 87 b, Delkredere- **20** 86 b, 394, Einlöser des Wechsels **23** 49, Grundlage der Wettbewerbsverbotsentschädigung **20** 746, im Handelsgewerbe **20** 354, Rückgriff des Wechselinhabers **23** 48, Scheck **24** 45 f., Vorstandsmitglieder, AG **21** 87
Prozentsatz Abschlagsverteilung **35** 159
Prozeßagenten 33 157
Prozeßakten 33 299, 544, 566, Wiedergabe auf Bildträgern **33** 299 a
Prozeßart 33 260, 597
Prozeßbevollmächtigter 33 78 ff., 313, 613, Ausschließung vom Richteramt **33** 41, Aussetzung des Verfahrens **33** 246, unbekannter Aufenthalt **33** 177, Untersagung des Vortrags und Zurückweisung **33** 157, 158, Unterschrift unter vorbereitenden Schriftsätzen **33** 130, Zustellung an **33** 174, 176, 177, 210 a
Prozeßfähigkeit 33 52 ff., 79, 86, 90, 241, 246, 586, 607, 612, 640 b, OHG **20** 124
Prozeßführung durch Gesellschafter **20** 126, Ehegatten **1** 1450, 1454, 1455, Genehmigung der **33** 551, 579, 1041, Handlungsbevollmächtigter **20** 54, Zulassung zur **33** 89
Prozeßführungsrecht Testamentsvollstrecker **1** 2212, 2215
Prozeßgebühr Anwalt **51** 31
Prozeßgericht 33 78, 118, 161, 174, 177, 204, 206, 244, 248, 260, 261, 328, 340, 355, 361, 362, 366, 369, 370, 372, 375, 387, 389, 398, 404, 405, 434, 479, 499, 576, 619, 674, 767, 889, 893, Handelsregister **20** 16
Prozeßhandlungen 33 54, 61, 78, 81, 83, 85, 178, 231, 249
Prozeßhindernde Einreden s. Einreden
Prozeßhindernde Rüge 33 504, 528, 538, 566
Prozeßkosten Anfechtungsklage gegen Hauptversammlungsbeschlüsse **21** 247, Gütergemeinschaft **1** 1443, 1465, Vorschußpflicht des Ehegatten **1** 1360 a, s. Kosten
Prozeßkostenhilfe 33 114 ff., 569, **37** 14, **51** 51; Beitreibung der Gerichts- und Anwaltskosten **33** 125, 126, in Scheidungssachen **33** 624, Vergütung Rechtsanwalt **51** 121 bis 130
Prozeßkostenhilfesachen Beschwerde **52** 131 b
Prozeßleitung 33 136, 141 bis 158
Prozeßvollmacht 33 80 ff., besondere – für Ehesachen **33** 609
Prozeßvoraussetzung Erbschaftsannahme **1** 1958
Prozeßzinsen 1 291
Prüfer AG **21** 49, 142 ff., 402, 404, Patentamt **27** 56, s.a. Abschlußprüfer, Sonderprüfer
Prüfung absolutes Schutzhindernis **27** 37, 113; AG **21** 33 ff., 399, 402, Anerkennung **31** 6, Anerkennung ausländischer **31** 112, angemeldete Marke auf absolutes Schutzhindernis **27** 156, Anmeldungserfordernis im Markenschutz **27** 36, Befähigung zum Richteramt **31** 5 d, beschleunigte **27** 37, Bücher der AG durch Aufsichtsrat **21** 111, durch Registergericht **20** 329, Errichtung, AG **21** 38, Forderung trotz Ausbleibens des Gläubigers **35** 143, Kollektivmarke **27** 103, Lagebericht, Jahresabschluß 171 **21** , Reihe der Indossamente **23** 40, **24** 35, Sonderprüfung **21** 142 ff., 258 ff.,

Unternehmensvertrag **21** 293 b, verbundene Unternehmen **21** 313, 314, Versicherungsunternehmen **20** 341 k, von Kapitalgesellschaften durch Registergericht **20** 316 ff.
Prüfungsbericht AG **21** 145, 259, 293 e, 399, Verschmelzung **21a** 12
Prüfungspflicht Beurkundung **13** 17 ff.
Prüfungsrecht Kartellbehörde **25** 46
Prüfungstermin Verbindung mit Vergleichstermin **35** 180
Prüfungsverfahren **31** 66, **35** 141, Revision **31** 80, Urteilsformel **31** 67
Pseudonymes Werk **28** 66
Qualifiziertes Geständnis **33** 289
Quellenangabe erlaubte Benutzung eines Werks **28** 63
Quittung **1** 368, **33** 17, 754, 757, Kosten **1** 369, Leistung an den Überbringer **1** 370, über Ehrenzahlung **23** 62, über Scheckzahlung **24** 34, 47, über Wechselzahlung **23** 39, 50 f.
Quoten der Prozeßkosten **33** 106, 115, s. Bruchteil
Rabattkartell **25** 3
Radierungen in Urkunde **33** 419
Räumung **33** 257, 708, 721, 885; Zwangsvollstreckung auf **34** 93
Räumungsfrist Wohnraum **51** 50
Räumungsverkauf **26** 8, Ankündigung **26** 8, Unterlassungsanspruch **26** 8
Räumungszwangslage **26** 8
Rang mehrere Pfandrechte **20** 443
Rangänderung Rechte an Grundstücken **1** 880, unter Teilhypotheken **1** 1151, Vormerkung **1** 883
Rangbestimmung **2** 233 § 9
Rangfolge Bedürftige **1** 1609, geschiedener und neuer Ehegatte **1** 1582, Unterhaltspflichtige **1** 1584, 1606, 1608, Vermächtnis **1** 2189
Rangordnung für Pfändbarkeit von Unterhaltsansprüchen **33** 850, Klarstellung, Verfahren **39** 90 ff., neue **39** 108 ff., von Pfandrechten **33** 804
Rangordnung, Zwangsversteigerung Ansprüche auf Nebenleistungen **34** 171 i, Ansprüche aus ein und demselben Recht **34** 12, Luftfahrzeuge **34** 171 i, Rechte **34** 10
Rangstelle Erbbaurecht **9** 10
Rangverhältnis Ansprüche aus verschiedenen Rechten **34** 11, bei Nießbrauch **1** 1060, mehrere Rechte an Grundstücken **1** 879 ff., **52** 70, Pfandrecht **1** 1208, 1209, 1232, Überbaurente **1** 914
Rangvorbehalt Rechte an Grundstücken **1** 881
Rationalisierungskartell **25** 5
Rationalisierungsverband **25** 5
Realangebot **1** 294
Realgemeinde **2** 164
Reallasten **1** 1105 bis 1112, **33** 24, 25, 325, 857, 988, Ausschluß unbekannter Berechtigter **1** 1112, Begriff **1** 1105, Bruchteil **1** 1106, Eintragung **52** 62 ff., Haftung des Eigentümers **1** 1108, subjektiv-dingliche **1** 1105, 1110, subjektiv-persönliche **1** 1111, Vermächtnisgrundstück **1** 2182
Rechenschaftspflicht Beauftragter **1** 666, Eltern über Kindesvermögen **1** 1698, Geschäftsführer ohne Auftrag **1** 681, Gesellschafter **1** 713, 740, Inhalt **1** 259, Pfandgläubiger **1** 1214, Vorerbe **1** 2130, s. a. Rechnungslegung
Rechnung Hinweispflicht auf urheberrechtliche Vergütungen **28** 54 e; laufende **20** 355 bis 357
Rechnungsabgrenzungsposten **20** 268, Bilanz **20** 260, 266
Rechnungsabnahme Vormundschaftsgericht **1** 1892
Rechnungsabschluß **20** 355, Gesellschaft **1** 721
Rechnungsfehler **33** 319
Rechnungsgebühren **52** 139, 143
Rechnungslegung AG **21** 148 bis 178, durch Verwalter **8** 28, Eltern über Kindesvermögen **1** 1698, gemeinschaftliches Eigentum **8** 28, Klage auf **33** 254, Mitwirkung des Gegenvormundes **1** 1842, 1891, Testamentsvollstrecker **1** 2218, Vormund **1** 1840 ff., 1854, 1890 ff., Zwangsverwalter **34** 154, s. a. Rechenschaftspflicht
Rechnungsprüfung Vormundschaftsgericht **1** 1843, 1892
Recht durch Grundbucheintragung betroffenes subjektiv-dingliches **39** 21; Eintragung eines – für mehrere gemeinschaftlich **39** 47, Erlöschen zu einem bestimmten Zeitpunkt **39** 24, grundstücksgleiches **39** 118, in anderen Staaten geltendes **33** 293, 328, 364, 369, subjektiv-dingliches –, Eintragung **39** 9
Recht an der eigenen Abbildung Markenschutz **27** 13
Recht der Europäischen Gemeinschaft **25** 97
Rechte an Grundstücken **1** 873 bis 902, Aufhebung **1** 875, 876, Buchersitzung **1** 900, Erlöschen nicht eingetragener **1** 901, Erwerb **1** 873, keine Konsolidation **1** 889, Rangverhältnis mehrerer **1** 879 ff., Rechtsänderungen **1** 877, Unverjährbarkeit **1** 902, Vormerkung **1** 883 ff.
Rechtliches Gehör Verfahrensbeteiligte in Markenrechtsangelegenheiten **27** 59, vor Schiedsgericht **33** 1034, 1041
Rechtliches Interesse **33** 66, 256, 299, 996
Rechtmäßigkeit Kontaktsperre **30 a** 37, Scheckinhaber **24** 19
Rechtsanwalt Aufforderung zur Bestellung eines **33** 215, Beglaubigung durch **33** 170, beigeordneter **33** 115, 625, **51** 36 a, 97 ff., 122, 125, Besetzung der Berufsgerichte **31** 123, Erstattung der Anwaltskosten **33** 91, Fragen des **33** 397, keine Untersagung des Vortrags oder Zurückweisung gegen **33** 157, Pfändung gegen **33** 811, Rückgabe von Urkunden durch **33** 135, Tod, Vertretungsunfähigkeit **33** 244, Versicherung über Auslagen **33**

104, Vertretung durch **33** 78, 79, Zustellung an **33** 183, Zustellung von Anwalt zu Anwalt **33** 198
Rechtsanwaltsgebühren 32 21, bürgerliche Rechtsstreitigkeiten u. ä. **51** 31 bis 67, Bußgeldverfahren **51** 105, Disziplinarverfahren u. ä., Freiheitsentziehung **51** 109 bis 112, Fälligkeit **51** 16, Strafsachen, Verfahren nach dem strafrechtlichen Rehabilitierungsgesetz **51** 83 bis 103, Verfahren nach dem Gesetz über die innerdeutsche Rechts- und Amtshilfe in Strafsachen **51** 105 a, Verfahren vor Gerichten der Verfassungs-, Verwaltungs-, Sozial- und Finanzgerichtsbarkeit, vor EuGH **51** 113 bis 117, Vergleichsverfahren zur Abwendung des Konkurses, Konkursverfahren, seerechtliches Verteilungsverfahren **51** 72 bis 82, Vergütung bei Prozeßkostenhilfe **51** 121 bis 130, Vergütung für Beratungshilfe **51** 131 ff., Vertreter **51** 4, volle **51** 11, Vorschuß **51** 17, 101, Zwangsversteigerung, Zwangsverwaltung **51** 68 bis 71, s. a. Gegenstandswert
Rechtsanwaltsgebührenordnung 51
Rechtsanwaltshilfe/-schreiber 33 183, 185
Rechtsbehelfe 32 11, 24; im Mahnverfahren **33** 691
Rechtsbeschwerde 25 73 ff., Berechtigte – als revisionsähnliche Rechtsmittel **25** 75, Beteiligte **25** 76, Gebühren **25** 78, Kosten **25** 77, Markenrechtssachen vor BGH **27** 83 ff., Streitwert **25** 78, Zulässigkeit **25** 73
Rechtsbeugung 1 839
Rechtsentscheid 33 541
Rechtserwerb Unwirksamkeit, Gegenstände der Konkursmasse **35** 15
Rechtsfähigkeit 2 7, natürliche Personen, Beginn **1** 1, OHG **20** 124, Stiftungen **1** 80, 86, Vereine, Verleihung **1** 21 ff., Vereine, Verlust **1** 42 ff., 73
Rechtsfolgen Formmängel im Kreditvertrag **3** 6, Widerruf von Haustürgeschäften u. ähnlichen Geschäften **5** 3
Rechtsgemeinschaft an einer Aktie **21** 69
Rechtsgeschäft Abschluß durch Handelsvertreter **20** 86, Abschluß durch Angestellte **20** 56, Abschluß durch Gesellschafter **20** 126, Abschluß durch Handelsmakler **20** 93 f., 100 f., Abschluß durch Prokuristen **20** 49 f., 54, Anfechtbarkeit **1** 119 ff., 142 ff., Aufhebung der Hypothek **1** 1183, Aufhebung eines Rechts bei Nießbrauch **1** 1071, bezüglich Dienst- oder Arbeitsverhältnis Minderjähriger **1** 113, bezüglich Erbschaft **1** 2019, 2041, 2111, 2374, Ehegatten **1** 1364 ff., 1423 ff., 1455, 1460, Ehelicherklärung **1** 1728, 1740 c, einseitiges **1** 111, 143, 174, 180, 1367, Einwilligung **1** 182 bis 185, Form **1** 125 bis 129, **2** 11, Genehmigung **1** 108, 182 bis 185, **37** 55, genehmigungspflichtiges –, Eltern für Kind **1** 1643, Geschäftsfähigkeit **1** 104 bis 113, gesetzwidriges **1** 134, höchstpersönliches –, Ehelicherklärung **1** 1728, 1740 c, im Betrieb des Minderjährigen **1** 112, Insichgeschäft **1** 181, internationales Privatrecht **2** 7 bis 12, Kaufmann **20** 344 f., mit dem im Grundbuch Eingetragenen **1** 893, Nichtigkeit **1** 125, 134, 138 ff., sittenwidriges **1** 138, über Entrichtung des Mietzinses **1** 574, über Miet- oder Pachtzins **34** 57 b, über Verjährung **1** 225, Vertrag **1** 145 bis 163, Vertretung, Vollmacht **1** 164 bis 181, von Vertretung ausgenommenes –, Vormundschaft **1** 1795, Vormundschaft **1** 1803 ff., Willenserklärung **1** 116 bis 144, wirksambleibende **37** 32, 61
Rechtsgeschäftliches Veräußerungsverbot 1 137
Rechtshängigkeit 2 152, **33** 261 ff., 271, 302, 325, 600, 693, 697, 717, 741, 742, 852, Haftung bei Rückgewähr ab **1** 347, Haftung bei ungerechtfertigter Bereicherung ab **1** 818, Haftung des Erbschaftsbesitzers ab **1** 2023, Haftung des Schuldners ab **1** 292, Nutzungen nach –, Herausgabe **1** 987, Nutzungen vor –, Herausgabe **1** 988, Schadensersatz nach **1** 989, Scheidungsantrag, Zugewinnberechnung **1** 1384, Unterhalt für die Vergangenheit ab **1** 1613, Verzinsung der Geldschuld ab **1** 291
Rechtshandlung anfechtbare **35 a** 3, anfechtbare – des Erben **35** 222, Anfechtbarkeit auch titulierter **35** 35, **35 a** 6, Anfechtung der nach Konkurseröffnung vorgenommenen **35** 42, Anfechtung der vor Konkurseröffnung vorgenommenen **35** 29, des Erben **35 a** 3 a, Gültigkeit der – des Konkursverwalters gegenüber Dritten **35** 136, Unwirksamkeit von – des Gemeinschuldners nach Konkurseröffnung **35** 7, vorläufige Untersagung durch Konkursgericht **35** 135
Rechtshilfe 30 156, **33** 328, 791, **37** 2, anderes Amtsgericht **30** 161, Kostenfreiheit **30** 164, Markenrechtsangelegenheiten **27** 95, Strafsachen **51** 105 a bis 108, Vollstreckung Freiheitsstrafe **30** 162, Vollstreckungen, Ladungen, Zustellungen **30** 160, Zuständigkeit **30** 157
Rechtshilfeersuchen 30 157 ff.
Rechtsinhaberschaft Markenschutz **27** 28
Rechtskauf Gefahrübergang **1** 451, Gewährleistung **1** 437
Rechtskonsulenten 33 157
Rechtskraft 33 322 bis 327, 704, 705, 723, 900, Bescheinigung **33** 706, der Entscheidung des Hauptprozesses **33** 69, des Urteils in Ehesachen **33** 628, 636 a, 638, in Rechtsstreitigkeiten betreffend Feststellung des Eltern- und Kindesverhältnisses **33** 640 h, 641 k, richterliche Entscheidung bei Hausratsverteilung **11** 16, Umfang, Feststellung einer Konkursforderung **35** 147, Verweisungsbeschluß **30** 17 b, von Schiedssprüchen **33** 1040
Rechtskraftzeugnis 37 31
Rechtskundiger 33 116
Rechtsmängel Kauf **1** 434 bis 443, Mietsache **1** 541, Schenkung **1** 523, 526, Vermächtnis **1** 2182

Rechtsmittel 33 80, 99, 113, 210 a, 511 bis 577, 579, 705 f., 791, Abberufung des Abschlußprüfers **20** 318, Berechnung des Streitwerts **33** 4, Beschlagnahme **27** 148, Beschwerde **13** 54, bezüglich Konkurseröffnung **35** 109, Entscheidung über Hausratsverteilung **11** 14, in Familiensachen **33** 621 d, 621 e, 629 a, Kosten **33** 97, Vergleichsverfahren **36** 21, Versteigerung von Wohnungseigentum **8** 58, wechselseitige –, Streitwertberechnung **50** 19
Rechtsmittelbelehrung Markenrecht **27** 61, Schutz geographischer Herkunftsangaben **27** 133
Rechtsmittelbeschränkung Strafbefehl **50** 40 a
Rechtsnachfolge Anrechnung der Ersitzungszeit **1** 943, 944, Nachweis bei Auseinandersetzung **39** 36, Urheberrecht **28** 28 ff., Verjährung **1** 221, von Todes wegen **2** 25
Rechtsnachfolger 33 239, 265, 266, 325, 727, 750, 768, 795, 929, Anfechtung gegen **35** 40, **35 a** 11, des Urhebers **28** 30, Stimmrecht des Ehegatten und seines **36** 75, Urheberrechtsübertragung von Todes wegen **28** 29, Urheberrechtsvererbung **28** 28
Rechtsnachteil 33 231, 946, 947, 986, 987, 995, 997, 1008
Rechtsnorm 33 293, 550, 554
Rechtspfleger Aufgaben und Stellung **32** 1 ff., Ausschließung, Ablehnung **32** 10, Bereichsrechtspfleger **32** 34 f., Bezeichnung **32** 12, Landesrecht **32** 37, Selbständigkeit **32** 9, sonstige Dienstgeschäfte **32** 27, übertragene Geschäfte **32** 3 f., Verhältnis zum Urkundsbeamten der Geschäftsstelle **32** 26, Voraussetzungen **32** 2, vorbereitende Tätigkeit **32** 25, Vorlage an Richter **32** 5, zuständiger Richter **32** 28, zuständiges Organ **32** 7
Rechtspflegergesetz 32
Rechtsprechende Gewalt Berufsrichter und ehrenamtliche Richter **31** 1
Rechtsspaltung 2 4, 35
Rechtsstellung Beistand **1** 1691, Ehegatten **1** 1422, Erben **1** 1942 bis 2063, Erbschaftserwerber **1** 2030, Erwerber von GmbH-Geschäftsanteilen **22** 16, Fiskus als Erbe **1** 1966, fortgesetzte Gütergemeinschaft **1** 1487
Rechtsstreit anhängiger –, Aussetzung des Verfahrens **39** 106, 107, Fortsetzung bei Gütergemeinschaft **1** 1433, Führung bei Gütergemeinschaft **1** 1422, 1454, Kosten, Ehegatte **1** 1360 a, Kosten, Haftung des Gesamtgutes für **1** 1438, 1441, 1443, Kostentragung bei Erledigung eines anhängigen **39** 115, über Ehewohnung und Hausrat **11** 18, über Erbrecht **1** 2354, 2360, unter Ehegatten, Kosten **1** 1465
Rechtsstreitigkeiten auf Grundlage von EG-Recht **25** 97, bürgerliche **33** 279, 282, Güteversuch **33** 279, Vorbringen von Angriffs- und Verteidigungsmitteln **33** 282
Rechtsstreitigkeiten, UWG einstweilige Verfügung **26** 25, örtliche Zuständigkeit **26** 24, sachliche Zuständigkeit **26** 27, Streitwert, Unterlassungsklage **26** 23 a, 23 b
Rechtsübergang Marke **27** 27
Rechtsverfolgung/-verteidigung 33 91, 114, 119
Rechtsverhältnis 33 148, 256, 385, 506, 940, AG und Gesellschafter **21** 53 a bis 75, an Hausrat **11** 2, 8 bis 10, an Wohnung **11** 2, 5, Eintritt in –, Dauerwohnrecht **8** 38, Eltern und Kind **1** 1616 bis 1625, Erbe und Nachlaßgläubiger **1** 2058 bis 2063, Erbe und Testamentsvollstrecker **1** 2218, Erben untereinander **1** 2032 bis 2057 a, Konkurseröffnung **35** 25, nur einheitlich allen Streitgenossen gegenüber festzustellendes **33** 62, Überleitung bestehender **8** 63, Weiterbestehen, Nachlaßkonkurs **1** 1976, Wiederaufleben erloschener **1** 2143, 2175, 2377
Rechtsverletzung durch Pfandgläubiger **1** 1217, Schadensersatz **1** 823 ff.
Rechtsverlust Ersatz für – bei Verbindung, Vermischung oder Verarbeitung **1** 951, Viehkauf **1** 485, Vorbehalt **1** 360
Rechtsverordnung 25 80, Ermächtigung zum Erlaß **7** 20, **31** 114, Produkthaftung **6** 17
Rechtsverordnungsermächtigung Patentamt im Markenrecht **27** 65
Rechtsvorgänger 33 385, GmbH, Haftung **22** 22
Rechtswahl bei Eheschließung, Beurkundung **2** 14, 15, bei Verträgen **2** 27 ff.
Rechtsweg 30 17 ff., Angelegenheiten der Richtervertretungen **31** 60, Rechtsanwaltsvergütung **51** 128, Urheberrechtsstreitsachen **28** 104
Rechtswirkung Scheckausfertigung **24** 50, Wechselausfertigung **23** 65
Rechtszug 31 79, Begriff **51** 37
Refaktie 20 380
Referendar Befugnisse **30** 10, bei Staatsanwaltschaft **30** 142
Regalien 2 73
Regelbedarf 1 1615 f, Anrechnung von Kindergeld **1** 1615 g, nichteheliches Kind, DDR-Übergangsrecht **2** 234 § 9
Regelunterhalt eheliches Kind **1** 1610, für Minderjährige **33** 642 ff., nichtehelicher Kinder **51** 43 b, nichteheliches Kind **1** 1615 f ff.
Regierung Richter in **31** 36
Register beim Bundeskartellamt **4** 20, Eintragung der Konkurseröffnung **35** 113, Eintragung in ein öffentliches – aufgrund eines Urteils **33** 896, für Pfandrechte an Luftfahrzeugen **34** 171 b, über Verfahren aus den AGB **4** 20
Registerbehörden Mitteilung des Konkurseröffnungsbeschlusses **35** 112
Registereinsicht 1 1563, **52** 90, Markenrecht **27** 62
Registereintragung internationaler Markenschutz **27** 110, 122

Registergericht Amtsgericht **37** 125, Anmeldung von Rechten der Schiffsgläubiger **34** 168 b, Aussetzung der Verfügung **37** 127, bei Zweigniederlassung **20** 13 ff., Einreichung von Urkunden **13** 53, Einschreiten **37** 132, Führung des Handelsregisters **20** 8 ff., Grundbuchamt als **39** 34, Mitteilungspflicht der Behörden **37** 125 a, Prüfungspflicht **20** 329, Unterstützung **37** 126, Zeugnis bei Vertretern von Handelsgesellschaften **39** 32, Zeugnis über ehelichen Güterstand **39** 33, zuständiges – bei eingetragenen Vereinen **1** 55, Zwangsgeldfestsetzung, Einspruch **37** 133, 134 ff.
Registersachen 32 17, Gebühren **52** 79 bis 90
Regreßpflicht Ausschließungsgrund für Gerichtspersonen **33** 41, 49
Rehabilitierungsverfahren Anwaltsgebühr **51** 96 b
rei vindicatio 1 985 ff.
Reife gepfändeter Früchte auf dem Halm **33** 810
Reihenfolge bei Abstimmung **30** 194, 197, Grundbucheintragungen **39** 17, 45, Unterhaltsberechtigte **1** 1609, Unterhaltsverpflichtete **1** 1606
Reingewinn Verteilung bei GmbH **22** 29
Reisekosten der Partei **33** 91, der Zeugen und Sachverständigen **33** 401, des auswärtigen Rechtsanwalts **33** 91
Reisender Benachteiligungsverbot **1** 651 l, Kündigungsrecht **1** 561 e, 561 j, Rücktrittsrecht **1** 651 i
Reiseveranstalter Haftungsbeschränkung **1** 651 h, Kündigung wegen höherer Gewalt **1** 651 j, Schadensersatzpflicht **1** 651 f
Reisevertrag 1 651 a bis 651 l, Eintritt Dritter **1** 651 b, Ersatzteilnahme Dritter **1** 651 b, Haftungsbeschränkung **1** 651 h, Kündigung wegen höherer Gewalt **1** 651 j, Kündigung wegen Mangels **1** 651 e, Minderung **1** 651 d, Rechtswahl **2** 29, Rückerstattungspflicht bei Konkurs od. Zahlungsunfähigkeit **1** 651 k, Rücktrittsrecht **1** 651 i, Schadensersatz **1** 651 f
Reklamation 20 377 bis 379
Rektaklausel 24 5, 14, Wechsel **23** 11
Relatives Schutzhindernis Markenschutz **27** 8
Religiöse Erziehung Mündel **1** 1801
Religionsdiener Entlassung aus Vormundschaft **1** 1888, Vormund **1** 1784
Remboursregreß 23 49, **24** 46
Remittent Namensangabe auf Wechsel **23** 1, 75
Rente Leibrente **1** 759 bis 761, Schadensersatz durch Geldrente **1** 843, Unterhaltsrente **1** 1612, 1612 a
Rentenanwartschaften Begründung **1** 1587 b, Übertragung **1** 1587 b, Zahlungen zur Begründung von **37** 53 e
Rentengut 2 62
Renteninhaber Leistung an –, Scheidung **1** 1587 p
Rentenscheine 20 367, **33** 1010 bis 1013, 1019 ff., Ausschluß der Amortisation **1** 799, bei Nießbrauch **1** 1081, Hinterlegung als Sicherheitsleistung **1** 234, neue **1** 805, Pfandrecht **1** 1296, Verlust **1** 804, 805, Vorlegungsfrist **1** 801, 804
Rentenschuld 33 24 f., 325, 592, 794, 799 f., 857, -brief **33** 897, 986, Ablösungsrecht **1** 1201, Auseinandersetzung bei Nachlaß, Gesamtgut **39** 37, Begriff **1** 1199, Bekanntmachung der Eintragung **39** 55, Eintragung **52** 62 ff., Ersatz der Hypothek durch **39** 65, Geltung von Landesrecht **2** 60, Kündigung **1** 1202, Löschung **39** 27, Nießbrauch **1** 1047, 1080, Pfandrecht **1** 1291, Sicherheitsleistung durch **1** 232, 238, Teilschuldverschreibung auf den Inhaber **39** 50, Übertragung, Belastung **39** 26, Umwandlungen **1** 1203, Verfügung des Vorerben **1** 2114, Verfügung des Vormundes **1** 1819, 1821, Voreintragung **39** 39
Rentenschuldbrief 39 56 ff., 70, Erteilung **52** 71, Vorlegung **39** 42, 99
Rentenschuldgläubiger 33 982 ff.
Rentenversprechen Erlöschen **1** 520
Repräsentanten anderer Staaten Befreiung von deutscher Gerichtsbarkeit **30** 20
Respekttage keine Anerkennung **23** 74, **24** 57
Restitutionsgrund 33 580 ff.
Restitutionsklage 33 577, 578, 580 bis 582, 585, 586, 588, 957, 1041
Restschuldversicherung Angabe im Kreditvertrag **3** 4
Retentionsrecht kaufmännisches **20** 369 ff., s. Zurückbehaltungsrecht
Reuegeld Rücktritt **1** 359
Revenuenhypothek 2 60
Revisibles nicht revisibles Recht **33** 562, 565
Revision 33 545 bis 566 a; bürgerliche Streitigkeiten **30 a** 8, Einlegung **33** 553 ff., gegen Berufungsurteil, Darstellung von Tatbestand und Entscheidungsgründen **33** 543, im Disziplinarverfahren **31** 81, 82, im Versetzungsverfahren und im Prüfungsverfahren **31** 80, in Familiensachen **33** 621 d, Strafsachen **30 a** 9, Verfahren **33** 557 ff., Zulässigkeit **33** 546 ff., 554, 554 a, 566, Zurücknahme **33** 566
Revisionsantrag 33 554, 559
Revisionsbegründung 33 554
Revisionsbegründungsfrist 33 233, 554
Revisionsfrist 33 552
Revisionsgericht 33 548, 565, 584, 590
Revisionsgründe 33 549 ff., 554, 559
Revisionsinstanz 33 558 ff., 566, 584, Kosten **33** 97, maßgebender Zeitpunkt für Wertberechnung in der **33** 4, Prozeßkostenhilfe **33** 119, 120, Wiederaufnahme gegen Urteile der **33** 584
Revisionsschrift 33 553
Revisionssumme 33 546
Revisionsverfahren Anwaltsgebühr **51** 86, 87, Wertberechnung **50** 14
Richter abgeordnete **31** 29, 59, 106, als Mitglied einer Volksvertretung **31** 36, Amtsgericht mit

einem –, Vertretung **30** 22 b, auf Lebenszeit **31** 10, 28, 105, auf Probe **31** 12, 13, 22, 29, 106, auf Probe, kraft Auftrags **30** 22, 59, 70, auf Zeit **31** 11, 105, Bearbeitung übertragener Sachen **32** 6, Beratung und Abstimmung **30** 192, besondere Pflichten **31** 38 ff., 45, Bundespersonalausschuß in Angelegenheiten der **31** 47, Dauer der Verwendung **31** 16, ehrenamtliche **30** 107 ff., **31** 44 ff., Einzel- **30** 22, Erlaubnis zu Vollstreckungshandlungen **33** 761, Erlaubnis zu Zustellungen **33** 188, im Bundesdienst **31** 46 ff., im Bundesdienst als Mitglied der gesetzgebenden Körperschaft eines Landes **31** 121, in Landesdienst **31** 71 ff., kraft Auftrags **31** 14, 16, 23, 29, Mitwirkung bei der angefochtenen Entscheidung als Ausschließungs-, Revisions-, Nichtigkeitsklage-, Restitutionsklagegrund **33** 41, 551, 579, 957, Name im Urteil **33** 313, Name in Sitzungsniederschrift **33** 159, Straf-, Amtsgericht **30** 25, Unabhängigkeit **31** 25 ff., unzuständiger **30** 22 d, Verhinderung an Unterschrift **33** 163, Voraussetzungen für die Berufung **31** 9, Vorlage **32** 5, zuständiger **32** 7, 28

Richteramt Befähigung **31** 5 ff., 109, Hindernis an Ausübung des **33** 41, 957, in Bund und Ländern **31** 1 ff., Übertragung **31** 27

Richtereid **31** 38

Richtergesetz **31**

Richterliche Fristen Begriff **33** 221, Vorkommen **33** 56, 89, 109, 113, 151, 206, 239, 244, 262, 272 a, 279 a, 339, 356, 364, 379, 411, 428, 431, 721, 769, 771, 805, 926, 942

Richterrat **31** 49 ff., Aufgaben **31** 52, 53, 73, Bildung **31** 72, 73, Zusammensetzung **31** 50

Richtervertretung **31** 49 ff., Rechtsweg in Angelegenheiten der **31** 60

Rinnverlust **20** 454

Rückbeziehung Eintrittsfolgen bei Bedingung **1** 159

Rückerstattung Ausschluß bei Schenkung **1** 529, Ausschluß bei ungerechtfertigter Bereicherung **1** 814, 815, Darlehen **1** 609, geliehene Sache **1** 604, hinterlegte Sache **1** 695, öffentliche Abgaben und Kosten **2** 104, Schenkung **1** 516, 527 ff., 534, vorausbezahlte Miete **1** 557 a, Zahlungsunfähigkeit oder Konkurs des Reiseveranstalters **1** 651 k

Rückgabe Gegenstände **1** 732, geliehene Sache **1** 604, Geschenke bei Verlöbnisrücktritt **1** 1301, hinterlegte Sache **1** 695, keine – des Mehrbetrags, Miterbe **1** 2056, Ladeschein **20** 448, Mietsache **1** 556, 557, Nießbrauchsache **1** 1055, Pachtsache **1** 584 b, 596, 597, Pfand **1** 1223, 1253, 1254, 1278, Schuldschein **1** 371, Sicherheit **33** 109, 615, Urkunde **33** 135, verspätete –, Mietsache **1** 557, verspätete –, Pachtsache **1** 584 b, 597, Vollmachtsurkunde **1** 175

Rückgabeansprüche **35** 26, bei Einrede, Pfandrecht **1** 1254

Rückgabeort Verwahrung **1** 697

Rückgabepflicht Inventarübernahme zum Schätzwert **1** 582 a, Nießbraucher **1** 1055, Pachtsache **1** 596, Pfandgläubiger **1** 1223

Rückgewähr Einlagen bei AG **21** 57, 93, Gesellschafterdarlehen **35** 32 a, Leistungen bei Anfechtung **35** 37, Verpflichtung **35 a** 7

Rückgriff Einlöser **24** 46, Erlaß des Protests mangels Annahme oder Zahlung **23** 46, Forderung auf Wechselaushändigung **23** 50, Fristen **24** 64, Fristverlängerung bei höherer Gewalt **23** 54, gegen Vormänner **20** 432, 442, Haftung gegenüber Wechselinhaber **23** 47, mangels Zahlung **23** 43, **24** 40 bis 48, nach Protest **24** 40 ff., nach Teilnahme **23** 51, Notanzeige **23** 45, Protestant **24** 45, Rückwechsel **23** 52, Scheckverpflichtete als Gesamtschuldner **24** 44, Verwirkung bei Fristversäumung **23** 53, Wechsel **23** 43 ff., Wechselprotest **23** 44

Rückgriffsanspruch Scheck **24** 45 ff., Wechsel **23** 43, 48 f.

Rückgriffsrecht bei Auslandsberührung **23** 94, Einlöser **24** 46, Protestant **24** 45, Umfang **23** 48 f.

Rückindossament **23** 11

Rücklagen AG **21** 58, 231 f., Auflösung **22** 58 b ff., gesetzliche **21** 150, 231, Kapital- **21** 150 ff., 231, KommAG **21** 288, Konzernunternehmen **21** 300, Umwandlung **22** 57 c ff.

Rücklaufregreß **23** 49

Rücknahme des Hinterlegten **33** 75, Einstellung wegen – des Vergleichsvorschlags **36** 99, Gut **20** 422, hinterlegte Sache **1** 376 ff., 696, Testament aus amtlicher Verwahrung **1** 2256, 2272, Vergleichsantrag, Verfahren **36** 15

Rücknahmerecht Unpfändbarkeit **1** 377

Rückruf Nutzungsrecht wegen geänderter Überzeugung **28** 42, Nutzungsrecht wegen Nichtausübung **28** 41

Rückständige Leistungen **33** 25

Rückstellung Bilanzaufstellung **20** 249, 266, Erläuterung im Anhang **20** 285, Passivseite der Bilanz **20** 266, Steuerabgrenzung **20** 274, Versicherungsunternehmen **20** 341 l

Rücktritt **1** 346 bis 361, Beweislast **1** 358, des Schiedsrichters **33** 1033, Erbvertrag **1** 2293 ff., Erklärung **1** 349, Fixgeschäft **1** 361, gegen Reuegeld **1** 359, Kreditgeber **3** 13, Reisevertrag **1** 651 i, Verlöbnis **1** 1298 ff., Wirkung **1** 346

Rücktrittsrecht Abnehmer bei unwahren, irreführenden Werbeangaben **26** 13 a, Ausschluß **1** 351 ff., Erlöschen **1** 355, **26** 13 a, Frachtvertrag **20** 428, gesetzliches bei Unmöglichkeit **1** 325 ff., 346 ff., Kauf, Falschlieferung **20** 376, Mietverhältnis über Wohnraum **1** 570 a, Reisender **1** 651 i, Unteilbarkeit **1** 356, Verwirkungsklausel **1** 360

Rücktrittsvorbehalt Klauselverbot, AGB **4** 10

Rückverweisung **2** 4, 35

Rückwechsel **23** 52
Rückwirkung Aufrechnung **1** 389, Bedingung **1** 159, Genehmigung **1** 184, Hinterlegung **1** 375
Rückzahlung Gewinn an GmbH **22** 32, GmbH an Gesellschafter **22** 30, 31
Rüge der Verletzung einer Prozeßvorschrift **33** 531, im Revisionsrechtszug **33** 566, 566 a, verspätetes Vorbringen von **33** 296, 529, von Mängeln des Verfahrens **33** 295, 558
Ruhegehalt Pfändbarkeit **33** 850, Vorstandsmitglieder, AG **21** 87
Ruhen des Verfahrens **33** 251, 251 a
Ruhestand Eintritt **31** 48, in Sonderfällen **31** 116, wegen Dienstunfähigkeit **31** 34
Rundfunkkommentare Schranken des Urheberrechts **28** 49
Sachbefugnis Einrede der mangelnden **33** 265
Sachbeschädigung Haftung **6** 1, Haftungsbeschränkung **7** 5, Rechtsverordnung **6** 17, Selbstbeteiligung **6** 11, Wiederherstellungsmaßnahmen **7** 16
Sache Begriff **1** 90, Bestandteile **1** 93 ff., Bestimmungskauf **20** 375, dem Eigentümer abhanden gekommene **1** 935, der Gattung nach bestimmte **1** 243, Eigentumserwerb und -verlust **1** 925 bis 984, Ersitzung **1** 937 bis 945, Erwerb von Bestandteilen **1** 953 ff., fremde –, Veräußerung im Handelsgewerbe **20** 366, Früchte **1** 99 ff., Geschäftswert **52** 19, 20, Inventar **1** 98, Lastentragung **1** 103, Miet- oder Pachtvertrag hinsichtlich einer dem Gemeinschuldner bereits überlassenen **35** 19, Miet- oder Pachtvertrag hinsichtlich einer dem Gemeinschuldner noch nicht überlassenen **35** 20, nicht vertretbare –, Lieferungsübernahme **20** 381, 406, nicht zu den Bestandteilen eines Grundstücks gehörende **1** 95, Nießbrauch **1** 1030 bis 1067, Nutzungen **1** 100, Pfandrecht an mehreren **1** 1222, Sicherheitsleistung mit **1** 232, 235, 237, unanbringbare verbrauchbare **1** 983, verbrauchbare s. dort; Verkauf des Rechts an **1** 451, vermachte, Verbindung, Vermischung, Vermengung **1** 2172, vertretbare **1** 91, vertretbare –, Lagerung **20** 419, Vorlegung **1** 809 bis 811, Zubehör **1** 97, Zurückbehaltungsrecht **20** 369
Sacheinlagen AG **21** 27, 41, 399, auf erhöhtes Stammkapital bei GmbH **22** 56, 57, Ausgabe neuer Aktien gegen **21** 205, bedingte Kapitalerhöhung mit **21** 194, Kapitalerhöhung mit **21** 183, Leistung **21** 36 a, Überbewertung **22** 9 c, Verträge **21** 206
Sachen Ansprüche auf Herausgabe oder Leistung körperlicher **33** 846 f., unbebewegliche **33** 24, 848, 855, 885, unpfändbare **33** 811 f., Zwangsvollstreckung in körperliche **33** 808 ff., Zwangsvollstreckung zur Erwirkung der Herausgabe oder Leistung von **33** 883 ff.
Sachen, bewegliche Aneignung herrenloser **1** 958 ff., Eigentumserwerb und -verlust **1** 929 bis 984, Eigentumsübertragung **1** 929 ff., Eigentumsvermutung **1** 1006, Ersitzung **1** 937 ff., Erwerb mit Mitteln des Kindes **1** 1646, Erwerb von Erzeugnissen und Bestandteilen **1** 953 ff., gutgläubiger Erwerb **20** 366, Handel mit **20** 1, Nießbrauch **1** 1032, Pfandrecht an **1** 1204 bis 1258, Sicherheitsleistung durch **1** 232, 237, Verbindung, Vermischung, Verarbeitung **1** 946 ff., verbotene Eigenmacht **1** 859, Verkauf **1** 440, 455, Versteigerung **52** 54
Sachen, unbewegliche **20** 49, 93, 126
Sachenmehrheit Wandelung, Minderung **1** 469, 471, 472
Sachgründungsbericht **21a** 58, 138
Sachinbegriff **1** 92, 260, Nießbrauch **1** 1035
Sachkundige Personen Vernehmung **33** 414
Sachleistungen als Kaufpreis **1** 473
Sachleitung **33** 140
Sachliche Unzuständigkeit s. Unzuständigkeit
Sachliche Zuständigkeit Amtsgericht **37** 145, Betreuungssachen **37** 65, der Gerichte **33** 281, Handelssachen **37** 125, Nachlaßgericht **37** 72, Staatsanwaltschaft **30** 142, Vormundschaftsgericht **37** 35
Sachmängel Ausstattung des Kindes **1** 1624, 1625, bei Schenkung **1** 524, Gewährleistung **1** 459 bis 493, Gewährleistung, Vermächtnis **1** 2183, Kenntnis **1** 460
Sachübernahmen AG **21** 27, 41
Sachverhalt, Sachverhältnis **33** 139, 141, 1034, Erörterung des – vor dem Einzelrichter **33** 349, Feststellung des Sachverhalts im Tatbestand **33** 542 f., Gesetzesverletzung bei Feststellung **33** 554
Sachverhaltermittlung Patentamt **27** 59, Patentgericht **27** 73
Sachverständige Zeugen **33** 414
Sachverständigeneid **33** 410
Sachverständigengutachten Einholung **37** 68 b
Sachverständiger **33** 3, 144, 273, 372, 375, 402 bis 414, 653, 655, 671, 813, 1035, Ablehnung **33** 404 a, 409, Anfangsvermögen der Ehegatten, Feststellung **1** 1377, Ausschließung vom Richteramt **33** 41, Beschwerde eines **33** 569, Einwendungen der Parteien gegen Gutachten **33** 407 a, Ernennung **52** 120, Herausgabe von Unterlagen **33** 407 a, landwirtschaftliche **33** 813, Pachtsache, Beschreibung **1** 585 b, Prüfung des Auftrags **33** 407 a, sachverständige Zeugen **33** 414, Vernehmung **52** 49, Weisungen durch das Gericht **33** 404 a, Wert oder Zustand einer Sache, Feststellung **1** 1034, 1067, 2122, Zuständigkeit bei Feststellung durch **37** 164, Zwangsmaßregeln gegen –, Strafe und Kosten **33** , Zweifel an Inhalt und Umfang des Auftrags **33** 407 a,
Saldoanerkenntnis **1** 812, **20** 350
Sammelladung **20** 413
Sammellagerung **20** 419

Sammelvermögen Pflegschaft **1** 1914, Zuständigkeit für Pflegschaft über ein **37** 42
Sammelwerk **28** 4, Kirchen-, Schul- oder Unterrichtsgebrauch **28** 46, Nutzungsrechtübertragung **28** 34
Sammlung Aufnahme eines Werkes **28** 38
Satzung **20** 33, 34, AG **21** 2, 23 ff., 119, 179 f., KommAG **21** 280 f., Verein **1** 25, 33, 57, 58
Satzungsänderung Eintragung **1** 71, Verein **1** 33
Satzungsänderung, AG **21** 119, 179 ff., Beschluß der Hauptversammlung **21** 179 f., Eintragung ins Handelsregister **21** 181, Gesellschaftsvermögen **21** 179 a, Maßnahmen der Kapitalbeschaffung **21** 182 ff., Zustimmung der betroffenen Aktionäre **21** 180
Satzungsmängel Aufforderung zur Behebung von **37** 144 a, Auflösung wegen **37** 144 a, 144 b
Schaden **33** 287, an Grundstücken, Haftung **2** 107, Begriff **7** 3, dem Zeugen drohender **33** 384, durch Benutzung öffentlicher Grundstücke, Haftung **2** 106, durch gefährliche Betriebe, Haftung **2** 105, durch höhere Gewalt **7** 4, durch Zusammenrottung und Aufruhr, Haftung **2** 108, immaterieller s. dort; Mitverschulden bei Entstehung **7** 11, Vermutung/Ausschluß **7** 6, 7, Verursachung **7** 6
Schadensersatz **33** 255, 302, 641 g, 717, 945, Anfechtung einer Willenserklärung **1** 122, bei Abwicklung gegenseitiger Verträge **36** 52, bei Vertragsstrafe **1** 340 ff., durch Besitzer **1** 989, durch Geldrente bei Produkthaftung **6** 9, durch Geldrente bei Umwelthaftung **7** 14, durch Naturalherstellung **1** 249, Eisenbahn **20** 453 ff., entgangener Gewinn **1** 252, Firmenverletzung **20** 37, Frachtgeschäft **20** 427 bis 432, 438, fristlose Kündigung des Dienstvertrages **1** 628, Gesellschafter, OHG **20** 111, 113, Handelsmakler **20** 98, Handlungsgehilfe **20** 61, 75, im Kaufrecht **1** 463, immaterieller Schaden **1** 253, 825, 847, 1300, in Geld nach Fristsetzung **1** 250, Körperverletzung **6** 1, 8, **7** 13, Kollektivmarke **27** 101, Kommissionär **20** 385 f., 388, 390 f., Kündigung bei Handelsvertreter **20** 89 a, Lagerhalter **20** 423, Mangel bei Reisen **1** 651 f, Mitverschulden des Geschädigten **1** 254, Nichterfüllung **20** 375 f., Sachbeschädigung **6** 1, 11, Sachschäden **7** 16, Selbsthilfeverkauf **20** 373, Spediteur **20** 407, 414, Tötung **6** 7, **7** 12, Transportverweigerung **20** 453, Verstoß gegen GWB, Verfügung der Kartellbehörde **25** 35, wegen Mängeln, Verjährung **1** 477, wegen Nichterfüllung **1** 280 ff, 286, 325, 326, wegen Nichterfüllung bei arglistiger Täuschung **1** 463, wegen Nichterfüllung bei Fehlen zugesicherter Eigenschaften der Kaufsache **1** 463, wegen Nichterfüllung bei Mängeln des Werkes **1** 635
Schadensersatzanspruch **26** 1, 13, 14, Aufrechnung nach Verjährung **1** 479, Betriebsverrat **26** 19, Inhaber einer geschäftlichen Bezeichnung **27** 15, Markeninhaber **27** 14, Pauschalierung, Klauselverbot AGB **4** 11, Schutz geographischer Herkunftsangaben **27** 128, 135, 149, Urheberrechtsverletzungen **28** 97, 100, Verjährung **26** 21
Schadensersatzpflicht Amtspflichtverletzung **1** 839, 841, Auftrag **1** 671, bedingte Rechte **1** 160, bei Formwechsel von Unternehmen **21a** 205 ff., bei Verschmelzung von Unternehmen **21a** 25 ff., des Gastwirts **1** 701 bis 703, des Hinterlegers **1** 374, 694, des Vertreters ohne Vertretungsmacht **1** 179, des Vorerben **1** 2138, des Vormundes **1** 1833, Geschäftsführer, GmbH **22** 43, Geschäftsführung ohne Auftrag **1** 678, Gesellschaft **1** 723, gesellschaftsfremdes Handeln bei AG **21** 117, gesetzliche Vertreter herrschender Unternehmen **21** 309, Inhalt, Umfang **1** 249 bis 255, Körperverletzung **1** 842, 843, 845 ff., Kreditgefährdung **1** 824, Miete **1** 538, 545, Notar **52** 157, Notstand **1** 228, 904, Pfandverkauf **1** 1243, Rücktritt vom Verlöbnis **1** 1298 ff., Schenkung **1** 523, 524, Selbsthilfe **1** 231, Tötung **1** 844, 845, 846, unerlaubte Handlungen **1** 823 ff., Unmöglichkeit der Leistung **1** 280, 307, Unterhaltspflicht **1** 1613, 1615, Verletzung eines Schutzgesetzes **1** 823, Viehkauf **1** 490, wegen Verschlechterung, Untergang u. ä. **1** 292, 347, 498, 558, 602, 606, 848
Schadenshaftung juristische Personen des öffentlichen Rechts **1** 89, Verein **1** 31
Schadensminderungspflicht Geschädigter **1** 254
Schadensversicherung **1** 1129
Schadloshaltung **33** 72, 840, 842
Schädigung vorsätzliche sittenwidrige **1** 826
Schätzung bei Pfändung von Früchten **33** 813, gepfändeter Kostbarkeiten **33** 813, zur Festsetzung des Streitwerts **33** 26
Schätzungswert Übernahme des Inventars **1** 587, 1048, Übernahme eines Landguts **1** 594, Wiederkauf **1** 501
Schafe Unpfändbarkeit **33** 811
Schatz Eigentumserwerb **1** 984, Fund **1** 984, im Nießbrauchsgegenstand **1** 1040
Scheck abhanden gekommener **24** 21, 59, Abrechnungsstelle **24** 3, an eigene Order **24** 6, Ausfertigung mehrerer Stücke **24** 49 f., Aushändigung des quittierten **24** 34, ausländische Währung **24** 30, Ausstellung und Form **24** 1 bis 13, 62, Benachrichtigung des Vormannes **24** 42, 48, Bereicherung des Ausstellers **24** 58, Bestandteile **24** 1, 2, Effektivvermerk **24** 36, Einlieferung in Abrechnungsstelle **24** 31, »ohne Kosten«, »ohne Protest« **24** 43, Frist der Rückgriffsausübung **24** 64, gekreuzter **24** 37 f., Hindernisse, rechtzeitige Vorlegung oder Protesterhebung **24** 48, höhere Gewalt **24** 48, Indossament **24** 14 bis 24, Inhaberscheck **24** 5, 20, Protest **24** 40 f., 66, Quittungsleistung **24** 34, Textänderung **24** 51, Übertragung der Rechte **24** 14 bis 24, Verjährung **24** 52 f., vernichteter **24** 59, Verrechnungsscheck **24** 39,

Vorlegung und Zahlung **24** 28 bis 36, Widerruf **24** 32, Zahlung bei Sicht **24** 28, Zinsen **24** 7, Zinsvermerk **24** 7
Scheck, Scheckprozeß 33 605 a
Scheckaussteller 24 1 bis 13, 62, Tod **24** 33
Scheckbürgschaft 24 25 ff., Form **24** 26, Haftung **24** 27, Zulässigkeit **24** 25
Scheckerklärung 24 1 ff., 62 f.
Scheckfähigkeit 24 60, passive **24** 61
Scheckgesetz 24
Scheckinhaber Vermutung über Berechtigung **24** 16
Scheckprotest 52 51
Scheckschuldner Einwendungen **24** 22, 23
Schecksummen verschiedene **24** 9
Scheckverbot Kreditvertrag **3** 10
Scheckzahlungen im Konkurs **35** 34
Scheidung 33 622 ff., einverständliche **33** 630, Prozeßkosten **33** 93 a, Sorge für die Person der gemeinschaftlichen minderjährigen Kinder **33** 627 a, s. Ehescheidung
Scheidungsfolgesachen 33 19 a, 49, 65, 622 ff.; Anwaltsgebühr **51** 61 a
Scheidungsgründe 1 1564 bis 1568, Getrenntleben **1** 1567, Härteklausel **1** 1568, Zerrüttungsprinzip **1** 1565, Zerrüttungsvermutung **1** 1566
Scheingeschäft keine Berufung auf – bei Ausstellen einer Schuldurkunde **1** 405, Nichtigkeit **1** 117
Scheinkaufmann 20 5
Schenker Haftung **1** 521, keine Entrichtung von Verzugszinsen **1** 522, Verarmung **1** 528 bis 535, Zuwendung, Kind **1** 1639, Zuwendung, Mündel **1** 1803
Schenkung 1 516 bis 534, an Ehegatten, Vorbehaltsgut **1** 1418, Anfechtung im Konkurs **35** 32, Anrechnung auf Endvermögen **1** 1375, 1386, Anrechnung auf Pflichtteil **1** 2325, 2327, 2329, 2330, Ausstattung des Kindes **1** 1624, bei Gütergemeinschaft **1** 1425, des Testamentsvollstreckers **1** 2205, 2207, des Vorerben **1** 2113, Gewährleistung wegen Mangels **1** 2385, Herausgabe **1** 1301, mit Beeinträchtigungsabsicht **1** 2287, 2288, unter Auflage **1** 525, Verwaltung des Mündelvermögens **1** 1803, 1804, Widerruf **1** 530
Schenkungsabsicht Geschäftsführer ohne Auftrag **1** 685
Schenkungsverbot Eltern **1** 1641, Vormund **1** 1804
Schenkungsvermutung Beitragsleistung des Kindes **1** 1620
Schenkungsversprechen Form **1** 518, Verweigerung der Erfüllung **1** 519, von Todes wegen **1** 2301, wiederkehrende Leistungen **1** 520
Scherzerklärung 1 118
Schiedsgerichtsvereinbarungen Nichtigkeit **25** 91
Schiedsrichter 31 40, **33** 274, 504, 1025 ff., 1028 ff.
Schiedsrichterliches Verfahren 33 1025 bis 1048, Anwaltsgebühr **51** 67
Schiedsspruch 33 1038 ff., Vollstreckbarkeit **51** 46
Schiedsvertrag 25 91, **33** 1026 ff., prozeßhindernde Einrede des **33** 1027 a
Schiff 33 58, 847 a, 855 a, 858, 864 f., 870 a, 885, 904, 931, 938, 942, 981 a, 1024, Antrag auf Versagung des Zuschlags bei See- **34** 169 a, Antrag auf Zwangsversteigerung **34** 164, ausländisches **34** 171, Belastung **1** 580a, Beschlagnahme, Wirkung **34** 166, Besitzaufgabe **1** 303, Bewachung **34** 165, Eintragung **1** 446, 580 a, Enteignungsentschädigung **2** 53 a, Gefahrübergang **1** 446, Gegenstand der Veräußerung **1** 929 a, 932 a, Gegenstand des Vorkaufs **1** 509, gerichtliche Bewachung des versteigerten **34** 170, gerichtliche Verwahrung des versteigerten **34** 170, Geschäfte, Gesamtgut **1** 1424, gutgläubiger Erwerb **1** 932 a, Löschungspflicht von Rechten an **1** 435, Miete **1** 2135, Pacht **1** 2135, Veräußerung **1** 580 a, Verfügung des Vorerben **1** 2113, Verfügung des Vormundes **1** 1821, Verkauf **1** 435, Vermächtnis **1** 2168 a, Versteigerung **1** 383, Verwahrung **34** 165, zuständiges Amtsgericht **34** 163, Zwangsversteigerung **34** 162 bis 171, Zwangsversteigerung, Wertberechnung **50** 31
Schiffahrtsgericht 30 14
Schiffer 33 23, 709, 904, 954 f., Schiffsmannschaft **33** 904
Schiffsbauregister 33 830 a, 837 a, 847 a, 855 a, 864, 870 a, 895, 931, 941, 942, 981 a, 987 a, Anträge **52** 86, Einsicht **52** 90, Eintragung **52** 85
Schiffsbauwerk 33 58, 266, 787, 800 a, 847 a, 855 a, 864 f., 870 a, 885, 931, 938, 942, 981 a, 988, Besitzaufgabe **1** 303, Eintragung **1** 446, Geschäfte, Gesamtgut **1** 1424, Vermächtnis **1** 2168 a, Zwangsversteigerung **34** 162, 170 a, Zwangsversteigerung, Wertberechnung **50** 31
Schiffsgläubiger 33 1002, 1024
Schiffshypothek 33 325, 592, 720 a, 794, 800 a, 830 a, 837 a, 847 a, 865, 870 a, 931, Aufgabe **1** 776, Befriedigung trotz Verjährung der gesicherten Forderung **1** 223, Beseitigung **1** 439, Entstehung **34** 169, Erwerb **1** 1287, Forderung **1** 418, Forderungsübergang **1** 401, für Bauforderung **1** 648, in ausländischer Währung **34** 168 c, Sicherheitsleistung **1** 232, Vermächtnis **1** 2168 a
Schiffshypothekenforderung Verfügung des Vorerben **1** 2114
Schiffshypothekengläubiger 33 987 a
Schiffspart 33 858
Schiffsregister 33 847 a, 858, 864, 870 a, 895, 931, 951 f., 981 a, 987 a, 1025, **34** 163, Anträge **52** 86, Einsicht **52** 90, Eintragung **1** 446, **52** 84, Eintragung des allgemeinen Veräußerungsverbots **36** 61, Kosten **1** 449
Schiffsurkunde 52 84
Schikaneverbot 1 226
Schlichter 31 40
Schluß der Verhandlung **33** 136, 156, 278, 280, 283, 310, 323, 714, 767

Schlußbilanz OHG-Liquidation **20** 155
Schlußnote Beweismittel im Prozeß **20** 102, des Handelsmaklers **20** 94 f.
Schlußrechnung Konkursverwalter **35** 86
Schlußtermin Verteilung **35** 162
Schlußverkauf Sonderveranstaltung **26** 7
Schlußverteilung 35 161, Masse, Erhöhung **35** 156
Schmerzensgeld 1 847
Schneeballsystem Strafbarkeit **26** 6 c, verbotene Werbung **26** 6 c
Schöffe Ablehnung der Berufung **30** 35, 53, Auslosung **30** 45, Ausschuß **30** 40, Beratung und Abstimmung **30** 192 ff., Ehrenamt **30** 31, Einsatzdauer **30** 45, 50, Entschädigung **30** 55, Haupt-, Hilfs-, Ergänzungs- **30** 43, 48, 49, nicht zu berufende Personen **30** 33 f., Stellung, Befugnisse **30** 30, Strafkammer, LG **30** 77, unentschuldigtes Fernbleiben **30** 56, Unfähigkeit zum Amt **30** 32, Vorschlagsliste **30** 36 ff.
Schöffengericht 30 28 ff., 46, Ausschuß **30** 40, Entscheidungen in Strafsachen, Zusammenfassung **30** 58, Schöffen **30** 30 ff., Sitzungen **30** 47, 50, 54, Zuständigkeit **30** 28
Schöffenliste 30 44, Streichung von **30** 52
Schöffenwahl 30 42 ff., Vorbereitung **30** 39 ff.
Schranken Anspruch aus Markenrechtsverletzung **27** 153, des Urheberrechts **28** 45 bis 63
Schreibauslagen 50 56, 64, **51** 27, **52** 136, 143, 152
Schreiber Zustellungen an **33** 183
Schreibfehler im Urteil **33** 319
Schreibunfähiger Beteiligung an Beurkundung **13** 25
Schriftform Abtretung der Hypothek **1** 1154, Anweisung **1** 783, 784, 792, beim Schiedsvertrag **33** 1027, Bürgschaftserklärung **1** 766, Delkredere **20** 86 b, Einwilligung des gesetzlichen Vertreters **1** 111, Genehmigung der GmbH zur Veräußerung von Anteilsteil **22** 17, gesetzliche **1** 126, gewillkürte **1** 127, Hypothekenübernahme **1** 416, Kartellverträge, Kartellbeschlüsse, Verträge über Preisbindung **25** 34, Kreditvermittlungsvertrag **3** 15, Kreditvertrag **3** 4, Kündigung bei Miete **1** 564 a, Kündigung bei Pacht **1** 594 f, Landpachtvertrag **1** 585 a, Leibrentenversprechen **1** 761, Mietvertrag über Grundstück **1** 566, Quittung **1** 368, Schuldanerkenntnis **1** 781, 782, Schuldversprechen **1** 780, 782, Stiftungsgeschäft **1** 81, Unternehmensverträge **21** 293, Vertrag des Handelsvertreters **20** 84 f., Wettbewerbsabrede **20** 90 a
Schriftliche Anhörung Zeugen **33** 377
Schriftliche Begutachtung Sachverständige **33** 411
Schriftsätze bestimmende **33** 70, 73, 236, 250, 253, 320 f., 340, 515, 518, 553, 569, Rechtsanwaltsgebühr für **33** 56, vorbereitende **33** 129 bis 133, 226, 253, 269 f., 272, 297 f., 313, 335, 423, 507, 518, 553 f., 588
Schriftstücke 33 137, 142 f., 170, 174 f., 181 f., 189 f., 204 ff., 211
Schriftvergleichung 33 441 f.
Schüler Gerichtsstand **33** 20
Schulbaulast 2 132
Schulbücher Unpfändbarkeit **33** 811
Schuldanerkenntnis 20 350, Form **1** 782, Heiratsvermittlung **1** 656, negatives **1** 397, schenkweise erteiltes **1** 518, 2301, Spiel- und Wettschulden **1** 762
Schuldbuch Sperrvermerk **1** 2118
Schulden Berichtigung der Gesellschaftsschulden **1** 733 ff., Berichtigung nach Beendigung der Gütergemeinschaft **1** 1475, eines Ehegatten zum Gesamtgut **1** 1468, Gesamt-, Berichtigung in der Gemeinschaft **1** 755, Haftung bei Gütergemeinschaft **1** 1437, Teilhaber-, Berichtigung in der Gemeinschaft **1** 756
Schuldenkonsolidierung 20 303
Schuldenmasse 35 138 bis 148, Anmeldefrist **35** 138, Feststellung der Forderungen **35** 144, Feststellungsklagen **35** 146 f., Inhalt der Anmeldung **35** 139, Konkurstabelle **35** 140, 145, Prüfungsverfahren **35** 141, 142, 143, Streitwert **35** 148
Schuldentilgung Vorrang bei GmbH-Auflösung vor Vermögensverteilung **22** 73
Schulderlaß 1 397, Gesamtschuldverhältnis **1** 423
Schuldklage Verbindung mit der hypothekarischen **33** 25
Schuldner allgemeines Veräußerungsverbot **36** 59 bis 62, als Zwangsverwalter **34** 150 b ff., 153 a, Ansprüche aus Darlehn des – als Masseschulden **36** 106, Anwesenheitspflicht beim Vergleichstermin **36** 68, Belassung der Wohnräume **34** 149, Benachrichtigung bei Hypothek **1** 1166, Eigenbesitz **34** 147, einstweilige Einstellung auf Antrag des **34** 30 a, Eintragung als Grundstückseigentümer **34** 17, Erklärung bei Hinterlegung **1** 380, Gesamt-, Haftung **36** 32, Haftung **1** 276, Leistung an Nießbraucher **1** 1075, Mehrheit **1** 420 ff., Mitbieten bei Pfandversteigerung **1** 1239, Schutz bei Erbschaft **1** 2019, Schutz des guten Glaubens **1** 720, Stellung gegenüber Vergleichsverwalter **36** 57, Teilleistungen **1** 266, Übergang der Hypothek auf **1** 1164, Überwachung **36** 91 ff., Verfügungsbeschränkung **36** 58 bis 65, Verpflichtung zur Auskunft und eidesstattlichen Versicherung **36** 69, Verpflichtung zur Leistung **1** 241 bis 292, Verpflichtungs- und Verfügungsfähigkeit nach Eröffnung des Vergleichsverfahrens **36** 56 ff., Verwaltung und Benutzung des Grundstücks **34** 24, Vollstreckungsabwendung **33** 711, 720 a, vom – zu vertretendes Unmöglichwerden **1** 325
Schuldnerantrag Konkurseröffnung **35** 104
Schuldnerverzeichnis 33 900, 903, 915 ff., **36** 6
Schuldnerverzug 1 274, 284 ff., 425
Schuldschein Eigentum **1** 952, Rückgabe **1** 371
Schuldtitel 20 124, 129, **33** 704, 794, landesrechtliche **33** 801, vorläufig vollstreckbarer **35 a** 10

Schuldübernahme 1 414 bis 419, befreiende **1** 414, Ersteher **34** 53, Firmenfortführung **20** 25 bis 27, Hypothekenschuld **1** 416
Schuldunfähigkeit unerlaubte Handlungen **1** 827 ff.
Schuldurkunden Eigentum an **1** 952
Schuldverschreibungen 33 986, 1006, 1009, auf den Inhaber s. Inhaberschuldverschreibung; öffentlich-rechtlicher Körperschaften **2** 100, 101
Schuldversprechen 20 350, Form **1** 782, für Spiel- und Wettschulden **1** 762, schenkweise erteiltes **1** 518, 2301
Schulfunksendungen Schranken des Urheberrechts **28** 47
Schulgebrauch Quellenangabe **28** 63, Schranken des Urheberrechts **28** 46
Schutz unverschuldeter Unkenntnis 20 136
Schutzdauer eingetragene Marke **27** 47
Schutzfähige Zeichen Markenschutz **27** 3
Schutzfrist Urheberrecht **28** 64 ff., 135 a
Schutzgesetz Verletzung **1** 823
Schutzmaßnahmen Dienstberechtigter, Dienstvertrag **1** 618
Schutzrechte ausübender Künstler **28** 73 ff., bestimmte Ausgaben **28** 70 f., Dauer **28** 82, Hersteller von Tonträgern **28** 85 f., Lichtbilder **28** 72, nachgelassene Werke **28** 71, Sendeunternehmen **28** 87, unerlaubte Eingriffe **28** 108, verwandte **28** 70 ff., wissenschaftliche Ausgaben **28** 70
Schutzwürdige Interessen Ausschluß der Öffentlichkeit **30** 171 b
Schwägerschaft 1 1590, **2** 51, der Zeugen oder Sachverständigen mit der Partei **33** 383, 402, 408, Eheverbot **10** 4, mit dem Richter **33** 41, mit dem Urkundsbeamten der Geschäftsstelle **33** 49, Nichtigkeit der Ehe **10** 21
Schwangere Aussetzung der Erbteilung **1** 2043, Unterhaltsanspruch **1** 1963, 2141
Schwebende Geschäfte Beteiligung am Ergebnis **1** 740
Schwebezeit Bedingung **1** 160, 161, Vermächtnis **1** 2179
Schweigen als Antragsannahme **20** 362
Schweigepflicht s. Amtsverschwiegenheit
Schweine Unpfändbarkeit **33** 811
Schwurgericht Besetzung **30** 76, Zuständigkeit **30** 74, 74 e
Schwurpflichtiger 33 478 ff.
Seelsorge 33 383
Seerechtliches Verteilungsverfahren 32 19 b, Anwaltsgebühr **51** 81 a, Wertberechnung **50** 35, 39, Zahlung der Kosten **50** 52, 61
Seeschiff Antrag auf Versagung des Zuschlags **34** 169 a, Eigentumsübertragung **1** 929 a, 932 a
Seetestament 1 2251
Selbständige Angriffs- und Verteidigungsmittel 33 146
Selbständiges Beweisverfahren 33 485 ff., Antrag **33** 487, Klagefrist **33** 494 a, Kostentragung **33** 494 a, Statthaftigkeit **33** 485, Versäumung der Klagefrist **33** 494 a, zuständiges Gericht **33** 486
Selbständiges Teilrecht Geschäftsanteil nach Kapitalerhöhung **22** 57 k
Selbständigkeit Kinder **1** 1626, von Auflage und Zuwendung **1** 2195
Selbstbeteiligung Rechtsverordnung **6** 17, Sachbeschädigung **6** 11
Selbsteintrittsrecht Kommissionär **20** 400 bis 405, Spediteur **20** 412
Selbsthilfe 1 229, Besitzdiener **1** 860, Besitzer **1** 859, Grenzen **1** 230, irrtümliche **1** 231, Vermieter **1** 561
Selbsthilfeverkauf 1 383, 457, 458, **20** 373, 379, 388 f.
Selbstkontrahieren 1 181
Senat Besetzung, BGH **30** 139, Besetzung, OLG **30** 122, Großer, Vereinigter Großer, BGH **30** 132, Straf-, BGH **30** 130, Straf-, OLG **30** 116, Zivil-, BGH **30** 130, 132, 133, 139, Zivil-, OLG **30** 116, 119
Senderrecht 28 20
Sendeunternehmen Schutzrecht **28** 87, 127, Vervielfältigung **28** 55
Sequester Sequestration **33** 848, 855, 938
Sicherheit Aufgabe durch Bürgschaftsgläubiger **1** 776, Hypothek, Gefährdung **1** 1133, Verwertung **25** 14
Sicherheitsarrest persönlicher **33** 918, 933
Sicherheitsbestellung 20 356
Sicherheitsgrenze Beleihungen, Erbbaurecht **9** 19, 21
Sicherheitsleistung 20 369, **33** 108 bis 113, 255, 943, **34** 67, Anfechtung **35 a** 3 b, Arten **1** 232 ff., Befreiung von Sicherheitsleistung **33** 110 f., 115, des auftraglosen Geschäftsführers **33** 89, durch Hinterlegung von Geld oder Wertpapieren **1** 233, 234, 235, **34** 69, durch Stellung eines Bürgen **1** 232, 239, Entscheidung über **34** 70, Erbe **1** 2217, Ergänzungspflicht **1** 240, Forderung in laufende Rechnung **20** 356, für Ausgleichsforderung **1** 1382, für den Bürgen **1** 775, für den Unterhalt von Minderjährigen **33** 642 c, für Entrichtung einer Geldrente **33** 324, für Erbschaftsgläubiger **1** 1986, Gefährdung des Kindesvermögens **1** 1667, gerichtliche Verwaltung mangels **1** 1052, Höhe **34** 68, im Arrestverfahren **33** 921 f., 925, 927, 945, im einstweiligen Verfügungsverfahren **33** 939, 945, im Zwangsvollstreckungsverfahren **33** 707, 709, 719 f., 726, 732, 751, 769, 771, 775, 838 f., 868, 890, keine **34** 184, Mieter **1** 562, 572, mit beweglichen Sachen **1** 237, mit Buchforderungen gegen Bund und Länder **1** 236, mit Hypotheken, Grund- und Rentenschulden **1** 238, Nachholung des Verlangens nach – oder Verlangen nach deren Erhöhung **33** 324, Nießbraucher **1** 1039, 1051,

1052, 1067, Nutzungsänderung **1** 590, öffentlichrechtliche **2** 90, Pächterpfandrecht **1** 583, Pfand **1** 1218, 1220, Rückgabe der Sicherheit **33** 109, 715, statt Befreiung von Verbindlichkeit **1** 257, Unterhaltspflicht, Scheidung **1** 1585 a, Vereine **1** 52, Vermögensverschlechterung **1** 321, Vorerbe **1** 2128, Vorkauf **1** 509, vorzeitiger Zugewinnausgleich **1** 1389, Wegnahme von Einrichtungen **1** 258, Zurückbehaltungsrecht, Abwendung **1** 273

Sicherung außenstehende Aktionäre bei Beherrschungs- und Gewinnabführungsverträgen **21** 304 bis 307, des Beweises **33** 485 bis 494, Gesellschaft und Gläubiger **21** 300 bis 303, Löschungsanspruch **34** 130 a, Nachlaß **1** 1960, **52** 104

Sicherungshypothek **33** 830, 837, 848, 866 f., 932, Bauunternehmer **1** 648, bei vereinbarter Überwachung **36** 93, Bestellung eines Grundbuchvertreters **1** 1189, Eintragung **34** 128, Erwerb **1** 1287, für Inhaber- und Orderpapiere **1** 1187, Höchstbetragshypothek **1** 1190, öffentlich-rechtlicher Körperschaften **2** 91, spätere Rangverschiebung **34** 129, unanwendbare Vorschriften **1** 1185, Vermächtnisgrundstück **1** 2166

Sicherungsmaßnahmen **36** 12, Anordnung und Aufhebung **35** 106

Sicherungsmaßregeln **30 a** 38, **34** 25

Sicherungsrechte Aufgabe bei Bürgschaft **1** 776, Erlöschen bei Schuldübernahme **1** 418, Übergang **1** 401

Sicherungsübereignung **1** 223, 930

Sichtwechsel **23** 33, Verfall **23** 34, Vorlegung zur Zahlung **23** 34

Siegelung von Gegenständen der Konkursmasse **35** 122

Sielrecht **2** 66

Silbersachen **1** 1240, Versteigerung **33** 813, 817 a

Sitten Verstoß gegen die guten **33** 328

Sittenwidrige Leistung ungerechtfertigte Bereicherung **1** 817, 819

Sittenwidrige Schädigung vorsätzliche **1** 826

Sittenwidriges Rechtsgeschäft **1** 138

Sittliche Pflicht Leistung zur Erfüllung einer **1** 814, Schenkung zur Erfüllung einer **1** 534, 814, 1804, 2113, 2205, 2330

Sitz AG **21** 5, 23, 45, Bestimmung **21** 23, BGH **30** 123, der Nachlaßbehörde **33** 990, des Prozeßgerichts **33** 479, 499, 604, Geschäftsstelle **30** 153, GmbH **22** 3, 7, 10, 11, Handelsgesellschaft **20** 106 f., 162, juristische Person **20** 33, Kammer für Handelssachen **30** 93, Staatsanwaltschaft **30** 141, Verlegung **21** 45, von Gemeinden und Personenvereinen **33** 17, zuständiges Gericht **21** 14

Sitzung Aufsichtsrat u. seine Ausschüsse **21** 107, 109, außerordentliche **30** 47, längerdauernde **30** 50, Ordnungsmittel **30** 177 ff., Straftat in **30** 183, Veränderung **30** 54

Sitzungsperiode **33** 382, 904 f.

Sitzungspolizei **30** 169 ff.

Sitzungsprotokoll **33** 159 ff., 297 f., 313 f., 510 a, 561

Skonto Handelsvertreterprovision **20** 87 b

Sofortige Beschwerde **33** 46, 71, 102, 109, 135, 252, 319, 336 iVm 577, 387, 577, 577, 620 f., 641 p, 656 iVm 572, 793, 900, 934, 952, 1022, 1045, **37** 1, 22, 60, Abberufung des Abschlußprüfers **20** 318, Auseinandersetzung, Nachlaßteilung **37** 96, Bindung an Genehmigung **37** 62, Dispache **37** 157, erbrechtliche Fristbestimmungen **37** 80, Frist **37** 22, Inventarfrist **37** 77, Konkurseröffnungsbeschluß **35** 109, Konkursverfahren **35** 73 f., Testamentsvollstreckerernennung, -entlassung **37** 81, 82, Unterbringung **37** 70 m, Vereinssachen **37** 159, 160 a, Versäumung der Einlegung der –, Wiedereinsetzung **33** 236, Wiedereinsetzung in vorigen Stand **37** 22, Zwangsgeldbeschluß, Handelssachen **37** 139, 146

Soldat Wohnsitz **1** 9

Sollkaufleute **20** 2, 262

Sonderangebot **26** 7

Sonderbedarf Unterhalt für Vergangenheit **1** 1585 b, 1613

Sonderbeschluß Aktionäre **21** 138

Sondereigentum **8** 5, Beschränkung des Miteigentums **8** 3, Einräumung/Aufhebung **8** 4, Gebrauch **8** 15, Instandhaltung **8** 14, Unselbständigkeit **8** 6, vertragliche Einräumung **8** 3

Sondergut Ausgleichung **1** 1445, 1467, Haftung **1** 1440, 1462, Verbindlichkeiten **1** 1442, 1464, Verwendung **1** 1420

Sondernachfolger in der Gemeinschaft **1** 746, 751, Miteigentümer **1** 1010

Sonderposten für allgemeine Bankrisiken **20** 340 g, mit Rücklageanteil **20** 270, 273, 277

Sonderprüfer abschließende Feststellung bei Prüfung wegen unzulässiger Unterbewertung **21** 259, 260, Auswahl **21** 143, Bestellung **21** 142, 258, Kosten **21** 146, Prüfungsbericht **21** 145, 259, Rechte und Aufgaben **21** 145, Verantwortlichkeit **21** 144

Sonderprüfung AG **21** 142 ff., 258 ff., geschäftliche Beziehungen zu verbundenen Unternehmen **21** 315

Sonderveranstaltung Begriff **26** 7, Jubiläumsverkäufe **26** 7, Schlußverkäufe **26** 7, Unterlassung **26** 7

Sonntag **33** 188, 216, 222, 761

Sorge elterliche s. dort

Sorgerecht mütterliches –, Wegfall **1** 1738

Sorgfalt Geschäftsführer, GmbH **22** 43, im Verkehr erforderliche **1** 276, in eigenen Angelegenheiten **1** 277

Sorgfaltspflicht Aufsichtsratsmitglieder **21** 116, Ehegatten **1** 1359, 1435, Eltern **1** 1664, Entleiher **1** 605, Frachtführer **20** 429, Gesellschafter **1** 708, Handelsvertreter **20** 86, kaufmännische **20**

347, Kommissionär **20** 384, 390, Mieter **1** 553, Spediteur **20** 408, Verwahrer **1** 690, Vorerbe **1** 2131, Vorstandsmitglieder **21** 93
Sortenbezeichnung Markenschutz **27** 13
Soziale Ausgleichsleistungen Verfahren über **51** 96 c
Sozialgericht Verfahren vor **51** 116
Sozialklausel Werkmietwohnungen **1** 565 d
Sozialleistungen Gesundheitsschaden **1** 1610 a
Spätere Vereinbarungen als Vertragsinhalt **20** 85
Spaltung **21a** 123 ff., Anmeldung **21a** 129, Arten **21a** 123, Bekanntmachung **21a** 130, Eintragung **21a** 130 f., Möglichkeiten der **21a** 123 ff., unter Beteiligung von AG und KGaA **21a** 141 ff., unter Beteiligung von eG **21a** 147 ff., unter Beteiligung von genossenschaftlichen Prüfungsverbänden **21a** 150, unter Beteiligung von GmbH **21a** 138 ff., unter Beteiligung von rechtsfähigen Vereinen **21a** 149, unter Beteiligung von Versicherungsvereinen auf Gegenseitigkeit **21a** 151
Spaltungsbericht **21a** 127
Spaltungsfähige Rechtsträger **21a** 124
Spaltungsplan **21a** 136
Spaltungsvertrag Inhalt **21a** 126
Sparkontoverträge DDR-Übergangsrecht **2** 232 § 7
Speditionsgeschäft **20** 407 bis 415, Haftung **20** 408, 413, Pfandrecht **20** 366, 368, 410, 441, 443, Provision **20** 409, 413, Rückgriff **20** 442, Sammelgüter, Sammelladung **20** 413, Selbsteintritt **20** 412, Spediteur als Frachtführer **20** 412, Tarife **20** 413, Verjährung **20** 414
Sperrfrist beim Vergleich **36** 28, 87, 104
Sperrjahr **21** 272, Liquidation der GmbH **22** 73, Vereinsliquidation **1** 51
Sperrung Mündelvermögen **1** 1809, 1816
Sperrvermerk Buchforderungen, Vorerbschaft **1** 2118, Buchforderungen, Vormundschaft **1** 1816, 1853
Speziesschuld **1** 292
Spezifikation geographische Herkunftsangabe **27** 131
Spezifikationskauf **20** 375
Spiel **1** 762 bis 764
Sprachunkundiger Erblasser **13** 32
Spruchkörper Besetzung **30** 21 e, Geschäftsverteilung **30** 21 g, Vorsitz **30** 21 f
Spruchverfahren Antragsfrist **21a** 305, bei Umwandlung **21a** 305 ff., gerichtliches Verfahren **21a** 306 ff.
Sprungregreß Scheck **24** 44, Wechsel **23** 47
Sprungrevision **33** 566 a, 706
Staatenlose **33** 110 f., 114, urheberrechtlicher Schutz **28** 122
Staatliche Genehmigung Inhaberschuldverschreibungen **1** 795, Lotterie **1** 763, Stiftung **1** 80, 82, 83, Vereinssatzung **1** 33, Verleihung der Rechtsfähigkeit **1** 22
Staatliche Monopole Ausnahmebereich **25** 101
Staatliche Organe Vollmachtsurkunden **2** 231 § 8
Staatsangehörige von EU- und EWR-Staaten Urheberrechtsschutz **28** 120
Staatsanwalt **31** 122, **33** 619, 632, 634, 636, 636 a, 637
Staatsanwaltschaft **30** 141 ff., Amtsanwälte **30** 145, Aufsichts- und Leitungsrecht **30** 147, Bundesanwaltschaft **30** 148, Erster Beamter **30** 144 ff., Hilfsbeamte **30** 152, Rechtspflege **32** 31, Referendare **30** 142, Unabhängigkeit von Gerichten **30** 150, Verbot richterlicher Geschäfte **30** 151, Weisungsgebundenheit **30** 146, Zuständigkeit **30** 142 ff.
Staatsbanken als Hinterlegungsstellen **38** 30
Staatshaftung Beamter **1** 839, **2** 77
Staatskasse **33** 97, 116, 637, Anspruch gegen **51** 97
Staatsschuldbuch **2** 97, 98
Staatsschulden Rückzahlung **2** 98
Staatsschutzsache Kammer für –, Zuständigkeit **30** 74 a
Stammbäume Anordnung der Vorlegung von **33** 142, 272 b
Stammeinlage, GmbH **22** 3, Betrag **22** 5, Einzahlungen **22** 19 ff., Fehlbetrag **22** 9, 24, Geldeinlage **22** 9, Gesellschafter der GmbH **22** 3, 5, 14, Kapitalerhöhung **22** 56, Sacheinlage **22** 5
Stammgüter landesrechtliche Vorschriften **2** 59
Stammkapital, GmbH **22** 3, 5, Erhöhung **22** 55, 56 a ff., 57 c ff., Herabsetzung **22** 58 ff., Umwandlung **22** 57 d
Standesbeamter **10** 11, Anzeigepflicht an Vormundschaftsgericht **37** 48, Aufgaben bei Eheschließung **10** 11 ff., Befreiung von Eheverbot **10** 8, Zuständigkeit bei Eheschließung **10** 15
Statistische Angaben **25** 24 c
Statuten **33** 293
Stellungnahme beteiligte Wirtschaftsstufen **25** 30
Stellungssuche Freizeit zur **1** 629
Stellvertreter Aufsichtsratsmitglieder **21** 101, Aufsichtsratsvorsitzender **21** 107, des Präsidenten **30** 21 c, 21 h, Geschäftsführer, GmbH **22** 44, Haftung für **2** 78, Vorstandsmitglieder **21** 94
Stellvertretung **1** 164 bis 181, Besitz **1** 855, 860
Sterbefall **33** 385
Sterbegehalt **33** 850
Sterbekassen Pfändung von Hebungen aus **33** 850 b
Sterilisation Betreuter **1** 1899, 1905, Kind **1** 1631 c
Steuer Gewinn- und Verlustrechnung **20** 278, rechtliche Vorschriften **20** 281
Steuerabgrenzung **20** 274, 306
Steueraufwand Bilanzposten **20** 274
Steuerfreiheit beim Kauf eines mit dem Erbbaurecht belasteten Grundstücks **9** 39
Stiefkind Ausbildung **1** 1371, Ausstattungskosten bei Gütergemeinschaft **1** 1444, 1466
Stifter Stiftungsgenehmigung nach dem Tode **1** 84, Widerruf **1** 81

Stiftung **1** 80 bis 88, **33** 17, 850 b, Anfall des Vermögens bei Erlöschen **1** 88, Anwendung von Vereinsrecht **1** 86, Aufhebung **1** 87, DDR-Übergangsrecht **2** 231 § 3, Entstehung **1** 80, Herausgabegenehmigung durch **38** 28, Übertragung des Vermögens auf **1** 82, Zwangsvollstreckung gegen **33** 882 a, Zweckumwandlung **1** 87
Stiftungsgenehmigung **52** 118, nach dem Tode des Stifters **1** 84
Stiftungsgeschäft unter Lebenden **1** 81
Stiftungstestament **1** 83
Stiftungsverfassung **1** 85
Stille Gesellschaft **20** 230 bis 237, Auflösung **20** 234 f., Gewinn- und Verlustrechnung **20** 232, Gewinnauszahlung **20** 232, Konkurs **20** 236 f., Kontrollrecht des stillen Gesellschafters **20** 233, Tod des stillen Gesellschafters **20** 234
Stillschweigende Annahme Auftrag **20** 362, Genehmigung der Ware **20** 376
Stillschweigende Vereinbarung bei Maklerlohn **1** 653, Vergütung bei Werkvertrag **1** 632, Vergütung für Dienstleistung **1** 612, Vergütung für Verwahrung **1** 689
Stillschweigende Verlängerung Dienstvertrag **1** 625, Mietvertrag **1** 568
Stillschweigendes Fallenlassen eines Ablehnungsgrundes **33** 43, st. Vereinbarung der Zuständigkeit **33** 39
Stillstand der Rechtspflege **33** 245
Stimmabgabe Aufsichtsratsmitglieder **21** 108, Reihenfolge **30** 197
Stimmen Zählung im Konkursverfahren **35** 97
Stimmengleichheit **33** 320, 1033
Stimmenmehrheit **33** 1038, Hauptversammlung, AG **21** 133
Stimmrecht Aktienhalter **21** 12, 133 ff., Ausschluß **21** 136, Ausschluß vom – bei Vereinen **1** 34, Ausübung durch Kreditinstitute u. geschäftsmäßig Handelnde **21** 135, bei Absonderungs- und Aufrechnungsrechten **35** 96, besondere Fälle **36** 72, des Ehegatten beim Zwangsvergleich **35** 183, des Ehegatten und seines Rechtsnachfolgers **36** 75, Feststellung **36** 71, Gesellschafter, GmbH **22** 47, Gewährung durch Aktien **21** 12, in der Gläubigerversammlung **35** 95, Mehrheitsbeteiligung **21** 16, Unzulässigkeit des Mehrstimmrechts **21** 12, Vorzugsaktien ohne **21** 139 bis 141
Stimmrechtsmißbrauch **21** 405
Stockwerkseigentum **2** 131, 182
Störung Ausübung einer Grunddienstbarkeit **1** 1029, Eigentum **1** 1004, Hausfrieden, fristlose Kündigung des Mietverhältnisses **1** 554 a, im Besitz **1** 858 ff.
Stoffe Lieferung **1** 644, 645, 651, unwägbare **1** 906
Strafandrohung **33** 141, 377, 890
Strafantrag Zurücknahme, Gebühren **50** 44
Strafbare Handlung Aussetzung **33** 149, in der Sitzung **33** 183, Verurteilung wegen – als Wiederaufnahmegrund **33** 580 f.
Strafbarkeit Abwickler **21** 399, 400, 401, 404, Anzeigepflicht, Stellung eines Konkurs-, Vergleichsantrags **22** 84, Aufsichtsratsmitglied **21** 399, 404, falsche Angaben **22** 82, Gründer **21** 399, persönlich haftender Gesellschafter, KommAG **21** 408, Prüfer **21** 403, 404, Verstoß gegen Geheimhaltungspflicht **22** 85, Vorstandsmitglied **21** 400, 401, 404
Strafe bei Zwangsvollstreckung auf Unterlassung oder Duldung **33** 890, gegen Parteien **33** 141, gegen Sachverständige **33** 409, gegen Zeugen **33** 377, 380 f., 390, in Ehesachen **33** 619
Strafgerichtliche Verfolgung **33** 384, 580 f.
Strafkammer **30** 60, als Beschwerdegericht **30** 73, auswärtige **30** 78, Besetzung **30** 76, Schöffen **30** 77, Vorrang unter verschiedenen **30** 74 e, Zuständigkeit **30** 73 ff.
Strafrichter Zuständigkeit, Amtsgericht **30** 25
Strafsachen am Amtsgericht **30** 24, 58, am BGH **30** 135, am OLG **30** 120 f., Entscheidungen in –, Zusammenfassung **30** 58, Gebührenbemessung **50** 40 bis 47, gerichtlich bestellter Verteidiger, Gebühr **51** 97 bis 103, gewählter Verteidiger, Gebühr **51** 83 bis 96 c, Rechts- und Amtshilfe **51** 105 a bis 108, Revision **30 a** 9, Schöffengerichte **30** 28 ff., Vorschuß **50** 67, Wiederaufnahmeverfahren **30** 140 a
Strafsenat BGH **30** 130 ff., OLG **30** 116 ff.
Straftat Amtspflichtverletzung durch **1** 839, Besitzerwerb durch **1** 2025, Erbunwürdigkeitsgrund **1** 2339, Haftung des deliktischen Besitzers **1** 992
Strafurteil **33** 580
Strafverfahren **33** 149, gerichtliche Geschäfte **32** 22, Geschäfte der Staatsanwaltschaft **32** 31, Wiederaufnahme, Gebühren **50** 43
Strafverfügung **33** 299
Strafversprechen für nicht gehörige Erfüllung **1** 341, für Nichterfüllung **1** 340, Nichtigkeit bei Verlöbnis **1** 1297, unwirksames **1** 344
Strafvollstreckung Ersuchen um **30** 162
Strafvollstreckungskammer Besetzung **30** 78 b, Zuständigkeit **30** 78 a
Strafvollzugsgesetz Verfahren nach –, Gebühren **50** 48 a
Strafvorschriften **20** 331 ff., 341 m, **21a** 313, **26** 4, 6 c, 12, 15, 17, 18, 20, 20 a, 22, **28** 106 ff., Kennzeichenverletzung **27** 143
Streitbefangenheit **33** 265, 325
Streitbegünstigung **26** 23 b
Streitgegenstand **33** 2 ff., 130, 253, 935 ff.
Streitgenosse Gerichtskosten **50** 59
Streitgenossen Bestimmung des Gerichtsstandes **33** 36, Kosten **33** 100, Nebenintervenient als **33** 69, säumige **33** 62

Streitgenossenschaft Begriff **33** 59 f., im Widerspruchsprozeß **33** 771, 805, notwendige –, Voraussetzungen **33** 62, Rechte **33** 63, Verhältnis des Streitgenossen zum Gegner **33** 61 f.
Streitiges Verfahren nach Mahnverfahren **33** 696
Streitverhältnis 33 118, 137, 285, 349
Streitverkündung 33 72 bis 75, 841, in Kindschaftssachen **33** 641 b
Streitwert Anfechtungsklage gegen Hauptversammlungsbeschlüsse **21** 247, Angabe des Streitwerts in der Klage und in der Berufungsbegründung **33** 253, 519, Festsetzung **50** 24, 25, Feststellungsklage, Konkurs **35** 148, in Familiensachen **33** 78, 78 a, Schätzung **50** 26
Streitwertbegünstigung Kennzeichenstreitsachen **27** 142
Streitwertberechnung bürgerliche Rechtsstreitigkeiten, Scheidungsfolgesachen, Verfahren vor Gerichten der Verwaltungsgerichtsbarkeit und der Finanzgerichtsbarkeit **50** 12 bis 34, Vergleichsverfahren zur Abwendung des Konkurses, Konkursverfahren, seerechtliches Verteilungsverfahren **50** 35 bis 39
Streitwertminderung 26 23 a
Streuvorräte Unpfändbarkeit **33** 811
Strukturkrisenkartell 25 4
Studienbeihilfen Unpfändbarkeit **33** 850 a
Studierende Gerichtsstand **33** 20
Stufenklage 33 254, Streitwertberechnung **50** 18
Stummer 30 186, **33** 483, 1032, Beteiligung an Beurkundung **13** 22, 24, Übergabe einer Schrift, Verfügung von Todes wegen **13** 31
Stunden 33 222
Stundung 33 775, Ausgleichsforderung **1** 1382, Kaufpreis **1** 452, 454, 509, Kaufpreis durch Handelsvertreter **20** 55, 91, Kaufpreis durch Handlungsreisenden **20** 55, Kaufpreis durch Kommissionär **20** 393, Leistung **1** 201, 202, Pflichtteilsanspruch **1** 2331 a, rückständige Unterhaltsbeträge **1** 1615 i, rückständiger Unterhalt für nichteheliches Kind **33** 642 e, 642 f, vorzeitiger Erbausgleich **1** 1934 d
Subjektiv-dingliche Rechte 1 1030 ff.
Subsidiaritätsklausel Amtshaftung **1** 839
Surrogation Erbschaft **1** 2019, Erbschaftskauf **1** 2374, Gesellschaftsvermögen **1** 718, Gütergemeinschaft **1** 1473, Herausgabe wegen ungerechtfertigter Bereicherung **1** 818, Nacherbschaft **1** 2111, Nachlaß **1** 2041, Pfandverkauf **1** 1247, Schadensersatz **1** 281, Vermächtnis **1** 2164, 2288, Verwendung von Mitteln des Kindes **1** 1646
Tabularersitzung 1 900
Tätigkeitsbericht Bundeskartellamt **25** 50
Täuschung arglistige –, Anfechtung des Zwangsvergleichs **35** 196, arglistige – bei Bestimmung der Leistung durch Dritte **1** 318, arglistige – bei Eheschließung **10** 33, arglistige – bei Willenserklärung **1** 123, arglistige –, Erbunwürdigkeitsgrund **1** 2339
Tag der Verhandlung **33** 159, der Zustellung **33** 191, 206
Tagebuch Handelsmakler **20** 100 bis 103
Tagesordnung Einberufung der Hauptversammlung, AG **21** 124 f.
Tantieme s. Gewinnanteil
Taschengeldparagraph 1 110
Tatbestand 33 313 a, 313 b, 314, 315, 317, 320, 321, 543, 561, Berichtigung **33** 320
Tatfragen bei der Revision **33** 561, 565
Tatort Gerichtsstand **33** 32
Tatsachen 33 85, 132, 138 f., 272, 282, 288, 291 f., 294, 371, 373, 385, 414, 418, 424 f., 487, 528, 554, 616 f., 622, 726, geheimzuhaltende **33** 383, 386
Taube Aneignung **2** 130
Tauber 30 186 f., **33** 1032, Beteiligung an Beurkundung **13** 22 ff.
Taubstumme Schadenshaftung bei unerlaubten Handlungen **1** 828, 829
Tausch 1 515
Taxe Dienstvertrag **1** 612, Maklervertrag **1** 653, Werkvertrag **1** 632
Teil eines Anspruchs **33** 301, 691, 694
Teilannahme 1 1950, Rückgriff nach **23** 51, Wechsel **23** 26, 96
Teilausschlagung 1 1950
Teilbare Leistung 1 420, 427
Teilbesitz 1 865
Teileigentum 8 1
Teileigentumsgrundbuch 8 7 ff.
Teilerbbaurecht 8 30, Teilerbbaugrundbuch **8** 30
Teilgewinnabführungsvertrag AG **21** 292, Komm-AG **21** 292
Teilhaber Aufhebungsanspruch **1** 749, Forderung gegen einen – in der Gemeinschaft **1** 756, gemeinschaftliche Verwaltung **1** 744, Gewährleistung bei Zuteilung an einen **1** 757, gleiche Anteile bei Gemeinschaft **1** 742, Pflicht zur Lastentragung **1** 748, Verfügung über Anteil **1** 747
Teilhaberschuld Gemeinschaft **1** 756
Teilhypothek 1 1145, Eigentümer- **1** 1175, Rangänderung **1** 1151
Teilhypothekenbrief 1 1152, **39** 61
Teilindossament Scheck **24** 15
Teilkonzernabschluß 21 400
Teilkonzerngeschäftsbericht 21 400
Teilleistung 1 283, 307, 320, 322, 323, 325, 326, 389, 420, 427, 1145, **33** 757, Lieferung in **3** 2, Unzulässigkeit **1** 266
Teilnichtigkeit 1 139
Teilrecht Geschäftsanteil **22** 57 k
Teilschuldverschreibungen Grundpfandrechte für – auf den Inhaber **39** 50
Teilung Anmeldung einer Marke **27** 40, 159, Aufhebung der Gemeinschaft durch – durch Verkauf

1 753, Aufhebung der Gemeinschaft durch – in Natur 1 752, der Kosten 33 92, 106, 115, des Nachlasses 33 27, 747, 997, dienendes Grundstück 1 1026, Gesamtgutsüberschuß 1 1476, 1477, Gesellschaftsvermögen 1 719, Grundstück 2 119 ff., Grundstück in Miteigentumsanteile 8 8, herrschendes Grundstück 1 1025, Hypothekenforderung 1 1132, 1151, Markenregistereintragung 27 46, Nachlaß 1 2052, 2059, 2060, Reallast des herrschenden Grundstücks 1 1108, 1109, unter Abkömmlingen 1 1503, Wohnung nach Ehescheidung 11 6

Teilungsanordnung Erblasser 1 2048, 2049, 2306, 2376, für fortgesetzte Gütergemeinschaft 1 1515

Teilungsklagen Gerichtsstand 33 24, 27

Teilungsmasse 34 107, 35 117 bis 137, Aufzeichnung der Massegegenstände 35 123, Bericht des Konkursverwalters 35 131, Inventar, Bilanz 35 124, Postsperre 35 121, Siegelung 35 122, Verletzung der Anzeigepflicht 35 119, Vorlegungspflicht bei abgesonderter Befriedigung 35

Teilungsplan 33 874 f., 34 157, Aufnahme von Ansprüchen 34 114, Aufstellung 34 113, Ausführung 34 117 f., 141, Aussetzung der Ausführung 34 116, bei aufschiebender Bedingung 34 120, bei bedingtem Anspruch 34 119, Ersatzansprüche 34 121, Gesamthypothek 34 122, 123, Klage auf Änderung 34 159, vorläufiger 34 106, Widerspruch gegen 34 115, 124

Teilungssachen 32 16

Teilunmöglichkeit Klauselverbot, AGB 4 11

Teilurteil 33 301

Teilvergütung bei fristloser Kündigung des Dienstvertrages 1 628

Teilverzug Klauselverbot, AGB 4 11

Teilzahlung Anrechnung bei Kreditvertrag 3 11, Scheck 24 34, Wechsel 23 39, 96

Teilzahlungskredit 3 12

Teilzahlungspreis Angabe im Kreditvertrag 3 4

Teilzeitbeschäftigung 31 76 a, 76 b

Telegraphengebühren 33 104

Termin 1 186 bis 193, 33 136, 218 ff., 332, 341 a, 612, an Sonn- oder Feiertagen 33 216, Ladung zum 33 214, 218, nicht protokollierte Terminsvorgänge 34 80, Testamentseröffnung 1 2260, Vergleichs- 36 66 ff., Verkündungs- 34 87, Vermächtnis 1 2177, Versteigerung s. Versteigerungstermin

Terminsbestimmung 33 216, 226, 272, 274, 340 a, 349, 361, 366, 368, 497, 500, 520, 555, 612, 627, 875, 900, 924; Versteigerung von Wohnungseigentum 8 55, 56

Terminsbestimmung, Zwangsversteigerung Akteneinsicht 34 35 ff., 42, Anmeldung des Rechts vor 34 168 b, Aufhebung und Neubestimmung 34 43, bei nachträglicher Ermittlung des unbekannten Berechtigten 34 139, Bekanntmachung 34 39 f., 168, Inhalt 34 37 ff., Zustellung 34 41

Terroristische Vereinigung Kontaktsperre 30 a 31 ff.

Testament 1 2064 bis 2273, 2 26, allgemeine Vorschriften 1 2064 bis 2086, amtliche Verwahrung 1 2248, 2256, 2258 ff., 2261, 2263 a, 2272, 2273, Anfechtung 1 2078 ff., Anteilsbeschränkung bei fortgesetzter Gütergemeinschaft 1 1512 ff., Auflage 1 1940, 2192 bis 2196, Auslegungsregeln 1 2066 ff., 2084, Ausschließung der fortgesetzten Gütergemeinschaft 1 1509 ff., Bedingung 1 2074 ff., Benachrichtigung abwesender Beteiligter 1 2262, Beurkundung 52 46, Eigenhändigkeit 1 2231, 2247, 2248, Erbeinsetzung 1 1937, Ergänzungsvorbehalt 1 2086, Eröffnung 1 2260, 2261, 52 102, 103, Form 1 2231, gemeinschaftliches 1 2265 bis 2273, Hinterlegungsschein 1 2248, 2258 b, Minderjährige 1 2229, 2233, 2247, Not- 1 2249 ff., öffentliches 1 2232, 2233, Pflegerbenennung 1 1917, Rücktritt vom Erbvertrag 1 2297, Übernahmerecht, fortgesetzte Gütergemeinschaft 1 1515, Vermächtnis 1 1939, 2147 bis 2191, Vormundsbenennung 1 1777, Widerruf 1 2253 ff.

Testamentsablieferung 1 2259, Erzwingung 37 83

Testamentsaufhebung 1 2229 ff.

Testamentserrichtung 1 2229 ff., Form 1 2231, Minderjährige 1 2229, persönliche –, Erblasser 1 2064, Sonderfälle 1 2233

Testamentsvollstrecker 1 2197 bis 2228, 33 243, 327, 728, 748 ff., 770, 863, 991, 39 52, Ablehnung des Amtes 1 2202, Angabe im Erbschein 1 2364, Annahme des Amtes 1 2202, Aufgaben 1 2203 ff., Ausübung des Urheberrechts 28 28, Befugnisbeschränkung 1 2208, Beschwerde bei gemeinschaftlicher Amtsführung 37 82, Beschwerde gegen Ernennung oder Entlassung 37 81, Einholen der Stiftungsgenehmigung 1 83, Einwilligung zur Zwangsvollstreckung in Urheberrecht 28 117, Entlassung 1 2227, 52 113, Erlöschen des Amtes 1 2225, Ernennung 1 2197 ff., 52 113, Haftung 1 2219, Kündigung des Amtes 1 2226, Mitvollstrecker 1 2199, Nachfolger 1 2199, Nachlaßverwaltung 1 2205, 2209, Prozeßführungsrecht 1 2212, 2213, Rechtsverhältnis, Erbe 1 2218, Vergütung 1 2221, Vermächtnisvollstrecker 1 2223, Vertretung des Nacherben 1 2222, Zeugnis des Nachlaßgerichts über Ernennung 1 2368, zwingende Vorschriften 1 2220

Testierfähigkeit 1 2229, 2 26, 215

Testierfreiheit Unbeschränkbarkeit 1 2302

Tiere Haftung für Schaden durch 1 833, 834, Herrenlosigkeit 1 960, 961, Kauf, Vieh 1 481 ff., Unpfändbarkeit 33 811

Tierhalter Haftung 1 833, 834

Tierhüter Haftung 1 834

Tilgung Hypotheken im Erbbaurecht 9 20

Titel Werk **28** 39, zur Zwangsvollstreckung geeigneter **33** 103, 704, 794, 801, Zwangsvollstreckung ohne Zustellung des **34** 133
Tochterunternehmen Konzernabschluß **20** 290 bis 314
Tod Abfindungsberechtigter **1** 1587 m, Abgeben einer Willenserklärung **1** 130, Abkömmling, fortgesetzte Gütergemeinschaft **1** 1490, Abwesender bei Pflegschaft **1** 1921, Adoption nach **1** 1753, am Erbvertrag Beteiligter **1** 2290, 2297, Annehmender, Adoption **1** 1753, Anzunehmender, Adoption **1** 1753, Auftraggeber **1** 672, Ausgleichsberechtigter **1** 1587 m, Aussteller von Inhaberschuldverschreibung **1** 794, Beauftragter **1** 673, Bedachter, Vermächtnis **1** 2160, bei Pflegschaft **1** 1921, Berechtigter, Löschung im Grundbuch **39** 23, Beschenkter **1** 532, Beteiligter bei Anweisung **1** 791, des Anwalts **33** 244, des gesetzlichen Vertreters einer Partei **33** 241, 246, des Schiedsrichters **33** 1031, 1033, des Schuldners **33** 779, des Vollmachtgebers **33** 86, Ehegatte, Gesamtgut **1** 1482, Ehegatte, Zugewinnausgleich **1** 1371, eheliches Kind **1** 1698 b, Eigentümer **1** 927, einer Partei **33** 239, 243, 246, Eintritt der Erbfolge **1** 1922, Eintritt der Nacherbfolge **1** 2106, Elternteil, elterliche Sorge **1** 1677, 1681, 1740 a ff., Entleiher **1** 605, Erbe vor Inventarfristablauf **1** 1998, Gemeinschaftsteilhaber **1** 750, Gesellschafter **1** 727, 736, **20** 131, 137, 139, 143, 148, Gütergemeinschaft **1** 1472, 1482, Hauptschuldner **1** 768, Inhaber **20** 52, Kind, Ehelichkeitsanfechtung **1** 1599, Kind, elterliche Sorge **1** 1698 b, Kommanditist **20** 177, Mann, Ehelichkeitsanfechtung **1** 1595 a, Mieter **1** 569 ff., Mündel **1** 1884, Mutter **1** 1615 m, 1740 a ff., nichteheliches Kind **1** 1733, 1934 a, Nießbraucher **1** 1061, Schenker **1** 530, stiller Gesellschafter **20** 234, Testamentsvollstrecker **1** 2225, überlebender Ehegatte, fortgesetzte Gütergemeinschaft **1** 1494, Unterhaltsberechtigter **1** 1586, 1615, 1615 m, 1615 n, Unterhaltsverpflichteter **1** 1586 b, 1615, 1615 n, Vater **1** 1615 n, 1733, 1740 a ff., 1934 a, Verlobte **1** 1301, Versprechensempfänger **1** 331, vor Ehelicherklärung **1** 1733, 1740 a ff., vor Vertragsannahme **1** 153, Vorerbe **1** 2106, Vormund **1** 1799, 1894, Wirkung auf Prokura **20** 52
Todeserklärung **2** 9, **52** 128, Ehegatte, Auflösung der Ehe **10** 38, 39, Ehegatte, Wiederverheiratung **10** 38, 39, Elternteil **1** 1677, 1681, Mündel **1** 1884, noch lebende Person **1** 2031, 2370, Pflegling **1** 1921
Todesfall Zugewinnausgleich **1** 1371
Todesgefahr Nottestament **1** 2249, 2250, 2266
Tötung Erblasser, Erbunwürdigkeit **1** 2339, Ersatzpflicht **7** 12, 15, gekauftes Tier **1** 488, Schadensersatzpflicht **1** 823, 833, 834, 836, 837, 844 ff., Schenker, Schenkungswiderruf **1** 530, Umfang der Ersatzpflicht **6** 7
Tonaufzeichnung Vergütungspflicht **28** 54
Tonberichterstattung Quellenangabe **28** 63, Schranken des Urheberrechts **28** 50
Tonträger Anspruch auf Beteiligung **28** 85 f., 126, Hersteller **28** 85 f., 126, Verbreitungsrecht **28** 85, Vervielfältigungsrecht **28** 85, Zwangslizenz zur Herstellung **28** 61
Totgeburt Unterhaltsanspruch der Mutter **1** 1615 n
Transportfunktion Scheck **24** 17, Wechselindossament **23** 11, 14
Transportgefahr Kaufsache **1** 447, Werk **1** 644
Transportgeschäft **20** 1, Eisenbahn **20** 453 ff., Frachtführer **20** 425 ff., Kaufmann **20** 415, Spediteur **20** 407 ff.
Transportversicherungspolice Übertragbarkeit **20** 363 ff.
Trassant s. Aussteller, **24**
Trassat s. Bezogener, **24**
Trauring Unpfändbarkeit **33** 811
Trauung **10** 14
Trennung der Verhandlungen **33** 145, 150, 302, Fruchterwerb **1** 953 ff., Kind von Familie **1** 1666 a, s. Scheidung
Treu und Glauben Auslegung von Verträgen **1** 157; Bedingungseintritt, Verhinderung **1** 162, Grundsatz im Schuldrecht **1** 242, Verhinderung des Erfolgs **1** 815, Verweigerung der Gegenleistung **1** 320
Trunksucht **33** 455, 680 f.
Überbau **2** 116, Beeinträchtigung von Dienstbarkeit **1** 916, Beeinträchtigung von Erbbaurecht **1** 916, Eigentumsübertragung **1** 915, Entschädigung **1** 912 ff.
Überbaurente **1** 912 ff., Eintragung **1** 914, Erlöschen **1** 914, Rang **1** 914
Überbringer Quittung, Leistungsempfang **1** 370, Scheck **24** 5
Überfall Früchte **1** 911
Übergabe bewegliche Sachen **1** 929 ff., der vollstreckbaren Ausfertigung an den Gerichtsvollzieher **33** 754, einer Schrift, Verfügung von Todes wegen **13** 30 f., eines zuzustellenden Schriftstücks **33** 169 f., 175, 189, 194, Hypothekenbrief **1** 1117, 1154, 1163, Kaufsache **1** 433 ff., Ladeschein **20** 450, Lagerschein **20** 424, mehrere Wechselausfertigungen **23** 64, Sache, Nießbrauchsbestellung **1** 1032, Sache, Pfandrecht **1** 1205, 1206, 1253, 1274, 1278, Seeschiff **1** 929 a
Übergabeersatz Pfandrecht **1** 1206
Übergabepflicht Verkäufer **1** 433
Übergang Bürgschaft **1** 401, eines Anspruchs auf Kläger **33** 94, Forderung **1** 398 ff., Forderung, Ablösungsrecht **1** 268, Forderung auf Bürgen **1** 774, Forderung auf Gesamtschuldner **1** 426, Forderung auf Verpfänder **1** 1225, Forderung bei Hypothek **1** 1143, Forderung, Rechtswahl **2** 33, Gefahr s. Gefahrübergang; Hypothek **1**

401, 1153, 1164, 1173 ff., 1182, Mieteigentum **1** 571 ff., Pfandrecht **1** 401, 1250, 1251, Pfandrecht, Ablösungsrecht **1** 1249, Unterhaltsanspruch des Kindes **1** 1615 b
Übergehung berufener Vormund **1** 1778, der Vollstreckbarkeitserklärung **33** 716, eines Anspruchs im Urteil **33** 321, Pflichtteilsberechtigter, Testamentsanfechtung **1** 2080
Überhang Zweige **1** 910
Überlassung Dienstbarkeit **1** 1092, Gegenstände an Kind **1** 1644, Gegenstände an Mündel **1** 1824, Mietsache **1** 549, 553, Nießbrauch **1** 1059
Überlassungsanspruch rechtswidrig hergestellte Vervielfältigungsstücke **28** 98, Vervielfältigungsvorrichtungen **28** 99
Überlassungsverträge **2** 232 § 1 a
Überlebender Ehegatte Erbrecht **1** 1931 ff., gemeinschaftliches Testament **1** 2286 ff., Gesamtgut **1** 1487 ff.
Überlegungsfrist des Bezogenen bei Vorlage des Wechsels **23** 24
Überleitung Gerichtsverfahren **31** 117, Rechtsverhältnisse **31** 105 ff.
Übermittlung Geld **1** 269, Willenserklärung **1** 120
Übernahme des Prozesses **33** 76 f., 265 f., eines Vermögens **33** 729 f,, 750, Gesamtgut **1** 1502, 1515, Geschäftsführung **1** 681, Gewährleistung bei Viehkauf **1** 492, Gläubigerbefriedigung durch Dritten **1** 329, Haftung bei Zahlungsunfähigkeit **1** 438, Inventar bei Pacht **1** 582 a, Landgut, Erbe **1** 2049, 2312, Schuld **1** 414 ff., Vormundschaft **1** 1785 ff.
Übernahmepflicht Vormundschaft **1** 1785
Übernahmerecht überlebender Ehegatte **1** 1502
Übernahmevertrag Inhalt **21a** 126
Überpfändung **33** 803
Überrest Nacherbeneinsetzung **1** 2137
Überragende Marktstellung Vermutung **24** 23 a
Überschuldung Beschränkung des Pflichtteilsrechts **1** 2338, des Nachlasses als Konkursgrund **35** 215, Gesamtgut **1** 1447, 1448, Gesellschaft **1** 735, 739, GmbH **22** 63, juristische Personen des öffentlichen Rechtes **1** 89, Kommanditgesellschaft **20** 177 a, Nachlaß **1** 1980, 1990 ff., OHG **20** 130 a, 130 b, Pflichtverletzung bei **21** 401, Stiftung **1** 86, Verein **1** 42, Vorstandspflichten bei **21** 92
Überschuß Ausgleichsforderung des Ehegatten **1** 1378, Teilung bei Gütergemeinschaft **1** 1476, Verteilung in Gesellschaft **1** 734, Verteilung, Nachlaßverbindlichkeiten **1** 2047
Überschußschuld **20** 355
Übersendung Ware **20** 379
Übersetzung **33** 142, geschütztes Werk **28** 3, Niederschrift **13** 16, Urkunde **13** 50, vor 1. 1. 1902, Urheberrecht **28** 130
Übersicht unrichtige –, Vermögensstand der AG **21** 400
Übertragbarkeit Anspruch auf Dienste **1** 613, Ausgleichsforderung des Ehegatten **1** 1378, beschränkte persönliche Dienstbarkeit **1** 1092, der Forderung, Voraussetzung für ihre Pfändung **33** 851, Gesellschaftsrechte **1** 717, Nießbrauch **1** 1059, 1059 a, Pflichtteilsanspruch **1** 2317, Transportversicherungspolice **20** 363 ff., Vereinsmitgliedschaft **1** 38
Übertragung Anspruch auf Dienste **1** 613, Anweisung **1** 792, Auftrag **1** 664, der Beweisaufnahme **33** 355, 361, 365, 372, 375, des Eigentums **33** 848, 897, Eigentum an beweglichen Sachen **1** 929 bis 936, Eigentum an Grundstücken **1** 313, 873, 925, Eigentum an Schiffen **1** 929 a, 932 a, Eigentum an Überbau **1** 915, eines Anspruchs **33** 157, Einschränkung neuer – bei einzelnen Gerichten **32** 34, elterliche Sorge **1** 1671, 1680, 1681, Erbanteil **1** 2035 ff., Familienname **1** 1740 g, Forderung **1** 398 bis 413, **20** 392, Forderung, Gesamtschuldner **1** 429, Forderung im Hypothekenrecht **1** 1153, 1154, Forderung im Pfandrecht **1** 1250, Forderung, Rechtswahl **2** 33, Gehaltsansprüche **2** 81, Geschäfte des Rechtspflegers **32** 3 ff., Geschäfte des Rechtspflegers auf den Richter **32** 6 ff., Geschäftsführung **1** 710, Gesellschaftsrechte **1** 717, Gesellschaftsvermögen **21** 179 a, Grundpfandrechte **39** 26, mittelbarer Besitz **1** 870, Namensaktien **21** 68, Nießbrauch **1** 1059 ff., Nutzungsrecht am Werk **28** 34, 137, Pfandrecht **20** 441, Pflichtteilsanspruch **1** 2317, Rechte **1** 413, Scheckrecht **24** 14 ff., Schmerzensgeldanspruch **1** 847, Stimmrecht für Aktien **21** 134 f., Urheberrecht **28** 29, 137, Vermögen **1** 310, 311, Vermögensgegenstände **1** 1383, von Vermögensgegenständen im ehelichen Güterrecht, Zuständigkeit **33** 621, Vorkaufsrecht **1** 514, Wareneigentum **20** 366 f., Wechsel **23** 11 ff., Wechsel durch Indossament **23** 11, 14, Zwischenscheine **21** 68
Übertragungsfunktion Indossament **23** 14, Scheck **24** 17
Überwachung Schutz geographischer Herkunftsangaben **27** 134, Vergleichserfüllung **36** 90 ff.
Überwachungspflicht Jugendamt **1** 1850
Überweisung im Zwangsvollstreckungsverfahren **33** 772 f., 835 ff., 849, 853 ff., 886
Überweisungsbeschluß **33** 836 f.
Überzeugung nach freier – des Gerichts **33** 278 f., 283, 286 f., 419, 435, 442, 446, 448, 452, 454, 534
Überziehungskredit **3** 5
Üble Nachrede Kreditgefährdung **1** 824
Umdeutung Rechtsgeschäft **1** 140
Umfang Befugnis zur Geschäftsführung **20** 116, Betrieb **20** 1 f., 4, der Prozeßvollmacht **33** 81 bis 83, Prokura **20** 49, Prüfung der Kapitalgesellschaft **20** 317, Übertragung **32** 4, Vertretungsmacht **20** 126
Umgang Kind **1** 1632, 1634, Vater mit Kind **1** 1711

Umgehung Wettbewerbsverbot **20** 75 c
Umgehungsgeschäft Erwerb eigener Aktien **21** 71 a
Umgehungsverbot Allgemeine Geschäftsbedingungen **4** 7, Haustürwiderrufsgesetz **5** 5, Kreditvertrag **3** 18
Umgestaltung Kaufsache, Wandelung **1** 467, Nießbrauch **1** 1037, Sache, Eigentumserwerb **1** 950, Sache, Rücktrittsrecht **1** 352, Sache, Wiederkauf **1** 498, vermachte Sache **1** 2172, Werk **28** 23
Umlaufvermögen **20** 266, Wertansatz **20** 253
Umrechnung Forderungen **36** 34, Geldschuld in ausländischer Währung **1** 244
Umsatzerlös Konzernabschlußbefreiung **20** 293
Umsatzkostenverfahren **20** 275
Umschreibung Grundbuch **39** 111, Inhaberpapiere **1** 806, Inhaberpapiere auf Mündel **1** 1815, 1820, Inhaberpapiere auf Vorerben **1** 2117, Namensaktien im Aktienbuch **21** 68, unübersichtliches Grundbuchblatt **39** 91, von Wertpapieren **33** 822
Umschulung Unterhaltsanspruch, Scheidung **1** 1575
Umtauschrecht Aktien **21** 221
Umtauschverhältnis Verbesserung bei Verschmelzung **21a** 15
Umwandlung Arten **21a** 1, Geldschuld in Darlehen **1** 607, Grundschuld in Hypothek **1** 1198, Hypothek in Grundschuld **1** 1198, Hypothek in Sicherungshypothek **1** 1186, Inhaberpapiere des Mündels **1** 1815, 1820, internationale Markenregistrierung **27** 125, Kapital- und Gewinnrücklagen **21** 208, Namensaktien in Inhaberaktien und umgekehrt **21** 24, Rentenschuld in Grundschuld **1** 1203, Rücklagen in Stammkapital **22** 57 c ff., Sicherungshypothek in Hypothek **1** 1186, Stiftung **1** 87, von Gemeinschaftsmarken **27** 125 d
Umwandlungsbericht **21a** 192
Umwandlungsbeschluß **21a** 193 ff., Befristung und Klageausschluß **21a** 195, 210
Umwandlungsgesetz **21a**
Umwelteinwirkungen Anlagenhaftung **7** 1, bei nichtbetriebenen Anlagen **7** 2, Schaden durch **7** 3
Umwelthaftungsgesetz **7**
Umweltsachen Gerichtsstand **33** 32 a
Unabdingbarkeit Ersatzpflicht, Produkthaftung **6** 14, Kreditvertrag **3** 18, Pflichten des Dienstberechtigten **1** 619, Recht auf Widerruf **5** 5, Rechte in Mietsachen **1** 554 b
Unabhängigkeit Gerichte **30** 1, Richter **31** 25 ff., 45, Staatsanwaltschaft von Gerichten **30** 150
Unabwendbarer Zufall **33** 233
Unanfechtbarkeit der Zurückweisung des Antrags, nach Aktenlage zu entscheiden **33** 355, 406, 506, 512, 534, 548, 567, 691, 707, 718, 770, 957, Verweisung an andere Kammer **30** 102, von Entscheidungen **33** 10, 37, 99, 127, 157, 174, 177, 225, 270, 276, 319 f., 336
Unauflöslichkeit Wohnungseigentümergemeinschaft **8** 11
Unaufschiebbare Handlungen **33** 47
Unausführbarkeit einer Zustellung **33** 182, 203, Werk **1** 645
Unbedenklichkeitsbescheinigung **13** 19
Unbedingtheit Annahme des Wechsels **23** 26, Indossament **23** 12, Indossament, Scheck **24** 15
Unbeeidigte Vernehmung der Zeugen **33** 393
Unbefugter Gebrauch Firma **20** 37
Unbekannte Aktionäre Bezeichnung bei Formwechsel **21a** 213, Bezeichnung bei Verschmelzung **21a** 35
Unbekannter Berechtigter **34** 126, Aufgebotsverfahren zwecks Ausschließung **34** 138, Ausschluß bei Reallasten **1** 1112, Ausschluß bei Vorkaufsrecht **1** 1104, nachträgliche Ermittlung **34** 137, 139, Vertreter **34** 135
Unbekannter Beteiligter Pflegschaft **1** 1913
Unbekannter Erbe Nachlaßsicherung **1** 1960
Unbekannter Gläubiger Ausschluß bei Hypothek **1** 1170, 1171
Unbeschränkte Erbenhaftung **1** 1993 ff., keine Einrede **1** 2016
Unbestellbarkeit einer Postsendung **33** 195 a
Unbestimmtheit Leistungszeit **1** 299, Vorerbe **1** 2105
Unbewegliche Sachen Gerichtsstand **33** 24 bis 26, im Arrestverfahren **33** 932, im Zwangsvollstreckungsverfahren **33** 848, 855, 864 ff., 885
Unbewegliches Vermögen **33** 810, 864 ff., 932
Undank Schenkungswiderruf **1** 530, 533
Unechtheit von Urkunden **33** 256, 437 bis 443, 595
Uneheliche Kinder kein Armutszeugnis bei Unterhaltsklagen gegen den Vater **33** 118, Kosten bei Unterhaltsklagen nichtehelicher Kinder **33** 93 d
Uneheliche Vaterschaft **33** 640 ff.
Unehelichkeit s. Nichtehelichkeit
Unehre **33** 384, 393
Uneinigkeit Vertragsparteien **1** 154, 155
Unentbehrliche Gegenstände des Schuldners **33** 811
Unentgeltliche Verfügung Erbschaftsverkäufer **1** 2375, Testamentsvollstrecker **1** 2205, Vorerbe **1** 2113
Unentgeltliche Zuwendung Auflage **1** 330, ungerechtfertigte Bereicherung **1** 822, s. a. Schenkung
Unerfahrenheit Ausbeutung bei Rechtsgeschäft **1** 138
Unerlaubte Handlung Amtspflichtverletzung **1** 839; Arglisteinrede **1** 853, Ausschluß der Verantwortlichkeit **1** 827, außerehelicher Beischlaf **1** 825, Beteiligte **1** 830, Billigkeitshaftung **1** 829, DDR-Übergangsrecht **2** 232 § 10, deliktischer Besitzer, Haftung **1** 992, deliktischer Erbschaftsbesitzer **1** 2025, Ersatzansprüche Dritter bei Tötung **1** 844, Ersatzansprüche wegen entgangener Dienste **1** 845, Ersatzpflicht

bei Verletzung einer Person **1** 842, Forderung aus –, Aufrechnungsverbot **1** 393, Geldrente oder Kapitalabfindung **1** 843, Gerichtsstand **33** 32, Gesamtgutsverbindlichkeiten aus **1** 1441, 1463, gutgläubige Ersatzleistung an Besitzer **1** 851, Haftung bei Einsturz eines Gebäudes **1** 836, Haftung des Aufsichtspflichtigen **1** 832, Haftung des deliktischen Besitzers **1** 992, Haftung des deliktischen Erbschaftsbesitzers **1** 2025, Haftung des Dritten neben haftendem Beamten **1** 841, Haftung des Gebäudebesitzers **1** 837, Haftung des Gebäudeunterhaltspflichtigen **1** 838, Haftung des Tierhalters **1** 833, Haftung des Tierhüters **1** 834, Haftung für Verrichtungsgehilfen **1** 831, Haftung für Zufall bei Entziehung einer Sache **1** 848, Haftung mehrerer Verantwortlicher **1** 840, im Ausland begangene **2** 38, Kreditgefährdung **1** 824, Minderjährige **1** 828, Mittäter **1** 830, Mitverschulden des Verletzten **1** 846, Schadensersatzpflicht **1** 823, Schmerzensgeld **1** 847, Taubstumme **1** 828, Verjährung **1** 852, Verwendungsersatz **1** 850, Verzinsung der Ersatzsumme **1** 849, vorsätzliche sittenwidrige Schädigung **1** 826

Unerlaubte Verwertung urheberrechtlich geschützte Werke **28** 106, 108 a

Unfähigkeit des Anwalts zur Fortführung der Vertretung **33** 244, zu eidlichem Zeugnis **33** 393, zum Schöffenamt **30** 32 ff., zum Vormund **1** 1780

Unfallversicherung Anrechnung bei Dienstverhinderung **1** 616, 617

Ungebühr Ordnungsgeld oder -haft wegen **30** 178

Ungerechtfertigte Bereicherung Ausschluß der Rückforderung **1** 814, Einrede **1** 821, Erfüllung trotz Einrede **1** 813, Herausgabepflicht **1** 812, Herausgabepflicht des beschenkten Dritten **1** 822, Nichteintritt des Erfolgs **1** 815, Umfang der Herausgabepflicht **1** 818, verbotene oder sittenwidrige Leistung **1** 817, Verfügung eines Nichtberechtigten **1** 816, verschärfte Haftung bei Kenntnis des Rechtsmangels **1** 819, verschärfte Haftung bei ungewissem Erfolgseintritt **1** 820

Ungewißheit der Dauer eines Hindernisses der Beweisaufnahme **33** 356, der Grenzen von Gerichtsbezirken **33** 36

Ungültigkeit nachträgliche Feststellung der – einer Marke **27** 125 c

Uniformen Unpfändbarkeit **33** 811

Universalsukzession Grundsatz **1** 1922

Unkenntnis fahrlässige s. dort

Unlauterer Wettbewerb, Gesetz gegen den 26

Unmittelbarer Zwang FGG-Verfahren **37** 33

Unmöglichkeit Erfolgseintritt **1** 815, 820, Herausgabe **1** 292, 347, 351, 498, 501, 848, 2021, 2023, Klauselverbot, AGB **4** 11, Leistung **1** 265, 275, 280 ff., 285, 287, 306 ff., 323 ff., 338, Leistung, Behebbarkeit **1** 308, Leistung bei Gesamtschuldverhältnis **1** 425, Leistung bei Vermächtnis **1** 2171, 2172, Mängelbeseitigung **1** 634, Nebenleistung bei Vorkauf **1** 507, Stiftungszweck **1** 87, Vollzug einer Auflage **1** 2196

Unmöglichwerden Leistung aus gegenseitigem Vertrag **1** 323 ff.

Unparteilichkeit 33 42

Unpfändbare Forderungen und Rechte **33** 850 bis 850 i, 851 f., 859 bis 863, Pfändung **33** 811 c, Sachen **33** 811 f., 865

Unpfändbare Forderung Abtretungsausschluß **1** 400, Aufrechnungsausschluß **1** 394

Unpfändbarkeit Nießbrauch **1** 1059 b, Rücknahmerecht **1** 377

Unredlichkeit Spediteur **20** 414

Unrichtige Darstellung durch Vorstand, Aufsichtrat oder Abwickler **21a** 313

Unrichtigkeit Erbschein **1** 2361, Grundbuch **1** 894, 1140

Unrichtigkeiten der Sitzungsniederschrift 33 164, des Parteivortrags **33** 526, offenbare – des Urteils **33** 319, sonstige **33** 320

Unselbständigkeit Sondereigentum **8** 6

Unsicherheit des Wechselakzeptanten **23** 43

Unsittliches Verhalten Pflichtteilsentzug **1** 2333 ff., Rechtsgeschäft **1** 138, Schadensersatz **1** 826

Untauglichkeit zum Vormund **1** 1781

Unteilbarkeit Leistung **1** 431, 432, Rücktrittsrecht **1** 356

Unterbewertung Sonderprüfung **21** 258 ff., unzulässige **21** 258 ff.

Unterbrechung Ersitzung **1** 940 ff., Fristenlauf **33** 207, 249, Verfahren **33** 239 ff., Verjährung **1** 208 ff., 477, 639, **20** 160, **33** 267, 270

Unterbringung in Anstalt **30 a** 38, in einer Heilanstalt **33** 656, mit Freiheitsentziehung, Betreuter **1** 1906, mit Freiheitsentziehung, Kind **1** 1631 b, Mündel **1** 1838, vorläufige **37** 70 h

Unterbringungssache 37 70 ff., Anhörung **37** 70 c, 70 d, Antrag auf gerichtliche Entscheidung **37** 70 l, Aufhebung, Verlängerung **37** 70 i, Ausschluß der Öffentlichkeit **30** 171 a, Aussetzung **37** 70 k, Beschwerde **37** 70 m, einstweilige Anordnung **37** 70 h, Entscheidung, Bekanntmachung **37** 70 g, Gutachten **37** 70 e, keine Kostenerhebung **52** 128 b, Maßnahmen **37** 70, Mitteilung **37** 70 n, Pflegerbestellung **37** 70 b, Verfahrensfähigkeit **37** 70 a

Unterdrückung einer Urkunde **33** 444

Unterfrachtführer 20 432, 449

Untergang einer Sache Erbschaftsanspruch **1** 2023, Erbschaftskauf **1** 2375, Herausgabepflicht **1** 292, Kauf **1** 446, Rücktritt **1** 350, 351, Schadensersatz **1** 989, unerlaubter Entzug **1** 848, Werkvertrag **1** 644, 645, Wiederkauf **1** 498, 501

Unterhalt angemessener **1** 1610, Anpassung der Geldrente **1** 1612 a, aus Billigkeit **1** 1576, aus Kindesvermögen **1** 1649, Bemessung **1** 1615 c, eines Ehegatten **33** 620, Einwendungen gegen Änderung von -stiteln **33** 641 n, Familien- **1** 1360 ff., 1420, 1601 ff., Gefährdung des Schenkers **1** 519, 528, Geldrente **1** 1612, Gemeinschuldner **35** 129, geschiedener Ehegatte, DDR-Übergangsrecht **2** 234 § 5, Gestaltung des Anspruchs **1** 1585 ff., Getrenntlebende **1** 1361, Handlungsgehilfe **20** 62 f., Kostenvorschuß in -ssachen **33** 127 a, Leistungsfähigkeit **1** 1581 ff., Maß nach Scheidung **1** 1578, nach Auflösung neuer Ehe **1** 1586 a, nichteheliches Kind **33** 642 ff., nichteheliches Kind, DDR-Übergangsrecht **2** 234 § 9, Rangfolge, geschiedener und neuer Ehegatte **1** 1582 ff., Regel- **1** 1615 f, Regelbedarf **1** 1615 f ff., Sonderbedarf **1** 1613, 1615 h, Stundung **1** 1615 i, Unterhaltspflicht **1** 1601 ff., vereinfachtes Verfahren zur Abänderung von -stiteln **33** 641 l f., Verfahren über den – von Minderjährigen **33** 642 ff., Vergangenheit **1** 1585 b, 1613, 1615 d, Verzicht **1** 1614, 1615 e, Vorausleistung **1** 1614, werdende Mutter des Erben **1** 1963, werdende Mutter des Nacherben **1** 2141, Zuvielleistung **1** 1360 b

Unterhaltsanspruch Annahme als Kind **1** 1755, Anrechnung nach Abfindung **1** 1587 n, Aufleben **1** 1586 a, Berechtigung **1** 1570 ff., Einschränkung **1** 1579, Ende **1** 1586 ff., Erlöschen durch Tod **1** 1615, Erwerbstätigkeit **1** 1573 ff., Familienangehörige des Erblassers **1** 1969, Geltendmachung **1** 1690, Geltendmachung durch Beistand **1** 1690, Geltendmachung durch Pfleger **1** 1706, Gestaltung **1** 1585 ff., getrennt lebender Ehegatte **1** 1361, im Konkurs **35** 3, nach Scheidung **1** 1569 ff., nichteheliches Kind und seine Mutter **1** 1615 a ff., Übergang **1** 1615 b, Verwirkung **1** 1611, vor und nach Geburt **1** 1615 l, 1615 o, werdende Mutter des Erben **1** 1963, werdende Mutter des Nacherben **1** 2141

Unterhaltsansprüche Rangverhältnis für Pfändbarkeit **33** 850

Unterhaltsberechtigter Begriff **1** 1602, Einkünfte **1** 1577, Rangfolge **1** 1609, Tod **1** 1586, 1615, Vermögen **1** 1577, Verwirkung des Anspruchs **1** 1611, Verzicht **1** 1614, Wiederheirat **1** 1586

Unterhaltsberechtigung **1** 1570 ff., Alter **1** 1571, Betreuung eines Kindes **1** 1570, Billigkeitsgründe **1** 1576, 1579, Erwerbstätigkeit **1** 1573 ff., Gesundheitsschaden **1** 1578 a, Krankheit **1** 1572

Unterhaltsklagen Kosten bei – nichtehelicher Kinder **33** 93 d

Unterhaltspflicht **1** 1601 ff., **33** 621, 850 b, 850 d, 863, Annahme als Kind **1** 1751, Art der Unterhaltsgewährung **1** 1612, Beschränkung **1** 1611, Ehegatten **1** 1360 ff., Erbvertrag **1** 2295, Ersatzhaftung **1** 1607, Gefährdung durch Schenkung **1** 519, 528, geschiedener Ehegatte **1** 1581 ff., Getöteter **1** 844, 846, Grenzen **1** 1603, Gütergemeinschaft **1** 1604, nichteheliches Kind **1** 1615 a ff., Rangfolge **1** 1606, 1609, Ruhen **1** 1587 d, Sicherheitsleistung **1** 1585 a, Vater **1** 1739, Vereinbarungen **1** 1585 c, Vererblichkeit **1** 1586 b, Vergangenheit **1** 1613, Verwandte **1** 1601 ff., Vorrang Ehegattenhaftung **1** 1608, Wegfall **1** 1611

Unterhaltspflichtiger **1** 1601, Rangfolge **1** 1606, 1608, Sicherheitsleistung **1** 1585 a, Tod **1** 1615, Vorausleistung **1** 1614

Unterhaltsrente für Minderjährige, DDR-Übergangsrecht **2** 234 § 8

Unterhaltssachen Gebührenfreiheit **52** 55 a, nichtehelicher Kinder **33** 642 ff., Zuständigkeit, Amtsgericht **30** 23 a

Unterhaltstitel vereinfachtes Verfahren zur Abänderung **51** 43 a

Unterhaltsvereinbarung nichteheliches Kind **1** 1615 e

Unterhaltsvertrag Scheidung **1** 1585 c

Unterhaltung Anlage bei Grunddienstbarkeiten **1** 1020 ff., Grenzanlagen **1** 922, Nießbrauchsache **1** 1041

Unterlassen Angaben im Bilanzanhang **20** 286

Unterlassung Zwangsvollstreckung auf **33** 890

Unterlassungsanspruch Allgemeine Geschäftsbedingungen **4** 13, Berechtigungsscheine **26** 6 b, Besitzstörung **1** 862, Bestechung von Angestellten **26** 12, 13, Eigentumsbeeinträchtigung **1** 1004, gegen Agenten oder Vertreter **27** 17, Hypothekengläubiger **1** 1134, Inhaber einer geschäftlichen Bezeichnung **27** 15, Klagebefugnis **26** 13, Konkurswarenverkauf **26** 6, 13, Markeninhaber **27** 14, Mißbrauch **26** 13, progressive Kundenwerbung **26** 6 c, 13, Räumungsverkauf **26** 8, Schutz geographischer Herkunftsangaben **27** 128, 135, Sonderveranstaltungen **26** 7, strafbare Werbung **26** 4, 13, unlauterer Wettbewerb **26** 1, Urheberrechtsverletzungen **28** 97, Verjährung **1** 194 ff., **26** 21, Verkauf an letzte Verbraucher **26** 6 a, Verpächter **1** 590 a, Verstoß gegen Verfügung der Kartellbehörde **25** 35

Unterlassungsklage Firmenverletzung **20** 37, Gläubiger bei Hypothek **1** 1134, Namensschutz **1** 12, Nießbrauch **1** 1053, vertragswidriger Gebrauch der Mietsache **1** 550

Untermiete **1** 549, 556

Untermieter **33** 708

Unternehmen abhängiges **21** 17, **25** 23, assoziiertes **20** 311 f., Aufnahme in Wirtschafts-, Berufsvereinigung **25** 27, ausländisches **28** 126 ff., Beherrschungsvertrag **21** 291, eingegliedertes **21** 319 bis 327, gewerbliches **20** 2, herrschendes **21** 17, **25** 23, kleines und mittleres **25** 5 b, Konzern- **21** 18, marktbeherrschendes **25** 22, Mehrheitsbesitz **21** 16, Mehrheitsbeteiligung **21** 16, öffentliche Hand **25** 98, öffentlicher Körperschaften **20** 36, 42,

verbundene **20** 271, **21** 15, 291 bis 337, Verkehrs- **25** 99, Versicherungs- **25** 102, Versorgungs- **25** 103, 103 a, wechselseitig beteiligte **21** 19, 328
Unternehmen der öffentlichen Versorgung 25 103
Unternehmenskennzeichen 27 5
Unternehmensverträge 21 291 ff., Abschluß **21** 293, Änderung **21** 295, Anmeldung **21** 294, 298, Aufhebung **21** 296, Beendigung **21** 296 ff., 307, Beherrschungsvertrag **21** 18, 291, Bericht **21** 293 a, Betriebspachtvertrag **21** 292, Betriebsüberlassungsvertrag **21** 292, Eintragung **21** 294, 298, Form **21** 293, 296, gesetzliche Rücklage **21** 300, Gewinnabführungsvertrag **21** 291, 304 f., 324, Gewinngemeinschaftsvertrag **21** 292, Kündigung **21** 297, Prüfung **21** 293 a, Sicherung der freien Aktionäre **21** 304 ff., Teilgewinnabführungsvertrag **21** 292, Verlustübernahme **21** 302, vor Inkrafttreten des Aktiengesetzes **21** 22, Weisungen aufgrund von **21** 299, Wirksamkeit **21** 294, Zustimmung der Hauptversammlung **21** 293
Unternehmenszusammenschluß 25 23
Unternehmer Bausicherungshypothek **1** 648, Gewährleistung bei Werkvertrag **1** 633 ff., Nichtigkeit des Haftungsausschlusses bei Werkvertrag **1** 637, Pfandrecht bei Werkvertrag **1** 647
Unterpacht 1 598
Unterrichtsgebrauch Zulässigkeit der Vervielfältigung und Verbreitung **28** 46
Untersagung Begebung des Wechsels durch Aussteller **23** 15, Beschlußfassung durch Konkursgericht **35** 99, des Vortrags **33** 157 f., einer Vollstreckungsmaßnahme **33** 765 a, 788, vorläufige – von Rechtshandlungen durch Konkursgericht **35** 135, Wechselbegebung durch Aussteller **24** 15
Unterscheidbarkeit Firma **20** 30
Unterschiedsbetrag bei Konzernabschluß **20** 309, 312
Unterschrift Beglaubigung **13** 39 f., der Ausfertigungen und Auszüge von Urteilen **33** 317 iVm 725, der Privaturkunden **33** 416, 439 f., der Vollstreckungsklausel **33** 725, der vorbereitenden Schriftsätze **33** 130, der Zustellungsurkunde **33** 191, 198, des Protokolls **33** 163, des Schiedsspruchs **33** 1039, des Urteils **33** 315, erdichtete Personen **23** 7, Firma **20** 17, 29, gefälschte **23** 7, 77, **24** 10, Gesellschafter, OHG **20** 108, Handelsmakler **20** 100, Handlungsbevollmächtigter **20** 57, Indossant **23** 13, **24** 16, Ladeschein **20** 445, Liquidatoren **20** 35, 148, 153, Niederschrift **13** 13, Prokurist **20** 51, 53, Scheck, Aussteller **24** 1, Scheckbürge **24** 26, Testament **1** 2247, 2267, ungültige **23** 7, **24** 10, unter Vollstreckungsprotokollen **33** 762, Vertreter **23** 8, Vertreter ohne Vertretungsmacht **24** 11, von Beschlüssen **33** 329, Vorstandsmitglieder **20** 35, Wechsel, Annehmender **23** 25, Wechsel, Aussteller **23** 1, 75, Wechselbürge **23** 31, zum Handelsregister **20** 12 bis 14
Untersuchung durch Kommissionär **20** 388, durch Spediteur **20** 407, Waren beim Handelskauf **20** 377
Untersuchungsgrundsatz Einschränkung des – beim Verfahren in Kindschaftssachen **33** 640 d, in Ehesachen **33** 616
Untervermächtnis Fälligkeit **1** 2186
Unterwerfung unter sofortige Zwangsvollstreckung **33** 794, 799 f.
Unterzeichnung Abschlußbericht **20** 321, Aktie **21** 13, Bilanz **20** 41, 245, Jahresabschluß **20** 245
Unübertragbare Forderungen **33** 851
Unübertragbarkeit beschränkte persönliche Dienstbarkeit **1** 1092, Handlungsvollmacht **20** 58, Nießbrauch **1** 1059, 1059 a, Prokura **20** 52, Vereinsmitgliedschaft **1** 38
Ununterbrochene Reihe Indossamente **23** 15, **24** 35, Scheckvermutung **24** 19
Unveräußerliche Rechte **33** 857
Unverbindliche Preisempfehlung Markenwaren **25** 38 a
Unverbindlichkeit Wettbewerbsverbot **20** 75 a
Unvereinbarkeit Zugehörigkeit zu Vorstand und Aufsichtsrat, AG **21** 105
Unverjährbarkeit Anspruch auf Gemeinschaftsaufhebung **1** 758, Berichtigungsansprüche **1** 898, eingetragene Rechte **1** 902, familienrechtliche Ansprüche **1** 194, 200, nachbarrechtliche Ansprüche **1** 924
Unvermögen 33 118 f., Gattungsschuld **1** 279, Schuldner, kein Gläubigerverzug **1** 297, Schuldner zur Leistung **1** 275, 279, s. a. Unmöglichkeit
Unverschuldete Unkenntnis Schutz **20** 136
Unverzichtbarkeit 33 274, 295
Unverzüglichkeit Begriff **1** 121
Unvollständigkeit Scheck **24** 2; Wechsel **23** 2
Unwahrheit Verbreitung, Schadensersatz 1 824
Unwesentliche Bearbeitung nicht geschütztes Werk **28** 3
Unwesentliches Beiwerk Werkvervielfältigung **28** 57
Unwirksamkeit Allgemeine Geschäftsbedingungen **4** 6, Auflage **1** 2195, Aufrechnung, Nachlaß **1** 1977, Aufrechnungserklärung **1** 388, einseitige Rechtsgeschäfte, eheliches Güterrecht **1** 1367, 1368, einseitige Rechtsgeschäfte, Vormund **1** 1831, Erbvertrag **1** 2298, Ernennung des Testamentsvollstreckers **1** 2201, Gebot, Zurückweisung **34** 71, gemeinschaftliches Testament **1** 2268, 2270, Inventarfristbestimmung **1** 2000, keine – bei Unzuständigkeit oder ausgeschlossenen Richtern **37** 7, Leistungsversprechen **1** 344, mehrere letztwillige Verfügungen **1** 2085, Rechtserwerb, Konkurs **35** 15, Rechtshandlungen des Gemeinschuldners nach Konkurseröffnung **35** 7, Vaterschaftsanerkennung **1** 1600 f, Vereinbarung bei Vorkauf **1** 506, Vergleich **1** 779, Vermächtnis

1 2160, 2169, 2171, Versprechen einer Vertragsstrafe, Mieter 1 550 a, Vertrag, Leistung durch Dritte 1 319
Unwürdigkeit Abkömmling, Gesamtgutsauseinandersetzung 1 1506, Erbe 1 2339 ff., Pflichtteilsberechtigter 1 2345, Vermächtnisnehmer 1 2345
Unzulänglichkeitseinrede Vermächtnis 1 2187
Unzulässigkeit der Klage bei Vorliegen eines Schiedsvertrages 33 1027 a, der Klage, Rüge 33 528, Rechtsweg 30 17 a, 33 511 a, 547, von Gerichtsstandsvereinbarungen 33 40
Unzumutbarkeit Mietverhältnis 1 554 a
Unzuständigkeit 33 10, 276, 281, 328, 504, 506, 528, 551, 697, Einrede 33 39, Einrede der 25 52
Urheber Anteil am Veräußerungserlös 28 26, Auskunftsanspruch 28 26, 54 g, 101 a, Begriff 28 7, bei Arbeits-, Dienstverhältnis 28 43, Beteiligung an Erträgnissen 28 36, Mit- 28 8, Nutzungsrechte 28 31 ff., Rechtsnachfolger 28 28 bis 30, verbundene Werke 28 9, Vermutung 28 10, vor 1.1.1966 28 134
Urheberbenennung 33 76
Urheberbezeichnung unzulässiges Anbringen 28 107, Werk 28 39
Urheberpersönlichkeitsrecht 28 12 ff., Anerkennung der Urheberschaft 28 13, Entstellung des Werkes 28 14, Veröffentlichungsrecht 28 12
Urheberrecht Anspruch auf Auskunft 28 26, 101 a, Anspruch auf Überlassung der Vervielfältigungen 28 98, Anspruch auf Unterlassung, Schadensersatz 28 97, Anspruch auf Vergütung 28 27, Anspruch auf Vernichtung 28 98, Dauer 28 64 bis 69, Erlöschen 28 64 ff., Folgerecht 28 26, Inhalt 28 11, Markenschutz 27 13, Recht auf Anerkennung 28 13, Rechtsnachfolge 28 28 bis 30, Schranken 28 45 ff., Verbot der Entstellung 28 14, Veröffentlichungsrecht 28 12, verwandte Schutzrechte 28 70 ff., Verwertungsrechte 28 15 bis 23, Zugang zu Werkstücken 28 25, Zwangsvollstreckung 28 112, 113, 115
Urheberrechtsgesetz 28 , Verfahren nach 51 65 b
Urheberrechtsstreitsachen Bekanntmachung des Urteils 28 103, Rechtsweg 28 104, zuständiges Gericht 28 105
Urheberrechtsverletzung Ausnahmen 28 101, Bekanntgabe der Verurteilung 28 111, Bekanntmachung des Urteils 28 103, Haftung 28 100, Rechtsweg 28 97 ff., Schadensersatzanspruch 28 97, Strafvorschriften 28 106 ff., Überlassungsanspruch 28 99, unerlaubte Eingriffe 28 108, unerlaubte Verwertung 28 106, Unterlassungsanspruch 28 97, unzulässiges Anbringen der Urheberbezeichnung 28 107, Verjährung 28 102, Vernichtungsanspruch 28 98, 110, verwandte Schutzrechte 28 97 ff.
Urheberrolle Einsicht, Eintragung 28 138
Urheberschaft Anerkennung 28 13, Vermutung über 28 10
Urkunde 33 131, 134 f., 142, 256, 273, 364, 510, 580, 588, 593, 792, 794, 896, 1003 ff., 38 9, Aufbewahrung 39 10, aus mehreren Blättern bestehende 13 44, Aushändigung 1 410, 1144, 1145, 1150, Auslieferung, Forderungsübertragung 1 402, 403, Auslieferung, Kauf 1 444, Behandlung 13 44 bis 54, bereits errichtete 13 68, Beweis durch 51 34, Eigentum an Schuldurkunden 1 952, Einreichung beim Grundbuchamt oder Registergericht 13 53, Einsicht 1 810, Errichtung 1 126 ff., Hinterlegung 1 372, hinterlegungsfähige 38 5, Leistung an Inhaber 1 807, private –, Zeitpunkt der Vorlegung 13 39, 43, Urschrift 13 45 ff., Verbindung der – über eine Forderung mit dem Hypothekenbrief 39 58, Verwaltung 38 9, Vorlage für Auflassung 1 925 a, Vormundsbestallung 1 1791, Wettbewerbsverbot 20 75, zerstörte oder abhanden gekommene 39 123, Zustellung 13 62
Urkunden- und Wechselprozeß 33 592 bis 605 a, 708, keine Sicherheitsleistung klagender Ausländer im 33 110
Urkundenbeweis 33 415 bis 444, 595
Urkundenmahnbescheid 33 703 a
Urkundenprozeß Abstehen 51 39
Urkundensprache 13 5
Urkundsbeamter als Dolmetscher 30 190, Geschäftsstelle 30 153, 32 26
Urkundsbeamter der Geschäftsstelle Abgabe von Anträgen im vereinfachten Verfahren 33 641 r, Abgabe von Erklärungen 33 129 a, 702, Änderung einer Entscheidung des 33 576, Ausschließung und Ablehnung 33 49, Beglaubigung 33 196, 210, 317, keine Anwaltsvertretung bei Prozeßhandlungen vor dem Urkundsbeamten 33 78, Kostentragung wegen groben Verschuldens 33 102, Protokoll über die mündliche Verhandlung 33 159, 163, 163 a, Urteilsausfertigung 33 317, Vermittlung der Zustellung 33 196, vollstreckbare Ausfertigung 33 724, 797, Vollstreckungsbescheid 33 699, Vollstreckungsklausel 33 725, Zustellung durch Aufgabe zur Post 33 213, Zuziehung des –, außerhalb der mündlichen Verhandlung 33 165
Urkundsperson 33 415, 418
Ursachenvermutung 7 6, Ausschluß 7 7
Urschrift Ausfertigung 13 47 ff., 51 f., Aushändigung 13 45, der Beweisverhandlungen 33 362, des Urteils 33 734, Ersetzung 13 46, öffentlicher Urkunden 33 435, Übersetzung 13 50, von Urkunden 33 588, 593, Wechsel 23 68, zuzustellender Schriftstücke 33 169, 190, 194
Ursprungsbezeichnung Schutz geographischer 27 130
Urteil Anfechtungsklage gegen Hauptversammlungsbeschlüsse 21 248, Bekanntmachung, Urheberrechtsstreitigkeiten 28 103, 111, Berichtigung

33 319, Ergänzung **33** 321, 716, gegen Gesamtschuldner **1** 425, im Mahnverfahren **33** 697, in abgekürzter Form **33** 313 b, in Kindschaftssachen **33** 641 h, Inhalt **33** 313, Klage auf dessen Abänderung **33** 323, Kostenfestsetzung **33** 103, Leistungsbestimmung durch **1** 319, nach Lage der Akten **33** 251 a, Nichtigkeitsklage gegen Wahl von Aufsichtsratsmitgliedern **21** 252, öffentliche Verkündung **30** 173, Rechtskraft **33** 322, 325 bis 327, Rücknahmeausschluß bei Hinterlegung **1** 376, Urteilsgründe **33** 286, 311, 313, Verfahren bis zum **33** 253 bis 299 a, 300 bis 329, Verfahren nach billigem Ermesssen **33** 495 a, Verjährung festgestellter Ansprüche **1** 218, 219, Vollstreckungsabwendung durch Sicherheitsleistung **33** 711 f., vorläufige Vollstreckbarkeit ohne Sicherheitsleistung **33** 710, Wirkung für Anmeldung **20** 16, Zustellung **33** 618

Urteilsfähigkeit Mangel der – bei Eheschließung **10** 18

Urteilsformel **33** 311, 313, 317, im Prüfungsverfahren **31** 67, Klagen, AGB-G **4** 17, Veröffentlichung **4** 18

Urteilsvermögen Mangel bei Rechtsgeschäft **1** 138

Valutaverhältnis Anweisung **1** 788

Vater Abfindung nichtehelicher Kinder **1** 1615 e, als Vormund, Eheschließung **1** 1845, Anfechtung der Vaterschaftsanerkennung **1** 1600 g, 1600 h, 1600 l, Antrag auf Ehelicherklärung **1** 1723 ff., eines nichtehelichen Kindes, Verpflichtungen **2** 20, Erbersatzanspruch nichtehelicher Kinder **1** 1934 a, 1934 c, Familienname **1** 1737, Regelunterhalt **1** 1615 f, 1615 h, Tod **1** 1615 n, 1733, Umgang mit Kind **1** 1711, Unterhaltspflicht **1** 1739, Vormundsbenennung **1** 1776, 1777, Vormundschaftsbefreiung **1** 1852

Vaterschaft Anerkennung **1** 1600 a ff., Anfechtung der Anerkennung **1** 1600 g ff., **37** 56 c, gerichtliche Feststellung **1** 1600 a, 1600 n, Klagen auf Feststellung der nichtehelichen **33** 640, 641 ff., Verfahren über die Feststellung **37** 55 b

Vaterschaftsanerkenntnis Beurkundung des **33** 641 c

Vaterschaftsvermutung **1** 1591, 1600 m, 1600 o

Veränderung **33** 263 f., 443, veränderte Umstände im Arrestverfahren **33** 927

Veräußerung Anteil am Erlös **28** 26, Auskunftsrecht des Urhebers **28** 26, belastete Sache **1** 936, bewegliche Sache **1** 929 ff., der im Streit befangenen Sache **33** 265, des Grundstücks **33** 266, 727, durch Gesellschafter **20** 126, durch Nichtberechtigte **1** 932 ff., **20** 366 ff., durch Prokurist **20** 49, einer gepfändeten Sache, Anspruch auf Gewährleistung **33** 806, Firma **20** 23, Frachtgut **20** 437, Geschäftsanteil bei GmbH **22** 15 ff., Gewährleistung wegen Sachmängel **1** 493, Grundstück **2** 119, 120, Grundstück nach Beschlagnahme **34** 26, Haftungsende bei – von Hypothek **1** 1121, Handelsgewerbe **20** 1, 93, 366, hinterlegte Papiere **34** 108, Inhaberpapiere **20** 367, kein Nutzungsrecht an Erwerber **28** 44, kein Rücktritt bei – des empfangenen Gegenstands **1** 353, Kommissionsgut **20** 388 f., Löschung der Eintragung der Konkurseröffnung **35** 114, Luftfahrzeug nach Beschlagnahme **34** 171 k, mit Hypothek belastete Sache **1** 1136, Pfand **20** 368, 371, rechtmäßige –, Pfand **1** 1242, rechtswidrige –, Pfand **1** 1243, Schiff **1** 580 a, 932, vermietetes Grundstück **1** 571, 578, 579, verpachtetes Grundstück **1** 593 b, Verträge über entgeltliche **1** 445, Zubehör **1** 315, s. a. Verkauf

Veräußerungsbeschränkung Dauerwohnrecht **8** 35; Wohnungseigentum **8** 12

Veräußerungsverbot **33** 772, 938, allgemeines **36** 59 bis 62, Aufhebung **36** 65, behördliches **1** 136, bei Beschlagnahme **34** 23, besonderes **36** 59, 63, Eintragung in Grundbuch und Schiffsregister **36** 61, Eintragung in Register **35** 113, gesetzliches **1** 135, Sicherungsmaßnahme **35** 106, Wirksamkeit **35** 13, Wirkungen **36** 62, Zustimmung des Vergleichsverwalters **36** 64

Veranlassung zur Klage **33** 93

Veranstalter Schutzrechte **28** 81, 84

Verantwortlichkeit Abhängigkeit von Unternehmen **21** 309 bis 318, Aufsichtsrat **21** 48, Erbe **1** 1991, Gründer, AG **21** 46 ff., 147, Gründungsprüfer **21** 49, Prüfung **21** 293 a, Sonderprüfer **21** 145, Vorstand **21** 48, Vorstandsmitglieder **21** 93, wegen Schadenszufügung **1** 827 ff.

Verarbeitung **1** 946 ff., Ersatz für Rechtsverlust **1** 951, Rücktritt vom Vertrag **1** 352, vermachte Sache **1** 2172

Verarmung Schenker **1** 528, 529

Verbesserungsdarlehen **2** 118

Verbindlichkeit AG, Haftung **21** 1, Befriedigung aus Gesamtgut **1** 1437, 1459, bei freiwilliger Gerichtsbarkeit **37** 97, Bilanz **20** 266, Bodenreformabwicklung **2** 233 § 15, Eingehung ohne Rechtsgrund **1** 821, Eingehung, Testamentsvollstrecker **1** 2206, 2207, GmbH, Haftung **22** 13, Scheck **24** 10, 44, Spiel und Wette **1** 762, Übernahme an Erfüllungs Statt **1** 364, Übernahme durch Bürgen **1** 765 ff., Wechselverpflichteter **23** 7, 47, zu Lasten der Abkömmlinge **1** 1500, zu Lasten des überlebenden Ehegatten **1** 1499

Verbindung **1** 946 ff., Erlöschen von Rechten Dritter **1** 949, mit beweglichen Sachen **1** 947, mit Grundstück **1** 946, vermachte Sache **1** 2172

Verbindung von Klagen **33** 25, 254, 610, 633, 640 c, 643, mehrerer Ansprüche in einer Klage **33** 60, 260, Verbindung des Kostenfestsetzungsbeschlusses mit dem Urteil **33** 105, Verbindung im Wiedereinsetzungsverfahren **33** 238, Verbindung von Aufgeboten **33** 959, Verbindung von

Berufungen **33** 517, Verbindung von Prozessen **33** 147, 150, 300
Verbot abgestimmtes Verhalten **25** 25, äußerer Organisationszwang **25** 25, Ausnahmegerichte **30** 16, der Zahlung an Drittschuldner **33** 829, Diskriminierung **25** 26, Einzelvollstreckungen **35** 14, Kartell **25** 1, 5 b, 5 c, Liefer-, Bezugssperren **25** 26, mittelbare Sperre **25** 26, Preisbindung **25** 15, 16, richterlicher Geschäfte für Staatsanwälte **30** 151
Verbotene Ausgabe Aktien **21** 191, 197, 219, 405
Verbotene Eigenmacht 1 858 ff., deliktischer Besitzer **1** 992, deliktischer Erbschaftsbesitzer **1** 2025
Verbrauchbare Sachen Begriff **1** 92, Gesellschaftsbeitrag **1** 706, Nießbrauchsgegenstand **1** 1067, 1075, 1084, 1086, 1087, Schenkung durch Erblasser **1** 2325
Verbraucher Begriff **3** 1, beim Einwendungsverzicht **3** 10, Berechtigungsschein **26** 6 b, keine Eingehung von Wechselverbindlichkeiten **3** 10, Verkauf von Waren an letzte **26** 6 a
Verbraucherkreditgesetz 3
Verbraucherverträge 4 24 a, Rechtswahl **2** 29
Verbreitung Bild- und Tonträger **28** 75, erlaubte **28** 45 ff., s. a. Vervielfältigung
Verbreitungsrecht 28 17
Verbundene Geschäfte 3 9
Verbundene Unternehmen 20 271, **21** 15 ff., 291 ff.; Abfindung außenstehender Aktionäre **21** 305, abhängige Unternehmen **21** 17, 308 ff., Ausschluß von Unternehmensverträgen **21** 295, Beendigung **21** 296 f., begrenzter Einfluß des herrschenden Unternehmens **21** 311, Bericht der abhängigen Gesellschaft **21** 312, durch Eingliederung **21** 18, 319 ff., Haftung **21** 308 ff., 322, in Mehrheitsbesitz stehende Unternehmen **21** 16, Konzernunternehmen **21** 15, 18, Leitungsmacht **21** 308, 323, Prüfung durch Abschlußprüfer **21** 313, Prüfung durch Vorstand **21** 314, Sicherung der freien Aktionäre **21** 304 ff., Sicherung der Gesellschaft und Gläubiger **21** 300 ff., Sonderprüfung **21** 315, Unternehmensverträge **21** 291 f., Verantwortlichkeit der Vorstandsmitglieder **21** 318, 323, Verantwortlichkeit des herrschenden Unternehmens **21** 309, 317, Verlustübernahme **21** 302, 324, wechselseitig beteiligte **21** 328
Verbundene Werke 28 9
Verderb Fundsache **1** 966, 980, Güter **20** 388, 437, hinterlegte Sache **1** 384, innerer **20** 454, Pfandsache **1** 1218, 1219, Zurückweisung von Sicherheitsleistung wegen **1** 237
Vereidigter Buchprüfer Abschlußprüfer **20** 319
Vereidigung 33 391 ff., 410, 481, 617, 1035 f.
Verein 33 17, 22, 50, 171, 184, 735, als Kaufmann **20** 6, 33 ff., Auflösung **1** 41, 45, 74, Austritt **1** 39, bayerischer **2** 165, Beschlußfassung **1** 28, 32, besondere Vertreter **1** 30, Bestellung; Geschäftsführung **1** 27, DDR-Übergangsrecht **2** 231 § 2, eingetragener **1** 55 ff., 65, Eintragung der Liquidatoren **1** 76, Eintragung ins Vereinsregister **1** 21, 55 ff., 74 ff., Entlassung aus Vormundschaft **1** 1887, Entziehung der Rechtsfähigkeit **1** 43, Ersatzanspruch bei Vormundschaft **1** 1835, 1836, Haftung für Organe **1** 31, Konkurs **35** 213, Konkurseröffnung **1** 74, 75, Liquidation **1** 47 ff., Mindestmitgliederzahl **1** 56, 73, Name **1** 57, 64, 65, nichtrechtsfähiger **1** 54, nichtwirtschaftlicher **1** 21, Rechtsfähigkeit **1** 21 ff., Registereinsicht **1** 79, sächsischer **2** 166, Satzungs- und Zweckänderung **1** 33, Sitz **1** 24, Verfassung **2** 82, Verlust der Rechtsfähigkeit durch Konkurs **1** 42, Vormund **1** 1791 a, Vormundschaftsbefreiung **1** 1857 a, Vorstand; Vertretungsmacht **1** 26, wirtschaftlicher **1** 22
Vereinbarte Überwachung Schuldner im Vergleich **36** 90 ff.
Vereinbarung außergerichtliche – über Auseinandersetzung **37** 91, fristlose Kündigung **1** 554 b, Inhalt des Erbbaurechts **9** 2, 5, Pfandverkauf **1** 1245, 1246, 1284, Rücktrittsrecht bei Wohnraummiete **1** 570 a, stillschweigende s. dort; über die Person des Sachverständigen **33** 404, über die Sicherung des Beweises **33** 485, über Fristen **33** 224, über Gerichtsstand **33** 33, 38 bis 40, über Versorgungsausgleich **37** 53 d, Unterhalt nichtehelicher Kinder **1** 1615 e, Versorgungsausgleich **1** 1587 o, vorzeitiger Erbausgleich nichtehelicher Kinder **1** 1934 d, 1934 e, Zugewinnausgleich bei Ehescheidung **1** 1378, zulässige – über Einhaltung von Wettbewerbsregeln **25** 29
Vereinfachte Kapitalherabsetzung GmbH **22** 58 a
Vereinfachte Zustellung 33 211 ff.
Vereinfachtes Verfahren bei Zwangsvollstreckung **33** 794, im Zivilprozeß **33** 641 l ff., in Unterhaltssachen **33** 323, maschinelle Bearbeitung **33** 641 s, Verfahrensvorschriften **33** 641 r, zur Abänderung von Unterhaltstiteln **33** 641 l. ff.
Vereinfachung Inventarerstellung **20** 241
Vereinigung Bienenschwärme **1** 963, Eigentum und Recht **1** 889, Hypothek und Eigentum **1** 1177 ff., mehrere Grundstücke **1** 890, Nießbrauch und Eigentum **1** 1063, Pfandrecht und Eigentum **1** 1256, Recht und Belastung **1** 1976, 1991, 2143, 2175, 2377, Recht und Verbindlichkeit **1** 1976, 1991, 2143, 2175, 2377, Schuld und Forderung **1** 429, 1164, 1174, von Aktionären, Ausübung des Stimmrechts **21** 128, 135, zum Kleingewerbe **20** 4
Vereinsbetreuer Kostenersatz **1** 1908 e
Vereinsmitglieder Beschlußfassung **1** 27, 32 ff., Mindestzahl **1** 56, Rechte **1** 34 ff.
Vereinsmitgliedschaft Unübertragbarkeit **1** 38
Vereinsregister 37 159, Anmeldung **52** 86, Automatisierung **1** 55 a, Berufung der Mitglieder-

versammlung **37** 160, Bescheinigung **37** 162, Einsicht **1** 79, **52** 90, öffentlicher Glaube **1** 68
Vereinsregistereintragung 52 80, Auflösung **1** 74, Konkurseröffnung **1** 75, Liquidation **1** 76, nichtwirtschaftlicher Verein **1** 21, Satzungsänderungen **1** 71, Vorstandsänderungen **1** 55 ff., 67
Vereinssatzung 1 25, 27, 40, 66, Änderung **1** 33, 71, Austrittsbestimmung **1** 39, Bestellung besonderer Vertreter **1** 30, Mindestinhalt **1** 57, Sollinhalt **1** 58, Vermögensanfall nach Vereinsauflösung **1** 45
Vereinsvermögen Anfall an den Fiskus **1** 46, Anfall bei Auflösung oder Rechtsfähigkeitsentzug **1** 45 ff.
Vereinsvermögen nach Auflösung 2 85
Vereinsvormundschaft 1 1791 a, 1851 a, 1857 a, 1887
Vereinsvorstand 1 26 ff., 67 ff., Änderung **1** 67, 68, Anhörung **37** 160, Anmeldung zur Eintragung **1** 59, Beantragung des Konkurs- oder Vergleichsverfahrens **1** 42, Bestellung durch Amtsgericht **1** 29, Liquidation **1** 48 ff., Zwangsgeld **1** 78
Vererblichkeit Ausgleichsforderung **1** 1378, Ausschlagungsrecht, Erbschaft **1** 1952, Besitz **1** 857, GmbH-Geschäftsanteil **22** 15, Nacherbrecht **1** 2108, Pflichtteilsanspruch **1** 2317, Vorkaufsrecht **1** 514, 2034, 2035
Vererbung Urheberrecht **28** 28
Verfälschung Hinterlegungsbescheinigungen, AG **21** 402, von Urkunden **33** 580
Verfahren Abgabe und gegenseitige Benachrichtigungspflicht **25** 45, allgemeines **33** 128 bis 252, amtsgerichtliches **33** 165 f., 495 bis 510 b, Aufhebung und einstweilige Einstellung, Grundstücke **34** 28 ff., 161, Aussetzung **25** 96, Aussetzung bei anhängigem Rechtsstreit **39** 106, 107, bei Abnahme von Eiden **33** 478 bis 484, Beteiligte **34** 9, **39** 92, Einstellung **39** 109, ferienunabhängige **30** 202, Fortsetzung nach einstweiliger Einstellung **34** 31, Grundbuchberichtigung **39** 82 ff., im ersten Rechtszug **33** 253 bis 510 b, im Versteigerungstermin **34** 66, in der Berufungsinstanz **33** 511 ff., 523, in der Beschwerdeinstanz **33** 573 ff., in der Revisionsinstanz **33** 545 ff., 557 ff., 566, in Familiensachen, Anwendung des FGG **33** 621 a, Klagen, AGB-G **4** 15, Klarstellung der Rangverhältnisse **39** 90 ff., Kosten **34** 109, **39** 114, 115, Kostenfestsetzungs- **33** 103 ff., Löschung gegenstandsloser Eintragungen **39** 84 ff., Unterbrechung **33** 239, 249 f., Urkunden- und Wechselprozeß **33** 592 ff., vor dem Einzelrichter **33** 348 ff., vor den Kartellbehörden **25** 51 ff., 76 ff., vor den Landgerichten **33** 253 bis 494, vor den Schiedsrichtern **33** 1034 ff., vor Großem Senat **30** 138, vor Patentgericht **32** 23, Wechsel der Berechtigten **39** 95, Wiederaufnahme- **33** 585 ff., Konkurs s. Konkursverfahren
Verfahrensablaufplan Anwendung von EDV im Mahnverfahren **33** 703 b; Ermächtigung zur Regelung des Verfahrens **33** 641 s
Verfahrensfähigkeit Betreuungssachen **37** 66, nichtrechtsfähige Personenvereinigungen **25** 76, Pflegerbestellung **37** 67, 70 b, Unterbringungssachen **37** 70 a
Verfahrenskosten Markenrechtsangelegenheiten **27** 63, 71, 90
Verfahrensleitung durch Gericht **33** 141 ff.
Verfall eigener Wechsel **23** 77, Feiertag, Sonnabend **23** 72, Hinterlegungsmasse **38** 23, Kollektivmarkeneintragung **27** 105, Löschung durch Patentamt **27** 53, Markenregistereintragung **27** 49, 52, 161, Nachsichtwechsel **23** 35, 78, Sichtwechsel **23** 34, Wechsel **23** 33 bis 37, Zahlung vor, bei **23** 40
Verfallabrede Verbot, Pfandrecht **1** 1229
Verfallklausel Nichterfüllung einer Verbindlichkeit **1** 360
Verfalltag Wechsel **23** 37
Verfallzeit 23 33 ff., Angabe **23** 1, 75, Auslegungsregeln **23** 36, 37, ohne Angabe **23** 2, Verfall an Feiertag **23** 72
Verfasser wissenschaftliche Ausgaben **28** 70, Zwangsvollstreckung **28** 118
Verfassung AG **21** 76 ff., Verein **2** 82
Verfassungsgericht Verfahren vor **51** 113
Verfassungsrichter 31 84
Verfehlung Beschenkter **1** 530, Unterhaltsberechtigter **1** 1611
Verfilmung geschütztes Werk **28** 88
Verfolgung eines Flüchtigen über Landesgrenzen **30** 167
Verfolgungsrecht bei Warenversand **35** 44, Besitzer **1** 867, Eigentümer **1** 962, 1005
Verfrachter 20 407 f.
Verfügung 33 160, 226, 329, 417, Änderung **37** 18, Anfechtung **37** 146, Anteil, Gemeinschaft **1** 747, Ausführung letztwilliger **1** 2203, Aussetzung **37** 127, DDR-Übergangsrecht **2** 214, 235 § 2, der Kartellbehörde, Bekanntmachung **25** 58, einseitige –, Erbvertrag **1** 2299, Einspruch gegen Zwangsgeldfestsetzung **37** 134 ff., einstweilige –, Unterhaltsrecht **1** 1615 o, Erbenbestimmung durch letztwillige **1** 1973, Erbschaftsverkäufer **1** 2375, Forderungen des Mündels **1** 1812, gerichtliche –, Bekanntmachung **37** 16, Gesamtgut **1** 1422 ff., 1450, Gesamtgutsanteil **1** 1419, Gesellschaftsvermögen **1** 719, Haushaltsgegenstände **1** 1369, Inventarstücke **1** 1048, Kostbarkeiten des Mündels **1** 1819, letztwillige **1** 2229 ff., Löschung einer Eintragung auf – des Landgerichts **37** 143, Mietzins **1** 573, 580 a, 1124, Miterbe über Nachlaß **1** 2033, Mündelvermögen im Ganzen **1** 1822, nach Eintragung einer Vormerkung **1** 883, Nachlaßgegenstände **1** 1959, 2033, 2040, 2112 ff., 2140, 2205, 2206, Nichtberechtigter **1** 185, 816, Nießbrauchforderung **1** 1074, Pachtzins, Hypothek **1** 1124, Teilhaber

einer Gemeinschaft **1** 747, Testamentsvollstrecker **1** 2205, 2206, über Miet- oder Pachtzins **34** 57 b, 169, 171 f., unabänderbare **37** 62, unter aufschiebender Bedingung **1** 161, veräußerliches Recht **1** 137, Vermögen unter Lebenden, Erblasser **1** 2286, vertragsmäßige –, Erbvertrag **1** 2278, von Todes wegen **33** 27, 1048, Vorerbe über Erbschaft **1** 2112 ff., 2140, Vormund **1** 1812 ff., wechselbezügliche –, gemeinschaftliches Testament **1** 2270, 2271, Wertpapiere des Mündels **1** 1812, 1819, Wiederverkäufer **1** 499, Wirksamwerden der – über die Ehelichkeitsanfechtung **37** 56 c, Wirksamwerden einer – betreffend die vorläufige Vormundschaft **37** 52, Wirksamwerden sonstiger **37** 53, Wirksamwerden von – betreffend die elterliche Sorge **37** 51

Verfügung von Todes wegen **1** 332, 1973, 2229 ff., 2339, **2** 26, **13** 27 ff., **52** 46, 101 ff., Erbvertrag **13** 33

Verfügungsbefugnis Gemeinschuldner **35** 6, 192, 206, Konkursverwalter **35** 6

Verfügungsbeschränkung **33** 938, allgemeines Veräußerungsverbot **36** 59 bis 62, Aufhebung **36** 65, Ehegatte, Vermögen **1** 1365, **2** 168, **36** 58, eingetragene Rechte **1** 892 ff., einzelne Gegenstände **36** 63, Erbe **1** 1984, 2211, Fortdauer **36** 24, 94, Hypothek **1** 1136, Pächter **1** 583 a, Rechte an Grundstücken **1** 878, **52** 65, Rechtsgeschäft **1** 135 ff., Vorerbe **1** 2113, 2114, Wirkung **36** 103, Zustimmung des Vergleichsverwalters **36** 64

Verfügungsrecht Ehegattenvermögen **1** 1365, Erbe **1** 1984, 2211, Erblasser **1** 2286, Frachtgut **20** 433, gemeinschaftliches –, Gesamtgut **1** 1450, Miterbe, Anteil **1** 2033, Testamentsvollstrecker **1** 2205, 2206, 2208, Vorerbe **1** 2112 ff., 2129, 2140

Verfügungsverbot für Konkursverwalter, Nacherbfolge **35** 128, Gemeinschuldner **35** 6, über einzelne Gegenstände **36** 63

Vergangenheit Unterhalt **1** 1585 b, 1613, 1615, 1615 d, 1615 i

Vergleich **33** 54, 81, 83, 98, 118 a, 160, 794, 1025, Anfechtung **36** 89, Aufhebung, Überwachung der Erfüllung **36** 90 ff., Begriff **1** 799, besondere Arten **36** 108 ff., Bestätigung **36** 78 ff., Einstellung **36** 99 ff., Ersatz für notarielle Beurkundung **1** 127 a, Ersatzansprüche der GmbH **22** 9 b, Ersatzansprüche gegen Gründer **21** 50, Fortsetzung **36** 96, im Güteverfahren **33** 797 a, im schiedsgerichtlichen Verfahren **33** 1044 a, Kosten des – als Massekosten **36** 105, Schuldversprechen **1** 782, sofort vollstreckbarer **33** 1044 a, Unterwerfung der sofortigen Zwangsvollstreckung **33** 1044 b, Verpflichtungs- und Verfügungsfähigkeit des Schuldners nach Eröffnung **36** 56 ff., vollstreckbarer –, Anspruchsverjährung **1** 218, Vollstreckung **36** 85 ff., Wirkung der Verfügungsbeschränkungen **36** 103, Wirkungen **36** 82 ff., Zwangs- s. dort

Vergleichsantrag **36** 2 ff.; Anlagen **36** 4, Aussichtslosigkeit oder Rücknahme, Verfahren **36** 15, Gläubiger-, Schuldnerverzeichnis **36** 6, Inhalt **36** 3, Nachholungsfrist **36** 10, Vermögensübersicht, Eröffnungsbilanz, Jahresabschluß **36** 5

Vergleichseröffnung **36** 11 ff., Ablehnung **36** 17 ff., Aufrechnung **36** 54, Beschluß **36** 20 ff., Entscheidung **36** 16, Entscheidung über Konkurseröffnung **36** 19, Klage nach **36** 49, Konkursverbot **36** 46, Verjährung **36** 55, Verpflichtungs- und Verfügungsfähigkeit des Schuldners nach **36** 56 ff., Vertragsabwicklung **36** 50 bis 53, Vollstreckungsverbot **36** 47, 48, Wirkungen **36** 46 ff., Zeitpunkt **36** 21

Vergleichsgebühr **33** 23, Anwalt **51** 23, 36

Vergleichsgläubiger s. Gläubiger

Vergleichsordnung **36**

Vergleichstermin **36** 66 ff., Anwesenheitspflicht von Schuldner u. Vergleichsverwalter **36** 68, Erörterung der Forderungen **36** 70, Verhandlung **36** 66, Vertagung **36** 77

Vergleichsverfahren **32** 19, Abwendung des Konkurses **36** 1, AG **21** 92, 401, **36** 108, Antrag auf Eröffnung **36** 2 ff., Antrag bei OHG **20** 130 a, 130 b, 177 a, Anwendung der Zivilprozeßordnung **36** 115, Aufhebung **36** 90 ff., ausgeschlossene Ansprüche **36** 29, Bausparkasse **36** 112, Beteiligte **36** 25 ff., Einstellung **36** 99 ff., Eröffnung **36** 11 ff., Fortsetzung **36** 96, Genossenschaft **36** 111, GmbH **22** 84, Gütergemeinschaft **36** 114, 114 a, 114 b, KG, KGaA **36** 109, 110, Kosten als Massekosten **36** 105, Kreditinstitut **36** 112, Nachlaß **1** 1980, **36** 113, OHG **36** 109, 110, Rechtsmittel **36** 121, Verein **1** 42, Verfahrensablauf **36** 116 bis 121, Verpflichtungs- und Verfügungsfähigkeit des Schuldners **36** 56 ff., Versicherungsunternehmen **36** 112, Wirkung der Eröffnung **36** 46 ff., zur Abwendung des Konkurses, Kosten **50** 35, 36, 51, 61, **51** 79 ff.

Vergleichsverwalter **36** 38 ff., Anwesenheitspflicht beim Vergleichstermin **36** 68, Aufgaben und Pflichten **36** 40, Aufhebung des Verfahrens **36** 98, Aufsicht **36** 41, Auslagen, Vergütung **36** 43, Erlöschen des Amts **36** 98, Haftung **36** 42, Stellung des Schuldners **36** 57, vorläufiger **36** 11, Zustimmungsbefugnis **36** 64

Vergleichsvorschlag **36** 2 ff., 7, Abstimmung **36** 74, Änderung zuungunsten der Gläubiger **36** 76, Aussetzung der Abschlagsverteilung **35** 160, Rücknahme **36** 99, Stimmrecht **36** 71 bis 75, s. a. Zwangsvergleich

Vergütung Benachteiligungsverbot **1** 612; Dienstvertrag **1** 611, 612, 614 ff., 628, fristlose Kündigung **1** 628, für den Sachverständigen **33** 413, Kreditvermittler **3** 15 ff., Mäkler **1** 653, Nachlaßverwalter **1** 1987, Rechtsanwalt bei Prozeßkostenhilfe **51** 121 bis 130, Rechtsanwalt für die

Beratungshilfe **51** 131 ff., Rechtsverlust **1** 951, Testamentsvollstrecker **1** 2221, Urheberrecht **28** 54 ff., Vergleichsverwalter **36** 43, Vermieten und Verleihen **28** 27, Verwahrung **1** 689, 699, Vormundschaft **1** 1836, vorübergehende Dienstverhinderung **1** 616, Werkvertrag **1** 631, 632, 641, 649, Zwangsverwalter **34** 150 a, 150 e, s. a. Auslagen, Rechtsanwaltsgebühren

Vergütungsanspruch Erbbauberechtigter bei Heimfall an Grundstückseigentümer **9** 32; Gläubigerausschuß **35** 91, Konkursverwalter **35** 85, Zwangsvergleich **35** 189

Vergütungshöhe Urheberrecht **28** 54 d

Vergütungspflicht erlaubte Benutzung eines Werkes **28** 54 ff.

Verhaftung **33** 909 f.

Verhandeln **33** 220, 333 f., 345

Verhandlung Ausschluß der Öffentlichkeit **30** 171 a ff., im Vergleichstermin **36** 66, mündliche **25** 68, **36** 117, mündliche –, Haupttermin **33** 272, Nichtöffentlichkeit **30** 170, Öffentlichkeit **30** 169, Ordnung **30** 176 ff., Zutritt **30** 175

Verhandlungsgebühr Anwalt **51** 31

Verhandlungstermin **33** 332, **37** 155, Ladung **37** 89

Verheiratung **33** 385, s. Eheschließung

Verhinderung am Erscheinen **33** 375, 619; an Ausübung des Richteramts **33** 36, 361, Ausübung elterlicher Sorge **1** 1678, 1693, Bedingungseintritt **1** 162, des Vorsitzenden an der Unterzeichnung der Niederschrift **33** 163, Ehegatte, Rechtsgeschäft **1** 1454, Eltern, Pflegschaft **1** 1909, Gesamtgutsverwalter **1** 1429, Mieter, Gebrauchsausübung **1** 552, Vermögensverwaltung, Pflegschaft **1** 1911, 1921, Vormund des Minderjährigen **1** 1778, 1876, Vormund, Pflegschaft **1** 1909, vorsätzliche und widerrechtliche –, Verfügung von Todes wegen **1** 2339, vorübergehende –, Dienstvertrag **1** 616

Verjährung **1** 194 bis 225, **2** 169, Abreden über **1** 225, Abschlußprüfer **20** 323, Anspruch auf Aufhebung der Gemeinschaft **1** 758, Anspruch auf vorzeitigen Erbausgleich **1** 1934 d, Anspruch aus Anweisung **1** 786, Anspruch aus eingetragenen Rechten **1** 902, Anspruch aus Reisevertrag **1** 651 g, Anspruch aus Schuldverschreibung **1** 801, 802, Anspruch aus Verlöbnis **1** 1302, Anspruch aus Vorbehaltsurteil **1** 219, Ansprüche aus UWG **26** 21, Ansprüche der GmbH **22** 9, 31, 43, Ansprüche des Urhebers **28** 26, Ausgleichsforderungen **1** 1378, Beginn **1** 198 ff., bei Hinterlegung **1** 382, Bodenreformabwicklung **2** 233 § 14, DDR-Übergangsrecht **2** 231 § 6, Eigentumsanspruch, Hemmung **1** 939, Erben eines Gesellschafters **20** 139, Erbersatzanspruch **1** 1934 b, Ersatzanspruch aus unerlaubten Handlungen **1** 852, Ersatzanspruch bei Nießbrauch **1** 1057, Ersatzanspruch des Verleihers **1** 606, Ersatzanspruch des Vermieters **1** 558, Ersatzanspruch des Verpächters **1** 591 b, Ersatzansprüche gegen Aktionäre **21** 62, Ersatzansprüche gegen Gründer **21** 51, Forderung, Aufrechnung **1** 390, Frachtführer **20** 439, gelöschte Rechte **1** 901, Gerichtskosten **50** 10, **52** 17, 143, Gesamtschuldverhältnisse **1** 425, Gewährleistungsansprüche des Vermieters **1** 558, Gewährleistungsansprüche, Kauf **1** 477, 490, Gewährleistungsansprüche, Werkvertrag **1** 638, 639, Grundbuchberichtigung **1** 898, Grunddienstbarkeit **1** 1028, Handelsvertreter **20** 88, Handlungsgehilfe **20** 61, Heimfallanspruch **9** 4, Hemmung **1** 202 ff., **36** 55, Herausgabeanspruch gegen Beschenkten **1** 1390, Lagerhalter **20** 423, Markenschutz **27** 20, nach Geschäftsübernahme **20** 26, nachbarrechtliche Ansprüche **1** 924, Nachlaßsachen **1** 207, Nebenleistungen **1** 224, nicht unterliegende Ansprüche **1** 858, 902, 924, Nießbrauch **1** 1057, OHG-Gesellschafter **20** 159, Pfandrecht **1** 1226, Pflichtteilsanspruch **1** 2332, Produkthaftungsansprüche **6** 12, rechtskräftiger Anspruch **1** 218, Rechtsnachfolge **1** 221, Schadensersatzansprüche **20** 61, 113, 159, Scheck, Rückgriffsansprüche **24** 52 f., Schutz geographischer Herkunftsangaben **27** 129, Spediteur **20** 414, Umwelthaftung **7** 17, Unterbrechung **33** 207, 267, 270, 693, Unterhaltsanspruch der Mutter **1** 1615 k, 1615 l, Vertragsstrafe **9** 4, Wechselansprüche **23** 70, 71, wegen Urheberrechtsverletzungen **28** 102, Wirkung **1** 222, Wirkung bei gesicherten Ansprüchen **1** 223

Verjährungsfrist **1** 195 ff., Abkürzung **1** 225, Ansprüche auf Schadensersatz aus unerlaubter Handlung **1** 852, regelmäßige **1** 195, vierjährige **1** 197, zweijährige **1** 196

Verjährungsunterbrechung **1** 208 ff., **20** 160, Anerkenntnis **1** 208, Aufrechnung, Steitverkündung **1** 215, Dauer bei Klage **1** 211, gerichtliche Geltendmachung **1** 209, Güteantrag **1** 212 a, Kauf **1** 477, Klagerücknahme und Urteil **1** 212, Konkursanmeldung **1** 214, Scheckrecht **24** 53, Vollstreckungshandlung **1** 216, Vorentscheidungsantrag **1** 210, Wechselansprüche **23** 71, Werkvertrag **1** 639, Wirkung **1** 217, Zustellung eines Mahnbescheids **1** 213

Verkauf **1** 433 ff., an letzte Verbraucher **26** 6 a, beanstandete Ware **20** 379, Erbschaft **1** 2371 ff., Erbschaftsanteil **1** 2034 ff., freihändiger **33** 817 a, 821, freihändiger –, hinterlegte Sachen **1** 385, freihändiger –, Pfand **1** 1221, 1235, gemeinschaftliche Forderung **1** 754, gewerbliche Verkäufer **26** 6 a, Pfand **1** 457, 461, 1228 ff., **20** 368, **52** 120, Recht an einer Sache **1** 451, Teilung durch **1** 753, Vorkaufsrecht **1** 504 ff., 1094 ff., Waren aus Konkursmasse **26** 6, Wiederverkäufer **26** 6 a

Verkaufswert bei Versteigerung **33** 813, 817 a

Verkehr Ausnahmebereich **25** 99, Störung **33** 247

Verkehrsanstalt Fund in **1** 978

Verkehrsanwalt Gebühr **51** 52
Verkehrsunternehmen **2** 125
Verklarung Zuständigkeit, Amtsgericht **37** 145 a
Verkündung einer Frist **33** 1221, Patentgerichtsentscheidung **27** 79, von Entscheidungen **33** 105, 136, 160, 249, 251 a, 310 bis 312, 329, 361, 577, 717, 958
Verkündungstermin Zuschlag **34** 87
Verkündungsvermerk durch Urkundsbeamten **33** 315
Verlängerung befristete oder bedingte Mietverhältnisse **1** 565 a, Fristen **1** 190, Gewährfrist bei Kauf **1** 485, Inventarfrist **1** 1995, Markenschutz **27** 47, Pachtverhältnis **1** 594, stillschweigende –, Dienstvertrag **1** 625, stillschweigende –, Mietvertrag **1** 568, Verjährungsfrist, Kauf **1** 477, Verjährungsfrist, Werkvertrag **1** 638, von Fristen **33** 95, 134, 224 f., 229, 554
Verlagserzeugnisse Ausnahme vom Preisbindungsverbot **25** 16
Verlagsrecht **2** 76
Verlegung Ausübung einer Dienstbarkeit **1** 1023, Handelsniederlassung **20** 31, Mündelwohnsitz **1** 1851, von Terminen **33** 95, 227, Wohnsitz **1** 1559
Verleihen Original oder Vervielfältigungsstück **28** 27
Verleiher Haftung **1** 599, Kündigungsrecht **1** 605, Mängelhaftung **1** 600
Verlesung der Anträge **33** 297, 507
Verletzter Mitverschulden **1** 846
Verletzung Anzeigepflicht **35** 119, Aufsichtspflicht **1** 832 ff., Berichtspflicht **20** 332, der Eidespflicht bzw. der Wahrheitspflicht **33** 580, Geheimhaltungspflicht **20** 333, Rechte des Eigentümers durch Nießbraucher **1** 1051, 1054, Rechte des Nacherben durch Vorerben **1** 2128, Rechte des Verpfänders durch Pfandgläubiger **1** 1217, Schadensersatzpflicht wegen **1** 249, 823 ff., von Amtspflichten **33** 580, von Gesetzen als Revisionsgrund **33** 549 bis 551, 554, 559, 562 f., von Vorschriften des Verfahrens **33** 187, 295, 531, 558
Verleumdung **1** 824, Bekanntmachung der Verurteilung wegen **26** 23, geschäftliche –, Strafbarkeit **26** 15
Verlierer Herausgabe der Fundsache an **1** 969
Verlobte **33** 383, 385, Erbvertrag **1** 2275, 2276, 2279, 2290, letztwillige Verfügung, Unwirksamkeit **1** 2077
Verlöbnis **1** 1297 bis 1302, Beiwohnung **1** 1300, DDR-Übergangsrecht **2** 234 § 2, Ersatzpflicht bei Rücktritt **1** 1298, keine Klage auf Eingehung der Ehe **1** 1297, Rückgabe der Geschenke **1** 1301, Rücktritt aus Verschulden des anderen Teils **1** 1299, Verjährung **1** 1302
Verlust Besitz **1** 856, Bilanz **20** 120, 167, der Prozeßfähigkeit **33** 241, 246, des Rügerechts **33** 295, 530, 558, Eigentum an beweglichen Sachen **1** 929 bis 984, Eigentum an Grundstücken **1** 925 ff., **2** 189, elterliche Sorge bei Ehelichkeitserklärung **1** 1738, Ersatz für – des OHG-Gesellschafters **20** 110, Frachtgut **20** 429 f., 454 f., halbe Höhe des Grundkapitals **21** 401, Kommissionsgut **20** 390, Pflichtverletzung bei **21** 401, Rechtsfähigkeit des Vereins **1** 42, 73, Reisegepäck **20** 459, Speditionsgut **20** 441, Stellungnahme bei Hauptversammlung **21** 175, Verteilung bei Gesellschaft **1** 721, 722, 735, 739, 740, von Beweismitteln **33** 444, 487, von Urkunden **33** 1003 ff., 1007, Vorstandspflichten bei **21** 92, Wechsel **23** 98, Zins-, Renten- oder Gewinnanteilscheine **1** 804, zu hoch angenommener –, Kapitalrücklage **21** 232
Verlustanteil stiller Gesellschafter **20** 231
Verlustdeckung Stammkapitalherabsetzung **22** 58 a
Verlustrechnung **21** 158, s. a. Gewinn- und Verlustrechnung
Verlustübernahme Beherrschungs- oder Gewinnabführungsvertrag **21** 302; durch Hauptgesellschaft **21** 324
Verlustvortrag Kapitalausgleich **22** 58 b
Vermächtnis **1** 2147 bis 2191, als Nachlaßverbindlichkeit **1** 1967, 1980, 1992, an gesetzlichen Erben **1** 2149, an Pflichtteilsberechtigten **1** 2307, Anfall **1** 2176 ff., Anfall bei Gütergemeinschaft **1** 1432, 1455, Annahme **1** 2180, Anspruch **1** 2174, 2188, Anwachsung **1** 2158, 2159, Begriff **1** 1939, Berichtigung **1** 1991, Beschwerter **1** 2147, Beschwerung des Pflichtteilsberechtigten **1** 2306, Ehegattenerbvertrag **1** 2280, Erbvertrag **1** 1941, 2278, 2280, 2288, 2291, Ersatz- **1** 2190, Erstreckung auf Zubehör **1** 2164, Erwerb während Gütergemeinschaft **1** 1461, Fälligkeit **1** 2181, Forderungs- **1** 2173, fremde Gegenstände **1** 2169, Frist **1** 2162, 2163, Gattungs- **1** 2155, 2182, 2183, gemeinschaftliches **1** 2157, gemeinschaftliches Testament **1** 2269, Gewährleistungen **1** 2182, 2183, Grundstück **1** 2166 ff., keine Haftung des Gesamtguts **1** 1439, Klagen aus einem –, Gerichtsstand **33** 27, Kürzung **1** 2188, 2189, 2318, 2322, Lastenbeseitigung **1** 2165, Nach- **1** 2191, nicht betroffenes –, Aufgebot **1** 1972, Pflichtteilslast **1** 2318, Schiffe **1** 2168 a, Schiffsbauwerke **1** 2168 a, Schwebezeit **1** 2179, Überschuldung des Nachlasses durch **1** 1992, unmögliche Leistung **1** 2171, 2172, verbotenes **1** 2171, Verschaffungs- **1** 2170, Verteilung des vermachten Gegenstands **1** 2153, Verweigerung der Erfüllung **1** 2318, 2323, Verzicht **1** 2352, vor Konkurseröffnung **35** 9, Voraus- **1** 2150, Wahl- **1** 2154, Zweck- **1** 2156
Vermächtnisanspruch **1** 2174, Kürzung **1** 2188
Vermächtnisausschlagung **1** 2180, Pflichtteilsanspruch **1** 2307, 2308, Pflichtteilslast **1** 2321
Vermächtnisnehmer Beeinträchtigung, Erbvertrag **1** 2288, Beschwerung mit Vermächtnis **1** 2147,

2148, 2186, 2187, Herausgabeanspruch, Früchte **1** 2184, Unwürdigkeit **1** 2345
Vermächtnisunwürdigkeit **1** 2345
Vermächtnisvollstrecker **1** 2223
Vermengung bewegliche Sachen **1** 948, 949, 951, vermachte Sachen **1** 2172
Vermerk Eintragungen im Hypothekenbrief **39** 62, im Handelsregister über Vergleichsverfahren **36** 23, Mitbelastung im Hypothekenbrief **39** 63, Urkunde **13** 17 ff., 39 ff.
Vermieten Original oder Vervielfältigungsstück **28** 27
Vermieter **33** 181, 708, Angabe der Kündigungsgründe **1** 556 a, 564 a, Anzeige der Eigentumsübertragung **1** 576, berechtigtes Interesse an Kündigung **1** 564 b, Erlaubnis zur Untervermietung **1** 549, Ersatzpflicht von Verwendungen **1** 547, fristlose Kündigung **1** 553 ff., keine Vertragsstrafe bei Wohnraummiete **1** 550 a, Pflichten **1** 535 ff., Schadensersatzpflicht **1** 538, Selbsthilferecht **1** 561, Verfügung über Mietzins eines verkauften Schiffes **1** 580 a, Verjährung der Ersatzansprüche **1** 558
Vermieterpfandrecht **1** 559, Erlöschen **1** 560
Vermietung Dauerwohnrecht **8** 37, durch Nießbraucher **1** 1056, 1059 d, Recht des Eigentümers **8** 13, s. a. Miete
Vermischung bewegliche Sachen **1** 948, 949, 951; vermachte Sachen **1** 2172, vertretbare Sachen **20** 419
Vermittlung Geschäfte **20** 86, 92 f., Warengeschäfte im Kleinverkehr **20** 104
Vermittlungsagent **20** 91 a
Vermögen Anfall bei Erlöschen der Stiftung **1** 88, Auskunftspflicht **1** 1605, Ehegatte **1** 1363 ff., 1416, Gerichtsstand **33** 23, 722, 797, 828, Gesamtgut **1** 1416, Kind **1** 1626, 1638 ff., Mündel **1** 1793, 1794, 1802, 1805, 1806 ff., Pfleger für Sammel- **1** 1914, Übertragung auf Stiftung **1** 82, Unterhaltsberechtigter **1** 1577, Vereins-, Anfall **1** 45 ff., Vergleich über Gesamtgut und sonstiges – eines Ehegatten **36** 114 b, Vergleichsverfahren und Konkurs über – eines Gesellschafters **36** 110, Vertrag über Übertragung gegenwärtigen **1** 311, Vertrag über Übertragung zukünftigen **1** 310, Vollstreckung in –, Gebühren **50** 47
Vermögensangelegenheiten **33** 385
Vermögensauseinandersetzung Verlegung kaufmännischer Unterlagen **20** 260
Vermögensgegenstand Bewertung **20** 340 e, 341 b, Marke als **27** 27, Wertansätze bei Bilanzerstellung **20** 253
Vermögensgemeinschaft Zwangsvollstreckung bei fortgesetzter **33** 744 a
Vermögenslage GmbH, Verschleierung **22** 38
Vermögensmassen Gerichtsstand **33** 17
Vermögensnießbrauch **1** 1085 ff.
Vermögensrechte Zwangsvollstreckung in **33** 857 bis 863
Vermögensrechtliche Ansprüche **33** 20, 23, 40, 328, 546, 708 f., 717
Vermögenssorge Aufwendungsersatz **1** 1648, Beendigung durch Konkursverfahren **1** 1670, Beendigung, Ruhen **1** 1698, 1698 a, Begriff **1** 1626, Beschränkung **1** 1638, Bestellung eines Beistands **1** 1685, durch Vormund **1** 1793, Entziehung **1** 1666, 1667, Ruhen **1** 1698, 1698 a, Übertragung auf Beistand **1** 1690
Vermögensstand AG, falsche Darstellung **21** 400
Vermögensübernahme Ansprüche der Gläubiger **1** 419
Vermögensübersicht Vergleichsantrag **36** 5
Vermögensübertragung **21a** 174 ff., beteiligte Rechtsträger **21a** 175, Kapitalgesellschaft auf die öffentliche Hand **21a** 176 f., Möglichkeiten der **21a** 174 f., unter Versicherungsunternehmen **21a** 178 ff.
Vermögensverfügung Ehegatten **1** 1365, Gesamtgutteile **1** 1419
Vermögensverschlechterung Darlehensvertrag **1** 610, des Hauptschuldners, Bürgschaft **1** 775, wegen Vorleistung, gegenseitiger Vertrag **1** 321
Vermögensverteilung AG bei Abwicklung **21** 271 f., GmbH **22** 72, 73, OHG **20** 155
Vermögensverwaltung Ehegattenvermögen **1** 1364, 1413, für Kinder **1** 1626 bis 1698 b, Gerichtsstand **33** 31, Gesamtgut **1** 1422 ff., Vormund **1** 1802 ff., 1840 ff., 1852 ff.
Vermögensverzeichnis **33** 807, **52** 52, ein Elternteil **1** 1683, 1689, 1845, Eltern **1** 1640, 1667, Klage auf Vorlegung **33** 254, Vormund **1** 1802
Vermutung **33** 167, 267, 292, 437, 440, Berechtigung des Wechselinhabers **23** 16, Ehegatteneigentum **1** 1362, Ehelichkeit **1** 1591, Ehezerrüttung **1** 1566, Eigenbesitz **1** 938, Eigentum, Besitzer **1** 1006, Eigentum, Verpfänder **1** 1248, Erlöschen des Pfandrechts **1** 1253, Fiskus als Erbe **1** 1964, Grundbuch **1** 891, Inventarerrichtung **1** 2009, Mangel bei Viehkauf **1** 484, rechtmäßiger Scheckinhaber **24** 19, Rechtsgeschäfte eines Kaufmanns **20** 344, Registerrecht **20** 15, Richtigkeit des Erbscheins **1** 2365, Schenkungsabsicht des Kindes **1** 1620, überragende Marktstellung **25** 23 a, Urheberschaft **28** 10, Vaterschaft **1** 1591, 1600 m, 1600 o
Vernehmung der Partei im Zivilprozeß **33** 533, der Parteien in Ehesachen **33** 613, der Sachverständigen **33** 3, 402, 1035, der Zeugen **33** 373 ff., 394 ff., 653, 676, 1035, eidliche **33** 392, Sachverständige **52** 49, uneidliche **33** 393, 1035, Zeugen **52** 49
Vernichtung Hypothekenbrief **1** 1162, Protesturkunde **23** 90, **24** 59, Scheck **24** 59, Schuldverschreibung **1** 799, Testament, Widerruf **1** 2255, Wechsel **23** 90

Vernichtungsanspruch Markenschutz **27** 18, rechtswidrig hergestellte Vervielfältigungsstücke **28** 98, Vervielfältigungsvorrichtungen **28** 99
Veröffentlichte Werke 28 6
Veröffentlichung Jahresabschluß **20** 328, Markenregister **27** 45, Miturheber **28** 8 f., Recht **28** 12, Urteilsformel bei Klagen aus AGB-G **4** 18, Werk **28** 6
Verpachtung durch Nießbraucher **1** 1056, 1059 d, Grundstück mit Inventar **1** 582, Recht des Eigentümers **8** 13
Verpackung Gewichtsabzug **20** 380, Mängel **20** 454
Verpächter Aufwendungsersatz **1** 596 a, Beschreibung der Pachtsache **1** 585 b, Ersatz notwendiger Verwendungen **1** 590 b, Ersatz nützlicher Verwendungen **1** 591, Lastentragungspflicht **1** 586 a, Pflichten **1** 586, Verjährung der Ersatzansprüche **1** 591 b
Verpächterpfandrecht 1 592
Verpfändung abhanden gekommene Inhaberpapiere **20** 367, als Sicherheitsleistung **1** 232, Forderungen **1** 1279 ff., fremde bewegliche Sachen **20** 366, fremde Sachen **1** 1207, Indossament **23** 19, mehrere Sachen **1** 1222, Miteigentum **1** 1258, Pfandverkauf **20** 368
Verpflegungskosten 33 911
Verpflichtung Scheckeinlösung **24** 12, zur Rückgewähr **35 a** 7
Verpflichtungserklärung Recht des Zahlungsortes **23** 93
Verpflichtungsschein 20 363
Verrat Anstiftung **26** 20, Auslandstat **26** 21, Beteiligung **26** 20, Betriebsgeheimnisse **26** 17, Geschäftsgeheimnisse **26** 17, Schadensersatz **26** 19, Versuch **26** 20
Verrechnungsscheck 24 39, Barzahlungsverbot **24** 39, Einlösung durch Gutschrift **24** 39, Haftung des Bezogenen **24** 39
Verrechnungsverbot bei Bilanzaufstellung **20** 246
Verrichtungsgehilfe Exculpation **1** 831, Haftung **1** 831
Versäumnis 33 62, 95, 342, 344
Versäumnisurteil 33 233, 311, 313 b, 330 bis 347, 513, 542, 566, 600, 612, 629, 635, 638, 697, 700, 708, 717, 881, Einspruch **51** 38
Versäumnisverfahren 33 330 ff., 347, 542, 557, 566
Versäumung 33 95, 220, 230 ff., 236, 312, 333, Fristen im Scheckrecht **24** 48, Fristen im Wechselrecht **23** 53, Lieferfrist im Frachtverkehr **20** 429, 455
Versagung Antrag auf – des Zuschlags **34** 169 a, Zuschlag **34** 33, 74 a, 83 ff.
Versandhandel Kreditvertrag **3** 8
Verschaffungsvermächtnis 1 2170
Verschlechterung der Vermögensverhältnisse des Geldrentenpflichtigen **33** 324, empfangener Gegenstand, Rücktritt **1** 347, 351, Erbschaftssache **1** 2132, geliehene Sache **1** 602, 606, geschuldeter Gegenstand **1** 292, Grundstück bei Hypothek **1** 1133 ff., Mietsache **1** 548, 558, Nießbrauchsache **1** 1050, 1057, Pfand **1** 1226, Tier **1** 487, verkaufte Sache **1** 446, Vermögensverhältnisse **1** 321, Werk **1** 644, 645, wiederverkaufter Gegenstand **1** 458, 501, Zubehör bei Hypothek **1** 1135, zurückzugebende Sache **1** 848
Verschleppung 33 525 bis 533, 626, 813 a
Verschließung Urkunde **13** 34
Verschmelzung 21a 2 ff., Anmeldung **21a** 16 f., Arten **21a** 2, Bekanntmachung **21a** 19, durch Aufnahme **21a** 4 ff., durch Neugründung **21a** 36 ff., Eintragung **21a** 19 f., Prüfung **21a** 9 ff., unter Beteiligung von AG **21a** 60 ff., unter Beteiligung von eG **21a** 79 ff., unter Beteiligung von genossenschaftlichen Prüfungsverbänden **21a** 105 ff., unter Beteiligung von GmbH **21a** 46 ff., unter Beteiligung von Kapitalgesellschaften mit dem Vermögen eines Aktiengesellschafters **21a** 120 ff., unter Beteiligung von KommAG **21a** 78, unter Beteiligung von Personenhandelsgesellschaften **21a** 39 ff., unter Beteiligung von rechtsfähigen Vereinen **21a** 99 ff., unter Beteiligung von Versicherungsvereinen auf Gegenseitigkeit **21a** 109 ff.
Verschmelzungsbericht 21a 8
Verschmelzungsbeschluß Befristung und Klageausschluß **21a** 14, 32, Unwirksamkeit **21a** 28
Verschmelzungsfähige Rechtsträger 21a 3
Verschmelzungsprüfer 21a 10 ff.
Verschmelzungsvertrag 21a 4, Form **21a** 6, Inhalt **21a** 5, 37, Kündigung **21a** 7
Verschollenheit bei Pflegschaft **1** 1921, Eigentümer **1** 927, Elternteil **1** 1677, 1681, Mündel **1** 1884, Nagelmann, Friedrich Gottlob **1** , Todeserklärung **2** 9, überlebender Ehegatte, fortgesetzte Gütergemeinschaft **1** 1494
Verschulden 33 51, 85, 95, 102, 233, 274, 367, 493 f., 528 f., 582, Beschädigter **1** 254, Haftung für Dritte **1** 278, 351, 549, 664, 691, Pfandgläubiger **1** 1243, Rücktrittsberechtigter **1** 351, Schuldner **1** 276, unerlaubte Handlungen **1** 823, Unterhaltsberechtigter **1** 1611, Verlobter **1** 1299, s. Schadensersatz
Verschweigen arglistiges –, Verkäufer **1** 443, 460, 463; Forderung **1** 1974
Verschwendung Anrechnung bei Zugewinnausgleich **1** 1375, Pflichtteilsbeschränkung **1** 2338, vorzeitiger Zugewinnausgleich **1** 1386
Verschwiegenheit 33 383, 385
Verschwiegenheitspflicht 21a 315
Versendung Kaufsache **1** 447, Wechselausfertigung zur Annahme **23** 66, Werk **1** 644
Versendungskauf 1 447, 448
Versetzung Mietkündigung **1** 570, Richter **31** 30, Richter im Interesse der Rechtspflege **31** 31, Richter in den Ruhestand **31** 34, 48, 116

Versetzungsverfahren 31 65, Revision **31** 80
Versicherung als Handelsgewerbe **20** 1, diensteidliche **33** 386, durch Kommissionär **20** 390, durch Lagerhalter **20** 417, durch Spediteur **20** 407, eidesstattliche **33** 44, 294, 406, 546, 986, 1007, Hypothekengegenstand **1** 1127 bis 1130, Nießbrauchgegenstand **1** 1045, 1046, unter Berufung auf früher geleisteten Eid **33** 386, 398, Vermittlung **20** 93
Versicherungsentgelt Vorstandsmitglieder, AG **21** 87
Versicherungsforderung Erstreckung der Hypothek **1** 1127 ff., Nießbrauch an **1** 1046
Versicherungspflicht Nießbraucher **1** 1045, 1046
Versicherungstechnische Rückstellungen 20 341 e ff.
Versicherungsunternehmen 20 341 bis 341 o, Befreiung von Konzernabschluß, Lagebericht **20** 293, Sonderregelung **25** 102, Vergleichsverfahren **36** 112
Versicherungsvertreter 20 92 f., Ausgleichsanspruch **20** 89 b, Kündigung **20** 92 b
Versorgungsanspruch Abtretung **1** 1587 i, auszugleichende **1** 1587 a
Versorgungsausgleich 1 1587 bis 1587 p, **2** 17, **52** 99, Ausschluß **1** 1408, 1414, 1587 c, 1587 h, Beschwerde **52** 131 a, DDR-Übergangsrecht **2** 234 § 6, Parteivereinbarungen **1** 1587 o, Regelung **33** 623, schuldrechtlicher **1** 1587 f ff., Streitwertberechnung **50** 17 a, Verfahren **37** 53 b bis 53 g, Wertausgleich **1** 1587 a ff., Zuständigkeit **33** 621
Versorgungsschuldner Schutz **1** 1587 p
Versorgungsunternehmen Ausnahmebereich **25** 103, 103 a
Versorgungsvertrag bedingte Freistellung **25** 103 a
Verspätetes Vorbringen 33 283, 529, 534, 615, 626
Versprechen Darlehen **1** 610, Leibrente **1** 761, Leistung an Dritten **1** 328 bis 335, noch nicht erworbener Gegenstand **1** 523
Verstandesschwäche Mangel der Verstandesreife von Zeugen **33** 393
Versteckter Dissens 1 155
Versteigerung Androhung **1** 384, 1220, Beurkundung **13** 15, bewegliche Sachen, Rechte **52** 54, Fundsachen **1** 979 ff., GmbH-Geschäftsanteil **22** 23, 27, Grundstück **52** 53, hinterlegungsfähige Sachen **1** 383 ff., Pfand **1** 1219, 1220, 1235 ff., Tier bei Viehkauf **1** 489, Vertragsabschluß **1** 156, von Pfandstücken **33** 814 ff., 825, 827, 930, Waren **20** 373, 376, 379, 388 f., 437, Wohnungseigentum **8** 53 bis 58, s. a. Zwangsversteigerung
Versteigerungsbedingungen 34 44 ff.
Versteigerungserlös Fundsache **1** 981; s. Erlös
Versteigerungsort Pfandversteigerung **1** 1236
Versteigerungstermin Aufhebung **34** 43; Bestimmung s. Terminsbestimmung; Erörterungen über geringstes Gebot vor **34** 62, Verfahren **34** 66, Wohnungseigentum **8** 56
Versteigerungsvermerk Eintragung ins Grundbuch **34** 19, Löschung **34** 34
Vertagung 33 95, 227, 335, 337, 566, Offenbarungseidstermin **33** 900, Vergleichstermin **36** 77, von Amts wegen **33** 227, 251 a, 337
Verteidiger gerichtlich bestellter **51** 97 bis 103, gewählter **51** 83 bis 96 c
Verteidigungsmittel 33 33, 67 f., 279, 282 f., 296, 527 ff., 615
Verteidigungsnotstand 1 228
Verteilung Belohnung bei Auslobung **1** 660, der Prozeßkosten **33** 106, 115, des Erlöses **33** 827, 858, 872 ff., Gesamthypothek **39** 64, Gesellschaftsvermögen **20** 155, Gewinn und Verlust **20** 120 f., 168, Gewinn und Verlust bei Gesellschaft **1** 721, 722, stille Gesellschaft **20** 231 f., Überschuß an Gesellschafter **1** 734, Überschuß, Nachlaßverbindlichkeiten **1** 2047, Verfahrenskosten **39** 114
Verteilung, Erlös 34 105 ff., außergerichtliche Befriedigung der Berechtigten **34** 144, außergerichtliche Einigung **34** 143, 160, bei unbekanntem Berechtigten **34** 126, 135, 138, betagter Anspruch **34** 111, Ersteher **34** 114 a, 130, Gesamtausgebot **34** 112, nach Ausschlußurteil **34** 141, nachstehende Rechte **34** 110, Nutzungen **34** 155, Sieben-Zehnteile-Grenze **34** 114 a, Teilungsmasse **34** 107, Teilungsplan **34** 106, 113 ff., 117 f., 124, 141, Verfahrenskosten **34** 109, Verteilung des Überschußes **34** 109, Verwertung von Sicherheiten **34** 108, Zuteilung des erhöhten Betrags **34** 125
Verteilung, Konkursmasse Abschlagsverteilungen **35** 149, Erhöhung der Schlußverteilungsmasse **35** 149 bis 172, 156, Gläubigerverzeichnis **35** 151, nachträgliche Befriedigung **35** 155, Nachtragsverteilung **35** 166, Prozentsatz der Abschlagsverteilung **35** 159, Schlußtermin **35** 162, Schlußverteilung **35** 161, Vollzug durch den Konkursverwalter **35** 167, Vorauszahlungen **35** 170, zu hinterlegende Beträge **35** 169, zurückfließende Beträge **35** 171, zurückzubehaltende Anteile **35** 168, Zustimmung des Gläubigerausschusses **35** 150
Verteilungsgericht 33 879
Verteilungstermin, Erlös Aufstellung des Teilungsplans **34** 113, Bestimmung **34** 105, 156
Verteilungsverfahren 33 872 ff., 930, Anwaltsgebühr **51** 60, 71, Gebühr **52** 125, Klage eines widersprechenden Gläubigers **33** 878
Vertiefung Grundstück **1** 909
Vertonte Sprachwerke 28 131
Vertrag 1 145 bis 157, Abfindung nichtehelichen Kindes **1** 1615 e, Anfechtungsgegner **1** 143, Antragsannahme **1** 147 ff., auf unmögliche Leistung gerichteter **1** 306, Aufhebung **33** 255, Auslandsberührung **2** 11, 12, Auslegung **1** 157, Begründung eines Schuldverhältnisses **1** 305, beidersei-

tig nicht erfüllter gegenseitiger **35** 17, Beurkundung **52** 36 ff., Dienstverhältnis im Konkurs **35** 22, Draufgabe **1** 336 ff., durch Briefwechsel **1** 127, Erbvertragsaufhebung durch **1** 2290, Fixgeschäfte **1** 361, gegenseitiger **1** 320 bis 327, Geltungsbereich des anzuwendenden Rechts **2** 32, gemeinschaftlicher **1** 427, Genehmigung des Ehegatten **1** 1366, Gerichtsstand des **33** 29, Geschäftsbesorgung im Konkurs **35** 23, gesetzeswidriger **1** 309, Inhalt **1** 305 ff., Kartell- **25** 1, 34, kaufähnlicher **1** 445, 493, Lizenz- **25** 20, materielle Wirksamkeit **2** 31, Miet- und Pachtverhältnisse im Konkurs **35** 19 bis 21, mit Aufsichtsratsmitgliedern der Gesellschaft **21** 114, mit Ausschließlichkeitsbindungen **25** 18, Nachlaß eines Dritten **1** 312, notarielle Beurkundung **1** 128, 152, 154, 311, 312, 313, Nutzungsrecht **28** 37, 40, Rechtswahl **2** 27 ff., Rücktritt **1** 346 bis 361, **20** 376, 428, Schutz des anderen Vertragsteils **2** 12, über Betriebsgeheimnisse **25** 21, über die Technik bereichernde Leistungen **25** 21, über Geschäftsbedingungen **25** 15, über Leistungen bei Pflanzenzüchtung **25** 21, über Preisgestaltung **25** 15, 16, 17, über Sacheinlagen vor Eintragung der Gesellschaft **21** 206, Übertragung oder Erwerb von Grundstücken **1** 313, Urheberrecht **28** 132, Verbindung von Unternehmen **21** 291 f., Vermittlung **20** 93, Vermögensübertragung **1** 310, 311, Verschmelzung **21a** 4 ff., versteckter Dissens **1** 155, Vertragsfähigkeit **33** 52, Vertreter ohne Vertretungsmacht **1** 177 ff., vor Inkrafttreten des Gesetzes zustandegekommener **25** 106, zugunsten Dritter **1** 328 ff.

Vertragliche Einräumung Sondereigentum **8** 3

Vertragliches Schuldverhältnis Ausnahmen **2** 27 bis 37

Vertrags-Moratorium **2** 232 § 4 a

Vertragsabreden Vorrang vor AGB **4** 4

Vertragsbedingungen Allgemeine Geschäftsbedingungen **4** 1 ff.

Vertragserbe Begriff **1** 1941

Vertragsmäßige Verfügung Erbvertrag **1** 2278, 2279, 2290 ff.

Vertragsmäßige Zinsen **20** 352

Vertragsmäßiger Inhalt Erbbaurecht **9** 2 bis 8

Vertragsmäßiges Güterrecht **1** 1408 bis 1518, Auseinandersetzung des Gesamtguts **1** 1471 bis 1482, fortgesetzte Gütergemeinschaft **1** 1483 bis 1518, gemeinschaftliche Gesamtgutsverwaltung **1** 1450 bis 1470, Gesamtgutsverwaltung durch Mann oder Frau **1** 1422 bis 1449

Vertragspartner Wechsel, Klauselverbot in AGB **4** 11, Widerrufsrecht **1** 109, 178

Vertragsprüfer Unternehmensvertrag **21** 293 ff.

Vertragsschluß Versteigerung **1** 156

Vertragsstrafe **1** 339 bis 345, **20** 348, **21** 63, Beweislast **1** 345, Erbbaurecht **9** 2, Haftung des Pfandes **1** 1210, Herabsetzung **1** 343, keine – bei Miete **1** 550 a, Klauselverbot, AGB **4** 11, neben Erfüllung **1** 341, nicht in Geld bestehende **1** 342, statt Erfüllung **1** 340, Verjährung **9** 2, 4, Verwirkung **1** 339, Wettbewerbsverbot **20** 75 c

Vertragsurkunde **20** 85, Vorlage bei Auflassung **1** 925 a

Vertragsverhältnis Kündigung **20** 89 f.

Vertretbare Handlungen **33** 887

Vertretbare Sachen **20** 363, 419, **33** 592, 794, 884, als Anweisung **1** 783, als Darlehen **1** 607, als Gesellschaftsbeitrag **1** 706, Begriff **1** 91, Verwahrung **1** 700

Vertreter **33** 57 f., 189, 385, 494, 551, 579 f., 586, 607, 779, 787, 1041, Anfechtung der Ehelichkeit **1** 1595, Anfechtung des Erbvertrags **1** 2282, Angelegenheiten vor Kartellbehörde **25** 36, Ausschluß als Gerichtsperson **33** 41, 49, beschränkt geschäftsfähiger **1** 165, Beschwerdeverfahren **25** 36, 67, Bestellung **25** 36, Bestellung bei Hypothek **1** 1189, des Zustellungsbevollmächtigten **34** 6 f., Einwilligung des gesetzlichen – bei Rechtsgeschäften **1** 107, für unbekannte Berechtigte **34** 135, gesetzlicher – bei Eheaufhebung **10** 36, gesetzlicher –, Einwilligung bei Eheschließung **10** 3, 30, Haftung des Schuldners **1** 278, mit Vertretungsmacht **1** 164 ff., Rechtsgeschäfte mit sich selbst **1** 181, Stiftung **1** 86, Verein **1** 30

Vertreter ohne Vertretungsmacht **1** 177 ff., Haftung bei Wechsel **23** 8, Scheckunterschrift **24** 11, Unterschrift auf Wechseln **23** 8

Vertretung **30** 70, AG durch Abwickler **21** 269, AG durch Aufsichtsrat **21** 112, AG durch Vorstand **21** 78 ff., Amtsgericht mit einem Richter **30** 22 b, Ehegatten bei Gütergemeinschaft **1** 1436, Ehevertrag **1** 1411, einer OHG, KG, KG a A, GmbH, Nachweis der Befugnis **39** 32, Erster Beamter der Staatsanwaltschaft **30** 144, Gesellschaft **1** 714, 715, GmbH durch Geschäftsführer **22** 35, 35 a, 36, 44, GmbH durch Liquidatoren **22** 70, juristische Person **20** 34, Kind **1** 1629, 1641, 1643, 1673, Kommanditgesellschaft **20** 161, 170, Liquidatoren, OHG **20** 149, Mündel **1** 1793 ff., OHG **20** 125 ff., Vereinsvorstand **1** 26, Verfahrensbeteiligter vor Patentgericht **27** 81

Vertretungsbefugnis **33** 241, 244, Personenzusammenschlüsse alten Rechts, DDR-Übergangsrecht **2** 233 § 10, Vorstand AG **21** 81 f.

Vertretungsmacht **1** 164 ff., 171 ff., **20** 126, Beschränkung, GmbH **22** 37, besondere Vertreter, Verein **1** 30, 31, Gesellschafter **1** 714, 715, Liquidatoren **20** 149, Liquidatoren der GmbH **22** 68, Vereinsvorstand **1** 26, 28, 64, 70, Vertreter mit **1** 164 ff., Vormund **1** 1793 ff.

Vertretungsrecht Ehegatten **1** 1357, Nachweis bei Beurkundung **13** 12

Verurteilung Aufhebung des Zwangsvergleichs bei – des Gemeinschuldners wegen Bankrotts **35**

197, wegen Verleumdung, Bekanntmachung **26** 23
Vervielfältigung Änderung der Gesetze **28** 136, als unwesentliches Beiwerk **28** 57, Anspruch auf Vernichtung **28** 98, 110, ausübender Künstler **28** 75, Bildnisse **28** 60, durch Geschäftsbetriebe **28** 56, erlaubte **28** 45 ff., Gerichte und Behörden **28** 45, Herstellung von Tonträgern **28** 85, in Verzeichnissen, Katalogen **28** 58, Kirchen-, Schul- oder Unterrichtsgebrauch **28** 46, Privatgebrauch **28** 53, Scheck **24** 49, Sendeunternehmen **28** 55, unerlaubte **28** 106, 108, Vergütungspflicht **28** 54, Wechsel **23** 64, Werke an öffentlichen Orten **28** 59, s.a. Vervielfältigungsstück
Vervielfältigungsrecht 28 16
Vervielfältigungsstück Beschlagnahme **28** 111 a; erlaubte Verwendung **28** 45 ff., rechtswidrig hergestellte **28** 96, Vergütung **28** 27, Verleihen u. Vermieten **28** 27, Vernichtung und Überlassung **28** 98 f., 101, Zugänglichkeit, keine Herausgabepflicht **28** 25
Vervielfältigungsvorrichtungen Vernichtungs-, Überlassungsanspruch **28** 99
Vervollständigung der Beweisaufnahme **33** 367, 396, des Vortrags **33** 526, 669, 679, 684, 686
Verwahrer Bestellung **37** 165, Wechselurschrift **23** 68
Verwahrung 1 688 bis 700, Änderung der Aufbewahrung **1** 692, amtliche –, Erbvertrag **1** 2277, 2300, 2300 a, amtliche –, Testament **1** 2248, 2256, 2258 a ff., 2261, 2263 a, 2272, 2273, Aufwendungsersatz **1** 693, Begriff **1** 688, Fundsache **1** 966, 970, Geld, Wertpapiere, Kostbarkeiten **52** 149, gerichtliche – des versteigerten Luftfahrzeugs **34** 171 g, gerichtliche – des versteigerten Schiffes **34** 170, Haftung **1** 690, 691, Hinterlegung bei einem Dritten **1** 691, mittelbarer Besitz **1** 868, Nachlaßsache **1** 2039, Ort der Rückgabe **1** 697, Pfand **1** 1215, 1217, Rückforderungsrecht **1** 695, Rücknahmeanspruch des Verwahrers **1** 696, Sache, Forderungsverpfändung **1** 1281, Sache, unteilbare Leistung **1** 432, Schadensersatzpflicht **1** 694, Schiff, Anordnung **34** 165, unregelmäßige **1** 700, Urkunde **13** 34, Vergütung **1** 689, 699, Verzinsung bei Eigenverwendung **1** 698, von Urkunden **33** 443, 797
Verwahrungspflicht Fund **1** 966, Pfandgläubiger **1** 1215
Verwahrungsvertrag 1 688, unregelmäßiger **1** 700
Verwalter Aufgaben und Befugnisse **8** 27, Bestellung und Abberufung **8** 26, gemeinschaftliches Eigentum **8** 20 bis 29, Rechnungslegung **8** 28, Wirtschaftsplan **8** 28, Zwangs- s. dort
Verwaltung 33 31, 255, 748, 857, 861; durch Wohnungseigentümer **8** 21, Entziehung, Vorerbe **1** 2129, Gemeinschaft **1** 744 ff., gemeinschaftliches Eigentum **8** 20 bis 29, Gesamtgut **1** 1421 bis 1470, Gliederung **8** 20, Grundstück durch Gericht **34** 94, Grundstück durch Schuldner **34** 24, Haftung des Erben für bisherige **1** 1978, Hinterlegungsmasse **38** 7 ff., Kindesvermögen **1** 1638 ff., Mündelvermögen **1** 1802 ff., Nachlaß **1** 1975 ff., 2038, Nießbrauch **1** 1052, 1054, 1070, Rechnungslegung **1** 259, Sondergut **1** 1417, Stiftung **1** 80, 86, Testamentsvollstrecker **1** 2205 ff., Vorbehaltsgut **1** 1418
Verwaltungsbefugnis Gemeinschuldner **35** 6, 192, Konkursverwalter **35** 6
Verwaltungsbehörde 33 148, Auflösung der GmbH **22** 62, Einspruch, Vereinsanmeldung **1** 61 ff., Mitteilung, Vereinsanmeldung **1** 61, vor – geltend zu machende Anspüche, Verjährung **1** 220, Zuständigkeit **25** 81
Verwaltungsbeirat Prüfung des Wirtschaftsplans **8** 29, Wohnungseigentum **8** 29
Verwaltungsgericht 33 15, Verfahren vor **51** 114
Verwaltungsgerichtsbarkeit Wertberechnung **50** 13
Verwaltungsgrundsätze 25 50
Verwaltungsmitglieder Verantwortlichkeit bei verbundenen Unternehmen **21** 310, 318
Verwaltungsverfahren eidesstattliche Versicherung **13** 66
Verwandte 33 383, 646, 656, 664, 666, als Bedachte **1** 2067, als Vormund **1** 1779, Anhörung, Vormundschaft **1** 1847, Auskunftspflicht über Vermögen **1** 1605, bisherige –, angenommenes Kind **1** 1755, Enterbung **1** 1938, Erbverzicht **1** 2346 ff., gesetzliches Erbrecht **1** 1924 ff., 1934, in gerader Linie **1** 1589, 1601, Rangfolge im Unterhalt **1** 1609, Unterhaltspflicht **1** 1601 bis 1615 o, Vormund, Rechtsgeschäfte mit Mündel **1** 1795
Verwandtschaft 1 1589 bis 1772, **2** 51, Abstammung **1** 1591 bis 1600 o, Annahme als Kind **1** 1741 bis 1772, des Zeugen, des Sachverständigen mit der Partei **33** 383, 406, 408, Ehenichtigkeit **10** 21, Eheverbot **10** 4, elterliche Sorge **1** 1626 bis 1711, Grade **1** 1589, Legitimation nichtehelicher Kinder **1** 1719 bis 1740 g, Linien **1** 1589, mehrfache –, Erbrecht **1** 1927, mit dem Richter oder Urkundsbeamten der Geschäftsstelle **33** 41, 49, Rechtsverhältnis Eltern und Kind **1** 1616 bis 1625
Verweigerung Änderung des Pachtvertrags **1** 593, bei Abstimmung **30** 195, Berichtigung einer Nachlaßverbindlichkeit **1** 2014, 2015, der Annahme der Zustellung **33** 186, 191, der Einlassung auf die Klage **33** 271, der Herausgabe des Pfandes **33** 838, der Mitteilung von Urkunden **33** 432, der Verhandlung zur Hauptsache **33** 76 f., 274 f., 504, 528, des Eides **33** 889, 901, 914 f., des Gutachtens **33** 408 f., 1036, des Schiedsrichteramts **33** 1031, 1033, des Zeugnisses **33** 383 bis 390, 400, 1036, Leistung, gegenseitiger Vertrag **1** 320 ff., Schenkung **1** 519, Übernahme der

Vormundschaft **1** 1786 ff., Vertragsgenehmigung, Ehegatte **1** 1366, von Erklärungen **33** 531, Wechselannahme **23** 43, Zugewinnausgleich **1** 1381, Zustimmung bei Gütergemeinschaft **1** 1426, 1430

Verweisung 30 17 a, **50** 9, **51** 14, an Kammer für Handelssachen **30** 96, 98 ff., an Zivilkammer **30** 97, 99, 104, Antrag **30** 101 f., Beschluß **30** 17 b, des Rechtsstreits wegen Unzuständigkeit an ein anderes Gericht **33** 281, 506, 696, 701, internationales Privatrecht **2** 3 bis 6, Unanfechtbarkeit **30** 102, zum Sühneversuch **33** 296

Verwendung als Richter kraft Auftrags, Dauer **31** 16, Erbschaftsgegenstände durch Vorerben **1** 2134, Früchte, Ersatz **1** 102, Gütergemeinschaft **1** 1467, Mündelgeld **1** 1805, 1834, Richter auf Probe **31** 13, Rücktritt vom Vertrag **1** 347, Zurückbehaltungsrecht wegen **1** 273

Verwendungen gesetzlich verzinsliche **20** 354

Verwendungsanspruch Besitzer **1** 1001, 1002

Verwendungsersatz Besitzer **1** 994 bis 1003, Entleiher **1** 601, 606, Erbschaftsbesitzer **1** 2022, 2023, Erbschaftsverkäufer **1** 2381, Finder **1** 970, 972, Gläubiger **1** 292, Gütergemeinschaft **1** 1467, Mieter **1** 547, 558, mit Vermächtnis Beschwerter **1** 2185, Nießbraucher **1** 1049, 1057, Pächter **1** 590 b, 591, Pfandgläubiger **1** 1210, 1216, Rücktritt vom Vertrag **1** 347, Schuldner **1** 273, unerlaubte Handlungen **1** 850, Verkäufer **1** 450, 500, 501, Vorerbe **1** 2125, 2138

Verwendungsreihenfolge Gesamtgut, Sondergut **1** 1420

Verwerfung der Berufung **33** 519 b, 522, der Beschwerde **33** 574, der Restitutions- und Nichtigkeitsklage **33** 589, der Revision **33** 554 a, des Einspruchs **33** 341, 345, Zwangsvergleich auf Antrag **35** 188, Zwangsvergleich von Amts wegen **35** 186

Verwerfungsgründe Zwangsvergleich **35** 187

Verwertung Aussetzung **33** 813 a, bewegliche körperliche Sachen **33** 847, Forderungen **33** 844, Pfandstücke **33** 825, Sicherheiten **25** 14, unerlaubte – urheberrechtlich geschützter Werke **28** 106, 108 a

Verwertung von Vorlagen Anstiftung **26** 20, Auslandstat **26** 20, Beteiligung **26** 20, Schadensersatz **26** 19, Strafbarkeit **26** 18, Versuch **26** 20

Verwertungsgesellschaft 28 54 h, Auskunftsrecht **28** 26, Sonderregelung **25** 102 a, Vergütungsanspruch **28** 27

Verwertungsrechte Ausstellung **28** 18, Bearbeitungen **28** 23, freie Benutzung **28** 24, Miturheber **28** 8, Recht der öffentlichen Wiedergabe **28** 15, Senderecht **28** 20, Umgestaltungen **28** 23, Verbreitung **28** 17, Vervielfältigung **28** 16, Vortrag, Aufführung, Vorführung **28** 19, Wiedergabe durch Bild- und Tonträger **28** 21, Wiedergabe von Funksendungen **28** 22

Verwertungsverbot rechtswidrig hergestellte Vervielfältigungsstücke **28** 96

Verwirkung Finderlohn **1** 971, Maklerlohn **1** 654, Markenschutzanspruch **27** 21, Rückgriff bei Fristversäumung **23** 53, Vertragsstrafe **1** 339 ff.

Verwirkungsklausel Hypothekenbestellung **1** 1149, Nichterfüllung einer Verbindlichkeit **1** 360, Pfandrecht **1** 1229, 1277

Verzeichnis Anfangsvermögen der Ehegatten **1** 1377, bei eidesstattlicher Versicherung **33** 915, Bestand eines Inbegriffs von Gegenständen **1** 260, Gläubiger **36** 6, Grundstücke **39** 2, Mündelvermögen **1** 1802, Nachlaß **1** 1960, 1993, 2121, 2215, 2314, Sachen bei Nießbrauch **1** 1035, Schuldner **36** 6, Vereinsmitglieder **1** 72

Verzeihung Erbunwürdiger **1** 2343, Erlöschen der Pflichtteilsentziehung **1** 2337, Schenkungswiderruf **1** 532

Verzicht 33 81, 83, 160, Abkömmling auf Gesamtgutanteil **1** 1491, 1501, 1517, auf Beeidigung **33** 391, 617, auf Befolgung von Vorschriften des Verfahrens **33** 295, auf Berufung **33** 514, auf Beweismittel **33** 399, 436, auf den Klageanspruch **33** 306, auf Einspruch **33** 346, auf prozeßhindernde Einreden **33** 528, auf Rechte aus Pfändung und Überweisung **33** 843, auf Rechtsmittel **33** 514, 566, auf Revision **33** 566, auf Rücknahme des Hinterlegten **33** 75, auf Tatbestand und Entscheidungsgründe **33** 313 a, Ausschlußfrist zum Nachweis des – für absonderungsberechtigte Gläubiger **35** 153, Eigentum an beweglichen Sachen **1** 959, Einrede der Vorausklage **1** 239, 775, Ersatzansprüche der GmbH **22** 9 b, Ersatzansprüche gegen Gründer **21** 50, Gesamthypothek **1** 1175, gesetzliches Erbrecht **1** 2346 ff., Grundstückseigentum **1** 928, Haftungsbeschränkung des Erben **1** 2012, Hauptschuldner auf Einrede **1** 768, Hypothek **1** 418, 1165, 1168, 1169, 1175, 1178, Markenregistereintragung **27** 48, Pfandrecht **1** 1255, Pflichtteil für Ehegatten **1** 1432, 1455, Pflichtteil für Kind **1** 1643, 1822, Rücknahme bei Hinterlegung **1** 376, Unterhaltsanspruch **1** 1614, 1615 e, Verlängerung eines Pachtverhältnisses **1** 595, Vermögenserwerb, Schenkung **1** 517, Widerruf, Auslobung **1** 658, Widerrufsrecht, Schenkung **1** 533, Zugewinnausgleich **1** 1432, 1455, Zuwendungen **1** 2352

Verzinsung Aufwendungen **1** 256, Kaufpreis **1** 452, keine – der Einlagen **21** 57, Vergütung, Werkvertrag **1** 641, verwendetes Geld, Auftrag **1** 668, verwendetes Geld, Verwahrung **1** 698, von hinterlegtem Geld **38** 8, Wechselsumme **23** 5, Wertersatz bei Verzug **1** 290, 301

Verzinsungspflicht OHG-Gesellschafter **20** 111

Verzögerung der Anzeige der Bestellung des neuen Anwalts **33** 244, der Aufnahme des Rechtsstreits **33** 239, der Beitreibung einer überwiesenen Forderung **33** 842, der Beweisaufnahme **33** 364, 367,

379, des Rechtsstreits **33** 155, 239, 296, 431, 528, 615
Verzug **33** 726, 756, 765, Annahme- **20** 373 f., bei Bestimmungskauf **20** 375, beim Fixhandelskauf **20** 376, Besitzer **1** 990, Besteller, Werkvertrag **1** 642 ff., Dienstberechtigter **1** 615, Erbschaftsbesitzer **1** 2024, gegenseitiger Vertrag **1** 322, 324, 326, 327, Gesamtgläubiger **1** 429, Gesamtschuldner **1** 425, Gläubiger **1** 264, 293 ff., 372, 383, 424, 429, Klauselverbot, AGB **4** 11, Mieter, Mietzins **1** 554, Rückgewährpflichtiger **1** 354, Schenker **1** 522, Schuldner **1** 274, 284 ff., 425, Unterhaltspflichtiger **1** 1613, Unternehmer **1** 633, Verbraucher **3** 11, Vermieter, Mangelbeseitigung **1** 538, Verwirkung der Vertragsstrafe **1** 339
Verzugsschaden **1** 286 ff.
Verzugszinsen **1** 288 ff., **3** 11, **20** 352, Hypothek **1** 1146, Schenkung **1** 522, Stammeinlagen, GmbH **22** 20
Vieh Unpfändbarkeit **33** 811
Viehfutter Entgelt für **34** 153 a
Viehkauf **1** 481 ff., **20** 382, Anspruch auf Wandelung **1** 487 ff., erweiterte Gewährleistung **1** 492, Gewährfrist **1** 482 ff., Hauptmängel **1** 482, 484
Viehmängel **1** 481 ff.
vindicatio rei **1** 985 ff.
Vindikationszession **1** 931, 934
vis maior **20** 454, **23** 54, **24** 48
Volksvertretung Richter in **31** 36
Volljähriger Annahme als Kind **1** 1767 bis 1772
Volljährigkeit **1** 2, Mündel, Rechtsgeschäfte des Vormunds **1** 1829
Vollkonsolidierung **20** 300 bis 307
Vollmacht **1** 166 ff., **33** 80 bis 89, 609, 703, Abschluß **20** 55, Ausübung des Stimmrechts **21** 134 f., Beurkundung **52** 41, Erbschaftsausschlagung **1** 1945, geschäftsführender Gesellschafter **1** 710 ff., Handelsregisteranmeldung **20** 12, Handelsvertreter **20** 91, Handlungs- **20** 54, Kraftloserklärung **52** 122, Mangel **20** 91 a, Scheck **24** 11, 23, vor Patentgericht **27** 81
Vollmachtsindossament **23** 18, **24** 23
Vollmachtsurkunde **1** 172 ff., staatliche Organe **2** 231 § 8
Vollstreckbare Ausfertigung s. Ausfertigung
Vollstreckbarkeit Ausfertigung einer Niederschrift **13** 52, richterliche Entscheidung bei Hausratsverteilung **11** 16, Verjährbarkeit des Anspruchs **1** 218, Vollstreckbarerklärung **33** 534, 560, 704, 708 ff., 712 ff., 769, von Entscheidungen **33** 76, vorläufige –, Schuldtitel **35 a** 10, Zuschlagsbeschluß **34** 132, s. a. Zwangsvollstreckung
Vollstreckung **30** 160; der Strafe **33** 390, in das Vermögen, Gebühren **50** 47, in Straf- und Bußgeldsachen **32** 31, landesrechtlicher Schuldtitel **33** 801, Ordnungsmittel **30** 179, Rechtshilfe bei Freiheitsstrafe **30** 163, Vergleich **36** 85 f.
Vollstreckungsbeamter **33** 753, Ausschließungsgründe **30** 155, Gerichtsvollzieher **30** 154
Vollstreckungsbefehl s. Vollstreckungsbescheid
Vollstreckungsbescheid **33** 699 ff, Aufhebung **33** 700, Einwendungen **33** 796, Wiederaufnahme gegen **33** 584, Wirkung **33** 700, Zustellung **33** 699, Zwangsvollstreckung **33** 794
Vollstreckungsbeschluß bei Schiedsspruch und Vergleich im schiedsgerichtlichen Verfahren **33** 1042 ff., 1044 a, 1046
Vollstreckungsgegenklage **33** 767
Vollstreckungsgericht **33** 178, 764 bis 766, 769, 771, 779, 785, 805, 811 a, 813, 822 ff., 828, 858, 885, 899 f., 915, 930, 934, Versteigerung **34** 35 ff., Zuständigkeit **34** 171 b
Vollstreckungshandlung **33** 115, 755, 759, 761 bis 776, 779, Gebühren **52** 134, Verjährungsunterbrechung **1** 209, 216
Vollstreckungsklausel **33** 724 f., 731 f., 750, 768, 795 a, 796 f., 797 a, 929, Verjährungsunterbrechung durch Klageerhebung auf **1** 209, Zuschlagsbeschluß **34** 132 f.
Vollstreckungskosten **33** 788
Vollstreckungsmaßnahmen anhängige **36** 48, Aufhebung, Einstellung **33** 765 a, einstweilige Einstellung **36** 13, Kosten **33** 788
Vollstreckungsschutz **33** 811
Vollstreckungstitel beschwerdefähige Beschlüsse, Kostenfestsetzungsbeschlüsse, vollstreckbare Urkunden, Vollstreckungsbescheide **33** 794, 796 f., 801, Endurteile **33** 704 ff., 722 f., Schiedssprüche **33** 1042
Vollstreckungsurteil **33** 722 f., 727
Vollstreckungsverbot Vergleichsverfahren **36** 47
Vollstreckungsverfahren Zuständigkeit **25** 85
Vollziehung Auflage, Erbschaft **1** 2194, 2196, Auflage, Schenkung **1** 525 ff., Minderung, Verkauf **1** 465, sofortige – von Verfügungen **25** 63 a, von Arresten **33** 928 ff., Wandelung, Verkauf **1** 465
Vollzug Verteilung durch den Konkursverwalter **35** 167
Vorabentscheidung **33** 304, 538, 718
Voraus Ehegatten **1** 1932, 1933, 2311
Vorausklage Einrede **1** 202, 239, 771 ff., 777, keine Einrede der – bei Bürgschaft **20** 349
Vorausleistung Dienstlohn, Zurückerstattungspflicht **1** 628, Leibrente **1** 760, Mietzins, Rückerstattung **1** 557 a, Überbaurente **1** 913, Unterhalt **1** 1612, 1614, 1615
Vorausverfügung Mietzins **1** 573, 1124, Pachtzins **1** 573, 581, 1124
Vorausvermächtnis Begriff **1** 2150, Erbschaftsverkauf **1** 2373, Nacherbenrecht **1** 2110
Vorauszahlung auf Vorrechtsforderungen **35** 170, Gerichtskosten **50** 3, 6, 65, **52** 8, 9, von Kosten im Zwangsvollstreckungsverfahren **33** 887, 911
Vorbehalt Annahme der Kaufsache **1** 464, beschränkter Haftung der Erben **33** 305, 780, 781,

bestimmter Angabe der eingeklagten Leistung **33** 254, der Entscheidung über Aufrechnung **33** 302, der Rechte im Urkundenprozeß **33** 538, 599, Eigentum an Kaufsache **1** 455, Entlassung des Vormunds **1** 1790, Ergänzung, letztwillige Verfügung **1** 2086, Fortdauer des Pfandrechts bei Pfandrückgabe **1** 1253, für Landesrecht **2** 1, im Ausschlußurteil **33** 952 f., landesrechtlicher **37** 189, Rang künftig einzutragender Rechte **1** 881, Rechte bei Werksabnahme **1** 640, Rücktritt vom Erbvertrag **1** 2293, Verlust der Rechte aus Vertrag **1** 360, Wiederkaufsrecht **1** 497, Willenserklärung **1** 116

Vorbehaltsgut Ausgleichung **1** 1445, 1467, Erbschaft **1** 1461, fortgesetze Gütergemeinschaft **1** 1486, Gütergemeinschaft **1** 1418, Haftung des Gesamtguts **1** 1440, 1462

Vorbehaltsurteil **51** 39, Verjährung des Anspruchs **1** 219

Vorbemerkung **33** 895, 942, 984, 988

Vorbereitende Schriftsätze **33** 70, 129 ff., 253, 273, 335, 423, 519, 554, 588

Vorbereitung der Verhandlung **33** 273, 282

Vorbereitungsdienst Richteramt **31** 5 b

Vorbesitzer Ersatz für Verwendungen des **1** 999

Vorbringen nachträgliches **33** 278 f., 283, neues **33** 132, tatsächliches mündliches **33** 331, 335, 542

Voreintragung Verpflichteter im Grundbuch **1** 895

Voreltern gesetzliches Erbrecht **1** 1929, Unterhalt, Geschäftsführung ohne Auftrag **1** 685

Vorempfang Ausgleichung unter Miterben **1** 2050 ff., Erbe **1** 2095, Erbschaftskauf **1** 2372, Pflichtteil **1** 2316

Vorenthaltung Mietsache **1** 542, 557

Vorerbe **1** 2105 ff., **33** 242, 326, 728, 750, 768, 998, Anzeigepflicht der Nacherbfolge **1** 2146, außerordentliche Lasten **1** 2126, Befreiung von Beschränkungen **1** 2136, Befreiung von Verpflichtungen **1** 2136, eigennützige Verwendung **1** 2134, Erbschein **1** 2363, Erhaltungskostentragung **1** 2124, Fruchtziehung **1** 2133, Haftung **1** 2145, Herausgabepflicht **1** 2130, 2138, Hinterlegung von Wertpapieren **1** 2116, kinderloser Abkömmling **1** 2107, Rechenschaftspflicht **1** 2130, Schadensersatzpflicht **1** 2138, Sorgfaltspflicht **1** 2131, Sperrung bei Buchforderung **1** 2118, Umschreibung von Wertpapieren **1** 2117, Verfügung über Nachlaßgegenstände **1** 2112 ff., 2140, Verfügungsbeschränkung **1** 2113, 2114, Verwaltungsentziehung **1** 2129, Verwendungen auf Erbschaft **1** 2125, Vorerbschaft **33** 773, Wegnahmerecht **1** 2125

Vorführung **33** 380, 654, 676

Vorführungsrecht **28** 19

Vorkauf **1** 504 bis 514

Vorkaufsberechtigter unbekannter **1** 1104

Vorkaufsrecht **1** 504 bis 514, **33** 24, 988, Ausschluß der Ausübung **1** 507, 511, 512, Ausschluß des Berechtigten **1** 1104, Eintragung **52** 62 ff., Geschäftswert **52** 20, gesetzliches **13** 20, Grundstücke **1** 1094 bis 1104, Miterben **1** 2034 ff., Rechte des Käufers **1** 1100, subjektivdingliches **1** 1103, subjektiv-persönliches **1** 1103, Unübertragbarkeit **1** 514

Vorläufige Austauschpfändung **33** 811 b

Vorläufige Vollstreckbarkeit s. Vollstreckbarkeit

Vorläufige Vormundschaft beschränkte Geschäftsfähigkeit **1** 114, Testierfähigkeit **1** 2229, Untauglichkeit zum Vormund **1** 1781, Volljährige **1** 1906 ff.

Vorlage an den Richter **32** 5

Vorlagepflicht gegenüber Abschlußprüfer **20** 320

Vorlegung der Beschwerde **33** 571, eines Vermögensverzeichnisses **33** 254, Grundpfandbriefe **34** 131, Grundschuldbrief **1** 896, Handelsbücher **20** 102, 166, 258 ff., Hypotheken-, Grundschuld-, Rentenschuldbrief **39** 41, 42, 99, Hypothekenbrief **1** 896, 1160, private Urkunde, Feststellung des Zeitpunktes **13** 39, 43, Rechnungsbelege **1** 259, Rentenschuldbrief **1** 896, Sachen **1** 809 bis 811, Scheck zur Zahlung **24** 28 bis 36, 55, Schuldverschreibung **1** 801, 802, 1188, Testament **1** 2260, unbefugte Verwertung **26** 18 ff., von Akten **33** 143, von Urkunden **33** 273, 420 bis 424, 425 ff., Wechsel zur Annahme **23** 21 ff., 44, 72, Wechsel zur Zahlung **23** 34, 38, 53, 87

Vorlegungsanspruch gegen Besitzer von Sachen **1** 809

Vorlegungsfrist Scheckrecht **24** 29, 48, 52 f., 56, Schuldverschreibung **1** 801, 802, 1188

Vorlegungsgebot durch Wechselaussteller **23** 22

Vorlegungspflicht Absonderungsberechtigte **35** 120

Vorlegungsverbot durch Wechselaussteller **23** 22

Vorleistung gegenseitiger Vertrag **1** 320 ff.

Vorlesen Niederschrift **13** 13 ff.

Vorlesung der Gründe **33** 311, der Urteilsformel **33** 311, des Protokolls **33** 162, 163 a, von Schriftstücken **33** 137

Vormann **20** 411 f., des ausgeschlossenen Aktionärs, Zahlungspflicht **21** 65, Inanspruchnahme bei Einlösung **24** 46, Scheck, Unterbleiben der Zahlung, Benachrichtigung **24** 42 f.

Vormerkung **1** 883 ff., 1179, 1971, 1990, 2016, **52** 66, Beseitigungspflicht des Verkäufers **1** 439, durch – gesicherte Rechte **34** 48, durch – gesicherter Anspruch im Konkurs **35** 24, Löschung **39** 25, Löschungs- **39** 29 a, Sicherung des Anspruchs auf Hypothekenlöschung **1** 1179, Wirkung des Vorkaufsrecht als **1** 1098, zur Sicherung des Löschungsanspruchs **34** 130 a

Vormund Abgeltung **1** 1836 a, Aufgaben **1** 1793, Aufwendungsersatz **1** 1835, Auskunftspflicht **1** 1839, Ausschließung durch Eltern **1** 1782, Auswahl **1** 1779, Beamter als **1** 1784, Befreiung **1** 1817, Benennung **1** 1776, 1777, Bestallung **1** 1791, 1893, Bestellung **1** 1789 ff., Bestellung vor Geburt des Kindes **37** 36 a, Ehegatte als **1** 1436, Ehelichkeitsanfechtung **1** 1597, einseitige Rechtsgeschäfte ohne Genehmigung **1** 1831, Entlassung **1** 1886 ff., Erwerbsgeschäft **1** 1823, gemeinschaftlicher **1** 1775, genehmigungsbedürftige Rechtsgeschäfte **1** 1821, 1822, Haftung **1** 1833, Herausgabe des Vermögens **1** 1890, Jugendamt **1** 1791 b, 1791 c, mehrere **1** 1797, 1798, Personensorge **1** 1800, Rechnungslegung **1** 1840, 1890, Rechtsgeschäftsbeschränkung **1** 1795, Religionsdiener als **1** 1784, Schenkungsverbot **1** 1804, Tod **1** 1799, 1894, Übergehung **1** 1778, Überlassung von Gegenständen **1** 1824, Übertragung der elterlichen Sorge **1** 1671, Unfähigkeit **1** 1780, Untauglichkeit **1** 1781, Verein **1** 1791 a, Verfügung, Forderungen **1** 1812, Verfügung, Wertpapiere **1** 1812, Vergütung **1** 1836, Verhinderung **1** 1846, Vermögenssorge **1** 1802 ff., Verwendung des Mündelvermögens für sich **1** 1805, 1834, Zustimmung zu Ehevertrag **1** 1411, Zwangsgeld **1** 1788, 1837

Vormundschaft **1** 1773 bis 1921, **2** 24, 210, **12** 1, **52** 92, Abgabe **37** 46, Ablehnung **1** 1786 ff., Anhörung von Verwandten **1** 1847, Aufwendungsersatz **1** 1835, Beendigung **1** 1710, 1882 bis 1895, befreite **1** 1852 bis 1857 a, Begründung **1** 1773 ff., Beschwerderecht bei gemeinschaftlicher **37** 58, Betreuung **1** 1896 bis 1908 i, DDR-Übergangsrecht **2** 234 § 14, einstweilige Maßregeln **1** 1846, Führung **1** 1793 bis 1836 a, für im Ausland wohnhafte Deutsche **37** 47, Fürsorge und Aufsicht durch Vormundschaftsgericht **1** 1837 bis 1847, kraft Gesetzes **37** 36 b, Mitwirkung des Jugendamts **1** 1849 bis 1851 a, Pflegschaft **1** 1909 bis 1921, über Ehegatten **1** 1411, 1436, 1458, über Gesamtgutsverwalter **1** 1436, über Halbwaise **1** 1681, über Kind Getrenntlebender **1** 1672, über Kind nach Scheidung **1** 1671, über Minderjährige **1** 1773 bis 1895, über nichteheliches Kind **1** 1710, 1791 c, Überlassung von Gegenständen an Mündel **1** 1824, Übernahmepflicht **1** 1785 ff., Vergütung **1** 1836, Voraussetzungen **1** 1773, 1882, vorläufige **1** 1906 ff., 2229, Wirksamwerden einer Verfügung betreffend die vorläufige **37** 52

Vormundschaftsbehörde **2** 147

Vormundschaftsgericht Abgabe an anderes **37** 46, Ablehnung fortgesetzter Gütergemeinschaft **1** 1484, Abwendung der Gefahr **1** 1666 ff., Adoptionssachen **37** 56 d ff., allgemeine Ermächtigung **1** 1825, Amtsgericht **37** 35, Anfechtung der Vaterschaftsanerkennung **1** 1600 l, Anhörung bei Vaterschaftsfeststellung **37** 53 b, Anhörung der Eltern **37** 50 a, Anhörung der Pflegeperson **37** 50 c, Anhörung des Jugendamts **37** 49, Anhörung des Kindes, Mündels **37** 50 b, 53 c, Annahme als Kind **1** 1746 ff., Anordnung der Hinterlegung **1** 1818, Anordnung von Amts wegen **1** 1774, Anordnungsänderung **1** 1696, Anzeigepflicht des Standesbeamten **37** 48, Aufhebung der Gütergemeinschaft, Genehmigung **1** 1492, 1493, Aufhebung der Pflegschaft **1** 1919, 1921, Aufhebung der Vormundschaftsbefreiung **1** 1857, Aufhebung des Adoptionsverhältnisses **1** 1763 ff., Aufsicht **1** 1837 ff., Auseinandersetzungszeugnis bei Eheschließung **10** 9, Ausübung elterlicher Sorge, Mitwirkung **1** 1628 ff., Befreiung vom Erfordernis der Ehemündigkeit **10** 1, **52** 97 a, Befreiung von Eheverboten **10** 4, 6, 7, **52** 97 a, Beistandschaft **52** 92, Bestellung eines Betreuers **1** 1896, Bestimmung über Unterhalt **1** 1612, Betreuung **52** 92, Betreuungssachen **37** 65 bis 69 m, Dienstverhältnis Minderjähriger, Genehmigung **1** 113, Ehelicherklärung **1** 1723 ff., **37** 56 a, 56 b, Ehelichkeitsanfechtung **37** 56 c, Ehelichkeitsanfechtung, Genehmigung **1** 1595, 1597, Ehevertrag, Genehmigung **1** 1411, Eingreifen bei Verhinderung der Eltern **1** 1693, einstweilige Anordnung **37** 50 d, einstweilige Maßregeln **1** 1846, Entlassung des Betreuers **1** 1908 b, Entlassung des Vormunds **1** 1886 ff., Entziehung der Vertretungsmacht **1** 1796, Erbvertrag, Genehmigung **1** 2275, 2290, 2292, Erbverzicht, Genehmigung **1** 2347, 2351, Ersetzung der Einwilligung zur Ehe **10** 3, 30, Ersetzung der Zustimmung bei Gütergemeinschaft **1** 1426, 1430, Erwerbsgeschäft Minderjähriger, Genehmigung **1** 112, Festsetzung von Zwangsgeld **1** 1788, Fürsorge **1** 1837 ff., Gebühren **52** 91 bis 99, Genehmigung **37** 97, Genehmigungsvorbehalt bei Betreuung **1** 1903, Gesamtgutsverwaltung, Zustimmung **1** 1452, Mitteilung des Nachlaßgerichts **1** 1999, Mitteilungspflicht anderer Gerichte **37** 35 a, Mündelgeldanlegung, Genehmigung **1** 1809 ff., Mündelverträge, Genehmigung **1** 1902, Nachlaßpflegschaft **1** 1962, örtliche Zuständigkeit **37** 36, Personensorge **1** 1630 ff., Pflegschaft **52** 92, Pflegschaft, nichteheliches Kind **1** 1707, 1708, Rechnungsprüfung **1** 1843, Rechtsgeschäfte des Vormunds, Genehmigung **1** 1821 ff., Rechungsprüfung, Vormund **1** 1892, Regelung, Umgang Vater mit Kind **1** 1711, Übertragung elterliche Sorge **1** 1628, Unterbringungssachen **37** 70 bis 70 n, Unterhaltsvereinbarung, Genehmigung **1** 1615 e, Vaterschaftsanerkennung, Zustimmung **1** 1600 d, Vaterschaftsanfechtung, Genehmigung **1** 1600 k, Vaterschaftsfeststellung **1** 1600 n, Verfügung der Ehegatten, Zustimmung **1** 1365, 1366, 1369, Vermögensauseinandersetzung **1** 1683, 1689, Vermögenssorge **1** 1639, Verzicht auf Gesamtgutsanteil, Genehmigung **1** 1491, vorläufige Zuständigkeit bei Vormundschaft kraft Gesetzes **37** 36 b, Vormundsauswahl **1** 1779, Vormundsbefreiung **1** 1817, Wirksamkeit von Verfügungen **37** 51, 53, Zuständigkeit als deutsches Gericht **37** 35 b, 43 b, 47, Zuständigkeit bei Pflegschaft **37** 37 bis 42, Zuständigkeit für Adoption **37** 43 b, Zuständigkeit für Angelegenheiten zwischen Ehegatten **37** 45, Zuständigkeit für Befreiung vom Eheverbot **37** 44 a, Zuständigkeit für Bestellung Vormund/Pfleger vor Geburt des Kindes **37** 36 a, Zuständigkeit für Ehelicherklärung **37** 43 a, Zuständigkeit für Fürsorgeregelungen **37** 44, Zuständigkeit für sonstige Verrichtungen **37** 43

Vormundschaftsrecht Anwendung auf Pflegschaft **1** 1915

Vormundschaftssachen **32** 14, Zuständigkeit **30** 23 c

Vornahme einer Handlung **33** 510 b, 887 ff., Scheckprotest **24** 41, Wechselprotest **23** 79 bis 88

Vorname Testamentsunterschrift **1** 2247

Vorpfändung **33** 845

Vorrang Einräumung bei Hypothek **1** 1165, gutgläubiger Erwerb bei Pfandrecht **1** 1208, Markenschutz **27** 6, unter verschiedenen Strafkammern **30** 74 e, Vermächtnis oder Auflage **1** 2189, von Pfandrecht **33** 804

Vorrechtsforderungen Vorauszahlungen auf **35** 170

Vorsätzliche Schädigung s. Schadensersatz

Vorsatz bei Geschäftsführung ohne Auftrag **1** 680, bei Schenkung **1** 521, 529, bei Überbau **1** 912, bei unerlaubten Handlungen **1** 823, 826, 839, Vertreten des Finders **1** 968, Vertreten des Schuldners **1** 276, 300

Vorschuß **33** 379, Anwaltsgebühr **51** 17, 101, 127, 129, Auslagen- **50** 68, bei Auftrag **1** 669, entgeltlicher – für Handelsvertreter **20** 87 a, für Vormund **1** 1835, Gerichtskosten **50** 6, 69, **52** 8, 9, Kaufmann **20** 354, Kommissionär **20** 393, 397, Spediteur **20** 410, 443, Strafsachen **50** 67, Verfahren vor ordentlichen Gerichten **50** 65, Zwangsversteigerungs-, Zwangsverwaltungsverfahren **50** 66

Vorsitz auswärtige Kammern **30** 106, Spruchkörper **30** 21 f

Vorsitzender **33** 58, 134, 136, 139, 140, 163, 188, 216, 226, 239, 244, 262, 272, 276, 311, 315, 320, 329, 361 bis 363, 396 f., 526, 554, 569, 571 f., 575, 609 f., 944

Vorstand **20** 33, 35, des Gerichts **33** 299, Stiftung **1** 86, Verein **1** 26 ff., 42, 58, 59, 67 ff.

Vorstand, AG **21** 76 ff., Abberufung **21** 84, Änderung **21** 81, als Abwickler **21** 265, Amtszeit **21** 84, Antrag auf gerichtliche Entscheidung über Zusammensetzung des Aufsichtsrats **21** 98, Auskunftspflicht gegenüber Aktionären **21** 131 f., Berichte an Aufsichtsrat **21** 90, Bestellung **21** 30, 84, 85, Bezüge **21** 87, Buchführung **21** 91, Einberufung der Hauptversammlung **21** 121 ff., Einberufung des Aufsichtsrats **21** 110, Entlastung **21** 119 f., Feststellung des Jahresabschlusses **21** 172, Geheimhaltungspflicht **21** 404, Geschäftsführung **21** 77, Geschäftsordnung **21** 77, Gewinnbeteiligung **21** 86, Haftung **21** 93, 117, 147, 309 f., 318, Kreditgewährung an Mitglieder **21** 89, Leitung der AG **21** 76, Namensangabe **21** 80, 268, Pflichten **21** 83, 92 f., Schadensersatzpflicht **21** 117, Sorgfaltspflicht **21** 83, 93, Stellvertreter **21** 94, Strafvorschriften **21** 399 ff., Verantwortlichkeit **21** 48, 93, 117, 147, 309 f., 318, Verpflichtung zur Anmeldung **21** 36, Vertretung **21** 78, 82, Vertretungsbefugnis der Mitglieder **21** 81, 82, Vorbereitung, Ausführung von Hauptversammlungsbeschlüssen **21** 83, Vorsitzender **21** 84, Wettbewerbsverbot **21** 88, Zeichnung **21** 42, 79, Zugehörigkeit zu – und Aufsichtsrat, Unvereinbarkeit **21** 105, Zusammensetzung **21** 23, 76, Zwangsgeld gegen Mitglieder **21** 407

Vorsteher Zustellung an **33** 171, 184 f., 200

Vorteil Dritter, letztwillige Zuwendung unter Bedingung **1** 2076, Grunddienstbarkeit **1** 1019

Vorteilsannahme unlautere Bevorzugung **26** 12

Vortrag der Parteien **33** 137, 500, 526, 566, Tauber oder Fremdsprachiger **30** 187, Untersagung **33** 157

Vortragsrecht **28** 19

Vorverfahren **51** 119, schriftliches **33** 272, 276, 520, 611

Vorversterben mit Vermächtnis Bedachter **1** 2160

Vorvertrag Darlehen **1** 610

Vorwegbefriedigung Massegläubiger **35** 57

Vorzeitige Zahlung Verbindlichkeit aus Kreditvertrag **3** 14

Vorzeitiger Erbausgleich nichteheliches Kind **1** 1934 d, 1934 e

Vorzeitiger Zugewinnausgleich **1** 1385 ff.

Vorzugsaktien **21** 11, 12, 139, 204, Aufhebung oder Beschränkung des Vorzugs **21** 141, Rechte der Halter **21** 140

Vorzugsrecht **33** 804 f., Aufgabe bei Bürgschaft **1** 776, Erlöschen bei Schuldübernahme **1** 418, Übergang mit Forderung **1** 401

Vorzugsweise Befriedigung **33** 805

Währung **20** 244, 361, Scheck auf Fremd- **24** 36, Wechsel **23** 41

Währungseinheit Jahresabschluß **20** 244

Währungsumrechnung Anlagevermögen **20** 340 h

Wäsche Unpfändbarkeit **33** 811

Wahl Aufsichtsratsmitglieder, AG **21** 101, 124, 137, 250 ff., Gläubigerausschuß **35** 87, Präsidiumsmitglieder **30** 21 b, Richterrat **31** 51, Schöffen **30** 39 ff.

Wahlkonsuln Gerichtsstand **33** 15

Wahlrecht des Klägers unter mehreren zuständigen Gerichten **33** 35, mehrere Leistungen **1** 262 ff., Vermächtnis an mehrere Personen **1** 2151 ff.

Wahlschuld **1** 262 bis 265

Wahlvermächtnis **1** 2154
Wahlvorschläge Aktionäre bei Hauptversammlung **21** 127, 137
Wahrheitspflicht Verfahren in Markenrechtssachen **27** 92, Verletzung **33** 580
Wahrnehmung eigene **33** 138, 455
Wahrung Frist **33** 207, 496, 577, 693
Waisenrente Unterhalt für nichteheliches Kind **1** 1615 g
Wald Erbschaft **1** 2123, Nießbrauch **1** 1038
Waldgenossenschaft **2** 83
Waldgrundstück **2** 183
Wandelschuldverschreibungen AG **21** 221, Ausgabe von Bezugsaktien gegen **21** 199
Wandelung erneute – wegen weiterer Mängel **1** 475, Kauf **1** 462 ff., Verjährung des Anspruchs auf **1** 477, 490, Viehkauf **1** 487 ff., Werkvertrag **1** 634 ff.
Waren Annahmeverzug **20** 373, Anschaffung und Weiterverkauf **20** 1, 93, 366 f., 377 f., Begriff **26** 2, Besichtigung **20** 377 f., 388, 418, 438, Empfangnahme **20** 388 bis 390, 407, 417, 436, Haftungsschuld **20** 360, Probe **20** 96, Verkauf aus Konkursmasse **26** 6
Warenabsender Frachtgeschäft **20** 426 f., 433 bis 435
Warenbezugsschein **26** 6 b
Wartefrist bei Zwangsvollstreckung gegen juristische Personen des öffentlichen Rechts **33** 882 a, vor Pfandverkauf **1** 1234
Wartezeit nach Auflösung oder Nichtigerklärung der Ehe **10** 8
Wasserrecht **2** 65
Wechsel **33** 4, 602, Abhandenkommen **23** 16, 90, 98, Abschriften **23** 67, 68, an eigene Order **23** 3, Aufgebot **33** 1003, Ausfertigungen **23** 64 ff., Bestandteile **23** 1, 2, Domizil- **23** 4, 22, 27, Ehrenannahme **23** 56 bis 58, Ehrenzahlung **23** 55, 59 bis 63, 77, eigener **23** 75 bis 78, Fälligkeit **23** 34 bis 37, gezogener **23** 1 bis 74, Haftung **23** 9, 28, 78, Hypothek für Wechselforderungen **1** 1187 ff., Intervention **23** 55 bis 63, mangelhafte Unterschrift **23** 7, 8, Nachsicht- **23** 35, Pfändung von -forderungen **33** 831, Pfandrecht an **1** 1292, 1294, Protest bei **23** 79 bis 90, Quittung **23** 39, 58, 62, Recht auf Teilzahlung **23** 39, Sicht- **23** 34, trassiert eigener **23** 3, Unterzeichnung durch Vertreter **23** 8, unvollständiger **23** 2, 76, Verfall **23** 33 bis 37, 72, 77, Verjährung **23** 70, 71, Vernichtung **23** 90, Vervielfältigung **23** 64 bis 66, Vorlegung **23** 21 bis 24, 34, 87, Zahlstellen- **23** 27, Zahlung **23** 38 bis 42, 77, 84, Zahlungsort **23** 1, 4, 75 f., 91 ff., Zahlungstag **23** 34 bis 37
Wechselankauf **20** 395
Wechselannahme **23** 21 bis 29, 82
Wechselansprüche Verjährung **23** 70
Wechselbezügliche Verfügungen gemeinschaftliches Testament **1** 2270, 2271
Wechselbürge Haftung **23** 32
Wechselbürgschaft Form **23** 31, Haftung des Wechselbürgen **23** 32, Zulässigkeit **23** 30
Wechselduplikat **23** 64 bis 66
Wechseleinwendungen **23** 11, 17, 18, 19
Wechselerklärung Form bei Auslandsberührung **23** 92, Wirkung bei Auslandsberührung **23** 93
Wechselfähigkeit **23** 91
Wechselgesetz **23**
Wechselindossament **23** 11 bis 20, 77
Wechselinhaber Vermutung über Berechtigung **23** 16
Wechselklagen **33** 602 ff.
Wechselmahnbescheid **33** 703 a
Wechselprotest **52** 51, mangels Annahme, mangels Zahlung **23** 44
Wechselprozeß **33** 586, 602 bis 605, 708, Abstehen **51** 39
Wechselregreß **23** 43 bis 54
Wechselsachen keine Aussetzung der Pfandverwertung **33** 813 a
Wechselschuldner Einwendungen **23** 17
Wechselsteuer Erhebung **23** 17 bis 20
Wechselsumme **23** 6, Hinterlegung bei zuständiger Behörde **23** 42
Wechseltext Änderungen **23** 69
Wechselverbindlichkeit Erfüllung **23** 38 bis 42
Wechselverbot Kreditvertrag **3** 10
Wechselzahlung im Konkurs **35** 34
Wechselzinsen **23** 5, 48 f., 77
Wegfall Beschwerter **1** 2161, 2194, 2196, der Aktivlegitimation **33** 265 f., der Veranlassung zur Sicherheitsleistung **33** 109, 943, der Voraussetzung zur Befreiung von Sicherheitsleistung **33** 111, der Voraussetzungen der Prozeßkostenhilfe **33** 121, des gesetzlichen Vertreters **33** 241, 246, eines Schiedsrichters **33** 1031, 1033, Erbe **1** 1935, Erbunwürdiger **1** 2043, Miterbe **1** 2051, 2094, 2095, 2110, 2354, 2373, Testamentsvollstrecker **1** 2197, 2224, Unterhaltspflicht **1** 1611, Vermächtnis bei Erbschaftskauf **1** 2372, Verzinsung bei Annahmeverzug **1** 301
Wegnahme Einrichtungen **1** 258, 500, 547 a, 558, 601, 606, 1049, 1057, 1216, 2125, im Zwangsvollstreckungsverfahren **33** 811 a, 897, Sachen **1** 229 ff., 867, 997, 1005
Wegnahmerecht Besitzer **1** 867, 997, 1005, Entleiher **1** 601, 606, Mieter **1** 547 a, 558, Nießbraucher **1** 1049, 1057, Pfandgläubiger **1** 1216, Vorerbe **1** 2125, Wiederverkäufer **1** 500
Wehrgericht Verfahren vor **51** 109 a
Weigerung des Gerichtsvollziehers **33** 766
Weihnachtsvergütungen Unpfändbarkeit **33** 850 a
Weisungen an den Beauftragten **1** 665, an den Bevollmächtigten **1** 166, Ausschluß bei Unternehmensverträgen **21** 299
Weisungsgebundenheit Staatsanwalt **30** 146

Weitere Beschwerden **33** 127, 568, vollstreckbare Ausfertigung **33** 733, 797
Weiterveräußerung durch Grundstückserwerber **1** 579
Weiterwirkung Nutzungsrecht **28** 33
Welturheberrechtsabkommen 28 140
Werbung progressive Kunden- **26** 6 c, Schneeballsystem **26** 6 c, Strafvorschriften für irreführende **26** 4
Werk Änderung **28** 39, amtliches **28** 5, an öffentlichen Plätzen **28** 59, anonymes **28** 66, Bearbeitung **28** 3, Begriff, Arten **28** 2 ff., Entstellung **28** 14, Film **28** 2, geschütztes **28** 2, 106, in Lieferungen **28** 67, künftiges **28** 40, Lichtbild **28** 2, 137 a, Musik **28** 2, nachgelassenes **28** 64, pseudonymes **28** 66, Sammel- **28** 4, veröffentlichtes u. erschienenes **28** 6, vor 1.1.1966 geschaffenes **28** 129, Zwangsvollstreckung **28** 114, 116
Werklieferungsvertrag 1 651, **20** 381
Werkmietwohnungen 1 565 ff.
Werkstück Zugang **28** 25
Werktag 33 222, Zahlungstag **23** 72, **24** 55
Werktitel 27 5
Werkvertrag Gefahrtragung **1** 644, Geschäftsbesorgung **1** 675, Gewährleistung **1** 634, 637, Kündigungsrecht des Bestellers **1** 649, Schadensersatz wegen Nichterfüllung **1** 635, Verjährung **1** 638, 639, verspätete Herstellung **1** 636
Werkwohnung Zuteilung bei Ehescheidung **11** 4
Wert Abweichung nachträglicher Streitwertfestsetzung von der dem Kostenfestsetzungsbeschluß zugrunde liegenden **33** 107, bei Alimenten, wiederkehrenden Nutzungen oder Leistungen **33** 9, bei Besitz-, Sicherstellungs-, Pfandrechtsklagen **33** 6, bei Grunddienstbarkeiten **33** 7, des Beschwerdegegenstandes für Revision **33** 546, 547, des Streitgegenstandes **33** 2 ff., 708, Festsetzung nach freiem Ermessen **33** 3, »in Prokura« **24** 23, »zur Einziehung« **24** 23, maßgebender Zeitpunkt für die Berechnung **33** 4, Nachlaß **1** 2001, 2311, Streit um Pacht- oder Mietverhältnis **33** 8, Streitwertangabe in der Klage **33** 253, Zusammenrechnung mehrerer Ansprüche **33** 5, Zuständigkeit der LG ohne Rücksicht auf den – des Streitgegenstandes **33** 97, 547
Wertansatz Anteile an Tochterunternehmen **20** 301, Beteiligung **20** 312, Bilanz **20** 253, Eigenkapital **20** 283, Inventar **20** 240, neue Aktien bei Grundkapitalerhöhung **21** 220, Vereinfachungsverfahren **20** 256, Vermögensgegenstände und Schulden **20** 253
Wertaufholungsgebot 20 280
Wertausgleich Anwartschaften auf Versorgung **1** 1587 a, Aussicht auf Versorgung **1** 1587 a
Wertberichtigung 20 281
Wertermittlung Anfangs- und Endvermögen, Zugewinngemeinschaft **1** 1376
Wertersatz bei Erbschaftskauf **1** 2375, bei Landpacht **1** 596 b, bei Nießbrauch **1** 1039, 1067, Höchstbetrag **1** 882, Verzinsung **1** 290
Wertfestsetzung bei Austauschpfändung **33** 811 a
Wertminderung Ersatz **1** 290, 487, Ersatz bei Erbschaftskauf **1** 2375, Kapitalausgleich **22** 58 a ff., Rechte des Pfandgläubigers bei drohender **1** 1219, Rechte des Verpfänders bei drohender **1** 1218
Wertpapier 20 1, 363, **33** 108, 592, 794, 821 f., 884, 1010 ff., **38** 9, Frachtführerhaftung **20** 429, Gastwirtshaftung **1** 702, Hinterlegung **1** 232 ff., 372, 700, 2116, hinterlegungsfähiges **38** 5, Kauf **20** 381, 383, 400, Kraftloserklärung **20** 365, Mündelsicherheit **2** 212, Nießbrauch **1** 1080, Pfandrecht an **1** 1296, Sicherheitsleistung durch Hinterlegung **34** 69, Verkauf **1** 437, Verpfändung **20** 367, Verwaltung **38** 9, 10, Zurückbehaltungsrecht **20** 369
Wertpapiersammelbank Hinterlegung von Aktien **21** 123
Wertsachen Gastwirtshaftung **1** 702
Wertungsmöglichkeit Klauselverbote **4** 10 f.
Wertverbessernde Verwendungen bei Landpacht **1** 591
Wertverringerung Versteigerung wegen Gefahr der **33** 816, 930
Wesentliche Bestandteile einer Sache **1** 93, 947, eines Grundstücks **1** 94, 946
Wettbewerbsabrede 20 90 a
Wettbewerbsbeschränkungen Kartellverträge, -beschlüsse **25** 1 bis 4, marktbeherrschende Unternehmen **25** 22 bis 24 c, sonstige Verträge **25** 15 bis 21, wettbewerbsbeschränkendes Verhalten **25** 25 bis 27
Wettbewerbsbeschränkungsgesetz 25
Wettbewerbsklage Zuständigkeit **26** 24
Wettbewerbsregeln Anerkennung durch Kartellbehörde, Verfahren **25** 28, 30, 31, Auskunft **25** 33, Begriff **25** 28, Bekanntmachungen **25** 32, zulässige Vereinbarungen über Einhaltung **25** 29
Wettbewerbsstreitigkeiten Einigungsstellen zur Beilegung **26** 27 a
Wettbewerbsverbot 20 60, 74 ff., 82 a, 112 f., Entschädigung bei **20** 74 b, kein – für Kommanditisten **20** 165, persönlich haftende Gesellschafter **21** 283, Vorstandsmitglieder **21** 88
Wette 1 762
Wichtiger Grund Kündigung der Gesellschaft aus **1** 723, Kündigung des Dienstverhältnisses aus **1** 626, 627, Kündigung des Unternehmensvertrages **21** 297, Widerruf der Bestellung zum Vorstand **21** 84
Widerklage 33 5, 33, 81, 145, 256, 301, 347, 506, 530, 595, 610, 616, 618, 633, 638, 640 c, keine Sicherheitsleistung von Ausländern **33** 110, Klage und –, Streitwertberechnung **50** 19, Kosten **33** 112, Trennung von der Verhandlung über die

Hauptklage **33** 145, Verweisung an Zivilkammer **30** 99
Widerruf 39 31, Anspruch bei Allgemeinen Geschäftsbedingungen **4** 13, Anweisung **1** 790, Auftrag **1** 671, Auslobung **1** 658, Ausschluß des **1** 532, Bestellung von Gläubigerausschußmitgliedern **35** 92, Bestellung zum Aufsichtsrat, AG **21** 103, Bestellung zum Geschäftsführer GmbH **22** 38, Bestellung zum Vorstand, AG **21** 84, Darlehensversprechen **1** 610, der Einwilligung des anderen Ehegatten **33** 630, Dienstverhältnisse **31** 107, Einwilligung bei Rechtsgeschäften **1** 183, 1427, 1431, Ersetzung durch Rückgaberecht nach Verbraucherkreditgesetz **5** 5, genehmigungspflichtiger Vertrag, eheliches Güterrecht **1** 1366, 1453, Haustürgeschäfte u. ähnliche Geschäfte **5** 1 bis 9, Kreditvertrag **3** 7 ff., letztwillige Verfügung **1** 2257, Prokura **20** 52, 116, 126, Rechtsfolgen **5** 3, 4, Scheck **24** 32, Schenkung **1** 530, Testament **1** 2253 ff., Überlassung der Vermögensverwaltung **1** 1413, Vertrag mit beschränkt Geschäftsfähigem **1** 109, 114, Vertrag mit Vertreter ohne Vertretungsmacht **1** 178, Vollmacht **1** 168, 171, 176, von Geständnissen **33** 85, 90, 290, wechselbezügliche Verfügungen **1** 2270, 2271, Willenserklärung **1** 130
Widerrufsrecht Ausübung **5** 2, Belehrung über **5** 2, Geschäftsgegner, Vormundschaft **1** 1830, Haustürgeschäfte u. ähnliche Geschäfte **5** 1, Verträge **1** 109, 178, 180, Verzicht bei Schenkung **1** 533
Widerspruch 52 66, Aktionär gegen Hauptversammlungsbeschluß **21** 245, des Beklagten im Urkundenprozeß **33** 599, durch – gesicherte Rechte, Zwangsversteigerung **34** 48, Eintragung **33** 895, 942, gegen Arrest **33** 924 ff., gegen Dispache **37** 155, 156, gegen eidesstattliche Versicherung **33** 900, gegen Einigungsvorschlag **39** 104, gegen Mahnbescheid **33** 692, 694 ff., 702 f., gegen Teilungsplan **33** 876 ff., **34** 115, 124, Hypothek **1** 1139, 1160, internationale Markenregistrierung **27** 114 ff., Kündigung des Mietverhältnisses **1** 556 a, 565 d, Kündigung des Pachtverhältnisses **1** 594 d, Löschung **39** 25, Markeneintragung **27** 42 f., Richtigkeit des Grundbuchs **1** 899, 927, Überbau **1** 912, Verletzung von Kennzeichenrechten **27** 147, von Amts wegen **39** 53, Widerspruch gegen Zwangsvollstreckung **33** 771 f., 774, 810, zuständiges Gericht **21** 14, Zweigniederlassungen **21** 42 ff., 92, 401
Widerspruchsrecht Ehegatten bei Zwangsvollstreckung **1** 1455, Gesellschafter **1** 711
Widerspruchsverfahren Markenschutz **27** 158
Widersprüche der Zeugenaussagen **33** 394, im Urteil **33** 320
Wiederaufbau gemeinschaftliches Eigentum **8** 22
Wiederaufleben durch Befriedigung erloschener Forderungen **35** 39, erloschener Rechtsverhältnisse **1** 2143, 2377
Wiederauflebensklausel 36 9
Wiederaufnahme des Verfahrens **33** 578 bis 591, 707, Konkurs, Anfechtung und Aufrechnung **35** 199, Privatklageverfahren, Gebühren **50** 46, Strafverfahren, Gebühren **50** 43
Wiederaufnahmeverfahren in Strafsachen **30** 140 a, **51** 90, Zuständigkeit **25** 84
Wiedereinräumung Besitz **1** 861
Wiedereinsetzung in den vorigen Stand **33** 233 ff., 707, **37** 22, 92, 137, **39** 105, in den vorigen Stand, Gemeinschuldner **35** 165, Markenrechtsangelegenheiten **27** 91
Wiedereröffnung der Verhandlung **33** 156, 256
Wiedergaberecht Bild- oder Tonträger **28** 21, Funksendungen **28** 22
Wiederherstellung Aufwendungen **7** 16, früherer Zustand **1** 249 bis 252, 258, 951, versicherter Gegenstand bei Hypothek **1** 1130
Wiederinkurssetzung von Inhaberpapieren **33** 823
Wiederkauf 1 497 bis 503, mehrere Berechtigte **1** 502
Wiederkaufsrecht Geschäftswert **52** 20
Wiederkehrende Leistungen 36 35, **50** 17, geringstes Gebot **34** 45 bis 47, Geschäftswert **52** 24, Hypothek **1** 1126, laufende Beträge aus **34** 13, 47, Lieferung in **3** 2, Nießbrauch **1** 1088, Rangordnung bei Zwangsversteigerung **34** 10, 13, 46, Reallast **1** 1105 ff., Schenkungsversprechen auf **1** 520
Wiederkehrende Nutzungen Geschäftswert **52** 24
Wiederkehrende Nutzungen, Leistungen Klage auf künftige Entrichtung **33** 258, Streitwert **33** 9, Verurteilung, Abänderung des Urteils **33** 323
Wiederverheiratung Elternteil **1** 1683, 1845, im Falle der Todeserklärung **10** 38, 39, Mutter **1** 1600, überlebender Ehegatte, fortgesetzte Gütergemeinschaft **1** 1493, Unterhaltsberechtigter **1** 1586
Wilde Tiere Aneignung **1** 960
Willenserklärung 1 116 bis 144, Abgabe **33** 726, 894 bis 898, Anfechtung **1** 119 ff., Auslegung **1** 133, Beurkundung **13** 6 bis 35, durch Vertreter **1** 164 ff., empfangsbedürftige **1** 122, 130, 131, 145, gegenüber Ehegatten, Gütergemeinschaft **1** 1450, gegenüber Vereinen **1** 28, Geschäftsunfähiger **1** 105, scherzhafte **1** 118, 122, Wirksamwerden **1** 130, 131, Zustellung **52** 122
Willensmängel 1 116 bis 124, bei Vertretung **1** 166
Wirksamkeit Beschwerdeentscheidung **35** 74, Miet- und Pachtvertrag gegenüber der Konkursmasse **35** 21, Veräußerungsverbote **35** 13
Wirksamwerden Beschlagnahme **34** 22, 151, Zuschlag **34** 89, Zuschlagsbeschluß **34** 104
Wirkung allgemeines Veräußerungsverbot **36** 62, Annahme eines Wechsels **23** 28, Beschlagnahme gegen Eigentümer **34** 166, bestätigter Vergleich **36** 82 ff., der Rechtshängigkeit **33** 261 f., des

Vollstreckungsbescheids **33** 700, Ehrenannahme **23** 58, Ehrenzahlung **23** 63, einer Prozeßhandlung, Eintritt **33** 129 a, gekreuzter Scheck **24** 38, Handelsregistereintragung **20** 15, 172, Indossament **23** 14, **24** 17, Indossament nach Verfall **23** 20, Ladescheinübergabe **20** 450, Scheckerklärungen im internationalen Recht **24** 63, Sperrfrist **36** 87, 104, Streichung der Annahmeerklärung **23** 29, Textänderung, Scheck **24** 51, Verfügungsbeschränkungen **36** 103, Vergleichseröffnung **36** 46 ff., Wechselbürgschaft **23** 32, Wechselerklärungen im internationalen Privatrecht **23** 93

Wirtschaftskammer Zuständigkeit **30** 74 c

Wirtschaftsplan Verwaltung gemeinschaftlichen Wohnungseigentums **8** 21, 28, 29, Wald oder Bergwerk, Erbschaft **1** 2123, Wald oder Bergwerk, Nießbrauch **1** 1038

Wirtschaftsprüfer als Abschlußprüfer **20** 319

Wirtschaftsstufen Stellungnahme der beteiligten **25** 30

Wirtschaftsvereinigungen Aufnahmezwang **25** 27, Vertretung in Kartellangelegenheiten **25** 36

Wissenschaft Urheberrechtsschutz **28** 1 ff.

Wissenschaftliche Ausgabe Schutzfrist **28** 124, Schutzrecht **28** 70, Zwangsvollstreckung gegen Verfasser **28** 118

Witwen Pfändung bei **33** 811, 850, 850 b

Wochen Fristen nach **33** 222

Wohl des Kindes **1** 1626 ff.

Wohnlauben Unpfändbarkeit **33** 811

Wohnraum **33** 257, 709, 721, Besitzschutz **1** 865, Kündigung **1** 564 a ff., 565, Miete **1** 580, Schuldner bei Zwangsverwaltung **34** 149

Wohnsitz **1** 7 bis 11, **2** 157, **33** 13, 15 f., 23, 27, 174, 640 a, 641 a, 899, des Ehegatten, Güterrechtsregister **1** 1558, 1559, des Ehegatten im Ausland, Güterrecht **1** 1409, des Erblassers **1** 1944, 1954, des Erklärungsgegners **1** 132, des Soldaten **1** 9

Wohnung **33** 180, 181, 184, 203, 375, 758, Dienst-/Werk- **11** 4, Ehewohnung bei Getrenntleben **1** 1361 b, Geschäftswert bei Streit **11** 21, im eigenen Haus eines Ehegatten **11** 3, Miete **1** 580, Rechtsverhältnisse **11** 5, Teilung **11** 6, Wechselprotest **23** 87 f., Zuständigkeit des Familiengerichts **11** 11, 18

Wohnungseigentümer Anteil an Nutzungen **8** 16, Beschlüsse **8** 10, 23, Ersatzansprüche **8** 34, Gemeinschaft der **8** 10 bis 19, Lastenteilung **8** 16, Pflichten **8** 14, 15, Rechte **8** 13, Rechtsstreitigkeiten **8** 43, 46, Sondernachfolger **8** 10, Urteil gegen – zur Veräußerung **8** 19, Veräußerungsbeschränkung **8** 12, Verwaltung durch **8** 21

Wohnungseigentümergemeinschaft **8** 10 bis 19, Anteil bei Aufhebung **8** 17, Beschlüsse **8** 23, Bestellung und Abberufung des Verwalters **8** 26, Gebrauchsregelung **8** 10, 15, Unauflöslichkeit **8** 11, Verwaltung des gemeinschaftlichen Eigentums **8** 20 ff., Zustimmung zur Veräußerung **8** 12, s.a. Wohnungseigentümerversammlung

Wohnungseigentümerversammlung Einberufung, Vorsitz, Niederschrift **8** 24; Mehrheitsbeschluß **8** 23 ff., 25, Zuständigkeit **8** 23

Wohnungseigentum Begriff **8** 1, Begründung **8** 2 bis 9, Eintragung **52** 76, Entziehung **8** 18, Gerichtsstand **33** 29 b, Geschäftswert **52** 21, Heilung des Erwerbs **8** 61, Rechtsstreitigkeiten **8** 43, 46, Urteil gegen Wohnungseigentümer zur Veräußerung **8** 19, Veräußerung **8** 12, Verfahren der freiwilligen Gerichtsbarkeit bei Streitigkeiten **8** 43 ff., Versteigerung **8** 53 bis 58, Verwaltung **8** 20 ff., Wiederaufbau **8** 22, Wohnungseigentumssachen **8** 43 ff., Zuständigkeit für Klage auf Entziehung **8** 51, Zwangsvollstreckung auf Räumung und Herausgabe **8** 19

Wohnungseigentumsgesetz 8

Wohnungseigentumssachen Anwaltsgebühr **51** 63, Kostenentscheidung **8** 47, Mahnverfahren **8** 46 a, Rechtskraft **8** 45, Rechtsmittel **8** 45, Rechtsstreitigkeiten **8** 46, 50, 51, 52, Verfahren der freiwilligen Gerichtsbarkeit **8** 43 bis 50, Verfahrensgrundsätze **8** 44, Verfahrenskosten **8** 48, Zwangsvollstreckung **8** 45

Wohnungserbbaugrundbuch **8** 30

Wohnungserbbaurecht **8** 30, **52** 21

Wohnungsgrundbuch Anlegung **8** 7, 8, Schließung **8** 9

Wohnungsrecht als beschränkte persönliche Dienstbarkeit **1** 1093, dingliches – bei Getrenntleben der Ehegatten **1** 1361 b

Wort Erteilung, Entziehung **33** 136 f., 157

Wucher **1** 138

Zahlbarkeit Scheck im Ausland **24** 29

Zahlstellenwechsel **23** 27

Zahlung Ablösungssumme **1** 1200 ff., an Gerichtsvollzieher **33** 754, 757, 815, 819, Empfangnahme **20** 55, 91, 97, Geldschuld **1** 244, 245, gemeinschaftliche – von Nießbraucher und Gläubiger **1** 1077, Mietzins **1** 551, 552, 552 a, 554, Unterhalt **1** 1612, Verzug des Verbrauchers, Kreditvertrag **3** 11 ff., vorzeitige –, Kreditvertrag **3** 14

Zahlung, Scheck Rückgriff mangels **24** 40 ff., Schecksumme **24** 28 bis 36, Sicherung, Scheckbürgschaft **24** 25

Zahlung, Wechsel **23** 38 bis 42, an Postbeamten **23** 84, Aushändigung des quittierten Wechsels, Teilzahlung **23** 39, Hinterlegung der Wechselsumme **23** 42, Rückgriff mangels **23** 43 ff., Sicherung durch Wechselbürgschaft **23** 30, vor Verfall **23** 40, Vorlegung des Wechsels **23** 38, Wechsel auf ausländische Währung **23** 41

Zahlungs Statt Überweisung an **33** 835

Zahlungsanordnung **34** 157

Zahlungsbefehl s. Mahnbescheid

Zahlungseinstellung Bezogener **23** 43, Scheck **24** 1, 2, Tag **23** 38, 77, Verschiedenheit von Wohnort des Bezogenen und Zahlungsort **23** 27
Zahlungsempfänger Scheck **24** 5
Zahlungsmittel 38 7, hinterlegungsfähiges **38** 5, Verwaltung **38** 7, 9, Verzinsung bei Hinterlegung **38** 8
Zahlungsort 1 270, **33** 603, Änderung bei Hypothek **1** 1119, Angabe **23** 1, 4, bei Grundschuld **1** 1194, Recht des – bei Verlust oder Diebstahl des Wechsels **23** 98, Recht des – bestimmt Teilannahme und Teilzahlung **23** 96, Scheck **24** 1 f., 30, Verpflichtungserklärung nach Recht des **23** 93, Wechsel **23** 1, 4, 93, 96, 98
Zahlungssperre 33 1019 ff., Schuldverschreibungen auf den Inhaber **1** 799, 802
Zahlungsunfähigkeit GmbH **22** 63, 64, Haftung bei **1** 438, Kommanditgesellschaft **20** 177 a, Konkursgrund **35** 102, OHG **20** 130 a, 130 b, Partnerschaftsgesellschaft **35** 212 a, Pflichten des Vorstands bei **21** 92, Pflichtverletzung bei **21** 401, Reiseveranstalter **1** 651 k, Strafvorschrift **20** 130 b, 177 a
Zahlungsverbot bei Beschlagnahme **34** 22
Zahlungszeit Änderung bei Hypothek **1** 1119
Zeichnung für Gesellschaft **21** 79, für GmbH **22** 35, für Zweigniederlassung **21** 42, keine – eigener Aktien **21** 56, Liquidatoren der GmbH **22** 68, neue Aktien nach Kapitalerhöhung **21** 185, s. Unterschrift
Zeichnungen Vorlegung **33** 142
Zeichnungsschein neue Aktien **21** 185
Zeit der Erfüllung **20** 358 f., 361
Zeitablauf Erlöschen des Erbbaurechts durch **9** 27 bis 30
Zeitbestimmung Auflassung **1** 925; Aufrechnungserklärung **1** 388, Ehelicherklärung **1** 1724, Erbschaftsannahme oder -ausschlagung **1** 1947, Rechtsgeschäfte **1** 163, Vaterschaftsanerkennung **1** 1600 b
Zeitpunkt der Zwangsvollstreckung gegen juristische Personen des öffentlichen Rechts **33** 882 a, Konkurseröffnung **35** 108
Zeitrang Markenschutz **27** 6, 12, 22
Zeitungsartikel Quellenangabe **28** 63, Schranken des Urheberrechts **28** 48, 49
Zeitversäumnis 33 91, 401
Zeitweilige Aussetzung der Verwertung gepfändeter Sachen **33** 813 a
Zentralregister Löschung von Eintragungen über Entmündigungen **12** 6
Zerrüttung Ehe **1** 1565, 1566
Zerstörung beim Erbschaftskauf **1** 2374, fremder Sachen **1** 228, 229, Nacherbschaft **1** 2111, Nachlaß **1** 2041, Nießbrauchsache **1** 1042, Vermächtnisgegenstand **1** 2288
Zession s. Abtretung
Zeugen 33 373 ff., Ausschließung vom Richteramt **33** 41, bei Vollstreckungshandlungen **33** 759, Benutzung von die Aussage erleichternden Unterlagen und Aufzeichnungen **33** 378, Beschwerde **33** 569, Entschädigung **33** 401, sachverständige **33** 414, Verbot der Mitwirkung an Beurkundung **13** 26, Vernehmung **52** 49, von der Geschäftsstelle **33** 49, Zwangsmaßregeln, Strafe und Kosten **33** 380 f., 390
Zeugenbeweis 33 373 bis 401
Zeugeneid 33 392
Zeugenladung 33 377
Zeugnis 20 73, der Nichteinreichung eines Rechtsmittelschriftsatzes **33** 706, der Rechtskraft **33** 706, des Registergerichts bei Vertretern von Handelsgesellschaften **39** 32, des Registergerichts über den ehelichen Güterstand **39** 33, im Aufgebotsverfahren **33** 1010 bis 1014, Registerauszug **1** 69, über Dienstverhältnisse **1** 630, über Erbrecht **1** 2353, über Ernennung des Testamentsvollstreckers **1** 2368, über Fortsetzung der Gütergemeinschaft **1** 1507, über Protesterhebung, Ersatz von Protesturkunden **23** 90, über Unvermögen zur Bestreitung der Prozeßkosten **33** 118, Unfähigkeit zu eidlichem **33** 393, Verweigerung **33** 383 bis 390
Ziege Unpfändbarkeit **33** 811
Zimmertüren Öffnung bei Zwangsvollstreckung **33** 758
Zinsen 20 352 ff., Aktionäre **21** 57, 93, als Nebenforderungen beim Streitwert **33** 4, Anrechnung **1** 396, Anrechnung einer Leistung auf **1** 367, Aufrechnung **1** 396, bei Auftrag **1** 668, bei Darlehen **1** 608, 609, bei Erbschaftskauf **1** 2379, bei Grundschuld **1** 1192, bei Hinterlegung **1** 379, bei Hypothek **1** 1118, 1119, bei Kauf **1** 452, bei Nießbrauch **1** 1047, 1088, bei Rücktritt **1** 347, bei ungerechtfertigter Bereicherung **1** 820, bei Verwahrung **1** 698, bei Werkvertrag **1** 641, Berücksichtigung bei Nachlaßverbindlichkeiten **35** 227, Ersatzsumme bei unerlaubten Handlungen **1** 849, für Fremdkapital im Bilanzanhang **20** 284, Haftung des Pfandes **1** 1210, Handelsgesellschaften **20** 110 f, 121, 167 f, handelsrechtliche **20** 351 ff., Höhe **20** 352, nicht von Amts wegen zuzusprechen **33** 308, Pfändung von -rückständen **33** 830, 837, Pfandrecht **1** 1289, Prozeßzinsen **1** 291, Scheck **24** 7, Stundung der Ausgleichsforderung **1** 1382, Verzugszinsen **1** 288 ff., 301, **20** 357, vom Mündelvermögen **1** 1834, von Aufwendungen **1** 256, Wechsel **23** 5, 48, 77
Zinseszins 1 248, 289, **20** 353, 355
Zinsfuß HGB **20** 352
Zinshypothek 1 1178
Zinssatz Änderung **3** 5, Angabe im Kreditvertrag **3** 4, bei Verzug **3** 11, Ermäßigung **3** 6, gesetzlicher **1** 246, **3** 6, 14, Rückgriff aus Scheck **24** 45, Rückgriff aus Wechseln **23** 48 f.

Zinsschein **1** 803 ff., **20** 367, Ausschluß der Amortisation **1** 799, Erstreckung des Pfandrechts **1** 1296, Hinterlegung **1** 234, Nießbrauch **1** 1081, 1083, Verlust **1** 804, 805, Vorlegungsfrist **1** 801, 804
Zinsscheine **33** 1010 bis 1013, 1019
Zitate Schranken des Urheberrechts **28** 51
Zivilkammer Besetzung **30** 75, LG **30** 60, Verweisung an **30** 97, 99, Zuständigkeit **30** 71 f., **39** 81
Zivilprozeß Angriffs- und Verteidigungsmittel **33** 282, Antragstellung **33** 297, Güteversuch **33** 279, vereinfachtes Verfahren **33** 323, 641 l ff., verspätetes Vorbringen von Angriffs- und Verteidigungsmitteln **33** 296
Zivilprozeßordnung **33** , Anwendung **37** 15, Anwendung bei Konkurs **35** 72, Nachlaßteilung **37** 98
Zivilsenat BGH **30** 130, 132, 133, 139, OLG **30** 116, 119, Zuständigkeit **39** 81
Zivilstreitigkeiten BGH **30** 133, OLG **30** 119, Zuständigkeit, Amtsgericht **30** 23
Zoll **20** 420, 427, 430, 440
Zollbehörde Beschlagnahme von Vervielfältigungsstücken **28** 111 a
Zubehör Begriff **1** 97, 926, Beschlagnahme **34** 20, 21, Eigentumserwerb bei Grundstück **1** 926, Erstreckung der Hypothek **1** 1120 ff., 1135, Erstreckung der Verpflichtung **1** 314, Erstreckung des Nießbrauchs **1** 1031, 1062, Erstreckung des Vermächtnisses **1** 2164, Erstreckung des Vorkaufsrechts **1** 1096, Herausgabe beim Wiederkauf **1** 498
Zufall **33** 233, 337, bei unerlaubter Handlung, Haftung **1** 848, bei Verzug, Haftung **1** 287, Untergang durch **1** 350
Zug um Zug **33** 726, 756, 765, Erfüllung – bei Rücktritt **1** 348, Gläubigerverzug bei Leistung **1** 298, Leistung – bei Hinterlegung **1** 373, Verurteilung zur Erfüllung **1** 274, Verurteilung zur Leistung **1** 322
Zug-um-Zug-Verpflichtung **5** 4
Zugänglichkeit Werkstück **28** 25
Zugang Klauselverbot, AGB **4** 10, Willenserklärung **1** 130, 132
Zugelassene Rechtsbeschwerde Markenrechtssachen vor BGH **27** 83
Zugewinn Ausgleich **33** 852, Begriff **1** 1373, Berechnung bei Scheidung **1** 1384
Zugewinnausgleich **1** 1371 ff., Verfahren **37** 53 a, Verzicht **1** 1432, 1455, vorzeitiger **1** 1385 ff.
Zugewinngemeinschaft **1** 1363
Zulässigkeit Annahme als Kind **1** 1741, Beschwerde **25** 62, **33** 567 ff., **39** 71, der Austauschpfändung **33** 811 a, 811 b, der Berufung **33** 511 ff., der einstweiligen Anordnung **33** 620, der Klage, Rüge der **33** 282, der verspäteten Rüge **33** 296, der Vollstreckungsklausel **33** 732, 768, der vorläufigen Vollstreckbarkeit **33** 560, der Wiedereinsetzung **33** 233 bis 238, des Einspruchs **33** 338 bis 342, 700, des Rechtsweges **33** 547, 566, des Urkunden- und Wechselprozesses **33** 597, 602, Ehrenannahme **23** 56, Ehrenzahlung **23** 59, gegen Vollstreckungsbefehl **33** 796, Indossament, Scheck **24** 14, Rechtsbeschwerde **25** 73, Revision **33** 545 ff., Revision im Disziplinarverfahren **31** 81, Scheckbürgschaft **24** 25, Verweisungsantrag **30** 101, von Einwendungen gegen den durch Urteil festgestellten Anspruch **33** 767, 797, Wechselbürgschaft **23** 30, Wiederaufnahme des Verfahrens **33** 578 ff., Zwangsvergleich **35** 173
Zulässigkeitsprüfung Beschwerde vor BGH **27** 86
Zulassung der Klageänderung **33** 270, einstweilige – zur Prozeßführung **33** 56
Zulassungsfreie Rechtsbeschwerde Markenrechtssachen vor BGH **27** 83
Zulassungsverfahren Gläubigerantrag auf Konkurseröffnung **35** 105
Zum Inkasso **23** 18
Zum Pfande **23** 19
Zur Einziehung **23** 18, Scheck **24** 23
Zur Sicherheit **23** 19
Zur Verrechnung **24** 39
Zurückbehaltung Anteile **35** 168
Zurückbehaltungsrecht **33** 709, 777, Besitzer **1** 1000, Einrede **1** 202, Erbschaftsbesitzer **1** 2022, Finder **1** 972, Gläubiger **1** 772, 773, Handelsvertreter **20** 88 a, kaufmännisches **20** 369 bis 372, 440, Mieter von Grundstücken **1** 556, Mieter von Wohnraum **1** 552 a, Not- **20** 370, Schuldner **1** 273, 274
Zurückdatierung **33** 207, 267
Zurückhalten eingebrachter Sachen durch den Vermieter **33** 709
Zurückhaltungsrecht kein – des Erben wegen Aufwendungsersatzes **35** 223
Zurücknahme Kontaktsperre **30 a** 36, Strafantrag, Gebühren **50** 44
Zurücknahme der Klage **33** 113, 269, 635, 638, des Antrags auf Ehescheidung **33** 626, des Einspruchs **33** 346, eines Antrags auf streitiges Verfahren **33** 696, von Rechtsmitteln **33** 515, 566, 1031
Zurückversetzung des Prozesses in frühere Lage **33** 342
Zurückverweisung an 1. Instanz **33** 538, an das Berufungsgericht **33** 565, 566 a, Gebühren **50** 33, **51** 15
Zurückweisung der Nebenintervention **33** 71, des Antrags auf Änderung von Unterhaltstiteln **33** 641 m, des Antrags auf Versäumnisurteil **33** 335 f., des Antrags, nach Aktenlage zu entscheiden **33** 335, des Arrestgesuches **33** 922, des Aufgebotsantrages **33** 952, Ehrenzahlung **23** 61, eines Rechts durch den Dritten **1** 333, im Mahnverfahren **33** 691, 694, 699, 701, im Urkundenprozeß **33** 598, im Zwangsvollstreckungsverfahren **33** 712,

Rechtsgeschäft **1** 111, 174, unwirksames Gebot **34** 71, von Angriffs- und Verteidigungsmitteln **33** 279, 296, von Bevollmächtigten und Beiständen **33** 157 f., 610, von Beweismitteln und Beweiseinreden **33** 283, 367, von Einwendungen in der Berufungsinstanz **33** 529
Zurückzahlung Einlage **20** 169, 172, Notarskosten **52** 157
Zusammenhang **33** 33, 145, 147, 302
Zusammenrechnung Streitwert **33** 5
Zusammenschluß von Unternehmen Anzeigepflicht **25** 23, Auskunftspflicht **25** 23, Befugnisse der Kartellbehörde **25** 24, Begriff **25** 23, Erlaubnis **25** 24, Kontrolle **25** 24
Zusammenschlußvorhaben Anmeldung **25** 24 a
Zusatzpflichtteil **1** 2305
Zuschlag **33** 817, 817 a, Anhörung der Beteiligten **34** 74, Antrag auf Versagung **34** 169 a, Berechtigte **34** 81, Eigentumserwerb durch **34** 90, Entscheidung **34** 79 ff., Erlöschen von Rechten und Anspruch auf Wertersatz **34** 91, 92, Gefahrübergang **34** 56, Verkündungstermin **34** 87, Versagung **34** 33, 74 a, 83 ff., 169 a, Versteigerung von Wohnungseigentum **8** 57, Wirksamwerden **34** 89
Zuschlagsbeschluß Inhalt **34** 82, Kosten **34** 58, Vollstreckbarkeit **34** 132, Vollstreckungstitel **34** 93, Zustellung **34** 88
Zuschlagserteilung an Meistbietenden **34** 81, Beschluß **34** 82, Beschwerde gegen **34** 171 m
Zuschreibung Grundstück als Bestandteil **39** 6, Grundstücke **1** 890, 1131
Zusicherung Eigenschaften **1** 459, 460, 463, 480, 490, 492, Grundstücksgröße **1** 468
Zuständigkeit Amtsgericht **30** 23 ff., ausschließliche **25** 87, ausschließliche – der Landgerichte ohne Rücksicht auf den Streitwert **33** 97, 547, Ausschluß der **33** 504, 689, Ausschluß der Berufung und Revision gegen das die örtliche Zuständigkeit bejahende Erkenntnis **33** 512 a, 549, bei Vergleichsvollstreckung **36** 86, BGH **30** 133 ff., Bundesgerichtshof **25** 83, des Amtsgerichts, Konkurs **35** 71, Dienstgericht **31** 62, 78, für das Mahnverfahren **33** 703 d, für das Verfahren in Kindschaftssachen **33** 640 a, 641 a, für die Festsetzung des Regelunterhalts **33** 642 a, 642 b, für einstweilige Anordnung **33** 620 a, für Hausratsverteilung bei Getrenntleben **11** 18 a, für Hausratsverteilung nach Ehescheidung **11** 11, 18, für vereinfachtes Verfahren zur Abänderung von Unterhaltstiteln **33** 641 l ff., Generalbundesanwalt **30** 142 a, Gericht am Sitz der AG **21** 14, Handelssachen **30** 95 ff., im Vollstreckungsverfahren **25** 85, im Wiederaufnahmeverfahren **25** 84, Jugendkammer **30** 74 b, Kammern für Handelssachen **26** 27, Kartellsenate bei OLG **25** 92, Kindschafts-, Unterhalts-, Ehesachen **30** 23 a, Klagen, AGB-G **4** 14, Konkursverfahren **35** 71, Kontaktsperre **30 a** 32, Landgericht **25** 87, Nachlaßkonkursverfahren **35** 214, Oberlandesgericht **25** 62, 82, 94, örtliche – für Wettbewerbsklagen **26** 24, OLG **30** 119 ff., ordentliche Gerichte **30** 13, Patentamt in Markenrechtsangelegenheiten **27** 56, Rechtshilfeersuchen **30** 157, Rechtspfleger **32** 7, Richter **32** 7, 28, sachliche **26** 27, **33** 1 f., 276, 504, 689, sachliche – der Kartellbehörden **25** 44, Schöffengerichte **30** 28, Staatsanwaltschaft **30** 142, 143, Staatsschutzsachen **30** 74 a, Strafsachen **30** 24, 73 ff., Strafvollstreckungskammer **30** 78 a, Urheberrechtsstreitsachen **28** 105, Veränderung der die – begründenden Umstände **33** 263, Verwaltungsbehörde **25** 81, Wiederaufnahmeverfahren in Strafsachen **30** 140 a, Wirtschaftskammer **30** 74 c, Wohnungseigentumssachen **8** 51 bis 53, Zivilkammern **30** 71 f, Zivilkammern, Zivilsenat **39** 81
Zuständigkeit, FGG Abwesenheitspflegschaft **37** 39, Angelegenheiten der Ehegatten **37** 45, Befreiung vom Eheverbot **37** 44 a, deutscher Gerichte **37** 35 a, deutscher Gerichte bei Kindesannahme **37** 43 b, Ehelicherklärung **37** 43 a, Feststellung durch Sachverständige **37** 164, Fürsorgemaßregeln **37** 44, örtliche **37** 5, 36, 73, örtliche – bei Aufmachung der Dispache **37** 149, örtliche – für exterritoriale Deutsche und Militärpersonen **37** 3, Pflegschaft für unbekannte Beteiligte **37** 41, Pflegschaft über ein Sammelvermögen **37** 42, Pflegschaft über eine Leibesfrucht **37** 40, Pflegschaftsanordnung **37** 37, sachliche **37** 35, 72, 125, 145, Sicherung des Nachlasses **37** 74
Zustand der Erbschaft, Feststellung **1** 2122, einer Sache, Feststellung **1** 1034
Zustellung **39** 97, 98, Beschluß über Aufhebung oder einstweilige Einstellung **34** 32, Beschluß über Versteigerung an Konkursverwalter **34** 173, Beschwerdebeschluß **34** 103 f., Bevollmächtigter **34** 5, im Vergleichsverfahren **36** 118, Konkursverfahren **35** 77, Patentgerichtsentscheidung **27** 79, 94, Terminsbestimmung **34** 41, Urkunden **13** 62, Vertreter **34** 6 f., Willenserklärungen **52** 122, Zuschlagsbeschluß **34** 88, Zwangsverwaltung, -versteigerung **34** 3 bis 8, Zwangsvollstreckung ohne – des Titels **34** 133
Zustellungen **33** 166 bis 213, Adressat **33** 141, 296, als Anfangspunkt für Fristenlauf **33** 107, 221, 516, 552, 577, an den Generalbevollmächtigten, Prokuristen **33** 174 f., 177, an den gesetzlichen Vertreter **33** 173, an die Partei selbst **33** 171, an Prozeßbevollmächtigte **33** 180, an Zustellungsbevollmächtigte **33** 176 ff., auf Betreiben der Parteien **33** 166 bis 207, 317, 329, 699, durch Aufgabe zur Post **33** 175, 188, 192, 213, 244, 829, 835, 994, 1001, durch die Post **33** 193 bis 196, 211 f., Ersatzzustellung **33** 181 bis 187, für Zwangsvollstreckung **33** 750, 756, im Ausland **33** 199 bis 202, 339, 841, 844, 875, im Zwangsvollstreckungsverfahren **33** 756, 763, 765, öffentliche

33 203 ff., 612, 688, 763, 841, 844, 875, unter Vermittlung der Geschäftsstelle **33** 166 ff. iVm 197, vereinfachte **33** 211, von Amts wegen **33** 141, 208 bis 213, 270, 296, 329, 340 a, 377, 402, 554, 640, 693, von Anwalt zu Anwalt **33** 198, von vorbereitenden Schriftsätzen **33** 132 f., Wesen **33** 170, Zeit **33** 187 f., 192, 212 f., Zurückdatierung der – auf Zeit der Überreichung des Gesuchs **33** 207, 267, Zustellungsschriftstücke **33** 189

Zustellungsbeamter **33** 166, 195, 211, Ausschließungsgründe **30** 155, Gerichtsvollzieher **30** 154

Zustellungsbevollmächtigter **33** 174 f., 177, 189, 210 a, **39** 97

Zustellungsurkunde **33** 190 bis 192, 196, 198, 212 f.

Zustimmung anderer Ehegatte bei Gesamtgutsverwaltung durch Mann oder Frau **1** 1426, 1428, 1430 ff., Dritter zu Rechtsgeschäften **1** 182 ff., Dritter zur Aufhebung des Rechts an einem Grundstück **1** 876, Ehegatte, fortgesetzte Gütergemeinschaft **1** 1516, Ehegatte, gemeinschaftliche Gesamtgutsverwaltung **1** 1452, 1456, 1460, Ehegatte, Gütergemeinschaft **1** 1423 ff., 1452, 1456, 1460, Erwerber zur Eintragung oder Löschung einer Vormerkung **1** 888, gesetzlicher Vertreter zum Ehevertrag **1** 1411, gesetzlicher Vertreter zum Erbvertrag **1** 2275, Gläubigerausschuß bzw. -versammlung zu Handlungen des Konkursverwalters **35** 133 f., Gläubigerausschuß zu Verteilungen **35** 150, Grundstückseigentümer zu Veräußerung oder Belastung **9** 5 ff., 15, Grundstückseigentümer zur Rangänderung **1** 880, Namensänderung des Kindes **1** 1616 a, nichteheliches Kind zur Vaterschaftsanerkennung **1** 1600 c, Nießbraucher zur Aufhebung des belasteten Rechts **1** 1071, Pfandgläubiger zur Aufhebung des Pfandrechts **1** 1255, schriftliche – zum Vergleichsvorschlag **36** 73, zu Rechtsgeschäften des Ehegatten **1** 1365, 1426, zur Aufhebung des Erbbaurechts **9** 26, s. Einwilligung

Zustimmungsbefugnis Vergleichsverwalter **36** 64

Zuteilung Betrag auf einen bedingten Anspruch **34** 119; erhöhter Betrag **34** 125

Zutritt zu Verhandlungen **30** 175

Zuvielforderung **33** 92

Zuvielleistung Unterhaltsbeitrag **1** 1360 b

Zuweisung an einzelne Landgerichte **25** 89, Kompetenzstreitigkeiten an BGH **30 a** 17, Strafsachen an LG **30** 74 d

Zuweisungsverfahren Einstellung anhängiger **34** 185

Zuwendungen an Arme **1** 2072, an Kinder **1** 1638, an Minderjährige, Pflegschaft **1** 1909, an Mündel **1** 1803, 1909, Anrechnung auf Ausgleichsforderung **1** 1380, aus dem Gesamtgut **1** 2054, 2331, Ausgleichung bei Auseinandersetzung **1** 2050 ff., 2055, 2056, Erbvertrag **1** 2279, letztwillige **1** 1939, 1940, 2065 ff., 2192, Schenkung **1** 516 ff., ungerechtfertigte Bereicherung **1** 822, Verzicht **1** 2352

Zuwiderhandlung **33** 890

Zuziehung als Zeuge bei Errichtung von Rechtsgeschäften **33** 385, bei Vollstreckungshandlung **33** 759, des Gerichtsvollziehers **33** 892

Zwangsgeld **20** 335, 340 o, 341 o, **52** 119, gegen GmbH-Geschäftsführer **22** 79, gegen GmbH-Liquidatoren **22** 79, gegen Vorstandsmitglieder oder Abwickler, AG **21** 407, Gegenvormund **1** 1837, Pflichtverletzung gegenüber Handelsregister **20** 14, Umwandlungsrecht **21a** 316, Vormund **1** 1788, Vorstandsmitglieder und Liquidatoren **1** 78

Zwangslage Ausbeutung bei Rechtsgeschäften **1** 138

Zwangsliquidation Bahneinheit, Wertberechnung **50** 32

Zwangslizenz Herstellung von Tonträgern **28** 61

Zwangsmaßregeln gegen Zeugen **33** 380 ff.

Zwangsmittel **32** 31

Zwangsverfügungen gegen Vorerben **1** 2115

Zwangsvergleich **20** 144, **35** 173 bis 201, Anfechtung wegen Täuschung **35** 196, Annahme **35** 182, 183, Anwaltsgebühr **51** 74, Aufhebung bei Verurteilung des Gemeinschuldners wegen Bankrott **35** 197 ff., Bestätigung **35** 184, gemeinschaftlich verwaltetes Gesamtgut **35** 236 b, keine Klage auf Aufhebung bei Nichterfüllung **35** 195, Nachlaßkonkurs **35** 230, Personengesellschaft **35** 211, sofortige Beschwerde **35** 189, Termin **35** 179 f., Unzulässigkeit **35** 175, Vergleichsvorschlag **35** 160, 174 ff., Verkündung des Beschlusses **35** 185, Verwerfung auf Antrag **35** 188, Verwerfung von Amts wegen **35** 186, Verwerfungsgründe **35** 187, Wiederaufnahme des Konkursverfahrens **35** 198 bis 201, Wirkung **35** 193, Zulässigkeit **35** 173, Zwangsvollstreckung **35** 194

Zwangsversteigerung **1** 882, **33** 325, 866, 869, **34** 66 ff., Anhörung über Zuschlag **34** 74, Anordnung **34** 15 ff., 181, Anwaltsgebühr **51** 68, 70, 71, Aufhebung des Verfahrens **34** 28 ff., Aufruf **34** 66, Ausführung durch Vollstreckungsgericht **34** 35, ausländisches Schiff **34** 171, Ausschluß **34** 65, bei Gemeinschaft **1** 753, Beschlagnahme **34** 20 bis 23, Beschwerde **34** 95 ff., besondere, andere Art der Verwendung **34** 65, Bestimmung des Versteigerungstermins **34** 35 ff., Dauerwohnrecht **8** 39, durch Konkursverwalter **35** 126, Einstellung **34** 75 ff., einstweilige Einstellung des Verfahrens **34** 75 bis 77, entgegenstehende Rechte **34** 28, Erbbaurecht **9** 24, Erlöschen eines Gebots **34** 72, Frist **34** 73, Gegenstand **34** 55, geringstes Gebot, Versteigerungsbedingungen **34** 44 ff., Grundstück **9** 25, Grundstück, Benachrichtigung des Schuldners **1** 1166, Konkurs **34** 172 ff., letztes

Gebot, Stundenfrist **34** 73, mehrere Grundstücke **34** 18, 122, Nachlaßgrundstück **34** 175, 179, Nachlaßkonkurs **34** 178, Nachweisungen **34** 66, Protokoll **34** 78, Rangordnung der Rechte **34** 10 bis 14, Sicherheitsleistung **34** 67 ff., Streitwertberechnung **50** 29, 31, Übergebot **34** 72, unwirksames Gebot **34** 71, Versagung des Zuschlags; Festsetzung Grundstückswert **34** 74 a, Verteilung des Erlöses **34** 105 ff., Zahlung der Kosten **50** 53, 62, 66, Zurückweisung eines unwirksamen Gebots **34** 71, zuständiges Vollstreckungsgericht **34** 1 f., 163, 171 b

Zwangsversteigerung, Luftfahrzeuge Anordnung 171 c **34** , Beschwerde gegen Zuschlagserteilung **34** 171 m, Bewachung und Verwahrung **34** 171 a bis 171 n

Zwangsversteigerung, Schiffe und Schiffsbauwerke Bewachung und Verwahrung **34** 165, 170, Schiffe **34** 162 ff., Schiffsbauwerke **34** 162 bis 171

Zwangsversteigerungsgesetz 34

Zwangsverwalter Anordnung über Viehfutter **34** 153 a, Aufsicht des Gerichts **34** 153, Aufsichtsperson **34** 150 c, Bestellung **34** 150 f., Rechnungslegung **34** 154, Rechte und Pflichten **34** 152, Schuldner als **34** 150 b ff., Vergütung **34** 150 e, 152 a, 153

Zwangsverwaltung 33 866, 869, **34** 146 bis 161, Anordnung **34** 146, Anwaltsgebühr **51** 69 ff., Aufhebung des Verfahrens **34** 161, Aufsichtsperson **34** 150 c, außergerichtliche Verteilung **34** 160, Beteiligte **34** 9, Haftung, Rechnungslegung **34** 154, Konkurs **34** 172 ff., Rangordnung der Rechte **34** 10 bis 14, Schuldner **34** 147, 149, 150 b ff., Sonderbestimmung **34** 158 a, Streitwertberechnung **50** 30, 31, Teilungsplan **34** 157, 159, Zahlung der Kosten **50** 53, 62, 66, zuständiges Vollstreckungsgericht **34** 1 f.

Zwangsvollstreckung 33 704 bis 915, Ablösungsrecht **1** 268, allgemeine Bestimmungen **33** 81, 704 ff., Anwaltsgebühr **51** 49, 57, 58, 96, Anwartschaft auf Anteil am Veräußerungserlös **28** 26, Anwartschaft auf Erträgnisbeteiligung **28** 36, auf Handlungen und Unterlassungen **33** 887 bis 890, auf Herausgabe **34** 93, auf Herausgabe von Sachen **33** 883 ff., auf Räumung **34** 93, auf Willenserklärungen **33** 894 ff., aufgrund Schiedsspruchs oder Vergleichs **33** 1042 ff., Aufhebung **51** 49, aus dem Zwangsvergleich **35** 194, ausgeschlossener Käufer **1** 456, Beginn **33** 750 ff., 798, bei Vorerbfolge **1** 2115, bei Wahlschuld **1** 264, bei Zug-um-Zug-Leistungen **1** 274, 322, Beschränkung **33** 765 a, 788, 811 b, 811 c, 813 a, 851 a, 851 b, **51** 49, durch Konkursverwalter **35** 126, Einstellung **51** 49, Einstellung und Beschränkung **33** 707, 719, 732, 769, 771, 782 ff., 805, 810, Einwendungen **33** 732, 766 f., 771 ff., 781 ff., 796, 805, Einwilligung Testamentsvollstrecker **28** 117, Erbbaurecht **9** 8, Ersatz eines durch – verursachten Schadens **33** 302, 717, 945, gegen ein Veräußerungsverbot **1** 135, 136, gegen Fiskus, Körperschaften **33** 882 a, gegen Gesellschafter, OHG **20** 129, 135, 141, gegen Hauptschuldner **1** 772, gegen Lichtbildner **28** 118, gegen Rechtsnachfolger des Urhebers **28** 115 ff., gegen Urheber **28** 113 f., gegen Verfasser wissenschaftlicher Ausgaben **28** 118, gerichtliche Handlungen **33** 764, 791, 794, 822 f., 825, 828 f., 835, 839, 844, 846 bis 848, 857 f., 864 ff., 885 f., 900 f., 930, im Ausland **33** 791, 917, in das bewegliche Vermögen **33** 803 ff., in den Nachlaß **1** 1984, 1990, 2213, in Forderungen und andere Vermögensrechte **33** 828 ff., in Gesellschaftsvermögen, OHG **20** 124, in körperliche Sachen **33** 808 ff., in Vermögen des Wechselbezogenen **23** 34, in Vorrichtungen **28** 119, keine Einzel- durch Konkursgläubiger **35** 14, Kosten **33** 766, 788, 803, 887, Markenrecht **27** 29, 154, nach Erbfall **35** 221, Nachlaßauseinandersetzung **37** 98, ohne Sicherheit **33** 720 a, 722 ff., 750 ff., 794 ff., 1042, ohne Zustellung des Titels **34** 133, Urheberrecht **28** 113, 115, Vergütung des Abschlußprüfers **20** 318, wegen Geldforderungen **33** 803 bis 882, Werk **28** 114, 116, Widerspruch des Ehegatten **1** 1455, Zulässigkeit **28** 112 ff., zur Befriedigung des Hypothekengläubigers **1** 1147, zur Befriedigung des Pfandgläubigers **1** 1277

Zwangsvollstreckungsprotokoll 33 762 f., 826

Zwangsweise Vorführung s. Vorführung

Zweck Verstoß gegen den Zweck eines deutschen Gesetzes **33** 328

Zweckvermächtnis 1 2156

Zweigniederlassung 20 13 ff., 30, 50, **33** 21

Zweigniederlassung, AG Behandlung bestehender **21** 43, Errichtung **21** 42, von Gesellschaften mit ausländischem Sitz **21** 44

Zweigniederlassung, GmbH Erhöhung des Stammkapitals **22** 59, Errichtung **22** 12

Zweitdruckrecht 28 38

Zweite Instanz OLG, Strafsachen in **30** 121, Strafkammern **30** 74, Zivilkammern **30** 72

Zwischenabschluß Kreditinstitut **20** 340 a

Zwischenräume Handelsbücher **20** 100

Zwischenscheine beschädigte **21** 74, Eintragung ins Aktienbuch **21** 67, Kraftloserklärung **21** 72, Übertragung **21** 68, Umschreibung **21** 68, Unterzeichnung **21** 13, Verbot der Ausgabe **21** 41, 405

Zwischenspediteur 20 408, 411

Zwischenstreit 33 132, 303, 347, 366

Zwischenurteile 33 71, 135, 280, 303, 387

Zwischenzinsen 1 272, 1133, 1217, bei ungerechtfertigter Bereicherung **1** 813

Öffentliches Recht

ALPHABETISCHE SCHNELLÜBERSICHT

AbgeordnetenG 9a
AsylverfahrensG 77
AtomG 51
AusländerG 76

Baugesetzbuch 60
BaunutzungsVO 62
BeamtenrechtsrahmenG 30
BeamtenversorgungsG 33
BundesbeamtenG 31
BundesbesoldungsG 32
BundesdatenschutzG 25
BundesfernstraßenG 80
BundeshaushaltsO 11
BundesimmissionsschutzG 40
4. DVO BImSchG 41
9. DVO BImSchG 42
16. DVO BImSchG 43
BundesnaturschutzG 46
BundespersonalvertretungsG 34
BundesverfassungsgerichtsG 8
BundeswahlG 3
BundeswahlO 5

Einigungsvertrag 2
EuropawahlG 4

GaststättenG 85
GentechnikG 47
GewerbeO 83
GO Bundesrat 14
GO Bundesregierung 15
GO Bundestag 13
Grundgesetz 1
G zu Art. 10 GG 7

HandwerksO 84
HaushaltsgrundsätzeG 10
HochschulrahmenG 87

Kreislaufwirtschafts- und AbfallG 45

LadenschlußG 86

MaßnahmenG 61
MelderechtsrahmenG 78

ParteienG 9
PostG 90

RaumordnungsG 63
Reichs- und StaatsangehörigkeitsG 75

SoldatenG 72
StabilitätsG 12

UmweltverträglichkeitsprüfungsG 44
Unmittelbarer Zwang G 23

VereinsG 81
VersammlungsG 82
VerwaltungsgerichtsO 24
VerwaltungsverfahrensG 20
VerwaltungsvollstreckungsG 22
VerwaltungszustellungsG 21

WaffenG 88
WahlprüfungsG 6
WasserhaushaltsG 50
WehrpflichtG 70

ZivildienstG 71

Strafrecht
Arbeits- und Sozialrecht
Europarecht

ALPHABETISCHE SCHNELLÜBERSICHT

ArbeitsförderungsG 35
ArbeitsgerichtsG 29
ArbeitszeitG 30

BAföG 44
BetäubungsmittelG 5
BetriebsverfassungsG 36
BundessozialhilfeG 43
BundesurlaubsG 31
BundeszentralregisterG 11

EGKS-V 50b
EGStGB 2
EGStPO 7
EG-Vertrag 50
Einheitliche Europäische Akte 51
EntgeltfortzahlungsG 34
EuGH-VerfO 53
Europäischer Gerichtshof, Satzung 52

HaftpflichtG 25

JugendarbeitsschutzG 38
JugendgerichtsG 8

KündigungsschutzG 33

LohnfortzahlungsG 32

Menschenrechtskonvention 10
MutterschutzG 39

OrdnungswidrigkeitenG 4

PflichtversicherungsG 23

SozialgerichtsG 40
Sozialgesetzbuch I 41
Sozialgesetzbuch VIII 41a
Sozialgesetzbuch X 42
Strafgesetzbuch 1
EinführungsG 2
Strafprozeßordnung 6
EinführungsG 7
StrafvollzugsG 9
StraßenverkehrsG 20
StraßenverkehrsO 21
StraßenverkehrszulassungsO 22

TarifvertragsG 37

VersicherungsvertragsG 24

WirtschaftsstrafG 3

Christian Scholz/Wolfgang Wohlers

Klausuren und Hausarbeiten im Strafrecht

Methodik und Formalien des Gutachtens

Zentrale Materie des juristischen Studiums ist die gutachterliche Würdigung von Rechtsfällen. Die erfolgreiche Teilnahme an Übungen und Examen setzt neben Kenntnissen in den jeweiligen Rechtsgebieten die Fähigkeit voraus, ein juristisches Gutachten in methodischer Hinsicht korrekt anzufertigen.
Der Band bietet einen kompakten Überblick über die bei strafrechtlichen Fallbearbeitungen auftretenden methodischen Probleme. Anhand konkreter Beispiele wird die juristische Gutachtenmethode, der Umgang mit dem Sachverhalt, der Aufbau des Gutachtens, die Verarbeitung von Literatur und Rechtsprechung, die Bearbeitung von Meinungsständen sowie die formale Gestaltung des Gutachtens erläutert. Eine Einführung in die Grundlagen juristischer Auslegungs- und Argumentationstechnik fördert die Fähigkeit, Rechtsprobleme einer substantiiert begründeten Lösung zuzuführen.
Das Werk wendet sich an Studenten und Referendare, die Strafrechtsfälle gutachterlich zu bearbeiten haben.
Die Autoren haben mehrere Jahre lang als wiss. Mitarbeiter am Fachbereich Rechtswissenschaft I der Universität Hamburg Arbeitsgemeinschaften zum Strafrecht geleitet.

1996, 107 S., brosch., 26,– DM, 190,– öS, 24,– sFr,
ISBN 3-7890-4277-3
(STUD.JUR. – Methodik und Formalien)

Rainer Strauß

Strafrecht

– Fälle und Lösungen –

Für das Durchdringen des Rechtsstoffes ist die Fallbearbeitung von großem Nutzen. Außerdem ermöglicht sie es, den Aufbau des Gutachtens für Klausur und Hausarbeit zu erlernen. Die in dem Werk vorgestellten 20 Fälle und Lösungen entsprechen den methodischen und gutachterlichen Anforderungen, die an Studenten während des Studiums gestellt werden. Die Fallösungen entscheiden nur die für die jeweilige Lösung relevanten Rechtsfragen und vermeiden lehrbuchartige Erörterungen ohne Fallbezug. Sie sind von unterschiedlichem Umfang und Schwierigkeitsgrad und deshalb sowohl für Anfänger als auch für Fortgeschrittene geeignet. Die Fallbearbeitungen wenden sich aber auch an Examenskandidaten, da die Fälle an höchstrichterliche Entscheidungen der letzten vier Jahre angelehnt sind und daher aktuelles examensrelevantes Wissen enthalten.

1995, 149 S., brosch., 28,– DM, 204,– öS, 26,– sFr,
ISBN 3-7890-3878-4

OMOS Verlagsgesellschaft
6520 Baden-Baden

Dieter Schmalz

Staatsrecht

3. Auflage

Inhalt des Studienbuchs sind die Grundprinzipien des deutschen Verfassungsrechts und das Staatsorganisationsrecht des Grundgesetzes, außerdem die Grundzüge der Allgemeinen Staatslehre, des Völkerrechts und des Europarechts. Die Verfassungsreform 1994, die neuen Art. 20a und 23 des Grundgesetzes werden ebenso behandelt wie die neuesten Entwicklungen im internationalen Seerecht, beim Menschenrechts- und Umweltschutz.

Das didaktische Konzept der Jura Kolleg-Reihe verbindet die systematische Darstellung mit der Rechtsanwendung: 24 in den Text integrierte Fälle mit klausurmäßigen Lösungen, außerdem zahlreiche Beispiele zeigen die praktische Relevanz des Stoffes. Aufbauschemata geben Sicherheit bei Fallbearbeitungen. Systematische Übersichten ermöglichen eine schnelle Wiederholung.

Der Verfasser ist Professor an der Fachhochschule für Öffentliche Verwaltung des Landes Nordrhein-Westfalen, Rechtsanwalt und seit mehr als 25 Jahren juristischer Repetitor.

1996, 374 S., brosch., 38,– DM, 277,– öS, 35,50 sFr,
ISBN 3-7890-4051-7

NOMOS Verlagsgesellschaft
76520 Baden-Baden